Beck-Wirtschaftsberater:
Lexikon des Marketing

Beck-Wirtschaftsberater: Lexikon des Marketing

Von Professor Werner Pepels, Diplom-Ökonom, Diplom-Betriebswirt

Deutscher
Taschenbuch
Verlag

Originalausgabe

Juni 1996

Redaktionelle Verantwortung: Verlag C. H. Beck, München
Umschlaggestaltung: Fuhr & Wolf Design-Agentur, Frankfurt a. M.
Satz: primustype Robert Hurler GmbH, Notzingen
Druck und Bindung: C. H. Beck'sche Buchdruckerei, Nördlingen
ISBN 3 423 05884 6 (dtv)
ISBN 3 406 40396 4 (C. H. Beck)

Vorwort

Marketing entwickelt sich angesichts restriktiver Vermarktungsbedingungen zunehmend zum Schlüsselfaktor für den unternehmerischen Erfolg. Damit verbunden ist eine Ausweitung des Marketinganspruchs auf die marktorientierte Ausrichtung aller betrieblichen Funktionen, ja sogar die gezielte Beeinflussung jeglicher sozialer Transaktionen (selbst im privaten Bereich). Damit einher geht notwendigerweise eine immer differenziertere Betrachtung der Marketinginhalte. Die Entwicklung schreitet dabei so rasch fort, daß es ausgesprochen schwer fällt, den Überblick zu behalten.

Deshalb will dieses Lexikon des Marketing helfen, seinen Lesern den aktuellen Wissensstand des Marketing verfügbar zu machen. Dabei werden zwei Absichten umgesetzt. Zum einen ist es ein Anliegen, jegliche Begriffe im Marketing sowohl theoretisch fundiert als auch praktisch umsetzbar darzustellen. Dazu dienen zahlreiche Beispiele, Abbildungen und Literaturhinweise. Zum anderen sollen über die reine Definition der Begriffe im Marketing hinaus Zusammenhänge transparent werden. Daher werden mehrere Stichwörter umfassende Themenbereiche integriert erläutert und nicht zergliedert.

Ein Schwerpunkt gilt dabei den modernen Aspekten der Marketingentwicklung, die gerade in neuester Zeit erheblichen Veränderungen unterliegt. Ein weiterer Schwerpunkt ist die Implementierung des Marketing in betriebliche Maßnahmen, die ansonsten in der Literatur oft zu kurz kommt.

Dennoch kann jedes Lexikon des Marketing immer nur den subjektiven Kenntnisausschnitt des Autors widerspiegeln, der allerdings in diesem Fall sowohl langjährige praktische Tätigkeit als auch weitreichende wissenschaftliche Auseinandersetzung umfaßt. Fehler, die wohl angesichts des Anspruchs des Werkes unvermeidlich sind, gehen daher voll zu Lasten des Autors. Jedoch sind alle Leser freundlichst aufgefordert, Anregungen und Verbesserungsvorschläge an den Verlag zu richten, damit diese bei Nachdrucken berücksichtigt werden können. Dafür bereits im voraus herzlichen Dank.

Ebenso sei an dieser Stelle *Hermann Schenk* vom Beck-Verlag für die Anregung zu diesem Lexikon des Marketing und die gewohnt hervorragende Unterstützung bei der Arbeitserstellung gedankt.

Krefeld, im April 1996 *Werner Pepels*

Vorwort

Inhaltsübersicht

Inhaltsübersicht

Inhaltsübersicht

Inhaltsübersicht

Inhaltsübersicht

Inhaltsübersicht

Inhaltsübersicht

Inhaltsübersicht

A

ABC-Analyse

(→ Kundenanteils-Analyse)

A-(B-, C-)Kunden
(→ Kundenanteils-Analyse)

A-Geschäft im Handel

Eine Alleinfinanzierung im sog. A-Geschäft erfolgt in einfachster Form als Anschreibekredit. Dabei verspricht der Käufer im Handel, den Kaufpreis später, meist am nächsten Monatsanfang, gesammelt für alle Einkäufe des laufenden Monats zu begleichen. Der Händler gewährt somit einen Warenkredit. In modifizierter Form ist dies heute noch beim Offenen Buchkredit gegeben, nur daß dabei kein konkreter Zahlungstermin als vereinbart gilt, sondern dessen Ausgleich ungeplant bis an ein Limit erfolgt. Ebenfalls eine Kreditierung durch den Handel liegt bei Aushändigung der Ware gegen Vorlage einer Debitkarte (Eurocheque Card als Bankkarte mit Kreditlimit) durch den Kunden vor. Damit kreditiert der Handel den Warenpreis bis zur Gutschrift des Schuldbetrags auf seinem Konto. Je nach Einreichung und Abrechnung des Schecks kann dabei eine mehr oder minder lange Zeitspanne vergehen. Bis zum Monatsende dauert die Frist in jedem Fall, wenn der Verkäufer die Ware gegen Kreditkarte und Quittungsunterschrift (Rechnungsbeleg) aushändigt. Dann verspricht die Kreditkarten-Organisation (beim Drei-Parteien-System, gestartet als Travel & Entertainment Cards), gegen Vorlage der Quittung den Kreditbetrag vom Konto des Schuldners abzubuchen und auf das Konto des Gläubigers weiterzuleiten. Der Kreditnehmer (Kunde) erhält darüber eine Abrechnung von der Kreditkarten-Organisation, der der Kreditgeber (Handel) einen Provisionsanspruch für das vermittelte Geschäft einräumt, der vom Verkaufspreis abgezogen und einbehalten wird. Teilweise editieren Handelsunternehmen auch eigene Kreditkarten (Kundenkarten), um die unliebsame Konsequenz des Provisionsabzugs zu vermeiden und dennoch die mit der Kreditierung verbundene höhere Ausgabenneigung der Käufer zu nutzen (sog. Zwei-Parteien-System, d. h. die Kundenkarten sind nur beim emitierenden Unternehmen einsetzbar). Teilweise verweigern Händler aber auch die Akzeptierung von Kreditkarten. Gewiefte Käufer versuchen zudem, einen Nachlaß bis zur Höhe des Provisionssatzes der Kreditkarten-Organisation als Rabatt bei alternativer Barzahlung herauszuholen.
(→ Alleinfinanzierung)

A-Leser
(→ Leser-/Auflagenbegriffe)

Abfindung

(→ *Werbeagentur, Vergütung)*

Abgabeprinzip

(→ *Betriebstypen des Handels, Einteilungskriterien)*

Abgrenzung von Märkten

(→ *Marktrelationen)*

Abhängige Variable

(→ *Experiment, Inhalte)*

Ablaufordnungsfragen

(→ *Fragefunktionen)*

Ablauforganisation

(→ *Prozeßorganisation)*

Ablenkungsfragen

(→ *Fragefunktionen)*

Ablösungs-/Potentialinnovation

(→ *Innovation)*

Abnehmer-Analyse

Im Rahmen der Abnehmeranalyse wird der Einfluß der Abnehmer untersucht. Er hängt ab von:

- der Unternehmenskonzentration und damit der Möglichkeit des Ausweichens auf andere Lieferanten.
- dem Geschäftsumfang, der mit einzelnen Kunden getätigt wird. Vereinen relativ wenige Kunden hohe Absatzanteile auf sich, haben sie für den Unternehmenserfolg einen großen Stellenwert.
- der Abweichung der eigenen Produkte von denen der Konkurrenz. Dabei geht es weniger um objektive, als um subjektiv empfundene Unterschiede (= Kundenbindung).
- den Kosten eines Lieferantenwechsels auf Abnehmerseite. Diese bestehen aus Kosten der Organisation oder aus Einnahmeausfall bei der Umstellung.
- der Ertragslage des Abnehmers. Ist diese als eher schlecht einzuschätzen, sind seine Möglichkeiten begrenzt.
- der Transparenz am Markt über Kosten und Preise. Je höher die Übersichtlichkeit, desto eher können alternative Lieferquellen ausgemacht werden.
- der Möglichkeit zur Eigenfertigung. Diese ist im wesentlichen abhängig von Gewerblichen Schutzrechten und Know-how.
- der Rückwärtsintegration, mit der Abnehmer glaubhaft drohen können.
- der Preisempfindlichkeit auf Abnehmerseite.

Relevante Größen betreffen für Zwischenabnehmer etwa:

- die Anzahl der Absatzmittler,
- die Autonomie der Handelsstufe,
- die Betriebsformen des Handels,
- die Distribution, numerisch und gewichtet,
- die regionale Verteilung des Absatzes,
- die Organisation des Absatzes (Absatzsystem, -weg, -form),
- die Außendienststruktur,
- das Handelsmarketing,
- die Warenplacierung etc.

Relevante Größen betreffen für Endabnehmer etwa:

- die Angebotskenntnis und -einstellung,
- das Informations- und Entscheidungsverhalten,
- die Qualitätserwartung und den Qualitätsbedarf,
- die Markenakzeptanz und -treue,
- die Käufer-/Verwenderschaftsstruktur,
- die Kaufsituation nach Person, Intervall, Intensität,
- die Life Style-Orientierung,
- die Einkaufsstättenwahl etc.

Abnehmerumfeld

(→ *Angebotsumfeld, Analyse)*

Abonnementauflage

(→ *Leser-/Auflagenbegriffe)*

Above the Line Advertising

(→ *Mediaeinsatz, Mix)*

Abrechnungsklauseln

Die Abrechnungsklauseln sind neben anderen Bestandteil der Lieferungsbedingungen und vertraglich kodifiziert. Sie sind Kurzformeln zur Beschreibung der Preisbedingungen im Handelsverkehr zwischen Verkäufer und Käufer, so etwa:

- freibleibend, d. h. der Verkäufer kann den Preis in einem ansonsten definierten Vertrag bis zum aktuellen Marktpreis bei Ausführung heraufsetzen,
- ändernd, d. h. der Verkäufer kann von seiner Preisforderung gegen Abgabe eines neuen Angebots Abstand nehmen,
- vorbehaltend, d. h. der Verkäufer behält sich vor, bei Preisnachteil vom Vertrag zurückzutreten, ohne dabei zur Abgabe eines neuen Angebots verpflichtet zu sein,
- gleitend, d. h. der Preis ist insgesamt oder teilweise an die Entwicklung einer anderen Größe gebunden und verändert sich mit dieser.

Der dabei zugrunde liegende Vertrag ist seiner Art nach ein:

- Kaufvertrag, d. h. der Verkäufer ist verpflichtet, dem Käufer das Eigentum an einer Sache zu verschaffen und ihm diese zu übergeben, der Käufer ist verpflichtet, dem Verkäufer den vereinbarten Kaufpreis dafür zu zahlen und die Sache abzunehmen,
- Werkvertrag, d. h. der Lieferant verpflichtet sich zur Herstellung eines versprochenen Werkes, zu dessen Übergabe und zur Verschaffung des Eigentums daran, der Besteller verpflichtet sich zur Entrichtung der dafür vereinbarten Vergütung und zur Abnahme des Werks,
- Werklieferungsvertrag, d. h. der Lieferant verpflichtet sich zur Herstellung eines versprochenen Werkes aus einem von ihm zu beschaffenden Stoff, zu dessen Übergabe und zur Verschaffung des Eigentums daran, der Besteller verpflichtet sich zur Entrichtung der dafür vereinbarten Vergütung und zur Abnahme des Werkes,
- Mietvertrag, d. h. der Vermieter verpflichtet sich, dem Mieter den

Gebrauch der vermieteten Sache während der Mietzeit zu gewähren, der Mieter verpflichtet sich zur pfleglichen Behandlung der Mietsache und zur Entrichtung des vereinbarten Mietzinses.

- Pachtvertrag, d. h. der Verpächter verpflichtet sich, dem Pächter den Gebrauch der verpachteten Sache während der Pachtzeit ebenso zu gewähren wie den Genuß der Früchte aus der Pachtsache, der Pächter verpflichtet sich zur pfleglichen Behandlung der Pachtsache und zur Entrichtung des vereinbarten Pachtzinses,
- Leihvertrag, d. h. der Verleiher einer Sache verpflichtet sich, dem Entleiher dessen Gebrauch unentgeltlich für den Verleihzeitraum zu gestatten, der Leiher verpflichtet sich zur pfleglichen Behandlung der Leihsache,
- Tauschvertrag, d. h. die Vertragspartner verpflichten sich, gegenseitig Waren oder Dienste entsprechend den im Vertrag festgelegten Bedingungen auszutauschen,
- Dienstvertrag, d. h. eine oder mehrere Personen verpflichten sich, eine Dienstleistung zu erbringen, die im übrigen im Vertrag detailliert beschrieben ist.

Abribus-Stellen

(→ Außenwerbung, Sonderformen)

Abrufvertrag

(→ Lieferungsbedingungen)

Absatz-/Umsatzpotential

(→ Markterwartungen)

Absatz-/Umsatzvolumen

(→ Markterwartungen)

Absatzfinanzierung

Die *Alleinfinanzierung* ist eine Form der Kreditierung, bei der die Finanzierung durch den Lieferanten selbst erfolgt. Die *Refinanzierung* ist eine Form der Kreditierung, wobei die Sicherung des Kreditbetrags in Form von Personen oder Sachen erfolgt. Bei der *Drittfinanzierung* erfolgt die Finanzierung nicht durch den Gläubiger, sondern durch einen Dritten, meist in Form von Leasing oder Factoring, gegen Gebühr.

(→ A-Geschäft im Handel, B-Geschäft im Handel, C-Geschäft im Handel, Dingliche Sicherheiten, Factoring, Leasing, Persönliche Sicherheiten)

Absatzformen

Bei der Absatzform kann man Eigengestaltung, Fremdgestaltung und Gebundene Gestaltung unterscheiden. Es handelt sich demnach um rechtlich und wirtschaftlich unselbständige Organe. *Eigengestaltung* liegt beim Persönlichen Verkauf durch Unternehmensrepräsentanten vor. Dieser kann nach vier Prinzipien erfolgen.

Beim *Residenzprinzip* findet der Verkauf in den Räumlichkeiten des Verkäufers statt. Der Käufer begibt sich dazu an den Ort des Verkaufs, im Handel also in das Ladengeschäft des Händlers. Dies gilt aber auch für den Verkauf großer Mengen/hoher Werte durch das Top-Management beim Abnehmer (etwa bei Investitionsgütern).

Beim *Domizilprinzip* findet der Verkauf in den Räumlichkeiten des Käufers statt. Der Verkäufer begibt sich dazu an den Ort des Kaufs, also die Wohnung der Privatperson oder das Büro des Gewerbetreibenden. Dieser Außenverkauf ist typisch für die meisten Formen des Business to Business-Kontakts.

Beim *Treffprinzip* findet der Verkauf in „neutralen" Räumlichkeiten statt. Sowohl der Verkäufer als auch der Käufer begeben sich dazu an diesen dritten Ort, etwa den Messestand bei Marktveranstaltungen, auf denen formalisierte und ungeplante Transaktionen ablaufen.

Beim *Distanzprinzip* findet kein persönlicher, sondern ein medialer Verkauf statt. Die Willenserklärungen zu Verkauf und Kauf erfolgen also über geprintete Medien, wie Anzeigencoupon, Mailing, Katalog etc., oder über elektronische Medien wie Telefon, Telefax, Teletex etc.

Fremdgestaltung liegt beim Verkauf über wirtschaftlich und rechtlich selbständige Absatzorgane vor. Die Absatzfunktion wird also vom Ersteller der Leistung abgetrennt und an externe Absatzorgane delegiert. Dabei handelt es sich um zwei Gruppen:

- Absatzmittler sind in eigenem Namen und auf eigene Rechnung als Händler tätig. Sie werden Eigentümer der gehandelten Ware und veräußern diese wiederum ohne wesentliche Be- und Verarbeitung.
- Absatzhelfer sind in fremdem Namen und auf fremde oder eigene Rechnung, dauerhaft oder fallweise tätig. Sie werden dabei selbst nicht Eigentümer der gehandelten Ware. Absatzhelfer wiederum sind akquisitorisch, logistisch oder leistungsergänzend aktiv.

Gebundene Gestaltung liegt beim Verkauf über rechtlich selbständige, wirtschaftlich aber unselbständige Absatzorgane vor. Es handelt sich also um eine Zwischenform weder völliger Ausgliederung noch Eigenwahrnehmung der Absatzfunktion. Drei wichtige Formen betreffen hier:

- die Verkaufsholding als rechtlich selbständiger, wirtschaftlich gebundener Konzernteil, an den andere verbundene Konzernteile die Verkaufsfunktion ihrer Betriebe abtreten,
- das Verkaufssyndikat als rechtlich gebundener, wirtschaftlich selbständiger Kartellteil, bei dem Syndikalisten nur die Verkaufsfunktion ihrer Betriebe an ein gemeinsames Organ abtreten (dies ist aber wettbewerbsrechtlich außerordentlich bedenklich),
- das Kontraktmarketing als vertikale Kooperation zwischen Hersteller- und Handelsstufen zur Förderung der Verkaufsfunktion im Absatzkanal (dies ist eine völlig legale Auslegung).

(→ *Absatzmethode*)

Absatzhelfer

Neben Absatzmittlern sind auch Absatzhelfer im Absatzkanal tätig. Sie

begleiten den Weg der Ware vom Hersteller zum Endabnehmer, ohne, im Gegensatz zu Absatzmittlern, dabei selbst Eigentümer der Ware zu werden. Sie sind im einzelnen akquisitorisch, logistisch oder leistungsergänzend tätig.
(→ Handelsvertreter, Kommissionär, Handelsmakler)

Absatzkanal, Angebotskonflikte

Im *Angebots-Mix* betreffen Konflikte folgende Aspekte: Hersteller sind daran interessiert, das Image ihrer Produkte/Marken zu individualisieren und auszuprägen, also zum Wettbewerb abzugrenzen und gegenüber den Konsumenten zu profilieren. Händler wollen demgegenüber das Image des von ihnen angebotenen, geschlossenen Sortiments, also die Zusammenfassung der Angebote verschiedener Hersteller, durchsetzen. Hersteller zeichnet oft eine hohe Innovationsrate aus, erzwungen aus der Umsetzung technischen und/oder geschmacklichen Fortschritts sowie als Konkurrenzreaktion oder -antizipation, was eine zyklische Neuordnung des Angebots bedingt. Händler stehen Innovationen regelmäßig abwartend gegenüber, sind doch mit jedem neuen Angebot organisatorische Umstellungen und Risiken aus der Abnehmerakzeptanz verbunden. Hersteller zielen auf eine Individualisierung ihrer Marke ab, d. h. auf eine Abhebung vom Mitbewerb und eine Hervorhebung bei Kunden des Handels. Händler haben ein Interesse an der Etablierung und Forcierung eigener (Handels-)Marken, um die Abhängigkeit von Herstellern zu vermindern und neue, besonders preissensitive Käufergruppen für sich zu erschließen. Hersteller denken immer in Einzelangeboten, d. h. Produkten bzw. Ranges, oder in eigenen Programmdimensionen. Händler funktionalisieren Produkte zur gezielten Schließung von Sortimentslücken, damit Kunden das Fehlen bestimmter Waren nicht als beeinträchtigend empfinden und beim Geschäftsbesuch reklamieren. Für Hersteller dient die Packung in erster Linie der Profilierung und positiven Differenzierung des eigenen Angebots gegenüber allen anderen vergleichbaren, was oft in außergewöhnlichen, eigenständigen Kreationen resultiert. Eben diese Extravaganzen behindern Händler in der Rationalisierung ihres Warenhandling, weshalb sie auf standardisierte Größen, normierte Formen und gewohnte Materialien Wert legen.
(→ Absatzkanal, Strategiekonflikte)

Absatzkanal, Beziehungen

Innerhalb des Absatzkanals bestehen verschiedenartige Beziehungen. Unter *Push* versteht man den Hineinverkaufsdruck vom Hersteller an den Handel bzw. von der vor- an die nachgelagerte Handelsstufe zu Endabnehmern. Dadurch soll ein Lagerdruck ausgeübt werden, der dazu führt, daß die derart bevorrateten Absatzmittler verstärkte Abverkaufsbemühungen unternehmen, wodurch sich der Absatz insgesamt erhöht, das Lager leert und damit die Chance zu erneutem Push bietet.

Unter *Pull* versteht man den Herausverkaufssog von Endabnehmern beim Handel bzw. von der nach- an die vorgelagerte Handelsstufe. Dadurch soll ein Überbedarf erzeugt werden, der Absatzmittler dazu veranlaßt, sich verstärkt mit dem nachgefragten Produkt zu bevorraten. Auch das erhöht den Abverkauf, da der Handel bemüht ist, Fehlverkäufe zu vermeiden. Dies führt dazu, daß er sich stärker bevorratet als dies ohne Pull-Effekt geschieht.

Unter *Durchverkauf* (Push & Pull) versteht man den gleichzeitigen Hineinverkaufsdruck vom Hersteller und Herausverkaufssog von Endabnehmern innerhalb derselben Pipeline. Um zu vermeiden, daß sich gepushte Ware im Absatzkanal staut und in Verstopfung resultiert bzw. gepullte Ware sich verknappt und zu Vorratslücken führt, sind beide Aktivitäten möglichst parallel anzulegen. Sonst entsteht eher Frustation, weil der Handel feststellt, daß die reinverkaufte Ware offensichtlich nicht ausreichend abfließt bzw. er sich Endabnehmern gegenüber, die gezielt nach bestimmten Produkten fragen, als nicht ausreichend bevorratet zu erkennen geben muß..

Absatzkanal, Breite

Hinsichtlich der Absatzkanalbreite sind verschiedene Abstufungen zu unterscheiden:

Von *ubiquitärer Distribution* spricht man, wenn alle objektiv überhaupt in Frage kommenden Akteure in den Absatzkanal einbezogen werden. Dies ist außerordentlich schwierig zu realisieren und ansatzweise nur bei Softdrinks, Candybars, Zeitschriften und Zigaretten gelungen.

Von *intensiver Distribution* spricht man, wenn möglichst viele, mit vertretbarem Aufwand zu erfassende Akteure in den Absatzkanal einbezogen werden. Dies sorgt zwar für eine hohe Erhältlichkeit im gewählten Absatzgebiet, bedingt aber eine sehr heterogene Struktur der Absatzmittler.

Von *selektiver Distribution* spricht man, wenn bewußt nur ausgewählte Akteure in den Absatzkanal aufgenommen werden. Dies entspricht dann einer eher geringen Erhältlichkeit im gewählten Absatzgebiet, führt aber zur homogenen Struktur der Absatzmittler (z. B. nur Fachhandel)

Von *exklusiver Distribution* spricht man, wenn das Absatzgebiet so aufgeteilt ist, daß es zur relativen Monopolstellung der jeweiligen Akteure kommt. Dies ist nur in Ausnahmefällen wünschenswert und ansatzweise bei Automobilen, Mineralölen etc. gegeben.

Stellt man sich die Breitendimension des Absatzkanals dabei als Kontinuum vor, so markieren ubiquitäre und exklusive Distribution die beiden Endpole, intensive und selektive

		Absatzkanalbreite			
		exklusiv	selektiv	intensiv	ubiquitär
Absatzkanaltiefe	intern direkt	Credit Card-Club	Buchclub-Center	Universal-versand-handel	Großbank-Filialen
	extern direkt	Beziehungs-handel	Heimdienste	Sammelbe-steller (Mail Order)	Tankstation
	einstufig in-direkt	Franchise-System	Kosmetik-Depot	Lebensmit-teleinzelhan-dels-Filiale	Warenhaus
	zweistufig indirekt	Vertrags-werkstatt	Apotheke	Handwerks-handel	Kiosk

Absatzkanaldimensionen

Distribution bewegen sich dazwischen, wobei die Übergänge untereinander fließend sind.

Zu unterscheiden ist jeweils zwischen realisierter und gewünschter Distribution. Insofern ist auch zwischen Zustands- und Prozeßsicht zu unterscheiden. Eine empirisch festgestellte intensive Distribution kann so durchaus nur ein Zwischenstadium bei der Ausweitung zur Ubiquität oder der Einschränkung zur Selektivität sein. Die Zielerreichung ergibt sich als Relation von tatsächlicher und gewünschter Distributionsdichte. Die Distributionswahl ist dabei von situativen Faktoren wie Zeit (Lebenszyklusstadium), Intension (Zielsetzung), Image (Up Grading/ Down Grading) und Produktart abhängig. Aber auch vom Wettbewerbsrecht. So ist nach § 26 II GWB für die Zulässigkeit selektiven bzw. exklusiven Vertriebs zu prüfen, ob eine Behinderung oder eine unbillige Benachteiligung ohne sachlich gerechtfertigten Grund beim Geschäftsverkehr vorliegt, der gleichartigen Unternehmen üblicherweise zugänglich ist. Dies wird regelmäßig nur gegenüber marktmächtigen Händlern bei Herstellern ohne absolute/relative Marktmacht verneint. Ansonsten erfolgt ein Eingriff in die Dispositionsfreiheit des Herstellers hinsichtlich seiner Auswahl belieferter Absatzmittler. Nicht zu beanstanden ist allerdings, wenn die Auswahl der Wiederverkäufer aufgrund objektiver Gesichtspunkte qualitativer Art, die sich auf dessen fachliche Eignung, die Personal- und Sachmittelausstattung beziehen, erfolgt, sofern diese Kriterien einheitlich für alle in Betracht kommenden Wiederverkäufer festgelegt und ohne Diskriminierung angewendet werden.

Absatzkanal, Funktionen
Der Absatzkanal hat die Funktionen des *Waren-, Geld- und Datenaustausches* zwischen Marktpartnern wahrzunehmen. *Realgüterströme* betreffen die Distribution der Handelsobjekte von der Produktion zum Verbrauch und in umgekehrter Richtung im Rahmen der Retro-Distribution (Reklamation, Retoure, Entsorgung). Diese werden dabei je nach Lage der Dinge von Ort zu Ort durch den Raum bewegt, gelagert, gesammelt, aufgeteilt, umgepackt, kommissioniert und aussortiert, manipuliert, markiert, sortiert und um Dienste ergänzt.

Nominalgüterströme betreffen die Distribution von Entgeltobjekten vom Ge- und Verbrauch zur Produktion bzw. Nachbesserung/Verwertung. Diese werden als Zahlungsmittel, Zahlungs- und Gebührenbelege von Ort zu Ort übertragen, als raumüberbrückende Verbindung zum Forderungs- und Verbindlichkeitsausgleich hergestellt (Umtausch, Gutschrift), zur Festlegung und Überwachung von Zahlungs- und Fälligkeitsterminen für Gebührenzahlungen, zum Sammeln und Aufteilen von Zahlungsbelegen und -beträgen, Ausgleich von Forderungen und Verbindlichkeiten, Ausgleich zwischen zur Zahlung von Entsorgungsgebühren verpflichteter Wirtschaftssubjekte und deren Empfänger (DSD) und zur Bestimmung der Zahlungsarten oder -sicherheiten sowie zur Preis- und Spannenfindung.

Informationsströme betreffen die Distribution von Nachrichten über den Real- und Nominalgüterstrom zwischen Produktion, Verbrauch und Verwertung. Diese finden durch Übermittlung der Daten von Ort zu Ort, durch Datenspeicherung, durch Sammeln, Aufteilen, Sortieren, Scannen von Daten und durch Verdichten, Verknüpfen, Kombinieren, Interpretieren von Daten, Bestimmen der Kommunikationsmedien, Ermittlung neuer Daten und Beschwerdepolitik statt.

Diese Ströme fließen sowohl von Herstellern zu Absatzmittlern, als auch von Herstellern zu Endabnehmern und Absatzmittlern zu Endabnehmern, aber auch in Umkehrung von Endabnehmern zu Absatzmittlern und Hersteller als auch von Absatzmittlern zu Herstellern im Rahmen einer Feedbackschleife. Diese Beziehungen sind äußerst komplex, und der Handel steht dabei als Drehscheibe im Mittelpunkt.

Absatzkanal, Gegenleistungskonflikte
Im *Gegenleistungs-Mix* betreffen Konflikte folgende Felder: Hersteller

sind meist an konventioneller Preisgestaltung interessiert, um Irritationen auf Nachfrageseite über Preishektik zu vermeiden. Händler verfolgen indes die Absicht preislicher Differenzierung von ihren regionalen Mitbewerbern, was ihrer Ansicht nach vor allem über punktuell aggressive Preisgestaltung als besondere Anreize gelingt. Hersteller sind eher an einheitlichen, hohen Preisen interessiert, nicht so hoch, als daß sich das Käuferpotential einschränkt, aber auch nicht so niedrig, als daß sich damit Qualitätszweifel verbinden. Händler bevorzugen markant niedrige Preise, da der sich im Preisvergleich dann ergebende Vorteil ihnen vom Publikum erfahrungsgemäß als eigene Leistung zugeschrieben wird. Massierte Sonderangebote etablieren allerdings in Dauer und Breite eine völlig unrealistische Preiseinschätzung am Markt, die das betreffende Produkt zum Normalpreis kaum mehr absetzbar macht. Hersteller sind an hohen Fabrikabgabepreisen interessiert, die bei minimaler Handelsspanne dennoch zu einem konkurrenzfähigen Abverkaufspreis führen. Der Händler sieht dies natürlich völlig anders, er ist an niedrigen Einkaufspreisen interessiert, damit der Kalkulationsaufschlag höher ausfallen kann oder bei üblichem Kalkulationsaufschlag ein besonders konkurrenzfähiger Preis zustandekommt. Hersteller wollen möglichst hohe Einführungspreise für neue Angebote, vor allem um eine Innovatorenrente abzuschöpfen, das Image hoch anzusiedeln und Spielraum für spätere Preissenkungen zu lassen. Händler wollen demgegenüber niedrige Einführungspreise, um eine rasche Penetration in der Kundschaft zu erreichen, die Drehgeschwindigkeit zu erhöhen und sich einen angemessenen Absatzanteil zu sichern. Hersteller setzen auf Klimaverbesserung und Partnerschaftsappelle, die helfen sollen, von Konditionenverhandlungen abzulenken. Händler fordern hingegen Nichtleistungskonditionen, die nur auf Macht beruhen.

(→ Absatzkanal, Strategiekonflikte)

Absatzkanal, Informationskonflikte

Im *Informations-Mix* betreffen Konflikte folgende Felder: Hersteller sind an der Generierung von Markentreue interessiert, also Kunden, die mit hoher Frequenz unbeirrt immer wieder die eigene Marke kaufen, gleich in welchem Handelsgeschäft. Händler sind an Einkaufsstättentreue interessiert, also Kunden, die mit hoher Frequenz unbeirrt immer wieder das eigene Geschäftslokal aufsuchen, fast gleichgültig, welche Waren sie dabei kaufen. Hersteller verfolgen also in ihrer Kommunikation den Aufbau von Produktimage und -profilierung. Händler verfolgen demgegenüber den Aufbau von Geschäftsimage und -profilierung, was etwas ganz anderes bedeutet. Hersteller müssen zur Aktivierung ihres Absatzpotentials eine maximale Reichweite für Bekanntheit/Ver-

trautheit ihres Produkts im gesamten Verbreitungsgebiet erreichen. Händler wollen nur eine maximale Bekanntheit/Vertrauheit für ihre Betriebsstätte in deren lokalem Einzugsgebiet erreichen. Alle nicht punktuell wirksamen Maßnahmen sind für sie daher wertlos. Hersteller zielen primär auf eine positive Einstellung und Motivation im Vorfeld der Kaufentscheidung ab. Vor allem geht es darum, in den Evoked Set of Brands eines möglichst großen Zielgruppenanteils zu gelangen. Händler wollen hingegen die Auslösung unmittelbarer Kaufbereitschaft am POS, also Begierde und spontane Handlungswirkung. Hersteller wünschen eine Präsentationsunterstützung durch eigenständigen Auftritt und aktuelle Dekoration. Händler fordern demgegenüber Merchandising als unbezahlte Abverkaufshilfe am POS, Incentives für besondere Dekorationen und Werbekostenzuschüsse für anderweitige Kommunikationsmaßnahmen. Für Hersteller ist der einheitliche Auftritt ihrer Werbeaktivitäten hochbedeutsam, um ein konsistentes Markenbild aufzubauen. Händler stellen ihren outletbezogenen Aktionsauftritt in den Vordergrund, der Marken instrumentalisiert und sorgsam aufgebautes Image oft genug mit dem „Schweinebauch“ erschlägt.
(→ Absatzkanal, Strategiekonflikte)

Absatzkanal, Kooperationen

Kooperation ist jede auf freiwilliger Basis beruhende, vertraglich geregelte Zusammenarbeit rechtlich und wirtschaftlich selbständiger Betriebe zum Zwecke der Verbesserung ihrer Leistungsfähigkeit. Im Gegensatz zur Konzentration, die die Aufgabe der rechtlichen Selbständigkeit mindestens eines Partners bedeutet. Sinn ist die gemeinsam bessere Zielerreichung als einzeln. Dies gelingt nur, wenn der Kooperationsaufwand geringer ist als der zusätzliche Nutzen aus der Kooperation. Die Kooperation kann partiell oder total sein. Bei horizontalen Kooperationen ist die Vertragsfreiheit durch Wettbewerbsgesetze stark eingeschränkt. Bedeutsam ist in jedem Fall eine Identifizierung des bestehenden oder potentiellen Mitglieds mit den Kooperationszielen. Bei vertikaler Orientierung gibt es systemträgergeprägte Gruppen (z. B. Franchising), Beziehungen ohne Ausschließlichkeit (z. B. Absatzhelfer), Verbundgruppen (Einkaufsgemeinschaften, freiwillige Ketten), Delkredegruppen zur Konditionenverbesserung und Dienstleistungsgruppen (z. B. Managementkontrakte).

Horizontale Kooperation ist weiterhin nach verschiedenen Ausprägungen unterscheidbar. So nach der Art der beteiligten Partner auf Groß- oder Einzelhandelsstufe, jeweils aber nur auf der gleichen Marktstufe. Dann nach der Zeitdauer als begrenztes Projekt oder dauerhafte Zusammenarbeit. Die Organisation kann durch Gemeinschaftsorgane institutionalisiert sein oder eher informell erfolgen. Dazu kann eine eigene Rechtsform geschaffen werden oder unterbleiben. Nach dem Aufgabenbereich können periphere oder zentrale Funktionen betroffen sein. Die horizontale Kooperation bezieht sich vor allem auf Betriebskartelle, Versteigerungsgenossenschaften der Urproduzenten, Gütezeichengemeinschaften, Einkaufskontore selbständiger Händler, Zentralkontore unselbständiger Händler und Abteilungen wie Werbung, Standort, Vertrieb, Sortiment etc. Diese Kooperationsformen haben vor allem mittelständischen Selbsthilfecharakter, und zwar zur Autonomie gegenüber der Herstellerstufe einerseits und zur Absetzung gegenüber Konzentrationsformen des Handels andererseits. Allerdings wohnt ihnen die Tendenz zu abnehmender wirtschaftlicher Selbständigkeit der Partner inne.

Die Formen der *vertikalen* Kooperation im Marketing werden gemeinhin unter dem Begriff Kontraktmarketing zusammengefaßt. Damit sind unterschiedliche Marktstufen der gleichen Branche einbezogen, d. h. die Zusammenarbeit erfolgt zwischen Hersteller und Handelsstufe bzw. Absatzhelfer oder zwischen Handelsstufen. Ihr primäres Ziel ist die Überwindung der latent oder manifest vorhandenen Interessenkonflikte im Absatzkanal, die zahlreich und mit starken Machtmitteln versehen, vorhanden sind. Dazu bestehen mehrere Möglichkeiten, so die der Abstimmung mit Handelsstufen, der Raumvermietungsgeschäfte des Handels, der Warenvermittlungsgeschäfte des Handels, der Warenverkaufsgeschäfte des Handels, der Zusammenarbeit auf der Handelsstufe und des Direktverkaufs über Repräsentanten (vgl. *Ahlert, Dieter:* Distributionspolitik, 2. Auflage, Stuttgart et al 1992).

(→ Absatzkanal, Kooperationen)

Absatzkanal, Präsenz

Sind antinomische Relationen im Absatzkanal unvermeidbar, stellt sich die Frage, wie sich Hersteller- und Handelsstufe erfolgversprechend miteinander arrangieren. Dabei ist der Anspruch auf die Kanalführerschaft der einen oder anderen Seite von Bedeutung. Dafür ergeben sich vier Kombinationen möglicher Strategien der Absatzkanalpräsenz aus Herstellersicht (vgl. *Meffert, Heribert:* Strategische Unternehmensführung und Marketing, Wiesbaden 1988).

Die *Emanzipationsstrategie* betrifft die Dominanz des Herstellers bei Subordination des Handels als Umgehungsstrategie unter Nutzung neuer Absatzwege mit besserer Kontrollmöglichkeit seitens des Herstellers. Hierbei ist vor allem an direkten Absatz unter Ausschaltung der Absatzmittler zu denken. Damit sind jedoch regelmäßig erhebliche investive Aufwendungen verbunden, die vor allem in der Aufbauphase die meisten Hersteller überfordern. Dennoch gibt es zahlreiche gelungene Beispiele, z. B. *Flötotto*.

Bei der *Pragmatismusstrategie* wird auf die Gestaltung des Absatzkanals aktiv Einfluß genommen und etwaige Handelsreaktion darauf außer acht gelassen, um die Herstellerinteressen durchzusetzen. Dies bietet sich vor allem bei geringer Austauschbarkeit des Angebots an, ansonsten weicht der Handel auf kooperativere Lieferanten aus. Nur sog. Pflichtartikel des Handels, die wegen ihrer extrem hohen Publikumsbekanntheit und -vertrautheit im Handelssortiment praktisch unverzichtbar sind, können sich ein solches Vorgehen erlauben. Ob es sinnvoll ist, muß selbst dann bezweifelt werden.

Die *Anpassungsstrategie* betrifft die Dominanz des Handels bei Subordination der Hersteller als Abgabe der Kanalführerschaft an den Handel. In Anbetracht der hohen Machtkonzentration auf der Handelsstufe und fehlenden eigenen Zugriffs auf Endabnehmer ist dies ein sehr risikoreicher Ansatz. Der Hersteller begibt sich damit in die Abhängigkeit, wenn kein ausreichendes Profil im Publikum besteht, das Nachfrageattraktivität ausübt. Die Finanzmittel dazu sind bei konditionendrückender Abnahmepolitik des Handels auch nur schwerlich zu erwirtschaften. Insofern entsteht ein Teufelskreis.

Die *Geschäftsfreundestrategie* betrifft die gleichzeitige Subordination von Hersteller und Handel als Kooperation und Interessenintegration. Dieser Weg wird verstärkt eingeschlagen, da Auseinandersetzungen leicht dysfunktionale Züge tragen und keinen der Beteiligten befriedigen. Daher werden gemeinsame Interessenfelder identifiziert und im Rahmen der Co-Organisation bearbeitet. So. z. B. bei Retrodistribution (zu nennen ist das *Duale System Deutschland*/DSD) und Regalplatzoptimierung (zu denken ist an entsprechende Software).

Absatzkanal, Strategiekonflikte

Es ist immer noch die Ansicht verbreitet, daß die Interessen von Hersteller und Handel weitgehend dekungsgleich und beide gemeinsam bemüht sind, den Markt zu erobern. Dies ist jedoch mitnichten der Fall. Vielmehr haben Hersteller und Händler vielfältige, voneinander abweichende Interessen, die im Absatzkanal zu Konflikten führen. Diese erstrecken sich über alle Marketingparameter (vgl. *Steffenhagen, Hartwig:* Marketing, 2. Auflage, Stuttgart et al. 1991).

Konflikte im *Strategie-Mix* sind übergreifend und betreffen folgende Felder: Hersteller zielen auf die Ausweitung ihrer Einflußnahme auf Endabnehmer ab, indem sie handelsstufenübergreifend direkt auf diese mittels Sprungwerbung intensiv einwirken. Dies soll Händler umgehen, die dann nur noch die herstellerinduzierten Wünsche ihrer Kunden ausführen. Dem stellt der Handel eine Verstärkung seines Einflusses durch Rückwärtsintegration entgegen. Dies betrifft die Durchsetzung angemeldeter Produktwünsche, die Abwälzung originärer Handelsfunktionen und die Herstellung eigener Handelsmarken. Hersteller versuchen, ihre Produkte zu Pflichtmarken des Handels zu stilisieren, bei denen es sich kein Händler mehr leisten kann, sie nicht zu führen, weil er damit rechnen muß, daß Kunden, die die gewünschte Ware nicht finden, verärgert das Outlet wechseln, und zwar nicht nur hinsichtlich des nichtgeführten Produkts, sondern auch hinsichtlich anderer. Der Handel setzt den Profitabilitätsnachweis von Produkten als Voraussetzung für die Sortimentsaufnahme dagegen. *(→ Absatzkanal, Angebotskonflikte, Absatzkanal, Gegenleistungskonflikte, Absatzkanal, Informationskonflikte, Absatzkanal, Verfügbarkeitskonflikte)*

Absatzkanal, Tiefe

Die Tiefendimension des Absatzkanals betrifft die ein- oder mehrstufige Auslegung für den Fluß von Waren, Geldern und Informationen zwischen Hersteller, Absatzmittler und Endabnehmer. Dafür können verschiedene Abstufungen unterschieden werden.

Beim *Direktabsatz* treten Hersteller unmittelbar mit Endabnehmern, also unter Ausschaltung zwischengeschalteter Absatzmittlerstufen, in Kontakt. Diese Alternative kommt ohne den Handel aus. Stattdessen treten Geschäftsleitung, Verkaufsabteilung, Verkaufsniederlassung, Verkaufsaußendienst, Vertriebsholding, Direktmarketing, Telefonverkauf oder Werksverkauf in Kraft. Dies bietet sich bei Produkten an, die stark erklärungsbedürftig sind, für die Garantie/Service vor Ort geleistet werden muß, deren hoher Preis eine Lagerhaltung für den Handel wirtschaftlich untragbar macht, die transportempfindlich sind, sich an einen kleinen Abnehmerkreis wenden oder an Abnehmer, die regional stark konzentriert sind, in größeren Zeitabständen gekauft werden, aus betriebsstrategischen Gründen direkt verkauft oder im Endverkaufspreis vom Absender bestimmt werden sollen. Große Vertriebsorganisationen sind die von (Mitarbeiter 1993) *Avon* (119922), *Siemens* (73400), *Tupperware* (40170), *Krupp* (19665), *Mercedes-Benz* (18046), *IBM* (17131), *Siemens-Nixdorf* (13000), *ABB* (11160), *Telenorma* (10092), *AEG* (7900).

Beim *Indirektabsatz* treten Hersteller nur mittelbar mit Endabnehmern, also unter Einschaltung zwischengeschalteter Absatzmittlerstufen, in Kontakt. Dies bietet sich bei Produkten an, die sich seitens des Absenders nicht zielbewußt, effektiv vermarkten lassen, eine flächenmäßig weit verteilte Nachfrage aufweisen, eine Einordnung in ein Sortiment zum Verkauf erforderlich machen oder die Kosten einer direkten Belieferung nicht tragen.

Ein Absatzweg ist für den Absender umso kostspieliger, je direktere Verbindungen zwischen ihm und dem Endkäufer bestehen. Direkter Vertrieb ist dann günstiger, wenn bei gleichen Endverkaufspreisen und Absatzmengen die zusätzlichen Vertriebskosten geringer sind als die Ersparnisse aus der Handelsspanne. Je direkter ein Absatzweg ist, desto stärkere Einflußnahmen und Kontrollen sind möglich und desto besser ist der Informationsfluß.

Der Indirektabsatz kann wiederum unterschiedlich ausgelegt sein:

- *Einstufig indirekter Absatz* bedeutet, daß im Absatzkanal nur eine Absatzmittlerstufe zwischengeschaltet ist. Meist handelt es sich dabei um Einzelhändler, und zwar Großbetriebsformen, sog. Key Accounts. Ausnahmsweise aber auch um Großhändler, die ihrerseits an Endabnehmer liefern, und Verbindungshändler, die an Produzenten (Weiterverarbeiter) liefern.
- *Zweistufig indirekter Absatz* bedeutet, daß im Absatzkanal zwei Absatzmittlerstufen nacheinander zwischengeschaltet sind. Meist handelt es sich dabei um Großhändler und Einzelhändler, die nacheinander aktiv werden. Ausnahmsweise aber auch um Verbindungshändler, die an Weiterverarbeiter (Handwerk o. ä.) liefern, und Exporteure im Außenhandel, die an fremdgebietsansässige Importeure liefern.
- *Mehrstufig indirekter Absatz* bedeutet, daß im Absatzkanal mehr als zwei Absatzmittlerstufen zwischengeschaltet sind. Dies ist durchaus nicht selten der Fall, wenn sich Groß- und Einzelhandelsstufe ihrerseits in Teilstufen aufteilen. So sind im Weinhandel Winzergenossenschaften, Weingroßhandlungen, Lebensmittelgroßhandlungen, Gastronomiebetriebe, Facheinzelhandel und LEH sowie Import- und Exportbetriebe nacheinander zwischengeschaltet, sodaß der Warenweg äußerst komplex wird, zumal es auch Direktabsatz gibt.

(→ *Direktabsatz*)

Absatzkanal, Verfügbarkeitskonflikte

Im *Verfügbarkeits-Mix* betreffen Konflikte folgende Felder: Herstellern ist an möglichst hohen Bestellmengen in langen Lieferintervallen gelegen, da dies zur rationellen Auftragsbearbeitung und -ausführung beiträgt und Druck in der Pipeline erzeugt. Händler disponieren demgegenüber kurzfristig gestaffelte Bestellmengen analog dem Markterfolg, weil dies die Kapitalbindung reduziert. Hersteller sind regelmäßig an hoher Distributionsdichte bis hin zur Ubiquität ihres Angebots interessiert, weil dies über mehr Facing ihre Absatzchancen erhöht. Händler präferieren eher selektive bis exclusive Distribution mit begrenztem Wettbewerbsschutz durch Marktzutrittsschranken, hoher Ausschöpfung des Nachfragepotentials und umfangreicher Unterstützung des Herstellers. Hersteller wollen die absolut beste Placierung für ihr Produkt innerhalb des Handelsbetriebs. Händler streben eine optimale innerbetriebliche Placierung an, die abhängig ist von Gesamtdeckungsbeitrag, Kundenstrom und Präsentationsumfeld. Hersteller wünschen

eine vollständige und permanente Bevorratung ihres Programms am Handelsplatz im „Full Line"-Prinzip. Händler wünschen eine möglichst niedrige Vorratshaltung mit sachlich und zeitlich ausgewählten Artikeln nach dem „Rosinenpicker"-Prinzip. Herstellern ist an einem intensiven Beratungsservice vor Ort (POS) gelegen, vor allem wenn es sich um erklärungsbedürftige Produkte handelt, deren komparative Leistungsvorteile nicht offensichtlich sind. Dafür sind sie auch zu Schulungs- und Trainingsmaßnahmen bereit. Händler hingegen wollen eine möglichst rationelle Personalorganisation, d. h. keine übertriebene Spezialisierung, sondern flexibler Einsatz nach Arbeitsanfall, Ausfallzeiten und Fluktuation.
(→ *Absatzkanal, Strategiekonflikte)*

Absatzmethode

Die Absatzmethode gliedert sich, nicht ganz überschneidungsfrei, nach

- Absatzform (eigengestaltet, fremdgestaltet, gebunden gestaltet),
- Absatzweg (direkt, indirekt) und
- Vertriebssystem (zentral, dezentral, ausgegliedert).

Diese Unterteilung geht auf den „Betriebswirtschaftspapst" *Gutenberg* zurück.
(→ *Absatzformen, Absatzwege, Vertriebssysteme*)

Absatzmittler

Absatzmittler sind im Absatzkanal zwischen Hersteller und Endabnehmer zwischengeschaltet. Sie werden Eigentümer der Ware und sind rechtlich wie wirtschaftlich selbständig. Es lassen sich zwei große Gruppen von Absatzmittlern unterscheiden: Großhandel und Einzelhandel.
(→ Betriebstypen des Handels, Großhandel, Einschaltung)

Absatzmittlerumfeld

(→ Angebotsumfeld, Analyse)

Absatzorgane

(→ Akteure im Absatzkanal)

Absatzprognose

(→ Prognose, Arten)

Absatzquellendefinition

Die Absatzquelle, im englischen auch Source of Potential Demand, Source of Business oder Source of Volume genannt, bildet zugleich eine sehr entscheidende Weichenstellung für das konzeptionelle Vorgehen. Denn sie definiert, wo sich am Markt die Kaufkraft befindet, von der ein Angebot „leben" will. Dem liegt die Erkenntnis zugrunde, daß eigentlich keiner, außer dem Hersteller, auf ein neues Produkt gewartet hat und daß vor allem ohne trifftigen Grund kein Anlaß besteht, ein vorhandenes Angebot zu verlassen. Gerade diese beiden Wirkungen sind jedoch maßgebend für den Markterfolg. Für ein neues Produkt

	Marktdimension	Käuferdimension	Nutzungsdimension	Umsatzdimension
vorhanden	Einsatznovität	Kundenbindung	Intensitätssteigerung	Strukturbeeinflussung
neu	Marktschaffung	Aktivierung v. Nichtkäufern	Systemwechsel	Konkurrenzverdrängung

Absatzquellendefinition

muß auf irgendeine intelligente Weise Kaufkraft erzeugt werden, die vordem anderweitig gebunden war. Immerhin erhöht sich ja durch das zusätzliche Angebot eines neuen Produkts am Markt in keiner Weise die Kaufkraft der Nachfrager, deren Geldausgabe allein den Einführungserfolg sichern kann. Daher muß bestehende Kaufkraft abgezogen werden. Dafür gibt es vier große Quellen:

- erstens Kaufkraft, die zwar vorhanden, seither aber überhaupt nicht marktwirksam geworden ist, weil sie gehortet wird. Das Ziel ist es daher, die Ausgabenneigung zu erhöhen und für das eigene Angebot zu liquidieren. Als Hebel kommen dazu die Eroberung, Aufklärung, Problemweckung oder Marktschaffung in Betracht.
- zweitens Kaufkraft, die in anderen Märkten aktiv gebunden ist, um sie von dort abzuziehen. Sie soll dort durch komparative Vorteilsauslobung abgezogen und auf dem eigenen Markt liquidiert werden. Als Hebel kommen der Systemwechsel, die Gebietsausdehnung, Präsenzstreckung und Aufwertung in Frage.
- drittens Kaufkraft, die in fremden Marken im eigenen Markt investiert ist, um sie dort zu verdrängen. Es gilt daher, sie zugunsten des eigenen Angebots zu monetarisieren. Das ist mit vier Hebeln möglich: Konkurrenzverdrängung, Produktdifferenzierung, Marktwachstum und Imitation.
- viertens Kaufkraft, die bereits derzeit für die eigene Marke investiert ist und besser abgeschöpft werden kann. Als Hebel können dafür Wiederkaufsicherung, Intensitätssteigerung, Strukturbeeinflussung und Cross Selling-Angebot dienen.

(→ *Aufklärung, Cross Selling, Eroberung, Gebietsausdehnung, Imitation, Intensitätssteigerung, Konkurrenzverdrängung, Marktschaffung, Marktwachstum, Präsenzstreckung, Problemweckung, Produktdifferenzierung, Strukturbe-*

einflussung, Systemwechsel, Wiederkaufsicherung)

Absatzwege

Beim Absatzweg kann man indirekte oder direkte Gestaltung unterscheiden.

Bei *indirektem Absatzweg* sind Absatzmittler zwischen Hersteller und Endabnehmer zwischengeschaltet. Dabei handelt es sich um den Großhandel, regelmäßig als Handel unter Kaufleuten, den Einzelhandel als Handel mit Endabnehmern, den Verbindungshandel mit Produzenten und Weiterverarbeitern und den Außenhandel als grenzüberschreitendem Im- und Export.

Bei *direktem Absatzweg* erfolgt der Absatz unter Ausschluß dieser Absatzmittler über interne Absatzorgane (Betriebsangehörige), externe Absatzorgane (Absatzhelfer) oder Medien (geprintet oder elektronisch).

Infolge der Machtkonzentration auf der Absatzmittlerstufe, gestiegener Kosten der Distribution durch Ausweitung der Sortimente und größerer Absatzgebiete sowie Nutzung technischen Fortschritts ist eine Tendenz zu zunehmend direkterem Absatzweg deutlich erkennbar.
(→ Absatzmethode)

Abschlußmärkte

Abschlußmärkte als Form von Marktveranstaltungen sind durch eine verfahrensmäßig organisierte Bewerberrivalisation gekennzeichnet. Sie unterteilen sich in organisierte und freie Formen
(→ Auktion, Börse, Einschreibung, Lizitation, Märkte, Messe, Musterung, Submission, Tender, Trade Mart)

Abschlußvertreter

(→ Handelsvertreter)

Abschöpfungspreissetzung

Abschöpfungspreissetzung bedeutet, daß der Preis eines Produkts im Zeitablauf sukzessive gesenkt wird. Daraus folgen mehrere Vorteile:

- Es kommt durch Nutzung der niedrigeren Preiselastizität der Nachfrage bei Angebotsbeginn zur Abschöpfung der Konsumentenrente.
- Der hohe Neuheitsgrad von Produkten kann durch größere Preisakzeptanz genutzt werden.
- Wettbewerberreaktionen sind nur gefährlich, wenn für diese freier Angebotszugang besteht.
- Spätere Preissenkungen haben nachhaltige Nachfragewirkung, vor allem wenn das Produkt durch hohe Einführungspreise eine gewisse Exklusivität erlangt hat.
- Die Unterstützung der Produktpositionierung im Exklusivsegment durch Prestige- und Qualitätsindikation des Preises wird erreicht.
- Dem Preisdruck aggressiver Handelsanbieter kann mit mehr Spielraum zur Anpassung nachgegeben werden.
- Es kommt zur Realisierung hoher,

kurzfristiger Gewinne, damit zu schnellerer Amortisation und weniger Risiko.

- Es sind nur geringe Ansprüche an finanzielle Ressourcen gegeben, sodaß ein nachfolgender Angebotsausbau möglich wird.

Die Nachteile der Abschöpfungspreissetzung sind folgende:

- Ein sinkender Preis wird leicht als Indikator für sinkende Qualität, Anerkennung und Exklusivität interpretiert.
- Infolge geringerer Absatzmengen entstehen nur begrenzte Rationalisierungseffekte.
- Zunächst hohe Preise ermutigen potentielle Konkurrenten zum Markteintritt.
- Wegen des höheren Obsoleszenzrisikos besteht nur eine eingeschränkte Probierneigung.
- Es ergibt sich eine erhöhte Flopgefahr, da anfänglich hohe Preise vom Kauf abschrecken.
- Es kommt nur zu einem langsamen Aufbau eines Käuferstamms und damit zu geringer Käuferreichweite in der Zielgruppe.

(→ Preispositionierung)

Absenderbezogene Markentypen

Eine Möglichkeit der Unterteilung in der Markenstrategie ist die nach dem Absender der Marke. Dabei können durchaus verschiedene Absender unterschieden werden. Behandelt werden Hersteller-, Handels-, Subsidiär-, Kollektiv-, Transfer- und Lizenzmarken.

(→ Handelsmarke, Herstellerwerke, Kollektivmarke, Lizenzmarke, Subsidiärmarke, Transfermarke)

Absenderidentität

Identität ist die Gleichheit einer Person oder eines Objekts mit sich selbst aus eigener Sicht (Selbstbild) und Sicht Dritter (Fremdbild). Jedes Angebot hat qua Präsenz ihm zugeschriebene Identitätsfaktoren und kann weitere durch kommunikative Maßnahmen erwerben oder übernehmen.

Diese Maßnahmen betreffen die Corporate Identity (CI). CI ist ein außerordentlich schillernder Begriff. Definitionen betreffen u. a.

- das durchgängige inhaltliche und visuelle Erscheinungsbild eines Unternehmens,
- die zentrale Kommunikationsstrategie des Unternehmens,
- die Höchstform der Selbstdarstellung eines Unternehmens,
- die erkennbare und wirksame Ausstrahlung einer Firmenpersönlichkeit in ihre Umwelt,
- die Summe aller Kommunikations-Mittel und -Möglichkeiten zur Unternehmensdarstellung,
- die Einheit und Übereinstimmung von Erscheinung, Worten und Taten eines Unternehmens mit seinem formulierten Selbstverständnis,
- den einheitlichen Auftritt eines Unternehmens und seiner Teile gegenüber Dritten.

Abzugrenzen ist CI von

- der Unternehmensphilosophie, die die grundsätzlichen ökonomischen, gesellschaftspolitischen und sozialen Wert-, Ziel- und Kompetenzvorstellungen eines Unternehmens in bezug auf sich selbst und seine Stellung in der Umgebung ausdrückt,

- der Unternehmenskultur, die die Gesamtheit der Normen und Wertvorstellungen, der Denkhaltungen und Überzeugungen umfaßt, die dem Verhalten und den Entscheidungen der Menschen im Unternehmen zugrundeliegen,
- dem Unternehmensimage als der Vorstellung von einem Gegenstand, die sich mit der Wirklichkeit womöglich nur zum Teil deckt. Dieses ist der emotional gefärbte Ausdruck der Identität innerhalb eines Meinungsraumes.

Der Corporate Identity-Mix besteht aus den Instrumenten:

- Corporate Mission, d. h. das Leitbild des Unternehmens, das allein seinen Geschäftszweck bestimmt. Hier definieren fortschrittliche Anbieter anspruchsvolle Ziele, die Maßgabe deren ethischer Wertungen in der Geschäftstätigkeit sind.
- Corporate Personality, d. h. die Persönlichkeit des Unternehmens, die durchaus analog zur Persönlichkeit eines Menschen zu begreifen ist und Geschlecht, Aussehen, Alter, Charakter, Freunde und Rivalen, freilich jeweils im übertragenen Sinne, beinhaltet.
- Corporate Culture, d. h. die dem kollektiven Wertesystem entsprechenden Normen, die Toleranzgrenzen für eine konforme Unternehmenspolitik innerhalb der Gesellschaft darstellen und je nach Raum- und Zeiteinbindung erheblich variieren können.
- Corporate Behavior, d.h das Verhalten des Unternehmens bzw. der Menschen im Unternehmen gegenüber sich selbst und in bezug auf die diversen Zielgruppen, wie Kunden, Lieferanten, Geldgeber oder allgemeine Öffentlichkeit,
- Corporate Design als das spezifische visuelle Erscheinungsbild der Unternehmenspersönlichkeit betreffende Symbole, die durch das einheitliche Zusammenspiel von Architektur-, Graphik- und Produkt-Design zu optimaler Geschlossenheit avancieren,
- Corporate Communications als die Gesamtheit der Kommunikations- und Informationsmaßnahmen, mit denen auf strategischer Basis das Selbstverständnis des Unternehmens nach innen und außen transparent gemacht werden soll.

  (→ *Corporate Behavior, Corporate Communications, Corporate Design, Corporate Identity)*

Abstimmung auf den Handelsstufen

Innerhalb der Abstimmung auf den Handelsstufen ergeben sich verschiedene Ausprägungen, die Rahmenvereinbarung, die Wettbewerbsregeln, der Herstellergestützte Mittelstandskreis und der Gesplittete Vertrieb.

(→ *Gesplitteter Vertrieb, Hersteller-*

gestützter Mittelstandskreis, Rahmenverarbeitung, Wettbewerbsregeln)

Abstraktionsgrad von Modellen

(→ Marketing, Modelle)

Abteilungsanordnung

(→ Ladenorganisation im Handel)

Abteilungsbildung

(→ Ladenorganisation im Handel)

Abweichungs-Analyse

Diese betrifft ausschließlich eigene Werte in einer Ziel-Zustands-Relation. Dazu wird ein Kriterienkatalog angelegt, bei dem jedes Kriterium hinsichtlich des Zielerreichungsgrads bewertet wird. Daraus entstehen dann zwei Polaritätenprofile, die Unterdeckungen ausweisen. Dort kann mit Maßnahmen angesetzt werden. Die konkrete Vorgehensweise ist wie folgt. Es werden die in der Zielvorgabe des Unternehmens festgelegten Steuergrößen konkretisiert. Für jede Steuergröße wird der gewünschte Ausprägungsgrad festgelegt. Er dient im folgenden als Maßstab. Es wird ein Bewertungssystem für die Skalierung festgelegt, z. B. Metrikskala. Für jede Steuergröße wird die Zielausprägung als Soll-Zustand auf dieser Skala abgetragen. Für jede Steuergröße werden relevante Teilaspekte ermittelt und hinsichtlich des Ist-Zustands bewertet. Dies erfolgt anhand von Fakten oder einer qualifizierten Schätzung (letztere kann allerdings subjektiv verzerrt sein). Die Beurteilung wird für jedes Kriterium als Ist-Zustand auf der Skalierung abgetragen. Für eine grafische Darstellung werden die Beurteilungen über alle Kriterien, getrennt für den Soll- und den Ist-Zustand, durch je eine Linie verbunden. Es ergeben sich Kriterien, bei denen der Ist-Zustand besser oder gleich dem Soll-Zustand ist. Dort sind die Ziele voll erreicht. Und er ergeben sich Kriterien, bei denen der Ist-Zustand schlechter als der Soll-Zustand ist. Dort sind die Ziele noch nicht erreicht. Aus dem Abstand zwischen Ist- und Soll-Linie kann das Ausmaß der Zielabweichung abgelesen werden.

Daraus ergeben sich zwei mögliche Konsequenzen: Überprüfung der objektiven Realisierbarkeit der Zielvorgaben (Marketing-Auditing). Denn möglicherweise sind die Ziele zumindest mit den gegebenen Mitteln garnicht zu realisieren. Oder Ressourcenzuweisung in Abhängigkeit vom Grad der Zielabweichung bzw. gewichtet mit der Bedeutung der jeweiligen Zielvorgabe. Eine gewisse Schwierigkeit besteht in bezug auf die objektivierte Quantifizierung qualitativer Soll-Ist-Werte. Bei interner Bewertung spielen oft politische Interessen eine abteilungsegoistische Rolle, denn der Zielerreichungsgrad ist zugleich immer auch eine Bewertung deren Arbeitserfolgen.

(→ Analyseverfahren im Marketing)

Abwicklungsklauseln

Vor allem im Außenhandel ergeben sich hinsichtlich der Lieferung ganz besondere Anforderungen an die Dokumente. Dabei unterscheidet man Inhaberpapiere, die durch Einigung und Übergabe der Urkunde übertragen werden (Berechtigter ist der Urkundeninhaber, der genannt sein kann, wenn es sich um echte Inhaberpapiere handelt, z. B. Inhabergrundschuldbrief, oder ungenannt bleibt, wenn es sich um hinkende Inhaberpapiere handelt, z. B. Postscheck ohne Empfängereintrag), Orderpapiere, die durch Einigung und Übergabe der indossierten Urkunde übertragen werden (Berechtigter ist jeweils der letzte durch Indossament benannte, wobei es gekorene Orderpapiere gibt, bei denen die Orderklausel nicht konstitutiv ist, z. B. Wechsel, Scheck, und geborene Orderpapiere, bei denen die Orderklausel konstitutiv ist, z. B. Lade-/Lagerschein, Konnossement), Legitimationspapiere, die qualifiziert oder einfach erteilt werden (erstere sind benannt oder nicht benannt, bei letzteren handelt es sich z. B. um Gepäckschein, Reparaturschein) und Rektapapiere, die durch Einigung und Übergabe der zedierten Urkunde übertragen werden (Berechtigter ist der in der Urkunde benannte, z. B. Grundpfandrecht).

Dem ist die wirtschaftliche Bedeutung von Dokumenten gegenüberzustellen. Hierbei handelt es sich um Warenpapiere i.w.S. (z. B. Konnossement, Lagerschein), Kapitalpapiere (z. B. Sparbrief, Schuldverschreibung), Geldwertpapiere (z. B. Scheck, Banknote), Wertpapiere als ertragsbindende Effekten (z. B. festverzinslich, dividendengebunden) oder nichtertragsbringend (z. B. Versicherungspapiere, Inhaberzeichen), Forderungspapiere (z. B. Wechsel), Sachwertpapiere (z. B. Hypothekenbrief) oder Mitgliedschaftspapiere (z. B. Aktie, Investmentzertifikat).

Wesentliche Funktion der Dokumente ist die Festlegung der Begleitumstände von Zeitpunkt, Art und Weise der Geschäftsabwicklung. Dabei sind drei Verfahren denkbar.

Ware vor Geld findet statt als Zahlung nach Empfang der Ware, d. h. die Waren- erfolgt zeitlich vor der Geldübergabe, als Zahlung für Ziel, d. h. als Offener Buchkredit ohne Rechnungsdatum mit periodischer Sammelabrechnung, oder als Zahlung auf Ziel, d. h. als zeitlich fixierter Lieferantenkredit (wobei frühzeitige Zahlung zu Skontoabzug berechtigt).

Zug um Zug findet statt als Zahlung gegen Frachtbriefduplikat, d. h. Zahlung mit Anspruch auf Herausgabe der Lieferung vom Spediteur aufgrund einer Zweitschrift des Frachtsbriefs, als Kasse gegen Dokumente, d. h. Aushändigung der Dokumente an den Käufer gegen Zahlung des Kaufpreises an die ausländische Korrespondenzbank der inländischen Bank des Verkäufers (die Dokumente variieren je nach Lieferungsbedingungen, Versandart und Landesvorschriften erheblich, z. B.

Zoll- bzw. Konsulatsfaktura, Versicherungsnachweis, Ursprungszeugnis), als Dokumente gegen Akkreditiv, d. h. Übergabe der Dokumente an den Käufer gegen Sicherstellung des Kaufpreises durch Eröffnung eines Akkreditivs zugunsten des Verkäufers bei einer Bank, die den Kaufpreis an den Verkäufer bzw. dessen Bank erst gegen Übergabe entsprechender Dokumente auszahlt, oder Dokumente gegen Akzept, d. h. Aushändigung der Dokumente an den Käufer gegen Akzeptierung eines Wechsels als sichergestellter Kredit.

Geld vor Ware findet statt als Vorauszahlung, d. h. der Käufer zahlt bei Auftragserteilung oder zu einem festgesetzten Zeitpunkt vor Lieferung den vollen Kaufpreis, als Anzahlung, d. h. der Käufer zahlt bei Auftragserteilung oder zum festgesetzten Zeitpunkt vor Lieferung einen Teil des Kaufpreises, als Zahlung gegen Rechnung, d. h. der Käufer zahlt gegen Vorlage der Rechnung netto Kasse, als Zahlung gegen Lieferschein, d. h. der Käufer zahlt gegen Vorlage des Lieferscheins, als Zahlung gegen Verladepapiere, d. h. der Käufer zahlt gegen Übergabe der Dokumente, oder als Zahlung per Nachnahme, d. h. Aushändigung der Ware an den Empfänger gegen Zahlung des Rechnungsbetrags.

Accept Set

(→ *Marke, Auswahl)*

AD-VISOR-Test

(→ *Werbewirkungskontrolle, Ad hoc-Erhebungen)*

Adapative Filter

(→ *Autoregressive Verfahren)*

Additive Differenzregel

(→ *Entscheidungsregeln, Kompensatorische)*

ADM Master Sample

(→ *Zufallsauswahl, Sonderformen)*

Adoption von Neuerungen

Unter Adoption versteht man die stufenweise Übernahme von Neuerungen als Häufigkeitsverteilung der Erstkäufer im Zeitablauf. Im Adoptionsprozeß kommt es kumulativ zu folgenden Stufen.

Bei der Neuheitserkennung durch Aufmerksamkeit reagieren Innovatoren unabhängig von der Übernahmeentscheidung anderer. Hier erfährt ein Individuum erstmalig von der Existenz des für ihn neuen Produkts, ohne daß es sich um die Gewinnung dieser Informationen bemüht hat. Es kennt noch keine Einzelheiten des Produkts und ist zunächst auch nicht motiviert, weitere Informationen einzuholen.

Bei Neuheitsinteresse durch Einstellungsbildung bemüht sich der Konsument um Informationen über die wichtigsten Merkmale des neuen Angebots. Passive sind Personen, die sich für die Innovation nicht interessieren. Sie scheiden im folgenden aus.

Bei der Neuheitsbewertung und Entscheidung erfolgt ein gedankliches Experiment über die Konsequenzen finanzieller, psychologischer und sozialer Art und den Vergleich des neuen Produkts mit der möglichen Substitution anderer Produkte. Rejektoren sind Personen, die die Innovation ablehnen, Adoptoren solche, die die Innovation annehmen.

Beim Neuheitsversuch mit Implementierung wird die Neuheit bei positiver Einstellung übernommen. Unzufriedene Adopter sind potentielle Quellen für negative Informationen. Falls möglich, kommt es zuerst zu einer Erprobung auf kleiner Basis (Pilot).

Bei der Neuheitsumsetzung und Bestätigung orientieren sich Imitatoren am Verhalten der Innovatoren und folgen ihren in der Übernahme der Neuerung. Bei Gebrauchsgütern ist der Kauf die Adoption, bei Verbrauchsgütern die Erschöpfung.

Auf jeder dieser Stufen kann es zur Ablehnung kommen, bei Erfolg entsteht ein Wiederholungskauf, ansonsten nicht. Die Dauer des Adoptionsprozesses hängt von einer Reihe personen-, umfeld- und produktbedingter und adoptionsexogener Einflußgrößen ab.

Die Übernahme ist in bezug auf personenbedingte Einflüsse umso erfolgreicher, je

- höher die Risikofreudigkeit für die Übernahme ist, diese ist individuell stark abweichend ausgeprägt,
- größer die Aufgeschlossenheit in Hinblick auf Änderungen ist,
- jünger die angesprochenen Altersklassen sind, weil damit eine höhere Flexibilität unterstellt wird,
- besser der Ausbildungsgrad der angesprochenen Altersklassen ist, damit eng korrelierend das Einkommen,
- höher sozialer Status und soziale Mobilität sind,
- intensiver das Informationsverhalten und je höher die Informationsoffenheit ist,
- geringer die Einbindung des Individuums in die soziale Umwelt ist, wodurch externe Risiken gemindert werden.

Die Übernahme ist in bezug auf umfeldbedingte Einflüsse umso erfolgreicher, je

- liberaler die Normen des sozialen Systems sind, die Neuerungen zulassen und fördern, zu denken ist etwa an die rechtlichen Rahmenbedingungen,
- innovationsfreundlicher die ökonomischen, politischen, technischen Rahmenbedingungen sind,
- intensiver der bereits erlebte technische Fortschritt ist.

Die Übernahme ist in bezug auf produktbedingte Einflüsse umso erfolgreicher, je

- höher der relative technische und/oder wirtschaftliche Vorteil der Innovation gegenüber der bestehenden Problemlösung ist, neue Produkte werden sich umso schneller durchsetzen, je höher die Nachfrager ihren relativen Vorteil bewerten,
- geringer das finanzielle und technische Risiko eingeschätzt wird, das mit der Implementierung verbunden ist, dies steht mit der Teilbarkeit eines Produkts in Beziehung, z. B. mit der Möglichkeit,

das alte Produkt sukzessive zu substituieren (Probiermöglichkeit),
- leichter die Innovation für den Entscheider zu verstehen bzw. anzuwenden ist, was nur bei geringer Komplexität der Fall ist, eine hohe Erklärungsbedürftigkeit erfordert von Konsumenten die Bereitschaft und Fähigkeit zu Lernprozessen,
- mehr die Innovation sich komplementär zum Werte- und Normensystem verhält, also mit Gewohnheiten eines sozialen Systems oder einzelner Subsysteme übereinstimmt (Kompatibilität),
- leichter die Beobachtbarkeit bzw. Mitteilbarkeit der Innovation ist, vor allem bei Zufriedenheit, dies ist etwa dann der Fall, wenn das neue Produkt zur Bildung von Images beiträgt (Sichtbarkeit der Neuheit ist/Sozialeffekt),
- geringer das wahrgenommene Risiko, das sich mit der Übernahme der Neuheit verbindet, ist.

Daneben gibt es adoptionsexogene Einflußgrößen:
- Erfahrungsfundus aus steigender Information über die Neuerung und sinkendem Risiko,
- Übernahmedruck seitens der Gesellschaft auf die Nicht-Übernehmer.

Allgemein adoptionsfördernd wirken eine hohe Glaubwürdigkeit des Botschaftsabsenders, eine leichte Überprüfbarkeit der behaupteten Werbeaussage, ein gering eingeschätztes endogenes und exogenes Risiko, ein hohes Ego-Involvement bei erfolgter Übernahme, eine Profilierung durch das Produkt im sozialen Umfeld und eine hohe Übereinstimmung mit dem eigenen Anforderungsprofil.

Problematisch ist die Übertragung dieser, ursprünglich für die Agrarsoziologie erdachten, Ergebnisse auf die Marketingpraxis. So ist unklar, wann es zum Übergang zur nächsten Stufe im Adoptionsprozeß oder zum Abbruch im Prozeß kommt. Ebenso unklar bleibt, ob immer alle Stufen durchlaufen werden müssen. Auch scheint es möglich, daß eine Stufe mehrfach durchlaufen wird. Zudem bleiben Reaktionen nach der Übernahme unberücksichtigt.

(→ *Käuferverhalten)*

Advantage-Test

(→ *Kommunikationstests, Werbemeßverfahren, Psychographische)*

Advertising Workshop

(→ *Kommunikationstests)*

Affektive Komponente

(→ *Einstellung)*

Affinität (in der Medienplanung)

Affinität ist der prozentuale Anteil der Reichweite bei Zielpersonen an der gesamten Reichweite eines Werbeträgers und damit ein Maß für dessen Fehlstreuung, d. h. Streuverluste durch Kontakt über den belegten Werbeträger zu Personen, die nicht der definierten Zielgruppe angehören. Dieser Wert wird auch als Index in Relation zum Anteil der Zielgruppe an der Gesamtbevölkerung (= Index 100) ausgewiesen. Hohe Indexwerte bedeuten überproportionale Affinität und umgekehrt, d. h. hohen Anteil definierter Zielpersonen an der tatsächlichen Nutzerschaft eines Werbeträgers et vice versa. Hierbei sind Special Interest- (SI) etwa im Vorteil gegenüber General Interest-Titeln (GI), die zwar absolut vergleichsweise mehr, relativ jedoch auch mehr „irrelevante" Nutzer erreichen. Dies ist vor allem bei kleinteiligen Zielgruppen von hoher Bedeutung. So wird die Anzahl der erreichten Zielpersonen bei Belegung eines GI-Titels sicherlich höher sein als bei einem SI-Titel. Gleichzeitig werden durch den GI-Titel jedoch in großem Maße kommunikativ irrelevante Personen erreicht, während beim SI-Titel die Fehlstreuung geringer ist. Ersterer hat also zwar die höhere Reichweite, aber auch höhere Streuverluste. Diese wiederum wirken konkret auf das Preis-Leistungs-Verhältnis der Werbeträger.

(→ Rangreihung)

After Sales Marketing

(→ Kaufnachbereitung)

AGB

(→ Allgemeine Geschäftsbedingungen)

Agenturvertrieb

Beim Agenturvertrieb wirken Händler als Handelsvertreter für Hersteller und vertreiben Ware für deren Rechnung und in deren Namen als Agenten. Damit verbunden sind ein einheitliches Präsentationskonzept und Gebietsschutz. Da die Handelsstufe nur als Absatzhelfer agiert, ist sie weisungsgebunden hinsichtlich aller Auftragsparameter. Daraus ergeben sich als Vorteile aus Herstellersicht eine hohe Distributionsdichte durch Gewinnung kleinerer Händler, eine einfache Einsatzlenkung und leichte Kommunikation, die Möglichkeit der festen Preisvorgabe, eine bevorzugte Placierung durch Empfehlung der Agenturware und die Feinsteuerung durch differenzierte/variierte Provisionssätze.

Nachteile, die sich daraus aus Herstellersicht ergeben, sind, daß die Finanzierungs- und Umsatzrisiken allein beim Hersteller liegen, ein Rückgaberecht der Absatzhelfer für nicht verkaufte Ware besteht, die Versuchung zur gegenseitigen Preisunterbietung durch Provisionsweitergabe gegeben ist, Einbußen an Wettbewerbsflexibilität durch starre Preisangaben entstehen und preisaggressive, moderne Betriebsformen hier nur schwierig einzubinden sind, da sie sich ihres wichtigsten Wettbewerbsparameters begeben.

Vorteile aus Absatzhelfersicht sind hingegen die folgenden: Es kommt zur Ausschließung des Preiswettbewerbs in bezug auf die Agenturware, gesicherte Spannen sind durch feste Provision für jedes vermittelte abgeschlossene Geschäft gegeben, nur eine begrenzte Anzahl konkurrierender Absatzhelfer im Einzugsgebiet ist vorhanden und die enge Anbindung macht umfangreiche akquisitorische Unterstützung des Herstellers möglich.

Nachteile aus Absatzhelfersicht sind vor allem: Es besteht Vergleichbarkeit der Absatzstellen durch Ausfall des wichtigsten Wettbewerbsparameters Preis, die Bevorzugung der Agenturware geht zu Lasten der Präsentation des übrigen Sortiments, hohe Abhängigkeit von einer dauerhaft erfolgreichen Geschäftspolitik des Herstellers der Agenturware ist gegeben und hohe Investitionen in ein Vertriebsinformationssystem sind erforderlich. Beispiele finden sich bei *Telefunken* (UE-Branche), allen Mineralölkonzernen und den Reiseunternehmen (*Lufthansa-Agentur etc.*).

(→ Warenvermittlungsgeschäfte des Handels)

Agglomerative Preisdifferenzierung

(→ Preisdifferenzierung)

Aggregationsgrad von Modellen

(→ Marketing, Modelle)

Aggression

(→ Konkurrenzeinstellung)

AIDA-Formel

(→ Kommunikation, Prozesse)

AIOV-Ansatz

(→ Lebensstil)

Akquisitionsform

(→ Betriebstypen des Handels, Einteilungskriterien)

Akquisitorisches Potential

Die doppelt-geknickte Preisabsatzfunktion stellt eine Kombination aus der linear-negativ geneigten Preisabsatzfunktion des Monopols und der vollelastischen Gerade des Polypols dar und führt zu einem Verlauf, der, negativ geneigt, in drei Abschnitte unterteilt werden kann:

- einen Abschnitt mit relativ geringer Neigung ähnlich dem Polypol,
- einen Abschnitt mit großer negativer Neigung ähnlich dem Monopol,
- einen weiteren Abschnitt mit relativ geringer Neigung.

Dadurch entstehen zwei Knickstellen in der Preisabsatzfunktion, innerhalb derer ein monopolistischer Bereich liegt, der von zwei polypolistischen Bereichen begrenzt wird. Diesem Modell liegt eine Hypothese zugrunde, die durchaus realitätsnah ist. Typisch für viele Märkte ist nämlich eine große Anzahl von Anbietern bei hoher Unvollkommenheit jedes Markts. Diese fehlende Homogenität führt trotz der objektiv vorliegenden Marktmorphologie des Polypols dazu, daß jeder dieser vielen Anbieter in bestimmten Grenzen eine quasimonopolistische Stellung einnimmt. Diese Grenzen werden durch einen oberen und einen unteren Grenzpreis markiert. Innerhalb dieser Grenzen ist jeder Anbieter relativ frei in der Setzung seiner Preis-Mengen-Kombination. Er kann sich de facto ähnlich wie ein Monopolist verhalten. Dies rührt daher, daß aufgrund der Marktunvollkommenhei-

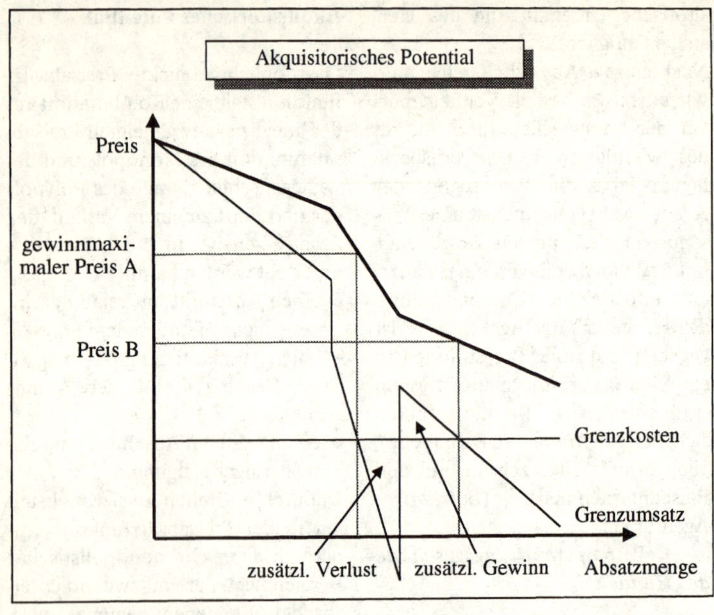

Akquisitorisches Potential

ten Präferenzen bestehen, die Nachfrager dazu veranlassen, einen bestimmten Händler anderen vorzuziehen. Der Betrieb ist damit nur einem eingeschränktem Wettbewerb ausgesetzt. Die Preisabsatzfunktion, der er sich gegenübersieht, hat deshalb eine große negative Neigung.

Überschreitet der Betrieb bei seiner Parametersetzung jedoch im Zuge einer Preisanhebung einen oberen Grenzpreis, so weichen Nachfrager in großem Ausmaß auf andere verfügbare Anbieter aus. Die Preisabsatzfunktion wird mit einemmal sehr flach. Diese Abwanderung rührt daher, daß zunehmend Nachfrager das Preisopfer, das ihnen bei steigendem Preis abverlangt wird, höher einschätzen als den zuwachsenden Nutzen aus der Wahrnehmung eines bestimmten Angebots. Der Betrieb verliert in der Folge schnell an Absatz.

Umgekehrt ist der Effekt bei fortschreitender Preissenkung. Dann wandern wegen der komparativen Vorteilhaftigkeit des Angebots in großem Maße Nachfrager von anderen Betrieben ab und wenden sich dem preisgünstigen Betrieb zu. Die Preisabsatzfunktion verläuft dann wiederum sehr flach. Das Ausmaß des akquisitorischen Potentials ist dabei um so höher, je stärker die Käuferbindung durch Präferenzen, je geringer die Substituierbarkeit durch andere Anbieter, je niedriger deren akquisitorisches Potential und je geringer die Reaktionsgeschwindigkeit durch Markttransparenz ist.

Die Betriebsführung verfolgt nun zwei Ziele. Zum einen, den monopolistischen Bereich der Preisabsatzfunktion möglichst steil zu gestalten, und zum anderen, die Grenzpreise so weit wie möglich zu spreizen. Denn je steiler der Verlauf der Kurve, desto geringer fällt ein Nachfragerückgang bei Preisanhebung aus und desto höher ist der preispolitische Spielraum des quasimonopolistischen Händlers. Die Steilheit im Verlauf der Kurve ist unmittelbar abhängig vom Ausmaß der Präferenzen. Je größer diese sind, um so inflexibler reagiert die Nachfrage. Zum Aufbau solcher Präferenzen sind im weitesten Sinne Marketingmaßnahmen geeignet. Damit sinkt die Preiselastizität der Nachfrage, d. h. die Reaktion im Absatzrückgang auf eine Preisanhebung. Andererseits führen Preissenkungen nur zu geringem Mengenzuwachs, so daß sie für einen Anbieter wenig sinnvoll erscheinen.

Der obere Grenzpreis beschränkt gleichzeitig den Preissetzungsspielraum des Betriebs, d. h. eine inflexible Reaktion der Nachfrage ist nur bis zu dessen Erreichen gegeben. Darüber hinaus führen weitere Preiserhöhungen zu einem umfangreichen Absatzrückgang, weil dann die Preisbereitschaft der Nachfrager überstrapaziert wird. Beim unteren Grenzpreis wächst zwar eine umfangreiche Nachfrage zu, so daß dies eigentlich wünschenswert wäre, jedoch ist die Erlössituation aufgrund des dort bereits erreichten niedrigen Preisniveaus eher unbefriedigend, so daß ein Preisgebot in diesem Bereich wenig attraktiv erscheint. Vielmehr soll der monopolistische Bereich möglichst weit nach unten reichen, um Spielraum für Preisunterbietungen zu geben.

Für das gewinnmaximale Angebot eines Betriebs im heterogenen Polypol ergeben sich in aller Regel zwei Alternativen, denn die Grenzkostenkurve schneidet die Grenzumsatzkurve, die aufgrund der doppelten Knickung der Preisabsatzfunktion zwei Bruchstellen hat, für gewöhnlich zweifach, nämlich einmal bei der Preis-Mengen-Kombination im monopolistischen Abschnitt und dann bei einer solchen im zweiten polypolistischen Abschnitt. Bei der Entscheidung für das absolute Maximum ist ausschlaggebend, ob, ausgehend vom ersten Cournot'schen Punkt, die zuwachsenden Erlöse in der Summe über oder unter den zuwachsenden Kosten liegen. Ist die Summe der Grenzumsätze dabei höher als die der Grenzkosten, liegt das absolute Maximum im zweiten polypolistischen Abschnitt, ist sie niedriger als die der Grenzkosten, liegt es im monopolistischen Abschnitt, was zu bevorzugen ist, da der Gestaltungsspielraum des Preises erhalten bleibt. Die resultierende Warenmenge ist geringer, der Preis höher als bei vollkommenem Wettbewerb.

Akteure im Absatzkanal

Der Absatzkanal kann in zwei Dimensionen gestaltet werden, hinsichtlich seiner Breitendimension nach der Anzahl der Akteure, mit denen auf einer Stufe interagiert werden soll, und hinsichtlich seiner Tiefendimension nach der Anzahl der Stufen, auf denen mit Akteuren interagiert werden soll. Bei diesen Akteuren handelt es sich um:

- herstellereigene, interne Absatzorgane (meist die Marketingabteilung der Industrie),
- herstellereigene, externe Absatzorgane (Reisende) und herstellerfremde Absatzorgane (Absatzhelfer wie Handelsvertreter),
- händlereigene Beschaffungsorgane (Einkäufer) oder händlerfremde Beschaffungsorgane (Beschaffungshelfer),
- händlereigene, interne Absatzorgane (Verkaufsinnendienst),
- händlereigene, externe Absatzorgane (Verkaufsberater) und händlerfremde Absatzorgane (Absatzhelfer wie Handelsvertreter),
- endabnehmerfremde Beschaffungsorgane (Beschaffungshelfer) oder endabnehmereigene Beschaffungsorgane (meist die haushaltsführende Person).

D.h. im Absatzkanal des Endabnehmerbereichs sind typischerweise vier Gruppen von Akteuren einbezogen, Hersteller oder deren Absatzhelfer zum Großhandel, Großhändler oder deren Absatzhelfer zum Einzelhandel, Einzelhändler und Endabnehmer, im Absatzkanal des Weiterverarbeiterbereichs drei Gruppen, Hersteller oder deren Absatzhelfer zum Verbindungshandel, Verbindungshändler oder deren Absatzhelfer zum Gewerbeabnehmer und Gewerbliche Abnehmer (als Produzenten, Weiterverarbeiter oder Großabnehmer).
(→ *Absatzkanal)*

Aktions-Ansatz

(→ *Marketing, Methoden)*

Aktionserfolg

(→ *Aktionspreissetzung)*

Aktionspreissetzung

Aktionspreissetzung bedeutet, daß ein grundsätzlich starrer Preis durch pulsierende Preisänderungen im Zeitablauf flexibel gehalten wird. Die Variation erfolgt durch Häufigkeit der Preisänderung, Dauer der Preisänderung und Ausmaß der Preisänderung, auch in Form von Preisnachlässen. Daraus folgen mehrere Vorteile:

- Die Überwindung kurzfristiger Liquiditätsengpässe durch vorübergehende Preissenkung mit sprunghaftem Nachfrageanstieg ist möglich. Damit wird zwar das Rentabilitätsziel verpaßt, da jedoch Illiquidität ein unbedingter Konkursgrund ist, wird zumindest die schlimmere Konsequenz vermieden.
- Es entsteht eine Verringerung der Lagerkosten durch schnelleren Warenabfluß. Die Warenumschlaggeschwindigkeit steigt und sorgt für einen erhöhten Lager-

durchsatz. Die in Waren gebundenen Geldmittel werden damit rascher freigesetzt und stehen für erneute Vorratsbeschaffung zur Verfügung.

- Motivation und Erfolgserlebnisse der Verkaufsberater entstehen durch leichteren Absatz der Produkte. Der Preis ist eine wesentliche Hemmschwelle zum Geschäftsabschluß. Durch Preissenkungen wird diese Hemmung vermindert und der Abschluß wahrscheinlicher.
- Eine Verbesserung der Marktdurchdringung ist gegeben durch neue Abnehmer über Probierkäufe, Bindung bestehender Abnehmer, Erhöhung der Kaufintensität und Induzierung von Impuls- und Vorratskäufen. Die daraus bewirkten Kontaktchancen können mehrfach monetarisiert werden.
- Die gezielte Unterstützung absatzschwacher Phasen zum Saisonausgleich ist möglich. Diese sorgen ansonsten über niedrigere Umschlaggeschwindigkeit und erhöhte Kapitalbindung für steigende Kosten, die mangels adäquater Absätze die Rentabilität belasten. Dieser Effekt kann infolge teilweiser Vorwegnahme dieser Einbußen durch Aktionspreise kompensiert werden.
- Eine rasche Lagerräumung bei Auslaufartikeln ist sinnvoll, die Platz und Geld freisetzen zum Einkauf nunmehr aktueller Ware. Es ist davon auszugehen, daß der Lagerplatz, so vorhanden, ansonsten der Regalplatz, den Engpaßsektor für den Betriebserfolg darstellt.

Nachteile liegen vor allem in folgendem:

- Eine negative Verkettungswirkung in der Nachaktionsphase durch Preisanstieg auf Normalniveau ist gegeben, dies wird im Publikum gern als Preiserhöhung interpretiert und führt daher zur Kaufzurückhaltung. Dadurch werden positive Effekte der Preissenkung wieder kompensiert.
- Es kommt zur Förderung des Preisinteresses in der Kundschaft mit dem Effekt der preissensitiven Geschäftsstättenilloyalität, d. h. zu Vorteils- anstelle von Überzeugungskäufen. Dies entspricht im übrigen auch dem Streben nach Cleverness im Einkauf bei großen Teilen der Abnehmer.
- Die Preisbereitschaft in der Kundschaft wird verringert, dies bewirkt Minderakzeptanz des regulären Preisniveaus. Schließlich hat der Anbieter selbst bewiesen, daß er die gewünschte Leistung auch zu geringerem Preis als in der Nachaktionsphase bereitzustellen vermag.
- Die Tendenz zu Vorratskäufen zum Aktionspreis führt zur „Marktverstopfung“, dadurch wird die Mischkalkulation zum internen Preisausgleich vereitelt. Insofern decken sich Nachfrager mit ausreichendem Warenvorrat ein, der die Frist bis zur erfahrungsgemäß nächsten stattfindenden Preissenkung zu überbrücken vermag.

- Die Gefahr der Imagegefährdung prestigeträchtiger Produkte mit der Folge nachlassender Akzeptanz dieser Sortimentsbestandteile besteht. Denn der Preis ist nach wie vor ein wichtiger Qualitätsindikator, wenn andere Anhaltspunkte zur Angebotsbeurteilung nicht verfügbar sind.
- Ein erhöhter Handlingaufwand durch Preisänderungen mit Umstellung im Price Look Up-System und vor allem an der Ware selbst ist gegeben. So sind Umzeichnungen ebenso erforderlich wie Instruktionen an das Kassenpersonal, wobei dennoch immer wieder Mißverständnisse entstehen.

Die *Berechnung* des *Aktionserfolgs* erfordert eine differenzierte Betrachtung:

- Der Deckungsbeitrag des Aktionseffekts ergibt sich durch die Differenz aus Mehrumsatz durch Aktionseffekt und variable Einzelkosten dieser Menge.
- Der Deckungsbeitrag des Imageeffekts ergibt sich durch die Differenz aus Mehrumsatz durch Imageeffekt und variable Einzelkosten dieser Menge.
- Die Deckungsbeitragseinbuße durch den Ankündigungseffekt des Aktionspreises ergibt sich durch die Differenz aus Minderumsatz durch Ankündigungseffekt und variablen Einzelkosten dieser Menge.
- Die Deckungsbeitragseinbuße durch den Vorratseffekt des Aktionspreises ergibt sich durch die Differenz aus Minderumsatz durch Vorratseffekt und variablen Einzelkosten dieser Menge.
- Der gesamte Aktionserfolg ergibt sich dann erst aus der Differenz der Summe von Deckungsbeitrag durch Aktionseffekt und Deckungsbeitrag durch Imageeffekt einerseits und Summe von Aktionskosten und Aktionsdeckungsbeitrag.

(→ *Preispositionierung)*

Aktionswerbung

(→ *Kommunikation, Formen)*

Aktive Absetzung im Markt

(→ *Marktverhalten)*

Aktive Begegnung im Markt

(→ *Marktverhalten)*

Aktive Beschwerder

Kommt es seitens der Kunden bei objektiv gerechtfertigter oder/oder subjektiv empfundener Unzufriedenheit zu einer Beschwerde, handelt es sich um aktive Beschwerder. Sie liefern gute Anregungen zur Leistungsoptimierung. Daher sollen berechtigte Beschwerdemeldungen maximiert werden, um diese zur Angebotsverbesserung zu nutzen. Infolge des Hangs zur Bequemlichkeit sind für die Ausschöpfung jedoch Hilfsmittel erforderlich. Dazu gehören vor allem Response-Elemente, also solche, die ein Feedback vom Abnehmer zum Anbieter stimulieren. Dazu sind grundsätzlich alle Medien geeignet, besonders aber das Telefon wegen der weiten Verbreitung, der schnellen Reaktion, der Dialogfähigkeit, der Kostengünstigkeit und der Möglichkeit zur differenzierten Äußerung. Außerdem sollen eingehende Beschwerden kulant behandelt werden, damit sie ein Erfolgserlebnis repräsentieren und einerseits der Beschwerder als Kunde erhalten bleibt und andererseits zur weiteren Unzufriedenheitsäußerung, wenn unvermeidlich, aufgefordert wird.

Aktiver Telefonverkauf (Outbound)

(→ Telefonansprache)

Aktivierende Determinanten

Aktivierende Determinanten beschreiben innere Erregungszustände, die den Organismus in einen Zustand der Aufmerksamkeitsbereitschaft und Leistungsfähigkeit versetzen. Man unterscheidet das allgemeine Aktivierungsniveau (sog. tonische Aktivierung) und interimsmäßige Aktivierungsschwankungen (sog. phasische Aktivierung). Das Aktivierungsniveau bestimmt die allgemeine Leistungsfähigkeit und verändert sich nur langsam, etwa mit dem Biorhythmus, die Aktivierungsschwankungen steuern die Aufmerksamkeitsbereitschaft für Reize und treten ebenso rasch auf wie sie wieder abklingen. Die zunehmende Sensibilisierung für einen Reiz ist zugleich mit der Herabsetzung der Verarbeitung anderer Reize verbunden. Mit steigender phasischer Aktivierung steigt auch das tonische Aktivierungsniveau und umgekehrt. Auslöser für Reize sind innere Vorgänge (z. B. Suchtstoffe) oder äußere Vorgänge (z. B. Wahrnehmungen). Aktivierende Determinanten bestehen aus Emotion, Motivation und Einstellung.

(→ Einstellung, Emotion, Motivation)

Aktualität (von Informationen)

(→ Information, Anforderungen)

Aktueller Mitbewerb

(→ Wettbewerber-Analyse)

Akzeptanz

(→ Kommunikationswirkung, Phasen)

Akzeptanztest

(→ Testverfahren, Empirische)

Akzidenzwerbung

(→ Außenwerbung, Mobile)

Alleinfinanzierung

Die Alleinfinanzierung ist eine Form der Kreditierung, bei der die Finanzierung durch den Lieferanten selbst erfolgt. Sie ist im Handel möglich als A-Geschäft, B-Geschäft oder C-Geschäft. Die Gewährung von Warenkrediten schafft zwar zusätzliche Kaufanreize im Handel und bindet Kunden stärker an das Geschäft. Allerdings darf dadurch nicht die Zahlungsfähigkeit gefährdet und ein Zahlungsausfallrisiko für den Handel überhöht werden. Der Warenkredit steht im Gegensatz zum Geldkredit, den Kreditinstitute in Form von

Bar- oder Buchgeld gewähren. Der Warenkredit erfolgt als Buch-, Teilzahlungs- oder Mietkaufkredit. Beim Buchkredit begleicht der Kunde die Rechnung nicht sofort in bar, sondern verschiebt die Zahlung auf einen späteren Zeitpunkt, meist das Monatsende. Zinsen oder Bearbeitungskosten werden dabei vom Händler nicht berechnet. Früher erfolgte dies meist als Anschreibekredit. Die Zahlungsbeträge für Waren, die Kunden im Laufe des Monats bezogen, wurden in Kundenbüchern angeschrieben und bei der nächsten Barlohnzahlung beglichen. Kundenkreditkarten stellen letztlich nur die moderne Form des Anschreibekredits dar.

Beim Teilzahlungskredit verpflichtet sich der Kunde, auf den Kaufpreis der Ware eine Anzahlung zu leisten und den Restbetrag in mehreren Raten, meist monatlich, zu begleichen. Dafür fallen Zinsen und Bearbeitungskosten an. Das Pendant zum Geldkredit ist hier der Darlehensvertrag, in dem ein Kreditinstitut seinem Kunden ein Darlehen zur sukzessiven Rückzahlung gewährt. Teilzahlungskredite können von Handelsunternehmen selbst, von den Handelshäusern angeschlossenen Geldinstituten (z. B. *Noris-Bank*) oder unverbundenen Geldinstituten gewährt werden.

(→ Absatzfinanzierung, A-Geschäft im Handel, B-Geschäft im Handel, C-Geschäft im Handel)

Alleinvertreter

(→ Handelsvertreter)

Allgemeine Geschäftsbedingungen

Allgemeine Geschäftsbedingungen (AGB) stellen vorformulierte Vertragsklauseln dar, die einer unbestimmten Vielzahl von gleichartigen Vertragsabschlüssen zugrunde gelegt werden und die eine Partei der anderen bei Vertragsabschluß auferlegt. Der Vorformulierung zugänglich sind Lieferfrist, Gewährleistungsbestimmung, Gefahrtragung, Eigentumsvorbehalt, Haftungsausschluß, Rücktrittsmöglichkeit, Zahlungsbedingungen, Garantiezeiten, Leistungsstörungen, Erfüllungsort, Gerichtsstand etc. Die AGB's können Urkundenbestandteil sein (= Formularvertrag) oder getrennt vorliegen. Die Schriftart ist dabei unerheblich. Individualabreden brechen AGB's in jedem Fall. AGB's werden nur Vertragsbestandteil, wenn der Verwender bei Vertragsabschluß ausdrücklich auf sie hinweist (auch durch deutlich sichtbaren Aushang) und der Kunde nach der Möglichkeit, deren Inhalt in zumutbarer Weise zur Kenntnis zu nehmen, diesen Bedingungen nicht widerspricht. AGB's dienen somit der Rationalisierung von Verträgen, indem Einzelheiten bereits standardisiert sind und nicht jeweils einzeln ausgehandelt werden müssen, und treffen durch Gesetz nicht anderweitig eindeutig geregelte Vereinbarungen, oft allerdings zum Nachteil des Kunden. Sie sind im Gesetz zur Regelung des Rechts der Allgemeinen Geschäftsbedingungen festgeschrieben (seit 1. 4. 1977).

Es dient, obgleich es auch zwischen Kaufleuten gilt, in erster Linie dem Schutz der Konsumenten vor Benachteiligung durch aufgezwungene Vertragsinhalte und die eskalierende Entwicklung der Geschäftsbedingungen im oft unbeachteten Kleingedruckten. Kunden sollen so vor einer unangemessenen Benachteiligung in ihrer Rechtstellung durch Inhaltskontrolle der Gerichte geschützt werden. Nicht rechtswirksam sind alle überraschenden Klauseln (mit denen so nicht zu rechnen war) und alle Bestimmungen, die die Vertragspartei des Verwenders entgegen Treu und Glauben bevorteilen, indem sie unangemessen oder ohne sachlichen Grund nur dessen Interessen berücksichtigen. Dies ist im Zweifel vor allem anzunehmen, wenn die AGB's dem Grundgedanken der gesetzlichen Regelungen, die sie ersetzen sollen, zuwiderlaufen oder wesentliche Rechte und Pflichten, die sich aus der Natur des Vertrags ergeben, so einschränken, daß die Erreichung des Vertragszwecks gefährdet ist oder Rechte und Pflichten aus dem Vertrag einseitig verschieben. Im einzelnen sind unwirksam gegenüber Privaten u. a.:

- nachträgliche Preiserhöhungen innerhalb von 4 Monaten nach Vertragsabschluß,
- der Ausschluß oder die Einschränkung der gesetzlichen Ersatzansprüche des Kunden bei Verzug des Schuldners und bei subjektiver Unmöglichkeit der Leistung,
- überhöhte Schadenspauschalen für den Fall, daß der Kunde schuldhaft gegen seine Vertragspflichten verstößt,
- Vertragsstrafen für den Fall, daß der Verbraucher die vereinbarte Leistung nicht abnimmt, nicht zahlt oder sich vom Vertrag löst,
- Ausschluß oder Beschränkungen der gesetzlichen Gewährleistungsansprüche in Kauf- und Werkverträgen auf Nachbesserung ohne Ersatzlieferung,
- Ausschluß der Übernahme von Nachbesserungskosten (Transport, Weg, Arbeit, Material) durch den Verkäufer,
- Vorenthaltung einer Mängelbeseitigung bis der Kunde den vollen Kaufpreis entrichtet hat,
- die Gewährleistungsfristen, 6 Monate bei Neuwaren, bei Grundstücken 1 Jahr, dürfen nicht gekürzt werden,
- die Haftung für zugesicherte Eigenschaften darf nicht ausgeschlossen oder eingeschränkt werden,
- bei verspäteter Lieferung keine Beschneidung von Rücktritts- oder Schadenersatzrechten,
- Ausschluß der Haftung bei grob fahrlässigem Verhalten und Vorsatz des Verkäufers und einfacher Erfüllungsgehilfen,
- überhöhte Kündigungsfristen (mehr als 3 Monate vor Vertragsende) und überhöhte Laufzeiten von Verträgen (mehr als 2 Jahre),
- regelmäßig Klauseln, die den Eintritt einer dritten Person in den Vertrag anstelle des ursprünglichen Vertragspartners gestatten.

An deren Stelle treten dann die entsprechenden gesetzlichen Regelungen. Verweisen beide Vertragsparteien bei Abschluß auf ihre zumindest partiell abweichenden AGB's, so kommt ein Vertrag dennoch zustande. Es gelten die Bestimmungen, soweit sie übereinstimmen, ansonsten gelten die entsprechenden gesetzlichen Regelungen. Häufiger Inhalt der AGB sind Garantieregelungen, die im BGB so nicht bekannt sind. Dadurch wird z. B. die gesetzliche Gewährleistung zeitlich ausgedehnt. Andererseits werden gesetzlich verbriefte Rechte eingeschränkt, z. B. Nachbesserung statt Wandlung, Umtausch, Minderung. Durch Verbandsklage können Verbraucher- oder Interessenvertretungen, Handwerks-, Industrie- und Handelskammern gegen unangemessene Klauseln vorgehen.

Noch strengeren Bestimmungen unterliegen Haustürgeschäfte. Hier gibt es ein Widerrufrecht binnen 1 Woche, außer wenn

- die Verhandlung im Hause des Kunden auf dessen Bestellung hin stattfinden,
- Geringwertigkeit (80 DM) des Abschlusses vorliegt, der unmittelbar erbracht worden ist,
- der Abschluß als Selbständiger (Kunde) erfolgt,
- der Abschluß nicht geschäftsmäßig (Lieferant) erfolgt,
- es sich um Versicherungsverträge handelt.

Allgemeinstellen

(→ Außenwerbung, Stationäre)

Allokation

(→ Preisfunktionen)

Alter

(→ Marktsegmentierung, Kriterien)

Alternativenweise Informationsaufnahme

(→ Informations-Display-Matrix)

Alternativfrage

(→ Fragearten, Fragetechnik im Verkaufsgespräch)

Alternativhypothese

(→ Signifikanztest, Vorgehen)

Alternativtechnik

(→ Konfliktüberwindung im Verkaufsgespäch)

Alterseffekt

(→ Kohortenanalyse)

Altersquerschnitt-Analyse

Sie impliziert die Verteilung des Umsatzes/Deckungsbeitrags/Gewinns nach der mutmaßlichen Lebenserwartung der sie erbringenden Produkte. Dazu werden diese in Altersklassen eingeteilt und mit ihrem Umsatz gewichtet. Wird die Abfolge nun nach zunehmender Lebenserwartung der Produkte aufgebaut, kommt es darauf an, eine sich nach unten (längere Lebenserwartung) hin verbreiternde Pyramidenbasis zu erreichen. Ansonsten besteht eine Gefahr für die zukünftige Tragfähigkeit des Programms. Die konkrete Vorgehensweise ist wie folgt. Alle Produkte des Programms werden nach dem Zeitpunkt ihrer Markteinführung erfaßt. Darauf aufbauend und in Abhängigkeit vom Lebenszyklus wird die mutmaßliche Lebenserwartung qualifiziert geschätzt. Dabei sind erhebliche Verzerrungen möglich. Auf der Ordinate zwischen dem ersten und dem vierten Quadranten einer Matrix werden die Produkte in absteigender Reihenfolge ihrer Lebenserwartung nach Zeiteinheiten abgetragen. Auf der Abszisse des vierten Quadranten der Matrix werden diese Produkte mit ihrem numerischen Anteilswert am Programm abgetragen. Auf der Abszisse des ersten Quadranten der Matrix werden korrespondierend die numerischen Anteilswerte dieser Produkte am Zielbetrag (Umsatz, Deckungsbeitrag, Gewinn) abgetragen. Es ergibt sich ein zweiseitiges Balkendiagramm. Ein günstiger Altersquerschnitt weist einige Produkte mit kurzer Lebenserwartung und niedrigem Zielbeitrag aus, hingegen viele Produkte mit langer Lebenserwartung und hohem Zielbeitrag. Bei einem ungünstigen Altersquerschnitt ist es genau umgekehrt. Es ergibt sich tendenziell eine auf dem Kopf stehende Pyramide.

Dabei wird unterstellt, daß Produkte höheren Alters an Wettbewerbsfähigkeit verlieren. Trifft dies auf große Teile des Programms parallel zu, kommt es zu Ertragseinbrüchen. Allerdings bedeutet ein Programm mit vielen jungen Produkten auch ein hohes Risiko hinsichtlich deren Markterfolgs. Die Erträge sind dann infolge geringerer Preiselastizität der Nachfrage womöglich besser, aber auch unsicherer. Daher ist eine ausgewogene Altersstruktur anzustreben. Allerdings sind die Vorlaufzeiten für FuE bis zur Marktreife neuer Produkte in diese Überlegungen mit einzubeziehen. Dies erfolgt durch Verlängerung der Zeitachse in den negativen Bereich mit wachsender Marktferne. Die Lebenserwartung hängt unmittelbar mit der Lebenszyklusposition zusammen.

(→ Analyseverfahren im Marketing)

Amortisationsmethode

(→ Wirtschaftlichkeitsrechnung)

Amstutz-Modell

(→ Simulationsmodelle, Detailanalytische)

Analogieschätzung

Bei der Prognose mittels Analogieschätzung wird unterstellt, daß die Entwicklung auf einem Markt analog der Entwicklung auf einem anderen, zeitlich vorgelagerten Markt vonstatten geht. Die Logik besteht darin, daß man annimmt, die zu prognostizierende Größe werde wegen der ansonsten vergleichbaren Ausgangs- und Rahmenbedingungen zukünftig einen ähnlichen Verlauf nehmen wie die in Analogie dazu gesehene gegenwärtig. Dies freilich ist angesichts sich dramatisch wandelnder Vermarktungsbedingungen eine reichlich wagemutige Unterstellung. Der prognostische Wert dieser Vorgehensweise ist heftig umstritten. Eine mögliche Anwendung ist die der Technologiefolgenabschätzung, d. h. die Prognose der ökonomischen und sozialen Konsequenzen technologischer Entwicklungen im Rahmen eines Frühwarnsystems.

(→ *Prognose)*

Analyseverfahren im Marketing

Für das Marketing können verschiedene Analyseverfahren aus der Unternehmensplanung übernommen werden. Im einzelnen handelt es sich um folgende:

- Die *Umfeld-Analyse* beinhaltet die Sichtung der Entwicklung von Markt, eigenem Angebot und Randbedingungen.
- Die *Branchen-Analyse* beinhaltet die Sichtung der Entwicklung der relativen Positionen von Lieferanten, Abnehmern, potentiellen Konkurrenten, Substitutionsgutanbietern und aktuellen Konkurrenten.
- Die *Stärken-Schwächen-Analyse* beinhaltet die Sichtung der Entwicklung der komparativen Vor- und Nachteile gegenüber dem Hauptmitbewerb.
- Die *Ressourcen-Analyse* beinhaltet die Sichtung der Entwicklung des Leistungspotentials des eigenen Unternehmens in Relation zum Hauptmitbewerb.
- Die *Abweichungs-Analyse* beinhaltet die Sichtung der Entwicklung der Soll-Ist-Relation im eigenen Unternehmen.
- Die *Anteilsstruktur-Analyse* beinhaltet die Sichtung der Entwicklung der Verteilung von Artikeln nach ihrer relativen Erfolgsbedeutung, der Kunden nach ihrer relativen Erfolgsbedeutung und der Produkte nach ihrer mutmaßlichen Lebenserwartung.
- Die *Chancen-Risiken-Analyse* beinhaltet die Sichtung der Entwicklung der Umfeldfaktoren der Vermarktung für die Zukunft.
- Die *SWOT-Analyse* beinhaltet die Sichtung der Entwicklung der Kombinationen aus Stärken und Schwächen einerseits sowie Chancen und Risiken andererseits.
- Die *Strategische Bilanz-Analyse* beinhaltet die Sichtung der Entwicklung der relativen Engpaßsituation verschiedener Unternehmensbereiche.
- Die *Wertschöpfungsketten-Analyse* beinhaltet die Sichtung der Entwicklung der Differenz zwischen den Einstandskosten der zugekauften Inputfaktoren und den Verkaufserlösen der Outputfaktoren.

(→ *Abweichungs-Analyse, Chancen-Risiken-Analyse, Ressourcen-Analyse, Stärken-Schwächen-Analyse, Strategische Bilanz-Analyse, SWOT-Analyse)*

Analytische Fragen

(→ *Fragefunktionen)*

Analyzer

(→ *Innovation)*

Anbieterseite

(→ *Marktkonstitution)*

Andienungsvertrag

(→ *Lieferungsbedingungen)*

Angebot, Inhalte

Ein Angebot besteht regelmäßig aus folgenden Bestandteilen:

- *Erfüllungsort.* Der gesetzliche Erfüllungsort ist dort, wo der Schuldner seinen Wohnsitz oder gewerblichen Sitz hat. D.h. für die Warenlieferung ist dies der Ort des Verkäufers, für die Kaufpreiszahlung der Ort des Käufers. Vertraglich kann davon abgewichen werden. Meist einigt man sich auf einen Erfüllungsort, normalerweise den Ort des Verkäufers für Lieferung und Zahlung. Der Gefahrenübergang ist durch Hol-, Schick- oder Bringschuld bestimmt. Gesetzlich sind Warenschulden Holschulden, es gilt also der Ort des Verkäufers als Übergabepunkt für Risiken, es sei denn, die Übergabe der Waren kann ihrer Natur nach erst am Ort des Käufers erfolgen (z. B. Heizöleinfüllung in Tank) oder den Verkäufer trifft ein Verschulden an Warenuntergang oder -beschädigung. Geldschulden aber sind Schickschulden, es gilt also auch hier der Ort des Verkäufers als Übergabepunkt für Risiken.
- *Gerichtsstand.* Dies ist der Ort, an dem sich bei Leistungsstörungen ergebende Streitigkeiten ausgetragen werden. Gesetzlicher Gerichtsstand ist der Wohn- bzw. Geschäftssitz des Schuldners. D.h. für die Warenschuld der des Verkäufers, für die Geldschuld der des Käufers. Vertraglich kann Abweichendes vereinbart werden, sofern es sich nicht um ein Geschäft mit Privaten handelt, meist der Ort des Verkäufers für Ware und Geld.
- *Art, Güte und Beschaffenheit* der Ware, d. h. Abbildungen und Beschreibungen, Muster und Proben, Güteklassen (Handelsklassen, Typen), Waren- und Gütezeichen, Warenherkunft, Warenjahrgang, Warenzusammensetzung.
- *Preis pro Wareneinheit,* d. h. gesetzliche Maßeinheiten, Stückzahlen, handelsübliche Bezeichnungen.
- *Lieferungsbedingungen,* d. h. Beförderungskosten, Verpackungskosten, Lieferzeit.
  Die gesetzliche Regelung ist, daß der Käufer die Ware beim Verkäufer abzuholen hat (= Holschuld). Beim Platzkauf (am gleichen Ort) trägt der Käufer alle Beförderungskosten, beim Versendungskauf (an anderem Ort) trägt der Verkäufer die Kosten bis zur Versandstation, alle weiteren Kosten trägt der Käufer. Abweichend davon können andere Regelungen vereinbart werden (z. B. Incoterms).
  Die Verpackungskosten trägt gesetzlich der Käufer. Sie können aber auch zusätzlich berechnet werden.
  Bei der Lieferzeit gilt gesetzlich, daß Waren sofort zu liefern sind (= Tages-/Sofortkauf). Abweichende Vereinbarungen betreffen den Ter-

minkauf, der die Lieferung innerhalb einer vereinbarten Frist vorsieht, den Fixkauf, der die Lieferung zu einem genau festgelegten Zeitpunkt vorsieht, und den Kauf auf Abruf, wobei der Käufer Waren innerhalb einer bestimmten Frist anfordern kann.

- *Zahlungsbedingungen,* d. h. Zahlungszeitpunkt, Preisnachlaß. Die Zahlung kann vor Lieferung (Anzahlung/Vorauszahlung), bei Lieferung oder nach Lieferung (Zielkauf/Ratenkauf) erfolgen. Gesetzlich ist eine sofortige Bezahlung der Waren vorgesehen (= Zug um Zug). Bei vorzeitiger Zahlung kann Skonto vom Rechnungsbetrag einbehalten werden. Beim Ratenkauf wird eine Ware abbezahlt. Er stellt ein Kreditgeschäft dar. Bei beiden behält der Verkäufer einen Eigentumsvorbehalt an der Ware bis zur vollständigen Kaufpreisentrichtung.

Preisnachlässe betreffen Skonto als Nachlaß für vorzeitige Zahlung, Bonus als nachträgliche Vergütung für einen getätigten Geschäftsumfang, und Rabatt, als Nachlaß auf Basis von Kriterien.

Angebot, Kaufmännisches

Ein verlangtes Angebot erfolgt auf Anfrage. Ein unverlangtes Angebot erfolgt auch ohne Anfrage zur bloßen Information (z. B. Sonderangebot, neue Ware, Erinnerung). Das Angebot ist eine verbindliche Willenserklärung des Anbieters an den Kaufinteressenten und kann nachträglich nicht mehr verändert werden. Zweckmäßig sind so vollständige und unmißverständliche Angaben, daß ein beabsichtigter Kaufvertrag durch bloße Bejahung abgeschlossen werden kann.

Der Angebotsinhalt umfaßt im allgemeinen folgende Punkte:

- Art, Güte und Beschaffenheit der Ware, anhand von Abbildung, Beschreibung, Muster, Probe, Güteklasse, Waren-/Gütezeichen, Warenherkunft, Jahrgang, Zusammensetzung etc.
- Preis pro Einheit (gesetzliche Maßeinheiten, Stückzahlen, handelsübliche Größen),
- Lieferungsbedingungen (Transportkosten, Verpackungskosten, Lieferzeit (Tageskauf, Terminkauf, Fixkauf),
- Zahlungsbedingungen.

Angebote sind nur dann nicht verbindlich, wenn es sich um folgende Ausnahmen handelt:

- Angebot an die Allgemeinheit, also nicht an eine bestimmte Person gerichtet. Es ist lediglich als Aufforderung zur Abgabe eines Antrags anzusehen (z. B. Schaufensterpreise, unaufgeforderte Kataloge, Werbemittel).
- Angebot unter Anwesenden, das nur für die Dauer des Gesprächs bindend ist. Dies gilt auch für Telefongespräche.
- Angebot unter Abwesenden, das nur solange bindend ist, wie der Anbietende unter normalen Umständen mit einer Reaktion rechnen darf.
- Angebot mit Fristsetzung, bei dem

die Bindung nur während der deklarierten Fristsetzung gilt.
- Freibleibendes Angebot, durch das bestimmte Angebotsbestandteile durch Freizeichnungsklauseln vorbehalten bleiben (z. B. solange Vorrat reicht, Lieferzeit, Preis vorbehalten).

Ein Angebot wird in dem Augenblick verbindlich, in dem es den Empfänger erreicht. Ein Widerruf ist nur wirksam, wenn er vor- oder gleichzeitig mit dem Angebot eingeht.

Angebotsanspruch

Das Kampagnenformat, häufig auch Copy-Strategie genannt, besteht aus zwei Elementen:
- dem Positioning Statement,
- der Creative Platform.

Beim Positioning Statement handelt es sich um die ausformulierte Positionierung, die vor allem zwei Anforderungen unterliegt:
- Präzision, d. h. das Positioning Statement ist vergleichbar einem Gesetzestext zu behandeln. Es kommt auf jede Nuance der Formulierung an, die präzise den intendierten Inhalt wiedergeben muß. Zugleich ist diese Fassung verbindlich für die spätere Beurteilung des inhaltlichen Outputs der Werbung (On Strategy).
- Kürze, d. h. das Positioning Statement muß knapp formuliert auf den Punkt kommen. Positionings, die nicht in einen Satz zu fassen sind, sind mit Vorsicht zu genießen. Denn ihnen fehlt es meist an Trennschärfe und Kommunizierbarkeit in der späteren werblichen Umsetzung.

Kernpunkte dieser Definition sind Angebotsanspruch (Claim) und Anspruchsbegründung (Reason Why). Der Angebotsanspruch ist die Umschreibung:
- der faktischen (produktlichen/objektiven) Basis oder
- der werblichen (emotionalen/subjektiven) Basis.

Bei dessen Formulierung als Konzeptdefinition handelt es sich noch nicht um Werbetext, sondern nur um Sachinhalt, der erst durch kreative Transponierung zu Werbetext wird. Deshalb dürfen auch Alleinstellungen und Vergleiche vorkommen, die später in der werblichen Umsetzung verboten sind. Der Angebotsanspruch findet sich in der Werbung oft in Form eines Slogans, also einer einem bestimmten Absender fest zugeordneten, standardisierten Leistungsaussage, die in jedem Werbemittel, meist in Kombination mit einem Logo, vorhanden ist, wieder.
(→ Positionierung)

Anfangsbuchstaben-Verfahren

(→ Zufallsauswahl, Systematische)

Anfrage

(→ Kaufvertrag)

Angebotsanreiz

(→ Preisfunktionen)

Angebotsdominanz

Sofern man beschließt, in einem bereits durch Mitbewerber belegten

Segment anzubieten, spekuliert man darauf, diese durch eine geschicktere Umsetzung der Positionierung in den Marketing-Instrumenten, durch quantitativ überlegenen Aktivitäteneinsatz oder schlicht durch bessere Angebotsleistung zu übertreffen.

Ein Beispiel kann die Positionierung der *IBM*-PC's bieten. Bis zu deren Einführung 1981 galt Nixdorf als der Pionier der arbeitsplatzorientierten Computerkapazität. Vordem hatten nämlich riesige Zentraleinheiten in klimatisierten Räumen fernab der operativen Arbeit ihren Dienst verrichtet. Nixdorf brachte kleine, hinreichend leistungsfähige Einheiten ins Büro und erhöhte durch schnellere Zugriffszeiten dort die Effizienz des Einsatzes. Häufig benutzte Daten wurden in dezentralen PC's abgelegt, für selten benutzte Daten griff dieser auf die Zentraleinheit zu. Dadurch wurde dort zugleich wertvolle Rechenzeit für komplexe Aufgaben frei. IBM lobte nun genau diesen Anspruch aus und konnte ihn qua überlegener Kompetenz und Geldmittel für sich okkupieren. Nixdorf hatte dagegen keine Chance, was letztlich zum Niedergang des Unternehmens führte (heute SINIX).

Ein Beispiel ist im Handel die *Fielmann* Optik-Kette. Sie drang in einen durch handwerklich-medizinische Struktur gekennzeichneten, weitgehend geschützten Markt mit den Mitteln modernen Handelsmarketing ein und verdrängte so die etablierten Anbieter schnell und wirkungsvoll. Als Ansatz reichte dafür die Anwendung betriebswirtschaftlicher Grundprinzipien in der Betriebsführung aus. Die Gegenwehr der tradierten Augenoptiker-Branche war zögerlich, ohne Nachdruck und damit ineffektiv. Konkurrenz droht heute allerdings von ebenfalls nachziehenden Großbetriebsformen (*Apollo, Quelle* etc.).

(→ *Positionierung, Optionen)*

Angebotsfokussierung

Hierbei entschließt sich ein Anbieter zur bewußten Einengung des Geltungsbereichs seines Angebots. Dies bedeutet zunächst den Ausschluß von Nachfragern. Denn sie stellt immer einen Kompromiß dar zwischen möglichst breiter Anlage einerseits, um keine Nachfragepotentiale vermeidbar von der Nutzung des Produkts auszuschließen, und möglichst prägnanter Zuspitzung andererseits, um die Profilierung des Produkts zu unterstützen. Eine spitze Positionierung grenzt aber notwendigerweise Nachfragepotentiale aus, eine breite Positionierung führt beinahe zwangsläufig zur Diffusität. Ausnahmen bestätigen wie immer auch hier die Regel. So ist die Marke *Volkswagen* in ihrem Anspruch extrem breit angelegt und verfügt dennoch über eine hohe Trennschärfe ihres Profils, umgekehrt fühlt sich von der versnobt eng ausgelegten Positionierung der Marken *Schweppes* oder *After Eight* (beide *Cadbury*) kein Normalverbraucher ausgeschlossen. Dennoch will der latente Konflikt zwischen Potential und Profil wohl abgewogen sein. Überwiegt der Zugewinn an emotionaler Prägnanz einen Verlust an Zielgruppenbreite, ist eine Fokussierung der Position sinnvoll. Da die Positionierung aber immer über den eigentlichen Kern ihres Anspruchs hinaus automatisch angrenzende Segmente mit einsammelt, ist im Zweifel eine prägnante Fokussierung generell vorzuziehen.

Diese Position vertritt im Handel etwa der *Aldi*-Konzern. Konsequent werden nur schnelldrehende, verpackte markenlose Lebensmittel, nur ausnahmsweise auch Hartwaren, Frischwaren und Markenartikel, angeboten. Daher ist dort nur der Einkauf von Waren des täglichen oder täglich häufigen Bedarfs möglich. Auf die restlichen Umsätze wird bewußt zugunsten einer Fokussierung als Spezialist verzichtet.

Im Unterschied zur Marktnischenpositionierung wird dabei nicht auf ein Randpotential des Marktes abgestellt, sondern ein zentrales Segment angesprochen. Als Beispiel kann *Whiskas Senior* gelten. Hier wird gezielt ein Tierfutter für ältere Katzen angeboten, da einleuchtend scheint, daß diese, ähnlich wie beim Menschen, spezifische Ernährungsbedarfe haben. Zugleich werden damit, obgleich keine Altersgrenze genannt wird, junge und mittelalte Katzen von dessen Genuß ausgeschlossen. Im Ergebnis wird dadurch jedoch ein prägnantes Profil im Umfeld der vielfältigen, austauschbaren Katzenfutter erreicht.

(→ Positionierung, Optionen)

Angebotspflege

Die Angebotspflege umfaßt die Fortführung von Produkten. Während Veränderung und Einstellung zu den spektakulären Ereignissen der Angebotspolitik zählen, wird die laufende Betreuung des unveränderten Angebots oft in ihrer Bedeutung unterschätzt. Dabei kann die Angebotspflege in diesem Bereich garnicht hoch genug eingeschätzt werden.

Bei der Angebotsfortführung als Betreuung bestehender Produkte handelt es sich um Schnittstellenmanagement. Gemeinhin stehen nur die großen Ereignisse wie Innovation, Differenzierung, Variation und Elimination im Vordergrund der Betrachtung. Darüber wird allzu gleich vergessen, daß erst die Fortführung den kontinuierlichen Erfolg eines Angebots gewährleistet und in der Praxis auch den überwiegenden Arbeitsanteil ausmacht. Im Rahmen der Forschung und Entwicklung geht es um die proaktive Sicherung des Marktbestands. Aufgrund der langen Vorlaufzeiten muß bereits dann, wenn bestehende Produkte noch in voller Blüte stehen, mit Hochdruck an Nachfolgeprodukten gearbeitet werden. Die Arbeitsstufen umfassen dabei Pflichten- und Lastenheft (z. B. Qualität, Design), Erstmuster (also Funktionsmuster, Handmuster), Entwicklungsmuster (mit Prüfprogrammen), Fertigungsfreigabe, Vorserie (Produktionskonzept), Nullserie (Praxiserprobung) und Auflage. Begleitend erfolgt auf allen Stufen Marketingforschung zur Absicherung des Erfolgs.

Eine weitere Aufgabe ist die stete Qualitätsprüfung durch Festlegung von Qualitätsmerkmalen, Maßnahmen zur Realisierung der geplanten Qualität und Überwachung dieser Qualität. Dies hat entscheidenden Einfluß auf den Markterfolg, ist aber auch aus Produkthaftungsgründen unerläßlich.

Dann bedarf es der steten Markt- und Umweltbeobachtung, um Einflußfaktoren auf den Produkterfolg aufzuspüren, deren Auswirkungen zu klären und entsprechende Gegenmaßnahmen einzuleiten. Hier ist etwa an Produktpiraterie zu denken (Counterfeiting). Dabei handelt es sich um die Fälschung von Warenzeichen, die Warenzeichenanlehnung und die sklavische Nachahmung von Produkten. Dann müssen dringend weitreichende rechtliche Konsequenzen eingeleitet werden.

Weiterhin muß der Marketing-Mix stetig auf seine Eignung im aktuellen Vermarktungsumfeld hin überprüft werden. Beständig werden neue Kombinationen ausgetestet, um die bestehende Vermarktungssituation zu optimieren. Da diese sich wiederum aber ständig verändert, ist dieser Prozeß nicht abzuschließen, sondern bedarf der permanenten Anpassung der Mix-Instrumente im Trial & Error-Verfahren.

In der Organisation sind die Aufgaben der Angebotsfortführung zumeist in der Form des Produkt-Management institutionalisiert. Der Produkt-Manager ist der Pate seines Produkts/seiner Produktgruppe (Category) und hat sich für deren Durchsetzungsfähigkeit und Wohlergehen im Markt verantwortlich zu fühlen.

Angebotsumfeld, Analyse

Diese betrifft die Faktoren des Marktes, des Wettbewerbs, der Abnehmer, des eigenen Angebots und der Randbedingungen. Zur *Marktdimension* gehören Größen wie Marktabgrenzung, aktuelles Marktvolumen, Marktpotential, Angebotsbreite und -tiefe, Charakterisierung des Gesamtmarktes und der Teilsegmente hinsichtlich Entwicklungen, Eigenschaften, Schwerpunkten, Einflußfaktoren in Form von Konjunktur- und Saisonzyklen, Trends und Innovationen etc.

Zur *Wettbewerbsdimension* gehören Größen wie die Marktanteile aktuell und im Zeitablauf – jeweils nach Menge und Wert –, die Anzahl der Mitbewerber und deren Gewichtung, die Mitbewerberprofile nach Stärken und Schwächen, die Marketingeinstellung und Profilierung der Mitbewerber, deren Angebotsbekanntheit und -vertrautheit, Imagedimensionen und die Kompetenzen, der Parametereinsatz – vor allem in bezug auf die Preisstellung –, die Markenpolitik, Wettbewerbsbeschränkungen und der Außenwirtschaftsbeitrag etc.

Die *Abnehmerdimension* hat zwei Aspekte: die der unmittelbaren Abnehmer in Form von zwischengeschalteten Absatzmittlern und die der mittelbaren Abnehmer in Form von Endabnehmern.

Zur *Absatzmittlerdimension* gehören Größen wie deren Anzahl, die Autonomie der Handelsstufe, die dort anzutreffenden Betriebsformen, die numerische und gewichtete Distribution, die regionale Absatzverteilung, die Organisation des Absatzes nach System, Weg und Form, Außendienststruktur und Merchandising, die Einkaufsstättenwahl, die Placierung im Handel etc.

Zur *Endabnehmerdimension* gehören Größen wie die Angebotskenntnis und -einstellung, das Informations- und Entscheidungsverhalten, die Qualitätserwartung und -notwendigkeit, die Markenakzeptanz und -treue, die Käufer- und Verwenderschaftsstruktur, deren Soziodemographie, die Kaufsituation nach Person, Intervall und Intensität, die Lifestyle-Orientierung etc.

Zur *Dimension des eigenen Angebots* gehören Größen wie die Angebotsphysis nach Eigenschaften und Anwendungen, ein etwaiger Programmverbund, Packung und Ausstattung, die Produktbeurteilung und komparative Angebotsvorteile, die Lebenszyklusphase, die Marketing-Mix-Allokation, die Preis-Gegenwert-Relation etc.

Zur *Dimension der Randbedingungen* schließlich gehören Größen wie primäre und sekundäre Marktforschungserkenntnisse, übergeordnete Unternehmens- und Marketingziele, rechtliche Restriktionen, der Gebiets- und Zeitrahmen, klassische und nicht-klassische Ansprachedimensionen etc.

Je detaillierter und aussagefähiger diese und andere relevante Daten beschafft und ausgewertet werden, desto besser sind die Voraussetzungen für eine erfolgversprechende Marketingkonzeption. Dabei handelt es sich zugegebenermaßen meist um eine reine Fleißarbeit. Diese zahlt sich jedoch aus, denn, Garbage in – Garbage out, ein wirkungsvoller Output bedingt einen qualifizierten Input. (vgl. *Pepels, Werner:* Kommunikationsmanagement, Stuttgart, 1994).

Angebotswerbung

(→ Kommunikation, Formen)

Anglemeter

(→ Testverfahren, Aktualgenetische)

Anmoderierter Spot

(→ Rundfunkspots, Sonderformen)

Annahme

(→ Kaufvertrag)

Annahmetechnik

(→ Konfliktüberwindung im Verkaufsgespäch)

Annahmeverzug

Annahmeverzug liegt vor, wenn der Käufer die gelieferte Ware nicht oder nicht rechtzeitig annimmt. Da der Käufer Gläubiger für die Warenlieferung ist, handelt es sich um einen Gläubigerverzug. Voraussetzungen dafür sind Fälligkeit der Lieferung und tatsächliches Anbieten der Lieferung. Verschulden ist nicht erforderlich, wenn der Gläubiger erklärt, die Lieferung nicht anzunehmen oder es unterläßt, die geschuldete Ware abzuholen. Durch Annahmeverzug geht die Gefahr des zufälligen Untergangs auf den Gläubiger über, die Haftung des Schuldners wird eingeschränkt und erstreckt sich nur auf grobe Fahrlässigkeit und Vorsatz, nicht mehr auf leichte Fahrlässigkeit, und für eine verzinsliche Geldschuld sind ab sofort keine weiteren Zinsen zu zahlen.

Der Schuldner kann die Ware in eigene Verwahrung nehmen und auf Abnahme klagen oder sich von der Leistungspflicht befreien, indem er die Ware an jedem geeigneten Ort in sicherer Weise einlagert oder sie an jedem Ort öffentlich versteigern (Notverkauf, nach Androhung, bei Gefahr des Verderbs aber auch ohne Androhnung) oder, bei Börsen- bzw. Marktpreis, freihändig verkaufen läßt und den Erlös einbehält (Selbsthilfeverkauf). Ein Mindererlös wird mit der Forderung aufgerechnet, ein Mehrerlös herausgegeben. Alle dabei entstehenden Kosten kann er vom Käufer verlangen.

Die Fälligkeit der Leistung ist bei Erreichen des vereinbartem Annahmetermins der Fall. Ist kein Termin festgelegt, muß die Warenzustellung eine angemessene Zeit vorher angekündigt werden. Bei überraschender Lieferung entsteht kein Annahmeverzug. Eine weitere Voraussetzung betrifft das Angebot der Leistung zur richtigen Zeit, am richtigen Ort und in richtiger Art und Weise. Außerdem ist die Nichtannahme der Leistung Voraussetzung. Es kommt auch nicht auf ein Verschulden des Käufers bei nicht erfolgter Annahme an.

Rechte des Verkäufers aus dem Annahmeverzug betreffen die Klage auf Abnahme der Ware, wobei der Verkäufer zur Lieferbereitschaft die Ware auf Kosten und Gefahr des Käufers einlagern oder hinterlegen wird (im bürgerlichen Kauf sind allerdings nur Geld, Wertpapiere, Urkunden und andere Wertgegenstände hinterlegungsfähig), den Selbsthilfeverkauf hinterlegungsfähiger Waren, wobei dieser dem Käufer angedroht werden muß, es sei denn, es handelt sich um leicht verderbliche Waren (z. B. Fisch, Obst, Gemüse), bei der dann öffentlich zu von Gerichtsvollzieher oder Notar festgelegten Ort und Zeit versteigert wird, die dem Käufer bekanntgegeben werden (Mindererlös ist vom Käufer zu ersetzen, Mehrerlös ist dem Käufer auszuzahlen), es sei denn, es handelt sich um Waren mit einem Börsen- oder Marktpreis, die freihändig zum allgemein üblichen Preis verkauft werden können. Der Verkäufer kann vom Käufer den Ersatz aller Mehrkosten verlangen, die ihm dabei entstehen.

Annuitätenmethode

(→ *Wirtschaftlichkeitsrechnung*)

Anpassungsfunktion

(→ *Wettbewerb*)

Anpassungsstrategie

(→ *Absatzkanal, Präsenz)*

Anpassungstest

(→ *Testverfahren, Statistische)*

Anregungsphase

(→ *Marketingforschung, Phasen)*

Ansoff-Matrix

(→ *Marktfelder)*

Anspruchsbegründung

Da man werblichen Aussagen meist nicht so leicht zu glauben geneigt ist, untermauert die Anspruchsbegründung die beanspruchte Position. Dies geschieht durch sachliche Argumentation über:

- Material, Rohstoff und Güte, also den Inputfaktoren der Angebotsleistung. Hier kann besondere Sorgfalt und Auswahl angeführt werden (Beispiele: „nur beste Kaffeebohnen"/*Tchibo*, „spätreife Apfelsinen"/*Valensina*).
- Verfahren, Technologie und Know how, also den Prozeßfaktoren der Leistungserstellung. Hier wird auf besondere Erfahrung und Fortschrittlichkeit abgehoben (Beispiele: „die Achse, die aus dem Computer kommt"/*Opel*, „entcoffeiniert"/*Jacobs*).
- Wirkung, Komposition und Effekt, also den Outputfaktoren des Angebots. Hier wird erhöhte Leistungsfähigkeit argumentiert (Beispiele: „verschafft kalorienarmes Sättigungsgefühl"/*Bionorm*, „mit lebenswichtigen Vitaminen"/*Hohes C*).

Die Anspruchsbegründung findet meist im Fließtext geprinteter Werbemittel ihren Ausdruck. Sie eignet sich zwar nicht als Blickfang für die Aufmerksamkeit, gibt aber allen Zielpersonen, die sich für ein Angebot näher interessieren, Stoff zur Beschäftigung. Dies gilt besonders für erklärungsbedürftige Produkte, etwa aus dem High Tech-Bereich. Bei Low Involvement-Produkten wird zudem versucht, sie durch ausgefallene Begründungen mit High Involvement auszustatten (Beispiel: Waschmittel mit TAED System/*Sunil*).

(→ *Positionierung)*

Antrag

(→ *Kaufvertrag)*

Antwortzeitmessung

(→ *Testverfahren, Mechanische)*

Anwendungsinnovation

(→ *Innovation)*

Anzeigen

(→ *Mediaeinsatz, Mix)*

Anzeigenblätter

(→ *Printwerbung, Sonderformen)*

Anzeigenwerbung

Anzeigenwerbung erfolgt in Zeitungen, Zeitschriften und sonstigen Printwerbegattungen.

(→ *Printwerbung, Sonderformen, Zeitungsanzeigen, Zeitschriftenanzeigen)*

Apersonale Kanäle

(→ Kommunikation, Kanäle)

Appelltechnik

(→ Preisargumentation im Verkaufsgespräch)

Appetenz-Appetenz-Konflikt

(→ Motivkonflikte)

Appetenz-Aversions-Konflikt

(→ Motivkonflikte)

Äquivalenzziffernkalkulation

(→ Vollkostenrechnung)

Arbeitsgemeinschaft

(→ Kooperation)

Arbeitsspeicher

(→ Desk Top Publishing, Speichermedien)

Arbitron (Wearable Meters)

(→ Werbemeßverfahren, Psychographische)

Area Management

(→ Gebietsorganisation)

Arousal Level

(→ Emotion)

Arrondierung im Marketing

Zunächst stand die physikalisch-chemische *Ware* in ihrer objektiven Beschaffenheit im Mittelpunkt der Bemühungen. Später kamen wichtige Dienstleistungskomponenten im Absatz hinzu. Durch die Kombination aus „Ware" und verbundenen Services entstand das *Produkt*. Dabei wird der Anteil der Servicekomponente immer bedeutsamer, da diese einerseits hilft, die an sich austauschbare Hardware positiv zu differenzieren, und andererseits dem eigentlichen Bedürfnis der Kunden nach Problemlösung, und nicht nur nach bloßer Warenverfügbarkeit, nachkommt. Dies führt zu sog. Systemgeschäften, also verbundenen Verkäufen von „Ware" und „Service". Die neuzeitliche Fassung des Marketing sieht das *Angebot* als subjektiv wahrgenommenes Produkt im Mittelpunkt. Damit treten die technischen Aspekte in den Hintergrund, und die Vorstellungskraft wird aktiviert. Denn es kommt tatsächlich nicht auf das reale Produkt an, sondern auf die individuelle Wahrnehmung dieses Produkts. Insofern gibt es im Marketing keine objektive Wahrheit, sondern immer nur die subjektive Wahrnehmung dieser Realität. Und nur auf diese kommt es an. Beide können zudem auf Dauer und erheblich voneinander abweichen. Dabei spielen dann einige zentrale Begriffe eine Rolle. So die Meta-Ebene der Kommunikation, denn nicht die Realität ist die Realität im Marketing, sondern die Wahrnehmung der Zielpersonen über diese Realität. Damit ist zugleich auch die Kommunikation, also die Information über die Objektebene, zentral bedeutsam. Das Produkt ist nur das eine, ein attraktives Angebot wird daraus eben erst durch eine geschickte Auslobung. Folglich steht

auch nicht mehr unbedingt der Anbieter, sondern die Marke im Vordergrund. Sie verkörpert alle, von einem nennenswerten Anteil der Zielgruppe erlebten Angebotseigenschaften und wird von diesen als „Visitenkarte“ mit Aussagekraft zu ihrer eigenen Persönlichkeit im sozialen Umfeld betrachtet. Demnach unterliegen Marken meist einem komplizierten Auswahlprozeß, und nur die im sog. Relevant Set of Brands verankerten Marken haben eine realistische Chance, gekauft zu werden, weil nur sie die für gewöhnlich hochgestellten Anforderungen der Nachfrager adäquat erfüllen. Dazu wird ein mehrstufiger Wahlprozeß durchlaufen.
(→ Marketing, Definition)

Assimilierung im Marketing

Traditionell waren die absatzwirtschaftlichen Aufgaben noch auf verschiedene betriebliche *Funktionsbereiche* verteilt. Im Zuge einer Marketingorientierung konnte dies so nicht hingenommen werden. Erforderlich war vielmehr die Integration aller absatzwirtschaftlichen Aufgaben in einer Marketingabteilung. Im dem Maße, wie es jedoch zu einem generellen Primat des Marketing kam, wurde eine Beschränkung der Marketingorientierung auf die *Abteilung* als nicht mehr ausreichend angesehen. Vielmehr wird heute bei fortschrittlichen Anbietern die Meinung vertreten, daß es erforderlich ist, alle Abteilungen des Unternehmens am Markt auszurichten. Folgerichtig kommt es derzeit zu einer Auflösung von Marketingabteilungen und zur *Rückzuweisung* des Marktprimats auf alle Bereiche. Historisch war also das, was heute unter Marketing zu verstehen ist, verschiedenen betrieblichen Funktionen zugeordnet. Im Zuge der zentralen Bedeutung des Marketing kam es zu einer Zentralisierung der bereits bestehenden Marketingaktivitäten im Unternehmen in Form einer einheitlichen Marketingfunktion. Nunmehr wird jedoch diese Marketingfunktion aufgelöst, und es kommt zur Integration der Marktaktivitäten in alle betrieblichen Funktionen. Damit entsteht vor allem die Aufgabe, die seither eher marktfernen Funktionen mit einer Ausrichtung an Kundenbedürfnissen vertraut zu machen. Dabei ist die diffuse Aura, die viele selbsternannten Marketing-Gurus um den Begriff herum aufgebaut haben, eher hinderlich, verstellt sie doch den Blick für sehr pragmatische Forderungen.
(→ Marketing, Definition)

Assoziationsfragen

(→ Fragefunktionen)

Assoziationspsychologie

(→ Wahrnehmung, Gesetzmäßigkeiten)

Atemvolumenmessung

(→ Testverfahren, Psychomotorische)

Attribut-Dominanzregel

(→ Entscheidungsregeln, Kompensatorische)

Attributdominanz

(→ Wahrnehmung, Effekte)

Attributionstheorie

(→ Dissonanzen, Inhalte)

Attributweise Informationsaufnahme

(→ Informations-Display-Matrix)

Audience-Effekt

(→ Wahrnehmung, Effekte)

Audiokommunikation

Für die Audiokommunikation ergeben sich innerhalb der Neuen Medien folgende Möglichkeiten:

- *Telefon*: Hier sind die verschiedenen Services der Telekom (Mehrwertdienste) zu nennen:
  - Service 0130: Die Gesprächsgebühr wird vom Angerufenen bezahlt (ähnlich R-Gespräch, in USA Toll Free Number). Dabei ist dieser regional, national, international (incoming und outgoing) unter einem einheitlichen Anschluß erreichbar. Damit können Standortnachteile ausgeglichen werden. Außerdem besteht Betriebsbereitschaft auch außerhalb der Geschäftszeiten.
  - Service 0180: Hier sind verschiedene Standorte (z. B. Filialen eines Unternehmens) unter einer Rufnummer erreichbar und werden nach räumlicher Einordnung zugeschaltet (01802, 01803, 01805).
  - Service 0137/0138: Hier erfolgt eine externe Anrufumleitung auf einen individuellen Ansagedienst.
  - Service 0190: Hier erfolgt eine externe Anrufumleitung auf einen automatischen Ansagedienst.

Außerdem bieten Komforttelefone heute Funktionen wie Anrufumleitung, automatischer Rückruf bei Besetztzeichen, Anzeigen der Anrufernummer, Gebührenanzeige, Wahlwiederholung, „Anklopfen“ bei Besetztzeichen, Rufnummernspeicher, Mithörmöglichkeit, Freisprechen, Stummschaltung etc. an. Auch sind Kombigeräte mit eingebautem Anrufbeantworter und/oder Telefaxgerät am Markt. Seit Aufhebung des Postmonopols auf die Endgeräte hat sich deren Vielfalt, Gestaltung, Leistung und Kosten-Nutzenverhältnis dramatisch verbessert. Im übrigen ein deutliches Zeichen für die Vorteile des marktwirtschaftlichen Systems.

Außerdem ist auch die selbstättige Anwahl von Telefonnummern aus der Datenbank eines Computers (PC/Laptop) möglich, wobei die relevanten Adressatendaten zugleich am Bildschirm abrufbar sind und so eine schnelle, kundenfreundliche Bearbeitung des

Anrufs erlauben. Umgekehrt erlaubt der PC auch die Identifizierung von Anrufern bei eingehenden Telefonaten und deren Zuordnung zu Datenbankinhalten.

- *Sprachspeicherdienst* (Voice Mail): Hier ist eine Tonübertragung auch ohne Reaktion des Partners möglich, indem die Mitteilung aufgezeichnet und vom Angerufenen nach Belieben abgerufen werden kann. Damit ist eine jederzeitige Erreichbarkeit gewährleistet. Außerdem entstehen keine Informationsverluste bei Weiterleitung von Nachrichten durch Dritte.
- *Funkruf/Cityruf*: Hierbei können innerhalb eines begrenzten Einzugsgebiets nur empfangsseitig wirksame Meldegeräte im Miniformat angewählt werden, die auf einem Display die Anrufernummer oder eine kurze Nachricht darstellen. Der Anruf wird durch Ton-, Vibrations- und/ oder Lichtsignal angezeigt.
- *Mobiltelefon*: Dieses erlaubt, alle Funktionen eines stationären Telefons auch unterwegs zu nutzen. Dabei stehen derzeit drei Netze zur Verfügung (*D1/Telekom* , *D2/ Mannesmann*-Konsortium, E-plus). Dabei kommt es zu einer Trennung zwischen Netz und Dienst, die bislang von der Telekom immer gemeinsam betrieben wurden. Nun stellt die Telekom ihr dichtes Netz als Übertragungseinrichtung gegen Entgelt weiteren privaten Betreibern (Service Providers) zur Verfügung, die dort Telefondienst sowie zahlreiche Zusatzleistungen auf eigene Rechnung wiederum gegen Entgelt an Endabnehmer anbieten.
- *Telefonkonferenz*: Hierbei handelt es sich um die Zusammenschaltung mehrerer Telefonteilnehmer (derzeit bis zu 15 in 170 Ländern) derart, daß jeder Teilnehmer die Beiträge der anderen mithören kann. Eine Telefonkonferenz ist bei der Telekom anzumelden, die dann die Konferenzschaltung vornimmt. Außerdem sind einige Abwicklungsbesonderheiten zu beachten. So müssen Gesprächsunterlagen allen Teilnehmern in einheitlicher Form und leicht identifizierbar vorliegen. Auch soll jeder Teilnehmer am Beginn seines Beitrags seinen Namen nennen, damit die übrigen Teilnehmer wissen, wer gerade spricht. Die Koordination erfolgt zweckmäßigerweise durch einen Moderator. Alle Beiträge sind so kurz wie möglich zu halten.
- *Digitaler Hörfunk*: Verbunden mit der digitalen, statt analogen, Übertragung von Hörfunksignalen sind einige Zusatzleistungen. So erlaubt eine Codierung die Anzeige des gerade eingestellten Sendernamens. Außerdem wird die Vielzahl der Sender nach Rubriken (z. B. nach Musikart, Nachrichten) voreingeteilt und kann am Empfangsgerät (Digitaltuner) derart segmentiert werden, daß nur die der eingestellten Rubrik zugehörigen Stationen empfangen werden.

Auditierung

Der Prozeß der Auditierung umfaßt mehrere Schritte. Interessierte Unternehmen können zunächst Informationsmaterial vom Auditor anfordern. Darauf folgt eine Fragenliste zur Vorbereitung. Auf Wunsch wird ein Vor-Audit durchgeführt, um vorweg bereits augenfällige Schwachstellen zu identifizieren. Dann wird ein Audit-Leiter benannt. Diesem wird das vorbereitete Quality Manual übergeben. Dann überprüft ein unabhängiger zweiter Auditor die Unterlagen. Das Ergebnis wird in einem Vorbereitungsgespräch diskutiert, dabei wird auch der genaue Prüfungsablauf festgelegt. Erst dann erfolgt die eigentliche Durchführung des Audits, vornehmlich anhand von Mitarbeiterbefragung, Prozeßverfolgung und Stichprobenprüfung. Dabei wird das Qualitätssicherungs-Handbuch des Dienstleistungsbetriebs als notwendige Voraussetzung ausgewertet, dessen Ergebnisse wiederum diskutiert werden. Darüber wird ein Audit-Protokoll erstellt, in dem die objektiven Nachweise für die tatsächliche Ausführung der Anweisungen des Handbuchs festgestellt und mitgeteilt werden. Das Testat wird nach erfüllt, teilweise erfüllt, nicht akzeptabel und nicht erfüllt differenziert. Sofern Korrekturmaßnahmen erforderlich sind, wird deren Ausführung überwacht und in einem Nach-Audit zertifiziert. Unter Hauptabweichungen werden solche Fehler verstanden, die eine Nichterfüllung der genormten Forderungen erkennen lassen, sie sind auf jeden Fall vor Zertifizierung zu beheben, Nebenabweichungen sind Fehler, die die Beschreibung der erhobenen Prozesse betreffen, hier reicht eine Nachbesserungsverpflichtung aus. Dies wird in einem Schlußgespräch bzw. -bericht dargelegt, alle Unterlagen werden zurückgegeben. Schließlich wird ein Zertifikat erteilt, dessen Gültigkeit meist auf zwei bis drei Jahre begrenzt ist. Dann muß die Prüfung erneuert werden (Wiederholungs-Audit) oder der Ausweis verfällt. Außerdem gibt es Überwachungs-Audits mindestens einmal jährlich, Aktualisierungs-Audits bei Änderung des Geltungsbereichs und Aufstockungs-Audits zur Höherstufung (vgl. *Malorny, Christian/Kassebohm, Kristian:* Brennpunkt TQM, Stuttgart 1994).

Aufbauorganisation

(→ Strukturorganisation)

Aufbereitungsphase

(→ Marketingforschung, Phasen)

Aufkauf-Großhandel

(→ Großhandel, Betriebstypen)

Aufklärung (als Absatzquellendefinition)

Aufklärung ist eine Form der Definition der Absatzquelle. Sie betrifft potentielle Nachfrager. Obwohl diese ihren objektiven Merkmalen nach als Käufer prädestiniert sind, kennen sie ein Angebot nicht und können es deshalb auch nicht wahrnehmen.

Falls eine gewisse Anzahl von ihnen, bei Kenntnis marktaktiv wird, stellt dies ein beträchtliches Nachfragepotential dar. Werbliche Maßnahmen müssen daher vor allem auf Reichweite und Bekanntheitsgradsteigerung setzen.
(→ *Absatzquellendefinition)*

Aufmachung

(→ *Packungsbegriffe)*

Aufmerksamkeit

(→ *Kommunikationswirkung, Phasen)*

Auftrags-Forschung und Entwicklung

(→ *Diversifikation)*

Aufstiegskäufer

(→ *Käuferklassen)*

Auktion

Die Auktion ist ein öffentliches Bieteverfahren mit Zuschlag für Höchstgebot und Barzahlungspflicht für physisch vorhandene Güter, die nicht standardisierbar sind. Die Preisanpassung erfolgt von unten nach oben, also auf Aufstrich (Ggs. Veiling: Preisanpassung von oben nach unten, d. h. auf Abstrich). Es handelt sich um die Organisation eines Marktes für ein bestimmtes Angebot durch Anziehung einer Mehrzahl von Kaufinteressenten zu einem bestimmten Zeitpunkt an einen bestimmten Ort. Die Präsenz der Auktionsobjekte am Auktionsort bzw. in dessen Nähe ist gegeben. Die Inaugenscheinnahme der Auktionsobjekte kann durch den Kaufinteressenten im Regelfall erfolgen. Die Abgabe von Preisgeboten vollzieht sich durch verschiedene Kaufinteressenten, wobei eine Tendenz zum gegenseitigen Überbieten ausgelöst wird. Der Zuschlag wird im Regelfall an den Höchstbietenden erteilt. Auktionen sind vor allem dann zu bevorzugen, wenn es auf einen schnellen, sicheren Absatz ankommt, für den sich ein adäquater Preis erst noch bilden muß (nicht-fungible Waren). Die Verkäufer ordnen dem ihr Preisinteresse unter. Genau darin liegt zugleich die Attraktivität für potentielle Käufer.
(→ *Abschlußmärkte)*

Ausbildung

(→ *Marktsegmentierung, Kriterien)*

Ausgleichsfragen

(→ *Fragefunktionen)*

Ausgleichsgeber

(→ *Preispolitischer Ausgleich)*

Ausgleichsnehmer

(→ *Preispolitischer Ausgleich)*

Ausgleichsprinzip

(→ *Preispolitischer Ausgleich)*

Auskunftskontrollfragen

(→ *Fragefunktionen)*

Ausmaß von Zielen

(→ *Zielsetzungen im Marketing)*

Ausschreibung

(→ *Submission)*

Außen-Großhandel

(→ *Großhandel, Betriebstypen)*

Außenhandelsfinanzierung

Zur Förderung des Außenhandels stellt die Absatzfinanzierung ein wichtiges Instrument dar. Dabei gibt es eine ganze Reihe von Finanzierungsformen.

Basis für den Rembourskredit ist ein Kaufvertrag zwischen Exporteur und Importeur, für den der Importeur einen Rembourskreditantrag bei seiner Bank stellt. Nach deren Akzeptzusage an die ausländische Korrespondenzbank erfolgt die Avisierung des Remboursakkreditivs und der Diskontzusage an den Exporteur, worauf dieser die Waren ausliefert und die Warenbegleitpapiere an seine Bank gibt, die diese gegen Akzept an die Korrespondenzbank weiterreicht. Der Wechsel wird zur Refinanzierung diskontiert. Der Importeur erhält die Dokumente von seiner Bank und daraufhin die Waren. Er überweist den Rechnungsbetrag an seine Bank, die den präsentierten Wechsel damit auslöst. Gegen Zahlung einer Akzeptprovision kann sich der Exporteur somit der Zahlungsverpflichtung einer Bank (anstelle des Importeurs) versichern.

Der Negoziationskredit hebt sich demgegenüber dadurch ab, daß sich die Bank des Exporteurs verpflichtet, einen vom Exporteur auf den Importeur gezogenen Wechsel sofort anzukaufen, unabhängig davon, ob die Tratte vom Importeur oder seiner Bank akzeptiert worden ist. Voraussetzung ist, daß sich die Bank des Exporteurs im Besitz eines Dokumentenakkreditivs befindet.

Mittel- bis langfristige Kredite erfolgen durch Bankgarantie, Lieferanten- oder Bestellerkredit, z. B. über die GEFI (Gesellschaft zur Finanzierung von Industrieanlagen), die KFW (Kreditanstalt für Wiederaufbau) oder internationale bzw. staatliche Kreditgeber. Die Garantie ist ein einseitiger Vertrag, in dem sich der Garant (Bank) verpflichtet, unabhängig vom Bestand einer Zahlungsverpflichtung für einen bestimmten zukünftigen Erfolg (Zahlung) einzustehen und/oder das Risiko eines zukünftigen Schadens zu tragen (Zahlungsausfall). Damit unterscheidet sie sich von der Bürgschaft, die personenbezogen ist. Es sind verschiedene Garantien zu unterscheiden, so Exportgarantien hinsichtlich Bietung, Anzahlung, Lieferung bzw. Leistung, Gewährleistung etc., oder Importgarantien in bezug auf Zahlung bzw. Wechseleinlösung, Anzahlungsersatz, Konnossement etc. Konnossement bedeutet die Beurkundung des Empfangs der zur Beförderung übernommenen Waren durch den Frachtführer sowie dessen Verpflichtung, die Waren an den legitimierten Inhaber des Konnossements auszuliefern.

Eine spezielle Form der Drittfinanzierung ist durch die Ausfuhrkredit-Gesellschaft (AKA) gegeben, einem Zusammenschluß von Kreditinstituten zur Förderung der Exportwirtschaft, indem deutschen Unternehmen mittel- bis langfristige Exportkredite zur Finanzierung von Liefer- und Dienstleistungsgeschäften mit dem Ausland zur Verfügung gestellt und ausländischen Importeuren Darlehen zur Finanzierung deutscher Importe gewährt werden, und zwar für Buchkredite (Plafonds C für Besteller im Ausland) und Wechselkredite (Plafonds A und B für Lieferanten im Inland), vor allem für Investitionsgüterlieferungen in Entwicklungsländer. Außerdem sind Swaps und Exportleasing zu nennen. Eine wichtige Rolle spielen auch Devisenhandel und Fremdwährungskonten. Bei Devisentermingeschäften kann der Zahlungsverpflichtete zum Zweck der Kurssicherung den Ankauf der betreffenden Valuta veranlassen, um das Risiko von Wechselkursänderungen im Zeitraum bis zum Zahlungsziel abzusichern. Bei Hedging wiederum wird für die mittelfristige Laufzeit einer Forderung aus einem Außenhandelsgeschäft ein Kredit in der Fremdwährung aufgenommen und sofort gegen die eigene Währung getauscht. Bei Zahlungseingang wird der Kredit dann mit der erhaltenen Fremdwährung beglichen.

Im grenzüberschreitenden Warenverkehr haben Dokumente eine wesentlich größere Bedeutung als im binnenwirtschaftlichen Verkehr. Beim Dokumenteninkasso ist zwischen Transportdokumenten zu unterscheiden, die die Ware repräsentieren (sog. Traditionspapiere) und solchen, die nur den Versand der Ware nachweisen. Der Exporteur übergibt seiner Bank die Transportdokumente, die diese an die Bank des Importeurs mit der Maßgabe weitergibt, die Aushändigung der Dokumente gegen Zahlung oder gegen Akzeptierung einer beigefügten Tratte vorzunehmen. Das Hauptrisiko des Lieferanten besteht beim Dokumenteninkasso darin, daß der Abnehmer im Ausland die von der Inkassobank avisierte Dokumentensendung nicht aufnimmt und der Rücktransport der Ware unmöglich oder zu aufwendig ist. Wird für den Warenversand nur ein Versanddokument präsentiert, riskiert der Lieferant, daß der Abnehmer im Ausland ohne Zahlung des Inkassobelegs oder ohne Akzeptierung der die Dokumentensendung begleitenden Tratte in den Besitz der Ware kommt. Zur Sicherung dient ein Inkassoauftrag des Kreditinstituts, das die Warenfreistellung erst nach Zahlung/Akzept vornimmt.

Beim Dokumentenakkreditiv verpflichtet sich das Kreditinstitut des Importeurs durch Akkreditiveröffnung im Auftrag des Importeurs, Zug um Zug gegen Herausgabe der Dokumente in einer festgelegten Zeit dem Importeur oder dessen Hausbank den vereinbarten Betrag auszuzahlen. Ein widerrufliches Akkreditiv (Revocable Letter of Credit) kann jederzeit oder mit zeitlicher Befristung vor Aufnahme der Dokumente geändert oder annulliert werden, während bei einem unwiderruflichen Akkreditiv (Irrevocable Letter of Credit) dies nur mit dem Einverständnis des Exporteurs möglich ist. Nach Eröffnung des Akkreditivs durch die Bank des Importeurs kann der Exporteur bei seiner Bank für die Zeit bis zur Gegenleistung unter Vorlage der Dokumente einen Kredit in Anspruch nehmen oder das Geschäft durch Barkredit bevorschussen lassen.

Außenwerbung, Mobile

Hierbei handelt es sich in erster Linie um die Verkehrsmittelwerbung. Diese ist bei den städtischen Nahverkehrsmitteln Straßen-, U-, S-Bahn und Omnibus möglich. Dazu werden Flächen an den Außenseiten, etwa am Rumpf des Fahrzeugs, an den Stirnseiten oder auf dem Dach, sowie innen, etwa an den Seitenwänden, den Scheiben und an der Decke, bereitgestellt, die von Werbungtreibenden auf mittlere Sicht in Anspruch genommen werden können. Ist man bereit, ein Fahrzeug nach Ende der Werbezeit außen zu renovieren, wird sogar eine Ganzbemalung machbar. Im überregionalen Bereich ist ebenso Werbung in Zügen, Flugzeugen und Schiffen möglich. Und zwar durch Anbringung von Werbeplakaten, sowie, und dies sei hier subsumiert, durch Auslage von Werbedrucksachen. Außerdem können Arbeitsmittel, wie Fahrscheine, mit Werbeaufdrucken versehen werden.

Ein weiterer Bereich betrifft die Akzidenzwerbung. So sind neuerdings auch die Transport-LKW's der Deutschen Bundespost mit Plakaten (annähernd 18/1-Bogen) beklebbar. Hinzu kommt Fremdwerbung auf Taxis. Verkehrsmittelwerbung (als Dachbegriff) ist trotz sehr hoher Kontaktfrequenz und recht guter raum-zeitlicher Steuerbarkeit lange Zeit vernachlässigt worden. Erst pfiffige Kampagnen *(Görtz, Fiat)* haben zu einer Belebung geführt.
(→ Medieneinsatz, Spektrum)

Außenwerbung, Sonderformen

Zu den Plakatwerbeformen, die Besonderheiten unterliegen, gehören etwa:

- *Abribus-Stellen*, d.h. beleuchtete, hinter Glas geschützte Flächen an den Haltestellen der öffentlichen Nahverkehrsmittel. Diese sind aufgrund ihrer überaus guten Wahrnehmung, sowohl von der Haltestelle aus als auch vom vorüberfahrenden Straßenverkehr, extrem kostspielig und dennoch auf lange Sicht hinaus ausgebucht. Das Format ist 6/1-Bogen, Hauptnutzer ist die Zigarettenindustrie. Das Medium beruht auf der französischen Idee, Stadtverwaltungen anzubieten, Haltestellen kostenlos attraktiv zu überdachen und dafür das Recht zu erhalten, dort eine Werbefläche anzubringen und auf eigene Rechnung zu vermieten. Zwischenzeitlich sind alle größeren Städte mit Abribus-Stellen ausgestattet.
- *Shopping Center-Stellen*, d.h. Plakatflächen auf den Parkplätzen großer Einkaufszentren und

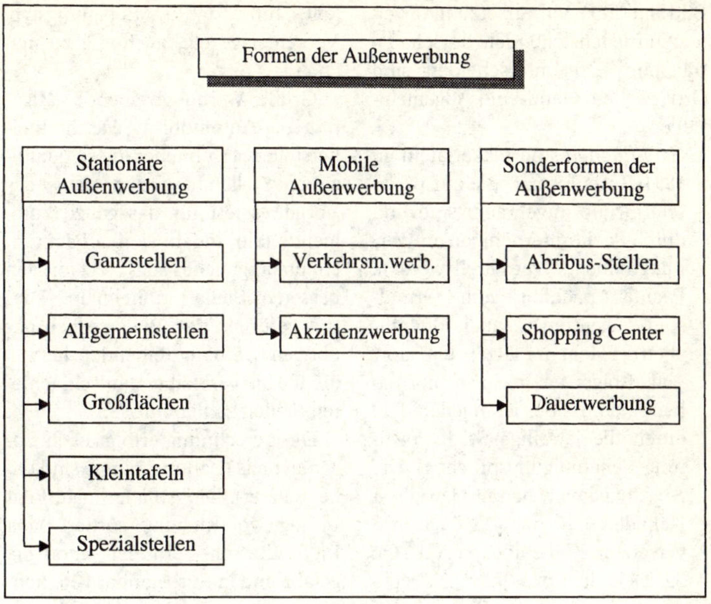

Formen der Außenwerbung

Verbrauchermärkte. Hier kann potentiellen Kunden unmittelbar vor Betreten des Geschäfts der letzte Werbeanstoß zugedacht werden. Dies ist vor allem für spontan gekaufte Produkte bedeutsam.

- *Dauerwerbung* und *Werbetechnik*, d. h. alle Werbemittel, die non-print oder dreidimensional sind. Zu nennen sind vor allem:
  - Luft-, Licht- und Leuchtwerbung, Uhrensäulen, Wetteranzeigen, Vitrinen, Videosäulen etc.,
  - Fassaden-, Dach- und Giebelwerbung sowie sonstige Schilderwerbung als Dauerwerbemittel,
  - Sportstättenwerbung.

Nicht hierzu gehört der Wilde Anschlag als Plakattierung außerhalb der von der Gemeinde genehmigten Flächen, der strafbar ist.

(→ *Medieneinsatz, Spektrum*)

Außenwerbung, Stationäre

Die Plakatwerbung erlebt seit gut einem Jahrzehnt eine Renaissance. Sie eignet sich vor allem für Produkte, die breiteste Zielgruppen flächendeckend ansprechen sollen. Allerdings ist dabei eine plakattypisch reduzierte, großzügige Gestaltung in

Bild und Text Voraussetzung für einen zufriedenstellenden Botschaftstransport. Zu unterscheiden sind Großflächen, Ganz- und Allgemeinstellen:

- *Großflächen* sind Plakattafeln im 18/1-Bogenformat, die auf privatem Grund angebracht sind und durch Pachtunternehmen an Werbungtreibende vermittelt werden. Pächter pachten vom Grundstückseigentümer (auch öffentlichen) Flächen/Plätze, um dort Plakatträger anzubringen und zu betreiben. Beides ist in jedem Fall durch die jeweilige Stadtverwaltung genehmigungspflichtig. Die Anschlagdauer beträgt jeweils 1 Dekade (= 10 bzw. 11 Tage in 3 versetzten Klebeblöcken A, B, C), 32 Dekaden pro Jahr. Als gute Ausdeckung gilt eine Relation von 1 Stelle auf 3000 Einwohner. 1 Großfläche kostet ca. DM 13,-/ Dekade. Ein 1/1-Bogen (DIN A 1) ist 59,4 x 84,1 cm (BxH) groß. Die Druckbogen entsprechen 6er-, 8er oder 9er Teilung auf der Großfläche.

Seit geraumer Zeit gibt es zusätzlich die formatproportionalen 40/1 Bogenplakate (Superposter), die an selektierten Stellen 3 m über dem Erdboden, quer zur Fahrtrichtung, sehr gut einsehbar und nachts beleuchtet angebracht sind.

Alle Stellen sind einzeln belegbar und werden nach abgestuften Bogentagpreisen berechnet. Deshalb werden elaborierte Bewertungsverfahren eingesetzt, um die bestgeeigneten Stellen etwa nach Einsehbarkeit, Infrastruktur, Bebauungstyp, Verkehrslage etc. ausfindig zu machen.

Große Werbungtreibende (Zigaretten-, Automobil-, Waschmittelhersteller etc.) buchen diese qualifizierten Stellen bereits im August des Vorjahres fest für das ganze kommende Jahr, indem sie bei Pächtern ein umfangreiches sog. Netz mit den besseren Stellen abnehmen. Dies ruft natürlich den Widerspruch der übrigen Werbungtreibenden hervor, die für die verbleibenden schlechteren Stellen zahlen müssen.

Die Berechnung erfolgt nach Bogentagpreis (Ballungsräume sind dabei teuerer). Die Anlieferung erfolgt 14 Tage vor Klebung, sortiert nach Klebeadressen, -terminen, -motiven, gefalzt und in Eurostandard-Reihenfolge gelegt. Rücktrittsfrist ist 90 Tage vor Anschlagbeginn. Aufträge 180 Tage vor Anschlagbeginn werden mit Sondernachlaß berechnet. Mengenrabatte beruhen auf Basis von Tafel-Dekaden, d. h. Anzahl belegter Tafeln und Dekaden.

- *Ganzstellen* befinden sich auf öffentlichem Grund und sind meist Litfaßsäulen. Sie werden rundum von einem Werbungtreibenden belegt (Format 18/1- bis 24/1-Bogen). Die Vermittlung der Belegung hat die Stadt ebenfalls an Pächter abgetreten. Die Gestaltung ist hier wegen der immer nur anteiligen Einsehbarkeit nicht ganz einfach. Abhilfe schafft ein 3-er Rapport eines identischen Motivs, der rundum geklebt wird. Intelligenter sind jedoch pfiffige, spezifische Gestaltungen (wie der Conti-Reifenstapel oder das Diebels-Bierglas).

- *Allgemeinstellen* sind Säulen und Tafeln auf öffentlichem Grund, die von mehreren Werbungtreibenden gemeinsam belegt werden, indem jeder von ihnen Plakate in größenanteiligem Format anbringt. Dazu ist die Abnahme aller Stellen am Ort, in Großstädten auch als Halb-, Drittel- oder Viertelbelegung erforderlich. Allgemeinstellen eignen sich für Markenartikler nur sehr begrenzt als Medium.
- *Kleintafeln* sind Anschlagstellen im 4/1- oder 6/1-Bogenformat. Sie stehen oft in der Nähe von Einkaufszentren und Verbrauchermärkten, an Häusergiebeln und Verkehrsknotenpunkten. Gängig ist dieses Format vor allem für Zigarettenwerbung.
- *Spezialstellen* sind nicht kategorisierbare Formen an Bauzäunen, auf Messegeländen, an Aufstellreitern, auf Spannbändern und andere 3 D-Stellen.

Insgesamt gibt es ca. 31 000 Anschlagstellen in der BRD. Plakate sind anfällig für äußere Zerstörungseinwirkungen. Mangelhafte Klebung, wie z. B. durch Witterung oder Vandalismus verursacht, wird daher per Gutschrift ausgeglichen oder kostenlos nachgeklebt (dazu sind 10% Überlieferung für Reserveplakate vorgesehen). Alternativ können auch Freiaushangtage vereinbart werden. Zur Kontrolle organisieren Mediamittler stichprobenartige Kontrollfahrten. Grundlage ist die Belegungsliste je Stadt, die der Pächter als Abrechnungsbasis angibt. Darauf sind die Standorte einzeln, d. h. mit Straße und Hausnummer, verzeichnet. Zufällig werden dann die Standorte in einer Stadt und Dekade abgefahren und meist als Beleg auch fotografiert. Reklamationen halten sich jedoch aufgrund des Zeitaufwands für Kontrollfahrten in engen Grenzen, sodaß die Geschäftssitten gelegentlich undurchschaubar bleiben. Die größten Pächter (DSR, Moplak, AWK etc.) koordinieren Standorte untereinander, sodaß ein Pächter als zentraler Ansprechpartner für Werbungtreibende flächendeckend ausreicht. Außenwerbung steht neuerdings im Ruch, ganze Stadtteile zu verschandeln. Insoweit ist es nicht verwunderlich, daß „bessere" Stadtteile oft ohne jegliche Außenwerbung auskommen. Außerdem unterliegt die Quote in Relation zur Wohnbevölkerung einer Höchstgrenze.

(→ *Medieneinsatz, Spektrum*)

Aussonderung von Daten

(→ *Datenaufbereitung*)

Ausstattung

(→ *Gewerblicher Rechtsschutz*)

Ausstattung

(→ *Packungsbegriffe*)

Ausstellung

(→ *Repräsentationsmärkte*)

Austauschprozesse auf Märkten

(→ Marktrelationen)

Auswahl aufs Geratewohl

Die Auswahl aufs Geratewohl, auch Willkürprinzip genannt, wird unter Laien oft als Verfahren der Zufallsauswahl betrachtet. Dazu werden zu gegebener Zeit in gegebenem Raum aufs Geratewohl, also nach freiem Ermessen des Erhebers, Auskunftseinheiten ausgewählt. Da jedoch dabei nicht sichergestellt ist, daß alle Elemente der Grundgesamtheit eine von Null verschiedene Chance haben, in die Stichprobe einzugehen, handelt es sich dabei gerade nicht um eine zufällige, sondern vielmehr um eine willkürliche Auswahl. Diese läßt allen Freiraum für Verzerrungen. Eine Stichprobenauswahl aufs Geratewohl bürgt geradezu für unbrauchbare Ergebnisse. Diese sind aber beim Baggern von Probanden in der Fußgängerzone vor dem Teststudio gegeben, sodaß bereits daran die Aussagefähigkeit elaborierter Marktforschungsverfahren zu scheitern droht.
(→ Bewußtauswahl)

Auswahl mit Anordnung

(→ Zufallsauswahl, Sonderformen)

Auswahl mit ungleichen Wahrscheinlichkeiten

(→ Zufallsauswahl, Sonderformen)

Auswahlmodell

(→ Entscheidungsregeln, Kompensatorische)

Auswahlverfahren

(→ Teilerhebung)

Auswahlverzerrungen

Hinsichtlich der Fehlermöglichkeiten bei der Auswahl gibt es Stichprobenausfälle und Stichprobenfehler. Bei Stichprobenausfällen sind unechte Ausfälle, die stichprobenneutral sind und daher nicht verzerren, und echte Ausfälle, die zu Ergebnisverzerrungen führen, zu unterscheiden. Leider ist die Realität durch echte Fehler bei Stichprobenausfällen gekennzeichnet.

Bei Stichprobenfehlern sind zufällige und systematische zu unterscheiden, beide ergeben gemeinsam den Gesamtfehler. Zufällige Fehler treten nur bei Teilerhebung mit Zufallsauswahlverfahren auf und haben zumindest den Vorteil, daß Abweichungen der Ergebnisse der Stichprobe gegenüber einer Vollerhebung in der Grundgesamtheit statistisch ausgewiesen werden können. Man unterscheidet dabei genauer in zufallsähnliche Meßfehler und Stichprobenfehler i.e.S.

Systematische Fehler treten auch bei Vollerhebung und bewußter Auswahl auf und sind nicht wahrscheinlichkeitstheoretisch erfaßbar, da sie in Unzulänglichkeiten in der Versuchsanlage begründet sind. Man unterscheidet genauer Auswahlfehler und sonstige, nicht stichprobenbedingte Fehler. Sie haben mehrere Ursachen.

Durch den Träger der Untersuchung hervorgerufene Fehler entstehen bei der:

- Erhebungsplanung, u. a. bei unpräziser Definition des Untersuchungsziels, falscher Formulierung des Untersuchungsgegenstands, unklarer Abgrenzung der Grundgesamtheit, aus der Verwendung unkorrekter, veralteter Unterlagen, aus unzweckmäßiger Auswahl und Kombination der Methodenelemente, mangelhaftem Fragenprogramm,
- Erhebungstaktik, u. a. durch falsche Zusammensetzung des Interviewerstabs, unzweckmäßige Fragebogengestaltung, unklare Instruktionen zur Erhebung, unangemessene Operationalisierung der zu erhebenden Sachverhalte, nicht valide und reliable Meßinstrumente,
- Anwendung ungeeigneter Auswahlverfahren mit Strukturungleichheit von Grundgesamtheit und Auswahlgrundlage, lückenhafter Auswahlbasis,
- Verfahrensumsetzung selbst, z. B. durch Rechen- und Rundungsfehler, Auswertungs-, Darstellungs- und Interpretationsfehler, Codierfehler, falsch angewandte Analyseverfahren.

Fehler bei der Erhebungsdurchführung entstehen u. a. aus mangelhafter Organisation der Feldarbeit und deren ungenügender Kontrolle, ungünstigen Zeitumständen, verspäteter Ausführung.

Durch den Interviewer hervorgerufene Fehler entstehen u. a. infolge Verzerrung des Auswahlplans durch Manipulation und Falschauswahl (Quotenfehler) und Verzerrung der Antworten bei Beeinflussung der Auskunftspersonen durch Erscheinungsbild und soziale Differenz zwischen Befrager und Befragtem (Auftrittsfehler), durch suggestives Vorbringen von Fragen, Betonung, Stimmlage und durch selektive/nachlässige Antwortregistrierung bzw. Falscheintrag (Übertragungsfehler).

Durch Probanden hervorgerufene Fehler entstehen u. a. durch Non Response-Fälle, etwa zu interviewende Person wird nicht angetroffen, Antwort wird verweigert, Person ist antwortunfähig etc., und Falschbeantwortung, z. B. Überforderung, Prestige, Affekt, Erinnerungslücke, Drittbeeinflussung. Hinzu tritt das Problem, daß Teilausfälle infolge nur teilweiser Beantwortung einzelner Fragen gegeben sind (sog. Missing Values).

Kommen kumulativ mehrere dieser Fehlerquellen zusammen, also unvollständige Ausgangsdaten oder ungültige Adressen, Verzicht auf Ansprache abwesender Bevölkerung, Verweigerungsquote etc., leidet die Aussagefähigkeit der Forschung extrem. Nur 5% Fehlerrate bei jeder Komponente bedeuten dann bei 3 Komponenten schon nur 85% Korrektheit der Daten. Da in der Praxis die Fehlerrate wesentlich höher ist und zugleich auch mehr Komponenten in das Ergebnis einspielen, ist die

Korrektheit der Daten noch geringer. Insofern ist es wichtig zu berücksichtigen, daß Marktforschungsdaten trotz elaborierter Verfahren nur mehr oder minder gute Anhaltspunkte sind, keineswegs jedoch bis auf die Kommastelle genau genommen werden dürfen. Ihre Berechtigung ziehen sie eigentlich aus der Ermangelung besserer Daten. Daher ist vor Entscheidungen immer eine Plausibilitätskontrolle wichtig, und wenn „Bauchgefühl" und Daten einander widersprechen, sollte man dem Bauchgefühl gehorchen oder die Daten noch einmal kritisch hinterfragen (vgl. *Pepels, Werner:* Käuferverhalten und Marktforschung, Stuttgart 1995).

Ausweichen als Mediataktik

(→ Mediaplanung, Taktiken)

Ausweichposition

(→ Positionierung, Optionen)

Auswertungsobjektivität

(→ Objektivität)

Automatenverkauf

(→ Einzelhandel, Sonderformen der Betriebstypen)

Autonomer Verfall

(→ Vergessen)

Autonomie

(→ Konkurrenzeinstellung)

Autoregressive Prognoseverfahren

Neuere, sog. autoregressive, Verfahren der Glättung betreffen adaptive Filter-Modelle, Spektralanalyse und Box Jenkins-Ansatz. *Adaptive Filter* haben die Aufgabe, gleitende Durchschnitte um Zufallsschwankungen zu bereinigen und zu glätten bzw. zu konstrastieren. Filter haben die Aufgabe, Erwünschtes von Unerwünschtem zu trennen. Daher werden mit Hilfe gleitender Durchschnitte Zufallsschwankungen geglättet, die unterschiedlichen Vorzeichen der Beobachtungswerte aber nicht mehr ausgeglichen, sondern verstärkt. Die Methode der adaptiven Filter stellt eine Vereinfachung des Box Jenkins-Ansatzes dar. Dabei werden die Filterkoeffizienten durch Minimierung der mittleren quadratischen Abweichung nachträglich bestimmt. Es kommt zu einer dynamischen Anpassung der Modellparameter, d. h. zu jedem Zeitpunkt wird mit den aktuellen Zeitreihenwerten und den Schätzfehlern eine neue Anpassung vorgenommen. Außerdem wird eine Lernkonstante verwendet, die die Schrittweite des Anpassungsprozesses steuert. Zu den Vorzügen gehört die Selbstanpassung des Modells in einem dynamischen Prozeß, die relativ einfache Herleitung und Handhabung der mathematischen Gleichungen, die universelle Anwendbarkeit und die Robustheit gegen falsche Modellspezifikationen und unsachgemäße Anwendung. Von Nachteil sind jedoch der fehlende statistische

Theorieunterbau, der fehlende Ausweis von Konfidenzintervallen und die schwierige Bestimmung der Lernkonstanten.

Die *Spektralanalyse* beabsichtigt die Zerlegung der Varianz einer Zeitreihe in mehrere additive Komponenten, die verschiedenen sich überlappenden Saisonzyklen zugeordnet werden können. Dazu wird die Zeitreihe mit Hilfe einer Fourier-Analyse in den Frequenzbereich überführt, wo ein von der Frequenz abhängiges Spektrum berechnet werden kann, das sich additiv aus solchen Zyklen zusammensetzt. Hohe Werte des Spektrums stehen für hohe Varianzanteile der Zeitreihe, deren zeitliche Wiederholung (Zykluslänge) durch die zugehörige Frequenz festgelegt wird. Die Kenntnis der Länge dieser Zyklen und ihre Zuordnung zu bestimmten Saisoneinflüssen erlaubt eine genauere Prognose saisonbehafteter Zeitreihen. Die Spektralanalyse versucht also, aus der vorliegenden Zeitreihe, die als eine endliche Realisation des erzeugenden Prozesses angesehen wird, Rückschlüsse auf diesen Prozeß und seine Eigenschaften zu ziehen. Durch Subtraktion der geschätzten glatten Komponente vom Originalwert erhält man den trendbereinigten Wert.

Der *Box Jenkins-Ansatz* analysiert in komplizierter Weise die Komponenten einer Zeitreihe ähnlich einer Spektralanalyse. Diese hat zum Ziel, mehrere, einander überlappende Saisonzyklen zu identifizieren und isoliert darzustellen. Damit wird die Vorhersagegenauigkeit des eigentlichen Trendmodells erhöht. Das Box-Jenkins-Verfahren analysiert und extrapoliert vergleichsweise genau die Gesetzmäßigkeiten und die Dynamik von Marktentwicklungen. Dabei kommt es zu einer individuellen Anpassung eines mathematischen Modells an den bisherigen Zeitreihenverlauf. Je besser diese Zeitreihe erklärbar ist, desto mehr Gesetzmäßigkeiten weist sie auf, desto unproblematischer und zuverlässiger wird sie auch längerfristig prognostizierbar. Bleiben Residuen, so deuten diese auf sich abzeichnende Diskontinuitäten im bisherigen Zeitreihenverlauf und damit auf die Notwendigkeit einer detaillierten inhaltlichen Analyse hin. Dies erfolgt oft durch qualitative Verfahren, namentlich die Delphi-Methode.

Der Box Jenkins-Ansatz hat folgende Vorteile. Er ist theoretisch gut fundiert und statistisch abgesichert. Er ist umfassend angelegt, sodaß eine Vielzahl von Prognoseproblemen damit gelöst werden können. Das Modell kann flexibel an eine gegebene Zeitreihe angepaßt werden. Statistische Prüfkriterien, wie der Konfidenzintervall, sind verfügbar und erlauben eine objektivierte Beurteilung der Ergebnisse. Zu den Nachteilen gehören jedoch folgende. Der Ansatz ist mathematisch sehr anspruchsvoll und praktisch kompliziert. Der Speicher- und Rechenaufwand auf PC ist sehr hoch. Es wird viel Erfahrung des Benutzers im Umgang mit dem Modell vorausgesetzt. Die Eignung ist eher für kurzfristige Prognosen gegeben, wie breitere Konfidenzintervalle anzeigen. Kausale Einflußfaktoren auf die Zeitreihenwerte können nur schwer erfaßt werden (vgl. *Pepels, Werner:* Käuferverhalten und Marktforschung, Stuttgart 1995).

Autoritäre Grundhaltung

(→ Führungsstile)

Available Set

(→ Marke, Auswahl)

Avalkredit

(→ Dingliche Sicherheiten)

Aversions-Aversions-Konflikt

(→ Motivkonflikte)

Avoid

(→ Erweiterte Wettbewerbsvorteils-Matrix, Strategisches Spielbrett)

Awareness Set

(→ Marke, Auswahl)

B

B-Geschäft im Handel

Ein B-Geschäft der Alleinfinanzierung liegt vor, wenn der Kreditbetrag nicht auf einmal, sondern in Raten beglichen wird. Dies ist bei Teilzahlungsgeschäften der Fall, bei denen der Handel die Ware gegen das Versprechen des Käufers abgibt, den Kaufpreis in mehreren festgelegten Teilbeträgen (also auf Abschlag) zu begleichen. Üblich ist die Vereinbarung einer erstmaligen, höheren Rate, der regelmäßige, meist monatliche, gleichbleibende Raten folgen. Die letzte Rate ist oft wieder geringer. Man nennt dies auch Teilzahlung auf Annuitätenbasis. Im Zeitablauf sinkende Beträge ergeben sich, wenn nur der Tilgungsanteil konstant bleibt, der Zinsanteil jedoch infolge sinkender Restschuld fällt. Man nennt dies Teilzahlung auf Tilgungsbasis. Ein Ballonkredit liegt vor, wenn die letzte Rate besonders hoch ausfällt, die regelmäßigen Raten aber niedrig bleiben, weil davon ausgegangen werden kann, daß Gebrauchtware in Zahlung gegeben wird. Die Berechnung der Zinsen wird dabei unterschiedlich gehandhabt. Denkbar ist, daß über die Kreditierung zusätzliche Gewinnmargen erzielt werden sollen, indem der Zinssatz während der Laufzeit über dem Marktzins, etwa für Konsumentenkredite oder dem zur Refinanzierung erforderlichen Zinssatz, liegt. Allerdings sind dem enge gesetzliche Grenzen gesetzt, zumal der Effektivzins ausgewiesen werden muß. Denkbar ist aber auch, daß durch fehlende oder marktunüblich niedrige Verzinsung verkaufsfördernde Effekte erreicht werden sollen. Dann werden Zinsverluste aus der Kreditierung durch Gewinne aus Zusatzverkäufen intern subventioniert.

(→ *Alleinfinanzierung)*

Bagatellisierungstechnik

(→ *Preisargumentation im Verkaufsgespräch)*

Balkendiagramm

(→ *Visualisierung von Daten)*

Bandwagon-Effekt

(→ *Nachfrageeffekte)*

Bargeldlose Zahlung

Bargeldlose Zahlung erfolgt nur buchtechnisch, d. h. ist nur aus veränderten Kontoständen der Beteiligten ersichtlich. Sie erfolgt durch Überweisung, d. h. Anweisung, auf dem Absenderkonto einen Betrag zu belasten, der danach dem Empfänger auf dessen Konto gutgeschrieben wird, als Einzelüberweisung, also einmalige Erteilung eines Auftrags, Sammelüberweisung, also Zusammenfassung mehrerer Einzelaufträge an verschiedene Empfänger durch einen Auftrag über die Gesamtsumme, Dauerauftrag, also Ausführung zu regelmäßig wiederkehrenden Terminen oder Lastschriftverfahren. Bei der Lastschrift läßt der Gläubiger auf seine Anweisung hin auf seinem Konto einen Betrag gutschreiben, der danach dem Schuldner auf dessen Konto belastet wird. Voraussetzung ist eine Einzugsermächtigung des Zahlers an Gläubiger, den Betrag einzuziehen, die Vorlage einer Kreditkarte zur bargeldlosen Rechnungsbegleichung, ein Abbuchungsverfahren als Auftrag an Geldinstitut bzw. Postamt ohne Möglichkeit zur Aufhebung der Belastung sowie durch Verrechnungsscheck oder in seltenen Sonderformen.

Die Einzelüberweisung durch ein Geldinstitut erfolgt durch ein Formular mit zwei Durchschlägen, das Original für das Geldinstitut, die erste Durchschrift für den Schuldner und die zweite Durchschrift für den Gläubiger. Zunehmend erfolgt jedoch eine Umstellung auf nur einen Originalbeleg, Auftraggeber und -nehmer entnehmen die Umbuchung dann ihren jeweiligen Kontoauszügen. Unterhalten beide Beteiligten ihre Konten beim gleichen Geldinstitut, erfolgt lediglich eine Umbuchung, bei verschiedenen Geldinstituten wird das Gironetz eingeschaltet. Oft sind Zahlschein und Überweisungsauftrag in einem Formular kombiniert. Die Einzelüberweisung durch die Postbank erfolgt durch einen dreiteiligen Durchschreibesatz, Blatt 1 erhält das Postgiroamt, Blatt 2 der Auftraggeber, Blatt 3 der Empfänger. Eine Überweisung von Postgiro auf Bankgiro ist ebenfalls möglich. Oft sind Überweisungsauftrag und Zahlschein-Kassenbeleg in einem kombiniert, dann kann entweder bargeldlos bei Geldinstituten und Postbank auf Postgiro überwiesen oder halbbar bei Postämtern auf Postgiro eingezahlt werden. Bei der Einzugsermächtigung können unberechtigt abgebuchte Beträge binnen sechs Wochen widerrufen werden. Der entsprechende Betrag wird dann dem Konto ohne Berechtigungsprüfung der Rückforderung gutgeschrieben. Beim Abbuchungsauftrag kann nicht mehr widersprochen werden.

Barkauf

(→ *Kaufvertrag, Arten)*

Barometrische Preisführerschaft

(→ *Preisführerschaft)*

Barriers to Entry

(→ *Markteintrittsschranken)*

Barriers to Exit

(→ *Marktaustrittsschranken)*

Barter

(→ *Gegenseitigkeitsgeschäfte)*

Barzahlung

Die Barzahlung erfolgt persönlich oder durch Boten, durch Postanweisung oder Wertbrief. Bei unmittelbarer Barzahlung dient eine Quittung als Zahlungsbeleg. Sie enthält Angaben über Betrag, Name des Zahlers, Grund der Zahlung, Empfangsbestätigungstext, Ort und Tag der Ausstellung und Unterschrift des Ausstellers. Analog gelten ein Vermerk auf der Rechnungskopie oder der Kassenzettel. Mittelbare Barzahlung erfolgt durch Postanweisung oder Wertbrief. Mit der Postanweisung (bis 3000 Mark) zahlt der Absender bar bei einem Postamt ein und der Empfänger erhält das Geld bar durch den Postzusteller ausgezahlt. Beleg ist dabei ein Postanweisungsformular, das aus Empfängerabschnitt (Gläubiger), Postanweisung zur Quittierung des Empfangs (Post) und Einlieferungsschein (Schuldner) besteht. Die Gebühren richten sich nach dem Anweisungsbetrag. Der Wertbrief sieht die Versendung von Bargeld per Briefpost vor. Beträge über 500 Mark müssen im Umschlag versiegelt werden.

Barzahlungsrabatt

(→ *Wettbewerbsrecht, Rabattgesetz)*

Basistechnologie

(→ *Innovation)*

Basiswerbung

(→ *Kommunikation, Formen)*

Bedarfs-Analyse

Die Bedarfs-Analyse hat vor allem drei Inhalte bezogen auf die Kundensituation:

- Ermittlung des quantitativen Bedarfs in bezug auf
  - Bedarfsumfang nach Menge und Wert,
    Problem: Dieser ist abhängig von der Abgrenzung des relevanten Marktes.
  - Bedarfsträger nach deren Anzahl und Bedeutung,
- Ermittlung des qualitativen Bedarfs in bezug auf
  - Anforderungen an das Marktangebot,
    Problem: Die zutreffende Einschätzung der Erwartungen der Nachfrager hinsichtlich der Leistungen eines Angebots ist schwierig.
  - Nutzung von derzeitigen Ausweichlösungen (latente Marktnische),
- Ermittlung von bedarfsbeeinflussenden Faktoren wie
  - Marktpotential,
  - Angebotsbreite und -tiefe,
  - Charakterisierung des Gesamtmarkts und der Teilsegmente nach Entwicklungen, Eigenheiten, Schwerpunkten,
  - Einflußfaktoren in Form von Konjunktur- und Saisonzyklen,
  - Trends und Innovationen etc.

(→ *Analyseverfahren im Marketing)*

Bedarfsabdeckung

Hierbei wird ein Angebot von vornherein so breit angelegt positioniert, daß es unterschiedlichste Bedarfe abzudecken vermag. Die Option besteht damit eigentlich darin, keine spezielle Position zu haben, zugleich aber breit präsent zu sein. Dieser Ansatz ist auf den heutzutage dicht besetzten Märkten kaum mehr erfolgreich durchzusetzen. Jedoch gibt es historische Angebote, die ihr Profil zu Zeiten geschaffen haben, in denen die Märkte noch hinreichend große Freiräume boten, und die diesen Anspruch bis in die Gegenwart hinüberretten konnten. Dazu gehört etwa *Uhu*-Klebstoff. Dieser wird buchstäblich von jedem für alles eingesetzt und ist bereits zu einem umgangssprachlichen Gattungsbegriff geworden. Ebenso wie *Tesa*-Film für Klebstreifen. Oder *Tempo* für Papiertaschentuch. Oder *Brandt* für Zwieback oder *Maggi* für Suppenwürze. Wichtig ist dabei, daß das Produkt durch arrondierende Erweiterung um verwandte Derivate stetig aktualisiert wird und keine Patina ansetzt.

Die Entscheidung will dennoch gut überlegt sein. Überwiegt der Zugewinn an emotionaler Prägnanz einen Verlust an Zielgruppenbreite, ist eine Fokussierung der Position sinnvoll. Kann die Einengung des Potentials aber den Markterfolg beeinträchtigen, ist eine eher breite Fassung als Generalist sinnvoll. Diese Position wird traditionell von den Warenhäusern (Alles unter einem Dach) eingenommen. Allerdings gerät sie zunehmend in die Gefahr der Verdrängung durch spitz positionierte andere Betriebsformen. Eine Revitalisierung ist nur durch konsequente Angebotspflege erreichbar. Diese ist jedoch über Jahre hinweg vernachlässigt worden, als nur hohe Renditen eingefahren wurden, jedoch kein Re-Investment in das akquisitorische Potential erfolgt ist.
(→ Positionierung, Optionen)

Bedürfnispyramide

(→ Maslow'sche Bedürfnishierarchie)

Beeinflusser (Influencer)

(→ Einkaufsgremium)

Beeinflussungs-Mix

(→ Betriebstypen des Handels, Einteilungskriterien)

Befragung, Sonderformen

Als Sonderformen der Befragung sind folgende denkbar.

Die *Kombination* zwischen mündlicher, telefonischer und schriftlicher Befragung ist etwa derart möglich, daß

- die telefonische Verabredung eines mündlichen Interviews erfolgt,
- die telefonische Gewinnung für die Beantwortung eines Fragebogens, der per Post zu- und wieder abgesandt wird, angestrebt ist,
- ein mündliches Vor- und ein telefonisches Nachinterview geführt werden,
- eine schriftliche Umfrage von einem telefonischen Nachinterview gefolgt wird,
- ein telefonischer Kontakt einen persönlich überbrachten Fragebogen avisiert.

Bei der *Klassenzimmer-Befragung* werden an eine Anzahl in einem

Raum versammelter Personen Fragebögen verteilt, die von diesen simultan auszufüllen sind. Dadurch können wesentliche Vorteile der mündlichen und schriftlichen Befragung kombiniert und zugleich deren wesentliche Nachteile vermieden werden. Das Ausfüllen erfolgt unter Anleitung (sog. In Hall-Befragung). Es sind klärende Nachfragen möglich. Der Interviewereinfluß wird minimiert. Die eindeutige zeitliche und personelle Zurechenbarkeit der Ergebnisse ist gegeben. Vollständiges Ausfüllen und hohe Ausschöpfungsquote sind erreichbar.

Bei der *Caravan-Befragung* wird der Raum durch ein mobiles Befragungsstudio ersetzt, in dem mündliche oder schriftliche Interviews durchgeführt werden. Der Vorteil liegt in der räumlichen Variabilität. So können zufällig vorbeikommende Personen unmittelbar nach dem „Baggern" befragt werden. Außerdem können leicht unterschiedliche Standorte abgedeckt werden.

Die *POS-Befragung* erfolgt durch das Ausfüllen eines Fragebogens am Einkaufsort (im Laden). Dort ist der Einfluß des Kaufentscheids oder dessen Ablehnung noch besonders frisch (sog. Shopping Survey).

Eine weitere Sonderform ist die *Lost Letter-Technik*. Dabei wird eine große Zahl von Briefen in verschlossenen Umschlägen, adressiert und frankiert an verschiedene Organisationen, die bestimmte Einstellungen repräsentieren, so ausgelegt, als seien sie verloren worden. Aus der unterschiedlichen Rücklaufquote wird dann auf die Verbreitung von Einstellungen geschlossen. Verzerrungen ergeben sich jedoch z. B. durch Wettereinflüsse, außerdem ist fraglich, ob wirklich Einstellungen gemessen werden oder nur Ehrlichkeit. Außerdem ist dieses Verfahren sehr kostenaufwendig, da die Rückläufe absolut gering sind. Variationen sind die Lost Wallet- (Geldbörse) und Wrong Number-Techniken (Verwählen/Hilfesuchen).

Sonderformen des Einzelinterviews sind die *Think Aloud Technique*, bei der Personen in Zusammenhang mit Entscheidungsprozessen (z. B. beim Einkauf) dahingehend befragt werden, die Gedanken, die ihnen gerade durch den Kopf gehen, auszudrücken. Die Aufzeichnung erfolgt dabei durch Mitschrift oder Tonbandaufzeichnung. Allerdings sind die Ergebnisse eher unsicher. Und die *Technik verdeckter Interviews*. Diese werden unter einem Vorwand eingeleitet und lassen den Auskunftspersonen nicht bewußt werden, daß es sich um ein Interview handelt. Forscherisch ist dies wünschenswert, man spricht von einer sog. biotischen Situation, berufsethisch ist dies jedoch problematisch, weil Auskunftspersonen instrumentalisiert werden.

Begegnen als Mediataktik

(→ *Mediaplanung, Taktiken)*

BehaviorScan, Anlage

Das Kernstück bei *GfK-Behavior Scan* in Haßloch ist ein repräsentatives Panel mit 3000 Haushalten (bei ca. 20000 Einwohnern und 10000 Haushalten), die jeweils mit einer Identifikationskarte ausgestattet sind, die beim Einkauf an der Kasse zusammen mit den jeweiligen Einkäufen jedes Testhaushalts eingelesen wird. Parallel besteht ein Handelspanel, sodaß die Abverkäufe zugeordnet werden können. Es handelt sich also um einen sog. Single Source-Ansatz. Single Source bedeutet die Messung, Integration und Interpretation aller Verkaufs-, Media- und Marketingfaktoren, die das Konsumentenverhalten beeinflussen und die daraus resultierenden Auswirkungen auf den Absatz. Wichtig ist, daß es sich bei diesen Einkäufen nicht um Testergebnisse handelt, sondern um reales Kaufverhalten zur Deckung des Lebensbedarfs. Es ist eine gezielte Ansprache des einzelnen verkabelten Haushalts über TV-Werbung möglich, außerdem sind die örtlichen Tageszeitungen und Anzeigenblätter ebenso einbeziehbar wie Verkaufsförderungsaktionen. Die verkabelten Haushalte können in Experimental- und Kontrollgruppen gesplittet und mit nicht-verkabelten in ihrem Konsumverhalten verglichen werden. Das Marktgebiet ist gut eingegrenzt, wirtschaftlich zu bearbeiten und in seiner Bevölkerungsstruktur hinreichend repräsentativ. Die Gründe für die Gebietswahl von Haßloch liegen in den einzigartigen Voraussetzungen dieses Testgebiets:

- Durch Einbezug in das Kabelpilotprojekt EPF, Erstes Privates Fernsehen, im Großraum Ludwigshafen ist eine hohe Kabeldichte vorhanden.
- Es ist eine weitgehende Isolation gegenüber dem angrenzenden Wirtschaftsraum gegeben, d. h. der Bedarf wird am Ort gedeckt, es gibt kaum zufließende oder abfließende Kaufkraft. Einzig der benachbarte Holiday Park ist ein Problem.
- Die Mitwirkung des Handels, insgesamt 6 Geschäfte, wird durch Kooperationsvereinbarungen sichergestellt.
- Die Mitwirkung der Haushalte wird durch Freieinweisungen von Programm- und Frauenzeitschrift, durch Erstattung der Kabelgebühr und durch unregelmäßige Abgabe von kleinen Geld- oder Sachpreisen motiviert.
- Die Repräsentanz der Bevölkerungs-, Handels-, Konkurrenz- und Mediastruktur zum Bundesgebiet, zumindest was die alten Bundesländer anbelangt, ist hinlänglich gegeben. Der Kaufkraftindex ist genau 100 (= Durchschnitt ABL-Deutschland).
- Eine mehrkanalige Ansprache ist möglich. Durch einen speziellen Mediasplit sind Kabelfernsehen (ARD, ZDF, RTL, SAT 1, Pro 7) und Publikumszeitschriften (TV Hören + Sehen/Tina) gezielt auf Haushalte steuerbar. Zwar nicht steuerbar, aber einsetzbar sind die Medien Tageszeitung (Rheinpfalz), Programm-Supplement (IWZ), Plakatanschlag, Handzettelverteilung/Haushaltssampling,

POS-Werbung/Propagandisten und Anzeigenblätter.

Die Elemente des Haßloch-Projekts sind im einzelnen folgende:

- Testgeschäfte mit einer Coverage von ca. 90% (*Massa*, 2 x *Lidl*, 2 x *Penny, Nutzkauf, Aldi* mit Einschränkung, *Idea* Drugstore mit Einschränkung),
- Scanner-Check Out zum Einlesen von EAN-(Strich-)Codes mit Zuordnung von Artikelnummern und Preisen zu eingekauften Waren,
- Zuordnung entsprechender Haushaltsinformationen durch eine Identifikationskarte (GfK-Korrespondenzkarte mit Strichcode),
- Anwerbung von 3000 Testhaushalten, davon:
  - 2000 Haushalte mit GfK-Box für Targetable TV zur haushaltsgenauen Ansteuerung mit speziellen Werbespots (Cut in-Verfahren),
  - 1000 Haushalte ohne GfK-Box, also ohne spezielle Ansteuerung, die jedoch durch Klassische und Nicht-klassische Medien ansprechbar sind.

Durch strukturgleiches Splitting ist die Möglichkeit zum direkten Vergleich beider Gruppen gegeben (EBA oder EBA-CBA). Diese Aufteilung ist bis zu 50 : 50 variierbar. Zur Ermittlung des TV-Werbedrucks sind 200 Haushalte zusätzlich der Teleskopie angeschlossen. Dadurch sind High Spending- und Low Spending-Tests möglich.

Haushaltsinformationen umfassen vor allem Käuferreichweite und -struktur, Wiederkaufrate, Einkaufsintensität und -menge.

- Handelspanel mit Inventurcharakter, d. h. Saldo aus Warenanfangsbestand und Zugängen an Waren einerseits und Warenendbestand andererseits, aus dem sich die Abgänge an Waren ergeben, also der Periodenverkauf.

Handelsinformationen umfassen vor allem Umschlaggeschwindigkeit, Bevorratungsdauer, Verkaufsanteil. Sonderauswertungen betreffen u. a. Regal- und Zweitplacierung, Angebotsumfeld, Ad+Prom-Aktivitäten, Sonderangebot etc.

BehaviorScan, Bewertung

Chancen aus dem elektronischen Mikromarkttest sind vor allem folgende. (vgl. *Pepels, Werner:* Käuferverhalten und Marktforschung, Stuttgart 1995).

Es ergeben sich vielfältige Ansatzpunkte zum Test von Mix-Aktivitäten wie Neuprodukteinführung, Relaunch eines Produkts, Line Extension im Programm, Markierungsveränderung (Logo, Zusatz, CD etc.), Packungsveränderung (Gestaltung, Größe etc.), Preisveränderung (Anhebung, Senkung etc.), Absatzwirkung durch Aktionspreis, durch Zweit- oder Sonderplacierung, durch Propagandisteneinsatz.

Als Variable im Kommunikationsbereich kommen Media-Mix, Werbemittelgestaltung (Ausstattung, Layout/Text etc.), Werbeeinsatz (Frequenz, Placierung etc.) hinzu.

Es bestehen keine aussagebedingten Verzerrungen wie bei Haushaltspanels, also Overreporting oder Unterreporting, denn es handelt sich um realisiertes anstelle nur geäußerten Verhaltens.

Die Distribution der Testprodukte im Handel wird durch das Marktforschungs-Institut übernommen. Dies gilt auch für die Betreuung der Waren, also Placierung, Auspreisung etc. Dadurch sind eine jederzeitige Verfügbarkeit und ein zielgerechtes Vermarktungsumfeld der Testprodukte darstellbar.

Als Vorlauf für einen ohnehin geplanten regionalen Markttest können Flops bereits im Vorfeld identifiziert und entsprechende Testkosten eingespart werden.

Eine hohe Validität der Aussagen, sowohl intern durch weitgehend kontrollierte Versuchsbedingungen als auch extern durch reale Untersuchungssituation, ist gegeben. Gleichfalls ist eine hohe Objektivität gegeben, da es sich um Verfahren der Beobachtung und maschinellen Erfassung handelt und nicht um vielleicht als sozial wünschenswert angesehene Meinungen.

Verzerrungen, die durch die Bestimmung eines Relevant Set von Konkurrenzprodukten entstehen, sind ausgeschlossen, da die Produktwahl innerhalb eines ansonsten realen Umfelds stattfindet.

Die Nebenkosten des Mikromarkttests sind eher gering, da sowohl die Anzahl der bereitzustellenden Testprodukte und die damit verbundene Logistik als auch die notwendigen Werbeaufwendungen auf den Ort Haßloch begrenzt bleiben. Ein regionaler Testmarkt ist mit Kosten von leicht einer halben Million Mark bewehrt.

Störende Wettbewerbsaktivitäten, die zur Verzerrung von Ergebnissen führen, sind durch ein Abkommen (IG BehaviorScan) der Haßloch-nutzenden Unternehmen ausgeschaltet. Es besagt, gegenseitig die Aktivitäten nicht zu stören und TV-Werbezeiten äquivalent zu tauschen. Ähnlich ist dies bei Nielsen durch den Telerim User Club geregelt.

Durch langlaufende Testdauer können Carry Over-Effekte und durch variierten Mix-Einsatz Spill Over-Effekte erfaßt und ausgewertet werden.

Grenzen für den elektronischen Mikromarkttest ergeben sich aus folgendem.

Von der Anlage her ist primär nur eine Eignung für Massengüter des täglichen Bedarfs im Lebensmitteleinzelhandel (Fast Moving Consumer Products/FMCP) gegeben. Zudem nur für solche Einkäufe, die von der haushaltsführenden Person selbst getätigt werden, die die ID-Card besitzt, nicht jedoch von anderen Personen des Haushalts für den Eigen- oder auch Fremdbedarf (also Haushalts- nicht jedoch Individualpanel). Ebenso sind Auftragskäufe für andere Haushaltsmitglieder nicht erkennbar.

Bei Nischenprodukten leidet die Aussagefähigkeit unter der absolut zu geringen Fallzahl im Mikromarkttest. Dies betrifft z. B. Premiumprodukte, Luxusbedarf.

Bei Produkten mit großen Kaufabständen kommt es zu Verzerrungen, weil eine ausreichende Stabilisierung der Wiederkaufrate fehlt. Die Testlaufzeit beträgt 6 bzw. 12 Monate.

Regionale Besonderheiten auf Märkten, auf denen Unternehmen später anbieten wollen, können nicht nachgebildet werden (Klumpungseffekt). Außerdem ist dieser Markttest auf absehbare Zeit nur für Westdeutschland aussagefähig.

Abverkäufe über nicht abgedeckte Absatzkanäle werden nicht offengelegt, z. B. über Verkaufsautomaten, Tankstellen. Dies gilt besonders für Impulswaren. Für diese kommt es zudem besonders durch die Umsatzkonzentration des ortsansässigen Verbrauchermarkts (Massa) mit bis zu 80% Anteil bei einzelnen Warengruppen zu Verzerrungen.

Auch ist die Handelsakzeptanz für neue Produkte/Produktversionen nicht erfaßbar, da die angeschlossenen Outlets verpflichtet werden, die Testprodukte für den Probezeitraum in ihr Sortiment aufzunehmen. Zudem sind Aldi/Schlekker als Absatzmittler nicht im Test enthalten.

Es besteht die Gefahr der Übertestung des Gebiets und damit von Paneleffekten, einerseits durch überlegtere Kaufentscheidungen unter dem Eindruck der Beobachtung. Dagegen spricht allerdings, daß sich Verhaltensänderungen meist nach einer Eingewöhnungszeit wieder nivellieren und außerdem eine begrenzte Panelrotation eingesetzt werden kann. Andererseits durch höhere Probierneigung für neue Produkte. Dagegen spricht allerdings, daß den Testhaushalten unbekannt ist, welche der angebotenen Produkte Testprodukte sind und bei welchen es sich um reguläre neue Angebote handelt.

Die Ausblendung des Werbedrucks durch nicht kontrollierte TV-Sender, wie DSF, Kabel 1 etc. und Printtitel aller Art, außer TV Hören+Sehen/Tina, gelingt nicht und führt damit zu Verzerrungen. Zudem ist bei Print kein Split nach Haushalten möglich. Auch die Tatsache der Zwangseinweisung der Titel dürfte zu abweichenden Nutzungsverhalten führen. Außerdem ist bei Print kein Split in Test- und Kontrollhaushalte möglich.

Der Mikromarkttest selbst involviert absolut hohe Kosten, so 176000 DM für eine kleine Warengruppe (z. B. Fruchtnektare), 190000 DM für eine mittlere Warengruppe (z. B. Multivitaminsäfte) und 199000 DM für eine große Warengruppe (z. B. Fruchtsäfte).

Durch die rein quantitative Anlage erfolgt keine Aussage über Ursachen für Erfolg oder Mißerfolg von Marketingmaßnahmen (z. B. Likes/Dislikes). Qualitative Verbraucher- und Handelsdaten müssen vielmehr durch gesonderte Erhebungen untersucht werden. Ansonsten bleiben nur Indikatoren.

Es erfolgt meist ein erhebliches Overspending, d. h. in Relation zur späteren Verkaufsrealität werden überproportionale Werbebudgets eingesetzt. Daher ist eine Hochrechnung auf den Gesamtmarkt nur sehr begrenzt möglich.

Der Konkurrenzausschluß je Warengruppe wirkt als Sperre für viele testwillige Anbieter, die in einem Teilmarkt tätig sind, der bereits von einem Mitbewerber im Markttest belegt ist.

Die High Tech-Anlage des Haßloch-Projekts verleitet oft zu übergroßem Vertrauen in die Mikromarkttest-Ergebnisse. Trotz aller elaborierten Verfahren bleibt jedoch die Relativierung durch den gesunden Menschenverstand, wie bei jeder anderen Marktforschung auch, unerläßlich.

Behinderung

(→ *Wettbewerbsrecht, UWG-Fallgruppen)*

Beihefter

(→ *Printwerbung, Sonderformen)*

Beikleber

(→ *Printwerbung, Sonderformen)*

Beilage

(→ *Printwerbung, Sonderformen)*

Beispielprodukte

(→ *Werbeobjekte)*

Beispieltechnik

(→ *Nutzenbeweis)*

Belegauflage

(→ *Leser-/Auflagenbegriffe)*

Belohnungs-/Bestrafungsmacht

(→ *Soziale Macht)*

Below the Line Advertising

Below the Line Advertising hat in neuerer Zeit gegenüber Above the Line Advertising erheblich an Bedeutung gewonnen. Es handelt sich dabei um einen äußerst heterogen strukturierten Bereich ganz unterschiedlicher Kommunikationsmedien. Im folgenden werden genannt:

- Neue Medien,
- Schauwerbung,
- Produktausstattung,
- Verkaufsförderung,
- Direktmarketing,
- Öffentlichkeitsarbeit,
- Persönlicher Verkauf,
- Verkaufsliteratur .

Aus der Vielzahl und Verschiedenartigkeit der Medien folgt zudem das relativ neue Erfordernis zu deren Abstimmung.
(→ *Design, Direktmarketing, Neue Medien, Öffentlichkeitsarbeit, Persönlicher Verkauf, Schauwerbung, Styling, Verkaufsförderung, Verkaufsliteratur)*

Benchmarking

Unter Benchmarking versteht man die Sammlung und Analyse von Outputs (Resultaten, Erfolgsfaktoren) der eigenen Geschäftseinheit zum Vergleich mit den Besten innerhalb oder außerhalb des Unternehmens und die Auswertung der Prozesse

(Methoden, Praktiken), die diese positiv von der eigenen Geschäftseinheit unterscheiden. Die Benchmarks sind aus Erfahrung, von der Konkurrenz, vom eigenen Unternehmen oder auf Basis von Hypothesen (z. B. Plankostenrechnung) abgeleitet. Benchmarking hat seinen Ursprung im traditionellen Betriebsvergleich und stellt eine Weiterentwicklung zu einer kontinuierlichen Messung, Beurteilung und Verbesserung von Leistungen, Prozessen und Funktionsbereichen im Vergleich zu direkten Wettbewerbern oder den anerkannten Trägern von funktionalen Kernkompetenzen dar. Beim generischen Benchmarking erfolgt eine ganzheitliche Fokussierung auf betriebliche Funktionsbereiche, die in bezug auf ihr Angebotsspektrum in einer Vielzahl unterschiedlicher Unternehmen anzutreffen sind. Gerade die Vielfalt der Unternehmensgrößen, Branchen und Märkte bietet gute Ansatzpunkte zur Effizienzsteigerung. Ziel ist dabei, den Wandel im Unternehmen (Organizational Learning) anzustoßen. Dabei geht es über das reine Kopieren hinaus darum, Anregungen für Kreative Weiterführungen zu entwickeln.

Benchmarking setzt explizit bei einzelnen Funktionsbereichen, nicht beim Unternehmen insgesamt, an. Es ist ein dezentraler, alle Funktionsverantwortlichen umfassender Prozeß, der verlangt, bei jeder einzelnen Funktion ein passendes „Vorbild" zu finden, nicht der globale Betriebsvergleich, sondern der spezifische Einzelvergleich steht also im Vordergrund. Benchmarking verschafft Glaubwürdigkeit für die Setzung von Zielstandards. Benchmarking führt kompetente Gesprächspartner in einem Erfahrungsaustausch zusammen und motiviert Führungskräfte, im Unternehmen Veränderungen konkret anzugehen. Allerdings besteht die Gefahr, „Schlendrian mit Schlendrian" zu vergleichen, insofern darf man sich nur die jeweils Besten als Benchmarking-Partner aussuchen.

Der Ablauf erfolgt dabei in folgenden Schritten:

- Festlegung und Abgrenzung des Benchmarking-Themas und Auswahl des Funktionsbereichs,
- Identifizierung des Benchmarking-Vergleichspartners, horizontal in der gleichen Branche (Competitive Benchmarking), vertikal in einer anderen Branche (Generic Benchmarking),
- Bestimmung des Informationsbedarfs, Durchführung der Messung und Sammlung der relevanten Daten,
- Ermittlung der Unterschiede und Identifizierung möglicher, dabei zugrundeliegender Probleme (Schwachstellen),
- Projektion der Ziele durch Ableitung realistischer, weil praktisch bewiesener Lösungswege daraus mit der erklärten Absicht, diese in der eigenen Ablauforganisation zu implementieren,
- Information und Vertrauensbildung bei den „Betroffenen" über notwendige Veränderungen,
- Zielvereinbarung und Entwick-

lung von Aktionsplänen auf Basis operationaler Ziele,

- Umsetzung dieser Pläne und Fortschrittskontrollen über den Erfolg,
- Bewertung der Lösung und Feststellung der Zielerreichung.

Benchmarking führt erfahrungsgemäß zu einer besseren Akzeptanz selbst hoher Zielstandards und Prioritäten, weil ihnen von anderen Unternehmen bereits realisierte Leistungsstandards zugrundeliegen, womit der empirische Beweis dafür erbracht ist, daß sie erreicht werden können. Zugleich werden die Prozesse anderer und die eigenen Prozesse bzw. deren Mängel richtig erkannt und verstanden. Daraus folgt ein hohes Maß an Motivation zu herausragenden Leistungen, deren Beurteilung objektiviert ist. Die Übernahme bewährter, erfolgreicher Prozesse ist zudem meist schneller und risikoärmer als deren eigene Entwicklung. Außerdem werden zusätzliche Ideen über das Benchmarking-Thema während der Auseinandersetzung damit generiert. Damit wirkt es der Neigung zu Selbstzufriedenheit und Bürokratisierung entgegen. Es wird eine Brücke von der reinen Leistungsanalyse zu selbständigen Lernprozessen und eigenständigen Veränderungen geschlagen. Allerdings bedarf es einer genauen Absprache und Vorbereitung mit dem Benchmarking-Partner, was genau Analysethema ist und wie dieses voll ausgeschöpft werden kann. Dies ist naturgemäß bei internem Unternehmensverbund weitaus einfacher als extern. Außerdem ist zu unterscheiden, was 1 : 1 in den eigenen Prozeß übernommen werden kann und was hinsichtlich individueller Gegebenheiten angepaßt werden muß. Benchmarking zielt darauf ab, unkonventionelle Gedanken zu fassen und aus den Branchenusancen auszubrechen.

Benefit

(→ *Nutzenversprechen)*

Beobachtung, Bewertung

Vorteile der Beobachtung liegen in folgenden Aspekten.

Geschehnisse können während ihres spontanen Vollzugs beobachtet und dabei gleichzeitig die spezifischen Umweltsituationen aufgenommen werden. Von daher wird deutlich, in welchem Kontext sich bestimmte Beobachtungen ergeben.

Die Beobachtung ist zudem unabhängig von der Auskunftsbereitschaft der Versuchspersonen. Damit lassen sich selbst ohne Zustimmung Auskünfte erheben, weil die beobachtete Person entweder nicht um die Beobachtung weiß oder ihre ablehnende Haltung nicht durch ein völlig anderes Verhalten äußern kann. So treten sogar Sachverhalte zutage, die ihr selbst nicht bewußt sind.

Es entsteht (bei verdeckter Beobachtung) kein Erhebungseinfluß auf Ergebnisse. Dadurch entfällt eine große Verzerrungsquelle, die etwa bei Befragungen gegeben ist. Zu denken ist nur an tabuisierte Sachverhalte.

Beobachtungen lassen sich unabhängig vom Ausdrucksvermögen des Beobachters und der beobachteten Person durchführen. Damit können z. B. Sprachbarrieren problemlos überwunden werden, Formulierungen und Wortwahl sind ohne Bedeutung.

Beobachtungen können andere Erhebungsmethoden ergänzen oder verifizieren. Damit kommt es zu einer Kontrolle deren Ergebnisse oder zu einer zusätzlichen Datenermittlung. Denkbar ist die Erfassung durch Beobachtung während einer mündlichen Befragung.

Bestimmte Sachverhalte sind nur durch Beobachtung feststellbar, z. B. die Blickbewegung. Auch können auf diese Weise non-verbale Äußerungen (Gestik, Mimik etc.) erfaßt werden. Diese sind oft sogar aussagefähiger als verbale Äußerungen, da sie ehrlicher sind.

Es lassen sich Sachverhalte erheben, die sich auf mehrere Personen beziehen. Gruppenverhalten ist für viele marketingrelevante Vorgänge typisch, etwa bei Buying Centers im gewerblichen oder Familienentscheiden im privaten Bereich.

Nachteile der Beobachtung liegen hingegen in folgenden Aspekten.

Es treten Beobachtungseffekte auf, die aus dem Wissen um die Erhebung entstehen. Weitere Verzerrungen ergeben sich bei aktiver Teilnahme, etwa als Mystery Shopper beim Testeinkauf.

Die Erfassung subjektiver Sachverhalte wie Einstellungen, Meinungen, Präferenzen, Kaufabsichten und anderer innerer Vorgänge, ist kaum möglich, denn diese sind durch äußere Inaugenscheinnahme nicht feststellbar, dennoch aber ausschlaggebend für Kauf- bzw. Nichtkaufentscheide. Diesen Mangel können auch apparative Hilfsmittel nicht heilen.

Es sind nur gegenwartsbezogene Gegebenheiten erfaßbar. Vorgeschichten und Konsequenzen bedürfen der zusätzlichen Beobachtung zu den dann gegebenen Zeitpunkten oder bleiben verborgen.

Die beobachteten Merkmale sind unterschiedlich interpretierbar. So kann ein und dasselbe Verhalten in mehrere Richtungen gedeutet werden und führt damit zu mehrwertigen Ergebnissen. Hilfreich ist ein standardisiertes Erfassungssystem (sog. Notationssystem).

Es besteht die Gefahr, daß die Vorstellungen des Beobachters in die Interpretation der Ergebnisse mit einfließen. Insofern ist keine Objektivität in der Erhebung gegeben. Dies gilt auch für die Auswertung apparativer Ergebnisse.

Die Beobachtungskapazität von Personen ist, vor allem bei komplexen Sachverhalten, beschränkt, da nur vergleichsweise wenige Merkmale zugleich erfaßt werden können. Daher sind Arbeitsteilung oder Systembeschränkung erforderlich, um alle relevanten Sachverhalte simultan festzuhalten.

Die Beobachtungsmerkmale sind in der durch die Beobachtungssituation gegebenen zeitlichen Reihenfolge determiniert und können nicht anders angeordnet werden, auch wenn dies aus Gründen des Forschungsdesign wünschenswert ist.

Die Beobachtung muß im Zeitpunkt des Geschehens erfolgen. Dies ist vor allem mißlich, wenn es sich um selten eintretende Phänomene handelt, die eine lange Zeit der Inaktivität bedingen.

Eine identische Beobachtungssituation ist nicht wiederholbar. Damit sind auch Ergebnisse mehrerer Beobachtungen untereinander nicht ohne weiteres vergleichbar. Es sei denn, die Einflußfaktoren des Umfelds werden künstlich reduziert.

Repräsentanz ist bei der Beobachtung nur schwierig herbeizuführen, da man auf die Personen angewiesen ist, die in der Beobachtungssituation agieren. Insofern ist keine Zufallsauswahl, sondern nur eine systematische, Auswahl möglich (vgl. *Pepels, Werner:* Käuferverhalten und Marktforschung, Stuttgart 1995).

Beobachtung, Inhalte

Die Beobachtung ist eine Form der Primärerhebung. Man unterscheidet die naive Beobachtung, die eher unsystematisch, planlos und ohne klar erkennbares Erkenntnisziel bleibt. Sie ist unprofessionell zu nennen. Und die wissenschaftliche Beobachtung, die einen genau umschriebenen Forschungszweck betrifft, ein planmäßiges Vorgehen zeigt und ein bestimmtes Erkenntnisziel verfolgt. Sie wird systematisch aufgezeichnet und auf allgemeinere Urteile bezogen, statt auf Einzelfälle abzustellen. Außerdem wird sie wiederholten Prüfungen auf Gültigkeit, Zuverlässigkeit und Genauigkeit unterworfen. Dabei können verschiedene Varianten der Beobachtung unterteilt werden.

Hinsichtlich des *Standardisierungsgrads* lassen sich Beobachtungen unterscheiden, die nur Sachverhalte erfassen, die in angegebene Kategorien fallen, also z. B. Vornahme eines Preisvergleichs am Regal, und solche, die vom Beobachter subjektiv ausgewählte Kategorien erfassen, also z. B. erkennbarer Ablauf einer Kaufentscheidung.

Nach dem *Beobachtungssubjekt* kann zwischen Fremdbeobachtung und Selbstbeobachtung unterschieden werden. Erstere untersucht Vorgänge, die außerhalb der Person des Beobachters liegen, also z. B. Verweildauer vor dem Schaufenster, letztere untersucht Vorgänge, die die eigene Person betreffen, also z. B. Wahrnehmung und Einfluß von POS-Werbemitteln. Dabei wirken allerdings vielfältige subjektive Wertungen auf das Erhebungsergebnis ein.

Nach der *Beobachtungsform* kann zwischen persönlicher und unpersönlicher (apparativer) Beobachtung unterschieden werden. Erstere erfolgt durch die Person des Beobachters selbst. Letztere bedient sich zur Kategorisierung der Art, Dauer und Intensität von Reaktionen und zur Erfassung seelischer Erregungszustände technischer Hilfsmittel, die intrapersonale oder interpersonale Tatbestände aufzeichnen und speichern. Dabei handelt es sich um Audio-, Video-, Foto-Ausrüstungen oder spezielle Apparaturen, die allerdings in ihrer Anwendung sehr umstritten sind. Denkbare weitere Geräte sind Lichtschranke, Zählkreuz, Einwegspiegel, Augenkamera, Blickaufzeichnung, Tachistoskop, Schnellgreifbühne, Psychogalvanometer, Stimmfrequenzanalysator, Programmanalysator etc. Zudem gibt es rechtliche Restriktionen, wonach es sowohl unzulässig ist, unbefugt ein Bild von einem anderen anzufertigen, als auch das nichtöffentlich gesprochene Wort unbefugt aufzunehmen, zu verwenden und weiterzugeben.

Nach der *Teilnahme des Beobachters* unterscheidet man die teilnehmende und die nicht-teilnehmende Beobachtung. Bei der teilnehmenden Beobachtung bewegt sich der Beobachter auf einer Ebene mit den beobachteten Vorgängen. Eine aktive Teilnahme liegt vor, wenn der Beobachter auf die am Beobachtungsort zur Beobachtungszeit stattfindenden Abläufe Einfluß nimmt (damit ist allerdings die Gefahr der Verzerrung durch die Interaktion des Beobachters gegeben). Denkbar sind Scheinberatungen und -käufe durch Mystery Shopper etwa als Außendienstler in der Investgüterbranche oder als Kunden im Konsumgüterhandel. Eine passive Teilnahme liegt vor, wenn der Beobachter zwar am Ort und zur Zeit der stattfindenden Abläufe anwesend ist, auf diese aber keinerlei Einfluß ausübt.

Nach dem *Bewußtseinsgrad* der Beobachtung lassen sich unterscheiden:

- offene, durchschaubare Situationen, in der der Proband sowohl von der Beobachtung als auch dem Untersuchungszweck weiß,
- nicht-durchschaubare Situationen, bei denen der Proband zwar vom Untersuchungszweck weiß, nicht jedoch von der Tatsache der aktuellen Beobachtung,
- quasi-biotische Situationen, bei denen der Proband zwar von der Beobachtung weiß, nicht jedoch vom Untersuchungszweck, ihm wird also eine falsche Zielsetzung der Beobachtung vorgegeben,
- biotische Situationen, bei denen der Proband weder um die Beobachtung noch um den Untersuchungszweck weiß, diese Form zeitigt meist die besten Ergebnisse.

Je geringer der Bewußtseinsgrad der Beobachtung, desto geringer ist auch ein möglicher Beobachtungseffekt einzuschätzen.

Nach der *Beobachtungsumgebung* unterscheidet man Feld- und Laborbeobachtung. Bei der Feldbeobachtung erfolgt die Aufzeichnung der Vorgänge und Verhaltensweisen in der gewohnten, natürlichen Umgebung des Probanden, bei der Laborbeobachtung erfolgt die Erfassung in einer künstlich geschaffenen Situation. Daraus resultieren dann mögliche Beobachtungseffekte. Bei der Bestandsaufnahme werden physische Erhebungen durchgeführt, z. B. als Pantry Check oder Basket

Check, bei der Spurenanalyse werden Indikatoren für Ge- und Verbrauch erhoben, z. B. weggeworfene Zigarettenpackungen nach einem Pop-Konzert).

Beruf

(→ *Marktsegmentierung, Kriterien)*

Beschaffungsmarketing

Da die Beschaffung in gewisser Hinsicht das Spiegelbild des Absatzes ist, liegt es nahe, Marketingerkenntnisse auch auf diesen Bereich anzuwenden (sog. Reverse Marketing). Dazu wird das übliche absatzpolitische Instrumentarium leicht modifiziert in:

- Quantitätspolitik,
- Qualitätspolitik,
- Preispolitik,
- Selektionspolitik,
- Kommunikationspolitik.

Die Bedeutung der Beschaffung steigt, denn die Fertigungstiefe der Produktion sinkt zugleich. Bei den großen Automobilherstellern liegt sie z. B. bereits unter 40%, d. h. mehr als die Hälfte des Umsatzes wird durch zugekaufte Waren gebildet und damit auch mehr als die Hälfte des Gewinnpotentials im Einkauf erzielt. Dieser in der Vergangenheit eher vernachlässigte Bereich entwickelt sich damit zum Bottle Neck. Infolge international verflechteter Konzernstrukturen dominieren globale Aspekte. Dazu werden einzelne Teile spezialisierten Anbietern zugewiesen und deren Experten-Know how dann weltweit genutzt, und zwar unter Ausspielung der Nachfragemacht der Einkäufer. Dies resultiert aber nicht nur in niedrigeren Einstandspreisen, sondern auch in höheren Qualitäts- und Serviceansprüchen. Bei der heute anzutreffenden, überwiegend vollautomatisierten Fertigung streiken Handhabungsroboter schon bei Überschreitung kleinster Maßtoleranzen. Hinzu kommt die lagerlose Anlieferung der Waren zum Produktionszeitpunkt (Just In Time). Dies ist oft nur durch Lagerstätten in unmittelbarer Nähe der Abnehmer realisierbar und zwingt Zulieferer zur Globalisierung. Deshalb werden Lieferanten bereits früh in den Entwicklungsprozeß neuer Komponenten einbezogen. Das geht bis zur Einbindung in die Datenfernübertragung des Kunden. Motivation zu Höchstleistungen winkt darüber hinaus durch Auszeichnungen und langlaufende Abnahmeverträge. Lieferanten werden zudem zunehmend zur Systemlieferung veranlaßt, d. h. zur Einbeziehung von Sublieferanten auf eigene Rechnung. Je komplexer die bereitgestellte Problemlösung ist, desto unentbehrlicher macht sich der Lieferant. Je weitreichender er sich aber den Bedürfnissen eines Abnehmers anpaßt, desto mehr wächst auch seine Abhängigkeit von ihm. Denn Kunden unterziehen ihre Lieferanten (In Suppliers) rigorosen Bewertungssystemen, die zum Ausschluß führen, sobald rigide Standards nicht mehr erfüllt werden. Oder dafür sorgen, daß man erst garnicht in den Kreis potentieller Lieferanten aufgenommen wird (Out Suppliers). Oft wird ein Order Split (Multiple Sourcing) vorgenommen, indem gleichartige Aufträge auf mehrere Lieferanten zur Risikostreuung verteilt werden. Der Trend geht aber in Richtung Single Sourcing als Konzentration auf nur einen Lieferanten, mit dem eng verzahnt zusammengearbeitet wird (verlängerte Werkbank). Damit wird Know how-Zukauf von Spezialisten als ausgelagerte Forschungs- und Entwicklungskapazitäten realisiert. Letztlich resultiert daraus ein extremes Lieferantenrisiko, zumal wenn die Zulieferung nur als Ausgleich organisatorischer Engpässe angesehen wird.

Beschaffungsorganisation

(→ Logistik, Entscheidungen)

Beschränkung

(→ Preisfunktionen)

Beschwerde, Messung

Für die Beschwerdemessung ist wichtig zu bedenken, daß Beschwerden Artikulationen der objektiv gerechtfertigten oder subjektiv so erlebten Unzufriedenheit sind, die gegenüber einem Dienstleistungsanbieter vorgebracht werden. Die Ursachen für objektiv gerechtfertigte Beschwerden sollen minimiert werden (eine Aufgabe des Qualitätsmanagement), die Meldung subjektiv als gerechtfertigt erlebter Beschwerden soll hingegen maximiert werden (eine Aufgabe des Kundenservicemanagement). Denn auf diese Weise können aktuelle und relevante Probleme der Leistungserstellung erkannt werden, was zudem auf Initiative und Kosten der Kunden erfolgt. Problematisch ist allerdings die Motivierung zur Beschwerde. Dafür sind flankierend Hilfestellungen erforderlich. Die Differenz zwischen allen potentiellen und den tatsächlichen Beschwerdern machen die sog. Unvoiced Complainers aus, die als negative Multiplikatoren im Umfeld wirken können. Diese Unvollständigkeit der Beschwerdeerfassung ist umso größer, je stärker der Kunde die Leistungsqualität letztlich selbst beeinflußt hat, je mehr sich diese seiner Beurteilungskraft entzieht, je schwieriger beanstandungsfähige Ausprägungen zu belegen sind, je größer das empfundene Machtgefälle zwischen Nachfrager und Anbieter ist und je weniger hilfreich eine Wiedergutmachung durch den Anbieter scheint.

Beschwerde, Stimulierung

Neben der Minimierung von Beschwerdeanlässen müssen die Äußerungen verbleibender Beschwerden maximiert werden („Wenn Sie unzufrieden sind, erzählen Sie es mir, wenn Sie zufrieden sind, erzählen Sie es anderen"). Dazu bedarf es jedoch entsprechender organisatorischer Vorkehrungen, z. B.:

- einer Beschwerdeabteilung oder Beschwerde-Hotline mit besonders geschultem Personal, damit Beschwerdeeingänge fachkundig erfaßt und durch Wiedergutmachung abgefedert werden können (im Ansatz bei der Banken- und Versicherungs-Aufsicht vorhanden, jedoch in ihrer Effizienz in die Diskussion geraten),

- eines „Ombudsmans“ als Anwalt unzufriedener Kunden im Unternehmen, der mit weitreichenden Informationsrechten ausgestattet ist und der Geschäftsleitung direkt mit Verbesserungsempfehlungen zuarbeitet,
- eines leistungsfähigen innerbetrieblichen Nachrichtenwesens, das alle eingehenden Beschwerden auswertet und sowohl an die Geschäftsleitung als auch an die betroffenen Abteilungen weiterleitet,
- der Nutzung des gebündelten Know how des Kundenkontaktpersonals, das vielfache Hinweise auf Verbesserungsmöglichkeiten aus erster Hand erfährt und in Form von Quality Circles in der Umsetzung begleiten soll.

Dabei ist zu überlegen, ob man als Anbieter eine Einzelfallprüfung jeder Beschwerde vornehmen will oder Beschwerden der Nachfrager generell anerkennt. Eine kasuistische Prüfung stellt zwar sicher, daß keine unberechtigten Beschwerden entschädigt werden, erfordert jedoch einen erheblichen Zeit- und damit Kostenaufwand. Daher wird zumeist dazu übergegangen, selbst ungerechtfertigte Ansprüche anzuerkennen, weil der damit verbundene Aufwand immer noch geringer einzuschätzen ist (so gewähren Versandhäuser ein unbedingtes Umtauschrecht). Tests haben übrigens gezeigt, daß eine solche Großzügigkeit seitens der Anbieter von Nachfragern nur in sehr geringem Maße ausgebeutet wird. Allerdings verändert sich diese Relation mit zunehmender Wirkung beschwerdestimulierender Maßnahmen, wie sie wünschenswert sind (vgl. *Riemer, Manfred:* Beschwerdemanagement, Frankfurt a. M. – New York 1986).

Beschwerde, Verhalten

Das Gegenteil von Kundenzufriedenheit, die Kundenunzufriedenheit, drückt sich meist im Beschwerdeverhalten aus. Früher war es üblich, Beschwerden mehr oder minder zu ignorieren, nach außen hin abzuwehren und nach innen hin zu vertuschen. Niedrige Beschwerderaten wurden geradezu als Erfolgsindikator gedeutet. Außerdem wurden dabei Kosten gefürchtet, denen kein direkter Nutzen gegenübersteht. Heute werden Beschwerden hingegen vielmehr als Chance verstanden, den Markterfolg der Zukunft zu verbessern. Personenbezogene Bestimmungsfaktoren geben Aufschluß über die Intensität des Beschwerdeverhaltens. Sie werden meist durch Gleichgewichtsmodelle, die einen Vergleich zwischen subjektiven Erwartungen und tatsächlich erlebten Leistungen erlauben, erklärt oder durch Integrationsmodelle, die Zusammenhänge zwischen Zufriedenheit und Beschwerdeprozeß betrachten. Problembezogene Bestimmungsfaktoren geben Auskunft über

Häufigkeit und Zeitpunkt von Leistungsbeanstandungen sowie deren Art und Wichtigkeit.

Kunden, die sich beschweren wollen, stellen rein rational betrachtet, folgende Überlegungen an. Sie treffen eine Abwägung zwischen den Erwartungen der bei Beschwerde entstehenden Kosten (Telefon-, Portogebühren, Wegekosten, aber auch psychische Belastung) und der für wahrscheinlich gehaltenen Erfolgschance. Sie schätzen auch die Dauer und Häufigkeit der zur Zielerreichung für erforderlich gehaltenen Beschwerdekontakte ab, wobei mit zunehmendem Ausmaß eher von Beschwerden abgesehen wird. Und sie beurteilen das mutmaßliche objektive Resultat in Form des ihnen zufallenden Nutzens (z. B. Nachbesserung, Preisreduktion, Umtausch). Hinterher bewerten sie dann ihre Zufriedenheit mit dem Ergebnis und die dazu erforderliche Belastung, deren Saldo als Erfahrung für spätere Beschwerdefälle unterlegt wird. Als Reaktionen im Beschwerdeverhalten ergeben sich aus Kundensicht abgestuft die folgenden Möglichkeiten (vgl. *Hansen, Ursula/Schönheit, Ingo:* Verbraucherzufriedenheit und Beschwerdeverhalten, Frankfurt a. M. – New York 1987):

- Keine Auswirkungen bedeutet, daß die Fehlleistung des Anbieters entschuldigt wird. Diese Hoffnung ist angesichts zunehmend austauschbarer Angebote und erhöhter Kritikfähigkeit selbstbewußter Käufer allerdings verschwindend gering. Es gibt in einer Wettbewerbswirtschaft auch keinerlei Anlaß, für gutes Geld mangelhafte Leistung hinzunehmen. Zwar konzidieren Kunden, daß niemand unfehlbar ist, was sie aber nicht hinnehmen, ist, wenn sie erleben, daß an diesen Fehlern nicht gearbeitet wird.
- Meidung des Angebots/Anbieters für zukünftige Käufe (Kaufverweigerung) bedeutet, daß unzufriedene Kunden, ohne die Chance der Wiedergutmachung durch den Anbieter zu suchen, zu Konkurrenten wechseln. Diese zurückzugewinnen, bedarf außergewöhnlicher Anstrengungen. Die Unzufriedenheit bleibt quasi unsichtbar für den Anbieter und ist gerade deshalb sehr verhängnisvoll.
- Äußerung der Unzufriedenheit im sozialen Umfeld, abgestuft von Negativwerbung über einen bestimmten Anbieter bis zum Aufruf an Dritte, diesen zu meiden (Boykott), bedeutet, daß Kunden ihrer Frustation außerhalb der Einflußsphäre des Anbieters Ausdruck geben, damit aber auch ohne dessen Korrekturmöglichkeit. Sie bewirken damit weitere Kundenverluste.
- Verlangen auf Abhilfe vom Anbieter (Gewährleistung) bedeutet, daß die Beschwerde diesem gegenüber schriftlich oder mündlich formuliert und mit einer Forderung auf Abhilfe versehen wird. Diese sichtbare Handlung gibt zumindest die Chance, mäßigend auf unzufriedene Kunden einzuwirken.

- Anruf von staatlichen/privaten Institutionen (Gericht, Schiedsstelle, Verband etc.) bedeutet, daß unzufriedene Kunden sich bei Dritten mit dem Anspruch des Ausgleichs melden, die dann ihrerseits entsprechend auf den Anbieter einwirken. Zu denken ist hier an die Bundesaufsichtämter für Bank- und Versicherungswesen, an Innungen, Verbraucherberatungsstellen etc.

Besitz

(→ *Marktsegmentierung, Kriterien)*

Bestätigung

(→ *Kaufvertrag)*

Bestellerkredit

(→ *Außenhandelsfinanzierung)*

Bestellung

Der Angebotsvergleich stellt eingegangene Angebote gegenüber und ermittelt die günstigste Einkaufsmöglichkeit. Dessen Lieferant erhält dann einen Auftrag. Dieser ist wiederum formfrei, regelmäßig jedoch schriftlich, und wird zur Vermeidung von Übertragungsfehlern und Mißverständnissen bestätigt (Auftragsbestätigung). Die Bestellung ist eine verbindliche Erklärung des Käufers. Sie wird in dem Augenblick verbindlich, in dem sie den Empfänger erreicht. Ein Widerruf ist nur vor- oder gleichzeitig zum Bestellungseingang möglich. Die Bestellung enthält Angaben über Art der Ware und Artikelnummer, Warenmenge und Warenpreis. Ging der Bestellung keine Anfrage voraus, muß sie die Inhalte abdecken, die ein Angebot üblicherweise enthält. Bei Bestellung aufgrund eines Angebots ist eine Bestätigung nicht erforderlich, wenngleich in der Praxis üblich. Bei Bestellung ohne Angebot, etwa bei häufig wiederkehrenden Abschlüssen, erklärt der Lieferant erst sein Einverständnis zur Ausführung des Auftrags.

Beteiligung

(→ *Konzentration)*

Betriebsgröße

(→ *Betriebstypen des Handels, Einteilungskriterien)*

Betriebsgrößeneffekt

(→ *Größeneffekte, Statische)*

Betriebshandelsspanne

(→ *Kennzahlen im Handel)*

Betriebssysteme

(→ *Desk Top Publishing, Software)*

Betriebstypen des Handels

Der Wiederverkäufermarkt ist äußerst heterogen strukturiert. Um dennoch etwas Übersicht zu gewinnen, hat man bereits früh begonnen, nach Klassifikationen zu suchen, die Handelsbetriebe typologisieren. Dazu bedarf es jedoch zugrundezuliegender Kriterien. Dabei handelt es sich dann um folgende.

Die *Sortimentsbreite* gibt die Anzahl verschiedenartiger, additiver Artikel innerhalb des Handelsangebots wieder. Eine hohe Sortimentsbreite meint, daß der Handel viele verschiedenartige Warengruppen führt, und umgekehrt. Eine hohe Sortimentsbreite führt in Richtung des Universalhandels, eine geringe in Richtung des Spezialhandels.

Die *Sortimentstiefe* gibt die Anzahl gleichartiger, alternativer Artikel innerhalb des Handelsangebots wieder. Eine hohe Sortimentstiefe meint, daß der Handel viele verschiedene Varianten innerhalb einer Warengruppe führt, und umgekehrt. Bei gleicher Geschäftsgröße geht eine hohe Sortimentstiefe zu Lasten der Sortimentsbreite und umgekehrt.

Das *Sortimentsniveau* gibt den allgemeinen Qualitätslevel wieder, auf dem das Warenangebot einzuordnen ist. Denkbar sind Abstufungen von anspruchslos über gediegen bis zu luxuriös, wobei die Spannbreite mehr oder minder groß sein kann. Am Markt prosperieren sowohl hochqualitativ angelegte Sortimente als auch solche die nur bescheidenen Ansprüchen genügen.

Der *Sortimentsinhalt* bezieht sich auf die wahrgenommene Artikelart, z. B. nach Kaufbedeutung (High Interest/Low Interest), Warenselbstverkäuflichkeit (problemlos/erklärungsbedürftig), Entscheidungsbedeutung (Gewohnheits-, Spontan-, Sozialkauf) oder Kauffristigkeit (langlebig/kurzlebig). Dies hat entscheidende Konsequenzen für das Profilmarketing des Handels.

Die *Preisgestaltung* bezieht sich auf die geforderte Gegenleistung der Abnehmer für das Warenangebot. Denkbar sind hier Abstufungen von aggressiv über konventionell bis exklusiv, wobei diese Preise durchgängig starr oder flexibel gehalten sein können. Aggressiv sind Preise, die beständig und erheblich unter dem marktüblichen Niveau liegen und umgekehrt. Flexible Preise sind von wechselnden Sonderangeboten durchbrochen.

Die *Standortwahl* beschreibt die gewählte Geschäftslage. Bestimmend sind hier mikro- oder makroökonomische Kennzeichen, die bei ersteren zu zentraler Haupt-(City-)Lage, innerstädtischer Neben-(City-)Lage, Wohngebiets-(Stadtrand-)Lage, Rand-(Vorort-)Lage, Außenlage (grüne Wiese) etc. führen, bei letzteren zu Verkehrsanbindung, Betriebsmittelbeschaffung, Steuerbestimmungen etc.

Die *Betriebsgröße* ist ein häufig genanntes Kriterium. Problematisch ist dabei jedoch einerseits der anzulegende Maßstab (Umsatz, Fläche, Mitarbeiterzahl etc.), andererseits die Vermutung, daß diese eher Resultante des Betriebserfolgs denn Marketingaktionsparameter als solcher ist. Insofern ist fraglich, ob es sich dabei um ein selbständiges Kriterium handelt. Dennoch wird es seiner Praktikabilität wegen oft angewendet.

Der *Beeinflussungs-Mix* umfaßt das Profilmarketing des Handels, also Kommunikation, Konditionen und Service, die zur Kundengewinnung und -bindung eingesetzt werden, wie Merchandising, Rabattierung, Kundendienste etc. Da damit immer zugleich auch Kostenpositionen verbunden sind, kann eine durchaus abweichende Politik eingeschlagen werden.

Die *Akquisitionsform* meint den Warenübergang und die Bedienung. Dabei kann nach Hol- (z. B. Laden- und Lagergeschäft) oder Bringprinzip (z. B. Haustür- und Versandhandel) unterschieden werden, wobei diese wiederum primär entnahme- (z. B. Selbstbedienung und Medien) oder übergabeorientiert (z. B. Fremdbedienung und Vorwahl) sein können. Dazwischen sind beliebige Abstufungen und Kombinationen umsetzbar.

Das *Abgabeprinzip* betrifft in verschiedenen Abstufungen die Erhältlichkeit angebotener Waren. Dies kann von undifferenzierter Verfügbarkeit (z. B. Automatenverkauf) bis zu unterschiedlicher persönlicher Privilegierung gehen (z. B. Mitarbeiter, Gewerbetreibende, Verbandsmitglieder). Jede Art der Selektion muß allerdings enge wettbewerbsrechtliche Restriktionen beachten.

Der *Verkaufspunkt* meint die Standortfixierung des Betriebs. Denkbar sind immobile Verkaufspunkte (z. B. in Form von Ladengeschäften) oder mobile Verkaufspunkte, wobei diese regelmäßig wiederkehrend (z. B. Wochenmarkt), regelmäßig wechselnd (z. B. Verkaufswagen) oder unregelmäßig wechselnd sein können (z. B. Hausierhandel). Hinzu kommen virtuelle Verkaufspunkte im medialen Verkauf des Versandhandels.

Die *Integration* betrifft die wirtschaftliche Organisation des Betriebs. Denkbar sind Ausprägungen wie der klassische Einzelbetrieb, filialisierte Betriebe an dezentralen Standorten in Handelsketten (Standortspaltung in Regiebetrieben) oder angebundene Betriebe in Gemeinschaftsstandorten (Standortagglomeration als aus Einzelbetrieben abgeleitete, sekundäre Betriebsformen).

Die *Anbindung* betrifft die rechtliche Eingliederung des Betriebs. Denkbar sind die Ausprägungen der Selbständigkeit oder der Abhängigkeit. Letztere kann durch horizontale (z. B. Konzernbildung) oder vertikale Anbindung (z. B. Kontraktmarketing) verursacht sein. Der Trend geht dabei zum Zusammenschluß von Einzelbetrieben zu Ketten und von Ketten zu Holdings.

Die *Treueorientierung* betrifft die Sortimentsausrichtung. Diese kann sich an der Homogenität in bezug auf gleiche Materialien, gleiches Wissen oder gleiche Problemlösung orientieren. Ziel ist dabei immer die Realisierung von Synergieeffekten bei Werkstoffen, Verfahren und Anwendungen.

Die *Güterart* schließlich setzt bei der Warentypologie an und charakterisiert die unterschiedlichen Waren, die das Sortiment des Handels ausmachen. Zu unterscheiden sind Konsumtivgüter für Ge- und Verbrauch sowie Produktivgüter für Investition und Produktion.

(→ Einzelhandel, Betriebstypen)

Beurteilungsmodell

(→ Entscheidungsregeln, Kompensatorische)

Bevölkerungsmethode

(→ Hochrechnungen, Standortwahl, Analog-Methode)

Bewegtbildkommunikation

Für die Bewegtbildkommunikation ergeben sich innerhalb der neuen Medien folgende Möglichkeiten:

- *Bildfernsprechen*: Hierbei handelt es sich um die Übertragung von Bewegtbildern über Breitbandkabel. Dazu ist jedes Bildtelefon mit einer Kamera und einem Monitor ausgerüstet, die es auf Wunsch erlauben, den Gesprächspartner, evtl. auch Dokumente, zusätzlich zum Ton parallel zu sehen.
- *Videokonferenz*: Hierbei handelt es sich um die Zusammenschaltung von mehreren, dezentralen Studios zu einer gemeinsamen Bewegtbildkonferenz. Dies setzt als Übertragungsmedium Breitbandverkabelung und/oder Satellitenbetrieb voraus. In jedem Studio sind sowohl Kameras, die auf die dort anwesenden Gesprächsteilnehmer gerichtet sind, als auch Monitore, die die übrigen Gesprächsteilnehmer zeigen, installiert. Durch Zoomen kann der Bildausschnitt gewählt werden. Eine Dokumentenkamera erlaubt die Aufsicht auf Vorlagen.
- *Kabeltext*: Dies ist ein Informationsangebot ähnlich dem Videotext, aber mit der Möglichkeit der Bewegtbildkommunikation.
  Dazu reicht jedoch nicht die Austastlücke bei der Fernsehübertragung aus, sondern dafür ist ein eigener Kanal erforderlich. Damit können dann bei Bedarf etwa kurze Filmsequenzen wiedergegeben werden, die ein aufgerufenes Informationsangebot veranschaulichen.
- *TV mit Rückkanal:* Dabei handelt es sich um zwei Kanäle, von denen einer der Bewegtbildübertragung dient (wie bei „normalem" TV) und der andere als Datenleitung eine Rückmeldung des Zuschauers ermöglicht. Damit sind etwa Echtzeit-Abstimmungen über Programme oder Sendeinhalte möglich.
- *Digitales Fernsehen* (D 2-Mac): Die Digitalisierung der Daten bringt vor allem eine wesentlich bessere Bildqualität, die größere Wiedergabeflächen zuläßt, ohne daß Schärfe und Auflösung darunter leidet (hochauflösendes Fernsehen/HDTV).

Bewußtauswahl

Bei der Bewußtauswahl handelt es sich um ein bei Teilerhebungen häufig angewendetes Auswahlverfahren, bei dem das Forschungsdesign darüber entscheidet, welche Einheiten der Grundgesamtheit in die Stichprobe gelangen und welche nicht. Abzugrenzen ist dabei besonders von der willkürlichen Auswahl.

Beziehungsebene

(→ Auswahl aufs Geratewohl, Konzentrationsverfahren, Quota-Auswahlverfahren, Typische Fälle)

Beziehungsebene

(→ Kommunikation, Grundlagen)

Beziehungsmanagement im Marketing

Den Entwicklungen zur Kundenbindung wird durch Nachkauf-Marketing (Relationship-Marketing) entsprochen, das die Gesamtheit aller Aktivitäten darstellt, die nach erfolgtem Kauf eingesetzt werden und darauf gerichtet sind, beim Kunden eine möglichst hohe Anbieterloyalität zu erreichen. Mittel dazu ist der Aufbau einer Beziehungsstruktur zwischen Betrieb und Interessengruppen (sog. *Stakeholders*), und zwar vertikal zu Abnehmern und Lieferanten, horizontal zum Wettbewerb und lateral zum Umfeld, sowie neuerdings auch intern, die durch einen kontinuierlichen Informationsaustausch mit Leben erfüllt wird. Grundlage sind Geschäftsbeziehungen als von ökonomischen Zielen geleitete Interaktionen mit personalen Kontakten in strategischer Ausrichtung durch Bereitstellung investiver Mittel. Dafür gibt es mehrere Ausprägungen (vgl. *Bruhn, Manfred/Meffert, Heribert/Wehrle, Friedrich*: Marktorientierte Unternehmensführung im Umbruch, Stuttgart 1994):

- Nach den Trägern unterscheidet man Unternehmen, Institutionen, Gruppen, Individuen etc.
- Nach der Richtung unterscheidet man unternehmensinterne Beziehungen (Internal Marketing) und unternehmensexterne Beziehungen.
- Nach dem Inhalt unterscheidet man die Behandlung von Sachproblemen, aber auch von Organisation, Macht, Emotion etc.
- Nach der Intensität kann in verschiedene Grade der Dauer und Bedeutung von Beziehungen unterschieden werden.
- Nach der Symmetrie unterscheidet man Beziehungen gleichberechtigter Partner und solche abhängiger Partner.

Der Stakeholder-Ansatz hat den traditionellen Shareholder-Ansatz (Unternehmenswertmaximierung) abgelöst. Zu den Stakeholdern gehören so unterschiedliche Gruppen wie Eigentümer, Mitarbeiter, Lieferanten, Konkurrenten, Kapitalgeber, Anleger, Verbände, Parteien, Politiker, Kunden, Staat, Gewerkschaften, Manager, Problemgruppen (intern/extern), Betriebsrat, Bevölkerung, Anwohner, Meinungsbildner, Journalisten etc.

Es scheint jedoch fraglich, inwieweit es sich beim Beziehungsmanagement wirklich um eine sinnvolle Weiterung des Marketing handelt oder vielmehr nur um eine moderne Sichtweise der traditionellen Öffentlichkeitsarbeit, also eines Kommunikationsinstruments. Denn sofern es sich um aktuelle oder potentielle Abnehmer handelt, wird ihre Berücksichtigung bereits durch das „normale" Marketinginstrumentarium gewährleistet, und soweit es sich

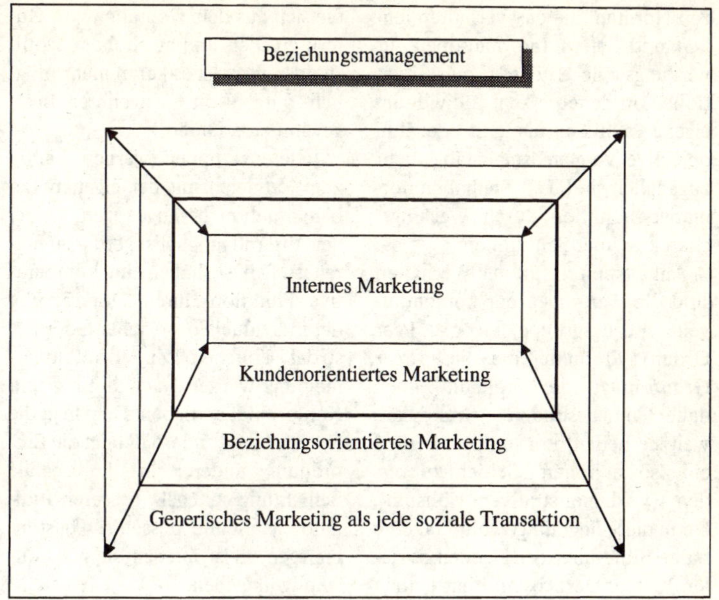

Beziehungsmanagement

nicht um Abnehmer handelt, besteht kein materielles Transaktionsinteresse, sondern nur ein ideelles, mithin kommunikationsbezogenes. Dies mündet im Konzept des Networking.

Entsprechende Ansatzpunkte im Vertrieb sind daher etwa die Überprüfung der kundenindividuellen Konditionengewährung, die Erhebung von „Mindermengenzuschlägen" bei Kleinkunden, ausgeweitete Rabattstaffelungen bei Großkunden, Kulanzangebote und absatzsegmentadäquate Leistungen. Bei alledem ist es jedoch wichtig, die Kontaktbrücke zum Kunden nach dem Kauf nicht abbrechen zu lassen.

Beziehungszahlen

(→ *Kennziffern)*

Bezirksvertreter

(→ *Handelsvertreter)*

Bezugsgruppe

Die Mitgliedschaft in einer Gruppe kann faktisch, also durch bloße Teilnahme am Gruppenleben, oder nominell, also durch Aufnahme und Eingliederung, begründet sein. Im Unterschied dazu können Bezugsgruppen Gruppen sein, in denen (noch) keine Mitgliedschaft besteht, mit denen eine Person sich aber in starkem Maße identifiziert. Sie setzen Normen, die das Verhalten lenken und liefern Informationen für wirkungsvolle Urteile in den Situationen, in denen einem Individuum eigene Sachkenntnis fehlt oder ihm objektive Vergleichsmaßstäbe nicht zugänglich sind. D.h. sie haben normative Funktion durch Weisungscharakter über Sanktionen.

Anhaltspunkt für das Verhalten sind die Wertungen der komparativen Bezugsgruppe (sog. Peer Group). Produkte, die diese *Peer Group* nutzt oder empfiehlt, haben daher eine besondere Attraktivität, weil sie helfen, konsumtiv Mitglied einer sozial höheren Schicht zu werden (= demonstrativer Konsum). Denn diese liegt für gewöhnlich eine halbe Stufe über der eigenen sozialen Klasse. Der Abstand hat jedoch eine Toleranzgrenze. Ansonsten kommt es zur Frustation (= relative Deprivation). Relative Deprivation entsteht, wenn jemand anders etwas hat, was man sich selbst wünscht, worauf man ein Recht zu haben glaubt, das man auch für erreichbar hält oder das man bei Mißerfolg nicht zu vertreten hat. Es ergibt sich, wenn die objektiven Lebensbedingungen schlecht sind und auch das subjektive Wohlbefinden darunter leidet. Als Ausgleich kommt es zu Verwöhnkonsum. Diese Unzufriedenheit hat mehrere Ursachen, z. B. erlaubt wachsender Wohlstand immer mehr und vielfältigere Produkte zu erwerben, wodurch auch das Risiko von Enttäuschungen wächst, mangelnde Information führt dazu, daß Risiken unterschätzt werden, die sich aus dem Gebrauch von Gütern ergeben und auf hohem Wohlstandsniveau ist es kaum mehr möglich, durch Konsum weiteren Lustgewinn zu erfahren.

Referenzgruppen werden häufig zum Vergleich mit der eigenen Lebenssituation herangezogen, wobei der Abstand möglichst gering zu halten ist. D.h. sie haben eine komparative Funktion durch Orientierung der individuellen Ansicht an der des sozial Üblichen. Zur Konfliktvermeidung werden Nachahmung und Konformität betrieben. Dem liegt die Tatsache zugrunde, daß man die Einordnung anderer in die soziale Schichtung mangels besserer Indikatoren anhand dessen zu bestimmen geneigt ist, mit dem sie sich konsumtiv umgeben.

Aber nicht alle Mitgliedschaftsgruppen brauchen notwendigerweise Referenzgruppen zu sein. Eine positive Referenzgruppe dient somit der Absetzung gegenüber der Mitgliedschaftsgruppe. Und nicht alle Referenzgruppen brauchen als Mitglied angestrebt zu werden, eine negative Referenzgruppe dient vielmehr der Absetzung. Die Ausrichtung an der Bezugsgruppe kann also zur Konformität oder auch zur Anti-Konformität führen. Damit hat die Referenzgruppe eine Vergleichsfunktion, aber auch eine Normativfunktion, d. h. sie ist Quelle für Wertvorstellungen und bewirkt eine antizipatorische Sozialisation.

Marketing nutzt dies z. B. in der Werbung durch Einsatz von Celebrities in Testimonials ebenso aus wie

durch die Präsentation hochgestochener Umfelder (vgl. *Pepels, Werner:* Käuferverhalten und Marktforschung, Stuttgart 1995).
(→ Käuferverhalten)

Bildbank

(→ Festbildkommunikation)

Bildbearbeitungsprogramme

(→ Desk Top Publishing, Software)

Bildfernsprechen

(→ Bewegtbildkommunikation)

Bildplattenspieler

Beim Bildplattenspieler (VDP) besteht der Bildträger aus einer Platte, die verschiedene Durchmesser haben kann. Diese Platte ist einseitig bespielt. Sie trägt unzählige konzentrische Kreise, die aus ebenen und vertieften Stellen bestehen (Pits). Diese repräsentieren den Binär-Code (0/1). Im Gegensatz zum VTR handelt es sich also beim VDP um ein Digitalsystem. Dies impliziert schon einmal eine unvergleichlich bessere Bild- und Tonqualität. Analoge Störquellen (z. B. Bild- und Tonrauschen) entfallen damit vollkommen. Bildplattenspieler sind derzeit noch reine Wiedergabegeräte. Die Abtastung des Signals erfolgt durch einen Laserkopf, der tangential über die Plattenoberfläche geführt wird und diese punktuell bestrahlt. Je nach Ebene oder Vertiefung erhält er einen Reflex zurück oder nicht (Binär-Code). Die Abtastung erfolgt also völlig berührungslos und damit verschleißfrei, und zwar von innen nach außen mit veränderlicher (sinkender) Geschwindigkeit. Außerdem werden etwaige Beschädigungen der Plattenoberfläche durch Fehlerkorrekturschaltungen weitgehend beseitigt. Die Plattenoberfläche ist segmentiert und adressierbar. Bei Vor- oder Rücklauf fährt der Abtastarm daher direkt das entsprechende Segment an. Das geht schnell und belastungsfrei. Der Zugriff erfolgt per Tastatur sofort auf die angesprochene Bildsequenz. Eine flexible, logische Verknüpfung von Informationsinhalten ist über PC-Steuerung möglich (Interactive Video). Insbesondere sind je nach Wahl Standbilder (bis zu 54 000 pro Seite) und Bewegtbilder (bis zu 36 Minuten, im Longplay-Modus sogar bis zu 60 Minuten) alternativ oder gemischt möglich, zusätzlich können per BTX-Bildschirm-Overlay aktuelle Informationen (z. B. Preise) eingespielt werden. Damit eignet sich dieses System auch zur kundengesteuerten Informationsabgabe am POS, wie in Heimwerkermärkten und bei Autohändlern anzutreffen. Nachteilig sind allerdings die hohen Softwarekosten, die die Prägung einer Bildplatte erst ab einer höheren Auflage und längeren Nutzungsdauer wirtschaftlich erscheinen lassen. Das Preisniveau fällt jedoch kontinuierlich. Zudem ist es möglich, kurze Sequenzen auf der Platte, die ungültig sind, zu sperren und stattdessen auf auf Festplatte des angeschlossenen PC's gespeicherte In-

formationen zurückzugreifen. Die Grenze liegt hier letztlich in der Festplattenkapazität.
(→ Neue Medien)

Bildschirm

(→ Desk Top Publishing, Ausgabegeräte)

Bildschirmbefragung

Als Bildschirmbefragung (Computer Assisted Personal Interviewing/ CAPI) bezeichnet man eine Form, bei der der Fragebogen durch ein PC-Display ersetzt wird und der Eintrag durch eine PC-Tastatur. Dabei liest der Interviewer Fragen vom Bildschirm ab und tippt die Antworten der Auskunftsperson über ein alphanumerisches Keyboard ein. Dabei sind zahlreiche Verfeinerungen denkbar. So ist neben Sprachausgabe der Fragen auch Spracheingabe der Antworten möglich. Der Interviewer kann auch mehreren Personen im Teststudio eine Frage vortragen, und diese geben ihre Antworten parallel selbst an PC's ein. Auch können die Antwortalternativen auf eine vorgetragene Frage als Strichcodes auf einem Vordruck ausgewiesen sein, die mit einem Lesestift abgetastet und dadurch eingegeben werden (Scanning).

Diese Form der Befragung bietet eine Reihe von Vorteilen.

Es sind durch leichte Handhabung auch komplizierte und komplexe Befragungsformen möglich, ebenso wie längere Befragungen. Die Befragungsdurchführung kann zudem individuell auf die Auskunftsperson zugeschnitten werden.

Splits und Filterführungen werden automatisch vollzogen. Abhängig von der jeweils gegebenen Antwort wählt das Programm die Folgefrage. Dadurch sind auch kompliziertere Abläufe darstellbar.

Offene Fragen sind einsetzbar, denn ausführliche Antworten können vollständig aufgenommen werden. Eine Kürzung des Antworttextes aus Platzgründen ist nicht erforderlich und die Eingabe über die PC-Tastatur leicht vorzunehmen.

Die Antworten auf offene Fragen können automatisch kategorisiert und codiert werden. Die Codepläne zur Auswertung werden parallel zur Befragung entwickelt und lassen sich sukzessive vervollständigen.

Signifikanzkriterien können laufend beachtet werden. Stichproben sind sequentiell ziehbar und Zwischenauswertungen jederzeit abrufbar. Über Datenstabilitätsprüfungen kann ermittelt werden, ob die vorliegende Fallzahl bereits für ein gesichertes Ergebnis ausreicht, selbst wenn die Stichprobe noch nicht vollständig ausgeschöpft ist.

Eine relativ schnelle Datenverarbeitung mit automatischer, integrierter Auswertung der Ergebnisse ist gegeben. Die Kosten für eine manuelle Übertragung der Daten entfallen.

Dabei ist die Datenerfassung zugleich sicherer, da Übertragungsfehler entfallen, wie sie bei der Vercodung durch Nachlässigkeiten leicht vorkommen können.

Außerdem werden bei vollstandardisierten Fragen weniger Interviewer benötigt. Eine hohe Aussageeffizienz ist darstellbar. Zudem läßt sich die Interviewdauer verkürzen.

Es ist ein mobiler Einsatz machbar. Denn kompakte Laptops oder Notebooks sind portabel und ohne großen Aufwand arbeitsfähig.

Der Interviewer-Bias wird minimiert. Der Interviewer wird entlastet und kann sich stärker auf den Interviewpartner konzentrieren, da ihm wesentliche Arbeiten durch den PC abgenommen werden.

Es sind ständige Plausibilitätskontrollen (auf Fehler, Inkonsistenzen etc.) möglich. Dies erfolgt durch programmierten Rückgriff auf vorangegangene Antworten. Widersprechende Ergebnisse werden so erkannt, ungültige Eingaben zurückgewiesen und Zusatzfragen zur Korrektur erzeugt.

Parallel können weitere Testsysteme über Datenbus angeschlossen werden. Es ist eine unmittelbare, integrierte Auswertung der Ergebnisse möglich. Die Datenauswertung wird damit beschleunigt.

Die Fragen- und Antwortkategorien können randomisiert werden, wodurch Positionseffekte ausgeschaltet werden. Dies erfolgt durch zufallsgesteuerte Rotation von Interview zu Interview.

Bildvorlagen können durch Einscannen eingebunden werden. Peripherie wie Diaprojektor, Videorecorder, Bildplatte etc. können befragungssynchron gesteuert werden. Allerdings entsteht dabei ein hoher Handlingaufwand für Inbetriebnahme und Vernetzung.

Als Nachteile sind hingegen folgende zu nennen.

Es entstehen relativ hohe Investitionskosten. Zwar fallen die Preise kontinuierlich, doch zugleich verkürzt sich auch der Lebenszyklus der Technologien, sodaß zügige, dann aber wieder teure Neuanschaffungen erforderlich sind, um Up To Date zu bleiben.

Eine intensive Interviewerschulung ist erforderlich, um eine kompetente, persönliche Betreuung zu ermöglichen. Die Technik muß so sicher beherrscht werden, daß sie möglichst wenig Aufmerksamkeit bindet.

Ein hoher Stromverbrauch ist gegeben (mobil entsprechend ein hoher Batterieverbrauch). Dadurch ist der Aktionsradius des Einsatzes begrenzt. Dies gilt vor allem für optische und mechanische Bauteile.

Die Geräte sind empfindlich in Transport und Einsatz. Daher sind nicht selten Operator-Kenntnisse beim Interview erforderlich, um Störungen zu beheben.

Eine komplexe Datenübertragungskoordination ist erforderlich. Dabei können Datenträger (offline) oder Datenleitungen (online) genutzt werden, in jedem Fall ist perfekte Kompatibilität erforderlich.

Bislang ist nur wenig Software verfügbar. Und diese ist durchaus noch nicht als ausgereift zu betrachten, sodaß systembedingte Limitationen in Kauf zu nehmen sind.

Für jeden Fragebogen entsteht ein

hoher Programmieraufwand. Die Programmierung betrifft die Eingabe von Fragen und Antwortkategorien, die Festlegung der Filterführung, die Rotation und Randomisierung, die Planung von Rückgriffsequenzen auf Vorantworten, die Eingabe von Intervieweranweisungen und Hilfsinformationen, die Gestaltung von Bildschirmlayout, Hintergrund und Hervorhebungen.

Es sind weitgehend nur standardisierte Fragen anwendbar. Denn offene Fragen erfordern durch ihren nach wie vor hohen Eingabeaufwand Zeit und Aufmerksamkeit, die für die eigentliche Interviewführung fehlen.

Die bisher durchgeführten Untersuchungen sind noch nicht hinreichend validiert. Dazu bedarf es erst ausgiebiger Vergleiche mit herkömmlichen Befragungen (extern) und zahlreicher mit Bildschirmbefragung durchgeführter Interviews (intern). Es steht jedoch zu befürchten, daß die Auskunftsfreudigkeit und -ehrlichkeit durch die Tatsache der Tastatureingabe nicht gerade gesteigert wird.

Die Vorlage von Bildern, Skalen etc. ist nur eingeschränkt möglich. Allerdings dürften diese und andere technischen Probleme im Zeitablauf immer geringer werden. Dafür sorgt schon der technische Fortschritt.

(→ Mediengestützte Befragung)

Bildschirmtext (Datex-J/T-Online)

Bei Bildschirmtext (Datex-J) handelt es sich um ein interaktives Kommunikationsmedium, das über das Telefonnetz funktioniert. Endgeräte sind Keyboard, Bildschirm oder Drucker sowie Diskette bzw. Festplatte eines PC. Der Zugriff erfolgt über ein zentrales Computersystem, in das Anbieter z. B. Werbebotschaften eingeben und dessen Inhalt seitenweise abgerufen wird. Genauso wie Daten empfangen werden können, können auch Nachrichten abgesendet und in die Empfängerdatei eingespeichert werden. Dabei kann es sich auch um die Bestellung von Waren oder Werbemitteln handeln. Dazu wird eine Dialogseite angeboten, auf der die Zielperson ihren Wunsch nach Art der Waren bzw. Werbemittel eingibt. Die Identifikation des Teilnehmers ist aufgrund der Anschlußkennung der Telefonnummer automatisch gegeben. Von daher können die Personalien zugeordnet werden. Nach einer Bestätigungsabfrage wird die Bestellung abgeschickt. Sie läuft dann über den Telekom-Datex-J-Zentralcomputer in Ulm im Endgerät des Anbieters auf. Dieser kann dementsprechend die Bestellung ausführen. Damit gibt es eine Kontrolle des Werbeerfolgs der Bildschirmtext-Seite(n). Postseitig wird außerdem ausgewiesen, wie häufig die entsprechende(n) Seite(n) von Nutzern aufgerufen worden ist/sind, ohne daß eine Reaktion erfolgte. Dies läßt Rückschlüsse auf die Aufmerksamkeits- und Interesseweckung zu. Obgleich Bildschirmtext im Zuge der Kompatibilität mit dem Computer-Code ASCII, der Bedienoberfläche KIT (Kernsoftware für intelligente

Terminals), die nur veränderte Daten im System neu abruft, alle anderen Daten werden zwischengespeichert, und erheblichen Gebührensenkungen neuerdings einen enormen Aufschwung erlebt, ist dessen Bedeutung für Werbung doch eher gering einzuschätzen. Der Schwerpunkt liegt vielmehr eindeutig in der Nutzung als Informationsmedium, gerade auch im unternehmensinternen Bereich, wo in der Tat umfangreiche, hochaktuelle Daten und Fakten zur Verfügung stehen. Die Datex-J-Teilnahme kostet eine einmalige Anschlußgebühr von 50 DM, danach monatlich 8 DM. Für die Nutzung werden Telefongebühren fällig, je Minute 6 Dpf/2 Dpf (Billigtarif). Weitere Kosten entstehen für den Abruf von Informationsangeboten über Content Providers. Die Teilnehmerzahl ist in Deutschland aktuell (1995) 1 Mio. Personen, im System sind ca. 650 000 Angebotsseiten enthalten. Es werden Werbeseiten vermietet (monatliche Grundgebühr, tägliche Folgegebühr je Seite).

Als weiterer Online-Dienst ist *Internet* zu nennen. Dort erhalten Privatpersonen und Unternehmen Zugang über sog. Net Providers. Die Eintrittspreise reichen von 350 DM im Monat für einen Vollanschluß bis zu 20 DM für einen Low Cost-Zugang. Dazu kommen die Übertragungsgebühren für Daten. Die Teilnehmerzahl beträgt aktuell 30 Millionen Personen weltweit. Werbung ist möglich, die Werbekosten werden pro Mbit Speicherplatz berechnet.

CompuServe erhebt eine monatliche Grundgebühr von 16 DM, Profi- und Premium-Dienste kosten zwischen 8–16 DM/Stunde. Die Teilnehmerzahl beträgt aktuell 2,5 Millionen Personen weltweit. Werbeseiten sind auch hier möglich.

(→ Neue Medien)

Bildschirmtext-Befragung

(→ Mediengestützte Befragung, Alternativen)

Bildvorlage

(→ Druckvorlagenerstellung)

Billiglohnproduktion

(→ Marketing, Ethik)

Binnenschiffahrt

(→ Wassertransport, Arten)

Binomialverteilung

(→ Wahrscheinlichkeitsverteilung)

Biotische Situation

(→ Beobachtung, Testverfahren, Empirische)

Blickregistrierung

(→ Testverfahren, Mechanische)

Blutanalyse

(→ Testverfahren, Psychomotorische)

Blutdruckmessung

(→ Testverfahren, Psychomotorische)

Bolstering-Effekt

(→ Wahrnehmung, Effekte)

Börse

Die Börse ist eine regelmäßig stattfindende, korporativ organisierte Marktveranstaltung, an der bestimmte Kaufleute nach festliegenden normierten Bedingungen und Verfahren Geschäfte in nicht ortsanwesenden Objekten abschließen. Voraussetzung ist dabei die Fungibilität der Waren, also die Gleichartigkeit aller Teile einer Warengesamtmenge, die von verschiedenen Anbietern stammen, derart, daß sie gleichartig und damit untereinander austauschbar sind. Jedes Einzelexemplar kann insofern das Warengesamt hinreichend vertreten (deshalb vertretbare Waren). Muster sind bei überbetrieblichen Normen verzichtbar, die zu Standards erhoben werden. Ebenso sind die Bestandteile des Geschäftsabschlusses standardisiert. Dies gilt etwa für abschließbare Menge, Lieferungstermin, Andienungsplatz, Zahlungsweise, Streitregelung etc. Damit sind auch die zustandekommenden Verträge fungibel. Durch den beschränkten Zugang, straffe Organisation und räumliche, zeitliche Konzentration (regelmäßig) werden die Märkte übersichtlich gestaltet und vereinfacht. Die Logistik von Waren entfällt, andere Parameter als der Preis verlieren an Bedeutung. Dies gilt sogar grenzüberschreitend. Absatzpolitische Anstrengungen entfallen weitestgehend, vielmehr kann das Bemühen auf die Erzeugung von Waren eines normierten Standards zu möglichst niedrigen Gestehungskosten konzentriert werden. Häufigste Erscheinungsformen sind die Effekten- und Warenbörsen.
(→ Abschlußmärkte)

Bottom Off-Angebot

(→ Strukturbeeinflussung)

Bottom Up-Ansatz

(→ Willensbildung in Organisationen)

Box Jenkins-Ansatz

(→ Autoregressive Verfahren)

Brainstorming

(→ Kreativitätstechniken)

Branchenanalyse

(→ Analyseverfahren im Marketing)

Brand Equity

(→ Marke, Wert)

Break Even-Absatz

(→ Markterwartungen)

Break Even-Analyse

Der Break Even-Punkt ist definiert als diejenige Absatzmenge, bei der der Umsatzwert zum erstenmal die vollen Kosten deckt, also die Gewinnzone erreicht wird. Der Umsatz setzt sich dabei aus Absatzmenge und Preis je Verkaufseinheit zusammen. Die Menge ist abhängig von den Betriebskapazitäten, d. h. der Break Even-Punkt darf nicht außerhalb der Kapazitätsgrenze liegen. Der Preis ist abhängig von Markt,

Nachfrage, Zielsetzung, Reglementierung und Kosten als Determinanten. Die Kosten setzen sich dabei aus variablen und fixen Bestandteilen zusammen. Variable Kosten verändern sich mit der Ausbringungsmenge. Sie können sich proportional, über- oder unterproportional verhalten. Proportional bedeutet in diesem Zusammenhang, daß die variablen Kosten im Verhältnis und linear zur Ausbringungsmenge steigen, überproportional, daß die Kosten schneller steigen als die sie verursachende Menge (progressiver Kostenverlauf), unterproportional, daß die Kosten langsamer steigen als die Menge (degressiver Kostenverlauf), wobei dies jeweils linear oder nichtlinear geschehen kann. Fixe Kosten sind ausbringungsmengenunabhängig, d. h. pro Stück mit steigender Menge fallend. Bei Kapazitätserweiterung steigen sie sprungartig an. Solche sprungfixen Kosten sind innerhalb eines Kapazitätsintervalls fix, von Kapazitätsintervall zu Kapazitätsintervall jedoch variabel. Interessant ist daher die Menge, bei der der Deckungsbeitrag zum erstenmal ausreicht, neben der Fixkostendekkung auch einen Gewinn zu erzielen. Der Deckungsbeitrag besteht aus den kumulierten Deckungsspannen im Programm. Die Deckungsspanne ist der Teil des Marktpreises eines Produkts, der zur Deckung der fixen Kosten und zur Gewinnerzielung bereitsteht. Dabei nehmen mehrere Faktoren Einfluß. Zunächst der Preis je Einheit, denn ein höherer Preis führt zum Break Even bei niedrigerer Menge (= Steigungswinkel der Erlöskurve). Deshalb besteht eine Wunschalternative darin, den Verkaufspreis je Einheit zu erhöhen. Dies ist nach der Marktmechanik möglich, wenn die Nachfrage steigt oder das Angebot sinkt. Realiter ist jedoch leider eher die Situation des Preisdrucks durch hohe Konkurrenzintensität oder stagnierenden Bedarf gegeben. Dann die Kapazitätsgrenze, denn liegt die Break Even-Menge oberhalb der Kapazitätsgrenze, wird die Gewinnschwelle erst garnicht erreicht. Dann ist zu überlegen, ob die Herstellung eingestellt bzw. erst garnicht aufgenommen wird. Weiter der Fixkostenblock, denn niedrigere fixe Kosten führen zu niedrigerer Break Even-Menge (= Leerkosten), und umgekehrt. Deshalb ist es ein Teilziel, die Summe der fixen Kosten zu minimieren. Dem steht allerdings die Anlagenintensität moderner, hochrationeller Produktionsverfahren entgegen. Schließlich die variablen Kosten je Einheit, denn niedrigere variable Kosten führen zu niedrigerer Break Even-Menge (= Steigungswinkel der Kostenkurve), und umgekehrt. Deshalb ist es ein weiteres Teilziel, die variablen Kosten je Stück zu senken.

Jedes Unternehmen ist nun daran interessiert, bei möglichst niedriger Menge Break Even zu sein, um das Betriebsrisiko zu senken. Im Zuge dieser *Kosten-Volumen-Gewinn-Analyse* werden mehrere Break Even-Punkte unterschieden. Der liquiditätswirksame Break Even-

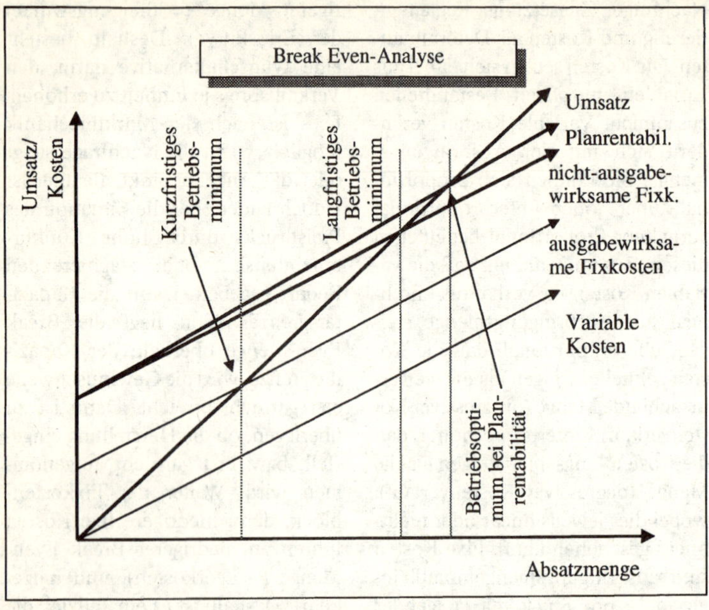

Break Even-Analyse

Punkt liegt bei derjenigen Menge, deren Erlöse ausreichen, die ausgabenwirksamen Kosten zu decken. Dabei können verschiedene Liquiditätsgrade unterschieden werden. Der deckungsbeitragswirksame Break Even-Punkt liegt bei derjenigen Menge, deren Erlöse ausreichen, die direkten (variablen) Kosten zu decken. Dort ist der Deckungsbeitrag gleich Null. Der kostenwirksame Break Even-Punkt liegt bei derjenigen Menge, deren Erlöse ausreichen, sämtliche Kosten zu decken. Dort ist der Deckungsbeitrag gleich den Fixkosten. Dabei können verschiedene Fixkostendeckungsgrade unterschieden werden, vor allem in bezug auf ausgabenwirksame Fixkosten. Der gewinnwirksame Break Even-Punkt liegt bei derjenigen Menge, deren Erlöse ausreichen, den Plangewinn zu realisieren.

Besonders interessant ist daher die Situation des Preisdrucks. Dieser kann durch hohe Konkurrenzintensität (gleiche Marktseite) oder stagnierenden Bedarf (andere Marktseite) verursacht sein. Die kostenorientierte Preisbildung gibt dabei Auskunft über die lang- und kurzfristigen Preisuntergrenzen. Dazu ist eine korrekte Zurechnung der Kostenelemente erforderlich. Diese ist durch einfache Umlage der Fixkosten auf die Ausbringungsmenge nicht zu erreichen. Denn bei sinkendem Absatz legen sich die Fixkosten auf weniger Einheiten um, führen damit zu einer Steigerung des fixen Anteils an den Stückkosten und von daher zur Notwendigkeit, den Preis je Einheit zu erhöhen, um Break Even zu sein. Und bei steigendem Absatz legen sich die Fixkosten auf mehr Einheiten um, führen damit zu einer Senkung des fixen Anteils an den Stückkosten und insofern zur Möglichkeit, den Preis je Einheit zu senken und dennoch Break Even zu bleiben. Beides führt aber zu falschen Entscheidungen, die der Marktmechanik offensichtlich zuwiderlaufen. Denn im Ergebnis wird bei Nachfragesteigerung die Chance zur Durchsetzung eines höheren Preises vergeben und statt dessen vielmehr ein beschleunigter Preisverfall herbeigeführt. Umgekehrt ergibt sich bei Nachfragerückgang ein Herausrechnen aus dem Markt über die Indikation einer Preiserhöhung. Deshalb muß eine andere Grundlage angewendet werden. Diese geht weg von der Vollkostenrechnung, d. h. der Proportionalisierung der Fixkosten, und hin zur Teilkostenrechnung, deren prominenteste die Dekkungsbeitragsrechnung ist. Diese erlaubt eine abgestufte Erfolgszumessung an das Management und nimmt dabei eine Steuerungsfunktion wahr. *(→ Kostenrechnungsgrundlagen)*

Break Even-Analyse, Bewertung

Zur Break Even-Analyse sind vor allem folgende *Kritikpunkte* anzuführen. Die Aufteilung in variable und fixe Kostenbestandteile ist problematisch. Dafür stehen mehrere Methoden zur Verfügung, und zwar die buchhalterische nach logischer Zahlenanalyse aus dem Rechnungswesen, die grafische auf Basis des Freihandtrends durch die Punktwolke von Kosten-Mengen-Kombinationen, die statistische durch Regressionsanalyse nach Kleinstquadratabweichung und die technische unter Berücksichtigung funktionaler Zusammenhänge. Als Voraussetzungen sind konstante Preise und Kosten zu nennen. Denn die Kurvenverläufe, und damit die Break Even-Menge, unterliegt der Variation bei Veränderungen des Wertgerüsts. Steigen die Verkaufspreise schneller als die Gestehungskosten, verschiebt sich die Break Even-Menge hin zu einer kleineren Menge, lassen sich die Verkaufspreise nicht im gleichen Maße anheben wie die Gestehungskosten, verschiebt sich der Rentabilitätspunkt hin zu einer größeren Menge. Es erfolgt keine dynamische Sichtweise. Denn der Break Even-Punkt entfernt sich auch zeitlich mit zunehmender Menge wegen der längeren Fristen zu dessen Realisierung. Währenddessen laufen aber Fremdkapitalzinsen oder Opportunitätszinskosten auf, die in einer statischen Analyse keine Berücksichtigung finden. D.h. Kosten und Preise müssen entweder auf den Ursprungszeitpunkt abgezinst oder beide auf den Durchbruchszeitpunkt aufgezinst werden. Dabei ergeben sich weitere Unwägbarkeiten in der Wahl eines zutreffenden Ab- bzw. Aufzinsungsfaktors. Es erfolgt keine Berücksichtigung von Unsicherheits-/Risikofaktoren. Denn naturgemäß unterliegt eine höhere Break Even-Menge einem höheren Risikograd als eine kleinere. Ebenso unterliegt die Umsatz- und Kosteneinschätzung mit wachsendem Zeithorizont steigender Unsicherheit hinsichtlich ihrer Wertentwicklung. Man denke nur an die sprunghaften Preisänderungen auf vielen Rohstoffmärkten. Außerdem werden Wirkungen aus dem Einsatz von Marketingparametern negiert. So kann das absatzpolitische Instrumentarium zur Durchsetzung höherer Preise am Markt führen, mit der Folge einer steileren Umsatzkurve und einer niedrigeren Break Even-Menge, wobei ein Teil dieses Effekts durch einen Anstieg der Kostenkurve wieder kompensiert wird. Ebenso kann aus dynamischer Sicht etwa Werbung zur Erhöhung des Absatzes führen und damit zu einem zeitlich früheren Erreichen des Break Even-Punkts. Kosten und Erlöse werden als einzige Einflußfaktoren angesehen. Andere, z. B. Umweltfaktoren, finden keine Berücksichtigung. Solche externen Determinanten können dazu führen, daß sich ein Unternehmen unvermittelt großen Problemen gegenübersieht, wie etwa Konkurrenz durch ein überlegenes Substitutionsprodukt, Nachfragesog durch einen Modetrend, Rohstoffverknappung durch eine politische Krise etc. Selbst wenn nur Kosten und Erlöse betrachtet werden, bleibt festzuhalten, daß diese sich interdependenz verhalten. Höhere Kosten bedingen oftmals höhere Preise, niedrigere erzielbare Preise zwingen zur Kostenreduktion. Dem liegt die weitverbreitete Praxis der Mark Up-Kalkulation zugrunde, d. h. die Preisermittlung erfolgt, entgegen marketinggerechtem Denken, kostenorientiert. Kostenerhöhungen werden somit unter Beibehaltung eines zufriedenstellenden Gewinnaufschlags wo immer möglich im Preis weitergegeben, Kostensenkungen werden aber unter gleichen Bedingungen zur Verbesserung der Wettbewerbssituation genutzt, wenn sie nicht als vermehrter Gewinn einbehalten werden. Kosten- und Erlösfunktionen zur rechnerischen oder grafischen Ermittlung des Break Even-Punkts sind realiter schwer oder garnicht feststellbar. Für sie gelten uneingeschränkt die Vorbehalte der klassischen Preistheorie. Vorkosten, vor allem im FuE-Bereich, werden nicht in die Ermittlung einbezogen. Damit kommt es zur falschen Angabe des Break Even-Punkts, denn dort sind nur die laufenden Kosten abgedeckt. Die Rentabilitätsschwelle liegt erst bei einer größeren Menge bzw. einem höheren Preis.

Briefingelemente

Unter Briefing versteht man die Auftragserteilung für werbliche Arbeiten. Dabei kann es sich um die Entwicklung ganzer Kampagnen handeln, oder auch nur um die Ausarbeitung einzelner Aktionen. Die Auftragserteilung kann sich an eine externe Werbeagentur richten, aber auch an die Werbeabteilung des Hauses. Oft sind Briefings mehrstufig angelegt, ehe sie beim eigentlichen Adressaten und Ausführenden der Arbeiten ankommen. Dabei entsteht natürlich die große Gefahr von Verzerrungen. Daher gilt, daß derjenige, der das Auftragsergebnis zu verantworten hat, direkt mit demjenigen in Kontakt treten sollte, der den Auftrag für ihn ausführt. Alle Filter dazwischen mindern nur potentiell die Leistung und erhöhen die Kosten.

Der Begriff des Briefing stammt aus dem Militärwesen und ist dort bestimmten Regularien unterworfen. Ebenso ist es in der Werbung. Der Auftraggeber hat die Pflicht, seinen Auftragnehmer über:

- die Bestimmung des Auftrags sowie
- relevante Bestimmungsgrößen im Umfeld des Auftrags

zu informieren. Je genauer er dies erledigt, desto sicherer kann er sein, daß sein Auftrag wunschgemäß erfüllt wird. Und darauf kommt es schließlich an. Allerdings sind wirklich nur relevante Fakten und Daten sinnvoll. Damit stellt sich das Problem der genauen Dosierung des Informationsinhalts eines Briefings in Abhängigkeit vom Anspruch der damit verbundenen Aufgabe. So bedarf das Briefing für eine Jahreskampagne weitgehenderer Informationen als das für eine POS-Aktion. Zu wenig Information führt mutmaßlich zu geringerer Leistungsfähigkeit der auf dieser Basis ausgearbeiteten Maßnahmen, zu viel Information hingegen zu unnötig hohem Aufwand in der Vorbereitung. Auf die Feinsteuerung kommt es eben an.

Neben der Art des Auftrags ist dabei auch die Beziehung zwischen Auftraggeber und Auftragnehmer von Bedeutung. Handelt es sich um einen Routineauftrag zwischen Partnern, die seit längerer Zeit zusammenarbeiten, so kann die jeweils übermittelte Informationsfülle geringer ausfallen als bei erstmaliger Zusammenarbeit zwischen einander weitgehend fremden Partnern. Da die Zusammenarbeit zwischen Werbungtreibendem und Werbeagentur eher kontinuierlich angelegt ist, akkumuliert sich dort das Wissen im Zeitablauf. Folglich geht der Trend eindeutig in Richtung möglichst knapper Briefings. Dies entspricht auch dem landläufig beklagten Zeitdefizit im Management.

So veranlassen große Werbungtreibende ihre Mitarbeiter durch Formulare, alle Fakten und Daten möglichst knapp und präzise zu formulieren. Vordem wurden eher große Papierpakete zwischen Auftraggeber und Auftragnehmer verschoben. Ersterer wollte letzterem keine noch so winzige Information vorenthalten, so jedenfalls die Argumentation. In Wirklichkeit stand dahinter das Motiv der Arbeitsvermeidung. Denn es ist sehr viel schwieriger, Informationen zu verknappen, auf den Punkt zu bringen, das Wesentliche an ihnen herauszuarbeiten, als die gesammelten Ordner aus der Ablage durchkopieren zu lassen. Umgekehrt ist es aber bei neuer Zusammenarbeit für den Auftragnehmer problematisch, wichtige von unwichtigen Informationen zu trennen. Gerade dazu bedarf es bereits eines gewissen Wissenstands, denn anders ist dies nicht zu bewältigen. Damit wird aber im Effekt die notwendige Vorbereitung zur Auftragserteilung vom Sender auf den Empfänger verlagert, indem dieser seinen Auftrag selbst präzisiert, was dann wiederum oft genug nicht den Intentionen des ersteren entspricht. Damit ist Ineffizienz jedoch schon im Briefing manifestiert.

Vielmehr ist es die Kernaufgabe desjenigen, der einen Auftrag erteilt, diesen nach Inhalt und Umfeld so ausreichend zu präzisieren, daß zu erwarten ist, daß ein seinen Wünschen entsprechendes Ergebnis abgeliefert wird. Ist dies trotz ausreichender Information nicht der Fall, ist der Fehler eher bei demjenigen, der einen Auftrag annimmt, zu suchen. Damit einwandfreie Arbeit geleistet werden kann, müssen mindestens folgende acht Voraussetzungen gegeben sein:

- Darstellung des Angebotsumfelds,
- Basis der Marketingstrategie,
- Abgrenzung des Marktes,
- Einfluß des Käuferverhaltens,
- Bestimmung der Werbeziele,
- Bestimmung der Werbeobjekte,
- Bestimmung des Werbebudgets,
- Beurteilungskriterien der Werbung.

Der Inhalt des Briefings ergibt sich aus einer vorgegebenen Sicht der Dinge seitens des Auftraggebers. Gelegentlich ist diese Sichtweise jedoch verengt oder verzerrt. Dann wird es erforderlich, das Briefing insgesamt zu hinterfragen. So kann es sein, daß beauftragte Aktivitäten bei näherer Untersuchung nicht zur Problemlösung geeignet scheinen oder zumindest allein dafür als nicht ausreichend angesehen werden. Daher ist nach jedem Briefing eine kritische Würdigung erforderlich, die einerseits feststellt, ob wirklich alle für die Auftragsausfertigung relevanten Informationen verfügbar sind und andererseits, ob dieser Auftrag zur Problemlösung insgesamt ausreichend scheint.

Regelmäßig, vor allem, wenn dies nicht der Fall ist, sollte ein *Re-Brief* angestrebt werden, in dem der Auftragnehmer sein Verständnis des Auftrags darlegt und abprüft, ob völlige Übereinstimmung zwischen ihm und dem Auftraggeber darin besteht. Im Zweifel kann der Auftraggeber dann das Verständnis des Auftragnehmers entsprechend korrigieren oder umgekehrt. Dies schafft Sicherheit und erhöht die Effizienz der Arbeiten ungemein.

Nach Abschluß aller Arbeiten sollte ein *De-Brief* erfolgen, in dem der Auftraggeber dem Auftragnehmer ein Feedback über seine Ansicht hinsichtlich der Qualität der abgelieferten Arbeiten gibt. Daraus können beide Seiten wertvolle Erkenntnisse über eine effiziente Zusammenarbeit ziehen. Bei vielen Markenartikler ist dieser Vorgang in Form von Brand

Review Meetings in regelmäßigen Zeitabständen institutionalisiert. Dazu tauschen alle an den Kommunikationsaktivitäten beteiligten Personen ihre Erfahrungen über die Zusammenarbeit aus und lernen aus Mißerfolgen bzw. verstärken Erfolge. Solange dies konstruktiv und ohne persönliche Schuldzuweisung geschieht, können daraus wichtige Erkenntnisse gezogen werden, die die Partnerschaft stabilieren und intensivieren.

Broadening im Marketing

Zu Beginn war Marketing noch auf rein geschäftliche, *gewinnorientierte* Bereiche limitiert. Formalökonomische Ziele, konkretisiert durch Finanzgrößen, standen im Vordergrund. Im Zuge näherer Analyse von Austauschprozessen kam man jedoch zu der Überzeugung, daß auch die nicht-gewinn-, sondern *versorgungsorientierten* geschäftlichen Bereiche einer solchen Betrachtung zugänglich sind. Dementsprechend kamen materiellökonomische Ziele, konkretisiert durch Sachgrößen, hinzu. Zwischenzeitlich wurde daraus abgeleitet, daß alle sozialen Austauschprozesse, auch im privaten und öffentlichen Bereich, durch Marketing gekennzeichnet sind. Insofern stehen auch psychographische Ziele zur Disposition, die Marketing als universelle *Sozialtechnik* qualifizieren und zu einer generischen Definition des Marketing geführt haben. Dabei spielen einige zentrale Begriffe eine Rolle. So ist es kennzeichnend für jedwede Marketingaktivität, die Sichtweise des Transaktionspartners in den Mittelpunkt zu stellen, für gewöhnlich also die des Kunden. Dieser wird zu einem Abschluß aber nur bereit sein, wenn er für sich eine deutliche Bedürfnisbefriedigung daraus wahrnimmt. D.h. aus dem Bedürfnisprimat folgt eine konsequente Nutzenorientierung, denn nur diese Nutzen rechtfertigen aus Kundensicht das Eingehen eines Preisopfers. Kunden treffen dabei eine individuelle Abwägung zwischen dem Preis und der Leistung eines Angebots. Es kommt zur gedanklichen Bildung eines Preis-Leistungs-Verhältnisses, das im Marketing vorzugsweise durch Ansatz bei der Leistungsgröße zu beeinflussen gesucht wird. Diese Leistung ist nun keineswegs rein sachlich-rational zu beurteilen, sondern aus der Natur des Menschen heraus emotional. Dort, wo sich diese Emotion nicht aus dem Angebot allein ergibt, ist sie durch bewußte Emotionalisierung zu stimulieren. Denn Menschen entscheiden letztlich mit dem „Bauch“ und nicht mit dem „Kopf“ (Gefühle sind die besseren Argumente).

(→ Marketing, Definition)

Bruttokontaktsumme

Als Hilfskriterium zur Leistungswertbeurteilung in der Mediaplanung werden Gross Rating Points (GRP's) eingesetzt. Dabei handelt es sich um das Produkt aus Reichweite in % und Durchschnittskontakt.

Bruttonutzenziffer

Diese Bruttokontaktsumme je 100 Zielpersonen gibt Anhaltspunkte, um inkonsistente Ergebnisse der Evaluierung vergleichbar zu machen. So hat typischerweise eine Plankombination mit guten Werten in bezug auf Reichweite und 1.000 Nutzer-Preis gleichzeitig schlechte Werte in bezug auf Kontaktintensität und 1.000 Kontakt-Preis (Kumulationsgesetz = schwaches Reichweitenwachstum koindiziert mit starkem Kontaktzuwachs). Trifft dies zugleich auf mehrere Plankombinationen zu, kann kein schlüssiges Ergebnis zustandekommen. Die multiplikative Verknüpfung von Reichweite und Kontaktintensität schafft hier Abhilfe, wenn nicht ein Kriterium allein klare Priorität genießt. Die Planalternative mit dem höchsten GRP-Wert stellt die insgesamt zu bevorzugende dar. Durch Bezug auf die Budgetsumme kann zudem die Wirtschaftlichkeit errechnet werden. Werbungtreibende definieren dabei oft Benchmarks, um mit dem Werbedruck der strategischen Mitbewerber gleichzuziehen bzw. absolute Preiswürdigkeit zu gewährleisten (Preis je GRP). Da aus der Konkurrenzbeobachtung der Mediaeinsatz des Mitbewerbs bekannt ist, können auch dessen Leistungswerte errechnet werden. Als Maß für den Werbedruck gilt das GRP-Produkt. Hält man den eigenen Mediaeinsatz dagegen, kann der relative Werbedruck bezogen auf die Gesamtbevölkerung oder die eigene Zielgruppe festgestellt werden. Setzt man diesen wiederum in Beziehung zum jeweiligen Marktanteil, ergeben sich Over- oder Underspendings, die bewußt beibehalten oder verändert werden können.

(→ Mediaplanung)

Bruttonutzenziffer

(→ Kennzahlen im Handel)

Bruttopreisbildung

(→ Preisdifferenzierung)

BuBaW (Bestellung unter Bezugnahme auf Werbung)

(→ Werbemeßverfahren, Ökoskopische)

Budgetentscheidung

(→ Kaufprozeß)

Budgetierung, Analytische Verfahren

Von großer Bedeutung ist die Budgetierung der Marketingaktivitäten. Sie bezieht sich auf Produkte (z. B. Entwicklung, Packung), Preise (z. B. Nachlässe), Distribution und Kommunikation (z. B. Werbekampagne). Dafür gibt es verschiedene Kriterien. Zunächst unterscheidet man nach der Art analytische und nicht-analytische Verfahren. Die analytischen Verfahren können einzelbetrieblich oder überbetrieblich ausgelegt sein.

Einzelbetriebliche Verfahren wiederum können nach quantitativen (konkrete Größen) oder qualitativen

Zielen (abstrakte Größen) gewählt werden.

Bei den quantitativen Größen kann es sich um unterschiedliche handeln. Denkbar sind etwa Mengen und Werte, absolut oder relativiert auf Bezugsgrößen.

Bei der *Mengenbudgetierung* erfolgt eine Orientierung am Absatz bzw. einem Betrag je Absatzmengeneinheit. Ein Vorteil liegt in der einfachen Berechnung im Wege der Zuschlagskalkulation. Ein Nachteil ist jedoch die Kausalitätsumkehr, wobei der Output Absatz den Input Marketingbudget bestimmt. Hinzu kommt immer noch die Ungewißheit über den angemessenen Marketingbetrag je Verkaufseinheit, der letztlich nur durch die Kostentragfähigkeit limitiert wird.

Bei der *Wertbudgetierung* wird ein Anteilssatz von Betriebserfolgsgrößen (Gewinn, Deckungsbeitrag, Cash-flow etc.) zugrundegelegt. Ein Vorteil liegt in der Einfachheit der Berechnung. Außerdem wird das Prinzip kaufmännischer Vorsicht geachtet. Ein Nachteil ist jedoch der prozyklische Verlauf. Eigentlich soll in der Rezession ein hohes Marketingbudget absatzbelebend und im Boom ein niedriges nachfragedämpfend wirken. Dies scheitert allerdings meist an der Realität, bei der in der Rezession nicht genügend Finanzmittel vorhanden sind, die Vermarktung zu intensivieren, und bei der es im Boom leichtfällt, zusätzliche Finanzmittel für Marketingzwecke lockerzumachen. Außerdem wird die Kausalität umgekehrt, denn die Wertgröße ist erst Output der Marketingaktivitäten statt deren Input.

Bei den qualitativen Größen handelt es sich etwa um Kompetenz, Akzeptanz, Respekt oder Vertrauen, also komplexe Einstellungsziele, die oft im Begriff Image zusammengefaßt werden. Bei dieser *Ziel-Mittel-Budgetierung* erfolgt eine Ausrichtung an diesen Zielen. Ein Vorteil liegt im vordergründig plausiblen Bezug. Ein Nachteil ist aber, daß die zur Erreichung bestimmter Einstellungsziele notwendigen Mittel infolge mangelnder Zurechenbarkeit von Erfolgen und Mißerfolgen auf Marketingaktivitäten nicht zuverlässig operationalisiert werden können.

Überbetriebliche Verfahren sind konkurrenzorientiert oder marktorientiert.

Konkurrenzorientierte Größen beziehen sich auf den/die Hauptkonkurrenten, marktorientierte auf gesamtwirtschaftliche Größen., absolut oder relativiert auf Bezugsgrößen. Dafür gibt es mehrere Ansätze.

Bei der *Wettbewerbsbudgetierung*wird das eigene Marketingbudget in Abhängigkeit von Konkurrenz-Budgets definiert (absolute Bezugsgröße). Ein Vorteil ist, daß damit die Konkurrenzanstrengungen wirksam neutralisiert werden können. Zudem ist ein produktiver Mitteleinsatz ebenso gewährleistet wie eine sachgerechte Bezugsbasis. Ein Nachteil ist aber das Ermittlungsproblem der Konkurrenzbudgets sowie die Unklarheit über die Effizienz der jeweils eingesetzten Mittel.

Als relative Bezugsgröße kann das eigene Marketingbudget auch in Abhängigkeit von der Summe der Konkurrenz-Budgets und den eigenen und fremden Marktanteilen fixiert werden. Dabei weist ein Overspending auf einen höheren Budget- als Marktanteil hin, ein Underspending auf einen höheren Markt- als Budgetanteil. Im ersten Fall wird Marktanteil aggressiv zu kaufen versucht, im zweiten wird aus der Substanz gelebt.

Bei der *Makrobudgetierung* liegen überbetriebliche Bezüge wie Branchenwachstum, Inflationsrate, Bruttoinlandsprodukt etc. zugrunde. Ein Vorteil liegt in der einfachen Feststellung anhand statistischer Amtsdaten. Ein Nachteil ist, daß es sich um Vergangenheitswerte /Zukunftsschätzungen handelt. Außerdem findet keine Berücksichtigung der betriebsindividuellen Situation statt. So können Marktchancen leicht verpaßt werden, wenn die aggregierten Größen Zurückhaltung indizieren, während aggressive Konkurrenten vorpreschen.

Budgetierung, Arten

Nach der Rechenrichtung kann es sich um eine progressive oder retrograde Budgetierung handeln.

Bei ersterer wird von einem wie auch immer zustandegekommenen, zur Verfügung stehenden Gesamtbudget ausgegangen, das dann sukzessiv aufgeteilt wird. Problematisch sind dabei die Festlegung dieser Ausgangsgröße und die mangelnde Operationalität in der Zuweisung der Detailbudgets. Es handelt sich um eine gesamtbetriebsbezogene Budgetierung.

Bei letzterem wird von jeweils für erforderlich gehaltenen Einzelbudgets ausgegangen, die dann sukzessiv zu einem Gesamtbudget kumuliert werden. Häufig ist auch eine Kombination im Gegenstromverfahren anzutreffen, das allerdings entsprechend langwieriger ist. Dabei werden die Einzelbudgets an die Geschäftsleitung gemeldet und von dort bestätigt oder von der Geschäftsleitung vorgeschlagen, von den Budgethaltern kommentiert und von der Geschäftsleitung wieder bestätigt. Es handelt sich um eine bereichsbezogene Budgetierung.

Nach der Budgethöhe schließlich kann zwischen absoluter und marginalistischer Budgetierung unterschieden werden. Erstere bezieht sich auf die einseitige Betrachtung des Budgets als Kosten, denen komplexe Nutzen gegenüberstehen, letztere auf den von Grenzkosten (praktisch diskontinuierlich) gestifteten Grenznutzen. Die Dotierung erfolgt dann solange, wie dieses Differential positiv ist, d. h. zusätzlich zugewiesene Budgetmittel einen Ertrag versprechen, der höher liegt.

Nach dem Zeitbezug kann es sich um eine retrospektive oder prospektive Budgetierung handeln. Erstere bezieht das zugewiesene neue Budget auf das tatsächlich verbrauchte Budget der Vorperiode.

Bei der Fortschreibungs-Budgetierung wird ein wie auch immer zustandegekommener Budgetwert der

Vorperiode weitergeführt. Dieser wird anhand einer Indexierung, z. B. projektierte Verkaufsflächen- oder Mitarbeiterentwicklung, angepaßt. Der Vorteil liegt in der Einfachheit der Handhabung. Ein Nachteil ist jedoch die nicht verursachungsgerechte Zurechnung. Zudem werden überkommene Budgetverhältnisse zementiert und Unwirtschaftlichkeiten fortgeschrieben.

Letztere geht von einer völligen gedanklichen Neukonstruktion der Budgetgenese aus und bestimmt die dazu erforderlichen Detailbudgets anhand verdichteter Zielvorgaben (ZBB).

Nach der Dauer handelt es sich einerseits um starre oder flexible (rollierende) Budgetierung, andererseits um kurzfristige oder langfristige Budgetierung.

Die starre Budgetierung wird einmal pro Zeiteinheit (meist Kalenderjahr) festgelegt und ist während dieser Zeit auch nicht mehr veränderbar.

Die flexible Budgetierung sieht unterjährige Budgetschnitte vor, bei denen einerseits festgestellt wird, ob mit einer ausreichenden Verwendung zu rechnen ist und andererseits, ob Einflußfaktoren vorliegen, die eine andere als die ursprünglich vorgegebene Budgetierung erfordern. Dabei kann es sich sowohl um Budgetkürzungen handeln, etwa wenn sich die betriebliche Situation verschlechtert hat, als auch um Budgeterhöhungen, etwa wenn es darum geht, Marktchancen kurzfristig auszunutzen.

Die kurzfristige Budgetierung bezieht sich meist auf ein Jahr, die langfristige Budgetierung bezieht sich auf drei bis fünf Jahre. Dabei kann entweder von Ist- oder von Soll-Größen ausgegangen werden. Bei Soll-Größen wirkt sich jedoch die mit zunehmendem zeitlichen Abstand von der Gegenwart steigende Unsicherheit der Berechnungsbasis negativ aus. Daher kann bei langfristiger Budgetierung meist nur ein Budgetkanal, d. h. Ober- und Untergrenzen von Budgets, vorgegeben werden. Durch die Schwankungsbreite leidet jedoch die Budgetierungsexaktheit. Dies ist vor allem deshalb problematisch, weil weitverbreitet gilt: „A budget is a contract." Ein weithin unbestimmter Vertrag ist jedoch schwerlich einzuhalten.

Budgetierung, Nicht-analytische Verfahren

Die nicht-analytischen Verfahren der Budgetierung sind auf heuristische Größen ausgerichtet. Zu denken ist an Restwert oder Festwert.

Bei der *Restwertbudgetierung* wird nach Verplanung aller unabdingbaren anderweitigen Investitionen und Kosten ein dann noch evtl. verbleibender Restbetrag Marketingaktivitäten gewidmet. Der Vorteil liegt in der Einfachheit der Bemessung. Ein Nachteil ist jedoch das Willkürelement, weil kein begründeter Zusammenhang zwischen den Marketingaktivitäten und dem Finanzmitteleinsatz besteht. Diese Form ist daher nur noch bei Betrieben anzutreffen, die in der Marketingdenkhaltung noch nicht verankert sind.

Bei der *Festwertbudgetierung* wird ein definierter Finanzmittelbetrag zur Verfügung gestellt, unabhängig davon, welche Investitionen und Kosten daraus im einzelnen jeweils zu leisten sind. Der Vorteil liegt in der Einfachheit der Zuweisung. Ein Nachteil ist jedoch der sachlich kaum begründbare Zusammenhang zwischen Marketingbudget und Bezugsgröße. Werden Zahlen nicht rechtzeitig infrage gestellt, verselbständigen sie sich leicht, sobald sie Budgetbestandteil geworden sind. Zumal das Marketingbudget im Zeitablauf schwankt, z. B. mit Lebenszyklusphase oder Konkurrenzeinsatz.

Bumerang-Effekt

(→ Wahrnehmung, Effekte)

Buntfax

(→ Festbildkommunikation)

Bürgerlicher Kauf

(→ Kaufvertrag, Arten)

Bürgschaft

(→ Persönliche Sicherheiten)

Business Environmental Risk Index (BERI)

(→ Internationalisierung, Marktwahl)

Business Marketing

(→ Marketing, Struktur)

Business Process Reengineering

Business Process Reengineering (BPR) ist die Optimierung der Wertschöpfungskette mit dem Ziel, den Kundennutzen zu steigern, d. h. im Mittelpunkt von BPR steht die Kundenorientierung, damit ist BPR ureigentlich Marketing. Ziel ist es, Schnittstellen zwischen Input und Output zu vermeiden. Mittel dazu ist das Kundenmanagement. Damit erfolgt eine Abkehr von der Verrichtungsorganisation. Außerdem weg von dauerhafter Aufbauorganisation, hin zum Projektmanagement (Operations). Auch wegen kürzerer Zeiten zur Marktreifung. Dazu kommen Serviceeinheiten (Services), die auf Abruf als Experten hinzugezogen werden können, und Kontrolleinheiten (Controlling), die Ergebnisse und Verfahren prüfen und abstimmen.

Die Prozeßorientierung wird im Konzept des Business Process Reengineering manifestiert. Es hat drei Wortbestandteile, die den Begriff vollständig erklären. „Business“ bedeutet, es geht um die geschäftliche Wertschöpfung und die Erzielung von komparativen Konkurrenzvorteilen darin. „Process“ bedeutet, es geht um die Rückführung dieser Erfolge auf einzelne betriebliche Vorgänge (Prozesse) und Tätigkeiten (Subprozesse und Aktivitäten). „Reengineering“ bedeutet, es ist eine revolutionäre Veränderung der Ablauforganisation beabsichtigt, an die sich dann erst eine evolutionäre Weiterentwicklung anschließt. Ausgangspunkt ist dabei die Frage: Wenn dieses Unternehmen heute mit dem jetzigen Wissen und beim gegenwärtigen Stand der Technik neu gegründet würde, wie würde es dann aussehen? Die Antwort darauf erfordert die Bereitschaft zu einem fundamentalen Überdenken und radikalen Redesign von Prozessen zur merklichen Verbesserung der Leistungsgrößen Kosten, Qualität, Information und Zeit.

Daraus leiten sich drei Erkenntnisse ab: Da es um die Erhöhung der Wertschöpfung geht, ist BPR erstens marktgerichtet, hat also einen expliziten Marketingbezug. Erst daraus folgen Zeitersparnis, Informationsverbesserung, Qualitätssteigerung und Kostensenkung, die auf den ersten Blick dominant zu sein scheinen. Der Markterfolg wird zweitens als von elementaren Prozessen im Betrieb abhängig gesehen, die daher konsequent hinsichtlich ihrer Zusammenhänge und Abhängigkeiten zu analysieren sind. Am Anfang steht also die Sezierung des Betriebs als reine Fleißarbeit. Die dabei vorgefundenen Strukturen werden drittens nicht, wie etwa erfolgreiche japanische Geschäftsphilosophien dies nahelegen, kontinuierlich verbessert, da dabei die Gefahr einer Suboptimierung besteht, sondern grundlegend infragegestellt und verändert. BPR bedeutet also eine unternehmensübergreifende, kundenbezogene Umorientierung und Umstrukturierung. Oft werden davon differenziert die Begriffe Business Process Improvement (= Geschäftsprozeßoptimierung als die Verbesserung einer vorhandenen Ablauforganisation durch prozeßorientierte Entschlackung) und Business Process Redesign (= die völlige Neustrukturierung der wichtigsten Leistungsprozesse durch Prozeßrationalisierung) verwendet (vgl. *Hammer, Michael/Champy, John:* Business Reengineering, Frankfurt a M. – New York 1994).

BPR ist somit eine revolutionäre Weiterentwicklung von Kaizen (Kontinuierlicher Verbesserungsprozeß über die Elemente Standardisierung, Kleingruppenaktivitäten, Vorschlagssysteme, Total Quality Management, Just In Time-Lieferung, kooperative Teams, Produktivitätsverbesserung, Kundenorientierung, Mechanisierung, Arbeitsdisziplin, Innovation) und wie dieses eine Abkehr vom Taylorismus klassischer Prägung. Dort wurde der Mensch oft als potentieller Störfaktor betrachtet, den es zu kontrollieren und nach Möglichkeit zu beschränken galt. Übernommen werden daher nur die Grundprinzipien von Kaizen:

- Bildung von Leistungsmodulen, also weder fraktionierte Einzelteile noch werkstättisches Totalprodukt, vielmehr wird ein mittlerer Komplexitätsgrad angestrebt,
- Bildung von Teams aus Mitarbeitern mit multifunktionalen Einsatzmöglichkeiten, die als Eigner von Prozessen eigenverantwortlich denken und handeln,
- Verringerung der Produktionstiefe durch konsequentes Outsourcing aller Aktivitäten, denen

nicht strategische Bedeutung zukommt, durch verschiedenartige Kooperation,

- Vertikale Integration der Wertschöpfungskette durch Einbezug von Systempartnern, die exklusiv und langfristig in die Prozeßgestaltung eingeplant werden.

Neu hinzu kommen jedoch entscheidend folgende Ansätze:

- Die *Prozess-Idee* als Primat der Ablauforganisation vor der Aufbauorganisation. Es werden Kernprozesse definiert, die strategisch relevant sind, also dauerhaft, begrenzt substituierbar, nicht imitierbar, ressourcennutzend, und einen Wertzuwachs für Kunden erzeugen. Diese werden zu Kernkompetenzen erhoben und in Profit und Cost Centers divisionalisiert. Daneben gibt es Supportprozesse, die begleitend notwendig sind, jedoch ohne Wertschöpfung ablaufen. Ziel ist es, vom Input in die Organisation bis zum Output an Kunden ohne organisatorische Schnittstelle auszukommen, also mit 1 Mitarbeiter bzw. 1 Team von Mitarbeitern (Operations). Dadurch soll die Komplexität reduziert und Synergie genutzt werden. Spezialisten sind weiterhin in Zentralabteilungen zusammengefaßt und befassen sich mit Services (Absatzvorbereitung) und Controlling (Erfolgskontrolle) oder werden bei Bedarf von den Prozeßverantwortlichen angefordert.
- Die *Triage-Idee* als Klassifizierung. Ausnahmefälle, die in Kosten, Zeit, Information und Qualität nur schwer beherrschbar sind, werden reduziert, indem alle Geschäftsvorfälle nach abgestufter Problemhaltigkeit bzw. Routinisierung in drei Kategorien eingeteilt werden: Hoch problemhaltige, wenig routinisierbare komplexe Fälle, wenig problemhaltige, hoch routinisierbare einfache Fälle sowie mittlere Fälle dazwischenliegend. Auf diese Weise können jeweils komplette Prozeßabläufe für jede dieser drei Fallarten optimiert werden. Komplexe Fälle behindern also nicht die Abwicklung einfacher Fälle und umgekehrt.
- Die *Informationelle Vernetzung* (virtuelle Organisation) als technische Voraussetzung. Unterschieden wird dabei in interorganisationale Vernetzung zwischen Unternehmen, interfunktionale Vernetzung innerhalb des Betriebs und interpersonale Vernetzung im Arbeitsteam. Diese dienen vor allem der Steigerung der Prozeßeffizienz bzw. der Verminderung von Leerzeiten als Differenz aus wertschöpfender Zeit und insgesamt vergangener Zeit.

Gerade in diesem letzten Aspekt liegt die wesentliche Erkenntnis. Es kommt im Marketing, wie in allen anderen Betriebsbereichen, zu einem systematischen „Reframing", zu einer totalen Infragestellung vorhandener Strukturen.

Business to Business-Media

Fachwerbung betrifft die Ansprache

von Personen in ihrer Eigenschaft als Berufsverantwortliche. Damit kommt der Fachwerbung eine grundsätzlich andere Bedeutung zu als der Publikumswerbung. Werbung wird in diesem Zusammenhang eher als berufsbedingte Information aufgefaßt denn als verführerischer Schein. Dementsprechend sind Anspracheinhalt und -stil auch verschieden von dem der Publikumsansprache. Es werden primär geschäftsrelevante Argumente ausgelobt, wobei von der Stilkomponente her nicht selten die Endabnehmerwerbung, falls vorhanden, aufgegriffen wird. Die Inhalte beziehen sich jedoch auf Leistungsfähigkeit, Verkaufserfolg, Testmarktergebnis, Kostenersparnis etc. Diesen Argumenten kommt in der Fachwerbung eine nicht minder hohe Emotionalität zu, obgleich sie scheinbar rational ausgelegt sind. Dies ist auch völlig in Ordnung so, handelt es sich doch unzweifelhaft nach wie vor um Menschen, die umworben werden, und die eher gefühls- denn verstandesgesteuert sind. Die Mediaplanung stellt sich im Business to Business-Bereich völlig anders als bei Endabnehmeransprache dar. Die Vielfalt der Mediengattungen reduziert sich auf Printmedien, vor allem Zeitungen und Zeitschriften (z. B. Lebensmittelzeitung, Textilwirtschaft). Innerhalb dieser Mediagattungen Print wiederum gibt es zwar eine beinahe unüberschaubare Vielzahl von Titeln. Da jedoch der Fachwerbung meist eine Branchengliederung zugrundeliegt, reduziert sich diese Auswahl tatsächlich auf wenige Titel je Branche.

Nun reicht das Fachwerbungsbudget regelmäßig nicht aus, eine Belegung aller Titel einer Branche zu finanzieren. Insofern hat auch hier ein Intramediavergleich stattzufinden. Allerdings liegen nicht, wie im Publikumsbereich, aussagefähige Markt-Media-Analysen vor, die im Wege von Computerzählungen eine objektivierte Entscheidungsanleitung bieten. Vielmehr gibt es nur werbeträgereigene Daten, die mit Vorbehalten zu betrachten sind.

Ein wichtiger Anhaltspunkt ist, mangels Reichweite, die Auflagenzahl. Falls diese IVW-geprüft ist, ist sie verläßlich, ansonsten unterliegen die Zahlen erheblichen Unwägbarkeiten. Gleichfalls ist wichtig, Informationen über die Leserschaft einzubeziehen. Und zwar nach Branche, Hierarchiestufe und Funktion getrennt. Daraus ergeben sich Anhaltspunkte darüber, ob die intendierten Zielpersonen auch tatsächlich eine Chance haben, durch einzelne Titel erreicht zu werden. Fachtitel sind wegen ihres arbeitsspezifischen Inhalts meist Pflichtlektüre für Berufsveranwortliche. Sie helfen, Markttrends zu erkennen, Neuheiten gewahr zu werden, Brancheninteressen zu erfassen, die Qualifikation zu steigern etc. Dementsprechend besitzen die Anzeigen darin dann ihrerseits höhere Chancen der Beachtung als im Publikum. Insofern kann Werbeträgerkontakt wohl ausnahmsweise gleich Werbemittelkontakt gesetzt werden. Oft verfügen

Verlage über Ergebnisse von Leserbefragungen, über Copytest-Daten oder Rücklaufzahlen aus Kennzifferndienst, Dialogangebot des Verlags, Responseelement etc. Daraus lassen sich weitere Anhaltspunkte ableiten. Schließlich sind auch die Insertionskosten von Bedeutung, die sich allerdings überwiegend, in Relation zu den Druckvorlagenkosten, in engen Grenzen halten.

Fachtitel werden meist im Offsetverfahren gedruckt und erfordern 1:1-Lithofilme entsprechend der Farbzahl, die aufgrund der abweichenden Formate und Auflösungen einerseits sowie paralleler Einschaltungen andererseits separat mehrfach zu erstellen sind.

Entscheidenden Aufschluß aber gibt die Durchsicht von Musterexemplaren der Fachtitel. Daraus sind Parameter wie Papier- und Reproduktionsqualität, Seitenumfang, Anzeigenanteil, redaktioneller Stil etc. ersichtlich. Meist gibt es je Branche auch sog. Pflichttitel, die von praktisch allen relevanten Entscheidern gelesen werden. Dabei ergibt sich allerdings generell das Problem der Bestimmung von Entscheidungsträgern im Rahmen multipersonaler Entscheidungsprozesse. Insofern geht es nur um die Ergänzung dieser obligatorischen Titel um fakultative. Da von Werbungtreibenden selten mehr als eine Branche angesprochen wird, ergibt sich somit der Mediaplan folgerichtig.

Hinsichtlich des Werbetimings gibt es meist je Branche Saisonhöhepunkte, die allein aus Präsenzgründen (Flagge zeigen) Insertionen zu dieser Zeit erforderlich machen. Dazu zählen nationale und internationale Messetermine. Außerdem gibt es Schwerpunktausgaben, die Themenkreise aufgreifen und sich zur Belegung anbieten. Schließlich gibt es die Orderzeit (z. B. für Süßwaren im Spätsommer), um etwaige Aktualisierung zu bewirken.

Aufgrund einer gewissen Abhängigkeit der Fachtitel von den Branchenwerbungtreibenden sind diese zu weitgehenden Zugeständnissen bereit. So sind erhebliche Nachlässe gegenüber der Preisliste vereinbar. Außerdem sind Placierungen auf der Titelseite möglich. Auch können unternehmensbezogene Nachrichten als Gegenleistung für Anzeigen im redaktionellen Teil (einer andern Ausgabe) abgedruckt werden. Hinzu kommt die Möglichkeit zu Interviews, Titelstories oder Unternehmensportraits. Fortdrucke dieser Ausgaben werden den Werbungtreibenden zur Verfügung gestellt. Gelegentlich kommt es sogar zu kostenlosen Mehrfacheinschaltungen, um Anzeigenvolumen vorzuspiegeln.

Eine Erfolgskontrolle ist in engem Rahmen durch den Rücklauf bei Kennzifferntiteln möglich. Dabei werden alle Anzeigen mit Kennziffern versehen, die über eine Responsehilfe (Postkarte, Coupon, Beihefter etc.) die Anforderung von Informationen erleichtert. Der Verlag leitet Anfragen an die Werbungtreibenden weiter, die dann ihrerseits direkt mit dem Interessenten in Kontakt treten können. Ähnliche Wirkung hat die Angabe von Adresse/Telefonnummer in der Anzeige zur Einholung von Informationen bzw. die Einsendung eines Coupons.

Dennoch kommt der Fachwerbung eher Alibifunktion zu. Sie dient der Aktualisierung des Angebots bzw. Anbieters, der Präsenz im Wettbewerbsumfeld und der Erreichnung neuer, nicht im Datenstamm vorhandener Interessenten. Ansonsten bieten die Möglichkeiten der Direktansprache, im Persönlichen Verkauf, über Aussendungen oder Telefonansprache, individuellere, bessere Akquisitionschancen. Oft hält Fachwerbung die Kontaktbrücke als Basis zu allen Kunden, wobei A- und B-Kunden zusätzliche Aktivitäten erfahren.

Buy Back

(→ *Gegenseitigkeitsgeschäfte)*

Buying Center

(→ *Einkaufsgremium)*

C

C-Box

(→ Werbemeßverfahren, Psychographische)

C-Geschäft im Handel

Es liegt ein C-Geschäft der Alleinfinanzierung vor, wenn das Zahlungsversprechen des Schuldners durch ein Wechselakzept dokumentiert ist. Dabei handelt es sich um eine Urkunde, durch die sich der Schuldner verpflichtet, zu einem bestimmten Termin (bei Fälligkeit) an den Gläubiger zu zahlen. Bis der vom Aussteller (Verkäufer) ausgefüllte und unterschriebene Wechsel vom Bezogenen (Käufer) akzeptiert wird, bezeichnet man ihn als Tratte, danach als Akzept. Man unterscheidet gezogene Wechsel, bei denen der Aussteller einen Wechsel auf den Schuldner (Bezogenen) „zieht". Er ist eine Anweisung des Ausstellers an den Wechselschuldner, zu einem bestimmten Zeitpunkt eine bestimmte Geldsumme an den durch die Wechselurkunde als berechtigt Ausgewiesenen zu zahlen. Wenn der Wechselschuldner den Wechsel akzeptiert, seine Schuld also durch seine Unterschrift auf dem Wechsel anerkennt, tritt zur Zahlungsanweisung eine Zahlungsverpflichtung des Schuldners. Beim eigenen Wechsel (Solawechsel) sind Aussteller und Wechselschuldner dieselbe Person. Es handelt sich also um ein Zahlungsversprechen gegen sich selbst, das aufgrund der Wechselstrenge ein anerkanntes Sicherungsmittel ist. Die Wechselstrenge zeigt sich in den strikten Vorschriften des Wechselgesetzes, die dazu führen, daß Wechselforderungen schnell und sicher durchgesetzt werden können. Bei Nichteinlösung zum vorgegebenen Termin am vereinbarten Ort „platzt" der Wechsel, d. h. er geht zu Protest. Daraus folgt dann unmittelbar, d. h. ohne vorherige Mahnung, der Prozeß. Der Wechsel hat acht gesetzliche Bestandteile: die Bezeichnung „Wechsel" im Text der Urkunde, die unbedingte Anweisung bzw. das unbedingte Versprechen, eine bestimmte Geldsumme zu zahlen, den Namen dessen, der zahlen soll (Betroffener, nur bei gezogenem Wechsel), die Angabe der Verfallzeit mit Datum, bei Vorlage (Sichtwechsel), bis Vorlage (Nachdatowechsel) oder nach Vorlage (Nachsichtwechsel), die Angabe des Zahlungsortes (im Zweifel der Ort des Bezogenen), den Namen desjenigen, an den gezahlt werden soll, Tag und Ort der Ausstellung und eigenhändige Unterschrift des Ausstellers. Der Aussteller kann den Wechsel bis zum Verfallstag behalten und vorlegen oder ihn vor Verfall an einen Dritten per Indossament zum Ausgleich einer eigenen Verbindlichkeit weiterreichen. Eine weitere Möglichkeit besteht im Verkauf des Besitzwechsels an ein Kreditinstitut. Dieses diskontiert den Wechsel und schreibt dem Einreicher den Barwert, also Wechselsumme minus Diskontbetrag, gut. Der Wechsel kann als Geld- oder Kreditleihe dienen. Beim Diskontkredit wird dem Wechselinhaber Geld zur Verfügung gestellt und damit Kredit gewährt, indem ein Kreditinstitut noch nicht fällige Wechsel ankauft und den Wert des Wechsels am Ankauftag (Barwert) gutschreibt. Die Differenz zum Nennbetrag heißt Diskont. Die Kosten sind meist niedriger als bei anderen kurzfristigen Krediten und bestehen neben dem Diskont noch aus Diskontspesen und Wechselsteuer. Beim Akzeptkredit akzeptiert das kreditgebende Institut einen von ihrem Kunden ausgestellten und auf die Bank gezogenen Wechsel. Der Kunde erhält also kein Bargeld, sondern einen Wechsel zurück, der in seiner Kreditwürdigkeit durch die Akzeptierung steigt. Den Wechsel läßt der Kunde dann bei seinem oder einem anderen Kreditinstitut diskontieren oder setzt ihn als Zahlungsmittel ein. Der Bezogene ist im Außenverhältnis Schuldner, im Innenverhältnis jedoch Gläubiger. Er ist sehr kostengünstig, die Kosten bestehen aus Akzeptprovision, Bearbeitungsgebühren, Wechselsteuer und Diskont (nur bei Bundesbankeinreichung). Die Kapitalbeschaffung ist sehr schnell und flexibel, streng besichert, die Laufzeit auf die Wechsellaufzeit begrenzt und steht meist nur Kunden mit guter Bonität offen. Privatdiskonten sind DM-Bankakzepte, die erstklassige Handelswechsel darstellen, die von der Bundesbank in die Geldmarktregulierung einbezogen werden. Der Ankaufsatz für Privatdiskonten wird börsentäglich festgelegt. Voraussetzungen sind dabei folgende: Die Finanzierung muß Export-, Import- oder Transithandelsgeschäften bzw. grenzüberschreitenden Lohnveredelungsgeschäften dienen, das Zahlungsziel des Grundgeschäfts darf max. 180 Tage, die Laufzeit des Bankakzepts max. 90 Tage betragen, der Wechsel hat einen Vermerk über das Grundgeschäft zu tragen, als Aussteller kommen nur Firmen zweifelsfreier Bonität mit einem haftenden Eigenkapital von mind. 1 Mio. DM in Betracht, die Abschnitte müssen über Beträge von mind. 100 000 DM und max. 5 Mio. DM lauten und durch 5000 teilbar sein, und das haftende Eigenkapital der Akzeptbank muß mind. 20 Mio. DM betragen.

(→ *Alleinfinanzierung*)

CAAS

Das bekannteste Expertensystem zur Werbegestaltung ist das CAAS *(Computer Aided Advertising System)* des Instituts für Konsum- und Verhaltensforschung der Universität des Saarlands. Es besteht aus zwei Teilsystemen. Das erste Teilsystem hat die Aufgabe, Entwürfe für die Werbung (oder auch bereits eingesetzte Werbung) gesamthaft und in „Bausteinen“ zu beurteilen. Dazu sind in einer Datenbank als Untersystem solche Daten gespeichert, die zur Beurteilung der Werbung benötigt werden, teils durch computergestütztes Marktforschungswissen. Als Eingabedaten werden das Werbeziel (Positionierung des beworbenen Produkts), die Art des Werbemittels (Print oder Elektronik) und die Bedingungen des Einsatzes (Involvierung) benötigt. Während der Konsultation werden Fragen zur Werbung gestellt, die der Benutzer beantworten muß. Das System setzt diese Angaben dann zu Expertenwissen über Werbung zusammen. Dabei werden ca. 300 Werbewirkungsregeln berücksichtigt, die laufend aktualisiert und individualisiert werden.

Das zweite Teilsystem erlaubt die Suche nach neuen Ideen und Bildern für die Werbung anstelle anderer, teils durch eine Bildbank als Untersystem und ein Bildbearbeitungsprogramm unterstützt, das visuelle Vorlagen beinahe beliebig manipulieren kann. Insofern kann ein Entwurf in mehrere Richtungen hin versuchsweise verändert oder auch grundlegend neu konzipiert werden, die dann ihrerseits wieder durch das Beurteilungssystem bewertet werden. Dem liegt als spezifische Systemphilosophie zugrunde, daß das System Bildmaterial für den kreativen Prozeß liefert, es aber keine fertigen Lösungen, sondern Lösungswege bietet, die zu psychologisch wirksamen Bildern führen.

Alle Bildideen wurden durch Befragung nach den bildlichen Primärassoziationen zu Schlüsselbegriffen gewonnen. Es sind kaleidoskopartig Tausende von Bildideen verfügbar, die durch Anleitungsregeln in fertige, dann wirksame Bilder umgesetzt werden können, falls von vorlegten Entwürfen eine eher geringe (oder falsche) Werbewirkung prognostiziert wird. Das CAAS geht also weit über die herkömmlichen Wege der Werbewirkungsprognose hinaus, indem nicht nur vorhandene Ansätze bewertet und Mängel aufgezeigt, sondern auch konkrete Hilfestellungen für die Behebung etwaiger Mängel und deren Bewertung gegeben werden (in Entwicklung befindlich).

Das System ermöglicht daher nach Aussage seiner Entwickler eine fundierte Beurteilung für Werbeentwürfe für Anzeigen, TV- und Radio-Spots und bezieht eine Vielzahl von Wirkungsfaktoren und deren wechselseitige Abhängigkeiten ein. Ziel ist die Optimierung der Werbung auf der Grundlage einer detaillierten Stärken-Schwächen-Analyse, der Ersatz aufwendiger Pretests, die versachlichte Werbebeurteilung nach den neuesten Erkenntnissen der Werbewirkungsforschung und die Steigerung der Effizienz der Diskussion bei Werbungtreibenden und Werbemittlern. Beim Grobcheck werden die wesentlichen strategischen und sozialtechnischen Voraussetzungen für die Werbewirkung überprüft. Beim Feincheck erfolgt eine vertiefte Analyse zur Identifikation etwaiger Mängel. Dabei werden 50 bis 160 Fragen zum Werbemittel anhand im System abgespeicherter

Werbewirkungsregeln und in Abhängigkeit von zugrundeliegender Zielsetzung, relevanten Rahmenbedingungen und gewähltem Verfahren beantwortet. Neben der insgesamt zu erwartenden Werbewirkung wird deren Entstehung detailliert erklärt. Die Kosten betragen ca. DM 10 000 (und liegen damit um 50% unter denen herkömmlicher Pretests) bei Print und TV, ca. DM 7500 bei HF (Medienkombinationen kosten bis zu DM 20 000). Der Leistungsumfang beinhaltet im einzelnen:

- die Erstellung einer Werbewirkungsexpertise für die zur Überprüfung zugestellten Werbemittel mit Hilfe der CAAS-Expertensysteme,
- die Verfassung eines Expertisenkommentars mit ergänzenden Erläuterungen und Empfehlungen durch das Beratungsteam des Instituts (Basel/Saarbrücken),
- die Lieferung der Expertisenmappe mit den Ergebnissen in bis zu 5-facher Ausfertigung,
- die mündliche Präsentation der Ergebnisse auf Wunsch im Hause des Auftraggebers,
- die kostenlose Vorabpräsentation der CAAS-Expertensysteme in den Instituten.

Die Dauer des Tests beträgt ca. eine Woche. Doch eines bleibt unstreitig. Die Kreativität der Werbeexperten, ihr gesunder Menschenverstand und ihre Fähigkeit, sich vollkommen veränderten Situationen durch innovative Problemlösungen adäquat anzupassen, kann selbst vom bestgefütterten und verdrahteten Expertensystem nicht, oder zumindest noch nicht, geleistet werden. Dies gilt gerade für einen so komplexen, sachlogischen Erwägungen weitgehend verschlossen bleibenden Themenbereich wie den der Werbung. Von daher darf es nicht verwundern, daß Expertensysteme in der Werbung, jedenfalls nach heutigem Erkenntnisstand, immer nur zu wahrscheinlicherweise zwar sogar richtigen, aber eben uninspirierten Lösungen kommen. Solchen, die kein „Feuer im Bauch" (Ogilvy) entfachen, weil sie zu wenig originär sind, um ihre schematische Entstehung verbergen zu können. Es ist jedoch nicht auszuschließen, daß im Zuge fortschreitender technischer Entwicklung dieses Handicap überwunden werden kann.

Caravan-Befragung

(→ *Befragung, Sonderformen*)

Cards & Clubs

Oftmals erfolgt eine Kundenbindung durch Karten. Solche Cards finden sich z. B. als *Allianz* Autocard, Rat & Tat Card, *Deutscher Ring* Klinik Card, *DKV*-Medicard, *InterRent Europcar* Card, *Sixt Budget* Card, *Lufthansa* Frequent Traveller Card, *Automobil Club*-Karte, *Hertie* Kundenkarte, *Kaufhof* Kundenkarte, *Massa* Card, *Adler* Rabattkarte, *Breuninger* Kundenkarte, *Metro* Clubkarte, *Heine* Kundenkarte, *Eismann* Heimservice-Card, *Aral* Card.

Dabei sind verschiedene Ausprägungen der Karte gebräuchlich:

- Das Co-Branding erfolgt auf Kooperationsbasis, z. B. *Mercedes* mit *Eurocard*, *Sixt Visa* Card, *TUI*-Stammkundenkarte mit *Visa*, Air plus mit *Visa* und *Eurocard*.
- Die Debitkarte sieht eine direkte Belastung des Bankkontos (Scheckkarte) vor.
- Die Kunden-Kreditkarte bietet ein Zahlungsziel bis zu sechs Wochen und eine Kreditrahmengewährung, z. B. *Hertie* Goldene Kundenkarte.
- Die Rabattkarte gewährt Besitzern eine Gutschrift von drei Prozent (Grenze nach Rabattgesetz) auf alle Bareinkäufe, z. B. *Adler*- oder *Porta*-Rabattkarte.
- Die Servicekarte hat keine Zahlungsfunktion, sichert aber attraktive Leistungen zu, z. B. Art Club (kostenlose Kunstexpertisen für „Art"-Abonnenten), *Lufthansa* Frequent Traveller Card (Wartelistenpriorität für Vielflieger).
- Die VIP-Karte macht Sonderleistungen gebunden an Umsatz zugänglich, z. B. Upgrading bei Flugreisen, kostenlose Übernachtung für Ehepartner, Nutzung der VIP-Etage in Hotels.
- Die Prägekarte hat erhabene Schrift/Elemente, die Magnetkarte ein Datenträgerband, die Chipkarte einen löschbaren Speicher, die Smart Card einen aufladbaren Processor, die Closed Couple Card ist berührungsfrei lesbar und die Remote Card sogar per Funkverbindung lesbar.

Eine weitere Möglichkeit stellen Clubs dar, zumeist als Kunden-Clubs. Im Laufe der Zeit sind Produkte und Leistungen immer ähnlicher und dadurch austauschbarer geworden. Durch bestehende Rabattvorschriften und Preisunterschreitungslimitierung ist der Spielraum für Preisvorteile denkbar eng geworden. Zur Abhebung sind daher zusätzliche Leistungen erforderlich, die Kundenbindung erzeugen. Mit Kunden-Clubs soll aufgeholt werden, was infolge mangelnden Kontakts zwischen Anbieter und Kunden im Laufe der Zeit verloren gegangen ist, Kunden, die man kennt, beim Namen nennen kann, die man frühzeitig über Entwicklungen, günstige Angebote und Sonderleistungen informiert, denen man Kredit einräumt und emotionale Erlebniswelten bietet. Alles, was beim Tante Emma-Laden einst noch selbstverständlich war.

Man unterscheidet offene Clubs, die für jedermann frei zugänglich sind und weder Aufnahmegebühren noch Mitgliedsbeiträge verlangen, und geschlossene Clubs, die eine gewisse Gegenleistung für die Mitgliedschaft verlangen, meist Aufnahme- und Jahresgebühr. Dadurch werden der Aufbau einer Datenbank, direkte Kontakt- und Dialogmöglichkeiten mit Kunden, Minimierung von Streuverlusten bei Mailings, Steigerung der Kauffrequenz, Imagebildung, Öffentlichkeitsarbeit und Zusatzinformationen zugänglich. Voraussetzung sind ein klar definiertes Marketingziel, eine straffe Organisation und spürbare Vorteile für Mitglieder. Wichtigste Anwender sind Handelsunternehmen, Markenartikler, Hotels, Fluggesellschaften, Finanzdienstleister, Medien und Non Profit-Organisationen. Beispiele für Clubs sind bei

- Herstellern: *Alba* Mode, *Barbie*-Fan, *Camel*, *DAB*, *Dr. Oetker* Back, *Ford* Scorpio, *Kodak* Pro, *Minolta*, *Opel* Senator, *Porsche*, *Zenker*, 2 CV, *Swatch* Collectors, West.
- Händlern: *Adler*, *Bertelsmann*, *Bücherbund*, *IKEA* family, *Metro*, *Portamöbel*, *Tengelmann*, *Heine*.
- Dienstleistern: *ADAC*, *Airport*-Club ffm, *BHW* Dispo, Hallo*rtl*, *Hertz* Business, *Hilton* Int'l Vista, *Mövenpick* Confrerie, *Radio Hamburg*, *Scandic*, *Sheraton*, *Sparkassen*, *SDR* 3, Koala, *Art*, *Chip*, *SWF* 3, *Selber machen*.

Club-Aktivitäten betreffen z. B. im *Dr. Oetker*-Back-Club: Club-Magazin, Mitgliedskarte, Hotline in die Versuchsküche von Dr. Oetker, Servicetelefonnummer, Teletip Backen auf SAT 1, Clubtreffen, Backseminare, Geburtstagsservice für Kinder, Back Shops mit aktuellen Angeboten, Kartenservice für Veranstaltungen, Clubreisen, Ermäßigungen, Sonderangebote und Sonderservices durch Kooperation mit Holiday Inn, Mövenpick und Freizeit- und Ferienparks.

Aus dem Dienstleistungsbereich z. B. *IKEA* family: Family Shop mit Serviceleistungen, Family-Automat mit aktuellen Informationen, Informationsbriefe mit Veranstaltungseinladungen, Family-Frühstück im IKEA-Restaurant, Family-Versicherungen (mit Gerling), Eurocamp für Familienurlaub auf Campingplätzen in Europa, Geburtstagsüberraschung, Transportversicherung, Katalog per Post zugestellt.

Carry Over-Effekt

(→ Experiment, Effekte, Wahrnehmung, Effekte)

Cash Cows

(→ Portfolio, Vier-Felder-, Positionen)

Cash&Carry

(→ Großhandel, Betriebstypen)

CB-EA-Design

(→ Informales Experiment)

CD-I

(→ Grafikkommunikation)

CD-ROM

(→ Desk Top Publishing, Speichermedien)

CEDAR-Test

(→ Werbewirkungskontrolle, Ad hoc-Erhebungen)

Chancen-Risiken-Analyse

Hierunter wird die Beschreibung der Umfeldfaktoren bei der Vermarktung für die Zukunft verstanden. Im Unterschied zur Stärken-Schwächen-Analyse, die die Situation des eigenen Unternehmens betrifft, wird hier die Marktsituation betrachtet.

Dabei wird die Gegenwart häufig durch Szenarios in die Zukunft fortgeschrieben. Als Chance wird eine Umweltsituation definiert, die ein Unternehmen positiv nutzen kann, als Risiko eine solche, die ein Unternehmen schädigen kann. Als Analysegröße gelten u. a. natürliche, demographische, gesamtwirtschaftliche, kulturelle, politische, technologische Gegebenheiten. Die Vorgehensweise ist wie folgt. Es werden die für den Unternehmenserfolg relevanten Umfeldfaktoren gesichtet und selektiert. Für jeden dieser Faktoren wird die voraussichtliche zukünftige Entwicklung zu bestimmen versucht. Diese Entwicklung wird auf den Markt/die Märkte zurückbezogen, auf dem/denen das Unternehmen tätig ist. Aus den generellen Entwicklungen werden hypothetische Auswirkungen auf das Marktumfeld abgeleitet. Dabei ergeben sich Entwicklungen, die positiv für das Marktumfeld sind (= Chancen). Umgekehrt ergeben sich Entwicklungen, die negativ für das Marktumfeld sind (= Risiken). Chancen und Risiken werden katalogisiert. Sie können dabei mit Eintrittswahrscheinlichkeiten und Gewichtigungen versehen werden. Die Unwägbarkeiten der Zukunft schlagen notwendigerweise voll auf die Aussagefähigkeit dieser Analyseform durch.
(→ Analyseverfahren im Marketing)

Change Management

(→ Kulturwandel)

Channel Management

Das Channel Management ist die Kombination aus Großkundenbetreuung (= Verkaufsinnendienst/Key Account Management) und Verkaufsaußendienst (= Feldorganisation/Trade Management), evtl. zusätzlich Regalservice (= Merchandising). Diese sind eine wichtige Voraussetzung für eine konstruktive Zusammenarbeit zwischen Hersteller und Handel und setzen eine kundenorientierte Marketingorganisation des Herstellers voraus. Beide stellen eine Zentralisation nach dem Objektprinzip dar, und erfordern ihrerseits wiederum eine Koordination mit dem (üblichen) Produkt-Management. Das Key Account Management konzentriert sich auf die Zentralbelieferung, während der Verkaufsaußendienst im Strecken- und Lagergeschäft tätig ist.

Checklisten

(→ Planungstechniken)

Clarifier

(→ Reagierer-Konzept)

Clubsystem

(→ Direktvertrieb über Handlungsgehilfen)

Cluster Sampling

(→ Klumpenauswahl)

Co-Branding

(→ Cards&Clubs)

Communicator-Effekt

(→ Wahrnehmung, Effekte)

Competitive Benchmarking

(→ Benchmarking)

Computer Assisted Personal Interviewing (CAPI)

(→ Bildschirmbefragung)

Computer Assisted Self Interviewing (CASI)

(→ Computerbefragung)

Computer Based Training (CBT)

(→ Desk Top Publishing, Software)

Computerbefragung

Als Computerbefragung (Computer Assisted Self Interviewing/CASI) bezeichnet man eine Form, bei der der Interviewer durch einen PC ersetzt wird. Auskunftspersonen lesen Fragen also selbst auf dem PC-Display ab und geben ihre Antworten selbst, oder durch Helfer unterstützt, über die Tastatur ein. Dabei sind zahlreiche Verfeinerungen denkbar. So können Abfrageplätze derart vernetzt sein, daß ein Zentral-Computer die Fragen ausgibt und mehrere Personen dezentral (an einem oder mehreren Orten), aber parallel ihre Antworten eingeben. Die Antworterfassung kann auf Datenträger erfolgen, der dann eingesendet oder überspielt wird (offline), oder über Datenleitung (online), also Datex-P-Wähl- oder Standleitung.

Diese Form bietet eine Reihe von Vorteilen.

Eine Kostenersparnis ist sowohl im Vergleich zur herkömmlichen Befragung als auch zur stationären Bildschirmbefragung gegeben. Dies liegt vor allem in der weitgehenden Ersparnis der Personalkosten für Interviewer begründet.

Es entsteht kein Interviewerbias. Der Interviewerstab kann zudem minimiert werden. Der Einfluß von sozialer Erwünschtheit und Prestige bei Antworten wird merklich reduziert, denn der Computer ist ein anonymer Gesprächspartner.

Eine schnelle Verarbeitung und Zentralkoordination bzw. Auswertung wird möglich. Dies betrifft die datenverarbeitungstypischen Vorteile.

Der Spieltrieb bzw. der Spaß an der Bedienung des elektronischen Geräts wird gefördert. Bei der Beantwortung herrscht dabei durch die eigenständige Bedienung autonome Entscheidungsfreiheit.

Fragen können in sämtlichen Sprachen und Schriften dargeboten werden. Damit sind einmal erstellte Programme auch international einsetzbar, sowie in einem Land auch ausländische Bewohner erreichbar.

Der Proband kann die Befragungsgeschwindigkeit selbst bestimmen. Insofern spielen unterschiedliche Ausbildungs- und Persönlichkeitsmerkmale, wie Auffassungsgabe der Befragten, keine Rolle mehr.

Bei Bedarf können zu einzelnen Fragen erläuternde Informationen aufgerufen oder aber Kommentare und Anmerkungen eingegeben werden. Dazu gibt es eine entsprechende Hilfe-Funktion.

Reihenfolgeeffekte können durch Randomisierung oder systematische Rotation vermieden werden. Dies gilt sowohl für Themen als auch für Fragen und Antwortkategorien.

Es können keine Fragen versehentlich übergangen werden, da der Fragenabruf automatisch gesteuert ist. Dadurch wird eine optimale Standardisierung und damit Vergleichbarkeit des Befragungsablaufs erreicht.

Die Quoteneinhaltung kann laufend überwacht werden, indem Quotenstichproben noch während der Erhebung auf ihren Erfüllungsgrad überprüft werden. Der Abbruch bei Ergebnisstabilisierung ist möglich.

Die Zulässigkeit von Antworten kann sofort überprüft und ggfls. Fehlermeldung gegeben werden. Zur korrekten Erfassung von objektiven Informationen (Hersteller, Marke etc.) können Hintergrunddateien angelegt werden, die eine automatische Antwortprüfung vornehmen und falsche Antworten zurückweisen.

Die Antwortzeit einzelner Fragen läßt sich ermitteln, wodurch Rückschlüsse zur Interpretation der Ergebnisse möglich sind. Dazu mißt die interne Uhr den Zeitabstand zwischen Fragenaufruf am Bildschirm und Antworteingabe auf der Tastatur.

Das Interview kann jederzeit und beliebig oft unterbrochen und an jeder Stelle wieder aufgenommen werden. Vorausgegangene Antworten können dabei wieder vorgelegt und Falscheingaben korrigiert werden, der Befragungsverlauf wird dann entsprechend angepaßt.

Die Dokumentation des Befragungstages, des Interviewbeginns und -endes und der Unterbrechungen schließt Fragebogenfälschungen nahezu aus. Interviews haben tatsächlich stattgefunden.

Als Nachteile sind hingegen zu nennen.

Die Beantwortung erfolgt unter weitgehend unkontrollierten Bedingungen, vor allem kann der Spieltrieb auch überzogen werden. Er führt dann zur Ablenkung von der eigentlichen Thematik und zur Unübersichtlichkeit des Ablaufs.

Das Lesen der Fragen zwingt den Befragten zur Konzentration auf die Frageninhalte, was zu gegenstandsbezogeneren Antworten führt. Die ganze Atmosphäre ist sachlicher, rationaler, weniger spontan und emotional.

Vor allem besteht ein Identitätsproblem bei der Befragung, da ungewiß ist, welche Person im einzelnen Antworteingaben vorgenommen hat.

Die Komplexität der Befragung kann Antwortschwierigkeiten bei weniger versierten Probanden hervorrufen. So geht der Kontext der Fragen leichter verloren und ein einfaches Vor- oder Zurückblättern ist nicht möglich.

Es ist eine reduzierte Lesbarkeit der Fragen bei Sehproblemen gegeben. Dies gilt zumal für die relativ kleinen Displays portabler Computer. Hier können die Schriftenwahl und das Seitenlayout Abhilfe schaffen.

Die Befragungsdauer ist begrenzt, was bei differenzierten Themen hinderlich ist. Bei Unverständnis oder Zeitproblemen kommt es zum Befragungsabbruchs, denn es besteht keine Möglichkeit des Nachfragens bei nicht verstandenen Fragen sowie ein hoher Eingabeaufwand bei offenen Fragen.

Es entstehen psychologische Konflikte durch Akzeptanzprobleme. Dies gilt vor allem bei Berührungswiderständen mit Technik allgemein und Elektronik im besonderen.

Es sind weitgehend nur standardisierte Fragen möglich, wenn keine Fingerfertigkeit in der Eingabe besteht. Dies wird sich erst mit Verbreitung der Spracheingabe oder der Handschrifterkennung ändern.

Die Validität dieser Form durch Vergleich mit herkömmlichen Befragungen ist nicht hinreichend gesichert.

Noch auf lange Zeit hin besteht eine eingeschränkte Repräsentanz für Massenumfragen aufgrund geringer Verbreitung von Hardware und Datenleitungen. Zudem gibt es Probleme mit Chip-Generationen und Betriebssystemebenen.

Für Bewegtbild-Darbietung ist die Kopplung an ein Bildplattensystem erforderlich, was das Handling und die Kosten erhöht. Auch hier führt der technische Fortschritt zu weiterer Miniaturisierung (vgl. *Pepels, Werner:* Käuferverhalten und Marktforschung, Stuttgart 1995).
(→ Mediengestützte Befragung)

Computergestütztes Telefon-Interviewsystem (CATI)

(→ Mediengestützte Befragung)

Computerkonferenz

(→ Datenkommunikation)

Consumer Promotion

(→ Verkaufsförderung, Maßnahmen)

Contentanalyse

(→ Marketing, Revision)

Convenience Goods

(→ Produktarten)

Copy-Analyse

Die Festlegung der Positionierung einer Wettbewerbsmarke kann nur aus der Sicht der Abnehmer erfolgen. Denn nicht die Realität des Angebots ist die Realität im Marketing, sondern die Vorstellung der Kunden über die Realität des Angebots (lt. Spiegel). Man bewegt sich also auf einer Metaebene. Dazu versetzt man sich am besten in die Lage eines unvoreingenommenen Abnehmers und versucht anhand vorliegender Werbebeispiele, die repräsentativ für einen längeren Zeitraum der Marktpräsenz sind, zu bestimmen, welche Position ein Angebot am Markt einnehmen will.

Die Werbemittel der relevanten Mitbewerber werden hinsichtlich mehrerer Kriterien analysiert. Sinnvoll ist folgende Vorgehensweise:

- Markenname/Produktbezeichnung. Dies identifiziert das gerade analysierte Angebot. Oft geben Namenszusätze auch bereits Anhaltspunkte für die bestimmungsgemäße Nutzung eines Produkts.

- Monoprodukt/Range. Hierdurch wird festgelegt, ob es sich beim betrachteten Produkt um ein singuläres Angebot oder um eine Version einer differenzierten Angebotsfamilie handelt.
- Main Claim (Angebotsanspruch). Der Main Claim definiert, was ein Angebot zu können behauptet. Es handelt sich also um eine absenderorientierte Botschaft. Sie findet sich meist im Slogan einer Kampagne (s.u.).
- Slogan. Hier wird der Slogan explizit zitiert. Er soll die Zusammenfassung der Leistungen eines Angebots darstellen (z. B. Vorsprung durch Technik/*Audi*).
- Reason Why (Anspruchsbegründung). Der Reason Why definiert, wie die beanspruchte Position untermauert wird. Dies geschieht meist durch eine sachliche Argumentation. In der Print-Werbung ist sie für gewöhnlich in der Copy zu finden.
- Main Benefit (Nutzenversprechen). Der Main Benefit definiert, welchen Nutzen ein Kunde aus der Wahrnehmung des Angebots ziehen kann. Es handelt sich also um die abnehmerorientierte Fassung des Anspruchs. Sie erfolgt meist in Headline (Print) oder Catch Phrase (Elektronik).
- Headline/Catch Phrase. Hier wird die Headline (Print) oder der Catch Phrase (Elektronik) explizit zitiert. Er/sie soll den Nutzen prägnant formulieren (z. B. Neid und Mißgunst für 99 Mark/*Sixt*).
- Proof (Nutzenbeweis). Der Proof kann den Nutzen durch Dramatisierung unterstützen, ist jedoch nicht obligatorisch. Dazu gibt es verschiedene Techniken.
- Key Visual. Hierbei handelt es sich um den visuellen Kerneindruck (Big Picture), der erinnert und mit dem beworbenen Angebot in Verbindung gebracht werden soll. Dies ist besonders angesichts der Erkenntnisse der Imagery-Forschung von Bedeutung, die vereinfacht besagt, daß Bildinformationen besser wahrgenommen, länger behalten und einfacher aktiviert werden können als Textinformationen.
- CD-Konstanten. Hier handelt es sich um eine ganze Reihe von Elementen, die eine präzise Identifizierung des Absenders und seine leichte Wiedererkennung gewährleisten sollen.
- Tonalität. Dies meint die Art der Sprache, über die ein Absender mit den gemeinten Empfängern kommuniziert. Daraus lassen sich wichtige Rückschlüsse auf das Selbstverständnis der Marke ziehen.
- Zielgruppe/Typus. Dies betrifft die Hypothese darüber, wer sich durch eine Werbung angesprochen fühlen soll. Auch hierbei ist man auf begründete Vermutungen angewiesen.
- Net Impression. Dies ist die Zusammenfassung aller Eindrücke

der analysierten Werbemittel zu einer Schlüsselinformation (Information Chunk). Letztlich bleibt infolge der allgemeinen Informationsüberlastung allenfalls diese Net Impression im Gedächtnis der Zielpersonen haften, die dann leistungsfähig genug sein soll, Käufe zu induzieren.
(→ Kampagnenformat)

Copy-Test

Eine gute Möglichkeit der Werbeeffizienzmessung besteht in den sog. Copy-Tests. Dabei handelt es sich um turnusmäßig ohnehin von den Pressehäusern durchgeführte Befragungen zu den redaktionellen Inhalten bei Lesern, die der Optimierung des journalistischen Angebots dienen. Verlage bieten Anzeigenkunden nun an, sich mit Zusatzfragen kostenlos an diese Erhebungen anzuschließen. Dabei kann vor allem die relative Beachtung einzelner Anzeigen im Heftkontext ermittelt werden. Meist werden folgende Werte ausgewiesen:

- Anzeigen-Erinnerungswert, d. h. Anteil der Leser, die sich an eine Anzeige erinnern,
- Produkt-Erinnerungswert, d. h. Anteil der Leser, die sich an ein beworbenes Produkt erinnern,
- Marken-Erinnerungswert, d. h. Anteil der Leser, die sich an die Marke des beworbenen Produkts erinnern,
- Bild-Erinnerungswert, d. h. Anteil der Leser, die sich daran erinnern, was in der Anzeige abgebildet war,
- Text-Erinnerungswert, d. h. Anteil der Leser, die sich daran erinnern, was in der Anzeige ausgesagt wurde,
- Allgemeine Beurteilung anhand einer Notenskala mit Begründung,
- Anzeigen-Profil durch Eintrag in ein Polaritätenprofil.

Für den (Doppel-)Seitenkontakt wird so im Testheft für jede Seite der Grad der Intensität der Nutzung festgehalten (irgendetwas auf der Seite gründlich gelesen, nichts gründlich gelesen, aber irgend etwas flüchtig gelesen, Seite nur aufgeschlagen, Seite nicht aufgeschlagen). In ähnlicher Weise erfolgt die Erhebung redaktioneller Beiträge nach dem Grad der Nutzung (Beitrag gelesen, Beitrag zur Hälfte und mehr gelesen, Beitrag weniger als zur Hälfte gelesen, nur Überschrift/Zwischenüberschriften gelesen).

Copy Strategy

(→ Kampagnenformat)

Corporate Behavior

Corporate Behavior stellen die Leitlinien des Agierens des Unternehmens im Markt dar, also gegenüber Lieferanten, Abnehmern, Wettbewerbern und Dienstleistern, sowie im Unternehmen selbst, also gegenüber den Mitarbeitern und den diversen Interessengruppen. Zu nennen sind hier Eigentümer (Shareholder), Mitarbeiter, Lieferanten, Konkurrenten, Kapitalgeber/Banken, Anleger, Verbände, Parteien/Politiker, öffentliche Verwaltung, Ge-

werkschaften/Betriebsrat, Manager, interne Problemgruppen (Alte, Behinderte, Ausländer, Frauen), externe Problemgruppen (Anwohner), Meinungsbildner, Journalisten etc.
(→ Absenderidentität)

Corporate Communications

Kommunikationsprogramme dienen zur Erkennung und Einstellungsbeeinflussung bei Zielgruppen (= Corporate Communications). Dieses Kommunikationsprogramm wirkt über Signale nach außen und innen zur Sicherstellung der Erkennung/Wiedererkennung und der Einstellungsänderung bei Zielgruppen. Als Mittel werden dazu differenzierte Werbemaßnahmen eingesetzt. Diese betreffen sowohl Klassische als auch Nicht-klassische Medien. Diese Kommunikation ist vor allem für Dienstleister von großer Bedeutung, weil sie sich nicht über die von ihnen angebotenen physischen Produkte originär darstellen können, sondern auf abgeleitete abstrakte Signale angewiesen sind. Um dabei eine hohe Effizienz zu erreichen, ist es bei ihnen mehr noch als ohnehin bei Anbietern in engen Märkten erforderlich, planvoll und durchdacht zu kommunizieren. Hält man die Realität der Dienstleistungswerbung dagegen, kommen doch Zweifel, ob sich alle Anbieter dieser Bedeutung bewußt sind.
(→ Absenderidentität)

Corporate Culture

(→ Absenderidentität, Unternehmenskultur)

Corporate Design

Corporate Design ist das sichtbare Pendant zur Kultur als visuelle Gestaltung der Artefakte. Es ist die Gesamtheit der Erscheinungsmerkmale, mit denen sich ein Unternehmen in der Öffentlichkeit präsentiert, um Wiedererkennung zu ermöglichen. Es umfaßt alle Mittel zur Bestimmung des Auftritts. Als Dimensionen ergeben sich das:

- Objektdesign als Gestaltung der Produkte oder Verkörperung von Ideen,
- Architekturdesign, also vor allem Gebäude, Einrichtung und Ausstattung,
- Graphikdesign, also zentrale Bildelemente (Fotostil, Farbstimmung) und Layoutraster/Typographie,
- Sprachdesign, also die Tonalität der Ansprache (Corporate Wording).

Er ist es unbedingt empfehlenswert, einheitliche Gestaltungselemente beizubehalten. Diese müssen einmal gut durchdacht und angemessen geplant werden, um sie dann langfristig unverändert beizuhalten. Und falls Änderungen erforderlich sind oder als notwendig erachtet werden, so sind diese nur in kleinen, vorsichtigen Schritten zu vollziehen. Die Gestaltungselemente bestehen aus verschiedenen Dimensionen:

- Die *Tonality* ist der Stil der Ansprache von Zielpersonen. Hier gibt es erhebliche Unterschiede. Manche Werbungtreibenden duzen ihre Zielpersonen (Softdrinks, Sportswear), andere stellen sich sehr distanziert dar (frühere *BMW*-Kampagnen), manche argumentieren verklausuliert (um damit Kompetenz zu mimen), andere bemühen sich, allgemein verständlich zu bleiben. In jedem Fall werden mit der Wahl des „Tone of Voice" eminent wichtige Signale gesetzt, deren Nutzung gut überlegt sein will.

- Die *Visuality* besteht aus den Kernbildern (Big Pictures) zur Veranschaulichung der Leistung, solche Abbildungen sollen besonders merkfähig sein. Ein solches Key Visual war der berühmte Apfel-Biß in der *Blend-a-med*-Kampagne. Es komprimierte die komplexe werbliche Aussage auf eine einzige Szene, die allgemein vertraut einerseits die Problematik und andererseits die Problemlösung durch das Produkt symbolisierte. Hinzu kommt meist eine akustische Unterstützung (hier ein überdimensional lautes Knakken).

Darüber hinaus gibt es vielfältige Corporate Design-Konstanten, die die Visuality prägen:

- Der *Fotostil* ist eine für einen Absender oder für ein Angebot typische Bildauffassung. Sie unterstützt die Alleinstellung des Produkts durch die optische Inszenierung. Meist werden dafür berühmte Fotographen eingesetzt, die mit ihrer Handschrift eine unverwechselbare Bildstimmung schaffen. Zu denken ist an Ben Oyne mit seinen Stills, an Annie Leibowitz (in der Amexco-Kampagne) oder früher an Reinhard Wolf (Food-Fotografie).
- Das *Layoutraster* ist eine ebenso prägnante wie zweckmäßige Seitenaufteilung nach gestalterisch bestimmten Ordnungsprinzipien. Dies unterstützt die Wiedererkennbarkeit einer Kampagne. Meist wird diese Aufteilung in umfänglichen sog. CI-Booklets (besser CD für Corporate Design) festgeschrieben und für alle Betroffenen als verbindlich erklärt. Dazu werden sämtliche gängigen Formate und Werbemittel durchdekliniert und hinsichtlich bestimmter graphischer Faktoren (wie Bild-/Text-Relation) beschrieben.
- Die *Typographie* betrifft die Auswahl und Anordnung von Schriften nach Zeichensatz, Stil, Punktgröße etc. Spätestens seit Verbreitung von DTP-Programmen in Büros und Haushalten ist auch Laien bewußt, daß es eine ganze Reihe verschiedener Zeichensätze, dies zudem noch in verschiedenen Stilen und Größen, gibt. Ebenso geht es um die Textanordnung. Diese haben bestimmenden Einfluß auf die Anmutung von Werbemitteln, sollen daher mit Bedacht und Stringenz ausgewählt und eingesetzt werden.
- Die *Farbstimmung* umfaßt eine als Hausfarbe definierte Anmutung, die sich auf allen Werbemitteln (auch Packungen, Messeständen etc.) durchzieht. Diese Farbe wird zumeist nach HKS- und Pantone-Farbskalen verbindlich vor-

gegeben. Dabei ist die unterschiedliche Bedeutung der Farben zu berücksichtigen. Bereits Nuancenverschiebungen können hier zu erheblichen Irritationen führen.

- Das *Logo* faßt als merkfähiges Zeichen die Absendersignalisation des Werbungtreibenden zusammen. Es kann sich um ein Wort-, Zahlen-, Bild- oder kombiniertes Wort-Bild-Zeichen handeln. Seine Verwendung hat auch konkrete rechtliche Konsequenzen (Markenschutz). Insofern darf das Logo keinesfalls ungeplant verändert werden. Meist findet es sich am rechten unteren Rand von Werbemittel-Flächen.
- Der *Slogan* ist die in einen Satz zusammengefaßte Kernaussage zum Absender. Er ist meist räumlich dem Logo zugeordnet, weil beide gemeinsam die Verdichtung von Werbebotschaft und Absender darstellen. Einprägsame, stimmige Slogans sind extrem schwierig zu finden (z. B. Da weiß man, was man hat/*Persil*, Alle reden vom Wetter, wir nicht/*Deutsche Bahnen*, Es gibt viel zu tun, pakken wir's an/*Esso*).
- Jingles, Musik etc. dienen der zusätzlichen emotionalen Untermalung der Werbebotschaft. Je nach Produktart haben sie eine erhebliche werbliche Bedeutung. Zu denken ist etwa an die Evergreen-Serie von *Levi's* 501 (das Original), an die *Langnese*-Spots (Sommer, Sonne, Spaß), die *Aral*-Kampagne. Nicht selten sind Musikstücke aus der Werbung Hitparadenrenner geworden (*Coke, Bacardi, Levi's*), die dann im Wege des Visual Transfer die Werbebotschaft bei jeder Wiedergabe aktualisieren.

(→ *Absenderidentität)*

Corporate Identity

Es gibt zwei Arten, das Unternehmen zu sehen. Eine Art ist die eigene Sicht (= Selbstbild oder Corporate Personality), die weitgehend von den subjektiven Vorstellungen und Zielen des Unternehmens herrührt. Die zweite Art ist die Sicht aus dem Blickwinkel relevanter Dritter (Kunden, aber auch Lieferanten, Konkurrenten, Anspruchsgruppen etc.). Dies ist das Fremdbild (oder Corporate Image).

Im Rahmen der Corporate Identity geht es nun darum, das Selbstbild als Ziel zu sehen und über geeignete Maßnahmen das Fremdbild mit diesem in Übereinstimmung zu bringen, also zu einer Einheit von Charakter und Auftritt, von Worten und Taten eines Absenders zu gelangen. Am Anfang steht dabei die Findung einer Corporate Mission, die die Wurzeln des Geschäfts betont (Wofür steht das Unternehmen? Was ist seine Vision? Woher bezieht es seine Marktberechtigung?). Hier werden die grundlegenden ökonomischen, politischen und sozialen Wert-, Ziel- und Kompetenzvorstellungen in bezug auf sich selbst und auf die Stellung im Umfeld ausgedrückt. Wegen der immensen Bedeutung fassen gut geführte Dienstleister ihr Mission Statement in Unternehmensgrundsätze zusammen, auf die alle Mitarbeiter verpflichtet werden.

Daraus ergibt sich die praktische Ausführung des Leitbilds, das jeden einzelnen Mitarbeiter betrifft und jedem zur strikten Beachtung an die Hand gegeben wird. Gegen Unternehmensgrundsätze wird allerdings oft massiv eingewandt, daß sie als Leerformeln wirken, unter mangelnder Operationalität leiden, ihnen bloßer Papiercharakter zukommt, sie sich dem Trivialitätsvorwurf aussetzen, eine vordergründige Harmonietäuschung provozieren und als Mittel der Werbung mißbraucht werden.

Jede Gemeinschaft läßt sich nun hinsichtlich Kriterien beschreiben. Sich diese bewußt zu machen, sie verantwortungsvoll zu steuern und zu stabilisieren, ist allererste Voraussetzung für ein klares Profil. Denn ohne Klarheit über sich selbst bleibt jeder Aktivitätenerfolg dem Zufall überlassen.

Corporate Image ist die Fremdeinschätzung, die ein Objekt in den Augen seiner Zielpersonen hat. Ziel ist es, die Fremdeinschätzung mit der Selbsteinschätzung zur Deckungsgleichheit zu bringen. Hilfsmittel zur Feststellung der Fremdeinschätzung ist eine vorwiegend qualitative Marketingforschung. Ganz wichtig sind auch Mitarbeitermeinungen in der Belegschaft, bei Vertrauensleuten, Betriebsräten, Managern und mittleren Führungskräften, Kundenkontaktmitarbeitern, informellen Gruppen, dort wiederum Schlüsselpersonen, die die Meinung Vieler bündeln und ihrerseits beeinflussen, und schließlich auch Problemgruppen. Die so gewonnene Fremdeinschätzung des Botschaftsabsenders wird nun mit der vorher definitierten Selbsteinschätzung abgeglichen.
(→ *Absenderidentität)*

Corporate Image

(→ *Corporate Identity)*

Corporate Marketing

(→ *Marketing, Struktur)*

Corporate Mission

(→ *Absenderidentität)*

Corporate Personality

(→ *Absenderidentität)*

Cost and Freight

(→ *Incoterms)*

Cost, Insurance, Freight

(→ *Incoterms)*

Counterfeiting

(→ *Angebotspflege)*

Courtage

(→ *Handelsmakler)*

Coverage

(→ *Handelspanels)*

CPM

(→ *Netzplantechnik)*

Creative Placement

(→ *Placement)*

Credentials

(→ *Werbeagentur, Auswahl)*

Cross Buying

(→ *Cross Selling)*

Cross Selling

Cross Selling ist eine Form der Definition der Absatzquelle. Unter Cross Selling-Angebot ist die Aktivierung von Kunden, die ein anderes Produkt des eigenen Programms kaufen, auch für das ausgelobte Produkt zu verstehen. Dem liegt die Erkenntnis zugrunde, wonach die Marktrealität durch Mehrproduktunternehmen geprägt ist. Damit besteht ein mehrfacher Zugriff auf Nachfrager. Da liegt es nahe, diese Zugriffsmöglichkeit zu nutzen, um diesen nachdrücklich gleich mehrere Angebote zu unterbreiten, wie das u. a. im Allfinanzangebot der Banken, Versicherungen, Bausparkassen zum Ausdruck kommt. Personen, die bereits in einem dieser Bereiche Kunden sind, sollen gleichfalls für die anderen gewonnen werden. Der Erfolg ist zumindest bis zur Assimilation der Systeme noch bescheiden. Auch die Mediengruppe Kirch verfolgt diesen Ansatz, da sie eine Verkettung von Zeitungen (*Bild/Welt* u. a.), Programmzeitschriften (*HörZu/Funkuhr* u. a.), Privatfernsehen *(SAT 1/ Pro 7* u. a.), Privatrundfunk, Pay-TV-Kanal (*Premiere*), Kaufvideos (*Taurus*) und Leihvideos anstrebt. Dabei können sich die einzelnen Angebote gegenseitig im Absatz wirkungsvoll unterstützen.
(→ *Absatzquellendefinition)*

Customized Marketing

Es besteht die These, daß die Kaufwahrscheinlichkeit, und damit die Kundentreue, umso höher ist, je mehr Nachfragewunsch und Angebotsrealität übereinstimmen. Im Rahmen der Feldtheorie spricht man vom sog. Aufforderungswert. Dieser setzt sich aus Grund- und Zusatzaufforderungswert zusammen. Man geht dabei davon aus, daß jedes Angebot einen gattungstypisch unterschiedlichen Grundaufforderungswert auf Individuen hat. Dieser wird ergänzt durch den Zusatzaufforderungswert, und zwar positiv, wenn spezifische Nutzen wahrgenommen werden, die ein Angebot subjektiv innerhalb der Gattung aufwerten, oder negativ, wenn spezifische „Unnutzen“ wahrgenommen werden, die ein Angebot subjektiv innerhalb der Gattung abwerten. Da die Wahrnehmung der Leistungsmerkmale von Nachfrager zu Nachfrager verschieden ist, wird ein und dasselbe Angebot intersubjektiv immer abweichende Aufforderungswerte haben. Möchte man nun eine bestimmte Nachfragerpopulation ansprechen, ist das Angebot so zu beeinflussen, daß diese einen positiven Zusatzaufforderungswert erleben, der höher ist als die Aufforderungswerte aller vergleichbaren anderen Angebote. Ist dies nicht der Fall, kann versucht werden, den Grundaufforderungswert dadurch zu erhöhen, daß die gattungstypische Leistung stärker wahrgenommen, oder den Zusatzaufforderungswert zu erhöhen, indem dessen Ausprägung dramatisiert wird. Im übertragenen Sinne wird das Angebot auf die Nachfrager zubewegt. Oder es kann versucht werden, die Präferenzen der Nachfrager derart umzuwerten, daß die gesamte Gattung als attraktiver erlebt (Grundaufforderungswert) oder die spezifische Ausprägung der Leistung verstärkt gewürdigt wird (Zusatzaufforderungswert). Im übertragenen Sinne werden die Nachfrager dabei auf das Angebot zubewegt. Zugleich ist mit diesen Ansätzen immer auch eine Diskriminierung des Wettbewerbs verbunden, denn im Parallelwettbewerb stehen die Angebote als Meinungsobjekte in Konkurrenz zueinander und jede Erhöhung eines Aufforderungswerts ist nur in dem Maße wirksam, wie sie nicht durch den Aufforderungswert konkurrierender Angebote egalisiert wird.

Diese Vorgehensweise erfordert einen Abschied vom einheitlichen Marketing, das alle Nachfrager gleich anspricht, denn damit können die Anstrengungen der Mitbewerber um Kunden nicht übertroffen werden. Vielmehr ist es erforderlich, differenziertes Marketing einzusetzen, um den eigenen Aufforderungsgradienten möglichst hoch zu gestalten. Dies beginnt bereits, wenn man die Nachfragerpopulation in zwei Marktsegmente aufteilt und getrennt bearbeitet oder sich auf die Bearbeitung eines der beiden Segmente beschränkt. Eine solche Aufteilung macht offensichtlich dann keinen Sinn, wenn sie zufallsgesteuert erfolgt, denn dann erhöht sich der Aufforderungsgradient nicht, nur der Vermarktungsaufwand steigt oder das Kundenpotential sinkt. Vielmehr ist es erforderlich, ein oder mehrere analytische Kriterien anzulegen, nach denen die Nachfragerpopulation systematisch so aufgeteilt werden kann, daß zwei in sich relativ homogene Teilgruppen entstehen, d. h. die Nachfrager jeder Gruppe zu den anderen Nachfragern ihrer Gruppe jeweils möglichst gleichartig und zugleich möglichst verschiedenartig zu den Nachfragern der anderen Gruppe sind. Man spricht dann von Marktsegmentierung, das rechnerische Mittel dazu ist meist die Clusteranalyse. Gemäß diesen beiden Gruppen wird dann eine Angebotsdifferenzierung vorgenommen. Auf diese Weise soll eine Angebotsrealität geschaffen werden, die möglichst genau mit den mutmaßlichen Nachfragerwünschen übereinstimmt, sodaß der Aufforderungsgradient möglichst hoch ist. Als Vergleich für die relative Angebotsbeurteilung wird dabei zumeist das bislang beste Wettbewerbsangebot genommen. Ein segmentiertes Angebot ist umso erfolgreicher, je mehr/häufiger es dessen Aufforderungsgradienten übertrifft. Oder ein hypothetisches Idealangebot, das Nachfrager sich als wünschenswert vorstellen. Ein segmentiertes Angebot ist umso erfolgreicher, je geringer die empfundene Distanz zwischen diesem Ideal- und dem Realangebot ist. Da die Vorstellungen über beste Wettbewerbsangebote bzw. Idealangebote individuell abweichen, ist ein Angebot umso erfolgreicher, je differenzierter es vermarktet wird. Dazu aber ist eine immer feinteiligere Segmentierung erforderlich, d. h. die Nachfragerpopulation wird immer enger aufgeteilt. Dieser Vorgang findet erst sein Ende, wenn jeder einzelne Nachfrager sein eigenes Marktsegment repräsentiert und individuell von Anbietern bearbeitet wird. Man spricht dann vom sog. One to One-Marketing (oder Segment of One-Marketing). Denn dann kann auf individuelle Nachfrager punktgenau ein differenziertes Angebot so positioniert werden, daß es jeweils den höchsten Aufforderungsgradienten realisiert. Im übrigens gibt es hier das Phänomen, daß Angebote dennoch abgelehnt werden, weil sie nicht eine individuell definierte Schwelle eines Mindestaufforderungsgrads überschreiten. Dann handelt es sich um eine sog. manifeste Marktnische, denn hier sind offensichtlich Nachfrager gegeben, deren Bedürfnisse durch keines der Angebote angemessen befriedigt werden. Für den Fall, daß das Angebot unverzichtbar ist, kann es sich um eine sog. latente Marktnische handeln, d. h. Käufe werden dennoch getätigt, obgleich keines der Angebote akzeptabel ist, und zwar einfach mangels Alternative. Dies bietet die Möglichkeit für neue Angebote, hier akzeptable Wahlmöglichkeiten zu etablieren.

Cut Off

(→ *Konzentrationsverfahren)*

D

Dachmarke

Dachmarkenstrategie bedeutet, daß der Name des Produkts/der Produkte mit dem Namen des Unternehmens (Hersteller/Absender) übereinstimmt. Als Beispiel kann *Siemens* angeführt werden. Alle Produkte dieses Herstellers, so verschiedenartig sie auch sein mögen, werden unter einer gemeinsamen Marke angeboten. Dies gilt für Anlagentechnik, wo Gerätschaften im Wert von mehreren Millionen Mark angeboten werden, ebenso wie für Bürokommunikation, wo es immerhin noch um mehrere Tausend Mark geht, und für Elektrokleingeräte für unter Hundert Mark. Diese Strategie ist jedoch eher typisch für Anbieter, die in marketingfernen Märkten aktiv oder von der Marketingdenkhaltung noch nicht so durchdrungen sind wie vergleichsweise Konsumgüterhersteller.

Ein weiteres Beispiel ist *Bahlsen*, ein Genußmittelhersteller, der unter seiner Firma verschiedenartige Keks- und Gebäckspezialitäten herstellt, die durch entsprechende Markenzusätze kenntlich gemacht sind.

Die wesentlichen Vorteile lauten:

- Der Profilierungsaufwand der Marke wird von allen Produkten gemeinsam getragen.
- Eine schnelle Akzeptanz für Neueinführungen im Handel scheint sicher.
- Die Markeninvestitionen sind nicht auf den Lebenszyklus einzelner Produkte beschränkt und gehen danach verloren.

Die wesentlichen Nachteile sind:

- Bei hohem Diversifikationsgrad verwässert die Markenkompetenz.
- Entscheidungen für ein einzelnes Produkt betreffen immer auch sämtliche andere.
- Es besteht das Risiko negativer horizontaler Ausstrahlungseffekte.
- Die einzelnen Produkte bleiben eher schwach profiliert, da das Markendach generalisierend wirkt.

(→ *Horizontale Markentypen)*

Daktyloskop

(→ *Testverfahren, Mechanische)*

Database Marketing

(→ *Mailing)*

Datenaufbereitung

Im einzelnen erfolgt die Aufbereitung von im Rahmen der Marketingforschung erhobenen Informationen systematisch in mehreren Stufen (vgl. *Pepels, Werner:* Käuferverhalten und Marktforschung, Stuttgart 1995).

Zunächst erfolgt eine *Aussonderung* nicht auswertbarer Erhebungselemente durch Prüfung der Unterlagen. Die Aussonderung ist aus mehreren Gründen erforderlich, so wegen unvollständiger, falscher oder widersprüchlicher Ausfüllung, Inkonsistenzen in der Beantwortung, Fälschungen, mangelnder Lesbarkeit etc. Dann erfolgt eine formale Aufbereitung durch Rücklaufkontrolle, bei der die Urdatenträger auf Vollständigkeit und Plausibilität hin geprüft werden. Daraus ergibt sich die Ausschöpfungsquote. Evtl. muß nun über erforderliche Nachbefragungen entschieden werden. Fehlende Antworten werden gekennzeichnet, um die jeweils unterschiedliche Stichprobengesamtheit zu relativieren.

Dann erfolgt die *Verschlüsselung* der Daten durch Bildung von Ergebniskategorien und Zuweisung von Symbolen. Antworten auf offene Fragen werden gegenseitig sich ausschließenden, möglichst differenzierten Kategorien zugewiesen, wobei eine Kategorie „sonstige“ für Vollständigkeit der Erfassung sorgt. Zusammengehörige Kategorien müssen auf logisch gleicher Ebene liegen, und die Zuordnung soll dabei nach Sinngehalt und nicht nach Wortlaut erfolgen. Die Eintragung von Verschlüsselungssymbolen kann auf dem Fragebogen selbst oder über einen gesonderten Datenübertragungsbogen erfolgen. Im ersten Fall wird eine gesonderte Spalte am Rand angelegt. Der Fragebogen wird damit zum direkten Speicherbeleg. Im zweiten Fall erfolgt die Übernahme der Daten auf einen gesonderten Vercodungsplan. Ein Datensatz besteht aus x Variablen in y Ausprägungen mit z Fallzahlen, zusammen also xyz Daten.

Der Vercodungsplan wird gewählt, weil die Arbeiten am Codeplan noch nicht vor Beginn der Erhebungsarbeiten abgeschlossen sein müssen, bereits bei der Übertragung ein Überblick über die Verteilung häufiger Variabler entsteht und Änderungen während der Erhebung berücksichtigt werden können. Außerdem enthält der Vercodungsplan alle Angaben in komprimierter Form, etwa für Kontrollzwecke, und stellt damit trotz zweiten Arbeitsgangs eine Rationalisierung dar. Dabei wird den einzelnen Ausprägungen aller Variablen ein spezifischer Code zugewiesen. Dieser Codeplan ist eine Arbeitsanweisung für die Verschlüsselung von Antworten und deren Rückübersetzung in Aussagen. Er enthält auch Angaben darüber, an welcher Stelle der elektronisch gespeicherten Datensätze eine Variable zu finden ist und welches Skalenniveau sie aufweist.

Schwierigkeiten bereiten dabei offene Fragen. Um brauchbare Aussagen zu erhalten, müssen eindeutige Klassen/Gruppen abgegrenzt und Kategorien für ähnliche Antworten gebildet werden, wenn eine unvollständige Volltexterfassung vermieden werden soll. Allerdings können durch unzweckmäßige Gruppenbildung systematische Fehler entstehen. Außerdem entstehen oft Fehler durch die Verwechslung von Null (keine Einstellung) und Blank (keine Antwort).

Es kommt zur Eingabe und *Überprüfung* der Daten für die maschinelle Auswertung durch Codierung. Bei gut strukturierten Fragebögen kann von den in den dafür vorgesehenen Randspalten eingetragenen Codes unmittelbar auf Datenträger übertragen werden. Ansonsten werden alle Daten von Hand auf Codierbögen (näherungsweise im Monitorformat) übertragen und dann erst von dort eingegeben (Vorteile: zeitlich verzahntes Arbeiten, erster Überblick, Rationalisierung). Bei Beleglesern kann von den Markierungsbelegen oder Klarschrifttexten unmittelbar maschinell eingelesen werden. Codes müssen eindeutig, ausschließlich und vollständig sein. Sie sind eindeutig, wenn die verschiedenen Kategorien, die durch die Codes repräsentiert werden, sich alle auf dieselbe empirische Ebene beziehen, ausschließlich, wenn sich kein Ereignis mehreren Kategorien zuordnen läßt, und vollständig, wenn für alle Kategorien Codes existieren. Die Zuordnung wird im Codeplan festgelegt.

Möglich ist auch die Hinzufügung neuer Variabler aus Verdichtung der Daten oder externen Quellen. Hinzu kommen Plausibilitätsprüfungen, meist durch standardisierte Prüfprogramme. Auch kann eine Gewichtung der Daten vorgenommen werden, um Fälle „ehrlich" zu repräsentieren. Allerdings sind dann multivariate Verfahren selbst bei Zufallsauswahl nicht mehr anwendbar. Es ist auch die Gewichtung der Daten möglich, fraglich ist jedoch, nach welchen objektivierbaren Kriterien. In jedem Fall sollten nur Schlüsselmerkmale gewichtet und die Gewichtung transparent dokumentiert werden, damit sie für andere nachvollziehbar ist. Schließlich ist auch die Fusion von Datensätzen denkbar. Dazu bedarf es sog. Schanierfragen, die die getrennten Daten kompatibel machen. Meist handelt es sich dabei um die Demographie. Der Vorteil liegt darin, daß damit die gesammelten Informationen mehrerer Erhebungen vergleichbar sind und zur Auswertung bereitstehen. Voraussetzung ist allerdings, daß die Schanierfragen wirklich Äquivalenz der Dateninhalte herstellen. Dies ist oft zu bezweifeln und wird durch Vergleich mit externen Zahlen zu validieren versucht.

Danach erfolgt die Speicherung der Datenmatrix. Speicherplatzüberlegungen, die in der Vergangenheit dominierten, stellen hier und heute kein Problem mehr dar. Zur Aufbereitung der übersichtlich zusammengefaßten, codierten Ergebnisdaten wird meist eine Matrix angelegt, die in der einen Dimension die einzelnen Merkmale und in der anderen die durchnumerierten und Untergruppen zugewiesenen Fälle enthält.

Eine erste Datenerfassung stellt die *Urliste* dar, in der Werte in ungeordneter Weise in der Reihenfolge ihres zeitlichen Anfalls festgehalten werden. Eine weitere manuelle Form ist die Strichliste. Aus dieser lassen sich eine Häufigkeitstabelle und eine Rangliste ableiten. Außerdem sind relative Häufigkeiten feststellbar. Dies bietet sich aber nur an, wenn es um eine geringe Fallzahl geht. Dann kann aus einer Menge sämtlicher empirischer Daten, die innerhalb festgelegter Grenzen liegen, eine Klasse gebildet werden. Die Klassenzahl darf nicht zu hoch sein (Unübersichtlichkeit), die Klassenbreite soll in der Mitte der Verteilung in jeder Klasse mindestens einen Wert aufweisen und so gewählt werden, daß sie eine ungerade Zahl ist. Daraus läßt sich dann wiederum eine Tabelle (Spreadsheet) erstellen. Sie besteht aus Kopfspalte und -zeile sowie den Datenzeilen und -spalten. Zu entscheiden ist über die dabei zugrundeliegenden Filter, üblich sind AND-Verbindung (Multiplikation), OR-Verbindung (Addition) und NAND-Verbindung (Addition abzgl. Schnittmenge). Auch sind die Breaks für den Tabellenkopf festzulegen und der Tabellenaufbau (Längsprozentuierung, Querprozentuierung, hochgerechnete Daten, effektive Fallzahlen oder Index). Qualitative Daten können durch Zuweisung von Zahlenwerten erzwungenermaßen quantifiziert werden.

Datenbanken

Zunehmend bedeutsam werden Datenbanken als Informationsquellen für Sekundärerhebungen. Dabei handelt es sich um EDV-mäßig organisierte Datenbestände, die betriebsintern oder -extern bestehen. Anforderungen sind im wesentlichen die Speicherung einer Vielzahl sachlicher und fachlicher Informationen, die ständig wechselnden Fragestellungen gerecht werden, hohe Zuverlässigkeit hinsichtlich Funktionsfähigkeit, Aktualität und Vollständigkeit haben, anwenderorientierte, dennoch möglichst mehrdimensionale Abfragemöglichkeiten erlauben und komfortable Berichterstattung bieten. Zu unterscheiden sind:

- Volltextdatenbanken, die den kompletten Inhalt erfaßter Publikationen speichern,
- Bibliographische Datenbanken, die neben Literaturhinweisen auch kurze Inhaltsangaben (Summary, Abstract) enthalten,
- Referenzdatenbanken, die nur Quellenhinweise zu Suchwörtern enthalten, z. B. Titel der Publikation, bibliographische Angaben, Schlagworte (sog. Directories),
- Faktendatenbanken, die Zusammenfassungen überbetrieblicher Datensammlungen speichern (z. B. Statistiken, Modelle),
- Numerische Datenbanken, die vornehmlich statistische Daten enthalten,
- Real Time-Datenbanken, die aktuelle Datenänderungen zeitgleich wiedergeben, z. B. an der Börse.

Interne Datenbanken werden zumeist im Rahmen des Data Base Marketing genutzt, externe Datenbanken werden von kommerziellen und halbstaatlichen Anbietern online per Datenfernübertragung (ISDN/Datex P) oder offline per Voranfrage und gegen Gebühr zur Verfügung gestellt.

Wer das reichhaltige, ständig wachsende Angebot der Datenbanken nutzen will, schließt einen Vertrag mit dem Datenbankbetreiber (Host, z. B. Genios, Data Star, BIS) ab und hat gegen Grundpauschale und zeitabhängige Gebühr Zugang zu allen von diesem betriebenen Datenbanken. Für den Zugriff ist keine gesonderte Programmsprache erforderlich. Allerdings weichen die Nutzeroberflächen der Datenbankprogramme doch erheblich voneinander ab. Die technische Ausstattung zum Empfang umfaßt Terminal (PC), Modem oder Akustikkoppler, Kommunikationssoftware und Datex-P-Anschluß über die Telekom. Problematisch sind jedoch die Kosten für und der komplizierte Zugriff auf Datenbanken sowie die immer noch mangelnde Aktualität und Vollständigkeit der dort abgelegten Daten. Lösungen stellen Meta-Datenbanken dar, also Datenbanken über Datenbanken, und Informationsvermittlungsstellen (Broker).

Außerdem gibt es Hilfsbetriebe zur Informationssammlung wie Zeitungsausschnittbüros (Clipping Service), Adressenlieferanten, Sonderdienste, z. B. *Schwacke*-Report, etc. Damit sind die Quellen vielfältigst und wohl kaum noch überschaubar.

Datenbankschnittstelle

(→ Marketing-Informations-System, Struktur)

Datenbasis

Die *Vollständigkeit* der Daten betrifft sowohl betriebsinterne Tatbestände als auch Tatbestände aus dem Betriebsumfeld. Bei letzteren handelt es sich um Daten- oder Instrumentalinformationen. Erstere betreffen nicht-wirtschaftliche Daten und wirtschaftliche Daten. Letztere wiederum sind gesamtwirtschaftliche Größen, die auf die einzelwirtschaftlichen Planungsdeterminanten einwirken und regelmäßig für die ganze Branche in mehr oder minder gleichem Ausmaß gelten, Brancheninformationen, die die relative Einordnung innerhalb des Branchenumfelds zur Nutzung von Positionsvorteilen betreffen, und Größen des relevanten Markts. Dabei handelt es sich um Konkurrenzinformationen, die gerade in neuerer Zeit verstärkt Beachtung bei der Absatzplanung finden, und Nachfragerinformationen. Diese beziehen sich auf Bedarfe von Nachfragern, deren Bedarfsintensität sowie deren Entscheidungs- und Kaufverhalten, die Kaufkraft zum Abgleich der Daten mit der finanziellen Leistungsfähigkeit und Bereitschaft der Nachfrager und das Bindungsverhältnis und seine Ausprägung zur Sicherung bzw. Erweiterung der Geschäftsbasis. Instrumentalinformationen betreffen Betriebsreaktionen auf Umweltaktivitäten von Abnehmern, Lieferanten, potentiellen und aktuellen Konkurrenten sowie Substitutionsgutanbietern, Umweltreaktionen auf Betriebsaktivitäten bei eben diesen Gruppen und Extraumwelten wie politische, rechtliche, soziale und technische Rahmenbedingungen, die gerade infolge restriktiver Umweltvoraussetzungen in ihren Veränderungen immer bedeutsamer werden.

Der *Zeitrahmen* der Daten betrifft einerseits Querschnittsdaten, d. h. mehrere Datenmengen, die zu einem gemeinsamen Zeitpunkt erhoben werden, oder andererseits Längsschnittdaten, d. h. eine gemeinsame Datenmenge, die zu mehreren Zeitpunkten erhoben wird. Ersteres trifft etwa auf Mehrthemenbefragungen (Omnibus) im Rahmen der Marktforschung zu, letzteres auf Wellenbefragungen (Panel/Tracking).

Die *Güte* der Daten betrifft den Sicherheitsgrad, mit dem diese Daten die Realität widerspiegeln.

Die *Genauigkeit* der Daten betrifft ihre formale und materielle Verläßlichkeit. Die formale Verläßlichkeit beschreibt die Stabilität eines Ergebnisses bei wiederholten Messungen. Die Prüfung erfolgt durch Ausbleiben von Abweichungen bei Wiederholung und ist umgekehrt proportional zum Ausmaß der Abweichung der Ergebnisse zu bewerten. Die materielle Verläßlichkeit beschreibt die Fähigkeit der Daten, tatsächlich das wiederzugeben, was man aus ihnen interpretieren zu können glaubt. Die Prüfung erfolgt durch Plausibilität einer Ursache und ist umgekehrt proportional zur Wahrscheinlichkeit mehrerer Ursachen.

(→ Marketingforschung)

Datenerhebungsphase

(→ Marketingforschung, Phasen)

Datenfernübertragung (DFÜ)

(→ Desk Top Publishing, Vernetzung)

Datenkommunikation

Für die Datenkommunikation ergeben sich innerhalb der Neuen Medien folgende Möglichkeiten:

- *Mailbox* (Telebox): Dabei handelt es sich um einen elektronischen Briefkasten. In diesen können Mitteilungen eingegeben werden, die für den Mailbox-Halter jederzeit abrufbar sind. Gleichzeitig können mehrere Mailbox-Adressen angesprochen werden. Der Absender erhält darüber eine Empfangsbestätigung. Auch ist die Rücknahme und Korrektur bereits versandter Mitteilungen möglich, solange diese noch nicht entnommen worden sind. Außerdem sind eine Prioritätssetzung der Informationen (Stack) und eine Antwortaufforderung möglich. Die Übertragung erfolgt als Maschine-Maschine-Kommunikation.
- *Computerkonferenz* (Rechnerdialog): Dabei werden mehrere PC's in Ring-, Stern- oder Netzform außerhalb eines LAN zusammengeschaltet, um untereinander Daten auszutauschen oder zu überspielen (Electronic Data Interchange/EDI).
- *Telemetrie* (Fernwirken): Dies ist ein Sammelbegriff für die Überwachung räumlich entfernter Objekte mittels Telefonleitung (Ruf- + Codenummer). Anwendungsbe-

reiche sind etwa Signalanlagen bei Verkehrsmitteln, Betriebsführung in der Energieversorgung, aber auch die Erfassung des Einschaltzustands bei Fernseh- und Rundfunkgeräten sowie die Gebührenerhebung bei Pay-TV.

- *Datenbank*: Hierbei erfolgt eine Recherche bei elektronischen Archiven, die Daten sammeln.

(→ Neue Medien)

Datenquellen

Als Datenquellen für Sekundärinformationen kommen interne und externe in Betracht. Interne Datenquellen betreffen etwa Belege aus Rechnungswesen, Produktionsstatistik, allgemeine und Kunden-Statistiken über Auftragseingang und Versand, Geschäftsart, Abnehmergruppen, Export, regionale Marktbedeutung, Qualitäten, Abmessungen, Reklamationen etc., Außendienstberichte, Messe- und Ausstellungsberichte, frühere eigene Primärerhebungen, Buchhaltungs- und Vertriebskostenrechnungsunterlagen, Forschungs- und Entwicklungsnachrichten etc. Ein Problem besteht hier vor allem in einer für die Auswertung geeigneten Aufbereitung der vorhandenen Daten, die meist nicht gegeben ist.

Externe Datenquellen betreffen:

- Amtliche Statistiken (Statistisches Bundesamt in Wiesbaden, Statistische Landesämter in den Landeshauptstädten, Statistische Gemeindeämter bei den Kreisverwaltungen),
- Veröffentlichungen von sonstigen amtlichen und halbamtlichen Stellen wie Ministerien, kommunalen Verwaltungsstellen, Kfz-Bundesamt, Bundesbank, Industrie- und Handelskammern, Handwerkskammern, Körperschaften etc.,
- Veröffentlichungen von Wirtschaftsverbänden, -organisationen etc. und von wirtschaftswissenschaftlichen Instituten, Universitäten wie Ifo-Institut, HWWA, Institut für Weltwirtschaft, Prognos, DIW, RWI etc.,
- Veröffentlichungen von Kreditinstituten und deren Sonderdienste sowie aus der Medienwirtschaft, vor allem zur Mediaforschung,
- Veröffentlichungen firmenspezifischer Art wie Geschäftsberichte, Firmenzeitungen, Kataloge, Werbemittel etc.,
- Informationsmaterial von Adreßverlagen, Informationsmaklern, Beratungsunternehmen, Internationalen Organisationen wie UNO, ILO, FAO, OECD, EU, Weltbank etc., Marktforschungsinstituten, Messeveranstaltern, Spezialverlagen etc. Im Unterschied zu den vorher aufgeführten Quellen bieten diese ihre Dienste auf rein kommerzieller Basis an.

Problematisch bleibt allerdings die schwierige Abgrenzung der Erhebungsbereiche und -einheiten, die mangelnde Vergleichbarkeit von Daten vor allem auf internationaler Ebene, deren zweifelhafte Repräsentanz im Einzelfall und die meist sehr hohe Aggregationsebene. Hinzu

kommt die fehlende Aktualität infolge langer Erhebungszyklen und verzögerter Veröffentlichung (Vgl. *Pepels, Werner:* Käuferverhalten und Marktforschung, Stuttgart 1995).
(→ Marketingforschung)

Datenschutz

Der Schutz der Privatsphäre natürlicher Personen und ihr Recht auf informationelle Selbstbestimmung und Gewaltenteilung ist im Bundesdatenschutzgesetz (BDSG) geregelt, indem der Beeinträchtigung schutzwürdiger Belange der Betroffenen bei personenbezogenen Daten durch Mißbrauch bei der Datenverarbeitung, d. h. Speicherung, Übermittlung, Veränderung und Löschung, entgegengewirkt wird. Darin ist der Umgang mit personenbezogenen Daten insb. in bezug auf die Zulässigkeit der Speicherung und Übermittlung geregelt. Angesichts der wachsenden Sensibilität in der Bevölkerung gegenüber Datenschutzproblemen ist die mangelnde Berücksichtigung der Datenschutzbestimmungen erschwerend für den Zugang zu Probanden nicht nur für den einzelnen Forscher selbst, sondern auch für nachfolgende Forscher. Bei personenbezogenen Daten handelt es sich um Einzelangaben über persönliche oder sachliche Verhältnisse. Dadurch soll die Person, die hinter diesen Daten bestimmbar ist, geschützt werden. Ausnahmen bestehen, wenn das BDSG selbst oder eine andere Rechtsvorschrift dies erlaubt oder die Einwilligung der auskunftgebenden Person zur Datenverarbeitung vorliegt. Ansonsten sind Daten nur anonym verarbeitbar, außer wenn kein Grund besteht, daß durch die Verarbeitung schutzwürdige Belange der Betroffenen beeinträchtigt werden. Sofern Daten aus öffentlich zugänglichen Quellen stammen, ist ihre Verarbeitung für interne Zwecke weitgehend problemlos. Externe Daten können aus Praktikabilitätsgründen, entgegen den Bestimmungen des BDSG, auch ohne Einwilligung der Betroffenen verarbeitet werden, wenn Personen- und Inhaltsfragen physisch immer getrennt bleiben, bestimmte Informationspflichten erfüllt werden sowie ein berechtigtes Interesse nachgewiesen werden kann.
(→ Marketingforschung)

Dauerwerbung/Werbetechnik

(→ Außenwerbung, Sonderformen)

De-Brief

(→ Briefing, Elemente)

Dealer Promotion

(→ Verkaufsförderung, Maßnahmen)

Decision Calculus

Bei der Denkweise des Decision Calculus steht die Benutzerfreundlichkeit von Modellen im Vordergrund. Danach sollen Modelle:

- besonders einfache Informationsverarbeitungsregeln haben, denn sie müssen leicht verständlich sein, wobei in Kauf genommen

wird, daß in Folge unwesentliche Aspekte vernachlässigt werden,
- vollständig sein und die Integration von Erfahrungen des Modellbenutzers in den Entscheidungsprozeß ermöglichen,
- anpassungsfähig sein, damit sie sich ohne Schwierigkeiten neuen Informationen und Denkmustern anpassen lassen,
- möglichst robust gegen Grenzfälle und Mißbrauch sein, dürfen also keine offensichtlich unsinnigen Lösungen vorschlagen,
- eine Überprüfung des Zustandekommens von Modellbefunden zulassen, um das Vertrauen in die Ergebnisse zu stärken,
- kommunikationsfähig sein, also den Benutzer in die Lage versetzen, möglichst unmittelbar und rasch zu interagieren.

Die Entscheidungsvorbereitung wird allgemein verbessert durch vollständige und präzise Formulierung eines Entscheidungsproblems, transparente Prämissen, die kontrollierbar und dokumentierbar sind, ausgewiesene Chancen und Risiken einer Entscheidung und reduzierte Probleme aus komplexen Aufgabenstellungen.

Diese Voraussetzungen fördern allgemein die Modellakzeptanz. Ziel ist nun eine Intelligenzverstärkung des Entscheiders. Dazu wird dem Benutzer angeboten, Daten aus einer Datenbank für seine Problemstellungen abzurufen, diese mit bestimmten Methoden nach seiner Wahl aufzubereiten und in Entscheidungsmodelle einzubringen.

Die Anforderungen widersprechen sich allerdings teilweise. So ist z. B. ein Modell, das eine gewisse Vollständigkeit erreicht, meist nicht mehr einfach, während einfache Modelle wiederum wichtige Einflußgrößen notgedrungen vernachlässigen. Mit dem Grad erreichter Vollständigkeit sinken zudem die Benutzersicherheit durch Komplexität und die Nachprüfbarkeit mangels Transparenz.

Deckungsbeitragsrechnung, Darstellung

Bei der einstufigen Deckungsbeitragsrechnung wird in fixe und variable Kosten unterteilt. Der Betrag, der über die variablen Kosten hinausgeht, wird als Deckungsbeitrag den gesamten Fixkosten zugerechnet. Bei der mehrstufigen Deckungsbeitragsrechnung werden die Fixkosten nicht en bloc abgezogen, sondern weiter nach Zurechenbarkeit in der Hierarchie aufgeteilt, so z. B. nach Abteilungen, nach Programmteilen, nach Lieferanten, nach Filialen oder anderes mehr. Die Fixkosten werden hierarchisch aufgebrochen und in mehreren Bezugsebenen sukzessiv vom ersten Deckungsbeitrag abgezogen, bis sich der Gewinn (oder Verlust) ergibt. Als Bezugsgrößen kommen vor allem organisatorische Einheiten in Betracht. Dementsprechend gibt es eine Hierarchie von Deckungsbeiträgen.

Dadurch ergibt sich eine weitaus differenziertere Aussage als bei anderen Kostenrechnungsverfahren.

Konkret werden dazu vom Umsatz die gesamten variablen Kosten abgezogen. Das verbleibende Ergebnis ist der Deckungsbeitrag I. Meist werden mindestens vier Stufen der stufenweise Fixkostendeckung unterschieden. Der Deckungsbeitrag II weist das Ergebnis nach Abzug der unmittelbar nur einem Kostenträger (Produkt) zurechenbaren Fixkosten vom Deckungsbeitrag I aus. Der Dekungsbeitrag III weist das Ergebnis nach Abzug der unmittelbar nur dem nächstkomplexeren Kostenträger (Kategorie) zurechenbaren Fixkosten vom Deckungsbeitrag II aus. Der Deckungsbeitrag IV weist das Ergebnis nach Abzug der unmittelbar nur dem nächstkomplexeren Kostenträger (Abteilung) zurechenbaren Fixkosten vom Deckungsbeitrag III aus. Der Deckungsbeitrag V weist das Ergebnis nach Abzug der unmittelbar nur dem nächstkomplexeren Kostenträger (Bereich) zurechenbaren Fixkosten vom Deckungsbeitrag IV aus. Und der Gewinn (oder Verlust) ergibt sich schließlich nach Abzug der unmittelbar nur dem Betrieb als Ganzes zurechenbaren Fixkosten vom Deckungsbeitrag V.

Im Rahmen der Deckungsbeitragsflußrechnung können zudem verschiedene Effekte getrennt werden. So der Preiseffekt als durch Preisvariation bedingte Umsatzänderung, der Mengeneffekt als derjenige Teil der Umsatzänderung, der auf die Variation der Absatzmenge zurückzuführen ist, der Preis-Mengeneffekt als durch gleichzeitige Variation von Absatzmenge und Verkaufspreis verursachte, über den Preis- und Mengeneffekt hinausgehende Umsatzänderung, der Umsatzstruktureffekt als Teil der Umsatzänderung, der durch Veränderung der Absatzstruktur determiniert ist, der Stückkosteneffekt als durch Stückkostenvariation bedingte Umsatzänderung, der Gesamtkosteneffekt als Teil der Kostenänderung, der auf die Variation des Absatzes zurückzuführen ist, der Kosten-Mengeneffekt als durch gleichzeitige Variation von Stückkosten und Absatz verursachte, über den Stückkosten- und Gesamtkosteneffekt hinausgehende Umsatzänderung und der Kostenstruktureffekt als Teil der Kostenänderung, der durch Veränderung der Absatzstruktur determiniert wird.

Problematisch ist bei dieser Vorgehensweise, daß der fiktive, am Markt für durchsetzbar gehaltene Preis als Ausgangsbasis eher unsicher ist. Außerdem werden auf diese Weise die Gemeinkosten proportionalisiert, da nur nach Grenzkosten differenziert wird. Die Fixkosten werden zudem periodisiert. Vor allem aber besteht die Gefahr der Preisnachgiebigkeit durch falsches Deckungsbeitrags-Verständnis.
Denn bei Mitarbeitern im Absatzbereich wird Deckungsbeitrag oft genug fälschlicherweise mit Gewinn gleichgesetzt. Dies führt dazu, daß Preisuntergrenzen, die tatsächlich schon gewinnlos oder sogar verlustträchtig sind, als nur gewinngemindert vermutet werden. Und da Verkäufer nun einmal vor allem anderen

am Verkaufen interessiert sind, gehen sie leichtfertig mit vermeintlich noch profitablen Preisuntergrenzen um. Dies gilt um so mehr, als es eine erhebliche Asymmetrie zwischen der Veränderung der Ertragssituation bei Preisreduktion und bei Preiserhöhung gibt. Preisreduktion führt (bei der heute weit verbreiteten hohen Fixkostenlastigkeit der Betriebsführung) zu einer weit überproportionalen Erhöhung von Zielumsatz bzw. -absatz und zu einer ebensolchen Verschlechterung der Rendite. Preiserhöhung führt hingegen unter gleichen Bedingungen nur zu einer weit unterproportionalen Senkung von Zielumsatz bzw. -absatz und zu einer ebensolchen Verbesserung der Rendite. Die Iso-Dekungsbeitragskurve verläuft also stark degressiv.

Deckungsbeitragsrechnung, Kostenanalysen

Die Deckungsbeitragsrechnung gibt Entscheidungshilfe bei der Bestimmung von Preisuntergrenze, Programmstruktur und Regalplatzengpaß. Man kann verschiedene Preisuntergrenzen unterscheiden. Die Preisuntergrenze, die nicht nur die Deckung aller Kosten, sondern auch die Erzielung eines Plangewinns zuläßt, die (langfristige) Preisuntergrenze, die zwar die Deckung aller Kosten erlaubt, nicht jedoch die Erzielung von Gewinn, und die (kurzfristige) Preisuntergrenze, die zwar keine Gewinnerzielung erlaubt, aber alle ausgabenwirksamen, variablen Kostenelemente abdeckt. Diese kann weiter differenziert werden in die Preisuntergrenze bei Fixkostendeckung bis auf die Betriebsfixkosten, die Preisuntergrenze bei Fixkostendeckung bis auf die Betriebs- und Bereichsfixkosten, die Preisuntergrenze bei Fixkostendeckung bis auf die Betriebs-, Bereichs- und Abteilungsfixkosten, die Preisuntergrenze bei Fixkostendeckung bis auf die Betriebs-, Bereichs-, Abteilungs- und Kategoriefixkosten und die Preisuntergrenze bei Abdeckung nur der variablen Kostenelemente. Entscheidend ist dabei, daß nicht immer jedes einzelne Angebot alle von ihm verursachten Kosten plus Plangewinn tragen muß, sofern es nur andere Angebote gibt, die über die reine Kostendeckung plus Plangewinn hinaus Erträge erbringen (Simultanausgleich), oder die Kosten plus Plangewinn nicht in der Periode voll abzudecken sind, in der die kostenverursachenden Erlöse erzielt werden (Sukzessivausgleich). Dabei ist als weitere Größe die Liquidität von Bedeutung. Diese wird in der Variante der pagatorischen Dekkungsbeitragsrechnung berücksichtigt. Dabei werden alle Kosten in ausgabenwirksame Beträge, z. B. Miet-, Gehalt-, Beitragszahlungen, und nicht-ausgabewirksame Beträge, z. B. kalkulatorische Kosten, aufgeteilt. Da davon auszugehen ist, daß die variablen Kosten regelmäßig zugleich auch ausgabewirksam sind, betrifft dies in erster Linie die Fixkosten. Die Deckung der ausgabenwirksamen Fixkosten neben den variablen Kosten ist daher zur Erhaltung der Liquidität des Betriebs normalerweise existenznotwendig. Illiquidität zwingt zur Einstellung des Geschäftsbetriebs. Auf die Deckung der nicht-ausgabenwirksamen Kosten und des Plangewinns kann jedoch zumindest vorübergehend verzichtet werden. Daher bietet sich eine parallele pagatorische Deckungsbeitragsrechnung an, die sicherstellt, daß die Ausnutzung von Preisuntergrenzen nicht die Liquidität gefährdet.

Ebenso wird ein zielorientiertes Leitungsprinzip des Management by Objectives unterstützt. Weit überwiegend erfolgt dabei die Steuerung anhand quantifizierter Erfolgsgrößen. Dies setzt aber voraus, daß den jeweiligen Ziel-Verantwortlichen nur solche Kosten und Erträge zugerechnet werden, die sie auch voll inhaltlich zu verantworten haben. Genau dies wird durch die differenzierte Erfolgszumessung der hierarchischen Deckungsbeiträge möglich. Jede Hierarchiestufe hat nur die zu ihrer Leitungsspanne gehörigen Kosten und Erträge zu vertreten, kann also anhand der Deckungsbeiträge gerecht beurteilt werden. Außerhalb der jeweiligen Leitungsspanne beeinflußte Ergebnisse werden wirksam abgegrenzt und der nächsthöheren Hierarchiestufe zugemessen. Dies macht erst eine pretiale Lenkung möglich.

Dann ist die Deckungsbeitragsrechnung marketingorientiert konzipiert, weil sie retrograd von einem am Markt für realisierbar gehaltenen Verkaufspreis auf das bei gegebener Kostenstruktur verbleibende Ergebnis zurückrechnet. Denn der Markt kennt keine Kosten, sondern nur Nutzen. D.h. die Selbstkosten eines Angebots können in Relation zu dessen Angebotspreis lächerlich gering sein, wenn nur den Nachfragern damit angebotene Nutzen ihnen diesen Preis wert sind. Allerdings werden nicht einmal die Selbstkosten am Markt realisiert, wenn der vom Angebot gestiftete Nutzen gering scheint. Damit aber sind die Kosten für die Ermittlung des Angebotspreises sekundär. Die in der Zuschlagskalkulation vorgenommene progressive Hochrechnung von einzelnen Kostenpositionen auf den Angebotspreis suggeriert hingegen eine Honorierung der Kosten am Markt, die nicht der Fall ist. Dieses Mißverständnis vermeidet die Deckungsbeitragsrechnung.

Deckungsbeitragsrechnung, Moderne Varianten

Die Deckungsbeitragsrechnung auf Basis von Grenzkosten (*Grenzplankostenrechnung*) arbeitet analog der flexiblen Plankostenrechnung, verzichtet jedoch auf die Ermittlung der Beschäftigungsabweichung durch ausschließliche Berücksichtigung der variablen Kosten. Eine Abweichung zwischen Ist- und Sollkosten ist daher automatisch als Verbrauchsabweichung zu interpretieren. Dazu werden für jede Kostenposition Planpreise und -mengen festgelegt. Letztere basieren auf Arbeitsbewertung unter Abzug von Ausfallquoten (Schwund). Die so ermittelten theoretischen Sollwerte werden den Istwerten gegenübergestellt. Bei Abweichung wird die Verantwortlichkeit zu klären gesucht und mit allen Beteiligten besprochen. Da die variablen Betriebskosten im Handel typischerweise den geringeren Anteil gegenüber dem Wareneinsatz ausmachen, bietet sich diese Rechnungsgrundlage weniger an. Viel eher kommt eine Rechnungsgrundlage von relativen Einzelkosten im Handel in Betracht.

Daneben gibt es auch die Dekkungsbeitragsrechnung auf Basis von relativen Einzelkosten (*relative Einzelkostenrechnung*). Hierbei wird der Kostenblock nicht in fixe und variable Bestandteile aufgeteilt, sondern in Einzelkosten verschiedener Zurechnungsebenen. Die Aufteilung erfolgt hierarchisch derart, daß immer die niedrigstmögliche Zurechnungsebene in der Organisation gewählt wird, bei der Kostenelemente gerade noch als Einzelkosten ausweisbar sind. Einzelkosten einer niedrigeren Ebene sind dabei Gemeinkosten einer höheren und umgekehrt. Auf diese Weise erfolgt eine möglichst vollständige Erfassung aller Kosten möglichst nahe bei den jeweiligen Kostenträgern.

Deepening im Marketing

Im Verlauf der Zeit wurde die zunächst nur auf die Vermarktung konzentrierte Sichtweise des Marketing ergänzt um die Notwendigkeit, die Berechtigung dieser Marktpräsenz öffentlich auszuweisen. Dies geschah durch Betonung der *Corporate Identity* (CI). Später wurde erkannt, daß auch die weitergehende gesellschaftliche Verantwortung Marketingdenkweisen zugänglich ist. Diese *Sozialverantwortung* drückt sich etwa in der Betonung der Verbraucherpolitik aus, deren altruistische Ziele oftmals zu denen der Anbieterseite konfligent sind. Danach traten ethische Aspekte hinzu, die zur Betonung der Werthaltung nicht nur gegenüber der Nachfragerseite, sondern gegenüber allen *gesellschaftlichen Anspruchsgruppen* führten. Dabei spielen einige zentrale Begriffe eine Rolle. So wird der Tatbestand der Vermarktung allein für die Marktpräsenz als nicht mehr ausreichend angesehen, vielmehr wird von der Öffentlichkeit nach der dahinterstehenden Marktberechtigung gefragt. Die Antwort erfordert eine durchdachte Konzipierung des Selbstverständnisses, wie es professionell geführte Anbieter etwa in Form von Unternehmensleitsätzen formulieren. Dies impliziert die Bereitschaft zur gesellschaftlichen Verantwortungsübernahme gegenüber den Anspruchsgruppen. Zu denken ist hier an selbstbeschränkende Auflagen der Anbieter, vor allem auch an die Berücksichtigung ökologischer Aspekte, die sich etwa in Formen des Reduktions-(Counter-)marketing niederschlagen. Außerdem ist an ethische Probleme zu denken. Als die vordringlichsten können gelten: ruinöse Preiskonkurrenz, Ungleichbehandlung weiblicher Servicekräfte, Auslagerung serviceverbundener Produktion in Billiglohnländer mit schlechter sozialer Absicherung der dortigen Arbeitnehmer, mangelnde Entfaltungsmöglichkeiten der Mitarbeiter (z. B. geringfügige Beschäftigungsverhältnisse), umweltschädliche Leistungserstellung oder -verwendung, Korruption in Ein- und Verkauf, unvollständige Information der Öffentlichkeit, Entlassungen mit sozialen Härten, wettbewerbswidrige Absprachen, unfairer Wettbewerb und Einlassung mit Ländern, die die Menschenrechte verletzen.

(→ Marketing, Definition)

Defender

(→ Innovation)

Definitionsphase

(→ Marketingforschung, Phasen)

Degenerationsphase

In der Degenerationsphase des Lebenszyklus brechen Umsatz und Gewinn am Markt zusammen. Verluste laufen auf, der Cash Flow sinkt schnell ab, und Konkurrenten scheiden vom Markt aus. Ziel des Marketing ist die Vermeidung dieser mißlichen Situation durch rechtzeitigen Relaunch (Produktvariation), durch Rückzug des Produkts (Produktelimination) oder durch Life Cycle Stretching. Der Markt ist durch Verdrängungswettbewerb gekennzeichnet. Als Käufer kommen die Spätadopter bzw. Nachzügler zum Zuge. Unternehmen bereiten die Produktelimination in Anschluß an das Ausmelken der Produkte vor. Das Preisniveau ist eher niedrig. Gleichzeitig sinkt die Distribution, da Handelsgeschäfte das Produkt zunehmend auslisten bzw. austauschen. Aus Kostengründen wird die Werbung reduziert. Die absatzpolitischen Aktivitäten sind eher niedrig einzuordnen. Es herrschen Überkapazitäten und branchenweiter Umsatzrückgang trotz Massenproduktion und -vertrieb vor. Es kommt zu Preisverfall, worunter die Markentreue leidet. Statt technischen Fortschritts dominiert Kostenkontrolle. Es kommt zum Marktaustritt von Wettbewerbern, die sich auf die Entwicklung neuer Produkte konzentrieren. Als Ziel gilt Marktbeherrschung.

(→ Lebenszyklus-Analyse)

Deglomerative Preisdifferenzierung

(→ Preisdifferenzierung)

Delivered at Frontier

(→ Incoterms)

Delivered Duty Paid

(→ Incoterms)

Delphi-Methode

Unter Delphi-Methode versteht man eine qualitative Prognosetechnik mit schriftlicher Befragung mehrerer Informanten, die untereinander anonym bleiben, dies selbst nach Abschluß des Verfahrens. Die Abfrage erfolgt durch Fragebögen mit möglichst nicht mehr als 50 möglichst geschlossenen Fragen, die von Runde zu Runde verändert werden. Befragt werden zwischen 20 und 100 Experten und Persönlichkeiten. Diese Befragung wird von einem Moderator geleitet, durchgeführt und ausgewertet. Er entscheidet auch über den kontrollierten Rückfluß von Informationen mit Argumenten und Gegenargumenten im Zuge mehrerer Befragungszyklen. Die Einzelangaben können dabei entsprechend der vermuteten Kompetenz der Befragten gewichtet werden. Nach jeder Runde werden die Teilnehmer aufgefordert, ihre Angaben entsprechend des gemeinsamen, höheren Informationsstands zu überprüfen und ggfls. zu korrigieren. Dadurch entsteht eine positive Informationsrückkopplung. Nach drei bis vier Runden ist meist ein abgerundetes Ergebnis erreicht. Für den Erfolg entscheidend sind die Erfahrung des Moderators und das Engagement der Teilnehmer.

Der Ablauf ist dabei wie folgt.

Zunächst erfolgen die Definition des Prognoseproblems, die Ermittlung von Experten, deren Anfrage zur Mitarbeit und die Einrichtung der Delphi-Befragungsinstanz, es kommt zur Planung und Gestaltung von Inhalt, Form und Dauer des Befragungsprozesses, zur Bildung der Expertengruppe durch Aufforderung und Motivation zur Teilnahme mit Zusage oder Ablehnung der Teilnehmer.

Die Experten erhalten Informationen über Prognosegebiet und Vorgehensweise und werden nach möglichen zukünftigen Ereignissen im relevanten Bereich befragt, der erste Fragebogen wird zugesandt und beantwortet, danach erfolgt die Auswertung.

Den Teilnehmern wird die in der ersten Runde ermittelte Liste denkbarer Entwicklungen übersandt, die sie daraufhin abschätzen, innerhalb welcher Zeitspanne diese eintreten können.

Die sich ergebenden Individualschätzungen werden allen Beteiligten zugänglich gemacht, die ihre eigenen Schätzungen unter diesem Eindruck korrigieren oder abweichend begründen können, ein Feedback erfolgt über statistisches Gruppenurteil, extreme Urteile sollen in einer Zusatzantwort begründet und kritisiert werden.

Die Teilnehmer erhalten wiederum die neuen Daten und Begründungen, auf deren Basis sie eine abschließende Schätzung abgeben sollen, die Auswertung der Delphi-Prognose bzw. -Beurteilung gilt als Entscheidungsgrundlage.

Daraus folgen die Interpretation der Ergebnisse und die Darstellung der Prognose, die Information der Beteiligten und das vorläufige Ende des Prognoseprozesses.

Das Ausmaß der Übereinstimmung der Experten wird durch Ausweis des Medians kenntlich gemacht. Zusätzlich werden das erste und das dritte Quartil errechnet (= 50% der Werte liegen zwischen Median und Quartilen). Experten, deren Schätzungen außerhalb der

Quartile liegen, werden um eine Begründung gebeten. Dadurch wird eine Konvergenz der Ergebnisse angestrebt. Liegt der „wahre“ Wert außerhalb der Quartile, führen zusätzliche Befragungsrunden allerdings zu einer Verschlechterung der Ergebnisse.

Als wichtigste Vorteile der Delphi-Methode gelten dabei die folgenden. Durch die Anonymität und Isolation der Befragung unterbleibt jeglicher Gruppendruck. Die erstellten Prognosen werden iterativ durch die Gruppe selbst überprüft und erhärtet oder verworfen und führen so zur Konvergenz der Meinungen. Zusätzliche Begründungen für Schätzungen geben weiteren Aufschluß über abweichende Sichtweisen. Die Ergebnisse können gleich oder differenziert gewichtet werden. Es ergeben sich knappe, verständliche Formulierungen. Eine gute Analyse und Steuerung der Befragung ist möglich. Das Verfahren ist ortsungebunden einsetzbar. Es kann viele Teilnehmer haben.

Von Nachteil sind hingegen folgende Aspekte. Durch die Anonymität der Befragung kann unter den Teilnehmern kein direkter Lernprozeß stattfinden. Das starre Befragungsschema läßt nur wenig Raum für Entwicklungen. Die Informationsrückkopplung macht die Versuchung einer Meinungsanpassung an die Mehrheit groß. Durch das mehrstufige Procedere entsteht ein hoher Zeitbedarf. Problematisch ist zu bestimmen, wer als Experte wofür gilt. Die Repräsentanz der Zusammensetzung ist zudem fraglich. Das Verständnis der Fragen kann unterschiedlich sein. Die Änderungsfähigkeit der Ansichten führt zu Instabilitäten. Es liegt keine zureichende theoretische Fundierung vor.

(→ *Prognose)*

Demonstrationsladen

(→ *Direktvertrieb über Handlungsgehilfen)*

Demographie

(→ *Zielgruppen)*

Demokratische Grundhaltung

(→ *Führungsstile)*

Denotation

(→ *Transfermarke)*

Depotsystem

Beim Depotsystem im Eigenhandel beliefert der Hersteller den Handel selektiv unter der Voraussetzung der Sortimentsabnahmepflicht. Dadurch führen ausgewählte Händler ein repräsentatives Angebot der Marke, beraten diese kompetent und bevorzugt und präsentieren sie prominent. Ansonsten sind sie frei in der Geschäftsführung. Der Hersteller leistet umfangreiche Marketing-Hilfestellung, vor allem durch attraktive Produkte und vorverkaufende Werbung. Beispiele sind hochwertige Kosmetika in Parfümerien. Im Unterschied zu den Warenvermittlungsgeschäften wird der Depothändler Eigentümer der Ware und trägt daher auch alle damit verbundenen Kosten und Risiken. Dafür ist er frei in der

Geschäftsführung. Da es sich bei der Depotware um vorverkaufte, hochattraktive Produkte handelt, deren Produzent jedoch auf einem exclusiven Vertrieb besteht, ist er bereit, als Gegenleistung für die Aufnahme in die Distribution bestimmte Verpflichtungen einzugehen. Dazu gehört die Führung eines repräsentativen Sortiments, da der Hersteller bei nur begrenzter Distribution darauf angewiesen ist, daß in den wenigen Absatzstellen sein Programm möglichst vollständig vertreten ist. Dazu gehört auch die bevorzugte Beratung der im Depot geführten Waren, indem die Präferenz des Herstellers für den Absatzmittler von diesem an seine Endabnehmer weitergegeben wird. Und die prominente Präsentation der Depotwaren im Innenraum/Eingangsbereich und Schaufenster, damit Kunden dieses Angebot zuförderst gewahr werden.
(→ Warenverkaufsgeschäfte des Handels)

Design

Design betrifft die Entwicklung neuer (Innovationsdesign) und die Optimierung bestehender (Re-Design), industriell gefertigter bzw. zu fertigender Produkte und Produktsysteme für die physischen und psychischen Bedürfnisse der Benutzer-(Ziel-)gruppen auf Grundlage ästhetischer, wirtschaftlicher und ergonomischer Analysen mit Hilfe der Gestaltungsmittel Form, Farbe, Material und Zeichen. Die Ästhetik von Produkten ist im Rahmen der Lebensstil-Gesellschaft ein wichtiger Differenzierungsfaktor und bringt die eigenen kulturellen Ansprüche an das Umfeld zum Ausdruck. Anders als bei dieser dominanten Leistungsdimension geht es bei der Ökonomie um die effiziente Gestaltung von Aufwand und Nutzen durch Design. Es handelt sich damit eher um eine Funktion der Wertanalyse. Die Anforderung der Ergonomie tritt schließlich in den Vordergrund, seit nicht mehr die Form der Funktion folgt, sondern die Miniaturisierung eine zunehmend eigenbestimmte Gestaltung von Produkten erlaubt.

Design meint in diesem Zusammenhang die geschmackliche Gestaltung einer Warenhülle als Verpackung, die vom Produkt abtrennbar ist, als Umverpackung, die logistischen Zwecken dient, und als Aufmachung, die anlaßbezogen erfolgt. Dazu gehören auch On Packs wie z. B. Zugaben. Aufwendige Ausstattung fördert einerseits die Kaufbereitschaft, ist allerdings andererseits in Zeiten zu schonender Ressourcen gerade bei schwer abbaubaren Materialien bedenklich, da sie das Entsorgungsproblem nur weiter erhöht.

Vom Handwerk grenzt sich Design durch die Trennung von Entwurf und Realisation sowie industrielle, serielle Generalität ab, von der Kunst durch seine ge- oder verbrauchstechnische Funktionalität. Angestrebt wird das fortgeschrittenste, gerade noch akzeptierte Design, das verfügbar ist (Most advanced yet available design). Dadurch kommt es zu einer Evolution des Geschmacksempfindens.

Desk Research

(→ Sekundärerhebung)

Deskriptionstest

(→ Testverfahren, Empirische)

Deskriptive Datenanalyse

Eine Einteilung der Verfahren zur Analyse von Daten ist aufgrund deren Komplexität nicht ganz einfach. Eine Unterscheidung betrifft die *Zielsetzung*. Danach ergeben sich deskriptive und induktive Vorgehensweisen. Die deskriptive Datenanalyse hat die Aufbereitung und Auswertung von Daten zum Ziel, die induktive deren Schlußfolgerung.

Eine weitere Unterscheidung ist die nach der *Variablenzahl* in univariate (1), bivariate (2) und multivariate (> 2) Analyse. Bei der einfachen Datenanalyse wird nur eine einzige Variable untersucht, es handelt sich um sog. univariate Verfahren. Bei der zweifachen Datenanalyse werden die Beziehungen zwischen zwei Variablen untersucht, es handelt sich um sog. bivariate Verfahren. Bei der multiplen Datenanalyse werden mehr als zwei Variable untersucht, es handelt sich um sog. multivariate Verfahren. Die Abtrennung der Verfahren in bi- und multivariate ist allerdings nicht eindeutig zu treffen, da es die Mehrzahl der bivariaten Verfahren auch in multivariater Ausprägung gibt.

Eine weitere Unterscheidung ist nach den Beziehungen als *Häufigkeitsverteilung, Abhängigkeit* (Dependenz) oder *Zusammenhang* (Interdependenz) möglich. Bei der Analyse der Häufigkeitsverteilung wird die Verteilung der Häufigkeiten jeder Ausprägung eines Merkmals untersucht. Sofern man die Häufigkeiten dabei in Relation zur Gesamtzahl aller Ereignisse setzt, handelt es sich um eine relative Häufigkeitsverteilung. Dabei werden Lage- und Streuparameter behandelt, sowie Form- und Konzentrationsparameter. Ihnen liegt jeweils nur eine Variable zugrunde.

Bei der Analyse von Abhängigkeiten, der sog. Dependenzanalyse, wird die Variablenmenge (Datenmatrix) in abhängige und unabhängige Variable aufgeteilt, d. h. einer oder mehreren Variablen werden andere gegenübergestellt und deren Einflüsse untersucht. Die dabei vermuteten Abhängigkeiten werden allerdings nur rein formal ermittelt, nicht aber auf ihre Kausalität hin bewertet, die nach wie vor durch Logik zu prüfen ist.

Bei der Analyse von Zusammenhängen, der sog. Interdependenzanalyse, wird die Variablenmenge in der Datenmatrix nicht weiter partitioniert. Vielmehr wird die Wechselwirkung der Variablen untereinander untersucht. Von Dependenzanalyse spricht man also, wenn es um Abhängigkeiten geht, von Interdependenz, wenn es um Zusammenhänge geht. Erstere unterstellt einen Kausalzusammenhang derart, daß eine oder mehrere abhängige (oder

Kriteriums-)Variable von mehreren unabhängigen (oder Prädiktor-)Variablen beeinflußt werden. Ziel ist es, diesen Einfluß zu analysieren. Letztere unterstellt wechselseitige Beziehungen, ohne in abhängige und unabhängige Variable zu unterteilen.

Desk Top Publishing, Ausgabegeräte

Zum leistungsfähigen DTP-System gehören folgende Ausgabegeräte:

- Bildschirm. Hier sind Schwarzweiß-Bildschirme (höhere Schärfe) und Farbbildschirme (bis zu 256 Farbstufen) zu unterscheiden. Erstere arbeiten (bei DOS) mit Hercules-Karte, letztere nach CGA-, EGA- oder VGA-Standard. Dies erfordert entsprechende Videokarten im PC. Bildschirme dienen auch als stationäre Wiedergabeeinheiten (Dock) für Portable-PC's (Laptop, Palmtop). Wichtig ist die WYSIWIG-(What you see is what you get)Darstellung aller Elemente auf dem Screen. Zu unterscheiden sind weiterhin LCD-Flachbildschirme und Bildröhren-Monitore.
- Drucker: Hier sind nach dem System im wesentlichen Nadel-, Tintestrahl-, Thermotransfer- und Laserdrucker zu unterscheiden. Tintenstrahldrucker gibt es bereits preisgünstig für Farbwiedergabe. DTP-tauglich sind aber nur Laserdrucker, sofern diese mit Postscript arbeiten, einer Seitenbeschreibungssprache, die mittlerweile Standard ist. Außerdem läßt sich eine Vielzahl von Schriften-Cartridges einbauen. Thermotransfer- und Nadeldrucker haben nur Einsteiger- und Draft-Bedeutung. Wichtig ist ein Drucker-Spooler mit großem Speicherplatz, um paralleles Ausdrucken und Weiterarbeiten am PC zu erlauben.
- Plotter: Er dient der Ausgabe großflächiger, grafischer Darstellungen. Der Stift wird dabei punktuell oder zeilenweise gesteuert.
- Photobelichter: Sie dienen der Ausgabe reproduktionsfähiger Filme und erfordern zur Ansteuerung einen Rasterbildprocessor (RIP) und Laserrecorder (Linotype-Standard). Die Daten werden zunächst auf einen, lichtundurchlässig in einer Trommel aufbewahrten Negativfilm übertragen, der dann in einem separaten Arbeitsgang (bei Farbe in vier separaten Arbeitsgängen) entwikelt wird. Dabei ist zugleich eine Qualitätskontrolle vor Ausdruck des Werbemittels möglich.
- Diabelichter: Damit können konventionelle Kleinbilddias direkt aus den digital zur Verfügung stehenden Daten belichtet werden. Dies ist etwa für Multivisions-Präsentationen hilfreich.

Desk Top Publishing, Eingabegeräte

In neuerer Zeit gewinnt das Desk Top Publishing (DTP) dramatisch an

Bedeutung. Mit Hilfe leistungsfähiger PC's und komfortabler Programme ist damit eine computergestützte Vorlagenerstellung möglich. Dies gilt zunehmend sogar für den Bereich elektronischer Medien (etwa bei der Nachbearbeitung). Zum leistungsfähigen DTP-System gehören folgende Ausstattungsmerkmale der Eingabegeräte:

- Tastatur: Sie ist notwendig, um alphanumerische Texte einzugeben. Als Standard gelten 102 Tasten mit separatem Ziffernblock, Pufferung und Funktionsleiste.
- Maus: Sie erlaubt das leichte Ansteuern von Elementen auf dem Bildschirm (ansonsten über die Cursor-Steuertasten der Tastatur nur recht umständlich möglich). Sie kann mechanisch mit Rollkugel an der Unter- bzw. Oberseite (Trackball) oder optisch (auf Koordinatenunterlage) ausgelegt sein.
- Grafiktablett: Dieses funktioniert wie ein elektronischer Zeichenstift und ermöglicht das freihändige Führen des Cursors proportional zur ausgeführten Handbewegung mit dem Laserstift (Pointer). Dazu ist eine jederzeitige Koordinierung der Position des Pens und der Bildschirmposition des Cursors erforderlich.
- Berührungsempfindlicher Bildschirm: Er ermöglicht das direkte Antippen von Funktionsfeldern auf dem Bildschirm mit dem Finger. Dabei nehmen Sensoren am Bildschirmrand die Koordinaten des jeweils aktivierten Feldes ab und sorgen für die Ausführung der entsprechenden Funktion.
- Scanner: Dies ist ein Gerät zum Abtasten von Bild- oder Textvorlagen, die für gewöhnlich als Aufsicht vorliegen. Denkbar sind Hand-Scanner (preisgünstig, allerdings ungenau), Flachbett- oder Trommel-Scanner, jeweils mit Strich-, Raster- (beides schwarzweiß) oder Farbabtastung. Bilder werden als TIFF-(Top Image File Formate-) oder EPS-(Encapsulate Postscript-)Dateien erfaßt, Texte auf OCR-(Optical Character Recognition-)Basis.
- Videoschnittstelle (Digitizer): Sie erfaßt digitalisierte Standbilder, die von einer Videokamera zugespielt werden, und erlaubt damit deren Bearbeitung und Abspeicherung. Neuerdings ist es auch möglich, Bewegtbilder aus dem TV-Standard direkt auf PC-Bildschirm wiederzugeben. Die digitale Verarbeitung von Bewegtbildern ist erst noch in Sicht.
- Photoschnittstelle: Sie erfaßt digitale Photos auf entsprechendem Datenträger (z. B. Photo-CD von *Kodak*). Es kann sich aber auch um Diskette als Datenträger handeln (z. B. Still Video-Kamera von *Canon*).

Desk Top Publishing, Software

Zum leistungsfähigen DTP-System gehört folgende Software-Ausstattung:

- Betriebssystem: Dieses definiert aus Sicht des Anwenders vor allem die Benutzeroberfläche. Dabei haben sich *Apple* (ikonengesteuerte, intuitive Benutzerführung) und *Windows* (Adaptation auf IBM- oder IBM-Clone-Standard MS-DOS) durchgesetzt. Die grafische Benutzeroberfläche seit Vorstellung des *Apple Macintosh* stellt eine Revolution gegenüber den befehlsgesteuerten Betriebssystemen der Vorzeit dar.

- Textverarbeitung: Sie dient der Erfassung, Formatierung und Ausgabe von Texten. Am verbreitetsten sind hier die Programme *Word Perfect* und *Word*.
- Grafik: Sie ermöglicht die Erstellung und Ausschmückung beliebiger Bildelemente. Zu unterscheiden sind Illustrationsprogramme (z. B. *Freehand, Illustrator*) und Business Grafik-Programme (z. B. *Harvard*).
- Bildbearbeitung (EBV): Sie ermöglicht die Bearbeitung und Veränderung beliebiger Bildelemente, so das Freistellen, das Schärfen oder Unschärfen von Konturen, das Abdecken, die Veränderung von Farben oder Rastern.
- Ganzseitenlayout: Dies betrifft die Kombination von Bild- und Textelementen zu einer geschlossenen Darstellung (DTP i. e. S.). Am verbreitetsten sind hier die Programme *QuarkXPress* und *PageMaker*.
- Hilfsroutinen (Tools): Diese betreffen komfortable Arbeitserleichterungen und Sicherheitsverfahren. Auch Bildschirmschoner (Screen Saver) gehören hierher.
- Datenbank (Data Base): Diese Programme sind geeignet, große Mengen von Daten in geordneter Weise aufzunehmen, zu verwalten und auszugeben. Dies ist etwa für alle Arbeiten im Direktmarketing bedeutsam.
- Tabellenkalkulation (Spread Sheet): Diese Programme sind geeignet, Rechenalgorithmen zu erfassen und auf eingegebene Werte anzuwenden. Dies ermöglicht eine Verkettung von Rechenpositionen zur leichten Verfolgung der Auswirkungen von Inputänderungen auf deren Output.
- Integrierte Programme: Diese beinhalten meist Textverarbeitungs-, Datenbank- und Tabellenkalkulations-Module, wobei alle Daten zwischen diesen Modulen voll portabel sind. Gelegentlich sind auch Kommunikations- und Präsentations-Module vorgesehen. Verbreitete Programme sind *Ragtime* und *Works*.
- Sprachen: Hierbei handelt es sich um weitere Programmiersprachen für spezielle Anwendungen (z. B. *Turbo Pascal*).
- Multimedia: Diese Software dient der Integration von Standbild, Bewegtbild, Musik, Grafik, Text, Daten, Sprache und Licht zu einer mehrdimensionalen Präsentation, wie sie z. B. für Events gebraucht wird.
- Computer Based Training (CBT): Dies ist eine Spezialanwendung zum computergestützten Wissenstransfer, wie er für die Zukunft von überragender Bedeutung sein

wird. Hierzu gehören vor allem computergestützte Lernsysteme (CAL).

Desk Top Publishing, Speichermedien

Zum leistungsfähigen DTP-System gehören folgende Speichermedien:

- Arbeitsspeicher: Er ist das ständige Zwischenspeichermedium bei der DTP-Arbeit. Da hochauflösende, großformatige Grafiken, zumal in Farbe, enorm viel Speicherplatz beanspruchen, ist auf eine genügend große Auslegung zu achten, da ansonsten keine komplette Dokumentenbearbeitung möglich ist. Als Minimum sind 4–8 MB anzusehen.
- Festplatte: Sie ist stationär im PC installiert und hat eine möglichst hohe Kapazität, da bei feinaufgelöster, farbiger Darstellung rasch ein enormer Speicherbedarf besteht. Zudem werden Reserven für Back-Dateien und den Arbeitsspeicherinhalt gehalten, so daß nicht die gesamte Kapazität zur Verfgung steht. Minimum sind 160 MB.
- Diskette: Sie hat sich im 3,5"-Format durchgesetzt und dient der Portabilität von Daten im begrenzten Umfang sowie der Datensicherung. Die Kapazität beträgt max. 1,44 MB und ist für DTP-Verhältnisse sehr begrenzt. Das 5 1/4"-Format wird wegen der geringeren Datensicherheit vom Markt zunehmend verdrängt.
- Wechselplatte: Sie ist eine mobile Festplatte, die wie eine Diskette zu handhaben ist, aber wesentlich mehr Speicherplatz aufweist. Damit ist es möglich, Daten in großem Umfang zu transportieren. Sie wird extern angeschlossen oder am Gerätesystem angedockt.
- Streamer: Dies ist ein Bandlaufwerk, das zwar nur sequentiellen Datenzugriff erlaubt, dafür aber enorme Datenmengen zu speichern vermag. Es bietet sich daher an, Bänder als Sicherheitskopien im Hintergrund aufzubewahren.
- CD-ROM: Dies ist ein optisches Speichermedium im Format der CD. Zum Betrieb ist ein spezielles Laufwerk am PC erforderlich. Sofern eine einmalige Bespielung möglich ist, handelt es sich um eine magnetooptische CD-WROM, die jedoch derzeit noch nicht in einem herkömmlichen CD-Laufwerk abspielbar ist. Der CD-ROM gehört als Datenträger die Zukunft.

Desk Top Publishing, Vernetzung

Zum leistungsfähigen DTP-System gehört folgende Vernetzung:

- LAN (Local Area Network): Damit können die verschiedenen Eingabe-, Ausgabe- und Speichermedien über mehrere Arbeitsplätze hinweg vernetzt werden, sodaß Daten im Pool austauschbar sind. Das verbreitetste Netzwerk ist Ethernet.
- DFÜ (Datenfernübertragung): Hier können über Telefonkabel (mittels Akustikkoppler) oder ISDN-(Integrated Services Digital

Network-)Knoten (mittels Interface) Daten von PC zu PC fernübertragen werden (Maschine-Maschine-Kommunikation).

Detaillierungsgrad

(→ Information, Anforderungen)

Deterministische Informationen

(→ Information, Bestimmtheit)

Dia auf Film

(→ Kinospots)

Diabelichter

(→ Desk Top Publishing, Ausgabegeräte)

Diagonale Diversifikation

(→ Diversifikation, Formen)

Dialogbank

(→ Marketing-Informations-System, Struktur)

Dialogfragen

(→ Fragefunktionen)

Dialogmodul

(→ Expertensystem)

Dialogspot

(→ Rundfunkspots, Sonderformen)

Dialogwerbung

(→ Kommunikation, Formen)

Dienstleistungen, Bedeutung

Nach hinlänglich gemeinsamer Auffassung umfassen Dienstleistungen im wesentlichen die einzelwirtschaftlichen Bereiche Beherbergung, Bewirtung, Erholung, Haushalt, persönliche Dienste, Sicherheit, Gesundheit, Fürsorge, Ernährung, freiberufliche Tätigkeiten, Versicherung, Geld- und Kreditwesen, Transport, Nachrichtenübermittlung, Information, Unterricht, Forschung, Kunst, Unterhaltung, Sport, Körperpflege, Reinigung, Reparatur, Rechts- und Wirtschaftsberatung, Vermittlung, Energieversorgung und öffentliche Verwaltung. Eine Sonderform stellt das Handwerk dar, das sich wiederum in primäres Ladenhandwerk (z. B. Bäcker, Konditor, Fleischer, Optiker, Uhrmacher, Goldschmied, Friseur) und primäres Verrichtungshandwerk unterteilt (z. B. Elektroinstallateur, Fliesenleger, Kfz-Mechaniker). Hinzu kommen die von Sachgüterherstellern produktverbunden angebotenen Dienstleistungen (z. B. Automobil plus garantierter Kundendienst) und die selbständigen Dienstleistungen mit Sachgütern (z. B. Automobil-Handel, -Vermietung, -Leasing).

Das Statistische Bundesamt unterscheidet (gesamtwirtschaftlich) weiterhin in die Bereiche Handel, Verkehr und Nachrichtenübermittlung, Kreditinstitute und Versicherungsgewerbe, Dienstleistungen von Unternehmen und freien Berufen, Organisationen ohne Erwerbscharakter und private Haushalte sowie Gebietskörperschaften und Sozialversicherungen. Dieser so definierte tertiäre Sektor macht hierzulande aktuell (1994) bereits knapp 55% der Bruttowertschöpfung aus. Damit liegt Deutschland aber noch ausgesprochen weit zurück. Führend sind Länder wie Kanada und die USA (je 73%), Australien, Norwegen und Großbritannien (je 70%), Schweden (68%), Frankreich (64%), Finnland (62%), Schweiz, Italien und Japan (60%), Spanien und Österreich (56%). Hinzu kommen interne Dienstleistungen, denn die Produktionskosten sinken permanent (durch Verlagerung ins Ausland oder in Anlageinvestitionen), ihre relative Bedeutung im Wertschöpfungsprozeß geht damit zurück. Man schätzt, daß etwa die Hälfte des der Produktion zugeschriebenen Bruttoinlandsprodukts tatsächlich durch interne Dienstleistungen zustandekommt (das sind, je nach Lage der Dinge, weitere 5–15%). Interne Dienstleistungen sind zwar an sich nicht marktrelevant, aus einer internen Dienstleistung kann jedoch im Rahmen der Externalisierung eine externe Dienstleistung werden (z. B. Datenverarbeitung wie bei Debis, Seminare wie bei Lufthansa).

Die Trennung zwischen Produkten und Dienstleistungen verwischt auf diese Weise mehr und mehr (z. B. Mehrwertdienst, Systemgeschäft, Leistungsbündel).

Daß Deutschland im Dienstleistungsbereich eher ein „Entwicklungsland" ist, drückt sich auch im hohen Importüberschuß ausländischer Dienstleistungen aus. Kritiker vermuten, daß dies mit der Mentalität der Deutschen zusammenhängt, die einer gewissen Servilität (Serviceability), wie sie nun einmal immanenter Bestandteil jeder Dienstleistung ist, entbehrt. Und deutsche Auslandsbesucher stellen oft verwundert fest, welche Qualität und welcher Umfang an Dienstleistungen dort selbstverständlich sind und im Inland vermißt werden. So ist es auch nicht verwunderlich, daß Dienstleistungs-Marketing in einigen der o.g. Länder wesentlich weiter fortgeschritten ist als hierzulande, vor allem in Nordamerika und Skandinavien (sog. Nordic School).

Dienstleistung, Definition

Sowohl die weitverbreitete Negativabgrenzung von Sachleistungen als auch die (enumerative) Beispielnennung stellen keine vernünftige Arbeitsbasis dar. Vielmehr geht es um eine positive, explizite Definition. Dafür zeigen sich vier Ansatzpunkte (vgl. *Meffert, Heribert/Bruhn, Manfred:* Dienstleistungsmarketing, Wiesbaden 1995):

- Erstens eine *tätigkeitsorientierte* Definition. Danach sind Dienstleistungen Verrichtungen gegen Entgelt. Dies schließt allerdings unentgeltliche Services, etwa Sozialdienste, ungerechtfertigterweise als Dienstleistungen aus.
- Zweitens eine *prozeßorientierte* Definition. Danach entstehen Dienstleistungen aus der raumzeitsynchronen Interaktion zwischen Dienstleister (Anbieter) und Kunde (Nachfrager). Dazu bedarf es also neben dem internen Faktor (der im Verfügungsbereich des Dienstleisters steht, z. B. Per-

sonal, Maschinen) eines „externen Faktors" (der nicht im Verfügungsbereich des Dienstleisters steht), mit dessen Hilfe Arbeit erst zur Leistung wird. Dies schließt allerdings alle Services aus, die auch ohne raum-zeitliche Synchronität entstehen (z. B. Datenbank- oder Informationsdienste).

- Drittens eine *ergebnisorientierte* Definition. Danach sind als Dienstleistungen erst die vermarktungsfähigen Ergebnisse von Prozessen anzusehen. Dies schließt wiederum unzutreffend nicht vermarktete Ergebnisse aus, also solche, die kostenlos abgegeben (z. B. ideelle Werte) oder garnicht erst selbständig am Markt angeboten werden (z. B. Haushaltsarbeit).
- Viertens eine *potentialorientierte* Definition. Danach kommt es nicht auf das Leistungsergebnis an (z. B. den erwischten Einbrecher), sondern vielmehr auf das bereitgestellte Leistungspotential, das bei Bedarf abgerufen werden kann (z. B. die Gebäudeüberwachung). Dies schließt dann aber alle Dienstleistungen aus, die nur erfolgsabhängig nachgefragt werden (z. B. Makelung).

Tatsächlich muß eine arbeitsfähige Definition alle diese Bereiche umfassen. Denn das Potential zur Dienstleistung ist Voraussetzung für das vermarktungsfähige Ergebnis, das wiederum nur unter Einschaltung eines externen Faktors (im o.g. Beispiel das zu überwachende Gebäude) zustandekommt und dadurch als Verrichtung einen Marktwert erhält. Ausgeschlossen bleiben dabei allerdings Non Business-Bereiche (wie gemeinnützige Dienste), die ein eigenständiges Marketing erfordern (sog. Social Marketing).

Dienstleistungen sind demnach, in einer etwas komplizierten Definition selbständige, marktfähige Leistungen, die mit der Bereitstellung oder dem Einsatz von Leistungsfähigkeiten verbunden sind, die im Rahmen des Erstellungsprozesses durch interne und externe Faktoren kombiniert werden, wobei diese Faktorkombination mit dem Ziel eingesetzt wird, an den externen Faktoren nutzenstiftende Wirkungen zu erzielen. Im Gegensatz zur bloßen Arbeit liegt hier also eine Kombination von Produktionsfaktoren vor, und zwar überwiegend persönlich, wenn die individuelle, menschliche Arbeitsleistung dominiert, und überwiegend automatisiert, wenn die multiplizierte, maschinelle Arbeitsleistung dominiert. Es handelt sich damit um selbständige, marktfähige Leistungen, die sich durch Bereitstellung und/oder Einsatz von Potentialfaktoren und Faktorkombination an einem Diensteobjekt durch nutzenstiftende Verrichtungen vollziehen. Dienstleistungen sind damit letztlich angebotene Leistungsfähigkeiten, die direkt an externen Faktoren (Menschen, deren Objekte oder beiden gemeinsam) mit dem Ziel erbracht werden, gewollte Wirkungen (Veränderung oder Erhaltung von Zuständen) zu erreichen.

Dienstleistung, Markt

Dienstleistungen gehorchen darüber hinaus besonderen Vermarktungsgesetzen. Sie müssen etwa sofort verbraucht werden und sind nicht wiederverkäuflich. D.h. Leistungen sind prinzipbedingt nur einmalig verfügbar, eine neuerliche Nutzung macht ihre erneute Bereitstellung notwendig. Damit gibt es keinen Zweitverwertungsmarkt. Sie verlieren also mit der Bereitstellung ihre Marktfähigkeit und erleiden einen sofortigen, völligen Wertverlust. Auch sind sie im Nachhinein nicht rückgängig zu machen, daran scheitert nicht zuletzt die „Retrodistribution“ von Dienstleistungen. So kann die Frisierleistung bei Nichtgefallen naturgemäß nicht umgetauscht oder gewandelt werden, so wie das bei erstandenen Sachgütern selbstverständlich ist.

Dienstleistung, Markt

Dienste sind als solche abstrakt und immateriell, d. h. sie sind nicht stofflich faßbar, wie bei anderen Produkten, sondern flüchtig. Daraus resultieren ganz erhebliche Probleme in der Vermarktung. Denn die physische Präsenz eines Produkts allein wirkt aufmerksamkeitsfördernd und interesseweckend. Zugleich bietet sie die willkommene Möglichkeit der Absicherung durch Begutachtung von Form, Farbe, Stoff, Qualität etc., um vorab festzustellen, ob ein Angebot zur subjektiven Bedarfsdeckung fähig ist. Diese Absicherungsfunktion fehlt jedoch bei Diensten.

Dienste sind zudem personen- und kundenpräsenzgebunden, d. h. sie werden für und unter Beteiligung des Kunden vollzogen. Es bedarf zu ihrer Wirksamwerdung der Mitarbeit des Kunden, an dem die Dienstleistung individuell erbracht wird. Insofern sind Dienste einmalig bzw. schwer standardisierbar. Von daher bedarf es rigider Kontrollmechanismen, um eine einigermaßen gleichbleibende Qualität zu gewährleisten.

Die Qualifikation und Motivation der Mitarbeiter ist von entscheidender Bedeutung, denn davon hängt die Qualität des geleisteten Dienstes ab. Insofern ist es wichtig, daß die Mitarbeiter in die Lage versetzt werden, die bestmögliche Leistung zu erbringen und dieses Niveau auch zuverlässig bereitzustellen. Außerdem ist es erforderlich, durch Anreiz- und Belohnungssysteme den Willen der Mitarbeiter zur Ausschöpfung ihrer Leistungsgrenzen aufrecht zu erhalten.

Dienste sind nicht lager- und nur ausnahmsweise transportfähig. D.h. im Gegensatz zu anderen Produkten können Dienste nicht zur Zeitüberbrückung auf Vorrat produziert und nur selten zur Raumüberbrückung verbracht werden. Dies macht sie weitgehend standort-und zeitgebunden.

Dienste müssen also dort und dann erbracht werden, wo die Nachfrage anfällt, nicht vorher oder nachher und auch nicht anderswo. Daraus ergibt sich, daß sich Kapazitäten, sollen sie nicht selbstbeschränkend wirken, an der Maximalauslastung orientieren. Gerade dies bewirkt durch hohen Fixkostenanteil eine Ergebnisbelastung.

Produktion und Konsumtion von Dienstleistungen erfolgen immer synchron (Uno actu-Prinzip), also zeitlich parallel oder unmittelbar aufeinander abfolgend. Daher müssen Dienste sofort verbraucht bzw. können nur angeboten werden, wenn und soweit Nachfrage vorhanden ist.

Dienstleistungen sind darüberhinaus nicht wiederverkäuflich und verlieren mit ihrer Bereitstellung an Marktfähigkeit. Von daher beinhalten sie einen sofortigen Wertverlust. Zumal sie regelmäßig im Nachhinein nicht rückgängig zu machen sind.

Im Ergebnis ist damit der Arbeitsanfall fremdbestimmt. Im Gegensatz zu Produkten, bei denen ein Hersteller die Produktionsmodalitäten relativ autark gestalten kann, werden diese bei Diensten durch die Abnehmer determiniert. Dies macht es erforderlich, eine stetige Leistungsbereitschaft vorzuhalten, um Dienste in vertretbarer Frist und auf hohem Niveau anbieten zu können.

Eine konstante Produktqualität ist schwierig zu gewährleisten. Denn die Parameter der Leistung wechseln von Mal zu Mal mit den daran beteiligten Personen. Da Dienste sich aber nur in diesen verkörpern, wechseln auch diese von Mal zu Mal und zeichnen sich durch ein hohes Maß an Individualität aus. So ist jede Beratungssituation immer wieder neu und anders. Zwar wiederholen sich gewisse Grundmuster, aber deren konkrete Ausgestaltung weicht in jedem Einzelfall von allen vorherigen ab.

Ob ein Kunde sich gut beraten fühlt, hängt daher entscheidend davon ab, wie das Anforderungs- und Leistungsprofil der Mitarbeiter miteinander übereinstimmen. Neben diesen objektiven Kriterien spielen aber auch subjektive eine wichtige Rolle, so etwa die „Chemie" zwischen Kunde und Berater, aber auch ganz einfach die Tagesform. Von daher ist eine Homogenität der Leistung schwerlich zu erreichen.

Hinter Diensten verbergen sich aber vor allem komplexe, erklärungsbedürftige, objektiv kaum nachprüfbare Qualitätsdimensionen. Selbst wer sich der Mühe unterzieht, Angebotsmerkmale zu katalogisieren und zu vergleichen, bleibt stets in weiterer Verwirrung zurück, dann nur auf höherer Ebene. Insofern müssen Imagemerkmale als kaufbestimmtend gelten, weil die objektive Leistung oft genug nicht nachprüfbar ist.

Damit herrscht ein auffälliger Informationsmangel über Dienstleistungen vor, der deren Vermarktung erschwert. Da Angebote nur bedingt meßbar und bewertbar sind, leidet etwa die Feststellung des Preis-Leistungs-Verhältnisses als Basisinformation und implizite Kaufvoraussetzung. Dienstleistungen müssen also nach Glaubwürdigkeit des Anbieters eingekauft werden. Dies betrifft etwa so bedeutsame Arbeitsbereiche wie Timing und Kosten, bei denen sich erst im nachhinein herausstellt, ob die Auslobungen von Pünktlichkeit und Wirtschaftlichkeit zutreffen oder nicht.

Dienstleistungen, Qualität

Zum bevorzugten Selbstverständnis von Dienstleistern sollte das Qualitätsbewußtsein gehören. Früher war man der Meinung, daß Qualität nur für das produzierende Gewerbe relevant ist. Heute weiß man, daß gerade auch Dienstleistungen Qualitätsbetrachtungen zugänglich sind, da sie ebenso Produktionsunzulänglichkeiten aufweisen wie Sachgüter. Mehr noch, man hat, vor allem von den Japanern, aber auch aus dem PIMS-Projekt, gelernt, daß Qualität einen zentralen Erfolgsfaktor im Management darstellt. Und daß Qualitätsnormen bei Sachgütern bei geeigneten Prozessen weitaus leichter einzuhalten sind als bei Dienstleistungen. Insofern bedarf die Dienstleistungsqualität einer besonderen Betrachtung.

Qualität ist ganz allgemein die Beschaffenheit einer Einheit hinsichtlich des Grads ihrer Eignung, festgelegte oder vorausgesetzte Erfordernisse intendierter Nutzung zu erfüllen. Sie ist also sowohl objektiv nach absoluten Kriterien definierbar als auch subjektiv nach wahrgenommenen Kriterien. Qualitätsminderung erfolgt im Sachgüterbereich durch vorzeitigen Ersatz eines noch brauchbaren Gutes (z. B. Mode) oder vorzeitigen Ausfall eines noch lebensfähigen Gutes (= Obsoleszenz). Die Qualität eines Dienstleistungsanbieters ist immer relativ zu den Qualitäten konkurrierender anderer zu sehen. Dienstleistungsqualität bestimmt sich (vgl. *Meffert, Heribert/Bruhn, Manfred:* Dienstleistungsmarketing, Wiesbaden 1995) aus der Gesamtheit der Merkmale und Eigenschaften von Dienstleistungen, solchen Anforderungen gerecht zu werden. Die Qualitätsbeurteilung erfolgt nach dem Potential, also den sachlichen, organisatorischen und persönlichen Leistungsvoraussetzungen des Dienstleisters, nach dem Prozeß, also dem Vollzug der Leistungserstellung, und nach dem Ergebnis, also der Beurteilung der erbrachten Leistung an deren Ende. Die Qualität setzt sich aus Routinekomponenten zusammen, die alle Eigenschaften betreffen, die normalerweise zur Dienstleistung zählen, sowie Ausnahmekomponenten, die man nicht unbedingt erwartet.

Da nicht nur das Produktionsergebnis, sondern auch der Produktionsprozeß für die Qualitätswahrnehmung bedeutsam sind, muß bei Qualitätsbemühungen dem Prozeß des Erbringens der Dienstleistung besondere Aufmerksamkeit gelten. Dies gilt vor allem für die „Augenblicke der Wahrheit", während derer Leistungsgeber und -nehmer persönlich zusammentreffen und interagieren. Sie spielen eine herausragende Rolle. Insofern reicht eine Messung der objektiv nachprüfbaren Kriterien nicht aus, sondern subjektive Kriterien, also Erlebnisse, Wahrnehmungen, müssen über Indikatoren erhoben werden, was die Qualitätsmessung extrem erschwert.

Weil die Qualität von Dienstleistungen in hohem Maße von der menschlichen Leistung abhängt, stellt die Personalpolitik einen Schwerpunkt dar. Qualitätsbewußte Unternehmen müssen der Auswahl, Schulung und Motivation von Mitarbeitern besondere Beachtung schenken. Denn nur mit qualifizierten, motivierten und qualitätsbewußten Mitarbeitern kann die Variabilität der menschlichen Leistung und des externen Faktors beherrscht werden. Dies gilt vor allem für das Kundenkontaktpersonal, an das nicht nur fachliche, sondern auch soziale Anforderungen zu stellen sind. Sie müssen über Eigenschaften wie Kontaktfähigkeit, Vertrauenswürdigkeit, Einfühlungsvermögen und Selbstbeherrschnung verfügen. Diese sozialen Kompetenzen haben entscheidenden Einfluß darauf, ob Kunden positive oder negative Qualitätserfahrungen machen. Damit müssen derartig qualifizierte Mitarbeiter laufend beschafft, entwickelt und gehalten werden.

Qualität ist nun ein komplexes Konstrukt und bedarf für ihre Operationalisierung zwingend gültiger und zuverlässiger Indikatoren zur Messung. Davon gibt es eine ganze Reihe, solche, die anbieterbezogen oder nachfragerbezogen sind, solche, die objektive oder subjektive Sachverhalte messen, solche, die undifferenziert oder differenziert vorgehen, und solche, die nur schwächengerichtet oder sowohl stärken- als auch schwächengerichtet sind.

Dienstvertrag

(→ Abrechnungsklauseln)

Differenzierte Teilmarktbearbeitung

(→ Marktsegmentierung, Kombinationen)

Differenzierte Totalmarktbearbeitung

(→ Marktsegmentierung, Kombinationen)

Differenztechnik

(→ Preisargumentation im Verkaufsgespräch)

Diffusion

Der Diffusion liegt die Differenzierung der Population nach dem Grad/der Schnelligkeit der Übernahme bzw. Durchsetzung von Marktneuheiten. Die Diffusion ist das aggregierte Ergebnis der individuellen Übernahmeentscheidung der Mitglieder des sozialen Systems im Zeitablauf. Ein Diffusionsprozeß liegt vor, wenn die Adoptoren im sozialen System zu unterschiedlichen Zeiten auftreten. Er stellt ein zeitbezogenes Marktreaktionsmodell mit einer unabhängigen Variablen, nämlich der Zeit, dar.

Diffusion ist also die chronologische Verbreitung neuer Informationen, Ideen, Verfahren oder Produkte durch verschiedene Kommunikationskanäle bei Individuen, Gruppen oder Kultureinheiten. Neu ist dabei alles, was als neu wahrgenommen wird, unabhängig davon, ob es auch wirklich neu ist. Durch diskontinuierliche Innovation kommt es zur Bildung einer neuen Produktklasse und zur Änderung bestehender Verhaltensmuster. Dynamisch-kontinuierliche Innovationen gliedern sich in eine bereits bestehende Produktklasse ein. Kontinuierliche Innovationen führen zu keiner beachtenswerten Änderung bestehender Verhaltensmuster, da der Produktkern unverändert bleibt und lediglich Randelemente modifiziert werden. Idealtypisch ergibt sich dabei die Form einer Glockenkurve. Sie repräsentiert die kumulierte oder einfache Zahl der Adopter, die in einem bestimmten Zeitraum die Innovation übernehmen. Eine Diffusion ist umso erfolgreicher, je größer die erreichte Marktverbreitung ist. Die Diffusion erfolgt umso schneller, je besser das Potential an Übernehmern ausgeschöpft wird.

Unterstellt man eine Normalverteilung innerhalb der Zielgruppe, so ergeben sich im Zeitablauf anteilig folgende idealtypischen Klassen des Diffusionsprozesses.

Die *Innovatoren* (2,5% aller Bedarfsträger) sind die ersten Übernehmer von Neuerungen und durch eine geringe Risikoscheu gekennzeichnet. Es handelt sich entweder um Trendsetter oder soziale Außenseiter, die die Ausbreitung dynamisch vorantreiben. Sie werden auch Neophile, Konsumpioniere, Fashion Leaders etc. genannt. Typische Charaktereigenschaften sind modern, progressiv, zukunftsorientiert. Es sind eine hohe soziale Mobilität und eine geringe Gruppenbildung gegeben. Das Informationsverhalten ist kosmopolitisch. Gelegentlich wird davon die Gruppe der Induktoren unterschieden, die den Innovatoren unmittelbar nachfolgen.

Frühe Übernehmer (13,5%) sind die nächste Gruppe, die nach anfänglichem Abwarten Neuerungen positiv aufnimmt und bereitwillig ausprobiert. Auch hier sind Meinungsbildner enthalten. Daraus resultiert dann die Möglichkeit zu hohen Auflagen und Kostendegression in der Warenbereitstellung.

Die *Frühe Mehrheit* (34%) wartet ab, bis die Neuerung eine gewisse Marktbreite erreicht hat und folgt dann dem offensichtlichem Trend. Die Marktwachstumsrate sinkt, die Nachfrage erreicht ihr Maximum.

Die *Späte Mehrheit* (34%) zögert mit der Übernahme in der Hoffnung auf ein weiter verbessertes Preis-Leistungs-Verhältnis und noch mehr Kaufsicherheit. Die Nachfrage ist insgesamt bereits rückläufig und erschöpft sich.

Späte Übernehmer (13,5%) und *Nachzügler* (2,5%) sind kaum mehr vom Kauf zu überzeugen und stellen deshalb ein nur schwer realisierbares Nachfragepotential dar. Typische Charaktereigenschaften sind skeptisch, konservativ, zurückhaltend. Es handelt sich um Traditionalisten. Zugleich treten neue Angebote in den nächsten Diffusionszyklus ein. Parallel dazu vollzieht sich bereits der Diffusionsprozeß dieser anderen Neuerungen.

Die Zielpersonen stellen der Übernahme im Zeitablauf steigenden Widerstand entgegen, der meist parallel zum Risikobewußtsein zu sehen ist. Die Dauer des Diffusionsprozesses hängt vor einer Reihe von Einflußgrößen ab:

- Personenbedingte Einflüsse sind vor allem Risikofreudigkeit, allgemeine Einstellung gegenüber Änderungen, Alter, Ausbildung, Einkommen, sozialer Status, Mobilität, Informationsverhalten und Umweltbeziehungen.
- Umfeldbedingte Einflüsse sind Normen des sozialen Systems und Merkmale des jeweiligen Angebots, ökonomische, politische, technische Rahmenbedingungen, technischer Fortschritt.
- Produktbedingte Einflüsse sind relativer Produktvorteil, Kompatibilität, Komplexität, Teilbarkeit und Mitteilbarkeit, Einsatz des Marketing-Instrumentariums etc.

Neben diesen exogenen Einflußgrößen gibt es auch endogene wie:

- Erfahrungsfundus aus steigender Information über die Neuerung und sinkendem Risiko,
- Übernahmedruck seitens der Gesellschaft auf die Nicht-Übernehmer.

(→ Käuferverhalten)

Diffusions-Ansatz

(→ Marketing, Methoden)

Dimensionen von Zielen

(→ Zielsetzungen im Marketing)

Dimensionierungsfunktion der Packung

(→ Packung, Rationalisierungsfunktion)

DIN/ISO 9000 ff.

(→ Zertifizierung)

Dingliche Sicherheiten

Eine Sicherung des Kreditbetrags in der Sache ist anzutreffen, wenn an diesen Sachen des Schuldners Pfandrechte des Gläubigers vereinbart werden. Das Pfandrecht ist ein dingliches Recht an fremden Sachen oder Rechten, das den Gläubiger berechtigt, sich durch Verwertung des pfandbelasteten Gegenstands zu satisfizieren. Das Pfandrecht ist vom Bestehen einer Forderung abhängig (Akzessorietät). Es entsteht durch Einigung zwischen dem Eigentümer (Kreditnehmer) und dem Gläubiger, bei beweglichen Sachen bedingt dies meist die physische Übergabe der Pfandsache (Faustpfand), bei Immobilien eine entsprechende Eintragung ins Grundbuch. Im Gegensatz zur Sicherungsübereignung, bei der der Schuldner sein Eigentum an einer Sache aufgibt, nicht aber deren Besitz und Nutzung, werden hier Besitz und Nutzung durch den Schuldner aufgegeben, nicht aber das Eigentum.

Man unterscheidet Mobilarpfandrechte und Grundpfandrechte. Eine Form des Mobilarpfandrechts ist die Sicherungsübereignung. Dabei schließen Geschäftspartner einen Vertrag ab, durch den das Eigentum an genau bezeichneten Gegenständen für die Dauer der Kreditgewährung vom Kreditnehmer an den Kreditgeber übergeht. Der Kreditnehmer bleibt weiterhin Besitzer der Gegenstände. Deshalb hat die Sicherungsübereignung für ihn den Vorteil, daß er mit den übereigneten Gegenständen seinen Geschäftsbetrieb fortführen kann. Andererseits hat der Kreditgeber eine dingliche Sicherung für den Verkaufswert seiner Ware. Eine weitere Form ist durch die Forderungsabtretung (Zession) gegeben. Dabei handelt es sich um die Abtretung einer Forderung des Kreditnehmers an den Kreditgeber. Der Schuldner leistet dann bewußt (offene Zession) oder durch Weiterleitung (stille Zession) an den neuen Gläubiger. Davon können definierte Forderungen (Mantelzession) oder alle Forderungen bis zum infragestehenden Kreditbetrag betroffen sein (Globalzession). Bei der Mantelzession verpflichtet sich der Kreditnehmer, laufend Forderungen in einer bestimmten Höhe abzutreten, was durch Einreichung der betreffenden Forderung vollzogen wird. Bei der Globalzession wird die Abtretung sämtlicher gegenwärtiger und zukünftiger Forderungen gegenüber einer bestimmten Gruppen von Drittschuldnern vereinbart. Der Zessionar ist hierbei mit dem Entstehen der Forderung Schuldner, ohne daß es dazu einer besonderen Rechtshandlung des Zedenten bedarf. Beim Avalkredit gewährt die Bank einer dritten Person eine Bürgschaft für gegenwärtige oder zukünftige Zahlungsverpflichtungen eines Kunden. Ein Avalkredit ist also die Abgabe eines bedingten Zahlungsversprechens gegenüber Dritten. Der Avalkreditgeber stellt kein Bargeld, sondern die eigene Kreditwürdigkeit zur Verfügung (Kreditleihe), entsprechende Beträge stellen für ihn Eventualverbindlichkeiten dar. Als Kosten entsteht die Avalprovision. Die Schnelligkeit ist sehr hoch, es handelt sich jedoch um keine direkte Kapitalbeschaffung, sondern nur um die Sicherung der Kapitalbeschaffung, Sicherheiten sind nicht erforderlich, die Laufzeit ist flexibel, während der Laufzeit jedoch unkündbar. Die Form ist meist die einer Bürgschaft, einer Garantie oder eines Kreditauftrags. Vorteile sind die Erhöhung der Bonität gegenüber Dritten, die Schonung eigener liquider Mittel und die Vermeidung von Zinszahlungen. Von Nachteil ist, daß Kosten auch entstehen, wenn der Kreditnehmer allen Verpflichtungen nachkommt. Schließlich stellt auch der Eigentumsvorbehalt eine sachliche Kreditsicherung dar. Es handelt sich um eine Kaufvertragsklausel, durch die der Lieferant so lange Eigentümer der gelieferten Ware bleibt, bis diese vollständig bezahlt ist, obgleich sie bereits in den tatsächlichen Verfügungsbereich des Käufers übergegangen ist. In allen anderen Fällen wird der Käufer sogleich Eigentümer, der Gläubiger hat nur eine Sicherung auf die Kaufpreisbegleichung.

Beim Lombardkredit gewährt der Gläubiger kurzfristigen Kredit gegen

Verpfändung von Waren oder Wertpapieren, die in Abhängigkeit von Pfandgüte und Preisschwankungen beglichen werden. Beim Lombardkredit gewährt eine Bank also Kredit gegen die Verpfändung von beweglichen Sachen oder Rechten (dies ist die älteste Form des Kredits, entstanden in der Lombardei im Zuge der Entstehung des Bankwesens). Als Pfandobjekte kommen in Betracht Waren und Warendokumente, Effekten, Wechsel, Forderungen, Edelmetalle, Lizenzen und Patente. Der echte Lombardkredit ist ein kurzfristiges, auf einen festen Betrag lautendes und durch Verpfändung gesichertes Darlehen. Der unechte Lombardkredit ist ein durch Verpfändung gesicherter Kontokorrentkredit. Die Kosten sind relativ hoch und bestehen aus Zins, Kreditprovision und evtl. Verwahrkosten des Pfandes. Die Kapitalbeschaffung ist schnell, die Beleihung erfolgt bis 50% bei Waren bzw. bis 90% bei Wechseln, die Laufzeit ist lang und variabel, Kündigungsmöglichkeit besteht währenddessen nicht. Vor allem ist eine Finanzierung auch dann möglich, wenn andere Finanzierungsquellen versiegt sind oder der Verkauf von Vermögensgegenständen nur zu ungünstigen Kursen möglich ist.
(→ *Refinanzierung)*

Direktabsatz, Aussage

Der Direktabsatz erfolgt vom Hersteller unmittelbar an Endabnehmer, also unter Ausschaltung zwischengeschalteter Absatzmittler. Dies kann durch unternehmenseigene Absatzorgane (= interner Direktabsatz) oder unternehmensfremde Absatzhelfer (= externer Direktabsatz) erfolgen. Die Vor- und Nachteile des direkten Absatzes über *unternehmenseigene Organe* sind die folgenden. Zunächst zu den Vorteilen:

- Eine Einsparung der Distributionsspanne und deren Instrumentalisierung für Preisvorteil oder Zusatzgewinn ist möglich. Daraus entstehen Wettbewerbsvorteile, die die Zugkraft der Produkte noch verstärken.
- Es kommt zu einer effizienten Steuerung und Kontrolle der Absatzaktivitäten unter eigener Bestimmung. Anders als bei selbständigen Kaufleuten im Handel, die regelmäßig ihr eigener Souverän sind.
- Der direkte Kontakt zu Abnehmern fördert die Kundenbindung und schafft einen besseren Informationsfluß. Damit können auch schwache Signale zur Risikenvermeidung und Chancennutzung wahrgenommen werden.

Folgende Nachteile sind zu nennen:

- Ein hoher Organisationsaufwand zur Steuerung und Kontrolle ist erforderlich. Vor allem stellt der Absatzbereich einen Fixkostenblock dar, der die Flexibilität des Herstellers beeinträchtigt.
- Akquisitionschancen, die außerhalb der Verfügbarkeit des eigenen Unternehmens liegen, sind nicht nutzbar. Dadurch kann das objektiv erreichbare Absatzpoten-

tial subjektiv nicht liquidiert werden.

- Ein hoher Kapitaleinsatz zur Etablierung sowie hohe laufende Aufwendungen sind bei breiter Abdeckung erforderlich. Vor allem in der Anlaufphase sind die Gefahren für Unwirtschaftlichkeiten hoch.

Die Vor- und Nachteile des direkten Absatzes über *unternehmensfremde Absatzhelfer* sind die folgenden. Zunächst zu den Vorteilen:

- Die Kontakt- und Akquisitionsfunktion kann an eigenverantwortliche Absatzhelfer abgetreten werden. Diese werden, je nach Lage der Dinge, im eigenen oder fremden Namen, für eigene oder fremde Rechnung aktiv.
- Es kommt zur Monetarisierung zusätzlicher Kontakte im Markt zugunsten des eigenen Unternehmens, die aus der Erfahrung und dem Know how der eingeschalteten Absatzhelfer resultieren.
- Die Substitution von Fixkosten durch variable Kosten trägt zur Risikoreduktion bei. Absatzhelfer arbeiten regelmäßig ausschließlich oder weit überwiegend erfolgsbezogen, verursachen also nur Kosten, wenn diesen auch Erlöse gegenüberstehen.
- Ein hohes Maß an Anpassungsflexibilität ist gegeben. So können Absatzhelfer zumindest in Maßen ausgetauscht werden, ebenso können ihre Arbeitsbedingungen angepaßt werden.
- Ebenso sind sehr gute Marktkenntnisse (Potentiale, Bedarfe, Bonitäten etc.) gegeben. Dieses Know how kommt vor allem neuen Anbietern zugute, die sich nicht so gut auskennen und Beziehungen erst aufbauen müssen.

Folgende Nachteile sind zu nennen:

- Ein Entgelt für die Akquisitionsaktivitäten der Absatzhelfer ist in Form von Provision notwendig. Das schmälert die Gewinnspanne oder zwingt zum Aufschlag auf den Ab Werk-Preis.
- Die Selbständigkeit der eingeschalteten Absatzhelfer kann durchaus eine instabile Absatzbasis bewirken. So besteht die Gefahr hoher Fluktuationsraten mit vagabundierenden Kundenpotentialen.
- Es entsteht Koordinations- und Abwicklungsaufwand für Kommunikation mit Absatzhelfern. Diese bedürfen der umfassenden Unterstützung im eigenen Sinne mit Verkaufs- und Werbemitteln.
- Teilweise bestehen diskriminierende gesetzliche Regelungen. Diese beziehen sich auf die Strenge der Beziehung zwischen Unternehmen und Absatzhelfer sowie auf den Interessenschutz der Absatzhelfer (z. B. Ausgleichszahlung).

(→ *Absatzkanal)*

Direktabsatz, Bewertung

Der Direktabsatz bietet allgemein folgende weiteren Vorteile aus der Sicht des *Lieferanten*: Hohe Produktkompetenz der Vertriebsmitarbeiter, hohe Anpassungsflexibilität der Vertriebsmitarbeiter an Kunden, oft rationelle Produktion durch große Mengen, meist gute Möglichkeit zur Zielgruppenbildung, gute Voraussetzungen für den Aufbau einer Stammkundschaft, gute Bedingungen für eine rasche Marktbesetzung und -durchdringung, hohe Flexibilität durch rasche und zuverlässige Rückkopplung vom Markt, gute Abschätzbarkeit des Kundenbedarfs, meist gute Kundenbonitätskenntnisse, Unabhängigkeit von Zeitrestriktionen (Ladenschlußgesetz o. ä.), Vertriebskontrolle bis zum Endabnehmer, gute Bedingungen zur Kontaktverstetigung, gute Potentiale für innovative Produkte, intensive Marktbearbeitung und Erschließung von Marktpotentialen.

Nachteile aus der Sicht des Lieferanten liegen in folgenden Aspekten: Hohe Kosten der Kommunikation, hohe Kosten der Kundengewinnung, hohe Kosten für persönliche und telefonische Kundenberatung, hohe Kosten für Messebeschickung und Unterhalt von Niederlassungen, schwierige Steuerung der Vertriebsmitarbeiter, hoher Aufwand zur Gewinnung und Schulung der Mitarbeiter, hohe Fluktuationsraten der Mitarbeiter, diskriminierende gesetzliche Regelungen, teils hohe Abwicklungs- und Logistikkosten, teils schwierige Beeinflußbarkeit von Aggressiv- und Defensivkontakten, hohe Abhängigkeit von der kommerziellen und persönlichen Kompetenz der Mitarbeiter, zeitliche Verzögerungen des Kaufabschlusses durch den Kunden und dadurch steigende Kosten.

Vorteile aus der Sicht des *Endabnehmers* sind folgende: Hohe Bequemlichkeit, intensive und individuelle Betreuung, oft Verfügbarkeit von Problemlösungsprodukten, teils bedarfsspezifische umfassende Sortimente, frühzeitige Berührung mit interessanten Innovationen, Vorführung, Demonstration oder Verprobung an Ort und Stelle, oft sehr hohe Qualität und vergleichsweise hoher Nutzwert, oft hohe Garantien, oft ausgeweitetes Widerrufs- und Rücktrittsrecht, Einräumung von Teilzahlungsmöglichkeiten.

Nachteile aus der Sicht des Abnehmers sind folgende: Teils aggressive Überforderung in der Werbung, teils ungünstiges Preis-Leistungs-Verhältnis, meist begrenzte oder fehlende Vergleichsmöglichkeiten, anfangs oft Begrenzung der Auswahlmöglichkeiten, Vertrauensprobleme gegenüber dem Vertriebsweg.

Direktansprache

(→ *Direktmarketing)*

Direktbefragung

(→ *Werbemeßverfahren, Ökoskopische)*

Direktabsatz, Repräsentanten

Hierbei handelt es sich um herstellerfremde Formen des Absatzes über Absatzhelfer (diese werden nicht Eigentümer der Ware) oder Handlungsgehilfen (diese handeln nicht gewerbsmäßig). Dazu gehören Hausbesuche, Home Parties, Sammelbesteller und Grauer Markt.

Bei *Hausbesuchen* kontaktieren (meist hauptberufliche) Repräsentanten Haushalte im Door to Door Selling-System und bieten dort ihre Waren an. Dabei kann es sich um vorselektierte (heiße) Adressen handelt, die der Hersteller zur Verfügung stellt und die dementsprechend größere Erfolgschancen bieten (z. B. *Vorwerk, Avon, Felicitas, Flugbild/Luftbild*), oder um wahllos aufgesuchte Haushalte (kalte Adressen), deren Erfolgschancen eng begrenzt sind (z. B. Abonnentenwerbung der Verlage). Zudem sind rechtliche Beschränkungen im Vertragsabschluß zu beachten (sog. Haustürgeschäfte). Die Vertreter führen meist einen kleinen Warenvorrat mit sich (sog. Handlager), sind mit Werbemitteln ausgestattet, leisten Beratung, nehmen Aufträge entgegen und führen das Inkasso sowie die Reklamationsabwicklung durch. Dadurch sind Anschlußkäufe (Zubehör) und markentreue Folgekäufe wahrscheinlich. Allerdings leidet dieser Absatzweg unter dem schlechten Image vieler unseriöser Geschäftsmacher.

Bei *Home Parties* veranstaltet ein nebenberuflicher Repräsentant für Personen seines sozialen Umfelds in seiner Wohnung ein gemütliches Treffen mit anregender Präsentation und informellem Verkauf von Waren. Dabei wird auf professionelle Vorbereitung großer Wert gelegt (z. B. *Tupperware*). Der Verkauf erfolgt eher beiläufig, auf Basis der Kompetenz und Authenzität von Bezugspersonen, also fernab jedes Hard Selling in der entspannten Heimatmosphäre. Auf Schulungen erfahren die Handlungsgehilfen, wie sie taktisch geschickt eine verkaufsfördernde Stimmung schaffen, das Gespräch unauffällig in Richtung des vertretenen Produkts lenken, überzeugend argumentieren und nachhaken.

Bei *Sammelbestellern* handelt es sich um (nebenberuflich tätige) Personen, die in ihrem sozialen Umfeld Bestellungen im Versandhandel entgegennehmen, zusammenstellen und weiterleiten. Dadurch erreichte Rationalisierungseffekte werden in Form von Preisnachlässen durch den Hersteller an Handlungsgehilfen (evtl. auch eigentliche Besteller) weitergegeben. Außerdem übernehmen sie akquisitorische und leistungsergänzende Vorleistungen. Die logistischen Leistungen (Zustellung, Umtausch, Montage etc.) werden direkt vom Hersteller erledigt. Ein Beispiel dafür ist der *Otto-Versand*. Hier gibt es auch hauptberufliche Absatzhelfer mit Bestelläden (nicht zu verwechseln mit Katologschauräumen).

Neben diesen offiziellen Absatzwegen besteht auch in erheblichem Umfang ein (geduldeter) *Grauer Markt*. Dazu gehört der Behördenhandel für Beamte und Angestellte im öffentlichen Dienst, die nicht selten von Konditionen behördlicher Ausschreibungen o. ä. bei externen Lieferanten profitieren, der Belegschaftshandel für Angestellte und Arbeiter in Privatunternehmen, die unter Einhaltung gewisser Auflagen

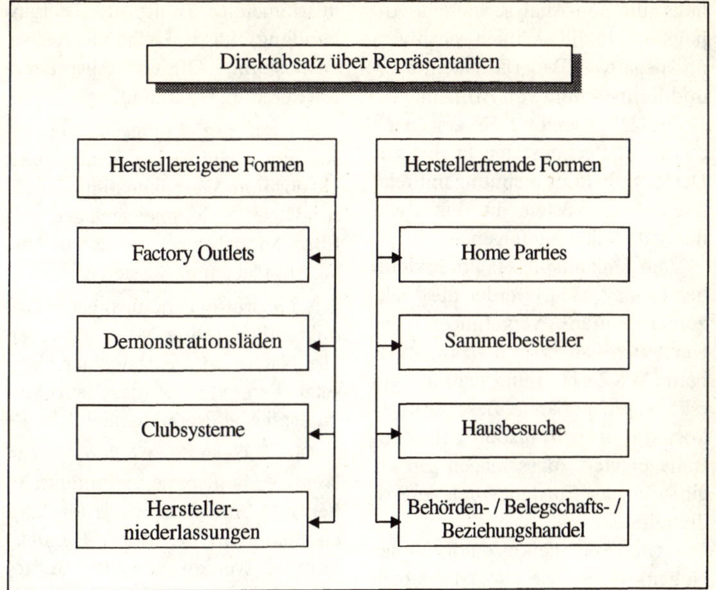

Direktabsatz über Repräsentanten

Preisnachlässe auf eigenerstellte Produkte erhalten (z. B. Jahreswagen) sowie der Beziehungshandel, der sich durch besondere Zutrittserschwernisse für externe Kunden auszeichnet (z. B. räumliche Entfernung beim Lagerverkauf, Ausweiskontrolle bei C&C-Märkten).
(→ *Absatzkanal)*

Direkte Produkt-Profitabilität (DPP), Aussage

Seit DPP sind auch die Zeiten vorbei, als Merchandiser der Industrie einen „Dschungelkrieg“ um den Erhalt und Ausbau des Regalplatzes für ihre Produkte führten. Heute gibt der Handel durch artikelgenaue Placierungsvorgaben an, wo Merchandiser wieviel Ware welcher Zusammensetzung placieren dürfen. Diese Vorgaben sind durch Regalplatzoptimierungsprogramme (Shelf Management) ermittelt und resultieren in sog. Regalspiegeln. Die Einhaltung dieser Vorgaben ist für den Handel strikte Gewinnvoraussetzung bei schmalsten Margen und wird streng kontrolliert. Insgesamt führt dies zu einer Versachlichung der Beziehungen im Absatzkanal, denn es wird nicht mehr über Erfolgsgrößen spekuliert, sondern harte, objektivierte Fakten liegen zugrunde. Als Nebeneffekt ergeben sich interessante Marktforschungserkenntnisse. So liefert die Bon-Analyse wichtige Anhaltspunkte hinsichtlich positivem und negativem Bedarfs-, Nachfrager- und Kaufverbund von Artikeln.

Die DPP ergibt sich erst nach mehreren Rechenstufen analog zur Deckungsbeitragsrechnung mit relativen Einzelkosten. Im einzelnen handelt es sich um folgende:

Vom Einkaufspreis je Produkteinheit (ohne MWSt.) werden die direkt zurechenbaren Vergütungen des Herstellers abgezogen (Boni, Rabatte, WKZ's etc.) und dann die direkt zurechenbaren Beschaffungskosten (Bezug, Transport zum Zentrallager etc.) zugeschlagen. So ergibt sich der Einstandspreis je Produkteinheit.

Zu den Personalkosten (incl. aller Nebenkosten wie Sozialabgaben, Prämien, Urlaubs- und Weihnachtsgeld, Lohnfortzahlung im Krankheitsfall etc.) gehören im Zentrallager: Disposition, Warenannahme, Einlagern, Umlagern, Kommissionieren, Transport, Leerguthandling, im Einzelhandel selbst: Disposition, Warenannahme, Einlagern, Auslagern, Transport zum Regal, Öffnen, Auspreisen, Placieren, Wegräumen Packmaterial, Kassieren, Leerguthandling.

Zu den Raumkosten gehören im Zentrallager: Disposition, Warenannahme, Einlagern, Umlagern, Kommissionieren, Leerguthandling, im Einzelhandel selbst: Placierung, Leerguthandling.

Zu den Gerätekosten gehören im Zentrallager: Disposition, Warenannahme, Einlagern, Umlagern, Kommissionieren, Transport, Leerguthandling, im Einzelhandel selbst: Disposition, Öffnen, Auspreisen, Kassieren, Leerguthandling.

Zu den Einrichtungskosten (Ausstattung) gehören im Zentrallager: Disposition, Warenannahme, Hochregallager, Kleinmengenlager, im Einzelhandel selbst: Einlagern, Auslagern, Placieren, Kassieren.

Vom Brutto-Verkaufspreis je Produkteinheit (ohne MWSt.) werden alle Nachlässe an Abnehmer abgesetzt. Es ergibt sich der Netto-Verkaufspreis je Produkteinheit.

Die Gegenüberstellung von Netto-Verkaufspreis je Produkteinheit und Einstandspreis je Produkteinheit ergibt die Brutto-Handelsspanne. Werden von der Brutto-Handelsspanne alle indirekten (Gemein-)Kosten abgezogen, ergibt sich die Netto-Handelsspanne (vom Verkaufspreis gerechnet bzw. der Kalkulationsaufschlag vom Einstandspreis gerechnet). Dies war früher das Entscheidungskriterium des Handels.

Von der Handelsspanne werden die direkt zurechenbaren Operationskosten je Produkteinheit (Einzelkosten) abgezogen. Es ergibt sich der direkte Produktertrag oder Bruttonutzen je Produkteinheit (DPP), vergleichbar dem DB der Deckungsbeitragsrechnung.

Dieser Betrag wird mit der Umschlagshäufigkeit je Zeitraum multipliziert. Es ergibt sich der direkte Produktertrag oder Bruttonutzen je Produkteinheit und Zeitraum (DPR I).

Dieser Betrag wird um den eingesetzten Raumbedarf je Produkteinheit relativiert. Es ergibt sich der direkte Produktertrag oder Bruttonutzen je Produkteinheit und Zeitraum und Bedarfsfläche (DPR II).

Bei Vorgabe eines Sortiments-Mix in definierter Breite und Tiefe ergibt sich die optimale Placierung nach DPP. Dabei wird der Engpaß Regalplatz unter Zugrundelegung verschiedener Wertigkeiten im Regal und im Ladenlayout optimiert. Bei Vorgabe von Unter- bzw. Obergrenzen für Sortimente werden mehrere Optionen verglichen, um zum absoluten Optimum zu gelangen. Dieser Optimierungsvorgang muß kontinuierlich wiederholt werden, nämlich immer dann, wenn sich der DPP-Wert von Artikeln aufgrund von Einflußfaktoren im Einkauf, im Verkauf oder in der Abwicklung verändert.

Tatsächlich sind mehrere Annäherungen im Rahmen der dynamischen Programmierung möglich. So können, ausgehend von einem Minimum-Sortimentsumfang, weitere Artikel hinzugenommen werden, oder, ausgehend von einem Maximal-Sortimentsumfang, sukzessive Artikel herausgenommen werden oder, ausgehend von einem Stammsortiment, fakultative Artikel hinzugenommen und auf eine Ergebnisverbesserung hin geprüft werden.

Ein Problem stellen dabei Verbundwirkungen dar, und zwar zwischen weggenommenen und bestehenden Artikeln (komplementär), zwischen bestehenden Artikeln in der Placierungsnähe (komplementär), zwischen bestehenden Artikeln derart, daß der Umsatz erhalten bleibt, auch wenn man ein Produkt wegnimmt (substitutiv) und durch negative Ausstrahlung bei Placierungsnähe.

Direkte Produkt-Profitabilität (DPP), Bewertung

Wichtige Vorteile des DPP-Konzepts liegen in folgenden Bereichen:

- Artikelerfolg: Durch genaue Erfassung von waren- und logistikbezogenen Funktionen kann die Kostenstruktur verbessert werden, das DV-gestützte DPP-Modell ermöglicht eine fortlaufende Ergebniskontrolle.
- Sortiments- und Logistiksteuerung: Hohe Kostentransparenz sowie Spannensicherheit für Einkaufsverhandlungen, Regal- bzw. Placierungsoptimierung, Berechnung der vertikalen und horizontalen Regalplatzwertigkeit, Optimierung von Zweitplacierungen, Optimierung der Ladenausstattung, d. h. verkaufsschwachen und verkaufsstarken Ladenbereichen werden Artikel mit entsprechender DPP zugeordnet.
- Werbung und Preisgestaltung: Planung von Werbe- und Aktionsmaßnahmen auf Basis von DPP-Daten, Preisgestaltung auf Basis von DPP-Informationen.
- Produktentwicklung: Warenbezogene Funktionsanalysen können die Entwicklung von Produkten, Produktvariationen und -verpackungen vorteilhaft unterstützen.

- Logistik: Ausrichtung der Logistikfunktion auf verschiedene Vertriebstypen des Handels, Optimierung der Anzahl der Verbraucherpackungen pro Versandeinheit nach verschiedenen Vertriebstypen des Handels
- Wettbewerbsvorsprünge: DPP-Informationen als Verhandlungsargument bei Gesprächen zwischen Hersteller und Handel, Key Account- und Category-Management auf Grundlage von DPP-Kennziffern, Hilfestellung bei der Festlegung von VK-Preisen.

Weitere Vorteile sind folgende:

- Bei der Entwicklung neuer Produkte helfen die Erkenntnisse bei der Realisierung der niedrigsten Produktkosten.
- In der Logistik lassen sich die Warenträger ermitteln, die die geringsten Kosten verursachen.
- Die Gebindeeinheiten lassen sich kostenoptimal festlegen.
- Es kommt zu einer Objektivierung (Entemotionalisierung) der Argumentation im Jahresgespräch.
- Eine Orientierung für Preise bei Neueinführung im Handel ergibt sich.
- Eine weitgehende Kostentransparenz und permanente Gewinnkontrolle entsteht.
- Die optimale Steuerung der Sortimentsstruktur durch Regal- und Placierungsoptimierung wird möglich.
- Es kommt zu einer besserne Nutzung des Ladendesign.
- Computergestützte Methoden erlauben einen leichten Einsatz.
- Es ergeben sich Anhaltspunkte für besonders zu fördernde Artikel.
- Eine bessere Abstimmung zwischen Hersteller und Handel in der Logistik (Lieferung, Rhythmus etc.) entsteht.

Allerdings gibt es auch ernstzunehmende Kritik am DPP-Konzept. So werden anteilige Fixkosten in die Berechnung mit einbezogen und führen so zu falschen Entscheidungen. Dies gilt etwa für Personal-, Raum-, Einrichtungs-, Gerätekosten etc., die weitgehend absatzmengenunabhängig sind. Es handelt sich um Durchschnittswerte, die als solche wenig aussagefähig sind. Zeitliche Schwankungen etwa werden kaum berücksichtigt, sind aber entscheidend für den Absatzerfolg, ebensowenig wie standortspezifische Besonderheiten. Es kommt aber zu Einschränkungen der Entscheidungsunterstützung durch Vernachlässigung standortspezifischer Besonderheiten. Verbundeffekte bei Absatz und Beschaffung werden erst nachträglich einbezogen. Vor allem kommt es zur Nichtoffenlegung der genauen, internen Kostendaten bei Hersteller und Handel. Insofern ist ein permanentes Trial&Error statt einer Optimierung gegeben. Das DPP-Konzept ist zudem primär kostengerichtet, entspricht damit aber nicht unbedingt einer marketingorientierten Denkweise. Es findet eine dominante Orientierung an der Kosten- statt an der Absatzseite statt. Die Informationsökonomie ist fraglich, denn eine wahre Flut von Einzeldaten ist zu erfassen, zu ordnen und auszuwerten, denen nur begrenzte Erkenntnisse gegenüberstehen. Zudem bedarf es der Pflege des Datenpools und seiner stetigen Aktualisierung, was wiederum Kosten verursacht. Es besteht der Verdacht mangelnder Ökonomie, da meist geringer detaillierte Informationen zur Entscheidung ausreichen. Es können falsche Indikationen infolge unvollständiger oder verzerrter Daten gegeben werden. Es werden nur effektiv für die Funktionsausübung genutzte Kapazitäten mit Kosten bewertet, nicht jedoch Leerkosten (Prinzip der Nutzkostenverrechnung). Ein weiteres Problem ist die Kostenerfassung, dazu sind Arbeitsablaufstudien, Flächen-, Volumen- und Kontaktstreckenmessungen nötig (vgl. *Pepels, Werner:* Handels-Marketing und Distrubtionspolitik, Stuttgart 1995).

Direkter Export

(→ Internationalisierung, Marktzugang)

Direktinvestition

(→ Außenhandel)

Direktmarketing

Die Distanz in Werbung und Verkauf wächst. Die Ursachen liegen darin, daß sich Abnehmer einer Reizüberflutung mit Nachrichten aus verschiedensten Kanälen und zu unterschiedlichsten Themen gegenübersehen. Weite Teile des Publikums haben aber bereits einen hohen Sättigungsgrad ihrer Bedürfnisse erreicht. Die Vermarktungsbedingungen werden dadurch immer restriktiver. Je näher ein Hersteller nun am Abnehmer ist, desto schneller kann er reagieren und desto besser kann er auf dessen Bedürfnisse eingehen. Dies hat zum Boom für Direktmarketing geführt, weil man sich gerade diese Wirkung davon verspricht.

Unter Direktmarketing (DM) versteht man alle Aktivitäten, die der Direktansprache und dem Direktverkauf dienen. DM bedient sich übergreifend neben der Kommunikation auch der Distributionspolitik im Marketing. An dieser Stelle ist aber primär der Bereich der Direktansprache relevant. Dies besonders im Business to Business-Sektor, wo auch fernschriftliche/elektronische Kommunikationsmittel eingesetzt werden. Ziel ist die Herstellung eines Dialogs mit (potentiellen) Marktpartnern und deren Involvement. Es sind jedoch auch bereits erste Reaktanzen bemerkbar. Wesentliche Vorteile sind die individuelle Ansprache, die engere Streuung, der beliebige Platz für Botschaften, die freie Wahl der Aufmachung, die ungeteilte Aufmerksamkeit, die gute Testmöglichkeit, der Kostenvorteil und die Antwortaufforderung.

Direktansprache bedeutet:

- Kommunikation, die sich an individuelle Adressaten richtet und/oder ein Reaktionsmittel beinhaltet (beim Individualkontakt reicht bereits ein Informationsangebot zur Qualifizierung als Direktansprache aus),
- bei disperser Kontaktaufnahme,

daß die Reaktion gegenüber dem Botschaftsabsender mit Hilfe des Werbemittels oder auf andere definierte Art erfolgt und sich auf ein Angebot bezieht (also nicht Gewinnspiel o. ä.).

Der Unterschied zur Klassischen Werbung liegt in der gezielten Ansprache mehr oder minder ausgewählter Empfänger.

Als Medien kommen die folgenden in Betracht:

- *Geprintete Medien* (Mailmarketing) als
  - Pressemarketing (Massenmedien über Anzeige, Spot, Plakat),
  - mit Reaktionsaufforderung (schreiben, anrufen, kommen, mit Adreßangabe/Telefonnummer etc.),
  - mit Reaktionselement (Coupon, Antwortpostkarte, Gutschein etc.),
  - (adressierte, postalische) Aussendung, z. B. Brief, Prospekt, Faltblatt,
  - (nicht-adressierte, privatwirtschaftliche) Zustellung, z. B. Haushalts- oder Straßenverteilung,
  - Katalog als Sonderform des Direktverkaufs,
- *Gegenständliche Medien*, z. B. Warenproben, Aufkleber, Gadgets, Werbegeschenke,
- *Elektronische Medien* (Neue Medien) als
  - Netzmarketing (fernschriftlich)
  - Telex,
  - Teletex als vorlagengetreue Übermittlung von Texten, die auf dem Zeichenvorrat einer Schreibmaschine beruhen,
  - Telefax als Übertragung von Unterlagen in Text- und Grafikform von einem Fax zu einem anderen über Telefonnetz,
  - Mailbox als Austausch von Mitteilungen über eine zentrale Datenbank in einen elektronischen Briefkasten,
  - Telefonmarketing (fernmündlich)
  - aktiv, d. h. mit Kontaktaufnahme durch Anbieter (Business to Consumer, Business to Business),
  - passiv, d. h. mit Kontaktaufnahme durch Nachfrager (Service 0130, Anrufbeantworter, Gerät für dezentrale Anrufweiterschaltung, Mehrfachanschluß, Sprachbox etc.),
  - Audio-Video-Marketing
  - Einweg, d. h. rezeptiv (VTR, VDP, Videotext etc.),
  - Zweiweg, d. h. interaktiv,
  - Datex-J (BTX),
  - Datex (-L, -P),
  - Kabel-TV mit Rückkanal,
- *Persönliche Medien* (Kontaktmarketing), und zwar
  - aktiv, d. h. im Domizilprinzip, z. B. Haus-zu-Haus-, Partyverkauf, Heimdienst, -vorführung,
  - interaktiv, d. h. im Treffprinzip, z. B. Messen/Ausstellungen,
  - passiv, d. h. im Residenzprinzip, z. B. Verkaufsfilialen.

Direktverkauf

(→ *Direktmarketing*)

Direktwerbe-Anzeigen

Es ist seit langem strittig, ob Anzeigen mit Direktreaktionsmöglichkeit der Klassischen Werbung zuzurechnen sind, weil es sich um das Medium Anzeige handelt, oder aber der Nicht-klassischen Werbung, weil es sich um ein Responseangebot handelt. Dafür ist letztlich der Charakter der Anzeige entscheidend. Handelt es sich um eine klare Direktansprache, für die anstelle anderer Medien nur die Anzeige gewählt wird, ist eine Zuordnung zur Direktwerbung gegeben. Handelt es sich jedoch lediglich um die Ergänzung einer Pressemedienwerbung durch ein Reaktionsangebot, ist eine Zuordnung zu Pressemedien gegeben. Wie dem auch sei, in jedem Fall ist ein Medienwechsel erforderlich, nämlich von Printwerbung zu postalischen Medien (Postkarte, Brief) oder telekommunikativen Medien (Telefon, Telefax, Mailbox). Am deutlichsten handelt es sich um eine Reaktionselement in Form von Coupon (zum Ausschneiden), Beikleber (zum Abnehmen), Beihefter (zum Heraustrennen) oder Beileger (zum Herausnehmen). Dadurch können dann Bestellungen (Produkte oder Werbemittel) adressiert und Informationen angefordert werden. Je nach Ausprägung können diese mehr oder minder differenzierte Bestellangaben aufnehmen. Sinnvollerweise wird dabei eine Codierung der Reaktionsträger vorgenommen, um eine Zuordnung von Rückläufen zu Werbeträgern vornehmen zu können. Dabei sind auch verschiedene Ausgaben, Werbemotive, Placierungen etc. identifizierbar.

Man muß jedoch sehr zurückhaltend hinsichtlich der tatsächlichen Zuordnung von Werbemaßnahmen und Werbeerfolg sein. D.h. die Effizienz einer Direktwerbeanzeige nur an der Zahl der Rückläufe, Informationseinholung oder Bestellungsabgabe, je nach Lage der Dinge (Werbeziel), zu messen, ist irreführend. Denn alle Vorbehalte hinsichtlich der Probleme der Werbeerfolgsmessung gelten in vollem Umfang auch für die Direktwerbung. Vor allem kann der Handlungsanstoß aus vielfältigen anderen Ursachen resultieren als aus der Wahrnehmung der Anzeige. Dies gilt nur dann nicht, wenn ein völlig neues Angebot erstmals in einem einzigen Anzeigendurchgang beworben wird. Aber dies ist ja fern der Realität der Märkte.
(→ *Direktmarketing*)

Direktwerbe-Fernsehspots

DR-TV befindet sich aufgrund technischer Limitationen erst noch im Anfangsstadium. Pioniere sind hier Anbieter wie *Time Life, MDM Münze, Quelle Versicherungen, Best Direct, Dominion, Bertelsmann Fachzeitschriften, Göde Briefmarken/Münzen, Legion, Vier Jahreszeiten, Tele Shop* etc. Die Budgets erreichen jedoch bereits hohe zweistellige Millionenbeträge, und das mit stark steigender Tendenz. Das wesentliche Handicap besteht darin, daß derzeit noch ein Medienwechsel zum Ablauf erforderlich ist. Der Empfang der Botschaft erfolgt also über Fernsehen, die Reaktion darauf hat über Telefon (Fax, Brief etc.) zu erfolgen. Dieser Medienwechsel dürfte die Werbeeffizienz nicht unerheblich beeinträchtigen. Eine eingeblendete und/oder angesagte Rufnummer ist freigeschaltet, um Bestellungen (Produkte oder Werbemittel) per Nachnahme oder Kreditkarten-Akzeptierung anzunehmen. Die Abwicklung erfolgt meist über Telefonmarketing-Agenturen, die eine gewisse, meist zu kleine Anzahl von Annahmeplätzen rund um die Uhr bereitstellen. Dort werden die Bestelldaten erfaßt und das Order Fulfillment eingeleitet. Regelmäßig handelt es sich um Angebote, die exklusiv nur über DR-TV, nicht jedoch im stationären Handel, erhältlich sind. Insofern ist aus der Anzahl der Aufträge eine gute Werbeerfolgskontrolle möglich. Es gibt jedoch das systembedingte Problem, daß es unmittelbar nach Ausstrahlung der Werbedirektsendung zu einer zeitlichen Ballung von Anrufen kommt (80% Response innerhalb von 15 Minuten nach Ausstrahlung), die durch die bereitgestellten Annahmeplätze regelmäßig nicht zu bewältigen sind. Daher werden Warteproceduren aufgerufen. Bei Bestellungen liegt der Break Even-Punkt bei nur 0,01% aller Anrufer.

Es ist noch fraglich, ob DR-TV Produkte in Form von Shows präsentieren darf (dann handelt es sich um eine Dauerwerbesendung und die ist nach Staatsvertrag nur für max. 1 Stunde/Tag erlaubt) oder ob Spots im zulässigen Zeitumfang gezeigt werden. Vorteile liegen sowohl in der Zeitersparnis/Wegeersparnis auf Seiten der Besteller als auch der Vermeidung von Falschlieferungen (Retouren). Außerdem ist keine Störung durch andere Kunden bei der Auswahl gegeben. So sind auch Zusammenstellungen (Setgedanke) möglich, also heute das Hemd im Angebot, morgen die dazu passende Krawatte. Ein Ticketdrucker am TV-Gerät gibt dann womöglich Rabattmarken als Belohnung für das Spotansehen aus, denkbar sind auch differenzierte Preise für Fernsehprogramme mit Werbung und ohne Werbung (dann billiger).

Zukünftig wird es im Rahmen von Breitband-Übertragungssystemen (LWL) mit Interaktivem Fernsehen möglich sein, schmalbandige Rückkanäle einzuschließen, auf denen jeder Nutzer Anbieter adressieren kann, um so, z. B. durch Betätigung einer Bestätigungsfunktion auf der normalen Fernbedienung des TV-Geräts, Bestellungen (Produkte oder Werbemittel) abgeben zu können, vor allem aber, um Programmabläufe individuell zu definieren (wie z. B. Kameraeinstellungen eines Fußballspiels). Diese bedürfen dann nicht mehr der persönlichen Auftragsannahme, umgehen also den Engpaß der Warteschleifen, und werden durch die Vermeidung eines Medienwechsels dem spontanen Entscheidungsverhalten der meisten DR-TV-Angebote weitaus besser gerecht. Auf diese Weise lassen sich dann neben Pay-TV-Angeboten im übrigen auch Home Shopping, Home Banking etc. bewerkstelligen, was dem Trend zum Cocooning gerecht wird.

Bis dahin sind Überbrückungslösungen notwendig. Zu denken ist an die absendergesteuerte Computerabfrage über Datavox. Auf entsprechende Signale hin werden dabei Daten über die Zehnertastatur eines Mehrfrequenzwahl-Telefons eingetippt. Der beim Empfänger oder einem Service Provider angeschlossene Computer interpretiert die eingegebenen Daten als Reaktion auf eine zuvor gesprochene Aufforderung. Die verschiedenen Ziffern sind anhand der Tonhöhe des Bestätigungssignals unterscheidbar. Dadurch können aber nur standardisierte Informationen erfaßt werden (z. B. verschiedene Produktversionen oder verschiedene Informationspakete). Zur Erfassung der Adreßdaten ist eine Sprachidentifikation erforderlich. Dazu fordert das System den Anrufer nacheinander auf, seinen Nachnamen, Vornamen etc. zu buchstabieren. Das System wiederholt die Aufsprache, ist diese nicht richtig, kann der Identifizierungsvorgang wiederholt werden. Allerdings liegen hier erhebliche Tücken. Für den Fall, daß das System die Sprache des Anrufers nicht identifizieren kann, wird das Gespräch auf einen personenbesetzten Telefonannahmeplatz umgeleitet. Durch entsprechend viele Kanäle kann damit, zumindest theoretisch, die Zahl der angenommenen Bestellungen erhöht werden. Praktisch funktioniert dieses System derzeit nur bei Spracherkennung von Zahlen hinlänglich gut.

Alternativ kann auf den Sprachspeicherdienst (Voice Mail) zurückgegriffen werden. Damit ist eine Tonübertragung, etwa zur Bestellung, auch ohne Einschaltung des Angerufenen möglich. Dabei werden Mitteilungen im Telekom-Computer elektronisch aufgezeichnet und können vom Anbieter jederzeit nach Belieben auf seinen Platz abgerufen werden. Die Kapazität der speicherbaren Anrufe ist allein von der Anzahl bereitgestellter Sprachboxen abhängig. Das Aufsprechen erfolgt nach Eingabe der Rufnummer über Mehrfrequenzwahl. Allerdings werden dabei hohe Leitungsgebühren fällig. In einfacherer Form ist auch der Anschluß entsprechend vieler Telefonanrufbeantworter möglich, die dann zeitversetzt (offline) abgehört werden. Aus der Auswertung dieser Reaktionen ergibt sich eine Werbeerfolgskontrolle.

(→ Direktmarketing)

Disaggregation

(→ Marketing, Revision)

Discounter

Hierbei handelt es sich um einen Betriebstyp des Handels, der weit verbreitet ist (z. B. *Aldi, Lidl & Schwarz*). Seine wesentlichen Kennzeichen sind die folgenden:

- enges, flaches Sortiment,
- anspruchsloses Sortimentsniveau, oft Gattungsware,

- aggressive, starre Preisbildung,
- Stadtrandlage,
- mittelständische Betriebsform,
- geringer Einsatz des Beeinflussungs-Mix (Ausnahme: Kommunikation),
- Akquisition durch Ladengeschäft mit Selbstbedienung,
- dezentrale Standortspaltung mit stationären Verkaufspunkten,
- starke horizontale Integration in Konzern (Filialisierung).

(→ *Betriebstypen des Handels*)

Discountpreissetzung

Discountpreissetzung bedeutet, daß der Preis eines Produkts im Zeitablauf durchgängig unter dem durchschnittlichen Preis des Mitbewerbs angesetzt wird. Daraus folgen mehrere Vorteile:

- Die Verdrängung vorhandener unliebsamer Konkurrenz durch aggressives Pricing ist möglich, denn der Preis ist die wirksamste Wettbewerbswaffe. Dabei ist allerdings eine sorgfältige Abwägung ratsam, da es durchaus wahrscheinlich ist, daß Konkurrenten bei der Preissenkung nachziehen (z. B. *Lidl&Schwarz* vs. *Aldi*).
- Der Markteintritt potentieller Mitbewerber, die von parallelem Angebot nachhaltig abgeschreckt werden, kann auf diese Weise verhindert werden. Denn niedrige Preise signalisieren jedem externen Beobachter, daß es zumindest nicht leicht sein wird, als weiterer Anbieter unter diesen Bedingungen zu reüssieren.
- Es kommt zur Erzielung großer Mengen mit der Folge der Kostendegression im Einkauf. Diese Einkaufsvorteile wiederum werden als wesentlicher Bestandteil in Preisvorteil für Abnehmer umgesetzt, wodurch die Auftragsverpflichtungen gegenüber Lieferanten auch eingelöst werden können.
- Es entsteht eine hohe Werbewirksamkeit durch Goodwill für und Sympathie mit dem Preisbrecher. Dies gilt für mediale Berichterstattung ebenso wie für die Mund zu Mund-Propaganda. Man nennt so etwas auch das Robin Hood-Syndrom, das ja durchaus nicht erst neuerdings vertrauensbildend wirkt.
- Ein durchgängiges Niedrigpreisimage ist durch Abstrahlung des Discountpreises einzelner Produkte auf alle Programmbestandteile erreichbar. Wiederum greift die Irradiation, die von der einzelnen Preiswahrnehmung mangels ausreichender Informationsverarbeitungskapazitäten auf das allgemeine Preisniveau des Geschäfts schließen läßt.

Nachteile liegen vor allem in folgendem:

- Fehlende Eignung für Nischenmärkte ist gegeben, da dort Rationalisierungseffekte kaum zum Tragen kommen. Die abgesetzten Mengen reichen in aller Regel nicht aus, spürbare Mengenrabatte auszuhandeln, die wiederum wichtige Voraussetzung für Preisvorteile sind.
- Es kommt zu einem langsamen

Rückfluß des eingesetzten Kapitals mit starker Mittelbindung und hohem Risiko. Dies erfordert gute Nerven und widerspricht dem kaufmännischen Vorsichtsprinzip, das die langfristige Erhaltung des Geschäftsbetriebs über kurzfristige Markteffekte stellt.

- Das Programm hat geringeren Prestigewert, da das Ansehen der Geschäftsstätte oft mit dem wahrgenommenen Preisniveau steigt. Dies kann bis zur Abstufung des sozialen Ansehens von Käufern gehen, die von Discountpreis-Anbietern kaufen, weil daraus auf deren mindere finanzielle Leistungsfähigkeit geschlossen wird.
- Eine Negativwirkung des Niedrigpreis-Images durch Suggestion mangelnder Qualität kann eintreten. Es entspricht einer altbekannten Erfahrungstatsache, daß gute Leistung nun einmal ihren Preis hat bzw. umgekehrt, absolut niedrige Preise die Vermutung von Leistungseinbußen nahelegen.
- Es besteht kein Spielraum nach unten mehr im Falle ökonomischer Probleme im Betrieb. Diese können etwa aus vorübergehender Nachfrageschwäche („Saure Gurken-Zeit“) resultieren, die auf die Kreditfähigkeit durchschlägt, weil Zahlungsziele der Lieferanten fällig werden, bevor deren Ware monetarisiert ist.

(→ Preispositionierung)

Disjunktionsregel

(→ Entscheidungsregeln, Nicht-kompensatorische)

Diskette

(→ Desk Top Publishing, Speichermedien)

Diskontinuitätenbetrachtung

(→ Marketing, Revision)

Diskretionäres Einkommen

(→ Kaufkraft)

Diskriminanzvalidität

(→ Validität)

Diskriminationstest

(→ Testverfahren, Empirische)

Diskriminierung der Frau

(→ Marketing, Ethik)

Disponibles Einkommen

(→ Kaufkraft)

Dissonanz-Attributions-Modell

(→ Involvement, Darstellung)

Dissonanzen, Inhalte

Menschen streben nach konsistenten, kognitiven Systemen, eine Inkonsistenz kognitiver Elemente wird als unangenehm empfunden, und es wird versucht, das innere Gleichgewicht wieder herzustellen. Kognitionen sind elementare Einheiten wie Meinungen, Ansichten, Erwartungen einer Person über sich selbst oder ihre Umwelt auf Basis der subjektiv wahrgenommenen, nicht unbedingt der objektiv gegebenen Realität. Kognitionen stehen in Beziehung zueinander. Sofern diese Beziehungen relevant sind, kann es sich um konsistente Beziehungen handeln, d. h. die Elemente passen zueinander, harmonieren. Oder um dissonante, d. h. die Elemente sind widersprüchlich, daraus resultiert dann Unbehagen und Unsicherheit. Dissonanz bedeutet ein empfundenes Ungleichgewicht, das bei Entscheidungen aus den nachteilig empfundenen Folgen eines Kaufs bzw. Nichtkaufs, die nicht vorhersehbar sind, auftritt und das zu reduzieren gesucht wird.

Am bekanntesten sind kognitive Dissonanzen, also solche, die sich aus der Verarbeitung widersprüchlicher Informationen (sog. Kognitionen) ergeben. Zweifel an der Richtigkeit einer zu treffenden/getroffenen Kaufentscheidung entstehen dennoch und sollen, weil dem Menschen das Streben nach Gleichgewicht (= Konsonanz) innewohnt, reduziert werden. Konsonanz bedeutet ein Gleichgewicht von Wissen, Denken, Wahrnehmen, Empfinden und Handeln. Dissonante Kognitionen sind durch nachträgliches Bedauern begründet, wenn die negativen Aspekte einer gewählten Alternative mit den positiven verworfener Alternativen verglichen werden (Qualitätsenttäuschung), und durch neue Informationen, die negativ für das gewählte Produkt sind, aber positiv für verworfene Produkte, durch fehlende soziale Würdigung (Social Support), Zugang zu besseren Informationsquellen oder zu überlegenen Entscheidungsregeln. Je mehr Elemente dem Individuum widersprüchlich erscheinen und je größere Bedeutung diesen Elementen zugemessen wird, desto stärker sind die Spannungsempfindungen und die Antriebskräfte zu deren Abbau. Verhaltenswirksam werden sie dann, wenn ihre Stärke über eine individuell unterschiedliche Toleranzschwelle hinausgeht.

Das Ausmaß der Dissonanzen ist umso stärker, je

- größer die Anzahl der abgelehnten Kaufalternativen ist,
- höher die Attraktivität der zurückgewiesenen Alternativen ist bzw. je geringer die Überlegenheit der gewählten Alternative ist,
- länger/höher die Bindung nach Dauer und Wert ist, d. h. je wichtiger die Entscheidung ist und je mehr sie den Entscheidungsträger festlegt,
- geringer die Abweichung der Alternativen untereinander ist, je ähnlicher sich also Angebote sind,
- höher die soziale Bedeutung des Kaufs ist,
- weniger freiwillig die zugrundegelegte Entscheidung ist,
- leichter die Entscheidungskonsequenzen hätten vorhergesehen werden können,
- dringlicher die Entscheidung zu treffen war.

Anstelle des Strebens nach Konsonanz stellt die *Attributionstheorie* die Suche nach Konsistenz und das Streben nach veridikaler Einsicht in Ursache-Wirkungs-Zusammenhänge als maßgebliches Prinzip dar. Es wird nach Einsicht und Wahrheit geforscht, es besteht das Verlangen, Erkenntnisse anzuwenden bzw. umzusetzen und nach Gründen für Verhalten zu suchen. Dabei wird unterstellt, es gebe ein Motiv nach Rückführung beobachteter Ereignisse auf ihnen zugrundeliegende Sachverhalte, sog. Attributionen. Dieses entspringt dem Bedürfnis nach Vorhersagbarkeit und Kontrollierbarkeit der Umwelt und bestimmt die Reaktion auf Reize. Ausgangspunkt ist dabei die Beobachtung eigenen oder fremden Verhaltens bzw. bestimmter Ereignisse, die neuartig oder ungewöhnlich sind. Durch Suche nach Einsicht und Wahrheit wird die Intention der handelnden Personen zu beurteilen versucht. Diese Attributierung führt zur Änderung der Kognition und damit dann zur Beeinflussung künftigen Handelns. Ansatzpunkt sind dabei neuartige Situationen und ungewöhnliche Verhaltensweisen.

Im Rahmen der *Kongruenztheorie* sind dabei zwei in einer positiven gegenseitigen Beziehung wahrgenommene Einstellungsobjekte konsistent, wenn sie auf einer Skala gleich eingestuft werden. Tritt aufgrund neuer Informationen zwischen zwei Einstellungsobjekten Inkongruenz auf, so ergeben sich Verschiebungen auf der Beurteilungsskala, die umgekehrt proportional zur Intensität der ursprünglich vertretenen Einstellungen sind.
(→ Käuferverhalten)

Dissonanzen, Reduktion

Die gewünschte Reduktion kognitiver Dissonanzen erfolgt durch Änderung in Umfang oder Inhalt der Kognitionen.

Änderungen im Umfang der Kognitionen erfolgen durch Hinzufügung neuer Kognitionen oder Ausschaltung dissonanter Kognitionen, um die Anzahl konsonanter Elemente jeweils zu erhöhen. Im ersten Fall können z. B. Raucher sich Personen vergegenwärtigen, die, obwohl sie rauchen, ein hohes Lebensalter erreicht haben. Im zweiten Fall kann die Aussagefähigkeit epidemiologischer Studien zur Schädlichkeit des Rauchens angefochten werden.

Änderungen von Inhalten der Kognitionen erfolgen durch

- selektive Wahrnehmung nur bestätigender Informationen. So ist bekannt, daß Raucher die vorgeschriebenen Warnhinweise auf Werbemitteln und Packungen nicht wahrnehmen, wohl aber die dort dargebotenen Life Style-Botschaften, weshalb die Tabakindustrie die gesetzlichen Warnhinweise nur halbherzig bekämpft.
- nachträgliche Aufwertung der gewählten Alternative. Raucher können sich auch einreden, obgleich sie schon an den einschlägigen Krankheitsanzeichen leiden, zwar möglicherweise kürzer, dafür aber genußreicher gelebt zu haben als Nichtraucher.
- nachträgliche Abwertung der verworfenen Alternativen. Alternative Anlagen für in Rauchen investierte Geldbeträge werden von Rauchern als wenig erstrebenswert dargestellt. Damit ist auch der Geldmittelabfluß irrelevant.

- Unterstellung der Gleichartigkeit der gewählten zu der/den verworfenen Alternative(n). Das Passivrauchen wird als gleich gefährlich wie das Aktivrauchen gesehen. Insofern macht es wenig Unterschied, ob man eine leichte Zigarette raucht, oder unvermeidlich, passiv mitraucht.
- Rückgängigmachung des Kaufs als Ultima ratio. Erst dann wird die Aufgabe des Rauchens in Aussicht genommen, weil damit die Ursache der Dissonanzen neutralisiert wird.

Käufer präferieren demnach Leistungen, von denen sie aufgrund ihrer Erwartungen oder aufgrund vorliegender Erfahrungen keine spürbaren Dissonanzen folgern. Dies fördert Produkt- und Anbietertreue. Eine weitere Risikoreduzierung entsteht durch allgemeine Kaufzurückhaltung, Kauf von Kleinmengen oder Probierkauf, Aushandeln von Rückgaberecht und Garantieerklärung, Kauf nur bei bekannten Lieferanten, Händlern, nur bekannter Produkte (Markentreue, Anbietertreue, Geschäftsstättentreue), Kauf nur entsprechend gütebezeichneter Produkte (z. B. Handelsklasse, Testergebnis) oder Kauf der teuersten Alternative oder aber der billigsten. Weitere Möglichkeiten sind die Beschaffung zusätzlicher Informationen aus Werbung und/oder Redaktion, Meinungseinholung von Beratern, Neuproduktmeidung und Normverhalten (Ausrichtung an informellen Konventionen/„wird gern genommen").

Ausnahmsweise kann auch die bewußte Erzeugung von Dissonanzen sinnvoll sein, etwa wenn es um die Veranlassung zum Umstieg auf ein verbessertes Nachfolgeprodukt, den Wechsel von leistungsunterlegenen eigenen Produkten oder den Einstieg von Nichtkonsumenten geht (vgl. *Pepels, Werner:* Käuferverhalten und Marktforschung, Stuttgart 1995).

Distanzen

(→ *Verkaufsgesprächselemente)*

Distanzmodell

(→ *Käuferverhalten, Erklärungsansätze)*

Distanzprinzip

(→ *Absatzformen)*

Distribution

Distribution umfaßt ganz allgemein alle Aktivitäten, die die körperliche und/oder wirtschaftliche Verfügungsmacht über materielle und/oder immaterielle Güter von einem Wirtschaftssubjekt auf ein anderes übergehen lassen. Der Systemrahmen dafür ist der Absatzkanal. Der Absatzkanal kann in zwei Richtungen gestaltet werden:

- in der Breitendimension hinsichtlich der Anzahl derer, die auf einer Stufe agieren,
- in der Tiefendimension hinsichtlich der Anzahl der Stufen, auf denen interagiert wird.

(→ *Absatzkanal, Breite, Absatzkanal, Tiefe*)

Distributionskennzahlen

(→ *Handelspanels*)

Distributions- und Verkaufspolitik

Die Distributions- und Verkaufspolitik umfaßt als Stellgrößen die Elemente:

- Absatzkanaldesign, d. h. Gestaltung von Breite und Tiefe des Absatzkanals,
- Handelsforschung durch Absatzmittlerpanel,
- Absatzmethode, d. h. Absatzform, Absatzweg und Vertriebssystem,
- Vertriebsstufe Großhandel, d. h. Funktionen und Betriebstypen des Handels unter Kaufleuten,
- Vertriebsstufe Einzelhandel, d. h. Funktionen und Betriebstypen des Handels mit Endabnehmern,
- Dynamik der Betriebsformen, d. h. Entstehung und Reifung von Betriebstypen,
- Warenplacierung, d. h. Umsatzerzielung am Handelsplatz durch Konfrontation potentieller Kunden mit der Ware,
- Kooperation im Absatzkanal, d. h. die freiwillige und begrenzte Zusammenarbeit selbständig bleibender Akteure im Absatzkanal,
- Franchising, d. h. lizenzähnliche Form des vertikalen Marketing,
- Agentur- und Kommissionshandel, d. h. Absatzhelferform im vertikalen Marketing,
- Konzentration im Absatzkanal, d. h. Verlust der rechtlichen und/oder wirtschaftlichen Selbständigkeit mindestens eines Partners,
- Absatzhelfer, d. h. akquisitorische, logistische und leistungsergänzende Absatzorgane, die nicht Wareneigentümer werden,
- Reisende und Handelsvertreter, d. h. Vertragsform des Außendiensts,
- Marktveranstaltungen, d. h. Waren-, Geld- und Informationsaustausch im Treffprinzip,
- Profilmarketing im Handel, d. h. Sortimentsbildung, Preisgestaltung, Verkaufsabschluß und Händlereigenwerbung betreffend,
- Logistik, d. h. physische Distribution zur Raum- und Zeitüberbrückung.

Diversifikation, Formen

Diversifikation bedeutet, für das Unternehmen neue Produkte auf für das Unternehmen neuen Märkten anzubieten. Nach dem Grad der Verschiedenartigkeit kann zwischen homogener (horizontaler oder vertikaler) und heterogener (konglomeraler) Diversifikation unterschieden werden. Es stellt sich jedoch die Frage, ob die horizontale Diversifikation, also die Aufnahme miteinander verwandter Tätigkeitsbereiche in das Unternehmensprogramm, und die vertikale Diversifikation, also die branchengleiche Ausweitung in vor- oder nachgelagerte Wirtschaftsstufen, den Tatbestand der Diversifikation erfüllen oder vielmehr nur einen konzentrischen Ausbau durch Integration darstellen.

Bei der heterogenen Diversifikation wird in mediale, diagonale und laterale unterschieden. *Medial* versteht sich als Kombination aus einem verwandten Tätigkeitsfeld und einer anderen (vor- bzw. nachgelagerten) Marktstufe. Hier kann die Übernahme von *Kentucky Fried Chicken* (nach *Pizza Hut*) durch *PepsiCo* als Beispiel gelten. Das Fast Food-Angebot ist zweifellos dem des Softdrinks verwandt, da beide auf eine unkomplizierte Verzehrsituation abheben. Doch Kentucky Fried Chicken ist auf der Dienstleistungsstufe gegenüber Endabnehmern tätig, während PepsiCo Hersteller mit Vertrieb über Absatzmittler ist. In diesem Fall kam erleichternd hinzu, daß durch die Übernahme der Cola-Absatz von *Coke* auf Pepsi umgestellt und damit ein nicht unerheblicher Mehrabsatz für die Marke erreicht werden konnte.

Diagonal versteht sich als Kombination aus einem anderen Tätigkeitsfeld und einer gleichen Marktstufe. Hier läßt sich die Angliederung von *Jacobs-Suchard* durch *Philip Morris* als Beispiel anführen. Beide sind Hersteller von Fast Moving Consumer Goods. Doch während Philip Morris Zigarettenhersteller ist (Hauptmarke Marlboro), allerdings mit bereits vollzogenen Diversifikationen bei Lebensmitteln (*Kraft/General Foods*), stellt Jacobs-Suchard Kaffee und Süßwaren her. Die Zusammenlegung macht dennoch Sinn, da damit die Verhandlungsposition gegenüber nachfragemächtigen Händlern durch Kumulation der Auftragsvolumina gestärkt wird. Zudem ist absehbar, daß sich der Lebenszyklus von Zigaretten wegen zunehmender gesellschaftlicher Kritik seinem Ende zuneigt, so daß eine diagonale Diversifikation unausweichlich scheint, um das Geschäft abzusichern. Generell stellt sich das Problem, die optimale Abstimmung zwischen den Aktionssektoren zu finden. Denn je unterschiedlicher diese sind, desto eher können Diversifikationsvorteile genutzt, und je gleichartiger diese sind, desto eher Synergiepotentiale erschlossen werden. Insofern nimmt die diagonale eine gewisse Übergangsstellung zur lateralen Diversifikation ein, die zu Konglomeraten führt.

Lateral versteht sich als Kombination aus einem anderen Tätigkeitsfeld und einer anderen (vor- bzw. nachgelagerten) Marktstufe. Hier kann *ITT* als Beispiel angeführt werden. Zum Konzern gehörten u. a. so verschiedenartige Beteiligungen wie Hotels *(Sheraton)*, Elektronik *(SEL)*, Autoteile *(Teves)*. Diese gehorchen nur dem Kriterium der Gewinnträchtigkeit und machten ITT zur Zielscheibe von Systemkritikern, zumal politischer Beeinflussungsdruck ausgeübt wurde. Ein weiteres Beispiel ist *3M*, das sich als eine Ansammlung zahlreicher Unternehmen und Unternehmer (Intrapreneurship) versteht. Das Programm reicht von Magnetbändern bis zu Fahrbahnmarkierungen, von Verbandsstoffen bis zu Selbstklebezetteln. Dabei wird die Struktur kontinuierlich umgewälzt und durch Neuerungen ergänzt. In neuer Zeit hat auch *Daimler* lateral diversifiziert und bot von Kühlschränken (*AEG*) bis Kampfpanzern (*Krauss-Maffei*), von Luxusfahrzeugen (*Mercedes-Benz*) bis Kraftwerksaggregaten (*MTU*), von Wasserflugzeugen (*Dornier*) bis EDV-Programmen (*Debis*) alles mögliche an. Allerdings führen die sich deutlich abzeichnenden Integrationsprobleme dieser Betriebsbereiche zu einer Rekonzentration auf Mobilitätsaktivitäten. Dies ist bezeichnend. Laterale Diversifikation galt lange Zeit als hohe Kunst des Management. Unternehmen sind dabei auf verschiedenen Märkten tätig, deren einzige Gemeinsamkeit in Reinform darin besteht, daß sie profitabel zu sein versprechen. Ohne falsche Sentimentalität werden Aktionssektoren, die nicht die Erwartungen erfüllen, abgestoßen und durch neue ersetzt. Neuerdings jedoch relativiert sich die Euphorie, weil erkannt wird, daß mit Konglomeration nicht nur hohe Gewinnerwartungen, sondern auch respektable Verlustbefürchtungen verbunden sind. Und die Gefahren, auf fremden Aktionsfeldern zu scheitern, den Überblick zu verlieren und sich zu verzetteln, sind so gering nicht zu schätzen, zumal sich Synergieeffekte, wenn überhaupt, in eher bescheidenem Maße einstellen und zwischen verwandten Aktionssektoren generell wahrscheinlicher sind als zwischen verschiedenartigen. Lupenreine Konglomerate werden inzwischen oft als pure Finanzholdings geführt, die das operative Geschäft eher kontrollieren, selbst aber nicht mehr handelnd eingreifen.

Diversifikation, Implementierung

Zur Diversifizierung stehen mehrere alternative Handlungsmöglichkeiten zur Verfügung. Die wichtigsten sind im folgenden mit ihren Vor- und Nachteilen genannt.

Zunächst zur (eigenen) *Produktneuentwicklung*. Wesentliche Vorteile sind:

- Es besteht keine Abhängigkeit von anderen Unternehmen bei der Planung und Durchsetzung von Maßnahmen.
- Es wird eine hohe Gewinnmöglichkeit durch vollen Einbehalt von Erfolgen erreicht.

Wesentliche Nachteile sind:

- Es ist ein hohes Investitionsvolumen erforderlich, das allein aufzubringen ist.
- Die Realisierung ist eher langsam, da Kapazitäten im laufenden Kerngeschäft gebunden werden.
- Es besteht ein hohes Risiko im Falle eines Fehlschlags.

Eine weitere Möglichkeit stellt die (externe) *Auftrags-Forschung und Entwicklung* dar. Wesentliche Vorteile sind:

- Es ist ein geringerer Aufwand als bei Eigen-Forschung und Entwikkung gegeben, da Vorkosten entfallen und nur laufende Kosten entgolten werden.
- Eine schnelle Realisierbarkeit scheint wahrscheinlich, da unter freien Kapazitäten ausgewählt werden kann.
- Durch Ablösung nicht erfolgreicher Auftragnehmer und Parallel-Forschung und Entwicklung ver-

bleibt nur ein geringes Risiko.

Wesentliche Nachteile sind:

- Es ist eine hohe Abhängigkeit von der Leistungsfähigkeit des Auftragnehmers gegeben.
- Eine rechtliche Auseinandersetzung um Schutzrechte ist nicht ausgeschlossen.

Eine weitere Möglichkeit stellt der *Lizenzerwerb* dar. Wesentliche Vorteile sind:

- Es sind geringe Kosten gegeben, evtl. nur laufende Gebühren aus erzielten Einnahmen.
- Dieser Ansatz ist wegen kurzer Vorlaufzeiten schnell zu realisieren.
- Es besteht ein niedriges Risiko, da eine Bewährung im Markt bereits erfolgt oder zumindest hochwahrscheinlich ist.

Wesentliche Nachteile sind:

- Die Gewinnmöglichkeiten bleiben durch Partizipation des Lizenzgebers beschränkt.
- Es besteht eine hohe Abhängigkeit vom Lizenzgeber, vor allem in bezug auf Produktpflege und Vertragsdauer.

Eine weitere Möglichkeit stellt die *Unternehmenskonzentration* dar. Wesentliche Vorteile sind:

- Abhängigkeiten von anderen Unternehmen, die wirtschaftlich und /oder rechtlich selbständig sind, entfallen.
- Durch Zuwachs des Erfolgs des übernommenen Unternehmens ergeben sich hohe Gewinnmöglichkeiten.
- Eine schnelle Realisierbarkeit scheint gegeben, da Wirksamkeit bereits mit Vertragsabschluß eintritt.

Wesentliche Nachteile sind:

- Ein hohes Investitionsvolumen ist erforderlich, um den Kaufpreis zu finanzieren und etwaige Nachbesserungen zu leisten.
- Es besteht ein hohes Risiko des Fehlschlags durch versteckte Probleme (z. B. abweichende Unternehmenskulturen) und mangelnde Synergien.

Eine weitere Möglichkeit stellt die *Unternehmenskooperation* dar. Wesentliche Vorteile sind:

- Die Kosten bleiben niedrig, da Investitionen gemeinsam getragen werden.
- Durch partnerschaftliche Verteilung von Kooperationsrisiken entsteht eine Risikominderung.
- Schnellere Erfolge als allein sind wahrscheinlich, da Kapazitäten gepoolt werden können.

Wesentliche Nachteile sind:

- Es ist eine hohe Abhängigkeit vom Kooperationspartner und dessen Einstellung und Leistungsfähigkeit gegeben.
- Es bestehen nur begrenzte Gewinnmöglichkeiten, da ein Profit Sharing erforderlich wird.

Schließlich bleiben *Joint Venture/ Strategische Allianz.* Wesentliche Vorteile dieser Variante sind:

- Die Investitionsvolumina sind niedriger als bei Eigengründung, da die Partner gemeinsam investieren.
- Das Risiko ist niedriger als bei Eigengründung, da Verluste geteilt werden.

- Von entschlossenen Partnern kann eine zügige Umsetzung erwartet werden.

Wesentliche Nachteile sind:

- Es besteht eine starke Abhängigkeit vom gewählten Partner, da gemeinsame Investitionen Mittel auf lange Zeit binden.
- Es bleibt nur ein begrenztes Gewinnpotential, da Profit Sharing erforderlich wird.

Diversifizierung

(→ Gap-Analyse, Aussage, Marktfelder)

Divisions-/Multiplikationstechnik

(→ Preisargumentation im Verkaufsgespräch)

Divisionskalkulation

(→ Vollkostenrechnung)

Do ut des-Technik

(→ Preisargumentation im Verkaufsgespräch)

Dokumentation

(→ Verkaufsliteratur)

Dokumentenakkreditiv

(→ Außenhandelsfinanzierung)

Dokumenteninkasso

(→ Außenhandelsfinanzierung)

Dokumentensysteme

(→ Marketing-Informations-System, Typen)

Domestic Advertising

(→ Global Advertising)

Dominante Preisführerschaft

(→ Preisführerschaft)

Dominanz-Regel

(→ Marketing, Risikovorsorge)

Dominanzposition

(→ Positionierung, Optionen)

Dominieren als Mediataktik

(→ Mediaplanung, Taktiken)

Domizilprinzip

(→ Absatzformen)

Doppel-/Mehrfachleser

(→ Leser-/Auflagenbegriffe)

Down Grading

(→ Produktvariation, Relaunch)

DPP/DPR

(→ Direkt Produkt-Profitabilität ((DPP)), Aussage)

DR-TV

(→ Direktwerbe-Fernsehspots)

Dreh

(→ Sendevorlagenerstellung)

Drei-Faktoren-Ansätze im Marketing

(→ Marketing, Instrumentaleinsatz)

Dreiecksgeschäft

(→ Gegenseitigkeitsgeschäfte)

Dreikomponenten-Theorie

(→ *Einstellung)*

Dringlichkeitsmaßstab

(→ *Preisfunktionen)*

Drittfinanzierung

(→ *Absatzfinanzierung)*

Drittmarke

Die Drittmarke ist in der vertikalen Markenhierachie noch unterhalb der Zweitmarke positioniert. Ein Beispiel ist *Rüttgers Club* im Verhältnis zu *Söhnlein Brillant* (Zweitmarke) bei der *Henkell-Söhnlein Sektkellerei*. Die Drittmarke tritt unmittelbar gegen Handelsmarken an und versucht, dem Anbieter die extrem preisorientierte Kaufkraft zu liquidieren. Allerdings darf es zu keinen Kannibalisierungseffekten kommen, d. h. Substitution gut kalkulierter gegen schlecht kalkulierte Käufe. Dies durch Qualitätsabstufung allein zu erreichen, ist schwierig, da darunter die Kaufappetenz leidet. Geschickter ist, die Präsenz einer Drittmarke auf bestimmte große Absatzmittler zu begrenzen, z. B. wird *Schloß Königstein* (Henkell-Söhnlein) nur über den *Edeka*-Konzern distribuiert.

Der wesentliche Vorteil liegt in der Möglichkeit der absatzkanalspezifischen Abdeckung mit Produkten. Als Nachteil ist hingegen anzusehen, daß die Gefahr der Aufreibung zwischen Handelsmarken einerseits und Gattungswaren andererseits besteht.
(→ *Vertikale Markentypen)*

Druckauflage

(→ *Leser-/Auflagenbegriffe)*

Drucker

(→ *Desk Top Publishing, Ausgabegeräte)*

Druckvorlagenerstellung

Ausgangspunkt für die Druckvorlagenerstellung ist die Reinzeichnung. Sie besteht aus einem Tableau, auf dessen Vorderseite die Formatbegrenzung des reinzuzeichnenden Werbemittels durch Passermarkierungen vermerkt ist. Dabei handelt es sich um horizontale und vertikale Markierungen an allen Seiten des Formats. Innerhalb des Formats sind zwei Bestandteile zu unterscheiden:

- Bildteil(e),
- Textteil(e).

Die Bildteile beinhalten lediglich den Stand der Bildelemente als Umrißzeichnungen zur genauen Einspiegelung von Bildvorlagen. Diese liegen separat bei in Form von:

- Durchsichtsvorlagen (Dia),
- Aufsichtsvorlagen (Fotoabzug, Dye Transfer, Illustration, Ausdruck).

Textteile werden von einem verabschiedeten Textmanuskript abgesetzt und direkt reprofähig aufgebracht. Dazu werden Satzabzüge an den entsprechenden Stellen in der entsprechenden Größe montiert. Logos oder ähnliche Elemente können ebenfalls direkt aufgeklebt oder separat beigelegt werden. Das Reinzeichnungstableau wird durch einen Pergamentbogen bedeckt. Auf diesem Decker sind Angaben zur Erläuterung eingetragen. Z.B. wird angegeben, daß eine Abbildung nach Stand von einer separaten Durchsichts- oder Aufsichtsvorlage einzuziehen ist. Oder daß alle Texte schwarz drucken. Oder daß das Logo in einer bestimmten HKS-/Pantone-Farbe zu drucken ist. Diese Auszeichnung ermöglicht erst die Bearbeitung der Reinzeichnung.

Als Oberseite wird ein Schutzpapier montiert. Dieses trägt ein Etikett/Feld mit Angaben zu Auftraggeber, Produkt, Motiv, Auftragsnummer und Datum, sodaß im geschlossenen Zustand sofort ersichtlich ist, um welche Art von Reinzeichnung es sich handelt. Auf der Rückseite des Tableaus ist ein Imprematurstempel aufgebracht. Diesen haben alle Verantwortlichen der Reinzeichnung freizuzeichnen. Wichtig ist, daß das Tableau erst herausgegeben werden darf, wenn alle Unterschriften vorliegen. Grafik zeichnet für die gestalterische Richtigkeit der Vorlage ab, Text für die Korrektheit des Satzes laut letzter Korrektur, Kontakt für die Richtigkeit der Inhalte, Reinzeichnung für die technische Exaktheit der Ausführung und der Auftraggeber für die Genehmigung der Arbeit. Erst danach darf die Reinzeichnung weiterverarbeitet werden. Nun werden oft verschiedene Exemplare der Reinzeichnung zeitgleich benötigt. Deshalb wird eine Mutterreinzeichnung angelegt, die im Format einer gängigen Größe entspricht. Nach deren Freigabe werden entsprechende Korrektostate als Formatadaptationen für verschiedene Werbeträger gezogen. Das Original verbleibt im Archiv.

Der Text wird für gewöhnlich zunächst als Satzfahne ausgegeben. Dieser Satz wird von einem Korrektor auf orthografische und interpunktionelle Richtigkeit geprüft. Gleichzeitig werden der Umbruch, die Laufbreite/-länge und die Typographie vom Grafiker geprüft bzw. korrigiert. Der Texter checkt den Inhalt und Stil gegen, der Kontakter die Berücksichtigung vorangegangener Korrekturen. Alle Beteiligten zeichnen die Satzfahne ab. Danach wird der Reinsatz erstellt. Meist handelt es sich um Fotosatz. Eine Buchstabenschablone wird dabei in schneller Folge entsprechend der Buchstabenreihenfolge mit Licht durchstrahlt, das einen Film belichtet. Dabei können alle Parameter in weiten Grenzen variiert werden:

- die Schriftfamilie. Dabei unterscheidet man serifenlose und serifenbehaftete Typos. Serifen sind betonte Buchstabenendungen.
- die Größe der Schrift. Diese bemißt sich meist in Punktgröße nach der Versalhöhe. Versalien sind großgeschriebene Buchstaben.
- die Spationierung. Damit sind die Abstände zwischen einzelnen Buchstaben normiert. Man unterscheidet neben normalen breit laufende (gespreizte) und schmallaufende (unterschnittene) Schriften.
- die Schriftart. Hier gibt es Druck-, Schreib- und Kursivschriften.

- die Schriftstärke. Man unterscheidet fett, halbfett und schmal als Schriftstärken.
- die Schriftrelation. Hier gibt es proportionale und relative Schriften. Erstere berücksichtigen in ihrer Laufbreite die unterschiedliche Breite der einzelnen Buchstaben. Letztere geben alle Buchstaben im gleichen Abstand wieder.

Die Schrift wird nach Headline, Subline, Copy, Sonderzeichen getrennt ausgezeichnet. Dabei sind auch Hervorhebungen gekennzeichnet (wie Unterstreichung, Fettung, Sperrung etc.). Der Form nach kann der Satz linksbündig, rechtsbündig, zentriert als Flatter-oder als Blocksatz erfolgen, evtl. auch mit Einzügen. Danach beginnt die Realisation in Form von Reprografie und Druck.

Dual-/Poly-Distribution

(→ Parallelabsatz)

Duales System Deutschland (DSD)

(→ Retrodistribution)

DuPont-Schema

(→ Kennwertsysteme)

Durchdringungsmodelle

(→ Kaufeintrittsmodelle)

Durchführungsobjektivität

(→ Objektivität)

Durchschaubare Situation

(→ Beobachtung, Testverfahren, Empirische)

Durchschnittliches Marktwachstum

(→ Portfolio, Vier-Felder-, Aufbau)

Durchschnittsberechnungen

Durchschnittsberechnungen im Rahmen der Prognose beruhen auf der Annahme, daß die zu prognostizierende Größe ein funktionaler Wert bzw. eine Konstante ist (= Gesetzmäßigkeit) und die in der Vergangenheit festgestellte Wirkung auch für die Zukunft unterstellt werden kann, Abweichungen also nur auf Zufallsschwankungen beruhen. Die Beobachtungswerte werden damit als nur von der Zeit abhängig betrachtet und extrapoliert. Dabei liegt je ein deterministischer und stochastischer Anteil zugrunde. Im Falle eines trendförmigen Verlaufs in der Zeit ist eine Anwendung dieses Prognoseverfahrens auszuschließen. Die Vergangenheitswerte können auch gewichtet werden. Angestrebt wird eine minimale Abweichung der Funktion bzw. Konstante von den tatsächlichen Werten. Wenn dies für die Vergangenheit gelingt und gleiche Bedingungen für die Zukunft unterstellt werden können, kann damit ein minimal abweichender, also möglichst genauer Prognosewert für zukünftige Perioden ermittelt werden. Der repräsentative Wert der Prognosegröße in der Vergangenheit ist also das gewogene arithmetische Mittel aller Daten, das durch Einsetzen zukünftiger Perioden in die Zukunft fortgeschrieben werden kann.

Gleitende Durchschnitte ergeben

sich, wenn jeweils nach Vorliegen eines neuen Wertes der älteste Wert der Rechenreihe ausgeschaltet und mit der gleichen Anzahl von Ursprungswerten, nun aber aktueller, die Berechnung fortgesetzt wird. Der Mittelwert gleitet damit von Periode zu Periode. Im einzelnen wird aus einer möglichst langen Zeitreihe, für die entsprechende Werte vorliegen, der Durchschnitt (arithmetisches Mittel) für einen festgelegten Zeitraum berechnet. Aus dieser Gruppe wird dann im folgenden sukzessiv immer der jeweils älteste Wert der letzten Periode durch den jüngsten Wert der Folgeperiode ersetzt.

Rechnerisch wird der Trend durch fortlaufende Mittelung mehrerer aufeinanderfolgender Merkmalswerte bestimmt. Die Trendlinie erhält man, indem jeder Durchschnittswert dem Beobachtungswert zugeordnet wird, der in der Mitte der Werte liegt, aus denen er berechnet wurde. Ein Problem stellt die Bestimmung der Anzahl der Werte dar, aus denen der Durchschnitt zu errechnen ist. Bei einer großen Zahl von Werten besteht die Gefahr, daß die Trendlinie zu stark geglättet wird, bei einer geringen Zahl von Werten die Gefahr, daß die Restkomponente nicht völlig ausgeschaltet wird. Zunächst ist daher die Mittelungsperiode zu bestimmen. Bei ungerader Zahl von Perioden werden die Trendwerte als arithmetisches Mittel aus den benachbarten Werten der Zeitreihe errechnet und dem in der Mitte liegenden Beobachtungswert bzw. dessen Beobachtungszeitpunkt zugeordnet. Bei gerader Zahl von Perioden werden die Trendwerte ebenso als arithmetisches Mittel berechnet, allerdings gehen der erste und der letzte Wert nur mit jeweils halber Gewichtung ein, um zu verhindern, daß der errechnete gleitende Durchschnitt sich auf die Mitte eines Intervalls zwischen zwei Beobachtungszeitpunkten bezieht. Die Zuordnung erfolgt dem in der Mitte liegenden Zeitreihenwert.

Beim gewogenen gleitenden Durchschnitt werden jüngere Daten wegen ihrer größeren prognostischen Relevanz stärker gewichtet als ältere Daten. Der Gewichtungskoeffizient bestimmt, in welchem Ausmaß diese Umgewichtung erfolgt. Darin liegt zugleich eine Verzerrungsgefahr. Ziel dieses Verfahrens ist die Ausschaltung zufallsbedingter Unregelmäßigkeiten im Verlauf einer Zeitreihe. Durch den Wechsel der Berechnungsbasis wird so etwas wie ein Filtereffekt hervorgerufen. Voraussetzung ist, daß der Gleitzeitraum so gewählt ist, daß durch Saison- oder Konjunkturzyklen keine Verzerrungen entstehen und daß die Werte über die Zeit hinweg eine bestimmte Struktur aufweisen.

(→ *Prognose*)

Durchverkauf

(→ *Absatzkanal, Beziehungen*)

Dynamik der Betriebsformen des Handels

Der Handel vollzieht im Zeitablauf zahlreiche Entwicklungen. Er ist also nicht statisch zu sehen, sondern dynamisch. Handelsbetriebe unterliegen damit einem Wandel ähnlich den Produkten, der von Entstehung und Aufstieg neuer Formen bis zu deren Reife und Assimilation geht. Neue Betriebsformen entstehen und alte verschwinden damit am Markt bzw. passen sich Wandlungen an. Man spricht auch von der sog. Dynamik der Betriebsformen (Wheel of Retailing). Dafür gibt es verschiedene Erklärungsansätze: die Verdrängungstheorie, die Marktlückentheorie, den institutionellen Lebenszyklus, die Anpassungstheorie, den ganzheitlichen Ansatz, die Betriebsformenpolarisierung, die Gegenmacht, die Modellanalyse, den General-Specific-General-Zyklus, den dialektischen Prozeß und biologischen Analogien. Durch diese Entwicklung kommt es zum Wettbewerb zwischen den Betriebsformen, modernere, leistungsfähigere setzen sich gegen tradierte, überkommene durch und verdrängen diese über kurz oder lang. Der Wandel vollzieht sich vor allem in zwei Richtungen, einerseits zum Erlebnishandel durch sog. Trading up und andererseits zum Versorgungshandel durch sog. Trading down.

Trading Up bedeutet Imagedominanz durch Verbesserung der betriebsindividuellen Leistungsstandards bei Sortiment, Personal, Ausstattung, Zusatzleistung etc. Dazu gehört die Betonung der Sortimentstiefe bei traditionell sortimentsbreiten Händlern und umgekehrt. Hinzu kommt die Aufnahme vorwiegend höherwertigerer Artikel, die zwar zur Einengung des Kundenpotentials, aber zugleich zur Erhöhung des Einkaufswerts je Besuch führt. Es erfolgt die Eingliederung in horizontale und vertikale Kooperationen zur Nutzung betriebswirtschaftlicher Vorteile, die nicht immer ohne weiteres von außen erkennbar ist. Ziel ist die Verbesserung der Angebotspräsentation, die Nutzung agglomerierter Standorte (z. B. Gemeinschaftswarenhaus, Ladenpassage), die Intensivierung der Kundenberatung, etwa durch Anwendung dominanter Fremdbedienung. Die Betonung liegt auf der Erlebniskomponente des Einkaufs. Dies führt zum Angebot eher beratungsintensiver Produkte mit hohem Nutzen. Qualität und Image werden zu Hauptargumenten im Verkauf. Die Vermittlung von Freude am Einkauf durch ein anregendes Verkaufsumfeld steht im Mittelpunkt. Die attraktive Präsentation der Artikel genießt Priorität gegenüber der Rationalisierung.

Trading Down bedeutet demgegenüber Preisdominanz durch Senkung der Betriebskosten und Spannen. Dazu gehört die kostengünstigere Standortwahl, die preisliche Zugeständnisse möglich werden läßt, die ihrerseits neue Kundenkreise anspricht. Wiederum ist die Beteiligung an Kooperationen oder die Konzentration betriebswirtschaftlich vorteilhaft. Bei geringerer Sortimentsbreite bzw. -tiefe werden mit den verbleibenden Artikeln größere Absatzmengen und höhere Umschlaggeschwindigkeiten realisiert.

Zugleich werden Servicekürzungen akzeptabel. Dies drückt sich in weniger Verkaufsberatern und Übergang zu dominanter Selbstbedienung aus, in schlichterer Warenpräsentation durch Einsparung an Dekoration, Medienwerbung und Ladenwerbemittel. Daraus folgt ein Gefühl der Cleverness beim Einkauf auf Seiten der Kunden. Die Priorität liegt hier auf der schnellen und einfachen Versorgung beim Einkauf mit dem Preis als Hauptargument. Dies bedingt das Angebot problemloser, selbsterklärender Waren. Betriebswirtschaftliche Kostenrechnung mit schnelldrehenden Artikeln, niedrigen Einstandspreisen und hoher Flächenausnutzung genießt Priorität vor der Emotion.

Dynamische Amortisationsmethode

(→ *Wirtschaftlichkeitsrechnung)*

Dysproportionale Schichtung

(→ *Zufallsauswahl, Geschichtete)*

E

E-Leser

(→ *Leser-/Auflagenbegriffe)*

E-V-Hypothese

(→ *Einstellung)*

EA-CA-Design

(→ *Informales Experiment)*

EA-Design

(→ *Informales Experiment)*

EA-EBA-CBA-Design

(→ *Informales Experiment)*

EAN-Code

(→ *Scanner-Kassen)*

EB-CA-Design

(→ *Informales Experiment)*

EBA-CBA-CA-CA-Design

(→ *Informales Experiment)*

EBA-CBA-Design

(→ *Informales Experiment)*

EBA-Design

(→ *Informales Experiment)*

Echte Handelsmarke

(→ *Handelsmarke, Aussage)*

Economies of Large Scale

(→ *Erfahrungskurvenkonzept, Aussage, Größeneffekte, Statische)*

Effipub

(→ *Werbewirkungskontrolle, Ad hoc-Erhebungen)*

Eigenbetrieb

(→ *Lager, Betrieb)*

Eigenes Angebot

(→ *Angebotsumfeld, Analyse)*

Eigenfertigung

(→ *Make or Buy-Entscheidung)*

Eigengestaltung des Absatzes

(→ *Absatzformen)*

Eigenschaftsliste

(→ *Kreativitätstechniken)*

Eigensortiment

(→ *Sortimentsinhalte)*

Eigentransport

(→ *Transportmittelbetrieb)*

Eindimensionale Skalierungsverfahren

(→ *Skalierungstechniken)*

Einfirmenvertreter

(→ *Handelsvertreter)*

Einheitsrabatt

(→ *Rabatt)*

Einkäufer (Buyer)

(→ *Einkaufsgremium)*

Einkaufsgremium

Einkaufsentscheidungen ab einer gewissen Größenordnung werden nicht mehr von Einzelpersonen getroffen, sondern von Einkaufsgremien, weil die damit verbundene Verantwortung für eine einzelne Person zu hoch ist. Diese Gremien, sog. Buying Centers (Webster, Wind), bestehen aus unterschiedlichen Personen, die verschiedene Funktionen wahrnehmen. Denkbar ist aber auch, daß ein Mitglied mehrere Funktionen gleichzeitig oder nacheinander übernimmt oder mehrere Mitglieder dieselbe Funktion, einzelne Funktionen können auch von externen Dritten übernommen werden. Folgende Typen sind im Buying Center zu unterscheiden.

Der *Vorselektierer (Gate Keeper)* übernimmt die Informationssammlung, die Identifikation der in Betracht kommenden Kaufalternativen und trifft damit die Entscheidungsvorbereitung. Informationen, die diese Schleuse nicht passieren können, gelangen damit erst gar nicht zur engeren Beurteilung. Daher ist es für Verkäufer hochbedeutsam, sicherzustellen, daß Informationen, die Entscheidungsgrundlage sind, auch tatsächlich im Buying Center ankommen. Die Funktion des Gate Keeper wird häufig von einer Stabsstelle übernommen, dies kann aber

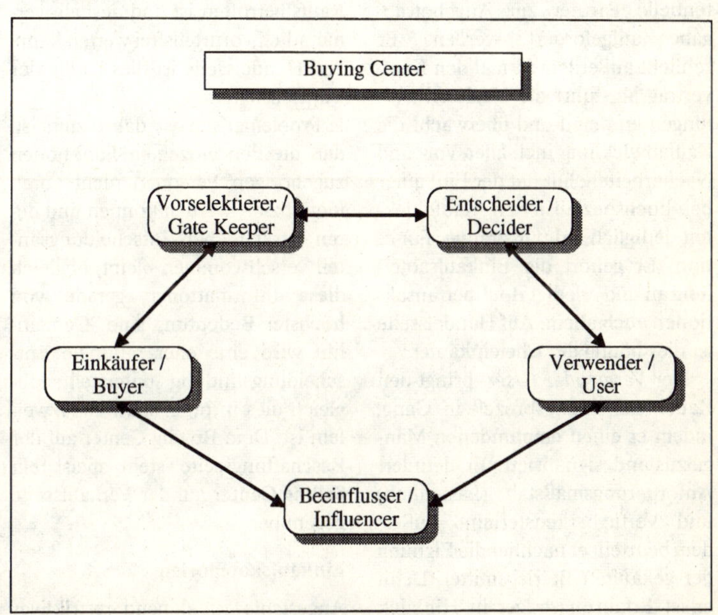

Buying Center

auch die Sekretärin sein. Auf Handelsseite ist dies häufig der Verkaufsförderer.

Der *Entscheider (Decider)* übernimmt die Letztauswahl des Kaufobjekts bzw. dessen Lieferanten. Dabei handelt es sich meist um eine Person in leitender Stellung (Macht), die die vorgeleistete Gremiumsarbeit durch ihr Votum sanktioniert. Je nach Einmischungsgrad in die operative Ebene übt sie mehr oder minder großen formalen Einfluß auf die Beschaffungsentscheidung aus. Auf Handelsseite ist dies häufig der Geschäftsführer.

Der *Einkäufer (Buyer)* trifft die Vorauswahl der Lieferanten, indem ein Projekt ausgeschrieben und potentielle Partner zur Angebotsabgabe aufgefordert werden. Er schließt außerdem formal den Kaufvertrag ab, führt die Nachverhandlungen en detail und überwacht die Kaufabwicklung incl. aller Vor- und Nacharbeiten. Oft hat der Einkäufer bei hochspezialisierten Kaufobjekten lediglich administrative Funktion. Er gehört der Einkaufsabteilung an und erledigt Routinetransaktionen auch allein. Auf Handelsseite ist dies häufig der Chefeinkäufer.

Der *Verwender (User)* bringt den Kaufentscheidungsprozeß in Gang, indem er einen empfundenen Mangelzustand signalisiert. Er definiert Anforderungsmaßstab (Lastenheft) und Verfügbarkeitstermin. Außerdem beurteilt er nachher die Eignung der gekauften Betriebsmittel. Denn er ist Erfahrungsträger in Hinblick auf die Produktqualität, sein Einsatzverhalten ist wichtig für die gesamte Beschaffungsaktion. Gelegentlich wird hiervon die Funktion des *Auslösers (Initiator)* unterschieden. Dies ist immer dann der Fall, wenn die Bedarfsmeldung nicht vom Verwender selbst, sondern von einer anderen Stelle ausgeht. Auf Handelsseite ist dies häufig der Ressorteinkäufer.

Der *Beeinflusser (Influencer)* nimmt durch Fachkompetenz Einfluß auf die Beurteilung der Kaufobjekte und die Entscheidung zugunsten einer Alternative. Oft handelt es sich dabei um einen externen Berater oder Mitarbeiter einer internen Service-Abteilung, der nicht unmittelbar von den Konsequenzen des Kaufs betroffen ist und deshalb vermeintlich vorurteilsfrei werten kann. Auf Handelsseite ist dies häufig der Vertriebsleiter.

Problematisch ist dabei zumeist, daß die den einzelnen Funktionen zugehörigen Personen nicht vorab identifiziert werden können und deren tatsächlicher Entscheidungsanteil verschwommen bleibt, obgleich diese Informationen gerade von höchster Bedeutung sind. Gemeinhin wird eine eher rationale Entscheidungsfindung unterstellt, obgleich dies in praxi stark anzuzweifeln ist. Dem Buying Center auf der Beschaffungsseite steht meist ein Selling Center auf der Verkaufsseite gegenüber.

Einkaufskategorien

Angesichts zunehmend restriktiver Umwelt- und insb. Wirtschaftsbedingungen mit anhaltend stagnierenden oder gar rückläufigen Realeinkommen sehen sich Konsumenten zu selektiver Reaktion hinsichtlich ihrer Kaufentscheidungen gezwungen, wollen sie ihren gewohnten und liebgewonnenen Lebensstandard halten, der bekanntlich äußerst schwer aufzugeben ist. Deshalb unterscheiden Verbraucher bei Anschaffungen zunehmend in solche der Kategorie des Grundbedarfs einerseits und solche der Kategorie des Zusatzbedarfs andererseits. Für beide Gruppen entwickeln sie unterschiedliche Handlungsmuster, handeln also nicht mehr konsistent, sondern gespalten, eben hybrid. Im Bereich des Grundbedarfs wird dabei weit überwiegend nach dem Kriterium absoluter Preisgünstigkeit gekauft. Dafür kommen generell wenig erklärungsbedürftige Angebote in Betracht. Da hier meist keine gravierenden, objektiv nachvollziehbaren Leistungsunterschiede unterstellt bzw. diese, falls doch vorhanden, relativ leicht nachgeprüft und Nachteile daraus vermieden werden können, wird der Kauf im Erlebnishandel dabei leicht verzichtbar. Dieser gewinnt erst wieder an Boden, wenn es um objektiv oder subjektiv höherwertige Angebotsgattungen geht. Oder um besondere Einkaufsanlässe. Diesem Grundbedarfsbereich mit seinem eher rational geprägten Käuferverhalten steht der Erlebnisbedarfsbereich gegenüber. Hier geht es um Produkte, die eine hohe emotionale Wertigkeit beinhalten. Deren Bedeutung kann sowohl in der Eignung des betreffenden Produkts zur differenzierten Selbstdarstellung als auch im vorgründigen Statuszweck liegen.

Einkaufslisten-Test

(→ *Testverfahren, Verbale)*

Einkaufsstättenentscheidung

(→ *Kaufprozeß)*

Einkaufsstättenwahl

Am Anfang eines Kaufakts steht das Erkennen des Einkaufsanlasses. Dieser kann in der Person des Nachfragers liegen (z. B. Geschenk, Ersatzbedarf) oder in Gründen des Anbieters (z. B. Sonderverkauf). Die Suche nach geeigneten Einkaufsstätten kann intern, d. h. auf Basis gespeicherter Informationen, oder extern, d. h. durch neue Informationen, erfolgen. Daran schließt sich die Bewertung der Alternativen an. Sie resultiert in der Auswahl und Kontaktierung einer Einkaufsstätte. Nach Verlassen der Einkaufsstätte erfolgt deren nachträgliche Bewertung. Neuerdings wird dem Einkaufserlebnis, also der vermittelten Ladenatmosphäre, große Bedeutung zugemessen.

Bei der Mehrzahl ihrer Einkaufsstättenentscheidungen verfügen Konsumenten über kognitive Programme, die durch bestimmte Stimuli aktiviert werden und das Wahlverhalten steuern. Dafür gibt es mehrere Erklärungsansätze.

Das statische Black Box-Modell bezieht sich z. B. auf die Transportkostenminimierung. Dabei wird die Wahlentscheidung in Abhängigkeit von der relevanten Wegstrecke zur Einkaufsstätte und den damit verbundenen Transportkosten betrachtet. Oder auf Nutzenmaximierung, die den Versuch unternimmt, Beziehungen zwischen Angebotsparametern zur optimalen Sortimentsgestaltung aufzuzeigen.

Dynamische Black Box-Ansätze fassen die Geschäftswahl als stochastischen Prozeß auf. Beispiel dafür sind die Markoff-Ketten erster (eine Vorperiode) oder höherer Ordnung (mehrere Vorperioden). Übergangswahrscheinlichkeiten sind Ausdruck für die Wahrscheinlichkeit einer Wiederholung bzw. Änderung einer Geschäftsstättenwahl. Lerntheoretische Ansätze gehen von dichotomen Alternativen aus. Die Wahrscheinlichkeit der Wiederholung des Geschäftsstättenbesuchs steigt dabei mit der Häufigkeit vergangener Besuche. Das Recipe-Modell bezieht alle relevanten Variablen simultan ein.

Verhaltens-Modelle beziehen zur Einkaufsstättenwahl intrapersonale Vorgänge mit ein. Beim Anreiz-Beitrags-Modell entscheidet die Relation von Anreizen durch die Leistung zu den Beiträgen als Gegenleistungen über die Wahl. Das Simulationsmodell basiert auf konkretrechnerischer Formulierung. Das Adoptionsmodell untersucht die Bedingungen für die erstmalige Wahl eines neuen Geschäfts.

(→ *Preisinteresse, Marktsegmentierung, Kriterien*)

Einkaufsverbund

Dem Einkaufsverbund liegt die Übereinkunft von Einzelhändlern zugrunde, ihr Sortiment ganz oder teilweise über eine gemeinsame Großhandelszentrale zu beschaffen, um von den dabei entstehenden Verhandlungsvorteilen zu profitieren. Die Initiative geht dabei vom Einzelhandel aus, ist also im Unterschied zur Freiwilligen Kette rückwärtsgerichtet. Beispiele finden sich in der UE-Branche z. B. mit *AERA, Interfunk, Electronic Partner*. Dabei geht es um die Bündelung der Interessen, wobei eher eine defensive Wettbewerbseinstellung traditioneller Betriebstypen gegeben ist, die ihren Bestand gegenüber aggressiven Großbetriebsformen ihrer Kräfte retten wollen.

Bei beiden Formen sind Abrechnungskontore denkbar und häufig gegeben. Der Lieferant stellt dann nur eine Sammelrechnung für alle angeschlossenen Einzelhandelsbetriebe aus, die vom Kontor gesammelt beglichen wird. Das Kontor bündelt die Rechnungen verschiedener Lieferanten an den Handelsbetrieb und zieht von diesem den Rechnungsbetrag ein. Da das Kontor das Einzugsrisiko für die bezahlten und eingezogenen Beträge gegenüber dem Lieferanten übernimmt, ist von diesem eine Inkassoprovision, das sog. Delkredere, gefordert. Bei beiden Formen ergeben sich vielfältige

Möglichkeiten für Wettbewerbsvorteile. So kommt es zu einer effektiveren Zuordnung durch Zentralisieren bzw. Dezentralisieren geeigneter Aktivitäten sowie zum Verlagern auf andere Einheiten oder nach außen. Eine höhere Effektivität ergibt sich auch durch Straffung der Abläufe, Standardisierung bzw. Pauschalierung von Vorgängen sowie durch bessere Kapazitätsauslastung. Gemeinsam sind zudem bessere Arbeitsvoraussetzungen möglich, so durch EDV-Einsatz, Anlage-/Bauinvestitionen und organisatorische Hilfsmittel. Doppelarbeiten können völlig wegfallen, andere Arbeiten sind in geringerem Umfang bzw. geringerer Frequenz möglich. Zugleich wird eine bessere Qualitätssicherung erreicht. Die Abstimmung führt auch zu weniger Streß durch Blitzaktionen.

(→ Zusammenschluß auf den Handelsstufen)

Einkaufszeitpunkt

(→ Preisinteresse, Marktsegmentierung, Kriterien)

Einkaufszeitpunktentscheidung

(→ Kaufprozeß)

Einkaufszentrum

Beim Einkaufszentrum handelt es sich um die gewachsene oder aufgrund einer Planung entstandene räumliche Konzentration von Einzelhandels- und Dienstleistungsbetrieben verschiedener Art und Größe. Es wird meist als Einheit vom Betreiber als Konzentration kooperativ tätiger Gewerbetreibender geplant, errichtet und verwaltet und besteht aus einer größeren Anzahl rechtlich selbständiger Gewerbetreibender. Es befindet sich meist in einheitlichem Besitz. Entscheidungen werden durch Verwaltungsgesellschaft und Mietervereinigung getroffen. Die Miete ist fix, umsatzabhängig oder kombiniert ausgelegt. Die Ausrichtung erfolgt auf das Einzugsgebiet mit eigenen Parkplätzen, verkehrsgünstig gelegen, oft als City-Center in geplantem Gebäudekomplex. Man unterscheidet nach der Zuordnung (in Wohnsiedlungsgebiete) integrierte oder nicht-integrierte Einkaufszentren, nach der Hierarchie Unterzentren (für Basisbedarf), Mittelzentren (für Basis- und gehobenen Bedarf), Oberzentren (für gehobenen Bedarf), nach dem Einzugsgebiet Nachbarschaftszentrum (bis 15 000 Personen), Stadtteilzentrum (bis 100 000 Personen), Regionalzentrum (ab 100 000 Personen), nach dem Sortiment spezialisierte (eine Branche) oder nichtspezialisierte Einkaufszentren (mehrere Branchen) und nach dem Layout Ladenzeile, Innenhof, Wegesystem, Mall (überdacht). Kennzeichen (z. B. *Huma*/Neuss) sind folgende:

- sehr breites, ausreichend tiefes Sortiment mehrerer Anbieter,
- anspruchsloses Sortimentsniveau,
- aggressive, flexible Preisbildung,
- oft auf der „grünen Wiese“ angesiedelt (SB-Warenhaus)

Einkommen

- Großbetriebsform mehrerer ansonsten selbständiger Händler,
- geringer Einsatz des Beeinflussungs-Mix,
- Akquisition durch Ladengeschäfte in dominanter Fremdbedienung,
- stationärer Einheitsstandort durch Agglomeration,
- Unabhängigkeit und Einmaligkeit.

(→ Betriebstypen des Handels)

Einkommen

(→ Marktsegmentierung, Kriterien)

Einkommenselastizität

(→ Preiselastizitäten)

Einlinienorganisation

Die Einlinienorganisation hat die größte Bedeutung und ist dadurch charakterisiert, daß die Weisungsbefugnis der jeweils vorgesetzten Stelle in einer Person gebündelt ist. Es besteht also Einheit der Leitung und Einheit des Auftragsempfängers. Die Linie ist der Dienstweg für Anordnungen, Anrufungen, Beschwerden und Informationen. Sie ist auch der Delegationsweg. Es herrscht also ein streng hierarchisches Denken vor, das keine Spezialisierung bei der Leitungsfunktion vorsieht. Praktisch besteht jedoch die Tendenz zur Angliederung von Stäben und Kommitees, die zur Verwässerung führen.

Wesentliche Vorteile der Einlinienorganisation sind die folgenden. Auf diese Weise kommt es zu einer klaren Kompetenz- und Verantwortungszuweisung. Eine einfache Koordination und Kontrolle wird möglich. Die hierarchische Einordnung schafft organisatorische Sicherheit. Sie bietet zugleich eine hohe motivatorische Wirkung durch das Vorbild Vorgesetzter und Aufstiegsperspektiven. Sie ermöglicht durch Alleinentscheid eine klare dispositive Regelung.

Dem stehen folgende Nachteile gegenüber. Der Grundsatz der Spezialisierung wird konterkariert, indem Hierarchie vor Fachwissen gesetzt wird. Dem System ist eine Schwerfälligkeit und Bürokratisierungstendenz immanent, vor allem bei tiefen Organisationen, die allerdings zunehmend umgestellt werden (flache Hierarchiestruktur). Es besteht die Gefahr der Informationsfilterung auf den einzelnen Stufen des Linienwegs. Die Zwischenstufen (Middle Management) sind dabei als „Relaisstationen“ besonders belastet. Auf der gleichen Stufe ist der direkte Kontakt eher gering ausgeprägt, da vertikale Strukturen vorherrschen.

(→ Organisation)

Einkommenselastizität der Nachfrage

(→ Preiselastizitäten)

Einsatznovität

Einsatznovität ist eine Form der Marktdurchdringung im Rahmen der Marktfeldstrategie. Hierbei geht es um das Aufzeigen neuer Einsatzmöglichkeiten für gegebene Ange-

botsnutzer. Als Beispiel mag das Angebot von *Duplo* als „wahrscheinlich längste Praline der Welt" gelten. Ursprünglich war Duplo ein normaler Schokoriegel, vorwiegend zum Selbstverzehr und für Kinder. Die neue Einsatzmöglichkeit liegt im Anbietprodukt, was durch die Analogie zur Praline als ebenfalls typischem Anbietprodukt dramatisiert wird. Als Verbraucher werden dabei nunmehr sehr junge Erwachsene angepeilt. Das gleiche gilt auch für andere *Ferrero*-Produkte wie *Kinder-Schokolade* oder *Kinder-Country*, die nun auch von Erwachsenen verzehrt werden sollen. Ein Grund dafür liegt sicherlich im Rückgang der Geburtenzahlen in vielen entwickelten Volkswirtschaften, vor allem in der BRD.
(→ *Marktfelder)*

Einschreibung

Die Einschreibung als verdeckte Bieterkonkurrenz ist eine Auktionsart, bei der potentielle Käufer ihr Gebot für jedes Einzelobjekt bzw. Los bis zu einem bestimmten Zeitpunkt schriftlich und in einem verschlossenen Umschlag abgeben. Hierzu werden sie durch einen öffentlich verbreiteten Aufruf aufgefordert. Dadurch sollen Absprachen der Nachfrager (Ringbildungen) verhindert werden. Die Höhe der Gebote aller Nachfrager kennt nur der Auktionator. Nach Ablauf der Frist werden von ihm alle Gebote geöffnet, und der Nachfrager mit dem höchsten Preisgebot erhält den Zuschlag.
(→ *Abschlußmärkte)*

Einstellung

Einstellungen sind relativ stabile, organisierte und erlernte innere Bereitschaften (sog. Prädispositionen) eines Käufers, auf bestimmte Stimuli (= Einstellungsobjekte) konsistent positiv oder negativ zu reagieren. Als Synonym wird oft der Begriff „Image" verwendet, wenn es sich um mehrdimensionale Bereitschaften handelt. Einstellung bezieht sich dann nur auf eindimensionale Bereitschaften. Einstellungen wohnt eine Verhaltenstendenz inne, sie gehen also über den rein gedanklichen Bereich hinaus. Konsistenz bezieht sich sowohl darauf, daß im Zeitablauf in mehreren gleichartigen Situationen auch gleich reagiert wird oder daß unterschiedliche Reaktionen miteinander verträglich sind. Einstellungen basieren auf Erfahrungen. Sie reduzieren die unendlich vielfältig möglichen Verhaltensweisen eines Individuums auf wenige, erprobte Tendenzen. Einstellungen zu sich selbst nennt man Selbstkonzept.

Einstellungen führen zu organisierten Überzeugungen, Vorurteilen, Meinungen etc. über Angebote. Sie sind untereinander harmonisch. Positive Einstellungen erhöhen die Kaufchance, negative vermindern sie. Einstellungen haben damit eine hohe Bedeutung als Orientierungsfunktion bei der Wahrnehmung und Interpretation der Umwelt. Es wird unterstellt, daß der Mensch sich in einer ansonsten chaotischen Umwelt nur zurechtfinden kann, wenn es Vorstellungen gibt, die eine selektive Funktion bei der Bewertung von Objekten und beim Handeln ausüben. Einstellung ist also Motivation plus Objektbeurteilung, oder genauer, Aktivierung plus Interpretation der Erregung plus Handlungsorientierung plus Gegenstandsbeurteilung.

Die Relevanz von Einstellungen für das Marketing resultiert daraus, daß eine Prognose des Konsumentenverhaltens möglich wird, wenn es den vermuteten Zusammenhang zwischen Einstellung und Verhalten (E-V-Hypothese) gibt, die Abgrenzung von Marktsegmenten als Zielrichtungen des Marketing-Mix und die Überprüfung von Marketingkonzepten durch Tests. Theoretische Grundlagen zur Erklärung von Einstellungen sind einerseits Kommunikationstheorien zur Akzeptanz- und Reaktionsbildung, andererseits Gleichgewichtstheorien zur Dissonanz und Konsistenz.

Zwischen der objektiven Realität und dem „Bild", das sich eine Person von einem Meinungsgegenstand macht, können nun erhebliche Abweichungen bestehen. Im Marketing ist wichtig zu beachten, daß nicht die objektive Realität die Realität im Markt ist, sondern die Vorstellungen des Publikums über diese Realität (sog. Metaebene).

Einstellungen haben mehrere Dimensionen, so die:

- des *Objektbezugs*, d. h. sie sind auf ein Bezugsobjekt (Sache, Person, Thema) gerichtet. Dabei können auch die Einstellungen gegenüber bestimmten Verhaltensweisen anderer ihrerseits wieder Einstellungsobjekt sein.
- der *Erworbenheit*, d. h. sie entspringen dem Sozialisierungsprozeß. Einstellungen werden also nicht vererbt, sondern sozialisiert. Wenngleich dabei enge Zusammenhänge vermutet werden.
- des *Systemcharakters*, d. h. sie sind vielfältig untereinander derart verknüpft, daß die Änderung einer Einstellung dazu führen kann, daß auch andere Einstellungen geändert werden. Mit diesem Phänomen beschäftigen sich die Konsistenztheorien (Lewin), also vor allem die Balancetheorie (Heider), die Kongruenztheorie (Osgood/Tannenbaum), die Assimilations-Kontrasttheorie (Scherf/Hovland), die Affektions-Kognitions-Theorie (Rosenberg) und die Theorie der kognitiven Dissonanz (Festinger).

Zu Einstellungen gibt es die Ein- und die Dreikomponenten-Auffassung. Nach der Einkomponentenauffassung ist Einstellung die affektive Zu- bzw. Abneigung eines Individuums gegenüber dem Einstellungsobjekt. Einstellungen sind demnach also Affekte. Nach der Dreikomponentenauffassung unterteilen sich Einstellungen in eine:

- *affektive* Komponente, die die gefühlsmäßige Einschätzung betrifft und primär ist, sie führt zur emotionalen Zu- oder Abneigung,
- *kognitive* Komponente, die die verstandesmäßige Einschätzung betrifft, also das Wissen, das ein

Individuum über ein Einstellungsobjekt hat, sie führt zur kategorisierenden Wahrnehmung von Objekten,

- *konative* Komponente, die die Bereitschaft zur Umsetzung in handlungsmäßige Konsequenzen betrifft, sie führt zur Verhaltensdisposition.

Die Organisation der Komponenten untereinander ist weitgehend offen. Die Lernhierarchie unterstellt hier die Abfolge Kognition, Affektion und Konation.

Ziel im Marketing ist es, die Veränderung negativer Einstellungen und die Verstärkung positiver Einstellungen zu erreichen, um die Kaufchancen zu verbessern. Uneinigkeit herrscht darüber, ob eine Einstellungsänderung Voraussetzung für ein neues Verhalten ist oder nicht. Einstellungen sind wohl keine hinreichenden Gründe für Verhalten, sie lassen sich lediglich als entscheidungskanalisierende Gründe bezeichnen. Ob es zu einem Verhalten in Richtung der Einstellung kommt, hängt von Normen, Gewohnheiten und Verstärkungserwartungen ab. Normen können sowohl persönliche als auch gruppenorientierte Normen sein, die modifizierend oder gar blockierend wirken. Gewohnheiten resultieren aus verbreiteter Verhaltensträgheit und Gedankenlosigkeit. Verstärkungserwartungen beziehen sich auf Erreichung von Belohnungen bzw. Vermeidung von Bestrafungen.

Der Zusammenhang zwischen Kaufabsicht (Konation) und Verhalten ist darüber hinaus aus mehreren Gründen eingeschränkt. So können positive Einstellungen zu mehreren Produkten einer Gattung bestehen. von diesen wird aber nur ein Produkt gewählt, die übrigen werden trotz positiver Einstellung verworfen. Situative Einflüsse können Einstellungen überlagern. So kann z. B. trotz hoher positiver Einstellung und geringer empfundener Distanz zum Idealprodukt ein Kauf im Handel dennoch nicht vollzogen werden, wenn Bestandslücken beim Produkt gegeben sind. Fehlende Kaufkraft verhindert, daß sich positive Einstellung zu Premiumprodukten in Käufen niederschlägt. Soziale Einflüsse wirken korrigierend auf Kaufakte, die positive Sozialwirkungen trotz negativer Einstellung zu zeitigen versprechen. So wird nicht unbedingt das Produkt gekauft, zu dem die positivste Einstellung besteht, sondern dasjenige, das die positivsten Sozialwirkungen verspricht. Positive Einstellungen können sich erst mit großem zeitlichen Abstand in Kaufentscheiden umsetzen, z. B. erst bei Ersatzbedarf. Während dieser Periode unterliegen sie möglichen Beeinflussungswirkungen.

Ein Problem liegt in der Messung von Einstellungen. Denn als hypothetisches Konstrukt können sie nur über beobachtbare Indikatoren erschlossen werden.

(→ *Käuferverhalten*)

Einstufig indirekter Absatz

Von einstufig indirektem Absatz spricht man, wenn zwischen Hersteller und Endabnehmer im Absatzkanal eine Absatzmittlerstufe (meist der Einzelhandel) zwischengeschaltet ist (vgl. *Pepels, Werner:* Handels-Marketing und Distributionspolitik, Stuttgart 1995).

Die Vor- und Nachteile des einstufig indirekten Absatzes aus *Herstellersicht* sind die folgenden. Zunächst zu den Vorteilen:

- Es kommt zu einer Einsparung von Distributionsspanne gegenüber zwei- und mehrstufigem Absatz und deren Nutzung für Preisvorteil oder Zusatzgewinn. Daraus ergeben sich wichtige Wettbewerbsvorteile.
- Die gegebene Qualifikation und erworbene Marktkenntnis der Absatzmittler kann genutzt werden. Insofern resultiert aus der Arbeitsteilung eine bessere Funktionserfüllung und höhere Effektivität.
- Übertragungsverzerrungen und Zeitaufwand können vermindert werden, wie sie ansonsten in zweistufig indirekten Absatzkanälen auftauchen und zu erheblichen Verzerrungen führen

Folgende Nachteile sind zu nennen:

- Ein Großteil der Distributionsfunktion verbleibt als Organisations- und Geldaufwand beim Hersteller. Dies bindet Kapazitäten im Personal-, Betriebsmittel- und Kapitalbereich, die anderweitig womöglich besser genutzt sind.
- Es erfolgt keine Nutzung der Multiplikationsfunktion zwischengeschalteter Absatzmittler für die Ausweitung der Geschäftsbeziehungen. Damit kommt es zu einer Untererfassung des Nachfragepotentials.
- Die Abhängigkeit von wenigen großen Handelsnachfragern und deren Interessenlage ist wahrscheinlich. Dies ist im Rahmen der Nachfragemacht des Handels allerdings beinahe unvermeidlich geworden.

Die Vor- und Nachteile des einstufig indirekten Absatzes (Wegfall der Groß- oder der Einzelhandelsstufe) sind aus *Händlersicht* die folgenden. Zunächst zu den Vorteilen:

- Es ist ein unmittelbarer Kontakt zu Lieferanten mit der Möglichkeit enger Einbindung in deren Absatzförderung gegeben. Damit entfallen Filtereffekte, die ansonsten zwangsläufig zu Verunsicherungen führen.
- Die Erzielung vergleichsweise besserer Spannen durch Einsparung weiterer Absatzstufen wird möglich. Diese können alternativ auch für Preisvorteile gegenüber zweistufig indirekt belieferten Konkurrenten genutzt werden.
- Es besteht ein unmittelbarer Kontakt zu Endabnehmern auch auf der Großhandelsstufe. Allerdings entstehen im Konsumgüterhandel rechtliche Probleme (etwa beim Ladenschlußgesetz).
- Die Gefahr der Verwässerung der Absatzpolitik durch andere Absatzstufen wird eingedämmt. Damit können eigene Zielvorstellungen erfolgreicher am Markt durchgesetzt werden.

Folgende Nachteile sind zu nennen:

- Es ergibt sich die Notwendigkeit

zur Übernahme aufwendiger, teils sachfremder Marktfunktionen, die ansonsten von anderen Absatzstufen erbracht, nun aber kombiniert erfüllt werden müssen
- Die Bündelungs- bzw. Dispersionswirkung vor- bzw. nachgeschalteter Absatzstufen entfällt. Insofern wird die Erschließung des Marktpotentials deutlich erschwert oder ist sogar ganz unmöglich.
- Und evtl. ist eine Abhängigkeit von großen Lieferanten oder Endabnehmern gegeben. Hier kommt die Mittlerrolle des Handels ohne wesentliche eigene Wertschöpfung zum Tragen.

(→ *Absatzkanal)*

Einstufige Deckungsbeitragsrechnung

(→ *Deckungsbeitragsrechnung, Darstellung)*

Einwandbehandlung im Verkaufsgespräch

Jeder Einwand im Verkaufsgespräch signalisiert einen Kaufwiderstand. Deshalb ist es sinnvoll, den Kunden ausreden zu lassen, ihm aufmerksam zuzuhören, keinen echten Einwand zu übergehen. Der Verkäufer sollte auf keinen Fall verärgert reagieren, Einwände bagatellisieren, tabuisierte Themen ansprechen oder den Kunden versuchen, überreden zu wollen. Auf jeden Fall sollte er diplomatisch reagieren. Allerdings sind zahlreiche Techniken zur Einwandbehandlung vorhanden:
- Papageientechnik, d. h. der Einwand des Kunden wird zunächst als Frage wiederholt. Dadurch zeigt der Verkäufer an, daß er den Einwand für berechtigt, interessant, wichtig etc. hält. Von dort aus kann er dann widerlegt werden.
- Trägheitstechnik, d. h. die wichtigste Aussage zum Produktvorteil wird beständig, in leicht abgewandelter Form wiederholt. Dadurch wird einer gewissen Trägheit des Denkens Rechnung getragen, bei der es wichtiger ist, das Kernargument durch Wiederholung wirksam überzubringen als zahlreiche Argumente infolge mangelnder Penetration verpuffen zu lassen.
- Vorwegnahmetechnik, d. h. ein möglicher Einwand wird vorweggenommen und entkräftet, indem man gleich Gegenargumente nennt (Bismarckmethode). Die Gefahr besteht hier darin, daß quasi „schlafende Hunde" geweckt werden, d. h. gegen Einwände argumentiert wird, die der Kunde ursprünglich gar nicht gehabt hätte.
- Zurückstellungstechnik, d. h. Zurückstellen eines Einwands auf einen späteren, vorgeblich günstigeren Zeitpunkt. Dabei schwingt natürlich die Hoffnung mit, daß der genannte Einwand im Zeitablauf vergessen wird und man sich damit eine Gegenargumentation erspart.
- Umformulierungstechnik, d. h. Abschwächung des Einwands durch rhetorische Umformulierung mit milderen Worten. Da der Zuhörer Ungenauigkeiten im

Ausdruck für gewöhnlich nicht sofort abmahnt, hat man damit die Chance, einen schwerwiegenden Einwand taktisch zu mildern.

- Plus-Minus-Technik, d. h. ein Nachteil wird bewußt eingestanden, um größere Vorteile dagegenstellen zu können (daher auch Kompensationstechnik genannt). Dies gilt vor allem für nicht wegzudiskutierende Angebotsnachteile, wobei sogar der Eindruck einer gewissen Objektivität unterstützt wird.
- Referenztechnik, d. h. Verstärkung des Nutzens durch Bezug auf andere Kunden oder Autoritäten. Hierbei sind auch Anekdoten denkbar. Bei diesen Referenzen kann zudem leicht gemogelt werden, vorausgesetzt, das geschieht unverbindlich und ist für den Kunden nicht direkt nachprüfbar.
- Entlastungstechnik, d. h. cin Einwand wird bagatellisiert und der Kunde gleichzeitig von den mit dieser Aussage verbundenen Problemen entlastet. Diese Technik ist zurückhaltend einzusetzen, da sie leicht das Geltungsbedürfnis des Kunden verletzen kann. Deshalb sollte sie klug mit einem Lob verbunden werden.
- Gegenfragetechnik, d. h. der Versuch, den Kunden zur Begründung seines Einwands zu bewegen, um dadurch mehr über dessen Ursache zu erfahren und gleichzeitig Zeit zur Beantwortung zu gewinnen. Jedoch ist Vorsicht geboten, da Antworten auf Fragen durch Gegenfragen (daher auch Transformationstechnik genannt) allgemein als unhöflich gelten.
- Salamitechnik, d. h. durch gezielte Statements wird ein Einwand zergliedert und jedes Teilargument einzeln abgearbeitet. So lassen sich komplexe, oft bedenkenlos geäußerte Einwände und Vorurteile, denen ansonsten nur schwer beizukommen ist, zersetzen und entkräften.
- Ja, aber-Technik, d. h. anfänglich wird Zustimmung für die Aussage des Kunden signalisiert, aber dann erfolgt eine erhebliche Einschränkung, die das Ergebnis ins Gegenteil verkehrt, ohne dem Kunden widersprechen zu müssen. Denn eine gewonnene Diskussion bedeutet oft einen verlorenen Kunden.
- Verkleinerungstechnik, d. h. der Preis wird hierbei auf Einzeleinheiten bezogen. Dies bietet sich allerdings eher für Mengenprodukte an, die nur einen optisch niedrigen Stückwert haben (Division).
- Vergrößerungstechnik, d. h. der Preis wird auf die darin beinhaltete Stückzahl bezogen und wirkt dadurch optisch günstiger. Dies bietet sich in erster Linie bei Sammelangeboten an (Multiplikation).
- Korkenziehertechnik, d. h. durch Fragen wird versucht, etwaig vorhandene, noch nicht geäußerte Einwände hervorzulocken (Warum-Fragen). Dabei handelt es sich oft um Tabuthemen, die der

Kunde nicht vorzubringen wagt, die aber seine Entschlußfähigkeit blockieren.

- Vergleichstechnik, d. h. es werden Gleichnisse für Nutzen des Produkts gegeben, um ein verlockendes oder abschreckendes Beispiel herauszuarbeiten. Die Beispieltechnik vermag vor allem abstrakte, immaterielle Angebotsvorteile anschaulich zu machen.
- Umkehrungstechnik, d. h. ein angeblicher Nachteil wird in einen Vorteil umgewidmet (deshalb auch Bumerangmethode genannt) oder der Einwand in Zweifel gezogen. Auch hierbei wird vermieden, dem Kunden zu widersprechen. Dennoch wird sein Einwand nachhaltig entkräftet.
- Seitliche Arabeske-Technik, d. h. ein Nachteil wird stillschweigend zugegeben, aber übersprungen, um ihn dann sofort durch einen anderen Gesichtspunkt zu ergänzen. Dadurch wird vermieden, sich explizit auf einen Nachteil festlegen zu lassen. Vielmehr wird dem Gespräch eine neue Wendung gegeben.
- Eisbrecherfrage-Technik, d. h. der zögerliche Kunde wird direkt auf seinen Einwand angesprochen. Dies ist allerdings nicht ganz ungefährlich, kann es doch leicht sein, daß der Kunde sich düpiert fühlt, wenn man sensible Problemstellungen dieserart aufreißt.
- Isoliertechnik, d. h. Feststellung, ob nach Klärung des letzten Einwands dem Abschluß nichts mehr im Wege steht. Dies verhindert meist, daß der Kunde immer neue Einwände nachschiebt und so den Kaufabschluß weiter hinauszögert.
- Praktische Vergleichs-Technik, d. h. der Kunde soll den Erlebnis- und Gebrauchswert des Produkts selbst nachvollziehen („Reden ist Silber, Zeigen ist Gold“ oder „Gut gezeigt ist halb verkauft“). Dabei handelt es sich um eine der überzeugendsten Methoden überhaupt, denn 20% von dem, was man hört, wird durchschnittlich behalten, 30% von dem, was man sieht, 45% von dem, was man hört und sieht, 60% von dem, was man nachspricht, aber 75% von dem, was man nachtut.
- Unbeantwortete Frage-Technik, d. h. der Verkäufer stellt bedeutungsschwer eine Frage in den Raum, die er unbeantwortet läßt, deren Antwort aber vom Kunden im Kopf ergänzt werden kann. Diese „Hammerfragen“ dürfen aber nur dramaturgisch sparsam eingesetzt werden, da sie sich sonst schnell abnutzen.

Einwegkommunikation

(→ *Kommunikation, Richtungen)*

Einwegspiegel

(→ *Testverfahren, Mechanische)*

Einzelhandel, Betriebstypen

Aus der Kombination der Geschäftsdimensionen ergeben sich je nach Ausprägung wichtige primäre Betriebstypen des Einzelhandels wie

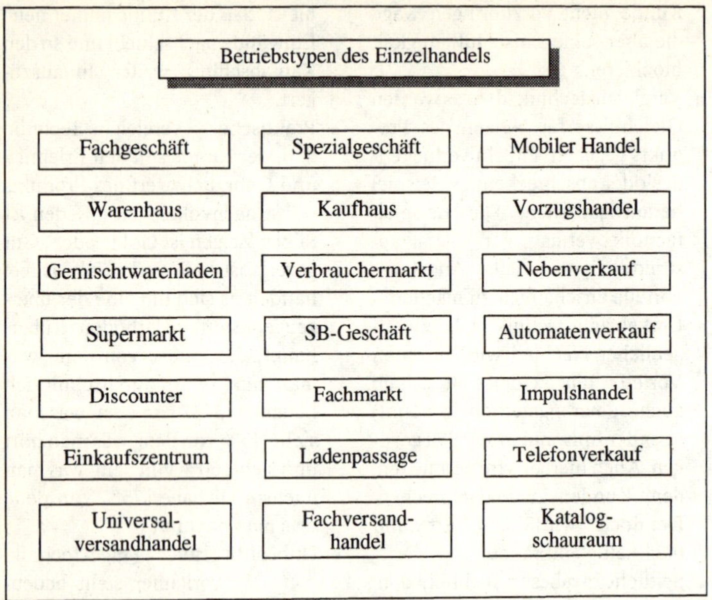

Betriebstypen des Einzelhandels

Fachgeschäft, Spezialgeschäft, Warenhaus, Kaufhaus, Gemischtwarenladen, Verbrauchermarkt, Supermarkt, SB-Geschäft, Discounter, Fachmarkt, sowie sekundäre Betriebstypen des Einzelhandels wie Einkaufszentrum, Ladenpassage sowie Sonderformen wie Universalversandhandel, Fachversandhandel, Mobiler Handel, Vorzugshandel, Nebenverkauf, Automatenverkauf, Impulshandel, Katalog-Schauraum, Teleshopping.

Jeder dieser Betriebstypen ist durch ein eigenständiges Profil bei den Einteilungskriterien gekennzeichnet.

(→ *Discounter, Einkaufszentrum, Fachgeschäft, Fachmarkt, Fachversandhandel, Gemischtwarenladen, Kaufhaus, Ladenpassage, SB-Geschäft, Spezialgeschäft, Supermarkt, Universalversandhandel, Verbrauchermarkt, Warenhaus*

Einzelhandel, Sonderformen der Betriebstypen

Zu den Sonderformen der Betriebstypen des Einzelhandels zählen folgende.

Der *Mobile Handel* findet in verschiedenen Formen statt, so als:

- Markthandel (z. B. Wochenmarkt für Produkte des täglichen oder täglich-häufigen Bedarfs, vor allem Frischwaren),

- Straßenhandel (z. B. Verkaufswagen/Frischdienst, vor allem zur Abdeckung chronisch unterversorgter Gebiete),
- Hökerhandel (z. B. Trödel-/Andenkenstände, die eher provisorisch ausgerichtet sind),
- Hausierhandel (z. B. Haustürverkauf, der in diesem Fall nicht herstellergesteuert ist),
- Wanderhandel (z. B. Teppichverkauf, wo oft nur temporäre Geschäftslokale unterhalten und diese nach Abwicklung aufgelöst werden).

Der *Vorzugshandel* betrifft den Beziehungshandel (z. B. Buchclubs) und den Werkshandel (z. B. Betriebsverkauf/Factory Outlet). Ausschlaggebend ist jeweils ein selektives Abgabeprinzip. Fabrikläden sind Einzelhandelsgeschäfte, die die Waren eines Herstellers in einer meist in räumlicher Verbindung zur Produktionsstätte gelegenen Verkaufsstelle oder auch in Filialen üblicherweise zu sehr niedrigen Preisen anbieten. Sie sind zu unterscheiden von Herstellerfilialläden, die als Fach- oder Spezialgeschäfte überwiegend oder meist ausschließlich das Sortiment des Herstellers anbieten (z. B. Nordsee, Salamander, Hush Puppies, WMF, Rosenthal, Rodier).

Der *Nebenverkauf* betrifft die Absatzstellen in Kantinen von Betrieben oder Verwaltungen. Dort werden ausschließlich Kleinpreisartikel des Impulssortiments im Nebengeschäft abgegeben.

Der *Automatenverkauf* erfolgt über Innenautomaten (in öffentlichen oder privaten Gebäuden), über Außenautomaten oder in bedienungslosen eigenständigen Automatenläden. Als Vorteile sind die Unabhängigkeit von Ladenöffungszeiten und spezielle Standortmöglichkeiten zu nennen, als Nachteile die Anlagenintensität, die stete Nachfüllung, die technische Störanfälligkeit und die eingeschränkte Wareneignung. Man unterscheidet:

- Innenautomaten ohne freien Zugang, etwa in Kantinen, Pausenräumen, Schulen, Behören etc.,
- Außenautomaten mit freiem Zugang, etwa an Bahnhöfen, Flughäfen, Freizeitparks, Straßenrändern etc.,
- Automatenläden als Geschäftslokale mit totaler Selbstbedienung durch mechanisierte Wahl, Bezahlung, Entnahme und Betriebsbereitschaft.

Als *Impulshandel* werden die Absatzstellen in Kiosken, Tankstellen und, eingeschränkt auch, Drugstores bezeichnet. Das Sortiment ist sehr eng und flach ausgelegt, hochpreisig kalkuliert, fremdbedient und auf kleiner Fläche ausgestellt. Der Standort ist meist in unmittelbarer Nachbarschaft zu Wohngegenden, es wird kaum Beeinflussungs-Mix geboten.

Der *Katalogschauraum* bietet die Möglichkeit, aus einem Katalog Waren auszuwählen, die dann unmittelbar nach Kauf vom Lager ausgehändigt oder beim Hersteller bestellt werden. Fallweise können Probeexemplare der Waren besichtigt, geprüft und weitergehende Informationen, oft unter Zuhilfenahme elektronischer Kommunikationsmittel, eingeholt werden. Teilsortimente von *IKEA* werden im Katalogschauraum-Verfahren (Kataloganansicht, Musterexemplar, Lagerexpedition) angeboten.

Beim *Teleshopping* schließlich erfolgt die Bestellung von Waren nach Ansicht eines Verkaufsmediums (z. B. Fernsehsendung/DRTV, Werbelangsendung, EDV-Datenträger) oder über Telefonkontakt.
(→ Einzelhandel, Betriebstypen)

Einzelinterview

Das Einzelinterview kann standardisiert, strukturiert, unstrukturiert oder frei erfolgen. Allen Ausprägungen des mündlichen Interviews sind die im folgenden dargestellten Vorteile und Nachteile gemein. Zunächst zu den allgemeinen Vorteilen.

Die Identität der Befragungsperson läßt sich mühelos feststellen. Dies ist durchaus nicht bei allen Befragungsarten so. Dadurch kann, was entscheidend ist, von den Aussagen auf die dahinterstehende Person rückgeschlossen werden.

Durch mehrmaliges Besuchen und durch Erläuterung des Untersuchungszwecks kann die Verweigerungsquote niedrig gehalten werden. Insofern kommt es zu einer guten Stichprobenausschöpfung und zu vergleichsweise geringen, verweigerungsbedingten Verzerrungen.

Spontane Reaktionen der Probanden bei der Fragestellung können durch den Interviewer beobachtet und entsprechend vermerkt werden. Dies bietet interessante Aufschlüsse.

Die Umfeldeinflüsse sind, wenn schon nicht kontrollierbar, so doch zumindest feststellbar. Insofern handelt es sich um eine, wenngleich nur in Grenzen, kontrollierte Erhebungssituation.

Bei Nichtverstehen von Fragen können vom Befragten Rückfragen gestellt werden, bei ungewollten Mehrdeutigkeiten kann der Interviewer aufklärende Erläuterungen zur Zielrichtung von Fragen geben.

Visuelle Hilfsmittel wie Vorlagen, Muster, Skalen etc. können problemlos eingesetzt werden. Dies vereinfacht und präzisiert die Befragungsinhalte. Damit ist eine differenzierte Fragestellung möglich.

Der Umfang der Befragung kann größer angelegt sein, da dem Befragten notwendigerweise der Überblick darüber fehlt. Somit sind auch Zusatzfragen einzubeziehen. Dies führt ansonsten leicht zur Antwortverweigerung.

Sofern Ermüdungserscheinungen auftreten, sind diese erkennbar, und ihnen kann gezielt durch Motivation entgegengewirkt werden. Dazu ist eine gewisse Flexibilität der Befragung hilfreich.

Durch den Aufbau einer Vertrauensbasis können ehrlichere Antworten erreicht werden, selbst zu heiklen Themen. Begünstigt wird dies durch die natürliche Umgebung der Befragungsperson. Dadurch erhöht sich ihre Bereitschaft zur Mitteilung.

Interviewer-Einstufungen des Befragten und seines Umfelds sind möglich und liefern wichtige Kontextdaten. Wenngleich dabei Vorsicht geboten ist, weil es meist an einer einheitlichen Bezugsbasis mangelt.

Es ist eine genaue Steuerung der Fragenreihenfolge und, in Maßen auch, der Beantwortungszeit möglich. Dies kommt unmittelbar der Vergleichbarkeit von Antworten zugute.

Als allgemeine Nachteile sind folgende zu nennen.

Es ist eine relativ große Zahl von Interviewern erforderlich. Dadurch gestalten sich die Personalkosten der Erhebung recht hoch. Dies gilt besonders, soll eine ordentliche räumliche Streuung der Erfassung gewährleistet sein.

Es ist eine intensive, fachkundige Schulung der Interviewer erforderlich, damit diese sich komplexen Befragungssituationen gewachsen zeinen. In der Praxis werden hier jedoch aus Ersparnisgründen oft ungeschulte, unqualifizierte Interviewer eingesetzt.

Oft sind mehrmalige Kontaktaufnahmen erforderlich, ehe eine Auskunftsperson tatsächlich erreicht werden kann. Selbst dann sind Ausschöpfungsquoten von mindestens 70%, wie wünschenswert, nur mit großem Zeit- und Kostenaufwand realisierbar.

Der Anteil schwer erreichbarer Personengruppen steigt, z. B. Singles, beruflich mobile Personen, Doppelverdiener-Haushalte. Damit kommt es aber zu systematischen Verzerrungen bei der Probandenauswahl.

Interviewer können leicht einzelne Fragen oder den gesamten Fragebogen fälschen. Eine Interviewerkontrolle stößt an enge Praktikabilitätsgrenzen und ist zudem recht kostenaufwendig. So kommt es allenfalls zu Stichprobenkontrollen.

Durch den Interviewer selbst können Verzerrungen in den Antworten der Befragten auftreten. Seine Gegenwart stört die Anonymität der Befragung und provoziert evtl. Antworten gemäß sozial erwünschtem Verhalten oder bloße Gefälligkeitsantworten.

Einzelkosten

(→ *Kostenrechnungsgrundlagen)*

Einzelmarke

Einzelmarkenstrategie bedeutet, daß je Markt/Segment nur eine Marke geführt wird. Diese repräsentiert das Unternehmen auf dem entsprechenden Markt bzw. Marktausschnitt. Ein Beispiel dafür findet sich im Conti-Reifen-Konzern. Die Konzernmarken *Continental* und *Uniroyal* werden, neben Spezialmarken wie Vergölst, getrennt geführt. Während die Marke Conti sich als Allround-Reifen profiliert und auf das Segment der anspruchsvollen, eher konventionellen und konservativen Autofahrer abzielt, ist Uniroyal sehr spitz als Regenreifen profiliert und wendet sich an das Segment der si-

cherheitsbewußten Autofahrer. Conti unterstreicht diese Zielrichtung durch gelegentliche Innovationen, wie den CTS-Zwillingsreifen, allerdings mit wechselndem Erfolg. Uniroyal setzt nach der aggressiven Werbung der 70er Jahre mit Unfallszenen, seit geraumer Zeit auf spaßige Affenspots im Wege der Analogie des Nutzenbeweises, nämlich Haftung bei Nässe.
(→ Horizontale Markentypen)

Einzelprodukt/-marke

(→ Werbeobjekte)

Einzelreichweite

(→ Mediaplanung, Plankombinationen)

Einzeltest

(→ Konzepttests)

Einzeluntersuchungen

(→ Markt-Media-Analysen)

Einzelverkaufsauflage

(→ Leser-/Auflagenbegriffe)

Eisbrecherfrage-Technik

(→ Einwandbehandlung)

Electronic Cash

Unter Electronic Cash versteht man ein Verfahren der bargeldlosen Zahlung von Waren und Dienstleistungen im Einzelhandel durch Autorisierungsvorgang über Einwahl in Netzbetriebe (GZS o. ä.), indem Kassenterminals dort online mit einem Kreditinstitut verbunden sind, das eine unmittelbare Umbuchung zu Lasten des Kunden und zugunsten des Händlerkontos bewirkt. Nach der maschinellen Erfassung der Kassierdaten, meist über Scanner-Kasse, und dem Ausweis des Rechnungsbetrags werden Kontonummer und Bankleitzahl des Kunden von dessen Eurocheque-Karte eingetragen. Auf einer getrennten Tastatur gibt der Kunde seine PIN-Nummer ein, die elektronisch hinsichtlich Übereinstimmung von Karten- und PIN-Nummer sowie Kontodeckung geprüft wird. Danach erfolgt die Buchungsfreigabe. Der Zahlungsbeleg enthält neben den üblichen Inhalten des Kassenbons die angesprochene Kontonummer, die Bankleitzahl des Geldinstituts, die Kartennummer, die Schlüsselnummer zur erfolgreichen Identifikation und die Buchungsnummer des Zahlungsvorgangs. Die Zahlung erfolgt oder wird gesperrt, wenn die EC-Karte gesperrt, der Dispositionsrahmen überschritten oder die PIN-Nummer 3x falsch eingegeben ist. Ansonsten erfolgt die Kontobelastung. Die Abrechnung des Händlers erfolgt getrennt durch summierte EC-Zahlungen per Datenfernübertragung zur Hausbank.

Elektromyographie

(→ Testverfahren, Psychomotorische)

Elektronische Kasse

(→ Kassensysteme)

Elementarinnovation

(→ Innovation)

Elementenpsychologie

(→ Wahrnehmung, Gesetzmäßigkeiten)

Eliminationsregel

(→ Entscheidungsregeln, Nichtkompensatorische)

Eliminationstest

(→ Konzepttests)

Emanzipationsstrategie

(→ Absatzkanal, Präsenz)

Emotion

Emotion ist jene psychische Erregung, die subjektiv wahrgenommen wird und sich durch Interesse, Freude, Überraschung, Kummer, Zorn, Ehre, Geringschätzung, Furcht, Scham, Schuldgefühl etc. äußert. Sie versorgt das Verhalten mit Energie und treibt es an, führt also zu einer physiologischen Aktivierung.

Emotion wird ausgelöst durch:

- affektive Schlüsselreize (z. B. Kindchenschema, Erotik), die biologisch programmiert sind und daher automatisch und weitgehend unbewußt wirken. Auch deren Nachbildung durch Attrappen (z. B. Bilder) wirkt verstärkend. Sie initiieren angeborene Auslösungsmechanismen.
- kognitive Schlüsselreize, die die Informationsverarbeitung stimulieren (z. B. Widerspruch, Überraschung, Konflikt, Mehrdeutigkeit),
- physische Schlüsselreize, im Marketing vor allem Duft, Farbe, Gestaltung, Design etc. Diese lösen gemeinhin die stärksten Reize aus.

Die Messung von Emotion erfolgt auf drei Ebenen:

- Motorisch durch Beobachtung körperlicher Veränderungen wie Gesichtsmuskulatur, Extremitätenhaltung, Körperbewegung, Hautveränderung etc., dabei wird von den beobachtbaren körperlichen Veränderungen auf die im Inneren ablaufenden psychischen Prozesse geschlossen,
- Physiologisch durch Indikatoren für die Stärke der inneren Erregung, dabei kann allerdings nicht deren Richtung ermittelt werden, d. h. es wird nur festgestellt, daß eine Erregung gegeben ist, offen bleibt, welche Empfindung damit verbunden ist,
- Subjektiv-verbal durch sprachliche Äußerungen zu inneren Vorgängen, die allerdings bereits kognitiv durchdrungen sind, dabei handelt es sich um Erkenntnisse, die durch Befragungen, aber auch durch Zuordnungsverfahren, erhoben werden.

Die Leistung ist bei mittlerer Erregung (sog. Arousal Level) am höchsten. Geringe Erregung führt zur Lethargie (Schlaf, Entspannung), hohe Erregung zur Hektik (Panik, Chaos). Beides ist der Leistung nicht förderlich. Marketing muß daher diesen mittleren Erregungsgrad bei Maßnahmen anpeilen, weder darf eine zu geringe Aktivierung entstehen (z. B. bloße Unterhaltung durch Werbung), da es dann an Verhaltensreaktion fehlt, noch darf eine zu hohe Aktivierung entstehen (z. B. Angstappelle in der Werbung), da es dann zu Überreaktionen mit der Folge von Widerständen (sog. Reaktanzen/Brehm) kommt. Dieser Zusammenhang wird als umgekehrte U-Funktion oder Lambda-Hypothese (Aktivationstheorie) bezeichnet. Die Wirksamkeit von Angstappellen ist abhängig von der Unmittelbarkeit der Botschaftsübermittlung (Face to Face), der Reaktionsmöglichkeit des Empfängers (Ausweichen), der Themenrelevanz für den Empfänger (persönliche Betroffenheit), seinem Selbstvertrauen (Persönlichkeitsstärke), seiner Furchtschwelle (Empfindlichkeit) und der Glaubwürdigkeit des Absenders (Kompetenz). Typische Anwendungen von Angstappellen finden sich bei Verkehrssicherheit, Gesundheitsvorsorge oder Ökologie.

Die Reaktanzbildung ist abhängig von der Unmittelbarkeit der Botschaft, den Reaktionsmöglichkeiten des Empfängers, der Themenrelevanz für den Empfänger, dem Selbstvertrauen des Empfängers, dem Ausgangsniveau an Angstempfindlichkeit und der Glaubwürdigkeit des Senders. Sowohl im euphorischen Zustand als auch im Panikzustand ist das Individuum dabei in seiner Leistungsfähigkeit reduziert.

Die Erregung bestimmt sich nach den Dimensionen:

- Art als Richtung der Aktivierung. Appetenz bedeutet dabei ein auf Annäherung an ein Ziel gerichtetes Verhalten, Aversion ein auf Vermeidung dieses Ziels gerichtetes Verhalten.
- Erlebnis als Qualität der Aktivierung, bei als angenehm empfundener Emotion entsteht eine positive Art, bei als unangenehm empfundener Emotion eine negative Art der Aktivierung.
- Wahrnehmung als Bewußtsein der Aktivierung, die bewußt wahrnehmbar und erkennbar (offen) oder bewußt wahrnehmbar aber nicht erkennbar (getarnt) oder weder bewußt wahrnehmbar noch erkennbar sein kann (unterschwellig).

Emotion ist Aktiviertheit plus Interpretation. Emotionen begünstigen den Erwerb mancher Informationen und tragen zur Bildung bestimmter Beziehungen bei. Sie beschleunigen oder hemmen bestimmte Prozesse und wirken selektiv, indem sie das Auftreten von Assoziationen fördern. Sie sind für die Anregung von Entscheidungs- und Problemlösungsprozessen bedeutsam.

(→ Käuferverhalten)

Empfehlungskäufer

(→ Käuferklassen)

Empfehlungstechnik

(→ Konfliktüberwindung im Verkaufsgespäch)

Endabnehmerumfeld

(→ Angebotsumfeld, Analyse)

Engel-Effekt

(→ *Nachfrageeffekte)*

Engel, Kollat, Blackwell-Ansatz

Das Prozeßmodell (Stufen-Ansatz) von Engel, Kollat, Blackwell unterscheidet die Entscheidungsphasen Problemerkenntnis, Informationssuche, Alternativenbewertung, Wahl und Ergebnis. Dieser Ansatz bietet, freilich ohne empirische Verankerung, ein anschauliches Denkmodell über die Einflußgrößen, die bei der Kaufentscheidung relevant sind. Der prognostische Aussagewert ist jedoch gering, da die Verknüpfung der intervenierenden Variablen kaum bekannt ist.

Das Modell beschreibt die psychischen Vorgänge von Konsumenten während des Kaufentscheidungsprozesses. Der Informationsinput besteht aus Reizen und Suchverhalten, die Informationsverarbeitung erfolgt durch Exposition, Aufmerksamkeit, Aufnahme, Erfahrung, Zufriedenheit und Dissonanz. Dabei werden die den Konsumenten beeinflussenden Variablen aufgezählt und miteinander in Beziehung gesetzt. Das Modell baut auf drei Hauptkomponenten auf, dem Entscheidungs-, Informations- und Bewertungsprozeß. Der Entscheidungsprozeß beginnt mit der Problemerkenntnis, wenn das Individuum Abweichungen zwischen einem Ideal- und dem Ist-Zustand bemerkt. Diese Erkenntnis wird durch aktivierende Motive und auf das Individuum einwirkende Stimuli ausgelöst. Ist dem Konsumenten das Problem bewußt geworden und hat er keine unmittelbare Problemlösung, setzt die Informationssuche ein. Die Intensität der Informationssuche hängt von den Informationskosten und dem antizipierten Informationsnutzen ab. Die Suche ist beendet, wenn die zusammengetragenen Informationen eine Alternativenbewertung erlauben. Die aufgenommenen Informationen werden laufend selektiert, wobei Informationsverluste und -verzerrungen auftreten. Die ankommenden Informationen werden bei Aufmerksamkeit mit den eigenen Überzeugungen, Meinungen und Verhaltensabsichten abgeglichen. Diese bilden die Grundlage für Bewertungen von Produktalternativen anhand der persönlichen Zielsetzungen. Die Ziele stehen in Beziehung zu Variablen des externen Umfelds, zu kulturellen Normen und Werten sowie Bezugspersonen. Das Ergebnis kann zu Zufriedenheit oder Unzufriedenheit führen. Bei Zufriedenheit wird das Ergebnis für künftige Käufe abgespeichert, bei Unzufriedenheit wird eine Reduktion versucht. Die Bewertungsvorgänge betreffen also Überzeugungen, Einstellungen und Verhaltensabsichten als Urteilskriterien. Die allgemeine Motivierung leitet sich aus den Bedürfnissen, der Persönlichkeit (Lebensstil) und der Normenübereinstimmung ab. Wahrgenommene Umwelteinflüsse betreffen kulturelle Normen (Werte), Bezugsgruppen (Familie), antizipierte und nicht antizipierte Situationen.

(→ *Käuferverhalten)*

Entfernungsmethode

(→ Standortwahl, Distanz-Betrachtung)

Entlastungstechnik

(→ Einwandbehandlung)

Entscheider (Decider)

(→ Einkaufsgremium)

Entscheidungs-Ansatz

(→ Marketing, Methoden)

Entscheidungsbaum

(→ Planungstechniken)

Entscheidungseinschränkungstechnik

(→ Konfliktüberwindung im Verkaufsgespäch)

Entscheidungsnetz

Der Entscheidungsnetz-Ansatz geht induktiv vor und setzt bei der Analyse tatsächlicher Kaufentscheidungsprozesse durch Protokolle des latenten Denkens an. Dabei werden bei Testpersonen mit Hilfe von Kaufprotokollen die mit der Kaufentscheidung im einzelnen verbundenen psychischen Vorgänge registriert (sog. Think Aloud Technique). Dazu zeichnet ein Interviewer sämtliche Gedanken auf, die ausgewählten Konsumenten während ihres Einkaufswegs im Handelsgeschäft so durch den Kopf gehen. Außerdem registriert er, welche Produkte gekauft und welche Produkte verworfen werden. Aus den Angaben des Käufers und den getätigten bzw. nicht getätigten Käufen werden dann Kaufprotokolle zusammengestellt. D.h. während des Entscheidungsprozesses einer Versuchsperson werden nach Möglichkeit alle verwendeten Informationen, Schlußfolgerungen, Vorentscheidungen etc. ausgesprochen und auf Tonträger aufgezeichnet oder anderweitig protokolliert.

Diese individuellen Kaufprotokolle werden in ein Entscheidungsnetz überführt, das ein System miteinander vernetzter Fragen und Antworten ist, die wiedergeben, wie die Testperson im Zeitablauf auf die Konfrontation mit einzelnen Produkten, z. B. im Regal des Geschäfts, reagiert. Da zudem bekannt ist, wie sich jene Person verhalten hat, liegt die mentale Struktur ihres Kaufverhaltens offen. Daraus wiederum läßt sich ein Prognosemodell bilden, das Kaufwahrscheinlichkeiten voraussagt.

Die Darstellung der Inhalte in Form von Entscheidungsnetzen, aus denen das Käuferverhalten ersichtlich ist, scheitert jedoch meist an geringer Reliabilität und individueller Codierung. Daher werden standardisierte Codier-Schemata angewandt, die jedoch Ergebnisse stark vergröbern.
(→ Käuferverhalten)

Entscheidungsregeln, Kompensatorische

Entscheidungsregeln beim Kauf (sog. Kaufheuristiken) sind vereinfachte Vorgehensweisen von Käufern angesichts begrenzter menschlicher Informationsverarbeitungskapazitäten. Der Kaufentscheid kann nach den Merkmalen Art der Bewertung von Alternativen, angelegte Wahlkriterien und Reihenfolge der Informationsverarbeitung charakterisiert werden. Von kompensatorischen Heuristiken spricht man, wenn die Nachteile einer zur Auswahl stehenden Alternative hinsichtlich einzelner Eigenschaften durch Vorteile bei anderen Eigenschaften ausgeglichen werden können. Man unterscheidet folgende kompensatorischen Heuristiken.

Das *Beurteilungsmodell* führt durch exakte Bewertung und Eigenschaftsgewichtung zur Wahl der absolut besten Alternative. Dabei werden alle zur Auswahl stehenden Alternativen einzeln hinsichtlich aller relevanten Eigenschaften bewertet. Diese Einzelbewertungen werden dann additiv verknüpft. Die Alternative mit dem höchsten Wert wird präferiert. Dabei kann auch eine subjektive Gewichtung jedes Merkmals vorgenommen werden. Z.B. werden für einen Kaufentscheid bei Pkw alle relevanten Kriterien wie PS-Zahl, Kofferraumvolumen, Sicherheitselemente etc. festgelegt. Über diese Kriterien werden eine Reihe definierter Pkw-Modelle einzeln punktbewertet. Die einzelnen Punkte werden je Modell addiert. Gekauft wird das Modell mit der über alle Kriterien höchsten Punktzahl.

Das *Auswahlmodell* legt eine Rangfolge der Alternativen zugrunde. Dabei gibt es drei Ausprägungen.

Wird keine Eigenschaftsgewichtung vorgenommen, kommt es zunächst zur Wahl der relativ besten Alternative (sog. *Attribut-Dominanzregel*). Dabei sind einzelne, im vorhinein als besonders bedeutsam festgelegte Kriterien für den Kauf ausschlaggebend. Diese werden durch Paarvergleiche von je zwei Alternativen verglichen. Es wird also betrachtet, ob die eine oder andere Alternative in bezug auf die untersuchten Eigenschaften überlegen ist oder nicht. Die Präferenz ergibt sich durch Addition der Überlegenheitsurteile und Wahl der Alternative mit der Mehrheit der Vorzüge. Z.B. werden Pkw-Modelle nur hinsichtlich der Kriterien PS-Zahl und Sicherheitselemente beurteilt und punktbewertet. Die Punkte der beiden Kriterien werden je Modell addiert. Gekauft wird das Modell mit der für diese ausgewählten Kriterien höchsten Punktzahl.

Sind, bei ansonsten gleichem Vorgehen, die als bedeutsam erachteten Eigenschaften gewichtet, so handelt es sich um die Anwendung der *Erwartungsregel*. Z.B. wird bei den beiden ausgewählten Kriterien PS-Zahl (aktive Sicherheit) höher gewichtet als Sicherheitselemente (passive Sicherheit). Die Punkte je Modell werden entsprechend bei diesem mit einem Aufwertungsfaktor multipliziert. Gekauft wird das Modell mit der so gewichteten höchsten Punktzahl der ausgewählten Kriterien.

Werden Paarvergleiche von Alternativen derart durchgeführt, daß jedes Paar hinsichtlich relevanter Eigenschaften verglichen und dessen Bewertungsdifferenz festgehalten wird, handelt es sich um die *additive Differenzregel*. Die Differenzen werden dann analog der subjektiven Bedeutung der verschiedenen Eigenschaften gewichtet und addiert. In Abhängigkeit vom Vorzeichen des Ergebnisses wird die jeweils überlegene Alternative präferiert. Sie kann dann in der nächsten Stufe einer weiteren, noch nicht bewerteten Alternative im Paarvergleich gegenübergestellt werden. Dieser K.O.-Prozeß setzt sich fort, bis die beste Alternative übrigbleibt. Z.B. wird das Pkw-Modell gekauft, das hinsichtlich der gewichteten Punkte für ausgewählte Kriterien die höchste positive Differenz bzw. die niedrigste negative Differenz aufweist.

Entscheidungsregeln, Nicht-kompensatorische

Bei nicht-kompensatorischen Heuristiken können die Nachteile einer zur Auswahl stehenden Alternative hinsichtlich einzelner Eigenschaften anders als bei den bisher beschriebenen kompensatorischen Heuristiken bereits zum Ausschluß von der Kaufentscheidung führen. Ein schlechter Eindruck bei einem Detail verdirbt also den Gesamteindruck. Man unterscheidet folgende nicht-kompensatorischen Heuristiken.

Bei der Wahl einer befriedigenden Alternative wird für jede relevante Eigenschaft ein gerade noch akzeptables Minimalniveau bestimmt (sog. *Konjunktionsregel*). Alternativen, die bereits eine dieser Mindestanforderungen nicht erfüllen, werden von der Kaufentscheidung ausgeschlossen. Es kann passieren, daß am Ende keine oder mehr als eine Alternative übrigbleiben. Erfüllen mehrere Optionen die gestellten Standards, wird deren Niveau solange erhöht, bis nur noch eine übrig bleibt, die dann realisiert wird. Z.B. wird für ein Pkw-Modell eine bestimmte Mindest-PS-Zahl bestimmt, die nicht unterschritten werden darf. Damit entfallen alle Alternativen, mit weniger als der bestimmten Mindest-PS-Zahl.

Die *Disjunktionsregel* legt weitergehend fest, daß nur solche Alternativen betrachtet werden, die mindestens einem festgelegten Ausschlußkriterium genügen. Dieses ist recht hoch angesetzt. Alternativen, die keines der definierten Akzeptanz-Niveaus erfüllen, scheiden bei der Kaufentscheidung aus. Es kann wiederum passieren, daß am Ende keine oder mehr als eine Alternative übrigbleiben. Erfüllt keine der Optionen die gestellten Standards, wird deren Niveau solange gesenkt, bis sich eine ergibt, die realisiert werden kann. Z.B. wird für ein Pkw-Modell bestimmt, daß es über zwei serienmäßige Full Size Airbags verfügen soll. Gekauft wird nur eine Alternative, die dieser hohen Anforderung entspricht.

Bei der *Lexikographieregel* werden alle relevanten Eigenschaften nach ihrer Bedeutung gerangreiht. Die wichtigste von ihnen wird bezüglich aller Alternativen bewertet. Diejenige Alternative wird ausgewählt, die, unabhängig von den Ausprägungen der anderen, als weniger wichtig erachteten Eigenschaften, dabei am besten abschneidet. Gibt es mehrere Angebote, die die Anforderung gleich gut erfüllen, wird die Beurteilung auf das nächstwichtigste Attribut ausgedehnt. Somit wird die relativ beste Alternative ausgewählt. Z.B. werden für ein Pkw-Modell PS-Zahl, Kofferraumvolumen, Sicherheitselemente in absteigender Folge für wichtig erachtet. Dann erfolgt die Beurteilung für eine Reihe definierter Pkw-Modelle nur nach dem Kriterium PS-Zahl. Gekauft wird das Modell mit der für dieses Kriterium höchsten Punktzahl.

Nach der *Eliminationsregel* kommt es zur Wahl einer befriedigenden Alternative. Sie besagt, daß bestimmende Eigenschaften als sequentielle Ausschlußkriterien (Mindestniveau) definiert werden. Dabei wird sukzessive derart vorgegangen, daß nacheinander alle relevanten Eigenschaften betrachtet und jeweils die Alternativen ausgeschieden werden, die nicht leistungsfähig genug sind. Z.B. werden für ein Pkw-Modell für die Kriterien PS-Zahl, Kofferraumvolumen, Sicherheitselemente jeweils Minimalstandards bestimmt. Eine Reihe definierter Pkw-Modelle wird dann sukzessive hinsichtlich jedes der Kriterien beurteilt, wobei diese gleichgewichtig sind. In jeder Stufe entfallen Alternativen. Die verbleibenden werden dann hinsichtlich eines anderen Kriteriums beurteilt usw.

Wird dabei nach der Bedeutung der Eigenschaften vorgegangen, handelt es sich um eine aspektweise Elimination. Z.B. werden die Kriterien PS-Zahl, Kofferraumvolumen, Sicherheitselemente in absteigender Folge für wichtig erachtet. Dann erfolgt die Beurteilung zunächst nach dem Kriterium PS-Zahl, die danach verbleibenden Alternativen werden nach dem Kriterium Kofferraumvolumen beurteilt, und danach noch verbleibende Alternativen werden nach dem Kriterium Sicherheitselemente beurteilt. Dadurch verringert sich die Zahl der Wahlalternativen rascher (vgl. *Pepels, Werner:* Käuferverhalten und Marktforschung, Stuttgart 1995).

Entwicklungs-Effekt

(→ Experiment, Effekte)

Entwurfstest

(→ Konzepttests)

Ereignismessungen bei Dienstleistungen

Als relevante Ereignisse im Sinne von Ereignismessungen sind alle Kontaktpunkte im Dienstleistungserstellungsprozeß anzusehen, an denen Interaktionen des Dienstleistungsunternehmens bzw. seines Personals zustandekommen sowie die in diesen Punkten stattfindenden Kundenkontakte selbst, der Teil der Kundenkontakte, der eine persönliche Interaktion zwischen Kunden und Personal des Dienstleisters beinhaltet, alle von den Kunden wahrgenommenen Kundenkontakte und der Teil der wahrgenommenen Kundenkontakte, der von Kunden als herausgehoben (positiv oder negativ) erlebt wird. Dieser Ansatz basiert auf der Überlegung, daß Kunden aus der Vielzahl von Situationen während der Dienstleistungserstellung überhaupt nur bestimmte Situationen wahrnehmen, nämlich die Kundenkontakte, die zufördert zu optimieren sind. Die Ursachen für Qualität sind dabei übrigens auch in externalen Bedingungen wie physischer Umgebung (Gebäude, Einrichtungen, Räume, Ausstattungen) oder anderen Kunden (Anzahl, Art, Verhalten) zu sehen. Dazu bedarf es einer Inventur der Kontaktpunkte (Kontaktpunktidentifikation), denn diesen kommt hohe Verhaltensrelevanz zu.

Bei der *sequentiellen Ereignis-Methode* wird die Dienstleistung in einzelne Prozesse zerlegt, deren Qualitätswahrnehmungen jeweils getrennt erfaßt werden. Dazu wird der Ablauf der Leistungserstellung mit Kunden aus deren Perspektive gedanklich Schritt für Schritt durchgegangen und in eine Abfolge der Einzeltätigkeiten zur Herbeiführung des beabsichtigten Erfolgs (Blue Print) unterteilt dargestellt. Der komplexe Prozeß wird also aus Kundensicht in Sequenzen zerlegt. Darin werden die unmittelbar wahrnehmbaren Teile/Ereignisse als sog. Line of Visibility gekennzeichnet. Eine solche Line of Visibility besteht für ein Hotel z. B. aus Reservieren, Abholen, Einchecken, Zimmer beziehen, Bewirten, Unterhalten, Übernachten, Auschecken, Verbringen. Zum Blue Print gehören aber auch für Kunden normalerweise „unsichtbare“ Prozesse wie Waschen, Zimmer reinigen, Speisen und Getränke beschaffen und zubereiten, Abfall beseitigen etc., die verborgen bleiben, so sie nicht tangibilisiert werden.

Bei der *Kritischen Ereignis-Methode* werden nicht mehr alle, sondern nur die subjektiv als qualitätsrelevant erachteten Kernprozesse durch Kunden beurteilt, also solche, die von Kunden besonders positiv oder, wichtiger noch, negativ wahrgenommen wurden. Da ihnen die größte Bedeutung zukommt, ist Abhilfe von Mängeln dort am ehesten geboten. Solche Ereignisse betreffen vor allem den Erstkontakt zum Anbieter. Geht man innerhalb der Positionseffekte vom Primacy-Effekt aus, so kommt dem ersten Eindruck eine besondere Bedeutung zu. Dies kommt auch in Sprichwörtern wie „You never get a second chance, to make a first impression“ zum Ausdruck. Es ist oft erschreckend, festzustellen, daß dieser Erstkontakt dem schwächsten Glied in der Leistungskette zugedacht wird. Wer kennt nicht die Versicherungsfiliale mit dem kriegsversehrten Rentner oder dem Quotenbehinderten am Empfang. So bedauerlich deren Schicksal im Einzelfall auch immer ist, diese Personen sind für den Erstkontakt denkbar ungeeignet, sie gehören ins Back Office. Das gleiche gilt für die Telefonzentrale. Marketingberatungen z. B. schulen ihre Telefonistinnen auf stets freundliche, gutgelaunte Begrüßung und Informationsabfrage, während man anderswo kostenträchtig von Nebenstelle zu Nebenstelle durchverbunden wird, weil die Telefonistin am wenigsten instruiert ist, wie sich der Laden organisiert, da sie das ja vermeintlich nichts angeht.

Ereigniswerbung

(→ Kommunikation, Formen)

Erfahrungsgüter

(→ Produktarten)

Erfahrungskurvenkonzept, Aussage

Das (dynamische) Erfahrungskurvenpotential entspricht neuerer Erkenntnis und besagt, daß die Stückkosten mit kumulativer Mengenerhöhung um jeweils 20–30% zusätzlich zur statischen Degression potentiell sinken können. Begünstigend wirken dabei hohe Ausbringungsmenge/hoher Marktanteil und hohes Marktwachstum zur schnellen Mengenausweitung (Verbindung zum BCG-Portfolio).

Vorteile aus Größeneffekten können als zusätzlicher Gewinnbeitrag (= Unternehmensrente) einbehalten oder ganz bzw. teilweise in Form von Preissenkungen weitergegeben werden. Im einzelnen lassen sich folgende Quellen in Unternehmensbereichen ausmachen:

- In der Beschaffung verbesserter Materialeinsatz, kostengünstigerer Einkauf durch höhere Markttransparenz und besseres Standing, Senkung spezifischer Rohstoff- und Energieverbrauchszahlen, Mengenrabatte, Einflußnahme auf Spezifikationen, Möglichkeit der vertikalen Integration.
- In Entwicklung und Produktgestaltung optimierte Produktauslegung in bezug auf Bedarf, Herstellung, Beschaffung, wirtschaftlichere Produkttechnologie, höhere FuE-Reserven durch niedrigere Stückkostenbelastung, höhere Produkthomogenität durch Zuschnitt auf größte Bedarfsdichten.
- In der Produktion höhere Arbeitseffizienz, technische Vervollkommnung der Produktionsverfahren und -abläufe, Arbeitsspezialisierung, bessere Kapazitätsanpassung, größere Rationalisierung (Mechanisierung/Automatisierung), höhere Arbeitsproduktivität.
- Im Absatz bessere Kundenkontakte, durchsatzstärkere Absatzkanäle, größere Kenntnis der Kaufentscheidungsmerkmale, unterproportional steigende Marketingkosten zum Umsatz, größere Absatzmacht.
- Im Management verbesserte Planung und Organisation, bessere Informations- und Kontrollsysteme, bessere Qualifikation der Mitarbeiter, Umlage der beschäftigungsgradunabhängigen Kostenbestandteile (Führung) auf eine größere Zahl von Einheiten.
- In Kreativität und Information Anerkennung der Innovationsleistung durch Prestige/Status, moti-

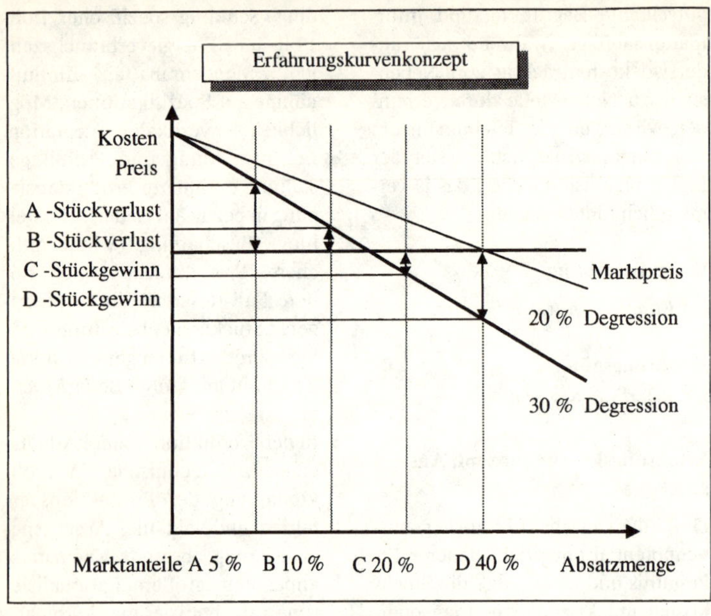

Erfahrungskurvenkonzept

vierendes Innovationsklima, Lerneffekte, soziale Absicherung, innovationsorientierte Berichtssysteme.

Erfahrungskurvenkonzept, Bewertung

Obwohl von Protagonisten immer wieder propagiert, gibt es doch ernst zu nehmende Kritik am Erfahrungskurvenkonzept. Genannt wird in diesem Zusammenhang auch, daß nur eine pauschale Kostendefinition zugrunde liegt. Es wird nicht näher spezifiziert, welche Kostenbestandteile in welchem Ausmaß von Erfahrungskurveneffekten profitieren und welche nicht. Beachtung findet dabei nur die Wertschöpfung, nicht jedoch die Summe der Einsatzkosten. Außerdem sind die Beträge nicht inflationsratenbereinigt. Die Erkenntnisse des Erfahrungskurvenkonzepts führen konsequenterweise zum kontinuierlichen Ausbau von Kapazitäten. Dies hat zur Folge, daß das Unternehmen an Flexibilität aufgrund der hohen Kapitalbindung verliert (Einzweckmaschinen). Außerdem besteht die Gefahr der technischen Veralterung und damit Entwertung der Anlagen. Somit sind eine gewisse Anfälligkeit gegen

Marktschwankungen und fehlender Risikoausgleich zu konstatieren. Es entstehen womöglich Mammutbetriebe, die, wie einst die Dinosaurier, mangels Anpassungsfähigkeit in Bedrängnis geraten und dann oft nur noch durch massive Subventionen des Staates zum Erhalt von Arbeitsplätzen am Leben gehalten werden können. Der mengenmäßige Marktanteil ist nur unzureichender Indikator für den Unternehmenserfolg, nämlich nur bei homogenen Produkten, gleichen Erfahrungsraten, einheitlichen Marktpreisen, gleichen Markteintrittszeitpunkten etc. Voraussetzungen, die in der Realität praktisch nicht vorhanden sind. Vielmehr zeigt sich, daß marktführende Unternehmen gelegentlich wirtschaftlich angeschlagen sind, während findige Kleinanbieter sich hoher Prosperität erfreuen. Bei Stagnation am Markt führen Kapazitätsüberhänge zu Leerkosten und ruinösem Preiswettbewerb bis an die kurzfristige Preisuntergrenze, um so Preisbestandteile als Deckungsbeitrag für den Fixkostenblock zu erreichen. Diese Situation ist etwa schon in der Stahl- oder Reifenindustrie vorhanden. Überkapazitäten führen hier zur Konzentration mit Betriebsstillegungskonsequenz oder der Tendenz zu quotierenden Absprachen. Verbundwirkungen innerhalb des Programms finden keine Berücksichtigung. Denn typischerweise handelt es sich in der Praxis nicht um Einprodukt-, sondern Mehrproduktunternehmen, deren Angebote in ganz unterschiedlichem Maße von Degressionseffekten betroffen sind und sich intern alimentieren können. Diese Möglichkeit preispolitischen Ausgleichs schafft eine gewisse Unabhängigkeit von der Kostensituation spezifischer Produkte. Bei solchen diversifizierten Unternehmen zunehmend anzutreffende Synergieeffekte werden nicht berücksichtigt. Diese können durch gemeinsame Nutzung vorhandener Ressourcen ebenfalls zu Kostenvorteilen führen, ohne daß beim einzelnen Produkt große Ausbringungsmengen vorliegen müssen. Allerdings ist zu konzidieren, daß Synergien allenfalls Kosteneinsparungspotentiale darstellen, deren Materialisierung in der Praxis oft genug an Abteilungsegoismen scheitert.

Es handelt sich um ein statisches Konzept, d. h. Produktveränderungen im Zeitablauf, die die Kostensituation tangieren, werden nicht in Betracht gezogen. Tatsächlich aber bleibt ein Produkt typischerweise im Zeitablauf bei steigender Menge nicht unverändert, sondern wird variiert oder differenziert, das allein schon deshalb, weil Mitbewerberaktivitäten oder der Durchsetzung technischen Fortschritts Rechnung getragen werden soll. Wenn Größeneffekte für mehrere oder alle wesentlichen Unternehmen einer Branche zutreffen, wird ein daraus resultierender Wettbewerbsvorsprung des einzelnen Anbieters letztlich wieder neutralisiert. Dies ist leider die Realität vieler Märkte, die von ganz wenigen Großanbietern dominiert werden, die die kritische Größe bereits weit überschritten haben und sich voneinander in bezug auf Kostenvorteile nurmehr wenig unterscheiden. Zudem ist der Preis zwar ein wichtiger, aber längst nicht der einzige Wettbewerbsparameter. D.h. Kostenvorteile führen nicht zwangsläufig zu Marktvorteilen, nämlich dann nicht, wenn niedrigere Preise am Markt durch Leistungsnachteile überkompensiert werden. Aktionsparameter wie Qualität, Image, Design oder ähnliche gewinnen sogar zunehmend an Bedeutung und relativieren den Preis zumindest im Bereich der High Interest-Produkte mit Zusatznutzenstiftung. Ebenso kann technischer Fortschritt zu einer besseren Anbieterstellung führen, ohne daß damit notwendigerweise große Ausbringungsmengen verknüpft sind, denn rationellere oder bessere Verfahrenstechniken führen zur Etablierung vorteilhafter Marktpositionen. Die Aussagen der Vorteils-Analyse gelten jedoch nur für den jeweils gegebenen Stand der Technologie. Neue Technologie etabliert auch eine neue Stückkostenkurve auf typischerweise niedrigerem Niveau. Dieser Vorteil nivelliert sich in dem Maße, wie Mitbewerber technischen Fortschritt adaptieren. Die Auswirkungen der Kostendegression sind je nach Anteil der fixen und variablen Kosten sehr verschiedenartig, und umso größer, je höher der Anteil der fixen an den gesamten Kosten ist. Daher profitieren anlage- oder overheadintensive Betriebe überproportional. Dementsprechend gibt es keine generelle Gültigkeit, sondern individuell sehr verschiedenartig verlaufende Kurven. Durch den degressiven Kurvenverlauf nehmen Kostenvorteile zudem mit steigender Menge nur unterproportional zu, treten relativ also in ihrer Bedeutung gegenüber qualitativen Argumenten zurück. Es wird eine Monokausalität zwischen Menge und Kosten unterstellt. Empirische Analysen (z. B. PIMS) zeigen jedoch, daß es vielfältige gegenseitige Abhängigkeiten zwischen Unternehmensparametern gibt, die vermuten lassen, daß auch auf die Größe Kosten andere Faktoren als allein die Menge Einfluß ausüben. Insgesamt sind Einsparungseffekte denn auch nicht nur mengen-, sondern zu einem mindestens ebenso großen Anteil zeitabhängig. Daher ist nicht nur die Größe für die Wettbewerbsposition einschlägig, sondern gerade auch die Dauer erfolgreicher Marktpräsenz. Zudem diffundiert Erfahrung innerhalb einer Branche in Abhängigkeit von der Fluktuationsrate der Mitarbeiter. Vor allem aber steht das Erfahrungskurvenkonzept unter Immunisierungsverdacht. Denn es wird herausgestellt, daß das Kostensenkungspotential nicht quasi automatisch wirksam wird, sondern der bewußten Einwirkung durch das Management zu dessen Realisierung bedarf. Dies bedeutet aber weiter nichts anderes, als daß eine Kostensenkung das Vorhandensein von Erfahrungskurveneffekten beweist, eine Kostenstagnation aber, daß vorhandenes Kostensenkungspotential nicht genutzt wird. Das ist dann pure Tautologie.

Erfolgsabhängige Vergütung

(→ Werbeagentur, Vergütung)

Erfolgsfaktoren im Marketing

Zur Bestimmung von Erfolgsfaktoren im Marketing werden die folgenden Methoden herangezogen:

- Ziel-Portfolio,
- Strategisches Spielbrett,
- Wettbewerbsvorteils-Matrix,
- Wettbewerbspositions-Matrix,
- Outpacing-Konzept,
- Erweiterte Wettbewerbsvorteils-Matrix,
- PIMS-Projekt,
- Geschäftsgrundsätze.

(→ Erweiterte Wettbewerbsvorteils-Matrix, Outpacing-Konzept, PIMS-Projekt, Portfolio, Ziel-, Strategisches Spielbrett, Wettbewerbspositions-Matrix, Wettbewerbsvorteils-Matrix)

Erfüllungsort

(→ Angebot, Inhalte)

Ergänzungsfrage

(→ Fragetechnik im Verkaufsgespräch)

Ergebnisfragen

(→ Fragefunktionen)

Ergebnisstandardisierung

(→ Standardisierung von Dienstleistungen)

Erhebungskontrollfragen

(→ Fragefunktionen)

ERIM

(→ Mini-Markttest)

Erklärungsbedürftige Produkte

(→ Gütertypen)

Erklärungsmodul

(→ Expertensystem)

Erlebniskauf

(→ Hybrider Verbraucher)

Erlösschmälerungen

De facto können sich erhebliche Erlösschmälerungen als Differenz zwischen dem Basiserlös der Hauptleistung und dem endgültigen Nettoerlös ergeben. Dazu gehören folgende Gruppen:

- Funktionsrabatt, auftragsgrößenabhängiger Mengenrabatt, Selbstabholerrabatt, sonstige Nachlässe, Naturalrabatt (bis zum vorläufigen Nettoerlös nach Rechnungsstellung), Skonto,
- Gutschrift für Rücksendung, Kundenskonto, Debitorenausfall, Gewährleistungsnachlaß, Schadenersatzzahlung, Konventionalstrafe, Wechselkursänderung, sonstige direkt erfaßbare Erlösberichtigungen (bis zum vorläufigen Nettoerlös nach Zahlungseingang),
- Bonus, sonstige periodenbezogen erfaßbare Erlösberichtigungen (bis zum vorläufigen Nettoerlös nach Periodenende),
- Preisnachlaß für Reklamationen etc.,
- Korrekturen um Berechnungs- und Buchungsfehler (bis zum endgültigen Nettoerlös).

Eroberung (als Absatzquellendefinition)

Dies ist eine Form zur Definition der Absatzquelle. Bei der Eroberung als Aktivierung von seitherigen Nichtkäufern handelt es sich um generische Maßnahmen an Abnehmer, die aufgrund ihrer objektiven Merkmale zwar als Käufer in Frage kommen, ein entsprechendes Angebot aber dankend ablehnen, um ihnen die Attraktivität des Ge- oder Verbrauchs nahezubringen. Die Ablehnung kann im Mangel an Bekanntheit oder Interesse liegen. Gelingt es nun, dieses Nachfragepotential zu aktivieren, kann der Markt besser ausgeschöpft werden (Rationalisierung/Hebelwirkung). Wichtiges Mittel dazu ist die Kommunikation.

So werden für gesundheits- und kalorienbewußte Konsumenten Light-Versionen aller möglichen Produkte lanciert (Zigaretten, Softdrinks, Kaffees, Wurstwaren etc.). Dadurch werden Nachfragerpotentiale angesprochen, die bisher keinen rechten Zugang zu den entsprechenden Produkten hatten. Oft dient das Light-Argument auch als Alibi zur Überwindung kognitiver Dissonanzen beim Kaufentscheid. Derartige Maßnahmen bieten sich vor allem in Monopolmärkten an. So versuchte die damalige *Bundespost* mit Erfolg jahrelang, die Anzahl der Telefonanschlüsse voranzutreiben. Und so unternehmen Bundesbahn und öffentliche Nahverkehrsbetriebe starke Anstrengungen, notorische Autofahrer zum Umsteigen auf ihre Verkehrsmittel zu bewegen.

Im Effekt kommt dies einer Marktausweitung gleich. Diese ist möglich:

- bei gegebenen Einsatzmöglichkeiten für neue Angebotsnutzer nach persönlichen Merkmalen (z. B. Babynahrung auch für alte Leute/Alete), räumlichen Merkmalen (z. B. Laugenweck in Norddeutschland) und/oder zeitlichen Merkmalen (z. B. Speiseeis im Winter/Langnese),
- durch neue Einsatzmöglichkeiten für neue Angebotsnutzer (z. B. Stofftiere zum Verschenken unter Erwachsenen/Steiff, Kräuterjoghurt als Brotauftrich/Lünebest).

(→ *Absatzquellendefinition)*

Erstausstattung

(→ *Original Equipment Manufacturing)*

Erstkauf

(→ *Kauftypen)*

Erstkäufer

(→ *Käuferklassen)*

Erstleser

(→ *Leser-/Auflagenbegriffe)*

Erstmarke

Die Erstmarke hat die zentrale Position innerhalb der Markenhierarchie. Sie ist allgemein die Marke mit der größten Marktbedeutung innerhalb eines Programms und meist auch die mit der ausgeprägtesten Hi-

storie. Sie ist damit ein Eckpfeiler für den Unternehmenserfolg. Allerdings hat sich im Laufe der Entwicklung herausgestellt, daß diese Erstmarke nicht in der Lage ist, das gesamte Nachfragepotential abzudecken. Daher wird sie vertikal nach oben und/oder nach unten ergänzt. Ein Beispiel ist *Henkell Trocken* im Programm der *Henkell-Söhnlein* Sektkellerei. Sie läßt Raum für Über- und Unterbietungen.
(→ Vertikale Markentypen)

Erstpositionierung

Die Notwendigkeit, oder besser Chance, zur Positionierung ergibt sich aus unterschiedlichen Anlässen.

Beim Launch besteht die Möglichkeit, erstmalig und frei von historischen Zwängen eine Positionierung zu bestimmen. Daraus folgt insofern eine hohe Verantwortung, als später erforderlich werdende Änderungen nurmehr mit größerem Aufwand zu bewerkstelligen sind. Die Positionierung neuer Produkte in meist dicht besetzten Märkten ist eine große Herausforderung, denn in aller Regel handelt es sich eben nicht um das reißerische Angebot, auf das jedermann schon immer gewartet hat, sondern viel eher um eine weitere, mehr oder minder austauschbare Variante, der erst aufwendig durch Kommunikation eine emotionale Alleinstellung zu verschaffen ist. Extrem schwierig ist dies bei irrationalen Produkten wie Zigaretten zu bewerkstelligen.
(→ Positionierung, Anlässe)

Erwartungsregel

(→ Entscheidungsregeln, Kompensatorische)

Erweiterte Wettbewerbsvorteils-Matrix

Bei der Erweiterten Wettbewerbsvorteils-Matrix werden die Dimensionen des „Wie konkurrieren", „Wo konkurrieren" und „Worauf aufbauen" untersucht:

- die erste Dimension unterteilt sich in Anpassung (Old Game oder Veränderung (New Game),
- die zweite Dimension unterteilt sich in Kernmarktbearbeitung (Head on) oder Marktnischenbearbeitung (Avoid),
- die dritte Dimension unterteilt sich in Kostenführerschaft (Standardisierung) oder Leistungsführerschaft (Differenzierung).

Es ergeben sich somit acht Felder, die sich wie folgt charakterisieren lassen.

Als Beispiel für Anpassung in Marktnische bei Kostenführerschaft kann *Goldstar* gelten. Dieses Unternehmen stellt ein limitiertes Programm eher anspruchsloser Unterhaltungselektronikgeräte in herkömmlicher Technik her, offeriert diese dafür aber auf Discountpreislevel. Es wird jedoch (derzeit noch) nicht versucht, ein Full Line-Angebot zu machen oder in elaborierte Ausführungen zu expandieren.

Als Beispiel für Anpassung im Kernmarkt bei Kostenführerschaft kann *Hyundai* gelten. Dieses Unternehmen stellt Automobile im Volumenbereich der unteren, mittleren und oberen Mittelklasse her, indem bewährte technische Lösungen übernommen werden. Der Anreiz liegt allein im Angebot auf Discountpreislevel, sogar noch unterhalb japanischer Hersteller. Es wird jedoch (derzeit noch) nicht versucht, Oberklassemodelle zu bauen oder elaborierte Problemlösungen zu bieten.

Als Beispiel für Anpassung in Marktnische bei Leistungsführerschaft kann *Loewe Opta* gelten. Dieses Unternehmen stellt ein limitiertes Programm fortschrittlicher Unterhaltungselektronikgeräte mit teilweise neuartigen Problemlösungen her. Das Angebot ist extrem design-, new media- und high tech-orientiert. Dafür soll als Gegenleistung am Markt ein Premiumpreislevel erreicht werden. Dies gelingt auch innerhalb einer avantgardistischen Zielgruppe.

Als Beispiel für Anpassung im Kernmarkt bei Leistungsführerschaft kann *Mercedes-Benz* gelten. Dieses Unternehmen stellt Automobile im Volumenbereich der Mittel- und Oberklasse sowie im prestigeträchtigen Bereich der Spitzen- und Luxusklasse her. Durch kontinuierliche technische Weiterentwicklung konnte dabei stets eine Führungsposition eingenommen werden. Dieses wird vom Markt immer noch auf Premiumpreisniveau honoriert.

Als Beispiel für Veränderung in Marktnische bei Kostenführerschaft kann *IKEA* gelten. Dieses unmögliche Möbelhaus aus Schweden offeriert preisgünstige, stilsichere Möbel für eine junge, aufstrebende Zielgruppe. Im Gegensatz zum traditionellen Einrichtungshandel müssen die Möbelstücke jedoch selbst kommissioniert, transportiert und montiert werden. Der daraus entstehende Kostenvorteil wird im Preis an die Abnehmer weitergegeben.

Als Beispiel für Veränderung im Kernmarkt bei Kostenführerschaft kann *Sixt Budget* gelten. Dieses Dienstleistungsunternehmen für Mietwagenverleih spannt dominant die Attraktivität der zu buchenden Automodelle für sich ein. Und deckt neuerdings alle Individualverkehrsmittel ab, incl. Transporter und Motorrad. Das ganze wird auf Discountpreislevel abgewickelt und ist werblich äußerst spektakulär aufgemacht.

Als Beispiel für Veränderung in Marktnische bei Leistungsführerschaft kann *Apple* Computer gelten. Dieser Computerhersteller hat die Nutzen elektronischer Datenverarbeitung erstmals auch für Nicht-Elektronik-Freaks in großem Stil verfügbar gemacht, u. a. durch ein mächtiges Betriebsprogramm, durch die graphische Benutzeroberfläche und die Maussteuerung des Cursors. Für diese Leistungsfähigkeit wird ein Premiumpreisniveau durchgesetzt (neuerdings allerdings durchsetzt von Einsteigerangeboten).

Als Beispiel für Veränderung im Kernmarkt bei Leistungsführerschaft kann *Audi* gelten. Dieses Unternehmen stellt Automobile im Volumenbereich der Mittel-, Ober- und Spitzenklasse her. Diese werden auf

Premiumpreislevel angeboten. Denn Audi stellt dem einige konstruktive Besonderheiten gegenüber, so den Allradantrieb, die vollverzinkte Karosserie, den 5-Zylinder-Motor, das Procon ten-Sicherheitssystem, die Alu-Karosserie oder den Diesel-Direkteinspritzer.
(→ Erfolgsfaktoren im Marketing)

Eskin-Ansatz

(→ Kaufeintrittsmodelle)

Ethnozentrales Angebot

(→ Marktareal, Supranationales)

Eurocheque

(→ Scheckzahlung)

Evaluationstest

(→ Testverfahren, Empirische)

Events

Events sind eigeninszenierte Ereignisse im Rahmen der Schauwerbung, die durch erlebnisorientierte Unternehmens- und Produktveranstaltungen emotionale und physische Reize darbieten, die wiederum einen Aktivierungsprozeß auslösen. Typisch sind der Projektcharakter, die Präsenz der Teilnehmer und die Abhängigkeit von der Darbietung.

Event-Marketing ist demnach die zielgerichtete und systematische Konzeption (Idee), Planung (Organisation), Gestaltung (Durchführung) und Kontrolle dieser Veranstaltungen. Beispiele betreffen:

- Außendienstkonferenzen zur Motivation der Vertriebsmannschaft (Incentives),
- Startveranstaltungen bei initiierten Verkaufsrunden (Kick Offs),
- Händlerpräsentationen zur Einstimmung bei Produktneueinführungen (Hospitality).

Die Abgrenzung zu Marktveranstaltungen liegt in der Eigeninszenierung, die Abgrenzung zur Öffentlichkeitsarbeit in den strikten Verkaufszielen. Eine Überschneidung zum Impulsmarketing ist freilich gegeben. Oft werden zur Realisierung Prominente als Gäste eingesetzt, attraktive Locations gewählt und aufwendige Caterings geboten. Die Präsentation erfolgt meist über Multimedia (Dia, AV, Film, Video, CD-I etc.) und Effekte (Beleuchtung, Musik, Dekoration, Ausrüstung etc.).
(→ Below the Line Adresting)

Evoked Set of Brands

(→ Marke, Auswahl)

Evolutions-Ansatz

(→ Marketing, Paradigmawechsel)

Ex post facto

(→ Experiment, Ausprägungen)

Ex Quay

(→ Incoterms)

Ex Ship

(→ Incoterms)

Ex Works

(→ Incoterms)

Executive Support System

(→ Expertensystem)

Exklusiver Absatz

Beim exklusiven Vertrieb soll ein Absatzgebiet nur von einer Absatzstelle als relatives Monopol mit Gebietsschutz, wie z. B. beim Autohandel, bei Tankstellen etc., ausgedeckt werden.

Die Vor- und Nachteile der exklusiven Distribution aus *Herstellersicht* sind die folgenden. Zunächst zu den Vorteilen:

- Es kommt zu einer Minderung der Wettbewerbsintensität für das betreffende Produkt bzw. die belieferten Absatzmittler. Vor allem ist eine gewisse Sicherheit vor aggressivem Preiswettbewerb gegeben.
- Durch die Auswahlmöglichkeit kann ein hoher Anspruch an die Einsatzbereitschaft und Leistungsfähigkeit der Absatzmittler durchgesetzt werden. Dies gilt freilich nur insoweit, als diese das exklusiv distribuierte Programm für attraktiv halten.
- Infolge der guten Überschaubarkeit der Strukturen ist eine potentiell große Effizienz der Marketingaktivitäten gegeben. Wenige Absatzmittler, klare Vereinbarungen und hohe Transparenz untereinander führen zu schneller, kostengünstiger Organisation.
- Es kommt zu einer engen Bindung der Absatzmittler an den Hersteller mit ausgeprägtem Engagement auf deren Seite. Dies allein schon deshalb, um das vertretene Produkt nicht aus dem Sortiment zu verlieren.

Folgende Nachteile sind zu nennen:

- Es ist eine große Abhängigkeit von Motivation und Fähigkeit einiger weniger Absatzmittler gegeben. Setzen diese sich nicht wie gewünscht ein, besteht nicht ohne weiteres die Möglichkeit, auf andere Absatzmittler auszuweichen.
- Sofern die Erhältlichkeit beim Produkt eine kaufentscheidende Rolle spielt, besteht ein Nachteil gegenüber Angeboten mit höherem Distributionsgrad. Denn der Aufwand für Nachfrager zur Erreichbarkeit ist größer.
- Die Einflußnahmemöglichkeit auf Absatzmittler stößt auf relativ enge wettbewerbsrechtliche Grenzen. Dabei ist vor allem an Bestimmungen des Diskriminierungsverbots im GWB zu denken.

Die Vor- und Nachteile der exklusiven Distribution aus *Händlersicht* sind die folgenden. Zunächst zu den Vorteilen:

- Es ist ein relativer Konkurrenzschutz durch eine limitierte Anzahl anderer Absatzstellen gegeben. Dies mindert die Vergleichbarkeit eines Angebots mit denen anderer Händler im Einzugsgebiet.
- Daraus entsteht eine implizite Aufwertung der Geschäftsstättenanmutung. Denn ohne die Ausweichalternative steuert Nachfrage unausweichlich auf die exklusiv distribuierten Händler zu.
- Eine hohe Ausschöpfung des ge-

bietsspezifischen Nachfragepotentials ist möglich. Denn jeder Händler konzentriert in hohem Umfang für die entsprechende Ware reservierte Kaufkraft auf sich.

- Eine nachhaltige Herstellerunterstützung durch partnerschaftliche Kooperation kann vorausgesetzt werden. Denn es liegt im Interesse des Herstellers, seine Händler bestmöglich für die Präsentation und Verkäuflichkeit der Ware zu präparieren.

Folgende Nachteile sind zu nennen:

- Es ist eine Anfälligkeit gegen Nachfrageabwanderung zu Substitutionsangeboten gegeben. Beim parallelen Angebot mehrerer Produkte aus einer Warengruppe besteht hingegen für Händler die Chance, die Kaufkraft dennoch an sich zu binden.
- Die Abhängigkeit vom Hersteller ist durch enge Einbindung in seinen Absatzkanal vorhanden. So kann nicht ohne weiteres auf andere Hersteller ausgewichen werden, wenn es zu Konflikten im Absatzkanal kommt.
- Die Sortimentsfreiheit ist durch die Pflicht zur Sortimentierung eingeschränkt. Damit ist vor allem keine Konzentration auf besonders attraktive Teile des Programms möglich, die eine hohe Umschlaggeschwindigkeit und Rendite erbringen.
- Die hohe Standardisierung des Angebots führt zur Vergleichbarkeit mit anderen Absatzstellen außerhalb des Gebiets. Dies ist Folge der Absicht der Hersteller zur gleichmäßig anmutenden Darstellung der Produkte.

(→ *Absatzkanal, Breite)*

Exklusivkäufer

(→ *Käuferklassen)*

Exklusivleser

(→ *Leser-/Auflagenbegriffe)*

Experiment, Ausprägungen

Es können verschiedene Ausprägungen von Experimenten unterschieden werden. Nach dem Umfeld gibt es Feldexperimente, die sich in einer natürlichen Umgebung vollziehen, und Laborexperimente, die in künstlicher, speziell für das Experiment geschaffener Umgebung erfolgen. Der Vorteil des Feldexperiments liegt in seiner Realitätsnähe, sein Nachteil in der beschränkten Möglichkeit zur Überprüfung und Kontrolle alternativer Variabler durch den Einfluß von Störgrößen (Ceteris paribus-Bedingung der Konstanthaltung aller außer der untersuchten Variablen). Beim Laborexperiment ist dies genau umgekehrt.

Nach dem Zeiteinsatz können projektive Anlagen, bei denen Veränderungen experimentalbegleitend auf ihre Kausalität hin untersucht werden (= Simultanexperimente), und Ex post facto-Anlagen unterschieden werden, bei denen Kausalitäten erst im nachhinein abgeleitet werden (= Sukzessivexperimente). Projektive Experimente konfrontieren also Personen mit der durch experimentelle Bedingungen geschaffenen Situation. Ex post facto-Experimente beruhen auf unabhängigen Variablen, die bereits in der Vergangenheit aufgetreten sind, während abhängige Variable erst in der Gegenwart gemessen werden. Dabei ist allerdings die Kausalitätszuweisung problematisch.

Nach der Durchführung lassen sich informale und formale Experimente unterscheiden. Informale Experimente nehmen eine zeitliche Differenzbetrachtung bei der Experimental- (und evtl. noch Kontroll-) Gruppe vor, indem diese vor dem Experimentaleinsatz und danach gemessen wird (werden). Dementsprechend ergeben sich aus Kombinationen Testdesigns. Dabei wird darauf verzichtet, Zufallseinflüsse durch Anwendung geeigneter statistischer Verfahren zu analysieren, die Wirkung einer unabhängigen Variablen auf eine abhängige Variable wird durch reine Differenzenbildung ermittelt.

Formale Experimente differenzieren die abhängige Variable nach ihren Einflußgrößen verursachungsgerecht. Dazu werden bekannte Störgrößen einbezogen und in der Versuchsanlage berücksichtigt. Ziel ist die verursachungsgerechte Aufspaltung der Ergebnisstreuung in Einflüsse von Störgrößen, Zufälligkeiten und der eigentlich interessierenden unabhängigen Variablen. Zufallseinflüsse werden also mit Hilfe der Varianzanalyse im Detail analysiert.

Voraussetzungen für Experimente sind:

- Repräsentanz, d. h. die Ergebnisse müssen sich von der Experimentalgruppe auf die Grundgesamtheit übertragen lassen,
- Isolierbarkeit von Außeneinflüssen bzw. wo dies nicht möglich ist, die Kontrolle dieser Außeneinflüsse (sog. Störgrößen)
- Meßbarkeit von Wirkungen durch geeignete Erfassungsinstrumente, die bestimmten Anforderungen zu genügen haben.

Grenzen des Experiments ergeben sich durch die praktische Beschränkung auf die Messung kurzfristiger Wirkungen, durch die schwierige Kontrolle möglicher Störgrößen bei umfangreichen Experimentaldesigns und durch die nur unzureichende Nachempfindbarkeit der Komplexität der Realität der Märkte. *(→ Formales Experiment, Informales Experiment)*

Experiment, Effekte

Bei informalen Experimenten treten verschiedene Effekte wie folgt auf.

Carry Over-Effekt bedeutet, daß vorgelagerte Maßnahmen und Ereignisse in die Untersuchungsperiode nachwirken können, obgleich sie nicht auf den Einfluß der unabhängigen Variablen zurückzuführen sind, also einen nicht-kontrollierten Störfaktor darstellen.

Entwicklungs-Effekt bedeutet, daß im Verlauf des Experiments Lernwirkungen eintreten können, die nicht allein auf die Wirkung der unabhängigen Variablen zurückzuführen sind. Dadurch ändern sich die Meßvoraussetzungen. Dies ist bei Sukzessivexperimenten (before – after) problematisch.

Spill Over-Effekt bedeutet, daß parallele Maßnahmen und Ereignisse von anderen als der untersuchten Variablen, also außerhalb der experimentellen Anordnung, auf diese einwirken können. Dadurch kommt es zu Ergebnisverzerrungen.

Gruppen-Effekt bedeutet, daß Experimental- und Kontrollgruppen bereits vor Beginn des Experiments strukturelle Unterschiede bezüglich relevanter Variabler aufgewiesen haben. Dann ist auch die Interpretation der Ergebnisse problematisch. Dies ist bei Simultanexperimenten (Kontroll- und Experimentgruppe) der Fall.

Experiment, Inhalte

Ein Experiment liegt vor, wenn in einer vorangegangenen Phase der Tatbestand, über den ermittelt wird, erst herbeigeführt wurde. Es dient der Überprüfung einer Kausalhypothese, wobei eine oder mehrere unabhängige Variable durch den Experimentator bei gleichzeitiger Kontrolle aller anderen Einflußgrößen isoliert variiert werden, um die Wirkung der unabhängigen auf die abhängige Variable messen zu können. Damit sollen Ursache-Wirkungs-Beziehungen aufgedeckt werden. Dabei hat man immer mit Störfaktoren zu kämpfen, die Ergebnisse verzerren, und nach Möglichkeit auszuschalten, sofern dies nicht gelingt, wenigstens aber zu kontrollieren sind. Dies kann etwa durch den Vergleich der Experimentalgruppe mit einer strukturidentischen Kontrollgruppe geschehen, die dem experimentellen Stimulus nicht ausgesetzt ist. Als Störgröße ist dabei jedoch wiederum die Vergleichbarkeit beider Gruppen anzusehen. Das experimentelle Design ist der Versuchsplan zum Test signifikanter Unterschiede in bezug auf die abhängige Variable zwischen unterschiedlichen Kategorien eines oder mehrerer Faktoren. Tests im Marketing unterscheiden sich bei puristischer Sicht von, etwa naturwissenschaftlichen, Experimenten dadurch, daß nicht alle Einflußfaktoren kontrolliert werden können.

Unter Experiment versteht man also eine wiederholbare, unter kontrollierten, vorher festgelegten Umweltbedingungen durchgeführte Versuchsanordnung, die es mit Hilfe der Wirkungsmessung eines oder mehrerer unabhängiger Faktoren auf die jeweilige abhängige Variable gestattet, aufgestellte Kausalhypothesen empirisch zu überprüfen. Bedingungen sind die Identifizierung der Variablen und ihre Isolierung/Kontrolle, ihre Manipulierbarkeit und die Wiederholbarkeit des Experiments. Beim Experiment handelt es sich um kein eigenständiges Erhebungsverfahren, sondern um eine bestimmte Ausprägung experimenteller Befragung und experimenteller Beobachtung. Beim Befragungsexperiment wird die Wirkung eines Faktors auf einen anderen mittels Befragung festgestellt, beim Beobachtungsexperiment mittels Beobachtung. Die Variablen jedes Experiments sind folgende:

- Testelemente, an denen Experimente ausgeführt werden sollen (z. B. Produkte, Läden, Kunden),
- unabhängige Variable, deren Einfluß gemessen werden soll (z. B. Marke, Packung, Preis),
- abhängige Variable, an denen die Wirkung gemessen werden soll (z. B. Umsatz, Marktanteil, Einstellung),
- kontrollierte Variable, die direkt beeinflußbar sind, deren Einfluß aber nicht untersucht wird und die daher konstant gehalten werden müssen (z. B. Werbeaufwand, Placierung, Qualität),
- Störgrößen, die nicht direkt beeinflußbar sind, aber daneben Einfluß auf die abhängige Variable nehmen (z. B. Konjunktur, Konkurrenz, Kaufkraft).

Um Störgrößen zu kontrollieren und damit experimentelle Versuchsanordnungen herzustellen, werden folgende Techniken angewendet:

- Konstanthaltung der Störvariablen, dadurch sind allerdings weniger Informationsgehalt und Generalisierbarkeit der Ergebnisse gegeben,
- Einbau in das Design als unabhängige Variable bei gleicher Häufigkeit aller relevanten Merkmale in beiden Gruppen, was zu mehrfaktoriellen Versuchsplänen führt,
- Matching, wobei Paare von Untersuchungseinheiten mit gleicher Störvariablenausprägung verschiedenen Bedingungen (Experiment- und Kontrollgruppe) zugewiesen werden,
- Randomisierung, wobei die Störvariablen nach dem Zufallsprinzip Untersuchungseinheiten zugewiesen werden (vgl. *Pepels, Werner:* Käuferverhalten und Marktforschung, Stuttgart 1995).

Expertenbeobachtung

Bei der Expertenbeobachtung registrieren und analysieren geschulte Fachleute typische Kundenkontaktsituationen. Problematisch ist dabei die Authenzität der Ergebnisse zu beurteilen, ebenso können bei bewußter Testsituation atypische Beobachtungseffekte bei den Betroffenen auftreten. Die Anzahl der Fälle ist zudem begrenzt, und es entstehen hohe Kosten bei seriöser Anlage. Schließlich ist es durchaus fraglich, wer in dieser Beziehung als Experte zu gelten hat. Die Unsicherheit über die Dienstleistungsqualität wird hier also letztlich nur ersetzt durch die Unsicherheit über die Experteneignung. Ebenso sind unpersönliche Beobachtungen (meist durch Bildton-Aufzeichnung) möglich, die, sofern unerkannt, zumindest den Beobachtungseffekt verhindern. Zudem ist die Beobachtung auf durch Sinnesorgane erfaßbare Signale begrenzt.

Bei der Fotomethode werden anstelle von Experten aktuelle Kunden aufgefordert, ihnen besonders positiv oder negativ auffallende Kontaktsituationen zu fotografieren und die getroffene Motivwahl zu erläutern.

Allerdings gibt es dabei erhebliche praktische Probleme, vor allem bei unvorbereitet auftretenden Erlebnissen. Zudem ist es vielfach aus Vertraulichkeitsgründen unerwünscht, Situationen fotographisch zu dokumentieren. Dies gilt erst recht für Videoaufnahmen, die eine noch eingehendere Analyse zulassen.
(→ *Dienstleistungen, Qualität)*

Expertenmacht

(→ *Soziale Macht)*

Expertensystem

Wissensbasierte Systeme (Executive Support Systems) gehören zur künstlichen Intelligenz und haben zum Ziel, das Fachwissen, die Erfahrungen und die Problemlösungsstrategien von Experten auf einem eng gefaßten Gebiet zu kodifizieren und durch Software einem breiten Anwenderkreis als geballte Intelligenz verfügbar zu machen. Sie haben damit Bündelungs- und Multiplikationsfunktion. Dabei stehen eher Heuristiken im Vordergrund, die auf Aufgaben Anwendung finden, für die keine Lösungsalgorithmen bekannt sind (= schlecht strukturierte Probleme). D.h. Expertensysteme lösen komplexe Probleme aus eng abgegrenzten Bereichen und simulieren dabei das Problemlösungsverhalten von Experten.

Komponenten eines solchen Expertensystems sind:

- die *Wissensbasis*, bestehend aus Fakten und Regeln, die allgemein zugängliches Fachwissen und Erfahrungen von Experten repräsentieren. Dort ist das Expertenwissen abgelegt, das von Experten selbst oder von qualifizierten Programmierern eingegeben wird.
- das *Interferenzmodul*, das den zugrunde gelegten Problemlösungsmechanismus beinhaltet und aus der Wissensbasis und den vom Benutzer eingegebenen fallspezifischen Daten schrittweise Schlußfolgerungen bis hin zur Lösung ableitet. Hier wird das gespeicherte Wissen auf die vom Benutzer spezifizierte Problemstellung angewendet.
- das *Wissenserwerbsmodul*, das die Eingabe, Ergänzung und Aktualisierung von Wissen im System steuert. Sie ermöglicht es dem Experten, die Wissensbasis zu erweitern, ohne selbst Programmierkenntnisse haben zu müssen.
- das *Erklärungsmodul*, das die Vorgehensweise des Expertensystems bei der Problemlösung dokumentiert. Es beantwortet Fragen des Nutzers hinsichtlich der Gründe für die getroffene Entscheidung.
- das *Dialogmodul*, das die Interaktion des Benutzers mit dem System sicherstellt. Sie bildet die Schnittstelle zwischen Benutzer, Experten, Programmierer und dem System.

Probleme betreffen hierbei in erster Linie die Wissensakquisition, also die vollständige Erfassung von Hintergrundwissen, die Wissensstrukturierung, also die Operationalisierung dieses Wissens, und die Benutzeroberfläche, also die Akzeptanz und Aufbereitung des Wissens.

Datenbasierte und Wissensbasierte Systeme werden neuerdings verstärkt zu integrierten entscheidungsunterstützenden Systemen verbunden. Dabei kann sowohl eine Anbindung der Funktionen des Expertensystems an die einzelnen Komponenten eines Marketing-Informations-Systems (MAIS) vorgenommen werden als auch eine Einbindung des Expertensystems als weiteres Modul im MAIS. So kann z. B. das Expertensystem im ersten Fall Vorschläge für die Auswahl statistischer Verfahren im Rahmen der Methodenbank machen oder im zweiten Fall erst die Eingabedaten für die Verarbeitung in der Methodenbank liefern.

Exponentielle Glättung

(→ Glättungsberechnungen)

Export

(→ Internationalisierung, Marktzugang)

Extensiver Kaufentscheid

Kommen hohe Bedeutung und hohe Neuartigkeit des Kaufs zusammen, finden Extensive Kaufentscheidungen statt. Sie zeichnen sich durch umfassende, zum großen Teil bewußt ablaufende Problemlösungsprozesse mit hoher kognitiver Beteiligung und großem Informationsbedarf aus. Beides führt zu langer Entscheidungsdauer. Die kognitive Beteiligung ist deshalb so stark ausgeprägt, weil sich die generelle Kaufabsicht erst während des Entscheidungsprozesses herausbildet. Dies ist typisch für Käufe, die erstmals getätigt werden, für Bedürfnisse, die neuartig erlebt werden, bei großer persönlicher Bedeutung, bei veränderter Beschaffungssituation, bei unbekanntem Anspruchsniveau, bei langer Bindungsdauer und hohem Wert etc. Dennoch kommen sie insgesamt eher selten vor. Sie sind durch ein hohes Involvement, große wahrgenommene Produktunterschiede, seltenes Vorkommen und geringen Zeitdruck bei der Entscheidung gekennzeichnet. Wichtige Bedingungen sind schwache Prädispositionen, fehlendes Kaufkonzept, geringe Markenpräferenzen, hoher Informationsbedarf und lange Reaktionszeit.

Externale Kosten

(→ Marketing, Ethik)

Externe Datenquellen

(→ Datenquellen)

Externe Validität

(→ Validität)

Externer Faktor-Standardisierung

(→ Standardisierung von Dienstleistungen)

Externer Faktor bei Dienstleistungen

Der Einbezug des externen Faktors bedingt eine explizit marktorientierte Unternehmensführung bei

Dienstleistungsbetrieben. Denn mehr noch als im Sachgüterbereich, wo die Produktion zumindest kurzfristig auch ohne Kunden erfolgen kann und deren Mangel erst beim Absatz, dann allerdings umso stärker, spürbar wird, ist im Dienstleistungsbereich regelmäßig nicht einmal die Produktion ohne Kunden möglich. Dienste sind also personen- und kundenpräsenzgebunden, d. h. sie werden für und unter Beteiligung jedes einzelnen Kunden erbracht. Davon ausgenommen sind veredelte Dienstleistungen, die ohne externen Faktor auskommen, dafür aber eines Speicherungs- oder Übertragungsmediums bedürfen. Wo eine Veredelung nicht sinnvoll möglich ist, müssen zwei weitere Probleme beherrscht werden.

Materielle Produkte werden zunächst produziert, dann gelagert, anschließend verkauft und am Ende konsumiert. Dienstleistungen hingegen werden zuerst verkauft und anschließend zur gleichen Zeit produziert und konsumiert. Dies liegt darin begründet, daß der Nachfrager zunächst einen Fremdfaktor (z. B. das Auto in der Werkstatt, die Information für den Steuerberater, der kranke Zahn für den Arzt) einbringen muß. Der Kunde ist also Koproduzent (sog. Prosumer). Die Qualität der Dienstleistung hängt demnach auch von der Kooperationsfähigkeit und -bereitschaft der Nachfrager ab. Je besser diese Interaktion funktioniert, desto höher wird die Qualität des Ergebnisses sein. Die Person, die eine Dienstleistung erbringt, ist untrennbar mit dem Anbieter verbunden, sie ist Teil der Dienstleistung. Damit aber ist die Dienstleistung anfällig für Schwankungen in der Qualität, einfach weil es sich um Menschen handelt und nicht um Maschinen.

Zunächst ist zu prüfen, inwieweit der externe Faktor gelagert bzw. transportiert werden kann, denn in dem Maße wie dies gelingt, ist eine Leistungserstellung auch ohne diesen möglich. Dies wiederum ist abhängig von der Mobilität und Zeitpräferenz der Dienstleistung. So kann etwa die Produktion einer Unterhaltungsdienstleistung auch ohne externen Faktor erfolgen, wenn dieser räumlich ergänzt wird, etwa durch die Übertragung einer Orchesterdarbietung an empfangende Rundfunkteilnehmer, oder zeitlich ergänzt wird, etwa durch Pressung dieser Orchesterdarbietung auf Tonträger für präsumptive Musikrezipienten. Dann wird eine Unabhängigkeit von der Nachfrage und damit eine effektive, gezielte Kapazitätsnutzung darstellbar.

Extremgruppen-Validität

(→ *Validität)*

F

Fabrikationsfehler

(→ Produkthaftung)

Fachgeschäft

Hierbei handelt es sich um einen Betriebstyp des Handels, der weit verbreitet ist (z. B. Spielwarenfachhandel). Seine wesentlichen Kennzeichen sind die folgenden:

- eher enges, dafür tiefes Sortiment,
- gediegenes Sortimentsniveau,
- konventionelle Preisbildung,
- zentrale Lage,
- klein- bis mittelständische Betriebsgröße,
- geringer Einsatz des Beeinflussungs-Mix (Ausnahme: Service),
- Akquisition durch Ladengeschäft mit Fremdbedienung,
- stationärer Einzelstandort,
- Unabhängigkeit, evtl. horizontale Integration.

(→ Einzelhandel, Betriebstypen)

Fachmarkt

Hierbei handelt es sich um einen Betriebstyp des Handels, der weit verbreitet ist (z. B. *Saturn, Schossau, OBI*). Seine wesentlichen Kennzeichen sind die folgenden:

- enges, tiefes Sortiment, meist branchenbeschränkt,
- gediegenes Sortimentsniveau,
- flexible Preisbildung, tendenziell aggressiv,
- zentrale Citylage oder Citymrandlage,
- mittelständische Betriebsform, je Standort jedoch groß,
- hoher Einsatz des Beeinflussungs-Mix (insb. Kommunikation),
- Akquisition durch Ladengeschäft mit Fremdbedienung,
- dezentrale Standortspaltung mit stationären Verkaufspunkten,
- horizontale Integration in Konzern.

(→ Einzelhandel, Betriebstypen)

Fachpromotor

(→ Promotoren-Konzept)

Fachversandhandel

Hierbei handelt es sich um einen Betriebstyp des Handels, der weit verbreitet ist (z. B. *Baur, Oppermann*). Seine wesentlichen Kennzeichen sind die folgenden:

- eher enges, ausreichend tiefes Sortiment, meist beschränkt auf eine Branche oder verwandte Produktgruppen (z. B. Schmuck, Mode),
- gediegenes Sortimentsniveau,
- starre, konventionelle Preisbildung, teilweise aggressiv,
- mittelständische Betriebsform,
- intensiver Einsatz des Beeinflussungs-Mix,
- Akquisition durch Distanzprinzip (Katalog) und Bestellung (Auf-

trag), evtl. auch über Telefon, Vertreter, Sammelbesteller etc.,

- horizontale Integration in Konzern.

(→ Einzelhandel, Betriebstypen)

Fachwerbung

(→ Business to Business-Media)

Facial Action Scanning Technique (FAST)

(→ Testverfahren, Mechanische)

Factoring

Gerade die mittelständische Wirtschaft leidet unter Eigenkapitalschwäche. Expansive Betriebe müssen sich ständig um die Erhaltung der erforderlichen Liquidität kümmern. Factoring hilft dabei, der Betrieb kann Abnehmern Zahlungsziele gewähren, ohne daß diese Kreditgewährung ihn liquiditätsmäßig belastet. Die Außenstände werden so zu verfügbarem Bargeld. Mit der so gewonnenen Liquidität kann der Betrieb seine Lieferantenrechnungen voll skontieren, hinzu kommt die Bevorzugung von Barzahlern bei Lieferanten. Allerdings wird der Kontakt zwischen Lieferant und Abnehmer geschwächt. Ein Finanzierungsinstitut (Factor) kauft dabei fallweise oder laufend Kundenforderungen eines Betriebs mit offenem, kurzfristigem Zahlungsziel an und übernimmt das Forderungsausfallrisiko. Der Factornehmer hat dadurch einen größeren finanziellen Spielraum, da er sofort, statt erst auf Ziel, und sicher, statt auf Versprechen, Geld erhält. Die Bevorschussung umfaßt allerdings nicht den gesamten Forderungsbetrag, sondern geht nur bis zu einem vereinbarten Limit und erfolgt unter Abzug einer Factoring-Gebühr für die Übernahme des Delkredererisikos und von Sollzinsen für die Zeit der Bevorschussung. Das Factoring hat neben der Finanzierungs- und Delkrederefunktion meist auch eine Dienstleistungsfunktion. Inkasso-Büros übernehmen ausschließlich die Teilfunktion des Rechnungseinzugs und bewirken durch ihre Einschaltung nicht selten eine erhöhte Zahlungswilligkeit beim Schuldner. Sonderformen des Exportfactoring und der Forfaitierung gelten für Geschäfte mit dem Ausland bzw. für langlaufende Zahlungsziele.

Factoring ist eine Finanzierungsart, bei der die bei Verkauf von Waren und Erbringung von Dienstleistungen entstandenen Forderungen durch ein Finanzierungsinstitut (Factor) vor ihrem Fälligkeitstermin angekauft werden. Der Hauptzweck liegt in der Verschaffung von Liquidität beim Verkäufer. Im Regelfall übernimmt der Factor zusätzlich das Risiko des Zahlungsausfalls (Delcredere) des Käufers. Außerdem werden Dienstleistungen übernommen. Die Finanzierungsfunktion des Factoring besteht darin, daß der Factor entweder die ihm abgetretenen Forderungen per Ankaufstag übernimmt (Advance Factoring) und dem Lieferanten den Kaufpreis sofort vergütet oder die Rechnungsgegenwerte per Verfalltag bzw. per

Zahlungseingang gutschreibt (Maturity Factoring). Die Forderungen werden mit etwa 80–90% der Rechnungssumme bevorschußt. Vorschüsse sind vom Verkäufer mit dem jeweils banküblichen Satz für Kontokorrentkredite zu verzinsen. Der nicht bevorschußte Rest wird auf ein Sperrkonto überwiesen und dient dem Factor als Sicherheit für Zahlungsausfälle, die aufgrund von Mängelrügen, Retouren, Skonti oder Boni eintreten können. Außerdem werden Regreßansprüche des Factors aus der Haftung des Verkäufers für den Bestand und die Übertragbarkeit der Forderungen gesichert.

Kommt der Debitor seinen Verpflichtungen bei Fälligkeit nicht nach, dann trägt der Factor nach Ablauf einer mit dem Verkäufer vereinbarten Karenzzeit (90–120 Tage) den vollen Forderungsausfall. Damit ist das Ausfallrisiko auf den Factor überwälzt. Um dieses Risiko zu begrenzen, prüft der Factor die Kreditwürdigkeit der einzelnen Kunden und räumt entsprechende Limits ein, bis zu denen er verpflichtet ist, Forderungen anzukaufen. Der Standardservice umfaßt in der Regel die Debitorenbuchhaltung, die Fakturierung, die Erstellung von Umsatzsteuer- und Vertreterprovisionsabrechnungen und Verkaufsstatistiken, Mahnwesen und Inkasso. Dabei kann dem Schuldner gegenüber entweder der Factor oder der Verkäufer auftreten.

„Echtes“ Factoring (Non Recourse Factoring) beinhaltet die Übernahme des Delcredererisikos. Der Verkäufer haftet für den Bestand (Verität) und die Übertragbarkeit der Forderung. Ein Anspruch auf Auszahlung des Kaufpreises aus dem Ankauf der Forderungen besteht nicht, wenn der Debitor aus anderen Gründen als aus Gründen der Zahlungsunfähigkeit nicht zahlt. „Unechtes“ Factoring (Recourse Factoring) beinhaltet die Übernahme des Delcredererisikos (praktisch geringe Bedeutung).

Offenes Factoring wird gegenüber dem Debitor offengelegt. Die Rechnungen des Vertragspartner erhalten den Hinweis, daß die Forderung im Rahmen eines Factoringvertrags abgetreten wird und infolgedessen die Zahlung unmittelbar an den Factor zu leisten ist. Beim stillen Factoring erfährt der Käufer nichts von der Forderungsabtretung. Außerdem gibt es Factoring mit Finanzierung zum Zeitpunkt des Ankaufs (Advance Factoring) oder Factoring mit Finanzierung zum Zeitpunkt der Fälligkeit (Maturity Factoring) sowie Inlandsfactoring und Exportfactoring.

Das Finanzierungsinstrument Factoring kommt für Betriebe infrage, die rentabel, expansiv und in ihrer Struktur gesund sind. Ein jährlicher Mindestumsatz von 2 Mio. DM ist günstig, ebenso Rechnungsbeträge von mind. 400 DM. Sinnvoll ist ein gleichbleibender Kundenkreis gewerblicher Abnehmer (keine Endverbraucher und Barzahler) bei Zahlungszielen von nicht über 120 Tagen. Problematisch sind Forderungen, die mit Risiken und Einreden behaftet sind (z. B. Sonderanfertigungen). Grundlage der Abwicklung ist ein Factoringvertrag, der längerfristig abgeschlossen wird und in dem festgelegt wird, daß der Factor während der Dauer des Vertrags die spezifizierten gegenwärtigen und zukünftigen Forderungen des Lieferanten ankauft. Die Spezifizierung erfolgt durch Überlassung von Rechnungskopien. Für den einzelnen Debitor wird nach Bonitätsprüfung ein Limit vereinbart. Es besteht die Verpflichtung zur Andienung aller Forderungen zumindest eines bestimmten Geschäftskreises (z. B. Produktgruppe, Verkaufsgebiete, Kundenkreis). Dadurch wird vermieden, daß nur zweifelhafte Forderungen abgetreten werden. Die Finanzierungsfunktion ist umsatzkongruent und schafft damit auch bei expansivem Geschäftsvolumen Finanzierungsmittel zur benötigten Liquidität. Durch den Kauf erwirbt der Factor die Forderung als eigene, im Gegensatz zur Zession als treuhänderische Forderungsabtretung.

Factory Outlet

(→ Direktvertrieb über Handlungsgehilfen)

Faktische Alleinstellung

Meist wird immer noch die Forderung eines USP (Unique Selling Proposition, lt. Rosser Reeves) erhoben. Dies meint, daß eine Positionierung unbedingt alleinstellend sein soll. Der Ursprung dieser zunächst einleuchtend erscheinenden Forderung liegt freilich in den 50er Jahren begründet, als das Marktangebot durchaus noch so lückenhaft war, daß es möglich wurde, für ein Angebot eine alleinstellende Positionierung zu finden. Dadurch konnte dann eine teilmonopolartige Stellung aufgebaut werden, die Nachfrage unausweichlich auf die Marke zutrieb (= akquisitorisches Potential). Dies mag zu Zeiten der Erfindung begründet gewesen sein, als die Märkte noch offen waren. Die Realität sieht heute leider anders aus. Praktisch alle Märkte sind dicht besetzt und damit alle USP's hinlänglich vergeben. Deshalb gelingt es kaum mehr, eine solche alleinstellende Positionierung durchzusetzen. Vielmehr handelt es sich heute überwiegend um Me too-Angebote, die gleichartig zu denen der Konkurrenz sind und sich im alltäglichen Kleinkampf behaupten müssen, statt monopolartig zu glänzen.

Die Suche nach USP's führt heute sogar zu gefährlichen Konsequenzen. Nämlich zur Besetzung von Positionen, die zwar unique sein mögen, die gleichzeitig aber auch so wenig relevant sind, daß ihr Erfolg fraglich wird, weil ihre Marktberechtigung nicht ohne weiteres einleuchtet (*Mars M & M's* schmelzen im Mund und nicht in der Hand/ *Sport-Signal* von *Elida Gibbs* (Unilever) sind Training für die Zähne).

Außerdem impliziert die USP-Denkhaltung, daß man sich von der Konkurrenz vorgeben läßt, in welchen Feldern des Marktes man zu suchen hat und in welchen nicht. Doch das ist ganz und garnicht einsichtig. Stattdessen greift eher der UAP (Unique Advertising Proposition) oder besser UCP (Unique Communications Proposition). Dieser hebt bei häufigst anzutreffender produktlicher Austauschbarkeit auf eine bloße werbliche Alleinstellung ab. Dabei handelt es sich also um eine rein kommunikative Technik, die produktmäßig riskiert, Me too zu sein, also austauschbar zu anderen bestehenden Angeboten am Markt, aber durch eine intelligente werbliche Umsetzung in der Meinung der Nachfrager eine Alleinstellung erreicht. Denn wer hier als erster eine Position besetzt, und sei sie noch so austauschbar, sperrt sie zugleich für die Konkurrenz und schafft damit eine Quasi-Alleinstellung. Ausschlaggebend ist also nicht eine reale Alleinstellung (= USP), sondern die emotionale Alleinstellung (= UAP/UCP) in der Vorstellung der Zielpersonen. Zweifellos erleichtert eine reale Alleinstellung deren Emotionalisierung, ist aber nicht notwendige Voraussetzung dafür (Amselfelder Wein ohne Stiele und Stengel gekeltert).

Eine andere Möglichkeit besteht in der bewußten Veränderung eines Angebots derart, daß es durch einen Produktzusatz (Marketing Ingredient) einzigartig wird. So kann selbst ein generisches Produkt USP-fähig werden (Jod-S-11-Körnchen in *Trill/Effem* schützen gegen die lebensbedrohende Schilddrüsenerkrankung, TAED-System/*Sunil*, zwei Weißmacher/*Persil*, Flecklöser/*Ariel*).

(→ *Positionierung*)

Faktorielles Design

(→ *Formales Experiment*)

Familienentscheid

Die wohl intensivst erlebte Gruppe ist die Familie. Familien sind multipersonale soziale Systeme, in denen Familienmitglieder aufgrund vielfältiger Interaktionen den Ausgang von Kaufentscheidungen mitbestimmen. Die Kernfamilie umfaßt Ehemann, Ehefrau und Kinder, die Großfamilie umfaßt weitere Generationen und nicht in gerader Linie Verwandte. Diese Primärgruppe kann nach dem Entscheidungsanteil der Familienmitglieder und dem Stadium im Familienlebenszyklus untersucht werden. Die Familienmitglieder stehen untereinander neben verwandtschaftlichen in finanziellen, wohungswirtschaftlichen und versorgungswirtschaftlichen Beziehungen.

Nach dem relativen Anteil an der Kaufentscheidung durch Familienmitglieder sind Produkte zu unterteilen, deren Kauf eher

- *männlich dominiert* ist. Dabei handelt es sich vor allem um komplexe Produkte, häufig auch technischer Natur, z. B. Unterhaltungselektronik, Automobile oder auch Heimwerkergeräte. Der Mann ist eher auf haushaltsexterne Güter spezialisiert, dementsprechend ist er dafür primäre Ansprechperson im Marketing.

- *weiblich dominiert* ist. Dies sind meist hauswirtschaftliche Produkte, z. B. Haushaltsgeräte, aber auch kinderbezogene Produkte. Die Frau ist eher auf den internen Haushaltsbereich, auf soziale und ästhetische Merkmale spezialisiert und stärker emotional motiviert. Demzufolge ist sie für diese Güter primäre Ansprechperson im Marketing. Infolge der Emanzipation sind hier jedoch bereits erhebliche Zeichen des Wandels zu beobachten.
- *partizipativ* getätigt wird. Dies gilt vor allem für gemeinsam wahrgenommene Interessen, z. B. Urlaub, Möblierung, Schulbedarf. Der Anteil dieser Produkte steigt erheblich. Daher sind hier beide Partner gleichermaßen anzusprechen.
- *autonom* getätigt wird. Bezogen auf die Frau sind dies immer noch eher schmückende, hedonistische Sphären, z. B. Kleidung, Kosmetik, bezogen auf den Mann eher handwerkliche, z. B. Hobbys, oder vorsorgliche Domänen, z. B. Geldanlage.

Die Zuordnung ist allerdings auch von der sozialen Schicht abhängig. So besteht in der Oberschicht ein größerer autonomer Verantwortungsbereich, der weniger Abstimmung und Rücksichtnahme mit anderen Familienmitgliedern erfordert. In der Mittelschicht nimmt schon der Anteil partizipativer Kaufentscheide zu, weil die finanziellen Ressourcen begrenzt sind. In der Unterschicht hingegen ist die Rollenverteilung angesichts engerer finanzieller Ressourcen am ausgeprägtesten.

Mögliche Konflikte in der Kaufentscheidung können durch Aufschub und weiteres Suchen bis zum Auffinden einer die verschiedenen Vorstellungen gemeinsam erfüllenden Leistung, durch Überreden bzw. Überzeugen des jeweils anderen Partners, durch Gewährung von Zugeständnissen im Gegenzug zur Zustimmung oder durch Koalitionsbildung mit Dritten, etwa den Kindern, gelöst werden.

Durch die Beteiligung von Kindern ergibt sich eine Rollenveränderung in der familiären Kaufentscheidung. Während zunächst beide, Mann und Frau, relativ gleichberechtigt auf den Kauf Einfluß nehmen, vergrößert sich im Zeitablauf der relative Anteil des Mannes, weil er als Alleinverdiener, bei Kindern im Haushalt, den größten Einfluß geltend macht. Danach steigt der Einfluß der Kinder, nicht nur bei Eigenbedarf, wo er sehr manifest ist, sondern auch bei anspruchsvollen Produkten im Haushalt. Dann treten schnell die geschlechtsspezifischen Differenzierungen auf. Bei Jugendlichen bezieht sich der Einfluß auf Produkte, die im eigenen Interesse liegen und nicht durch eigene finanzielle Mittel erworben werden können. Der Einfluß ist umso größer, je mehr der Jugendliche in der Lage ist, seine Eltern mit entscheidungsrelevanten und ihnen bislang unbekannten Informationen zu versorgen.

(→ *Käuferverhalten*)

Falsche Wahl-Technik

(→ Konfliktüberwindung im Verkaufsgespäch)

Familienlebenszyklus

Im Familienlebenszyklus werden gemeinhin folgende Phasen in Abhängigkeit von Alter, Familienstand, Alter der Kinder und Haushaltsgröße unterteilt (vgl. *Pepels, Werner:* Käuferverhalten und Marktforschung, Stuttgart 1995).

Ledige I sind junge, alleinstehende, nicht mehr im elterlichen Haushalt lebende Personen. Ihre finanziellen Verpflichtungen sind gering, daher bleibt ein substanzielles frei verfügbares Einkommen. Sie sind freizeitorientiert, oft Meinungsführer für Trendprodukte, vor allem Fashion Leaders. Gekauft werden vorwiegend Basismobiliar, Auto, Kleidung, Urlaubsreisen, Außer-Haus-Essen, alkoholische Getränke etc.

Ledige II sind unverheiratete oder geschiedene Personen mittleren Alters, die aufgrund der Single-Tendenzen immer häufiger anzutreffen sind.

Ledige III sind unverheiratete oder geschiedene Personen höheren Alters, die ihr Kaufverhalten bewußt dem Alleinleben angepaßt haben.

Unter Lebensabschnittgemeinschaft versteht man zwei Ledige, die ihre Haushalte vorübergehend zu einem gemeinsamen zusammenlegen. Die finanzielle Lage verbessert sich infolge Einsparmöglichkeiten bei den Ausgaben bei gleichbleibenden Einnahmen.

Ein *Junges Paar* sind frischverheiratete, berufstätige, kinderlose Personen. Sie sind finanziell besser gestellt als je zuvor und danach, haben die höchste Kaufrate, vor allem für langlebige, hochwertige Produkte (z. B. Kücheneinrichtung), aber auch Urlaubsreisen. Die Empfänglichkeit für Konsumbotschaften ist sehr hoch.

Ein *Paar ohne Kinder* sind verheiratete Personen mittleren Alters ohne Kinder. Sie werden oft als DINKS (Double Income, No Kids) umschrieben.

Ein *Älteres kinderloses Paar* sind verheiratete Personen höheren Alters ohne Kinder. Sie zeichnet ein spezifischer Vorsorge- und Sicherheitsbedarf aus.

Volles Nest I sind Familien mit ein oder mehreren Kindern, wobei das jüngste Kind unter sechs Jahre alt ist. Ihre finanziellen Reserven werden stark strapaziert, denn der Konsum- und Lebensunterhaltsbedarf ist hoch. Die Folge ist Unzufriedenheit mit den Ersparnissen. Gekauft werden technische Geräte im Haushalt, Kinderausstattung und Spielzeug. Die Mutter muß ihre Berufstätigkeit meist zumindest vorübergehend aufgeben. Oft werden eine größere Wohnung oder ein eigenes Haus bezogen, daraus resultieren finanzielle Belastungen.

Einzelner Elternteil I wird das Stadium der Haushalte mit Kind(ern) im Vorschulalter genannt, die aufgrund Scheidung, Trennung oder unehelicher Geburt mit nur einem Elternteil leben.

Ein *Verzögertes volles Nest* ist ein Paar, das erst im mittleren Alter eine Familie gründet. Dies resultiert meist aus Karriereaspekten bei der Frau. Entsprechend sind Rücklagen und höheres Einkommen des weiterarbeitenden Partners häufig anzutreffen.

Beim *Vollen Nest II* handelt es sich um Familien mit Kind(ern), wobei das jüngste bereits älter als sechs Jahre ist. Ihre finanzielle Situation bleibt weiterhin angespannt. Oft wird jedoch die Ehefrau wieder berufstätig, dann sieht es besser aus. Gekauft werden Lebensmittel-Großpackungen und Gebrauchsgegenstände, vor allem im Freizeitbereich, außerdem Ersatzbedarfe. Die Kinder entwickeln eigene Konsumstile und steuern Konsumerfahrungen bei.

Einzelner Elternteil II wird eine alleinerziehende Person genannt, deren Kind(er) sich im Schulalter befinden.

Volles Nest III ist ein älteres Paar mit im Haushalt lebenden, abhängigen Kindern. Ihre finanzielle Situation entspannt sich durch doppelte Berufstätigkeit, nachlassenden Investitionsbedarf und Kostendeckungsbeitrag der Kinder wieder. Gekauft werden hochwertigere Produkte, wiederum im Freizeitbereich. Diese Situation ist durch die Tendenz zu „Nesthockern" immer häufiger anzutreffen. Hohe Einkommensanteile werden in die Ausbildung der Kinder investiert.

Einzelner Elternteil III ist eine alleinerziehende Person, deren Kind(er) sich im Nachschulalter befinden.

Beim *Leeren Nest I* ist ein älteres Paar gegeben, dessen Kinder den gemeinsamen Haushalt bereits verlassen haben. Es herrscht die Phase des Nachholkonsums vor. Das Eigenheim ist bezahlt, es werden Reisen unternommen und Geschenke und Spenden gemacht. Der Neuproduktbedarf ist gering, wenn, dann aber auf Premiumniveau angesiedelt.

Beim *Leeren Nest II* ist der Haushaltungsvorstand aus dem Erwerbsleben ausgeschieden, wodurch das Familienbudget wieder schrumpft. Man bleibt zuhause, gekauft werden medizinische Produkte und Geräte. Es besteht ein hoher Bedarf nach Vorsorge, Ausruhen und Entspannen. Evtl. erfolgt ein Wohnungswechsel.

Ledige IV sind alleinstehende Überlebende. Das Einkommen bleibt knapp zufriedenstellend. Der Bedarf an Aufmerksamkeit, Zuneigung und Sicherheit als Folge des Alleinseins steigt. Der Erlebniswert von Anschaffungen ist jedoch eingeschränkt.

(→ Käuferverhalten)

Familienstand

(→ Marktsegmentierung, Kriterien)

Fangfrage

(→ Fragetechnik im Verkaufsgespräch)

Farb-Test

(→ Testverfahren, Figurale)

Farbigkeit

(→ *Mediaeinsatz, Ausstattung)*

Farbstimmung

(→ *Corporate Design)*

Fehler 1. Art

(→ *Signifikanztest, Inhalte)*

Fehler 2. Art

(→ *Signifikanztest, Inhalte)*

Fehlerspanne

(→ *Stichprobengüte)*

Feldbeobachtung

(→ *Beobachtung)*

Feldorganisation

(→ *Channel Management)*

Feldtheorie

(→ *Positioning)*

Fernkauf

(→ *Kaufvertrag, Arten)*

Fernkopieren

(→ *Festbildkommunikation)*

Fernsehen, Digital

(→ *Bewegtbildkommunikation)*

Fernsehspots

Ein zunehmend wichtigeres Werbemittel sind Spots im Fernsehen. Das Fernsehen hatte aufgrund der öffentlich-rechtlichen Trägerschaft und der staatsvertraglich limitierten Werbezeit von 20 Min. zwischen 18.00 und 20.00 Uhr (*ARD*) bzw. 17.30 und 19.30 Uhr (*ZDF*) an Werktagen (incl. Samstag) jahrzehntelang nur eine vergleichsweise geringe Bedeutung als Werbemedium. Als Folge davon ist die Kultur der Fernseh-Spots in der BRD weit hinter der benachbarter Länder zurückgeblieben. Doch dies ändert sich jetzt dramatisch. Mit Aufkommen der privatwirtschaftlichen Sender, insb. *SAT 1* und *RTL*, die sich ausschließlich aus Werbeeinnahmen finanzieren, erhalten die tradierten Sender ARD und ZDF harte Konkurrenz. Zum erstenmal in ihrer Geschichte müssen beide Unterbuchungen ihrer ohnehin knapp bemessenen Werbekontingente hinnehmen. Dies ist beim vorgenommenen Procedere auch nicht weiter verwunderlich.

Bis zum 30.9. eines Jahres müssen bei den öffentlich-rechtlichen Anstalten alle Spots für das gesamte nächste Jahr fest gebucht werden. Ein Rücktritt ist, zumindest offiziell, ebensowenig möglich wie eine Nachbuchung. Die beiden Sender sammeln dann jeweils alle Anmeldungen, die bisher die zur Verfügung stehende Werbezeit mehrfach übertrafen, und teilen Sendezeiten zu. Und zwar bis zur vorgegebenen Placierung in Werbeblöcken, wobei allenfalls Konkurrenzausschluß im Block zugesagt wurde. Wobei die meisten Werbungtreibenden aufgrund der Repartierung Einbußen gegenüber ihrem beauftragten Spotvolumen hinzunehmen hatten. Dieses bürokratische Procedere nimmt auf die Flexibilität und Dynamik der Werbung natürlich keinerlei angemessene Rücksicht. Allerdings sind neuerdings Lockerungen zu verzeichnen, sowohl was Werbeformen als auch Placierungen und Buchungsfristen anbelangt. Schon seit geraumer Zeit hatte sich ein tolerierter grauer Markt ergeben, auf dem Werbungtreibende ihnen zugeteilte Sendezeiten anboten, die sie nicht abnehmen konnten oder wollten, und andere Werbungtreibende Sendezeiten nachfragten, die sie nicht zugeteilt erhielten oder ursprünglich nicht beantragt hatten.

Privatsender sind alleine schon deshalb administrativ weitaus entgegenkommender, weil sie ohne Fernsehgebühren als staatlicher Subventionierung auskommen müssen. Deshalb nehmen Werbungtreibende deren Angebot als Alternative dankend an. Seit mit der dramatischen Verbesserung der Programmattraktivität und Verkabelungsdichte Rating (Einschaltquoten) und Verbreitung (erreichbare Haushalte) stimmen, gewinnen Fernsehspots hierzulande erheblich an Bedeutung. Dazu tragen Sonderwerbeformen ebenso bei wie die junge, multimediale Generation. Dies hat allerdings auch zu drastisch steigenden Einschaltkosten bei Privatsendern geführt. Hinsichtlich des Programms wird oft Kritik geübt, die jedoch verkennt, daß die privaten Sender keinen Programmsondern vielmehr einen Werbeauftrag erfüllen, d. h. das Programm dient als Vehikel für die eigentlich wichtige Spotausstrahlung. Die Senderpalette unterliegt allerdings stetigen Veränderungen (z. B. neu: *Vox, N-TV, Viva, RTL 2*, eingestellt: Lifestyle, fusioniert: Eurosport + Sport Channel). Die Werbezeit ist auf max. 20% der Sendezeit je Stunde, also 12 Minuten absolut, begrenzt. Die genaue Berechnung der Sendezeit ist strittig (z. B. An- und Absagen). Redaktion und Werbung müssen durch visuelle und auditive Zeichen erfolgen. Werbung ist nur im Block zulässig. Ein Block muß aus mindestens 2 Spots bestehen.

Zur Flexibilität der Privatsender gehört auch die weitgehende Möglichkeit zur individuellen Placierung von Werbespots in Abhängigkeit von redaktionellem Umfeld und mutmaßlicher Zuschauerschaft. Große Werbungtreibende (z. B. *P&G*) haben dies im Rahmen des Spot Placement derart perfektioniert, daß sie ihre Einschaltungen zwei Tage vorher tagesgenau variabel je nach Programmumfeld vorgeben. Freiwerdende Sendeplätze sind im Stand by mit bis zu 35% Nachlaß zu erwerben. Dabei folgen sie den festen Programmschemata aller Sender. Die Ratingwerte der Zuschauerstichprobe erlauben bereits am darauffolgenden Tag eine Kontrolle und ggfls. Korrektur für den dann übernächsten Tag.

Ein Vorteil der ARD liegt noch in der Regionalisierung der sieben Programme, die durch lokale „Fenster“ der Privatsender nur unvollkommen ausgeglichen werden kann (Ausnahme: Bürgerfernsehen). Von Nachteil ist vor allem der hohe Anteil eher nachfrageinaktiver sehr alter und junger Zuschauer. Dies ist allein schon aus der Sendezeit des öffentlich-rechtlichen Werbefernsehens bedingt. Am Spätnachmittag bzw. Frühabend sind kaufkräftige Zielgruppen in aller Regel noch an ihrem Arbeitsplatz tätig, befinden sich auf dem Heimweg, erledigen die letzten Besorgungen oder sind mit Hausarbeit beschäftigt. Jedenfalls haben sie überwiegend nicht die Muße, animierende Werbespots zu betrachten. Dies gilt eher für Rentner, Kinder, Arbeitssuchende etc., die vielleicht aus Zeitvertreib fernsehen, aber als Zielgruppen oft weniger relevant sind. Daher rührt auch die Forderung nach dem Fall der 20.00 Uhr-Grenze bei ARD und ZDF. Dagegen wird bereits heute implizit durch Patronatssendungen verstoßen, die Werbungtreibende im Vor- und Nachspann redaktioneller Beiträge (z. B. Sportsendungen) in Bild und Ton ausloben. Das Verbot der Unterbrecherwerbung wird ebenfalls aufgeweicht (z. B. Werbeblock im ZDF zwischen Heute und Wetterbericht). Da gleichzeitig der zulässige Werbeumfang bei Privatsendern limitiert wird (Werbedauer, Blocklänge, Unterbrecherwerbung), kommt es im Ergebnis wohl zu einer Konvergenz. Ein großes Problem stellt allein die Tatsache dar, daß die Anzahl der Programme, die terrestrisch (d. h. über Antenneneingang), leitungsgebunden (d. h. über Kabelsteckdose) oder orbital (d. h. über Satellitenschüssel) zu empfangen sind, sich vervielfacht hat (25 Stationen sind die Regel), die für Fernsehen reservierte Zeit der Zuschauer aber nur weit unterproportional dazu gestiegen ist. Die Folge ist, daß die Betrachtungsdauer je Station sich verkürzt. Damit aber auch die Chance, durch Werbung erreicht zu werden, sich verringert. Zapping bedeutet das bewußte Wegschalten eines Kanals mit Beginn des Werbeblocks dort, Flipping das schnelle Durchschalten der Kanäle. Alternativenzahl und Bedienungskomfort machen es leicht, Werbung zu vermeiden. Da zugleich die Programmkosten explodieren und ganz oder großenteils durch Werbeeinnahmen finanziert werden, steigen die Tarifpreise. Es entsteht eine Schere aus verminderter Leistung zu höheren Kosten. Dadurch relativiert sich der Boom der Privatsender im letzten Jahrzehnt.

Daher ist für die Zukunft mit einer Durchsetzung der rating-bezogenen Preisgestaltung der Sender zu rechnen. Dabei berechnen sich die Einschaltkosten auf Basis der aus der Zuschauerforschung ermittelten Reichweite. Das Preis-Leistungs-Verhältnis bleibt damit konstant, hohe Reichweite bedeutet hohe Spotkosten, die aber durch viele Zuschauer gerechtfertigt sind, und umgekehrt. Ansätze sind bereits zu beobachten, indem Sender (Pro 7) Mindestreichweiten garantieren und andernfalls solange kostenlos nachschalten wie erforderlich. Die ARD garantiert neuerdings einen 1000-Kontakt-Höchstpreis, dessen Überschreiten durch Ausgleichsschaltung oder Preisermäßigung vermieden wird.

Fernsehwerbung lebt von der Kopplung bewegter Bilder mit Tonunterlegung. Dadurch steigen sowohl Anmutung als auch Erinnerung. Die Blockbildung führt allerdings zu Interferenzen, d. h. impactstarke Spots überlagern impactschwache, was selbst bei gewährtem Konkurrenzausschluß je Block nicht unproblematisch ist. Außerdem sind Spots als transitorische Medien in der Aufmerksamkeit zeitraumgebunden, eine Wiederholung oder zeitliche Verschiebung der Wahrnehmung auf einen späteren Zeitpunkt ist also nicht möglich. Die Standard-Spotlängen betragen 7, 15, 20, 30, 45 und 60 Sekunden. Es wird jedoch nach effektiver Länge abgerechnet (vgl. *Pepels, Werner:* Kommunikationsmanagement, Stuttgart 1994).

Die Placierung von Werbung erfolgt allgemein in Schanierinseln, also zwischen zwei redaktionellen Sendungen, oder in Unterbrecherinseln, also innerhalb einer redaktionellen Sendung. Aufträge werden nur für namentlich genau benannte Werbungtreibende entgegengenommen. Ein Rücktrittsrecht besteht bis 6 Wochen vor der ersten Ausstrahlung in begründeten Fällen auf schriftlichen Antrag hin. Die Zurückweisung von Werbung aus rechtlichen und/oder sittlichen Gründen ist jederzeit möglich. Werbeinseln werden zu Preisgruppen zusammengefaßt, deren Tarif von Jahreszeit, Wochentag und Tageszeit, in Ausnahmefällen auch vom umgebenden redaktionellen Programm (z. B. Sportveranstaltungen) abhängig ist.

(→ *Medieneinsatz, Spektrum)*

Fernzeichnen (Textfax)

(→ *Grafikkommunikation)*

Festbildkommunikation

Für die Festbildkommunikation ergeben sich innerhalb der Neuen Medien folgende Möglichkeiten:

- *Telefax*: Hierbei handelt es sich um die Übertragung von Grafiken, Zeichnungen, Abbildungen etc. über Schmalbandkabel (Telefon bei Geräten der Gruppe 2 + 3) oder Breitbandkabel (bei Gruppe 4-Geräten). Unterschiede ergeben sich in den Funktionen, der Auflösung und vor allem der Übertragungsgeschwindigkeit. Das sendende Telefax-Gerät tastet Vorlagen zeilenweise ab, übermittelt sie über Netz, wo das empfangende Telefax-Gerät sie wieder ausdruckt. Die Übertragung ist auch von stationären Geräten in Postämtern möglich (Telebrief). Ebenso kann über Mobilfunk von und zu mobilen Telefax-Geräten (etwa im Auto) übertragen werden.
- *Fernkopieren*: Dieser Service ist analog dem Fernzeichnen zu sehen, allerdings mit dem Unterschied, daß hierbei auch farbige und gerasterte Abbildungen übertragen werden können. Dies ist etwa auch bei intelligenten Farbkopierern möglich, die die abgetasteten Signale ohnehin über Zen-

traleinheiten zur digitalen Manipulation bereitstellen.

- *Videotext:* Dabei handelt es sich um ein Informationsangebot zusätzlich zum Fernsehprogramm, das von mehreren Sendern zur Verfügung gestellt wird und zum Empfang einen speziellen Videotext-Decoder voraussetzt (wie er allerdings heute in hochwertigen TV-Geräten bereits eingebaut ist). Die Daten werden als farbige Standbilder in der Austastlücke zwischen zwei Halbbildern des Programms übertragen. Für Werbung sind sie nur begrenzt freigegeben (z. B. SAT 1). Es befinden sich zahlreiche aktuelle Informationen im Angebot, das über Texttafeln abgerufen werden kann. Allerdings ist der Bildaufruf vergleichsweise langsam. Für das „Durchblättern" werden daher vor- und nachgelagerte Seiten im Decoder zwischengespeichert.
- *Buntfax*: Dies ist die Übermittlung farbiger Vorlagen von einem farbabtastfähigen Gerät zu einem anderen. Voraussetzung ist wegen der dabei zugrundeliegenden Datenmengen Breitbandverkabelung. Auflösung und Gradation schwanken noch erheblich.
- *Bildbank*: Hierbei erfolgt eine Datenbankrecherche bei elektronischen Archiven, die Bilder sammeln.

(→ Neue Medien)

Festplatte

(→ Desk Top Publishing, Speichermedien)

Festpreis

(→ Preisvorgaben)

Festrabatt

(→ Rabatt)

Feststellungstechnik

(→ Konfliktüberwindung im Verkaufsgespäch)

Festwertbudgetierung

(→ Budgetierung, Nicht-analytische Verfahren)

FFF-Produktion

(→ Sendevorlagenerstellung)

Field Research

(→ Primärerhebung)

Filterfragen

(→ Fragefunktionen)

Finance Leasing

(→ Leasing, Darstellung)

Firmenmarketing

Firmenmarketing ist auf eine Organisation/Institution gerichtet. Es grenzt sich damit gegenüber dem Produktmarketing ab. Dabei ist am häufigsten der Fall der Öffentlichkeitsarbeit als Kommunikation für ein Unternehmen (Firma) und der Klassischen Werbung als Kommunikation für ein Produkt (Marke) anzutreffen. Der Abgrenzung beider liegt die Unterscheidung zwischen Angebot und Unternehmen zugrunde. Der Name eines Produkts/Dienstes ist seine Marke, der Name des Vollkaufmanns/Unternehmens seine Firma. Dabei sind vier Unterfälle zu differenzieren:

- Die Marke ist gleich der Firma (Identität), d. h. der Name des Angebots ist identisch mit dem Namen des Absenders (z. B. *Allianz* Versicherung). Der Vorteil dieser Konstellation liegt darin, daß alle Marketingmaßnahmen zugleich voll dem Absender zugutekommen und umgekehrt alle Managementmaßnahmen voll auf das Angebot abstrahlen. Nachteile entstehen immer dann, wenn dieser enge Verbund zwischen Firma und Marke zu gegenseitiger Beeinträchtigung führt. Z.B. übertrugen sich die negativen Nachrichten von *Birkel* Eiernudeln auf die Firma und die negativen Nachrichten zur *Nixdorf*-Organisation auf deren Computerprodukte (beide Hersteller sind heute nicht mehr selbständig am Markt vertreten). Zu denken ist auch an *Deutsche Bank* (*Schneider* und diverse Pannen) oder *Gerling* Versicherung (*Herstatt*-Pleite) bei Dienstleistungen.
- Die Marke entspricht der Firma (Integration), d. h. der Name des Angebots ist eng verbunden mit dem Namen des Absenders (z. B. *Marché* von *Mövenpick*). Der Vorteil dieser Konstellation liegt wiederum in den kumulativen Effekten zwischen Marketing und Management. Die Herstellerkompetenz wird voll in das Marktangebot mit eingebracht. Ein Markenlaunch profitiert von Anfang an vom dahinterstehenden Image des Absenders. Nachteile betreffen wiederum die geringe kommunikative Distanz zwischen Firma und Marke im Falle von Negativnachrichten. Aber auch die Notwendigkeit der doppelten Namensnennung kompliziert die Kommunikation mit Abnehmern.
- Die Marke ist ungleich der Firma (Desintegration), d. h. der Name des Angebots entspricht nicht dem Namen des Absenders. Oft ist letzterer sogar mehr oder minder unbekannt. In diesem Fall fallen Leistungs-Marketing und Unternehmens-Management sogar auseinander (z. B. *Mercure*-Hotel/ *Groupe Accor*). Der Vorteil dieser Konstellation liegt darin, daß negative Nachrichten über die Firma nicht so stark auf die Marke durchschlagen und umgekehrt negative Nachrichten über die Marke nicht so stark auf die Firma. Der Nachteil liegt in der weitgehenden Unmöglichkeit des Aufbaus von Synergieeffekten zwischen beiden.
- Die verschiedenen Marken eines Absenders sind ungleich dessen Firma (Isolation), d. h. mehrere Markennamen existieren nebeneinander, wobei diese jeweils verschieden vom Namen des Absenders sind (z. B. *Churrasco* und *Maredo/Whitbread*). Hier gibt es zwei Unterfälle: Unechte Multimarken-Progamme sind solche, die neben anderen ein eindeutiges Leaderprodukt beinhalten. Dieses ist innerhalb einer Leistungsrange

das Flaggschiff. Echte Multimarken-Programme sind solche, bei denen tatsächlich mehrere gleichwertige Leistungen nebeneinander angeboten werden. Der Vorteil beider Konstellationen liegt wiederum in der Trennung zwischen Absender und Leistung und damit der Vermeidung gegenseitiger Beeinträchtigungen. Außerdem wird eine individuelle Positionierung jedes Angebots auf das jeweilige Nachfragersegment möglich, sodaß durchaus Erfolg in gegensätzlichen Märkten darstellbar ist, ohne Gefahr für die Profilierung zu laufen. Der Nachteil liegt in dem damit verbundenen höheren finanziellen Aufwand, der zu betreiben ist. Denn die einzelnen Angebote müssen sich anderweitig ungestützt in ihren Märkten behaupten.

Fixkauf

(→ *Kaufvertrag, Arten)*

Fixkosten

(→ *Kostenrechnungsgrundlagen)*

Fixkostendegression

(→ *Größeneffekte, Statische)*

Flächenauswahl

Bei der Flächenstichprobe (Area Sampling), die eigentlich eine Unterform der Klumpenauswahl darstellt, werden die Klumpen geographisch definiert, z. B. als Nielsengebiete, Bezirke, Kreise, Gemeinden. Aus diesen Teilflächen werden dann die Stichprobenelemente bestimmt, die ihrerseits vollständig erhoben werden. Die relative räumliche Konzentration der Erhebungseinheiten senkt dabei die Kosten drastisch. Selbst wenn nur eine Landkarte oder ein Stadtplan vorhanden sind, kann damit noch eine Stichprobe bestimmt werden. Die Grundgesamtheit wird dabei in Teilflächen (Planquadrate, Häuserblocks etc.) aufgeteilt. Allerdings gelten die bei der Klumpenauswahl erwähnten Nachteile (z. B. Auswahl eines Villenviertels als Erhebungscluster).

(→ *Zufallsauswahl)*

Flankenangriff im Marketing

(→ *Marktherausforderer)*

Flexible Preissetzung

(→ *Preispositionierung)*

»Flohmarkt« im Marketing

(→ *Marktfluktuation)*

Fokusgruppe

(→ *Gruppendiskussion)*

Fokussierung

(→ *Internationalisierung, Marktführung)*

Fokussierungsposition

(→ *Positionierung, Optionen)*

Foldertest

(→ *Werbewirkungskontrolle, Ad hoc-Erhebungen)*

Formales Experiment

Die Differenzbildung informaler Experimente ist keine Gewähr für eine exakte Messung von Wirkungen. Vielmehr wirken eine Vielzahl situativer Faktoren ein. Daher werden formale Experimente eingesetzt. Deren Ziel ist es, eine weiterreichende und genauere Differenzierung der gemessenen Veränderung einer abhängigen Variablen nach ihren Einflußgrößen zu erreichen. Dies geschieht durch die Einbeziehung von bekannten Störvariablen und ihre Berücksichtigung in der Versuchsanlage. Gelingt es, die festgestellte Streuung verursachungsgemäß aufzuspalten, lassen sich Einflüsse von Störvariablen, Zufallseinflüsse und Auswirkungen der eingesetzten unabhängigen Variablen messen und gegenüberstellen.

Bei Mehrfaktorenexperimenten werden zwei oder mehr (unabhängige) Experimentalvariable zugleich variiert, wobei jede Variable in mehreren Ausprägungen vorliegen kann. Die Bildung von Kontrollgruppen kann dabei entfallen. Die experimentellen Lösungen werden mit Hilfe der Varianzanalyse auf ihre Einflußstärke auf eine abhängige Variable hin untersucht. Dabei werden alle Ausprägungen aller unabhängigen Variablen spezifischen Testeinheiten zugewiesen. Daraus ergibt sich die Schätzung von Haupt- und Interaktionseffekten, die über einen F-Test auf Signifikanz überprüft werden. Mit zunehmender Merkmals- und Ausprägungszahl wächst jedoch die Menge der Teststimuli erheblich an und überfordert leicht die Urteilsfähigkeit und -willigkeit der Testpersonen.

Es besteht die Möglichkeit, alle Kombinationen zu untersuchen (vollständiges, sog. faktorielles Design) oder sich auf diejenigen Kombinationen zu beschränken, die für den Experimentator interessant sind (unvollständiges, sog. fraktionelles Design). Dabei wird die Stimuluszahl reduziert und nicht alle Faktorkombinationen durchgespielt. Allerdings besteht die Gefahr, daß gerade nicht untersuchte Kombinationen wichtige Erkenntnisse für Experimentwirkungen haben. Ebenso können Interaktionseffekte den unabhängigen Variablen nicht berücksichtigt werden. Im vollständigen Design ergeben sich bei 3 unabhängigen Variablen mit je 4 Ausprägungen auf die abhängige Variable 4 x 4 x 4 = 64 Zellen, im unvollständigen Design wird eine Reduzierung auf 16 Zellen erreicht.

Das Design kann symmetrisch oder asymmetrisch angelegt sein. Ersteres bedeutet, daß jedes Merkmal die gleiche Anzahl von Ausprägungen besitzt, letzteres, daß nicht jedes Merkmal die gleiche Anzahl von Ausprägungen besitzt. Mögliche (symmetrisch) Pläne sind:

- der *vollständige Zufallsplan*. Dabei finden Störeinflüsse allenfalls indirekt dadurch Berücksichtigung, daß für die verschiedenen Treatments wiederholte, randomisierte Messungen durchgeführt werden.

- der *zufällige Blockplan* mit zwei Variablen. Dabei werden Störgrößen zu einem einzigen Block zusammengefaßt. Voraussetzung ist dabei, daß die Variabilität innerhalb dieser Blöcke geringer ist als zwischen ihnen.
- das *Lateinische Quadrat* mit drei unabhängigen Variablen mit jeweils drei Ausprägungen auf die abhängige Variable. Dabei können zwei Störgrößen berücksichtigt werden. In der Matrix kommt jede Variable nur je einmal in Zeile und Spalte vor (= 9 Zellen). Es erlaubt die Schätzung aller Faktoren-Haupteffekte auf die abhängige Variable.
- das *Griechisch-lateinische Quadrat* mit vier unabhängigen Variablen mit jeweils 4 Ausprägungen auf die abhängige Variable (= 16 Zellen). Dabei können drei Störgrößen berücksichtigt werden. Eine weitere Ausdehnung ist das sog. hyperlateinische Quadrat, das als Versuchsanlage aber rasch außerordentlich unübersichtlich und daher kaum angewendet wird.

Es gibt verschiedene Arten von Experimenten. Bei Kausalexperimenten werden die Auswirkungen einer kontrollierten Veränderung einer oder mehrerer Einflußgrößen auf eine bekannte Ausgangssituation überprüft. Bei Vergleichsexperimenten werden Aussagen über die Unterschiede zwischen den Einflußgrößen angestrebt. Bei Suchexperimenten werden neuartige Lösungen für ein bestimmtes Problem gesucht. Bei Meßexperimenten werden Informationen über den Zustand von Merkmalen angestrebt. Die häufigste Form der Durchführung im Marketing bezieht sich auf die Messung der Wirkung der Marketinginstrumente. Dies wird Test genannt.
(→ *Informales Experiment)*

Formate

(→ *Mediaeinsatz, Ausstattung)*

Formatierung

(→ *Testverfahren, Aktualgenetische)*

Formelle Gruppe

(→ *Mitgliedschaftsgruppe)*

Forschung und Entwicklung

In der Vorbereitungsphase wird das Angebot noch nicht marktwirksam. Vielmehr arbeiten Anbieter an der Marktreifung ihrer FuE-Vorhaben. Erste Ankündigungen werden in den Medien lanciert, wobei für das Unternehmen hohe Vorkosten auflaufen. Generell sind drei Trends in der Vorbereitungsphase vordergründig. Die Zeitspanne zwischen Ideenfindung und Vermarktungsreife wird zunehmend kürzer. Der hohe Wettbewerbsdruck zwingt zur Forcierung der Arbeiten, um Know how als erster am Markt anbieten zu können oder den Vorsprung anderer nicht zu groß werden zu lassen. Daraus resultieren immer kürzere Lebenszyklen und die periodisch fortschreitende Entwertung bestehender Techniken. Z.B. konnten sich die Schellack-

und danach die Vinyl-Schallplatte relativ lange am Markt behaupten. Die Compact Disc hat angesichts neuer Techniken (MD/DCC) mutmaßlich weniger Bestand. Neben der löschbaren CD sind DAT-Technik und ROM-Festspeicher bereits in fortgeschrittener praktischer Erprobung.

Die Investitionsmittel zur Umsetzung technischen Fortschritts steigen zunehmend. Dies hängt zum Teil mit der Forcierung des Umsetzungstempos zusammen, zum Teil aber auch mit der steigenden Komplexität der FuE-Inhalte, die sich auf derartig hohem Niveau bewegen, daß erhebliche Anforderungen zur Schaffung adäquater Voraussetzungen bestehen. Oft ist auch erst eine fortgeschrittene Generation der Technik marktfähig, weil vorherige Stufen infolge hoher Obsoleszenz kaum die Chance auf ausreichenden Mittelrückfluß boten oder Gefahren der Imagebeeinträchtigung durch zu hektischen Produktwechsel oder unausgereifte Funktionen bestanden. Oft werden neue Techniken auch bewußt zurückgehalten, um mit dem bestehenden technologischen Standard zuerst den Markt abzuschöpfen. Dies ist z. B. bei der löschbaren CD zu beobachten, die den DAT-Markt negativ tangiert. Daß während dieser Zeit unvermindert weiterentwickelt wird, ist am höheren Integrationsgrad der Elektronik, an Miniaturisierung und Wertanalysemaßnahmen deutlich erkennbar.

Der FuE-Output konzentriert sich zunehmend auf Großunternehmen. Dies hängt sicherlich mit der hohen Kapitalintensität dieser Arbeiten zusammen. Nun ist es aber durchaus umstritten, inwieweit der FuE-Output von der Unternehmensgröße wirklich determiniert wird, oder ob es sich nicht nur so verhält, daß Großunternehmen erfolgversprechende FuE-Ansätze absorbieten, weil private Erfinder und Entwickler ab einem gewissen Reifestadium finanziell, organisatorisch und rechtlich nicht mehr mithalten können. Andererseits geht die Sage, daß unbequeme Erfindungen von marktmächtigen Unternehmen unterdrückt werden. Ein Beispiel ist der technisch herkömmlichen Hubkolbenmotoren zumindest ebenbürtige Kreiskolbenmotor des Erfinders Wankel, der Anfang der 70er Jahre von der Industrie kaltgestellt wurde.

Forschungsphase

(→ *Marketingforschung, Phasen)*

Fortschreibungsbudgetierung

(→ *Budgetierung, Arten)*

Fortschrittsfunktion

(→ *Wettbewerb)*

Fotostil

(→ *Corporate Design)*

Fourt, Woodlock-Ansatz

(→ *Kaufeintrittsmodelle)*

Frachtführer

Frachtführer sind Kaufleute, die gewerbsmäßig die Beförderung von Gütern zu Lande und auf Binnengewässern übernehmen. Durch ihre Spezialisierung auf bestimmte Transportwege und -mittel können sie häufig die schnellste, kostengünstigste und zweckmäßigste Ausführung der Transportaufträge anbieten. Zwischen dem Absender einer Sendung und dem Frachtführer wird ein Frachtvertrag (Werkvertrag) abgeschlossen. Der Frachtvertrag ist erfüllt, wenn Gut und Frachtbrief dem Empfänger übergeben sind. Sichtbare Mängel am Gut sind vom Empfänger sofort beim Frachtführer zu rügen und in der Tatbestandsaufnahme festzulegen. Versteckte Mängel können innerhalb einer Woche nach der Annahme noch geltend gemacht werden. Für Frachtführer gelten das Güterverkehrs-, Posterfassungs-, Binnenschiffahrts-, Luftverkehrsgesetz und die Eisenbahnverordnung.

Wichtige Pflichten und Rechte eines Frachtführers sind folgende: Fristgerechte Beförderung, sorgfältige Behandlung und mangelfreie Ablieferung, unverzügliche Benachrichtigung bei Ablieferungshindernissen, Haftung für Verlust, Terminüberschreitung, Beschädigung und Nichtbefolgung von Absenderverfügungen, Erfüllung vertraglicher Nebenpflichten wie Warenübergabe, Ladescheinausstellung etc., Ausstellung eines Frachtbriefs, Übergabe der Warenbegleitpapiere, Frachtzahlung und Auslagenerstattung und gesetzliches Pfandrecht am Beförderungsgut als Forderungssicherung.
(→ *Logistische Absatzhelfer*)

Fragearten

Will man eine mündliche Umfrage initiieren, so ist es wichtig, einige Hinweise in bezug auf Fragenarten und Fragetaktik zu berücksichtigen. Zunächst zu den Fragearten.

Hier lassen sich zwei Gruppen unterscheiden:

- offene Fragen, sog. inkategoriale Fragen,
- geschlossene Fragen, sog. kategoriale Fragen.

Kategoriale, geschlossene Fragen lassen sich wiederum in solche mit

- zwei Antwortalternativen, sog. Alternativfragen,
- mehr als zwei Antwortalternativen, sog. Selektivfragen,

unterteilen. *Alternativfragen* haben nur ein „Ja" oder „Nein" als Antwortmöglichkeit. Eine Kategorie „Weiß nicht" ist problematisch, weil sie Ausweichbewegungen provoziert und bei der späteren Auswertung Probleme bereitet. Außerdem besteht eine latente Ja-Tendenz bei den Antworten. *Selektivfragen* bieten eine Mehrfachauswahlmöglichkeit (Multiple Choice). Dabei sind Mehrfachnennungen nur bei einander ausschließenden Alternativen vermeidbar.

Kategorialneutral sind solche Fragen, die alle denkbaren Antworten abdecken. Allerdings ist hier zu bezweifeln, daß alle denkbaren Antworten auch wirklich ausgewiesen werden können. *Kategorialinneutral* sind solche Fragen, die nicht alle denkbaren Antworten abdecken. Darin liegt eine erhebliche Gefahr für Verzerrungen allein daraus, daß nicht alle Antwortmöglichkeiten wählbar sind.

Werden die Antwortvorgaben dabei innerhalb der Befragung rotiert, handelt es sich um *sequenzneutrale* Fragen, erfolgt keine Rotation der Antwortvorgaben, handelt es sich um *sequenzinneutrale* Fragen. Auch darin liegt eine Verzerrungsgefahr insofern, als es zu Positionseffekten und gegenseitiger Überstrahlung zwischen Fragen kommen kann. So beeinflussen vorhergehende Antwortalternativen nachfolgende.

Weiterhin kann bei Mehrfachnennungen eine bestimmte Zahl vorgegeben werden. Diese kann:

- *fixiert* sein, d. h. eine vorgegebene Anzahl beinhalten. Dabei soll aus einer vorgegebenen Liste eine definierte Anzahl von Antwortalternativen ausgewählt werden.
- *einseitig begrenzt* sein, d. h. Mindest- oder Höchstangaben enthalten. Dabei soll aus einer vorgegebenen Liste eine nach unten oder oben begrenzte Anzahl zulässiger Nennungen ausgewählt werden (mindestens/höchstens).
- *zweiseitig begrenzt* sein, d. h. Angaben zwischen Minimum und Maximum enthalten. Dabei soll aus einer vorgegebenen Liste ein Bandbreite zulässiger Nennungen ausgewählt werden (von/bis).

Die Erfassung der Antworten kann durch wörtliche Niederschrift (vornehmlich bei offenen Fragen), Feldverschlüsselung durch Markierung der Antworten auf Codierbogen (vornehmlich bei geschlossenen Fragen) oder durch Feldbewertung durch den Interviewer erfolgen. Letzteres wird als sog. Soziale Fremdeinstufung (SFE) bezeichnet und etwa bei Verweigerung der Angaben (z. B. zum Haushaltsnettoeinkommen) angewandt.

Eine weitere Unterscheidung betrifft die in direkte oder indirekte Fragearten. Bei direkten Fragen gibt die Auskunftsperson offenkundig und für sie erkennbar ihre eigene Meinung wieder. Die Antworten lassen direkt auf die interessierenden Sachverhalte schließen. Bei heiklen, tabuisierten und normenbeladenen Themen treten dabei allerdings oft Hemmungen auf. Dann werden indirekte Fragen eingesetzt, die sich projektiver Techniken bedienen. Die Auskunftsperson gibt dabei scheinbar nicht Auskunft über sich selbst, sondern über Dritte. Dadurch kann ihre Antwortbereitschaft und -fähigkeit gesteigert werden. Allerdings muß der Zusammenhang zwischen nachgefragtem Indiz und eigentlichem Frageobjekt eindeutig sein. Häufig angewandte Formen sind dabei folgende:

- Die interviewte Person wird als Experte befragt („Wie beurteilen Sie als erfahrene Hausfrau denn die Tatsache, daß...“).
- Es werden Satzergänzungs- oder Wortassoziationsverfahren ange-

wendet („Welche Begriffe fallen Ihnen zur Marke X ein?").

- Eine dritte (fiktive) Person soll anhand ihrer Einkaufsliste charakterisiert werden.
- Bestimmte Personentypen werden bestimmten Produkten zugeordnet.

(→ *Mündliche Befragung)*

Frageformulierungen

Innerhalb der Befragung sind für die Frageformulierung die Grundsätze der Einfachheit, Eindeutigkeit und Neutralität zu beachten. *Einfachheit* bedeutet, daß der Fragebogen mit einem minimalen Wortschatz auskommen sollte. Die Fragen sollen kurz und einfach gehalten sein. Dabei sollte ein allgemein verständlicher Stil beachtet werden, wobei sich das sprachliche Niveau immer an der Umgangs- bzw. Fachsprache der jeweiligen Befragtengruppe ausrichtet. Fragen sollen Wissensstand, Bildungsniveau und Erinnerungsfähigkeit der Befragten nicht überfordern. Fremdwörter, Abkürzungen, Eigennamen etc. sind zu vermeiden oder zu erläutern.

Eindeutigkeit meint, daß eine Frage so gestellt sein sollte, daß sie von mehreren Befragten gleichartig verstanden werden kann. Mehrdeutigkeiten sind zu vermeiden, auch in bezug auf Orts- und Zeitangaben. Dazu bedarf es einer präzisen, semantisch eindeutigen und logisch klaren Formulierung. Es darf dabei zu keiner Vermischung verschiedener Frageaspekte kommen.

Neutralität bedeutet, daß jede Beeinflussung der Antwort durch die Fragestellung ausgeschlossen sein sollte. Suggestionen entstehen bereits bei unterschiedlichen Formulierungslängen von Alternativantworten, durch den Einsatz wertender Wörter, durch Ungleichheit positiver und negativer Ausprägungen der Antworten, durch Betonung in Text oder Vortrag etc.

Allgemein gilt, daß die Fragen nicht als lästig empfunden werden dürfen und leicht verständlich sein sollen. Es sollen so wenig Fragen wie möglich gestellt werden, diese müssen klar formuliert sein. Sie sollen so kurz und präzise wie möglich sein und dürfen keinen inquisitorischen Charakter haben. Der Fragenablauf soll eine motivierende Dramaturgie aufweisen und jegliche Monotonie vermissen lassen. Es sind sowohl eine Aufwärmphase (Eisbrecherfragen etc.) als auch zwischenzeitliche Motivation für den Probanden erforderlich (Themenwechsel etc.).

(→ *Mündliche Befragung)*

Fragebogendramaturgie

(→ *Fragetaktik)*

Fragefunktionen

Im Fragebogenablauf nehmen einzelne Frage bestimmte Funktionen wahr. Man unterscheidet Instrumental-, Ergebnis- und Sonderfragen. Innerhalb der Instrumentalfragen sind Analytische, Ablaufordnungs- und Methodische Fragen zu unterscheiden. Innerhalb der Ergebnisfragen sind Unmittelbare und Mittelbare

Präzisions- sowie Maßstabsfragen zu unterscheiden. Zu der leicht verwirrenden Vielzahl der Ausprägungen in Folge einige Erläuterungen.

Die Gruppe der Instrumentalfragen beinhaltet Fragen, die keine unmittelbare Aussage über bestimmte Sachverhalte zulassen, aber für den Erfolg der Erhebung entscheidend sind. Dazu gehören die im folgenden aufgeführten Fragearten.

Analytische Fragen sind solche, die den Befragungsgegenstand betreffen. Zu unterscheiden ist in:

- Korrelationsfragen. Sie bilden die Grundlage für Untergruppen und Kreuztabellierungen. Dies betrifft vor allem die Soziodemographie der Befragten, die in Zusammenhang mit auswertbaren Ergebnisfragen gestellt wird.
- Erhebungskontrollfragen. Sie stellen die Sorgfalt der Interviewdurchführung sicher. Meist handelt es sich um Fälscherfragen, die feststellen sollen, ob Antworten an verschiedenen Stellen des Fragebogens einander widersprechen. Dies deutet auf Fälschungen hin.
- Auskunftskontrollfragen. Sie stellen Inkonsistenzen in den Antworten der Befragten fest. Die Ergebnisse der betreffenden Personen sind dann kritisch zu durchleuchten. Es steht zu vermuten, daß bei den Antworten nicht immer die Wahrheit angegeben worden ist.

Ablaufordnungsfragen sind solche, die den Befragungsvorgang steuern. Zu unterscheiden ist in:

- Filterfragen. Sie beenden die Befragung bzw. scheiden Personen aus der weiteren Befragung zu einem Thema aus. Damit werden unsinnige Fragestellungen vermieden. Z.B. richten sich Fragen zu Tierfutter nur an Personen, von denen vorher erhoben wurde, daß sie ein Haustier halten. Alle anderen überspringen diesen Fragenkomplex.
- Gabelungsfragen. Sie steuern den Ablauf, indem je nach Antwortkategorie an einer anderen Stelle im Fragebogen weitergearbeitet wird. Somit werden Untergruppen der Befragungsgesamtheit definiert und dann mit jeweils spezifischen Fragefolgen bedient. Z.B. werden gewerbliche und private Nutzer von Elektrowerkzeugen getrennt nach ihren jeweiligen Anforderungen an einen Gerätetyp befragt.

Methodische Fragen sind solche, die dem Bereich der Fragetaktik zuzurechnen sind. Zu unterscheiden ist in:

- Kontaktfragen (auch Eisbrecherfragen genannt). Sie bauen die Scheu des Befragten gegenüber dem Interview ab und schaffen günstige Voraussetzungen für einen konstruktiven Befragungsablauf. Sie dienen der Auflockerung der Atmosphäre und der Überbrückung anfänglicher Befangenheit. Den Ergebnissen kommt meist „Wegwerf"-Charakter zu.
- Unterweisungsfragen. Sie sichern die notwendige Grundeinstellung und sensibilisieren Auskunftsper-

sonen für den betreffenden Gegenstand. Sie werden auch Lern- oder Trainingsfragen genannt. So kann ein angeführtes Beispiel den Befragten helfen, besser zu verstehen, wie eine Frage gemeint ist.

- Füllfragen (auch Pufferfragen genannt). Sie grenzen Themenkomplexe innerhalb einer Befragung gegeneinander ab und verhindern so eine gegenseitige Beeinflussung dieser Komplexe durch Haloeffekte, d. h. Überstrahlungen vom vorherigen Thema auf das nachfolgende.
- Ablenkungsfragen. Sie sollen den eigentlichen Fragebogeninhalt verdecken. Dadurch soll eine nicht-durchschaubare Fragesituation erreicht werden, in der die Befragungsperson keine Auskunftsverzerrungen einbringen kann, weil ihr verborgen bleibt, was das eigentliche Ziel der Frage ist.
- Ausgleichsfragen. Sie sind für den Teil der Befragten gedacht, die nach einer Filterfrage von einem Fragenkomplex freigestellt sind. Damit soll verhindert werden, daß Befragte lernen, welche Antworten zur eher unliebsamen Verlängerung über weitere Fragen und welche zur willkommenen Verkürzung des Interviews durch Frageauslassung führen.

Die Gruppe der *Ergebnisfragen* beinhaltet Fragen, die unmittelbar auf bestimmte Sachverhalte und funktionelle Verknüpfungen schließen lassen.

Präzisionsfragen sind solche, die zu erhebende Tatbestände unmittelbar durch direkte Befragung erfassen oder mittelbar durch

- Assoziationsfragen, die auf die mit einem Untersuchungsgegenstand verknüpften Vorstellungen abzielen oder
- Projektionsfragen, die die Auskunftsperson veranlassen sollen, Informationen abzugeben, die sie bei direkter Befragung nicht offenbaren kann oder will.

Maßstabsfragen sind solche, die Unterschiede zwischen verschiedenen Befragten festhalten sollen.

Die Gruppe der *Sonderfragen* beinhaltet mehrere Formen:

- Vorlagenfragen. Sie verbinden Text-, Bild- oder Originalvorlagen mit der Frageformulierung. Oft dienen diese als zusätzliche Gedächtnisstütze. Dies ist etwa bei der Abfrage in der Media-Analyse durch Vorlage von Setkarten mit den Logos von Werbeträgern bei der Abfrage nach deren Nutzung der Fall.
- Vortragsfragen. Sie werden ohne stützende Vorlagen gestellt und führen somit zu „härteren“ Ergebnissen. Damit kann z. B. die aktive Bekanntheit von Produkten/Marken erfragt werden, die spontan in Zusammenhang mit der Frage präsent sind.
- Zitatfragen. Sie beinhalten die wörtliche Äußerung einer fiktiven oder realen Person, zu der der Befragte Stellung nehmen soll. Häufig handelt es sich um Personen des öffentlichen Lebens, deren

Aussagen durch die Medien bereits bekannt sind.

- Dialogfragen. Sie geben einen Gesprächsaustausch zweier fiktiver Personen wieder und fordern die Befragungsperson auf, einer von ihnen zuzustimmen. Dies wird vor allem bei komplexen Sachverhalten angewandt, die das Ausdrucksvermögen von Probanden ansonsten überfordern.
- Personenfragen. Sie werden für gewöhnlich am Ende des Interviews gestellt und dienen der Erfassung soziodemographischer Daten, die dann mit anderen Ergebnisse korreliert werden können.
- Indikatorfragen. Sie dienen der Operationalisierung von theoretischen Konstrukten (z. B. Motive, Wünsche, Bedarfe) und sollen Hinweise auf das Vorhandensein und die Ausprägung dieser Konstrukte geben.
- Skalierungsfragen. Sie bedienen sich Skalen, um Einstellungen, Beurteilungen Meinungen oder andere verdeckte Inhalte zu messen. Ihr Ziel ist die Quantifizierung qualitativer Sachverhalte (vgl. *Pepels, Werner:* Käuferverhalten und Marktforschung, Stuttgart 1995).

(→ Mündliche Befragung)

Fragenkatalog

(→ Kreativitätstechniken, Systematische)

Fragetaktik

Die Fragetaktik dient vor allem der motivierenden Dramaturgie des Fragebogens und soll jegliche Monotonie vermeiden. Die Auskunftswilligkeit soll durch thematische Abwechslung und Variation der Fragetechniken gesteigert werden. Auch sollen Störeffekt ausgeschaltet werden, die etwa durch Überstrahlung von Antwortalternativen zustande kommen. Dabei handelt es sich um:

- Präsenzeffekte, d. h. vorangegangene Fragen aktualisieren bestimmte Vorstellungen und Denkraster und engen dadurch den Antwortspielraum für nachfolgende Fragen ein,
- Konsequenzeffekt, d. h. der Befragte sieht seine Antwort in Zusammenhang und bemüht sich um interne Widerspruchsfreiheit, obgleich er ansonsten anders antworten wollte,
- Lerneffekte, d. h. vorangegangene Fragen vermitteln Wissen, etwa über den Fragenablauf, und verzerren Antworten durch mangelnde Unvoreingenommenheit.

Hilfreich ist auch eine einigermaßen konstante Befragungssituation, um Ungleichheiten in der Erhebung vorzubeugen.

Die Länge des Fragebogens ist abhängig von Befragungsgegenstand, erwartetem Interesse der Befragten, Interviewergeschick, erwarteter Befragungssituation und Honorierung. Letztere ist höchst umstritten, provoziert sie doch womöglich Gefälligkeitsantworten, um das Honorar nicht zu gefährden. Realistisch ist, sofern es sich nicht um professionelle Zielgruppen handelt, eine Dauer von 30–45 Minuten je Interview, das bedeutet ca. 15–25 Fragen und ca. 60–90 DM Kosten pro Interview.

Fragetaktische Elemente betreffen die:

- Themenkomposition bei Mehrthemenbefragungen, d. h. Art und Inhalt der in einer Mehrthemenbefragung eingebrachten Themen. Dadurch kann es zu einer Auflokkerung der Befragung kommen.
- Fragetypenkomposition im Befragungsablauf, d. h. Art der überhaupt eingesetzten Fragetypen im Fragebogen. Hier ist eine Abwechslung durch Einsatz unterschiedlicher Fragetypen sinnvoll, um Ermüdungserscheinungen und Lerneffekten vorzubeugen.
- Themensequenzen bei Mehrthemenbefragungen, d. h. Abfolge der einzelnen Themen in einem Fragebogen. Bei ungeschickter Zusammenstellung kann es hier zu einer gegenseitigen Überstrahlung der Themen kommen.
- Fragetypensequenzen im Befragungsablauf, d. h. Abfolge der einzelnen Fragetypen im Fragebogen. Häufig kommt es zur sozialen Erwünschtheit, d. h. Personen antworten so, wie sie glauben, daß es von ihnen erwartet wird, und Prestigeantworten, d. h. Personen überzeichnen ihren Status im realen Leben.

Abhilfe für daraus entstehende Probleme kann hier gleich mehrfach geschaffen werden. So decken Vorstudien vermeidbare Fehlermöglichkeiten auf. Die Begründung für Antworten kann zur Erläuterung abgefragt werden. So werden Motivzusammhänge offenkundig

Die Frageformulierung wird mit konkretem Bezug ausgestattet, damit kein sozial erwünschtes Verhalten wiedergegeben wird (also nicht: „Wie gestalten Sie normalerweise so Ihren Feierabend?“, sondern: „Wie haben Sie den gestrigen Abend verbracht?“).

Die Antwortvorgaben werden möglichst bestimmt formuliert, um Interpretationsspielraum zu nehmen (also nicht: „Stricken Sie selten, gelegentlich, häufig, regelmäßig?“, sondern „Stricken Sie mehr als 10 mal, 5–10 mal, weniger als 5 mal im Monat oder überhaupt nicht?“).

Es werden eindeutige Frageformulierungen verwendet (also nicht: „Welche Heimwerkergeräte besitzen Sie?“, sondern: „Besitzen Sie eine Oberfräse, Stichsäge oder Schlagbohrmaschine?“ bzw. „Welche Marken verwenden Sie bevorzugt bei diesen Heimwerkergeräten?“).

Bei Tabuthemen werden gezielt suggestive Formulierungen verwendet (also nicht: „Haben Sie jemals aus Geldmangel gebastelt?“, sondern: „Ist es Ihnen auch schon einmal passiert, daß Ihnen ein Fertigteil im Laden zu teuer war und Sie stattdessen auf Do it yourself zurückgegriffen haben?“).

(→ Mündliche Befragung)

Fragetechnik im Verkaufsgespräch

Durch Fragen kann das Verkaufsgespräch gesteuert werden, wenngleich diese nicht übertrieben eingesetzt werden sollten. Denn von daher müssen keine Behauptungen aufgestellt werden, die zu beweisen bleiben. Der Gesprächspartner wird durch Antworten aktiviert. Dabei werden dessen Einstellungen und Meinungen sowie allgemeine Informationen bekannt. Dies führt zu Übereinstimmungen und Problemlösungen, die eine positive Atmosphäre erzeugen und den Verkauf stützen. Es können verschiedene Fragetechniken unterschieden werden:

- Die Informationsfrage hat zum Ziel, primär objektive Daten über die Bedarfslage des Gesprächspartners zu erfahren.
- Die Ergänzungsfrage versucht, präzisere Informationen über den Sachverhalt zu eruieren.
- Bei Suggestivfragen versucht man, den Gesprächspartner im eigenen Sinne zu beeinflussen. Dabei besteht jedoch die Gefahr, daß dieser sich gegängelt fühlt und aggressiv reagiert.
- Bei der Alternativfrage hat der Gesprächspartner die Möglichkeit, zwischen zwei Antwortalternativen zu wählen, die beide positiv für den Verkäufer sind und damit in jedem Fall zum Erfolg führen.
- Gegenfragen bieten die Möglichkeit, auf eine Frage hin wieder die Initiative zurückzugewinnen. Außerdem schaffen sie einen besseren Wissenstand.
- Kontrollfragen im Verlaufe des Gesprächs dienen dazu, festzustellen, inwieweit bereits Übereinstimmung zwischen den Gesprächspartnern erreicht ist. Es handelt sich meist um geschlossene Fragen.
- Fangfragen sollen dem Geschäftserfolg dienliche Informationen vom Gesprächspartner erbringen, deren dieser sich selbst nicht unbedingt bewußt ist.
- Motivationsfragen dienen dazu, den Gesprächspartner zur Offenlegung seiner Beweggründe für den Kauf zu veranlassen.
- Rhetorische Fragen wiederum dienen primär dazu, die Aufmerksamkeit des Gesprächspartners zu gewinnen und zu erhalten.
- Ja-Fragen sind spezielle Suggestivfragen, die als einzige sinnvolle Antwort ein „Ja" im Sinne des Kaufprozesses ermöglichen.
- Provozierende Fragen sind solche, die den Gesprächspartner emotional anheizen sollen. Dies ist wichtig, um den subjektiv empfundenen Kaufdruck zu erhöhen.

Fragen sind, geschickt gestellt, eine der wichtigsten Voraussetzungen für die anschließende Kundennutzen-Argumentation. Ehrlich interessiertes Fragen gibt dem Gesprächspartner das Gefühl, auf ihn einzugehen und schafft damit die nötige Vertrauensbasis. Fragen sind auch nötig, um den Gesprächspartner und seine Bedürfnisse bzw. Kaufmotive besser einzuschätzen. Durch Fragen kann die Gesprächsrichtung vorgegeben werden, denn „Wer fragt, der führt". Fragen sind hilfreich, um Kaufwiderstände schneller zu erkennen und die Kaufentscheidung zu forcieren. Sie bringen zusätzliche Informationen und Zeitgewinn in der Defensive. Fragen ermöglichen zudem ein konfliktfreies Korrigieren des Gesprächspartners. Sie schaffen es, vom Monolog zu einem partnerschaftlichen Dialog zu gelangen. Durch Fragen kann man den Gesprächspartner besser einbeziehen und sicherstellen, daß er wirklich zuhört. Außerdem wird die Übereinstimmung laufend abgeprüft. Freundliche Fragen dienen der Präzisierung. Ohne die Fähigkeit, aktiv zuzuhören, nützt allerdings auch die beste Fragetechnik nichts. Gutes Zuhören muß man lernen. Wer den anderen über sich reden läßt, gewinnt Sympathie („Denn Reden ist ein Bedürfnis, Zuhören aber eine Kunst" (Goethe)). Intensives Zuhören stärkt das Selbstwertgefühl des Partners und zeigt ihm, daß man ihn ernst nimmt und schätzt. So fühlt er sich verpflichtet, auch die eigenen Worte ernst zu nehmen. Nur wer zuhört, lernt. Aktives Zuhören erfordert somit Disziplin und Konzentration. Aber dadurch wird Verkaufen leichter.

Fragetypenkomposition

(→ Fragetaktik)

Fragetypensequenz

(→ Fragetaktik)

Fragmented

(→ Wettbewerbsvorteils-Matrix)

Fraktionelles Design

(→ Formales Experiment)

Franchising

Das Franchising ist ein vertikal kooperativ organisiertes Absatzsystem rechtlich selbständig bleibender Unternehmen auf Basis eines vertraglichen Dauerschuldverhältnisses. Dieses System tritt am Markt einheitlich auf und wird durch ein arbeitsteiliges Leistungsprogramm der Systempartner geprägt, sowie durch ein Weisungs- und Kontrollsystem zur Sicherung systemkonformen Verhaltens. Beispiele sind *McDonald's* (zwischen Hersteller und Einzelhandel), *Coca Cola* (zwischen Hersteller und Großhandel), *Ihr Platz* (zwischen Großhandel und Einzelhandel). Das Leistungsprogramm des Franchisegebers besteht aus einem umfangreichen und vielfältigen Beschaffungs-, Absatz- und Organisationskonzept, das ständig weiterentwickelt wird, der Nutzungsmöglichkeit an Schutzrechten, der Aus- und Weiterbildung des Franchisenehmers und der Verpflichtung, diesen aktiv und laufend zu unterstützen, der Bereitstellung von Produkt-, Firmen- und Markenzeichen, der Überlassung von System-Know how, der Gewährung von Nutzungsrechten am Systemimage, der Hilfe bei Betriebsaufbau, Werbung, Verkaufsförderung, Aktionen, Sortimentsplanung, laufender Beratung auf allen Betriebsgebieten, betriebswirtschaftlichen Dienstleistungen und Organisationshilfsmitteln, Erfahrungsaustausch, Belieferung bzw. Nachweis von Bezugsgelegenheiten zu festgelegten Konditionen, Erhalt der Wettbewerbsfähigkeit des Systems, Gewährung von Gebietsschutzrechten etc. Der Franchisenehmer liefert im Gegenzug dazu Arbeit, Kapital und Information an, führt das Geschäft nach vorgegebenen Richtlinien, verwendet Marke und Zeichen des Franchisegebers, setzt sich vorbehaltlos für das System ein, wahrt alle Betriebs- und Geschäftsgeheimnisse, meldet periodisch Daten und Ergebnisse, bezieht ausschließlich beim Franchisegeber oder bei von diesem vorgegebenen Bezugsquellen, duldet Kontrollen und Inspektionen im Betrieb, erkennt das Weisungsrecht des Franchisegebers an, bildet Sortimente nach einzuhaltenden Systemstandards, nutzt das Dienstleistungsangebot etc.

Aus dem Vertrag ergeben sich umfangreiche gegenseitige Pflichten zur Förderung der gemeinsamen Ziele, so z. B. Know how-Transfer durch Systemerfahrung und Reglementierung, Marketingimageaufladung durch Partizipation und Förderung eines Vertrauensverhältnisses, Motivation, Betriebsaufbau durch Hilfe bei Standortwahl bis zur schlüsselfertigen Übergabe, Services für Werbemittel, Finanzierung, Betriebsführung, Geschäftsplanung, Ausrüstungs-, Warengestellung durch Qualitätsstandards für erfolgreiche und erprobte Produkte seitens des Franchisegebers, aber auch z. B. Engagement durch Initiative, Risikoübernahme durch unternehmerische Selbständigkeit, ökonomische Transparenz durch Erfahrungsaustausch und Weiterentwicklung, Marktdurchdringung mit Gebietsschutz, laufende Gebührenzahlung für Miete, Werbeumlage, Abschreibung, Lizenzentgelt, Warenzahlung für Großeinkauf unter Bezugsbindung seitens des Franchisenehmers.

Wichtige Vorteile des Franchisegebers ergeben sich durch gute Realisierbarkeit der eigenen Marketingkonzeption, schnelle Expansionsmöglichkeit, hohen Distributionsgrad, geringes Absatzrisiko, hohe Motivation der Absatzorgane, niedrige Distributionskosten und geringe Kapitalbindung. Nachteile des Franchisegebers ergeben sich durch die erforderliche starke Marktstellung, hohe notwendige Managementqualifikation, oftmalige Mitbestimmung der Partner, aufwendige Kontrolle und geringe Systemflexibilität. Wichtige Vorteile des Franchisenehmers ergeben sich aus Risikoabsicherung, Wettbewerbsvorsprung durch wirkungsvolle Marketingkonzeption, günstige Beschaffungsquellen, laufende Führungsberatung, die oft einzige Möglichkeit zur Selbständigkeit und Finanzierungshilfen. Nachteile des Franchisenehmers ergeben sich durch weitgehende Aufgabe der Dispositionsfreiheit, Tragen des Absatzrisikos, fehlende situative Anpassungsmöglichkeit, Zwang zur Standardisierung und hohe Arbeitsbelastung.

Insgesamt wird die Bedeutung des Franchising am Markt aber wohl doch überschätzt. Große Franchiseketten sind *Porst* (Fotoartikel), *Eismann* (Tiefkühlheimdienst), *Foto*

Quelle (Fotoartikel), *Quick Schuh* (Schuhmode), *Getifix* (Holzschutz und Bautenreinigung), *Obi* (Baumarkt), *Portas* (Türrenovierung), *Studienkreis, Clean Park* (SB-Autowäsche), *Mc Donald's* (Fast Food). An seriöse Franchisegeber sollen folgende Anforderungen gestellt werden: Der Franchisegeber ist der IHK und dem DFV (Deutscher Franchise Verband) bekannt. Eine Auskunft über seine Kreditwürdigkeit ist positiv. Der Gebietsschutz wird nicht in den Vordergrund gestellt, er schützt nur vor weiteren Franchisenehmern des gleichen Systems, nicht vor Konkurrenz. Es gibt Pilotbetriebe, die der Franchisenehmer in eigener Regie führt und deren Bilanzen er offenlegt. Das Konzept ist sorgfältig zusammengestellt und sauber und systematisch aufgebaut. Der Franchisenehmer hat auf seinen Marken und Produkten Schutzrechte eingetragen und nicht nur Anmeldungen. Es existiert eine Zentrale, die jederzeit ansprechbar ist und klar definierte Aufgaben übernimmt. Die Selbständigkeit des Franchisenehmers wird nicht zu stark eingeschränkt, insb. verkauft er in eigenem Namen und auf eigene Rechnung. Die Preise für die vom Franchisegeber zu beziehenden Waren sind marktgerecht und nicht überzogen. Gleiches gilt für die Endverkaufspreise, sofern sie dem Franchisenehmer vorgeschrieben sind. Das System wird individuell präsentiert und nicht in einer Show einer Masse von Interessenten angeboten. (→ *Warenverkaufsgeschäfte des Handels)*

FRAP-Methode (Frequenz-Relevanz-Analyse für Probleme)

(→ *Problementdeckungs-Methode)*

Free Alongside Ship

(→ *Incoterms)*

Free Carrier

(→ *Incoterms)*

Free on Board

(→ *Incoterms)*

Free on Board Airport

(→ *Incoterms)*

Free on Rail/Free on Truck

(→ *Incoterms)*

Freight & Carriage & Insurance Paid to

(→ *Incoterms)*

Freight & Carriage Paid to

(→ *Incoterms)*

Freihandtrend

Der Freihandtrend nimmt die Prognose anhand einer zeichnerischen Vorlage vor. Dabei handelt es sich um ein Koordinatensystem, in dem die interessierende Größe auf der Abszisse und die Zeit auf der Ordinate abgetragen ist, mit den Beobachtungswerten der Vergangenheit und Gegenwart als Punktwolke, durch die per Freihandtrend eine

Kurve derart gelegt wird, daß diese möglichst gut repräsentiert werden. Die Verlängerung dieser Kurve in die Zukunft ergibt dann die entsprechenden Prognosewerte.
(→ Prognose)

Freiheitsgrade

(→ T-Test)

Freistücke

(→ Leser-/Auflagenbegriffe)

Freiwillige Kette

Bei der Freiwilligen Kette handelt es sich um den Zusammenschluß von Groß- und Einzelhandelsbetrieben auf Initiative des Großhandels, also vorwärtsgerichtet, um Kooperationsvorteile zu nutzen. Diese liegen beim Einzelhändler vor allem in der Kostendegression großer Lose durch Zentraleinkauf und im Erfahrungsaustausch, beim Großhändler in der engeren Einbindung der Einzelhändler für dauerhafte Geschäftsbeziehungen. Beispiele sind die Ketten im Lebensmittelbereich, so *Spar* und *A&O*. Ausgangspunkt ist dabei die Situation des Großhandels, der sich zunehmend mit der Gefahr seiner Ausschaltung konfrontiert sieht. Um seine Absatzbasis zu sichern, hat er daher ein Interesse daran, seine Abnehmer im Einzelhandel enger an sich zu binden, damit diese gegenüber Anfechtungen einstufig indirekter Belieferung immunisiert werden. Zugleich kann der Großhandel die Interessen der ihm verbundenen Einzelhändler geschlossen bei Herstellern geltend machen.
(→ Zusammenschluß auf den Handelsstufen)

Fremdbeobachtung

(→ Beobachtung)

Fremdbetrieb

(→ Lager, Betrieb)

Fremdgestaltung des Absatzes

(→ Absatzformen)

Fremdlieferung

(→ Make or Buy-Entscheidung)

Fremdtransport

(→ Transportmittelbetrieb)

Fristvertrag

(→ Lieferungsbedingungen)

Frontalangriff im Marketing

(→ Marktherausforderer)

Frühaufklärung

Die strategische Marketingforschung ist die Bereitstellung zukunftsgerichteter Informationen zur Absicherung strategischer Marketingentscheidungen. Dies setzt Methoden voraus, die künftigen, sich im bisherigen Entwicklungsverlauf nur schwach abzeichnenden Veränderungen Rechnung tragen. Es handelt sich also um eine Zukunftsorientierung erhobener Daten und damit verbunden um die Fähigkeit zur Früherkennung nachfragerelevanter

Trends. Gängige Diagnosemethoden sind demgegenüber stark vergangenheitsorientiert und zu statisch in der Beschreibung und Analyse von Märkten. Auch gängige Prognosemethoden sind zu stark extrapolativem Denken verhaftet und schreiben bisherige Entwicklungsverläufe eher fort als künftige Veränderungen zu berücksichtigen. Dies birgt angesichts dynamischer Umfeldbedingungen die Gefahr von Fehleinschätzungen. Eher intuitive Prognoseverfahren werden dagegen strategischen Ansprüchen auch nicht gerecht, da sie einen hohen Grad an Subjektivität involvieren und eine häufig unsystematische Vergangenheitsanalyse enthalten. Um zur Erkennung konkreter, inhaltlicher Ursachen für Veränderungen zu gelangen, ist dies jedoch zu wenig. Insofern bleiben notwendigerweise unkalkulierbare Unsicherheiten in schlecht strukturierten Entscheidungssituationen. Häufig wartet der Informationsnutzer daher, bis sich ein Problem besser strukturieren läßt, dann jedoch ist es oft zu spät, Fehlentwicklungen noch wirksam gegenzusteuern. Daher können nur quantitative und qualitative Verfahren parallel angewandt und mit dem subjektiven Risikoempfinden des Nutzers kombiniert werden. Klassischerweise geschieht dies im Rahmen sog. Frühwarnsysteme.

Proaktive Handlungen sollen angesichts rascher Umweltänderungen frühzeitig über Erfolgs- und Ertragslage des Unternehmens, deren Gefährdung, aber auch deren Potentiale, informieren und dadurch dessen Überlebensfähigkeit sichern. Dies betrifft frühe Hinweise auf mögliche Änderungen vor allem im Konsumverhalten, Anzeichen technologischer Neuerungen und Bedrohungen unternehmerischer Freiheiten durch Reglementierung sowie Änderungen im Konsum- und Investitionsklima. Im einzelnen handelt es sich um folgende Beobachtungsbereiche.

Intern (jeweils bezogen auf Konkurrenzdaten):

- gesamtunternehmensbezogen: Produktprogramm (Altersstruktur, Programmbreite, Programmtiefe, Anteil Neuprodukte etc.), Mitarbeiter (Altersstruktur, Fluktuation, Krankenstand, Lohn-/Gehaltsniveau etc.), maschinelle Ausrüstung (Technologiestand, Energieverbrauch, Umweltbelastung, Instandhaltungskosten etc.), Ergebnis- und Finanzlage (operatives Ergebnis, bilanzielles, liquiditätsmäßiges und kalkulatorisches Ergebnis, Cash Flow, Liquidität, Kennzahlen, Konkurse und Vergleiche, etc.),
- funktionsorientiert: Forschung und Entwicklung (Kapazität, Patente, Lizenzen, Investition, Änderungen in der Verfahrens- und Produkttechnologie, etc.), Absatz (Umsatz, Preis, Lagerbestand, Konditionen etc.), Produkt und Beschaffung (Ausstoß, Ausschuß, Lohnkosten, Beschaffungspreis, -frist etc.), Verwaltung (Overheads, Effizienz etc.), Großprojekte, Finanzen etc.,

Extern (jeweils bezogen auf Rahmendaten):

- generell: Gesamtwirtschaft (Konjunktur, Auftragseingang, Auftragsbestand, Lagerbewertung, Geschäftsklima, Investitionsneigung, Kreditvolumen, Konsumstimmung, Sozialprodukt etc.), sozialer Bereich (Sozialindikatoren, Fruchtbarkeit, Sterblichkeit, Lebensdauer, Lebensqualität etc.), politischer Bereich (Politik, Wahlergebnis, Verbände, Lobbying), Technologie (Verfahrenstechnik, Produkttechnik, Verbrauchsgewohnheiten, Patente, Messen etc.),
- unternehmensindividuell: Kunden (Bestellverhalten, Zahlungsverhalten, Nachfragevolumen etc.), Konkurrenten (Preis, Programm, Investition etc.), Beschaffung (Rohstoffentwicklung, Jahresverbrauch, Termingeschäfte, Vorratshaltung, Termintreue, Qualitätsniveau, Konditionen etc.), Arbeitsmarkt (offene Stellen, Gewerkschaftsforderung, Lohn- und Gehaltsentwicklung etc.), Kapitalmarkt (Zinsniveau, Wechselkurs, Inflationsrate etc.).

(→ Präventionssysteme, Generationen)

Frühe Mehrheit

(→ Diffusion)

Frühe Übernehmer

(→ Diffusion)

Früherkennung

(→ Präventionssysteme, Generationen)

Frühwarnfunktion

(→ Marketingforschung, Begriffe)

Frühwarnsystem

(→ Präventionssysteme, Frühaufklärung)

Führungsstile

Ein wichtiges Element des Zusammenwirkens der Marketingorganisation ist der Führungsstil. Dabei lassen sich zwei Grund- mit jeweils vier Untertypen unterscheiden. Die *autoritäre Grundhaltung* ist dadurch gekennzeichnet, daß der Vorgesetzte entscheidet und anordnet:

- Beim despotischen Führungsstil handelt es sich um einen charismatischen Herr im Haus-Standpunkt, bei dem das Eigentum an Produktionsmitteln Herrschaftsdenken legitimiert.
- Beim patriarchalischen Führungsstil entscheidet immer noch der Vorgesetzte allein, er ist aber bestrebt, seine Untergebenen zu überzeugen, bevor er anordnet.
- Auch beim paternalischen Führungsstil dominiert das autokratische Herrschen, jedoch besteht ein Verantwortungsgefühl für die Belange der Mitarbeiter, ohne diese aber aktiv zu beteiligen.
- Beim pädagogischen Führungsstil wird die Selbständigkeit der Mitarbeiter gefördert und entwickelt, indem Fragen gestattet werden, um die Akzeptanz von Entscheidungen zu erhöhen.

Die *demokratische Grundhaltung*

ist dadurch gekennzeichnet, daß der Vorgesetzte lenkt und koordiniert:

- Beim partnerschaftlichen Führungsstil fordert der Vorgesetzte seine Mitarbeiter auf, an der Zielfindung mitzuwirken und informiert diese über anstehende Entscheidungen.
- Beim partizipativen Führungsstil werden Entscheidungsvorlagen unter Einbeziehung von Wissen, Können und Interesse der Mitarbeiter gemeinsam erarbeitet, die der Vorgesetzte sanktioniert.
- Beim kollektiven Führungsstil zeigt der Vorgesetzte das Problem und den Handlungsspielraum auf und überläßt es Mitarbeitern, unter seiner Anleitung selbständig Lösungen zu erarbeiten.
- Beim autonomen Führungsstil entscheidet die Gruppe selbst, und der Vorgesetzte vertritt diese Gruppenmeinung nach innen und außen mit formaler Kompetenz.

(→ Leitungsprinzipien)

Full Service-Agentur

(→ Werbeagentur, Beratung)

Füllfragen

(→ Fragefunktionen)

Fünf-Faktoren-Ansätze im Marketing

(→ Marketing, Instrumentaleinsatz)

Funkruf/Cityruf

(→ Audiokommunikation)

Funktional-Ansatz

(→ Marketing, Methoden)

Funktionalanalyse

(→ Kreativitätstechniken)

Funktionsfähiger Wettbewerb

(→ Marketing, Ethik)

Funktionsorganisation

Die funktionsorientierte Organisation stellt eine Zentralisation nach dem Verrichtungsprinzip dar. Eine funktionsorientierte Marketingorganisation ist also etwa in die Ressorts Marktforschung, Kundendienst, Werbung, Verkaufsförderung, Programmplanung, Verkäuferschulung, Öffentlichkeitsarbeit etc. gegliedert.

Wesentliche Vorteile der Funktionsorganisation sind die folgenden. Es können jeweils hochspezialisierte Mitarbeiter eingestellt und effizient beschäftigt werden. Eine verbesserte Planung und Problemlösung in der täglichen Praxis wird möglich. Die Betriebsfunktionen mit ihrer Wertschöpfung werden als Arbeitsbereiche betont. Fachkompetenz wird innerhalb der Organisation wichtiger als hierarchische Einstufung.

Dem stehen folgende Nachteile gegenüber. Die Funktionsorientierung bietet sich nur für homogene Programmstrukturen an, da ansonsten die Funktionsanforderungen heftig divergieren. Es kommt zu einer Zunahme der Verwaltungsstellen ohne Wertschöpfung und von Overheads in diesen Verwaltungs-

stellen. Es ist eine Tendenz zur Bürokratisierung durch verlängerte Verkehrs- und Informationswege gegeben. Zudem werden Abteilungsegoismus und Ressortdenken tendenziell gefördert, obgleich sie kontraproduktiv wirken.
(→ Organisation)

Funktionsrabatt

(→ Rabatt)

Fusion

(→ Konzentration)

G

Gabelungsfragen

(→ Fragefunktionen)

Game Show

(→ Rundfunkspots, Sonderformen)

Ganzheits-Ansatz

(→ Marketing, Methoden)

Ganzheitspsychologie

(→ Wahrnehmung, Gesetzmäßigkeiten)

Ganzseitenlayout

(→ Desk Top Publishing, Software)

Ganzstellen

(→ Außenwerbung, Stationäre)

Gap-Analyse, Aussage

Die Gap-Analyse, auch Analyse der Strategischen Lücke genannt, hat eine Projektion der Erlös- bzw. Ertragsentwicklung im Zeitablauf zum Inhalt. Dazu wird im Planungszeitpunkt die mutmaßliche Entwicklng der Ergebnisse prognostiziert. Dies erfolgt in Abhängigkeit vom Status quo oder von den marketingstrategischen Maßnahmen. Im Status quo, also ohne Einleitung marketingstrategischer Maßnahmen, dürften sich die Ergebniswerte monoton fallend entwickeln. Dies hängt vor allem damit zusammen, daß in einer dynamisch fortschreitenden Umwelt Stillstand Rückschritt bedeutet, ein passiver Anbieter also zwangsläufig an Boden verliert. Sofern bereits bekannte oder eingeleitete Maßnahmen dies verhindern können, handelt es sich um eine operative (geschlossene) Lücke. Offen bleibt hingegen ein strategische Lücke, die es zu schließen gilt. Die vier Maßnahmenalternativen bei aktiver Haltung leiten sich nach dem Gesetz abnehmender Synergiepotentiale (Ansoff) durch bestehende oder neue Produkt-Markt-Kombinationen ab.

Grundlage der Gap-Analyse ist also ein Vergleich der gewünschten Ergebnisentwicklung mit der prognostizierten und die Indikation von Maßnahmen zur Gegensteuerung von Abweichungen. Dafür gelten folgende Hypothesen im Zeitablauf. Ohne marketingstrategische Maßnahmen dürfte sich das Ergebnis degressiv oder allenfalls stagnierend entwickeln. Die Abweichung zu den Zielwerten, wobei Wachstumsziele unterstellt werden, nimmt im Zeitablauf zu. Denn sehr wahrscheinlich stehen der eigenen Lethargie Aktivitäten des Mitbewerbs gegenüber, die den eigenen relativen Markterfolg beeinträchtigen. Mit zusätzlichen Maßnahmen der *Marktdurchdringung* dürfte zumindest eine Verringerung der negativen Abweichung erreichbar sein, wenngleich ein befriedigendes Ergebnis dadurch allein

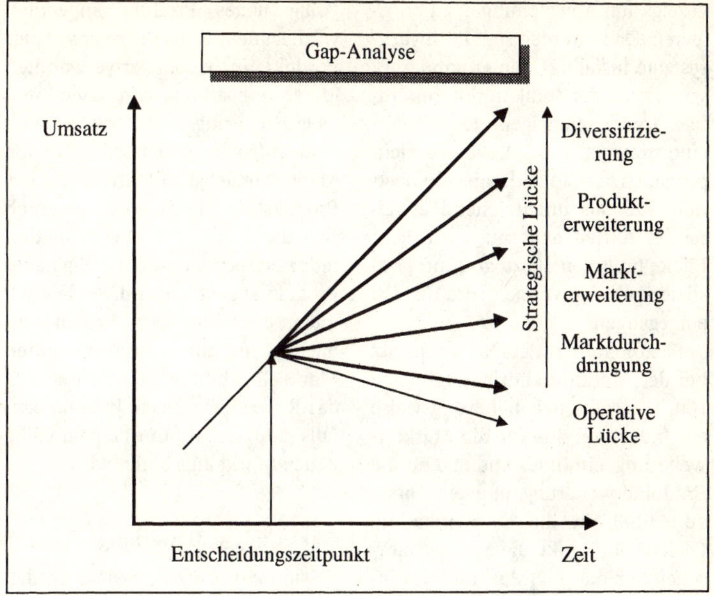

Gap-Analyse

noch nicht gegeben ist. Es bleibt also weiterhin eine Ergebnislücke zurück. Mit zusätzlichen Maßnahmen der *Markterweiterung* dürfte eine weitere Situationsverbesserung realisierbar sein, ohne daß das Minderergebnis wahrscheinlich schon dadurch allein in einem tolerablen Rahmen bleibt. Mit zusätzlichen Maßnahmen der *Produkterweiterung* kann eine gewisse Annäherung des mutmaßlichen Ist-Ergebnisses an die Zielvorstellung erreicht werden, wobei immer noch eine negative Abweichung besteht. Erst durch umfassende Maßnahmen der *Diversifizierung* dürften ehrgeizige Zielsetzungen egalisiert werden.

Da mit diesen Aktivitäten steigende Risikolevels verbunden sind, wird man die jeweils risikobehafteteren Maßnahmen erst ergreifen, wenn vorgelagerte Maßnahmen zur Zielerreichung nicht ausreichen. Wie hoch der Aktivitätsbedarf aber letztlich ist, zeigt erst die Gap-Analyse an. Mit steigender Öffnung der Schere zwischen prognostiziertem Ist- und geplantem Soll-Ergebnis ist zum Ausgleich die Aktivierung zunehmend risikobehafterer Maßnahmen erforderlich. Von besonderer Bedeutung ist dabei die Tatsache, daß mit wachsendem Zeithorizont Soll-Ist-Divergenzen eskalieren. Demnach sind möglichst frühzeitige Aktivitäten angezeigt, um Abweichungen zu korrigieren. Dazu werden sog. Frühwarnsysteme installiert, die anhand z. B. vorauseilender Indikatoren zukünftige Trends aufzeigen. Denn wird eine strategische Lücke als zu klein prognostiziert, folgt daraus ein posthum sich als unzureichend erweisendes Aktivitätsniveau, wird diese Lücke hingegen als zu groß prognostiziert, werden vermeidbare Risiken eingegangen.

Setzt man den Ressourceneinsatz bei der Marktdurchdringung gleich 100, so ergibt sich näherungsweise ein Index von 400 für die Markterweiterung, ein Index von 800 für die Produkterweiterung und ein Index von 1400 für die Diversifikation. Gleichzeitig sinkt die Erfolgswahrscheinlichkeit (Marktdurchdringung = Index 100) auf 66 bzw. 40 und 10 bei den nachfolgenden Stufen. Aktivitäten sollten daher eher in der angegebenen Reihenfolge vorgenommen werden. Aufgrund der Anordnung dieser Felder in der Ansoff-Matrix spricht man auch von der (grafischen) Z-Reihenfolge. Zwischenschritte zur weiteren Reduzierung der Risiken und zur Ressourcenschonung sind möglich, indem ein bekanntes Produkt zunächst in einem artverwandten Markt eingeführt wird, wodurch sich das Risiko der Markterweiterung reduziert, bevor es einem völlig neuen Markt angeboten wird. Dann indem in einem bekannten Markt zunächst ein artverwandtes Produkt eingeführt wird, wodurch sich das Risiko der Produkterweiterung reduziert, bevor ein völlig neues Produkt angeboten wird. Dann indem ein artverwandtes Produkt in einem artverwandten Markt eingeführt wird, wodurch viele Erfahrungen übertragbar sind. Und indem in einem völlig neuen Markt zunächst ein artverwandtes Produkt eingeführt wird, wodurch sich das Risiko der Diversifikation reduziert, bevor dort ein völlig neues Produkt angeboten wird. Schließlich indem ein völlig neues Produkt zunächst in einem artverwandten Markt eingeführt wird, wodurch sich das Risiko der Diversifikation ebenfalls reduziert, bevor es einem völlig neuen Markt angeboten wird.

Gap-Analyse, Bewertung

Es sind einige *Kritikpunkte* an den Erkenntnissen der Gap-Analyse anzumerken. So ist die Analyse einseitig wachstumsorientiert. Was nicht verwundert, entstammt sie doch dem Denken der 60er Jahre mit ihrer scheinbar unendlichen Wachstumshoffnung. In der heutigen Zeit, die vermehrt durch Stagnation oder gar Rückgang der Märkte gekennzeichnet ist, sind die Aussagen dieser Analyse jedoch wenig hilfreich. Sie bedarf dazu der Ergänzung um zwei neue Felder strategischer Alternativen. Marktrückzug meint dabei, daß Märkte dann verlassen werden, wenn die dort verbleibende kaufkräftige Nachfrage als zu gering angesehen wird, sich die Konkurrenzintensität steigert, nichttarifäre Handelshemmnisse bzw. sonstiger Protektionismus gegeben sind oder dortige Handelspartner nicht funktionieren. Produktaufgabe meint hingegen, daß in vielen Bereichen ein Wachstum nicht mehr nur nicht möglich, sondern auch überhaupt nicht mehr wünschenswert scheint. Dies betrifft vor allem sozial und ökologisch angreifbare Angebote, die im Wege des De- bzw. Countermarketing zu reduzieren sind. Die Analyse ist ausschließlich zweidimensional angelegt. Verhaltensregeln werden nur aus den Größen Produkt und Markt abgeleitet. Dabei ist jedoch eine Vielzahl anderer Parameter entscheidend für die Unternehmensentwicklung. Namentlich sei hier der Bereich Finanzen genannt, denn alle Aktivitäten, von der Marktdurchdringung bis zur Diversifikation, tangieren die Finanzsituation des Unternehmens. Die daraus sich ergebenden Zusammenhänge bleiben aber unberücksichtigt. Das gleiche gilt für andere Unternehmensbereiche wie FuE, Logistik und Produktion. Des weiteren wird der Konkurrenzeinfluß vernachlässigt. Denn natürlich ist die Entscheidung über die Unternehmensstrategie zu einem großen Teil nicht nur von den internen Gegebenheiten abhängig, sondern auch von der Konkurrenzsituation. So wird das Eindringen in neue Produkt- oder Gebietsmärkte z. B. durch Markteintrittsschranken dort vorhandener Anbieter behindert, d. h. gewünschte Erweiterungsmaßnahmen sind nicht realisierbar oder mit einem unzulässig hohen Risiko behaftet. Es erfolgt keine Berücksichtigung der unternehmerischen Stärken und Schwächen und der marktlichen Chancen und Risiken. Die Stärke eines Unternehmens kann gerade in seiner Spezialisierung auf einen Produkt-Gebiets-Markt liegen und seine Schwäche in der Zersplitterung der Aktivitäten auf zu viele Aktionsvariable im Absatzprogramm. Andererseits lohnt eine Ausweitung in neue Produkt- oder Gebietsmärkte nur, sofern diese auch ein deutliches Erfolgspotential aufweisen, d. h. per Saldo ihre Chancen über ihren Risiken liegen. Somit gibt die Gap-Analyse letztlich keine konkreten Anhaltspunkte dafür, welche Strategie eingeschlagen werden sollte und wie diese zu exekutieren ist. Zwar gibt es eine generelle Empfehlung zur Reihenfolge („Z"), aber diese ist viel zu allgemein, als daß sie den Besonderheiten spezifischer Unternehmenssituationen gerecht werden kann. Zudem werden schwache Signale nicht berücksichtigt.

Garantierte Auflage

(→ Leser-/Auflagenbegriffe)

Gattungskauf

(→ Kaufvertrag, Arten)

Gattungsware, Aussage

Die Gattungsware gehört nicht zu den Markenartikeln, denn ihr Kennzeichen ist gerade der Verzicht auf markenartikeltypische Merkmale. Dadurch erhält sie aber ihrerseits einen markenhaften Charakter. Es handelt sich um abgestrippte Angebote, die meist nur in preisaggressiven Handelsbetriebsformen vertreten sind. Die Qualität bewegt sich auf Mindest- bzw. Standardniveau, die Verkehrsgeltung ist meist stark begrenzt. Gattungsware wird oft von Markenartiklern auf identischen Anlagen mit nur unwesentlicher Qualitätsabstufung gefertigt. Man spricht dann von Original- oder sog. OEM-Herstellern (für Original Equipment Manufacturer). Beispiele sind *TIP* von *Massa*, *Die Gelben* von *Deutscher Supermarkt* oder *Ja* von *Rewe*. In Großbritannien haben No Names bis zu 60% Marktanteil.

Wesentliche Kennzeichen von Gattungsware sind die folgenden: Einfache Verpackung, die nur die Produktbezeichnung trägt, sie soll Preisgünstigkeit signalisieren, nach der Einführung nur noch schwache Bewerbung, um die Marketingkosten niedrig zu halten, mittlere, gleichbleibende Qualität, die für den Verbraucher klar erkennbar und gut einschätzbar ist, günstiger Preis, der alle Kostenvorteile aus Rationalisierung an Endabnehmer weitergibt.

Ziele sind die Abwehr von Discountern, die Standardisierung des Sortimentsbereichs, die Verbesserung der Marktanteile, die Einschränkung von Preisaktionen und die Entlastung von Lieferantenmacht der Hersteller. Ungeeignet ist Gattungsware für die Realisierung anspruchsvoller, prestigeträchtiger Produkte, schlechte Präsentationsbedingungen, unzureichende Kostenrationalisierung, Qualitätseinschränkungen und Alleinstellungen (vgl. *Oehme, Wolfgang:* Handels-Marketing, 2. Auflage, München 1991).

Die Erfolgsträchtigkeit von Gattungsware ist an einige Voraussetzungen gebunden. So darf es sich dabei weder um erklärungs- noch sicherheitsbedürftige Produktgruppen handeln. Hilfreich ist jedoch, wenn es sich um Produkte des häufigen oder täglich häufigen Bedarfs handelt, die kurze Einkaufszyklen haben. Typisch sind auch weitgehend gesättigte Märkte, bei denen eine Preissenkung die einzige Chance zur Mengensteigerung darstellt. Meist handelt es sich um homogene Produktgruppen mit gleichen Produktleistungen, sodaß der Kauf preisbestimmt ist. Außerdem sollen die Produktgruppen keinen Modeströmungen unterworfen sein, die soziale Wirkung haben. Und schließlich sind absolut hohe Preisgünstigkeit und relativ hohe Preiswürdigkeit vorauszusetzen.

Gattungsware, Bewertung

Die Vorteile der Gattungsware aus Sicht des *Handels* sind vor allem die folgenden:

- Es kommt zu einer verstärkten Kundenbindung mit Profilierung auch gegenüber Discountern. Denn im Handel steht ja der Geschäftsstätten- vor dem Produktwettbewerb.
- Der preissensible Teil des Publikums kann damit effizient angesprochen werden, ohne daß Sonderangebote bei Herstellermarken

erforderlich sind. Insofern kann eine gewisse Preisberuhigung bei diesen erreicht werden.

- Es kommt zu einer Reduzierung der Lieferantenvielfalt, wenn Gattungsware von Markenherstellern geliefert wird. Dadurch verringert sich die Kostenbelastung im internen Administrationsaufwand.
- Es wird eine Position der Gegenmacht im Absatzkanal aufgebaut, die die Marketingführerschaft vermehrt an den Handel übergehen läßt. Er mutiert von einer reinen Mittlerfunktion zu einer Anbieterfunktion.
- Durch die hohe Umschlaggeschwindigkeit der Gattungsware kommt es zu einer Ertragsverbesserung, da Potentialfaktoren besser genutzt werden. Die Drehgeschwindigkeit ist entscheidender Einflußfaktor auf die Rentabilität.
- Gattungsware kann als Magnetartikel und Frequenzbringer eingesetzt werden, die im Rahmen der Mischkalkulation beim One Stop Shopping zur Rentabilitätssteigerung beiträgt.

Die Nachteile der Gattungsware aus Sicht des Handels sind vor allem die folgenden;

- Es entsteht ein zusätzlicher Organisationsaufwand für den Handel, denn die Entwicklung, Umsetzung und Pflege von Produkten gehört nicht zu seinen originären Aufgaben.
- Qualitätsschwankungen bei Gattungswaren fallen auf den Handel als Absender zurück, daher ist eine strenge Selektion und Kontrolle der Lieferanten erforderlich, die in praxi auch erfolgen.
- Daraus folgt eine erhöhte Risikotragung, denn die Vorinvestitionen gehen ansonsten zu Lasten des Herstellers. Dies ist Konsequenz der Rückwärtsausweitung der Geschäftsaktivitäten.
- Der Order Split auf mehrere Produzenten bei unveränderter Sortimentsgröße bedeutet auch den Verzicht auf die Ausreizung von Degressionsvorteilen im Einkauf und die Hinnahme geringerer Stückspannen.

Die Vorteile der Gattungsware liegen aus Sicht des *Originalherstellers* in folgenden Aspekten:

- Es kommt zu einer gesteigerten Kostendegression für alle Erzeugnisse eines Auflagenloses durch Produktion in einheitlichen, großen Mengen, die separat distribuiert werden. Insofern bewirkt Gattungsware auch eine Kostenermäßigung für andere, im gleichen Fertigungsprozeß hergestellte Markenartikel.
- Leerkapazitäten können auf diese Weise vermieden bzw. großzügig dimensionierte Fertigungskapazitäten, die anderweitig nicht genutzt werden, besser ausgelastet werden. Im Einzelfall ist jedoch der mögliche Marktschaden gegen den Betriebsnutzen (Vermeidung von Opportunitätskosten) abzuwägen.

Nachteile sind in folgenden Punkten zu sehen:

- Es besteht die Gefahr der Substitution der Nachfrage für erlösträchtigere eigene Produkte in problemlosen Produktbereichen, wie z. B. Grundnahrungsmitteln, Papierwaren. Dort wird die Qualität als unkritisch angesehen, sodaß der Kauf vorwiegend preisbestimmt erfolgt.

- Das Preisbewußtsein der Nachfrager wird allgemein geschärft. Denn die akquisitorische Wirkung der Gattungsware liegt eindeutig im Preis, der bei Markenartikeln hingegen nur ein Angebotsmerkmal unter mehreren gleichwertigen anderen ist.

Gebiet

(→ Marktkonstitution)

Gebietsausdehnung

Gebietsausdehnung ist eine Form der Definition der Absatzquelle. Gebietsausdehnung bedeutet das Bestreben, durch Ausweitung des Absatzgebiets einer größeren Zahl von Nachfragern einen Zugang zum Produkt zu verschaffen und dadurch zusätzliche Kaufkraft zu mobilisieren. Die Gebietsausdehnung vollzieht sich intranational oder supranational, ersteres innerhalb des Hoheitsgebiets eines Staates, letzteres ländergrenzenübergreifend. Intranational kann die Gebietsausdehnung vor sich gehen, indem ein lokaler Anbieter seinen Absatzraum auf regionale Ebene ausweitet oder ein regionaler Anbieter seinen Absatzraum auf nationale Ebene vergrößert. Supranational geschieht die Gebietsausdehnung, wenn ein nationaler Anbieter seinen Absatzraum auf internationale Ebene ausdehnt.

Dies wird gegenwärtig als Global Marketing heiß diskutiert. Tatsächlich ist eine supranationale Bewerbung problematisch, sobald andere Sprach- und Kulturräume bearbeitet werden. Allein schon bei den Markennamen ergeben sich große Probleme. So wirkt der Name des irischen Marktführers für Whiskey, *Irish Mist*, hierzulande wenig akquisitorisch. Der *Chevrolet Nova* des amerikanischen Autoherstellers General Motors hört im benachbarten spanischsprachigen Mexiko auf No va, das heißt „es funktioniert nicht". Der führende finnische Fensterreiniger wurde in Deutschland unter seiner Ursprungsmarke Super Piss ein ausgemachter Flop. In Japan ist weiß die Trauerfarbe, nicht schwarz, was dem weißgesichtigen *McDonald's* Clown Ronald McDonald gar nicht gut bekam. Diese Beispiele lassen sich beinahe beliebig fortführen. Sie zeigen die Problematik dieser Art von Absatzquellendefinition.

(→ Absatzquellendefinition)

Gebietsorganisation

Die gebietsorientierte Organisation stellt eine Zentralisation nach dem Raumprinzip dar. Eine raumorientierte Marketingorganisation ist also etwa in die Ressorts Staat, Nielsengebiet, Bundesland, Ballungsraum, Stadt, Landkreis etc. gegliedert.

Wesentliche Vorteile der Gebietsorganisation sind die folgenden. Eine sehr marktnahe Ausrichtung auf Regionalspezifika wird möglich und schafft damit kompetitive Vorteile am Markt. Dem liegt die eingehende Kenntnis und Betreuung gebietsansässiger Abnehmer und deren Bedürfnisse zugrunde. Die Berücksichtigung lokaler Besonderheiten, die erfolgsentscheidend ist, wird erleichtert. Bei entsprechender Auslegung ist zudem eine überschneidungsfreie Marktbearbeitung möglich. In gleichem Maße sind Kostenvorteile in der Marktbetreuung erzielbar. Im Ergebnis entsteht eine einfache und übersichtliche Organisationsstruktur.

Dem stehen folgende Nachteile gegenüber. Die Koordinationsproblematik mit der Zentrale steht einer konsistenten Steuerung der Märkte entgegen. Angesichts zunehmender Konvergenz der Absatzgebiete stellt sich die Frage, ob hier nicht nur übertriebener Abteilungsegoismus vorliegt, der sachlich kaum mehr gerechtfertigt scheint. Eine Spezialisierung auf einzelne Funktionen, Produkte oder Kunden wird erheblich erschwert. Es kommt zu einer Verlagerung auf operative Probleme, die Tagesaufgaben zu Lasten strategischer dominant werden läßt. Es besteht zudem die Gefahr des Verlustes einer einheitlichen Verkaufspolitik.
(→ Organisation)

Gebietsverkaufstest

(→ Werbemeßverfahren, Ökoskopische)

Gebindegröße

(→ Preisinteresse)

Gebrauchsanleitung

(→ Verkaufsliteratur)

Gebrauchsmuster

(→ Gewerblicher Rechtsschutz)

Gebundene Gestaltung des Absatzes

(→ Absatzformen)

Gebundene Preise

(→ Preisbindung der zweiten Hand)

Geburtsdatum-Verfahren

(→ Zufallsauswahl, Systematische)

Gedächtnis

Das Gedächtnis hat zunächst die Fähigkeit, Ereignisse zu behalten und mehr oder weniger originalgetreu zu reproduzieren. Von Datenspeichern, die in diesem Sinne auch ein Gedächtnis haben, unterscheidet sich das menschliche Gedächtnis dadurch, daß Ereignisse nicht nur passiv abgespeichert, sondern auch aktiv bearbeitet werden. Denken besteht in Beurteilen, Ordnen, Abstrahieren, Weiterentwickeln. Es bedarf zum Erinnern, Umstrukturieren, Schlußfolgern jedoch nicht des Rückgriffs auf aktuelle Wahrnehmungen, sondern wird aus Gedächtnisinhalten gespeist. Denken ist von den Denkumständen, also situativen Faktoren wie Zeitdruck, Sozialdruck etc. abhängig, aber auch von Produktkategorien in bezug auf deren Neuigkeit, Wert, Kauffrequenz,

Verwendungsdauer, Verwendungszweck etc. und den Prädispositionen, also Risikoneigung, Impulshaftigkeit, Informationsbedürfnis, Ich-Beteiligung etc.

In neuerer Zeit stehen kognitive Prozesse der menschlichen Informationsverarbeitung im Vordergrund. Das Gedächtnis hebt auf Informationsverarbeitungsprozesse im Lang- und Kurzzeitgedächtnis der Käufer ab. D.h. zwischen Stimulus (z. B. Packung) und Reaktion darauf (z. B. Kauf) werden verstandesmäßig gesteuerte Prozesse gesehen (z. B. bewußte Informationsverarbeitung), die den Zusammenhang erklären. Dazu bedarf es der Informationsgewinnungsaktivitäten der Käufer.

Ausgangspunkt ist eine unübersehbare Flut von Informationen optischer, akustischer, haptischer, olfaktorischer und degustativer Art. Das *Mehrspeichermodell*, das wohlgemerkt nicht physiologische Gegebenheiten darstellt, gliedert das Gedächtnis, allerdings nicht ganz überschneidungsfrei, in zwei Speicher mit sehr großer Aufnahmekapazität und eher begrenzter Speicherdauer und einen Speicher mit begrenzter Kapazität und langer Speicherdauer, oder genauer, in Langzeit-, Kurzzeit- und Ultrakurzzeitgedächtnis der Käufer. Es stellt dar, wie Informationen auf zwei Wegen, durch die Umwelt und durch das Gedächtnis, zur Verarbeitung gelangen. Der Ultrakurzzeitspeicher dient der Informationsaufnahme, der Kurzzeitspeicher der Informationsverarbeitung und der Langzeitspeicher der Informationsablage.

Im *Ultrakurzzeitgedächtnis* (auch sensorischer Informationsspeicher/SIS) werden Eindrücke nur kurzzeitig zwischengespeichert und zu Reizkonstellationen kombiniert (z. B. optische und akustische Signale). Dies erfolgt durch Umwandlung der Reizkonstellation in bioelektrische Signale und deren Weiterverarbeitung. Dazu bedarf es noch keiner gerichteten Aufmerksamkeit, d. h. es werden beliebige Signale aufgenommen. Die Speicherkapazität ist dort sehr groß und die Zugriffsgeschwindigkeit sehr hoch. Die Speicherdauer liegt unter einer Sekunde, erste kognitive Weiterverarbeitungsprozesse bei als relevant erachteten Reizen werden eingeleitet. Dies betrifft vor allem die Weiterleitung an den Kurzzeitspeicher. Der Ultrakurzzeitspeicher betrifft also nur die Aufnahme von Informationen.

Dann erfolgt die Weiterleitung an das *Kurzzeitgedächtnis* (Kurzzeitspeicher/KZS). Dort werden die Reize in Abhängigkeit vom Aktivierungspotential ausgewählt und zu gedanklich verarbeiteten Informationen umgewandelt. Je nach Bedeutung, die im wesentlichen auf Rückgriff auf Erfahrung beruht, werden mehr oder weniger Informationen gespeichert und miteinander verknüpft. Irrelevante Reize werden hier bereits gelöscht, denn die Kapazität dieses Speichers ist eng begrenzt. Durch Memorieren kann die Verweilzeit von normalerweise einigen Sekunden bewußt (auf bis zu 15 Sekunden) verlängert werden, um Reize zu entschlüsseln und in kognitiv verwertbare Informationen umzuwandeln, mit weiteren Informationen in Beziehung zu setzen und zu größeren Informationseinheiten zu organisieren. Die Verarbeitung umfaßt also die Verdichtung der Informationseinheiten, ihre Verknüpfung mit bereits vorhandenen Informationen, den Zugriff auf abgespeicherte Informationen und die Steuerung des beobachtbaren Verhaltens. Der Kurzzeitspeicher ist zugleich ein Arbeitsspeicher (aktives Gedächtnis) und die zentrale Einheit zur Informationsanalyse. Es werden relativ kleine Informationsmengen kurzfristig gespeichert, durch Denkprozesse verarbeitet und auf das Wesentliche reduziert. Die Funktionen werden teils unbewußt durchgeführt. Die einzelnen Verarbeitungsmöglichkeiten umfassen also neben dem Memorieren:

- das Kodieren von Informationen, d. h. Verdichtung der Informationseinheiten und Weiterverarbeitung des Sinninhalts,
- das Verknüpfen neuer mit im Gedächtnis bereits vorhandenen Informationen,
- den Zugriff auf im Gedächtnis abgespeicherte Informationen,
- die Steuerung beobachtbaren Verhaltens als Umsetzung.

Im *Langzeitgedächtnis* (Langzeitspeicher/LZS) werden die verarbeiteten Informationen langfristig gesichert. Es kommt jedoch zu Absinken (in Abhängigkeit von der Zeit) oder Überlagerung (in Abhängigkeit von der Eindrucksstärke) der Daten, sodaß diese im Entscheidungszeitpunkt nicht mehr verfügbar sein können, obwohl die biologisch noch vorhanden sind. Hilfreich sind hier Ähnlichkeit, Kontrast und Kontinuität von Reizen. Außerdem haben mehrkanalige Signale eine höhere Chance der Erinnerung als einkanalige. Der Langzeitspeicher ist als aktives Netzwerk zu verstehen, das aus Knoten und gerichteten Verbindungslinien besteht. Die Knoten stehen für Objekte und Objekteigenschaften bzw. Ursachen und Ereignisse, wie Begriffe, Situationen etc., die Verbindungslinien geben die Beziehungen zwischen diesen Knoten nach Art, Richtung und Intensität an. Der Langzeitspeicher betrifft also die Ablage von Informationen.

Einiges spricht dafür, daß die Speicher nicht so eindeutig abgrenzbar sind, wie hier modellhaft dargestellt. Daher sind Prognosen kaum möglich (vgl. *Pepels, Werner:* Käuferverhalten und Marktforschung, Stuttgart 1995).

Gegenfragetechnik

(→ Einwandbehandlung, Fragetechnik im Verkaufsgespräch)

Gegengeschäft

(→ Gegenseitigkeitsgeschäfte)

Gegenseitigkeitsgeschäfte

Als Kompensationsgeschäft bezeichnet man Abwicklungen, bei denen die Zahlung nur teilweise oder garnicht in Geldform erfolgt. Dabei sind sowohl die Inzahlungnahme von Gebrauchtware und deren Anrechnung auf den Kaufpreis (also ein kombiniertes Gebrauchtwareneintausch- und Geldgeschäft) als auch ein direkter oder indirekter Naturaltausch in Waren denkbar. Bei der Inzahlungsnahme wird ein Teil der Gegenleistung durch Zahlungsmittel geleistet und ein weiterer durch Hingabe einer gebrauchten Ware. Beim Naturaltausch wird Ware unter völligem oder teilweisem Ersatz von Geld verkauft. Der Teilbarter stellt eine Kombination zwischen Geld- und Neuwarentauschgeschäft dar. Von Buy Back spricht man, wenn mit verkauften Anlagen produzierte Güter mit dem Verkaufserlös zurückgekauft werden. Von Sale and Lease Back, wenn Güter (meist Immobilien) zunächst verkauft und anschließend vom Käufer gegen Entrichtung einer Nutzungsgebühr zurückgemietet (meist geleast) werden.

Bei einem Gegenseitigkeitsgeschäft überträgt der Einkäufer anstelle der geldmäßigen Bezahlung seinerseits eine Warenlieferung oder Dienstleistung, verbreitet etwa im Handel mit Ostblockländern, wegen mangelnder Konvertierbarkeit ihrer Währungen, und mit Entwicklungsländern, wegen allgemein gegebenen Devisenmangels. Dabei sind mehrere Ausprägungen denkbar:

- Beim reinen *Tauschgeschäft* (Barter) wird in einem einzigen Vertrag der Tausch von Ware gegen Ware vereinbart.
- Beim *Gegengeschäft* verpflichtet sich der Verkäufer in einem gesonderten Vertrag, in gleichem Umfang Waren vom Käufer abzunehmen wie es dem Wert seiner Lieferung entspricht.
- Beim *Parallelgeschäft* wird die Warenlieferung vom Käufer zwar bezahlt, der Verkäufer transferiert diesen Betrag jedoch gegen Warenbezug seinerseits zurück. Dies ermöglicht die Besicherung dieses Geschäfts.
- Beim *Dreiecksgeschäft* erfolgt der Warenaustausch nicht direkt zwischen Käufer und Verkäufer, sondern über einen zwischengeschalteten Dritten (Clearingstelle).

Gegenstrom-Ansatz

(→ *Willensbildung in Organisationen)*

Geheimrabatt

(→ *Rabatt)*

Gehirnstrommessung

(→ *Testverfahren, Psychomotorische)*

Gelbe Güter

(→ *Produktarten)*

Gelbe Zone

(→ *Portfolio, Neun-Felder-, Positionen)*

Geld vor Ware-Abwicklung

(→ *Abwicklungsklauseln)*

Geldrabatt

(→ *Rabatt)*

Geltungsnutzen

(→ Nutzenversprechen)

Gemeinkosten

(→ Kostenrechnungsgrundlagen)

Gemeinkostenwertanalyse

Ein Verfahren zur pauschalen Verringerung der Overheads ist die Gemeinkostenwertanalyse (GWA). Sie geht in drei Phasen vor. In der *Vorbereitungsphase* geht es um die:

- Festlegung der Untersuchungseinheiten, möglichst in Anlehnung an bestehende Abteilungen, um vorhandene Verantwortlichkeiten und Kompetenzen auszunutzen, die möglichst nicht mehr als 20 Mitarbeiter umfassen,
- Bestimmung des GWA-Koordinators, mit den Aufgaben der Ablaufsteuerung, Terminplanung, Schulung, Hilfestellung im Projektablauf, Träger von Einzelfallentscheidungen,
- Einrichtung eines Lenkungsausschusses als letzte Entscheidungsinstanz bei Einsparvorschlägen, um die Bedeutung des Projekts anzudeuten, ist er mit Mitgliedern der Unternehmensführung zu besetzen,
- Benennung der Leiter der Untersuchungseinheiten, die jeweils die gesamten Kosten für jede in ihrer Abteilung erbrachten Leistung abschätzen müssen und daher möglichst mit den Arbeiten dort vertraut sein sollen,
- Aufstellung eines Hinterfragungsteams als schwierige Hauptaufgabe zur Beurteilung der Qualität und Seriosität der Ideen der Untersuchungseinheiten, was zeitaufwendig ist und in der Regel mindestens 3 Mitarbeiter beschäftigt,
- Schulungs- und Informationsmaßnahmen zur Vermittlung der Kritik- und Beurteilungsfähigkeit, die Führungskräfte und Mitarbeiter ausführlich über den bevorstehenden GWA-Prozeß informieren, um Akzeptanzprobleme im Vorfeld auszuräumen.

In der *Analysephase* geht es um die:

- Auflistung der Leistungen und Bestimmung der Kosten, indem Leiter der Untersuchungseinheiten angeben, welche Leistungen für wen erbracht werden und welche Kosten dadurch entstehen,
- Abgleichung von Kosten und Nutzen zur hypothetischen Kostensenkung um 40% durch bewußte Gegenüberstellung von Ist-Kosten mit Ist-Beitrag, danach erfolgt die Antizipation eines bewußt unrealistischen Kostensenkungsziels, um die intensive Suche nach Reduktionsmöglichkeiten zu intensivieren,
- Erarbeitung von Einsparvorschlägen, Überprüfung und Rangordnung im Zuge der Entwicklung von Einsparideen in Arbeitsgruppen aus Repräsentanten liefernder und empfangender Einheiten, wobei Experten involviert werden können und eine Überprüfung der Verträge nach Wirtschaftlichkeits- und Risikokriterien (ABC-Ana-

lyse) mit Entscheid durch die oberste Führungsebene erfolgt,
- Aufstellung von Aktionsprogrammen für ausgewählte Vorschläge, indem für die akzeptierten Ideen ein Terminplan zur Realisierung entworfen wird, der Verantwortlichkeiten bestimmt und Budgets veranlaßt.

In der *Realisierungphase* schließlich geht es um die
- faktische Umsetzung der Handlungsprogramme,
- Verwirklichung der verabschiedeten Maßnahmen mit oberster Priorität gegenüber anderen Maßnahmen,
- Kontrolle der Planerfüllung.

Als typische Marketingkosten stellen sich im Rahmen der Analyse folgende heraus:
- Marketingforschung (Personal, extern durchgeführte Studien, Datenbankrecherchen, Markttests, Kosten für Unterhalt eines Informationssystems),
- Marketingplanung (Expertensystem, Weiterbildung, Beratung durch Externe),
- Produktentwicklung (Forschung und Entwicklung, Patente und Warenzeichen),
- Marketingkommunikation (Werbung, PR, VKF, Sponsoring),
- Auftragserlangung (Außendienstgehälter und -nebenkosten, Provisionen, Spesen),
- Auftragsabwicklung (Auftragsbearbeitung, Verpackung, Transport, Beiträge/Gebühren/Steuern/Zölle, Finanzierung, Rechtsberatung),
- Kundendienst (Personal, Material, Versand).

Gemeinschaftsunternehmen

(→ *Unabhängigkeit)*

Gemeinschaftsuntersuchungen

(→ *Markt-Media-Analysen)*

Gemeinschaftswerbung

(→ *Kollektivwerbung)*

Gemischtwarenladen

Hierbei handelt es sich um einen Betriebstyp des Handels, der weit verbreitet ist (z. B. „Tante Emma-Geschäft"). Seine wesentlichen Kennzeichen sind die folgenden:
- enges, sehr flaches Sortiment,
- anspruchsloses Sortimentsniveau, meist täglicher Bedarf,
- starre, konventionelle Preisbildung,
- Cityrand- oder Vorortlage,
- kleinständische Betriebsform,
- geringer systematischer Einsatz des Beeinflussungs-Mix,
- Akquisition durch Ladengeschäft mit Fremdbedienung,
- stationärer Einzelstandort,
- Unabhängigkeit, evtl. horizontale Integration (Kooperation).

(→ *Einzelhandel, Betriebstypen)*

Genauigkeit von Daten

(→ *Datenbasis)*

General Electric-Ansatz

(→ *Portfolio, Neun-Felder-, Positionen)*

General Interest-Titel (GI)

(→ Zeitschriftenanzeigen)

Generalisierung

(→ Internationalisierung, Marktführung)

Generalvertreter

(→ Handelsvertreter)

Generationseffekt

(→ Kohortenanalyse)

Generic Benchmarking

(→ Benchmarking)

Generic Marketing

(→ Marketing, Struktur)

Generic Placement

(→ Placement)

Generik-Ansatz

(→ Marketing, Methoden)

Genossenschafts-Großhandel

(→ Großhandel, Betriebstypen)

Geozentrales Angebot

(→ Marktareal, Supranationales)

Gerichtsstand

(→ Angebot, Inhalte)

Geschäftsausstattung

(→ Handelsplatzauftritt)

Geschäftsfähigkeit

(→ Vertragsgrundlagen)

Geschäftsfelddefinition

Die Marktfeldstrategie umfaßt definierte Alternativen der Marktdurchdringung als Minimumaktivität durch bessere Nachfrageausschöpfung, im wesentlichen durch Abwerbung neuer Kunden von der Konkurrenz bzw. Gewinnung bisheriger Nichtkunden, der Markterweiterung als Erschließung neuer Marktbereiche durch Eindringung in funktionale Zusatzmärkte und Erschließung neuer personaler Teilmärkte, der Produkterweiterung als Betriebsinnovation durch Änderung des Programminhalts/-umfangs in vertikaler oder horizontaler Richtung und der Diversifikation als Betriebsinnovation in neuen Markträumen zur Absicherung durch konzentrische/laterale Ausweitung. In dieser Abfolge sind steigende Chancen, aber auch Risiken involviert. Insofern ist nach individueller Gewinnpräferenz und Risikoscheu eine Abwägung erforderlich. Denn mit zunehmender Zahl der Aktionssektoren im Betriebsprogramm ist mit Informationsverlusten zu rechnen, d. h. der effektiv verfügbare Informationsgrad sinkt unter den subjektiv möglichen, der wiederum unter dem objektiven bei nur modellhaft gegebener vollständiger Transparenz liegt. Innerhalb eines Aktionssektors treten die geringsten Informationsverluste auf. Konzentrische Unternehmen sind daher a priori besser informiert als diversifizierte, weil sie ihren Markt genauer kennen, sich darauf voll kaprizieren können.

Informationsverluste bewirken kostenverursachende und damit gewinnmindernde Ineffizienzen (wie Parallelarbeit, Entscheidungsverzug etc.) und heben insofern Diversifikationsvorteile zumindest teilweise wieder auf. Gleiche Führungseffizienz vorausgesetzt bedeutet dies, daß die kumulierten Zielbeiträge der Aktionssektoren eines diversifizierten Unternehmens niedriger liegen als die verschiedener, selbständiger konzentrischer. Hinzu kommt, daß das subjektive Marktrisiko umso geringer über das objektive (Mindest-) Risiko des Markts bei vollständiger Transparenz ansteigt, je besser der Informationsgrad einer Unternehmung ist, sei es aufgrund umfangreicherer Informationssammlung oder geringerer Informationsverluste. Zugleich liegen die subjektiv wahrnehmbaren (Markt-)Chancen damit umso geringer unter den objektiven (Höchst-)Chancen des betreffenden Markts. Die Grenze ökonomischer Informationssammlung liegt dort, wo die Kosten der Beschaffung und Auswertung zusätzlicher Informationen als gleich mit ihrem zu erwartenden spekulativen Nutzen eingeschätzt werden. Diversifizierte Unternehmen können im Gegenteil die Gewinnoptimierungsanforderung nicht erfüllen, wobei verbleibende Gewinnchancen durch immanente Informationsdefizite permanent gefährdet sind. Gleichzeitig wird aber das andere Unterziel der Risikolimitierung voll eingehalten. Dies wird durch eine Verteilung der Aktivitäten auf möglichst viele Aktionssektoren (Absatzgebiete/Produktbereiche) erreicht, wo man mit jeweils nur einer Aktionsvariablen vertreten ist. Das Oberziel der Unternehmung Überleben kann gleichwohl in jedem Fall besser erfüllt werden als bei konzentrischen Unternehmen, denn diesem sind niedrigere, aber dafür stabilere Gewinne eher zuträglich als sehr hohe, aber auch extrem unsichere.

Das Management hat gemäß seiner Zielfunktion, die gekennzeichnet ist durch eine individuelle Relation zwischen Gewinnpräferenz und Risikoscheu, in jedem Einzelfall das Optimum der Kombination von Aktionssektoren und -variablen festzulegen. Planrevisionen werden dabei jeweils bei Inputveränderungen erforderlich, die über einen tolerierten Mindestumfang hinausgehen. Sicher ist, daß diese Entscheidung weder beim einen noch beim anderen Extrem liegen kann, sondern immer nur irgendwo dazwischen, und zwar eher in Richtung Gewinnpräferenz, wenn das Management wagemutiger ist (z. B. bei inhabergeführten Unternehmen) oder eher in Richtung Risikoscheu, wenn es konservativer geprägt ist (z. B. bei Kapitalgesellschaften), wo die Geschäftsführung zwar nicht das eigene Vermögen einsetzt, aber den Kapitalgebern gegenüber berichts- und rechenschaftspflichtig ist. In jedem Fall liegt die vernünftigere Lösung im Bereich des diversifizierten Betriebsprogramms, so daß dessen Überlegenheit gegenüber einem konzentrisch organisierten erklärbar wird. Hinzu kommt, daß Risiken bei Eintritt bzw. Aktivität in verwandten Aktionssektoren (Märkten/Produkten) als niedriger zu bewerten sind, da der subjektive Informationsgrad dort höher liegt und damit Gewinnchancen wahrscheinlicher werden läßt. Dies spricht für Diversifikation in verwandte Absatzgebiete/Produktbereiche und gegen Eintritt/Engagement in völlig neue(n), andersartige(n) Aktionssektoren, eine Aussage, die sich auf vielfältige praktische Erfahrungen stützt. Trotzdem wird meist der Heimatmarkt/das Stammprodukt in den Vordergrund des Interesses gestellt. Dies mag emotional verständlich sein, ökonomisch ist dies jedoch nicht zu nennen. Mittelfristig stellt sich nämlich über alle Aktionssektoren hinweg eine Relation von Ertrag zu Aufwand ein, die als Effizienzmaß jeweiliger Managementqualität dient. Diese Relation gilt als Durchschnitt für alle Märkte/Produkte der Unternehmung, ist aber selbstverständlich von Unternehmen zu Unternehmen verschieden und steigt, wenn überhaupt, allenfalls degressiv entsprechend einer Lernkurve.

Besteht nun ein bevorzugter Aktionssektor, so bedeutet dies, daß dort überproportionale Betriebsmittel bereitgestellt und gebunden sind, deren Rentabilität unterdurchschnittlich bleibt. Da der Durchschnitt aber nur gehalten wird, wenn überdurchschnittlich rentable Aktionssektoren unterdurchschnittliche eskomptieren, hat dies zur Konsequenz, daß das Unternehmensergebnis sinkt. Die irrationale Gewichtung einzelner Märkte/Produkte beeinträchtigt also den Zielerreichungsgrad. Insofern birgt konsequente Diversifikation ökonomische Vorteile, die kumulieren, wenn sie sowohl auf verschiedene Absatzgebiete als auch verschiedene Produktbereiche angewendet werden, wenn also nicht nur in eine Richtung diversifiziert wird, sondern in beide. Da die Relation von Input zu Output, von Aufwand zu Ertrag, mittelfristig über alle Aktionssektoren um die individuelle Effizienzleistung oszilliert, erfolgt bei knappen Finanzmitteln, was regelmäßig unterstellt werden muß, die Auswahl der zu berücksichtigenden Aktionssektoren in absteigender Reihenfolge ihrer Zielbeiträge, und zwar so lange, bis die zur Verfügung stehenden Betriebsmittel erschöpft sind. Auf diese Weise ergibt sich ein rationaler Kompromiß zwischen Gewinnoptimierung und Risikominderung zugunsten ersterem. Zugunsten letzterem fällt das Resultat hingegen aus, wenn man umgekehrt Aktionssektoren, in aufsteigender Reihenfolge ihrer Zielbeiträge aufgelistet, so lange in das Betriebsprogramm aufnimmt, bis alle Investitionsmittel der Planperiode erschöpft sind. Das Optimum liegt zwischen der Mindestzahl von Aktionssektoren, unterhalb derer die gewünschte Gewinnstabilisierung nicht mehr möglich ist, und jener Höchstzahl, oberhalb derer der Nachteil der Gewinnminderung etwaig erzielbare Diversifikationsvorteile aufhebt.

Geschäftsfläche

(→ Ladenorganisation im Handel)

Geschäftsfreundestrategie

(→ Absatzkanal, Präsenz)

Geschäftslage

(→ Betriebstypen des Handels, Einteilungskriterien)

Geschäftslage

(→ Standort)

Geschlecht

(→ Marktsegmentierung, Kriterien)

Geschlossene Fragen

Geschlossene Fragen haben eine Vorgabe der Antwortalternativen und sind generell nur nach Vorstudien mit offenen Fragen empfehlenswert, da ansonsten entscheidende Antwortaspekte mangels angebotener Kategorie verlorengehen können. Vorteile geschlossener Fragen sind folgende.

Die Antwortvorgabe reduziert die erforderliche Denk- und Arbeitsleistung der Auskunftsperson und erleichtert damit die Antwort. Die Ergebnisse sind besser auf dem Punkt als bei offenen Fragen.

Es sind keine besonderen Ansprüche an das Ausdrucksvermögen der Auskunftsperson zu stellen. Denn dieses limitiert oft die aussagefähige Verwertung von Antworten und führt zu Fehlinterpretationen.

Ebenso sind keine besonderen Anforderungen an die Interviewer in Hinblick auf deren Schreib- und Aufnahmekapazitäten zu stellen. Sie können sich vielmehr voll auf die Gesprächsführung konzentrieren.

Eine schnelle Protokollierung der Ergebnisse ist gewährleistet. Das verkürzt Befragungszeiten und führt zu geringerer Abbruchquote bzw. zu mehr bearbeitbaren Inhalten je Interview.

Bei der Auswertung ist eine Rationalisierung durch Zeit- und Kostenersparnisse erreichbar. Die Antworten können unmittelbar, evtl. schon im Fragebogen, für die maschinelle Erfassung codiert werden.

Die Auswertung kann schnell und unter Einsatz technischer Hilfsmittel erfolgen. So erlaubt bereits ein rascher Blick über die Fragebogen einen ersten Eindruck von der Tendenz der Ergebnisse.

Die Antworten verschiedener Auskunftspersonen können problemlos miteinander verglichen werden, da sie alle auf denselben, vorformulierten Antwortkategorien beruhen.

Fehlinterpretationen sind weitestgehend ausgeschlossen. Allerdings kann es zu Fehlverständnis bei der Aufnahme der Antwortvorgaben kommen, das dann zu Verzerrungen führt.

Nachteile geschlossener Fragen sind hingegen folgende.

Es besteht die Gefahr, daß einzelne Antwortalternativen unbemerkt weggelassen werden. In diesem Fall ist eine erhebliche Verzerrung gegeben, da Auskunftspersonen ihre Position garnicht repräsentiert sehen.

Die Anzahl der zur Auswahl stehenden Alternativen ist oft nicht ausgewogen. Überwiegen positive oder negative Statements, kommt es zwangsläufig zu einer Verlagerung der Gesamtaussagen in diese Richtung.

Die Formulierung der Antwortalternativen ist nicht neutral gehalten. Es fällt leichter, etwas zu bejahen als zu verneinen. Zudem weisen Suggestivfragen eine explizite Ja-Tendenz auf.

Die Reihenfolge der Nennung der Antwortalternativen führt zu gegenseitiger Überstrahlung. Dadurch werden Antworten verzerrt.

Dennoch spielen geschlossene Fragen die größte Rolle in jeder mündlichen Erhebung. Die genannten Nachteile können dabei durch die Beachtung einiger Regeln vermieden werden:

- Die Alternativenzahl soll nicht zu klein sein, um dem Antwortenden genügend Entfaltungsspielraum zu belassen. So kann trotz der Vorgaben eine differenzierte Meinungserfassung erfolgen.
- Die Antwortkategorien sollen alle realistisch denkbaren Antwortmöglichkeiten abdecken. Vor allem ist wichtig, daß die Antwortvorgaben aus der Sicht der Befragten tatsächlich zur Frage passen.
- Die Antwortalternativen sollen sich möglichst in der gleichen Dimension bewegen. Sollen mehrere Dimensionen abgedeckt werden, sollen diese annähernd ausgewogen oder auf mehrere geschlossene Fragen verteilt sein.
- Seltene Antwortkategorien sollen in einer Kategorie „Sonstiges" zusammengefaßt werden. Diese wird dann als offene Kategorie betrachtet und in wörtlichen Formulierungen vermerkt.
- Eine offene Antwortalternative soll Raum für Antworten lassen, die durch die Vorgaben nicht abgedeckt sind. Dadurch gehen vom Befragten als wichtig erachtete, jedoch nicht vorgegebene Antworten nicht verloren.
- Bei der Reihenfolge der Antwortpositionen sind Verzerrungen durch Rotation der Reihenfolge zu vermeiden. So können Überstrahlungseffekte, wenn schon nicht vermieden, so doch zumindest ausgeglichen werden.

(→ *Mündliche Befragung*)

Geschlossenes Warenwirtschafts-System, Inhalte

Warenwirtschaftssysteme sind Organisationsverfahren zur Erfassung sowie zur zielgerichteten Verarbeitung und Aufbereitung von Warenbewegungsdaten, um durch fundierte betriebliche Entscheidungsprozesse den mengen- und wertmäßigen Warenfluß im Handel stets optimal planen, kontrollieren und steuern zu können. Die Zielerreichung setzt möglichst eine artikelgenaue, lückenlose und aktuelle Erfassung der mengen- und wertmäßigen Warenbewegungsdaten in den betrieblichen Funktionsbereichen Einkauf, Lagerhaltung und Verkauf voraus. Man unterscheidet manuelle Warenwirtschaftssysteme, die allerdings häufig nicht in der Lage sind, alle mengen- und wertmäßigen Warenbewegungsdaten mit vertretbarem Aufwand zu erfassen, aufzubereiten und zu verarbeiten, so daß man sich eher auf grobe Ergebnis- bzw. Erfahrungswerte stützen muß. Hingegen erlauben computergestützte Warenwirtschaftssysteme, aktuelle Informationen über die vielfältigen mengen- und wertmäßigen Warenbewegungen personenunabhängig, überschaubar und wirtschaftlich bereitzustellen. Dabei sind sowohl sog. Soft Savings möglich, also strategische Vorteile aus aktueller und ausführlicher Information als auch sog. Hard Savings, die durch eine rationellere Gestaltung der Arbeitsabläufe zu einer direkten Kostensenkung führen. Dabei wird eine individuelle oder standardisierte Artikelcodierung vorausgesetzt, die in die EDV eingelesen und dort zielgerichtet verarbeitet werden kann.

Moderne Betriebstypen des Handels sind mit Geschlossenen Warenwirtschafts-Systemen (GWWS) ausgestattet. Diese hängen eng mit der physischen Distribution zusammen. Die Aufgaben umfassen die Disposition, das Bestellwesen, die Wareneingangserfassung, die Rechnungskontrolle, die Warenausgangserfassung, die Kassenabwicklung und die Informationsableitung daraus. Dazu ist EDV-Stützung erforderlich. Daraus lassen sich vielfältige Managementinformationen erstellen. Eine wichtige ist die permanente Inventur durch steten Abgleich der Soll- mit den Istbeständen. Ebenso können Umsätze, Absätze, Spannen, Deckungsbeiträge, Aktionsergebnisse, Sortimentsverbünde etc. nach Artikeln, Zeiträumen, Standorten etc. ausgewiesen werden. In Netzen werden verteilte Aufgaben wahrgenommen. Ein Zentralrechner wird von Satelittenrechnern vor Ort (Distributed Data Processing) unterstützt bzw. Satellitenrechner erlauben die Ausführung von Operationen, ohne den Zentralrechner zu belasten. In gleicher Weise ist eine Anbindung mit Lieferanten (Hersteller, Großhandel) möglich, so zum Bestell-, Liefer- und Rechnungsdatenaustausch, zur elektronischen Zahlungsabwicklung und zur Marktdatenkommunikation in Coorganisation. In gleicher Weise sind Kunden einbindbar, etwa bei Formen des Electronic Cash. Basis ist damit die vollständige Datenerfassung beim Wareneingang, bei der Warenlagerung und beim Warenausgang durch EAN-Code und Scanner-Check Out. Dadurch wird erstmals eine exakte Erfolgszurechnung am Handelsplatz möglich. Folge ist die optimierte, artikelgenaue Placierung von Waren mit Hilfe von Computerprogrammen in Abhängigkeit von Einstandspreis, Verkaufspreis, Umschlaggeschwindigkeit, Regalplatzbeanspruchung, indirekten Vergütungen (z. B. WKZ's) und Handlungskosten. Aus diesen Daten läßt sich dann eine aussagefähige Erfolgskontrolle ableiten, die dem Deckungsbeitrag ähnlich ist (vgl. *Pepels, Werner:* Handels-Marketing und Distributionspolitik, Stuttgart 1995).

Geschlossenes Warenwirtschaftssystem, Module

Warenwirtschaftssysteme bestehen aus drei Erfassungsmodulen und beliebigen Ausgabemodulen. Die Erfassungsmodule wiederum betreffen den Wareneingang, die Warenlagerung und den Warenausgang.

Das Wareneingangsmodul befaßt sich mit der artikelspezifischen Wareneingangserfassung. Es ist gekoppelt an den Abgleich der Bestellung und damit verbundene Fehlermeldungen bzw. Korrekturen sowie mit der Bewertung und der Lagerbestandsführung. Die Wareneingangserfassung ist zugleich Basis der Rechnungskontrolle. So wird eine Soll-Rechnung (Pro-Forma-Rechung) erstellt, die mit der Lieferantenrechnung abgeglichen wird. Beim Wareneingang werden folgende Daten festgehalten: Art der angelieferten Waren, Lieferant dieser Waren, Menge/Sortierung der angelieferten Waren, Wareneingangstermin, Übereinstimmung der Lieferung mit dem Auftrag.

Das Bestell- und Lagermodul unterstützt die Disposition durch Berücksichtigung von Bedarf, Lieferzeit, Umschlaghäufigkeit, Mindestbestellmenge, Konditionen etc. Entsprechende Bestellvorschläge werden automatisiert erstellt und bei Freigabe übermittelt. Teilweise wird auch automatisch bestellt, indem die Bestandsführung optimiert, die Lieferanten selektiert und die Distribution vom Zentrallager oder über Strecke vorgegeben wird. Bei der Warenlagerung wird dazu festgehalten: Art der gelagerten Waren, Menge/Sortierung der gelagerten Waren, Dauer der Lagerung (als Differenz zwischen Anlieferung und Verkauf), Regalflächenbeanspruchung der Waren, Placierung der Waren.

Das Warenausgangsmodul ist mit dem Kassensystem gekoppelt. Es ermöglicht eine Kanban-Beziehung, bei der Bestellvorgänge erst ausgelöst werden, wenn die Regal- bzw. Lagersituation dies anzeigt und nur in dem Umfang bestellt wird, wie durch Abverkäufe veranlaßt. Dadurch können Lagerbestände (und daraus resultierende Kapitalbindung) minimiert werden. Dabei werden schließlich folgende Daten festgehalten: Art der verkauften Waren, Menge/Sortierung der verkauften Waren, Kaufverbund von Artikeln, Warenausgangstermin, Warenausgangspreis. Dabei sind folgende Bereiche einbezogen:

- am POS: Kundenabrechnung, Kassieren/Geldverantwortung, Warenausgangserfassung, Preisfindung, Kassiererbericht, Geldabrechnung/Kontrolle, Information/Bericht nach Umsatz, Kunden, Zeit, Tagesabschluß Kassenverbund,
- in der Filialverwaltung: Warenausgangsbericht/Tag, Zeit-/Frequenzanalyse, Datenfernübertragung, kumulierte Tagesinformationen/Berichte, Warenzugangserfassung, Preisauszeichnung, Personaleinsatzplanung, permanente Inventur,

- in der Zentraladministration: Warenbestandsführung, Erfolgsrechnung/-kontrollen, Personalplanung, Limitrechnung, Warenlogistik, Finanzbuchhaltung, Finanzplanung, Lohn- und Gehaltsabrechnung.

Die Ausgabemodule betreffen vor allem die folgenden Inhalte:

- Bestellung und Wareneingang. Hier erfolgen Erfassung, Verwaltung und Ausdruck von Bestellvorschlägen, Erfassung, Korrektur und Ausdruck von Bestellungen, automatische Nachbestellung nach festen Entscheidungsregeln (Bestelldoktrinen), Erstellung von Wareneingangsscheinen und -protokollen sowie Auskunft über offene Bestellungen und Bestellrückstände.
- Preise. Hier erfolgen Erfassung, Verwaltung und Ausdruck von Preisen und Preisänderungen.
- Lager. Hier erfolgt die Lagerbestandsverwaltung (Lagerplätze) und die Ausgabe von Artikelbewegungsprotokollen.
- Warenausgang. Hier erfolgt die Erfassung der Lagerentnahme und des Warenausgangs.
- Rechnungswesen. Hier erfolgt die Rechnungskontrolle, die Rechnungserstellung und -verwaltung und die Vernetzung mit den Kassen (Check Out).
- Analyse und Statistik. Hier erfolgen kurzfristige Erfolgsrechnung, Artikel- und Warengruppenanalyse sowie die Aktionsauswertungen.

Geschmacksmuster

(→ *Gewerblicher Rechtsschutz)*

Gesellschaftsschicht

(→ *Soziale Schicht)*

Gesplitteter Absatz

Beim Gesplitteten Absatz handelt es sich um eine besondere Form der Paralleldistribution mit Belieferung sowohl auf einstufig indirektem als auch zweistufig indirektem Absatzweg. Bei ersterem handelt es sich typischerweise um Großbetriebsformen des Einzelhandels in überschaubarer Anzahl und hoher Erfolgsgewichtung (sog. A-Kunden), bei letzterem um sog. C-Kunden, deren unmittelbare Betreuung unwirtschaftlich scheint und die deshalb durch zwischengeschaltete Großhändler betreut werden. Als Besonderheit wird dabei mit der Großhandelsstufe abgestimmt, welche Einzelhändler unmittelbar und welche nur mittelbar durch den Hersteller bedient werden sollen. Dazu wird zunächst mit den beteiligten Geschäftspartnern eine unverbindliche Absichtserklärung geschlossen, wonach sich der Hersteller verpflichtet, nur noch mit ausgewählten Großhändlern zusammenzuarbeiten, während diese sich ihrerseits verpflichten, nur ausgewählte Einzelhändler zu beliefern. Zu deren Auswahl werden objektive Kriterien definiert (wie Standort, Serviceumfang, Ausstattung etc.). Großhändler, die ein Mindestabsatzpotential entsprechender Einzelhändler nachweisen, qualifizieren sich für einen Vertrag. Die dabei angeführten Einzelhändler sind ab sofort tabu für die Herstellerakquisition. Gleichzeitig darf der Großhändler keine anderen Einzelhändler, als die benannten, mit der Herstellerware beliefern. Die Einzelhändler verpflichten sich ihrerseits, die Vertragsware ausschließlich bei ihrem Großhändler zu beziehen, deren Endabsatz nach Kräften zu fördern und Querlieferungen zu unterlassen. Dafür erhalten sie vom Hersteller über den Großhandel Absatzförderungsunterstützungen. Problematisch ist die Zuordnung von Einzelhändlern, die vordem die Vertragsware bei mehreren Großhändlern bezogen. Praktisch bedeutet dies, daß Großhändler Anträge von Einzelhändlern mit gutem Absatzpotential abgeben, für die ein Händlerprofil eingereicht wird, worauf die Einzelhändler einen Zulassungs- und Verpflichtungsschein erhalten (Inhalt u. a.: Bezug nur bei Großhändler, Absatz nach besten Kräften unterstützen, nur an Endverbraucher liefern). Die Großhändler verpflichten sich, nur bei zugelassenen Einzelhändlern zu akquirieren und keine anderen Abnehmer zu beliefern (Weiterveräußerung ausgeschlossen), den Absatz nach Kräften zu unterstützen, Kunden zu pflegen etc. Einzelhändler, die nicht gut betreut werden, können dabei einem anderen Großhändler zugeschlagen werden. Eine Jahresumsatzvereinbarung erfolgt z. B. bis 15.2. d.J., die Meldung des Monatsbestands bis zum 10. des Folgemonats. Über Verkäufe wird Buch geführt. Bei Vereinbarungserfüllung gibt es einen Bonus, bei Untererfüllung läuft der Vertrag aus.

(→ Abstimmung auf den Handelsstufen)

Gestaltpsychologie

(→ Wahrnehmung, Gesetzmäßigkeiten)

Gewerblicher Rechtsschutz

Der Gewerbliche Rechtsschutz hat vor allem die Funktion, eine optimale Abfolge von Vorstoß und Verfolgung zu gewährleisten. Marktvorsprünge werden im Wettbewerb durch Vorpreschen dynamischer Anbieter herausgearbeitet, die die damit verbundenen Risiken jedoch nur einzugehen bereit sind, wenn sie davon ausgehen können, daß diese durch ihnen zuwachsende Vorteile überkompensiert werden. Ist dies nicht der Fall, z. B. weil Nachahmer unter Umgehung dieser Risiken das gleiche Angebot unverzüglich und womöglich kostengünstiger verfügbar machen können, wird jeder Vorstoß unterbleiben. Insofern besteht ein gesellschaftliches Interesse daran, dem Innovator einen temporären Schutz vor Nachahmern zu gewähren. Dieser darf aber nicht zu einer monopolartigen Stellung führen, die die Gefahr der mißbräuchlichen Ausnutzung zur Marktbeherrschung beinhaltet. Daher darf der Zeitraum zwischen Vorstoß und Verfolgung weder zu kurz noch zu lang sein. Als Regulativ dienen dabei die Gewerblichen Schutzrechte.

Im einzelnen handelt es sich dabei um die folgenden.

Das *Patent* schützt den geistigen Gehalt von Ergebnissen erfinderischer Tätigkeit auf dem Gebiet der Technik, der sich in körperlichen Gegenständen, Stoffen oder Verfahren manifestiert und physikalische, chemische oder funktionale Eigenschaften des Produkts betrifft. Voraussetzung sind die Anleitung zu technischem Handeln, der Neuheitscharakter, die erfinderische Tätigkeit und die gewerbliche Verwertbarkeit. Der Schutz gilt 20 Jahre auf dem Gebiet der BRD. Die Anmeldung erfolgt schriftlich beim Patentamt (Patenterteilungsantrag, Patentansprüche, Erfindungsbeschreibung, Zeichnungen, Zusammenfassung, Erfinderbenennung etc.). Danach werden auf Antrag die formellen und materiellen Schutzvoraussetzungen geprüft. Bei Patenterteilung bestehen die alleinige Nutzungsbefugnis und das Recht auf Ausschluß Dritter von dieser Erfindung. Bei Zuwiderhandeln bestehen Unterlassungs-, Entschädigungs- und Schadensersatzansprüche. Auf Antrag erfolgt auch Strafverfolgung.

Das *Gebrauchsmuster* schützt den geistigen Gehalt erfinderischer Tätigkeit auf technischem Gebiet, der sich in Arbeitsgeräten und Gebrauchsgegenständen manifestiert, die Produktfunktion, physikalische und funktionale Eigenschaften des Produkts betreffend. Voraussetzung ist eine Gestaltung, Anordnung oder Vorrichtung, die dem Arbeits- und Gebrauchszweck dient, die neu ist, einen erfinderischen Schritt darstellt und gewerblich verwertet werden kann. Der Schutz gilt 3 Jahre auf dem Gebiet der BRD und ist um nochmals 3 und 2 Jahre verlängerbar. Die Anmeldung erfolgt schriftlich beim Patentamt (Erfindungsbezeichnung, Erfindungsbeschreibung, Schutzansprüche, Zeichnungen/Modell etc.). Die Eintragung erfolgt nach Prüfung nur der formellen Schutzvoraussetzungen. Eine materielle Prüfung erfolgt erst bei Löschungsantrag eines Dritten, dem der Schutzrechtsinhaber binnen Monatsfrist widerspricht. Es entstehen die alleinige Nutzungsbefugnis und das Recht auf Ausschluß Dritter von der Erfindung. Zuwiderhandeln zieht Unterlassungs-, Entschädigungs-und Schadensersatzansprüche und evtl. Strafverfolgung nach sich.

Das *Geschmacksmuster* schützt den ästhetischen Gehalt individueller Leistungen, die auf überdurchschnittliche gestalterische Begabung zurückzuführen sind, also geschmackliche, visuell erfaßbare Eigenschaften des Produkts. Voraussetzungen sind eine äußere Formgebung, die sich in einer Raum- oder Flächenform manifestiert, deren gewerbliche Verwertbarkeit, der Neuheitscharakter und ihre Eigentümlichkeit. Der Schutz gilt 5 Jahre auf dem Gebiet der BRD und ist um jeweils 5 auf maximal 20 Jahre verlängerbar. Die Eintragung erfolgt beim Patentamt mit der Anmeldung in schriftlicher Form unter Beifügung der photographischen oder sonstigen graphischen Darstellung des Musters oder Modells. Daraus folgen die alleinige Nutzungsbefugnis und das Recht auf Ausschluß Dritter von der Nachbildung des Musters/ Modells. Die Benutzung einzelner Motive ist möglich. Zuwiderhandeln bewirkt Unterlassungs-, Entschädigungs- und Schadensersatzansprüche, auf Antrag auch Strafverfolgung.

Die *Ausstattung* schützt den werbenden Gehalt sämtlicher optischer und akustischer Gestaltungen, die durch ihre besondere Form neben Waren und Diensten selbständige Immaterialgüter darstellen, also ästhetische, visuell wahrnehmbare Eigenschaften des Produkts bzw. symbolische Eigenschaften der Unternehmensleistung. Voraussetzung sind die Verkehrsgeltung innerhalb der beteiligten Verkehrskreise und die tatsächliche Benutzung der Ausstattung. Die Schutzdauer erstreckt sich auf die Dauer und das Gebiet der Verkehrsgeltung mit dem Zeitpunkt der Erlangung dieser Verkehrsgeltung. Sie konstituiert die alleinige Nutzungsbefugnis und das Recht auf Ausschluß Dritter von der Nutzung der Ausstattung. Zuwiderhandeln zieht Unterlassungs- und Schadensersatzansprüche nach sich, evtl. auch Strafverfolgung.

Gewichtung von Zielen

(→ *Zielsetzungen im Marketing*)

Gewinnvergleichsmethode

(→ *Wirtschaftlichkeitsrechnung*)

Gewohnheitskauf

(→ *Wahlentscheid*)

Giffen-Effekt

(→ *Nachfrageeffekte*)

Glättungsberechnungen

Die Exponentielle Glättung (Exponential Smoothing) ist eine Sonderform der Berechnung des gewogenen Durchschnitts bzw. Trends, der alle verfügbaren Beobachtungswerte zur Prognose umfassen soll. Dabei wird unterstellt, daß eine unendliche Reihe von Vergangenheitswerten vorliegt, deren Daten sich mit zunehmendem Gegenwartsabstand immer geringer auf die Prognosegröße auswirken. Daher werden, auch aus Praktikabilitätsgründen, die Vergangenheitsdaten kontinuierlich umso stärker gewichtet, je näher sie an der Gegenwart liegen, ferne Daten werden auf die Gegenwart „diskontiert". Aktuelle Prognosefehler werden so bei der folgenden Prognose berücksichtigt. Von Bedeutung ist dabei die Wahl des über die Zeit weg konstanten Glättungsfaktors, also der relativen Gewichtung der Ursprungsdaten. Damit wird die Reagibilität auf Strukturveränderungen und Zufallsschwankungen bestimmt. Bei relativ ungestörter Entwicklung kann er klein gehalten werden, je größer er ist, desto schneller passen sich die geglätteten Mittelwerte einer Strukturveränderung an. Ein großer Wert gewichtet also die neueren Zeitreihenwerte gegenüber den älteren sehr stark, was bei Auftreten eines Strukturbruchs angemessen sein kann, ein geringer Wert gewichtet die älteren Zeitreihenwerte höher als die neueren, was angebracht sein kann, hält man aktuellere Werte eher für einen „Ausrutscher". Bei einem großen Wert passen sich die geglätteten Mittelwerte schneller einer Strukturveränderung an als bei einem kleinem Wert. Gute Erfahrungen werden mit Werten um 0,2 gemacht. Der Glättungsfaktor kann auch dynamisch verändert und Entwicklungen angepaßt werden.

Bei der Glättung 2. Ordnung werden die Glättungswerte 1. Ordnung als Beobachtungswerte interpretiert, auf die das Glätten 1. Ordnung dann wiederum angewendet wird. Dies ist erforderlich, wenn die zugrundeliegende Zeitreihe einen Trend aufweist.

Als Vorteile sind folgende festzuhalten. Die Exponentielle Glättung ist leicht verständlich und durchführbar, da sie sich nur der elementaren Rechenverfahren zur Bestimmung des Prognosewerts bedient. Dadurch ist sie auch gut auf PC's zu bearbeiten. Die Prognose wird durch einen einzigen Parameter, der zudem dynamisch anpaßbar ist, bestimmt und ist damit willkürlichen Eingriffen entzogen. Die Verfahrensschritte sind leicht durchschaubar und plausibel, sodaß die Prognoseergebnisse und ihre Begründung gut kommunizierbar sind. Daher ist dieses Verfahren sehr weit verbreitet.

Nachteile liegen darin, daß ein gleichbleibender Strukturverlauf unterstellt wird und ausschließlich Vergangenheitsdaten einbezogen werden. Das Verfahren berücksichtigt zudem keine kausalen Einflußfaktoren auf die Zeitreihe, sondern nur die Zeit selbst. Dies ist aber problematisch, da andere Faktoren als die Zeit auf die Vergangenheitswerte eingewirkt haben mögen. Es ist unbefriedigend, daß der entscheidende Glättungsfaktor nicht objektiv bestimmt, sondern nur subjektiv justiert werden kann. Die Minimierung der exponentiell gewogenen quadratischen Abweichungen ist zudem womöglich sinnlos, denn, wenn diese Schätzfehler auf reinen Zufallsschwankungen beruhen, dann werden sie auch für die Zukunft bestehen bleiben, brauchen also nicht minimiert zu werden, oder, wenn diese Schätzfehler systematisch verursacht sind, dann wäre es richtig, diese systematische Einflußgröße als unabhängige Variable einer Regressionsfunktion zu wählen, statt die Zeit, die offensichtlich ja keinen allein bestimmenden Einfluß hat.

(→ Prognose)

Gleitender Durchschnitt

(→ Durchschnittsberechnungen)

Gliederungszahlen

(→ Kennziffern)

Global Advertising

Dem Global Advertising liegen einige allgemein betriebswirtschaftliche Hypothesen zugrunde:

- Mit hohen Produktionsauflagen ist Kostendegression verbunden. Niedrige Kosten bedeuten zugleich hohe Wettbewerbsfähigkeit.
- Dieser Effekt tritt jedoch nur ein, sofern das Produktprogramm in hohem Maße homogen (standardisiert) ist.
- Standardisierung wiederum bedarf einer Zentralisation der Betriebsfunktionen, vor allem der Führung.

Davon abgesehen, lassen sich die Thesen in bezug auf die Kommunikation auf zwei weitere Bereiche wie folgt zurückführen (vgl. *Pepels, Werner:* Kommunikationsmanagement, Stuttgart 1994).

Grenzüberschreitende Kommunikation läßt sich danach aufgrund moderner Übertragungstechniken (vor allem Satelliten) überhaupt nicht mehr verhindern. Bislang stellten nationalstaatliche Grenzen wirksame Barrieren für den Informationsfluß zwischen Märkten dar. Insofern war auch die Kommunikation national ausgerichtet. Dies ist nunmehr in erhöhtem Maße nicht mehr der Fall. Seit extraterrestrische Sendestationen in Betrieb sind, seit die Verkabelung mit deutlich erweitertem Programmangebot ausländischer Hörfunk- und Fernsehsender progressiv fortschreitet, wird auch der Informationsfluß über Ländergrenzen hinweg begünstigt (Media Overspill). Dadurch treten teilweise autonom gewachsene Kulturen in verstärkten informatorischen Kontakt zueinander und folglich auch unterschiedliche, weil autonom entwickelte Werbekonzepte. Daraus kann, leicht einleuchtend, der Nachteil erwachsen, daß der Käufer einer Marke in einem Land nun für ihn überraschend mit der mehr oder minder abweichenden Botschaft der gleichen Marke, die eigentlich für ein anderes Land bestimmt ist, konfrontiert wird. Daraus können Irritation und Verunsicherung des Käufers über sein ihm vertrautes Markenbild entstehen. Dies mag, hinreichende Penetration und Nachhaltigkeit vorausgesetzt, sogar in Kaufabstinenz (Markenwechsel) durch kognitive Dissonanz münden. Ein Szenario, das für jeden Markenartikler alarmierend wirken muß. Tatsächlich sind grenzüberschreitender Kommunikation noch einige Limitationen gesetzt, vor allem durch das technisch noch nicht befriedigend gelöste Sprachübertragungsproblem, die beschränkten Sendekapazitäten der Satelliten, die ebenso beschränkten Empfangsmöglichkeiten, vor allem aber durch das limitierte Potential global vermarktbarer Angebote, z. B. durch abweichende Markennamen.

Der zweite Bereich betrifft die immer günstiger werdenden Voraussetzungen grenzüberschreitender Kommunikation durch konvergente Sozialstrukturen. Die modernen Industriegesellschaften der westlichen Welt haben nach dem 2. Weltkrieg fast parallel einen enormen Aufschwung erlebt. Damit einhergegangen ist eine im wesentlichen gleichartige Entwicklung der nationalen Sozialstrukturen. So sollen heutzutage die jungen Leute, die Manager, die Hausfrauen etc. verschiedener Länder einander nach Einstellung und Verhalten mehr ähnlich sein als innerhalb eines Landes jeweils untereinander. Damit wird es für Hersteller, die sich international an eine einigermaßen trennscharf eingrenzbare Zielgruppe wenden, was regelmäßig wohl der Fall ist, möglich, innerhalb verschiedener Länder dennoch gleich Anspracheformen und -inhalte einzusetzen. Daraus erwächst als Vorteil eine günstige Relation von Entwicklungs- und Produktionskosten einerseits zu damit verbundenem Schaltvolumen andererseits. Denn für eine Marke müssen nicht mehr unbedingt länderspezifische Werbekonzepte und zugehörige Umsetzungen erarbeitet und bezahlt werden. Stattdessen wird einmal gedacht und gefinished, das aber umso gründlicher und von vornherein generalisierend, umfassend und einheitlich. Dadurch verbessert sich das Verhältnis von Vor- zu Streukosten. Selbst aufwendige Umsetzungen rechnen sich somit, weil sich deren Kosten auf mehr Einschaltungen verteilen.

Zusammengefaßt lauten die kommunikativen Kernvorteile des Global Advertising also:

- Vermeidung von Irritationen über die Markenkernaussage infolge transnational divergierender Botschaften nach Inhalt und Form,
- Günstige Relation von Entwicklungs-/Produktionsaufwand zu Einschaltkosten durch Mehrfachnutzung der Vorlagen bzw. Realisierung bestimmter Werbemittel und Finishlevels erst durch die Möglichkeit der Umlage von Kosten auf verschiedene, nationale Budgets.

Allerdings bietet auch das vordem praktizierte Domestic Advertising handfeste Vorteile. Denn trotz der möglichen Annäherung internationaler Kulturstrukturen, die im Detail durchaus umstritten bleibt (Multi Options Society nach Naisbitt), gibt es in Abhängigkeit vom Angebotsumfeld durchaus noch genügend signifikante Unterschiede, die nach nach Inhalt und Form verschiedenartiger Ansprache verlangen. Diese Marktspezifika sind nun für den Anbieter um so besser nutzbar, je treffender, markanter, spitzer Konzept und Umsetzung eine Marke werblich profilieren und abgrenzen. Oder umgekehrt, etwaige unvermeidliche oder beabsichtigte Generalisierungen in der Kommunikation führen beinahe zwangsläufig zu Effizienzeinbußen, die bei gegebenen nationalen Vermarktungsbedingungen eben nur durch jeweils spezifisch darauf abgestimmte Werbemaßnahmen optimal genutzt und beeinflußt werden können. Das bedeutet, daß den genannten Vorteilen des Global Advertising zumindest der bedeutsame Nachteil geringerer Effizienz gegenübersteht, was um so schwerwiegender ist, als dies die Kernanforderung an jede Kommunikationsleistung darstellt. Im Grunde dreht sich die Diskussion um Global Advertising denn auch um die Abwägung dieser Vor- und Nachteile gegeneinander. Die Befürworter gewichten die potentiellen Vorteile der Botschaftskonsistenz und Realisationskosten-Einsparung höher als den möglichen Nachteil der Einbuße an kommunikativer Effizienz. Und bei den Gegnern ist diese Wertung genau entgegengesetzt.

Global Marketing

(→ *Gebietsausdehnung)*

»Goldener Käfig« im Marketing

(→ *Marktfluktuation)*

»Goldgrube« im Marketing

(→ *Marktfluktuation)*

Gompertz-Funktion

(→ *Sättigungsfunktionen)*

Grafikkommunikation

Für die Grafikkommunikation ergeben sich innerhalb der Neuen Medien folgende Möglichkeiten:

- *PC-Animation*: Darunter sind ein- oder vielfarbige Bildschirmpräsentationen zu verstehen, die durch Computer-Software so gesteuert werden, daß eine gezielte Informationsübermittlung möglich wird. Durch Effekte (z. B. Bildschirmaufbau, Fondfarben, Schriften) sind vielfältige, abwechslungsreiche Darbietungen möglich. Kommt der Ton hinzu, entsteht eine Multimedia-Präsentation, die herkömmliche Diaschauen alt aussehen läßt. Multimedia-Software koordiniert dabei alle Systemkomponenten standardisiert oder individuell programmiert. Der Einsatz bietet sich bei In House-Veranstaltungen, auf Messeständen oder am Handelsplatz an.
- *CD-I*: Dabei handelt es sich um einen digital codierten, berührungslos laserabgetasteten Datenträger, der über intelligente Software eine Interaktion mit dem Benutzer ermöglicht. Dieser kann die Informationsabfolge und -darbietung des Datenträgers abweichend von der Standardreihenfolge oder gemäß eigenem Ermessen individuell steuern. Die Software sorgt dabei für logische Verknüpfungen. Dadurch können etwa interaktive POS-Demonstrationen gefahren werden.
- *Fernzeichnen* (Textfax): Dabei handelt es sich um eine Kombination aus Teletex und Telefax. Teletex ermöglicht die Übertragung von Daten über ein öffentliches Netz von einem PC zum anderen, Telefax ermöglicht die Übertragung von Abbildungen. Textfax stellt nun insofern eine Kombination dar, als von PC zu PC Grafiken übertragen werden können. Dazu werden die entsprechenden Daten aus dem Computerspeicher über eine spezielle Schnittstelle in das öffentliche Netz eingegeben und andere Ende wieder in einen Computerspeicher eingelesen, von wo sie wie „normale" Daten behandelt werden können.

(→ *Neue Medien)*

Grafikprogramme

(→ *Desk Top Publishing, Software)*

Grauer Markt

(→ Direktvertrieb über Repräsentanten)

Gravitationsmodell

(→ Standortwahl, Raumgebiets-Modell)

Gremienorganisation

Eine Koordinationsform stellt die Gremienorganisation dar. Sie ist eine Kombination aus Funktions- und Objektorientierung und bedingt-hierarchisch dauerhaft ausgelegt. Gremien sind Personenmehrheiten, denen bestimmte Aufgaben zur Lösung übertragen werden. Regelmäßig handelt es sich um Daueraufgaben, für die ein ständiges Gremium (Komitee, Kommission, Ausschuß) eingerichtet wird, das sich in regelmäßigen Abständen berät (Unterschied zum Projekt). Die Teilnehmer sind für die Zeit der Gremienarbeit von ihrer hauptamtlichen Tätigkeit befreit (Unterschied zum Team). Das Gremium dient nur der Information, Beratung und Entscheidung, nicht der Ausführung (Unterschied zur Zentralabteilung). Je nachdem, aus welchen Positionen der Hierarchie es sich zusammensetzt, kann es sich um gleichrangige Instanzen, hierarchisch verbundene oder unverbundene Stellen handeln. Es dient vor allem der Koordination von Plänen, verbesserter Informationierung und der Vermeidung von Mehrfacharbeiten bzw. der Nutzung von Synergieeffekten. Dies ist umso nötiger, je größer und unübersichtlicher der Betrieb geworden ist.

(→ Organisation)

Grenzplankostenrechnung

(→ Deckungsbeitragsrechnung, Moderne Varianten)

Grid

(→ Leitungsgitter)

Griechisch-lateinisches Quadrat

(→ Formales Experiment)

Gross Rating Points (GRP)

(→ Bruttokontaktsumme)

Größeneffekte, Dynamische

Den dynamischen Größeneffekten liegen empirische Erkenntnisse zugrunde, die auf drei Ursachenbereiche schließen lassen, technischen Fortschritt, Lernerfahrung und Rationalisierung. Zunächst zum *technischen Fortschritt.*

Für Unternehmen hoher Ausbringung lohnt sich der Umstieg auf eine leistungsfähigere Technologie bereits frühzeitig, wenn sich abzeichnet, daß vorhandene technische Potentiale begrenzt bleiben, während Andere Investitionsrisiken noch scheuen und versuchen, bestehende Technologien auszureizen. Spezialisierte Anlagen ermöglichen bei höherem Fixkostenblock geringere direkte Kostenanteile und damit fallende Gesamtstückkosten. Typisch für Neuerungen ist, daß sie mit größeren Anschaffungskosten verbunden sind, dafür aber geringere laufende Kosten verursachen, sofern Vollauslastung besteht. Denn die niedrigeren variablen Stückkosten werden durch höhere Spezialisierung erkauft, wobei diese wiederum die Anpassungsflexibilität einengt. Demgegenüber sind Mehrzweckanlagen durch höhere variable Stückkosten gekennzeichnet, bieten aber die Chance, bei Auftragsfriktionen ohne oder durch nur leichte Umrüstungen für andere Produkte genutzt zu werden. Eine derartige Struktur ist jedoch kaum geeignet, Kostenvorteile auszuschöpfen, so daß der Erfolgstrend in Richtung Einzweckanlagen geht. Hier schafft technischer Fortschritt allerdings rasche Entwertung und damit Anlaß zu Umstieg auf die jeweils neueste Technologie. Diese erfordert wegen der höheren Fixkostenbelastung regelmäßig höhere Stückzahlen, um absolut kostengünstiger zu bleiben (= mutative Betriebsgrößenvariation). Dies lohnt sich nur für Großbetriebsformen oder Unternehmen, die durch Produktunifizierung in einer Marktnische hohe Outputlevels erreichen. Selbst dann fällt es Großunternehmen leichter, die damit verbundenen Finanzierungsrisiken zu tragen, zumal diese oft durch Innenfinanzierung stattfinden. Wer also weder über die Auslastung hoher Stückzahlen noch über Finanzierungsmöglichkeiten verfügt, bleibt vom Nutzen technischen Fortschritts in der Anwendung mehr oder minder ausgeschlossen.

Der Nutzen der *Lernerfahrung* beruht auf der individuellen Ansammlung von Wissen bei Experten mittels Transparenz, Effizienz und Kompetenz. Denn es entspricht der Erfahrung, daß eine intensive Auseinandersetzung mit einem Markt im großen Stil Lerneffekte bewirkt, die einen Vorsprung vor anderen Anbietern gewähren. Insb. ist es dadurch möglich, im Zeitablauf kontinuierlich oder bei Verschärfung der Wettbewerbsintensität fallweise Preissenkungen entlang der sinkenden Stückkostenkurve vorzunehmen und damit die Marktpräsenz zu sichern. Lernkurveneffekte beschränken sich jedoch im weitesten Sinne auf den Produktionsbereich bzw. die Fertigungskosten. Eine wesentliche Voraussetzung für Lernerfahrung ist Spezialisierung. So basiert das enorme Wachstum wirtschaftlicher Tätigkeit auf Arbeitsteilung. Durch die Aufsplittung komplexer Gesamtvorgänge in homogene Einzelvorgänge und deren Zuweisung auf Arbeitskräfte, oder allgemeiner Produktionsfaktoren, kann die Produktivität dramatisch gesteigert werden. Zumal wenn effiziente Produktionsbedingungen und motivatorisches Arbeitsumfeld gewährleistet sind. Diese Arbeitsteilung kann sich nun zwischenbetrieblich oder innerbetrieblich vollziehen. In jedem Fall resultieren daraus Lernkurveneffekte. Diese sind umso größer, je intensiver die Auseinandersetzung mit einer Materie erfolgt. Diese Intensität ist nun wiederum vom Ausmaß der Beschäftigung abhängig, das mit dem Geschäftsvolumen wächst. So verfügen Großanbieter über mehr und besser qualifizierte Mitarbeiter, läßt die größere Absatzbasis die Risiken von Trial & Error leichter eingehen, womit die Suche nach Optimierungsmöglichkeiten auf fortgeschrittenem Niveau nachhaltiger betrieben wird. Betriebliche Teilbereiche können weiter detailliert und mit Spezialisten besetzt werden. Dadurch nehmen die Qualität der Leistungen, die Optimierung bestehender und die Nutzung neuer Arbeitstechniken weiter zu, und zwar mit steigender Ausbringung auf einem Markt (= Marktanteil).

Die *Rationalisierung* betrifft Mengenvorteile bei den Produktionsfaktoren in Fertigung, Absatz und Beschaffung durch Substitution von Arbeit mittels Kapital und Einsatzanpassung bei limitationalen Wertschöpfungsprozessen. Des weiteren kommen Spezialisierung (= Produktunifizierung) und Individualisierung (= Nischenpolitik) als Vorteilsquellen in Betracht, die eine konzentrierte Marktbearbeitung mit relativer Aufwandsreduktion erlauben. Rationalisierung bewirkt auch, daß eine relative Marktsicherheit erreicht wird. So ist eine gegebene Absatzmenge mit zunehmendem Rationalisierungsgrad zu immer niedrigeren Stückkosten darstellbar. Besteht nun Preisdruck von außen an einem Markt, so kann der kostengünstigere Anbieter unter Erhaltung einer Gewinnspanne im Preis nachgeben, während der kostenungünstigere Anbieter bereits vom Markt ausscheidet. Außerdem kann der rationeller arbeitende Anbieter initiativ den Preis senken, um weniger rationell arbeitende Anbieter vom Markt auszuschließen und deren Marktanteile zu übernehmen. Die relativ höchste Marktsicherheit hat in beiden Fällen der kostengünstigste Anbieter. Unterstellt man nun einen positiven Zusammenhang zwischen Absatz und Kostensituation, so ist der größte zugleich der beständigste Anbieter. Diese Überlegung führt zum Ziel der Marktführerschaft. Kumulierte Marktanteile führen somit nicht nur zu größerer Erfolgsspanne aus dem wachsenden statischen Produkt von Absatzmenge und Stückgewinn, sondern zusätzlich zu überproportional wachsender Erfolgsspanne. Von vom Markt ausscheidenden Anbietern zuwachsende Marktanteile verbessern so die Wettbewerbsposition dramatisch und bewirken weiteres Übernahmepotential. Im Effekt führt dies zu jener gigantischen Konzentration, wie sie an vielen Märkten bereits seit geraumer Zeit zu beobachten ist.
(→ *Erfahrungskurvenkonzept*)

Größeneffekte, Statische
Diese Gruppe von Größeneffekten besteht aus Ausprägungen der (statischen) Größendegression, die automatisch eintreten. Diese drückt sich aus in der *Fixkostendegression*, d. h. einem stückzahlabhängigen Mengeneffekt. Bei Fertigung/Beschaffung/Absatz größerer Lose legen sich die Fixkosten auf eine höhere Stückzahl um und führen demzufolge zu sinkenden Gesamtstückkosten (= Bücher'sches Gesetz). Werden dabei

Kapazitätsgrenzen überschritten, kommt es zu kurzfristigen Stückkostenerhöhungen infolge zusätzlicher sprungfixer Kosten, im Verlauf jedoch wiederum zur Degression innerhalb des gegebenen Kapazitätsintervalls. Dieses Bücher'sche Gesetz resultiert einfach aus der Tatsache, daß es sowohl beschäftigungsgradunabhängige Kosten gibt als auch beschäftigungsgradabhängige. Erstere fallen an, gleich ob Ausbringung erfolgt oder nicht, letztere fallen nur bei Ausbringung an. Bezogen auf Mengeneinheiten sind die variablen Kosten also starr, die fixen Kosten aber flexibel. Mit steigender Ausbringung legen sich die Fixkosten mit immer geringerem Betrag und Anteil auf das einzelne Stück um. Und zwar bis an die Kapazitätsgrenze. Dort entstehen in der Regel einmalige zusätzliche Investitionskosten, z. B. weitere Maschinen, zusätzlicher Lagerraum, die zum vorübergehenden sprunghaften Stückfixkostenanstieg führen, der in Folge jedoch durch weitere Degressionseffekte wieder kompensiert wird.

Neben dieser kapazitativen Anpassung besteht auch die Möglichkeit der intensitätsmäßigen und zeitlichen Anpassung, erstere z. B. durch schnellere Tourenzahl, letztere z. B. durch Überstunden. Damit bleiben zwar die fixen Kostenbestandteile unverändert, es erhöhen sich jedoch die variablen Kosten. Der Vorteil dieser Anpassung liegt in der besseren Abbaubarkeit dieser Kostenpositionen bei Beschäftigungsrückgang. Kapazitative Anpassung führt dagegen zu Unterauslastung und damit zu Leerkosten, die weitgehend remanent sind oder nur durch Sonderabschreibung (z. B. Verschrottung), außerordentlichen Verlust (z. B. Notverkauf) oder Zusatzkosten (z. B. Umrüstung) vermieden werden können. Der Nachteil intensitätsmäßiger Anpassung liegt in der Gefahr erhöhter Reparaturanfälligkeit der Anlagen mit entsprechenden Ausfallzeiten und größerer Mängelquote der Produkte infolge erhöhter Beanspruchung. Der Nachteil zeitlicher Anpassung liegt in tarifvertraglicher Inflexibilität des Faktors Arbeit sowie in sozialpolitischen Erwägungen.

Eine weitere Form der Ausprägung statischer Größeneffekte ist der *Betriebsgrößeneffekt* der sog. Economies of Large Scale. Dieser begründet sich daraus, daß Großbetriebe insgesamt kostengünstiger zu produzieren in der Lage sind als kleinere. Man kann sich dies als multiple Aggregation von Fixkostendegressionseffekten bei Kapazitätsausweitung vorstellen. Daraus ergeben sich vor allem zwei Vorteile. Die Fixkostendegression findet, wie gezeigt, an der Kapazitätsgrenze ihr Ende, d. h. je weiter diese Kapazitätsgrenze ausgedehnt ist, desto niedriger können die Stückfixkosten fallen. Dies führt dazu, daß Großbetriebsformen am meisten von diesem Effekt profitieren. Das wiederum bedeutet, daß ein Großbetrieb kostengünstiger anbieten kann als eine aggregierte Zahl von kleineren Betrieben. Der Kostenvorteil kann über niedrigere

Preise zu Wettbewerbsvorteilen instrumentalisiert oder als zusätzliche Gewinnmarge einbehalten werden. In jedem Fall ergeben sich betriebswirtschaftliche Vorteile. Diese haben in der Vergangenheit zu gewaltigen Konzentrationsbewegungen geführt, die sich gegenwärtig unvermindert fortsetzen und zu einer zunehmenden Oligopolisierung der Märkte führen. Economies of Large Scale treten freilich nur auf, wenn physisch und raum-zeitlich konzentriert vorgegangen wird. Dies führt immer wieder zu Stillegungen im Rahmen von Mergers und zur räumlichen Zusammenziehung der Leistungserstellung. So fürchten Arbeitnehmervertreter nicht zu Unrecht die Aufgabe einzelner Betriebsstätten im Anschluß an Unternehmenskonzentrationen, und die Öffentliche Hand wirbt unverhohlen mit strukturpolitischen Anreizen, gemeinhin durch Subventionen, Infrastrukturmaßnahmen und Steuererleichterungen, für derartige Betriebsansiedlungen. Dies führt zum Standortwettbewerb (sog. Makromarketing).

Mit der wirtschaftlichen Tätigkeit ist immer auch ein mehr oder minder großes Ausmaß an (unproduktiven) Administrationstätigkeiten verbunden (Overheads). Zwar steigen diese Overheadkosten mit wachsender Betriebsgröße absolut an, jedoch verlaufen sie unterproportional. Insofern wird Großbetriebsformen eine bessere Abstimmung der Gemeinkosten möglich. Doch umgekehrt belasten diese Overheads bei Unterauslastung oder kleinen Auftragslosen die Rentabilität, zumal die Unübersichtlichkeit von Großbetriebsformen die Ausbildung vermeidbarer Gemeinkosten in Bereichen, die nicht im Fokus des Interesses stehen, fördert. Die mit den Kosten verbundenen Nutzen werden leicht zu Besitzstand erklärt und sind dann nur unter Zugeständnissen oder auch garnicht mehr abbaubar.

Großflächen

(→ Außenwerbung, Stationäre)

Großhandel, Betriebstypen

Die Aufgabe, die dem Großhandel in einer arbeitsteilig gegliederten Volkswirtschaft zufällt, ist identisch mit den Handelsfunktionen des gesamten Handels, nämlich bestehende Spannungen zwischen Produktion und Konsumtion in zeitlicher, räumlicher, qualitativer und quantitativer Hinsicht auszugleichen. Infolgedessen sind die einzelnen Betriebe aufgrund ihrer jeweils spezifischen, nach Distributionsökonomisierung strebenden Leistungsangebote am gesamtwirtschaftlichen Prozeß der Wertschöpfung beteiligt. Funktionaler Großhandel ist die wirtschaftliche Tätigkeit der Beschaffung und des Absatzes von Waren an Produzenten, Weiterverarbeiter, gewerbliche Verwender, Wiederverkäufer und Großabnehmer sowie der Umschlag von relativ großen Mengen pro Verkaufsakt. Im institutionellen Großhandel werden jene marktlichen Transaktionsprozesse erfaßt, die von solchen Betrieben durchgeführt werden, die Handelsfunktionen wahrnehmen. Der Großhandel ist durch seine Position zwischen Lieferanten und Abnehmern determiniert. Dabei gibt es eine Vielzahl von Betriebstypen. Diese betreffen die Art und Weise, mit der die Handelsbetriebe auf der Großhandelsstufe ihre Distributionsaufgaben im Hinblick auf den Umfang, die Intensität der Funktionenausübung und die Art der Kombination der Betriebsfaktoren wahrnehmen. Allerdings sind die Grenzen zwischen den einzelnen Betiebstypen aufgrund der Dynamik fließend. Insofern kommt nur schwer ein exaktes, konsistentes und überschneidungsfreies System zustande.

Zur Bestimmung der Betriebstypen des Großhandels lassen sich charakterisierende Kriterien zur Einteilung finden. Dazu gehören folgende (*Tietz, Bruno:* Der Handelsbetrieb, München, 1985).

Der *Warenübergang* kann am Ort des Großhändlers (Residenzprinzip) oder des Abnehmers (Domizilprinzip) erfolgen. Dementsprechend handelt es sich um den Abhol-Großhandel (auch Cash & Carry-GH genannt) oder den Zustell-Großhandel (der die Regel ist). Ein C&C-GH ist über die Merkmale Selbstbedienung, Barzahlung, Kommissionierung und Warentransport durch Abnehmer gekennzeichnet. Dies erfolgt ansonsten allenfalls bei kleinen Warenmengen. Er ist seit geraumer Zeit zur Bruttopreisauszeichnung verpflichtet, an die Ladenschlußzeiten mit Toleranzgrenze gebunden und zur strikten Kontrolle der Einkaufsausweise angehalten.

Die *Logistikleistung* kann die Warenprozeßleistung beinhalten (also mit Warenlagerung) oder ausschließen (also ohne Warenlagerung). Dementsprechend handelt es sich um den Überlager-Großhandel (der die Regel ist) oder den Strecken-Großhandel. Bei letzterem wird nur der Geld- und Informationsstrom über den GH kanalisiert, der Warenstrom erfolgt direkt vom Lieferanten zum Abnehmer. Dies ist häufig bei sperrigen Gütern der Fall, bei denen mehrfaches Umladen, Zwischenlagerung und -transport kostenaufwendig sind.

Der *Serviceumfang* kann die reine Warenverfügbarkeit betreffen oder darüber hinaus die Auffüllung, Pflege und Abrechnung der Placierung auf angemieteter EH-Fläche. Man spricht in diesem Fall vom sog. Service-Großhandel (auch Rack Jobber-GH genannt). Rack Jobber finden sich im Haarmoden-, Toiletteartikel-, Kurz-, Papier-, Schreib-, Spiel- und Haushaltswarenbereich, bei Kleintextilien, Strümpfen, Tonträgern etc. Rack Jobber haben einen Full Service-Vertrag für alle Funktionen oder einen Part Service-Vertrag, z. B. nur für Bestandsaufnahme, Bedarfsermittlung und Sortimentspflege. Die Vorteile für den Einzelhandel liegen in der Verminderung des Informationsaufwands, der Verminderung des Bestellaufwands, der

Bereitstellung von Verkaufseinrichtungen, der einheitlichen Warenpräsentation, der Verlagerung des Absatzrisikos und zusätzlichen Aktionen. Nachteile betreffen die fehlende Disposition über Regalfläche, den geringen Einfluß auf die Preisgestaltung und die Einbuße an Entscheidungsfreiheit.

Der *Sortimentsplanung* kann Waren als durchgängiges Programm oder fallweise Spots vorsehen. Dementsprechend handelt es sich um den Sortiments-Großhandel (bei breitem Angebot) bzw. den Spezial-Großhandel (bei engem Angebot) einerseits sowie den Posten-Großhandel andererseits. Der Sortiments-GH erlaubt die unkomplizierte Transaktion mit einem Geschäftspartner, der Spezial-GH bietet jedoch die individuellere Transaktion, der Posten-GH eignet sich nur zum Ausgleich unvorhergesehener Bedarfsspitzen und für reine Mitnahmegeschäfte. Er hat kein festes Sortiment und verkauft Waren nur solange der Vorrat reicht. Dabei kann es sich ausschließlich um Partien handeln (sog. Havariehandel) oder nur teilweise.

Die *rechtliche Organisation* kann einzelwirtschaftlich oder genossenschaftlich erfolgen. Dementsprechend handelt es sich um als Personen- oder Kapitalgesellschaft geführten Großhandel oder um Genossenschafts-Großhandel (vor allem im Agrarbereich üblich).

Die *Ausrichtung am Markt* kann am Warenaufkauf, also eher einkaufs-orientiert, oder am Warenabsatz, also eher verkaufs-orientiert, erfolgen. Dementsprechend handelt es sich um Aufkauf-Großhandel oder Absatz-Großhandel, ersterer ist sammelnd, rückwärtsintegrierend angelegt und bündelt Bezugsquellen, letzterer ist verteilend, vorwärtsintegrierend angelegt und bedient Verkaufsstellen, die nicht private Endabnehmer sind.

Bei den *Warenarten* kann es um eher erzeugungsnahe oder eher verbrauchsnahe Orientierung gehen. Dementsprechend handelt es sich um naturnahen Großhandel oder konsumnahen Großhandel. Naturnaher GH handelt mit Ur- und Rohstoffen, die zur Be- oder Verarbeitung in Produktionsbetrieben bestimmt sind, konsumnaher GH handelt mit ge- und verbrauchsreifen Produkten, die keiner weiteren Be- oder Verarbeitung mehr bedürfen.

Das *Aktionsgebiet* kann sich auf den Inlandsmarkt oder auf Auslandsmärkte erstrecken. Dementsprechend handelt es sich um Binnen-Großhandel oder Außen-Großhandel. Der Außen-GH befaßt sich mit Export, d. h. dem Verkauf inländischer Waren im Ausland, dem Import, d. h. dem Verkauf ausländischer Waren im Inland, und dem Transit, d. h. dem Ankauf/Verkauf ausländischer Waren in Drittländern.

Die *Kundenstruktur* kann eher Wiederverkäufer und private Großabnehmer oder Weiterverarbeiter und gewerbliche Abnehmer vorsehen. Man spricht dann von Produktionsverbindungs- bzw. Handwerks-Großhandel. Ersterer handelt mit Investitions- und Produktionsgütern, die an Gewerbetreibende als Endabnehmer oder Weiterverarbeiter zur Abgabe an Groß- und Einzelhandel sowie gewerbliche (ausnahmsweise auch große private) Endabnehmer verkauft werden. Letzterer erfüllt den Kleinbedarf des Handwerks, das handelsnahe Funktionen in Verbindung mit Herstellung oder Werkvertrag erfüllt.

Entsprechend diesen Kriterien lassen sich dann Betriebstypen des Großhandels als praktisch häufig vorkommende Kombinationen bilden. Der derzeitige Wettbewerb im Großhandel ist durch Großbetriebe und Verbundsysteme gekennzeichnet, die eine Vielzahl kleiner und mittlerer Betriebe eliminiert haben. Vor allem besteht die Gefahr der Ausschaltung aus dem Absatzkanal (Investitionsgüterindustrie/Produktionsverbindungshandel, Handelsketten/Großhandelsstufe, Hersteller /Speditionen etc.). Großhandelsspediteure sind auf die bloße Logistikfunktion zurückgedrängt.

Großhandel, Einschaltung

Der Großhandel gibt eingekaufte Ware ohne wesentliche Be- oder Verarbeitung an Wiederverkäufer sowie Weiterverarbeiter und private Großabnehmer ab.

Vorteile aus der Einschaltung des Großhandels aus Herstellersicht sind folgende:

- Der großhandelseigene Außendienst wird zur Akquisition von Aufträgen, die mit Waren des Lieferanten abgewickelt werden, eingesetzt. Dadurch vergrößern sich die Absatzchancen.
- Zusätzlicher Werbedruck entsteht durch Aufnahme der Waren in großhandelseigene Werbemittel, die sich an die Einzelhandelsstufe wenden.
- Auch Kleinaufträge sind für den Hersteller kostengünstig abzuwickeln, indem auftragsfixe Kosten vermieden werden, die ansonsten die Rendite stark belasten.
- Vorhandene Kundenbeziehungen des Großhandels führen zu einer schnelleren Markterschließung. Dies gilt gerade für die Markteinführung neuer Produkte und Hersteller.
- Auch Gebiete mit geringer Gewerbedichte können für den Absatz erschlossen werden, da der Großhandel flächendeckend arbeitet.

Nachteile aus der Einschaltung des Großhandels aus Herstellersicht sind hingegen folgende:

- Das eigene Produkt wird wegen des breiten Sortiments im Großhandel zu wenig gefördert. Es steht zudem in unmittelbarer Konkurrenz zu gleichartigen anderen.
- Die Akquisition beim Großhandel erfordert ihrerseits wieder eine eigene Außendienstorganisation. Diese belastet die Rendite, wenngleich weniger als bei direktem Vertrieb.
- Eine Konterkarierung der eigenen Marketingstrategie ist möglich, weil großhandelsegoistische Ziele verfolgt und autonom durchgesetzt werden.

- Womöglich entsteht eine Abhängigkeit von großen Großhändlern durch fehlenden Zugriff auf die Einzelhandelsstufe. Die damit verbundene Nachfragemacht engt Entscheidungsspielräume ein.
- Der Einbehalt einer Distributionsspanne durch die Großhandelsstufe verteuert die Ware am Markt bzw. schmälert die Herstellermarge.

Es besteht ein Trend zur Ausschaltung von Absatzstufen, zur Vermischung deren Leistungen und zur Rückwärtsintegration von Funktionen. Das dezimiert per Saldo die Zahl der Großhandelsoutlets (vgl. *Pepels, Werner:* Handels-Marketing und Distributionspolitik, Stuttgart 1995).

Grundauszählung

Die Grundauszählung verschafft erste Eindrücke in die Datenstruktur einer Erhebung, ermöglicht eine weitere kritische Durchsicht auf mögliche Fehler und führt bereits zu ersten Vorabergebnissen. Diese erste Interpretation wird erleichtert, wenn Vergleichsdaten vorhanden sind. Soll gewichtet werden oder sind Hochrechnungen erforderlich, dann sind solche Daten über die Grundgesamtheit unerläßlich. Bereits bei diesem ersten Blick auf die Daten ist die Behandlung von Missing Data (keine Angabe, weiß nicht etc.) ein wichtiges zu klärendes Problem. Nach der Grundauszählung auf Basis aller erhobenen Fälle werden sog. Kopfgruppen (Breaks) für weitere Tabellierungen festgelegt, der eigentliche Tabellenteil entsteht. Eine wichtige Hilfe bei den ersten Auswertungen ist ein Blick auf die verschiedenen Durchschnittswerte und Streuungsmaße, die mit den heutigen Statistikpaketen problemlos über PC verfügbar sind. Die Kreuztabelle mit zugehörigen Assoziationsmaßen und Signifikanztests ermöglicht bereits tiefergehende Erkenntnisse, mehrdimensionale Kreuztabellierungen können dabei vor Fehlinterpretationen schützen. Bei Statementbatterien und ähnlichen Aussagen und Meinungen, die skaliert bewertet wurden, deckt die Korrelationsanalyse erste Zusammenhänge zwischen den einzelnen Statements auf. Multivariate Analysen dienen einer vertiefenden Auswertung, wo die vorliegende Datenqualität dies erlaubt. Wer mit Regressionen, Faktorenanalysen, Clusters etc. umgeht, sollte unbedingt genau wissen, was er tut. Ein Bild sagt zudem mehr als 1000 Worte, graphische Ergebnisdarstellungen gehören deshalb zum Standardrepertoire der Marktforschung. Allerdings sollte dabei keine Spielwiese für Computergraphiker entstehen, sondern ein klarer Erkenntnisstand vermittelt werden.
(→ *Datenaufbereitung*)

Grundpfandrechte

(→ *Dingliche Sicherheiten, Langfristige Finanzierung*)

Grundsortiment

(→ *Sortimentsinhalte*)

Grüne Zone

(→ Portfolio, Neun-Felder-, Positionen)

Gruppen-Effekt

(→ Experiment, Effekte)

Gruppendiskussion

Die Gruppendiskussion ist eine explorative Methode der Befragung und dient oft zu Beginn eines Forschungsprojekts zur Aufklärung. Dazu diskutiert eine Fokusgruppe von 6–8 Personen der Zielgruppe oder von Experten oder Mitarbeitern unter Führung eines psychologisch geschulten Diskussionsleiters bis zu max. 4 Stunden über eine vorgegebene Problemstellung, die einleitend erläutert wird. Die Gruppendiskutanten werden nun zur Stellungnahme aufgefordert. Dabei ist der Gefahr vorzubeugen, daß einzelne Teilnehmer die gesamte Meinung dominieren oder der Diskussionsleiter die Meinungsbildung beeinflußt. Ersterem kann durch Steuerung der Diskussionsbeiträge entgegengewirkt werden, letzterem durch weitgehende Standardisierung der Moderation anhand eines Diskussionsleitfadens. Die Diskussion soll dabei die Meinungsbildung im alltäglichen, informellen Gespräch verknappt nachempfinden. Eine heterogene Gruppenzusammensetzung hilft, möglichst unterschiedliche Ansichten kennenzulernen, eine homogene Gruppenzusammensetzung hilft, gegenseitige Beeinflussungen zu erkennen. Durch gruppendynamische Prozesse und mangelnde Repräsentanz der Gruppe können die Gesprächssergebnisse zwar nicht quantifiziert werden. Die Gruppendiskussion liefert jedoch hervorragende Anhaltspunkte für relevante Problemaspekte und brauchbare Hinweise auf marktliche Umsetzungen. Der Diskussionsleiter soll Spontaneität und Aktivität der Gesprächsteilnehmer fördern und erkennbare Verzerrungen ausgleichen. Als Sonderfall kann eine Person in die Gruppe einbezogen werden, die die übrigen Personen bewußt provoziert, um die Stabilität deren Einstellungen und Meinungen zu testen (= kontradiktorische Gruppendiskussion). Oder eine Person des Auftraggebers, die gezielt auf interessierende Aspekte hinleiten kann. Schließlich sind auch kumulierte Gruppendiskussionen möglich, indem der Erkenntnisstand der vorherigen Gruppe als Vorgabe für die darauf folgende Gruppe gilt.

(→ Mündliche Befragung)

Gruppenexploration

Je nach Tiefe der Befragung kann aus einem Gruppeninterview eine Gruppenexploration entstehen, d. h. die gleichzeitige, interaktive Untersuchung von Einstellungen, Wünschen, Motiven etc. bei verschiedenen Personen. Dabei werden tiefere Bewußtseinsebenen und emotionale Zusammenhänge erforscht, die sich ansonsten einer direkten Abfrage entziehen. Angenommen wird, daß Gruppenexplorationen mehr Informationen liefern als Einzelinterviews mit derselben Befragtenzahl, daß sie alltägliche Kommunikationsstrukturen besser nachbilden als Einzelgespräche und daß sie zu tiefergehenden Erkenntnissen führen als diese. Vorausgesetzt wird allerdings die freie Interaktion der Gruppe ohne soziale Hemmungen und Konformitätsdruck. Dazu ist in jedem Fall ein psychologisch geschulter Moderator erforderlich, ebenso sind adäquate Räumlichkeiten und Atmosphäre zu schaffen. Eine Variante sind sog. Gruppen-Workshops mit stärkerer Interaktion als bei Gruppenexploration. Teilweise werden dabei kreative Ideen generiert.

Die Gruppe wird vom Forscher zusammengestellt oder besteht bereits als formelle oder infornelle Gruppe. Die Aufzeichnung erfolgt durch Video- oder Tonbandmitschnitt, um verbale und non-verbale Äußerungen zu erfassen. So kann sich der Moderator voll auf den Gesprächsverlauf konzentrieren. Die Fragen werden vollständig erfaßt, sodaß Gedanken- und Assoziationsketten sichtbar werden. Es gehen keine Informationen verloren. Alternativ sind sog. Transcripts denkbar, d. h. vollständige Mitschriften des Gesprächsinhalts durch eine dritte Person. Voraussetzung für den Erfolg sind eine intensive Auseinandersetzung mit der Aufgabenstellung, Szenarien relevanter Aspekte durch vorherige Hypothesenbildung, aufgabenspezifisch differenzierte Leitfäden, sorgfältige Auswahl der Gesprächsteilnehmer, systematische Auswertung, sorgfältige Interpretation und umfassende Dokumentation.

(→ *Mündliche Befragung)*

Gruppeninterview

Unter Gruppeninterview versteht man die gemeinschaftliche Befragung einer Mehrzahl von Personen zu einem ausgewählten Thema (vgl. *Pepels, Werner:* Käuferverhalten und Marktforschung, Stuttgart 1995).

Vorteile des Gruppeninterviews sind vor allem folgende.

Die unmittelbare Beobachtbarkeit der spontanen Reaktionen der Beteiligten ist möglich. Diese Reaktionen gehen bei Einzelinterviews bei meist hohen Standardisierungsgrad für gewöhnlich verloren, sind jedoch unschätzbare Hilfen, um einen Eindruck der Auseinandersetzung von relevanten Gruppen mit dem Meinungsobjekt zu gewinnen.

Die entstehende intensive Auseinandersetzung schafft vielfältige Einsichten. Es wird eine weitaus größere Tiefe der Beschäftigung mit dem Meinungsobjekt erreicht, als dies ansonsten bei einer eher passiven Befragung zu erreichen ist. Dadurch wird der Informationstransfer zum Auftraggeber begünstigt.

Durch Interaktion in der Gruppe kommt es zu einer großen Vielschichtigkeit der Auseinandersetzung. Durch Rede und Gegenrede, durch gegenseitige Anregung und Präzisierung ist das Ergebnis des Gruppeninterviews zumindest in dieser Hinsicht wertvoller als die Summe einer entsprechenden Zahl von Einzelinterviews.

Die Verfolgung der Adaptation von Argumenten ist möglich. Dadurch wird der andernfalls verborgen bleibende Meinungsbildungsprozeß im sozialen Umfeld nachvollziehbar. Zugleich ergeben sich damit Hinweise auf besonders häufig vorkommende oder wirksame Argumente zur Verunsicherung oder Überzeugung.

Ein unmittelbares, ungefiltertes Hören der Zielgruppensprache entsteht geradezu zwangsläufig. Dies ist umso wertvoller, je weiter die betrieblichen Entscheider sich de facto bereits von ihrer Zielgruppe entfernt haben. Ausdrücke, die später durch Forschersprache verklausuliert verschüttet werden, bleiben auf diese Weise erhalten und sind verwertbar.

Hohe Schnelligkeit in der Vorbereitung und Durchführung wirkt begünstigend. Gruppeninterviews brauchen keine langen Vorlaufzeiten. Auch die Organisation ist unkompliziert. Ort und Zeit sind weitgehend flexibel wählbar. Darin liegen allerdings auch Tücken, die zu mangelnder Vorbereitung und nachlässiger Rekrutierung verleiten.

Eine beliebige Wiederholbarkeit durch Aufzeichnung ist machbar. Erst im Verlaufe der weiteren Beschäftigung bedeutsam werdende Gesprächspassagen lassen sich in Bild und/oder Ton und/oder Schrift nachvollziehen. Der Informationsverlust durch Übertragung bleibt dadurch gering.

Es besteht eine absolute Kostengünstigkeit, denn der finanzielle Aufwand bleibt im 3000 Mark-Bereich. Werden allerdings zur besseren Validierung der Ergebnisse mehrere Gesprächsrunden veranstaltet, was in jedem Fall empfehlenswert ist, laufen bald doch hohe Informationsgewinnungskosten auf.

Das Verfahren schließt die Berücksichtigung gruppendynamischer Aspekte ein. Dadurch können etwa soziale Aspekte des Käuferverhaltens ansatzweise erfaßt werden. Die Verzerrung durch Meinungsbildner ist nicht so gravierend wie es scheint, ist doch auch das reale Umfeld durch solche Personen gekennzeichnet.

Die Interviewsituation wird in den Hintergrund gedrängt, im Vordergrund steht das gemeinsame Gespräch. Dadurch wird der kognitive Anteil der Meinungsäußerung zurückgedrängt, der meist auch in der späteren Marktsituation, selbst im Business-Bereich, nur eine begrenzte Rolle spielt.

Das Gespräch kann zu weitergehenden Informationen genutzt werden, z. B. Werbemitteltest. Dies dient einer weiteren Rationalisierung. Allerdings darf dabei nicht vergessen werden, daß es zu Ausstrahlungseffekten zwischen den behandelten Themen kommt, von denen ungewiß ist, ob sie real auch so stattfinden.

Als Nachteile sind allerdings zu erwähnen.

Die Suggestibilität des Eindrucks kann zu verzerrter Wirklichkeitssicht führen. Das hautnah miterlebte Gespräch hat erfahrungsgemäß eine sehr viel stärkere Beeinflussungswirkung als die eher abstrakte Datenauswertung von nicht präsenten Einzelgesprächen. Doch der Eindruck eines Gruppengesprächs kann gravierend täuschen.

Die Ergebnisse sind interpretationsbedürftig. Die Meinungsäußerung unterliegt situationsbedingt sozialer Kontrolle und weist daher immanente Verzerrungen auf. Es bedarf großen Sachverstands, die Gesprächsergebnisse um diese Verzerrungen zu bereinigen und nicht dem spontanen Eindruck zu erliegen.

Das Verfahren ist kein Ersatz für eigene Recherche auf breiterer Basis. Denn der Output ist durch den definitionsgemäß limitierten Input eng begrenzt. Gruppeninterviews sind wertvoll als Einstieg in Entscheidungssituationen, sie sind aber keineswegs für diese als Informationsgrundlage ausreichend.

Es ergibt sich eine fehlende Repräsentanz und damit Hochrechenbarkeit auf die Zielgruppe. Das Gruppeninterview kann aufgrund seiner Anlage (geringe Fallzahl) keinerlei Anspruch auf Repräsentanz in der Zusammensetzung für eine Grundgesamtheit erheben. Damit ist es auch nicht zulässig, dessen Ergebnisse in irgendeiner Weise hochzurechnen.

Die Vergleichbarkeit zwischen mehreren Veranstaltungen ist wegen mangelnder Standardisierung nicht gegeben. Jedes Gruppengespräch hat nur Gültigkeit für sich selbst, weil prinzipbedingt auf die jeweiligen Besonderheiten jeder Gruppe eingegangen wird. Erfahrungswerte sind dabei mit Vorsicht zu behandeln.

Die Relevanz von genannten und ungenannten Aspekten ist schwer einschätzbar. Der Gesprächsverlauf ist in gewisser Weise willkürlich, sodaß es vorkommen kann, das wichtige Argumente nicht genannt und unwichtige vertieft werden. Dem kann durch eine Checklist in jedem Fall anzusprechender Aspekte vorgebeugt werden.

Meinungsführer können die Ergebnisse erheblich beeinflussen, ohne daß dieser Verzerrungseffekt exakt zu isolieren ist. Durch den Gesprächsleiter ist dieser Einfluß nur begrenzt neutralisierbar. Hier sind vor allem Männer als Gesprächsteilnehmer anfällig für Dominanzstreben.

Die Kosten sind relativ hoch (wenngleich absolut niedrig). Es ist von ca. 300 Mark je Teilnehmer bei einem Gruppeninterview auszugehen, gegenüber ca. 100 Mark je Einzelinterview. Dieser relative Mehraufwand ist nur durch einen mindestens entsprechenden Informationszuwachs zu rechtfertigen.

Die Gesprächsteilnahme und -intensität korrelieren meist mit dem Bildungsgrad. Da vor allem auf die sprachliche Ausdrucksfähigkeit abgestellt wird, sind solche Personengruppen überpräsent, die aufgrund ihrer Ausbildung oder Berufstätigkeit damit vertraut sind, ihre Meinung im Kreis meist fremder Anderer zu äußern.

Erfaßte Verhaltensäußerungen sind nicht immer eindeutig interpretierbar. Dazu ist eine Nachfrage erforderlich, die allerdings im Gesprächskontext wiederum nicht möglich ist. Jedoch hat die Wissenschaft hier Methoden entwickelt (z. B. Facial Action Coding), um Verhalten Meinungen recht sicher zuordnen zu können.

Die Anwendung quantitativer Auswertungsmethoden bleibt versagt. Aufgrund des qualitativen Charakters der Erhebung sind alle Datenverdichtungsversuche sinnlos. Gerade diese geben jedoch wichtige Hinweise für die aus der Erhebung notwendig folgenden Entscheidungserfordernisse.

Schließlich kommt es meist auch zu recht oberflächlichen Ergebnissen. Dies hat mit der spezifischen Gesprächssituation und dem eher unreflektierten Behandeln des Untersuchungsthemas zu tun. Dadurch wird hinsichtlich des Erkenntnishintergrunds oft „zu kurz" gesprungen.
(→ *Mündliche Befragung)*

Gruppenorganisation

(→ *Mitgliedschaftsgruppe)*

Gruppenwerbung

(→ *Kollektivwerbung)*

Guerillaüberfall im Marketing

(→ *Marktherausforderer)*

Güte von Daten

(→ *Datenbasis)*

Güterart

(→ *Betriebstypen des Handels, Einteilungskriterien)*

Gütergruppe

(→ *Marktkonstitution)*

Gütertypen

Hinsichtlich der Gütertypen kann unterschieden werden in:

- *High Touch Goods, High Tech Goods.* Beide zeichnen sich durch ein hohes Maß an Attraktivität aus. High Tech Goods strahlen produktliche Faszination aus und repräsentieren technischen Fortschritt (z. B. Unterhaltungs-Elektronik, Fotografie, Personal Computer, Automobile). High Touch Goods dienen der zutreffenden Profilierung des Individuums im sozialen Umfeld (z. B. Bekleidung, Schmuck, Genußmittel, Accessoires).
- *High Interest Goods, Low Interest Goods.* Der Unterscheidung liegt hier das Nachfragerinteresse zugrunde. High Interest Goods zeichnen sich durch ein hohes Maß an „Produkterotik" aus. Low Interest Goods sind solche, mit denen man sich zwar nur ungern oder oberflächlich beschäftigt, die aber gleichermaßen unverzichtbar scheinen.
- *Inferiore Güter, Superiore Güter.* Auch hier liegt die Unterscheidung nach der Akzeptanz zugrunde. Inferiore Güter sind solche untergeordneter Bedeutung, superiore Güter solche hoher Bedeutung. Entsprechend unter-

schiedlich ist die Auseinandersetzungsbereitschaft mit diesen, im ersten Fall eher gering, im zweiten eher hoch.

- *Erklärungsbedürftige Produkte, Problemlose Produkte*. Sie unterscheiden sich hinsichtlich ihrer Komplexität. Erklärungsbedürftige Produkte sind eher kompliziert und bedürfen der werblichen Informationsbegleitung. Problemlose Produkte sind auch ohne besondere Erläuterung marktfähig, weil ihre Leistung bekannt, zumindest aber als risikoarm einzuschätzen ist.
- *Langlebige Produkte, Kurzlebige Produkte*. Hier ist die Abhängigkeit von der Nutzungszeit bedeutsam. Langlebige Produkte haben durch die längere Bindungsdauer ein höheres empfundenes Kaufrisiko. Bei kurzlebigen Produkten fällt der Entscheid leichter, weil er schneller zu korrigieren ist.

(→ Produktarten)

GWWS

(→ Geschlossenes Warenwirtschaftssystem, Inhalte)

H

Habitualisierter Kaufentscheid

Kommen geringe Bedeutung und geringe Neuartigkeit des Kaufs zusammen, finden Habitualisierte Käufe statt. Sie sind typisch für den sich häufig wiederholenden Erwerb von Gütern des täglichen Bedarfs. Ihnen ist einmal ein echter, komplexer Entscheidungsprozeß vorausgegangen, dessen Ergebnis nunmehr unverändert beibehalten wird. Das Ausmaß der damit verbundenen Informationsbeschaffung und -verarbeitung ist sehr gering. Auf die Einbeziehung neuer Alternativen wird verzichtet, die kognitive Steuerung ist wenig ausgeprägt. Häufig wird Markentreue eingehalten, es können aber auch wechselnde Angebote, die sich im Evoked Set qualifiziert haben, gewählt werden. Ursachen dafür sind positive Erfahrungen mit Angeboten, die Vermeidung von Kaufrisiken, der Wunsch, nicht jedesmal neu nachdenken zu müssen, die Bestätigung der „Weisheit" vergangener Wahlen oder die initiative Übernahme von Verhaltensmustern anderer. Im Ergebnis führt dies zu Markentreue. Markentreue ist das überzufällige Verhalten einer Entscheidungseinheit im Zeitablauf hinsichtlich einer oder mehrerer Marken aus einer Gattung, das sich als Funktion psychologischer Prozesse ergibt. Es muß eine systematische Verhaltenstendenz aufweisen, mit dem tatsächlichen Verhalten konsistent und im Zeitablauf relativ stabil sein, einen Wahlakt beinhalten und auf Entscheidung und Bewertung beruhen.
(→ *Käuferverhalten)*

Halbbare Zahlung

Halbbare Zahlung liegt vor, wenn bei Absender oder Empfänger bargeldlos abgewickelt wird. Voraussetzung ist also die Eröffnung eines Girokontos bei einem Geldinstitut oder der Postbank mit Vorlage des Personalausweises für eine Seite. Wird dabei aus Bargeld Buchgeld, steht als Zahlungsmittel der Zahlschein zur Verfügung, wird aus Buchgeld Bargeld, stehen die Zahlungsanweisung (Postbank) bzw. der Barscheck (Geldinstitute) zur Verfügung. Der Zahlschein besteht aus den Abschnitten für Gutschrift (für Gläubiger) und Einzahlung (für Schuldner) bei der Postbank bzw. dem Originalformular (Bank), der ersten Durchschrift (für Schuldner) und der zweiten Durchschrift (für Gläubiger) bei Geldinstituten. Zahlscheine werden von allen Geldinstituten angeboten, wenn der Empfänger ein Bank- oder Postgirokonto besitzt. Dann wird der bar eingezahlte Betrag dem Konto des Empfängers gutgeschrieben.

Bei der Zahlungsanweisung erhält der Gläubiger Bargeld durch den Postzusteller gegen Quittierung auf der Rückseite der Zahlungsanweisung.

Beim Barscheck erhält der Gläubiger Bargeld durch das kontoführende Geldinstitut des Schuldners. Bei Vorlage bei einem anderen Geldinstitut wird der Barscheck als Verrechnungsscheck behandelt und dem Konto des Gläubigers gutgeschrieben. Bei der Postbank heißt der Barscheck Kassenscheck. Bei Verlust eines Barschecks muß der Schuldner sein Konto durch die Bank sofort sperren lassen, um unberechtigte Einlösung zu verhindern. Aus Sicherheitsgründen sollten Barschecks durch die Aufschrift „nur zur Verrechnung" (zwei Striche) in Verrechnungsschecks umgewandelt werden, die nur von Konto zu Konto überwiesen werden können.

Halo-Effekt

(→ Wahrnehmung, Effekte)

Hand-Test

(→ Testverfahren, Figurale)

Handelsfunktionen

Die Handelsfunktionen können in vier umfassende Bereiche eingeteilt werden: die Raumüberbrückung, die Zeitüberbrückung, die Kundenakquisition und den Mengenausgleich (vgl. *Lerchenmüller, Michael:* Handelsbetriebslehre, Ludwigshafen 1992). Zunächst zur *Raumüberbrückung.*

Diese bedeutet die Anpassung von Angebot und Nachfrage durch Transport. Der Handel gleicht den von der Erstellung räumlich abweichenden Bedarf aus, indem er Waren vom Ort der Herstellung an den Ort des Ge- oder Verbrauchs bzw. zumindest in dessen unmittelbare Nähe verbringt. Ohne den Handel ist eine flächendeckende, differenzierte Versorgung somit nur schwer vorstellbar.

Die *Zeitüberbrückung* bedeutet die Anpassung von Angebot und Nachfrage durch Lagerung und Vordisposition. Der Handel gleicht damit den von der Nachfrage zeitlich abweichenden Anfall von Angebot und allgemeinen Nachfrageschwankungen (z. B. Saisons) durch eigene Vorratshaltung aus. Dabei achtet er darauf, eine kontinuierliche Versorgung mit einem für ihn repräsentativen Angebot zu ermöglichen, ohne dabei unnötig hohe Vorräte aufzubauen.

Die *Kundenakquisition* bedeutet die Absatzsteigerung der Waren des Herstellers. Dies erfolgt auf vielfältige, essentielle Weise, so durch:

- Kreditgewährung als Absatzfinanzierung des Handels an Endabnehmer, dadurch wird deren diskretionäre Kaufkraft erhöht, die von diesen in vermehrte Warenkäufe umgesetzt wird.
- Nachfragegenerierung über Informationsabgabe in Medien (sog. Händlereigenwerbung) oder persönlich durch Anfragebearbeitung, Bemusterung, Vorführung etc.

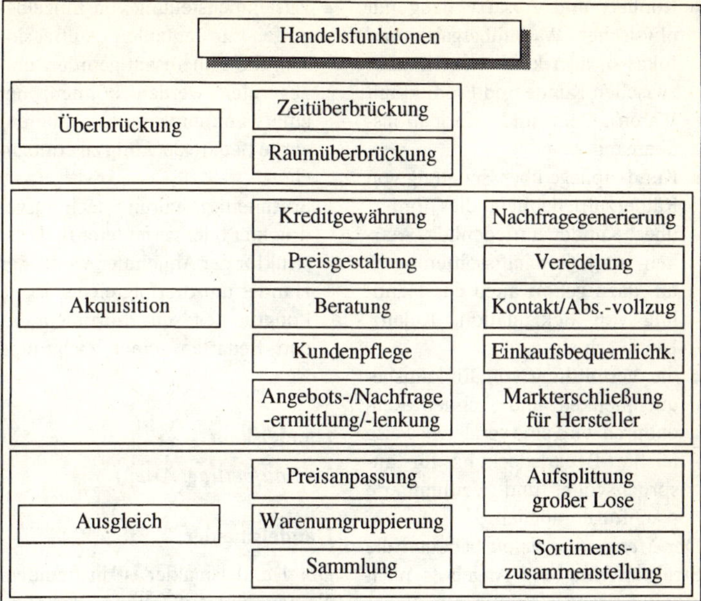

Handelsfunktionen

- Angebots- und Nachfrageermittlung bzw. -lenkung über Bedarfserfassung und -beeinflussung, d. h. Eruierung der Bedarfe und Fahndung nach Waren, die diese befriedigen können bzw. Veränderung von Nachfrage und Angebot zur Markträumung und Potentialnutzung.
- Markterschließung für Hersteller beim Angebot von Neuprodukten, die zunächst noch unbekannt sind und daher vom Handel auf eigenes Risiko ins Sortiment aufgenommen und Abnehmern initiativ angedient werden müssen.
- flexible Preisgestaltung, dadurch ist die gezielte Positionierung und Förderung bestimmter Waren darstellbar.
- Veredelung der Waren im Angebotsumfeld (sog. Erlebnishandel) zur Stimulierung des Einkaufs durch ein Bündel aus Hard- und Software, also purer Ware und Handelseinsatz.
- Beratung beim Kaufentscheid sowie Services davor und danach, wobei die Kompetenz und Akzeptanz des Handelsberaters einen immateriellen Mehrwert zugunsten des empfohlenen Produkts darstellt und dieses damit aktiv forciert.

- Kontakt und Absatzvollzug mit physischer Warenübergabe und Inkasso, also konkreter Kontakt zwischen Kunde und Produkt mit Waren-, Geld- und Informationsübergang.
- Kundenpflege über Erzielung von Käuferzufriedenheit, dies fördert über Kundenzufriedenheit Marken- und Geschäftsstättenloyalität, dazu gehört auch das Handling von Reklamation, Kulanz, Umtausch etc.
- die Vermittlung von Einkaufsbequemlichkeit und -schnelligkeit, dadurch wird eine vergleichsweise leichte Bedarfsdeckung für anspruchsvolle und zeitlimitierte Nachfrager möglich.

Der *Mengenausgleich* bedeutet die Strukturierung des Angebots nach manifesten oder vermuteten Nachfragerwünschen. Dies erfolgt durch:

- Aufsplittung großer angelieferter Lose in verbrauchsgerechte Teilmengen, denn Hersteller stellen Waren in Losen bereit, deren Größe für Abnehmer nur selten interessant ist.
- Warenumgruppierung nach Handels- und Güteklassen, so werden Lieferungen verschiedener Hersteller zu homogenen Einheiten aufgebrochen und neu angeordnet, dies schafft eine bedarfsgerechte Qualitätsübersicht.
- Preisanpassung nach Tragfähigkeit einzelner Waren im Rahmen des Sortimentsverbunds, dies kommt durch interne Subventionierung von Ausgleichsnehmern durch Ausgleichsgeber zustande.
- Zusammenstellung von Einzelbedarfen zu rentablen Auftragslosen, die gemeinsam geordert und abgerufen werden können, um eine unkomplizierte, differenzierte Bedarfsdeckung zu ermöglichen.
- Sortimentsgestaltung nach ausgedrückter oder vermuteter Bedarfsstruktur der Abnehmer, wobei der Handel umso erfolgreicher ist, je kongruenter sein Sortiment zu den Bedarfen seiner Zielgruppe ist.

Handelskauf

(→ *Kaufvertrag, Arten)*

Handelsmakler

Der Handelsmakler ist in fremdem Namen und auf fremde Rechnung nur mit der fallweisen Vermittlung von Abschlüssen befaßt, ohne selbst in den Warenfluß eingeschaltet zu sein. Er ist Kaufmann kraft Grundhandelsgewerbe und weist Geschäftsabschlüsse durch Kontakt zu mehreren potentiellen Käufern und Verkäufern nach und erhält dafür Provision (= Courtage), normalerweise von beiden Parteien je zur Hälfte. Er ist zur Interessenwahrung beider Seiten verpflichtet und haftet für verursachte Schäden. Über das vermittelte Geschäft wird eine Schlußnote an jede Partei erstellt. Ein Tagebuch dient dem Nachweis der Tätigkeit als Entlohnungsvoraussetzung. Er hat den Parteien auf Verlangen Auskunft über seine Geschäftsanbahnungsaktivitäten zu geben. Er bewahrt Warenmuster beim Kauf nach Probe auf und kann bei fehlendem Beauftragungsnachweis einer Partei selbst in das Geschäft eintreten. Typisch sind Waren-, Wertpapier-, Versicherungs-, Fracht- und Schiffsmakler. Nicht hierzu gehört der Zivilmakler. Makelung ist in bestimmten Bereichen restringiert (so für Arbeitsplätze oder Adoptionen). *(→ Akquisitorische Absatzhelfer)*

Handelsmarke, Aussage

Bei der Handelsmarke ist die Handelsstufe Absender der Marke. Diese Produkte erwirtschaften durch clevere Nischenpositionierung hohe Deckungsspannen und erhalten daher vom Handel große Regalflächen eingeräumt, was das „Facing“ von Herstellermarken weiter erschwert, da der Regalplatz mit dem Angebot von Handelsmarken ja keineswegs zunimmt. Mit der Stärkung der Absatzmittler im Vermarktungsprozeß sind vom Handel neue Konzepte entwickelt worden, als chancenreich erachtete Marktsegmente selbst zu bedienen. Qualitäts-und Preisniveau sind zumeist im mittleren Segment konstant fixiert. Die Verkehrsgeltung bleibt begrenzt. Es handelt sich um Me too-Produkte. Die Marktanteile für Handelsmarken liegen in Europa sehr unterschiedlich hoch, so betragen sie in Portugal 5%, Spanien 10%, Belgien 16%, USA 18%, Frankreich 18%, Schweden 19%, Deutschland 23%, Schweiz 24%, Niederlande 24%, Großbritannien 33% (Stand: 1994).

Nicht selten sind es die Markenhersteller selbst, die zur Auslastung ihrer vorhandenen Kapazitäten und zur Nutzung von Kostendegressionseffekten neben ihrer Herstellermarke Produkte für Handelskonzerne produzieren. Da ihnen die gleichen Fertigungsprozesse zugrundeliegen, ist deren Qualität vielfach identisch. Dies gilt um so mehr, als das allgemeine Qualitätsniveau am Markt einen ausgeglichen hohen Standard erreicht hat und viele Produktbereiche qualitätsindifferent sind (die sog. problemlosen Produkte). In diesem Fall handelt es sich um unechte Handelsmarken. Bei echten Handelsmarken hingegen übernimmt es die Handelsorganisation selbst, die Entwicklung und Produktion von Produkten im Wege der Rückwärtsintegration durchzuführen. Dabei werden Hersteller eingeschaltet, die anderweitig nicht mit einem eigenen Produkt konkurrierend tätig sind, zunehmend auch auf internationaler Ebene. Handelsmarken haben je nach Warengruppe unterschiedliche Bedeutung. Hoch ist ihr Anteil etwa bei Haushalts- und Hygienepapieren, Milchkonzentraten, Tiefkühlfeinkost, Knabberartikeln, Sauerkonserven, Eis, Spirituosen, Gebäck, Käse, Fischkonserven und Geschirrspülmittel (vgl. *Oehme, Wolfgang:* Handelsmanagement, München 1994).

Zu unterscheiden ist weiterhin hinsichtlich der Sortimentsbreite. Hier gibt es:

- Handelsmarken als Einzelangebotsmarken für individuelle Produkte (z. B. das Waschmittel *Tan-*

dil von *Aldi* oder *Westbury, Jinglers, Palomino* von *C&A*),

- Warengruppenmarken für einzelne Warengruppen (z. B. *Today* Körperpflege von *Rewe*),
- Teilsortimentsmarken für ganze Sortimentsbereiche (z. B. *Privileg* für Elektrogeräte oder *Revue* für Fotoartikel von *Quelle*, *Erlenhof* für Food-Produkte oder *Salto* für Tiefkühlkostprodukte von *Rewe*)
- umfassende Sortimentsmarken (z. B. *A&P* von *Tengelmann*).

Außerdem ist eine Veränderung hinsichtlich eines Up Grading der Handelsmarke erkennbar. Nimmt man einmal die erste Generation der Gattungsware (No Names, Weiße Ware, Generics) aus, so sind die Handelsmarken zunächst als Discountangebote gegen die Drittmarken der Hersteller gestartet. Im Zeitablauf verbesserten sie sich in der 3. Generation auf das Niveau von Durchschnittsmarken, die durchaus die Zweitmarken der Hersteller erfolgreich angreifen (z. B. *Master Product*). Neuerdings nun wird durch Segmentation sogar angestrebt, gegen die Erstmarken der Hersteller anzutreten (z. B. *Naturkind*). Der Ablauf stellt sich wie folgt dar:

- 1. Generation: Basislebensmittel mit einfacher Technologie, national distribuiert,
- 2. Generation: Großvolumige Einzelartikel, mit einer Generation Rückstand gegenüber dem Marktführer, national distribuiert,
- 3. Generation: Große Produktkategorien, näher am Marktführer, national distribuiert,
- 4. Generation: Segmentierte, imagebildende Produkte, innovativ, international distribuiert.

Der Preisvorteil ergibt sich vor allem aus der Einsparung von Forschungs- und Entwicklungs- sowie Marketingaufwendungen.

Handelsmarke, Bewertung

Die Vorteile der Handelsmarken liegen vor allem in folgenden Bereichen:

- Mit Handelsmarken gelingt es, den preissensitiven Teil des Publikums mit einer ernstzunehmenden Alternative anzusprechen. Denn der sparsamere Einsatz der Marketingaktivitäten ist eine plausible Erklärung für den Preisvorteil und läßt nicht unbedingt Qualitätsabstriche dahinter vermuten.
- Die Verfügbarkeit eigener Marken macht den Handel weitgehend unabhängig von der Angebotsmacht der Hersteller. Diese ist zumindest für alle Hersteller zu unterstellen, die es durch massive Sprungwerbung geschafft haben, ihre Marken im Relevant Set einer hinreichend großen Zahl von Nachfragern fest zu verankern.
- Sortimentslücken, die von Herstellern nicht oder nicht adäquat gefüllt werden können, werden durch Handelsmarken ausgeglichen. Dadurch kommt das Denken in Produktkategorien zum Ausdruck, das den Handel gegenüber Herstellern auszeichnet, die geneigt sind, in Einzelprodukten zu denken.

- Die handelsketten-exklusive Führung von Marken führt zu einer verstärkten Bindung der Kunden an die Geschäftsstätte, da diese Marken eben anderweitig nicht erhältlich sind. Dies vermögen breit erhältliche Herstellermarken nicht zu leisten, es sei denn, über Sonderangebote oder Zusatzleistungen des Handels.
- Die eigene Initiative des Handels erlaubt eine paßgenaue Konzipierung gemäß seinen Zielvorstellungen. Ansonsten ist der Handel vom Programm, zumal zunehmend weniger unabhängiger Hersteller abhängig, das nur begrenzt seinen betriebsindividuellen Anforderungen entsprechen mag.
- Durch die Einsparung des Herstellergewinnaufschlags kommt es zu einer angemessenen Ertragssituation selbst auf niedrigem Preisniveau. Dazu wird der niedrigere Einstandspreis nur teilweise an Endabnehmer weitergegeben und zu einem anderen Anteil selbst einbehalten.

Dem stehen folgende Nachteile gegenüber:

- Handelsmarken stehen in direkter Verdrängungskonkurrenz zu werblich stark vorverkauften Herstellermarken und können sich nicht immer gegen diese durchsetzen. Sofern das angestrebt wird, fallen wiederum Marketingkosten an, die die Rendite verschlechtern oder zu systembedingt nachteiligen Preisanhebungen zwingen.
- Dem Handel entstehen zusätzliche Kosten bei der Produktion, Logistik und Kontrolle dieser Waren. Denn er übernimmt je nach Anlage die Herstelleraufgaben der Wertschöpfung, auf die er in aller Regel nur begrenzt eingestellt ist. Dafür erweitert sich seine Kontrollspanne entsprechend.
- Handelsmarken lassen sich in höheren Qualitätssegmenten nur mit Preisnachlaß gegenüber der Produktart absetzen. Denn bei gleichem Preislevel wirkt die Magie heftig vorverkaufter Herstellermarke stärker und gibt dem Handelsmarkenprodukt das Nachsehen.
- Als „Spielfeld" bleiben meist nur die Nischen zwischen den Herstellerangeboten. Denn diese haben in aller Regel über intensive und langlaufende Marketingmaßnahmen eine derart hohe Käuferbindung generiert, daß es nur vereinzelt gelingt, Illoyalität zu provozieren.
- Zur erfolgreichen Vermarktung ist zusätzlicher Aufwand für Werbung und Absatzförderung erforderlich. Dies bindet Zeit und Geld, wohingegen diese Aufgaben bei Herstellermarken von den Absendern übernommen oder dem Handel zumindest entgolten werden.

Handelsmarketing

Die Wurzeln des Handelsmarketing liegen in der Vorstellung, daß Handelsbetriebe der verlängerte Arm der Hersteller beim Absatz ihrer Produkte sind. Daher wurde von einer analogen, allenfalls leicht modifizierten Anwendung des Herstellermarketing ausgegangen. Daraus entstanden Konzepte des vertikalen Marketing, die allerdings von Interessenidentitäten im Absatzkanal ausgehen. Heute jedoch ist ein harter Verteilungskonflikt um die Differenz zwischen Fabrikabgabe- und Endabnehmerpreis zwischen Hersteller- und Handelsstufe entbrannt. Zur Durchsetzung ihrer Interessen entwickeln Handelsbetriebe daher eigenständige, notwendigerweise von Herstellerinteressen verschiedene, Konzepte, die ihre Prosperität auch im Parallelkampf mit allen anderen relevanten Handelsbetrieben sichern sollen. Im Gegensatz zum Herstellermarketing ist das Objekt des Handelsmarketing eine konkret nicht faßbare, gedankliche Leistungskombination, die nicht schützbar ist und daher steter Profilierung bedarf. Der Marketing-Mix ist zugleich wegen des meist räumlich begrenzten Einsatzgebietes beschränkt bzw. unterliegt der Notwendigkeit zu räumlicher Differenzierung. Objekte des Handelsmarketing sind somit nicht die verkauften Produkte, sondern die Verkaufsstellen, genauer die Betriebstypen des Handels. Diese unterliegen aber einem beständigen Wandel (Dynamik der Betriebstypen) und wegen verbreitet niedriger Markteintrittsschranken stetiger Herausforderung. Die Kombination der Handelsfunktionen und die Qualität und Intensität der Funktionswahrnehmung bestimmen die Freiheitsgrade der Instrumente im Handelsmarketing. Dazu gehören die Angebots- und Sortimentspolitik, die Preis- und Gegenleistungspolitik, die Informations- und Präsentationspolitik sowie die Andienungspolitik. Der Begriff Handelsmarketing kann allerdings sowohl als Marketing von Händlern selbst als auch als Marketing von Herstellern zum Handel hin verstanden werden (dann jedoch meist als Trade Marketing bezeichnet).

Handelspanel

Handelspanels dienen zur Ermittlung der Entwicklung von Warenbewegungen und Lagerbeständen der einbezogenen Handelsgeschäfte. Diese verpflichten sich gegenüber den durchführenden Marktforschungs-Instituten vertraglich zur Mitarbeit, was die Zulassung einer periodischen (zweimonatlichen) Bestandszählung am Handelsplatz und den Einblick in Liefereingangspapiere impliziert. Als Gegenleistung werden den zugehörigen Handelsketten der Panelläden Marktinformationen zur Verfügung gestellt und Erhebungsgebühren gezahlt (vgl. *Pepels, Werner:* Käuferverhalten und Marktforschung, Stuttgart 1995).

Die Ermittlung erfolgt durch physische Inventur, d. h. Ermittlung des Warenbestands am Periodenanfang, Ermittlung des Warenbestands am Periodenende (wobei dies zugleich der Anfang der nachfolgenden Periode ist) und Ermittlung der Einkäufe des Handels während der Periodenlaufzeit. Der Warenbestand wird dabei sehr differenziert bis hin zu Einzelartikeln ermittelt. Die Bestände werden durch Zählen der im Geschäft vorrätigen Waren, unterteilt nach Zweit- und/oder Sonder-, Regal-, Lager- und Kassenplacierungen, erfaßt. Die Einkäufe ergeben sich gemäß den vorgelegten Lieferscheinen und Rechnungen. Die Verkaufspreise werden durch Augenschein und EDV-Auszug erfaßt. Gelistet werden diese Werte für alle Einheiten der untersuchten Warengruppen, also Produkte, Marken, Pakkungsgrößen, Duftnoten, Farben, Geschmacksrichtungen etc. Darüber hinaus werden Sondererhebungen vorgenommen für verwendetes Displaymaterial, Aktionsteilnahme, Außendienstbesuche der Hersteller, Lagerflächen- und Regalflächenaufteilung, Produktfrischedaten etc.

Die Erfassung erfolgt entweder über maschinenlesbare Vordrucke (Aktiv-Formsätze), die alle im betreffenden Geschäft beim letzten Besuch vorgefundenen Produkte enthalten und zur Klarschriftlesung in normierter Schrift ausgefüllt werden, oder über Mobile Datenerfassungsgeräte (MDE), die den in Listen den Produkten zugeordneten Strichcode lesen und deren Daten um Menge, Preis und Sonderangaben ergänzt werden. Diese Angaben werden auf Datenträger gespeichert und per Leitung überspielt oder physisch ausgetauscht. Neu ins Sortiment aufgenommene Artikel werden auf den Listen hinzugefügt.

Problematisch ist, daß die Erhebung der Stichprobengeschäfte nicht genau im Zweimonatsrhythmus erfolgen kann. Dadurch kommt es zu Verschiebungen in den Erhebungsdaten. Daher werden die Mengen künstlich auf einen durchschnittlichen Erhebungsstichtag umgerechnet. Dies geschieht, indem der Idealabstand (61 Tage) durch den tatsächlichen Abstand der Erhebung dividiert wird. Die erhobenen Daten werden dann entsprechend aufgewichtet, wenn der tatsächliche unter dem idealen Zeitabstand liegt und umgekehrt. Allerdings liegen darin Verzerrungsmöglichkeiten, zumal auch der Preis stichtagsbezogen ist.

Die Stichprobe der erhobenen Händler ist geschichtet und dysproportional nach Quotaverfahren zusammengesetzt. Quotierungsmerkmale sind Standort, Betriebstyp, Organisationsform, Verkaufsfläche und Umsatz. Diese Quoten stehen für eine Reihe nicht-quotierbarer Kriterien wie Sortimentsinhalt, Kundenart etc., zu denen ein enger Zusammenhang unterstellt wird. Im übrigen wird durch die Quotierung der hohen Verweigerungsrate zum Mitmachen vorgebeugt. Die Dysproportionalität rührt aus der erheblichen Diskrepanz zwischen Anzahl der Handelsbetriebe (Numerik) und deren Umsatzbedeutung (Gewichtung) her. Umsatzstarke Handelsoutlets sind überproportional häufig vertreten, ihre Ergebnisse werden bei der Auswertung entsprechend abgewichtet.

Handelspanels gibt es für Verbrauchsgüter wie Food/Non Food im Lebensmitteleinzelhandel, im Fachhandel bei Gesundheits-/Körperpflegeprodukten, Süßwaren, Spirituosen, Tabakwaren, Bastel-/Heimwerkerbedarf, Papier-/Schreibwaren, Gartenartikel, Arzneimitteln, Reformhauswaren und in der Gastronomie etc.. Für Gebrauchsgüter gibt es Handelspanels u. a. für Haushaltsgeräte, Fotoartikel, Elektrokleingeräte, Sportartikel, Spielwaren, Unterhaltungselektronik, Glas/Porzellan/Keramik, Kfz-Zubehör, Büromaschinen, Heimwerkergeräte etc. Beides erfolgt sowohl auf Einzelhandels- als auch auf Großhandelsebene.

Die Berichterstattung bei Auftraggebern erfolgt in schriftlicher und mündlicher Form, außerdem durch Datenträgeraustausch (Diskette), über Datenfernübertragung und durch Einrichtung einer zentralen Datenbank im Institut, wo vom Auftraggeber auf geschützte Datenbestände durch Stand- oder Wählleitung zurückgegriffen werden kann. Alle Daten werden ca. 4 Wochen nach Erhebung persönlich präsentiert und in einem Berichtsband dokumentiert.

Ein Problem stellt die Marktabdeckung (Coverage) von Panels dar, d. h. die oft mangelnde Repräsentanz der in das Panel einbezogenen Untersuchungseinheiten für die Grundgesamtheit, über die Aussagen getroffen werden sollen. Dies gilt sowohl für nicht erfaßte Verkäufe (z. B. Beziehungshandel) als auch für nicht erfaßte Geschäfte (z. B. Impulshandel, Aldi, Schlecker, Heimdienste). Auch Wanderungsbewegungen der Käufer zwischen verschiedenen Panelstichproben können kaum erfaßt werden.

Die gewonnenen Daten beziehen sich auf Größen wie numerische/gewichtete Distribution, führende/nicht bevorratete Distribution, einkaufende/verkaufende Distribution, Endabnehmerabsatz/-umsatz, Einkäufe/Lagerbestände, Lagerumschlaggeschwindigkeit, Ordersatzindex, durchschnittlicher Monatsabsatz/Lagerbestand, Marktanteile je Geschäft, Exkclusiv-/Paralleldistribution, Zweitplacierung, Verkaufshilfeneinsatz, Bezugswege, Organisations- und Kooperationsformen, Verkaufsflächengrößenklassen, regionale Verteilung, Aktionserfolg, Ortsgrößenklasse, Sonderauswertungen etc. Die Auswertung kostet den Auftraggeber, meist Hersteller, ca. 100 000 DM pro Jahr und Warengruppe.

Zukünftig werden Scanner-Panels an Bedeutung gewinnen. Dabei werden Daten aus Geschäften, deren Check Out mit Scanner-Kassen versehen ist, direkt aus dem System abgerufen. Dadurch fällt die personal- und kostenintensive Bestandserhebung in den Stichprobengeschäften weg. Es wird eine höhere Genauigkeit der Daten erreicht. Zudem sind diese tagesgenau verfügbar und können zeitlich beliebig detailliert werden. Marketingmaßnahmen können damit unmittelbar auf ihre Wirkung im Markt erfaßt werden. Zudem erhält man statistisch geglättete Daten.

Die drei großen Anbieter von Panels sind *A.C. Nielsen Company, GfK* (Gesellschaft für Konsumfor-

schung) und *G&I* (GfK und Infratest). G&I ist ein Haushaltspanel, Nielsen und GfK sind reine Handelspanels, erstere tendenziell eher für Verbrauchsgüter, letztere tendenziell eher für Gebrauchsgüter. Außerdem bestehen kombinierte Handels- und Haushaltspanels, sog. Single Source-Panels, weil die Daten für Handels- wie Haushaltsaussagen dann aus einer gemeinsamen Quelle parallel erhoben werden und damit eine verzerrende Umrechnung erübrigen (z. B. ERIM von GfK).
(→ Panel)

Handelsplatzauftritt

Der POS-Auftritt dient der Identifizierung, Information und Auslobung des Angebots durch Innenarchitektur und findet im Verkaufslokal des Händlers statt. Und zwar dort im Schaufenster- oder Eingangsbereich des Geschäfts mit dem Ziel, dabei Aufmerksamkeit zu erregen und Interesse zu erzeugen, das Geschäft zu betreten. Damit gelangt der potentielle Kunde in die direkte Einflußsphäre des Händlers. Bedeutsam ist dabei für Hersteller, daß durch Dekorationsmittel wie Lichtaccessoires, Aufsteller, Aufkleber etc. kein generisches Ambiente geschaffen wird, sondern die eigene Markenpersönlichkeit dominiert, und der Handel nur als Location dafür dient. Ebenso ist die Fassadengestaltung von Einfluß auf die Anmutung.

Nach dem Inhalt handelt es sich bei der Schaufensterwerbung um:

- Bedarfsfenster, d. h. orientiert an konkretem Nachfragebündel,
- Phantasiefenster, d. h. kreative, freie Gestaltung,
- Anlaßfenster, d. h. spezifisch thematisierte Auslegung,
- Puppenfenster, d. h. mit Schaufensterpuppen,
- Luxusfenster, d. h. nur wenige exponierte Objekte,
- Warenhausfenster, d. h. ohne Rückwand.

Nach der Anordnung der präsentierten Produkte kann es sich handeln um:

- Reihe, d. h. mengendominiert, endlos,
- Stapel, d. h. bewußt willkürlich,
- Geometrie, d. h. systematisch geordnet,
- Szene, d. h. kontextbezogen.

Nach den angesprochenen Zielpersonen kann es sich handeln um:

- Fernstrom, d. h. andere Straßenseite betreffend,
- Nahstrom, d. h. von rechts das Schaufenster passierend,
- Gegenstrom, d. h. von links das Schaufenster passierend,
- Fahrstrom, d. h. im Fahrzeug vorbeifahrend.

Ebenso ist die Werbung im Innenraum bedeutsam. Eine Vielzahl von Kaufentscheidungen findet erst in der unmittelbaren Nähe der Warenplacierung statt. Dabei können nur wahrgenommene Warenofferten in diese Entscheidung einbezogen werden. Deshalb ist es unerläßlich, für die deutliche Präsenz der Marke am Handelsplatz zu sorgen. Dies geschieht durch der Produktpräsentation dienende Einrichtungsmittel wie Displays, Warenregale, Schütten etc. Die autonomen Ziele der Absatzmittler erschweren jedoch die Umsetzung der Handelsplatzwerbung durch Hersteller. Akustisch kann durch Schnelldurchsagen, d. h. vorproduzierte oder live gesprochene Ansagen, sowie Sales Commercials (Ladenwerbespots) unterschieden werden. Verbreitet, wenngleich ökologisch angreifbar, ist die Werbung auf Tragetaschen. Neu werden die Transportbänder an den Kassen und die Fußböden als Werbeflächen entdeckt.

Eine ganz neue Funktion wird dem Handelsplatz angesichts drohender Werbeverbote zukommen. Diese werden nämlich nur die Mediawerbung betreffen, nicht aber die POS-Werbung.

Im Einzelhandel ist die Ladenfront ein wesentliches Werbemittel. Sie muß sich von der Vielzahl der übrigen klar abheben, dem Kundenkreis entsprechen, der angesprochen werden soll, sich nach dem geführten Sortiment richten, mit den Schaufenstern und dem Ladeneingang eine harmonische Einheit bilden, durch große Schaufenster ein möglichst umfassendes Bild über das Sortiment geben, durch einladende Passagen und Türen ungehinderten Ein- und Ausgang der Kunden ermöglichen und in den Abendstunden wirkungsvoll beleuchtet sein. Das Logo wird als Erkennungszeichen an der Außenfront so angebracht, daß es bereits von weitem gut erkennbar ist. Bei Dunkelheit soll es beleuchtet sein, vorteilhaft ist auch eine Anbringung quer zur Ladenfront, so daß es im Vorübergehen besser erkannt werden kann. Die Anbringung unterliegt baupolizeilichen Vorschriften. Die Türkanten sollen zu ebener Erde liegen, da Stufen leicht Unfälle verursachen und für ältere und behinderte Kunden ein Hindernis darstellen. Sinnvoll ist auch ein von außen nach innen trichterförmiger Ladeneingang. Die Schaufenstergestaltung bietet viele Vorteile. Der Kunde wird durch die im Schaufenster präsentierte Ware unmittelbar angesprochen. Durch Betrachten können Begehren und Kaufentschluß abfolgen. Die Auslage ist physisch vorhanden und daher besser als jede Beschreibung. Die Betrachtung ist unbegrenzt lange möglich. Die Auszeichnung erlaubt einen Preisvergleich am Schaufenster. Man unterscheidet neben Normal- oder Frontfenstern Eckfenster, Trichterfenster, Schaufensterpassagen und Schaukästen. Für die Gestaltung gibt es ebenfalls verschiedene Prinzipien. Das Stapelfenster ist für Waren, die sich leicht stapeln lassen, wie Stoffballen, abgepackte Produkte, Haushaltswaren etc. Das Plakatfenster eignet sich besonders für herausgestellte Ware, über die informiert wird. Das Ideen- oder Stimmungsfenster ist künstlerisch gestaltet. Dies bietet sich bei Modeartikeln, Schmuck, Kosmetik etc. an. Das Übersichtsfenster gibt im Vorübergehen eine Übersicht über einen Querschnitt des geführten Warenangebots. Das Sortimentsfenster zeigt einen typischen Sortimentsausschnitt in Tiefe. Das Sonder- oder Er-

eignisfenster wird bei besonderen Anlässen gestaltet. (vgl. *Pflaum, Dieter/Eisenmann, Hartmut:* Einführung in die Handelswerbung Stuttgart et al 1988).
(→ Schaufenster)

Handelsspanne

(→ Kennzahlen im Handel)

Handelsversteigerer

Der Handelsversteigerer ist in eigenem oder fremdem Namen bzw. auf eigene oder fremde Rechnung tätig, indem er nicht-fungible Waren im Wege des Bieteverfahrens an denjenigen versteigert, der den höchsten Preis dafür zu zahlen bereit ist. Seine Tätigkeit ist an Marktveranstaltungen gebunden.
(→ Absatzhelfer)

Handelsvertreter

Der Handelsvertreter ist in fremden Namen und auf fremde Rechnung tätig. Handelsvertreter ist, wer als selbständiger Gewerbetreibender ständig damit betraut ist, für einen anderen Unternehmer Geschäfte zu vermitteln oder in dessen Namen abzuschließen. Er ist Kaufmann kraft Grundhandelsgewerbe. Im ersten Jahr kann das Vertragsverhältnis mit einer Frist von einem, im zweiten Jahr mit einer Frist von zwei Monaten, im dritten und vierten Jahr mit einer Frist von drei Monaten, nach mehr als fünf Jahren mit einer Frist von 6 Monaten beidseitig gekündigt werden. Aus wichtigem Grund kann jederzeit fristlos gekündigt werden. Platzvertreter bearbeiten immer das gleiche Gebiet, Rotationsvertreter wechseln ihr Gebiet.

Zu unterscheiden sind nach der Ermächtigung zum Verkaufsabschluß Vermittlungsvertreter, die keine Geschäftsabschlüsse tätigen dürfen, sondern Nachfrage nur sondieren und Erklärungen mit Wirkung für und gegen den Vertretenen entgegennehmen und zur Entscheidung an das vertretene Unternehmen weiterleiten, und Abschlußvertreter, die für den Auftraggeber verbindlich zu dessen Konditionen Geschäftsabschlüsse tätigen dürfen, also Handlungsvollmacht haben. Im Zweifel ist vom Vermittlungsvertreter auszugehen, der nur Empfangsbote ist, der Antrag kann dann vom Vertretenen angenommen oder abgelehnt werden, bei Annahme kommt der Vertrag direkt zwischen Vertretenem und Kunden zustande. Nach der Zahl der übernommenen Vertretungen sind Einfirmenvertreter, die ausschließlich für einen Auftraggeber tätig sind, was jedoch eher die Ausnahme darstellt, und Mehrfirmenvertreter zu unterscheiden, die für mehrere, jedoch nicht konkurrierende, Auftraggeber zugleich tätig sind und den Regelfall darstellen. Nach dem Umfang der Rechte sind Alleinvertreter, die für das vertretene Unternehmen in ihrem Bezirk ausschließlich allein tätig sind, wobei jedoch Anfragen von Bedarfsträgern aus Kollegenbezirken bearbeitet werden dürfen, Bezirksvertreter, die Anspruch auf Provision aus allen Geschäften haben, die mit Abnehmern ihres Bezirks abgeschlossen werden, unabhängig davon, ob sie dabei selbst tätig geworden sind oder nicht, und Generalvertreter zu unterscheiden, die als Alleinvertreter die Vermittlungstätigkeit für das vertretene Unternehmen durch eigene Untervertreter ausüben lassen. Nach der Stellung im Absatzkanal sind Vertreter auf Großhandelsstufe, die den Hersteller gegenüber dem Großhandel vertreten, Vertreter auf Weiterverarbeiterstufe, die den Hersteller oder Großhandel gegenüber Weiterverarbeitern vertreten, Vertreter auf Einzelhandelsstufe, die den Hersteller, oder auch den Großhandel, gegenüber dem Einzelhandel vertreten, und Vertreter auf Endabnehmerstufe zu unterscheiden, die den Hersteller, Groß- oder Einzelhandel gegenüber der Endabnehmerschaft vertreten. Außerdem gibt es Handelsvertreter im Nebenberuf, die meist keinen Ausgleichsanspruch haben.

Die Handelsvertreterbeziehung kennzeichnen umfangreiche Rechte und Pflichten auf beiden Seiten. Zu den wichtigsten gehören, daß der Handelsvertreter seine Tätigkeit frei gestalten und seine Arbeitszeit selbst bestimmen kann. Er soll das Interesse des vertretenen Unternehmens wahren und hat Anspruch auf Provision für Abschlüsse und alle gleichartigen Folgegeschäfte, die er durch Bucheinsicht nachprüfen kann. Die Provisionszahlung ist normalerweise unabhängig davon, ob mangelfrei und rechtzeitig geliefert wird oder nicht. Geschäfte mit „faulen" Kunden bringen allerdings keine Provision. Die Abrechnung erfolgt spätestens zum Ende des Folgemonats des Abschlußmonats. Inkassoprovision ist für das Einziehen von Forderungen und Delkredereprovision für die schriftliche Haftung für Zahlungseingänge fällig. Die Provisionierungspflicht gilt auch für Nachbestellungen bis zum Ende des Folgemonats (nur Abschlußvertreter). Der Handelsvertreter kann über alle zum Verkauf nötigen Unterlagen disponieren (wie Produktmuster, Preislisten, Prospekte etc.) und wird unverzüglich über die Annahme oder Ablehnung von von ihm vermittelten Geschäften benachrichtigt. Bei Auflösung der Vertretung hat er Anspruch auf eine angemessene finanzielle Abfindung (Ausgleichszahlung), die sich nach einer festen Formel berechnet. Es besteht die Pflicht zur dauernden Geheimhaltung über bekanntgewordene betriebliche Verhältnisse des Auftraggebers, auch nach Vertragsauflösung, und zum Wettbewerbsverbot für gleiche oder gleichartige Vertretungen. Außerdem ist das vertretene Unternehmen unverzüglich von jedem Auftrag zu informieren und die Sorgfalt eines ordentlichen Kaufmanns in allen geschäftlichen Belangen walten zu lassen.

(→ Akquisitorische Absatzhelfer)

Hausbesuch

(→ Direktabsatz)

Haushaltstheorie

Einen ersten Erklärungsansatz für das Käuferverhalten lieferte die klassische Haushaltstheorie der Mikroökonomik. Dabei wird auf Basis ökonomisch streng rationaler Entscheidungsfindung (Homo oeconomicus) theoretisch untersucht, für welche Mengen welcher Güter sich ein Haushalt entscheiden soll, wenn er bei gegebenenem Budget und gegebenen Güterpreisen seinen Nutzen maximieren bzw. ein als sinnvoll erachtetes Nutzenniveau mit geringstmöglichem Budget zu niedrigsten Güterpreisen realisieren will. Die traditionelle mikroökonomische Theorie geht dabei von der Fiktion der nutzenmaximalen Gütermenge aus. Nutzen ist der Grad der Befriedigung von Bedürfnissen, den ein Wirtschaftsgut beim Verbraucher/Verwender erbringt. Diese Bedürfnisse werden nach ihrer Zahl, ihrem Intensitätsgrad, ihrer Interdependenz, ihrem Bewußtheitsgrad, ihrer Zielorientierung, ihrer Realisierungschance und ihrer Planbarkeit unterschieden.

Für den Nutzen sind sowohl die individuelle Nützlichkeit (subjektive Bedürfnisse) als auch die objektive Knappheit relevant (marktliche Seltenheit). Freie Güter sind zwar nützlich, aber nicht marktfähig. Der Nutzen wird in Abhängigkeit von Gütermengen in Nutzenfunktionen dargestellt (z. B. Indifferenzkurve mit kardinaler Nutzenzuweisung, Pareto-Optimum), die Grenznutzenfunktion hat einen fallenden Trend. Die Nutzenmaximierung ist bei der höchsten Grenzrate der Substitution gegeben, der Nutzenausgleich bei gleicher Grenzrate der Substitution (Gossen'sche Gesetze). Im Marketing wird meist zwischen Grundnutzen (inferiore Güter) und Zusatznutzen (superiore Güter) unterschieden (Nürnberger Schule), zunehmend aber auch in Präferenzen, z. B. in der Theorie der faktischen Präferenz (Revealed Preference) für ordinale Präferenzen bzw. in der Risikotheorie für kardinale Präferenzen.

Die Kritik ist vielfältig. Ausgegangen wird von einem völlig rational handelnden Individuum, das bewußte ökonomische Wahlakte durchführt, denn daraus leiten sich die Bedingungen für optimale Beschaffungsmengen ab. Zudem wird eine vollständige Information der Nachfrager über alle Einflußfaktoren ihres Kaufverhaltens unterstellt. Die Einkommen, sämtliche relevanten Beschaffungsgüter und deren Preise werden als mit Sicherheit bekannt vorausgesetzt. Es wird eine konsistente, transitive, stationäre und komparative Präferenzstruktur angenommen, die durch Aggregation zu einer Preisabsatzfunktion für einen Gesamtmarkt wird. Diese Annahmen entbehren allerdings des Realitätsbezugs ebenso wie die Ergebnisse, die unter diesen Prämissen zustandekommen.

Eine Modifizierung erfolgt im sog. *Lancaster-Modell*. Dieses geht davon aus, daß die Haushalte am Markt verschiedene Produkte kaufen, um sie zur Herstellung von Gütern zu verwenden. Die vom Haushalt erstellten Güter lassen sich nach Eigenschaftsarten (wie Kalorienzahl, Eiweißgehalt, Geschmack etc.) beschreiben. Im Gegensatz zur Haushaltstheorie werden nicht die Produktmengen, sondern die Eigenschaftsmengen bewertet, denen Nutzenwerte zugeordnet werden. Eine gewisse Aussagekraft erhält das Modell durch die Ermittlung individueller und aggregierter Nachfragefunktionen, der zugehörigen Absatzmengen und der Auswirkung marketingpolitischer Maßnahmen. Allerdings liegt gleichermaßen der Homo oeconomicus als Modellannahme zugrunde. Die Verbindung zwischen der über Produkteigenschaften definierten Nutzenfunktion und der über Gütermengen definierten Budgetrestriktion stellt die sog. Konsumtechnologie dar. Dies ist eine Matrix, die angibt, wieviel eine Mengeneinheit eines Produkts an Eigenschaften enthält. Multipliziert mit der Bedeutung des Produkts im Warenkorb ergibt sich die Eigenschaftsmenge. Eine Weiterentwicklung stellen dazu die Kaufmodelle dar.

Ein weiterer Ansatz betrifft die *Theorie der Haushaltsproduktion*, die die Erstellung elementarer Güter untersucht. Allerdings liegen dabei gleichermaßen realitätsarme Bedingungen zugrunde. Daher ist es erforderlich, wenn ökonomische Erklärungsansätze allein schon nicht ausreichen, andere Disziplinen hinzuziehen, wie die Soziologie und die Psychologie.
(→ *Käuferverhalten)*

Handelswerbung

(→ *Kommunikation, Kategorien)*

Handkauf

(→ *Kaufvertrag, Arten)*

Handwerks-Großhandel

(→ *Großhandel, Betriebstypen)*

Hard Selling

(→ *Marketing, Ethik)*

Härtetest

(→ *Nutzenbeweis)*

Haßloch-Projekt

(→ *BehaviorScan, Anlage)*

Hausbesuche

(→ *Direktvertrieb über Repräsentanten)*

Haushaltsnettoeinkommen

(→ *Kaufkraft)*

Hausmesse/Road Show

(→ *Repräsentationsmärkte)*

Head on

(→ *Strategisches Spielbrett, Erweiterte Wettbewerbsvorteils-Matrix)*

Hedging

(→ *Terminhandel)*

Helden

(→ *Unternehmenskultur)*

Hemisphärentheorie

(→ *Gedächtnis)*

Herstellergestützter Mittelstandskreis

Der Herstellergestützte Mittelstandskreis ist ein Zusammenschluß klein- und mittelständischer Händler zur Steigerung ihrer Wettbewerbsfähigkeit gegenüber den Großbetriebsformen der Branche, wobei deren Teilnehmer ausnahmsweise Verabredungen treffen, die Marktwirksamkeit haben. Hersteller dürfen dort auf Initiative der Händler, meist konstituiert durch einen Beirat, partizipieren, allerdings nicht Mitglied werden, sich engagieren, jedoch keinerlei Druck zur Durchsetzung ausüben. Vielmehr muß die Einigung allein auf Händlerebene zustandekommen. Die kleine und mittlere Größe definiert sich nicht absolut, sondern in Relation zu den Großen der Branche. So gehören im Handel selbst Großbetriebsformen zum Adressatenkreis. Mittelstandskreise dürfen ihren Mitgliedern gegenüber Empfehlungen aussprechen, auch in bezug auf Preise, die intern bekanntzugeben und ausdrücklich nur als unverbindlich zu bezeichnen sind (dieser Zusatz ist aber nicht in Werbemitteln erforderlich). Alle ausgesprochenen Empfehlungen müssen die Leistungsfähigkeit der Beteiligten gegenüber den Branchenriesen zu fördern geeignet sein. Dann brauchen sie nicht beim Kartellamt angemeldet zu werden. Dieses beobachtet jedoch Mittelstandskreise und beanstandet sie bei Mißbrauch. Hersteller bieten oft an, bestimmte Produktlinien nur über Mitglieder des Mittelstandskreises zu vertreiben. Diese erhalten dadurch einen Wettbewerbsvorteil und sind aus der Preisvergleichbarkeit herausgenommen. Beispiele finden sich in der Elektrobranche bei sog. Weißer oder Brauner Ware (Rowenta, Nordmende). Als Rechtsform kommt eine GbR in Betracht, die interne Organisation erfolgt durch Selbstverwaltung. Die wichtigsten Vorteile aus Herstellersicht sind feste Preise in größeren Regionen, höhere Motivation der Händler für „exklusive" Mittelstandsware, bessere Produktionsplanung und harmonische Abstimmung im Absatzkanal. Die wichtigsten Nachteile sind kartellrechtliche Anfechtbarkeit wegen der Selektion der Mitglieder im Handel und des Engagements des Herstellers, zudem fehlende Mengenwirkung und Distributionskraft der Großbetriebsformen des Handels.
(→ *Abstimmung auf den Handelsstufen*)

Herstellermarke

Die Herstellermarke ist traditionell die übliche Form des Markenartikels. Über Jahrzehnte hinweg war es selbstverständlich, daß es nicht zu den Aufgaben des Handels gehört, eigene Markenartikel zu lancieren. Erst mit der allgemeinen Erstarkung der Handelsstufe infolge unvermindert anhaltenden Konzentrationstrends und Verschiebung der Führerschaft im Absatzkanal von der Lieferanten- auf die Abnehmerseite (Nachfragemacht), entdeckte der

Handel die Möglichkeit, selbst als Markenabsender zu fungieren und sich damit vom Warenangebot der Hersteller zu emanzipieren.
(→ Absenderbezogene Markentypen)

Herstellerniederlassung

(→ Direktabsatz)

Heterogene Diversifikation

(→ Diversifikation, Formen, Programmdiversifikation)

Hierachy of Effects

(→ Stufenmodelle der Werbung)

High Interest Goods

(→ Gütertypen)

High Involvement-Käufe

(→ Involvement, Darstellung)

High Tech Goods

(→ Gütertypen)

High Touch Goods

(→ Gütertypen)

Hilfsroutinen

(→ Desk Top Publishing, Software)

Histogramm

(→ Visualisierung von Daten)

Hochrechnungen

Unter Hochrechnung versteht man den Rückschluß von der Stichprobe auf die Grundgesamtheit. Die Stichprobenbildung hat zu einem Miniaturbild der Grundgesamtheit geführt, die Hochrechnung führt nun eine Wiederanpassung der Stichprobenergebnisse an die Grundgesamtheit durch. Bei der uneingeschränkten Zufallsauswahl ist eine Hochrechnung nicht erforderlich, weil von den Anteils- und Mittelwerten der Stichprobe direkt auf die der Grundgesamtheit geschlossen werden kann. Man unterscheidet zwischen freier und gebundener Hochrechnung. Die freie Hochrechnung bedient sich nur der Informationen aus der Stichprobe selbst. Die gebundene Hochrechnung bezieht weitere Informationen ein und zwar Basiswerte früherer Perioden mittels Differenzenschätzung, Verhältnisschätzung oder Regressionsschätzung. Oft ist vor der Hochrechnung eine Umgewichtung (Transformation, etwa bei eingeschränkter Zufalls- oder bewußter Auswahl) oder Neugewichtung erforderlich. Diese ist bei Stichprobenausfällen erforderlich. Diese können neutral sein, d. h. solche Fälle betreffen, die nicht zur Grundgesamtheit gehören, oder nicht neutral sein, d. h. Fälle von Antwortverweigerung betreffen. Neutrale Fälle werden durch Redressement bereinigt, also durch Doppeln von Elementen bei Untererfassung bzw. Streichen durch zufälliges Herausgreifen bei Übererfassung von Segmenten, was jedoch zu einer Veränderung der Fallzahlen um künstliche Fälle führt, oder durch proportionale (faktorielle) Anpassung durch Verhältnisgewichtung bei unveränderter Fallzahl.

Die Hochrechnung ist auf Basis unterschiedlicher Ansätze möglich.

Bei der *Bevölkerungsmethode* wird von der Relation der Bevölkerung im Testmarkt zur Bevölkerung im Gesamtmarkt hochgerechnet, d. h. Absatzmenge des Testprodukts innerhalb des Haushaltspanels geteilt durch Zahl der Panelhaushalte im Testgebiet mal Zahl der Haushalte im Gesamtmarkt.

Bei der *Methode des disponiblen Einkommens* wird von der Relation von Einkommen im Testmarkt zum Einkommen im Gesamtmarkt hochgerechnet, d. h. verfügbares Einkommen im Gesamtmarkt geteilt durch verfügbares Einkommen innerhalb des Haushaltspanels mal Absatzmenge des Testprodukts innerhalb des Haushaltspanels.

Bei der *Umsatzverhältnismethode* wird von der Relation vom Umsatz eines Konkurrenzprodukts zum eigenen Produkt im Testmarkt zu dessen mutmaßlichem Umsatz im Gesamtmarkt hochgerechnet, d. h. Absatzmenge eines Vergleichsprodukts im Gesamtmarkt geteilt durch Absatzmenge eines Vergleichsprodukts innerhalb des Haushaltspanels mal Absatzmenge des Testprodukts innerhalb des Haushaltspanels.

Bei der *Marktanteilsmethode* wird von der Relation des Umsatzes des eigenen Produkts an der Produktkategorie im Testmarkt zum Umsatz der Produktkategorie im Gesamtmarkt hochgerechnet, d. h. Absatzmenge des Testprodukts innerhalb des Haushaltspanels geteilt durch Absatzmenge der zugehörigen Warengruppe innerhalb des Haushaltspanels mal Absatzmenge der Warengruppe im Gesamtmarkt.

Bei der *Wiederkäufermethode* wird die Relation der Haushalte im Test- und Gesamtmarkt mit der Absatzmenge und der Zahl der Haushalte hochgerechnet , d. h. Zahl der Panelhaushalte, die das Testprodukt wiederkaufen, geteilt durch Zahl der Panelhaushalte im Testgebiet mal durchschnittlicher Absatzmenge des Testprodukts pro Wiederkäuferhaushalt mal Zahl der Haushalte im Gesamtmarkt.

(→ Prognose)

Höchstpreis

(→ Preisvorgaben)

Homogene Diversifikation

(→ Diversifikation, Formen)

Honorarbasis

(→ Werbeagentur, Vergütung)

Hörfunk, Digital

(→ Audiokommunikation)

Hörfunkspot, Darstellung

Im Hörfunkbereich galt jahrzehntelang ein Monopol der öffentlich-rechtlichen Sendeanstalten, das nur durch RTL als von Luxemburg einstrahlendem Privatsender aufgelockert wurde. Allerdings haben die Programmverantwortlichen bereits recht früh dem Bedarf breiter Kreise der Bevölkerung nach einem unterhaltsamen, modernen Hörfunkprogramm Rechnung getragen, etwa durch Etablierung der dritten/vierten Programme. Die Vergabe von, ebenfalls reglementierten Werbezeiten, ist jedoch ähnlich umständlich wie beim Fernsehen. Seit einigen Jahren bereits ist eine Liberalisierung der Betreibung privater Radiosender in Kraft. Dies hat dazu geführt, daß zahlreiche Privatstationen auf den Plan treten. Wegen der vergleichsweise niedrigen Investitionen ist jedoch die kaufmännische Basis oft nicht fundiert genug, um eine längere Präsenz am Funkmarkt zu gewährleisten. Die Folge daraus sind rasch wechselnde Besitz- und Frequenzverhältnisse, die eine Planung erschweren. Vor allem ist es großen, national auftretenden Werbungtreibenden kaum möglich, mit einer Vielzahl überwiegend kleiner Privatstationen eine flächendeckende Penetration sicherzustellen. Daher haben sich viele dieser Sender in meist regionalen Vermarktungsgemeinschaften zusammengefunden, um ein geschlossenes Angebotsbündel zu formulieren. Im Hörfunkbereich sind mehr noch als im Fernsehen Sonderwerbeformen aushandelbar, die die üblichen, durch Indikativ ein- und wieder abgeläuteten Werbeblocks umgehen.

Funkwerbung ist als Basismedium weitgehend ungeeignet und hat zur Hintergrunduntermalung oft nur geringe Aufmerksamkeit. Vom Inhalt her bieten sich einfache, appellierende Botschaften an, von der Form stimmungs- und schwungvolle Darbietungen. Ohne Optik jedoch fehlt zumeist der Appetite Appeal. Allerdings wird durch Visual Transfer gelernter, optischer Informationen anläßlich Jingle oder Werbetext eine Frequenzanhebung erreicht (auch über Ladenfunk als Sonderform), indem die verinnerlichten Bildsequenzen aus dem Gedächtnis abgerufen werden, zumal die absoluten Einschaltkosten vergleichsweise günstig sind. Die Reichweite schwankt jedoch erheblich nach Tageszeit und Wochentag. So werden werktags morgens vor allem Familien beim Frühstück und Autofahrer auf dem Weg zur Arbeit intensiv erreicht. Am vormittag läuft das Radio meist nur als Hintergrunduntermalung bei entsprechend geringer Werbewirkung mit. Zur Mittagszeit ist dann noch einmal ein Hoch zu verzeichnen. Am Nachmittag werden auch Schüler bei Erledigung ihrer Hausaufgaben erreicht. Spätnachmittags ist noch einmal intensiver Empfang im Autoradio gegeben. Abends wird der Hörfunk fast komplett durch das attraktivere Medium Fernsehen verdrängt. Dementsprechend schwanken die Tarifpreise je nach belegter Uhrzeit, nach Wochentag (Wochenende mit erheblich veränderten Hörbedingungen) und Jahreszeit.

Home Party

(→ Direktabsatz)

Horizontale Diversifikation

(→ Diversifikation, Formen, Programmdiversifikation)

Horizontale Kooperation

(→ *Absatzkanal, Kooperationen)*

Horizontale Marktbeziehungen

(→ *Marktrelationen)*

Horizontale Markentypen

Zu den horizontalen Markentypen gehören folgende Gruppen:

Bei der *Markensegmentierung* stellen sich zwei Optionen, die Einzelmarkenstrategie bei einer Marke je Segment und die Mehrmarkenstrategie bei mehreren Marken je Segment. Diese geben damit also das Verhältnis von Marke und Segment des Marktes wieder. Die Problematik der zutreffenden Abgrenzung von Marktsegmenten darf nicht vernachlässigt werden.

Bei der *Markendifferenzierung* stellen sich zwei Optionen, die Monomarkenstrategie bei einer Marke mit nur einem repräsentierten Produkt und die Rangemarkenstrategie bei mehreren differenzierten Produkten nebeneinander. Diese geben damit also das Verhältnis von Marke und Produktvarietät wieder.

Bei der *Markenanzahl* stellen sich zwei Optionen, die Solitärmarkenstrategie bei einer Marke und die Multimarkenstrategie bei mehreren Marken im Programm. Diese geben

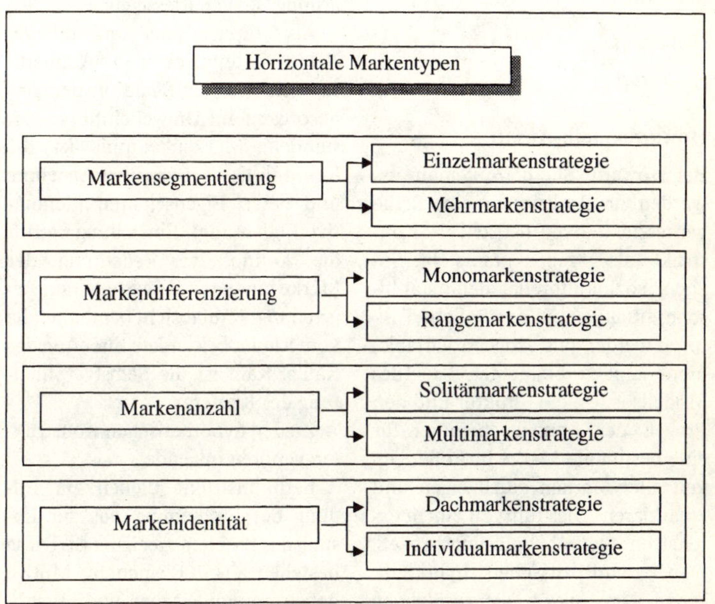

Horizontale Markentypen

damit also das Verhältnis von Marke und Programm des Unternehmens wieder.

Bei der *Markenidentität* stellen sich zwei Optionen, die Dachmarkenstrategie bei einer Marke, die der Firma entspricht, und die Individualmarkenstrategie bei einer oder mehreren Marken, die der Firma nicht entsprechen. Diese geben damit also das Verhältnis von Marke und Firma wieder.
(→ Dachmarke, Einzelmarke, Individualmarke, Mehrmarke, Monomarke, Multimarke, Rangemarke, Solitärmarke)

Hospitality

(→ Events)

Hot Spots

(→ Katalog)

Howard, Sheth-Ansatz

Bei Howard, Sheth (Systemansatz) werden zur Realisierung eine Reihe vernetzter hypothetischer Konstrukte als gegeben unterstellt. Soziale, soziokulturelle, demographische, situative und persönliche Faktoren werden (als exogene Variable) nicht explizit betrachtet. Ziel des Modells ist es, die Struktur und den Prozeß der Kaufentscheidung für eine bestimmte Marke in Abhängigkeit aller Marken aufzuzeigen und zu erklären. Dies führt zu einem extensiven Problemlösungsprozeß. Dabei wird zwischen hypothetischen Konstrukten, die zusätzliche Bedeutungsinhalte erhalten und sich nicht oder nur teilweise empirisch interpretieren lassen, und intervenierenden Variablen, die der Beobachtung zugänglich und grundsätzlich meßbar sind, unterschieden. Außerdem werden exogene Variable, deren Entstehen und Änderung im Modell nicht erklärt wird, und endogene unterschieden.

Zu den intervenierenden Variablen gehören folgende.

Inputvariable sind eine Vielzahl von signifikanten und symbolischen Stimuli, die auf das Produkt bzw. einzelne Merkmale hinweisen. Dabei handelt es sich etwa um Qualität, Preis, Eigenart, Service, Erhältlichkeit etc. Informationen aus sozialen Quellen betreffen Familie, Referenzgruppe, soziale Klasse etc.

Als Outputvariable sind fünf Variable zu unterscheiden: Aufmerksamkeit wird als Reaktion der Sinnesorgane auf Umwelteinflüsse verstanden. Markenkenntnis ist die Kenntnis des Käufers über Angebote und deren Eigenschaften (denotative Bedeutung). Einstellung betrifft die konnotative Bedeutung der Marke mit deren Bewertung und Beurteilung. Kaufabsicht beinhaltet die vom Käufer bekundete Intention des Kaufs. Kauf ist die Selbstverpflichtung des Käufers.

Zu den hypothetischen Konstrukten gehören folgende.

Lernkonstrukte dienen zur Bildung des Programms, das zur Lösung des Problems geeignet ist. Diese bestehen aus 7 Elementen: Motive haben physiologischen und psychologischen Ursprung und beinhalten eine richtungsweisende Komponente. Markenkenntnis dient zur Beschreibung und Identifizierung der Angebote. Entscheidungskriterien sind kognitive Regeln des Käufers, die ein zielgerichtetes Verhalten gewährleisten. Einstellung repräsentiert eine Präferenzordnung in kognitiver, affektiver und konativer Hinsicht. Kaufabsicht ist das Ergebnis des Entscheidungsprogramms unter Berücksichtigung von Beschränkungsfaktoren wie Preishöhe, Einkommen, Zeitbudget, Erhältlichkeit, soziale Einflüsse etc. Sicherheitsgrad betrifft die Notwendigkeit zur Einholung weiterer Informationen. Befriedigung ist von der Fähigkeit einer Marke abhängig, den tatsächlichen Erwartungen zu entsprechen bzw. diese zu übertreffen.

Wahrnehmungskonstrukte übernehmen die Funktion der Informationsgewinnung und -verarbeitung. Diese bestehen aus 4 Elementen: Aufmerksamkeit betrifft die Aufnahmebereitschaft der Wahrnehmungsorgane des Individuums gegenüber Reizen in der Umwelt. Stimulusmehrdeutigkeit betrifft die Klarheit und Transparenz von Reizen, die Voraussetzung für Aufmerksamkeit sind. Wahrnehmungsverzerrung gilt für die Veränderung empfangener Informationen in Richtung der eigenen Einstellung. Suchverhalten ist dann notwendig, wenn die Informationen, die der Käufer empfangen hat, ohne sich darum zu bemühen, nicht zur Problemlösung ausreichen.

Zu den exogenen Variablen gehören folgende: Die Bedeutung des Kaufs ermißt sich nach dem Grad der Ich-Beteiligung. Der Zeitdruck entspricht der für den Kauf aufgewendeten Zeitspanne. Einkommen bzw. finanzielle Lage betrifft das Anspruchsniveau beim Kauf. Persönlichkeitsmerkmale bzw. Charakterzüge des Käufers betreffen z. B. Selbstvertrauen und Risikofreudigkeit. Gruppeneinflüsse durch Referenzgruppen wirken ebenfalls kaufsteuernd. Die soziale Klasse setzt Konsumverhaltensnormen. Die Kultur bzw. Gesellschaft beeinflußt ebenfalls die Entscheidung.

Inputvariable wirken von außen und verursachen eine Erregung des Organismus. Für die Transformation werden Wahrnehmung und Lernen als zentral angesehen. Durch die Wahrnehmung werden die auf den Organismus treffenden Informationen individuell umgeformt. Die Quantität der aufgenommenen Informationen hängt von den Ausprägungen der Konstrukte Suchverhalten, Stimulus-Mehrdeutigkeit und Aufmerksamkeit ab. Durch das Konstrukt Wahrnehmungsverzerrung, das eng mit Einstellungen, Wahlkriterien und Motiven zusammenhängt, werden hingegen die im Stimulus enthaltenen Informationen qualitativ verändert. Durch Lernen kann ein Programm zur Lösung des Kaufentscheidungsproblems bereitgestellt werden. Der Input besteht in einem intrapersonalen Reiz, der vom ursprünglichen Reiz mehr oder minder abweicht. Die weitere Verarbeitung hängt davon ab, ob der Organismus dazu motiviert ist und welches kaufentscheidungsrelevante Wissen über Marke und Wahlkriterien verfügbar ist. Motive, Wahlkriterien und Bedürfnisbefriedigung verdichten sich zu einem Urteil über die Eignung des Produkts zur Bedürfnisbefriedigung (= Einstellung), und, sofern keine endogenen (Sicherheit etc.) oder exogenen Faktoren (Zeitmangel, Preis etc.) dem entgegenwirken, zur Kaufabsicht. Damit ist man bei den Outputvariablen angelangt.

Dieses Kaufentscheidungsmodell ist der umfassendste und detaillierteste allgemeine Ansatz. Problematisch ist der Umfang der exogenen, nicht erklärten Variablen. Dazu gehören kognitive Dissonanzen ebenso wie Preis und Einkommen. Außerdem sind nur die intervenierenden Variablen meßbar. Die übrigen entziehen sich also der Verifizierung oder Falsifizierung (vgl. *Pepels, Werner:* Käuferverhalten und Marktforschung, Stuttgart 1995).

(→ Käuferverhalten)

Human-Ansatz

(→ Marketing, Methoden)

Hybrider Verbraucher

Angesichts zunehmend restriktiver Umfeld- und insb. Wirtschaftsbedingungen mit anhaltend stagnierenden oder gar rückläufigen Realeinkommen sehen sich Verbraucher zu selektiver Reaktion hinsichtlich ihrer Kaufentscheidungen gezwungen, wollen sie ihren gewohnten und liebgewonnenen Lebensstandard halten, der bekanntlich ausgesprochen rigide nach unten ist. Die Lösung dieses Dilemmas hat sich im Laufe der letzten Jahre ebenso konsequent wie tiefgreifend vollzogen. Verbraucher unterscheiden ihre Anschaffungen in solche der Kategorie des Grundbedarfs einerseits und solche der Kategorie des Zusatzbedarfs andererseits und entwickeln für beide unterschiedliche Verhaltensmuster, handeln damit also nicht mehr konsistent, sondern gespalten, eben hybrid.

Im Bereich des Grundbedarfs wird dabei weit überwiegend nach dem Kriterium absoluter Preisgünstigkeit gekauft. Dafür kommen generell wenig erklärungsbedürftige oder Low Interest-Produkte in Betracht (wie Grundnahrungsmittel, Papierwaren etc.). Diese dominante Orientierung am Preis begünstigte seinerzeit das Vordringen der sog. No Names (Generics), die durch Reduzierung der Marketingkosten ein fast konkurrenzlos billiges Angebot möglich machten. Da zudem im Bereich der Low Interest-Produkte keine gravierenden objektiven Leistungsunterschiede unterstellt bzw. diese, falls doch vorhanden, relativ leicht nachgeprüft und Nachteile daraus vermieden werden können, wird der Kauf von Markenartikeln dort eben verzichtbar.

Markenartikel gewinnen erst wieder an Boden, wenn es um objektiv oder subjektiv höherwertige Produktgattungen oder etwa um besondere Nutzungsanlässe geht. Somit wird für den Weihnachtsstollen sicherlich Markenmehl, für die Geburtstagstafel sicherlich Markenkaffee gekauft, wo im Alltag ansonsten genausogut Generics ausreichen. Im Ergebnis gilt immer das Gesetz der vertikalen Verdrängung, d. h. selbst innerhalb der Markenartikel gibt es eine Hierarchie nach abgestufter Profilierung und Kompetenz, so daß das für die Relation von Gattungs- und Markenprodukte Gesagte im übertragenen Sinne durchaus auch für die Situation schwächer profilierter im Vergleich zu stärkeren Marken gilt. Kaufausschlaggebendes Kriterium ist hier wie dort das Preis-Leistungs-Verhältnis, d. h. die Gewichtung der objektiv gegebenen oder subjektiv empfundenen Produktleistung gegenüber deren Preis. Man denke nur an die Chance, im Sonderangebot ein Markenprodukt zum Preis eines No Names zu erhalten.

Diesem Grundnutzenbereich mit seinem eher kognitiv geprägten Verbraucherverhalten steht der Erlebnisbedarfsbereich gegenüber, bei dem es um Produkte geht, die ein hohes Ego-Involvement und damit emotionale Wertigkeit implizieren, also affektiv induzierte Entscheidungen hervorrufen, wobei deren Bedeutung sowohl in der Eignung des betreffenden Produkts zur differenzierten Selbstdarstellung liegen kann als auch im vordergründigen Statuszweck. Der für diesen Statuszweck in Zeiten des Wirtschaftswachstums typische außengeleitete Niveaukonsum dürfte allerdings im Zeitablauf immer mehr an Bedeutung einbüßen, zum einen, weil es aufgrund der ökonomischen Rahmenbedingungen absolut immer schwieriger wird, sich ein solches Verhalten überhaupt leisten zu können, und zum anderen, weil dies selbst unter objektiven Gesichtspunkten unangebracht provokant und deplaciert angesichts großer sozialökonomischer Probleme wirkt.

Bei gegebenenem, weitgehend konstantem Haushaltsbudget ergibt sich eine Lösungsmöglichkeit derart, daß die Finanzierung des begehrten, an sich aber überflüssigen Zusatznutzenangebots nur durch Einsparung im ungeliebten, jedoch notwendigen Basisnutzenangebot umsetzbar wird. Daraus folgt ein hybrides Verhalten, nämlich derart, daß beim Basisbedarf der problemlosen Güter No Names bevorzugt werden, um die dabei eingesparten Geldmittel für positionierende Güter mit Statuscharakter zu investieren. Cleverness beim Einkauf von Grundnutzengütern wird damit emotional belohnt.

Ziel des Marketing muß es somit sein, Produkte aus dem weitgehend austauschbaren Gattungsleistungsbereich heraus zu Markenartikeln zu stilisieren, die zur Profilierung ihres Anwenders/Besitzers in seinem sozialen Umfeld beitragen (Außenwirkung) und zur Identifizierung mit den Markeninhalten führen (Innenwirkung), damit also letztlich zur Selbstverwirklichung der Verbraucher beitragen. Das Preisniveau tritt dann bei der Kaufentscheidung in den Hintergrund, sofern eine hinreichende Produktqualität gegeben ist, was vorausgesetzt werden muß.

Folglich dominiert beim Basisbedarf die Preisorientierung mit ökonomisch-rationalen Argumenten, insb. in bezug auf die absolute Preishöhe, beim Zusatzbedarf jedoch die Erlebnisorientierung mit sozial emotinalen Argumenten, insb. in bezug auf die relative Erlebnisleistung.

Hypergeometrische Verteilung

(→ *Wahrscheinlichkeitsverteilung)*

I

Idealgütermarkt

Ideelle Güter, oder Idealdienste, betreffen die Erfüllung gesellschaftlicher Anliegen, die von Staat und Wirtschaft vernachlässigt werden oder gezielt autonom organisiert werden sollen.

Dabei handelt es sich vor allem um religiöse, kulturelle, akademische, caritative, politische und visionäre Anliegen. Sie betreffen nichtwirtschaftliches (Social) Marketing, werden daher von mehr oder minder formalisierten Gruppen getragen und heben sich durch markante Kennzeichen wie folgt ab.

Die Anbieter haben keine Gewinnerzielungsabsicht. Dabei kann es sich um Pressure Groups handeln, die ihre gruppenegoistischen Ziele promoten und dafür auch Benachteiligungen außenstehender Dritter billigend in Kauf nehmen. Oder um Lobbies, die stellvertretend die ganze oder zumindest Teile der Gesellschaft betreffende Ziele verfolgen und dafür selbst persönliche Nachteile hinnehmen.

Die Gruppen werden von Leitbildern getragen. Damit eint sie eine gemeinsame Mission, von der eine hohe motivationale Wirkung ausgeht. Diese Motivation wiederum verursacht den nachdrücklichen Einsatz der Mitglieder für ihr Sachanliegen. Dies kann zur Übersteigerung bis zu Formen des Fanatismus führen.

Die finanziellen Mittel sind meist eng begrenzt, da die Leistungen nur teilkostendeckend abgegeben werden. Dabei handelt es sich oft um einen eher symbolischen Betrag, der als Kostendeckungsbeitrag zu verstehen ist. Absicht ist von daher, möglichst wenige Betroffene von der Inanspruchnahmemöglichkeit des ideellen Gutes oder Dienstes aus finanziellen Gründen auszuschließen und diesem möglichst hohe Verbreitung zukommen zu lassen, um dem dahinterstehenden Anliegen zu genügen.

Die Teilkostendeckung wird auch deshalb möglich, weil für die Organisation andere subsidiäre Einnahmequellen bestehen. Solche Einnahmen resultieren außer aus der Leistungsabgabe oft aus Spenden und Mitgliedsbeiträgen. Dafür werden umfangreiche mediale oder personale Werbemaßnahmen initiiert. Darüberhinaus bestehen noch Subventionen oder Abgabenbefreiungen, die staatlicherseits das ideelle Anliegen fördern sollen.

Die Organisationen haben häufig Mitglieder, die auch ehrenamtlich arbeiten. Dadurch kann eine organisatorische Infrastruktur aufrecht erhalten werden, die ansonsten sowohl Glaubwürdigkeit als auch ökonomische Basis belastet. Dort wo angestellte Manager arbeiten, erhalten diese ihre Entlohnung aus dem kollektiven Entgelt der Mitglieder, deren Interessen sie vertreten und wahren.

Die Struktur der Gruppen ist meist demokratisch angelegt und unterscheidet sich damit signifikant von Unternehmen. Ziele von Einzelpersonen oder Kleingruppen werden von der Mehrheit dominiert. Das Management der Gruppe wird aus dem Kreis der Mitglieder für eine bestimmte Zeit gewählt und hat sich der Mitgliederversammlung gegenüber zu verantworten (Ausnahme: Religionsgemeinschaften).

Ideelle Güter sind nicht frei zugänglich und immer verfügbar. Ihre Nutzung ist oft auf Mitglieder begrenzt und raum-zeitlichen Einschränkungen unterworfen, wenn sie etwa nur der Eigenbedarfsdekkung dient. Dennoch ergibt sich das Problem der Nutznießung ohne Beitrag durch andere (Trittbrettfahrer) immer dann, wenn die Inanspruchnahme von Leistungen nicht genügend trennscharf ausgegrenzt werden kann.

Das Angebot ideeller Güter unterliegt nicht dem harten Steuerungsrahmen des Wettbewerbs. Damit ist auch dessen Effizienz in Erstellung und Verteilung fraglich. Allerdings ist diese oft nicht einmal Zielkriterium, sondern es geht darum, unabhängig davon ein Engagement bzw. Angebot sicherzustellen, das anderweitig nicht ohne weiteres darstellbar ist.

Idealpunktmodell

(→ Käuferverhalten, Erklärungsansätze)

Ideentest

(→ Konzepttests)

Ideenwerbung

(→ Kommunikation, Formen)

Identifikationsmacht

(→ Soziale Macht)

Image

Images sind Anmutungsqualitäten von Meinungsgegenständen. Die ökonomische Imagetheorie sieht das Image als objektbezogenes Konzept. Es dient dazu, Markterfolge, die nicht durch objektive Faktoren bestimmt werden können, zu erklären. Images helfen bei der Orientierung in der komplexen Wirklichkeit. Gestaltpsychologisch wird das Image als ganzheitliches, unthematisches Eindruckssystem über alles gesehen, was sich ein Individuum in bezug auf ein Objekt einbildet. Dazu werden Versuchspersonen meist aufgefordert, ihre inneren Vorstellungsbilder anhand von Wortreizen zu beschreiben, z. B. als Polaritätenprofil. Der Vielschichtigkeit des Images wird versucht gerecht zu werden, indem nicht nur produktbezogene (denotative) Erklärungskomponenten berücksichtigt werden, sondern auch nicht produktbezogene (konnotative). Dazu gehören, aus gestaltpsychologischer Sicht, vor allem die:

- Prägnanz, d. h. die Bemerkbarkeit, Richtigkeit, Vorteilhaftigkeit und eindeutige Zurechenbarkeit von Eigenschaften zu einem Absender.

- Konstanz, d. h. die gleichbleibende, wiederholte Darbietung von Lernanstössen bei Zielpersonen zwischen Wahrnehmungsschwelle und Reaktanzgrenze.
- Distanz, d. h. die Abhebung eines Absenders von anderen, vergleichbaren, denn aufgrund der Reizgeneralisierung führt die Ähnlichkeit von Erscheinungsbildern meist zur Verwechslung mit Wettbewerbern.
- Originalität, d. h. die Abhebung vom Normalen, Üblichen, Alltäglichen, wobei man nicht zu avantgardistisch werden darf (sog. MAYA-Schwelle, Most advanced yet available).

Imitation

Dabei entschließt man sich nicht zur differenzierten, sondern zur völligen Nachahmung eines erfolgreichen bestehenden Produkts. Die Spekulation des Anbieters läuft auf die Verwechslungsfähigkeit des imitierten und des zu imitierenden Produkts hinaus. Sofern bei ersterem die Preis-Leistungs-Relation vorteilhafter ist, kann sich die Kopie neben dem Original behaupten. Im Unterschied zur Partizipation handelt es sich hierbei nicht um eine modifizierte, sondern um die identische Übertragung.

Imitation erfolgreicher Wettbewerbsprodukte (Me too) stellt eine Trittbrettfahrer-Strategie dar. Aufwendige eigene FuE kann zwar eingespart werden und wäre aufgrund es damit verbundenen Zeitverlustes auch wenig sinnvoll, doch mangelt es in diesem Fall automatisch an Profilierung und Preisbereitschaft am Markt. In seltenen Fällen gelingt es potenten Unternehmen, Wettbewerbsprodukte zu übernehmen und qua Marktmacht erst am Markt durchzusetzen. So hatte *IBM* ursprünglich starke Vorbehalte gegen die für private oder allenfalls semiprofessionelle Nutzung gedachten Personalcomputer. Erst als der rege Absatz derartiger Modelle aktivierbares Nachfragepotential aufzeigte, stieg IBM im großen Stil ein und majorisierte das Angebot qua angestammter Marktmacht. IBM-Spezifikationen incl. des neuen Betriebssystems (MS-DOS) wurden rasch zum Marktstandard.

Stollwerck ist besonders durch solche Imitationen aufgefallen. So ist die Position der *Alpia* Me too zu *Milka*. Dies betrifft nicht nur die gattungstypischen Merkmale der Tafelschokolade, sondern vor allem auch die Farbanmutung der Packung (lila) und die werbliche Auslobung (Alpenmilch). Bei flüchtiger Betrachtung, Realität häufiger Einkaufssituationen, kann sie mit der höher positionierten Milka verwechselt und aufgrund ihres niedrigeren Preises letztlich gewählt werden. Ähnliche Kopien in Anlehnung an *Ritter Sport* (*Quadro*) und Milka *Lila Pause* (*Kleine Pause*) wurden jedoch als Schutzrechtsverletzungen untersagt.

(→ *Positionierung, Optionen*)

Imitator

(→ Innovationsneigung)

Immaterialität von Dienstleistungen

Die Immaterialität bedingt eine Materialisierung (sog. Tangibilisierung) der Dienstleistung, denn die Nachfrage honoriert nur wahrnehmbare Leistungen, d. h. solche, die durch die Sinne nicht erfaßt werden können, befriedigen offensichtlich keinen Bedarf und haben damit auch keine Marktberechtigung. Dienste sind aber abstrakt, d. h. stofflich nicht faßbar. Daraus resultieren ganz erhebliche Probleme in deren Vermarktung, zugleich aber auch Möglichkeiten zur willkommenen Abhebung vom Mitbewerb, wenn es gelingt, etwa über Symbole wie Markenzeichen (Logo), Dienstleistungen zu konkretisieren, also „anfaßbar" zu machen. Eine Honorierbarkeit ist wieder gegeben, sobald an sich „unsichtbare" Leistungen tangibilisiert werden. Dies geschieht durch unterschiedlichste Formen von physischen „Placebos", so etwa Kundenkarten, Arbeitsrechnungen, Hinweiszetteln etc. So demonstriert das in Cellophan eingeschweißte Besteck im Flieger Hygiene und das gefaltete Toilettenpapierblatt in Hotelbädern die erfolgte Zimmerreinigung, obgleich beides im Zweifel rein sachlich auch verzichtbar wäre.

Aufgrund der Immaterialität von Diensten ist es für Kunden schwierig, diese vor dem Kauf einzuschätzen. Um ihre Unsicherheit zu verringern, suchen sie deshalb nach Zeichen für Qualität. Der Ort der Erbringung der Dienstleistung, das Personal, die Ausstattung oder Werbemittel liefern solche „sichtbaren" Anhaltspunkte für die Dienstleistungsqualität. In vielen Fällen ist es selbst nach Erbringung der Dienstleistung schwierig, deren Qualität einzuschätzen. Aufgrund ihrer Unwissenheit haben Kunden zudem häufig falsche, überzogene Erwartungen und sind dann unzufrieden, wenn diese nicht erfüllt werden. Damit ist auch die Planung und Kontrolle einer Dienstleistung schwierig. Hier kommt in erster Linie der Kommunikation die Rolle zu, nur solche Leistungen zu versprechen, die bei Beauftragung auch gehalten werden können. Die der Werbung immanente Übertreibung kann hier allerdings verhängnisvoll wirken.

(→ Dienstleistungen)

Impact-Test

(→ Kommunikationstests)

Impulshandel

(→ Einzelhandel, Sonderformen der Betriebstypen)

Impulsiver Kaufentscheid

Kommen geringe Bedeutung und hohe Neuartigkeit des Kaufs zusammen, finden Impulsive Käufe statt. Sie sind durch ein sehr geringes Ausmaß kognitiver Steuerung bei gleichzeitig großem Einfluß von Emotionen als spontanen Eindrücken gekennzeichnet. Impulskäufe sind ungeplant und finden ohne bewußte Informationssuche sehr schnell statt. Sie betreffen eine unmittelbare und situationsbedingte, quasi automatisch ablaufende Reaktion und werden durch die Ausweitung der Kaufkraft der Nachfrager begünstigt. Ausschlaggebend sind Reize vom Produkt selbst oder am Einkaufsort (POS). Meist handelt es sich um Produkte, die nicht unbedingt benötigt werden, aber die Lebensqualität steigern. Man unterscheidet

- reine Impulskäufe, die ausschließlich reizgesteuert sind,
- impulsive Erinnerungskäufe, die auf spontaner Aktualisierung latenten Bedarfs beruhen,
- suggestive Impulskäufe, die aus der Kaufsituation heraus gleich beim ersten Kontakt zum Kaufakt führen (impulsives Reiz-Reaktions-Verhalten),
- „geplante" Impulskäufe, die nur nach der Warengruppe geplant sind und für die ein Rahmenbudget bereitsteht.

Solche Entdeckungskäufe haben eine starke emotionale Aufladung, eine geringe gedankliche Steuerung und werden durch eine besondere Reizsituation mit weitgehend automatischem Handeln ausgelöst.

(→ Kauftypen)

In Supplier

(→ Beschaffungsmarketing)

Incentive

(→ Events)

Incoterms

Die Lieferungsbedingungen bestimmen über die Verteilung von Kosten und Risiken zwischen Käufer und Verkäufer. Dies betrifft vor allem Lieferzeit, Lieferhäufigkeit, Lieferort, Lieferart, Lieferkosten, Risiken und sonstige Vereinbarungen. Um eindeutige Abgrenzungen und damit auch eine international einheitliche Basis der Preiskalkulation zu ermöglichen, hat die Internationale Handelskammer (ICC) eine einheitliche Auslegung der wichtigsten Lieferklauseln als International Commercial Terms (Incoterms) veröffentlicht. Sie gelten nur bei ausdrücklicher Vereinbarung und können beliebig abgewandelt werden.

Die einzelnen Bestimmungen lauten dabei wie folgt:

- Ex Works (EXW/ab Werk): Der Verkäufer hat die Ware dem Käufer zur vereinbarten Zeit an seinem Betrieb transportgerecht verpackt zur Verfügung zu stellen und den Käufer zu benachrichtigen. Der Käufer trägt ab Werk alle Kosten und Gefahren, die mit dem Transport der Waren zum Bestimmungsort entstehen. Kostenübergang ist bei Bereitstellung und Kennzeichnung auf seinem Grundstück. Gefahrenübergang ist bei Zurverfügungstellung der Ware auf dem Grundstück.
- Free on Rail, Free on Truck (FOR/FOT/frei Waggon): Dies gilt nur bei Eisenbahntransport. Der Verkäufer muß den beladenen Waggon oder das Stückgut innerhalb

der vereinbarten Frist der Eisenbahn übergeben. Mit diesem Zeitpunkt gehen die Kosten und Gefahren des Transports auf den Käufer über. Kostenübergang ist bei Verladung des Waggons am Versandort. Gefahrenübergang ist bei Übergabe der Ware an die Bahn.

- Free alongside Ship (FAS/frei Längsseite Seeschiff): Der Verkäufer hat die Sendung rechtzeitig im vereinbarten Verschiffungshafen längsseits des Schiffs auf seine Kosten und Gefahren zu liefern. Der Käufer hat den Schiffsraum zu buchen und den Verkäufer darüber zu benachrichtigen. Einschließlich Schiffsverladung trägt der Käufer alle weiteren Kosten und Risiken. Kostenübergang ist bei Bereitstellung am benannten Kai im Verschiffungshafen. Gefahrenübergang ist bei Ablage der Ware längsseits des Seeschiffs.
- Free on Board (FOB/frei an Bord): Der Verkäufer hat die Ware an Bord des vom Käufer benannten Schiffes rechtzeitig vor dem angegebenen Abfahrtstermin in den Verschiffungshafen zu bringen. Der Käufer besorgt den Schiffsraum und benachrichtigt den Verkäufer. Der Käufer trägt alle Kosten und Gefahren ab dem Zeitpunkt, ab dem die Sendung die Reling des Schiffes überquert hat. Kostenübergang ist bei Verladung an Bord im Verschiffungshafen. Gefahrenübergang ist bei Überschreiten der Schiffsreling.
- Cost, Insurance and Freight (CIF/Kosten, Versicherung und Fracht): Der Verkäufer schließt den Seefrachtvertrag, deckt auf seine Kosten und zugunsten des Käufers eine Versicherung über den Transportweg plus 10% angenommenen Gewinn und bringt die Ware fristgerecht an Bord des Schiffes. Er zahlt die Fracht bis zum genannten Bestimmungshafen. Der Käufer trägt die Gefahren, sobald dieWare die Reling im Verschiffungshafen überquert hat, und alle während des Seetransports entstehenden Kosten, mit Ausnahme von Fracht und Versicherung. Soweit die Löschkosten im Bestimmungshafen in der Fracht nicht enthalten sind, hat sie der Käufer zu tragen (ansonsten CIF Landed). Kostenübergang ist bei Seefracht bis zum Bestimmungshafen zzgl. Transportversicherung bis zum Empfänger. Gefahrenübergang ist bei Überschreiten der Schiffsreling.
- Cost and Freight (C&F/Kosten und Fracht): Wie CIF-Klausel, jedoch wird hier die Versicherung nicht vom Verkäufer eingedeckt. Kostenübergang ist bei Seefracht bis zum Bestimmungshafen. Gefahrenübergang ist bei Überschreiten der Schiffsreling.
- Ex Ship (EXS/ab Schiff): Der Verkäufer hat dafür zu sorgen, daß die Sendung dem Käufer in der vereinbarten Frist im Bestimmungshafen zum Löschen zur Verfügung steht. Er trägt bis zu diesem Zeitpunkt alle Kosten und Gefahren. Kostenübergang ist bei Zurverfü-

gungstellung an Bord im Bestimmungshafen. Gefahrenübergang ist bei Verfügungstellung.

- Ex Quay (EXQ/ab Kai): Der Verkäufer hat im Unterschied zu Ex ship die Löschkosten im Bestimmungshafen zusätzlich zu tragen. Es kann auch „ab Kai verzollt“ oder „ab Kai, Zoll zu Lasten des Käufers“ vereinbart werden. Kostenübergang ist bei Entladung im Bestimmungshafen. Gefahrenübergang bei Bereitstellung am Kai im Löschhafen.
- Delivered at Frontier (DAF/geliefert frei Grenze): Diese Klausel gilt meist für Straßen- und Schienentransport. Der Verkäufer hat die Ware auf seine Kosten und Gefahr zum vereinbarten Zeitpunkt dem Käufer am benannten Grenzort zur Verfügung zu stellen. Die Eingangsabfertigung hat bereits der Käufer zu übernehmen. Kostenübergang ist bei Bereitstellung an der vereinbarten Grenze. Dort ist auch der Gefahrenübergang.
- Delivered Duty Paid (DDP/geliefert verzollt): Der Verkäufer hat die Sendung am Bestimmungsort im Einfuhrland dem Käufer fristgerecht und verzollt auf seine Kosten und Gefahren zur Verfügung zu stellen. Der Kostenübergang erfolgt am Bestimmungsort. Dort ist auch der Gefahrenübergang. Alternativ ist möglich, unverzollte Anlieferung zu vereinbaren (DDU).
- Free on Board Airport (FOBA/FOB Flughafen): Der Verkäufer übergibt die Sendung am Abgangsflughafen dem benannten oder gewählten Luftfrachtführer oder einem IATA-Agenten und läßt den Käufer über die Flugdaten informieren. Der Beförderungsvertrag wird vom Verkäufer auf Kosten des Käufers abgeschlossen. Der Verkäufer trägt alle Kosten und Gefahren bis zur Übernahme durch den Agenten oder die Fluggesellschaft. Er hat auch die Abfertigungskosten bis an Bord des Flugzeugs zu tragen. Kostenübergang ist bei Verladung ins Flugzeug am Abgangsflughafen. Gefahrenübergang ist bei Übergabe der Ware an den Luftfrachtführer bzw. Agenten.
- Free Carrier (FRC/frei Frachtführer): Diese Klausel wird bei Abfertigung im gebrochenen Verkehr angewendet. Der Verkäufer übergibt auf seine Kosten und Gefahr die Sendung dem Frachtführer. Kostenübergang ist bei Übergabe an den Frachtführer am Abgangsort. Dort ist auch Gefahrenübergang.
- Freight & Carriage Paid to (DCP/frachtfrei): Der Verkäufer zahlt die Fracht für den Transport der Waren bis zum benannten Bestimmungsort, trägt aber die Gefahren nur bis zur Übergabe der Sendung an den ersten Frachtführer. Alle anderen Kosten incl. gesondert ausgewiesener Entladekosten trägt der Käufer. Kostenübergang ist bei Bereitstellung am benannten Bestimmungsort. Gefahrenübergang ist bei Übergabe an den Frachtführer.

Indeterministische Informationen

- Freight & Carriage & Insurance Paid to (CIP/frachtfrei versichert): Wie DCP-Klausel, jedoch mit dem Zusatz, daß der Verkäufer auf eigene Kosten eine Versicherung zugunsten des Käufers abzuschließen hat. Kostenübergang ist bei Bereitstellung am benannten Bestimmungsort incl. Transportversicherung. Gefahrenübergang ist bei Übergabe an den Frachtführer.

Indeterministische Informationen

(→ Information, Bestimmtheit)

Indexzahlen

(→ Kennziffern)

Indikatorfragen

(→ Fragefunktionen)

Indikatorverfahren

Als Indikatorverfahren werden Entwicklungsprognosen bezeichnet, bei denen die Vorhersage aus einem statistisch gut gesicherten Zusammenhang zwischen der Prognosegröße und einer oder mehreren beeinflussenden Variablen (Indikatoren) abgeleitet wird, die nicht Zeitreihen sind. Als Indikatoren sind makroökonomische, institutionelle, technische, soziodemographische oder sozioökonomische Größen denkbar. Mögliche Indikatoren sind Bruttoinlandsprodukt, Geschäftsklima, Einkommen, Komplementärgüter, Bevölkerungszahl, Altersaufbau, Haushaltsstruktur, Konsumstimmung etc.

Bei Indikatormodellen werden Entwicklungsprognosen aus Variablen abgeleitet, die in einem statistisch gesicherten Zusammenhang (Korrelationskoeffizient nahe +/- 1) mit der Prognosegröße stehen, leicht und sicher vorausgeschätzt und vom Unternehmen nicht oder nur geringfügig beeinflußt werden können. Voraussetzung ist jeweils, daß diese der zu prognostizierenden Größe zeitlich vorauseilen. Dann ist die Indikatorprognose der Trendextrapolation vorzuziehen, weil die Probleme entfallen, die aus der subjektiven Schätzung von Funktionsverlauf und Sättigungsniveau resultieren. Außerdem ist ein intersubjektiv nachvollziehbarer sachlogischer Zusammenhang gegeben.

Die Qualität der Prognose hängt von der Qualität des zugrundegelegten Indikators ab. Dadurch baut sich gleich ein doppeltes Prognoseproblem auf, nämlich erstens die Hochrechnung des Indikators und zweitens darauf aufbauend die Hochrechnung der Prognosegröße. Die damit verbundenen Unsicherheiten sind offensichtlich.

Bei Komponentenmodellen werden homogene Teilgrößen der heterogenen Prognosegröße getrennt berechnet und anschließend zusammengezogen. Dadurch erhöht sich die Prognosegenauigkeit. Die Segmente werden einzeln prognostiziert und anschließend summiert. Auf diese Art und Weise können Strukturbrüche antizipiert werden. Allerdings ist der Datenbedarf erheblich.

(→ Prognose)

Indirektabsatz

(→ Absatzkanal, Einstufig indirekter Absatz, Mehrstufig indirekter Absatz, Tiefe, Zweistufig indirekter Absatz)

Indirekter Export

(→ Internationalisierung, Marktzugang)

Individualisierung

Die Individualisierung ist eine Position im Rahmen der Wettbewerbspositions-Matrix. Zur Invidiualisierung als konzentrierter Differenzierung ergeben sich die folgenden Vorteile:

- Durch hohe Kundenbindung verringert sich die Preiselastizität der Nachfrage. Dadurch ergeben sich Preissetzungsspielräume, die die durch Differenzierung entstehenden Kosten auffangen.
- Die Marktzutrittsschranken erhöhen sich in dem Maß, wie die Kundenbindung ausgeprägt ist. Denn der Akquisitionserfolg neuer Anbieter hängt entscheidend davon ab, in welchem Maß es ihnen gelingt, „Eroberungen" (Markenwechsel) zu erreichen.
- Der mit der Differenzierung erreichte höhere Ertrag schafft mehr Verhandlungsspielraum mit Lieferanten. Denn höhere Gewinnmargen lassen Kostensteigerungen bei den Einsatzfaktoren besser verkraften.

Demgegenüber entstehen im wesentlichen folgende Nachteile:

- Es besteht die Gefahr, daß die Markenloyalität zu einem differenzierten Angebot durch Kostenvorteile anderer Anbieter überkompensiert wird.
- Mit steigender Differenzierungsprämie verkleinert sich zudem die Zielgruppe, für die ein individualisiertes Angebot in Frage kommt.
- Die gewählte Alleinstellung unterliegt einem Wertewandel im Zeitablauf. Nur solange der Angebotsnutzen psychologisch oder soziologisch attraktiv genug scheint, rechtfertigt er einen Preisaufschlag. Sofern dieses Äquivalent nicht mehr gegeben ist, wird die Position geschwächt.
- Nachahmer mindern das Differenzierungspotential. Denn deren Me too-Strategie basiert meist auf partieller Preisunterbietung.

(→ *Erfolgsfaktoren im Marketing, Wettbewerbspositions-Matrix*)

Individualmarke

Individualmarkenstrategie bedeutet, daß der Name des Produkts/der Produkte verschieden vom Namen des Unternehmens (Hersteller/Absender) ist. Dabei sind zwei Ausprägungen beobachtbar. Zum einen handelt es sich um eine deutliche Abkopplung des Produkts vom Hersteller, d. h. beide haben erkennbar nichts miteinander zu tun. Ein Beispiel ist Idee Kaffee von *Darboven*. Bei Idee Kaffee handelt es sich, von wenigen unbedeutenden Ausnahmen abgesehen, um die einzige Marke der Firma, die sich in einem hochkompetitiven Markt wie dem für Kaffee halten kann. Zum anderen besteht

zwischen beiden ein erkennbarer Zusammenhang, etwa derart, daß bei der Markennennung auf den Namen des Herstellers verwiesen wird. Beispiele sind *Persil* von *Henkel* oder *Aspirin* von *Bayer*. Oft handelt es sich in diesem Fall um das bedeutendste oder zumindest um das historisch gesehen erste bedeutende Produkt des Herstellers.
(→ Horizontale Markentypen)

Individualkommunikation

(→ Kommunikation, Arten)

Induktoren

(→ Diffusion)

Inertia-Effekt

(→ Wahrnehmung, Effekte)

Inferiore Güter

(→ Gütertypen)

Informales Experiment

Die Informalen Experimente werden auch Quasi-Experimente genannt. Sie sind Einfaktorenexperimente und dadurch gekennzeichnet, daß keine Kontrolle über den Experimentfaktor besteht oder die Testeinheiten nicht nach dem Zufallsprinzip ausgewählt bzw. auf Gruppen verteilt werden können oder die experimentelle Behandlung nicht per Zufallsprinzip Gruppen zugewiesen werden kann oder keine Kontrollgruppe gegeben ist. Es wird unterstellt, daß die Störgrößen voneinander unabhängig sind, ihr Einfluß also additiv ist, und daß alle Testelemente von ihnen mit gleicher Intensität betroffen sind. Hier ergeben sich je nach Design die folgenden Kombinationen.

Bei *EBA* handelt es sich um ein Sukzessivexperiment mit einer Versuchsgruppe. Diese wird mit Marketingmaßnahmen konfrontiert. Es werden zwei Messungen vorgenommen, von denen eine zeitlich vor Eintritt des Wirkungsfaktors in das Geschehen liegt, die andere zu einem Zeitpunkt, an dem der Wirkungsfaktor seinen Einfluß bereits geltend gemacht hat. Eine Messung der Faktorwirkung erfolgt durch einen Vergleich der Wirkungsgrößen vor Beginn und nach Beendigung des Tests. Die Vormessung liefert den Bezugswert, die nach der Faktorauswirkung erfolgende Nachmessung den Endwert. Es besteht die Gefahr von störenden Carry Over-, Spill Over- und Entwicklungseffekten. Außerdem muß die Möglichkeit zur Vormessung gegeben sein. Problematisch ist die Vernachlässigung von Störvariablen, ebenso fehlt die Kontrollgruppe. Insofern handelt es sich eher um eine vorexperimentelle Versuchsanordnung.

Auch bei *EA* handelt es sich um eine vorexperimentelle Versuchsanordnung. Die Faktorwirkung kann sich hier nur durch Vergleich mit einer wie auch immer bereits vorher erhobenen Ausgangsgröße ergeben.

Bei *CB-EA* handelt es sich um ein Sukzessivexperiment mit mindestens zwei Gruppen. Die Vormessung findet in einer Kontrollgruppe statt und liefert den Bezugswert, die Nachmessung findet in der Versuchsgruppe statt und liefert den

Endwert. Es besteht zwar die Gefahr von störenden Entwicklungs-, nicht aber die von Carry Over-Effekten. Außerdem muß die Möglichkeit zur Vormessung gegeben sein. Problematisch ist die Vernachlässigung von Störvariablen, ebenso ist keine echte Kontrollgruppe gegeben. Eine Anwendung besteht in der sog. Tendenzfrage. Dabei wird eine Frage in gleichem Wortlaut in regelmäßigen Abständen jeweils anderen, aber repräsentativen Personengruppen gestellt, um Trends festzustelle .

Bei *EB-CA* erfolgt die Messung des Untersuchungsmerkmals, die nach Auswirkung des Wirkungsfaktors vorgenommen wird, ebenfalls nicht in der derselben, sondern in einer zweiten repräsentativen Gruppe. Diese fungiert dann als Kontrollgruppe, die erste Gruppe aber als die eigentliche Experimentalgruppe. Dabei ist gleichfalls keine Trennung zwischen den vom Wirkungsfaktor erreichten und nicht erreichten Personen möglich.

Bei *EA-CA* handelt es sich um ein Simultanexperiment mit mindestens zwei Gruppen, ohne daß eine Vormessung stattfindet. Die Experimental- und die Kontrollgruppe werden jeweils nur nach der Durchführung des Tests gemessen. Der Verzicht auf die Anfangsmessung ist meist in Kostengründen zu sehen. Allerdings ist sicherzustellen, daß beide Gruppen gleichen Anfangsbedingungen unterliegen. Die Kontrollgruppe liefert den Bezugswert, die Experimentalgruppe den Endwert. Es besteht keine Gefahr von Entwicklungseffekten. Carry Over- und Spill Over-Effekte können zwar auftreten, machen sich jedoch infolge der speziellen Anordnung nicht störend bemerkbar. Problematisch ist die Vernachlässigung von Störvariablen, ebenso die Unterstellung gleicher Ausgangslagen zu Beginn des Experiments in beiden Gruppen.

Bei *EBA-CBA* ist ein simultanes Sukzessivexperiment mit mindestens zwei Gruppen, die drei Bezugswerte und einen Endwert erbringen, gegeben. Hier wird die Experimentalgruppe mit der Marketingmaßnahmen konfrontiert und eine Kontrollgruppe gebildet, die diese Konfrontation nicht erfährt. Beide Gruppen werden zu Testbeginn, bei der Experimentalgruppe also vor Konfrontation mit der Marketingmaßnahmen, und am Testende, bei der Experimentalgruppe also nach Konfrontation mit der Marketingmaßnahme, gemessen. Die Faktorwirkung wird durch die Differenz der Wirkungen beider Gruppen errechnet. Dieses bietet sich an, wenn man nicht sicher sein kann, daß die beiden Gruppen vor der Experimentdurchführung hinsichtlich der Ausprägung aller Variabler völlig gleich sind. Carry Over- bzw. Spill Over- und Entwicklungseffekte können zwar auftreten, infolge der speziellen Anordnung machen sich erstere jedoch nicht störend bemerkbar und letztere lassen sich berechnen. Allerdings muß die Möglichkeit zur Vormessung gegeben sein. Ebenso werden keine Störvariablen berücksichtigt.

Die Testanlage von *EA-EBA-CBA* entspricht der beim EBA-CBA-Experiment, jedoch mit einer Parallel-Experimentgruppe, die zur näheren Analyse von Entwicklungseffekten getrennt zum Vergleich erhoben wird. Hier werden also zwei Experimental- und eine Kontrollgruppe gebildet. Bei der zweiten Experimental- und bei der Kontrollgruppe wird eine Messung der Wirkung sowohl vor als auch nach Konfrontation mit der Marketingmaßnahme vorgenommen. Durch Einschaltung einer weiteren Experimentalgruppe soll sichergestellt werden, daß mögliche Lerneffekt ausgeschaltet werden. Außerdem werden evtl. Gruppeneffekte ausgewiesen.

Die Testanlage von *EBA-CBA-CA-CA* entspricht wiederum der beim EBA-CBA-Experiment, jedoch gibt es zwei Parallel-Kontrollgruppen zur verbesserten Analyse von Carry Over- und Entwicklungseffekten (vgl. *Pepels, Werner:* Käuferverhalten und Marktforschung, Stuttgart 1995).
(→ Formales Experiment)

Information Chunk

(→ Information, Überlast)

Information Overload

(→ Information, Überlast)

Informationelle Vernetzung

(→ Business Process Reengineering)

Information, Anforderungen

Die Informationsanforderungen umfassen verschiedene Dimensionen. Dazu gehören die folgenden.

Der *Informationsgrad* ist der Anteil der tatsächlich verfügbaren Information an den vorhandenen oder notwendigen Informationen, also die Vollständigkeit. Je höher der Informationsgrad ist, desto besser sind die Voraussetzungen erfolgreicher Marktforschung. Der Informationsgrad ist optimal, wenn die Kosten der zusätzlichen Informationssammlung gleich hoch sind wie der daraus erwartete zusätzliche Nutzen. Meßgrößen sind dabei die Vollständigkeit und Relevanz von Informationen. Die Realität der betrieblichen Entscheidung ist meist durch unvollkommene Information gekennzeichnet, d. h. der Informationsgrad ist kleiner Eins. Dies bedeutet, daß die tatsächlich vorhandene Information geringer ist als die für eine Entscheidung als notwendig erachtete Information. Bei den Grenzwerten Null und Eins liegt der eher hypothetische Fall der völligen Uninformiertheit bzw. der vollständigen Information. Ziel muß es nun sein, einem Informationsgrad von Eins möglichst nahe zu kommen.

Der subjektive Informationsgrad ist geringer als der objektive, da Informationsverluste auf dem Weg vom Markt zum Betrieb entstehen. Das Ausmaß dieser Verluste ist von der Güte der Marktforschung abhängig. Der effektive Informationsgrad ist geringer als der subjektive, da auch Informationsverluste auf dem Weg vom Betrieb zum Entscheider entstehen. Das Ausmaß dieser Verluste ist von der Komplexität der Organisation abhängig. Die Differenzen zwischen objektivem und subjektivem sowie zwischen subjektivem und effektivem Informationsgrad sollen jeweils minimiert werden. Die zwangsläufigen Unsicherheiten der Zukunft erschweren darüber hinaus die Entscheidungssituation.

Außerdem ist die *Kosten-Nutzen-Relation* zu berücksichtigen. Informationen sind um so nützerlicher, je gravierendere Folgen bei einer Fehlentscheidung ohne die relevanten Informationen vermieden werden können. Dazu ist interessant zu erfahren, ob der Nutzen zusätzlich beschaffter Informationen höher einzuschätzen ist als die Kosten zu ihrer Beschaffung. Dies entspricht im Kern einer Kosten-Nutzen-Analyse. Die Kosten sind relativ leicht einzugrenzen. Die Nutzenbewertung ist allerdings hoch problematisch. Denn wieviel Informationen Wert sind, die man nicht hat, läßt sich erst beurteilen, wenn man sie besitzt. Genau darin liegt das Dilemma. Analytisch läßt sich eine Lösung im sog. Bayes-Ansatz finden. Er versucht zu klären, welche Handlungsalternativen bestehen, welche Ereignisse mit welcher Wahrscheinlichkeit eintreten und welche monetären Konsequenzen sich bei Eintritt bestimmter Ereignisse einstellen. Diese Abwägungen werden in einer Pay Off-Matrix zusammengefaßt. Daraus ergeben sich zwei Entscheidungen:

- Die A priori-Analyse befaßt sich mit der Ermittlung der optimalen Entscheidung vor der Beschaffung zusätzlicher Informationen, also bei derzeitigem Informationsstand. Dabei werden diejenigen Informationen beschafft, die die höchsten Gewinnerwartungswerte aufweisen.
- Die Präposteriori-Analyse befaßt sich mit der Beantwortung der Frage, ob zusätzliche Informationen und wenn ja, in welchem Umfang, beschafft werden sollen oder ob es günstiger ist, darauf zu verzichten und die Entscheidung allein auf Grund der vorliegenden Informationen zu fällen.

Die Obergrenze für die Beschaffungskosten der zusätzlichen Informationen liegt beim Erwartungswert vollkommener Information. Daraus wiederum läßt sich der Erwartungswert einer Information ableiten, der auf einer Wahrscheinlichkeitsverteilung basiert, denn der Erwartungswert ist seinerseits wiederum vom Informationswert abhängig, kann also mangels besseren Wissens nur nach Normalverteilung bestimmt werden. Eine zusätzliche Information ist dann nützlich, wenn der Erwartungswert des Informationsgehalts dieser Information deren Kosten bei der Beschaffung übersteigt. Dies hilft zwar praktisch auch nicht viel weiter, zwingt jedoch dazu, sich über den Informationsgrad und seine mögliche Veränderung im klaren zu werden.

Der *Detaillierungsgrad* von Informationen ist insofern bedeutsam, als im Marketing Informationen um so wertvoller sind, je detaillierter sie auf bestimmbare Aussagen Bezug nehmen und damit spezifische Auswertungen zulassen. Er bestimmt also die Aussagekraft.

Die *Relevanz* von Informationen ist nur schwer abschätzbar. Dies liegt vor allem in der Tatsache verursacht, daß es selten gut strukturierte Problemstellungen gibt. Diese liegen vor, wenn alle Einflußfaktoren zur Problemlösung transparent, die Zusammenhänge zwischen Faktoren bekannt, Lösungsprozesse verfügbar, sicher und logisch sind und nur eine richtige Lösung (Optimierung) möglich ist. Davon ist man im Marketing jedoch weit entfernt.

Die *Aktualität* von Informationen ist insofern bedeutsam, als im Marketing Informationen um so wertvoller sind, je aktueller sie sind. Von daher ist Aktualität ein Wert in sich in einer sich rapide verändernden Umwelt. Eng damit zusammen hängt auch die Rechtzeitigkeit als weiteres Kriterium der Informationsverfügbarkeit.

Information, Basis

Grundlage jeder Marketingplanung ist eine sichere Datenbasis. In der Marktdiagnose wird die Informationsgrundlage der Planung gelegt, und zwar zunächst hinsichtlich der Vollständigkeitsanforderung. Hier kann unterschieden werden in (vgl. *Bidlingmaier, Johannes:* Marketing, Band 1+2, 10./9. Auflage, Reinbek 1983/1982):

- betriebsinterne Tatbestände, die von Planungsrelevanz sind und Tatbestände aus dem Unternehmensumfeld, wobei es sich dabei handeln kann um Daten- oder Instrumentalinformationen.

Dateninformationen bestehen aus wirtschaftlichen und nichtwirtschaftlichen Daten, wirtschaftliche Daten wiederum sind:

- gesamtwirtschaftliche Größen, die für die Marketingplanung von Belang sind, so z. B. volkswirtschaftliches Wachstum, Einkommensentwicklung, Außenwirtschaftsanteil, diese wirken auf die einzelwirtschaftlichen Planungsdeterminanten ein, gelten aber regelmäßig für eine ganze Branche in mehr oder minder gleichem Ausmaß,
- Brancheninformationen, die für die Marketingplanung von Belang sind, so z. B. Marktzutrittsschranken, Spielregeln, Innovationstendenzen, hier geht es um die relative Einordnung innerhalb des Branchenumfelds zur Nutzung von Positionsvorteilen,
- Größe des relevanten Markts, dabei handelt es sich um Nachfrager- und Konkurrenzinformationen, Nachfragerinformationen beziehen sich auf den Bedarf, so z. B. die Zahl der aktuellen und potentiellen Bedarfsträger, dann deren tatsächliche oder mutmaßliche Bedarfsintensität, deren Entscheidungs- und Kaufverhalten, Nachfragerinformationen kommen im Marketing naturgemäß besondere Bedeutung zu, vor allem in bezug auf die Bedarfsbefriedigung, Kaufkraft, so z. B. mittleres Preisempfinden, Anteil am Haushaltsnettoeinkommen, Streubreite der Preis-

klassen, hierbei erfolgt ein Abgleich der Daten des zu planenden Angebots mit der finanziellen Möglichkeit oder Bereitschaft auf der Nachfragerseite, sowie Bindungsverhältnis, so z. B. in Form von Vertrags-, Stamm-, Gewohnheits-, Zufalls- oder Prospektivkunden, je ausgeprägter die Bindung, desto sicherer ist natürlich die Geschäftsgrundlage, die Marktrealität ist jedoch gerade im Konsumgütermarketing durch ein geringes Bindungsverhältnis und die kontinuierliche Anfechtung vorhandener Quasibindungen gekennzeichnet,

- Konkurrenzinformationen beziehen sich auf die Zahl der aktuellen und potentiellen Mitbewerber, die aktuelle oder mutmaßliche Konkurrenzintensität, das Marktverhalten, die einzelne Planung hat sich im Markt fast immer mit den Planungen konkurrierender Unternehmen zu messen, diese Sichtweise hat gerade in neuerer Zeit verstärkt Beachtung gefunden, nachdem sie lange durch stetige, hohe Marktzuwachsraten überdeckt geblieben ist,

Instrumentalinformationen schließlich betreffen die:

- Unternehmensreaktionen auf Umweltaktivitäten, so z. B. auf Aktionen von Abnehmern, Lieferanten, potentiellen oder aktuellen Konkurrenten, dabei kann es sich um die eigene Planung begünstigende Umstände handeln sowie um neutrale oder beeinträchtigende,
- Umweltreaktionen auf Unternehmensaktivitäten, so z. B. bei Aktionen gegenüber Abnehmern, Lieferanten, potentiellen oder aktuellen Konkurrenten, diese Reaktionen müssen in die Planung einbezogen werden, vor allem wenn sie mit nennenswertem Sanktionspotential bewehrt sind,
- Extraumwelt, so z. B. politische, rechtliche, soziale, technische Rahmenbedingungen, hier erfolgt steigende Einflußnahme auf die Unternehmensplanung, die Ursache liegt in restriktiven Umweltvoraussetzungen, die die Belastbarkeit der Unternehmen bis an die Grenze testen.

Information, Bestimmtheit

Die *Zuverlässigkeit* und Genauigkeit machen die Informationsbestimmtheit aus. Der Sicherheitsgrad von Entscheidungen ist unterschiedlich zu bewerten:

- Deterministische Informationen sind völlig sicher. Alle in Hinblick auf die Entscheidungsfindung erforderlichen Informationen sind hierbei exakt und vollständig vorhanden. Diese Situation ist im Marketing leider so gut wie überhaupt nicht anzutreffen, allenfalls als vergangenheitsbezogene Datenmengen.
- Objektiv-stochastische Informationen sind immerhin statistisch berechenbar wahrscheinlich. Damit können Risiken, die vorhanden sind, rational eingegrenzt und gegeneinander abgewogen wer-

den. Diese Situation ist im Marketing eher selten. Zumal sich die Frage nach der zugrundegelegten Wahrscheinlichkeitsverteilung stellt.

- Subjektiv-stochastische Informationen sind solche, die auf Erfahrung beruhen. Die Entscheidung ist schlecht strukturiert und oft wenig rational begründet. Diese Situation ist jedoch im Marketing am häufigsten anzutreffen. Man spricht auch Heuristiken zur Entscheidungsfindung.
- Indeterministische Informationen sind solche, deren Sicherheitsgrad völlig ungewiß ist. Hier liegen keinerlei Anhaltspunkte vor, die entscheidungsabstützend wirken könnten. Diese Situation ist im Marketing auch eher selten gegeben, aber etwa bei externen Daten, die Strukturbrüchen unterliegen.

Von großer Bedeutung ist auch die*Genauigkeit* der Information. Hier ist in aller Regel von unvollkommener Genauigkeit auszugehen. Dieses Manko kann subjektiv verursacht sein, man spricht dann von unvollständiger, unbestimmter und unsicherer Information, oder objektiv verursacht, man spricht dann von ungewisser Information. In jedem Fall ist die Aussagepräzision begrenzt.

Information, Überlast

Wahrnehmung als Informationsgewinn aus Umwelt- und Körperreizen setzt Aufnahmeorgane (Rezeptoren) voraus, ebenso Transportleitungen (Nerven) und Speicherkapazitäten (Gehirn). Es herrscht ein immenser Informationsüberfluß (sog. Information Overload). Das subjektive Abbild der Marktrealität ist reduziert (selektiv) und gefärbt. Forschung hat ergeben, daß nur 2% der Reize wahrgenommen werden, davon werden wiederum nur 3% verarbeitet und 0,16% gespeichert. Dabei handelt es sich um die Hypothese, daß möglichst viel Information, wie sie etwa im Rahmen der Verbraucherpolitik gefordert wird, nicht unbedingt eine Verbesserung der Entscheidungsqualität herbeiführt, sondern im Gegenteil zu einer Verringerung durch Überlast führen kann. Der erforderliche Informationsumfang ist abhängig von Art und Menge der bereits im Gedächtnis abgespeicherten Daten, vom wahrgenommenen Kaufrisiko, von der Komplexität der Entscheidung und dem Aufwand zur Informationsbeschaffung.

Die Orientierungsreaktion als Wahrnehmung ist angeboren. Sie löst bei neuartigen Stimuli außerhalb des Bewußtseins einen Mechanismus aus, der die Aufmerksamkeit reflexiv auf diese Reize in Abhängigkeit von Intensität, Größe, Farbigkeit oder Bewegung richtet (z. B. durch Kopfwenden). Dabei sind nicht die absoluten Werte ausschlaggebend, sondern deren Kontrast zum Umfeld. Die Wahrnehmung selbst erfolgt durch Sehen, Hören, Riechen, Schmecken und Tasten.

Auf grund der Unvollkommenheit der menschlichen Sinnesorgane und der begrenzten Informationsverarbeitungskapazität kommt es zu sog. Information Chunks. Dies ist die Zusammenfassung einzelner Informationen zu Blöcken. Diese Schlüsselinformationen sorgen für den Transfer des gebündelten Eindrucks auf einzelne Objektmerkmale, von denen keine aussagefähigen Informationen vorliegen. Typische Information Chunks sind Markenname, Testergebnis, Produktpreis, Herkunftskennzeichnung etc. Dadurch wird eine extensive Informationssuche vermeidbar und eine entscheidende Kaufvereinfachung erreicht. An die Stelle einer umfassenden Verarbeitung aller relevanten Informationen tritt damit die Orientierung an wenigen, als zentral vermuteten Kriterien. Dazu wird eine verläßliche Beziehung zwischen diesen Schlüsselinformationen und der ganzheitlichen Objektbewertung unterstellt. Es handelt sich stets um komprimierte, die begrenzte Informationsverarbeitungskapazität wenig beanspruchende Informationseinheiten. Die Imagery-These vertritt dabei die Auffassung, daß Bilder früher wahrgenommen werden als Texte, mehr Aktivierung auslösen, größere Gedächtnisleistung bereitstellen und höhere Beeinflussungswirkung haben. Sie sorgen demnach für eine schnellere Kommunikation, haben mehr emotionale Kraft und eine überlegene Manipulationswirkung.

Es sind solche Reize zu bevorzugen, die von sich aus Aufmerksamkeit bringen, weil sie assoziativ wirken. Es können nur schwer gleichzeitig unterschiedliche Informationen erfaßt werden. Raum- und zeitgleiche Reize treten in Konkurrenz zueinander und beeinträchtigen sich gegenseitig, daher ist es besser, sich auf einen Reiz zu konzentrieren. Die Wirkung ist dabei größer, wenn auf verschiedene Sinnesorganen identische Informationen eingehen (Integrierte Kommunikation). Je leichter Elemente verarbeitbar sind, desto eher werden sie wahrgenommen, Assoziationen erleichtern die Verarbeitung von Informationen, die Relevanz von Botschaften und ihre Glaubwürdigkeit sind zentral für die Gedächtnisverankerung.

Information, Wahrheitsgehalt

Hinsichtlich des Wahrheitsgehalts von Informationen sind die Kriterien der Zuverlässigkeit, sog. Reliabilität, und der Gültigkeit, sog. Validität, von Bedeutung. Außerdem die Objektivität und die Signifikanz von Informationen.

Die Kriterien der Signifikanz, Objektivität, Reliabilität und Validität sind eng miteinander verknüpft. So ist die Signifikanz Voraussetzung für Objektivität, Objektivität ist Voraussetzung für Reliabilität und Reliabilität ist wiederum Voraussetzung für Validität. Innerhalb der Validität ist interne Validität dann noch Voraussetzung für externe Validität.

(→ Objektivität, Reliabilität, Signifikanz, Validität)

Informations-Display-Matrix

Bei der Informations-Display-Matrix handelt es sich um eine Prozeßverfolgungstechnik, bei der das Informationsangebot einer Entscheidungssituation in einer zweidimensionalen Matrix mit Alternativen und Eigenschaften dargestellt wird (evtl. einer dritten Dimension für Informationsquellen). Jedes Feld enthält die durch Zeile und Spalte festgelegte Information über Art, Menge und Reihenfolge der Informationsaufnahme von Versuchspersonen. Faßt man nun das Informationsangebot in einer Matrix mit Alternativen (gleich/verschieden) und Eigenschaften (gleich/verschieden), evtl. noch Informationsquellen, zusammen, ergibt sich eine solche Informations-Display-Matrix. In der Kopfzeile sind dann die Kaufalternativen aufgeführt, in der Kopfspalte die relevanten Eigenschaften. Der Rest ist abgedeckt. Auf jedem Matrixfeld liegt ein Stapel mehrerer identischer, verdeckter Karten, die nacheinander aufgedeckt werden, wenn weitere Informationen gewünscht sind. Alternativ ist auch eine offengelegte Matrix mit Denkprotokoll in Nummernreihenfolge der abgerufenen Informationen üblich oder die Registrierung des Blickverlaufs über die einzelnen Felder.

Daraus lassen sich vier Transitionen, d. h. Übergänge von einem Informationszugriff zum nächsten, ermitteln:

- Gleiche Alternative und gleiche Eigenschaft, z. B. Vergleich aller deutschen Kleinwagen hinsichtlich des Kriteriums Benzinverbrauch,
- Gleiche Alternative, aber verschiedene Eigenschaft, z. B. Vergleich aller deutschen Kleinwagen hinsichtlich Benzinverbrauch, Kaufpreis und Zuverlässigkeit,
- Verschiedene Alternative, aber gleiche Eigenschaft, z. B. Vergleich von deutschen und japanischen Kleinwagen hinsichtlich des Kriterums Benzinverbrauch,
- Verschiedene Alternative und verschiedene Eigenschaft, z. B. Vergleich von deutschen und japanischen Kleinwagen hinsichtlich Benzinverbrauch, Kaufpreis und Zuverlässigkeit.

Daraus lassen sich Aussagen über die attributweise bzw. alternativenweise Informationsaufnahme ableiten. Erstere bedeutet, daß die einzelnen Informationen in der Weise aufgenommen werden, daß nacheinander Einzelinformationen zum Kaufentscheid verwendet werden, die sich jeweils auf die gleiche Produkteigenschaft bei verschiedenen Alternativen beziehen. Danach findet der Übergang von einer zur nächsten Eigenschaft statt, hinsichtlich derer wiederum mehrere Alternativen betrachtet werden (von 2 nach 4). Letztere bedeutet, daß erst alle Informationen über interessierende Produkteigenschaften hinsichtlich einer Alternative aufgenommen werden, bevor zur nächsten Alternative übergegangen wird, die dann wiederum nach allen Eigenschaften beurteilt wird (von 1 nach 3).

Informationsfluß-Konzept

Beim Informationsfluß-Konzept (sog. Two Cycles of Communication) wird zwischen *Informationsfluß* und *Meinungsbeeinflussung* getrennt. Der Informationsfluß erfolgt demnach nicht nur zweistufig, sondern sowohl einstufig vom Absender (Hersteller/Handel) direkt an Endabnehmer als auch zweistufig. Die Beeinflussung erfolgt aber nur zweistufig, vom Absender an Meinungsbildner und von diesen an Endabnehmer. Man unterscheidet vor allem:

- Opinion Givers, und zwar Meinungsbildner 2. Grades, die ihrerseits durch Meinungsbildner 1. Grades beeinflußt werden undsofort,
- Opinion Askers als Informationssucher und aktive Informationsempfänger,
- Inactives als passive Informationsempfänger und sozial isolierte Konsumenten.

Dabei werden mehrstufige Kommunikationswege unterstellt, in denen auch Einflußbeziehungen zwischen verschiedenen Meinungsbildnern und zwischen Massenmedien und Meinungsfolgern berücksichtigt werden. Dieser parallele Informationsfluß zwischen Absender und Empfänger wird im Marketing zu verstärken gesucht durch Simulation persönlicher Kommunikation in der Werbung (z. B. Slice of Life- und Testimonial-Ansätze), durch Stimulanz interpersoneller Kommunikation über Response-Mechanismen (wie Coupons, Member get Member etc.) und aktive Teilnahme an interpersoneller Kommunikation durch Gesprächslenkung (etwa im Persönlichen Verkauf, Home Parties etc.).

Informationsfrage

(→ *Fragetechnik im Verkaufsgespräch)*

Informationsfunktion der Packung

(→ *Packung, Rationalisierungsfunktion)*

Informationsgrad

(→ *Information, Anforderungen)*

Informationsmacht

(→ *Soziale Macht)*

Informationsökonomie-Ansatz

(→ *Marketing, Paradigmawechsel)*

Informationsströme

(→ *Absatzkanal, Funktionen)*

Informelle Gruppe

(→ *Mitgliedschaftsgruppe)*

Infrarotmessung

(→ *Testverfahren, Mechanische)*

Inhalt von Zielen

(→ *Zielsetzungen im Marketing)*

Inhaltsvalidität

(→ *Validität)*

Inklusionsschluß

(→ *Schätzverfahren)*

Inmarkt

Im Elektronikbereich wird in einer Reihe von Testhaushalten durch die

GfK, Gesellschaft für Konsumforschung, die Fernsehnutzung erhoben. Von 1963–1974 war das Tammeter von Intratam geschaltet, von 1975–1984 der Teleskomat/Telemetron von Teleskopie, ab 1985 der Telecontrol 3 (auch für Privat-Sender), aktualisiert 1991 durch Telecontrol 6 (auch für NBL). Aktuell wird zwischen Antennenbuchse und Fernsehgerät ein Zusatzgerät (Single Source auf Nutzerebene), das sog. Telecontrol XL von GfK, geschaltet. Dieses erfaßt, wann ein Fernsehgerät ein- und ausgeschaltet wird und welche Programme dabei aufgerufen sind (bis zu 98 Kanäle). Im Minutentakt werden die Ergebnisse auf Datenträger zwischengespeichert, dann summiert und nachts per Datenfernübertragung (PC-/ISDN-Modem) über Telefonkabel (Telemetrie) in einen Zentralrechner (Client Server) überspielt, von wo sie am nächsten Morgen (PC-TV aktuell, ab 9.30 Uhr) auswertungsbereit abgerufen werden können. Früher erfolgte die Datenspeicherung noch auf einem 65 mm-Papier- oder einem 16 mm-Filmstreifen, der zweiwöchentlich abgeholt wurde. Heute wird selbst die Inbetriebnahme von Telespiel, Videotext, Datex-J, Homecomputer etc. registiert. Aufnahmen von Fernsehsendungen per Videorecorder werden registriert, auch wenn das Fernsehgerät nicht eingeschaltet ist oder gleichzeitig ein anderes Programm läuft. Auch die Wiedergabe von Videocassetten wird automatisch registriert, Fremdcassetten werden erkannt. Bei der Wiedergabe einer per Video aufgezeichneten Fernsehsendung wird zusätzlich erkannt, um welche Sendung es sich handelt, unabhängig von der Zeitspanne zwischen Aufnahme und Wiedergabe, Häufigkeit der Wiedergaben und Einstellungen wie Zeitlupe, Zeitraffer etc. Durch einen Akku-Puffer bleiben die erfaßten Daten auch bei Stromausfall erhalten. Die Anpassung an verschiedene TV-Normen ist durch Tuneraustausch möglich, dazu ist kein Öffnen des TV-Geräts erforderlich, weil der Tuner eingebaut ist.

Zu Inmarkt gehören 4000 Haushalte mit 9750 Personen über 6 Jahre (alte Bundesländer) bzw. 1100 Haushalte mit 2800 Personen (neue Bundesländer), wo automatisch im Sekundentakt die TV-Nutzung mit eindeutiger Programmerkennung über Frequenzen, personenindividuellen oder aggregierten Daten erfaßt wird. Das neue Panel umfaßt zusätzlich 440 Ausländerhaushalte, wobei es allerdings Probleme in der Rekrutierung gibt. Die Standardberichterstattung umfaßt Tages-, Wochen-, Monats-, Quartals-, Halbjahres- und Jahresberichte mit Angaben in Prozent, in absoluten Werten, in Marktanteilen, jeweils aufgegliedert nach Zuschauerstruktur der Redaktion und der Werbeinseln für jede Sendung nach Tag, Datum, Uhrzeit, Dauer und demographischen Daten (Alter, Geschlecht, Schulabschluß), nicht jedoch nach sozialpsychologischen Daten. Sonderanalysen beinhalten die Sehintensität von Zuschauern, die Struktur der Seherschaft bestimmter Sendungen, Sendetypen oder Programme, Hitlisten der Einschaltungen, Seherwanderungen, Seherbindungen an Sendungen im Zeitablauf, Seherüberschneidungen bei mehreren Sendungen, Sendegattungs-, Konstellations- und Sehverlaufstrukturen. Die Auswertung erfolgt als Seher pro halbe Stunde (Maßzahl der Mediaanalysen), Seher pro Tag, Seher pro Werbeblock, Seher pro Minute und neuerdings auch Seher pro Sekunde. Sie ist tagesaktuell und mit individueller Software für Seheranalysen, Überschneidungen, Personenmerkmale etc. statistisch bearbeitbar. Zur Erhebungskontrolle wird eine Parallelprüfung (Coincidental Check) per Telefon durchgeführt. Dennoch hat man festgestellt, daß die Seherzahlen nach GfK noch während Senderausfällen ansteigen, was Zweifel weckt. Ebenso wurde bekannt, daß ganze Senderprogramme bei der Erfassung unterschlagen wurden. Da die Daten von extremer Bedeutung für die werbungtreibende Wirtschaft sind (als Basis für die Mediaoptimierung), besteht ein hohes Maß an Sensibilität gegenüber solchen Mißgeschicken, so zufällig und einmalig sie auch sein mögen. Insofern sind Werbungtreibende, Werbungdurchführende und Werberater bemüht, das Erfassungssystem sicherer zu machen.

Nun ist es jedoch nicht gleichgültig, wer fernsieht. Daher muß sich jede Person im Haushalt als Seher individuell am Telemeter an- und wieder abmelden. Es werden bis zu 7 Personen plus 1 Gast über ein separat bedienbares Zusatzgerät individuell erfaßt. Unter der Voraussetzung, daß die ausgewählten Haushalte repräsentativ sind, sich deren Fernsehnutzung unter dem Einfluß der Erfassung nicht verändert, jede Person sich immer ordnungsgemäß an- und wieder abmeldet und während der Meldezeit aufmerksam fernsieht, geben die gewonnenen Daten in der Tat Aufschluß über die qualitative Reichweite von TV-Spots. Im übrigen werden durch dieses Verfahren auch die Einschaltquoten redaktioneller Sendungen, die regelmäßig in der journalistischen Berichterstattung erwähnt werden, erhoben. Man spricht von sog. Ratings. Gerade in den genannten Voraussetzungen liegen aber die Fallstricke. An die Repräsentanz der ausgewählten Testhaushalte mag man ja noch glauben. Bei deren unveränderter Fernsehnutzung sind jedoch bereits ernste Zweifel angebracht. So ist es mehr als wahrscheinlich, daß das Sehverhalten von dem in einer unbeobachteten Situation abweicht. Auch bei der ordnungsgemäßen An- und Abmeldung sind Zweifel berechtigt. Wird man sich wirklich immer melden, wenn man nur einmal kurz den Raum verläßt, um das berühmte Bier oder die Chips aus der Küche zu holen? Dann wird aber ein Sehkontakt nur vorgetäuscht, der sich in den Ratings als real gegeben widerspiegelt. Und auch an der Hinwendung zur Fernsehsendung, erst recht, wenn es sich dabei um Werbung handelt, ist zu zweifeln. So weiß man aus Beobachtungen, daß die als Seher gemeldeten Personen tatsächlich oftmals alles andere tun als sich dem Fernsehen zu widmen. Außerdem gibt es Meßverzerrungen, z. B. wenn von einem auf einen anderen Sender umgeschaltet wird, die beide Werbeblöcke haben, aber vor dem einen Werbeblock weggeschaltet bzw. nach dem anderen aufgeschaltet wird. Dann hat die Person zwar womöglich keinen Werbekontakt gehabt, wird aber als doppelt erfaßt ausgewiesen (oder umgekehrt). Von daher sind diese Ergebnisse zwar besser als garnichts, aber doch recht weit von dem entfernt, was als reliabel und valide anzusehen ist. Das gleiche Verfahren wird für die Hörfunknutzung als Audimeter eingesetzt. Noch ungenauer sind bloße Aufschreibungen der Probanden selbst über ihre Fernsehnutzung (Telelog) oder ihre Hörfunknutzung (Audilog). Dabei handelt es sich um ein sog. Tagebuchverfahren, bei dem Personen oder Haushalte auf vorstrukturierten Fragebögen die tägliche Mediennutzung angeben und zurückmelden. Dabei sind die einzelnen Tage meist nach Viertelstunden unterteilt, um die Medienkontakte je Zeiteinheit auswerten zu können. Erfahrungsgemäß ist jedoch die Sorgfalt beim Ausfüllen solcher Fragebögen sehr gering.

Innovation

Innovation umfaßt im *Zeitablauf* die Stufenfolge der Basistechnologie, d. h. der Detailverbesserung, die dem derzeitigen Stand des technischen Wissens entspricht und meist nur der Vervollkommnung bestehender Angebote dient, der Schlüsseltechnologie, d. h. dem neu zur Verfügung gestellten technischen Wissen, das einen spürbaren Fortschritt gegenüber dem Status quo der Technik repräsentiert, der Schrittmachertechnologie, d. h. dem erst im Entwicklungsstadium befindlichen Wissen, das dem Markt zukünftig in Form neuer Produkte zugänglich gemacht werden soll, und der Zukunftstechnologie, d. h. dem theoretischen Lösungsmuster für Probleme, deren faktische Umsetzung noch gar nicht stattgefunden hat.

Nach dem *Umfang* kann man unterscheiden in Marktinnovation, d. h. ein entsprechendes Angebot ist erstmals überhaupt am Markt verfügbar, in Unternehmensinnovation, d. h. ein Angebot ist nur für das betreffende Unternehmen selbst neuartig, nicht aber für den Markt, in Produktinnovation, d. h. es handelt sich um ein neues marktfähiges Angebot, das es so oder so ähnlich bereits am Markt gibt, und in Prozeßinnovation, d. h. es handelt sich um eine neue Methode zur Herstellung eines marktfähigen Angebots, die selbst nicht marktfähig ist.

Nach dem *Stellenwert* wird unterschieden in Elementarinnovation der Grundlagenforschung anhand wissenschaftlicher Erkenntnisse, gekennzeichnet durch hohen Ressourcenaufwand, langfristige Amortisation, hohes Risiko, aber überproportionale Steigerung der Wettbewerbsfähigkeit, in Anwendungsinnovation der Forschung anhand von Prototypen, gekennzeichnet durch mittelhohen Ressourcenaufwand, mittelfristige Amortisation, mittleres Risiko und nennenswerte Wettbewerbsverbesserung, in Routineentwicklung der Anwendungstechnik anhand von Detailänderungen, gekennzeichnet durch geringen Ressourcenaufwand, kurzfristige Amortisation, geringes Risiko und angemessene Wettbewerbssteigerung, und in Weiterentwicklung hinsichtlich Erzeugnis, Verfahren, Einsatz oder Leistung, die in Musterbau und Erprobung als ihrer konkreten Umsetzung mündet.

Unterscheidet man bei den Dimensionen der Technik und der Anwendung jeweils nach vorhanden und neu, so ergeben sich die Kombinationen aus sowohl vorhandener Anwendung wie Technik als Verbesserungsinnovation, vorhandener Anwendung aber neuer Technik als Ablösungs-/Potentialinnovation, neuer Anwendung und vorhandener Technik als Umsetzungsinnovation und sowohl neuer Anwendung wie Technik als Lateral-/Durchbruchsinnovation.

In ähnlicher Weise kann nach aktivem und passivem Strategieverhalten in der zeitlichen Abfolge bzw. Strukturverhalten in der Art der Übernahme unterschieden werden. Es ergeben sich bei sowohl aktivem Strategie- wie Strukturverhalten der „Prospector", der als Innovationsführer im Original unablässig nach neuen Märkten und Produkten Ausschau hält und Chancen entschlossen wahrnimmt, bei aktivem Strategie- aber passivem Strukturverhalten der „Defender", der sich als Innovationsführer durch Modifikation auf hohes Fachwissen und laufende Detailverbesserung von Lösungen kapriziert, bei passivem Strategie- aber aktivem Strukturverhalten der „Analyzer", der als Innovationsfolger durch Modifikation formalistisch agierend systematisch nach Neuerungen sucht, ohne aber den ersten Schritt zur Umsetzung zu wagen, und bei sowohl passivem Strategie- wie Strukturverhalten der „Reactor", der als Innovationsfolger im Originalnachbau nur aufgrund von aus der Umwelt mehr oder minder unausweichlich vorgegebenen Änderungen nach bewährtem Muster reagiert.

Innovationsdesign

(→ *Design*)

Innovationsfolger

(→ *Innovationsneigung*)

Innovationsführer

(→ *Innovationsneigung*)

Innovationsfunktion

(→ *Marketingforschung, Begriffe*)

Innovationsneigung

Bei der Innovationsneigung kann hinsichtlich der zeitlichen Abfolge in Innovationsführer (Leader) und Innovationsfolger (Follower) unterschieden werden, nach der Art der Übernahme in Original bzw. Originalnachbau und Modifikation. Aus diesen Merkmalen ergeben sich folgende Kombinationen.

Zur Philosophie des *Innovationsführers durch Original* gehört es, Ansätze technischen Fortschritts unvermittelt umzusetzen und daraus Chancen für Wettbewerbsvorsprünge abzuleiten. Als Beispiel mag der Launch des *Walkman* durch *Sony* dienen. Vorteile liegen in folgenden Punkten. Am Anfang ist noch kein direkter Konkurrenzdruck gegeben. Dies erschließt preispolitische Spielräume. Es besteht die Chance zur Etablierung eines Industriestandards. Der Vorsprung in der Erfahrungskurve eröffnet Kostensenkungspotential. Die längste Verweildauer am Markt erhöht das Markt-Know how. Es ergeben sich Imagevorteile. Ein Vorsprung beim Aufbau von Kundenkontakten ist gegeben. Nachteile hingegen sind folgende. Es besteht Ungewißheit über die weitere Marktentwicklung. Es kann zu Technologiesprüngen kommen, die den Vorsprung obsolet werden lassen. Hohe Markterschließungskosten sind einzukalkulieren. Gegenüber Abnehmern ist ein großer Überzeugungsaufwand notwendig. Es entstehen hohe Forschungs- und Entwicklungskosten.

Bei den *Innovationsführern durch Modifikation* steht die kundenspezifische Umsetzung allgemeinen technischen Fortschritts im Fokus. Damit werden erfolgreich Nischenmärkte bearbeitet. Als Beispiel mögen die HiFi-Marken *Revox* und *Bang&Olufsen* dienen, die die durchaus übliche Technik der Infrarotfernbedienung in einer Weise vervollkommnen, daß damit die Steuerung der gesamten Anlage, sogar in mehreren Räumen unabhängig voneinander, möglich ist. Vorteile liegen in folgenden Punkten. Es besteht ein geringeres Risiko als beim Innovationsführer. Ein erster Überblick über die Marktentwicklung liegt bereits vor. Die Modifikation schafft die Chance zur Absetzung im Wettbewerb. Die Marktpositionen sind noch nicht verteilt, sodaß ein Überholen nicht ausgeschlossen ist. Der Lebenszyklus des Marktes steht noch am Anfang. Nachteile sind hingegen folgende. Der Innovationsführer hat womöglich Markteintrittsbarrieren etabliert. Eine Ausrichtung am Vorreiter ist wohl oder übel erforderlich. Es besteht die Notwendigkeit zu einem komparativen Konkurrenzvorteil, da Neuheit als Argument nicht mehr ausreicht. Voraussetzung ist eine unverzügliche Reaktion. Der zu erwartende Markteintritt weiterer Konkurrenten macht den Markt eng.

Innovationsfolger durch Modifikation scheuen das Risiko einer Innovation oder sind nicht forschungs- und entwicklungsintensiv genug, selbst Innovationen hervorzubringen. Sofern sich jedoch ein Innovator gefunden hat, beobachten sie dessen Markterfolg genau und übernehmen die Neuheit mit dem Ziel der optimierenden Veränderung. Als Beispiel kann *Mazda* gelten. Zwar

war es der deutsche Erfinder Wankel, der den gleichnamigen Drehkolbenmotor als erster marktreif entwickelte (*NSU* Ro 80). Doch nachdem ihm ein durchschlagender Markterfolg versagt blieb, stieg Mazda als Lizenznehmer ein, um das technische Konzept zu verbessern. Der daraus entstandene *RX-7* ist nunmehr eines der meistverkauften Sportcoupés. Vorteile liegen in folgenden Punkten. Es ergeben sich selbst in hart umkämpften Branchen noch Marktchancen in Nischen. Es entsteht ein geringerer Entwicklungsaufwand. Durch die Profilierung sind Spielräume bei der Preisgestaltung gegeben. Durch ein marktgerechteres Angebot ist ein Überspringen der Marktchronologie möglich, das den Innovator zurücksetzt. Nachteile sind hingegen folgende. Es sind Markteintrittsbarrieren durch bestehende Anbieter gegeben. Es bedarf eines großen Aufwands, den Zusatznutzen zu argumentieren. Es besteht die Gefahr, daß man sich in vielen Einzellösungen verzettelt. Außerdem können große Anbieter durch Erfolge in Nischen angelockt werden.

Innovationsfolger durch Originalnachbau sind Kopisten, die sich den Input von Innovatoren zueigen machen und diesen zu eigenen Gunsten ausbeuten. Als Beispiel kann die Benutzeroberfläche *Windows* bei PC's gelten. Sie imitiert die intuitive Ikonensteuerung des *Apple*-Betriebssystems und bietet damit auf MS-DOS-Rechnern annähernd dessen Bedienungskomfort. Vorteile liegen in folgenden Punkten. Forschungs- und Entwicklungsaufwand kann weitgehend eingespart werden. Es ist eine Anlehnung an vorhandene Standards möglich. Fehlendes Know how kann womöglich zugekauft werden. Es besteht eine geringere Unsicherheit über die weitere Marktentwicklung. Es kommt zur Ausnutzung von Standardisierungspotentialen. Nachteile sind hingegen folgende. Es gibt bereits etablierte, starke Konkurrenten. Die Notwendigkeit zum Eindringen in bestehende Geschäftsbeziehungen ist gegeben. Preiskämpfe werden bewußt herausgefordert. Eigenes technisches Know how ist nur in geringem Maße vorhanden. Es besteht die Gefahr von Fehlinvestitionen in Produktionsanlagen. Es entstehen Imagenachteile durch die Me too-Position.

(→ *Strategien im Marketing*)

Innovationsphase

In der Innovationsphase des Lebenszyklus (= Einführung) ist das Marktwachstum sehr hoch, wenngleich auf kleiner Basis. Die Preiselastizität der Nachfrage ist niedrig und bietet die Chance zu Abschöpfungspreisen. Die Zahl der Konkurrenten bleibt gering, wenn es sich nicht sogar um ein temporäres Monopol handelt. Das Betriebsergebnis ist infolge der Vorkosten noch negativ. Hier erfolgt die Marktetablierung bzw. Produkt(gruppen)einführung. Zu Beginn jedoch gibt es kaum Wettbewerb. Die Nachfrager sind Innovatoren, die aus ihrem Selbstverständnis heraus immer das Neueste haben wollen. Andere Anbieter müssen den Marktzugang erzwingen. Das Preisniveau ist hoch, um die Konsumentenrente abzuschöpfen, obwohl es zum Teil auch niedrige Probierpreise (Penetrationsstrategie) gibt. Die Distribution ist selektiv, da Produktions- und Absatzkapazitäten erst noch sukzessive aufgebaut werden. Die Werbung richtet sich an Innovatoren, meist an Meinungsbildner über die Special Interest-Presse, und den Handel zur Listungs- und Placierungsunterstützung. Insgesamt sind die absatzpolitischen Aktivitäten eher hoch anzusetzen. Der Markt ist durch Übernachfrage gekennzeichnet. Noch sind hohe Produktionskosten bei niedrigem Standardisierungsgrad gegeben. Produkte werden in die Großserienreife überführt. Der Absatz erfolgt über spezialisierte Absatzkanäle. Es kommt zu intensiver Produktverbesserung durch Design- und Werkstoffwechsel mit der Folge hoher FuE-Kosten. Es besteht ein großes Innovationsrisiko. Trotz Abschöpfungspreispolitik bleiben kaum Gewinne. Die Strategie ist auf Marktanteilswachstum gerichtet.

Tatsächlich wird in verstärktem Maße sogar auf die Ausnutzung von Preisvorstellungen verzichtet, die den Einbehalt einer Produzentenrente ermöglichen (Skimming Pricing). Denn hohe Preise auf einem neuen Markt signalisieren potentiellen Konkurrenten, daß dort offensichtlich auskömmliche Spannen zu realisieren sind, und locken diese damit an. Infolge des großen FuE-Potentials vieler Konkurrenten ist die Kluft zwischen dieser Motivation und deren Umsetzung in der Tat oft gefährlich gering. Im übrigen erschweren hohe Einführungspreise die zügige Diffusion von Neuerungen im Markt, so daß Auflagendegressionseffekte erst spät zum Tragen kommen. Umgekehrt indizieren moderate Einführungspreise auf einem neuen Markt potentiellen Wettbewerbern, daß dort auch nur moderate Gewinnspannen anfallen dürften, so daß die Prioritäten zu dessen Bearbeitung relativ gering ausfallen. Damit kann dann evtl. auf Dauer eine höhere Produzentenrente einbehalten werden als durch die kurzsichtige Ausnutzung jedes Preisspielraums. Außerdem forcieren angemessene Preise die Marktausbreitung und schaffen damit ihrerseits Produktionskostenvorteile.

Die Preiselastizität der Nachfrage ist vor allem deshalb eher gering, weil zu Beginn eines Marktlebenszyklus zunächst nur die Innovatoren als Käufer in Betracht kommen. Dabei handelt es sich entweder um ernsthafte Hobbyisten (Freaks), für die nicht die rationale Preis-Leistungs-Sichtweise zutrifft, sondern ein emotional ausgeprägter Spannungszustand, im Zuge des Hobbys in den Besitz der jeweils neuesten Produkte des Interessenbereichs zu gelangen, oder um sog. Neophile, die nur und um fast jeden Preis das Neueste haben müssen. Dabei kommt diesen Produkten oft Spielzeug- oder Prestigecharakter zu. Beides trägt dazu bei, daß Preis-Leistungs-Aussagen in den Hintergrund treten. Nicht selten handelt es sich auch um Personen, die aus einem neuen Produktangebot beruflich, gewerblich oder privat Nutzen ziehen und diesen Nutzen höher schätzen als das davon ausgehende Preisopfer. Im Zeitablauf werden diese Nachfragergruppen durch „Normalverbraucher" abgelöst, für die Preis-Leistungs-Aspekte von eher nüchterner Bedeutung im Vordergrund stehen. Die Preisreagibilität nimmt damit zu.

Als Leitbild der marktwirtschaftlichen Wettbewerbspolitik gilt eine optimale Zeitspanne zwischen Vorsprung und Verfolgung. Denn bleibt diese Zeitspanne zu kurz, gehen nur wenige Anbieter das Risiko hohen FuE-Einsatzes ein, da ungewiß ist, ob der Zeitraum alleiniger Marktpräsenz ausreicht, alle investierten Finanzmittel zurückzuerhalten und darüber hinaus Gewinnsummen einzuspielen, wenn Mitbewerber schnell nachfolgen. Ist die Zeitspanne hingegen zu lang, eröffnen sich damit Spielräume zur Monopolisierung der Märkte, denn Mitbewerber folgen erst mit einem erheblichen Zeitverzug nach. Die Optimalität der Ablösung soll in funktionsfähigen Marktwirtschaften als Rahmen gesichert werden durch Gewerbliche Schutzrechte auf Produkte/Verfahren, z. B. als Patent-, Gebrauchs- und Geschmacksmusterschutz, die eine vorübergehende Exklusivnutzung von Entwicklungsvorsprüngen sichern und Verletzungen verfolgen, sowie durch Abbau von Marktzutrittsschranken, weil es potentiellen Wettbewerbern faktisch oft unmöglich ist, in Märkte einzudringen, um damit temporäre Monopole aufzubrechen (Zielbild des Isopols).

(→ Lebenszyklus-Analyse)

Innovatoren

(→ Diffusion)

Inputtreue

(→ Synergienutzung)

Inspektionsgüter

(→ Produktarten)

Institutionen-Ansatz

(→ Marketing, Methoden)

Institutionenmarkt

Der institutionale Markt der öffentlichen Hand (Ö-Markt) ist der Markt für Güter der hoheitlichen Verwaltung. Kaufobjekte sind dazu Investitions-, Gebrauchs-, Verbrauchsgüter und Dienstleistungen. Einkaufsziel ist die Befriedigung der sozialen Bedürfnisse der Bürger. Der Einkaufsentscheid erfolgt systembedingt durch ein Kollektiv im Wege hierarchischer Prozesse.

Anbieter oder Nachfrager öffentlicher Güter nehmen oft eine Monopol- bzw. Teilmonopolstellung ein. So ist der Staat auf einigen Märkten alleiniger Anbieter bzw. Nachfrager. Die dort stattfindenden Marktprozesse unterliegen daher keiner wettbewerblichen Sanktionierung. Tatsächlich liegt dann das Leistungsniveau öffentlicher Märkte regelmäßig unter dem privater und damit auch der Grad an Bedarfsbefriedigung durch die dort verfügbaren Güter.

Es handelt sich bei Abschlüssen nicht ausschließlich um eine privatrechtliche Kontrahierungsbasis wie sie zwischen Unternehmen bzw. Unternehmen und Privaten gegeben ist. Vielmehr liegt auch öffentliches Recht zugrunde. Von daher ist die Vertragsausgestaltung nur in engen Grenzen frei wählbar.

Die finanziellen Mittel zum Betrieb der Organisation werden meist nicht ausschließlich durch die Abnehmerschaft bereitgestellt. So können viele der Angebote, die nur Minderheiten in Anspruch nehmen, nicht allein aus den Verkaufserlösen aufrechterhalten werden. Aus Gründen von Interessenpluralismus oder sozialen Erfordernissen werden diese daher von Staat/Ländern/Gemeinden über deren Steuer- und Abgabeneinnahmen subventioniert.

Die Ziele der Organisation sind nicht auf Gewinn abgestellt. An die Stelle einer Formalzieldominanz tritt vielmehr die Sachzieldominanz der Bedarfsdeckung. Dementsprechend sind Preise kostendeckend kalkuliert. Die völlige Marktabdekkung impliziert überproportionalen Aufwand für seltene Extremfälle, deren Einbeziehung durch alle anderen Beteiligten zu finanzieren ist.

Als Grundlage für das Angebot öffentlicher Güter dienen Gesetze und Verordnungen. Insofern steuert nicht die Nachfrage das Marktgeschehen, sondern eine zentrale Planungsinstanz. Es handelt sich also um administrierte Märkte, die im Ergebnis allen Unwägbarkeiten des planwirtschaftlichen Systems unterliegen.

In vielen Fällen besteht eine Inanspruchnahmepflicht seitens der Abnehmer. Oft entfällt damit nicht nur die Auswahl unter verschiedenen Anbietern, sondern auch die Bestimmung der individuellen Nutzung. So werden im öffentlichen Gütermarkt wirtschaftliche Prinzipien zugunsten mehr oder minder berechtigter gesamtgesellschaftlicher Anliegen verdrängt.

Die Willensbildung über das Angebot erfolgt multipersonal. Das liegt nicht nur im Wert der behandelten Güter begründet, sondern auch in der behördlichen Struktur der Anbieter. So sind meist mehrere Dienststellen und dort wiederum mehrere Hierarchiestufen in Entscheidungsprozesse involviert.

Der Betrieb der Organisation wird oft durch öffentliche Bedienstete übernommen. Dies liegt in der Wahrnehmung hoheitlicher Aufgaben begründet, die ein besonderes Loyalitätsverhältnis der Ausführenden zu ihrem Dienstherrn implizieren. Im Gegenzug verpflichtet dieser sich zu besonderer Fürsorgepflicht (Beamtentum).

Institutsmarktforschung, Abgrenzung

Marktforschung kann durch Betriebliche oder Institutsforschung erfolgen. In Deutschland gibt es ca.

150 ernstzunehmende Marktforschungs-Institute, die Träger der Fremdforschung sind. Es handelt sich um erwerbswirtschaftliche oder gemeinnützige Organisationen, die in kommerzieller oder wissenschaftlicher Absicht Marktforschung betreiben. Daneben wird Marktforschung aber auch von Unternehmensberatungen, Marketing-Consultants, Werbeagenturen etc. betrieben. Hinzu kommen Informationsbroker, die Datenbanken betreiben.

Bei den Marktforschungs-Instituten an sich können reine und gemischte Betriebe (die neben der Forschung auch andere Services anbieten) unterschieden werden, weiterhin Voll-(Full Service) und Spezial-Dienstleister (letztere offerieren nur Ausschnitte des Leistungsspektrums, z. B. nur Feldorganisation oder nur Erhebungskonzept). Sie sind vor allem im Bereich der Primärforschung tätig, weil dort häufig auf fixkostenintensive Feldorganisationen zurückgegriffen werden muß und spezifisches Know how für die Durchführung unabdingbar ist. Außerdem werden von ihnen auch eigene Standarddienste angeboten (wie Werbetracking, Panels, TV-Zuschauerforschung, Media-Analyse, Konsumklima, Markttests, Omnibusse etc.). Daneben gibt es sog. Feldorganisationen, die ihren Interviewerstab Auftraggebern gegen Rechnung zur Verfügung stellen. Sofern sie auch die Konzipierung und Auswertung von Aktivitäten übernehmen, ist die Grenze zu klassischen Instituten fließend. Meist werden auch begrenzte Unteraufträge an andere Institute vergeben. Umsatzschwerpunkt sind Ad hoc-Studien (einmalige Durchführung) und kontinuierliche Forschungsinstrumente. Weit überwiegend wird noch eine mündliche Ergebnispräsentation vorgenommen. Das Telefoninterview hat bei der Erhebung die größte Bedeutung aller Befragungsarten.

Institutsmarktforschung, Bewertung

Vorteile aus der Einschaltung Externer bei der Marktforschung sind vor allem folgende (vgl. *Pepels, Werner:* Käuferverhalten und Marktforschung, Stuttgart 1995).

Es ist keine Betriebsblindheit der Forscher gegeben. Externe Forscher können unvorbelastet an die Problemlösung herangehen. Sie brauchen weniger Rücksichten auf interne „Politik“ zu nehmen. Sie können im positiven Sinne naiv Altbekanntes und scheinbar Bewährtes in Frage stellen.

Es besteht Zugang zu leistungsfähigen Erhebungsinstrumenten, die kostspielig zu installieren und unterhalten sind. Viele, technisch aufwendige Erhebungsinstrumente, wie z. B. Panels, sind nur von Instituten aufrechtzuerhalten, sodaß ein Rückgriff auf deren Fremdforschung unverzichtbar ist. Dies gilt auch für den Unterhalt eines ausgebildeten Interviewerstab im Feld.

Die Gefahr interessengefärbter Auskünfte und tendenziöser Meinungen ist gering. Zwar sind externe Auftragnehmer auch in gewisser

Weise ökonomisch abhängig, aber ihre organisatorische Unabhängigkeit erlaubt es ihnen leichter, Wege einzuschlagen, die intern auf Mißfallen stoßen.

Höhere Objektivität ergibt sich durch mehr Sachverstand als Herzblut bei der Aufgabe. Ein hohes Maß an Involvement ist nicht immer nützlich bei der neutralen Untersuchung von Sachverhalten. Externe, die weniger emotional und mehr rational an die Sache herangehen, sehen Probleme unvoreingenommener und härter.

Es besteht die Möglichkeit des Einsatzes von Spezialisten und der Nutzung von Expertenwissen. Ein Serviceunternehmen kann durch die Vielzahl seiner Auftraggeber und Aufträge Experten beschäftigen, deren Auslastung im Betrieb nicht gewährleistet ist. Dadurch wird zusätzliches Wissen aus der Lösung ähnlicher Probleme bereitgestellt.

Aktuelle Methodenkenntnis in Beschaffung, Verarbeitung und Auswertung von Informationen ist verfügbar. Und es kann vorausgesetzt werden, daß Spezialisten über fundierteres Wissen um die besten Mittel und Wege zur Lösung komplexer Forschungsprobleme verfügen.

Ergebnisvergleiche mit Erfahrungen aus anderen Untersuchungen sind realisierbar. Dadurch ist eine Relativierbarkeit des Datenoutput gegeben. Es können Benchmarks für „gute" Ergebnisse festgelegt und „Best in Class"-Maßstäbe für excellente Ergebnisse herausgefiltert werden.

Es ist die Möglichkeit von Kosteneinsparungen (Outsourcing) oder zumindest -flexibilisierungen gegeben. Gemessen an einer Vollkostenrechnung ist die externe Auftragsvergabe infolge dort vorherrschender Degressionseffekte meist kostengünstiger als die Eigenleistung. Hinzu kommt, daß Fremdkosten variablen Charakter haben, also nur bei Inanspruchnahme anfallen, Eigenkosten aber meist fix sind. Oft kommt es auch zur Beschleunigung der Erhebungsdurchführung, was kostendämpfend wirkt.

Nachteile aus der Einschaltung Externer sind hingegen im wesentlichen folgende.

Es besteht eine höhere Liquiditätsbelastung, gemessen an der pagatorischen Kostenrechnung. Denn viele Leistungen sind im Unternehmen ohnehin vorhanden und im Rahmen besserer Auslastung auszuschöpfen, die extern gesondert berechnet werden. Zu denken ist hier vor allem an die administrative Infrastruktur.

Briefing und Einarbeitungszeit sind erforderlich. Das Briefing ist zwar auch bei Eigenforschung unerläßlich, kann jedoch wegen des höheren Vorinformationsstands meist kürzer gehalten werden. Hinzu kommt eine Zeitspanne zur Vertrautmachung mit den spezifischen Einflußgrößen auf eine gegebene Problemstellung.

Wenn man an unseriös arbeitende Institute gerät, besteht die Gefahr unsolider Auftragserfüllung,. Dagegen kann man sich durch Einschaltung von Mitgliedsinstituten einschlägiger Branchenverbände weitgehend schützen. Dennoch ist die Marktforschungsbranche von grauen und schwarzen Anbietern durchsetzt.

Die Geheimhaltung kann trotz strikter Verpflichtung zur Vertraulichkeit gefährdet sein. Denn in einer Branche, die von der Informationsweitergabe lebt, bleibt ein gewisses Unbehagen hinsichtlich möglicher Indiskretionen über im Rahmen der Beauftragung bekanntgewordene Geschäftsgeheimnisse bestehen. Insofern werden Berührungsängste gefördert.

Oft sind mangelnde Branchenkenntnisse zu beklagen. Allerdings ist bei Zentralisation der Forschungsfunktion in weit verzweigten Betriebsstrukturen der Überblick in allen Bereichen auch nicht leicht zu behalten. Dennoch dürfte die Vertrautheit mit den zu lösenden Problemen extern geringer sein.

Es entstehen Kommunikationsprobleme, die unausweichlich sind, wenn Menschen zusammenarbeiten. Spracheigenheiten sind oft unbewußter und manifester Bestandteil der Unternehmenskultur, stellen jedoch praktisch erhebliche Hindernisse in der Koordination interner und externer Aktivitäten dar.

Es kommt zu keiner Wissensakkumulation über Marktforschung im Betrieb. Jede extern ausgeführte Forschung erhöht insofern die Abhängigkeit von externen Zulieferern, wohingegen im anderen Fall ein Potential an Erfahrung angesammelt werden kann, das leistungssteigernd und kostenreduzierend wirkt.

Es besteht die Gefahr der schematisierten Routinisierung von Projekten, ohne hinreichend auf die spezifischen Belange des Auftraggebers einzugehen. Dies gilt vor allem für den Einsatz von Standarderhebungsinstrumenten und -informationsdiensten. Wenngleich die behaupteten Eigenheiten jeder Branche eher weniger glaubwürdig sind.

Instruktionsfehler

(→ *Produkthaftung*)

Instrumental Marketing

(→ *Marketing, Struktur*)

Instrumentalfragen

(→ *Fragefunktionen*)

Inteferenzmodul

(→ *Expertensystem*)

Integration

(→ *Wertschöpfungskette, Verschränkung*)

Integrierte Kommunikation

Integrierte Kommunikation umfaßt die Bereiche von Inhalt/Aussage, Form/CD sowie Zeit/Raum von Botschaften:

- Die Botschaften eines Absenders sollten eine zentrale Aussage beinhalten, die über alle Medien, zwar in medienadäquater Form abgewandelt, im Kern aber doch unverändert, übergebracht wird. Denkbar sind eine additive Ergänzung sowie eine völlige oder teilweise Wiederholung der Inhalte. Als Medien kommen Klassische Werbung, Neue Medien, Schauwerbung, Produktausstattung, Verkaufsförderung, Direktmarketing, Öffentlichkeitsarbeit, Persönlicher Verkauf und Verkaufsliteratur in Betracht.

- Um eine gestalterische Klammer für alle Maßnahmen in den verschiedenen Medien zu erreichen, ist die gemeinsame Verwendung formaler Elemente (Corporate Design) angezeigt. Dazu gehören Schrifttyp, Logo, Layoutraster, Jingle, Farbstimmung, Bildduktus, Tonalität etc. Die Form kann im Zuge dessen medienadaptiert oder konstant gehalten sein.
- Die Maßnahmen sollten auch zeitlich koordiniert ablaufen. Nach der Intensität kann dabei unterschieden werden in konzentrierten, initialen, sukzessiven, pulsierenden, konstanten, steigenden oder fallenden Einsatz. Das Mix kann gleichbleibend oder variierend eingesetzt werden. Auch die Einsatzgebiete der Maßnahmen müssen aufeinander abgestimmt sein. Zu unterteilen ist hier nach regionalem/lokalem, nationalem oder internationalem/globalem Einsatz. Außerdem kann auch eine räumliche Verdichtung des Einsatzes stattfinden.

Ziel ist in jedem Fall eine effiziente Arbeitsteilung der Medien zur optimalen Erreichung der Kommunikationsziele. Dabei spielen weiterhin eine Rolle die:

- Mediengewichtung, d. h. der relative Anteil der Medien am Mix,
- Medienanzahl, d. h. die Vielfalt eingesetzter Medien,
- Integration nach Medien, nach Zielgruppen oder auch kombiniert.

Die arbeitsteiligen Funktionen der Kommunikation betreffen im einzelnen Bereiche wie Angebotsvorstellung, Angebotspenetration, Angebotsaktualisierung, Vorverkauf im Absatzkanal, Handlungsaufforderung, Konkretisierung der Kaufabsicht, Selbstdarstellung/Goodwill, Detailinformation und Vertrauenskapitalisierung.

Integrierte Programme

(→ *Desk Top Publishing, Software)*

Intelligenzverstärkerfunktion

(→ *Marketingforschung, Begriffe)*

Intensitätssteigerung

Intensitätssteigerung ist eine Form der Definition der Absatzquelle. Sie beabsichtigt die Verkürzung der Kaufabstände. Dafür gibt es mindestens drei Ansatzpunkte.

Erstens eine *engere zeitliche Abfolge* der Verwendung mit der Konsequenz höheren Verbrauchs und früherer Ersatzbeschaffung. Man denke nur an das Postulat der Zahncremehersteller, dreimal täglich die Zähne zu putzen. Gelingt es, diesen Anspruch durchzusetzen, zieht dies einen um 50% steigenden Zahncremeverbrauch nach sich. Die Künstliche Veralterung, oder neudeutsch

Planned Obsolescense, stellt eine weitere Möglichkeit dar. Sie erfolgt nach objektivem Maßstab durch den Einbau sog. Sollbruchstellen, die im Rahmen der Wertanalyse eingeplant werden und die Gesamtlebensdauer eines Produkts auf die kürzeste Teillebensdauer begrenzen. Ein Ansinnen übrigens, dessen Existenz von der Industrie mit Nichtwissen bestritten oder Verbraucherschutzargumenten (z. B. Verletzungsschutz) rechtfertigt wird. Nach subjektivem Maßstab werden selbst an sich noch völlig gebrauchsfähige Produkte durch Sozialtechniken gesellschaftlich obsolet gemacht. Dies beherrscht etwa die Mode perfekt oder gilt im Automobilbereich durch rasche Generationswechsel. Daß dies zu Zeiten von Ressourcenraubbau und Müllbergen doch sehr bedenklich ist, braucht nicht weiter betont zu werden.

Zweitens die *Schaffung zusätzlicher Anlässe,* zu denen ein Produkt eingesetzt werden kann. Ein Beispiel findet sich in der Auslobung von Softdrinks für den Unterwegsverzehr, der sich durch praktische Darbietung in Dosen mit geringerer Abfüllmenge, dichtem Verschluß und standsicherer Packungsproportion geradezu anbietet. Auch können neue Einsatzmöglichkeiten für bestehende Angebotsnutzer aufgezeigt werden. Zu denken ist hier u. a. an Eierlikör, dem als Getränk, wohl unberechtigterweise, unterstellt wird, daß es eher von ältlichen Damen mit spitzen Fingern zum nachmittäglichen Nostalgieplausch eingenommen wird. All jenen, die sich nicht dazu zählen, eröffnet sich eine andere Produktperspektive in der neuen werblichen Auslobung als exquisite Zugabe zu Desserts wie Gebäck, Pudding oder Eiscreme. Dadurch werden Modernität und Akzeptanz gefördert, was in Kaufneigung resultiert. Gleichfalls werden Süßwaren wie *Duplo* oder *Kinder-Riegel* vom Stigma des Infantilen befreit, falls, wie von *Ferrero* vorgenommen, diese als adäquater Pralinenersatz oder Pausensnack ausgelobt werden. Durch diese neuen Einsatzmöglichkeiten braucht der Verzehr der Produkte dann nicht mehr unter Ausschluß der Öffentlichkeit zu erfolgen, selbst wenn der Konsument das Hauptschulalter schon lange hinter sich gelassen hat.

Drittens schließlich durch *stärkeren Einsatz* des Produkts, z. B. mittels direkten Auftrag des Flüssigwaschmittels auf verschmutzte Gewebestellen zusätzlich zur normalen Beigabedosierung in der Waschtrommel. Einmalige Effekte nutzen das Gewohnheitsverhalten der Konsumenten. So wurde bei der amerikanischen Zahncreme *Crest* (von *P & G*) der Öffnungsquerschnitt der Tube vergrößert, worauf solange überschüssig viel Zahnpasta auf die Zahnbürste gelangte, bis sich die Verbraucher an eine vorsichtigere Dosierung gewöhnt hatten.
(→ Absatzquellendefinition)

Intensiver Absatz

Beim intensiven Vertrieb sollen möglichst viele, mit vertretbarem

Aufwand zu erfassende Absatzstellen in den Absatzkanal einbezogen werden. Dies bewirkt hohe Erhältlichkeit im gewählten Absatzgebiet.

Die Vor- und Nachteile der intensiven Distribution aus *Herstellersicht* sind die folgenden. Zunächst zu den Vorteilen:

- Es kommt zu einer weitgehenden Marktausschöpfung als vernünftigem Kompromiß zwischen Aufwand und Nutzen der Distribution. Zwar werden nicht alle, aber doch hinlänglich viele Absatzstellen erreicht.
- Der breite Endabnehmerzugriff der großen Handelskonzerne kann effektiv genutzt werden. Insofern bedeutet die Listung in der Zentrale die Verfügbarkeit des Produkts auf breiter Basis, wenngleich nicht die tatsächliche Order. Dazu muß vielmehr vor Ort nachgefaßt werden.
- Die breite Erhältlichkeit schöpft das Vorverkaufspotential der Produkte gegenüber Zielgruppen angemessen aus. Beinahe überall, wo Bedarf entsteht, und Markenbekanntheit gegeben ist, besteht die Chance zum Umsatzakt.

Folgende Nachteile sind zu nennen:

- Es kommt zu keiner vollständigen Liquidierung von Kaufchancen durch Vorhandensein bewußter Distributionslücken. Dies gilt vor allem für impulsiv gekaufte Produkte, deren Kaufentscheid sich nach realer Verfügbarkeit am Ort und zur Zeit des Bedarfs richtet.
- Es ist ein hoher Marketingaufwand zum Aufbau und Erhalt eines intensiven Distributionsgrads erforderlich. Trotz der Handelskonzentration muß Kontakt zu einer Vielzahl von Absatzstellen gehalten und gepflegt werden.
- Die mögliche Konkurrenz zwischen verschiedenen belieferten Absatzkanälen stellt einen kontinuierlichen Unruhefaktor dar. Es kommt zum sog. Gruppenwettbewerb der Betriebstypen untereinander, bei dem ein Kauf immer nur einmal liquidiert werden kann.
- Bei Top Down-Vorgehen kommt der Distributionsausweitung nur nachlassende Effizienz durch Zuwachs immer kleinerer Absatzstellen zu. Damit verschlechtert sich das Kosten-Nutzen-Verhältnis kontinuierlich.

Die Vor- und Nachteile der intensiven Distribution aus *Händlersicht* sind die folgenden. Zunächst zu den Vorteilen:

- Es besteht die hohe Wahrscheinlichkeit, bekannte und vertraute Produkte zu führen. An ungeplanten Käufen kann so durch bloße Angebotsphysis weitgehend partizipiert werden.
- Durch möglichst komplette Sortierung entsteht eine Imageverbesserung. Es gehört zur Erwartungshaltung vieler Nachfrager, am Ort des Verkaufs eine Auswahl gängiger Produkte dargeboten zu erhalten und unter diesen auswählen zu können.
- Durch preisgünstigeres Angebot ist eine willkommene Konkurrenzabhebung möglich. Denn für gängige Produkte ist die Preislage

aus Erfahrung bekannt, sodaß eine Abweichung davon nach unten gut erkannt und honoriert wird.

Folgende Nachteile sind zu nennen:

- Wegen der großen Absatzmittlerzahl ist nur von einer begrenzten Herstellerunterstützung auszugehen. Insofern zählen primär die eigenen Aktivitäten, es sei denn, durch Nachfragemacht kann ein entsprechender Support erwirkt werden.
- Bestandslücken führen zur Mindereinschätzung durch potentielle Käufer. Von einzelnen, nicht distribuierten Produkten wird so im Wege der Analogie darauf geschlossen, daß auch andere wichtige Produkte nicht am Handelsplatz verfügbar sind.
- Es besteht eine hohe Austauschbarkeit der Absatzstellen untereinander aus Kundensicht. Dementsprechend kommt es zu einem verschärften Wettbewerb, denn letztlich ist es gleichgültig, wo man einkauft, da ja eine breite Erhältlichkeit gegeben ist.

(→ *Absatzkanal, Breite)*

Intensivkäufer

(→ *Käuferklassen)*

Interesse

(→ *Kommunikationswirkung, Phasen)*

Interferenz

(→ *Vergessen)*

Intermediavergleich

(→ *Mediaeinsatz, Profile, Medienbewertung, Qualitative Kriterien, Medienbewertung, Quantitative Kriterien)*

Internationale Kreditkarten

(→ *Kreditkarten)*

Internationalisierung der Märkte

(→ *Logistik, Prozesse)*

Internationalisierung, Marktführung

Bei der Marktführung geht es um die Generalisierung oder Fokussierung von Marketingaktivitäten, eine Entscheidung, die nicht unumstritten ist. Als Gründe für eine *Generalisierung* werden folgende genannt. Die Reduzierung der Forschungs- und Entwicklungskosten auf eine Version ist möglich, die absatzmarktübergreifend vermarktet werden kann. Es kann ein einheitliches Marken-/Firmenimage auf allen bearbeiteten Märkten durch gleiche Positionierung geschaffen werden. Es kommt zur Erleichterung effizienter Planung und Organisation durch einheitliche Zielsetzung, die nicht der Berücksichtigung divergierender Interessen bedarf. Ähnlichkeiten in den Zielgruppen und deren steigende Mobilität führen ohnehin zu einer Konvergenz der Vermarktungsbedingungen. Die Koordination und Kontrolle wird durch bessere Übersichtlichkeit und Reduktion der Anzahl der Strategien vereinfacht. Die Ausnutzung von

Know-how-Transfer durch ähnliche Umsetzungen auf taktischer und operativer Ebene gelingt. Eine Zentralisation des Management führt zu effizienterer Steuerung des gesamten Marketing-Mix durch die damit betrauten Stellen. Es besteht eine Internationalisierung des Wettbewerbs, wobei nicht mehr Einzelmärkte, sondern Marktzusammenhänge entscheidungsrelevant werden. Media-Overlappings bzw. nicht zu verhindernde grenzüberschreitende Kommunikation infolge Satellitenfernsehens und -hörfunks bzw. ausländischer Printtitel können ausgenutzt werden.

Als Gründe für eine *Fokussierung* werden hingegen folgende genannt. Eine mangelnde Berücksichtigung länderspezifischer Besonderheiten, die Absatzerfolge negativ tangiert, ist nicht ausgeschlossen. Es bestehen erhebliche Unterschiede in der Medienlandschaft nach Struktur und Nutzung, z. B. in bezug auf Print- und Elektronik-Medien-Dominanz. Abweichende Produktgebrauchsbedingungen sind nicht korrigierbar, wenn sie sich nur aus dem kulturellen und mentalen Zusammenhang heraus erklären. Es können unterschiedliche Phasen im Marktlebenszyklus gegeben sein, die einen abweichenden Marketing-Mix erfordern, da verschiedene Personengruppen im Diffusionsprozeß angesprochen werden. Eine zentrale Kontrolle und Koordination ist letztlich nicht praktikabel, da davon kontraproduktive Wirkungen und inakzeptable Entscheidungsverzögerungen ausgehen. Das Not Invented Here (NIH-)Syndrom, das auf verständlichen Länderegoismen beruht, behindert die Übernahme fremder Lösungen. Es bestehen Imagedefizite der multinationalen Konglomerate in der Öffentlichkeit, die durch standardisierte Marketingmaßnahmen bestärkt werden. Unterschiedliche Absatzmethoden (Distributionsformen, -wege, -systeme) lassen unterschiedliche Approaches erforderlich werden. Kosteneinsparungen fallen bei näherem Hinsehen geringer aus als vielfach unterstellt, sodaß sie durch Effizienznachteile leicht überkompensiert werden. Eine unterschiedliche Preisstruktur (Nachfrage, Wettbewerb, Kosten, Reglementierung) erfordert eine abweichende Positionierung von Angeboten. Zielgruppendaten weichen erheblich voneinander ab, sodaß auch die Ansprache individuell gehalten werden muß.

Die Quintessenz daraus lautet: Sowenig Generalisierung wie nötig, aber soviel Fokussierung wie möglich.

Internationalisierung, Marktwahl

Beim Internationalen Marketing handelt es sich nicht um ein orginär neues Marketing, sondern nur um die besondere Berücksichtigung grenzüberschreitender Aspekte innerhalb der Marketingkonzeption. Internationales Marketing ist damit das Marketing für Länder außerhalb des Stammsitzes des Unternehmens. Zweifellos ist es zutreffend, daß die

Notwendigkeit einer internationalen Vermarktung steigt. Speziell in EG-Europa kommt es zu einer Liberalisierung der Märkte. Als Antwort auf den verstärkten Importdruck bleibt nur der eigene Export. Dazu muß man sich auf vielfältige Veränderungen der Bedingungslage im Marketing einstellen. Im Vorfeld des Internationalen Marketing ist zu definieren, welche Länder bearbeitet werden sollen. Dazu lassen sich die Auslandsmärkte hinsichtlich verschiedener Kriterien bewerten:

- Politisches Umfeld, z. B. politische Risiken, Freiheitsraum für Geschäftsleben, Investitionsklima, Gefahr von Verstaatlichung (politischer Umschwung, entschädigungslose Enteignung), Staatsform etc.,
- Rechtsordnung, z. B. funktionsfähige öffentliche Verwaltung, Vertragsrecht und seine Durchsetzung, Maße und Gewichte, gewerblicher Rechtsschutz, Prozeßwesen, Einstellung gegenüber ausländischen Investoren und dem Gewinnerzielungsprinzip,
- Ökonomische Struktur, z. B. Geldentwertungsrate, Wirtschaftsordnung, -wachstum, Währungsstabilität, -konvertibilität, -parität, Beschäftigungslage, Einkommensverteilung, Subventionierung, Steuererleichterung etc.,
- Außenwirtschaft, z. B. Zahlungsbilanzsituation, Transferierbarkeit von Erträgen ausländischer Investoren, Außenhandel etc.,
- Distributionssystem, z. B. Verkaufsorgane, Absatzwege, Absatzhelfer, Logistik etc.,
- Programmgestaltung, z. B. Geschmack, Design, Verpackung, Auszeichnung, Serviceanforderungen, Markenwesen etc.,
- Konditionen, z. B. Direktionismus, Preisbewußtsein, Kostenverhältnisse, Lieferungs- und Zahlungsbedingungen, Preisklassen, Nachlässe etc.,
- Absatzförderung, z. B. Werberecht, Werbemittel und -träger, Etatvolumen etc.,
- Wettbewerbsstruktur, z. B. Qualitätslevel, Konkurrenzintensität, Koalitionsbildung, Image etc.,
- Sozio-kulturelles Umfeld, z. B. Sitten und Gebräuche, Religion, Mentalität, Bildungsstand, Bevölkerungsdichte, Energieverbrauch, Geburten-, Sterberate, Einkommen, Anteil tertiärer Sektor etc.,
- Technologisches Niveau, z. B. qualifizierte Experten, Ausbau des Nachrichtenwesens, Verkehrsinfrastruktur, Kfz-Dichte etc.,
- Geographische Bedingungen, z. B. Klima, Sprache, Topographie, Mentalität etc.,
- Importbedingungen, z. B. Marktzugangsbeschränkung durch Zölle/Zollformalitäten und Abgaben, Devisenvorschriften etc.,
- Bedarfs- bzw. Nachfragesituation, z. B. Bedarfsstruktur, -höhe, Kaufkraft, Bedarfsträger, Verbrauchsgewohnheiten, Bedarfsschwankungen, Marktsättigung, Demographie, Kaufverhalten etc.,
- Betriebswirtschaftliche Bedingungen, z. B. örtliches Manage-

ment (Qualifikation, Eigenkapitalbasis), Verfügbarkeit kurzfristiger und langfristiger Kredite und von Eigenkapital (Konditionen), Lohnkosten/-nebenkosten, Produktivität etc.

Viele dieser Kriterien werden mittels Punktbewertungsverfahren im BERI (Business Environmental Risk Index) erfaßt, der zu einer Einteilung in Pre Markets, Less Devolopped Markets, Take Off Markets, Early Mass Markets und Mature Mass Markets führt. Die Bewertung erfolgt hinsichtlich jedes Kriteriums je Land nach einem Punktsystem (4 = sehr günstig/0 = unerträglich). Die Kriterien werden gewichtet in einer Summe zusammengefaßt und gerangreiht. Dadurch sollen internationale Bedingungslagen kalkulierbar werden.

Internationalisierung, Marktzugang

Der Marktzugang kann in Abhängigkeit von Kapital- und Managementleistungen im Stammland bzw. Gastland auf unterschiedliche Art und Weise erfolgen. Am häufigsten ist der Export.

Export ist ein Teil des Außenhandels, der alle betrieblichen Tätigkeiten bei der Unterhaltung von wirtschaftlichen Beziehungen zum Ausland auf der Grundlage grenzüberschreitenden Waren- und Diensteverkehrs sowie von Rechtsübertragungen umfaßt. Daneben gibt es noch den Import-, Transit- und Veredelungshandel. Import ist der grenzüberschreitende Bezug von wirtschaftlichen Leistungen aus dem Ausland, er verhält sich weitgehend spiegelbildlich zum Export. Export ist die grenzüberschreitende Bereitstellung von wirtschaftlichen Leistungen an das Ausland. Exportfinanzierung betrifft den Einsatz von finanziellen Mitteln im Zusammenhang mit dem Auslandsabsatz. Sie bezieht sich auf Maßnahmen der Kapitalbeschaffung und -disposition, die mit der Absatzleistung verbunden sind. Dabei kann es sich sowohl um die Finanzierung von Absatzkrediten, also die Deckung des Kapitalbedarfs, als auch die Finanzierung durch Absatzkredite, also die Kreditaufnahme des Abnehmers beim Lieferanten, handeln. Deutschland ist durch eine herausragende Exportabhängigkeit gekennzeichnet. Ca. ein Viertel des Bruttoinlandsprodukts wird exportiert, das ist absolut Platz zwei hinter den USA. Vergleichbare Industrienationen weisen wesentlich geringere Exportquoten auf (z. B. USA, Frankreich, Italien, Großbritannien). Der Erfolg deutscher Waren beruht traditionell vor allem auf Faktoren wie guter Leistung, Erfahrung, hoher Lieferbereitschaft und -zuverlässigkeit, umfangreichen Serviceleistungen, technischem Vorsprung, günstigen Zahlungsbedingungen etc.

Hinsichtlich des Absatzwegs kann zwischen direktem und indirektem Export unterschieden werden. Direkt bedeutet, daß die Distribution der Produkte unmittelbar zwischen Hersteller und Abnehmer erfolgt, indirekt, daß ein oder meh-

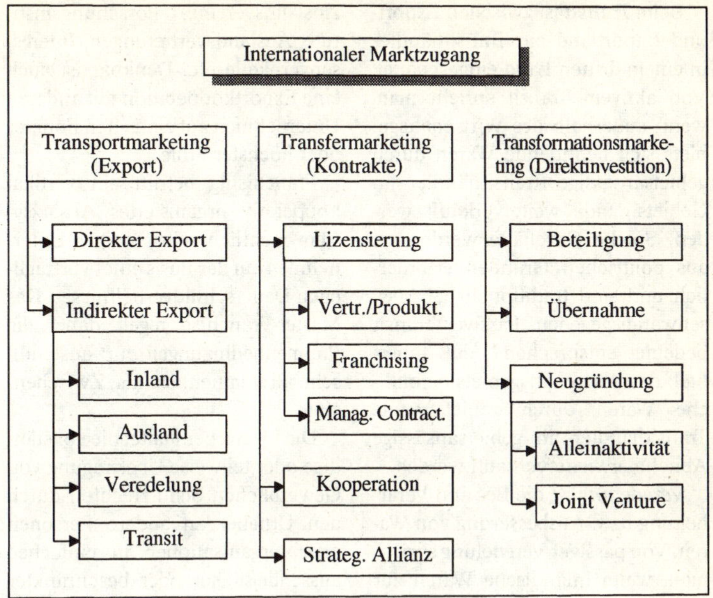

Internationaler Marktzugang

rere Absatzmittler/-helfer zwischengeschaltet sind. *Direkter Export* erfolgt vor allem bei Investitionsgütern, da hier der unmittelbare Kontakt zum Kunden notwendig ist. Nicht selten sprechen aber auch Kostenersparnisgründe dafür. Voraussetzung ist jedoch eine profunde Kenntnis des Auslandsmarkts. Außerdem verlängert sich die Finanzierungsdauer, damit steigt wiederum das Kreditrisiko. Zudem muß selbst akquiriert werden, dies erfordert dann die Einrichtung entsprechender Funktionsstellen.

Beim *indirekten Export* erfolgt nur die Bereitstellung von Waren zum Export durch den Produzenten. Kosten und Risiken liegen im weiteren beim Distributeur, der dafür einen Kalkulationsaufschlag erhebt. Dabei handelt es sich um Exporthandelshaus, -kommissionär, -makler, -gemeinschaft, ausländischen Importeur, Importmakler oder Generalvertreter. Dies ist besonders bei mittelständischen Unternehmen und geringen bzw. wechselnden Umsatzvolumina günstiger. So kann eine etwaige Spezialisierung von Absatzmittlern/-helfern auf bestimmte Märkte genutzt werden. Denkbar sind dabei eine Exklusivbindung zwischen Hersteller und Distributeur, oder auch nur eine fallweise Zusammenarbeit.

Beim *Transit* ist zwischen Export- und Importland ein Transithändler in einem dritten Land eingeschaltet. Von aktivem Transit spricht man, wenn außerhalb des Wirtschaftsgebiets sich befindende Waren durch gebietsansässige Transithändler an Gebietsfremde weiterverkauft werden. Solche Geschäfte werden oft aus politischen Gründen erforderlich und sind traditionell bei Massenwaren gegeben. Passiver Transit bedeutet entsprechend, daß innerhalb des Wirtschaftsgebiets befindliche Waren durch gebietsfremde Transithändler an gebietsansässige Abnehmer weiterverkauft werden.

Veredelung ist die Be- und Verarbeitung bzw. Ausbesserung von Waren. Von passiver Veredelung spricht man, wenn inländische Waren zur Veredelung ins Ausland gebracht und anschließend re-importiert werden. Dies ist etwa zur Ausnutzung von Lohnunterschieden vorteilhaft. Allerdings sind die vermehrten Transportkosten gegenzurechnen. Aktive Veredelung liegt entsprechend vor, wenn ausländische Waren ins Inland verbracht und anschließend re-exportiert werden.

Bei der Anbahnung des Exports sind mehrere Institutionen behilflich, so Industrie- und Handelskammern (IHK) durch Beratung und Information, Außenhandelskammern im bilateralen Handel, Internationale Handelskammer (Paris) zur Förderung des Welthandels, Bundesstelle für Außenhandelsinformation durch Beratung und Information sowie sonstige Kreditinstitute, Auslandsvereine, Forschungsinstitute, Auslandsvertretungen, Interessenverbände etc. Denkbar ist auch eine Exportkooperation mit anderen Unternehmen auf einfacher, höherer oder höchster Stufe.

Franchising betrifft ein vertikal kooperativ organisiertes Absatzsystem rechtlich selbständiger Unternehmen auf der Basis eines vertraglichen Dauerschuldverhältnisses. Das Master-Franchise regelt dabei die Rahmenbedingungen für ausländische Systemnehmer als Zwischenstufe.

Die Lizenz beinhaltet die vollständige oder teilweise Übertragung von Gewerblichen Schutzrechten durch den Urheber an andere Personen oder Organisationen in einfacher, ausschließlicher oder beschränkter Form.

Akquisitorische Absatzhelfer sind ausländische Agenten, Kommissionäre, Handelsmakler, -vertreter, -versteigerer, sowie logistisch oder leistungsergänzend tätige Betriebe oder Personen.

Bei der Kooperation handelt es sich um den Zusammenschluß wirtschaftlich und rechtlich selbständig bleibender Unternehmen zur dauerhaften oder fallweisen gemeinsamen Durchführung von Distributionsleistungen. Es ergeben sich Formen der homogenen (horizontalen oder vertikalen) und der heterogenen Kooperation (medial, diagonal, lateral).

Beim Kontraktmanagement übernimmt es ein Produzent/Distributeur im Ausland, im Auftrag des Partners dort Waren auf fester vertraglicher

Basis dauerhaft oder zeitlich begrenzt zu konfektionieren, zu veredeln, zu assemblieren oder zu montieren. Als Sonderform gilt der Managementvertrag, bei dem der Systemgeber das Unternehmen auf Rechnung und im Namen des Systemnehmers führt.

Die Direktinvestition beinhaltet das finanzielle Engagement eines inländischen Unternehmens an einem Vertriebsunternehmen im Ausland. Dafür sind mehrere Formen denkbar:

- Beteiligung, d. h. die Übernahme eines mehr oder minder großen Anteils des Kapitals eines Unternehmens durch ein anderes (abgestuft nach Minorität, Parität, Majorität oder Übernahme),
- Neugründung, d. h. die Entstehung einer neuen Betriebsstätte als internes Wachstum (Eigengründung als Auslandsniederlassung) oder durch Joint Venture (Gemeinschaftsgründung),
- Strategische Allianz, d. h. die begrenzte Zusammenarbeit mit dem direkten aktuellen oder potentiellen Mitbewerb (auch aus anderen Wirtschaftszweigen).

Bestimmungsgrößen für die Art und Erscheinungsform einer Betätigung im Ausland sind Unternehmensgröße und -struktur, Produkteigenart und -eigenschaften, aktuelle und zukünftige dem Auslandsgeschäft zukommende Bedeutung, Absatzsituation und -phase im Ausland, Zielsetzungen, die mit der Betätigung im Ausland verbunden sind, Größe des Auslandsmarkts, im Ausland nutzbare Vertriebsmöglichkeiten, Eigenarten im Ausland und Vorteile, die im Ausland mit einer bestimmten Form des Engagements verbunden sind.

Internationalisierung, Risiken

Von besonderer Bedeutung sind die *Risiken* im internationalen Geschäft. Diese sind ihrer Natur nach

- gesamtwirtschaftlicher Art wie Inflation, Besteuerung, Konjunktur, Wechselkurse,
- politischer Art wie Verstaatlichung, Krieg, Putsch,
- produktionstechnischer Art wie Dimensionierung, Kostenschwankungen, Rohstoffbereitstellung,
- marktlicher Art wie Nachfrageveränderung, Markteintrittsschranken, Logistik,
- natürlicher Art wie Klima, Naturkatastrophen,
- sozialer Art wie Streik, Sabotage, Terrorismus, Sprache, Kultur,
- technologischer Art wie Wartung, Energieversorgung,
- persönlicher Art wie Unfall, Ausbildung,
- einzelwirtschaftlicher Art wie Produktionsunterbrechung, Zahlungsausfall, Kreditsicherung.

Ein gewisser Risikoschutz kann über Prävention (durch Streuung und Vorbeugung), Abwälzung (durch Versicherung) und Handling (durch Warentermin- und Kurssicherungsgeschäfte) erreicht werden. Ausfuhrkreditversicherungen (z. B. Hermes) sollen dabei den Export fördern, indem sie dessen Risiken relativieren. Beim Warentermingeschäft schließt der Käufer mit dem Verkäufer einer Ware zu festen Konditionen einen Kaufvertrag für einen späteren Lieferzeitpunkt ab. Steigen in der Zwischenzeit die Preise, hat der Käufer den Vorteil, umgekehrt der Verkäufer. Zur Sicherung gegen Paritätsverschiebungen dient der Abschluß eines Kurssicherungsgeschäfts, das ein festes Umtauschverhältnis der Devisen für einen späteren Zeitpunkt festlegt, unabhängig davon, wie der Tageskurs sich gestaltet. In beiden Fällen sind auch Kontrakte an sich. also ohne das Realgeschäft im Hintergrund, im Rahmen des hochspekulativen Optionsgeschäfts handelbar. Andererseits gibt es immer wieder auch Handelshemmnisse durch direkt protektionistische Gesetze wie Importpreisbelastungen, Mengenbeschränkungen und Förderung inländischer Anbieter, durch indirekt protektionistische Gesetze wie schikanöse Schutzvorschriften und Verfahrensvorgaben, durch Ermessensentscheidungen und Willkürakte, durch Appelle zur Bevorzugung inländischer Anbieter oder Boykottaufruf gegen ausländische Anbieter.

Interne Datenquellen

(→ Datenquellen)

Interne Konsistenz-Reliabilität

(→ Reliabilität)

Interne Validität

(→ Validität)

Interne Zinsfuß-Methode

(→ Wirtschaftlichkeitsrechnung)

Internes Marketing, Marktorientierung

Internes Marketing ist eine relativ neue Form der Übertragung von Marketingdenkweisen auf betriebliche Strukturen. Es stellt die Adaptation des für externe Austauschprozesse entwickelten Marketingkonzepts auf unternehmensinterne Beziehungen zwischen Management und Mitarbeitern dar. Insofern handelt es sich also um ein personalorientiertes Marketingkonzept. Betrachtet man die Entwicklung des Marketing hin zum Beziehungsmanagement, das unterschiedliche externe Anspruchsgruppen integriert, so scheint es nur konsequent, diese Beziehungen auch auf interne Anspruchsgruppen auszudehnen.

Internes Marketing ist vom Inhalt her gleichbedeutend mit dem Personalmarketing, also eigentlich nichts Neues, jedoch von der Orientierung her völlig anders. „Normales" Personalmarketing ist mitarbeiterorientiert, d. h. die Mitarbeiter werden als Zielgruppe verstanden und Maßnahmen für sie so ausgerichtet, daß sie sich an deren Bedürfnissen orientieren. Beim Internen Marketing hingegen werden die externen Abnehmer als Zielgruppe verstanden und Maßnahmen gegenüber den internen Mitarbeitern so gestaltet, daß sie sich an den Bedürfnissen dieser Abnehmer ausrichten. Darin kommt die explizite Marktorientierung des

Internen Marketing gegenüber der Mitarbeiterorientierung des Personalmarketing zum Ausdruck. Dabei sind verschiedene Akzente denkbar (vgl. *Bruhn, Manfred* (Hrsg.): Internes Marketing, Wiesbaden, 1995):

- Zunächst die Bedürfnisorientierung im Sinne einer an internen Adressaten ausgerichteten Unternehmensführung. Dies betrifft alle zur Verhaltenssteuerung gegenüber internen Austauschpartnern eingesetzten Mittel. Darin wird eine Analogie zum bekannten Marketing-Instrumentarium für den innerbetrieblichen Einsatz gesehen. Es handelt sich also um einen Mix von Instrumenten zur Informationsbeschaffung und Verhaltenssteuerung, so die interne Produktpolitik (genauer der Arbeitsinhalt), die interne Distributionspolitik (genauer der Arbeitsort), die interne Preispolitik (genauer der Arbeitseinsatz) und die interne Kommunikationspolitik (genauer die Arbeitsinformation). Allerdings ist diese Analogie, vielleicht mit Ausnahme der Kommunikationspolitik, doch etwas gequält.
- Alternativ sind alle internen Entscheidungen konsequent an den Erfordernissen der Mitarbeiter auszurichten. Dabei wird unterstellt, daß Austauschprozesse auf den externen Märkten für Güter und Dienste und dem internen Personalmarkt vergleichbar und insofern ähnlich gestaltet sind. Dies ist zumindest dann der Fall, wenn Kundenkontaktpersonal mit den gewünschten Kenntnissen und Fertigkeiten schwer beschaffbar ist, es sich also um eine Käufermarktsituation handelt. Dann bedarf es eines arbeitnehmergerechten Angebots zum Erfolg. Dabei wird zuförderst auf die Mitarbeiterzufriedenheit (analog zur Kundenzufriedenheit bei Abnehmern) abgestellt und unterstellt, daß eine hohe Leistungsfähigkeit und -willigkeit nur damit darstellbar sind. Mitarbeiterzufriedenheit also als Voraussetzung für Kundenzufriedenheit angesehen, letztere ist ohne erstere nicht realisierbar.
- Schließlich die Methode zur innerbetrieblichen Implementierung eines ursprünglich für externe Märkte konzipierten Marketing. Dies betrifft die Gestaltung der Austauschbeziehungen mit den Mitarbeitern zu absatzorientierten Zwecken. Dabei steht jedoch nicht mehr die Personalorientierung im Vordergrund, sondern unter dem Primat der Kundenorientierung sind Arbeitsplätze und -abläufe derart zu gestalten, daß Freundlichkeit, Einfühlungsvermögen, Hilfsbereitschaft etc. der Mitarbeiter gewährleistet sind. Dazu sind allerdings entsprechende Arbeitsbedingungen, -prozesse, Informations- und Anreizsysteme motivierend erforderlich. Mitarbeiter, die ihre Bedürfnisse nicht denen ihrer Kunden unterordnen wollen, sollen demnach freigesetzt werden. Denn Dienstleistung ist nur durch

kundenorientierte Mitarbeiter erfolgreich durchführbar. Insofern kommt es zu einer Koordinierung von Marketing- und Personalpolitik, wie sie für marktorientierte Dienstleister unerläßlich ist.

Internes Marketing, Mitarbeiterorientierung

Internes Marketing betrifft die planmäßige Gestaltung der unternehmerischen Austauschbeziehungen mit internen Systemelementen zu absatzorientierten Zwecken. In diesem Zusammenhang sind Mitarbeiter als Systemelement Personal Adressaten von Steuerungsmaßnahmen. Grundlegendes Ziel ist die Gewinnung, Entwicklung und Erhaltung hochmotivierter, kundenorientierter Mitarbeiter. In der Dienstleistungsbranche ist das Personal selbst integraler Bestandteil der Leistungsqualität, eine personalunabhängige „Produktgestaltung" ist also nur schwer möglich. Maßnahmen beziehen sich auf die Information des Personals über Unternehmenszweck und Marketingstrategien, die Relevanz der kundenbezogenen Interaktionen und die Verantwortlichkeit des einzelnen für die wahrgenommene Leistungsqualität und das Image des Unternehmens. Absicht sind die Schaffung von Akzeptanz in bezug auf die Maxime der konsequenten Verhaltensorientierung an den Kundenwünschen, die Vermittlung von Fähigkeiten und Fertigkeiten für die zielgerechte Bewältigung von Kundenkontaktsituationen und die Erzeugung eines organisationsinternen Umfelds, das kundenorientierte Einstellungen und Verhaltensweisen stützt. Es kommt also zur personalbezogenen Absicherung der Kundenorientierung.

Hinsichtlich des Personaleinsatzes ist zu beachten, daß es eher aufgabenorientierte und eher beziehungsorientierte Arbeitsplätze innerhalb des Leistungsprozesses gibt, denen entsprechend aufgaben- oder beziehungsorientierte Persönlichkeiten zuzuordnen sind. Im Rahmen von karrierebedingten Job Rotations kommt es nun häufig vor, daß eher beziehungsorientierte Mitarbeiter vorwiegend aufgabenorientierte Arbeitsplätze zugewiesen erhalten und umgekehrt. Die zwangsläufige Folge ist dann sinkende Leistungsqualität. Auch bei der Entgeltbestimmung soll qualitätsgerechtes Verhalten unmittelbar belohnt werden. Diese Belohnungen können materieller oder ideeller Art sein, wobei gerade letztere in Form von Privilegien eine starke Anreizwirkung ausüben. Weiterhin ist die interne Kommunikation ein wesentliches Steuerungsmittel, einerseits zur Übertragung von Sachinformationen, andererseits zur Vermittlung der Unternehmenskultur, denn diese wirkt maßstabsetzend für die Beziehung der Mitarbeiter zu Kunden.

Gleichzeitig ist eine zweite Dimension des Internen Marketing zu erheblichem Anteil entscheidend, die auf die innerbetriebliche Kette von Leistungsabsendern und Leistungsempfängern abhebt. Zwischen den einzelnen Abteilungen/ Arbeitsgruppen werden (im Windschatten von Kaizen) Lieferanten-Kunden-Bezüge hergestellt, indem die Lieferstelle gemäß den Vorgaben der Kundenstelle bzw. der zuvor getroffenen Vereinbarungen über Quantitäten, Qualitäten, Kosten und Termine agiert und die Folgen einer etwaigen Nichterfüllung zu tragen hat. Dabei hat sich vor allem die Möglichkeit der wahlweisen externen Versorgung bewährt, sofern einer Kundenstelle deren Konditionen gegenüber denen einer internen Lieferstelle vorziehenswert erscheinen. Dabei spielt allerdings die interne Kostenverrechnung über Transferpreise eine entscheidende Rolle. Hier kommt es vor allem auf die Vollkostenverrechnung an, die derzeit nur in Konzepten der Prozeßkostenrechnung ausreichend gewährleistet ist, sowie die Bewertung bereitgestellter und in Anspruch genommener Support-Leistungen. Ansonsten ist ein Vergleich immer fragwürdig. Allerdings steht dem nicht selten das Interesse des Management an einer Auslastung vorhandener eigener Kapazitäten entgegen, die bei externer Versorgung neben den berechneten pagatorischen Kosten zu Leerkosten führen, somit also zur schlechtesten aller Lösungen.

Internes Wachstum

(→ Unabhängigkeit)

Interpretationsobjektivität

(→ Objektivität)

Interpretationsphase

(→ Marketingforschung, Phasen)

Interrollen-Konflikt

(→ Rollen)

Intervallschätzung

(→ Schätzverfahren)

Interviewer, Anweisung

Für den Fall, daß eine mündliche, standardisierte Befragung durchgeführt werden soll, umfaßt eine Intervieweranweisung für den Einsatz sinnvollerweise Vorgaben in folgenden Bereichen:

- Ungefragte und exakte Ausweisung der Person, alle Marktforschungs-Institute stellen dazu Interviewerausweise aus,
- Interview nur mit fremden Personen, also keine Freunde, Bekannte, Verwandte, Interviews auch nicht räumlich geballt vornehmen,
- Freundliches Auftreten und sympathische Ausstrahlung vermitteln,
- Entspannte Durchführung des Interviews ohne Zeitdruck, dem Befragten Zeit zum Nachdenken und Antworten lassen, nicht hetzen,
- Wörtliches Vorlesen von Fragen und genaue Vorlage von Hilfsmitteln, keine Fragen selbst interpretieren, bei Unverständlichkeit nochmals vorlesen und von der Auskunftsperson selbst interpretieren lassen,

- Genaue Einhaltung der Fragereihenfolge,
- Die Antworten immer wörtlich aufnehmen, nicht mit eigenen Worten wiedergeben,
- Antworten leserlich vermerken und exakt eintragen, immer in der richtigen Rubrik,
- Auch unaufgeforderte Antworten zur Sache notieren,
- Das Interview an Ort und Stelle auf Vollständigkeit und Gültigkeit überprüfen und keine Kompromisse in bezug auf die Qualität eingehen,
- Keine Interviewbögen selbst vervollständigen,
- Keine persönlichen Ansichten in die Befragung einbringen,
- Immer nur ein Befragungsprojekt zu gleicher Zeit durchführen,
- Befragungen nicht mit anderen Tätigkeiten kombinieren, z. B. Verkauf, Beratung, wie das gelegentlich für Nebeneinnahmen der Interviewer üblich ist,
- Keine dritten Personen mitnehmen,
- Nicht von der vorgegebenen Stichprobenstruktur abweichen,
- Jede Person immer nur einmal befragen,
- Beim Ausfüllen nicht von der Befragungsperson „über die Schulter schauen“ lassen, die Auskunftsperson auch nicht den Fragebogen und die Antworten lesen lassen.

Interviewer, Bedeutung

Der Interviewer hat eine hohe Bedeutung für die Qualität der Befragungsergebnisse. Eine unerläßliche Voraussetzung sind somit die Auswahl hochgeeigneter Interviewer, konkrete Vorgaben für deren Arbeitseinsatz und ihre Schulung. Hilfreiche Charaktermerkmale sind dabei Kontaktfähigkeit, ein gesundes Maß an Pedanterie, Interesse für Menschen und moralische Widerstandskraft. Interviewer müssen zur ungezwungenen Führung eines präzisen Gesprächs fähig sein. Bei der Auswahl sind Extremtypen zu vermeiden. Was als extrem anzusehen ist, ist abhängig von der sozialen Norm der Befragten, z. B. Alter, Klassenzugehörigkeit, Erscheinungsbild, Bildungsgrad, Auftreten und Gebaren, Sprache. Ebenso sind soziale Randgruppen (wegen der Verweigerungsgefahr) zu vermeiden. Auch sollte keine persönliche Betroffenheit durch das Befragungsthema vorliegen (z. B. ausländische Interviewer zu Gastarbeiterthemen). Wichtig ist die Beherrschung der situativen Faktoren des Interviews und die Induzierung sozialer Interaktion zwischen Interviewer und Befragtem. Zu den situativen Faktoren gehören etwa Zeitdruck bei Interviewer oder Befragtem oder die Anwesenheit Dritter bei der Befragung. Beides sollte unbedingt vermieden werden. Ausgleichend wirkt hier meist die Zufälligkeit der Erhebungsumstände. Zur sozialen Interaktion gehört die Gesprächsentwicklung, die zu Beginn ein bestimmtes Bild vom jeweils anderen vermittelt, das zu Vorurteilen führen kann, die verzerrend wirken. Ausgleichend arbeiten hier in gewissem Rahmen Fragetaktik und Intervieweranweisung.

Interviewer, Kontrolle

Zur Kontrolle der Einhaltung von Intervieweranweisungen und zur Vermeidung von Fälschungen dienen folgende Maßnahmen:

- Einbau von Fangfragen in das Interview, um Widersprüchlichkeiten zwischen früheren und späteren Angaben im Verlauf des Fragebogens festzustellen, allerdings sind auch „echte" Interviews nicht frei von Widersprüchen.
- Quittierung des Interviews durch den Befragten, allerdings besagt dies nichts über den tatsächlichen Ablauf des Interviews, zudem führt dies leicht zu Mißtrauen (nichts unterschreiben wollen).
- Telefonischer Nachfaß in Anschluß an das Interview, allerdings kann dabei kaum die Vollständigkeit der Befragung nachgeprüft werden, außerdem sind nicht alle Personen telefonisch erreichbar.
- Einstreuung gefälschter Adressen in die Erhebungsdaten, kommen von diesen Dummy-Adressen Fragebögen zurück, liegt eindeutig eine Fälschung vor, dies ist noch eine der wirksamsten Kontrollmaßnahmen.
- Durchführung echter Nachinterviews mit gleichartigen Fragen, allerdings ist damit ein hoher Zeit- und Geldaufwand verbunden, es besteht keine Gewähr, daß das Nachinterview zuverlässiger ist, und es kommt zu einer hohen Verweigerungsquote beim Zweitbesuch.
- Auswahl motivierter Interviewer, Beschränkung deren Zeitdrucks und leistungsfördernde Honorierung, die Praxis ist hier jedoch durch starke Konkurrenz und Rentabilitätsproblematik gekennzeichnet.
- Ausschluß unzuverlässiger oder „übererfahrener" Interviewer, wobei allerdings ein Identifizierungsproblem besteht und hohe laufende Kosten für Schulung und Training neuer Interviewer anfallen, die die Wettbewerbsfähigkeit vermindern
- Beschränkung der Anzahl der Interviews je Interviewer, um etwaige Verzerrungen durch große Zahl zu neutralisieren (erfahrungsgemäß sind nur 3% der Interviews als Fälschung erkennbar, doch die Dunkelziffer liegt wesentlich höher).

Interviewer, Qualifizierung

Die Qualifizierung der Interviewer bezieht sich auf folgende Bereiche:

- Erläuterung des Erhebungsziels, ohne allerdings zu genau auf die Hintergründe der Befragung einzugehen. Bei Kenntnis des allgemeinen Umfrageziels kann der Interviewer besser und sachkundiger auftreten. Eine zu genaue Einweisung ist jedoch zu vermeiden, weil sie das Ergebnis verzerren kann.
- Übungsinterviews, vor allem bei neuen Interviewern. Dabei wer-

den wichtige Fertigkeiten eingeübt, wie immer nur eine Person zur gleichen Zeit interviewen, nur ein Interview pro Adresse, wörtliches Vorlesen der Fragen etc.

- Erläuterung der Auswahlmethoden und evtl. der Quotenmerkmale. Die Auswahlmethode muß zweifelsfrei genannt sein, ebenso ist der zu befragende Personenkreis abzugrenzen.
- Räumliche Abgrenzung des Arbeitsgebiets, möglichst außerhalb des Wohnsitzes des Interviewers, sodaß die Voraussetzungen für Verzerrungen verringert werden.
- Zeitliche Abgrenzung der Erhebung, incl. Empfehlung günstiger Erhebungstage oder Tageszeiten, damit wird nicht nur ein einheitlicher Erhebungszeitraum erreicht sondern durch Erfolgserlebnisse auch eine gesteigerte Motivation der Interviewer.
- Art und Weise der Vorstellung, Bekanntmachung und des Gesprächseinstiegs. Hier sind bereits die entscheidenden Faktoren zum Gelingen eines Interviews angelegt.
- Art und Umfang der festzuhaltenden Beobachtungen bei Personen, Haushalten etc. Dies schärft die Aufmerksamkeit der Interviewer und erhöht die Aussagefähigkeit der Ergebnisse.
- Feststellung der Angaben zur befragten Person, da ansonsten wichtige Auswertungsmöglichkeiten entfallen.
- Hinweis auf die Überwachung der Interviewertätigkeit durch den Einsatzleiter. Er fungiert aber nicht nur als Kontrolleur, sondern steht auch als professioneller Partner für Erläuterungen zur Verfügung.
- Modalitäten der Vergütung. Hier ist die Normierung einer Mindestzahl erforderlicher Interviews denkbar, um eine schnellere zeitliche Durchführung zu erreichen (einheitlicher Erhebungsstichtag) (vgl. *Pepels, Werner:* Käuferverhalten und Marktforschung, Stuttgart 1995).

Intrarollen-Konflikt

(→ Rollen)

Investitionsdarlehen

(→ Langfristige Finanzierung)

Involvement, Darstellung

Involvement ist der Grad wahrgenommener persönlicher Wichtigkeit und/oder persönlichen Interesses, der durch einen oder mehrere Stimuli in einer bestimmten Situation hervorgerufen wird, also die Ich-Beteiligung der Person gegenüber Objekten oder Sachverhalten. Dies berücksichtigt aber nur den Persönlichkeitsbezug als generelle Disposition eines Menschen. Darüber hinaus gibt es auch äußere Reize des Objekts oder der persönlichen Situation. Beim Objekt kann es sich um Werbemittel, Produktart, Marke, Gestaltung etc. handeln, bei der Situation um physisches und soziales Umfeld, Zeitpunkt, gestellte Aufgabe, Ausgangszustand etc. Innere Faktoren (Prädispositionen) sind zudem wahrgenommene Wichtigkeit der Produktart, Markenbindung, wahrgenommenes Risiko etc.

Es handelt sich also beim Involvement um einen inneren Zustand der Aktivierung, die die Informationsaufnahme, -speicherung und -verarbeitung beeinflußt. Dabei kann ein Objekt dauerhaft gering involvierend sein, temporär hoch involvierend (z. B. vor einer Anschaffung), temporär gering involvierend (z. B. bis zur Ersatzanschaffung) oder dauerhaft hoch involvierend (z. B. Hobbybereich). High Involvement-Käufe sind durch ein höheres Aktivierungsniveau und eine intensivere Informationssuche gekennzeichnet als Low Involvement-Käufe. Es sind solche, die für den Käufer wichtig sind (Persönlichkeitsbezug) und ein finanzielles, soziales oder psychologisches Risiko bergen. Die Persönlichkeitsdimension ergibt sich durch die Bedeutung des Produkts zur Selbsteinschätzung der Person. Das finanzielle Risiko ergibt sich aus Größen wie Preishöhe, Bindungsdauer, Gebrauchseignung etc. Das soziale Risiko ergibt sich aus der Fremdeinschätzung des Produktbesitzers durch seine Bezugsgruppen. Das psychologische Risiko ergibt sich aus dem Aufkommen von Dissonanzen vor und nach dem Kauf. Man spricht hier auch von sog. High Touch- oder sozial auffälligen Produkten (sog. Conspicious Consumption) wie Automobil, Bekleidung, Schmuck, Wohnungseinrichtung, Zigaretten, Spirituosen, Unterhaltungselektronik etc.

Daneben gibt es noch das *Dissonanz-Attributions-Modell* zur Erklärung. Es geht von der Hierarchie Verhalten, Affektion und Kognition aus, sowie das *modifizierte Low Involvement-Modell*, das nur Kognition (1. Ebene) und Konation (2. Ebene) kennt.

Involvement, Kategorien

High Involvement-Käufe sind gekennzeichnet durch umfassende kognitive Informationsverarbeitung, sorgfältige Abwägung, Vergleich vieler Alternativen, Verwendung vieler Informationen, aktive, gezielte und bewußte Informationssuche, Auseinandersetzung mit informativer, verbalintensiver Werbung und rationaler Argumentation, Widerstand gegen diskrepante Information und Verwendung von Gegenargumenten, Informationsverarbeitung auf verschiedenen Stufen, kaum Einstellungsänderung, Suche nach der besten Alternative, starke Ego-Beziehung der Produkte zu Persönlichkeit, Lebensstil etc., stabile, treue Überzeugung (Markenbindung) und starken Einfluß von Bezugsgruppen, Experten, Opinion Leaders zur Dissonanzreduktion. Die Werbung will überzeugen, der Botschaftsinhalt enthält alle wichtigen Argumente, die Botschaftsmenge ist hoch, die Kommunikationsmittel sind multisensorisch, die Frequenz ist gering, das Timing anlaßbezogen und die Interaktion intensiv.

Low Involvement-Käufe sind hingegen weniger wichtig und risikoreich, so daß es nicht sinnvoll ist, sich intensiv mit ihnen auseinander zu setzen. Low Involvement-Käufe sind gekennzeichnet durch Lernen über Botschaftswiederholung, oberflächliche Informationsverarbeitung, Verwendung weniger Informationen, zufällige, passiv-rezeptive Informationsaufnahme, Berieselung durch aufmerksamkeitsschaffende, motorisch-aktivierende Werbung, begrenzte Suche nach Informationen, begrenzte Gegenargumentation bei diskrepanten Informationen, vereinfachten Übergang von Aufmerksamkeit zu Ausprobieren, häufige, vorübergehende Einstellungsänderung, emotionale, bildintensive Ansprache, Auswahl einer akzeptablen Produktalternative, geringe Bedeutung der Produkte für Persönlichkeit, Lebensstil etc., labile, fluktuierende Überzeugung (Routinekäufe ohne Treue) und hohen Einfluß von Vorbildern (Modelle/Testimonials). Die Werbung will penetrieren, der Botschaftsinhalt enthält Einzelaspekte, die Botschaftslänge ist gering, die Kommunikationsmittel sind unisensorisch (vorzugsweise Bild), die Frequenz ist hoch, das Timing kontinuierlich und die Interaktion schwach.

Daraus ergeben sich zwei Pole. Nach der *Lernhierarchie* des High Involvement muß nach Bewußtseinsreaktionen (Kognition) zuerst eine Einstellungsbildung (Affektion) vorgenommen werden, bevor entsprechendes Verhalten (Konation) erfolgen kann. D.h. es kommt nach der Aufnahme von Information über deren Verständnis zu einer Veränderung von Meinungen und Einstellungen mit daraus resultierender Kaufverhaltensänderung. Dies betrifft alle Angebote, die ohnehin hoch involviert sind sowie gering involvierte Angebote, die infolge entsprechender werblicher Auslobung durch inhaltsreiche Botschaften zu hoch involvierten werden (z. B. Dramatisierung, Verfremdung, Argumentation). Man wählt einen zentralen Weg: Starke Aufmerksamkeit führt zu Verständnis, zur Einstellung und dann zum Verhalten.

Nach der *Penetrationsfolge* des Low Involvement folgt auf Bewußtseinsreaktionen (Kognition) zuerst das entsprechende Verhalten (Konation) und dann erst eine Einstellungsänderung (Affektion). D.h. der häufige Kontakt zu Informationen wirkt sich auf das Kaufverhalten aus, ohne daß dabei schon Einstellungen beeinflußt werden. Einstellungen sind demnach also nicht verhaltensbestimmend, sondern ergeben sich erst durch Erfahrungen mit dem gekauften Produkt. Insofern ist es sinnvoll, darauf zu verzichten, gering involvierte Angebote zu dramatisieren und stattdessen die dabei regelmäßig auftretenden Widerstände und Gegenargumente zu unterlaufen. Man wählt einen peripheren Weg: Schwache Aufmerksamkeit führt zu Verständnis, zum Verhalten und dann zur Einstellung.

Folgt man der Lernhierarchie, so ist es bedeutsam, Low Involvement-Bereiche zunächst in High Involvement-Bereiche zu überführen, bevor sie verhaltenswirksam behandelt

werden können. Denn die Realität der Angebote ist weniger durch stark involvierende Produkte gekennzeichnet als eher durch gering involvierende. Diese führen aber, ohne Verhalten, zu keiner Einstellungsänderung, denn diese ist ja Voraussetzung für Verhalten. Folgt man der Penetrationsfolge, ist im Gegenteil eine Überführung in den High Involvement-Bereich wenig sinnvoll, da damit Blockaden aufgetürmt werden, die durch einfaches stetes Wiederholen unterlaufen werden können. Und gleich zwei positive Effekte haben: den Erstkauf als Umsatzwirkung und die Einstellungsbildung als Werbewirkung, die, bei Zufriedenheit, zu Folgekäufen führt (vgl. *Pepels, Werner:* Käuferverhalten und Marktforschung, Stuttgart 1995).
(→ Käuferverhalten)

Inzahlungnahme

(→ Gegenseitigkeitsgeschäfte)

Irradiation

(→ Wahrnehmung, Effekte)

Irreführung

(→ Wettbewerbsrecht, UWG-Fallgruppen)

Irrtumswahrscheinlichkeit

(→ Stichprobengüte)

Isoliertechnik

(→ Einwandbehandlung)

Ist-(Plan-/Normal-)kosten

(→ Kostenrechnungsgrundlagen)

Iterationsmodelle der Mediaplanung

(→ Mediaplanung, Kalkülisierung)

J

Ja, aber-Technik

(→ Einwandbehandlung)

Ja-Frage

(→ Fragetechnik im Verkaufsgespräch)

Jingle

(→ Corporate Design)

Job Description

(→ Stellenbeschreibung)

Job Enlargement

(→ Stellenbildung)

Job Enrichment

(→ Stellenbildung)

Job Rotation

(→ Stellenbildung)

Joint Venture

(→ Diversifikation, Duplementierung)

K

Kabeltext

(→ Bewegtbildkommunikation)

Kalkulationsaufschlag

(→ Kennzahlen im Handel)

Kalkulationsdivisor

(→ Kennzahlen im Handel)

Kalkulationsfaktor

(→ Kennzahlen im Handel)

Kann-Normen

(→ Normen)

Kapitalwertmethode

(→ Wirtschaftlichkeitsrechnung)

Kappung

(→ Wertschöpfungskette, Verschränkung)

Kartogramm

(→ Visualisierung von Daten)

Kassageschäft

(→ Rechnungsgeschäft)

Katalogschauraum

(→ Einzelhandel, Sonderformen der Betriebstypen)

Kauf auf Abruf

(→ Kaufvertrag, Arten)

Kauf auf Probe

(→ Kaufvertrag, Arten)

Kauf gegen Vorauszahlung

(→ Kaufvertrag, Arten)

Kauf nach Probe

(→ Kaufvertrag, Arten)

Kauf zur Probe

(→ Kaufvertrag, Arten)

Kaufakt

(→ Kommunikationswirkung, Phasen)

Kaufentscheidungsmodell

(→ Käuferverhalten, Komplexe Partialmodelle)

Käuferklassen

Innerhalb der Kundenleiter unterscheidet man nach der „Wertigkeit" verschiedene Käuferklassen wie folgt.

Erstkäufer sind Personen, die veranlaßt werden sollen, ein neues Angebot erstmals zu wählen. Dabei kann es sich um eine Marktinnovation handeln, also ein Angebot, das es vorher so noch nicht am Markt gab, oder um eine Unternehmensinnovation, also ein Angebot, das es vorher im Programm eines Unternehmens noch nicht gab.

Probierkäufer sind Personen, die veranlaßt werden sollen, ein bestehendes Angebot erstmals zu wählen. Dabei kann es sich um einen erstmaligen Kauf der Gattung überhaupt handeln oder um einen versuchsweisen Wechsel der Marke innerhalb einer bereits frequentierten Gattung.

Wiederkäufer sind Personen, die veranlaßt werden sollen, ein Angebot markentreu wiederzuwählen. Je nach Rhythmus der Berücksichtigung dieser Marke kann es sich um Stammkäufer (überwiegende Verwendung) oder Wechselkäufer (teilweise Verwendung) handeln.

Exklusivkäufer sind Personen, die veranlaßt werden sollen, ein Angebot einer bestimmten Marke ausschließlich wiederzuwählen. Dies setzt eine Alleinstellung in der Angebotswahrnehmung der Käufer voraus.

Intensivkäufer sind Personen, die veranlaßt werden sollen, ein Angebot vermehrt zu wählen. Dabei kann es sich sowohl um eine Verkürzung der Kaufabstände handeln, also eine höhere Kauffrequenz, als auch um eine Steigerung der Kaufmenge, also ein höheres Kaufvolumen.

Aufstiegskäufer sind Personen, denen ein Anreiz dazu gegeben werden soll, eine markentreue Produktkarriere einzugehen, d. h. den Wert je Wahlakt zu steigern, sei es durch eine wertgesteigertes Grundleistung oder zusätzliche, optionale Ergänzungen einer „normalen" Grundleistung.

Mehrfachkäufer sind Personen, die innerhalb eines Marken- bzw. Herstellerangebots nicht nur ein Angebot wählen, sondern Angebote verschiedener Produktgruppen wahrnehmen und damit ein absatzsteigerndes Cross Selling ermöglichen.

Empfehlungskäufer schließlich sind Personen, die nicht nur ein Angebot selbst wählen, sondern dafür auch innerhalb ihres sozialen Umfelds als Multiplikatoren wirken, indem sie anderen den Kauf empfehlen.

Käufermarkt

Es ist ein Wechsel im Marktseitenverhältnis, weg vom Verkäufermarkt der Vergangenheit, hin zum Käufermarkt der Gegenwart und Zukunft, zu registrieren. In Zeiten des Mangels sind, bis vor gar nicht so langer Zeit in Ostdeutschland zu beobachten, die Anstrengungen, die Nachfrager unternehmen müssen, um in den Besitz gewünschter oder auch nur irgendwelcher tauglicher Waren zu gelangen, größer als die der Anbieter. Nachfrager müssen Schlange stehen, um ein Angebot zu ergattern, müssen den „taktisch besten Zeitpunkt erwischen", um ihre geringe Chance wahrnehmen zu können, wobei sie schließlich sogar bereit sind, dafür unverhältnismäßig hohe Preise zu zahlen. Umgekehrt haben Anbieter die Gewißheit, daß sie ihre Waren beinahe unabhängig von Qualität und Preis losschlagen können, was ihre Anstrengungen weitgehend minimiert und sie die Wirtschaft als angenehme Veranstaltung, statt als Überlebenskampf, erleben läßt. In dem Maße, wie sich nun die Verfügbarkeit von Waren dem Bedarfsvolumen annähert oder dieses sogar partiell übertrifft, ändert sich die Situation grundlegen. Mit einemmal müssen die Anbieter, zumal in Parallelwettbewerb zueinander, versuchen, Nachfrager an ihr Produkt zu binden, neu zu akquirieren oder vom Mitbewerb wegzulocken, während die Nachfrageseite bequem verschiedenste Angebote vergleichen und das bevorzugte auswählen kann.

Die entwickelten Industriegesellschaften sind zwischenzeitlich ausnahmslos durch diese Situation gekennzeichnet. Marketing muß dafür Sorge tragen, daß das eigene Unternehmen gegen konkurrierende bei Abnehmern zum Zuge kommt. Darin begründet sich die betriebswirtschaftliche Bedeutung dieser Situation. Im Zeitablauf können nun verschiedene Fixpunkte des Marketing im Käufermarkt festgehalten werden. Zunächst hat der Schwerpunkt auf dem Verkaufsvorgang selbst gelegen, d. h. Unternehmen haben konsequent versucht, die mit dem Absatz verbundenen internen Aktivitäten zu optimieren. So etwa in bezug auf die Verkaufsorganisation, die Konditionenpolitik oder die Akquisitionstechnik. Als dies nicht mehr ausreichte, um Marktvorteile zu erzielen, erfolgt eine stärkere Konzentration auf die Endabnehmer. Dies gilt vor allem für die Konsumgüterindustrie, die schon immer die Trends im Marketing gesetzt hat. Hier wurde dann die Kommunikationspolitik zur Beeinflussung entdeckt. Bald jedoch führte die Konzentrationsbewegung auf der Absatzmittlerstufe zur Notwendigkeit, den Handel verstärkt in das Marketingkonzept einzubeziehen, damit dieser nicht als Blockierer auftrat.

Die Gegenwart ist nun durch den Primat der Wettbewerbssicht gekennzeichnet. Denn in dem Maße, wie die Angebote auf hohem Niveau immer gleichartiger werden, reicht das Streben gegenüber den Marktpartnern Handel und Endabnehmer allein nicht mehr aus, sondern die Marktsituation ist komparativ zu anderen Anbietern zu sehen. Was die Zukunft betrifft, so gehören wenig hellseherische Fähigkeiten dazu, die Umweltfaktoren als erste Priorität des Marketing zu identifizieren.

Käuferverhalten, Aussage

Käuferverhalten ist das Verhalten von Haushalten und Personen in Zusammenhang mit dem Kauf und Konsum. Das Käuferverhalten setzt sich aus dem Konsumentenverhalten privater Entscheider und dem organisationalen Beschaffungsverhalten von Unternehmen, Handel und Institutionen zusammen.

Ziel der Erforschung des Käuferverhaltens ist die Erklärung, Prognose und Beeinflussung von Kaufentscheidungen. Diese sind explikativ, d. h. die Wirkung erklärend, empirisch, d. h. an der Realität orientiert, und interdisziplinär, d. h. weitere Erkenntnisquellen als die der Ökonomie nutzend, z. B. Soziologie, Psychologie. Jeder Kauf ist streng genommen nur eine Episode in einem permanenten Prozeß des Kaufens und Konsumenierens. Er ist das Ergebnis einer vorgelagerten

Phase der Informationssuche und führt zu einer mehr oder weniger ausgeprägten Phase des Nachkaufverhaltens. Das Käuferverhalten ist also dynamisch, allein schon deshalb, weil es sich im Zuge des Wandels des Umfelds verändert. Dabei kann es sich um externe Einflüsse handeln (z. B. Gesellschaft) oder um interne, die aus dem Einsatz des Marketing-Mix von Unternehmen resultieren. Es ist außerdem zweckorientiert, indem es auf die Befriedigung von Bedürfnissen zielt. Dabei sind Episoden der Auswahl, des Erwerbs, der Lagerung, der Verwendung und der Entsorgung gegeben. Es hat Prozeßcharakter durch die Entscheidungsfindung im Zeitablauf. Es umfaßt aktivierende und kognitive Prozesse, also solche, die interne Erregungen und Spannungen betreffen wie auch die gedankliche Informationsverarbeitung. Es kann bei verschiedenen Personen, in verschiedenen Situationen etc. unterschiedlich sein und sich auch auf immaterielle Güter beziehen, wie Rechte, Vermögenswerte, Dienste etc.

Käuferverhalten, Darstellung

Das Käuferverhalten stellt einen äußerst komplexen Bereich des Marketing dar. Daher gibt es vielfältige Ansätze zur Analyse. Man unterscheidet Totalmodelle, die versuchen, alle Einflußfaktoren auf das Käuferverhalten simultan zu berücksichtigen, und Partialmodelle, die nur einen Ausschnitt aller Variablen, normalerweise psychologische und soziologische, untersuchen. Psychologische Partialmodelle des Käuferverhalten betrachten meist:

- aktivierende Determinanten, im einzelnen:
  - Emotion, also psychische Erregung, die subjektiv wahrgenommen wird,
  - Motivation, also mit Antrieb versehener und auf Behebung ausgerichteter Bedarf,
  - Einstellung, also relativ stabile innere Bereitschaften, auf bestimmte Stimuli konsistent positiv oder negativ zu reagieren.
- kognitive Determinanten, im einzelnen:
  - Wahrnehmung, also den Prozeß der Aufnahme und Selektion von Informationen, sowie deren Organisation und Interpretation,
  - Lernen, also die systematische Änderung des Verhaltens aufgrund erworbener Erfahrungen,
  - Gedächtnis, also Informationsverarbeitungsprozesse durch Denken.
- individuelle Determinanten, im einzelnen:
- Involvement, also ein innerer Zustand der Aktivierung,
  - wahrgenommenes Risiko, also nachteilig empfundene Folgen des Kaufs, die nicht vorhersehbar sind,
  - Werte, also allgemeine Auffassungen von Wünschenswertem.

Soziologische Partialmodelle des Käuferverhaltens betrachten meist:

- Kultur, im einzelnen:
  - Normen, also Toleranzgrenzen für konformes Verhalten innerhalb der Gesellschaft,
  - Subkultur, also in sich relativ geschlossene Teile der Gesellschaft,
- soziale Schicht, also Personen, die durch die Gleichartigkeit ihrer Lebensumstände charakterisiert sind.
- Gruppe, im einzelnen:
  - Mitgliedschaftsgruppen, also Gruppen, denen eine Person bereits angehört,
  - Bezugsgruppen, also Gruppen, denen eine Person angehören möchte,
  - Familie, also die primäre Face to Face-Gruppe,
  - Rolle, also das Verständnis der Gruppenzuordnung.
- Meinungsbildner, also Multiplikatoren zwischen Botschaftsabsender und Endrezipienten,
- Diffusion, im einzelnen:
  - Adoption, also die Übernahme von Neuerungen in der Gesellschaft,
  - Übernahmeverlauf, also die zeitbezogene Verteilung der Adoption.

Eine gewisse Sonderstellung nimmt das organisationale Käuferverhalten ein, weil dort gruppendynamische Prozesse ablaufen, die ebenfalls durch Teil- oder Totalmodelle zu erhellen versucht werden.

(→ Diffusion, Einstellung, Emotion, Gedächtnis, Gruppe, Involvement, Kultur, Lernen, Meinungsführer, Motivation, Rollen, wahrgenommenes Risiko, Wahrnehmung, Werte)

Käuferverhalten, Einfache Partialmodelle

Partialmodelle bilden jeweils nur einen Ausschnitt der Variablen des Käuferverhaltens ab, d. h. sie untersuchen einen Einflußfaktor vertieft und vernachlässigen zugleich die weiteren. Es wird also jeweils nur ein Konstrukt zentral behandelt, weil für dieses ein überragender Erklärungsbeitrag angenommen wird. D.h. keine Reaktion ist möglich, ohne daß dieses Hauptkonstrukt nicht einen dominierenden Einfluß darauf gehabt hätte. Zwar sind ihre Aussagen nur bedingt gültig, weil immer mehrere Faktoren auf eine Reaktion einwirken dürften, also neben dem Haupt- auch weitere Nebenkonstrukte, dafür bieten sie aber zahlreiche Ansätze für die Umsetzung in konkreten Marketingmaßnahmen. Partialmodelle zeichnen sich eher durch Erklärungstiefe aus, Totalmodelle eher durch Erklärungsbreite. Ihre empirische Relevanz ist jedoch ungleich höher einzuschätzen.

Zu den psychologischen Teilmodellen gehören die Aspekte der Aktivierenden Determinanten mit Emotion, Motivation/Motivkonflikt/Bedürfnishierarchie und Einstellung/Image, das Involvement, das Risikoempfinden, die Dissonanz, der Lebensstil/die Typologie, die Wahrnehmung/ Wahrnehmungseffekte/ Wahrnehmungsgesetzmäßigkeiten und die Reaktanz.

Zu den soziologischen Teilmodellen gehören die Aspekte der Kultur mit Normen, Subkultur und Sozialer Schicht, die Gruppe mit Mitgliedschaftsgruppen, Bezugsgruppen, Familienentscheid, Familienlebenszyklus, Rolle und sozialer Macht, die Meinungsführerschaft und die Diffusion.

(→ *Aktivierende Determinanten, Bedürfnishierarchie, Bezugsgruppe, Diffusion, Dissonanzen, Effekte, Einstellung, Emotion, Familienentscheid, Familienlebenszyklus, Gesetzmäßigkeiten, Gruppe, Image, Involvement, Kultur, Lebensstil, Meinungsführerschaft, Mitgliedschaftsgruppe, Motivation, Motivkonflikte, Normen, Reaktanzen, Risikoempfinden, Rollen, Soziale Macht, Soziale Schicht, Subkultur, Typologie, Wahrnehmung)*

Käuferverhalten, Erklärungsansätze

Zur konkreten Erklärung des Käuferverhaltens werden verschiedenste Ansätze, auch interdisziplinär, herangezogen. Ein wesentlicher Unterschied ergibt sich hinsichtlich Struktur-(oder S-O-R-)Ansätzen und Mechanik-(oder S-R-)Ansätzen. Bei den *Mechanikansätzen* werden zwei Gruppen von Modellen unterschieden: *Lernmodelle* und *Zufallsmodelle*. Bei beiden handelt es sich um sog. behavioristische Ansätze. Der Behaviorismus (Watson) beruht auf einem Paradigmawechsel, weg von Bewußtseinsprozessen und hin zum Verhalten. Er lehnt Aussagen ab, die auf subjektiven Erfahrungen und Erlebnissen beruhen und akzeptiert nur objektive, beobachtbare Reize, also feststellbare und meßbare Aktivitäten des lebenden Organismus als Reaktion auf innere/äußere Reize. Dies sind die ältesten Versuche zur Erklärung des Käuferverhaltens. Strukturen im Käuferverhalten sind danach nicht erkennbar und damit auch nicht untersuchbar. Das Verhalten wird vielmehr durch Stimuli (z. B. Packung) und Reaktionen darauf (z. B. Kauf) bestimmt. Die Prozesse, die dazu führen, daß aus der Wahrnehmung des Erlebnisses dann auch wirklich ein Kaufakt wird, finden in der Black Box der Psyche des Menschen statt und verschließen sich somit einer Analyse. Sie werden entweder als unbekannt akzeptiert oder aber als irrelevant angesehen. Ergebnis ist immer eine Aussage mit welcher Wahrscheinlichkeit ein Individuum in einer bestimmten Art und Weise auf Reize reagieren wird, nicht wie es reagieren wird. Der Ansatz ist also eigentlich theorielos. Die Verknüpfung kann durch Abhängigkeit oder Zufälligkeit erklärt werden. Abhängigkeiten werden in regressionsanalytischen Modellen dargestellt. Als Beispiel dienen Marktreaktionsfunktionen (z. B. Preis-Absatz-Funktion). Die Verknüpfung kann linear-additiv oder multiplikativ erfolgen, sowie statisch oder dynamisch (mit Einbeziehung von Carry Over-Effekten). Zufallsprozesse werden in stochastischen Modellen dargestellt.

Bei den *Strukturansätze* hingegen handelt sich um sog. neo-behavioristische Ansätze. Dies sind neuere Versuche zur Erklärung des Käuferverhaltens. Sie stellen neben den direkt beobachtbaren und daher meßbaren Variablen auf sog. intervenierende Variable ab, die allenfalls indirekt über Indikatoren gemessen werden können. D.h. die im Organismus ablaufenden Vorgänge sollen über hypothetische Konstrukte geordnet werden. Sie kennzeichnen den Organismus Mensch durch Zustandsvariable und zwischen diesen herrschenden Beziehungen. Man spricht von sog. S-O-R-Modellen. Dadurch wird versucht, die Black Box des Organismus zu erhellen. Zwischen Stimuli (z. B. Packung) und Reaktionen darauf (z. B. Kauf) werden hypothetische Konstrukte (Tolman) als Verbindung gesehen (z. B. Einstellung), die den Zusammenhang zwischen Stimuli und Reaktionen erklären. Diese sollen über Erhebungen (z. B. Befragung) erfaßt werden. Hypothetische Konstrukte sind nicht direkt beobachtbar und erfordern deshalb ihre Messung zur Operationalisierung. Erst dadurch wird ein theoretisches System zu einer testbaren Theorie mit empirischer Interpretation und Überprüfbarkeit. Da hypothetische Konstrukte zunächst keinen nachweisbaren Wirklichkeitsbezug haben, muß bestimmt werden, wie sie zu beobachteten Phänomenen in Beziehung stehen (sog. Indikatoren). Mit empirischen Sachverhalten verknüpft erhalten sie einen zumindest indirekten Wirklichkeitsbezug. Dazu müssen Korrespondenzregeln für eine operationale Beziehung zugeordnet werden, die Meßmöglichkeiten angeben, die auf Validität und Reliabilität geprüft sind. Dies erfolgt meist über Skalierungsverfahren.

Innerhalb der Strukturansätze gibt es *Systemmodelle*, die die im Individuum ablaufenden Vorgänge auf der aktivierenden, kognitiven und individuellen Ebene untersuchen. Von dieser wird dann auf das Verhalten geschlossen (sog. deduktive Vorgehensweise). Die Systemmodelle wiederum lassen sich in Total- und Partialmodelle unterteilen. Die *Totalmodelle* des Käuferverhaltens weisen eine umfassende, die Partialmodelle nur eine einseitige verhaltenswissenschaftliche Fundierung auf. Totalmodelle beabsichtigen also, das Käuferverhalten unter Einbeziehung aller relevanten Variablen in allen möglichen Situationen zu erklären. Die durch die vollständige Abbildung bedingten hochkomplexen Aussagesysteme sind nur sehr bedingt validierbar und somit für die praktische Umsetzung im Marketing kaum geeignet. Die empirische Fundierung ist bei allen Totalmodellen allenfalls hinreichend gegeben. Die *Partialmodelle* sind uneingeschränkt empirisch fundiert. Partialmodelle bilden nur einen Ausschnitt des Käuferverhaltens ab, sie untersuchen einen Einflußfaktor vertieft und vernachlässigen die weiteren. Auch sie sind nur begrenzt validierbar, dafür aber anschaulich genug, konkret in Marketingmaßnahmen umgesetzt zu werden. Bei den Partialmodellen lassen sich je nach Art der berücksichtigten Variablen psychologisch orientierte Ansätze und soziologisch orientierte Ansätze unterscheiden. *Psychologische Variable* sind vor allem Emotion, Motivation, Einstellung, Wahrnehmung, Lernen, Gedächtnis, Involvement, wahrgenommenes Risiko und Werte, *soziologische Variable* sind vor allem Kultur, Gruppenstruktur, Familie, Rollenbeziehungen, Meinungsführer und Diffusion. Die Aggregierbarkeit des einzelnen Verhaltens ist unterschiedlich ausgeprägt, die Berücksichtigung eigener und konkurrierender Marketingmaßnahmen ist gering, alle Ansätze sind primär nur für kurzlebige Konsumgüter einsetzbar.

Außerdem gibt es noch die klassische *Haushaltstheorie.* Sie bildet die mikroökonomische Grundlage zur Beurteilung des Käuferverhaltens. *Prozeßmodelle* schließlich befassen sich mit dem Zustandekommen von Kaufentscheidungen und ihren Voraussetzungen. Unter *Simulationsansätzen* versteht man Techniken zur numerischen Auswertung eines quantitativen Modells. Anwendung finden Simulationen, wenn der Komplexitätsgrad eines Modells eine analytische Auswertung verhindert, das Modellverhalten bei unterschiedlichen Instrumentalkombinationen interessiert oder das Modellverhalten im Zeitablauf in zeitsparender Weise analysiert werden soll. Mit Hilfe einer Simulation werden auf experimentelle Weise alternative Systemzustände erzeugt, indem Inputdaten systematisch variiert werden. Die praktische Relevanz dieser Ansätze ist jedoch deutlich eingeschränkt (vgl. *Pepels, Werner* Käuferverhalten und Marktforschung, Stuttgart 1995).

Käuferverhalten, Komplexe Partialmodelle

Unter komplexen Partialmodellen des Käuferverhaltens sind solche zu verstehen, die zwar mehr als nur eine Determinante als relevant ansehen, nicht aber eine Vielzahl wie die Totalmodelle. Dazu gehören vor allem zwei Ansätze, das Modell des Beurteilungsraums und das allgemeine Kaufentscheidungsmodell.

Das *Modell des Beurteilungsraums* (Mazanec) unterscheidet vier Hauptkonstrukte, Einstellung, Image, erlebtes Risiko und kognitive Dissonanz, denen ein überdurchschnittlicher Beitrag zur Erklärung des Entscheidungsverhaltens beigemessen wird. Außerdem gibt es Nebenkonstrukte, die die Hauptkonstrukte erklären. Einstellung ist ihrer Natur nach mehrdimensional und drückt die Markenbewertung auf der Grundlage von Produktwissen aus. Vorgelagerte Nebenkonstrukte sind Emotionen, Motive und das Produktwissen selbst, gleichgelagert ist das Selbstvertrauen, nachgelagert sind Kaufabsicht und Markenpräferenz. Unter Image wird hier die Entlastung von kognitiven Prozessen als Wissensersatz verstanden. Images sind durch schematisierte Vorstellungen gekennzeichnet, stabil, vereinfachen die Wahrnehmung und sind mehrdimensional. Vorgelagerte Konstrukte sind Emotionen, Motive, Markenbekanntheit, nachgelagert sind Markenpräferenz und Kaufabsicht. Das erlebte Risiko gliedert sich in zwei Komponenten, die Unsicherheit über die Kauffolgen und deren Wichtigkeit, die multiplikativ verknüpft sind. Vorgelagert sind das allgemeine und das spezifische Selbstvertrauen, gleichgelagert das Vertrauen in das eigene Informationsverarbeitungsvermögen und nachgelagert Markentreue, Informationssuche, Beeinflußbarkeit etc. Kognitive Dissonanz kennzeichnet einen Konflikt, der durch widersprüchliche kognitive Elemente entsteht und zu einem motivational bedeutsamen Spannungszustand derart führt, daß das Individuum um Ausgleich oder Abbau bemüht ist. Vorgelagert ist Ego-Involvement und Selbstbindung, nachgelagert sind Einstellungen und Präferenzen.

Daraus leiten sich mehrere Auswahlentscheidungen ab. Dem erlebten Risiko kommt demnach die größte Bedeutung hinsichtlich der Erklärung von Kaufabsichten zu, falls entweder die als negativ wahrgenommenen Produktwirkungen überwiegen oder der Konsument ein besonderes Informationsdefizit empfindet. Je mehr die Konsumenten über Produktwissen verfügen, desto stärker trägt die Einstellung zur Erklärung der Kaufabsichten bei. Kognitive Dissonanzen vermögen Änderungen des Kaufverhaltens in der Nachkaufphase um so besser zu erklären, je wichtiger die Käufe eingeschätzt werden und je weniger Präferenzunterschiede zwischen den Alternativen vor dem Kauf wahrgenommen worden sind. Ein Problem stellt hier vor allem die schwache Berücksichtigung emotionaler Aspekte dar.

Im *allgemeinen Kaufentscheidungsmodell* (vgl. *Backhaus, Klaus* et. al.: Die allgemeine Theorie der Kaufentscheidung, Opladen 1979) geht es um eine Reökonomisierung der Erklärung des Konsumentenverhaltens. Dem liegen folgende Ausgangshypothesen zugrunde: Die Wahrscheinlichkeit, daß der Käufer eine bestimmte Kaufentscheidung trifft, ist um so größer, je größer

- die Stärke aller aus der Sicht des Käufers für eine bestimmte Kaufentscheidung relevanten Zielvorstellungen über eine zukünftige Situation, die dieser zu verwirklichen bzw. zu vermeiden sucht, insgesamt ist. Die Stärke der Zielvorstellungen repräsentiert den Grad, in dem ein Käufer seine Zielvorstellungen in einer konkreten Entscheidungssituation in die Realität umsetzen möchte.
- die Stärke der für eine bestimmte Kaufentscheidung und die Zielvorstellungen relevanten Mittelvorstellungen des Käufers insgesamt ist. Unter Mittelvorstellungen des Käufers sind alle Vorstellungen über die von ihm als ihm offenstehend perzeptierten Handlungsmöglichkeiten zur unmittelbaren Verwirklichung seiner Zielvorstellungen zu verstehen.

- nach der Meinung des Käufers die Eignung seines Wissens für seine Zielerreichung insgesamt ist. Die Wissenskomponente enthält eine entschlußsteuernde Rolle. Wissen sind von einem Käufer für wahr gehaltene und von ihm für die Realisierung seiner Ziel- und Mittelvorstellungen als sachlich relevant empfundene konditionale Aussagen.
- nach Meinung des Käufers die Eignung der Objekte für Zielerreichung und Kaufentscheidung ist. Die Kaufentscheidung erscheint als abhängig vom Grad, in dem der Käufer materielle Gegenstände oder Personen in seiner unmittelbaren Umwelt bzw. Merkmale von diesen als für die Realisierung seiner Ziel- und Mittelvorstellungen relevant wahrnimmt.

Diese vier Hypothesen werden zu einer einzigen rechenbaren Größe integriert. Daraus lassen sich dann Entscheidungswahrscheinlichkeiten ableiten. Ein Problem stellt hier vor allem die Vernachlässigung sozialer Aspekte dar. Aber dies ist eben hingenommene Konsequenz von Partialmodellen. Will man dies vermeiden, muß man auf Totalmodelle ausweichen, die dafür weniger prägnant sind.

Käuferverhalten, Mechanikansätze

Mechanikansätze verzichten auf die Modellierung der Variablen im Organismus (= O). Die Zusammenhänge zwischen Reizinput (= S für Stimulus) und Reaktionsoutput (= R für Response) werden vielmehr nicht untersucht und ersatzweise stattdessen durch Wahrscheinlichkeitskomponenten dargestellt. Bei den Stimuli kann es sich um vom Betrieb kontrollierte Variable (z. B. Werbekampagne) oder vom Betrieb nichtkontrollierte Variable handeln (z. B. Kaufkraft). Hinzu kommen situative Variable (z. B. Zeitdruck). Es entspricht der Ökonomie des Denkens, sich auf die wesentlichen Zusammenhänge zu konzentrieren und konkrete Größen anstelle psychologischer und soziologischer Konstrukte anzunehmen. Man unterscheidet im einzelnen Zufallsmodelle und Lernmodelle.

Nur die wesentlichen Zusammenhänge werden im Zufallsmodell explizit abgebildet, alle anderen werden vernachlässigt und ersatzweise durch Wahrscheinlichkeitskomponenten erfaßt. Bei Zufallsmodellen handelt es sich je nach dem Ausmaß des Zufalls um quasi-deterministische oder objektiv-stochastische Ansätze. Bei quasi-deterministischen Ansätzen stellen Funktionsgleichungen einen sicheren (man sagt ökonometrischen) Zusammenhang zwischen Stimulus und Response her, wobei nicht erfaßte Wirkgrößen durch eine Zufallsgröße (sog. Störglied) erfaßt werden. Insofern wird ein im Prinzip deterministisches Modell an die Realität angepaßt. Bei objektiv-stochastischen Ansätzen wird eine Reaktionswahrscheinlichkeit der Käufer auf Veränderungen im Umfeld (also bei nichtkontrollierten Variablen) mittels Zufallssteuerung der Kaufprozesse (man sagt vollstochastisch) bestimmt. Es wird also die Kaufentscheidung in ihrer Gesamtheit als Zufallsmechanismus interpretiert. Beiden ist gemein, daß sie aus den Ergebnissen erst im nachhinein auf Wirkungen schließen.

Käuferverhalten, Modellannahmen

Alle Erklärungsansätze basieren nun auf zwei Modellannahmen: Präferenzen und Distanzen. Das *Präferenzmodell* erklärt die Bildung von Präferenzen aus nutzenstiftenden Eigenschaften von Waren. Diese Eigenschaften können auch gewichtet sein. Es werden drei Präferenzmodelle unterschieden.

Das *Vektormodell* entspricht der Annahme, daß eine Zunahme der Ausprägung einer Eigenschaft auch zu einer kontinuierlichen (nicht unbedingt proportionalen) Zunahme der Präferenz führt. Z.B. kann, bei gegebener PS-Zahl, mit sinkendem Preis für ein Pkw-Modell mit einer steigenden Präferenz gerechnet werden, d. h. das Modell mit dem niedrigeren Preis wird dem mit dem höheren Preis vorgezogen.

Das *Idealpunktmodell* entspricht der Annahme, daß es eine ideale Eigenschaftsausprägung gibt und mit zunehmender Abweichung einer realen Eigenschaftsausprägung von diesem Idealpunkt deren Präferenzwert abnimmt. Z.B. kann angenommen werden, daß es für das Kofferraumvolumen eine angenommene Idealgröße gibt. Je weiter das Kofferraumvolumen definierter Pkw-Modelle von diesem Wert entfernt ist, desto geringer ist die Kaufwahrscheinlichkeit. Ein größerer Kofferraum wird als sperrig angesehen, ein kleinerer als unzulänglich.

Das *Teilpräferenzmodell* entspricht der Annahme, daß beliebigen Eigenschaftsausprägungen beliebige Nutzen zukommen können, die präferenzbildend wirken, sodaß es zu Kompensationen kommen kann. Z.B. können definierte Pkw-Modelle nach einer Reihe von (gewichteten oder ungewichteten) Kriterien einzeln beurteilt werden. Präferiert wird das in der Summe seiner Eigenschaften überlegene Modell.

Das *Distanzmodell* erklärt, mit welcher Wahrscheinlichkeit eines von mehreren Objekten von einem Käufer ausgewählt wird. Dabei wird auf die Distanzen der einzelnen Objekte zu einem Idealpunkt zurückgegriffen. Es wird jeweils mit Sicherheit dasjenige Produkt gekauft, das einen minimalen Abstand davon aufweist und dasjenige nicht, das den größten Abstand aufweist. Die Kaufwahrscheinlichkeit sinkt mit zunehmender Distanz. Dies entspricht auch der Feldtheorie, wonach der Aufforderungscharakter (Gradient) um so höher ist, je mehr das angebotene mit dem idealen Produkt übereinstimmt.

Bestimmend für das Feld sind die Valenz als Aufforderungscharakter, die Distanz als Entfernung im sozialen Raum und der Vektor als Richtung. Die *Valenz* kann durch bessere Angebotsleistung erhöht, die Distanz durch Einstellungsumwertung verringert und der *Vektor* durch positive Angebotsanmutung erhöht werden. Die Valenz zielt also auf die objektive Produktbeschaffenheit ab, eine Erhöhung der Valenz bedeutet zugleich immer auch eine Verbesserung der produktindividuellen Leistungsfähigkeit. Die *Distanz* zielt auf die empfundene Entfernung der Zielpersonen vom Objekt ab, eine Verringerung der Distanz bedingt daher immer eine Einstellungs- und Verhaltensänderung bei Zielpersonen, die so ungefähr am schwierigsten zu erreichende Wirkung. Der Vektor zielt auf die Wahrnehmungsebene ab, indem zwischen Sachleistung und Kommunikation unterschieden wird, d. h. Leistung und Standort der Zielpersonen bleiben unverändert, die Realität wird nur anders dargeboten und erscheint daher verändert, denn nicht die Realität ist die Realität im Marketing, sondern die Vorstellungen der Zielpersonen über diese Realität.

Käuferverhalten, Prozeßmodelle

Prozeßmodelle des Käuferverhaltens gehen in ihrer Betrachtung über Strukturmodelle hinaus, indem sie nicht nur das Ergebnis eines Wahlaktes analysieren, sondern dessen Zustandekommen. Zu den Prozeßmodellen gehören als die wichtigsten Ansätze die zum Entscheidungsnetz, zur Kundenzufriedenheit, zum Informationsverhalten, zur Einkaufsstättenwahl und zur Adoption von Neuerungen.

Käuferverhalten, Totalmodelle

Totalmodelle beabsichtigen, das Käuferverhalten unter simultaner Einbeziehung aller relevanten Variablen in allen möglichen Situationen zu erklären. Dem liegt die Annahme zugrunde, daß der Organismus in einer bestimmten Weise modelliert ist. Wird er nun mit einem Reiz konfrontiert, läßt sich der Prozeß seiner Verarbeitung, d. h. sein Weg durch die Black Box, daran ablesen, wie sich einzelne intervenierende Variable verändern. Die durch diese vollständige Abbildung bedingten hochkomplexen Aussagen werden jedoch rasch unübersichtlich und sind daher für die praktische Umsetzung im Marketing nur sehr bedingt geeignet. Außerdem ist die Verknüpfung der einzelnen intervenierenden Variablen durchaus strittig. Die bekanntesten Modelle stammen von Engel, Kollat, Blackwell, von Howard, Sheth und von Nicosia. Dabei können die Variablen stufenweise aufeinander aufbauend (z. B. *Engel/ Kollat/Blackwell*) oder zu Gruppen zusammengefaßt werden (z. B. *Howard/Sheth*). Totalmodelle erheben den Anspruch, die extensive Kaufentscheidung eines Konsumenten umfassend zu erklären, d. h. von der ersten Stimuluspräsentation bis zum Kauf bzw. von der Wahrnehmung einer Reizkonfiguration bis zur Formulierung einer Kaufabsicht. Die empirische Relevanz von Totalmo-

dellen ist eng begrenzt, da die Komplexität der Variablenbeziehungen unüberschaubar bleibt. Sie sind meist induktiv aus einer Vielzahl empirischer Bausteine konstruiert.
(→ Howard, Sheth-Ansatz, Engel, Kollat, Blackwell-Ansatz)

Kalkulationsvorgabe

Die Preisermittlung durch Kalkulation ist teilweise reglementiert. So bestehen für die Vergabe von Aufträgen der öffentlichen Hände Preisermittlungsvorschriften zum (oft vergeblichen) Schutz vor Übervorteilung des Steuerzahlers in Form der Verordnung über die Preise bei öffentlichen Aufträgen (VPöA), vor allem bei Bauleistungen (VPöA-Bau), Leitsätze für die Preisermittlung aufgrund von Selbstkosten (LSP), vor allem bei Bauleistungen (LSP-Bau) und Verdingungsordnung für Bauleistungen (VOB) bzw. alle anderen Leistungen (VOL). Diesen liegt ein Schema zur Selbstkostenermittlung zugrunde, wobei im Gegensatz zum Marktprinzip, Kostendeckung und angemessene Gewinnerzielung gesichert werden.

Kampagnenformat

Bei der Kampagnenformatierung, auch Copy Strategy genannt, handelt es sich in der Praxis meist um ein einseitiges Formular, das die Inhalte der Voraussetzungen der Kommunikationsarbeit und der Konzipierung der Kampagnen abfragt. Einseitig deshalb, weil es darauf ankommt, Management-Informationen zu erhalten, die auf dem Punkt sitzen. Und da ist es angesichts einer Raumbegrenzung gar nicht so einfach, die treffenden Aussagen zu machen. Schließlich ist bekannt, daß es mehr Kopfzerbrechen bereitet, einen kurzen Brief zu schreiben statt eines langen. Die Formularform wird gewählt, weil dieser Aufbau als eine Art Checklist vermeidet, daß wichtige Inhaltspunkte vergessen oder vernachlässigt werden.

Die Copy Strategy besteht folglich regelmäßig aus folgenden Inhalten:

- Was sind wichtigste Randbedingungen auf dem anvisierten Markt, d. h. was sind die Erkenntnisse aus der Analyse des Angebotsumfelds?
- Welche Ziele werden mit der Kampagne überhaupt verfolgt, d. h. wie lautet die Definition der verfolgten Werbeziele?
- Welche Objekte (Marke/Produkt/Organisation) werden überhaupt beworben, d. h. wie lautet die Definition der Werbeobjekte?
- Welche Geldmittel stehen zur Unterstützung dieses Vorhabens zur Verfügung, d. h. wie ist das Werbebudget bestimmt?
- Wo ist die Kaufkraft, von der das Angebot am Markt reüssieren soll, d. h. wie lautet die Definition der Absatzquelle?
- Welche Personen verkörpern diese definierte Kaufkraft, d. h. wie lautet die Definition der Zielpersonengruppe, meist in psychologischer wie soziologischer Hinsicht, gelegentlich auch noch demographisch oder typologisch?

- Wie profiliert sich das beworbene Angebot gegenüber den definierten Nachfragern, und wie grenzt es sich von seinem Mitbewerb ab, d. h. wie lautet die Definition der Zielangebotsposition?
- Wie stellt sich die Basis für die kreative Umsetzung dar, d. h. wie lautet die Kampagnenformatierung, in der Regel unterteilt in Positioning Statement und Creative Platform?

Außerdem sind noch rein technische Angaben wie Timing, Besonderheiten, Vorgaben etc. zu berücksichtigen. Damit ist die Arbeitsbasis komplett beschrieben.

Kassensysteme

Denkbar sind eine zentrale Kassenstelle mit einem oder mehreren Plätzen oder dezentrale Kassen in Abteilungen. Häufig gibt es auch Sammel- oder Hauptkassen. Dabei sind Kassiervorschriften zu beachten. Dazu gehört die Feststellung des Gesamtpreises und dessen Übermittlung an Kunden, die Entgegennahme der Zahlungsmittel, deren Prüfung (Falschgeld, Scheck, Kreditkarte), das Vorzählen des Wechselgeldes, die Einnahme des Kaufpreises und die Aushändigung der Kassenquittung. Dadurch soll gewährleistet bleiben, daß die Zahlungsvorgänge in kurzer Zeit abgewickelt werden können, das Kassieren ohne Fehler ausgeführt wird, aussagefähige Belege für Kunden und Händler erstellt und die Kassierdaten kostengünstig erfaßt werden.

Es gibt verschiedene Kassensysteme. Die *Offene Ladenkasse* ist einzelvorgangsausgelegt. Planung, Steuerung und Kontrolle der Geldbeträge sind nur nach Geschäftsschluß möglich (Kassensturz). Warenbewegungen können nicht erfaßt werden. Die Quittierung erfolgt auf einem Kassenzettelblock in zwei- oder dreifacher Ausfertigung (Kopie für den Kunden). Oft werden auch drei- oder vierteilige Preisetiketten vorgesehen, die durch Abtrennen als Quittung gelten. Bei *Schreibkassen* rückt ein Papierstreifen mit den Kaufbeträgen beim Öffnen der Kassenschublade automatisch weiter. Die Registrierkasse gibt über Schreib- und Rechenwerk Einzelbeträge und Rechnungsbetrag schriftlich aus. Damit sind die Geldbeträge jederzeit abrufbar. Warenbewegungen werden jedoch allenfalls nach Warengruppen erfaßt und haben daher nur eine sehr begrenzte Aussagefähigkeit. Der Bondrucker druckt einen Kassenbon für den Kunden aus. Dieser Kassenbon weist eine Reihe von Daten aus, so Handelsadresse, Einkaufsdatum, MWSt.-Betrag, Wechselgeld, Anzahl der Produkte, Uhrzeit der Abrechnung, Kassennummer, Grußformel, Belegnummer, Art der Abrechnung, Artikelnummer, Einzelpreise, Bedienungsnummer etc. Bei Abteilungskassen kommen weitere Daten hinzu wie Waagennummer, Gewicht, Preis je Gewichtseinheit, bei Zentralkassen auch der Strichcode zur Scanning-Erfassung. *Elektronische Kassen* schließlich schaffen die Voraussetzungen für ein computergestütztes geschlossenes Warenwirtschaftssystem. Teilweise sind diese Kassen mit eigener „Intelligenz" ausgerüstet, ansonsten sind sie an Zentraleinheiten angeschlossen (Price Look Up). Die Datenerfassung erfolgt manuell oder durch Handleser (OCR-Schrift), Lesestift oder Abtastschlitz (Balkencode). Dabei werden hausinterne Codes (z. B. Bedienabteilungen) und vorgedruckte Codes (auf Pakkungen) unterschieden. Käufer und Verkäufer können den eingegebenen Betrag im Anzeigedisplay kontrollieren, das verringert Reklamationen. Die Tageslosung kann ebenso leicht ermittelt werden wie der aktuelle Kassenbestand. Getrennte Zählwerke ermöglichen die Nutzung durch mehrere Verkäufer. Evtl. werden durch entsprechende Tasten Kreditverkäufe erfaßt. Automatische Rabattmarken- und Rückgeldgeber sind anschließbar. Bei Kassen mit Wiederholungsautomatik kann bereits der Einkauf des folgenden Kunden registriert werden, während der vorhergehende Kunde noch seine Rechnung bezahlt. Dadurch werden ärgerliche Wartezeiten beim Check Out vermindert. Es gibt sogar Händler, die ihren Kunden Gutschriften oder Geldzahlungen gewähren, falls eine zugesagte Höchstwartezeit überschritten wird.

Von einem *Selbstkassiersystem* spricht man, wenn der Kassiervorgang durch den Verkäufer in der jeweiligen Abteilung selbst vorgenommen wird. Die Abwicklung der Kaufhandlung erfolgt so schneller und die Abteilungsumsätze sind leichter erfaßbar und auswertbar. Allerdings müssen Kunden bei verschiedenen Einkaufswaren mehrfach anstehen und bezahlen. Das *Zentralkassensystem* sieht Sammelkassen vor. Die Gefahr der Veruntreuung durch Verkaufsmitarbeiter ist hier durch die geringere Zahl Beteiligter niedriger. Bei geringem Kundenandrang können zudem anderweitige Arbeiten durchgeführt werden. Allerdings kann es auch zu Warteschlangen kommen und die Umsatzkontrolle je Abteilung ist schwieriger.

Bei allen Systemen ist der Ladendiebstahl ein wichtiges Problem. Er wird begünstigt durch hohen Kundenandrang, unübersichtliche Vorlage verlangter Waren, ungenügende Aufmerksamkeit des Verkaufspersonals, Warenräume mit abgedunkelten Ecken, schlechte Lagerorganisation mit langen Wegen, fehlendes Aufsichtspersonal und schlechte Raumaufteilung. In größeren Betrieben werden Hausdetektive oder Überwachungsanlagen eingesetzt. Wertvolle Waren werden in geschlossenen Vitrinen präsentiert oder durch Haltevorrichtungen gesichert. Auch werden Alarmvorrichtungen und Spiegel angebracht. Am Ausgang geben Signalgeber Warnung bei nicht entfernten Sicherungsetiketten an der Ware (Spezialzangen). Neuerdings werden spezielle Etiketten fest in die Ware eingearbeitet, die eigens an der Kasse „entschärft" werden müssen (z. B. bei CD's). Dennoch sind Schirme, Handtaschen, Umhänge, weite

Mäntel problematisch. Die Diebstahlsquote liegt um 1% des Umsatzes, allerdings ist zu vermuten, daß ein großer Anteil davon auf Verkaufsmitarbeiter zurückzuführen ist. Bei Verdacht gegenüber Kunden muß zurückhaltend vorgegangen werden, um ungerechtfertige Beschuldigungen und geschäftsschädigendes Aufsehen zu vermeiden. Diebe erhalten meist Hausverbot, dessen Zuwiderhandlung als Hausfriedenbruch geahndet wird. In schwereren Fällen wird die Polizei benachrichtigt und Anzeige erstattet. Dazu wird ein Geständnis abgefordert, evtl. vorhandene Zeugen (Verkaufspersonal) bekräftigen den Verstoß. Die Grenze zwischen den Rechten des Aufsichtspersonals und denen des in Verdacht des Stehlens stehenden Kunden ist zudem diffizil. So darf eine Leibesvisitation nur durch die Polizei vorgenommen werden. Auch darf keine Gewalt angewendet werden, außer es ist Gefahr im Verzug (Flucht). Beobachtungen, die die Intimsphäre verletzen (z. B. Einwegspiegel in Umkleidekabinen) sind verboten (vgl. *Pepels, Werner:* Handels-Marketing und Distributionspolitik, Stuttgart 1995).

Katalog

Der Katalog ist ein schriftliches Verkaufsgespräch. Er dient als selbstverkäuferische Anbietbasis im Versandgeschäft. Der Katalog bietet einige wichtige Vorteile:

- Er schafft über personalisierte Form eine Möglichkeit zur individuellen Ansprache von Zielpersonen.
- Über selektierte Adressen ist ein gezielter Kontakt wirtschaftlich darstellbar.
- Ein Katalog verfügt als Werbemittel über ein großzügiges Platzangebot und ist in seiner zeitlichen Bestimmung unabhängig. Er ist damit aktuell und schnell steuerbar.
- Es besteht die freie Wahl der Aufmachung (Papierart, Druckverfahren, Format, Umfang etc.).
- Bei der Nutzung des Katalogs hat das Angebot die ungeteilte Aufmerksamkeit des Lesers (fraglich ist allerdings, inwieweit bei der bekannten Papierflut Kataloge noch genutzt werden).
- Es besteht ein Schutz vor Konkurrenzreaktionen durch frühzeitiges Bekanntwerden eigener Aktionen.
- Die Wirksamkeit des Katalogs kann unbegrenzt in kleinen Gruppen vorgetestet und optimiert werden.
- Bei kleinteiligen Zielgruppen entstehen nur geringe Kosten und wenig Streuverluste bei deren Konfrontation mit einem Angebot.
- Die Reaktion der Zielpersonen kann durch Response-Elemente erleichtert werden. Dazu dienen auch Auslöser wie Free Trial, Sweepstake etc.
- Es besteht die Möglichkeit zu einer echten Erfolgskontrolle durch

direkte Kosten- und Erlöszurechnung bzw. Deckungsbeitrag je Werbeplatz.
- Durch mehr oder minder lange Auflagezeit entsteht eine nachhaltige Werbewirkung.

Die Funktionen des Katalogs liegen vor allem in Markterschließung, Neukundenakquisition, Kundenpflege/-aktivierung und VADM-Unterstützung bzw. -Ersatz bei C-Kunden. Der Katalog trägt konkrete Warenofferten, die unter Bezugnahme auf Bestellhilfen geordert werden können. Die Aufmachung eines Katalogs unterliegt zahlreichen wichtigen Vorgaben. Er soll Information, Beratung, Kunden-/Imagepflege und Verkaufshilfe sein. Er soll das Warenangebot beschreiben, die Kompetenz des Unternehmens darstellen und Qualitätszusicherung leisten. Schließlich soll eine Optimierung hinsichtlich der Zuteilung der Seiten und der Anordnung der Artikel erfolgen. Von Bedeutung sind dabei vor allem:

- die Titelseite. Sie bietet die Gelegenheit, spektakuläre Neuheiten oder andere Knüllerangebote zu placieren (Hot Spots). Die Headline gibt ein Nutzenversprechen, das Logo signalisiert den Absender dieser Leistung. Bei alledem darf die Titelseite jedoch nicht überladen wirken.
- die Rückseite (4. Umschlagseite). Sie bietet ebenfalls die Chance zur Placierung von Hot Spots, weil ein Katalog oft von hinten nach vorn durchgeblättert wird und er häufig mit dem Cover nach unten aufliegt. Insofern entsteht damit eine hohe verkäuferische Wirkung. Außerdem sind Absender und Adresse hier vorgesehen.
- die 3. Umschlagseite (letzte Innenseite). Sie kann für differenzierende Serviceleistungen ebenso genutzt werden wie für die technische Bestellanleitung/-hilfe, also Bestellkarte/-formular, Zweigstellenverzeichnis, Adressen für Selbstabholer und Allgemeine Geschäftsbedingungen. Evtl. können die Verkaufsmannschaft oder Ansprechpartner im Unternehmen im Bild gezeigt werden. Wichtig ist dabei eine durchweg positive Formulierung der Konditionen.
- die Seiten 2 und 3 (2. Umschlagseite und gegenüberliegende Seite) und die Katalogmittendoppelseite (falls geklammert). Ihnen kommt ebenfalls gesteigerte Aufmerksamkeit zu. Hier sind etwa ein Anschreiben der Geschäftsleitung (mit Foto) oder eine Aufnahme des Firmengebäudes/-geländes denkbar.

Wichtig ist auch die Bedeutung weiterer Hot Spots, z. B. Response- und Auslöseelementen, Hervorhebung von Schlüsselartikeln, Blickfolge auf Einzel- und Doppelseiten, Bebilderung nach Farbigkeit oder Größe, gestaffelt flexible und doch straffe Seitenaufteilung, Piktogramme als Orientierungshilfen, Stopper für wichtige Argumente etc. Außerdem bietet sich die Einrichtung einer Hotline für telefonische Direktbestellung an.

In der Blickfolge gilt Bild vor Text, großes Bild vor kleinem Bild, Bildsequenz vor Einzelbildern, Menschen vor Sachen, Headline vor Copytext, Farbe vor Schwarzweiß. Je mehr Artikel auf einer Seite placiert werden, desto kostengünstiger ist dies zwar, aber auch desto unübersichtlicher. Zudem kommt es zu gegenseitiger Konkurrenz der Artikel um die Aufmerksamkeit des Lesers. Die beste Placierung ist erfahrungsgemäß im oberen Drittel rechts auf der Seite, mit Artikelbeschreibung rechts von der Abbildung. Eine Absicherung (durch Gütezeichen, Testergebnis, Referenz etc.) ist ebenso wichtig wie Detailfotos für wichtige Eigenschaften (dreidimensionale Grafiken, Tabellen etc.), Handhabung oder Einstellung. Bildunterzeilen (Captures) dienen der Erläuterung und werden häufig genutzt. Die Warenbeschreibung sollte dabei nutzenbezogen erfolgen, nicht nur technisch oder physikalisch-chemisch. Die Textgröße sollte nicht unter 8 Punkt, mit durchgängig einheitlicher Typo, allenfalls variiert nach Schriftgröße und -stärke, liegen.

Die Erfolgsprognose ist durch Tests in Kleinauflagen und die Erfolgskontrolle anhand von Kennziffern wie DB je Seitenanteil möglich. Vorkehrungen zur angemessenen Rücklaufbearbeitung sind unerläßlich. Der Direktverkauf gewinnt zudem durch Umgehung der nachfragemächtigen Handelsstufen weiter an Attraktivität.
(→ Direktmarketing)

Kategorievergleich

Der Kategorievergleich ist eine Form der Definition der Absatzquelle. Anders als beim Systemvergleich werden dabei Produktgruppen innerhalb eines gemeinsamen Marktes verglichen. Anders als bei der Konkurrenzverdrängung bezieht sich dieser Vergleich aber nicht auf dieselbe Produktgruppe. Dies bietet sich vor allem an, wenn innerhalb eines gemeinsamen Marktes zwei qualitativ unterschiedliche Produktgruppen vorhanden sind und Kaufkraft von der einen in die andere Kategorie abgezogen werden soll. Dies kann aufwärts- oder abwärtsgerichtet erfolgen.

Ein Beispiel dafür ist der Erfolg von *Punica*. Punica ist innerhalb der Kategorie Fruchtsäfte ein eher unterlegenes Produkt, wegen des geringen Fruchtanteils. Insofern kommt Konkurrenzverdrängung, trotz eines Preisvorteils, kaum in Betracht. Innerhalb des Marktes für alkoholfreie Getränke (AFG) gibt es jedoch weitere Kategorien, vor allem Limonaden kommen der Nutzung von Fruchtsäften recht nahe. Die Idee von Punica bestand nun darin, statt Kaufkraft von überlegenen Fruchtsäften abzuziehen, was gerade wegen des gesundheitssensiblen Charakters schwierig ist, eher Kaufkraft von der unterlegenen Kategorie Limonade abzuziehen. Dies gelingt allerdings nur dann, wenn man den hohen Zuckeranteil von Limonaden als potentiellen Gefährdungsfaktor ausmacht. Dies gilt vor allem für

Mütter, die latente Bedenken gegen den Genuß von Limonade durch ihre Kinder haben, diesen aber doch, vor allem mangels preisgünstiger Alternative, dulden. Im Vergleich zu diesen „bedenklichen" Limonaden ist aber selbst einfachste Fruchtsaft das vorteilhaftere Produkt, bei vergleichbarem Preisniveau. Also kommt es zu einem Überwechseln von seither für die Kategorie Limonaden investierter Kaufkraft in die Kategorie Fruchtsaft im Erfrischungsgetränkemarkt.
(→ *Absatzquellendefinition)*

Kaufeintrittsmodelle

Bei Kaufeintrittsmodellen wird die Wahrscheinlichkeit, daß Kunden zu einem bestimmten Zeitpunkt einen Kaufvertrag für eine bestimmte, am Markt bereits eingeführte Produktgattung abschließen, untersucht. Dabei können schon länger eingeführte Produkte oder Produktneueinführungen zugrundegelegt werden. Bei Kaufeintrittsmodellen handelt es sich um Durchdringungs- oder Wiederkaufmodelle. Bei *Wiederkaufmodellen* wird die Wahrscheinlichkeit, daß Kunden zu einem bestimmten Zeitpunkt einen Kaufvertrag für eine bestimmte, am Markt bereits eingeführte Produktgattung abschließen, untersucht. Sie stellen eine Fortführung der Durchdringungsmodelle dar und versuchen, das Volumen der Wiederkäufe zu quantifizieren.

Durchdringungsmodelle untersuchen den Kaufeintritt bei Neueinführungen. Die Anzahl der Käufer, die das Testprodukt erworben haben, wird meist als von der Zeit abhängig angesehen. Dazu werden Erstkäufer und (zweite, dritte usw.) Wiederholungskäufer unterschieden. Die Wiederkaufrate wird durch Panelerhebung ermittelt, die Erstkaufrate als Penetrationskurve auf Schätzbasis berechnet. Die wichtigsten Ansätze sind die folgenden.

Ziel des *Parfitt, Collins-Ansatzes*, das die unterschiedlichen Phasen des Adoptionsprozesses erfaßt, ist die Ermittlung des langfristig zu erzielenden Marktanteils durch Erfassung der unterschiedlichen Phasen des Adoptionsprozesses. Dabei wird eine globale Wiederkaufrate in Abhängigkeit vom Erstkaufzeitpunkt bestimmt. Der Marktanteil wird in die Komponenten Feldanteil, Wiederkaufrate und Kaufintensität zerlegt:

- Der Feldanteil gibt die Marktpenetration eines Angebots in der relevanten Käuferschaft an, rechnerisch die Anzahl der Abnehmer, die ein Angebot mindestens einmal gekauft haben, dividiert durch die Anzahl der maximal möglichen Abnehmer. Man spricht auch von Käuferreichweite oder -penetration.
- Mit zunehmender Zeit stabilisiert sich der Übernahmeprozeß, und es werden keine neuen Erstkäufer mehr hinzugewonnen. Der Absatz wird somit nur noch von Wiederkäufern getragen. Wiederkaufrate ist der Anteil der Erstkäufer, die innerhalb eines definierten Zeitraums nachkaufen.

- Die Kaufintensität gibt die relative Bedeutung der Intensivkäufer am Umsatz an. Sie ergibt sich als durchschnittliche Kaufmenge eines Produkts pro Käufer/Haushalt und Zeiteinheit, dividiert durch die durchschnittliche Kaufmenge pro Käufer/Haushalt im Gesamtmarkt.

Mit zunehmender Zeit stabilisiert sich der Diffusionsprozeß, und es werden keine neuen Erstkäufer mehr hinzugewonnen. Der Absatz wird somit nur noch von Wiederkäufern getragen. Im Gleichgewichtszustand hat die Durchdringung ihren oberen Grenzwert erreicht, und es treten keine weiteren Erstkäufer mehr auf.

Der prognostizierte Umsatz des Produkts ergibt sich aus dem Produkt aus wertmäßigem Marktvolumen der Produktgruppe und wertmäßigem Marktanteil des Produkts an der Produktgruppe. Der zweite Faktor läßt sich wiederum in die Faktoren Feldanteil des Produkts, dessen mengenbezogene Wiederkaufrate und dem wertbezogenen Kaufmengenindex auflösen. Die einzelnen Faktoren lassen sich wie folgt analysieren:

- Penetration, also der Erstkäuferanteil in Prozent des Gesamtmarkts (= zuwandernde Käufer). Dies entspricht dem Feldanteil des Produkts an der Produktgruppe (z. B.: X% aller Käufer der Produktgruppe haben mindestens einmal das Testprodukt gekauft). Eine Verbesserung läßt sich hier durch erstkaufanregende Maßnahmen (wie Probieraktionen) erreichen.
- Bedarfsdeckung, also die mengenbezogene Wiederkaufrate in Prozent aller Haushalte (= abwandernde Käufer), diese ist abhängig von Nachkaufzufriedenheit, Markentreue, Geschäftsstättentreue etc. (z. B.: die Käufer des Testprodukts geben je Periode Y% ihres Kaufvolumens wieder für das Testprodukt aus). Eine Verbesserung läßt sich hier also durch wiederkaufanregende Maßnahmen erreichen
- Intensitätsfaktor, also die Relation von Käufern zu Nichtkäufern als Index (= Käuferreichweite). Er ist definiert als durchschnittliche wertbezogene Kaufmenge eines Produkts pro Käufer/Haushalt und Zeiteinheit, dividiert durch die durchschnittliche Kaufmenge pro Käufer/Haushalt im Gesamtmarkt (z. B.: die Käufer des Testprodukts kaufen Z% der Menge eines durchschnittlichen Käufers der Produktgruppe). Eine Verbesserung läßt sich hier durch intensitätssteigernde Maßnahmen (wie neue Verwendungszwecke) erreichen.

Der *Eskin-Ansatz* gehört zur Gruppe der auf Paneldaten basierenden Modelle. Die Gesamtabsatzmenge wird dabei pro Periode in Erst- und Wiederkaufmenge aufgespalten, letztere wird noch hinsichtlich der Häufigkeit des Wiederkaufs und den zwischen den Wiederkaufakten liegenden Intervallen differenziert.

Der *Fourt, Woodlock-Ansatz* unterteilt den Absatz in Erstkäufe und Wiederkäufe mehrerer Ordnungen, die sukzessive bestimmt werden. Für Erstkäufe gilt, daß in jeder Periode ein konstanter Anteil potentieller Erstkäufer das Produkt erwirbt. Für Wiederkäufer gilt, daß ein stets konstanter Anteil der Erstkäufer einen bzw. mehrere Wiederkäufe tätigt. Problematisch ist dabei die Bestimmung der Wiederkaufperiode. Praktisch ergeben sich Schwierigkeiten bei der Messung des Wiederkaufverhaltens höherer Ordnung, da dazu relativ lange Erhebungszeiträume erforderlich sind (vgl. *Pepels, Werner:* Käuferverhalten und Marktforschung, Stuttgart 1995).

Kaufentscheidungskonstellation

Hinsichtlich der Konstellation beim Kaufentscheid sind verschiedene Kriterien anwendbar. Im folgenden werden die Beziehungen zwischen Verwender und Käufer und zwischen Entscheidungsträger und Entscheidungsumfeld beispielhaft betrachtet. Zunächst zu den Beziehungen zwischen Verwender und Käufer.

Dabei können vier Kombinationen unterschieden werden:

- Der Käufer ist zugleich Verwender. Dies ist z. B. im Einpersonenhaushalt gegeben.
- Ein Nichtkäufer ist Verwender. Dies ist z. B. beim Beschenkten oder im gewerblichen Bereich beim Einkauf durch Funktionsträger gegeben.
- Der Käufer ist Nichtverwender. Dies ist z. B. bei Auftragskäufen, auch im gewerblichen Bereich durch Funktionsträger gegeben.
- Ein Nichtkäufer ist Nichtverwender. Dies ist z. B. bei Kaufvorbereitung durch Berater, Meinungsbildner etc. gegeben.

Bei der Beziehung zwischen Entscheidungsträger und Entscheidungsumfeld sind ebenfalls vier Kombinationen zu unterscheiden:

- Ein Individualentscheid erfolgt in der Privatsphäre. Dieser geschieht z. B. durch den Haushaltungsvorstand.
- Ein Individualentscheid erfolgt in der Organisationssphäre. Dieser geschieht z. B. durch Funktionsträger im gewerblichen Bereich.
- Ein Kollektiventscheid erfolgt in der Privatsphäre. Dieser geschieht z. B. durch Familienentscheid über den Kauf.
- Ein Kollektiventscheid erfolgt in der Organisationssphäre. Dieser geschieht z. B. bei Buying Centers im gewerblichen Bereich.

Kaufhaus

Hierbei handelt es sich um einen Betriebstyp des Handels, der weit verbreitet ist (z. B. *Boecker, Sinn, C&A*). Seine wesentlichen Kennzeichen sind die folgenden:

- schmaleres Sortiment als ein Warenhaus bei höherer Tiefe,
- anspruchsloses Sortimentsniveau (neuerdings aber Trading up),
- konventionelle Preisbildung, durchsetzt von aggressiven Preisen,

- zentrale oder Cityrandlage, auch in Vorortzentren vertreten,
- Großbetriebsform, jedoch kleiner als Warenhaus,
- intensiver Einsatz des Beeinflussungs-Mix, aber weniger als Warenhaus,
- Akquisition durch Ladengeschäft mit dominanter Fremdbedienung,
- dezentrale Standortspaltung mit stationären Verkaufspunkten,
- horizontale Integration in Konzern, jedoch geringer als Warenhaus.

(→ *Einzelhandel, Betriebstypen)*

Kaufkraft

Eine wichtige Bedeutung kommt auch der Kaufkraft zu. Unter Kaufkraft versteht man die Summe der netto zufließenden Einkünfte aus Arbeitsentgelt, Nebenerwerb, Versorgungsbezügen, Kontoabhebungen und Kreditaufnahme. Werden davon die Sparbeträge und die Kreditabtragung abgezogen, ergibt sich die disponible Kaufkraft. Werden davon noch die festen Ausgabebeträge (für Miete, Unterhalt, Versicherung etc.) abgezogen, ergibt sich schließlich die für Konsumzwecke zur Verfügung stehende diskretionäre Kaufkraft. Die Kaufkraft variiert räumlich stark und wird anhand des Einkommenssteueraufkommens differenziert erhoben. Dabei ergeben sich allerdings erhebliche zu vermutende Verzerrungen aufgrund der mangelnden Steuerehrlichkeit und der verschiedenen, nicht für Konsumzwecke abfließenden Geldbeträge. Von realer Kaufkraft spricht man, wenn die effektive, inflationsbereinigte Kaufkraft gemeint ist. Die Geldentwertungsrate wird anhand eines repräsentativen Warenkorbs für private Haushalte verschiedener Größe und Struktur (4 Personen, mittleres Einkommen, 2 Personen, Rentner etc.) erhoben und ausgewiesen. Es ist möglich, die Kaufkraft auf Bundesländer, Stadt- und Landkreise umzulegen. Stellt man diesen Werten die durchschnittliche Kaufkraft in Deutschland gegenüber, ergeben sich spezifische Kaufkraft-Kennziffern. Absolut ist die Kaufkraft in NRW am größten, relativ ist der Index in Berlin am höchsten. Stellt man der Kaufkraft je Gebiet zudem die dort getätigten Handelsumsätze gegenüber, so sind Kaufkraftwanderungen ersichtlich. Hier kommt es zur Agglomerationswirkung von Großstädten. So steht die Wohnbevölkerung des Stadtkreises Düsseldorfs für 0,01378 Anteile der gesamten Kaufkraft Deutschlands, die Handelsumsätze dort aber stehen für 0,01769 Anteile aller Umsätze, der Index von 128 zeigt einen Zufluß an Kaufkraft aus dem Umland. Der Landkreis Dinslaken etwa steht mit seiner Wohnbevölkerung für 0,00211 Anteile der gesamten Kaufkraft Deutschlands, die Handelsumsätze betragen aber nur 0,00180 Anteile aller Umsätze, der Index von 85 steht für einen Abfluß an Kaufkraft in das Umland bzw. die nächstgelegenen Großstädte. Erstellt man daraus eine Kaufkraft-Landkarte, ergeben sich ein gemäßigtes Nord-Süd- und ein starkes West-Ost-Gefälle.

Als Basis gilt das Haushaltsnetto- oder das Persönliche Einkommen. Ersteres beinhaltet die addierten Nettoeinkommen aller im Haushalt lebenden Personen, letzteres das Nettoeinkommen einer einzelnen Person im Haushalt. Die Kaufkraft wird über sekundärstatistische Indikatoren wie Lohn-, Einkommens-, Umsatz-Steueraufkommen gemessen. Diese Daten unterliegen erheblichen Ungenauigkeiten. Über Spar- und Kreditvolumen fehlt jede verläßliche Aussage. Z.B. wird auf Befragen hin das Einkommen erfahrungsgemäß um ca. 400 Mark zu hoch angegeben, bei Auskunftsverweigerung soll der Befrager das Einkommen schätzen (SFE).

Kaufmännischer Kundendienst

(→ *Kundendienste)*

Kaufnachbereitung

In der Kaufnachbereitung soll vor allem kognitiven Dissonanzen vorgebeugt und Kundenbindung generiert werden. Dissonanz bedeutet ein empfundenes Ungleichgewicht, das den Menschen beschleicht, sobald er eine Entscheidung gefällt hat und das er, da ihm die Tendenz zur Konsonanz innewohnt, zu reduzieren sucht. Kognitiv bedeutet, daß die Dissonanz sich aus der Verarbeitung widersprüchlicher Informationen ergibt. Als reales Phänomen treten so im Nachhinein Zweifel an der Richtigkeit einer getroffenen Entscheidung auf, die ausgeräumt werden sollen. Dies geschieht über einige Techniken des Selbstbetrugs. Kognitiven Dissonanzen kann außerdem proaktiv vorgebeugt werden.

Der Verkäufer kann kognitive Dissonanzen bereits im Ansatz reduzieren, indem er bestätigend auf den Käufer einwirkt. In Gebrauchsanleitungen wird dieser Effekt wiederholt, indem dem Leser zunächst zum Kauf des hochwertigen, modernen, leistungsfähigen etc. Produkts gratuliert wird. Diese Kaufnachbereitung kann auch in festen Betreuungs- und Nachfaßprogrammen (KKP's) institutionalisiert werden. Denn aus Kundenzufriedenheit ergeben sich Chancen für Zusatzverkäufe (z. B. Zubehör) und für die markentreue Wahl beim Wiederkauf. Zur Kaufnachbereitung gehört allerdings auch die Reklamationsabwicklung. Diese bildet sicherlich eine der unangenehmeren Verkäuferpflichten. Hier wird die Kundenbindung auf eine harte Probe gestellt. Um so wichtiger ist es, auch diese Klippe so elegant wie möglich zu umschiffen. Bewährt hat sich das Phasenschema:

- Kunden austoben lassen. Ein verärgerter Kunde will sich zuerst Luft machen, bevor er für Erklärungen aufnahmefähig ist. Das bedeutet für den Verkäufer, sich zu beherrschen, ruhig und höflich zu bleiben, aufmerksam zuzuhören, nicht zu unterbrechen, Anteilnahme und Mitgefühl zu zeigen, bis er sich abreagiert und sein Pulver verschossen hat. Streitgespräche sollten immer unter vier Augen stattfinden. Im Sitzen streitet es sich übrigens schwerer. Reklamiert ein Kunde und braucht dabei böse Worte, so meint er das in aller Regel nicht persönlich. So kann man das Befreiungsgefühl des Kunden abwarten,

- Reuegefühl als Verkäufer zeigen. Sind Fehler gemacht worden, muß der Verkäufer bereit sein, dafür einzustehen. Nachgeben und eine Entschuldigung ohne Schuldeingeständnis und Dank für das Verständnis führen zu Reue beim Kunden. Wenn man Details erfragt, stellt sich die Sache meist als nicht mehr so schlimm heraus. Dennoch sollten Probleme keinesfalls als Petitessen hingestellt werden. Mitschreiben von Klagen führt zu gemäßigtem Ausdruck.
- Wiedergutmachung anbieten. Der Verkäufer sollte zusagen, alles Nötige schnellstens zu veranlassen, dabei nicht kleinlich sein und versprechen, sich dafür persönlich einzusetzen. Dazu gehört ein Vorschlag, wie die Angelegenheit zu regeln ist. Das Ergebnis sollte man auch selbst „verkaufen". Auf jeden Fall muß die Kontaktbrücke zum Kunden erhalten bleiben, denn zufriedenstellend erledigte Reklamationen sind eine ausgezeichnete Basis für weitere Geschäfte. Insgesamt ist eine positive Dialektik einzusetzen, die Rücksicht auf das Selbstwertgefühl des Gesprächspartners nimmt, Verständnis signalisiert und bescheiden bleibt, also die Philosophie des Dienens ohne zu dienern.

(→ Kommunikationswirkung, Phasen, Verkaufsgesprächselemente)

Kaufneigungsmodelle

(→ Marke, Wahlmodelle)

Kaufprozeß

Kauf ist der freiwillige Austausch von Geld gegen Sachgüter, Dienstleistungen, Rechte und Vermögenswerte durch Personen, Personengruppen und Organisationen. Ausgeschlossen sind also Leistungen, die unentgeltlich sind (z. B. als Geschenk) oder gegen Entgelt in Anspruch genommen werden müssen (z. B. als Gebühren). Beinhaltet sind hingegen sowohl Entscheidungen, die zum Erwerb von Eigentumsrechten führen (der sog. juristische Kauf) als auch solche, die nur zu Besitzrechten führen (z. B. als Miete). Der Kauf umfaßt eine Reihe von Entscheidungen.

Die *Budgetentscheidung* bezieht sich darauf, welcher Teil der zur Verfügung stehenden finanziellen Mittel für Käufe ausgegeben werden soll. Dabei geht es auch um die Aufteilung zwischen Sparen, Kreditaufnahme und Konsum, sowie um die Aufteilung des dem Konsum gewidmeten Budgets auf einzelne Lebensbereiche (wie Freizeit, Ernährung, Hobby etc.).

Die *Produktgruppenentscheidung* bezieht sich darauf, für welche Art von Leistung diese finanziellen

Mittel verwendet werden sollen. Dabei stehen die Produktgruppen in mehr oder minder enger substitutionaler Beziehung zueinander um die Verwendung der knappen Budgetmittel.

Die *Markenentscheidung* bezieht sich darauf, welche Leistung innerhalb der ausgewählten Art konkret gekauft werden soll. Auch die Marken innerhalb einer Produktgruppe stehen in mehr oder minder enger substitutionaler Beziehung zueinander, wobei allenfalls alleinstellende Positionierungen Abhilfe schaffen.

Die *Mengenentscheidung* bezieht sich darauf, welche Menge des ausgewählten Angebots beschafft werden soll. Für kleine Mengen spricht der geringe Transport- und Lageraufwand, zudem die niedrige Mittelbindung, für große Mengen spricht der meist günstigere Preis je Einheit und die einfachere Einkaufsorganisation.

Die *Zeitentscheidung* bezieht sich darauf, wann diese Menge der gegebenen Marke in der gegebenen Produktgruppe beschafft werden soll. Dabei kann je nach Produkt nach Jahreszeit, Monatsablauf, Wochentag und Tageszeit differenziert werden.

Die *Einkaufsstättenentscheidung* bezieht sich darauf, wo die Beschaffung erfolgen soll. Dabei stehen dann nicht mehr die Produkte, sondern die Absatzmittler im Mittelpunkt der Wahl, d. h. aus der Interbrand Competition ist eine Intrabrand Competition geworden, der Wettbewerb der Händler darum, wo ein präferiertes Angebot nun konkret eingekauft wird.

Kauftypen

Im organisationalen Bereich ergeben sich drei Typen von Kaufentscheidungen. Beim *Erstkauf* stehen die Beteiligten vor einer völlig neuen Problemstellung, bei der bisherige Erfahrungen wenig helfen. Dementsprechend besteht großer Informationsbedarf. Erstkäufe lassen sich kennzeichnen durch individuelle Kaufprozesse, die neuartig sind, deren Leistungsinhalt und -umfang also jeweils neu festgelegt werden muß, die extensive Entscheidungsprozesse darstellen, bei denen regelmäßig ein vergleichsweise hoher Auftragswert gegeben ist und bei denen eine einzelfallabhängige Lieferantenbewertung erfolgt.

Der *modifizierte Wiederholungskauf* ist seiner Art nach nicht neu, weicht jedoch von Erfahrungswerten ab. Daher müssen ergänzende Informationen eingeholt werden. Der Kaufentscheid ist nicht innovativ, wie beim Erstkauf, aber auch nicht routinisiert, wie beim reinen Wiederholungskauf. Man kann daher von einem adaptiven Verhalten sprechen.

Beim *reinen Wiederholungskauf* handelt es sich um wiederkehrende Problemstellungen bei völlig ausreichender Informationslage. Solche Routinetransaktionen sind charakterisiert durch habitualisierte Kaufprozesse, die sich vergleichsweise häufig wiederholen, im Rahmen derer dieselben, normierten und ggfls. vorproduzierten Leistungen nachgefragt werden, die eine vergleichsweise geringe Komplexität aufweisen, bei denen ein vergleichsweise geringer Auftragswert gegeben ist und eine Neubewertung von Lieferanten nur vergleichsweise selten geschieht. Dies gilt z. B. für Nachbestellungen. Dafür ist kaum noch Informationssuche notwendig. Der Lieferant stammt aus dem Kreis von Anbietern, mit denen bereits Geschäftsbeziehungen bestehen.

Eine weitere Unterscheidung betrifft Produkte vom Typ 1, die häufig bestellt werden, keine besonderen Analysen erfordern und keine nennenswerten Probleme erwarten lassen, Produkte vom Typ 2, die nach Auffassung der Entscheider für den jeweiligen Zweck klar geeignet sind, für deren Einsatz im Unternehmen aber besondere Maßnahmen (z. B. Schulung) notwendig sind, Produkte vom Typ 3, bei denen Zweifel an ihrer technischen Eignung und Leistungsfähigkeit für den Einsatzzweck bestehen, und Produkte vom Typ 4, die interne Probleme mit sich bringen können (z. B. in bezug auf Kultur und Politik) (vgl. *Pepels, Werner:* Käuferverhalten und Marktforschung, Stuttgart 1995).

Kaufvereinfachung

Bei Produkten wird eine Kaufvereinfachung angestrebt, wenn das empfundene Kaufrisiko gering bleibt. Praktische Techniken zur Kaufvereinfachung sind:

- Informationssuche erst bei Kaufdurchführung, nicht bereits zur Kaufvorbereitung. Also keine langwierige Recherche, sondern knappe, konzentrierte Informationsaufnahme.
- Passive Aufnahme von Angebotsinformationen, vor allem, wenn der Zeitdruck beim Einkauf groß, die Einkaufsaufgabe komplex und die Markttransparenz gering ist.
- Kauf gemäß Händlerempfehlung, wenn die Einkaufsstätte nach Zutrauen und Leistungsfähigkeit ausgewählt ist und der Verkaufsberater als vertrauenswürdiger Experte gilt.
- Generalisierende Kaufregeln, die zu Wiederholungskäufen führen und den Kaufentscheidungsprozeß verknappen.
- Normverhalten, das sich an der Referenzgruppe ausrichtet und die unüberschaubare Vielzahl des Marktangebots auf Markenartikel reduziert.
- Absicherung durch Angebotsattribute wie Testergebnisse (da kann man nichts falsch machen), Garantiezusagen (Risikoreduktion) oder Anzahlung (Rückabwicklungsmöglichkeit).
- Preisabhängige Qualitätsbeurteilung, vor allem dann, wenn Erfahrungen fehlen oder nicht zugänglich sind, die objektive Qualität schwer abschätzbar ist und erhebliche Qualitätsunterschiede wahrgenommen werden.

Kaufvertrag

(→ *Abrechnungsklauseln*)

Kaufvertrag, Arten

Besondere Arten des Kaufvertrags nach Art, Beschaffenheit und Güte der Ware betreffen folgende:

- Beim Stückkauf ist eine einmalige Sache Kaufgegenstand, die nicht noch einmal beschafft werden kann (Grundstück, Kunstwerk, Antiquität etc.).
- Beim Gattungskauf ist eine Sache, die in mehreren gleichen Ausfertigungen hergestellt und daher wieder beschafft werden kann, Kaufgegenstand (Baumwolle, Kunstdruck, Serienmöbel etc.).
- Der Kauf zur Probe ist ein endgültiger Kauf, bei dem der Käufer dem Verkäufer zu erkennen gibt, später weitere Bestellungen aufzugeben, wenn die gelieferte Ware seinen Erwartungen entspricht. Eine rechtliche Verpflichtung zu späteren Abschlüssen wird dadurch jedoch nicht begründet.
- Der Kauf nach Probe ist ein endgültiger Kauf auf Grund früher bezogener Waren oder nach einer vom Verkäufer erhaltenen oder dem Verkäufer übergegebenen Probe. Die zu liefernde Ware muß der Probe entsprechen, unwesentliche Abweichungen müssen jedoch geduldet werden. Die Eigenschaften der Probe oder des Musters sind als zugesichert anzusehen. Fehlt der Ware eine zugesicherte Eigenschaft, so kann der Käufer Schadenersatz wegen Nichterfüllung verlangen.
- Der Kauf auf Probe ist ein Kauf mit Rückgaberecht innerhalb einer vereinbarten oder angemessenen Frist, falls der Gegenstand nicht den Erwartungen des Käufers entspricht. Der Verkäufer überläßt dem Käufer die Ware für eine bestimmte Zeit „zur Ansicht“, damit er sie prüfen und ausprobieren kann. Läßt der Käufer die Probefrist ohne ausdrückliche Ablehnung der Ware vorübergehen, so gilt sein Stillschweigen als Zustimmung und damit als Annahme des Angebots.
- Beim Spezifikationskauf erfolgt ein Abschluß über eine genau festgelegte Gesamtmenge einer Gattungsware. Der Käufer hat aber das Recht, innerhalb einer festgesetzten Frist die zu liefernden Waren nach Maß, Form oder Farbe näher zu bestimmen. Für die Gesamtmenge wird ein Grundpreis vereinbart. Dazu kommen für die einzelnen Ausführungsarten vereinbarte Zuschläge.

Nach der Bestimmung der Lieferzeit der Ware unterscheidet man folgende:

- Beim Sofort-(Prompt-, Tages-) kauf hat die Lieferung unverzüglich nach der Bestellung zu erfolgen.
- Beim Terminkauf hat die Lieferung zu einem vereinbarten Termin oder innerhalb einer vereinbarten Frist zu erfolgen.
- Beim Fixkauf hat die Lieferung an oder bis zu einem genau bestimmten Zeitpunkt zu erfolgen.
- Beim Kauf auf Abruf ist der Zeitpunkt der Lieferung in das Ermes-

sen des Käufers gestellt, der die Ware abruft.

- Beim Teillieferungskauf erfolgt die Lieferung in Teilmengen regelmäßig oder auf Abruf. Dadurch ergibt sich die Möglichkeit des Einkaufs großer Mengen bei niedriger Lagerhaltung.
- beim Ramschkauf wird pauschal eine Menge von Waren fairer durchschnittlicher Qualität (FAQ) zu einem Pauschalpreis vereinbart.

Nach dem Erfüllungsort unterscheidet man folgende:

- Beim Versendungskauf befinden sich Verkäufer und Käufer an verschiedenen Orten, Erfüllungsort für den Versand ist der Ort des Verkäufers, die Transportgefahr geht mit der Auslieferung der Ware an den beauftragten Spediteur /Frachtführer auf den Käufer über.
- Beim Fernkauf befinden sich Verkäufer und Käufer an verschiedenen Orten, als Erfüllungsort für den Versand ist ein anderer Ort als der des Verkäufers vereinbart. Die Gefahr geht erst mit Übergabe der Ware auf den Käufer über.
- Beim Platzkauf befinden sich Verkäufer und Käufer an verschiedenen Stellen desselben Ortes. Meist ist die Stelle des Käufers Erfüllungsort, damit gehen Gefahren erst dort über.
- Beim Handkauf befinden sich Verkäufer und Käufer am gleichen Ort (z. B. im Laden). Im Handel wird hier oft das Streckengeschäft bevorzugt, d. h. der Großhändler hat nur vermittelnde Funktion, tatsächlich handelt es sich dann um einen Versendungskauf.

Nach den Partnern des Kaufvertrags unterscheidet man folgende:

- Der Bürgerliche Kauf ist ein Kauf unter Nichtkaufleuten oder ein Kauf, den ein Kaufmann für seine privaten Zwecke abschließt. Es gelten die Bestimmungen des BGB.
- Der Handelskauf ist ein Kauf, den mindestens ein Vertragspartner als Kaufmann für Zwecke seines Handelsgewerbes tätigt. Es gelten die Vorschriften des HGB. Beim einseitigen Handelskauf ist nur ein Vertragspartner als Kaufmann tätig, beim zweiseitigen Handelskauf sind beide Vertragspartner als Kaufleute tätig.

Nach der Bestimmung der Zahlungszeit unterscheidet man folgende:

- Beim Kauf gegen Vorauszahlung ist die Zahlung vor der Lieferung zu leisten.
- Beim Barkauf hat der Käufer Zug um Zug mit der Lieferung zu leisten.
- Beim Zielkauf ist die Zahlung einige Zeit nach der Lieferung zu leisten.
- Beim Ratenkauf erfolgt die Zahlung in Teilbeträgen zu verschiedenen Zeitpunkten.

Beim Kreditverkauf kommt die Sicherung hinzu. Diese erfolgt durch Einholen von Auskünften bei neuen Kunden.

Kaufvertrag, Inhalte

Ein Kaufvertrag kommt durch zwei übereinstimmende Willenserklärungen zustande, durch Antrag und Annahme. Der Antrag geht vom demjenigen aus, der einen Vertrag abschließen möchte, die Annahme vom demjenigen, an den sich der Antrag richtet. Antrag und Annahme können sowohl vom Verkäufer als auch vom Käufer ausgehen. Denkbar sind folgende Abfolgen:

- Der Käufer stellt eine (unverbindliche) Anfrage.
- Der Verkäufer gibt einen (verbindlichen) Antrag ab.
- Der Käufer erklärt eine (verbindliche) Annahme.
- Der Verkäufer gibt eine (fakultative) Auftragsbestätigung.

Oder:

- Der Käufer gibt einen (verbindlichen) Bestellungsantrag ab.
- Der Verkäufer bestätigt eine (verbindliche) Auftragsannahme.

Zum Vertrag gehören einerseits der Gegenstand des Vertrags (Parteien, Leistung, Gegenleistung, Geschäftsgrundlage, Formvorschrift) und andererseits Modalitäten des Vertrags:

- Zahlungsmodalitäten (Bonitätsregelung, Währungsrisiko, Transfermöglichkeit, Risiken aus Garantien, Valuta),
- Geschäftsgrundlage (Leistungsbeschreibung, vor allem Qualitätsmaßstab nach Muster, Probe, Katalog, Plan, Handelklasse, Marke, Type, Besichtigung, Alter, Farbe, Herkunft, Konsistenz, sowie Kostenänderung der Inputfaktoren),
- Vertragsdurchsetzung (anwendbares Recht, Entscheidungsinstanz, Vollstreckungsmöglichkeit),
- Erfüllungsort, Gefahrtragung (Leistungsgefahr, Preisgefahr, Force majeur-Klausel) und Gebührentragung,
- Leistungsstörungen (Gewährleistung, Verzug und Unmöglichkeit, positive Vertragsverletzung, sonstige Verschuldenshaftung),
- Vertragsnichtigkeit (Vertragsabbruch) oder -anfechtbarkeit.

Bei den Vertragsmodalitäten sollen folgende Grundsätze gelten:

- Leistungsprinzip (keine Konditionen ohne Gegenleistung),
- Konditionengleichheit (gleiche Konditionen bei gleichen Leistungen),
- Transparenz (klare Strukturierung und gute Nachvollziehbarkeit),
- Enge Konditionenspreizung (kein zu großer Abstand zwischen Kundenkonditionen),
- Enge Preisspreizung (Aktionskonditionen sparsam einsetzen),
- Wachstumsanreiz (Systemauslegung so, daß sich mehr Engagement lohnt),
- Budgetprinzip (nur innerhalb definierter Konditionenbudgets),
- Verantwortlichkeit (eindeutige Zuordnung),
- Markenorientierung (starke Marken nicht zusätzlich sponsorn),
- Implementierbarkeit (Umsetzbarkeit des Systems sichern).

Besonderheiten im Kaufvertrag betreffen dabei folgende:

- die veränderte Annahme eines

Antrags durch den Käufer. Dies gilt als Ablehnung des ursprünglichen Antrags und stellt einen neuen Antrag des Käufers dar, der erneut vom Verkäufer zu akzeptieren ist.

- die verspätete Annahme eines Antrags durch den Käufer. Dies ist der Fall, wenn die Annahme länger dauert als es der Verkäufer unter normalen Umständen erwarten darf. Sie gilt als neuer Antrag des Käufers, der erneut vom Verkäufer zu akzeptieren ist.
- einen freibleibenden Antrag. Ein Kaufvertrag kommt erst zustande, wenn der Käufer tatsächlich bestellt oder der Verkäufer den Auftrag bestätigt (unter Kaufleuten gilt Schweigen als Zustimmung).
- die Zusendung unbestellter Ware. Sie stellt ein verbindliches Angebot des Verkäufers dar. Ein Kaufvertrag entsteht durch Zustimmung der Annahme, durch Warenbezahlung oder Ge- bzw. Verbrauch der Ware. Erfolgt keine Reaktion, gilt unter Kaufleuten, die bereits in Geschäftsbeziehung stehen, Schweigen als Annahme, unter Kaufleuten, die keine Geschäftsbeziehungen unterhalten sowie bei Geschäften mit Privatpersonen, hingegen Schweigen als Ablehnung. Die Ware muß dann aufbewahrt und zur Abholung bereitgehalten werden.

Durch den Kaufvertrag verpflichtet sich der Verkäufer zur Besitzübergabe der Ware an den Käufer, der Käufer zur Abnahme der Ware des Verkäufers und zur Zahlung des vereinbarten Kaufpreises an diesen sowie der Verkäufer zur Eigentumsübertragung an den Käufer. Eigentümer einer Sache ist, wem eine Sache gehört. Er kann damit beliebig verfahren und andere von jeder Einwirkung ausschließen. Besitzer einer Sache ist, wer eine Sache tatsächlich in Verfügung hat. Er darf sie nur nutzen und muß sie auf Wunsch jederzeit herausgeben.

Nach Wareneingang erfolgt zunächst eine Wareneingangsprüfung. Nach Rechnungseingang erfolgt eine Rechnungsprüfung. Zur Sicherung von Forderungen bleibt die Ware bis zur vollständigen Bezahlung Eigentum des Lieferanten, wie es in den Allgemeinen Geschäftsbedingungen normalerweise verankert ist. Die Ware darf dann nicht weiterveräußert werden, was im Handel äußerst hinderlich ist. Daher wird meist ein verlängerter Eigentumsvorbehalt vereinbart, d. h. der Anspruch auf Kaufpreiszahlung wird beim Weiterverkauf der Ware immer an den Erstverkäufer abgetreten, oder ein erweiterter Eigentumsvorbehalt, d. h. das Eigentum geht nicht bei Bezahlung der augenblicklichen, sondern erst mit Bezahlung aller offenstehenden Forderungen über, oder den weitergeleiteten Eigentumsvorbehalt, d. h. ein Weiterverkauf ist nur unter Einwilligung des Erstverkäufers möglich.

Keil-Ansatz

(→ Willensbildung in Organisationen)

Kennernutzen

(→ *Nutzenversprechen)*

Kennwertsysteme

Die Effizienz wird meist durch Kennzahlen oder Kennwertsysteme ausgedrückt. Kennzahlen sind Gliederungs-, Beziehungs- und Indexzahlen. Kennwertsysteme bestehen aus solchen hierarchisch aufgebauten, verketteten Kennzahlen. Sie informieren in konzentrierter Form auf relativ einfache Weise über quantifizierbare Vorgänge und betriebliche Tatbestände. Als Spitzenkennzahl wird zumeist der Return on Investment (ROI) herangezogen. Die bekanntesten Kennwertsysteme sind das ZVEI- und DuPont-Schema. Letzteres geht wie folgt vor. Die Rentabilität wird aus dem Produkt von Umsatzrentabilität und Kapitalumschlagshäufigkeit abgeleitet. Die Umsatzrentabilität wiederum ergibt sich als Quotient aus Betriebsergebnis und Umsatzerlösen. Das Betriebsergebnis seinerseits ergibt sich als Differenz aus Umsatzerlösen und Umsatzkosten. Alternativ ergibt es sich als Differenz aus Deckungsbeitrag und fixen Kosten. Ansatzpunkt ist dann die Kostenoptimierung. Die Umsatzkosten ergeben sich als Summe aus Material- und Fertigungs-, Vertriebs- und Verwaltungskosten. Alternativ ergeben sich der Deckungsbeitrag als Differenz aus Umsatzerlösen und der Summe der variablen Kosten bzw. die fixen Kosten als Summe aller Fixkosten der verschiedenen Zurechnungsebenen. Die Umsatzerlöse ergeben sich als Produkt von Absatzmenge und Verkaufspreis je Einheit. Die Summe der variablen Kosten ergibt sich als Produkt von Absatzmenge und variablen Kosten je Einheit. Ansatzpunkt ist hier die Umsatz- und Preisoptimierung. Die Kapitalumschlagshäufigkeit ergibt sich als Quotient aus Umsatzerlösen und Vermögen (investiertes Kapital). Ansatzpunkt ist hier die Verbesserung der Bilanzstruktur. Das Vermögen besteht aus der Summe von Umlauf- und Anlagevermögen (arbeitendes Kapital und laufende Investitionen). Das Umlaufvermögen wiederum ergibt sich aus der Summe von Lagerbeständen, Forderungen und liquiden Mitteln.

Ein finanzielles Marketing-Kennwertsystem besteht aus der Spitzenkennzahl des Marketingergebnisbeitrags. Dieser ergibt sich als Differenz aus Marketingdeckungsbeitrag und fixen Marketingkosten. Der Marketingdeckungsbeitrag stellt die Differenz aus Nettoumsatz und variablen Marketingkosten dar. Der Nettoumsatz ergibt sich als Differenz aus Bruttoumsatz und Erlösschmälerungen aller Produkte. Der Bruttoumsatz ergibt sich als Produkt aus Preis je Einheit und Absatzmenge. Der Preis wiederum ist abhängig von Bruttopreis abzgl. Rabatt. Die Absatzmenge wird bestimmt durch Marktvolumen, abhängig von Kundenpotential und Einzelkundenumsatz, sowie Marktanteil, abhängig von Distributionsdichte und -anteil. Die variablen Marketingkosten erge-

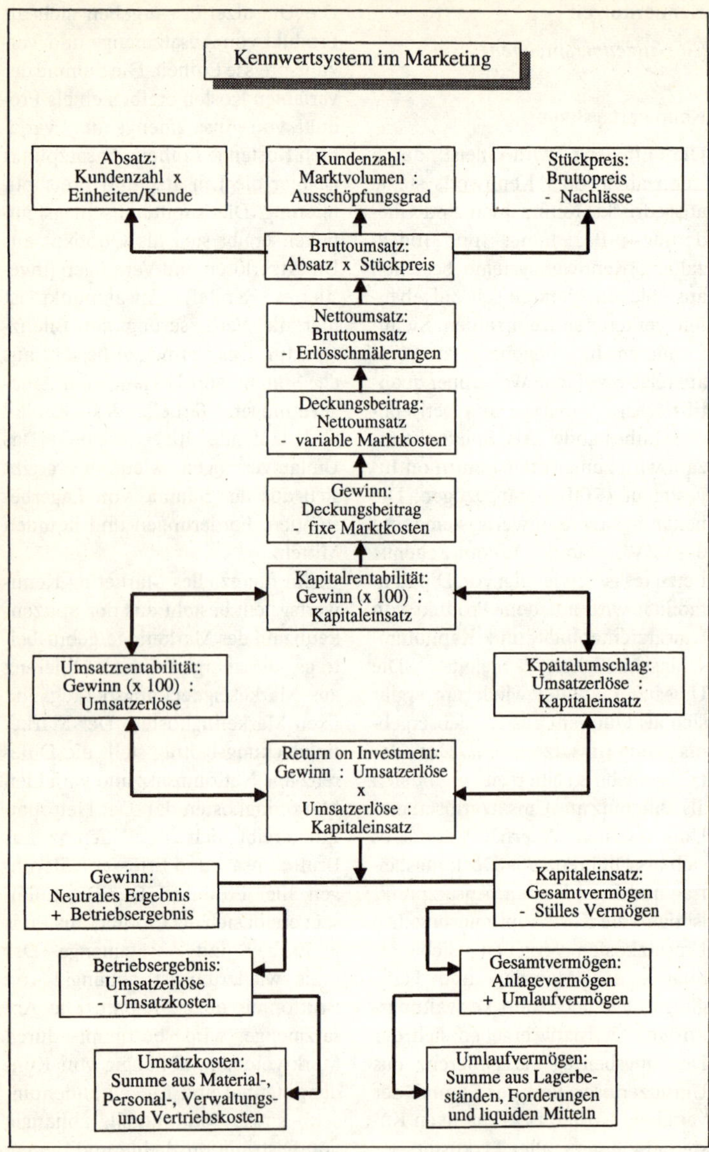

Kennwertsystem im Marketing

ben sich aus Gewährleistungen, Provisionen und Frachtgebühren. Hinzu kommen die Herstellkosten und die Sondereinzelkosten des Vertriebs. Die fixen Marketingkosten setzen sich aus der Summe von Verkaufs- und Marketingservicekosten zusammen. Hinzu kommen noch Opportunitätskosten, die aus Zinsdienst und Kapitalbindung resultieren. Die Verkaufskosten umfassen Personalkosten (Innen- und Außendienst, Auftragsabwicklung etc.) sowie Sachkosten (Fertigwarenlager, Versand etc.). Die Marketingservicekosten umfassen Marketingkommunikation und -forschung.

Als Kritik an Kennwerten ist zu nennen, daß sie nur quantitative Größen zu erfassen in der Lage sind, daß ihnen ein starres Zielsystem zugrunde liegt, was bei sich rasch wandelnden Vermarktungsbedingungen nicht ausreicht, daß Zielkonflikte innerhalb des Systems nicht offengelegt werden und die Gewinnfixierung zu einseitig ist. Ihr Vorteil liegt zweifellos in der großen Übersichtlichkeit.

Kennzahlen im Handel

Kennzahlen spielen in der Handelskalkulation eine große Rolle. Dazu einige Beispiele:

- Der Kalkulationsfaktor ist der prozentuale Aufschlag auf den Einstandspreis zur Ermittlung des Bruttoverkaufspreises. Er ist bei Ausgleichsgebern höher als bei Ausgleichsnehmern.
- Der Kalkulationsaufschlag ist der Multiplikator für den Einstandspreis zur Ermittlung des Bruttoverkaufspreises.
- Der Kalkulationsdivisor ist die prozentuale Differenz zwischen Bruttoverkaufspreis und Einstandspreis. Er ist bei Ausgleichsgebern höher als bei Ausgleichsnehmern.
- Die Handelsspanne ist der Divisor zwischen Bruttoverkaufspreis und Einstandspreis.
- Die Handelsspanne kann in Kalkulationsaufschlag umgerechnet werden.
- Für die Mischkalkulation ist die Betriebshandelsspanne ausschlaggebend. Sie ergibt sich prozentual aus den mit dem Umsatzanteil gewichteten Handelsspannen der einzelnen Artikel im Sortiment. Ausgleichsnehmer drükken die Betriebshandelsspanne, Ausgleichsgeber heben sie an.
- Die Bruttonutzenziffer zeigt an, wieviel Umsatz (Bruttoverkaufspreis) aus 100 Mark Wareneinsatz (Einstandspreis) je Periode zurückfließt (Return on Investment). Je größer der Bruttonutzen, desto lohnender ist die Investition in das Sortiment.
- Die Umschlaggeschwindigkeit in Tagen ergibt sich als Quotient aus Zinstagen je Periode und Umschlaghäufigkeit. Je höher die Umschlaggeschwindigkeit ist, desto weniger Kapitalbindung erfordert das Sortiment.
- Die Umschlaghäufigkeit ergibt sich als Quotient aus abverkaufter Menge und durchschnittlichem Warenbestand im Geschäft. Je hö-

her die Umschlaghäufigkeit ist, desto weniger Kapitalbindung erfordert das Sortiment.

Wichtige weitere Kennzahlen sind die Aggregatplatzproduktivität (Absatz je qdm Regal/Lager), die Nettorentabilität (Deckungsbeitrag zu durchschnittlichem Artikelbestand), die Bruttorentabilität (Rohertrag zu durchschnittlichem Artikelbestand), die Verkaufsflächenproduktivität (Artikel-Deckungsbeitrag je qdm), die Frontstreckenproduktivität (Deckungsbeitrag je Facing in m), der durchschnittliche Deckungsbeitrag je Kunde bzw. Einkaufsvorgang, der Marktanteil in der Warengruppe, die Preiselastizität, die Verkaufsflächenelastizität, die Frontstreckenelastizität und die Kundenkontaktelastizität. Hinzu kommen Meßgrößen wie Distributionsquote, Käuferreichweite (kumulierte Käuferzahl), Erstkaufrate, Nachkaufrate, Einkaufsintensität, Feldanteil (Anteil eigener Käufer am Markt), Stammkäuferanteil, Wechselkäuferanteil, Exklusivkäuferanteil und Kategorieanteil (vgl. *Pepels, Werner:* Handels-Marketing und Distributionspolitik, Stuttgart 1995).

Kennziffern

Kennziffern enthalten die Verknüpfung unterschiedlicher Variabler, meist durch Grundrechenarten, zu neuen, aussagefähigen und interpretierbaren Daten. Neben Absolutzahlen können drei weitere Arten unterschieden werden.

Gliederungszahlen zerlegen eine Gesamtdatenmenge in Teileinheiten, die dann wiederum auf die Gesamtmenge bezogen werden. Die Teilmengen sind dabei eine echte Untermenge der jeweiligen Gesamtmenge. Das Ergebnis sind dann Anteilsziffern von Teil- an der Gesamtmenge, die große Datenmengen übersichtlich gliedern, bei kleineren Datenmengen aber nicht sonderlich hilfreich sind. Die Ausrechnung erfolgt durch Dreisatz. Meist wird die Gesamtmasse gleich 100 gesetzt, sodaß eine Gliederungszahl den prozentualen Anteil der Teilmasse an der Gesamtmasse angibt.

Bei *Verhältniszahlen* werden gleichgeordnete Mengen gegenübergestellt. Dabei kann es sich je nach Ausprägung um Beziehungs- oder Indexzahlen handeln.

Beziehungszahlen stellen zeitidentische, ansonsten aber unterschiedliche, jedoch sachlich verbundene Mengen gegenüber. Das Ergebnis ist ein Quotient, dessen Wert umso näher bei Null liegt, je enger die Beziehung zwischen den Mengen ist. Der Kehrwert wird Bezeichnungszahl genannt. Bei der Berechnung von Beziehungszahlen ist darauf zu achten, daß die Gegenüberstellung zu sinnvollen Aussagen führt.

Indexzahlen stellen zeitunterschiedliche, ansonsten aber identische, der gleichen Universalmenge angehörende Mengen gegenüber. Alle Werte werden auf einen gemeinsamen Ausgangszeitpunkt bezogen (Index = 100). Der Index ist damit Ausdruck einer Veränderung zwischen Zeitpunkten oder Perioden.

Werden gleichartige Grundgesamtheiten in ihrer zeitlichen Veränderung einander gegenübergestellt bzw. auf eine feste Basiszahl bezogen, handelt es sich um die dem Index eng verwandten Meßzahlen. Indexzahlen können als Preisindizes, Mengenindizes oder Wertindizes ausgewiesen werden.

Es gibt zwei Ausprägungen, den Summen- und den Mittelwertindex.

Der *Summenindex* errechnet sich aus einer Reihe von Werten, wobei die Summe der Reihenwerte des Basiszeitraums dem Wert 100 entspricht. Beim arithmetischen Mittel werden dazu alle Meßzahlen addiert und die Summe durch die Anzahl der Meßzahlen dividiert. Beim gewogenen Summenindex werden zusätzlich beide Reihen mit dem Gewicht des Basis- oder des Vergleichszeitraums multipliziert. Das anzuwendende Gewicht ist die Quadratwurzel aus dem Produkt beider Gewichte. Dabei gibt es mehrere Arten.

Stammen die Gewichte aus dem gleichen Basiszeitraum, ist ein Index nach Laspeyres berechenbar. Dadurch sind die Zahlen einer Indexreihe direkt vergleichbar. Allerdings wird die Aussagekraft umso geringer, je weiter die Basisperiode zeitlich zurückliegt.

Stammen die Gewichte aus dem gleichen Beobachtungszeitraum, ist ein Index nach Paasche berechenbar. Dadurch werden die Verhältnisse der gegenwärtigen Realität besser beschrieben. Allerdings ist kein direkter Vergleich aller Indexwerte mehr möglich. Dieser Index wird meist auch für Wertindizes angewandt.

Der *Mittelwertindex* unterstellt, daß jede Zahl der Basisreihe dem Wert 100 entspricht und eine entsprechende Relation zu den Zahlen der Vergleichsreihe besteht. Beim gewogenen Mittelwertindex werden die Relationswerte der Vergleichsreihe mit einem entsprechenden Gewicht multipliziert. Sollen äußere Einflüsse ausgeschaltet werden, wird mit konstanten Gewichten gerechnet.

Der Wahl des Basiswerts (im Nenner des Quotienten) kommt eine große Bedeutung zu. Rechnerisch ist es zwar unerheblich, inhaltlich sollte aber kein Basiswert gewählt werden, der für die sich ergebende Meßziffernreihe ein atypisches Bild ergibt. Unterschiedliche Indexreihen können nur dann miteinander verglichen werden, wenn sie das gleiche Basisjahr haben. Dazu ist eine Umbasierung oder Verkettung erforderlich.

Kennziffernvergleiche beruhen auf direktem Vergleich, und zwar mit entsprechenden Kennziffern aus früheren Perioden bzw. mit vereinbarten Sollwerten, oder auf indirektem Vergleich mit anderen Kennziffern. Der Vergleich kann auch zwischenbetrieblich direkt, mit identischer oder unterschiedlicher Zeitbasis bzw. Soll-Ist-Vergleich, oder indirekt erfolgen, also durch Vergleich mit anderen Kennziffern anderer Betriebe. Kennziffern können zu Kennzahlensystemen im Marketing verdichtet werden.

Dabei können Bestandsmassen zugrundeliegen, deren Elemente eine Verweildauer aufweisen, sodaß zu einem beliebigen Beobachtungszeitpunkt stets eine größere Anzahl von ihnen gleichzeitig vorhanden sind, oder Bewegungsmassen, bei denen Zu- und Abgänge Bestandsveränderungen bewirken, die zeitpunktbezogen sind. Erstere unterteilen sich in Geschlossene oder Offene Massen, letztere in Zugangs- oder Abgangsmassen. Bei stationären Massen sind die Zu- und Abgänge pro Zeiteinheit gleich groß, im Gegensatz zu nicht-stationären Massen.

Kennziffern haben allgemein die Aufgaben der Kontrolle durch laufende Erfassung zur Erkennung von Soll-Ist-Abweichungen, Schwankungsbreiten, Störungsfeldern etc., Steuerung durch Nutzung zur Vereinfachung von Informationsprozessen, Vorgabe zur Ermittlung kritischer Werte als beachtenswerte Zielgrößen, Anregung durch Erkennung von Auffälligkeiten und Veränderungen sowie Operationalisierung durch Anhaltspunkte über Ziele und Zielerreichung.
(→ Datenaufbereitung)

Kerngruppen-Ansatz

(→ Willensbildung in Organisationen)

Kernleser

(→ Leser-/Auflagenbegriffe)

Kernsortiment

(→ Sortimentsinhalte)

Key Account Management

(→ Kundenorganisation)

Key Visual

(→ Copy-Analyse)

Kick Off

(→ Events)

Kinderzahl/Haushaltsgröße

(→ Marktsegmentierung, Kriterien)

Kinospots

Das Kino als Werbemedium hat nach einem tiefen Tal mit dem Wiederaufleben der Filmkultur einen neuen Aufschwung geschafft. Dies gilt insb. für die jugendlichen Zielgruppen. Da diese andererseits über TV-Spots nur ungenügend zu erreichen sind und den zielgruppenadäquaten Funk-Spots die wichtige Bildkomponente fehlt (Imagery), stellen Kino-Spots eine hervorragende Alternative dar. Die Perzeptionsbedingungen sind wegen der konzentrierten, überdimensionalen Wiedergabesituation ohnehin ideal. Der hohe Organisationsgrad der Lichtspielhäuser, die mittelfristige Verfügbarkeit, die genaue räumliche Zielung und die vergleichsweise niedrigen Einschaltkosten bieten eine sehr gute Planungsbasis.

Die Kinos lassen sich zudem klar in verschiedene zielgruppenspezifische Rubriken einteilen, wie:

- Familienkinos mit breitgefächertem Programmangebot (Middle of the Road),
- Actionkinos, vorwiegend in

Großstädten, für männliche Jugend,

- Studiokinos für anspruchsvolle, internationale Filme,
- Filmkunstkinos mit Theateranspruch, noch über Studiokinos angesiedelt,
- Programmkinos, vorwiegend in Großstädten, für intellektuelle Jugendliche, mit häufig wechselnden Programmen,
- Sexkinos mit nicht jugendfreiem Programm,
- Pornokinos, oft mit clubähnlicher Atmosphäre mit Nebenleistungen,

sowie programmunabhängige Typen wie:

- Autokinos mit Parkplatzprojektion,
- Verzehrkinos mit komfortabler Atmosphäre,
- Raucherkinos (ansonsten ist Rauchen im Kinosaal verboten),
- Truppenkinos in unmittelbarer Nähe von Kasernen/Soldatenwohnheimen,
- Wanderlichtspiele mit mobilem Standort etc.

Die Vorführung erfolgt auf 35 mm-Lichttonfilm nach Negativ mit aufbelichteter Tonspur im 16:9-Format, alternativ, mit geringerer Qualität als 16 mm-Umkehrfilm. Abgerechnet wird nach Filmmetern (1 Meter = 2,2 sec.), der Wochenpreis je Filmmeter liegt bei ca. DM 6,-. Von Nachteil ist die ungünstige Relation von Produktions- und Streukosten, insb. wenn von Magnetaufzeichnung auf Lichtton-Film umgeschnitten und eine große Anzahl von Kopien hergestellt werden muß. Da es sich bei Kino-Spots jedoch oft um Gemeinschaftsproduktionen mit (kürzeren) TV-Spots handelt, fällt dieser Nachteil tatsächlich selten ins Gewicht. Hinzu kommt die hohe Bedeutung für Branchen, die anderweitigen Werbeverboten unterliegen (Zigaretten) (vgl. *Pepels, Werner:* Kommunikationsmanagement, Stuttgart 1994).

Als Werbeformen kommen in Betracht:

- Werbefilm. Dieser ist mindestens 20 Meter lang (= 44 Sekunden), höchstens 200 Meter (= 7 Min. 20 Sek.). Der Einsatz erfolgt mindestens 1 Spielwoche lang (Donnerstag – Mittwoch).
- Werbekurzfilm. Dieser ist ab 10 Meter lang (= 22 Sekunden). Der Einsatz erfolgt in mindestens zwei aufeinanderfolgenden Spielwochen.
- Kinospot. Dieser ist mindestens 6 Meter (= 13 Sekunden), höchstens 12 Meter (= 26 Sekunden) lang. Der Einsatz erfolgt mindestens zwölf aufeinanderfolgende Monate lang (1 Zeitjahr).

Sonderformen der Kinowerbung sind:

- (stumme) Diawerbung mit standardisierter Musikuntermalung, Standzeit höchstens 10 Sekunden, Einschaltzeit mindestens 1 Monat je Kino,
- Tönendes Dia mit individueller Musik-/Geräuschbegleitung vom Tonträger, Standzeit höchstens 10 Sekunden, Laufzeit mindestens 1 Monat.

- Dia auf Film als abgefilmtes Standbild mit Text/Ton, falls kein Diaprojektor vorhanden ist.

Je Vorstellung dürfen höchstens 200 Meter Werbefilm und 30 Diapositive vorgeführt werden. Die Vorführkosten sind abhängig von Einsatzzeitraum und Länge. Die Vorführung erfolgt in Blöcken vor dem Vorprogramm und zwischen Vor- und Hauptprogramm.

Videoanwendungen bieten mit Verbreitung der Videoclips für Musikhits und der dazu erforderlichen Installation von Abspiel- und Projektionstechnik im Lokal eine weitere gute Möglichkeit, jugendliche Zielgruppen intensiv zu erreichen. Hauptanbieter ist MUVI, der zweiwöchentlich max. 100 Min. Videoclips in HiFi-Ton für Großwandprojektion bereitstellt. Oft wird Disco-Werbung von People Promotions begleitet, wie Samplings oder Wettbewerbe. Zusätzlich werden oft Musikgeschäfte mit Spots beschickt. Deshalb ist auch Werbung auf Multivisions-Medien hier zu nennen.

Als Sonderformen sind noch Hotelfernsehen, Wartezimmervideo und Leihvideos, sämtlich mit Werbetrailer, erwähnenswert. Als kinoähnliches Medium ist Board-TV zu nennen (etwa in Flugzeugen, ICE-Zügen, Schiffen, Reisebussen etc.). Dabei sind auch verzahnte Anzeigen in den entsprechenden Begleitjournalen möglich.

(→ *Medieneinsatz, Spektrum)*

Klassenzimmer-Befragung

(→ *Befragung, Sonderformen)*

Klassische Werbemittel

(→ *Mediaeinsatz, Spektrum)*

Kleinstquadratabweichung

(→ *Trendberechnungen)*

Kleintafeln

(→ *Außenwerbung, Stationäre)*

Klenger, Krautter-Modell

(→ *Simulationsmodelle, Detailanalytische)*

Klumpenauswahl

Die Klumpenauswahl (Cluster Sampling) ist ein hybrides Auswahlverfahren, d. h. eine Kombination aus Auswahl und Vollerfassung. Dabei wird die Grundgesamtheit in Teilmassen zerlegt, z. B. Betriebe, Haushalte, Vereine. Von diesen wird dann nach dem Zufallsprinzip eine bestimmte Anzahl zur Auswahl gezogen. Diese Klumpen werden einer Vollerhebung unterzogen, d. h. alle Elemente werden erhoben. Der Vorteil ist dabei, daß weder die Grundgesamtheit vollständig vorliegen, noch deren Struktur im einzelnen bekannt sein muß. Die Auswahlbasis ist vergleichsweise einfach zu beschaffen und die klumpenweise Erfassung wenig aufwendig. Ein großer Nachteil liegt allerdings in der Gefahr von Klumpeneffekten. Diese treten immer dann auf, wenn ausgewählte Klumpen in sich zwar gleichartig, gleichzeitig aber verschiedenartig von der Struktur der Grundgesamtheit sind. Außerdem ergeben

sich Probleme, wenn ein Element mehreren Klumpen angehört oder Klumpen in sich inhomogen sind.
(→ *Zufallsauswahl)*

Knappheitsfaktoren im Absatzkanal

Die Distribution im Absatzkanal stellt für Hersteller zunehmend den Engpaß für ihren Markterfolg dar. Vor allem kennzeichnet der Kampf um den Regalplatz die Marktsituation. Wobei Regalplatz hier nicht konkret zu verstehen ist, sondern abstrakt als Punkt der gedanklichen Konfrontation prospektiver Kunden mit Waren zum Zwecke der Umsatzerzielung von Hersteller und Händler. Die Realität im Absatzkanal ist hier durch ausgeschöpfte Kapazitäten gekennzeichnet, sodaß die Etablierung eines neuen Angebots beinahe zwangsläufig nur zu Lasten der Verdrängung eines anderen, bestehenden möglich ist. Dies sollte, durch die Brille des Herstellers betrachtet, möglichst kein eigenes, sondern ein Konkurrenzprodukt sein. Weil die Konkurrenz das aber ganz genauso sieht, wird der Kampf um den Regalplatz mit äußerster Verbissenheit geführt.

Knappheitsfaktoren liegen dabei sowohl im Konsumenten-, im Hersteller- als auch im Handelsbereich vor (vgl. *Hansen, Ursula:* Absatz- und Beschaffungsmarketing des Einzelhandels, 2. Auflage, Zürich 1990). Knappheitsfaktoren im *Konsumentenbereich* betreffen folgende Ursachen:

- Zunehmende Bedürfnisdifferenzierung resultiert aus der Proliferation der Anbieterprogramme und führt somit zu verstärkter Nachfrage nach Regalplatz. In einer pluralistischen Gesellschaft (sog. Multi Options Society) hat derjenige Anbieter die besten Chancen, zum Zuge zu kommen, dessen Angebot den geringsten wahrgenommenen Abstand zum idealen Nachfragerbedürfnis aufweist.
- Wandlungen im Einkaufsverhalten durch Bequemlichkeitsstreben führen zur Erwartung der Überallerhältlichkeit von Waren (zumindest des täglichen Bedarfs). Dazu tragen beschränkte Ladenöffnungszeiten, zunehmende Berufstätigkeit des Haushaltsführers, aber auch knappes Parkplatzangebot und hohe Nahverkehrspreise bei. Ebenso beanspruchen erwartete Zusatzleistungen Regalplatz.

Knappheitsfaktoren im *Herstellerbereich* betreffen folgende Ursachen:

- Zunehmende Warenvielfalt, auch bedingt durch zunehmende Anzahl ausländischer Anbieter, führt zur Ausweitung des Warenangebots durch Innovation, Diversifizierung, Produktdifferenzierung und Markentransfer. Zwar scheitern die meisten Neuprodukteinführungen, aber diejenigen, die durchkommen, belasten dann den Regalplatz. Monomarken werden durch Angliederung verwandter Produktgruppen (sog. Flankers) zu Dachmarken, die eine Vielzahl von Artikeln unter sich vereinen. Bestehende Marken werden durch Abwandlungen in der Produktgruppe (sog. Line Extenders nach Geschmack, Farbe, Gebindegröße etc.) stärker „gemolken". Schließlich kommen auch produktgruppenfremde Marken durch Transfer hinzu, die gleich mehrfach Regalplätze beanspruchen. Diese Tendenz verstärkt sich eher noch.

- Streben nach hoher Distributionsdichte ist bei verbreiteter Impulskaufneigung die notwendige Voraussetzung für Aussicht auf Geschäftserfolg. Bei gleichartig wahrgenommenen Artikeln gibt meist die reale Verfügbarkeit am Handelsplatz den Ausschlag für den Kaufentscheid. Denn nicht präsente Ware kann nun einmal nicht gekauft werden.
- Für jeden Artikel bestehen Bemühungen zur Vergrößerung der Ausstellungsfläche je Placierung (sog. Facing) bzw. Mehrfachplacierungen. Je größer die Kontaktstrecke bzw. -wahrscheinlichkeit mit der Ware, desto höher ist gemeinhin auch die Kaufwahrscheinlichkeit. Dies bedeutet aber eine wachsende Verkaufsflächenbeanspruchung.

Knappheitsfaktoren im *Händlerbereich* betreffen folgende Ursachen:

- Die Grenzen der Vermehrbarkeit von Regalplatz sind durch hohe Kosten für Fläche und Personal sowie immer rarer werdende attraktive Standorte erreicht. I a-Lagen sind heute kaum mehr zu finanzieren, Stadtrandlagen werden durch Baunutzungsverordnungen der Städte und Gemeinden (zum Schutz der innerstädtischen Infrastruktur) vereitelt. Darüber hinaus ist seit Jahren ein dramatisches Ladensterben vor allem bei Outletgrößen zu beobachten, die Rentabilität nicht mehr gewährleisten. Der Regalplatz geht also dort real zurück.
- Der Handel neigt zu einer konzentrierten Regalplatzvergabe an wenige, große und verläßlich berechenbare Lieferanten. Denn auch auf Herstellerstufe hat ein enormer, vor allem internationaler, Konzentrationsprozeß stattgefunden. Dies wirkt für Markteinsteiger als Zutrittsschranke, außer sie sind bereit, exzessive Eintrittsgelder zu zahlen.
- Die zu beobachtende Verdrängungskonkurrenz durch eine steigende Zahl von Handelsmarken und deren Bevorzugung bei der Regalplatzvergabe führt zu verstärktem Eigenbedarf der Händler. Dies geht zu Lasten der Herstellermarken.

(→ *Absatzkanal)*

Knappheitsindikator

(→ *Preisfunktionen)*

Koch'sche Regel

(→ *Marketing, Risikovorsorge)*

Kognitive Dissonanzen

(→ *Nachkaufmarketing, Dissonanzen, Inhalte)*

Kohortenanalyse

Unter Kohortenanalyse werden Untersuchungen verstanden, bei denen eine nach unterschiedlichen Kriterien gebildete Personengesamtheit im Zeitablauf erhoben wird. Dabei sollen Effekte herausgearbeitet werden, die das Verhalten dieser Personen bestimmen. Als Kriterium dient meist ein gleiches Erlebnis im gleichen Zeitintervall (z. B. Geburt, Berufseinstieg, Zuzug, Erstkauf). Es handelt sich also um das Verfolgen der gleichen Personengesamtheit im Zeitablauf. Damit können drei Effekte erfaßt werden:

- Der *Alterseffekt* beruht auf der Tatsache, daß Konsumenten mit dem natürlichen Reifungs- und Alterungsprozeß auch einem psychosozialen Veränderungsprozeß unterliegen. Dies betrifft sowohl innere Prozesse, z. B. den Ernährungsbedarf, als auch äußere Prozesse, z. B. den Familienlebenszyklus.
- Der *Generationseffekt* beruht auf generationsspezifischen Konsumstilen. So weisen Personen gleichen Lebensalters zu verschiedenen Zeitaltern verschiedene Denk- und Konsumverhaltensmuster auf. Es entstehen Lebensstiltypen, z. B. „Neue Alte" oder „Yuppies".
- Der *Periodeneffekt* beruht auf Ereignissen, die alle Personen einer Population unabhängig von ihrem Lebens- und Zeitalter betreffen, die aber zeitpunkt- oder -raumbezogen sind. Dies gilt z. B. für die Einführung von Neuprodukten an einem Markt.

Abzugrenzen ist die Kohortenanalyse von der Querschnittanalyse, die verschiedene Personen zum gleichen Zeitpunkt beinhaltet, und von der Längsschnittanalyse, die gleiche Personen zu verschiedenen Zeitpunkten beinhaltet. Bei echten Kohorten handelt es sich tatsächlich um identische Personen. Von unechten Kohorten spricht man, wenn nicht identische, aber gleichartige Personen beobachtet werden. Eine Unterform der unechten Kohorte ist die Wellenerhebung (Messung verschiedener Stichproben im Zeitablauf), eine Unterform der echten Kohorte ist das Panel.

Kognitive Komponente

(→ *Einstellung)*

Kollektivmarke

Bei der Kollektivmarke handelt es sich im Gegensatz zur Individualmarke um eine solche, derer sich mehrere Absender überbetrieblich zur Vermarktung ihrer Produkte gleichzeitig bedienen. Oft geschieht dies bei ansonsten nicht markenfähigen Urprodukten durch Zusatz eines Gütezeichens, das markenähnliche Funktionen übernimmt. Die Kollektivmarke kann horizontal oder vertikal ausgelegt sein. Zu denken ist im ersten Zusammenhang an Agrarerzeugnisse, die durch das *CMA* (für Centraler Marketingausschuß der Agrarwirtschaft)-Zeichen „geadelt" werden, oder an Naturfasern aus

Wolle, die durch das *IWS* (für Internationales Woll-Sekretariat)-Zeichen qualifiziert sind. Diese Zeichen sind nicht mit legal-definierten Gütezeichen zu verwechseln. Marken im zweiten Zusammenhang sind eher selten und treffen eher für standardisierte Fertigwaren zu. Ein Beispiel waren vor Jahren die „Hemden mit der schwarzen Rose“, die von verschiedenen Herstellern mit einheitlicher Qualitätsmarkierung geliefert und auch gemeinsam beworben wurden. In beiden Fällen handelt es sich um substitutive Produkte, die der Kollektivmarke zugrundeliegen. Praktisch keine Bedeutung spielen demgegenüber Kollektivmarken aus komplementären Produkten. Dafür ist das Handling zu kompliziert.

(→ Absenderbezogene Markentypen)

Kollektivwerbung

Werbung läßt sich in einer Vielfalt von Merkmalen kategorisieren. Nach der Zahl der Werbungtreibenden gibt es die Alleinwerbung, die die Regel ist und ihrerseits wieder weit überwiegend namentlich stattfindet (Ausnahme ist die anonyme Alleinwerbung wie „A“ für Apotheke oder „T“ für Tankstelle), und die Kollektivwerbung, bei der mehrere Werbungtreibende gemeinsam auftreten. Die Gründe dafür sind dreierlei:

- Die Gemeinsamkeit im Auftritt bedeutet auch eine Teilung der Kosten. Damit werden Werbemittel, Frequenzen und Ausstattungen realisierbar, die für jeden einzelnen des Kollektivs so nicht finanzierbar sind.
- Aus dem kombinierten Auftritt der Werbungtreibenden ergeben sich Synergieeffekte. So partizipiert jedes beworbene Angebot von Aufmerksamkeit und Interesse für alle anderen im gleichen Werbemittel befindlichen.
- In vertikaler Beziehung stellt dies oft eine Maßnahme zur Stabilisierung von Lieferanten-Abnehmer-Beziehungen dar, wobei aufgrund der Machtverteilung der Finanzbeitrag des Lieferanten meist höher ist als der des Abnehmers.

Als Nachteil ist allerdings die unvermeidliche Konkurrenz der ausgelobten Angebote untereinander um die begrenzte Wahrnehmung der Zielpersonen zu nennen. Dabei kann es zu Kannibalisierungseffekten kommen, d. h. das impactstärkste Angebot setzt sich zu Lasten der anderen im Kollektiv durch.

Neben der symmetrischen Kollektivwerbung gibt es auch die asymmetrische, die allein auf einen einseitigen Transfer abstellt. Dabei wird nicht jedes Produkt ausgelobt, sondern ein Partner nur als Transfergeber genutzt (z. B. *Fairy ultra plus/Bosch*, *Ariel/Siemens*, *Renault/Elf Mineralöl*). Davon soll jedoch im folgenden abgesehen werden.

Inhalt der Kollektivwerbung können verbundene oder unverbundene Produkte sein. Letztere bedürfen einer kommunikativen Klammer als Dach (z. B. Schaufenster am Donnerstag, Stiftung Warentest empfiehlt). Häufig handelt es sich dabei um gleichen Stadtteil, Ladenpassage oder Einkaufszentrum. Eben dieses soll Agglomerationseffekte für mehr Aufmerksamkeit und Interesse generieren (im Handelsumfeld etwa bei der Präsentationswerbung Giel). Verbundene Angebote können untereinander in substitutivem (= ersetzende Bedarfe) oder komplementärem Verhältnis (= ergänzende Bedarfe) stehen. Ersteres ist etwa gegeben, wenn Geschäfte der gleichen Branche im relevanten Markt gemeinsam werblich auftreten, tunlichst unter Vermeidung der Auslobung gleicher Angebote, also etwa bei Parfümerien vor Geschenkterminen. Letzteres, wenn Geschäfte verschiedener Branchen im relevanten Markt gemeinsam werblich auftreten, also etwa bei komplexen Anlässen wie Schulanfang, Gartensaison, Karneval etc.

Dabei kann es sich jeweils um anonyme oder namentliche Auslobung handeln. Erstere verzichtet auf die Nennung einzelner Werbungtreibender und nennt einen gemeinschaftlichen Absender (z. B. Innungswerbung). Es handelt sich also um einen institutionalen Ansatz, bei dem der einzelne hinter die Organisation zurücktritt und jeder nur in dem Maße profitiert, wie alle gemeinsam profitieren. Letztere erwähnt hingegen die Namen der jeweilig beteiligten Werbungtreibenden. Weiterhin gibt es die branchenweite oder selektive Kollektivwerbung. Erstere berücksichtigt alle in einer Branche im relevanten Markt vertretenen Anbieter (z. B. Verbandswerbung), letztere nur einzelne Anbieter, meist die finanzstärkeren, engagierteren, aggressiveren. Schließlich kann es sich um horizontale oder vertikale Kollektivwerbung handeln. Erstere liegt vor, wenn alle Werbungtreibende auf einer Wirtschaftsstufe tätig sind, letztere, wenn verschiedene Wirtschaftsstufen gegeben sind, also meist Hersteller und Einzelhandel (z. B. Automobilbranche), seltener Hersteller und Großhandel oder Großhandel und Einzelhandel.

Diese Kriterien können nun beinahe beliebig kombiniert auftreten. Entsprechend ergeben sich häufige Kombinationsformen. So ist *Gemeinschaftswerbung* Werbung mit substituven Angeboten, ohne Namensnennung der Beteiligten, branchenweit im relevanten Markt und horizontal angelegt (z. B. Schöner wohnen durch neue Tapeten). *Sammelwerbung* ist Werbung mit unverbundenen Angeboten, namentlicher Erwähnung der Beteiligten, selektiver Auswahl und horizontaler Beziehung (z. B. *Milka* Riegel + *Pelikan* zum Schulanfang). *Gruppenwerbung* ist Werbung mit komplementären Angeboten, mit namentlicher Erwähnung der Beteiligten, branchenweit im relevanten Markt und auf horizontaler (z. B. verschiedene Küchengerätehersteller) oder vertikaler Ebene (z. B. Computerhersteller und Softwarehandel). Und *Verbundwerbung* ist Werbung mit komplementären Angeboten, mit namentlicher Erwähnung der Beteiligten, selektiv auf horizontaler (z. B. *Lufthansa + Avis*) oder vertikaler Ebene (z. B. *Wempe + Rolex*).

Kolludierende Preisführerschaft

(→ *Preisführerschaft)*

Kombinationsposition

(→ *Positionierung, Optionen)*

Kombinierte Reichweite

(→ *Mediaplanung, Plankombinationen)*

Komitee

(→ *Gremienorganisation)*

Kommissionär

Der Kommissionär ist in eigenem Namen, aber (regelmäßig) auf fremde Rechnung tätig. Kommissionär ist also, wer gewerbsmäßig im eigenen Namen für Rechnung eines anderen Waren oder Anrechte kauft oder verkauft. Er ist Kaufmann kraft Grundhandelsgewerbe und kann in einem dauernden oder nur fallweisen Vertragsverhältnis stehen. Nach dem Funktionsbereich kann es sich um einen Einkaufs- oder Verkaufskommissionär handeln, ersterer erwirbt zunächst das Eigentum am Kommissionsgut solange, bis er es an den Kommittenten übereignet, letzterer erwirbt kein Eigentum am Kommissionsgut, jedoch an der Forderung aus dem Verkauf (eigener Name), die er an den Kommittenten abtritt. Eigentlich liegen zwei Verträge vor, einer zwischen dem Kommittenten und dem Kommissionär, in dem sich der Kommissionär verpflichtet, sich um den Verkauf zu bemühen, und ein weiterer zwischen Kommissionär und Käufer, in dem der Kommissionär alle Pflichten und Rechte eines Verkäufers einnimmt. Damit ist allein der Kommissionär Vertragspartner des Käufers, folglich steht ihm auch die Kaufpreisforderung zu. Der Kommissionsagent ist analog zu behandeln, weist jedoch meist eine längere Vertragslaufzeit auf. Die Entlohnung erfolgt über Provision für ausgeführte Geschäfte und Auslagenersatz für alle Fremdkosten durch den Auftraggeber. Überschüssige Ware oder Geld ist exakt herauszugeben. Der Kommissionär nimmt das Interesse des Kommittenten wahr und folgt dessen Weisungen, andernfalls ist er schadenersatzpflichtig. Ein Selbsteintritt für Geschäfte ist möglich, d. h. Verkauf aus Eigentum bzw. Kauf in Eigentum. Er kann auch Ware als Pfand für unbefriedigte, fällige Ansprüche einbehalten. Preisabweichungen von der Order sind auf Anzeige und ohne Widerspruch des Auftraggebers möglich. Ansonsten hat der Kommissionär den Anweisungen des Kommittenten zu folgen und die Sorgfalt eines ordentlichen Kaufmanns walten zu lassen. Er haftet für Verlust und Beschädigung von Ware in seinem Besitz und ist zur unverzüglichen Benachrichtigung bei Geschäftsausführung verpflichtet. Vorteilhaft bei der Einschaltung eines Kommissionärs ist, daß kein eigenes Lager erforderlich ist, da der

Kommissionär seinerseits ein Kommissions- oder Konsignationslager (Auslandsgeschäft) unterhält, daß kurze Lieferzeiten möglich sind, da der Kommissionär im Regelfall sofort lieferfähig ist, und daß kurze Transportwege bestehen, da dezentrale Standorte mehrerer Kommissionäre Entfernungen zu Kundenstandorten minimieren.
(→ *Akquisitorische Absatzhelfer)*

Kommissionsvertrieb

Beim Kommissionsvertrieb erfolgt der Absatz im Handel zwar in eigenem Namen, aber auf fremde Rechnung. Der Kommittent (Hersteller) bleibt auf diese Weise Eigentümer (nicht Besitzer) der Ware und kann weitreichenden Einfluß auf deren Vermarktung nehmen (z. B. Bäckereien im Nebengeschäft der Kaffeeröstereien). Daraus ergeben sich als Vorteile aus Herstellersicht, daß festgesetzte einheitliche Preise vorgegeben werden können, eine straffe Organisation und rasche Aktionsfähigkeit gegeben ist und ein direkter Informationsfluß vom Absatzhelfer an Hersteller besteht. Nachteile, die sich aus Herstellersicht ergeben, sind das erforderliche hohe Finanzierungsvolumen durch Vorfinanzierung der Ware, die schwierige Einbindung preisaggressiver, moderner Betriebsformen und die große wettbewerbsrechtliche Problematik. Vorteile für Absatzhelfer sind hingegen die folgenden: Es besteht kein Absatz- und Finanzierungsrisiko für die Kommissionsware, es ist eine gesicherte Rendite bei Absatz gegeben, einige der akquisitorischen Tätigkeiten werden vom Hersteller übernommen. Nachteile aus Absatzhelfersicht sind vor allem: Ein eigenständiges Marketing zur Differenzierung vom Mitbewerb ist durch zahlreiche Vorgaben erschwert, die unvoreingenommene Umsetzung der eigenen Absatzstrategie ist durch die wirtschaftliche Abhängigkeit behindert und Erfolg und Image des Kommittenten beeinflussen die eigene Geschäftsstätte und enge Transferbedingungen.
(→ *Warenvermittlungsgeschäfte des Handels)*

Kommittent

(→ *Kommissionär)*

Kommunikation, Anforderungen

Zur Zielerreichung sind bestimmte Anforderungen an Werbemaßnahmen zu stellen, die im folgenden ausgeführt werden.

Werbung muß eigenständig und unverwechselbar sein, um das eigene Angebot vom relevanten Wettbewerb positiv zu differenzieren. Jede Verwechslungsfähigkeit der Kommunikationsmaßnahmen eines Werbungtreibenden mit solchen anderer, insb. konkurrierender Werbungtreibender muß weitestgehend ausgeschlossen werden können. Denn sonst bedeutet Werbung bestenfalls unproduktive Mittelverwendung, schlechtestenfalls – bei Übereinstimmung innerhalb einer Produktgattung – sogar Unterstützung des direkten Wettbewerbs. Die positive Differenzierung wird nur durch die Eigenständigkeit des werblichen Auftritts erreicht.

Werbung muß kontinuierlich angelegt sein, da nur stete, konsistente Einwirkung Lernerfolge zeitigt. Damit sich das Profil eines Angebots (Produkt und/oder Marke) entwikeln und halten kann, in Konkurrenz zu allen anderen täglich zu verarbeitenden und im Regelfall wichtigeren Informationen, müssen die Werbemaßnahmen längerfristig, kontinuierlich angelegt sein.

Werbung muß Inhalte vermitteln, die plausibel, attraktiv, interpersonell argumentierbar sind. Es reicht nicht, jedenfalls nicht auf Dauer, nur ein schönes „Gesicht" zu zeigen. Spätestens, wenn die Zielgruppe feststellt, daß sich dahinter nur wenig Substanzielles verbirgt oder etwas ganz anderes als eigentlich erwartet, läßt die Begeisterung spürbar nach. Auf Dauer vermögen nur Inhalte, für die Interesse und womöglich auch Sympathie empfunden werden, zu binden.

Werbung muß vor allem Kaufsicherheit als Äquivalent zum gezahlten Geldbetrag erzeugen. Und zwar um so mehr, je höher der Kaufpreis ist. Aus den Aspekten der Kontinuität und Persönlichkeitsbildung folgt ein gewisser Gewöhnungseffekt mit der Ware/Dienstleistung. Es entsteht ein Vertrautheitsverhältnis zwischen Verbraucher und Produkt, fast wie zwischen „alten Bekannten". Vertrauen, das so weit geht, daß die Käuferschaft den Anfechtungen konkurrierender, partiell oder total überlegener Produkte widersteht und „ihrem" Produkt treu bleibt.

Werbung muß flexibel angelegt sein, um zwanglos auf aktuelle Marktströmungen und Nachfragetrends eingehen zu können. Die Werbung muß auf zeitablaufbedingte Veränderungen adaptiv reagieren können, ohne ihre Typik zu verlieren. Starrheit wäre hier gefährlich und würde das Angebot schnell veralten lassen. Die Anforderung der Konfliktreduktion erfordert dabei jedoch in jedem Einzelfall ein schrittweises, überlegtes, ja beinahe unmerkliches Vorgehen. Sodaß Veränderungen vollzogen werden können, ohne die Zielgruppe zu irritieren.

Werbung muß sich auf eine zentrale Aussage konzentrieren, denn bei der weitverbreitet zu unterstellenden, kurzen Betrachtungszeit haben mehrere Botschaften kaum eine nennenswerte Chance, wirksam überzukommen. Die sog. Kernaussage der Kommunikation ist das Konzentrat aller werblichen Bemühungen mit dem Ziel, die typprägenden Eigenschaften eines Angebots im Verbraucherbewußtsein zu verfestigen, um ein besseres Verständnis und die Erinnerbarkeit der Werbeaussage zu erzeugen.

Werbung sollte die Kernaussage beweisen, weil man geneigt ist, werblichen Aussagen skeptisch gegenüber zu treten. Nicht erst seit Verstärkung konsumeristischer Tendenzen im Markt ist es notwendig, die Kernaussage durch Beweise abzustützen. So ohne weiteres glaubt

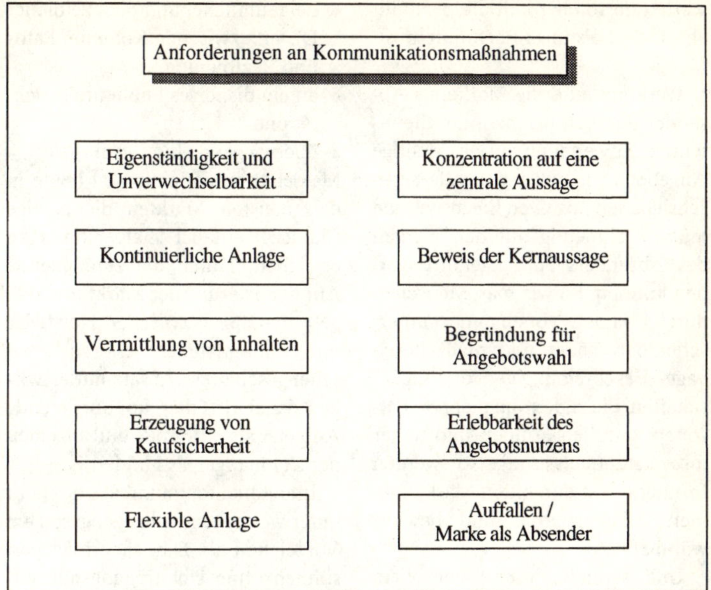

Anforderungen an Kommunikationsmaßnahmen

man Behauptungen schließlich nur selten, erst recht, wenn es sich dabei offensichtlich um Werbung handelt. Der Beweis muß glaubhaft und stimmig geführt werden, d. h. auch wirklich der vollständigen Unterstützung dessen dienen, was behauptet wird.

Werbung muß eine Begründung für die Produktwahl liefern, die überzeugend und nachvollziehbar ist, damit sie glaubhaft wirkt. Oft reicht die Anführung von Beweisen allein nicht aus. Zur Rationalisierung eines möglichen positiven Wahlentscheids zugunsten des eigenen Produkts muß darüber hinaus eine nachvollziehbare und einleuchtende Begründung geliefert werden. Warum und evtl. wie die besonders vorteilhaften Eigenschaften eines Angebots zustandekommen.

Werbung muß den Angebotsnutzen erlebbar machen, denn nur das Nutzenversprechen reizt zur Auseinandersetzung mit dem Angebot. Dieser Nutzen muß durch Werbung begehrenswert dargestellt werden, damit davon hohe Anziehungskraft am Markt ausgeht. Letztlich ist für das Publikum nur der Nutzen aus der Wahl eines bestimmten Angebots interessant. Je unmittelbarer, einleuchtender sich dieser Nutzenaspekt demonstriert, desto höher wird er vom potentiellen Kunden bewertet, desto eher fällt die persönliche Preis-Leistungs-Rechnung positiv aus.

Werbung muß die Marke als Absender deutlich machen, um die affektive Zuwendung auf das richtige Angebot zu kanalisieren. Alle zugeschriebenen positiven Eigenschaften müssen eindeutig auf den Namen des Absenders zurückgeführt werden können. So wie man Menschen durch Namen voneinander unterscheidbar macht und nicht durch vage Beschreibungen von Eigenschaften, die zudem auf mehrere Personen zutreffen können und daher mißverständlich sind, so werden Produkte erst durch den Markennamen differenzierbar und bewußt wählbar.

Und schließlich und vor allem muß Werbung auffallen, denn das ist die notwendige Voraussetzung für jeden Werbeerfolg. Alle Bemühungen, die Werbung unter Marketingaspekten optimal zu gestalten, bleiben allerdings weitgehend erfolglos, wenn es nicht gelingt, mit der Botschaft in das Bewußtsein der Verbraucher einzudringen bzw. zur weiteren Beschäftigung mit den Werbeinhalten anzuregen.

Kommunikation, Arten

Sollen zahlreiche Zielpersonen diese Phasen der werblichen Ansprache durchlaufen, so spricht man von Massenkommunikation. Ihre wesentlichen Kennzeichen sind, daß sie:

- öffentlich durch technische Übertragungshilfsmittel stattfindet,
- bei räumlicher und/oder zeitlicher Distanz zwischen Kommunikator und Rezipienten,
- an ein disperses Publikum gerichtet und
- überwiegend einseitig ausgelegt.

Massenkommunikation ist heute in den meisten Märkten die einzige Chance, rentabel Zielpersonen zu erreichen. Durch die zunehmende Anonymisierung der Marktkontakte geht der Bezug zwischen Hersteller und Endabnehmer verloren. Zwischengeschaltete Absatzmittler wirken dabei als Filter, konkurrierende Anbieter als Störgröße und allgemeiner Zeitmangel als Hindernis.

Individualkommunikation läuft unter weitgehend entgegengesetzten Vorzeichen ab. D.h. sie erfolgt persönlich ohne Übertragungshilfsmittel, bei räumlicher und/oder zeitlicher Einheit zwischen den Partnern, an ein präsentes Publikum gerichtet und überwiegend dialogisch ausgelegt. Auf einen gemeinsamen Nenner gebracht, bedeutet Kommunikation die Beantwortung der Frage: Wer, sagt was, über welchen Kanal, zu wem, mit welchem Ziel (lt. Lasswell)?

Kommunikation, Definition

Es wird als nützlich angesehen, eine Unterteilung in sachorientierte Kommunikation einerseits und zweckorientierte andererseits vorzunehmen. Die damit verbundene Trennung der Realkommunikation ist allerdings gleitend und durchaus unscharf. Bei ersterer steht die Informationskomponente im Vordergrund, ihre Absicht besteht darin, Inhalte quasi wertfrei, neutral, ohne Manipulation überzubringen (als Beispiel mag die „Tagesschau" gelten). Genau diese Komponente fehlt der zweckorientierten Kommunikation. Sie will vielmehr mit der Abgabe von Information die Rezipienten gleichzeitig hinsichtlich ihrer Meinung bewußt oder unbewußt beeinflussen. Und dies erreicht sie durch die Art ihrer Gestaltung. Hierzu gehört auch Werbung, d. h. Werbung ist allgemein zweckorientierte Kommunikation, die sich speziell als Wirtschaftswerbung auf den Bereich der Ökonomie richtet.

Sie ist abzugrenzen von Propaganda, die weltanschaulichen Zwekken dient statt wirtschaftlichen, und Reklame, die bei alledem marktschreierisch auftritt und damit nicht überzeugend wirkt. Unterformen hingegen bilden Public Relations als Werbung um öffentliches Vertrauen statt konkreter Angebote sowie Absatzwerbung, die sich von der Beschaffungswerbung, die auf Betriebsmittel, Finanzen, Personal etc. ausgerichtet ist, abgrenzt.

Als eigene Definition folgt daraus: Wirtschaftswerbung ist die bewußte Beeinflussung von marktwirksamen Meinungen mittels Instrumentaleinsatz und mit der Absicht, die Meinungsrealität im Markt den eigenen Zielvorstellungen darüber anzupassen. Darin stecken mehrere Erklärungselemente:

- „die bewußte Beeinflussung", also die strategisch so gewollte Einflußnahme ohne Rücksicht auf deren Wirksamkeit sowie permanent stattfindende zufällige Einflußnahmen,
- „von marktwirksamen Meinungen", d. h. es handelt sich um eine intellektuelle, freie Beeinflussung hinsichtlich Faktoren, die für Marktwirkungen entscheidend sind, wie Einstellung, Verhalten, Bekanntheit etc.,
- „mit der Absicht", demnach als gestalterische, politische Maßnahme verstanden, die korrigierend und dynamisch eingreift,
- „die Meinungsrealität den eigenen Zielvorstellungen darüber anzupassen", also aktive Beeinflussung statt passiver Übernahme der Marktgegebenheiten,
- „mittels Instrumentaleinsatz", d. h. über die Instrumente des Kommunikations-Mix im Marketing.

Eines dieser Instrumente ist die sog. Klassische Werbung. Daneben gibt es weitere Instrumentalvariable wie Direktansprache, Neue Medien-Technik, Verkaufsförderung etc., auf die ebenfalls die Definition von Wirtschaftswerbung zutrifft, nämlich die Beeinflussung von Meinungen im Sinne des Absenders der Maßnahmen. Kommunikation in diesem engeren Sinne ist somit definiert als ein Instrument des Marketing-Mix. Zur Vereinfachung wird Kommunikation im allgemeinen jedoch gleichbedeutend mit Werbung benutzt.

Kommunikation, Formen

Die Meinungsbildung durch Werbung geschieht in verschiedenen Formen als:

- *Transmissionswerbung,* d. h. die Übertragung von Signalen an anonyme Empfänger mit dem Ziel deren Einstellungs- und Verhaltensbeeinflussung in gewünschter Weise (= Einwegkommunikation). Diese wird alternativ als Klassische Werbung bezeichnet und bedient sich der Werbemittel Anzeige, Spot und Plakat.
- *Dialogwerbung,* d. h. die Aufnahme des Dialogs über relevante Themen mit den Zielpersonen in gesteuerter Weise zu deren planmäßiger Aktivierung. Sie umfaßt alle Maßnahmen zur Erzeugung definierter Reaktionen sowie zur Identifizierung von Interessenten als Vorbereitung zu Information und/oder Absatz über mediale oder persönliche Ansprachekanäle.
- *Aktionswerbung,* d. h. Aktionen mit der Absicht der vor allem punktuellen, also sachlich und raum-zeitlich begrenzten Unterstützung von Unternehmens- und Marketingzielen. Sie umfaßt zugleich alle Maßnahmen zum Direktverkauf von Waren/Diensten im Absatzkanal.

Hinsichtlich der Anlässe der Kommunikation können, allerdings mit fließenden Übergängen, unterschieden werden:

- *Basiswerbung,* d. h. solche Maßnahmen, die dem Aufbau bzw. der Festigung von Produkt/Marke und Unternehmen/Organisation in der Zielgruppe dienen und formale Bekanntheit und inhaltliche Vertrautheit mit dem Angebot, der Leistung und der Idee, die sie ausloben, für gezielte Absatzwirkungen und profilierte Imagedimensionen schaffen. Sie laufen zeitlich kontinuierlich, räumlich umfassend und mit nennenswerten Finanzmitteln dotiert ab.
- *Ereigniswerbung,* d. h. solche Maßnahmen, die eher fallweisen Charakter aufweisen. Sie betreffen absolute oder relative Neuheiten im Programm bzw. Sortiment mit Ankündigungs- und Aufklärungswert. Das neue Angebot wird zum Anlaß genommen, darüber werbliche Botschaften zu verbreiten.
- *Überbrückungswerbung,* d. h. solche Maßnahmen, denen aktualisierende Wirkung zukommt, wenn im Angebot selbst sachlich kein Anlaß für auslobende Maßnahmen zu finden ist, man aber einen punktuellen Akzent setzen will oder muß, um spezifische Attraktivität auszustrahlen. Auf diese Weise werden vor allem langlaufende Angebote aktualisiert.

Unter Berücksichtigung der Inhalte der Kommunikation können unterschieden werden:

- *Angebotswerbung,* d. h. alle von der physischen Präsenz eines Produkts bzw. dessen Informationsmaterials und akquisitorischer Aufmachung ausgehenden Wirkungen. Diese ist konstitutiv und untrennbar mit dem Angebot verbunden.
- *Leistungswerbung,* d. h. Maßnahmen, die auf die Erreichung

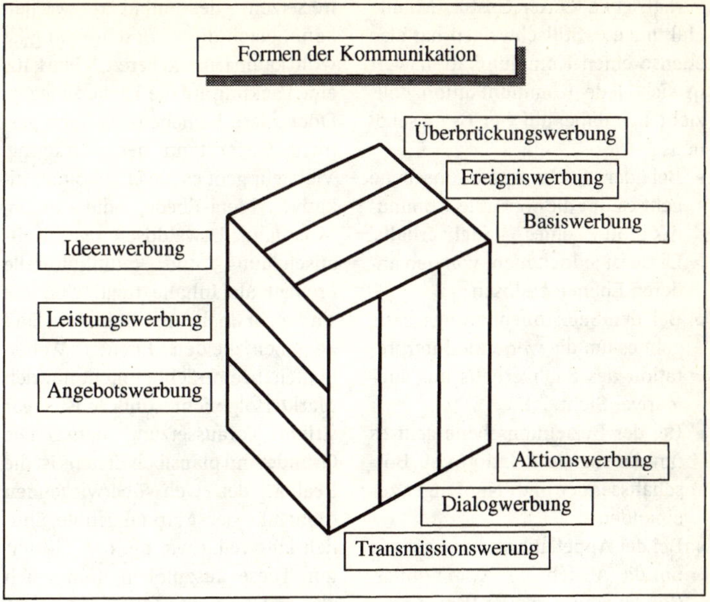

Formen der Kommunikation

nennenswerter Breitenbekanntheit und positiver Imageprofilierung für Marke und Produkte abzielen. Sie umfaßt alle Maßnahmen, die einen Anbieter und /oder ein Angebot bekanntmachen sowie als Folge davon Vertrautheit und Profil für dieses schaffen. Sie ist ihrer Natur nach kontinuierlich angelegt.

- *Ideenwerbung*, d. h. Möglichkeiten zur attraktiven Darstellung eines Organisationszweckes und -selbstverständnisses sowie deren Durchsetzung und Akzeptanz am Meinungsmarkt. Dies betrifft vor allem Bereiche des Non Profit-Marketing.

Kommunikation, Grundlagen

„Man kann nicht nicht kommunizieren!" ist das zentrale Gesetz der Kommunikation (Watzlawick). Es besagt, daß es nicht die Wahl zwischen Kommunikation oder Nicht-Kommunikation gibt. Denn auch die Nicht-Kommunikation ist Kommunikation in dem Sinne, daß die Tatsache, daß ein potentieller Sender keine Signale ausstrahlt, ebenso interpretiert wird als wenn Signale vorliegen. Neben der ausdrücklichen Kommunikation gibt es immer auch die stillschweigende. Ausdrückliche Kommunikation kommt nicht nur verbal zustande, sondern auch nonverbal, etwa durch Gestik, Mimik, Haltung etc. Stillschweigen hat also ebenso einen Kommunikationswert in sich. Jede Kommunikation vollzieht sich dabei auf vier Bezugsebenen:

- Bei der Sachinformationsebene geht es um die wertfreie Kommunikation eines Sachverhalts. Diese ist jedoch nicht von den anderen Ebenen zu lösen.
- Bei der Selbstoffenbarungsebene geht es um die wertende Interpretation des Sachverhalts aus subjektiver Sicht.
- Bei der Beziehungsebene geht es um die soziale Relation von Botschaftssender und -empfänger zueinander.
- Bei der Appellationsebene geht es um die Absicht der Kommunikation zu einer anderen Person.

„Nicht die Realität ist die Realität im Marketing, sondern die Vorstellung der Zielpersonen über die Realität." Dies ist ein weiterer Kernsatz zum Verständnis der Kommunikation (Spiegel). Er besagt, daß sich im Marketing alle Kommunikation auf einer Meta-Ebene vollzieht, die die darunter liegende Real-Ebene mehr oder minder überlagert. Beide Ebenen können durchaus dauerhaft voneinander abweichen. Drastisch deutlich wird dies beim Produkt Zigarette. Auf der Realebene handelt es sich profan um in weißes Papier eingerollte Tabakschnipsel mit Faservorsatz, zu 20 Stück in einem Behältnis abgepackt, die durch Anzünden abgebrannt werden und beim Saugen Rauch mit erheblichen Schadstoffen freisetzen, der inhaliert werden kann. Nach dieser Beschreibung ist wohl kaum jemand bereit, 5 Mark für eine Packung auf die Theke zu legen. Doch diese Realebene ist auch garnicht Gegenstand des Marketing. Vielmehr geht es um eine kommunikative Meta-Ebene, die Rocky Mountains, Urwalddschungel, Weltanschauung und multikulturelle Freiheit als Inhalte trägt. Und die sind sogar noch mehr Geld wert. Daß zwischen beiden Ebenen Welten klaffen, beeinträchtigt nicht nur den Markterfolg nicht, sondern ist sogar strikte Voraussetzung dafür. Die Gründe sind plausibel: Erstens ist die Realität der weit überwiegenden Mehrzahl der Marktangebote ähnlich langweilig wie die der Zigaretten. Diese auszuloben, lohnt sich also erst garnicht. Zweitens sind die Angebote verschiedener Marktteilnehmer meist objektiv wenig unterschiedlich, sodaß eine Auslobung auf Real-Ebene kaum Wettbewerbsvorteile bringt, auf die es aber gerade ankommt. Und drittens sind Unterschiede, dort wo sie denn feststellbar sind, für Nachfrager nicht ohne weiteres nachvollziehbar, sodaß deren Aufnahmekapazität leicht überfordert wird. Deshalb ist es geradezu unausweichlich, bei der Kommunikation auf die Meta-Ebene abzuzielen.

„Der Wurm muß dem Fisch schmecken, und nicht dem Angler." Auch dies ist von immenser Bedeutung, denn der Wert einer Botschaft bemißt sich nicht von dessen Absender her, sondern allein von dessen Empfänger. D.h. ausschließlich die mutmaßlichen oder bekannten Bedarfe der Adressaten sind ausschlaggebend. Und diese weichen erheblich voneinander ab. Denn der Absender will die Botschaftsempfänger davon überzeugen, sein Angebot anstelle eines anderen oder zusätzlich zu diesen wahrzunehmen. Den Empfängern ist dies regelmäßig ziemlich egal, denn sie sind nur daran interessiert, solche Nutzen zu erwerben, die sie höher einschätzen als das dafür zu erbringende Geldopfer. Argumentiert der Absender jetzt nur aus seiner Sicht heraus, wird keine Kommunikation zustandekommen, sondern allenfalls ein Informationsversuch. Erfolgversprechend wird die Aktivität nur sein, wenn der Absender seine eigenen Interessen hintenanstellt und denen seiner potentiellen Abnehmer Priorität einräumt. Dies fällt oft schwer, weil die Kommunikation schließlich vom Absender finanziert wird und dieses Prozedere der alten Regel „Wer zahlt, bestellt" widerspricht. Nur in dem Maße, wie es gelingt, in der Kommunikation solche Nutzen (= Wurm) anzubieten, die Empfänger (= Fisch) attraktiv finden, weil sie ihren Bedarfen entsprechen, kann der Absender (= Angler) Erfolg haben. Ansonsten ist das Scheitern zwangsläufig. Vor allem der Stolz des Absenders auf seine Leistungsfähigkeit ist hier eine verhängnisvolle Falle.

Kommunikation, Kanäle

Als Kommunikationskanäle kommen personale und apersonale in Betracht. Personale Kommunikationskanäle sind Menschen, apersonale Medien. Bei den Menschen kann es sich unter soziologischen Gesichtspunkten handeln um:

- Promotoren, d. h. Personen, die als nicht-professionelle Botschaftsverstärker im Markt wirken. Ein typisches Beispiel sind Meinungsbildner, die als Multiplikatoren für Werbebotschaften im Meinungsumfeld aktiviert werden können.
- Berater, d. h. Personen, die als professionelle Botschaftsverstärker im Markt aktiv sind. Ein typisches Beispiel sind Verkäufer, die von Zielpersonen hinsichtlich fachlichen Inputs konsultiert werden.
- Personen des Umfelds, d. h. Nachbarn, Kollegen, Bekannte etc. Sie wirken beeinflussend auf die Kommunikationswirkung, indem sie diese verstärken oder abschwächen, wahrscheinlich auch subjektiv verzerren.

Als apersonale Kanäle kommen ebenfalls mehrere in Betracht:

- Massenmedien, d. h. Verlage und Sender, die mit ihren Botschaften Meinungsrealitäten selbst schaffen, die Botschaftsempfänger oft nur selten nachprüfen können und zu glauben angehalten sind.
- Atmosphären, d. h. Wahrnehmungsumfelder, in erster Linie Erlebnisse, die Signale quasi umhüllen und sie im Kontext der Wahrnehmung verändern, abmildern oder verstärken.
- Ereignisse, d. h. reale Wahrneh-

mungsanlässe, im Handel etwa Sonderverkäufe, die ebenfalls im Kontext Signale verändern. Dadurch können Realitäten beeinflußt werden.

Kommunikation, Kategorien

Nach dem *Anlaß* läßt sich Werbung zur:

- Einführung eines Produkts,
- Erhaltung der Marktpräsenz und zum
- Relaunch als Variation

unterscheiden.

Nach dem *Objekt* gibt es:

- Produktwerbung für Konsumgüter,
- Produktwerbung für Investitionsgüter,
- Dienstleistungswerbung und
- Werbung für öffentliche und ideelle Güter (Non Profit/Non Business).

Diese unterscheiden sich signifikant hinsichtlich zahlreicher Dimensionen, die im weiteren dargestellt werden.

Nach dem *Werbungtreibenden* gibt es Alleinwerbung und Kollektivwerbung:

- Alleinwerbung kann dabei
- namentlich erfolgen, was regelmäßig wohl der Fall ist, oder
- anonym (z. B. „T" für Tankstelle an der Autobahn) sein.
- Kollektivwerbung ist mehrheitlich als Gemeinschaftswerbung oder Sammelwerbung, horizontal oder vertikal angelegt,

möglich.

Nach der *Stellung im Wirtschaftsprozeß* kann als Absender der Werbung:

- der Hersteller oder Importeur (= Herstellerwerbung) fungieren bzw.
- der Absatzmittler oder Absatzhelfer (= Handelswerbung).

Als *Empfänger* der Werbung kommen in Betracht:

- Haushalte oder einzelne natürliche Personen (= Publikumswerbung) bzw. wiederum
- Absatzmittler oder -helfer (= Fachwerbung).

Eine weitere Unterscheidung betrifft nach dem *Inhalt*:

- Eigenwerbung, die der Absender autonom für das eigene Angebot betreibt, und
- Fremdwerbung, die der Absender im Eigennutz für Angebote anderer, ihm meist geschäftlich verbundener Anbieter betreibt. Diese kann sowohl auf gleicher Stufe erfolgen (z. B. Renault empfiehlt Elf Motorenöl) als auch vor- oder nachgelagert sein. Als Beispiel kann die Werbung des Handels für die Präferenz bestimmter Herstellerprodukte gelten oder umgekehrt die Werbung der Hersteller für die Präferenz bestimmter Einkaufsstätten.

Weiterhin gilt es, nach der *Stufigkeit* (= Tiefe) zu unterscheiden zwischen:

- stufenübergreifender Publikumswerbung vom Hersteller an Endabnehmer als passive Elemente im Absatzkanal (Pull-Effekt durch Sprungwerbung) oder
- zwischenstufige Fachwerbung

vom Hersteller (Push-Effekt durch Folgewerbung) an
- primär aktive Elemente im Absatzkanal (Absatzmittler),
- sekundär aktive Elemente im Absatzkanal (Absatzhelfer),
- tertiär aktive Elemente im Absatzkanal (professionelle Promotoren).

Nach den Anzahl der umworbenen *Subjekte* (= Breite) unterscheidet man in:
- Massenansprache (Mehrheitsumwerbung/apersönlich),
- Individualansprache (Einzelumwerbung/persönlich).

Als *Wahrnehmungssinne* für werbliche Ansprachen kommen in Betracht:
- visuelle/optische,
- akustische/auditive,
- olfaktorische (Geruch),
- gustative (Geschmack),
- haptische (Tastsinn).

Nach den angesprochenen *Empfangskanälen* gibt es:
- unisensorische Werbung, die nur an einen Wahrnehmungssinn appelliert,
- multisensorische Werbung, die an zwei oder mehr Wahrnehmungssinne simultan appelliert. Durch die Wahl unterschiedlicher unisensorischer Wahrnehmungskanäle kann sukzessiv ebenfalls ein multisensorischer Eindruck erreicht werden.

Nach der *Wirkung* wird:
- informative (sachorientierte) und
- suggestive (zweckorientierte)

Werbung unterschieden. Innerhalb der suggestiven Werbung gibt es die unterschwellige (subliminale) Werbung. Sie erreicht Rezipienten, ohne daß diese sich der Wahrnehmung der Werbung bewußt sind. Das klassische Beispiel (lt. Vicary/ Packard) ist die Kurzzeitdarbietung von Werbeeinblendungen für Softdrinks und Popcorn während einer Kinofilmvorführung. Die Darbietungszeiten waren dabei so kurz bemessen, daß die Trägheit des Auges die Einblendungen nicht wahrnehmen konnte. Dennoch soll die Nachfrage nach Softdrinks und Popcorn am Ende der Vorstellung signifikant höher gewesen sein als bei einer Vergleichsgruppe ohne diese Kurzzeitdarbietungen. Nachgewiesen wurden zwischenzeitlich Mängel in der Testanlage. Neue Meinung ist, daß man auf diese Weise allenfalls generischen Bedarf wecken, diesen jedoch nicht auf bestimmte Marken lenken kann.

Davon sehr zu unterscheiden ist die:
- unbewußte Werbung,

bei der die Botschaft zwar wahrnehmbar ist, aber nicht als Werbung erkannt wird. Dies gilt etwa für die Bereiche der Schleichwerbung, des Sponsoring und des Product Placement. Hier ist Werbung integrativer Bestandteil von Redaktion oder Ereignissen und partizipiert an deren Aufmerksamkeit.

Schließlich gibt es die bewußte Werbung, die falls sie nicht auf Anhieb als solche erkennbar ist, in den Medien zum Schutz des Publikums mit einem entsprechenden, deutlichen Hinweis versehen werden muß, damit klar wird, daß sie letztlich Kaufwirkungen verfolgt (z. B. „Dauerwerbesendungen“).

Kommunikation, Prozesse

Der Kommunikationsprozeß ist im Marketing der in mehreren Phasen stattfindende Vorgang der akquisitorischen Nachrichten- bzw. Informationsübermittlung. Letzlich geht es darum, wer (Kommunikator) was (Botschaft) zu wem (Kommunikant) über welchen Kanal (Medien) mit welcher Wirkung (Effizienz) überbringt. Man spricht auch von der STNRD-Kette (für Source, Transmitter, Noise, Receiver, Destination). Den Ausgangspunkt jeder Signalübermittlung bildet das Kommunikationsziel. Dieses geht von einer natürlichen oder juristischen Person aus, die normalerweise der Werbungtreibende selbst ist (Ausnahme bei Fremdwerbung). Und ist an (natürliche oder juristische) Zielpersonen gerichtet. Dieser Sender strahlt Signale aus, um eine Botschaft zu verbreiten. Dabei handelt es sich in Zusammenhang mit Werbung um auslobende Botschaftsinhalte. Zur Übermittlung dieser Werbebotschaft vom Sender an seine Zielgruppe bedarf es vorher ihrer kommunikationsgerechten Encodierung in Schrift, Bild, Zeichen, Wort, Ton, Farbe, Bewegung etc. Erst dann kann es zur eigentlichen Übertragung mit Hilfe eines Sendegeräts kommen. Das ist das Werbemittel, also der Spot, die Anzeige oder das Plakat im Rahmen der Klassischen Werbung. Zur Übertragung bedarf es aber außerdem noch eines Transportmittels für die Botschaften. Dabei handelt es sich (wiederum im Bereich der klassischen Werbung) um elektronische oder geprintete Medien als Werbeträger. Auf der Adressatenseiten ist nun ein Empfangsgerät erforderlich. Dies sind die fünf Sinne der Optik, Akustik, Olfaktorik, Gustation und Haptik. Sie wirken auf Emotion und Verstand zur Wahrnehmung von Signalen. Zur Verständlichkeit der Botschaft ist dann die Decodierung der wahrgenommenen Signale notwendig. Dabei soll es möglichst zu einer der Verschlüsselung beim Sender spiegelbildlichen Entschlüsselung beim Empfänger kommen. Der Empfänger ist im Rahmen der Werbung immer ein Mensch (anders als bei Maschine zu Maschine-Kommunikation), mit all seinen Unzulänglichkeiten.

Kommunikation, Richtungen

Man kann in der Werbung drei Möglichkeiten der Kommunikationsrichtung unterscheiden. Bei der *Einwegkommunikation* handelt es sich um die Aussendung von Signalen vom Sender an Empfänger, ohne daß es für diese vorgesehen oder auch nur möglich wäre, darauf unmittelbar zu reagieren. Dies ist bei der Mehrzahl der Werbeanstrengungen, etwa im Bereich der Klassischen Werbung, der Fall. Bei der Zweiwegkommunikation handelt es sich um die Aussendung von Signalen vom Sender an Empfänger, wobei diese aufgefordert werden, ihrerseits darauf unmittelbar zu reagieren. Dies kann auf zwei Arten erfolgen. In der *Halbduplexkommunikation* erfolgt ein wechselseitiges Senden und Empfangen von Signalen, d. h. es kann immer nur gesendet oder empfangen werden. In der *Vollduplexkommunikation* erfolgt ein paralleles Senden und Empfangen von Signalen, d. h. es kann gleichzeitig gesendet und empfangen werden. Es geht ein starker Trend in Richtung der Zweiwegkommunikation, z. B. bei Direkt- oder Telefonansprache. Dies liegt in den Grenzen der Wirksamkeit der Einwegkommunikation begründet. Untersuchungen (Kroeber-Riel u. a.) haben festgestellt, daß ein Informationsüberschuß von 98% besteht, d. h. 50 mal mehr Information auf Rezipienten einströmt als diese verarbeiten können. Daher kommt es zur selektiven Wahrnehmung mit Ausblendung aller nicht relevant erscheinenden Botschaften. Davon ist in extremem Maße die Werbung betroffen. So werden Anzeigen als Störung im redaktionellen Umfeld von Zeitschriften und Zeitungen überblättert, Fernsehspots durch Zapping auf der Fernbedienung in eine gerade werbefreie Sendung ausgeblendet, Funkspots meist nur als diffuses Hintergrundgeräusch im Haushalt oder während der Autofahrt wahrgenommen und Plakate im Zuge zunehmend hektischen Passierens übersehen. Angesichts dieser Limitationen scheint Zweiwegkommunikation ein probater Ausweg. Denn damit kann wenigstens festgestellt werden, ob Signale bei Zielpersonen als relevant angekommen sind oder nicht und wie diese aufgenommen werden. Ein entscheidender Nachteil ist allerdings, daß Zweiwegkommunikation unverhältnismäßig viel teurer ist als Einwegkommunikation. Dabei ist jedoch zu differenzieren:

- Zweiwegkommunikation kann den expliziten Austausch von Signalen zum Ziel haben, z. B. beim Persönlichen Verkauf.
- Zweiwegkommunikation kann erst als Folge der Kontaktherstellung durch Einwegkommunikation entstehen, z. B. bei Terminvereinbarung über telefonische Ankündigung.
- Zweiwegkommunikation kann nur als Angebot zum Dialog im Rahmen der Einwegkommunikation vorgesehen sein, z. B. als Coupon in einer Anzeige.

Es bestehen insofern Meinungsverschiedenheiten darüber, was noch zur Einweg- und was schon zur Zweiwegkommunikation zu zählen ist.

Kommunikation, Signale

Der Kommunikationsinhalt beruht auf Signalen und deren Übermittlung bzw. Austausch. Als Signale werden dabei alle wahrnehmbaren Reize gewertet. Am häufigsten handelt es sich um Töne und Farben/Formen. Signale mit Bedeutungsinhalt sind Zeichen. Die häufigsten Zeichen sind sprachlicher Art, also Wörter, oder optischer Art, also Bildelemente. Werden diese Zeichen unter Einhaltung bestimmter Verknüpfungsregeln sinnvoll miteinander kombiniert, ergeben sie eine Nachricht. Solche Nachrichten sind z. B. Texte und Bilder. Ist diese Nachricht darüber hinaus von Bedeutung für Adressaten, indem ihr Neuigkeitswert für diese zukommt, handelt es sich um Information. Information ist zweckbezogenes Wissen, mit dessen bestmöglicher Vermittlung Marketing-Kommunikation sich beschäftigt. Was als Information zu werten ist, bestimmt sich allein aus der Sicht der bestimmungsgemäßen Empfänger der Nachricht her und nicht von deren Absender. Dies wird in der Praxis häufig übersehen, wenn Werbungtreibende egozentrisch Botschaften definieren, ohne dabei deren Relevanz für potentielle Zielpersonen im Auge zu behalten.

Zeichen, also Signale mit Bedeutungsinhalt, können semiotisch auf vier Ebenen untersucht werden. Zunächst hinsichtlich ihrer Syntaktik. Dies betrifft die Zusammensetzung der Zeichen nach festen, bekannten Verknüpfungsregeln. Bei Texten meint dies etwa die grammatikalische Korrektheit der Zeichenfolge. Dann hinsichtlich ihrer Semantik. Dies betrifft die Codierung der Zeichen nach Art und Umfang ihres Bedeutungsinhalts. Bei Texten betrifft dies etwa die Nuancierung der Ausdrucksweise (auch Tonalität genannt). Dann hinsichtlich ihrer Pragmatik. Dies betrifft die Wirkung der Zeichen, die ihnen aufgrund ihres Relevanzwertes zukommt. Bei Werbetexten betrifft dies etwa den Aufforderungscharakter von Aussagen zum Kauf. Schließlich hinsichtlich ihrer Sigmatik. Dies betrifft die Beziehung der Zeichen zum realen Werbeobjekt. Aus den Zeichen wird auf die Inhalte eines Angebots geschlossen.

Kommunikation, Störungen

Kommunikation ist nun ein unerhört komplizierter Prozeß, der dementsprechend zahlreichen Störquellen unterliegt. Wahrscheinlich ist gelungene Kommunikation sogar eines der schwierigsten Unterfangen überhaupt. Mögliche Fehlerquellen innerhalb der Kommunikation liegen in der:

- *Zielsetzung*, d. h. ein gegebenes Problem ist durch Kommunikation nicht adäquat lösbar. Dann sind werbliche Maßnahmen von vornherein zum Scheitern verurteilt. Vielmehr müssen andere Unternehmensparameter, im Marketing die anderen Mix-Instrumente, aktiviert werden.
- *Relevanz*, d. h. der Sender hat bewußt oder unbewußt Informationen vorenthalten oder verfälscht. In diesem Fall bewirkt quantitativ und/oder qualitativ mangelnder Input, daß auch der Output begrenzt bleiben muß. Insofern liegt hier ein gravierender Engpaß.
- *Umsetzung*, d. h. der Sender hat Nachrichten so verschlüsselt, daß sie die beabsichtigte Botschaft nicht korrekt wiedergeben. Von daher kann die Botschaft auch nicht korrekt an die Zielpersonen

überkommen und und dort die gewünschten Wirkungen hinterlassen.

- *Übermittlung*, d. h. die gewählten Werbemittel weisen Transfermängel in ihrer Eignung auf. Jedes Medium hat spezifische Leistungsschwerpunkte und ist für andere Anforderungen weitgehend ungeeignet. Werden die Stärken nicht genutzt, schlagen die Schwächen voll auf das Ergebnis durch.
- *Kontakt*, d. h. der Empfänger gerät durch unzweckmäßige Werbeträgerwahl nicht oder nicht ausreichend in Berührung mit der Botschaft. Dies aber ist die notwendige Voraussetzung, damit Kommunikation überhaupt zum Erfolg führen kann.
- *Verarbeitung*, d. h. der Empfänger interpretiert die Nachricht unzutreffend oder nimmt Informationen nicht richtig auf. Hier führt vor allem ein zwischen Sender und Empfänger abweichender kultureller Background zu Irritationen.
- *Verwertung*, d. h. der Empfänger nutzt ihm angebotene Informationen nicht oder nur unzureichend. Dies liegt daran, daß deren Bedeutung generell nicht erkannt oder vorübergehend als nicht notwendig angesehen wird.
- *Speicherung*, d. h. der Empfänger bearbeitet die Information nicht richtig, speichert sie falsch ab oder vergißt sie ganz einfach. Dann ist der Lernerfolg und damit der Erfolg der gesamten Kommunikationsmaßnahme verhindert.

Die Kommunikationskette muß nun kumulativ frei von diesen Störungen sein. Bereits eine Störung auf einer dieser Prozeßstufen verhindert, daß die nächste Stufe erreicht und die Kommunikation erfolgreich abgeschlossen wird oder mindert zumindest deren Effizienz entscheidend. Diese Probleme werden noch dadurch potenziert, daß eine unüberschaubare Vielzahl von Botschaften der verschiedensten Art aus gänzlich unterschiedlichen Quellen auf die Zielpersonen einströmt. Und dies mit steigender Intensität in bezug auf Dauer, Frequenz und Stärke werblicher Penetration. Dies führt zu erschwerter Speicherung bzw. hoher Vergessensquote von Informationen.

Zudem sind einige Anforderungen an das Zustandekommen werblicher Botschaftswirkungen zu stellen. Zunächst muß ein einheitlicher Code zwischen den Kommunikationspartnern vereinbart werden, wie das auch von der Maschinenkommunikation her bekannt ist. Dann muß eine Übereinstimmung und genügende Größe des Zeichenrepertoires gegeben sein, damit Wahrnehmungsadäquanz und differenzierte Inhalte gewährleistet sind. Darüberhinaus muß Einigkeit über Bedeutung und Verwendung von Zeichen bestehen, d. h. es muß die gleiche Interpretationsebene gegeben sein, was etwa bei abweichenden Kulturräumen schon nicht der Fall ist. Gleiches gilt für die Anforderung der zielgerechten Auslegung vor dem subjektiven Erfahrungshintergrund (= Kontext). Schließlich helfen assoziative Gemeinsamkeiten zwischen Sender und Empfänger, denn durch Strukturähnlichkeit wird die Wirkung werblicher Botschaften verstärkt. Vor allem muß einer Nachricht Beachtung und Relevanz zukommen, da sie ansonsten den Filter der selektiven Wahrnehmung nicht durchdringen kann. Für werbliche Botschaften ist wichtig, daß die Inhalte lernbar sind, um zum Kaufentscheidungszeitpunkt erinnert werden zu können.

Kommunikations- und Identitätspolitik

Die Kommunikations- und Identitätspolitik im Marketing umfaßt als Stellgrößen die Elemente:

- Briefing, d. h. Darstellung des Angebotsumfelds und der Vermarktungsstrategie,
- Abgrenzung des Markts, d.h relevanter Markt und Marktbearbeitung,
- Bestimmung der Werbeziele und der Werbeobjekte,
- Bestimmung des Werbebudgets,
- Beurteilungskriterien der Werbung nach verschiedenen Meßdimensionen,
- Kommunikationskonzept, d. h. Absatzquelle, Zielpersonengruppe, Positionierung, Kampagnenformat,
- Klassische Medien, d. h. Anzeigenmedien, Spotmedien, Plakatmedien,
- Nicht-klassische Medien, d. h. Neue Medien, Schauwerbung, Produktausstattung, Verkaufsförderung, Direktmarketing, Öffentlichkeitsarbeit, Persönlicher Verkauf, Verkaufsliteratur,
- Medieneinsatz, d. h. Werbegebiet, Werbeperiode, Werbeintensität,
- Integrierte Kommunikation, d. h. Identitätswahrung nach Inhalt, Form, Raum und Zeit,
- Werbeberatung.

Kommunikationsbeziehungen im Markt

(→ *Marktkonstitution*)

Kommunikationsleistung

Es stellt sich im Marketing die Frage, wie Kommunikation beschaffen sein muß, die eine möglichst hohe Chance hat, diese Wahrnehmungsfilter zu überwinden. Dafür gibt es zwei erfolgversprechende Ansätze.

Möglichst ungewöhnliche, kreative Kommunikation wird eher kognitiv wahrgenommen als andere (SIS), im Kurzzeitgedächtnis als neuartig qualifiziert und, falls relevant, im Langzeitgedächtnis verankert. Damit ist kreative Kommunikation ein sicherer Weg ins Gedächtnis, vorausgesetzt, die Botschaft wird als relevant erachtet, also nicht ungezielte Kreativität, sondern punktgenaue Umsetzung. Dieser Weg wird in der Werbung, oft von Marktherausforderern eingeschlagen, die nicht über genügend Budgetmittel verfügen, den Marktführer qua Penetration zu überholen, aber eine Chance sehen, durch die spektakulärere Umsetzung mangelnde

Masse mindestens wieder auszugleichen. Das gelingt aber nur dann, wenn die Relevanz beachtet wird. Dies ist leider in vielen Fällen nicht gegeben (z. B. Kampagnen für Mode, Sportartikel, Duftwasser, Kosmetik).

Möglichst häufige Wiederholung wird unvermeidlich irgendwann kognitiv wahrgenommen (SIS), im Kurzzeitgedächtnis als ähnlich mit bereits unbewußt wahrgenommenen Informationen qualifiziert und, falls angenehm, im Langzeitgedächtnis verankert. Damit ist also Form und Inhalt der Kommunikation eher sekundär, es kommt vielmehr auf die Steigerung der Durchsetzungschancen durch viele Kontakte an. Dieser Weg wird in der Werbung oft von Marktführern eingeschlagen, die erstens über genügend Budgetmittel verfügen, um Penetration erreichen zu können, und zweitens ein höheres Sicherheitsbedürfnis haben, das mit neuartigen, risikoreichen Umsetzungen nicht vereinbar ist. Dies gilt vor allem für Low Interest-Produkte, für die anderweitig kaum Aufmerksamkeit und Interesse zu erzielen sind (z. B. Wasch- und Reinigungsmittel, Papierwaren, Hygieneprodukte).

Die Theorie der *Verarbeitungsebenen* geht wegen der Überschneidungen der einzelnen Speicher nicht von diesen, sondern stattdessen von Verarbeitungsprozessen aus, die verschiedene Tiefen haben können. Tiefe Verarbeitung liegt z. B. vor, wenn ein Objekt intensiv interpretiert und kategorisiert wird, flache Verarbeitung, wenn es nur oberflächlich wahrgenommen wird.

Ein weiterer Ansatz ist die *Hemisphärentheorie*, wonach die beiden Hirnhälften ganz verschiedenartig angelegt sind und die rechte Hirnhälfte eher holistische (ganzheitliche) Informationen verarbeitet. Das Denken ist eher unbewußt, intuitiv, imaginativ, konzeptionell, das Handeln mitfühlend, musisch, mitteilsam und emotional. Schwerpunkte sind analoges Denken, Visualität, Körpersprache, Rhythmus, Räumlichkeit, Simultanz. Die linke Hirnhälfte ist dann für rationale (analytische) Denkoperationen zuständig ist (diese Angaben gelten für Rechtshänder). Das Denken ist logisch, linear und quantitativ, das Handeln strukturiert, kontrolliert, auf Fakten ausgerichtet und geplant. Schwerpunkt sind digitales Denken, Sprache/Lesen, Organisation, Mathematik, Planung, Details. Oder kurz: Links sitzt die Verwaltung, rechts die Kreativität.

Kommunikationsphase

(→ Marketingforschung, Phasen)

Kommunikationsprogramm

(→ Corporate Communications)

Kommunikationstests

Hierzu gehören unterschiedliche Verfahren. Beim *Theatre-Test* werden Probanden auf der Straße „gebaggert“ und in ein Studiotheater eingeladen, wo sie vor Beginn einer Filmvorführung aufgefordert werden, aus einer Liste konkurrierender Produkte diejenigen auszuwählen, die sie bei einer späteren Verlosung gern gewinnen möchten (Pre Choice). Dann wird ihnen ein Programm mit Werbefilmen präsentiert, u. a. auch dem geplanten Kinospot zum Testprodukt. Nach der Vorführung werden sie dann nochmals aufgefordert, zu bestätigen bzw. neu anzugeben, welche der vorgegebenen Produkte sie gewinnen möchten (Post Choice). Untersucht wird die Veränderung der Präferenzen, die daraus abgeleitet wird, wie sich die Wahl der Produkte zwischen der Vor- und der Nachmessung verändert. Problematisch ist dabei allerdings u. a. der Laborcharakter (Forced Exposure).

Beim *Studio-Test* wird Probanden ein Werbeblock mit ca. 10 Spots vorgeführt, die aus dem Testspot sowie mehreren Konkurrenzspots der jeweiligen Produktgruppe bestehen. Zuweilen wird der Block als Unterbrecher-Werbung eines Spielfilms gezeigt. Nach der Vorführung werden die Recall-Werte (Erinnerung) gemessen. Die Teststichprobe kann dabei nach Größe und Struktur zielgruppengerecht zusammengestellt werden. Der direkte Konkurrenzvergleich der Erinnerung ist möglich, wobei Konkurrenten beliebig ausgewählt werden können (im Gegensatz zum On Air-Test). Zwar soll das reale TV-Sehverhalten nachempfunden werden, tatsächlich handelt es sich jedoch um eine Laborsituation. Auch ist nur ein Einmalkontakt mit dem Werbemittel gegeben, und die Handlungsappetenz der Anmutung bleibt fraglich.

Beim *Storyboard-Test* (Animatic-Test) werden unfertige Spots präsentiert. Die wesentlichen Szenen eines Spots werden gezeichnet, davon werden Dias gezogen, die projiziert und mit Ton unterlegt werden. Im Animatic werden die einzelnen Szenen abgefilmt und durch Bildmischer überblendet, sodaß ein der Realität nahekommender Bewegungseffekt entsteht. Sprache und Geräusche werden synchronisiert unterlegt. Durch Computergrafik können Animatics auch elektronisch erzeugt werden. Die Vorteile liegen in geringen Kosten, einfacher und schneller Handhabung, hoher Diskretion und Praxisnähe. Die Nachteile sind in mangelndem Aufschluß über die Durchsetzungskraft gegen Konkurrenzspots, im fehlenden Charisma eines unfertigen Spots (Werkstattcharakter) und in der Probanden bewußten Testsituation zu sehen, die keine Aufmerksamkeitsaussage zuläßt. Zudem lassen sich Probanden oft zu kreativen Ratschlägen für die Umsetzung hinreißen, die wenig sachdienlich sind.

Der *Ad*vantage-Test* der GfK ist ein kombinertes Verfahren. Testpersonen werden dazu aus dem Telefonbuch zufällig ausgesucht und in ein Teststudio eingeladen. Vorwand ist die Absicht, mit Hilfe der Probanden die Qualität des redaktionellen Umfelds von Werbeträgern zu steigern. Als Dankeschön wird ein Warenkorb verlost. Die Probanden sollen angeben, welche von selektierten

Produkten sie im Falle eines Gewinns erhalten möchten (Pre Choice).

Bei TV-Spots sehen Testpersonen in Gruppen ein 1,5-stündiges TV-Programm aus 2 Unterbrecherwerbeblöcken, abwechselnd mit wiederholten Test- und Trennspots, und 4 redaktionellen Beiträgen. Dabei werden sie auf Video gefilmt, um unwillkürliche Reaktionen zu erfassen. Vor den redaktionellen Beiträgen meldet sich ein Moderator und fragt nach Erinnerung und persönlicher Meinung zu den Beiträgen (Ablenkung). Am Ende der Veranstaltung werden wieder Warenkörbe mit beworbenen Produkten verlost (Post Choice). Ziel ist die Messung der Resonanz (Sympathie) und der Hinstimmung (motivationale Schubkraft) gegenüber der Ausgangssituation. Auf diese Weise sind auch Tests von Kinowerbefilmen möglich.

Im Printbereich wird bei den Probanden das Leseverhalten bei drei speziell mit Testanzeigen aufgemachten Testheften, die Zeitschriften nachempfunden sind, beobachtet. Bei der Hälfte der Personen erfolgt dies mit Hilfe eines Blickaufzeichnungsgeräts. Ablenkende Fragen testen dabei während der Wahrnehmung die Durchsetzungsfähigkeit der Werbung und deren zutreffende Inhaltserkennung. Die Erinnerung wird bei einem Nachinterview durch Fragen nach Inhalten gemessen, die Einstellung wird durch Likes/Dislikes ermittelt. Außerdem können die Probanden auch noch einmal ihren Warenkorbgewinn zusammenstellen. Entscheidend ist der Attitude Shift, d. h. die Veränderung der Einstellung zwischen Erstkontakt und Nachinterview. Denn diese wird auf die kommunikative Beeinflussung zurückgeführt.

Beim *Impact-Test* (nach *Gallup*) wird eine eigens aufgelegte Testzeitschrift (namens Impact) an Probanden verteilt. Einige Zeit danach erfolgt die Ermittlung der Erinnerung an Anzeigen. Die Zielpersonen wissen nicht, daß es sich um eine Versuchssituation handelt und erkennen auch die Testanzeigen nicht. Dadurch werden ein besonderes Bewußtsein der Befragten und eine künstlich erhöhte Aufmerksamkeit vermieden. Ergebnisse sind die Anzahl der Personen, die sich an eine Anzeige erinnert, die Anzahl der Personen, die einzelne Anzeigenelemente kennt, das Ausmaß der Erinnerung an einzelne Anzeigenelemente und die Anzahl der Personen, die auf eine Anzeige positiv reagiert.

Auf qualitativer Basis gibt es auch *Advertising Workshops*, die in Marktforschungsstudios stattfinden und als Gruppen- oder Einzelgespräche zwischen Zielpersonen (Konsumenten) und Werbeentscheidern (Experten) angelegt sind. Die Basis bilden Moodboards/Photoboards, also mehr oder minder unfertige Entwürfe von Bild- und Textideen, die präsentiert werden. Darauf erfolgt eine Rückkopplung durch Gedankenaustausch mit den Probanden. Dabei kann eine Ganzheits- oder auch nur eine Teilprüfung vorgenommen werden.

Kommunikationswirkung

Es können folgende Phasen der Beeinflussungswirkung auf den Kaufentscheid durch Werbung unterschieden werden:

- *Aufmerksamkeit*. Zunächst muß die grundsätzliche Bereitschaft zur Auseinandersetzung mit dem beworbenen Angebot geweckt werden. Dies erfolgt über die Setzung von Reizsignalen, die erst zur Beschäftigung mit einer problemlösenden Botschaft motivieren und in der Bereitschaft zur weiteren Informationsaufnahme resultieren. Voraussetzung für den Erfolg dieser Stufe ist also in erster Linie die Provozierung von Aufmerksamkeit. Schafft es ein Produkt/Dienst nicht, auf sich aufmerksam zu machen, sei es durch Medienwerbung im Vorfeld, durch Mund zu Mund-Propaganda oder auch erst am POS, bleiben alle weiteren Akquisitionsversuche fruchtlos.
- *Akzeptanz*. Erst nach wiederholter Wahrnehmung der Botschaft kann es dann zu markenbezogenen, imageaufbauenden Wirkungen kommen. Und nach einer Vielzahl von Werbeanstößen schließlich zu einer Verarbeitung oder gar Übernahme der werblichen Botschaftsinhalte. Dies schafft in der Summe eine grundlegende Akzeptanz vornehmlich für den Anbieter und seine Markenkernaussage. Diese Einstellung wirkt konditionierend. Formale Bekanntheit reicht also allein nicht aus. Die Zielgruppe muß vielmehr inhaltlich mit den Eigenschaften/Besonderheiten des Angebots vertraut sein und jene als attraktiv erachten. Wobei diese Akzeptanz entweder durch rationale Elemente begründet sein kann, wie Preis-Leistungs-Verhältnis, oder durch emotionale, wie Identifizierung mit Markeninhalten.
- *Interesse*. Nun bedarf es weiterhin der Bereitschaft zur Auseinandersetzung mit einem spezifischen, klar umrissenen Angebot, für das Interesse geweckt werden soll. Dazu muß zunächst verständlich werden, was das Angebot will, welchen Anspruch es erhebt, wie es sich gegenüber Verbraucher und Wettbewerb positioniert. Werbliche Aussagen bedürfen darüber hinaus meist der inhaltlichen Begründung, damit sie bei prinzipiellem Mißtrauen dennoch glaubhaft werden.
- *Überzeugung*. Daran schließt sich bei erfolgreich ablaufendem Kommunikationsprozeß in der nächsten Stufe die Überzeugung an. Vor allem indem der Angebotsnutzen emotional wirksam dargestellt und die präsentierte Nutzenableitung außerdem einleuchtend bewiesen bzw. abgesichert wird. Bei vielen, insb. hochwertigen, langlebigen Gebrauchsgütern, ist diese allgemeine Sympathie zu ergänzen durch Überzeugung vom Angebot, um das mit dem Kaufentscheid verbundene subjektive Risiko auszugleichen, wie Geld-

betrag, Bindungsdauer, Außenwirkung etc. D.h. es muß eine wesentliche Verstärkung des emotionalen und intellektuellen Engagements erreicht werden, gerade auch durch Informationen, die der Absicherung dienen.

- *Kaufakt.* Bei erfolgreicher Kommunikation kommt es schließlich zum auslösenden Faktor in Form des Kaufakts. Zur Einleitung dieses entscheidenden Schrittes dient normalerweise ein stillschweigendes oder ausdrückliches Verhandlungsangebot, das sich konkret auf ein individuell festgelegtes Produkt bezieht. Dies ist nur ausnahmsweise durch Massenmedien möglich (Direktvertrieb), ansonsten durch Persönlichen Verkauf. In den meisten Fällen ist damit der Kaufentscheidungsprozeß keineswegs abgeschlossen, da ja Folge- bzw. Ersatzkäufe gewünscht werden. Insofern mündet diese Phase in einen neuen Durchgang des Kreislaufs. Eine Erkenntnis, die noch allzu oft vernachlässigt wird.
- *Kaufnachbereitung.* Damit sind die kaufanbahnenden Aktivitäten beendet. Es beginnen die, lange Zeit vernachlässigten, aber extrem bedeutsamen, kaufnachbereitenden Aktivitäten. Dazu gehören sachlich z. B. After Sales Services. Etwaigen kognitiven Dissonanzen wird informell durch Bestätigung der Richtigkeit der getroffenen Entscheidung vorgebeugt. Es beginnt die Anbahnung der Folgeakquisition mit der Reaktivierung des Kaufwunsches und damit der nächste Zyklus der Kommunikation.
- *Kundenkontakt.* Eine kontinuierliche Kontaktbrücke zum Kunden sollte aufrecht erhalten werden, die die Marke/den Absender präsent hält, also immer wieder in Erinnerung ruft, damit dann zum gegebenen Zeitpunkt potentielle Käufer leichter zugänglich sind.
- *Reaktivierung.* Die Reaktivierung schließlich stellt genaugenommen schon die erste Phase des Folgezyklusses dar. Der Bedarf wird aktuell, die vorher aufgrund selektiver Wahrnehmung ausgefilterten Informationen zu einem Produktbereich werden wieder registriert bzw. sogar bewußt gesucht.

Kompensationstechnik

(→ *Preisargumentation im Verkaufsgespräch)*

Konative Komponente

(→ *Einstellung)*

Konditionierung, Klassische

Die klassische Konditionierung entspricht dem Lernen durch enges raum-zeitliches Zusammentreffen verschiedener Erlebnisinhalte (Reizverknüpfung). Wird ein Reiz, der für das Individuum zunächst keine Bedeutung hat und auch keine Reaktion auslöst (= neutraler Reiz), wiederholt kurz vor und während der Darbietung eines Reizes, der aufgrund angeborener Reiz-Reaktions-Verknüpfung eine reflexive Reaktion auslöst (= unbedingter Reiz), dargeboten, so löst schließlich auch bereits der ursprünglich neutrale Reiz diese Reaktion aus. Das Individuum hat gelernt, auf den ursprünglich neutralen Reiz zu reagieren, der Reiz wurde damit konditioniert. D.h. Organismen lernen, daß der konditionierte Reiz (Glockenton) das Eintreten des unkonditionierten Reizes (Futter) signalisiert. Grundlage dieses Lernprozesses ist die räumliche und zeitliche Nähe (= Kontiguität) der beiden Reize. So findet nach häufiger Wiederholung eine Kopplung zwischen einen originären, unbedingten und einem derivativen, bedingten Reiz zur Reaktion durch Lernen derart statt, daß das gewünschte Resultat nicht mehr nur beim ursprünglichen, sondern ebenso bereits allein beim derivativen Reiz eintritt.

Im Experiment von Pawlow wurde dazu einem Hund zusammen mit seinem Futter immer auch ein Glockenzeichen gegeben (Stimulus). Der Hund zeigte Speichelfluß aus Vorfreude (Response). Nachdem der Zusammenhang zwischen beiden ursprünglich unverbundenen Signalen gelernt war, reagierte der Hund mit Speichelfluß auch nur beim Glockenzeichen, also schon ohne Futter. Sein Reflex war darauf konditioniert. Der Akzent der klassischen Konditionierung liegt also auf der Stimulus-Seite. Der unkonditionierte Stimulus wird unabhängig vom Verhalten des Organismus vorgegeben und bestimmt später dessen Verhalten. Der Zeitintervall zwischen konditionierter Reaktion und unkonditioniertem Stimulus ist fest, beide sind ähnlich und Reaktionen laufen reflexartig ab. Alte Reaktionen werden mit neuen Reizen verknüpft. Von einer Konditionierung zweiter oder höherer Ordnung spricht man, wenn zwei oder mehr Reize kettenartig verknüpft werden.

Konditionierung, Instrumentelle

Bei der instrumentellen Konditionierung liegt der Akzent hingegen auf der Response-Seite. Die instrumentelle Konditionierung, die auch operante Konditionierung genannt wird, entspricht dem Lernen nach dem Verstärkerprinzip als Wiederholung erfolgreichen freiwilligen Versuchs- und Irrtumshandeln. Im Experiment von Skinner wurden Ratten als Versuchstiere mit einem Hebelmechanismus konfrontiert, dessen richtige Betätigung dann Futter freigab. Nach Ausprobieren (Trial & Error) fanden die schlauen Tiere bald den richtigen Dreh heraus. Diese Belohnung führte zum Lernen des Zusammenhangs (Law of Effect) und damit bei Wiederholung des Vorgangs gleich zum richtigen, erfahrungsgemäß erfolgreichen Handeln. Wenn Kinder, aber auch Frauen, etwa gelernt haben, daß Weinen ihnen erhöhte Aufmerksamkeit einbringt, erhöht sich die Häufigkeit seines Auftretens. Die Belohnung kann Objekt-, Sozial- oder Selbstbelohnung sein. Nicht erfolgreiche Lösungen werden also revidiert, erfolgreiche hingegen perpetuiert. Die Wahrscheinlichkeit dafür, daß ein bestimmtes Verhalten als Reaktion auf Reize auftritt, ist umso größer, je ähnlicher ein bestimmter Reizkomplex dem Reizkomplex ist, bei dem in der Vergangenheit dasselbe oder ein ähnliches Verhalten belohnt worden ist, je häufiger dieses in einem bestimmten Zeitabschnitt Belohnungen einbringt, die höher als die Aufwendungen sind und je höher der Wert der daraufhin erhaltenen globalen Belohnung ist. Der Wert einer solchen Belohnung ist umso geringer, je häufiger man sie zuvor bereits erhalten hat. Widerstreben Belohnungen erkennbar dem Grundsatz der gerechten Verteilung, kommt es zu feindseliger Reaktion. Treffen Verhalten und Belohnung wiederholt in kürzeren Zeitabständen nicht mehr gemeinsam ein, so kommt es zur Extinktion der gelernten Reaktion. Das Verhalten des Organismus bestimmt, ob der unkonditionierte Stimulus vorgegeben wird oder nicht. Der Zeitintervall zwischen konditionierter Reaktion und unkonditioniertem Stimulus hängt vom Verhalten des Organismus ab. Beide sind eher unähnlich. Reaktionen laufen eher kontrolliert ab und neue Reaktionsmuster werden entwickelt.

Konfidenzintervall

(→ Schätzverfahren, Stichprobengüte)

Konfidenzniveau

(→ Schätzverfahren)

Konfiguration

(→ Strukturorganisation)

Konflikte

Konflikte lassen sich nach vielerlei Kriterien beschreiben. Die wichtigsten sind dabei folgende. Nach dem Ausmaß unterscheidet man in aufsteigender Folge Reibungskonflikte, die lediglich kleinere Friktionen darstellen, Positionskonflikte, die Änderungen der Rollenverteilung beinhalten, und strategische Konflikte, die Änderungen der Rahmenbedingungen implizieren. Nach dem Gegenstand gibt es konkrete, also sachlich verursachte Konflikte, und irrationale, also emotional basierte Konflikte. Konfliktinhalte können Interessen und Wertungen sein. Weiterhin können Konflikte formgebunden oder formfrei angelegt sein. Nach der Phase gibt es sog. heiße, d. h. offen ausgetragene, und kalte Konflikte, d. h. verdeckt ausgetragene. Als Mittel werden Überzeugung, Zusagen positiver Sanktionen bei Wohlverhalten und Androhungen negativer Sanktionen bei Fehlverhalten eingesetzt.

Konfliktentwicklung

Konflikte durchlaufen ganz allgemein meist mehrere Entwicklungsstufen. Zu Beginn stehen noch Kooperationsbemühungen bei gelegentlichem Abgleiten in Reibungen, aber bei Wahrung überwiegender Gemeinsamkeiten der Beteiligten. Daraus entseht ein latenter Konflikt, wobei sich die Parteien der konfliktären Situation noch nicht bewußt sind, obgleich diese unterschwellig bereits ihr Verhalten bestimmt. Es folgen eine Polarisierung und eine Debatte, die die unterschiedlichen Standpunkte deutlich macht, die aber durch Verständigungsbereitschaft weiterhin überbrückbar scheinen. Es kommt zur zunehmenden Projektion negativer Eigenschaften/ Verhaltensweisen auf die Gegenpartei bei wechselnder Selbstfrustation infolge unbeherrschter eigener Aktionen. Von Worten wird zu Taten übergegangen, indem der jeweilig anderen Seite in Abrede gestellt wird, daß sie an einer gütlichen Einigung interessiert ist. Der Konflikt wird deutlich wahrgenommen oder von einer Seite sogar geschürt. Bemühungen um Reputation und Unterstützung werden angestrebt, und vorsorglich wird die Rechtmäßigkeit des eigenen Standpunkts betont und nach Verbündeten gesucht. Es kommt zur Ausweitung des strittigen Themas bei gleichzeitiger Komplexitätsreduktion auf faßbare Vorurteile. Es entstehen wechselseitige Verflechtungen der Ursachen und Wirkungen bei gleichzeitiger Simplifizierung von Kausalitäten, wobei die Realität gemäß den eigenen Vorurteilen verzerrt wird. Der Spannungszustand wird nun von allen Betroffenen als emotional belastend erlebt, und Gemeinsamkeiten sowie Verständigungsbereitschaft werden aufgegeben. Drohstrategien folgen, d. h. der jeweils anderen Seite werden Konsequenzen ihrer Uneinsichtigkeit mit dem Ziel dargestellt, sie einzuschüchtern und zum Einlenken auf die eigene Position zu bewegen. Doch dazu ist es regelmäßig bereits zu spät. Es erfolgt die Ausweitung der sozialen Dimension bei gleichzeitiger Tendenz zur Personalisierung des Konflikts und die Modellierung eines einfachen Feindbilds, auf das sich alle Vorurteile fokussieren lassen. Systematische Zerstörungsschläge gegen das Sanktionspotential des Gegners folgen mit dem Ziel der Isolierung/Schwächung der feindlichen Position durch Angriffe auf dessen Umfeld. Die pessimistische Antizipation von Aktionen und Reaktionen der Gegenpartei beschleunigt die Eskalation und führt zur Aufschaukelung mit immer drastischeren Maßnahmen. Es kommt zum manifesten Konflikt, wobei offenes Streitverhalten einsetzt und vorherrscht. Gezielte Angriffe auf das „Nervensystem“ des Gegners als punktuelle Aktivitäten sollen diesen Feind entscheidend treffen. Ziel ist seine Vernichtung unter Mobilisierung aller Verbündeter und Helfer im offenen Kampf. Die Nachwirkungen des Konflikts bestimmen die Verhaltensweisen aller Beteiligten auch nach dessen Ende.

Konfliktüberwindung im Verkaufsgespräch

Auf das Erreichen der Abschlußphase des Verkaufsgesprächs deuten mehrere Signale hin, sowohl Verhaltenssignale wie Kopfnicken, Anfassen des Produkts etc. als auch Sprachsignale wie Kaufwunschäußerung, Frage nach Details wie Kundendienste, Garantien, Referenzen etc. Zur Überwindung dabei entstehender Konflikte stehen mehrere Techniken zur Verfügung:

- Alternativtechnik, d. h. es erfolgt keine grundsätzliche Entscheidung, sondern nur eine Auswahl zwischen „So oder so". Dadurch wird die Verneinung des Kaufwunsches vermieden, stattdessen konzentriert sich die Diskussion darauf, welche Produktversion zu bevorzugen ist.
- Zusammenfassungstechnik, d. h. die wichtigsten oder alle Argumente werden noch einmal resümierend genannt. Dies bietet die Gelegenheit, die ohnehin schon erwähnten Argumente wiederholt ausdrücklich zu nennen und damit besser im Gedächtnis des Kunden zu verankern.
- Feststellungstechnik, d. h. es erfolgt eine Ja-Verkettung als Antworten auf die Fragen des Verkäufers. Hat der Kunde alle Stufen der Kausalkette bejaht, kommt er zwangsläufig zu dem Schluß, daß dieses Angebot wohl das Richtige für ihn sein muß.
- Empfehlungstechnik, d. h. der Verkäufer wählt im Urteil des Käufers, um zu einer Objektivierung seiner Aussage zu kommen. Dies kann den Abschlußprozeß beschleunigen, weil das Angebot endlich konkretisiert wird.
- Referenztechnik, d. h. eine Absicherung der Aussage durch Zeugen wird angestrebt. Dies dient vor allem der Harmonisierung der Kundenentscheidung, indem er sich in Übereinstimmung mit Referenzen weiß.
- Pro-Contra-Technik, d. h. Zusammenfassung aller positiven und negativen Argumente. Natürlich ist die Aufzählung jeweils so angelegt, daß die Contra- eindeutig von den Pro-Argumenten überwogen werden.
- Teilentscheidungstechnik, d. h. die Entscheidungsfestlegung erfolgt zunächst nur in Rand- oder Teilgebieten des Kaufs. Dadurch wird die Alternativenzahl verringert und die Entscheidung für den Kunden vereinfacht.
- Vorschlagstechnik, d. h. es wird ein Vorschlag für einen Kaufentscheid gegeben, wenn das Verkaufsgespräch nicht recht vorankommt. Auch dadurch wird die Entscheidung beschleunigt, da es jetzt zumindest um den Entscheid über einen konkreten Vorschlag geht.
- Annahmetechnik, d. h. die Zustimmung des Kunden ist zunächst nur hypothetisch, auf Basis einer Annahme eben, zu verstehen. Oft gelingt es dem Verkäufer dadurch, Tatsachen zu schaffen, die vom Kunden dann nicht mehr in Frage gestellt, sondern konstruktiv in Richtung Kauf weiterverfolgt werden.
- Falsche Wahl-Technik, d. h. der Verkäufer versucht bei Alternativen, den Kunden zu einer Entscheidung zu bewegen, die dieser sicher nicht will. Die Reaktion des Kunden wird strikte Ablehnung sein, worauf sofort die jeweils andere Alternative in den Mittelpunkt rückt. Bei dieser Methode

hat der Verkäufer eigentlich nichts zu verlieren.

- Übertreibungstechnik, d. h. durch Vorlage eines unmöglich überzogenen Vorschlags soll eine Reaktion provoziert werden. Allerdings heißt es hier, aufzupassen, daß die Übertreibung nicht unverschämt ist oder anzüglich ausgelegt werden kann (z. B. in Hinblick auf mangelnde finanzielle Leistungsfähigkeit der Kunden).
- Vorteilhaftigkeitstechnik, d. h. die besondere Gelegenheit, die man sich verscherzen kann, wird herausgestellt. Meist bietet sich diese Technik allerdings wiederum eher bei Mengenprodukten an, die mit Sonderangeboten und Sonderverkäufen locken.
- Reserveargumentstechnik, d. h. das Nachschieben von Argumenten in letzter Minute. Damit kann bei unentschlossenen Kunden ein letzter Anstoß über die Kaufschwelle gegeben werden.
- Entscheidungseinschränkungstechnik, d. h. dem Kunden wird die Möglichkeit gegeben, seine Entscheidung später zu revidieren, ohne dadurch Nachteile in Kauf zu nehmen. Wegen der Kostenintensität und des Defensivcharakters sollte dies allerdings nur eine Ultima ratio sein.

Kongruenztheorie

(→ Dissonanzen, Inhalte)

Konjekturales Gleichgewicht

Die einfach-geknickte Preisabsatzfunktion behandelt die Preisreaktion im homogenen Oligopol bzw. bei Gruppenwettbewerb, der allgemein weitest verbreitet ist. Sie stellt eine Zusammenfassung zweier unabhängiger Preisabsatzfunktionen dar, von denen jeweils eine für Preiserhöhungen und eine für Preissenkungen gilt. Die Preisabsatzfunktion für Preissenkungen verläuft steiler, weil sie Reaktionen der anderen Betriebe auf die eigene Preissenkung voraussetzt. Es ergibt sich eine linear-negativ geneigte Kurve, deren Neigung um so höher ist, je ausgeprägtere Reaktionen des Mitbewerbs unterstellt werden. Die Preisabsatzfunktion für Preiserhöhungen verläuft flacher, weil sie keine Reaktionen anderer Anbieter auf die eigene Preiserhöhung voraussetzt. Sie verläuft ebenfalls linear-negativ geneigt, fällt jedoch um so geringer, je weniger ausgeprägte Nachfragerbindungen bestehen.

Im Schnittpunkt beider Kurven ergibt sich die Knickstelle. Die flacher verlaufende Kurve gilt für alle Preise, die oberhalb des Knickstellenpreises liegen, die steiler verlaufende für alle Preise unterhalb der Knickstelle. Aufgrund dieser Konstellation ist es für alle Betriebe sinnvoll, genau die Preis-Mengen-Kombination der Knickstelle anzubieten. Denn nach der Cournot'schen Anforderung der Gleichheit von Grenzumsatz und Grenzkosten führt eine Vielzahl unterschiedlicher Grenzkostenniveaus dort zu einem Schnittpunkt in der breiten Unstetigkeitsstelle des Grenzerlöses und damit zum gewinnmaximierenden Ange-

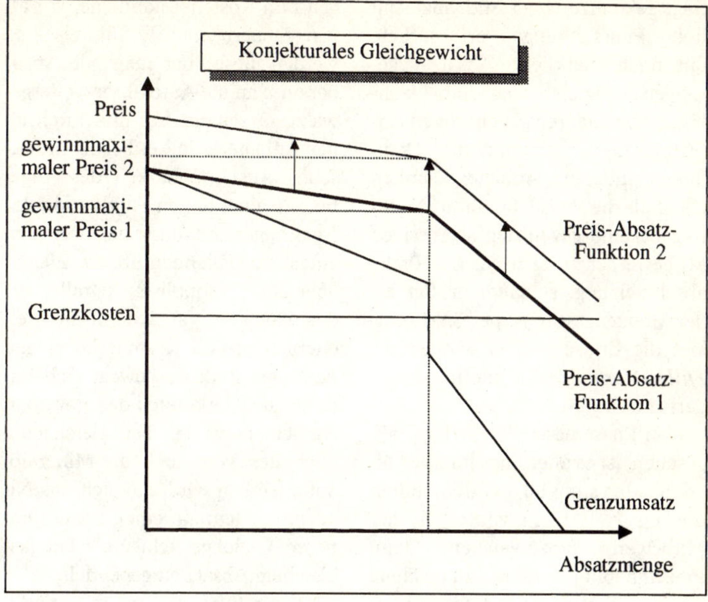

Konjekturales Gleichgewicht

bot. Dadurch läßt sich vor allem die weitverbreitet zu beobachtende Preisruhe auf oligopolistischen Märkten erklären.

Denn für den einzelnen Oligopolisten ist es nicht sinnvoll, autonom seinen Preis über dieses Niveau hinaus anzuheben, weil er davon ausgehen muß, daß die übrigen Oligopolisten ihm darin nicht folgen werden. Deshalb bewegt er sich dann auf der flach verlaufenden Kurve ohne Wettbewerbsreaktion, die durch eine hohe Preiselastizität der Nachfrage gekennzeichnet ist. Bereits geringe Preisanhebungen haben dort hohe Absatzverluste zur Folge, weil Nachfrager in großem Ausmaß zu anderen, gleichartigen Anbietern abwandern. Von daher bewirkt eine Preisanhebung nur einen Mengenrückgang, der diese Anhebung überkompensiert und zu niedrigeren Erlösen führt, insofern also bei gleichbleibenden variablen Kosten zu einem Gewinnrückgang.

Umgekehrt ist es für den einzelnen Oligopolisten aber auch nicht sinnvoll, autonom seinen Preis unter den Marktpreis zu senken, denn er muß davon ausgehen, daß die übrigen Oligopolisten ihm darin folgen werden. Deshalb bewegt er sich auf der steil verlaufenden Kurve mit Wettbewerbsreaktion, die durch eine niedrige Preiselastizität der Nachfrage gekennzeichnet ist. Dabei sind hohe Preissenkungen erforderlich, um noch merkliche Absatzsteigerungen zu erzielen, weil kaum Nachfrager von anderen gleichartigen Anbietergruppen zuwandern. Denn diese anderen Anbieter senken ebenfalls die Preise, um ihren Nachfragebestand gegen den aggressiven Mitbewerber zu sichern. Die Preisabschmelzung ist daher größer als der Mengenzuwachs, per Saldo sinken die Erlöse und Gewinne (vgl. *Diller, Hermann:* Preispolitik, Stuttgart et al. 1985).

Von Phasen des „Preiskriegs" abgesehen, ist es allerdings für alle Oligopolistten sinnvoll, in ihrem individuellen Preis nicht vom Preis des Mitbewerbs abzuweichen, denn Preisanhebungen führen zu raschem Absatzrückgang und Preissenkungen zu kaum nennenswertem Absatzzuwachs. Verschlechtert sich die Kostensituation oder soll die Gewinnmarge verbessert werden, erfolgt, bildlich gesprochen, eine Parallelverschiebung der einfach geknickten Preisabsatzfunktion nach oben. Von daher einigen sich dann alle Oligopolisten stillschweigend auf einen höheren Ausgangspreis. Da dies nur bei relativ starrer Nachfrage möglich ist, geht die dabei abgesetzte Menge kaum zurück. Ein Beispiel dafür sind die Preiserhöhungsrunden der Mineralölkonzerne. Der Mineralölmarkt ist weitgehend fest verteilt, und abgesehen von den als „Wettbewerbsalibi" tolerierten freien Tankstellen herrscht ein einheitliches Preisniveau. Steigen nun Kostenbestandteile, vor allem Steuern und Rohölpreise, so werden diese über steigende Abgabepreise an die Autofahrer weitergewälzt. Geschähe dies nur durch einen Anbieter, käme es bei der praktischen Austauschbarkeit des Angebots zu einer hohen Fluktuation der Nachfrager und führte bei diesem zu einem steil fallenden Absatz. Ziehen aber alle Oligopolisten parallel auf den neuen Preis an, weil sie alle gleichermaßen von Kostenerhöhungen betroffen sind, so bewegt sich dadurch am Marktanteil des einzelnen Anbieters wenig. Da gleichzeitig auch der Verbrauch an Mineralöl kaum sinken wird, hat sich das Niveau de dacto auf einen neuen, höheren Gleichgewichtspreis bei fast gleichem Absatz eingependelt.

Dieser Effekt ist um so verläßlicher zu erwarten, je größer die vermutete wechselseitige Abhängigkeit scheint. Dies ist dann der Fall, wenn die Anbieterzahl sehr gering ist, die Marktanteile ähnlich hoch, die Herstellungsverfahren vergleichbar und die Produkte extrem homogen sind. Gemeinsamkeiten werden umso stärker verfolgt, je leichter es ist, zur Übereinkunft zu kommen. Dies ist bei Preisführerschaft, allgemein steigender Preistendenz und ähnlicher Einschätzung zukünftiger Marktentwicklungen gegeben. Je zwingender Übereinkünfte sind, desto ausgeprägter wird der Nichtpreiswettbewerb sein, etwa durch exzessive Werbung. Die gemeinsame Zielsetzung ist zudem umso dominanter, je schwieriger der Marktzutritt ist.

Konjunktionsregel

(→ Entscheidungsregeln, Nichtkompensatorische)

Konjunkturkomponente

(→ Zeitreihe, Darstellung)

Konkurrenzbudgetierung

(→ Budgetierung, Analytische Verfahren)

Konkurrenzeinstellung

Die Einstellung eines Unternehmens gegenüber dem Mitbewerb um die Marktbearbeitung kann geprägt sein durch Konsolidierung (Defensive/Eingrenzung), Autonomie (Neutralität/Ignoranz) oder Aggression (Offensive/Kampf). *Konsolidierung* bedeutet, daß grundsätzlich vermieden werden soll, Konkurrenten durch eigene Aktionen negativ zu tangieren. Dies ist ein probates Mittel für Kleinanbieter, für die eine Auseinandersetzung mit marktüberlegenen Unternehmen hochgradig existenzgefährend sein kann. Im Zuge zunehmender Konglomeration trifft diese Einstellung jedoch verstärkt auch auf Großunternehmen zu, die auf unterschiedlichsten Märkten tätig sind und dort auf verschiedene Unternehmen treffen, die ihnen fallweise überlegen sind. Um keine Reaktion auf einem Markt zu provozieren, auf dem ein Unternehmen unterlegen ist, wird es auch auf solchen Märkten, auf denen es überlegen ist, darauf verzichten, Aktionen durchzuführen, die Konkurrenten beeinträchtigen. Da dies reihum geschieht, erklärt sich die wirtschaftsfriedliche Situation in vielen Branchen.

Autonomie bedeutet, daß die eigenen Aktionen unabhängig von einem möglichen Konkurrenzverbund vollzogen werden. Dies ist zwar insofern sinnvoll, als damit am ehesten den eigenen Zielen entsprochen werden kann, jedoch nicht ganz ungefährlich, da unbeabsichtigt Mitbewerber sich durch diese Einstellung herausgefordert fühlen können, obgleich das gar nicht beabsichtigt gewesen ist. De facto kann es sich somit kein Anbieter mehr leisten, ohne Berücksichtigung des Wettbewerbsumfelds zu agieren.

Aggression setzt sich mit Konfrontationsstrategien auseinander. Meist beschränkt sich die Antinomie auf einzelne Parameter. So ist die Werbung in vielen Branchen eines der letzten offensiv eingesetzten Marketinginstrumente. Gelegentlich jedoch kommt es zum Wirtschaftskampf, der allerdings zeitlich eng limitiert stattfindet, da ausgeprägte Kampfsituationen das Sicherheitsbedürfnis der Unternehmen negieren.

(→ Strategien im Marketing)

Konkurrenzverdrängung

Dies ist eine Form zur Definition der Absatzquelle. Dabei wird es als Ziel angesehen, Nachfragepotentiale zu okkupieren, die sich derzeit mit Wettbewerberprodukten versorgen. Dazu sind mehrere Möglichkeiten vorhanden:

- relativ bei Marktexpansion durch schnelleres Wachstum als der Mitbewerb bzw. bei Marktkontraktion durch langsameres Schrumpfen als dieser,
- indirekt durch Wachstum des eigenen Marktanteils bei Marktstagnation gegen den Mißerfolg des Mitbewerbs (dies ist für heutige Märkte charakteristisch),
- absolut bei Marktexpansion durch schnelleres Wachstum als der Markt, bei Marktkontraktion durch langsameres Schrumpfen als der Markt (auch dies geht nur zu Lasten des Mitbewerbs),
- direkt bei stagnierenden, wachsenden oder schrumpfenden Märkten zu Lasten eines bestimmten Mitbewerbers als frontaler Angriff auf einzelne Konkurrenten (Marketing Warfare).

Konkurrenzverdrängung beinhaltet Akquisitionen mit der Absicht der Abwerbung von Kunden des direkten Mitbewerbs und deren Integration in den eigenen Kundenstamm. Dies erfordert die Aufweichung vorhandener Kundenbindung und Markenloyalität, was gewiß das schwierigste Unterfangen ist. Immerhin hält der Mitbewerb dagegen. Von daher ist diese an sich naheliegendste Möglichkeit der Absatzquellendefinition zwar die spannendste, aber auch die gefahrenträchtigste. Beim „Angriff" kann noch zwischen ausweichendem Vorgehen, z. B. durch Besetzung latenter Marktnischen, oder frontalem Vorgehen unterschieden werden. Letzteres zeigte sich bei der Vorstellung der *190-er Serie* von *Mercedes-Benz*, die direkt gegen die erfolgreiche *3-er Reihe* von *BMW* positioniert war, und umgekehrt bei der Vorstellung der *7-er Reihe* von BMW, die direkt gegen die etablierte *S-Klasse* von Mercedes-Benz positioniert war. Gleiches gilt für das *Windows*-Betriebssystem von *Microsoft* (gegen *MAC*-OS von *Apple*) oder für *Pepsi* (im Cola-Fight mit *Coke* um die Marktführerschaft bei Softdrinks).

Eine allgemeine Nachfragebelebung und damit eine verbesserte Ausschöpfung eines gegebenen Marktes ist vor allem das Resultat einer Preissenkung. Dadurch werden auch Käuferkreise erreicht, deren Preisbereitschaft nicht langte, vorher das Angebot wahrzunehmen. Diesbezüglich sind vor allem drei Ansätze zu nennen:

- erstens die Kostendegression, die mit steigender Nachfrage zu einer fortwährend günstigeren Umlage der Fixkosten je Stück führt, die im Preis weitergegeben werden kann. So finanziert sich eine Preissenkung aus der von ihr bewirkten Absatzsteigerung oft von selbst.
- zweitens die Rationalisierung, die durch Anwendung moderner Management- und Produktionsmethoden selbst bei konstanter Menge die Kosten drückt und damit niedrigere Preise möglich macht (zu denken ist auch an OEM-Herstellung). Im Automobilbereich sind vor allem japanische Managementmethoden zu nennen.

- drittens die Mischkalkulation bei Mehrproduktherstellern, wobei Ausgleichsgeber-Produkte, die überdurchschnittliche Renditen erwirtschaften, Ausgleichsnehmer-Produkte, die im Preis gesenkt werden sollen, intern derart subventionieren, daß zumindest vorübergehend die Gesamtrentabilität des Herstellers nicht in Frage gestellt wird.

(→ Absatzquellendefinition)

Konnotation

(→ Transfermarke)

Konsignationslager

(→ Kommissionär)

Konsolidierung

(→ Konkurrenzeinstellung)

Konsortium

(→ Kooperation)

Konsumentenmarkt

Der Konsumentenmarkt (K-Markt) ist der Markt für den privaten Konsum von Ge- und Verbrauchsgütern. Als Einkaufsziele sind hier neben Bedürfnisbefriedigung und Nutzenmaximierung zahlreiche irrationale Motive zu verzeichnen. Die Kaufentscheidung erfolgt durch Einzelpersonen oder in der Gruppe (Familie). Sie vollzieht sich als Impuls- oder Routinekauf bzw. als echter Entscheidungsprozeß. Dabei gibt es besondere Kennzeichen.

Es handelt sich hier um einen originären Bedarf, d. h. Käufer fragen Produkte für sich bzw. ihren Haushalt als Endabnehmer nach. Damit unterscheidet sich der Konsumgüterbereich von den Märkten für Weiterverarbeiter oder Wiederverkäufer, wo Produkte für fremde (derivative) Bedarfe als Teile oder Ganzes nachgefragt werden.

Es besteht ein hoher Anteil von Individualentscheidungen, bei denen Einzelpersonen für sich oder ihre Angehörigen Kaufabschlüsse tätigen. Dies steht etwa im Gegensatz zu Kaufentscheidungen auf Industrieseite, bei denen mehrere Personen involviert sind. Allerdings gibt es solche multipersonalen Prozesse ebenso im Privatbereich bei Familienentscheiden.

Weil es sich um Endabnehmer handelt, ist eine relativ große Zahl von Bedarfsträgern gegeben. Damit ist es einem Unternehmen regelmäßig nicht möglich, alle diese Bedarfsträger unmittelbar akquisitorisch zu kontaktieren. Vielmehr werden dessen Produkte überwiegend im mehrstufigen, indirekten Vertrieb vermarktet. Dies impliziert zusätzliche Probleme, da die eingeschalteten Absatzmittler als selbständige Unternehmen eigenständige Ziele verfolgen, die nicht in allen Punkten mit denen der Produzenten übereinstimmen.

Insofern wird verstärkt darauf abgestellt, eine handelsgerichtete Marketingkonzeption umzusetzen, weil nur diese den Zugriff auf Endabnehmer hat. Daher wird nach Feldern gemeinsamer Interessen geforscht, auf denen sich die Ziele von Produzent und Handel decken. Nicht zuletzt auch, um von dysfunktionalen Konflikten, wie sie lange Zeit die Regel waren, wegzukommen.

Es bestehen weitgehend anonyme Marktkontakte, d. h. dem Produzenten sind seine Endabnehmer unbekannt, da diese über Absatzmittler von ihm nur indirekt bedient werden. Damit ist aber auch die Bindung der Endabnehmer an den Produzenten mehr oder minder locker. Mit der emotionalen Entfernung wächst die subjektive Austauschbarkeit der Angebote und die Versuchung zu deren rationaler Bewertung.

Um genau dies zu verhindern, betreiben Unternehmen intensive Werbeanstrengungen im Rahmen einer konsequenten Markenpolitik. Damit wird eine Monopolisierung des Marktes zugunsten des eigenen Angebots angestrebt. De facto führt dies zu einer gegenseitigen Neutralisierung der Akquisitionswirkungen innerhalb eines relevanten Marktes. Dem glauben sich Produzenten nur entziehen zu können, indem sie ihre Werbeanstrengungen weiter erhöhen. Da dies reihum durch alle Anbieter erfolgt, kommt es im Ergebnis zu einer gegenseitigen Aufschaukelung der Werbeaufwendungen.

Der Werbeeinsatz wird auch erforderlich, weil es sich de facto überwiegend um Me too-Produkte handelt. Diese sind in Hinblick auf ihre objektiven Leistungsmerkmale weitgehend austauschbar. Um dennoch zu einer Bindung der Abnehmer an das eigene Produkt zu gelangen, ist eine kommunikative Differenzierung unverzichtbar. Dabei wird mittels einer die Realebene (Evidenzinformation) überlagernden Auslobung von Botschaften (Surrogatinformation) eine Alleinstellung angestrebt. So kommt es zum Phänomen, daß an sich gleichartige Angebote erstaunlich abweichende Images aufweisen.

Erst wenn diese vergleichsweise soften Instrumente nichts fruchten, kommen Preiskämpfe in Betracht. Diese werden meist nur kurzfristig ausgetragen, da sie direkt den Unternehmenserfolg tangieren und angesichts der ausgeprägten Machtmittel vieler der am Markt präsenten Großbetriebsformen ausgesprochen risikoreich sind. So setzt sich oft bald das Streben nach wirtschaftsfriedlichem Verhalten durch.

Zur erfolgreichen Bearbeitung ist es schließlich erforderlich, den amorphen Gesamtmarkt nach geeigneten Kriterien in einzelne Segmente aufzuteilen, die intern homogen genug sind, um sie mit einheitlichen Maßnahmen bearbeiten zu können. Gleichzeitig soll die Möglichkeit gegeben sein, diese Segmente parallel zu bearbeiten, ohne daß es zu Irritationen im Publikum kommt. Dies wiederum ist nur durch differenzierten Einsatz der Marketinginstrumente machbar, die auf das jeweilige Segment hin optimiert werden.

Diese komplexen Konzepte erfordern adäquate organisatorische Voraussetzungen, wie sie etwa im Product-, Key Account- oder Area-Management gegeben sind. Dabei drückt sich die Marketingphilosophie auch darin aus, daß die Zieleinheiten, also zu vermarktende Produkte bzw. zu bedienende Märkte, in den Mittelpunkt der internen Arbeitsabläufe rücken. Dadurch wird eine optimale Ausrichtung des Unternehmens auf den Markterfolg möglich.

Konstruktionsfehler

(→ *Produkthaftung)*

Konstruktionsmodelle der Mediaplanung

(→ *Mediaplanung, Kalkülisierung)*

Konstruktvalidität

(→ *Validität)*

Konsumerismus

Da die Aktivitäten des Marketing von der Anbieterseite ausgehen, wurden Nachfragerbelange lange Zeit vernachlässigt. Diese zu vertreten, ist Inhalt des Konsumerismus. Dessen Forderungen erstrecken sich u. a. auf folgende Bereiche:

- Bildung von Organisationen zum Zwecke der Verbraucherberatung über Einkauf, Konsum und Haushaltsökonomie,
- Aus- und Weiterbildung von Schülern und Erwachsenen im Konsumentenverhalten,
- Durchführung von Warentests,
- institutionelle Mitsprache bei der wirtschaftspolitischen Willensbildung,
- Berücksichtigung der Verbraucherbelange in der Gesetzgebung gegen unlauteren Wettbewerb, fragwürdige Marketingpraktiken und gesundheitsschädliche Handlungen,
- Mißbrauchsaufsicht über marktbeherrschende Unternehmen,
- Produkthaftung und Herstellerhaftung über Gewährleistung hinaus.

Dazu werden Grundrechte der Verbraucher eingefordert. Sie betreffen u. a. das Recht auf:

- Sicherheit bzw. Schutz vor verbraucherschädlichen Produkten und Marketingpraktiken,
- objektive Produktinformation,
- unbeeinflußbare Wahl zwischen hinreichend vielen Gütern,
- Anhörung bei Produktgestaltung, Verkaufsaktivitäten und verbraucherrelevanten Gesetzen, Verordnungen, Erlassen.

Einflußgruppen des Konsumerismus sind Verbraucherverbände, Gewerkschaften, Testinstitute, Medien, politische Parteien, Behörden, Kirchen, Ausbildungsstätten, Vereine etc. Diese haben Ansprüche an Unternehmen und Staat. Den Staat betrifft dabei etwa die Schaffung von:

- Spielregeln für ein faires Marketing und eine lautere Werbung,
- Mindestnormen für Qualität, Sicherheit und Funktionalität verkaufter Produkte,
- regelmäßigen Tests durch unabhängige Institute mit Ergebnisveröffentlichung,
- Werbebeschränkungen wie dem Verbot von Schleichwerbung.

Verbraucherpolitik stellt dabei allge-

mein auf eine Verbesserung der Wettbewerbsordnung ab. Dabei geht es um den Schutz der Verbraucher durch Regulierung des Nachfrager- und Anbieterverhaltens, z. B. über freiwillige Selbstkontrolle, gesetzliche Regelungen. Und um die Verbesserung der Kenntnisse und Fähigkeiten der Verbraucher zur Lösung aktueller und langfristiger Probleme, z. B. durch Verbrauchererziehung, -aufklärung.
(→ Verbraucherpolitik)

Kontaktintensität

Kontaktintensität bedeutet die gesamte Anzahl der Werbeträgerkontakte mit Zielpersonen. Diese kann auch als durchschnittliche Kontaktfrequenz je Person ausgewiesen werden oder als Summe der absolut erzielten Werbeträgerkontakte innerhalb der Zielgruppe. Sie ist in der Rangreihung nur von begrenzter Bedeutung, nämlich bei Tarifkombinationen, die externe Überschneidungen erzeugen. Dabei liegt deren Reichweite unter ihrer Kontaktsumme, denn der Reichweitenwert versteht sich als Nettoreichweite, also nach Abzug der externen Überschneidungen zwischen den tarifkombinierten Werbeträgern, während die Kontaktsumme den Bruttowert repräsentiert, also die Summe der Kontakte jedes einzelnen der in der Tarifkombination beinhalteten Werbeträger angibt. Von großer Bedeutung ist dieser Effekt bei der Zusammenstellung mehrerer Werbeträger zu sog. Plankombinationen.

Die Kontaktstreuung gibt an, innerhalb welcher Zeiträume wieviele Personen angesprochen werden. Sie ist schnell z. B. bei Programm- und langsam z. B. bei Hobbyzeitschriften. Die Kontaktverteilung gibt an, wie sich die Zahl der Kontakte über alle erreichten Personen nach Häufigkeit verteilt und nach Kontaktklassen um den Durchschnittswert streut. So kann der gleiche Wert für den Durchschnittskontakt durch sehr verschiedenartige Verteilungen der Kontaktklassen realisiert werden. Die notwendige Ergänzung dazu stellt daher die Streuung der Kontaktklassen um den Durchschnitt dar. Die Kontaktdosis gibt die gewünschte Mindestzahl von Kontakten mit der Zielgruppe an, die für die Werbeerfüllung als Voraussetzung angesehen wird.
(→ Rangreihung)

Kontaktfragen

(→ Fragefunktionen)

Kontaktgewichtung

(→ Mediaplanung, Gewichtungen)

Kontaktmarketing

(→ Direktmarketing)

Kontor

(→ Einkaufsverbund)

Kontraktmanagement

(→ Internationalisierung, Marktzugang)

Kontraktmarketing

(→ Kooperation im Absatzkanal)

Konzentration

Konzentration bedeutet, daß eine Strategie durch Verbund mit anderen Unternehmen unter Verlust der rechtlichen und/oder wirtschaftlichen Selbständigkeit mindestens eines der beteiligten Partner vollzogen wird. Von aktiver Konzentration spricht man bei der Übernahme eines anderen Unternehmens, von passiver Konzentration bei der Übernahme durch ein anderes Unternehmen. Der Zusammenschluß ist auf Fremdbedarfsdeckung gerichtet und impliziert unterschiedliche Rechtswirkungen. Als wesentliche Vorteile gelten Erreichung optimaler Betriebsgrößen, Nutzung technischer Verbundvorteile, Gewährung rationellen Kapazitätseinsatzes und rentabler Investitionspolitik, Erweiterung des Produktions-/Absatzprogramms, Gewährleistung effizienter Forschung und Entwicklung, Verbesserung der Marktposition, Erschließung neuer Märkte, Verbreiterung des Angebotsprogramms und Risikostreuung, effizienter Einsatz des Vertriebsapparats, Erschließung bzw. Sicherung von Rohstoffmärkten, Erzielung günstiger Einkaufspreise/-konditionen, Sicherung von Vor- und Zwischenprodukten, Bereitstellung von Produktionsfaktoren, Stärkung der Finanzposition, Verbesserungen im Verwaltungs- und Personal-/Sozialbereich.

Konzentration vollzieht sich durch Fusion, und zwar mit oder ohne formelle Liquidation der fusionierenden Unternehmen. Dabei kann es sich um Verschmelzung durch Neubildung des fusionierten Unternehmens, um Verschmelzung durch Aufnahme eines Unternehmens in die Fusion mit dem anderen, um Vermögensübertragung des einen fusionierenden Unternehmens an das andere oder um verschmelzende Umwandlung handeln, oder durch Verbundene Unternehmen über in Mehrheit stehende und mit Mehrheit beteiligte Unternehmen, abhängige und herrschende Unternehmen, wechselseitig beteiligte Unternehmen, Vertragsteile eines Unternehmensvertrags (z. B. Pacht- und Überlassungsvertrag, außer Beherrschungsvertrag), Konzernbildung unter einheitlicher Leitung, und zwar als Gleichordnungs- oder Unterordnungskonzern als Eingliederung, Vertragskonzern oder faktischer Konzern. Wiederum gibt es die Möglichkeit der aktiven Beteiligung an einem anderen Unternehmen oder der passiven Beteiligung durch ein anderes Unternehmen.

Beteiligung beinhaltet hier die Übernahme eines mehr oder minder großen Anteils des Kapitals einer Unternehmung durch eine andere. Dabei gibt es folgende Abstufungen. Eine *Minoritätsbeteiligung* kann mehrere Beweggründe haben. Zum einen kann es sich um eine hier nicht näher interessierende, reine Finanzanlage handeln. Dann kann die Minderheitsbeteiligung den ersten Schritt für den Aufbau einer weitergehenden Beteiligung darstellen. Insofern ist sie nicht Absicht, sondern nur Übergangserscheinung. Vor allem aber kann dadurch die Ernsthaftigkeit einer bestehenden oder beabsichtigten Kooperation unterstrichen werden. Oft wird dabei eine gegenseitige Minderheitsbeteiligung vereinbart, um die Gleichberechtigung der Partner für die begrenzte Kooperation auszudrücken.

Mit *Parität* beteiligt sich ein Unternehmen zu genau 50% an einem anderen. Dies hat, vorausgesetzt, es bestehen keine andersartigen Stimmrechtsregelungen, zur Folge, daß beide Partner zur Einstimmigkeit in ihren Beschlüssen gezwungen werden, da keiner ohne den anderen agieren kann. Dies ist hinderlich, weil auf diese Art oft faule Kompromisse eingegangen werden müssen und der eine den anderen blockieren mag, wodurch nicht selten die Existenz des Unternehmens ernsthaft gefährdet ist. Denn in schnellebigen Märkten führen falsche oder verzögerte Entscheidungen bald zu Wettbewerbsnachteilen.

Eine *Majoritätsbeteiligung* bringt zum Ausdruck, daß eigene unternehmerische Initiative eingebracht werden soll. Der mehrheitliche Partner will den Kurs bestimmen und die Beteiligung aktiv für sich nutzen. Die Erlangung genügender Anteile ist allerdings meist nicht ganz einfach. Sie können entweder als Paket oder Addition mehrerer Pakete von den Voreigentümern oder deren Banken übernommen werden. Bei Aktiengesellschaften ist der Aufkauf relevanter Anteilsgrößenordnungen über die Börse kaum möglich, ohne daß dies ruchbar wird und zu stark steigenden Kursen führt. Es sei denn, man geht über Deckadressen als Auftraggeber, in einem gehörig gestreckten Zeitraum und mit kleinen Partien zu Werke.

Bei der *Übernahme* wird ein Unternehmen schließlich voll und ganz übernommen. Damit sind eindeutige Verhältnisse geschaffen. Allerdings involviert dies auch den größten Finanzmittelaufwand. Außerdem können wettbewerbsrechtliche Gründe gegen die Übernahme sprechen. Hierzu gehören die Fusionskontrolle und die Mißbrauchsaufsicht über marktbeherrschende Unternehmen. Die Fusionskontrolle bezieht sich auf das Verbot solcher Unternehmenszusammenschlüsse, die zur Entstehung oder Verstärkung einer marktbeherrschenden Stellung führen. Insofern sind Zusammenschlüsse nicht grundsätzlich wettbewerbspolitisch bedenklich. Das Bestehen einer marktbeherrschenden Stellung wird nicht per se verboten, sondern akzeptiert. Diese Unternehmen solle nur anstelle der nicht ausreichenden Kontrolle durch den Wettbewerb einer umfassenden staatlichen (Mißbrauchs-)Aufsicht unterstellt werden. Wird eine marktbeherrschende Stellung mißbräuchlich ausgenutzt, kann dieses Verhalten untersagt, nicht aber ein neues, nicht-mißbräuchliches vorgegeben werden. Marktbeherrschung ist gegeben, wenn ein Unternehmen ohne Wettbewerber oder keinem wesentlichen Wettbewerb ausgesetzt ist oder es eine im Verhältnis zu Mitbewerbern überragende Marktstellung hat.

Behinderungsmißbrauch erfolgt durch mittelbare und unmittelbare Konkurrentenbehinderung oder durch Nachfragemißbrauch. Ausbeutungsmißbrauch erfolgt vor allem durch überhöhte Preise, wobei sich die Frage des Vergleichspreises stellt. Diskriminierung erfolgt vor allem durch Konditionen-/Preisspaltung, wobei gleichartige Wirtschaftssubjekte ohne sachlich gerechtfertigten Grund unterschiedlich behandelt werden.
(→ Strategien im Marketing)

Kontrollfrage

(→ Fragetechnik im Verkaufsgespräch)

Kontrollgruppe

(→ Experiment, Ausprägungen)

Kontrollierte Auflage

(→ Leser-/Auflagenbegriffe)

Kontrollierte Variable

(→ Experiment, Inhalte)

Kontrollsysteme

(→ Marketing-Informations-System, Typen)

Konvergenzvalidität

(→ Validität)

Konzentration im Absatzkanal

Unternehmenskonzentration bedeutet den Verlust der rechtlichen und/oder wirtschaftlichen Selbständigkeit für mindestens einen der beteiligten Partner. Auf der Handelsstufe hat die Konzentration im Absatzkanal zur Bildung von Großbetriebsformen mit Nachfragemacht gegenüber Lieferanten der Industrie geführt. Zu nennen sind im Konsumgüterhandel Namen wie *Metro, Tengelmann, Edeka, Aldi, Markant, Deutsche Spar, Otto Versand, Karstadt, Schickedanz, Gedelfi, Lidl&Schwarz, Toepfer, Raab Karcher, Brenninkmeyer, Allkauf, Lekkerland, Anton Schlecker, Nürnberger Bund, Mann* etc., die ihrerseits wiederum meist Verbundgruppen darstellen. Im Investitionsgüterhandel sind die entsprechenden Namen etwa *Stinnes, Franz Haniel, Thyssen Handelsunion, Klöckner&Co, Ferrostaal, Mannesmann Handel, Preussag Handel* etc., die meist wiederum konzernverbunden sind. Der Markt wandelt sich so zu einem – wettbewerbspolitisch unerwünschten – engen Oligopol. Die Beziehungen sind zunehmend durch Gruppenwettbewerb gekennzeichnet. Es kommt zu vermehrten Geschäftsschließungen vor allem bei Klein- und Mittelbetrieben des Handels, teils mit der Tendenz zur Unterversorgung ganzer Landstriche („Dörfer ohne Läden"). Diese betrifft vor allem die unzureichende Bereitstellung von Produkten zur Deckung des täglichen oder täglich häufigen Bedarfs durch Handel und Handwerk, die sich darin äußert, daß die Wohnbevölkerung sich nurmehr unter Hinnahme erheblicher Einkaufsanstrengungen versorgen kann. Dies gilt auch für städtische Randlagen und sog. „Schlafsiedlungen" in Großstadtvororten. Dort reicht die Kaufkraft oft nicht mehr aus, die Existenz von Einzelhandelsbetrieben zu ermöglichen, weil einerseits die optimale Betriebsgröße für Absatzmittler gestiegen ist und andererseits eine höhere Mobilität der Konsumenten Kaufkraft in lokale Einkaufszentren abzieht (= objektive Unterversorgung). Davon werden vor allem weniger kaufkräftige, z. B. ältere, immobile, Personen betroffen. Außerdem sind für anspruchsvolle Käufer im näheren Umkreis, wenn überhaupt, nur wenig differenzierte Sortimente verfügbar (= subjektive Unterversorgung).

Die deutschen Handelsunternehmen selbst sind aber im internationalen Maßstab immer noch rechte Zwerge. Vierfach größer als das größte deutsche Handelsunternehmen (Tengelmann) sind japanische Handelshäuser mit Namen Itochu, Marubeni, Sumitomo, Mitsubishi und Mitsui. Für die europäische Spitzenklasse reicht es freilich gut. Mithalten können mit den deutschen Unternehmen nur Carrefour, Leclerc, Intermarché, Auchan, Promodès, Printemps, Casino (alle Frankreich), Sainsbury, Tesco (beide Großbritannien) und Ahold (Niederlande).

Konzentrationsziele betreffen im einzelnen etwa die Erreichung optimaler Betriebsgrößen, Nutzung der Vorteile des technischen Verbunds, Gewährleistung eines rationellen Kapazitätseinsatzes, Ermöglichung einer rationellen Investitionspolitik, Erweiterung des Sortiments, Gewährleistung effizienter Innovation, Verbesserung der Marktposition, Markterschließung, Verbreiterung des Sortiments und Risikostreuung, effektiver Einsatz des Vertriebsapparats, Erschließung und Sicherung von Liefermärkten, Erzielung günstigerer Einkaufspreise und -konditionen, Sicherung von Vor- und Zwischenprodukten, Sicherung von Produktionsfaktoren, Verbesserung der Finanzposition, Verbesserung der Vermarktungssituation, Verbesserung im Personal-, Sozialbereich etc.

Konzentrationskurve

(→ Visualisierung von Daten)

Konzentrationsverfahren

Beim Konzentrationsverfahren (Cut Off) der Auswahl wird eine Vollerhebung für solche Elemente der Grundgesamtheit vorgenommen, denen für den Untersuchungszweck besondere Bedeutung zukommt. Alle anderen werden vernachlässigt. Dies ist nur dann sinnvoll, wenn diese Elemente einen extrem hohen Erklärungsbeitrag für die zu untersuchenden Sachverhalte leisten, also ein starkes Ungleichgewicht der Elemente gegeben ist und wenigen Elementen ein extrem hoher Erklärungsbeitrag zukommt. So kann man sich in der Handelsforschung beim hohen Konzentrationsgrad sowohl auf der Lieferantenstufe als auch auf der Absatzmittlerstufe auf eine Erhebung der großen Markenartikler in der Industrie und der

Großbetriebsformen des Handels beschränken und erhält dennoch alle relevanten Informationen, die zur Beurteilung der Situation im Absatzkanal erforderlich sind. Daher werden oft nur Fokus-Gruppen erhoben.
(→ Bewußtauswahl)

Konzentrierte Kostenführerschaft

(→ Spezialisierung)

Konzentrierte Leistungsführerschaft

(→ Individualisierung)

Konzepttests

Die potentiellen Marktchancen eines Produkts werden vor Einführung, bei Veränderung oder auch laufend zur Sicherheit abgetestet. Der Konzepttest beinhaltet dabei die Überprüfung der Anmutungs- und Verwendungseigenschaften von Produkten mit dem Ziel, zu klären, ob die Produktleistung auf dem Markt bestehen kann.

Nach dem *Inhalt* kann man Tests von Idee (Name, Packung, Geschmack etc.), Objekt (Leistung, Funktion, Qualität etc.) und Nachfrage (Akzeptanz, Preisbereitschaft, Kaufappetenz etc.) unterscheiden.

Nach der *Art* kann man einteilen in den Entwurfstest (meist komparativ und unternehmensintern), den Produkttest (meist monadisch und unternehmensintern), den Warentest (meist komparativ und markt-öffentlich) und den Markttest (meist monadisch und markt-öffentlich). Der Warentest ist insofern spezifisch, als er von neutralen Einrichtungen getragen wird. Er findet immer nach Markteinführung des Produkts statt und will objektiv erkennbare Eigenschaften feststellen wie Gebrauchseignung, Grundnutzen, Preiswürdigkeit, Sicherheit etc. Warentestergebnisse werden veröffentlicht, sie sollen Markttransparenz schaffen bzw. erhöhen und Verbraucher schützen.

Nach der *Anzahl* unterscheidet man den Einzeltest und den Mehrfachtest. Beim Einzeltest wird nur ein Objekt (monadisch) bewertet. Eine Gefahr besteht darin, daß die Testperson das Objekt infolge einer gewissen Voreingenommenheit besser beurteilt als es in Wirklichkeit ist. Beim Mehrfachtest werden daher mehrere Objekte (parallel oder nacheinander) bewertet.

Nach dem *Umfang* handelt es sich um einen Volltest oder einen Partialtest. Beim Volltest interessiert die Akzeptanz des gesamten Produkts mit all seinen Konzeptelementen. Beim Partialtest sind nur einzelne Komponenten interessant (z. B. Leistung, Gestaltung). Allerdings besteht dabei das Problem, daß einzelne Komponenten auf andere überstrahlen (z. B. Preis auf Qualität).

Nach der *Vorgehensweise* unterscheidet man Eliminationsverfahren und Substitutionsverfahren. Beim Eliminationsverfahren wird ein Objekt sukzessive anonymisiert, bis im Blindtest nur noch ein Element (z. B. die „nackte“ Ware) zu beurteilen ist, ohne einen Hinweis auf Marke und/oder Hersteller zu geben. Beim Substitutionsverfahren wird die Anzahl der Komponenten nicht verringert, sondern variiert. Das jeweils interessierende Element wird den Testpersonen in mehreren Versionen zur Begutachtung vorgelegt.

Konzernanbindung

(→ Betriebstypen des Handels, Einteilungskriterien)

Konzession

Die Konzession betrifft Händler, die im Rahmen eines Untervermietungssystems in Ladenpassagen, Einkaufszentren, Gemeinschaftswarenhäusern etc. sortimentsergänzende oder periphere Angebote machen und dafür Verkaufsfläche als Ladenlokal eingeräumt erhalten. Konzessionäre sind rechtlich selbständig, jedoch in strenge Generalklauseln eingebunden. Aufgrund des Pachtcharakters stehen ihnen die Erträgnisse ihrer Tätigkeit voll zu, sie leisten dafür jedoch, teils erfolgsabhängige, Pachtzinszahlungen. Der Verpächter profitiert von der Abrundung seines Serviceangebots (One Stop Shopping), die Pächter profitieren von der Agglomerationswirkung der Einkaufsstätte. Beispiele sind Bäkkerei, Schlüsseldienst, Reinigung, Lotto-Toto-Annahmestelle etc. im Vorraum von Einkaufszentren. Besonders erfolgreich ist *Candy & Company*, die in den Ein- und Ausgangszonen von Warenhäusern Konfekt in aufwendiger Verpackung zu hohen Preisen in spezieller Dekoration anbieten, oder der Krawattenshop, der in Ladenpassagen Seidenschlipse zum Einheitspreis offeriert.

(→ Raumvermietungsgeschäfte des Handels)

Kooperation

Kooperation bedeutet, daß die Strategie durch freiwilligen Verbund mit anderen, leistungsergänzenden Unternehmen auf vertraglicher Basis unter Wahrung der rechtlichen bei Einschränkung der wirtschaftlichen Selbständigkeit zum Zwecke der Verbesserung der gemeinsamen Leistungsfähigkeit vollzogen wird. Die Kooperation definiert sich nach Intensität, Beteiligten, Anzahl, Inhalt und Richtung. Hierbei sind drei Arten zu unterscheiden. Horizontale Kooperation bedeutet, daß Unternehmen einer Marktstufe kooperieren, vertikale Kooperation bedeutet, daß Unternehmen verschiedener Marktstufen kooperieren. Gemischte Kooperation bedeutet, daß Unternehmen verschiedener Branchen und/oder Marktstufen kooperieren.

Bei der *horizontalen Kooperation*, also stufengleich, sind wiederum mehrere Ausprägungen zu nennen. Die *Strategische Allianz* ist die begrenzte Zusammenarbeit zweier oder mehrerer aktueller oder potentieller Wettbewerber. Sie ist dauerhaft angelegt und kann Vorstufe für einen Zusammenschluß sein. Die räumliche Erstreckung kann sich auf alle oder ausgewählte Märkte beziehen oder neue Märkte betreffen. Der Inhalt kann in gegenseitiger Arbeitsteilung oder Poolung von Kapazitäten liegen, ist aber immer nur auf Teilbereiche der Aktivitäten gerichtet, und zwar mit interner Wirkung und nicht als abgestimmtes Verhalten am Markt. Denn anders als beim Kartell sollen primär keine Marktwirkungen erreicht werden. Daß solche dabei zumindest auch anfallen, ist wohl kaum vermeidbar. So zeichnen sich vielfältige Strategische Allianz in der Automobilbranche ab, so zwischen *Volkswagen* einerseits und *Nissan, MAN, Renault, Volvo, Fiat, Porsche, Toyota* etc.

Eine *projektbezogene Abstimmung* betrifft ebenfalls die partielle Zusammenarbeit zweier oder mehrerer aktueller oder potentieller Wettbewerber. Sie ist jedoch fallweise und temporär begrenzt ausgelegt, sodaß das strategische Moment fehlt. Dies ist etwa bei Konsortien (mit Außenwirkung) gegeben, bei denen sich mehrere Unternehmen zusammentun, um gemeinsam die Kapazitäten eines Großauftrags bereitzustellen, der für jedes von ihnen allein nicht schaffbar oder nicht opportun wäre. Ein offenes Konsortium ist dabei der Zusammenschluß rechtlich selbständiger Unternehmen zur gemeinsamen Erfüllung einer Gesamtleistung, wobei der Vertrag zwischen dem Kunden und der Gesamtheit der Konsorten (meist als BGB-Gesellschaft) abgeschlossen wird. Jeder Konsorte haftet dann nach außen selbstschuldnerisch. Meist gibt es einen Konsortialführer (Pilot Contractor). Beim stillen Konsortium bestehen Vertragsbeziehungen nur zwischen dem Kunden und einem Konsorten, dem Generalunternehmer. Es handelt sich also um eine reine Innengesellschaft (nur der Generalunternehmer haftet nach außen).

Bei der *vertikalen Kooperation* gibt es zwei Ausprägungen. Der fallweisen und temporären Zusammenarbeit zwischen Unternehmen verschiedener Wirtschaftsstufen kommt aufgrund ihres projektbezogenen Charakters eher begrenzte Bedeutung im Marketing zu. Hier sind *Partizipationen* (mit Innenwirkung) zu nennen, bei denen sich mehrere Subunternehmer unter der Leitung eines Systemführers zusammentun. Für den Auftraggeber bedeutet dies Arbeitsentlastung, weil er nur einen Systemlieferanten als Ansprechpartner hat. Für potentielle Auftragnehmer bedeutet das, sich beizeiten der Unterstützung leistungsergänzender Zulieferer zu versichern, da ein Systemlieferant nur so erfolgreich sein kann, wie das Bündel aus von ihm zusammengestellten Vorleistungen dies zuläßt.

Die vertragsgebundene, dauerhafte Zusammenarbeit hingegen hat unter dem Begriff des *Kontraktmarketing* hohe Bedeutung überall dort, wo mit indirektem Absatz distribuiert wird. Möglichkeiten sind dabei Rahmenvereinbarung, Freiwillige Kette, Agentursystem, Rack Jobber, Shop in the Shop-System, Store in the Store-System, Franchising, Vertragshändler, Kommissionärssystem, Depotsystem (im Eigenhandel), Mittelstandsvereinbarung, Gesplitteter Vertrieb, Einkaufsverbund, Direktabsatz, Konzessionssystem und Vertriebslizenz.

Gemischte Kooperationen (auch diagonal) sind als sowohl branchen- wie auch stufenübergreifende, begrenzte Zusammenarbeit von Unternehmen angelegt. Dabei gibt es mehrere Ausprägungen. Beim (Mehrbranchen-)*Syndikat* handelt es sich um eine zentrale Verkaufsorganisation, die die Waren mehrerer Branchen zu einheitlich gesteuerten Konditionen anbietet. Die angeschlossenen Unternehmen bleiben dabei, mit Ausnahme der Vertriebsfunktion, selbständig. Sie dienen ihre Waren jedoch geschlossen dem Syndikat an, das diese wiederum für den Markt verfügbar macht. Dadurch sollen für alle Beteiligten bessere Erlöse realisiert werden. Insofern ist auch wichtig, daß keine nennenswerten Außenseiter vorhanden sind, die die Syndikalisierung von Märkten unterlaufen. Syndikate fallen unter das grundsätzliche Kartellverbot des GWB, das jedoch zahlreiche Bereichs- und Fallausnahmen kennt.

Bei der *Arbeitsgemeinschaft* handelt es sich um die organisatorische Zusammenarbeit einer begrenzten Anzahl ansonsten verschiedenartiger, selbständig bleibender Anbieter, die sich temporär und/oder projektbezogen zu einer speziellen Form des Werkverbunds zusammenschließen. Meist gibt es einen zentralen Koordinator, der aber nicht alle Leistungen selbst zur Verfügung stellt, sondern sich dabei Kollegenlieferanten bedient. Dies betrifft vor allem komplementäre Produktangebote, wie sie oft im Investitionsgütermarketing, dort wiederum vor allem in der Bauindustrie, gegeben sind.

Beim *Wirtschaftsverband* (höherer Ordnung) handelt es sich um den freiwilligen Zusammenschluß heterogener Verbände zum Zweck der gemeinschaftlichen Erfüllung bestimmter ökonomischer Teilaufgaben wie Informationsgewinnung, betriebswirtschaftliche Beratung und Interessenvertretung der Mitglieder etc. Der Beitritt zu solchen Dachverbänden kann die Umsetzung marktbezogener Strategien erleichtern oder auch erst ermöglichen. Allerdings sind diese nicht eigenunternehmerisch tätig, sodaß der Einfluß einzelner Mitglieder durch die Mitgliedschaft im Verband mehr oder minder begrenzt bleibt. Zudem sind Verbände allgemein rechtlich schwerfällig.

Kooperationsbeziehungen im Markt

(→ *Marktkonstitution*)

Koordination

(→ *Strukturorganisation*)

Korkenziehertechnik

(→ *Einwandbehandlung*)

Körperbau

(→ *Verkaufsgesprächselemente*)

Körperdiagramm

(→ Visualisierung von Daten)

Körpersprache

(→ Verkaufsgesprächselemente)

Korrelationsfragen

(→ Fragefunktionen)

Kosmetische Technik

(→ Preisargumentation im Verkaufsgespräch)

Kosten-Nutzen-Relation (von Informationen)

(→ Information, Anforderungen)

Kosten-Volumen-Gewinn-Analyse

(→ Break Even-Analyse, Aussage)

Kostenartenrechnung

(→ Kostenrechnungsgrundlagen)

Kostenführerschaft, Umfassende

Die umfassende Kostenführerschaft ist eine Position im Rahmen der Wettbewerbspositions-Matrix.

Vorteile einer umfassenden Kostenführerschaft bestehen in folgendem:

- Das Unternehmen mit den niedrigsten Kosten einer Branche ist auch dann noch in der Lage, Gewinne zu erzielen, wenn die Marktkräfte (= Preisdruck) die Konkurrenten bereits an den Rand der Verlustzone zwingen. Insofern ergibt sich Existenzsicherung selbst bei aggressiver Preispolitik.
- Es entsteht ein gewisser Schutz vor nachfragemächtigen Kunden, weil diese den Preis höchstens bis auf das Niveau des zweiteffizientesten Konkurrenten zu drücken vermögen. Dann ist ein gegenseitiges Ausspielen verschiedener Anbieter, wie es z. B. im Handel anzutreffen ist, nicht mehr möglich.
- Der Verhandlungsspielraum mit mächtigen Lieferanten wächst, da Kostensteigerungen im Einkauf weniger zur Weitergabe im Preis zwingen, sondern auch durch partiellen Gewinnverzicht aufgefangen werden können, während andere Bezieher sich auf nervenaufreibende Verhandlungsrunden einlassen müssen.
- Es bestehen hohe Eintrittsschranken in den Markt, die einen relativen Schutz vor Mitbewerbern bieten. Das Preissenkungspotential zur Abwehr von neuen Marktanbietern erhöht das Risiko eines Markteintritts weiter erheblich.
- Substitutionsprodukte können eher abgewehrt werden, weil eine relativ hohe Preisreagibilität des Anbieters besteht, sodaß das Preis-Leistungs-Verhältnis stets attraktiv gehalten werden kann.

Nachteile einer umfassenden Kostenführerschaft bestehen in folgendem:

- Grundlegend neue Technologien entwerten die Kostenführerschaftsposition. Damit gehen zugleich die geleisteten Investitionen unter (sog. Sunk Costs) bzw. werden erhebliche Neuinvestitionen erforderlich, die spannenmindernd wirken.
- Nachahmer können durch Lern-

effekte bald die gleiche Kostenstruktur wie der (ehemalige) Kostenführer erreichen, sodaß kein Schutz vor Wettbewerbern mit gleichem Erfindungsreichtum besteht.

- Marketing folgt dem Primat der Nachfrage und nicht dem der Kosten. Insofern hilft Kostenführerschaft nichts, wenn dabei Bedürfnisse des Marktes außer acht gelassen werden.
- Kostensteigerungen in hohem Ausmaß oder kumulierter Wirkung schwächen die Kostenführerschaft. Dies ist in Zeiten eskalierender Rohstoff-, Kapital- und Arbeitskosten hochwahrscheinlich. Zwar sind alle Anbieter gleichermaßen davon betroffen, aber da die Position des Kostenführers eben mehr auf diesem Vorteil aufbaut als die Strategien des Mitbewerbs, trifft ihn eine Schwächung dort existenzieller.

(→ *Erfolgsfaktoren im Marketing, Wettbewerbspositions-Matrix*)

Kostenmethode

(→ *Standortwahl, Distanz-Betrachtung)*

Kostenorientierte Preisbildung

Die kostenorientierte Preisbildung stellt insofern einen Fremdkörper innerhalb des Marketing dar, als der Markt grundsätzlich nur Nutzen honoriert, nicht aber Kosten. Dennoch erfolgt in der Praxis weit überwiegend die Preisbildung unter Kostendeckungsgesichtspunkten. Dabei sind folgende Aspekte von Bedeutung:

- Gehen alle Kosten in die Selbstkostenermittlung ein und wird nach Einzel- und Gemeinkosten gegliedert, handelt es sich um die Vollkostenrechnung. Gehen nicht alle Kosten ein und wird nach fixen und variablen Kosten gegliedert, handelt es sich um die Teilkostenrechnung.
- Alle Kostenarten, tatsächliche und kalkulatorische, werden im Kontenrahmen (GKR/IKR) erfaßt. Diese Kosten werden, sofern sie Gemeinkosten, also nur mehreren Entscheidungseinheiten gemeinschaftlich zurechenbar, sind, im Betriebsabrechnungsbogen (BAB) auf Kostenstellen verrechnet. Einzelkosten, die einzelnen Entscheidungseinheiten unmittelbar zurechenbar sind, werden getrennt erfaßt.
- In der Kostenträgerrechnung werden Gemeinkosten als Zuschlag zu Einzelkosten addiert (progressive Vollkostenrechnung) bzw. variable und fixe Kosten sukzessive vom Marktpreis abgezogen (retrograde Teilkostenrechnung). Bei letzterer wird zuvor der Kostenblock (nach verschiedenen Verfahren) in beschäftigungsgradunabhängige (fixe Kosten) und beschäftigungsgradabhängige Bestandteile (variable Kosten) aufgesplittet

Weiterhin sind als Rechnungsbasis die Istkosten als gegenwärtige, reale Kosten, die Normalkosten als erfaßte Durchschnittswerte der Vergangenheit und die Plankosten als analytisch ermittelte, theoretische Sollkosten zu unterscheiden.

Kostenrechnungsgrundlagen

Das Kostenrechnungssystem besteht allgemein aus den Elementen der Kostenarten-, -stellen- und -trägerrechnung. Die *Kostenartenrechnung* betrifft die Erfassung tatsächlicher und verrechneter Kosten. Tatsächliche Kosten sind pagatorischer Natur, d. h. implizieren effektive Auszahlungen. Verrechnete Kosten sind kalkulatorischer Natur, d. h. implizieren keine Auszahlungen, sondern betreffen buchhalterische Merkposten. Gleichermaßen gibt es neben effektiven Einnahmen auch kalkulatorische. Üblicherweise erfolgt die Verarbeitung in der Buchhaltung im Gemeinschaftskontenrahmen (GKR, Kontenklasse 4), auf Herstellerseite auch im Industriekontenrahmen (IKR, Kontenklasse 9, bei der außerdem Geschäfts- und Betriebsbuchführung im Zweikreissystem getrennt geführt werden). Die Erfassung erfolgt nach Kostenarten getrennt (z. B. Personal, Material, Energie). Die Kostenartenrechnung führt im Ergebnis zur Gewinn- und Verlustrechnung, die ihrerseits letztlich wieder in den Jahresabschluß mündet. Damit ist erst einmal sichergestellt, daß alle anfallenden Kosten geordnet, vollständig und periodengerecht erfaßt werden. Interessant ist aber zu wissen, wo innerhalb des Betriebs diese Kosten anfallen. Dies beantwortet die *Kostenstellenrechnung*. Die Kostenpositionen werden, soweit es sich um Gemeinkosten handelt, im Rahmen des Betriebsabrechnungsbogens (BAB) auf Kostenstellen übertragen, um sie nach einem Schlüssel auf Kostenträger zu verrechnen und, soweit es sich um Einzelkosten handelt, direkt den Kostenträgern zugerechnet. *Einzelkosten* sind also Kosten, die eindeutig einem einzelnen Produkt zugewiesen werden können, wie z. B. die anteilige Lagermiete für ein bestimmtes Produkt. *Gemeinkosten* sind Kosten, die nur mehreren Produkten gemeinsam zugewiesen werden können, wie z. B. der Lohn des Lagerarbeiters, der mehrere Produkte verwaltet. Die Bildung von Kostenstellen erfolgt nach Verantwortungsbereichen, Raumgesichtspunkten oder Funktionen im Betrieb. Diese Kostenstellen bilden die Kopfzeile des BAB, die Kopfspalte bilden die Gemeinkostenarten. Ziel ist die Verrechnung der Gemeinkosten auf die Betriebskostenstellen. Gemeinkosten sind Kosten, die nicht einer bestimmten Leistung (= Kostenträger) direkt zugerechnet werden können, sondern nur mehreren Leistungen gemeinsam und daher zunächst auf Kostenstellen geschlüsselt und dann als Prozentsatz den Einzelkosten pauschal zugeschlagen werden müssen. Oft werden zur Vorerfassung von Gemeinkosten auch Hilfskostenstellen eingerichtet, deren Kosten dann auf Hauptkostenstellen geschlüsselt werden. Man spricht dann von einer mehrstufigen (im Gegensatz zur einstufigen) Betriebsabrechnung. Die Schlüsselungsbasis wird je Kostenart nach Zweckmäßigkeit festgelegt. Die Summe der Gemeinkostenarten in Relation zu ihrer jeweiligen Bezugsgröße Einzelkosten ergibt die Gemeinkostenzuschläge in der Zuschlagskalkulation. Einzelkosten sind demgegenüber Posten, die unmittelbar Kostenträgern zugeordnet werden können. Unechte Einzelkosten sind solche Posten, die, obgleich sie Gemeinkostencharakter haben, dennoch Kostenträgern direkt zugerechnet werden und den BAB daher umgehen. Nun ist zwar bekant, wo im Betrieb welche Kosten in welcher Höhe anfallen, doch ist das Hauptziel nach wie vor die kostenbezogene Angebotspreiskalkulation bzw. die kurzfristige Erfolgsrechnung.

Man unterscheidet außerdem in *Ist-, Normal- und Plankosten.* Istkosten sind die gegenwärtigen, realen Kosten. Normalkosten sind fortgeschriebene, praktische Durchschnittskosten der Vergangenheit auf Basis fester Verrechnungssätze. Sie ergeben sich aus der Kostenartenrechnung. Plankosten sind aufgrund des Beschäftigungsgrads vorgegebene, theoretisch geplante Sollwerte. Normal- und Plankosten können sowohl auf einem festen (= starr) oder auf wechselnden Beschäftigungsgraden (= flexibel) aufgebaut sein. Die flexible Normal- und Plankostenrechnung erfordert eine Aufteilung der gesamten Kosten in fixe und variable Bestandteile. Über- bzw. Unterdeckungen sind bei der starren Anlage nicht dahingehend analysierbar, welcher Teil der Abweichung auf Unwirtschaftlichkeiten (= Verbrauchsabweichung) im Betrieb zurückzuführen ist und welcher Teil auf Beschäftigungsschwankungen. Gerade dies ist aber interessant zu wissen. Bei der flexiblen Anlage gibt ein Variator daher an, wie sich die Kostenansätze bei Beschäftigungsänderung verhalten. Durch Vergleich der verrechneten Kosten auf Basis des geplanten Auslastungsgrades und der effektiven Auslastung können Abweichungen in einen Teil, der beschäftigungsgradabhängig ist und einen weiteren, der auf Unwirtschaftlichkeiten beruht, aufgesplittet werden. Bei der doppelt-flexiblen Plankostenrechnung werden darüber hinaus sogar noch Auftrags- und Abwicklungsabweichungen erfaßt. Bei der Normalkostenrechnung berücksichtigen totalnormalisierte Kosten Durchschnittswerte für Preis sowohl als auch Menge, bei teilnormalisierten Kosten werden hingegen nur Preis oder Menge berücksichtigt. Die Werte können statisch festgelegt oder in Zeitabständen aktualisiert werden. Ziel ist aber jeweils eine relative Stabilität der Gemeinkostenzuschläge. Aus der starren Anlage ist also nur eine summarische Über- bzw. Unterdeckung infolge fixen Beschäftigungsgrades ersichtlich, bei flexibler Anlage werden Abweichungen in beschäftigungs- und verbrauchsbedingte aufgesplittet, weil sie an unterschiedliche Beschäftigungsgrade anpaßbar ist.

Fixe Kosten sind solche, die auch

unabhängig von einer tatsächlichen Geschäftstätigkeit anfallen, so z. B. Miete für Geschäftsräume, Personalkosten, Abschreibungen. *Variable Kosten* sind solche, die nur bei Geschäftstätigkeit anfallen, meist sieht man hierunter den Einstandspreis von Waren. Der Deckungsbeitrag ist allgemein die Differenz aus Umsatz und variablen Gesamtkosten und dient zur Abdeckung der Fixkosten und des Betriebsgewinns. Die Aufteilung in fixe und variable Kosten ist in der Praxis allerdings nicht unproblematisch. Sprungfixe Kosten sind innerhalb eines Betrachtungsintervalls fix, ändern sich aber von Intervall zu Intervall sprunghaft, d. h. auf einmal um einen größeren Betrag. Damit ist die Bezugsbasis nicht, wie im Falle der Einzel- und Gemeinkosten, deren unmittelbare oder nur mittelbare Zurechenbarkeit auf Kostenträger, sondern vielmehr deren zeitliche Flexibilität und Starrheit. Letztlich kommt es dabei nur auf die Wahl des Betrachtungszeitraums an, denn bei genügend großem Zeitabstand werden auch fixe Kosten variabel bzw. sprungfix. Umgekehrt sind die variablen Kosten je Kostenträger fix, nämlich immer gleich hoch je Absatzeinheit, wohingegen die fixen Kosten variabel sind, nämlich mit steigendem Absatz je Stück sinken. Daraus folgt jedoch zugleich, daß die *Vollkostenrechnung*, die fixe und variable Kostenbestandteile undifferenziert berücksichtigt, im Gegensatz zur Teilkostenrechnung, die nur variable Kostenbestandteile (ausnahmsweise auch relative Einzelkosten) berücksichtigt, prinzipbedingt zu Aussageverzerrungen führt.

Denn durch die Umlage der Fixkosten auf die Menge kommt es zu deren Proportionalisierung. Bei sinkendem Absatz legen sich die Fixkosten auf weniger Einheiten um und erhöhen damit den fixen Anteil an den Stückkosten, woraus wiederum die Notwendigkeit zur Erhöhung des Preises je Einheit resultiert. Dies führt aber gerade bei rückläufiger Nachfrage zum Herausrechnen aus dem Markt, der in weiterem Absatzrückgang resultiert. Vielmehr ist stattdessen eine Preissenkung erforderlich, um noch eine akzeptable Auslastung zu gewährleisten. Umgekehrt legen sich die Fixkosten bei steigendem Absatz auf mehr Einheiten um, führen damit zu einer Senkung des fixen Anteils an den Stückkosten und dadurch zum Fehlsignal der Senkung des Preises je Einheit. Stattdessen bietet aber gerade die steigende Nachfrage die Chance zur Durchsetzung von Preissteigerungen am Markt, die auf diese Weise vergeben wird und zu weiterem Preisverfall führt. In beiden Fällen kommt die Vollkostenrechnung also zu falschen Entscheidungen.

Diese können nur vermieden werden, wenn auf die Proportionalisierung der Fixkosten verzichtet wird. Dies gelingt aber nur, wenn auf die Berücksichtigung der fixen Kostenbestandteile bei der Entscheidung ganz verzichtet wird. Eben dies geschieht bei der *Teilkostenrechnung.* Dazu ist zunächst eine Auflösung der fixen und variablen Kostenbestandteile erforderlich. Diese erfolgt buchtechnisch, analytisch oder graphisch. Bei der buchtechnischen Methode werden Kosten statistisch daraufhin untersucht, wie sie sich bei Beschäftigungsschwankungen verhalten. Entsprechend ihres Reagibilitätsgrads können sie dann in fixe (unveränderliche) und variable Teile (veränderliche) aufgelöst werden. Bei der analytischen Methode werden mathematisch die Differenzkosten zwischen zwei Beschäftigungsgraden ermittelt. Ausreichende Kapazität unterstellt, erklärt diese Differenz die variablen Kosten, während der Sockel der Fixkosten gleichbleibt. Bei der graphischen Methode wird das Minimum der Kleinstquadratabweichungen zwischen einer Auflösungsgeraden und den tatsächlichen Kosten gesucht. Eine (meist lineare) Kostenfunktion unterstellt, ergibt sich daraus die Aufteilung in fixe und variable Kostenbestandteile (vgl. *Olfert, Klaus:* Kostenrechnung, 7. Auflage, Ludwigshafen 1987).

Kostenstellenrechnung

(→ Kostenrechnungsgrundlagen)

Kostenvergleichsmethode

(→ Wirtschaftlichkeitsrechnung)

Kreativtechniken

(→ Stilkomponenten)

Kreativitätstechniken, Intuitiv-laterale

Von den intuitiv-lateralen Verfahren sind besonders folgende verbreitet.

Das *Brainstorming* beinhaltet die spontane Assoziation innerhalb einer Gruppe. Die Teilnehmer werden dabei ermutigt, frei und ungehemmt eine große Anzahl von Ideen zu produzieren. Dabei gelten lediglich vier Regeln:

- Der Phantasie soll freier Lauf gelassen werden, d. h. bewußt verrückte Ideen sind willkommen.
- Ideenquantität geht vor Ideenqualität, d. h. es kommt weniger darauf an, möglichst brillante, als möglichst viele Ideen zu generieren.
- Es gibt keinerlei Urheberrechte. Die Ideen anderer Teilnehmer sollen vielmehr konstruktiv aufgegriffen und kreativ weiterentwikelt werden.
- Kritik und Wertungen während des Brainstorming sind streng verboten und werden erst nachträglich eingebracht.

Die optimale Teilnehmerzahl liegt bei 5–8 Personen. Die Gruppenzusammensetzung sollte möglichst heterogen sein. Die Sitzungsdauer beträgt 20–40 Minuten. Ein Moderator leitet die Gruppe an.

Die *Methode 6–3–5* stellt ein schriftliches Procedere (Brainwriting) dar. Ihren Namen hat sie daher, daß sechs Gruppenmitglieder daran beteiligt sind. Jedes von ihnen trägt je drei Lösungsvorschläge gemäß vorgegebener Problemdefinition auf ein vorbereitetes Formular ein. Dafür stehen jeweils fünf Minuten Zeit zur Verfügung. Danach wird das Formular (insgesamt fünfmal) an das nächste Gruppenmitglied weitergegeben, das nun schon drei Lösungsvorschläge vorfindet und daraus seinerseits drei neue Vorschläge entwikelt. Wenn jedes Formular wieder am Ausgangspunkt angelangt ist, sind 30 Minuten vergangen, in denen 108 Lösungsvorschläge generiert worden sind.

Die *Synektik* ist ein relativ kompliziertes Verfahren, das dennoch sehr erfolgversprechend sein soll. Es befaßt sich mit der gesteuerten sukzessiven Verfremdung eines Ausgangsproblems durch Bildung natürlicher, persönlicher, symbolischer, direkter Analogieketten und deren erzwungenem Rückbezug. Es simuliert damit den natürlichen kreativen Prozeß.

Kreativitätstechniken, Logisch-diskursive

Verbreitet sind hier die folgenden logisch-diskursiven Verfahren.

Der *Morphologische Kasten* betrifft die Aufgliederung eines Problems hinsichtlich aller Parameter und die Suche nach neuen Kombinationen vorstellbarer Teillösungen in Form einer Matrix. Die einzelnen Phasen lauten dabei:

- Genaue Beschreibung und Definition des Problems unter zweckmäßiger Verallgemeinerung,
- Ermittlung der relevanten Parameter des Problems,
- Aufstellung des Morphologischen Kastens mit Eintrag aller denkba-

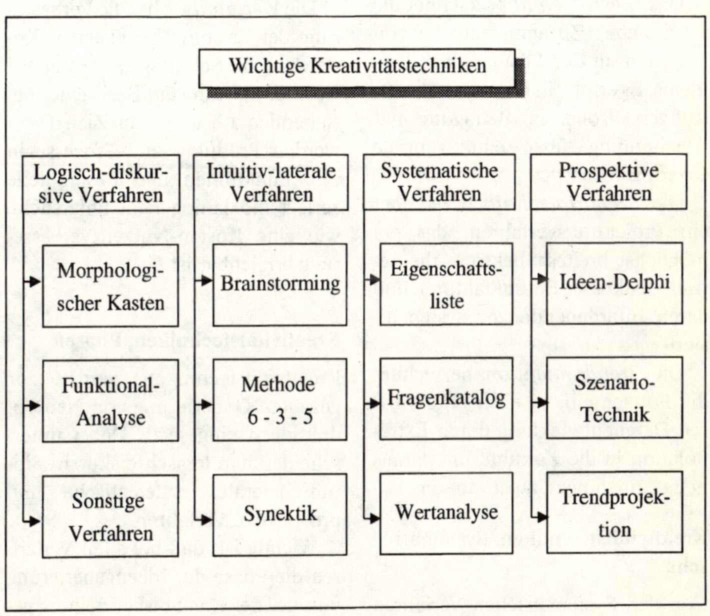

Wichtige Kreativitätstechniken

ren Lösungsvorschläge für jeden Problemparameter,
- Zusammenstellung und Bewertung aller möglichen Lösungskombinationen auf Basis eines geeigneten Bewertungsverfahrens,
- Auswahl und Realisierung der besten Lösung.

Die *Funktionalanalyse* betrifft die Aufgliederung eines Problems in Einzelfunktionen mit der Suche nach denkbaren Kombinationen bestehender Funktionserfüllungen und deren neuer Konkretisierung in Produkten.

Kreativitätstechniken, Prospektive

Von den Prospektiven Verfahren sind die folgenden verbreitet.

Das *Ideen-Delphi* bezeichnet die schriftliche Zusammenarbeit von Experten an der Lösung eines Problems. Es erfolgt in Form einer mehrstufigen, isolierten Befragung mit Abstimmung über eine zentrale Clearingstelle.

Die *Szenariotechnik* bezeichnet ein Projektionsverfahren, das ein möglichst breites Spektrum theoretisch denkbarer Einflußfaktoren und deren Interdependenzen systematisiert.

Die *Trendprojektion* bezeichnet die Fortschreibung einer erkennbaren Datenentwicklung durch Extrapolation in die Zukunft, um daraus neue Anregungen zu gewinnen.

Kreativitätstechniken, Systematische

Von den Systematischen Verfahren sind die folgenden verbreitet.

Die *Eigenschaftsliste* beinhaltet die gezielte Modifikation bekannter Problemlösungen. Dazu werden zu jeder bestehenden Teillösung denkbare Alternativen aufgelistet und anschließend sukzessive beliebig mit dem Ziel der Leistungsverbesserung kombiniert. Ein Vorteil liegt somit in der Vielzahl möglicher Ideenansätze.

Der *Fragenkatalog* beabsichtigt die Infragestellung bekannter Problemlösungen anhand einer vorgegebenen Modifikationsliste mit Fragestellungen nach Vergrößerung, Verkleinerung, Veränderung, anderer Verwendung, Adaptierung, Ersatz, Kombination, Umkehrung, neuer Anordnung etc.

Die *Wertanalyse* hat die Verbesserung der Leistung bei gleichen Kosten bzw. die Senkung der Kosten bei gleicher Leistung auf Basis einer bestehenden Lösung zum Ziel. Dazu werden Produkte und Prozesse in ihre Funktionen und Bestandteile zerlegt und dahingehend untersucht, wie eine Kosten-Nutzen-Verbesserung erreichbar ist.

Kreativitätstechniken, Phasen

Kreativitätstechniken werden zur gezielten Generierung von Neuproduktideen eingesetzt. Dabei unterscheidet man logisch-diskursive, intuitiv-laterale, systematische und prospektive Verfahren.

Wichtig ist, daß bei allen Verfahren die Phase der Ideengenerierung von der der Ergebnisbeurteilung getrennt ist. Nur dadurch kann man vorurteilsfrei und im positiven Sinne naiv an eine Problemlösung herangehen. Zunächst erfolgt daher eine Ideensichtung (Screening) zur Vorauswahl. Die danach verbleibenden Ansätze werden einer Ideenbewertung (Scoring) durch Punktwertverfahren unterzogen. Dabei liegt zumeist ein Pflichtenkatalog oder eine Kriterien-Checklist zugrunde. Die priorisierte Idee wird zuerst zur Realisierung verfolgt. Nach deren Scheitern folgen dann die nächstplazierten.

(→ Intuitiv-laterale, Kreativitätstechniken, Kreativitätstechniken, Logisch-diskursive, Kreativitätstechniken, Prospektive, Kreativitätstechniken, Systematische)

Kreativplattform

Die werbliche Umsetzung wird in Form der Kreativplattform konkretisiert. Sie impliziert die argumentative Auslobung des Angebots als Werbebotschaft. Sie ist damit der sichtbare Teil des gesamten Kommunikationskonzepts. Ihre wesentliche Aufgabe ist die einer Übersetzung, nämlich des Transfers von Produktvorteilen in Kundennutzen, denn Produktvorteile allein sind noch keine Botschaft, dazu werden sie erst durch Konkretisierung in Kundennutzen als Kaufmotiven. Während die Hintergründe abstrakt, komplex und nur für Fachleute interessant sind, muß die Kreativplattform besonders auf die reale Wahrnehmungssituation des Publikums abheben. Dies geschieht in zweierlei Richtung, und zwar durch das Nutzenversprechen und den Nutzenbeweis. Ziel ist letztlich die neuartige Inszenierung im Grunde altbekannter Elemente, die dadurch zu einprägsamen Ereignissen werden.

Die Creative Platform betrifft den wahrnehmbaren Teil der gesamten Konzeptdefinitionen, die Umsetzung der Kommunikation in Bilder, Worte, Schriften und Zeichen, optional in Farben und Bewegungen. Dies geschieht durch:

- das Nutzenversprechen,
- den Nutzenbeweis,
- die Stilkomponente.

(→ Nutzenbeweis, Nutzenversprechen, Stilkomponenten)

Kreditgarantie

(→ Persönliche Sicherheiten)

Kreditierung

Die Kreditierung dient der Erhöhung der Kaufkraft der Nachfrager und der Überwindung von „Kaufhemmungen". Diese Form der Absatzfinanzierung bietet mehrere Vorteile:

- Ein hochwertiges Produkt und eine maßgeschneiderte Finanzierung sind aus einer Hand verfügbar.
- Die Kaufentscheidung des Kunden wird erleichtert.
- Die Anbieterposition im Preisgespräch wird gestärkt.
- Die Wirtschaftlichkeit des Produkts wird durch ein attraktives Finanzierungsangebot herausgestellt.

- Die Kundenbindung zur Geschäftsstätte wird gefestigt.
- Der Service kann, wenn gewünscht, ohne Bindung eigener Liquidität und ohne Belastung der Bilanz erfolgen.
- Wenn gewünscht, ist darüber hinaus eine sofortige Erlösrealisierung mit weitgehendem Schutz vor Forderungsausfällen machbar.
- Für Kunden werden Investitions- und Finanzierungsfragen bequem gemeinsam gelöst.
- Beim Kunden wird der Finanzierungsspielraum bei gleichzeitiger Schonung der Eigenmittel erweitert.
- Wenn gewünscht, kann eine niedrige Belastung durch nutzungskonforme Laufzeiten erreicht werden.

Die Kreditierung ist eine Außen-Fremdfinanzierung. Ein Kredit ist die Erbringung einer Leistung in Erwartung einer zukünftigen Gegenleistung. Nach der Art kann es sich um eine Geldleihe, d. h. die Überlassung von Zahlungsmitteln, oder eine Kreditleihe, d. h. die Abgabe eines bedingten Zahlungsversprechens, handeln. Nach der Zeitdauer kann der Kredit kurz-, mittel- und langfristig laufen. Für den ökonomischen Gehalt eines Forderungstitels ist von entscheidender Bedeutung, wie er besichert ist, d. h. welche Möglichkeiten der Kreditgeber hat, seine Ansprüche an den Kreditnehmer durchzusetzen, wenn dieser seiner Zahlungsverpfichtung nicht nachkommt. Diese Risiken lassen sich limitieren. Durch eine Kreditwürdigkeitsprüfung wird ermittelt, ob der Kreditnehmer kreditfähig ist, d. h. ökonomisch in der Lage, Zinsen und Tilgung zu leisten, und ob er kreditwürdig ist, d. h. persönlich geeignet, freiwillig zurückzuzahlen. Durch die Kreditüberwachung wird die Kreditfähigkeit und Kreditwürdigkeit laufend auf Verschlechterungen hin überprüft. Sicherungsklauseln enthalten Informationspflichten des Schuldners, außerordentliche Kündigungsrechte des Gläubigers und Verzichtserklärungen, sog. Negativklauseln, in denen sich der Schuldner verpflichtet, anderen Gläubigern keine besseren Sicherheiten zu geben oder Vermögensteile ohne Erlaubnis zu veräußern. Außerdem gibt es Kreditsicherheiten, die bedingte, direkte Ansprüche auf monetarisierbare Vermögenswerte darstellen. Sie verkörpern sich in Sachen oder Personen.

Um einen Kundenkredit handelt es sich, wenn ein Betrieb (Lieferant) von einem Kunden einen Teil des Kaufpreises schon vor dem Abrechnungszeitpunkt erhält (Anzahlung). Ein Lieferantenkredit liegt vor, wenn ein Betrieb (Kunde) Lieferungen oder Leistungen erhält, ohne sie sofort zu bezahlen. Regelmäßig honoriert der Lieferant schnelle Zahlung durch die Gewährung eines Skontoabschlags. Die Kosten des Lieferantenkredits resultieren deshalb nicht aus Zinszahlungen, sondern aus Skontoentgang, der verglichen mit anderen Finanzierungsformen, sehr hoch ist. Der Lieferantenkredit ist wegen geringer Formalitäten schnell, die Besicherung erfolgt durch Eigentumsvorbehalt, die Laufzeit ist auf das Zahlungsziel begrenzt. Bei Nichteinhaltung des Zahlungsziels bleibt der Eigentumsvorbehalt wirksam. Die Vorteile liegen in der hohen Flexibilität und der Überbrückung kurzfristiger Liquitätsengpässe. Nachteilig sind die hohen Kosten.

Grundlage für den Kontokorrentkredit ist das Konto bei einem Kreditinstitut, auf dem sämtliche Zahlungsvorgänge des Betriebs erfaßt werden. Jede Ein- und Auszahlung ändert den Saldo dieses Kontos, ein positiver Saldo zeigt ein Guthaben an, ein negativer eine Überziehung. Regelmäßig wird die Inanspruchnahme nur bis zu einem Maximalbetrag (Kreditlinie) eingeräumt. Als Kosten, die beträchtlich sind, fallen Sollzinssatz, Kreditprovision, Überziehungsprovision, Kontoführungsgebühren sowie Porto und Spesen der Abrechnung an. Der Kontokorrentkredit ist schnell und flexibel, als Sicherheiten dienen Personen und Sachen. Die Laufzeit ist durch Prolongation faktisch unbegrenzt. Eine Kündigung ist kurzfristig möglich. Die Formalitäten beschränken sich auf Kreditantrag und Sicherheitengestellung (vgl. *Pepels, Werner:* Handels-Marketing und Distributionspolitik, Stuttgart 1995).

Kreditkarten

Man unterscheidet zwei Formen von Kreditkarten: Kundenkreditkarten und internationale Kreditkarten. *Kundenkreditkarten* berechtigen nur im Bereich des ausgebenden Unternehmens zum bargeldlosen Einkauf. Sie haben ein individuelles Design und entstehen durch Co-Branding großer Unternehmen mit einer Kreditkartengesellschaft. Dabei sind dann drei Parteien beteiligt, das Geldinstitut des ausgebenden Unternehmens, das ausgebende Unternehmen selbst und der Schuldner. Die Kundenkreditkarte bietet höhere Limits als die Eurocheque-Karte oder zusätzliche Services, ist meist für ein Jahr gültig und wird gegen Vorlage des Personalausweises und einer Verdienstbescheinigung ausgestellt. Sie ermöglicht allerdings nicht die Auszahlung von Bargeld. *Internationale Kreditkarten* sind Ausweiskarten, die den Inhaber berechtigen, Rechnungen durch Unterschrift zu begleichen und so den bargeldlosen Einkauf in vertraglich angeschlossenen Unternehmen sowie die Inanspruchnahme zusätzlicher Services wie Bargeldbeschaffung, Versicherung etc. ermöglichen. Voraussetzung für den Erhalt einer Kreditkarte sind Mindestjahreseinkommen und Bonität bzw. Seriosität. Dazu wird die namentlich ausgestellte Kreditkarte beim Kauf vorgelegt. Der Händler legt diese in einen Imprinter (Abdruckmaschine). Dadurch werden die dort eingeprägten Daten (Name des Karteninhabers, Gültigkeitsdauer, Kartennummer) und die Angaben des Vertragsunternehmens auf einen Dreifach-Formularsatz übertragen, der als Leistungsbeleg dient. Auf diesem werden vom

Kassendrucker Rechnungsbetrag und -datum eingedruckt. Hier leistet der Karteninhaber auch seine Unterschrift. Der Händler vergleicht die Unterschriften auf Formularsatz und Kreditkarte und händigt bei Übereinstimmung die Ware und einen Durchschlag des Leistungsbelegs aus. Der zweite Durchschlag verbleibt beim Vertragsunternehmen, das Original geht an die Kreditkartenorganisation. Nach Einreichung begleicht diese den Rechnungsbetrag nach Abzug einer vorher vereinbarten Gebühr auf das Konto des Händlers. Damit ist die Forderung des Händlers beglichen. Nach Monatsende werden die gesammelten Rechnungsbeträge des Karteninhabers von der Kreditkartenorganisation von seinem Konto meist eingezogen, seltener zur Überweisung angefordert.

Sonderformen der bargeldlosen Zahlung betreffen elektronische Kassenterminals mit automatischer Ausfüllung des Scheckformulars, sodaß nur noch die Unterschrift eingesetzt werden muß.

Kreisdiagramm

(→ Visualisierung von Daten)

Kreuzlinienorganisation

Bei der Kreuzlinienorganisation (Matrix) handelt es sich um die Spezialisierung nach Organisationsdimensionen und die Gleichberechtigung dieser Dimensionen innerhalb der Organisation. Liegen zwei Dimensionen zugrunde, spricht man von Matrixorganisation, bei drei Dimensionen von Tensororganisation. Der Unterschied zur Mehrlinienorganisation liegt darin, daß bei dieser die Fäden für zwei und mehr Sachgebiete bei einer Person zusammenlaufen, hier jedoch zwei und mehr Personen für ein Sachgebiet zusammenarbeiten. Dabei kommt es zu gewollten Konflikten mit einer systematischen Regelung von Kompetenzkreuzungen und der Pflicht zur Teamarbeit der Dimensionsleiter. Praktisch besteht jedoch die Tendenz zur Gewichtung des einzelnen Dimensionsleiters als Primus inter pares.

Wesentliche Vorteile der Kreuzlinienorganisation sind die folgenden. Es besteht der Zwang zu interessenausgleichenden, sachgerechten Entscheidungen in der Organisation. Diese erfolgen auf Grundlage einer klaren formalen Koordination mit hoher Transparenz. Die Fachkompetenz der jeweiligen Mitarbeiter wird vollauf genutzt. Die Leitungsspitze wird entlastet, Teile deren dispositiver Tätigkeit werden auf Zwischeninstanzen verlagert.

Dem stehen folgende Nachteile gegenüber. Die Kompetenzabgrenzung ist in der Praxis aufwendig und heftig umstritten. Es besteht die Notwendigkeit zu intensiver Kommunikation zwischen den Stellen. Am Ende resultieren daraus kaum mehr eindeutig nachvollziehbare Entscheidungsprozesse, die eine Ergebniszurechnung erschweren. Zudem besteht die Gefahr ständiger Kompromisse mit Einigung auf den für

alle gerade noch vertretbaren kleinsten gemeinsamen Nenner. Es besteht ein großer Bedarf an qualifizierten Mitarbeitern, die Führungsaufgaben wahrnehmen.
(→ Organisation)

Kreuzpreiselastizität

(→ Preiselastizitäten)

Kreuzpreiselastizität der Nachfrage

(→ Preiselastizitäten)

Kreuzvalidität

(→ Validität)

Kriteriumsvalidität

(→ Validität)

Kritische Ereignis-Methode

(→ Ereignismessungen bei Dienstleistungen)

Kumulierte Reichweite

(→ Mediaplanung, Plankombinationen)

Kundenakquisition

(→ Handelsfunktionen)

Kundenfang

(→ Wettbewerbsrecht, UWG-Fallgruppen)

Kundenhefte

(→ Printwerbung, Sonderformen)

Kundenkontakt

(→ Kommunikationswirkung, Phasen)

Kundenkontaktpersonal

(→ Internes Marketing, Marktorientierung)

Kundenkreditkarte

(→ Kreditkarten)

Kundenschutz

(→ Konsumerismus)

Kundenunzufriedenheit

(→ Beschwerde, Verhalten)

Künstliche Veralterung

Künstliche Veralterung (Planned Obsolescense) ist eine Form der Marktdurchdringung im Rahmen der Marktfeldstrategie. Sie erfolgt nach objektivem oder subjektivem Maßstab. Objektiv bedeutet den Einbau sog. Sollbruchstellen, die im Rahmen der Wertanalyse als Einsparpotentiale eingeplant werden und die gesamte Produktlebensdauer auf die kürzeste Teillebensdauer begrenzen. Subjektiv bedeutet, daß an sich noch völlig gebrauchsfähige Produkte durch Sozialtechniken (z. B. Modediktat) gesellschaftlich inakzeptabel gemacht und durch neue, zeitgemäße ersetzt werden. Aus den 30er Jahren ist bekannt, daß sich die europäischen Glühbirnenhersteller hinsichtlich der Begrenzung der Lebensdauer der Glühfäden vereinbarten. Denn neue Glühbirnen werden im wesentlichen nur noch gekauft, wenn alte defekt sind. Heute darf vorausgesetzt werden, daß solche Praktiken, so sie denn stattfinden, wohl nicht mehr schriftlich vereinbart werden. Erstaunlich ist z. B., daß ein Bügeleisen nach einem Fall aus Tischhöhe technisch noch einwandfrei funktioniert, das Plastikgehäuse aber zersprungen ist. Aus Sicherheitsgründen wagt man es nicht mehr, mit einem solchen Gerät zu hantieren, und kauft notgedrungen ein neues. Sicherlich wäre durch Versteifungsrippen im Gehäuse technisch problemlos eine höhere Festigkeit zu erreichen. Gelegentlich greifen jedoch tatsächlich Sicherheitsargumente, so bei Sollbruchstellen, die Verletzungen bei Unfall oder unsachgemäßer Handhabung vermeiden helfen. *(→ Marktfelder)*

Kultursponsoring

Der Bereich des Kultursponsoring betrifft

- Bildende Kunst wie Malerei, Plastik, Graphik, Architektur, Fotographie,
- Bühnenkunst wie Schauspiel, Oper, Operette, Balett,
- Musik im E- (ernst) und U-Genre, (unterhaltend),
- Literatur wie Belletristik, Sachbücher,
- Film, Funk, Fernsehen,
- Denkmalpflege etc.

Sponsoring umfaßt dort die Bereitstellung

- finanzieller Mittel, etwa für Tourneen, Ausstellungen, Projekte,
- von Sachmitteln, etwa Materialhilfe,
- Ausschreibung von Wettbewerben,
- Vergabe von Stipendien und die
- Übernahme organisatorischer Aufgaben, etwa die Vermarktung von Veranstaltungen.

Nutznießer sind

- Einzelkünstler wie Autoren, Solisten, Sänger,
- Kulturgruppen wie Orchester, Chöre, Ensembles,
- Kulturorganisationen wie Museen, Galerien, Verlage, und
- Kulturveranstaltungen.

Dabei kann es sich um

- Spitzen-, Breiten- oder Nachwuchskunst

handeln. Der Sponsor kann

- exklusiv oder als Co-Sponsor auftreten.

Die dabei verfolgten Ziele sind ökonomischer und/oder psychographischer Natur wie Image, Bekanntheit, Kontakt, Goodwill, Motivation etc. Bei den Zielgruppen sind die des

- Sponsors, d. h. Sponsoringobjekte und -subjekte, und die des
- Gesponsorten, d. h. die durch ihn erreichten Personengruppen,

zu unterscheiden.

Dementsprechend findet Sponsoring in der Werbung des Gesponsorten, z.B durch Namensnennung, Danksagung, Botschaftsauslobung, und des Sponsors Eingang, z. B. durch Label/Logo, Testimonial, Hervorhebung. Wichtig ist dabei die Verzahnung mit der Gesamtkommunikation und zwar nach Inhalt, Form, Zeit und Raum.

Stärken des Kultursponsoring liegen in der Breite des möglichen Spektrums, in der Erzielung attraktiver Imagewerte, in den vielfältigen

Gestaltungsmöglichkeiten und im steigenden Interesse bei anspruchsvollen Zielgruppen. Schwächen liegen in der geringen Breitenwirkung im Publikum, in der Zurückhaltung von Medien und Kulturschaffenden gegenüber Sponsoring und in den fließenden Grenzen zum Mäzenatentum. Die Chancen des Kultursponsoring sind damit im wesentlichen in der Imagepflege zu suchen.

Kulturwandel

Ein Kulturwandel vollzieht sich dabei meist in folgendem Ablauf:

- Die herkömmlichen Interpretations- und Handlungsmuster führen in die Krise. Es tritt Verunsicherung ein. Überkommene Symbole und Riten verlieren an Glaubwürdigkeit, werden kritisiert. „Schattenkulturen" treten hervor oder eine neue Führungsmannschaft versucht, neue Orientierungsmuster aufzubauen. Alte und neue Kulturen kommen in Konflikt zueinander. Wenn es den neuen Orientierungen gelingt, die Krise zu meistern, werden sie akzeptiert. Eine neue Kultur entfaltet sich mit neuen Symbolen, Riten etc.

Deshalb ist es nicht nur wichtig, die Marketingpolitik an der Kultur auszurichten, sondern diese Kultur auch planbar zu machen. Dies erfordert das Management organisatorischen Wandels (Change Management) mit einer Auflösung erstarrter Strukturen, dem geplanten Wandel und dem Festzurren der Veränderungen bis zum nächsten Schub. Das Handling setzt den Abbau von Angst und Verunsicherung voraus, das Aufbrechen alter Seilschaften, die Anregung neuer Orientierungsmuster, deren Vorleben in Führungsverhalten (schriftliche Anweisungen sind dazu untauglich), die Veränderung durch Interaktion und Überzeugung der Mitarbeiter.

Eine solche Organisationsentwicklung zielt also auf die planmäßige, mittel- bis langfristig wirksame Veränderung der Verhaltensmuster, Einstellungen und Fähigkeiten von Organisationsmitgliedern, Organisations- und Kommunikationsstrukturen sowie der strukturellen Regelungen ab (vgl. *Staehle, Wolfgang:* Management, 7. Auflage, München 1994). Organisationsentwicklung ist eine langfristige Bemühung, die Problemlösungs- und Erneuerungsprozesse einer Organisation zu verbessern, vor allem durch eine wirksamere, auf Zusammenarbeit gegründete Steuerung der Organisationskultur, unter besonderer Berücksichtigung der Kultur formaler Arbeitsteams, durch die Hilfe eines Katalysators und durch Anwendung von Theorie und Technologie der angewandten Sozialforschung und Aktionsforschung.

Dabei sind vielfältige Widerstände des Individuums zu überwinden. Zu den wichtigsten gehören die Gewohnheit (das Bekannte wird bevorzugt), das Übergewicht der Primärerfahrung (wie man beim ersten Mal eine Sache erfolgreich bewältigt hat), selektive Wahrnehmungen

(Vorurteile, Stereotypen), Abhängigkeiten (Wertvorstellungen, Einstellungen, Über-Ich), Selbstzweifel (wer den Status quo akzeptiert, ist gut, wer ihn verändert, ist ein Rebell und böse), Unsicherheiten und Regression (Sicherheit wird im Bewährten und Erprobten gesucht). Hinzu kommen noch Widerstände auf Organisationsebene. So vor allem Konformität mit Normen, Interdependenz von Subsystemen (Änderungen erfassen meist die gesamte Organisation), Abbau von Privilegien, Tabus und Eingebungen Externer (Berater).

Ebenso wie Schmerz ein Warnsignal im menschlichen Organismus ist, so sind solche Widerstände in Organisationen Warnsignale, die es zu beheben gilt, bevor der Erfolg (Heilung) eintreten kann:

- Daher gilt als Erstes ein Auftauen (Unfreezing) verfestigter Strukturen, die aus einem quasi-stationären Gleichgewicht gebracht werden, als erforderlich. Dazu ist zunächst eine Datensammlung über Einstellungen und Wertestrukturen der Organisationsmitglieder notwendig. Dies betrifft Entscheidungsfindungsprozesse, Entscheidungskompetenzen, Art und Umfang der Entscheidungsvorbereitung etc. Durch die Präsentation dieser Fakten werden Betroffene zu Beteiligten gemacht. Dann erfolgt die gemeinsame Diagnose, Interpretation und Bewertung der Fakten.
- Danach wird rasch ein neuer Gleichgewichtszustand angestrebt. In dieser Phase des Veränderns (Change/Moving) ist es wichtig, daß die fördernde Wirkung genutzt wird, die von den Erwartungen der Betroffenen für den Veränderungsprozeß ausgeht. Dazu ist eine klare Zieldefinition erforderlich, meist in Form eines Leitbilds. Daraus erfolgt der Entwurf des neuen Systems in Zusammenarbeit mit den Mitarbeitern. Darüber wird ein Konsens hergestellt. Dieser muß sowohl Ziele als auch Mittel umfassen. Dabei hat sich die Einschaltung eines externen Moderators (Change Agent) bewährt. Dann kommt es zur schrittweisen Implementierung in die Organisation. Dies betrifft auch Stellenbeschreibungen. Eine Zwischenkontrolle beurteilt die Effektivität der eingeleiteten Veränderungen.
- Die dritte Phase des Stabilisierens (Freezing/Refreezing) des neuen Gleichgewichts muß unterstützt werden, indem die Bewertung der neuen Situation positiv und routinisiert gehalten wird. Ein festes Einhalten der neuen Systemregeln führt zur Konsolidierung und Verfestigung der neuen Organisationsform und Verhaltensmuster. Dies muß aktiv gestaltet werden, dazu ist eine unvermeidliche und notwendige Eingewöhnungszeit in neue Rollen und Rollenverständnisse erforderlich.

Kundenanteils-Analyse

Sie impliziert die Abhängigkeit von Kunden nach ihrer relativen Umsatzbedeutung. Dabei gilt, grob vereinfacht, daß 20% der Kunden 80% des Umsatzes (oder Deckungsbeitrags, Gewinns) ausmachen und deshalb besonders zu pflegen sind. Die konkrete Vorgehensweise ist wie folgt. Für jeden Kunden im Absatzbereich wird der prozentuale Umsatzanteil festgestellt. Dabei kann es sich um Werte aus der letzten Abrechnungsperiode oder um Durchschnittswerte handeln. Die Kunden werden in absteigender Folge ihrer Umsatzbedeutung aufgeführt. Auf der Ordinate einer Matrix werden die Umsatzanteile in dieser Reihenfolge gewichtet abgetragen und kumuliert. Die Summe aller Umsätze ergibt 100 Prozent. Auf der Abszisse einer Matrix werden diese Kunden mit ihrem numerischen Anteilswert am Programm abgetragen, und zwar in der Reihenfolge ihres Umsatzanteils. Aus der Kombination des Programmanteils mit ihrem Umsatzanteil je Kunde ergeben sich Schnittpunkte in der Matrix. Diese werden sodann durch eine Linie verbunden. Meist werden drei Gruppen von Kunden unterschieden: A-Kunden sind die absolut wenigen Kunden, die einen relativ großen Umsatzanteil auf sich vereinigen. C-Kunden sind die absolut vielen Kunden, die einen relativ kleinen Umsatzanteil auf sich vereinigen. B-Kunden liegen definitionsgemäß dazwischen. Wegen ihrer Geschäftsbedeutung wird den A-Kunden besonderes Augenmerk gewidmet.

Bei den wichtigen Kunden handelt es sich um Key Accounts. Ihnen werden besondere Aktivitäten gewidmet (z. B. Kundenorganisation). Das *Key Account-Management* betreut z. B. in der Konsumgüterindustrie die wenigen großen Handelskonzerne durch individuell zugeschnittene Marketingaktivitäten. Deren Erfordernis ergibt sich daraus, daß nachfragemächtige Absatzmittler immer weniger mit standardisierter Absatzförderung anfangen können, sondern ihr eigenes Geschäftsstättenimage bei ihren Abnehmern stärken wollen. Infolge des Konditionendrucks dieser Großbetriebstypen ist die Rentabilitätssituation bei den A-Kunden oft schlechter als bei B- und C-Kunden.

(→ Analyseverfahren im Marketing)

Kundenbarometer

Seit einiger Zeit ist das sog. Kundenbarometer auf nationaler Ebene in Deutschland etabliert, das in großer Zahl und regelmäßigen Abständen die Servicegüte testet. Um als Management-Hilfsmittel effektiv zu sein, muß ein solches Benchmarking vom Interesse des Kunden ausgehen. Im Mittelpunkt steht ein subjektiver Qualitätsbegriff als Wahrnehmung der mit einer Leistung verbundenen Qualität durch Nachfrager. Zwischen Qualität, Kundenzufriedenheit und Kundentreue bzw. -wechsel bestehen dabei eindeutige Zusammenhänge. Übersteigt die von Kunden wahrgenommene Qualität ihre Erwartungen, kann davon ausgegangen werden, daß sie mit sehr zufriedenstellend beurteilt wird. Sind die Erwartungen höher als die tatsächlich wahrgenommene Qualität, entsteht Enttäuschung. Wichtig ist die Förderung eines Feedback über die Zufriedenheit der Kunden (z. B. über Kundenbeiräte, User-Clubs).

Werden eine Vielzahl von Branchen bzw. Sektoren eines Wirtschaftsraums in einer wiederholten Untersuchung zusammengefaßt, so handelt es sich um die Form eines Tracking als Kundenbarometer. Das Deutsche Kundenbarometer ist eine solche branchenübergreifende Zufriedenheits- und Benchmarking-Studie. Es wird seit 1992 durch die Deutsche Marketing-Vereinigung zusammen mit der Deutschen Bundespost als Sponsor erhoben. Maßstab sind repräsentativ für die deutschsprachige Bevölkerung erhobene Zufriedenheits- und Bindungsdaten für das Angebot von Leistungen von über 700 namentlich erfaßten Anbietern von Waren und Diensten aus über 40 Branchen. Dazu werden computergestützte Telefon-Interviews (in NBL auch Face to Face-Interviews) mit ca. 28500 Kunden ab 16 Jahren in privaten Haushalten geführt. Pro Auskunftsperson werden 5–8 Branchen abgefragt, wobei die Stichprobengröße analog zur Bedeutung der Branche liegt.

Ziel ist die Verbreitung des Qualitäts- und Zufriedenheitsgedankens in der deutschen Wirtschaft und die Verbesserung der Marktnähe und Wettbewerbsfähigkeit professionell geführter Unternehmen. Die wissenschaftliche Leitung liegt bei der Uni München. Als Ergebnis werden qualitätsbezogene Kennziffern für Führungskräfte und Aufsichtsgremien in Unternehmen, Verbänden, Politik und Gesellschaft als Grundlage für kontinuierliches Qualitätscontrolling bereitgestellt, Bestleistungen (Champions) der Kundenorientierung in einzelnen Branchen und Leistungsprozessen/-faktoren nach Benchmarking identifiziert, schlecht bewertete Branchen und Anbieter für Kundenorientierung sensibilisiert und Leistungsqualität und Kundenzufriedenheit in Deutschland dadurch tendenziell gesteigert. Durch Öffentlichkeitsdruck können Qualitätsverbesserungen „erzwungen" und Bestleistungen öffentlichkeitswirksam ausgelobt werden. Insofern wird auch eine Frühwarnfunktion übernommen und die gesellschaftliche Diskussion angeregt.

Generierte Daten beziehen sich auf folgende Aspekte:

- Kontakt zur Zielbranche und den jeweiligen Anbietern,
- Zufriedenheit mit den Leistungen der Zielbranche bzw. mit deren Anbietern,
- ausschlaggebender Grund für das abgegebene Zufriedenheitsurteil,
- Zufriedenheit mit einzelnen branchenrelevanten Leistungsfaktoren wie Erreichbarkeit, Freundlichkeit, Kompetenz, Beratungsqualität, Schnelligkeit, Sauberkeit, Angebotsvielfalt, Preis-Leistungs-Verhältnis etc.,
- Intensität und Dauer der Kundenbeziehung,

- Wiederkauf-, Cross Buying-, Weiterempfehlungs-Absichten/Goodwill,
- Beschwerdehäufigkeit und Zufriedenheit mit der Reaktion auf Beschwerden.

Hinzu kommen branchenspezifische Zusatzfragen und soziodemographische Strukturdaten sowie Verbrauchertrends (wie Cocooning, risikolose Abenteuer, materielle Belohnungen, Aussteigen, Abwechslung etc.). Die Kundenzufriedenheit wird als Globalzufriedenheit gemessen.

Hohe Zufriedenheit (75–50%) ist in Deutschland derzeit (1994) nur für die Bereiche Reisen, Autos und Gesundheit nachvollziehbar. Geringe Zufriedenheit ist für die Bereiche Deutsche Bahn, Öffentlicher Personennahverkehr, Stadt- und Kreisverwaltungen, Kirchen, Polizei, Fernsehen und Duales System Deutschland ausweisbar. Bezeichnenderweise sind dies Branchen mit toleriert-geringer Wettbewerbsfreiheit. Dies bestätigt letztlich wiederum, das Wettbewerb durch die Kumulation des Wissens aller Marktteilnehmer das allen anderen überlegene Koordinationsprinzip ist und zu besseren Marktergebnissen führt als wenn die Politik sich aufgerufen sieht, besserwisserisch korrigierend einzugreifen.

Weitergehend wird die Kundenzufriedenheit auf der Ebene einzelner Leistungsfaktoren gemessen, vor allem Art und Weise der Leistungsdarbietung, wie Freundlichkeit, Zuverlässigkeit, fachliche Kompetenz, Erreichbarkeit.

Ein interessantes Ergebnis ist, daß über alle untersuchten Branchen hinweg nur 13% der Befragten eine Reklamation oder Beschwerde gegenüber ihrem hauptsächlich genutzten Anbieter äußern. Die Zufriedenheit mit der Beschwerdebehandlung schwankt übrigens erheblich (zwischen 71 und 8%). Dabei kann die Zufriedenheit von Beschwerdern sogar über die beschwerdefreier Kunden hinaus gesteigert werden, wenn es gelingt, den Mangel überzeugend zu heilen. Absatzprofis sehen hier eine große Chance zum Nachverkauf.

Kundendienste

Der (produktverbundene) Kundendienst kann seinem *Inhalt* nach kaufmännischer Service sein oder technischer Service. Eine weitere Unterteilung betrifft die nach dem *Zeitpunkt* in Vorkauf-Services und Nachkauf-Services. Gelegentlich wird noch der At Sales-Service unterschieden, der jedoch in die Vorkaufphase fällt. Diese Merkmale können nun vierfach kombiniert werden, sodaß sich zahlreiche Ansatzpunkte ergeben. Beispiele für kaufmännischen Vorkauf-Service sind Kostenvoranschlag, Kaufberatung als Entscheidungshilfe oder Bestellannahme auf fernschriftlichem oder -mündlichem Weg. Beispiele für technischen Vorkauf-Service sind Vorführung zur Demonstration der Produktleistung oder Probelieferung zum realistischen Test des Produkts. Beispiele für kaufmännischen Nachkauf-Service sind Zustellung der gekauften Ware, Verpackung für Geschenk oder Logistik, Umtauschmöglichkeit bei Nichtgefallen oder Inzahlungnahme von Altgeräten. Beispiele für technischen Nachkauf-Service sind Montage des angelieferten Produkts beim Kunden, Einweisung als Bedienungsanleitung eines Produkts, dessen erstmalige Inbetriebnahme, Ersatzbereitstellung im Falle der Reparatur oder Wartung, Inspektion zur regelmäßigen Leistungskontrolle oder Demontage alter Teile.

Nach der *Verbindlichkeit* des Kundendienstes kann es sich um Mußleistungen handeln, die gesetzlich oder vertraglich vorgeschrieben sind (z. B. Garantieleistungen), um Solleistungen, die der Erwartungshaltung breiter Kundenkreise entsprechen und daher weitgehend austauschbar sind (z. B. Absatzfinanzierung), oder um Kannleistungen, die zur fallweisen Profilierung geeignet und daher allein noch in der Lage sind, akquisitorisches Potential aufzubauen (z. B. Parkplatzreservierung).

Eine weitere Unterscheidung erfolgt nach dem *Träger* des Kundendienstes. Dieser wird nurmehr selten durch den Handel selbst erbracht. Vielfach erfolgt vielmehr eine Rückverlagerung auf die Herstellerstufe. Dies gilt vor allem für technischen After Sales-Service (z. B. Reparaturzentrum des Herstellers mit Schnellservice). Wo dies nicht möglich ist, ist im Rahmen des Outsorcing eine Verlagerung an externe Servicers verbreitet (z. B. selbständiger Zustelldienst).

Die *Berechnung* der Kundendienstleistungen kann unterschiedlich erfolgen. Die Kosten können individuell kalkuliert und mit Gewinn- oder zu Voll- bzw. Teilkosten berechnet werden. Vereinfachend wirkt eine Pauschalierung als Vollpauschale oder teilpauschaliert mit Selbstkostenbeteiligung. In diesen Fällen kann die Position offen ausgewiesen werden oder indirekt eingerechnet werden. Besonders akquisitorisch wirken notwendigerweise kostenlose Services.

Kundenorganisation

Die kundenorientierte Organisation stellt eine Zentralisation nach dem Abnehmerprinzip dar. Eine kundenorientierte Marketingorganisation ist also etwa in die Ressorts Gruppen, Konzerne, Betriebstypen etc. gegliedert.

Wesentliche Vorteile der Kundenorganisation sind die folgenden. Die Spezialisierung auf die jeweilige Kundengruppe wird möglich. Damit wird eine engere Beziehung und informelle Bindung zu den Kunden realisiert, die Absatzquellen des Betriebs sind. Dies erlaubt die optimale Einstellung auf deren Anforderungen und die Ausbildung akquisitorischen Potentials. Dies wiederum bedeutet einen konkreten Wettbewerbsvorsprung.

Dem stehen folgende Nachteile gegenüber. Es kommt zu einer möglicherweise unzutreffenden Abgrenzung der Abnehmergruppen. Dann entstehen auch leicht latente Kompetenzprobleme zwischen den einzelnen Kundenmanagern. Die Kosten der Betreuung sind hoch und relativieren deren Vorteile. Es besteht die Gefahr einer mangelnden Einheitlichkeit in der Absatzkonzeption, indem zu sehr auf die individuellen Anforderungen der Kunden eingegangen wird und der konsistente Auftritt verlorengeht.
(→ *Organisation)*

Kundenzufriedenheit, Inhalte

Erst in neuerer Zeit ist die Kundenzufriedenheit als zentraler Erfolgsfaktor entdeckt worden. Zu Zeiten des Marktwachstums lag es noch nahe, Erfolge vor allem über die Kundenakquisition zu erreichen, was bestehende Kunden in ihrer Bedeutung zurücksetzte. Nun jedoch, bei stagnierenden oder gar schrumpfenden Märkten, genießt die Kundentreue Vorrang, denn „nach dem Kauf ist vor dem Kauf". Neue Kunden sind also nicht mehr ohne weiteres aus dem Marktwachstum heraus verfügbar. Zumal es nach einschlägigen Erfahrungen bis zu viermal aufwendiger ist, neue Kunden zu akquirieren als bestehende zu halten. Denn diese sehen sich den Verlokkungen der Konkurrenz ausgesetzt, denen sie nur zu widerstehen in der Lage sind, wenn sie ein hohes Maß an Zufriedenheit mit der in Anspruch genommenen Dienstleistung verspüren. Und zwar in jedem Einzelfall immer wieder neu.

Die Wahrnehmung der Leistungsqualität durch Kunden resultiert aus dem Vergleich von Erwartungen vor Erbringung der Leistung mit den tatsächlichen Erfahrungen bei der Leistung. Die Erwartungen leiten sich aus den individuellen Bedürfnissen des Kunden ab, aus seinen Erfahrungen in vergleichbaren Situationen und aus an ihn gerichteter Kommunikation, die vom Anbieter oder von Dritten ausgeht. Hinzu kommt die Einschätzung der potentiellen Kunden darüber, ob der Anbieter überhaupt fähig ist, die Leistung in der erwarteten Qualität zu erbringen. Also:

- Erwartungen vor dem Kauf (Potential) x wahrgenommene Prozeßqualität bei Erbringung x wahrgenommene Ergebnisqualität nach Erbringung = (nicht erfüllte, voll erfüllte, übertroffene) Erwartungen.

Kundenzufriedenheit, Lücken

Kundenzufriedenheit stellt sich allgemein parallel zu sinkender Diskrepanz zwischen der erwarteten (Soll-) und der wahrgenommenen (Ist-)Leistung eines Dienstleistungsangebots ein. Für die Realisierung der Kundenzufriedenheit sind also diese Diskrepanzen ausschlaggebend. Sie ergeben sich vor allem als folgende Gaps (vgl. *Bruhn, Manfred/Stauss, Bernd* (Hrsg.): Dienstleistungsqualität, 2. Auflage Wiesbaden 1994):

- zwischen dem, was ein Kunde für wichtig hält und dem, was der Anbieter glaubt, daß für ihn wichtig ist. Hier liegen falsche Vorstellungen über die Bedeutung einzelner Leistungsmerkmale für das von Kunden geforderte Leistungsniveau vor. Diese Lücke kann nur durch praktikable Marktforschung geschlossen werden, die Auskunft über das gibt, was Kunden bei der Wahlbeurteilung für wichtig erachten. Allerdings sind die Ergebnisse mit Vorsicht zu bewerten, da Kunden einerseits nicht kreativ sind und andererseits unrealistische Forderungen stellen. Nicht kreativ bedeutet in diesem Zusammenhang, daß Kunden sich nicht eigenständig vorstellen können, wie eine ideale Produktleistung aussehen soll, sondern sie können immer nur auf vorhandene Angebote reflektieren. Insofern bedarf es immer des ersten Schrittes des Anbieters, der initiativ Neuerungen umsetzt und deren Marktfähigkeit testet. Unrealistische Forderungen bedeutet, daß Kunden auf Befragen dazu neigen, einen Maximalkatalog von Anforderungen zu nennen, dessen Umsetzung zu einer hohen Kostenbelastung führt, die die Preisbereitschaft der Nachfrager übersteigt. Diese entscheiden sich dann im Zweifel doch für das weniger optimale, dafür aber preisgünstigere Angebot. Wer also den Auskünften der Kunden ungeprüft Glauben schenkt, manövriert sich leicht ins Abseits. Die Korrektur durch eine Preisbereitschaftsfrage („Wieviel wären Sie denn bereit, für eine solche Leistung zu bezahlen?“) führt ebenfalls zu viel zu hohen Angaben, denn zwischen einer hypothetischen Äußerung und der konkreten Geldausgabe liegen doch oft genug Welten.
- zwischen den betrieblichen Auffassungen über Kundenerwartungen und der Umsetzung der daraus resultierenden Qualitätsstandards in der Produktion. Ursachen dafür sind mangelnde Entschlossenheit des Management zur unbedingten Qualität, fehlende klare diesbezügliche Zielsetzungen, mangelnde Standardisierung von Leistungen und Unterschätzung der betrieblichen Leistungsfähigkeit. Insgesamt wird das Wertesystem dann nicht überzeugend vorgelebt.
- zwischen den Spezifikationen über derart erforderliche Qualitätsstandards und der überwiegend tatsächlich erfolgten Leistungsausführung. Ursachen sind hier mangelnde Qualifikation/Unfähigkeit der Mitarbeiter, falsche Beurteilungskriterien, mangelnde Teamarbeit oder dysfunktionale Rollenkonflikte, etwa durch Arbeitsüberlastung. Insofern ist eine Kapazitätsanpassung erforderlich.
- zwischen an Kunden gerichteter Kommunikation über die Leistungserstellung und der tatsächlichen Leistungsausführung des Betriebs. Ursache ist eine unzurei-

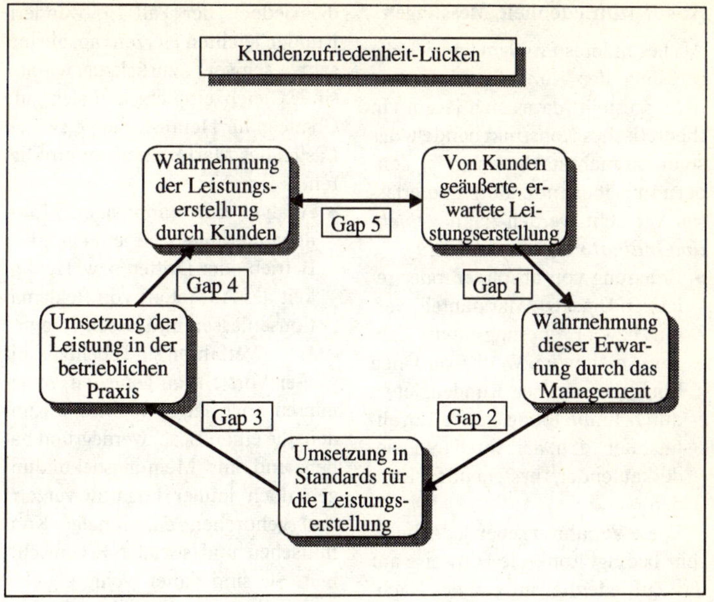

Kundenzufriedenheits-Lücken

chend abgestimmte Kommunikationspolitik des Anbieters, die Erwartungen weckt, die vielleicht ursprünglich bei Kunden garnicht vorhanden waren, dann aber bei Nichteinlösung zu deren Enttäuschung führen.

Entscheidender Beurteilungsmaßstab für die Kundenzufriedenheit ist die bewußte Nachkaufbewertung. Diese kann nach verschiedenen Aspekten erfolgen. Da ist zunächst die Relation von angestrebter und erreichter Bedürfnisbefriedigung, d. h. das Ausmaß, in dem kundeneigene Ziele durch die Wahlentscheidung für einen Anbieter erreicht werden. Dann ist da das Ausmaß, in dem die erwartete Eigenschaftsausprägung eines Angebots/Anbieters (im Sinne einer Marke) von der tatsächlich wahrgenommenen Eigenschaftsausprägung abweicht. Und es gibt die Abweichung, die zwischen idealerweise gewünschter und tatsächlich wahrgenommener Eigenschaft der Leistung liegt. Dabei wird zumeist eine Saldierung zweier Einzelurteile (Zufriedenheit/Unzufriedenheit) oder die Summierung eigenschaftsgewichteter Differenzen bzw. Relationen unterstellt. Je größer die ermittelten Abweichungen sind, als desto geringer ist der Grad der Kundenzufriedenheit einzuschätzen.

Kundenzufriedenheit, Messungen

Als besonderes Problem hat sich die Messung der Kundenzufriedenheit herausgestellt, da es sich ja um ein theoretisches Konstrukt handelt, das so direkt nicht nachweisbar ist, sondern nur über Indikatoren zu erfassen versucht werden kann. *Objektive Indikatoren* betreffen die:

- Erfassung von absoluten oder relativen Umsatz-/Marktanteilswerten bzw. Eroberungsraten, d. h. der Anteil vom Wettbewerb neu hinzugewonnener Kunden, etwa durch Empfehlung, sowie Loyalitätsraten, d. h. der Anteil treu wiederkaufender, bestehender Kunden,

Diese Verfahren geben jedoch nur sehr bedingt konkrete Hinweise auf das Zufriedenheitsniveau der Nachfrager, denn Käufe werden ja auch trotz vorhandener Unzufriedenheit einfach mangels geeigneter Alternativen oder hinreichender Markttransparenz getätigt. Sie wiegen also in falscher Sicherheit. Dem erliegen vor allem Marktführer, die sich aufgrund ihrer Marktergebnisse in der Richtigkeit ihres Verhaltens bestätigt sehen und daraus ein hohes Maß an Kundenzufriedenheit ableiten. Tatsächlich verleitet eine solche Position jedoch eher zur Selbstzufriedenheit und zur Vernachlässigung kundenrelevanter Bedürfnisse. Zu denken ist etwa an die den *Mercedes Benz*-Filialen früher zugeschriebene Arroganz. Diese wurde nur solange billigend hingenommen, wie andere Angebote am Markt keine wirkliche Wahlalternative darstellten. Sobald dies jedoch der Fall ist, wandern Kunden leichten Herzens ab, die nur sehr schwer zurückzugewinnen sind. Gleichzeitig ergeben sich gute Chancen für Herausforderer, sich zu Lasten des Marktführers zu profilieren.

- Analyse von (anonymen) Kundenäußerungen gegenüber dem Betrieb oder Dritten bzw. Häufigkeit des Auftretens von Reklamationsanlässen und Beschwerden,

Diese Verfahren sind ebenfalls mit großer Vorsicht zu genießen, reklamieren doch längst nicht alle Kunden, die einen Beschwerdegrund haben, und sind Meinungsbekundungen doch immer kognitiv verzerrt und gehorchen emotionaler Konfliktscheu und sozialer Erwünschtheit. Sie sind daher wenig ergiebig und teilweise willkürlich. Zudem mangelt es oft an der ausreichenden Erfassung von Äußerungen außerhalb der betrieblichen Einflußsphäre, obwohl gerade diese Meinungen am ehesten der wahren Einschätzung entsprechen dürften.

- Erlösschmälerungen durch Wiedergutmachung, also Garantieleistung, Nachbesserung, Umtausch, Rückgängigmachung, Preisnachlaß, Schadenersatz etc. bzw. Durchführung von Qualitätskontrollen zur Prävention, so über die Einhaltung vereinbarter Kosten- und Terminvorgaben.

Diese Verfahren leiden wiederum an der Fixierung auf vordergründig aussagefähig erscheinende Größen, die tatsächlich aber keine zuverlässigen und gültigen Indikatoren für dahinterstehende, letztlich ausschlaggebende Vorgänge sind. So gibt es Wiedergutmachung, die keineswegs zur Kundenzufriedenheit führt, weil sie als nicht ausreichend, die Art der Vermittlung als mangelhaft oder allein schon die Tatsache, daß eine solche Wiedergutmachung überhaupt erforderlich ist, als unzureichend erachtet wird. Außerdem kann selbst bei Einhaltung aller materiellen Eckdaten Unzufriedenheit aus formalen Insuffienzen entstehen.

Subjektive Indikatoren betreffen die:

- repräsentative Ermittlung der von Kunden wahrgenommenen Leistungsdefizite durch Käuferbefragungen. Hier erfolgt die Erfassung der Zufriedenheitseinstufung qualitätsrelevanter Einstellungen anhand ein- bzw. mehrdimensionaler Skalen. Dabei ist jedoch eine Tendenz zur Rationalisierung der Qualitätsurteile zu beachten. Außerdem wird die Emotionalität der Anbieter-Kunden-Beziehung nur äußerst unvollkommen abgebildet.
- die Messung enttäuschter Erwartungen vor und nach bzw. nur nach der Leistungserstellung. Hierbei werden qualitätsrelevante Diskrepanzen zwischen erwarteter, womöglich versprochener, und dann tatsächlich abgelieferter Leistung als Globalmaß erfaßt. Dies setzt allerdings bereits konkrete Erfahrungen mit dem Produkt in der Vergangenheit voraus. Außerdem muß zur Aussagefähigkeit eine genügende Anzahl von Fällen zugrundeliegen.
- Messung von Beschwerdeverhalten. Hierbei werden qualitätsrelevante Beschwerden erfaßt, die jedoch nur den Anteil unzufriedenstellender Leistung repräsentieren. Und von dieser wiederum nur den Anteil der Kunden, die sich wirklich beschweren. Und von diesen wiederum nur die Beschwerden, die auch bis zu Entscheidern durchdringen. Verhängnisvoll ist dabei, daß, wer viel arbeitet, absolut nun einmal auch mehr Fehler macht als der, der wenig arbeitet, daß Reklamationen unterlassen werden und ohne Vorwarnung zum Anbieterwechsel führen und daß aus Sorge um persönliche Karriereaussichten der Mitarbeiter Beschwerdeansätze oft genug in der Hierarchie intern nicht weitergegeben werden, solange sie noch selbst reparierbar scheinen. Nach einer gewissen Zeitspanne ist es dann allerdings dafür meist zu spät.

Kurzlebige Produkte

(→ Gütertypen)

Kurzzeitspeicher

(→ Gedächtnis)

L

Laborbeobachtung
(→ *Beobachtung)*

Ladenlayout
Das Ladenlayout und damit auch die Placierung, ist, abgesehen von architektonischen Notwendigkeiten, keineswegs nur nach geschmäcklerichen Gesichtspunkten ausgelegt. Vielmehr ergeben sich folgende Hinweise.

Am Kopfende des Ladens placieren Händler normalerweise sog. Magnetabteilungen, die häufig von Kunden frequentiert werden müssen (z. B. Frischfleisch/Molkereiprodukte). Dadurch sehen sich Kunden veranlaßt, den ganzen Laden einmal hin und wieder zurück zu durchqueren. Das maximiert die Kontaktchancen mit dem Sortiment.

Anordnung der Waren gemäß dem Tagesablauf, denn die Einkaufsplanung orientiert sich erfahrungsgemäß an den Mahlzeiten und Tätigkeiten im Tagesablauf. Demgemäß erfolgt die Auswahl der Produkte durch den Kunden. Daher ist es hilfreich, die angebotenen Waren näherungsweise in dieser gewohnten, chronologischen Folge anzuordnen. Auf diese Weise werden alle Bedarfe geordnet im Kopf abgerufen und in Käufe umgesetzt.

Unterbrochene Regalreihen. Die platzsparende Raumnutzung führt oft zu engen „Regalstraßen", in die man nur ungern eintaucht (Tunneleffekt) und die man wegen des angeborenen Fluchtreflexes möglichst schnell wieder zu verlassen sucht. Daher ist für Querkorridore zur Auflockerung zu sorgen.

Ausrichtung aller Labels nach vorn. Dies ist erforderlich, damit die Produktsignalisation wahrgenommen werden kann. Damit werden vorverkaufte und durch Werbung heftig penetrierte Stilelemente der Labelgestaltung schnell und einfach erkannt. So können Bekanntheit und Vertrautheit mit einem Angebot am Handelsplatz eher liquidiert werden.

Offenlassen einer Grifflücke in der Placierung, denn perfekt angeordnete Waren lassen den Kunden zurückschrecken, durch die Wegnahme eines Produkts diese Perfektion zu zerstören. Deshalb wird bewußt die Symmetrie durchbrochen, indem einige Einheiten fehlen. Dies verhindert zudem den Verdacht, daß die Produkte von anderen nicht gekauft werden.

„Endlose" Anordnung der Waren suggeriert den Kunden die hervorragende Sortierung des Geschäfts. Da dies eine der wesentlichen Erwartungshaltungen für die Einkaufsstättenwahl ist, wird die komplette Präsentation durch Präferenzaufbau honoriert.

Gleichbleibende Stammplacierung, denn nichts nervt Käufer so sehr, als wenn sie ihre gewohnten Waren im Ladengeschäft ständig neu suchen müssen, weil sie aus Platzmangel, wegen schlechter innerbetrieblicher Organisation oder aus falsch verstandenem Drang zur Abwechslung stetig umgeräumt werden.

Farbige, indirekte Beleuchtung. Damit der Appetite appeal von Frischwaren (Fleisch/Wurst, Käse, Gemüse etc.) so richtig zur Geltung kommt, sind häufig, unter den Bedienungstheken verdeckt, farblich abgestimmte Lichtquellen installiert, die etwa rötlich eingefärbt saftiges Fleisch suggerieren, gelblich eingefärbt molkigen Käse etc.

Beduftung von Abteilungen, denn von Duftstoffen weiß man, daß sie, gerade unterhalb der Wahrnehmungsgrenze eingesetzt, ungefiltert über Rezeptoren aufgenommen im Gehirn verarbeitet werden und dort kaufauffordernd wirken. Dies gilt etwa für frischen Backstubenduft in der Brotabteilung oder für Fruchtaromen in der Obstabteilung, wo ansonsten eher klinisch reines Obst lagert.

Beschallung des Ladens. Über gleichmäßig im Laden verteilte, breitabstrahlende Lautsprecher wird entspannende Hintergrundmusik abgestrahlt. Dies führt zu einer angenehmen Atmosphäre und lädt zum Verweilen am POS ein. Dies vermehrt die Kontaktchancen zu Waren und damit die Kaufwahrscheinlichkeit.

Ladenorganisation im Handel

Da der Regalplatz der Engpaß für den Handelserfolg ist, kommt es darauf an, diesen so intensiv wie möglich zu nutzen. Dies geschieht durch die Planung der Placierung.

Die gesamte Geschäftsfläche des Handelsbetriebs teilt sich auf in:

- Kundenflächen, d. h. solche, wo Waren Kunden frei zugänglich sind,
- Thekenflächen, d. h. solche, an denen Fremdbedienung herrscht,
- Verkaufsflächen, d. h. solche, die zur Warenpräsentation dienen,
- Lagerflächen, d. h. solche, die zur Vorratshaltung dienen,
- Sozialflächen, d. h. solche, die nur dem Personal zugänglich sind.

Sodann ist der Handelsbetrieb in Abteilungen aufgeteilt, orientiert an:

- Personal, z. B. Fachberater für verwandte Artikelgruppen,
- Betriebsmitteln, z. B. Kühltruhe zur Sammelaufbewahrung,
- Warenart, z. B. Produkte gleichen Materials/gleicher Verwendung,
- Bedarfen, z. B. zusammengehörige (nachfrageverbundene) Waren,
- Abrechnung, z. B. Food/Non Food getrennt.

Danach erfolgt die strukturierte Anordnung der Abteilungen nach:

- Kundenstrom, d. h. häufig von Kunden eingeschlagenen Wegen,
- Beschaffung, d. h. festen Kauforientierungen von Kunden,
- Logistik, d. h. Transportaufwand, Lagerkosten, Manipulationskosten,

- Erlebnis, d. h. Kaufatmosphäre, Dekoration, Beleuchtung etc.,
- Kosten, d. h. nach Regalflächenprofitabilität.

Ladenpassage/Mall

Bei der Ladenpassage stellt sich vor allem die Frage des optimalen Mieter-Mix. Dabei sind Betriebsformen, Sortimentsinhalte und Geschäftsgrößen zu berücksichtigen. So bedarf es einerseits einer gewissen Anzahl Impuls-Outlets, die Waren des täglichen oder täglich häufigen Bedarfs führen und als Frequenzbringer dienen. Zu viele dieser Impuls-Outlets bergen jedoch die Gefahr, die hochwertige Anmutung der Ladenpassage zu unterminieren. Ebenso bedarf es einer gewissen Anzahl Luxus-Outlets, die Flair und Extravaganz verbreiten und auf den gesamten Betriebstyp abstrahlen lassen. Hinzu kommen Gastronomie-Betriebe, die zum Verweilen einladen und Dienstleister, die den Bequemlichkeitscharakter betonen. Dann ist deren relative Lage innerhalb der Ladenpassage zu bestimmen, etwa nahe am Eingang oder „in der Tiefe des Raumes". Schließlich ist auch für Sauberkeit (Reinigungstrupps) und Ordnung (Sicherheitsteams) zu sorgen, denn gerade zur Winterzeit bieten die beheizten Ladenpassagen einen beliebten Anziehungspunkt für akquisitorisch eher kontraproduktiv wirkende Teile der Gesellschaft. Hilfreich sind auch gelegentliche Veranstaltungen in der Ladenpassage, um im Gespräch zu bleiben. Dafür sorgt auch kontinuierliche Kommunikation, die als Kollektivwerbung angelegt ist. Kennzeichen (z. B. *Kö-Passage*/Düsseldorf, *Calwer Passage*/Stuttgart) sind folgende:

- sehr breites und sehr tiefes Sortiment, mehrere Anbieter,
- mindestens gediegenes bis luxuriöses Sortimentsniveau,
- exklusive, starre Preisbildung,
- zentrale Citylage,
- Großbetriebsform mehrerer ansonsten selbständiger Händler,
- hoher Einsatz des Beeinflussungs-Mix (insb. Service),
- Akquisition durch Ladengeschäfte mit Fremdbedienung,
- stationärer Einheitsstandort durch Agglomeration,
- Unabhängigkeit und Einmaligkeit.

(→ Einzelhandel, Betriebstypen)

Lager, Arten

Lagerfunktionen betreffen im einzelnen die Ausgleichsfunktion (zeitlich), die Sicherungsfunktion (Schwankungen), die Assortierungsfunktion (Sortimentsbildung), die Spekulationsfunktion (bei Preiserhöhungen) und die Veredelungsfunktion (Alterung, Gärung, Reifung, Trocknung etc.). Die Lagerart kann dabei nach Konzentration, Warenfluß, Unterbringungsart, baulichen Gegebenheiten und Einlagerungsart unterteilt werden (vgl. *Pepels, Werner:* Handels-Marketing und Distributionspolitik, Stuttgart 1995).

Nach der Konzentration kann es sich um zentrale oder dezentrale Lagerung handeln. Befinden sich alle Waren an einem Ort, handelt es sich um ein zentrales Lager. Vorteile sind dabei größere Übersichtlichkeit über Art und Menge der Lagergüter, bessere Ausnützung der Räume und Einrichtungen, geringere Kapitalbindung in den Waren und geringerer Personalbedarf. Nachteile sind vor allem größeres Risiko und längere Transportwege bei der Auslieferung zu Kunden. Gründe für dezentrale Lagerung sind u. a. das Zusammenlagerungsverbot bestimmter Waren (z. B. Lebensmittel und Giftstoffe), das Verbot der Lagerung gefährlicher Waren in bestimmten Gegenden (z. B. Sprengstoffe in Wohngebieten), der Einsatz von Speziallagerräumen und Kundennähe etc.

Nach dem Warenfluß sind Warenannahme, Lagerung und Warenausgabe in zeitlicher, räumlicher, inhaltlicher und kostenmäßiger Abstimmung zu beachten.

Nach der Unterbringungsart handelt es sich um Lager im Freien (offene Läger), die nur bei witterungsbeständigen Waren mit relativ geringem Wert möglich ist, oder um Lagerung in Räumen (Innenlagerung), für Waren, die höheren Schutz, größere Sicherheit und bessere Kontrolle erfordern.

Nach den baulichen Gegebenheiten handelt es sich um eingeschossige Lager, bei denen anliefernde Fahrzeuge, Lagerplatz und übernehmende Fahrzeuge auf einer Ebene bewegt werden, und mehrgeschossige Stockwerklager, die zusätzliche technische Einrichtungen zur Überbrückung des Höhenunterschieds erfordern, dafür aber mit geringerer Grundfläche auskommen.

Nach der Einlagerungsweise gibt es Stapellager, wo Waren in die Höhe gestapelt werden. Voraussetzung ist dabei eine entsprechende Belastbarkeit der Verpackung. Im Hochregallager werden die Waren in mehreren Regalebenen untergebracht. Für die Einlagerung kann eine bestimmte Lagerstelle reserviert oder die jeweils nächste freie Lagerstelle bestimmt werden (sog. chaotische Lagerung). Im ersten Fall muß nur die Lagerstelle markiert werden, im zweiten Fall jedes einzelne Lagerstück. Voraussetzung sind entsprechende Lagereinrichtungen, Verlade- und Beförderungsmittel und Informations- und Sicherungsvorrichtungen.

Nach den eingesetzten Förderhilfsmitteln lassen sich unterscheiden: Paletten als Flachpaletten mit Aufsetzbügel, mit Aufsetzrahmen, Rungenpaletten, Behälterpaletten mit Gitterbox, Vollwandbox, Tank, Silo, sowie Behälter als Kästen/ Sichtkästen mit Gitterwand, Vollwand, Kartons, sonstige Schutzverpackungen, außerdem forminstabile Behältnisse (Beutel, Säcke etc.) und sonstige Ladehilfsmittel.

Nach den eingesetzten Fördermitteln lassen sich unterscheiden: Stetige Fördermittel wie Wandertische, Rollenbahnen, Röllchenbahnen, Scheibenrollenbahnen, Gurtförderer, Stapelförderer, Kreisförderer, Unterflurförderanlagen, Kettenförderer, Rutschen, Wendelrutschen, Wendelförderer, Becherwerke, außerdem unstetige Fördermittel wie Hebezeuge als Brückenkrane, Hängekrane, Fahrzeugkrane, Drehkrane, Portalkrane, Laufkrane, Stapelkrane und Regalförderzeuge wie Regalbediengerät, Regalstapelgerät, Hängekrane, Stapelkrane oder Aufzüge als Personenaufzüge, Lastenaufzüge, Fahrtreppen, schließlich flurgebundene Transportmittel, die gleislos wie Hubwagen, Hochhubwagen, Portalhubwagen, Schlepper, Stapler, gleisgebunden wie Plattformwagen, Lokomotive, Kipploren oder spurgeführt wie fahrerlose Transportsysteme sind.

Nach dem Ordungstyp unterscheidet man solche mit Sonderregal, Flachgutregal, Fachregal (feststehend als Fachflach-, Fachhoch-, Fachdurchlaufregal, beweglich als Fachverschiebe-, Fachumlaufregal vertikal oder horizontal), Palettenregal (feststehend als Palettenflach-, Palettenhoch-, Paletteneinfahr-, Palettendurchfahr-, Palettendurchlaufregal, beweglich als Palettenverschiebe-, Palettenumlaufregal).

Nach der Funktion lassen sich mehrere Gruppen unterteilen. So bei der Wertschöpfung Eingangslager, Zwischenlager oder Außenlager, bei der Sortierung stofforientiert oder verbrauchsorientiert, beim Bedarfsträger allgemeine Lager, Bereitstellungslager oder Handlager, beim Witterungsschutz Lagerung in Gebäuden, oder Lagerung im Freien (Freilager), beim Standort Außenlager oder interne Lager, bei der Zentralisation zentral oder dezentral und bei der Verwaltung Eigen- oder Fremdbetrieb. Vor allem die beiden letzten Aspekte sind einer Betrachtung unter Marketingaspekten zugänglich.

Lager, Betrieb

Beim Betrieb eines Lagers sind Eigen- und Fremdbetrieb möglich. *Eigenbetrieb* bietet sich vor allem dann an, wenn:

- die Nachfrage stabil ist, also ein erforderlicher Warenpuffer kontinuierlich verfügbar sein muß. Dann gebietet die Notwendigkeit auf schnellen Zugriff den autonomen Unterhalt.
- die Märkte räumlich stark konzentriert sind, man also mit einem oder wenigen Standorten auskommt. Dies läßt sich aber nur bei vergleichsweise kurzen Wegen zu den Abnehmern realisieren, da ansonsten Wege- Zeitnachteile mit sich bringen, die wiederum Wettbewerbsnachteile bedeuten.
- ein hoher Lagerdurchsatz gewährleistet scheint, ein Lager also gleichmäßig ausgelastet ist. Dann werden die vergleichsweise hohen Fixkostenanteile durch entsprechende Auslastung relativiert.
- eine direkte Kontrolle erforderlich bleibt, die aus Qualitätssicherungsgründen ungern delegiert wird. Es ist zu Zeiten von TQM eine unerläßliche Voraussetzung, daß hohe Eingangsqualität nicht durch Lagerung leidet und so reklamationsfähig wird.
- gesonderte Ausrüstungen zur Manipulation nötig sind, die anderweitig nur schwerlich verfügbar

sind. Dies gilt vor allem im Investitionsgüterhandel, wo weitgehend nicht standardisierte Waren manipuliert werden.

- eine spezielle (wenn auch unwesentliche) Be- oder Verarbeitung vor der Auslieferung erforderlich ist. Dabei stellt sich allerdings zunehmend die Alternative des Outsourcing als Auftragsvergabe an externe Be- und Weiterverarbeiter.

Fremdbetrieb bietet sich hingegen an, wenn:

- die Nachfrage im Zeitablauf erheblich schwankt, also kein kontinuierlicher Warenpuffer erforderlich ist. Dies verhindert eine unzureichende Auslastung der Fixkosten und läßt an sich höhere variable Kosten vorziehenswert erscheinen.
- Märkte räumlich stark verstreut liegen, sodaß mehrere Läger nur unrentabel zu betreiben sind. Dann ist es im Sinne des Wettbewerbsfaktors Zeit günstiger, Lagerstandorte in Nähe großer Abnehmer fallweise oder dauerhaft anzumieten.
- Märkte häufiger wechseln, etwa wenn es sich um spezialisierte Waren mit wechselnden Abnehmerstandorten handelt. Dann bedeutet ein Eigenbetrieb eine ganz unnötige Fixierung der Tätigkeiten in einem offensichtlich flexiblen Markt.
- verschiedene Transportmittel eingesetzt werden, die intern nicht vorgehalten werden können. Als Alternative bietet sich dann nur noch das Leasing als nutzungskonforme Abzahlung an.
- das implizierte Lagerrisiko besser eine Verantwortungsdelegation angezeigt erscheinen läßt. Insofern können Gewährleistungsansprüche eingefordert werden und gehen nicht zu Lasten eigener Rechnung.
- eine Produktgruppe erst neu eingeführt werden soll, der Lagerbedarf also noch ungewiß ist. Nach Ablauf einer Zeitspanne kann dann die erforderliche Lagerraumdimensionierung besser abgeschätzt werden.

Lagerhalter

Der Lagerhalter trägt für die Einhaltung der Qualität und Quantität der Ware während einer Zeitüberbrükkung Sorge. Er ist meist identisch mit dem Spediteur und/oder Frachtführer. Geschäftsgrundlage ist dabei ein Lagervertrag. Man unterscheidet Einzel-(Sonder-)lagerung, bei der das Lagergut eines Kunden getrennt von anderen Gütern verwahrt wird, und Sammel-(Vermengungs-, Vermischungs-)lagerung, die eine Vermischung/Vermengung des gleichartigen (standardisierten) Lagerguts verschiedener Eigentümer erlaubt. Mietlager sind festgelegte Lagerräume, die an einen Einlagerer vermietet werden, der auch selbst die Ein- und Auslagerung, Behandlung und Pflege der Ware vornimmt. Als Empfangsbescheinigung des Lagerhalters für eingelagertes Gut gilt der Lagerschein. Er ist ein Warenwertpapier als Namens- oder Orderlagerschein. Mit der Übertragung geht das

Verfügungsrecht am Lagergut auf den Empfänger über. Damit wird sowohl der Eigentumsübergang als auch die Pfandbestellung erleichtert.

Die Pflichten des Lagerhalters betreffen die Prüfung der Qualität bei Übernahme der Ware, den Schutz vor Verderb und Minderung während der Lagerung, die Benachrichtigung bei drohender Entwertung (z. B. Verderb) an den Einlagerer und die Haftung bei Verletzung der Sorgfalts- und Benachrichtigungspflicht. Dafür hat er ein Recht auf Zahlung des vereinbarten Lagergelds, den Ersatz seiner Auslagen und ein gesetzliches Pfandrecht zur Sicherung seiner Forderungen bis zur vollständigen Bezahlung an der eingelagerten Ware.

(→ Logistische Absatzhelfer)

Lager, Standorte

Der Entscheidung zwischen zentralem oder dezentralem Lagerstandort liegt folgende Überlegung zugrunde. Mit steigender Zahl dezentraler Lagerstätten sinken zwar die Transportkosten von den einzelnen Lagerstätten zu den jeweiligen Kunden, gleichzeitig steigen jedoch die Lagerhaltungskosten (Fixkostenintensität) für den Betrieb dieser Lagerstätten sowie die Transportkosten vom Lieferanten zu den Lagerstätten. Zwischen diesen beiden gegenläufigen Entwicklungen ergibt sich ein relatives Optimum beim Gesamtkostenminimum. Umgekehrt steigen bei zentraler Lagerstätte die Transportkosten von diesem Lager zu den jeweiligen Kunden, gleichzeitig sinken jedoch die Lagerhaltungskosten sowie die Kosten für den Transport vom Lieferanten zur Lagerstätte. Auch hier ergibt sich aus den beiden gegenläufigen Entwicklungen ein relatives Optimum. Der Vergleich beider relativer Optima bei ansonsten gleichen Bedingungen führt dann zur Entscheidung für oder gegen zentralen oder dezentralen Lagerstandort. Die Lagerhaltungskosten erhöhen sich jeweils mit steigendem durchschnittlichen Lagerbestand, gleichzeitig sinken jedoch die Fehlmengenkosten aus nicht ausgeführten bzw. unnötig aufwendigen Aufträgen. Gleichfalls erhöhen sich mit steigenden Bestellgrößen die Lagerhaltungskosten pro Stück, jedoch sinken zugleich die Einstandskosten je Einheit.

Lagerorganisation

(→ Logistik, Entscheidungen)

Lagersortiment

(→ Sortimentsinhalte)

Lambda-Hypothese

(→ Emotion)

Lancaster-Modell

(→ Haushaltstheorie)

Langfristige Finanzierung

Beim Investitionsdarlehen werden langfristige Bankkredite zur Finanzierung der Anschaffung von Gegenständen des Anlagevermögens aus eigenen Mitteln oder aus öffentlichen Förderprogrammen (weitergeleitete Kredite) vergeben. Roll Over-Kredite werden am Geldmarkt refinanziert und in ihren Konditionen regelmäßig den aktuellen Geldmarktkonditionen angepaßt. Ein Realkredit ist durch Grundpfandrechte an Grundstücken, Gebäuden (oder Schiffen) so besichert, daß Zins und Tilgung unabhängig von der Zahlungsfähigkeit des Schuldners garantiert sind. Er wird durch Spezialbanken vergeben und unterliegt besonderen gesetzlichen Vorschriften. Eine Sicherung durch Grundpfandrecht ist bei Hypothek und Grundschuld gegeben. Die Hypothek ist eine im Grundbuch beim lokalen Amtsgericht eingetragene Belastung eines Grundstücks zur Sicherung einer Forderung und erlischt bei Tilgung der Schuld. Man unterscheidet nach dem Nachweis die Verkehrshypothek und die Sicherungshypothek, sowie nach der Form die Buchhypothek und die Briefhypothek. Hypotheken sind also akzessorisch. Im Gegensatz dazu ist für die Grundschuld das Vorliegen einer Schuld nicht Voraussetzung für Entstehung und Bestand. Außerdem ermöglichst die Grundschuld auch den Einzug von Teilbeträgen, sodaß ihr in der Praxis gegenüber der Hypothek der Vorzug gegeben wird. Beim Schuldscheindarlehen sind Kapitalsammelstellen (Versicherungen, Pensionskassen, Bausparkassen, Sozialversicherungsträger etc.) Kreditgeber. Wegen der umfassenden gesetzlichen Vorschriften sind hohe Bonitätskriterien zu erfüllen und erstklassige Sicherheiten zu stellen. Der Kreditgeber kann das Schuldscheindarlehen leicht an Dritte abtreten. Die Kreditsumme beträgt mind. 100 000 DM, üblich sind allerdings um ein Vielfaches höhere Beträge. Anleihen (festverzinslich, floatend, Zero) sind als Außen-Fremdfinanzierung sehr selten.

Langlebige Produkte

(→ Gütertypen)

Langzeitspeicher

(→ Gedächtnis)

Lap Over-Effekt

(→ Wahrnehmung, Effekte)

Laplace-Regel

(→ Marketing, Risikovorsorge)

Lastenheft/Pflichtenkatalog

(→ Submission)

Lateinisches Quadrat

(→ Formales Experiment)

Lateral-/Durchbruchsinnovation

(→ Innovation)

Laterale Diversifikation

(→ Diversifikation, Formen)

Launch

(→ Erstpositionierung, Positionierung, Anlässe)

Lavington-Modell

(→ Simulationsmodelle, Detailanalytische)

Layoutraster

(→ Corporate Design)

Leasing, Darstellung

Der Begriff Leasing stammt von to lease (mieten, pachten bzw. vermieten, verpachten). Das Leasing ist ein Vermietungsgeschäft, für das zivilrechtlich die §§ 535 ff. BGB Anwendung finden (Mietvertragsrecht). Aufgrund seiner vielen Gestaltungsmöglichkeiten ist das Leasing weder in der Wirtschaftspraxis noch in der Literatur eindeutig definiert. Meist versteht man darunter die mittel- bis langfristige Gebrauchsüberlassung von beweglichen und unbeweglichen Wirtschaftsgütern an Wirtschaftsunternehmen, Objekten an die öffentliche Hand sowie langlebigen Konsumgütern an Privatpersonen. Es handelt sich also um Geschäfte, bei denen im Leasingverfahren Ausrüstungsgüter und Betriebsausrüstungen zur gewerblichen Nutzung vermietet werden. Die Gegenstände werden von den Leasinggesellschaften speziell zum Zweck der Vermietung gekauft und bleiben deren Eigentum. Die Dauer derartiger Verträge wird unter Berücksichtigung der Abschreibungsdauer festgelegt. Leasingfähig sind alle Wirtschaftsgüter, die die Voraussetzung der Fungibilität erfüllen, d. h. der Leasinggegenstand muß so beschaffen sein, daß er vom Leasinggeber nach Ablauf der vereinbarten Leasingdauer weiterverwendet werden kann. Die Höhe des Leasingentgelts orientiert sich an der vorgesehenen Nutzungsdauer bzw. -intensität.

Operate Leasing-Verträge sind normale Leasingverträge nach BGB, die von beiden Seiten nach Einhaltung einer relativ kurzen Kündigungsfrist gekündigt werden können. Die Gefahr des zufälligen Untergangs, der wirtschaftlichen Entwertung und Aufwendungen für Versicherungen trägt somit der Leasinggeber. Diese Alternative stellt für den Leasingnehmer keine Finanzierungs-, sondern eine Investitionsmöglichkeit, also eine Alternative zum Kauf, dar. Da außerdem der Leasinggeber neben dem Finanzierungs- auch das Absatzrisiko nach Ablauf der Leasingdauer trägt, fehlt dem Leasingvertrag die kaufähnliche Risikoverteilung. Es handelt sich rechtlich um eine Vermietung. Typischer ist daher das *Finance Leasing*. Dieses ist durch eine Grundmietzeit gekennzeichnet, während der der Vertrag normalerweise unkündbar ist. Der Leasingnehmer trägt also das volle Investitionsrisiko, da auch bei wirtschaftlicher Entwertung oder zufälligem Untergang die vereinbarten Raten gezahlt werden müssen. Die vereinbarte Laufzeit entspricht maximal der betriebsgewöhnlichen Nutzungsdauer. Die Risiken werden durch den Abschluß verschiedener Versicherungen aufgefangen, die dem Leasingnehmer offen in Rechnung gestellt werden.

Für die Nutzung nach Ablauf des Leasingvertrags ergeben sich verschiedene Varianten. Ohne Option bestehen keine Nebenabreden nach

Ablauf der Grundmietzeit. Mit Kaufoption wird dem Mieter die Möglichkeit geboten, nach Ablauf der Grundmietzeit das Leasingobjekt zu erwerben. Bei der Mietverlängerungsoption kann der Mieter durch einseitige Willenserklärung den Vertrag verlängern und dann einen geringeren Mietzins zahlen.

Nach dem Inhalt kann es sich um Immobilien- oder Mobilienleasing handeln. Ersteres betrifft das Leasing von Bauobjekten, wobei der Leasinggeber als professioneller Dauerauftraggeber über langjährige Erfahrung in der Lage ist, Risiken rechtzeitig auszuschalten und neueste Techniken zu beherrschen, zudem wird ein umfangreicher Dienstleistungskatalog angeboten. Letzteres betrifft das Leasing von beweglichen Wirtschaftsgütern, bis hin zu Personen.

Die Finanzierungsfunktion des Leasing beruht darauf, daß an die Stelle der Eigeninvestition das Leasing eine vollständige Fremdfinanzierung ermöglicht. So erhalten auch Unternehmen mit niedrigem Eigenkapitalanteil die Möglichkeit, Wirtschaftsgüter zu nutzen, ohne ihre Liquidität zu gefährden. Außerdem bietet Leasing steuerliche Vorteile, die von der bilanziellen Behandlung des Leasingobjekts abhängen, die wiederum von der Vertragsart abhängt. Wird das Leasingobjekt beim Leasingnehmer bilanziert, wird dieses mit den Anschaffungs- und Herstellkosten bewertet. Die Abschreibung nach der betriebsgewöhnlichen Nutzungsdauer erfolgt dann durch den Leasingnehmer. Die Mietraten werden als Verbindlichkeiten gegenüber dem Leasinggeber passiviert. Als Betriebsausgaben sind nur der Zins- und Kostenanteil sowie Abschreibungen abzuziehen. Der Tilgungsanteil wird mit den Verbindlichkeiten erfolgsneutral verrechnet. Dies ähnelt de facto sehr einem Kauf auf Raten. Für den Leasingnehmer ist die Bilanzierung beim Leasinggeber steuerlich günstiger.

Im Falle einer Investition stehen neben dem Barkauf zwei Alternativen zur Auswahl, Kreditfinanzierung oder Leasing. Bei der Kreditfinanzierung wird der Erwerb eines Wirtschaftsguts finanziert, beim Leasing nur der Wertverlust und die Kosten für die Geldmittel. Beim Kredit wird folglich Geld verliehen, beim Leasing ein Wirtschaftsgut. Bei der Finanzierung fallen Tilgungs- und Zinszahlungen an. Die Gewerbekapitalsteuer steigt, die Gewerbeertragssteuer sinkt. Beim Leasing wird der steuerliche Gewinn gemindert. Um die unterschiedlichen Zahlungsströme zu vergleichen, werden die jährlichen Belastungen nach Steuern auf den Barwert abgezinst. Die Variante mit dem niedrigeren Barwert ist in Hinblick auf die anfallenden Kosten die günstigere. Daneben gibt es aber auch qualitative Argumente. Leasing belastet die Liquidität zum Zeitpunkt der Investition geringer. Die Leasingraten können durch wirtschaftliche Nutzung des Leasingobjekts erwirtschaftet werden (Pay as you earn). Eine klare Kalkulationsgrundlage bleibt während der gesamten Laufzeit erhalten. Es ist kein Eigenkapitaleinsatz erforderlich. Die Kreditlinie des Leasingnehmers wird geschont. Das Leasingobjekt ist bilanzneutral. Das Investitions- und Überalterungsrisiko verringert sich ebenso wie das Verwertungsrisiko. Es sind keine zusätzlichen Sicherheiten notwendig. (→ *Absatzfinanzierung*)

Leasing, Inhalte

Das Leasing kennzeichnet die mittel- bis langfristige Vermietung von beweglichen und unbeweglichen fungiblen Wirtschaftsgütern und langfristigen Gebrauchsgütern. Dabei verpflichtet sich der Leasingnehmer, genau bezeichnete Güter gegen Leistung eines festgesetzten, meist monatlichen Entgelts zur Nutzung zu überlassen. Denn für die Nutzung kommt es nicht auf das Eigentum an einem Wirtschaftsgut an. Leasing nimmt Dienstleistungs-, Delkredere- und Finanzierungsfunktionen wahr. Im Unterschied zur Miete werden dem Leasingnehmer dabei Eigentümerpflichten auferlegt. Ein weiterer Unterschied besteht im Finanzierungsaspekt. In vielen Fällen dient das Leasing auch als Instrument zur Absatzförderung. So erfolgt beim Nulleasing keinerlei Berechnung von Kreditzinsen, oder es werden Zinssätze berechnet, die weit unter den marktüblichen liegen. Normalerweise ist ein Leasing-Unternehmen in die Abwicklung eingeschaltet. Der Hersteller schließt dann einen Kaufvertrag mit dem Leasing-Unternehmen ab und erhält dafür die Zahlung des Kaufpreises. Der Nutzer schließt mit dem Leasing-Unternehmen seinerseits einen Vertrag über die Nutzung der Ware ab und zahlt dafür Leasingraten, worauf der Hersteller ihm Besitz an der Ware verschafft.

Lebensstil

Werte sind ganz allgemein Auffassungen über Wünschenswertes. Man unterscheidet Globalwerte als überdauernde Überzeugungen, Bereichswerte als kaufbezogene Aspekte und Angebotswerte als produktliche Attribute. Sie unterliegen stetiger bis sprunghafter Veränderung, den sog. Wertewandel. Daraus entstehen auch tiefgreifende Veränderungen im Käuferverhalten. Wertestrukturen kommen in Lebensstilen zum Ausdruck. Diese enthalten neben den Werten (Values) die Life Style-Komponenten der:

- beobachtbaren Aktivitäten (Activities, wie Arbeit, Freizeit, Soziales),
- emotionalen Interessen (Interests, wie Familie, Heim, Beruf, Erziehung),
- kognitiven Meinungen (Opinions, wie Politik, Wirtschaft, Natur).

Dementsprechend spricht man auch vom AIOV-Ansatz, der sich im Marketing in Lebensstil-Typologien niederschlägt. Der Lebensstil kennzeichnet umfassend, wie Menschen leben, ihre Zeit verbringen und ihr Geld ausgeben. Es handelt sich um Werte und Persönlichkeitsbezüge,

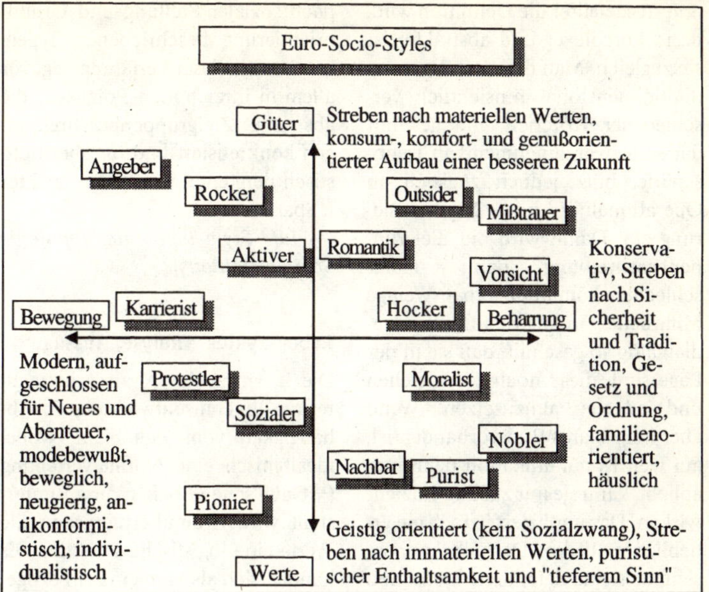

Euro-Socio-Styles

widergespiegelt in Aktivitäten, Interessen und Meinungen gegenüber Freizeit, Arbeit und Konsum einer Person allein und mit anderen zusammen in bezug auf allgemeines Verhalten und spezifisches Kaufverhalten. Zweckmäßigerweise wird der Lebensstil gemeinsam mit sozio-demographischen Variablen erhoben. International wird in den entwickelten Gesellschaften eine Annäherung der Lebensstile innerhalb vergleichbarer Gruppen vermutet.

Lebensstil-Typologien bedienen sich der Erkenntnis, daß bestimmte personenbezogene Merkmalskombinationen häufiger zusammentreffen als andere und diese modellhaft unter Einbeziehung von Lebensstil, d. h. erkennbarem Verhalten, und Lebenswelt, d. h. geäußerter Einstellung, zu verdichten sind. Ziel ist die Erreichung hoher interner Homogenität der Typen bei gleichzeitig externer Heterogenität. So wird die Vielfalt der Wirtschaftsrealität auf ein beherrschbares Maß reduziert, wobei dieser Vorteil höher wiegt als der damit einhergehende Verlust an Detailschärfe und Authenzität. Die in Potentialen quantifizierbare Verdichtung individueller Persönlichkeitsbilder zu exemplarischen Zielpersonentypen repräsentiert in ihrer Summe die gesamte Bevölkerung.

Je ausgefeilter die Definition wird, desto komplexer und abstrakter ist sie zugleich. Man definiert Personen multidimensional hinsichtlich verschiedener Kriterien und gewinnt dadurch zwar zunehmend an Trennschärfe, büßt jedoch zugleich an Operationalität und Konkretisierung ein. Damit wird die Zielgruppenbeschreibung dann immer schlechter kommunizierbar. Wenige Mitarbeiter sind marketing- und mediamäßig so geschult, daß sie in der Lage sind, diese noch zu verstehen und adäquat umzusetzen. Wenn aber kein klares Bild vorhanden ist, auf wen Kommunikation denn nun abhebt, kann sie nur zufällig effizient wirken. Das impliziert jedoch ein erhebliches Risiko. Deshalb kann es sein, daß eine detaillierte Definition weiter vom Ziel entfernt als eine weniger komplizierte. D.h. möglicherweise gewinnt man an Operationalität, wenn man nicht den Weg in immer größere Detaillierung weiterverfolgt, sondern im Gegenteil bewußt die Zielgruppenumschreibung vergröbert, dadurch aber konkret an Anschaulichkeit zulegt, wobei bewußt hingenommen werden muß, daß dabei Informationsfacetten auf der Strecke bleiben. Eben diesen Weg geht die Typologie.

Die bekanntesten Lebensstil-Typologien sind die *Life Style-Typologie* der Werbeagentur M.C.&Leo Burnett, Frankfurt, in der aktuell (1991) zwölf Typen verrechnet sind. Sowie die *Typologie Sozialer Milieus* (Outfit) des Spiegel-Verlags, Hamburg, mit aktuell acht jeweils nach sozialer Stellung und Grundorientierung beschriebenen Typen. Der Vorteil dieser Verfahren liegt vor allem in ihrer hohen Prägnanz, die abstrakte Zielgruppenbeschreibungen konkretisiert und für eher holistisch denkende Menschen leichter faßbar macht.

(→ Life Style-Typologie, Typologie Sozialer Milieus)

Lebenszyklus-Analyse, Aussage

Die Lebenszyklus-Analyse betrachtet die Ergebnisentwicklung in Abhängigkeit vom Zeitablauf, wobei idealtypisch eine Normalverteilung (= Gauß'sche Glockenkurve) unterstellt wird. Kumuliert ergeben die Werte eine logistische Funktion. Es handelt sich also um ein zeitbezogenes Marktreaktionsmodell. Als Betrachtungsobjekte kommen in Frage: Ein Branchenmarkt in bezug auf ein Programm, z. B. Food, einen Warenbereich, z. B. Fast Moving Consumer Goods, oder eine Warengattung, z. B. Genußmittel. Dann ein Produktlinienmarkt, also in Form einer Warenart, z. B. Süßwaren, eines Artikels, z. B. Tafelschokolade, oder einer Sorte, z. B. Vollmilch. Oder ein Produktmarkt. Irritationen bei der Diskussion über Aussagen des Lebenszyklusmodells rühren oft daher, daß Unklarheit über diese Abgrenzung des Untersuchungsobjekts besteht. So kann etwa ein Produkt am Beginn seines Lebenszyklus stehen, wohingegen sich die Produktlinie bereits in einem weit fortgeschrittenen Stadium befindet. Die Produktlinie kann hinsichtlich ihres Lebenszyklusstadiums wiederum anders eingeordnet sein als die Branche, deren Teil sie bildet. Für jeden dieser Märkte lauten die Stadien Entwicklung, Einführung, Wachstum bzw. Reife, Sättigung, Verfall bzw. Absterben oder Wiederanstieg. Diese Phasen gehen gleitend ineinander über, sind jedoch typischerweise durch bestimmte Konstellationen gekennzeichnet. Am weitesten verbreitet ist die Darstellung anhand des Produktgruppenmarkts. Die Charakterisierung der einzelnen Phasen erfolgt hinsichtlich mehrdimensionaler Inhalte.

Lebenszyklus-Analyse, Bewertung

Zur Kritik am Lebenszyklus-Modell werden vor allem die nachfolgenden Gesichtspunkte angeführt. Es gibt keine Allgemeingültigkeit im Phasenablauf. Vielmehr handelt es sich um eine idealtypische Sichtweise, die modellhaft einen denkbaren Verlauf darstellt und analysiert. Unabhängig davon entspricht wohl kaum ein realer Lebenszyklus diesem Ideal. So gibt es Märkte mit verzögertem Anlauf des Umsatzerfolgs, deren Kurvenzug damit also eher rechtssteil verläuft (z. B. Bildplattenspieler, CD-I-Player), oder Märkte, die zunächst explosionsartig expandieren und dann sukzessive erlahmen, also eher einen linkssteilen Kurvenzug aufweisen (z. B. Home Computer, Telespiele). Schließlich gibt es Märkte, die einen besonders langgezogenen Kurvenverlauf hervorbringen, also zwar als dauerhaft, jedoch wenig dynamisch zu bezeichnen sind (z. B. Produkte des täglichen Bedarfs), und solche, die zwar nur einen kurzlebigen, dafür aber sehr bewegten Kurvenzug zeigen (z. B. Modeprodukte, Sportartikel). Insofern ist in jedem Zeitpunkt ungewiß, um welche Art von Kurvenzug es sich im konkreten Einzelfall handelt. Damit wiederum ist die planerische Aussagefähigkeit des Modells stark eingeschränkt. Hinzu kommt, daß Struktur- und Konjunkturbrüche zu einer diskontinuierlichen Entwicklung des Lebenszyklus führen.

Der Phasenverlauf stellt keine Gesetzmäßigkeit dar, d. h. es gibt keine Zwangsläufigkeit in Abfolge und Ausmaß der einzelnen Phasen. Allenfalls handelt es sich um ein statistisches Phänomen. Insofern ist unbekannt, an welcher Stelle im Lebenszyklus man sich gerade befindet. So kann ein aktueller Zustand nach steilem Anstieg bereits den Wendepunkt des Kurvenzugs markieren, aber auch nur ein Indikator für weiteren schnellen Aufschwung sein. Ebenso kann ein aktueller Zustand nach erfolgter Aufschwungverlangsamung bereits den Gipfel des Lebenszyklus markieren oder erst den Eintritt in die immer noch positive Phase degressiven Wachstums einläuten. Damit aber ist die Prognosefähigkeit fraglich, zumal eine unterschiedliche Zahl von Phasen angegeben wird. Denn wenn von einem aktuellen Umsatzzustand nicht bekannt ist, wo er innerhalb des gesamten Lebenszyklus einzuordnen ist, dann können davon auch keine Signale auf Marketingaktivitäten ausgehen. Letztlich kann immer nur retrospektiv erklärt werden, zu welchem Zeitpunkt welche Phase erreicht worden ist.

Der Verlauf der Phasen kann vom Instrumentaleinsatz des Unternehmens selbst beeinfluß werden und unterliegt damit wiederum der Änderung. So gewirkt eine Aktivierung des Marketing-Mix sehr wahrscheinlich eine positive Beeinflussung der Erlös- und Ergebnissituation. Insb. kann ein Unternehmen einem Abfallen der Marktdynamik zumindest vorübergehend durch verkaufsfördernde und allgemein aktivierende Maßnahmen entgegenwirken und bei absoluten Umsatzeinbußen versuchen, durch erneuernde Maßnahmen einen neuen Lebenszyklus zu etablieren, wobei allerdings ungewiß ist, in welchem Stadium dieser dann beginnt. Wird das Angebot am Markt als hinreichend neu empfunden, dürfte in einem vergleichsweise frühen Stadium begonnen werden, wird die Änderung hingegen als wenig oder garnicht neuartig angesehen, mag sie nicht einmal in der Lage sein, einen neuen Lebenszyklus zu etablieren. Von entscheidender Bedeutung ist dabei das Timing, denn wird zu früh mit einer Reaktivierung begonnen, wird unnötig Umsatz aus dem etablierten Marktangebot verschenkt und die Fähigkeit des Produkts, Erlöse zu generieren, damit also nicht voll ausgereizt. Wird hingegen zu lange mit einer Reaktivierung gewartet, mag die Produktattraktivität bereits so stark gelitten haben, daß kein Umsatzschub mehr von dem erneuerten Angebot ausgehen kann. Für dieses optimale Timing gibt die Lebenszyklus-Analyse allerdings keine Hinweise.

Es kann zu beträchtlichen Phasenverschiebungen in den Zyklenstadien für die gleiche Produktgruppe auf verschiedenen Märkten bei real anzutreffenden Mehrmarktunternehmen kommen. Das hat zur Konsequenz, daß weiterhin nach den Angebotsmärkten differenziert werden muß. Bei nicht perfekt differenzierter Marktbearbeitung kann es zur gegenseitigen Beeinflussung der Lebenszyklen der Produktgruppe auf den verschiedenen Märkten kommen, die zu einer Abweichung vom idealtypischen Verlauf führen, und damit wiederum zu verzerrten Aussagen.

Die Abgrenzung der Phasen gegeneinander ist fragwürdig. Gemeinhin endet die Einführungsphase mit der Erreichung der Gewinnschwelle, die Wachstumsphase reicht bis zum Umkehrpunkt der Umsatzkurve. Alle anderen Phasen sind weitgehend unbestimmt. Das bedeutet aber, daß es letztlich der subjektiven Interpretation überlassen bleibt zu definieren, welche Lebenszyklusphase gerade gegeben ist. Damit geht der normative Aussagewert des Modells jedoch verloren, und es wird womöglich zu einem willfährigen Instrument interessengeleiteter Argumentation. Gleichfalls ist die Anzahl der Phasen indeterminiert.

Sie schwankt zwischen drei und sechs.

Der Vorteil der Lebenszyklus-Analyse liegt nach alledem vor allem in der didaktisch anschaulichen, plausiblen Darstellung, also in der Deskription und der eingängigen Logik.

Lebenszyklus-Ansatz

(→ *Marketing, Methoden)*

Lebenszyklusverlängerung

Zur Veränderung des Phasenablaufs im Lebenszyklus ergeben sich verschiedene Ansatzpunkte für werbliche Absichten, so die folgenden:

- Steilerer Anstieg der Diffusionskurve zur Forcierung des Umsatzerfolgs durch Maßnahmen profilierender Art (Produktneuheit) oder generischer Art (Marktneuheit). Dazu zählt vor allem die rasche Bekanntmachung des neuen Angebots und dessen frühe Übernahme durch aktive Personengruppen.
- Gestreckter Verlauf der Diffusionskurve, vor allem in der Penetrations- und Saturationsphase. Daraus resultiert ein positiver Cash Flow, weil die Umsätze noch ansehnlich, gleichzeitig die Anlagen vorzeitig abgeschrieben und weitere Investitionen aufgrund des absehbaren Lebensendes eng begrenzt sind.
- Verzögerter Abfall der Diffusionskurve durch Maßnahmen der laufenden Angebotsaktualisierung zur kontinuierlichen Produktpflege (Product Care).
- Höheres Niveau der Diffusionskurve durch Maßnahmen zur produktlichen Aufwertung in Leistung bzw. Nutzen. Dazu gehören Face Lifts, die dem Markt immer wieder verhaltene Wachstumsschübe geben.
- Relaunch bei Umkehr der Wachstumsdynamik durch Produktmodifikationen in Form von Up bzw. Down Gradings. Dabei wird das bestehende zugunsten eines variierten Produkts vom Markt genommen.

Legalität von Märkten

(→ *Marktrelationen)*

Leihvertrag

(→ *Abrechnungsklauseln)*

Leistungsergänzende Absatzhelfer

Leistungsergänzende Absatzhelfer unterstützen Unternehmen in marktbezogenen Funktionen durch:

- Finanzierung, z. B. als Kreditanstalt,
- Absicherung, z. B. als Versicherung,
- Information, z. B. als Auskunftei, Markforschungsinstitut,
- Beratung, z. B. als Werbeagentur, Unternehmensberatung.

Sie sind parallel zum Warenfluß selbständig tätig, ohne darin eingebunden zu sein und werden nicht Eigentümer von Waren.

(→ *Absatzhelfer)*

Leistungsführerschaft, Umfassende

Die umfassende Leistungsführerschaft ist eine Position im Rahmen der Wettbewerbspositions-Matrix. Die umfassende Leistungsführerschaft bietet folgende Vorteile:

- Gegenüber aktuellen Konkurrenten entsteht ein Vorsprung am Markt, der hohe Souveranität und Monetarisierung bietet. Durch Wahl von Maßnahmen konsequent nach dem Kriterium des größten relativen Vorsprungs kann dieser Abstand im Zweifel noch vergrößert werden.
- Substitutionsangebote können als nicht wirklich vergleichbar diskriminiert werden. Denn die Wahl des Second Best reicht am Ende meist nicht wirklich aus.
- Gegenüber Abnehmern entsteht durch diese Alleinstellung eine äußerst starke Position, die es kaum erforderlich macht, sich auf Kompromisse einzulassen.
- Potentielle Konkurrenten bleiben solange ausgeschlossen, bis sie ein unter Leistungsaspekten akzeptables Angebot zu unterbreiten in der Lage sind. Dies gelingt in aller Regel nicht aus dem Stand heraus.

Die umfassende Leistungsführerschaft impliziert hingegen folgende Nachteile:

- Da es immer schwerer fällt, omnipotente Kompetenz aufrechtzuerhalten, wird die Position durch aufkommende Spezialisten ausgehöhlt.
- Es besteht die Gefahr, daß tatsächlich wahrnehmbare Leistungsunterschiede nur noch durch Einsatz überdimensional aufwendiger Marketingaktivitäten erreichbar sind.
- Gleichfalls bedarf die Sicherung der Leistungsführerschaft überproportionaler FuE-Aufwendungen. Da mindestens der Aufwand des nächstbesten Anbieters egalisiert werden muß, entsteht ein enormer Leistungsdruck auf Humanressourcen.

(→ *Erfolgsfaktoren im Marketing, Wettbewerbspositions-Matrix)*

Leistungsgünstigkeit

(→ *Angebotswahrnehmung)*

Leistungsnutzen

(→ *Nutzenversprechen)*

Leistungswerbung

(→ *Kommunikation, Formen)*

Leistungswürdigkeit

(→ *Angebotswahrnehmung)*

Leitprodukt

(→ *Werbeobjekte)*

Leitungsgebundener Empfang

(→ *Fernsehspots)*

Leitungsgitter

Neben die eindimensionalen Organisationsprinzipien, die den Spielraum von Führendem und Geführtem definieren, treten verstärkt mehrdimensionale, z. B. in Form des zweidimensionalen *Grid* mit den Matrixachsen Betonung der Menschen bzw. Betonung der Leistung, jeweils ordinal unterteilt in hoch/ niedrig. Daraus ergeben sich dann vier Kombinationen:

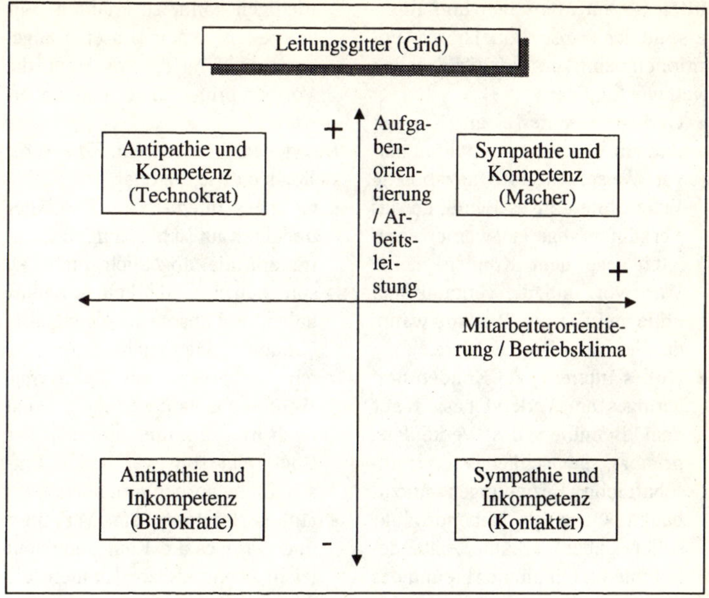

Leitungsgitter (Grid)

- Eine niedrige Einstufung in beiden Dimensionen führt zu einem Führungsverhalten mit geringstmöglicher Einwirkung auf Arbeitsleistung und Mitarbeiter.
- Eine hohe Einstufung in beiden Dimensionen führt zu hohem Arbeitsdruck auf begeisterungsfähige Mitarbeiter und zur Verfolgung gemeinsamer Ziele.
- Eine hohe Einstufung bei der Betonung der Leistung und eine niedrige bei der des Menschen führt zur Erreichung hoher Arbeitsleistung, ohne daß viel Rücksicht auf zwischenmenschliche Beziehungen genommen wird.
- Umgekehrt führt eine hohe Einstufung bei der Betonung des Menschen und eine niedrige bei der Leistung zu einer bequemen, freundlichen Atmosphäre, deren sorgfältige Mitarbeiterbeachtung jedoch mit geringer Arbeitseffizienz erkauft wird.
- Mittlere Einstufungen bei beiden Dimensionen führen zu einem vertretbaren Kompromiß durch Ausbalancieren der Notwendigkeit zur Arbeitsleistung und zur Aufrechterhaltung der zu erfüllenden Aufgaben.

Dieser Ansatz läßt sich sehr gut auf das Selbstverständnis von Verkäufern und Käufern umsetzen. Die beiden Dimensionen ergeben sich als

Interesse am Menschen und Interesse an der Transaktion. Die vier Positionen beim *Verkaufs-Grid* stellen sich wie folgt dar:

- Geringes Interesse an Kunden und am Verkauf unterstellt in naiver Weise, daß die angebotene Ware ohne aktives Bemühen des Verkäufers abgesetzt werden kann („Ich lege dem Kunden meine Ware vor, und die verkauft sich ohne mein Zutun. Wie und wann, das liegt allein an der Ware.").
- Hohes Interesse am Kunden und geringes am Verkauf basiert auf dem Bemühen des Verkäufers, primär menschliche, freundschaftliche Beziehungen aufzubauen. Quasi als Nebenprodukt sollen dabei Verkäufe zustandekommen („Ich bin der Freund des Kunden. Ich möchte ihn verstehen und auf seine Gefühle und Interessen reagieren, damit er mich mag. Er kauft bei mir wegen unserer persönlichen Beziehungen.").
- Hohes Interesse am Verkauf und geringes am Kunden führt zu einer rein umsatzorientierten Handlungsweise, die schon mittelfristig nicht gut gehen kann („Ich überfahre den Kunden und dränge ihm alles auf. Ich bediene mich dabei aller Tricks, die nötig sind, ihn zum Kauf zu veranlassen.").
- Hohes Interesse am Kunden und am Verkauf bedeutet, daß der Verkäufer versucht, die Bedarfe von Betrieb und Nachfragern unter einen Hut zu bringen („Ich berate mich mit dem Kunden, um seine Bedürfnisse, die meine Ware befriedigen kann, zu erfahren. Wir erarbeiten gemeinsam eine angemessene Strategie, die ihm die Vorteile bringt, die er von mir erwartet.").

Die vier Positionen beim *Kauf-Grid* stellen sich wie folgt dar:

- Geringes Interesse am Verkäufer und am Kauf ist bei Kunden anzutreffen, die angeblich nicht zu sprechen sind oder keinen Bedarf haben und ansonsten gleichgültig handeln („Wenn ich kann, gehe ich Verkäufern aus dem Weg. Wenn die Gefahr besteht, daß ich mich irren könnte, dann soll der Chef oder sonstwer meine Entscheidung vorher gutheißen.").
- Hohes Interesse am Verkäufer und geringes am Kauf unterstellt leicht beeinflußbare Kunden, die leider immer seltener werden. Dies gilt besonders für die Spezies der professionellen Einkäufer („Wenn ein Verkäufer, der mir sympathisch ist, mir etwas empfiehlt, dann muß es wohl gut sein. Also bin ich geneigt, es zu kaufen. Ich scheine mehr zu bestellen als ich gebrauchen kann.").
- Hohes Interesse am Kauf und geringes am Verkäufer ist beim harten Käufer festzustellen, der pokert und machtbewußt ist. Eine Position, die die Nachfragemacht großer Handelsunternehmen widerspiegelt („Kein Verkäufer soll aus mir Vorteile ziehen können. Im Gegenteil: Ich bin der Überlegene und wenn ich kaufe, will ich für mein Geld soviel wie möglich bekommen.").

- Hohes Interesse am Verkäufer und am Kauf ist beim entschlossenen Kunden festzustellen, der weiß, was er will und nur schwer von etwas anderem oder mehr zu überzeugen ist („Ich kann die Grundbedürfnisse meines Unternehmens gut abschätzen und sehe mich nach der Ware um, die mich, zu einem Preis, den ich vertreten kann, zufriedenstellt.").

Leitungsprinzipien

Die Leitungsprinzipien sind auch als Management by-Techniken bekannt, wo sich neben zahlreichen exotischen und witzigen, vier wichtige Prinzipien etabliert haben (vgl. *Hub, Hanns:* Unternehmensführung, 2. Auflage, Wiesbaden 1988).

(→ Management by Delegation, Management by Exception, Management by Motivation, Management by Objectives)

Lernen, Einsicht

Das Lernen durch Einsicht, auch Lernen durch Verstehen genannt, geht von der Annahme aus, daß das Verhalten der Menschen durch die geistige Bewältigung vorhandener Situationen, vor allem durch das Erkennen deren jeweiliger Zusammenhänge, also der Ziel-Mittel-Beziehungen, gelenkt wird. Ist diese Einsicht vorhanden, können auch Situationen, die neuartig oder ungewohnt sind, rasch und erfolgreich bewältigt werden. Gewonnene Einsichten sind erfahrungsbedingt und werden im Gedächtnis abgespeichert, sodaß sie für ähnliche Situationen abrufbar bleiben. Ist ein Organismus in der Lage, die in einer bestimmten Situation relevanten Kaufalternativen mit seinen Zielvorstellungen zu verknüpfen, kann er die Konsequenzen seiner Entscheidung antizipieren und so seine Lage bewältigen. Maßstab ist ihm dabei seine Nutzenmaximierung. Es entsteht eine strukturierte Umweltwahrnehmung und Identifikation, die es erlauben, Lösungskonzepte nicht nur auf gleiche, sondern auch auf ähnliche Situationen anzuwenden. Es wird also keine Reiz-Reaktions-Verknüpfung angenommen. Dabei wird vornehmlich auf die aktuelle Problemstruktur abgestellt, gewohnheitsmäßiges Verhalten ist dadurch jedoch kaum erklärbar. Haben Konsumenten etwa den Zusammenhang zwischen Abfallaufkommen und Umweltproblematik anhand der Mehrwegverpackung bei Getränken gelernt, so können sie diesen Zusammenhang ohne weiteres auf den Vorteil von Nachfüllpakungen bei Waschmitteln übertragen.

(→ Käuferverhalten)

Lernen, Leitbild

Das Lernen am Modell, auch Lernen durch Leitbild genannt, ist eher imitativ fundiert. Ein Individuum (Nachahmer) beobachtet ein anderes (Modell) in einer neuartigen Situation und ahmt dessen Verhalten in ihm geeignet erscheinenden Situationen nach. Dabei geht es um die Nachahmung vorbildlicher Leitfiguren, die aus verschiedensten Bereichen des sozialen Umfelds stammen können. Beobachter lernen, die vorgeführte Verhaltenssequenz selbst auszuführen. Das Verhalten muß nicht direkt beobachtet sein, es kann auch über Medien oder durch Beschreibung vermittelt werden. Vor allem Personen mit geringer Selbstwerteinschätzung und solche, die zwischen dem Vorbild und sich selbst eine Ähnlichkeit zu erkennen glauben, zeigen hohe Nachahmungsbereitschaft. Hier wird ein Lernen durch Beobachtung angenommen. Insofern kommt es zu einer Verknüpfung mit soziologischen Aspekten. Art und Ausmaß des Erlernten sind vom Beobachter, von der beobachteten Situation und von der beobachteten Person abhängig. Der Beobachter steuert die Situation durch den Grad seiner Bereitschaft zur Aufnahme von Informationen. Die beobachtete Situation hat umso mehr Einfluß, je ähnlicher sie solchen ist, die auch für den Beobachter gelten oder gelten können. Von der beobachteten Person kann umso eher Verhalten übernommen werden, je besser dieses beobachtbar ist. Lernen stellt somit einen aktiv gesteuerten Prozeß erlebter Erfahrung dar. Für das Lernen ist es jedoch nicht erforderlich, daß der Beobachtende eine Handlung selbst ausführt oder für die Nachahmung belohnt wird. Es vollzieht sich selbst ohne Verstärkung, der reine enge Zusammenhang reicht aus. Das Lernen erfolgt über bildliche und sprachliche Kommunikation, die zu dauerhaften und abrufbaren Vorstellungen vom beobachteten Verhalten führt und vom Individuum gespeichert werden kann. Wichtig sind Aufmerksamkeit beim Betrachter, Gedächtnisleistung, Reproduktion der Ausführung und Verstärkung. Lernen erfolgt also durch die Übernahme von Gebrauchserfahrungen. Wird etwa in Redaktion oder Werbung suggeriert, die Verwendung bestimmter Kosmetika oder Kleidungsstücke führe zu erhöhter sexueller Anziehungskraft, so können Konsumenten, für die dies erstrebenswert ist, versuchen, diesen Erfolg durch Kauf dieser Produkte auf sich zu übertragen. Dabei werden leicht moralische Grenzen überschritten. So ist die Darstellung von Alkoholprodukten in Zusammenhang mit sexuellem Erfolg verboten, ebenso die Aufforderung zum Rasen mit Autos in Anlehnung an das Verhalten modellhafter Autorennfahrer. Gleichermaßen führt die Darbietung ungewöhnlicher Formen der Gewalt in den Medien zur Fähigkeit der Rekonstruktion, wobei die Ausführung von der Zweckmäßigkeit (z. B. erwartete Verstärkungen durch Bewunderung in der Gruppe) abhängt.

Diese Form des Lernens ist auch entscheidend für die Sozialisation des Menschen. Er lernt von frühester Kindheit an, Bezugspersonen, im Regelfall die Eltern, als Modelle zu beobachten und nachzuahmen. Oder sich, als Ausdruck des Protests, von diesen abzusetzen. Sozialisation betrifft das Erlernen von sozialen Spielregeln, deren Verinnerlichung erfolgt durch Internalisierung. Das

daraus resultierende Handeln kann zweckrational, d. h. auf Erfolg gerichtet, wertrational, d. h. auf Erhaltung von Moral, Sitte, Anstand gerichtet, affektional, d. h. gefühlsmäßig und spontan, oder traditional, d. h. gewohnheitsmäßig wie immer, sein.
(→ *Käuferverhalten)*

Lernen, Rezeption

Lernen durch Rezeption (wie in der Schule) ist im Unterschied zum Lernen durch Einsicht oder am Modell kein unbeabsichtigtes Lernen, sondern die bewußte Informationsaufnahme, Datenverarbeitung und Verhaltensänderung. Dieses erfolgt durch Unterweisung und ist von der Intelligenz abhängig. Intelligenz drückt sich in räumlichem Vorstellungsvermögen, Auffassungsgeschwindigkeit, Rechenbegabung, Sprachverständnis, Wortgewandtheit, Gedächtnis und Schlußfolgerungen aus. Im Marketing führt dies zu, meist pseudowissenschaftlichen, Erklärungen in der werblichen Umsetzung, so über die Entstehung und die Gefahren von Parodontose und die Möglichkeiten zu ihrer Vorbeugung.

Lernerfahrung

(→ *Größeneffekte, Dynamische)*

Lernhierarchie

(→ *Involvement, Kategorien)*

Lernmodelle

Bei Lernmodellen wird eine Beziehung zwischen Reizinput und Reaktionsoutput aufgrund von Erfahrung hergestellt. Dabei wird von der Art des Inputs (Stimulus) auf die Art des Outputs (Reaktion) geschlossen. Es sind also in gewisser Weise Prognosen möglich. Lernen beinhaltet die systematische Änderung des Verhaltens aufgrund erworbener Erfahrungen. Lernen kann zur Generalisierung oder zur Diskriminierung genutzt werden. Beide können sich auf Reize (Stimuli) oder Reaktionen (Response) beziehen. Lerntheorien, die dem S-R-Ansatz folgen, sind die klassische (Kontiguitätsprinzip) und die instrumentelle Konditionierung (Verstärkerprinzip).

Bei beiden Lernprinzipien ergeben sich Generalisierungs- und Diskriminierungstendenzen sowohl hinsichtlich Reiz als auch Reaktion. Von einer *Stimulusgeneralisierung* spricht man, wenn ein Käufer lernt, auf ähnliche Reize gleich zu reagieren. Durch Generalisierung kann der Imitator an der Verwechslungsfähigkeit seines Angebots mit dem des Imitierten partizipieren (z. B. *Milka*- und *Alpia*-Schokolade).

Von einer *Stimulusdiskriminierung* spricht man, wenn ein Käufer lernt, auf ähnliche Reize unterschiedlich zu reagieren. Bei der Diskriminierung muß erst die Grenze der Generalisierung durchbrochen werden, bevor eine Eigenständigkeit erreicht werden kann, auf die Nachfrager anders als in generalisierter Weise reagieren.

Von einer *Responsegeneralisierung* spricht man, wenn ein Käufer lernt, auf unterschiedliche Reize ähnlich zu reagieren. Dies wird etwa beim Imagetransfer genutzt, wo die Bekanntheit und Vertrautheit einer Marke genutzt wird, um sie in einen anderen Umfeld, möglichst mit hinreichend engem Zusammenhang, mit Erfolg einzusetzen.

Von einer *Responsediskrimierung* spricht man, wenn ein Käufer lernt, auf unterschiedliche Reize auch unterschiedlich zu reagieren. Dies entspricht der verbreitetsten Art des Lernens. Darauf beruht die Marktsegmentierung, nach der sich Käufergruppen deutlich voneinander abtrennen.

(→ *Käuferverhalten)*

Lerntheoretische Modelle

(→ *Marke, Wahlmodelle)*

Leser-/Auflagenbegriffe

In Zusammenhang mit Print-Medien kursieren vielfältige Fachbegriffe. Hinsichtlich der Leser können verschiedene Kategorien folgendermaßen unterschieden werden:

- Exklusivleser sind solche, die nur eine Publikation einer Kategorie lesen.
- Doppel-/Mehrfachleser sind hingegen solche, die innerhalb einer Kategorie zwei/mehr als zwei Werbeträger nutzen.
- Erstleser sind solche, die eine Publikation erwerben und meist auch hauptsächlich lesen (Hauptleser).
- Zweit-/Drittleser sind solche, die einen Printitel nur mitnutzen, aber nicht selbst kaufen (Mitleser).
- Kernleser sind solche, die regelmäßig eine Publikation lesen, operationalisiert durch die Angabe, von 12 Ausgaben mindestens 10 gelesen (oder in der Hand gehalten) zu haben (bei monatlicher Erscheinungsweise).
- Weitester Leserkreis beinhaltet alle Leser, die von den letzten 12 Ausgaben einer Publikation angeben, mindestens eine gelesen (oder in der Hand gehalten) zu haben (bei monatlicher Erscheinungsweise).
- Zufallsleser sind solche, die durch eine Publikation nur fallweise erreicht werden.
- A-Leser sind solche, die einen Printtitel im Abonnement beziehen.
- E-Leser sind solche, die einen Printtitel im Einzelverkauf abnehmen.
- LZ-Leser sind solche, die einen Printtitel in der Lesezirkelmappe erhalten.

Ebenso unterscheidet man hinsichtlich der Auflage verschiedene Kategorien wie folgt:

- Druckauflage, d. h. die Anzahl der Exemplare, die aus der Druckmaschine laufen (abzgl. Makulatur),
- Abonnementauflage, d. h. die Anzahl der Exemplare, die im Festbezug verkauft werden (auch als Mitgliederexemplare oder im Sammelbezug),
- Lesezirkelauflage, d. h. die Anzahl der Exemplare, die in Lesezirkelmappen verarbeitet werden.

- Einzelverkaufsauflage, d. h. die Anzahl der Exemplare, die über Verkaufsstellen verkauft werden,
- Verkaufte Auflage, d. h. die Anzahl der Exemplare, die tatsächlich verkauft werden (Einzelverkauf abzgl. Remittenden),
- (tatsächlich) Verbreitete Auflage, d. h. die Anzahl der Exemplare, die verkauft und anderweitig verteilt werden,
- Unentgeltlich verbreitete Auflage, d. h. die Anzahl der Exemplare, die als Freistücke verteilt, aber nicht verkauft werden,
- Rest-, Archiv-, Belegauflage, d. h. die Anzahl der Exemplare, die die Leserschaft nicht erreichen,
- Deckungsauflage (Break Even), d. h. die Anzahl der Exemplare, die der Verlag zur Kostendeckung benötigt
- Kalkulationsauflage, d. h. die Anzahl der Exemplare, mit denen der Verlag betriebswirtschaftlich rechnet,
- Kontrollierte Auflage (IVW), d. h. Anzahl der Exemplare, die als verkauft/verbreitet ausgewiesen werden,
- Garantierte Auflage, d. h. die Anzahl der Exemplare, die der Verlag im Tarif mindestens zusichert,
- Bindeauflage, d. h. die Anzahl der Exemplare, die zur Weiterverarbeitung nach dem Druck gelangen,
- Leserauflage, d. h. die Anzahl der Exemplare, die verkaufs-/verbreitungsfähig sind,
- Remittenden, d. h. die Anzahl der Exemplare, die im Auflageintervall nicht verkauft werden, als Voll- (Ganzheft), Teil- (Titelseite) oder Kopfremission (Logo).

Leserauflage

(→ *Leser-/Auflagenbegriffe*)

Lesezirkelauflage

(→ *Leser-/Auflagenbegriffe*)

Lesezirkelhefte

(→ *Printwerbung, Sonderformen*)

Lexikographieregel

(→ *Entscheidungsregeln, Nichtkompensatorische*)

Lichtschranke

(→ *Testverfahren, Mechanische*)

Lichtspielhausrubriken

(→ *Kinospots*)

Lidschlagmessung

(→ *Testverfahren, Psychomotorische*)

Lieferanten-Analyse

Die Lieferanten-Analyse befaßt sich mit dem Einfluß der Lieferanten auf die Unternehmensstrategie. Ihr Einfluß hängt ab von:

- dem Konzentrationsgrad, wenn sich die Bezugsbranche nur aus wenigen Unternehmen zusammensetzt, von denen die zu beziehende Leistung zu erhalten ist.
- der Substitutionsgefahr, wenn keine oder nur schlechte Chancen bestehen, auf ein Ersatzprodukt auszuweichen.

- der Produktbedeutung, wenn die bezogene Leistung mit hohem qualitativen und quantitativen Anteil in das eigene Angebot eingeht, vielleicht sogar bestimmend für dieses ist.
- den Umstellungskosten, wenn der Umstieg auf ein Ersatzprodukt zwar objektiv möglich, subjektiv aber mit erheblichen Anpassungskosten verbunden ist.
- der Vorwärtsintegration, mit der Lieferanten glaubhaft drohen können.
- der Wertschöpfung der Branche. Hohe Wertschöpfung macht relativ unabhängig von Zulieferern.

(→ Analyseverfahren im Marketing

Lieferanten-Kunden-Kette

(→ Internes Marketing, Mitarbeiterorientierung)

Lieferantenkredit

(→ Außenhandelsfinanzierung)

Lieferung mangelhafter Ware

Eine Lieferung mangelhafter Ware liegt vor, wenn die Ware Fehler hat oder ihr zugesicherte Eigenschaften fehlen. Ein Verschulden des Verkäufers ist dabei unerheblich. Fehler der Ware sind gegeben, wenn diese mit Mängeln behaftet ist, die den Wert oder die Tauglichkeit zum gewöhnlichen oder vertraglich vereinbarten Gebrauch aufheben oder einschränken. Eine zugesicherte Eigenschaft der Ware fehlt, wenn zur Zeit des Gefahrenübergangs eine Eigenschaft, für deren Vorhandensein vom Verkäufer eine bindende Zusicherung abgegeben wurde, nicht oder nicht mehr vorhanden ist. Allgemeine Qualitätsformulierungen gelten nicht als zugesicherte Eigenschaft.

Mängel beziehen sich auf die Beschaffenheit der Ware (mangelhafte Lieferung z. B. verdorbener Lebensmittel), auf Mängel in der Qualität (mangelhafte Lieferung z. B. minderer Qualität, fehlender zugesicherter Eigenschaft), auf Mängel in der Art (also Falschlieferung) und Mängel in der Menge (ebenfalls Falschlieferung). Falschlieferungen müssen abgemahnt werden, auf sie treffen die Regelungen für nicht gelieferte Waren (Lieferungsverzug) zu, mangelhafte Lieferung nicht, obgleich aus Beweisgründen in der Praxis eine schriftlich abgefaßte, genau bezeichnete Mängelrüge erfolgt. Hinsichtlich der Erkennbarkeit von Mängeln gibt es offene Mängel, die klar erkennbar sind, versteckte Mängel, die auch durch Prüfung nicht sofort erkennbar sind, und arglistig verschwiegene Mängel, die vom Verkäufer absichtlich verheimlicht werden.

Der Käufer hat die Ware nach Anlieferung zu prüfen und Mängel anzuzeigen. Die Rügefrist ist bei offenen Mängeln unverzüglich, bei versteckten Mängeln unverzüglich nach Entdeckung, spätestens nach sechs Monaten, und bei arglistig verschwiegenen Mängeln 30 Jahre (jeweils bei zweiseitigem Handelskauf). Bei einseitigem Handelskauf lauten die Fristen entsprechend sechs Monate sowohl für offene als auch für versteckte Mängel und 30 Jahre für arglistig verschwiegene Mängel. Danach gehen die Rechte aus mangelhafter Lieferung verloren. Beim zweiseitigen Handelskauf mit offenen Mängeln kommt hinzu, ob es sich um einen Platzkauf handelt, dann kann die Annahme verweigert und die Ware sofort retourniert werden, oder um einen Distanzkauf, dann ist die beanstandete Ware zunächst ordnungsgemäß einzulagern.

Die Rechte des Käufers aus der Lieferung mangelhafter Ware betreffen die *Wandlung*, d. h. die Rückgängigmachung des Kaufvertrags, der Käufer gibt also den Kaufgegenstand zurück und erhält den Kaufpreis erstattet bzw. wird von dessen Zahlung befreit, die *Minderung*, d. h. ein Preisnachlaß infolge des Mangels, etwa wenn dieser unerheblich ist, der *Schadenersatz* wegen Nichterfüllung, sofern der Ware eine zugesicherte Eigenschaft fehlt oder ein Mangel arglistig verschwiegen wurde, und die Ersatzlieferung mangelfreier Ware, d. h. der *Umtausch* bei Gattungswaren. Bei einseitigem Handelskauf ist oft in den Allgemeinen Geschäftsbedingungen die Möglichkeit der Nachbesserung oder Ersatzlieferung vorgesehen, dies stellt also de facto eine Schlechterstellung des Konsumenten dar.

Lieferungsbedingungen

Die Lieferungsbedingungen können in verschiedener Weise ausgestaltet sein. Sie sind Bestandteil bestimmter Vertragsformen, deren häufigste Formen die folgenden sind. Durch einen Rahmenvertrag bringen die Vertragsparteien zum Ausdruck, daß sie grundsätzlich bereit sind, einen Abschluß, in dem alle Vertragspunkte bis auf die Menge festliegen, zu tätigen bzw. bei genannten Mengen die Absicht erklären, innerhalb eines Zeitraums die im Vertrag enthaltenen Mengen abzunehmen oder zu liefern. Bei einem Abrufvertrag liegen alle Konditionen mit Ausnahme des Termins fest, der zu einem späteren Zeitpunkt ergänzt wird. Die Abgabe erfolgt auf Käufersignal. Bei einem Andienungsvertrag werden ebenfalls alle Konditionen mit Ausnahme des Termins festgelegt, jedoch geht in diesem Fall das Signal zum Vollzug vom Verkäufer aus. Bei einem Fristvertrag wird eine Zeitspanne definiert, innerhalb derer die Lieferung zu erfolgen hat. Wird diese Frist überschritten, befindet sich der Lieferant im Verzug. Bei einem Terminvertrag wird hingegen fest ein Datum für die Lieferung vereinbart. Wird dieses Datum überschritten, ist der Lieferant in Verzug. Bei einem solchen Fixgeschäft schließen sich daran bestimmte Rechtsfolgen an. Der Sukzessivlieferungsvertrag ist eine Variante des Abrufvertrags. Hier werden Teilmengen (Partitionen), die oft gleich groß sind, nach Abruf oder zu fest vereinbarten Terminen abgenommen bzw. geliefert. Der Optionsvertrag gewährt dem Käufer das Recht, durch einseitige Erklärung den Vertrag zustande zu bringen, so kann z. B. eine Mindestmenge fest vereinbart, weitere Mengenteile jedoch optional definiert werden. Beim Vormerkvertrag wird zwar eine Lieferung fest vereinbart, die Mengen stellen jedoch nur eine unverbindliche Vereinbarung dar. Die endgültige Menge wird erst später bestimmt.

Als Qualitätsmaßstab können etwa vereinbart werden: nach Muster, Modell, Probe, nach Beschreibung, Katalog, Plan, nach Handelsklassen, Marken, Typen, nach Besichtigung, nach Alter, Farbe, Konsistenz, nach Herkunft etc. Als Quantitätsmaßstab dienen etwa Maßeinheiten, festgelegte Meßgenauigkeiten, Taraeinbeziehung etc.

Als Erfüllungsort können der gesetzliche (§ 269 BGB), ein vertraglicher oder der branchenübliche vereinbart werden. Gesetzlicher Erfüllungsort ist der Wohn- und Geschäftssitz des Verkäufers für die Lieferung der Ware und der des Käufers für die Zahlung des Kaufpreises. Bei besonderer vertraglicher Regelung kann für beide Punkte ein Ort vereinbart werden. Ansonsten gilt der für die Leistung ihrer Natur nach übliche Ort.

Als allgemeine Vertragsinhalte gelten Parteien, Leistung/Gegenleistung, Zahlungsmodalitäten, Geschäftsgrundlage, Koordinierungsaufgaben, Vertragsdurchsetzung, Gefahrtragung, Leistungsstörungen, Vertragsnichtigkeit. Ein Vertrag kommt durch ausdrückliche Vereinbarung oder konkludentes Verhalten bis hin zum Schweigen (unter Kaufleuten) zustande und ist ein- oder zweiseitig (empfangsbedürftig) angelegt. Der Form nach kann er frei gestaltet, schriftlich niedergelegt, öffentlich beglaubigt oder notariell beurkundet sein. Nichtigkeit des Vertrags entsteht aus fehlender Geschäftsfähigkeit, mangelndem rechtlichen Willen oder unzureichenden inhaltlichen und formellen Voraussetzungen. Anfechtbarkeit des Vertrags entsteht aus Irrtum in der Sache, arglistiger Täuschung oder drohender Sanktionierung.

Im Handelsverkehr haben sich Kurzformeln zur Beschreibung der Bedingungen von Preis, Gefahren- und Kostenübergang entwickelt. Zu nennen sind folgende. Preis freibleibend bedeutet, daß der Kaufvertrag für beide Seiten bindend, der Kaufpreis jedoch nur mittelbar festgesetzt ist. Der Verkäufer kann den Kaufpreis bis zum aktuellen Marktpreis heraufsetzen. Das Risiko der Preisentwicklung trägt dabei der Käufer. Preisänderungsklausel bedeutet, daß der Verkäufer das Recht hat, vom Kaufvertrag gegen die Verpflichtung eines neuen Angebots zurückzutreten. Preisvorbehaltsklausel bedeutet, daß der Verkäufer sich vorbehält, bei Preisnachteil vom Vertrag zurückzutreten. Er kann ein neues Angebot unterbreiten, das der Käufer ablehnen kann. Preisschwankungsklausel bedeutet, daß der Käufer vom Vertrag zurücktreten kann, wenn er die Ware anderweitig günstiger (billiger) einkaufen kann, der Verkäufer, wenn er die Ware anderweitig günstiger (teurer) verkaufen kann. Preisgleitklausel bedeutet, daß der Preis der Kostenentwicklung angepaßt wird. Dabei kann es sich um Gesamt- oder Partialgleitklauseln handeln, letztere z. B. bezogen auf Material, Lohn etc. Üblich ist auch eine Bindung an makroökonomische Größen (Inflationsrate etc.). Dabei ist auch die Valuta festzulegen, in der abgerechnet wird, also Auslands-, Inlands- oder Drittlandswährung (Switch) (Vgl. *Pepels, Werner:* Handels-Marketing und Distributionspolitik, Stuttgart 1995).

Lieferungsverzug

Lieferungsverzug liegt vor, wenn der Verkäufer schuldhaft nicht oder nicht rechtzeitig liefert. Da der Lieferer eine Leistung schuldet, handelt es sich um einen Schuldnerverzug. Voraussetzungen sind Fälligkeit und Verschulden. Ist die Fälligkeit kalendermäßig bestimmt, kommt der Lieferer mit Eintritt der Fälligkeit ohne Mahnung in Verzug. Ist die Lieferung nicht kalendermäßig bestimmt, kommt der Lieferer erst durch eine Mahnung in Verzug. Verschulden liegt vor, wenn der Lieferer oder sein Erfüllungsgehilfe leicht oder grob fahrlässig oder vorsätzlich handelt. Bei Gattungswaren kommt Verzug auch ohne Verschulden zustande, wenn die Waren auf üblichen Beschaffungswegen ohne größere Schwierigkeiten beschaffbar sind.

Kommt der Lieferer in Verzug, kann der Abnehmer wahlweise beanspruchen: Erfüllung des Vertrags (Lieferung), Erfüllung und Schadenersatz (sofern Schaden entstanden ist), außerdem nach Setzung einer angemessenen Nachfrist Rücktritt vom Vertrag oder Schadenersatz wegen Nichterfüllung. Eine Nachfrist ist angemessen, wenn der Lieferer noch die Möglichkeit hat, die Ware zu liefern, ohne diese erst zu beschaffen oder anzufertigen. Eine Nachfrist ist nicht erforderlich, wenn der Schuldner erklärt, auch später nicht liefern zu können, oder der Gläubiger nachweist, daß eine spätere Lieferung für ihn wertlos ist (=Interessenwegfall). Erfolgt bei einem Fixkauf die Lieferung nicht zum vereinbarten Termin, so kann der Käufer Erfüllung des Vertrags (mit sofortiger Mitteilung), Rücktritt vom Vertrag (ohne Nachfrist und Rücksicht auf Verschulden) oder Schadenersatz wegen Nichterfüllung (bei Verschulden) verlangen. Schadenersatz wird ermittelt nach dem konkreten Schaden, wenn der Käufer für eine nicht gelieferte Ware einen Deckungskauf vornimmt (Schaden = Preisdifferenz), oder nach dem abstrakten Schaden, der auch den entgangenen Gewinn umfaßt (der unter normalen Umständen zu erwarten ist). Häufig werden auch Vertragsstrafen (Konventionalstrafe) zur pauschalen Schadensabdeckung vereinbart. Auch zufälliger Untergang oder Schaden führt zur Haftung, wenn bei rechtzeitiger Lieferung der Zufall nicht hätte wirksam werden können.

Bei Lieferungsverzug handelt es sich also um den Pflichtverstoß unterlassener oder nicht rechtzeitiger Lieferung. Bei unbestimmter Lieferzeit hat die Leistung sofort zu erfolgen. Geschieht dies nicht, muß der Käufer den Verkäufer formlos (aber bestimmt und eindeutig formuliert) zur dringenden Lieferung auffordern. Damit gerät der Lieferer in Verzug. Bei Fixgeschäften, die anlaßgebunden sind (z. B. Weihnachten), kann der Käufer ohne Mahnung und Nachfristsetzung sofort vom Vertrag zurücktreten. Kein Verschulden ist bei höherer Gewalt (z. B. Streik, Unwetter) gegeben. Die letzte Voraussetzung ist die Nachholbarkeit der Lieferung. Andernfalls handelt es sich nicht mehr um eine vorübergehende Leistungsstörung, sondern die Lieferung kann auf Dauer nicht erbracht werden (z. B. zerstörtes Kunstwerk).

Life Style-Typologie

Die Life Style-Typologie von M.C.&L.B. erfaßt 27 Lebensstilbereiche mit den Indikatoren Freizeit und soziales Leben, Interessen, Stilpräferenzen, Konsum, Outfit, Grundorientierung, Arbeit, Familie und Politik. Der Ansatz wurde 1973 erstmals in Deutschland angewendet und beruht auf der Erkenntnis, daß Konsum Ausdruck des Lebensstils ist, der wiederum einem ständigen Wertewandel unterliegt. Befragt werden 2000 Personen ab 14 Jahre in Westdeutschland mündlich, anhand von Selbstbeschreibung und Soziodemographie, sowie schriflich, anhand von Haushaltsbuch und Mediennutzung. Als Output der Analyse ergeben sich Personentypen, die mit Namen und Foto versehen sind, um ihre Prägnanz zu erhöhen. Männliche Namen zeigen an, daß dieser Typ überwiegend, wenngleich nicht ausschließlich, bei Mannern vertreten ist, weibliche Namen analog, Pärchen zeigen an, daß die Ausprägung ungefähr gleichermaßen männlich wie weiblich besetzt ist. Die fünfte Erhebung stammt aus 1991 und unterscheidet folgende Typen.

Zu den traditionellen Lebensstilen, die 37% der Befragten ausmachen, gehören:

- Erika – Die aufgeschlossene Häusliche (10% der Befragten).
- Erwin – Der Bodenständige (13%).
- Wilhelmine – Die bescheidene Pflichterfüllte (14%).

Zu den gehobenen Lebensstilen, die 20% der Befragten ausmachen, gehören:

- Frank und Franziska – Die Arrivierten (7%).
- Claus und Claudia – Die neue Familie (7%).
- Stefan und Stefanie – Die jungen Individualisten (6%).

Zu den modernen Lebensstilen, die 42% der Befragten ausmachen, gehören:

- Michael und Michaela – Die Aufstiegsorientierten (8%).
- Tim und Tina – Die fun-orientierten Jugendlichen (7%).
- Monika – Die Angepaßte (8%).
- Eddi – Der Coole (7%).
- Ingo und Inge – Die Geltungsbedürftigen (7%).

Life Time Value

(→ *Nachkaufmarketing*)

Limitierter Kaufentscheid

Kommen hohe Bedeutung und geringe Neuartigkeit des Kaufs zusammen, finden Limitierte Kaufentscheidungen statt. Sie zeichnen sich durch bewährte Problemlösungsmuster und Erfahrungen aus früheren ähnlichen Käufen aus, aus denen Entscheidungskriterien resultieren, sodaß nur wenige Alternativen beurteilt werden. In der konkreten Kaufsituation muß daher gemäß dieser Kriterien nur noch die Auswahl unter den real verfügbaren Alternativen getroffen werden. Da ein gespeichertes Auswahlprogramm vorliegt, kann die Prozedur verkürzt und bei Vorliegen eines den Ansprüchen gerecht werdenden Angebots abgebrochen werden. Grundlage sind also gespeicherte Regeln entsprechend spezifischer Erfahrung, Markenkenntnis, Prädisposition, geringem Risiko oder Qualitätsunterschied etc. Wesentliche Kennzeichen sind zudem, daß die Konsumenten über ausgeprägte Markeneinstellungen verfügen. Sie präferieren einen Evoked Set, aber noch nicht ausschließlich eine bestimmte Marke. Sie verfügen über Bewertungskriterien und bewährte Problemlösungsmuster, die sie entweder selbst erprobt oder übernommen haben. Sie konzentrieren ihre Informationssuche vor allem auf die Alternativen, die sie kennen und miteinander vergleichen wollen. Sie engagieren sich nur mäßig, da sie grundsätzlich wissen, was sie wollen.

(→ *Käuferverhalten)*

Limitrechnung

Eine besondere Art der Planungsrechnung im Handel ist die Limitrechnung. Die Limitrechnung dient der Erreichung einer vollständigen, ertragsorientierten Warenpräsenz ebenso wie der Vermeidung kapitalbindender und kostenverursachender Überläger. Sie trägt zur Sicherung des finanziellen Gleichgewichts durch Einkaufsbudgets in Abhängigkeit von Betriebs- und Absatzplanung bei. Das Limit ist der Betrag, bis zu dem der Einkäufer für einen geplanten Zeitraum einkaufen kann (vgl. *Tietz, Bruno:* Der Handelsbetrieb, München 1985). Man unterscheidet:

- Gesamtlimit als Jahres-, Halbjahres-, Monats- oder Saisonlimit, d. h. der Gesamtbetrag für den entsprechenden Zeitraum,
- freies Limit, d. h. der Betrag, für den insgesamt eingekauft werden darf,
- Limit- oder Orderreserve, d. h. der Betrag, der für Sonderfälle (Sonderangebote etc.) reserviert ist, meist in Prozent des Gesamtlimits ausgewiesen,
- freigegebenes Limit, d. h. Gesamtlimit abzgl. Limitreserve,
- Restlimit oder offenes Limit, d. h. Gesamtlimit abzgl. bereits ausgegebenem Betrag,
- Sonderlimit, d. h. der Betrag, der neben dem eigentlichen Limit für außergewöhnliche Fälle eingeplant ist.

Bei der Limitrechnung werden die Plangrößen von Sollumsatz, Sollagerbestand, Sollkalkulation und Sollwareneingang zugrundegelegt. Der Sollumsatz wird meist auf Basis der Umsätze der vorangegangen Perioden berechnet. Umsatzschwankungen sind meist durch Witterungseinflüsse, Modeänderungen, Zahltage, Werbemaßnahmen etc. bedingt. Warenbewegungen werden von Tag zu Tag angezeigt. Sollagerbestand und Sollumsatz sind unmittelbar voneinander abhängig. Der Sollagerbestand entspricht dem durchschnittlichen Lagerbestand der geplanten Periode. Mit steigendem Lagerumschlag kann der Lagerbestand verringert werden. Wird der Sollumsatz zu Verkaufspreisen auf den Wareneinsatz zu Einstandspreisen umgerechnet, ergibt sich ein Multiplikator, der vom Nettoumsatz (ohne MWSt) ausgehend Handelsspanne, vom Wareneinsatz ausgehend Kalkulationsaufschlag genannt wird. Der Sollwareneingang gibt das eigentliche Limit an, also den Betrag, für den der Einkäufer Waren bestellen kann. Das Limit ergibt sich aus dem Sollagerbestand am Anfang des Planungszeitraums abzgl. des Istbestands am Ende des vorhergehenden Zeitraums zzgl. dem Sollumsatz für den Planungszeitraum. Das Limit unterliegt Einflüssen aus Umsatzveränderungen, Warenrücksendungen, Preisänderungen, Auftragsrückständen und Vorauslieferungen.

Für jeden Planungszeitraum wird nun auf dieser Basis die Einkaufsmenge geplant. Der Limitplan bricht diese auf Abteilungen, Warengruppen und Artikel herunter. Dabei werden die Limitreserve und das jeweilig freigegebene Limit angegeben. Die Limitplanung kann nicht verhindern, daß Artikel, die keinen Absatz finden, eingekauft werden, im Gegenteil, es entsteht sogar ein kumulativer Prozeß, denn geringer Umsatz führt zu niedrigem Limit, zu geringer Lagerhaltung, zu geringer Lieferbereitschaft und damit zu noch geringerem Umsatz. Wichtig ist daher eine Ergänzung um Fehlverkaufsstatistik, d. h. Null-Verkäufe (Artikel nicht distribuiert) bzw. Fehl-Verkäufe (Artikel nicht vorrätig).

Lineare Programmierung

(→ Planungstechniken)

Linienschiffahrt

(→ Wassertransport, Arten)

Live-Werbung

(→ Rundfunkspots, Sonderformen)

Lizenz

(→ Internationalisierung, Marktzugang)

Lizenzerwerb

(→ Diversifikation, Implementierung)

Lizenzmarke

Die Lizenzmarke bietet das Recht der Verwendung einer Fremdmarke (z. B. *Porsche* Brillen, *Cartier* Zigaretten, *Boss* Parfüm). Hierbei handelt es sich also um den Transfer einer Marke von einem Hersteller zu einem anderen mittels Übertragung eines Nutzungsrechts. Voraussetzung dafür ist eine starke Stammarke sowie eine enge Klammerung durch die technisch-objektive (denotative) Beschaffenheit oder besser noch die emotional-subjektive (konnotative) Assoziation.

Bei der Lizenzmarke handelt es sich also um den Transfer einer Marke von einem Hersteller in den verwandten Produktbereich eines anderen Herstellers mittels Lizenzvergabe oder -annahme. Weitere Beispiele sind *Mövenpick*-Eis, das von *Schöller* in Lizenz hergestellt wird, *Davidoff*-Zigaretten, die von *BAT* in Lizenz hergestellt werden, oder *Jil Sander*-Parfüm, das von *Lancaster* in Lizenz hergestellt wird.

Als wesentliche Vorteile für den Lizenzgeber sind zu nennen:

- Chance zur mehrfachen Liquidation eines einmal aufgebauten Markenimages.
- Wechselseitige Aktualisierung der Angebotsinhalte zwischen Original- und Lizenzprodukt.

Als wesentliche Nachteile für den Lizenzgeber sind zu nennen:

- Es besteht die Gefahr des Markenstress bei nicht zueinander passenden Angeboten.
- Ein Bumerangeffekt auf die Lizenzgeber-Marke ist bei nicht imageadäquaten Lizenzprodukten zu befürchten.

(→ Absenderbezogene Markentypen)

Lizitation

Die Lizitation ist eine sehr selten vorkommende Form der Marktveranstaltung mit offener Bieterkonkurrenz, d. h. die Anbieter unterbieten sich einem Nachfrager gegenüber im Preis ihrer Leistung solange, bis der Anbieter mit dem niedrigsten Preis den Zuschlag erhält. Voraussetzung ist eine extreme Käufermarktsituation, wie sie etwa auf dem Öltankermarkt durch enorme Überkapazität gegeben ist, die es den Mineralölkonzernen erlaubt, die Frachtraten auf diese Weise zu drücken.

(→ Abschlußmärkte)

Local Area Network (LAN)

(→ Desk Top Publishing, Vernetzung)

Logistik, Bedeutung

Da jegliche Produktions- und Konsumtionsvorgänge von Betrieben und Haushalten unter Raum-Zeit-Aspekten ablaufen, bestimmt das logistische System letztlich den Umfang der Kontaktaufnahme der Unternehmen mit ihren Absatzmärkten. Dadurch wird der Aktivitätenrahmen begrenzt. Die physische Distribution von Waren ist zudem Voraussetzung für deren Honorierbarkeit am Markt und damit mitbestimmend für die Unternehmensexistenz. Denn es ist leicht einsehbar, daß nur ein Angebot wahrgenommen werden kann, das physisch überhaupt vorhanden ist, und zwar genau dann und genau dort, wenn bzw. wo Bedarf entsteht und kaufwirksam wird. Mit der Logistik werden also alle Bewegungs- und Lagerungsvorgänge gestaltet, gesteuert oder kontrolliert, die Zeit und Raum optimal überbrücken sollen. Dazu gehört neben der Distributionslogistik (Physical Distribution) die Versorgungslogistik (Physical Supply) für zu beschaffende Waren und die innerbetriebliche Logistik in der Lager- und Transportwirtschaft (sog. Throughput).

Dabei gibt es einen grundsätzlichen Zielkonflikt zwischen Serviceniveau als Output des Logistiksystems und den Serviceaufwand als dessen Input. Dies erfordert eine Servicedifferenzierung nach Kundenmerkmalen, wobei kostenrechnerische (Kostendeckung) oder akquisitorische Aspekte (Kundengewinnung) im Vordergrund stehen können. Da das Logistiksystem umso effizienter arbeitet, je günstiger die Relation von generiertem Lieferservice zu dadurch verursachten Kosten ist, wird das Optimum dort erreicht, wo jede Erhöhung des Serviceniveaus in ihrem akquisitorischen Nutzen für den Anbieter durch eine Logistikkostenerhöhung überkompensiert wird bzw. jede Logistikkostensenkung zu einer Serviceniveausenkung führt, die einen vergleichsweise größeren Nutzenentgang für die Nachfrager bedeutet. Eine Erfolgskontrolle ist daher auch immer zweiseitig anzulegen, umfaßt also einerseits Kostenkontrolle und andererseits Leistungskontrolle. Sinnvoll ist die kundengruppenindividuelle Segmentierung, wobei jedes Segment nicht besser als aus dessen Sicht mindestens notwendig bedient werden soll, da einmal gewährte Serviceleistungen nur schwer wieder rückgängig gemacht werden können. Allenfalls ist eine Kompensation durch andere Zugeständnisse denkbar, die ihrerseits auch wieder kostenträchtig sind. Außerdem sollen Steigerungsmöglichkeiten offenbleiben, ohne gleich aus der Rentabilitätszone abzusinken. Die Logistikkosten ergeben sich als der bewertete Verzehr an Gütern und Diensten zur betrieblichen Warenverteilung, evtl. unter Zuschlag von Opportunitätskosten für logistikbedingten Auftragsentgang.

Das Serviceniveau bestimmt sich durch auftragsabwicklungs-, lagerhaltungs-, transport- und standortbedingte Lieferzeiteinhaltung, durch arbeitsablauf- und zuverlässigkeitsbedingte Lieferbereitschaft, durch Beschaffenheit infolge Liefergenauigkeit und Lieferzustand sowie durch auftrags-, liefer- und informationsmodalitätsbezogene Flexibilität. Die Frist definiert sich als die Zeitdauer der gesamten Auftragsabwicklung, vom Zeitpunkt der Auftragserteilung an gerechnet bis zum Eintreffen der Ware am Bestimmungsort. Die Bereitschaft definiert sich als die Sicherheit der unmittelbaren Verfügbarkeit von Produkten. Die Zuverlässigkeit stellt sicher, daß es sich dabei nicht um irgendwelche, sondern genau die gewünschten Produkte handelt. Die Beschaffenheit ergibt sich aus dem Grad der Einhaltung aller bei Geschäftsabschluß vereinbarten Konditionen im Vergleich zu tatsächlich bereitgestellten Waren. Die Flexibilität ergibt sich durch die Fähigkeit zur Berücksichtigung von Änderungen oder Sonderwünschen seitens der Abnehmer. (vgl. *Kugler, Gernot:* Wirtschaftslehre Groß- und Außenhandel, 4. Auflage, Haan 1993).

Logistik, Entscheidungen

Technische Beeinflussungsgrößen für Entscheidungen in der Marketinglogistik sind insbesondere die folgenden:

- Die Beschaffungsorganisation bei Abnehmern mit Entscheidungen über z. B. Fertigungstiefe, d. h. Anteil der eigenerstellten an der insgesamt verkaufsfähigen Leistung, Single Sourcing, d. h. Festlegung auf einen Lieferanten je Beschaffungsobjekt, Multiple Sourcing, d. h. Beschäftigung mehrerer Lieferanten je Beschaffungsobjekt, Outsourcing, d. h. Vergabe nicht strategisch bedeutsamer Fertigungsobjekte an Zulieferer, Buying Center, d. h. Zusammensetzung des Entscheidungsgremiums, und Einkaufsmacht der Abnehmer.
- Die Wareneinteilung beim Abnehmer nach Umsatzbedeutung (A-, B- und C-Produkte) bzw. Vorratssensibilität (X-, Y- und Z-Produkte).
- Die Lagerorganisation im eigenen Unternehmen, hier vor allem die Entscheidungen über Zentral- bzw. Dezentrallagerung und deren Eigen- oder Fremdbetrieb.
- Die Transportabwicklung von Aufträgen zu Wasser (Linien-, Tramp-, See-, Binnenschiff), in der Luft, auf Schiene, Straße und in jeder Kombination (gebrochener Verkehr).
- Der Einsatz von Logistikhelfern wie Spediteuren, die in eigenem Namen, aber auf Rechnung des Auftraggebers die Planung und Durchführung des Transports vom Absender zum Empfänger inklusive aller Nebendienste übernehmen, Frachtführern, die die Transportwaren selbst verbringen, und Lagerhaltern, die für die Erhaltung der Qualität und Quantität der Ware im Zeitablauf Sorge tragen.

In bezug auf das Entscheidungskriterium Kostengünstigkeit kann mit steigender Menge die Reihenfolge Flugzeug, Automobil, Zug und Schiff unterstellt werden. Eine wichtige Sonderform sind Behältnisse, die auf verschiedenen Transportmitteln befördert werden können (Container) oder auf keines von ihnen angewiesen sind (Pipeline). Der Container rationalisiert als Normverpackung den Stückguttransport, denn gesonderte Umverpackungen können entfallen. Die Beladung und Löschung von Waren wird vereinfacht. Kleinere Ladungen werden effizient zu Sammeltransporten kombiniert und nutzen Kapazitäten voll aus. Die Pipeline (für flüssige oder granulierte Produkte) stellt durch ihren immobilen, unflexiblen Charakter eine systemdurchbrechende Besonderheit dar.

Logistik, Prozesse

Logistische Prozesse beschäftigen sich mit Vorgängen des Transports, der Speicherung und der Handhabung von Stoffen (Gütern), Lebewesen, Informationen und Energien. In logistischen Prozessen werden Objekte von einem Anfangs- in einen Endzustand transformiert, wobei sich mindestens eine der Systemgrößen Zeit, Ort, Menge oder Sorte ändert, ohne daß die Objekte dabei eine unerwünschte Änderung ihrer Eigenschaften erfahren. Die Logistik umfaßt damit alle Tätigkeiten, in denen solche logistischen Prozesse untersucht, geplant, realisiert, betrieben und optimiert werden.

Ziele sind dabei:

- möglichst hohe Lieferbereitschaft/-fähigkeit,
- möglichst kurze Lieferfrist/-zeit,
- möglichst hohe Lieferzuverlässigkeit,
- möglichst niedrige Kapitalbindung,
- möglichst niedrige Beschaffungskosten,
- Bereitstellung der richtigen Liefermenge,
- Bereitstellung der richtigen Warenart,
- Bereitstellung im richtigen Lieferzustand,
- Bereitstellung am richtigen Lieferort,
- Bereitstellung zum richtigen Liefertermin.

Logistik grenzt sich deutlich gegenüber der Absatzmethode ab, denn diese umfaßt ausschließlich den körperlichen Umschlag von Waren, nicht aber den damit verbundenen Finanzmittel- und Informationsstrom. Von daher ist es auch korrekt, Logistik mit physischer Distribution gleichzusetzen, einem Begriff, der übrigens aus dem Militärwesen stammt, dort wiederum aus der Nachschubtechnik (vgl. *Weber, Jürgen/Kummer, Sebastian:* Logistikmanagement, Stuttgart 1994).

Bei steigendem internationalen Marktdruck ist die Lieferfähigkeit zu einem wichtigen Wettbewerbsparameter geworden. Zudem müssen immer mehr Waren (Proliferation der Programme) über immer weitere Entfernungen (Internationalisierung der Märkte) verbracht werden. Hinzu kommen differenziertere Kundenwünsche mit kleineren, aber häufigeren Bestellungen sowie eine Rückverlagerung von Teilen der Distributionsfunktion von der Handels- auf die Herstellerstufe. Dadurch ist Logistik von einer eher routinemäßigen Hilfsaufgabe zu einer Kernfunktion im Marketing-Mix geworden. Denn der Absatzerfolg ist ganz entscheidend von der physischen Präsenz der Ware abhängig.

Logistikfunktion der Packung

(→ *Packung, Rationalisierungsfunktion)*

Logistikhelfer

(→ *Logistik, Entscheidungen)*

Logistische Absatzhelfer

Logistische Absatzhelfer sind vor allem Transport- und Lagerunternehmen wie Spedition, Paketdienst, Verkehrs- und Depotbetrieb etc. Sie organisieren den Zeit- und Raum-

transfer von Waren, ohne dabei deren Eigentümer zu werden. Der Spediteur übernimmt im eigenen Namen, aber auf Rechnung des Auftraggebers die Planung und Durchführung des Transports vom Absender zum Empfänger inklusive aller Nebendienste wie Dokumente, Versicherungen, Verzollungen etc. Der Frachtführer verbringt hingegen die Waren selbst, muß aber nicht mit dem Spediteur identisch sein. Der Lagerhalter trägt für die Einhaltung der Qualität und Quantität der Ware Sorge.
(→ Absatzhelfer, Spediteur, Frachtführer, Lagerhalter)

Logistische Funktion

(→ Sättigungsfunktionen)

Logo

(→ Corporate Design)

Lokales Marktangebot

(→ Marktareal, Intranationales)

Lombardkredit

(→ Dingliche Sicherheiten)

Lost Letter-Technik

(→ Befragung, Sonderformen)

Low Interest Goods

(→ Gütertypen)

Low Involvement-Käufe

(→ Involvement, Darstellung)

LSP (Leitsätze für die Preisermittlung aufgrund von Selbstkosten)

(→ Kalkulationsvorgabe)

Lückentext-Test

(→ Testverfahren, Verbale)

-Leser

(→ Leser-/Auflagenbegriffe)

Lufttransport

Das Transportmittel Flugzeug wird wegen des hohen Kapitalbedarfs nur von großen, meist staatlichen Gesellschaften getragen. Sie sind in der IATA (International Air Transport Association) zusammengeschlossen. Dort gelten einheitliche Beförderungstarife, Servicegrundsätze und Transportbedingungen. Aufgrund der Lufthoheit über nationalen Gebieten können Überflugverbote zu bestimmten Zeiten verhängt werden. Der Frachtvertrag kommt durch Luftfrachtbrief zustande, der Beweisdokument für den Abschluß, Begleitdokument für den Transport und Frachtrechnung zugleich ist. Der Versand kann im Linienflugzeug als einzelne Sendungen, Gepäck und Post oder in Charterflugzeugen als ganzes oder in einer bestimmten Menge erfolgen. Die Haftung umfaßt Flughafenaufenthalt wie Flug und kann durch eine Transportversicherung kostengünstig abgedeckt werden. Die Berechnung der Fracht erfolgt nach Gewicht, bei sperrigen Gütern nach Volumen. Vorteilhaft sind Container und Paletten. Der Laderaum eines Flugzeugs faßt bis zu 100 t, es gibt ca. 4000 Flughäfen.

Die Luftfrachtraten liegen in jeder Beziehung deutlich über anderen

Frachtraten. Die Transportdauer ist dafür jedoch unvergleichlich viel kürzer. Der Zielflughafen liegt meist näher am Bestimmungsort als der Zielseehafen, sodaß auch binnenländische Destinationen gut erreicht werden können. Die erhöhte Lieferfähigkeit der Luftfracht steigert die Wettbewerbsfähigkeit des Händlers. Bei hohem spezifischen Warenwert, d. h. hohem Preis je Gewichtseinheit, schrumpft zudem der Transportkostenanteil an den Gesamtkosten. Der Verpackungsaufwand ist regelmäßig gegenüber anderen Transportarten gemindert, da eine äußerst schonende Manipulation gegeben ist. Die Versicherungsprämien für den Transport sind niedriger, da, bezogen auf die transportierten Mengen und zurückgelegten Strekken, die Luftfahrt als sicheres Transportmittel gilt. Die größere Lieferschnelligkeit bewirkt zugleich eine geringere Kapitalbindung durch frühere Rechnungsstellung. In Abhängigkeit von diesen Parametern muß bestimmt werden, ob und inwieweit das Flugzeug als Transportmittel jeweilig vorteilhaft ist oder nicht.

Luxusmarke
Die Luxusmarke ist noch oberhalb der Premiummarke positioniert. Luxusmarken haben vor allem zwei Funktionen. Zum einen sollen sie überdurchschnittliche Deckungsbeiträge in der Spitze der Preisbereitschaft von Kunden abschöpfen, zum anderen haben sie Image Leader-Aufgaben. Diese teilen sich wiederum in zwei Bereiche. Einmal geht es um die Abstrahlung der Luxusmarke auf die in der Markenpyramide darunterliegenden Marken, wodurch diese eine emotionale Aufwertung erfahren. Dann bietet die Luxusmarke aber auch die Aussicht auf eine „Produktkarriere“, d. h. den Aufstieg von Erst- bzw. Premiummarke auf die höchste Stufe des Leistungsangebots eines Herstellers. Dadurch wird ein Markenwechsel bei steigendem Anspruchsniveau vermieden und ein markentreuer Aufstieg ermöglicht. Ein Beispiel ist *Adam Henkell*-Champagner im Verhältnis zu *Fürst von Metternich*-Sekt (Premiummarke) bei der *Henkell Söhnlein-Sektkellerei*.
(→ *Vertikale Markentypen*)

M

Machtbeziehungen im Markt

(→ Marktkonstitution)

Märkte

(Jahr-, Wochen-, Groß-)Märkte sind wenig streng reglementierte Veranstaltungsformen vor allem für Agrarprodukte. Ihr Kennzeichen ist der nicht normierte Handelsverkehr. Hier treffen sich raum-zeitlich definiert und meist sachlich begrenzt Anbieter und Nachfrager, um frei ausgehandelte Geschäfte zu tätigen, die meist formlos (konkludentes Handeln) abgeschlossen werden und denen aktive Preisverhandlungen vorausgehen. Ware und Geld werden für gewöhnlich physisch übergeben.

(→ Abschlußmärkte)

Mahnverfahren

Erfüllt ein Schulder, gleich ob Geld- oder Warenschuldner, seine vertraglichen Verpflichtungen nicht, wird er abgemahnt. Dies kann durch außergerichtliche oder gerichtliche Mahnung erfolgen. Die außergerichtliche Mahnung ist die dringende Aufforderung des Gläubigers an den Schuldner, die im Kaufvertrag vereinbarte Geld- oder Warenleistung zu erbringen. Die Form ist grundsätzlich frei, de facto aber immer schriftlich. Ein Hinweis auf Verzugsfolgen, Rechtsnachteile und Zahlungsfristen ist darüber hinaus üblich. Zur Durchführung ist eine abgestufte Mahnfolge ratsam, aber nicht Bedingung. Sinnvoll ist folgende Reihenfolge:

- persönliches Erinnerungsschreiben mit höflicher Zahlungserinnerung (Hinweis auf beigefügte Rechnungskopie), Erinnerung durch Zusendung einer Rechnungsabschrift oder eines Kontoauszugs,
- ausdrückliche Mahnung mit Zahlungsfristsetzung und vorbereitetem Überweisungs-/Einzahlungsbeleg, Mahnbrief mit Hinweis auf Fälligkeit oder Schuld und Aufforderung zur Zahlung,
- Androhung einer Postnachnahme oder des Einzugs durch ein Inkassoinstitut mit erneuter Fristsetzung und Hinweis auf dabei entstehende Kosten (Gebühren, Zinsen, Verwaltung etc.). Die Postnachnahme gilt bis 3000 Mark. Inkassoinstitute sind Unternehmen, die gewerbsmäßig Forderungen bei Geldschuldnern eintreiben, danach Zusendung der Nachnahme oder Abtretung an ein Inkassoinstitut,
- Klageandrohung durch letzte, scharfe Mahnung mit endgültig letzter Fristsetzung. Damit wird das gerichtliche Mahnverfahren eingeleitet, sofern es sich um Geldschulden handelt.

Dieses erlaubt dem Gläubiger, seine Forderungen schnell und kostensparend durchzusetzen. Dazu reicht der Gläubiger einen Bearbeitungsantrag beim zuständigen Amtsgericht ein. Dieses stellt einen Mahnbescheid aus, der dem Schuldner vom Amtsgericht zugestellt wird. Dies erfolgt ohne jegliche Prüfung der Ansprüche, und es wird eine Frist von zwei Wochen zur Zahlung oder Einlage von Widerspruch gewährt. Begleicht der Schuldner die Forderung incl. Nebenkosten, ist das Verfahren damit beendet. Erhebt er Widerspruch, informiert das Amtsgericht den Gläubiger, der innerhalb von zwei Wochen seine Forderung in einer Klageschrift begründen muß. Dann kommt es zum mündlichen Prozeßtermin vor dem Amtsgericht (bis 6000 Mark) oder Landgericht, und es ergeht ein Urteil, das eine Zwangsvollstreckung in das Vermögen des Schuldners ermöglicht. Unternimmt der Schuldner nichts, kann der Gläubiger binnen sechs Wochen einen Vollstreckungsbescheid beantragen, der dem Schuldner vom Amtsgericht zugestellt wird. Zahlt der Schuldner nun incl. Nebenkosten, ist das Mahnverfahren wiederum beendet, legt er Einspruch ein, kommt es auf Wunsch des Gläubigers zum Gerichtsverfahren, unternimmt er nichts, kommt es gleich zur Zwangsvollstreckung. Statt Mahnbescheid kann auch eine Klage auf Zahlung erhoben werden.

Die Zwangsvollstreckung von Geldforderungen erfolgt in das bewegliche Vermögen, also körperliche Sachen (z. B. Wertgegenstände) und Forderungen (z. B. Lohn) oder in unbewegliches Vermögen (z. B. Gebäude) des Schuldners. Körperliche Sachen werden dadurch gepfändet, daß sie der Gerichtsvollzieher, der durch das Mahngericht bestellt wird, in Besitz nimmt oder sie zwar im Gewahrsam des Schuldners beläßt, aber mit einem Pfandsiegel („Kuckuck") versieht. Nicht pfändbar sind die für den Lebensunterhalt und die Berufsausübung notwendigen Gegenstände, sofern der Gläubiger dem Schuldner nicht ein geringwertigeres Ersatzstück im Austausch überläßt. Nach der Pfändung werden die Gegenstände durch den Gerichtsvollzieher öffentlich versteigert. Forderungen, vor allem Lohn, sind nur pfändbar, sofern sie den für die Lebensführung unbedingt notwendigen Unterhalt übersteigen. Unbewegliches Vermögen wird versteigert, dessen Erträge (Miete, Pacht) werden zwangsverwaltet und dem Gläubiger zur Verfügung gestellt.

Bleibt selbst die Pfändung erfolglos, hat der Schulder auf Antrag ein Vermögensverzeichnis anzufertigen und diese Angaben an Eides Statt zu versichern. Bei Verweigerung wird auf Antrag Haft angeordnet. Der Schuldner wird beim Amtsgericht in ein Schuldnerverzeichnis aufgenommen. Unerfüllte Ansprüche bleiben, wie alle anderen Ansprüche, noch 30 Jahre bestehen, beginnend mit der Entstehung des Anspruchs. Ausnahmen bestehen nur bei Verjährungsfristen für Ansprüche von Kaufleuten an Nichtkaufleute, aus Arbeitsverträgen bzw. Forderungen von Freiberuflern, diese verjähren nach zwei Jahren, und Ansprüche von Kaufleuten untereinander, diese verjähren nach vier Jahren, jeweils beginnend mit Ablauf des Jahres, in dem der Anspruch entstanden ist. Die Verjährung ist gehemmt, wenn sie nach Wegfall des Unterbrechungsgrundes (z. B. höhere Gewalt) weiterläuft, die Verjährung ist unterbrochen, wenn die volle Frist nach Unterbrechung neu beginnt (z. B. Stundung, Klageerhebung).

Mailbox

(→ Datenkommunikation)

Mailing

Die Direktansprache nutzt verschiedene Medien zur Kontaktherstellung mit Zielpersonen. Ein Weg ist der über Mailings. Dabei handelt es sich um die anlaßbezogene Aussendung von Werbemitteln auf dem Postweg an Adressaten, die vorher anhand von Auswahlkriterien als erfolgversprechend selektiert wurden. Entsprechende Adressen sind über Adreßverlage zu mieten oder werden dem eigenen Bestand entnommen. Dabei sind vielfältige Gewichts-, Format- und Anordnungsbegrenzungen der Poststücke zu beachten, um Portokosten zu minimieren. Das gleiche Ziel erfüllt die Vorsortierung der Poststücke bei Auflieferung. Der Inhalt besteht meist aus mehreren Teilen, von denen eines der Rückantwort (Information/Bestellung) dient und deren Prozeß oft in mehreren Phasen abläuft (Teaser/Roll Out/Reminder). Moderne Laserprint- und Inkjet-Drucker ermöglichen personalisierte, mit Tinte unterzeichnete Anschreiben. Im Rahmen von Kunden-Kontakt-Programmen wird Klienten systematisch Nachkaufbetreuung zur Überbrückung bis zum nächsten Bedarf gewährt. Die Reaktionsquote soll dabei durch Einsatz von Aktivierungstechniken gesteigert werden, wie:

- Early Bird (Subskriptionspreis),
- Free Gift (Werbegeschenk),
- Free Trial (Ware zur Ansicht),
- Limitierung nach Zeit und/oder Menge,
- Sweepstake (Preisausschreiben mit vorbestimmten Gewinnern),
- Teilzahlung und/oder Valuta,
- negative Option (Nichtabschluß nur bei Widerruf).

Nach der Zielgruppe handelt es sich dabei um:

- Privatpersonen (Business to Consumer) oder
- (potentielle) Geschäftspartner (Business to Business).

Dabei erforderliche Nebentätigkeiten betreffen:

- Adressenhandling (vor allem Generierung, Konzept, Pflege, Aktualisierung etc. von Adressen),
- Werbemittelproduktion (so die Kreativentwicklung, Druckvorlagenerstellung, Realisation etc.),
- Mediaabwicklung (in kaufmännischer und technischer Hinsicht).

Das Adressenhandling wird durch die Datenbank erleichtert (Data Base Marketing). Sie enthält Angaben über:

- Namensdaten (wie Firma, Branche, Kundennummer, Größenordnung, Ansprechpartner, Titel, Anrede, Funktion etc.),
- Adreßdaten (wie Straße, Postfach, PLZ, Ort, Datum für letztes Up date, Telefon),
- Auftragsdaten (wie Auftragsweg, Bestellwert, Artikelwahl, Preisklasse, Zahlungsart etc.),
- Bestellstammdaten (wie Bestelltermine, Retouren etc.),
- Bonitätsdaten (wie Schufa-Auskunft, Mahnungen etc.),
- Werbedaten (wie Werbeart, Anzahl, Zeitraum etc.),
- Betreuungsdaten (wie Reklamationen, Besuchshäufigkeit etc.).

Die Adressen aus eigenem Bestand bedürfen der ständigen Pflege und Aktualisierung, neue Adressen müssen kontinuierlich generiert werden. Adressen können jedoch auch fremd angemietet werden. Dieses List Broking beinhaltet die Vermittlung des Nutzungsrechts betriebsinterner Adressen anderer Unternehmen über Adressenmakler. Dabei dürfen die Adressen nicht an Konkurrenten des Eigentümers vergeben werden. Sofern Adreßverlage eingeschaltet sind, vermieten diese eigene Adressen zur einmaligen Nutzung. Zur Kontrolle gegen Mißbrauch sind Dummyadressen eingebaut, die bei wiederholtem Gebrauch zu Rückläufern beim Verlag führen. Die Qualität der so gemieteten Adressen ist jedoch trotz aller Optimierungen oft zweifelhaft. Quellen für Fremdadressen sind Adreßbücher, Telefonbücher/Gelbe Seiten, Außendienstinformationen, Innendienstnotizen, Messenotizen, Interessentenwerbung, Anfragen auf Presseveröffentlichungen, Adressen aus Verkaufsförderungsaktionen, Telex-Verzeichnisse, Handelskammer-Verzeichnisse, Botschaften/Konsulate (im Ausland), Messekataloge/Ausstellerverzeichnisse, Seminarteilnehmerlisten, Handelsregistereintragungen, Adressentausch, Ausschnittdienstematerial, Händlerinformationen, eigene Befragung, Empfehlungen/Freundschaftswerbung, öffentliche Bekanntmachungen etc.

Bei der *Verteilung* erfolgt der Übergang der Sendung durch private Zustelldienste oder Verteilerkolonnen als Abgabe in Briefkästen im Haus oder an Passanten auf der Straße. Damit kann wahlweise eine Erläuterung verbunden sein. Inhalt der Verteilung können Werbedrucksachen, Warenproben, Werbegeschenke oder Streumittel (Gimmicks) sein. Auf diese Weise wird vor allem im lokalen Einzugsgebiet Präsenz und Sympathie erreicht. Etwas problematisch ist allerdings die Zuverlässigkeit der Verteilung und die Nichterreichung durch Einwurfverbot/Annahmeverweigerung zu beurteilen. Eine solche Verteilung ist meist nur bei undifferenzierter Marktbearbeitung sinnvoll.

(→ *Direktmarketing)*

Mailmarketing

(→ *Direktmarketing)*

Main Claim

(→ Copy-Analyse)

MAIS

(→ Marketing-Informations-System)

Make or Buy-Entscheidung

Hinsichtlich der Programmstruktur stellt sich die Make or Buy-Entscheidung. Dabei wird ein Transaktionskostenvergleich dahingehend durchgeführt, ob es billiger ist, ein Lieferangebot (Hersteller-Zweit- oder Drittmarke) anzunehmen oder eine Ware in Eigenregie zu fertigen (Handelsmarke/Gattungsware). Dabei handelt es sich regelmäßig um die Entscheidung zwischen variablen Kosten (Fremdlieferung) oder fixen Kosten (Eigenfertigung). Insofern ist es womöglich sinnvoll, Produkte im Programm zu belassen, selbst wenn sie verlustbringend sind, wenn dadurch nur ein Beitrag zur Deckung der anteiligen Fixkosten erreicht wird. Dies ist solange der Fall, wie der Deckungsbeitrag positiv bleibt, weil dann über die variablen Kosten hinaus ein Anteil zur Fixkostendekkung geleistet wird. Dabei wird Fixkostenremanenz vorausgesetzt, d. h. die Unmöglichkeit der kurzfristigen Abbaubarkeit von Fixkostenelementen. Dann ist es für den Betrieb nachteilig, Verlustbringer aufzugeben, weil damit zwar deren Erlöse entfallen, nicht aber deren anteilige Fixkosten, die als Leerkosten das Ergebnis weiter belasten. Allerdings führt diese Betrachtung leicht auch zur Ausuferung des Programms (Proliferation), die in einem schlechteren Ergebnis resultiert als die Konzentration auf wenige, hochrentierliche Angebote. Ein solcher „Rosinenpikker"-Ansatz scheitert jedoch meist an den wachsenden Serviceansprüchen der Nachfrager.

Eigenfertigung (Make) ist u. a. dann zu bevorzugen, wenn

- fertigungstechnische Zwänge zur Selbstherstellung bestehen,
- Selbstherstellung kostengünstiger ist,
- dadurch eine spürbar höhere Qualität erreicht wird,
- damit geringere Materialbereitstellungsrisiken gegeben sind,
- spezielles Know how erforderlich ist,
- vorhandene Kapazitäten besser ausgelastet werden,
- durch Rückwärtsintegration freies Kapital investiert wird,
- absatzwirtschaftliche Vorteile erzielt werden,
- zeitliche Flexibilität erreicht wird.

Fremdbezug (Buy) ist u. a. dann zu bevorzugen, wenn

- bestehende Gewerbliche Schutzrechte dazu zwingen,
- dadurch Kostenvorteile entstehen (Outsourcing/geringere Fertigungstiefe),
- das Know how von Zulieferern zu eigenem Nutzen materialisiert werden soll,
- dadurch bei Vollbeschäftigung eine Ausweitung des Geschäftsvolumens möglich wird,
- dadurch absatzwirtschaftliche Vorteile entstehen,

- dies zu geringeren finanzwirtschaftlichen Belastungen führt,
- Elastizitätsvorteile entstehen.

Makrobudgetierung

(→ Budgetierung, Analytische Verfahren)

Management by Delegation

Management by Delegation (MbD) ist die Leitung bei Dezentralisation klar abgegrenzter Entscheidungsbefugnisse an Mitarbeiter der niedrigstmöglichen Instanz. Dadurch sollen alle zur Aktivierung eines Unternehmens wirkenden Kräfte in Hinblick auf die Zielerreichung gebündelt und die Initiative der Mitarbeiter zu Mitdenken und Mithandeln genutzt werden. Dabei wird zwischen Handlungs- und Führungsverantwortung unterschieden. Letztere liegt immer beim Vorgesetzten, erstere bei den Mitarbeitern. Mit steigender Organisationsstufe nimmt der Anteil der Führungs- zu Lasten der Handlungsverantwortung zu. Grundlage ist die gegenseitige Respektierung der Entscheidungsbefugnisse, d. h. Vorgesetzte dürfen regelmäßig nicht in den operativen Handlungsbereich der Mitarbeiter eingreifen, Mitarbeiter regelmäßig nicht in den Führungsbereich des Vorgesetzten. Maßstab ist dabei eine Stellenbeschreibung, die Rechte (Kompetenzen) und Pflichten (Aufgaben) vorgibt. Vorteile dieser Technik liegen in der Entlastung der Vorgesetzten, der Förderung zu Eigeninitiative, Leistungsmotivation, Verantwortungsbereitschaft und Zieltransparenz. Probleme bereiten in der Praxis ein aufgeblähter Formalismus und fehlende Ermessensspielräume, vor allem bei ungeeigneter, unechter oder einseitiger Delegation.

(→ Leitungsprinzipien)

Management by Exception

Management by Exception (MbE) beinhaltet eine Leitung durch weitgehende Entscheidungsfreiheit der Manager bei „normalen“ Geschäftsvorfällen, verbunden mit der Pflicht zur Einschaltung der vorgesetzten Instanz bei außergewöhnlichen Abweichungen. Die Zielvorgaben der Stellen werden dabei in Bandbreiten formuliert, sodaß den Stelleninhabern ein Ermessensspielraum bleibt. Nur wenn der Zielkorridor verlassen wird, muß die übergeordnete Instanz verständigt werden und klärend eingreifen. Voraussetzung für die Funktionsfähigkeit ist ein umfassendes Informationssystem mit stetigem Soll-Ist-Abgleich und klarer Regelung von Zuständigkeiten. Vorteile dieser Technik liegen in der durch weitgehende Arbeitsersparnis bedingten Effektivität der Spitzenkräfte. Durch die Selbststeuerung im Ermessensspielraum werden Mitarbeiter motiviert. Probleme ergeben sich, sofern die Mitarbeiter in falsch verstandenem Eifer oder aus Ängstlichkeit ihren Ermessensspielraum unzutreffend nutzen. Außerdem bleibt die Initiative tendenziell der vorgesetzten Ebene vorbehalten.

(→ Leitungsprinzipien)

Management by Motivation

Management by Motivation (MbM) ist die Leitung der Mitarbeiter an der Maßgabe der von ihnen abgelieferten Ergebnisse durch Anerkennung ihrer Leistungsbereitschaft und deren Identifikation mit Aufgabenbereich und Unternehmenszielen. Credo ist nicht mehr die Fremdmotivation von außen, sondern die individuelle Bedürfnisstruktur der Geführten, versehen mit systematischen Leistungsanreizen. Je größer die Zufriedenheit bei der Arbeitserfüllung ist, desto höher ist auch die Arbeitsproduktivität. Voraussetzungen für den Erfolg sind Partnerschaftlichkeit zwischen Unternehmen und Mitarbeitern, die Ausschaltung interner Rivalitäten, umfassende Mitspracherechte und ein angemessenes Entlohnungssystem. Vorteile dieser Technik liegen in der Möglichkeit der Organisationsmitglieder, Fähigkeiten und Können ihrer individuellen Personalität zu entfalten. Davon profitiert die Produktivität. Probleme bestehen in der Vernachlässigung der Notwendigkeit zu formalen Organisationsstrukturen. Außerdem ist eine Übereinstimmung zwischen Individual-und Unternehmenszielen nicht in jedem Fall herstellbar. Zudem besteht die Gefahr materieller Überbetonung, der Benachteiligung humaner Wertvorstellungen gegenüber Leistungsschwächeren sowie mangelnder Gruppendynamik.

(→ *Leitungsprinzipien*)

Management by Objectives

Management by Objectives (MbO) ist die Leitung durch Vereinbarung von festen Teilzielen zwischen Vorgesetztem und Mitarbeitern, wobei der Weg zur Erreichung dieser Teilziele weitgehend frei gestaltbar bleibt. Dazu werden komplexe Zielvorgaben in überschaubare Teilziele aufgespalten. Die Vorgehensweise zur Zielerreichung liegt jedoch im Zuständigkeitsbereich der Aufgabenträger. Voraussetzung für die Funktionsfähigkeit sind eindeutig abgegrenzte Aufgabenbereiche und damit verbundene ausreichende Kompetenzen. Die Kontrolle bezieht sich nur auf den Zielerreichungsgrad. Die Instanzen trennen die Aufgabenbereiche der Stellen gegeneinander ab und greifen in Sonderfällen ein. Vorteile dieser Technik liegen in der Mobilisierung der geistigen Ressourcen der Mitarbeiter und der Entlastung der Führungskräfte. Eine konsistente Zielhierarchie führt zu hoher Zielidentifikation, verbunden mit Ergebnisverantwortung und relativem Freiheitsgrad der Handlung, und zur Motivation in der Exekution. Probleme ergeben sich aus der zeitaufwendigen Koordination zahlreicher Zwischenziele und der Zurechnung von Leistungsbeiträgen bei Gruppenarbeit. Zudem verursacht intensive Kontrolle einen hohen Administrationsaufwand.

(→ *Leitungsprinzipien*)

Management by-Techniken

(→ *Leitungsprinzipien*)

Management-Ansatz

(→ *Marketing, Methoden)*

Managementsysteme

(→ *Marketing-Informations-System, Typen)*

Manipulation

(→ *Marketing, Ethik)*

Mapping

Eine wichtige Anwendung der Multidimensionalen Skalierung im Marketing betrifft den Bereich der Positionierung bzw. der graphischen Darstellung der Position von Meinungsobjekten im Marktraum. Der Marktraum stellt eine Marktabbildung mit Hilfe topologischer Methoden dar. Solche räumlichen Marktmodelle verkörpern allgemein die Relationen zwischen Anbietern, Nachfragern, Absatzmittlern, Produkten, Bedürfnissen etc. Deren Ursprung liegt in der Sozialpsychologie, basierend auf Lewins Feldtheorie und Heiders Balancetheorie, vor allem aber Spiegel. Dabei werden marktrelevante Meinungsobjekte so angeordnet, wie sie von Betroffenen subjektiv wahrgenommen werden. Ursprünglich war die räumliche Darstellung von fernerliegenden und näherstehenden Objekten nur metaphorisch, also im symbolischen Sinne, gemeint, später wurden daraus mathematisch-geographische Modelle zur Abbildung der realen Gegebenheiten. Dabei werden mehrere Objekte mit Hilfe der mehrdimensionalen Skalierung derart in einem meist zwei- oder dreidimensionalen Raum abgebildet, daß diese umso näher beieinander liegen, je ähnlicher sie objektiv sind bzw. als je ähnlicher sie wahrgenommen werden. Diesen Vorgang nennt man allgemein Positionierung.

Die Positionierung ist also eine Anordnung von Objekten in einem mehrdimensionalen Positionierungsraum. Als Objekte können Produkte, Werbeaussagen, Organisationen oder Personen dienen. Dabei geht es um die Entwicklung und Bestimmung der relativen Imageposition eines Objekts im Umfeld konkurrierender Objekte. Der Positionierungsraum wird durch Achsen, die als Eigenschaften interpretiert werden können, markiert. Bei den Eigenschaften kann es sich um objektiv meßbare Größen handeln oder um subjektiv empfundene Wahrnehmungen. Im Positionierungsraum können sowohl real existierende als auch angenommene Objekte dargestellt werden, außerdem Idealvorstellungen von Käufern über Objekte. Werden allein die Idealvorstellungen dargestellt, handelt es sich um einen Präferenzraum, werden Ideal-und Realvorstellungen gemeinsam dargestellt, handelt es sich um einen Joint Space. Basis sind dabei jeweils individuelle Urteile von Auskunftspersonen. Die Darstellung ist rein deskriptiv, normativ wird sie erst, wenn die optimale Positionierung bestimmt werden soll. Man spricht dann von sog. Positionierungsmodellen.

Positionierungsmethoden betreffen die aufgrund ganzheitlicher Bewertungen von Objekten mögliche Nutzung eines möglichst niedrig dimensionierten Raumes, um darin Koordinaten für Objekte festzulegen. Die Distanzen zwischen den Objekten im Raum sollen eine möglichst hohe Übereinstimmung mit der Metrik oder Rangordnung der Objekte hinsichtlich des zugrundegelegten ganzheitlichen Vergleichskriteriums haben. Für die Darstellung von Realpositionen sind Ähnlichkeitsdaten wichtig, für die Darstellung von Idealpositionen Präferenzdaten. Ähnlichkeitsdaten können auch durch Feststellung der Verwechslungsfähigkeit von Objekten ermittelt werden, Präferenzdaten durch individuelle relative Gewichtungen von Eigenschaften. Es handelt sich jeweils um eine ganzheitliche Darstellung, aus der einzelne Eigenschaftsdimensionen abgeleitet werden sollen. Diese Dimensionen (Achsen) werden jedoch nicht vom Verfahren vorgegeben, sondern müssen vom Forscher selbst interpretiert werden. Denkbar ist dazu etwa die Orientierung an besonderen, erkennbaren Eigenschaften solcher Objekte, die nahe einer Achse liegen und ein gemeinsames Merkmal tragen. Oder eine Verschiebung der Achsen, bis eine solche Konstellation zustandekommt.

Positionierungsmodelle sind meist statisch, d. h. sie beziehen sich auf eine Periode. Denn es ist sehr schwierig, dynamische Effekte einzubeziehen. So wird durch die Neueinführung eines Produkts oder dessen Repositionierung die Position aller anderen Produkte beeinflußt. Es kann sogar zu einer Beeinflussung der Idealvorstellungen von Käufern über ein Produkt am Markt kommen. Man kann danach unterscheiden, ob das Modell vorsieht, daß Käufer ausschließlich dasjenige Produkt erwerben, das ihrer Idealvorstellung am nächsten kommt (sog. Single Choice-Modelle) oder ob jede Produktpositionierung eine von Null verschiedene Kaufwahrscheinlichkeit hat, die vom Abstand dieses Produkts zur Idealvorstellung relativ zur Summe der Abstände aller Produkte zu dieser Idealvorstellung eines Käufers abhängt (sog. Wahlaxiom-Modelle).

Sollen Mappings nicht nur auf bestehenden Eigenschaften aufbauen, sondern auch neue Eigenschaftsausprägungen generieren, so kommen neben den Methoden der Multidimensionalen Skalierung auch solche des Conjoint Measurement dafür in Betracht (vgl. *Pepels, Werner:* Käuferverhalten und Marktforschung, Stuttgart 1995).

Marke, Auswahl

Von zentraler Bedeutung im Käuferverhalten ist bei der Wichtigkeit des Markenartikels das Markenbewußtsein. Der selektiven Markenauswahl liegt der sog. Evoked Set of Brands zugrunde.

Ausgangsbasis ist der *Available Set* aller in einem gegebenen Zeitpunkt an einem gegebenen Ort innerhalb einer gegebenen Produktgruppe verfügbaren Marken. Zum

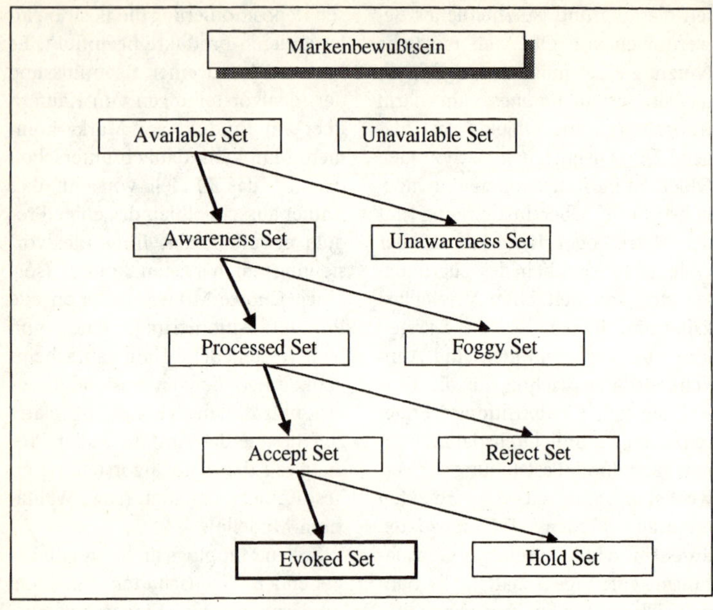

Markenbewußtsein

Unawareness Set gehören alle Marken, die dem Käufer unbekannt sind. Diese fallen für den Kaufentscheid schon einmal aus. Zum *Awareness Set* gehören alle Marken, die dem Käufer bekannt sind. Z.B. stellt das Avaible Set im Falle Pkw die Gesamtheit aller überhaupt angebotenen Pkw-Marken dar. Von diesem ist aber nur ein Teil physisch verfügbar oder gar vorhanden. Diese verbleibenden Marken stellen den Awareness Set dar, der Rest den Unawareness Set.

Erstere unterteilen sich in solche, die dem Käufer nicht näher vertraut und damit für ihn unwichtig sind, den sog. Foggy Set, und solche, die dem Käufer vertraut und wichtig sind, den sog. *Processed Set*. Nur diese Marken kommen im weiteren für einen Kaufentscheid in Betracht. Selbst Personen mit hoher Markttransparenz ist nur ein Teil der tatsächlich verfügbaren bzw. vorhandenen Pkw-Marken präsent. Nur diese bilden den Processed Set, der Rest verschwindet im Foggy Set.

Erstere unterteilen sich wiederum in abgelehnte Marken, die den sog. Reject Set ausmachen, und die akzeptierten Marken, die den sog. Accept Set darstellen. Aber nicht alle Angebote darin sind gleichermaßen für einen möglichen Kauf akzeptiert. D.h. von den präsenten Pkw-Marken werden aber nur begrenzt viele als subjektiv für kauffähig gehalten. Nur diese bilden den *Accept Set*, der Rest stellt den Reject Set dar.

Ersterer unterteilt sich seinerseits wieder in vorläufig zurückgestellte Marken, die den sog. Hold Set ausmachen, und schließlich in präferierte Marken, die den sog. *Evoked Set of Brands* ausmachen. Nur unter diesen wenigen Marken fällt die tatsächliche Kaufentscheidung. D.h. innerhalb der präsenten und grundsätzlich akzeptierten Pkw-Marken sind solche, die man lieber und solche, die man weniger gern kauft. Die solcherart präferierten Pkw-Marken machen den Evoked Set aus, die anderen den Hold Set.

Das Problem besteht nun darin, daß Käufer aufgrund ihrer begrenzten Datenaufnahme-, -verarbeitungs- und -speicherungskapazitäten erfahrungsgemäß allenfalls einige wenige Marken im Evoked Set präsent haben. Da aber nur unter diesen letztlich der Kaufentscheid fällt, ist es für Anbieter überlebenswichtig, zu diesen wenigen Marken bei einer möglichst großen Anzahl von potentiellen Käufern in jedem Zeitpunkt und an jedem Ort der Verbreitung zu gehören. Dazu bedarf es intensiver Marketinganstrengungen. Vor allem neue Angebote haben nur dann eine Chance, in den Evoked Set aufgenommen zu werden, wenn es ihnen gelingt, zugleich eine dort präsente Marke zu verdrängen, oder aber einen neuen Markt, und damit einen neuen Evoked Set of Brands, zu etablieren, was allerdings außerordentlich selten gelingt. Dagegen wiederum setzen sich die bestehenden Anbieter zur Wehr. Die größte Absicherung gegen Verdrängung besteht für den Marktführer (jeder erinnert sich, wer als Erster die Mondoberfläche betrat, aber keiner weiß, wer der dritte war, dem dies gelang). Genau darin liegt die Bedeutung der Marke und der Marketingaktivitäten. Markentreue als gewünschter Effekt beruht auf Sympathie, Überzeugung, Gewohnheit, Risikomeidung, Sozialisation oder Tradition, aber auch auf Distribution/Logistik.

Marke, Bedeutung

Der Markenartikel ist einer der zentralen Begriffe in der Vermarktung. Ohne Markenartikel gibt es kein Marketing, man kann sogar sagen: Marketing heißt, Marken machen. Zentrales Anliegen der Markenstrategie ist es, aus einem mehr oder minder austauschbaren Angebot eine Marke zu formen. Prominente Marken haben Charakterzüge, wie sie sonst allenfalls noch vertrauten Personen des Umfelds zugeschrieben werden. So sind sie kompetent, sympathisch, akzeptiert, vertraut, respektiert, wertvoll etc. Man spricht deshalb nicht zu unrecht und sehr anschaulich auch von Markenpersönlichkeiten. Marken sind die Visitenkarten ihrer Nutzer.

Die Bedeutung der Marke kann kaum hoch genug eingeschätzt werden. Wir leben in einer zunehmend anonymen Welt. Keiner kennt keinen so ganz richtig, niemand hat wirklich Zeit, die meisten Menschen seines Umfelds wirklich kennenzulernen. Dennoch neigt man dazu, andere subjektiv einschätzen zu wollen. Wenn es aber an der Zeit zur intensiven Beschäftigung fehlt, ist man zu einer solchen Einordnung zwingend auf Schlüsselsignale (sog. Information Chunks) angewiesen, die vermeintlich eine genauere Beschäftigung ersparen. Umgekehrt hat niemand die Chance, hinreichend vielen Personen seines Umfelds sein Selbstkonzept zu erläutern. Dies ist bereits im Ansatz aus Mangel an Zeit und Geld zum Scheitern verurteilt. Wenn nun die Beurteilung der eigenen Person durch andere meist nur anhand solcher Schlüsselsignale erfolgt, kann, ja muß man dies bewußt nutzen, selektiv genau diejenigen Signale auszusenden, die geeignet sind, bei einer hinreichend großen Anzahl anderer Personen zu einer Rubrizierung zu führen, die dem eigenen Selbstkonzept entspricht. Sender solcher Schlüsselsignale sind vor allem die Produkte, mit denen man sich umgibt. Denn neben der Physiognomie und der Raum-Zeit-Konstellation sind dies die wesentlichen Signalgeber im sozialen Umfeld. Umgibt man sich mit unzweckmäßigen Produkten, besteht die hinlängliche Gefahr, daß diese vom Umfeld in einer Art und Weise interpretiert werden, die nicht dem Selbstbild der eigenen Person entspricht, also zu einer falschen Rubrizierung führt. Für eine Korrektur dieser unzutreffenden Einschätzung besteht meist keine Möglichkeit, und zwar einerseits, weil man sie nicht ohne weiteres als solche erkennt, denn sie findet in den Köpfen anderer Personen statt, und andererseits, weil es einfach auch an der Gelegenheit dazu fehlt. Will man dieses Risiko vermeiden, ist es unbedingt zweckmäßig, sich nur solcher Produkte zu bedienen, die der eigenen Selbstsicht entsprechen und damit hochwahrscheinlich dazu führen, daß man von anderen gerade so eingeschätzt wird wie man es gerne hätte. Dabei kann es durchaus zu einem Auseinanderfallen zwischen persönlicher Realität und kommunikativem Anschein kommen. Als Produkte, die derartig zuverlässige Schlüsselsignale aussenden, sind aber nicht einfach irgendwelche geeignet, denn bei diesen weiß man nicht so genau, was bei ihnen an Signalwirkung herauskommt, sondern nur solche, die im relevanten Umfeld hinreichend bekannt und vertraut sind. Davon wiederum kann man aber nur bei Marken ausgehen. Das bedeutet, Marken werden vom Publikum derart instrumentalisiert, daß ihr Profil bewußt genutzt wird, um von den Produkten, mit denen man sich umgibt, auf die dahinterstehende Persönlichkeit schließen zu lassen. Man kann auch sagen: Marken machen Leute.

So ist es keineswegs zufällig, daß ein und dieselbe Person, je nachdem mit welchen Markenartikeln sie sich umgibt, von ihrem sozialen Umfeld ganz verschiedenartig eingeschätzt wird. Der Unterschied zwischen *Montblanc* und *Bic* beim Schreiben, zwischen *Alfa* und *BMW* beim Autofahren, zwischen *4711* und *Chanel No.5* bei Parfüm, zwischen *Mandarina Duck*-Koffer und Jute-Beutel macht genau diesen feinen Unterschied aus. All das und noch viel mehr dient der gewünschten Profilierung der eigenen Persönlichkeit im sozialen Umfeld. Oder anders: Wenn man von anderen als jung, dynamisch und aktiv angesehen werden möchte, weil man denkt, daß dies der eigenen Persönlichkeit entspricht oder sozial erwünscht ist, so hat man nicht die Chance, allen Personen im Umfeld diese Botschaft im persönlichen Kontakt zu vermitteln. Dazu fehlt diesen anderen auch die Bereitschaft oder Geduld. Sondern man hat nur die Alternative, sich bewußt solcher Produkte zu bedienen, von denen man weiß, daß sie im allgemeinen solchen Personen zugeschrieben werden, die jung, dynamisch und aktiv sind. Und dafür wiederum sind nur Markenartikel geeignet, die über ein entsprechendes Profil verfügen, das im wesentlichen über Kommunikation zustandegekommen ist. Damit aber wird die Wahl und Nutzung von Produkten nicht mehr durch ihre funktionale Eignung (die sog. Evidenzleistung) allein bestimmt, sondern darüber hinaus, hohe Qualität immer vorausgesetzt, durch ihre soziale Wirkung (die sog. Surrogatleistung). Diese vollzieht sich ausschließlich im Zusatznutzenbereich. Das bedeutet, ein Angebot wird am Markt als Addition zweier Teilleistungen gesehen, erstens des Grundnutzens der Funktionserfüllung (allgemein als Qualität bezeichnet) und zweitens des Zusatznutzens der persönlichen Sozialprofilierung, die wiederum selbstbelohnend wirkt.

Nun ist das Marktangebot weitgehend austauschbar hinsichtlich des reinen Grundnutzens. Dabei ist ein durchgängig hohes Niveau erreicht und alle minderqualitativen Angebote scheiden früher oder später, meist jedoch früher, ohnehin vom Markt aus. Darin kann also keine Profilierung mehr liegen, wie sie von Anbieter und Abnehmer angestrebt wird. Dieses bietet vielmehr nur der Zusatznutzen. Er addiert sich als immaterieller, allerdings ungleich wichtigerer Faktor hinzu. Anders wäre auch nicht erklärbar, warum Produkte, die gleiche Grundnutzen bieten, aber verschiedene Zusatznutzen, am Markt eine unterschiedliche Preisbereitschaft erzeugen. So erfüllt ein *Jinglers*-Pullover (von *C&A*) zweifellos die Grundfunktion des Bekleidens und Warmhaltens. Auch ist er durchaus paßgenau und von potentiell langer Lebensdauer, und man kann auch sicher sein, daß er beim Waschen weder ausfärbt noch einläuft. Das bedeutet, er erfüllt alle Anforderungen an einen Pullover. Dennoch gibt es mehr als genug Personen, die das Mehrfache des Preises eines Jinglers-Pullovers für einen solchen von *Benetton*, *Marc O'Polo* etc. ausgeben. Obgleich dieser nur die gleiche Grundfunktion zu erfüllen vermag. Der horrende Preisunterschied ist also daraus allein nicht erklärbar. Er erklärt sich erst, wenn man die immateriellen Zusatzfunktionen in die Beurteilung mit einbezieht. Denn mit Markenartikeln sendet ihr Besitzer spezifische Signale an die Umwelt, die von ihm intendierte Wirkungen, nämlich die gewünschte Imageeinordnung, wahrscheinlicher machen. Dabei kommt es keineswegs nur eindimensional auf den Preis an, sondern innerhalb einer Preisklasse geben verschiedene Marken durchaus abweichende Signale. Man denke nur an den Unterschied zwischen einer Armbanduhr von *Rolex* und einer solchen etwa von *IWC*. Zugleich wird daran deutlich, wie extrem Markensignale differenzieren können. Doch bei beiden handelt es sich um mechanische Uhren (sog. Chronographen), die hinsichtlich der Ganggenauigkeit billigen Standard-Quarzuhrwerken sogar unterlegen sind. Und das Erfolgsgeheimnis der *Swatch*-Uhr ist, daß es bei ihr ganz und garnicht auf die Zeitanzeige ankommt, sondern auf den Lebensstil, den ihr Träger damit zum Ausdruck bringt.

Marke, Eigenschaften

Einen Markenartikel zeichnen folgende wichtige Eigenschaften aus:

- Schaffung eines Kommunikationsmittels vom Hersteller zum Zwischen- und Endabnehmer. Das Vorhandensein einer Marke ermöglicht erst den Dialog des Herstellers mit seinen Abnehmern.
- Augenfällige Differenzierung zu Wettbewerbsangeboten. Die Prägnanz einer Marke erlaubt die positive Abgrenzung des eigenen Angebots zu denen der Konkurrenz.
- Präferenzbildung zugunsten des eigenen Angebots, damit zugleich Diskriminierung des Mitbewerbs im fairen Parallelwettbewerb.
- Orientierungshilfe in der Angebotsvielfalt. Durch die Ausbildung einer Rangordnung innerhalb objektiv gleichartiger Angebote wird die Orientierung in der zunehmenden Vielfalt von Angeboten erleichtert.
- Sicherheit beim Kauf. Diese Übersicht erzeugt Kaufsicherheit insofern, als eine Marke anderen wegen ihres im vorhinein bekannten Leistungsprofils vorgezogen wird.
- Wiedererkennbarkeit und Wiederholungskaufchance. Die Markierung eines bestimmten Angebots ermöglicht die Wiedererkennung und bietet damit erst die Chance zum Wiederkauf.
- Aufbau von Markenbindung und Markentreue. Dadurch wird eine bewußte Loyalität zu einem Angebot bei Übereinstimmung zwischen den subjektiven Erwartungen und der Markenleistung ermöglicht.
- Erreichung eines Preissetzungsspielraums. Diese Bindung ermöglicht die Nutzung der daraus resultierenden geringeren Preiselastizität der Nachfrage für die Ausschöpfung höherer Erlöse im Markt, ohne daß Kunden gleich abwandern.
- Voraussetzung für Absatzsiche-

rung bzw. -ausweitung. Durch hohe Markenbindung und Marktausschöpfung kann die Absatzbasis nachhaltig gesichert, womöglich sogar ausgeweitet werden.

- Marktplanbarkeit und Planerfüllungswahrscheinlichkeit. Die hohen Aufwendungen zur Markenbildung werden erst vor dem Hintergrund der Planabsicherung durch die Marke tragbar.
- Möglichkeit zu Zielgruppenmarketing. Die Marke ermöglicht die Segmentierung des Gesamtmarkts über den Einsatz eines differenzierten Marketing-Instrumentarium.
- Individuelle Bedarfsbefriedigung. Daraus folgt auf der Nachfrageseite die Möglichkeit zur gezielten Nutzenwahl, indem unter mehreren, prägnant und kompetent profilierten Marken genau die wählbar wird, die den eigenen Zielvorstellungen am besten entspricht.

Marke, Inhalte

Der Markenartikel ist von zentraler Bedeutung in der Kommunikation. Er wird durch folgende Inhalte charakterisiert:

- Einheitliche Aufmachung, obgleich im Zeitablauf beinahe unmerklich variierend. Dies meint also keinesfalls Starrheit im Auftritt, sondern ganz im Gegenteil kontinuierliche Flexibilität, die sich elegant Zeitströmungen anpaßt, ohne ihre Unverwechselbarkeit dabei zu verlieren (z. B. *Nivea, Persil*).
- Gleichbleibende oder verbesserte Qualität, Quantität und Preisstellung. Dies meint das Bemühen um eine stetig verbesserte Leistungsfähigkeit, eine nachfragegerechte Dimensionierung und damit ein günstiges Preis-Leistungs-Verhältnis für ein Angebot. Qualitätszweifel nagen verheerend unmittelbar am Vertrauen zur Marke (z. B. *Birkel, Milupa*).
- Standardisierte Fertigware für den differenzierten Massenbedarf. Dies meint, daß es sich um ein prinzipiell gleichartiges Serienprodukt handelt, dessen Profil auf bestimmte Marktsegmente zugeschnitten ist. Dies engt Roh- und Halbstoffe sowie Dienstleistungen als markenfähig ein.
- Warenzeichen zur durchgängigen Kennzeichnung. Dies meint, daß alle Kommunikationsaktivitäten konsequent mit einem eigenständigen Markenzeichen versehen sind, gleich ob auf der Ausstattung, dem Produkt selbst oder den dazugehörigen Werbemitteln. Dies ist oft schwierig durchzusetzen (z. B. Reifen).
- Eigenschaftszusage über systematische Kommunikationsmaßnahmen. Dies meint, daß durch substanzielle Werbeaktivitäten konsistente Botschaften über die spezifische Leistungsfähigkeit des Markenangebots verbreitet werden, die aus Publikumssicht als Garantieaussagen zu verstehen sind.
- Dichte Distribution bis hin zur Ubiquität im gewählten Verbreitungsgebiet. Dies meint die nen-

nenswerte Verbreitung des Markenartikels innerhalb eines definierten Absatzraumes und/oder -kanals. Dieses Kriterium ist extern eher schwierig zu beurteilen.
- Hohe Bekanntheit und Anerkennung im Markt. Dies meint einen hinreichenden formalen Bekanntheitsgrad der Marke verbunden mit inhaltlicher Aufladung in bezug auf Angebotsanspruch, Nutzenversprechen und Imageausstrahlung. Wichtig ist dabei die richtige Zuordnung der Inhalte zur Marke.

Marke, Kern

Der Markenkern repräsentiert die eigentliche Substanz der Marke. Hierbei sind die Begriffe der Markenpersönlichkeit und des Markenlebenszyklus von besonderem Belang.

Markenpersönlichkeit beschreibt das Phänomen, daß Marken mit Eigenschaften belegt werden, die man ansonsten eher Menschen zuerkennt, so in bezug auf ihre:
- Anatomie, d. h. die Funktion der Marke und ihre Eignung zur Problemlösung,
- Erziehung, d. h. die Kompetenz der Marke und ihr Image in der Zielgruppe,
- Milieustruktur, d. h. ihr Verkaufsumfeld, für gewöhnlich am Handelsplatz.

Markenlebenszyklus beschreibt die Phasen der Marktpräsenz einer Marke, für gewöhnlich nach Durchlauf von:
- Aufbau/Etablierung, d. h. erfolgreicher Einführung der Marke am Markt,
- Stabilisierung/Absicherung, d. h. Durchsetzung der Marke im Wettbewerbsumfeld,
- Eigenständigkeit/Differenzierung, d. h. Profilierung der Marke innerhalb der Gattung,
- Imitation/Me too, d. h. Absetzung gegenüber Trittbrettfahrern am Erfolg der Marke,
- Spaltung/Aufgabe, d. h. Entscheidung über Fortsetzung oder Einstellung eines Marktangebots,
- Polarisierung/Versteinerung, d. h. Konkurrenzberuhigung und Konsolidierung am Markt.

Zu ihrer Prosperität bedarf die Marke jedoch der stetigen Pflege. Dazu steht prinzipiell das gesamte Marketing-Instrumentarium zur Verfügung.

Marke, Pflege

Markenartikel bedürfen der steten Pflege. Fehlt diese oder wird sie nicht fachgerecht ausgeführt, geht die Marke ein. Beispiele für Fehler, die häufig begangen werden, sind die folgenden. Im Zuge von Kosteneinsparungen wird eine Minderung der Produktleistung durch Qualitätssenkungen vorgenommen. Der eigene Innovations-Etat wird zugunsten der Imitation von Konkurrenzprodukten gekürzt. Dauerhafte Price Off-Aktionen des Handels mindern die Qualitätsanmutung im Publikum. Produkte werden de facto durch Anbieten von mehr Inhalt zum gleichen Preis verschenkt. Die

Werbeaufwendungen werden zugunsten der Realisierung von Spotgewinnen gekürzt. Dies gilt auch für die vom Handel immer gern gesehenen und geforderten finanziellen Zuwendungen, sofern dafür keine markenfördernden Aktivitäten am POS vereinbart werden. Übermäßige Extenders und Flankers verwässern die Markenkompetenz und machen die Marke notleidend. Verkaufspromotions und Gewinnspiele sind immer dann schädlich, wenn sie von der Produktleistung ablenken. Dies gilt auch für Zugaben und On Packs, die nicht das Konzept des Produkts unterstützen. Eine rasche Anpassung an erfolgreiche Konkurrenzaktivitäten beraubt die Marke der Eigenständigkeit. Ein überzogener Verkaufsdruck durch Angstappelle an Verkäufer führt zu kopflosem Handeln. Unflexibles Festhalten an Budgetzielen, auch wenn diese schon unrealistisch geworden sind, wirkt repressiv auf die Marke. Gefährlich ist der gedankliche Rückzug auf vertraute Zielgruppen, statt neue erobern zu wollen. Auch der hektische Wechsel von Beratern hilft nicht, sondern führt nur zur Know how-Vernichtung in großem Stil. Aggressive Niedrigpreise senken die Qualitätsanmutung einer Ware im Publikum und damit dessen Kaufbereitschaft. Überzogene Werbung kann durch Präferenzmanipulation der Endabnehmer zu Nachkaufenttäuschungen führen. Eine negative Ausstrahlung vom Image eines Werbeträgers auf das dort ausgelobte Produkt kann erfolgen. Gewinnspiele mit Markenartikeln im Rahmen der Verkaufsförderung beuten deren Wertigkeit aus und mindern diese zugleich. Als Ergebnis kann ein respektabler Verlust an Markenwert entstehen.

Marke, Strategien

Markenstrategie beschreibt die unterschiedlichen Möglichkeiten der Markenführung. Zu unterscheiden sind horizontale Markentypen, vertikale Markentypen und absenderbezogene Markentypen.

(→ Absenderbezogene Markentypen, Horizontale Markentypen, Vertikale Markentypen)

Marke, Wahlmodelle

Im Marketing sind Markenwahlmodelle besonders bedeutsam. Dabei gehen die *Markoff-Ketten-Modelle* von der Annahme aus, daß die Markenwahl im Konkurrenzumfeld bzw. die gegenwärtige Kaufwahrscheinlichkeit einer Marke durch die Käufe der letzten Periode bestimmt wird. Die Markenwahl wird als zufälliger Prozeß angesehen, der sich aus einem Ausgangszustand entwickelt. Bei homogenen Markoff-Ketten bleiben die Übergangswahrscheinlichkeiten unabhängig von der Lebensdauer der Versuchsanordnung konstant. Durch die Marktanteile verschiedener Marken bezogen auf die Käufer in einer Periode lassen sich so mit Informationen über die Kunden, die der Marke treu bleiben, und die Kunden, die zu einer bestimmten anderen Marke wechseln, die Kaufwahrscheinlichkeiten der nächsten Periode berechnen. Dabei geben Übergangswahrscheinlichkeiten an, wie groß die Chance ist, daß ein Käufer nach der Wahl einer Marke in einer Periode in der folgenden Periode eine bestimmte andere Marke wählt. Diese errechnen sich invers aus der Wahrscheinlichkeit der Markentreue. Prämissen sind dabei allerdings, daß für die Markenwahl kein Lernverhalten gegeben ist (stochastischer Prozeß 1. Ordnung), die Kaufwahrscheinlichkeit also nur durch das Ergebnis der Vorperiode und sonst nichts bestimmt wird, daß keine Änderung des Kaufverhaltens im Zeitablauf erfolgt (konstante Übergangswahrscheinlichkeiten), daß die Übergangswahrscheinlichkeiten für alle Käufer gleich sind, daß in jeder Periode nur eine Markenwahl bei gleicher Kaufintensität erfolgt und daß weder neue Marken noch neue Käufer im Beobachtungszeitraum auftreten. Grundlage sind immer Daten aus Haushaltspanels. Ist neben den Übergangswahrscheinlichkeiten eine Verteilung der Ausgangswahrscheinlichkeiten der einzelnen Marken für den Beginn der Beobachtungsperiode gegeben, so lassen sich die unbedingten Kaufwahrscheinlichkeiten für die einzelnen Marken und die folgenden Perioden bestimmen. Diese Annahmen sind jedoch recht realitätsfern. Dies bietet sich allenfalls für den Kauf problemloser Produkte an, bei denen so viele unkontrollierbare Einflußfaktoren im Spiel sind, daß man die Markenwahl getrost als zufallsbedingt ansehen kann. Zudem ist eine recht geringe verhaltenswissenschaftliche Fundierung der stochastischen Modelle gegeben. Sie beschränkt sich darauf, daß aktuelle Käufe von vorausgegangenen Käufen derselben Produktklasse oder Marke abhängen.

Streben die für die einzelnen Marken resultierenden Kaufwahrscheinlichkeiten bei wiederholter Anwendung einem Grenzwert zu, so ist zusätzlich ein Gleichgewichtszustand erreicht, d. h. bei erneuter Anwendung der Übergangswahrscheinlichkeiten ergeben sich wieder dieselben Kaufwahrscheinlichkeiten (sog. ergodische Markoff-Ketten). Im Falle ergodischer Markoff-Ketten kann also zusätzlich ein Gleichgewichtszustand der Kaufwahrscheinlichkeiten der einzelnen Marken ermittelt werden.

Schließlich kann für jede einzelne Marke die Entwicklung der Gesamtmarktnachfrage ausgewiesen werden, indem die individuellen stochastischen Wahlprozesse bezüglich der einzelnen Marken jeweils aggregiert werden. Dabei ist zu beachten, welchem Markenwahlmodell das Käuferverhalten folgt, ob die Käuferschaft homogen bzw. heterogen ist und ob eine zahlenmäßig konstante oder variable Käuferschaft vorliegt.

Bei *Lerntheoretischen Modellen* wird angenommen, daß die Wiederkaufwahrscheinlichkeit für eine Marke neben dem Kauf auch von Produkterfahrungen und dem Einsatz des marketingpolitischen Instrumentariums abhängt. Es wird nur eine Marke betrachtet und eine zufällige Abhängigkeit des aktuellen Kaufs der Marke von allen vorausgegangenen Käufen der Marke angenommen. Ist in einem beliebigen Zeitpunkt ein gewisser Wert der Kaufwahrscheinlichkeit gegeben, so ändert sich diese dadurch, daß in der Folgeperiode die Marke gekauft oder eben nicht gekauft wird. Dabei werden lineare und nicht-lineare Ansätze unterschieden. Lineare Wahlmodelle gehen von einer binären Wahlsituation aus, d. h. der Käufer hat die Wahl zwischen zwei Marken bzw. zwischen einer Marke und der Gesamtheit aller anderen, nicht-lineare von einer komplexen Wahlsituation. Dabei wird unterstellt, daß die Wahrscheinlichkeit für Wiederholungskäufe umso mehr steigt, je häufiger dieser Markenkauf bereits in der Vergangenheit vollzogen worden ist et vice versa. Der stärkste Effekt geht von der jeweils letzten Kaufentscheidung aus. Wichtige Annahme ist dabei jedoch, daß jede Kaufentscheidung die folgende beeinflußt, jedes Verhalten also Lernspuren hinterläßt und völliges Vergessen ausgeschlossen ist. So ist es möglich, daß Nichtkäufe keine Veränderung der Wiederkaufwahrscheinlichkeit bedeuten, etwa wenn die Stammarke nicht verfügbar ist, Käufe einer Marke zu Dissonanzen führen, die einen Wiederkauf weniger wahrscheinlich werden lassen und Markenwechsel aus Gründen der Abwechslung oder des Ausprobierens erfolgen.

Kaufneigungsmodelle hingegen gehen vereinfachend davon aus, daß konstante Markenwahlwahrscheinlichkeiten bestehen. D.h. der Kauf einer bestimmten Marke in einer Folgeperiode ist unabhängig vom Kauf einer bestimmten Marke in den Vorperioden (sog. Bernoulli-Prozeß). Dadurch kommt es zwar zu einer extremen Rechenvereinfachung, aber zugleich auch zu recht realitätsfernen Aussagen.

Marke, Wert

Es gibt verschiedene Verfahren zur Bestimmung des immateriellen Markenwerts, theoretische, finanzbasierte und praxisorientierte. Diese werden in weltweiten Markenbilanzen ausgewiesen. Dort steht *Coke* 1993 mit 55,4 Mrd. DM zu Buche, gefolgt von *Marlboro* (50,9), *Nescafé* (17,8), *Kodak* (15,4), *Microsoft* (15,2), *Budweiser* (14,9), *Kellogg's* (14,4), *Motorola* (14,3), *Gilette* (12,7) und *Bacardi* (10,9). Eine kurze Charakterisierung der Verfahren im folgenden (vgl. *Bruhn, Manfred* (Hrsg.): Handbuch Markenartikel, Stuttgart 1994).

Der Ansatz von Kern ist finanzorientiert (Umsätze, die durch die Markierung der Produkte erzielt werden können) global, hat eine Bewertungsstufe, ist in DM ausgedrückt und ertragswertorientiert. Die durchschnittliche Umsatzerwartung pro Jahr wird für die geschätzte Lebensdauer der Marke auf den Beobachtungszeitraum abgezinst, wobei der Markenwert bei zunehmenden Umsätzen nur degressiv anwächst. Bei dem Modell muß der Anwender zahlreiche Annahmen treffen, z. B. über die Restlebenszeit der Marke und den Diskontierungszinssatz, wodurch verschiedene Anwender bei der gleichen Marke wahrscheinlich zu sehr unterschiedlichen Ergebnissen kommen.

Der Ansatz von Herp ist ebenfalls finanzorientiert (zusätzliche Umsätze, die durch die Markierung der Produkte erzielt werden können), global, hat eine Bewertungsstufe, ist in DM ausgedrückt und ertragswertorientiert. Die Zerlegung des realisierten Preises der Marke in die Anteile, die der Marke zu- bzw. nicht zurechenbar sind, erfolgt mittels Conjoint Measurement und Berechnung des Markenwerts durch Multiplikation des markenbezogenen Preisanteils mit der Absatzmenge der Marke. Das Modell kann nur angewendet werden, wenn die untersuchten Marken alle zu einer Produktkategorie gehören und sich hinsichtlich der objektiven Produktkriterien kaum unterscheiden, damit ist das Modell in seiner Geltung stark begrenzt.

Der Ansatz von Simon&Sullivan ist finanzorientiert (zusätzliche Umsätze, die durch die Markierung der Produkte erzielt werden), global, hat eine Bewertungsstufe, ist in DM ausgedrückt und substanzwertorientiert. Die Berechnung des Markenwerts erfolgt als die Differenz des Gesamtwerts der Unternehmung und aller nicht-markenbezogener Wertpositionen der Unternehmung. Dieser Ansatz wirft allerdings zahlreiche Abgrenzungs-, Zurechnungs- und Bewertungsprobleme auf, also ähnliche Probleme wie bei Kern.

Der Ansatz von Andresen ist verhaltensorientiert (inneres Markenbild plus Markenguthaben = innerer Markenwert), indikatororientiert und hat eine Bewertungsstufe. Die Messung des Markenguthabens erfolgt durch Abfrage des Markenvertrauens bzw. der Markensympathie, die Messung des inneren Markenbildes durch Indikatoren, die die Dimensionen Klarheit, Anziehungskraft und Reichhaltigkeit abbilden, deren Einflußgewichtung faktorenanalytisch bestimmt wird. Das Modell basiert auf der Imagery-Forschung, mißt also keine monetären Werte, insofern sind die Ergebnisse zwar hochrelevant zur Beurteilung von Marken, zur Messung des Markenwerts sind sie jedoch ungeeignet.

Der Ansatz von Interbrand bietet eine umfassende Markendefinition als Summe der Werte, die den einzelnen Komponenten einer Marke zugeordnet werden können (Name, Logo, Erscheinungsbild, Rezeptur, Materialien etc.). Es handelt sich um einen indikatororientierten Ansatz mit zwei Bewertungsstufen, nämlich Stärkeindex auf der ersten und DM-Ausweis auf der zweiten Stufe, der ertragswertorientiert ist. Auf der ersten Stufe erfolgt die Messung der den Markenwert beeinflussenden Größen und die Bestimmung der Position der Marke auf einem normierten Index durch Verwendung eines Scoring-Modells. Auf der zweiten Stufe erfolgt die Überführung des Index-Wertes in einen Multiplikatorwert, der dann durch Multiplikation mit dem Durchschnittsgewinn vor Steuern den Markenwert ergibt. Der Vorteil des Interbrand-Modells liegt in der detaillierten Erfassung der Einflußgrößen des Markenwerts, damit läßt sich die Entstehung des Markenwerts nachvollziehen. Dies versetzt den Anwender in die Lage, das Modell zur strategischen Markenführung einzusetzen. Kritisch ist die Datenerhebung durch Expertenschätzung und die subjektive Gewichtung der Einflußgrößen im Modell.

Der Ansatz von Nielsen bietet ebenfalls eine umfassende Markenwertdefinition als Gesamtheit aller positiven und negativen Vorstellungen, die im Konsumenten ganz oder teilweise aktiviert werden, wenn er das Markenzeichen wahrnimmt, und die sich in ökonomischen Daten des Marktwettbewerbs spiegeln. Es handelt sich um einen indikatororientierten Ansatz mit zwei Bewertungsstufen, nämlich Stärkeindex auf der ersten und DM-Ausweis auf der zweiten Stufe, der ertragswertorientiert ist. Auf der ersten Stufe erfolgt die Messung der den Markenwert beeinflussenden Größen und die Bestimmung der Position der Marke auf einem normierten Index durch Verwendung eines Scoring-Modells. Auf der zweiten Stufe erfolgt die Summierung der abgezinsten Umsatzerwartungen, wobei gemäß den Ergebnissen aus Stufe 1 Risikozuschläge zum üblichen Diskontierungssatz errechnet werden. Für das Markenbilanz-Modell gelten die gleichen prinzipiellen Vor- und Nachteile wie für das Intrand-Modell, unterschiedlich ist allerdings die Datenerhebung, da überwiegend Paneldaten genutzt werden, durch diese wesentlich repräsentativere Basis ist die Markenbilanz weniger manipulierbar und damit objektiver.

Der Ansatz von Blackston untersucht die Fähigkeit der Marke, ihre aktuellen Umsätze bzw. Gewinne zu maximieren. Er ist global und hat eine Bewertungsstufe als Stärkemaß in Relation zu Konkurrenzmarken. Die Bestimmung der Stärke einer Marke erfolgt in einem Versuchsaufbau, gemessen wird die Fähigkeit der Marke, sich zu behaupten, wenn die Preisrelation gegenüber den Konkurrenzmarken vergrößert wird. Es wird gemessen, wie stark der Preis steigen darf, ohne daß der Absatz zu stark sinkt. Damit wird aber nicht der Markenwert, sondern die Fähigkeit der Marke, einen hohen Preis zu realisieren, gemessen. Damit liegt der Schwerpunkt auf Entscheidungen in der Preispolitik, der Markenwert wird nur beiläufig berücksichtigt.

Der Ansatz von Edmunds untersucht die Fähigkeit der Marke, sich auf neuen Märkten behaupten zu können. Er ist indikatororientiert und hat eine Bewertungsstufe. Die Beurteilung der Marke erfolgt auf zehn Dimensionen mit Ratingsskalen, die untereinander nicht gewichtet sind, die Einschätzung des Markenwerts anhand der Anzahl hochbewerteter Dimensionen. Eine irgendwie geartete Möglichkeit, monetäre Werte zu berechnen, ergibt sich dabei nicht. Zudem besteht eine leichte Manipulierbarkeit durch Schätzung und uneinheitliche Auswertung, daher handelt es sich letztlich nicht um eine valide Meßvorschrift.

Markenanzahl

(→ Horizontale Markentypen)

Markenartikel

(→ Marke, Eigenschaften, Marke, Inhalte)

Markendifferenzierung

(→ Horizontale Markentypen)

Markenentscheidung

(→ Kaufprozeß)

Markenidentität

(→ Horizontale Markentypen)

Markenlebenszyklus

(→ Marke, Kern)

Markenpersönlichkeit

(→ Marke, Kern)

Markenpflege

(→ Positionierung, Anlässe)

Markensegmentierung

(→ Horizontale Markentypen)

Marketing, Auditing

Marketing-Auditing betrifft das Zustandekommen der Ergebnisse, nicht diese Ergebnisse selbst, sondern die Rahmenbedingungen. Ziel ist dabei die kontinuierliche Anpassung des Mitteleinsatzes an den sich wandelnden Datenrahmen der Vermarktung durch Prüfung von Chancen und Risiken. Während Controlling eine in das System eingebaute, kontinuierlich oder intermittierend erfolgende Überprüfung ist, die automatisch erfolgt und von Personen vorgenommen wird, die für den jeweiligen Arbeitsbereich verantwortlich sind, ist Auditing eine vom laufenden Arbeitsprozeß losgelöste Überprüfung, die durch Personen durchgeführt wird, die unabhängig vom jeweiligen Arbeitsbereich sind. Es soll Systemfehler im Marketing aufdecken, erlaubt damit eine Aussage über dessen Qualität. Eine dabei obligatorisch vorgenommene Schwachstellenanalyse und die anschließende Umsetzung daraus resultierender Verbesserungsmaßnahmen ist geeignet, zu einer Aktualisierung und Optimierung im Marketing beizutragen. Es hat damit zusätzlich zur Revision eine zukunftsorientierte Ausrichtung. Gegenstand des Marketing-Auditing sind folgende Komponenten.

Die *Umweltposition* betrifft Gesamtwirtschaft, Bevölkerung, Technologie, Politik, Recht, Soziales, Kultur (als Makroumwelt) bzw. Märkte, Kunden, Konkurrenten, Lieferanten, Dienstleister (als Mikroumwelt) etc. Dabei werden sämtliche das Unternehmen extern tangierenden Einflußfaktoren auf ihre internen Auswirkungen hin untersucht. Alle Maßnahmen sind hinsichtlich ihrer Adäquanz für die zu erwartende Marketingumwelt zu prüfen.

Die *Planungsprämissen* betreffen die Rahmenbedingungen und Restriktionen für jegliche Marketingaktivitäten. Der Prämissen-Audit setzt bei bestehenden, der Marketingplanung zugrundeliegenden Prämissen an, sofern sie das Ergebnis der Planung beeinflussen. Sie müssen im Zuge der Fortschreibung und kontinuierlichen Präzisierung laufend an den aktuellen Kenntnisstand angepaßt werden. Außerdem sollen i. S. d. zukunftsorientierten Charakters die Planung beeinflussende Faktoren ausfindig gemacht werden. Die Beurteilung erfolgt danach, ob die wichtigsten Planungsprämissen berücksichtigt werden und diese angemessen formuliert sind.

Ziele und Maßnahmen im Marketing sind deshalb bedeutungsvoll, weil die Ergebnisse von Strategien meist zu spät vorliegen, um noch sinnvolle Korrekturmaßnahmen zu veranlassen. Daher ist eine Antizipation sinnvoll, wie sie in Form von Präventivsystemen gegeben ist. Damit werden also die Sinnhaftigkeit, Vollständigkeit und Operationalität des Zielsystems überprüft.

Prozesse und Organisation im Marketing betreffen die Überprüfung der Organisations- und Informationssysteme. Ersteres kann wiederum in Aufbau- und Ablauforganisations-Audit unterteilt werden. Dabei geht es um die Beurteilung der Angemessenheit der Verankerung des Marketing in der Gesamtunternehmensstruktur in Hinblick auf die Markterfordernisse und den Engpaßcharakter dieses Bereichs. Letzteres bezieht sich auf die Sicherstellung der Datenversorgung der Entscheidungsträger mit relevanten Informationen zum richtigen Zeitpunkt und in geeigneter Form aufbereitet.

Marketing-Mix und -Verfahren betreffen die Instrumente im Marketing zur Erfüllung der absatzpolitischen Funktionen. Dabei wird die Zusammensetzung des Marketing-Mix analysiert und auf Vollständigkeit, Konsistenz der einzelnen Instrumente sowie deren Übereinstimmung mit strategischen Leitbildern und Zielen hin überprüft.

Auditing zielt also eher auf tiefgreifende Änderungen langfristiger Art ab als auf routinemäßige Überwachungsvorgänge, deren Korrekturen kurzfristig angelegt sind. Ein Audit-Anlaß besteht immer dann, wenn bereits Problembereiche erkannt bzw. erahnt werden, die einzelne Bereiche des Marketingsystems tangieren.

Beim Audit kann es sich handeln um Selbstüberwachung, Überwachung auf der gleichen Ebene, Überwachung auf höherer Ebene, Überwachung durch ein Komitee, Überwachung durch unternehmenseigene oder unternehmensfremde Funktionsspezialisten. Die Arbeitsstufen lauten wie folgt: Bei der Bestandsaufnahme als Ist-Erhebung erfolgt eine möglichst umfassende und aussagefähige Darstellung des Vermarktungsumfelds, wozu unternehmensexterne wie -interne Daten herangezogen werden. Die Effizienz zukunftsorientierter Entscheidungen wird bereits hier determiniert. Bei der Bewertung i. S. d. Zielsetzung werden die einzelnen Prüfobjekte einer kritischen Beurteilung unterzogen. Die Komplexität des Marketing erlaubt jedoch keine generalisierenden Aussagen. Gesicherte empirische Erkenntnisse können allenfalls als Entscheidungshilfen angesehen werden. Von daher sind nur Plausibilitäts- und Konsistenzurteile möglich. Nach genauer Prüfung des Einzelfalls und Herausfilterung derjenigen Marketingerkenntnisse, die für den spezifischen Einzelfall einschlägig erscheinen, können Lösungsalternativen als Empfehlung für Verbesserungen aufgezeigt werden. Diese haben allerdings nicht den Rang konkreter Maßnahmen, sondern bilden Rahmenaussagen aus Analyse und Diagnose.

Marketing, Bedeutung

Obgleich Marketing der menschlichen Anlage entspricht, ist es doch noch ein vergleichsweise junger Erkenntniszweig. Seit Menschen die entwicklungsgeschichtliche Phase der Selbstversorgung der Steinzeit verlassen hatten und in Tauschbeziehung zueinander traten, ist Marketingverhalten etabliert.

Betrachtet man die wirtschaftliche Entwicklung nun noch etwas genauer, so lassen sich im Zeitablauf wechselnde Engpaßsektoren ausmachen. Zunächst gab es einen Engpaß in der Leistungserstellung, der durch beherzten Technologieeinsatz überwunden werden konnte. Daran schloß sich der Engpaß in der Beschaffung von Rohstoffen, Betriebsmitteln, Finanzen und Personal an. Auch dieser konnte durch Maßnahmen wie Kolonialisierung, Automation, Kapitalgesellschaften, Duale Ausbildung etc. überwunden werden. Danach ergab sich dann ein Engpaß in der Leistungsverwertung, der bis zum heutigen Tage den wirtschaftlichen Erfolg limitiert. In Mangelzeiten waren die Anstrengungen, die Nachfrager unternehmen müssen, um in den Besitz von ihnen gewünschter Waren zu gelangen, größer als die Anstrengungen der Anbieter, verfügbare Waren loszuschlagen. Dies ist das Kennzeichen einer Verkäufermarktsituation. In den entwickelten Industrienationen der westlichen Welt hat sich diese Situation jedoch längst zum Käufermarkt gewandelt. Anbieter müssen darin versuchen, in Parallelwettbewerb zueinander Nachfrager für ihre Waren zu finden, während diese bequem verschiedenste Angebote vergleichen und das bevorzugte auswählen können. In einer solchen Situation ist Marketing überlebenswichtig für jedes Unternehmen. Dem wurde zunächst durch die Betonung des Verkaufsvorgangs (= Transaktion) Rechnung getragen. Die Fokussierung auf die Absatzorganisation bestimmte die gesamte Unternehmensausrichtung. Als das nicht mehr ausreichte, kam es zur Betonung der Endabnehmer (= Konzeption) als Leistungsnachfrager. Kundennähe bestimmte damit die primäre Ausrichtung. Als sich immer mehr Anbieter auch diese Einstellung zueigen machten, wurde eine Betonung der Absatzmittler (= Distribution) erforderlich, weil sich im Absatzkanal ein Engpaß für die Vermarktung gebildet hatte. Trotzdem wurde angesichts stagnierender Marktvolumina eine Betonung des Wettbewerbs (= Strategie) notwendig, denn der eigene Erfolg ist heute zumeist nur noch zu Lasten direkter Konkurrenten erreichbar. Und die nächste Herausforderung ist bereits in Sicht. Es ist die Betonung der Ökologie (= Gesellschaft), die als die entscheidende Herausforderung der nächsten Jahrzehnte zu gelten hat.

Nun findet Marketing auf ganz verschiedenartigen Märkten statt. Der Konsumgütermarkt ist der Markt für den privaten Ge- und Verbrauch an Gütern im Haushalt. Der Investitionsgütermarkt ist der Markt für Produkte, die von Unternehmen zum Zweck der längerfristigen Nutzung nachgefragt und für die Produktion anderer Produkte eingesetzt werden. Der Dienstleistungsmarkt ist der Markt für selbständige (produktunverbundene) Verrichtungen gegen Entgelt, wobei diese personenzentriert oder anlagenzentriert sein können. Der Institutionaldienstemarkt ist der Markt für hoheitliche Aufgaben, die vom Staat oder von quasistaatlichen Stellen getragen werden, weil sie privaten Anbietern nicht zugemutet werden können oder sollen. Der Urproduktemarkt ist der Markt für Abbauwaren, die aus der Natur gewonnen werden und zur wirtschaftlichen Verwertung in weiteren Verarbeitungsstufen vorgesehen sind. Diese Einteilung ergibt sich, wenn man die Objekte als Einteilungskriterien für Marktarten zugrundelegt.

Außerdem werden Funktionen als Einteilungskriterien für Marktarten zugrundegelegt. Der Beschaffungsmarkt ist dann der Markt für Transaktionen, die der Versorgung des Unternehmens mit Potentialfaktoren dienen. Der Auslandsmarkt ist der Markt für grenzüberschreitende Aktivitäten innerhalb des Marketing. Der Sozialmarkt ist der Markt für ideelle Güter, die nicht wirtschaftlich und/oder nicht gewinnorientiert sind, sondern der Erfüllung gesellschaftlicher Anliegen dienen. Der Firmenmarkt ist der Markt für Missionen von Organisationen. Und der Handelsmarkt ist schließlich der Markt für den Wiederverkauf von Waren ohne deren wesentliche Be- oder Verarbeitung an Dritte.

Marketing, Begriffe

Naturgemäß existieren zu einem vergleichsweise komplexen Begriff wie dem des Marketing unterschiedlichste definitorische Ansätze. Im allgemeinen besteht jedoch Einigkeit darin, daß Marketing, im Gegensatz etwa zu konkreteren Begrifflichkeiten der Betriebswirtschaft wie Kostenrechnung oder Steuerwesen, in erster Linie eine Denkhaltung darstellt, sich also nicht nur in operativen Techniken ausdrückt, sondern vielmehr in einer bestimmten geistigen Einstellung. Diese stellt das Interesse des Abnehmers wirtschaftlicher Leistungen in den Mittelpunkt aller Betrachtungen. D.h. weniger egoistische Gesichtspunkte sind ausschlaggebend als vielmehr das Bemühen, sich in die Lage des Marktpartners zu versetzen und dessen Motivation zu berücksichtigen. Dabei sind zwei Prinzipien von grundlegender Bedeutung: das Gratifikationsprinzip als Suche nach Belohnung bzw. Vermeidung von Bestrafung und das Knappheitsprinzip als Notwendigkeit zur optimalen Nutzung knapper Ressourcen. Damit implizieren letztlich alle Vorgänge zur zielorientierten Anbahnung, Erleichterung, Abwicklung und Bewertung des Austauschs von ideellen und materiellen Werten zwischen Parteien eine Marketingdimension. Gerade dieser etwas sophistische Hintergrund des Marketing macht es Außenstehenden gelegentlich schwer, in das leicht diffus scheinende Thema einzusteigen.

Dabei handelt es sich um eine höchst natürliche Denkweise, der praktisch alle Menschen automatisch folgen. Insofern ist das ganze Leben durchsetzt von Marketing. Immer dann, wenn vor einem Transaktionsprozeß bedacht wird, wie ein individuelles Ziel unter Einbezug der Interessen beteiligter anderer besser erreicht werden kann, handelt es sich um Marketing. Übertragen auf die Sicht des Unternehmens versteht man darunter dessen bewußte Ausrichtung am Markt unter Analyse aller Umfeldfaktoren zur systematischen Chancensuche und Wahrnehmung von Transaktionen. Des weiteren besteht Einigkeit darüber, Marketing als konkrete Aufgabe zu verstehen. D.h. zur Umsetzung der Marketingdenkweise sind Maßnahmen erforderlich, die dieser Einstellung nach außen hin Ausdruck verleiten. Ökonomisch bedeutet dies, daß alle Aktivitäten auf die Märkte hin koordiniert werden sollen. Damit unterscheidet sich Marketing von anderen Funktionen im Unternehmen, die eher an internen Zweckmäßigkeiten orientiert sind. Marketing bedeutet demgegenüber die Koordination aller Unternehmensaktivitäten zur Marktoffensive. Demgemäß bestimmt allein der Markt, welche Funktionen in welcher Weise wahrgenommen werden. Und dasjenige Unternehmen hat damit die größten Marktchancen, das sich diesem Zwang am besten anzupassen weiß, weil Abnehmer dessen Leistung am ehesten im Preis honorieren werden.

In neuerer Zeit versteht man Marketing auch verstärkt als Sozialkonzept, das es wohlverstanden unterläßt, alle Marktmöglichkeiten, die objektiv vorhanden sind, auszuschöpfen, wenn dadurch der immanenten gesellschaftlichen Verantwortung dieser Funktion nicht mehr Rechnung getragen wird. Um zu verhindern, daß aus der Marketinghaltung Ergebnisse resultieren, die mit den gesellschaftlichen Normen nicht mehr vereinbar sind, bedarf es eines Sanktionsrahmens, der möglichst klar ausweist, welche Handlungsweisen noch tolerierbar sind und welche schon nicht mehr. Infolge zunehmend restriktiver Umfeldbedingungen wird jedoch der Rahmen der Marketingmöglichkeiten immer enger gezogen. Wo früher im Einzelfall großzügig geurteilt werden konnte, weil ein potentieller Schaden nicht weiter ins Gewicht fiel, sind heute viel strengere Maßstäbe angebracht, um knappe und strapazierte Ressourcen vor Ausbeutung zu schonen. Dadurch wächst die Verantwortung im Marketing, nicht mehr alles das zu tun, was möglich ist, sondern selbstgesetzte, strenge Normen zu beachten. Übergeordnet greift dann der Staat durch Ge- und Verbote dort ein, wo der Handlungsspielraum durch die Wirtschaftsakteure überstrapaziert ist. Dies betrifft etwa sensible Produktgruppen wie Zigaretten, Arzneimittel, Spirituosen etc.

Marketing, Bereiche

Im Marketing können verschiedene Märkte als Anwendungsbereiche unterschieden werden. Dazu gehören vor allem die folgenden:

- Konsumgütermärkte,
- Investitionsgütermärkte,
- Dienstleistungsmärkte,
- Institutionalmärkte,
- Urproduktmärkte,
- Beschaffungsmärkte,
- Handelsmärkte,
- Internationale Märkte,
- Non Profit-Märkte,
- Firmenmärkte.

Diese Anwendungsbereiche sind jeweils durch Besonderheiten gekennzeichnet, die eine individuelle Ausrichtung der Marketingmaßnahmen angezeigt sein lassen.

(→ *Beschaffungsmarketing, Dienstleistungen, Firmenmarketing, Handelsmarketing, Institutionenmarkt, Internationalisierung, Konsumentenmarkt, Urproduktmarketing*)

Marketing, Controlling

Controlling bezieht sich im Marketing im wesentlichen auf Verrichtungen, d. h. Funktionen, relativ selbständiger Einheiten innerhalb des Unternehmens, sog. Sparten, bei Absatzsegmenten, wie Gebiete, Kunden, Produkte, oder begrenzten Aktivitäten (Projekte). Es kann operativ oder strategisch angelegt sein.

Marketing-Controlling ist eine in das System eingebaute, kontinuierliche oder intermittierend erfolgende Prüfung, die automatisch durchgeführt und normalerweise von Personen vorgenommen wird, die intern für den jeweiligen Arbeitsbereich verantwortlich sind. Marketing-Auditing hingegen ist eine vom laufenden Arbeitsprozeß losgelöste Prüfung, die durch Personen durchgeführt wird, die für gewöhnlich unabhängig vom jeweiligen Arbeitsbereich sind.

(→ *Marketing-Auditing, Marketing, Kontrollen)*

Marketing, Definition

In der ursprünglichen Fassung bedeutet Marketing *Unternehmensführung als Marktanpassung* durch Ausrichtung aller Unternehmensaktivitäten an den Markterfordernissen. D.h. konkret, daß Unternehmen kontinuierlich alle Märkte beobachten und immer dann, wenn sie einen Mangel festzustellen glauben, ein entsprechendes Angebot offerieren. Die Nachfrager als Sourverän des Markts entscheiden dann nach Kenntnis und Beurteilung dieses Angebots, ob sie es erstmals oder anstelle eines anderen Angebots annehmen wollen oder nicht. Es leuchtet ein, daß daraus für das betreffende Unternehmen ein sehr hohes Risiko erwächst. Denn alle Initialinvestitionen in ein Angebot gehen verloren, wenn es von Abnehmern nicht akzeptiert wird. Dies ist ein betriebswirtschaftlich sehr unbefriedigender Zustand. Weiterhin wird den Unternehmen eine nur reaktive Rolle zugeteilt. Sie hetzen den mutmaßlichen Nachfragerbedürfnissen regelrecht hinterher und versuchen, sich gegenseitig in der Bedürfnisbefriedigung zu überbieten. Die dazu erforderliche Flexibilität paßt nicht zu den Planungserfordernissen der Unternehmen, die auf möglichst stabile, sichere und einwertige Erwartungen abzielen. Schließlich stellt sich bei dieser Sichtweise auch die Frage, wie Unternehmen neue Bedarfssituationen erkennen können. Dazu ist es wichtig zu berücksichtigen, daß Nachfrage an sich nicht kreativ sein kann. Vielmehr kann sie nur auf vorhandene Marktangebote reagieren und diese wählen oder ablehnen, nicht aber aktiv artikulieren. Im übrigen sind Nachfrager im Publikum auch zu wenig organisiert, um Bedarfe manifestieren zu können. So bleibt den Unternehmen nur kontinuierliche, aufwendige Marktforschung mit allen Vorbehalten, die systemimmanent dagegen anzubringen sind, bis hin zu „Bauchgefühl“ und „Wagnisfreude“ zur Nutzung von Marktchancen. Dies ist mit einem zeitgemäßen Marketingverständnis jedoch nicht mehr unbedingt vereinbar.

Zeitgemäß aufgefaßt ist Marketing vielmehr *Unternehmensführung als Marktgestaltung*, also Beeinflussung der Vermarktungsbedingungen über Instrumentaleinsatz mit der Absicht, diese den eigenen Zielvorstellungen anzupassen. Dabei starren Anbieter nicht wie die Kaninchen auf die Schlange Markt, sondern beeinflussen den Markt selbst in einer Art und Weise, die den unternehmensegoistischen Zielen entspricht. Diese Beeinflussung erfolgt durch mehr oder minder exzessiven Einsatz des Marketinginstrumentariums. Diese Sichtweise entspricht denn auch weitaus mehr der Realität der Märkte. Jeder Anbieter ist überlebensnotwendig darauf angewiesen, seine Produkte am Markt zum Erfolg zu führen. Da diese Angebote oft aber nicht den originären Bedürfnissen von Abnehmern entsprechen, müssen Anbieter die Vermarktungsbedingungen derart ändern, daß ihr Produkt ein Bedürfnis befriedigt. Diese Bedürfnisse sind oft erst artifiziell zu generieren, und zwar über die Nutzung von Marketinginstrumenten, die die Rahmendaten derart verändern, daß ein Angebot am Markt reüssieren kann.

Diese Situation ist in weiten Teilen gesättigter Märkte anzutreffen. Bestehende Bedarfe sind durch eine breite Vielfalt von Produkten bestens abgedeckt. Und zusätzlicher Absatz ist nur durch Generierung neuer bzw. ersetzender oder durch Modifizierung bestehender Bedarfe zu erzielen. Dies erfolgt vor allem durch Sozialtechniken, die gesellschaftliche Saktionsmechanismen nutzen, um neue Nachfrage zu schaffen. So wird etwa Übergewicht durch Marketingkommunikation als anomal diskreditiert und Joghurt von einem Molkereiprodukteanbieter als probate Gegenwehr propagiert, wird etwa Selbstbelohnung als erstrebenswert dargestellt und Schokolade von einem Süßwarenanbieter als adäquates Mittel dazu ausgelobt. Damit schafft sich Marketing letztlich die Märkte selbst, auf denen es erfolgreich Produkte anbieten will.

Gleichzeitig resultiert daraus allerdings der Vorwurf der Manipulation gegenüber dem Marketing, der grundsätzlich berechtigt und nur durch strenge Selbstdisziplin zu unterbinden ist.

Marketing, Denkweise

Marketing liegt ganz zweifellos im Trend und stellt das Interesse des Kunden in den Mittelpunkt aller Betrachtungen. Oder allgemeiner: Das Versetzen in die Lage des Partners und die Berücksichtigung seiner Interessen. Von daher haben alle Vorgänge zur zielorientierten Anbahnung, Erleichterung, Abwicklung und Bewertung zum Austausch von ideellen und materiellen Werten zwischen Parteien eine Marketingdimension. Und damit handelt es sich um eine höchst natürliche Vorgehensweise, der praktisch alle Menschen automatisch folgen.

So ist es für jeden Gebrauchtwagenverkäufer selbstverständlich, daß er sein Auto vor dem Angebot noch einmal gründlich wäscht und poliert, damit es schön dasteht und einen höheren Preis erlöst. Und wenn man zum Rendezvous mit seiner neuen Freundin/seinem neuen Freund geht, achten beide Seiten für gewöhnlich peinlich darauf, attraktiv auszusehen, gut zu duften und eine kleine Aufmerksamkeit dabeizuhaben. Schließlich ist für jedermann einsichtig, daß eine Gefälligkeit eher dann erbracht wird, wenn höflich darum gebeten als daß sie unsensibel eingefordert wird.

Diesen alltäglichen Beispielen liegt nichts anderes zugrunde als eine Marketingdenkweise. Insofern ist unser ganzes Leben durchsetzt von Marketing, nämlich immer dann, wenn vor einem Geschäftsvorgang bedacht wird, wie ein individuelles Ziel unter Einbezug der Interessen beteiligter Anderer besser erreicht werden kann. Nun limitiert leider der Engpaß den wirtschaftlichen Gesamterfolg. D. h. selbst ein Überschuß an Produktion, Rohstoff, Kapital und Personal führt zu keinem besseren Betriebsergebnis, solange ein Mehrabsatz von daraus resultierenden Waren nicht gewährleistet ist.

Dies setzt aber einen aufnahmefähigen Markt voraus, wie er eher für Zeiten des Mangels als des Überflusses zutrifft. In Mangelzeiten, wie vor gar nicht so langer Zeit noch für die Neuen Bundesländer typisch, sind die Anstrengungen, die Nachfrager unternehmen müssen, um in den Besitz gewünschter Waren zu gelangen, größer als die der Anbieter. Man spricht von einer Verkäufermarkt-Situation. Nachfrager dürfen Schlange stehen, um ein Angebot zu ergattern, müssen den taktisch besten Zeitpunkt erwischen, ihre geringe Chance wahrzunehmen, und sind schließlich sogar bereit, dafür unverhältnismäßig hohe Preise zu zahlen. Umgekehrt hat die Anbieterseite die Gewißheit, daß sie ihre Waren beinahe unabhängig von Qualität und Preis losschlagen kann. Es ist unmittelbar einleuchtend, daß sie sich unter diesen Bedingungen Marketinganstrengungen getrost erspart.

Glücklicherweise haben die entwickelten Industrienationen diesen Zustand jedoch hinter sich gebracht. Die Realität ist eher die des Käufermarkts. Nunmehr müssen Anbieter, zumal im Parallelwettbewerb zueinander, versuchen, Nachfrager an ihr Produkt zu binden, neu zu motivieren oder vom Mitbewerb wegzulokken, während die Nachfragerseite bequem verschiedenste Angebote vergleichen und das bevorzugte auswählen kann. Marketing muß dabei dafür Sorge tragen, daß das eigene Unternehmen gegen konkurrierende andere bei Abnehmern zum Zuge kommt. Ansonsten wenden diese sich Mitbewerbern zu. Marketing ist damit überlebenswichtig für erfolgreiche Unternehmensführung.

Damit aber wird Marketing zum Engpaß für den Unternehmenserfolg. Fortschrittliche Anbieter haben dies erkannt und räumen der Marketingfunktion Priorität innerhalb ihrer Organisation ein. Denn den eher marktfernen Funktionen kommt zunehmend nur noch Zuliefercharakter zu. Sie laufen weitgehend mechanisiert ab und sind zudem durch Optimierungsverfahren mehr oder minder gut beherrschbar.

Marketing entzieht sich jedoch hartnäckig solchen Reduktionsversuchen. Denn Marketing hat mehr mit Menschen zu tun als mit allem anderen. Und Menschen sind nun einmal, glücklicherweise, nicht berechenbar. Vor allem aber, Menschen denken nicht rational, sondern zutiefst emotional. Und deshalb bleibt Marketing letztlich die Folge von Versuch und Irrtum (Trial & Error). Man testet den Erfolg von Marketingmaßnahmen am Markt und behält diese bei, sofern sich der gewünschte Erfolg einstellt, oder man verändert sie solange, bis der gewünschte Erfolg erzielt wird. Leider ist auch dann noch keine Ruhe, weil die stetigen Veränderungen des Umfelds dafür sorgen, daß Voraussetzungen, die gestern noch Erfolg zeitigten, diesen heute schon wieder vermissen lassen. Insofern handelt es sich um einen kontinuierlichen Prozeß aus Vorstoß und Reaktion (Challenge & Response).

Als Beeinflussungsgrößen stehen klassischerweise die Instrumente der 4 P's (Product, Price, Place, Promotion) zur Verfügung. Zu gut deutsch handelt es sich um die Produkt- und Programmpolitik, die Preis- und Konditionenpolitik, die Distributions- und Verkaufspolitik und die Kommunikations- und Identitätspolitik.

Marketing, Entwicklung

Marketing ist ein vergleichsweise junger Erkenntnisbereich der Betriebswirtschaft, obgleich er ureigener menschlicher Anlage entspricht. Sobald die Menschheit entwicklungsgeschichtlich das Stadium der autarken Selbstversorgung verlassen hatte, um in Transaktionsbeziehungen zueinander zu treten, etablierte sich Marketingverhalten. Also auch schon in den frühen Formen der Tauschwirtschaft, bei der es jedem Partner darauf ankam, für seine Ware ein Maximum an Barterware zu erhalten. Dies gelang durch Ausfwertung der eigenen Ware und durch deren optimale Ausrichtung auf den mutmaßlichen Bedarf des Tauschpartners. Mithin also Marketing. Erst recht galt dies ab den Zeiten der Geldwirtschaft als intermediäres Tauschmittel zwischen Waren. Dabei ging es darum, für ein gegebenes Angebot ein Maximum an Geldmitteln zu erlösen, um damit wiederum eine möglichst hohe eigene Bedarfsbefriedigung zu erreichen. Dies setzte sich fort in Zeiten des Frühkapitalismus bis hin zur Überflußgesellschaft und in die jetzige Endzeitperiode. Gerade in der Neuzeit haben sich jedoch wechselnde Engpaßsektoren für den ökonomischen Erfolg ergeben. Chronologisch ist zunächst der Engpaß der Leistungserstellung zu nennen. Denn bevor ein Angebot erfolgswirksam werden kann, muß es zunächst marktreif sein, was im weitesten Sinne heißt, Rohstoffe müssen durch Kombinationsprozesse veredelt werden. Damit aber stellt diese Produktion den Engpaß für den Unternehmenserfolg dar. Er wurde bereits Mitte des letzten Jahrhunderts durch die Nutzung der Dampferzeugung und die Erfindung der Elektrizität überwunden. Damit bewirkte technischer Fortschritt, daß dieser Bereich nicht mehr als allein limitierender Faktor angesehen werden konnte. Danach erfolgte die Ablösung durch den Engpaß der Beschaffung. Es stellte sich die Frage, wie die dazu benötigten Rohstoffe zu beschaffen waren. Zunächst einmal trug die Mechanisierung dazu bei, vorhandene Rohstoffvorkommen rationeller abzubauen, aber das allein genügte bei weitem nicht. Deshalb lösten westliche Staaten dieses Problem andererseits durch Kolonialisierung rohstoffreicher Länder, die samt der dort lebenden Bevölkerung nach Kräften ausgebeutet wurden. Als weiteres

Beschaffungsproblem stellte sich der Finanzbedarf heraus, den Unternehmen für hochmechanisierte Anlagen bereitzustellen hatten. Die dabei involvierten Geldbeträge überstiegen schnell die finanzielle Leistungsfähigkeit selbst wohlhabender Einzelunternehmer. Dieses Dilemma konnte durch die Bildung von Kapitalgesellschaften pragmatisch gelöst werden, bei denen eine Vielzahl von Investoren jeweils Geldbeträge einzahlte, deren kumuliertes Kapital dann ausreichte, die erforderlichen Betriebsmittel anzuschaffen. Selbst der Engpaß in der Personalbeschaffung wurde überwunden, indem einerseits verstärkt unqualifizierte Arbeitnehmer für niedere Tätigkeiten eingespannt und andererseits Mitarbeiter durch Ausbildungsmaßnahmen qualifiziert wurden.

Die unerfreulichen Begleitumstände der Leistungsvoraussetzungen konnten durch hohe Eigendynamik der Wirtschaft bald nachhaltig, wenngleich nicht endgültig, überwunden werden. Damit aber entstand historisch gesehen ein neuer Engpaß in Form der Leistungsverwertung. Dieser hält nach dem Ausgleichsgesetz der Planung als Limitation für den gesamten Markterfolg bis zum heutigen Tage an. D.h. nicht mehr die Produktion oder Beschaffung ist limitierender Faktor der Unternehmenstätigkeit, sondern der Absatz. Nun, da es möglich ist, eine mehr als ausreichende Warenverfügbarkeit in den allermeisten Bereichen zu gewährleisten, stellt sich das Problem, wie diese Ware abzusetzen sind. Deshalb gewinnt Marketing immer mehr an Bedeutung.

Marketing der 50er Jahre

Marketing hat binnen relativ kurzer Frist eine dynamische Entwicklung genommen. Bis vor gar nicht so langer Zeit sprach man noch von Absatzwirtschaft o. ä. Der Ausgangspunkt liegt sicherlich in den 50er Jahren bei Domizlaffs Markentechnik, d. h. der Notwendigkeit zur strategischen Profilierung von Markenartikeln mit Hilfe von Produkt- und Markenimages. Damit kann ein mehr oder minder standardisiertes Massengut zum Markenartikel mit eigener Identität und interessanter Persönlichkeit stilisiert werden. Insofern bedeutet Marketing verkürzt auch Marken schaffen und Marken pflegen. Denn Marketing für einen Nicht-Markenartikel ist kaum denkbar, und wo doch probiert, weitgehend zum Scheitern oder zur Preisaggressivität verurteilt. Die sich abzeichnende Wende vom Verkäufer- zum Käufermarkt mit Qualitätsselektion und Anspruchsdenken der Saturationsphase bringt die Idee der Segmentation in der Vermarktung hervor. Aufbauend auf Lewins Feldtheorie entwickelt Spiegel sein Marktsegmentationsmodell, das z. B. von („Nischen-Paul")Hahnemann zur Rettung von *BMW* durch das Angebot kompakter, sportiver Limousinen genutzt wird. Bis zum heutigen Tage sind undifferenzierte Massenmarktangebote nur ausnahmsweise Gegenstand des Marketing (z. B. *VW Golf*), erfordert doch der planmäßige Einsatz des Marketinginstrumentariums eine recht genaue Vorstellung darüber, wer als Käufer eines Angebots intendiert ist. Aus der Erkenntnis, daß sich der Absatzbereich im Rahmen des Käufermarkts immer mehr zum Engpaßfaktor des Unternehmens entwickelt, entsteht die damals neue Philosophie der marktorientierten Unternehmensführung, die eine tradierte, primär inputorientierte Sichtweise sukzessive ablöst, nicht zuletzt dadurch, daß Unternehmen, die sich dieser Marketingphilosophie nicht anzuschließen vermögen, vom Markt ausscheiden. So ist manch klangvolle Firma der Historie heute nicht mehr präsent oder wird nur noch als Mantel für fremde Produkte genutzt (z. B. *Dual, Nordmende, Grundig*). Parallel dazu setzen auch die ersten Controllingmaßnahmen im Absatzbereich ein, denn wenn diesem besondere Erfolgswirkung zukommt, bedarf er auch besonderer betriebswirtschaftlicher Aufmerksamkeit. In letzter Konsequenz setzt sich jedoch erst neuerdings ein spezialisiertes Marketing-Controlling durch, das der Besonderheit dieses Bereichs, sich der üblichen quantitativen Erfolgszumessung weitgehend zu entziehen und stattdessen qualitative, komplexe Inhalte aufzuweisen, gerecht wird.

Marketing der 60er Jahre

Zu Beginn der 60er Jahre wird dann das Marketinginstrumentarium formuliert. Gutenberg entwickelt aus dem bildhaften 4 P-Ansatz (McCarthy: Product, Price, Place, Promotion) die Instrumente, die auch heute noch Grundlage jeder aktionsorientierten Analyse im Absatzbereich sind. Ansätze mit nur drei Variablen (Produkt- und Preispolitik zusammengefaßt) oder einer anderen Gliederung (z. B. ursprünglich Nieschlag/Dichtl/Hörschgen) können sich nicht durchsetzen. Gleichzeitig werden die psychologischen und soziologischen Erkenntnisse zum menschlichen Entscheidungsverhalten auf die Bedingungen der Vermarktung von Gütern und Diensten appliziert. So kommt es zur Einbindung psychologischer Konsumentenverhaltenstheorien (z. B. Motivationsmodelle von Maslow oder Freud, Lernmodelle von Skinner oder Pawlow, Dissonanzmodell von Festinger) und soziologischer Konsumentenverhaltenstheorien (z. B. Meinungsführermodell von Katz/Lazarsfeld, Referenzgruppenmodell von Festinger, Adoptionsmodell von Rogers). Seither ist Marketing der qualitativen Sichtweise viel näher als der quantitativen. Kotler ist es zu verdanken, daß die Erkenntnisse des kommerziellen Handlungsspektrums im Absatz konsequent auf die nichtkommerziellen (Non Profit- oder Non Business-)Organisationen übertragen werden. Erstere befassen sich mit meist hoheitlich getragenen Unternehmen zur Bedarfsdeckung (z. B. Energieversorgung), sie werden im Rahmen des Broadening im Marketing erfaßt, das im Erkenntnisgegenstand über einzelwirtschaftliche Zwecke hinausgeht. Letztere haben eher altruistische Ziele zum Inhalt, wobei dem die Annahme zugrunde liegt, daß der Verkauf einer Idee den gleichen Gesetzmäßigkeiten gehorcht wie der einer Ware (z. B. Umweltschutzorganisationen). Parallel dazu spricht man von einem Deepening im Marketing durch Anlegung ökologischer, moralischer und ethischer Maßstäbe.

Marketing der 70er Jahre

In den 70er Jahren werden die Marketingerkenntnisse systematisch auf humane (Human Marketing), soziale (Social Marketing) und generische Aspekte (Generic Marketing) in der Gesellschaft projiziert. Damit einher geht eine Übertragung der Marketingmechanik auf allgemeine Transaktionsprozesse jeglicher Art. Zwar ist nicht zu leugnen, daß sich unser ganzes Leben um das Verkaufen der eigenen Person und unserer Wertungen dreht, um damit egoistische Ziele durchsetzen zu können, doch aus dieser Weiterung des Geltungsbereichs erwächst auch eine erhebliche Unschärfe theoretischer Aussagen, die wiederum eine zweckmäßige Einengung des Rahmen angezeigt erscheinen läßt. Ebenfalls Kotler ist der Hinweis zu verdanken, daß angesichts zunehmender Ressourcenausbeutung (angeregt etwa durch die Club of Rome-Simulation zur den Grenzen des Wachstums) das Ziel des Marketing nicht mehr singulär in der einseitigen Marktausweitung und Konsumintensivierung liegen kann, sondern ein gezieltes Reduktionsmarketing (Demarketing) in bestimmten Marktbereichen (z. B. Rohstoffe, Emissionen) erforderlich ist. Damit trägt Marketing eindeutig gesellschaftspolitischen Zielen Rechnung. Dies bedeutet wiederum, daß nicht alles verkauft werden darf, was sich verkaufen läßt, sondern nur das, was vertretbar erscheint, wahrhaftig eine Gratwanderung. Das führt sogar zum Countermarketing als bewußter Rückführung von Nachfrage (z. B. KAT-lose Fahrzeuge). Die zunehmende Verschärfung der Vermarktungsbedingungen infolge eines erheblich erweiterten Angebots und einer ständig zunehmenden Konkurrenz führt zur Notwendigkeit sowohl der klareren Abgrenzung des eigenen Angebots gegenüber denen des Wettbewerbs als auch zur besseren Profilierung in bezug auf die Nachfrageseite. Dieser Anforderung genügt die Marketingpositionierung. Damit werden die Voraussetzungen für eine Differenzierung gegenüber dem Mitbewerb und eine Akzeptanz durch die Abnehmer erreicht, sofern es gelingt, diese Positionierung angemessen, d. h. quantitativ ausreichend und qualitativ geeignet, zu kommunizieren. Im Zuge der stetigen Ausweitung des Gültigkeitsbereichs von Marketingaussagen führen verstärkte Wirtschaftsverflechtungen zwischen den Branchen einer Volkswirtschaft zur Entwicklung des sog.

Makromarketing, also der Übertragung marketingtypischen Denkens und Handelns auf die allgemeine Struktur-und Wirtschaftspolitik (z. B. im Rahmen der Industrieansiedlung).

Marketing der 80er Jahre

In den 80er Jahren zeigen die Märkte erstmals so intensive Wettbewerbsbeziehungen, daß durchaus von kriegsähnlichen Zuständen (z. B. ruinöser Wettbewerb, feindliche Übernahmen) gesprochen werden kann. Die beabsichtigte Konkurrenzvernichtung gilt verstärkt als Marketingziel. Dementsprechend fließen Erkenntnisse aus der Militärstrategie in das Marketing ein (Marketing Warfare). Dies schlägt sich auch in der Nomenklatur nieder, man spricht von Frontal- und Flankenangriffen, Überraschungs- und Einschleichtaktiken. In der Literatur wird sogar der Vergleich aus Kriegsschlachten für Marketingfeldzüge (Kampagnen) übernommen. Die zunehmende internationale Integration (EG-Binnenmarkt) führt dazu, daß der Absatzanteil, den Unternehmen nicht mehr auf dem heimischen, sondern auf ausländischen Märkten tätigen, extrem zunimmt, weshalb Marketing im Rahmen des internationalen Marketing auch auf Exportgeschäfte bzw. Direktinvestitionen Anwendung findet. Dabei handelt es sich um die Fragen der Marktwahl, des Marktzugangs und der Marktbearbeitung. Vor allem Levitt ist die Einbringung des Begriffs Global Marketing in die Diskussion zu verdanken. Entsprechend seiner Hypothese, daß die hochentwickelten Industrienationen konvergente Sozialstrukturen aufweisen, sich in ihren Vermarktungsbedingungen also immer ähnlicher werden und grenzüberschreitende Kommunikation angesichts des Satellitenzeitalters überhaupt nicht mehr zu verhindern ist, tritt er für gleiche (Prototype Campaigns) oder übertragene (Pattern Campaigns) Marketingkampagnen auf verschiedenen nationalen Absatzmärkten international tätiger Unternehmen ein. Damit einher geht die Standardisierung der Produkte zur Nutzung von Kostendegressionseffekten in der Produktion. Als Gegenbewegung ist Naisbitts Theorie der Multi Options Society zu sehen, die statt dessen auf lokales Marketing abzielt, d. h. den Besonderheiten nationaler Märkte soll genau entgegengesetzt durch einen individuellen Einsatz des Marketinginstrumentariums Rechnung getragen werden (Think global, act local), wobei verstärkt auch intranationale Teilmärkte (Regional-/Lokalmärkte) als selbständige Planungsobjekte einbezogen werden. Erste Reaktanzwirkungen im Publikum sowie der sinkende Produktivitätsbeitrag immer stärker penetrierter Kommunikationsmaßnahmen führen zur Forcierung der Aktivitäten des Direktmarketing. Diese schließen sowohl den direkten (einstufigen) Vertrieb von Sach- und Dienstleistungen als auch die direkte Ansprache von

Zielpersonen durch Mailings, Response-Werbemittel, Haushaltsverteilungen etc. ein. Die wachsende Flut von Direktmarketingstücken läßt jedoch vermuten, daß auch dabei schon Reaktanzwirkungen eintreten. Im gleichen Zuge wird das Aktionsmarketing (Promotions) immer bedeutsamer. Die normalen Kommunikationswege sind durch Informationsüberflutung und selektive Wahrnehmung der Verbraucher immer weniger geeignet, die Absenderbotschaften ans Ziel zu transportieren. Erst außergewöhnliche Ereignisse scheinen dazu in der Lage, wobei durch die eskalierende Flut von Events auch hier Wirkschwellen erreicht sind. Wiederum Kotler ergänzt das traditionelle Marketinginstrumentarium der 4 P's um die 2 P's der fünften Komponente Öffentlichkeitsarbeit (Publicity) und der sechsten Komponente Marktmacht (Power). PR findet in verstärktem Maße als verdeckte Werbung statt, etwa durch Placement, Sponsoring, Networking etc. Dabei wird zunehmend der Graubereich zwischen erkennbarer Beeinflussung und Schleichwerbung, die unter dem Alibi von Information und Unterhaltung daherkommt, überschritten. Gleichzeitig wird die Abhängigkeit weiter Teile der Gesellschaft von derartiger Unterstützung immer gravierender (Kultur, Medien, Sport etc.). Marktmacht hingegen ist kein originärer Aktionsparameter, sondern nur ein derivativer, dessen man sich freilich nach einer gewissen Dauer erfolgreicher Marktpräsenz bedienen kann.

Marketing der 90er Jahre

Die 90er Jahre sind durch die Individualisierung des Marketing (Customized Marketing) gekennzeichnet. Durch computerunterstützte Fertigungsanlagen, von Outsourcing und Modultechnik ist es darstellbar, unter Einhaltung von Rentabilitätszielen praktisch wieder zur Einzelfertigung zurückzukehren. Damit schließt sich der Kreis hin zur handwerklichen Leistungserstellung, allerdings diesesmal um den Preis wachsender Komplexität. Im Rahmen zunehmender, gerade auch lateraler Unternehmenskonzentration steigt zudem die Bedeutung von Marketingallianzen (Marketing Networks), die Konzerne zur Wahrung gegenseitiger Interessensphären in verschiedenen Märkten schließen und deren Sinn sich der einzelmarktlichen Betrachtung entzieht, sondern erst bei Analyse der gesamten Unternehmensaktivitäten zutagetritt. Zu denken ist an modulare Produktionsprozesse, die nur bei sicherer Belieferung durch verbrauchsnahe Standorte zu gewährleisten sind. Und diese wiederum übersteigen bei losgrößenoptimierten, zentralen Anlagen und verbreiterten Programmen (Sytemlieferung) rasch die Möglichkeiten eines einzelnen Unternehmens. Auch ist von der Entstehung reiner Marketingfirmen (Pure Marketing Companies) auszugehen. Bei ihnen vollzieht sich eine rechtliche und/oder wirtschaftliche Trennung zwischen Produktion und Absatz. Beispiele sind Holdingsstrukturen, unter deren Dach konglomerale Unternehmensstrukturen, meist in divisionalen Organisationsformen, gesteuert werden. So verfügen Markenartikler für gewöhnlich über ein breites Portfolio unterschiedlichster Produkte, die unter eigenständigen Markennamen abgesetzt werden und nach außen hin den Produzenten nur als technischen Herstellerhinweis verraten. Die erhöhte Verarbeitungsgeschwindigkeit und Speicherkapazität von Computern sowie die Verbreitung von In house-Kommunikationsnetzen und der gleichzeitige Zugriff auf externe Datenbanken führen zu einem immer besseren Informationsstand bei Marketingentscheidungen. Folglich treten neben die Management-Informations-Systeme nun spezialisierte Formen von Expertensystemen. Im Marketing-Service-Bereich kommt es zum Angebot integrierter Beratungslösungen. Die großen Werbeagenturen und Marketing-Consultancies haben dieses Ziel bereits weitgehend erreicht. Kotler verweist zudem auf das Turbomarketing. Darunter versteht er nicht nur den technologiebedingt besseren Informationsstand im Marketing, sondern auch Vorkehrungen für ein schnelleres Feedback auf Marktreaktionen. Dazu bedienen sich Unternehmen des Networking, d.h des Aufbaus von Kundenclubs, mit deren Hilfe neue Produkte getestet und bestehende verbessert werden. Ein aussagefähiger Meinungsaustausch wird durch elaborierte Kunden-Kontakt-Programme gewährleistet. Inhalt der Clubidee ist zumeist die Privilegierung der Mitglieder in vielfältiger Form. Als Konsequenz der Internationalisierung kommt es zu deren Übertragung auf geozentrische Dimensionen (Space Marketing). Dabei wird dann die Standort- und Ansiedlungsentscheidung von Unternehmen durch marketingadäquates Verhalten der Staaten/Regionen, die um Investitionsvolumina buhlen, beeinflußt (z. B. Steuererleichterung, Subventionierung, Infrastrukturaufbau). Dies ist vor allem deshalb bedeutsam, weil Standortauflagen die Industrieansiedlung behindern und die einzelnen Standorte immer größere Ausmasse erreichen. Außerdem gewinnt der Bereich der kaufbegleitenden technischen und kaufmännsichen Services an Bedeutung (Service Marketing). Zur Differenzierung von Angeboten tragen nämlich bei steigender Gleichartigkeit der objektiven Leistungsmerkmale auf hohem Niveau in erster Linie produktverbundene Services bei. Die Kundenkartenwelle ist dafür ebenso ein Indiz wie die Betonung von Erlebniskauf im präsentierenden Handel. Schließlich rücken auch die moralischen und ethischen Dimensionen des Marketing (Deepening) verstärkt in den Blickpunkt. Einschlägige Vorhaltungen können nicht mehr ignoriert, sondern müssen offensiv aufgegriffen werden.

Marketing, Erkenntniswandel

Die Ursprünge der Marketingentwicklung liegen in Deutschland in der Handelsbetriebslehre, damit also in einem dienstleistungsnahen Bereich. In Leipzig und Köln gab es die ersten Hochschulen, die sich mit dem, was man heute unter Marketing subsumiert, beschäftigten, als Handelshochschulen. Dies liegt auch nahe, wird doch die abstrakte Marktleistung kaum irgendwo sonst so konkret alltäglich erlebbar wie im Handel. Aus diesen Anfängen zur Jahrhundertwende entwickelte sich dann etwa 1925–1970 die Absatzwirtschaftslehre, wesentlich verbunden mit dem Namen Gutenberg. Im Mittelpunkt der Absatzwirtschaft stand die Distributionsfunktion als Verkaufsvorgang, also die Verwertung der wie auch immer erstellten Unternehmensleistung zur Liquidierung am Markt. Zwischen etwa 1965–1985 ergab sich daraus, aufbauend auf amerikanischen Ansätzen (Kotler), die Marketinglehre, hierzulande wesentlich verbunden mit dem Namen Meffert. Sie stellte erstmals ein in sich geschlossenes Konzept zur Marktbearbeitung dar, das die Ausrichtung aller Aktivitäten auf die Nachfrageseite postulierte, weil dies als Engpaß für den Unternehmenserfolg identifiziert wurde. Ab etwa 1980 wurde dieser Ansatz entscheidend dadurch erweitert, daß eine Marketingsichtweise als Maßgabe für jede strategische Ausrichtung angesehen wurde, eben als Marketing-Management, um damit entscheidende kompetitive Angebotsvorteile zu erreichen. Aktuell schließlich wird Marketing als marktorientiertes Führungskonzept verstanden, das die Ausrichtung des gesamten Unternehmens auf sein Vermarktungsumfeld umfaßt, also alle Anspruchsgruppen integriert. Dabei wird von der passiven Marktanpassung zunehmend abgerückt in Richtung der aktiven Marktgestaltung. Stand also am Anfang noch der betriebliche Verkaufsvorgang als solcher im Vordergrund, so wurde angesichts stagnierender Marktumfelder schnell klar, daß der eigene Erfolg nur zu Lasten der direkten Konkurrenten möglich wird, also eine Wettbewerbsorientierung erforderlich ist. Die Bewertung der eigenen Leistung durch Nachfragre wird also immer relativ zu den Leistungen der Wettbewerber vorgenommen, innerbetriebliche Orientierungen reichen daher mitnichten aus. Dies erfordert die Fokussierung auf die Nachfrage, verkörpert durch Kunden, in der Geschäftstätigkeit. Darauf sind dann alle anderen betrieblichen Aufgaben auszurichten.

Wie sehr sich die Sichtweise des Marketing verändert hat, läßt sich am besten an führenden zeitgenössischen Marketing-Definitionen ablesen (vgl. *Bruhn, Manfred/Meffert, Heribert/Wehrle, Friedrich* (Hrsg.): Marktorientierte Unternehmensführung im Umbruch, Stuttgart 1994):

- Marketing ist die Erfüllung derjenigen Unternehmensfunktionen, die den Fluß von Gütern und Dienstleistungen vom Produzenten zum Verbraucher bzw. Verwender lenken (Distributionsorientierung des Marketing) American Marketing Association/ AMA 1948

- Marketing ist die Analyse, Organisation, Planung und Kontrolle kundenbezogener Ressourcen, Verhaltensweisen und Aktivitäten einer Firma mit dem Ziel, die Wünsche und Bedürfnisse ausgewählter Kundengruppen gewinnbringend zu befriedigen (Konsumentenorientierung des Marketing) Kotler 1967
- Das Marketingkonzept geht davon aus, daß der Schlüssel zur Erreichung der Unternehmensziele in der Bestimmung der Bedürfnisse und Wünsche von Zielmärkten und der Befriedigung dieser Wünsche in einer effektiveren und effizienteren Art und Weise als beim Wettbewerb besteht (Wettbewerbsorientierung des Marketing) Kotler 1980
- Marketing ist der Prozeß von Planung und Umsetzung der Entwicklung, Preissetzung, Kommunikation und Distribution von Ideen, Gütern und Dienstleistungen zur Ermöglichung von Austauschprozessen, die die individuellen und organisationsbezogenen Zielsetzungen erfüllen (Marketing als Management von Austauschprozessen) AMA 1985
- Marketing hat als Unternehmensaufgabe den Aufbau, die Aufrechterhaltung und Verstärkung der Beziehungen mit Kunden, anderen Partnern (Stakeholders) und gesellschaftlichen Anspruchsgruppen zu gestalten. Mit der Sicherung der Unternehmensziele sollen auch die Bedürfnisse der beteiligten Gruppen befriedigt werden (Marketing als Management von Beziehungen) Grönroos 1990.

Marketing, Ethik

Infolge des exponierten Stellung des Marketing in der Konsumgesellschaft und deren zunehmenden Restriktionen unterliegt das Marketing steigenden ethischen Forderungen. Diese resultieren aus einer normalerweise schwächeren Position der Nachfrage- gegenüber der Angebotsseite, denn Verbraucher können ihre Bedürfnisse schlecht geltend machen. Außerdem sind Konsumentscheidungen endogen und exogen gesteuert. Ihre Bedürfnisse sind nicht einmal den Nachfragern als Bedürfnisträgern ausreichend selbst bekannt. Die Urteilsfähigkeit über Produkte ist infolge Wissensnachteil begrenzt. Eine Marktübersicht über das Produktangebot ist nicht gegeben. Als Forderungen leiten sich daraus folgende ab.

Einem Produktionsstopp für gesundheitsgefährdende Produkte kann man sich sicherlich uneingeschränkt anschließen. Dies betrifft besonders Lebensmittel. Allerdings ist die Kenntnis der komplizierten ökotrophologischen Nomenklatur und ihrer Bedeutung nicht gleichermäßig weit verbreitet. Zwar haben sich Begriffe wie Cholesterin dank Propagierung breit durchgesetzt, aber es ist weniger bekannt, in welchen Produkten und in welchem

Ausmaß dieser Stoff die Gesundheit beeinträchtigen kann. Gleichzeitig ist etwa die Auszeichnung bei Mineralwasser kaum nachzuvollziehen, da die zungenbrecherischen Begriffe mehr verbergen als offenlegen. Außerdem wird die Schädlichkeit von Produkten oft erst verspätet bekannt, wie etwa bei PCB-haltigen Holzschutzmitteln, verschleißanfälligen Autoteilen etc., so daß zum Eingreifzeitpunkt kostspielige Korrekturen erforderlich sind.

Weiterhin werden der Einsatz umweltfreundlicher Technologien und die Recyclingfähigkeit von Stoffen gefordert. Ein Problem liegt darin, daß solche Verfahren und Produkte oft teurer als herkömmliche oder diesen in ihrer Leistung unterlegen sind. So galten phosphatfreie Waschmittel lange Zeit als weniger reinigungsstark als phosphathaltige, Alkalimangan-Batterien als weniger dauerhaft als solche mit Quecksilbergehalt, Katalysatorfahrzeuge hatten zunächst weniger PS als vergleichbare, nicht abgasgereinigte Motoren etc. Dieser Umstand ist zwischenzeitlich durch intensive FuE wohl behoben. Für die Entsorgung gilt die Priorität der Vermeidung vor der Verringerung vor der Wiederverwendung der jeweiligen Stoffe, d. h. Recycling nimmt auf der Prioritätenskala erst die dritte Stelle ein. Hier übt der Handel intensiven Druck auf Hersteller aus, dem gewachsenen Ökologiebewußtsein in der Bevölkerung durch das Angebot entsprechender Produkte Rechnung zu tragen.

Erforderlich ist auch die Übernahme gesellschaftlicher (externaler) Kosten infolge der Umweltbelastung durch die jeweiligen Verursacher. Es muß daher unmöglich gemacht werden, daß durch Sozialisierung externaler Kosten individuelle Vorteile erreicht werden können. Solange dies der Fall ist, bleibt effektiver Umweltschutz eine Farce, die sich die Menschheit nicht lange wird leisten können. Daraus folgt das Verbot umweltschädigender Produkte/Produktion als mittelfristige Konsequenz. Probleme ergeben sich bereits bei der Erfassung externaler Kosten und ihrer Zurechnung auf einzelne Verursacher. Im übrigen sind auch die externalen Erträge dagegenzustellen (wie Infrastruktur, Arbeitsplätze, Steueraufkommen durch Industrieansiedlung etc.).

Der Verzicht auf Hard Selling-Methoden, wie sie vielfach üblich sind, ist durch Gesetz (UWG) sanktioniert. Zu denken ist etwa an die unsachliche Beeinflussung der Willensentscheidung von Kunden durch Irreführung über geschäftsliche Verhältnisse oder Tarnung von Werbemaßnahmen, Ausübung von rechtlichem, psychologischem oder autoritativem Zwang, Belästigung durch anreißerische Praktiken wie Ansprechen auf der Straße, ungebetenen Vertreterbesuch, aktiven Telefonverkauf, Zusendung unbestellter Waren etc., Begünstigung, Werbegeschenke, Probeabgaben, Kopplungsangebote oder Werbefahrten, Ausnützen menschlicher Vorzüge oder Schwächen wie Angst, Mitleid, Sex,

Spielleidenschaft etc. Im Bereich des Mitbewerberschutzes (GWB) ist an Behinderung (durch Vernichtungspreiskampf, Boykott, Diskriminierung, Ausspannen von Mitarbeitern, Vereitelung fremder und Abwehr vergleichender Werbung, Anschwärzung etc.) und Ausbeutung zu denken (durch sklavische Nachahmung, Herkunftstäuschung, Schmarotzen, Nutzung fremden Rufs, Verrat von Geschäftsgeheimnissen etc.). Die vielfach härter werdenden Wettbewerbsbedingungen fördern leider solche zweifelhaften Praktiken bis hin zum Rechtsbruch.

Die Minderung von Täuschung und Manipulation durch bessere Kundeninformation, etwa über Warenkennzeichnung, Gebrauchsanweisung etc., ist ein weiteres Anliegen. Hier ist die gesetzliche Schützenhilfe noch unzureichend. Zwar sind Mindestanforderungen weithin erfüllt, aber bis zu einem zufriedenstellenden Informationsniveau bleibt noch ein großer Verbesserungsspielraum. Allerdings darf auch die Selbstbestimmungsfähigkeit der Marktpartner nicht unterschätzt werden. Wirtschaften ist in erster Linie keine Fürsorgeveranstaltung.

Es soll kein ruinöser Machtmißbrauch am Markt Platz greifen. Nun sind die (kurzen) Phasen überhitzter Wettbewerbsintensität relativ selten. Insofern richtet sich die Marktmacht von Anbietern weniger gegeneinander. Vielmehr geht es darum zu verhindern, daß diese Macht gegen schwächere Marktteilnehmer ausgespielt wird. Dafür gibt es vielfältige Beispiele in Form von Behinderung, Preisüberhöhung oder Untereinstandspreisverkauf. Allerdings ergeben sich hierbei gravierende Beweisprobleme. So ist eine Diskriminierung nur selten nachzuweisen, da die Vergleichsbasis strittig bleibt. Gleiches gilt in vielleicht noch stärkerem Ausmaß für die mißbräuchliche Ausnutzung der Marktmacht durch marktbeherrschende Unternehmen. Ruinöse Preissetzung schließlich erfordert die Einsicht in das Rechnungswesen des Betriebs und den Nachweis des Motivs. Insofern bleibt die rechtliche Grundlage brüchig. Auch jede intensivere Verfolgung der Delikte wettbewerbswidriger Absprachen durch erweiterte Befugnisse stößt an die Grenzen marktwirtschaftlicher Ordnung.

Zur Förderung von Verbraucherorganisationen und Presseaufklärung ist der Staat aufgerufen. Traditionell sind Verbraucher ausgesprochen schlecht organisiert. Ihre große Vielzahl, Heterogenität und mangelnde Finanzausstattung erschweren die Vertretung berechtigter Interessen gegenüber straff geführten Industrielobbys. Außerdem wird die unvollständige Information der Öffentlichkeit über relevante Vorgänge in Beschaffung, Produktion und Vermarktung sensibler Produkte beklagt. So treten Mißstände meist erst durch puren Zufall oder auch einzelne Mißgeschicke zutage.

Die Beseitigung von Marktzutrittsschranken und die Erhaltung eines funktionsfähigen Wettbewerbs sind vordringliche Forderungen. Viele Märkte sind heute durch willkürliche Eintrittserschwernisse für neue Anbieter abgeschottet. Obgleich es diversifizierten Unternehmen tendenziell leichter gelingt, diese zu überwinden, impliziert doch die Hinderung der Teilnahme am Wettbewerb Ineffizienzen. Ebenfalls suchen bestehende Anbieter auf einem Markt, den Grad der Konkurrenz untereinander in vielfältiger Weise zu beschränken. Leider gibt das Wettbewerbsrecht bzw. dessen Auslegung nur sehr geringe Möglichkeiten, diesen Verstößen Einhalt zu gebieten. Eine Offensive wäre daher dringend angezeigt, denn die Erfahrung belegt, daß funktionsfähiger Wettbewerb am ehesten in der Lage ist, Freiheit, Wohlstand und Gerechtigkeit zu gewährleisten.

Nicht zuletzt werden Werbekontrollen nach Inhalt und Umfang gefordert. Dies betrifft vor allem sensible Produktgruppen wie Tabakwaren, Heilmittel, Spirituosen, Süßwaren, Kinderprodukte etc. Dahinter verbirgt sich eine wachsende Kritik an kommunikativer Beeinflussung in allen Bereichen des täglichen Lebens, die Bedürfnisse manipulierbar macht. Da ist es nur natürlich, daß es zu Reaktanzwirkungen kommt, wenn das Publikum mit allgegenwärtiger Werbung und PR, mit Sponsoring und Placement konfrontiert wird. Der Widerstand richtet sich zunächst gegen die augenscheinlich anfälligsten Produkte, die ohnehin als potenziell schädigend angesehen werden.

Es muß versucht werden, mehr Transparenz durch Marktvergleiche und Warentests zu erreichen. Die Programmbreite hat zwischenzeitlich extreme Ausmaße erreicht und wächst weiter. Da Leistungsunterschiede infolge zunehmenden technischen Fortschritts nivellieren bzw. ungeschult kaum mehr zu beurteilen sind und selbst Verkaufsberater vor immer größere Schwierigkeiten der Erklärung stellen, ist die Konsumentensouveranität latent durch begrenzte Urteilsfähigkeit und Marktübersicht gefährdet. Abhilfe schaffen neutrale Vergleichstests, die breiten Gruppen der Bevölkerung schnell, billig und sicher zugänglich sind.

Die Verhandlungsposition der Verbraucher muß durch Rechtsbeistand und verbesserten Rechtsschutz verbessert werden. Das Produkthaftungsgesetz bestimmt zwischenzeitlich die verschuldensunabhängige Haftung des Herstellers bei Konstruktions-, Fabrikations- und Instruktionsfehlern. Daneben gelten die Bestimmungen zu Schadensersatz nach § 823 BGB und die Rechte aus dem Vertrag weiterhin parallel.

Zeitgemäße Sicherheitsnormen sind zwar weitestgehend vorhanden und werden auch eingehalten, doch der rasche technische Fortschritt erzeugt immer neue Produkte, die neue Risiken bergen bzw. neue Erkenntnisse über vorhandene Produkte und deren Risiken hervorbringen, so daß eine stetige Anpassung der Vorschriften erforderlich scheint. Der Industrie ist vorzuhalten, daß sie gelegentlich ihr bekannte Produktrisiken verschweigt oder latente Gefahren nicht aufklärt, bis Rechts- oder Marktdruck herrschen, um ihre Vermarktungschancen zu erhalten.

Selektives, qualitatives Wachstum kann als weitere Forderung nur unterstrichen werden. Dies schon deshalb, weil ein umfassendes, quantitatives Wachstum durch rigide Umfeldbedingungen weitgehend verunmöglicht ist. Dem Marketing als Konsummotor kommt dabei allerdings eine besondere Bedeutung zu, die einzelwirtschaftlich Überwindung und Bekennung zu De- bzw. Countermarketing erfordert.

Die Auslagerung der Produktion in Billiglohnländer mit schlechter sozialer Absicherung der dortigen Arbeitnehmer und Verlust von Arbeitsplätzen im Inland ist beklagenswerte Konsequenz von Standortnachteilen im Wettbewerb. Gleiches gilt für den Außenhandel mit Ländern, die Menschenrechte verletzen, nur um Umsätze dort zu mitzunehmen. Diejenigen Unternehmen, die darauf bewußt verzichten, erleben eine individuelle Benachteiligung gegenüber solchen, die weniger zimperlich sind. Solange ethisches Handeln aber einzelwirtschaftlich indirekt bestraft wird, kann es sich nicht so durchsetzen, wie es moralisch wünschenswert ist.

Ein weiterer Punkt der Kritik betrifft die Diskriminierung der Frau in Teilen des Marketing, dort besonders in der Werbung. Bei Produkten, die sich vorwiegend an männliche Zielgruppen wenden, gilt immer noch „Sex sells". Die Werbewirtschaft hat im Deutschen Werberat zwar ein Selbstkontrollgremium installiert, das auf Anzeige hin diskriminierende Werbung prüft und notfalls abmahnt, aber da Sanktionsmittel fehlen, bleiben Ignoranten und Wiederholungstäter unbehelligt. Ähnliches gilt im übrigen für Werbung mit und vor Kindern, auch für solche, die auf religiöse Gefühle und auf Angst abzielt, dann für Werbung, die Minderheiten herabwürdigt und niedere Instinkte anspricht. Dies kommt allerdings in Relation zur gesamten Botschaftszahl äußerst selten vor.

Da Verbraucher ihre Bedürfnisse nicht geltend machen können, ja diese ihnen zum Teil nicht einmal selbst bekannt sind, denn Nachfrage ist nicht kreativ, sondern kann nur auf Angebot reagieren (Say'sches Theorem), können Anbieter nur durch Steuerung der Motivation die Aufmerksamkeit auf ihr Produkt lenken, um Reaktion zu erzeugen. Daß dabei neben vorhandenen Bedürfnissen auch erst neue generiert werden, liegt in der Natur der Sache. Daraus leitet sich aber die Unterstellung des außengeleiteten Konsumenten ab, dessen Bedarfe manipulierbar sind. Dies ist zwar nicht zu leugnen, stellt sich jedoch bereits anders dar, wenn man „Manipulation" rein semantisch durch „Verführung" ersetzt. Denn wer läßt sich nicht gerne mal zu etwas Schönem verführen, ist doch der Konsum ein positives Erlebnis? Da können sich nur bedauernswerte Asketen zurückhalten.

Marketing, Instrumentaleinsatz

Hinsichtlich der Anzahl und der Reihenfolge der Marketing-Instrumente bestehen zwischen den Autoren erhebliche Unterschiede. Am weitesten verbreitet sind die *Vier-Faktoren-Ansätze*, so von:

- *Gutenberg* (Der Absatz): Produktgestaltung, Preispolitik, Absatzmethode, Werbung,
- *McCarthy* (Basic Marketing): Produkt, Preis, (Handels-)Platz, (Verkaufs-)Förderung,
- *Nieschlag/Dichtl/Hörschgen*(Marketing): Produkt- und Programmpolitik, Entgeltpolitik, Distributionspolitik, Kommunikationspolitik,
- *Meffert* (Marketing): Produkt- und Sortimentspolitik, Kontrahierungspolitik, Distributionspolitik, Kommunikationspolitik,
- *Böcker* (Marketing): Produktpolitik, Entgeltpolitik, Distributionspolitik, Kommunikationspolitik,
- *Bruhn* (Marketing): Produktpolitik, Preispolitik, Kommunikationspolitik, Vertriebspolitik,
- *Weis* (Marketing): Produktpolitik, Kontrahierungspolitik, Distributionspolitik, Kommunikationspolitik,
- *Berndt* (Marketing): Produkt-, Sortiments- und Servicepolitik, Kontrahierungspolitik, Kommu nikationspolitik, Distributionspolitik,
- *Bidlingmaier* (Marketing): Produktpolitik, Preispolitik, Distributionspolitik, Absatzwerbung,
- *Poth* (Marketing): Produktpolitik, Preispolitik, Distributionspolitik, Kommunikationspolitik,
- *Pepels* (Marketingpraxis): Produkt- und Programmpolitik, Preis- und Konditionenpolitik, Distributions- und Verkaufspolitik, Kommunikations- und Identitätspolitik.

Daneben gibt es auch die *Drei-Faktoren-Ansätze*, die durch eine Zusammenfassung von Produkt- und Preiselementen zu einem Instrument entstehen, was jedoch deren Klarheit nicht unbedingt dienlich ist. Zu nennen sind in diesem Zusammenhang etwa:

- *Stern* (Marketing Planning): Produktsubmix, Distributionsmix, Kommunikationsmix,
- *Lazer* (Marketing Management): Produkt- und Service-Mix, Distributionsmix, Kommunikationsmix,
- *Berger* (Marketing-Mix): Leistungs- und Angebotspolitik, Vertriebs- und Strukturpolitik, Kommunikationspolitik
- *Becker* (Marketing-Konzeption): Angebotspolitik, Distributionspolitik, Kommunikationspolitik.

Seltener sind die *Fünf-Faktoren-Ansätze*, die vor allem durch die Abtrennung des Verkaufsinstruments aus der Distribution heraus entstehen, so von:

- *Leitherer* (Marktlehre): Produkt- und Sortimentsgestaltung, Werbung, Absatzorganisation, Preisgestaltung, Absatz- und Konsumfinanzierung,
- *Hill* (Marketing): Leistungsprogramm, Absatzmärkte und -wege,

Preispolitik, Absatzwerbung, Verkaufs-Auftragsabwicklung, -Lieferung, -Kundenservice,

- *Kotler* (Marketing Management): Produktentscheidungen, Preisentscheidungen, Absatzwegeentscheidungen und physische Distribution, Marketing-Kommunikationsentscheidungen (Werbung, Verkaufsförderung, Publizität), Verkaufspersonalentscheidungen.

Marketing, Konfliktpotentiale

Es ergeben sich vielfältige Konfliktfelder zwischen den Ansichten der traditionellen Betriebswirtschaft und der zeitgemäßen Marketingsichtweise. Stellvertretend sind folgende genannt. Der Gegensatz zwischen *Kosten- oder Marktpreis* entsteht, weil traditionell von einer Preisbildung auf Kostenbasis ausgegangen und deshalb ein Preisniveau gefordert wird, das über die volle Kostendeckung hinaus einen angestrebten Gewinn ermöglicht. Marketing geht demgegenüber allein von dem am Markt für ein Angebot erzielbaren Preis aus. Deckt dieser die vollen Kosten nicht, so gibt es mehrere Möglichkeiten. Zum einen kann deshalb vom Marktangebot Abstand genommen, zum anderen im Rahmen einer internen Subventionierung zumindest vorübergehend auf die volle Deckung aller Kostenbestandteile verzichtet werden. Schließlich kann, und das ist das Kernanliegen des Marketing, auch versucht werden, den Nutzen des Angebots in den Augen definierter Zielgruppen derart zu steigern, daß diese bereit sind, einen höheren als den ursprünglichen Preis dafür zu bezahlen. Die Kosten der Leistungserstellung als innerbetriebliche Größe sind dabei zunächst völlig irrelevant.

Ein weiterer Konflikt betrifft das Thema *Spezialisierung vs. Differenzierung*. Traditionell geht man meist davon aus, sich auf einen Produktbereich zu konzentrieren und dort als angesehener, zuverlässiger Anbieter zu etablieren. Aktivitäten über diese angestammte Domäne hinaus werden nur ausnahmsweise für erforderlich gehalten. Marketing hingegen sieht in der aktiven Suche (Scanning) und Beobachtung (Monitoring) als erfolgversprechend erachteter neuer Angebotssektoren die Chance, ein Unternehmen entscheidend nach vorn zu bringen. Dies entspricht viel eher der dynamischen Marktorientierung.

Eng damit verwandt ist das Problem der *Standardisierung oder Sonderanfertigung*. Die produktionsorientierte Sichtweise geht immer noch davon aus, das Programm auf wenige gängige Angebotsvariable zu konzentrieren, da sich diese in großen Losen äußerst rentabel fertigen lassen. Das wiederum bedeutet niedrige Kosten und damit konkurrenzfähige Preise bzw. ansehnliche Gewinne. Die Marktrealität ist jedoch längst durch den Wunsch des Publikums nach Individualisierung von Produkten gekennzeichnet. So entspricht etwa kaum ein Automobil mehr dem serienmäßigen Zustand,

Kleidungsstücke werden durch Accessoires subjektiv modifiziert etc. Die darin liegenden Marktchancen werden vernachlässigt, öffnet sich das Unternehmen nicht für die Möglichkeit, verstärkt individuelle Segmente mit Kleinserien zu bedienen. Die vollautomatisierte Fertigung bietet dabei eine Möglichkeit, durch computergesteuertes Assembling zumindest zu Sonderserien zurückzukehren.

Traditionell steht die *Funktion* eines Angebots im Vordergrund, im Marketing hingegen die *Aufmachung*, da die Leistungen von Produkten immer austauschbarer werden. Leider kommt es nur selten zur Situation, daß ein Angebot einen wirklich gravierenden Vorteil vor allen anderen aufweist und sich allein damit eine Marktdominanz erarbeiten kann. Weit überwiegend ist es hingegen so, daß die Angebote auf überaus hohem Niveau leistungsmäßig mehr oder minder gleichwertig sind. Für diese Fälle kommt es auf den Preis und das persönliche Gefallen an. Oft ist es auch so, daß die Leistung eines Produkts vom Interessenten gar nicht angemessen beurteilt werden kann, weil ihm das fachliche Wissen, die Konsumerfahrung oder einfach der Wille zur Auseinandersetzung fehlen. Dann wird das Design/Styling bedeutsam für die Entscheidung zugunsten eines und damit gegen alle anderen Angebote. Auch sonst dient die Aufmachung von Produkten, mit denen man sich als Konsument umgibt, als Ausdruck des persönlichen Lebensstils. Zuweilen werden dabei sogar funktionale Nachteile in Kauf genommen (z. B. Sportcoupés), damit tritt die Funktion dann endgültig in den Hintergrund.

Parallel dazu ist der Konflikt zwischen *Technik und Nutzen* zu sehen. In der Vergangenheit standen die technischen Möglichkeiten im Blickpunkt. Angesichts eines unterversorgten Marktumfelds entsprachen diese auch meist dem Nutzen. In einer Überflußgesellschaft jedoch, in der alle elementaren Nutzen bereits hinlänglich abgedeckt sind, animiert technische Faszination allein immer weniger zum Kauf. Zentral sind vielmehr die persönlichen Nutzen. Internal i.S.v. Leistungsnutzen (Gebrauchseignung/Qualität) oder Kennernutzen (Understatement/Wissen), external i.S.v. Trendnutzen (Zugehörigkeit/Anerkennung) oder Geltungsnutzen (Profilierung/Prestige). Diese allein stellen den äquivalenten Gegenwert für die Geldausgabe beim Kauf dar. Die subjektive Dimension des Nutzens entfernt sich dabei zunehmend von der objektiven der Technik. Während letztere auf innere Qualitätswerte abhebt, ist für erstere vor allem die wahrnehmbare Qualität ausschlaggebend.

Vor diesem Hintergrund muß der vorhandene technische Faktor *Forschung und Entwicklung* (FuE) durch den Faktor *Marketingforschung* (MF) ergänzt werden. FuE ist zwar notwendig, jedoch nicht mehr allein ausreichend zur Sicherung des Unternehmenserfolgs. Sie bedarf der Ergänzung um die MF. Dabei ist klar, daß eine gegebene Wettbewerbsposition ohne intensive FuE nicht zu halten ist, das gilt sowohl für die Grundlagenforschung und vor allem für die angewandte Entwicklung. MF muß aber helfen, vorhandene Ergebnisse bestmöglich umzusetzen bzw. geeignete Suchfelder für Ergebnisse vorzugeben. Insofern kommen ihr strategisch-analytische anstelle bloß deskriptiver Dimensionen zu.

Im Mittelpunkt der Produktion steht die *Ersparnis*, im Mittelpunkt des Marketing die *Qualität*. Ersparnisse bei Einsatzstoffen und Verfahren sind nur insofern tolerabel, als dadurch die Qualität nicht negativ tangiert wird. Daß beide Gesichtspunkte sich ergänzen können, beweist der Erfolg von Lean Production, also der größtmöglichen Sparsamkeit in der Fertigung bei hohen Ausstattungs- und Verarbeitungsansprüchen. Nur karge Herstellung allein ist nicht in der Lage, Markterfolge zu evozieren. Dazu gehört eine erkennbare, nachvollziehbare Qualität. Der Kompromiß zwischen beiden Ansprüchen wird in der Wertanalyse gesucht. Dabei geht es darum, die gegebene Gebrauchseignung (= Qualität) bei reduziertem Faktoreinsatz (= Ersparnis) zu erhalten bzw. bei gegebenem Faktoreinsatz eine höchstmögliche Gebrauchseignung. Als Korrektiv wirken hier Qualitätskontrollen.

Damit eng zusammen hängt der Konflikt zwischen hohen/optimierten Bestellgrößen und langen Bestellintervallen bei niedrigen Lagerbeständen (*Logistikoptimierung*) einerseits sowie hohen Lagervorräten und kurzen Lieferabständen andererseits (*Serviceflexibilität*). Ersteres führt durch Minimierung der Kapitalbindung und der bestellfixen Kosten zur Aufwandssenkung, dies aber zu Lasten der Reagibilität auf Nachfrageschwankungen, letzteres führt zwar zu höherem Aufwand, erhält jedoch die Lieferfähigkeit auch bei schwankender Nachfrage. Angesichts weitgehend austauschbarer Produkte und Anbieter bergen Fehlmengen das hohe Risiko des Kundenverlustes, da Lieferbereitschaft, Lieferzuverlässigkeit und Lieferfrist heutzutage wichtige Wettbewerbsparameter sind.

Ein weiteres Konfliktfeld betrifft die subjektive Einstellung zu *Sicherheit und Risiko*. Traditionell ist die Absicht der Rechenbarkeit von Eintrittswahrscheinlichkeiten innerhalb eines mehr oder minder deterministischen Umfelds kennzeichnend. Risiken passen in diese Sichtweise nur insoweit, als sie unvermeidlich und kalkulierbar niedrig sind. Die Erfahrung zeigt jedoch, daß große Gewinnchancen nurmehr durch das Eingehen hoher Risiken erreichbar sind. Wer diese Risiken nicht einzugehen bereit ist, muß auch auf die damit verbundenen Chancen verzichten. Die durchschnittliche Marktentwicklung kann damit allerdings kaum übertroffen werden.

Auf der Finanzseite ergibt sich der Konflikt zwischen *starrer oder flexi-*

bler Budgetierung. Starre Budgetierung impliziert sowohl die Einhaltung fester, verplanter Kostenprogramme als auch Erlöse. Dies erschwert im Marketing die Vereinbarung kundenindividueller Konditionen und sonstiger Abreden. So können im Einzelfall Geschäftschancen nicht wahrgenommen werden, weil sie pauschal vorgegebenen Standards nicht genügen, obgleich die Nachteile daraus womöglich überkompensiert werden durch Vorteile aus den zusätzlichen Abschlüssen. Dazu gehören auch die Gebiete der Kreditprüfung, der Kreditierung und des Lasteneinzugs.

Ein weiterer Konflikt betrifft die Produktionsvorbereitungs- bzw. Modellgenerationsdauer. Marketing ist an kurzen Vorbereitungszeiten und häufigen Modellwechseln gelegen (*Veränderung*). Dadurch kann die Wettbewerbsposition gehalten oder ausgebaut werden. Die Technik hingegen fordert sorgfältige Arbeitsvorbereitung und hohe Produktreife (*Konstanz*). Damit lassen sich jedoch in schnellebigen Märkten kaum mehr Marktvorsprünge erzielen. Die Zeit ist hier zu einem wesentlichen Konkurrenzfaktor geworden, oft gewinnt nicht der Bessere, sondern der Schnellere. Das bedingt auch, daß Produkte aus dem Stand heraus Topqualität aufweisen und nicht erst, wie früher, nach einer gewissen Anlaufzeit des Lernens.

In enger Verbindung dazu steht die Einstellung zu *Perfektion oder Pragmatismus*. Marketing sucht nicht um jeden Preis die Optimierung einer Lösung. Der Aufwand, der dazu erforderlich ist, wird als etwas angesehen, das zur Umsetzung „guter" Lösungen besser geeignet ist. Dies ist deshalb gerechtfertigt, weil einerseits Imponderabilien des Umfelds berechtigte Zweifel an der Optimalität ermittelter Lösungen aufkommen lassen und andererseits die Dynamik des Umfelds angemessen rasche Antworten auf Umfeldveränderungen erfordert. Damit soll gewiß nicht blindem Aktionismus das Wort geredet werden. Es geht vielmehr nur darum, Perfektion durch einen gesunden Schuß Pragmatik zu ergänzen.

Dies kommt auch im Gegensatz aus *Methodeneffizienz und strategischer Planung* zum Ausdruck. Traditionell wird die volle Nutzung vorhandener Methoden ausgereizt, doch dabei gelegentlich übersehen, daß ein Umstieg auf neue Methoden bei gleichem Aufwand zu vergleichsweise besseren Ergebnissen führen kann. Marketing hingegen stellt bestehende Methoden systematisch in Frage und sucht kreativ neue Problemlösungen, die auf ein höheres Leistungsniveau führen. Maxime ist die Erringung der Marktführerschaft, die aufgrund der vielfältigen Parameterverflechtungen selbst mit zufriedenstellenden Methoden realisierbar ist, da auch der Mitbewerb schließlich nicht optimieren kann.

Der Konflikt setzt sich in der Philosophie aus *Marktbedienung vs. Marktgestaltung* fort. Betriebswirtschaftlich wird eher die unternehmensindividuell bestmögliche Bedienung vorhandener Märkte untersucht. Dabei geht es vor allem um die Minimierung der mit Aktivitäten verbundenen Kosten. Es stellt sich jedoch die Frage, ob die mit der Nutzung bestehender Potentiale verbundene Effizienz nicht geringer einzuschätzen ist als mögliche Effizienzvorteile, die aus der Aktivierung neuer Potentiale erwachsen. Marketing beschäftigt sich maßgeblich mit der Identifizierung und testweisen Bedienung solcher neuen Produktmärkte, aus denen nicht zuletzt Wachstumsimpulse bezogen werden.

Das Management ist *abnehmer*anstelle von *unternehmensorientiert*. Ziele sind extern anstelle von intern orientiert. In der Summe lassen sich die Aspekte im Konflkt Unternehmensorientierung (Grundhaltung: Verkaufen, was sich produzieren läßt) vs. Marktorientierung (Grundhaltung: Produzieren, was sich verkaufen läßt) zusammenfassen. Während traditionell das Unternehmen als produktives soziales System untersucht wird, steht im Mittelpunkt des Marketing der Markt als Ort der Umsatzerzielung. Denn nur die Honorierung von Betriebsleistungen durch den Markt sichert den Bestand des Unternehmens. Und je marktgerechter angeboten wird, desto größer bleibt der Abstand zum Grenzanbieter.

Marketing, Kontrollen

Die Prüfung der Marketing-Prozesse und der Marketing-Ergebnisse wird meist unter dem Begriff Marketing-Kontrolle zusammengefaßt. Die Marketing-Kontrolle wiederum gliedert sich dann in zwei große Bereiche, die Revision (Marketing-Auditing) und die Steuerung (Marketing-Controlling). Ersteres umfaßt die Bereiche Prognose, Information, Korrektur und Prüfung, letzteres die Bereiche Planung, Information, Korrektur und Überwachung. Revision hat also im wesentlichen die Prüfung der Marketing-Prozesse zum Inhalt und stellt fest, wie diese Resultate zustandegekommen sind. Untersuchungsgegenstand ist also die Effektivität. Steuerung hat hingegen im wesentlichen die Überwachung der Marketing-Ergebnisse zum Inhalt und stellt fest, ob diese mit vorgegebenen Resultaten übereinstimmen. Untersuchungsgegenstand ist also die Effizienz. Es besteht allerdings auch die gegenteilige Auffassung, nach der Controlling der Oberbegriff und Kontrolle und Audit die Unterbegriffe sind. Abzugrenzen ist die Kontrolle damit vom Controlling, einer Steuerungsfunktion für das Management, die die Planung, die Kontrolle und die organisatorischen und informationellen Rahmenbedingungen enthält. Dabei besteht jedoch die Gefahr, daß die Aufgaben der Unternehmensführung vorweggenommen werden. Kontrolle ist also wesentlich enger als Controlling gefaßt. Eine wieder andere Auffassung sieht Controlling als Querschnittsfunktion im Unternehmen, die neben Operations (Marketing-Mix) und Services (Informationshandling) steht.

Kontrolle ist die Rückmeldung zur Planung. Dazu hat man sich das Management als Regelkreis vorzustellen. Die Planung verbindet den gegenwärtigen Status mit dem Ziel der nächsten Planungsperiode. In dieser stellt die Kontrolle einmalig oder begleitend fest, ob Abweichungen vorhanden sind und steuert dann gegen. Der neue Status wird in der Planung zur Basis für die Zielprojektion, die dann wiederum kontrolliert wird und somit einen dauerhaften Prozeß einleitet.

Kontrollinhalte können Verrichtungen (Funktionen im Betrieb), relativ selbständige Einheiten (Kategorien), Absatzgebiete (Regionen) oder begrenzte Aktivitäten (Projekte) sein. Eine Kontrolle kann operativ, d. h. die Durchführung betreffend, oder strategisch, d. h. die Planung beteffend, angelegt sein. Ziel ist meist die Optimierung des magischen Dreiecks aus Rentabilität, Liquidität und Sicherheit. Denn diese Größen stehen in permanentem Zielkonflikt zueinander. Die Kontrollgrößen können ökonomischer oder außerökonomischer Natur sein.

Die Kontrolle selbst erfolgt hinsichtlich Soll-Ist-Vergleich der Marktdaten mit den Daten der eigenen Planung, als Betriebsvergleich mit den Daten ähnlicher Betriebe oder als Zeitvergleich mit den Daten anderer Perioden. Der Soll-Ist-Vergleich dient Kontrollzwecken, auch wenn die Ermittlung fairer Soll-Werte meist schwierig ist. Der Betriebsvergleich betrifft den Vergleich verschiedener Einheiten des gleichen Betriebs untereinander bzw. gleicher Einheiten verschiedener Betriebe miteinander. Allerdings besteht oft das Problem der mangelnden Einheitlichkeit der Bezugsbasis. Deshalb bemühen sich überbetriebliche Organisationen um entsprechende Vereinheitlichung der Ausgangsbedingungen. Der Zeitvergleich betrifft Vergleiche zwischen den Werten zweier Perioden, er läßt Entwicklungen deutlich werden und dient somit als Indikator für Trendänderungen. Wie alle Zeitreihendaten unterliegt er der Schwierigkeit einer Differenzierung zwischen zufälligen und überzufälligen Veränderungen. Abweichungen zwischen Ziel und Status rühren von Planungs- und/oder Durchführungsfehlern her. Ursachen dafür sind die Fehlverwertung richtiger Informationen, Falschinformationen, das Übersehen von Fakten oder einfach Verfahrensmängel.

Marketing, Kosten

Im Bereich der betrieblichen Marketingkosten bieten sich gleich mehrere Überwachungsverfahren an. Beim Work Measurement handelt es sich um ein Verfahren zur Messung und Beurteilung von routinemäßigen (exekutiven) Arbeiten durch Bestimmung der dabei anfallenden Arbeitsprozesse, deren Zerlegung in Grundbestandteile und Zuordnung zu Normzeit- im Vergleich zu Standardzeitwerten. Die Ermittlung ist recht aufwendig, zumal dispositive

Arbeiten sich ihrer entziehen. Dafür sind weitgehende Objektivität und Reproduzierbarkeit gegeben.

Bei der Arbeitsablaufanalyse stehen Erfassung, kritische Aufbereitung und graphische Darstellung (Netzplan) von Arbeitsabläufen für mehr Produktivität im Vordergrund. Diese Systemanalyse schafft kürzere Bearbeitungszeiten, wirtschaftlichere Leistungserstellung und besseren Arbeitsmitteleinsatz. Allerdings wird die Arbeitsbelastung der Mitarbeiter dabei nicht normiert.

Bei der gemeinsamen Zielvereinbarung erhalten alle Mitarbeiter durch das Management vermittelte oder gemeinsam erarbeitete Vorgaben, deren Erreichung gemessen wird. Voraussetzung sind allerdings realistische Zielvorgaben und motivierte Mitarbeiter. Dabei wird eine Übererfüllung sowie die Erreichung anderer als der vorgegebenen Ziele eingeschränkt.

Bei der linearen Kostensenkung wird allen Funktionsbereichen des Unternehmens die gleiche, global festgelegte Aufwandseinsparung vorgegeben. Von Nachteil ist, daß auf die Besonderheiten einzelner Abteilungen dabei nicht eingegangen wird. Jedoch ist das Verfahren, obgleich gleichermaßen ungerecht für alle, sehr schnell und wirksam durchsetzbar.

Beim Zeitmanagement wird eine sorgfältige Planung und laufende Selbstkontrolle des Zeiteinsatzes der Mitarbeiter angestrebt. Durch Konzentration und Selbstdisziplin soll die Arbeitseffizienz steigen. Konstitutiv gilt dies aber nur für dispositive Tätigkeiten. Außerdem sind die erforderlichen Aufzeichnungen umfangreich und müssen mühsam aktualisiert werden.

Beim Organization Development geht es um die Optimierung der Leistungsfähigkeit des Organisationssystems. Dazu treffen sich alle Betroffenen in Trainingsgruppen, die während langer, häufiger Konfliktlösungssitzungen für alle akzeptable Konventionen erarbeiten, die Betriebsklima, Engagement und Ideengut im Unternehmen steigern.

Marketing, Methoden

Im Marketing können aus traditioneller Sichtweise verschiedene materielle Methoden für die Analyse angewandt werden. Die *Analyse der Funktionen* im Marketing führt zu einer Katalogisierung von Zielen und Aufgaben (Seyffert u. a.). Dies geschieht etwa bei der Aufzählung der Handelsfunktionen zur Systematisierung des Absatzes. Erkenntnisse über die Setzung der Marketingparameter sollen durch die vollständige Erfassung der Funktionen erreicht werden. Ziel ist die Überwindung von Diskrepanzen zwischen Produktion und Konsumtion. Je vielfältiger verflochten sich jedoch reale Maßnahmenbereiche darstellen, desto schwieriger wird es, alle Funktionen angemessen zu charakterisieren.

Die *Analyse der Institutionen* im Marketing führt zu einer umfassenden Typbildung der Marketingmaßnahmen, die die Akteure (Personen oder Organisationen) verkörpern. Ziel ist die Beschreibung beobachtbarer Absatzinstitutionen und die Ableitung kosten- und ertragswirtschaftlicher Aussagen daraus. Dies erfolgt z. B. bei den Betriebstypen des Handels als Erfassung beobachtbarer Strukturelemente (Tietz u. a.). Alle denkbaren Typen werden hinsichtlich verschiedener Ausprägungen beschrieben und auffällig häufig zusammentreffende Ausprägungen unter einem Typ zusammengefaßt. Die Vielfalt der Realität mit dem Wunsch, gerade von einer Typisierung ab- und zu einer Individualisierung hinzukommen, stellt jedoch ein schwerwiegendes Hindernis dar.

Die *Analyse der Waren*, die vermarktet werden, führt zu einer Klassifikation der Güterarten (Knoblich u. a.). Es wird unterstellt, was auch häufig der Realität entspricht, daß verschiedene Güterarten verschiedene Vermarktungskonzepte nach sich ziehen. So kann etwa unterschieden werden hinsichtlich Finanzmitteln (Geld, Kredit), Personal (ausführend, dispositiv) und originären Gütern. Letztere unterteilen sich wiederum in Betriebsmittel (Anlagen), Handelswaren (Fertigerzeugnisse), Dienstleistungen und Werkstoffe. Letztere umfassen ihrerseits Roh-, Hilfs- und Betriebsstoffe sowie Teile (Komponenten). Diese Einteilung ist sicherlich bedeutsam

Die *Analyse des Verhaltens* der Abnehmer führt zu Erkenntnissen aus der Sozialpsychologie für die Erklärung und Beeinflussung des Käuferverhaltens (Kroeber-Riel u. a.). Zu denken ist an Käufermodelle für den Individual- und Kollektiventscheid. Demnach sind weitgehend intervenierende Variable bzw. theoretische Konstrukte für Verhalten ausschlaggebend und deshalb von zentraler Bedeutung für das Marketing. Ein großes Problem liegt allerdings darin, daß die Mittel zur Aufbrechung der Black Box und zur Offenlegung von Input-Output-Beziehungen vor allem durch Marktforschungsmethoden und Hypothesen unvollkommen bleiben müssen.

Die *Analyse des Marketingsystems* führt zur Modellbildung mit Systemhierarchien und Regelkreisen für Mikro- und Makrosysteme analog der Kybernetik (Ulrich u. a.). Ziel ist die Erklärung inner- und zwischenbetrieblicher Entscheidungsinterdependenzen im Absatzbereich. Als Beispiel kann der Warenkreislauf gelten. Hier wird dargestellt, welche Beteiligten in welchem Umfang wie, wann und wo Waren, Geld oder Informationen austauschen. Die Untersuchung des Wirkungsanteils der jeweilig beteiligten Elemente erbringt demnach Erkenntnisse für die Konzeption. Kleine Abweichungen von den zugedachten Rollen können jedoch durch einander aufschaukelnde Prozesse in große Soll-Ist-Abweichungen und damit auch der Notwendigkeit tiefer Korrektureingriffe resultieren.

Die *Analyse der Entscheidungen* führt zur Kalkülisierung von Prozessen und Zuständen durch Aufstellen von Entscheidungsregeln und -hilfen (Nieschlag/Dichtl/Hörschgen u. a.). Ziele sind dabei die Erklärung von Entscheidungsprozessen und die Verhaltensempfehlung für Entscheidungsträger. Beispielhaft gilt dies für Optimierungsrechnungen der Unternehmensforschung. Durch Quantifizierung, Bestimmung funktionaler Zusammenhänge und Determiniertheit sollen hier Beschreibungen und Prognosen marketingrelevanter Größen ermöglicht werden, um Ungewißheit und Risiko zu überwinden. Dies ist jedoch bei hochqualitativen Inhalten fraglich.

Die *Analyse* unter dem Gesichtspunkt *des Management* führt zur Planung, Organisation und Kontrolle im Marketing (Kotler u. a.). Dieser Bereich hat in letzter Zeit eine erhebliche Bedeutungsausweitung erfahren, wie ein Zeitvergleich der Anteile aus Instrumentarium und planerischer Koordination in gängigen Lehrbüchern zeigt. Diese strategische Ausrichtung vernachlässigt jedoch tendenziell die operativen Erfordernisse des Day to Day Business und die dabei einzusetzenden Aktionsparameter (Implementierung).

Die *Analyse* unter Berücksichtigung *der Umfeldbedingungen* führt zur Betonung moralischer, ethischer und ökologischer Bedingungen des Marketing. Angesichts zunehmend restriktiver Rahmenfaktoren und höherer Überzeugungslevels kann diese Orientierung kaum hoch genug eingeschätzt werden. Sie findet allerdings nur zögerlich Eingang in die gängige Marketingliteratur. Allerdings kann unschwer vorausgesagt werden, daß dieser Orientierung in Zukunft stark steigende Bedeutung zukommen wird.

Die *Analyse der Aktionen* führt zur Instrumentalbildung (Leitherer u. a.). Die daraus enstehenden Instrumente, gemeinhin Produkt-, Preis-, Distributions- und Kommunikationspolitik, können in vielfältigen Kombinationen zum Marketing-Mix zusammengefaßt werden, das dann den Rahmen der Unternehmensaktivitäten beschreibt. Die Konzentration auf Aktionen schließt jedoch die Gefahr ein, daß die Instrumente zuwenig ineinandergreifen und Ineffizienzen auftauchen, zumal die langfristige Perspektive zu fehlen scheint.

Die *Analyse unter Prognoseaspekten* führt zu Szenariotechniken und Simulationen. Diese beruhen im wesentlichen auf der Extrapolation bestehender Fakten mit dem Versuch der Antizipation zukünftiger Entwicklungen, evtl. auch unter Anlegung mehrwertiger Daten (Trendkanal). Die Realität zeigt jedoch zahlreiche in Art und Ausmaß unvorhersehbare Trendbrüche, die den Wert solcher Prognosedaten doch stark relativieren.

Die *Analyse des Lebenszyklus* führt zur dynamischen Längsschnittauswertung analog einer biologischen Entwicklung. Dabei wird ein idealtypischer Verlauf (Glockenkurve) in mehreren Phasen unterschieden. Jedoch ist weder dieser Verlauf sicher noch die Abgrenzung der Phasen eindeutig, sodaß der Aussagewert begrenzt bleibt, zumal Marketingaktivitäten den Lebenszyklus selbst beeinflussen, dieser also kein Datum, sondern eher Erwartungsparameter ist.

Die *Analyse der Diffusion* führt zur soziologischen Auswertung der Adopterkategorien im sozialen Umfeld. Als Beispiel mag die Meinungsbildner-Hypothese gelten. Dabei wird unterstellt, daß bestimmte Informationen zuerst an exponierte Personen im sozialen Umfeld gelangen, die diese dann ihrerseits an Anhänger weitergeben. Die allgemein bessere Informationsversorgung trägt jedoch dazu bei, daß solche Meinungsmonopole zunehmend aufgeweicht werden oder gar nicht erst entstehen können.

Die *Ganzheitliche Absatztheorie* beruft sich auf Philosophie und Soziologie. Sie versucht, absatzwirtschaftliche Leistungen aus der Gesamtheit gesellschaftlichen Handelns heraus zu erklären. Dabei wird der Absatz in einer Vorrangordnung betrieblichen Handelns eingesetzt, die auch außerbetriebliche Argumente einbezieht. Allerdings fragt sich, inwieweit damit eine nicht mehr handhabbare Unschärfe des Untersuchungsbereichs einhergeht.

Die *Generische Konzeptorientierung* analysiert Marketing unter dem Gesichtspunkt der zielgerichteten Anbahnung, Erleichterung, Abwicklung und Bewertung des Austauschs ideeller und materieller Werte zwischen Parteien (Kotler). Danach trifft Marketing für jedwede Art sozialer Transaktion zu und erklärt sich aus der Gesamtheit gesellschaftlichen Handelns. Deshalb sind auch Prozesse zu untersuchen, die über den ökonomischen Bezug hinausgehen. Die mit dieser Ausweitung verbundene Diffusität des Objektsbereichs erschwert wiederum eine operationale Analyse ungemein.

Die *Non Business-Konzipierung* setzt diesen Bezug fort, indem sie sachzielorientierte Organisationen als Gegenstand des Marketing über formalzielorientierte Unternehmen hinaus definiert. Da Versorgungsdefizite im Non Business-Sektor hochentwickelter Volkswirtschaften nun immer deutlicher werden, wächst auch der Bedarf, dessen Leistungen durch Anwendung von Marketingdenkweisen zu optimieren. Dafür ursächlich ist wiederum zumeist die Fehlleistung des Staates als Marktakteur.

Die *Humanistische Konzipierung* (Dawson) geht davon aus, daß Unternehmen ihre Aktivitäten stärker als zuvor an humanitären Zielen ausrichten, und zwar gegenüber Arbeitnehmern durch Schaffung humaner Arbeitsbedingungen, durch Investitionen in die Resozialisierung, durch Einräumung von Mitbestimmungsrechten etc., und im Absatzbereich etwa durch Verhinderung von Gesundheitsrisiken durch entsprechende Produkte, durch Eindämmung der Umweltverschmutzung oder negativer Sozialisationseffekte. Allerdings liegt dem ein unrealistisches, naiv-soziales Harmoniekonzept zugrunde.

Marketing, Mix-Beziehungen

Ursache für die relative Unbestimmbarkeit von Wirkungen im Marketing-Mix sind die vielfältigen Beziehungen der Stellgrößen untereinander, die mit jeder neuen Kombination von neuem in vorab unbestimmbarer Weise miteinander in Verbund treten.

Reduziert auf bilaterale Beziehungen ergeben sich folgende Elementebeziehungen:

- Independente Elemente, d. h. die Setzung eines Elements hat keinerlei Auswirkungen auf den Erfolg des anderen. Diese Beziehung dürfte allerdings recht selten sein, da die enge Vernetzung ökonomischer Bereiche dazu führt, daß praktisch jedes Element des Marketing-Mix mit jedem anderen in Verbindung steht und deshalb die Änderung eines Elements immer auch mehr oder minder große Auswirkungen auf das andere hat.
- Interdependente Elemente, d. h. die Setzung eines Instruments hat Auswirkungen auf den Erfolg des anderen, und zwar positiv im Sinne von unterstützend oder negativ im Sinne von beeinträchtigend, additiv im Sinne von voraussetzend oder kompensativ im Sinne von ersetzend. Hierbei ergeben sich dann folgende Zusammenhänge:

  Eine substitutive Beziehung bedeutet, daß ein Element in seiner Wirkung stufenlos durch ein anderes ersetzt werden kann. Ein bestimmtes Wirkniveau ist also durch jede beliebige Kombination des Marketing-Mix erreichbar. Wird ein Element verstärkt eingesetzt, ohne das andere zurückzunehmen, wird ein höheres Wirkniveau erreicht. Die Relation von Input und Output im Marketing kann proportional, überproportional oder unterproportional sein.

  Eine limitationale Beziehung bedeutet, daß ein Element zu seiner Wirkung eines genau definierten Einsatzes des anderen bedarf. Deshalb gibt es für jedes Outputniveau nur eine effiziente Inputkombination. Der Überschuß eines Elements führt nicht zur Erreichung eines höheren Wirkniveaus, der Mangel bereits eines Elements aber verhindert die Erreichung des dem anderen Element angemessenen Wirkniveaus. Daher ist die Engpaßorientierung dominant.

  Eine beschränkt limitationale Beziehung bedeutet, daß ein Element auf mehreren verschiedenen Niveaus effizient mit einem anderen kombiniert werden kann. Zwischen diesen Levels bewirkt der Einsatzüberschuß eines Elements jedoch keinen Wirkniveauanstieg, aber der Einsatzmangel eines Elements ergibt sogleich eine Wirkniveausenkung, es sei denn, dabei wird eine weitere effiziente Kombination der Elemente realisiert.

Schließlich ist nach dem Einsatz obligatorischer und fakultativer Elemente zu unterscheiden. Denn nicht alle Marketinginstrumente müssen zwangsläufig in Anspruch genommen werden, obgleich einige von ihnen unerläßlich sind.

Marketing, Mix-Problematik

Marketing ist ein äußerst komplexer, vielschichtiger und ineinander verzahnter Themenbereich. Entscheidungen in einem solchen Umfeld zu treffen, ist besonders anspruchsvoll. Als erschwerende Faktoren sind vor allem die folgenden zu nennen.

Marketing ist dynamisch, weil die Märkte, die deren Gegenstand bilden, äußerst schnellebig sind. Und das Tempo der Veränderung nimmt eher noch zu, damit auch die Notwendigkeit, absatzpolitische Beschlüsse rasch zu fassen und konsequent zu revidieren.

Es gibt eine Vielzahl möglicher Kombinationen von Aktivitäten im Marketing, die in unterschiedlicher Beziehung zueinander stehen und sich gegenseitig aufschaukelnd oder kompensierend beeinflussen sowie nur schwer gegeneinander abzugrenzen sind.

Es liegen keine linearen Zusammenhänge zwischen unabhängigen (Nachfrage, Wettbewerb) und abhängigen Variablen (Marketingparameter) vor. Vielmehr bleiben diese Zusammenhänge unstetig und kaum prognostizierbar, weil sie meist qualitativer Natur und deshalb nur schwer nachvollziehbar sind bzw. sich einer Quantifizierung weitgehend entziehen.

Es bestehen vielfältige zeitliche Verzögerungen (Carry Over-Effekte), die dazu führen, daß sich in der aktuellen Periode Maßnahmen der mehr oder minder weit zurückliegenden Vergangenheit und der Gegenwart mischen, ebenso wie in zukünftigen Perioden die Maßnahmen der Gegenwart und Zukunft aufeinander einwirken. Dies macht insbesondere Erfolgskontrollen im Marketing nur schwer möglich.

Hinzu kommen räumliche Beeinflussungen (Lap Over/In-Effekte) durch mobile Marktakteure. So haben Aktivitäten auf einem räumlichen Markt durch Austauschbeziehungen zwischen Märkten kaum kontrollierbare Auswirkungen auf andere, ursprünglich nicht intendierte Märkte.

Schließlich bestehen auch mehr oder minder enge sachliche Zusammenhänge (Spill Over/in-Effekte). Zu denken ist an Partizipationseffekte innerhalb eines Programms oder auch an Substitutionseffekte. Diese sind schwer nachvollziehbar und kaum vorhersehbar.

Zusammenhänge sind meist stochastischer Natur, d. h. es liegen keine deterministischen Ursache-Wirkungs-Aussagen wie in Teilen der Betriebswirtschaftslehre vor, sondern nur Hypothesen mit daraus abgeleiteten Übergangswahrscheinlichkeiten für Auslöse-Folge-Wirkungen.

Marktrelevante Größen sind in vielfältiger Weise verwoben. Denn Marketing hat zuallererst mit Menschen und ihren Bedürfnissen zu tun. Und diese sind eben nur ausnahmsweise vernünftig. Besonders deutlich wird dies im Käuferverhalten, das vielerlei Einflußfaktoren für die Kauf- oder Nichtkaufentscheidung kennt, die sich gegenseitig aufschaukeln oder kompensieren.

Es bestehen vielfältige, zunehmend rigide Restriktionen in der Mikro- und Makroumwelt, die bei der Marketingentscheidung zu berücksichtigen sind (z. B. solche sozialer, ökologischer, politischer oder rechtlicher Art).

Marketing verfolgt in der Regel ein mehrdimensionales Zielsystem, so daß sich bei häufigst vorkommenden Zielkonflikten Präferenzprobleme ergeben, die ständig das Erfordernis zur Kompromißschließung beinhalten, damit also nicht eindimensional erfaßt werden können.

Es handelt sich im Marketing meist um mehrstufige Entscheidungsprozesse, denen schlecht strukturierte Problemstellungen zugrunde liegen. Das Gewicht verlagert sich demnach vom objektiven Kalkül auf subjektive Intuition. Damit sind Entscheidungen im Marketing weniger berechenbar, als vielmehr von Erfahrung und Sensibilität getragen.

In den verschiedenen Stadien sind meist mehrere, selbständige Entscheidungsträger involviert, die durchaus verschiedenartige egoistische Interessen verfolgen (z. B. die Handelsstufen). Deren konstruktive Einbindung bereitet große Probleme. Hier entscheidet letztlich die Marktmacht darüber, wer sich mit seinen Interessen gegen den anderen durchzusetzen vermag.

Es ergeben sich Abnutzungserscheinungen in der Wirkung einzelner Marketingaktivitäten. Deren überzogener Einsatz führt zu Wear Out-Effekten bis hin zur Reaktanz (z. B. in der Kommunikation).

Die Instrumente im Marketing sind in mehr oder minder großem Umfang substituierbar. So kann eine Absatzsteigerung sowohl durch Preissenkung als auch durch Verkaufsförderung zu erreichen gesucht werden. Andererseits stehen sie jedoch auch in einem Komplementärverbund zueinander. So ist etwa ein Hochpreisniveau an überdurchschnittliche Produktqualität gebunden, soll es auf Dauer Erfolg haben.

Es bestehen Wirkschwellen, die dazu führen, daß Aktivitäten unterhalb eines gewissen Niveaus keine Wirkungen zeitigen und bereits vergleichsweise kleine Erhöhungen oder Senkungen des Intensitätsniveaus zu sprunghaften Veränderungen führen, nämlich dann, wenn solche Wirkschwellen über- oder unterschritten werden.

Der Erfolg der eigenen Marketingaktivitäten wird immer auch von denen des Wettbewerbs beeinflußt. Insofern ist zusätzlich auch die Realtion zum Konkurrenzumfeld einzubeziehen.

Die mangelnde Abgrenzung des Effekts eigener Aktivitäten zu den autonomen Aktivitäten des Wettbewerbs erschwert eine zielgerichtete Marketingsteuerung.

Ebenso ist ein Erfolg nur ungenügend gegenüber autonomen Verhaltensänderungen der Nachfrager abzugrenzen. Trends (z. B. Paradigmawechsel) schlagen vielmehr voll durch.

Daraus ergibt sich als Konsequenz, daß Marketingaktivitäten nur begrenzt einer Erfolgskontrolle unterliegen können. Denn erstens ist eine Abgrenzung interner und externer Determinanten weitgehend unmöglich, und zweitens scheitern Optimierungsversuche an den Bedingungen der Realität.

Marketing, Modelle

Die praktische Bedeutung von Modellen im Marketing ist eher gering, da es sich primär um qualitative Sachverhalte handelt. Die Modellbildung geschieht in folgenden Stufen:

- Abstraktion der Kernprobleme von der komplexen Realität sowie Beschaffung der zur Problemerkenntnis erforderlichen Daten,
- vereinfachte Abbildung der realen Umwelt durch Formulierung passender mathematischer Bezüge,
- optimale Lösung dieses vereinfachten Problems durch geeignet erscheinende Algorithmen,
- laufende Überprüfung und Wartung des Modells sowie dessen Aussagefähigkeit,
- mögliches Abfragen („Was wäre, wenn...") durch Sensitivitätsanalysen.

Dabei können folgende Modelle unterschieden werden:

- nach dem Zweck, dem sie dienen, gibt es:
  taxonomische (darstellende/erfassende) Modelle,
  explanatorische (erklärende/konstruierende) Modelle,
  prognostische (vorausschauende/gestaltende) Modelle,
  dezisive (entscheidungs-/-abstützungs-)Modelle.
  nach der Lösungstechnik, die sie anwenden, gibt es:
  algorithmische analytische Modelle,
  pragmatisch heuristische Modelle.
- nach dem Aggregationsgrad, also der Vollständigkeit der erfaßten Variablen, gibt es:
  makroanalytische Modelle (für das Marketing nicht relevant),
  mikroanalytische Modelle,
  Totalmodelle aller Variablen,
  Partialmodelle einzelner Variablen.
- nach der Zulassung von Ungewißheiten gibt es:
  deterministische Modelle sicherer Daten,
  objektiv stochastische Modelle mit Eintrittswahrscheinlichkeiten,
  subjektiv stochastische Modelle mit Schätzwerten,
  indeterministische Modelle.
- nach der Art und Weise der Modellvalidierung gibt es:
  objektive Modelle anhand absoluter Kriterien,
  subjektive Modelle anhand individueller Kriterien.
- nach dem vorausgesetzten Abstraktionsgrad gibt es:
  globalanalytische Modelle,
  detailanalytische Modelle.
- nach der Art der Funktionalbeziehung zwischen Variablen gibt es:
  lineare Modelle,
  nicht-lineare Modelle.
- nach der Zeitdimension, die berücksichtigt ist, gibt es:

statische (zeitpunktbezogene) Modelle,
komparativ statische (zeitpunktvergleichsbezogene) Modelle,
dynamische (zeitraumbezogene) Modelle.

Vorteile von Modellen liegen vor allem in folgenden Aspekten. Sie sind:

- präzise definiert und schließen Diffusität aus,
- transparent, kontrollierbar und dokumentierbar, da alle Variablen bekannt sind,
- auch auf Situationen unter Ungewißheit anpaßbar, so daß Chancen und Risiken ausgewiesen werden können,
- durch EDV-Unterstützung immer anspruchsvoller gestaltbar und erfordern dennoch nur begrenzte Rechenzeiten.

Die Nachteile von Modellen sollen jedoch nicht verschwiegen werden. Sie sind:

- kostenintensiv in der Recherche, Erstellung und Durchführung, so daß oft der Nutzen von Modellen in keinem rechten Verhältnis zu deren Aufwand steht,
- mit steigendem Komplexitätsgrad immer schwerer validierbar, so daß Fehlindikationen nicht mehr ausgeschlossen werden können,
- in der Wirtschaftspraxis generell wenig akzeptiert, da sie unhandlich und doch sehr theoretisch anmutend sind, damit als wenig praktikabel scheinen.

Die Anforderungen an Modelle sind im sog. Decision Calculus definiert.

Marketing, Ökologie

Ökologie ist die gesamte Wissenschaft vom Haushalt der Organismen mit ihren Lebensbedürfnissen und ihren Verhältnissen zu den übrigen Organismen, mit denen sie zusammenleben. Dazu gehören der Mensch als Einzelwesen, einbezogen in die Gesellschaft mit ihren Verflechtungen, auch in Hinblick auf die Umwelt, sowie Beziehungen der Unternehmen und der Umwelt (*Raffée, Hans:* Marketing und Umwelt, Stuttgart 1979).

Eine biologieorientierte Unternehmenspolitik ist ein Beitrag zur Sicherung der Zukunft von Umwelt und Unternehmen. Umweltschutz ist Teil der Unternehmenspolitik und eine Aufgabe der Unternehmensführung. Diese betrifft alle Unternehmensbereiche. Sie hat zum Ziel, durch intelligente Lösungen Umweltbelastungen niedrig zu halten, ja, falls möglich, ganz zu vermeiden, bezieht dabei die Mitarbeiter aktiv ein und verlangt nach innen und außen Glaubwürdigkeit. Sie nutzt die Marktchancen eines wachsenden Umweltbewußtseins und ist Teil der unternehmerischen Eigenverantwortlichkeit in der sozialen Marktwirtschaft. Sie wird unterstützt durch das Vorantreiben einer internationalen Harmonisierung von Umweltanforderungen und durch eine nationale Politik, die den Spielraum für umweltinnovative Lösungen der Unternehmen erweitert.

Der Einsatz des Instrumentariums beim ökologischen Marketing kann dabei gleich vierfach ansetzen. Innerhalb der *Produktpolitik* wird auf die Minimierung der durch die hergestellten Produkte verursachten Umweltbelastungen abgezielt. Dies geschieht durch Entwicklungen wie phosphat- bzw. sulfatfreie Waschmittel, fluorkohlenwasserstofffreie Sprays, quecksilberfreie Trockenbatterien bis hin zur Abschaffung chlorierter Papierwaren, hychlorithaltiger Haushaltsreiniger und Verzicht auf Weich-PVC-Verpackungsfolien. Eine weitere Möglichkeit besteht in der Substitution knapper Rohstoffe durch reichlich vorhandene Rohstoffe wie bei der Verdrängung von Einwegkunststoff- durch Mehrwegglasflaschen oder von dioxinhaltigen Zellstoffprodukten durch solche mit chlorfreier Wasserbleiche. Ebenso kann eine umweltfreundliche Produktnutzung über entsprechende begleitende Kundendienstleistungen besser gewährleistet werden, z. B. durch Sammlung von PET-Kunststoffflaschen im Handel, Auffangen von Altöl und dessen geregelte Entsorgung in Kfz-Werkstätten, Hinweise auf niedertourige Fahrweise in Kfz-Bedienungsanleitungen, Nachfüllpacks bei Waschmitteln etc. Auch die Herstellung rohstoffschonender, wiederaufbereitbarer Produkte wie Recyclinghaushaltspapier oder biologische Neutralseife ohne chemische Duft- und Farbstoffe trägt zur Umweltentlastung bei.

Innerhalb der *Preispolitik* soll eine Mischkalkulation zugunsten umweltfreundlicher Produkte vorgenommen werden, indem Gestehungskosten nicht verursachungs-, sondern umweltgerecht innerhalb der Geschäftseinheiten verrechnet werden. Ferner müssen Ressourcenknappheit und Umweltbelastung in der Preiskalkulation eines Produkts zum Ausdruck kommen. So führen die höheren Kosten umweltfreundlicher Technologien über niedrigere Preise und stärkere Nachfrage als bei konventionellen Angeboten zu mindestens gleichem Gewinniveau sowie sehr wahrscheinlich zu geldwerten Verbesserungen in bezug auf Image, Profilierung, Akzeptanz etc. Ebenso ist die Preisdifferenzierung ein wirksames Mittel der Nachfragesteuerung, wie derzeit bei den unterschiedlichen Preisniveaus von verbleitem und unverbleitem Kraftstoff an der Tankstelle vollzogen.

In der *Distributionspolitik* liegt ein Augenmerk auf der Sicherung des Rückflusses verbrauchter Produkte durch den Absatzkanal zurück zum Hersteller oder von ihm beauftragte Dienstleister (Retrodistribution), wie sie schon bei der Rücknahme quecksilberhaltiger Knopfzellenbatterien oder verbrauchter Tonerkartuschen aus Computerdruckern als Sondermüll praktiziert wird. Hinsichtlich des Aufbaus der Absatzorganisation soll auf hohe Ressourcenschonung geachtet werden, die für gewöhnlich mit kalkulatorischen Forderungen harmonisch einhergeht, so bei der Bestimmung der optimalen Fahrtroute für Auslieferungen oder der Bündelung des Transports von der Straße auf die Schiene, wo befördertes Gütervolumen und Schadstoffausstoß in wesentlich günstigerem Verhältnis zueinander stehen als beim Individualverkehr. Zu denken ist auch an die Umstellung des Fuhrparks auf geräuscharme Lieferfahrzeuge und an Pkw und Lkw, die mit Diesel-KAT ausgerüstet sind.

Innerhalb der *Kommunikationspolitik* ist ein wesentliches Ziel die Steigerung der Bekanntheit und Dramatisierung der Bedeutung ökologischer Problemstellungen etwa durch Boykottaufruf für Schildkrötensuppen, Froschschenkel, Hühnereier aus Legebatterien etc. Außerdem muß über umweltfreundliche Produkte und Verfahren in Form gezielter Kampagnen aufmerksamkeitsstark informiert werden. Umweltgerichtete Verkaufsförderungsaktionen tragen dazu bei, das ökologische Bewußtsein im Publikum zu schärfen. Zu nennen ist die Birkenwiederaufforstung im Rahmen der *Birkin*-Promotion von *Dr. Dralle* oder die „Auswilderung" des Uhus unter der Ägide von *Lingner&Fischer* (ehedem *Uhu*-Klebstoff). Informationen über ökologische Wirkungen des Leistungsprogramms, wie etwa lange Gebrauchsdauer, hohe Anwendungssicherheit oder Eliminierung umweltbelastender bzw. Einführung umweltfreundlicher Produkte im Programm vervollständigen diese Maßnahme.

Neben dem Publikum kommt den Handelsorganisationen große Bedeutung bei der Durchsetzung umweltverträglicher Produkte zu. Durch Nachfragemacht üben sie direkten Druck auf Hersteller zur Umstellung bzw. Anpassung deren Programme aus. Großbetriebsformen wie *Tengelmann* oder *Aldi* haben dies längst erkannt und ziehen Nutzen daraus, und zwar zum beiderseitigen Vorteil für sich selbst und ihre Kunden, vor allem aber zum Nutzen der Umwelt. Denn das Umweltbewußtsein ist im Publikum weit fortgeschritten. Dies dokumentieren Verhaltensweisen wie z. B. die Sammlung von Altglas in Glascontainern bzw. von Altpapier in Altpapiersammlungen, die Nutzung von Pfandflaschen und -gläsern, von Taschen und Körben anstelle von Plastiktüten, die Rückgabe alter Medikamente in Apotheken und die Sondermüllentsorgung von Farb- und Lackresten.

Marketing, Paradigmawechsel

Die noch junge Marketinghistorie ist durch zahlreiche Paradigmawechsel gekennzeichnet, also keineswegs so gefestigt wie andere etablierte Betriebswirtschaftsdisziplinen. Ein Paradigmawechsel entsteht nach einer Phase, in der eine Erkenntnisberuhigung eingetreten ist und alle Probleme hinreichend gelöst scheinen, bis Anomalien auftauchen, die sich auf Basis der bestehenden Theorien nicht erklären lassen. Theorie ist dabei ein durch Empirie untermauertes (verifiziertes) System von Hypothesen als Verallgemeinerung von in Begriffen gefaßten, auf Wahrscheinlichkeit beruhenden, Aussagen für alle gleichgelagerten (homologen) Fälle. Dann wird eine wissenschaftliche Revolution eingeleitet, die in einem Paradigmawechsel mündet und damit in einer neuen Phase der Erkenntnisberuhigung, bis der Vorgang wieder von neuem startet. Wesentliche Ansätze sind dabei folgende.

Im *Situations-Ansatz* stehen situative Gestaltungsempfehlungen im Vordergrund, die anstelle fester Programme kontextbezogene Anpassungsnotwendigkeiten sehen. Basis dafür sind Umweltmodelle (Situationscluster), die eine flexible Ausrichtung von Strategien an den gerade gegebenen Marktsituationen ermöglichen. Die dabei entstehenden kasuistischen Ergebnisse bergen jedoch ein Willkürelement und erschweren die Übertragung von Erkenntnissen über Erfolge und Mißerfolge in gesichertes Wissen. Allerdings wird damit auch der Vielfalt einer multioptionalen Gesellschaft Rechnung getragen.

Im Vordergrund des *Informationsökonomie-Ansatzes* steht die Bewältigung von marktbezogenen Informations- und Unsicherheitsproblemen wie Informationsasymmetrien, Informationsdefiziten und Transaktionskosten für Informationen. Daraus resultieren Verhaltensunsicherheiten und Entscheidungsdefekte. Käufe werden danach etwa nach Such-, Erfahrungs- und Vertrauenseigenschaften vorgenommen. Dementsprechend gibt es Inspektions-, Erfahrungs- und Vertrauensgüter, die ein unterschiedliches Maß an Unsicherheit, Informationseinholung und Risiko auszeichnet.

Ausgangspunkt des *Evolutions-Ansatzes* sind die zunehmenden Instabilitäten und Diskontinuitäten, die eine mechanistische Grundhaltung durch immer neue Herausforderungen überfordern. Rationales, analytisches Denken, vollständige Beherrschbarkeit und Überspezialisierung bergen Risiken. Dem sollen Lern- und Entwicklungsfähigkeit zur Wiedererlangung der Handlungsfähigkeiten entgegenwirken.

Dem *Netzwerk-Ansatz* liegt die Idee des Beziehungsmarketing zugrunde, das prozessual, ganzheitlich, evolutorisch, dynamisch und langfristig angelegt ist. Ziel ist eine Partnerschaft zwischen externen und internen Anspruchsgruppen. Beabsichtigt wird die Individualisierung, Kundenausrichtung und Kundenbindung durch Wertgestaltung etwa in Form Strategischer Allianzen, Prosumerismus, Wartung etc.

Der *Prozeß-Ansatz* geht davon aus, daß durch eine Zergliederung der Unternehmensaktivitäten Schnittstellenprobleme, Zeitverluste, Instransparenzen und Ineffizienzen, die vielfache Koordinationskosten verursachen, überwunden bzw. abgeschwächt werden können. Diese Perspektive wird vom Markt auf interne Aktivitäten erweitert (Internes Marketing). Allerdings ist die Abgrenzung vom Personal-Marketing nur schwerlich möglich.

Marketing, Planung

Planung ist gegenwärtiges Entscheiden über zukünftiges Tun und Unterlassen. Planung ist dabei durch mehrfache Merkmale gekennzeichnet. So wirkt Planung im einzelnen:

- vorausschauend (zukunftsorientierte Denkhaltung),
- als Lernprozeß zur geistigen Durchdringung von Zusammenhängen,
- systematisch, rational, ordnend (formalisierter Entscheidungsprozeß),
- über Planungsinstanzen gestaltend (Entscheidungsvorbereitung),
- zielsuchend und zielfestlegend,
- zustandsverbessernd, evaluierend (Ergebnisaspekt),
- durch Einsatz von Mitteln in Maßnahmen,
- als Steuerung sozialer Systeme,
- informationell, kreativ, flexibel,
- machtorientiert und sozial durch Wissen und Werte.

Abzugrenzen ist Marketing-Planung von verwandten Begriffen wie Prognose als auf praktischer Erfahrung oder theoretischer Erkenntnis beruhenden Aussagen über die Zukunft, wobei jedoch das Zielsetzungselement völlig fehlt, von Extrapolation als Projizierung eines Sachverhalts mit Hilfe statistischer Schätzmethoden, wobei das Gestaltungselement fehlt, und von Improvisation als Entscheidungen, die erst nach Eintritt von Datenkonstellationen getroffen werden, wobei der Zukunftsaspekt fehlt.

Planung vollzieht sich praktisch in folgenden Phasen. In der Anregungsphase geht es um die Erkennung und Definition von Problemstellungen, die der Planung bedürfen, um das zu erreichende Ziel zu realisieren. In der Identifikationsphase geht es um die Beschaffung, Analyse und Interpretation der für die Problemlösung relevanten Daten. In der Suchphase geht es um die Entwicklung von Lösungsalternativen, die geeignet scheinen, das gegebene Problem zu beheben. In der Auswahlphase geht es um die Bewertung dieser Lösungsalternativen und die Präferierung einer der Lösungen. In der Durchsetzungsphase geht es dann um die Projektierung der Realisation dieser ausgewählten Alternative. Und in der Kontrollphase geht es um die Überwachung des Lösungserfolgs und evtl. um Korrekturmöglichkeiten bei Abweichungen.

Marketing, Planvollzug

Management bedeutet Vollzug von Plänen mit Hilfe anderer in den Phasen Problemerkennung, Informationsbeschaffung, Datenanalyse, Konzeption, Entscheidung, Durchführung und Kontrolle. Für den Vollzug dieser Planung lassen sich verschiedene Arten unterscheiden.

Nach dem *Charakter* gibt es Einführungs-, Fortführungs- und Veränderungsplanung. Einführungsplanung ist z. B. beim Launch eines neuen Produkts gegeben, Fortführungsplanung bei der bewußten Pflege eines Markenartikels und Veränderungsplanung beim Relaunch eines bestehenden Produkts.

Nach der *Tiefe* gibt es Grob- und Feinplanung. Grobplanung legt die

Rahmenbedingungen für dann detailliert auszuarbeitende Planungsschritte fest, wohingegen Feinplanung diese einzelnen Schritte konkret vorgibt.

Nach der *Elastizität* gibt es die Eventualplanung als Planungsfortschreibung für die Situation gravierender Datenänderungen, die eine Basisplanung obsolet machen. Hier sind in der Praxis umfangreiche Schubladenpläne vorhanden, die verschiedene Eventualsituationen erfassen und planerisch strukturieren. Daß dabei immer wieder evtl. Situationen unbedacht bleiben, beweisen nicht zuletzt rasche Veränderungen, für die offensichtlich keine durchdachten Schubladenpläne bestehen. Die Alternativplanung als Ausarbeitung mehrerer Planungsversionen geht von vornherein von unterschiedlichen Datenbasen aus. Zwischen diesen Alternativen kann dann je nach Sachlage entschieden und eine präferierte Alternative umgesetzt werden, ohne daß diese ohne Not Änderungen unterliegt. Die überlappende Planung ist der Sollfall der Planung. Dabei stellt die operative, kurzfristige Planung dann einen integrativen Bestandteil der taktischen, mittelfristigen Planung dar und diese ihrerseits einen integrativen Bestandteil der strategischen, langfristigen Planung. Die Überlappungen dieser Pläne sind dabei dekkungsgleich. Dies ist nur dann der Fall, wenn die gleiche Instanz alle Planperspektiven erstellt. In der Praxis ist es aber häufig so, daß verschiedene Stellen, etwa Zentrale, Niederlassungen, Abteilungen etc., ihre jeweiligen Pläne unter egoistischen Gesichtspunkten erstellen und daher Inkongruenzen entstehen. Die rollierende Planung betrifft die Fortschreibung. Dabei wird, ausgehend vom Istzeitpunkt, die Planperspektive jeweils in die Zukunft fortgeschrieben. Neue Erkenntnisse zur Istsituation gehen immerzu als Modifikationen in die rollierenden Pläne ein. Dabei kann jeweils ein Planungszeitabschnitt (Jahr) ausgetauscht werden (oder mehrere als Block). Im Gegensatz dazu steht die starre Planung, die keinerlei Anpassung an Umfeldänderungen vorsieht, deshalb aber praktisch kaum Anwendung findet. Sie bietet zwar die stabilsten Planungsvoraussetzungen, ist jedoch der Dynamik der Umwelt unterlegen.

Nach ihrem *Umfang* gibt es die Totalplanung als Versuch der Einbeziehung der Daten aller Unternehmensbereiche. Dabei stellt sich meist als Problem, daß eine entsprechend dichte Planungsbasis nicht gegeben ist, die gleichen Daten für verschiedene Unternehmensbereiche durchaus unterschiedliche Auswirkungen haben und deren Interdependenz schwer durchschaubar ist. Bei der Partialplanung erfolgt die Planung nach einzelnen Strategischen Geschäftseinheiten. Hierbei werden die Pläne dezentral erstellt und anschließend zentral abgestimmt. Dabei wird den Anforderungen der SGE's zunächst optimal Rechnung getragen. Das Problem ergibt sich jedoch unweigerlich bei der Integration der Einzelpläne, wenn scharfe Widersprüche auftreten, die aufwendig ausbalanciert werden müssen. Die Simultanplanung ist der Versuch, alle Unternehmensbereiche zeitgleich zu planen. Aufgrund der dabei auftretenden Datenmengen ist dies nur mit Hilfe von EDV darstellbar. Wegen der engen Vernetzung der Unternehmensbereiche ist jedoch bei jedem Planungsschritt ein umfangreicher Abgleich mit allen anderen Bereichen erforderlich. Einmal abgesehen davon, daß dabei Ausschlußbedingungen überschritten und längst nicht alle wirklich relevanten Vernetzungen berücksichtigt werden, überfordert die entstehende Komplexität selbst die Leistungsfähigkeit moderner Rechenanlagen schnell. Die Sukzessivplanung ist die fortschreitende Planung der Einzelbereiche. Meist erfolgt die Planung dabei Top Down, d. h. von der übergeordneten Instanz an die untergeordneten. So werden per Saldo alle Unternehmensbereiche einbezogen. Da die Erstpläne dabei die Bedingungen der Folgepläne determinieren, ist Konsistenz im Plantotal erreichbar. Zunehmend erfolgt die moderne Planung auch Bottom Up, zumindest jedoch im Gegenstromprinzip mit gegenseitiger Abstimmung, d. h. die Belange der ausführenden Ebene werden stärker in den Planungsprozeß einbezogen und berücksichtigt.

Marketing, Revision

Ein moderner Begriff für Revision im Absatzbereich ist Marketing-Auditing. Gegenstand des Audits sind nicht die Ergebnisse an sich, sondern die Rahmenbedingungen des Absatzes, unter denen diese Ergebnisse zustandegekommen sind. Dabei handelt es sich weniger um quantitative, als um qualitative Daten der Analyse. Ziel ist die kontinuierliche Anpassung des Mitteleinsatzes an den sich wandelnden Datenrahmen der Vermarktung. Während die Überwachung eine systemeigene, mehr oder minder kontinuierlich erfolgende Kontrolle ist, die automatisch durchgeführt und gewöhnlich von Personen vorgenommen wird, die für den jeweiligen Arbeitsbereich verantwortlich sind, ist Auditing vom laufenden Arbeitsprozeß losgelöst und wird meist von Personen durchgeführt, die unabhängig vom jeweiligen Arbeitsbereich sind. Es soll eine objektivierte Bewertung ermöglichen und durch Schwachstellenanalyse Verbesserungsmaßnahmen erarbeiten.

Verfahren der Revision, die auf komplexer Betrachtung der Zusammenhänge aufbauen, betreffen folgende:

- Die *Gap-Analyse* nimmt einen Vergleich von geplanter und tatsächlicher Entwicklung einer Zielgröße vor. Eine Trendextrapolation auf Basis der tatsächlichen Daten zeigt die mehr oder minder stark ausfallend zu erwartende Abweichung von den Planwerten und damit den Gegensteuerungsbedarf (strategische Lücke). Voraussetzung ist dabei allerdings immer, daß „alles so weiterläuft, wie bisher", also keine Diskontinuitäten auftreten. Zudem ist die dabei implizit unterstellte Wachstumstendenz angesichts aktueller Marktentwicklungen fraglich.

- Die *Diskontinuitätenbetrachtung* (Misfit) versucht die Identifizierung von Störfaktoren für die Fortschreibung bisheriger Entwicklungen, wie z. B. mangelnde Kommunikation, asymmetrische Ressourcenverteilung, unklare Erwartungshaltung, kein Ausgleich von Stärken und Schwächen, keine Synergieeffekte bei Stärken, Multiplikation der Schwächen, gestörtes Anreiz-Beitrags-Gleichgewicht Organisationsprobleme, Philosophieunklarheit, falsches Anpassungsverhalten, Zieldivergenzen, Technologiedisparität.
- Eine *Disaggregation* des Ergebnisses erlaubt die Ursachenanalyse aggregierter Größen durch einzelne ihrer Bausteine. Ein Beispiel ist das Kennziffernsystem. Dabei wird eine hochaggregierte Größe (der Umsatz) sukzessive in niedriger aggregierte Größen zerlegt (also variable Kosten und Deckungsbeitrag, die variablen Kosten werden wiederum zerlegt in Menge und variable Stückkosten, der Deckungsbeitrag in Gewinn und Fixkosten etc.). Auf diese Weise kann ein komplexes Ergebnis auf einzelne Größen zurückgeführt werden.
- Die *Kausalanalyse* ist geeignet, kausale Beziehungen zwischen Entwicklungen festzustellen. Dazu dient eine Menge von Wenn-dann- oder Je-desto-Aussagen über Variablenbeziehungen. Dabei muß die Richtung der angenommenen Beziehungen widergespiegelt werden. Dies ist nicht allein mit Hilfe statistischer Methoden möglich, sondern nur auf Basis einer fachwissenschaftlichen Theoriefundierung.
- Die *Contentanalyse* beschäftigt sich mit der systematischen, qualitativen Aussage und quantitativen Auswertung von publizierten Entwicklungen und Erkenntnissen. Dabei ist die Auswahl der Medien von Bedeutung (z. B. Erscheinungsweise, Innovationskraft der Redaktion, Kompetenz der Autoren). So geht etwa die moderne Trendforschung vor. Sie beschreibt bereits vereinzelt gegebene reale Vorgänge, von denen zu erwarten ist, daß ihnen Breitenwirkung zukommt.

Marketing, Risikovorsorge

Typisch für das Marketing sind Entscheidungen unter Ungewißheit. Dafür gibt es zahlreiche Entscheidungsregeln, die nach verschiedenen Kriterien Vorschriften für die jeweils beste Entscheidung geben. Dazu gehören folgende.

- *Minimax-Kriterium* (Wald), d. h. man versucht die Gefahr der Enttäuschung über die gewählte Alternative dadurch auszuschließen, daß man die Alternative wählt, die den geringsten Gewinn maximiert (schlechteste unter den guten Alternativen),
- *Maximin-Kriterium* (Neumann/

Morgenstern), das bestimmt, den niedrigsten Wert des höchsten Gewinns aller Alternativen zu wählen (beste unter den schlechten Alternativen),

- *Minimax-Regret-Regel* (Savage) als Abwandlung der Minimax-Regel, d. h. es wird versucht, die maximale Enttäuschung zu minimieren,
- *Maximax-Kriterium*, d. h. die höchste Belohnung ohne Rücksicht auf evtl. Enttäuschungen soll erreicht werden,
- *Laplace-Regel*, d. h. bei gleichen unterstellten Eintrittswahrscheinlichkeiten wird der höchste Durchschnittsgewinn mehrerer Alternativen gewählt,
- *Subjektive Wahrscheinlichkeit* (Hart), d. h. ebenfalls nach dem Kriterium der Gewinnerwartung werden die Eintrittswahrscheinlichkeiten heuristisch geschätzt, die Wahl fällt auf die Alternative mit dem höchsten Erwartungswert,
- *Dominanz-Regel* (Bayes/Fisher/Keynes), d. h. die Maximierung des Erwartungswert erfolgt unter Berücksichtigung der wahrscheinlichsten Lösung,
- *Pessimismus-Optimismus-Kriterium* (Hurwicz), d. h. Berücksichtigung der individuellen Risikofreudigkeit bzw. -scheu des Entscheiders für minimale und maximale Gewinne,
- *Koch'sche Regel*, d. h. Nebenbedingungen zur Sicherung gegen Verluste gehen zu Lasten des daraus erwarteten Gewinn.

In neuerer Zeit ist besonders der Aspekt der Vorsorge gegen Risiken (Risk Management) in den Vordergrund gerückt. Als Risiken werden die Streuung einer Ergebnisverteilung, Verlustgefahren, Informationsdefizite, Fehlentscheidungen und Zielabweichungen definiert. Inhalte des Risikomanagement sind die Risikoidentifikation durch Verbesserung des Informationsgrads, die Risikobewertung in Form der Handlungsalternativen und die Risikobewältigung durch Verringerung der Schadenswahrscheinlichkeit.

Risikominderung bedient sich dabei der Methoden der Vorbeugung, d. h. proaktive Eindämmung von Risiken, z. B. durch Streuung der Unternehmensinteressen (Diversifikation) oder durch Vermeidung außerordentlicher Risiken, der Kompensation, d. h. Abwälzung kaum zu verhindernder Risiken, z. B. durch Bildung ausreichender Rücklagen für den Notfall oder Versicherung unvermeidlicher Risiken, oder der Limitierung, d. h. Begrenzung drohender Risiken, z. B. durch Termingeschäftsabsicherung (Risikoübertragung) oder Teilung durch Gemeinschaft verschiedener Risikoträger.

Ein häufig zu beobachtendes Phänomen ist, daß Gruppenentscheidungen risikofreudiger ausfallen als die von Einzelpersonen. Die Gründe liegen in der Verteilung der Verantwortung, dem Einfluß risikofreudiger Meinungsführer innerhalb der Gruppe und der Einschätzung der Risikofreudigkeit als positivem sozialem Wert. Um auflaufenden Risiken begegnen zu können, ist vor allem deren rechtzeitige Erkennung erforderlich. Dieser Aufgabe widmen sich sog. Frühwarnsysteme. Dabei sollen vorlaufende Indikatoren frühzeitig Datenänderungen signalisieren (Weak Signals), so daß bis zur Manifestation dieser Risiken Zeit genug bleibt, geordnete Gegenmaßnahmen einzuleiten.

Marketing, Strategien

Strategie ist die Entscheidung zur Vorgehensweise über die Transformation eines angetroffenen Ist-Zustands in einen prospektiv gewünschten Soll-Zustand. Strategien stellen damit also die Brücke zwischen dem Ist-Zustand und den definierten Zielen der Unternehmung her, sie geben an, auf welche Art man diesen Weg zurückzulegen plant. Im Marketing gibt es dazu einen umfangreichen Katalog möglicher Strategiedeterminanten. Strategie meint damit den grundlegenden Handlungsrahmen, der aus dem Zielsystem abgeleitet und durch die Konzeption als umfassenden gedanklichen Entwurf ausgefüllt sowie durch Maßnahmen als operative Handlungen konkretisiert wird. Sie stellt damit die Fortführung des ursprünglich leitenden Gedankens unter den sich stetig ändernden Verhältnissen dar. Denkbar ist, daß das Leistungsprofil eines Anbieters mittels einer geeigneten Strategie dem Anforderungsprofil des Markts angenähert werden soll (= passive Fassung), oder besser noch, daß die Vermarktungsbedingungen in Richtung der individuellen Herstellungsmöglichkeiten verändert werden sollen (= aktive Fassung).

Die Entwicklung einer Strategie unterliegt drei Phasen. Zunächst bedarf sie der Analyse der Ist-Situation, einerseits, um diese überhaupt zu bestimmen, andererseits, um daraus deren Relation zum Soll-Zustand erkennen zu können. Da die Strategie den Weg vom Ist zum Soll vorgibt, erfordert sie außerdem die Definition der Ziele, damit der gewünschte Soll-Zustand operationalisiert werden kann. Die Relation zwischen beiden kann durch den Vektor der einzuschlagenden Richtung, sofern nicht Umweglösungen angestrebt werden, und den perspektivischen Abstand zwischen ihnen gekennzeichnet werden. Jede Strategie kennt eine Reihe von Elementen zu ihrer Umsetzung in konkretes Marketinghandeln. Jedes dieser Elemente kennt wiederum unterschiedliche Stellgrößen, die für eigene Zwecke aktiviert werden können. Aus der Anzahl der Elemente und deren Stellgrößen ergibt sich eine immense Vielzahl von Strategiekombinationen. Diese bilden das Universum der Möglichkeiten im Marketing. Die große Kunst besteht darin, die im Einzelfall optimale Strategievariante zu finden und geschickt umzusetzen.

Denkbar ist dabei, das Leistungsprofil eines Anbieters dem Anforderungsprofil des Marktes anzupassen, oder umgekehrt, die Vermarktungsbedingungen in Richtung der individuellen Angebotsmöglichkeiten zu verändern, was eine gewisse Marktmacht voraussetzt. Strategische Entscheidungen sind durch folgende Merkmale charakterisiert: oberste Führungsebene als hierarchische Einordnung, geringe Delegierbarkeit an untergeordnete Stellen, das gesamte Unternehmen als Geltungsbereich betreffend, geringe Wiederholungshäufigkeit der Aufgaben, generelle Gültigkeit getroffener Entscheidungen, langfristiger Orientierungshorizont, geringe, falls doch, dann aufwendige Revidierbarkeit von Entscheidungen, hoher Komplexitätsgrad des Entscheidungsumfelds, eher unsichere Prognosebasis, schlecht strukturierte Problemstellungen, hohes Risikoausmaß der Konsequenzen, geringer Detaillierungsgrad der Entscheidung, häufig neuartige Situationen, großer Freiheitsgrad bei der Lösungsfindung, hoher Anteil individueller Wertprämissen, ganzheitliche Denkart, eher intuitiver Ansatz, innovative, kreative Lösungsprozesse und hoher Flexibilitätsgrad in der Plananpassung.

Marketing, Struktur

Marketing ist ein Teilbereich der Betriebswirtschaftslehre, die wiederum zu den Sozialwissenschaften gehört. Diese beschäftigen sich mit der Analyse menschlicher Handlungsalternativen (als angewandte Wissenschaft) und der Erklärung empirischer Wirklichkeitsausschnitte (als reine Wissenschaft). Sie gehören zu den Geisteswissenschaften, die gemeinsam mit den Naturwissenschaften (Physik, Chemie, Biologie) die Realwissenschaften bilden, im Gegensatz zu Logik, Mathematik etc., die zu den Formalwissenschaften gehören und Philosophie, Theologie etc, die zu den Metawissenschaften gehören. Innerhalb der Betriebswirtschaftslehre wiederum gehört Marketinglehre zu den allgemeinen Fächern (wie auch Controlling, Personal, Finanzen, Führung, EDV etc.), Handelsbetriebslehre zu den speziellen Fächern (wie auch Touristik, Handwerk, Banken, Versicherung, Verkehr etc.).

Die allgemeinste Fassung des Marketing ist die unter dem Oberbegriff Generic Marketing. Dieser umfaßt alle Transaktionen innerhalb der Gesellschaft, also jeglichen Austausch von Werten. Davon abzutrennen sind Transaktionen innerhalb der Privatsphäre, die im Marketing vordergründig nicht interessieren. Bleiben also Transaktionen innerhalb der Sozialsphäre. Diese werden unter dem Oberbegriff Social Marketing zusammengefaßt, der sowohl altruistische als auch ökonomische Inhalte abdeckt. Insofern ist weiterhin zu unterscheiden zwischen Non Business Marketing, das gemeinnützige, hoheitliche, ideelle Inhalte verfolgt, und Business Marketing, das egoistische, betriebliche, kommerzielle Inhalte verfolgt. Letzteres kann zusätzlich in Corporate Marketing und Instrumental Marketing unterteilt werden. Corporate Marketing betrifft die adressatenorientierte

Unternehmensführung als institutionale Absatzwirtschaft, befaßt sich von daher also mit der Darstellung des Unternehmens in der Marktöffentlichkeit. Instrumental Marketing hingegen betrifft die adressatenorientierte Marktbeeinflussung als funktionale Absatzwirtschaft, stellt also den Maßnahmenaspekt in den Vordergrund. Aktivitäten können dabei sowohl auf den Einkauf als auch auf den Verkauf gerichtet sein. Ersteres betrifft das Beschaffungsmarketing für Personal, Betriebsmittel, Finanzen, letzteres das Absatzmarketing von Gütern und Diensten des eigenen Unternehmens am Markt. Bei diesem lassen sich hinsichtlich der einzusetzenden Parameter solche der Präparation und solche der Aktion einteilen. Präparationsparameter betreffen die Information im Marketing, also die Erhebung, Auswertung und Analyse marktrelevanter Daten als Grundlage für jegliche Aktivitäten im Marketing, sowie die Koordination, also die Planung, Organisation und Kontrolle der daraus resultierenden Aktivitäten, Aktionsparameter betreffen die vier Zielgrößen Produkt/Programm, Preis/Konditionen, Distribution/Verkauf und Kommunikation/Identität. Es gibt nach wie vor keine Aktivitäten im Marketing, die sich nicht unter eines dieser vier Instrumente subsumieren lassen.

Marketing, Umwelt

Es gibt verschiedene Unternehmensumwelten, auf die zu reagieren ist. Als primär relevante Umwelt sind zunächst die Tauschpartner der Unternchmung/Organisation auf ihren jeweiligen Absatz- und Beschaffungsmärkten zu definieren. Darüber hinaus betrifft Umwelt auch Personen/Institutionen, die, ohne Austauschpartner zu sein, durch Normen und Aktionen Einfluß auf sie ausüben und von ihr beeinflußt werden, wie z. B. staatliche, kulturelle oder politische Stellen. Schließlich gibt es die natürliche Umwelt als biologischen Lebensraum der Menschen in Form von Rohstoffen und „freien" Gütern wie Luft, Wasser, Landschaft etc. sowie deren im Rahmen von Produktion und Konsumtion entstehenden Abfallstoffen.

Das aus der Summe einzelwirtschaftlicher Aktivitäten resultierende Bruttoinlandsprodukt gilt gemeinhin als Indikator für den Lebensstandard einer Volkswirtschaft oder, allgemeiner, für deren Wohlstand. Daneben rückt aber immer mehr das Kriterium der Wohlfahrt, also das der Lebensqualität, in den Blickpunkt des Interesses. Dieses ist allerdings nicht so ohne weiteres quantitativ feststellbar, allenfalls anhand allgemeingültiger Indikatoren wie körperlicher Gesundheit/Pflege, Persönlichkeitsentfaltung durch Erziehung/Ausbildung, Beschäftigungsstand und Sozialleistungen im Arbeitsleben, Freizeitanteil, Verfügbarkeit von Sach- und Dienstleistungen, Infrastruktur der Wirtschaft, Rechtsstaatlichkeit, individuelle Sicherheit, Chancengleichheit, aktive Teilnahme an der Gesellschaft etc.

Marketingmaßnahmen können

sowohl von Positiv- wie von Negativwirkungen auf die gesellschaftliche Umwelt beeinflußt werden (vgl. *Raffée, Hans:* Marketing und Umwelt, Stuttgart 1979). Bei den Positiva handelt es sich in erster Linie um Dimensionen wie großes quantitatives Warenangebot, hohes qualitatives Güterniveau, hoher Anpassungsgrad an Käuferpräferenzen, breiter Versorgungsstrom mit öffentlichen Gütern, angemessener Lebensstandard für weite Bevölkerungskreise und Zurverfügungstellung von Wirtschaftsgütern als Mittel zur Selbstverwirklichung.

Zu den nicht zu verhehlenden Negativwirkungen des kommerziellen Marketing gehört die fehlende Konsumentensouveranität durch zunehmende Vermachtung der Märkte sowie die Normensubstitution von „Schein" durch „Haben", d. h. ethischer, kultureller Werte durch solche monetärer Art. In bezug auf die güterwirtschaftliche Umwelt sind als Negativa die Verschlechterung des Konsumguts Umwelt durch Lärm, Abfall, Schadstoffemission, Wasserverunreinigung etc. ebenso zu nennen wie die Externalisierung von Kosten, z. B. bei Einwegprodukten, Planned/Built in Obsolescense sowie nicht abbaubaren Inhaltsstoffen. Hinzu kommen übermäßige Ressourcenbeanspruchung, die Wachstumsrisiken für Folgegenerationen birgt, sowie massiver Einsatz des Marketinginstrumentariums mit geringer Transparenz und steigender Komplexität der Kaufentscheidungssituation.

Zur Vermeidung kontraproduktiver Effekte des kommerziellen Marketing bieten sich mehrere Lösungsoptionen an. Die wohl radikalste ist die Abschaffung des kommerziellen Marketing. Dies ist jedoch unrealistisch, da Marketing ein systemimmanenter Bestandteil der Marktwirtschaft ist und deren Abschaffung daher Systemüberwindung zur Voraussetzung hat, die kein Ernstzunehmender mehr wirklich will.

Dann gibt es die Möglichkeit der stärkeren Betonung der humanen Elemente des kommerziellen Marketing. Gleichsam als Korrekturgröße, ähnlich dem sozialen Element unserer Marktwirtschaft, soll damit die Humanität in das Marketingdenken eingebracht werden. Der Ansatz des Human Concept of Marketing stammt von Dawson und folgt dem Credo des „Not can be sold, but should be sold", d. h. nicht jede realisierbare Gütertransaktion ist danach unter dem Gesichtspunkt gesellschaftlicher Verantwortung auch tatsächlich wünschenswert.

Eine Weiterung erfuhr diese Denkrichtung durch das nichtkommerzielle (Non Profit-)Marketing von Kotler. In diesem Zusammenhang gewinnen Instrumente der Informationsverbesserung wie Verbraucherhilfe (z. B. AGV) und Produktvergleich (z. B. Stiftung Warentest) an Bedeutung. Wiederum Kotler erweiterte dieses Konzept zum Social Marketing, der expliziten Einbeziehung sozial relevanter Aspekte in das Marketing. Dies geht bis zur gegengewichtigen Veränderung der

Vermarktungsbedingungen des Business Marketing, wie Galbraith sie etwa im Ansatz der Countervailing Power vorschlägt, oder zu bewußtem Demarketing als Elimination bestimmter Angebote, die unter gesellschaftlichen Bedingungen inakzeptabel scheinen, und mündet im Ecological Marketing (Henion/Kinnear), das bewährte Wirkmechanismen des Marketing ganz in den Dienst des Schutzes ökologischer Werte stellt.

Flankierend kommen gesetzliche Maßnahmen in Betracht, die jedoch Augenmaß erfordern, weil sie großenteils ordnungspolitisch nicht unbedenklich sind. Hinsichtlich der Verantwortlichkeit gelten dabei in absteigender Folge das Vorsorgeprinzip, die Bekämpfung an der Quelle, das Verursacherprinzip (mit Schadenersatz), das Kooperationsprinzip (zur Beseitigung der Folgen) und das Gemeinlastprinzip. Diese sind Kennzeichen des Postmaterialismus durch Überwindung von Naturausbeutung, Wohlstandsprimat, Besitzstand und Wachstumsfetichismus im Markt.

Marketing-Informations-System, Struktur

Entscheidungsunterstützungssysteme (Decision Support Systems) sind computerbasierte Einrichtungen zur Entscheidungsfindung. Man unterscheidet dabei Datenbasierte Systeme und Wissensbasierte Systeme (Expertensysteme). Datenbasierte Systeme, wie das Marketing-Informations-System (MAIS), sind die älteren.

Das Marketing-Informations-System ist eine spezielle Form eines Informationssystems, d. h. einer planvoll entwickelten und geordneten Gesamtheit von organisatorischen Regelungen über Träger informatorischer Aufgaben, Informationswegen zwischen ihnen, Informationsrechten und -pflichten und Methoden der Informationsbearbeitung zur Befriedigung des Informationsbedarfs. Es ist erforderlich, um die Informationsflut zu kanalisieren, die Aktualität der Informationen zu sichern und die tatsächliche Nutzung verfügbarer Informationen zu fördern. Voraussetzungen sind dabei eine hinreichend auf den Informationsbedarf abgestimmte Datenbasis, ein flexibles System der elektronischen Datenaufbereitung für unterschiedliche Fragestellungen, z. B. mit hierarchischer Verdichtung und flexibler Disaggregation, ein hinreichendes Reservoir an Methoden und Modellen zur Datenverknüpfung und eine leistungsfähige Computer-Hardware mit kurzen Zugriffszeiten und benutzerfreundlicher Oberfläche. Ein System kann z. B. Verkaufsstatistik, Vertriebserfolgsrechnung, Außendienst-Berichtswesen und Absatzplanung umfassen.

Ein solches Marketing-Informations-System besteht demnach aus vier Komponenten.

Die interne *Datenbank* hat EDV-mäßig organisierte Datenbestände, hier werden in strukturierter Form die für Marketingentscheidungen

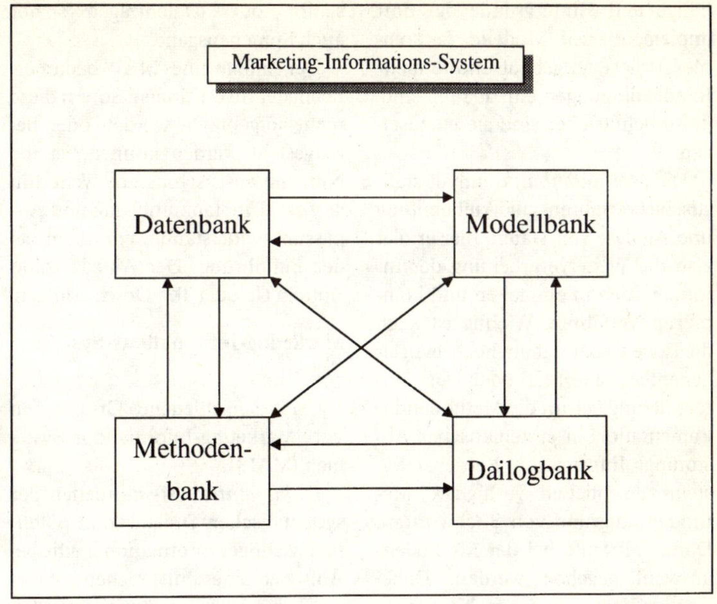

Marketing-Informations-System

notwendigen inner- und außerbetrieblichen Informationen gesammelt. Eine Marketing-Datenbank ist eine strukturierte Sammlung von Daten, aus der sich entscheidungsrelevante Informationen gewinnen lassen. Sie muß folgende Voraussetzungen erfüllen. Redundanzfreiheit, d. h. jede Marketing-Information in der Datenbank ist nur einmal abgespeichert. Dadurch wird der Speicherplatz rationell genutzt. Dateninkonsistenzen können vermieden werden, die Datenaktualisierung wird vereinfacht. Allerdings werden dadurch auch lange Zugriffszeiten bedingt. Strukturflexibilität, d. h. Informationen lassen sich in beliebiger Weise verknüpfen. Dies verlangt eine vorausschauende Datenorganisation. Die Abhängigkeit von Daten und Anwenderprogrammen wird überwunden, indem Daten nur inhaltlich spezifiziert sein, nicht aber formatiert werden müssen. Es muß den Informationsbedürfnissen verschiedener Zielgruppen im Unternehmen entsprochen werden.

Die *Modellbank* enthält bekannte Modelle zur Beschreibung und Lösung von Marketingproblemen. Hier sind quantifizierbare Sachzusammenhänge abgebildet. Die Anwendung der Modellbank bedingt allerdings zur seriösen Nutzung die Kenntnis der Zusammenhänge und Hintergründe der dort implementierten Modelle. Je komplexer diese aufgebaut und je mehr Randbedingungen einzuhalten sind, desto behutsamer sind sie einzusetzen.

Die *Methodenbank* enthält statistische Verfahren zur Aufbereitung und Analyse von Daten, hier erfolgt also die Weiterverarbeitung der Informationen in einfachen und komplexen Verfahren. Wichtig ist auch die Erweiterbarkeit um neue, evtl. eigenentwickelte Methoden. Die Unterstützung betrifft die Methodendokumentation in systematischer Abstufung. Information Retrieval Systems erschließen verfügbare Methoden aufgrund von Stichwörtern. Dann soll Hilfe bei der Methodenauswahl gegeben werden. Dabei werden dem weniger fachkundigen Nutzer aufgrund seines Datenabrufs geeignet erscheinende Methoden vorgeschlagen bzw. ungeeignete gesperrt. Außerdem ist eine Methodenablaufsteuerung notwendig, die die Vollständigkeit und Richtigkeit der Eingaben prüft (z. B. Parameter) oder durch Standardwerte ersetzt. Schließlich sollen auch Interpretationshilfen gegeben werden. Diese Anforderungen werden aber derzeit noch nur unvollkommen erfüllt.

Durch die *Dialogbank* kann der Entscheider mit dem System in Dialog treten. Hier geht es um benutzerfreundliche Datenein- und -ausgabe. Die Eingabe erfolgt in aller Regel online durch Tastatur, Datenträger, später auch Spracheingabe, die Ausgabe erfolgt als Ausdruck, auf Bildschirm oder Datenträger, später auch Sprachausgabe.

Der Aufbau eines MAIS bedarf erheblicher Investitionen. Sofern diese nicht aufgebracht werden oder bereitgestellt werden können, ist die Nutzung ausgeschlossen. Weiterhin gibt es Akzeptanzprobleme und Anpassungswiderstände, vor allem bei der Einführung. Der Aufbau kann Bottom Up oder Top Down erfolgen.

Marketing-Informations-System, Typen

Es gibt verschiedene Grundtypen von Marketing-Informations-Systemen (MAIS).

Dokumentensysteme dienen der systematischen Organisation potentiell wichtiger Informationen, die bei Auftreten eines entsprechenden Bedarfs jederzeit abgerufen werden können. Diese Informationen sind zumeist qualitativer Natur, d. h. haben die Form von Texten und Bildern. Dies wirft große Probleme bei der Speicherorganisation auf, da es an Formatierungsschlüsseln fehlt. Vielmehr müssen umfassende Deskriptoren- und Indexierungssysteme installiert werden. Dies ist zeit- und kostenaufwendig. Außerdem ist dies oft ungenau, sodaß sich Probleme beim Wiederauffinden ergeben. Aufgrund großer Suchgeschwindigkeiten in Computern ist dieses Problem jedoch lösbar. Allerdings ergibt sich ein Wirtschaftlichkeitsproblem, d. h. die Aufbereitung und Pflege der Datenbestände erscheint aufwendiger als der Nutzenentgang ohne MAIS. Globale Datennetze erlauben es zudem jedem Interessenten, externe Informationsbanken anzuzapfen. Dabei ist eine einmalige, retrospektive Recherche, in der alle bis zu diesem Zeitpunkt abgespeicherten Informationen zu einer eingegebenen Fragestellung durchsucht werden, möglich. Aber auch ein Recherche-Dauerauftrag, bei dem zu einem bestimmten Thema periodisch alle neuzugegangenen Informationen verfügbar sind.

Planungssysteme haben demgegenüber eine stärkere Ausrichtung auf die spezifischen Informationsbedürfnisse der beteiligten Organisationsmitglieder. Wichtig ist dabei eine Flexibilität des Systems derart, daß dem Planungsträger ihm selbst relevant erscheinende Informationen in der von ihm gewünschten Form möglichst kurzfristig verfügbar gemacht, in der von ihm als notwendig erachteten Form aufgegliedert und miteinander verknüpft werden. Weiterhin kommt es auf die Dialogfähigkeit des Systems an, d. h. die unmittelbare Mensch-Maschine-Kommunikation. Dies ist vor allem wichtig, wenn kreative Prozesse initiiert werden sollen, die am Anfang noch nicht voll strukturiert sind. Dabei muß sichergestellt sein, daß jeder Anwender nur auf den für ihn relevanten Datenbestand zurückgreifen und auch nur diesen verändern kann.

Kontrollsysteme dienen der aktuellen Berichterstattung über interessierende Bereiche. Sie sind als Berichtssystem ausgestaltet, wenn der Computer dem Anwender automatisch Informationen zur Verfügung stellt. Dies kann wiederum zeitbezogen erfolgen, d. h. als Standardberichte in periodischen Abständen, oder ereignisbezogen, d. h. als anlaßorientierte Ausnahmeberichte. Letzteres erfolgt vor allem dann, wenn Abweichungen zwischen Ist- und Normalergebnissen (Meldebericht) oder zwischen Ist- und Sollergebnissen vorliegen (Warnbericht). D.h. Meldesysteme reagieren auf Abweichungen zwischen tatsächlichen und vorgegebenen Größen, Warnsysteme reagieren auf Abweichungen zwischen tatsächlichen und prognostizierten Größen. Außerdem gibt es Abrufsysteme, bei denen der Abrufzeitpunkt selbst gewählt wird. Bei Ausgestaltung als Auskunftssystem geht die Initiative zur Berichterstattung vom Anwender aus. Bei einer freien Abfrage kann der individuelle Informationsbedarf spezifiziert werden, bei einer starren Abfrage werden vorspezifizierte Informationen geliefert. Wichtig sind hier die Elimination irrelevanter Berichte, die Ausmerzung von Doppelarbeit und die formal aufnahmefreundliche Berichtsgestaltung.

Managementsysteme stellen ein sinnvolles Informationsangebot her, das in Abhängigkeit von der Hierarchie jeweils angemessen aggregierte oder selektierte Informationseinheiten bereitstellt. Verdichtung ist bei quantitativer Datenbasis über Kennziffern/Kennzahlensysteme wesentlich einfacher als bei qualitativer. Bei Bedarf sollten daher stärker detaillierte Informationen bereitgestellt werden. Selektion weist Informationen bei Überschreiten vorgegebener Toleranzen aus. Dies entspricht dem Führungskonzept des Management by Exception. Wichtig ist dabei die Ursachenforschung für Abweichungen, die im System zwar möglich ist, aber persönlich validiert werden sollte (vgl. *Pepels, Werner:* Käuferverhalten und Marktforschung, Stuttgart 1995).

Marketing-Mix

Der Marketing-Mix stellt die Kombination der Marketinginstrumente dar. Vergleichbar einem Rezept, das den Mix der Einsatzstoffe für ein Gericht enthält. Jedes der Marketinginstrumente, Produkt- und Programmpolitik, Preis- und Konditionenpolitik, Distributions-und Verkaufspolitik, Kommunikations- und Identitätspolitik, ist nun in mannigfacher Form, unterschiedlich nach Auswahl, Intensität, Zeit-Raum-Aspekt, Inhalt etc., einsetzbar. Aus der Vielzahl der zur Verfügung stehenden Instrumente und deren vielfältigen Ausprägungen ergibt sich eine immense Anzahl von Kombinationsmöglichkeiten. So geht es nicht nur um die Allokation der vier Submixes (= interinstrumenteller Abgleich), sondern auch um die Allokation der einzelnen Stellgrößen innerhalb jedes Submixes (= intrainstrumenteller Abgleich).

An der Aufgabe, den optimalen Marketing-Mix herauszufinden, scheitert die Praxis daher verständlicherweise bislang. Theoretische Methoden sind erst recht nicht anwendbar. Zumal es genügend Beispiele gibt, daß ganz unterschiedliche Kombinationen erfolgreich sind, immer wieder auch solche, bei denen jede rationale Analyse eigentlich nur zum Ergebnis eines prospektiven Mißerfolgs kommen kann (*IKEA, Body Shop, McDonald's* etc.). Tatsächlich helfen hier nur Trial & Error, d. h. ein bestimmter Marketing-Mix wird heuristisch bestimmt und durch realen Test relativ optimiert, ohne freilich jemals ein absolutes Optimum zu erreichen. Dies verhindert allein schon die Dynamik der Märkte. Glücklicherweise ist hier die Sensibilität des Praktikers den Erkenntnissen des Theoretikers weit überlegen.

Marketing-Mix und -Verfahrens-Audit

(→ *Marketing, Audit)*

Marketing-Philosophie

(→ *Marketing, Denkweise)*

Marketingforschung, Arten

Marketingforschung tritt in vielfältigen Einsatzfeldern in Erscheinung. Die wichtigsten von ihnen sind die folgenden.

Als zu erforschende Umfelder gelten die Mikro- und die Makroumwelt. Zur Mikroumwelt gehören vor allem Größen wie Nachfrage, Konkurrenz, Interessengruppen etc., zur Makroumwelt gehören Größen wie Technik, Politik, Recht, Ökologie etc.

Als Quellen für die Informationsgewinnung kommen betriebsinterne und betriebsexterne in Betracht. In beiden Fällen sind die Voraussetzungen für Informationen bereits gegeben, sie müssen nur aktiviert werden.

Die Informationsinhalte sind demoskopischer oder ökoskopischer Natur, d. h. es handelt sich um subjektiv persönliche Daten, z. B. Geschlecht, Alter, Beruf, oder um objektiv sachliche Daten, z. B. Umsatz, Marktanteil, Belegschaft.

Bei den untersuchten Leistungen handelt es sich um Konsumtiv- oder Produktivgüter sowie Dienstleistungen. Entsprechend den Besonderheiten dieser Märkte ist die Forschung jeweils ausgerichtet.

Nach den relevanten Marketinginstrumenten beziehen sich Untersuchungen auf die Produkt- und Programmforschung, auf die Preis- und Konditionenforschung, auf die Distributions- und Verkaufsforschung oder die Kommunikations- und Identitätsforschung.

Bei der Art von Informationen kann es sich um betriebswirtschaftliche oder volkswirtschaftliche Daten handeln, also solche, die vorwiegend einzelbetrieblich oder eher überbetrieblich ausgerichtet sind.

Nach der Erhebungsform kann man danach unterscheiden, ob Daten eigens für einen spezifischen Zweck erhoben werden, dann spricht man von Primärforschung (oder auch anschaulich von Field Research), oder ob sie bereits vorhanden sind, dann spricht man von Sekundärforschung (oder von Desk Research).

Nach der räumlichen Erstreckung handelt es sich um Binnen- oder Auslandsmärkte, erstere im Rahmen der lokalen, regionalen oder nationalen Marktforschung, letztere im Rahmen der internationalen Marktforschung.

Nach der zeitlichen Dimension handelt es sich um Größen die vergangenheitsbezogen, gegenwartsbezogen oder zukunftsbezogen sind. Die zukunftsbezogene Forschung nennt man auch Marketingprognose.

Nach der Häufigkeit unterscheidet man Erhebungen, die einmalig durchgeführt werden und solche, die mehrmalig, meist regelmäßig, durchgeführt werden. Dabei ist noch wichtig, ob es sich um gleiche Auskunftspersonen handelt, wie z. B. bei Panels, oder um verschiedene, wie z. B. bei Wellenerhebungen.

Als Träger für Forschungsaktivitäten kommen die eigene Organisation, also die betriebliche Marktforschung oder Externe, also die Instituts-Marktforschung, in Betracht. Häufig findet auch eine Arbeitsteilung zwischen beiden statt.

Nach den Subjekten können Gruppen wie Käufer im privaten und gewerblichen Bereich, Absatzmittler als Groß- und Einzelhändler und Absatzhelfer, Hersteller, Konkurrenten, Lieferanten, Anspruchsgruppen etc. unterschieden werden.

Nach dem Gegenstand der Marktforschung können Meinungen (Meinungsforschung), Motive (Motivforschung), Images (Imageforschung), Verhaltensweisen (Verhaltensforschung), Käufer (Käuferforschung) etc. unterschieden werden.

Als Leitbild professioneller Marktforschung gelten dabei immer die Postulate der theoriegeleiteten Forschung, d. h. auf der Basis verfügbarer wissenschaftlicher Erkenntnisse, der interdisziplinären Ausrichtung, d. h. die Einbeziehung von Disziplinen wie Psychologie, Soziologie, Statistik etc., der Einbringung von Pragmatismus, d. h. die Konzentration auf das Nützliche, und der Seriosität der Forschung, d. h. die logische Plausibilität und ethische Vertretbarkeit.

Marketingforschung, Begriffe

Marketingforschung ist vom verwechslungsfähigen Begriff Marktforschung dadurch abgegrenzt, daß Marktforschung sich sowohl auf die externen Absatz- als auch die Beschaffungsmärkte, also Größen wie Lieferanten, Beschaffungswege, Lieferfristen, Transportmittel, Einkaufsqualitäten etc., des Betriebs bezieht, Marketingforschung jedoch nur auf die Absatzmärkte ausgerichtet ist (Marktpotential, Marktvolumen, Marktanteil, Konkurrenzdaten, Bedarfsstruktur, Marketinginstrumente etc.), zusätzlich aber intern auch auf die innerbetrieblichen Sachverhalte und Marketingaktivitäten des Betriebs, also Absatzsegmentrechnung, Außendienstberichtswesen etc. Beide sind Bestandteil der Marktempirie, beziehen sich also auf Sinneserfahrungen und können mittels dieser auch überprüft werden, die gemeinsam mit der Markttheorie, als System untereinander durch Ableitbarkeitsbeziehungen verbundener Sätze und Aussagen, das Feld der Marktuntersuchung ausmacht.

Ein anderer Begriff für Marketingforschung ist Absatzforschung. Davon abzugrenzen ist die Absatzbeobachtung (oder auch Markterkundung), die nur ein eher zufälliges, gelegentliches Abtasten des Marktes darstellt, also nicht systematisch erfolgt und damit keinem wissenschaftlichen Anspruch gerecht wird. Diese ist wiederum nicht zu verwechseln mit der Marktbeobachtung, die laufend erfolgt (Längsschnittanalyse), im Gegensatz zur Marktanalyse, die einmalig erfolgt (Querschnittanalyse). Nach dieser negativen Abgrenzung ist jetzt eine positive Definition der Marketingforschung vonnöten: Marktforschung stellt die systematische Sammlung, Aufbereitung und Interpretation von Daten zur Erkennung und Ableitung von Informationsgrundlagen für marktbezogene Entscheidungen dar.

Marketingforschung hat eine Vielzahl wichtiger Funktionen im Betrieb.

Sie sorgt dafür, daß Risiken frühzeitig erkannt und abgeschätzt werden können (Frühwarnfunktion). Dies ist vor allem infolge rasch wechselnder Umfeldfaktoren von hoher Bedeutung für die Planung und Steuerung.

Sie trägt dazu bei, daß Chancen und Entwicklungen aufgedeckt und antizipiert werden, bietet also Anregungen (Innovationsfunktion). Denn meist sind nur noch Vorstöße am Markt in der Lage, Konkurrenzvorsprünge zu generieren.

Sie trägt im willensbildenden Prozeß zur Unterstützung der Betriebsführung bei (Intelligenzverstärkerfunktion). Mehr Wissen führt tendenziell zu sachgerechteren, besseren Entscheidungen.

Sie schafft bei der Entscheidungsfindung Präzisierung und Objektivierung von Sachverhalten (Unsicherheitsreduktionsfunktion). Damit werden die typischerweise schlecht strukturierten Problemstellungen im Marketing besser beherrschbar.

Sie fördert das Verständnis von Zielvorgaben und Lernprozessen im Betrieb (Strukturierungsfunktion). Durch die Transparenz von Daten und darauf basierenden Schlußfolgerungen kommt es zu einer besseren Aktivitätsabstimmung.

Sie selektiert aus der Flut umweltbedingter Informationen die relevanten Informationen und bereitet diese auf (Selektionsfunktion). Dies gilt freilich nur bei entsprechend geeigneter Anlage der Informationsgewinnung.

Sie hilft, Veränderungen des marketingrelevanten Umfelds abzuschätzen und Auswirkungen auf das eigene Geschäft aufzuzeigen (Prognosefunktion). Dies ist ganz wichtig für die zielgerichtete Steuerung des Unternehmens.

Marketingforschung ist umso eher erforderlich, je größer und komplexer der Betrieb, je größer die Bedeutung und die objektive und/oder subjektive Unsicherheit bezüglich der zu untersuchenden Größen für die Gesamtplanungssituation des Betriebs, je größer der spezielle räumliche Markt, je weniger flexibel die Reaktion der Betriebsorganisation auf eine Änderung der Rahmendaten, je dringlicher die benötigte Information für unternehmerische Entscheidungen (Opportunitätskosten), je geringer die spezielle Erfahrung der Betriebsleitung und je geringer der Umfang der persönlichen Kontakte von Mitarbeitern des Betriebs zu bedeutenden Informanten ist (vgl. *Pepels, Werner:* Käuferverhalten und Marktforschung, Stuttgart 1995).

Marketingforschung, Betriebliche

Die betriebliche Marketingforschung kann als Linien- oder Stabsstelle verankert sein. Als Linienstelle ist eine Einordnung im Rahmen der Funktions- oder Objektorganisation möglich. Im Rahmen der Funktionsorganisation ist eine Anbindung an Marketing, Absatz, Vertrieb, Verkauf o. ä. sinnvoll. Im Rahmen der Objektorganisation ist eine Anbindung an Produkt-Management, Gebiets-Management oder Kunden-Management sinnvoll. In diesen Bereichen kann jeweils auch eine Anbindung als Stabsstelle vorgenommen werden. Dabei ist häufig ein Marketing-Service-Bereich anzutreffen, der neben Marktforschung meist noch Klassische Werbung, Verkaufsförderung, Direktmarketing, Öffentlichkeitsarbeit, Neue Medientechik, Schauwerbung, Verkaufsliteratur, Geschäftsausstattung etc. umfaßt. Denkbar ist aber auch eine Anbindung im Bereich Information, Wirtschaftsinformatik, EDV o. ä. Oder sogar im Bereich Beschaffung oder Unternehmensführung, Auditing o. ä.

Als Vorteile der Eigenforschung sind im wesentlichen folgende zu nennen.

Es besteht eine größere Vertrautheit mit dem Forschungsproblem durch Kenntnisse im Vorfeld. Über den Auftrag hinaus ist meist bekannt, zu welchen spezifischen Zwecken die gewonnenen Informationen genutzt werden sollen. Entsprechend kann bereits im Vorfeld das Design gestaltet werden, und eine gesonderte Einarbeitungszeit entfällt.

Bessere Möglichkeiten der Einflußnahme und Kontrolle während des Forschungsprozesses sind gegeben. Es besteht jederzeitige Transparenz über den Status der Arbeiten, und es kann jederzeit darauf in zielgerichteter Weise Einfluß genommen werden. Oder es besteht zumindest die Illusion dazu.

Es kommt zur Gewinnung von Forschungserfahrungen sowie zum Verbleib dieser Erkenntnisse im Betrieb. Durch die Beschäftigung mit der Materie wird Wissen akkumuliert, das Sekundärnutzen in anderen Bereichen zeitigt und das Wissenspotential stetig anreichert.

Das Risiko von Indiskretionen über Internas ist geringer. Oft werden Externen im Verlaufe der Arbeit Inhalte bekannt, die nicht für die Öffentlichkeit bestimmt sind. Das Risiko der unbefugten Weitergabe solcher vertraulicher Informationen ist jedoch nicht auszuschließen. Dies betrifft auch den Informations- und Datenschutz nach Projektabschluß.

Kommunikationsprobleme, wie sie bei der Zusammenarbeit mit Externen immer gegebenen sind, entfallen. Eine komplexe Materie erfordert intensiven Meinungsaustausch zur Nutzung aller Potentiale und zur problemgerechten Bearbeitung. Das kostet im Betrieb Zeit, zumeist die der Entscheider, und damit Geld.

Es gibt bessere Möglichkeit zur Nutzung spezifischer Kenntnisse der Entscheidungsträger. Da nur ein geringer Teil der Aktivitäten auf objektivierter Grundlage abläuft, kann das Briefing intern um „Bauchgefühl" ergänzt werden, das Externen nur schwer zugänglich ist.

Als Nachteile der Eigenforschung sind hingegen vor allem zu nennen.

Eine eigene Erhebung ist oft nicht möglich, sofern eine forscherische Infrastruktur erforderlich ist (z. B. Panel, Wellenerhebung, Mehrthemenbefragung). Deren Aufbau und Unterhalt ist zu aufwendig, als daß sie sich selbst für forschungsintensive Unternehmen, wie in der Konsumgüterbranche anzutreffen, lohnte.

Es besteht die Gefahr der Betriebsblindheit, die oft naheliegende Problemlösungen nicht erkennen läßt. An diesen fundamentalen Gaps sind bereits viele Marketingaktivitäten gescheitert. Die Einschaltung von Externen bietet hingegen die Chance, eingefahrene Gleise zu verlassen und neue Einsichten zu gewinnen.

Das Phänomen der Self Fulfilling Prophecy ist nicht von der Hand zu weisen, d. h. die Forschung erbringt merkwürdigerweise genau die Ergebnisse, die das Management schon vorher unterstellt hat. Denn interne Mitarbeiter wissen um die möglichen Konsequenzen ihrer Erhebungsergebnisse und sind daher trotz ihres Bemühens um Neutralität zumindest unbewußt geneigt, Aspekte, die die gewünschte Konsequenz begünstigen, stärker zu berücksichtigen bzw. Aspekte, die die gewünschte Konsequenz beeinträchtigen, nicht weiterzuverfolgen. Dies führt dann zu erheblichen Verzerrungen im Output.

Es besteht die Gefahr der subjektiven Prägung der Forschung. Denn der Forscher geht meist mit einem eigenen oder von seinem Arbeitgeber geprägten Werturteil an eine Problemstellung heran. Trotz allen Willens zur Objektivität sind dann die Antworten dennoch entsprechend, da unbewußte Lenkungsmechanismen einsetzen.

Experten und fachorientierte Mitarbeiter fehlen oft in der Abteilung. Für spezialisierte Aufgaben, die infolge der Professionalisierung der Marktforschung immer breiteren Raum einnehmen, kann intern keine adäquate Manpower vorgehalten werden. Insofern ist methodische Rückständigkeit nicht ausgeschlossen.

Die Organisation der Feldarbeit ist normalerweise nicht selbst möglich. Sofern es sich um Primärerhebungen handelt, die flächendeckend durchgeführt werden, ist eine Intervieweorganisation erforderlich, die nur von Instituten unterhalten werden kann. Das bedeutet jedoch nicht, daß man immer mit diesen zusammenarbeiten muß.

Längere Bearbeitungszeiten durch Kostendruck und Kapazitätsengpässe sind wahrscheinlich. Dies ist nicht zuletzt dadurch begründet, daß Unternehmen im Rahmen der Rationalisierung ihren Mitarbeiterstamm auf das unerläßliche Maß zurückgeschraubt haben, sodaß für Spitzenbelastungen keine Reserve mehr bleibt.

Es entstehen meist höhere Kosten gegenüber Outsourcing. Dies gilt zumindest, wenn die kalkulatorischen Kosten der eigenen Mitarbeiter mit effektiven Stundensätzen und nicht nur deren pagatorische Kosten angesetzt werden.

In vielen Fällen ist eine Kombination von Eigen- und Fremdforschung sinnvoll, etwa derart, daß die Grundlagenarbeit außer Haus und die Durchführung in eigener Regie vorgenommen wird oder umgekehrt (vgl. *Pepels, Werner:* Käuferverhalten und Marktforschung, Stuttgart 1995).

Marketingforschung, Kooperative

Oft wird die Marketingforschung von Verbänden für die ihnen angeschlossenen Unternehmen übernommen. Dabei sind verschiedene

Abstufungen denkbar. Zunächst kann es um die Verarbeitung von Fundstellenverzeichnissen für die wichtigsten, die Branche betreffenden Statistiken gehen. Weitergehend können diese Statistiken verbandsseitig auch ausgewertet und interpretiert werden. Ebenso können eigenständige Forschungsprojekte im Rahmen der Verbandsarbeit durchgeführt werden. Dies kann bis zur Gründung und Führung eines selbständigen Instituts gehen, das fallweise oder laufend mit der Durchführung von Untersuchungen befaßt ist. Dabei ergeben sich jedoch auch enge Grenzen. So können die Ergebnisse immer nur auf die Branche, nicht aber auf einzelne Betriebe bezogen werden, sie bedürfen also der Ergänzung und Verfeinerung. Sie schaffen zudem Informationsgleichstand, also keinen individuellen Wettbewerbsvorsprung. Gerade in hochkompetitiven Wirtschaften ist Informationsvorsprung jedoch ein unschätzbarer Erfolgsfaktor. Sofern die Abdeckung der Branche durch einen Verband gering ist, sind die Ergebnisse nicht einmal hinreichend.

Ebenso ist eine Verbund-Marktforschung denkbar. Sie besteht darin, daß Unternehmen zum Zweck der gemeinsamen Forschung kooperieren. Handelt es sich um substitutiv tätige Unternehmen, gleicht die Situation der Verbandsmarktforschung. Wegen der Besonderheiten jedes Betriebs und des gleichen Informationsstands aller Beteiligter ist die Ergänzung um eigene betriebliche Forschung erforderlich. Handelt es sich um komplementär tätigte Unternehmen, kann die individuelle Forschung dadurch möglicherweise weitgehend ersetzt werden.

Marketingforschung, Phasen

Wenn man sich gedanklich einem Forschungsprojekt nähert, so ist es sinnvoll, sich zunächst die Schritte auf dem Weg von der gegebenen Ausgangssituation zur gewünschten Zielsituation vor Augen zu führen. Die einzelnen Arbeitsphasen betreffen hier bei professioneller Vorgehensweise die folgenden.

Die *Anregungsphase* dient der Identifizierung von Informationsbedarfen und der Themenstrukturierung. Die Anregung kann durch Märkte verursacht sein oder durch betriebsinterne Überlegungen, sie kann aus der Marktforschungsabteilung selbst kommen oder aus dem Management.

Die *Definitionsphase* betrifft die Formulierung des Untersuchungsziels und dessen Umsetzung in ein Forschungsproblem. Auf dieser Basis erst können operationale Erhebungsziele definiert werden. Daraus ergibt sich der Set der erforderlichen Variablen und ob diese in funktionalen Beziehungen zueinander stehen und ausreichend kontrollierbar sind. Häufig machen erkennbare Informationslücken eine Pilotstudie zur Klärung des eigentlichen Informationsbedarfs erforderlich.

Bei der *Forschungsphase* geht es um die Erstellung eines detaillierten Forschungskonzepts, in dem Datengewinnung, -verarbeitung und -auswertung dargelegt sind. Dazu werden Hypothesen gebildet und an der Realität überprüft. Es ergeben sich ein Abriß der Entscheidungsfrage, eine Kurzbeschreibung des Forschungsproblems, eine Kennzeichnung des Informationsstands, die Formulierung von Forschungshypothesen, die Kurzdarstellung der einzusetzenden Methoden, von Dauer und Zeitbedarf des Projekts sowie dessen Finanzaufwands. Hierzu gehören im Falle der Feldarbeit auch der Fragebogentext, -aufbau, die Auswahl und Entwicklung der Erhebungsmethode, die abstrakte Bestimmung der Erhebungseinheiten etc.

Die *Datenerhebungsphase* umfaßt die unmittelbare Datengewinnung durch eigene Felderhebung, durch Organisation Externer (Marktforschungs-Institut) oder durch Schreibtischrecherche (Sekundärquellen).

Die *Aufbereitungsphase* betrifft die Dokumentation der Daten und ihre Kontrolle auf Schlüssigkeit sowie die Datenträgerverschlüsselung. Diese Phase beginnt mit der Paginierung von Unterlagen und deren Überprüfung auf Vollständigkeit und Verwertbarkeit. Es folgt die grobe Überprüfung der Ergebnisse auf logische Konsistenz. Bei Computerauswertung sind die Daten in maschinenlesbarer Form zu verschlüsseln und auf Datenträger zu übertragen. Codierungsfehler sind zu kontrollieren und zu beseitigen. Im Rahmen der Auswertung werden anspruchsvolle rechnerische Verfahren eingesetzt.

Die *Interpretationsphase* stellt die eigentliche Denkleistung durch Analyse und Schlußfolgerung der gewonnenen Daten dar. Dabei kommt es zugleich wieder zu einer Subjektivierung der objektiven Forschung.

Die *Kommunikationsphase* betrifft die Präsentation von Empfehlungen auf Basis der gewonnenen Erkenntnisse. Wichtig ist die zielgruppengerechte Darstellung der Resultate, denn von einer wirksamen Kommunikation hängt der Erfolg der Marktforschung in hohem Maße ab.

Markoff-Ketten

(→ Marke, Wahlmodelle)

Markt-Media-Analysen

Beim Intramediavergleich geht es darum, die bestgeeigneten Werbeträger innerhalb jeder Gattung zu bestimmen. Oft wird die Ansprache über nur eine Mediagattung als nicht ausreichend angesehen oder eine Arbeitsteilung der Medien hinsichtlich der ausgesendeten Botschaftsformen und -inhalte als notwendig erachtet. Dieser Auswahlprozeß bezieht sich vornehmlich auf geprintete und elektronische Medien, also Anzeigen und Spots, und weniger auf Plakate. Dort ist eine Planung aufgrund der mediatechnischen Gegebenheiten nur begrenzt möglich. Als Basismedium löst dabei TV zunehmend Print ab.

Zu einer objektivierten Analyse ist zuallererst eine verläßliche Datenbasis erforderlich. Hier sind, nicht zuletzt aufgrund der großen Bedeutung der Printmedien hierzulande, umfangreiche und aussagefähige Daten in Form von Markt-Media-Analysen vorhanden. Deren größte ist die von der *AGMA* betreute MA (Media-Analyse), mit einer Fallzahl von jährlich über 19 000 befragten Personen. Die Daten werden im Rahmen standardisierter Interviews im Quotaverfahren erhoben und umfassen Angaben zu Medianutzung (sehr ausführlich), Konsumdaten (gering) und Demographie. Die Medianutzung beinhaltet die Frage nach den im jeweiligen letzten Erscheinungsintervall genutzten Werbeträgern. Die Demographie kategorisiert Merkmale wie Altersklasse, Geschlecht, Beruf, Einkommen, Wohnort, Haushaltsführung, Familienstand, Ausbildung, Tätigkeitsgruppe, Haushaltsgröße, sonstige konsumrelevante und Besitz-Merkmale. Eine gewisse Sonderstellung nimmt noch die VA (Verbraucher-Analyse mit 27 beteiligten Verlagen) ein, die jährlich mit ca. 14 000 Befragten durchgeführt wird und zusätzlich zu Demographie und Medianutzung Statements zu Konsum- und Freizeitverhalten, Einstellungen, Produkt- und Markenbekanntheit und -vertrautheit beinhaltet.

Durch die Anlage als Gemeinschaftsuntersuchung, wie auch bei:

- AWA (Allensbacher Werbeträgeranalyse mit 15 000 Interviews jährlich),
- Jugend-MA (Mediaanalyse mit 3000 Interviews dreijährlich),
- Kinder-LA (Leseranalyse mit 3000 Interviews in unregelmäßigen Abständen),
- LA-Medizin (mit 1350 Interviews zweijährlich),
- Konpress (konfessionsgebundene Presse mit unterschiedlicher Interviewzahl und Durchführungsperiode),
- KLA (für Kundenzeitschriften mit 5000 Interviews dreijährlich),
- AOL (für Landpresse mit 1500 Interviews dreijährlich),
- LAF (Leseranalyse Führungskräfte mit 4000 Interviews dreijährlich),

soll ausgeschlossen werden, daß die Ergebnisse in der einen oder anderen Richtung „gebiased" sind. Die letztgenannten Analysen werden unter verstärktem Einbezug von Konsumdaten und Demographie für aufgrund ihrer Werbeaufwendungen bedeutsame Branchen durchgeführt.

Darüberhinaus gibt es zahlreiche Einzeluntersuchungen wie:

- Entscheidung, Verbrauch, Anschaffung/5200 Fälle (EVA/Spiegel-Verlag),
- Kommunikationsanalyse/4000 Fälle (KA/Gruner&Jahr-Verlag),
- Dialoge/5500 Fälle (Gruner&Jahr-Verlag),
- Soll&Haben/5000 Fälle (Spiegel-Verlag) etc.

Diese sind zwar als neutral behauptet angelegt, zeitigen jedoch hin und wieder bei gleichen Fragestellungen unterschiedliche Ergebnisse und zielen hinsichtlich ihrer Themen auf Objektschwerpunkte des jeweiligen Verlags, und zwar unter Einbeziehung der Einstellung zu Marken (vertieft), Konsumdaten und Demographie. Die Typologien der Klassifizierung gehen weiter und erfassen als zusätzliches Kriterium noch Lebensweltmerkmale (AIO-Ansatz). Zu nennen sind etwa die:

- Frauentypologie (Brigitte/G&J),
- Typologie der Wünsche/8000 Fälle (TdW/Burda),
- Outfit-Studie/6000 Fälle (Spiegel).

Ein Schwerpunkt liegt dabei auf der Erfassung von Interessen und Einstellungen.

Der große Wert aller Analysen liegt neben diesen Erkenntnisfeldern darin, daß die Erhebungen zur MA kompatibel sind und damit eine Verknüpfung zu deren überlegener Demographie und Medianutzung zulassen. Dies ist wichtig für die Mediaplanung. So können Angaben über Interessen/Einstellungen und Lebensstil aus den jeweils bestgeeigneten Analysen entnommen und nach Demographie umgerechnet werden. Diese Demographie kann dann wiederum als Input für die MA zum Intramediavergleich dienen.

Werden Markt- und Mediadaten gemeinsam erfaßt und verarbeitet, spricht man von Single Source-Analysen (z. B. AWA, MA, VA, TdW, LAF). Diese ersparen Umwege über die Demographie zur Anpassung der Ursprungsdaten verschiedener Erhebungen. Diese Markt-Media-Analysen können im Computer in alle denkbaren Richtungen ausgewertet werden, sodaß praktisch keine relevante Fragestellung unbeantwortet bleiben muß. Werden zudem mehrere Mediagattungen bzw. sogar alle Mediagattungen abgedeckt, handelt es sich um Multi-Media- bzw. All-Media-Analysen (z. B.IMMA/Infratest-Multi-Media-Analyse).

Marktanteil

(→ Markterwartungen)

Marktanteilsmethode

(→ Hochrechnungen, Standortwahl, Analog-Methode)

Marktareal, Intranationales

Durch die Marktarealstrategie wird die räumliche Ausdehnung der Marktbearbeitung festgelegt. Dabei kommt es zu den Alternativen der intranationalen und supranationalen Strategie. Die intranationale Verbreitung gliedert sich in lokales, regionales und nationales Angebot.

Ein *lokales Angebot* erfolgt mit enger räumlicher Begrenzung infolge begrenzten Einzugsgebiets. Dies gilt z. B. für Handels- und Handwerksbetriebe, die ihr Angebot nur in einem überschaubaren räumlichen Umfeld machen können. Die Marktabgrenzung ergibt sich durch den Saldo des Vorteils aus der Wahrnehmung des eigenen Angebots durch Nachfrager einerseits und des Nachteils aus anderweitigem Beschaffungsaufwand durch Nachfrager andererseits. Je stärker die eigenen Vorteile im Publikum erlebt werden, desto weiter ist das lokale Einzugsgebiet et vice versa. Da Handels- und Handwerksbetriebe aber dicht gestreut sind und ähnliche Leistungen offerieren, bleibt der relevante Markt meist eng limitiert.

Ein *regionales Angebot* erfolgt mit weiterer räumlicher Ausdehnung, jedoch nicht national. Meist liegt der Grund der Begrenzung im Wert der Transportkosten in Relation zum Warenwert. Dies gilt etwa für Mineralwasser. Infolge des vergleichsweise geringen Warenwerts lohnt sich eine überregionale Verbringung nur, wenn die höheren Transportkosten im Preis liquidiert werden können. Da das Gebot der Quellfüllung gilt, kann nicht beliebig abgefüllt werden. Überregionale Verbreitung können sich daher nur Markenartikel leisten (z. B. *Apollinaris, Pelligrino, Perrier*), deren höhere Anmutung sich in Preisen niederschlägt, die trotz höherer Transportkosten noch Gewinne zulassen.

Ein *nationales Angebot* erfolgt innerhalb der Grenzen eines Landes. Als Beispiel ist der *Duden* als Nachschlagewerk zur Vereinheitlichung der deutschen Rechtschreibung anzusehen. Seine Regeln gelten im gesamten deutschen Sprachraum, jenseits der Grenzen werden aber normalerweise Fremdsprachen-Wörterbücher eingesetzt. Von daher handelt es sich um ein nationales Angebot. Im Rahmen des Zusammenwachsens der Märkte werden rein nationale Angebote jedoch immer seltener. Die starken Außenwirtschaftsverflechtungen führen dazu, daß die gegenseitigen Absatzgebiete ineinandergreifen, die nationalen Interessen also nur gewahrt bleiben, wenn grenzüberschreitend agiert wird.

Marktareal, Supranationales

Bei der supranationalen Verbreitung sind die Unterfälle des ethnozentralen, polyzentralen, regiozentralen und geozentralen Angebots zu unterscheiden.

Ethnozentral kennzeichnet eine Einstellung, bei der eine Fokussierung auf den Heimatmarkt erfolgt. Das Ursprungsland wird als geographischer Mittelpunkt der Unternehmenstätigkeit angesehen. Alle anderen Märkte werden gleichartig bearbeitet. Dies ist z. B. bei *Siemens* oder *Veba* zu beobachten. Der Heimatmarkt Deutschland ist trotz des hohen Exportaufkommens nach wie vor so dominant, daß die Auslandsmärkte eher summarisch analog der deutschen Strategie bearbeitet werden. Angesichts der Größe des Binnenmarkts liegt darin nicht einmal ein Makel, vor allem wenn man bedenkt, daß durch die politische Lage ein enormes Wachstumspotential, wie nur auf wenigen Auslandsmärkten, vorhanden ist.

Polyzentral kennzeichnet eine Einstellung, bei der eine Fokussierung auf Gastmärkte erfolgt. Das Unternehmen wählt seine Ausrichtung in Abhängigkeit von den Gegebenheiten des jeweiligen Auslandsmarkts. Das führt zu einer individuellen Anpassung. Als Beispiel mag *Volkswagen* gelten. Die Strategie des Unternehmens ist allein abhängig von den jeweiligen Marktverhältnissen. Dies ist nicht weiter verwunderlich. In Deutschland ist Volkswagen eine große Marke und traditioneller Marktführer. Im Ausland befindet sich Volkswagen jedoch in der Rolle des Importeurs mit mehr oder minder geringem Marktanteil, nicht zuletzt durch hohe Importzölle. Dadurch ergibt sich eine ganz unterschiedliche Sicht der Marke, hier die Brot-und-Butter-Autos, dort die Understatement-Wagen. Dies wiederum bedingt abweichende Marktstrategien.

Regiozentral kennzeichnet eine Einstellung, bei der eine Fokussierung auf geschlossene Wirtschaftsregionen erfolgt. Hier bestehen räumlich verteilt Aktivitätsstützpunkte, etwa analog zur Triade. Jedes dieser Zentren wird getrennt bearbeitet. Als Beispiel mag *Sony* gelten, wo deutlich unterschiedliche Marktstrategien in der Heimatregion Fernost, in Nordamerika und Europa, den drei Eckpunkten der Triade, zu beobachten sind. In Fernost ist eine Profilierung vielleicht am wenigsten gegeben, da der Hersteller dort einer unter vergleichbaren anderen ist. Im übrigen folgt man dem kulturell üblichen Auftritt. In Nordamerika werden vor allem die hohe Leistungsfähigkeit und die spielerische Handhabung der Geräte betont. Die Auslobung erfolgt zudem eher kompetitiv und vorteilsorientiert. In Europa hingegen nimmt die Designkomponente einen großen Stellenwert ein. Die Abgrenzung von fernöstlicher Konkurrenz erfolgt daher gerade auch über die Ästhetik. So konnt Sony zu einem Prestigeobjekt mutieren.

Geozentral kennzeichnet eine Einstellung, bei der eine Fokussierung auf den Weltmarkt erfolgt. Dabei wird der Geschäftstätigkeit ohne räumliche Fixierung global nachgegangen. Im Ergebnis besteht ein einheitlicher Marketingauftritt weltweit. Als Standardbeispiel gilt hier *Coke*. Die von der Produktphysis abgehobene Lebenswelt dieses Softdrinks vermag grenzüberschreitend gleiche Emotionen auszulösen, die es erlauben, auch weltweit die gleiche Marktstrategie anzuwenden. Dabei handelt es sich vor allem um die Übertragung des amerikanischen Way of Life auf andere Kulturen. Gleiches gilt im Grunde für Zigaretten (*Marlboro, Camel*). Jedoch zwingen dort vielfältige Beschränkungen in der Vermarktung in verschiedenen Ländern zu Anpassungen und Abweichungen von der einheitlichen Linie. Als weitere Beispiele gelten Jeanswear (*Levi's*) und Sportswear (*Nike, Reebok*).

Marktattraktivität

(→ Portfolio, Neun-Felder-, Aufbau)

Marktausschöpfung

(→ Markterwartungen)

Marktaustrittsschranken

Marktaustrittsschranken sind durch mehrere Faktoren bedingt. Technisch-wirtschaftliche Restriktionen betreffen etwa spezialisierte Produktionsanlagen, die nicht oder nur mit erheblichem Aufwand umgerüstet werden können und daher eine Weiternutzung nahelegen. Hochrationelle Einzweckmaschinen sind nicht ohne weiteres auf andere Produkte umstellbar und zwingen infolge der hohen Fixkostenbelastung zur Auslastung der Kapazitäten.

Auch remanente Kosten hemmen die Flexibilität. So muß etwa bei einer Produktionsaufgabe oft die weitere Versorgung mit Ersatzteilen sichergestellt werden, die so kostenaufwendig ist, daß eine Aufrechterhaltung der Produktion vorzuziehen bleibt. Dies gilt für langlebige Gebrauchsgüter, bei denen vertraglich oder auf Kulanz eine Verfügbarkeit von Wartungsleistungen und Ersatzteilen für einen bestimmten Zeitraum fixiert ist.

Konventionalstrafen werden fällig, wenn laufende Projekte nicht zu Ende gebracht werden, so etwa in langlaufenden Liefer-, Bezugs- oder Produktionsvereinbarungen. Solche Strafen zu vermeiden, kann auflaufende Verluste oder entgangene Gewinne leicht überkompensieren, so daß man sich zu einem Verbleiben im Markt veranlaßt sieht.

Eine Imageproblematik kann entstehen, wenn ein Unternehmen Betriebsteile abstößt oder Märkte mangels Erfolg aufgibt. Leicht wird von dieser Einstellung auf fehlendes Fortüne auch für andere Betriebsteile bzw. das ganze Unternehmen geschlossen. Dies belastet Kunden- und Lieferantenbeziehungen.

Ebenso gibt es gesellschaftlich-institutionelle Restriktionen. So müssen bezogene Subventionen oder Steuervergünstigungen bei Ausstieg aus der Branche voll oder teilweise zurückgezahlt werden. Dadurch kann die Liquidität derartig belastet werden, daß ein Ausstieg nicht mehr sinnvoll machbar erscheint.

Sozialleistungen in Form von Abfindungen an Arbeitnehmer durch Sozialpläne gegenüber den Gewerkschaften oder einem Vergleich mit dem Management werden fällig. Oft ist es dann angesichts dieser Belastungen eher angezeigt zu versuchen, den Geschäftsbetrieb zu sanieren.

Sozio-emotionale Restriktionen spielen eine große Rolle, gerade bei inhabergeführten Unternehmen. Dazu gehören irrationale Gesichtspunkte (z. B. Tradition) oder falsche Sentimentalität, wenn man sich nicht von der angestammten Branche trennen will, in der man einst gestartet ist.

Immobilität und fehlende Phantasie des Management, das oft erst durch externe Berater in einer Krisensituation wachgerüttelt werden muß, sind weitverbreitet, vor allem wieder in Eigentümerunternehmen, wo nicht selten einer oder mehrere Generationen fähiger Führungspersönlichkeiten eine oder mehrere Generationen saturierter Nachfahren folgt, denen es zwar an Esprit mangelt, nicht dafür aber am Willen zur Rentenerzielung.

Dann gibt es unternehmenspolitisch-strategische Restriktionen. So wird z. B. die Einschränkung der Unabhängigkeit von fremden Zulieferern (vertikal) oder der Marktmacht (horizontal) nicht akzeptiert, obgleich dies betriebsindividuelle Vorteile schafft.

Ebenso bestehen Verbundwirkungen im Programm. So werden unrentable Produkte (Ausgleichsnehmer) von anderen (Ausgleichsgeber) derart alimentiert, daß sich per Saldo ein besseres Ergebnis als bei Verzicht auf die Ausgleichsnehmer ergibt. Dann sind Marktaustrittsschranken betriebswirtschaftlich sogar sinnvoll.
(→ Strategien im Marketing)

Marktausweitung

Bei der Marktausweitung geht es darum, vorhandene Produkte auf neuen Märkten anzubieten. Dabei ergeben sich mehrere Alternativen. So die Gewinnung neuer Angebotsnutzer für gegebene Einsatzmöglichkeiten. Als Beispiel kann das Produkt *Milchschnitte/Ferrero* dienen. Seit der Einführung war es als gesunde Aufbaunahrung für Kinder (z. B. in den Schulpausen) positioniert. Durch die geburtenschwachen Jahrgänge erodiert diese Zielgruppe jedoch. Daher war es erforderlich, neue Nachfrager für dieses Produkt zu interessieren. So wird Milchschnitte heute als moderne, gesunde Zwischenmahlzeit für junge, sportliche Erwachsene ausgelobt. Dabei wird einerseits gewohnter Konsum fortgeschrieben, andererseits die stigmatisierende Aura des Kinderprodukts beseitigt. Den gleichen Weg schlägt derselbe Hersteller mit seinem Produkt *Duplo* ein, früher ein Kinderprodukt fürs Naschen zwischendurch ausgelobt, mutiert es im Erwachsenenmarkt zur wahrscheinlich längsten Praline der Welt (ähnlich *Bébé Creme, Kinder Schokolade* und *Kinder Country*).

Das Aufzeigen neuer Einsatzmöglichkeiten für gegebene Angebotsnutzer ist eine weitere Möglichkeit. Als Beispiel mag das Angebot von Softdrinks in Dosen gelten, die damit auch für den Unterwegsgebrauch tauglich wurden. Man braucht nun nicht mehr mit Verschlüssen, die potentiell undicht sind, zu hantieren oder mit ungünstigen Packungsproportionen (Standfläche zu Höhe) und hohem Taragewicht. Und auch die Gebindegröße ist nun auf den Einmalkonsum ausgelegt, was den Convenience-Aspekt verstärkt. Ein anderes Beispiel ist *Verpoorten* Eierlikör. Da diese Produktgattung mit den Imageproblemen der „Tantenhaftigkeit" zu kämpfen hat, ging es darum, neue Anwendungen zu erschließen. Dies gelang unter Hinweis auf die wohlschmeckende Beigabe zu Pudding, Speiseeis, Fruchtsalat etc. Damit wird das Nutzungsspektrum modernisiert und dramatisch erweitert.

Schließlich können auch neue Einsatzmöglichkeiten bei Gewinnung neuer Angebotsnutzer aufgezeigt werden. Als Beispiel mag der Ausbau herkömmlicher Textverarbeitungsprogramme um DTP-Funktionen gelten. Dadurch werden neue Anwendungen erschlossen, wie etwa Seitengestaltung, die diese Software auch für Personen interessant macht, für die reines Word Processing irrelevant ist. Dadurch werden neue Marktpotentiale erschlossen. Ein ähnliches Ziel verfolgt *Jägermeister* mit seiner Etablierung als Longdrink (Jägermeister Tonic), wie dies in Südeuropa vielfach üblich ist. An die Stelle des gesunden, aber betulichen Kräuterlikörs soll damit das moderne, lifestylige Mixgetränk treten. Ein erster Anlauf zur Verhaltensänderung ist hierzulande allerdings kläglich gescheitert, was bei näherem Hinsehen auch nicht weiter verwundert.

Marktsegmentierung beabsichtigt die Bearbeitung bisher nicht genutzter Segmente eines bestehenden Gesamtmarkts. Als Voraussetzung für eine solche Umsetzung gilt, daß Segmente überhaupt feststellbar, außerdem zugänglich, zeitlich beständig und wirtschaftlich sinnvoll sind. Ziel ist die Bildung von Segmenten möglichst hoher interner Homogenität bei gleichzeitiger externer Heterogenität. Gemäß diesen Segmenten kann dann ein spezielles Eignungsprofil erstellt werden, das eine möglichst hohe Übereinstimmung mit dem Anforderungsprofil der Nachfrager dieses Segments hat. Daraus wiederum resultiert ein hoher Aufforderungsgradient und damit die Chance zur Abschöpfung der Konsumentenrente über den höheren Preis. Meist deckt ein Anbieter nicht alle Segmente eines Markts ab, sondern nur das/die vielversprechendste(n). Über differenziertes Angebot kann somit zusätzlicher Umsatz abgeschöpft werden.

Geographische Marktausdehnung erfolgt durch Nutzung neuer Märkte im In- und Ausland. Dies gilt für lokale Anbieter, die ihr Absatzgebiet auf regionaler Ebene ausdehnen, für regionale Anbieter, die ihr Absatzgebiet auf nationaler Ebene ausdehnen, sowie für nationale Anbieter, die internationale Märkte bearbeiten. Dabei sind die Fragen der Marktwahl, des Marktzugangs und der Marktführung zu klären.

Die Wahl neuer Absatzkanäle ermöglicht ebenfalls eine Marktausweitung. Der Handel stellt heute in vielen Fällen den Engpaß dar. Zur Behebung ergeben sich mehrere Möglichkeiten. So werden *Hush Puppies*-Schuhe vom Hersteller in eigenen Fabrikfilialen anstelle des Schuhfachhandels bzw. der Fachabteilungen der Kauf- und Warenhäuser angeboten, die zunehmend durch dynamische Betriebsformen des Einzelhandels bedrängt werden. Die Kaffeefilialisten erweiterten ihr damaliges eigenes Filialnetz um Bäckereien als neue Absatzhelfer. Dadurch konnte eine flächendeckende Distribution erreicht werden. Da Kaffee einen hohen Warenwert auf kleiner Fläche bei raschem Umschlag repräsentiert, ist dieses Zusatzgeschäft für das Bäckereihandwerk hochattraktiv. Gleichzeitig handelt es sich um komplementäre Angebote, sodaß Synergieeffekte wirksam werden. Weiterhin muß durch Verkaufsförderungsmaßnahmen versucht werden, die numerische und/oder gewichtete Distribution zu vergrößern, um das vorhan-

dene Marktpotential besser abzuschöpfen. Dort, wo dies erreicht ist, soll auf den Ausbau des eigenen Regalplatzes abgezielt werden, der allerdings, da das gesamtwirtschaftliche Regalplatzangebot in seiner Entwicklung hinter dem Bedarf zurückbleibt, heftig umkämpft ist (In Shop Market Share/Shop Awareness). GezielteAnreize auf die verschiedenen Akteure im Absatzkanal schließlich ermöglichen es, sowohl die Druckerzeugung beim Reinverkauf in die Pipeline als auch die Sogerzeugung beim Herausverkauf aus der Pipeline zu erhöhen (vgl. *Pepels, Werner:* Handbuch Moderne Marketingpraxis, Band 1: Die Strategien im Marketing, Düsseldorf 1993).
(→ Marktfelder)

Marktdurchdringung

(→ Aussage, Gap-Analyse, Markterwartungen, Marktfelder)

Markteintrittsschranken

Markteintrittsschranken sind durch mehrere Faktoren bedingt. Die zur Marktpräsenz erforderlichen Investitionsvolumina erreicht oft eine Höhe, die es einem Anbieter unmöglich macht, an einem Markt zu agieren. Das führt de facto zu einer Marktschließung zugunsten der etablierten Anbieter. Allerdings sind infolge fortschreitenden Konzentrationstrends zunehmend Unternehmen in der Lage, selbst große Anlaufbeträge aufzubringen.

Das Vorhandensein von Betriebsgrößenvorteilen (Skaleneffekte durch Massenproduktion) läßt oftmals bei kleinen Losgrößen kein konkurrenzfähiges Angebot zu. Auch dies wirkt als Marktschließung zugunsten etablierter Anbieter. Durch konglomerale Strukturen sind jedoch immer mehr Unternehmen fähig, im Wege der internen Subventionierung anlaufende Produktbereiche so lange zu alimentieren, bis diese rentable Größenordnungen erreicht haben (kritische Masse).

Oft besteht auch die Erfordernis zu hoher Programmbreite. So arbeiten Apotheken regelmäßig nur mit einem Großhändler zusammen, von dem sie erwarten, daß dort alle benötigten Präparate zu beziehen sind. Dies bedingt, daß dort immer das gewaltige Sortiment aller Arzneimittel vorgehalten werden muß, und es nicht möglich ist, nur Teilsortimente abzudecken und von Bestellern zu erwarten, je nach Präparat bei verschiedenen Bezugsquellen einzukaufen.

Eine hohe Käuferloyalität wirkt marktsperrend. In dem Maße, wie Märkte besetzt und Käufer durch hohe Marketingaufwendungen an Marken gebunden sind, ist es kaum mehr möglich, Konkurrenzverdrängung zu erreichen. Als Beispiel gilt der Zigarettenmarkt, der trotz objektiver Homogenität der Produktgruppe eine stark ausgeprägte Markenbindung aufweist. Diese wird durch hohe werbliche Penetration erreicht, da es sich letztlich um ein Glaubwürdigkeitsrennen zwischen den Anbieterversprechen handelt, bei dem derjenige gut abschneidet, der seine Kunden am ehesten in der Richtigkeit ihrer Wahl bestärkt. Deshalb gelingt es allenfalls, über Line Extenders (z. B. Light-Versionen) neue Produkte im Markt zu lancieren.

Mit zunehmender Spezialisierung werden rentablere Einzweckproduktionsanlagen installiert, die die Flexibilität zu Produktumstellungen nicht mehr implizieren. Damit kann ein Markteintritt nicht mehr aus vorhandenen Kapazitäten bewerkstelligt werden, sondern bedarf eines Kapazitätsausbaus bzw. -wechsels, wodurch sich das Unternehmensrisiko erheblich vergrößert. Die daraus resultierenden Umstellungskosten wirken als Marktsperre.

Standortlimitationen sind in vielfältiger Weise gegeben, etwa in der Ursprungsproduktion (Rohstoffabbau) oder auch im Handel (Geschäftslage). Günstige Standorte sind nicht ohne weiteres vermehrbar. In dem Maße, wie diese günstigen Standorte beschränkt und vergeben sind, haben neue Anbieter kaum mehr Durchsetzungschancen

Sperrend wirkt auch der fehlende Zugang zu Vertriebskanälen. So ist es z. B. neuen Anbietern unmöglich, im Lebensmitteleinzelhandel eine für die Abverkaufschance ausreichende Placierung zu erlangen, weil der vorhandene Regalplatz auf bestehende Anbieter aufgeteilt ist. Aber nur die Konfrontation von potentiellen Käufern mit der Ware im Regal des Handels bietet die Chance zu Umsatzakten. Anders ausgedrückt: Nichtplacierte Ware kann von Kunden nicht wahrgenommen und damit auch nicht gekauft werden.

Weiterhin bestehen hoheitliche Beschränkungen für viele Branchen durch Nachweis der Zulassung (z. B. bei Gaststätten, Privatkliniken, Versteigern), der Sachkunde (z. B. in Form der Kaufmannsgehilfenprüfung), der Befähigung (z. B. bei Apotheken, Wirtschaftsprüfungen, Steuerberatungen) oder der Kapitalbasis (z. B. bei Banken, Versicherungen, Bausparkassen). Weitere Restriktionen betreffen das Bedarfsvolumen (z. B. bei Taxis) und die Anbieterzahl (z. B. bei Schornsteinfegern). Außerdem achten Interessengruppen der am Markt Zugelassenen peinlichst genau darauf, daß kein Unbefugter in den Markt eintritt.

Schließlich stellen auch Gewerbliche Schutzrechte Markteintrittsschranken dar. Dabei handelt es sich um Patente, Gebrauchs- und Geschmacksmuster und Ausstattungen, wobei allein Schutzrechtsinhaber die Befugnis haben, zu nutzen und andere von der Nutzung auszuschließen.

(→ *Strategien im Marketing*)

Marktentwicklungen

Ein Spannungsfeld ergibt sich aus der Dichotomie zwischen Individualisierung der Nachfrage und internationaler Homogenisierung von Konsumtrends. Die Märkte sind durch vielfältige, gegeneinander mehr oder minder deutlich abgegrenzte Marktsegmente charakterisiert. Dem liegt der Wunsch der Nachfrager zugrunde, sich durch die Wahl geeigneter Produkte innerhalb des sozialen Umfelds voneinander abzuheben, aber auch die Absicht der Anbieter, sich durch spezifische Profilierung aus dem Wettbewerbsumfeld abzusetzen. Dieser Trend dürfte sich zukünftig eher noch verstärken. Als Gegenbewegung dazu läßt sich jedoch zugleich konstatieren, daß die Nachfragestrukturen grenzüberschreitend immer gleichartiger werden. So bestehen bereits heute stärkere Gemeinsamkeiten zwischen Angehörigen der gleichen sozialen Schicht in verschiedenen Ländern als innerhalb eines Landes zwischen verschiedenen sozialen Schichten. Junge Leute etwa denken, zumindest in den fortgeschrittenen Industriegesellschaften der westlichen Welt, überall ähnlich und entwickeln gleiche Kaufverhaltensmuster. Dasselbe gilt für Yuppies, berufstätige Frauen, Manager etc.

Einer zunehmenden Leistungsorientierung in Teilen der Gesellschaft steht der Trend zur Freizeitgesellschaft/Selbstverwirklichung gegenüber. Personengruppen, die die Mechanismen des erfolgreichen kapitalistischen Systems anerkennen und für sich gewinnbringend nutzen, sind bereit, durch hohes Engagement von diesem System zu profitieren. Dazu gehören etwa Freiberufler, leitende Angestellte, aber auch Facharbeiter, die in den Leistungsnormen des Systems eine willkommene soziale Einordnung und Absicherung finden. Demgegenüber sehen andere Personengruppen den „Sinn“ des Arbeitens vor allem (oder sogar ausschließlich) darin zu leben. Daraus folgt die Bereitschaft zu begrenztem Engagement mit geregelten Arbeitszeiten und durchschnittlichem Arbeitseinsatz („Vollkaskomentalität“). Die gewonnene Zeit wird zur „lustvollen“ Freizeitgestaltung und persönlichkeitsorientierten Selbstverwirklichung genutzt, wobei der Anteil der arbeitsfreien Zeit bei einigen Personengruppen in Zukunft erheblich steigen und entsprechende Perspektiven für die Unterhaltungsindustrie bieten wird.

Ökosoziale Denkhaltung vs. materialistische Anspruchserfüllung birgt einen weiteren Konflikt. Zweifellos werden die Umfeldbedingungen immer restriktiver und engen zukünftige Vermarktungschancen ein. Anbieter tragen dem bereits in vielen Branchen durch ökologieorientierte Produkte Rechnung. Unabhängig vom verstärkten gesellschaftlichen Trend, gibt es dazu ohnehin keine Alternative. Dies erfordert auch Abstriche am allgemeinen Wohlstandsniveau. Produkte werden durch aufwendige Umwelttechnologie, deren Kosten im Preis eingerechnet sind, zwangsläufig teurer. In einigen Bereichen sind auch Leistungsminderungen hinzunehmen. So oder so verschlechtert sich das Preis-Leistungs-Verhältnis. In weiten Teilen der Bevölkerung ist das Problembewußtsein dafür noch nicht entwikelt und die tatsächliche Bereitschaft demgemäß recht gering, Abstriche an den Ansprüchen beim Konsum in Kauf zu nehmen. Marketing kommt insofern eine wichtige gesellschaftsgestaltende Rolle zu.

Eine Polarisierung ergibt sich auch zwischen dem Primat der Preissensitivität (Versorgungskauf) und der Qualitätsorientierung (Erlebniskauf). Angesichts limitierter Budgets gilt es für Haushalte, die finanzielle Lücke zwischen stagnierendem Nettoeinkommen und wachsendem Konsumanspruch zu schließen. Dies geschieht durch Anlegung unterschiedlichen Kaufverhaltens je nach Produktbereich. Bei Grundnutzenprodukten mit einfachem Leistungsprofil und geringem Interessegrad steht das Preisargument im Vordergrund. Daraus folgt der Versorgungskauf vor allem bei (preisaggressiven) Discounters. Die dabei ersparten Budgetmittel werden jedoch dem Konsum nicht unbedingt entzogen, sondern für Zusatznutzenprodukte mit anspruchsvollem Leistungsprofil und hohem Interessegrad investiert. Dies erfolgt als Erlebniskauf vor allem im (beratungsintensiven) Fachhandel oder in fachhandelsähnlichen Warenhauskonzepten (Galeria etc.) und Einkaufsgalerien (Malls). Da dieses gegensätzliche Kaufverhalten auf dieselben Personen zutrifft, spricht man bei ihnen von sog. hybriden Verbrauchern.

Ein weiterer Gegensatz ergibt sich zwischen Technologiefeindlichkeit und Innovationsbegeisterung. Einerseits ist das Publikum begeistert von technischen Errungenschaften und gern bereit, dafür teils erhebliche Mehrpreise zu zahlen (z. B. Allradantrieb bei Autos). Hierbei tun sich aufgrund der extrem kurzen Entwicklungszeiten und des hohen technischen Fortschritts vor allem die japanischen Anbieter hervor. Annehmlichkeiten wie Infrarotfernbedienung, Telefax, Fotokameras mit umfassenden Automatikfunktionen, Camcorder mit Bildstabilisierung etc. sind nicht mehr wegzudenken. Andererseits bestehen gegen ebendiese technischen Errungenschaften aber auch weitgehende Vorbehalte, etwa bei der Konservierung von Lebensmitteln, der Nutzung von Kernenergie, bei pharmakologischen Präparaten für die Medizin etc. Obgleich in allen Bereichen strengste Sicherheitsstandards angelegt sind, wird der Industrie hier mißtraut. Diese Ambivalenz ist oftmals irrational und gefährdet den Markterfolg innovativer Produkte.

Neuer Protektionismus steht der Liberalisierung des freien Wettbewerbs gegenüber. Sollte man angesichts der europäischen Integration eigentlich ein endgültiges Fallen der Schranken zur Wettbewerbsfreiheit erwarten, vollzieht sich aus Angst um die Fähigkeit zur Behauptung realiter oft das Gegenteil. Die nationalen Industrien werden durch staatliche Maßnahmen abgeschottet. Damit wird die Erkenntnis ignoriert, daß nur das Härtebad des Wettbewerbs nationale Industrien derart stählt, daß sie sich im internationalen Vergleich zu behaupten vermögen. So bestehen, angesichts der gegen Japan erhobenen Vorwürfe protektionistischer Heimatmarktabschottung Einfuhrbeschränkungen in vielen europäischen Ländern, bei Automobilen etwa mit der Folge, daß die Automobilhersteller dieser Länder zwischenzeitlich international immer weiter zurückgefallen waren und nur unter immensen Anstrengungen allmählich wieder aufgeholt haben. Wie sehr Privatisierung staatlicher Unternehmen die Märkte positiv verändern kann, erkennt man im Zeitvergleich bei der Telekommunikationsbranche.

Damit eng zusammen hängt die Deregulierung der Märkte, der die Tendenz zur Ausweitung des Staatsanteils gegenübersteht. Gemäß neoklassischer Philosophie irritiert der Staat als Wirtschaftsteilnehmer nur die privaten Anbieter und verursacht nicht überschaubare Sekundär- und Tertiäreffekte, die die Effizienz der Marktwirtschaft beeinträchtigen. Dementsprechend ist zu deregulieren. Beispiele sind in USA (Reagonomics), Großbritannien (Thatcherismus) und in Deutschland anzutreffen. Dieser umstrittenen Tendenz steht die nicht minder umstrittene Doktrin des Staatsinterventionismus gegenüber. So sind weite Teile der Wirtschaft nicht mehr durch einen funktionsfähigen Preismechanismus gekennzeichnet. Wenn man bedenkt, daß nur die pretiale Lenkung für maximale Effizienz sorgen kann, ist dies bedenklich. Preisreglementierungen sind hierzulande in vielfältiger Form zu finden, markant ist dabei, daß einige der betroffenen Branchen gleichzeitig als, milde gesagt, rückständig und desolat zu kennzeichnen sind.

Schließlich bieten noch dynamische Nischenanbieter parallel zu multinationalen Konglomeraten an. Seit Verbreitung der Erkenntnisse um die sog. Porter-Kurve wird der Erfolg beider Strategien nebeneinander deutlich. Porter behauptet, daß erfolgreiche Wettbewerbspositionen entweder bei niedrigpreisigem Massenmarktangebot infolge Standardisierung und Nutzung von Erfahrungskurveneffekten oder bei hochpreisigem Segmentierungsangebot infolge Spezialisierung und Chance zu kommunikativer Profilierung möglich sind. Dementsprechend sind beide Trends am Markt erkennbar, auf der einen Seite spezialisierte Premiumanbieter, auf der anderen rationelle Massenfertiger.

Markterwartungen

Gegenstand von Prognosen können in bezug auf Märkte die folgenden Größen sein:

- *Marktkapazität*, d. h. die theoretische Obergrenze des Marktes, die in weiter Ferne einmal erreicht sein wird oder auch nicht, auf jeden Fall aber rein hypothetischer Natur ist. Sie wird nur erreicht, wenn alle potentiellen Bedarfsträger ihren Bedarf auch aktualisieren.
- *Marktpotential*, d. h. die realistisch-maximale Aufnahmefähigkeit eines Marktes für eine bestimmte Produktart, also die Gesamtheit möglicher Absatzmen-

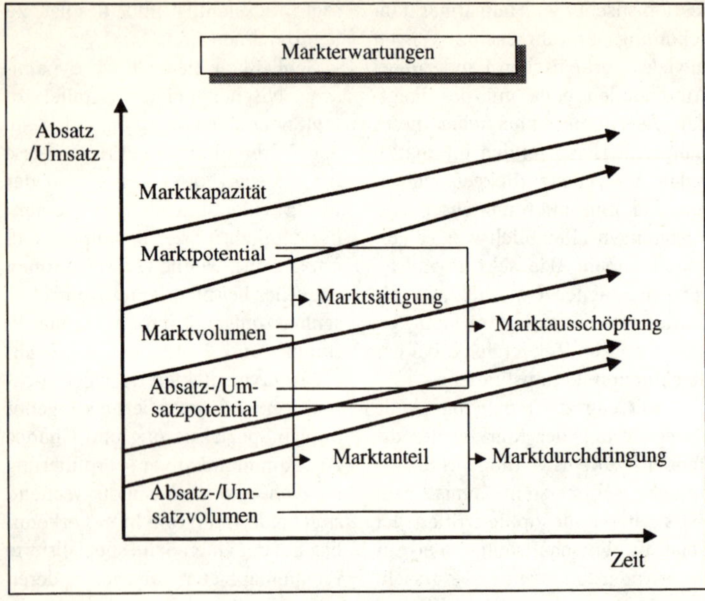

Markterwartungen

gen bzw. Umsatzwerte eines Marktes für eine bestimmte Produktart. Es handelt sich um die latente Aufnahmefähigkeit des Marktes unter Berücksichtigung eines Bodensatzes an Kaufverweigerern.

- *Marktvolumen*, d. h. die tatsächliche Aufnahmefähigkeit eines Marktes für diese Produktart, also die gegenwärtig bereits realisierte Absatzmenge bzw. der Umsatzwert der Produktart. Es handelt sich um die aktuelle, tatsächliche Größe eines Marktes hinsichtlich Menge und Wert.
- *Absatz-/Umsatzpotential*, d. h. die Menge oder der Wert, den ein Unternehmen nach subjektiver Schätzung zukünftig maximal auf einem Markt erreichen kann. Es wird nur erreicht, wenn sich die relative Wettbewerbsposition optimal entwickelt, d. h. die Wettbewerbsfähigkeit eines Unternehmens steigt und zugleich die aller anderen Unternehmen sinkt.
- *Absatz-/Umsatzvolumen*, d. h. die Menge oder der Wert, den ein Unternehmen bereits in der Gegenwart tatsächlich dort erreicht. Diese Daten liegen aus dem internen Rechnungswesen vor.
- *Break Even-Absatz*, d. h. die zur (Voll- oder Teil-)Kostendeckung mindestens erforderliche Menge

für ein Unternehmen. Dabei sind mehrere Break Even-Punkte zu unterscheiden, so für Liquidität, Teil- und Vollkostendeckung, Plangewinn etc.

Dabei repräsentiert der Begriff Absatz immer eine Mengenangabe, der Begriff Umsatz immer eine Wertangabe. Indem man diese Begriffe in Beziehung zueinander setzt, ergeben sich weitere wichtige Prognosekennziffern:

- *Marktanteil* ist die Relation von Absatz-/Umsatzvolumen zu Marktvolumen, also der gegenwärtige Anteil des eigenen Unternehmens am gesamten Markt. Dieser kann unter Berücksichtigung der beiden Einflußgrößen in die Zukunft fortgeschrieben werden.
- *Marktdurchdringung* ist die Relation von Absatz-/Umsatzvolumen zu Absatz-/Umsatzpotential. Sie zeigt an, inwieweit ein Unternehmen seine Möglichkeiten bereits ausgereizt hat und welche Steigerungsmöglichkeiten noch bleiben.
- *Marktsättigung* ist die Relation von Marktvolumen zu Marktpotential. Sie zeigt an, inwieweit das Potential eines Marktes bereits durch alle Anbieter ausgereizt ist und welche Reserven dort noch vorhanden sind.
- *Marktausschöpfung* ist die Relation von Absatz-/Umsatzpotential zu Marktpotential. Sie ist ein Indikator für den langfristig möglichen Marktanteil eines Unternehmens, zugleich also die Obergrenze des Marktanteils eines Unternehmens (vgl. *Pepels, Werner:* Handbuch Moderne Marketingpraxis, Band 2: Die Instrumente im Marketing, Düsseldorf 1993).

(→ Prognose)

Markterweiterung

(→ Aussage, Gap-Analyse, Marktfelder)

Marktfelder

Die Marktfeldstrategie umfaßt die nach der Ansoff-Matrix definierten Alternativen der Marktdurchdringung als Minimumaktivität durch bessere Nachfrageausschöpfung, der Markterweiterung als Erschließung neuer Marktbereiche, der Produkterweiterung als Vermarktung neuer Produktangebote und der Diversifikation als Kombination aus neuen Marktbereichen und Produktangeboten.

Marktdurchdringung bedeutet, vorhandene Produkte auf vorhandenen Märkten intensiver anzubieten. Dies betrifft die unerläßliche Basisaktivität zu intensiver Marktbearbeitung. Dafür ergeben sich mehrere Möglichkeiten, z. B. Relaunch, Nachverkaufsservice, Imitation, Preissenkung, Künstliche Veralterung, Zusatzverkäufe, Aktivierung von Nichtkäufern, Intensitätssteigerung, Strukturbeeinflussung, Konkurrenzverdrängung, Systemwechsel und Kundenbindung.

Markterweiterung bedeutet, vorhandene Produkte auf neuen Märkten anzubieten, um damit neue Marktbereiche zu erschließen. Dazu

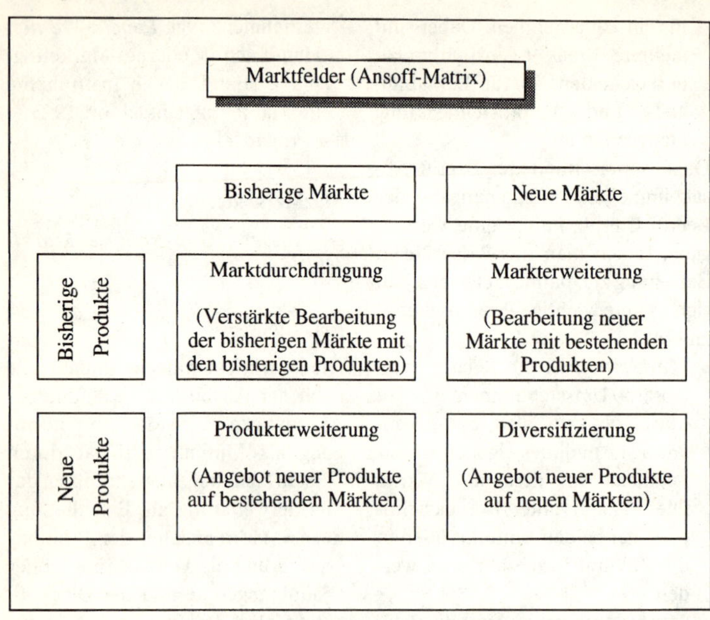

Marktfelder (Ansoff-Matrix)

gehören z. B. Marktsegmentierung, Marktgebietsausdehnung, Besserer Marktzugang, Zeitliche Streckung, Einsatznovität und Problemwekung.

Produkterweiterung bedeutet, auf vorhandenen Märkten neue Produkte anzubieten. Dazu gehören Maßnahmen wie z. B. Produktinnovation, Produktbegleitende Services, Produktdifferenzierung, Marktschaffung, Bundling, Unbundling, Gewerbliche Schutzrechte, Produktwandel und Handelsware.

Bei der *Diversifikation* werden die Alternativen der Markterweiterung und der Produkterweiterung in Maßnahmen kombiniert.

(→ Diversifikation, Einsatznovität, Künstliche Veralterung, Marktausweitung, Nachverkaufsservice, Preissenkung, Produktausweitung, Relaunch, Zusatzverkäufe)

Marktfluktuation

Aus der Kombination der Kriterien Markteintrittsschranken und Marktaustrittsschranken, jeweils mit den Ausprägungen hoch und niedrig, ergeben sich folgende Kennzeichen der Marktfluktuation (vgl. *Meffert, Heribert:* Marketing-Management, Wiesbaden 1994).

Sowohl niedrige Markteintritts- als auch -austrittsschranken werden als „Flohmarkt“ bezeichnet. Dieser ist durch eine hohe Fluktuation der Anbieter charakterisiert, da die Marktchancen ohne allzu großes Risiko quasi unverbindlich getestet werden können und im Mißerfolgsfall kein großes Problem darin besteht, diesen Test wieder abzubrechen und den Markt zu verlassen. Als Beispiel können fast sämtliche Beratungsservices genannt werden, da diese nur ein Minimum an Investitionsmitteln erfordern, weil der Kern der Leistung personen- und nicht sachanlagenabhängig ist. Besteht die erforderliche Qualifizierung, kann die Dienstleistung schnell und kostengünstig aufgenommen, doch wenn sie sich als Fehlgriff herausstellt, ebenso einfach wieder aufgegeben werden.

Sowohl hohe Markteintritts- als auch -austrittsschranken werden als „Goldener Käfig“ bezeichnet. Auf diesen Märkten ist es zwar schwer, sich zu etablieren, weil individuelle oder hoheitliche Zugangsbeschränkungen bestehen, zugleich kann aber auch ein etablierter Anbieter nicht mehr ohne weiteres diesen Markt verlassen. Als Beispiel sei der Versicherungsmarkt genannt. Per Gesetz werden hier hohe Anforderungen an die Qualität eines Anbieters gestellt und wegen der Langfristigkeit der Anbieter-Kunden-Beziehung im sensiblen Bereich der Vermögensvorsorge ist auch ein Verlassen des Marktes beschwerlich. Dafür winken staatlich sanktioniert hohe Prämieneinnahmen mit eingebautem Sicherheitspolster und hohen Gewinnspannen als massive Anreize (Versichertenschutz durch Versichertenausbeutung, wie Kritiker behaupten).

Niedrige Markteintritts- bei hohen -austrittsschranken werden als „Mausefalle“ bezeichnet. Diese Märkte stellen zwar insofern ein großes Risiko dar, als der Markteintritt erstaunlich leichtfällt, es im Mißerfolgsfall aber schwierig wird, das Engagement wieder abzubauen und die dabei geleisteten Investitionen zu retten. Als Beispiel kann das Tonträgerhandelsgeschäft angeführt werden, das den sukzessiven, finanzmittelschonenden Aufbau einer angemessenen Repertoirebreite ermöglicht, wodurch am Ende aber eine beträchtliche Kapitalbindung gegeben ist. Bei beabsichtigter Aufgabe des Geschäfts läßt sich für diesen Bestand jedoch kaum mehr ein Käufer finden, der bereit ist, den Einstandspreis zu erlösen, obwohl die Produkte noch ungebraucht, also neuwertig, sind. Dies gilt vor allem, weil sie Modeströmungen unterliegen.

Hohe Markteintritts- bei niedrigen -austrittsschranken werden als „Goldgrube“ bezeichnet. Hier werden die Anbieter, die sich einmal den erheblichen Anstrengungen unterzogen haben, den Markt zu entern, mit moderatem Konkurrenzdruck und Einbehalt einer Produzentenrente belohnt. Beides hat die Wirkung einer Risikoprämie. Als Beispiel dafür mag das Ölfördergeschäft gelten. Die mit den technischen Voraussetzungen verbundenen, riesigen Investitionen sind nur von wenigen

Unternehmen finanzierbar. Von daher bleibt die Anbieterzahl eng begrenzt. Bei erfolgreicher Bohrung fließen jedoch hohe Gewinne, die die Einsatzkosten weit übertreffen und ein Verlassen des Marktes jederzeit erleichtern, wenn sich die Anfangsinvestitionen erst einmal amortisiert haben.
(→ *Strategien im Marketing)*

Marktformen

Üblich ist die Strukturierung von Märkten durch Aufteilung sowohl der Angebots- als auch der Nachfrageseite nach drei Kriterien der Beteiligten:

- ein Beteiligter im Monopolfall, der vorliegt, wenn ein Marktteilnehmer damit rechnet, daß sein Markterfolg allein vom Verhalten der anderen Marktseite, nicht jedoch von der Marktpolitik anderer abhängt oder diese anderen erst gar nicht vorhanden sind.
- wenige Beteiligte im Oligopolfall, der vorliegt, wenn ein Marktteilnehmer damit rechnet, daß sein Markterfolg von seinen eigenen marketingpolitischen Maßnahmen und vom Verhalten der Teilnehmer der anderen und der eigenen Marktseite abhängt. Und er erwartet, daß Änderungen im Einsatz seines Mix die Konkurrenten zu Verhaltensänderungen veranlassen, das führt zur Ambivalenz zwischen Wirtschaftsfrieden, -kampf und -verständigung.
- viele Beteiligte im Polypolfall, der vorliegt, wenn ein Marktteilnehmer damit rechnet, daß sein Markterfolg von seinem eigenen Verhalten, vom Verhalten der anderen und der eigenen Marktseite abhängt, er jedoch nicht erwartet, daß Änderungen seines Verhaltens Konkurrenten zu Gegenreaktionen veranlassen.

Diese Sichtweise kann sich nun sowohl auf die Angebots- als auch die Nachfrageseite beziehen. Durch Kombination ergeben sich daraus neun Marktformen:

- bilaterales Monopol mit je einem Anbieter und Nachfrager,
- zweiseitiges Oligopol mit jeweils einigen Anbietern und Nachfragern,
- polypolistische Konkurrenz mit vielen Anbietern und Nachfragern,
- Angebotsmonopol mit einem Anbieter und vielen Nachfragern,
- Angebotsoligopol mit wenigen Anbietern und vielen Nachfragern,
- Nachfragemonopol mit vielen Anbietern und einem Nachfrager (auch Monopson),
- Nachfrageoligopol mit vielen Anbietern und wenigen Nachfragern (auch Oligopson),
- beschränktes Nachfragemonopol mit wenigen Anbietern und einem Anbieter (auch beschränktes Monopson),
- beschränktes Angebotsmonopol mit einem Anbieter und wenigen Nachfragern.

Eine Erweiterung ergibt sich, wenn man folgende Mischkriterien berücksichtigt:

- Teilmonopol mit einem dominanten und mehreren kleinen Anbietern,
- Teiloligopol mit wenigen dominanten und mehreren kleinen Anbietern,
- Teilmonopson mit einem dominanten und mehreren kleinen Nachfragern,
- Teiloligopson mit wenigen dominanten und mehreren kleinen Nachfragern,
- Dyopol mit zwei Marktteilnehmern auf den jeweiligen Marktseiten (auch Dyopson).

Ist die Homogenitätsbedingung nicht erfüllt, handelt es sich jeweils um unvollkommene Märkte, ausgedrückt durch Polypoloid, Oligopoloid, Monopoloid bzw. Polypsonoid, Oligopsonoid, Monopsonoid. Ist die Markttransparenz nur vorübergehend nicht gegeben, handelt es sich um temporär unvollkommene Märkte.

Sind Preise und Leistungen der auf einem Markt angebotenen Güter jeweils gleich, handelt es sich um den homogenen Wettbewerb der vollkommenen Konkurrenz. Sind entweder Preise oder Leistungen der angebotenen Güter ungleich, handelt es sich um Preis- bzw. Leistungswettbewerb der unvollkommenen Konkurrenz. Sind Preise und Leistungen jeweils ungleich, liegt der monopolistische Wettbewerb der überwiegenden Marktrealität vor. Ziel im Marketing ist nun ganz zweifellos die Monopolisierung des Markts. Dabei stellen sich folgenden Ausgangssituationen:

- Ein vollkommenes Monopol entsteht, wenn es für ein Angebot kein Substitutionsangebot gibt. Betrachtungsbasis kann die totale Konkurrenz um die Kaufkraft sein, die Bedürfniskonkurrenz um gleiche Bedarfe (vertikal) oder die Produktkonkurrenz um gleiche Angebote (horizontal).
- Ein natürliches Monopol beruht auf nicht korrigierbaren Wettbewerbsbeschränkungen, etwa aus Ressourcen wie Bodenschätzen, Standorten, Nutzungsflächen etc. Zu denken ist in diesem Zusammenhang auch an Ölfundstellen der Mineralölkonzerne.
- Ein künstliches Monopol beruht auf nicht willkürlichen, damit prinzipiell korrigierbaren Wettbewerbsbeshränkungen aus mangelnder Mobilität oder Transparenz bei Marktpartnern. Hier setzen strukturpolitische Maßnahmen der Politik an.
- Ein prozessuales Monopol liegt vor, wenn ein Anbieter durch Schutzrechte oder technischen Fortschritt einen Vorsprung vor anderen genießt. Gleiches gilt für die Phase des marktleistungsbedingten Vorstoßes, der als Anreiz unverzichtbar ist.

Nur künstliche, willkürliche Monopole, die nicht leistungsbedingt sind, beruhen auf Marktmacht und stellen unbillige Freiheitsbeschränkungen dar, die Gegenstand des Wettbewerbsschutzes sind.

Entsprechend der ausgewiesenen Relation zwischen Angebot und Nachfrage bilden sich Preise, die zur

Markträumung führen. Eine Produzentenrente streicht ein, wer bereit gewesen wäre, ein Angebot auch unterhalb des sich ergebenden Marktpreises zu machen, eine Konsumentenrente, wer bereit gewesen wäre, eine Nachfrage auch oberhalb des sich ergebenden Marktpreises aufrechtzuerhalten.

Müssen die Anbieter die relativ größeren Anstrengungen unternehmen, bei Nachfragern zum Abschlußerfolg zu kommen, handelt es sich um einen Käufermarkt. Umgekehrt um einen Verkäufermarkt.

Die weitverbreitete Realität des Käufermarktes führt erst zur Marketingdominanz der Gegenwart.

Marktinnovation

(→ *Innovation)*

Marktforschungsinstitut, Auswahl

Hat man sich für die Einschaltung eines Marktforschungs-Instituts entschieden, sind für dessen Auswahl folgende Kriterien bedeutsam:

- Erfahrung bzw. Spezialisierung in relevanten Märkten bzw. Erhebungstechniken sind vorteilhaft, jedoch nicht immer Bedingung,
- Leistungsfähige personelle und sachliche Ausstattung, ausgewiesen durch Indikatoren wie z. B. Fluktuationsrate, Unterhalt eines eigenen Interviewerstabs, EDV-Anlage,
- Mitgliedschaft in einem der Fachverbände (ADM/BVM), da dort Mindestanforderungen für die Aufnahme gestellt werden,
- Institutseigene Vorkehrungen zur Wahrung von Vertraulichkeit und Sicherung der Ergebnisqualität.
- Konkurrenzausschluß für die Erhebung des Projekts, realistisch nur für den Zeitraum der Projektbearbeitung zu fordern,
- Kontrollmöglichkeiten des Auftragsgebers bei der Durchführung (Termine/Kosten), dazu ist eine laufende Projektdokumentation hilfreich,
- Referenzen anderer Auftraggeber, Beraterkompetenz, evtl. räumliche Nähe, diese und andere Indikatoren helfen, das Risiko zu limitieren,
- Erfahrungen in bisheriger Zusammenarbeit, soweit vorhanden, denn Lieferantentreue zahlt sich vielfältig aus.

Je nach Intensität der Zusammenarbeit ist es auch sinnvoll, auf räumliche Nähe, Sympathie mit den Beratern etc. zu achten. Ebenso ist es einzelfallabhängig, ob man wechselweise mit mehreren Instituten, etwa auf Grund individueller Kostenvoranschläge (KVA's) zusammenarbeitet oder mit einem „Stamminstitut". Für letzteres spricht vor allem die zunehmende Problemvertrautheit und die Leistung „kostenloser" Services.

Nach der Entscheidung für einen Kreis möglicher Lieferanten (Shortlist) ist eine Ausschreibung sinnvoll. Dazu bedarf es eines Pflichtenhefts für die Angebotsanforderung. Dieses sollte folgende Inhalte umfassen:

- Exakte Problembeschreibung, z. B. durch Fragenkatalog, den es zu klären gilt, wobei das vermutete Problem gelegentlich das tatsächliche eher verdeckt denn freilegt,

- Eigene methodische Überlegungen, z. B. über Stichprobengröße, Auswahlverfahren, Instrumentarium etc., die als Anregung dienen können,
- Angaben über die zu befragende Zielgruppe, evtl. mit Beschreibung der vorhandenen Unterlagen zur Stichprobenauswahl, sofern freilich vorhanden,
- Angabe einer detaillierten Kostenkalkulation mit Aufgliederung der Positionen in Vorarbeiten, Pretest, Feldarbeit, Auswertung, Präsentation etc.,
- Angaben über die Tätigkeiten der Marktstudie, die der Auftraggeber selbst durchführen oder beisteuern will,
- Durchführungstermine, aufgegliedert nach Zwischenterminen, Berichtsabgabe, Ergebnisvorstellung etc.,
- Gewünschter Angebotsabgabetermin, der als verbindlich aufzufassen ist, da davon meist Folgearbeiten abhängen,
- Evtl. Sonderbedingungen, die vom Normalen abweichen und zu berücksichtigen sind, damit es später nicht zu unliebsamen Überraschungen kommt.

Marktführer

Marktführer ist der bedeutendste, meist auch größte, Anbieter an einem Markt. Mit der Marktführerschaft gehen eine Reihe von besonderen Chancen und Risiken einher. Zu den Chancen gehören vor allem die folgenden. Es besteht die Möglichkeit der Preisführerschaft. Eine dominante Preisführerschaft ist gegeben, wenn immer ein Unternehmen mit seiner Preissetzung die übrigen Anbieter determiniert, barometrische Preisführerschaft liegt vor, wenn mehrere Anbieter wechselseitig mit der Preissetzung vorangehen, was oft auf quasi-oligopolistischen Märkten gegeben ist. Kolludierende Preisführerschaft ist die stillschweigende Abstimmung über den Preis in „gut" geschmierten Oligopolmärkten. Wenngleich durch die Internationalisierung der Märkte eine Preisführerschaft immer schwieriger durchzusetzen ist, gibt es im Falle des Gelingens die Möglichkeit, überdurchschnittliche Gewinne einzufahren oder aggressive Konkurrenzverdrängung zu betreiben. Ein breiter Kompetenzvorsprung in der Kundschaft entsteht aus dem kategorischen Vertrauen in die Leistungsfähigkeit und das Know how des Marktführers. Dies führt zu einer weniger kritischen Kaufeinstellung und zur Chance, selbst partiell wettbewerbsunterlegene Produkte erfolgreich zu vermarkten. Dieser Vorsprung ist damit unbezahlbar. Als Beweis kann IBM gelten, deren Computer, obgleich gewiß nicht leistungsführend, sich dennoch bestens verkauften, wohingegen andere Anbieter mit durchaus überlegenen Geräten durch Mangel an Kompetenz und Vertrauen bei den Abnehmern selbst zu niedrigeren Preisen Probleme hatten. Es besteht Marktmacht gegenüber Partnern der gleichen und der gegenüberliegenden Marktseiten. Diese erleichtert die Durchsetzung eigener Vorstellungen ungemein, wodurch Aktionsspielraum und Zahl vorteilhafter Verhaltensalternativen wachsen. Dadurch werden zugleich Stabilität und Kontinuität des Unternehmens begünstigt. Widerstrebende werden in ihrem antagonistischen Verhalten gemäßigt oder gehen ein hohes Risiko des Mißerfolgs ein. Die Beeinflussung der Gesamtmarktentwicklung im Sinne eigener Vorteilhaftigkeit ist möglich. Geschickt eingesetzt kann die Marktstellung gefestigt und gegen Konkurrenten abgesichert werden, indem von mehreren Alternativen jeweils diejenige eingesetzt wird, die der Mitbewerb am wenigsten nachvollziehen kann. So können die eigenen Stärken ausgebaut und die Schwächen der Mitbewerber ausgenutzt werden.

Allerdings gibt es auch nicht zu verkennende Risiken der Marktführerschaft. So hat Produktenttäuschung gravierende Folgen. Ein festes Wertgefüge, das gewachsen ist und absichernd wirkt, wird damit erschüttert. Wenn Vertrauen mißbraucht wird, ist dies kaum mehr reparabel. Es bietet sich eine große Angriffsfläche für Kritik. Die öffentliche Meinung hält Größe allein schon für suspekt. Deshalb ist große Zurückhaltung und freiwillige Selbstbeschränkung in den Aktionen erforderlich, um nicht Vorurteile zu unterstützen. Es kann zum Konflikt mit der Wettbewerbsgesetzgebung kommen. Dies gilt für die Mißbrauchsaufsicht über marktbeherrschende Stellungen ebenso wie für die Fusionskontrolle. Der Fokus der Kontrollorgane liegt besonders auf marktführenden Anbietern, weil bekannt ist, daß diese objektiv über die Möglichkeit zur Marktbeeinflussung verfügen und die Versuchung naheliegt, diese Option auch zu nutzen. Inflexibilität kann entstehen, denn Marktführerschaft erfordert höchste Wachsamkeit und Vorausschau, damit mangelnde Manövrierfähigkeit nicht zu Schieflagen führt. Denn hochrationelle Leistungserstellung führt zu hohem Fixkostenblock infolge Standardisierung und damit zu Programmverengung und Anfälligkeit gegen Marktänderungen. Innovationshemmnisse können entstehen, denn Innovationen führen immer auch zur zumindest teilweisen Entwertung des Anlagekapitals. Deshalb sind Marktführer selten Innovationsvorreiter, sondern dies sind vielmehr meist erfolgshungrige Newcomer ohne große Marktbedeutung. Latente Marktnischen werden begünstigt, denn Spezialisten haben die Chance, die vom Marktführer überlassenen Marktnischen erfolgreich zu füllen und Nachfrage von diesem abzuziehen. Der Marktführer wird damit zur willkommenen Absatzquelle für Nischenanbieter.
(→Strategien im Marketing)

Marktherausforderer

Marktherausforderer ist ein Anbieter, der dem Marktführer seine Stellung streitig machen will. Dies ist nur durch aggressiven Einsatz aller Marketingparameter möglich. Konstitutiv handelt es sich dabei um offensiv angelegte Maßnahmen. Die Offensive ist sicherlich die am weitesten verbreitete Form der Konkurrenzeinstellung. Dabei werden, durchaus ähnlich der Militärstrategie, zwei Dimensionen zur Entscheidung in Betracht gezogen. Zum einen das Ressourcenverhältnis, d. h. das Verhältnis der aktivierbaren eigenen Ressourcen im Vergleich zu denen der Konkurrenz, die sich zu eigenem Vorteil oder zu fremden Vorteil ergeben können. Zum anderen der Konfrontationsschwerpunkt, d. h. Art und Ausmaß der Angriffsfläche, die der Angreifer gegenüber der Konkurrenz bietet, und die sich direkt oder indirekt ergeben kann. Aus der Kombination dieser Ausprägungen entstehen vier Handlungsmöglichkeiten (vgl. *Hinterhuber, Hans:* Strategische Unternehmensführung, 4. Auflage, Berlin – New York 1990).

Die direkte Konfrontation bei eigenem Ressourcenvorteil wird als *Frontalangriff* bezeichnet. Dabei werden die Konkurrenzhindernisse durch Nutzung des Wettbewerbsvorsprungs überwunden. Es handelt sich also um eine Strategie der Stärke. Diese wendeten z. B. die Großbanken beim Eintritt in das Privatkundengeschäft an. Bis Ende der 60er Jahre war dieses eine Domäne der Sparkassenorganisationen gewesen. Erst als die *Deutsche Bank* sich zur Kleinkreditvergabe entschloß, trat sie in diesen Markt ein und konnte durch ihre straffere Organisation die Sparkassen überflügeln. Ähnliches wurde kürzlich durch das Angebot von Versicherungsleistungen probiert, die über Cross Selling die überlegene Distribution der Großbanken kapitalisieren sollten. Allerdings ergeben sich dabei vorläufig noch organisatorische Hemmnisse.

Die indirekte Konfrontation bei eigenem Ressourcenvorteil wird als *Flankenangriff* bezeichnet. Hier werden die Konkurrenzhindernisse durch Veränderung der Marktstrukturen ausgehebelt. Es handelt sich also um eine Strategie der Umgehung. Als Beispiel sei die Autovermietung *Sixt* genannt. Aufgrund der Distributionsstruktur war Sixt eigentlich ohne Chance gegen die etablierten Autovermieter. Deren partieller Nachteil war jedoch, daß sie durch Flottenverträge im wesentlichen an bestimmte Automarken gebunden waren. Hier setzte Sixt den Hebel an und bot interessante Modelle, z. B. *Mercedes* 190 E, *Porsche* 911 Cabrio, zu interessanten Konditionen an. Dort konnte der Wettbewerb nicht folgen, und Sixt gehört zwischenzeitlich zu den Topanbietern am Markt.

Die direkte Konfrontation bei eigenem Ressourcennachteil wird als *Guerillaüberfall* bezeichnet. Hier werden die Konkurrenzhindernisse durch sukzessive Reduktion der Zugangsbeschränkungen und Unterminierung der Marktstruktur überwunden, z. B. durch Strategische Allianz mit einem etablierten Anbieter. Als Beispiel mag *Eurocard* gelten, die sich für das Angebot von Credit Cards über den neuen Weg in Kooperation mit Banken (Co-Branding) entschloß. Dadurch wurde dieser Markt für alle Nachfrager geöffnet, die zwar mit ihrem Kreditinstitut, nicht aber mit Credit Card-Anbietern Kontakt hatten. Durch diese Innovation im Distributionsweg wurden nicht nur die Marktstrukturen (Privatnutzer), sondern auch die Marktanteile verändert. Es kam zu einer raschen Aktivierung des Nachfragerpotentials, und der seitherige Marktführer Amexco geriet in Zugzwang.

Die indirekte Konfrontation bei eigenem Ressourcennachteil wird als *Überraschungsangriff* bezeichnet. Hier werden die Konkurrenzhindernisse durch das Überraschungsmoment überwunden, z. B. bei feindlichen Übernahmen. Als Beispiel kann die Affäre *Conti Reifen – Pirelli* gelten. Der Reifenmarkt ist durch Überkapazitäten und Preisverfall gekennzeichnet. Im Erstausrüstungsgeschäft drücken die Automobilkonzerne qua Nachfragemacht die Konditionen, im Ersatzausstattungsgeschäft herrscht scharfer Preiswettbewerb, der Lebenszyklus für Automobile befindet sich zudem in der Sättigungsphase. Das alles führt zur Oligopolisierung des Markts mit wenigen Anbietern. Zum Ausbau der Marktposition entschloß Pirelli sich daher zu einer Übernahmeaktion gegen Conti Reifen, die allerdings kläglich scheiterte.

(→ *Strategien im Marketing*)

Marktkapazität

(→ *Markterwartungen*)

Marktkonstitution

Als Markt wird die Gesamtheit der ökonomischen Beziehungen zwischen Anbietern und Nachfragern hinsichtlich eines Gutes innerhalb eines bestimmten Gebiets und eines bestimmten Zeitraums bezeichnet. Die Konstitution eines Marktes erfolgt durch die Merkmale Gütergruppe, Anbieter, Nachfrager, ökonomische Beziehungen, Gebiet und Zeitraum.

Märkte lassen sich also zunächst nach den Gütern, die verfügbar und übertragbar sind, charakterisieren. Dabei unterscheidet man Realgüter und Nominalgüter. Nominalgüter sind Geld, Kredit etc. Realgüter sind Sachgüter als materielle Güter und Dienste als immaterielle Güter. Diese Güter werden im Marketing Produkte genannt.

Auf der Angebotsseite sind private und öffentliche Betriebe aktiv. *Öffentliche Betriebe* sind im allgemeinen durch substanzielle Beteiligung staatlicher Institutionen, durch fehlendes Bestandsrisiko, durch Bedarfsdeckungsabsicht und Kontrahierungspflicht gekennzeichnet. *Private Betriebe* hingegen gehören natürlichen oder juristischen Personen, tragen ein hohes Betriebsrisiko, bearbeiten Märkte selektiv und konkurrierend zu anderen Betrieben.

Öffentliche Betriebe sind Sachleistungsunternehmen, etwa zur Versorgung, Entsorgung und Verwertung, und Dienstleistungsunternehmen, wie Verwaltungen von Bund, Ländern und Gemeinden für politische, finanzielle, überbrückende, beratende und regenerierende Dienste. Private Betriebe unterteilen sich in Produzenten, Konsumenten und Wiederverkäufer. Alle erbringen Sach- und Dienstleistungen.

Betriebe sind auf Fremdbedarfsdeckung ausgerichtet und in drei Sektoren tätig, in der Gewinnung von Roh- und Naturstoffen (= primärer Sektor), in der Be- und Verarbeitung industrieller Waren (= sekundärer Sektor) oder in der Dienstleistung (= tertiärer Sektor, z. B. Handel).

Auf der Nachfrageseite sind vier Gruppen von Wirtschaftssubjekten tätig. *Konsumenten* sind Letztverbraucher in privaten (originäre) oder Verbands-(derivative)Haushalten. Sie fragen Waren und Dienste für den eigenen Ge- bzw. Verbrauch nach. *Private Produktionsbetriebe* sind gewerbliche Nachfrager, die Güter erwerben, um sie als Inputfaktoren im Produktionsprozeß einzusetzen und daraus ge- und verbrauchsnähere Güter zu produzieren.

Öffentliche Institutionalbetriebe arbeiten ohne oder mit Wertschöpfung. Sie bestehen ohne oder mit eigener Rechtspersönlichkeit, erstere als Regiebetriebe, Staatsbetriebe, Sondervermögensverwaltungen, kommunale Betriebe etc., letztere als Körperschaften, Anstalten, Stiftungen, Kapitalgesellschaften etc. Und *Handelsbetriebe* fragen Güter nach, um sie ohne wesentliche Be- und Verarbeitung an private und gewerbliche Nachfrager weiterzuverkaufen.

(Private) Wohnhaushalte sind entweder Einpersonen- oder Mehrpersonenhaushalte. Erstere bestehen aus einer alleinstehenden, geschiedenen, verwitweten, getrennt lebenden Person, letztere aus Kleinfamilie, Großfamilie (das ist eine solche mit mehr als zwei Generationen oder nicht nur in gerader Linie verwandten Personen), Wohngemeinschaft oder Lebensgemeinschaft („Wilde Ehe"). Haushalte sind auf Eigenbedarfsdeckung ausgerichtet.

Die ökonomischen Beziehungen zwischen Anbietern und Nachfragern sind Kommunikations-, Kooperations-, Wettbewerbs-, Macht- und Rollenbeziehungen.

Kommunikationsbeziehungen beruhen auf dem Informationsaustausch zwischen Marktteilnehmern verschiedener Stufen (vertikal) oder auf der gleichen Stufe (horizontal).

Kooperationsbeziehungen können ebenso vertikal oder horizontal angelegt sein. Horizontal bedeutet dabei, auf der gleichen Marktstufe angesiedelt, vertikal, auf verschiedenen Marktstufen angesiedelt. Typische gleichbetriebliche Formen sind die Arbeitsgemeinschaft, die Bietergemeinschaft oder das Submissionskartell, typische ungleichbetriebliche Formen sind die Generalunternehmerschaft, das offene und das stille Konsortium.

Wettbewerbsbeziehungen bedeuten Parallelkampf zur Erreichung eigener Ziele mit konkurrierenden anderen, wobei diese im gleichen oder in anderen Märkten tätig sein können.

Machtbeziehungen bedeuten die Chance zur Durchsetzung eigener Ziele gegen widerstrebende andere. Macht basiert auf Zwang/Vereinbarung, Sanktion/Belohnung/Bestrafung, Legitimation, Fachwissen/Sachkenntnis/Expertentum, Ansehen/Identifikation oder Besitz.

Und *Rollenbeziehungen* beinhalten Verhaltenserwartungen an Marktpartner. Beim wirtschaftsfriedlichen Verhalten werden passive Anpassung und Strategisches Verhalten isoliert-autonom, autonom, konjektural oder überlegen unterschieden.

Nach dem Gebiet lassen sich intranationale und supranationale Märkte unterscheiden. Supranationale Märkte finden landesgrenzenüberschreitend statt, sie werden auch Außenhandelsmärkte genannt und betreffen den Güteraustausch zwischen Wirtschaftssubjekten im Im- und Export. Intranationale Märkte finden nur innerhalb eines Landes statt, sie werden auch Binnenhandelsmärkte genannt und betreffen den Güteraustausch zwischen Wirtschaftssubjekten innerhalb der Grenzen eines Staates. Bei den Großbetriebsformen kommt es zunehmend zu einer Internationalisierung der Geschäftstätigkeit.

Nach dem Zeitraum lassen sich punktuelle und dauernde Märkte unterscheiden. Punktuelle Märkte sind zeitlich begrenzt (z. B. Börsen), dauernde Märkte bestehen ohne zeitliche Begrenzung.

Marktmitläufer

Marktmitläufer sind weitere Anbieter am Markt, die im Windschatten des Marktführers und -herausforderers prosperieren. Sie sind daran interessiert, weitgehend unbehelligt zu bleiben. Ihre Position ist deshalb eine der Defensive. Dafür ergeben sich mehrere Möglichkeiten, die anhand von Agfa Audio-Cassetten als Beispiel nachvollzogen werden können.

Zunächst die Kernpositionsverteidigung, denn Marktmitläufer sehen sich kontinuierlich der Gefahr ausgesetzt, am Markt zwischen Marktführer und -herausforderer zerrieben zu werden. Deshalb gilt es, zunächst die erreichte Position zu verteidigen. Bei *Agfa* Audio-Cassetten vollzog sich dies vor allem gegenüber den japanischen Anbietern, besonders *TDK*. Flankenpositionsverteidigung bedeutet, daß periphere Marktfelder verstärkt werden. Dadurch hofft man, Verluste im zentralen Marktfeld ohne größeren Widerstand kompensieren zu können. Dies geschah bei Agfa Audio-Cassetten durch Betonung der Nicht-Chrom-Klassen (IEC I, III, IV), da in der Chrom-Klasse (IEC II) die japanischen Anbieter überlegen waren. Bewegliche Verteidigung impliziert das Ausweichen auf Angebotsparameter, die sich einer direkten Vergleichbarkeit entziehen. So wurde die Laufzeit bei Agfa Audio-Cassetten zeitweise um 6 Minuten verlängert, um einer nachteiligen Qualitätsdiskussion zu entgehen. Außerdem gab es Sonderausführungen als Segmentangebote (z. B. Auto-Cassette). Der Vorbeugende Angriff entspricht dem Motto, daß Angriff die beste Verteidigung ist. Im Erfolgsfall kann damit wieder eine offensive Position eingenommen werden. Bei Agfa Audio-Cassetten erfolgte dies durch Aktualisierung der Produkte im Rahmen eines Relaunch („Die neue Generation") mit aufgewerteten Leistungsmerkmalen. Beim Gegenangriff wird auf einen konkreten Wettbewerbervorstoß hin mit Aktivitäten geantwortet, um wieder einen Einstand im Ergebnis zu erreichen. Dies geschah bei Agfa durch das Angebot einer völlig neuen Range von Audio-Cassetten, die einen Neuanfang signalisieren sollte. Dafür wurde ein umfangreiches Einführungsbudget bereitgestellt. Mit dem Strategischen Rückzug wird eine gefährdete Position aufgegeben, um Verluste zu limitieren und Kräfte für andere Marktfelder zu sammeln. Im Fall Agfa bedeutete dies den Verkauf der Magnetbandinteressen (auch Video-Cassetten und Profi-Tonbänder) an den früheren Marktführer *BASF* und die Konzentration auf den nicht minder umkämpften Bildfotobereich. Zwischenzeitlich ist das Marktvolumen durch Aufkommen der Digitaltechnik (CD, DCC, MD) stark rückläufig.

Marktmitläufer befinden sich somit in stetiger Verdrängungsgefahr der Mittenposition des Marktes (Stuck in the Middle), die im Rahmen der Polarisierung auszudünnen droht. Eine Chance liegt in der begrenzten Kooperation mit marktmächtigen Anbietern.

(→ Strategien im Marketing

Marktnischen

Hier entschließt man sich, eine Marktnische zu besetzen. Dabei kann es sich um eine manifeste Nische handeln, d. h. die dort repräsentierten Nachfrager verweigern mangels geeigneter Kaufobjekte den Kauf, oder um eine latente Nische, d. h. Nachfrager dort weichen widerwillig auf andere Angebote aus, ohne daß diese ihren Anforderungen voll entsprechen. Durch das Nischenangebot hofft man, diese Kaufkraft aktivieren zu können.

Als Beispiel im Handel sind hier hochwertige Herrenausstattungs-Geschäfte wie *Boecker, Hansen* etc. zu nennen. Als diese merkten, daß gegen die Dominanz von *C & A* Brenninkmeyer, *Peek & Cloppenburg* etc. im Massengeschäft auf Dauer nicht anzukommen war, Konzerne wie Sinn oder Hettlage, die dies versuchten, scheiterten kläglich, besetzten sie im Zuge eines Trading up und gestiegener Qualitätsansprüche in oberen sozialen Schichten das Top-Segment und bedienen dort einen zwar numerisch kleineren, dafür aber umso kaufkräftigeren Käuferkreis.

(→ Positionierung, Optionen)

Marktnischenanbieter

Marktnischenanbieter sind Unternehmen, die sich freiwillig mit einem kleinen Marktanteil begnügen und keinen Anspruch auf breite Marktpräsenz stellen. Dem liegt die klassische Feldtheorie zugrunde, wonach sich bei Einführung eines Angebots Anhänger und Ablehner im Markt formieren. Dort, wo zwischen den Bedürfnissen der Nachfrager und den Angeboten Deckung besteht, gilt der Markt als besetzt. Sehen Nachfrager jedoch keines der vorhandenen Angebote als zur Befriedigung ihrer Bedürfnisse geeignet an, besteht eine manifeste Marktnische. Bestehen zwischen den Idealvorstellungen der Nachfrager über ein Angebot und den realen Produkten Diskrepanzen, die jedoch nicht groß genug sind, von einem Kauf Abstand nehmen zu lassen, ist eine latente Marktnische gegeben. Beide Nischentypen bieten die Möglichkeit zur Positionierung für Marktnischenanbieter. Als Beispiele im Unterhaltungselektronikmarkt mögen *Bang&Olufsen* und *Loewe Opta* gelten. Beide sind auf einem hochkompetitiven, vorwiegend von japanischen Anbietern dominierten Markt tätig, der üblicherweise keine Überlebenschance für Unternehmen unterhalb einer kritischen Größe und mit komparativen Standortnachteilen behaftet zuläßt. Dennoch prosperieren beide recht ordentlich, weil sie sich auf die Nischenkombination aus Top-Design und High Tech kapriziert haben. Außergewöhnliche technische Lösungen abseits des Main Stream gepaart mit hoch-ästhetischer Produktformgebung schaffen eine relative Alleinstellung, die es ermöglicht, höhere als die allgemein gängigen Marktpreise zu erlösen. Diese wiederum decken die höheren Forschung und Entwicklungs- bzw. Produktionskosten ab. Im Gegensatz zum offensichen Marktherausforderer und zum defensiven Marktmitläufer verhält sich der Marktnischenanbieter neutral, solange seine Geschäftsbasis unangetastet bleibt. Ansonsten weicht er in neue Nischen aus oder fokussiert sein Angebot noch stärker.

(→ *Strategien im Marketing)*

Marktperspektiven

Die Grenzen der Absatzexpansion rücken unverkennbar in immer größere Nähe. Dazu tragen eine ganze Reihe von Faktoren bei. Sie sind für die Zukunft unschwer vorauszusehen oder gar schon Gegenwart.

Steigende Abgaben und Steuern werden selbst bei real steigenden Bruttoeinkommen für eine Limitation der Kaufkraft sorgen. Hinzu kommt ein wachsendes Sicherheitsbedürfnis der Bevölkerung, das zu einem vermehrten Rücklagenanteil am Einkommen führt, zumal das soziale Netz äußerst gespannt ist.

Die traditionellen Märkte werden verstärkt durch hohe Marktsättigung gekennzeichnet. In vielen Branchen kommt nur noch Ersatzbedarf, wenngleich vielfach auf höherem Niveau, zum Tragen. Gleichzeitig eröffnet jedoch der Wertewandel die Chance des Aufbruchs in neue Märkte.

Der Staatsanteil am Volksvermögen wird steigen. Die Wirksamkeit der zurückhaltenden Politik der Neoklassik wird nach realen Mißerfolgen ernsthaft in Zweifel gezogen. Die gesamtwirtschaftliche Effizienz dürfte dadurch jedoch nicht unbedingt steigen.

Die Preis-Leistungs-Relation von Angeboten wird zunehmend transparenter. Anbieter, die keine hohe Qualität zu günstigem Preis bieten können, geraten immer mehr unter Existenzdruck. Dies gilt vor allem für unbewegliche, einheimische Anbieter.

Die Absatzstruktur verschlechtert sich weiterhin durch Kunden- und Auftragskonzentration bei nur begrenzten Ausgleichsmöglichkeiten. Insofern gewinnt Macht als ökonomisches Argument weiter mit verheerenden Auswirkungen an Gewicht.

Der große Rationalisierungsgrad schafft durch Standardisierung und Kapitalbindung die Notwendigkeit eines hohen Auslastungsgrads. Schon leichte Absatzrückgänge können somit zu operativen Verlusten führen, die ein Krisenmanagement erfordern.

Weitere Rationalisierungseinsparungen sind allenfalls noch im Gemeinkostenbereich (Administration) gegeben. In der Fertigung verstärken sie durch hohen Fixkostenblock nur die Inflexibilität und Anfälligkeit gegen Marktschwankungen.

Die internationale Konkurrenz wird weiter zunehmen und zu einer Verschiebung der transnationalen Arbeitsteilung führen. Die exekutiven Tätigkeiten werden in weniger entwickelte Länder mit niedrigerem Lohnniveau exportiert, während sich die dispositiven Tätigkeiten in hochentwickelten Ländern konzentrieren. Damit wird es zu weiter zusammenwachsenden Märkten bei perpetuiertem Gefälle kommen.

Zunehmend protektionistische Tendenzen und Währungsturbulenzen sind trotz internationaler Integration zu befürchten. Protektionismus soll die heimische Industrie gegen leistungsfähige ausländische Anbieter schützen. Dies führt zu verdeckten Wettbewerbsverzerrungen zwischen Staaten, die sich in drastischen Paritätenverschiebungen ausdrücken (Exportwirtschaft).

Es kommt zu einer Zuspitzung des Nord-Süd-Konflikts mit dramatischen politischen Veränderungen. Die weniger entwickelten Länder werden ihren gerechten Anteil am Wohlstand einfordern, weil ihre Volkswirtschaft angesichts der Bevölkerungsexplosion ansonsten nicht überlebensfähig ist. Die Verweigerung der hochentwickelten Länder führt zu Problemen bei der Lösung der Verschuldungs- und Energiesituation.

Ein ungebrochener Konzentrationstrend läßt je Branche nur wenige extrem leistungsfähige Unternehmen unabhängig überstehen. Deshalb sind sogar ausgesprochen große Anbieter anfällig für Übernahmen (*General Foods, Jacobs Suchard, Lotus* etc.). Ein Ende der Mergerwelle ist in keiner Weise absehbar.

Marktperspektiven

Verstärkte internationale Verflechtungen führen zur Entstehung neuer Betriebsformen. Zu denken ist an Kontraktfertigung, Marketingholdings, aber auch an Strategische Allianzen und Joint Ventures. Sie sollen grenzübergreifend die Wettbewerbsfähigkeit der beteiligten Partner sichern und steigern helfen.

Die zunehmende Verknappung bei fossilen Rohstoffen wird zum eigentlich limitierenden Faktor der wirtschaftlichen Entwicklung. Damit sind die Grenzen des Wachstums endgültig erreicht. Diese Erkenntnis führt zu verbreitetem Zukunftspessimismus und erneuten Zweifeln an der Richtigkeit des Kapitalismus als Wirtschaftsform.

Es kommt zu einer steigenden Kapitalbindung in der Fertigung durch den Zwang zur Nutzung von Größendegressionseffekten. Dies führt zu ausgeprägter Inflexibilität in der Produktion, extremem Unternehmensrisiko durch Fixkostenbelastung und Zwang zu aggressiven Vermarktungsstrategien.

Insofern sind schnellere Innovationsschübe und forcierter technischer Fortschritt zweifelsfrei zu prognostizieren. High Tech in allen Lebensbereichen angesichts zunehmender natürlicher Restriktionen ist die einzige Chance zum Erhalt des Lebensstandards. Hier ist vor allem an Informationsübermittlung, -speicherung und -verarbeitung zu denken.

Die steigende Dynamik der Märkte erzwingt verkürzte Entwicklungszeiten und Produktlebenszyklen. Wirtschaftliches Wachstum wird vermehrt über schnellere Veralterung getragen. Daraus folgt eine Polarisierung am Markt in progressiven Edelkonsum sowie Selbstbeschränkung als Konsumverweigerung.

Neue Zahlungs- und Finanzierungsformen führen zu mehr Entscheidungsfreiraum auf der Nachfrageseite. Käufe können verstärkt spontan (auch von zuhause aus) getätigt werden. Damit ist zugleich die Gefahr des Overbuying gegeben, die sich besonders für wirtschaftlich weniger erfahrene Publikumsschichten verhängnisvoll auswirken kann.

Ordnungspolitische Restriktionen in Umweltschutz, Kartellrecht, Mitbestimmung, Sozialaspekten engen den Spielraum unternehmerischer Gestaltung gravierend ein. Sie sind teils Sanktionierung freiwilliger Selbstbeschränkung der Anbieter, teils Vorbeugung gegen Übervorteilung durch unternehmerische Willkür.

Steigende Bürokratisierung bewirkt mangelnde Strukturanpassungsfähigkeit. Anstelle des Marktautomatismus, von dem angesichts horrender Probleme Versagen befürchtet wird, tritt wider besseren Wissens multizentralisierte Planung. Beispiele wie AG-Agrarmarkt, Post-Dienste, Energieversorgungsmonopole werden wohl nicht als Warnung verstanden.

Die Umkehrung der Alterspyramide führt zu gravierenden Nachfrageveränderungen. Bedarfsverschiebungen lassen Märkte expandieren

(z. B. Schonkost, Arzneimittel, Erholung), andere hingegen schrumpfen (z. B. Babynahrung, Jeans, Spielwaren). Im übrigen entsteht trotz gegenteiliger Beteuerungen eine Altersversorgungsproblematik durch eine immer ungünstigere Relation von Erwerbstätigen zu Rentnern, die noch durch explodierende Kosten (personaler) Sozialer Dienste verstärkt wird.

Es kommt zu verstärkter Kritik an unternehmerischem Handeln. Die Forderungen nach Erfüllung gesellschaftlicher Verantwortung in Produktion und Angebot werden eingeklagt. Marketing steht dabei als Kontaktbrücke zum Publikum im Mittelpunkt (Beziehungsanaement). Verantwortungsbewußte Unternehmen nutzen die Chance, sich über ethische Haltung zu profilieren.

Als Konsumtrends werden Hedonismus, Gesundheitswelle, Körperbewußtsein, Harmoniebedürfnis und Individualität dominant. Angebote in diesen Marktfeldern werden prosperieren. Dem werden Anbieter durch zahlreiche Umpositionierungen ihrer Produkte im Markt gerecht.

Zunehmend werden Bürger- und Arbeitnehmerinitiativen auf die gesellschaftlichen Vermarktungsbedingungen Einfluß nehmen. Das Streben nach Selbstbestimmung mündet in Selbsthilfe und dem kollektiven Bewußtsein der Abkopplung von möglicher Interessenverfilzung zwischen Staat und Industrie zugunsten einer willkommenen Autonomie.

Daraus folgt ein Verfall der tradierten Autoritäten (wie der Kirche). Die postmaterialistische Einstellung führt zu alternativen Lebensformen. Die neuen Ideologien werden durch Emotion und Sensibilität getragen.

Als zentrales Konstrukt wird die Lebensqualität angesehen. Dazu gehören Aspekte wie persönliche Gesundheit, ausreichende Möglichkeiten zur Persönlichkeitsentfaltung, gesicherte Beschäftigung an angemessenen Arbeitsplätzen, sinnvolle Gestaltung von Freizeit, ausreichende Verfügung über Güter und Dienste, intakte physische Umwelt, Gewährleistung persönlicher Sicherheit und kollektiver Rechtsstaatlichkeit sowie Chancengleichheit zur Teilnahme am gesellschaftlichen Leben. Marketing kann diesen Zielen durch Produktangebote entsprechen.

Marktorientierte Unternehmensführung

(→ *Marketing, Definition)*

Marktpolarisierung

Es gibt die Hypothese eines U-förmigen Zusammenhangs zwischen Unternehmenserfolg (z. B. als Return on Investment) und Mengenoutput (z. B. als Marktanteil). Demnach ist der Unternehmenserfolg hoch, wenn der Mengenoutput entweder sehr niedrig ist oder sehr hoch, und niedrig, wenn der Mengenoutput ein mittleres Niveau erreicht („zwischen den Stühlen"). Danach muß ein Unternehmen entweder anstreben, einen hohen Grad an Exklusivität zu erreichen oder eine extrem hohe Verbreitung. Ersteres ist aufgrund des geringeren Geschäftsvolumens zwar mit höheren Stückmargen, aber absolut mit geringeren Gewinnen verbunden als letzteres. Eine gute Möglichkeit zur Erreichung hoher Verbreitung ist die Öffnung von Märkten über niedrige Preise. Diese Polarisierung führt nur noch durch Leistungsführerschaft (= Präferenz-Position) oder Kostenführerschaft (= Preis-Mengen-Position) zu einer Überlebensfähigkeit, während der Bereich dazwischen durch den Wettbewerb aufgerieben wird (= Stuck in den Middle). Ersteres bedeutet damit Qualitätswettbewerb mit konsequentem Einsatz aller nichtpreislichen Marketinginstrumente zur Beeinflussung des Markts. Es handelt sich allerdings um eine sog. Langsamstrategie, die kontinuierlichen Aufbau erfordert. Die dadurch gewonnenen Käufer dürften jedoch bei geschickter Angebotspflege zum Kundenstamm gerechnet werden und Anfechtungen der Konkurrenz in hohem Maße widerstehen. Letzteres stellt den Preis als zentrales Marketinginstrument zur Marktbeeinflussung in den Mittelpunkt. Dabei handelt es sich um eine sog. Schnellstrategie, die eine Marktposition kurzfristig aufbaut, allerdings kaum reversibel ist, zumal sie sich an Käufer wendet, die ein Angebot nicht in erster Linie aus emotionaler Zuwendung heraus bevorzugen, sondern bei noch preisgünstigeren Angeboten leicht zum Mitbewerb abwandern. Sie repräsentieren damit in hohem Maße vagabundierende Kaufkraft.

Ein Beispiel für die Stuck in the Middle-Position stellen die Warenhäuser dar. Sie werden von ihren Kunden weder als hochwertig genug erlebt, als daß sie gleichwertig zu Fachgeschäften angesehen werden, noch als preisgünstig genug, als daß sie mit Verbrauchermärkten konkurrieren können. Daran ändern auch moderne Fachabteilungskonzepte (z. B. *Galeria* oder *Carsch-Haus* von *Horten*, *KaDeWe* von *Hertie*) nichts. Denn die bloße Ansammlung von fachgeschäftsähnlichen Abteilungen unter Beibehaltung der warenhaustypischen Kriterien wie Großflächigkeit, Massenpublikum, Teilselbstbedienung etc. führt nicht dazu, die Einkaufsstätte anders einzuschätzen. Diese wird nach wie vor als Warenhaus erlebt, und damit bleibt die Preisbereitschaft unverändert. Umgekehrt führen auch preisaggressive Konzepte (z. B. *Kaufhalle* von *Kaufhof*, *Bilka* von *Hertie*) nicht dazu, daß man diese Warenhäuser nun als besonders preisgünstig erlebt, zumal deren Kostenniveau aufgrund der betriebstypischen Faktoren Fachpersonal, aufwendige Ausstattung, zentrale Lage etc. auch gar nicht mit der von Einkaufsstätten auf der grünen Wiese konkurrieren kann. Damit zieht es den preissensiblen Teil der Kundschaft aber nach wie vor dorthin. Von daher scheint kein Ausweg in Sicht, weil auch die Diversifikationsbestrebungen in Fachmärkte, Versandhandlungen, Spezialgeschäfte

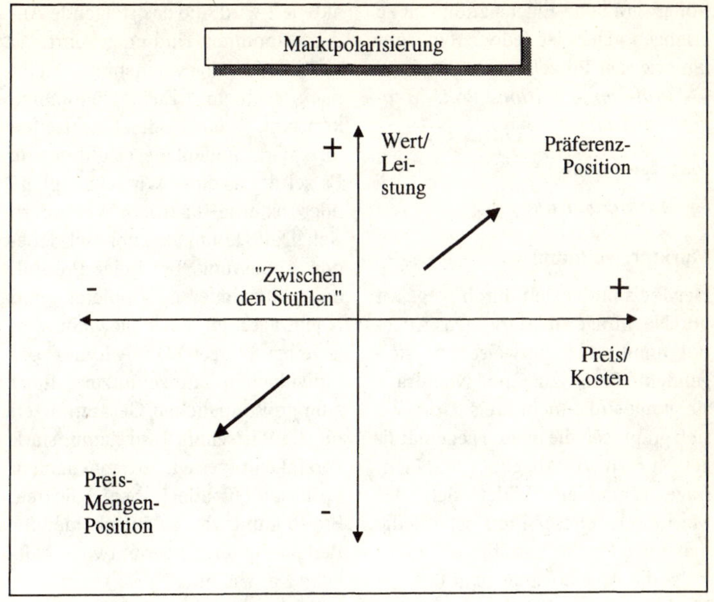

Marktpolarisierung

etc. nicht reibungslos ablaufen. In bezug auf die Exklusivität fehlt es Warenhäusern an Beratungsniveau, Individualität und Ausstattung. Kunden, für die diese Parameter von kaufentscheidender Bedeutung sind, nehmen ein höheres Preisniveau zur besseren Befriedigung ihrer Bedürfnisse gern in Kauf. Umgekehrt fehlt die Kostengünstigkeit, weil Discounter in Stadtrandlagen bei Minimierung kaufbegleitender Services ihren Kostenvorsprung im Preis weitergeben können. Verbraucher, für die dies kaufentscheidend ist, akzeptieren bereitwillig das fehlende Einkaufserlebnis und nehmen selbst weite Wege auf sich.

Das gleiche gilt für schwache Marken. Diese drohen zwischen den Gattungswaren einerseits und starken Markenartikeln andererseits aufgerieben zu werden. Gattungswaren üben Druck über Preisvorteile aus, die bei bestimmten Produktgruppen (Low Involvement) bedeutsam sind. Klassische Marken üben Anziehungskraft über Sozialprestige (Premiummarken) und Qualität aus. Schwache Marken haben in diesem Umfeld keine Marktberechtigung mehr. Sie können nur entweder als Drittmarken exklusiv an Handelsketten abgetreten oder, vor allem durch Kommunikationsmaßnahmen, differenziert werden, um ein

höheres Maß an Eigenständigkeit zu erlangen. Dies ist jedoch ein sehr langwieriger Prozeß.
(→ Präferenz-Position, Preis-Mengen-Position

Marktpotential

(→ Markterwartungen)

Marktpreisbildung

Der Preis bildet sich durch Angebot und Nachfrage am Markt. Das Angebot nimmt üblicherweise mit steigendem Preis zu, die Nachfrage steigt mit sinkendem Preis. Dort, wo sich graphisch die beiden gegenläufigen Kurven von Angebot und Nachfrage schneiden, bildet sich der Marktpreis. Dieser Preis schafft die maximale Markträumung.

Ist die Angebotsmenge auf einem Markt größer als die Nachfragemenge, entsteht ein Angebotsüberhang, der auf funktionsfähigen Märkten zur gegenseitigen Preisunterbietung der Anbieter führt, bis der Gleichgewichtspreis erreicht ist. Umgekehrt, also bei einem Nachfrageüberhang, führt die Preisbereitschaft der Nachfrager zur Erreichung des höheren Gleichgewichtspreises. Einseitige Nachfragesteigerung führt zu einem höheren Marktpreis bei größerer Menge, weil durch den höheren Preis angereizt, zusätzliches Angebot am Markt wirksam wird, das die gestiegene Nachfrage befriedigt. Und umgekehrt. Einseitige Angebotsssteigerung führt zu einem niedrigerem Marktpreis bei größerer Menge, weil durch den niedrigeren Preis zusätzliche Nachfrage aktiviert wird, die das steigende Angebot abnimmt. Und umgekehrt.

Der Gleichgewichtspreis bleibt nach seinem Zustandekommen konstant, weil beide Marktseiten ihre Wirtschaftspläne erfüllt sehen. Es sei denn, diese Wirtschaftspläne oder externe Faktoren verändern sich. Dann kommt es zur beschriebenen Anpassung. Bei freier Preisbildung maximieren Anbieter und Nachfrager im Gleichgewicht ihre jeweilige Nutzen. Die Addition der individuellen Einzelnutzen führt zum größtmöglichen Gesamtnutzen für die Wirtschaft. Und damit, stark vereinfacht gesagt, zu maximalem Wohlstand für alle. Daher ist die freie Preisbildung von so entscheidender Bedeutung für die gesamtwirtschaftliche Entwicklung.

Alle Anbieter, die bereit gewesen wären, zu einem niedrigeren als dem Marktpreis anzubieten, streichen eine „Produzentenrente" ein, d. h. sie erhalten ihre Leistung am Markt zu einem höheren Preis honoriert als sie selbst akzeptiert hätten. Anbieter, die mit ihrer Preisforderung über dem Gleichgewichtspreis liegen, gehen leer aus. Umgekehrt profitieren Nachfrager, die bereit gewesen wären, einen höheren als den Marktpreis zu zahlen, in Form einer „Konsumentenrente", d. h. der Differenz aus ihrer Preisbereitschaft und dem tatsächlichen Marktpreis. Produzenten- und Konsumentenrenten sind jedoch nicht von Dauer, da sich das subjektive Preisempfinden der Realität des Marktes nach und nach anpaßt.

Anbieter weiten nun ihr Angebot bei Nachfrageüberhang aus. Dadurch steigt der Preis und die Nachfrage geht zurück. Es kommt durch diese gegenläufigen Bewegungen zum Angebotsüberhang. Der Preis sinkt. Das Angebot wird daraufhin zurückgefahren, während die Nachfrage steigt. Nun kommt es wieder zu einem Nachfrageüberhang und das Spiel beginnt von vorn. Das funktioniert freilich nur solange, wie es keine Wettbewerbsbeschränkungen am Markt gibt.

Besteht hingegen dauerhaft ein Angebots- oder Nachfrageüberhang, handelt es sich um einen Käufer- bzw. Verkäufermarkt. Im Verkäufermarkt müssen Nachfrager die größeren Anstrengungen unternehmen, um zum Abschlußerfolg mit Anbietern zu gelangen. Dies ist kennzeichnend für staatlich gelenkte Wirtschaftssysteme (früherer Ostblock). Im Käufermarkt hingegen müssen Anbieter größere Anstrengungen unternehmen, um zum Abschlußerfolg mit Nachfragern zu kommen als diese. Dies ist kennzeichnend für entwickelte marktwirtschaftliche Systeme. (vgl. *Schmalen, Helmut:* Preispolitik, 2. Auflage, Stuttgart – Jena 1995).

Markträumung

(→ Preisfunktionen)

Marktreaktionsfunktion

Mit Marktreaktionsfunktionen wird ermittelt, wie eine Prognosegröße von Auswahl und Intensität des Einsatzes der Aktionsparameter abhängt. Sie zeigen den Verlauf ökonomischer und psychographischer Zielvariablen in Abhängigkeit von den jeweils veränderten Aktionsparametern bzw. Aktivitätsniveaus der Marketingmaßnahmen an. Außerdem können Konkurrenzaktivitäten in die Marktreaktionsfunktion aufgenommen werden. Daraus leiten sich konkrete Anhaltspunkte für einen optimalen Marketing-Mix ab.

Die Vorgehensweise ist wie folgt:

- Aufstellung verschiedener Ausprägungen der Marketinginstrumente im Rahmen geplanter unterschiedlicher Maßnahmen,
- Wahl eines Funktionstyps, der die Beziehungen zwischen den Marketinginstrumenten und deren Wirkung auf die zu prognostizierende Größe (Marktreaktion) mathematisch beschreibt,
- Schätzung der Parameterwerte der Funktion durch statistische Verfahren oder Expertenurteil,
- Errechnung der Prognosegröße auf Grundlage der geplanten Marketingmaßnahmen.

Einfache (monoinstrumentale) Modelle beschränken sich dabei auf die Untersuchung des Einflusses eines Marketinginstruments (z. B. als Preis-Absatz-Funktion), komplexe (multiinstrumentale) Modelle versuchen eine schrittweise Annäherung der zugrundegelegten Annahmen an die Realität durch Einbezug mehrerer Marketinginstrumente (also verschiedenartige eigene Aktivitäten). Solche komplexen Modelle kommen oft durch Kombination mehrerer unabhängiger Verfahren zustande. Als Forderungen gelten, daß grunsätzlich alle absatzpolitischen Instrumente als Wirkgrößen einbezogen werden können, die Funktion dynamisch formuliert ist, also für alle Größen Zeitreihen vorliegen, und die Funktion stochastisch ist, um unerklärte Restgrößen als zufällige Störvariable zu erfassen. Dem liegen zugrunde:

- linear-additive Modelle (ohne Wirkverbund der Parameter, daher eher unrealistisch),
- multiplikative Modelle (mit linearem oder nicht-linearem Wirkverbund, allerdings muß jedes Instrument einen Wert größer Null haben, da sonst das ganze Produkt Null ist),
- gemischt-verknüpfte Modelle (mit partiellem linear-additivem und multiplikativem Wirkverbund, allerdings sind Art und Umfang des Wirkverbunds real nicht zu identifizieren).

Zudem handelt es sich um statische Ansätze. In dynamischen Modellen erfolgt eine Berücksichtigung von Carry Over-Effekten als zeitlicher Wirkverzögerung des Instrumentaleinsatzes (Delayed Response Effect) oder dessen Nachwirkung auf zukünftige Perioden (Customer Hold over Effect). Die Länge und Stärke des Zeiteffekts wird durch Lag-Variable bestimmt. Auch hierbei ergibt sich das Problem der Schätzung dieser Parameter, die Gefahr der Multikollinearität und der Bestimmung relevanter Perioden. Außerdem können Konkurrenzaktivitäten in die Marktreaktionsfunktion aufgenommen werden. Oft wird dazu die Modell- und Methodenbank eines Marketing-Informations-Systems (MAIS) eingesetzt, in dem mathematisch-statistische Prognosetechniken implementiert sind. Der Ansatz von Koyck geht davon aus, daß die Struktur der Koeffizienten zeitlich verzögerter Instrumentalvariabler einer monoton fallenden, geometrischen Folge entspricht. Bei mehreren Marketinginstrumenten als unabhängigen Variable setzt die Koyck-Transformation voraus, daß alle demselben Gewichtungsschema folgen. Die Wirkungskoeffizienten müssen nicht monoton fallen.

Zu den mathematischen Verfahren gehören ökonometrische Modelle, die oft bei konjunkturellen Schwankungen angewandt werden, die lange Zeitreihen zur hinreichenden Analyse erfordern. Bekannt sind Input-Output-Modelle, die betriebliche und gesamtwirtschaftliche Verflechtungen beschreiben und analysieren. Sie bieten sich vor allem für die Vorhersage unternehmensbezogener Größen (z. B. Umsatz, Branchengröße) an.

Kennzeichnend für ökonometrische Ansätze sind Reaktionsfunktionen, die Beziehungen zwischen Reizen (= unabhängige Variable) und Reaktionen (= abhängige Variable) darstellen. D.h. es wird über eine Vielzahl von Regressionsgleichungen ein direkter Zusammenhang zwischen Stimulus und Response hergestellt. Bei den Reizen handelt es sich meist um Marketinginstrumente (z. B. Preissetzung, Werbeaufwand, Distributionsgrad, Produktqualität), bei den Reaktionen in diesem Fall um Käuferverhalten (also Kauf/Nichtkauf). Dies setzt existierendes Vorwissen über diese Beziehungen voraus. Da dieses aber nicht gegeben ist, handelt es sich tatsächlich um ein Trial & Error-Verfahren, in dem das Modell schrittweise (iterativ) über Tests den realen Gegebenheiten angenähert wird. Fraglich ist jedoch, welche Einflußfaktoren einbezogen werden und wie diese funktional verknüpft werden. Nicht explizit aufgenommene Einflußfaktoren und die Vielzahl nicht funktional bestimmbarer Beziehungen werden durch die Hinzufügung eines stochastischen Störglieds als Restgröße berücksichtigt. Vollstochastische Ansätze gehen davon aus, daß Kaufprozesse zufallsgesteuert sind. So wird die Reaktionswahrscheinlichkeit des Käufers auf Veränderungen in der Umwelt bestimmt, z. B. mit welcher Wahrscheinlichkeit unmittelbar beobachtbare Käuferreaktionen bei Veränderung nicht-kontrollierter Variabler erfolgen. Die Vorgänge im Organismus des Käufers, der Black Box, werden also durch einen stochastischen Prozeß repräsentiert (vgl. *Pepels, Werner:* Käuferverhalten und Marktforschung, Stuttgart 1995).

Marktrelationen

Betrachtet man die Relationen von Märkten untereinander, so lassen sich verschiedene Kriterien finden, nämlich die horizontalen Beziehungen zwischen Anbieter- und Nachfragerseite, die vertikalen Beziehungen zwischen Anbieter- und Nachfragerseite, die Stufigkeit, die Organisationsform und die Abgrenzung von Märkten.

Horizontale Beziehungen von Märkten drücken sich in der Marktform aus. Die Marktform teilt Märkte nach der Zahl der Teilnehmer auf der Angebots- und Nachfrageseite ein. Elementare Marktformen sind das Monopol, Oligopol und Polypol, Zwischenformen das Teilmonopol und Teiloligopol (= Marktmorphologie). Selbst Monopole sind heutzutage meist nur relative Monopole, d. h. sie stehen in Substitutionswettbewerb zu anderen Märkten. Das Polypol ist eher selten, da sich meist raum-zeitgebundene relative Alleinstellungen ergeben. Die praktisch häufigste Marktform ist daher das Oligopol oder Teilmonopol.

Vertikale Beziehungen zwischen Anbietern und Nachfragern kommen im Marktseitenverhältnis zum Ausdruck. Ist die Angebotsseite dominant, handelt es sich um einen Verkäufermarkt, ist die Nachfrageseite dominant, um einen Käufermarkt, d. h. die Anbieter müssen größere Anstrengungen unternehmen, zum Abschluß zu gelangen als die Nachfrager. Beim Käufermarkt bekommt also die Nachfrage- gegenüber der Angebotsseite ein Übergewicht im Transaktionsprozeß, lassen sich die Ziele der Nachfrager somit besser realisieren als die der Anbieter. Dies ist nur bei Angebotsüberschuß möglich. Letzteres ist typisch für die Überflußgesellschaft und moderne Konsumgütermärkte. Beim Verkäufermarkt ist es genau umgekehrt.

Die *Stufigkeit von Märkten* kommt in der Marktstruktur zum Ausdruck. Bei einstufigen Märkten gelangt Ware direkt vom Produzenten zu Konsumenten, es werden dabei keine rechtlich und wirtschaftlich selbständigen Mittler eingeschaltet. Bei mehrstufigen Märkten hingegen sind solche Absatzmittler vorhanden. Dabei handelt es sich um Großhändler, Produktionsverbindungshändler und Einzelhändler. Außerdem unterscheidet man neben Absatzmärkten auch Beschaffungs-, Finanz-, Personalmärkte etc.

Bei der *Organisation von Märkten* können gebundene und freie Märkte unterschieden werden. Gebundene (normierte) Märkte werden durch Marktveranstaltungen organisiert, wo das Treffen von Käufern und Verkäufern nach festen Regeln erfolgt. Freie (nicht-normierte) Märkte sind, außer den gesetzlichen Rahmenbedingungen, keinem Reglement unterworfen. Nach der Zutrittsmöglichkeit unterscheidet man geschlossene Märkte, etwa infolge natürlichen Monopols, Rechtsschutz, Gesetz oder unternehmerischem Handeln, beschränkte Märkte, wo die Teilnahme an die Erfüllung bestimmter Voraussetzungen gebunden ist, und offene Märkte, wo der Marktzutritt jedermann jederzeit offensteht.

Nun stellt sich noch die Frage der *Abgrenzung von Märkten*. Diese ist in der Tat recht schwierig. Kriterien können guts-, bedürfnis-, nachfrager-, raum-, zeit-, preisklassenbezogen etc. sein. Als objektives Abgrenzungsmerkmal dient die Kreuzpreiselastizität, d. h. das Ausmaß der Veränderung der Absatzmenge eines Guts bei Preisveränderung eines anderen. Das subjektive Kriterium ist die von (potentiellen) Käufern empfundene Substituierbarkeit von Produkten und/oder Anbietern.

Weitere Charakterisierungen sind durch folgende Merkmale möglich:

- Nach dem *Vollkommenheitsgrad* unterscheidet man vollkommene und unvollkommene Märkte. Vollkommene Märkte gibt es nur rein theoretisch. Unvollkommene Märkte erfüllen diese Anforderungen nicht. Temporär unvollkommene Märkte sind solche, die zwar die Homogenitätsbedingung erfüllen, nicht jedoch die Transparenzbedingung.
- Nach der *Legalität* unterscheidet man weiße (legale), graue (geduldete) und schwarze (verbotene) Märkte. Graue Märkte betreffen etwa Betriebs-, Belegschafts-, Behörden- und Beziehungshandel. Schwarze Märkte betreffen Märkte für Drogen, Schattenwirtschaft etc.
- Nach dem *Austauschprozeß* unterscheidet man persönliche und mediale Austauschanbahnung, -durchführung und -nachbereitung. Dabei ist eine Entwicklung weg von hohem persönlichen Anteil hin zu hohem medialen Anteil festzustellen, nicht zuletzt durch

Neue Medien-Technik und exzessive Personal-(neben-)kosten.

Marktsättigung

(→ Markterwartungen)

Marktschaffung

Marktschaffung ist eine Form der Definition der Absatzquelle. Sie erfolgt durch das Angebot völlig neuartiger Problemlösungen. Dies ist allerdings äußerst selten der Fall. Denn meist ersetzen neue Produkte lediglich alte. Zum Beispiel CD-Player, die Analogplattenspieler ablösen, Camcorder, die an die Stelle von Super 8-Kameras treten, Telefaxtechnik, die Telextechnik folgt usw. Viel seltener gelingt es, originär neue Märkte zu etablieren, die Angebotsmerkmale aufweisen, die es bis dato noch nicht gab, beispielsweise PC's, Videorecorder oder portionierte Joghurts. Nur in Hinblick auf derartige Produktkategorien liegt wirklich ein neuer Markt vor, der in der Lage ist, zusätzliche Kaufkraft hervorzubringen. Leider sind solche Quantensprünge recht selten, obgleich sie die ideale Absatzquelle darstellen.
(→ Absatzquellendefinition)

Marktsegmentierung, Bewertung

Marktsegmentierung beabsichtigt die bessere Bearbeitung seither nicht optimal genutzter Segmente eines bestehenden Gesamtmarktes. Als Voraussetzung für eine solche Umsetzung gilt, daß Segmente überhaupt feststellbar, außerdem zugänglich, zeitlich beständig und wirtschaftlich sinnvoll sind. Ziel ist die Bildung von Segmenten möglichst hoher interner Homogenität bei gleichzeitiger externer Heterogenität. Gemäß diesen Segmenten kann dann ein spezielles Eignungsprofil erstellt werden, das eine möglichst hohe Übereinstimmung mit dem Anforderungsprofil der Nachfrager dieses Segments hat. Daraus wiederum resultiert ein hoher Aufforderungsgradient und damit die Chance zur Abschöpfung der Konsumentenrente über höheren Preis. Meist deckt ein Anbieter nicht alle Segmente eines Marktes ab, sondern nur das/die vielversprechendste(n). Über differenzierte Produkte kann somit in benachbarte Segmente eingedrungen und dort Umsatz abgeschöpft werden.

Die differenzierte Marktbearbeitung ist typisch für das Marketing. Ihre wesentlichen Vorteile liegen in folgendem:

- Abweichende Käuferwünsche können durch hohe Entsprechung des Angebots mit dem Bedarf befriedigt werden, wodurch eine Fehljustierung durch nicht vollständige Entsprechung mit den Käuferwünschen vermieden wird.
- Diese Differenzierung begünstigt die Bildung akquisitorischen Potentials, wodurch wiederum der Freiraum für eine überdurchschnittliche Akzeptanz und Preissetzung am Markt entsteht.
- Die Marktstruktur kann durch die starke Angebotsstellung aktiv gesteuert werden, während anson-

sten nur die passive Anpassung an von anderen Anbietern gesetzte Markttrends bleibt.

- Der Preis als dominanter Aktionsparameter kann zunehmend durch die Leistung ersetzt werden. Diese ist dabei sowohl objektiv als vor allem subjektiv, d. h. im Sinne der individuellen Bedarfsbefriedigung, wirksam.

Nachteile aus einer differenzierten Marktbearbeitung betreffen vor allem folgendes:

- Etwaige Größendegressionsersparnisse in der Produktion können nur noch eingeschränkt genutzt werden, da die differenzierten Produkte meist fertigungsrelevante Abweichungen voneinander aufweisen.
- Der Marketing-Mix-Einsatz wird kompliziert und letztlich auch verteuert. Statt eines durchschnittsorientierten, vereinfachten Marketing-Mix ist die jeweilige Anpassung an Marktsegmente erforderlich. Dies erfordert zugleich großes Know how.
- Das Potential gegebener Märkte wird bei partieller Abdeckung nur teilweise ausgeschöpft. Dadurch besteht die Gefahr, daß Zusatzerlöse aus differenzierter Marktbearbeitung durch Auslassung ganzer Segmente überkompensiert werden.
- Nur bei exakter Justierung auf Marktspezifika sind Segmentierungsvorteile wirklich nutzbar. Dazu aber bedarf es der aufwendigen, kontinuierlichen Anpassung an sich wandelnde Segmente.

Marktsegmentierung, Kombinationen

Die Marktparzellierung (vgl. *Becker, Jochen:* Marketing-Konzeption, 5. Auflage, München 1993) geht von der Hypothese aus, daß der Markterfolg eines Angebots um so größer ist, je eher es den Erwartungen der Zielpersonen entspricht. Nun haben Zielpersonen sehr verschiedenartige Erwartungen. Von daher ist es sinnvoll, das Angebot gemäß dieser Varietät zu differenzieren. Dies kann auf zwei verschiedene Arten erfolgen, nämlich durch:

- objektive Differenzierung auf der Realebene, d. h. Produktveränderung, die sich in tatsächlichen physischen Ergebnissen ausdrückt,
- subjektive Differenzierung auf einer Metaebene, d. h. Auslobungsveränderung, wobei diese Ebene die ausschlaggebende im Marketing ist.

Beides kann gemeinsam wiederum in zwei Dimensionen erfolgen, und zwar:

- nach der Art der Marktbearbeitung undifferenziert, d. h. vorhandene Segmente werden einheitlich bearbeitet, oder differenziert, d. h. vorhandene oder gebildete Segmente werden verschiedenartig bearbeitet,
- nach der Art der Marktabdeckung total, d. h. Bearbeitung aller möglichen Segmente eines Gesamtmarktes, oder partiell, d. h. Bearbeitung nur einzelner Segmente des Gesamtmarktes.

Aus der Kombination dieser Dimensionen ergeben sich wiederum vier Merkmalsgruppen:

- Die *undifferenzierte Totalmarktbearbeitung* bedeutet die Abdekung eines Gesamtmarktes bzw. aller seiner vorhandenen Segmente mit einer einheitlichen Gesamtstrategie (z. B. *Nivea* als Universalcreme).
- Die *undifferenzierte Teilmarktbearbeitung* bedeutet die Abdekung mehrerer, jedoch nicht aller vorhandenen Segmente eines Gesamtmarktes mit einer einheitlichen Strategie. Dabei kann es sich um ein Produkt handeln, das in verschiedenen Marktsegmenten vom Hersteller einheitlich vermarktet wird (= Produktunifizierung, z. B. früher *Oil of Olaz*) oder um ein Marktsegment, das durch verschiedene Produkte eines Herstellers einheitlich abgedeckt wird (= Marktunifizierung, z. B. TV-Zeitschriften).
- Die *differenzierte Totalmarktbearbeitung* bedeutet die Abdekung aller vorhandenen oder gebildeten Segmente eines Gesamtmarktes mit jeweils verschiedenartigen Strategien (z. B. Programm des Volkswagen-Konzerns).
- Die *differenzierte Teilmarktbearbeitung* bedeutet die Abdeckung vorhandener oder gebildeter Segmente eines Gesamtmarkts mit verschiedenartigen Strategien. Dabei kann es sich um eine produktorientierte Spezialisierung in Form des Angebots eines Produkts auf verschiedenen Märkten mit unterschiedlicher Strategie handeln (z. B. früher *Jägermeister*). Oder um eine marktorientierte Spezialisierung, die in Form der Abdeckung eines Marktes durch verschiedene Produkte mit unterschiedlicher Strategie erfolgt (z. B. Pet-Food-Marken von *Effem*). Oder um eine selektive Produkt-Markt-Kombination, deren Bearbeitung in Form eines einzigen Segments, gebildet aus Produkt und Markt, erfolgt (z. B. *Kaffee Hag*). Schließlich sind auch mehrere Segmente als singuläre Produkt-Markt-Kombinationen unabhängig voneinander selektiv bearbeitbar (z. B. Fischer-Werke mit *Fischer-Box, -Technik, -Dübel*).

Marktsegmentierung, Kriterien

Bei den objektiv-natürlichen Kriterien handelt es sich um biologische, räumliche und soziale Kriterien, die im folgenden näher erläutert werden.

Nach dem *Geschlecht* wird z. B. bei den Lebensversicherungstarifen segmentiert, die für Frauen niedriger liegen, weil sie eine höhere Lebenserwartung haben. Umgekehrt ist es bei den Krankenversicherungen, dort liegen die Beiträge für Frauen höher, weil sie häufiger den Arzt konsultieren.

Nach dem *Alter* wird z. B. bei vielen öffentlichen Einrichtungen segmentiert. Dort gibt es sowohl Seniorentarife (z. B. bei Nahverkehrsmitteln) als auch Jugendtarife (z. B. im Schwimmbad). Dem liegen auch soziale Erwägungen zugrunde.

Nach dem *Familienstand* wird z. B. von den Sportvereinen segmentiert, wenn sie Ermäßigungen für Paare bei nicht sonderlich attraktiven Spielbegegnungen geben, um das Stadion zu füllen.

Nach der *Kinderzahl/Haushaltsgröße* wird z. B. in vielen Freizeiteinrichtungen segmentiert, wo es Familienvorzugspreise gibt, etwa in Vergnügungs- und Tierparks. Denn Kinder wirken hier oft als Initiatoren für den Besuch, zugleich aber auch als „Kostentreiber".

Nach dem *intranationalen Wirtschaftsgebiet* wird z. B. bei der Kfz-Haftpflichtversicherung segmentiert. Hier liegen die Tarife in den Ballungszentren höher als außerhalb, weil dort die Unfallneigung aufgrund der höheren Verkehrsdichte weitaus größer ist.

Nach dem *supranationalen Wirtschaftsraum* wird z. B. beim Dumping der Exporteure segmentiert. Darunter versteht man den Verkauf von Waren auf Auslandsmärkten unterhalb des Preises auf dem Heimatmarkt.

Nach der *Wohnortgröße* wird z. B. von den Energieversorgungsunternehmen segmentiert. Hier liegen die Tarife in ländlichen Gebieten unter denen der Großstädte, weil dort die Kaufkraft geringer ist.

Nach der *Ausbildung* wird z. B. bei der Anschaffung ausbildungsnaher Gegenstände segmentiert. Zu denken ist an Vorzugspreise bei Computerkauf oder Zeitschriftenabonnement.

Nach dem *Einkommen* wird z. B. bei gebundenen Mieten segmentiert. Dort gibt es Ermäßigungen für Bezieher niedrigerer Einkommen, die durch den Staat subventioniert werden.

Nach dem *Beruf* wird z. B. bei Beamten segmentiert. Diese profitieren von günstigeren Tarifen bei der Kfz-Haftpflichtversicherung, weil sie mutmaßlich vorsichtiger fahren und dadurch weniger Unfälle verursachen.

Subjektiv-natürliche Kriterien wirken als weitere Einschränkung der objektiven Kriterien. Dabei handelt es sich um die im folgenden genannten.

Das *Preisverhalten* zur Segmentierung bezieht sich z. B. auf die Bevorzugung bestimmter Preisklassen beim Kauf. Oder auf den Kauf von Sonderangeboten nach Preis-Leistungs-Verhältnis.

Die *Mediennutzung* zur Segmentierung bezieht sich z. B. auf die Art und Anzahl der genutzten Medien sowie auf die Intensität deren Nutzung. So segmentieren Werbekampagnen Märkte. Besser informierte Personen nutzen mehr und häufiger die Medien.

Die *Einkaufsstättenwahl* zur Segmentierung bezieht sich z. B. auf die Präferenz für bestimmte Betriebstypen des Handels oder einzelne Geschäftsstätten. So erhöht die Präsenz in hochwertigen Fachgeschäften die Preisbereitschaft der Käufer durch ein erlebnisbezogenes Umfeld.

Der *Einkaufszeitpunkt* zur Segmentierung bezieht sich z. B. auf Saisonschlußverkäufe als bevorzugte Einkaufszeitpunkte für Modeartikel. Zu denken ist auch an die Wahl der Vorsaison für Urlaubsreisen wegen der niedrigeren Tarife.

Die *Produktwahl* zur Segmentierung bezieht sich z. B. auf den Kauf bzw. Nichtkauf von Produkten. So werden Cabrios von einer bestimmten Käufergruppe bevorzugt, Jeeps von einer anderen, Großraumlimousinen von einer dritten.

Das *Produktvolumen* zur Segmentierung bezieht sich z. B. auf das Kauf- und Verbrauchsvolumen von Produkten. So werden Großpackungen vorwiegend von größeren Familien gekauft, Kleinpackungen eher von Singles.

Die *Verwendungsart* zur Segmentierung bezieht sich z. B. auf den Preisunterschied für Strom zwischen Licht-(Haushalts-) und Kraft-(Industrie-)strom. Oder zwischen Dieselkraftstoff und Heizöl, zwischen Streu-, Speise- und Viehsalz.

Der *Besitz* zur Segmentierung bezieht sich z. B. auf Merkmale wie Immobilien, Automobile, Gärten, Haustiere etc. Daraus folgen dann jeweils spezifische Bedarfe ab.

Die Segmentierung bedient sich mit der Produktdifferenzierung, der Preisdifferenzierung, der Vertriebsdifferenzierung und der Werbedifferenzierung aller vier Marketing-Instrumente. Voraussetzung sind dabei immer mindestens zwei physische Produkte. Aus der Kombination dieser Kriterien ergibt sich die angebotsseitige Segmentierung. Je mehr nun Nachfragerwunsch und Angebotsrealität übereinstimmen, desto höher ist die Kaufwahrscheinlichkeit (der sog. Aufforderungsgradient). Dabei helfen die „Anordnung" der Nachfrager zu relativ homogenen Nachfragergruppen nach den beschriebenen Kriterien und die Angebotsdifferenzierung nach den vier Marketing-Mix-Instrumenten zur Schaffung einer Angebotsrealität, die möglichst genau mit den mutmaßlichen Nachfragerwünschen übereinstimmt.

Marktsegmentierung, Voraussetzungen

Zu den Voraussetzungen der Marktsegmentierung gehören folgende:

- Vorliegen von Abweichungen physikalisch-chemischer, funktional-reaktiver, ästhetischer, symbolischer oder servicegebundener Art im Produkt, die objektiv gegeben sind oder subjektiv empfunden werden können.
- Ein Gesamtmarkt mit mindestens zwei Teilmärkten ohne Arbitrage, d. h. bei interner Homogenität der Segmente und gleichzeitiger externer Heterogenität.
- Ökonomische Vorteilhaftigkeit der Differenzierung, d. h. die zusätzlichen Erlöse aus der Marktaufspaltung müssen größer sein als die dazu erforderlichen zusätzlichen Aufwendungen.
- Keine diskriminierende Wirkung der Differenzierung (also nicht dem Gerechtigkeitsempfinden widersprechend, da ansonsten die Wettbewerbsgesetzgebung korrigierend eingreift).

Marktsegmentierung, Ziel

- Die Marktspaltung muß durchsetzbar sein, bewirkt durch unterschiedliche Reaktionen der Nachfrager und eigene Marktmacht zu deren Kapitalisierung.
- Reaktionsunterschiede zwischen Segmenten müssen meßbar sein, damit eine zielgerichtete, getrennte Bearbeitung überhaupt möglich wird.
- Vorgabe einer hohen Trennschärfe des gewählten Segmentierungskriteriums, damit einerseits keine Streulücken entstehen (Umsatzverlust) und andererseits keine Überlappungen (Kannibalisierung).
- Tatsächliche Erreichbarkeit der einzelnen Segmente, denn deren Zugänglichkeit ist Voraussetzung für ihre Ausschöpfung.
- Hinreichende Stabilität der Segmente, da ansonsten keine operationale Bearbeitung möglich wird.

Es sind zwei Arten von Segmentierungskriterien zu unterscheiden:

- Nachfragerdeterminierte Kriterien führen zu gegebenen Segmenten,
- Anbieterdeterminierte Kriterien führen erst eine Segmentierung herbei.

Marktsegmentierung, Ziel

Pragmatische Zwecke der Marktsegmentierung betreffen folgende.

Die Marktidentifizierung erfolgt durch Abgrenzung relevanter und Auffinden vernachlässigter Teilmärkte, damit wird vermieden, Angebotsanstrengungen dort zu unternehmen, wo wenig Potential ist, stattdessen wird dort angesetzt, wo die größte Hebelwirkung vermutet werden kann.

Eine bessere Bedürfnisbefriedigung entsteht, denn Konsumenten können differenzierte Bedürfnisse nur dann befriedigen, wenn es differenzierte Angebote gibt, die ihren Erwartungen entsprechen,

Die Erzielung von Wettbewerbsvorteilen wird erreicht, dies gilt zumindest in dem jeweils bearbeiteten Marktsegment, fraglich ist allerdings, ob die von Konkurrenten bearbeiteten Segmente bessere Erfolgsvoraussetzungen bieten,

Es kommt zur Vermeidung von Kannibalisierungseffekten im Programm, da die Angebote von Mehrproduktunternehmen, die die Regel darstellen, durch Segmentierung „gespreizt" werden und sich nicht gegenseitig negativ tangieren,

Die Positionierung von Konkurrenzangeboten kann beurteilt werden, denn das Vorhaben der Segmentierung zwingt zur Auseinandersetzung mit den Positionierungen vergleichbarer anderer Angebote mit der Entscheidung, diesen auszuweichen oder ihnen zu begegnen,

Daraus folgt die richtige Positionierung eigener Angebote, wobei im Zuge der Segmentierungsüberlegungen die Einschätzung der eigenen Position in Relation zur Nachfrage und zum Wettbewerb geprüft und ggfls. revidiert werden kann.

Es entsteht eine Präzisierung von Zielgruppen, denn Segmentierung bedeutet nichts anderes als die Anspitzung des Angebots auf die mutmaßlichen oder effektiven Bedarfe von Teilen der Zielgruppenpopulation,

Die Prognose von Marktentwicklungen wird möglich, denn jede Segmentbestimmung erfordert eine Schätzung des aktuellen und des zukünftigen Potentials an Kaufkraft allgemein und an eigen okkupierbarer Kaufkraft speziell,

Die Ableitung von Marktreaktionsfunktionen zeigt auf, worin sich unterschiedliche Marktsegmente unterscheiden und macht damit auf diese Besonderheiten ausgerichtete Aktivitäten möglich.

Ein gezielter Marketing-Mix-Einsatz ist darstellbar, denn je feinteiliger ein Gesamtmarkt in homogene Segmente unterteilt werden kann, desto besser können die Marketing-Instrumente auf die individuellen Bedarfe ihnen zugehörigen Nachfrager abgestimmt werden,

Die optimale Allokation des Marketingbudgets ist darstellbar, denn da es meist unmöglich ist, den gesamten Markt gleichermaßen mit Maßnahmen abzudecken, macht es Sinn, sich bei limitierten Finanzmitteln auf die chancenreichsten Segmente zu konzentrieren.

Es folgt die Erhöhung der Zielerreichungsgrade, wobei der Erfolg durch die Tatsache der Segmentierung um mindestens so viel mehr gesteigert werden soll, daß die zusätzlichen, dadurch verursachten Aufwendungen überkompensiert werden.

Die Marktsegmentierung hat dann ein Optimum erreicht, wenn die Nachfrageelastizität der Marketinginstrumente für jedes Segment gleich groß ist.

Marktstimulierung

(→ Präferenz-Position, Preis-Mengen-Position)

Markttests

Hinsichtlich der Testanlage können verschiedene Arten von Markttests unterschieden werden. Anforderungen sind dabei generell Realitätsnähe, Geheimhaltung, Zeitlimitierung, Kosteneffizienz und Verläßlichkeit. Der Markttest soll Prognosen über die Wirkung ausgewählter Marketing-Instrumente oder ganzer Marketing-Konzeptionen ermöglichen.

Testmärkte werden teils als regionale Anwendungsgebiete, teils als großflächige Anwendungen von Marktests verstanden. Es handelt sich also um umfassende Feldexperimente, bei denen Produkte bzw. Marketing-Mix-Konzepte, vor allem für Neueinführungen, auf einem realen Teilmarkt probeweise angeboten werden, um Aufschlüsse über die Zweckmäßigkeit einer endgültlichen Markteinführung bzw. Marketing-Mix-Modifikation zu erhalten. Dabei sind Vergleiche mit einem Kontrollmarkt sinnvoll. Wichtige Teilziele sind die Ermittlung der Produktakzeptanz und des Absatzpotentials für ein Neuprodukt, die Durchsetzbarkeit bestimmter Preise, die Ermittlung der Werbewirksamkeit und der Wirkung bestimmter

Werbemittel bzw. Verkaufsförderungsaktivitäten sowie die Sammlung von Daten, die den späteren Reinverkauf im Absatzkanal unterstützen. Der Form nach kann zwischen dem traditionellen regionalen Testmarkt und modernen Testmarktersatzverfahren (Testmarktsimulation, Storetest bzw. Minimarkttest, elektronischer Mikromarkttest) unterschieden werden.

Markttransparenz

(→ *Marketing, Ethik)*

Marktumfeld

(→ *Angebotsumfeld, Analyse)*

Marktveranstaltungen

Marktveranstaltungen stellen die bewußte Zusammenführung von Angebot und Nachfrage zum Zwecke von Repräsentation oder Abschluß dar. Sie dienen primär der Gewinnung von Informationen über die Marktlage, der Herstellung und Pflege von Kontakten zu Abnehmern und Lieferanten sowie der Anbahnung und Einholung von Aufträgen.
(→ *Abschlußmärkte, Repräsentationsmärkte*)

Marktverhalten

Marktverhalten meint die Festlegung des Agierens eines Unternehmens auf dem Markt. Dabei ergeben sich immer zwei Alternativen. In bezug auf die gleiche Marktseite (= Mitbewerb) gibt es Begegnung, d. h. vollständige oder überwiegende Übernahme des Marketing-Mix eines nachzueifernden Anbieters (passiv), oder Absetzung, d. h. bewußte Eigenständigkeit des Marketing-Mix im Verhältnis zu allen vergleichbaren Anbietern am Markt (aktiv). In bezug auf die andere Marktseite (= Endnachfrage) gibt es Aktivität als Marktgestaltung, d. h. initiative Einwirkung auf die Marktsituation im Sinne der Veränderung zu eigenen Gunsten, oder Passivität als Marktanpassung, d. h. adaptive Reaktion auf eine gegebene Marktsituation, um diese für sich zu nutzen.

Aus den Alternativen des Marktverhaltens ergeben sich also insgesamt vier Kombinationen. Bei der *aktiven Absetzung* ist eine Abgrenzung in bezug auf die gleiche Marktseite und Aktivität in bezug auf die andere Marktseite gegeben. Als Beispiel kann dazu *Apple* herangezogen werden. Dieser Computerhersteller hat erstmals PC-Leistung für Anwender wirklich nutzbar gemacht, durch einfache Bedienung, klare Bildschirmdarstellung, effektive Arbeitshilfen etc. Gleichzeitig ist diese Leistung auch als Philosophie geschickt vermarktet worden und hat weltweit begeisterte Anhänger gefunden. Erst in neuerer Zeit ist in der DOS-Welt mit der Bildschirmoberfläche *Windows 95* eine Alternative erhältlich.

Bei der *aktiven Begegnung* ist eine Begegnung in bezug auf die gleiche Marktseite und Aktivität in bezug auf die andere Marktseite gegeben. Als Beispiel dazu kann *PepsiCo* gelten. Dieser Softdrink-Hersteller

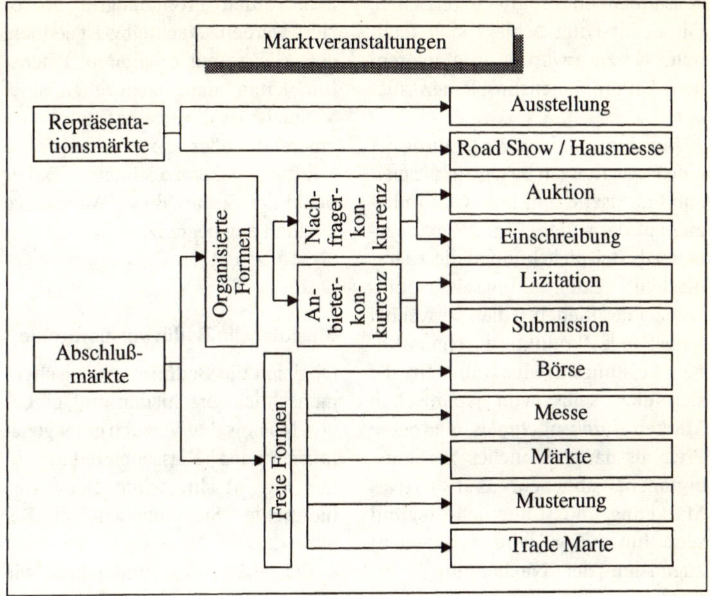

Marktveranstaltungen

ist jahrzehntelang im Windschatten des überragenden Marktführers *Coke* gesegelt und hat ein im Grunde verwechslungsfähiges Angebot gemacht, das aufgrund des nun aktiven Marketingeinsatzes hohe Verbreitung findet und zum Marktführer immer mehr aufschließt. Zwar wurde der Marktführer kurzzeitig so verunsichert, daß er sogar die bewährte Rezeptur von Coke änderte (zwischenzeitlich als Coke Classic erhältlich). Aber die erlebte Differenz zwischen beiden Angeboten war letztlich nicht groß genug, den Marktführer auf Dauer zu überwinden.

Bei der *passiven Absetzung* ist eine Absetzung in bezug auf die gleiche Marktseite und Passivität in bezug auf die andere Marktseite gegeben. Als Beispiel dafür kann *Porsche* gelten. Dieser Sportwagenhersteller baut Legenden auf Rädern, vor allem in Form des 911. Obgleich unstreitig ist, daß dessen technisches Konzept hinter dem aktuell Machbaren deutlich zurückbleibt, ist er dennoch ein Klassiker, nach dem die Kunden Schlange stehen. Auch die hohen Gebrauchtwagenpreise sind ein Indiz für seine unverminderte Attraktivität und Alleinstellung. Die anderen Typen des Hauses konnten diese Position nicht entfernt nachvollziehen. Diese Passivität schlägt sich letztlich, wie zu erwarten, in gravierenden Unternehmensproblemen nieder.

Bei der *passiven Begegnung* ist eine Begegnung in bezug auf die gleiche Marktseite und Passivität in bezug auf die andere Marktseite gegeben. Als Beispiele können die koeranischen Unterhaltungselektronik-Hersteller dienen, die verwechslungsfähige Produkte durchaus hohen Leistungsniveaus anbieten, die sich aber selbst von japanischen Marken durch nochmals niedrigere Preis als hauptsächliches Verkaufsargument abheben. Auf aktives Marketing und sonderliche technische Innovation wird konsequent zugunsten der Nachahmung verzichtet.

(→ *Strategien im Marketing)*

Marktvolumen

(→ *Markterwartungen)*

Marktwachstum

Marktwachstum ist eine Form der Definition der Absatzquelle. Dabei wird auf kompetitive Aktivitäten gegenüber dem direkten Mitbewerb verzichtet und stattdessen darauf gesetzt, am Zuwachs des Marktes mindestens proportional, möglichst aber überproportional zu partizipieren. Dies wird durch generische Werbung erreicht, die den Gattungsnutzen aufzeigt und so für allgemeine Potentialsteigerung sorgt. Damit müssen oft marktmächtige Mitbewerber nicht durch Frontalangriff provoziert werden. Nachteilig ist jedoch, daß Märkte mit originärem Wachstum kaum mehr anzutreffen sind. Vielmehr ist die Realität durch stagnierende oder gar schrumpfende Märkte gekennzeichnet. Daher bleibt der Einsatz dieser Alternative letztlich eng begrenzt.

(→ *Absatzquellendefinition)*

Maslow'sche Bedürfnishierarchie

Obgleich die Bedürfnisse zwischenmenschlich verschieden sind, gibt es von Maslow den Versuch einer generalisierenden Klasseneinteilung in der sog. Maslow'schen Bedürfnishierarchie. Sie unterscheidet Bedarfe der:

- Existenz, also Grundbedarfe wie Nahrung, Kleidung, Wohnung, Schlaf, Fortpflanzung, Witterungsschutz etc.,
- Sicherheit, also Konsolidierungsbedarfe wie Beschäftigung, Einkommen, Kranken- und Altersvorsorge, Gefahrenschutz, wirtschaftliche Absicherung, beherrschbare und geordnete Lebensumstände etc.,
- Zugehörigkeit, also Sozialbedarfe wie Liebe, Freundschaft, Gruppenkontakt, Teamgeist etc.,
- Geltung, also Egobedarfe wie Selbstvertrauen, gesellschaftliches Ansehen, Anerkennung, Beachtung, Kompetenz, Unabhängigkeit etc.,
- Selbstverwirklichung, also Kreativbedarfe wie Selbsterfüllung, Hobbys, schöpferische Tätigkeit,

Nutzung und Entwicklung der eigenen Anlagen, anspruchsvolle Aufgaben, Bestleistung etc.

Maslow behauptet nun, daß diese Bedürfnisse streng hierarchisch aufgebaut sind, d. h. die jeweils nächste Stufe erst relevant wird, wenn alle vorherigen Stufen zufriedenstellend abgedeckt sind. Allerdings gibt es keine Ausschließlichkeit, sondern es liegen immer mehrere Motive zugrunde, die fließend ineinander übergehen. Es werden aber jeweils nur die unbefriedigten Bedürfnisse verhaltensrelevant. So ist eine Ansprache als um so motivierender anzusehen, je höher sie innerhalb der Motivhierarchie angesiedelt ist. Die Basisbedürfnisse der Physiologie und Sicherheit gelten in entwickelten Gesellschaften, als von Ausnahmen einmal abgesehen, durchgängig abgedeckt. Eine Ansprache im Markt ist daher meist erst auf den Folgestufen sinnvoll. So werden Personen angesprochen, deren Bedürfnis nach Zugehörigkeit nicht gedeckt ist (z. B. bei Mundgeruch, der durch den Gebrauch einer bestimmten Zahncreme vermieden werden kann) oder deren Geltungsbedürfnis nicht gedeckt ist (z. B. durch einen Küchenreiniger, der nicht nur Schmutz entfernt, sondern auch die Anerkennung der Hausfrau in der Familie verbessert). In letzter Konsequenz geht es um die Selbstverwirklichung, z. B. bei hedonistischen Produkten wie Automobil, Credit Card, HiFi/Video.

Damit bieten sich gute Ansatzpunkte für die Umsetzung im Marketing, obgleich das Modell hochumstritten ist, weil es auf einem streng humanistischen Konzept basiert, unter mangelnder Operationalität leidet und durch Gegenbeispiele (so treiben Künstler oft unter Verzicht auf Grundbedarfsdeckung Selbstverwirklichung/der arme Poet) zur Genüge widerlegt wird. Zudem wird die individuelle Komplexität und Instabilität menschlichen Verhaltens letztlich von nicht fest verankerten Motiven gesteuert, ist formbar und entwicklungsfähig. Auch gibt es keine natürliche Rangordnung einzelner Motive zu einem bestimmten Zeitpunkt. Zumal Motive nicht nur personen-, sondern zumindest auch situationsbedingt sind. Die verwendeten Konzepte sind mehrdeutig und nur mangelhaft abgrenzbar. Sie besitzen nur eine sehr geringe Operationalität, weil zuverlässige Meßkriterien fehlen. Die zugrundegelegten Annahmen sind trivial. Es ist nur eine geringe Eignung zur gültigen Verhaltensvorhersage von Individuen gegeben, da Motive oft nicht erkennbar sind. Es besteht eine hohe Kulturgebundenheit in der Rangfolge der Bedürfnisse, so sind hedonistische Motive nur in Überflußgesellschaften spürbar. Der Ansatz leidet unter mangelnder inhaltlicher Logik. Auch die theoretische Einordnung ist ungeklärt, da der Ansatz eigentlich aus der Selbstkonzeptforschung stammt.

Alfelder hat die fünf Bedürfnisse nach Maslow in drei Klassen (ERG) stärker zusammengefaßt. Existence Needs (E) sind physiologische Bedürfnisse und der physisch materielle Teil der Sicherheitsbedürfnisse, Relatedness Needs (R) sind soziale Bedürfnisse und der interpersonelle Teil der Sicherheitsbedürfnisse, und Growth Needs (G) sind Wertschätzung, Selbstverwirklichung und Wachstum. Daraus leiten sich dann vier Prinzipien ab. Die Frustationshypothese besagt, daß unbefriedigte Bedürfnisse dominant sind, die Befriedigungs-Regressionshypothese besagt, daß mit der Befriedigung das nächstwichtigere Bedürfnis dominant wird, die Frustations-Regressionshypothese besagt, daß mit der Nichtbefriedigung das nächstgeringere Bedürfnis dominant wird, und die Frustations-Progressionshypothese besagt, daß die Nichtbefriedigung das nächstwichtigere Bedürfnis dominant werden läßt.

Massenkommunikation

(→ *Kommunikation, Arten)*

Maßstabsfragen

(→ *Fragefunktionen)*

Matching

(→ *Experiment, Inhalte)*

Matrixorganisation

(→ *Kreuzlinienorganisation)*

Maus

(→ *Desk Top Publishing, Eingabegeräte)*

»Mausefalle« im Marketing

(→ *Marktfluktuation)*

Maximax-Kriterium

(→ *Marketing, Risikovorsorge)*

Maximin-Kriterium

(→ *Marketing, Risikovorsorge)*

Media-Analyse (MA)

(→ *Markt-Media-Analysen)*

Mediaeinsatz, Ausstattung

Regelmäßig ist die Medienausstattung durch die Art der kreativen Umsetzung vorgegeben. Parameter sind: im Printbereich

- Formate,
- Farbigkeit,

im Elektronikbereich

- Längen,
- Sonderformen.

Bei Anzeigen gibt es hinsichtlich der Formate:

- Ganzseitenformat (1/1 S., angeschnitten oder im Satzspiegel),
- seitenteiliges Format (normalerweise bis zu 1/64 S.),
- seitenüberschreitendes Format (2 /1 S. oder Anzeigenstrecken).

Hinsichtlich der Farbigkeit werden angeboten:

- schwarz-weiß (s/w),
- vierfarbig (4-c., entsprechend der Druckfarben für Buntdruck),
- s/w mit Zusatzfarben (evtl. auch Sonderfarben).

Bei Plakaten, die regelmäßig vierfarbig sind, beziehen sich die Formate auf Bogen (1/1 Bogen = DIN A 1 = 59 x 84 cm). Gängige Formate sind ein Vielfaches davon (18/1-, 40/1-, 6/1-Bogen). Die Leistung von Plakaten ist im Intramediavergleich schwer quantifizierbar, kann jedoch innerhalb des Mediums durch Leistungsangaben objektiviert werden.

Spots werden in Fernsehen und Hörfunk nach Länge in Sekunden bemessen und berechnet. Gängige Längen in sind 7, 15, 20, 30, 60 Sekunden. Bei Kinos wird die Länge nach Filmmetern bemessen und berechnet. Dabei entspricht 1 Meter ca. 2,2 Sek. Laufzeit. Die Leistung von Kinos ist ebenfalls im Intramediavergleich nur schwer quantifizierbar, kann jedoch innerhalb des Mediums durch Leistungsangaben objektiviert werden. Daneben gibt es zahlreiche Sonderformen der Medienausstattung. Sie beziehen sich auf eine andere Gestaltung und/oder Placierung als gängige Spots. Diese Sonderformen gewinnen immer mehr an Gewicht, weil die üblichen Werbeblöcke von Nutzern zunehmend als lästig empfunden und, wenn möglich, gemieden werden. Diese Sonderformen sind weder im Intramediavergleich quantifizierbar noch innerhalb des Mediums objektivierbar.

Mediaeinsatz, Mix

Die Verwendung des Budgets teilt sich auf die beiden großen Bereiche auf:

- *Klassische Werbemittel* (i.S.v. Werbemittelgattung/Medium),
- *Nicht-klassische Werbemittel* (i.S.v. Werbemittelgattung/Medium).

Dieser Unterscheidung liegt einerseits ihre historische Entwicklung zugrunde, andererseits ihre Preisberechnung. Bei den Klassischen Werbemitteln handelt es sich um die zuerst entstandenen. Erst als diese allein als nicht mehr ausreichend angesehen wurden, optimale werbliche Wirkungen zu erreichen, kamen später die Nicht-klassischen Werbemittel hinzu.

Außerdem liegt dieser Unterscheidung zugrunde, daß die Klassischen Werbemittel über fix kalkulierte Preislisten verfügen, anhand derer für eine Vielzahl von Fällen standardisiert abgerechnet wird, während für Nicht-klassische Werbemittel keine festen Preislisten existieren, sondern im Einzelfall individuell abgerechnet wird. Ebenso sind in diesen Tarifpreisen bereits 15% AE (für Annoncen-Expedition)-Provision eingerechnet, die der Werbedurchführende dem Werbungsmittler für die Mittlung des Auftrags abtritt, während bei Einzelfallabrechnung diese Mittlerprovision noch zusätzlich aufgeschlagen wird (17,65% Service Fee, entspricht 15% AE-Provision auf Hundert gerechnet).

Das zur Verfügung stehende Budget ist nun zunächst dahingehend aufzuteilen, welcher Anteil für Klassische und welcher für Nicht-klassische Werbemittel eingesetzt werden soll. Gelegentlich sind diese Bereiche zwar noch getrennt budgetiert, zunehmend löst jedoch die Problemorientierung die Medienorientierung bei Werbungtreibenden ab. Vielmehr wird ein Problem definiert (z. B. Neueinführung, Relaunch, Line Extension) und insgesamt mit Geldmitteln dotiert. Für welche Bereiche diese Geldmittel dann eingesetzt werden, sollte sich an der komparativen Leistungsfähigkeit der einzelnen Medien bemessen und nicht an abstrakt vorgegebenen Budgetgrenzen.

Praktisch keine Kampagne kann mehr allein auf Klassischen oder Nicht-klassischen Werbemitteln basieren, sondern erfordert einen Mix der Kommunikations-Instrumente. Dabei geht es nur um eine grobe Zuweisung der Geldmittel zu diesen beiden Bereichen. Die Feinsteuerung erfolgt erst bei der Realisation. Trotz des starken Trends zu Nicht-klassischen Werbemitteln muß betont werden, daß der Aufbau und die Erhaltung von Markenartikeln als wesentliche Voraussetzung für Marketing tatsächlich nur durch den Einsatz Klassischer Werbemittel möglich ist.

Für alle Medien, Klassische wie Nicht-klassische, sind sodann die Werbezeit und der Werberaum zu bestimmen. Diese ergeben sich meist logisch aus der Aufgabenstellung heraus. Die gesamte Mediaplanung steht unter dieser Zeit-Raum-Restriktion.

Innerhalb der Klassischen Medien stellen sich die Alternativen von:

- Anzeigen,
- Spots,
- Plakaten.

Für jedes dieser Medien ergeben sich spezifische Stärken und Schwächen, die im Leistungsprofil herausgearbeitet werden. Ihre individuelle Eignung ergibt sich, indem diese mit dem sich aus den Werbezielen ergebenden Anforderungsprofil verglichen werden. Die Rangfolge der Medien leitet sich aus dem Grad der Übereinstimmung aus Leistungs- und Anforderungsprofil ab.

Die Budgetzuweisung beinhaltet normalerweise sowohl Streu- als auch Vorkosten. Streukosten sind die Geldmittel, die an die Werbedurchführenden zur Schaltung von Anzeigen, Spots und Plakaten gezahlt werden (und ggfls. AE-Provision enthalten). Vorkosten sind die Geldmittel, die zur Produktion der Werbemittelvorlagen, die geschaltet werden, erforderlich sind. In der Mediaplanung werden nur die Streukosten betrachtet.

An dieser Stelle ist nun zu entscheiden, ob nur eine Mediagattung eingesetzt werden soll oder eine Kombination aus zwei oder drei Mediagattungen. Dabei ist zu berücksichtigen, daß für die Einschaltung gewisse Media-Leistungswerte mindestens erreicht werden sollen. Dies setzt wiederum eine gewisse Breite, Häufigkeit und Ausstattung des Medieneinsatzes voraus. Wegen der dabei hinzunehmenden hohen Kosten sind nur große Streubudgets in der Lage, mehr als eine Mediagattung zu finanzieren. Man geht in der Praxis von 6 Mio. Mark/p.a. als Untergrenze dafür aus.

(→ Außenwerbung, Fernsehspots, Hörfunkspots, Kinospots, Sonstige Printwerbung, Zeitschriftenanzeige, Zeitungsanzeige)

Mediaeinsatz, Profile

Im folgenden sind die Charakteristika der verschiedenen Medien zum

Vergleich aufgeführt. Dazu sind Merkmale von Bedeutung wie.

Funktion für die Nutzer:

- Zeitschrift: Unterhaltung, allgemein interessierende und thematisch fest gebundene Informationen, Meinungsbildung in globalen Themenbereichen, hoher persönlicher und sozial verwertbarer Nutzen durch Lebenshilfe, Hintergrundinformationen, Aktualität,
- Zeitung: Aktuelle Informationen, Neuigkeiten, auch Berichte aus der Region oder dem lokalen Umfeld,
- Fernsehen: Unterhaltung und allgemeine, teilweise aktuelle Informationen,
- Kino: Unterhaltung, Faszination, Vermittlung von Emotionen,
- Rundfunk: Musik, Unterhaltung, aktuelle Information, evtl. Magazin/Bildungsangebot,
- Plakat: Außenwerbung, Kurzinformation.

Nutzungssituation:

- Zeitschrift: Häusliche Atmosphäre, Verkehrsmittel, Lesezirkel, meist gezielte Konzentration, Vorfreude, oft vertiefte, intensive, wiederholte Nutzung, teilweise Sammeleffekt, ungestörtes Leseverhalten,
- Zeitung: Unterschiedlich im Tagesablauf, zu Hause, im Verkehrsmittel, am Arbeitsplatz, vor dem Einkauf, am Feierabend etc., frei wählbar, bewußte Informationsaufnahme,
- Fernsehen: In familiärer Atmosphäre, Nebenherbeschäftigung, teils begleitendes Medium,
- Kino: Im Filmtheater, meist spät nachmittags/abends, meist in Begleitung (Partner/Clique), zeitliche Streuung, wenngleich Tageszeit-/Wochentagsschwerpunkte,
- Rundfunk: Häusliche Freizeit- oder Arbeitsplatzatmosphäre, Autoradio, den ganzen Tag über, zeitlich nicht fixiert, selten bewußt,
- Plakat: Auf der Straße, im Vorübergehen/-fahren, flüchtiger Eindruck, unterschwellig, peripher, zufällig.

Funktion als Werbeträger:

- Zeitschrift: Auf- und Ausbau, Festigung von Bekanntheitsgrad und Image, durch Detailinformationen gezielte Ansprache der Leser als Meinungsbildner innerhalb einer kommunikativ wichtigen Gruppe möglich, Nutzung der Kompetenz der Zeitschrift für ihre Leser, Placierungsmöglichkeit, Sympathiegewinn,
- Zeitung: Nutzung des aktuellen Umfelds durch aktuelle Produktangebote/-informationen, Reaktualisierung von Produkt-/Markennamen, regionaler und lokaler Bezug für Aktionen, glaubwürdig,
- Fernsehen: Durch multisensorische Ansprache ideale Möglichkeit für Darstellung von Marke und Produkteinsatz, Identifikationsfähigkeit, Impact, emotional aufbereitbar (Dramatisierung),
- Kino: Durch multisensorische Ansprache ideale Möglichkeit, Werbung in entspannter, emotional positiver Atmosphäre aufzunehmen, starker Impact durch kontrollierte, reduzierte Umfeld-

bedingungen, hohe Konzentration, Konkurrenz durch Hauptfilm,

- Rundfunk: Nutzung der positiven Grundstimmung durch Mix aus Unterhaltung und Information, spontane Appellierung, Unterstützung von Bekanntheit und Vertrautheit, allerdings Konkurrenz zu redaktionellem Programm, eher kein Basismedium, hohe Vergessensgefahr für gesprochenes Wort,
- Plakat: Aufbau und Festigung von Bekanntheit, Kurzinformation über das Produkt, Verstärkung und Steuerung vorhandener Kaufbereitschaft in Richtung einer Marke, „Bigger than life".

Darstellungsmöglichkeit:

- Zeitschrift: Statische Darstellung von Bild und Text, Farbe in hoher Druckqualität, direkter Redaktionseinfluß möglich, thematisch orientiertes, positiv erlebtes Umfeld, für vertiefende, bildorientierte, komplexe Botschaften,
- Zeitung: Statische Darstellung von Bild und Text, vorwiegend schwarz-weiß, evtl. Zusatzfarbe, nur begrenzte Druckqualität, daher eher für aktuelle Angebote und Intensivkampagnen (Aktionen),
- Fernsehen: Bewegtes Bild und Ton, multisensorische Ansprache, Notwendigkeit, wichtige Informationen in kurzer Zeit vorzustellen, für audio-visuelle Minibotschaften, Anwendungsdemonstration, wenig erklärungsbedürftige Thematiken, Appetite Appeal, optische Attraktivität, ein Bild sagt mehr als tausend Worte,
- Kino: Bewegtes Bild und Ton, ideale multisensorische Ansprache, Einbettung in sehr emotionalen Rahmen möglich, auch längere Filme bezahlbar,
- Rundfunk: Nur akustische Werbewirkung, durch Nebenhernutzung, Konzentration aufs Wesentliche erforderlich, häufige Marken-/Produktnennung,
- Plakat: Durch flüchtigen Eindruck Konzentration in Bild und Text erforderlich (plakativ), Schlagworte, Slogans, ganzheitliche Gestaltung notwendig, wenig Informationstransport.

Zielgruppenumfeld:

- Zeitschrift: Gute Zielgruppenselektion durch Soziodemographie über Interessenbindung und Meinungsbildung, vor allem bei Special Interest-Titeln, Ansprache von Multiplikatoren möglich, teilweise regionaler Split oder Teilbelegungsmöglichkeit (aber teuer),
- Zeitung: Eng abzugrenzende Gebiete durch gute Gliederung, dort breitstreuende Ansprache,
- Fernsehen: Stark begrenzte Selektionsmöglichkeit, hohe Streuverluste, Nutzung einzelner Sender, auch Regionalprogramme (ARD/ Fenster) möglich, Alters- und Jugendlastigkeit,
- Kino: „Junges" Medium, konzentrierte Ansprache einer aktiven, mobilen Zielgruppe, sehr gute regionale und lokale Steuerungsmöglichkeiten,
- Funk: Begrenzte Selektionsmög-

lichkeiten, Zielgruppenschwerpunkte im Tagesablauf durch Programmumfeld (z. B. Hausfrauen) und Nutzungssituation (z. B. Autofahrer), regionale und lokale Steuerung möglich,
- Plakat: Keine soziodemographische Selektionsmöglichkeit, Ansprache mobiler Bevölkerungsgruppen, feinteilige regionale und lokale Selektion möglich.

Zeiteinsatz:
- Zeitschrift: Durch wöchentliche, vierzehntägliche und monatliche Erscheinungsweise kurzfristige Kampagnen mit geringer Frequenz einsetzbar, wiederholte Nutzung, meist mehrere Lesephasen,
- Zeitung: Nutzung mutmaßlich einmal pro Tag, rasche Veralterung, kurzer Insertionsschluß,
- Fernsehen: Nur einmalige Betrachtung zur vorgegebenen Sendezeit, grundsätzlich keine Wiederholbarkeit, bei ARD/ZDF kaum Placierungseinfluß,
- Kino: Nur einmalige Betrachtung zur vorgegebenen Vorführzeit, Wiederholbarkeit möglich, aber eher unwahrscheinlich,
- Rundfunk: Einmaliger Kontakt zur vorgegebenen Sendezeit, nicht durch Hörer wiederholbar,
- Plakat: Mindestlaufzeit 10/11 Tag (= 1 Dekade), Mehrfachnutzung wahrscheinlich, wenngleich nicht beliebig.

Verfügbarkeit:
- Zeitschrift: Beliebig zu allen Erscheinungsterminen, teilweise spezielle Placierung möglich, mittlere Produktionskosten,
- Zeitung: Beliebig zu allen Erscheinungsterminen, eher niedrige Produktionskosten,
- Fernsehen: Begrenzung durch maximale Werbezeit bei öffentlich-rechtlichen Sendern, fast beliebig bei Privatsendern, Blokung von Werbesendungen als Nachteil (Interferenz), hohe Produktionskosten,
- Kino: De facto beliebig verfügbar, hohe Produktionskosten,
- Rundfunk: Begrenzung durch maximale Werbezeit pro Tag/Block bei öffentlich-rechtlichen Sendern, fast beliebig bei Privatsendern, Blockung als Nachteil, niedrige Produktionskosten,
- Plakat: Durch große Nachfrage und begrenzte Stellenzahl Wartezeiten, eher hohe Produktionskosten.

Reichweite:
- Zeitschrift: Hohe quantitative Reichweite bei qualitativ interessanten Zielgruppen möglich, hohe Kumulation und Kontaktdichte, bei Special Interest-Titeln allerdings Reichweite begrenzt, bei General Interest-Titeln Zielgruppenselektion begrenzt,
- Zeitung: Hohe Reichweite bei regionalen, überregionalen und nationalen Titeln, Qualität durch Abo-Anteil repräsentiert, hohe Kontaktdichte,
- Fernsehen: Reichweite je Einschaltung relativ niedrig, da fluktuierende Zuschauer, aber hohe Kumulation nach wenigen Spots,
- Kino: Absolut geringe, jedoch qualifizierte Reichweite, wenn

junge Zielgruppen interessant sind,
- Rundfunk: Reichweite je Einschaltung relativ niedrig, da fluktuierende Hörer, aber hohe Kumulation nach wenigen Spots, evtl. mehrmals täglich,
- Plakat: Abhängig von Kontaktdichte (Passantenfrequenz) und Kontaktchance (Stellenqualität), daher nicht zu verallgemeinern.

Kampagnenaufbau:
- Zeitschrift: Möglich durch Berücksichtigung interner Überschneidungen (ein Werbeträger mit mehrfachen Einschaltungen) und externer Überschneidungen (mehrere Werbeträger mit einfacher Einschaltung), Einsatz als Basis- oder Ergänzungsmedium, systematischer Aufbau bei hohem Abonnementanteil, aber relativ langsam, Schaffung und Pflege von Image,
- Zeitung: Durch hohe interne Überschneidungen bei Abo-Titeln zeitlich und regional steuerbar, bei Kaufzeitungen schwerer kontrollierbar, vor allem schnell,
- Fernsehen: Nur durch hohe Frequenz und Kontaktkumulation erreichbar, ansonsten Reichweite vordergründig, allerdings hoher Vergessenseffekt durch Interferenzen, Einsatz als Basismedium erfordert hohe Kontaktdosis,
- Kino: Regelmäßig nur als Ergänzung zu anderen Medien sinnvoll,
- Rundfunk: Nur durch hohe Frequenz und Kontaktkumulation erreichbar, Interferenzproblematik, aktuelle Kaufanstösse, Reaktivierung, Visual Transfer,
- Plakat: Regelmäßig nur als Einbettung in Kampagnenbasis sinnvoll, wiederholte, aktualisierende Ansprache, Kaufanstöße je nach Placierung (vgl. *Pepels, Werner:* Kommunikationsmanagement, Stuttgart 1994).

Mediaeinsatz, Spektrum

Nur eine effiziente Arbeitsteilung der Medien führt zur optimalen Erreichung der Kommunikationsziele. Die Vielfalt der Medien ist in neuerer Vergangenheit erheblich gestiegen. Dazu die folgende Übersicht:

Klassische Werbemittel
- Anzeige, Zeitschriften, Zeitungen, sonstige Printmedien,
- Spot, Fernsehen, Hörfunk, Kino/ Disco,
- Plakat, stationär, mobil, sonstige Außenwerbung.

Nicht-klassische Werbemittel
- Neue Medien, Bildschirmtext, Videorecorder/Bildplattenspieler, Videotext, Multimedia,
- Schauwerbung, Marktveranstaltungen (Messen/Ausstellungen, Handelsplatzauftritt (POS), Events,
- Produktausstattung, Design, Styling,
- Impulsmarketing (Verkaufsförderung), Staff Promotions, Pipeline Filling, Merchandising, Consumer Promotions,
- Direktmarketing, Mailing, Verteilung, Telefonansprache, Massenmedien mit Reaktionselement, Katalog, gegenständliche Medien,

- Öffentlichkeitsarbeit, externe PR, interne PR, Multiplikatoren-PR, neue Formen der PR,
- Kontaktmarketing (Persönlicher Verkauf),
- Verkaufsliteratur, Dokumentation, Vorverkauf.

(→ *Anzeigenwerbung, Außenwerbung, Design, Direktmarketing, Fernsehspots, Hörfunkspots, Kinospots, Mailing, Neue Medien, Öffentlichkeitsarbeit, Persönlicher Verkauf, Printwerbung, Schauwerbung, Sonderformen, Styling, Telefonansprache, Verkaufsförderung, Verkaufsliteratur, Zeitschriftenanzeigen)*

Mediagattungsgewichtung

(→ *Mediaplanung, Gewichtungen)*

Mediale Diversifikation

(→ *Diversifikation, Formen)*

Mediaplanung, Gewichtungen

Um der abweichenden Bedeutung verschiedener Teilzielgruppen gerecht zu werden, kann man diese im Wege der Gewichtung von Personen mit unterschiedlichem Anteil in die weitere Berechnung eingehen lassen. In der Praxis erfolgt dies durch Abgewichtung der als weniger relevant angesehenen Zielpersonenmerkmale mit einem Multiplikationsfaktor < 1. Auf diese Weise kann auch nach Entscheider, Käufer, Nutzer und Beeinflusser unterschieden werden. Oft werden Männer unter diesem Gesichtspunkt als nichteinkaufend heruntergewichtet. Weiterhin kann der abweichenden Bedeutung verschiedener Mediagattungen durch deren Gewichtung Rechnung getragen werden. Vor allem wird dadurch versucht, die potentielle Werbewirkung mehrerer Medien nach Format, Wiedergabequalität, Kontakttiefe, Konzeptharmonie, Content etc. auszugleichen. Dieser Versuch bleibt zwar unvollkommen, ist aber immer noch besser als die Annahme, daß jede investierte Werbemark gleich effizient ist, egal welches Medium, welche Ausstattung, welches Umfeld etc. man dafür auswählt. Schließlich kann der Werbedruck auch mit einem Schwellenwert (Kontaktdosis) versehen werden, sodaß Werbeträgerkontakte unterhalb einer gewissen Ansprachefrequenz nicht oder nur mit einem Abwertungsfaktor berücksichtigt werden. So besteht weitverbreitet die Ansicht, daß Frequenzen < 6 keine nachhaltige Wirkung zukommt. Dies ist ebenso umstritten wie die Unterstellung verschiedener Wirkungskurvenverläufe.

Im einzelnen unterscheidet man dabei folgende *Responsefunktionen*:

- linear unterstellt eine mit der Kontaktzahl stetig steigende Werbewirkung,
- progressiv unterstellt eine Werbewirkung, die erst mit hoher Kontaktzahl merklich ansteigt,
- degressiv unterstellt eine Werbewirkung, die mit hoher Kontaktzahl kaum mehr ansteigt,
- logistisch unterstellt eine mit der Kontaktzahl zunächst progressiv,

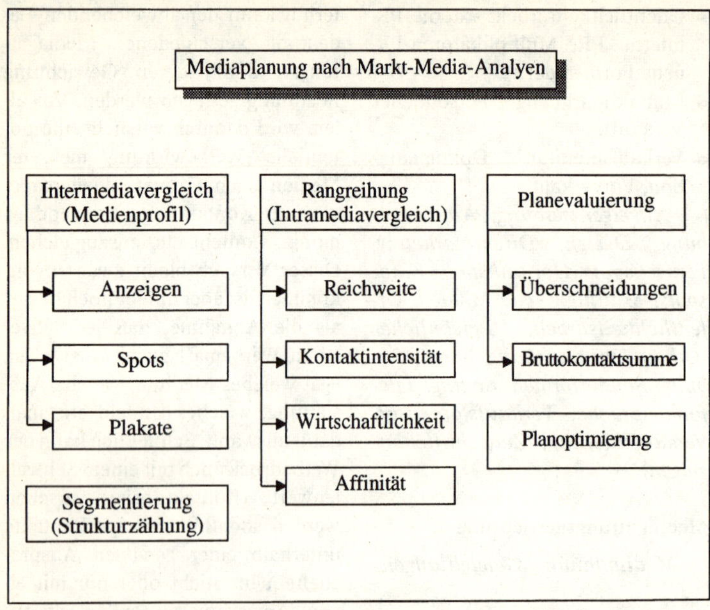

Mediaplanung nach Markt-Media-Analysen

später dann degressiv verlaufende Werbewirkung,

- konkav-konvex unterstellt eine mit der Kontaktzahl zunächst degressiv, später dann progressiv verlaufende Werbewirkung,
- einstufig unterstellt eine sich mit einer bestimmten Kontaktzahl unvermittelt einstellende Werbewirkung,
- treppenförmig unterstellt eine mit der Kontaktzahl diskontinuierlich steigende Werbewirkung.

Oft wird auch ein wirksamer Bereich zwischen einer Wirkungsschwelle und einem Sättigungspunkt definiert. Dem liegt die Hypothese zugrunde, daß Kontakte in der Zielgruppe unterhalb der Wirkungsschwelle dabei infolge Untersteuerung zu keiner Werbewirkung führen, Kontakte oberhalb des Sättigungspunkts aber Verschwendung infolge Übersteuerung darstellen. Dies ist allerdings eine sehr mechanistische Sichtweise der Dinge.

Die Verrechnung der einzelnen Zielgruppenkriterien kann additiv (Oder-Verfahren) oder multiplikativ (Und-Verfahren) erfolgen. Besonders bei Und-Verknüpfung führt die Kombination mehrerer Auswahlkriterien schnell zu einer Stichproben-Schnittmenge, die nicht mehr genügend aussagefähig ist. Die praktische Untergrenze wird hier bei etwa 200

Fällen absolut gesehen, eine Grenze, die allerdings bereits eine erhebliche Varianz impliziert, sodaß eher Anhaltspunkte vorliegen, denn valide Ergebnisse. Aber auch diese sind ungleich wertvoller, als garkeine Daten zu haben. In praktisch allen Fällen ist jedoch zumindest eine faktorielle Gewichtung erforderlich, um die Struktur der resultierenden Stichprobe an die der Grundgesamtheit anzupassen. Diese Verrechnung findet automatisch durch das Zählprogramm statt und wird als Fallzahl auch mit ausgewiesen. Die Ursache liegt in nicht erfüllten Quoten bei der Befragung, in Auskunftsverweigerungen, Adressenausfällen, Befragungsfälschungen etc. Dieses Redressement gleicht die Struktur einer Zufallsstichprobe an diejenige der abzubildenden Grundgesamtheit durch (Zellen-)Gewichtung der Fälle an und schöpft damit, ausgehend von der tatsächlichen Stichprobe, durch Extrapolation „künstlicher" Fälle erst die Stichprobengröße voll aus und macht sie damit kompatibel zu anderen repräsentativen Erhebungen (vgl. *Pepels, Werner:* Kommunikationsmanagement, Stuttgart 1994).

Mediaplanung, Kalkülisierung

Neben den in der Werbewirklichkeit dominanten heuristischen Verfahren der Mediaplanung gibt es solche der mathematischen Kalkülisierung von Plankombinationen. Dabei werden einzelne Werbeträger nicht subjektiv verplant, sondern die Planung selbst erfolgt durch Computerprogramm. Dazu können einzelne Werbeträger gesetzt und weitere Kandidatentitel nominiert werden. Nach Vorgabe des Inputs durch Prioritätskriterium, Budgetgrenze, Frequenz-, Objektrahmen, Wirkungskurve und Rabattsituation wird danach durch statistische Verrechnung die optimale Kombination der Werbeträger unter den gegebenen Voraussetzungen ermittelt.

Dazu bieten sich drei im folgenden genannte Verfahren an:

- *Konstruktionsmodelle* des Planaufbaus mit wechselseitiger Aufnahme neuer Werbeträger in die Planliste und Prüfung etwaiger Verbesserung im definierten Leistungskriterium (Grenznutzen : Grenzkosten),
- *Iterationsmodelle* der Planverbesserung mit wechselseitiger Hinzunahme neuer Werbeträger zu einem Ausgangsplan mit Prüfung auf Effizienzsteigerung (Grenzkosten : Grenznutzen),
- *Permutationsmodelle* der Umgebungsprüfung eines Ausgangsplans auf Verbesserung der Kosten-Leistungsrelation durch dessen Veränderung.

Optimierungsprogrammen kommt in der Praxis noch eine vernachlässigbare Bedeutung zu. Der Grund liegt in den exorbitanten Rechenzeiten, die erforderlich sind, alle kombinatorischen Möglichkeiten durchzurechnen. Dies übersteigt derzeit noch den vertretbaren Rahmen. Im Zuge kürzerer Prozessor-Rechenzeiten und größerer Speicherkapazitäten ist jedoch schon bald von der

Nutzung dieser Programme auszugehen. Ob die derart optimierten Ergebnisse dann so in Einkaufspläne eingehen, bleibt freilich dahingestellt. Sehr wahrscheinlich wird es nach wie vor zu subjektiven Umwertungen durch den Mediaplaner kommen.

Mediaplanung, Optimierung

Die herkömmlichen Möglichkeiten der Mediaplanung stehen allen Werbungtreibenden und Werbemittlern zur Verfügung. Sie vermögen also nicht mehr, einen individuellen Vorsprung am Markt zu konstituieren. Im Zuge der Ausweitung der Alternativen im Medienmarkt haben Sender, Verlage und Pächter ebenfalls das Problem ihrer individuellen Profilierung im Wettbewerbsumfeld. Diese beiden Interessen führen in neuerer Zeit zu einer flexibleren Handhabung der Mediaplanung und -durchführung. Damit bieten die Werbedurchführenden ihren Kunden Spielräume zur Erreichung von Wettbewerbsvorteilen und diese nutzen dies in vielfältiger Weise. Diese Aktivitäten laufen unter dem Begriff der Mediaoptimierung. Sie vollzieht sich bei den Mediagattungen unterschiedlich, wobei private Medienanbieter vorangehen und öffentlich-rechtliche mehr oder minder nachziehen.

Im Privatfernsehen gibt es die Möglichkeit, Spots nachzubuchen, umzubuchen oder zu stornieren. Die Nachbuchung ist bis 6 Wochen vor Ausstrahlung in dem Maße möglich, wie Spotbuchungen storniert werden oder freie Werbezeiten verfügbar sind, denn die gesamte Werbezeit ist ja auf 12 Minuten pro Stunde begrenzt. Dadurch kann auf aktuelle Entwicklungen beim Werbungtreibenden, in dessen Konkurrenzumfeld, bei dessen Kunden oder im Umsystem eingegangen werden. So können Budgetkürzungen aufgefangen und -erhöhungen umgesetzt werden.

Eine weitere Möglichkeit besteht in der Umbuchung von Spots, die bis neun Mal machbar ist. Dabei wird versucht, die optimale Placierung in Abhängigkeit von Zuschauern, Tageszeit und Redaktionsumfeld zu finden. Deshalb erfolgt bei Einbuchung nur eine Reservierung der Sendezeit, die jedoch eine Anpassung offenläßt. Da sich das Programmraster der Sender wöchentlich, zum Teil auch täglich wiederholt, ist feststellbar, wieviele Personen zu einer bestimmten Tageszeit bzw. bei einem bestimmten redaktionellen Inhalt fernsehen. Diese Werte werden von *GfK* jeweils minütlich rubriziert als Ratings pro Sender ausgewiesen. Von Nachteil ist allerdings, daß GfK keine kleinteiligere Rubrizierung ausweist, obwohl Daten für jede Sekunde des Programms vorliegen. Als Argument dient der dabei entstehende Datenwust. Hinzu kommt, daß zwar die Demographie der Personen im GfK-Panel bekannt ist, nicht jedoch deren Einstellung und Verhalten als qualitative Daten. Zumindest aber ist die absolute Anzahl und die deskriptive Struktur der Zuschauer, hochgerechnet aus dem Paneldaten, bekannt. Da sich das Programmraster nun weitgehend wiederholt, liegen Aussagen über die mutmaßlichen Seher im gesamten Programmablauf vor. Diese werden mit der definierten Zielgruppe verglichen und dahingehend abgeglichen, zu welcher Tageszeit und in welchem Redaktionsumfeld die geringsten Abweichungen zwischen beiden gegeben sind. Dorthin wird der Spot eingebucht. Da der Wissensstand ständig wächst, können neuere Erkenntnisse dazu führen, ursprünglich beabsichtigte Placierungen zu verschieben. Ebenso kann dies aus aktuellen Programmerfordernissen heraus erforderlich werden. Das Ergebnis der Placierung kann dann am nächsten Tag wiederum aus den Ratings abgelesen werden und führt zur Beibehaltung gewählter Plätze oder zur weiteren Umbuchung. Da die Tarife der Einschaltungen zudem zeitlich variieren, sind dabei immer auch Wirtschaftlichkeitsberechnungen erforderlich, d. h. verändert sich die Leistung über- oder unterproportional zu den Kosten.

Nun ist bekannt, daß gemessener Werbeträgerkontakt (= fernsehen) nicht gleich beabsichtigtem Werbemittelkontakt ist (= Spot gesehen). Zugleich müssen Spots als Blockwerbung ausgestrahlt werden. Daraus ergibt sich die Frage, wie durch eine geschickte Placierung im Werbeblock eine möglichst hohe Chance des Werbemittelkontakts erreicht werden kann. Diese ist bei der Ausstrahlung als erster Spot im Block am höchsten, weil dieser noch wahrgenommen wird, bevor etwaiges Zapping einsetzt. So besteht die Mediaoptimierung in der Präferenz dieses Platzes. Da mehrere Werbungtreibende dies anstreben, sind entsprechende Verhandlungen mit den Sendern ausschlaggebend (vgl. *Pepels, Werner:* Kommunikationsmanagement, Stuttgart 1994).

Mediaplanung, Plankombinationen

Meist kann die mediatechnische Zielsetzung nicht durch Einsatz eines Werbeträgers allein realisiert werden, sondern bedarf des parallelen Einsatzes mehrerer Werbeträger. Dazu werden Plankombinationen erstellt, die neben möglicherweise obligatorischen Werbeträgern aus solchen bestehen, die sich aus der Rangreihung heraus qualifizieren. Dabei bedarf es jedoch neben der rein quantitativen Sicht immer auch der Korrektur unter Anlegung qualitativer Aspekte. So placieren ich regelmäßig Titel/Sender nach Preis-Leistungs-Gesichtspunkten weit vorn, nicht weil sie eine besondere qualitative Medialeistung erbringen, sondern weil sie durch niedrige Tarifpreise hohe Wirtschaftlichkeit provozieren, z. B. bei Yellow Press. Diese Werbeträger sind ggfls. ebenso zu eliminieren wie solche, die aufgrund ihrer redaktionellen Ausrichtung trotz hoher Wirtschaftlichkeit eine ungeeignete interagierende Harmonie mit der Zielgruppe aufweisen. Umgekehrt kann gerade dieses Argument zur Einbeziehung relativ unwirtschaftlicher Titel führen, weil deren rechnerischer Nachteil durch die weitaus größere thematische Nähe überkompensiert wird. Diese Korrekturen verhindern zwar die Optimierung, sind aber aus heuristischer Sicht sehr wertvoll. Letztlich wird dadurch allerdings die mühsame Objektivierung der Markt-Media-Analysen durch subjektive Verzerrung eliminiert.

Auf Basis dieser Erwägungen werden Plankombinationen im Rahmen der Budgetgrenze gebildet und wiederum hinsichtlich ihrer Leistungswerte gezählt. Jede Plankombination erhält so Werte für Reichweite, Kontaktintensität, Affinität und Wirtschaftlichkeit in bezug auf 1000 Nutzer/1000 Kontakte. Per Saldo wird das beste Ergebnis im präferierten Wert ausgewählt. Dabei ergeben sich Zielgrößen in bezug auf die Reichweite als:

- Einzelreichweite, d. h. eine einfache Einschaltung in einem einzelnen Werbeträger,
- Kumulierte Reichweite, d. h.
  zwei oder mehr Einschaltungen in einem einzelnen Werbeträger mit Ausweis der Nettoreichweite durch Eliminierung interner Überschneidungen aus der Bruttoreichweite (Kumulation),
  je eine Einschaltung in zwei oder mehr Werbeträgern mit Ausweis der Nettoreichweite durch Eliminierung externer Überschneidungen aus der Bruttoreichweite (Quantuplikation),
- Kombinierte Reichweite, d. h. zwei oder mehr Einschaltungen in zwei oder mehr Werbeträgern. Die Nettoreichweite ergibt sich in diesem real häufigsten Fall durch Abzug der internen und externen Überschneidungen von der Bruttoreichweite.

Der Einfluß von Mehrfacheinschaltungen, d. h. Belegung eines Werbeträgers mit multiplen Einschaltungen, führt insofern hinsichtlich

- Reichweite zur Bevorzugung von Werbeträgern mit hohem Anteil fluktuierender Nutzerschaft, denn Werbeträger mit wechselnden Nutzerschaften erreichen per Saldo mehr Personen als solche mit gleichbleibenden Nutzerschaften.
- Kontaktintensität zur Bevorzugung von Werbeträgern mit hohem Anteil konstanter Nutzerschaft, denn Werbeträger mit gleichbleibender Nutzerschaft generieren in der Summe mehr Kontakte bei den selben Personen als solche mit wechselnder Nutzerschaft.
- Wirtschaftlichkeit zur Entwicklung je nach Bezugsgröße analog Reichweite (1000 Nutzer-Preis) oder Kontakten (1000 Kontakt-Preis), beeinflußt durch Mal-/Mengenrabattierung der Verlage/Sender,
- Affinität zum Anstieg, sofern zuwachsende Nutzer Zielpersonen sind und vice versa.

Der Einfluß von Mehrfachbelegungen, d. h. Belegung multipler Werbeträger mit jeweils einer Einschaltung, führt damit bei

- Reichweite zur Bevorzugung von Werbeträgern mit geringen (externen) Überschneidungen zu anderen im Plan befindlichen, d. h. hohem Anteil von Exklusivnutzern, denn die disjunkten Kernnutzerschaften mehrerer Werbeträger addieren sich in der Summe zu einer höheren Nettoreichweite hoch als wenn die Nutzerschaften einander überlappen.

- Kontaktintensität zur Bevorzugung von Werbeträgern mit hohen (externen) Überschneidungen zu anderen im Plan befindlichen, d. h. geringer Anteil von Exklusivnutzern, denn überlappende Nutzerschaften mehrerer Werbeträger erzielen Mehrfachkontakte, die bei disjunkten Nutzerschaften nicht gegeben sind.
- Wirtschaftlichkeit s.o., jedoch beeinflußt durch Tarifpreisunterschiede,
- Affinität s.o.

Die Planalternativen können getrennt hinsichtlich aller Zielgruppenkriterien und aller Leistungswerte ausgegeben werden, sodaß eine genaue Strukturanalyse der Medialeistung möglich ist. Dies betrifft z. B. Nielsengebiete zum Abgleich mit Distributionsschwerpunkten. Ebenso ist die Einteilung in Kontaktklassen im Rahmen der Kontaktverteilung möglich (vgl. *Pepels, Werner:* Kommunikationsmanagement, Stuttgart 1994).

Mediaplanung, Strategien

In der Mediaplanung erfolgt zunächst die Entwicklung einer Strategiebasis in Abhängigkeit von folgenden Faktoren:

- Abgrenzung des relevanten Marktes. Dies ist in der Praxis nur schwer objektiv zu bewerkstelligen.
- Medialeistung des Mitbewerbs. Dem liegt die Hypothese der gegenseitigen Neutralisierungswirkung von Werbeanstrengungen des Wettbewerbs zugrunde.

Deren Messung erfolgt quantitativ durch Werbestatistik (Nielsen-S & P), vor allem unter Ansetzung des eigenen Werbeanteils am Gesamtwerbeaufwand des relevanten Marktes in Relation zum Umsatzanteil am so definierten Gesamtmarkt (Share of Advertising/Share of Market), qualitativ durch eine inhaltliche Analyse der Werbeaussagen der Wettbewerber (anhand von Clippings/Storyboards).

Daran schließt sich die eigentliche Ableitung der Mediastrategie an. Dabei geht es um:

- die Analyse des Wettbewerbsverhaltens (Ausweichen, Begegnen, Dominieren des Mitbewerbs),
- den einzusetzenden Medien-Mix (Klassische und Nicht-klassische Medien),
- die vorgesehene Werbeperiode und das Werbegebiet,
- die Medienauswahl (im Intermediavergleich),
- die Medienausstattung (Größe/Länge, Farbigkeit),
- die Werbeträgerauswahl (im Intramediavergleich).

Mediaplanung, Taktiken

Aus den Basisdaten gemeinsam mit den im Briefing definierten Zielvorgaben kann nun die Mediataktik abgeleitet werden. Dabei gibt es zwei grundsätzliche Ansätze. Der erste geht von der Hypothese aus, daß das eigene Vorgehen in unmittelbarem Zusammenhang mit den Strategien der definierten Mitbewerber zu sehen ist. D.h. das eigene mediataktische Verhalten wird von dem der Mitbewerber beeinflußt oder sogar determiniert. Als Alternativen sind dafür folgende anzusehen:

- *Ausweichen*, d. h. man versucht, mit den eigenen Werbeeinschaltungen denen des Mitbewerbs aus dem Weg zu gehen. Dies scheint vor allem dann angezeigt, wenn das eigene Budget stark konkurrenzunterlegen ist. Allerdings ergeben sich Probleme, weil für bestimmte, eng abgegrenzte Zielgruppen keine ausreichende Auswahl alternativer Werbemittel besteht, ein Ausweichen also nicht möglich ist, und weil, unterstellt man, daß die Mitbewerber die jeweils effizientesten Werbeträger schon für sich okkupiert haben, dieses Ausweichen mit mutmaßlich hoher Ineffizienz zu bezahlen ist, was gerade bei kleinen Budgets unerträglich scheint. Möglich bleibt aber ein zeitliches und/oder räumliches Ausweichen des Werbeeinsatzes, allerdings mit den genannten Wirtschaftlichkeitsvorbehalten.
- *Begegnen*, d. h. man läßt es eben nicht zu, dem Mitbewerb auszuweichen, denn dadurch bestimmt dieser letztlich die eigene Mediastrategie, was nicht einsehbar ist. Sondern man stellt sich dem Mitbewerb, versucht aber, Nischen zu finden, besondere Placierungen zu nutzen oder durch Mediakreativität aufmerksamkeitsstärker zu sein als dieser. Über eine klare inhaltliche und formale Absetzung ist es so möglich, selbst mit unterlegenem Budget eine hohe Wirkung zu erreichen. Für den Fall der bewußten Positionierung gegen Mitbewerber ist eine Begegnungsstrategie hilfreich, weil sie die Überlegenheit des eigenen Angebots dramatisiert.
- *Dominieren*, d. h. man begegnet nicht nur dem Mitbewerb auf offenem Feld, sondern versucht auch, diesen in der Penetration zu übertreffen. Dies kann wiederum durch eine besonders gute Placierung, z. B. Umschlagseiten oder Werbeuhr, durch eine zeitliche und/oder räumliche Einschränkung des Zusammentreffens oder durch eine besonders augenfällige kreative Mediaumsetzung geschehen. Oder durch Mobilisierung eines höheren Werbeetats.

Durch die wechselseitige Orientierung an Konkurrenzbudgets ist eine Dominanz meist jedoch nur von kurzer Dauer und führt im Effekt zu einem gegenseitigen Aufschaukeln der Penetration, wie sie real zu beobachten ist und zu vermehrter Reaktanz in der Zielgruppe führt. Schließlich kann man kompetitive Überlegungen bei der Findung der eigenen Mediataktik auch völlig außer acht lassen und autonom über mediale Maßnahmen zur Erreichung der Kommunikationsziele entscheiden. Bei der engen wettbewerblichen Verzahnung auf den meisten Märkten, beim intensiven Werbedruck, der oft den letzten offensiv genutzten Konkurrenzparameter darstellt und bei den Wachstumsrestriktionen in vielen Branchen ist eine solche Souveranität jedoch selten durchhaltbar.

Insofern kann eine der Mediataktik entsprechende Auswahl der Werbeträger erfolgen. Dabei sind folgende Forderungen zu erfüllen:

- Möglichst genaue Übereinstimmung der Nutzerschaft der ausgewählten Medien mit der definierten Zielgruppe. D.h. Erreichung möglichst weniger Mediennutzer, die nicht zur Zielgruppe gehören. Diese stellen eine Fehlstreuung dar. Die Meßgröße zur Erreichung dieser Vorgabe ist die *Affinität*.
- Möglichst vollständige Abdekung der definierten Zielgruppe durch die ausgewählten Medien. D.h. Auslassen möglichst weniger Zielpersonen, die durch Medien nicht erreicht werden. Dabei handelt es sich um eine Streulücke. Die Meßgröße zur Erreichung dieser Vorgabe ist die *Reichweite*.
- Möglichst häufiger Kontakt zwischen den ausgewählten Medien und der definierten Zielgruppe. D.h. Umsetzung vielfältiger Werbemittelanstösse. Die Meßgröße zur Erreichung dieser Vorgabe ist die *Kontaktintensität*.
- Möglichst kostengünstige Realisierung von Reichweite und Kontaktintensität mit den ausgewählten Medien in der definierten Zielgruppe. D.h. bestes Preis-Leistungs-Verhältnis bezogen auf Mediennutzerschaft und Kontakthäufigkeit. Die Meßgrössen zur Erreichung dieser Vorgabe sind 1000-Nutzer- und 1000-Kontakt-Preise *(Wirtschaftlichkeit)*.

Die Meßgrössen werden Leistungswerte genannt und stehen aufgrund entsprechender repräsentativer Erhebungen mittels computergestützter Zählverfahren zur Auswertung zur Verfügung. Ergebnis ist die Bestimmung der zu belegenden Werbeträger.

Mediaplanung, Zielgruppen

Als Datenbasis für quantitative Auswertungen zu Mediazielgruppen stehen Markt-Media-Analysen zur Verfügung. Dabei handelt es sich um repräsentative Erhebungen, meist werbedurchführender Unternehmen, die als Einzel- oder Gemeinschaftsuntersuchungen angelegt sind und maximal Medianutzung, Konsumdaten, Demographie und Lebensweltmerkmale im Single Source-Ansatz erfassen.

Diese Daten können durch Computerzählungen beinahe beliebig analysiert werden. Die größte Analyse ist die Media-Analyse (MA), bei der jährlich 19 000 Personen befragt werden. Weitere Analysen sind die Verbraucher-Analyse (VA), die Allensbacher Werbeträger Analyse (AWA) und die Leseranalyse Führungskräfte (LAF).

Zur Zielgruppenvalidierung ist allerdings zunächst eine quantifizierbare Fassung der qualitativen Zielgruppendefinition auf demographischer, psychologischer, soziologischer und typologischer Basis vorzunehmen, damit die Daten rechenbar werden.

Segmentierungsläufe erhärten die treffende Auswahl der intendierten Zielgruppe. Auf Wunsch können Gewichtungen vorgenommen werden. Dabei besteht jedoch die Gefahr der Verzerrung von Daten. Eine faktorielle Gewichtung gleicht bei Abweichungen der Repräsentanz die Stichprobenstruktur automatisch an die der Grundgesamtheit an.

Die Definitionskriterien der Zielgruppe können schließlich additiv (Oder-Verfahren) oder multiplikativ (Und-Verfahren) verrechnet werden. Letzteres ist zwar genauer, führt jedoch schnell zu sehr kleinen Fallzahlen. Die Ausgabe der Daten erfolgt horizontal prozentuiert (nach Teilzielgruppen), vertikal prozentuiert (nach Zielgruppenkriterien), in absoluten Werten (der Stichprobe), als Hochrechnung (auf die Grundgesamtheit) und in Indexform (relativ zur Gesamtbevölkerung).
(→ *Zielgruppen*)

Media-Daten

Wesentliche Informationsquelle für die Mediadurchführung sind die Media-Daten. Dort finden sich etwa für Print folgende Informationen aufgeschlüsselt:

- Kurzcharakteristik des Werbeträgers,
- Organ (Verband etc),
- Herausgeber (Name/Anschrift),
- Redaktion (Name/Anschrift),
- Anzeigenleitung (Name/Anschrift),
- Aktueller Jahrgang/Erscheinungsweise,
- Verlag/Postanschrift, Telekommunikation, Bankverbindung,
- Telefon/Telex/Telefax,
- Erscheinungs-/Redaktionsplan,
- Erstverkaufstag,
- Bezugspreis (Copypreis),
- Umfangs-Analyse (Redaktion/Anzeigen),
- Inhalts-Analyse,
- Anzeigenkontrolle (IVW),
- Druckauflage,
- (tatsächlich) Verbreitete Auflage,
- Verkaufte Auflage,
- Abonnierte Auflage,
- Einzelverkaufsauflage,
- Freistücke,
- Rest-, Archiv-, Belegexemplare,
- Geographische Verbreitungs-Analyse,
- Empfänger-Analyse nach
  Branche, Wirtschaftszweig, Fachrichtung, Berufsgruppe,
  Größe der Wirtschaftseinheit,
  Stellung im Betrieb, betriebliche Funktion, Beruf,
  Schulbildung, berufliche Vorbildung,
  Alter,
  Gemeindegrößenklasse.

Mediadurchführung

Bei der Mediadurchführung geht es um die räumliche (flächendeckend oder punktuell), die zeitliche (prozyklisch oder antizyklisch) und die intensitätsmäßige Bestimmung (konstant oder variiert) der Werbekampagne. Schließlich ist auch die kaufmännische Disposition der Werbemittel erforderlich. Dazu gehören Arbeitsmittel wie Media-Daten/Tarif zur Werbeträgerinformation, Streuplan, Kostenplan, Produktionsplan und Vorauszahlungsübersicht. Sowie anschließend die Produktion der Druck- bzw. Sendevorlagen.

Medialeistung des Mitbewerbs

Geht man von einer gegenseitigen Neutralisierungswirkung der Werbeanstrengungen von Anbietern aus, so ist der erreichbare eigene Anteil auf dem so definierten Markt unmittelbar abhängig von den Werbeanteilen der Mitbewerber dort. Deshalb ist es wichtig, sich Klarheit darüber zu verschaffen, welche absoluten Werbeaufwendungen der Mitbewerb hat. Nun gehören die Werbeaufwendungen zu den streng gehüteten Geschäftsgeheimnissen.

Aber es gibt über die Werbestatistik *Nielsen/Schmidt&Pohlmann* (S&P), Hamburg, die Möglichkeit, Näherungswerte zu erfahren. Dazu beobachtet S&P die Werbeeinschaltungen der wichtigen Medien Zeitung (220 Titel), Zeitschrift (270 Titel), Fachtitel (230 Titel), Fernsehen (15 Sender) und Funk (32 Sender). Diese Einschaltungen werden den entsprechenden Herstellern zugeordnet. Multipliziert man dieses Mengengerüst mit den jeweiligen Tarifpreisen der Werbeträger, die bekannt sind, kann man daraus die Werbeaufwendungen hochrechnen. Gleichzeitig erhält man einen Überblick über die zeitliche und räumliche Verteilung des Werbeaufwands (Ausgabe/Sendetag) sowie über die eingesetzten Werbeträger und Werbemittelausstattungen. Diese Daten werden, mit der Verpflichung zur Nichtweitergabe verbunden, an Abonennten dieses Dienstes abgegeben. Allerdings sind die wesentlichen Medien Kino und Plakat, die in bestimmten Produktgruppen, z. B. Konsumgüter, insb. Zigaretten, einen hohen Stellenwert haben, nicht oder nur lückenhaft erfaßt. Ebenso ist der große Bereich der Nicht-klassischen Medien nicht erfaßt, der in vielen Branchen bereits 50% und mehr des Werbeaufwands ausmacht. Da die Relation zwischen Klassischen und Nicht-klassischen Werbemitteln innerhalb einer Branche jedoch in etwa konstant ist, kann man von den ausgewiesenen eigenen Werbeaufwendungen und dem bekannten eigenen gesamten Kommunikationsbudget im Analogieschluß auf die Kommunikationsbudgets der Mitbewerber schließen, sodaß die geringe Medienabdeckung letztlich weniger ins Gewicht fällt.

Speziell im Bereich elektronischer Werbemittel ist *Sport Control*, Baden-Baden, hinzugekommen. Dort wird mit Hilfe eines Computers, der anhand der unverwechselbaren Tonsignale der ersten Spotsekunden Spotmotive unterscheiden, identifizieren und zuordnen kann, kontrolliert, ob ein Spot überhaupt ausgestrahlt wird, um welches Motiv es sich dabei handelt, zu welcher Zeit er gesendet, an welcher Stelle innerhalb eines Werbeblocks er placiert und ob er technisch einwandfrei ausgestrahlt wird. Dies jeweils auch in Beziehung zu beliebigen anderen Werbungtreibenden. Darüber gibt es dann ein Sendeprotokoll für alle Sender mit Werbung, das Werbungtreibende für eigene und konkurrierende Einschaltungen ankaufen können.

Die Aussagefähigkeit steigt noch immens dadurch, daß diese Sendeprotokolle mit den Telemeter-Daten der GfK abgeglichen werden können, sodaß sich qualitative Ratings ergeben. Denn GfK wertet über ein Haushaltspanel die Seherschaft je Sender pro Minute aus. Ist nun anhand der Werbestatistik bekannt, wann genau eigene und konkurrierende Spots placiert sind, kann nicht nur ein genereller Werbeträgerkontakt, im Sinne von Sender eingeschaltet und als Seher angemeldet, ausgewiesen werden, sondern ein spezifischer Werbemittelkontakt, der eine weitaus härtere Währung darstellt. Da die *GfK-Telemeter*-Daten sekundengenau vorliegen, eine Minute bei kürzeren Spotlängen aber zu wenig aussagefähig ist, ist zu erwarten, daß ein sekundengenauer Abgleich möglich wird. Die immensen, dabei zu verarbeitenden Daten, die derzeit noch ein Hindernis darstellen mögen, sind durch PC leicht handelbar.

Zwar gibt es auch bereits derzeit Einschaltpläne der Sender, die präzise angeben, wann eine Spot-Ausstrahlung vorgesehen ist, doch sind diese Pläne unverbindlich und verschieben sich durch mannigfache Anlässe. Für eigene Spots mag eine Kontrolle dennoch möglich sein, für Konkurrenz-Spots, deren Einschaltpläne notwendigerweise unbekannt sind, war dies jedoch vordem nicht darstellbar. So ergeben sich bessere Möglichkeiten, die unter dem Stichwort Mediaoptimierung gerade in letzter Zeit enorm an Bedeutung gewonnen haben. Dies gilt besonders für werbeintensive Produktgruppen wie Stärkungsmittel (Werbeausgaben machen 35% des Umsatzes aus), Allzweckreiniger (26%), Kräuterspirituosen (22%), Schlankheitsmittel (17%) oder Schmerzmittel (21%).

Nun ist nicht nur die Menge der eingeschalteten Werbemittel für die Medialeistung ausschlaggebend, sondern auch deren inhaltliche Aussage. Zu diesem Zweck wird eine Content-Analyse angelegt. Die dazu erforderlichen Konkurrenzwerbemittel erhält man im Printbereich aus Ansichtsexemplaren der Zeitungen, Zeitschriften und Fachtitel. Spezialisierte Clipping-Services sammeln für die wichtigsten Branchen kontinuierlich, sodaß entsprechende Anzeigenbelege dort abrufbar sind. Im Bereich der elektronischen Medien gibt es über die Werbebeobachtung Stresemann, Konstanz, die Möglichkeit, an Muster zu gelangen. Stresemann nimmt das Werbeprogramm der verschiedenen TV-Sender per Videoband sowie mit einer Kamera auf, die in regelmäßigen, kurzen Abständen den jeweiligen Bildschirminhalt abfotografiert. Parallel wird der Ton aufgenommen und auf Manuskript übertragen. Ergänzt man nun noch eine Beschreibung der Bildinhalte, erhält man ein komplettes Storyboard (max. 20 Bilder + Text).

Die Storyboards und Fotoabzüge werden vervielfältigt und können gegen vergleichsweise geringes Entgelt von Interessenten bezogen werden. Gleiches gilt für Funktexte, die als komplette Manuskripte mit Angabe von Sender, Sendezeit, Produkt, Spotlänge etc. ausgeführt sind (Textservice). Alternativ sind natürlich auch gleich Video- und Audiocassetten der Spots bestellbar. Im Rahmen von Spot Control werden im Tages- und Wochenservice die Einschaltpläne bestimmter Warengruppen erfaßt. Auf Grundlage dieser Werbebeispiele kann dann eine inhaltliche Prüfung durchgeführt werden.

Medienbewertung, Qualitative Kriterien

Quantitative Kriterien spiegeln nur einen Teil der relevanten Entscheidungsfaktoren für den Intermediavergleich wider. Hinzu kommen gerade in neuerer Zeit in verstärktem Maße die qualitativen Kriterien der Werbemittelbeurteilung, d. h. der real sinnlich wahrnehmbaren Erscheinungsform der Werbebotschaft, wie die folgenden.

Nähe zum Medium als Entbehrlichkeit des das Werbemittel tragenden Werbeträgers. Im Falle der täglichen Lokalzeitung ist dieser Faktor sicherlich anders einzuschätzen, als im Falle der Plakatstelle. Die Nutzerbindung mißt sich nach der Bereitschaft zum Verzicht auf das Medium. „Unverzichtbare" Medien weisen eine höhere Autorität auf, die den darin gebundenen Werbemitteln und damit auch der Werbebotschaft nutzt.

Wahrheitsgehalt als Glaubwürdigkeit werblicher Aussagen. Vor dem Hintergrund, daß zwischenzeitlich breit bekannt und akzeptiert ist, das Werbung nicht immer die volle Wahrheit wiedergibt, gilt dieser Vorbehalt für alle dominanten Werbeträger und deren Werbemittel, z. B. Plakat. Umgekehrt kann die Zeitschriften-Anzeige von der Kompetenz des redaktionellen Umfelds für ihre Seriosität profitieren.

Neuigkeitscharakter als Aktualität eines Mediums. Dabei veraltet die Tageszeitungs-Anzeige sehr schnell, wohingegen das Plakat immer die in der Dekade gerade aktuelle Botschaft trägt. Die Hypothese ist, daß Medien, die Neuigkeiten versprechen, sich einer höheren spekulativen Aufmerksamkeit erfreuen.

Entspannung als Unterhaltungswirkung. Hier partizipieren Funk-, Kino-, Disco- und Fernseh-Spots von der animierenden Wirkung des Umfelds, wohingegen das Plakat als reines Werbemedium dieser Stützung entbehren muß. Gleichzeitig kann dieses Umfeld aber auch von den Werbeinhalten unerwünscht ablenken.

Regionalbezug als lokale Relevanz. Er korreliert in sehr starkem Maße mit der räumlichen Verbreitung eines Mediums und ist hoch z. B. bei der lokalen Tageszeitungsanzeige, hingegen niedrig beim nationalen TV-Spot. Hoher Regionalbezug muß nicht gleichbedeutend mit ädaquatem Werbeumfeld sein, sondern kann „große" Produkte auch eher „klein" machen.

Vertrautheit als Hinwendung zu einem Medium. Je höher die Autorität eines Mediums ist, desto eher wird es wohl, was Werbeaussagen anbelangt, akzeptiert. Dieses Nutzungserlebnis kommt auch in der Bezugsart zum Ausdruck und ist höher bei Vertragskunden im Abo (Print, Pay-TV).

Informationsgehalt als Interpretationsfähigkeit eines Mediums. Die Zeitschriften-Anzeige, die aufgrund ihrer längeren, im Zweifel mehrfachen Betrachtung mehr Inhalte transportieren kann als das impulsiv wahrgenommene Medium Plakat, ist hier sicherlich im Vorteil. Unter Berücksichtigung der Bedeutung von Schlüsselreizen (Key Visuals) und unthematischen, atmosphärischen Informationen, die sich an den Bauch, statt an den Kopf wenden, relativiert sich dieses Urteil jedoch.

Exposition als tatsächliche Erreichung von Zielpersonen durch ein Medium. Hier ist der Kino-Spot mit großen Vorteilen ausgestattet, da es fast unmöglich ist, ihm zu entgehen. Umgekehrt ist nachgewiesen, daß Zuschauer am Fernsehgerät alles mögliche Andere tun als das Werbeprogramm zu betrachten, selbst wenn das Gerät eingeschaltet ist und sie sich im Raum befinden, von Zapping einmal ganz zu schweigen.

Perzeption als Wahrnehmbarkeit eines Werbemittels. Dabei hat das Plakat als „flüchtiges" Medium eine schlechtere Ausgangssituation als wiederum der Kino-Spot, der in konzentrierter Umgebung, in überdimensionalem Maßstab und über multisensorische Ansprache wirkt.

Apperzeption als tatsächliche Verarbeitung der Werbebotschaft des Mediums. Hierbei ist man weitestgehend auf Hypothesen angewiesen. Die Werbeforschung versucht, vor allem unter Einsatz apparativer Methoden der Marktforschung, aber auch durch Assoziations-, Skalierungs- und Explorationsverfahren, Anhaltspunkte zu gewinnen. Das ungelöste Grundproblem ist dabei jedoch das der Werbeerfolgskontrolle. Es ist nicht verläßlich nachweisbar, welche Werbung welche Auswirkungen auf Einstellung (Image) und Verhalten (Kauf) hat.

Nutzungsausmaß als Regelmäßigkeit der Nutzung. Werbemittel, die sich an medientreue Nutzer wenden, weisen hierbei mutmaßlich die höhere Effizienz auf. Dieses ist etwa abhängig von:

- der Bezugsart (Abonnement-/Lesezirkel-/Einzelexemplarleser),
- dem Erhalt (Kauf/Einweisung) und
- dem Copy-Preis (hoher Preis legt intensivere Nutzung nahe).

Entscheidend ist aber auch der Intervall zur Erneuerung des Werbemittels, denn in Abhängigkeit von den Zeitabständen zwischen neuerlichen Werbeanstößen vollzieht sich ein autonomer Vergessensprozeß.

Nutzungsintensität als Mehr-

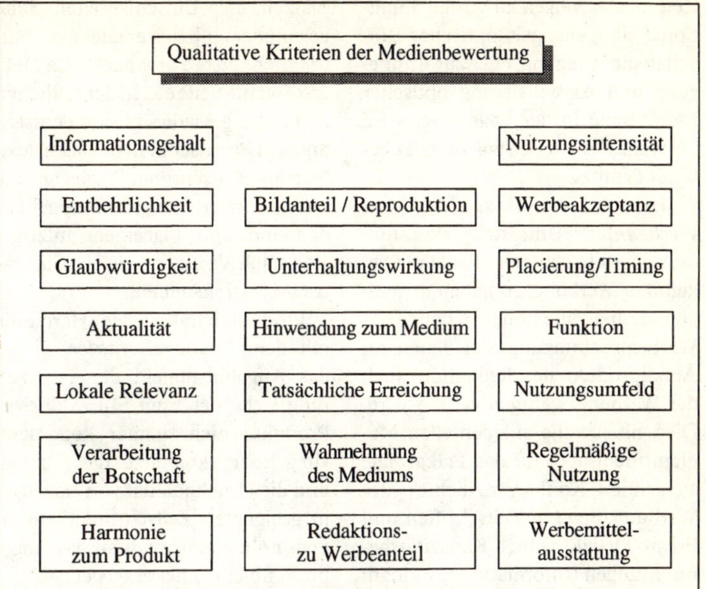

Qualitative Kriterien der Medienbewertung

fachkontakte. Werbemittel, die mehrfache Kontaktchancen bieten, sind auch hier mit mutmaßlich höherer Effizienz ausgestattet. Dies gilt insb. für Produktbereiche, die extensiven Kaufentscheidungsprozessen unterliegen, weil es sich um geplante Käufe handelt, die der informationellen Absicherung bedürfen.

Werbeaufgeschlossenheit als Akzeptanz von Werbemitteln. Diese ist bei Fernseh-Spots in Anbetracht von Zapping, also Umschalten auf ein anderes Programm, falls ein Werbeblock erscheint, deutlich niedriger zu bewerten als bei Tageszeitungs-Anzeigen, die aufgrund ihres Angebotscharakters auf günstige Kaufgelegenheiten hoffen lassen. Generell sind Reaktanzgrenzen in der Bevölkerung sichtbar, die einer weiteren Steigerung des allgemeinen Werbedrucks im Wege stehen. Umgekehrt sorgen Meinungsbildner bereitwillig als amediale Werbeträge für die Botschaftsverbreitung im sozialen Umfeld.

Bildanteil gemeinsam mit Reproduktions-/Empfangsqualität. Erkenntnisse der Imagery-Forschung gewichten die Bedeutung von Bild weit über die von Textinformationen. Bilder bringen aber nur dann eine Anmutung über, wenn auch gute Wiedergabe vorliegt. Hier sind deshalb Zeitschriften- gegenüber

Zeitungs-Anzeigen im Vorteil. Funk-Spots sind, mangels optischer Botschaftsübertragung, eher zur Erinnerung und Aktualisierung optischer Lerninhalte in der Lage. Dies wird im Wege des sog. Visual Transfer bewußt genutzt.

Relation von *Redaktions- zu Werbeanteil.* Unterstellt man nun die genannte generelle Reaktanz gegenüber Werbung, so haben diejenigen Medien eine höhere Chance der Werbemittelnutzung, bei denen als Abfallprodukt der Redaktion auch die Werbung wahrgenommen wird. Dies gilt für alle akzidentellen Medien, nicht aber für das Plakat. Die steigende Konkurrenzdichte der Werbung, etwa in Zeitschriften und Privat-TV, läßt jedoch Kapazitätsbefürchtungen (Information Overload) aufkommen.

Ausstattung als Kriterien von Form, Länge, Farbe, Format etc. Hier sind Plakate oder Kino-Spots aus eben diesen Gründen a priori sicherlich als eindrucksvoller zu bewerten als etwa Tageszeitungs-Anzeigen. Die, allerdings veraltete, Elementenpsychologie unterstellt hier funktionale Abhängigkeiten zur Wahrnehmung durch absolute und relative Reizschwellen.

Placierung/Timing und die Möglichkeit der Einflußnahme darauf. In ARD/ZDF sind diese sehr gering, denn der Sendeplatz wird, zwar unter Beachtung des Konkurrenzausschlusses je Werbeblock, zugeteilt. Andererseits bieten Zeitschriften die Möglichkeit der freien Placierung von Anzeigen, auch auf sog. Vorzugsplätzen, also Umschlagseiten, Seite gegenüber Inhaltsverzeichnis, Mittelbruch, erste Farbanzeige im Heft, erste rechte Seite etc. In der zeitlichen Anordnung wiederum sind Fernseh-Spots in Privatsendern ungleich flexibler als Zeitschriften-Anzeigen, die an feste Erscheinungstermine gebunden sind. Spot Placement nutzt gezielt nach Vereinbarung ein adäquates Redaktionsumfeld.

Produktcharakter als Harmonie mit dem *Mediencharakter.* So ist das Angebotsumfeld der Tageszeitung sicherlich zum Stil exklusiver Produkte nicht immer kongruent. Umgekehrt kommen das Umfeld und die Druckqualität von Anzeigen in geeigneten Zeitschriftentiteln einem hohen Anspruch an das Angebotsambiente eher entgegen.

Funktion, also akzidentell vs. dominant. Werbemittel in akzidentellen Werbeträgern profitieren bei Reaktanz gegen Werbung, aber Interesse für journalistische Information und Unterhaltung, in ihrer Aufmerksamkeit von dieser. Plakate hingegen als dominante Werbung müssen ihre Attraktion aus dem werblichen Inhalt und Auftritt selbst schöpfen. Eine weitere Unterscheidung betrifft statuarische oder transitorische Medien. Bei ersteren wird die Informationsabgabe vom Publikum bestimmt (z. B. Zeitschriften), bei letzteren vom Medium (z. B. TV/Funk).

Nutzungsumfeld. Dies beinhaltet die Elemente des:

- Nutzungsortes,
- Nutzungszeitpunkts
- Nutzungszeitraums.

Plakate etwa werden regelmäßig nur peripher wahrgenommen, gleiches gilt vielfach für TV- oder HF-Spots im Rahmen der „Hintergrundberieselung". Zeitschriften andererseits werden nicht zwangsweise in entspannter Atmosphäre zuhause genutzt, sondern durchaus auch unter nervösem Blättern im Zahnarztwartezimmer. Die werbliche Wirkung dürfte mit dem Nutzungsort stark schwanken. Der Zeitpunkt und die Zeitdauer der Nutzung sind bei elektronischen Medien mit der Ausstrahlung vorgegeben. Der Zeitpunkt der Nutzung ist bei Plakat innerhalb eines Dekadenintervalls bestimmbar, bei Printmedien aber grundsätzlich unbegrenzt. Der Nutzungszeitraum ist bei Plakat infolge der Aufnahmeumstände nur kurz, bei Printmedien ist er beliebig ausdehnbar.

Als Problem stellt sich heraus, daß die Wertungen aufgrund der angeführten Kriterien meist gefühlsmäßig, also nach Erfahrung und Plausibilität getroffen werden müssen. Was fehlt, ist eine exakte Meßbasis. Wegen der Komplexität der Thematik ist darüber allerdings ein heftiger Streit zwischen Werbungtreibenden, Werbeberatern und Werbedurchführenden entbrannt. Kontaktqualität wird demnach zumindest im bedeutsamen Printbereich verstärkt zu untersuchen sein.

Medienbewertung, Quantitative Kriterien

Die Kernaufgabe des Intermediavergleichs besteht darin, die verschiedenen zur Auswahl stehenden Mediagattungen zu bewerten und in Anbetracht der zu verfolgenden Kommunikationsziele mit Prioritäten zu versehen. Dazu bedarf es eines Kriterienkatalogs. Zunächst zur Technik:

- *Verfügbarkeit*, d. h. die Möglichkeit des Zugriffs auf ein Medium, die abhängig ist von dessen Angebots- und Besitzsituation. Werbespots in ARD und ZDF sind nur in sehr begrenztem Maße verfügbar, Anzeigen in Publikumszeitschriften sind praktisch unbeschränkt verfügbar, weil der Redaktionsumfang analog dem Anzeigenvolumen angepaßt wird. Ebenso sind die Stellen eines festangemieteten Plakatnetztes besser verfügbar als die Vorführzeiten in Kinos oder Discos.
- *Buchungsfristen*, d. h. die Zeitabstände zwischen Buchung und Einschaltung. Sie sind bei TV-Spots in ARD/ZDF sehr lang (bis zu 15 Monate), bei vierfarbigen Illustriertenanzeigen mittellang (6–8 Wochen) und bei Tageszeitungsanzeigen sehr kurz (2 Tage). Diese sind entscheidend für die Flexibilität des Einsatzes.
- *Zielung*, d. h. die Feinsteuerung des Mediums auf die Zielgruppe. Hier ist zwischen hochselektiven Medien, z. B. Fachzeitschriften, breit streuenden Medien, z. B. Funk, und unspezifischen Medien, z. B. Plakat, zu unterscheiden. Die Zielung ist bedeutsam zur Vermeidung von Streulücken, d. h. nicht erreichten Personen der Zielgruppe, und Streuverlu-

sten, d. h. erreichten Personen, die nicht zur Zielgruppe gehören.

- *Periodizität*, d. h. die Dauer des Nutzungszeitraums bis zur Erneuerung des Werbemittels. Hierbei sind regelmäßig sich erneuernde Medien, z. B. täglich bei der Tageszeitung, und unregelmäßig sich erneuernde Medien, z. B. Verkehrsmittelwerbung, zu unterscheiden. Außerdem ist die Laufzeit sehr unterschiedlich. Verkehrsmittelwerbung ist, alleine wegen der Inflexibilität der Verwaltung und des Kostenaufwands zur Anbringung, langlaufend, während ein TV-Spot mit seiner Ausstrahlung für immer verschwindet.
- *Ortsbestimmung*, d. h. die räumliche Variabilität des Mediums. Plakatstellen sind hier in weiten Grenzen, bis hin zur Einzelstelle, auswählbar, der TV-Spot ist nur vor dem wo immer auch installierten Fernsehgerät aufnehmbar. Eine hohe Ortsfixierung beschränkt mithin die Chancen zur Werbeaufnahme.
- *Streugebiet*, d. h. die räumliche Ausbreitung des Mediums. Hier ist zwischen lokalen Medien, z. B. Tageszeitungen, regionalen Medien, z. B. ARD-Werbeprogramme, nationalen Medien, z. B. Zeitschriften, und internationalen Medien, z. B. Satellitenfernsehen, zu unterscheiden. Zusammenwachsende Kulturräume und steigende Mobilität führen zu immer größeren Overlaps der Streugebiete.
- *Person*, d. h. die typische Nutzerschaft eines Mediums. Hier ist zwischen heterogenen Personentypen, z. B. bei Plakat, und homogenen, z. B. bei Kino/Disco, zu unterscheiden. Bei eng definierten Zielgruppen ist die hohe Homogenität der Nutzerschaft eines Mediums von Vorteil für die Abdekung.
- *Darbietung*, d. h. Ansprachekanäle und Reproduktionsqualität. Hier ist zwischen monosensorischen Werbemitteln, z. B. Anzeige und Plakat, und multisensorischen Werbemitteln, z. B. Fernseh- und Kino-Spot, zu unterscheiden. Ceteris paribus gilt, daß die mutmaßliche Werbewirkung um so höher einzustufen ist, je mehr Ansprachekanäle genutzt werden. Dabei spielt auch die Güte der Botschaftsübermittlung eine große Rolle. So hält die Vierfarbwiedergabe in Tageszeitungen hohen Ansprüchen selten stand, umgekehrt kommt ein Funk-Spot über Kabelsender, HiFi-Anlage einmal unterstellt, brillant heraus.

Bei den Merkmalen der Ökonomie geht es nicht um das Preis-Leistungsverhältnis bestimmter Medien, dieses wird im Rahmen des Intramediavergleichs diskutiert, sondern vielmehr um die absolute Kostensituation. Hierzu sei ausgeführt:

- *Einschaltkosten*, d. h. die Tarifpreise der Medien. Dabei ist eine Tageszeitungs-Anzeige mit derart niedrigen Kosten bewehrt, daß auch lokale Kleinwerbungtreibende sie sich leisten können. Ähnliches gilt für Funk-,

Kino- und Disco-Spots. Die Ausstrahlung eines Fernseh-Spots in ARD/ZDF würde aber selbst in der kürzesten Fassung (7 bzw. 15 sec.) die Mittel kleinerer Werbungtreibender schnell erschöpfen. Zugleich entfallen bestimmte Werbeträger allein schon wegen ihrer hohen Tarifpreise.

- *Budgetrahmen*, d. h. der mindestens für die Medien einzusetzende Geldbetrag. Hier macht ebenfalls eine einmalige, z. B. Angebotsanzeige, in der Tageszeitung ebenso Sinn wie eine vereinzelte Plakatstelle an einem wahrnehmungsgünstigen Platz, z. B. Ortseingang. Ökonomisch unsinnig ist jedoch die solitäre Einschaltung einer Zeitschriften-Anzeige, da sie isoliert ohne Lernverbund in der Kampagne dasteht. Auf einer anderen Ebene ergibt sich daraus oft der Zwang zur Konzentration auf den Einsatz einer einzigen sinnvollen Mediagattung.
- *Produktionskosten*, d.h die technischen Vorkosten zur Erstellung eines Werbemittels. Diese sind ganz unterschiedlich zu beurteilen. So kosten durchschnittlich aufwendige Fernseh-Spots leicht DM 200000, aber auch eine gut fotografierte Anzeige kommt auf gut DM 30000. Andererseits sind Hörfunk-Spots relativ kostengünstig zu produzieren, gleiches gilt für Tageszeitungs-Anzeigen. Beim Plakat werden allein für Druckvorlagen als Projektionskosten auf 18/1-Bogenformat DM 30000 in Rechnung gestellt. Diese Vorkosten gehen bei gegebenem Budget zu Lasten des Streuvolumens. Insofern verbietet sich unterhalb gewisser Budgetgrenzen der Einsatz bestimmter Werbemittel von selbst. Dies gilt insb. für schnelllebige Angebote, z. B. Unterhaltungselektronik, oder rasch wechselnde Sortimente, z. B. Einzelhandel.

Des weiteren ergeben sich die Kriterien der Leistung. An dieser Stelle sind zu nennen:

- *Menge*, d. h. die Penetration des Werbemittels. Hier haben ARD und ZDF technisch bedingt noch eine höhere Verbreitung und damit potentielle Zuschauerzahl als etwa Privatstationen. Das gleiche gilt bei Zeitschriften- im Vergleich zu Tageszeitungs-Anzeigen.
- *Erreichbarkeit* als Verbreitung innerhalb einer definierten Zielgruppe. Sie hängt ab von der Penetrationskraft eines Mediums, d. h. dem potentiellen Werbedruck auf Zielpersonen, von seiner Selektivität, d. h. der Steuerbarkeit des Einsatzes, und der Aufnahmebereitschaft der Mediennutzer, d. h. ihrer Ansprechbarkeit über Medien.
- *Wiederholbarkeit*, d. h. die Chance beliebiger Kontakte. Diese ist prinzipbedingt bei elektronischen Medien nicht gegeben. Die Kontaktchance zum Werbemittel Spot besteht nur im Zeitpunkt der Ausstrahlung und ist nicht nachholbar. Anders bei Anzeigen. Diese liegen beliebig lange

auf und können jederzeit nach Wunsch mehrfach genutzt werden.

- *Kontaktdichte*, d.h. die Überschneidung einer Mediagattung mit anderen. Diese ist hoch bei komplementären Medien wie Plakate und Spots, jedoch niedrig bei substitutiven Medien wie z. B. Anzeigen in mehreren Tageszeitungen des gleichen Orts. In einer Informationsgesellschaft steigt der Überschneidungsgrad tendenziell an.
- *Kumulierung*, d.h. die Möglichkeit des systematischen Aufbaus von Mehrfachkontakten. Diese ist hoch bei Medien, die über einen hohen Anteil regelmäßiger Nutzer verfügen, z. B. bei Tageszeitungs-Anzeigen, und niedrig bei Medien, die häufig wechselnde Nutzerschaften haben, z. B. Plakate. Bei gleichbleibender Nutzerschaftsstruktur kann durch Mehrfacheinschaltungen eine intensivere Ansprache der Zielpersonen erreicht werden.
- *Aufbautempo*, d.h. die Geschwindigkeit des Kontaktaufbaus. Dieses ist hoch bei kurzlebigen Werbemitteln, z. B. Tageszeitungs-Anzeigen, und niedrig bei langlebigen Werbemitteln, z. B. Zeitschriften-Anzeigen. Kommt es nun darauf an, eine Botschaft schnell in der Zielgruppe zu verbreiten, z. B. bei Neueinführungen, ist dieses Kriterium von hoher Bedeutung (vgl. *Pepels, Werner:* Kommunikationsmanagement, Stuttgart 1994).

Mediengestützte Befragung, Alternativen

Die Mediengestützte Befragung ist eine sehr zukunftsträchtige Form der Erhebung und kann in mehreren Versionen stattfinden. Das *Computergestützte Telefon-Interviewsystem* (CATI) ist eine Sonderform der telefonischen Befragung. Dabei liest der Interviewer die Fragen von einem Bildschirm ab und gibt die Antworten der Auskunftsperson über eine alphanumerische Tastatur in einen PC ein. Der Computer übernimmt danach auch die Steuerung des Ablaufs der Befragung bzw. zuvor die Anzeige der Telefonnummer oder die automatische Anwahl der Personen über Modem. Nicht erreichte Anschlüsse werden entweder vermerkt oder neu angezeigt/angewählt. Abgebrochene Interviews werden gespeichert und zu einer vereinbarten Fortsetzungszeit aufgerufen/neu angewählt. Unzulässige Antworteingaben werden reklamiert, Verzweigungen im Fragenablauf in Abhängigkeit von Antworten automatisch eingeschlagen.

Die *Bildschirmtext-Befragung* nutzt Datex-J als interaktives Kommunikationsmedium, das über Telefonnetz, Modem und ASCII-Zeichenstandard arbeitet. Endgeräte sind Keyboard, Bildschirm oder Drucker, ggfls. Diskette oder Festplatte eines PC. Als Host fungiert ein zentrales Computersystem der Telekom, in das Anbieter Nachrichten eingeben können, die seitenweise abrufbar sind, oder das ein Durchschleifen auf dezentrale Computersysteme erlaubt (sog. externer Rechnerverbund) und somit die beliebige Nutzung eines Datenverarbeitungsnetzwerkes ermöglicht, mit dem jedermann Nachrichten absenden, ablegen, abrufen und empfangen kann. Datenbestände sind in Geschlossenen Benutzer-Gruppen durch Passwords hierarchisch schützbar. Diese rufen Fragen auf dem Bildschirm auf, geben ihre Antworten über Tastatur ein und überspielen diese online oder, nach Zwischenspeicherung auf Datenträger, offline an Veranstalter.

Schließlich ist auch *Interaktives Fernsehen* für Befragungen nutzbar. Voraussetzung ist allerdings eine Breitbandverkabelung, die die Möglichkeit der Integration eines schmalbandigen Rückkanals bietet. Dadurch können Sendezentrale oder, nach Durchschleifen, Veranstalter mit Fernsehnutzern in Dialog treten. So können in das laufende Programm Abfragen eingebaut oder gesonderte Frageprogramme ausgestrahlt werden, auf die eine Stichprobe von Zuschauern durch Betätigung der Fernbedienung in begrenztem Maße antworten kann. Diese Daten werden dann durch Rückkanal übermittelt und stehen zur Auswertung oder Reaktion zur Verfügung. Zur Rückmeldung dienen Telefon- oder Datenleitung. So können simultan Massenbefragungen an mehreren Orten realisiert werden.

Mediengestützte Befragung, Bewertung

Die Vorteile der mediengestützten Befragung sind vor allem folgende.

Es ist eine schnelle Durchführung von Befragungen möglich. Die modernen technischen Hilfsmittel erleichtern hier die Abwicklung doch erheblich und ermöglichen eine volle Konzentration auf den eigentlichen Befragungsinhalt.

Das Adressenmaterial ist über entsprechende Verzeichnisse leicht zugänglich. Dies gilt sowohl für Telefonanschlüsse, BTX/Datex-J-Anschlüsse als auch Rundfunkteilnehmer-Verzeichnisse.

Die Stichprobe kann relativ exakt ausgeschöpft werden, indem Personen automatisch angewählt und ihr Anschluß bei Nichterreichung zwischengespeichert wird. In Mailboxes kann ihnen eine Nachricht über die Einlagerung einer Befragung gegeben werden.

Der Untersuchungsleiter kann jederzeit den Befragungsablauf durch Aufschalten auf die Verbindung kontrollieren (nur CATI).

Es ist die Verwendung von Stand- und Bewegtbildern, Animationen, Tönen, Sprache, Daten und Texten möglich (nur BTX/TV).

Als Nachteile sind hingegen folgende zu nennen.

Für eine effiziente Untersuchung sind relativ hohe Investitionskosten erforderlich. Dies betrifft die komplexe technische Infrastruktur, die zur Abfrage erforderlich ist. Und zwar sowohl hinsichtlich Hard- und Software wie auch Übertragungsleitungen.

Mit steigender Interviewdauer besteht eine steigende Abbruchgefahr, die durch die Anonymität der Befragung erhöht wird. Im übrigen handelt es sich um eine eher distanzierte Kommunikationsform ohne menschliche Bindung.

Es besteht nur ein eingeschränkter Anwendungsbereich (Datex-J-Modem, ISDN-Anschluß). Die Haushaltsabdeckung für Massenumfragen ist bei weitem noch nicht ausreichend und wird dies auch auf absehbare Zeit nicht sein (nur BTX/TV).

Fragethematiken können nur begrenzt (bis garnicht) durch Bilder, Karten, Produktmuster etc. unterlegt werden (nur CATI).

Mediennutzung

(→ Marktsegmentierung, Kriterien)

Mehrdimensionale Skalierungsverfahren

(→ Skalierungstechniken)

Mehrfachkäufer

(→ Käuferklassen)

Mehrfachtest

(→ Konzepttests)

Mehrfaktorenexperimente

(→ Formales Experiment)

Mehrfirmenvertreter

(→ Handelsvertreter)

Mehrlinienorganisation

Bei Mehrlinienorganisationen entsteht als Besonderheit, daß Weisungs- und Folgebeziehungen untereinander vielfältig vernetzt sind, d. h. jeder Mitarbeiter hat mehrere Vorgesetzte. Insofern kommt es zu einer besseren Übereinstimmung von Fachkompetenz durch Spezialisierung und Entscheidungsfähigkeit durch direkte Wege. Dabei ist jeweils eine Mehrfachunterstellung gegeben. Praktisch besteht jedoch die Tendenz zur unechten Funktionalisierung über Zentralabteilungen.

Wesentliche Vorteile der Mehrlinienorganisation sind die folgenden. Sachgerechte Entscheidungen, getragen von hoher Kompetenz, stehen im Vordergrund. Die enge Vernetzung führt zu sorgfältiger Abstimmung und effizienter Koordination. Die kurzen Informationswege schaffen eine weitgehende Entbürokratisierung der Organisation. Sinnvollerweise dominiert die funktionale Autorität gegenüber der formalen Verankerung.

Dem stehen folgende Nachteile gegenüber. Es kommt nahezu unvermeidlich zu Kompetenzkonflikten zwischen einzelnen Stellen innerhalb einer Ebene. Die vielfache Vernetzung führt zu einem erhöhten Abstimmungs- und Kontrollaufwand. Daraus resultiert eine komplizierte Kommunikationsstruktur. Zudem werden Ressortdenken und die Überbewertung der eigenen Aufgabe gefördert.

(→ Strukturorganisation)

Mehrmarke

Mehrmarkenstrategie bedeutet, daß je Segment mehr als eine Marke von einem Anbieter geführt wird. Dabei wird zunächst davon ausgegangen, daß ein Segment mit zwei und mehr Marken besetzt wird, wobei die Abgrenzung zwischen Markt und Segment durchaus diskussionsfähig ist. Ein Beispiel findet sich im Katzenfutter-Markt, wo *Effem* mit den Produkten *Sheba, Kitekat, Whiskas, Katkins, Brekkies, Katzenschmaus* praktisch alle Bedarfe von Katzen bzw. ihrer Besitzer gleich mehrfach abdeckt. Und zwar noch in verschiedenen Darreichungsformen (Konsistenz, Geschmack, Größe, Preislage etc.). Die einzelnen Produkte sind dabei fein gegeneinander abgegrenzt. So ist etwa Sheba für Katzenliebhaber gedacht, die ein verschmustes, gönnerhaftes Verhältnis zu ihrem Haustier haben, für die die Katze also eher Kindersatz ist (daher primär Frauenansprache), während Kitekat sich an Katzenbesitzer wendet, die ein rationales, sachlich partnerschaftliches Verhältnis zu ihrem Haustier pflegen. Gleiches gilt für die anderen Produkte. Dadurch wird vermieden, daß die Produkte sich gegenseitig kannibalisieren, vielmehr wird der vorhandene Teilmarkt weitaus besser ausgeschöpft.

Ebenfalls von Effem wird dies im Hundefuttermarkt durch *Cesar* und *Pal* gezeigt. Bei beiden handelt es sich um Feuchtfutter für Hunde. Objektiv, also von der Konsistenz her, sind sie kaum zu unterscheiden. Subjektiv trennen sie jedoch Welten. Cesar ist für Hundeliebhaber, deren, typischerweise kleinwüchsiger, Hund plüschtierartig behandelt wird. Während Pal sich an Hundehalter wendet, die eine kumpelhafte Beziehung zu ihrem, typischerweise großen, Hund haben. Durch diese Spreizung der Konzepte für an sich gleichartige Produkte desselben Herstellers im selben Teilmarkt kann wiederum der Markt besser ausgeschöpft und eine gegenseitige Kannibalisierung vermieden werden.
(→ Horizontale Markentypen)

Mehrphasiges Auswahlprocedere

(→ Zufallsauswahl, Sonderformen)

Mehrspeichermodell

(→ Gedächtnis)

Mehrstufig indirekter Absatz

Von mehrstufig indirektem Absatz spricht man, wenn zwischer Hersteller und Endabnehmern mehr als zwei Stufen von Absatzmittlern zwischengeschaltet sind (etwa durch kollektierenden und distribuierenden Großhandel). Dies ist eher in Urprodukte-Branchen anzutreffen (wie Landwirtschaft).

Die Vor- und Nachteile des mehrstufig indirekten Absatzes sind aus *Händlersicht* die folgenden. Zunächst zu den Vorteilen:

- Spezialisierungsvorteile entstehen durch weiter verbesserte Funktionsteilung im Absatzkanal. Dadurch lassen sich auch unübersichtliche Marktverhältnisse beeinflussen und ausschöpfen.

- Es kommt zu einer Professionalisierung auf allen Absatzstufen. Die kombinierte Expertise der jeweiligen Spezialisten kommt im Effekt allen Beteiligten durch bessere Erlöse zugute.
- Aufgrund der Komplexität der Vermarktungssituation ist eine andere Organisation oft überhaupt nicht praktikabel. Dabei liegen oft starre, historisch gewachsene Verhältnisse oder spezielle Marktcharakteristika vor.

Folgende Nachteile sind zu nennen:

- Es kommt zu einer weiteren Komplizierung der Austauschprozesse zwischen den Beteiligten. Der Absatzkanal droht, intransparent und damit für eine zielgerichtete Steuerung unpraktikabel zu werden.
- Es entsteht eine weitere Einbuße von Spanne bzw. Konkurrenzvorteil, weil mehrere Absatzstufen ihre Honorierung fordern. Denn distributiv erbrachte Leistungen wollen honoriert werden.

Die wesentlichen Vorteile des mehrstufig indirekten Absatzes aus Herstellersicht sind die folgenden:

- Die Auslagerung der Distributionsfunktion vom Hersteller an mehrere Absatzmittlerstufen spart diesem Zeit und Geld.
- Es kommt zur Ausschöpfung der Marktbreite durch kumulative „Baumverzweigungen" der Akteure im Absatzkanal.
- Es handelt sich um überschaubare Waren-, Geld- und Informationsströme, da jeweils nur zu vergleichsweise wenigen Absatzmittlern der nächsten Stufe unmittelbarer Kontakt besteht.

Dem stehen folgende Nachteile entgegen:

- Die Gewinnspanne wird um das Entgelt für zwei Absatzstufen gekürzt. Dies geht zu Lasten der Herstellerrendite oder der Wettbewerbsfähigkeit seiner Produkte an Markt.
- Es besteht eine schwierige Kontrolle über die Darbietung des Angebots gegenüber Endabnehmern, da zwei oder mehr autonome Zwischenstufen eingeschaltet sind.
- Es kommt zu komplexen Interaktionen der Absatzstufen untereinander, die der Hersteller weder überblicken noch zielgerichtet steuern kann.

(→ Absatzkanal, Tiefe)

Mehrstufige Deckungsbeitragsrechnung

(→ Deckungsbeitragsrechnung, Darstellung)

Mehrstufiges Auswahlprocedere

(→ Zufallsauswahl, Sonderformen)

Mehrthemenbefragung

(→ Omnibusbefragung)

Mehrwertdienste

(→ Audiokommunikation)

Meinungsführerschaft, Aussage

Meinungsführerschaft ist die Ausübung von Einfluß innerhalb interpersoneller Kommunikationsprozesse. Im Rahmen der persönlichen Kommunikation in sozialen Gruppen haben bestimmte Personen stärkeren Einfluß auf Einstellungen, Meinungen, Verhaltensweisen anderer Gruppenmitglieder, sie werden daher als Opinion Leaders bezeichnet. Dabei ist von einer graduellen Ausprägung auszugehen.

Frühe Untersuchungen zu diesem Phänomen stammen aus dem Wahlverhalten von US-Bürgern. Danach fließen Informationen in einer ersten Stufe von den Massenmedien zu den Meinungsführern und in einer zweiten Stufe erst von diesen zu den Meinungsfolgern. Bei Meinungsführern wird also davon ausgegangen, daß sich die Kommunikation zwischen Botschaftsabsender und Rezipienten nicht nur direkt und diffus, sondern vor allem auch zweistufig vollzieht. Nämlich vom Botschaftsabsender an bestimmte Meinungsbildner in der Gesellschaft und von diesen dann an weitere Personengruppen.

Der Botschaftsfluß geht also zunächst einstufig vom Absender an Meinungsführer. Diese nehmen die Botschaft auf und versuchen, etwaige Informationsdefizite durch Kontaktsuche zu Promotoren (professionellen Experten) zu füllen. Gleichzeitig suchen weitere Personengruppen infolge psychischer Inkonsistenzen Kontakt zu Meinungsbildnern, die auf sie dann in der zweiten Stufe ihren Einfluß ausüben.

Als Meinungsführer werden generell jene Mitglieder einer Gruppe bezeichnet, die im Rahmen des Kommunikationsprozesses einen stärkeren persönlichen Einfluß als andere ausüben und daher die Meinung anderer zu beeinflussen oder zu ändern imstande sind. Professionelle Experten als Beeinflusser werden meist im Rahmen der Fachwerbung ohnehin getrennt intensiv bearbeitet. Ihr Beeinflussungspotential bestimmt sich aus der Relaisfunktion, ihrer Verzerrungs-, Verstärkungs- bzw. Abschwächungswirkung, ihrer Selektionsfunktion für weiterzuleitende Informationen und ihrer Resistenzfunktion zur Abwehr nicht wertkonformer Informationen.

Diese Meinungsbildner nehmen nun eine exponierte Stellung ein, weil sie besser informiert, stärker interessiert und aktiver sind als andere. Dies macht sie aufnahmefähig für Herstellernachrichten mit Niveau und Gehalt, die sie bei Gelegenheit ihrerseits an ihr soziales Umfeld weitergeben. Man unterscheidet institutionelle Meinungsbildner (z. B. Journalisten, Ärzte, Lehrer) und funktionale Meinungsbildner (im Publikum).

Diese Eigenschaft beruht auf informeller Kompetenz, selten auch auf Macht, und wechselt interpersonell je nach Themenstellung. Die Kommunikation kommt nun nicht nur durch Medien, sondern auch durch Personen zustande, die über Themen kommunizieren. Meinungsführer haben daher eine Multiplikatorwirkung in ihrem sozialen Umfeld. Marketing nutzt dies, indem selektierte Informationen zuerst an meinungsbildende Personen gegeben werden, die diese dann weitertragen (sog. Two Steps Flow of Communication).

Problematisch ist dabei die Charakterisierung solcher Meinungsführer. Generell ist festzuhalten, daß sie:

- in allen sozialen Schichten anzutreffen sind und nicht, wie früher angenommen, nur in hohen sozialen Schichten,
- kommunikationsfreudiger als der Durchschnitt sind und sich durch geselliges Verhalten und starke soziale Interaktion auszeichnen, z. B. Mitgliedschaft in Verein/Verband,
- vorwiegend auf ein bestimmtes Thema spezialisiert und dort besser informiert sind als andere, allenfalls sind Überschneidungen bei Meinungsgebieten gegeben, die sehr ähnlich sind, d. h. aber, daß Personen je nach Thema verschiedene Rollen einnehmen, nämlich als Ratgeber und Ratnehmer,
- risikofreudiger als der Durchschnitt der Zielgruppe sind, was aus ihrem besseren Informationsstand resultiert,
- häufig Nutzer von Fachmedien sind, sog. Special Interest-Titeln, die daher für die werbliche Ansprache ausgewählt werden,
- generell an ein höheres Anspracheniveau gewöhnt sind,
- mit informeller Kompetenz ausgestattet sind.

Solche Personen sind besonders wichtig im Marketing, weil sie einerseits als Heavy Users ein großes Nachfragepotential auf sich vereinen (Eigeneffekt) und andererseits als Multiplikatoren kostenlose Akquisitionsanstöße geben, die sogar glaubwürdiger und effizienter sind als Werbeaussagen, weil man unterstellt, daß die Person aus ihrer Empfehlung keinen Vorteil zieht (Vermittlungseffekt), und als Induktoren zur Einstellungsveränderung von Meinungsfolgern beitragen (Beeinflussungseffekt). Solche Personengruppen werden etwa bei Produktneueinführungen erklärungsbedürftiger oder anderer High Interest-Produkte angesprochen, z. B. technische Gebrauchsgüter, Modeartikel, Genußmittel, Sportbedarf. Und zwar meist additiv zur Breitenzielgruppe bzw. bei geringer Budgethöhe auch allein (vgl. *Pepels, Werner:* Käuferverhalten und Marktforschung, Stuttgart 1995).

Meinungsführerschaft, Identifizierung

Zur Identifizierung Personen sind drei Ansätze gebräuchlich.

Der *Soziometrie-Ansatz* versucht, das Kommunikationsgefüge in gesellschaftlichen Gruppen graphisch sichtbar zu machen. Dazu wird der Informationsfluß zwischen den Mitgliedern untersucht und als Netzwerk mit Knoten für die Mitglieder und Pfaden für den Informationsfluß dargestellt. Dabei ergeben sich Knoten, bei denen mehr und solche, bei denen weniger Pfade zusammenlaufen. Die Kristallisationspunkte im ermittelten Kommunikationsnetz werden als Meinungsführer interpretiert. Voraussetzung ist dabei, daß alle wesentlichen Beziehungen erfaßt werden, was wiederum die Kenntnis der Gruppenstruktur bedingt.

Der *Schlüsselinformanten-Ansatz* zielt darauf ab, Personen zu identifizieren, die einen besonders guten Überblick über die Gruppe haben. Diese sollen dann angeben, wer ihrer Meinung nach Meinungsführer hinsichtlich bestimmter Themen ist. Dabei ersetzt man die Unsicherheit über die Person des Meinungsführers allerdings nur durch die Unsicherheit über die Person des Schlüsselinformanten.

Der *Selbsteinschätzungs-Ansatz* geht von einem subjektiven Punktbewertungsverfahren aus, das mutmaßliche Kennzeichen von Meinungsführern umfaßt. Dazu werden umfangreiche Itembatterien eingesetzt, anhand derer Befragte eine Selbsteinstufung nach Gesprächsintensität, Ratgeber- und Ratnehmerverhalten vornehmen, deren Werte auf ein eindimensionales Kontinuum verrechnet werden. Jedes Gruppenmitglied bewertet sich dann selbst hinsichtlich dieser Kriterien. Dabei kann es aber zu krassen Fehleinschätzungen kommen. Insofern ist die Zuverlässigkeit der Ergebnisse stark anzuzweifeln.
(→ Soziologische Teilmodelle)

Melkproduktmärkte (Melkkühe)

(→ Portfolio, Vier-Felder-, Positionen)

Mengenausgleich

(→ Handelsfunktionen)

Mengenbudgetierung

(→ Budgetierung, Analytische Verfahren)

Mengenentscheidung

(→ Kaufprozeß)

Mengenrabatt

(→ Rabatt)

Merchandising

(→ Regalspiegel, Verkaufsförderung, Maßnahmen)

Message-Effekt

(→ Wahrnehmung, Effekte)

Messe

Die Messe ist eine Marktveranstaltung, auf der nach Bestellmustern abgesetzt wird. Dabei sind einige Grundmerkmale zu definieren. Es handelt sich um eine Veranstaltung mit dem Charakter eines organisierten Marktes, d. h. bewußt und geplant werden Anbieter und Nachfrager dort in großer Zahl zusammengeführt. Es wird ein umfassendes Angebot eines oder mehrerer Wirtschaftszweige gezeigt. Dabei ist die Abgrenzung von umfassend zu relativieren, jedenfalls handelt es sich aber um ein überbetriebliches Angebot. Die Messe findet in regelmäßigem Turnus am gleichen Ort statt, d. h. sie ist weder dauerhaft präsent (wie z. B. Musterläger) noch einzeln veranlaßt (wie z. B. Sonderschauen) und im Standort wechselnd (wie z. B. Wanderschauen). Es wird aufgrund von Mustern, die verkaufsaktiv wirken sollen, gekauft, d. h. der Absatz erfolgt im Wege des Lieferungsgeschäfts nach dem Kaufabschluß. Messen sind nicht für Endabnehmer bestimmt, sondern für Wiederverkäufer, Weiterverarbeiter, gewerbliche Nutzer und Großabnehmer, wobei größere Mengen/Werte umgesetzt werden. Der Zutritt ist grundsätzlich nur Fachbesuchern vorbehalten.

Universalveranstaltungen fassen Wirtschaftsgüter aller Art zusammen. Aufgrund der wachsenden Breite des Angebots und der gleichzeitig steigenden Tiefe sind diese jedoch kaum mehr darstellbar. Allenfalls gibt es sog. Mehrbranchenveranstaltungen, d. h. solche, die das wesentliche, gut gegliederte Angebot mehrerer Industrie-, Handels-, Dienstleistungs- und Handwerksbereiche zeigen. Demgegenüber dominieren Fachveranstaltungen. Dabei erfolgt eine Einengung des ausgestellten Programms hinsichtlich klar definierter Kriterien. Dies sind meist Produktmerkmale, es kann aber auch nach Abnehmern, Techniken, Verfahren, Themen etc. gegliedert werden. Kongreßveranstaltungen besitzen neben der Messe- und Ausstellungsfunktion einen ergänzenden Konferenzteil. Einen Boom erleben Verbraucherveranstaltungen in Bereichen wie Freizeit, Garten, Tourismus, Auto, Hauswirtschaft, Bauen etc. Die zunehmende internationale Verflechtung führt zur Entwicklung europäischer oder gar globaler Ereignisse. Im Gegenzug entwickeln sich regionale oder auch lokale Ereignisse mit entsprechend interessierten Teilnehmern und Besuchern.

(→ *Abschlußmärkte)*

Messewesen, Auswahl

Die Vielzahl der Messen und Ausstellungen erzwingt eine Bewertung und Auswahl von Veranstaltungen, damit der Finanzrahmen nicht gesprengt wird. Als Auswahlkriterien dienen u. a.:

- Übereinstimmung von Veranstaltungsumfeld und eigenen Beteiligungszielen,
- Repräsentatives Angebot,
- Erreichung der Zielgruppe (aktuelle Kunden/neue Interessenten).

Basisinformationen vermitteln die Handbücher des AUMA (Ausstellungs- und Messe-Ausschuß der Deutschen Wirtschaft e.V.) und der FKM (Gesellschaft zur freiwilligen Kontrolle von Messe- und Ausstellungszahlen). Erstere geben eine komplette Übersicht über die nationale und internationale Messelandschaft, letztere erfassen zuverlässig Ausstellungsflächen, Aussteller- und Besucherzahlen. Des weiteren stellt der DIHT (Deutscher Industrie- und Handelstag) Informationen zur Verfügung. Schließlich sind auch Messegesellschaften selbst, Handwerkskammern, Wirtschaftsverbände und Außenhandelskammern behilflich. Zum Informationsmaterial gehören:

- Katalog zur vormals gelaufenen Veranstaltungen,

- Angebotsgliederung und Nomenklatur (Warengruppengliederung),
- Entwicklung der Aussteller- und Besucherzahlen,
- Besucherstrukturangaben,
- Ergebnisse von Teilnehmerbefragungen,
- Markt- und Branchenanalysen.

Messen und Ausstellungen sind ausgesprochen kostenträchtig. Daher ist eine genaue Budgetplanung unerläßlich. Als Kostenpositionen sind vor allem die folgenden wichtig:

- Kostenbeitrag an den Veranstalter. Dieser berechnet sich nach den belegten Quadratmetern und der bestellten Standart. Diese Position umfaßt neben der Standmiete Serviceleistungen (Energieversorung, Sicherheit, Zutrittskontrolle etc.) und vorverkaufende Maßnahmen (Werbung, Pressemitteilung etc.).
- Kosten für Exponate. Hierbei handelt es sich um Vorführmodelle und deren Transport bzw. Installation.
- Standbaukosten und Standversorgung. Hier ergeben sich die Möglichkeiten des Systemstands, d. h. vorgefertigter, genormter und daher universell einsetzbarer Teile, des eigenen Systemstands, der individuell angepaßt und mehrfach verwendbar ist, sowie des gänzlich individuellen Standbaus. In jedem Fall ist die Standausstattung zu stellen (incl. Technik).
- Kosten für unterstützende Maßnahmen wie Werbung, Presse, Verkaufsförderung. Die Werbung des Veranstalters bringt die Besucher auf das Gelände, erst die Werbung des Ausstellers bringt sie aber womöglich an den Stand.
- Personalkosten für Vorbereitung, Organisation, Nachbereitung, aber auch Unterkunft, Verpflegung, Transport während der Veranstaltung, Standauf- und -abbau, Kleidung etc. Zur Beteiligung an Messen und Ausstellungen gibt es, vor allem im Ausland, öffentliche Fördermittel. Dabei sind auch Gemeinschaftsbeteiligungen durch Bundesländer, Branchen etc. möglich.

Der Anmeldeschluß liegt sechs bis achtzehn Monate vor der Veranstaltung. Die Beteiligungsunterlagen umfassen gemeinhin Geländeplan, Hallenplan, Anmeldeformular, Serviceangebot, Platzangebot, Standbedingungen, Vorschriften. Die Abfrage umfaßt die Positionen:

- Mindest- bzw. Maximalgröße des Stands, Breite und Tiefe,
- Lage in der Halle oder im Freigelände,
- Standart (Reihen-, Eck-, Kopf-, Blockstand),
- Bauweise (Geschoßzahl),
- Gewünschte Abweichungen von Aufteilungsraster oder Standbauweise,
- Ausgestellte Produkte (zur Branchengliederung),
- Unteraussteller.

In den Teilnahmebedingungen werden die Vertragskonditionen wie Zulassung, Standmiete, Zahlungsbedingungen, Vertragsrücktritt, Auf-

und Abbauzeiten, Angaben über Baumaterialien, Standhöhe, Bodenbelastbarkeit, technische Installationen (Infrastruktur), Bestimmung über Feuerschutz, Unfallverhütung, Sicherheitsvorschriften, Haftung, Versicherung etc. geregelt. Dienstleistungen des Veranstalters umfassen Miete von Ständen, Möbeln, Bodenbelägen, Küchen, Beleuchtungen, AV-Technik, Logistikleistungen, Lagerflächen, Zimmerreservierungen, Standreinigung und, -überwachung, Installationen, Versicherungen, Telecom-Anschlüsse, Aushilfskräfte, Fotos, Dekomaterialien etc. Dazu gehören auch Ausstellerausweise, kostenlose Eintrittskarten, Parkausweise etc. Wichtig sind auch die Eintragungsformulare für Katalog und Informationssystem. Die Eintragung erfolgt meist alphabetisch nach Firmenname, nach Warenverzeichnis und nach Hallen. Gleichfalls sind Anzeigen dort ebenso möglich wie eine Beteiligung am Rahmenprogramm. Der Veranstalter stellt umfangreiche Werbemittel für Aussteller zur Verfügung, z. B. Presseverteiler für Fachzeitschriften, Druckvorlagen für Signets und Lagepläne, Besucherprospekte, Siegelmarken für Briefaufkleber, Eintrittskarten-Gutscheine, Messekalender etc. Zur Besucherwerbung dienen Briefaufkleber, Einladungsbriefe und -prospekte, Gewinnspiele, Anzeigenwerbung, Katalogeintrag und -anzeigen, Eintragung in Besucherinformationssysteme sowie Außenwerbung. Hinzukommen Pressemitteilungen.

Messewesen, Bedeutung

Die Mehrzahl der Teilnehmer sieht die Messe- und Ausstellungsbeteiligung als integrierten Bestandteil des Marketing-Mix, denn sie sind multifunktional einsetzbar und verbinden die Unternehmenspräsentation nach gewünschter Breite und Tiefe mit dem persönlichen Kontakt zu Zielpersonen. Darüberhinaus kommt es zum wirksamen Feedback von Markt und Interessenten zum Aussteller. Messen und Ausstellungen sind damit anders als viele Medien unmittelbar wirksam und bieten eine direkte Responsemöglichkeit. Auch moderne Kommunikationstechnologie kann diese Funktion nicht ersetzen, denn der persönliche Kontakt zu Kunden wird immer mehr zum strategischen Erfolgsfaktor im nationalen und internationalen Wettbewerb. Die besondere Effizienz, etwa im Vergleich zum individuellen Besuch bei potentiellen Kunden vor Ort, liegt aber darin, daß nirgendwo sonst so viele und so kompetente Fachleute eines Gebiets in so kurzer Zeit erreicht werden können wie auf Messen und Ausstellungen. Weiter von Vorteil ist die Pflege des Kontaktes zum Kundenstamm, Treffs dort frischen Kontakte auf und intensivieren sie.

Messe- und Ausstellungsbeteiligungen lassen sich zudem bestens mit anderen Kommunikationsmaßnahmen kombinieren, insb. der Vor- und Nachbereitung von Käufen. Sie bieten ein Konzentrat der Situation ausgewählter Märkte. Deshalb sind sie für gewöhnlich für alle ernstzunehmenden Anbieter Pflichtveranstaltungen, ebenso wie für engagierte private und gewerbliche Nachfrager.

Messen und Ausstellungen haben einen hohen Erlebnischarakter und sprechen alle menschlichen Sinne an. Sie fördern damit einen ungleich engeren Kontakt als jegliche andere Medien, mit Ausnahme des Handelsplatzauftritts. Die Kontaktintensität korreliert unmittelbar mit dem Ausmaß kommunikativer Beeinflussung, sodaß angenommen werden darf, daß hiervon eine hohe Überzeugungswirkung ausgeht.

Messen und Ausstellungen gewährleisten und vergrößern die Markttransparenz. Sie schaffen eine aussagefähige Marktübersicht und ermöglichen es, die Akzeptanz der Abnehmer für Neuprodukte zu testen. So werden auch neue Märkte erschlossen. Durch die Präsenz innerhalb des angestrebten Umfelds und die Kontaktchance zu Zielpersonen gelingt es Anbietern, in neue Märkte einzudringen.

Messen und Ausstellungen ermöglichen schließlich einen direkten Vergleich von Preis und Leistung für Einkäufer, da einerseits die unmittelbare Demonstrationsmöglichkeit für Nutzen besteht und andererseits dieses Preis-Leistungs-Verhältnis mit dem anderer Anbieter effektiv verglichen werden kann.

Der Prozeß der Kommunikation als Austausch von Nachrichten kann auch für die Messe- und Ausstellungsveranstaltung nachvollzogen werden. Der Aussteller mit seiner Präsentation, seinen Produkten und seinem Standpersonal tritt vorrangig als Informationssender auf, der Besucher hat die Rolle des Informationsempfängers, und die Veranstaltung selbst dient als Medium.

Messen und Ausstellungen können aufgrund ihres Ereignis- und Erlebnischarakters viel intensiver und aktiver Informationen über ein Angebot vermitteln als die meisten anderen Kommunikationsinstrumente. Deshalb kommt ihnen eine ziemlich einzigartige Stellung zu. Als Nachteil wirkt allerdings die geringe Disponibilität dieser Veranstaltungen infolge ihres institutionalisierten Charakters mit turnusmäßigen Abständen, festen Austragungsorten und langen Anmeldefristen. Messen und Ausstellungen können wegen ihrer Multifunktionalität individuell genutzt werden und führen zu gezieltem Kontakt entsprechend der Informationsbedürfnisse der Interessenten. Produktvorteile können durch Demonstration hervorgehoben werden. Die Unternehmenskultur wird durch Standgestaltung, -lage und -infrastruktur dargestellt.

Messen und Ausstellungen helfen, die eigene Stellung am Markt in Relation zum relevanten Mitbewerb besser einschätzen zu können. Messen bieten Lerneffekte aus dem Verhalten der Konkurrenz, dem man sich anpassen oder von dem man sich absetzen kann. Sie sind vor allem interessant für Anbieter von technischen Gebrauchsgütern und Spezialprodukten, die ein hohes Maß an Erklärungsbedürftigkeit aufweisen. Außerdem immer dann, wenn Neuheiten effektvoll vorgestellt werden sollen.

Eine Beteiligung sollte mindestens auf drei Teilnahmezyklen ausgelegt sein, da eine nur einmalige Teilnahme das Bild verzerrt und vor allem die Chance vertan wird, die einmal geknüpften Erstkontakte in Folge zu vertiefen.

Messewesen, Durchführung

Die organisatorische Abwicklung sieht zunächst einen Termin- und Ablaufplan vor, der sämtliche Tätigkeiten in ihrer zeitlichen Reihenfolge festlegt (Netzplan). Der Stand selbst gliedert sich in die eigentliche Präsentationsfläche, die Besprechungsbereiche und Nebenräume (wie Lager, Garderobe, Technik, Büro).

Hinsichtlich der Standart unterscheidet man:

- den Reihenstand, der einseitig nur nach einem Gang hin offen ist und neben weiteren Reihenständen steht,
- den Mittenstand, der zweiseitig offen zu zwei parallel verlaufenden Gängen ist,
- den Eckstand, der am Ende einer Reihe steht und nach zwei Seiten hin offen ist, zum Haupt- und zum Quergang,
- den Kopfstand, der am Ende einer Reihe steht und nach drei Seiten offen ist, zu zwei Hauptgängen und einem Quergang,
- den Blockstand, der nach allen Seiten hin offen ist (gut und teuer),
- den Freigeländestand.

Außerdem ist die Lage des Stands innerhalb einer Halle von Bedeutung. Der Standbau beinhaltet Entscheidungen über:

- Miete, Leasing oder Kauf des Stands. Damit sind unterschiedliche organisatorische Aufwendungen verbunden.
- Standbauweise (System- oder konventioneller Bau). Die Vorteile des Systembaus liegen in preisgünstigen, vorgefertigten, paßgenauen Teilen, guter Transport- und Lagerfähigkeit, geringem Personal- und Werkzeugbedarf bei Auf- und Abbau, großer Stabilität, Vielseitigkeit und Anpassungsfähigkeit.

Nach den Bauformen unterscheidet man:

- Offene Standbauweise, d. h. keine sichtbehindernden Außenflächen,
- Halboffene Standbauweise, d. h. teilweise werden Außenflächen vorgesehen,
- Geschlossene Standbauweise, d. h. nur Außenflächen als Sichtsperren, die Standfläche ist dann weiter untergliedert (Raumteiler, Dekowände, Kabinen etc.).
- Erstellung des Stands in Eigenleistung, Einsatz einer Messebaufirma als Generalunternehmer, Einsatz von Architekt und Messebaufirma gemeinsam, Einsatz von Architekt mit Ausschreibung für Bau, dafür sind die Parameter Kostenhöhe, Arbeitsumfang, Erfahrung und Vertrauen ausschlaggebend.
- Standaufbaubestimmungen

(Standhöhe, Abstände, Standprofil etc.), technische Bedingungen (Feuerschutz, Sicherheitsbestimmungen, Strom, Wasser, Gas, Druckluft, Telekommunikation, AV-Medien, Bürotechnik) und Lage (Besucherstromrichtungen, Halleneingänge, Standnachbarn, Funktionsbereiche etc.).

Die Standarchitektur berücksichtigt:

- ein Ordnungsschema für die Messebesucher zu deren Orientierung,
- ein verbales und visuelles Informationsangebot und Präsentationskonzept,
- die Möglichkeit zum praktischen Kennenlernen der Exponate,
- die Möglichkeit zu persönlichem Kontakt mit Beratern.

Dazu sind Faktoren zu beachten wie Raumaufteilung, Bauweise, Fußbodenbelag, Deckengestaltung, Blenden und Verkleidungen, Stand- und Objektbeleuchtung, technische Aufbauten, Standausstattung, Farbgestaltung, Einrichtung etc. Dabei lassen sich die Tischebene (Besprechung, Bewirtung), die Podestebene (Information, Demonstration), die Schriftebene (Tafeln, Displays) und die Kennzeichnungsebene (Firma, Abteilung) unterscheiden. Bei der Identifikation ergeben sich dementsprechend die Fern-, die Nah- und die Detailerkennung.

Die Personalplanung und -auswahl im Standbetrieb erfordert vor allem:

- ausgeprägte theoretische und praktische Fachkenntnisse zur kompetenten Erläuterung,
- Kontaktfreudigkeit und Aufgeschlossenheit zur Herstellung von Kundenverbindungen,
- sicheres und gewandtes Auftreten als Repräsentant des vertretenen Unternehmens,
- guten sprachlichen Ausdruck zur differenzierten Darstellung der Angebotsvorteile, möglichst Fremdsprachenkenntnisse,
- Anpassungsfähigkeit an ungewohnte und ungewöhnliche Situationen, möglichst Veranstaltungserfahrung,
- Belastbarkeit, da Messen und Ausstellungen gemeinhin mit einigem Stress verbunden sind.

Zum Standpersonal selbst gehören:

- Unternehmensrepräsentanten der Führungsebene,
- Standleiter, der verantwortlich für den Standbetrieb ist,
- Technisches Personal für Vorführungen, Anschlüsse etc.,
- Kaufmännisches Personal für Beratung, Verkauf etc.,
- Länderreferenten und Dolmetscher,
- Auskunftspersonen zur Repräsentanz und Information,
- Servicepersonal für Büro, Bewirtung, Bedienung, Bewachung, Reinigung etc.

Zur Einstimmung bietet sich eine Schulung oder ein Eventtraining an. Kerninhalte, die dabei vermittelt werden, sind Kenntnisse über das eigene Produkt- und Diensteangebot, über Entgelte und Konditionen, Wettbewerber und Wettbewerbsangebote, Zielgruppen, Besucherstruktur der Veranstaltung, wichtige Kunden und Interessenten, schriftliche Erfassung von Besucherkontakten, Standordnung und Dienstplan, Messeplatz und -gelände etc. Fertigkeiten, die dabei vermittelt werden, betreffen vor allem Interessentenansprache und Gesprächsführung.

Dem Standleiter kommen besondere Aufgaben zu wie die Standabnahme vor Beginn der Veranstaltung, die Aufgabendelegation an Mitarbeiter, die Überwachung des Dienst- und Anwesenheitsplans, der Empfang wichtiger Besucher (VIP's) und die Berichterstattung an die Unternehmensleitung über Ergebnisse. Außerdem bietet sich eine tägliche Lagebesprechung am Stand an. Falls erforderlich, ist zudem ein Verhaltenskodex zu vereinbaren. Auf einem gut organisierten Stand ist gewährleistet, daß dieser zu jeder Tageszeit sauber und ordentlich aussieht, daß keine Engpässe bei Verbrauchs- und Verzehrgütern entstehen, daß alle technischen Einrichtungen am Stand reibungslos funktionieren, daß die Standordnung und die Dienstzeiten exakt eingehalten werden, daß die Stimmung durchweg freundlich und entspannt sowie stets eine umfassende Besuchererfassung und kompetente Besucherberatung gegeben ist. Im übrigen kann die Veranstaltung auch zur Marktforschung genutzt werden, indem Art und Umfang der Präsenz von Mitbewerbern, deren Exponate und Werbematerialien sowie die Besucherfrequenz beobachtet und ausgewertet werden.

Messewesen, Nachbearbeitung

Wichtig ist die Nachbearbeitung jeder Veranstaltung. Dazu gehört im einzelnen:

- die Auswertung der Gesprächsinhalte hinsichtlich Produkten, Anwendungen, Verfahren, Kundenwünschen etc.,
- die Erfassung der Gesprächsschwerpunkte nach technischen, kaufmännischen Inhalten, allgemeiner Unternehmensinformation, weiterem Beratungsbedarf, Angebotsabgabe, Bemusterung, Akquisition etc.,
- der Nachfaß durch Dankschreiben an wichtige Kunden, schnelle Zusendung von Unterlagen, Gesprächsvermittlung im eigenen Haus, Informationsanrufe, Anfragebearbeitung.

Bestehen Erfassungsbögen, kann auf Informationsschwerpunkte und Termine eingegangen werden. Kunden/Interessenten, die nicht erschienen sind, können über das Ausstellungsprogramm schriftlich informiert werden. Daraus ergibt sich schließlich die Möglichkeit zu einer gewissen Erfolgskontrolle durch:

- Ermittlung aller Teilnahmekosten,
- Dokumentation über Abschlüsse, Kontakte, Informationsgewinnung,
- Auswertung der Besuchererfassung,
- Vergleich der Besucherstruktur am Stand mit den angestrebten Zielgruppen, mit früheren Beteili-

gungen sowie den allgemeinen Strukturerkenntnissen,

- Auswertung der Teilnehmerbefragung des Veranstalters,
- Berücksichtigung der Branchenkonjunktur,
- Eigene Veranstaltungswerbung und Einladungsaktionen,
- Beurteilung der Standlage, -größe und -ausstattung,
- Bewertung von Motivation und Qualifikation des Standpersonals,
- Ergebnisse der Manöverkritik am Stand und subjektive Einschätzungen des Standpersonals,
- Analyse der Präsentation der Mitbewerber,
- Presseresonanz der Beteiligung.

Dies dient als Entscheidungsgrundlage für weitere Beteiligungen.

Messewesen, Ziele

Als mögliche Ziele der Aussteller können neben anderen genannt werden:

- Kennenlernen neuer Märkte und entdecken von Marktnischen,
- Überprüfung der Konkurrenzfähigkeit des eigenen Angebots,
- Erkundung von Exportchancen,
- Orientierung über die Branchensituation,
- Austausch von Erfahrungen mit Partnern der gleichen und der gegenüberliegenden Marktseite,
- Anbahnung von Kooperationen,
- Beteiligung an Fachveranstaltungen im Rahmenprogramm,
- Erkennen von Entwicklungstrends,
- Kopplung mit ergänzenden, individuellen Maßnahmen,
- Abschluß bzw. Abschlußvorbereitung anläßlich der Veranstaltung,
- Ausbau persönlicher Kontakte zu bestehenden Kunden,
- Kennenlernen neuer Abnehmergruppen,
- Steigerung der Anbieterbekanntheit bei potentiellen Kunden,
- Feedback über Wünsche und Ansprüche von Abnehmern,
- Sammlung von Marktinformationen durch persönlichen Eindruck und Werbemittel,
- Ausloten von Preissetzungsspielräumen,
- Terminvereinbarung für Follow up-Gespräche,
- Akzeptanzprüfung des eigenen Angebots,
- Vorstellung von Produktinnovationen, auch durch Prototypen.

Als mögliche Ziele der Besucher können genannt werden:

- Marktüberblick auch über benachbarte Fachbereiche,
- Abschätzung der konjunkturellen Situation und Perspektive,
- Vergleich von Preisen und Konditionen,
- Identifizierung von Anbietern bestimmter Produkte,
- Anregungen durch neue Produkte und deren Anwendungsmöglichkeit,
- Frühzeitige Erkennung von Branchentrends,
- Orientierung über die technische Funktion und Beschaffenheit von Produkten,
- Besuch von Tagungen und Sonderschauen im Rahmenprogramm,

- Persönliche Weiterbildung,
- Schaffung und Ausbau von Geschäftskontakten,
- Abschlußverhandlungen bzw. -vorbereitungen.

Methode des disponiblen Einkommens

(→ Hochrechnungen, Standortwahl, Analog-Methode)

Methode 6–3–5

(→ Kreativitätstechniken)

Methodenbank

(→ Marketing-Informations-System, Struktur)

Methodische Fragen

(→ Fragefunktionen)

Mietkauf

(→ Leasing, Inhalte)

Mietvertrag

(→ Abrechnungsklauseln)

Mikromarkttest, Elektronischer

(→ BehaviorScan, Anlage)

Minderung

(→ Lieferung mangelhafter Ware)

Mindestpreis

(→ Preisvorgaben)

Mini-Markttest

Zweiseitige Storetests, sog. Mini-Marktests, erfassen neben den reinen Abverkaufszahlen auch die Reaktionen der Abnehmer durch Einbeziehung von Haushaltspanels realistisch. Beim Mini-Markttest handelt es sich um einfache oder komplexe Ansätze. Sie laufen allgemein in fünf Stufen ab:

- Handelsbevorratung,
- Verbraucherbeeinflussung durch Reizpräsentation, variiert nach Inhalt und Umfang dabei eingesetzter Medien,
- Messung der Handelssituation über ein Handelspanel mit Scanner-Erfassung,
- Messung der Einkaufs- und Meinungssituation über ein Käuferpanel,
- Ergebnisinterpretation und Erfolgsprognose.

Der bekannteste Mini-Markttest ist ERIM von GfK. Er besteht aus einer Anzahl über Deutschland verteilter Handelsoutlets, in deren Einzugsgebiet jeweils ein Haushaltspanel mit deren Stammkunden gebildet wird. Über eine Identifikationskarte können die Einkäufe bei der Bon-Analyse jedem Panel-Haushalt zugeordnet werden. Wichtige Daten betreffen Käuferreichweite, Käuferdemographie, Wiederkaufrate und Einkaufsintensität. Auf Basis von Distributionslevels und Kontaktdichten werden dann Absatzprognosen abgegeben. Ein weiteres Beispiel ist der Mini-Testmarkt von IVE, bei dem von einem Verkaufswagen Lebensmittel an Haushalte verkauft werden, die durch Kennummern identifizierbar sind, sodaß neben den Abverkaufszahlen Artikelart, Menge und Zeit des Kaufs einzelnen Haushalten zurechenbar sind.

Die Vorteile liegen in folgenden Aspekten: Es entstehen gegenüber dem Markttest erheblich geringere relative Kosten, sodaß sich der Einsatz bereits für mittelständische Anbieter und bei kleineren zu erwartenden Produktmärkten rechnet.

Auch ist der Test recht realitätsnah (vollbiotisch), da der am POS stattfindet. Es handelt sich also nicht um eine der wenig zuverlässigen Studiosituationen.

Das geringe Ausmaß der Testanlage macht eine Geheimhaltung wahrscheinlicher und verhindert somit kontraproduktive Konkurrenzeinflüsse.

Durch zahlreiche Kaufakte wird eine genügend große Fallzahl zur Auswertung erreicht. Von daher ist eine sinnvolle Hochrechnung möglich.

Der geringe Zeitbedarf führt zu schnellen Rückschlüssen und Entscheidungen. Dies ist gerade bei immer hektischeren Vermarktungsbedingungen und der Zeit als wichtigem Wettbewerbsparameter von hoher Bedeutung.

Die Nachteile liegen in folgenden Aspekten.

Es besteht eine geringere Validität der Ergebnisse als beim Markttest, da die internen und externen Testbedingungen weniger gut kontrolliert und stabilisiert werden können.

Die exakte Dauer des Storetest ist von der Umschlagsgeschwindigkeit der Produktgruppe abhängig. Es ist meist von zwei Monaten auszugehen, wobei die Testvariable wöchentlich erhoben wird.

Eignung besteht praktisch nur für schnellebige Konsumgüter. Auf jeden Fall muß gewartet werden, bis sich die Wiederkaufrate stabilisiert hat.

Die vorausgesetzte 100%-Distribution läßt keine Aussagen über die spätere Handelsakzeptanz zu.

Die Kosten sind zwar relativ zu anderen Markttests niedrig, absolut jedoch hoch, so ist von 150 000 Mark auszugehen.

Es mangelt an einer adäquaten Reizpräsentation (z. B. TV-Werbung). Neuproduktwerbung ist nur durch Instore-Werbung, Haushaltsverteilung und speziell einmontierte Testanzeigen in *HörZu* (die in den Testgeschäften kostenlos erhältlich ist) gegeben.

Der Storetest kann zwar gesplittet angelegt werden (Matched Samples), wobei eine Gruppe ohne Testmaßnahmen auskommt. Allerdings bestehen keine Informationen über individuelle Kaufentscheide.

Die Handelsabdeckung (Käufe außerhalb der erfaßten Läden) ist sehr gering, sodaß Störeinflüsse durch Käuferwanderungen oder Aktivitäten anderer Händler unkontrollierbar bleiben..

Zudem ist der Test anfällig für gezielte Störmaßnahmen der Konkurrenz.

Diese Handicaps werden durch den elektronischen Mikromarkttest überwunden.

Minimax-Kriterium

(→ *Marketing, Risikovorsorge)*

Minimax-Regret-Kriterium

(→ *Marketing, Risikovorsorge)*

Mitgliedschaftsgruppe

Eine Gruppe ist eine Mehrzahl von Personen, die in wiederholten und nicht nur zufälligen wechselseitigen Beziehungen zueinander stehen. D.h. die bloße Ansammlung von Menschen ist noch keine Gruppe, sondern eine unorganisierte Anhäufung von Elementen (soziales Aggregat). Menschen mit ähnlichen Merkmalen sind eine soziale Kategorie, eine soziale Gruppe werden sie erst durch Beziehungen untereinander. Gruppen sind als soziale Einheiten anzusehen, die durch ähnliche Werte und Ziele geformt werden. Sie sind durch Struktur innerhalb der Elemente, auf Weisung oder freiwillig, gekennzeichnet und weisen eine soziale Ordnung auf, die Mitgliedern Positionen zuweist. Sie teilen eine eigene Identität, soziale Ordnung, Verhaltensnormen und Werte. Man unterscheidet verschiedene Gruppenorganisationen:

- entfremdete Zwangsorganisationen (z. B. Gefängnis),
- berechnende Zwangsorganisationen (z. B. Schiffsbesatzung auf See),
- moralische Zwangsorganisationen (z. B. Streitkräfte im Krieg),
- utilaristisch berechnende Organisationen (z. B. Unternehmen),
- utilaristisch moralische Organisationen (z. B. Gewerkschaften),
- normativ moralische Organisationen (z. B. Partei, Kirche).

Eine Gruppe einen gemeinsame Ziele, Motive, Interessen, ein „Wir„-Bewußtsein nach innen und außen, ein Werte- und Normengefüge und eine Rollenstruktur und Statusdifferenzierung. Man unterscheidet Kleingruppen (Mikroebene), Organisationen (Mesoebene), Gesellschaften (Makroebene) und Ideologien (Metaebene). Überforderte Einzelne orientieren sich zur Vereinfachung an der Gruppe. Gruppen sind umso stabiler, je größer der Nutzen ist, den die einzelnen Mitglieder aus der Gruppe ziehen, je höher die Abhängigkeit voneinander durch Arbeitsteilung ist und je weniger Alternativen die Mitglieder einer Gruppe nach außen haben. Gruppen üben einen starken Druck aus, sich konform zu den Gruppennormen zu verhalten. Am konformsten sind die Mitglieder dicht unterhalb der Gruppenführung (Aufstiegsmotivation), am wenigsten konform sind die Gruppenführer selbst (sog. Alpha-Typen) und die Außenseiter (sog. Omega-Typen).

Das Ausmaß des Gruppeneinflusses auf Kaufentscheidungen hängt von der Identifikation des Individuums mit der Gruppe ab.

- Je häufiger es zu Gruppeninteraktionen kommt,
- je größer die Zahl der durch die Gruppe befriedigten Bedürfnisse ist,
- je höher der Gemeinsamkeitsgrad der verfolgten Ziele ist,
- je höher das Prestige der Gruppenzugehörigkeit ist,
- je geringer die Konkurrenzsituation in der Gruppe ist,

desto stärker ist ihr Einfluß. Weitere Einflußgrößen sind Aufgabenart,

Führung, Disziplin, Umstände und Teilnehmerart der Gruppe.

Gruppen zeichnet eine Tendenz zur Befangenheit in bezug auf die Illusion ihrer Unverwundbarkeit, kollektive Rationalisierung, Glaube an überlegene Moral, Stereotypisierung anderer Gruppen, Druck auf Abweichler, Selbstzensur, vermeintliche Einmütigkeit und Informationsfilterung aus. Dies führt zu Entscheidungsdefekten (Groupthink-Phänomen). Ihre Merkmale sind unvollständige Prüfung der Alternativen, einseitiger Überblick über Ziele, mangelhaftes Abwägen der Risiken der bevorzugten Entscheidung, unzureichende Informationssuche, selektive Auswertung vorhandener Informationen und fehlende Ausarbeitung von Ausweichplänen. Bekannt ist, daß Gruppen zu anderen Entscheidungen kommen als Einzelpersonen. Beim sog. Risiko-Schub-Phänomen geht man dabei davon aus, daß risikoreichere Entscheidungen getroffen werden, weil die Konsequenzen einer Fehlentscheidung und die Verantwortung daraus nicht allein zu tragen sind. Außerdem gilt Wagemut in der Gruppe meist als profilierende Eigenschaft. Allerdings kann es auch zur Wahl risikoärmerer Entscheidungen kommen, weil Gruppen eher zu Kompromissen neigen und sich niemand unnötig exponieren will. Tatsächlich wird denn auch das genaue Gegenteil beobachtet, daß Gruppen über Kompromisse zu eher risikoscheuen Entscheiden neigen. Man kann zwischen aufgabenorientiertem und stimmungsorientiertem Gruppenführer unterscheiden. Ersterer konzentriert sich auf die sachlichen Aspekte der anstehenden Entscheidung, letzterer bemüht sich um kommentierende Stellungnahmen.

Man unterscheidet *informelle* Gruppen, die sich durch ein ausgeprägtes „Wir-Gefühl" und enge Interaktion auszeichnen und antreibend oder hemmend wirken, und *formelle* Gruppen, deren Mitglieder in einem rechtlich begründeten, meist eher distanzierten, zweckorientierten Verhältnis zueinander stehen, sich nicht oder kaum richtig kennen. Weiterhin wird man nach der

- Zahl der Mitglieder (allerdings nicht ganz überschneidungsfrei) unterschieden in Kleingruppen (sog. Face to Face-Gruppen, deren Mitglieder untereinander personenbekannt sind) und eher anonyme Großgruppen,
- Dauerhaftigkeit der Beziehungen in temporäre und dauerhafte Gruppen,
- Intensität der Beziehungen in Primärgruppe (z. B. die Familie) und Sekundärgruppe (als Zweckzusammenschluß). Primärgruppen haben eine enge Beziehung untereinander und sind selbstgesucht, Sekundärgruppen haben nur eine lose Beziehung untereinander und sind meist fremdbestimmt.

Das Ausmaß des Gruppeneinflusses auf Kaufentscheidungen hängt von der Identifikation des Individuums mit der Gruppe zusammen (Zusam-

mengeförigkeitsgefühl). Der Einfluß ist umso stärker, je häufiger es zu Gruppeninteraktionen kommt (Kommunikation), je größer die Zahl der durch die Gruppe befriedigten Bedürfnisse ist (Motivation), je höher der Gemeinsamkeitsgrad der verfolgten Ziele ist (Kohäsion), je höher das Prestige der Gruppenzugehörigkeit (Lokomotion) ist und je geringer die Antinomiesituation innerhalb der Gruppe ist (Konkurrenz). Die Gruppenleistung hängt ab von Zusammengehörigkeitsgefühl Aufgabenart, Führung, Disziplin/ Moral, Ort- und Zeitumständen sowie Teilnehmerart (vgl. *Pepels, Werner:* Käuferverhalten und Marktforschung, Stuttgart 1995).
(→ Käuferverhalten)

Mittelwertindex

(→ Kennziffern)

Mobilarpfandrecht

(→ Dingliche Sicherheiten)

Mobiler Handel

(→ Einzelhandel, Sonderformen der Betriebstypen)

Mobiltelefon

(→ Audiokommunikation)

Modell des Beurteilungsraums

(→ Käuferverhalten, Komplexe Partialmodelle)

Modell-Zwecke

(→ Marketing, Modelle)

Modellbank

(→ Marketing-Informations-System, Struktur)

Modellbildung

(→ Marketing, Modelle)

Modifikator

(→ Innovationsneigung)

Modifizierter Wiederholungskauf

(→ Kauftypen)

Mondpreis

(→ Unverbindliche Preisempfehlung, Aussage)

Monomarke

Monomarkenstrategie bedeutet, daß hinter der Marke ein Einzelprodukt steht, das zwar in verschiedenen Ausprägungen (vertikale Programmstruktur), nicht aber in verschiedenen Versionen (horizontale Programmstruktur) vorhanden ist. Ein Beispiel für eine derartige Anlage ist *Ferrero Küßchen*. Dabei handelt es sich um eine Mono-Praline, also mehrere gleiche Pralinen je Pakungseinheit, im Gegensatz zu Pralinenmischungen. Diese besteht aus Haselnüssen, Nuss-Nougat und Schokolade, richtet sich also an eine ganz besondere Geschmackspräferenz. Vermarktet wird das Produkt als die nette Aufmerksamkeit für gute Freunde, also weniger für den Selbstverzehr. Innerhalb dieses limitierten Segments ist es trotz scharfen Wettbewerbs sehr erfolgreich. Ausweitungen auf andere Produkte oder

Zielgruppen sind jedoch nicht vorhanden, allenfalls verschiedene Gebindegrößen und anlaßbezogene Ausstattungen, etwa zu Weihnachten oder Muttertag.

Ebenfalls von Ferrero kommt *Mon Cherie*. Auch dabei handelt es sich um Monopralinen, diesmal aus Piemontkirsche, Likör und Schokolade. Dabei dominiert deutlich der Genußcharakter als niveauvolles Anbietprodukt oder köstliche Selbstbelohnung. Auch hier gibt es zwar verschiedene Gebindegrößen, und vor allem zu Geschenkanlässen, Sondergebinde, aber eben nur ein Mon Cherie.

Die wesentlichen Vorteile sind:

- Die volle Konzentration aller Aktivitäten auf eine Produktmarke ist möglich.
- Durch Fehlen des „Bauchladeneffekts" von Multimarken-Unternehmen entsteht ein klares Profil bei Absatzmittlern.
- Eine gegenseitige Kannibalisierung differenzierter Produkte findet nicht statt.

Die wesentlichen Nachteile lauten:

- Es besteht eine völlige Abhängigkeit des Unternehmenserfolgs vom Erfolg der Produktmarke.
- Für den Ausgleich saisonaler oder geographischer Disparitäten fehlt jegliche Basis.
- Es ist eine potentielle Erpreßbarkeit durch Absatzmittler gegeben, wenn die Alleinstellung schwindet.
- Die Ansprache unterschiedlicher Nachfragersegmente ist stark eingeschränkt.
- Es sind keine Synergieeffekte nutzbar, die aus Gemeinsamkeiten zwischen Produktangeboten resultieren.

(→ *Horizontale Markentypen)*

Morphologischer Kasten

(→ *Kreativitätstechniken)*

Monopol

(→ *Marktformen)*

Motiv

(→ *Motivation)*

Motivation

Motivation ist mit Antrieb versehener und auf Behebung gerichteter Bedarf. Je dringlicher dieser Bedarf ist, desto eher soll er befriedigt werden. Mit der Befriedigung eines Bedürfnisses erhält automatisch das nächstfolgende Priorität. Motivation sind alle aktuellen Beweggründe des Verhaltens, Motivation ist also Emotion plus Zielorientierung.

Unter Motivation werden aktuelle Beweggründe des Verhaltens erfaßt. Als Motiv wird hingegen die Bereitschaft eines Individuums zu einem bestimmten Verhalten bezeichnet, es betrifft die Disposition und Latenz. Motive sind Kräfte, die den menschlichen Organismus in eine bestimmte Richtung (Wissenskomponente) zu bestimmten Zwecken (Gefühlskompente) drängen, um einen Spannungszustand zu beseitigen. Die Gefühlskomponente ist für die Auslösung von Handlungen ursächlich (Aktivierung), die Wissenskomponente für die Richtung der Handlung (Bedarf). Man unterscheidet ihrer Art nach:

- Primäre (physiologische) Motive, die angeboren sind, wie z. B. Versorgung, Arterhaltung, Nachteilsvermeidung, Hunger, Durst, Schlaf, Wärme, und mit dem Überleben des Menschen in Verbindung stehen sowie sekundäre (psychologische) Motive, die erworben sind, wie z. B. Prestige, Macht, Lebensqualität, Selbsterfüllung, Zufriedenheit, die erst aus den primären Motiven abgeleitet sind. Die sekundären Motive konkretisieren die Erfüllung der primären (z. B. Gelderwerb für Wohnung).
- Intrinsische Motive, die eine Selbstbelohnung bzw. Vermeidung von Bestrafung zum Inhalt haben, sowie extrinsische Motive, die außengeleitet sind, also der Gesellschaft entspringen, wobei der Kauf ein und desselben Produkts für manche Käufer intrinsisch und für andere extrinsisch wirkt.
- Unbewußte (latente) Motive, die unterhalb der persönlichen Wahrnehmungsschwelle angesiedelt sind, und deshalb nicht spezifiziert werden können, sowie bewußte (manifeste) Motive, die sich oberhalb der Wahrnehmungsschwelle befinden, also spezifizierbar sind.

Weitere Unterscheidungen betreffen:

- die Zahl der Motive (monothematische Theorien gehen hier von einem Basismotiv aus, polythematische von mehreren gleichrangigen oder meist einander über- bzw. untergeordneten Motiven),
- die Intensität der Motive (einzeln im Sinne der Umsetzungswirkung in Emotion mit Umsetzungstendenz, bei mehreren zugrundegelegten Motiven stellt sich zudem eine Hierarchie der Motive dar),
- die Interdependenz der Motive (mehrere Motive, die zueinander konvergent sind, führen zu einer gemeinsamen Zielorientierung, mehrere Motive, die zueinander divergent sind, implizieren einen Zielkonflikt),
- die Realisierungschance der Motive (nahe Ziele, die erreichbar sind oder scheinen, oder ferne Ziele, die wohl eher Träume bleiben, womit unmittelbar die Verfolgung und Befriedigung zusammenhängt),
- die Planbarkeit der Motive (beherrschte, durch das Individuum kontrollierte Motive, die steuerbar sind, und unbeherrschte, durch das Individuum nichtkontrollierte Motive, die unwiderstehlich einwirken).

Jeder Mensch verfügt über eine gewisse Anzahl von Motiven. Diese werden nur unter bestimmten inneren und äußeren Bedingungen wirksam. Es bestehen interindividuelle Unterschiede in der Motivstärke. Nicht alle Motive sind komplementär oder zumindest ambivalent (vgl. *Pepels, Werner:* Käuferverhalten und Marktforschung, Stuttgart 1995).

(→ *Käuferverhalten)*

Motivationsfrage

(→ Fragetechnik im Verkaufsgespräch)

Motivationspsychologie

(→ Wahrnehmung, Gesetzmäßigkeiten)

Motivkonflikte

Sind Motivantriebe widersprüchlich, entstehen Motivkonflikte, sog. Intrapersonen-Konflikte. Appetenz bezeichnet dabei das auf Annäherung an ein Ziel gerichtete Verhalten, Aversion das auf Vermeidung gerichtete Verhalten. Dabei handelt es sich um folgende Situationen.

Ein *Appetenz-Appetenz-Konflikt* liegt vor, wenn ein Käufer zwei oder mehr Motive positiv wahrnimmt, sich dann aber für eines von ihnen entscheiden muß („Qual der Wahl"). Dies ist etwa der Fall, wenn zwei verschiedene Produkte ähnlich positiv eingeschätzt werden, aber nur für eines von ihnen Kaufkraft verfügbar ist. So kann ein gegebener Geldbetrag für Wohnungsrenovierung oder für Urlaubsreise ausgegeben werden. Beides ist erstrebenswert, aber nur eines auch finanzierbar. Die Entscheidung zugunsten der Wohnungsrenovierung bedeutet Verzicht auf Erholung im Ferienumfeld, die Entscheidung zugunsten der Urlaubsreise Verzicht auf häusliche Gediegenheit. Die höhere Appetenz entscheidet, feldtheoretisch gesehen die geringere Distanz und der größere Vektor des Objekts zum Subjekt.

Ein *Appetenz-Aversions-Konflikt* liegt vor, wenn ein identisches Ziel sowohl positive als auch negative Erregungen auslöst, die gegeneinander abzuwägen sind („Hin- und hergerissen"). So kann der Kauf eines Schmuckstücks sowohl positive Valenzen haben (z. B. Besitzwunsch, Produkterotik, Hedonismus) als auch negative (z. B. Kostenaufwand, Nutzlosigkeit, Überfallgefahr). Die positiven Werte (bewundert werden) müssen gegen die negativen (viel Geld hergeben) abgewogen werden. Ein positiver Saldo führt dann zum Kauf, ein negativer Saldo zum Nichtkauf. Ein anderer, häufig verwendeter Begriff dafür ist Ambivalenz-Konflikt.

Ein *Aversions-Aversions-Konflikt* liegt vor, wenn ein Käufer sich zwischen zwei oder mehr, von ihm sämtlichst als negativ empfundenen Alternativen entscheiden soll („Das geringere Übel"). Dies spielt im Rahmen der Kundenzufriedenheit bzw. -unzufriedenheit eine Rolle. So kann beim Kauf eines qualitativ unzureichenden Produkts einerseits auf eine Reklamation verzichtet werden, was zwar einfacher ist, aber eben eine Fehlinvestition zur Konsequenz hat, oder andererseits reklamiert werden, was zwar mit einigem Aufwand an Zeit und Geld verbunden ist, dafür aber zur Durchsetzung der Gewährleistungsrechte führt. Die geringere Aversion entscheidet, fehltheoretisch gesehen die größere Distanz und der kleinere Vektor des Objekts zum Subjekt.

Allerdings bestehen auch andere

Lösungsmöglichkeiten bei diesen Konflikten. So etwa durch die Extensivierung des Lösungsraums, d. h. die Findung neuer, bisher nicht bekannter oder in Betracht gezogener Lösungen, durch Kompromißbildung, d. h. Wahl der innerhalb bestehender Restriktionen bestmöglichen Lösung, durch Beeinflussung, d. h. Einwirkung auf die Alternativen, oder Koalitionsbildung, d. h. Herbeiführung von Gruppenentscheidungen (vgl. *Pepels, Werner:* Käuferverhalten und Marktforschung, Stuttgart 1995).
(→ Käuferverhalten)

Mündliche Befragung

Die mündliche Befragung ist das am häufigsten angewandte und wichtigste Erhebungsverfahren der Primärforschung. Es lassen sich mehrere Befragungsmethoden unterscheiden so nach:

- dem Standardisierungsgrad in absteigender Abstufung als vollstandardisiert, strukturiert, teilstrukturiert oder frei,
- der Kommunikationsform in mündlich, fernmündlich, schriftlich, computergestützt, mediengestützt,
- der Art der Fragestellung in direkt oder indirekt bzw. offen oder geschlossen,
- dem Befragungsgegenstand in Einthemen- (Spezial-)befragung und Mehrthemen- (Omnibus-)befragung,
- der Befragtenanzahl in Einzelinterview, also nur eine Person gleichzeitig, oder Gruppeninterview, also mehrere Personen zugleich,
- dem Befragtenkreis in Verbraucher, Experten, Haushaltsvorstände, Mitarbeiter etc.,
- der Befragungshäufigkeit in einmalig, wiederholt, regelmäßig.

Diese Kriterien lassen sich beinahe beliebig miteinander kombinieren.
(→ Fragearten, Frageformulierung, Fragefunktion, Fragetaktik)

Muß-(Kann-/Soll-)leistungen

(→ Kundendienste)

Muß-Normen

(→ Normen)

Multi Level Marketing

(→ Strukturvertrieb)

Multimedia

(→ Desk Top Publishing, Software)

Multimarke

Multimarkenstrategie bedeutet, daß im Unternehmensprogramm nebeneinander mehr als eine Marke vorhanden ist. Ein Beispiel ist der Markenartikler *Nestlé* mit Marken wie *Libby's, Yes, After Eight, KitKat, Nuts, Smarties, Caro, Thomy, Alete, Glücksklee, Bärenmarke, Dallmayr, Herta* etc. Ein weiteres Beispiel ist *Procter&Gamble.* Zu diesem gehören so verschiedenartige Marken wie *Lenor, Pampers, Valensina, Blend-a-med, Tempo, Wick* etc. Allen diesen Marken ist gemein, daß sie nach außen hin nur mit einem technischen Absenderhinweis auf *Nestlé/P&G* gekennzeichnet sind, der übrigens gesetzlich vorgeschrieben ist, ansonsten aber keine Gemeinsamkeiten erkennen lassen, sondern als völlig unabhängige Angebote im Markt angesehen werden. Als Besonderheit kommt hinzu, daß oftmals zwei Marken parallel in einem Markt angeboten werden, z. B. Pampers und *Luvs* bei Babywindeln, Valensina und *Punica* bei Fruchtsäften oder *Vidal Sassoon* und *Panthene* bei Shampoo (alles P & G). Durch Segmentierung des Marktes wird jedoch geschickt verhindert, daß diese Marken in unmittelbaren Wettbewerb zueinander treten.

Die wesentlichen Vorteile lauten:

- Die gezielte Ansprache einzelner Kundensegmente wird durch individuelle Profilierung möglich.
- Es entsteht ein großer Handlungsspielraum durch fehlende Verbundwirkung der Marken untereinander.
- Es besteht keine Gefahr negativer Ausstrahlungseffekte auf andere eigene Maken im Fall des Flops einer Marke.
- Markenwechsler können durch Produktvarietät beim Unternehmen gehalten werden, ohne sie an Wettbewerber zu verlieren.
- Durch die Einführung von Price Off-Marken können die übrigen Marken vielleicht aus einem Preiskampf herausgehalten werden.

Die wesentlichen Nachteile sind:

- Die Gefahr von Kannibalisierungseffekten bei nicht ausreichender Trennung der Angebote voneinander ist gegeben.
- Es besteht die Gefahr einer Übersegmentierung, wodurch das jeweils ausbeutbare Marktpotential zu klein bleibt.
- Es erfolgt keine Addition der Markenimages zu einem Dachmarkenimage.
- Jedes Produkt fordert für sich allein bereits hohe Marketingaufwendungen.
- Es drohen Restriktionen im Regalplatz des Handels, da dieser absenderorientiert denkt.

(→ *Horizontale Markentypen)*

Multivariate Auswertungsverfahren

Unter Multivariaten Verfahren versteht man Datenanalysen, die simultan zwei oder mehr Merkmale (Variable) von Untersuchungseinheiten einbeziehen. Ihr Ursprung liegt in der Ökonometrie, der Psychometrie und der Biometrie. Eine Klassifizierung erfolgt meist nach der zugrundeliegenden Zielsetzung und dem geforderten Skalenniveau. Regelmäßig wird in Dependenzanalysen bei geteilten Datensätzen und Interdependenzanalysen bei ungeteilten Datensätzen unterschieden. Bei ersteren wird zwischen abhängigen und unabhängigen Variablen unterschieden, wobei deren Zuordnung auf Basis von Hypothesen oder Plausibilitätsannahmen erfolgt. Bei letzteren werden die in den Daten vorliegenden Informationen durch möglichst wenige hypothetische Einflußgrößen zu erfassen versucht.

Hinsichtlich der Eigenschaft der Analysemethoden, den expliziten

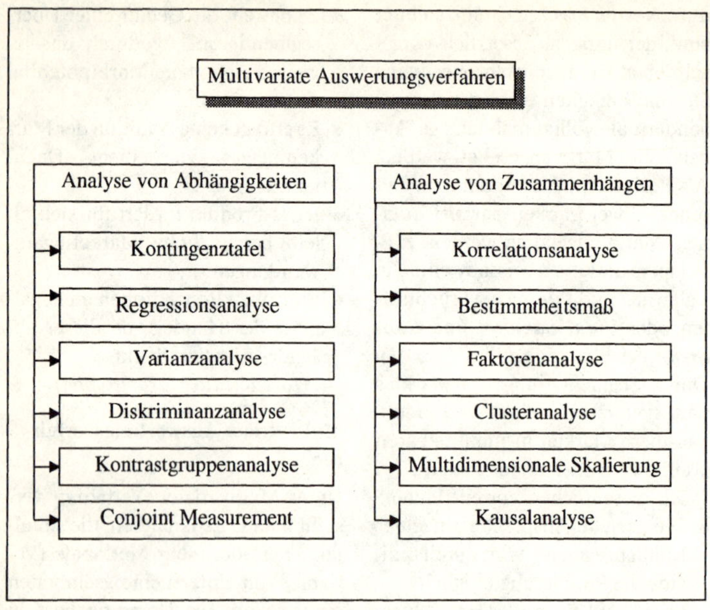

Multivariate Auswertungsverfahren

Test von strukturellen multivariaten Hypothesen zu ermöglichen und statistische Aussagen zu generieren, können strukturentdeckende (explanatorische, hypothesenlose) und modelltestende (konfirmatorische, hypothesenbewehrte) Analysen unterschieden werden. Erstere dominieren noch in der Praxis, letztere liefern Teststatistiken und Indizes zum Grad der Übereinstimmung der Daten mit den Hypothesen und holen im Rahmen computergestützter Verfahren heftig auf. Die Reichweite der Aussagen steigt dabei mit der Komplexität der Modelle. Eine überschneidungsfreie Aufteilung ist kaum mehr möglich. Zudem geht der Trend in Richtung dreimodaler Analyseverfahren.

Zu den wichtigsten multivariaten Verfahren gehören die Regressionsanalyse, die Korrelationsanalyse, das Bestimmtheitsmaß, die Varianzanalyse, die Diskriminanzanalyse, die Kontrastgruppenanalyse, das Conjoint Measurement, die Faktorenanalyse, die Clusteranalyse, die Multidimensionale Skalierung und die Kausalanalyse.

Musterung

Die Musterung dient zur Präsentation von Prototypen, anhand derer geordert wird, z. B. bei Modeartikeln. Die Mustermesse ist eine orga-

nisierte Musterung für Fachleute. Findet sie mit inländischen Anbietern im Ausland statt, so handelt es sich um eine Exportmusterschau. Findet sie kontinuierlich statt, handelt es sich um ein Musterlager. Solche Musterläger sind permanent zugängliche Marktveranstaltungen, auf denen Muster industriell oder handwerklich gefertigter Erzeugnisse gezeigt und Verbindungen zwischen Anbietern und Nachfragern vermittelt werden. Musterungen werden genutzt, um nach Nachfrage zu produzieren. Von daher handelt es sich um eine Art von Markttest, der die Produktion und das Angebotsprogramm steuert. Im großen Stil findet das für die Modebranche zweimal jährlich in Paris durch aufwendige Modeschauen statt.
(→ *Abschlußmärkte)*

Mystery Shopper

Bei Mystery Shoppers handelt es sich um verdeckte Interessenten/Käufer, die als Kunden auftreten und dabei eine reale Kaufsituation simulieren, um dadurch Hinweise auf wesentliche Verbesserungen der Leistungserstellung zu erhalten. Fraglich ist allerdings, ob solche Scheinkunden in der Lage sind, die Wahrnehmungen und Empfindungen realer Kunden nachzuvollziehen. Dennoch ist dieses Verfahren, zumindest stichprobenartig angewendet, weit verbreitet. Und es lohnt sich in der Tat immer wieder, solche Stichproben zu machen. Oft genug sind die Ergebnisse erschreckend. Es gibt nicht wenige Chefs, die sich z. B. anonym bei ihrer Telefonzentrale melden und um Durchstellung oder Auskunft bitten. Die dabei zutage tretenden oft gravierenden Schwächen sind schon deshalb ernstzunehmen, weil die Telefonzentrale oft genug den Erstkontakt zu einem Anbieter darstellt. Das gleiche gilt im Verkaufsbereich.

Typische Fragen betreffen dabei etwa folgende: Wie gut ist der Service, den die Mitarbeiter in Filialen und bei Händlern bieten? Wie gut kennen sie Produkte, deren Vorteile und Grenzen? Sind Schulungs-, Informations- und Motivationsprogramme erforderlich? Welche Probleme gibt es bei der Leistungserbringung und welche Maßnahmen sollen ergriffen werden, sie abzustellen? Wie stellen sich Leistungen im Konkurrenzvergleich dar? Wie sind vergleichbare Produkte präsentiert? Wird aktive Verkaufsberatung geleistet?

N

Nachahmungsposition

(→ *Positionierung, Optionen)*

Nachbesserung

(→ *Lieferung mangelhafter Ware)*

Nachfrageeffekte

Abweichend von der allgemeinen Preismechanik ergeben sich in bestimmten Fällen externe Nachfrageeffekte, die zu anomaler Preiswirkung führen. Dazu gehören folgende.

Der *Bandwagon-Effekt* beschreibt das Phänomen, daß bestimmte Produkte gekauft werden, weil andere sie kaufen. Dies gilt besonders dann, wenn Personen der Referenzgruppe diese Produkte besitzen. Denn man kann sich dieser Referenz subjektiv ein gutes Stück annähern, indem man sich der gleichen Produkte bedient. So wurden z. B. *Lacoste*-T-Shirts vor Jahren durch ihren hohen Preis von sozial besser gestellten Personen bevorzugt. Das kleine Krokodil auf dem Stoff signalisierte Zugehörigkeit zu diesem exclusiven Kreis. Eben deshalb kauften auch Personen, die aufgrund ihrer Einkommenslage ursprünglich nicht diesem Kreis angehörten, Produkte der Marke Lacoste und spiegelten damit ihrem sozialen Umfeld arrivierten Wohlstand vor.

Der *Snob-Effekt* bedeutet genau das Gegenteil. Produkte werden von bestimmten Personenkreisen nicht mehr gekauft, weil andere sie kaufen. Um beim vorangestellten Beispiel Lacoste zu bleiben, verlor die Marke in dem Maße an Exklusivität, wie sie von beinahe jedermann getragen wurde. Sie differenzierte damit nicht mehr in willkommener Weise, sondern setzte sogar subjektiv als falsch empfundene Signale. Die ursprünglichen Käufergruppen stiegen daher auf andere Marken um, die nunmehr zur gewünschten Profilierung beitrugen (z. B. *Missoni*). Der Fehler der Preispolitik lag wohl darin, den Preisabstand zu den Konsummarken nicht in notwendigem Maße gehalten zu haben. Nur drastische Preiserhöhungen hätten die nötige Alleinstellung sichern können.

Der *Veblen-Effekt* (aus „Theory of the Leisure Class") besagt, daß es Produkte gibt, die eine positive Preiselastizität der Nachfrage aufweisen, also mit höherem Preis verstärkt statt vermindert nachgefragt werden. Dies ist typischerweise nur bei höchstwertigen Angeboten gegeben. Als Beispiel mag die Übernachfrage nach limitierten Auflagen technischer Gebrauchsgüter gelten (z. B. Cabrios), die teurer als die Serienprodukte sind. Sie bieten durch demonstrativen Konsum die willkommene Chance zur Absetzung vom

Durchschnitt und sind damit meist das höhere Preisopfer allemal wert. Der Veblen-Effekt entspricht auch einer allgemeinen Qualitätsorientierung der Nachfragerschaft.

Der *Giffen-Effekt* gehört strenggenommen nicht in die gleiche Kategorie wie die vorgenannten, denn er bezieht sich nicht auf die Relation von Preis und Nachfrage, sondern auf die von Einkommen und Nachfrage und besagt originär eine negative Absatzelastizität, abgeleitet aber, daß der Anteil höherwertigerer Produkte mit steigendem Einkommen zunimmt, oder umgekehrt, daß der Anteil geringwertigerer Produkte (z. B. Grundnahrungsmittel) sinkt. Dies ist einfach erklärbar, da zuvörderst in die Grundbedürfnisse investiert wird. Ist das Einkommen niedrig, bleibt deshalb kaum Geld für Zusatzbedürfnisse. Umgekehrt bleibt das Volumen der Grundbedürfnisse absolut begrenzt, so daß bei steigendem Einkommen darin nicht weiter investiert wird. Statt dessen wird entweder Geld für Zusatzbedürfnisse ausgegebenen, oder es wird gespart.

Der *Engel-Effekt* besagt, daß der Anteil der Ausgaben mit steigendem Einkommen abnimmt, da Sättigungsniveaus erreicht werden. Dies vermögen auch Preissenkungen nicht zu verhindern. Dieser Effekt ist gesamtwirtschaftlich von Bedeutung, wenn es gilt, die Konjunktur zu beleben, indem das verfügbare Einkommen der Arbeitnehmer (etwa durch Steuervergünstigungen bei Geringverdienenden) erhöht wird, das sich dann in kaufkräftiger Nachfrage manifestiert. Wohingegen entsprechende Maßnahmen bei Besserverdienenden eher in Sparbeträgen versickern denn marktwirksam werden. Dies ist letztlich auch der Grund für Kapitalbildung bei Besserverdienenden, deren Konsumniveau bei Einkommenssteigerungen gesättigt bleibt.

Nachfragerseite

(→ *Marktkonstitution)*

Nachfragetest

(→ *Konzepttests)*

Nachkauf-Services

(→ *Kundendienste)*

Nachkaufmarketing

Der Kauf wird heute als eine Phase innerhalb einer Episodenabfolge von Vorkauf- bis Nachkaufmarketing betrachtet, wobei die Nachkaufphase bereits wieder die Vorkaufphase für den nächsten Kauf ist. Die Bewertung des vollzogenen Kauferlebnisses bestimmt dabei ganz wesentlich die Entscheidung über den nächsten Kauf. Gewünscht werden konsonante Erlebnisse, die wieder bewußt gesucht werden. Kunden präferieren demnach Leistungen, von denen sie aufgrund ihrer Erwartungen oder vorliegender Erfahrungen annehmen können, daß keine Dissonanzen auftreten. Dies fördert ganz entscheidend die Angebots- bzw. Anbieterloyalität. Dissonanzreduktion ist damit wichtige Voraussetzung, bestehende

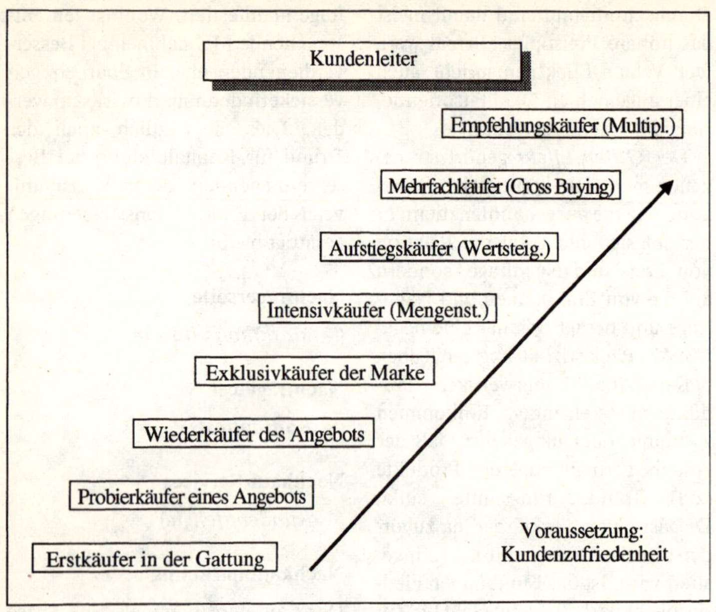

Kundenleiter

Kunden zu behalten. Dies wiederum ist Voraussetzung für die Ausschöpfung des Kaufkraftpotentials der Kunden. Damit kann eine Querschnittsbetrachtung vorgenommen werden, also eine Summation der anzapfbaren Kaufkraftbeträge aller bestehenden Kunden, oder, und das ist viel wichtiger, eine Längsschnittbetrachtung, also eine Summation der beeinflußbaren Kaufkraft jedes Kunden im Zeitablauf. Denn nicht der einzelne Umsatz mit einem Kunden ist relevant, sondern der gesamte Kundenwert (sog. Life Time Value), der natürlich umso höher ist, je mehr, aber vor allem, je länger ein bestehender Kunde einem Dienstleister treu bleibt. Und eben nur darauf kommt es an. Kundenuntreue kann aus zwei Gründen resultieren: Unzufriedenheit mit der gebotenen Leistung oder Abwechslungssuche (Variety Seeking). Dabei erfolgt jeweils eine Abwägung des Saldos aus Erträgen und Aufwendungen im Verhältnis zu anderen Kaufquellen, d. h. der Investitionen der Vergangenheit gegen die Vorteile aus einer neuen Beziehung. Die Kundentreue korreliert übrigens allgemein eng mit dem Alter (positiv) und dem Bildungsgrad (negativ). In beiden Fällen dürfte Risikoreduktion der ausschlaggebende Hintergrundfaktor sein. Der Life Time Value errechnet sich aus dem

Produkt aus durchschnittlicher Auftragsgröße, Kaufhäufigkeit pro Person und Bindungsdauer in Perioden. Wird sogar die Weiterempfehlung bestehender Kunden berücksichtigt, kommt man zum erweiterten Life Time Value. Die Weiterempfehlung ergibt sich dabei als Produkt aus durchschnittlich zu erwartendem Auftragswert, zu erwartender Kaufhäufigkeit pro Person, zu erwartender Bindungsdauer in Perioden und einem Koeffizienten, der angibt, in welchem Ausmaß von einer Weiterempfehlung auszugehen ist. Idealerweise entsteht eine Kundenleiter mit folgenden Stufen: keine Kenntnis des Angebots, Kenntnis über das Angebot, Angebotsinteresse, Kaufinteresse, Erstkauf/Probekauf, Folgekauf, Mehrfachkauf, Stammkunde.

Nachlässe

(→ Rabatt)

Nachteiltechnik

(→ Preisargumentation im Verkaufsgespräch)

Nachverkaufsservice

Nachverkaufsservice ist eine Form der Marktdurchdringung im Rahmen der Marktfeldstrategie. Er dient vor allem der Kundenzufriedenheit mit einem Angebot. Diese kann durch allgemeinen unentgeltlichen After Sales Service, durch kundenfreundliche Reklamationsbehandlung oder durch Kundenkontaktprogramme zur Herstellung einer Kontaktbrücke gefördert werden. Die eigenen Abnehmer werden dadurch hinsichtlich der Richtigkeit ihrer Nachfrageentscheidung bestärkt. Denn entscheidend für den Absatzerfolg ist nicht der einmalige Kauf eines Produkts, sondern die Gewährleistung einer hohen Wiederkaufrate. Diese soll unabhängig von den Phasen des Kaufentscheidungsprozesses und den Einwendungen der Konkurrenz zum eigenen Angebot führen. So beschicken die großen Automobilhersteller ihre Kunden nach dem Kauf im Rahmen von KKP's mit Aussendungen, die den Kontakt zum Absender erhalten. Dieser ist der Verkäufer des Händlers, bei dem das Fahrzeug gekauft wurde. In dessen Namen und unter Kostenbeteiligung des Händlerpartners werden Anlässe gefunden, mit dem Kunden in Verbindung zu bleiben (z. B. Gratulation zum Kauf, Erinnerung an erste Inspektion, Garantieablaufzeitpunkt, Wintercheck zur Sicherheit, Urlaubscheck, Erinnerung an ASU).
(→ Marktfelder)

Nachwuchsproduktmärkte (Fragezeichen)

(→ Portfolio, Vier-Felder-, Positionen)

Nachzügler

(→ Diffusion)

Narrow Casting

(→ Rundfunkspots, Sonderformen)

Nationales Marktangebot

(→ Marktareal, Intranationales)

Naturalrabatt
(→ Rabatt)

Naturaltausch
(→ Gegenseitigkeitsgeschäfte)

Naturnaher Großhandel
(→ Großhandel, Betriebstypen)

Nebenverkauf
(→ Einzelhandel, Sonderformen der Betriebstypen)

Negoziationskredit
(→ Außenhandelsfinanzierung)

Net Impression
(→ Copy-Analyse)

Nettopreisbildung
(→ Preisdifferenzierung)

Nettoreichweite
(→ Reichweite)

Networking

Networking ist eigentlich nur ein neues Wort für einen alten Trend in der Öffentlichkeitsarbeit, nämlich Abnehmer von Leistungen in Clubs zusammenzufassen. Das bringt gleich mehrere Vorteile. Erstens werden Kunden enger an das Unternehmen gebunden. Sie entwickeln eine emotionale Beziehung zu diesem, die sich dann über erhöhte Markentreue in ökonomischen Erfolgen niederschlägt. Beispiele sind der *IKEA*-Family Club mit zwischenzeitlich über 800 000 Mitgliedern oder die zahlreichen Credit Card-Clubs. Weitere Clubs gibt es von unterschiedlichsten Organisatoren wie *ADAC, Allianz,* Hallo *RTL, Barbie* Fan, *Dr.Oetker*-Backen, *West, Hertie, Breuninger, Metro, Eismann, Kaufhof, Aral, Sheraton, Clubmaster* etc. Als Kommunikationsmittel kommen Clubmagazin, Mailing, Veranstaltung, Sonderangebot, VIP-Behandlung etc. in Betracht.

Inhalt des Clubgedankens ist die Privilegierung der Network-Mitglieder gegenüber anderen, außenstehenden Verbrauchern. Hierzulande ist es zwar nicht erlaubt, dabei Preisnachlässe auf angebotene Waren zu offerieren. Aber stattdessen werden Special Offers bereitgestellt, die anderweitig nicht erhältlich und ausdrücklich nur Club-Mitgliedern vorbehalten sind oder die durch Besonderheiten, oft auch auflagenmäßige Limitierung, eine willkommene Rarität aufweisen. Die Bevorzugung kann auch in besonderer Information liegen, die geboten oder abgefordert wird (Hotline), und die nicht jedermann ohne weiteres zugänglich ist. Die Legitimierung dazu erfolgt meist durch Ausgabe von Ausweiskarten, die obligatorisch mit einem mehr oder minder symbolischen Mitgliedsbeitrag bewehrt sind oder einen Mindestorderumfang voraussetzen. Solche Karten sind Service Cards, Kundenkarten mit Zahlungsfunktion, Kundenkreditkarten, Rabattkarten, Co-Branding-Karten (gestützt durch weitere Anbieter) etc.

Zweitens besteht auf diese Weise die Möglichkeit, geschickt verbrämte Markttests zu fahren. Neue

Angebote können versuchsweise in das Network der Klientel eingegeben und dort auf ihre Akzeptanz und prospektiven Absatzchancen hin geprüft werden. Die Erfolgsmessung erfolgt entweder durch Auswertung der Bestellzahlen oder durch begleitende Befragung und Fremdbeobachtung. Dadurch verkürzen sich Reaktionszeiten im Marketing entscheidend. Das ist auf immer kompetitiveren Märkten und bei immer größerem Investitionsrisiko von hohem Nutzwert und wird der Forderung des Turbo-Marketing (Kotler) nach schnellerem Feedback auf Marketingaktivitäten gerecht.

Zum Network hin wird durch dialogische Werbemittel im Rahmen von Kundenkontaktprogrammen kommuniziert. Dabei handelt es sich um systematische Aussendungen, Telefonkontakte, soweit erlaubt, und Einladungen, durch die die Beziehung der Kunden zum Unternehmen aktualisiert und mit Leben erfüllt werden soll. Leistungsfähige Datenverarbeitung bietet dabei die Möglichkeit der Anlage umfangreicher Datenbanken, die eine vollständige Erfassung und individuelle Steuerung der kundenrelevanten Daten erlauben (Data Base Management). Durch Kreuzauswertungen (Matching) können zudem aussagefähige Schlußfolgerungen extrahiert werden.

Netzplantechniken

Als Methode zur Planung und Kontrolle von Vorgängen im Marketing ist die Netzplantechnik einsetzbar. Dabei handelt es sich nicht um ein bestimmtes Verfahren, sondern um eine Vielzahl von Planungsansätzen, denen gemein ist, daß sie den Netzplan zur Visualisierung nutzen. Dominierend sind CPM, PERT (Ereignisgraphen) und MPM. Critical Path Method (CPM) ist ein tätigkeitsorientierter Netzplan für determinierte Projekte. Program Evaluation and Review Technique (PERT) ist ein ereignisorientierter Netzplan für stochastische Projekte. Metra Potential Method (MPM) ist ein tätigkeitsorientiertes System, das durch Wegfall der Ereignisdarstellung als Knoten und durch Verzichtmöglichkeit auf Scheintätigkeiten eine größere Übersichtlichkeit und Anschaulichkeit erreicht.

Die Idee ist jeweils, aus Gründen der Zeitersparnis und Kapazitätsnutzung verschiedene Tätigkeiten parallel auszuführen, ohne daß dadurch Friktionen entstehen. Das bedingt aber, daß bestimmt wird, welche Tätigkeiten wann begonnen bzw. beendet werden müssen, um einen vorgegebenen Zeitplan einzuhalten bzw. minimale Verfahrenszeiten zu realisieren. Das Grundkonzept der Netzplantechnik sieht die Darstellung der logischen Struktur eines Vorgangs und dessen Zeitplanung und -kontrolle durch Berechnung frühester (FAZ) und spätester Anfangszeitpunkt (SAZ) sowie frühester (FEZ) und spätester Endzeitpunkte (SEZ) vor. Erweiterungen berücksichtigen auch Kosten- und Kapazitätsaspekte (GERT, vereinfacht als GAN). Am Beginn steht eine Strukturanalyse, die alle Tätigkeiten des Vorgangs erfaßt. Wenn in einem Ereignis mehrere Vorgänge gemeinsam beginnen oder enden, die nicht voneinander abhängig sind, bedarf es sog. Scheinaktivitäten. Diese Ablaufstruktur wird in einem Netzwerk abgebildet. Wichtig ist dabei vor allem die kürzestmögliche Gesamtdauer, die sich im sog. kritischen Weg durch das Netz niederschlägt, und keinen zeitlichen Spielraum aufweist. Alle anderen Wege durch das Netz besitzen einen solchen Puffer. Puffer entstehen immer dann, wenn eine Tätigkeit früher beendet ist als eine andere, auf deren Ergebnis gewartet werden muß (SEZ – FEZ). Wesentliche Vorzüge sind folgende: Alle am Projekt beteiligten Personen müssen dessen Verlauf genauestens durchdenken und frühzeitig Absprachen und Entscheidungen treffen. Durch die graphische Darstellung wird eine ausgezeichnete Projekt-Übersicht vermittelt und der geplante Projektablauf für alle Beteiligten anschaulich fixiert. Die Kontrolle über die Vollständigkeit der Planung wird erleichtert. Die Ergebnisse der Terminberechnungen bieten gute Entscheidungsunterlagen für das Projekt durch Gewichtung der Teilarbeiten nach ihrer Bedeutung für den rechtzeitigen Abschluß. Während der Abwicklung wird frühzeitig erkannt, wie sich Abweichungen vom ursprünglichen Plan auf die Termine auswirken, die Unternehmensleitung braucht nur dann in den Projektablauf einzugreifen, wenn Planziele gefährdet sind. Voraussetzungen sind eindeutige Fixierbarkeit des Projektsablaufs, Methoden- und Projektkenntnisse zur Planung und Berücksichtigung der Vorgänge auch unkritischer Wege.

Am Beispiel CPM wird die Vorgehensweise näher erläutert. Situation hier ist ein Ereignis, das als Rechteck beim Terminablauf dargestellt wird oder als Rhombus bei Entscheidungssituationen. Der Knoten enthält die Startsituation eines Vorgangs und die Endsituation des Vorgangs. Vorgänge sind Aufgaben (Aktivitäten), die Zeit beanspruchen. Sie werden durch Pfeile (gerichtete Kanten) dargestellt. Ein Scheinvorgang dient nur der logischen Verknüpfung im Netz und wird als gestrichelter Pfeil dargestellt. Vorläufer ist ein Vorgang, dessen Abschluß Voraussetzung für den Start eines anderen Vorgangs ist, Nachläufer ist ein Vorgang, dessen Start den Abschluß eines anderen Vorgangs voraussetzt. Pfad ist der Weg zwischen den Knoten. Als Kritischer Weg wird eine Folge derjenigen Pfeile verstanden, die die niedrigste Pufferzeit haben. Er ist der zeitlich längste Weg im Netzplan und bestimmt damit ausgehend von der Start-Situation den Endtermin. Ein Kreislauf ist eine aus mehreren Pfeilen bestehende Folge, deren letzte Pfeilspitze in den Anfang des ersten Pfeils dieser Spitze mündet. Knoten und Kanten sind durch Anordnungsbeziehungen miteinander verknüpft. Im gleichen Netz darf immer nur die gleiche Zeiteinheit verwendet werden. Die

Schätzzeiten ergeben sich aus optimistischer, pessimistischer und (vierfacher) wahrscheinlicher Zeitdauer. Pufferzeiten (Schlupf) sind Zeitreserven zwischen frühestmöglichem und spätestzulässigem Termin. Im Kritischen Weg ist die Pufferzeit gleich Null, jede Verzögerung hier führt also unmittelbar zu einer Verzögerung im Endtermin. Bei Vorgängen unterscheidet man den frühesten Starttermin (FS), den spätesten Starttermin (SS), den frühesten Endtermin (FE) und den spätesten Endtermin (SE), bei Situationen den frühesten Termin (F) und den spätesten Termin (S). Milestone-Termine sind vorgegebene Zwischentermine, die eingehalten werden müssen. Die Abwicklung wird geplant und überwacht. Der Ablauf stellt sich wie folgt dar: vorbereitende Maßnahmen, Projektstrukturplan erstellen, Vorgänge erfassen und Vorgangsliste erstellen, Netzplan zeichnen, Dauer der Vorgänge und Zeitabstände ermitteln, Zeitpunkte, Pufferzeiten und Kritischen Weg ermitteln, Gesamtkosten optimieren und Kostenplanung durchführen, erforderliche Kapazitäten planen und Vorgangstermine und Projekttermin bestimmen.

Netzwerk-Ansatz

(→ Marketing, Paradigmawechsel)

Neue Medien

Unter Neuen Medien i.S.v. Werbeträgern versteht man alle elektronischen Medien, die nicht zu den Klassischen Medien gehören. Die Bezeichnung als neu ist auch deshalb gerechtfertigt, weil sie technische Möglichkeiten nutzen, die erst in jüngerer Zeit erschlossen wurden. Ihre Verbreitung schreitet deshalb rasch voran. Die Negativabgrenzung ist infolge der großen Heterogenität der darunter subsumierten Medien eine pragmatische Notlösung.

(→ Audiokommunikation, Bewegtbildkommunikation, Bildplattenspieler, Bildschirmtext, Datenkommunikation, Festbildkommunikation, Grafikkommunikation, Textkommunikation, Videoplayer, Videotext)

Neuerungsposition

(→ Positionierung, Optionen)

Neugründung

(→ Unabhängigkeit)

Neuheitsbewertung

(→ Adoption von Neuerungen)

Neuheitserkennung

(→ Adoption von Neuerungen)

Neuheitsinteresse

(→ Adoption von Neuerungen)

Neuheitsumsetzung

(→ Adoption von Neuerungen)

Neuheitsversuch

(→ Adoption von Neuerungen)

New Game

(→ Strategisches Spielbrett, Erweiterte Wettbewerbsvorteils-Matrix)

Nicht-durchschaubare Situation

(→ *Beobachtung, Testverfahren, Empirische)*

Nicht-klassische Werbemittel

(→ *Mediaeinsatz, Spektrum)*

Nicht-linearer Trend

(→ *Trendberechnungen)*

Nicht-parametrischer Test

(→ *Testverfahren, Statistische)*

Nicht-teilnehmende Beobachtung

(→ *Beobachtung)*

Nichtbeschwerder

Erfolgt trotz objektiv gerechtfertigter und/oder subjektiv empfundener Unzufriedenheit keine Beschwerde, handelt es sich um Nichtbeschwerder (Unvoiced Complainers). Dies sind für gewöhnlich Kunden, die gleich zum Mitbewerb abwandern, was verheerende Konsequenzen hat. Der Anbieter erfährt nämlich nichts über deren Unzufriedenheit. Im Gegenteil, subjektiv hat er den berechtigten Eindruck, daß seine Angebotsqualität stimmt, denn wenn dies nicht der Fall wäre, kämen ja mehr Beschwerden. Insofern sieht er sich in der Richtigkeit seines Angebots bestätigt. Erst auf mittlere Sicht wird er sich wundern, daß immer weniger Kunden dieses Angebot noch in Anspruch nehmen. Und er wird völlig ratlos sein, wieso dies der Fall ist, damit aber wird er auch die ihm unbekannten Ursachen nicht abstellen und schließlich vom Markt verdrängt werden. Denn während er sich in Sicherheit wiegt, werden im sozialen Umfeld die Nichtbeschwerder zu seinen Lasten aktiv. Dabei sind zwei Effekte von Belang. Zum einen sind nur schlechte Nachrichten gute Nachrichten, d. h. eine ordentlich erbrachte Leistung ist kaum der Rede Wert, sie wird vielmehr als selbstverständlich vorausgesetzt. Erst eine schlecht erbrachte Leistung wird als erwähnenswert angesehen. Insofern liegt also eine Asymmetrie der Kommunikation vor. Marktforscher haben ermittelt, daß gute Anbietererfahrungen im Durchschnitt an 3 Personen des sozialen Umfelds weitergegeben werden, schlechte Erfahrungen aber an 13 Personen. Zum anderen wird die Nachricht mit zunehmender Weitertragung immer dramatischer. Zunächst eher belanglose Probleme werden so im Zeitablauf aufgebauscht, um ihren Nachrichtenwert zu steigern. Damit rückt der betroffene Anbieter in ein immer schlechteres Licht. Nichtbeschwerder sind also als verhängnisvolle Multiplikatoren im sozialen Umfeld gegen den Anbieter aktiv und verhindern so vielfach die Kontaktaufnahme weiterer potentieller Kunden zu ihm, denn er impliziert offensichtlich ein vermeidbares Risiko, und schlechte Erfahrungen, die schon Bekannte gemacht haben, muß man ja als Interessent nicht unbedingt wiederholen.

Nichtlagerfähigkeit von Dienstleistungen

Die Nichtlagerfähigkeit als abgeleitetes Merkmal bedingt eine funktionsfähige Koordination zwischen Dienstleistungsproduktion und -verbrauch. Daraus geht zunächst hervor, daß Dienstleistungen in gleicher Weise produziert werden, nämlich durch Kombination von Produktionsfaktoren, wie auch Sachgüter. Eigentlich sogar gleich zweifach, nämlich als Vorkombination bei Bereitstellung und als Endkombination der Produktionsfaktoren bei Inanspruchnahme der Dienstleistung. Nun bedeutet der zeitliche Zusammenfall von Angebotsproduktion und Nachfragekonsumtion (sog. Uno actu-Prinzip) aber, daß die Leistungskapazität vom Diensteabruf gesteuert wird, weil man Dienstleistungen nicht auf Vorrat produzieren kann. Das ist etwa in der Gastronomie oder im Handel ein Problem, wo starke Besucherschwankungen im Tagesablauf vorliegen, die manchmal zu Kapazitätsüberauslastung und manchmal zu -unterauslastung führen. Der Arbeitsanfall ist also fremdbestimmt, deshalb muß eine stete Leistungsbereitschaft vorgehalten werden, um Dienste in vertretbarer Frist auf hohem Niveau anbieten zu können. Daraus ergibt sich eine starke Fixkostenbelastung, von der der Gehalts- und -nebenkostenblock für gewöhnlich den größten Anteil ausmachen.

Dem kann nur durch eine hohe sachliche, räumliche, zeitliche und personelle Flexibilität der Kapazitätsplanung begegnet werden, die jedoch angesichts menschlicher Arbeitsleistung durch vielfältige Restriktionen beschnitten wird (z. B. Gesetze, Verordnungen, Tarifverträge). So werden Arbeitnehmer nach ihrer Kapazitätsbereitstellung bezahlt und nicht nach ihrer Auslastung. Insofern ist eine schwierige Gratwanderung erforderlich, zwischen einer eher knapp dimensionierten Leistungskapazität, um Leerkosten (ungedeckte Fixkosten) zu vermeiden, und einer großzügig dimensionierten Leistungskapazität, um einen wettbewerbsfähigen Service zu bieten. Dem stehen vor allem sozialpolitische Überlegungen entgegen.

Daher wird zunehmend versucht, anstelle der Leistungsbereitstellung, also der Angebotskomponente, die Leistungsinanspruchnahme, also die Nachfragekomponente, zu steuern. Denn wenn es gelingt, die Nachfrage gemäß der Angebotskapazität zu beeinflussen, ist damit eine gleichmäßigere Auslastung gegeben, die sowohl ungedeckte Fixkosten durch Unterauslastung als auch kostentreibende Anpassungen bei temporärer Überauslastung vermeidet. Man spricht hier vom sog. Yield Management als preisgesteuerter Kapazitätslenkung. Voraussetzungen sind dabei allerdings, daß ein Abschluß bereits vor Inanspruchnahme möglich ist (dies ist nur bei fungiblen Diensten der Fall, z. B. Flugreise), die Nachfrage auf Entgeltveränderungen elastisch reagiert und eine rechnergestützte Datenerfassung, -analyse und -ausgabe erfolgt. Als Instrumente zur zielgemäßen Beeinflussung der Nachfrage stehen die 4 P's der Produkt- und Programm-, der

Preis- und Konditionen-, der Distributions- und Verkaufs- sowie der Kommunikations- und Identitätspolitik zur Verfügung. Meist werden diese im Falle von Dienstleistungen noch um ein 5. P (für Personal- und Andienungspolitik) ergänzt.

Eine andere Möglichkeit besteht in der *Veredelung* von Dienstleistungen, d. h. der Speicherung zur Überwindung der Nichtlagerfähigkeit und der Übertragung zur Überwindung der Nichttransportfähigkeit. Diese verlieren dadurch jedoch ihre Immaterialität und damit ein konstitutives Kennzeichen von Dienstleistungen. Es ist also durchaus fraglich, ob Datenträger (offline), z. B. die CD-Audio mit dem Live-Konzert, oder Telekommunikation (online), z. B. die Fernsehsendung mit dem Live-Konzert, noch als Dienstleistungen anzusehen sind, zumal es ihnen auch an der Beteiligung des externen Faktors zur Honorierbarkeit fehlt, stattdessen liegt vielmehr physische Logistik als Distributionsweg dazwischen. Es handelt sich zumindest um eine der verbreiteten Mischformen, wobei dort ein mehr (z. B. Handel) oder minder (z. B. Handwerk) großer Dienstleistungsanteil zu finden ist.

Nichtleistungs-Konditionen

Der Übergang der Kanalführerschaft an die Handelsstufe drückt sich in der Forderung und Durchsetzung sachlich ungerechtfertigter geldlicher oder geldwerter Vorteile, sog. Nichtleistungs-Konditionen, der großen Handelskonzerne bei Lieferanten aus. Darunter versteht man Gegenleistungsbestandteile, die nicht, wie bei der Rabattierung, auf Übernahme von Funktionen, Zeit- oder Mengenvorteilen beruhen, sondern auf Macht. Da in einer Wettbewerbswirtschaft Macht nicht zu einem gegenleistungslosen Vorteil führen darf, sind diese systemwidrig. Das Arsenal des Handels zur Durchsetzung dieser Nichtleistungs-Konditionen hat in letzter Zeit einen erstaunlichen Erfindungsreichtum mit vielfältigen Waffen hervorgebracht. Dazu gehören folgende.

Es gibt einen Vollsortimentsbonus für den Fall, daß mehrere Produkte des Herstellerprogramms parallel geordert werden, ein Superbonus nimmt temporär die Erfordernis zusätzlicher Anreize in Anspruch, ein Jahresumsatzrabatt belohnt die innerhalb einer Abrechnungsperiode insgesamt getätigten Umsätze, ein Sammelauftragsrabatt gilt für die Bündelung mehrerer Bestellungen (die dem Auftragnehmer mutmaßlich organisatorische Erleichterungen verschafft, an deren Kostenersparnis der Handel partizipieren will). Eine Meistbegünstigungsklausel stellt dabei für den einzelnen Handelskonzern sicher, daß kein anderer billiger beliefert wird als er. Neueinführungsnachlässe gelten für das Entgegenkommen, neue Produkte im Sortiment zu präsentieren, Eröffnungsnachlässe für die Schaffung zusätzlichen Regalplatzes in neuen Outlets. Listungsgebühren berechnet der Handel bei Änderungen im Bezugssortiment, die ihn zu organisatorischen Umstellungen veranlassen. Da daran nicht er, sondern der experimentierfreudige Hersteller Schuld ist, soll dieser auch die damit verbundenen Umstellungskosten der Organisation tragen. Das gleiche gilt, falls noch damit gearbeitet wird, für die Änderung des Ordersatzes, die Bestellunterlage der Marktleiter und Substituten in den Handelsfilialen. Für die Zahlung bei Lieferung wird gewohnheitsgemäß Skonto vom Rechnungsbetrag abgezogen. Bei Zielkauf werden vom Handel andererseits oft betriebswirtschaftlich unzumutbar lange Zahlungsziele gefordert, die Lieferanten durch eine spätere Valutierung bei Rechnungsstellung sanktionieren. Dort, wo die Zentrale Freiwilliger Ketten Börsenveranstaltungen einrichtet, auf denen Hersteller ihre Produkte den interessierten Händlern vorstellen können, gilt die Vereinbarung eines Börsennachlasses (auch als Kooperationsabzug) als unumgänglich. Diese Organisationen machen zudem noch einen Inkasso- und Delkredereabzug geltend, weil sie eine Vielzahl von Einzelabrechnungen an ihre Mitglieder bündeln und dem Hersteller gegenüber für die Einbringlichkeit seiner Forderung einstehen. Eine gewisse Berühmtheit haben die Werbekostenzuschüsse (WKZ's) erlangt, die der Handel dafür verlangt, daß er Markenprodukte in seiner Angebotswerbung berücksichtigt. Gerechtfertigt wird dies mit hohen Produktions- und Einschaltkosten, die schließlich nicht anfallen, sofern der Händler das Produkt nicht vorzugsweise ausgelobt. Gleiches gilt für übliche Katalogzuschüsse, die Hersteller, sofern sie Wert darauf legen, in der Verkaufsliteratur des Händlers berücksichtigt zu werden, besser lokkermachen. Gelegentlich bezahlt der Handel Rechnungen nicht selbst, sondern tritt dem Gläubiger dafür eigene Forderungen mehr oder minder großer Zweifelhaftigkeit ab. Das damit verbundene Delkredererisiko verbleibt dann bis auf weiteres bei diesem. Unter Frachtausgleichsforderungen haben vor allem standortbenachteiligte Hersteller zu leiden, denen der Handel einen Teil der Transportspesen deshalb nicht zu ersetzen bereit ist, weil er schließlich deren Standort nicht zu vertreten hat. Jubiläumsgelder werden selbst bei Anlässen fällig, die wesentlich häufiger sind als die im UWG sanktionierten. Ebenso erwartet der Handel, daß Hersteller ihrer Freude über eine Modernisierung am Ort des Verkaufs dadurch Ausdruck verleihen, daß sie als Dankeschön einen angemessenen Betrag für die Verbesserung des Präsentationsumfelds sponsorn. Die Finanzierung von Umbauten wird gelegentlich durch Darlehen zu nicht marktgerechten Konditionen eingefordert, wodurch die Industrie die Handelsstufe subventioniert. Schon vor dem Finanzminister kam der Handel jedenfalls auf die Idee eines Solidaritätszuschlags der Hersteller zur Finanzierung von Um- und Neubauten. Um in das Sortiment des Handels aufgenommen zu werden, verlangt dieser, wie bei jedem guten Club üblich, ein einmaliges Eintrittsgeld. Hat man diese Hürde genommen und ist bevorzugt im Regal placiert, wird als nächstes die Regalmiete fällig, die eine Entschädigung dafür darstellt, daß der Handel teure Stellfläche durchaus eigennützig zur Verfügung stellt. Was die Pflege der Produkte im Regal anbelangt, kümmern sich Hersteller heute darum lieber selbst. Entsprechende Merchandiser-Mannschaften stehen bereit, die Ware ordnungsgemäß nachzufüllen und auszuzeichnen, Werbemittel anzubringen und schließlich am Jahresende auch noch die körperliche Inventur der Bestände durchzuführen, alles ureigene Aufgaben des Handels, für die dieser seine Handelsspanne vom Preis einbehält. Ist Ware seitens des Herstellers einmal nicht lieferbar, machen Händler gern einen sog. Deckungsbeitragsentgang geltend, d. h. den fiktiven Betrag, den sie, wäre die Ware vorrätig gewesen, was sie ja nicht zu vertreten haben, mit dieser mutmaßlich zur Deckung ihrer Fixkosten und zur Gewinnerzielung liquidiert hätten. Damit es dazu erst garnicht kommt, sollen zusätzlich vereinbarte Konventionalstrafen eine termingerechte Expedition sichern. Kommt Ware dann aber einmal zu früh, sind die Händler auch schnell mit Abnahmeverweigerung zur Hand, denn moderne Betriebsformen des Handels arbeiten lagerlos, und lassen die Ware auf Kosten des Lieferanten zurückgehen. Preisgleitklauseln schützen den Handel davor, durch eine zwischen Bestellung und Lieferung womöglich erfolgte Preissenkung benachteiligt zu werden. Jederzeitige, auch unangemeldete, Besichtigungen im Produktionsbetrieb schützen ihn davor, Opfer schleichender Wertanalysemaßnahmen zu werden. Dies gilt vor allem für die Herstellung von (unechten) Handelsmarken. Die vom Hersteller zugestandenen Rabattstaffeln, etwa für große Abnahmemengen, Funktionsübernahme, Auftragszeitraum etc., werden vom Handel gern kumuliert, so daß sich geradezu groteske Nachlaßsummen auftürmen. Dort, wo das nicht reicht, sind zusätzliche Rückvergütungen gern gesehen. Schließlich werden bei Neuprodukten üblicherweise kostenlose Testmuster abgefordert, die natürlich in den Verkauf gehen und so den Durchschnittsbezugspreis weiter ermäßigen (vgl. *Pepels, Werner:* Handbuch Moderne Marketingpraxis, Band 2: Die Instrumente im Marketing, Düsseldorf 1993).

Nichttransportfähigkeit von Dienstleistungen

Die Nichttransportfähigkeit als abgeleitetes Merkmal bedingt eine Steuerung der Distributionsdichte gemäß der Nachfrageverteilung, also breit distribuiert für engmaschig verteilt nachgefragte und eng distribuiert für breitflächig verteilt nachgefragte Dienstleistungen. Ausschlaggebend dafür ist wiederum der relative *Standort* des Diensteanbieters. Allgemein werden damit die Ziele der Präsenz und Erreichbarkeit von Diensten, deren kurzzeitige Verfügbarkeit, des problemlosen Zugangs zum externen Faktor, des hochstehenden Images sowie der Kooperationsbereitschaft des Absatzkanals angestrebt. Diese sind für gewöhnlich nur durch Multiplizierung der Leistungserstellungsprozesse möglich, wobei die Verlagerung auf eigene oder fremde Einheiten erfolgt. Im letzten Fall werden Absatzmittler /-helfer eingeschaltet. Der indirekte Absatz erfolgt oft nur mit Dienstleistungsversprechen, die erst zu einem späteren Zeitpunkt in definierter Weise erfüllt werden und unabdingbar durch einen Anrechtsbeleg (Voucher) manifestiert sind (z. B. Ticket für Flugbuchung im Reisebüro) oder über Schutzrechtsnehmer unmittelbar (z. B. Franchising). Der direkte Absatz erfolgt durch Ausweitung des Einzugsgebiets mit oder ohne Strukturerweiterung (neue Standorte).

Nicosia-Ansatz

Ausgangspunkt beim Nicosia-Ansatz ist die Überlegung, daß es nicht möglich ist, eine Einteilung der Variablen des Käuferverhaltens in unabhängige, intervenierende und abhängige vorzunehmen, da es sich bei der Kaufentscheidung um ein Netzwerk zirkularer Beziehungen handelt. Dieses Modell basiert auf den Konstrukten Prädisposition, Einstellung und Motivation.

Prädispositionen stellen dabei passive, kognitive Strukturen dar, also Wahrnehmungen und Informationen zu allgemeinen und speziellen Objekten, die das Individuum in seinem Gleichgewichtszustand belassen, es folglich nicht zu Aktivitäten veranlassen.

Einstellungen bezeichnen Kräfte, die das Individuum zu schwacher Aktivität veranlassen und insofern aus seinem Ruhezustand herausführen.

Motivationen sind starke Triebkräfte, die das Individuum in einen Ungleichgewichtszustand bringen.

Ausgangspunkt der Überlegungen ist die Einführung einer neuen Marke, die durch Werbung unterstützt wird. Dabei ist nur eine Prädisposition beim Konsumenten gegeben. Gelingt es nun, über die Werbebotschaft die Prädisposition in eine Einstellung zu überführen, kommt es zu einer Bewertung der einzelnen Marken der Produktkategorie und im Erfolgsfall zur Ausbildung einer auf die beworbene Marke gerichteten Motivation. Diese ist ihrerseits Voraussetzung für die Transformation in einen Kaufakt. Aus dem Kauf wiederum resultiert ein Rückkopplungseffekt auf die Prädisposition. Außerdem resultieren daraus Erfahrungen, die auf die Einstellung einwirken und damit Folgemotivationen und Nachkaufakte beeinflussen.

Beim Kontakt des Konsumenten mit der Werbebotschaft kann die ursprüngliche Prädisposition in eine Einstellung gegenüber dem Produkt bzw. der Marke umgewandelt werden. Diese geht in die Suche nach einer Mittel-Zweck-Relation ein. Hier wird nach weiteren Alternativen gesucht und eine Bewertung und Beurteilung der einzelnen bisher unbekannten Marken der Produktklasse vorgenommen. Dabei kann das Individuum den Entscheidungsprozeß abbrechen, wenn keine Marke gefunden wird, die dem Anspruchsniveau genügt. Das bis zu diesem Zeitpunkt erworbene Wissen wird im Gedächtns gespeichert. Oder der Konsument sieht sich veranlaßt, seine Kriterien zu überprüfen und die Such- und Bewertungsaktivitäten fortzusetzen. Oder die Einstellung wird in eine handlungsorientierte Motivation gegenüber der beworbenen oder einer anderen Marke umgewandelt, wenn diese den Kriterien entspricht und den ersten Platz in der entwickelten Rangordnung einnimmt. Das Ergebnis dieser Aktivitäten kann eine Motivation gegenüber der zuerst wahrgenommenen Marke sein und zu einer Kaufentscheidung führen. Unter der Voraussetzung, daß die ursprünglich favorisierte Marke erhältlich ist, kann das Individuum den Entscheidungsprozeß abbrechen und sich entschließen, den Kauf nicht durchzuführen, vom Kauf vorübergehend Abstand nehmen und zuerst zusätzliche Informationen sammeln oder die favorisierte Marke kaufen, wenn bei der Beschaffung keine Störgrößen auftreten. Danach kann der Käufer das Produkt lagern bzw. ge- und verbrauchen. Die Erfahrung mit dem Produkt beeinflußt die Eigenschaften des Konsumenten und damit den Neukauf. Die Botschaft kann dabei zurückgewiesen, als relevant erkannt und gespeichert werden. Auch die Unternehmung erhält durch Rückkopplung Kenntnis vom durchgeführten Kauf, die in die Eigenschaften der Werbebotschaft bzw. Marke eingehen.

Dieser Ansatz ist heftig kritisiert worden. Zum einen wegen der eigenwilligen Interpretation des Konstrukts Einstellung, das sich hier nur auf allgemeine Objekte, also Produktkategorien bezieht, nicht aber auf Marken, zum anderen durch die Unklarheit über die Kriterien zur alternativen Bewertung von Objekten. Ebenso setzt Kritik bei den Eigenschaften des Unternehmens, den Eigenschaften der Konsumenten, der Alternativenbewertung, der Kaufentscheidung und dem Gebrauch an. Allerdings handelt es sich hierbei auch um einen der ersten Versuche eines Totalmodells des Käuferverhaltens überhaupt (vgl. *Pepels, Werner:* Käuferverhalten und Marktforschung, Stuttgart 1995).
(→ *Käuferverhalten*)

Nielsen-Gebiete

Das Marktforschungsinstitut Nielsen ist dadurch auffällig, daß es alle Länder, in denen es tätig ist, nach sog. Nielsen-Gebieten aufteilt. Diese dienen im Marketing zur geographischen Kennzeichnung. In Deutschland handelt es sich um folgende Einteilung:

- Nielsen I: Schleswig-Holstein, Bremen, Hamburg, Niedersachsen,
- Nielsen II: Nordrhein-Westfalen,
- Nielsen IIIa: Hessen, Rheinland-Pfalz, Saarland,

- Nielsen IIIb: Baden-Württemberg,
- Nielsen IV: Bayern,
- Nielsen V a+b: Berlin (West/Ost),
- Nielsen VI: Brandenburg, Mecklenburg-Vorpommern, Sachsen-Anhalt,
- Nielsen VII: Sachsen, Thüringen.

No Name/Generic/Weiße Ware

(→ Gattungsware, Aussage)

Nominalgüterströme

(→ Absatzkanal, Funktionen)

Nomologische Validität

(→ Validität)

Non Business Marketing

(→ Marketing, Struktur)

Non Business-Ansatz

(→ Marketing, Methoden)

Normalverteilung

(→ Wahrscheinlichkeitsverteilung)

Normen

Unter Kultur wird ein kollektives Wertesystem verstanden, das durch Normen Toleranzgrenzen für konformes Verhalten innerhalb der Gesellschaft festlegt. Es verkörpert ein System von Leitvorstellungen, das sich im Rahmen des menschlichen Zusammenlebens entwickelt hat und Vielen gemein ist. Es umfaßt neben Vorstellungen und Verhaltensweisen auch materielle Güter und Geräte (z. B. Einrichtungsgegenstände). Kultur ist tradiert, wandlungsfähig, vielschichtig, erfahrbar und überindividuell. Normen sind also kulturelle Auffassungen darüber, wie das Verhalten der einzelnen Gesellschaftsmitglieder in einzelnen Situationen sein sollte. Sie sind durch soziale Kontrolle sanktionierte Verhaltensregeln. Damit sind Rechte und Pflichten verbunden. Bei diesen Normen handelt es sich um Muß-, Soll- oder Kann-Normen:

- *Muß-Normen* sind durch Ge- und Verbote gestützt (z. B. Kfz-Haftpflichtversicherung für Autohalter).
- *Soll-Normen* betreffen gesellschaftlich erwünschtes Verhalten, stellen also Konformität her.
- *Kann-Normen* vergrößern den individuellen Gestaltungsspielraum durch Alternativen.

Normen werden von der Gesellschaft „gemacht“, damit unterscheiden sie sich von Werten, die durch den eigenen Willen determiniert sind. Zu unterscheiden sind sie weiterhin von Tabus, die Verhaltensweisen darstellen, die von der Gesellschaft als ekelhaft, widerlich, schrecklich, obszön, empörend etc. verachtet werden, von Bräuchen, die aus täglicher Interaktion abgeleitetes Gewohnheitsverhalten sind und allgemeiner Übung entsprechen, von Sitten, die die Gesellschaft so hoch einstuft, daß ihre Einhaltung als wichtig empfunden wird und Nichtbeachtung zu Mißbilligung, Ermahnung, Ächtung, Boykott etc. führen, und von Rechten, die bewußt zu bestimmten Zwecken gemacht sind und rationale Inhalte betreffen, die durch hoheitliche Organe durchgesetzt werden. Rechte sind zwar mit Strafen bewehrt, führen aber nicht unbedingt zur Ächtung, z. B. beim Kavaliersdelikt. Sie sind legalisierte Normen, meist durch Negativabgrenzung.

Normen unterliegen auch dem gesellschaftlichen Wandel. Dieser führt zu Ritualisierung (Verfestigung), Rückzug (Flucht), Neuerung (Evolution) oder Rebellion (Auflehnung). Zur Konfliktvermeidung werden Nachahmung und Konformität betrieben. Profilierung ist allenfalls als normierte Abweichung toleriert. Die Einhaltung von Normen wird durch Sanktionen gewährleistet. Sanktionen schaffen damit eine in weiten Maßen berechenbare Umwelt. Dabei handelt es sich um Sanktionen durch:

- Bestrafung bzw. Entzug von Belohnung bei Normenverstoß.
- Belohnung bzw. Vermeidung von Bestrafung bei Normeneinhaltung.

Im einzelnen betrifft dies die Vergabe oder Vorenthaltung von Gratifikationen, in Unternehmen etwa Handlungsfreiraum, in Familien etwa finanzielle Zuwendungen, und den Vollzug oder Vorenthalt von Deprivationen, in Unternehmen etwa Handlungseinschränkung, in Familien etwa Finanzmittelentzug.

(→ *Käuferverhalten)*

Null Fehler-Qualität

Aus Prozeßsicht leuchtet es ein, daß Fehler umso weniger wahrscheinlich sind, je weniger Prozeßstufen (Schnittstellen) es im Betrieb gibt und eine je geringere Fehlerquote jede Prozeßstufe produziert (isolierte Fehlerquoten je Stufe kumulieren). Früher wurden Hilfslösungen akzeptiert, wie Überproduktion und Herausprüfen von Ausschuß, was zwangsläufig zum Übersehen von Fehlern führte, oder Nacharbeit bei Fehlern, was durch Prozeßschleifen zu verlängerten Durchlaufzeiten führte. Beides ist heute nicht mehr akzeptabel, alles andere als Null-Fehler ist mithin zu schlecht. So wird bei 90%iger Fehlerfreiheit und 10 Prozeßstufen aus einer ursprünglich fehlerfreien Leistung eine zu 70% fehlerbehaftete Leistung, damit also ein völlig inakzeptables Ergebnis. So sind etwa die berüchtigten „Blauer Montag"-Autos der Vergangenheit zu erklären. Abhilfe schaffen nur eine drastische Verringerung der Prozeßstufen (weniger Schnittstellen) und dominante Bedeutung der Qualitätsverantwortung auf jeder verbleibenden Stufe.

Nullhypothese

(→ *Signifikanztest, Vorgehen)*

Nutzenbeweis

Der Nutzenbeweis ist die Dramatisierung des Nutzenversprechens durch unterstützende Überzeugung. Ein Proof ist nicht obligatorisch, macht werbliche Aussagen jedoch spektakulärer. Denn selten ist ein Angebot aus sich heraus spektakulär genug, um nachhaltig wahrgenommen zu werden. Dies gilt leider nicht für die Mehrzahl der Low Interest-Produkte, deren Aufwertung dann im Rahmen des Nutzenbeweises stattfindet. Dabei lassen sich drei Techniken ausmachen:

- *Systemvergleich* als Side by Side-Vergleich oder als Before After-Vergleich. Im ersten Fall werden anonyme Produkte oder Systeme parallel miteinander verglichen, um dadurch die Überlegenheit des eigenen Produkts zu beweisen. Gleichzeitig führt dies zu einer prägnanten Zuspitzung der Werbebotschaft. Jedoch lockert sich im Rahmen der europäischen Harmonisierung die restriktive deutsche Rechtssprechung zunehmend, die derzeit der Umsetzung noch recht enge Grenzen setzt (Beispiel: *Pepsi*-Test).
  Im zweiten Fall handelt es sich um Vorher-Nachher-Situationen, die die Leistung der Produktanwendung dramatisieren. Vorher impliziert die Anwendung eines herkömmlichen Produkts, nachher die eines verbesserten, beworbenen Produkts. Dies ist häufig bei Produkten gegeben, deren Leistungsunterschiede nicht ohne weiteres erkennbar sind (z. B. Waschmittel). Die Vorher-Situation zeigt dann das Waschergebnis bei Verwendung des nicht beworbenen, herkömmlichen (oder des eigenen alten) Produkts, die Nachher-Situation zeigt das bessere Waschergebnis bei Verwendung des beworbenen modernen (eigenen) Produkts. Durch diese Gegenüberstellung wird der Leistungsunterschied dramatisiert.
- *Härtetest* durch Unterwerfung von Extremanforderungen. Hier soll bewiesen werden, daß, wenn ein Produkt diesen standhält, es sich erst recht in der ihm eigentlich zugedachten, weniger anspruchsvollen Situation bewährt. Auch dadurch ergibt sich eine willkommene Überhöhung der Werbebotschaft. Zu denken ist etwa an den Knotentest eines Waschmittels bei stark verschmutzter Wäsche (*Dash*) oder an die Auffahrt eines allradgetriebenen Autos auf einer Skisprungschanze (*Audi*). Wenn es das beworbene Waschmittel schafft, sogar im Knoten starke Verschmutzungen zu reinigen, dann wird es erst recht in der Lage sind, alltäglichen Schmutz in normalerweise nicht verknoteten Wäschestücken zu beseitigen. Und wenn es das Quattro-Fahrzeug schafft, sogar die steile Steigung einer verschneiten Sprungschanze problemlos hochzufahren, wird es erst recht die leichten Steigungen bei geringem Schneefall bewältigen, mit denen man es alltäglich zu tun hat.
- *Beispieltechnik* über Nutzenfacetten oder Analogie. Im ersten Fall wird beispielgebend für den behaupteten Anspruch und Nutzen ein Produkt aus dem Programm hervorgehoben, an den die Eigenschaften, die für das gesamte Programm behauptet werden, exemplarisch beweisbar sind.

Nutzenentgangs-Technik

Durch Induktionsschluß soll sich diese Beweiskraft auf alle, gerade auch die nicht angeführten Produkte, übertragen (Beispiele: *TUI, Mercedes-Benz, Erco*). Dadurch ergibt sich eine clevere Möglichkeit, das Botschaftsgesamt in bewältigbare Teileinheiten zu portionieren, wenn es undenkbar ist, alle relevanten Argumente zum Angebot auf einmal überzubringen. Die Vielzahl der Einzelbotschaften addiert sich in der Summe sukzessive zum gewünschten Gesamtinformationsumfang (Nutzenfacetten). Im zweiten Fall wird eine Beweisanalogie aus einem anderen Bereich angestrebt, wo die Aussagekraft eindeutig ist. Durch Rückbezug strahlt diese dann auf das beworbene Angebot zurück.

(→ Kreativplattform)

Nutzenentgangs-Technik

(→ Preisargumentation im Verkaufsgespräch)

Nutzentechnik

(→ Preisargumentation im Verkaufsgespräch)

Nutzenversprechen

Das Nutzenversprechen ist das Angebot an prospektive Kunden im Sinne subjektiver Vorteilswirkung aus der Inanspruchnahme des Angebots. Dieses Benefit ist damit von zentraler Bedeutung in der Werbung. Die einzelnen Benefits lassen sich auf wenige Endbenefits reduzieren. Nimmt man die Parameter internale bzw. externale Vorteilswirkung einerseits und Sicherheit bzw. Unabhängigkeit andererseits, so sind als Kombinationen zu nennen:

- *Leistungsnutzen* (Motto: „Da weiß man, was man hat").

Hier geht es um den Nutzen, der aus der Sicherheit um Gebrauchseignung und Qualität eines Produkts entsteht. Es geht aber nicht um dessen Außenwirkungen.

- *Kennernutzen* (Motto: „Mehr sein als scheinen").

Hier geht es um den Nutzen, der aus Wissen und Understatement über die Überlegenheit eines Produkts resultiert und der eigenen Befriedigung dient. Wiederum ist die Außenwirkung außen vor.

- *Trendnutzen* (Motto: „Dabeisein ist alles").

Hier geht es um den Nutzen, der sich aus Zugehörigkeit und Anerkennung im sozialen Umfeld ableitet, die aus dem Besitz des Produkts erwachsen und willkommene Sicherheit bieten. Qualität ist dabei nur sekundär.

- *Geltungsnutzen* (Motto: „Es allen zeigen wollen").

Hier geht es um den Nutzen, der sich aus Profilierung und Prestige ergibt, die der Besitz eines Produktes gewähren. Wiederum ist die Qualität nur von zweitrangiger Bedeutung, obgleich sie als vorhanden unterstellt werden kann.

Der Benefit ist deshalb von zentraler Bedeutung, weil er das vordergründige Äquivalent für den zu opfernden Geldbetrag bei der Anschaffung einer Ware darstellt. Nachrangige Argumente haben keine Chance, wenn es bereits beim Benefit hapert.

Bei der generell hochstehenden Qualität des Marktangebots kommen zudem fast nur Zusatznutzen als relevant in Betracht (also Sicherheits-, Individual-, Sozial- und Idealnutzen), denn Grundnutzen werden ohnehin als durchgängig erfüllt vorausgesetzt.

Gute Werbung zeichnet sich also vor allem dadurch aus, daß sie immer jenen Benefit in den Mittelpunkt stellt und ebenso ausdrucksvoll wie impressiv umsetzt. Schlechte Werbung hingegen läßt den Stolz ihrer Macher auf die Produktleistung (Angebotsanspruch) in der Umsetzung spüren und wirkt damit deutlich an der Nutzenorientierung der Zielpersonen vorbei. Der Benefit ist also Ausdruck der adressatenorientierten Konzipierung der Kommunikation, der aus dem absenderorientierten Angebotsanspruch abgeleitet wird, der so nicht kommunikationsfähig ist. Er entsteht aus der Umsetzung des Angebotsvorteils in Kundennutzen. Dieser entscheidende Positionswechsel von der Absenderperspektive in der Entwicklung des Werbekonzepts hin zur Adressatenperspektive in der werblichen Gestaltung wird bei unprofessionell angelegter Werbung meist versäumt. Beispiele dafür finden sich vor allem in Branchen, die noch weniger durch eine konsequente Marketingorientierung gekennzeichnet sind, wie bei Investitionsgüterwerbung.
(→ *Kreativplattform*)

Nutzwertanalyse

Die Nutzwertanalyse beabsichtigt, mehrere nicht quantifizierbare, auf subjektiver Bewertung beruhende Größen einzubeziehen. Eine Nutzwertrechnung ermittelt also den in Zahlen ausgedrückten subjektiven Wert von Maßnahmen in Hinblick auf Zielvorgaben. Dabei werden folgende Schritte vorgenommen:

- Aufstellung möglicher Nutzenkriterien und Fixierung des Zielprogramms, meist wirtschaftliche, technische, rechtliche oder soziale Kriterien. Diese werden zweckmäßigerweise hierarchisch als Zielbaum strukturiert. Die jeweiligen Endglieder der Zielketten sind für die Bewertung maßgebend und werden entsprechend konkretisiert.
- Bildung einer Ergebnismatrix und Festlegung der Beitragsanteile dieser Nutzenkriterien anhand einer Skalierung, d. h. die Alternativen werden mit ihren voraussichtlichen Auswirkungen bzgl. aller Zielkriterien durch Angabe ihrer Zielerträge beschrieben. Das Ergebnis wird in einer Zielmatrix dargestellt, deren Elemente numerisch oder verbal gefaßt sein können.
- Umformung dieser Beiträge in Nutzen entsprechend den vermuteten subjektiven Präferenzen der Abnehmer (Transformationsmatrix). Dazu werden die Erträge der

Alternativen vergleichend mit Nutzen bewertet, die die Position jeder Alternative in der Präferenzordnung des Entscheiders in bezug auf das jeweilige Zielkriterium angeben. Daraus ergibt sich die Zielwertmatrix.

- Ermittlung der Teilnutzenwerte, gewichtet nach den Nutzenvorstellungen der Abnehmer, denn die Zielkriterien sind mutmaßlich von unterschiedlicher Bedeutung. Den Zielkriterien werden relative Gewichte entsprechend der Präferenzordnung der Entscheider zugewiesen.
- Zusammenfassung der Teilnutzenwerte zu einem Gesamtnutzenwert durch Addition (Wertsynthese). Der Nutzwert jeder Alternative gibt deren relative Position in der Präferenzordnung des Entscheiders bzgl. aller Zielkriterien an. Dazu sind Entscheidungsregeln erforderlich.

Wichtig ist, folgendes dabei zu berücksichtigen: Die Punkteskala muß für alle Kriterien gleich sein. Sie sollte nicht bei 0 beginnen, damit auch extrem niedrige Punktwerte noch berücksichtigt werden können. Die Bewertungsrichtung muß bei allen Kriterien gleich sein. Die Skala muß eine ausreichende Differenzierung ermöglichen, am besten in Prozentwerten umgewandelt, um die Anschaulichkeit zu verbessern. Die Punktvergabe soll anhand festgelegter Maßstäbe erfolgen. Die Meßinstrumente sind dabei nominal, ordinal oder kardinal skaliert.

Auf diese Weise können also unterschiedliche Teilnutzen von Prozessen zu einem Gesamtnutzen kompositionell zusammengefaßt und unterschiedliche Lösungen für Produktauf- oder -abwertungen miteinander vergleichbar gemacht werden. Auch werden die Relationen zwischen den Teilnutzen offengelegt. Die Methode ist universell verwendbar, bei Mehrfachzielsetzungen hilfreich, flexibel hinsichtlich der Inputdaten und zwingt zum Durchdenken von Entscheidungssituationen. Allerdings wird auch eine Scheingenauigkeit produziert (subjektive Verzerrungen).

O

Objektiv-stochastische Informationen

(→ Information, Bestimmtheit)

Objektive Zufriedenheitsindikatoren

(→ Kundenzufriedenheit, Messungen, Qualitätsmessung bei Dienstleistungen)

Objektivität

Die Objektivität von Informationen bedeutet, daß diese frei von subjektiven Einflüssen und damit intersubjektiv nachprüfbar sind. Sie ist Ausdruck dafür, ob Unterschiede in der Realität in den Marktforschungsergebnissen angemessen zum Ausdruck kommen. Anfälligkeiten dafür bestehen bei der Durchführung, Auswertung und Interpretation in der Marktforschung. Sofern Subjektivität offen ausgewiesen ist, z. B. in Form von Empfehlungen des Forschers an den Auftraggeber, ist dagegen auch nichts einzuwenden. Gefährlich aber sind Verzerrungen, die, ohne daß sie als subjektiv ausgewiesen werden, in die Ergebnisse eingehen. Man unterscheidet drei Objektivitätsarten.

Nach der *Durchführungsobjektivität* ist ein Meßvorgang umso objektiver, je weniger die Auskunftspersonen durch äußeres Erscheinungsbild und Bedürfnis-, Ziel- und Wertestruktur beeinflußt werden. Hier ist die Objektivität der mündlichen Befragung stark in Zweifel zu ziehen.

Nach der *Auswertungsobjektivität* ist ein Meßvorgang umso objektiver, je weniger Freiheitsgrade bei der Auswertung der Meßergebnisse bestehen, also je standardisierter die Erhebung ist. Hier ist die Objektivität des Tiefeninterviews in Zweifel zu ziehen.

Nach der *Interpretationsobjektivität* ist ein Meßvorgang umso objektiver, je weniger Freiheitsgrade bei der Interpretation der Meßergebnisse bestehen. Hier ist die Objektivität bei der Analyse qualitativer Daten in Zweifel zu ziehen.
(→ Information, Wahrheitsgehalt)

Objektprinzip

(→ Spartenorganisation)

Offene Ladenkasse

(→ Kassensysteme)

Öffentlicher Markt

(→ Institutionenmarkt)

Öffentlichkeitsarbeit

Öffentlichkeitsarbeit (PR) zielt auf die Gewinnung öffentlichen Vertrauens ab und verfolgt damit psychographische Werbeziele anstelle direkt produkt- oder markenbezogener. Mittelbar werden damit letztlich ebenso ökonomische Werbeziele verfolgt. Aufgrund dieses Umgehungscharakters sind PR-Maßnahmen nur schwer gegenüber Werbung abgrenzbar. Merkfähig scheint, daß Öffentlichkeitsarbeit Werbung für eine Organisation oder Person ist. Damit grenzt sie sich gegenüber der Werbung ab, die auf ein Angebot/eine Leistung gerichtet ist. Im Marketing ist am häufigsten der Fall der Öffentlichkeitsarbeit als Werbung für ein Unternehmen (Firma) anzutreffen. Daneben sind auch Aktivitäten der Werbung für nicht kommerzielle Organisationen und Personen vorhanden, von denen im folgenden jedoch abstrahiert werden soll.

Zur externen PR gehören alle Maßnahmen, die sich auf solche Märkte richten, in denen ein Anbieter aktiv ist. Diese Märkte umfassen:

- Akteure auf dem Beschaffungsmarkt wie:
- Lieferanten von Roh-, Hilfs- und Betriebsstoffen, Halb- und Fertigerzeugnissen, Handelswaren, Anlagen etc. (Business Relations),
- Kapital- und Kreditgeber, Banken, Anlageberater (Investors Relations),
- Gewerkschaften, Betriebsrat (Employee Relations),
- sonstige Beschaffungsmittler und -helfer.
- Akteure auf dem Absatzmarkt wie:
- Händler, Distributoren (Trade Relations),
- Ge- und Verbraucher von Sach- und Dienstleistungen (Consumer Relations),
- Interessengruppen wie Verbraucherschützer, Entscheidungsträger in Wirtschaft und Verwaltung, Hobbyisten (Opinion Leader Relations).
- Akteure im Umfeld der Vermarktung wie:
- Lobbies bei Bund, Ländern, Gemeinden (Governmental Relations),
- Öffentliche Verwaltungen, private Institutionen, Verbände (Political Relations),
- Anwohner, Protestgruppen, Jugendgruppen, Betriebsrentner, Kirchen, Vereine etc. (Social Relations),
- Ausbildung, Wissenschaft, Forschung und Lehre, Studenten (Educational Relations).

Zur internen PR gehören alle Maßnahmen, die im direkten Einflußbereich des Anbieters stattfinden. Sie können sich an die eigene Belegschaft richten oder an interessierte Besucher des Unternehmens. Denkbar sind dabei Aktivitäten im Rahmen von:

- Publikumsveranstaltungen als Einladung, Besichtigung, Präsentation etc.,
- Fachveranstaltungen als Forum, Kongreß, Tagung, Studienreise etc. sowie
- Mitarbeiterinformation und -motivation durch Firmenereignis, z. B. als Feier, Besucherarrangement, Firmenanlaß.

Maßnahmen gegenüber der Belegschaft umfassen

- Aushang bzw. Schwarzes Brett, Betriebsrats-/Vertrauensleute-Information, Rundschreiben/Offener Brief.

Manager/Führungskräfte werden durch
- Chefbrief, Gesprächskreis, bevorzugte Information kontaktiert,

Formelle Gruppen wie Abteilungen, Qualitätszirkel etc. werden durch
- Unternehmens- oder Standpunktstellungnahme angesprochen.

Informelle Gruppen sind schwer systematisch zu erfassen, vor allem wenn es sich um Problemgruppen handelt.

Von Bedeutung ist hier gerade auch die persönliche Kommunikation, etwa über
- Betriebsversammlung (Belegschaft),
- Führungskreissitzung (Management) oder
- Hearing (Betriebsrat).

Zu den Multiplikatoren gehören in erster Linie Journalisten, Prominente und Lehrende. Zur Presse werden Kontakte mit dem Ziel von Anbahnung, Ausbau und Stabilisierung von Kontakten sowie der Beeinflussung der Berichterstattung gepflegt, deren unmittelbare Erfolgskontrolle sich aus Clippings ergibt. Mittel sind:
- Wort- und Bildbeiträge,
- Nachrichten- und Bilderservices,
- Referenzen,
- Pressedienste etc.,

außerdem die Verteilung von
- Rundbriefen,
- Newsletters,
- Literaturversand,
- Warenproben etc.

Anlässe werden über:
- Pressekonferenz/-gespräch und
- Redaktionsbesuch

gesucht.

Die Gefahr wachsender Abhängigkeit der Redaktionen ist jedoch nicht zu leugnen.

Der Kontakt zu anderen Meinungsbildnergruppen wird über spezielle Veranstaltungen und eigene redaktionelle Veröffentlichungen im Wege der Standpunktwerbung (Selbstdarstellung/Stellungnahme) gepflegt. Weitere Möglichkeiten stellen Literaturmittel dar, so:
- obligatorische und fakultative Veröffentlichung,
- FFF-Produktion,
- AV-Technik/Tonbildschau,
- Unternehmenswerbung etc.

Spezialthemen der Öffentlichkeitsarbeit betreffen darüber hinaus:
- Gemeinnützigkeit,
- Personal-/Arbeitsmarktwerbung,
- Krisen-/Konflikt-PR und
- sektorale PR.

(→ Mediaeinsatz, Spektrum)

Offene Fragen

Offene Fragen sind solche, die eine vom Befragten frei formulierte Antwort zulassen (meist sog. W-Fragen, also Was, Wer, Welche, Wann, Wo, Wie). Scheinbar offene Fragen haben Suggestivcharakter und weisen daher eine deutliche Ja-Tendenz auf. Vorteile offener Fragen sind dabei folgende.

Die Auskunftsperson wird in ihrer Informationsabgabe und -bereitschaft nicht eingeschränkt und hat daher mehr Entfaltungsmöglichkeiten für aussagefähige Ergebnisse. Dadurch kommt es zu einer genaueren Erfassung von Antworten.

Die Auskunftsperson wird nicht durch vorgegebene Antwortkategorien zu einer teilweise unpassenden oder gar falschen Antwort veranlaßt. Dies gilt umso mehr, je komplexer und differenzierter ein Befragungsgegenstand ist.

Antworten werden nicht durch Vorgaben „programmiert", d. h. in eine bestimmte Richtung verzerrt. Darin liegt eine große Gefahr, etwa durch Formulierung oder Anzahl vorgegebener Antwortalternativen.

Es erfolgt keine Überbetonung durch überschneidende Mehrfachformulierungen einer Antwortart im Antwortkatalog. Denn dadurch steigt automatisch die Wahrscheinlichkeit ihrer Nennung.

Der Befragungsgegenstand wird vollständig abgebildet, weil keine Gefahr durch ausgelassene Antwortkategorien besteht. Damit können alle Facetten eines Objekts erfaßt werden.

Nachteile offener Fragen sind hingegen folgende.

Der Einfluß des Interviewers macht sich in vielfältiger Weise auf die Art der Antworten bemerkbar. Dies liegt etwa schon in der Betonung der Frageformulierung und seiner physischen Anwesenheit begründet.

Die Antworten der Auskunftspersonen hängen stark von deren Ausdrucksvermögen ab. Dies erfordert mehr geistige Anstrengung und führt zu überlegteren Antworten oder auch zur Antwortverweigerung.

Die Ausführungen der Auskunftsperson treffen oft nicht den Kern der Frage und schweifen in irrelevante Nebenbereiche ab. Ihre Verwertbarkeit ist dann mehr oder minder stark eingeschränkt.

Bei der späteren Klassifizierung von Antworten entstehen Schwierigkeiten hinsichtlich ihrer Zuordnung. Denn die Vielzahl differenzierter Antworten muß zur Auswertung letztlich wieder in passenden Kategorien zusammengefaßt werden. Dies induziert Fehlinterpretationen.

Der Vergleich von Antworten untereinander gestaltet sich schwierig, wenn die Klassifizierung nicht einwandfrei gelingt.

Eine maschinelle Auswertung ist erst nach aufwendiger Codierung möglich. Dazu müssen die Antworten zunächst einmal alle gesichtet und dann nach passenden Gesichtspunkten gruppiert werden.

Antworten werden nur unvollständig oder verkürzt aufgezeichnet, wenn es sich um lange, wortreiche Einlassungen der Befragten handelt. Damit geht aber ein Teil der gewünschten Differenzierung wieder verloren (vgl. *Pepels, Werner:* Käuferverhalten und Marktforschung, Stuttgart 1995).

(→ Mündliche Befragung)

Ökonomische Grundwerte

(→ Wettbewerb)

Ökonomische Werbedimensionen

(→ Werbung, Beurteilungskriterien)

Ökonomische Werbeziele

(→ Werbeziele)

Old Game

(→ Strategisches Spielbrett, Erweiterte Wettbewerbsvorteils-Matrix)

Oligopol

(→ Marktformen)

Omnibusbefragung

Die Omnibusbefragung ist eine Mehrthemenbefragung, d. h. in einem einzigen Erhebungszyklus werden mehrere Themen, meist von verschiedenen Auftraggebern, abgefragt. Sie steht damit im Gegensatz zur Spezialbefragung, die nur ein Thema beinhaltet. Es wird zwischen Verbraucher-, Haushalts-, Handels- und Sonder-Omnibussen unterschieden. Oft werden solche Omnibusse turnusmäßig selbständig von Instituten „abgefahren“, wobei die Ergebnisse nachher potentiellen Interessenten zur Verwertung angeboten werden.

Marktforschungs-Institute starten regelmäßig selbständige Erhebungszyklen (sog. Standard-Omnibusse), deren Ergebnisse an Interessenten verkauft werden. Es kann sich aber auch um individuell zusammengestellte Themenkomplexe handeln (sog. Beteiligungsuntersuchung) oder um ein einheitliches Fragegerüst, das durch auftraggeberspezifische Sonderfragen ergänzt wird (sog. Eingliederungsuntersuchung). Zu diesen wird durch Subskription eingeladen, der Ergebnisbericht ist dann mit wesentlichem Preisnachlaß zu beziehen.

Die wesentlichen Vorteile liegen in folgenden Aspekten.

Die Abwicklung wird durch die weitgehende Standardisierung der Befragungsanlage wesentlich beschleunigt und erlaubt eine schnelle und unkomplizierte Durchführung. Dies gilt vor allem für den Fall nicht allzu spezifischer Erhebungsinhalte und nicht zu spezieller Erkenntniserwartungen.

Ein Kostenvorteil entsteht, da sich die technischen Kosten auf mehrere Beteiligte verteilen (man kann von einem Faktor 50 gegenüber der Einthemenbefragung ausgehen). Damit steht auch Klein- und Mittelbetrieben die Chance zu einer repräsentativen Massenumfrage offen. Dies gilt vor allem, wenn nur wenige Fragenkomplexe zu behandeln sind, die den Aufwand einer eigenen Erhebung kaum rechtfertigen.

Der Untersuchungsablauf kann abwechslungsreicher gestaltet werden. Daraus folgt ein geringerer Ermüdungeffekt und eine erhöhte Auskunftsbereitschaft. Außerdem werden Lerneffekte wie bei Spezialisierung auf ein Thema gemindert. Von daher werden Spezialbefragungen gern eine oder mehrere, weitere Themen zugemischt, sodaß diese zu unechten Omnibussen werden.

Nachteile sind im folgenden aufgeführt.

On Air Test

Die Anzahl der Fragen je Themenbereich ist beschränkt und abhängig von der gesamten Fragebogenlänge und der Anzahl der Teilnehmer an der Befragung. Damit bleibt der Erkenntnisumfang begrenzt. Sollen weitergehende Erkenntnisse erreicht werden, steht nur der Weg zur Spezialbefragung offen.

Es dürfen keine Themenbereiche kombiniert werden, die eine gegenseitige Beeinflussung vermuten lassen. Allerdings können verschiedene Fragenkomplexe durch Pufferfragen getrennt werden. Dabei ist schwierig einzuschätzen, welche Themenbereiche einander wie stark beeinflussen und ob die Puffer ausreichend trennen oder nicht.

Der Auftraggeber ist im Timing an den Erhebungsturnus des Omnibusses gebunden. Befragungen können nur zu den dort festgesetzten Terminen stattfinden. Allerdings sind die Abstände zwischen den einzelnen Runden so gering, daß daraus keine Probleme entstehen sollten. Zudem sind immer mehrere Anbieter mit zu verschiedenen Zeitpunkten startenden Omnibussen unterwegs.

On Air Test

(→ *Werbewirkungskontrolle, Ad hoc-Erhebungen)*

On top-Angebot

(→ *Strukturbeeinflussung)*

One to One-Marketing

(→ *Customized Marketing)*

Operate Leasing

(→ *Leasing, Darstellung)*

Operatives Marketing

Das operative Marketing ist gegenüber dem strategischen vor allem dadurch charakterisiert, daß

- die Entscheidungsträger eher der mittleren oder unteren Ebene der Unternehmenshierarchie angehören.
- operative Entscheidungen eher und besser delegiert werden können.
- der Geltungsbereich von Entscheidungen auf Teile des Unternehmens begrenzt bleibt.
- die Art der Entscheidungen eher Wiederholungen impliziert.
- deren Gültigkeit einzelfallbezogen geregelt, also auf Einzelgrößen gerichtet ist.
- die Fristigkeit von Entscheidungen eher kurzzeitig ausgelegt ist.
- deren Revidierbarkeit relativ leicht möglich und mit geringen Kosten verbunden ist.
- der Komplexitätsgrad der Entscheidungssituation eher niedrig scheint.
- dessen beinhaltetes Risiko leichter faßbar bzw. überschaubar ist.
- es sich um wohl strukturierte Entscheidungssituationen handelt.
- der Detaillierungsgrad tendenziell hoch und spezifiziert ist.
- die Programmierbarkeit von Entscheidungen teilweise gegeben ist.
- der Input nur geringe individuelle Wertprämissen aufweist und solcherlei Normen unterworfen ist.

- als kognitive Struktur eher analytisches Denken vorherrscht.
- es die Situation erlaubt, das Entscheidungsverhalten zu routinisieren.
- Störungen den Anlaß für operative Entscheidungen bilden.

Opinion Leader

(→ Meinungsführerschaft)

Optimale Schichtung

(→ Zufallsauswahl, Geschichtete)

Optionsvertrag

(→ Lieferungsbedingungen)

Orange Güter

(→ Produktarten)

Orbitaler Empfang

(→ Fernsehspots)

Ordersatz

(→ Verkaufsliteratur)

Organisation

Die Organisation ist die Gesamtheit der zielgerichteten menschlichen Handlungen, durch die ein soziales System strukturiert wird und in der die Aktivitäten der zum System gehörenden Elemente eingebunden, deren Einsatz geordnet und der Informationsaustausch geregelt wird. Das System ist offen, dynamisch, komplex und probalistisch. Ansätze basieren auf psychologischen (Taylor), administrativen (Weber/Kosiol), motivationalen (Mayo), entscheidungsbezogenen, systemorientierten und situativen Faktoren. Die Organisation ist strukturell nach Aufbau und Ablauf und prozessual nach Methoden und Techniken gegliedert. Die Organisationskultur ist zunächst der intellektuelle Rahmen. Ihm liegen Maximen zugrunde wie: Der Mensch steht im Mittelpunkt, Prinzip der „offenen Tür“, keine Hindernisse auf Informationswegen, Führung durch Überzeugung und Argumentation, Ergebniskontrolle anstelle von Verfahrenskontrolle, Förderung von Initiative und Eigenverantwortung, Anerkennung besonderer Leistungen, klare Aufgaben, Befugnisse und Verantwortungsabgrenzung für jeden Mitarbeiter. Organisation ist damit die auf Dauer gerichtete, methodische Zuordnung von Menschen und Sachmitteln, für deren bestmögliches Zusammenwirken zur Erreichung der Ziele unter günstigen Bedingungen. Sie ist zu unterscheiden von der in der Praxis so häufigen Improvisation, die nur kurzfristig angelegt ist, von der Disposition, die kasuistisch ausgeprägt ist, und der Arbeitsteilung, die nur mengen- oder artmäßig erfolgt. Organisation ist durch Konversion (dialogische Anlage), Konsultation (Einholen von Informationen), Registrierung (Abrufen von Informationen) und Allokation (elementare Anordnung) gekennzeichnet.

(→ Prozeßorganisation, Strukturorganisation)

Organisation/Firma

(→ Werbeobjekte)

Organisationales Beschaffungsverhalten
Kaufentscheidungen in Organisationen werden zumeist kollektiv getroffen, d. h. an ihrem Zustandekommen sind mehrere Personen beteiligt. Dies ist dann problematisch, wenn keine homogene Präferenzstruktur aller Beteiligten bei einheitlichen Zielsetzungen gegeben ist, sondern die einzelnen Mitglieder des Kollektivs verschiedene Ziele verfolgen, nach Art und Höhe unterschiedliche Mittel einsetzen wollen und/oder verschiedene Wahrnehmungen der Realität besitzen. Kollektive Kaufentscheide laufen zumeist als extensive Entscheidungsprozesse ab, die durch mehrere aufeinanderfolgende Phasen gekennzeichnet sind. Dabei ist der Einfluß der einzelnen Mitglieder nach Art und Status ihrer sozialen Macht und ihrer sozialen Rolle unterschiedlich.

Für organisationale Analysen ist die Thematisierung des kollektiven Charakters der Beschaffungsentscheidung erforderlich. So kommt es zu den Buying/Selling Centers, den Promotoren- und den Simplifier/Clarifier-Konzepten. Diese Ansätze haben jedoch den Nachteil, monoorganisational zu sein, d. h. nur vertikal eine Organisationsseite zu berücksichtigen. Jede Beschaffung ist jedoch ein Prozeß zwischen zwei Partnern, die sich gegenüberstehen. Dabei sind vor allem die Verhandlungsprozesse von Interesse. Diese werden in dual-organisationalen, horizontalen Modellen untersucht, die eigentlich weniger Beschaffungs- als vielmehr Interaktionsmodelle sind. Sie versuchen, die Verkäufer-Käufer-Dyade als multiorganisationales, -temporales und -personales Phänomen zu erfassen. Dabei wird, ausgehend von eher konfligenten Zielsetzungen eine wachsende gegenseitige Bindung erzeugt (sog. Creeping Commitment), die bei Überschreiten einer gewissen Schwelle zu Einigung und Abschluß führt, ansonsten zu Abbruch. Allerdings bleibt die konkrete Auswirkung auf die Marketinginstrumente dabei eher unklar.

Modelle der mikroökonomischen Investitionstheorie und Bestellpolitik heben nur auf das beschaffende Individuum ab und lassen die sie umgebende Organisation außer acht. Es zeigt sich jedoch rasch, daß diese Erkenntnisse nicht ausreichen. Außerdem sind emotionale, nicht-aufgabengerechte und nicht-ökonomische Determinanten einflußstark. Daher wird meist eine begrenzte Rationalität unterstellt. Stattdessen gewinnen verhaltenstheoretische Aspekte an Einfluß (analog zu den S-O-R-Modellen). Im Mittelpunkt steht dabei die Lieferantenauswahl in Abhängigkeit von Kaufsituation, Persönlichkeitsvariablen, Organisationsregelung und Risikoempfinden. So kann nach dem Grad der Neuartigkeit, dem Wert des Kaufobjekts, der Notwendigkeit zur Umstellung der Ablauforganisation, dem Informationsverhalten etc. unterschieden werden. Dies führt zu verschiedenen Kauftypen.

(→ Käuferverhalten)

Organisationsform von Märkten

(→ *Marktrelationen)*

Original Equipment Manufacturing (OEM)

OEM sind vorproduzierte Komponenten, die als Bestandteil in ein fremdes Endprodukt eingehen. De facto handelt es sich dabei oft nur um den Einbau in ein Gehäuse mit dem Label des OEM-Beziehers, anzutreffen etwa in der Unterhaltungselektronik-Branche, bei der japanische Originalhersteller dem Publikum gegenüber garnicht mehr in Erscheinung treten. So finden sich in Videorecordern, ähnliches gilt für CD-Player, TV-Geräte etc., fast aller Marken nur noch die Chassis weniger fernöstlicher OEM-Hersteller, die zur Nutzung von Größeneffekten Produktionsmengen auflegen, die sie unter eigenem Namen nicht mehr vermarkten können und deshalb an Wettbewerber abgeben. Da sich jedoch die Kostenersparnis auf das gesamte Fertigungslos bezieht, kommt der OEM-Hersteller schließlich auch für seine zum Eigenbedarf gedachten Produktionsmengen in den Genuß niedrigerer Stückkosten. Andererseits erhalten OEM-Bezieher Teile zu Konditionen, die für sie bei Eigenfertigung nicht darstellbar sind. Insofern können beide Seiten zufrieden sein. Vor allem erklärt sich auf diese Weise, wieso es für OEM-Hersteller sinnvoll ist, direkte Konkurrenten mit Teilen zu beliefern, nämlich immer dann, wenn die Kostenersparnis für den unter eigener Flagge zu vermarktenden Losanteil aufgrund von Größeneffekten höher einzuschätzen ist als Marktanteilsverluste aus Absätzen von mit dem Restlos belieferten Mitbewerbern. Der OEM-Hersteller überträgt weiterhin das Vermarktungsrisiko an den OEM-Bezieher, der näher am Endmarkt ist. Diese Marktnähe ist ihm selbst nicht möglich, weil es ihm an Nachfragervertrauen fehlt oder weil Protektionspolitik in manchen Ländern den weiteren Marktzugang unmöglich macht. Außerdem liefert er hochstandardisierte Teile, die erst von seinen Markenartikelkunden für den Endmarkt relativ aufwendig heterogenisiert werden. Diese Feinsteuerung ist für ihn unter dem Kostenprimat garnicht sinnvoll. Da außerdem auf Endnachfragerseite kaum bekannt ist, daß das ausgewählte Gerät tatsächlich wesentliche Teile eines anderen, wahrscheinlich weniger vertrauenserweckenden Produzenten enthält, ist das akquisitorische Potential der Absatzmarke voll nutzbar. Dies kann dazu führen, daß ein Markenartikler mit OEM-Ware (z. B. Blaupunkt) bei identischer Leistung höhere Preise am Markt erzielt als der Originalhersteller (z. B. JVC). Außerdem profitiert der Markenartikler nicht nur von der mehr oder minder ausgiebigen Weitergabe der Kostenersparnis in seinem Einstandspreis, sondern auch vom gesammelten Know how und vom hohen Qualitätsstandard seines Lieferanten. Vor allem aber werden Fixkosten, etwa aus FuE, Anlageninvestition, Sozialplan etc., vermieden und stattdessen weitgehend variable Kosten erreicht. Neue Technik ist sofort verfügbar, ohne endlose, risikoreiche Entwicklungszeiten eingehen zu müssen, und falls sich der gewünschte Markterfolg nicht einstellen will, wird, im Rahmen vereinbarter Lieferkontingente, der Bezug von Teilen gestoppt. Da die meist fernöstlichen OEM-Hersteller weltweit vertreiben, findet sich dafür anderweitig sicherlich Ersatz, so daß sie einen internationalen Risikoausgleich betreiben können.

OTS/OTH

(→ Reichweite)

Out Supplier

(→ Beschaffungsmarketing)

Outpacing-Konzept

Die Erkenntnisse der Wettbewerbspositions-Matrix sind zum Outpacing-Konzept weiterentwickelt worden. Dabei handelt es sich um eine Matrix mit den beiden Dimensionen:

- am Zielmarkt wahrgenommener Wert eines Produktangebots,
- im Unternehmen entstehende Prozeßkosten für dieses Produkt.

Beide Dimensionen können jeweils ordinal in hoch und niedrig eingeteilt werden, sodaß sich vier Quadranten eines Koordinatensystems ergeben. Es wird davon ausgegangen, daß zu Beginn der Marktpräsenz eines Angebots der wahrgenommene Produktwert durch die Zielpersonen gering und zugleich die entstehenden Prozeßkosten dafür hoch sind. Diese Situation entspricht aber dem Gegenteil dessen, was im Verlaufe der Marktpräsenz angestrebt wird, nämlich ein hoher wahrgenommener Produktwert bei gleichzeitig niedrigen dafür entstehenden Prozeßkosten.

Die Unternehmen stehen nun in einem Wettlauf hinsichtlich der möglichst effizienten Erreichung dieser Zielposition und versuchen, einander zu überholen (Outpacing). Dafür gibt es zwei grundsätzliche Vorgehensweisen:

- Die erste versucht, über Leistungsführerschaft bei akzeptierten hohen Prozeßkosten zunächst den wahrgenommenen Produktwert zu steigern. Hat sich das Angebot auf diese Weise eine relativ gesicherte Qualitätsposition erarbeitet, wird anschließend versucht, über Standardisierung zu einer erheblichen Senkung der Prozeßkosten bei unverändert hohem Produktwert zu gelangen. Dieser Weg wird vornehmlich von westlichen Anbietern eingeschlagen.
- Die zweite versucht, über Kostenführerschaft bei akzeptiertem niedrigen Produktwert zunächst die entstehenden Prozeßkosten zu senken. Hat sich das Angebot auf diese Weise eine relativ gesicherte Preisposition erarbeitet, wird anschließend versucht, über Differenzierung zu einer erheblichen Steigerung des Produktwerts bei unverändert niedrigen Prozeßkosten zu gelangen. Dieser Weg

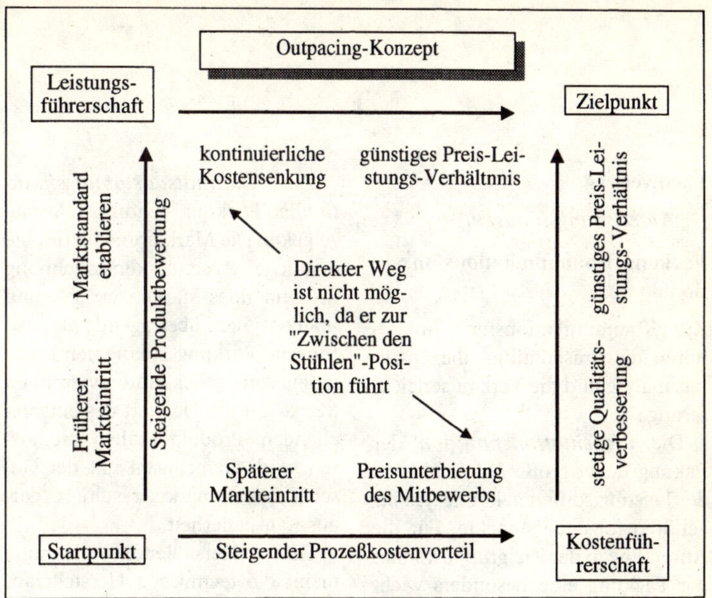

Outpacing-Konzept

wird vornehmlich von fernöstlichen Anbietern eingeschlagen und verspricht zumindest derzeit, der erfolgsträchtigere, d. h. schnellere, zu sein.

Ebenso ist jeder Mittelweg zwischen beiden Extremen denkbar, wenngleich weniger prägnant.
(→ *Erfolgsfaktoren im Marketing*)

Outputtreue

(→ *Synergienutzung)*

Overreporting

(→ *Verbraucherpanel)*

Overspending

(→ *Share of Advertising/Share of Market-Quotient)*

P

Pachtvertrag

(→ *Abrechnungsklauseln)*

Packung, Kommunikationsfunktionen

Zur Kommunikationsfunktion gehören die Präsentation, die Qualitätsanalyse und die Verkaufserleichterung.

Die *Präsentationsfunktion* der Pakung bietet große Möglichkeiten der Leistungsdifferenzierung. Zu ihr gehören folgende Aspekte. Für die Anmutung in der Zielgruppe kommt der Packung eine besonders wichtige Funktion zu. Bei objektiv oder subjektiv neuen Produkten wird durch Assoziation von der Packung auf das darin befindliche Produkt geschlossen. Deshalb ist es entscheidend, daß die Packung die Anmutung vermittelt, die mit dem Produkt gemeint ist, statt mißverständliche oder falsche Signale zu geben. Dies führt nur zur Kaufverweigerung oder Produktenttäuschung.

Die Differenzierung und Identifizierung erfolgt durch Farbgebung, Schrifttyp, Oberfläche, Material etc. Neben dem adäquaten Wertausdruck muß die Packung eine Ware vor allem wiedererkennbar und damit wiederkaufbar machen. Teilweise bedingen technische Gegebenheiten aber gleiche Packungsformen (z. B. bei Mehrwegflaschen).

Zur *Qualitätsauslobungsfunktion*der Packung gehören folgende Aspekte. Die Markierung betrifft die deutliche Absenderkennzeichnung in Form eines Markenzeichens und -namens, dem überragende akquisitorische Wirkung zukommen kann, indem von der bekannten/vertrauten Marke auf die Qualität des entsprechenden Produktinhalts geschlossen wird. Gemeinsam mit der Geschäftsstättenmarke resultiert daraus Kaufsicherheit.

Die Herstellerkennzeichnung meint die technische Herstellerangabe mit Firmierung, Ort etc. Im Gegensatz zur Marke ist das allerdings nur von untergeordneter Bedeutung. Die Herkunftsbezeichnung ist jedoch nach den Kennzeichnungsvorschriften erforderlich.

Mit der Produktbezeichnung wird die relative Position eines Produkts innerhalb einer Programmhierarchie bzw. -varietät des Absenders verdeutlicht. Zusätze differenzieren dabei verwandte Artikel wirksam gegeneinander gegenüber segmentierten Zielgruppen.

Zur *Verkaufserleichterungsfunktion* der Packung gehören folgende Aspekte. Die Auffälligkeit dient der Selbstverkäuflichkeit. Große Teile des Angebots werden heute über die Selbstwahl durch den Kunden entschieden. Von daher

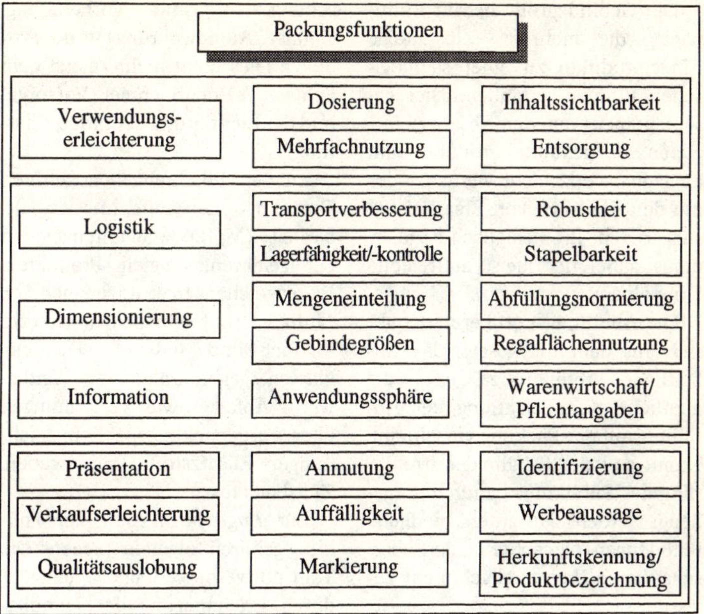

Packungsfunktionen

kommt der Packung die extreme akquisitorische Bedeutung der Kaufaufforderung zu. Sie muß praktisch aus dem Regal heraus „Kauf mich!" rufen und sich dabei nicht nur gegen alle anderen Packungen durchsetzen, sondern auch gegen vielfältige sonstige Ablenkungen.

Die Werbeaussage ist besonders wichtig bei Produkten, die durch Massenkommunikation beworben werden. Sie stellt die Verbindung zwischen gelernter Botschaft aus den Medien und dazugehörigem Produkt am POS her. Der Vorverkauf durch den Hersteller wird im Handel umgesetzt und führt für ihn zu Umsatz.

Packung, Rationalisierungsfunktionen

Zur Rationalisierungsfunktion gehören die Dimensionierung, die Information und die Logistik.

Zur *Dimensionierungsfunktion*- der Packung gehören folgende Aspekte. Bei der Mengeneinteilung sorgen verschiedene Inhaltsgrößen für die bedarfsgerechte Portionierung von Produkten. Der Käufer kann die ihm jeweils sinnvoll erscheinende Menge wählen, wobei sich ein Kompromiß zwischen der Flexibilität von Kleinpackungen und dem mutmaßlichen Preisvorteil von Großpackungen ergibt.

Die Gebindegröße betrifft Multipacks, die mehrere, selbständige Einzelprodukte zu einer sachlogischen Einheit verbinden. Dies geschieht meist, um den Absatz zu forcieren, da gekaufte Produkte nun auch mal verbraucht werden, oder um den Eindruck von Ersparnis zu suggerieren. Problematisch ist allerdings dabei der meist auftretende Doppelpackungsaufwand.

Die Abfüllungsnormierung ergibt sich aus dem Eichgesetz, das einheitliche Abfüllgrößen bzw. die deutliche Kennzeichnung der Abfüllung auf der Packung vorschreibt. Damit soll der Gefahr der Irreführung des Publikums dadurch vorgebeugt werden, daß unterschiedliche Füllmengen/Gewichte keinen überschaubaren Preisvergleich mehr zulassen.

Die Regalflächennutzung soll den Engpaß des knappen Regalplatzes optimieren. Dies geschieht z. B. durch quaderförmige Packungen und die Abstimmung auf die Abmessungen genormter Regalsysteme.

Zur *Informationsfunktion* der Pakung gehören folgende Aspekte. Die Warenwirtschaft betrifft die technischen Angaben, vor allem den unvermeidlichen Strichcode für die Scanner-Einlesung. Entsprechender Platz muß auf allen Packungen vorgesehen werden. Außerdem gehören dazu Angaben über Bestellnummer, Packungskonsistenz, Recyclingfähigkeit etc.

In Zusammenhang mit der Anwendungssphäre geht es um Hinweise zu Einsatz, Nutzung, Mischung, Intensität, Vorbereitung, Zutaten, Aufbewahrung etc. des Produkts. Dies dient nicht zuletzt dem Schutz der Endabnehmer (Vorsorge) und der Limitierung der Produkthaftung.

Zu den Pflichtangaben gehören Texte für Inhaltsstoffe, Mindesthaltbarkeit (MHD), Gefahrenzeichen bei gefahrengeneigten Produkten, Warenzeichen bzw. Lizenznehmer. Einfluß darauf nehmen u. a. Gesetze für Eich- und Meßwesen, Handelsklassen, gegen unlauteren Wettbewerb, Abfall sowie Verordnungen über Fertigpackungen, Kennzeichnungen, Zusatzstoffe, Preisangaben, Zugaben etc.

Zur *Logistikfunktion* der Pakkung gehören folgende Aspekte. Die Transportverbesserung entsteht durch Erleichterung der Handhabung bzw. Reduktion der Handlungsvorgänge. Dies betrifft die Anforderungen der Stabilität, Greifbarkeit, Kippsicherheit etc. Da immer mehr Produkte über immer weitere Entfernungen transportiert werden, gewinnt dieser Aspekt zunehmend an Bedeutung.

Die Verbesserung der Lagerfähigkeit/Lagerkontrolle entsteht durch Sicherheit vor versehentlicher Öffnung, vor Schwund und Diebstahl. Dies wird durch Öffnungssicherungen, durch Abschluß der Ware vom Umfeld oder durch Flächen-/Volumenänderung erreicht. In diesem Zusammenhang ist auch die Scanningfähigkeit zu nennen. Dazu bedarf es einer glatten, gut zugänglichen Fläche zum Auftrag des EAN-

Strichcodes, möglichst am Boden der Verpackung.

Die Robustheit der Packung ist bedeutsam für den Schutz gegen Außeneinwirkungen wie Hitze, Kälte, Staub, Nässe, Verschmutzung etc. Hinzu kommt der mechanische Schutz vor Stoß, Erschütterung, Druck etc. Rationalisierung in der betrieblichen Logistik führt hier zu wenig feinfühliger Handhabung der Ware. Dabei muß die Packung den Inhalt vor Schäden wirksam schützen.

Die Stapelbarkeit der Packung betrifft sowohl Lager als auch Verkaufsraum, da bei modernen Betriebstypen des Handels praktisch Verkaufsraum auch Lagerraum ist. Dies impliziert eine günstige Relation zwischen Standfläche und Pakungshöhe, Materialverstärkungen an den Kanten und Ecken der Pakung und eine dichte Füllung.

Packung, Verwendungserleichterungsfunktion

Zur Verwendungserleichterungsfunktion der Packung gehören folgende Aspekte. Die Dosierung betrifft Verbrauch oder Entnahme. So geben Packungen teilweise die Portionierung vor und vereinfachen damit die Nutzung bzw. das Öffnen und Verschließen. Zu denken ist etwa an Perforierung oder Ausstanzung einzelner Produkteinheiten, an Bruchstege oder Meßbehältnisse. Dadurch wird der praktische Gebrauchsnutzen konkret gesteigert.

Die Mehrfachnutzung wird durch Schutz und Aufbewahrung ermöglicht. Dies gilt z. B. für alle Packungen, die wiederverschließbar sind und damit nach Entnahme eine leichte spätere Nutzung ermöglichen. Dazu dienen etwa Adhäsionsflächen, Schnappverschlüsse, Schraubklappen, aufklappbare Deckel etc. Dies gilt für alle Produkte, die nicht kurzfristig verbraucht, sondern über einen längeren Zeitraum gebraucht werden.

Die Sichtbarkeit des Inhalts ist hilfreich, wenn es um die Kontrolle des Füllstands und des Zustands im Packungsinneren geht. Daraus ergibt sich das Signal zur Ersatzbeschaffung oder zum forcierten bzw. verlangsamten Verbrauch bzw. zur Nachfüllung. Dies wird meist über transparente Folien, Sichtfenster oder durchscheinendes Material erreicht.

Packungsbegriffe

Der Packung kommen vielfältige Funktionen beim Warenweg zwischen Hersteller und Handel, beim Verkaufsvorgang im Handel und beim Ge- bzw. Verbrauch durch Abnehmer zu. Im einzelnen handelt es sich dabei um Rationalisierungs-, Kommunikations- und Verwendungserleichterungsfunktionen. In der Summe ermöglichen bzw. steigern diese Funktionen die Verkehrsfähigkeit eines Produkts, sind also grundlegend für den Markterfolg.

Dies gilt vor allem im Bereich der ungeplanten Käufe. Oft profiliert sie ein Angebot auch erst zum Mitbewerb und gegenüber Nachfragern. In diesem Zusammenhang werden mindestens fünf Begriffe teilweise synonym verwendet, die sich dennoch mehr oder minder deutlich gegeneinander abtrennen.

Die *Packung i.e.S.* hat als Kennzeichen, daß sie untrennbar mit dem Produkt verbunden ist. Als Wechselvokabeln werden auch Design und Styling benutzt. Beispiele sind die Shampoo-Flasche, ohne die eine Lotion nicht verwendbar scheint. Oder die Cola-Büchse, ohne die das Getränk nicht verfügbar wird. Oder die Spray-Dose, ohne die der Haarlack nicht brauchbar ist. Insofern ist die Packung das Ergebnis der dauerhaften Vereinigung von Packgut (Produkt) und Packmittel. Die Packung umschließt das Packgut und wird von Abnehmern als Verkaufseinheit angesehen.

Die *Verpackung* ist im Gegensatz dazu dadurch gekennzeichnet, daß sie nur abtrennbar mit dem Produkt verbunden ist und vor dessen Ge- bzw. Verbrauch entfernt werden kann/muß. Beispiele sind das Einschlagpapier einer Schokoladentafel, die Stanniolhülle bei portioniertem Speiseeis oder die Cellophanierung bei abgepacktem Obst. Kombinationsverpackungen sind aus verschiedenen Werkstoffen (Verbundstoffe) hergestellt.

Die *Umverpackung* hat logistische Gründe. Sie ist also nicht Bestandteil des Produkts, sondern dient der leichteren Lagerung und dem besseren Transport bereits abgepackter Produkte sowie für Werbezwecke und zur Erschwerung von Diebstahl. Beispiele sind die Blisterhülle um mehrere kleine Schokoladenriegel, die ansonsten nur schwer zu handeln sind. Oder die Kartonage um den Six Pack-Bierdosen, der damit mit einem Griff zu tragen ist oder der Stangeneinschlag für 10 Zigarettenpackungen. Man spricht hier auch vom Packstück, das lager- und versandfähig ist.

Die *Ausstattung* dient der werblichen Aufmachung des Produkts. Denn zweifellos kommt dem Produktäußeren eine hohe akquisitorische Wirkung zu. Beispiele sind die Etikettierung der Obststeige zur Absenderkennzeichnung. Aber auch die Bauch-, Hals-und Kronkorkenetiketten bei Getränkeflaschen, sowie die Aufkleber und Deckelbedruckungen auf Joghurtbechern.

Die *Aufmachung* ist die anlaßbezogene Gestaltung eines Produkts. Darunter versteht man also Produktzusätze, die auf Besonderes hinweisen. Beispiele sind Sticker zur Kennzeichnung eines Sondergebindes oder Neuprodukts. Oder die spezielle Geschenkaufmachung anläßlich Ostern, Muttertag oder Weihnachten. Oder der Zusatzhinweis auf ein positives Testergebnis.

Verwandte andere Begriffe betreffen:

- Packstoff: Dies ist der Werkstoff, aus dem Packmittel hergestellt werden (z. B. Pappe, Feinblech, Glas).
- Packmittel: Dies ist die Warenumhüllung aus Packstoff als Ergebnis (z. B. Kiste, Dose, Flasche).

- Packhilfsmittel: Dies sind Hilfsstoffe, die zum Paketieren benötigt werden (z. B. Klebstoff, Stahlband, Nieten).
- Packgut: Dies ist das Gut, das es zu verpacken gilt.
- Lade-/Transport-/Lagereinheit: Dies ist das verkehrsfähige Packstück, das durch Eintüten, Abfüllen, Paketieren etc. entsteht.
- Transportverpackung: Diese umschließt Wareneinheiten auf dem Weg vom Erzeuger zum Bedarfsträger.
- Versandpackung: Dabei werden mehrere Wareneinheiten zur Versandeinheit zum Zwecke des besseren Transports gebündelt.
- Ladungsträger: Dies ist die Zusammenfassung mehrerer Versandeinheiten (z. B. als Europalette, Container, Karton).
- Ladungssicherung: Dies sind Mittel zum Schutz der Verpackung vor Beeinträchtigung.

Als Anforderungen des Handels an die Packung kommen folgende in Betracht: Leichte und schnelle Entpaketierung der Ware ohne spezielle Hilfsmittel, Erreichbarkeit jeder einzelnen Wareneinheit zur Preisauszeichnung mittels Meto-Tacker, Einhaltung aller handelsrelevanten Deklarationen zur Erleichterung der Warenwirtschaft, Einhaltung standardisierter Abmessungen zur Raumoptimierung im Regal, raumsparende, einfache Stauung nach Warenentnahme (durch Falten, Zerlegen, Zusammenklappen etc.), möglichst Nachfüllpacks und raumreduzierte Wareneinheiten zur besseren Nutzung des Engpasses Regalfläche.

Unter ökologischen Aspekten ist die Packung heftig in die Kritik geraten. Vor allem werden dabei folgende Forderungen formuliert:

- Verringerung des Anteils von Einwegpackungen,
- Vermeidung von Packungen aus Verbundstoffen, d. h. mehr als zwei Materialien,
- falls Verbundstoffe unvermeidlich sind, sollen diese leicht trennbar sein,
- natürliche Materialien sind als Stoffe zu bevorzugen,
- Kunststoffe sollen gesondert gekennzeichnet sein, um ihre Sortierung und Wiederverwertung zu erleichtern,
- Packhilfsmittel sollen die Wiederverwertung nicht unnötig behindern,
- Druckfarben sollen umweltverträglich sein,
- Unterverpackungen (etwa als Displays) sollen vermieden werden.

(→ Packung, Rationalisierungsfunktion, Packung, Kommunikationsfunktion, Packung, Verwendungsserleichterungsfunktion)

Paneleffekt

(→ Verbraucherpanel)

Panelrotation

(→ Verbraucherpanel)

Panelroutine

(→ Verbraucherpanel)

Panels

Unter Panelerhebungen versteht man Untersuchungen, die bei einem bestimmten, gleichbleibenden Kreis von Untersuchungseinheiten, z. B. Personen, Haushalten, Handelsgeschäften, Unternehmen, in regelmäßigen zeitlichen Abständen wiederholt zum gleichen Untersuchungsgegenstand vorgenommen werden. Das Panel stellt damit eine Längsschnittanalyse in der Zeit dar. Das Kriterium des gleichbleibenden Personenkreises darf allerdings nicht zu eng ausgelegt werden. Ausfälle und Grundgesamtheitsveränderungen haben kontinuierliche Anpassungen in der Stichprobe zur Folge, sodaß nach einem Jahr Laufzeit nur noch rund 80% der ursprünglichen Teilnehmer unverändert dabei sind. Gleiches gilt für das Kriterium des gleichen Erhebungsgegenstands. Denn Veränderungen im Marktangebot führen dabei zwangsläufig auch zu Veränderungen im Zeitablauf.

Je schneller sich die Untersuchungsgegenstände in dynamischen Märkten wandeln, desto notwendiger wird eine laufende Beobachtung der eingetretenen Veränderungen. Da dieses Phänomen typisch für modernes Marketing ist, hat auch die Bedeutung von Panels in den letzten Jahren zugenommen. Aufgrund der meist erheblichen organisatorischen Vorkehrungen und des hohen Kosteneinsatzes werden sie von großen Marktforschungs-Instituten getragen. Und sind für diese laufende Einnahmequelle durch Verkauf der jeweils aktuellen Daten an beliebig viele Auftraggeber.

Ein Panel bedarf laufender Kontrolle und Betreuung. Für die Qualität der Daten sind der Grad der Repräsentanz, die Genauigkeit der Erhebung bzw. Bearbeitung und die Schnelligkeit der Auswertung ausschlaggebend. Die Untersuchungsintervalle richten sich nach der Marktdynamik und den Erhebungskosten. Gleiches gilt für die Stichprobengröße.

Panels lassen sich nach verschiedenen Kriterien unterscheiden. Nach der zu untersuchenden Warengruppe wird zwischen Gebrauchsgüter- und Verbrauchsgüter-Panels differenziert. Gebrauchsgüter (wie Weiße und Braune Elektrogeräte etc.) werden infolge der größeren Anschaffungsintervalle nur in längeren Zeitabschnitten abgefragt. Verbrauchsgüter (wie Lebensmittel etc.) müssen hingegen wegen des begrenzten Erinnerungsvermögens der Abnehmer in kurzen Zeitabständen erhoben werden.

Nach der Art der Untersuchungseinheiten lassen sich folgende unterscheiden:

- *Unternehmenspanels* sind in der Gesamtwirtschaft und nach Branchen angelegt. Sie erfassen allgemein betriebswirtschaftliche Daten wie Auftragseingang, Umsatzentwicklung, Investitionsvolumen etc. (oft auf gesetzlicher Basis ermittelt). Diese haben im Marketing jedoch meist nur geringe Bedeutung.

- *Handelspanels* erfolgen im Absatzkanal auf Einzelhandels- oder Großhandelsstufe. Sie haben in neuerer Zeit durch den Einsatz von Scanning am POS an Bedeutung gewonnen.
- *Verbraucherpanels* werden aus Endabnehmern gebildet. Sie setzen auf Einzelpersonenebene (sog. Individualpanels) oder auf Haushaltsebene an (sog. Haushaltspanels) an. Ersteres bietet sich an, wenn Informationen erhoben werden sollen, die unmittelbar nur das einzelne Haushaltsmitglied betreffen, letztere, wenn die Beschaffung von haushaltsbezogenen Daten gewünscht ist.

(→ Verbraucherpanel, Handelspanel)

Panelsterblichkeit

(→ Verbraucherpanel)

Papageientechnik

(→ Einwandbehandlung)

Parallel-Test-Reliabilität
(→ Reliabilität)

Parallelabsatz

Neben dem eingleisigen Absatzkanal (Monodistribution) ist es durchaus auch denkbar, einen zwei- oder mehrgleisigen Absatzkanal zu bedienen (Dual- oder Polydistribution). Man spricht dann von einer Paralleldistribution, d. h. der Absatz erfolgt nebeneinander über zwei oder mehr verschiedene Absatzkanal, die sich voneinander durch vielfältige Kriterien, so Stufigkeit (Einzel- und Großhandel), Rechtsstellung (Absatzmittler und Absatzhelfer), Betriebsform (gemäß homogener Betriebsformen des Handels) etc., unterscheiden können (vgl. *Pepels, Werner:* Handels-Marketing und Distrubtionspolitik, Stuttgart 1995).

Die Vor- und Nachteile der Paralleldistribution aus *Herstellersicht* sind die folgenden. Zunächst zu den Vorteilen:

- Die Verringerung der Gefahr der Abhängigkeit von einem belieferten Absatzkanal und dessen Nachfragemacht ist gegeben. Es besteht die Möglichkeit des Ausweichens, die Macht erodieren läßt.
- Die Chance zur Rationalisierung durch Konzentration auf die jeweils stärksten Absatzstellen je Kanal steigt. Dadurch können die spezifischen Vorzüge bestmöglich genutzt werden, ohne gleichzeitig deren Probleme in Kauf nehmen zu müssen.
- Es kommt zu einer breiten Nachfrageerfassung über Marktsegmentgrenzen hinweg, die sich in verschiedenartigen Absatzstellen monetarisiert. Vor allem können Käufer in beiden Absatzkanälen erreicht werden.
- Auch ist die Nutzung dynamischer, neuer neben konservativen, alten Betriebstypen des Handels in den Absatzkanälen möglich. Diese Flexibilität ermöglicht eine stete Aktualisierung im Mix der Absatzstellen und das Eingehen auf innovative Entwicklungen.

Folgende Nachteile sind zu nennen:

- Es besteht die Notwendigkeit zur Anpassung der Marketingkonzepte an differenzierte Erfordernisse der Absatzkanäle. Dadurch steigt der Vermarktungsaufwand, um wirklich erfolgversprechende Ergebnisse zu erreichen.
- Für die Betreuung und Kontrolle gesplitteter Aktivitäten ist die Schaffung komplizierter arbeitsorganisatorischer Voraussetzungen erforderlich. Das bindet Manpower und bedeutet damit einen erhöhten Kostenaufwand.
- Es besteht die Gefahr der Beeinträchtigung der Produktimages durch Irritation auf Endabnehmerseite über das Angebotsprofil. Dies resultiert etwa aus der Wahrnehmung der Produktpräsentation in unterschiedlichen Umfeldern.
- Auch kommt es zu unvermeidlichen Querelen zwischen den Absatzkanälen („Futterneid"). Denn jeder Kauf kann an einem Ort zu einer Zeit nur einmal getätigt werden, und zwar eben in einer Geschäftsstätte des einen oder des anderen Absatzkanals.

Die Vor- und Nachteile der Paralleldistribution aus *Händlersicht* sind die folgenden. Zunächst zu den Vorteilen:

- Der einzelne distribuierte Händler erhält Zugang zu Produkten, die ihm bei eingleisiger Distribution nicht unbedingt zugänglich wären. Insofern ist es besser, parallel mit anderen distribuiert zu werden als garnicht.
- Der einzelne distribuierte Händler hat Vorteile gegenüber den nichtbelieferten Absatzstellen des eigenen Absatzkanals. Denn der schärfste Konkurrent des einzelnen Händlers ist der gleichartige Händler um die Ecke.
- Dynamische Betriebsformen des Handels können ihre systemimmanenten Absatzkanalvorteile einsetzen und nutzen. Durch ihre Einbeziehung können sie ihr überlegenes Know how auch für diese Produktgruppe kapitalisieren.
- Es besteht eine hohe Akquisitionschance bei Absatzkanalwechslern. Diese werden erfreut reagieren, wenn sie feststellen, daß von ihnen präferierte Produkte auch in diesem anderen Absatzkanal erhältlich sind.

Folgende Nachteile sind zu nennen:

- Die insgesamt erhöhte Erhältlichkeit auf der Endabnehmerstufe führt zu verschärften Wettbewerbsbedingungen. Denn die Auswahl der Nachfrager hinsichtlich ihrer Geschäftsstättenwahl erhöht sich und die eigene Chance, gewählt zu werden, verringert sich.
- Der Händler erfährt nur geteilte Zuwendung durch den Hersteller infolge der gesplitteten Absatzaktivitäten. Insofern kommt zur Konkurrenz innerhalb des eigenen Absatzkanals noch die Konkurrenz von Betrieben in anderen Absatzkanälen.
- Ein komparativ leistungsunterlegener Absatzkanal erfährt bei

Endabnehmern eine objektive Benachteiligung. Darunter haben sogar die leistungsfähigen Händler in diesem Kanal zu leiden.
- Die Nachfragemacht gegenüber Herstellern ist eher eingeschränkt. Diesem bleibt immer noch die Alternative des Ausweichens, bevor er sich gezwungen sieht, den Forderungen von Händlern nachzugeben.

(→ Absatzkanal, Breite)

Parallelgeschäft

(→ Gegenseitigkeitsgeschäfte)

Parametertest

(→ Testverfahren, Statistische)

Pareto-Optimum

(→ Umsatzanteils-Analyse)

Parfitt, Collins-Ansatz

(→ Kaufeintrittsmodelle)

Partialtest

(→ Konzepttests)

Partizipation

Dabei entschließt man sich, an der Sogwirkung erfolgreicher bestehender Angebote teilzuhaben, indem man modifizierte Angebote der gleichen Gattung positioniert. Das bedeutet nicht eine identische Nachahmung des Mitbewerbs, sondern lediglich eine Anlehnung. Man profitiert auf diese Weise jedoch von der generischen Basisarbeit des Pioniers.

Als Beispiel kann *Dole* gelten. Nachdem *Chiquita* dramatisierte, daß Banane nicht gleich Banane ist, und klarmachte, woran man bessere Bananen erkennen kann, nämlich am Chiquita-Label, zog Mitbewerber Dole nach und positionierte sich ebenfalls eindeutig in Richtung Qualität, allerdings jünger und frischer. Deren Identifizierung wurde ebenfalls durch Produktsticker gewährleistet. So konnte Dole an der Aufklärungsarbeit von Chiquita effektiv partizipieren. Ähnliches gilt für die Kombiprodukte aus Shampoo und Spülung im Kielwasser der *P&G*-Innovationen. So bietet *Nivea* eine Formel plus auf gleicher Leistungsbasis, jedoch zusätzlich mit Schutz des Haares gegen Umweltbelastungen an, *Poly* ein 3 in 1, das zusätzlich noch einen Festigerwirkstoff enthält, *L'Oreal* ein Express mit Nachfüllmöglichkeit etc. Alle hängen sich, freilich jeweils differenziert, an die Pioniertaten von P&G an und partizipieren daran.

Ein Beispiel im Handel ist die *Escom*-PC-Discountergruppe. Sie entstand parallel zu Vobis und machte sich die Popularisierung von Computern in Haushalten bei zunehmend geringerer Erklärungsbedürftigkeit zunutze. Im Sog des *Vobis*-Erfolgs prosperierte auch Escom, jedoch suchte man eine Abwandlung durch mehrere Faktoren, so designorientierte Geräte mit schwarzem Gehäuse, oder die Aufnahme selektierter Apple-Computer ins Sortiment. Beide Gruppen sind heute konzernzugehörig (Escom zu *Quelle*, Vobis zu *Metro*).

(→ Positionierung, Optionen)

Partizipationsposition

(→ Positionierung, Optionen)

Passive Absetzung im Markt

(→ Marktverhalten)

Passive Begegnung im Markt

(→ Marktverhalten)

Passive People Meter (Push Button Meter)

(→ Werbemeßverfahren, Psychographische)

Passiver Telefonverkauf (Inbound)

(→ Telefonansprache)

Patent

(→ Gewerblicher Rechtsschutz)

Patronat

(→ Rundfunkspots, Sonderformen)

Pawlow-Ansatz

(→ Lernmodelle)

Pawlow'scher Hund

(→ Konditionierung, Klassische)

PC-Animation

(→ Grafikkommunikation)

Peer Group

(→ Bezugsgruppe)

Penetrationsfolge

(→ Involvement, Kategorien)

Penetrationsphase

In der Penetrationsphase des Lebenszyklus (= Wachstum bzw. Reife) erfolgt eine bessere Marktdurchdringung. Die Wachstumsrate des Gesamtmarkts ist hoch, verläuft jedoch bald degressiv. Der Break Even-Punkt wird erreicht. Die Gewinne steigen stark an, doch zugleich steigt auch die Preiselastizität der Nachfrage und die Zahl der Konkurrenten. Dadurch wird erstmalig ein positiver Cash Flow erreichbar. Der Wettbewerb ist noch nicht intensiv. Als Käufergruppe kommen nun die Frühadopter in Betracht. Ziel der am Markt beteiligten Unternehmen muß eine bessere Marktdurchdringung oder Marktausweitung sein. Das Preisniveau ist hoch, da ausreichend Nachfrage vorhanden ist. Die Frühadopter stellen ein weitaus größeres Potential dar als die Innovatoren. Die Distribution wird im Zuge des Produkterfolgs ausgeweitet. Die Kommunikation ist durch hohe Werbeanstrengungen gekennzeichnet. Durch die Pull-Strategie wird Nachfrage in den Handel gezogen, durch die Push-Strategie gleichzeitig Ware in den Absatzkanal gedrückt. Ziel ist es, ein Markenbewußtsein aufzubauen, um sich gegen spätere Mitbewerber profilieren zu können. Die Kapazitäten werden infolge starker Nachfrage überbelastet. Es entstehen hohe Produktionskosten (z. B. durch Überstunden). Das Qualitätsniveau der Produkte ist latent gefährdet. Die Marketingkosten bleiben eher gering.
(→ Lebenszyklus-Analyse)

Penetrationspreissetzung

Penetrationspreissetzung bedeutet, daß der Preis eines Produkts im Zeitablauf sukzessive angehoben wird.

Daraus folgen mehrere Vorteile:

- Niedrige Einführungspreise führen schnell zu Mengenkumulation und hohen Gesamtdeckungsbeiträgen trotz niedriger Dekkungsspannen. Die rasche Nutzung der Kostendegression bei Einkauf großer Mengen infolge hohen Absatzpotentials ist möglich. Damit können Bulk Buying-Effekte kurzfristig realisiert werden, für die Konkurrenten längere Fristen benötigen.
- Ein Marktvorsprung ist trotz geringer Leistungsüberlegenheit erzielbar. Denn die Zeit ist als wesentlicher Wettbewerbsfaktor entdeckt und zeitliche Vorsprünge bedürfen einer langen Frist des Aufholens, ehe sie selbst von leistungsüberlegenen Konkurrenten kumuliert übertroffen werden können.
- Die abschreckende Wirkung auf potentielle Wettbewerber verhindert deren Markteintritt. Denn niedrige Preise signalisieren harte Konkurrenzbedingungen mit erhöhtem Risiko und ungewissem Return on Investment, der Eintrittsüberlegungen eher kritisch überprüfen läßt.
- Bei preisbewußter Qualitätsbeurteilung durch Konsumenten wird mit steigendem Preis auch steigende Qualität suggeriert. Diese ist aber im Zuge des Qualitätskonsums immer bedeutsamer, führt also durchweg zu erhöhter Kaufneigung trotz der absolut forcierten Preisforderung.
- Es besteht ein geringeres Risiko der Veralterung des Kaufs bei kurzen Produktlebenszyklen und eine Motivierung zu Probierkäufen. Damit wird ein Markt initiativ für nennenswerte Einheitenzahlen geöffnet und vom penetrierenden Anbieter zumindest bis auf weiteres besetzt.
- Es gibt eine geringere Flopgefahr durch größere Akzeptanz bei niedrigem Preisniveau. Gerade bei unbekannten Angeboten ist das Sicherheitsbedürfnis seitens der Nachfrager ausgeprägt. Dem wird eher Rechnung getragen, wenn das Anlagerisiko bei Transaktion begrenzt bleibt.
- Hohe Verkettungswirkung ist gegeben, wenn man unterstellt, daß der Absatzerfolg eines Produkts in der Gegenwart vom Absatz in der Vergangenheit abhängig ist (Geschäftsstättentreue). Dem liegt die dynamische Sichtweise des „Life Time Value“ eines Kunden zugrunde, bei dem Mindereinnahmen im Zeitablauf kompensiert werden können.

Die Nachteile der Penetrationspreissetzung sind folgende:

- Es ist keine Abschöpfung der Konsumentenrente möglich. Zu Beginn der Marktpräsenz fühlen sich Innovatoren und Induktoren angesprochen, die eine geringere Risikoscheu für ein eher ungewisses Angebot kennzeichnet. Deren höhere Preisbereitschaft wird jedoch nicht monetarisiert.
- Die vergleichsweise geringere Preiselastizität der Nachfrage bei Angebotseinführung wird nicht

genutzt. Denn von der Neuigkeit selbst geht eine über das Produkt hinausgehende Attraktivität aus, die zu höherer Preisbereitschaft führt.

- Bei hohen Markteintrittsschranken wird die Möglichkeit zur Erzielung einer Monopolrente vergeben. Ein wesentlicher Anreiz des kompetitiven Vorstosses ist gerade die temporäre Liquidierung höherer Preise als Ausgleich für eingegangenes Risiko bzw. getätigte Investitionen.
- Das Preis-Leistungs-Verhältnis verschlechtert sich im Zeitablauf. D.h. der für eine bestimmte Leistung aufzuwendende Geldbetrag steigt und bedingt damit eine niedrigere Einstufung im Einkaufsprogramm großer Teile der Nachfragerschaft.
- Bei steigender Wettbewerbsintensität verbleibt nur ein geringes Reaktionspotential. Gelingt es infolge verschärfter Konkurrenz nicht mehr, Preiserhöhungen im Zeitablauf am Markt durchzusetzen, fehlt die notwendige Kompensation von geringen Dekkungsspannen oder gar Stückverlusten.
- Es kommt zu einer langen Amortisationszeitdauer für Investitionen. Da der Mittelrückfluß zu Beginn der Marktpräsenz eher gering ist, dauert es länger, bis ein Return on Investment erreicht wird. Dies erhöht jedoch das Risiko und verteuert die Betriebsfinanzierung.
- Die Liquiditätssituation fällt angesichts langsamer Finanzmittelrückflüsse ungünstig aus. Auch die flüssigen Mittel, die für die Aufrechterhaltung der Geschäftstätigkeit unerläßlich sind, bedürfen aufgrund des begrenzten Umsatzes der steten Beobachtung und Absicherung.
- Stetige Preisanhebung führt zu negativen Carry Over-Effekten. Denn die frühen niedrigen Preise etablieren eine Preisvorstellung im Gedächtnis der Abnehmer, die spätere Aufwärtsbewegungen sehr deutlich als Preissteigerung wahrnehmen läßt, die die Absatzchancen beeinträchtigt.

(→ Preispositionierung)

Perimeter

(→ Testverfahren, Aktualgenetische)

Periodeneffekt

(→ Kohortenanalyse)

Permutationsmodelle der Mediaplanung

(→ Mediaplanung, Kalkülisierung)

Personale Kanäle

(→ Kommunikation, Kanäle)

Personenfragen

(→ Fragefunktionen)

Personenzuordnungs-Test

(→ Testverfahren, Figurale)

Persönlicher Verkauf

Der Persönliche Verkauf beinhaltet die Auftragsvermittlung und/oder -abschluß im Wege des mündlichen Gesprächs. Inhalte sind vor allem

Beratung, Vorführung, Kontaktpflege und Verhandlungsführung. Problematisch ist die Kommunikation allerdings bei Kollektiventscheiden (Familie/Buying Center) wegen mangelnder Identifizierung der Entscheider und Abschätzung gruppendynamischer Prozesse im Gremium.

Zur Kommunikation stehen hörbare Zeichen (Sprache) und sichtbare Zeichen (Demonstration) zur Verfügung. Darüber hinaus indirekte Zeichen wie Körperbau, Mimik, Gestik, Kopfhaltung, Körpersprache und Distanzen. Am wichtigsten sind jedoch der Sprachcode (Niveau) bzw. die Sprachvariablen (Tonalität).

Hinsichtlich der Verkäuferfunktionen kann unterschieden werden in:

- die Produktweitergabe im Fahrverkauf,
- die Produktberatung im Ladenverkauf,
- die Bestellannahme im Außenverkauf,
- Goodwill durch Informationsabgabe,
- die Problemlösung durch Kenntnisse/Fertigkeiten,
- Hard Selling auf Markenartikelmärkten,
- den Dienstleistungsverkauf.

Kundenorientiertes Verhalten ist die Basisanforderung an jeden dieser Verkäufertypen. Dabei lassen sich verschiedene Phasen der Verkaufsgesprächsführung unterscheiden:

- Die Kontaktherstellung betrifft die Terminvereinbarung und die Annäherung an den Kunden. Wichtige Gespräche sollten nicht ohne Zeitabsprache geführt werden. Außerdem sollte man nicht „mit der Tür ins Haus fallen", sondern einen verbindlichen Gesprächseinstieg wählen. Dies gilt erst recht, wenn die Gesprächspartner sich nicht näher kennen.
- Daran schließt sich der Einsatz von Fragetechniken an, der der Qualifizierung des Kunden dient. Fragen steuern wirkungsvoll das Gespräch und geben dem Gesprächspartner das Gefühl, auf ihn einzugehen.
- Daran schließt sich die Kernphase der Präsentation und Demonstration an. Wann immer möglich, sollte die Chance genutzt werden, den Produktnutzen vorzuführen oder, besser noch, den Kunden selbst nachvollziehen zu lassen.
- Für gewöhnlich ergeben sich danach (rationale) Einwände als Signal für Kaufwiderstände. Bevor diese Widerstände nicht ausgeräumt sind, wird es kaum zum erfolgreichen Abschluß kommen. Wiederum stehen diverse Techniken der Einwandbehandlung bereit.
- Vor dem Erreichen der Abschlußphase ergeben sich (emotionale) Konflikte, die aus dem prospektiv einzugehenden Preisopfer resultieren. Diese müssen ebenso zunächst überwunden werden, bevor es zum Kauf kommen kann.
- In der Abschlußphase selbst kommt es dann vor allem auf die

Preisargumentation an. Dabei stehen verschiedene Techniken zur Verfügung, diese brisante Situation zu entschärfen.

- Schließlich ist auch die Nachbereitung des Kaufs hochbedeutsam. Hier geht es in erster Linie um die Dissonanzreduktion, aber auch um die Reklamationsabwicklung. Erst eine seriöse Nachbereitung sichert die Kundenzufriedenheit, die Voraussetzung für Wiederkauf und Weiterempfehlung ist.

Persönliche Sicherheiten

Die persönliche Sicherung eines Kreditbetrags ist im Fall der Bürgschaft gegeben. Die Bürgschaft ist ein Vertrag, durch den sich ein Dritter (Bürge) gegenüber dem Gläubiger verpflichtet, für die Erfüllung der Verbindlichkeiten des Schuldners einzustehen. Die Bürgschaft ist also akzessorisch, d. h. an das Bestehen einer Forderung gebunden. Diese erfolgt selbstschuldnerisch oder als Ausfallbürgschaft. Ersteres bedeutet, daß ein Gläubiger sich im Fall der Nichtzahlung des Kreditbetrags durch den Schuldner unmittelbar an den Bürgen mit der sofortigen Zahlungsforderung wenden kann. Wird hingegen Einrede der Vorausklage vereinbart, muß der Gläubiger in diesem Fall erst sämtliche Rechtsmittel ausschöpfen, bis die Forderung vom ursprünglichen Schuldner uneinbringlich geworden ist (regelmäßig durch erfolglose Zwangsvollstreckung gegen das Vermögen des Schuldners), bevor er sich ersatzweise an den Bürgen wenden kann. Generell ist daher das Eingehen jedweder Bürgschaft zu vermeiden, vor allem, wenn die Möglichkeit zur Einrede der Vorausklage fehlt. Eine abgemilderte Form stellt der Schuldbeitritt dar. Dabei verpflichtet sich ein Dritter vertraglich, neben dem ursprünglichen Schuldner gesamtschuldnerisch die Haftung für einen Kreditbetrag zu übernehmen. Die Sicherungsklausel ist meist eine Negativerklärung des Schuldners, in der dieser sich verpflichtet, ab sofort keinem anderen Gläubiger eine bessere Sicherung einzuräumen als dem Gläubiger, gegenüber dem diese Erklärung abgegeben wird. Im Export kommen noch Kreditgarantieren des Staates zur Sicherung der Zahlung hinzu. Die Garantie ist ein abstraktes unwiderrufliches Zahlungsversprechen, das unbedingt erfolgt und auf erste Anforderung des Begünstigten hin einzulösen ist. Der Kreditauftrag ist dadurch gekennzeichnet, daß der Kreditgeber von einem Dritten (Auftraggeber) beauftragt wird, im Namen und auf Rechnung des Kreditgebers dem Schuldner Kredit zu gewähren, wobei dieser Dritte selbstschuldnerisch, also unter Verzicht auf Einrede der Vorausklage, haftet.

Persönlichkeitsinventar

(→ *Testverfahren, Verbale)*

Pessimismus-Optimismus-Kriterium

(→ *Marketing, Risikovorsorge)*

Peters, Waterman-Ansatz zur marktorientierten Unternehmensführung

Peters und Waterman (In Search of Excellence) leiten aus ihrer Beratungspraxis bei McKinsey Erfolgsfaktoren renommierter Unternehmen ab. Dabei handelt es sich um folgende. Die Erkenntnisse sind allerdings durch die teilweise schlechte Geschäftsentwicklung von als in dieser Beziehung vorbildlich dargestellten Unternehmen in Mitleidenschaft gezogen worden. Der *Primat des Handelns* bedeutet, daß man statt übermäßig lange zu denken, zu planen und Strategien zu entwickeln besser pragmatisch im Trial & Error-Verfahren Maßnahmen umsetzt und auf ihre Tragfähigkeit hin testet. Damit soll nicht blindem Aktionismus das Wort geredet werden, denn natürlich sind Zielsetzung, Planung und Strategie unerläßlich. Es muß nur der Punkt gefunden werden, an dem man von der Theorie auf die Praxis umsteigt. Und oft geht dieser Punkt unter Bergen von Konzeptpapier verloren. Es gibt also eine Präferenz für knappe Analysen und einen Primat der Handlungs- gegenüber der Analyseorientierung. Gefragt ist fortschreitende Risiko- und Experimentierfreudigkeit statt der großen Lösungen.

Die *Nähe zum Kunden* bedeutet, dort zu sein, wo der Markt ist. Leider ist im Marketing eine Tendenz zur Verwissenschaftlichung und Realitätsferne auszumachen, wo doch ein Besuch beim Lieferanten, ein Store Check im Handel, ein Verkaufsgespräch „an der Front" so unendlich viel Erkenntnisse verschaffen können. Letztlich heißt Marketing kundenorientiertes Verhalten und das ist nur möglich, wenn man den Wünschen der Kunden genau entspricht. Doch dies ist wiederum nur der Fall, wenn man möglichst nahe am Kunden arbeitet, möglichst intensive Geschäftskontakte zu ihm unterhält und hohe Servicestärke, erstklassige Qualität und Zuverlässigkeit demonstriert. Man kann geradezu von einer Besessenheit sprechen, dem Kunden zu helfen. Schließlich resultieren aus Kundenpflege am ehesten nachvollziehbare Wettbewerbsvorteile.

Freiraum für Unternehmertum bedeutet die Schaffung von Initiativen auf allen Ebenen des Unternehmens. Denn oft genug erstickt jegliches Engagement in einer hierarchisch vielstufigen Organisation, die keine Luft mehr zum Atmen läßt. Japanische Unternehmen fördern Unternehmertum bewußt etwa durch Quality Circles, in denen Mitarbeiter konstruktive Vorschläge zur Verbesserung des Leistungsprodukts erarbeiten. Durch diese Initiativen wird ein erhebliches Maß an Dynamik in allen Betriebsteilen geschaffen, die sich am Markt als Erfolg ausdrückt. Es ergibt sich der Vorteil der Aufteilung der Führung auf die niedrigstmögliche hierarchische Ebene ohne zentralisiertes Anweisungssystem. Dazu gehören auch kleine Stäbe, aufs Notwendige reduziertes Berichtswesen und viel informeller

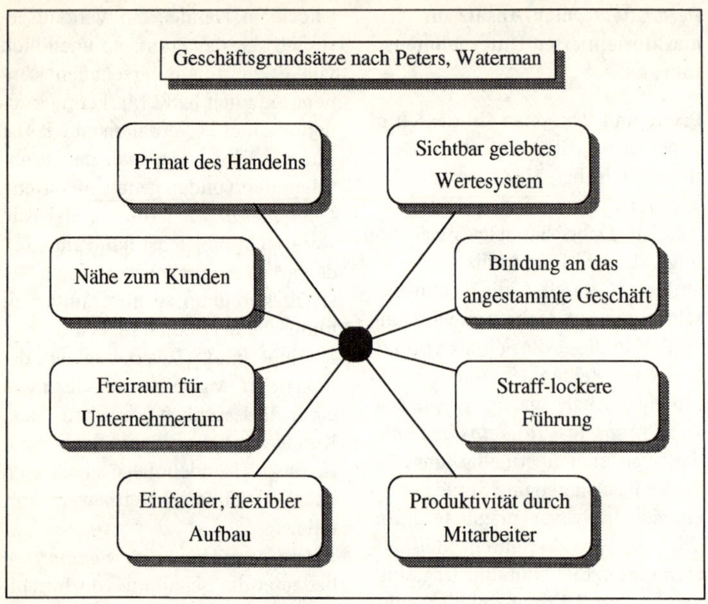

Geschäftsgrundsätze nach Peters, Waterman

Meinungsaustausch. Dem entsprechen kleine Arbeitsteams mit Verläßlichkeit in der Zusammenarbeit.

Produktivität durch Mitarbeiter bedeutet die Förderung deren Qualifikation und die Nutzung deren Potentials. Letztlich sind es Menschen, die Märkte bewegen. Dies können sie um so besser, je eher sie dazu in die Lage versetzt werden. Die Qualifizierung der Mitarbeiter erhöht die Effizienz und damit auch den Betriebserfolg. Dies betrifft z. B. die kontinuierliche Evolution von Sortimenten, Strukturen und Prozessen, die konsequente Qualitätsausrichtung sowie ein unkonventionelles Innovationsmanagement. Vertrauen in die Mitarbeiter und ihre Beteiligung an der Verbesserung von Arbeitsabläufen stärken den Einsatzwillen der Mannschaft. Die Ausrichtung erfolgt am Leitbild des mündigen, ambitionierten und motivierten Mitarbeiters.

Das *sichtbar-gelebte Wertesystem* bedeutet die Achtung der moralisch-ethischen Verpflichtung des Betriebs. Dies impliziert, daß nicht jeder Zweck alle Mittel heiligt und daß nicht jeder Umsatz alle Aktivitäten rechtfertigt. Vielmehr muß sich jedes Unternehmen seines gesellschaftlichen Stellenwerts bewußt sein und dieses Wertesystem sichtbar vorleben (Corporate Identity). Dazu ist es erforderlich, das Wertesystem stringent zu formulieren und alle

Mitarbeiter des Hauses darauf zu verpflichten. Excellente Unternehmen tun dies seit langem. Vor allem darf es keine „Ausreißer" geben, denn einzelne, wahrgenommene Verletzungen des Wertesystems erschüttern nachhaltig die ganze Glaubwürdigkeit einer eigenständigen Unternehmenskultur. Von daher bedarf es der kontinuierlichen Evolution der Werte in allen Funktionsbereichen.

Die *Bindung an das angestammte Geschäft* bedeutet die Konzentration auf das, was man am besten kann, statt überall herum zu probieren und letztlich nichts zu erreichen. Es scheint zunächst verlokkend, in allen möglichen Marktfeldern, die Gewinnaussicht versprechen, mitzumischen. Regelmäßig stellt sich der Erfolg aber tatsächlich eher ein, wenn man sich auf den Ursprung seiner Geschäftstätigkeit zurückbesinnt und versucht, durch bessere Marktdurchdringung das gegebene Potential voll auszuschöpfen, bevor man neue Potentiale anzapft. Betriebsausweitungen sollen sich also am angestammten Geschäftsbereich orientieren und Homogenität beibehalten, die ohnehin vorhandenes Know how ausreizt.

Straff-lockere Führung ist eine ausgewogene Mischung aus sowenig Führung wie nötig und soviel Selbstbestimmung wie möglich. Zwar scheinen demokratische Entscheidungsprozesse zunächst verlockend. Da aber in der Wirtschaft immer der Vorgesetzte die Verantwortung trägt, muß ihm auch die Möglichkeit eingeräumt werden, letztlich entscheiden zu können. Wirtschaften nach dem Demokratieprinzip führt so oft direkt ins Chaos. Dafür sind autoritäre Züge das unerläßliche Korrektiv. Die Ausrichtung erfolgt am Leitbild des mündigen, leistungsbereiten, sich selbst fordernden Mitarbeiters, für den eine flexibel interpretierbare, bewegliche und durchlässige Aufbau- und Ablauforganisation geschaffen wird. Dem werden flache Organisationsprinzipien, etwa im Stil der Spartenorganisation, am ehesten gerecht. Das Vertrauen in Mitarbeiter und deren gezielte Förderung drückt sich in der Ergebnisbeteiligung an den Divisions aus. Bei allem Freiraum für Eigeninitiative bedarf es aber auch der Disziplin jedes Einzelnen, diesen Freiraum nicht zu überstrapazieren.

Einfacher, flexibler Aufbau, d. h. der Bürokratie ist der Kampf anzusagen und stattdessen für eine transparente Organisation zu sorgen. Dem werden flache Organisationsprinzipien, etwa im Stil der Spartenorganisation, am ehesten gerecht. Das Vertrauen in Mitarbeiter und deren gezielte Förderung drückt sich in der Ergebnisbeteiligung an diesen Divisions aus. Dadurch kann effizient auf Veränderungen des Vermarktungsumfelds reagiert werden. Operative Einheiten vermeiden Ballast durch Verwaltungsapparate, die nicht nur nicht wertschöpfend sind, sondern die Wertschöpfung nicht selten sogar hemmen.

(→ Erfolgsfaktoren im Marketing)

Photobelichter

(→ Desk Top Publishing, Ausgabegeräte)

Photoschnittstelle

(→ Desk Top Publishing, Eingabegeräte)

Physische Distribution

(→ Logistik, Bedeutung)

Picture Frustation-Test

(→ Testverfahren, Figurale)

PIMS-Studie

Bei der PIMS-Studie (Profit Impact of Market Strategies) handelt es sich um die Sammlung, Analyse und Strukturierung von Schlüsselfakten in Datenbanken mit statistischer Auswertung von 28 Strategievariablen und 200 Eingabedaten. Der Vorteil besteht darin, daß alle Teilnehmer Zugriff auf die anonymisierten Daten zur Ableitung gültiger Handlungsprinzipien und zur Nutzung der Erfahrung der Erfolgreichsten haben. Die Vision ist die Entdeckung von Marktzusammenhängen (sog. Laws of the Market Place) und Empfehlung „guter" Betriebsstrategien. Haupterkenntnisse für bestehende Geschäftseinheiten sind folgende:

- Betriebe mit hoher Investitionsintensität weisen regelmäßig einen niedrigeren ROI sowie einen niedrigeren Cash Flow auf als weniger investitionsintensive.
- Mit zunehmender Wertschöpfung pro Beschäftigtem (= Produktivität) steigen ROI und Cash Flow.
- Marktwachstum wirkt positiv auf den absoluten Gewinn, neutral auf die Rendite, negativ auf den Cash Flow.
- Hohe Qualität aus Kundensicht und relativ zum Mitbewerb korreliert positiv zu ROI und Cash Flow.
- Maßnahmen zur Stärkung von Innovation und Eigenständigkeit wirken nur dann positiv, wenn der Betrieb bereits über eine starke Marktposition verfügt.
- Niedrige Marktanteile verhindern die Finanzierung hoher FuE-Ausgaben mangels Tragfähigkeit.
- Hohe vertikale Integration wirkt nur in ausgereiften, stabilen Märkten positiv, bei wachsenden oder schrumpfenden Märkten jedoch negativ.
- Marktzugang, Wettbewerbssituation und Marktstellung erklären im wesentlichen die Leistungsfähigkeit des Betriebs.
- Weitere wichtige Determinanten sind Marktwachstum, Produktdifferenzierung, Qualität, Service, Zuverlässigkeit, Marktanteil und Know how.
- Eine eher kleine Kundenzahl ist günstig zu beurteilen.
- Mit einer stärkeren Marktposition (= Marktanteil) steigen der ROI und Cash Flow überproportional.
- Der erreichte Marktanteil ist entscheidend für die Gewinnhöhe der SGE, daher sind Marktanteilsgewinnungsstrategien anzuwenden.
- Hohe FuE-Ausgaben bauen Marktanteile auf, sofern entsprechende Innovationsstrategien

nach Erfolgswahrscheinlichkeit ausgerichtet sind.

- Niedrige Marktanteile verhindern die Finanzierung hoher FuE-Ausgaben.
- Einmal erreichte Marktanteile müssen mit allen Mitteln verteidigt werden.
- Marktzugang, Wettbewerbssituation und Position des eigenen Betriebs machen für die Leistungsfähigkeit den weitaus größten Erklärungsanteil aus.
- Der wirtschaftliche Erfolg jeder SGE erklärt sich aus Marktwachstum, Produktdifferenzierung, Qualität, Service, Zuverlässigkeit, Marktanteil und Know how.
- Nicht dazu beitragen können kapitalintensive Leistungserstellung (Overengineering) und hohe FuE-Kosten.

Haupterkenntnisse für neue Geschäftseinheiten sind folgende:

- Die Startkosten eines Projekts werden erst nach einigen Jahren zurückverdient (ROI-Frist wird unterschätzt).
- FuE-Anstrengungen sind auf marktnahe Anwendungsmöglichkeiten zu konzentrieren (also wenig Grundlagenforschung).
- Die Erreichung der Marktführerschaft hat als primäres Ziel zu gelten.
- Der Eintritt in wachstumsstarke Märkte ist wegen niedrigerer Wettbewerbsintensität und weniger Marktteilnehmern zu bevorzugen.
- Der Produktnutzen ist wichtiger als der Produktpreis.
- Eine breite Produktpalette erleichtert den Marktanteilszuwachs, kostet aber Gewinnbeitrag.
- Aggressives Marketing verbessert den Marktanteil, aber reduziert die Gewinne.
- Die Break Even-Phase soll möglichst kurz gehalten werden, um Risiken zu limitieren.
- Der Eintritt in kleinere Märkte ist wegen des geringeren Wettbewerbs dort zu bevorzugen.

Detailliertere Aussagen erlauben weitere Analysen. Der PAR-Report stellt den Zusammenhang zwischen der abhängigen Variablen ROI und 36 unabhängigen Erfolgsdeterminanten durch multiple Regressionsanalyse dar. Das Ergebnis liefert den zu erwartenden ROI, den eine Geschäftseinheit aufgrund ihres strategischen Profils erwirtschaften müßte. Etwa 70% der ROI-Varianz werden durch die unabhängigen Variablen bestimmt. Der LIM-Report ist ein vereinfachtes Modell des PAR-Reports. Aufgrund der geringeren Zahl von Eingabedaten eignet er sich vor allem für Situationen, die nur wenig Informationen erfordern.

Der Strategy Analysis-Report ermöglicht die bessere Abschätzung geplanter Strategieänderungen auf das Betriebsergebnis über Simulationsmodelle, indem sich ergebende Strategiepositionen gegen dann vergleichbare andere Geschäftseinheiten gespiegelt werden. Der Optimum Strategy-Report untersucht die Auswirkungen bestimmter Strategien auf die Kennzahl ROI bzw. den Cash Flow, indem optimale Strategien zur

Erreichung bestimmter Ziele ermittelt werden. Als Referenz dienen dabei besonders erfolgreich arbeitende Geschäftseinheiten, deren Instrumentalkombination übernommen wird.

Der Report on Look Alikes (ROLA) geht in drei Schritten vor. Zunächst wird eine Stichprobe aus nach bestimmbaren Kriterien strategisch ähnlich positionierten Geschäftseinheiten gezogen. Dann wird diese Stichprobe nach einem frei bestimmbaren Kriterium in zwei extreme Unterstichproben aufgeteilt, die Marktanteilsverlierer- und die -gewinner-Gruppe. Danach werden die signifikanten Unterschiede zwischen den beiden Gruppen festzustellen versucht, die Hinweise auf Maßnahmen geben.

Es gibt jedoch vielfältige Kritikpunkte, so vor allem, daß der Regressionsansatz dahingehend fraglich ist, ob Linearität und einseitige Abhängigkeit vorliegen, daß die externe Validität durch mangelnde Repräsentanz der Stichprobe zweifelhaft ist, daß nur beobachtbare Variable zugrundegelegt werden, nicht jedoch intervenierende Variable wie Kultur, Glück etc. und daß alle Daten vergangenheitsbezogen sind.
(→ Erfolgsfaktoren im Marketing)

PIN-Nummer

(→ Electronic Cash)

Pipeline Filling

(→ Verkaufsförderung, Maßnahmen)

Pitch

(→ Werbeagentur, Auswahl)

Placement

Beim Placement handelt es sich um die Integration von Produkten, oder auch nur Werbemitteln, in den redaktionellen Ablauf von Unterhaltungsprojekten. Dies umfaßt die zielgerichtete (werblichen Zwecken dienende) Integration von werbefähigen Gütern und Diensten in den Handlungsablauf eines Medienprogramms, vornehmlich in Kino-, Fernseh- und Videofilmen, seltener in Funk und Print. Einen der frühesten Coups dürfte Harvey's Bristol Cream gelandet haben, der von Agatha Christie in einen ihrer Krimis integriert wurde. Auffällig waren auch die Fahrten von Dustin Hoffmann mit seinem roten Alfa Cabrio in The Graduate. Spektakulärer sind die neueren Auftritte von *Sony* im Film Rain Man oder von *Hershey Rice Peeces* als Lieblingsnaschwerk von E.T. Ganz zu schweigen von den Automarken, die in den Fernsehserien um Kommissar Schimanski, Prof. Brinkmann aus der Schwarzwaldklinik, Hotelier Berger im Schloßhotel am Wörthersee, „dem" Kommissar und, und, und, in Erinnerung treten. Über Agenturen ist es heute möglich, die gerade in Realisation befindlichen Film- und TV-Projekte abzufragen und aufgrund von Drehbuchexcerpten die Integrierbarkeit bestimmter Produkte zu prüfen (Script Breakdown). Aufgrund der hohen, steigenden Produktionskosten sind Drehbuchautoren zunehmend auch dazu bereit, Szenen so umzugestalten, daß gewünschte Produkte darin wie zwangsläufig vorkommen (Product Plugging). Für diese Aktivitäten gibt es Preislisten, die sich auf Basis ausgehandelter Sendetermine oder Aufführungsrechte errechnen.

Nach der Art des Placement unterscheidet man Generic Placement, d. h. die Forcierung einer Warengattung bzw. eines Markenprodukts, ohne daß dessen Markierung erscheint (z. B. Perrier), Corporate Placement, d. h. die Forcierung einer Organisation durch die Handlung, z. B. der Nasa in „Bezaubernde Jeannie", und Product Placement, d. h. die Forcierung eines Produkts durch gezielte Placierung als reales Requisit. Weiterhin gibt es Innovation Placement zur Forcierung von Neuprodukten und Message Placement zur Forcierung eines übergreifenden (Produktions-)Themas.

Nach der Form des Placement unterscheidet man On Set Placement durch Requisiten (ohne Rollenzuweisung) und Creative Placement durch Handlungsrollen, außerdem Visual Product Placement (bildliche) und Verbal Product Placement (sprachliche Erwähnung) eines Produkts. Product Placement ist hierzulande im TV grundsätzlich verboten, denn Werbung soll vom Programm getrennt, zeitlich beschränkt und im Block ausgestrahlt werden. Als Rechtsgrundlagen kommen das Urheberrecht (etwa bei der filmischen Bearbeitung der Literatur), das Irreführungsverbot im UWG (Objektivität/Neutralität der Medien) und der Verstoß gegen die guten Sitten im UWG (durch Erlangung eines ungerechtfertigten Wettbewerbsvorteils) in Betracht. Deshalb besteht die Pflicht zur Kennzeichnung als Werbung und zur Nichtbeeinflussung des Programms. Eine Zwitterstellung nehmen insofern Game Shows ein, bei denen Produkte als Preise oder Mitwirkendenausstattung placiert werden. Im Kino ist Placement hingegen erlaubt, wenn darauf im Vorspann hingewiesen wird.

Es gibt Placement-Agenturen, die als Vermittler oder Lizenzgeber (für Merchandisingprodukte) agieren sowie Ausstatter, die große Warenlager zur Requisitenauswahl unterhalten und deren Transportkoordination übernehmen. Zu deren wesentlichen Aufgaben gehört es, geeignete Produktionen auszuwählen, Drehbücher auf Placementchancen durchzusehen, die Verfügbarkeit von Placementprodukten zu sichern und deren Einsatzdramaturgie zu überwachen. Die Vorgehensweise zur Planung des Placement ist wie folgt:

- Bestimmung eines placierungsfähigen Produkts,
- Vorgabe des Placierungs-Ziels,
- Planung der Placement-Zielgruppe,
- Planung des Placement-Budgets,
- Recherche eines Placement-fähigen Projekts,
- Bestimmung der Art/Gestaltung des Placement,

Placierung nach DPP

- Prognose der zielgruppenspezifischen Reichweite,
- Verhandlungen über das zu zahlende Entgelt,
- Entscheidung über Einsatz.

Placierung nach DPP

Aus den DPP-(Direkter Produkt-Profitabilität-)Aussagen lassen sich interessante Schlußfolgerungen für Maßnahmen zur Rentabilitätssteigerung durch Placierung ableiten, legt man die beiden Parameter Umschlaggeschwindigkeit und Direkte Produkt-Profitabilität zugrunde. Natürlich ist dem fortschrittlich geführten Handel die Umschlaggeschwindigkeit, d. h. die Häufigkeit des Abverkaufs eines Produkts in einer Zeiteinheit, für alle Teile seines Sortiments bekannt. Dabei wird zwischen Schnelldrehern (sog. Rennern) und Langsamdrehern (sog. Pennern) unterschieden. Erstere haben eine überdurchschnittliche, letztere eine unterdurchschnittliche Umschlaggeschwindigkeit (US). Vergleichbar lassen sich die Produkte auch nach über- oder unterdurchschnittlicher DPP einteilen. Aus der Kombination dieser Parameter ergeben sich vier Felder. Jeder Handelsbetrieb kann nun jeden seiner Artikel im Sortiment hinsichtlich beider Größen bewerten und einem Feld zuordnen. Aus dieser Position ergeben sich dann konkrete Maßnahmen zur Rentabilitätssteigerung im Betrieb.

Maßnahmen für Artikel mit unterdurchschnittlicher US und DPP sind:

- Engere Placierung, um mehr Rohertrag durch mehr placierte Ware zu erreichen. Die Produkte können dabei in die Tiefe oder Höhe angeordnet werden.
- Rack Jobbing, also Tausch des Flächenertrags gegen Mieteinnahme/Provision aus Fremdbewirtschaftung. Damit kann das ökonomische Risiko gesenkt werden.
- Preiserhöhung, um den Rohertrag durch mehr Einnahmen zu verbessern. Fraglich ist allerdings, inwieweit sich Preisanhebungen am Markt erfolgreich durchsetzen lassen.
- Auslistung, wenn andere Maßnahmen nicht den gewünschten Erfolg erbringen. Allerdings sind Verbundkäufe (Cross Selling) zu berücksichtigen, die entfallen, wenn einer der verbundenen Artikel nicht mehr vorhanden ist.

Identische Maßnahmen gelten auch bei unterdurchschnittlicher Flächen-/Raumökonomie und DPP.

Maßnahmen für Artikel mit überdurchschnittlicher US und DPP sind:

- Mehr Werbung, um das Chancenpotential, das in der Produktbegabung dieser Angebote liegt, auch voll und ganz auszuschöpfen. Denn es steht zu vermuten, daß die zusätzlichen Kosten durch die zusätzlichen Erlöse übertroffen werden.
- Zweit- und Sonderplacierung, da die zusätzlich beanspruchte Fläche von der hohen Flächenproduktivität getragen wird. Zweit- und Sonderplätze führen erfah-

rungsgemäß zu steigender Nachfrage.

- Intensive Regalpflege, damit keine betrieblichen Unzulänglichkeiten das Ertragsvolumen schmälern. Dies betrifft vor allem auch die ausreichende Bevorratung der erfolgreichen Produkte.
- Maximale Kontaktfrequenz, daher Überprüfung des Kundenlaufs im Laden. Denn die Hebelwirkung auf Absatz und Ertrag ist bei diesen Artikeln am höchsten.

Identische Maßnahmen gelten auch bei überdurchschnittlicher Flächen-/Raumökonomie und DPP.

Maßnahmen für Artikel mit unterdurchschnittlicher DPP bei gleichzeitig überdurchschnittlicher US sind:

- Kostensenkung, um bei gegebenem Preis zu einem höheren Rohertrag zu gelangen. Dies kann die Einschränkung von Werbung nur insofern betreffen, als darunter der Umschlag nicht allzusehr leidet.
- Einrechnung von Verbundeffekten, denn oft übertreffen die Einnahmen unterforderter Artikel deren abbaubare Kosten und machen es sinnvoll, sie im Sortiment zu behalten.
- Engere Placierung, um mehr Rohertrag durch mehr placierte Ware zu erreichen. Die Akzeptanz des Artikels bei Kunden ist ja durch die Umschlaggeschwindigkeit bereits bewiesen.
- Preiserhöhung, soweit dadurch der Umschlag nicht leidet (abhängig von Preiselastizität der Nachfrage und Konkurrenzpreisen). Bei gleichen Kosten ergibt sich so eine höhere Handelsspanne.

Identische Maßnahmen gelten auch bei unterdurchschnittlicher Flächen-/Raumökonomie und überdurchschnittlicher DPP.

Maßnahmen für Artikel mit überdurchschnittlicher DPP bei gleichzeitig unterdurchschnittlicher US sind:

- Aktion, um die Artikel anlaßbezogen in den Mittelpunkt zu rücken und die Nachfrage spürbar zu beleben. Dadurch wird die Hebelwirkung der Profitabilität sehr wirksam genutzt.
- Zweitplacierung, um den Umschlag und damit den Rohertrag zu erhöhen. Dadurch können Spontankäufe ausgelöst werden, die anderweitig unterbleiben oder in anderen Läden getätigt werden.
- Verkaufshilfen, um die Aufmerksamkeit für das Angebot zu erhöhen. Dies betrifft vor allem erklärungsbedürftige Produkte, die dadurch enorm an Attraktivität gewinnen.
- Preissenkung, soweit dadurch die Rentabilität nicht gefährdet wird. Letztlich kommt es darauf an, ob der Absatzzuwachs dabei den Preisabschlag mehr als ausgleichen kann.

Identische Maßnahmen gelten auch bei überdurchschnittlicher Flächen-/Raumökonomie und unterdurchschnittlicher DPP.

Placierung von Anzeigen

Begehrt sind für Anzeigen Placierungen auf der 1. Umschlagseite (Cover, primär bei Fachtiteln), der 2. Umschlagseite (erste Innenseite, gegenüber Inhaltsverzeichnis), der 3. Umschlagseite (letzte Innenseite) und vor allem der 4. Umschlagseite (Rückcover). Außerdem sind rechte Seiten beliebter als linke, Placierungen vorne im Heft beliebter als hinten. Dies beruht auf anfechtbarer Marktforschung, die auch herausgefunden haben will, daß die durchschnittliche Betrachtungszeit je Anzeige nur 2–3 Sekunden beträgt. Bei Schwerpunktthemen kommt auch eine Placierung in diesem Teil des Werbeträgers in Betracht.

Satzspiegel ist der Teil der Seite, der für den Druck genutzt werden kann. Soll auch der Papierrand an allen vier Seiten bedruckt werden, handelt es sich um Anschnitt. Angeschnittene Anzeigen waren früher teuerer und verlangen Beschnittzugaben rundum für anschnittgefährdete Anzeigenelemente bei der Vorlagenerstellung.

Redaktionelle Anzeigen erwekken für den unvoreingenommenen Leser den Eindruck der Redaktion. Deshalb müssen sie deutlich mit dem Hinweis „Anzeige" versehen werden. Im TZ-Bereich kommen Besonderheiten in Form von Bunddurchdruck (Panoramaanzeige), Griffeckenanzeigen (unten außen auf jeder Seite), Titelkopf-oder Eckfeldplacierungen (obere Hälfte auf der ersten Seite von Kaufzeitungen bzw. zweiseitig von Redaktion umschlossen) hinzu, außerdem HiFi- und Insetteranzeigen als fertig angelieferte Druckprodukte, die vom Verlag komplett verarbeitet werden.

Weiterhin gibt es:

- Titelkuller als Kleinanzeige auf dem Cover,
- Programmteilanzeige in Rundfunk- und Fernsehblättern,
- Flexformatanzeige mit Abweichung vom Standardformat, evtl. nicht rechteckig, sondern auch asymmetrisch,
- Inselanzeige an vier Seiten von Text umschlossen,
- Schachbrettanzeige, deren paarweise Placierung zueinander versetzt ist,
- Ausklappseite einfach,
- Doppelseite zum Ausklappen, auch Gatefold oder Altarfalz genannt,
- Geographischer Split (meist nach Nielsen-Gebieten oder -Ballungsräumen),
- Mechanischer Split in Teilauflagen,
- Sonderfarben (z. B. Metallic, Gold, Silberbronze, Leuchtfarbe),
- Rubble Point-Anzeige für Farb- oder Duftempfinden,
- Printpromotion als Anzeigenstrecke im redaktionellen Teil etc.

Plakate

(→ Mediaeinsatz, Mix)

Planned Obsolescense

(→ Künstliche Veralterung)

Planungscharakter

(→ Marketing, Planungsprozesse)

Planungselastizität

(→ *Marketing, Planungsprozesse)*

Planungsprämissen-Audit

(→ *Marketing, Audit)*

Planungstechniken

Planung betrifft die Willensbildung (Marketingkonzepte und Entscheidung über Konzept) und die Willensdurchsetzung (Anordnung zur Durchführung und Kontrolle der Durchführung). Als Planungstechniken kommen verschiedene in Betracht.

Der *Projektstrukturplan* (Milestone-Methode) ist eine vereinfachte Form des Netzplans in Form einer Matrix. In der Kopfspalte werden alle vorzunehmenden Tätigkeiten aufgeführt. In der Kopfzeile befindet sich ein Kalendarium. In Abhängigkeit von der Dauer der Tätigkeiten werden nun Markierungen (Linien, Kästchen, Kreuze etc.) für die Zeit der Durchführung in das Kalendarium (Tage, Wochen, Monate) abgetragen. Ist eine Folgeaktivität von einer Vorabaktivität abhängig, so kann deren Markierung erst an deren Ende beginnen, sind Aktivitäten unabhängig, können sie einander überlappen. Wichtig ist dabei, sich zunächst über die logische Abfolge der Tätigkeiten Klarheit zu verschaffen. Zur Verkürzung von Verfahrenszeiten bleiben die Möglichkeiten, Vorgänge in ihrer Zeitdauer zu kürzen, Puffer für vorgezogene Aktivitäten zu nutzen oder Abfolgen umzustellen. Ähnliche Verfahren sind der Line of Balance-Plan (LOB), der eine retrograde Terminberechnung vom Projektabschluß zurück bis zu den ersten Analyseschritten vornimmt. Die Lernkurve schätzt die voraussichtliche Zeit- und Kostenersparnis. Der Gantt-Planungsbogen zeigt die erreichten Istwerte im Zeitablauf gegenüber der Planung an.

Der *Entscheidungsbaum* ist eine dynamische Planungsrechnung, die mehrperiodische oder komplexe Planungsprobleme durch ein Baumdiagramm visualisiert, dessen Äste die Handlungsalternativen bzw. Umweltkonstellationen und dessen Verzweigungsknoten die Handlungsergebnisse repräsentieren, denen jeweils Eintrittswahrscheinlichkeiten zugeordnet werden. Es handelt sich also nicht um deterministische, sondern um stochastische Situationen. Entscheidungsknoten werden als Kästchen, Erwartungsknoten als Kreise dargestellt. Den Erwartungsknoten werden Eintrittswahrscheinlichkeiten für ihnen zugeordnete alternative Umweltsituationen beigegeben. Den einzelnen Aktionen werden die jeweiligen Periodenkosten zugeordnet. Dem Ende des Baumes werden die erwarteten Erträge des gesamtes Pfades zugerechnet.

Das Entscheidungsbaum-Verfahren besteht im einzelnen aus den drei Schritten der Darstellung des Strukturmodells, der Quantifizierung dieses Strukturmodells und der Roll Back-Analyse. Ein Entscheidungsbaum ist ein zusammenhängender kreisloser Graph mit Entscheidungsknoten, bei denen der Entscheidungsträger über Alternativen entscheidet, Zufallsknoten für Zufallsereignisse bzw. Endknoten und Ästen für in Betracht bezogene Alternativen und Zufallsäste. Die Quantifizierung betrifft die Zuordnung von Wahrscheinlichkeiten und anderen Daten (Kosten, Erlöse etc.) zu den Substrukturen des Modells. Die Roll Back-Analyse betrifft die Berechnung der insgesamt optimalen Entscheidungen (optimale Strategie), von den Endknoten her auf den einzelnen Ästen des Strukturmodells von rechts nach links gerechnet. Bei Zufallsknoten wird der Erwartungswert der sich gegenseitig ausschließenden Möglichkeiten errechnet, die Ereignisse treten nur mit einer bestimmten Wahrscheinlichkeit ein. Bei Entscheidungsknoten wird der Erwartungswert maximiert, d. h. die Realisierung der weglaufenden Äste ist nur vom Willen des Entscheidungsträgers abhängig.

Checklisten sind Sammlungen von relevant erscheinenden Kriterien, die dichotom oder multichotom ausgelegt sein können. Für den Fall, daß Kriterien gleichgewichtet sind, lassen sich Ergebnisalternativen skalieren (sog. Scoring) und als Profile für verschiedene Planungsobjekte über alle Kriterien erstellen und vergleichen. Sind die Kriterien ungleich gewichtet, können sie entweder in eine Rangfolge gebracht oder als Gesamtpunktzahl addiert werden.

Die *Lineare Programmierung* ist ein Verfahren der Unternehmensrechnung, das mathematisch oder graphisch zu Optimallösungen beitragen soll, indem eine lineare Zielfunktion unter einer Vielzahl von Nebenbedingungen extremiert wird. Mathematisch lassen sich diese Probleme durch die Simplex-Methode lösen, graphisch durch Darstellung der Nebenbedingungen in einem Koordinatensystem (Polyeder), wobei die Zielfunktion an die am weitesten vom Ursprung zulässige Position verschoben wird (vgl. *Preißner, Andreas/Engel, Stefan:* Marketing, 2. Auflage, München – Wien 1995).

Ein weiteres Verfahren ist die *Sensitivitätsanalyse*. Dabei handelt es sich um den Ansatz, Outputveränderungen in Abhängigkeit von Inputveränderungen im Systemzusammenhang zu betrachten. Dabei gibt es Systeme, deren Output wenig auf Inputveränderungen reagiert, man spricht dann von sog. robusten Systemen, und solche, deren Output stark auf Inputveränderungen reagiert, man spricht dann von sog. sensiblen Systemen. Der Zusammenhang von Preis (Input) und Umsatzrendite (Output) im Handel stellt ein solches sensibles System dar.

Planungssysteme

(→ Marketing-Informations-System, Typen)

Planungstiefe

(→ Marketing, Planungsprozesse)

Planungsumfang

(→ Marketing, Planungsprozesse)

Planvereinbartes Marketing

(→ *Rahmenvereinbarung)*

Platzkauf

(→ *Kaufvertrag, Arten)*

Plotter

(→ *Desk Top Publishing, Ausgabegeräte)*

Plus-Minus-Technik

(→ *Einwandbehandlung)*

Point of Sale (POS)

(→ *Handelsplatzauftritt)*

Polardiagramm

(→ *Visualisierung von Daten)*

Polygonzug

(→ *Visualisierung von Daten)*

Polygraphie

(→ *Testverfahren, Psychomotorische)*

Polypol

(→ *Marktformen)*

Polyzentrales Angebot

(→ *Marktareal, Supranationales)*

Poor Dogs

(→ *Portfolio, Vier-Felder-, Positionen)*

Porter-Kurve

(→ *Marktpolarisierung)*

Porter-Matrix

(→ *Wettbewerbspositions-Matrix)*

Portfolio, Neun-Felder-, Aufbau

Diese Portfoliotechnik ist nach *McKinsey&Company* benannt und impliziert die ordinale Skalierung von Marktattraktivität der Branche und Wettbewerbsstärke der Produkte sowie Kreisgrößen analog Branchenbedeutung mit Ausschnitten analog eigenem Marktanteil im Rahmen einer Matrix. Zu diesen vier Basisdaten ist folgendes anzumerken. Die Marktattraktivität ist eine aggregierte Größe aus verschiedenen Kriterien. Für diese gibt es keinen festgesetzten Katalog, vielmehr können jeweils relevant erscheinende Daten zusammengestellt werden. Ein Gliederungsvorschlag umfaßt dabei die Berücksichtigung von Marktgröße und Branchenwachstum, Marktqualität, ausgedrückt etwa durch Rentabilität der Branche, Stellung im Markt-Lebenszyklus, Spielraum der Preisgestaltung, Schutzfähigkeit und technisches Know how, Investitionshöhe, Anzahl/Intensität aktueller/potentieller Anbieter/Nachfrager, Markteintrittsbarrieren, Substitutionsgefährdung, saisonale Schwankungen, Innovationspotential, Anforderungen an Distribution/Service, Konkurrenz- und Nachfragesituation, Sozialattraktivität etc., Rohstoff- und Energieversorgung (Sicherheit, Preisstabilität, Alternativen etc.) und Umfeldsituation (Konjunkturabhängigkeit, öffentliche Meinung, Gesetzgebung etc.).

Die Wettbewerbsstärke ist ebenfalls eine aggregierte Größe aus ver-

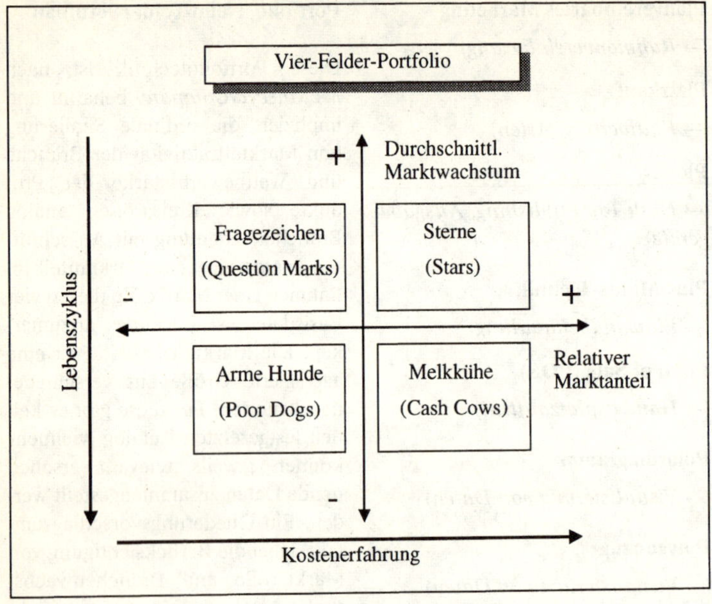

Vier-Felder-Portfolio

schiedenen variablen, relativ zur Konkurrenz zu bewertenden Kriterien. Zu nennen sind etwa Marktposition, ausgedrückt durch Marktanteil, Finanzkraft der Anbieter, Wachstumsrate des Unternehmens, Unternehmensimage, Preisvorteil, Produktqualität, Kunden-/Marktkenntnis, Rentabilität, Risikograd etc., dann Produktionspotential als Versorgungsbedingungen, Produktivität, Standortvorteil, größenbedingte Kostenvorteile, technisches Know how, Lizenzen, technische Flexibilität, Potentialausnutzung, Energie- und Rohstoffversorgung, Kapazität, Betriebsausstattung, Vertriebswege, Lieferbereitschaft etc., weiterhin FuE-Potential (Innovationsfähigkeit, Lizenzbeziehungen, Grundlagen- und angewandte Forschung etc.) sowie Führungskräftequalifikation (Professionalität, Urteilsfähigkeit, Arbeitsklima, Organisation etc.). Die Ermittlung erfolgt durch Punktbewertung. Dabei wird jedes Kriterium einzeln bewertet und geht in die Gesamtbeurteilung ein. Daraus wird ein Durchschnitt gebildet, der die Lage innerhalb der Skalierung von Abszisse (für Wettbewerbsstärke) und Ordinate (für Marktattraktivität) definiert. Durch die Vielzahl der Einflußfaktoren ist diese Analyse in der Lage, mehr Informationen zu berücksichtigen als in zweidimensionalen Portfolios. Dadurch verspricht man sich eine differenzierte Aussagefähigkeit.

Die Kreisgröße repräsentiert in diesem Fall die Branchengröße. Dazu wird mit einem skalierten Radius ein Kreis um den vorher definierten Schnittpunkt gezogen. Dieser verdeutlicht die absolute Bedeutung des betrachteten Markts. Innerhalb dieses Kreises markiert ein Kreisausschnitt den Anteil des eigenen Unternehmens an der Branche. Dies verdeutlicht die unternehmensindividuelle Bedeutung des betrachteten Markts.

Teilt man nun Abszisse und Ordinate jeweils in drei gleiche Abschnitte, die dem unteren, mittleren und oberen Ergebnisdrittel im Punktbewertungsverfahren entsprechen, so entstehen neun Felder, in denen sich SGE's befinden können. Diese können wiederum in drei Zonen zusammengefaßt und mit Normstrategien versehen werden.

Portfolio, Neun-Felder-, Bewertung

Als Kritik gegenüber dem Neun-Felder-Portfolio wird vor allem geäußert, daß qualitative Sachverhalte subjektiv quantifiziert werden müssen, um in das Modell Eingang zu finden. Nun sind Marketingentscheidungen insb. durch komplexe Strukturen, unübersehbare Interdependenzen, nichtlineare Wirkungsverläufe, Zielantinomien und Datenmangel gekennzeichnet. Insofern kann die Einschätzung nur auf Basis von Heuristiken erfolgen, und zwar mit allen dabei notwendigen, implizierten Unsicherheiten. Darüber hinaus ist auch die Auswahl der Beurteilungskriterien subjektiven Wertungen unterworfen. Deren evtl. Wirkungszusammenhänge sind unbekannt, so daß es zu Saldierungen zwischen einzelnen Kriterien kommen kann, die nach Art und Umfang nicht ausgewiesen werden. So kann ein Vorteil dieses Verfahrens rasch zu seinem Nachteil umschlagen, statt mehr Information wird letztendlich weniger verarbeitet. Zwar werden vielfältige Kriterien zur Beurteilung der strategischen Erfolgsposition herangezogen, doch dann sinkt gleichzeitig auch die Übersichtlichkeit der Analyse. Letztlich ist die Auswahl der Kriterien vom Einzelfall abhängig, und es besteht die Gefahr, daß sich einzelne Kriterien kompensieren, weil die Interdependenzen zwischen ihnen unbekannt sind. Die Stärke der individuellen Handhabbarkeit kann sich so ins Gegenteil verkehren. Falls Gewichtungen zwischen den einzelnen Kriterien eingeführt werden, erhöht dies nur noch die Gefahr subjektiver Verzerrung innerhalb der Bewertung. Der zuwachsende höhere Freiheitsgrad der Variablendefinition führt insofern womöglich zu mangelnder Determiniertheit der Analyseergebnisse. Der Übergang zwischen den Feldern ist fließend. Es fehlen klare Abgrenzungskriterien. Damit aber wird der Output der Analyse frei für Manipulationen. Die daran geknüpften Folgerungen sind nicht validierbar und somit von nicht viel größerem Wert als heuristische Einschätzungen. Die Stärke differenzierter Positionierung gegenüber zweidimensionalen Portfolios, gerade auch in bezug auf die wichtigen Mittelpositionen, relativiert sich somit.

McKinsey hat auf diese Kritik mit einer neuen Portfoliostruktur reagiert, dem Branchenattraktivitäts-Unternehmenspositions-Portfolio. Die Dimension Branchenattraktivität ergibt sich dabei aus einem Unterportfolio, das seinerseits aus den Dimensionen Nachfragestabilität (hoch/niedrig) besteht. Die Dimension Unternehmensposition ergibt sich ebenfalls aus einem Unterportfolio, diesmal aus Wettbewerbsstärke (hoch/niedrig) und Finanzstärke (hoch/niedrig). Diese vier Größen gehen in das neue Portfolio (McKinsey II) ein. Im Mittelpunkt der Betrachtung steht dabei das Risiko des Geschäftsfelds. Es wird unterstellt, daß dieses gering ist bei stabiler Nachfrage, flexibler Branche, hohen Wettbewerbsvorteilen und hoher Finanzstärke, et vice versa. Es handelt sich also wiederum um qualitative Daten, die ordinal skaliert und in neun Felder unterteilt werden. Damit bleiben die prinzipiell gleichen Vorbehalte bestehen. Zudem stellt sich die Frage, was gerade die gewählten Dimensionen qualifiziert, allein aussagefähig hinsichtlich des Risikos zu sein.

Portfolio, Neun Felder-, Positionen

Der *General Electric*-Ansatz kennt je eine grüne, rote und gelbe Zone mit jeweils drei Feldern. Der *Shell*-Ansatz kennt Einzelstrategien für jedes der neun Felder. Im folgenden werden beide Versionen des Neun-Felder-Portfolios zusammengefaßt dargestellt. Die grüne Zone umfaßt die Felder der Kombination aus hoher Marktattraktivität und hoher Wettbewerbsstärke (a), mittlerer Marktattraktivität und hoher Wettbewerbsstärke (b) sowie hoher Marktattraktivität und mittlerer Wettbewerbsstärke (c). Die rote Zone umfaßt die Felder der Kombination aus niedriger Marktattraktivität und niedriger Wettbewerbsstärke (d), mittlerer Marktattraktivität und niedriger Wettbewerbsstärke (e) sowie niedriger Marktattraktivität und mittlerer Wettbewerbsstärke (f). Die gelbe Zone umfaßt die verbleibenden Mittelpositionen, für die man sich hinsichtlich ihrer Zuordnung letztlich subjektiv zu entscheiden hat, als Kombinationen aus hoher Marktattraktivität und niedriger Wettbewerbsstärke (g), mittlerer Marktattraktivität und mittlerer Wettbewerbsstärke (h) sowie niedriger Marktattraktivität und hoher Wettbewerbsstärke (i). Die grüne Zone wird als die Zone der Mittelbindung, die rote Zone als die der Mittelfreisetzung und die gelbe Zone als die der Selektion bezeichnet. Dies indiziert bereits die damit verknüpften Normstrategien für dort befindliche SGE's.

Die *grüne Zone* ist die Zone von Investition und Wachstum. Hier geht es um Aufbau und Sicherung zukünftiger Erfolgspotentiale und damit um die Erschließung neuer Kundengruppen bzw. um Anwendungsmöglichkeiten für langfristigen Gewinn. Im einzelnen gelten folgende Teilziele für die Felder:

- (a) Anstreben der Marktführerschaft, Maximierung der Investitionen, Wachstum, Aufbau einer beherrschenden Stellung,
- (b) Identifikation von Wachstumsbereichen und starke Investitionen dort, ansonsten Halten der Position,
- (c) Potential für Marktführung durch Segmentation abschätzen, Schwächen identifizieren und Stärken aufbauen, verstärkte Bemühungen in allen Bereichen.

Maßgaben umfassen u. a. die Akzeptierung bzw. Kontrolle von Risiken, den Aufbau von Marktanteilen bzw. Diversifikation sowie Preisführerschaft, Programmausbau, Kostendegression, den aktiven Marketing-Mix-Einsatz, ferner Personalförderung, Verlustbeseitigung sowie das Abhalten der Konkurrenz vom Eintritt ins Geschäftsfeld. Ziel sind die Entwicklung von Bekanntheit, die Suche nach neuen Märkten, die Übernahme von Kandidaten in eigenen oder verwandten Geschäftszweigen sowie ein hohes Preisniveau. Die dort befindlichen SGE's sind finanziell durch Mittelbindung gekennzeichnet. Die entsprechenden Normstrategien lauten also energisch wachsen, Marktführerschaft anstreben, maximal investieren, mindestens Position halten, Risiken akzeptieren, Marktanteil ausbauen, Preisführerschaft anstreben, Preis und Programm differenzieren, Kostendegressionseffekte nutzen, Distributionsquote steigern und kreative, dynamische Manager binden.

Die *rote Zone* ist die Zone der Abschöpfung und Desinvestition. Hier geht es um die Aufgabe oder Reduktion bestehender Produkte und bisheriger Märkte, sofern diese keine zukünftigen Erfolgspositionen erwarten lassen und deren Umwandlung in Cash Flow wenig aussichtsreich scheint. Im einzelnen gelten folgende Teilziele für die Felder:

- (d) Planung eines raschen Rückzugs, Desinvestition, Verkauf,
- (e) Spezialisierung, Aufsuchen von Nischen, Abwägung eines langsamen Rückzugs (alternativ Konsolidierung),
- (f) Abschöpfung des Geschäftszweigs, Abbau von Investitionen, Vorbereitung zur Desinvestition.

Maßgaben umfassen die Vermeidung von Risiken, ferner Programmbereinigung, die radikale Kostenreduktion, den reduzierten Marketing-Mix-Einsatz, die Freigabe von Marktanteilen zugunsten außerordentlichen Ertrags sowie Rationalisierung, Risikobereitschaft etc. Denkbar sind dazu auch Verkauf, Fusion oder Abbau von Betriebsstätten. Die dort befindlichen SGE's sind finanziell durch Mittelfreisetzung gekennzeichnet. Die entsprechenden Normstrategien lauten Rückzug vorbereiten, auf profitable Nischen spezialisieren, Potentiale ausreizen, evtl. einzelne Betriebsteile verkaufen, Risiken vermeiden,

Gewinn vor Umsatz anstreben, maximalen Cash Flow durch radikale Kostenreduktion erreichen, Managementkapazität abziehen, Programmbegrenzung durchziehen und Absatzwegeverkürzung anstreben.

Die *gelbe Zone* ist die Zone selektiver Strategien. Hier geht es je nach Konstellation um Verteidigung, Konsolidierung oder Expansion erreichter Positionen. Im einzelnen gelten folgende Teilziele für die Felder:

- (g) Spezialisierung, Aufsuchen von Nischen, Prüfung von Akquisitionschancen, Steigerung der Anstrengungen (oder aber Aufgabe),
- (h) Identifikation von Wachstumsbereichen, Spezialisierung, ausgewählte, fallweise Investition, Konsolidierung (oder Wachstum),
- (i) Halten der Gesamtposition, Cash Flow-Generierung, nur noch Instandhaltungsinvestitionen.

Maßgaben umfassen die Begrenzung von Risiken, ferner selektives Wachstum, Ertragsmaximierung, Nischenpolitik, Rationalisierung, Mitarbeitermotivation, Begrenzung des Mitteleinsatzes, Wechsel der Absatzkanäle, Nutzendifferenzierung, Serviceausweitung, Organisationsstraffung etc. Sinnvolle Ziele sind hier die Aktivierung von bisherigen Nicht- oder Seltenkunden, die Anpassung der Produktionstechnik an den neuesten Stand, die Förderung der Abnehmerloyalität sowie konservative Finanzierungsmethoden. Die dort befindlichen SGE's sind finanziell durch Selektion gekennzeichnet. Die entsprechenden Normstrategien lauten spezialisieren, extern wachsen, Instandhaltungsinvestitionen vornehmen, kurzfristigen Cash Flow anstreben, Programmränder bereinigen, segmentspezifische Preise bilden, Vertriebswege auf zielgruppenspezifische Kanäle spezialisieren, Produktimitation prüfen, gezieltes Wachstum oder Position sichern, stabiles Preisniveau anstreben und Mitarbeitermotivation sichern. Die Konsequenzen müssen sein, von Fall zu Fall selektiv zu investieren bzw. Positionen zu halten sowie erreichte Positionen zu verteidigen, zu konsolidieren oder auszubauen.

Portfolio, Vier-Felder-, Aufbau

Diese Portfoliotechnik ist nach der *Boston Consulting Group* benannt und impliziert die ordinale Skalierung von durchschnittlichem Marktwachstum und relativem Marktanteil sowie Kreisgrößen analog Umsatzanteil am Unternehmen im Rahmen einer Matrix. Über diese drei Basisdaten ist folgendes anzumerken. Der relative Marktanteil ist der Quotient aus eigenem absoluten Marktanteil und der Summe der absoluten Marktanteile der/des größten Wettbewerber(s). Der relative Marktanteil ist also ein doppelt relativer Wert, der < 1 ist, wenn die Wettbewerbsposition schwach bleibt (Marktfolger), sowie > 1, wenn die Wettbewerbsposition stark wird (Marktführer). Entsprechend erfolgt die Eintragung für die SGE auf der horizontalen Skalierung (=Abszisse). Sie repräsentiert deren Cash Flow-Verbrauch. Das durchschnittliche Marktwachstum ist das Ergebnis der mittelfristigen Entwicklung in Prozent. Hierbei ist etwas Fingerspitzengefühl angebracht, um dem logistischen Verlauf der Marktentwicklung zu entsprechen. Analog dem jeweiligen Wert erfolgt die Eintragung der SGE auf der vertikalen Skalierung (= Ordinate). Sie repräsentiert deren Cash Flow-Generierung. Damit ist die Position der SGE innerhalb der Matrix eindeutig definiert. Die Kreisgröße repräsentiert die relative Umsatzbedeutung der SGE innerhalb des Unternehmens. Dazu wird mit einem skalierten Radius ein Kreis um den vorher definierten Schnittpunkt gezogen. Bei allen Angaben handelt es sich jeweils um Zustandswerte. Damit ist die Matrix formal komplettiert.

Teilt man nun die Abszisse (= relativer Marktanteil) und die Ordinate (= durchschnittliches Marktwachstum) jeweils in der Mitte der Extremwerte bzw. dort, wo der relative Marktanteil = 1 ist und die Marktwachstumsrate im Durchschnitt liegt (sog. Cut Off-Kriterium), ergeben sich vier Felder, in denen sich SGE's befinden können. Gelegentlich werden auch ein relativer Marktanteil von 1,5 und eine Marktwachstumsrate von 10 Prozent als Cut Off-Kriterien definiert. Die Besonderheit der Klassifikationstechnik liegt nun darin, daß mit der Position der SGE's in dieser Matrix bestimmte normative Schlußfolgerungen verbunden sind. Im Falle des BCG-Portfolios tragen die vier Felder auch anschauliche Namen. Die Kombination aus hohem Durchschnittsmarktwachstum und niedrigem Relativmarktanteil bilden sog. Question Marks (= Fragezeichen). Dies sind Nachwuchsprodukte in dynamischen Märkten. Gelegentlich werden diese auch als Wildcats oder Cinderellas bezeichnet. Die Kombination aus hohem Durchschnittsmarktwachstum und hohem Relativmarktanteil bilden sog. Stars (= Sterne). Dies sind marktführende Produkte in dynamischen Märkten. Die Kombination aus niedrigem Durchschnittsmarktwachstum und hohem Relativmarktanteil bilden sog. Cash Cows (= Melkkühe). Dies sind marktführende Produkte in stagnierenden Märkten. Die Kombination aus niedrigem Durchschnittsmarktwachstum und niedrigem Relativmarktanteil bilden sog. Poor Dogs (= Arme Hunde). Dies sind Problemprodukte in stagnierenden Märkten. Diese Reihenfolge entspricht auch dem empirisch zumeist vorzufindenden zeitlichen Ablauf des Produkterfolgs, sie ist jedoch keineswegs zwangsläufig. Den Matrixachsen liegen zwei Determinanten zugrunde, zum einen die Lebenszyklus-Analyse für den Zeitablauf und zum anderen die Vorteils-Analyse, denn die Marktstellung entspricht der relativen Kostensituation im Wettbewerb. An jede Position einer SGE knüpfen sich Konsequenzen.

Portfolio, Vier-Felder-, Bewertung

Kritik entzündet sich beim Vier-Felder-Portfolio vor allem an der Tatsache, daß nur zwei Kriterien in die Beurteilung einbezogen werden, nämlich Marktwachstum und relativer Marktanteil. Diese Faktoren sind wohl nur unzureichend in der Lage, alle strategierelevanten Dimensionen einzuschließen. So fehlt die Berücksichtigung der verschiedenen funktionalen Bereiche im Unternehmen (wie Finanzen, FuE etc.). Weiterhin ist eine Ambivalenz bei der Einschätzung mittlerer Positionen im Portfolio gegeben. Letztlich bleibt es Willkür, welchem Feld diese zugeschlagen werden. In Anbetracht der daran geknüpften weitreichenden Konsequenzen und der hohen Verbreitung von Mittelpositionen ist dies sicherlich ein unbefriedigendes Ergebnis. Damit scheint die Portfolio-Analyse zu grob strukturiert, bleiben die Strategieempfehlungen demnach zu unspezifisch, um sie auf den Einzelfall zu übertragen. Ein weiteres Problem entsteht aus der Messung des Marktwachstums. Gerade bei dynamischer Marktentwicklung ist die korrekte Bestimmung sehr schwierig. Sie hängt zu einem erheblichen Anteil von der Anzahl der Zeitperioden ab, die zur Durchschnittswertermittlung herangezogen werden, sowie von der Form des zugrunde gelegten Trends (linear, progressiv, degressiv, logistisch etc.). Zugleich stellt sich die Frage, inwieweit Zukunftsentwicklungen mit einbezogen werden. Dann aber entsteht die übliche Prognoseunsicherheit. Sowohl Erfahrungskurveneffekt als auch Lebenszykluskonzept, also die Grundlagen dieser Portfolio-Analyse, sind nicht unumstritten. Ersteres ist der Tautologiegefahr ausgesetzt, letzteres kann nur idealtypischen Anspruch geltend machen. Insgesamt handelt es sich damit um ein statisches, formalisiertes Konzept, bei dem erhebliche Konstruktionsmängel aus theoretischer Sicht infolge simplifizierender Vorgehensweise sowie fehlender Eignung für schlecht strukturierte Fragestellungen bestehen. Das Postulat zur Erreichung hoher Marktanteile ist zweischneidig. Denn dadurch gerät ein Unternehmen erst in den Fokus der öffentlichen Meinung. Dann sorgen gesetzliche Vorkehrungen zum Erhalt des Wettbewerbs dafür, daß marktbeherrschende Stellungen nicht mißbraucht oder, wo solche noch nicht gegeben sind, diese zumindest durch externes Wachstum auch nicht erreicht werden. Außerdem führt die Fixierung auf die Erfolgsgröße Marktanteil zum Aufbau zusätzlicher Kapazitäten, für die am Markt Nachfrage entweder nicht besteht oder aufwendig generiert werden muß. In Stagnationsphasen belasten deren Leerkosten das Unternehmensergebnis. Die einseitige Berücksichtigung des Marktwachstums entspricht nicht mehr der Realität gesättigter, stagnierender Märkte in allen Produktbereichen. Dazu bedarf es der Erweiterung der Matrix um zwei weitere Felder auf der Ordinate mit negativem Marktwachstum und entsprechender Strategieempfehlung. Diese Felder heißen Underdogs (bei niedrigem relativem Marktanteil und Marktschrumpfung/Dodos) bzw. Buckets (bei hohem relativem Marktanteil und Marktschrumpfung/War Horses). Für diese sind ebenfalls Normstrategien auszuarbeiten und anzuwenden. Außerdem ist die Wachstumsrate nicht alleiniger Indikator für die Fähigkeit von Märkten, Ertragspotentiale hervorzubringen. Die Erfahrung zeigt, daß gerade konservative Märkte mit gemäßigter Wettbewerbsintensität und geordneten Marktbedingungen die Chance auf auskömmliche Renditen bieten. Dennoch werden keine Hinweise auf zusätzliche Geschäftsbereiche gegeben, da nur bestehende SGE's in die Analyse eingehen. Insofern fehlen Empfehlungen, wie sich ein Unternehmen über die derzeitig bestehenden SGE's hinaus den Markterfordernissen der Zukunft optimal anpassen kann. Damit aber stellen Portfolios keine echte Managementunterstützung, sondern allenfalls Administrationshilfen dar. Es werden nur aktuelle Wettbewerber berücksichtigt, nicht jedoch wichtige zukünftige Anbieter. So verändert sich die Beurteilung eines Portfolios fundamental, wenn potentielle Konkurrenten, die aufgrund ihrer allgemeinen Marktmacht rasch in der Lage sind, Zutrittsschranken zu überwinden und nennenswerte Marktanteile zu okkupieren, in die Analyse einbezogen werden. Außerdem werden mögliche Synergieeffekte zwischen einzelnen SGE's ignoriert. Abgesehen davon, daß solche Synergien nur Potentiale darstellen, die gezielt zu erschließen sind, mag es dennoch möglich sein, daß sich daraus eine andere Einschätzung einer SGE-Position ergibt.

Portfolio, Vier-Felder-, Positionen

Für die Management-Konsequenzen im Portfolio kommt es auf die Position der Strategischen Geschäftseinheiten in einem der vier Felder an. Dazu die folgende Beurteilung.

Bei *Nachwuchsproduktmärkten* heißt es zu selektieren, welche von ihnen förderungswürdig sind (Cinderellas), denn um alle zu fördern reichen regelmäßig wohl die Finanzmittel (Cash Flow) nicht aus, und welche besser nach der Testphase vom Markt genommen werden (Trash). Dann muß spekulativ investiert und das damit verbundene Initialrisiko getragen werden. Hohem Einführungsaufwand steht noch niedriger Marktanteil gegenüber. Daraus folgen fehlende Rendite und negativer Cash Flow. Mit Hilfe von Offensivstrategien sollen nun Erfahrungskurveneffekte genutzt werden. Stetiges Erfolgsmonitoring hält Verluste in Grenzen. Ziel ist es dabei, das Marktwachstum zu überholen. Der Instrumentaleinsatz erfolgt im Innovationsmanagement durch Produktspezialisierung, gezielte Vergrößerung der Abnehmermärkte, tendenzielle Niedrigpreissetzung und stark forcierte Vertriebspolitik. Damit verbundene Risiken werden akzeptiert und Erweiterungsinvestitionen vorgesehen. Der Liquiditätsverbrauch und die Unsicherheit der Marktentwicklung sind sehr hoch, deshalb kann ein Unternehmen nur eine begrenzte Zahl von Nachwuchsprodukten fördern. Dies ist erforderlich, um ein ausgeglichenes Portfolio zu bewahren. Eine Förderung ist erforderlich, um ein ausgeglichenes Portfolio zu erhalten. Daher greifen Maßnahmen wie spekulativ investieren, Erweiterungsinvestitionen finanzieren, Vertriebspolitik stark forcieren und Abnehmerkreise gezielt ausweiten.

Bei *Starproduktmärkten* ist angesagt, diese zu fördern und durch Investitionen in Richtung Marktdominanz zu stützen. Das Risiko reduziert sich im Zeitablauf mit den ersten Mittelrückflüssen. Der Instrumentaleinsatz erfolgt im strategischen Management durch Aktivitäten wie etwa Programm ausbauen/ diversifizieren, Abnehmerbasis verbreitern, Anstreben der Preisführerschaft und aktiver Einsatz von Absatzförderungsmaßnahmen. Damit verbundene Risiken werden akzeptiert und vertretbare Neu- sowie Reinvestitionen vorgesehen. Ist der Liquiditätsverbrauch hoch, stehen dem bis zur Reifephase des Markts keine nennenswerten Gewinne gegenüber. Aber eine hohe Marktwachstumsrate und ein hoher Marktanteil lassen erwarten, daß der Übergang zu Cash Cows geschafft wird. Die SGE's erwirtschaften bereits Gewinne. Zur Erhaltung der Position erfordern sie jedoch hohe finanzielle Mittel, die den Netto-Cash Flow belasten. Jedoch steigt der Mittelrückfluß kontinuierlich. Daher greifen Maßnahmen wie Produkte fördern, vertretbares Maximum an Erweiterungsinvestitionen tätigen, Risiken akzeptieren, Vertriebspolitik aktivieren, Preisführerschaft anstreben, Programm differenzieren, um den Markt auszuschöpfen und Abnehmermärkte verbreitern.

Bei *Melkproduktmärkten* heißt es, diese zu pflegen, aber keine zusätzlichen Investitionen zu tätigen. Ein hoher Marktanteil schafft Kostensenkungspotential, und da gleichzeitig Wachstumsaufwand fehlt, bleibt daher Cash Flow. Mit diesem wird das Wachstum anderer SGE's finanziert. Risiken bleiben daher in engen Grenzen. Die Marktstellung ist unter allen Umständen zu halten, um die Abschöpfung hoher Gewinnmargen zu sichern. Der Instrumentaleinsatz erfolgt im administrativen Management durch Imitation von Konkurrenzprodukten, Verteidigung der Marktposition bzw. Konkurrenzabwehr, Preisstabilisierung und gezielte Absatzförderung (auch durch Services). Risiken sind zu begrenzen und begrenzte Ersatzinvestitionen vorzusehen. Die Liquiditätserwirtschaftung ist hoch, außer zur Rationalisierung sind kaum noch Neuinvestitionen erforderlich. Daher können Liquidität und Gewinne maximiert (geerntet) werden. Melkproduktmärkte sind zahlreich und haben eine hohe Bedeutung im Unternehmen. Hier ergeben sich eine positive bis durchschnittliche Rendite und ein hoher Cash Flow. Anzustreben ist ein Anteil von 50% am Umsatz. Daher greifen Maßnahmen wie melken, nur noch Erhaltungsinvestitionen tätigen, Risiken begrenzen, Preis stabilisieren, Kundenbindung durch Nachkaufservices sichern, Konkurrenzabwehr und Positionsverteidigung organisieren.

Bei *Problemproduktmärkten* ist angezeigt, Risiken zu minimieren, indem desinvestiert und das Angebot stufenweise oder ganz vom Markt genommen wird. Es sei denn, es wird eine Chance zum Relaunch gesehen. Der Instrumentaleinsatz erfolgt im Krisenmanagement durch Programmbegrenzung, Aufgabe von Absatzmärkten zugunsten der Erträge, tendenzielle Hochpreissetzung, begrenzte Absatzförderung, limitierten Marketingeinsatz und Kostenreduktion. Risiken werden vermieden und keine Investitionen mehr vorgesehen. Die Programmstruktur wird bereinigt, indem Problemprodukte möglichst geräuschlos vom Markt genommen oder Operationen liquidiert werden. Damit ist eine Art von Rezeptur verbunden, die nach Durchführung der Analyse die jeweils anzuwendenden Handlungsmaximen vorgibt. Diese Geschäftsfelder befinden sich in der Sättigungsphase. Die Wachstumsrate und der Marktanteil sinken. Es werden nur noch geringe Überschüsse erwirtschaftet. Dementsprechend kommt es zur Elimination der Produkte aufgrund geringen Mittelrückflusses oder zur Konzentration auf eine noch profitable Nische. Daher greifen Maßnahmen wie desinvestieren, Risiken vermeiden, Kundenselektion fördern, räumliche Schwerpunkte bilden, selektiven Vertrieb prüfen und Programm begrenzen.

Portfolio, Probleme

Gegen die Portfoliotechnik sprechen gewichtige Argumente. So, daß ihre Theorie doch recht grob gestrickt ist, weil die Fülle relevanter Einflußfaktoren auf eine kleine Auswahl reduziert wird. Meinungsdivergenzen über Gewinnaussichten und Risikoausmaße drohen, sich im Ergebnis zu saldieren. Gerade die vermeintliche Einfachheit und Informationsverdichtung kann in komplexen Situationen gefährlich sein. Die vorgegebenen Normstrategien verleiten zur generellen Übernahme, bedürfen aber der situativ modifizierten und konkretisierten Überarbeitung. Ihnen mangelt es an operationaler Fassung. Damit besteht ein Trend zu konservativen Strategien. Break Through-Erfolge werden so kaum erzielt. So sind Haarfestiger mit Aussterben der Dauerwelle sicherlich Poor Dogs gewesen, die aufzugeben waren, es sei denn, es wäre Herstellern nicht gelungen (z. B. *L'Òreal Studio Line*), das Produkt zu modernisieren und trendgemäß als Star zu placieren. Es besteht eine Tendenz zur Nivellierung des Gesamtportfolios, d. h. zu einer Positionsanhäufung der beurteilten Geschäftseinheiten im Mittelpunkt/in der mittleren Zone der Matrix, dies mit steigender Zahl applizierter Beurteilungskriterien. Damit aber wird eine differenzierte Aussage, die gerade Ziel der Analyse ist, erschwert. Durch die weitgehend freie Trennung der Matrixfelder kann es daher leicht zur falschen Zuordnung von Normstrategien zu SGE's kommen, was dann wahrscheinlich zu schlechteren Ergebnissen führt, als wenn auf eine Portfolio-Analyse ganz verzichtet wird. Diese unterliegt auch einer statischen Sichtweise. Es handelt sich lediglich um eine Situations-, wenn nicht sogar Vergangenheitsaufnahme. Mutmaßliche Entwicklungen der Zukunft werden nur berücksichtigt, wenn dies bei der Kriterienbeurteilung und der Definition der SGE's ausdrücklich vorgegeben ist. Die Möglichkeit sprunghafter Entwicklungen wird negiert. Die Abgrenzung der SGE's ist subjektiv und unterliegt einer gewissen Willkür, zumal die Forderung nach strategischer Eigenständigkeit nur schwer erfüllbar scheint. Dies führt in der Praxis zu ständig neuen Abgrenzungen. Da zudem die Organisationsstruktur oft genug von der SGE-Struktur abweicht, ergeben sich Friktionen bei der Umsetzung von Portfolio-Konsequenzen im Unternehmen. Liegt bei der Definition der SGE's das Kriterium der internen Homogenität und externen Heterogenität zugrunde, so stellt sich die Frage der Marktabgrenzung. Dies ist vor allem bei weitverbreitet diversifizierten, vertikal integrierten Unternehmensstrukturen problematisch. Liegt die Priorität auf der Unabhängigkeit, führt dies zur Bildung weniger SGE's mit hoher Relevanz für den Unternehmenserfolg, aber geringer interner Homogenität, da verschiedenartige Produktmärkte zusammengefaßt werden müssen. So impliziert etwa die Videosparte eines Unterhaltungselektronik-Herstellers so unterschiedliche Produkte wie Fernseher, Camcorder, stationäre Videorecorder, Bildplattenspieler, Zubehör und Personal Video, die auf unterschiedlichen Märkten angeboten werden. Liegt umgekehrt die Priorität auf der Homogenität der Geschäftsfelder, führt dies zur Bildung einer Vielzahl von SGE's mit enger Abgrenzung, aber geringer Marktrelevanz. So hängt der Bereich Camcorder mit stationären Videorecordern zusammen, auf denen die mobil aufgenommenen Cassetten auch abgespielt werden können (gleiches gilt für Personal Video und für Videocassetten als Software). Im Ergebnis ist damit die Portfolio-Analyse ein willfähriges Instrument in der Hand des Planers, der sich damit je nach Erfordernis sein Portfolio „basteln" kann. Es fehlt an genügend festen Eckgrößen, die eine solche Konstellationen kaum mehr nachvollziehbar machen. Dort, wo qualitative Daten eingehen, kann eine lähmende Diskussion über deren Quantifizierung entstehen. Konkurrenzverhalten wird durch die Determinierung der Normstrategien bis zu einem gewissen Grad voraussehbar. Damit ist man zwar etwa vor Überraschungen gefeit, aber kann selbst auch nicht mehr überraschen. Dieses Manko beheben erst weiterentwickelte Strategiemodelle (z. B. Strategisches Spielbrett). Die Realität zeigt jedoch, daß gerade solche, zunächst unverständlich erscheinende Strategien noch in der Lage sind, entscheidende Wettbewerbsvorsprünge zu erzielen (z. B. *Sony Walkman, IKEA Möbelhaus, Body Shop*). Das Management, das für Halten- oder Schrumpfen-Sektoren tätig ist, wird instrumentalisiert. Denn folgt es den Handlungsanweisungen, muß es letztlich den eigenen Arbeitsplatz aufgeben. Das ist wenig motivierend, und es scheint fraglich, ob dieser Absicht mit letztem Nachdruck gefolgt wird. Die Konzentration auf Cash Flow-Ausgewogenheit im Portfolio vernachläßigt die immer zahlreicheren Möglichkeiten der externen Kapitalbeschaffung. Dadurch muß nicht mehr zeitgleich der Cash Flow im Unternehmen generiert werden, den aufstrebende Produkt-Markt-Kombinationen aufbrauchen (Innenfinanzierung), sondern Cash-Flow-Generierung und Aufbrauch können zeitlich auseinanderfallen. So ist denkbar, daß Kredite für Investitionen in potentialstarke SGE's aufgenommen und erst später, wenn diese (oder zumindest einige von ihnen) etabliert sind, getilgt werden. Zwischenzeitlich braucht der Cash Flow nur die regelmäßigen Zinszahlungen zu decken, was auch realisierbar scheint, wenn vergleichsweise wenige Harvest-SGE's vorhanden sind.

Portfolio, Vorzüge

Die Portfoliotechnik erfreut sich trotz aller Vorbehalte immer noch großer Verbreitung. Sie ist ein Instrument zur didaktisch einfachen Visualisierung strategischer Erfolgspositionen. Ihre Rasteranlage zwingt zu gedanklicher Strukturierung komplexer Situationen und bringt eine analytische Denkweise auch solchen Personen im Unternehmen nahe, die eher holistisch zu denken gewohnt sind. Sie ist Auslöser für umfassende weitere Analysen und ermöglicht die zentrale Integration externer und interner Sichtweisen. Schließlich gibt sie Anhaltspunkte für Controlling-, Auditing- und Treasuring-Funktionen im Unternehmen. Von daher eignet sie sich besonders für eine erste Grobsichtung und Prioritätensetzung, bevor weitergehende Analysen eingesetzt werden. Vorteile liegen weiterhin in ihrer Eignung als ein Hilfsmittel der Präsentation. Zahlenfriedhöfe werden in ein visuelles Medium transponiert, mit dem man sich lieber beschäftigt und das leichter verständlich ist. Dabei geht zwangsläufig die Detailschärfe verloren, da eine erhebliche Datenreduktion erfolgt. Dem steht aber zweifellos ein Gewinn an Prägnanz gegenüber. Sie regen auch zur Beschäftigung mit strategischen Problemen an. Gerade die leicht verdauliche Form erschließt Personen die strategische Denkweise, die sonst eher pragmatisch veranlagt sind und Probleme fallweise lösen. Allerdings erfordert die

Handhabung dieses Verfahrens hohes Verantwortungsbewußtsein, um nicht der Versuchung der Manipulation zu erliegen. Es werden sowohl interne wie externe, qualitative wie quantitative Größen berücksichtigt. Insofern entsteht eine höhere Datenverdichtung als bei anderen Analyseverfahren. Der Einsatz bedarf jedoch hoher Sorgfalt, um aus der Vereinfachung keine Verzerrung entstehen zu lassen. Die Position der SGE's ist ein wichtiges Argument bei der Zuteilung knapper Ressourcen. Dies betrifft etwa die Budgetierung, die Prioritäten als Rechengrundlage zur Steuerung von Investitionen, und den Cash Flow auf Gesamtunternehmensebene benötigt.

Portfolio, Ziel-

Das Portfolio basiert zunächst auf Ist-Daten, d. h. die Parameter sind gegenwartsbezogen. Nun ist es für die Planung aber wichtig, zukunftsbezogene Daten zugrunde zu legen. Dies erfolgt im Ziel-Portfolio. Dazu werden die Parameter nicht hinsichtlich des Ist-Zustands, sondern hinsichtlich des gewünschten Soll-Zustands bewertet. Bei den beiden wichtigsten Portfolio-Formen bedeutet dies: Der relative Marktanteil einer Strategischen Geschäftseinheit (SGE) für die zukünftige Planungsperiode bestimmt sich aus der Relation des prognostizierten eigenen Marktanteils und des prognostizierten Marktanteils des/der wichtigsten Wettbewerber(s). Das durchschnittliche Marktwachstum für die zukünftige Planungsperiode bestimmt sich durch die Hochrechnung des gegenwärtigen Marktwachstums in die Zukunft. Die relative Umsatzbedeutung für die zukünftige Planungsperiode bestimmt sich aus der Relation des hochgerechneten Umsatzes jeder SGE und des hochgerechneten Gesamtumsatzes des Unternehmens. Die relative Wettbewerbsstärke einer SGE für die zukünftige Planungsperiode bestimmt sich aus der Punktbewertung der jeweils zu ihrer Aggregation herangezogenen Kriterien innerhalb eines festgesetzten bzw. zukünftigen Erfordernissen angepaßten Katalogs. Die relative Attraktivität auf diesem Markt für die zukünftige Planungsperiode bestimmt sich ebenfalls aus der Punktbewertung der jeweiligen zu ihrer Aggregation herangezogenen Kriterien innerhalb eines festgesetzten bzw. zukünftigen Erfordernissen angepaßten Katalogs. Die Größe der betreffenden Branchen für die zukünftige Planungsperiode bestimmt sich aus dem hochgerechneten Totalumsatz der Branche. Der Marktanteil der SGE für die zukünftige Planungsperiode bestimmt sich aus der Relation des prognostizierten eigenen Umsatzes und des prognostizierten Totalumsatzes der Branche.

Legt man diese Ausgangsdaten bei der jeweiligen Portfolio-Form zugrunde, ergibt sich ein neues Portfolio, das Ziel-Portfolio. Dieses kann in mehrerlei Hinsicht vom Ist-Portfolio abweichen, vor allem hinsichtlich der Abszissenposition in der

Matrix, d. h. relativer Marktanteil bzw. relative Wettbewerbsstärke, der Ordinatenposition in der Matrix, d. h. durchschnittliches Marktwachstum bzw. relative Marktattraktivität, der Kreisgröße der SGE, d. h. relative Umsatzbedeutung der SGE bzw. Branchengröße und des Kreisausschnitts, d. h. Marktanteil der SGE. Aus der Gegenüberstellung von Ist- und Ziel-Positionen der SGE's ergeben sich wiederum konkrete Handlungserfordernisse.

Die Höhe der Abweichung zwischen Ist- und Ziel-Position (graphisch die räumliche Entfernung dieser Positionen innerhalb der Portfolio-Matrix) indiziert erfahrungsgemäß einen proportionalen Umfang des Maßnahmeneinsatzes im Marketing. Dabei sind zwei Veränderungen denkbar, und zwar die Veränderung innerhalb eines Matrixfelds oder die von einem Matrixfeld zu einem anderen. Während sich innerhalb eines Felds an der Zuweisung von Normstrategien nichts ändert, ändern sich zwischen Feldern die zugewiesenen Normstrategien entsprechend der neuen Position. Es kann also durchaus eine kleine räumliche Entfernung eine große Änderung des Maßnahmeneinsatzes im Marketing indizieren.

Die Richtung der Abweichung zwischen Ist- und Ziel-Position (graphisch der Vektor der Veränderung) kann parallel zu einer der Matrixachsen zeigen oder aus beiden Matrixachsen zusammengesetzt sein. Geht man davon aus, daß es einen „typischen Weg" durch das Portfolio gibt, von Fragezeichen zu Sternen zu Melkkühen zu Armen Hunden bzw. von der grünen zur gelben zur roten Zone, so kann die Richtung diesem Kreislauf entsprechen oder auch nicht. Gegenläufige Veränderungen sind vor allem bei Relaunch, Flop und verkürzter Marktpräsenz anzutreffen.

Die Bedeutung der in Frage stehenden SGE's oder Branchen bezieht sich auf die Veränderung der absoluten Größe der einzelnen Untersuchungseinheiten. Dabei kann eine SGE zunehmen, abnehmen oder gleichbleiben. Sieht man einmal davon ab, daß der Umsatz als Steuerungsgröße zweifelhaft ist, ergibt sich daraus die Möglichkeit, knappe Finanzmittel zieladäquat zuzuteilen. Denn eine steigende gewünschte SGE-Größe bedeutet auch eine wachsende Mittelzuweisung, während eine sinkende gewünschte SGE-Größe einen Mittelentzug im Vergleich zur Vorperiode und eine konstante SGE-Größe eine unveränderte relative Zuweisung bedeutet (bei Budgetplus absolut wachsend, bei Budgetminus absolut sinkend).

Die Ausgewogenheit innerhalb des Portfolios bezieht sich auf die Veränderung der relativen Größe der einzelnen Untersuchungseinheiten innerhalb des gesamten Portfolios. Denn Ziel ist die Erreichung einer ausgewogenen Verteilung der SGE's mit vielen aussichtsreichen „Rennern", einigen starken Selbstgängern im Zenit ihrer Leistungsfähigkeit und wenigen „Pennern". Dies ist dort gegeben, wo eine Balance aus positivem Cash Flow der Renner und aus dem Liquidationserlös abzustoßender Einheiten einerseits und aus negativem Cash Flow zu forcierender Einheiten und der Renner andererseits erreicht wird.

Erst alle vier herangezogenen Einflußgrößen machen es möglich, eine Aussagefähigkeit zu erreichen. Da Daten für die Zukunft allenfalls mit einer gewissen Wahrscheinlichkeit geschätzt werden können, und weil es sich teilweise um intersubjektiv unterschiedlich eingeschätzte qualitative Größen handelt, geht das Unschärfe-Portfolio dazu über, nicht mehr exakte Matrix-Positionen zu definieren, sondern Positionsfelder, deren konzentrische Ausbreitungsgrenzen als optimistische und pessimistische Schätzwerte definiert werden. Dadurch wird vermieden, infolge einer nur scheinbaren Exaktheit der Positionsbestimmung daran formalistisch weitreichende Konsequenzen zu knüpfen, ohne dabei zu berücksichtigen, daß unvermeidliche Streubreiten vorhanden sind. Zugleich nimmt damit jedoch die Determiniertheit des Portfolio-Instruments ab, obgleich gerade in dieser mechanistischen Zuweisung von Normstrategien dessen großer Vorteil zu sehen ist.

Portfolio, Zwanzig-Felder-

Das Zwanzig-Felder-Portfolio *(A. D. Little)* besteht aus den beiden Achsen Lebenszyklusphase, die in vier Stufen unterteilt ist, nämlich Einführung, Wachstum/Reife, Sättigung, Alter/Verfall, sowie Wettbewerbsstellung, die in fünf Stufen unterteilt ist, nämlich dominant, stark, günstig, haltbar, schwach. Beide Größen ergeben sich aufgrund qualifizierter Schätzung. Die Lebenszyklusphase beruht auf einer Kombination von Vergangenheits- und Prognosedaten, die Wettbewerbsposition auf der Bewertung einer Kriterienliste. Beide werden auf Abszisse und Ordinate nach vier (= Lebenszyklusphase) bzw. fünf (= Wettbewerbsstellung) Kategorien abgetragen. So ergeben sich 20 Felder, in denen sich jeweils SGE's befinden können. Die Umsatzgröße der SGE wird durch den Kreisdurchmesser repräsentiert. An deren Position knüpfen sich wiederum Normstrategien bzw. Konsequenzen:

- Dominante Wettbewerbsstellung bei Einführung: Marktanteil hinzugewinnen, hohe Rentabilität, mit voller Kraft um Marktanteil kämpfen.
- Dominante Wettbewerbsstellung bei Wachstum/Reife: Marktposition halten, Marktanteil halten.
- Dominante Wettbewerbsstellung bei Sättigung: Marktanteil und Position halten, hohe Rentabilität erreichen.
- Starke Wettbewerbsstellung bei Einführung: Hoher Investitionsbedarf, um Position zu verbessern, auf Marktanteilszugewinn abzielen.
- Starke Wettbewerbsstellung bei Wachstum/Reife: Investieren, um Marktposition zu verbessern, Ge-

winnung von Marktanteilen.

- Starke Wettbewerbsstellung bei Sättigung: Position halten, „Ernten" von Erträgen, hohen Mittelüberschuß erzielen.
- Starke Wettbewerbsstellung bei Alter/Verfall. Marktposition halten oder „ernten".
- Günstige Wettbewerbsstellung bei Einführung: Selektive Verbesserung der Wettbewerbsposition allerdings niedrige Rentabilität.
- Günstige Wettbewerbsstellung bei Wachstum/Reife: Versuch, die Marktposition zu verbessern, selektiv Marktanteile gewinnen.
- Günstige Wettbewerbsstellung bei Sättigung: Minimale Investition zur Konsolidierung, Aufsuchen und Belegen von Nischen, niedrige Rentabilität.
- Günstige Wettbewerbsstellung bei Alter/Verfall: „Ernten" und stufenweise Reduktion von Engagements.
- Haltbare Wettbewerbsstellung bei Einführung: Selektive Verbesserung der Wettbewerbsposition, Aufsuchen von Nischen und deren Verteidigung, hoher Investitionsbedarf.
- Haltbare Wettbewerbsstellung bei Wachstum/Reife: Marktnische suchen und erhalten.
- Haltbare Wettbewerbsstellung bei Sättigung: Stufenweise Reduktion von Engagements, Liquidation, niedriger Investitionsbedarf, in Nischen ausharren.
- Haltbare Wettbewerbsstellung bei Alter/Verfall. Engagement stufenweise reduzieren oder liquidieren.
- Schwache Wettbewerbsstellung bei Einführung: Durch starken Mitteleinsatz spürbare Verbesserung anstreben oder aufgeben, hohes Liquiditätsdefizit.
- Schwache Wettbewerbsstellung bei Wachstum/Reife: Starke Verbesserung erreichen oder liquidieren.
- Schwache Wettbewerbsstellung bei Sättigung: Stufenweise Reduktion von Engagements, Liquidation, Mittel zur Selbstfinanzierung.
- Schwache Wettbewerbsstellung bei Alter/Verfall: Liquidierung.

Durch die Vielzahl der Felder wird zwar eine differenzierte Beurteilung der SGE-Position erreicht, die Übersichtlichkeit, eine der verbleibenden Stärken der Portfoliotechnik, geht jedoch weitgehend verloren. Deshalb werden in diesem Fall meist mehrere Felder zusammengezogen und mit gemeinsamen Maßnahmenempfehlungen versehen, wobei dies nicht immer „symmetrisch" erfolgt, sondern durch kompliziert angelegte Arrays.

Portfolios

(→ *Portfolio, Neun-Felder-, Aufbau, Portfolio, Neun-Felder-, Bewertung, Portfolio, Neun-Felder-, Positionen, Portfolio, Probleme, Portfolio, Vier-Felder-, Aufbau, Portfolio, Vier-Felder-, Bewertung, Portfolio, Vier-Felder-, Positionen, Portfolio, Vorzüge, Portfolio, Ziel-, Portfolio, Zwanzig-Felder-*)

Positionierung, Anforderungen

Als Basisanforderungen an den Erfolg einer Positionierung sind folgende zu nennen.

Ein *Mindestpotential des anvisierten Marktes* muß gegeben sein, da ansonsten die Position wirtschaftlich wohl unvertretbar ist. Volumenanbieter sind ohnehin darauf angewiesen, eine breite Mehrheit des Marktes anzusprechen, denn nur damit kann das erforderliche Absatzniveau geschaffen bzw. gehalten werden. Aber selbst kleine Anbieter können in Nischen immer weniger überleben, da diese zwischenzeitlich meist überbesetzt sind und kaum Erfahrungskurveneffekte zulassen. Stattdessen hilft nur, daß Angebot breit anzulegen, um verschiedenste in Betracht kommende Käufergruppen zu integrieren und sich für möglichst wenige von ihnen aufgrund deren Selbstverständnis auszuschließen.

Die Position muß *zum Imagehintergrund der Marke passen*, sofern diese schon länger am Markt präsent ist, da es ihr ansonsten an Glaubwürdigkeit fehlt. Dabei sollen möglichst vorhandene Imagestärken aufgegriffen werden. Dies erleichtert eine schnelle und kostengünstige Durchsetzung am Markt. Außerdem sind Imageschwächen ausgesprochen remanent. Daher ist es meist effizienter, sie durch komparative Stärken zu überstrahlen als zu versuchen, sie zu revidieren.

Eine *Unterscheidbarkeit des eigenen Angebots von Mitbewerbern* muß möglich sein. Es ist für keine Marke empfehlenswert, sich in Bereichen anzusiedeln, die historisch bereits von anderen Anbietern kompetent und nachhaltig besetzt sind. Es sei denn, man verfügt über erheblich mehr Marketingkapazität als diese und stellt sich zudem auf eine beträchtliche Frist bis zur Marktwirksamwerdung eingeleiteter Maßnahmen ein. Dann artet die Positionierung aber oft in eine reine Materialschlacht aus.

Die Position soll *raumübergreifend und zukünftig tragfähig* sein, denn das Zusammenwachsen von Märkten führt zum Überlappen von Kompetenzfeldern von Marken, die bisher in keinerlei Austauschbeziehung zueinander standen (Global Marketing). Zukunftssicherheit muß gegeben sein, da es viel Aufwand kostet, eine Positionierung am Markt durchzusetzen. Die Position soll sich zudem flexibel dem Wandel der Vermarktungsbedingungen anpassen lassen, ohne dabei an Vitalität und Aussagefähigkeit einzubüßen. Dies scheint problematisch, da Entwicklungen der Zukunft notwendigerweise im voraus unbekannt bleiben müssen, kann aber im Wege der Markenpflege gelöst werden.

Die Position soll eine *hohe Nutzenrelevanz für potentielle Abnehmer* erreichen. D.h. es reicht nicht aus, eine zwar alleinstellende, dafür aber nur marginal interessante Nutzenfacette auszuwählen und zu besetzen. Dies erfordert die Auslobung eines zentralen, entscheidungsbedeutsamen Aspekts, dessen Attraktivität größer ist als das dafür aufzubringende Preisopfer. Ansonsten werden die Geldmittel anderweitig eingesetzt.

Positionierung, Anlässe

Legt man die beiden Dimensionen der:

- Dauer des Angebots,
- Dauer der Position

zugrunde, und unterteilt diese jeweils in die Alternativen:

- neu,
- bestehend,

so ergeben sich als Positionierungsanlässe die folgenden:

- Neuheit des Angebots und Neuheit der Position ergibt die Neupositionierung (Launch).
- Neuheit des Angebots und Bestehen der Position ergibt die Positionsaktualisierung (Produktdifferenzierung).
- Bestehen des Angebots und Neuheit der Position ergibt die Umpositionierung (Relaunch).
- Bestehen des Angebots und Bestehen der Position ergibt die Positionsverstärkung (Markenpflege).

(→ *Positionierung, Optionen*)

Positionierung, Entwicklung

Für die praktische Vorgehensweise der Findung einer Markenpositionierung sind folgende Arbeitsschritte angebracht:

- *Abgrenzung des relevanten Marktes.* Die Hypothese der totalen Konkurrenz, d. h. alles steht mit jedem in Wettbewerb um die Verwendung der knappen Finanzmittel, führt zu keiner wünschenswerten Einengung des Marktumfelds. Dabei kommt es weniger auf die objektive Ähnlichkeit von Angeboten an (= Angebotskonkurrenz), als vielmehr auf ihre Eignung, ähnliche Bedarfe zu befriedigen (= Bedarfskonkurrenz). Das ist meist aber alles andere als eindeutig. So kann der Bedarf Pausensnack durch Schokoriegel, Joghurt/Quark, Obst/Gemüse, Gebäck etc. gleichermaßen gedeckt werden. Nachlässigkeiten bei der Marktabgrenzung wirken sich schädlich aus. So werden Sachbuchverlage, die ihren Markt als durch die Darbietungsform Buch abgegrenzt definieren, in dem Maße Probleme bekommen, wie neue Medienformen (etwa Diskette, CD, CD-I) an Boden gewinnen. Zutreffender ist wohl vielmehr die Abgrenzung durch Wissensvermittlung gleich in welcher Form. Die amerikanischen Eisenbahngesellschaften hatten ihren Markt als schienengebundene Transportmittel ebenfalls viel zu eng abgegrenzt und konnten somit nicht rechtzeitig auf die Substitution durch Straßen- und vor allem Lufttransport reagieren, was zum Niedergang vieler Anbieter führte. Im Zweifel ist daher eher eine weite Marktabgrenzung zu fassen als von vornherein Marktchancen auszugrenzen.
- *Ermittlung der Anbieter in diesem Markt.* Dabei geht es nicht nur um bloße Fleißarbeit der Deskription, sondern vor allem um

die Darlegung der Anbieterqualität. Allerdings sollte die Betrachtung auf aktuelle Anbieter beschränkt bleiben, da ansonsten leicht die Übersicht verlorengeht. Dazu steht auch umfangreiches sekundärstatistisches Material zur Verfügung (z. B. Verbandsverzeichnisse, Messekataloge). Oder aber einfach ein Store Check im Handel, um einen Eindruck von deren Präsenz am Ort des Verkaufs zu gewinnen. Dies hilft bei der Einschätzung deren tatsächlicher Marktbedeutung, die von der reinen Marktanteilsbetrachtung erheblich abweichen kann.

- *Auswahl der strategischen Wettbewerber.* Natürlich sind nicht alle Anbieter gleichermaßen interessant, sondern nur wenige ausgewählte von ihnen. Meist handelt es sich um die größten Anbieter oder solche, die Leverage-Effekte aus anderen Märkten nutzen können, oder die man für dem eigenen Angebot sehr gefährlich werdend hält. Dabei ist im Zuge der Internationalisierung der Märkte auch das ausländische Angebot einzubeziehen. Die weitere Analyse konzentriert sich auf diese relevanten Mitbewerber.
- *Positionierung der Wettbewerbsmarken.* Dies ist das Kernstück der Entwicklung. Hilfsmittel dazu sind die Copy-Analyse und das Vektoren-Modell.
- *Marktsegmentierung.* Für gewöhnlich ergeben sich Angebotsräume, die dichter besetzt, und solche, die weniger dicht besetzt sind. Es liegt nahe, sich letzteren zuzuwenden. Vorher aber sollte geprüft werden, ob diese freien Marktnischen/-felder nicht nur deshalb nicht besetzt sind, weil dort kein sinnvolles Angebot zu machen ist. So ergeben sich freie Marktfelder gewöhnlich aus der Kombination aus hohem Preis/Wert bei niedriger Leistung/Funktion und umgekehrt, was offensichtlich wenig Erfolgspotential birgt. Andererseits kann es sinnvoll sein, sich in Marktfelder zu positionieren, die von anderen Anbietern bereits vorbereitet worden sind und genügend Potential zur parallelen Bearbeitung hergeben.
- *Schätzung der Segmentpotentiale.* Für die praktische Umsetzung ist entscheidend, die die Marktnischen/-felder repräsentierende Kaufkraft zu bestimmen. Basis ist entweder eine qualifizierte Schätzung, oder statistische Erhebung, ökoskopisch, wenn die Umsatzzahlen der in einem Segment versammelten Marken bekannt sind, demoskopisch, wenn es sich um ein innovatives Angebot handelt. Entscheidendes Kriterium ist dabei weiterhin der Ausschöpfungsgrad dieser Segmente, der freilich schwerlich zu bestimmen ist und dem man sich nur durch Vermutung annähern kann.

Positionierung, Optionen

Als Positionierungsoptionen ergeben sich die folgenden.

	Positionierungs-Optionen			
	Positionszustand	Positionsrichtung	Positionsart	Positionsumfang
vorhanden	Dominanz (Überlegenheit)	Ausweichen (Marktnische)	Nachahmung (Me too)	Sammlung
neu	Kombination (Marktschnittst.)	Partizipation (Abwandlung)	Neuerung (USP)	Fokussierung

Positionierungs-Optionen

Nach dem Positionszustand sind:

- Dominanz, d. h. Überlegenheit gegenüber bestehendem Mitbewerb,
- Kombination, d. h. Ansiedlung an der Schnittstelle von Märkten,

zu unterscheiden.

Nach der Positionsrichtung sind:

- Ausweichen, d. h. Ansiedelung in Marktnische,
- Partizipation, d. h. Abwandlung bestehenden Mitbewerbs,

zu unterscheiden:

Nach der Positionsart sind:

- Nachahmung, d. h. Kopierung bestehenden Mitbewerbs,
- Neuerung, d. h. subjektives Neuheitserlebnis am Markt,

zu unterscheiden.

Nach dem Positionsumfang sind:

- Sammlung, d. h. Bündelung über gestreute Bedarfe hinweg,
- Fokussierung, d. h. Prägnanz gegenüber weniger prägnantem Mitbewerb,

zu unterscheiden.

(→ *Schnittstelle, Partizipation*)

Positioning

Jedes Angebot am Markt sieht sich zwei Personenkategorien gegenüber: Uninformierte, d. h. Personen, denen der Meinungsgegenstand nicht bekannt ist, und Informierte, d. h. Personen, die den Meinungsgegenstand kennen und ihm als Anhänger, als Ablehner oder als Unentschiedene gegenüberstehen. Ziel ist es, der Idealvorstellung über die Produktart bei Nachfragern mit dem eigenen Angebot möglichst nahe zu kommen. Mittel dazu ist die Segmentierung. Dem Idealbild kann umso eher entsprochen werden, je individueller auf die Bedürfnisse der einzelnen Nachfrager eingegangen wird. Im Erfolgsfall können Verbraucher, die bisher eher widerwillig ein Konkurrenzangebot kaufen, neu gewonnen werden (latente Nische) oder gar Kaufverweigerer, die sich mit dem gesamten vorhandenen Marktangebot nicht anfreunden können (manifeste Nische).

Das Ziel der besseren Marktausschöpfung durch Positioning kann also nach feldtheoretischen Überlegungen über folgende Maßnahmen zu erreichen versucht werden:

- Information der Uninformierten durch intensive Bewerbung zur Wahrnehmung, damit Aufnahme in den Evoked Set möglichst vieler potentieller Abnehmern,
- Leistungsveränderung in Richtung Ablehner und Unentschlossene durch Produktvariation, genauer: Erhöhung des Aufforderungsgradienten,
- Präferenzumwertung bei Zielpersonen durch Einflußnahme auf deren Einstellungen derart, daß sie dem eigenen Angebot eher entgegenkommen,
- Erhöhung der Zusatzaufforderungswerte durch mehr Nutzenstiftung im emotionalen Bereich,
- Verdrängung von Konkurrenten aus dem Marktzentrum durch direkten Angriff auf Wettbewerbspotentiale, damit Neuaufteilung des Angebotsraums mit mehr Nähe zum Kunden,
- Unterminierung von Konkurrenzangeboten durch unlautere und/ oder irreführende Mittel, die rechtlich jedoch konsequent ausgeschlossen werden.

Positioning Statement

(→ Angebotsanspruch, Anspruchsbegründung)

Positionsaktualisierung

Hier steht das Bemühen im Vordergrund, die einmal gewonnene Position zu nutzen und offensiv auszubauen. Dabei geht es um die Kapitalisierung von Markenbekanntheit und -goodwill. Meist geschieht dies durch Produktdifferenzierung. In horizontaler Richtung wird dabei etwa eine Einzelmarke zur Range ausgebaut, indem neue Präsentationsformen (z. B. Deluxe, Light) oder Konsistenzen (z. B. Geschmack, Geruch) angeboten werden. In vertikaler Richtung folgt daraus die Diversifikation in andere Produktbereiche (z. B. Set-Gedanke, Zubehör). Selbst wenn dies durch Lizenzvergabe an Dritte erfolgt, entsteht bei hinreichender konnotativer Verwandtschaft im Rückbezug eine Aktualisierung für die Transfermarke. Ein Beispiel für Line Extensions (horizontal) ist *Blend-a-med* (Parodontose, Kariesschutz, Zahnstein, Mint, Gel, Mundwasser). Ein Beispiel für Diversifikation (vertikal durch Transfer) ist *Porsche* (Brillengestell, Armbanduhr, Füllfederhalter, Pilotenkoffer). Ein Beispiel für Diversifikation (horizontal) ist *Du darfst* (z. B. Margarine, Wurstwaren, Konfitüre, Joghurt) von Langnese. Allerdings gibt es auch genügend negative Beispiele (z. B. *Hipp* Fitnessnahrung, *Mövenpick* Salatsoße, *Natreen* Diätwurstwaren), sodaß Vorsicht geboten scheint.

(→ Positionierung, Anlässe)

Positionsverstärkung

Hier steht die defensive Verteidigung der einmal gewonnenen Position gegen Konkurrenten, die oft genug Erfolgsrezepte nur kopieren, im Vordergrund. Eine Marke muß ständig gehegt und gepflegt werden, damit ihre Profilierung erhalten bleibt. Denn nur dies sichert ihren Erfolg. Dabei geht es letztlich darum, die gleiche Geschichte immer wieder abwechslungsreich zu inszenieren. Dadurch können Angriffe wirksam abgewehrt werden.

Ein Beispiel dafür ist *Nivea*. Abgesehen davon, daß die Marke durch Transfer in benachbarte Produktbereiche stetig ausgeweitet wurde, ist doch der Markenkern der Creme als Ausgangsprodukt über die Jahre hinweg unverändert geblieben. Nivea hat über die Jahrzehnte hinweg nichts anderes getan, als den Anspruch, die Creme de la creme für alles und jeden zu sein, zu bestätigen und auf abwechslungsreiche Art zu kommunizieren. Dadurch ist die Kompetenz trotz zahlreicher Angriffe (z. B. *Creme 21* von *Henkel*) unangefochten geblieben. Eine Arrondierung des Terrains wurde zudem durch Flankers vorgenommen (Sonnenschutz, Duschbad, Kinderpflege, Milk, Seife etc.). Dies gelingt freilich nur, wenn die Marke stetig betreut und Irritationen durch eine kontinuierliche Politik von ihr ferngehalten bleiben. Dabei scheint allerdings allmählich die Grenze der Tragfähigkeit erreicht zu sein.

(→ Positionierung, Anlässe)

Post Production

(→ Sendevorlagenerstellung)

Posten-Großhandel

(→ Großhandel, Betriebstypen)

Postscheck

(→ Scheckzahlung)

Posttest

(→ Problematik des Werbemittel-Posttest)

Posttransport

Die Güterbeförderung kann auch durch die Post (Postdienst) erfolgen. Man unterscheidet Waren- und Wurfsendungen sowie Päckchen und Pakete. Warensendungen sind Sendungen mit Proben, Mustern oder kleineren Gegenständen in unverschlossener Umhüllung. Drucksachen und Rechnungen dürfen beigelegt werden. Das Höchstgewicht beträgt 500 gr. Postwurfsendungen sind aufschriftslose Drucksachen oder Warensendungen mit gleichem Inhalt, die an alle Haushaltungen zu verteilen sind. Höchstgewicht ist 100 gr, für Abholer 1000 gr. Päckchen sind Sendungen, denen briefliche Mitteilungen beigelegt werden können. Sie werden mit der Paketpost zugestellt. Bei Verlust oder Beschädigung wird kein Ersatz geleistet. Höchstgewicht ist 2000 gr. Pakete sind Sendungen mit Gegenständen und brieflichen Mitteilungen, die sich nach Größe und Gewicht zur Beförderung mit der Paketpost eignen und mit Paketkarte angeliefert werden (max. 10 Sendungen an denselben Empfänger). Höchstgewicht 20 kg. Die Paketgebühr wird nach

Gewicht und Entfernung berechnet. Für Sperrgüter wird 50% Zuschlag erhoben. Der Empfänger entrichtet für jedes Paket eine Zustellgebühr, für nicht oder unzureichend freigemachte Sendungen wird eine Nachgebühr erhoben. Selbstabholer zahlen keine Zustell- sondern eine Bereitstellungsgebühr. Postgüter sind verbilligte Standardpaketsendungen von Selbstbuchern. Außerdem sind beschleunigte Sendungen möglich. Schnellsendungen können Päckchen, Wertpakete oder freigemachte Pakete sein, die mit Vorrang vor übrigen Paketsendungen per schnellster Erdwegverbindung befördert und zugestellt werden. Luftpostpakete werdem mit Flugzeugen befördert und wie Schnellpakete zugestellt. SAL-Pakete (Surface Air Lifted) werden kombiniert auf Land- (im Einlieferungs- und Bestimmungsland) und Luft-Weg (zwischen den Ländern) befördert. Bei gesicherten Sendungen wird die Auslieferung nachgewiesen, der Warenwert kassiert oder ein höherer Ersatz bei Verlust geleistet. Einschreiben sind Päckchen, deren Einlieferung bescheinigt wird, die Auslieferung erfolgt gegen Empfangsbestätigung. Päckchen, Pakete und Postgüter können unter Nachnahme versandt werden (Zahlschein oder Formblätter). Pakete mit Wertangabe werden gegen Wertgebühr (mit Wertbeschränkung) befördert. Beim Selbstbucherverfahren können Versender, die solche Sendungen regelmäßig einliefern, Wiegen, Errechnen der Gebühr und Aufkleben von Nummerzetteln im eigenen Betrieb erledigen. Bei Einlieferung wird nur die Anzahl der Stücke gezählt und im Einlieferungsbuch bestätigt, dessen Originalseite herausgetrennt und beim Postamt verwahrt wird. Die Gebührenabbuchung erfolgt alle 10 Tage vom Postgirokonto. Sofern nicht ausdrücklich ausgeschlossen, gilt Gefährdungshaftung für die Post. Der Schadenersatz ist, sofern nicht ausgeschlossen, auf Wertgrenzen limitiert. Ansprüche kann nur der Absender geltend machen, der Empfänger kann bei Beschädigung der Sendung (sofern sichtbar) die Annahme verweigern und Schadensfeststellung beantragen, ansonsten unverzüglich nach Schadensfeststellung.

Potential-Analyse

Die Potential-Analyse impliziert die Gegenüberstellung der genutzten und der nutzbaren Reserven des eigenen Unternehmens in Relation zu denen des/der stärksten Wettbewerber(s) anhand eines Kriterienkatalogs über Markenstärke, Werbepräsenz, Distribution, Produktaufmachung, Programm, Lieferfähigkeit, Innovationskraft, Entscheidungsflexibilität, Außendienstqualität, Marktattraktivität, relative Wettbewerbsposition, Investitionsattraktivität, Kostenattraktivität, Unternehmensmerkmale etc. Das Ergebnis zeigt an, welche Marketingparameter die größten komparativen Vorsprünge aufweisen und ob diese bereits weitgehend ausgeschöpft sind oder inwieweit sie noch Raum für Zuwachs lassen.

Bei ersteren kann die größere marktwirksame Hebelwirkung angesetzt werden. Bei letzteren ist der relative Abstand zwischen genutztem und nutzbarem Potential am höchsten. Dabei repräsentiert der Mittelwert, bei bipolaren Skalen der Nullwert, jeweils die Beurteilung des/der Mitbewerb(er). Die konkrete Vorgehensweise ist wie folgt. Es werden die für die Beurteilung der eigenen Unternehmenssituation relevanten Kriterien ausgewählt. Der stärkste/die stärksten Wettbewerber wird/werden definiert. Es wird ein Bewertungssystem für die Skalierung festgelegt, z. B. eine bipolare Skala. Der Mittelwert der Skala repräsentiert für jedes Kriterium jeweils die Zustandsbewertung des/der wichtigsten Wettbewerber(s). Für jedes Kriterium werden die für die Beurteilung relevanten Teilaspekte im genutzten Zustand ermittelt und bewertet. Dies erfolgt anhand von Fakten oder eines Expertenurteils (letzteres kann allerdings subjektiv verzerrt sein). Die Beurteilung für jedes Kriterium wird auf der Skalierung als Wert für das eigene Unternehmen relativ zum Mitbewerb, also untereinander (vertikal) nicht vergleichbar, abgetragen. Für jedes Kriterium wird der vergleichbare Wert der absehbar nutzbaren Potentiale (horizontal) ermittelt, bewertet und ebenfalls auf der Skala abgetragen. Für eine grafische Darstellung werden die Beurteilungen über alle Kriterien, getrennt für den aktuellen (Ist-) und den potentiellen (Soll-)Zustand des Unternehmens durch je eine Linie verbunden. Bei den Ist-Werten ergeben sich wettbewerbsunterlegene Kriterien, also solche, bei denen der eigene Wert negativ ist, sowie wettbewerbsgleiche. Es ergeben sich Kriterien, bei denen Ist- und Potential-Linien deckungsgleich sind. Dort werden alle vorhandenen Potentiale des eigenen Unternehmens bereits voll ausgeschöpft. Und es ergeben sich Kriterien, bei denen im gegebenen Zustand das Potential noch nicht voll ausgeschöpft ist. Der Abstand der Linie des eigenen ausgeschöpften bzw. ausschöpfbaren Potentials zum Skalenmittelwert gibt das Ausmaß der Wettbewerbsnachteile an. Der Abstand der Linien für die ausgeschöpften und die ausschöpfbaren Potentiale gibt das Ausmaß des Potentialspielraums an.

Vorhandene, aber noch nicht ausgeschöpfte Potentiale lassen sich ohne großen Zusatzaufwand zur Verbesserung der Marktsituation ausnutzen. Dort, wo das nicht der Fall ist, müssen Potentiale erst aufwendig aufgebaut werden, um sie damit nutzbar zu machen. Wettbewerbsnachteile sind aufzuholen bzw. zu minimieren.

(→ Analyseverfahren im Marketing)

Potentialmodell

(→ Standortwahl, Raumgebiets-Modell)

Potentialstandardisierung

(→ Standardisierung von Dienstleistungen)

Potentieller Mitbewerb

(→ Wettbewerber-Analyse)

PPM (Pre Production Meeting)

(→ Sendevorlagenerstellung)

Präferenz-Position

Präferenz-Position bedeutet Leistungsführerschaft durch Aufbau akquisitorischen Potentials, Spezialisierung, Differenzierung und Nichtpreiswettbewerb. Ein Mittel dazu ist der Einsatz von Markenartikeln. Eine Marke ist durch die Inhalte einheitliche Aufmachung, gleichbleibende oder verbesserte Qualität, standardisierte Fertigware, durchgängiges Warenzeichen, Eigenschaftszusage, dichte Distribution und hohe Bekanntheit im Markt charakterisiert. Ihre Persönlichkeit hebt sie aus der Masse des Angebots positiv hervor. Die damit verbundenen Präferenzen führen zur Markenbindung und damit wiederum zur Planbarkeit des Umsatzes des Markenartiklers, die notwendig ist, um die strategieimmanenten höheren Kosten bei reduziertem Risiko einzugehen.

Die Maxime Gewinnpriorität vor Umsatz-/Absatzorientierung impliziert Wert- anstelle von Mengendenken. Dies mag selbstverständlich klingen, ist aber in einer vordergründig immer noch auf Wachstum fixierten Wirtschaftsordnung eher außergewöhnlich. Zudem wird oftmals fälschlich unterstellt, daß mit steigendem Um-/Absatz Gewinne parallel oder gar überproportional steigen. Dem steht jedoch wachsende Komplexität mit Zunahme organisatorischer, nicht direkt wertschöpfender Aktivitäten entgegen, die die Rentabilität belasten. Moderne Controllingverfahren, wie Prozeßkostenrechnung oder Zero Base Budgeting, sind erst neuerdings in der Lage, diese Zusammenhänge aufzudecken und Unwirtschaftlichkeiten vorzubeugen.

Die Durchsetzung eines Hochpreislevels wird erst über Präferenzaufbau in der Nachfragerschaft möglich. Prämienpreissetzung bedeutet, daß der Preis eines Produkts durchgängig über dem durchschnittlichen Preis des Mitbewerbs angesetzt wird. Dadurch können die Preisbereitschaft der Nachfrager ausgereizt und hohe Stückspannen erzielt werden. Diese Preisforderung engt den Kreis der Nachfrager ein und führt zur angestrebten Exklusivität. So ist eine schnelle Amortisation des eingesetzten Kapitals erreichbar. Außerdem dient der Preis oft als Qualitätsindikator. Allerdings höhlen preisaggressive Mitbewerber die Marktstellung leicht aus, und es besteht die Gefahr, daß Nachfrager sich übervorteilt fühlen. Schließlich ist die Umsetzung nur bei optimiertem Marketing-Mix darstellbar. Als Beispiel können Designermodemarken gelten, die vornehmlich durch soziale Abhebung hohe Preise erlösen.

Beim monopolistischen Preisspielraum geht es um die Erarbeitung eines Bereichs, innerhalb dessen die Preiselastizität der Nachfrage gering ist. Dem liegt das gedankliche Modell einer zweifach-geknickten Preisabsatzfunktion zugrunde. Das Marketing hat nun zum einen zum Ziel, den monopolistischen Bereich möglichst steil zu gestalten, denn je steiler der Verlauf, desto geringer fällt ein Nachfragerückgang bei einer Preisanhebung aus. Die Steilheit der Kurve ist unmittelbar abhängig vom Ausmaß der Präferenzen. Je größer diese sind, desto inflexibler reagiert die Nachfrage. Zum anderen hat das Marketing zum Ziel, die Grenzpreise soweit wie möglich zu spreizen. Dies gilt besonders für den oberen Grenzpreis, der den Preissetzungsspielraum des Anbieters limitiert. Darüber hinaus führen Preisanhebungen zu umfangreichem Absatzrückgang, weil dann die Preisbereitschaft der Nachfrager überstrapaziert wird. Der untere Grenzpreis ist demgegenüber wegen der sich dort ergebenden niedrigen Erlöse weniger interessant.

Die Gewährleistung hoher Produktqualität ist unerläßliche Voraussetzung für Präferenzaufbau. Zero Defect-Management steht damit an erster Stelle. Als vorbildlich können hierbei die japanischen Hersteller gelten. Durch ausgefuchste Qualitätssicherungssysteme gelingt ihnen eine dramatische Senkung der Fehlerrate, wie sie trotz vollautomatisierter Fertigung nicht auszuschließen ist. Denn die potentielle Schwachstelle ist nach wie vor der Mensch. Erst dessen Ambition setzt Ansprüche in die Realität um. Die Einbeziehung der Mitarbeiter erfolgt durch Quality Circles. Dahinter steht die Auffassung, daß die Ausführenden selbst am besten wissen, wie dieses Ziel zu erreichen ist. Dabei werden motivatorische und gruppenenergetische Effekte frei.

Der Packung kommen wichtige Kommunikationsfunktionen zu. Dazu gehört die adäquate Anmutung in der Zielgruppe, die wirksame Differenzierung und Identifizierung, eine hohe Auffälligkeit zur Selbstverkäuflichkeit, die Auslobung am Produkt durch eine Werbeaussage, die qualitätsabsichernde Markierung, Herkunftskennzeichnung und Produktbezeichnung. Allerdings gibt es auch Produkte ohne Pakkung, bei denen dem Produktäußeren an sich hohe Attraktivität zukommen muß. Dies wird durch Design und Styling zu erreichen gesucht. Zu denken ist an alle Gebrauchsgegenstände, vornehmlich solche, die sozial auffällig sind.

Umfangreiche Mediawerbung dient der Erreichung hoher Bekanntheit und Vertrautheit in der Zielgruppe, und zwar sowohl über klassische als auch nicht-klassische Medien. Dies stößt insofern auf nicht geringe Schwierigkeiten, als das allgemeine „Grundrauschen“ der Werbung bereits so hoch ist, daß es besonderer Aufwendungen bedarf, sich daraus hervorzuheben. Ansonsten unterliegt man der Neutralisierungswirkung. Dies ist aber nur eine Seite der Medaille. Die andere ist, daß dort, wo eine solche Penetration gelingt, die Zielpersonen mit Reaktanz reagieren, da sie Manipulation wittern. Von daher sind die

Erfolge der Mediawerbung fraglich. Die einzige Alternative liegt in der Substitution des Werbebudgets durch schlagkräftige Ideen, bei denen sich die Rezipienten bereit zeigen, sich damit auseinanderzusetzen. So gibt es immer wieder Beispiele dafür, daß exzellent umgesetzte, limitierte Kampagnen sogar in Materialschlachten überleben. Zu denken ist dabei etwa an Lucky Strike, die mit begrenztem Budget, aber kreativen Ideen im hochkompetitiven Zigarettenmarkt reüssierte. Tatsächlich ist der Leistungsbeitrag der Werbung am wirtschaftlichen Erfolg eines Angebots nur sehr schwer bis gar nicht festzustellen. Insofern gilt der Henry Ford zugeschriebene Ausspruch über die zweifelhafte Effizienz von Werbebudgets mehr denn je.

Selektive Distribution unterstützt die Sicherung eines angebotsadäquaten Verkaufsumfelds. Dabei wird nur ein Absatzkanal mit ausgewählten Akteuren eingeschaltet. Dies entspricht zwar einer eher geringen Erhältlichkeit im gewählten Absatzgebiet, führt aber zur homogenen Struktur der Abnehmer (z. B. nur Fachhandel). Vorteile liegen in der Nutzung der Hebelwirkung bestgeeigneter Akteure und deren gesteigerten Geschäftsinteresses, in der Möglichkeit zu nachhaltiger Kontaktpflege dieser Abnehmer sowie in überschaubarer Absatzstruktur. Nachteile liegen im hohen Risiko bei Ausfällen und Verschiebungen im Absatzkanal, in niedrigerer Erhältlichkeit des Produkts mit der Gefahr geringerer Kapitalisierung dessen akquisitorischen Potentials sowie in mangelnder Anpassung an die Dynamik der Absatzwege.

(→ *Marktpolarisierung)*

Präferenzmodell

(→ *Käuferverhalten, Erklärungsansätze)*

Präferenztest

(→ *Testverfahren, Empirische)*

Prämienpreissetzung

Prämienpreissetzung bedeutet, daß der Preis eines Produkts im Zeitablauf durchgängig über dem durchschnittlichen Preis des Mitbewerbs angesetzt wird. Daraus folgen mehrere Vorteile:

- Kurzfristige Gewinnmaximierung und hohe Stückspannen werden durch Ausreizen der Preisbereitschaft der Nachfrager möglich. Dies ist eine wichtige Determinante der Betriebsrendite und diese wiederum ist bei allgemein schmalen Renditen eine wichtige Existenzsicherung.
- Ein positives Premium-Image bei angestrebter Exklusivität fokussiert den gewünschten Kreis der Nachfrager. Auf diese Weise werden durch das Preisniveau genau die Kundenkreise angereizt, deren Preisbereitschaft und Kaufkraft ausreicht, die hohen Preise auch zu bezahlen.
- Ein hoher Preis gilt zugleich als Qualitätsindikator, wenn keine profunde Produktkenntnis gege-

ben ist. In Ermangelung anderer Parameter wird so vereinfacht vom Schlüsselreiz Preisniveau auf die im Angebot repräsentierte Leistung geschlossen, wenn diese nicht oder zumindest nicht vorab zu beurteilen ist.

- Schnelle Amortisation des eingesetzten Kapitals und damit weniger Risiko werden realisiert. Dies bewirkt eine ausreichende Liquidität ebenso wie eine geringe Bindung des eingesetzten Kapitals, wobei allerdings die daraus folgende geringe Umschlaggeschwindigkeit diesem Vorteil zuwiderläuft.
- Qualitätsanmutung und Exklusivität einzelner Produkte haben eine Sogwirkung auf das gesamte Programm. Durch Irradiation wird so vom Niveau einzelner wahrgenommener Preise auf das allgemeine Preisniveau des Geschäfts geschlossen, was einer Selektionsfunktion nahekommt.

Nachteile liegen vor allem in folgendem:

- Es kommt zu einem Rückgang des eigenen Marktanteils bei aggressiven Mitbewerbern am Markt, die durch Preisunterbietungen die Hochpreisposition aushöhlen. Dadurch verkleinert sich der potentielle Kundenkreis und ermöglicht ab einer betriebsindividuellen Untergrenze womöglich keinen Geschäftsbestand mehr.
- Negative Nebenwirkungen in Richtung Übervorteilung bei kritischen Verbrauchern sind nicht auszuschließen. Dies gilt vor allem, wenn angemessene Angebotsmerkmale nicht offensichtlich sind, der Preisforderung also vermeintlich keine gleichwertige Nutzenleistung gegenübersteht.
- Die Notwendigkeit zum verstärkten kompensatorischen Einsatz marketingpolitischer Instrumente besteht. Diese wiederum sind aber mit Kosten bewehrt, sodaß ein Teil des Vorteils erzielbarer höherer Spanne durch die damit verbundenen Aufwendungen wieder aufgezehrt wird.
- Der potentielle Käuferkreis ist auf solche Personen begrenzt, die hohe Preise in Kauf zu nehmen bereit sind. Es ist von der spezifischen Ausgestaltung abhängig, wie groß das dabei verbleibende Kundenpotential sein muß, um einen ordnungsgemäßen Geschäftsbetrieb zu erlauben.
- Meist besteht eine mangelnde Durchsetzbarkeit am Markt, sodaß eine Flankierung über Zusatzleistungen nötig ist, die die Rentabilität trotz Hochpreisniveau mindern. Letztlich kommt es dann auf eine Abwägung der zusätzlichen Aufwendungen gegen die zusätzlichen Erträge einer Prämienpreissetzung an.

(→ Preispositionierung)

Präsenzstreckung

Präsenzstreckung ist eine Form der Definition der Absatzquelle. Sie betrifft die zeitliche Streckung des Angebots und beabsichtigt, unterjährige, saisonale Märkte in ganzjährige zu überführen. Gelingt es, diese zeitliche Restriktion aufzulösen, öffnet sich de facto ein neuer Markt. So schaffen es die niederländischen Obst- und Gemüseproduzenten durch perfektionierte Treibhaustechnik, selbst im Winter frische Ware anzubieten. Das Überraschungs-Ei von *Ferrero* ist zwischenzeitlich von einem Saisonartikel (gestartet als Oster-Ei) zu einem durchgängigen Angebot umgestellt worden. Die Speiseeishersteller propagieren den Verzehr von portioniertem Eis auch außerhalb der warmen Jahreszeit. Vor allem *Langnese* ist es mit *Magnum* gelungen, aus dem engen Korsett der zudem noch witterungsanfälligen Sommerzeit auszuscheren und Eis zum Selbstverzehr als Lebensstilmerkmal zu etablieren (was im übrigen bei Eispackungen als Nachtisch schon vorher gelungen war). Zudem wurden bei Magnum erstmals ausschließlich Erwachsene als Zielgruppe definiert.

Dies bedingt meist auch einen besseren Marktzugang für Waren, Geld und Informationen vom Hersteller zum Endabnehmer und wieder zurück. Der zwischengeschaltete Handel stellt heute in vielen Fällen den Engpaß für die Marktpräsenz dar und läßt Werbemaßnahmen nicht zur vollen Blüte kommen.
(→ Absatzquellendefinition)

Präventionssysteme, Darstellung

Proaktive Handlungssysteme sollen angesichts rascher Umweltveränderungen frühzeitig über Erfolgs- und Ertragslage des Unternehmens, dessen Gefährdung, aber auch Potentiale, informieren und dadurch dessen Überlebensfähigkeit sichern. Dies betrifft frühe Hinweise auf mögliche Veränderungen im Konsumverhalten, Anzeichen technologischer Neuerungen, Bedrohungen unternehmerischer Freiheiten durch Reglementierung, Änderung in Konjunkturlage und Investitionsklima etc.

Solche frühen Hinweise sind erschwerend gekennzeichnet durch:

- geringe Eintrittswahrscheinlichkeit,
- geringe Stärke,
- hohe Bedeutung für das Unternehmen.

Frühwarnungen können betrieblich oder überbetrieblich (z. B. in Verbänden) oder außerbetrieblich (z. B. Schufa) organisiert sein, sowie einzelbetriebswirtschaftlich oder gesamtwirtschaft ausgelegt. Dabei werden zwei Aktivitäten eingesetzt. Das Scanning ist der Prozeß der ungerichteten Suche. Es verlangt holistische, intuitive Fähigkeiten. Dabei werden auch momentan nicht relevante Datenbereiche beachtet. Das Monitoring hingegen setzt ein, wenn ein bestimmtes Problemfeld bestimmt ist, um es analytisch tiefer zu durchdringen, wobei schwierig zu bestimmen ist, was nur unspezifisches Grundrauschen ist und was bereits schwaches Signal. Durch Clipping von Fachveröffentlichungen können Trends pragmatisch extrahiert werden.

Problematisch ist die organisatorische Verankerung zur Verwirklichung eines Frühwarnsystems. Eigentlich handelt es sich dabei um eine Kern-Managementaufgabe, die auf allen dispositiven Ebenen angesiedelt ist. Gerade dort aber sind die Gefahren hoch, durch Gewöhnung, Betriebsblindheit, Primat der operativen Tätigkeit etc. Entwicklungsanzeichen zu verpassen. Schließlich ist auch der Erfolgsnachweis von Frühwarnsystemen problematisch. Als Kritik sind dazu zu nennen, daß die Signalstärke einer subjektiven Wertung unterliegt, hochaggregierte Kennzahlen zur Durchschnittswertbildung neigen und deshalb zu spät warnen, daß eine Kennzahleninflation mit Überforderung einsetzen kann und die Vergleichsbasis für Abweichungen umstritten ist, sowie daß „Bauchgefühl", also Vermutung, Erfahrung, Sensibilität etc., schwer argumentierbar ist. Außerdem sind einzelne Unternehmen leicht überfordert, fehlt Verbänden, Instituten etc. oft die erforderliche Marktnähe.

Präventionssysteme, Generationen

Chronologisch lassen sich drei Generationen unterscheiden.

Bei der 1. Generation von *Frühwarnsystemen* geht man davon aus, daß es Ereignisse bzw. Entwicklungen im Umfeld des Unternehmens gibt, die dem laufenden Beobachtungsspektrum entgehen bzw. zu spät erfaßt oder als irrelevant verworfen werden. Frühwarnsysteme sollen Veränderungen in den Rahmenbedingungen frühzeitig ausweisen, um den Reaktionsspielraum bei Entscheidungen zu erhöhen. Es handelt sich also um einen Before Fact Approach, etwa im Gegensatz zum Krisenmanagement als After Fact Approach. Prognosebasis sind Vorkopplungsinformationen zum permanenten Soll-Vergleich mit hochgerechneten Ist-Werten mit Ausweis über Kennzahlen. Es handelt sich also primär um die Zwecke der Planung, Realisation und Kontrolle.

Systeme zur *Früherkennung* (2. Generation) arbeiten auf Basis vorlaufender Indikatoren, die relevante Umweltbereiche repräsentieren, die verfolgt und vernetzt werden. Es geht um die Bestimmung von Indikatoren, die Festlegung von Sollgrößen und Toleranzgrenzen je Indikator, die Aufgaben der Informationsverarbeitungsstellen und die Ausgestaltung der Informationskanäle. Probleme ergeben sich bei der Suche und Erfassung jeweils relevanter, ebenso zuverlässiger wie vorauslaufender Indikatoren. Anforderungen an diese sind:

- Eindeutigkeit, d. h. nicht mehrdeutig interpretierbar,
- Durchschaubarkeit, d. h. Verstehbarkeit der Sachzusammenhänge),
- Frühzeitigkeit, d. h. genügender zeitlicher Vorlauf zur Reaktion,
- Effizienz, d. h. wirtschaftliche Erfaßbarkeit,
- Vollständigkeit, d. h. Repräsentanz aller relevanten Einflußfaktoren,
- Disjunktheit, d. h. nur ein Indikator je Sachverhalt.

Diese sind jedoch immer seltener gegeben. Vielmehr sind diskontinuierliche Veränderungen für die komplexen Märkte der Gegenwart typisch. Außerdem handelt es sich weitgehend um quantitative Informationen, die eingehen. Die Ausrichtung ist eher operativ (kurzfristig) und auf einzelne Unternehmensbereiche beschränkt.

Systeme zur *Frühaufklärung* (3. Generation) sind eindeutig strategisch, auf das Gesamtunternehmen und computergestützt ausgerichtet. Sie sollen nicht nur Gefahren, sondern auch Chancen frühzeitig identifizieren. Die Erfolgsaussichten sind durch das zu definierende Aufgabenspektrum des Systems und den Umfeldzustand determiniert. Je stabiler und besser strukturiert das Umfeld und je begrenzter der Aufgabenausschnitt, desto höher sind die Erfolgsaussichten, et vice versa. Besonders gilt dies, wenn zuverlässige, vorauslaufende Indikatoren gegeben sind. Dies ist aber immer seltener der Fall. Vielmehr sind diskontinuierliche Veränderungen für die komplexen Märkte der Gegenwart typisch. Diskontinuitäten entstehen u. a. in Politik, z. B. „ökonomische" Kriege, Revolutionen, Enteignungen, Staatsinterventionismus, Energie, z. B. Ölembargo, Wirtschaft, z. B. Zusammenbruch des Ostblocks, Währungsturbulenzen, Nachfrageeinbrüche, Technologie, z. B. Superchips.

Dennoch gibt es schwache Signale, die auch solche Veränderungen ankündigen. Diese schwachen Signale (Weak Signals) sind gekennzeichnet durch geringe Eintrittswahrscheinlichkeit bei gleichzeitig geringer Stärke und hoher Bedeutung für das Unternehmen. Gelingt es, diese frühzeitig zu erfassen, können Überraschungen vermieden werden. Problematisch ist daran allerdings, daß schwache Signale:

- hoch hypothetischen Charakter haben und einen breiten subjektiven Interpretationsspielraum zulassen,
- die Informationsquellen diffus und unvorhersehbar sind,
- in ihrer Konsequenz kaum abschätzbar bleiben.

(→ *Frühaufklärung)*

Pragmatismusstrategie

(→ *Absatzkanal, Präsenz)*

Praktische Vergleichs-Technik

(→ *Einwandbehandlung)*

Präsentationsfunktion der Packung

(→ *Packung, Kommunikationsfunktion)*

Präzisionsfragen

(→ *Fragefunktionen)*

Preference Goods

(→ *Produktarten)*

Preis-Leistungs-Quotient, Beeinflussung

Der Anbieterseite stehen verschiedene Maßnahmen zur Verfügung, um die Wahrscheinlichkeit der Berücksichtigung des eigenen Angebots zu erhöhen, die im Marketing bedeutsam sind. Dazu gehört jeweils:

- die Verbesserung der Leistung bei gleichem Preis. Dies wird z. B. von Automobilherstellern bei sog. Produktaufwertungen oder Face Lifts praktiziert. Die Leistung wird, allerdings oft nur unwesentlich, erhöht, während der Preis unverändert bleibt.
- die Senkung des Preises bei unveränderter Leistung. Dies erfolgt z. B. regelmäßig beim Sonderangebot, wobei es sich sowohl um planmäßige Preissenkungen (etwa beim Saisonschlußverkauf im Handel) als auch um solche handelt, die fremdinduziert sind (etwa bei Auslaufmodellen nach einem Modellgenerationswechsel).
- die Verbesserung der Leistung bei sinkendem Preis. Dies wird z. B. durch Ausnutzung von Skaleneffekten aus Größendegression, Technologievorsprung oder Erfahrungskurve dort realisiert, wo Kostenermäßigungen im Preis weitergegeben werden (etwa bei elektronischen Gebrauchsgeräten). In der Einführungsphase ist dies zudem eine wirksame (Penetrations-)Strategie zum Aufbau von Marktvolumen und zur Abwehr potentieller Konkurrenten.
- die überproportionale Verbesserung der Leistung im Vergleich zur vorgenommenen Preiserhöhung. Dies findet sich etwa bei technischen Gebrauchsgütern. Der Hersteller spekuliert darauf, daß möglichst große Teile der Zielgruppe die angebotene Mehrleistung höher werten als die damit verbundene Preisanhebung, die Kaufwahrscheinlichkeit also steigt.
- die überproportionale Senkung des Preises im Vergleich zur erfolgten Leistungsverringerung. Dies ist etwa in der Automobilindustrie bei den sog. Einsteigermodellen anzutreffen, die zur Abrundung der Typenreihe nach unten lanciert werden und dort Markeneroberungen bewirken, die im Zuge einer Produktkarriere zur Markenloyalität bei steigenden Kaufwerten im Zeitablauf führen.

Die Beurteilung der Preis-Leistungs-Relation infolge solcher Maßnahmen entzieht sich jedoch einer operationalen Einordnung. Denn sowohl Preis als auch Leistung unterliegen selbst wiederum Veränderungen. So ist der Angebotspreis vom Verhandlungspreis zu unterscheiden (was aus dem Gebrauchtwagengeschäft jedermann geläufig ist). Die Differenz stellt eine Erlösschmälerung auf seiten des Anbieters und ersparte Kosten auf seiten des Nachfragers dar. Durch diese Änderung des Zählers (Preis) ändert sich zwangsläufig der gesamte Quotient und damit die relative Position des Kaufprojekts in der Präferenzrangordnung. Außerdem ist die Leistung als solche nicht homogen, sondern setzt sich selbst aus einem mehr oder minder großen Anteil objektiver (Haupt-)Leistung und subjektiver (Neben-)Leistung zusammen. Dies gilt etwa für Low Interest-Produkte, die primär der Grundnutzenbefriedigung dienen. Andererseits kommt es nicht selten vor, daß sich die Gesamtleistung aus objektiver (Neben-)Leistung und subjektiver (Haupt-)Leistung zusammensetzt, wie dies etwa bei Me too-Produkten der Fall ist, die eine Profilierung vor allem über immaterielle Zusatznutzenstiftung erfahren.

Schließlich ist auch die Bedarfsfunktion des Individuums durchaus inkonsistent, d. h. sie ändert sich anlaßbezogen oder periodisch und unterliegt Manipulationen (extern etwa durch kaufappellierende Auslobung von Werbungtreibenden und intern durch das wechselnde Zusammenspiel der aktivierenden Variablen Emotion, Einstellung und Motivation).

Das Marketingziel für die Preispolitik läßt sich damit als Schaffung (subjektiven) Kaufdrucks und (emotionaler) Zusatznutzen definieren. Durch eine hohe Intensität der Ansprache mag eine entsprechende Überzeugungswirkung sowie die Profilierung eines Angebots über die Grundnutzenstiftung hinaus erreicht werden. Insofern ist es schwerlich als Marketing zu bezeichnen, Produkte nur über vordergründig niedrige Preise abzusetzen. Marketing setzt vielmehr bei der Aufwertung der Leistung an, um den dadurch geschaffenen Spielraum für angemessene Preise nutzen zu können. Und je mehr die Leistung durch Marketing aufgepumpt werden kann, desto größer ist der Preisspielraum, der sich bei einem günstigen Preis-Leistungs-Quotienten ergibt. Die anderen Marketinginstrumente sind damit das natürliche Gegengewicht zum Preis, der allein die Unternehmensexistenz gewährleistet.

Preis-Leistungs-Quotient, Darstellung

Im Mittelpunkt jedes Kaufentscheids steht ein gedanklicher Quotient aus Preis (im Zähler) und Leistung (im Nenner). Der Wert dieses Quotienten schwankt zwischen den Grenzwerten „Null“ und „Unendlich“. Den Wert „Null“ nimmt der Quotient etwa bei Geschenken ein, d. h. der Preiszähler ist „Null“ (da kostenlose Zurverfügungstellung des Guts), der Nenner größer „Null“ (es wird unterstellt, daß dem Geschenk ein Leistungsnutzen zukommt). Ein weiteres Beispiel sind bestimmte beitragsfreie Sozialleistungen (Free Rider).

Der Quotient bewegt sich umgekehrt gegen „Unendlich“, wenn diese Leistung von einem Gut in keiner Weise erbracht wird, dafür jedoch ein Preis zu zahlen ist (Zähler größer „Null“, Nenner gleich „Null“). Das ist bei bestimmten Formen der Verschwendung, aber auch bei völlig überzogenen Luxusgütern gegeben. Sofern eine Leistung nicht positiv, sondern negativ zu bewerten ist (z. B. Schadstoffemission), kann der Quotient ausnahmsweise sogar negativ werden (kleiner „Null“). Dann spricht der Preisentscheid klar für eine Unterdrückung des Angebots (De- oder Countermarketing).

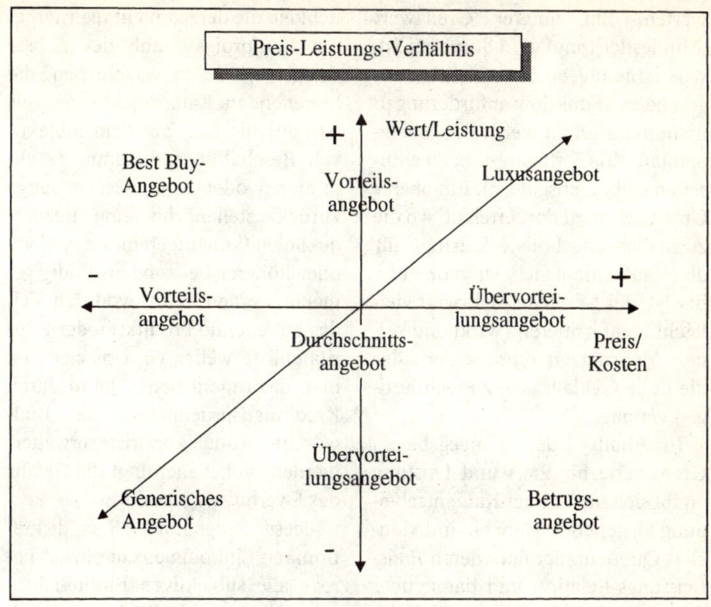

Preis-Leistungs-Verhältnis

Relevant ist jedoch der Wertebereich zwischen größer „Null" und gleich „Eins". An der oberen Grenze ist ein Kauf wirtschaftlich gerade eben noch sinnvoll, denn dort entspricht die gebotene Leistung genau dem geforderten Preis. Für Werte größer „Eins" fehlt diese Äquivalenz, und da die gebotene Leistung niedriger als der dafür geforderte Preis eingeschätzt wird, unterbleibt folgerichtig ein Kauf.

Die Werte in Zähler und Nenner des Preis-Leistungs-Quotienten unterliegen erheblichen Einflüssen. Der Wert des Preiszählers bewegt sich seinerseits zwischen einem unteren und einem oberen Grenzwert. Die untere Grenze (Mindestpreis) wird aufgrund des Phänomens der Überstrahlung des Preises eines Angebots auf dessen Leistungsnutzen dort erreicht, wo von einem erstaunlich niedrigen Preis auf mangelnde Leistung (z. B. Qualität) ein Guts geschlossen wird.

Eine obere Grenze (Höchstpreis) ergibt sich aus dem Limit für die allgemeine Preisbereitschaft, d. h. der Unwilligkeit, einen bestimmten, subjektiv vorab fixierten Preis, der etwa auf Erfahrung oder Vergleich beruht, bei der Anschaffung eines Guts zu überschreiten.

Ebenso unterliegt der Leistungsnenner oberen und unteren Grenzwerten. Ein unterer Grenzwert (Mindestleistung) wird dort erreicht, wo bestimmte, als unverzichtbar angesehene Funktionsanforderungen nicht mehr erfüllt werden (z. B. elementare Komfortfeatures bei technischen Gebrauchsgütern). Ein oberer Grenzwert wird dort erreicht, wo die zusätzlich angebotene Leistung für den Käufer nicht mehr sinnvoll nutzbar ist, der gebotene Mehrwert vielleicht sogar irritierend wirkt und keinen Mehrnutzen repräsentiert, der die hohe Geldausgabe zu rechtfertigen vermag.

Innerhalb der angegebenen Grenzwerte für Preis und Leistung ergibt sich für jede zur Kaufentscheidung anstehende Ware ein individueller Quotient, der über deren Preis-Leistungs-Relation und damit über das Ausmaß der individuellen Kaufattraktivität Aufschluß gibt.

Jedes Invididuum trifft nun unter Berücksichtigung dieser Einflußgrößen seine subjektive Entscheidung über Preis und Leistung, und damit über den Quotienten. Theoretisch werden diese Quotienten in aufsteigender Reihenfolge (d. h. absteigender Folge ihres Preis-Leistungs-Verhältnisses) aufgelistet. Da nun die Anzahl der gewünschten Kaufobjekte erfahrungsgemäß die der realisierbaren überschreitet, ergibt sich eine praktische Beschränkung durch die Budgetlinie des Haushalts bzw. der zahlenden Person. Alle Güterkäufe, die kumuliert diese Budgetgrenze nicht überschreiten, werden danach realisiert. Da das Budget periodenbezogen ist, bleibt die Möglichkeit, die derzeit nicht realisierbaren Kaufprojekte auf die nächste Budgetperiode zu verschieben, die betreffenden Kaufprojekte mangels Attraktivität ganz aus dem subjektiven Beschaffungsprogramm zu eliminieren oder zumindest so lange zurückzustellen, bis eine Bezugsquelle mit niedrigerem Preis und/oder höherer Leistung ausfindig gemacht werden kann, wodurch sich das betreffende Produkt in der Prioritätenliste weiter vorn placiert. Ist man dazu nicht bereit, kann durch Kreditinanspruchnahme der Budgetrahmen auch kurzfristig erweitert werden, wobei allerdings die Gefahr des Overbuying besteht.

Diese Budgetlinie i. S. d. diskretionären Einkommens impliziert bereits alle subjektiven Einflußfaktoren. Die hier idealtypisch geschilderte Abfolge gilt allenfalls nicht für Spontankäufe, die planerisch nicht im subjektiven Kaufprogramm berücksichtigt werden können. Für diese Fälle wird in der Haushaltspraxis ein Teilbudget reserviert, das unabhängig von den ohnehin geplanten Kaufprojekten ausgeschöpft oder, falls nicht erforderlich, dem Budgetspielraum der nächsten Periode zugeschlagen bzw. gespart werden kann.

Alle Käufe innerhalb der Budgetlinie werden nun planmäßig realisiert. Das Ziel jedes Anbieters muß natürlich darin liegen, daß seine angebotenen Produkte zu den Kaufprojekten gehören, die von einer möglichst großen Vielzahl von Zielpersonen präferiert werden. Dabei befindet sich jeder Anbieter in starkem, totalem Wettbewerb zu allen anderen am Markt um den Vollzug des Kaufentscheids.

Preis-Leistungs-Quotient, Veränderung

Die Preis-Leistungs-Relation unterliegt mannigfaltigen Schwankungen. So weicht der Quotient für ein und dasselbe Gut interpersonell womöglich erheblich voneinander ab. Als Einflußgröße sei die persönliche Konsumneigung genannt, also das Konsumausmaß, das zur subjektiven Lebensführung als angemessen betrachtet wird. Hier gibt es eher sparsam veranlagte Personen (Zukunftskonsum) und eher hedonistisch veranlagte (Yuppies). Geradezu groteske Ausmaße können Abweichungen im Bereich der Hobbies annehmen, wo das persönliche Engagement zur irrationalen Hypertrophierung üblicher Marktwerte führt.

Ebenso sind bei ein und derselben Person Schwankungen zu verzeichnen, etwa in Abhängigkeit vom jeweiligen Preisentscheidungsumfeld. So mag die animierende Atmosphäre im Erlebnishandel ebenso zu einer günstigeren Wertung (niedrigerer Quotient) führen wie der Einfluß kaufbegleitender Personen (Prestige) oder die Zweckbestimmung für einen besonderen Anlaß (Fest).

Zudem unterliegt die Wertung Änderungen im Zeitablauf, so etwa in den unterschiedlichen Phasen des Familienlebenszyklus. Ebenso führen saisonale Faktoren (z. B. Urlaub) zu temporären Änderungen in der Preis-Leistungs-Bewertung.

Weiterhin schwankt die Bewertung mit den regionalen Umfeldgegebenheiten. Allein innerhalb eines Kulturbereichs sind hierzulande z. B. die Schwaben für ihre hohe Sparneigung bekannt, d. h. sie stellen höhere Anforderungen an den Schwellenwert des Quotienten zugunsten eines Kaufentscheids, während viele Großstädter eine hohe Konsumneigung an den Tag legen, d. h. sie sind unkritischer und ausgabenfreudiger.

Außerdem verändert sich die Einordnung des Preis-Leistungs-Verhältnisses mit der Dringlichkeit einer Bedarfsdeckung. Lebensnotwendige Anschaffungen unterliegen demnach geringeren Anforderungen an den Schwellenwert als leicht verzichtbar.

Neben diesem objektiven kann sich aber auch ein subjektiver Kaufdruck aufbauen. Ein Beispiel für internalen Kaufdruck stellt der Wunsch nach Selbstbelohnung durch den Bezug attraktiver Güter dar, deren Preis-Leistungs-Quotient unter diesem Aspekt positiv beeinflußt wird. Ein Beispiel für externalen Kaufdruck liegt etwa dann vor, wenn von einer Anschaffung in hohem Maße Signalwirkung auf das soziale Umfeld ausgeht.

Hierbei ist das frei verfügbare Einkommen bedeutsam für die Preis-Leistungs-Entscheidung. Es ist nicht nur bekannt, daß mit steigendem Einkommen der Anteil hochwertiger, sehr wahrscheinlich mit schlechterer Preis-Leistungs-Relation ausgestatteter Güter zunimmt (Giffen-Effekt), sondern daß auch der Anteil fixer, zumindest kurzfristig nicht beeinflußbarer Ausgabepositionen und des dabei verbleibenden Resteinkommens bedeutsam ist.

Preis-Leistungs-Verhältnis

(→ *Preisinteresse)*

Preis-Mengen-Position

Das Preiswettbewerbskonzept drückt sich in aggressiver, kompetitiver Preissetzung durchgängig unter dem durchschnittlichen Preis des Mitbewerbs aus. Dabei handelt es sich um die wirksamste und zugleich für die Konkurrenz empfindlichste Waffe. Bestehende Mitbewerber können dadurch verdrängt, neue vom Markteintritt abgeschreckt werden. Preisbrecher können zudem auf Goodwill und Sympathie in der Öffentlichkeit rechnen. Ein Niedrigpreisimage bewirkt, daß ein Angebot in die engere Auswahl eines breiten Publikums gelangt. Allerdings sind große Mengen Voraussetzung, da ein gewinnbringendes Angebot nur bei Nutzung der Stückkostendegression darstellbar ist. Außerdem ist eine langsamere Verzinsung des eingesetzten Kapitals und damit ein erhöhtes Risiko hinzunehmen. Niedrigpreise sind zudem mit fehlendem Prestigewert und Qualitätszweifeln verbunden.

Umsatz-/Absatzpriorität vor Gewinnorientierung, also Marktanteilsausbau, ist hier als primäres Ziel zu nennen. In der Marktform des Monopols wird dies „auf halbem Weg" zwischen Prohibitivpreis und Sättigungsmenge erreicht, in der Marktform des Polypols an der Kapazitätsgrenze. Diese kann durch zeitliche und intensitätsmäßige Anpassung kurzfristig ausgedehnt werden. Dem liegt die Vermutung zugrunde, daß es einfacher ist, am Markt einen Zielgewinn durch eine große Menge bei niedrigem Preis/Gewinn zu erreichen als durch eine geringe Menge bei hohem Preis/Gewinn. Gefährlich ist, daß zuwachsende Um-/Absätze meist mit unterdurchschnittlicher Rendite erkauft werden, worunter das Betriebsergebnis insgesamt leidet.

Die Kundengewinnung erfolgt über ein vorteilhaftes Preis-Leistungs-Verhältnis, das durch interne Kostenorientierung bei mittlerer Produktqualität realisierbar wird. Dabei handelt es sich um einen gedanklichen Quotienten aus Preis (im Zähler) und Leistung (im Nenner). Je niedriger der Wert, desto besser ist das Preis-Leistungs-Verhältnis, d. h. desto mehr Leistung wird je Preiseinheit geboten bzw. desto weniger Geld ist je Leistungseinheit aufzuwenden. Für jede zur Kaufentscheidung anstehende Ware wird nun subjektiv ein individueller Quotient gebildet, der allerdings erheblichen Schwankungen unterliegt. Diese werden theoretisch in aufsteigender Reihenfolge gerangreiht. Dabei ergibt sich eine praktische Beschränkung durch die Budgetlinie. Aller Güterkäufe, die kumuliert diese

Budgetlinie nicht überschreiten, werden danach realisiert. Je vorteilhafter also das Preis-Leistungs-Verhältnis, desto höher ist die Wahrscheinlichkeit, daß ein spezifisches Angebot Berücksichtigung findet. Dadurch wiederum werden größere Mengen realisierbar.

Absatzrationalisierung erfolgt durch Effizienzsteigerung bei Akquisition und Logistik. Während ersteres im wesentlichen den Verzicht auf Formen des Persönlichen Verkaufs statt der Nutzung medialer Formen der Direktansprache impliziert, betrifft letzteres die Optimierung von Transport und Lagerung. Einflußgrößen darauf sind Eigen- oder Fremdbetrieb sowie Wahl des Transportmittels und des Lagerstandorts.

Die Grundnutzenargumentation erfolgt unter Verzicht auf profilierende Zusatznutzen. Grundnutzen ist dabei die Eignung eines Angebots, den gestellten Anforderungen gebrauchstechnisch, d. h. in bezug auf die Funktionserfüllung, gerecht zu werden. Diese Grundnutzen sind bei der heute allgemein vorauszusetzenden hohen Qualität des Marktangebots allerdings weit überwiegend gegeben.

Damit ist insgesamt ein geringerer Marketing-Mix-Einsatz zur Kostenreduktion und deren Weitergabe im Preis gemeint. Denn Marketingkosten gehen über die weitverbreitete Mark up-Kalkulation in den Angebotspreis ein. Als Beispiel mag *Aldi* gelten. Dort wird sparsames Profilmarketing mit Erfolg demonstriert. Beim Standort werden Cityrandlagen bevorzugt, die niedrige Mieten ermöglichen. Beim Sortiment wird eine strikte Reduktion auf schnelldrehende und selbstverkäuferische Produkte durchgesetzt. Die Preisgestaltung vollzieht sich auf Dauerniedrigpreisniveau. Der Vorgang des Verkaufsabschlusses ist auf das unerläßliche Mindestmaß reduziert. Gleiches gilt für das Ausmaß des Kundenservices. Auf Händlereigenwerbung wird jedoch nicht verzichtet, wenngleich diese nicht so intensiv stattfindet wie im Handel ansonsten üblich.

Die Akzeptanz von Risiken ist unerläßlich, da der Preis das gefährlichste Wettbewerbsinstrument darstellt. Dies betrifft vor allem die Preisuntergrenze, da es bei geringer Gewinnspanne durch Preisnachgiebigkeit, etwa infolge falsch verstandener Deckungsbeitragsrechnung, rasch zu Verlusten kommt. Dabei ergeben sich mehrere Preisuntergrenzen, einmal diejenige, die nicht nur die Dekkung aller Kosten, sondern auch die Erzielung eines Mindestgewinns zuläßt, dann diejenige, die zwar die Deckung aller Kostenelemente erlaubt, jedoch nicht mehr die Erzielung eines Gewinns, und schließlich diejenige (kurzfristige), die zwar keine Gewinnerzielung mehr erlaubt, aber wenigstens alle ausgabenwirksamen (variablen) Kosten abdeckt.

Breite Distribution bis hin zur Überallerhältlichkeit ist vorteilhaft, um Kontaktchancen zu erzeugen. Dabei sollen möglichst viele mit vertretbarem Aufwand zu erfassende

Akteure in den Absatzkanal einbezogen werden. Im Grenzfall der Ubiquität sollen alle objektiv überhaupt in Frage kommenden Akteure in den Absatzkanal einbezogen werden. (→ *Marktpolarisierung)*

Preis- und Konditionenpolitik

Die Preis- und Konditionenpolitik umfaßt als Stellgrößen die Elemente:

- Preistheorie, d. h. Preisoptimierung unter modellhaften Rahmenbedingungen (Standardvoraussetzungen) und deren praktische Abwandlung,
- Preisbildung auf Nachfragebasis, d. h. abhängig von Gütertypologie, Familienlebenszyklus, Nutzenempfindung, Preiswahrnehmung, Preis-Leistungs-Quotient, Nachfrageeffekten, Preisinteresse, hybridem Verbraucher, Auswahlprogramm, Kaufvereinfachung, Ankergrößen, Preisargumentation, Preisoptik, Kaufkraft, Kaufentscheid,
- Preisbildung auf Marktbasis, d. h. abhängig von Marktstruktur und Wettbewerb,
- Preisbildung auf Zielbasis, d. h. durch Positionierung, Differenzierung und preispolitischen Ausgleich,
- Preisreglementierung, d. h. Bindung an Höhe und Kalkulation durch gesetzliche Einschränkungen,
- Preisbildung auf Kostenbasis, d. h. durch Kalkulationsverfahren und Break Even-Analyse,
- Zahlungsbedingungen, d. h. der Form nach bar/unbar,
- Alleinfinanzierung als Kreditierung durch Lieferanten,
- Refinanzierung als Kreditierung gegen Sicherheiten,
- Drittfinanzierung als Kreditierung durch Institute,
- Nachlaß bzw. Zuschlag, d. h. Rabatte, Nichtleistungs-Konditionen und Aufpreise,
- Lieferungsbedingungen, d. h. Liefer-, Preis- und Zahlungsklauseln,
- Gewährleistung bei Leistungsstörungen und Allgemeine Geschäftsbedingungen.

Preisargumentation im Verkaufsgespräch

Das größte Abschlußhindernis im Verkauf bildet erfahrungsgemäß der Preis. Da dieser erst in einem fortgeschrittenen Stadium des Verkaufsgesprächs eingebracht wird, ist er besonders gefährlich. Daher gibt es spezielle Methoden zur Entschärfung dieser etwas heiklen Situation:

- Verzögerungstechnik, d. h. zunächst werden die Produktvorteile genannt und dann erst der Preis. Denn der Preis ist relativ, und je wertiger das Angebot, desto mehr Gegenleistung ist es berechtigterweise Wert. Dies vermeidet auch den sonst üblichen Preisschock.
- Sandwichtechnik, d. h. der Preis wird vorher und nachher von Produktvorteilen eingerahmt. Dadurch bekommen die Produktvorteile argumentatives Übergewicht gegenüber dem Preisopfer.
- Relativierungstechnik, d. h. der Preis wird durch Vergleich mit an-

deren, eher gewöhnten Ausgaben verkleinert. Damit kann die Akzeptanz des Preises entscheidend erhöht werden.

- Differenztechnik, d. h. es wird nur die Zuzahlung als Mehrpreis zwischen einem Normal- und einem Klasseangebot genannt. Diese Argumentation wendet sich an die Wenn schon, denn schon-Mentalität der Kunden. Dies bietet sich auch beim Kompensationskauf als Inzahlungnahme von Gebrauchtwaren an.
- Divisions-/Multiplikations-Technik, d. h. der Preis wird aufgeteilt oder die Menge multipliziert. Dadurch können absolute Preishöhen effektvoll relativiert werden.
- Appell-Technik, d. h. das Sicherheitsgefühl des Kunden wird angesprochen. Ihm wird suggeriert, daß er bei seiner Investition kein Risiko eingehen und eher das bessere Angebot wählen sollte, das allerdings seinen Preis hat.
- Nachteil-Technik, d. h. die Produktnachteile der billigeren Kaufalternative werden aufgezeigt. Dies ist nicht ganz ungefährlich, weil der Kunde, zwischen zwei schlechte Alternativen gestellt, die eine zu teuer, die andere zu geringwertig, leicht den Kauf verweigern kann.
- Bagatellisierungstechnik, d. h. die Preisdifferenz zwischen konkurrierenden Angeboten wird auf den Grundpreis bezogen und dadurch verharmlost. Oft dient dieser Hinweis auch nur zur vordergründigen Rationalisierung einer emotional präferierten Entscheidung.
- Zerlegungstechnik, d. h. die Gesamtleistung wird in Einzelleistungen zerlegt, deren Preise jeweils optisch niedriger scheinen und damit mutmaßlich auf weniger Widerstand stoßen.
- Zugabetechnik, d. h. zum puren Produkt werden weitere, geldwerte Vorteile gewährt. Dabei handelt es sich um eine kostenaufwendige Methode, die wieder nur als Ultima ratio eingesetzt werden kann.
- Do ut des-Technik (Zugeständnis für Zugeständnis), d. h. Preiszugeständnisse werden nur bei gleichzeitiger Gegenleistung des Kunden gewährt. Damit werden Drauf- und Dreingaben betriebswirtschaftlich vertretbar.
- Qualitätstechnik, d. h. der höhere Preis wird gegen eine höhere Qualität, die diesen rechtfertigt, gestellt. Dem liegt das Denken in Preis-Leistungs-Verhältnis zugrunde.
- Nutzentechnik, d. h. dem Kunden wird vor Augen geführt, welche Anforderungen er selbst an die Qualität stellt und daß diese mit billigeren Produkten nun einmal nicht zu befriedigen sind.
- Nutzenentgangs-Technik, d. h. der Kunde wird mit der Konsequenz konfrontiert, mit dem Kaufverzicht auch auf den damit verbundenen Nutzen zu verzichten. Dieser Hebel hilft, vorsichtig angesetzt, zaudernden Kunden, die schon halbentschlossen sind, über den letzten Widerstand.

- Kompensationstechnik, d. h. es werden noch einmal summarisch alle Angebotsvorteile aufgeführt, die den Preis rechtfertigen. Durch die Wiederholung werden dem Kunden evtl. bestimmte Argumente klarer oder auch erst bewußt, sodaß er die Preisforderung leichter akzeptiert.
- Kosmetische Technik, d. h. der Preis wird um Attribute wie „nur", „jetzt nur", „inclusive" etc. sprachlich verkleinert, um eine besondere Preisgünstigkeit zu suggerieren.

(vgl. *Pepels, Werner:* Handbuch Moderne Marketingpraxis, Band 2: Die Instrumente im Marketing, Düsseldorf 1993).

Preisaufschlag

Für besondere Leistungen können auch Preiszuschläge zum Listenpreis vereinbart werden. Dazu gehören etwa Verpackungskosten(-anteil), wenn nicht von Käufer oder Frachtführer getragen, Versicherungsprämien, sofern besondere Gefahren gegeben sind, und Versandkosten(-anteil) wie Fracht, Rollgeld, Ladegebühren, Behälterkosten etc. Die gesetzliche Mehrwertsteuer gilt nicht als Zuschlag, da sie einen durchlaufenden Posten darstellt. Preiszuschläge sind vor allem bei Zusatzausstattungen üblich. Oft stellt sich das Basisprodukt als abgestrippte Ware dar, die erst durch die Hinzunahme kostenmäßig gesondert erfaßter Zubehörteile, Funktions- und Komfortausstattungen wirklich akzeptabel wird. Dies ist etwa bei Automobilen aus deutscher Produktion gegeben, wo ein als konkurrenzfähig anzusehender Basispreis nur auf diese Weise noch realisierbar scheint. Davon zu unterscheiden sind Negativrabatte, die „bestrafenden" Charakter haben. Zu nennen sind Mindermengen-/Mindestauftragsgrößenzuschlag (Malus) bei Unterschreitung einer als rentabel definierten Losgröße, Eilzuschlag für besonders schnell ausgeführte Lieferungen, Zeitzuschlag für außergewöhnliche Lieferzeiten, z. B. nachts, sonn- und feiertags, Ortszuschlag für räumlich schwer erreichbare Lieferorte, Sonderanfertigungszuschlag für nicht standardisierte Produkte.

Preisausrichtung

Der eigene Preis kann unter Gesichtspunkten der Wettbewerbsorientierung entweder unterhalb des Preisniveaus der Hauptkonkurrenten, oberhalb deren Preisniveau oder gerade auf deren Preisniveau justiert werden. Zusätzlich ist dabei die Frage des individuellen Preisabstandes relevant. Praktisch ist jedoch häufig das Phänomen der Angleichung an einen Preisführer anzutreffen. Preisführerschaft, sofern sie nachweisbar ist, fällt unter die nach GWB (Gesetz gegen Wettbewerbsbeschränkungen) sanktionierten Verbote zum Schutz des Parallelwettbewerbs. Dies gilt auch für abgestimmtes Verhalten, Gentlemen's Agreement, Preismeldestellen (Syndikat im Inland), Kartell, bestimmte Unternehmenszusammenschlüsse, Behinderungen (Diskriminierung) und Aufruf zur Behinderung (Boykott). Zusätzlich schützt das UWG (Gesetz gegen unlauteren Wettbewerb) die Fairness im Wettbewerb durch Verbot von unlauteren und irreführenden Handlungen (z. B. Untereinstandspreisverkäufe im Handel).

Geht es nicht um die Veränderung von Preisen, sondern deren erstmalige Setzung, kann man logisch in folgenden Schritten vorgehen. Zunächst ist der relevante Markt eines Produkts abzugrenzen. Darunter versteht man alle in Wettbewerb zueinander stehenden Produkte. Dann soll die Nachfragefunktion geschätzt werden. Diese enthält alle am Markt für ein Angebot für erzielbar gehaltenen Preise und deren korrespondierende Mengen. Danach geht es um die Schätzung der Preisbereitschaft bei Nachfragern. Diese kann durch Test oder Schätzverfahren angenähert werden. Der Preisspielraum für ein Produkt wird durch Substitutionsangebote eingeengt. Sie geben die Preisobergrenze vor. Eine weitere Einengung erfolgt durch die Preissetzung aktueller und potentieller Wettbewerber. Schließlich geht es um die Bestimmung der Markterwartungen, d. h. des Umsatzes innerhalb eines Geschäftsjahres. Die Einstandskosten eines Produkts sind ebenso bekannt wie dessen anteilige Betriebskosten. Daraus ergibt sich die Preisuntergrenze. Hinzu kommen die Marketingkosten bei unterschiedlich intensivem Mix-Einsatz. Nicht zuletzt wirken Randbedingungen wie Recht, Ökologie etc. auf die Preisfindung ein. Dazu gehört vor allem die Marketingzielsetzung des Unternehmens. Unter Einbeziehung dieser Daten kann bei alternativen Preisen und Umfeldbedingungen eine Ertragsprognose gewagt werden. Danach wird das Wettbewerbsverhalten hinsichtlich Reaktionsart, -zeit, -wirkung und -wertung geschätzt. Dies geschieht vor dem Hintergrund der Wettbewerberpotentiale, d. h. deren Marktmacht, aber auch der Reaktionen von Absatzmittlern und -helfern. Aus diesen Erwägungen ergibt sich dann die Preisfindung. Diese wird an den Markt gegeben. Aus der Reaktion folgen Änderung oder Beibehaltung dieses Preises.

Die Handelsstufe ist grundsätzlich frei in der Gestaltung ihrer Preise, sofern sie rechtlich selbständig ist und die gehandelten Waren sich in ihrem Eigentum befinden, was regelmäßig der Fall ist. Dabei sind mehrfache Einflußfaktoren einzubeziehen. Herstellerpreisvorgaben als unverbindliche Preisempfehlung unterliegen der Mißbrauchsaufsicht seitens der Kartellbehörde, wenn eine erhebliche Abweichung des realen Marktpreises vom empfohlenen (nach unten) zu registrieren ist (Mondpreis). Durch Hauspreis kann jedoch beliebig von der Preisempfehlung abgewichen werden. Die Handelsspanne als Differenz zwischen realen Selbstkosten und potentiellem Preissetzungsspielraum ist von der Preisakzeptanz der Abnehmer abhängig. Die Beachtung der Liquidität ist, in verschiedenen Graden, zur Deckung der direkt ausgabewirksamen Kostenpositionen und Erhaltung der kurzfristigen Betriebsexistenz überlebenswichtig. Durch preislich forcierten Abverkauf objektiv oder subjektiv veralteter Waren kann eine Sortimentsbereinigung herbeigeführt werden. Dies ist auch durch Lagerräumung über Sonderverkäufe möglich, die allerdings strengen zeitlichen und inhaltlichen Reglementierungen unterliegen. Akquisitionseffekte können über Loss Leader-Produkte, die im Wege der Mischkalkulation ausgeglichen werden, bzw. Image Leader-Produkte, die das Trading up der Geschäftsstätte unterstützen, erreicht werden. Von besonderer Bedeutung ist die lokale Konkurrenz, denn die größten Wettbewerber eines Händlers sind die weiteren Händler in seinem Kundeneinzugsgebiet, die gleichartige Leistungen repräsentieren. Schließlich gewinnt die Justierung nach Rentabilitätsaspekten (DPP) immer mehr an Bedeutung.

Preisauszeichnung

(→ Wettbewerbsrecht, Preisangabeverordnung)

Preisbandbreiten

(→ Preisbezogene Ankergrößen)

Preisbezogene Ankergrößen

Dem Preis kommt zentrale Bedeutung beim Kaufentscheid zu. Daher werden für die persönliche Entscheidung Ankergrößen gesucht, die eine relative Preisbeurteilung erlauben, so durch:

- Gegenüberstellung des aktuellen Preises zum regulären Preis, z. B. bei Hauspreisen, Sonderangeboten, Schlußverkäufen,
- Kognitiven Vergleich des aktuellen Preises mit der Preiskenntnis der Vergangenheit (mittlere Preiseinstufung, subjektives Preisempfinden),
- Suggestion von Preisgünstigkeit über zeitliche/räumliche Limitation des Angebots oder Preiszusätze („nur").

Dabei spielt auch die Preisoptik eine große Rolle:

- *Preisschwellen* ergeben sich jeweils vor runden Zahlen und führen daher zu gebrochenen Preisen unmittelbar unterhalb der Preisschwelle. Ein Preis wird damit gefühlsmäßig der Preiskategorie unterhalb der Preisschwelle zugeordnet, die freilich schon bei einem niedrigeren Preis beginnt.
- *Preisbandbreiten* ergeben sich als Preislage zwischen Schwellenpreisen. Der Preis wird dabei innerhalb eines Intervalls als angemessen betrachtet, bei dessen Über- oder Unterschreiten jedoch als unangemessen. Preisunterschiede innerhalb eines Intervalls haben damit geringere Bedeutung als zwischen benachbarten Intervallen.
- Das *Preisgefüge* ergibt sich innerhalb eines Programms über mehrere Produkte hinweg als Mi-

schung aus Zugartikeln und Ausgleichsträgern. Erstere signalisieren die Preiseinschätzung (hoch oder niedrig), die auf letztere ausstrahlt.

Bei der *Preisgeneralisierung* wird außerdem induktiv von einzelnen Preisen eines Programms auf das gesamte Preisniveau des Angebots geschlossen, bei *Preisdiskriminierung* hingegen werden einzelne Artikel aufgrund des Preisimages des gesamten Programms deduktiv eingeordnet.

Preisbindung der zweiten Hand

Die Preisbindung der zweiten Hand, bei der als Wiederverkäufer auftretende Abnehmer sich bindend verpflichten, beim Wiederverkauf einen vom Anbieter festgelegten Preis zu verlangen, ist seit 1973 verboten (§ 15 GWB). Dennoch gibt es viele de jure-und de facto-Ausnahmen. Zu den gesetzlich verankerten Ausnahmen gehören bestimmte Verlagserzeugnisse (zum Schutz des deutschen Kulturguts) und verschreibungspflichtige Arzneimittel (zur Sicherung pharmazeutischer Forschung und Entwicklung). Als öffentlich administrierte Preisbindungen kommen jedoch zahlreiche weitere Ausnahmebereiche (§§ 99ff. GWB) hinzu, so Verkehrsträger wie Luftfahrt, Binnenschiffahrt, Eisenbahn etc. (zur gleichmäßigen Flächenabdeckung und Sicherheitsförderung), Landwirtschaftserzeugnisse (z. B. Saatgut und Tierzucht), Finanzdienstleister wie Bausparkassen, Kreditinstitute und Versicherungen etc. (als Insolvenzschutz), Postunternehmen, Verwertungsgesellschaften, Bundesbank und Kreditanstalt für Wiederaufbau, Energieversorger (Gas, Wasser, Strom) (wegen Leitungsmonopolen) und Mieten im sozialen Wohnungsbau. Hinzu kommen noch privat administrierte Preisbindungen, so für Zigaretten (wegen Steuermarken), Absatzhelfer und Angehörige freier Berufe wie Ärzte, Architekten, Anwälte, Notare etc. (aus Standesrecht). Allerdings sind auch viele Bereiche bereits dereguliert, so Kfz-Überwachung (1989), Luftfahrt (1988), Rundfunk (1984), Streichhölzer (1983), und viele andere Bereiche stehen zur Deregulierung an wie Telefon-Festnetz (1998), Schienennetz, Briefpost, Stromversorgung, Flugbodendienst, Wetterdienst.

Preisbindungen können von der Kartellbehörde für unwirksam erklärt werden bzw. neue gleichartige verboten werden, wenn festzustellen ist, daß die Preisbindung mißbräuchlich gehandhabt wird oder daß sie, auch in Verbindung mit anderen Wettbewerbsbeschränkungen, geeignet ist, in einer durch gesamtwirtschaftliche Verhältnisse nicht gerechtfertigten Weise die gebundene Ware zu verteuern, ein Sinken ihrer Preis zu verhindern sowie ihre Erzeugung oder ihren Absatz zu beschränken.

Preisdifferenzierung

Preisdifferenzierung bedeutet die Kunst, ein und dasselbe Produkt zu unterschiedlichen Preisen zu verkaufen, und zwar zu den jeweils für höchstmöglich gehaltenen. Der Unterschied zur Rabattierung liegt darin, daß bei dieser von einem einheitlichen Listenpreis ausgehend verschiedene Rabatte differenziert werden (Bruttopreisbildung), während hier unterschiedliche Grundpreise vorliegen (Nettopreisbildung). Bezugsgrößen dafür sind:

- Raum, d. h. verschiedene, räumlich abgegrenzte Märkte, z. B. beim Dumping, also dem Verkauf von Waren im Ausland zu einem niedrigeren Preis als im Inland.
- Zeit, d. h. in Abhängigkeit von verschiedenen Zeitpunkten, z. B. bei Saison- und Außersaisonpreisen.
- Person, d. h. je nach Person des Nachfragers, z. B. bei Studenten-, Rentner-, Hausfrauenpreisen.
- Menge, d. h. nach Anzahl der Wareneinheiten, z. B. bei Großabnehmern (Heavy Users).
- Verwendung, d. h. je nach Einsatz des Produkts, z. B. bei Speise- bzw. Viehsalz oder Heizöl und Dieselkraftstoff.
- Nebenleistung, d. h. nach Art und Umfang kaufbegleitender Dienste, z. B. bei After Sales Services.
- Anspruch, d. h. nach unterschiedlicher Preisbereitschaft, z. B. 1. und 2. Klasse in Bahn oder Flugzeug.

Man unterscheidet mehrere Arten der Preisdifferenzierung:

- Gleiche Güter haben durch Begleitumstände unterschiedliche Kosten und werden zu unterschiedlichen Preisen angeboten (Unechte Preisdifferenzierung),
- Gleiche Güter haben unterschiedliche Kosten und werden zu gleichen Preisen angeboten,
- Gleiche Güter haben unterschiedliche Kosten, die für die unterschiedlichen Preise aber nicht maßgebend sind,
- unterschiedliche Güter haben gleiche Preise (eher Produkt- denn Preisdifferenzierung).

Ziele dieser Bemühungen sind Ausschöpfung der Nachfrage, Kundengewinnung und -bindung, Produkteinführung, Lagerräumung/Auslauf/Ausverkauf, Kapazitätsauslastung/Beschäftigung, Rationalisierung der Produktion, Auftragsgrößensteigerung, Leistungsgerechtigkeit gegenüber Abnehmern etc. Es kommt also zu einer Abschöpfung der Konsumentenrente bzw. zum Einbehalt der Anbieterrente, indem die unterschiedliche Preisbereitschaft und Leistungserwartung der Nachfrager ausgenutzt wird. Und die mehrfache Kapitalisierung des Potentials eines Markennamens im Handel, indem ein Preistransfer nach oben oder unten vorgenommen wird. Konkret bedeutet dies, daß der Umsatz (und bei unveränderten Produkten damit auch der Gewinn) bei Preisdifferenzierung erheblich höher liegt als bei unifizierter Preissetzung. Dies wird erreicht, indem diejenigen Käufer, die bereit sind, einen höheren als den sich bei unifizierter Preissetzung ergebenden Gleichgewichtspreis zu zahlen, durch einen oder mehrere höhere Preise abgeschöpft werden.

Denn die Konsumentenrente entspricht genau dem Betrag zwischen deren individueller Preisbereitschaft und dem (niedrigeren) Marktpreis für alle. Der Grad der Abschöpfung hängt vom Ausmaß der Preisdifferenzierung ab. Eine vollständige Abschöpfung bedingt (rein theoretisch) eine totale Preisdifferenzierung, d. h. von jedem Kunden wird ein anderer Preis gefordert. Das andere Extrem ist die völlige Preisgabe der Konsumentenrente bei unifizierter Preissetzung, d. h. alle Kunden zahlen den gleichen Preis. Dazwischen kann die Konsumentenrente um so vollständiger abgeschöpft werden, desto mehr differenzierte Preise am Markt durchgesetzt werden können. Die Spekulation besteht jeweils darin, daß sowohl knapp als auch reichlich kalkulierte Waren gemeinsam eingekauft werden und so per Saldo die angestrebte Marge erbringen. Die Zugartikel dienen jedoch beim Publikum als Aufreißer, die Kompensationsartikel werden aus Bequemlichkeit im gleichen Vorgang mitgekauft (One Stop Shopping).

Die Differenzierung kann ihrer Richtung nach durch künstliche Aufspaltung eines natürlichen Gesamtmarkts in Teilmärkte erfolgen, die zu unterschiedlichen Preisen bedient werden. Man spricht dann von horizontaler, deglomerativer Preisdifferenzierung. Oder durch abweichende Preise auf originär gegebenen Einzelmärkten. Man spricht dann von vertikaler, agglomerativer Preisdifferenzierung. In beiden Fällen ist eine Marktsegmentierung Voraussetzung dafür.

Preisdiskriminierung

(→ *Preisbezogene Ankergrößen*)

Preiselastizität der Nachfrage, Direkte

(→ *Preiselastizitäten*)

Preiselastizitäten

In enger werdenden Märkten spielt die Orientierung an Wettbewerbspreisen eine zunehmend wichtige Rolle. Die Preiselastizität beschreibt dabei das Ausmaß der Auswirkungen einer relativen Preisänderung auf andere Größen, vor allem Nachfrage, Angebot und Einkommen. Die (direkte) *Preiselastizität der Nachfrage* gibt an, wie sich die Nachfrage nach einem Produkt bei Anhebung oder Senkung dessen Preises verändert, d. h. die relative Mengenänderung wird der diese verursachenden relativen Preisänderung gegenübergestellt. Die Nachfrage ist sehr elastisch, wenn eine kleine Preiserhöhung bereits zu überproportionalem Nachfragerückgang führt (und umgekehrt). Die Nachfrage ist weitgehend starr, wenn selbst eine große Preiserhöhung zu unterproportionalem Nachfragerückgang führt (und umgekehrt). Im Grenzfall ist die Preiselastizität der Nachfrage völlig starr (Null) oder voll flexibel (Unendlich).

Die *Kreuzpreiselastizität der Nachfrage* gibt an, wie sich die Nachfrage nach einem Produkt bei

Anhebung oder Senkung des Preises eines anderen verändert, d. h. die relative Mengenänderung eines Produkts wird der diese verursachenden relativen Preisänderung eines anderen gegenübergestellt. Werden Produkte von der Nachfrage als gegeneinander austauschbar angesehen (substitutiv, Preiselastizität > 0), so führt die Preisänderung eines Produkts zu einer gleichlaufenden Mengenänderung des anderen. D.h. wird der Preis für Produkt A angehoben, und werden die Produkte A und B im Programm als gegeneinander austauschbar angesehen, so wandert Nachfrage, die vordem Produkt A gewählt hat, wegen der Preiserhöhung zu Produkt B über, sodaß sich dort die abgesetzte Menge erhöht (und umgekehrt). Werden Produkte von der Nachfrage als zueinander gehörig angesehen (komplementär, Preiselastizität < 0), so führt die Preisänderung eines Produkts zu einer gegenläufigen Mengenänderung des anderen. D.h. wird der Preis für Produkt A angehoben, und werden die Produkte A und B im Programm als zusammengehörig angesehen, so vermindert sich die Nachfrage aufgrund der Preiserhöhung des Produkts A parallel auch für das Produkt B (und umgekehrt). Im Grenzfall stehen Produkte in einem völlig unverbundenen Verhältnis zueinander, d. h. die Preisänderung eines Produkts bewirkt keinerlei Mengenänderung eines anderen (sog. Isolated Selling, Preiselastizität = 0).

Die *Einkommenselastizität der Nachfrage* schließlich gibt an, wie sich die Nachfrage nach einem Produkt bei Änderung des Einkommens der Nachfrager darstellt. D.h. die relative Mengenänderung eines Produkts wird der diese bewirkenden relativen Einkommensänderung gegenübergestellt. Und diese hat als Kaufkraftänderung wiederum direkte Auswirkungen auf den Preis. Reagiert die Nachfrage nach einem Produkt gleichlaufend zur Einkommensänderung, führt eine Einkommenserhöhung also zu verstärkter Nachfrage und umgekehrt, handelt es sich dabei um ein Produkt des gehobenen (superioren) Bedarfs. Reagiert die Nachfrage nach einem Produkt gegenläufig zur Einkommensänderung, führt eine Einkommenserhöhung also zu verminderter Nachfrage und umgekehrt, handelt es sich dabei um ein Produkt des minderen (inferioren) Bedarfs. Im Grenzfall ist die Nachfrage nach einem Produkt völlig einkommensunabhängig.

Die Elastizität ist in der Praxis von einer Reihe von Determinanten abhängig. Eine niedrige Elastizität wird begünstigt durch die geringe Verfügbarkeit von Substitutionsgütern, die hohe Schwierigkeit der Nachfragebefriedigung, die hohe Dauerhaftigkeit des Guts und die große Dringlichkeit des Bedarfs.

Preisempfinden, Mittleres

(→ *Preiswahrnehmung)*

Preisführerschaft

Die Preisführerschaft gehört zu den praktischen Phänomenen der

Marktrealität. Dabei lassen sich drei verschiedene Varianten unterscheiden. *Dominante Preisführerschaft* bedeutet, daß ein Anbieter aufgrund seiner Marktstellung die Möglichkeit hat, die Mitbewerber hinsichtlich ihrer Angebotspreise dahingehend zu beeinflussen, daß sie sich seinem Preis anschließen. Ein Beispiel war *IBM* im Computermarkt. Allerdings bezieht sich die Preisführerschaft hier vor allem auf Signale zur Preissenkung. So hat die Branche regelmäßig Preisanpassungen von IBM aufgrund technischen Fortschritts zum Anlaß genommen, zu folgen oder, was häufiger gegeben war, den alten Preisabstand nach unten zu IBM wieder herzustellen.

Barometrische Preisführerschaft impliziert, daß mehrere, in etwa gleich bedeutende Anbieter am Markt vorhanden sind, die gemeinsam gegenüber unbedeutenderen Mitbewerbern den Marktpreis vorgeben. Dies ist etwa in der Zigarettenbranche der Fall, wo fünf große Anbieter knapp 90% des Marktes okkupieren. Sie wirken preisbestimmend für Handelsmarken, Importe und selbst für Drehtabake, was den Preisabstand angelangt. Ähnliches gilt für die Allfinanzmärkte, wo wenige Großanbieter das Preisniveau für alle anderen vorgeben.

Kolludierende Preisführerschaft unterstellt eine stillschweigende Abstimmung mehrerer Anbieter am Markt derart, daß wechselweise einer von ihnen die Preisführerschaftsposition wahrnimmt und die anderen ihm folgen. Dies ist auffällig in der Mineralölbranche zu beobachten. Bei den regelmäßigen Preiserhöhungsrunden geht jeweils turnusmäßig ein Konzern voran und nimmt die publizitätsschädigende Rolle des Preisvorreiters auf sich, in dessen Windschatten die anderen Anbieter dann folgen.

Die Preisfolgerschaft ist im Gegensatz dazu dadurch gekennzeichnet, daß keine aktive, sondern nur eine adaptive Preissetzung erfolgt, die sich am Preisführer ausrichtet. Weiterhin kann das Preisverhalten der Anbieter wie folgt charakterisiert werden:

- Wirtschaftsfriedliches Verhalten als Anpassung durch Mengenjustierung an der Kapazitätsgrenze oder Optionsfixierung durch Preis-Mengen-Kombination,
- Strategisches Verhalten und zwar isoliert-autonom, d. h. ohne Berücksichtigung des Mitbewerbs, autonom, d. h. mit Berücksichtigung des Mitbewerbs, aber dennoch davon unabhängig, konjektural, d. h. nur unter Berücksichtigung des Mitbewerbs, oder superior, d. h. unter Berücksichtigung des Mitbewerbs, aber diesem überlegen,
- Kämpferisches Verhalten, vor allem in ambivalenten Marktsituationen,
- Koalierendes Verhalten, vor allem bei Ähnlichkeit der Marktteilnehmer.

Preisfunktionen

De facto sind zahlreiche Sektoren der Volkswirtschaft von der Möglichkeit freier Preisbildung ausgenommen, weil Preise gesetzlich, hoheitlich oder standesrechtlich vorgegeben oder in ihrer Entstehung Einschränkungen unterworfen sind. Dabei gehen wesentliche gesamtwirtschaftliche Funktionen verloren. Denn als Knappheitsindikator zeigt ein hoher Preis große Begehrtheit an und zieht damit Anbieter auf den Markt bzw. wehrt Nachfrager ab (und umgekehrt). Der Preis ist zugleich Angebotsanreiz, denn hohe Preise signalisieren Marktchancen und aktualisieren latente Aktivitäten (und umgekehrt). Dem Preis kommt eine Lenkungsfunktion der Produktionsfaktoren zu ihrer günstigsten Allokation zu, wodurch die Effizienz steigt. Der Preis hat Beschränkungsfunktion, indem er unnötige Nachfrage zurückhält oder verlagert. Dies ist zu Zeiten erkennbarer Wachstumsgrenzen besonders bedeutsam. Der Preis ist Dringlichkeitsmaßstab für die subjektive Bedeutung von Bedürfnissen, er spiegelt damit die aggregierten Nutzenpräferenzen. Und durch den Preis wird die Markträumung im Gleichgewicht herbeigeführt, die Wirtschaftspläne der Mehrheit der Marktteilnehmer erfüllen sich somit.

Preisgefüge

(→ Preisbezogene Ankergrößen)

Preisgeneralisierung

(→ Preisbezogene Ankergrößen)

Preisgestaltung

(→ Betriebstypen des Handels, Einteilungskriterien)

Preisgünstigkeit, Absolute

(→ Preiswahrnehmung)

Preisinteresse

Dem Preisinteresse, d. h. der relativen Bedeutung des Preises beim Wahlentscheid für ein Produkt, kann beim Kauf in mehrfacher Weise Rechnung getragen werden. Am deutlichsten erfolgt dies durch Wahl des Angebots mit dem günstigsten Preis-Leistungs-Verhältnis. Dazu erfolgt eine Bewertung aller relevanten Angebotsalternativen hinsichtlich ihres Leistungsnutzens und des dazu erforderlichen Preisopfers. Aus beiden Größen bildet sich der Preis-Leistungs-Quotient. Angebote mit günstigerem Wert werden gegenüber anderen bevorzugt.

Weiterhin kommt das Preisinteresse durch die Wahl großer Gebindegrößen zum Ausdruck. Dabei wird unterstellt, daß größere Mengen pro Einheit billiger sind, was regelmäßig auch zutrifft. Ausnahmen bestätigen hier die Regel, zumal Gebindegrößen so zu wählen sind, daß Preise zu anderen Größen vergleichbar bleiben. Vielfach werden dafür sogar Unbequemlichkeiten in Kauf genommen wie leichtere Verderblichkeit, größerer Transportaufwand oder gar höhere Verbrauchsintensität.

Ebenso kann durch die Wahl des Einkaufszeitpunkts Einfluß genommen werden. So etwa durch Bekleidungskauf während der Saisonschlußverkäufe, durch Verreisen in den Vor- oder Nachsaisons oder durch Einkauf auf dem Wochenmarkt kurz vor Abbau der Stände. Damit sind zwar zugleich gewisse Nachteile verbunden (z. B. geringere Auswahl), die jedoch von Verbrauchergruppen geringer gewichtet werden als die dadurch erzielbaren Preisvorteile.

Die Wahl der Einkaufsstätte ist ebenfalls ein wichtiges Kriterium. So kann zwischen Versorgungs- und Erlebnishandel unterschieden werden. Bei ersterem steht deutlich das Preisinteresse im Vordergrund, bei letzterem die Leistungsqualität, wobei sich außerdem auch eine Trennung nach der Art der nachgefragten Produkte in Grund- und Zusatznutzen ergibt.

Preiskauf

(→ Wahlentscheid)

Preiskenntnis, Bewußte

(→ Preiswahrnehmung)

Preislinienpolitik

(→ Preistaktik)

Preislistenposition

(→ Werbeagentur, Vergütung)

Preispolitischer Ausgleich

Kennzeichen des Preispolitischen Ausgleichs ist, daß die Preisfindung nicht mehr für jedes Angebot isoliert, sondern für alle Angebote im Verbund vorgenommen wird, um für das gesamte Programm einen maximalen Nutzen zu erreichen. Dafür werden zwei Prinzipien eingesetzt, das Tragfähigkeits- und das Ausgleichsprinzip. Das *Tragfähigkeitsprinzip* unterscheidet in Produkte, bei denen der für realistisch erachtete Marktpreis unter dem unternehmerisch für erforderlich gehaltenen Zielpreis liegt. Diese werden Ausgleichsnehmer genannt. Und solchen Produkten, bei denen es gerade umgekehrt ist, d. h. der realisierbare Marktpreis über dem notwendigen Zielpreis liegt. Diese werden Ausgleichsgeber genannt. In der Mischkalkulation kann nun die zusätzliche Spanne der Ausgleichsgeber durch Ausnutzung deren Preisspielraums nach oben die fehlende Spanne der Ausgleichsnehmer mehr oder minder kompensieren. Es werden folgende Stufen unterschieden (vgl. *Pepels, Werner:* Handels-Marketing und Distributionspolitik, Stuttgart 1995).

- Ausgleichsnehmer 1. Grades haben einen Preisansatz zu Einstandskosten plus Handlungskosten, jedoch ohne Gewinn.
- Ausgleichsnehmer 2. Grades haben einen Preisansatz zu Einstandskosten (= Einkaufskosten plus Bezugskosten).
- Ausgleichsnehmer 3. Grades haben einen Preisansatz unterhalb der Einstandskosten.
- Ausgleichsgeber 1. Grades haben einen Preisansatz zu Selbstkosten plus unterdurchschnittlichem Gewinnzuschlag.
- Ausgleichsgeber 2. Grades haben

einen Preisansatz zu Selbstkosten plus planmäßigem Gewinnzuschlag.

- Ausgleichsgeber 3. Grades haben einen Preisansatz zu Selbstkosten plus überdurchschnittlichem Gewinnzuschlag.

Das *Ausgleichsprinzip* unterscheidet demgegenüber nach der Dimension des Programminhalts und des Zeitablaufs. Der Ausgleich nach dem Programminhalt nutzt die Möglichkeit zum Simultanausgleich, bei dem preisliche Über- und Unterdekkungen verschiedener Produkte sich im gleichen Abrechnungszeitraum aufheben. Der Ausgleich nach dem Zeitablauf nutzt den Sukzessivausgleich, indem die Erlöse ein und desselben Produkts in mehreren Abrechnungsperioden zur Kompensation dienen. Es ist auch eine Kombination derart möglich, daß ein und dasselbe Produkt im gleichen Abrechnungszeitraum zu unterschiedlichen Preisen angeboten wird. Dann handelt es sich um den Spezialfall der Preisdifferenzierung.

Als weitere Besonderheit ist bei Konzernen ein konzerninterner Verrechnungspreis zwischen den rechtlich selbständigen Unter- oder Gleichordnungsgesellschaften üblich, für den ein gewisser Preissetzungsspielraum besteht. Erst recht gilt dies für ländergrenzenüberschreitende Transferpreise zwischen Konzerngesellschaften, bei denen unterstellt wird, daß sie zumindest auch anderen als pretialen Zwecken dienen, so etwa der Gewinnverschiebung in Niedrigsteuerländer.

Preispositionierung

Die Preispositionierung ist in zwei unterschiedlichen Ausprägungen möglich:

- *Starre Preissetzung* bedeutet, daß im Zeitablauf ein durchgängiges Preisniveau unverändert beibehalten wird. Dieses kann sich auf verschiedenen Levels bewegen, so als Prämienpreis, als Discountpreis oder konventioneller Preis.
- *Flexible Preissetzung* bedeutet, daß das Preisniveau in Abhängigkeit vom Zeitablauf verändert wird. Dies kann unter mehreren Gesichtspunkten erfolgen, so als Penetrationspreis, als Abschöpfungspreis oder als Aktionspreis.

(→ *Abschöpfungspreissetzung, Aktionspreissetzung, Discountpreissetzung, Penetrationspreissetzung, Prämienpreissetzung)*

Preisschwellen

(→ *Preisbezogene Ankergrößen)*

Preissenkung

Mit Preissenkung ist hier eine Form der Marktdurchdringung im Rahmen der Marktfeldstrategie gemeint. Sie führt im allgemeinen zur Nachfragebelebung und damit zur verbesserten Ausschöpfung eines gegebenen Markts. Dies wird durch Kostensenkungen möglich, die aus mehreren Quellen resultieren. Zu nennen sind die Fixkostendegression (Bücher'sches Gesetz) durch Senkung der Stückkosten infolge Umlage der fixen Kosten auf eine höhere Losgröße, der Betriebsgrößen-

effekt durch multiple Aggregation statischer Größeneffekte, die Nutzung technischen Fortschritts durch frühzeitigen Umstieg auf leistungsfähigere Technologien, die Rationalisierung durch Mengenvorteile bei den Produktionsfaktoren in Fertigung, Absatz und Beschaffung sowie der Lernkurveneffekt durch intensive Auseinander mit einem Markt im großen Stil. Da der Preis wesentlich den Absatz bestimmt, bestimmen ihrerseits die Kosten den Preis. Und da die Kosten wiederum vor allem durch die ausgebrachte Menge determiniert werden, liegt das Erfolgsgeheimnis japanischer Anbieter offen. Sie justieren Mengen so, daß sich vertretbare Kosten ergeben, die günstige Preise zulassen. Dadurch wird dann erst die Nachfrage generiert, die erforderlich ist, die angebotenen Mengen aufzunehmen.
(→ *Marktfelder*)

Preisstopp

(→ *Preisvorgaben*)

Preistaktik

Die Preistaktik betrifft drei Aspekte. Ein wichtiger Aspekt ist die Abstufung der Preise innerhalb des Programms zur Vermeidung unerwünschter gegenseitiger Beeinflussung, die sog. *Preislinienpolitik*. Wird dabei ein Preis durch einen anderen, höheren oder niedrigeren abgelöst, so handelt es sich weiterhin um die *Preisvariationspolitik*. Sofern es sich um grenzüberschreitende oder konzerninterne Warenbewegungen handelt, kommt auch die *Transferpreispolitik* zum Tragen. Sie dienen vor allem der Umgehung von Handelshemmnissen, Erhöhung der Kreditwürdigkeit, Reduzierung politischer Risikofolgen, Kampfpreissetzung auf Märkten, Minimierung der Steuerlast, Senkung der Zollbelastung, Ausgleichung von Inflationsraten, Absicherung vor Wechselkursschwankungen und Gewinnerhöhung. Sie unterliegen allerdings systemkritischen Bedenken und gesetzlichen (steuerlichen) Bestimmungen. Der Transferpreis ist in Relation zum Marktpreis niedriger bei Verminderung ausländischer Importzölle, bilanzieller Herabsetzung des Gewinnausweises der inländischen Gesellschaft, Verminderung inländischer Ertrags- und Vermögenssteuern und Subventionierung förderungswürdiger ausländischer Konzerngesellschaften. Er ist höher in Relation zum Marktpreis bei Steigerung von Exportsubventionen, Ausgleich des Wechselkursrisikos bei Fremdwährungsforderungen, latenter Kapitalrepatriierung bei Transferhemmnissen und Interessendurchsetzung in der ausländischen Gesellschaft. Zur Erfüllung der Lenkungsfunktionen (konzerninterne Ressourcenallokation, Profit Center-Steuerung) wirken diese Abweichungen allerdings verzerrend. Dann ist eine einheitliche Höhe von Transfer- und Marktpreis angezeigt.

Preistheorie, Prämissen

Die klassische Preistheorie erklärt im Zusammenhang mit bestimmten

Marktformen und Verhaltensweisen der Marktteilnehmer die Preisbildung. Dabei geht sie wegen höherer Eindeutigkeit der Aussagen von einem ganzen Datenkranz von Prämissen aus, unter denen allein der modellhaft abgeleitete Preis seine Gültigkeit haben soll. Es ist nicht an der Art der so theoretisch ermittelten Preise zu zweifeln, Ansatzpunkte für Vorbehalte über den Erkenntniswert der Preistheorie für die reale Preisgestaltung im Marketing sind vielmehr deren vielfältige Standardvoraussetzungen, die so gar nicht den Bedingungen der Marktrealität entsprechen wollen. In diesem Zusammenhang sind vor allem folgende Merkmale zu nennen.

Die Gewinnmaximierung als ausdrückliche, singuläre Unterstellung des Anbieterverhaltens trifft nur auf einen Teil der Unternehmen und Organisationen am Markt zu. So ist Gewinn nur eine unter vielen ökonomischen Zielgrößen, die ein Unternehmen anstreben kann. Daneben gibt es noch den großen Bereich der außerökonomischen Ziele. Sicherlich ist Gewinnerzielung zur Erreichung des Überlebensziels unerläßliche Voraussetzung, aber das Zielsystem des Unternehmens besteht eben auch aus vielfältigen anderen Größen.

Vielfach sind lediglich Satisfaktionspreise in Abhängigkeit von Rentabilitäts- und Kostendeckungszielen bei einem Gewinnaufschlag beabsichtigt, der als angemessen empfunden wird, zumal die maximale Gewinnhöhe sowohl vom Absatz als auch vom Preis abhängig ist und sich in der Wirtschaftswirklichkeit im Wege des kreativen Trial&Error-Verfahrens herausstellt. Denn Gewinnmaximierung ist in einem von Risiko und Ungewißheit charakterisierten wettbewerblichen Marktsystem immer nur im nachhinein feststellbar, nicht aber im vorhinein ansteuerbar. D.h. selbst wenn Gewinnmaximierung als einzige Zielsetzung Bestand hätte, wäre diese nicht operational anzustreben, da die Maßstäbe fehlen, anhand derer im vorhinein beurteilt werden kann, ob eine Maßnahme der Gewinnmaximierung dient oder ihr zuwiderläuft.

Die klassische Preistheorie unterstellt, daß ein Unternehmen in der Preissetzung seines Produkts völlig frei ist und keinerlei Rücksicht auf andere Produkte im Programm nehmen muß (Einproduktunternehmen). Dies ist schon deshalb realitätsfern, weil de facto der weit überwiegende Anteil der Unternehmen mehr als ein Produkt in seinem Programm führt. Deshalb tangiert die Preissetzung eines Produkts immer auch andere Produkte des gleichen Anbieters.

Es wird weiterhin angenommen, daß dessen Preissetzung weder durch Produktions- noch durch Beschaffungs- oder Absatzverbund beeinflußt, also unverbunden, ist. Tatsächlich sind die Verkaufsentscheidungen durch Absatzwege- und Absatzhelferorganisationen vielfach ebenso bestimmt, wie deren Politik von Liquiditäts-, Logistik-, Werbe-,

Personalparametern etc. entscheidend abhängig ist, und zwar angesichts lateraler Konzentration bzw. konglomeraler Diversifikation mit steigender Tendenz.

Ein weiterer Abhängigkeitsgrad liegt in der in einigen Branchen weit verbreiteten Kuppelproduktion, die die Angebotsmengen beeinflußt. Da die Preissetzung für eines der Kuppelprodukte immer auch die Menge des/der anderen tangiert, kann die klassische Preistheorie hier zu wenig sinnvollen Entscheidungen führen.

Es werden einstufige Marktbeziehungen vorausgesetzt, d. h. die Produzenten treten direkt mit den Abnehmern am Markt in Kontakt. Die klassische Preistheorie verkennt, daß die weit überwiegende Anzahl der Angebote nicht auf dem direkten Absatzweg vom Hersteller an Endabnehmer gelangt. Dies ist vielmehr nur in den Ausnahmefällen des Distanzhandels (z. B. Versandweg) und des Direktvertriebs (z. B. Investitionsgüter) der Fall. In allen anderen Fällen kommt das Angebot erst über in den Absatzweg eingeschaltete Absatzmittler (z. B. Handel) ein-, zwei- oder gar mehrstufig an den Markt. Diese Absatzmittler sind aber selbständige Unternehmer, die dementsprechend frei in der Setzung ihrer Marktpreise sind. In Deutschland ist es seit 1973 Herstellern grundsätzlich verboten, die Preise, die Absatzmittler von deren Endabnehmern verlangen, zu fixieren, etwa durch Packungsaufdruck oder Werbeaussagen. Von vergleichsweise seltenen Ausnahmefällen abgesehen, kann der Hersteller also den Preis seiner Produkte/Dienste nur gegenüber seinem unmittelbaren Geschäftspartner, dem Großhandel (beim zweistufigen indirekten Absatz) oder dem Einzelhandel (beim einstufig indirekten Absatz) bestimmen. Wie diese mit ihrer Preissetzung weiter verfahren, bleibt ganz allein ihnen überlassen. Insofern nehmen alle Beteiligten im Absatzkanal mit ihrem Verhalten in bezug auf Kosten und Erlöse (Spannendenken, Interessenlage etc.) vielfältig Einfluß auf die nach- und sogar die vorgelagerten Marktstufen (z. B. Nachfragemacht).

Die klassische Preistheorie betrachtet nur einperiodische Marktsituationen aus statischer, kurzfristiger Sicht. Verhaltensweisen aus zeitlich vorgelagerten Perioden sollen also keinen Einfluß auf die Entscheidungen der aktuellen Periode haben und diese wiederum keine Auswirkungen auf die Folgeperioden. Bei der engmaschigen Verzahnung der Marketingpläne und der Notwendigkeit der Sicherung des Mittelrückflusses aus getätigten, aufwendigen Investitionen ist leicht einsehbar, daß diese statische Betrachtung praktischer Relevanz entbehrt. In der Realität aber gewinnt die strategische, also dynamische, langfristige, Marketingplanung immer stärker an Bedeutung. Dies impliziert, daß ein Unternehmen bei seiner Preissetzung nicht nur die jeweilige Kurzperiode im Auge hat, sondern auch deren mehrperiodische Auswirkungen. So mag zwar eine Abschöpfungspreispolitik zu kurzfristig hohen Gewinnen führen, die jedoch in der Folge potentiellen Wettbewerbern lohnende Gewinnmargen signalisiert und sie damit zum Eintritt in den Markt motivieren kann. Eine moderate Preispolitik wird dies wahrscheinlich vermeiden. Da Unternehmen sich solche Risiken nicht leisten wollen, werden sie in ihre Preissetzungsentscheidung immer solche mehrperiodischen Gesichtspunkte mit einbeziehen.

Es wird unterstellt, daß der Preis das einzige marktwirksame Beeinflussungsinstrument ist, d. h. die Höhe der Nachfrage ausschließlich vom Preis des Angebots abhängt. Dies trifft heute nur noch für rare Low Involvement-Produkte zu, deren Einkauf nach rationaler Preis-Leistungs-Entscheidung erfolgt. Aber selbst dabei spielen verkürzte Kaufentscheidungsprozesse und Routinekäufe eine verstärkte Rolle. Für die überwiegende Mehrzahl der Kaufakte gilt jedoch, daß neben dem Preis weitere Angebotsparameter ins Kaufentscheidungskalkül einbezogen werden, so etwa Gebrauchseignung, Design, Image etc. Diese sind in der Lage, Preisnachteile zu kompensieren und zum Kaufentscheid zu führen. Damit aber wird der Kauf durch andere Parameter als den Preis determiniert, die in der klassischen Preistheorie nicht oder nur unzureichend erklärt werden.

Es wird weiterhin eine unendlich hohe Reaktionsgeschwindigkeit der Nachfrage auf Angebotsänderungen und umgekehrt unterstellt. Selbst auf annähernd dem theoretischen Ideal entsprechenden Märkten, etwa den Wertpapierbörsen, wird diese Reaktionszeit von Null trotz Einschaltung modernster Datenverarbeitungs- und -übertragungseinrichtungen nicht erreicht, wie Arbitragegeschäfte beweisen. Erst recht treffen diese Voraussetzungen dann nicht auf die regelmäßig verzahnten, heterogen strukturierten Märkte der Realität zu. Diese Prämisse impliziert, daß die Nachfrage auf Preisänderungen keineswegs unverzüglich reagiert, also die Preisabweichung eines einzelnen Anbieters vom Marktpreis zwangsläufig zur sofortigen Abwanderung der Nachfrage führt. Tatsächlich führen u. a. Gewohnheits- oder Bequemlichkeitsbeziehungen zu Anbietern dazu, daß man diesen treu bleibt, auch wenn deren Preis über dem der Konkurrenz liegt. Im übrigen handelt es sich bei vielen Käufen um Gebrauchsgüter mit längerfristiger Nutzungsdauer oder um Güter des aperiodischen Bedarfs. Bei diesen führt eine Preisänderung, die zwischen Kaufphasen fällt, erst zu einer Reaktion, wenn sich die nächste Kaufentscheidung manifestiert.

Das Axiom der vollkommenen Markttransparenz meint den vollständigen Überblick über alle Angebote am Markt. Doch dieser ist regelmäßig nicht gegeben. Denn das Angebot ist so breit angelegt, daß es unmöglich ist, alle Angebote zu kennen. Infolge der zunehmenden vielfältigen Austauschbeziehungen zwischen den Marktpartnern kann selbst eine exzessive EDV-Unterstützung nicht einmal annähernd zum Zustand der Markttransparenz führen. Dazu sind die Mängel in Erhebung bzw. Auswertung der zu erfassenden Daten sowie deren Komplexitätsgrad zu hoch. Gerade dieser unbegrenzten Datenkapazität bedarf es aber, um wirklich alle entscheidensrelevanten Informationen zu berücksichtigen und zu bewerten. Exponentiell wachsende Datenmengen durch steigende Proliferation und stark integrierte, internationale Marktausdehnung rücken diese Fiktion trotz technischen Fortschritts in immer weitere Ferne. Dagegen sprechen vor allem auch zwei Faktoren: zum einen die räumliche Verteilung des Angebots, Standorte werden hier oft so gewählt, daß sie eine möglichst gute räumliche Trennung von direkten Mitbewerbern (Evitation) erlauben, was zu unübersichtlichen Marktverhältnissen führt, zum anderen die sachliche Differenzierung des Angebots, d. h. dort, wo Angebote untereinander austauschbar erscheinen, wird versucht, durch Differenzierung im Marketing-Mix eine unübersichtlichere Situation herbeizuführen.

Die klassische Preistheorie unterstellt, daß die Wirtschaftssubjekte über Erfassungskapazitäten verfügen, die es ihnen ermöglichen, unbegrenzt alle Preisdaten zu kennen, um zum gegebenen Beschaffungszeitpunkt das niedrigste Preisangebot wahrnehmen zu können. Dies ist natürlich in Wirklichkeit nicht gegeben. Vielfach wird nämlich der Information Overload beklagt, also die Überlastung mit Informationen, die überhaupt nicht mehr angemessen verarbeitet werden können. Als Abhilfe wird die selektive Wahrnehmung gewählt, die nur einen verarbeitbaren Ausschnitt der realen Datenvielfalt mehr oder minder willkürlich berücksichtigt.

Auf seiten der Anbieter wird eine vollflexible Anpassung des Angebots an den Marktpreis und die dabei absetzbare Menge unterstellt, die nicht durch Liquiditäts-, Stillegungs- und Wiederanlaufprobleme belastet ist. Dies impliziert, daß es einerseits keinerlei Finanzierungsprobleme bei der Ausweitung der Herstellungskapazitäten wie auch bei deren Abbau gibt, wodurch diese Angebotsflexibilität erst darstellbar wird, und andererseits aus dieser Auslastungs- bzw. Kapazitätsanpassung keinerlei zusätzliche Kosten resultieren, die den Angebotspreis und damit ihrerseits wiederum die Menge beeinflussen können.

Bewußtes Handeln am Markt bedarf insb. auch der vollständigen Kenntnis der eigenen Bedürfnisse nach Art, Umfang und Priorität. Da Kaufentscheidungen aber realiter häufig spontan, sozial bedingt oder habituell erfolgen, kommen derartige kognitive Prozesse erst gar nicht in Gang, worauf das Marketinginstrumentarium schließlich geradezu abstellt. D.h. Bedürfnisse sollen nicht nur passiv bedient, sondern aktiv geweckt und ausgeformt werden. Die natürliche Unvollkommenheit des Menschen als beeinflußbarer Konsument im Gegensatz zum theoretischen Homo oeconomicus kommt diesem Bestreben entgegen, transferiert preistheoretische Aussagen aber aus dem Bereich der Determination in die Probabilität.

Es wird weiterhin auf das Rationalverhalten beim Menschen abgestellt. Das bedingt die kühl distanzierte Abwägung von Preis und Leistung in jedem Einzelfall und die Wahl zugunsten der Alternative mit der günstigsten Relation, dem günstigsten Preis oder der besten Leistung (Wirtschaftlichkeitsprinzip). Die Erfahrung zeigt, das Wirtschaftssubjekte aber nur selten streng rational handeln (nicht einmal im Buying Center der Industrie), regelmäßig jedoch emotional aufgrund von Einstellungen und Motiven, was durch Marketingmaßnahmen intensiv unterstützt wird.

Es dürfen keine Präferenzen persönlicher, sachlicher, räumlicher oder zeitlicher Art vorhanden sein. Man spricht hier von der Erfüllung der Homogenitätsbedingung. Tatsächlich ist jedoch das gesamte Marketinghandeln gerade auf die Erreichung und Durchsetzung von Präferenzen am Markt ausgerichtet, sei es sowohl durch Produktvariation, Absatzkanalselektion, Marktsegmentierung als auch Kommunikationsaussage. Erst dadurch läßt sich schließlich die Profilierung eines Angebots und die Sicherung markenloyalen Verhaltens erreichen, d. h. diese Voraussetzung ist nicht nur praktisch nicht gegeben, sondern wird, wo doch vorhanden, nach Kräften abzubauen versucht.

Es wird von freier Preisbildung am Markt ausgegangen. Die umfangreichen Konzentrationsbewegungen gerade in neuester Zeit haben jedoch in praxi zur Herausbildung von Machtzentren geführt, die leicht in der Lage sind, Marktkonditionen, speziell auch Preise, gemäß ihren egoistischen Zielen zu beeinflussen. Dies gilt erst recht für vertikal und diagonal integrierte Unternehmen, die durch gegenseitige Interessenwahrung (Kollusion) die Preismechanik zu allseitigem Anbieternutzen einzuschränken suchen. Staatliche Kontrollinstanzen versagen aufgrund der Harmlosigkeit ihres Sanktionskatalogs und der Schwierigkeit der Beweisführung bei der Verhinderung solcher Praktiken.

Es wird zudem ein deterministisches Umfeld unterstellt, in dem alle Außeneinflüsse entweder nicht stattfinden oder bekannt und daher antizipierbar sind. Die Realität beweist jedoch immer wieder eindrucksvoll, daß nicht einmal (stochastische) Entscheidungen unter Unsicherheit darstellbar sind, sondern daß sich die Beurteilung von Eintrittswahrscheinlichkeiten und Reaktionen überraschend schnell ändern kann. Da das Ausmaß der Außeneinflüsse zudem durch Internationalisierung, Konglomeralisierung, Ökologie und sozialpsychologische Komplexität der Angebote weiter zunimmt, entfernt man sich damit von der Erfüllung dieser Prämisse.

Das bedeutet im Ergebnis, daß die klassische Preistheorie keinerlei Anhaltspunkte für die Preisgestaltung in der Marketingrealität zu geben vermag, da ihre Aussagen an Prämissen gebunden sind, von deren Erfüllung sich die Märkte zunehmend entfernen. Die Praktikerverfahren im preispolitischen Instrumentarium haben denn auch längst die Oberhand gewonnen. Hier spielen vor allem auf Erfahrung basierende (heuristische) Verfahren eine wichtige Rolle.

Preistheorie, Realitätsannäherung

Der Prämissenkranz der klassischen Preistheorie führt zu einer Immunisierung der Preistheorie gegen Falsifizierung. Erst die Beseitigung der vielfältigen Prämissen läßt eine Annäherung an die Realität zu, dann allerdings um den Preis mangelnder Validität und Reliabilität. Dabei kommen folgende Abwandlungen in Betracht:

- Einbeziehung unterschiedlich hoher Kostenwerte und Nachfragemengen zur Ausdehnung des Planungszeitraums,
- Einbeziehung weiterer Unternehmens- und Marketingziele über die pure Gewinnmaximierung hinaus, etwa durch zufriedenstellende Zielniveaus,
- Einbeziehung stochastischer Modellvariabler, die Eintrittswahrscheinlichkeiten der Umfeldfaktoren repräsentieren,
- Berücksichtigung des Programmverbunds bei realen Mehrproduktunternehmen,
- Einbeziehung der Handelsstufen und ihrer autonomen absatzpolitischen Entscheidungen,
- Berücksichtigung von Anpassungswiderständen und zeitlich verzögerten Marktreaktionen in Form von Time Lags,
- Einbeziehung psychologischer und soziologischer Kaufverhaltenshypothesen,
- Einbeziehung des Wirkverbunds zwischen Preispolitik und anderen Marketinginstrumenten im Mix,
- Berücksichtigung mehrperiodischer Wirkungen durch Carry Over-Effekte,
- Berücksichtigung von Restriktionen bei der Preisbildung, etwa durch den Staat,
- Berücksichtigung pluralistischer, oft irrationaler Willensbildungsprozesse in der Unternehmung.

Ein Modell mit derartig zahlreichen, zudem „weichen" Nebenbedingungen scheint jedoch nach dem heutigen Stand der Erkenntnisse ausgeschlossen, da es zu komplex und damit nicht operationalisierbar bleibt.

Preisuntergrenzen

(→ *Deckungsbeitragsrechnung, Kostenanalysen)*

Preisvariationspolitik

(→ *Preistaktik)*

Preisverhalten

(→ *Marktsegmentierung, Kriterien)*

Preisvorgaben

Hierbei handelt es sich um administrierte Preise, die nach Höhe oder

Ermittlung reglementiert sind. Eine Preisvorgabe erfolgt in mehrfacher Weise. Beim *Mindestpreis* handelt es sich um einen solchen, der über dem Marktgleichgewicht festgelegt wird. Folglich besteht Warenüberschuß mit der Folge der subventionierten Vernichtung oder des bewußten Verderbs dieser Ware (zu beobachten im katastrophalen EU-Agrarmarkt).

Beim *Höchstpreis* (z. B. Mieten) handelt es sich um einen solchen, der unter dem Marktgleichgewicht festgelegt wird. Folglich besteht Warenknappheit (Rationierung) mit der Folge der Bildung grauer (Umgehung von Absatzstufen) und schwarzer Märkte (Verbotsumgehung), auf denen sich Preise bilden, die die realen Knappheitsverhältnisse ausdrükken.

Beim *Festpreis* handelt es sich um die Vorgabe genau eines Preises für eine Ware. Liegt dieser nicht im Marktgleichgewicht, kommt es zu Warenüberschuß oder -knappheit. Nur zufällig kann dabei der ansonsten dynamische Marktpreis kurzfristig getroffen werden.

Beim *Spannenpreis* handelt es sich um die Vorgabe einer Bandbreite zwischen Mindest- und Höchstpreis. Preise außerhalb der Spanne sind verboten oder ziehen Interventionen nach sich (z. B. am Währungsmarkt).

Beim *Preisstopp* wird der Preis auf dem momentanen Stand eingefroren, auch wenn dieser nur zeitlich zurückliegende Entscheidungen sanktioniert. Es kommt zwangsläufig zu zukünftigen Unwirtschaftlichkeiten.

Preiswahrnehmung

Die Preiswahrnehmung von Angeboten erfolgt hinsichtlich mehrerer Dimensionen:

- als bewußte Preiskenntnis. Dabei wird die eigene Preiserfahrung zu Rate gezogen. Dem liegt die Annahme zugrunde, daß es hinzunehmende Standardpreislagen gibt, die als gültige und zuverlässige Beurteilungsreferenz dienen.
- als mittleres Preisempfinden. Dem liegt die Annahme einer allgemein akzeptierten Preisnorm zugrunde, die zur höchsten Nachfrage führt. Wird dieser Zonenpreis nach oben oder unten verlassen, steigt der Grad der Angebotszurückweisung.
- als absolute Preisgünstigkeit. Dabei wird ausschließlich die einseitige Preisdimension bewertet und die Einkaufsstätte mit dem absolut niedrigsten Preis gewählt.
- als relative Preiswürdigkeit. Dabei wird die Preishöhe in Verbindung mit der gebotenen Gegenleistung bewertet und das Angebot mit der besten Relation gewählt. Man spricht auch vom Preis-Leistungs-Verhältnis.

Preiswürdigkeit, Relative

(→ *Preiswahrnehmung*)

Premiummarke

Die Premiummarke ist in der vertikalen Markenhierarchie oberhalb der

Erstmarke positioniert. Sie wird an die Spitze der Leistungshierarchie placiert und repräsentiert diese auch im Preis. Ein Beispiel ist *Fürst von Metternich*-Sekt im Verhältnis zu *Henkell Troken* (Erstmarke) bei der *Henkell-Söhnlein Sektkellerei*. In dem Maße, wie sich daraus ein hochwertiges Image ableitet, nutzt der Handel dies jedoch zur Profilierung der eigenen Geschäftsstätte, was zumeist über Sonderangebote erfolgt. Dadurch wird das Produkt popularisiert. Da zudem generell ein steigendes Anspruchsniveau im Konsum zu verzeichnen ist, steigt die Nachfrage danach an. In gleichem Maße aber wird das Produkt „heruntergezogen". An der Spitze der Pyramide wird Platz frei für eine neue Premiummarke, die die Stelle der alten einnimmt – bis auch diese eine vorher zwar nicht beabsichtigte, aber wohl unvermeidliche Marktbreite erhält und ihrerseits Platz für eine neue Premiummarke schafft. Diesen Prozeß nennt man Cascading. Er war etwa im Pilsmarkt zu beobachten. Zunächst war *König* Pilsener als Premiummarke im Biermarkt unumstritten. In dem Maße wie „Köpi" jedoch in Getränkeabholmärkten etc. kastenweise im Sonderangebot offeriert wurde, war Platz für einen Nachfolger. Hier sind nun nacheinander *Krombacher, Veltins, Bitburger* und *Warsteiner* Pils mit Starterfolgen angetreten.

Der wesentliche Vorteil liegt in der Nutzung der höheren Preisbereitschaft imagedeterminierter Nachfragersegmente. Als Nachteil hat hingegen zu gelten, daß die Gefahr des Cascading naheliegt, d. h. des „Herunterziehens" des Produkts im Markt durch Preisaktionen der Absatzmittler.

(→ *Vertikale Markentypen)*

Pretest

(→ *Problematik des Werbemittel-Pretest)*

Primacy-Effekt

(→ *Wahrnehmung, Effekte)*

Print-Day After Recall

(→ *Werbewirkungskontrolle, Ad hoc-Erhebungen)*

Print-Produktion

(→ *Druckvorlagenerstellung)*

Printwerbung, Sonderformen

Es gibt zahlreiche Sonderformen der Printwerbung. Als wichtigste sind zu nennen:

- *Supplements*, d. h. die kostenlosen TV/Funk-Programmbeilagen in Zeitungen und Zeitschriften (BWZ, IWZ, RTV, Prisma),
- *Lesezirkelhefte*, d. h. die Sammlung ausgewählter Zeitschriften, die in gebündelter Form angeliefert und regelmäßig ausgetauscht werden, für Aufkleber, Beihefter, lose Beilage oder Sonderheft,
- *Anzeigenblätter*, d. h. die kostenlosen, sich allein aus Anzeigenaufkommen finanzierenden streng lokalen Mitteilungsdienste,
- *Stadtillustrierte*, d. h. die lokalen Zeitschriften mit Zeitgeistredak-

tion und Veranstaltungshinweisen, besonders für die junge Generation,

- *Kundenhefte*, d.h. von Absatzmittlern oder in deren Namen kostenlos an Kunden abgegebene Pressemedien mit Information und Werbung, etwa von Apotheken, Drogerien, Buchhandlungen, Hotels, Ärzten, Film-/Foto geschäften, Heimwerkerläden, Zoohandlungen, Computerläden, Krankenkassen, Banken, Reisebüros etc.,
- Roman-, Rätselhefte, Taschenbücher, Kalender mit Werbeseiten oder Eindrucken,
- Standes-, Berufs-, Verbands-, Vereins-, Kunden-, Haus-, Werksmitteilungen aller Couleur,
- Zündholzwerbung,
- Telefon- und Adreßbücher, Romanhefte, Taschenbücher, Stadtpläne, Kulturführer und sonstige tarifäre Druckerzeugnisse.

Als Sonderformen der Printwerbung sind zu nennen:

- *Beilage*, die lose einem Trägerobjekt beigefügt ist. Dabei sind Format- und Gewichtsbegrenzungen zu beachten, außerdem höhere Postgebühren für den Abo-Auflagenanteil.
- *Beikleber*, der auf eine Anzeige so aufgeklebt ist (auch als Warenprobe), daß er vom Interessenten abgelöst und verwendet werden kann. Tipp on-Karten sind auf eine Trägeranzeige punktgeklebt, Tipp in-Karten sind zusätzlich paßgenau in das dort untergedruckte Motiv integriert.
- *Beihefter*, der eine fest mit dem Trägerobjekt verbundene und fertig anzuliefernde Drucksache darstellt (auch Postkarten und Prospekte). Auch hierfür gibt es Format- und Gewichtsbegrenzungen. Je nach Papierwahl (Qualität, Zusammensetzung, Oberfläche, Gewicht) kann ein redaktioneller Eindruck erreicht werden (dann ist der Zusatz „Anzeige“ obligatorisch).

Private Label

(→ Handelsmarke, Aussage)

Pro-Contra-Technik

(→ Konfliktüberwindung im Verkaufsgespäch)

Probierkäufer

(→ Käuferklassen)

Problementdeckungs-Methode

Bei der Problementdeckungs- (ähnlich auch als FRAP-)Methode (Akronym für Frequenz-Relevanz-Analyse für Probleme) werden Aussagen über die Dringlichkeit der Problembehebung ermittelt, die meist als abhängig von der Problemhäufigkeit und der Problemrelevanz gesehen werden. Die einzelnen Sequenzen werden also nach Häufigkeit ausgewertet und nach ihrer Bedeutung für das Qualitätserlebnis des Kunden gewichtet. Insofern ergeben sich Kontaktpunkt-Zahlen. Hochfrequente und hochrelevante Qualitätsprobleme sind danach zuerst anzugehen, geringfrequente und geringrelevante zuletzt und alle anderen dazwischenliegend. Wobei nicht verschwiegen werden soll, daß auch kleinere Qualitätsprobleme in hoher Frequenz nerven oder seltene, dafür aber durchschlagende Probleme. Die Abfolge der methodischen Schritte bei dieser FRAP-Methode ist im einzelnen folgende: Erstens Ermittlung einer möglichen Problemliste, zweitens Komprimierung dieser Problemliste nach Relevanz- und Redundanzgesichtspunkten, drittens Erstellung eines Fragebogens mit Statements zu den jeweiligen Problemen, viertens Datenerhebung mittels mündlicher, schriftlicher oder telefonischer Befragung bei Kunden, fünftens deren Auswertung in Form von Problemindizes durch multiplikative Verknüpfung von Relevanz und Frequenz der Probleme. Das höchste Produkt zeigt dabei die zuförderst anzugehenden Leistungsprobleme an.

Problemlose Produkte

(→ Gütertypen)

Problemproduktmärkte (Arme Hunde)

(→ Portfolio, Vier-Felder-, Positionen)

Problemweckung

Problemweckung ist eine Form der Definition der Absatzquelle, die folgendes besagt: Potentielle Nachfrager, die ein Angebot bislang als nicht relevant empfinden, weil sie glauben, es nicht zu benötigen bzw. sie etwas brauchen, was das Angebot vorgeblich nicht zu leisten imstande ist, sollen für ihr Problem und die sich ergebende Problemlösungsmöglichkeit sensibilisiert werden. Dies enthält zugleich einen ernstzunehmenden Vorwurf an die Werbung, die eine Komplizierung des Umfelds hervorruft, indem sie Probleme überhaupt erst generiert oder sie zumindest bewußt macht, um sie dann durch in ihrem Absatz zu fördernde Produkte, deren Berechtigung ansonsten schwer einsehbar ist, aufzulösen. Bezeichnend sind in dieser Hinsicht so schwerwiegende Probleme wie, Schokodrops, die nicht in der Hand schmilzen (*M & M's*), Männer, die nur domestizierte Abenteurer sind (*Camel*) und Boden und Möbel, die in der Küche frühlingsfrisch duften (*Der General*).

(→ Absatzquellendefinition)

Processed Set

(→ Marke, Auswahl)

Product Management

(→ Produktorganisation)

Produkt- und Programmpolitik

Die Produkt- und Programmpolitik umfaßt im einzelnen die Elemente:

- Produktarten, d. h. Markttypen für Angebote,
- Packungsfunktionen, d. h. Rationalisierung, Kommunikation und Verwendungserleichterung,
- Inhalte und Eigenschaften des Markenartikels,
- Markenstrategien und -pflege, d. h. Maßnahmen zu Nutzung und Erhalt von Marken,
- Programmanalyse, d. h. Struktu-

rierung und Klassifikation des Programms

- Programmumfang, d. h. Breite und Tiefe des Programms,
- Produktinnovation, d. h. Innovationsarten und Ideenfindung,
- Produkttest, d. h. Entscheidungsabsicherung durch Experiment,
- Produkteinführung, d. h. Prognose, Entscheidung und Durchsetzung am Markt,
- Produktdiversifikation, d. h. Angebot eines neuen Produkts auf einem neuen Markt,
- Produktvariation, d. h. Ablösung eines Produkts durch ein neues,
- Produktdifferenzierung, d. h. Abhebung eines eigenen gegenüber Konkurrenzprodukten bzw. der eigenen Produkte untereinander,
- Produktunifizierung, d. h. Nutzung von Degressionseffekten,
- Produktelimination, d. h. Reduktion von Programmbreite und/oder -tiefe,
- Kundendienst, d. h. produktbegleitende Dienstleistung,
- Qualität, d. h. Eignung zum bestimmungsgemäßen Gebrauch,
- Schutzrechte, d. h. Schutz gegenüber Wettbewerbern und zugunsten der Verbraucher.

Produkt-Personifizierung

(→ *Testverfahren, Figurale*)

Produktarten

Nach dem produktbezogenen empfundenen Risiko kann man zwischen *Convenience Goods*, die in kurzen Abständen, kurzerhand und mit minimalem Aufwand für Vergleiche und Einkauf beschafft werden, *Shopping Goods*, die ungleich mehr Mühe bei Auswahl und Vergleich hinsichtlich Eignung, Qualität, Preis und Stil unterliegen, *Preference Goods*, die wenig Aufwand bei mittlerem Risiko repräsentieren, sowie *Speciality Goods*, die nur unter Hinnahme erheblichen Aufwands ausgewählt werden, unterscheiden. Am bedeutsamsten sind Shopping Goods. Sie lassen sich charakterisieren als Gebrauchsgüter, Waren des periodischen oder aperiodischen Bedarfs, häufig erklärungs-, beratungs-, anprobebedürftig etc., höherwertig, Individualerzeugnisse, stark gestaltet, modisch, technisch rasch wandelnd und mit Zusatznutzen. Der Kauf erfolgt erst einige Zeit nach Bedarf und nach Abwägung der Dringlichkeit der Anschaffung mit anderen geplanten Käufen, nach Preis- und Qualitätsvergleichen verschiedener potentieller Kaufobjekte. Das wahrgenommene Kaufrisiko ist hoch und folglich wird Zeit und Einkaufsmühe für die Suche nach der besten Alternative aufgewendet. Convenience Goods als Gegenpol sind demgegenüber durch geringe Beschaffungsmühe gekennzeichnet. Es handelt sich primär um Verbrauchsgüter für den laufenden Bedarf, meist auch als geringwertige Objekte, außerdem um Massenware, die Grundnutzen befriedigt und keinen modischen Reizen unterliegt.

Eine andere Unterscheidung betrifft *Inspektionsgüter* (Informationen vor dem Kauf, sog. Search

Goods), deren Leistungsdaten im voraus feststellbar und meßbar sind und daher nur ein geringes Risiko negativer Konsequenzen implizieren, da gute Beurteilungsmöglichkeiten gegeben sind, *Erfahrungsgüter* (Informationen beim Kauf, sog. Experience Goods), deren Leistungsbeurteilung erst nach eigener Erfahrung oder Berichten aus der Erfahrungssammlung anderer Verwender möglich ist (z. B. Dienstleistungen), sowie *Vertrauensgüter* (keine Information, sog. Credence Goods), deren Leistung selbst nach dem Kauf nicht umfassend zu beurteilen ist, sodaß die wahrgenommene Anbieterkompetenz als Surrogat neben der Qualität hinzukommt (z. B. Versicherungen). Diese Unterscheidung bietet sich vor allem für Investitionsgüter an.

Schließlich gibt es auch die Unterteilung in *Rote Güter*, die durch eine hohe Umschlaghäufigkeit, eine niedrige Spanne und geringe Such- und Konsumzeit gekennzeichnet sind (z. B. Lebensmittel), *Orange Güter*, die bei den genannten Kriterien mittlere Werte aufweisen, sowie *Gelbe Güter*, bei denen die Umschlaghäufigkeit niedrig, die Spanne hoch, Such- und Konsumzeit lang sind und eine Endanpassung erfolgen muß (z. B. technische Gebrauchsgüter). Diese Unterscheidung bietet sich für die Handelssicht an.
(→ Gütertypen)

Produktausweitung

Bei der Produktausweitung werden neue Produkte auf vorhandenen Märkten angeboten. Denkbar sind dabei mehrere Möglichkeiten. Bei der Produktinnovation kann zwischen Markt- und Unternehmensinnovation unterschieden werden. Erstere stellt ein objektiv neues Produkt im Marktangebot, letztere nur ein subjektiv neues Produkt im Anbieterprogramm dar. Außerdem ist denkbar, eine bereits vorhandene Monomarke um Derivate zu ergänzen. Dabei werden mehrere gleichartige Produkte parallel am Markt angeboten, um die Produktkompetenz voll auszuschöpfen (horizontaler Markentransfer). Dies trifft etwa zu, wenn ein Candyriegelhersteller (Mars) mehrere Geschmacksvarianten (Mandel, Haselnuß) offeriert. Es ist aber auch möglich, die Produktrange auszubauen. Dabei werden Produkte in mehreren verwandten Produktgruppen parallel am Markt angeboten, um die Markenkompetenz voll auszuschöpfen (vertikaler Markentransfer). Dies trifft etwa zu, wenn der Candyriegelhersteller *(Mars)* Brotaufstrich, Pralinés, Speiseeis, Bonbons etc. offeriert. Allerdings ergeben sich auch Probleme, etwa bei Diätwurst von *Natreen* (Assoziation zu Süßem) oder Fitnessnahrung von *Hipp* (Assoziation zu Babykost), wo dieser Transfer mangels konnotativer Affinität nicht funktioniert. Eine denotative Verwandtschaft reicht jedenfalls dazu nicht aus.

Produktbegleitende Services lassen die Angebotsleistung neuartig erleben, ohne daß ein substanziell neues Produkt vorliegt. In Zeiten zunehmender objektiver Gleichartigkeit von Produkten (Me too) und gleichzeitig steigendem Anspruchsniveau der Abnehmer scheint dies eine erfolgversprechende Alternative. Als Beispiele dafür seien die Gaststätte im Warenhaus genannt, die als Frequenzbringer vor allem zur Mittagszeit zum längeren Verweilen animiert, oder die Tankstelle am Verbrauchermarkt, die ebenfalls als Traffic Builder dient und zeitsparende Bequemlichkeit bietet. Bei beiden kann im Wege der Mischkalkulation ein optimal akquisitorisch wirkendes Angebot erreicht werden. Dazu gehören auch ökologisch orientierte Kundendienste wie die Rücknahmegarantie für neue Fahrzeuge am Ende deren technischer Lebenszeit.

Produktdifferenzierung bedeutet das parallele Angebot mehrerer gegeneinander abgehobener Produktversionen eines Basisprodukts. Die Differenzierung erfolgt, ausgehend von einem meist vorhandenen Ausgangsprodukt, nach oben durch Up Grading, nach unten durch Down Grading, zur Seite durch Side grading. Als Beispiel für ein Up Grading mag die Einführung der Gold Card von *Amexco* gelten. Sie bietet geringfügig bessere Leistungen als die normale Credit Card, schafft aber sichtbare Differenzierung, zumal bekannt ist, daß ihre Vergabe früher an Einkommenslimits gebunden war. Ein Beispiel für Down Grading sind Einstiegsmodelle. Apple rundet sein PC-Programm durch Einfachausführungen mit den markentypischen Bedienungsvorteilen ab (*Apple* Performa), *Mercedes-Benz* schafft für die preislich abgehobene *C-Reihe* mit dem C 180 ebenso wie *BMW* für die *3-er Reihe* mit dem 316i realisierbare Einstiege zu den jeweiligen Marken. Als Beispiel für Side Grading mag *IKEA* gelten. Dieses unmögliche Möbelhaus aus Schweden entwickelt sich parallel zum Familienlebenszyklus seiner Klientel und ist vom Anbieter von Billigmöbeln zum doch respektierten Ausstattung mit pfiffig-robust gestylten Einrichtungsgegenständen mutiert.

Die Marktschaffung erfolgt durch das Angebot völlig neuartiger Problemlösungen. Da in den meisten Fällen neue Produkte nur vorhandene ablösen (z. B. CD-Player den Analogplattenspieler, Camcorder die Super 8-Kamera, Telefaxdienst die Telextechnik), ist dies ein recht seltener Fall, jedenfalls viel seltener als gemeinhin angenommen. Beispiele sind PC's oder portionierte Joghurts, die Angebotsmerkmale aufweisen, die es bis dato noch nicht gab. Als Zeiterscheinung gibt es derzeit den Trend, an den Schnittstellen vorhandener, aber besetzter Märkte durch Kombination von Angebotsmerkmalen neue Märkte zu schaffen. Zu denken ist an Knusperriegel als Kombiprodukte aus Candyriegel und Kekswaffel, an Rinpoos als Kombiprodukte aus Shampoo und Spülung oder an DTP-Programme als Kombination aus Grafik- und Textverarbeitungsfunktionen. Da die Nachfrage aber letztlich kaum wachsen wird, geht diese Marktschaffung zu Lasten der etablierten Märkte.

Unter Bundling versteht man die Zusammenfügung von seither selbständigen Angeboten zu einem neuen Gesamtangebot. Dies betrifft sowohl Produkte als auch Produkt-Dienstleistungs-Kombinationen (Systems Selling). Das Angebot wird so, obgleich aus bekannten Elementen bestehend, als neuartig erlebt. Als Beispiel dient die Bündelung von Einzelgeräten als Paketangebot bei Computern, wobei PC, Drucker, Bildschirm(karte), Maussteuerung, Software etc. gemeinsam mit Preisersparnis abgegeben werden. Weit verbreitet ist diese Anwendung auch bei Investitionsgütern. Hier geht es bei den sog. Turn Key Projects vor allem darum, eine betriebsfertige Anlage zu erstellen, weshalb sich wegen der Verschiedenartigkeit der dazu benötigten Teile meist mehrere Hersteller in Konsortien zusammenschließen, um als Sublieferanten je ein individuelles Produkt abzuliefern. Dadurch lassen sich bedeutsame Wettbewerbsvorteile erzielen.

Das Unbundling bedeutet die Trennung von bisher gemeinsam angebotenen Produkten zu Einzelangeboten. So besteht nicht immer Bedarf nach einer Komplettlösung. Vielmehr reichen Teillösungen als Ersatz oder Einstieg völlig aus. Zerlegt man ein Komplettangebot nun in solche selbständigen Teilangebote, kann dadurch neue Nachfrage generiert werden. Als Beispiel sei die Auftrennung eines HiFi-Turms in Einzelkomponenten und deren separates Angebot genannt. So besteht immer dann, wenn schon einzelne taugliche HiFi-Komponenten vorhanden sind, kein Bedarf nach einer anderen vollständigen Gerätelösung, sondern vielmehr eher nach deren Ergänzung. Damit kann ein Anbieter, der bisher nur HiFi-Türme angeboten hat, ein neues Programm attraktiver Angebote offerieren.

Die Anerkennung oder der Erwerb Gewerblicher Schutzrechte kann ebenfalls zur Produktausweitung dienen. Ein Patent erstreckt sich dabei auf technische Gegenstände/Verfahren, die einen beachtliche Fortschritt hinsichtlich des bisherigen Stands der Technik aufweisen und gewerblich verwertbar sind, weshalb sie 20 Jahre vor Nachahmung geschützt bleiben. Mit Patenterwerb geht dieses Schutzrecht vom Verkäufer auf den Käufer über. Häufiger ist jedoch eine Lizenzvergabe als beschränkte Nutzung des Patent- (oder Gebrauchsmuster-)Inhalts gegen Gebührenzahlung an den Schutzrechtshalter. Dabei gibt es ausschließliche Nutzung oder einfache Nutzung gemeinsam mit anderen Lizenznehmern. Eine Beschränkung hinsichtlich Menge, Zeit, Raum, Herstellung, Gebrauch, Vertrieb, Zeichen etc. kann erfolgen. Lizenzen liquidieren einen hohen vorhandenen Marken-Goodwill in verwandten Produktbereichen. So verkauft *Schöller* Eiscreme in *Mövenpick*-Lizenz oder Eisriegel in Milka-Lizenz, *Lancaster* dekorative Kosmetik in *Jil Sander*-, *Joop*- und *Bogner*-Lizenz, *Reemtsma* Zigaretten in

Davidoff-, Reynolds in *Yves Saint Laurent*- und *Brinkmann* in *Cartier*-Lizenz.

Eine Produktausweitung ist auch bei zugekauften Fertigwaren, die als solche erkennbar sind (Handelsware) oder versteckt bleiben (OEM) innerhalb des eigenen Absatzprogramms angeboten werden oder als wesentlicher Bestandteil in das Endprodukt eingehen, gegeben. Dies ist immer dann der Fall, wenn Zukauf günstiger zu realisieren ist als Eigenfertigung. Damit weicht das Absatz- vom Produktionsprogramm ab (davon zu unterscheiden sind untergehende oder das Endprodukt fest begleitende Marken). Bei Durchsicht des Camcorder-Angebots fällt z. B. auf, daß bei vielen Modellen die äußere Form, die Leistungsmerkmale und die Anordnung der Bedienungselemente verblüffend gleichartig sind. Der Grund ist darin zu sehen, daß es weltweit nur ganz wenige japanische Camcorder-Hersteller gibt, die ihre Gerätechassis an interessierte Markenartikler abgeben, die diese mit geringen optischen Modifikationen und Anpassungen an die Landesbestimmungen unter der jeweiligen Marke anbieten. Dies bringt gleich mehrfache Vorteile für alle Beteiligten.

(→ Marktfelder)

Produktbeobachtungsfehler

(→ Produkthaftung)

Produktdifferenzierung

Produktdifferenzierung bedeutet, daß zeitgleich mehrere, voneinander abgehobene Versionen eines Basisprodukts von einem Unternehmen am Markt angeboten werden. Im Gegensatz zur Produktvariation, bei der ein Nachfolge- ein Vorgängerprodukt ablöst, erhöht sich also hier die Programmbreite. Dem liegen vor allem zwei Ziele zugrunde.

Die Abschöpfung der Konsumentenrente bzw. der Einbehalt der Produzentenrente soll erreicht werden, indem mit der Produkt- meist auch eine Preisdifferenzierung einhergeht. Dadurch wird die unterschiedliche Preisbereitschaft und Leistungserwartung der Nachfragersegmente ausgenutzt. Beispiele bieten Premium-Versionen von Basisprodukten.

Die Kapitalisierung des Potentials des Markennamens soll umgesetzt werden, denn dieser stellt das wahre Vermögen eines Unternehmens dar. Damit werden Nachfrager erreicht, denen die Marke zwar in hohem Maße bekannt und vertraut ist, die jedoch durch eine fehlende Differenzierung vordem vom Kauf abgehalten worden sind. Beispiele sind Light-Versionen von Normalprodukten..

Im Ergebnis führt so eine immer differenziertere Gesellschaft (Multi Options Society) zu einer Proliferation des Angebots, indem aus Monoprodukten Produktfamilien werden (z. B. *Ritter Sport*-Schokolade, *Milka Lila Pause*).

Produkteliminierung

Die Produkteliminierung betrifft die Streichung einer Produktlinie aus dem Programm. Sie erfolgt durch

Kürzung der Programmbreite bei unveränderter Programmtiefe oder durch Bereinigung, d. h. geringere Breite zugunsten steigender Tiefe des Programms. Beides kann stichtagsbezogen oder gleitend erfolgen. Die Ursachen für die Produkteliminierung können vielfältig sein und in der Markt- oder der Unternehmenssphäre liegen. Bei ersteren sind vor allem zu nennen:

- autonomer Anspruchswandel,
- gesellschaftlicher Erwartungswandel,
- konkurrenzinduzierter Situationswandel (z. B. Preiseinbruch),
- Währungs- und Importeinflüsse,
- Gesetzesänderung.

Bei letzteren sind vor allem zu nennen:

- die eigenen Leistungen sinken (z. B. Erosion des Produktlebenszyklus),
- eigene Leistungskonstanz bei Leistungssteigerung der Konkurrenz,
- unterproportionale Leistungssteigerung gegenüber der Konkurrenz,
- gestiegene Vermarktungskosten,
- gestiegene Kosten der eigenen Faktorkombination.

Gerade bei neuen Produkten droht ein Flop etwa aus folgenden Gründen:

- unausgereiftes Produkt,
- falscher Einführungszeitpunkt,
- unzureichende Distribution,
- fehlende Software,
- Fehleinschätzung des Bedarfs,
- falsches Preislevel,
- „unethisches" Produkt.

Zu unterscheiden sind hier das Absatzprogramm und das Produktionsprogramm. Das Absatzprogramm enthält neben den selbst hergestellten Produkten auch solche, die nicht selbst hergestellt werden. So gehört etwa Handelsware zwar zum Absatz-, jedoch nicht zum Produktionsprogramm. Das Produktionsprogramm enthält neben den selbst vertriebenen Produkten auch solche, die nicht selbst vertrieben werden. So gehören etwa OEM-Teile zwar zum Produktions-, jedoch nicht zum Absatzprogramm.

Wichtig ist die Früherkennung der Ursachen für Entscheidungen vor allem hinsichtlich des Produktionsprogramms für den:

- Make or Buy-Entscheid, d. h. den Vergleich der Selbstkosten und der abbaubaren Fixkosten gegenüber dem Einstandspreis zugekaufter Ware,
- Engpaß-Deckungsbeitrag je Zeiteinheit, d. h. die Bevorzugung des Produkts mit dem höchsten relativen Deckungsbeitrag.

Hinsichtlich des Absatzprogramms sind vor allem entscheidensrelevant die:

- Preisuntergrenze, d. h. der Angebotsverzicht bei Preisdruck über differenzierte Preisuntergrenzen,
- Imageabstrahlung, d. h. die Einbuße an Angebotsattraktivität bzw. Vorbeugung von Imagebeeinträchtigungen durch Eliminierung.

Produkterweiterung

(→ Gap-Analyse, Aussage, Marktfelder)

Produktgruppenentscheidung

(→ *Kaufprozeß*)

Produkthaftung

Der Verbraucherschutz umfaßt im Rahmen der Produkthaftung strafrechtliche Ansprüche der verantwortlich Handelnden bei Personenschäden wegen:

- Fahrlässiger Körperverletzung durch Geldstrafe oder Freiheitsstrafe bis zu 3 Jahren.
- Fahrlässiger Tötung durch Geldstrafe oder Freiheitsstrafe bis zu 5 Jahren.

Darüber hinaus gibt es zivilrechtliche Ansprüche gegenüber dem Unternehmen und/oder den verantwortlich Handelnden. Der Anspruchsteller muß:

- das Vorhandensein eines Konstruktions-, Fabrikations-, Instruktions- oder Produktbeobachtungsfehlers beweisen,
- die Ursächlichkeit des Fehlers für den eingetretenen Schaden glaubhaft machen.

Der Hersteller haftet dann für Schäden als Folge mangelhafter Produkte. Anspruchsgrundlagen sind:

- § 823 Bürgerliches Gesetzbuch/BGB für Personen- und Sachschäden gegenüber jedermann,
- Kauf- oder Werkvertrag für Personen-, Sach- und Vermögensschäden gegenüber dem Vertragspartner,
- Produkthaftungsgesetz für Personenschäden (ohne Schmerzensgeld) und Sachschäden an privat genutzten Gütern gegenüber jedermann.

Da der ursprünglich geforderte Verschuldensnachweis nur schwer zu erbingen ist, wird dieser

- nach BGB und Vertrag vermutet. Der Hersteller muß dann den Entlastungsbeweis antreten (Beweislastumkehr).
- nach Produkthaftungsgesetz verzichtbar. Der Hersteller haftet auch ohne Verschulden (Gefährdungshaftung).

Konstruktionsfehler sind Fehler, die für eine ganze Serie typisch sind. Der Produzent haftet dafür, wenn die gesamte Produktion von der Planung her ein Sicherheitsdefizit aufweist und dieses nach dem seinerzeitigen Stand von Wissenschaft und Technik vorhersehbar war.

Fabrikationsfehler entstehen bei der Produktion durch mangelhafte Arbeit oder Versagen von Mensch oder Maschine und haften daher nur einzelnen Exemplaren an. Der Fabrikant haftet dafür, wenn bei der Fertigung oder Qualitätskontrolle ein Fehler unterlaufen ist, der eine Sache mangelhaft macht und der auf einer mangelhaften Herstellungsorganisation beruht. Hingegen haftet er nicht, wenn er die ihm zumutbaren Sicherheitsmaßnahmen getroffen hat und dennoch infolge eines einmaligen Fehlverhaltens ein Fehler entstanden ist (Ausreißer).

Instruktionsfehler bestehen in mangelhaften (unrichtigen) Gebrauchsanleitungen oder nicht ausreichenden (unvollständigen) Warnungen vor den gefahrbringenden Eigenschaften des ansonsten technisch einwandfreien Produkts. Der

Produzent haftet dafür, wenn vorhersehbar ist, daß von seinem in Verkehr gebrachten Erzeugnis Gefahren ausgehen und er eine wirksame Warnung unterläßt. Soweit das Produkt von Personen verwendet wird, die die Gefahren nicht ohne weiteres abzuschätzen vermögen, muß eine nachdrückliche Unterrichtung über die richtige Verwendung und die Folgen einer nicht bestimmungsgemäßen Anwendung erfolgen (z. B. Audi-Automatik, Hundetrocknung in der Mikrowelle).

Produktbeobachtungsfehler liegen vor, wenn der Hersteller es bei einer neuen Sache, die in den Verkehr gelangt ist, unterläßt, nach dem Absatz seiner Waren ihre Tauglichkeit zu beobachten oder bei Auftreten von Mängeln geeignete Maßnahmen zu ergreifen (wie öffentliche Warnung, Rückruf zur Nachbesserung etc.).

Produktionsstopp

(→ Marketing, Ethik)

Produktionsverbindungs-Großhandel

(→ Großhandel, Betriebstypen)

Produktneuentwicklung

(→ Diversifikation)

Produktorganisation

Die produktorientierte Organisation stellt eine Zentralisation nach dem Objektprinzip dar. Eine produktorientierte Marketingorganisation ist also etwa in die Ressorts Frischwaren, Packaged Goods, Hartwaren etc. gegliedert.

Wesentliche Vorteile der Produktorganisation sind die folgenden. Sie ermöglicht eine erfolgsobjektbezogene Zuständigkeit und Koordination in der Organisation. Es kommt zu einer engen Verknüpfung aller Bereiche des Betriebs mit dem Markt, insofern ist eine hohe Marketingorientierung gegeben. Dadurch ist eine schnelle und flexible Marktanpassung bei sich rasch verändernden Vermarktungsbedingungen möglich. Chancen zur marktorientierten Innovation können entschlossen wahrgenommen werden. Besonders bei heterogenem Programm ist ein differenziertes Marketing praktizierbar.

Dem stehen folgende Nachteile gegenüber. Es besteht die ständige Gefahr von Kompetenzkonflikten und Prioritätenstreit zwischen den Produktverantwortlichen. Die starke Spezialisierung in der Organisation behindert die Nutzung von Synergieeffekten. Es kommt zu einer Aufblähung der Absatzorganisation mit funktionaler Doppelarbeit. Insofern werden die Vorteile der Arbeitsteilung tendenziell nur unzureichend genutzt. Es besteht ein großer Bedarf an qualifizierten Mitarbeitern für alle Objekte und Ebenen.

(→ Strukturorganisation)

Produktqualität

Qualität ist allgemein die Eignung eines Angebots, dem intendierten Einsatz hinsichtlich dreier Kriterien zu entsprechen:

- Gebrauchstechnisch, d. h. in bezug auf die Funktionserfüllung. Die Absicherung dieser Eigenschaften erfolgt durch Garantie und/oder Gütezeichen. Zur Vermeidung von Reklamationen ist dazu eine strikte Kontrolle der Produkt- und Prozeßqualität unerläßlich.
- Affektiv. d. h. in bezug auf das Gefallen. Dies betrifft kulturelle und soziale Dimensionen des Produkts.
- Relativ, d. h. in bezug auf den erforderlichen Standard. Hier ist gelegentlich die gezielte Qualitätsverminderung durch Wertanalyse/Obsoleszenz zu beobachten. Und zwar funktional durch Materialermüdung (sog. Sollbruchstelle) oder psychologisch durch Zeitgeist-Diktat (etwa in der Mode).

Qualitätsverbesserungen ergeben sich durch Konkurrenzdruck und technischen Fortschritt. Produktqualität ist auf gesättigten, wettbewerbsintensiven Märkten ein zentraler Erfolgsfaktor.

Produkttest

(→ *Konzepttests)*

Produktvariation

Die Produktvariation betrifft die Ablösung eines Produkts durch ein neues im Rahmen des Produktlebenszyklusses. Eine möglichst lange, möglichst unveränderte Marktpräsenz erhöht die Chance auf Return on Investment (ROI). Jedoch läßt dies die Schnellebigkeit der Märkte nur selten zu. Daher werden Möglichkeiten gesucht, den Produktlebenszyklus zu verlängern (Life Cycle Stretching). Im wesentlichen bestehen diese in Produktpflege als kontinuierlicher Aktualisierung des Marktangebots, Face Lift als kleinere, eher kosmetische Korrektur am Angebot und Relaunch als grundsätzliche Änderung des Marketing-Mix.

Bei der Produktvariation sind folgende Ausprägungen gegeben:

- *Up Grading*: Dies bedeutet eine allgemeine Produktaufwertung durch Leistungssteigerung als Verbesserung der Qualitätsdimension.
- *Down Grading*: Dies bedeutet eine allgemeine Verbesserung des Preis-Leistungs-Verhältnisses im Angebot.
- *Side Grading*: Dies bedeutet eine Ablösung des bestehenden durch ein neues Angebot auf gleichem Leistungsniveau.

(→ *Relaunch)*

Produktvolumen

(→ *Marktsegmentierung, Kriterien)*

Produktwahl

(→ *Marktsegmentierung, Kriterien)*

Produktwandel

Produktwandel ist eine Form der Definition der Absatzquelle. Produktwandel meint die neuartige Darbietung eines unveränderten Angebots, die eine Attraktion ausstrahlen kann, ohne daß am Produkt selbst

etwas geändert werden müßte. Dafür ergeben sich prinzipiell zwei Möglichkeiten. Bundling betrifft die Zusammenfügung von seither selbständigen Angeboten zu einem neuen Gesamtangebot, das ein neuartiges Erlebnis hervorbringt. Der daraus resultierende Vorteil kann ein Leistungsnutzen sein, indem das synergetische Zusammenwirken von Einzelkomponenten zu mehr Leistung bei gleichem Preis führt, oder es stellt sich ein Preisnutzen ein, weil die insgesamt höhere Abnahmemenge eine Realisierung der gleichen Leistung zu einem geringeren Preis zeitigt. Ein treffendes Beispiel ist die Bündelung von Einzelgeräten als Paketangebot bei PC's, zusammen mit Drucker, Bildschirm, Betriebssystem, Anwendungssoftware etc. Unbundling bedeutet die Trennung von seither gemeinsam angebotenen Produkten zu Einzelangeboten. Nicht immer besteht allerdings Bedarf an einer Komplettlösung, oftmals reichen Teillösungen bei Ersatz- oder Einstiegsbeschaffung bereits aus. Wird ein Komplettangebot in solche selbständigen Teilangebote zerlegt, kann dafür eine neue Nachfrage stimuliert werden. So kann ein HiFi-Turm in Einzelkomponenten aufgetrennt und separat angeboten werden.
(→ *Absatzquellendefinition*)

Produzentenmarkt

Der Produzentenmarkt (P-Markt) ist der Markt für den gewerblichen Ge- und Verbrauch von Produktions- und Investitionsgütern. Kaufobjekte sind hier Betriebsmittel, Roh- bzw. Hilfsstoffe, Halbfabrikate, Teile, Zubehör, Immobilien etc. Einkaufsziele sind Gewinnmaximierung sowie unternehmensspezifische Subziele.

Der Kaufentscheid erfolgt oft durch ein Kollektiv im Wege gruppendynamischer Prozesse mit organisiertem, meist kollektivem Kaufentscheid im Buying Center. Dabei sind mehrere Beteiligte involviert (Buyer, User, Influencer, Decider, Gatekeeper).

Es handelt sich um eine überschaubare Anzahl von Anbietern und eine beschränkte Zahl von Nachfragern mit der Folge eines nicht-anonymen Marktes. Oftmals bestehen bereits langjährige Geschäftsbeziehungen. Diese hohe Transparenz führt zweifellos zur Disziplinierung im Marketing. Anders als in anonymen Märkten, wo das quantitative Verhältnis beider Marktseiten sehr ungleichgewichtig ist, besteht hier eine engere Bindung der Marktteilnehmer mit der Folge zur Selbstbeschränkung.

Charakteristisch ist, daß es sich um stabile Marktpartnerbeziehungen handelt. Dies liegt zum einen darin begründet, daß Ausweichmöglichkeiten auf weitere Anbieter bzw. Kunden meist eng begrenzt sind. Zum anderen aber auch darin, daß bei der Bedeutung des jeweils anstehenden Kaufentscheids die Erfahrung aus bereits erfolgreich abgewickelten Geschäftsbeziehungen der Vergangenheit angestrebte Sicherheit vermittelt.

Überwiegend sind stark formalisierte Willensbildungsprozesse vorhanden. Deshalb sind die Ergebnisse wohl abgewogen und werden unter mehreren Gesichtspunkten von verschiedenen Personen beleuchtet. Allerdings spielen immer wieder auch irrationale Faktoren eine Rolle. Außerdem ist der Anteil der einzelnen Beteiligten am Endergebnis schwierig zu steuern oder nachzuvollziehen und wechselt von Fall zu Fall.

Es sind lange, harte Entscheidungsprozesse mit ökonomischer Bewertung gegeben. D.h. das Angebot eines Investitionsgüterherstellers wird selten unverhandelt akzeptiert oder abgelehnt. Vielmehr liegt wegen der Komplexität der Materie meist das Erfordernis der Nachverhandlung und Erläuterung vor. Dazu treffen sich die Mitglieder des Buying Center auf Abnehmer- und des entsprechenden Selling Center auf Lieferantenseite, um gemeinsam Details eines Angebots zu diskutieren.

Investgüter sind für gewöhnlich erst nach relativ großen Zeitabständen erneuerungsbedürftig, sodaß die Chance, dem selben Kunden die gleiche Ware erneut zu verkaufen, von Erweiterungsinvestitionen einmal abgesehen, eher gering ist. Dementsprechend wichtig ist es, einen Geschäftsabschluß jetzt zu erreichen. Gleichzeitig kommt jedem Kauf durch seinen bloßen Warenwert große Bedeutung zu, sodaß nicht erreichte Kaufabschlüsse hart auf das Unternehmensergebnis durchschlagen.

Gleichfalls repräsentiert das Kaufobjekt einen hohen Projektwert im Budget des Nachfragers. Damit lohnt sich für ihn eine umfangreiche Informationssuche, um Angebote gründlich zu vergleichen und sorgfältig das für ihn vorteilhafteste auszuwählen. Gleichzeitig ist damit eine hohe Bindungsdauer gegeben, d. h. die einmal festgelegte Entscheidung gilt für eine nennenswerte Zeitspanne und kann so schnell nicht revidiert werden.

Es ist ein kurzer Absatzweg vorhanden, meist erfolgt der Absatz sogar im Direktvertrieb, also im unmittelbaren Kontakt zwischen Hersteller und Endabnehmer. Dies hat den Vorteil, daß der Hersteller seine Marketingaktivitäten ohne die Gefahr negativer Beeinflussung durch autonome Handelsstufen steuern kann. Andererseits benötigt er umfangreiche Kapazitäten im vor allem technischen Vertrieb zur Beratung und Betreuung seiner Kunden.

Unterliegen Primärmärkte konjunkturellen Schwankungen, so schlagen jene auf die Nachfrage nach Investgütern durch. Können Betriebsmittel in mehreren Branchen gleichermaßen eingesetzt werden, kann es zur gegenseitigen Kompensation der Schwankungen, aber auch zu deren Aufschaukelung kommen. Die Nachfrage nach Investgütern ist damit eine abgeleitete Größe aus konsumnäheren Märkten und verstärkt deren Zyklus.

Es erfolgt regelmäßig eine kundenindividuelle, einmalige Leistungserstellung. Damit handelt es sich bei Investgütern weniger um standardisierte, gleichartige Produkte, sondern um Angebote, die gemäß jeweiliger Spezifikation speziell für diesen Einsatzzweck zusammengestellt oder zumindest modifiziert werden.

Das Angebot besteht aus komplexen Hardware-Software-Kombinationen (Systems Selling). Immer bedeutsamer wird dabei, neben der reinen Gerätelösung, auch die notwendigen anwendungsbezogenen Hilfen zu geben, um im harten internationalen Wettbewerb zu bestehen. Darin drückt sich ganz konkret bereits eine kundenorientierte Denkweise dieses Sektors aus. Während es früher nicht selten vorkam, daß das Investgut geliefert bzw. aufgestellt und dann der Abnehmer mit den üblichen Problemen der Inbetriebnahme allein gelassen wurde, gehört es heute zu den Selbstverständlichkeiten, auch die Implementierung der Anlage zu übernehmen.

Die endgültige Ausgestaltung der Anlage erfolgt oft unter Abnehmereinfluß. Spezifikationen sind nicht immer so eindeutig, daß sich daraus allein bereits ein befriedigend operationales Lastenheft ableiten läßt. Insofern kommt es zu einem engen Feedback mit dem Abnehmer. Umgekehrt ist sich der präsumptive Auftraggeber keineswegs immer so klar über Art, Umfang, Auslegung etc. der Anlage, daß sich auf dieser Basis schon ein verbindliches Angebot erstellen läßt. Hier wird dann das Know how des Anbieters erforderlich, um zu einer praktikablen Lösung zu gelangen.

Typisch sind auch Anbieterkoalitionen mit einem Generalunternehmer und Subkontraktoren. Dabei fungiert ein Unternehmen als zentraler Kontakt für das Projektteam aus selbständigen Spezialisten. Dies bietet dann den Vorteil, daß der Abnehmer nur einen Ansprechpartner hat. Andererseits versorgt dieser sich mit dem jeweils notwendigen Know how durch Vergabe von Unteraufträgen an weitere Unternehmen. Man spricht in diesem Fall auch von Konsortien.

Ebenso typisch ist der Drittparteieneinfluß durch Architekten, Betriebsingenieure, Berater etc. Diese nehmen qua Fachkompetenz Einfluß auf die Entscheidung über Art, Umfang, Auslegung etc. des Investguts und damit auch auf die Anbieterwahl. Oft werden diese Berater auch erst genau zu jenem Zweck engagiert. Da sie über fremdes Geld befinden, bedürfen sie ihrerseits eines hohen Verantwortungsbewußtseins.

Von großer Bedeutung als Vorqualifikation sind Referenzen. Diese beziehen sich auf bereits erfolgreich abgewickelte vergleichbare Projekte des Anbieters und bieten damit willkommene Risikoreduktion. Dadurch wird aber zugleich der Markteintritt neuer Anbieter erschwert, die an referenzfähige Projekte nicht herankommen, weil ihnen eben die Referenzen dazu fehlen.

Der Zuschlag von öffentlichen Aufträgen erfolgt meist durch Ausschreibung mit Ausschlußfristen, nur ausnahmsweise auch durch freihändige Vergabe. Dies unterstreicht die formalisierte Anbahnung von Kaufabschlüssen und führt zu einer

besseren Vergleichbarkeit der Offerten. Dabei muß das Lastenheft in jedem Fall erfüllt werden, davon abweichende Spezifikationen können nur zusätzlich angeboten werden. Aufgrund dieser Umfeldbedingungen herrscht weitgehender Preiskonservatismus vor. Dies bezieht sich weniger auch die Preishöhe, denn diese gerät angesichts zunehmend internationaler Konkurrenz erheblich unter Druck. Sondern vielmehr auf die Preis- und Konditionentaktik, die Nachlässe von Gegenleistungen abhängig macht.
(→ Marketing, Bereiche)

Professional Interest-Titel (PI)

(→ Zeitschriftenanzeigen)

Profit Impact of Market Strategies

(→ PIMS-Studie)

Prognose, Arten

Prognosen lassen sich in vielfältige Einteilungen untergliedern.

Nach der *Zahl der abhängigen Variablen* gibt es einfache und multiple Absatzprognosen. Bei einfachen Prognosen wird nur eine einzige Variable vorhergesagt, bei multiplen Prognosen werden mehrere Variablen gemeinsam vorhergesagt. Diese können durchaus auch wechselseitig abhängig sein.

Nach der *Zahl der unabhängigen Variablen* gibt es univariate und multivariate Absatzprognosen. Univariate Prognosen unterstellen, daß die Marktgrößen nur von einem Einflußfaktor abhängig sind, der fortgeschrieben werden kann, multivariate Prognosen unterstellen, daß mehrere Einflußfaktoren zugleich vorhanden sind, die in einem kausalen Verhältnis zueinander stehen. Unabhängige Faktoren sind vom Betrieb nicht beeinflußbar und werden über Indikatoren zu erfassen versucht.

Nach den *Eigenschaften der Marktergebnisse* gibt es Entwicklungsprognosen und Wirkungsprognosen. Entwicklungsprognosen sind gegeben, wenn die Prognosegröße von vom Betrieb nicht kontrollierbaren Variablen abhängt, die unabhängige Variable ist dabei die Zeit. Dabei wird eine stets sorgfältig angepaßte Zeitreihe fortgeschrieben. Wirkungsprognosen sind gegeben, wenn die Prognosegröße von vom Unternehmen kontrollierbaren (kausalen) Variablen bestimmt wird. Hier ist die Art und die genaue Form des Zusammenhangs zu bestimmen.

Nach den *verwendeten Funktionen* gibt es mathematische Funktionen als Konstante, als lineare Funktion, als Polynome 2. und höherer Ordnung, als Exponentialfunktion etc. Die Exponentialfunktion hat eine konstante Wachstumsrate, ihr Nachteil ist jedoch, über alle Grenzen hinaus zu wachsen. Daher werden häufig Sättigungsfunktionen angewendet. Bei der logistischen Funktion ist das Wachstum pro Zeiteinheit zum bisher erreichten Niveau und der Differenz von Sättigungsniveau und bisher erreichtem Niveau proportional. Bei der Gompertz-Funktion ist das Wachstum pro Zeiteinheit proportional zum logarithmischen Quotienten aus Sättigungsniveau und bisher erreichtem Niveau.

Nach den *Meßgrößen des Marktes* gibt es Mengen und Werte, absolute und relative Angaben. Diese beziehen sich jeweils auf den Gesamtmarkt oder ausgewählte Teilmärkte.

Nach der *Gewichtung der Daten* gibt es Verfahren ohne Gewichtung und solche mit Gewichtung. Die Gewichtung kann mit einem oder mehreren Faktoren erfolgen.

Nach dem *Geltungsbereich der Aussagen* gibt es Prognosen bezogen auf Märkte, Betriebe, Produkte, Absatzgebiete, Kunden etc. Werden alle Größen einbezogen, handelt es sich um eine totale Prognose.

Nach den *Fristen der Gültigkeit* gibt es kurzfristige, mittelfristige und langfristige Prognosen. Allerdings hängt die jeweilige Länge vom zeitlichen Abstand der Beobachtungswerte ab. Zudem ist umstritten, wie lange kurzfristig (meist < 1 Jahr), mittelfristig (meist 1–4 Jahre) und langfristig (meist > 4 Jahre) denn nun ist.

Nach der *Aussagefähigkeit* gibt es eindeutige und mehrwertige Prognosen. Eindeutig bedeutet hier bezogen auf einen einzigen Prognosewert, mehrwertig bedeutet bezogen auf zwei oder mehr Prognosewerte.

Nach dem *Zeitbezug* gibt es statische Prognosen, bei denen sich alle Variablen auf dieselbe Periode beziehen, und dynamische Prognosen, deren Variable sich auf verschiedene Perioden beziehen.

Nach der *Flexibilität* unterscheidet man starre Prognosen, die nur die Vergangenheit fortschreiben, adaptive Prognosen, die zukünftige Entwicklungen antizipieren, und auto-adaptive Prognosen, die eigene Anpassungen an Entwicklungen im Prognosemodell automatisch vornehmen.

Nach dem *Gebiet*, für das Aussagen getroffen werden sollen, handelt es sich um intranationale oder supranationale Prognosen.

Nach dem *Intervall* kann es sich um häufiger wiederkehrende Prognosen oder um seltene bis einmalige Prognosen handeln.

Nach dem *Inhalt* der Vorhersage kann es sich um solche mit quantitativen (exakten) oder qualitativen (intuitiven) Grundlagen handeln. Bei quantitativen Modellen werden Beobachtungswerte mit Hilfe mathematischer Gleichungssysteme verknüpft. Bei qualitativen Modellen werden Heuristiken (Erfahrungstatbestände) zugrundegelegt.

Nach der *Zeitachse* kann es sich um eine Querschnittsprognose handeln, die die gleichzeitige Vorhersage mehrerer Größen zu einem Zeitpunkt betrifft, oder um eine Längsschnittprognose, die die Vorhersage einer Größe zu mehreren Zeitpunkten betrifft (vgl. *Pepels, Werner:* Käuferverhalten und Marktforschung, Stuttgart 1995).

Prognose, Durchführung

Unter Systematischer Prognose sind autoregressive (deskriptive) Verfahren zu verstehen, die den künftigen Wert einer Zeitreihe aus den Vergangenheitswerten derselben Zeitreihe abzuleiten versuchen. Es handelt sich einerseits um Zeitreihenanalysen, andererseits um kausale (analytische und komplexe) Verfahren, die das Verhalten einer Zeitreihe auf das Verhalten anderer (exogener) Zeitreihen zurückführen und eine solche unterstellte Kausalbeziehung zur Prognose nutzen. Eine solche Kausalität ist nur bei Kovarianz der Variablen, zeitlicher Asymmetrie von Ursache und Wirkung, Abwesenheit anderer Kausalfaktoren und begründetem Zusammenhang gegeben, stellt also hohe Anforderungen.

Die Durchführung einer systematischen (quantitativen) Prognose vollzieht sich wie folgt.

Am Anfang steht die Definition des Prognoseobjekts, das Gegenstand der Untersuchung ist.

Es folgt die Erhebung der Daten aus sekundär- oder primärstatistischen Quellen durch Auflistung der Vergangenheitswerte der Prognosegröße. Denkbar sind die üblichen internen und externen Datenquellen.

Die Untersuchung der Einflußfaktoren auf die Prognosegröße ist erforderlich, z. B. Nachfrage durch Art und Zahl der Kunden, Merkmale dieser Kunden, gesamtwirtschaftliche Faktoren, Marktstruktur, Produkt, Preis, Distribution, Kommunikation, exogene Einflüsse wie Demographie, Politik, Gesetz, Technik, Natur, endogene Einflüsse wie Absatz, Beschaffung, Finanzierung, Personal etc.

In der Datenanalyse werden Gesetzmäßigkeiten in der Absatzentwicklung ermittelt. Sie dient zur Ermittlung von Zusammenhängen zwischen Absatz und seinen Einflußgrößen durch Wahl des Funktionstyps, der die empirische Entwicklung und die darin liegende Gesetzmäßigkeit am besten wiedergibt. Es kommt zur Schätzung seiner Strukturparameter, zur Messung der Stärke der Korrelation und Überprüfung des statistischen und kausalen Zusammenhangs und zur Beurteilung der Eignung der errechneten Funktion zur Prognoseerstellung durch Ausweis des Zusammenhangs.

Die Übertragbarkeit der Regelmäßigkeit von der Vergangenheit in die Zukunft durch Ermittlung der zukünftigen Werte der unabhängigen Variablen und Ableitung des Werts der abhängigen Variablen nach festgelegter Abhängigkeitsrelation wird geprüft.

Daraus folgt die Wahl des Prognosemodells in Abhängigkeit von erreichbar erscheinender Prognosegenauigkeit, entstehenden Prognosekosten, Komplexität bzw. Benutzerfreundlichkeit des ausgewählten Verfahrens, abzudeckendem Prognosezeitraum und Prognosedatenbasis.

Schließlich kommt es dann zur Ableitung der Prognoseaussage, d. h. zur Hochrechnung der Prognosegröße auf Basis des gefundenen Zusammenhangs.

Man unterscheidet deskriptive Verfahren, die den künftigen Wert einer Zeitreihe aus den Vergangenheitswerten derselben Zeitreihe abzuleiten versuchen und dabei keine weiteren Einflußfaktoren als die Zeit sehen. Und analytische Verfahren, die die Zeitreihe der zu prognostizierenden Größe auf die Zeitreihen anderer (exogener) Größen zurückführen. Innerhalb der deskriptiven Verfahren gibt es wiederum solche, die in der Zeitreihe keinen Trend unterstellen (kurzfristige Prognosesicht) und solche, die eine trendmäßige Entwicklung unterstellen (langfristige Prognosesicht). Innerhalb der analytischen Verfahren gibt es wiederum solche, die auf Regression/Korrelation oder vorlaufende Indikatoren bauen, und solche, die eine Kausalbeziehung unterstellen (= Wirkungsprognosen).

Prognose, Grenzen

Der Einsatz aller Prognoseverfahren ist mit der Gefahr verbunden, daß die Ergebnisse eine Genauigkeit vortäuschen, die tatsächlich in keiner Weise gegeben ist. Fundamentales Unwissen über Zusammenhänge und Abhängigkeiten können auch durch aufwendige Verfahren nicht ausgeglichen werden, sondern steigern nur die Präzision des Irrtums. Zumal eine rasch und fallweise sich verändernde Umwelt für immer wieder neue Ausgangsbedingungen sorgt.

Allgemeine Anforderungen an jede Prognose sind:

- ihr Informationsgehalt, der im wesentlichen durch die Aktualität bestimmt wird,
- ihre Treffsicherheit, die von der Qualität der Ausgangsdaten und ihrem Umfang sowie der Wahl der Modellform wesentlich abhängt,
- ihre Flexibilität und Stabilität bei Datenänderungen,
- ihre Zuverlässigkeit, die stark vom Informationsgrad abhängt,
- ihre Spezialisierung zur Aussagefähigkeit,
- ihre Präzision als Maß für das Eintreten prognostizierter Ergebnisse,
- ihre Kosten als Maß der Wirtschaftlichkeit.

Prognoseberichte bestehen für gewöhnlich aus der Zusammenfassung (Management Summary), dem Methodenteil und dem Datenteil.

(→ *Marketingprognose*)

Prognose, Inhalte

Man unterscheidet retrospektive und prospektive Marketingforschung, letztere als Absatzprognosen. Darunter versteht man systematische und auf Empirie begründete Vorhersagen über das zukünftige Eintreffen von Situationen am Markt. Diese Vorhersagen beruhen auf pragmatischen Erfahrungen oder theoretischen Erkenntnissen, jedenfalls aber auf Informationen qualitativer und quantitativer Art. D.h. jede Prognose basiert auf der Analyse der Vergangenheit und ist nicht nur bloßes „Tippen“, und sie erfordert eine sachlogische Begründung und die Angabe der Prämissen, unter denen sie abgegeben wird.

In diesem Zusammenhang geht es nur um ökonomische Prognosen, sie stellen Aussagen über zukünftige ökonomische Ereignisse her. Die Prognose basiert auf der Zugrundelegung von Gesetzmäßigkeiten möglichst hohen empirischen Informationsgehalts, meist auf Basis von gewonnenen Erfahrungen und Schlußfolgerungen daraus. Jeder Prognose muß folglich eine Analyse solcher Gesetzmäßigkeiten vorausgehen. Die Beobachtungen der Vergangenheit liegen dabei oftmals in Form von Zeitreihen vor.

Als Quellen für solche Zeitreihendaten kommen interne und externe sowie primär- und sekundärstatistische in Betracht, also z. B. Daten aus betrieblichem Rechnungswesen, Marketinginformationssystemen, Betriebsstatistiken, amtlichen, halbamtlichen und nichtamtlichen statistischen Stellen, Wirtschafts- und Konjunkturinstituten, eigenen Erhebungen etc. Unterstellt man, daß die im bisherigen Verlauf der Zeitreihe aufgedeckten Gesetzmäßigkeiten auch für die Zukunft gelten, handelt es sich um eine Zeitstabilitätshypothese. Diese ist angesichts sich rasch wandelnder Umfeldbedingungen praktisch jedoch nicht gegeben. Folglich sind Prognosefehler unvermeidlich. Inwieweit dazu Bereitschaft besteht, diese hinzunehmen, hängt von der Bedeutung der von der Prognose beeinflußten Entscheidung, von den Kosten zur Erstellung der Prognose und von der vermuteten Qualität der Prognose ab.

Hinsichtlich des Ablaufs der Prognose ist zunächst eine Definition des Prognoseobjekts erforderlich, das Gegenstand der Untersuchung ist. Dann sind die Einflußfaktoren auf die Prognosegröße zu untersuchen, z. B. Nachfrage durch Art und Zahl der Kunden, Merkmale dieser Kunden, gesamtwirtschaftliche Faktoren und Marktfaktoren, Angebot durch Marktstruktur, Produkt, Preis, Distribution, Kommunikation, Finanzen und durch exogene und endogene Einflüsse wie Demographie, Politik, Gesetz, Technik, Natur etc. oder Absatz, Beschaffung, Produktion, Finanzierung, Personal etc.

Dabei unterscheidet man unabhängige Faktoren, auf die das Unternehmen kaum Einfluß ausüben kann und die meist über Indikatoren zu erfassen versucht werden, und abhängige Variable (Abhängigkeit) bzw. wechselseitig abhängige Variable (Zusammenhang). Daraufhin ist das verwendete Prognosemodell auszuwählen. Als wichtige Kriterien für diese Auswahl gelten die erreichbar scheinende Prognosegenauigkeit, die entstehenden Prognosekosten, die Komplexität bzw. Benutzerfreundlichkeit des ausgewählten Verfahrens, der abzudeckende Prognosezeitraum und die Prognosedatenbasis (also Schätzungen, Fakten, Zeitreihen, Zeitreihenmuster etc.).

Prognose, Verzerrungen

Prognoseverzerrungen entstehen durch Prognosefehler und Prognoseeffekte. Prognosefehler betreffen im einzelnen folgende Aspekte:

- Datenfehler, die durch mangelhafte Zahlenreihen entstehen, die unzutreffend abgegrenzt sind, doppelt gezählt werden, falsch angegeben werden, veraltet sind etc.,
- Modellfehler, die durch falsche

Methodenwahl entstehen, z. B. Denkfehler, Konstruktionsmängel,

- Annahmefehler, die durch falsche Prämissen und Hypothesen über Einflußfaktoren entstehen.

Sinnvoll sind Kontrollen über das Entstehen und das Ausmaß von Prognosefehlern im nachhinein, um aus diesen Fehlern für zukünftige Prognosen zu lernen (= Abweichungsanalyse). Auch der parallele Einsatz verschiedener, unabhängiger Prognoseverfahren kann die Güte von Aussagen erhöhen.

Prognosefehler nehmen u. a. mit wachsendem Vorhersagezeitraum und zunehmender Detailliertheit der Ergebnisse zu. Der parallele Einsatz unabhängiger Prognoseverfahren kann die Güte erhöhen.

Prognoseeffekte liegen in der

- Selbstbestätigung der Vorhersage (Self Fulfilling Prophecy), z. B. wenn Absatzerhöhungen prognostiziert werden und deshalb im Vorgriff die Marketingaktivitäten verstärkt werden, was dann erst zum vorhergesagten Ergebnis führt.
- Selbstaufhebung der Vorhersage (Self Destroying Prophecy), z. B. wenn Absatzrückgänge prognostiziert werden und daher die Marketingaktivitäten im Vorgriff intensiviert werden, um diese zu verhindern, weshalb die Vorhersage dann genau nicht mehr zutrifft.

Prognose-Ansatz

(→ Marketing, Methoden)

Prognosefunktion

(→ Marketingforschung, Begriffe)

Prognostische Befragung

Die Prognostische Befragung erfolgt meist unter Experten, also Geschäftsleitungsmitgliedern, Mitarbeitern, Händlern, Außendienstlern oder Endkunden. Sie kann einmalig oder wiederholt erfolgen, direkt oder indirekt erhoben werden, sich auf funktionale Beziehungen oder Wahrscheinlichkeitsschätzungen beziehen. Die Befragung der Geschäftsleitung hat folgende Vorzüge: Sie ist schnell in der Durchführung, einfach in der Auswertung, nutzt Fachwissen und hohes Urteilsvermögen und verursacht geringe Kosten. Nachteilig ist hingegen das Ressortdenken und das fehlende Hintergrundwissen bei im operativen Bereich Fachfremden. Zudem sind die Aussagen emotional gefärbt und beanspruchen die teure Zeit des Management.

Die Befragung des Außendienstes hat folgende Vorzüge: Sie ist schnell in der Durchführung, einfach in der Auswertung, nutzt enge Marktkenntnisse, gleicht Einzelfehler durch größere Kopfzahl aus und verursacht nur geringe Kosten. Nachteilig sind die Antizipation von Sollvorgaben, die mangelnde Übersicht über generelle Tendenzen und Einsatz von Marketinginstrumenten sowie Akzeptanzprobleme bei ständiger Befragung.

Die Befragung der Händler hat den Vorzug des engen Endkundenkontakts dort. Nachteilig sind die nur lückenhaften Beobachtungen und das erhebliche Eigeninteresse der Absatzmittler.

Die Befragung von Endkunden hat folgende Vorzüge: Direkte Marktinformation und Erfassung der Stimmung sind hier zu nennen. Nachteilig sind die hohen Kosten, der hohe Zeitaufwand, die oft mangelnde Repräsentativität, die geringe Informationsbereitschaft und das begrenzte Informationsvermögen.

Die Befragung von Mitarbeitern hat folgende Vorzüge: Hier besteht enger Kundenkontakt und unmittelbare Einsicht in die Marktreaktion. Nachteilig sind die betriebsverzerrte Sichtweise, die Tendenz zu „vorauseilendem Optimismus“ oder „vorbeugendem Pessimismus“ und oftmals mangelndes Abstraktionsvermögen.

Allgemeine Vorteile der Befragung liegen in folgenden Aspekten: Kurzfristige Durchführbarkeit der Befragung und Nutzung des vorhandenen Wissens, der Erfahrung und des Urteilsvermögens der Befragten.

Nachteilig sind vor allem der recht große Aufwand in der Erhebung, die subjektive Verzerrung der Antworten und deren mehrdeutige Auswertbarkeit, so müssen die Befragten damit rechnen, an ihren Prognosen gemessen zu werden, sodaß massive Eigeninteressen vorliegen, und der fehlende zuverlässige Überblick beim Einzelnen zur Beurteilung der Gesamtlage. Eindrücke bleiben daher willkürlich und lückenhaft. Zudem mag es an Auskunftswilligkeit mangeln (Informationsbereitschaft, Akzeptanzproblematik etc.).

Programmanalysator

(→ *Testverfahren, Mechanische)*

Programmart

Das Programm umfaßt alle von einem Hersteller angebotenen Produkte. Dabei handelt es sich ausschließlich um knappe Güter (im Gegensatz zu nicht-wirtschaftlichen, freien Gütern, die es allerdings kaum mehr in Reinform gibt). Diese können Nominalgüter oder Realgüter sein. Realgüter unterteilen sich in immaterielle und materielle Güter. Erstere sind Dienstleistungen und Rechte, mit denen gehandelt werden kann. Letztere sind natürliche Ressourcen (Urprodukte) und Sachleistungen (als Ergebnis von Prozessen). Diese wiederum unterteilen sich in immobile Sachleistungen und mobile Sachleistungen, die Konsumtiv- oder Produktivgüter sein können. Konsumtivgüter sind Gebrauchs- und Verbrauchsgüter, Produktivgüter sind Produktions- und Investitionsgüter. Das Programm läßt sich hinsichtlich seiner Dimensionierung, Einteilung und Orientierung beschreiben. Die Programmdimensionen beschreiben Programmbreite, -tiefe, -veränderung und -verbund.

Programmbartering

Beim Programmbartering handelt es sich um ein relativ neues Phänomen. Man versteht darunter den Tausch von vorproduziertem Sendeprogramm gegen Werbezeiten, vorläufig nur bei privaten Sendern. In den USA ist seit langem die Verbindung von Redaktions- und Werbezeiten sehr eng. Beliebte Sendereihen werden wegen ihrer hohen Einschaltquoten von großen Werbungtreibenden für die Placierung von Werbespots genutzt. Vorreiter auf diesem Gebiet ist Procter&Gamble gewesen, ein großer Waschmittel- und Körperpflege-Hersteller, weshalb diese Serien auch den Namen „Soap Operas" erhielten.

Von da war es nur noch ein kleiner Schritt, sich bei der Placierung von Werbespots nicht mehr von der Attraktivität des redaktionellen Programms der privaten Sender abhängig zu machen, sondern dieses selbst zu produzieren und den Sendeanstalten zur Verwertung anzudienen. Freilich im direkten Warentausch gegen Werbezeit, die auf Basis der Tarifpreise nach Abzügen gerechnet die Herstellungskosten im Wert übersteigt. Damit wird einem beiderseitigen Interesse entsprochen. Die privaten Sender haben das Problem, täglich viele Stunden Sendezeit mit möglichst interessanten Programmen zu füllen. Eigenproduktionen sowohl wie zugekaufte Sendungen sind infolge des hohen Anspruchsniveaus und des scharfen Wettbewerbs erheblich im Preis gestiegen. Da ist die Füllung bestimmter Programmplätze durch vorproduzierte Sendungen willkommen. Werbungtreibende haben das Problem, Werbezeiten günstig einzukaufen, um die Penetration ihrer Kampagnen bei steigenden Einschaltkosten und limitierten Budgets zu gewährleisten. Da ist der Naturaltausch Programm gegen Umgehung der üblichen Tarifbedingungen gerade recht. Insofern darf vorausgesetzt werden, daß auch hierzulande die Bedeutung von Bartering steigen wird. Beispiele sind The Eurocharts Top 50 von *Coca Cola* auf *MTV*, die Kino News auf *SAT 1* von *McDonald's*, das Ratespiel Heiter weiter ebenfalls auf SAT 1 von *Jacobs Suchard*, die Springfield Story auf RTL von *Procter&Gamble* etc. Natürlich findet Bartering nicht nur im Fernsehen, sondern auch im Funk statt (z. B. *TDK*-Hitparade auf *RTL*).

Und eine Ausweitung über elektronische Medien hinaus auf den Printbereich scheint wahrscheinlich. So spricht nichts dagegen, daß redaktionelle Beiträge in Zeitungen und Zeitschriften, vor allem soweit sie nicht aktualitätsbezogen sind, durch Werbungtreibende verfaßt und den Verlagen im Tausch gegen überproportionale Anzeigenfläche angeboten werden. Denn die Problemstellung im Printbereich ist durchaus ähnlich. Auch hier wird es immer schwieriger, einerseits attraktive Redaktion zu bieten und andererseits Werbedruck zur Konkurrenzneutralisierung aufzubauen. Abzugrenzen ist Bartering von Sponsorsendungen, bei denen ein Werbungtreibender zwar das Patronat für eine Sendung übernimmt, diese aber vom Sender selbst produziert wird und ein vereinbartes Entgelt dafür fließt, sowie von PR-Anzeigen, die gegen Entgelt, und PR-Beiträgen, die ohne Gegenleistung, geschaltet werden.

Zwischenformen, deren Reiz in der Vergünstigung im Einschaltpreis liegt, sind mit Werbungtreibenden kooperativ vorproduzierte Sendeprogramme sowie Programme, die im Auftrag von Werbungtreibenden durch den Sender produziert werden, wobei dieser gegenüber der Preislistenbasis günstigere Produktionskosten in Ansatz bringt. Die Gestaltung von Barter-Programmen bietet exzellente Möglichkeiten, öffentlichkeitswirksame Botschaften außerhalb der Werbeblocks unbewußt an Empfänger überzubringen. Möglichkeiten des Product Placement können zudem im Rahmen der gesetzlichen Möglichkeiten genutzt werden. Werbespots hingegen dürfen Barter-Sendungen nur einrahmen, nicht aber unterbrechen.

Programmbereinigung

(→ Programmbreite)

Programmbreite

Der Programmumfang beschreibt die Breite aller angebotenen Produkte eines Unternehmens. Die Programmbreite umschreibt die Anzahl verschiedenartiger Einzelprodukte im Programm. Ein Programm ist breit, wenn es vergleichsweise viele verschiedenartige Einzelprodukte umfaßt, und es ist schmal, wenn es eher wenige umfaßt. Als Vorteile einer hohen Programmbreite sind folgende zu nennen. Es werden unterschiedliche Käuferpotentiale durch das vielfältige Angebot an die Geschäftsstätte gebunden. Es besteht die Möglichkeit zu ungeplanten Zusatzeinkäufen in verschiedenen Programmteilen. Zwischen verschiedenen Programmteilen kann eher ein kalkulatorischer Ausgleich erreicht werden. Als Nachteile ergeben sich weitgehend die Vorteile der Programmtiefe. Dabei bestehen vier mögliche Ausprägungen der Veränderung:

- *Programmerweiterung* bedeutet die Erhöhung der Breite des Unternehmensprogramms als Anzahl verschiedenartiger, additiver Produkte. Diese Hinzunahme neuer Produkte soll die Marktabdeckung verbessern und damit über mehr Kontaktchancen zu Nachfragern die Wahrscheinlichkeit der Umsatzerzielung mit diesen erhöhen.
- *Programmverkürzung* bedeutet die Verringerung der Breite des Unternehmensprogramms. Dieser Wegfall bestehender Produkte soll durch eine bessere Konzentration auf das verbleibende Angebot und dessen höhere Übereinstimmung mit den Markterfordernissen die Umsatzchancen stärker steigern als es dem ausfallenden Umsatz der nicht mehr angebotenen Produkte entspricht.
- *Programmbereinigung* bedeutet Austausch von Programmbestandteilen bei erhöhter, verringerter oder gleichbleibender Programmbreite. Erhöhte Programm-

	Anzahl der Produktarten	I	II	III	IV
Anzahl der Produktvarianten					
1		I.1	II.1	III.1	IV.1
2		I.2	II.2	III.2	IV.2
3		I.3	II.3	III.3	IV.3
4		I.4	II.4	III.4	IV.4
5		I.5	II.5	III.5	IV.5

Programmdimensionen (Breite / Tiefe)

Programmdimensionen

breite ergibt sich, wenn mehr neue Produkte hinzukommen als bestehende wegfallen. Verringerte Programmbreite ergibt sich, wenn mehr bestehende Produkte wegfallen als neue hinzukommen. Gleichbleibende Programmbreite ergibt sich, wenn gleichviel neue Produkte hinzukommen wie bestehende wegfallen.

- *Programmkonstanz* bedeutet unveränderte Struktur und Breite des Unternehmensprogramms. Dabei wird die Mischung des Portfolios als optimal angesehen, sodaß jede Veränderung nur eine Verschlechterung der Situation bewirken könnte.

Als wesentliche Beschränkung für die Veränderung des Programmumfangs wirken die Barrieren bei Markteintritt und Marktaustritt. (→ *Strategien im Marketing*)

Programmdiversifikation

Homogene Diversifikation bedeutet die Zusammenfassung verwandter Elemente, d. h. artähnlicher neuer Produkte und Märkte, in einem Programm. Im wesentlichen handelt es sich dabei um die Absicht der Nutzung von Synergieeffekten und die Ausweitung oder Einschränkung der Wertschöpfungsspanne. Sie erfolgt horizontal auf verwandtem Tätigkeitsfeld und gleicher Marktstufe oder vertikal auf gleichem Tätigkeitsfeld und anderer Marktstufe.

Bei der horizontalen Diversifikation kann unterschieden werden nach:

- Materialtreue: Sie ist gegeben, wenn ein Unternehmen sich auf den Betrieb mit einem gleichen Grundstoff konzentriert.
- Wissenstreue: Sie ist gegeben, wenn vorhandenes Know how außer im angestammten auch in weiteren Sektoren genutzt wird.
- Problemtreue: Sie ist gegeben, wenn ein Programm nach Bedarfsbündeln der Nachfrager strukturiert ist.

Bei der vertikalen Diversifikation kann die Ausrichtung:

- vorwärtsgerichtet erfolgen, also in Richtung auf den Endkonsum der Bedarfsträger,
- rückwärtsgerichtet erfolgen, also in Richtung auf die Bereitstellung des Urrohstoffes.

Heterogene Diversifikation schließlich bedeutet die Zusammenfassung nicht verwandter Elemente zu einem Ganzen. Sie erfolgt:

- medial, also auf verwandtem Tätigkeitsfeld, aber anderer (vor- oder nachgelagerter) Marktstufe,
- diagonal, also auf anderem (unverbundenem) Tätigkeitsfeld, aber gleicher Marktstufe,
- lateral, also auf anderem Tätigkeitsfeld und anderer Marktstufe.

Programmerweiterung

(→ *Programmbreite)*

Programmiersprachen

(→ *Desk Top Publishing, Software)*

Programmkonstanz

(→ *Programmbreite)*

Programmtiefe

Die Programmtiefe beschreibt die Anzahl verschiedenartiger Ausprägungen eines Einzelprodukts im Programm. Ein Programm ist flach, wenn es vergleichsweise wenige Versionen eines Einzelprodukts umfaßt, und es ist tief, wenn es eher viele umfaßt. Als Vorteile einer hohen Programmtiefe sind folgende zu nennen. Es ist ein vergleichsweise übersichtliches Programmanagement durch homogene Produktgruppen gegeben. Es kommt zu einer Profilierung des Programms in Richtung Spezialisierung und damit verbundener Kompetenz. Es werden nur limitierte Anforderungen an Kapazitätsfaktoren gestellt. Als Nachteile ergeben sich weitgehend die Vorteile der Programmbreite.

In der Tiefendimension kommt es zur Programmveränderung durch Erweiterung, Kürzung oder Bereinigung. Die Erweiterung erfolgt, indem Versionen bestehender Produkte, die bisher im Programm nicht geführt wurden, am Markt aber vorhanden oder auch völlig neu sind, in das Programm aufgenommen werden. Man spricht auch von Programmproliferation bei tiefer gestaffeltem Programm. Die Kürzung erfolgt, indem Versionen bestehender Produkte, die bisher im Programm geführt wurden, am Markt aber verschwinden oder sich nicht tragen, aus dem Programm gestrichen werden. Man spricht auch von Programmunifizierung bei flacher gestaffeltem Programm. Die Bereinigung entsteht mit der Folge höherer Programmtiefe, indem mehr Versionen aufgenommen als gestrichen werden und umgekehrt. Bei Erweiterung und Kürzung im gleichen Ausmaß kann die Programmtiefe auch unverändert bleiben.

Programmunifizierung

Die Programmunifizierung beschreibt die weitgehende Beschränkung von Produkten im Programm. Die Gründe dafür sind in zwei Bereichen zu suchen. Erstens in der Angleichung der internationalen Vermarktungsbedingungen. Denn in den entwickelten Industriegesellschaften ist partiell eine Konvergenz der Sozialstrukturen zu beobachten, die bewirkt, daß die Grundbedarfe homogener werden, also einheitlicher abgedeckt werden können. Zweitens in der Nutzung von Stückkostendegression und Erfahrungskurveneffekten. Diese sind aber wiederum nur durch Ausbringung hoher Mengen weitgehend gleichartiger Produkte erreichbar.

Programmunifizierung führt somit zu geringerer Breite und/oder Tiefe. Eine angemessene Vielfalt kann dennoch durch Gleichteile-Produktion (Baukastensystem) dargestellt werden. Vorteile liegen in folgenden Punkten. Große Serien führen zu schneller Kostendegression. Eine Aufwärts- und Abwärtskompatibilität in Aggregaten ist eher gewährleistet. Es besteht eine hohe Servicefreundlichkeit. Es kommt zur Vereinfachung des Kaufprozesses auf Nachfragerseite. Die Dispositions- (Ersatzteile, Service etc.) und Distributionskosten bleiben geringer. Die Auslastung vorhandener Kapazitäten ist gleichmäßiger. Nachteile sind hingegen folgende. Die Homogenisierung des Angebots fordert Preiskämpfe heraus. Dadurch entsteht ein erhöhter Wettbewerbsdruck. Es herrscht eine geringe Flexibilität auf Nachfrageänderungen und Präferenzen können nicht angemessen bedient werden. Es kommt zu keinem Know how-Zuwachs im Umfeld des Angebots. Absatzschwankungen schlagen voll durch.

Programmverbund

Der Programmverbund resultiert aus Verbundkäufen, die entstehen, weil eine komplexe Leistung erst mit mehreren Produkten in Kombination erreichbar ist, weil geplante Bedarfe gesammelt und zeitlich und räumlich konzentriert befriedigt werden und weil neben geplanten Käufen weitere ungeplante Käufe aus spontaner Beeindruckung erfolgen. Ein solcher Programmverbund bewirkt eine Umsatzerhöhung. Dies kann etwa am Handelsplatz gezielt provoziert werden, indem Sortimentsteile, die zueinander in positivem Verbund stehen (partizipativ), räumlich benachbart placiert werden, indem Werbemittel am Platz der jeweils verbundenen Sortimentsteile Querverweise tragen und entsprechende Beratung im Persönlichen Verkauf oder über Medien gegenüber Kunden gegeben wird.

Das Programm staffelt sich nach verschiedenen Hierarchieebenen. Es besteht aus dem Teilprogramm (z. B. nur der Food-Produkte). Dieses besteht aus zwei oder mehr Warenbereichen (z. B. Nahrungs- und Genußmitteln). Diese bestehen aus zwei oder mehr Warengattungen (z. B. Süßwaren). Diese bestehen aus zwei oder mehr Warenarten (z. B. Schokoladeprodukten). Diese bestehen aus zwei oder mehr Sorten (z. B. Tafelschokoladen). Diese wiederum bestehen aus zwei oder mehr Artikeln (z. B. Geschmacksrichtungen).

Programmverkürzung

(→ Programmbreite)

Projektionsfragen

(→ Fragearten)

Projektorganisation

Die Projektorganisation ist eine streng-hierarchische, temporäre Organisationsform. Die Projekt-Teilnehmer rekrutieren sich aus allen für das Problem bedeutsamen Bereichen des Unternehmens, arbeiten hauptamtlich und kehren nach Erfüllung der Aufgabe in ihre ursprüngliche oder eine andere Position zurück. Sie arbeiten „Full Time" am Projekt (Unterschied zum Gremium), und zwar nur an einem zur Zeit (Unterschied zum Team). Das Projekt ist definitionsgemäß zeitlich begrenzt (Unterschied zur Zentralabteilung), typischerweise aber auch budgetär und personell begrenzt, hat ein definiertes Ziel und einen definierten Anfang, besitzt eine gewisse Einmaligkeit, bedarf der Strukturierung, ist komplex und mit Risiko behaftet, bedingt die Zusammenarbeit von Spezialisten und erfordert eine Projektleistung mit spezifischer Organisation und Koordination. Die Arbeitsphasen sind nach der Ernennung eines Projektleiters die Festlegung des Projektziels, die Teilaufgabeneinteilung, die Projektablaufplanung, die Bedarfs- und Aufwandsschätzung, die Terminplanung, die Budgetierung, die Mitarbeiteranleitung und -motivation, die Ablaufüberwachung, der Eingriff bei Planabweichung, die Koordinierung und die Kontrolle des Projekts. Die Projektorganisation ist weit verbreitet in der Investitionsgüterbranche, dort wiederum im Anlagengeschäft.

Wesentliche Vorteile sind die folgenden. Bei interdisziplinären Projekten wird für alle Beteiligten eine zentrale Ansprechstelle geschaffen. Eine koordinierte Ablaufplanung von komplexen Aufgaben ist gewährleistet. Die ineinandergreifenden Einzelaktivitäten können dadurch besser geplant, gesteuert und kontrolliert werden. Eine gesamtprojektbezogene Erfolgsrechnung (Profit Center) wird möglich. Die weitgehende Autonomie der Projektleistung ermöglicht ein flexibles Eingehen auf Marktforderungen.

Dem stehen folgende Nachteile gegenüber. Das Zusammenspiel von begrenzter Projektorganisation und genereller Aufbauorganisation in der hybriden Auslegung schafft Probleme. Vor allem entstehen Kompetenzprobleme der Mitarbeiter durch doppelte Unterstellung bei Disziplinarvorgesetztem und Projektleiter. Bei der Zuteilung der Ressourcen macht sich deren begrenzte Teilbarkeit bemerkbar und erfordert Mindestprojektumfänge. Es gibt womöglich Reintegrationsprobleme nach Beendigung eines Projekts.
(→ Strukturorganisation)

Projektstrukturplan

(→ Planungstechniken)

Proliferation der Programme

(→ Logistik, Prozesse)

Promotionspiel

(→ Rundfunkspots, Sonderformen)

Promotoren-Konzept

Bei Kaufentscheidungen in Organisationen lassen sich unterschiedliche Rollenauffassungen feststellen.

Das Promotoren-Konzept unterscheidet zwischen Machtpromotoren und Fachpromotoren. Opponenten hemmen den Innovationsprozeß bei der erstmaligen Anschaffung neuer Einkaufsobjekte, Promotoren fördern ihn. Promotoren sind Personen, die einen Beschaffungsprozeß initiieren und bis zum Schluß aktiv und intensiv fördern. Der Promotor ist also eher jemand, der Initiativen ergreift, sich engagiert, als jemand, der nur mit Umsicht und Gelassenheit seine Pflicht erfüllt und einschlägige Vorschriften beachtet.

Machtpromotoren verfügen aufgrund ihrer hierarchischen Stellung in der Organisation über Entscheidungsmacht. Sie sind intern legitimiert, Vertragsabschlüsse bindend zu tätigen. Sie können Vorgänge durch Anordnung, Sanktion gegenüber „Bremsern“ und Unterstützung treibender Kräfte in Richtung und Tempo maßgeblich beeinflussen. Sie haben dabei weniger technisch-organisatorische Details im Sinn als vielmehr deren Auswirkungen auf das Unternehmen insgesamt.

Fachpromotoren zeichnen sich, unabhängig von ihrer hierarchischen Stellung, durch spezifisches Wissen aus. Sie nehmen aufgrund fachlicher Legitimation auf die Entscheidung Einfluß. Fachpromotoren sind typischerweise im Middle Management angesiedelt.

Selten treten Macht- und Fachpromotoren in Personalunion auf. Macht- und Fachpromotoren können aber gemeinsam auftreten, was ihnen besondere Effizienz verleiht. Gelegentlich werden *Prozeßpromotoren* ergänzt, die für die Durchsetzung von Entscheidungen in der Organisation Sorge tragen.
(→ Käuferverhalten)

Proof

(→ Nutzenbeweis)

Proportionale Schichtung

(→ Zufallsauswahl, Geschichtete)

Prospector

(→ *Innovation)*

Provisionssystem

(→ *Werbeagentur, Vergütung)*

Provozierende Frage

(→ *Fragetechnik im Verkaufsgespräch)*

Prozeß-Ansatz

(→ *Marketing, Paradigmawechsel)*

Prozess-Idee

(→ *Business Process Reengineering)*

Prozesse und Organisations-Audit

(→ *Marketing, Audit)*

Prozessierung im Marketing

Zu Anfang stand das *Transaktions-Marketing* im Mittelpunkt, das sich allein auf den Austauschakt in Verkauf bzw. Einkauf konzentrierte. Bald jedoch wurde klar, daß jeder Kauf bzw. Verkauf eine Vorgeschichte hat, sich also folgerichtig im Zeitablauf entwickelt. Insofern wurde erkannt, daß die Konzentration auf den Austauschakt zu spät ansetzt, es insofern also notwendig wurde, gerade auch die Anbahnungsphase zu begleiten. Es entstand das Vorkauf-Marketing (*Akquisitions-Marketing*). Heute ist man der Ansicht, daß auch dies nicht ausreicht, sondern eine Begleitung über den Vollzug des Austauschaktes hinaus erforderlich ist, denn jeder Kauf bzw. Verkauf hat auch eine Nachgeschichte. Diese führt im Wege eines Kreislaufs zur nächsten Transaktion, mit demselbem Anbieter/Angebot im Erfolgsfall, oder mit anderen im Mißerfolgsfall. Dies drückt sich im Beziehungs-Marketing (*Relations-Marketing*) aus. Diesen Kreislauf perfekt zu beherrschen, wird immer wichtiger. Dabei spielen einige zentrale Begriffe eine Rolle. Kundenzufriedenheit ist die entscheidende Voraussetzung, damit aus einem Erst- oder Probierkauf ein Wiederkauf wird, aus dem einmaligen damit ein kontinuierlicher, die Geschäftstätigkeit tragender Erfolg. Dies setzt freilich eine hohe, konstante Angebotsleistung voraus. Diese muß durch Qualitätssicherungsprogramme gewährleistet werden, was im Sachgüterbereich wesentlich leichter zu handhaben ist als im Dienstleistungsbereich, weil hier der „Störfaktor“ Mensch bedeutsam und nur schwer „beherrschbar“ ist. Schließlich ist auch der Aufbau und Unterhalt eines systematischen Kontakts zu aktuellen und potentiellen Abnehmern wichtig. Dies erfolgt im Rahmen von Interessenten- (IKP) oder Kunden-Kontakt-Programmen (KKP), erstere in der Vorkaufphase, letztere in der Nachkaufphase, obgleich dies nicht mehr so genau auseinanderzuhalten ist.

(→ *Marketing, Definition)*

Prozeßorganisation

Die Prozeßorganisation befaßt sich mit Arbeitsteilung, Zeit und Raum. Ziel ist hier die Minimierung der

Durchlaufzeiten und Maximierung der Kapazitäten. Dies erfolgt durch Erfassung der Arbeitsabläufe, die Feststellung der Häufigkeiten, Bearbeitungszeiten sowie Arbeitsmittel und Kosten mit deren effektiver Gestaltung. Am Beginn steht nun die Aufgabenanalyse im Marketing als Istaufnahme der Arbeitsabläufe durch deren Zerlegung. Kriterien dafür sind:

- Verrichtung, d. h. die Art der erledigten Tätigkeit,
- Objekt, d. h. der Gegenstand, an dem eine Tätigkeit erledigt wird,
- Rang, d. h. die Entscheidung oder Ausführung von Arbeit,
- Phase, d. h. Planung, Durchführung oder Kontrolle betreffend,
- Raum, d. h. der Ort, an dem verrichtet wird,
- Zeit, d. h. die dauerhafte oder fallweise Anlage der Arbeit,
- Sachmittel, d. h. die Arbeitsgeräte, mit deren Hilfe eine Leistung erbracht wird.

Danach erfolgt die Zusammenfassung von Aufgaben durch Zentralisation in der Aufgabensynthese, überwiegend in Form von Funktions-, Produkt-, Kunden-, Gebiets-, Projektorganisation etc.

(→ Führungsstile, Leitungsgitter, Leitungsprinzipien)

Prozeßpromotor

(→ Promotoren-Konzept)

Prozeßstandardisierung

(→ Standardisierung von Dienstleistungen)

Psychogalvanometer

(→ Testverfahren, Psychomotorische)

Psychographische Werbedimensionen

(→ Werbung, Beurteilungskriterien)

Psychographische Werbeziele

(→ Werbeziele)

Psychologie

(→ Zielgruppen)

Public Relations

(→ Öffentlichkeitsarbeit)

Pümpin-Ansatz zur marktorientierten Unternehmensführung-

Pümpin hat Erfolgsfaktoren aus fernöstlicher Philosophie und kriegsstrategischen Überlegungen der Militärs abgeleitet. Sie lauten in leichter Abwandlung wie folgt. *Konzentration der Kräfte* bedeutet, sich nicht in diversen Aktivitäten zu verzetteln, sondern auf einen Bereich zu konzentrieren und diesen mit allem Nachdruck zu forcieren. Dadurch kann, einem Brennglas gleich, eine enorme Kraft ausgeübt werden. Die Kräfte des Betriebs sind auf ausgewählte, möglichst angestammte Produkt-Markt-Kombinationen zu richten. Die Zuordnung der finanziellen, personellen und sachlichen Mittel ist nach einer Prioritätenfolge durchzuführen. Mit Vorteil werden die eigenen Mittel auf jene Bereiche konzentriert, in welchen die wichtigsten Konkurrenten schwach, hingegen Marktchancen groß sind.

Die *Entwicklung von Stärken und Vermeidung von Schwächen* bringt die Nutzung der größeren Hebelwirkung. Steht man vor der Alternative, begrenzte Ressourcen entweder zu nutzen, um Schwächen auszubügeln oder Stärken auszubauen, soll die Präferenz immer zugunsten letzteren erfolgen. Denn ein markanter Vorsprung auf einem Gebiet ist höher zu bewerten, als eine nivellierende Qualität auf allen weiteren. Deshalb baut die Strategie sinnvollerweise immer auf den Stärken der Unternehmung auf, die ungenannte Schwächen überdecken, sofern diese ein Mindestniveau der Erfüllung freilich nicht unterschreiten.

Ausnützen von Umwelt- und Marktchancen schafft keine dogmatische Inflexibilität, sondern flexible Reaktion auf Datenänderungen sowie das Aufspüren und Wahrnehmen von daraus resultierenden Optionen. Historische Chancen, wie die Liberalisierung der osteuropäischen Märkte oder der Computerisierungstrend, müssen offensiv genutzt werden, um die Marktposition zu verbessern. Die Erfahrung zeigt immer wieder, daß zupackende Pragmatiker gegenüber zaudernden Philosophen materiell im Vorteil waren. Selbst aus dem militärischen Bereich kann die Erfahrung übernommen werden, daß die gekonnte Ausnützung von Umfeldbedingungen Chancen offeriert.

Innovation erreicht die Erzielung von Marktvorsprüngen durch Neuheiten. Das Innovatitionspotential der Mitarbeiter ist in diesem Zusammenhang überlebensnotwendig. Es bewirkt die Sicherung der Existenz des Unternehmens durch hohe Neuerungsrate. Allerdings darf es nicht soweit kommen, daß Innovation um ihrer selbst willen erfolgt. Vielmehr soll man sich auf die erfolgversprechendsten Innovationsfelder konzentrieren und diese mit allem Nachdruck verfolgen.

Das *Ausnützen von Synergiepotentialen*, wo immer möglich, schafft synergetische Effekte durch Bearbeitung arrondierender Geschäftsfelder. Sie schaffen durch ihre Eigendynamik Vorsprünge am Markt und hohe Effizienz der Ressourcen. Dabei darf nicht nur auf bestehende Synergien abgehoben werden, sondern es müssen neue Synergiepotentiale kreativ entwickelt werden.

Die *Abstimmung von Zielen und Mitteln* für eine optimale Budgetallokation schafft eine Adäquanz von Einsätzen und Ergebnissen. Dies scheint selbstverständlich, wird aber oft übersehen. So werden zu Beginn einer Geschäftsperiode die Ziele festgelegt und die dafür erforderlichen Mittel bestimmt. Im Verlauf des Zeitraums werden diese Mittel dann aus Kosteneinsparungsgründen gekürzt, ohne daß aber zugleich auch eine Korrektur der Ziele erfolgt. Im Effekt verwundert dann allerseits, daß die angestrebten Ziele offensichtlich nicht erreicht werden konnten.

Die *Schaffung einer zweckmäßigen und führbaren Organisation* erleichtert die Anpassung der internen Abläufe an die Markterfordernisse. Denn zur konsequenten Ausrichtung reichen nur die marktbezogenen Tätigkeiten allein nicht aus. Auch die internen Abläufe müssen sich an Marketingmaßstäben orientieren. Das bedeutet eher flache Organisationsstrukturen, eher kleine Entscheidereinheiten und verursachungsgerechte Ergebnisermittlung.

Risikoausgleich ist zur gegenseitigen Kompensation von Risiken erforderlich. Diese kann sowohl sachlich, räumlich als auch zeitlich erfolgen und sichert den Betrieb gegen unvorhergesehene oder vorhersehbare Verluste ab. Dabei ergibt sich ein gewisser Konflikt zur Konzentration der Kräfte, denn diese wirkt dem Risikoausgleich gerade entgegen. Lösbar wird dieser durch die Rückstellung angemessener Reserven und durch möglichst risikoarme Geschäftsausweitung.

Ausnutzen von Koalitionschancen bedeutet die Bildung von Strategischen Allianzen und Joint Ventures mit Mitbewerbern und Komplementäranbietern. Dem liegt die Erkenntnis zugrunde, daß es besser ist, mit starken Marktpartnern zu kooperieren, statt, wahrscheinlich vergeblich, gegen diese anzukämpfen. Aber nicht nur Wettbewerber, sondern auch leistungsergänzende Anbieter kommen dafür in Betracht.

Beharrlichkeit bedeutet Stetigkeit und Nachhaltigkeit im Marketing. Man soll nicht sprunghaft mal hier und mal dort Aktivitäten entfalten, sondern gründlich die beste Strategie entwickeln und dann auch beharrlich bei dieser bleiben. Selbst wenn dem ersten Anlauf noch kein Erfolg beschieden ist.

Einheitliche Grundauffassung ist entscheidend für die Identität des Betriebs. Die Denkhaltung, die konkrete Aufgabe und das Sozialkonzept von Anbietern müssen konsistent sein, um Glaubwürdigkeit zu vermitteln. Und es muß allen Mitarbeitern bekannt gemacht werden, damit diese ihre Einstellung und ihr Verhalten danach ausrichten und ggfls. sanktioniert werden können.

Einfachheit, d. h. es muß ein klares und verständliches Grundkonzept geben, nach dem ein breiter Kreis von Mitarbeitern zielgerichtet arbeiten kann. Aufbau- und ablauforganisatorische Regelungen, die niemand mehr durchschaut, die arbeitshemmend und frustierend wirken, sind kontraproduktiv. Das, was Mitarbeiter und Marktpartner verstehen und nachvollziehen können, unterstützt den Betriebserfolg.

Indirektes Vorgehen, d. h. Mitbewerbern soll das Hauptziel des Vorgehens möglichst lange verborgen bleiben, damit sie keine Chance erhalten, diesem entgegenzuwirken. Denn in einer Wettbewerbswirtschaft ist die eigene Zielerreichung nur zu Lasten anderer möglich, daher muß es Strategiebestandteil sein, diesen anderen, wohlgemerkt mit lauteren und sittlichen Mitteln, zuvorzukommen.

Differenzierung, d. h. die Erfolgswahrscheinlichkeit ist umso höher, je eher Marktnischen anvisiert werden, statt sich im Kernmarkt vergeblich zu versuchen. Diese Erkenntnis stimmt auch mit den analytischen Umsetzungsempfehlungen überein. Nur wer polarisiert, ohne dabei freilich mehr als unerläßlich zu provozieren, ist durchsetzungsfähig, wer ohne Ecken und Kanten bleibt, geht in der Masse unter.

Imageprofilierung, d. h. bei der Auswahl von Maßnahmen soll immer auch deren Imagewirkung berücksichtigt werden und eine starke Entscheidungspräferenz haben. Die entschlossenere Umsetzung bietet, bei ansonsten gleicher Beurteilung der Folgen, immer die bessere Chance bzw. Erfolgsaussicht. Das damit verbundene höhere Risiko wird dadurch gerechtfertigt.

(→ Erfolgsfaktoren im Marketing)

Pufra-Test

Die ist eine in der Praxis äußerst verbreitete Form der Markterkundung. Darunter versteht man den Versuch, vom normalen „Mann auf der Straße“ zu erfahren, wie die spontane Anmutungswirkung einer Werbung, die er nicht kennt, auf ihn ist. Verhängnisvollerweise kommen nicht gerade wenige Chefs im Rahmen von Geschäftspräsentationen darauf, eben eine solche willkürliche Befragung vorzunehmen. Nur, daß man dort nicht auf den Mann auf der Straße zurückgreifen kann, sondern nur auf die Mitarbeiter der unmittelbaren Umgebung. Da solche Meetings bis zur Entscheidungsannäherung oft in den frühen Abend hineinreichen, sind dann schon die Putzkolonnnen unterwegs, die Büros zu reinigen. Wie geschaffen für einen spontanen Test, der deshalb auch unpretensiöser Putzfrauen-(Pufra-) Test genannt wird. Es ist schon verwunderlich, welche weitreichenden Entscheidungen von solchen willkürlichen Befragungen, wenn schon nicht abhängig gemacht, so doch erheblich beeinflußt werden. Gerade dabei wäre etwas theoretische Fundierung vonnutzen. Denn die Ergebnisse sind äußerst interpretationsbedürftig. Das liegt zum einen daran, daß die Befragten, oft unter Streß gesetzt, weil wichtige Personen ringsum zuschauen, in ihrer Artikulation gehemmt oder beschränkt sind, dann daran, daß sie nicht wissen können, welche Ziele durch die ihnen vorgehaltene Konzepte erreicht werden sollen und schließlich auch, weil sie meist garnicht zur Zielgruppe gehören, es also für die Sache eigentlich völlig gleichgültig ist, das sie denken. So stehen denn sichtlich überforderte Menschen verdutzt vor einer komplexen Wahrnehmungssituation und sagen irgendetwas, um überhaupt etwas zu sagen und sich halbwegs achtbar aus der Affäre zu ziehen und wieder an ihre eigentliche Arbeit gehen zu können, und die ist putzen.

Pull

(→ Absatzkanal, Beziehungen)

Pulsfrequenzmessung

(→ *Testverfahren, Psychomotorische)*

Punktediagramm

(→ *Visualisierung von Daten)*

Punktschätzung

(→ *Schätzverfahren)*

Pupillometer

(→ *Testverfahren, Psychomotorische)*

Push

(→ *Absatzkanal, Beziehungen)*

Q

Qualitätsauslobungsfunktion der Packung

(→ Packung, Kommunikationsfunktion)

Qualitätsdefinition

(→ Qualitätsmanagement)

Qualitätsdokumentation

(→ Qualitätssicherung)

Qualitätskritische Merkmale

Dabei werden innerhalb der Messung der Dienstleistungsqualität zunächst besonders qualitätskritische Merkmale identifiziert und diese dann einzeln hinsichtlich ihres Einflusses auf das globale Qualitätsurteil bewertet. So werden Penalties, deren Abwesenheit vom Kunden bestraft, deren Vorhandensein aber nicht gesondert honoriert, weil als selbstverständlich angesehen, wird, einerseits, und Rewards, deren Vorhandensein honoriert, deren Abwesenheit aber nicht gesondert bestraft wird, andererseits, unterschieden. Es liegt also eine Asymmetrie vor. Damit werden bereits konkrete Hinweise gegeben, z. B. derart, daß zunächst die Penalty-Faktoren auf ein akzeptiertes Mindestniveau zu hieven sind, bevor es sinnvoll erscheint, sich an die Reward-Faktoren zu wagen. Sofern dieses Mindestniveau aber erreicht ist, entspricht es einer strategischen Erkenntnis, sich auf die Reward-Faktoren zu konzentrieren, da die Hebelwirkung dort wesentlich größer ist.

Qualitätslenkung

(→ Qualitätssicherung)

Qualitätsmanagement

Qualitätsmanagement dient der Erreichung möglichst hoher Produktqualität und ist eine der wichtigsten Aufgaben der Führungskräfte im Betrieb. Qualität muß aktiv gefördert und darf nicht nur passiv verteidigt werden. Dies setzt die Schaffung eines Qualitätsbewußtseins bei den Mitarbeitern voraus. Qualität muß daher in die obersten Betriebsziele aufgenommen werden und durch Qualifizierungsmaßnahmen der Mitarbeiter sowie Dokumentation des Qualitätsmanagement (i. S. d. Zertifizierung) etabliert werden. Voraussetzung dafür ist jedoch ein Vorleben der Qualitätsphilosophie durch die Führungskräfte selbst, um Glaubwürdigkeit zu verkörpern. Gerade daran scheitert in vielen Fällen die Durchsetzung dieser Philosophie. So ist den Mitarbeitern die alles entscheidende Bedeutung der Qualität nur schwer zu vermitteln, wenn sie erleben, wie im Management Fehlentscheidungen vorkommen und gedeckt werden, die gerade diesem Qualitätsgedanken offensichtlich zuwiderlaufen.

Für Qualität gibt es vielfältige Definitionen. Im folgenden einige Beispiele:

- Qualität ist das gleichzeitige Minimum der Verluste, die das Unternehmen (interne Verluste), der Kunde (externe Verluste) und die Gesellschaft durch ein Produkt erleiden (Bläsing).
- Qualität ist das Maß, in dem das Produkt Kundenanforderungen erfüllt (Clark/Fujimoto). Qualität ist die Übereinstimmung mit den Anforderungen des Kunden (Haist/Fromm).
- Qualität ist die Gesamtheit von Eigenschaften und Merkmalen eines Produkts oder einer Tätigkeit bzgl. ihrer Eignung, festgelegte und vorausgesetzte Erfordernisse zu erfüllen (DIN 55350). Qualität ist die Eignung der Unternehmensgesamtleistung zur Erfüllung aller an sie gerichteten Anforderungen (Horvath/Urban).
- Unter Qualität versteht man die auf einem Gut-Schlecht-Kontinuum beurteilte Beschaffenheit einer Leistung (Hentschel).
- Qualität ist die Gesamtheit von Merkmalen einer Einheit bzgl. ihrer Eignung, festgelegte und vorausgesetzte Erfordernisse zu erfüllen (DIN ISO 8402).
- Qualität ist die vollständige Erfüllung der vereinbarten Spezifikationen bzgl. Ausführung, Menge und Termin, unter Berücksichtigung der Eignung für den vorgesehenen Verwendungszweck (Salvisberg).

Weithin ist die Bedeutung der Qualität für den Geschäftserfolg bereits erkannt. Diese soll möglichst hoch und konstant ausgestaltet sein. Das bedeutet aber, daß Maßnahmen zur Qualitätssicherung erforderlich sind. Hier wird nicht erst neuerdings der Begriff des Total Quality Management (TQM) genannt. „Total" bedeutet, daß die Einbeziehung aller an der Leistung beteiligten Interessengruppen (Mitarbeiter, Zulieferer, Abnehmer etc.) erforderlich ist. „Quality" bedeutet, daß eine konsequente Orientierung aller betrieblichen Aktivitäten an den Qualitätsforderungen erforderlich ist. Und „Management" bedeutet, daß Qualität als übergeordnetes Führungsprinzip im Betrieb verstanden wird (Unternehmenskultur). TQM ist damit eine auf der Mitwirkung aller ihrer Mitglieder beruhende Führungsmethode eines Betriebs, die Qualität in den Mittelpunkt stellt und durch Zufriedenheit der Kunden auf langfristigen Geschäftserfolg sowie auf Nutzen für interne und externe Mitglieder abzielt. Wichtig ist dabei die Ausrichtung auf den Kunden und sein Qualitätsurteil (sog. teleologische Qualität), nicht auf eine interne Qualitätssichtweise. Unerläßlich ist eine kontinuierliche Qualitätsverbesserung (Kaizen) oder die revolutionäre Qualitätsbetonung (Business Reengineering). Ebenso ist die Forderung zu erheben, daß jeder Mitarbeiter sein eigener Qualitätsmanager ist und intern ein Lieferanten-Abnehmer-Verhältnis von Abteilung zu Abteilung gilt.

TQM zielt also auf Prozeßqualität ohne Verschwendung (Ausschuß) und Nachbesserung (Endkontrolle) ab. Die Stärken des Konzepts liegen in folgenden Aspekten:

- Es besteht die Möglichkeit zur Aktivierung von Leistungsreserven bei allen Mitarbeitern und Funktionen. Damit sind Qualitätsanstrengungen nicht mehr nur auf das Management beschränkt, sondern werden in voller Breite getragen.
- Eine starke Teamorientierung durch intensive Kommunikation von Ergebnisverbesserungen ist gegeben. Dadurch kommt eine starke Diffusion dieser Erkenntnisse im Betrieb zustande, wodurch Multiplikationseffekte entstehen.
- Die Bereitstellung effektiver Techniken ist gewährleistet. Das Konzept bietet eine Vielzahl konkreter Hilfestellungen bei der Konzipierung und Implementierung, sodaß ein hoher Grad an Systematisierung vorhanden ist.
- Es gibt einen anerkannten Qualitätsaudit mit einschlägiger Zertifizierung. Dies führt zu einer Objektivierung der erzielten Standards und damit zu einer Vergleichbarkeit über Betriebs- und sogar Branchengrenzen hinweg.

Die Schwächen des Konzepts liegen in folgenden Aspekten:

- Es sind nur inkrementale Verbesserungen in bestehenden Strukturen, meist nur abteilungs- und funktionsbezogen, gegeben. Hingegen wird nicht versucht, revolutionär Neues zu suchen und als Umsetzung in Angriff zu nehmen.
- Ein hoher Zeitbedarf bis zur Erzielung spürbarer Ergebnisse ist erforderlich, daher ist TQM bei Krisen ungeeignet. Insofern ist TQM eine „Schönwetterstrategie“, die mittelfristiger Laufzeit und solider finanzieller Fundierung bedarf.
- Es besteht eine einseitige Orientierung auf Kunden, nicht auf andere Interessentengruppen. Durch die Vernetzung der Märkte zeigt sich jedoch, daß zunehmend auch andere Marktteilnehmer als Kunden den Betriebserfolg beeinflussen.

Ursachen für Fehlschläge bei TQM liegen vor allem in folgenden Aspekten:

- Kundenbedürfnisse werden nicht vollständig oder nicht richtig erfaßt.
- Die Kundenzufriedenheit wird mit falschem Maßstab gemessen.
- Eine Steigerung der Kundenzufriedenheit führt zu abnehmender Wirtschaftlichkeit.
- Es werden eher wettbewerbsunkritische Prozesse verbessert.
- Verbesserungen durchdringen nicht das gesamte Unternehmen.
- Investitionen in Anlagen und Personal wirken oftmals nicht auf kritische Prozesse (geringe Investitionseffizienz).
- Änderungen in der Strukturorganisation lösen nicht Prozeß-

schwächen und Qualitätsprobleme auf.

- Die Bedeutung der Unternehmenskultur wird unterschätzt.

(→ *Produktqualität)*

Qualitätsmessung bei Dienstleistungen

Die *Objektive Qualitätsmessung* erfolgt über Erfassung des Qualitätsniveaus durch Strukturen, Prozesse und Ziele des Dienstleisters einerseits und der dafür entstehenden Qualitätskosten andererseits. Diese Kosten setzen sich aus Fehlerverhütungskosten (Qualitätslenkung und -sicherung), Prüfkosten (Durchführung von Qualitätsanalysen und -kontrollen) und Fehlerkosten (Wiedergutmachung) zusammen. Die Kosten sind für ein angestrebtes Qualitätsniveau zu minimieren bzw. bei gegebenen Kosten ist das Qualitätsniveau zu maximieren. Sowohl Unter- als auch Überqualitäten sind zu vermeiden, erstere verschrecken Kunden und lassen sie den Anbieter wechseln, letztere werden von diesen nicht honoriert, belasten aber die Rentabilität. Die Feststellung des Qualitätsniveaus erfolgt durch Auditing, die der Qualitätskosten durch Controlling.

Die *Subjektive Qualitätsmessung* erfolgt durch Erfassung beim Kundenkontaktpersonal. Dazu gibt es zum einen anonymisierte Mitarbeiterbefragungen, deren Ergebnisse allerdings infolge deren Betriebsbefangenheit verzerrend wirken. Zum anderen ist auch die Nutzung des betrieblichen Vorschlagswesen als Lösungsmöglichkeit etwaiger Qualitätsprobleme denkbar. Dies macht nur Sinn bei paralleler Bonifizierung geeigneter Vorschläge und deren interner Publizierung zur breiten Nutzung in der Organisation (vgl. *Meffert, Heribert/Bruhn, Manfred:* Dienstleistungsmarketing, Wiesbaden 1995). Weitere mögliche Maßnahmen sind die Fischgrät-Analyse zur Ursache-Wirkungs-Erforschung und die Fehlermöglichkeits- und -einflußanalyse (FMEA) zur Fehlervermeidung.

(→ *Beschwerde, Ereignismessungen, Expertenbeobachtung, Messung, Mystery Shopper, Problementdekungs-Methode, Qualitätskritische Merkmale, Servqual, Vignetten-Methode)*

Qualitätsplanung

(→ *Qualitätssicherung)*

Qualitätsprüfung

(→ *Qualitätssicherung)*

Qualitätssicherung

Die Qualitätssicherung umfaßt Qualitätsplanung, – lenkung, -prüfung und -dokumentation. Die *Qualitätsplanung* (Quality Planning) umfaßt die Auswahl, Klassifizierung und Gewichtung der Qualitätsmerkmale sowie die schrittweise Konkretisierung aller Einzelforderungen an die Leistung unter Berücksichtigung der Erfordernisse, der Anspruchsklasse und der Realisationsmöglichkeiten.

Alle Aktivitäten im Unternehmen müssen sich am Kunden orientieren, da Qualität nun einmal die Erfüllung von Kundenanforderungen bedeutet. Kundenorientierung sorgt außerdem dafür, daß bei Überlegungen zu Qualitätsverbesserungen die richtigen Prioritäten gesetzt werden. Um Aufschluß darüber zu erhalten, ob das Resultat eines Arbeitsprozesses den Anforderungen des Kunden entspricht, sind Qualitätsmessungen unerläßlich. Sie geben darüber hinaus Hinweise auf Veränderungen oder Fehler innerhalb eines Prozesses. Da Qualitätsprodukte das Ergebnis von Prozessen darstellen, müssen sich Bemühungen zur Verbesserung von Qualität auf die Verbesserung und Beherrschung eben dieser Prozesse konzentrieren. Prozeßverbesserungen können effektiv nur in interdisziplinärer Teamarbeit erreicht werden. Mitarbeiter und Führungskräfte müssen trainiert werden, damit das Lösen von Problemen in bereichsübergreifender Zusammenarbeit funktioniert. Als Maßstab für Qualität gilt dabei immer „Null Fehler". Fehler dürfen dazu nicht einfach nur hingenommen, sondern müssen als Indiz für ein Versagen im Arbeitsprozeß angesehen werden und zugleich als Chance, die Ursachen dieses Versagens zu beseitigen. Das wirtschaftlichste Konzept zur Qualitätsverbesserung ist Vorbeugung, d. h. Voraussetzungen zu schaffen, damit Fehler gar nicht erst gemacht werden. Das Engagement der Führungsspitze ist für die Einführung eines Qualitätsmanagement unabdingbar. Sie ist verantwortlich für die Formulierung von Qualitätszielen und deren Verwirklichung. Sie muß eine Vorbildrolle übernehmen.

Die *Qualitätslenkung* (Quality Control) betrifft sämtliche vorbeugenden, überwachenden und korrigierenden Tätigkeiten bei der Realisierung. Unmittelbar geschieht dies durch Lenkung der Tätigkeiten während der Erstellung der Leistung, konkret z. B. durch Schulungs- und Trainingsmaßnahmen bei Mitarbeitern. Mittelbare Qualitätslenkung geschieht durch Potentialbeeinflussung, also die Herbeiführung oder Verbesserung der zur Realisierung der Leistung benötigten Qualitätsfähigkeit. Dazu gehören auch Informationstechnologien oder Produktpflegeprozesse.

Ziel ist dabei die Verbesserung der Leistungsfähigkeit einer Organisationseinheit durch verstärkte, aktive Einbeziehung aller Mitarbeiter bei der Gestaltung und Kontrolle organisatorischer, personeller und technischer Betriebs- und Arbeitsbedingungen, mit dem Oberziel der Harmonisierung von Ökonomität in allen Leistungsprozessen eines Unternehmens. Es soll eine Verbesserung der Kundenzufriedenheit durch reaktionsschnellen und effektiven Service, durch unbürokratisches Helfen in Problemfällen, durch Schaffen eindeutiger Ansprechpartner und transparenter organisatorischer Abläufe erreicht werden. Dies führt auch zu einer Erhöhung der Arbeitsqualität und zu Kosteneinsparungen sowie Produktivitätssteigerungen durch Vermeidung von Arbeitsfehlern, schnelle Reaktion auf Kundenwünsche, kostenbewußtes Verbrauchsverhalten sowie verbesserte Information und Kommunikation der Mitarbeiter untereinander. Es soll die Transparenz über Informations-, Entscheidungs- und Arbeitsprozesse durch Erkennen von Auswirkungen eigener Arbeitsergebnisse auf die Qualität der Arbeitsergebnisse anderer Mitarbeiter bzw. Organisationseinheiten erreicht werden. Ebenso eine verbesserte, reibungslose, konfliktfreie, unbürokratische Zusammenarbeit zwischen verschiedenen Fachabteilungen im Unternehmen, gerade in kritischen Situationen. Wie auch die Förderung des innerbetrieblichen Informationsaustauschs über echte Probleme und deren Lösung durch Entwicklung von Verständnis für andere und Förderung der Unterstützungsbereitschaft. Und die Erhöhung des Teamgeists in den unterschiedlichsten Arbeitsgruppen. Es soll zu einer Verbesserung der Mitarbeiterzufriedenheit kommen, zur verstärkten Identifikation jedes Mitarbeiters mit seiner Arbeit und seinem Unternehmen sowie den Unternehmensleistungen und zur Förderung der professionellen wie persönlichkeitsorientierten Entwicklung der Mitarbeiter. Weitere Ziele sind die Entwicklung von Einsatzbereitschaft, Entscheidungsfreude, Zuverlässigkeit und Verantwortungsbewußtsein sowie die Beseitigung von Arbeitsbeeinträchtigungen organisatorischer, ausstattungsbezogener und emotionaler Art.

Die *Qualitätsprüfung* (Quality Inspection) dient der Feststellung, inwieweit eine Leistung die Qualitätsanforderungen der Kunden und des Anbieters erfüllt. Dies geschieht etwa durch Testkäufe oder Beschwerdeerfassung sowie andere Methoden zur Qualitätsmessung.

Die *Qualitätsdokumentation* (Quality Assurance) enthält alle geplanten und systematischen Tätigkeiten, die dargelegt werden, um angemessenes Vertrauen zu schaffen, daß angebotene Leistungen auch zukünftig alle Qualitätsforderungen erfüllen. Dies geschieht meist durch Qualitäts-Handbücher, die Ist-Zustände akzeptierter Prozesse festschreiben und Entwicklungsrichtlinien für neue Prozesse aufzeigen. Vor allem aber geht es um die interne Kommunizierung der, den Vertrauensaufbau zur und die Motivation für die Qualitätsfähigkeit. Extern ist sie eine der Basen zur Zertifizierung, d. h. die Bestätigung et. ISO 9000–9003) durch einen unparteiischen Dritten, die aufzeigt, daß angemessenes Zutrauen besteht, daß Qualitätsanforderungen zuverlässig erfüllt werden. Im produzierenden Gewerbe ist dies zwischenzeitlich eine der wichtigsten Voraussetzungen zur Auftragserteilung durch Dritte, im Dienstleistungsbereich ist jedoch die mangelnde Operationalisierung der Kriterien noch problematisch.

Qualitätstechnik

(→ Preisargumentation im Verkaufsgespräch)

Qualitätszirkel

Der Qualitätszirkel ist durch folgende Merkmale gekennzeichnet. Es ist eine auf Sicht angelegte Kleingruppe von Mitarbeitern einer hierarchischen Ebene mit gemeinsamer Erfahrungsgrundlage, die in regelmäßigen Abständen auf freiwilliger Basis zusammenkommt, um Themen ihres eigenen Arbeitsumfelds zu analysieren und unter Anleitung eines Teamleiters (Moderators) mit Hilfe von Kreativitäts- und Problemlösungstechniken Vorschläge erarbeitet und präsentiert, diese auch umsetzt und kontrolliert, wobei Interaktion mit anderen Gruppen im System unterhalten wird (z. B. durch fallweise Hinzuziehung von Experten). Dabei handelt es sich um die technische Qualität, die Verfahrensqualität und die soziale Qualität, die zusammen die Qualität der Arbeit ausmachen. Ziel der Arbeit ist die Verbesserung der Leistungsfähigkeit einer Organisationseinheit durch verstärkte, aktive Einbeziehung aller Mitarbeiter bei der Gestaltung und Kontrolle organisatorischer, personeller und technischer Betriebs- und Leistungsbedingungen zur Harmonisierung von Ökonomität bei allen Prozessen. Damit soll auch die Kundenzufriedenheit, z. B. durch schnellen und effektiven Service, unbürokratisches Helfen und Schaffung eindeutiger Ansprechpartner, erhöht werden. Kosteneinsparungen und Produktivitätssteigerungen werden durch Vermeidung von Arbeitsfehlern, Entsprechung mit Kundenwünschen, kostenbewußtes Verbrauchsverhalten, verbesserte Information und Kommunikation der Mitarbeiter etc. erreicht. Voraussetzungen sind organisatorische Transparenz, z. B. Erkennen von Auswirkungen eigener Arbeitsergebnisse auf die Qualität der Arbeitsergebnisse folgender Einheiten (interne Lieferanten-Abnehmer-Beziehung), reibungslose, unbürokratische und konfliktfreie Zusammenarbeit aller Stellen, gegenseitiges Verständnis und Unterstützungsbereitschaft zur Erhöhung des Teamgeistes in den einzelnen Arbeitsgruppen. Damit werden die Zufriedenheit der Mitarbeiter und deren Identifikation mit dem Unternehmen gestärkt, die Arbeitsfähigkeit und -willigkeit verbessert, Einsatzbereitschaft, Entscheidungsfreude, Zuverlässigkeit und Verantwortungsbewußtsein geschärft und vermeidbare Arbeitsbeeinträchtigungen ausgeschaltet.

Die Ablaufphasen des Qualitätszirkels sind folgende.

- Problemsammlung über betriebliches Vorschlagswesen, Kummerkasten, Sammellisten etc. zur Katalogisierung,
- Problemauswahl über nachvollziehbaren, transparenten Auswahlprozeß,
- Problemanalyse durch Sammlung relevanter Daten und Aufdeckung von Ursache-Wirkungs-Zusammenhängen,
- Lösungsalternativen und deren Bewertung mit Priorisierung der besten Alternative,
- Präsensation dieser Alternative

vor Betroffenen und Entscheidungsbefugten mit gemeinsam vereinbartem Aktionsplan,
- Erfolgskontrolle durch Rückkopplung mit relevanten Stellen im Unternehmen und Identifikation weiterer verbesserungswürdiger Arbeitstatbestände.

Die Moderatoren verschiedener Qualitätszirkel werden wiederum von einem Hauptkoordinator geführt und von Koordinatoren angeleitet. Ganz ähnlich funktioniert das System der Lernstatt, das hierzulande zur Integration ausländischer Arbeitnehmer im Unternehmen entwickelt wurde.

Quasi-biotische Situation

(→ Beobachtung, Testverfahren, Empirische)

Quasi-Experiment

(→ Informales Experiment)

Querulanten

Oft erfolgen Beschwerden ohne objektiv zureichenden Grund durch sog. Querulanten, auf die objektive Berechtigung kommt es aber auch garnicht an, eine subjektiv erlebte Berechtigung reicht völlig aus. Diese Personen sind in der Reklamationsbehandlung zu besänftigen. Hilfreich sind hierbei folgende Hinweise: Ein verärgerter Kunde will sich zuerst Luft machen, bevor er für Erklärungen aufnahmefähig ist. Daher gilt es, aufmerksam zuzuhören, ihn nicht zu unterbrechen, Anteilnahme und Mitgefühl zu signalisieren, bis dieser sich abreagiert und sein Pulver verschossen hat. Solche Gespräche sollen möglichst unter vier Augen und im Sitzen geführt, Äußerungen mitgeschrieben werden. Nach dem Befreiungsgefühl des Beschwerders muß, selbst ohne, daß Fehler gemacht wurden, eine Entschuldigung erfolgen. Ohnehin stellt sich die Anlegenheit bei näherer Betrachtung meist als halb so schlimm heraus. Im Zweifel soll Wiedergutmachung angeboten werden. Kleinlichkeit zahlt sich hierbei nicht aus, vielmehr soll ein konkreter Vorschlag zur Bereinigung der Situation erfolgen. Ist auf diese Weise die Kontaktbrücke zum Kunden erhalten geblieben, gibt sie eine ausgezeichnete Basis für weitere Geschäftsabschlüsse ab, die von versierten Verkäufern entschlossen genutzt wird.

Question Marks

(→ Portfolio, Vier-Felder-, Positionen)

Quota-Auswahlverfahren, Aussage

Dem Quota-Verfahren der Auswahl liegt der Gedanke zugrunde, daß, wenn die Verteilung aller Merkmalsausprägungen auf allen Merkmalsdimensionen einer Grundgesamtheit bekannt ist, es möglich wird, ein bewußtes, verkleinertes Modell dieser Grundgesamtheit zu erstellen. D.h. es kann eine Stichprobe entwickelt werden, die in allen untersuchungsrelevanten Merkmalen für die Grundgesamtheit repräsentativ ist.

Die Verteilung dieser Merkmale nennt man Quoten. Diese Quoten kann man dann exakt auf die Stichprobe übertragen. Dazu ist aber selten die Kenntnis aller Merkmale erforderlich, sondern nur der für die Untersuchung sachrelevanten. Beim Quota-Verfahren werden also einige offensichtliche Merkmale, deren Verteilung in der Grundgesamtheit bekannt ist und von denen man weiß oder annehmen kann, daß sie für das Untersuchungsziel relevant sind, als Auswahlkriterien für die Stichprobenbestimmung ausgewählt. Mit diesen Merkmalen wird ein Quotenplan erstellt, der die Quotenanweisung enthält. Innerhalb der vorgegebenen Quotierung ist es nun unerheblich, welches Element der Grundgesamtheit in die Stichprobe aufgenommen wird, solange es nur in seinen Merkmalen der Quotenanweisung entspricht, und in der Kumulation aller Erhebungseinheiten der vorgegebene Quotenplan eingehalten wird. Das bedeutet aber, Interviewer wählen ihre Auskunftspersonen selbst (bewußt) aus. In der Summe entsteht so eine Stichprobe, die zumindest, was die quotierten Merkmale anbelangt, exakt der Grundgesamtheit entspricht.

Der Ablauf dieses, in der Praxis am häufigsten eingesetzten, Auswahlverfahrens ist folgender:

- Festlegung der jeweils erhebungsrelevanten Merkmale wie Alter, Geschlecht, Wohngebiet, Beruf, dabei sind als realistische Begrenzung selten mehr als drei Merkmale zugleich kombinierbar,
- Festlegung der möglichen Ausprägungen der einzelnen Merkmale, z. B. beim Alter nach Altersklassen wie 16–25 J., 26–35 J., 36–45 J., 46–55 J., 56–65 J., über 65 J.,
- Ermittlung der relativen Häufigkeiten der verschiedenen Merkmalsausprägungen eines jeden relevanten Merkmals in der Grundgesamtheit, die dazu aus zuverlässigen Unterlagen heraus bekannt sein muß,
- Vorgabe dieser objektiven und zugleich spezifischen Quoten für die Stichprobe als exaktes Abbild der Grundgesamtheit,
- Auswahl der einzelnen Auskunftspersonen durch jeden einzelnen Interviewer, dem wiederum derart Quoten vorgegeben werden, daß in der Addition aller Interviews die Quotierung repräsentativ ist.

Es sind zwei Formen der Quotierung zu unterscheiden:

- Bei *unkorrelierten* Quoten werden Merkmale vorgegeben, bei denen die Relationen einzeln erfüllt werden müssen. Dadurch bleiben dem Interviewer gegen Ende immer geringere Freiheitsgrade bei der Auswahl, weil erfahrungsgemäß zunächst die leicht zu kombinierenden Quotenmerkmale abgearbeitet werden. Darunter leidet die Stichprobenausschöpfung.
- Bei *korrelierten* Quoten werden bestimmte Merkmalskombinationen als fest kombiniert vorgegeben, zu denen Personen in entsprechender Anzahl interviewt werden sollen. Die erschwert das

Auffinden entsprechender Personen für die gesamte Erhebung, macht jedoch, zumindest theoretisch, eine vollständige Stichprobenausschöpfung möglich.

In der Praxis haben sich Zufalls- und Quota-Auswahl als gleichwertig hinsichtlich der Qualität ihrer Ergebnisse erwiesen. Diese schwanken eher mit der Professionalität der Untersuchungsanlage, -durchführung und -auswertung als mit dem zugrundegelegten Auswahlverfahren. Dies wird auch sofort einsichtig, wenn man bedenkt, welche vielfältigen Fehlermöglichkeiten bei einer Erhebung insgesamt gegeben sind, sodaß die Fehler, die aus dem Auswahlverfahren resultieren, anteilig eher gering sind.

Quota-Auswahlverfaren, Bewertung

Vorteile aus der Anwendung der Quota-Verfahrens liegen in folgenden Aspekten.

Die Durchführung ist vergleichsweise kostengünstig. Dies ist Resultat der Wegerationalisierung bei der Auswahl. Denn Interviewer wählen ihre Auskunftspersonen, im Rahmen der Quoten, selbst aus.

Der Zeitaufwand zur Durchführung ist vergleichsweise gering, sodaß eine schnelle Realisation möglich wird. Dies ist unmittelbare Konsequenz der Wegerationalisierung.

Die Übereinstimmung zwischen Stichprobenmerkmalen und Grundgesamtheitsmerkmalen ist vollständig gegeben. Denn die Stichprobe ist ja als exaktes Abbild aus der Grundgesamtheit entwickelt worden.

Das Verfahren ist flexibel zu handhaben. So kann eine nachträgliche Anpassung der Stichprobe an die Grundgesamtheit durch Redressement erfolgen, d. h. unterschiedliche Gewichtung einzelner Quotenmerkmale.

Es kommt zu einer vollständigen Stichprobenausschöpfung, da die Auswahl solange fortgesetzt wird, bis die Stichprobengröße erreicht ist. Die Übereinstimmung zwischen Stichproben- und Grundgesamtheitsmerkmalen ist vollständig gegeben.

Der Auswahlmechanismus ist unkompliziert. Insofern sind keine spezialisierten Interviewer erforderlich. Dies erhöht die Effektivität. Den Quoten liegen offensichtliche Merkmale zugrunde.

Es sind keine Wiederholungsbesuche von Stichprobenteilnehmern bei Nichtantreffen erforderlich. Vielmehr können andere, quotenkonforme Einheiten erhoben werden. Dadurch wird eine höhere Effektivität erreicht.

Die Anonymität der Auskunftsperson kann gewährleistet werden, falls dies gewünscht oder erforderlich ist. Denn sie muß nur hinsichtlich ihrer Quotenmerkmale identifizierbar sein.

Nachteile sind hingegen folgende.

Es ist keine mathematisch fundierte Fehlerberechnung möglich, da keine Zufallsauswahl vorliegt. Auch die meisten statistischen Testverfahren sind demnach nicht anwendbar. Dies wird nur zu gern beim Einsatz elaborierter Analyseverfahren übersehen.

Viele relevante Merkmale entziehen sich einer Quotierung, vor allem solche qualitativer Natur. So sind nur äußere Merkmale zur Quotierung geeignet, nicht jedoch Einstellungen, Meinungen, Motive etc.

Der zugrundegelegte Zusammenhang zwischen Untersuchungs- und Quotierungsmerkmalen kann täuschen. Damit ist bereits zu Beginn der Arbeit ein Wissensstand erforderlich, wie er eigentlich erst an dessen Ende bereitstehen kann.

Das der Quotenbildung zugrundeliegende Basismaterial kann fehlerhaft, vor allem veraltet, sein. Unzuverlässige Unterlagen führen aber zu unspezifischen Quoten und damit zu weitgehend wertlosen Ergebnissen.

Die Kombination quotierbarer Merkmale ist aus Praktikabilitätsgründen begrenzt. Die Grenze wird hier bei max. fünf Merkmalsgruppen gesehen. Allerdings können sich auch ohne Quotierung annähernd repräsentative Verhältnisse einstellen.

Das Auffinden von zutreffenden Probanden bei Restquoten wird immer schwieriger, da zuerst leichte Merkmalskombinationen bevorzugt werden. So können gegen Ende Quotierungen „großzügig“ ausgelegt werden.

Verzerrungen durch Ausfälle, Verweigerungen etc. bleiben unerkannt, da für diesen Fall quotenkonforme Ersatzelemente einspringen. Dies verursacht systematische Fehler, wenn Stichprobenausfälle nicht nur zufällig von den erhobenen Einheiten abweichen, was hochwahrscheinlich ist.

Die willkürliche Bevorzugung bestimmter Auswahlelemente der Quotierung ist nicht ausgeschlossen, z. B. Freundeskreis, Parterrewohnungen, Heimatbezirk. Dies liegt gerade bei Zeit- und Wegeeinsparung nahe.

Gleiches gilt für die Mehrfachbefragung gleicher Personen, obgleich dies in den Anweisungen ausgeschlossen wird. Es wird deshalb in der Praxis je Interviewer nur eine beschränkte Anzahl von Interviewaufträgen vergeben.

Es können keine hochspezialisierten Themen erhoben werden, deren zugehörige Quotenmerkmale nicht offensichtlich sind. Damit werden aber wichtige Erkenntnisse des Käuferverhaltens vernachlässigt.

Das Interview leicht erreichbarer Personen benachteiligt mobile Bevölkerungsschichten. Umgekehrt werden gut erreichbare Personenkreise überrepräsentiert. Dadurch kommt es zu systematischen Verzerrungen.

Es kommt zu einer subjektiven Vorauswahl von Auskunftspersonen, etwa infolge unbewußter Sympathien oder Antipathien auf Interviewerseite. Diese Filterung ist nicht erfaßbar, nicht kontrollierbar und nicht vermeidbar.

Abhilfe der genannten Nachteile wird durch mehrere Maßnahmen geschaffen:

- Die Quotenmerkmale werden eng mit dem Untersuchungsgegenstand korreliert und zwingen den Interviewer aus seinem gewohnten Umfeld (Vermeidung von Klumpungseffekten und von Mehrfachinterviews).
- Es sollten keine speziellen Themen gegeben sein, die Interviewer dazu verleiten, sich an vermeindliche Experten zu wenden, oder sich selbst zu spezialisieren. Dies erfolgt meist in gutem Glauben an die werthaltigere Information dieser Personen.
- Die Anzahl der Erhebungsaufträge je Interviewer wird eng begrenzt (max. 10). Insofern gleichen sich Verzerrungen und Fälschungen, von denen man getrost ausgehen kann, im Rahmen einer repräsentativen Erhebung gegenseitig aus (vgl. *Pepels, Werner:* Kaufverhalten und Marktforschung, Stuttgart 1995).

(→ Bewußtauswahl)

Quoten, Korrelierte

(→ Quota-Auswahlverfahren, Aussage)

Quoten, Unkorrelierte

(→ Quota-Auswahlverfahren, Aussage)

R

Rabatt

Der Rabatt ist eine Preisvergünstigung zum Bruttopreis, dessen Ziele z. B. in der Umsatzexpansion, der Erhaltung von Kundenbeziehungen und der Kostenersparnis durch Absatzrationalisierung liegen. Es handelt sich um eine Form der indirekten Preispolitik, die über die Differenz zwischen offiziellem Bruttopreis und eigentlichem Nettopreis eine Preisfeinsteuerung erlaubt. Nach der Bezugsbasis lassen sich mehrere Rabattarten unterscheiden.

Der *Funktionsrabatt* wird Abnehmern gewährt, wenn und soweit diese bestimmte Absatzfunktionen übernehmen. Denkbar sind Nachlässe für Handwerker, für Selbstabholung, für Referenzplacierung im Handel etc.

Der *Mengenrabatt* wird in Abhängigkeit von der jeweils einzeln oder über mehrere Kaufakte gesammelt abgenommenen Warenmenge gewährt. Eine Sonderform ist der Bonus, der nachträglich, gewöhnlich zum Jahresende, für ein großes, kumuliertes Abnahmevolumen (Gesamtumsatz) gewährt wird.

Der *Zeitrabatt* hat den Kaufzeitpunkt zur Basis. Denkbar sind Nachlässe für Frühbezug, Geschäftsstättentreue, Saison, Auslauf etc.

Eine Sonderform ist der *Skonto*, der als Belohnung für frühzeitige Rechnungszahlung gewährt wird. Er kommt in seiner Wirkung dem Rabatt gleich, gehört jedoch von der Systematik her nicht zu den Preisabschlägen dazu.

Der *Naturalrabatt* besteht in der Draufgabe von mehr Ware im Rahmen der Rabattierung für den vereinbarten Kaufpreis. Ein *Geldrabatt* besteht in der Ermäßigung des Kaufpreises für die vereinbarte Warenmenge. Der Rabatt ist gegenüber Endabnehmern jedoch vorläufig auf 3% des Kaufpreises begrenzt.

Die Berechnung erfolgt in absoluter Höhe als *Festrabatt* oder durch Anteil an einer Bezugsgröße als *Relativrabatt*. Für das Ausmaß gelten meist Rabattstaffeln.

Der *Staffelrabatt* ist in Abhängigkeit von einer Bezugsgröße definiert, der *Einheitsrabatt* ist unabhängig davon immer konstant bemessen.

Der *Rabattierungsverlauf* kann progressiv, degressiv oder linear sein. Der progressive Rabatt steigt schneller als seine Bezugsgröße, der degressive Rabatt steigt langsamer als diese und der lineare Rabatt entwikkelt sich genau parallel zu dieser.

Als *Bezugsgröße* kann die volle Größe oder nur der Größenzuwachs gewählt werden. Ersteren nennt man auch durchgerechneten Rabatt, letzteren angestoßenen Rabatt.

Außerdem gibt es den sog. *Geheimrabatt*, der über die Rabattierungsbasis hinausgehend als Anreiz oder auf Druck hin gewährt wird und zur Rabattspreizung führt, d. h.

zu leistungsunabhängig unterschiedlichen Nettopreishöhen.

Rabattierungsverlauf

(→ Rabatt)

Rack Jobber

Beim Rack Jobber handelt es sich um die Untervermietung in Form von Regalflächen im Einzelhandel, die von Hersteller oder Großhandel fest angemietet und selbst bewirtschaftet werden. Die Erlöse werden getrennt abgerechnet. Der Rack jobber übernimmt auf eigene Rechnung die Warenbereitstellung und das Merchandising, der Einzelhändler stellt somit nur den Platz zur Präsentation zur Verfügung. Ersterer profitiert von der Agglomerationswirkung der frequentierten Geschäftsstätten, letzterer von der Arrondierung seines Sortiments und der Zahlung von Miete und Umsatzprovision. Rack Jobber eignen sich für den Handel bei kleinpreisigen Ergänzungssortimenten und problemlosen (selbstbedienungsfähigen) Artikeln, die verkaufsförderungsbetont und risikobehaftet sind, denn der Rack Jobber trägt Beschaffungs-, Lagerungs-, Transport-, Bereitstellungs-, Service- und Rücknahmerisiken. Ein Beispiel ist die *Nur die*-Boutique (Schulte-Dieckhoff). Der Versuch von *Jacobs-Suchard* mit einer gesonderten Placierung für Philippe Suchard-Schokolade und Johann Jacobs-Kaffee ist jedoch gescheitert. Versuche der Zigarettenindustrie (*Reemtsma* Zigarettenrange plus Self Liquidating Offers) laufen aus. Erfolgreich laufen Rack Jobber aber bei Kurzwaren, Haarmoden/Toiletteartikel, Spielwaren, Schreib- und Papierwaren, Haushaltswaren, Kleintextilien und für Sonderposten.

(→ Raumvermietungsgeschäfte des Handels)

Räumungsverkauf

(→ Wettbewerbsrecht, Verkaufsveranstaltungen)

Rahmenvereinbarung

Die Rahmenvereinbarung ist eine Absichtserklärung im Zuge des planvereinbarten Marketing, in der zwischen Hersteller und Handel die Eckpunkte des Geschäftsinhalts in bezug auf Zielumsatz, Bestellsortiment, Stammplacierung, Umsatzprämie, Leistungen des Abnehmers wie Listungsstandard halten, Neulistungen, Umlistungen, Aktionsrunden, Leistungen des Lieferanten wie Grundkonditionen, Zentralkonditionen, Werbekostenzuschüsse, Zielabstimmung etc. für das nächste Jahr definiert werden. Daran nehmen der Key Account- bzw. der Trade Manager des Herstellers und der Zentraleinkäufer des Handels als Repräsentanten ihrer Organisationen teil, die das Gespräch auch detailliert vorbereiten, da es sich für beide Seiten um ein sensibles Unterfangen handelt. Praktisch werden Rahmenvereinbarungen nur zwischen großen Markenartiklern und wichtigen Absatzmittlern (sog. Großbetriebsformen des Handels)

abgeschlossen. Es handelt sich deswegen um ein sensibles Unterfangen, weil die Konditionen hohen Einfluß auf die Ertragssituation im Geschäftsjahr nehmen, zumal diese quasi als Besitzstand auf den Handel übergehen und im folgenden Geschäftsjahr nicht mehr Ergebnis, sondern vielmehr Ausgangspunkt von Verhandlungen sind. Davon gab es in neuerer Zeit nur eine Ausnahme, im Zuge von Kapazitätsengpässen unmittelbar nach der Wiedervereinigung Deutschlands.
(→ Abstimmung auf den Handelsstufen)

Rahmenvertrag

(→ Lieferungsbedingungen)

Randbedingungen

(→ Angebotsumfeld, Analyse)

Random Route-Verfahren

(→ Zufallsauswahl, Sonderformen)

Randomisierung

(→ Experiment, Inhalte)

Randomized Response Model

(→ Testverfahren, Mechanische)

Rangemarke

Rangemarkenstrategie bedeutet, daß hinter der Marke mehrere differenzierte Produkte stehen, die neben verschiedenen Ausprägungen auch in verschiedenen Versionen zu haben sind. Dabei kann das Programm nur aus einer Range bestehen oder aus zwei oder mehr Ranges nebeneinander, jeweils mit einer oder mehreren weiteren oder ohne weitere Monomarken. Als Range wird regelmäßig nur eine Familie verwandter Produkte verstanden, wobei diese emotionale (sog. konnotative) Gemeinsamkeiten aufweisen, die auf hinkunfts-, herkunfts- oder betriebsbezogenen Elementen aufbauen. Man spricht hier auch von der Treueorientierung des Programms. Meist handelt es sich um sog. unechte Rangemarken, die eine Monomarke als Ursprung haben und im Laufe der Zeit erst durch Produktdifferenzierung entstanden sind. Echte Rangemarken sind hingegen sogleich als solche am Markt angetreten. Dies ist allerdings selten, vielmehr besteht eine Tendenz zur Ausweitung von Monomarken durch weitere Produkte zu Rangemarken. Diese erhalten nicht selten ihrerseits Sub-Ranges (sog. *Flankers*) in verschiedenen Märkten (z. B. *Odol N'Ice*), die dann wiederum aus verschiedenen Produktlinien (sog. *Extenders*) bestehen (*Odol Kaugummi, Odol Bonbon*), die in verschiedenen Versionen angeboten werden (vertikale Produktdifferenzierung). Gleichzeitig werden erfolgreiche Rangemarken durch Ausweitung immer mehr zu eigenständigen Dachmarken.

Typisch ist hier die *Milka*-Range von *Kraft Jacobs Suchard* (KJS). Gestartet ist sie mit der lila Tafelschokolade, die dann vertikal in verschiedenen Geschmacksrichtungen und Gebindegrößen (= Programmtiefe) und horizontal in verschiedenen Versionen (Riegel, Pralinen, Kuchen, Hohlfiguren, Schokotrunk etc.) gestaltet wurde (= Programmbreite).

Ein weiteres Beispiel ist die *Du darfst*-Range von *Unilever*. Hinter dieser Markenrange verbergen sich verschiedenartigste Produkte, angefangen von der Margarine, die das Ausgangsprodukt war, bis hin zu Konfitüre, Aufschnitt, Käse etc. Allen gemeinsam ist jedoch, daß sie eine Ausrichtung auf gesunde, ausgeglichene und vor allem kalorienarme Ernährung haben. Dementsprechend werden auch alle Produkte dieser Range einheitlich vermarktet. Sie wenden sich damit jeweils an die Zielgruppe körperbewußter Personen (Ich will so bleiben wie ich bin), die bei der Ernährung zwar auf wenig Kalorien achten, dabei aber auf Geschmack nicht verzichten wollen (Mehr Geschmack je Kalorie).

Ähnlich verhält es sich bei der Natreen-Range mit Sprühsahne, Fruchtquark, -eis, -joghurt, Fruchtsaft, Zucker , Diätsüße (Ausgangsprodukt) etc. Alles unter dem Motto: *Natreen* macht das süße Leben leichter. Oder bei Nivea mit Deo, After Shave, Body Lotion, Seife, Shampoo, Duschbad, Sonnenschutz, Creme (Ausgangsprodukt) etc. Kurz, alles, was der Körperpflege dient, außer Zahncreme, die, wie Marktforschung zeigt, unter der Marke *Nivea* nicht akzeptiert wird. Ein weiteres Beispiel ist die *Bild*-Range mit *Bild-Zeitung, Bild am Sonntag, Bild der Frau, Sport-Bild* und *Auto-Bild*.

Die wesentlichen Vorteile sind:

- Die gegenseitige Unterstützung der Produkte sorgt für deren bessere Durchsetzung bei Handel und Verbraucher.
- Die Kosten der Markenbildung und Markenpflege können durch Synergieeffekte geringer gehalten werden.
- Starke Produkte lassen sich durch Imagetransfer auf neue Produkte „melken".
- Durch Aufbau von „Satelliten" um die Basismarke herum kann diese leicht verjüngt werden.

Die wesentlichen Nachteile lauten:

- Die spitze Profilierung der Stammarke gerät mit jedem „Satelliten" in Gefahr.
- Die Markenkompetenz läßt nurmehr die Aufnahme verwandter Produktbereiche in die Familie zu.
- Außenstehende Produkte sind nur schwer isoliert durchsetzbar.

(→ Horizontale Markentypen)

Rangreihung

Hierbei wird das Datenmaterial der Markt-Media-Analysen entsprechend der Zielpersonenabgrenzung selektiert und hinsichtlich deren Medianutzung bewertet .

Eingabedaten sind Programmart, Auftraggeber, Datum, Datei, Werbemittelausstattung, mehrdimensionale Zielgruppenkriterien und Gewichtungen. Ausgabedaten sind Fallzahlen vor und nach Fall- bzw. Personengewichtung, Zielgruppenanteil an Gesamtbevölkerung, Werbeträger, Einschaltkosten, Sortierkriterium und Rangplätze. Das Ergebnis ist eine Rangreihung der Werbeträger derart, daß der bestbewertete Titel/Sender ganz oben auf dieser Liste erscheint und danach in absteigender Folge die jeweils nächstplacierten Werbeträger. Auf dieser Basis ist eine klare Bestimmung der/des zu präferierenden Werbeträger(s) möglich. Nun ist der Begriff „beste" mehrdeutig auszulegen. Denn es stellen sich ganz unterschiedliche Erwartungen an die Leistungsfähigkeit eines Werbeträgers. Deshalb gibt es auch verschiedene Leistungswerte zu dessen Beurteilung. Die genannten Leistungswerte sind natürlich nur statistische Anhaltspunkte. Sie können keinesfalls die tatsächliche Leistung der Werbeträger wiedergeben. Vielmehr handelt es sich um aus repräsentativen Erhebungen ermittelte Vergangenheitsdaten.

(→ Reichweite, Kontaktintensität, Affinität, Wirtschaftlichkeit)

Ratenkauf

(→ Kaufvertrag, Arten)

Rationalisierung

(→ Größeneffekte, Dynamische)

Raumerstreckung von Zielen

(→ Zielsetzungen im Marketing)

Raumüberbrückung

(→ Handelsfunktionen)

Raumvermietungsgeschäfte des Handels

Bei den Raumvermietungsgeschäften des Handels ergeben sich verschiedene Ausprägungen, das Shop in the Shop-System, das Store in the Store-System, der Rack Jobber und die Konzession.

(→ Kontraktmarketing)

Re-Brief

(→ Briefing, Elemente)

Re-Design

(→ Design)

Reactor

(→ Innovation)

Reagierer-Konzept

Das Reagierer-Konzept unterscheidet beim organisationalen Beschaffungsverhalten zwischen Clarifier und Simplifier. Der *Clarifier* (besser „zerlegender Faktenreagierer") ist an möglichst viel Information interessiert, die er dann sichtet und verarbeitet, um zu einer fundierten Einkaufsentscheidung zu gelangen. Dabei werden alle für die Anwendung im Unternehmen relevanten Gesichtspunkte geprüft, um das Entscheidungsrisiko zu senken. Wichtig ist daher eine detaillierte, aussagefähige, schriftliche und/oder mündliche Argumentation.

Dem *Simplifier* (besser „sammelnder Imagereagierer") ist hingegen gleich an verdichteten Informationen gelegen, die für ihn einfach zu verarbeiten sind. Es kommt also nicht auf Vollständigkeit der Informationen an, sondern auf Vorlage als wichtig erachteter Schlüsselinformationen, die einen Gesamteindruck über die angebotenen Alternativen erlauben. Dabei ist jeweils der Nutzen aus dem Einsatz der anzuschaffenden Produkte zu betonen.

Als *Mischtyp* aus beiden gilt der Reaktions-Neutrale. Ihm ist an einer ausgewogenen Relation aus punktuell vertiefenden Informationen bei Wahrung eines gesamthaften Überblicks gelegen.
(→ Käuferverhalten)

Reaktanzen

Reaktanz beschreibt den Widerstand im Publikum gegen ein penetrantes Übermaß an manipulativer Bevormundung und ist eine auf die Wiederherstellung der eigenen Freiheit gerichtete motivationale Erregung. Je massiver ein Individuum sich bedrängt und damit in seinem Entscheidungsfreiraum eingeengt fühlt, in desto stärkerem Maße bildet sich bei ihm die Motivation heraus, sich der Einengung zu widersetzen und den gefährdeten/verlorenen Freiraum zu verteidigen/wiederzugewinnen. Voraussetzung ist dabei, daß die Kommunikationsempfänger den auf sie ausgeübten Druck wahrnehmen und der bedrohte Freiheitsspielraum ihnen subjektiv wichtig ist. Reaktanzen sind um so größer, je stärker der wahrgenommene Beeinflussungsdruck auf Verhaltensweise/Meinung empfunden wird, je größer die Bedeutung der beschränkten oder von Beschränkung bedrohten Verhaltensweise/Meinung ist, je mehr die eigene von der kommunizierten Verhaltensweise/Meinung abweicht, je größer deren Anteil am gesamten Verhaltens-/Meinungsrepertoire ist und je mehr der Freiheitsspielraum eingeschränkt wird.

Reaktivierung

(→ Kommunikationswirkung, Phasen)

Realgüterströme

(→ Absatzkanal, Funktionen)

Reason Why

(→ Anspruchsbegründung)

Rechnungsgeschäft

Zum Rechnungsgeschäft gehören das Kassa- und das Sukzessivgeschäft. Beim *Kassageschäft* wird Zug um Zug Ware gegen Geld getauscht. Dies erfolgt normalerweise durch Barzahlung. Der Verkäufer dient die Ware an, der Käufer nimmt diese Ware ab. Der Käufer dient den Kaufpreis an, den der Verkäufer annimmt. Damit ist der Kaufvertrag zustandegekommen. Dies kann auch stillschweigend oder durch konkludentes Handels erfolgen. Zunehmend wird jedoch die bargeldlose Form des Electronic Cash eingesetzt. Dabei befindet sich am POS ein Terminal, das online mit der Hausbank der Absatzstelle bzw. deren Zentrale und darüber mit mit dem gesamten Bankennetz verbunden ist. Käufer lesen dort den Magnetstreifen ihrer

EC-Karte ein und weisen somit den an der Kasse vorgegebenen Kaufpreis von ihrem Konto zur Überweisung auf das Händlerkonto an. Dies erfolgt teils, wie bei Banken, gegen Eingabe der PIN-Nummer, teils nur durch stichprobenartige Berechtigungskontrollen. In jedem Fall wird überprüft, ob Deckung für den Kaufpreis auf dem angegebenen Konto vorhanden ist. Diese kann in Form eines Guthabens oder eines nicht ausgeschöpften Überziehungslimits gegeben sein. Ist dies der Fall, wird die Zahlung autorisiert. Dadurch wird die tagesgenaue Überweisung des Rechnungsbetrags gewährleistet. Dies kommt der Barzahlung sehr nahe, jedoch ohne das umständliche Geldhandling. Eine weitere Form der bargeldlosen Zahlung ist die Abgabe einer Einzugsermächtigung des Kunden an den Handelsbetrieb. Durch dieses Offline-Verfahren wird die kostenintensive Standleitungsmiete gespart, allerdings erfolgt dann der Ausgleich nicht mehr tagesgenau, sondern erst einen Tag später, so daß streng genommen bereits eine Form der Absatzfinanzierung vorliegt.

Beim *Sukzessivgeschäft* fallen Lieferung und Zahlung zeitlich auseinander. Erfolgt die Lieferung zeitlich vor der Zahlung, handelt es sich um ein Valutageschäft (= Zielverkauf). Die Valuta gibt an, welcher Zeitraum bis zur Zahlung maximal vergehen darf. Der Handel hat bei Vorauslieferung durch Hersteller die Chance, zumindest einen Teil der eingekauften Ware schon wieder verkauft zu haben und dadurch den Rechnungsbetrag nicht voll vorzufinanzieren. Insofern stellt der Valutaverkauf einen Warenkredit des Lieferanten dar. Der Handel hat die Möglichkeit, diese Valuta nicht in Anspruch zu nehmen und dafür den Rechnungsbetrag bei vorzeitiger Zahlung um Skonto zu kürzen. Da die Skontoersparnis, bezogen auf die skontierte Laufzeit, weit höher liegt als jeder Kreditzins, führt dies per Saldo zu einer Kaufpreisermäßigung. So entsprechen 2% Skonto auf vier Wochen einem Bankzinssatz von über 26% p.a. Erfolgt die Lieferung zeitlich nach der Zahlung, handelt es sich um ein Pränumerandogeschäft, also eine Vorauszahlung. Auch hierbei sind verschieden lange Fristen zwischen beiden Vorgängen denkbar. Dies ist zweifellos seltener anzutreffen als der Zielverkauf, aber da es sich bei der Vorauszahlung auch um einen Teilbetrag der Kaufsumme handeln kann, fällt z. B. jeder Verkauf gegen Anzahlung darunter.

Recall-Test

(→ Werbemeßverfahren, Psychographische)

Recency-Effekt

(→ Wahrnehmung, Effekte)

Rechtsfähigkeit

(→ Vertragsgrundlagen)

Rechtsgeschäft

(→ Vertragsgrundlagen)

Recognition-Test

Im Recognition-Test wird vor allem gemessen, welche Inhalte durch Kommunikation transportiert und verankert worden sind. Dabei gehen Interviewer und Testperson eine reale Zeitschrift gemeinsam durch, wobei Probanden während des Durchblätterns jeweils gefragt werden, ob sie die gerade aufgeschlagene Anzeige wiedererkennen. Recognition bedeutet genauer die Wiedererkennung einzelner Elemente, es geht also darum, welche Botschaften durch Zielpersonen reproduziert werden können. Man unterscheidet dabei nach Starch zwischen Noted, Seen/associated und Read most:

- Noted Score: Anteil der Befragten, die angeben, daß sie eine den Gegenstand der Ermittlung darstellende Anzeige oder auch einen redaktionellen Beitrag in der Zeitschrift bemerkt haben (Beachtungswert).
- Seen/associated Score: Anteil derjenigen Leser der Zeitschrift, die in der Befragung angeben, daß sie die Anzeige bemerkt haben und in der Lage sind, in der Erinnerung auch das beworbene Produkt bzw. den Werbungtreibenden oder den Markennamen richtig anzugeben.
- Read most Score: Anteil der Leser, die in der Befragung angeben, daß sie eine bestimmte Seite oder Anzeige gesehen und wenigstens die Hälfte ihres Textes gelesen haben

Der Ursprung dieses Verfahrens liegt in der Anzeigenforschung, wobei für Read most das Lesen von mehr als der Hälfte des Textumfangs zugrundegelegt wurde.

Beim kontrollierten Recognition-Test (auch Portfolio- oder Dummy-Test) werden in einem Folder sowohl publizierte als auch nicht publizierte Anzeigen vorgelegt. Außerdem werden nicht nur Anzeigen-, sondern auch Redaktionsseiten einbezogen, um das natürliche Leseumfeld nachzubilden. Daher erfolgt die Prüfung anhand konkreter Vorlagen der Werbemittel. Fingierte Vorlagen sollen die Täuschungsquote aufdecken. Dadurch kann der Anteil von Fehlangaben annähernd kontrolliert werden. Die Vorteile liegen in der leichten Abwicklung des Verfahrens und in der Generierung von Durchschnittswerten (Benchmarks) zum Vergleich im Laufe mehrmaliger Anwendung, die Nachteile in der strikten Laborsituation, in der unterschiedlichen Lernkurve verschiedener Anzeigen und in der nur einmaligen Werbemittelkontaktchance.

Weitere Probleme sind folgende (vgl. *Rehorn, Jörg:* Werbetests, 2. Auflage, Neuwied 1988): Das Verfahren ist nicht valide, so behaupten bis zur Hälfte aller Befragten bei Vorlage eines fiktiven Titelblatts einer Zeitschrift, diese gelesen zu haben. Der Zeitabstand zwischen letztem Lesen und Befragen hat kaum Einfluß auf die Wiedererkennungswerte, insofern ist fraglich, ob wirklich die Wirkung der geprüften Einschaltung kontrolliert wird oder etwas ganz anderes. Das Verfahren mißt aufgrund seiner Anlage primär die Aufmerksamkeitswirkung, weniger Einstellungen und Verhaltensintensionen. Bekannte Marken erhalten durchweg höhere Wiedererkennungswerte als weniger bekannte, sodaß eher kumulierte Werbeinvestitionen kontrolliert werden als einzelne Einschaltungen. Intensiv beworbene Warengruppen erzielen höhere Wiedererkennungswerte als weniger intensiv beworbene, dies ist Folge des allgemeinen „Grundrauschens" der Kommunikation. Es ist überhaupt unklar, was genau gemessen wird, es spricht einiges dafür, daß letztlich die Bereitschaft der Befragten, sich mit der beworbenen Marke zu identifizieren, angegeben wird, nicht hingegen die Werbewirkung. Die Kampagnenwirkung kann nicht ermittelt werden, weil nur eine einzige Anzeige in einem einzigen Testheft beim ersten Kontakt gemessen wird, dies dürfte mit der realen Werbewirkung wenig zu tun haben.

Recycling

(→ Marketing, Ethik)

Redressement

Dies ist eine Form der Kompensation von Repräsentanzabweichungen bei Zufallsstichproben. Beim Redressement unterscheidet man zwischen freier Hochrechnung ohne Heranziehung zusätzlicher Informationen nur mittels der aus der Stichprobe selbst gewonnenen Daten und gebundener Hochrechnung unter Heranziehung zusätzlicher Informationen aus früheren Erhebungen. Erstere geschieht durch Differenzen-, Verhältnis- oder Regressionsschätzung, letzteres durch Redressement. Dabei ergeben sich zwei Möglichkeiten:

- Doppeln und Streichen bedeutet, daß zufällig herausgegriffene, untererfaßte Elemente gedoppelt werden, während zufällig herausgegriffene übererfaßte Elemente weggestrichen werden. Dabei wird allerdings die Fallzahl um künstliche Fälle verändert.
- Faktoriell bedeutet, daß die Werte der über- bzw. untererfaßten Elemente durch Multiplikation mit einem Veränderungssatz angepaßt werden. Dadurch bleibt die absolute Fallzahl unverändert, aber die Struktur wird der Realität angepaßt.

Die freie Hochrechnung führt zu einer Punktschätzung ohne Konfidenzintervall. Verfahren der systematischen Zufallsauswahl machen gegenüber der reinen Zufallsauswahl aufwendigere Berechnungen erforderlich.

Referenzgruppe

(→ Bezugsgruppe)

Referenztechnik

(→ Einwandbehandlung, Konfliktüberwindung im Verkaufsgespäch)

Refinanzierung

Die Refinanzierung ist eine Form der Kreditierung, wobei die Sicherung des Kreditbetrags in Form von Personen oder Sachen erfolgt. Wichtige

mögliche Ausprägungen sind Bürgschaft, Kreditgarantie, Sicherungsübereignung, Forderungsabtretung, Hypothek, Grundschuld oder Eigentumsvorbehalt.
(→ Absatzfinanzierung, Dringliche Sicherheiten, Personale Sicherheiten)

Regaloptimierung

Die Regaloptimierung erfolgt im einzelnen in fünf Phasen:

- Phase 1: Bestimmung der Rahmenbedingungen, Vorgaben wie die angestrebte Reichweite des Bestands, Testzeitraum, Testmärkte, Kontrollmärkte etc.,
- Phase 2: Erhebung und Eingabe der benötigten Daten, Regal-/Regalbodenabmessungen, Abmessungen und Placierung der Produkte, artikelgenaue Abverkaufsdaten, Einkaufs- und Verkaufspreise,
- Phase 3: Analyse des Regals, moderne Programme weisen im Berichtswesen Kennzahlen, Rangberichte und Aussagen zu geplantem Umsatz, entgangenem Umsatz (durch Bestandslücken), Rohgewinn (gemäß Handelsspanne), DPP, Bestandswert, Bestandsumschlag, Vorratsdauer etc. aus,
- Phase 4: Erstellung des neuen Regalplanogramms, frei wählbare Kriterien wie Vermeidung von Über- und Unterbeständen, Mindestzahl an Frontstücken, Mindestvorratsmengen, Betriebspolitik (Sortimentsgröße, Warengruppen, Produktarten, Artikel),
- Phase 5: Umstellung des Regals und Kontrolle (Analyse).

Es gibt zwischenzeitlich eine ganze Reihe von Spacemanagementsystemen zur Regaloptimierung. Zu den wichtigsten gehören folgende.

Apollo zur grafischen Darstellung des Regals und der Kennzahlen, Erstellung eines Placierungsvorschlags und von Placierungsänderungsanalysen anhand digitaler Videobilder der Artikel im Regal. Inputdaten sind Placierung, Artikeldaten, Einkaufspreis, Verkaufspreis, Abverkaufsdaten. Ergebnis sind der Rohertrag pro Woche und die Flächenproduktitität.

Compas für Placierungs- und Leistungsvorschläge auf Basis von Placierungsregeln mit Artikel, Artikelgruppen- und Lieferantenanalysen, Kostenanalysen zur Optimierung von Regalen, Lochwänden und Kühltruhen, grafische Darstellung des Regals. Inputdaten sind Artikelabmessungen, Artikelspannen, Artikeldeckungsbeiträge, Einkaufspreis, Verkaufspreis, Abverkaufsdaten, horizontale und vertikale Regalwertigkeiten. Ergebnis ist der Flächen-, Umsatz- und Ertragsanteil des Artikels, in Aussicht gestellt werden Ertragssteigerungen von 5–30%

Isma zur Berechnung eines Placierungsvorschlags und grafischen Darstellung des Regals im Dialogbetrieb zwischen Bediener und Software mit Bestimmung der Auswirkungen verschiedener Regalblockanordnungen auf die relevanten Kennzahlen. Inputdaten sind Artikelabmessungen, Artikelkosten, Kosten der Placierungsmaßnahme, Regalwertigkeiten und Artikelassoziationen.

Profil zur Placierungssimulation am Bildschirm mit Berechnung der Auswirkungen von Umplacierungen mit Ausgabe von Statistiktabellen (Umsatz, Rohertrag, Spanne etc.), Kennzahlentabellen (Umsatz-, Ertragskennzahlen etc.) und Managementtabellen (Vorschläge zur Placierungsänderung, Abweichungsanalysen etc.). Inputdaten sind Regalmeter je Warengruppe und Umsatz/Ertrag je Warengruppe, Attraktivitätsfaktoren wie Standorte, Warengruppen, Kaufgewohnheiten der Kunden, Warengruppenpräferenzen des Handels. Ergebnis sind Sollwerte für Fläche, Regalmeter, Umsatz und Ertrag, in Aussicht gestellt wird ein Netto-Mehrertrag von 15–25%.

Sale 2 zur Ausgabe einer Regalzeichnung und eines Regalprotokolls mit Errechnung der erforderlichen Präsenzmenge bei Verfallsdaten, Ziel ist die Deckungsbeitragserhöhung über Regalrohertragserhöhung, z. B. durch Einsparung unteroptimal genutzter Fläche, Vermeidung des Warenverderbs u.ä. Inputdaten sind Artikeldaten, Regalabmessungen, Belieferungsrhythmus incl. Sicherheitsbestand, Umsätze, Einkaufspreis, Verkaufspreis, Rangordnung der Regalanordnungen. Ergebnis sind die durchschnittliche Regallänge (Facing in Laufmetern) und die erforderliche Präsenzmenge. Damit soll eine Einsparung von Bodenlaufmetern erreicht werden.

Sop/Caesar optimiert auf Basis quantitativer Daten rechnerisch das Regal und stimmt diese Ergebnisse mit den individuellen Gegebenheiten wie Artikel- und Flächenwertigkeiten ab. Inputdaten sind Abverkaufsdaten, Einkaufspreis und Verkaufspreis. In Aussicht gestellt werden Ertragssteigerungen von bis zu 30%.

Spaceman zur Berechnung eines Placierungsvorschlags durch das System, Simulation von Placierungsvarianten und deren Darstellung durch ein Planogramm oder eine visualisierte Realbilddarstellung. Inputdaten sind Artikeldaten, Regaldaten, Rahmendaten der Placierung und Abverkaufsdaten (vgl. *Pepels, Werner:* Handelsmarketing und Distributionspolitik, Stuttgart 1995).

Regalplatzknappheit

Überlegt man, wie Limitationen im Regalplatz überwunden werden können, so ist es hilfreich, sich den Absatzkanal als Pipeline vorzustellen, die durch ihre Anzahl, Abmessung und Struktur den Markterfolg begrenzt. Am einen Ende füllen Hersteller Waren in die Pipeline hinein, der Handel nimmt eine Ventilfunktion in dieser Pipeline wahr, und am anderen Ende fließen Waren an Endabnehmer ab. Limitationen in der Pipeline lassen sich nun durch verschiedene Maßnahmen überwinden (vgl. *Ahlert, Dieter:* Distributionspolitik, 2. Auflage Stuttgart – New York 1992):

- Substitution der Pipeline, d. h. Wechsel in einen neuen Absatzkanal. In der Praxis bleibt diese Chance allerdings eher marginal, weil für große, marktmächtige Absatzmittler nicht so leicht Ersatz zu schaffen ist. Ein Ausweichen auf andere ist daher unweigerlich mit hohen Verlusten an Kontaktchancen (= Regalplatz) verbunden. Außerdem verändert sich dadurch die Qualität der Absatzstellen.
- Erweiterung der Pipeline, d. h. Paralleldistribution in mehreren Absatzkanälen. Meist sind damit jedoch Konfliktsituationen verbunden, denn die jeweils parallel distribuierten Absatzmittler fürchten zurecht Geschäftseinbußen infolge des jeweilig anderen Absatzkanals. Deshalb ist dies nur bei gleichzeitiger Programmaufteilung derart sinnvoll, daß jeder Absatzkanal bestimmte Waren für sich exklusiv erhält.
- Vergrößerung des Anteils an der Pipeline, d. h. Regalplatzausdehnung. Da der Regalplatz der Engpaß für den Geschäftserfolg des Handels und zugleich streng limitiert ist, scheint das vermehrte Facing eines Angebots nur zu Lasten dessen direkten Mitbewerbs über den Nachweis der betriebswirtschaftlichen Vorteilhaftigkeit dieses Austauschs (aus dem Verkauf selbst oder über Nebenleistungen) möglich.
- Vergrößerung des Durchmessers der Pipeline, d. h. Distributionssteigerung. Der hohe allgemeine Konzentrationsgrad führt jedoch dazu, daß bei etablierten Produkten eine Erhöhung der numerischen Distribution nur von einem weit unterproportionalen Zuwachs der gewichteten Distribution begleitet wird.
- Verringerung des Fließwiderstands in der Pipeline, d. h. erhöhter Durchsatz durch Anreize. Dies geschieht meist durch Inaussichtstellung materieller oder ideeller Vorteilsgewährung in Abhängigkeit von absatzförderndem Verhalten. Materielle Incentives schlagen jedoch voll auf die Rentabilität durch, ideelle Incentives unterliegen dem Abnutzungseffekt durch Gewöhnung.
- Druckerzeugung in die Pipeline hinein, d. h. Push durch Veranlassung der Absatzmittler zu mehr Engagement. Weitere Placierungen treffen hier auf Regalplatzknappheit und sind daher nur temporär möglich, als Zweitplatz oder zu Lasten fremden Stammplatzes. Zur versprochenen Umsatzwirkung sind für den Handel zusätzliche Anreize erforderlich, um den Mehraufwand zu kompensieren. Werbemittelunterstützung stellt oft nur einen verdeckten Nachlaß dar, der sich dauerhaft nicht in mehr Facing auswirkt und bald in den Besitzstand des Handels übergeht.
- Sogerzeugung aus der Pipeline heraus, d. h. Pull, meist durch Sprungwerbung der Hersteller direkt an Endabnehmer. Diese sollen ein Produkt zielsicherer anderen

vorziehen, sodaß der Handel es sich nicht leisten kann, das massenmedial beworbene Produkt nicht zu führen. Durch Kombination mit dem Push-Ansatz kann der Warenumschlag je Regalflächeneinheit erhöht und diese damit für alle Seiten effektiver genutzt werden.

- Aufbau einer eigenen Pipeline, d. h. eigener Herstellerabsatzstellen. Dies ist nur in Einzelfällen ein Ausweg, wenn Investitionen problemlos getätigt oder durch (vertikale) Kooperationsformen im Absatzkanal limitiert werden können.

Regalspiegel

Das Ergebnis der Regaloptimierung im Handel wird in Form eines sog. Regalspiegels zusammengefaßt, der ausweist, welche Produkte in welcher Kombination an Größen, Versionen etc. auf einem vorhandenen Regalplatz als Engpaß angeordnet werden. Dabei ist auch die unterschiedliche Erfolgsträchtigkeit der Placierungen im Regal zu berücksichtigen. Der Regalspiegel wird zumeist durch eine Plotter illustriert, sodaß unmittelbar ersichtlich ist, an welchem Platz wieviel Ware welcher Art zu placieren ist. Diese artikelgenaue Placierung ist dann in den Großbetriebsformen Vorgabe für herstellerbeauftragte Merchandiser zur Befüllung der Regale. Der Marktleiter zeichnet die zutreffende Placierung gemäß Regalspiegel auf dem Auftragsformular ab, das wiederum Abrechnungsgrundlage für die Kosten zwischen Merchandiser und Hersteller ist. Aufgrund der Vielzahl der bei der Regaloptimierung anfallenden Daten ist selbst der managementgeführte Handel oft in deren zutreffender Auswertung überlastet. Daher bieten große Markenartikler an, für ihn die Auswertung der Daten zu übernehmen. Dazu überspielen die Händler ihre Warengruppendaten geschlossen an jeweils einen Hersteller, meist den Marktführer, der dann anhand standardisierter Auswertungsprogramme eine für den speziellen Handelsbetrieb optimierte Regalplacierung ermittelt, die an den Betrieb zurückgegeben wird. Auf diese Weise profitiert der Handel von den Erkenntnissen der DPP, ohne deren Aufwand in Kauf nehmen zu müssen. Zugleich gewinnen Markenartikler damit Daten über die Marktgängigkeit nicht nur der eigenen Produkte, sondern auch der unmittelbaren Konkurrenzprodukte. Der Versuchung der Manipulation der Daten widersteht übrigens jeder Hersteller, da bei Aufdeckung seine Glaubwürdigkeit gegenüber dem Handel generell gemindert wird.

Die Placierung dient dem abverkaufsgerechtem Aufbau durch:

- Vermeidung von Bestandslücken (Out of Stock) zur Umsatzsteigerung, Ertragsverbesserung, Vermeidung von Kundenverlusten,
- Vermeidung von Überkapazitäten, weniger Kapitalkosten, Raum für neue Produkte, Chance zu Bedarfsverbund (Cross Selling),
- gleichmäßigen Regalabverkauf, damit weniger Auffüllen, produk-

tivere Arbeitsabläufe für Personal und bessere Personaleinsatzplanung,

Für ein verkaufswirksames Regalbild sind wichtig die:

- horizontale und vertikale Blockbildung, Imageverbesserung,
- gleichbleibende Ordnung im Regal, Umsatzsteigerung durch Flächenrationalisierung.

Für die optimale Sortimentsbreite/-tiefe sind wichtig die:

- Auslistung unrentabler Produkte, dadurch Raum für neue Produkte, Ertragsverbesserung im Sortiment, Bestelleinheitenoptimierung (Gebindegrößen),
- Sortimentsergänzung, Imageverbesserung, stärkere Kundenbindung, Umsatzsteigerung, Ertragsverbesserung.

Regionaler Testmarkt

Der regionale Testmarkt beinhaltet den probeweisen Verkauf auf einem räumlich abgegrenzten Markt mit dem Ziel der Gewinnung von Erkenntnissen über die mutmaßliche Marktgängigkeit eines Produkts bzw. die Wirksamkeit von Marketingmaßnahmen vor deren großflächiger Einführung. Als bevorzugte Gebiete gelten die Großräume Bremen, Saarland, Stuttgart, Hessen, Rheinland-Pfalz und Berlin. Als Voraussetzungen für jegliche Art von Testmarkt sind die Isomorphiebedingungen zum Gesamtmarkt zu beachten. Sie besagen:

- identische Nachfragesituation in bezug auf Soziodemographie und Bedarf,
- identische Handelssituation in bezug auf Struktur und Angebotssortiment,
- identische Wettbewerbssituation in bezug auf Art und Größe der Mitbewerber,
- identische Medienstruktur in bezug auf Verfügbarkeit und Nutzung von Werbeträgern,
- Abgrenzbarkeit des Testmarkts gegenüber dem Restmarktgebiet.

Doch bekannte reale Nachteile sind folgende. Die Anzahl geeigneter Testmarktgebiete ist gering, wegen der kumulativen Voraussetzungen der Strukturrepräsentanz für Nachfrage und Handel, der vergleichbaren Medienstruktur und vor allem der Ausstattung mit geeigneten Marktforschungs-Einrichtungen.

Die relativ große Flächenabdeckung bedingt hohe Kosten für Mediaeinsatz, Produktvorrat und Logistik. Es ist nur eine mangelnde Geheimhaltung gegenüber Mitbewerbern gegeben, mit der Gefahr des vorzeitigen Bekanntwerdens von Produktneuerungen und gezielter Störaktionen. Problematisch ist auch die mangelnde Isolation des Testmarkts, z. B. durch Pendler, Streuwerbung. Zudem gibt es keine Möglichkeit der Einrichtung eines Kontrollmarkts. Testmärkte können bei häufigem Einsatz übertestet werden. Oft bestehen regionale Abweichungen im Konsumverhalten zum späteren Distributionsgebiet. Der Einsatz der Marketingmaßnahmen ist nicht zielgenau zu streuen. Bei Produkten mit langen Kaufintervallen ist ein Testmarkt kaum sinnvoll, da die Gefahr besteht, daß der Wettbewerb „preempted" und ein Entwicklungsvorsprung vergeben wird. Insofern handelt es sich nicht um echte Experimente, sondern um Quasi-Experimente, zumeist in Form von Zeitreihendesigns. Daher liegt es nahe, an Testmarktersatzverfahren zu denken. Dabei handelt es sich um Testmarktsimulation, Storetest, Mini-Markttest und elektronischen Mikro-Markttest.

Regionales Marktangebot

(→ Marktareal, Intranationales)

Regiozentrales Angebot

(→ Marktareal, Supranationales)

Reichweite

Reichweite ist die Anzahl der Zielpersonen, die mindestens einmal die Chance haben, mit einem Werbeträger und damit mit dem sich darin befindenden Werbemittel, in Kontakt zu geraten (Opportunity to See/OTS, Opportunity to Hear/OTH). Diese Chance berechnet sich dabei auf der sekundärstatistischen Datenbasis der Vergangenheit. Die wirksame Reichweite ergibt sich nur oberhalb einer angegebenen Mindestkontaktfrequenz bzw. zwischen definierter Wirkungsschwelle als Unter- und Sättigungspunkt als Obergrenze. Die absolute Zahl wird auch als Anteil der erreichten an allen Zielpersonen prozentual ausgewiesen (= Reichweite in %).

Hohe Reichweitenwerte bedeuten natürlich eine große Verbreitung der Werbebotschaft in der Zielgruppe. Der Reichweitenzuwachs bei Mehrfachbelegung eines Werbeträgers wird auch als K-Wert (= Kumulation) bezeichnet und ist hoch bei hohem Anteil fluktuierender und wenigen Kern-/Exklusiv-Nutzer(n) eines Werbeträgers. Außerdem gibt der Reichweitenzuwachs bei Print an, wie schnell die Leserschaft nach dem Erstverkaufstag eingesammelt wird (z. B. schnell bei Programm-, langsam bei Hobbytiteln). Dazu wird nach K1- bei einmaliger Einschaltung, K2-Wert bei zweimaliger Einschaltung usw. unterschieden. Leser pro Nummer (LpN) gibt die durch Befragung ermittelte Anzahl der Leser an, die durch eine durchschnittliche Ausgabe eines Titels im letzten Erscheinungsintervall erreicht werden. Analog gibt es Hörer/Seher pro Tag (TV/HF) bzw. Besucher pro Woche (Kino). Die technische Reichweite ergibt sich durch die Anschlußdichte von Empfangsgeräten (Elektronik) bzw. das Verteilungsgebiet von Exemplaren (Print). Rein statistisch errechnet sich hingegen der summarische Leser pro Ausgabe-Wert (LpA = durchschnittliche Anzahl der Leser einer Ausgabe, analog durchschnittliche Hörerzahl während 1 Stunde Hörfunkprogramm bzw. Seherzahl während 1/2 Stunde Fernsehprogramm). Der Leser pro Exemplar-Wert (LpE) gibt die durchschnittliche Zahl der Personen an, die das gleiche (physische) Exemplar einer Zeitung/Zeitschrift lesen. Interne Überschneidungen entstehen durch Personen, die im Zeitablauf mehrere Ausgaben/Ausstrahlungen des gleichen Werbeträgers nutzen. Dies wird erst bei der Plankombination relevant, da die Rangreihung immer nur auf einer Einschaltung beruht. Externe Überschneidungen kommen durch Personen zustande, die im Zeitablauf mehrere Werbeträger parallel nutzen. Dies ist bei Tarifkombinationen relevant. Das sind Kopplungen zweier oder mehrerer zum gleichen Werbedurchführenden gehörigen Werbeträger, die bei gemeinsamer Belegung einen Kombinationsrabatt erzeugen. Durch dessen externe Überschneidungen kommt es zu Mehrfachkontakten. Personen, für die interne und/oder externe Überschneidungen zutreffen, werden in der Nettoreichweite nur einfach berücksichtigt, bei der Bruttoreichweite jedoch mehrfach. Die Bruttoreichweite ist also die Reichweite incl. aller (internen und externen) Überschneidungen.

(→ Rangreihung)

Reiner Wiederholungskauf

(→ Kauftypen)

Reinzeichnung

(→ Druckvorlagenerstellung)

Reisenden/Handelsvertreter-Einsatz

Reisende haben Arthandlungsvollmacht für eine bestimmte Art von Rechtsgeschäften, Generalhandlungsvollmacht für alle Rechtsgeschäfte oder Spezialhandlungsvollmacht für einzelne Rechtsgeschäfte. Meist wird im Marketing der Vergleich zwischen (selbständigen) Handelsvertretern und (unselbständigen) Reisenden im Außenverkauf gezogen. Für die Präferenz zwischen beiden sind sowohl qualitative wie quantitative Aspekte bedeutsam. Zunächst zu den qualitativen. Der *Reisende* hat folgende komparativen Vorteile auf seiner Seite. Es ist eine Detailsteuerung durch den Auftraggeber wegen strikter Weisungsgebundenheit als Angestellter möglich. Es können Besuchsnormen und Reiserouten vorgegeben werden, deren Kontrolle im Berichtswesen jederzeit nachvollziehbar ist. Ein Motivationsschub durch Zulagen oder ähnliche Anreize ist jederzeit möglich. Die Spezialisierung auf das Angebot eines Hersteller- oder Handelsbetriebs führt zu hoher Identifikation und Überzeugungskraft für diesen. Es besteht eine Interessenidentität mit dem eigenen Betrieb. Ein Ausgleichsanspruch bei Beendigung des Beschäftigungsverhältnisses besteht nicht. Gebietskorrekturen sind leicht und ohne Abfindung oder Änderungskündigung machbar. Ein direkter Kontakt zwischen Kunde und Betrieb bleibt erhalten.

Komparative Vorteile des *Handelsvertreters* sind hingegen folgende. Es entstehen nur oder weit überwiegend erfolgsabhängige variable Kosten, die bei Umsatzrückgang die Rentabilität nicht belasten. Intensive Verkaufsbemühungen aus originärer Unternehmerinitiative

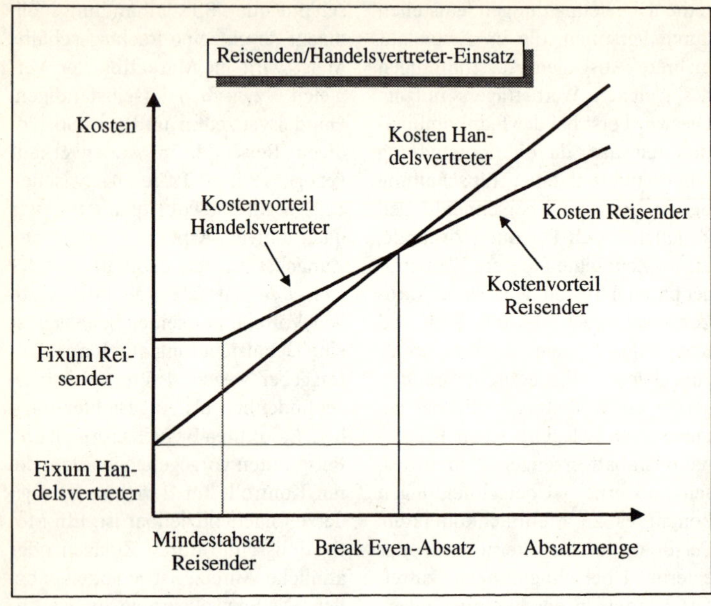

Reisenden/Handelsvertreter-Einsatz

führen mutmaßlich zu erhöhter Effizienz. Vielseitige vorhandene Kundenkontakte schaffen in der Aufbauphase eine schnelle und kostengünstige Akquisition. Die Reklamationsabwicklung ist wegen der Neutralität unproblematischer. Es besteht nur ein geringer organisatorischer Aufwand durch eigenverantwortliche Arbeitsplanung, -durchführung und -nachbereitung. Bei eigener Lagerhaltung ist eine hohe Lieferbereitschaft für Ad hoc-Abschlüsse gegeben.

Quantitativ liegen mit steigendem Absatz die Kosten angestellter Reisender, die Fixum und Prämie erhalten, unter denen selbständiger Handelsvertreter, die auf Provisionsbasis arbeiten. Entsprechend ist zu Beginn der Geschäftstätigkeit eher der Einsatz von Handelsvertretern empfehlenswert, auch wegen der qualitativen Aspekte, mit zunehmendem Geschäftserfolg aber ab einem Break Even-Punkt (Kostengleichheit) der Umstieg auf Reisende ratsam. Die Trennung von Handelsvertretern ist trotz des Ausgleichsanspruchs nicht schwierig, denn die Ausgleichszahlung wird meist vom Handelsvertreternachfolger übernommen, da ihm Provisionen zufließen, für die er nicht hat arbeiten müssen. Die Trennung von Reisenden ist nicht jederzeit möglich, da der Betriebsrat entscheidend mitredet. Handelsvertreter übernehmen auch Zusatzaufgaben, zwar gegen Entgelt, aber ebenso wie ansonsten Reisende. Reisende sind durchaus nicht problemlos steuerbar, dazu bedarf es vielmehr ausgefeilter Steuerungs- und Kontrollmechanismen.

Reklamationsabwicklung

(→ Kaufnachbereitung)

Relationship-Marketing

(→ Beziehungsmanagement im Marketing)

Relative Einzelkostenrechnung

(→ Deckungsbeitragsrechnung, Moderne Varianten)

Relativer Marktanteil

(→ Portfolio, Vier-Felder-, Aufbau)

Relativierungstechnik

(→ Preisargumentation im Verkaufsgespräch)

Relativrabatt

(→ Rabatt)

Relaunch

Relaunch ist eine Form der Marktdurchdringung im Rahmen der Marktfeldstrategie. Er bedeutet eine Produktvariation als Ablösung vorhandener durch gleichartige neue Produkte. Dies ist in der Saturations- bzw. Degenerationsphase des Lebenszyklus erforderlich, um drohenden Ergebniseinbußen zuvorzukommen. Vielmehr soll ein neuer Lebenszyklus initiiert werden, von dessen Dynamik man profitieren kann. Um zur gewünschten Umsatzbelebung zu gelangen, kommt es darauf an, daß die Nachfrager das variierte Produkt als hinlänglich neu empfinden. Face Lifts oder geringe Produktaufwertungen reichen dazu im allgemeinen nicht aus. Zum Relaunch wird der gesamte Marketing-Mix aktiviert. Er kann zu einem Up Grading oder Down Grading führen, d. h. zu einer Verbesserung der Leistung oder zu einer Veringerung der Kosten. So handelte es sich bei Kfz-Relaunches in der Vergangenheit meist um Up Gradings, d. h. das Fahrzeug wurde größer, stärker, komfortabler – und teurer. So wurde an der Basis immer wieder Platz für neue Angebote geschaffen, die sich dort plazierten, wo zwischenzeitlich up-gegradete Produkte ehemals plaziert waren.

(→ Marktfelder, Produktvarianten)

Relevant Set

(→ Marken, Auswahl)

Relevanter Markt, Abgrenzung

Zur Abgrenzung des relevanten Markts sind gleich eine ganze Reihe von Ansätzen denkbar:

- Datenkranzkonzept: Hier ist eine bestimmte Preisabsatzfunktion Ausgangspunkt, das Geschäftsfeld mithin eine vorgegebene, exogene Größe *(Cournot)*.
- Elementarmarktkonzept: Hier be-

gründet jede Leistung einen eigenständigen Markt, damit also auch ein Geschäftsfeld. Dies entspricht der totalen Konkurrenz *(Stackelberg)*.

- Grundbedürfniskonzept: Dabei wird ein Geschäftsfeld durch alle Leistungen manifestiert, die ein gleiches Grundbedürfnis abdeken. Es handelt sich also um ein verwenderorientiertes Konzept, das der Bedürfniskonkurrenz entspricht *(Abbott)*.
- Konzept der konjekturalen Konkurrenzreaktion: Hier umfaßt ein Geschäftsfeld alle Leistungen, die ein Anbieter bei seiner Marketingplanung berücksichtigt. Es handelt sich also um ein anbieterorientiertes Konzept (Schneider).
- Konzept der subjektiven Austauschbarkeit: Danach manifestieren alle Leistungen, die von Nachfragern subjektiv als austauschbar angesehen werden, ein gemeinsames Geschäftsfeld *(Dichtl)*.
- Eindimensionaler Ansatz: Hier wird der relevante Markt physisch-technisch nach der angebotenen Leistung hin abgegrenzt. Dies entspricht der Produktionskonkurrenz. Dafür wird die Mengenelastizität des Angebots zugrundegelegt, also die Veränderung des Angebotspreises bei Nachfragemengenveränderung *(Marshall)*.
- Zweidimensionaler Ansatz: Er legt neben dem angebotenen Produkt den bearbeiteten Markt an. Dafür wird zusätzlich die Kreuzpreiselastizität der Nachfrage zugrundegelegt, also die Veränderung der Nachfrage nach einem Angebot bei Veränderung des Preises für ein anderes. Hohe Werte indizieren die Zugehörigkeit zu einem gemeinsamen Markt *(Triffin)*.
- Dreidimensionaler Ansatz: Er berücksichtigt neben angebotener Leistung und bearbeitetem Markt noch die dafür verwendete Technologie. Dafür wird zusätzlich die Produktionselastizität zugrundegelegt, also die Möglichkeit zur Veränderung der Produktionserstellung. Insofern bestimmt sich ein strategisches Geschäftsfeld dann aus der Kombination von Leistung, Markt und Technologie *(Abell)*.

Relevanz (von Informationen)

(→ Information, Anforderungen)

Reliabilität

Unter Reliabilität versteht man den Grad der formalen Genauigkeit, mit dem ein bestimmtes Merkmal gemessen wird, unabhängig davon, ob dieses Merkmal auch tatsächlich gemessen werden soll. Ein Meßinstrument ist unter der Voraussetzung konstanter Meßbedingungen dann reliabel, wenn die Meßwerte präzise und stabil, d. h. bei wiederholter Messung reproduzierbar sind. Z.B. kann eine Entfernung durch Augenschein gemessen werden, was wenig reliabel ist, durch Abschreiten, was mäßig reliabel ist, oder durch Maßband, was sehr reliabel ist. Dabei bleibt dann außen vor, was denn eigentlich genau abgemessen wird. Letztlich bleibt aber immer ein Meßfehler, der Standardfehler, als Abweichung, der von der Konstanz der Messung abhängig ist. Diese gilt in drei Richtungen:

- Bedingungskonstanz bedeutet, daß gleichbleibende äußere Einflüsse bei der Messung gegeben sind,
- Merkmalskonstanz bedeutet, daß eine möglichst standardisierte Erhebung vorliegt, die Fehler beim Auskunftsobjekt ausschließt,
- Instrumentalkonstanz bedeutet, daß eine gleichbleibende Präzision des Meßinstruments gegeben ist.

Der Standardfehler setzt sich aus Zufallsfehler, infolge spontaner, unsystematischer Unachtsamheiten, durch Raten erzielter Antworten, kurzzeitiger Schwankungen der Umfeldbedingungen und ungenaue Angaben zur Meßdurchführung bzw. -bewertung, und Systematischem Fehler, infolge Design-, Gewinnungs- und Analysefehlern, zusammen. Die Reliabilität weist nur den Zufallsfehleranteil aus. Die Feststellung erfolgt durch verschiedene Verfahren.

Bei der *Parallel-Test-Reliabilität* wird eine Vergleichsmessung bei gleicher Ausführung in einer identischen Stichprobe mit einem äquivalenten Meßinstrument zum gleichen Zeitpunkt vorgenommen. Hier erhebt man also an einer Stichprobe von Versuchspersonen zwei streng vergleichbare Meßinstrumente und berechnet anschließend die Korrelation zwischen ihnen.

Bei der *Test-Retest-Reliabilität* wird zu verschiedenen Zeitpunkten in der gleichen Stichprobe gemessen, um die Korrelation der Wiederholungsmessung zu bestimmen. Hier erhebt man also die Daten an der gleichen Stichprobe mit dem gleichen Meßinstrument zu zwei verschiedenen Zeitpunkten und ermittelt anschließend die Korrelation der Ergebnisreihen.

Bei der *Interne-Konsistenz-Reliabilität* wird in verschiedenen Anteilen der gleichen Stichprobe gemessen, um die Einheitlichkeit eines geteilten Instruments nachzuweisen. Hier wird vorausgesetzt, daß sich ein Meßinstrument in zwei gleichwertige Hälften zerlegen läßt. Die Konsistenz wird dann entweder nach der Split Half- oder der Konsistenzanalyse ermittelt.

Der Reliabilitätskoeffizient ist ein Gütemaß zur Beurteilung der Zuverlässigkeit. Er gibt das Verhältnis der wahren Varianz zur Gesamtvarianz einer Variablen an. Was aber die „wahre" Varianz ausmacht, ist sehr zweifelhaft, denn die exakte Reproduzierbarkeit der Ergebnisse kommt durch unendlich viele Randbedingungen zustande, von denen fraglich ist, welche relevant sind und demnach konstant gehalten werden müssen (vgl. *Pepels, Werner:* Käuferverhalten und Marktforschung, Stuttgart 1995).

(→ Information, Wahrheitsgehalt)

Rembourskredit

(→ Außenhandelsfinanzierung)

Remittenden

(→ Leser-/Auflagenbegriffe)

Rentabilitätsvergleichsmethode

(→ Wirtschaftlichkeitsrechnung)

Repräsentationsmärkte

Bei den Repräsentationsmärkten sind verschiedene Formen der Marktveranstaltung zu unterscheiden:

- Die *Ausstellung* wendet sich an Verbraucher/Wiederverkäufer, ist zeitlich begrenzt und durch eine Vielzahl von Teilnehmern und ein repräsentatives Angebot gekennzeichnet. Sie dient nicht primär Verkaufsinteressen, sondern Vorführungs-und Darbietungszwekken, die das gesamte Leistungsvermögen des Ausstellers darstellen.
- Die *Hausmesse/Road Show* stellt einen Ersatz für die Ausstellung durch Angebotsdarbietung am Ort/in der Nähe (z. B. Hotel) des Verkaufs dar. Dies bietet sich an, wenn ein Unternehmen auf die Teilnahme als Aussteller, etwa aus Kostengründen, verzichtet oder potentielle Kunden die Ausstellung nicht besucht haben.

(→ Abschlußmärkte)

Repräsentationsschluß

(→ Schätzverfahren)

Reserveargumenttechnik

(→ Konfliktüberwindung im Verkaufsgespäch)

Residenzprinzip

(→ Absatzformen)

Response-Anzeigen

(→ Direktwerbe-Anzeigen)

Responsediskriminierung

(→ Lernmodelle)

Responsefunktionen

(→ Mediaplanung, Gewichtungen)

Responsegeneralisierung

(→ Lernmodelle)

Ressourcen-Analyse

Dies ist die Beurteilung der Leistungspotentiale des eigenen Unternehmens in Relation zu denen des/der wichtigsten Konkurrenten anhand eines Kriterienkatalogs. Zu den Kriterien gehören finanzielle Positionen, wie Kosten, Investitionen, FuE-Aufwand, personelle Positionen, wie Organisation, Qualität, Motivation, und materielle Positionen, wie Standort, Rohstoffzufuhr, Produktion etc. Im Unterschied zum Stärken-Schwächen-Profil wird hierbei nicht die aktuelle, sondern nur die potentielle Situation beurteilt. Dies ist wichtig für die Antizipation des Ausgangs möglicher Konflikte.

Bei der konkreten Vorgehensweise ergeben sich Kriterien, bei denen das eigene Unternehmen besser beurteilt wird als der/die Mitbewerber. Dies kennzeichnet einen Ressourcenvorsprung. Und es ergeben sich Kriterien, bei denen der/die Mitbewerber besser beurteilt wird/werden als das eigene Unternehmen. Dies kennzeichnet einen Ressourcenrückstand. Der graphische Abstand der Linien für das eigene und das/die Mitbewerbsunternehmen zeigt das Ausmaß der Vorsprünge und Rückstände an. Daraus ergeben sich drei mögliche Konsequenzen:

- Ausgleich der Ressourcenrückstände bei Kriterien mit kleinstem Mitbewerbsabstand,
- defensive Wettbewerbsstrategie hinsichtlich der per Saldo ressourcenüberlegener Mitbewerber,
- offensive Wettbewerbsstrategie über die Kriterien mit dem größten Ressourcenvorsprung.

Durch die Schätzung der Ressourcen sind allerdings erhebliche Unsicherheiten der Analyse gegeben.

Außerdem sind Kombinationen aus Stärken-Schwächen-Profil und Ressourcen-Analyse möglich (ähnlich der Potential-Analyse):

- Ressourcenvorsprung bei gleichzeitiger Angebotsstärke. Dieser Sektor ist jedenfalls nicht als Engpaß zu betrachten und kann daher offensiv am Markt genutzt werden,
- Ressourcenvorsprung bei gleichzeitiger Angebotsschwäche. Dieser Sektor bietet sich unbedingt zur Forcierung an, da hier ansonsten Erfolge aus unausgeschöpftem Potential vergeben werden,
- Ressourcennachteil bei gleichzeitiger Angebotsstärke. In diesem Fall empfiehlt sich keine Betonung in der Marketingstrategie, um damit keine Gegenreaktionen zu provozieren,
- Ressourcennachteil bei gleichzeitiger Angebotsschwäche. Hier gilt die Meidung dieses Sektors, da damit ohnehin wohl nur Flops erreicht werden.

(→ Analyseverfahren im Marketing)

Retrodistribution

Die Entsorgungsfunktion im Marketing rückt dramatisch in den Mittelpunkt der Diskussion. Entsorgt werden Packstoffe (Materialien), Packmittel (Behältnisse) und Packhilfsmittel (Hilfsstoffe). Maßnahmen betreffen im einzelnen die Verringerung des Anteils von Einwegverpackungen, die Vereinheitlichung durch weitgehenden Verzicht auf Verbundmaterialien (zwei und mehr Rohstoffe), sofern Verbundstoffe unvermeidlich sind, eine möglichst leichte Trennbarkeit, die gesonderte Kennzeichnung von Kunststoffen, die Bevorzugung natürlicher Materialien (wie Pappe, Karton, Papier etc.), die Substitution von Abfall durch wiederverwendbare Materialien (Recycling), die Verwendung umweltverträglicher Druckfarben, die Vermeidung von Unterverpackungen und von Packhilfsmitteln, die die Wiederverwertung nicht behindern. Der politisch gewollten Rangfolge entspricht die gänzliche Einsparung der Verpackung bei einigen Produkten, die Vermeidung von Abfall durch kleine Abfülleinheiten und Nachfüllpacks und die Vermeidung durch Umstellung auf Mehrwegpackungen.

Die gesetzlichen Bestimmungen sehen bei der Entsorgung vor, daß die Transportverpackung jeweils von dem „In-Verkehr-Bringenden" zurückzunehmen und einer erneuten Verwendung für Verpackungszwecke zuzuführen ist, also regelmäßig vom Hersteller oder Importeur. Umverpackungen, die der Verkaufsförderung, Diebstahlbehinderung etc. dienen, sollen am Handelsplatz gesammelt werden. Dies gilt auch für die Rücknahme gebrauchter Verpackungen und kann nur durch ein flächendeckendes, haushaltsnahes, privatwirtschaftliches Erfassungssystem vermieden werden, dessen Kosten der Handel trägt und an die Endabnehmer weiterberechnet. Dies ist das Duale System Deutschland (DSD), zu dem sich Handel, Abfüller, Unternehmen der Konsumgüterindustrie, von Verpackungen, Rohmaterialen und für Entsorgung zusammengeschlossen haben. Eine solche Freistellung besteht für Transport- und Umverpackungen nicht. Das DSD stellt sicher, daß alle Verpackungen erfaßt, sortiert und stofflich verwertet werden. Der Abdeckungsgrad beträgt mindestens 60% bei Glas, 40% bei Weißblech, 30% bei Alu, Pappe, Karton, Papier und Kunststoff, 20% bei Verbundstoff, für die Verpackungshersteller bzw. Vormateriallieferanten eine Verwertungsgarantie für ihren jeweiligen Bereich geben. Dazu ist eine Trennung in Haushaltsabfall- und Verpackungsentsorgung erforderlich. Die Abnahme erfolgt kostenfrei ab Sortierstelle, die Organisation arbeitet möglichst kostendeckend, hat jedoch zumindest in der Vergangenheit hohe Verluste verursacht. Das DSD übernimmt die Ausschreibung und Vergabe von Aufträgen an Entsorgungsunternehmen, die Koordination und Überwachung der Arbeiten, die Vergabe der Kennzeichnung der in das System einbezogenen Verpackungen und die Verbraucheraufklärung. Letztere erfolgt durch den sog. *Grünen Punkt.* Dieser hat vier Funktionen. Er ist Hinweis für den Verbraucher, die Verpackung nach Gebrauch einem gesonderten Erfassungssystem neben der öffentlichen Abfallentsorgung zuzuführen. Er ist eine Sortierungserleichterung im Haushalt für Abfall und Wertstoff in getrennten Systemen („Gelbe Tonne"). Er ist innovativer Ausweis für die Anbieter, am umweltfreundlichen System teilzunehmen (mit Ausnahme von Mehrwegverpackungen natürlich). Zwischenzeitlich werden Hersteller ohne DSD-Anschluß vom Handel rigoros ausgelistet. Er ist vor allem Finanzierungsträger des DSD für die organisierte Entsorgung. Denn die Kennzeichnung darf nur gegen Nutzungsentgelt auf die Verpackung aufgedruckt werden, woran sich aber offensichtlich nicht alle Mitglieder gehalten haben. Es bestehen zudem erhebliche Vorbehalte gegen diese Konzeption. Der Grüne Punkt wird für jedes recycelbare Verpackungsmaterial vergeben, unabhängig von dessen Recyclingfreundlichkeit. Mehrwegverpackungen sind vom Grünen Punkt ausgeschlossen, obgleich sie unter Abfallgesichtspunkten die umweltverträglichsten sind. Meßbasis für die beim Kauf zu entrichtende Gebühr ist das Verpackungsvolumen, nicht aber das Verpackungsgewicht. Kunststoffe erhalten den Grünen Punkt, obwohl ihre Verwertung, wenn überhaupt, nur durch aufwendige Sortieranlagen möglich ist. Die Zielhierarchie ist unbefriedigend, vor allem in bezug auf fehlende Anreize zur Verringerung vor Verwertung. Die Endabnehmer zahlen gleich doppelt für weniger Müll, nämlich ohnehin immer mehr an die Kommunen für die öffentliche Müllentsorgung und zusätzlich für das DSD hinsichtlich Verpackungsmüll über die Weiterrechnung im Verkaufspreis. Die Disziplin der Bürger zur Abfalltrennung bleibt abzuwarten, erste Anzeichen sind jedoch außerordentlich ermutigend.

(→ Packungsfunktion)

Restwertbudgetierung

(→ Budgetierung, Nicht-analytische Verfahren)

Reverse Marketing

(→ Beschaffungsmarketing)

Rhetorische Frage

(→ Fragetechnik im Verkaufsgespräch)

Richtung von Zielen

(→ Zielsetzungen im Marketing)

Ringbildung

(→ Einschreibung)

Risikoempfinden

Risiko ist ein kognitives Konstrukt, das die Ungewißheit hinsichtlich des Eintretens bestimmter nachteiliger Konsequenzen einer Entscheidung (= Risikoinhalt) und den Umfang dieser Konsequenzen (= Risikoausmaß) betrifft. Zur Messung müssen die möglichen Kauffolgen erfaßt werden. Anhand einer metrischen Skala wird dazu die Unsicherheit der Person bezüglich des Eintritts der möglichen Kauffolgen beim Kaufobjekt und die empfundene Wichtigkeit der einzelnen möglichen Kauffolgen gemessen. Das empfundene Risiko ist eine Funktion dieser beiden Komponenten, die separat gemessen und dann multiplikativ verknüpft werden. Wirtschaften heißt Entscheiden. Dazu gehört, Wahlalternativen zu definieren und zu bewerten sowie die Alternative mit dem besten Aufwand-Nutzen-Verhältnis auszuwählen. Ist das Umfeld deterministisch, fällt dies leicht, doch meist ist es stochastisch, also mit Risiken verbunden. Diese können bei Produkten endogen, also in Qualität, Eignung etc., oder exogen, also in Akzeptanz, Respekt etc., begründet sein.

Das Konzept des empfundenen Risikos beschreibt die als nachteilig empfundenen Folgen des Kaufs (oder Nichtkaufs), die nicht vorhersehbar sind, und betrachtet den Konsumenten als ein Subjekt, das sich bei seinen Kaufentscheidungen mit dem Problem konfrontiert sieht, die Konsequenzen einer Wahlhandlung nicht genau antizipieren zu können. Die dadurch verursachten Risiken sollen durch Reduktion abgebaut werden. Der Grad des empfundenen Risikos ist von der individuellen Risikobereitschaft und vom Selbstvertrauen abhängig, aber auch von Faktoren wie Neuheitsgrad, technische Kompliziertheit, Komplexität, Preishöhe, Mindestabnahmemenge, soziale Bedeutung etc. Das Risiko teilt sich dabei auf in:

- einen finanziellen Aspekt, der die Angemessenheit des Preises und die Tragbarkeit der finanziellen Belastungen betrifft, denn mit jedem Wahlakt verringert sich die Zahl der Freiheitsgrade beim weiteren Konsum, da die Kaufkraft absolut begrenzt ist,
- einen funktionalen Aspekt, der die Funktionstüchtigkeit des zu kaufenden Produkts betrifft und auf seine Gebrauchseignung abzielt,
- einen sozialen Aspekt, der die gesellschaftliche Akzeptanz des Produkts betrifft und damit die immer wichtiger werdende Außenwirkung,
- einen psychologischen Aspekt, der die persönliche Identifikation mit dem Produkt betrifft,
- einen physischen Aspekt, der eine mögliche Gefährdung durch das Produkt betrifft und durch Produkthaftung regelmentiert wird.

(→ Käuferverhalten)

Risk Management

(→ Marketing, Risikovorsorge)

Rituale

(→ Unternehmenskultur)

Rohrschach-Test

(→ Testverfahren, Figurale)

Rollen

Rolle bezeichnet das Bündel von Erwartungen, das andere Gruppenmitglieder an den Rolleninhaber stellen. Das daraus resultierende spezifische Wertbewußtsein nennt man Status. Rollen sind die Summe aller Verhaltensweisen, die an eine bestimmte soziale Position gebunden sind. Positionen normieren also Rollen. Rolle und Status sind meist kongruent, können aber im Einzelfall auch auseinanderfallen, z. B. bedeutet Bescheidenheit, daß der Status in der Rolle unterrepräsentiert ist, oder Angeberei, daß der Status in der Rolle überzogen ist. Die soziale Rolle ergibt sich ohne eigenes Zutun durch angeborene Faktoren (ererbt) oder mit eigenem Zutun durch erworbene Faktoren. Im übrigen verschiebt sich die relative Rolle mit der sozialen Schicht und der Interaktion der Gruppenmitglieder. Die Einhaltung von Rollen wird durch Sanktionen gesteuert, deren Stärke vom Grad der Verbindlichkeit der Rolle abhängt. Rollenabweichungen werden durch Normen, Regeln und Gesetze identifiziert. Sie führen zur Stigmatisierung der Abweichungen und zur Diskriminierung der Abweichenden. Dies führt bei diesen zur Frustation bis hin zur Aggression. Kontrollierte Abweichungen sind bedeutsam als Ventil (z. B. Prostitution), als Anlaß zur Mahnung über die Einhaltung der Normen, zum Zusammenhalt der „Normalen" und als Motor für Veränderungen.

Bei *Positionsbeziehungen* treten *Interrollen-Konflikte* auf, wenn durch die gleichzeitige Zugehörigkeit zu unterschiedlichen Gruppen abweichende Erwartungen von außen (soziales Umfeld) an eine Person, die dort Mitglied ist oder sein möchte, herangetragen werden. *Intrarollen-Konflikte* treten auf, wenn unterschiedliche Motive in der Rollenentsprechung einer Person vorliegen, die sie abweichende Ziele verfolgen läßt, der Rolleninhaber also einander widersprechenden Erwartungen an sich selbst ausgesetzt ist. Konflikte sind immer Interessengegensätze zwischen Personen und Gruppen, die aus unvereinbaren Vorstellungen über die Zielverwirklichung und unterschiedliche Wahrnehmungen der Realität folgen.

Ein Interrollen-Konflikt liegt etwa vor, wenn ein Mann sich als Manager seiner beruflichen Aufgabe gegenüber verpflichtet sieht, als Vater aber seiner Familie vorzustehen hat. Wenn es jetzt um die Ableistung von Überstunden geht, entsteht zwangsläufig ein Konflikt zwischen der Rollenerwartung vom Arbeitgeber, die der beruflichen Aufgabe Priorität einräumt, und der Rollenerwartung von Frau und Kind, die der familiären Pflicht Priorität einräumt. Je nachdem wie man sich nun entscheidet, verletzt man die Rollenerwartungen einer Gruppe.

Ein Intrarollen-Konflikt liegt etwa vor, wenn ein Vater einerseits seinen Sohn streng erziehen will, damit etwas aus ihm wird, ihn andererseits aber auch verwöhnen will, weil er es verdient hat. Wenn es nun darum geht, ob der Sohn abends länger aufbleiben darf, um die Verlängerung des Fußballspiels im Fernsehen anzuschauen, muß er sich entweder zugunsten längeren Schlafs, besserer Ausgeruhtheit und höherer Aufmerksamkeit in der Schule am nächsten Vormittag entscheiden oder zugunsten von mehr Spaß, Erlebniswert und Lebensfreude.

Als Lösungsmöglichkeiten bieten sich die Diskussion der Rollenerwartungen und die Prüfung ihrer sachlichen Berechtigung oder Notwendigkeit an oder die Bildung von Rollenhierarchien, d. h. einzelne Rollen werden gegenüber anderen priorisiert. Ausschlaggebend dafür dürfte der Umfang möglicher Sanktionen sein. Positive Sanktionen entstehen durch Anspruchserfüllung, negative durch Anspruchsenttäuschung. Weitere Lösungsmöglichkeiten der Konflikte sind etwa Handlungsverzögerung (in der Hoffnung, das die Zeit für eine Lösung arbeitet), Handlungsbeugung gegenüber sozialer Macht, wechselweise Handlung, um mehreren Anspruchsgruppen gerecht zu werden oder legitimitätstreue Handlung („Dienst nach Vorschrift") bzw. sanktionstreue Handlung (gemäß Sanktionsstärke).

(→ *Käuferverhalten*)

Rollenbeziehungen im Markt

(→ Marktkonstitution)

Rollenspiel

(→ Testverfahren, Figurale)

Rollenverständnis

Beim Rollenverständnis geht es um die relative Rolle des Unternehmens im Marktumfeld, also auf der gleichen Marktseite. Als Alternativen bieten sich die Marktführerschaft und die Marktfolgerschaft, die sich wiederum in Marktherausforderung, Marktmitläuferschaft und Marktnischenangebot unterteilt.
(→ Marktführer, Marktherausforderer, Marktmitläufer, Marktnischenanbieter)

Rote Güter

(→ Produktarten)

Rote Zone

(→ Portfolio, Neun-Felder-, Positionen)

Routineentwicklung

(→ Innovation)

Rub Off-Effekt

(→ Wahrnehmung, Effekte)

Rücklaufquote

Trotz großer Probleme ist die schriftliche Befragung eine wichtige Form der Primärforschung. Daher ist der Praxis daran gelegen, deren Nachteile abzumildern. Dies geschieht durch sorgfältige Gestaltung des Fragebogens, eine klare Strukturierung mit leichten Einstiegsfragen, einfachem Fragenablauf und ansprechender optischer Aufbereitung. Besonderes Augenmerk gilt dabei der Steigerung der Rücklaufquote, die bestenfalls 15–40% beträgt, regelmäßig aber noch darunter liegt. Die Halbwertzeit des Rücklaufs beträgt erfahrungsgemäß 10–14 Tage, d. h. bis dahin ist etwa die Hälfte des insgesamt zu erwartenden Rücklaufs erfolgt. Gründe für ein Rücklaufproblem sind, daß

- der Fragebogen abwesende, verreiste, verzogene, verstorbene Adressaten erst garnicht oder außerhalb des Erhebungszeitraums erreicht,
- eine Verwechslung der Erhebungsunterlagen mit unverlangt zugesandten Werbesendungen vorliegt, die ungelesen entsorgt werden,
- die Auskunftsperson nur gering involviert ist (Desinteresse, Mißtrauen, Bequemlichkeit) und sich als Nichtbetroffen bzw. Nichtzuständig erachtet,
- die Auskunftsperson antwortunfähig ist (geistig behindert, sprachunkundig etc.).
- ein weitverbreitetes Mißtrauen gegen personenbezogene Informationsabgabe, gerade auch aus Gründen des Datenschutzes, besteht,
- in der Befragung Tabubereiche angesprochen werden, zu denen man sich nur ungern äußert, wenn es sich denn vermeiden läßt,
- der formale Aufbau des Fragebogens und die Gestaltung der Fra-

gen einen erhöhten Schwierigkeitsgrad vermuten lassen, dem man sich nicht gewachsen glaubt oder aussetzen will,
- Befragungsunterlagen verlorengehen oder verlegt werden, wie das im täglichen Durcheinander leicht passieren kann,
- der Ergebniseintrag aufgeschoben und schließlich vergessen bzw. das Abgabedatum überschritten wird, weil Zeitmangel vorliegt oder vorgeschoben werden.

Möglichkeiten für Maßnahmen zur Rücklaufverbesserung sind etwa folgende:
- Glaubwürdige und neutrale Berichte über das entsprechende Forschungsvorhaben, die die Seriosität unterstreichen,
- Handgeschriebene Zusätze, die von Individualität zeugen, sodaß nicht unbedingt der Eindruck einer Massenaussendung entsteht,
- Zugabe positiv wirkender Fotos über das Projekt, denn Bilder wirken informativ und motivierend,
- Versand trotz Kostenvorteil nicht als Drucksache, da damit eine Aussonderungsgefahr bereits im Posteingang besteht, sondern als „normaler" Brief,
- Versand an postschwachen Tagen (montags), nicht zu Streßzeiten (Jahresende) oder in der Ferienzeit, um eine erhöhte Beachtung zu erreichen,
- Wahl von Sonderbriefmarken zum Portofreimachen, anstelle von Freistempler oder „normalen" Briefmarken,
- Nachfaßaktion über Telefon oder schriftlicher Nachfaß als Reminder, auch mehrmalig, wenn es erforderlich scheint,
- evtl. nochmaliger Versand des gleichen Fragebogens mit geändertem Anschreiben, um die Bearbeitungschance zu erhöhen,
- „Androhung" eines Interviewerbesuchs, falls Beantwortung nicht erfolgt, sodaß Probanden das kleinere Übel zu wählen geneigt sind,
- Setzung einer relativ knappen Deadline zur Rücksendung (problematisch bei Überschreiten der Deadline, da die Rücksendung selbst ausgefüllter Fragebögen dann als nicht sinnvoll erachtet wird),
- Telefonische oder schriftliche Vorankündigung und Angabe einer Kontakttelefonnummer zur Rückfrage bei Unklarheiten, um vermeidbare Abbruch- oder Zurückweisungsquellen zu beheben,
- Begleitschreiben mit persönlicher Anrede (Zusicherung der Anonymität, Vorausdank, Erklärung des Befragungszwecks), evtl. von einer „Autorität", die abhängig von der intendierten Auskunftsgruppe ist, verfaßt,
- Optisch ansprechende Fragebogengestaltung, dies ist heute durch DTP-Gestaltung eigentlich eine Selbstverständlichkeit,
- Beifügung eines freigemachten Rückumschlags oder Gebühr-bezahlt-Empfänger-Vermerks, sodaß Kosteneinwendungen aufgefangen werden können,
- Genaue Angabe des Rückempfängers, möglichst durch Eindruck,

sodaß das Ausfüllen der Adresse erspart bleibt,

- Kopplung mit kleinen Geschenken oder Gewinnanreizen (allerdings ist dies umstritten, weil dadurch Gefälligkeitsantworten wahrscheinlich sind und die Anonymität des Befragten verlorengeht),
- Zusage der Ergebnisberichterstattung als Feedback, damit der Befragte von der gesammelten Information profitiert,
- Kombination mit Garantiekartenrücksendung oder Produktbeilage bei Käufern (vgl. *Pepels, Werner:* Käuferverhalten und Marktforschung, Stuttgart 1995).

(→ *Schriftliche Befragung)*

Rückwärtsintegration

Rückwärtsintegration richtet sich vor allem auf die Sicherung und Beeinflussung der Lieferquellen. Dabei ist bezeichnend, daß die Fertigungstiefe zunimmt, d. h. der Anteil eigengefertigter Teile am Endprodukt. Damit steigt die Wertschöpfung des Unternehmens. Zeitgemäßer ist jedoch eine sinkende Fertigungstiefe durch Outsourcing. Damit gewinnt zugleich die Beschaffungsfunktion, die lange Zeit ein Schattendasein geführt hat, an Bedeutung. Als Beispiel gelten Fertiggerätehersteller, die auf Komponentenfertigung umstellen. Sie arbeiten auf eine geringe Fertigungstiefe hin, d. h. auf einen möglichst weitgehende Bezug vorgefertigter Komponenten. Dazu entwikkeln sie in enger Zusammenarbeit mit jeweils einem Lieferanten sich nahtlos zum Endprodukt zusammenfügende Teilsysteme. Diese werden dazu eng in das relevante Betriebsgeschehen eingebunden und erhalten nicht selten einen auf den Produktlebenszyklus bezogenen „lebenslangen" Lieferauftrag. Ein anderes Beispiel ist der *Veba*-Konzern, der mit erheblichen Interessen in der Petrochemie vertreten ist. Dabei handelt es sich um die Aufbereitung und Weiterverarbeitung von Mineralöl zu vielfältigen Zwischenprodukten. Um sich den Zugang zu den Rohstoffquellen trotz ungesicherter politischer Rahmenbedingungen in den Förderländern zu erhalten, wurde *Deminex* übernommen, die sich mit der Erdölexploration und -förderung befaßt.

Rundfunkspot, Sonderformen

Sonderformen der Werbung bei privaten Rundfunk- (teils auch Fernseh-)anstalten sind folgende:

- Patronat, d. h. erkennbare Trägerschaft einer Sendung durch einen Werbungtreibenden (mit Werbehinweis, aber ohne direkte redaktionelle Einflußnahme),
- Sponsorsendung, d. h. Zurverfügungstellung von Sendezeit an Werbungtreibende zur Gestaltung eigener Programme in Abstimmung mit dem redaktionellen Konzept des Senders (oft in Form von Bartering),
- Message Placement, d. h. Featureausstrahlungen mit PR-Charakter,
- Tandem-Spots, d. h. Kopplung von zwei Werbeausstrahlungen,

normalerweise derart, daß ein längerer Spot (Vollversion) von einem kürzeren, der sich auf diesen bezieht (Kurzversion), gefolgt wird und dazwischen Werbung/Redaktion stattfindet, ausnahmsweise auch derart, daß ein kürzerer Spot (Teaser) auf den später folgenden, eigentlichen Werbespot hinweist.

- Dialog-Spot als Kombination aus Ton-/Bildtonkonserve mit Liveansage durch Sprecher im Studio,
- Anmoderierter Spot, d. h. einleitende Ansage zur Werbung durch Sprecher live im Studio,
- Zeitansage in Kombination mit einer Werbedurchsage durch den Sprecher, analog auch Wetterbericht,
- Narrow Casting, d. h. gezielte Placierung von Spots im Umfeld zielgruppeninteressierender Redaktion (Spot Placement, auch als Programming mit Konkurrenzausschluß),
- Live-Werbung, d. h. Werbung als Moderatorendurchsage live im Studio, Telefon-Promotion, d. h. Spiel für Zuhörer/Zuschauer durch Anruf und Lösungsdurchsage,
- Promotionspiel, d. h. Kombination aus Werbung und Promotion vor Ort (meist am Handelsplatz) durch mobile Sendestation für Liveschaltungen,
- Game Show, d. h. aleatorische Aktion in unterhaltende Rahmenhandlung eingebunden (Spiele für Geschicklichkeit, Schlagfertigkeit, Raten, Wissen, Abenteuer etc.). Die Zielgruppe ist analog Yellow Press bei Print einzuschätzen (eher älter, eher weiblich, eher schlicht).

Eine besondere Produktionsform stellt die Time Compression Method dar, die eine um ein Viertel geringere Spotlänge durch Sprachbeschleunigung bei gleichzeitigem Tonhöhenausgleich ermöglicht (diese wird etwa auch beim Warnhinweis für OTC-Präparate im Fernsehen genutzt).

(→ *Medien-Mix)*

S

S-O-R-Ansatz

(→ *Erklärungsansätze im Käuferverhalten)*

S-R-Ansatz

(→ *Erklärungsansätze im Käuferverhalten)*

Sättigungsfunktionen

Handelt es sich bei Prognosegrößen um solche mit vermutetem Sättigungsniveau, kann eine logistische Funktion oder Gompertz-Funktion nachgebildet werden. Diese beruhen auf der Annahme, daß die Prognosegröße der folgenden Periode abhängig ist vom Ausmaß deren Größe in den vergangenen Perioden und der Verlauf gleichmäßig erfolgt. D.h. das Wachstum einer Zeitreihe ist proportional zum jeweils erreichten Niveau und zum (linearen oder logarithmischen) Abstand zwischen dem erreichten Niveau und dem absoluten Sättigungsniveau. Es gibt also eine fördernde Wachstumskomponente und eine hemmende. Die logistische Kurve verläuft vom Beginn bis zum Wendepunkt progressiv steigend und danach bis zum Endpunkt degressiv steigend (lineare Differenz zugrundegelegt). Sie ist beiderseits des Wendepunktes symmetrisch. Die Gompertz-Funktion verläuft steiler, nähert sich später der Sättigungsgrenze und weist einen früheren Wendepunkt auf (logarithmische Differenz zugrundegelegt).

Als Vorzüge sind dabei die folgenden zu nennen. Die Wachstums- und Sättigungsmodelle eignen sich zur Vorhersage von Zeitreihen, deren Struktur sich durch einen einfachen linearen oder quadratischen Trend nicht angemessen beschreiben läßt. Dies gilt etwa für Größen, die einem Lebenszyklus unterliegen. Der mathematische Anspruch und der rechnerische Aufwand halten sich in Grenzen. Von Nachteil ist die Anfälligkeit gegen die Verletzung der Modellannahmen. Außerdem besteht eine größe Schätzunsicherheit hinsichtlich der Bestimmung des Sättigungsniveaus. Wird dieses unterschätzt, wird Entwicklungspotential vergeben.

Problematisch bei der Berechnung von Trends sind jedoch allgemein folgende Faktoren:

- Wahl des Bezugszeitraums. Dieser muß einerseits relativ lang sein, da die Ergebnisse sonst Zufallscharakter haben. Damit nivellieren sich jedoch zugleich Sonderbewegungen, deren Kenntnis nützlich sein kann.
- Veränderung des Bezugszeitraums. Eine Veränderung der zugrunde gelegten Werte führt für gewöhnlich auch zu einer Veränderung der Ergebnisse. Allein schon

dadurch werden Trendaussagen fragwürdig.

- Wahl der Trendfunktion. Meist ist aufgrund des vorhandenen empirischen Materials nicht eindeutig ein bestimmter Kurventyp bestimmbar. Dann aber kann die Trendfunktion willkürlich sein.
- Festlegung des Sättigungsniveaus. Hier ist unmittelbar einsichtig, daß die Marktsättigung nur äußerst schwer prognostizierbar ist. Dies gilt für alle Sättigungsfunktionen bei der langfristigen Prognose.
- Fehlende Ursachenanalyse. Es kann sehr wohl sein, daß die Zukunft nicht aus der Vergangenheit projiziert werden kann, weil kausale Ursachen für Entwicklungen gegeben sind, die nicht durch die Zeit repräsentiert sind.

Daher handelt es sich bei Trend- und Sättigungsfunktionen um rein formale Methoden, deren Grundlage durch sachlich-analytische Überlegungen ergänzt werden muß.
(→ *Prognose)*

Saisonkomponente

(→ *Zeitreihe, Darstellung)*

Salamitechnik

(→ *Einwandbehandlung)*

Sale and Lease Back

(→ *Gegenseitigkeitsgeschäfte)*

Salesfolder

(→ *Verkaufsliteratur)*

Same Day Recall

(→ *Werbewirkungskontrolle, Ad hoc-Erhebungen)*

Sammelbesteller

(→ *Direktabsatz)*

Sammelwerbung

(→ *Kollektivwerbung)*

Sammlungsposition

(→ *Positionierung, Optionen)*

Sandwichtechnik

(→ *Preisargumentation im Verkaufsgespräch)*

Saturationsphase

In der Saturationsphase des Lebenszyklus (= Sättigung) normalisiert sich die Wachstumsrate und stagniert schließlich, die Gewinne erreichen ihr Maximum und verfallen danach infolge hoher Nachfrageelastizität und Wettbewerbsintensität, der Mittelrückfluß erreicht dabei sein Maximum. Es herrscht starker Wettbewerb. Als Käufer sind die frühe bzw. späte Mehrheit zu bezeichnen. Ziel ist die Durchsetzung gegenüber dem Mitbewerb und eine Marktanteilserhaltungsstrategie.

Das Preisniveau sinkt. Es sind zunehmend Zugeständnisse an den Handel erforderlich, da Hersteller auf einen gewissen Distributionsgrad angewiesen sind. Die Werbeaufwendungen steigen, die Werbeaussagen sind implizit auf Diskriminierung des Mitbewerbs ausgerichtet. Hinzu kommen häufige Aktio-

nen. Die absatzpolitischen Aktivitäten intensivieren sich. Es herrschen Massenproduktion und -vertrieb vor. Die Standardisierung der Produkte ist hoch. Es kommt zu Preiskämpfen. Hohe Werbekosten werden in Induzierung von Wiederholungskäufen und Marktsegmentierung gesteckt. Dies erfordert Produktdifferenzierung und hohen Distributionsaufwand. Es kommt zu Prozeßinnovationen. Angesichts rückläufiger Margen/Gewinne werden Wettbewerbsvorteile aktiviert. Es herrscht Verdrängungswettbewerb. Importkonkurrenz aus Billiglohnländern verschärft die Situation. Der Gewinnsaldo reagiert mit Time Lag auf die Umsatzentwicklung, weil zunächst die zu Beginn der Marktpräsenz angefallenen Anlaufverluste zu eskomptieren sind und im Laufe der Zeit ausgabenwirksame Kostenpositiven wegfallen. Der anfängliche negative Cash Flow resultiert in der Praxis aus der dringlichen Notwendigkeit, Betriebskapazitäten aufzubauen und mehr oder minder hohe Investitionsbeträge dafür bereitzustellen. Cash Flow-Überschüsse in der Saturationsphase ergeben sich aus der Nutzung bereits abgeschriebener Produktionsanlagen, für die nur Instandhaltung betrieben zu werden braucht, während gleichzeitig beim zwischenzeitlich erreichten abgesenkten Kostenniveau auskömmliche Bruttospannen verbleiben. Dies entspricht der Position der Cash Cows in der Portfolio-Analyse.
(→ Lebenszyklus-Analyse)

Satz-Ergänzungs-Test

(→ Testverfahren, Verbale)

Satzfahne

(→ Druckvorlagenerstellung)

SB-Geschäft

Hierbei handelt es sich um einen Betriebstyp des Handels, der weit verbreitet ist (z. B. *Edeka, Rewe*). Seine wesentlichen Kennzeichen sind die folgenden:

- schmales, eher flaches Sortiment,
- anspruchsloses Sortimentsniveau,
- konventionelle, flexible Preisbildung,
- Cityrand- und Vorortlage,
- mittelständische Betriebsform (unter 400 qm/nur Food oder Non Food),
- geringer Einsatz des Beeinflussungs-Mix (Ausnahme: Kommunikation),
- Akquisition durch Ladengeschäft in dominanter Selbstbedienung,
- dezentrale Standortspaltung mit stationären Verkaufspunkten,
- horizontale Integration in Konzern (Filialisierung).

(→ Einzelhandel, Betriebstypen)

SB-Warenhaus

(→ Einkaufszentrum)

Scanner

(→ Desk Top Publishing, Eingabegeräte)

Scanner-Kassen

Seit Einführung der Scanner-Kassen werden Codes zur automatischen

Warenidentifikation eingelesen. Es gibt optische Codes als Strich- oder OCR-Codes, magnetische Codes und gelochte Codes. Der verbreitetste Strichcode auf Waren ist der EAN-Code (für Europäische Artikelnumerierung) mit dreizehn Stellen, zwei für die Länderkennung, fünf zur Artikelkennung (Produkt, Sorte, Größe etc.), fünf zur Absenderkennung (Hersteller) und einer als Prüfziffer für die korrekte Einlesung. Jedem Hersteller und jedem Artikel werden nun solche EAN-Codes zugeordnet. Diese befinden sich auf mehreren Belegen:

- Auf der Transportverpackung der angelieferten Produkte. Dort werden sie durch mobile Datenerfassungsgeräte (MDE/LED-Scanner) eingelesen und durch Datum und Menge ergänzt.
- Auf den Orderunterlagen des Handels. Dort kann per MDE aus der Orderliste direkt Ware bestellt werden. Alle auftragsbegleitenden Vorgänge werden dann automatisch erstellt.
- Auf dem Produkt. So können Produkten im Zentralcomputer jeweils Verkaufspreise zugeordnet werden, die als Basis zur Auspreisung am Regal dienen und in den Kassen ausgewiesen werden (Price look up).
- Auf Talons bei Abteilungsregistrierung. So können bei partieller Fremdbedienung oder totaler Selbstbedienung Einzelpreise maschinenlesbar ausgegeben werden.

An der Computerkasse werden über einen Lesespalt (Flachbett-Scanner oder, als Handgerät, Abstands-Scanner) die Strichcodes auf den Produkten/Talons erfaßt. Für die Quittung werden die Preise zugeordnet und addiert. Im Zentralcomputer wird zugleich der Warenausgang registriert. Da dort bereits abgespeichert ist, wann die Ware eingegangen und wie sie placiert war, kann daraus der Handelserfolg ermittelt werden. Die Abrechnung umfaßt den Nettoverkaufspreis, ohne Mehrwertsteuer, abzüglich direkter Produktkosten im Zentrallager, z. B. für Disposition, Warenannahme, Ein-/Umlagerung, Kommissionierung, Warenausgang, Raum-/Einrichtekosten, Transport, sowie im Laden selbst, z. B. Disposition, Warenannahme, Ein-/Auslagerung, Transport ins Regal, Auspakken, Auszeichnen, Einräumen ins Regal, Kassieren, Raum-/Einrichtekosten.

Bekannt ist außerdem auch, wieviel eine Regalflächeneinheit (Fläche oder Raum) je Zeiteinheit an direkten und vor allem indirekten Kosten verursacht. Bekannt ist schließlich der Abgabepreis. Als Differenz aus Einstands- und Verkaufspreis, vermindert um die internen Kosten, ergibt sich der Gewinn. Dieser wird durch zwei Größen relativiert:

- Regalplatz. Denn je weniger Fläche/Raum ein Produkt je Gewinneinheit einnimmt, desto effizienter kann der vorhandene Platz als Restriktion am Ort des Verkaufs (und im Lager) genutzt werden.

Dieser Handelsnutzen wird als Direkte Produkt-Profitabilität (DPP) bezeichnet und impliziert letztlich nichts anderes als die in der Industrie längst angewandte Teilkostenrechnung.

- Umschlaggeschwindigkeit. Denn je weniger Zeiteinheiten ein Produkt am Ort des Verkaufs (und im Lager) verbringt, desto häufiger kann es seinen Stückerfolg je Abrechnungsperiode erlösen, desto profitabler ist es also.

Setzt man die DPP in Bezug zum Umsatz der diese tragenden Produkte, so ergibt sich dann die Direkte Produkt-Rentabilität (DPR). Es bedurfte jedoch zuerst der Scanner-Technologie, um DPP/DPR realisierbar zu machen. Davon profitiert auch der Handelskunde durch vielfältige Angaben (vgl. *Oehme, Wolfgang:* Handels-Marketing, 2. Auflage, München 1991).

(→ Direkte Produkt-Profitabilität (DPP))

Scanner-Panel

(→ Handelspanels)

Schadenersatz

(→ Lieferung mangelhafter Ware)

Schätzer

(→ Schätzverfahren)

Schätzverfahren

In der induktiven Datenanalyse interessiert es, von den bekannten Stichprobenkennwerten auf die unbekannten Parameter der Grundgesamtheit zu schließen (= Repräsentationsschluß oder indirekter, induktiver Schluß). Im Gegensatz dazu gilt es, beim direkten, induktiven Schluß (auch Inklusionsschluß) von den wahren Werten der Grundgesamtheit auf diejenigen Werte, die in einer Stichprobe zu erwarten sind, zu schließen. Beide sind, sofern eine Zufallsstichprobe vorliegt, unter Berücksichtigung des Stichprobenfehlers berechenbar. Man unterscheidet bei Stichproben zwei Fälle:

- Der *heterograde* Fall ist gegeben, wenn das zu untersuchende Merkmal metrisch-skaliert ist, z. B. Umsatz, Alter, Einkommen. Hier interessiert die Stichprobenverteilung des arithmetischen Mittels. Es geht um die relativen Anteile der Merkmalsträger an der Gesamtheit.
- Der *homograde* Fall ist gegeben, wenn das zu untersuchende Merkmal nicht-metrisch (nominal) skaliert ist, also dichotom oder multichotom. Interessant ist dabei die Stichprobenverteilung des Anteilswertes der Aussagen. Es geht um die Eigenschaft als Anteilsträger oder Nichtanteilsträger.

Zum Schätzen der unbekannten, wahren Werte der Grundgesamtheit werden Schätzer benötigt, die auf Daten aus der Stichprobe beruhen. Ein solcher Schätzer ist der Stichprobenmittelwert, von dem auf den Erwartungswert als Mittelwert der Grundgesamtheit geschlossen werden kann. Dabei wird die t-Verteilung zugrundegelegt, die letztlich die Abweichungen beschreibt, die dadurch zustandekommen, daß bei Signifikanztests anstelle der unbekannten Standardabweichung in der Grundgesamtheit mit der bekannten in der Stichprobe gerechnet werden muß.

Man unterscheidet Punkt- und Intervallschätzungen (Konfidenzgrad). Die Punktschätzung bezieht sich auf eine möglichst genaue Schätzung für den unbekannten Parameter der Grundgesamtheit als numerischen Wert, evtl. auch als Schwellenwert. Verfahren sind die Maximum Likelihood-, die Chi Quadrat Mimimum- oder die Kleinstquadrat-Methode. Die Intervallschätzung bezieht sich darauf, Bereiche abzustecken, in denen der unbekannte Parameter mit einer bestimmten, vorgegebenen Wahrscheinlichkeit zu erwarten ist. Die Genauigkeit dieser Schätzung kann dabei durch die Breite des Konfidenzintervalls und die Sicherheit der Schätzung durch die Eintrittswahrscheinlichkeit ausgedrückt werden, mit der dieses Intervall den unbekannten Parameter umschließt bzw. komplementär dazu, die Irrtumswahrscheinlichkeit, mit der es nicht zutrifft. Bei gegebenem Stichprobenumfang ist bei hoher Genauigkeit der Vertrauensbereich breiter, die Aussage also unsicherer, bei geringer Genauigkeit schmaler, die Aussage also sicherer. Bei Erweiterung des Intervalls steigt die Wahrscheinlichkeit, einen falschen Wert über den unbekannten, wahren Wert anzugeben. Gleichzeitig werden die Angaben über den wahren Wert unpräziser. Zwischen Genauigkeit und Sicherheit besteht somit ein Zielkonflikt.

Das *Konfidenzintervall* gibt an, in wieviel Prozent aller Stichproben einer Grundgesamtheit erwartet werden kann, daß der unbekannte „wahre“ Wert der Grundgesamtheit in den Grenzen des Intervalls liegt. D.h. die Wahrscheinlichkeit dafür, daß das Resultat einer Stichprobe überhaupt zutrifft. Es enthält zwei Elemente: den Genauigkeitsgrad (Intervall), also die Fehlerspanne, und den Sicherheitsgrad, also die Wahrscheinlichkeit des Eintritts. Der Rest (besser das Komplement) ist dann die Irrtumswahrscheinlichkeit, d. h. das Risiko, daß ein Ursprungswert außerhalb des Konfidenzintervalls liegt. Beispiel: „Mit einer Wahrscheinlichkeit von X % kann damit gerechnet werden, daß die durchschnittlichen Gewährleistungskosten für den Artikel A zwischen B und C DM liegen.“

Das *Konfidenzniveau* gibt den Flächenanteil unter der Normalverteilungskurve an, auf den die Wahrscheinlichkeit der Aussage zutrifft. Der Stichprobenfehler gibt das bei vorgegebener Irrtumswahrscheinlichkeit zu erwartende Höchstmaß des Zufallsfehlers an.

Die Anforderungen an diese Schätzer sind teilweise widersprüchlich und lauten:

- Erwartungstreue, d. h. Freiheit von systematischen Fehlern (kein Bias), die Schätzfunktion liefert dann im Mittel den wahren Wert,
- Effizienz, d. h. möglichst kleine Varianz, genauer, wenn die Varianz endlich ist und es keine an-

dere Schätzfunktion mit kleinerer Varianz gibt,
- Konsistenz, d. h. möglichst kleiner Stichprobenfehler, die Schätzfuntion nähert sich dann mit wachsendem Stichprobenumfang asymptotisch gegen den wahren Wert, dabei geht die Wahrscheinlichkeit, daß die Differenz von Schätzwert und wahrem Wert größer als eine beliebig kleine positive Zahl ist, mit zunehmender Stichprobengröße gegen Null,
- Suffizienz, d. h. Nutzung aller Informationen der Stichprobe, daß also die gesamte Information über den wahren Parameter ausgeschöpft wird,
- Robustheit, d. h. Unempfindlichkeit gegen Ausreißer.

Schätzer, die diese Anforderungen bestmöglich erfüllen, nennt man „beste“ Schätzfunktionen (vgl. *Pepels, Werner:* Käuferverhalten und Marktforschung, Stuttgart 1995).

Schaufenster

Die Schaufenstergestaltung ist ein zentrales Element im Visual Merchandising. Maßstab ist dabei nicht die künstlerische Qualität, wie in der Vergangenheit, sondern die akquisitorische Wirkung. Es soll Passanten zum Verweilen vor und dann zum Betreten des Geschäfts verleiten. Ansatzpunkte dafür sind individuelle Schaufenstergestaltung, Appetenzstärkung, d. h. Besitzwunschweckung, und Bedarfsweckung. Das Schaufenster ist die Visitenkarte des Einzelhandels. Entsprechend sollen Erlebnisbereiche präsentiert werden. Daneben dient das Schaufenster dem Preisvergleich, ohne sich der direkten Einflußsphäre des Handels aussetzen zu müssen. Die Kosten sind wesentlich vom Dekorationsrhythmuswechsel abhängig und davon, ob die Dekoration durch eigenes oder fremdes Personal (Dekodienst) durchgeführt wird. Opportunitätskosten entstehen aus dem Entgang von Gewinn aus der anderweitigen Nutzung der Schaufensterfläche, etwa als Regal- oder Stellfläche. Daher sind begehbare Schaufenster (Walk in Windows) sinnvoll. Der Dekowechsel soll bei Produkten des täglichen Bedarfs einmals wöchentlich, ansonsten mindestens alle drei Wochen erfolgen. Eine Erfolgskontrolle ist kaum möglich, verbreitet ist jedoch das Zählen der Passanten, die eine Zeitdauer vor dem Schaufenster verweilen. Dies mißt jedoch allenfalls die Aufmerksamkeit, es kommt aber auf die Kaufwirkung an. Auch die Erfassung von Kunden, die sich beim Kauf auf die Schaufensterauslage beziehen, ist wenig valide. Gleiches gilt für die Messung der Absatzveränderung in Abteilungen vor und nach Schaufensterpräsenz. Sinnvoll ist ein längerfristiger Dekorationsplan mit anlaßbezogenen Warenthemen.

Der Verkaufsraum ist in seiner Gestaltung von Bedienungssystem, Ladengrundriß und Verkaufssystem abhängig. Das geschlossene Verkaufssystem unterteilt die Verkaufsfläche in einen Warenbereich („Möbel“), Bedienungsbereich (Theke) und Kundenbereich. Ein erheblicher

Nachteil ist dabei die Trennung von Kunde und Verkäufer. Dies wird beim offenen Verkaufssystem vermieden. Kunden haben auf alle in Regalen und Verkaufsgondeln ausgelegte Ware Zugriff und können sich damit von deren Beschaffenheit überzeugen.

Unter Geschäftsausstattung versteht man die werbliche Nutzung der Außen- und Innenarchitektur, der weitere kommunikative Bedeutung zukommt. Dabei geht es um die Entwicklung neuer bzw. die Optimierung bestehender Angebote und Angebotssysteme. Diese sollen auf physischer und psychischer Basis auf die Bedürfnisse der Kunden eingehen. Dies wird durch die Analyse von ästhetischen, wirtschaftlichen und ergonomischen Anforderungen entwickelt. Kriterien sind dabei Form, Farbe, Material und Zeichen. Diesen kommt im Rahmen des Erlebnishandels ebenso eine erhöhte Bedeutung zu wie im Rahmen des Trading up (vgl. *Weis, Hermann/Gönner, Kurt/ Lind, Siegfried:* Handelsbetriebslehre, Bad Homburg 1988).
(→ Handelsplatzauftritt)

Schaufenstergestaltung

(→ Handelsplatzauftritt)

Schauwerbung

Unter Schauwerbung werden jene Formen der Werbung verstanden, die sich ortsgebunden im Rahmen von Veranstaltungen oder dauerhaft an eine Vielzahl von physisch präsenten Personen wenden, um deren Aufmerksamkeit und Involvement zu erreichen.

Bei der *Schauwerbung* geht es um den Handelsplatzauftritt im Verkaufslokal der Absatzmittler (Point of Sales/POS). Dafür stehen das Schaufenster, der Eingangsbereich und der Innenraum zur Präsentation zur Verfügung. Da dort die unmittelbare Kaufentscheidung fällt, kann deren Bedeutung kaum hoch genug eingeschätzt werden.

Schließlich gewinnt neuerdings der Bereich der *Events* an Bedeutung. Dies sind eigeninszenierte Ereignisse, die der erlebnisorientierten Angebotsdarstellung dienen. Sie haben Projektcharakter, sind von der Präsenz der Teilnehmer abhängig und erfordern ein eigenes Management zu ihrer zielgerichteten, professionellen Konzeption, Organisation und Durchführung (z. B. Kick Off-Meeting, Tagung).
(→ Marktveranstaltungen)

Scheckzahlung

Der Verrechnungsscheck enthält als gesetzliche Bestandteile die Bezeichnung „Scheck", die unbedingte Anweisung, eine bestimmte Geldsumme zu zahlen, den Namen des bezogenen Geldinstituts, die Angabe des Zahlungsortes, die Angabe des Tages und des Ortes der Ausstellung und die Unterschrift des Ausstellers. Als kaufmännische Bestandteile, die der Erleichterung des Scheckverkehrs dienen, gelten Schecknummer, Kontonummer des Ausstellers, Bankleitzahl des bezogenen Geldinstituts, Schecksumme in Ziffern, wobei im Zweifel der ausgeschriebene Betrag gilt, die Guthabenklausel (auch Überziehungslimit) und die Angabe des Zahlungsempfängers. Verrechnungsschecks werden von Banken und Sparkassen als Vordruckformulare bereitgestellt, in die nur noch Datum und Ort der Ausstellung, Scheckbetrag und Unterschrift eingetragen werden müssen. Der Scheck ist eine Urkunde, in welcher der Aussteller ein Geldinstitut anweist, bei Sicht aus seinem Guthaben einen bestimmten Geldbetrag zu zahlen.

Zu unterscheiden sind Schecks der Kreditinstitute (Bankscheck) und der Postgiroämter (Postscheck), Barschecks (zur Barauszahlung oder Verrechnung) und Verrechnungsschecks (nur zur Verrechnung), und Inhaberschecks (Übertragung durch Einigung und Übergabe) oder Namensschecks (Namenspapier mit oder ohne Orderklausel, Rektapapier). Das bezogene Geldinstitut ist bei Euroschecks (mit EC-Karte) zur Zahlung verpflichtet, ansonsten angewiesen. Der Scheck ist bei Sicht zahlbar, dies gilt auch für vordatierte Schecks.

Eurocheque-Formulare werden auf Wunsch in Verbindung mit einer jeweils für zwei Jahre gültigen Eurocheque-Karte ausgegeben. Sie sind in zahlreichen Ländern anerkanntes Zahlungsmittel. Eurocheques werden bis zu 400 Mark gegen Vergleich von Eurocheque-Formular und Eurocheque-Karte in Zahlung genommen. Zu überprüfen sind dabei das Währungssymbol (DM), die Unterschrift, der Name des Kreditinstituts, die Kontonummer, das Ausstellungsdatum (innerhalb der Gültigkeitsdauer der Eurocheque-Karte) und die Eurocheque-Kartennummer, die auf der Rückseite des Formulars einzutragen ist. Die Eurocheque-Karte hat auf der Vorderseite die Elemente des EC-Zeichens, den Namen des herausgebenden Geldinstituts, das Beethoven-Hologramm, die Gültigkeitsdauer im Hologramm, die Konto- und die EC-Karten-Nummer des Kunden, auf der Rückseite die Gültigkeitsdauer im Unterschriftsstreifen und die Unterschrift des Kunden. Darüber hinaus besteht Gestaltungsfreiheit.

Der Postscheck ist der Verrechnungsscheck der Postgiroämter. Zahlungsanweisungen zur Verrechnung können vom Empfänger seinem Konto gutgeschrieben oder ihm gegen Gebühr am Postschalter ausgezahlt werden. Sie sind für Zahlungen an Empfänger bestimmt, deren Kontoverbindung unbekannt ist oder die kein Postgiro- oder Bankkonto unterhalten. Die Zahlungsanweisung kann zur Gutschrift eingereicht oder gegen Vorlage des Personalausweises und Zahlung einer Gebühr bar ausgezahlt werden. Die Vorlagefrist für Schecks beträgt 8 Tage, sofern im Inland ausgestellt, 20 Tage für das europäische Ausland und 70 Tage für das außereuropäische Ausland. Ein Scheckeinreichungsformular ermöglicht die Einlösung mehrerer Einzelschecks. Darin werden bezogene Geldinstitute, die Scheckaussteller mit Namen oder Kontonummer, die Schecknummern, die Scheckbeträge, der Gesamtbetrag, die Kontonummer zur Gutschrift, der Kontoinhaber und die Stückzahl eingereichter Schecks eingetragen. Die Scheckkarte ermöglicht neben der bargeldlosen Zahlung auch die Bargeldbeschaffung bei beinahe beliebigen Geldinstituten, auch im Ausland, und die Abhebung von Bargeld aus dem Geldautomaten. Dazu wird eine vierstellige PIN-Nummer über eine Zehnertastatur eingegeben, die den Bediener als berechtigten Benutzer der Scheckkarte identifiziert. Dann wird der angeforderte Geldbetrag eingetippt, den ein Verschlußfach dann automatisch freigibt. Dabei wird online geprüft, ob eine entsprechende Kontodeckung (Guthaben oder Überziehungslimit) vorliegt. Der Betrag wird unmittelbar abgebucht.

Schienentransport

Das Transportmittel Zug ergibt die Alternativen der Beförderung als Massengut oder Stückgut einerseits sowie als normales Frachtgut oder Eilgut andererseits. In Abhängigkeit von derzeit noch einheitlichen Eisenbahntarifen erfolgt dann die Berechnung der Transportkosten. Im Eisenbahngüterverkehr sind folgende Versandarten zu unterscheiden:

- nach dem Umfang: Stückgüter sind einzelne Sendungen (Kisten, Fässer, Ballen etc.), die am Güterbahnhof angeliefert bzw. am Stückgutort übernommen und von der Bahn verladen werden. Das Gewicht wird festgestellt, die Zustellung erfolgt meist bahnamtlich. Wagenladungen sind Sendungen, für die der Absender einen ganzen oder mehrere Güterwagen bestellt. Er hat dann selbst für die Beladung zu sorgen, die Entladung ist Aufgabe des Empfängers.
- nach der Schnelligkeit: Frachtgut wird, gesetzlich festgelegt, bis zu 200 km Entfernung binnen 24 Stunden zugestellt, für jede weitere 300 km weitere 24 Stunden. Es wird am Frachtschalter am Güterbahnhof während der Schalterstunden aufgegeben und mit gewöhnlichen Güterzügen befördert. Begleitpapier ist ein vierteiliger Frachtbrief. Bei Wagenladungen kann eine Verkürzung der Lieferfrist erreicht werden. Expreßdienstgut kann am Personenbahnhof zu jeder Tages- und Nachtzeit aufgegeben werden, auch sonn- und feiertags. Es wird mit Personen- und Schnellzügen befördert. Beförderungspapier ist derzeit noch ein vierteiliger Frachtbrief mit Bezettelung im Durchschreibeverfahren. Die Sendungen werden bevorzugt abgefertigt und befördert. Die Zustellung erfolgt meist bahnamtlich. Sendungen für IC-/ICE-/EC-Kurierdienste werden der Bahn am Gepäckschalter oder unmittelbar am Intercity-Zug zur Beförderung an jeden IC-Bahnhof auf der Fahrstrecke übergeben. Der Empfänger muß die Sendung am Zug

oder am Gepäckschalter abholen.

- nach dem Mittel: Container sind kastenartige, bahneigene Behälter, die zollsicher verschließbar, kran- und rollbar sind. Sie sind besonders geeignet zur Beförderung von unverpackten oder leicht verpackten transportempfindlichen Gütern, die ohne Umladung vom Lager des Absenders zum Lager des Empfängers gebracht werden. Die durchgehende Transportkette erspart Packmittel, Arbeit und Kosten, schont das Gut und vermindert die Diebstahlgefahr. Die Fracht wird in der Regel nur für das Gewicht des Containerinhalts berechnet. Collicos sind auf 20% ihres Fassungsvermögens zusammenlegbare Lademittel der Bahn aus Stahl oder Leichtmetall mit eingeprägten Nummern für Ladegewichte bis 150 kg. Sie werden meist für ein Jahr vermietet. Sie sind in wenigen Handgriffen einsatz- und versandbereit, stapelbar, gewähren Sicherheit und Schutz, reisen ohne Berechnung des Eigengewichts, werden frachtfrei leer zurückgesandt, ersparen eigene Investitionen und Reparaturen des Auftraggebers. Paletten sind Ladeplatten, auf denen Güter bis zu einem Gesamtgewicht von 1 t befördert werden können. Sie haben eine international genormte Ladefläche von 800 x 1200 mm. Es gibt Flachpaletten ohne Aufbau, Boxpaletten mit rahmenförmigem Aufbau und Gitterboxpaletten mit Aufbau aus Gitterwänden. Box- und Gitterboxpaletten haben einen Stahlbügelaufsatz, der ihr Aufeinandersetzen ermöglicht. Sie können mit Gabelhubwagen oder -staplern unterfahren, angehoben, bewegt und gestapelt werden.

Der Frachtvertrag kommt zustande, wenn Beförderungsgut und Frachtbrief der Eisenbahn übergeben und von dieser angenommen werden. Dann verpflichtet sich die Eisenbahn, die übernommenen Güter vollständig, unversehrt und innerhalb der vorgesehenen Lieferfristen nach dem angegebenen Empfangsort zu befördern und dort dem genannten Empfänger auszuliefern. Der Absender verpflichtet sich zur Ausstellung eines Frachtbriefes und zur Zahlung der Fracht sowie aller Nebengebühren. Der Frachtbrief ist zugleich Beweisurkunde für die Auflieferung des Frachtguts, Begleitpapier, das mit dem Frachtgut dem Empfänger ausgehändigt wird, und Sperrpapier, d. h. solange der Absender seine Ausfertigung besitzt und das Transportgut noch nicht dem Empfänger übergeben ist, kann er es durch nachträgliche Verfügung unterwegs anhalten, zurückrufen oder auf einen anderen Bestimmungsbahnhof umleiten. Erst mit Aushändigung der Ausfertigung (Frachtbriefdoppel) verliert der Absender sein Verfügungsrecht.

Der Inhalt des Frachtbriefs umfaßt Postanschrift des Absenders und Empfängers, Bestimmungsbahnhof bzw. -ort, Wagennummer, Zeichen, Nummer, Stückzahl und Art der Verpackung, Inhalt der Sendung, effektives Gewicht, Frachtberechnung, Zahlungsvermerk, Umsatzsteuerbefreiung, Lieferwert und Nachnahme. Die Frachtberechnung erfolgt nach Marktgegebenheiten, Güterart, Verladungsart, Wagenart und -anzahl, Entfernung, Gewicht, Schnelligkeit. Das Grundpreisangebot für Wagenladungen ist nach Entfernungen gestaffelt. Frachtzahler ist normalerweise der Absender, die Bahn kann den Betrag aber auch beim Empfänger einziehen. Im Frachtstundungsverfahren werden von einem gesonderten Konto dreimal monatlich die Frachtbeträge gesammelt abgebucht. Die Bahn haftet ohne Rücksicht auf ihr Verschulden für den Schaden, der zwischen der Annahme des Gutes zur Beförderung und der Ablieferung entsteht (sog. Gefährdungshaftung). Sie haftet nicht, wenn der Schaden durch höhere Gewalt, Gutsbeschaffenheit, fehlende oder mangelhafte Verpakkung oder durch Selbstverladung verursacht ist. Schadenersatz kann entstehen bei teilweisem oder gänzlichen Verlust des Gutes, Beschädigung, Überschreitung der Lieferfrist und Nichtbeachtung von Verfügungen. Ersatzansprüche hat nur der Verfügungsberechtigte. Rechte können jedoch abgetreten werden. Ein Schaden muß unmittelbar nach Entdeckung gemeldet werden. Der Bahnanteil am gesamten Transportvolumen beträgt ca. 10%, an der Transportentfernung ca. 22%

Vorteile dieser Transportart liegen in mehreren Aspekten. Es besteht eine Eignung für fast jede Güterart durch die hohe Variabilität des Transportmittels Waggon. Es ist eine weitgehende Unabhängigkeit von Verkehrsaufkommen und Witterungsbedingungen gegeben. Das Risiko des Verlusts oder Untergangs der transportierten Waren ist ausgesprochen gering. Es besteht eine gute Erreichbarkeit der Abnehmer durch ein dichtes Netz von Bahnlinien und eine große Zahl von Bahnhöfen in zentraler Verkehrslage. Die Transportdurchführung ist fahrplanmäßig mit garantierten Beförderungszeiten. Die Beförderung von Massengütern erfolgt in relativ kurzer Zeit. Es besteht hohe Sicherheit durch strenge Bau- und Betriebsvorschriften. Die Kostenkalkulation ist beständig durch eine feste Tarifstruktur. Die Waren erfahren eine recht schonende Behandlung bei Be- und Entladung sowie während der Fahrt selbst.

Nachteile des Zuges liegen in folgenden Aspekten. Es besteht eine Bindung an vorgegebene Trassen und Bahnhofsstandorte, die meist einen gebrochenen Transport (Zeitverlust, Umladekosten) unerläßlich machen. Ebenso ist eine Bindung an vorgegebene Fahrpläne gegeben, die außerdem zunehmend ausgedünnt werden. Die Tarifstruktur ist recht kompliziert und schwer durchschaubar. Die Transportzeiten sind eher lang durch Wartezeiten und Zwischenstopps. Die Organisation ist immer noch eher bürokratisch.

Schlüsselinformanten-Ansatz

(→ Meinungsführerschaft, Identifizierung)

Schlüsselreize

(→ *Emotion)*

Schlüsseltechnologie

(→ *Innovation)*

Schlußziffern-Verfahren

(→ *Zufallsauswahl, Systematische)*

Schneeballauswahl

(→ *Zufallsauswahl, Sonderformen)*

Schnellballsystem

(→ *Wettbewerbsrecht, UWG-Fallgruppen)*

Schnellgreifbühne

(→ *Testverfahren, Aktualgenetische)*

Schnittstelle

Ein Anbieter kann ein neues Angebot an die Schnittstelle zweier (oder neuerdings auch dreier) Segmente positionieren. Damit vermeidet man einerseits, in vergleichsweise kleine Marktnischen abgedrängt zu werden, und andererseits, potenten Konkurrenten frontal entgegentreten zu müssen. Denn die neuartige Zusammenführung von Angebotsmerkmalen zweier unterschiedlicher Märkte konstituiert wiederum ein neues Angebot.

Beispiele dafür finden sich zunehmend häufiger. So entstand der Knusperriegelmarkt (*Banjo, Raider, Lion* etc.) aus der Kombination der Angebotsmerkmale Riegel und Keks. Feuchtriegel (*Yes*) entsprangen der Kombination der Angebotsmerkmale Riegel und Kuchen. Weitere Beispiele betreffen die Kombination aus Praline und Bonbon in Form von *Rolo*, die Kombination von Schokotafel und Praline in Form von *Merci*, oder die Kombination von Schokolade und Knabbergebäck in Form von *Chocolait Chips*. „Rinpoo“-Produkte (*Vidal Sassoon, Shamtu Two in One* etc.) kamen durch die Kombination der Angebotsmerkmale Shampoo und Spülung zustande. Im Eiscrememarkt entstehen Kombinationsprodukte aus Riegel und portionierter Pakkung (*Sky, Joker* etc.). Im Kfz-Markt werden Großraumlimousinen als Kombination aus Kleinbus und Pkw offeriert. Auch Off Roader sind eine solche Kombination, nämlich aus Jeep und Pkw. Weitere Beispiele sind *Bahlsen Petite* (eine Gebäckpraline) und *Onkiss/Onken* (eine Quarkpraline).

So entstand vor Jahren der neue Betriebstyp Fachmarkt durch Kombination der Angebotsmerkmale des Fachhandels, nämlich eher enges, dafür tiefes Sortiment, zentraler Standort etc., und der Angebotsmerkale des Verbrauchermarkts, nämlich Selbstbedienung, niedriges Preisniveau, City-Randlage etc. Damit konnten die Vorteile beider Bereiche unter weitgehender Vermeidung deren Nachteile kombiniert werden. Allerdings scheitern auch viele dieser Zwitter, so vor Jahren die Kombination aus Reformhaus und SB-Geschäft (Robin Food) des *Ten-*

gelmann-Konzerns. Doch ist diese Idee nach wie vor sehr tragfähig.
(→ *Positionierung, Optionen)*

Schreibkasse

(→ *Kassensysteme)*

Schriften

(→ *Druckvorlagenerstellung)*

Schriftliche Befragung

Die schriftliche Befragung bedient sich geprinteter Statements als Stimuli, um Stellungnahmen zu erzeugen. Vorteile liegen dabei in folgenden Aspekten.

Es entstehen vergleichsweise geringe Kosten, da ein erheblicher Zeitaufwand bei geographisch weit verstreuten Erhebungseinheiten vermieden werden kann. Insofern spielt die räumliche Entfernung keine Rolle (z. B. Auslandsmarktforschung). Allerdings relativiert sich die Kosteneinsparung durch die weitaus geringere Rücklaufquote.

Außerdem entfällt die Verzerrungsmöglichkeit durch fehlenden Interviewereinfluß. Damit entfallen auch Antwortfälschungen. Damit sind zwei wesentliche Verzerrungsquellen neutralisiert.

Die Zustellung der Fragebögen erhöht die Erreichbarkeit der Auskunftspersonen. So können auch schwer erreichbare Personen, die ansonsten leicht als Stichprobeneinheiten ausfallen, kontaktiert werden (z. B. Schichtarbeiter, Landwirte, Reisende).

Die befragten Personen haben genügend Zeit, die einzelnen Fragen zu beantworten. Die Auskunft wird damit überlegter und präziser, was meist im Sinne des Auftraggebers ist, jedoch auch kognitiv bedingte Verzerrungen impliziert.

Bei Zeitmangel kann die Bearbeitung unterbrochen und zu einem späteren Zeitpunkt wieder aufgenommen werden. Damit wird das Problem der Befragungsunterbrechung vermieden.

Die Zusicherung der Anonymität der Auskunftspersonen steigert deren Auskunftsbereitschaft. Wenngleich immer versteckte Kennzeichnungen auf dem Fragebogen vermutet werden.

Es sind sehr hohe Fallzahlen mit begrenztem Aufwand erreichbar. Die Abwicklung des Versands der Fragebögen ist weitgehend mechanisierbar, sodaß selbst große Aussendungen schnell und kostengünstig handelbar sind.

Nachteile liegen hingegen in folgenden Aspekten.

Unvollkommenheiten im Fragebogen, die ein Interviewer ausgleichen könnte, bleiben ohne Korrekturmöglichkeit. Der Gegenstand der Befragung beschränkt sich somit auf einfache, klare und leicht verständliche Sachverhalte.

Es ist eine gewisse Schreibgewandtheit der Auskunftspersonen vorauszusetzen, was nicht in allen Bevölkerungsschichten ohne weiteres selbstverständlich ist. Außerdem ist die Lesbarkeit bei Antworten offener Fragen oft zweifelhaft.

Fehlinterpretationen durch falsch

verstandene Sachverhalte können nicht aufgeklärt werden und führen so zu unkontrollierten Falschantworten oder Ausfällen, die die Repräsentativität gefährden.

Die Reihenfolge der Beantwortung der Fragen ist nicht kontrollierbar. Von daher können auch keine Kontrollfragen gestellt werden. Umgekehrt sind Fragen, deren Beantwortung von anderen Fragen abhängig ist, nur schwerlich einsetzbar. Dadurch ist die Fragebogentaktik stark eingeschränkt.

Es fehlt an Stimuli zur Erhöhung der Auskunftsbereitschaft. Dazu ist allenfalls das Fragebogenlayout in begrenztem Maße in der Lage. Insofern kommt es leicht zu Ermüdungserscheinungen.

Ebenso fehlt die Beobachtung von Reaktionen der Probanden beim Ausfüllen des Fragebogens (z. B. in Form von Spontanreaktionen) sowie die Registrierung von Umfeldeinflüssen. Dabei ist vor allem die mögliche Anwesenheit Dritter nicht kontrollierbar.

Evtl. wird der Fragebogen nicht von der Zielperson, sondern durch diese Dritten, oder zumindest gemeinsam mit diesen, ausgefüllt. Damit ist die Repräsentanz der Antworten nicht mehr gegeben. Es entsteht ein Identitätsproblem.

Allgemein werden überlegtere Antworten gegeben, damit ist ein höherer kognitiver Anteil verbunden, der zu Verzerrungen gegenüber der Realität, die eher durch affektive Einschätzungen geprägt ist, führt.

Sofern in einer Voranfrage die Bereitschaft zur Teilnahme an einer schriftlichen Befragung abgeklärt wurde, besteht die Gefahr systematischer Fehler, wenn zu vermuten ist, daß reagierende und nicht-reagierende Personen sich in bezug auf die zu untersuchenden Merkmale systematisch unterscheiden.

Der Umfang des Fragebogens ist begrenzt, da eine unmittelbare Konfrontation mit dem gesamten Fragenumfang stattfindet. Je mehr Fragen man dabei gegenwärtig wird, desto wahrscheinlicher ist die zögerliche Bearbeitung.

Es können keine verschleiernden Zielsetzungen angestrebt werden, da der gesamte Fragebogen genutzt wird.

Das Adreßmaterial kann unvollständig sein und schon dadurch eine Einschränkung der Grundgesamtheit darstellen. Verzerrungen entstehen durch verzögerte Wohnsitzmeldung, Umzug, Auslandsaufenthalt, Zweitwohnsitz etc.

Der Zeitpunkt der Beantwortung eines Fragebogens kann meist weder bestimmt werden noch ist er einheitlich. Dies ist bei stichtagsbezogenen Erhebungen sehr hinderlich. So können kurzfristige Einflüsse auf die Beantwortung einwirken (etwa bei politischen Themen).

Komplizierte und aufwendige Nachfaßaktionen machen den Kostenvorteil der schriftlichen Befragung ganz oder teilweise wieder zunichte, wenn die erwartete Rücklaufquote nicht erreicht wird (vgl. *Pepels, Werner:* Käuferverhalten und Marktforschung, Stuttgart 1995).

Schrittmachertechnologie

(→ Innovation)

Schwedenschlüssel-Verfahren

(→ Zufallsauswahl, Systematische)

Seeschiffahrt

(→ Wassertransport, Arten)

Segment of One-Marketing

(→ Customized Marketing)

Segmentierungslauf

(→ Mediaplanung, Zielgruppen)

Seitliche Arabeske-Technik

(→ Einwandbehandlung)

Sekundärerhebung

Für die Erhebung von Daten gibt es zwei Möglichkeiten, die originäre Erhebung, Primärforschung genannt, oder die derivative Erhebung, Sekundärforschung genannt. Die Erhebung von Informationen aus bereits vorhandenem Datenmaterial wird also als Sekundärforschung bezeichnet. Diese Daten können selbst- oder fremderhoben sein, ursprünglich für ähnliche oder gänzlich andere Zwecke gedient haben. Jedenfalls werden sie unter den speziellen Aspekten der anstehenden Fragestellung neu gesammelt, analysiert und ausgewertet. Insofern handelt es sich um sog. Back Data-Informationen, denn jede Sekundärinformation ist erst durch Primärerhebung zustande gekommen. Bei jeder Art der Informationsbeschaffung sollte zunächst nach möglichen Sekundärquellen gesucht werden. Dazu sollten die zugrundeliegenden Fragestellungen sowie die dafür in Frage kommenden Informationsquellen systematisch aufgeführt und recherchiert werden, um ein ökonomisches Vorgehen zu gewährleisten. Bei sorgfältiger Sichtung erledigt sich so manches nervenaufreibende Primärerhebungsprojekt von selbst, weil man feststellt, daß ausreichend gute Daten bereits verfügbar sind.

Wesentliche Vorteile der Sekundärerhebung sind folgende.

Es entstehen deutlich geringere Kosten als bei einer Primärerhebung. Dies ergibt sich unmittelbar aus der Art der Erhebung, hier Schreibtischarbeit, dort Feldarbeit, hier konzentrierte Daten, dort disperse Daten, hier aufbereitete Ergebnisse, dort unstrukturierte Realität etc.

Es besteht ein schnellerer Zugriff auf die Daten als bei Primärmaterial. Im Rahmen der Ton-, Text-, Sprach-, Daten-, Grafik-, Festbild- und Bewegtbild-Übertragungstechnik besteht, entsprechende Endgeräte, Leitungen und Software vorausgesetzt, rasche Verfügbarkeit.

Die Ermittlung von Daten, die primär nicht zu erheben sind (z. B. gesamtwirtschaftliche Daten), ist darstellbar. D.h. in vielen Fällen, etwa in der Investitionsgüterbranche, stellt sich die Frage der Wahl überhaupt nicht, sondern kann nur auf sekundärstatistische Ergebnisse zurückgegriffen werden.

Es ergibt sich eine Hilfe bei der Einarbeitung in eine neue Materie.

Selbst, wenn man feststellt, daß der verfügbare Datenbestand nicht ausreicht, hat man auf diese Weise doch wertvolle Hinweise und Anregungen dahingehend bekommen, was für die Primärerhebung alles relevant ist.

Die Ergänzung zu Primärdaten dient als Abrundung des Bildes. Ideal ist eine Kombination aus Primär- und Sekundärdaten derart, daß erstere eher die spezifischen Informationsbedarfe ermitteln, letztere aber eher die generalistischen Rahmenbedingungen klären und aufzeigen.

Nachteile sind hingegen folgende.

Es mangelt meist an der dringend notwendigen Aktualität. Viele Daten sind oft bereits zum Zeitpunkt ihrer Veröffentlichung veraltet und um so weniger verwendbar, je mehr Dynamik von den dahinterstehenden Bewegungsgrößen ausgeht und je älter diese Daten sind.

Die Sicherheit und Genauigkeit der verfügbaren Daten ist zweifelhaft. So fehlen Einblicke in die Art und Weise des methodischen Vorgehens bei der Erhebung und damit der Objektivität der vorliegenden Daten. Es sei denn, man kann Hinweise aus der Erhebungsplanung gewinnen.

Die Daten sind, wenn sie aus mehreren Erhebungen stammen, untereinander nicht vergleichbar. So finden sich häufig abweichende definitorische Fassungen einzelner Größen, die eine direkte Gegenüberstellung erschweren. Für eine Bereinigung fehlt es dann oft an den notwendigen Klassifikationserläuterungen oder an der Kenntnis des Umfangs der aus den aggregierten Größen zu eliminierenden Teilgrößen.

Die zutreffende Abgrenzung der Daten ist problematisch. So werden Themen nach den spezifischen Bedarfen des jeweiligen Auftraggebers definiert, die nicht übereinstimmen müssen mit denen des Sekundärnutzers. Wenn die Vollständigkeit nicht ersichtlich ist, besteht sogar die Gefahr von Fehlinformation.

Die Detailliertheit der Daten reicht oft nicht aus. Bezogen auf die eigenen spezifischen Anforderungen genügen Sekundärdaten oft in Breite, Tiefe und Sachzusammenhang nicht den Ansprüchen. Dann vermögen sie zwar immer noch, einen Überblick zu geben, tragen jedoch wenig zur Problemklärung bei.

Das Auseinanderfallen von Erhebungs- und Verwendungszweck erschwert eine sinnvolle Umgruppierung und Verknüpfung der Daten. Von daher können die Mängel in Abgrenzung oder Detailliertheit auch nicht geheilt werden, indem mit den Daten „jongliert" wird.

Auch Wettbewerber haben Zugriff auf diese Informationsquelle, sodaß sie keinen Vorsprung begründet. Darauf kommt es aber gerade an. Allerdings ist fraglich, ob alle Konkurrenten auf die gleichen Informationen stoßen und daraus die gleichen Erkenntnisse ziehen.

Wichtige praktische Hilfsmittel auf dem Weg zur Vereinheitlichung von Informationen sind sog. Nomenklaturen. Dies sind Nummerverzeichnisse für die Einteilung von Auskunftseinheiten. Sie beziehen sich auf Produktion, Außenhandel, Branchen etc. und sind meist international standardisiert. Die Kennzeichnung erfolgt durch mehrstellige Kennziffern, z. B. nach Kapitel, Tarif, Ware.

Selbstbeobachtung

(→ Beobachtung)

Selbsteinschätzungs-Ansatz

(→ Meinungsführerschaft, Identifizierung)

Selbsthilfeverkauf

(→ Annahmeverzug)

Selbstkassiersystem

(→ Kassensysteme)

Selektionsfunktion

(→ Marketingforschung, Begriffe)

Selektive Wahrnehmung

(→ Wahrnehmung, Gesetzmäßigkeiten)

Selektiver Absatz

Beim selektiven Vertrieb sollen bewußt nur ausgewählte Absatzstellen in den Absatzkanal aufgenommen werden, die bestimmten, individuell festgelegten Anforderungen genügen.

Die Vor- und Nachteile der selektiven Distribution aus *Herstellersicht* sind die folgenden. Zunächst zu den Vorteilen:

- Eine Rationalisierung des Vertriebs wird durch die Beschränkung auf weniger, dafür aber größere Abnehmer möglich. Die Hebelwirkung, die von deren Akquisitionsbemühungen ausgeht, ist größer und leichter faßbar.
- Diese Abnehmer können für eine bessere Vermarktung nachhaltig kontaktiert und unterstützt werden. Vor allem kann auf sie leichter zurückgegriffen werden, wenn es darum geht, Konzepte rasch und konsistent im Markt zu verbreiten.
- Die überschaubare Absatzstruktur läßt jederzeitige Korrekturen auf der Absatzmittlerstufe zu. So können wenig engagierte oder fähige Händler gegen andere im gleichen Einzugsgebiet ausgetauscht werden.
- Die distribuierten Absatzmittler haben ein gesteigertes Interesse an der Förderung des Angebots. Ihren Leistungen sollen Erträge gegenüberstehen, die sich nur einstellen, wenn die selektiv distribuierten Sortimentsteile auch entsprechend forciert werden.

Folgende Nachteile sind zu nennen:

- Es besteht ein hohes Distributionsrisiko bei Ausfällen und Verschiebungen innerhalb des Absatzkanals. Denn es besteht nicht ohne weiteres die Möglichkeit zur Aufnahme neuer Händler in das System, dies erfordert vielmehr eine schwer durchsetzbare neue Gebietsabgrenzung.
- Der niedrige Erhältlichkeitsgrad des Produkts birgt die Gefahr einer geringeren Kapitalisierung dessen akquisitorischen Potentials. Immer dann, wenn Nachfra-

ger Geschäftsstätten kontaktieren, in denen das Produkt nicht vertreten ist, droht, Umsatz verlorenzugehen.
- Die Einbindung neuer, preisaggressiver Betriebsformen im Rahmen der Dynamik der Betriebsformen ist schwierig. Denn diese sind meist nicht bereit, die Verpflichtungen einzugehen, die für Hersteller erst die selektive Distribution interessant werden lassen.

Die Vor- und Nachteile der selektiven Distribution aus *Händlersicht* sind die folgenden. Zunächst zu den Vorteilen:
- Durch die geringe Anzahl anderer Absatzstellen im Gebiet kommt es zu einem relativen Konkurrenzschutz. Der einzelne Absatzmittler ist aus der unmittelbaren Vergleichbarkeit seines Angebots bedingt herausgenommen.
- Die daraus folgende geringere Wettbewerbsintensität führt zu sicherer Handelsspanne. Denn es besteht keine Notwendigkeit zur gegenseitigen Preisunterbietung, um möglichst viele Nachfrager von Konkurrenzhändlern abzuziehen.
- Es ist eine Partizipation am hochstehenden Hersteller-/Markenimage möglich. Dieses strahlt auf die Geschäftsstätte ab und wertet damit deren gesamtes Angebot, nicht nur das selektiv distribuierte, auf.
- Eine nachhaltige Herstellerunterstützung durch Kooperation ist wahrscheinlich. Denn Hersteller sind an intensiver Unterstützung ihrer Partner interessiert, da davon ihr eigener Erfolg abhängig ist.

Folgende Nachteile sind zu nennen:
- Es bestehen viele vergebene Akquisitionschancen. Und zwar immer dann, wenn Nachfrager Absatzstellen kontaktieren, die in der gesuchten Warengruppe nicht zum selektiv distribuierten Händlerkreis gehören.
- Es ist ein hohes Maß an Abhängigkeit vom Geschick des Herstellers gegeben. Weil regelmäßig nicht auf beliebig viele andere Hersteller ausgewichen werden kann, wenn dessen Leistungsfähigkeit nachläßt oder nicht mehr ausreicht.
- Die sortimentspolitische Freiheit wird durch Nebenpflichten eingeschränkt. Denn der Hersteller kombiniert seinen Anreiz (Distribution) für gewöhnlich mit Beiträgen (Einsatz) zur konkreten Absatzförderung seines Programms.
- Durch hohe Standardisierung des Angebots kommt es zur Vergleichbarkeit mit anderen Absatzstellen. Dies ist Konsequenz der zentral durch Hersteller unterstützten Darbietung von Waren.

(→ *Absatzkanal, Breite)*

Selektivfrage

(→ *Fragearten)*

Selling Center

Dem Buying Center auf Einkaufsseite steht meist ein Selling Center auf Verkaufsseite gegenüber. Dabei wird unterstellt, daß Personen in sozialen Austauschbeziehungen solchen Transaktionen den Vorzug geben, bei denen sie auf kurze oder lange Sicht eine äquivalente Gegenleistung zur eigenen Leistung zu erhalten erwarten. Zum Selling Center gehören für gewöhnlich folgende Teilnehmer:

- Techniker (als Äquivalent zum User),
- Key Accounter (als Äquivalent zum Buyer),
- Anwendungsberater (als Äquivalent zum Influencer),
- Außendienstler (als Äquivalent zum Gate Keeper),
- Geschäftsführer (als Äquivalent zum Decider).

Auf Handelsseite sieht sich ein derart besetztes Selling Center meist einem folgendermaßen besetzten Buying Center gegenüber:

- Ressorteinkäufer (in der Funktion des User),
- Chefeinkäufer (in der Funktion des Buyer),
- Vertriebsleiter (in der Funktion des Influencer),
- Verkaufsförderer (in der Funktion des Gate Keeper),
- Geschäftsführer (in der Funktion des Decider).

Wichtig ist die Kompetenz-, Sozial- und Rangadäquanz zwischen den Angehörigen der Buying und Selling Centers. Außerdem sind meist bestimmte Rollen verteilt. So gibt es den Angreifer, der aggressiv in das Gespräch einsteigt, den Nachfasser, der unterstützend in die Kerbe haut, den Moderator, der das Gespräch leitet, den Ausgleicher, der Standpunkte wieder aufeinander zuführt, und den Faktenkenner, der die Munition bei Gegenargumenten liefert.

Sendevorlagenerstellung

Am Beginn der Sendevorlagen steht wie immer möglichst eine schöpferische, tragende Idee, die filmisch umsetzbar ist. Sie sollte sich durch verständliche Originalität und Ungewöhnlichkeit auszeichnen und eine dramaturgische Überhöhung aufweisen. Man spricht auch vom SIRV-Prinzip (für simple, interesting, relevant, visual). Ist die Idee gefunden, wird der mögliche Handlungsablauf des geplanten Spots textlich kurz beschrieben. Es entsteht das Exposé. Daraus wird dann ein ausführlicher Konzeptentwurf mit grober Aufteilung des Handlungsablaufs in einzelne Szenen mit verbalen Angaben zum bildlichen und textlichen Inhalt des Films. Es handelt sich nun um ein Treatment. Ist die Idee genehmigt, wird daraus ein Storyboard. Dieses ist ein konkretisierter Ablauf mit einzelnen Bildausschnitten sowie jeweils zugeordneter, exakter Beschreibung der Handlung und des Tons (Sprache, Musik, Geräusche). Jede Szene des Films ist optisch aufgerissen, zu jeder Szene gibt es erste Regieanweisungen, evtl. werden Angaben zu Darstellern, Szenerie und Timing ergänzt. Oft wird ein Layout-Spot erstellt, d. h. die einzelnen Bildausschnitte werden video-aufgezeichnet, soft überblendet und provisorisch vertont (Animatic). Auf dieser Basis wird die FFF-Produktion ausgeschrieben. Meist werden gewünschte Produktionsfirmen gezielt angesprochen. Diese geben ihre Kostenvoranschläge (KVA's) ab, das günstigste unter meist drei Angeboten erhält den Zuschlag. Danach entsteht schließlich das Drehbuch als Arbeitsanweisung zur Produktion eines Films mit operationalisierten Vorgaben zum kompletten Procedere für Technik, Darsteller, Mitarbeiter, Kamerafahrten, Tonelemente, Location, Requisiten etc. Vor Arbeitsbeginn kommt es zum Pre Production Meeting (PPM). Dies ist eine Konferenz aller Beteiligter an einer FFF-Produktion (Werbeagentur, Produktionsfirma, Auftraggeber) zur detaillierten Festlegung der Anforderungen und Erwartungen an die Produktion, incl. Organisation und Kosten. Das PPM ist außerordentlich wichtig, da nachlässige Verabredung später hohe Zusatzkosten involvieren kann, die zu Unstimmigkeiten zwischen den Beteiligten führen.

Auf dieser Basis wird ein exakter Drehplan für die Produktion erstellt:

- unter Location versteht man die Wahl des Drehorts (im Studio oder außen),
- Kameraeinstellungen betreffen total, halbtotal, halbnah, amerikanisch, nah, groß, en detail,
- Kameraperspektiven Frosch-, Bauch-, Augen- oder Vogelwarte,
- Kamerabewegungen Stand, Schwenk, Fahrt, Zoom oder Subjektivität.
- Casting nennt man die Sichtung von Darstellern auf ihre Eignung durch Videoaufnahmen oder anhand von Set Cards.
- Models, Sprecher, Komparsen etc. werden kaufmännisch meist durch Agenten vertreten.

Dann erfolgen die eigentlichen Dreharbeiten, die aufgrund der Vorbereitungen reibungslos verlaufen sollten, wenngleich das selten der Fall ist. Im Studio beginnt danach das Entwickeln, Schneiden und Mischen des Films, sowie die Einkopierung und Vertonung (Off-Sprecher und Nachvertonung). Aus dem insgesamt abgedrehten Material werden die jeweils präferierten Sequenzen verarbeitet. Außerdem werden Effekte, Animationen, Textsuper (Einblendung von Text über durchlaufendem Bild) etc. produziert. Blue Box-Sequenzen können nachträglich auf elektronischem Wege in beliebige Szenen einprojiziert werden, durch Abkaschen können Bildteile elektronisch freigestellt werden. Als Ergebnis entsteht eine Arbeitskopie, die auch zur Freigabe dient. Danach erfolgt der Feinschnitt (Blenden, Titel, Effekte etc.). Sind Bild und Ton getrennt aufgenommen, erfolgt dann die Zweibandabnahme, ansonsten entsteht eine Nullkopie auf MAZ (magnetische Bildaufzeichnung). Dies ist die endgültige, freizugebende Version. Davon werden Sendekopien gezogen, die zur Ausstrahlung beim Sender bestimmt sind. Die Anlieferung hat ca. 1 Woche vorab zu erfolgen (Grund: freiwillige Selbstkontrolle). Die Nullkopie wird sicher archiviert.

Sensitivitätsanalyse

(→ Planungstechniken)

Separation

(→ Wertschöpfungskette, Verschränkung)

Sequentielle Ereignis-Methode

(→ Ereignismessungen bei Dienstleistungen)

Service Fee-Aufschlag

(→ Werbeagentur, Vergütung)

Servqual

Bei Multiattributiven Auswertungen wird davon ausgegangen, daß ein globales Qualitätsurteil die Summe einer Vielzahl bewerteter Einzelmerkmale darstellt. Folglich ist es zur Analyse erforderlich, diese komplexe Konstruktion zu entflechten:

- *Einstellungsorientierte* Ansätze untersuchen dabei gelernte, relativ dauerhafte, positive oder negative innere Haltungen gegenüber einem Objekt, es kommt also zu einer Eindrucksmessung.
- *Zufriedenheitsorientierte* Ansätze untersuchen die Reaktion auf eine Abweichung zwischen erwarteter und tatsächlich erlebter Qualität, was allerdings bereits Erfahrung mit der beurteilten oder einer vergleichbaren Leistung voraussetzt, da ansonsten keine realistische Erwartungshaltung bestehen kann.

Die Messung erfolgt jeweils durch Befragung anhand von Skalierungen und bedarf eines großen marktforscherischen Know hows. Voraussetzung ist auch, daß der Anbieter abzufragende Qualitätsmerkmale vorgibt, wobei jedoch die Gefahr besteht, daß relevante Kriterien ausgelassen bzw. nicht relevante Kriterien berücksichtigt werden.

Es gibt auch ein theoretisches Modell (sog. Servqual-Ansatz), das beide Ansätze verbindet, allerdings um den Preis der Saldierung durch Differenzenbildung. Servqual ist ein branchenunabhängiges Instrument zur Messung der Qualitätserwartung und -wahrnehmung speziell von Dienstleistungskunden. Zur Messung dient ein standardisierter Fragebogen, dessen 22 Items 5 Dimensionen der Dienstleistungsqualität repräsentieren, nämlich:

- die Gesamtheit des physischen Umfelds einer Dienstleistung, einschließlich der Räumlichkeiten, der Einrichtung und des Erscheinungsbilds des Personals (Tangibles),
- die Fähigkeit, die versprochene Leistung zuverlässig und akkurat auszuführen (Reliability),
- die Gewilltheit und Schnelligkeit bei der Lösung von Kundenproblemen (Responsiveness),
- das Wissen, die Höflichkeit und die Vertrauenswürdigkeit der Mitarbeiter (Assurance),
- die Bereitschaft, sich individuell um jeden Kunden zu kümmern (Empathy).

Zu jeder dieser Aussagen werden also zwei Formen erhoben, eine Form der Erwartungen der Kunden über qualitätsrelevante Dimensio-

nen sowie eine Form deren tatsächlich erlebter Leistungen in Hinblick auf einen spezifischen Dienst. Um die Ausprägung der Teilqualitäten hinsichtlich der fünf Dimensionen zu erhalten, wird der Durchschnitt der Erlebnis-Erwartungs-Differenzen über die zu einer Dimension gehörenden Items berechnet. Das Globalmaß der wahrgenommenen Dienstleistungsqualität wird als Mittelwert aller fünf Dimensionen gebildet. Die jeweilige Bewertung erfolgt mittels einer 7-Punkte-Skala. Die umfangreiche Kritik an Servqual bezieht sich vor allem auf folgende Aspekte. Die Zuverlässigkeit der Qualitätsdimensionen ist eher gering, weil sie zu breit und relativ unscharf gefaßt sind, um auf Besonderheiten variierender Dienstleistungen angemessen einzugehen. Auch ist die Formulierung der Items nicht frei von Mißverständnissen und Meßeinflüssen. Die zugrundegelegte Doppelskala führt zu einer „Anspruchsinflation“. Zudem stellt sie hohe Anforderungen an die Urteilsbereitschaft und -fähigkeit der Befragten. Vor allem aber ist die Auswertungslogik zweifelhaft. Die Plausibilität der Auswertungsvorschläge ist ebenso fraglich wie die Sinnhaftigkeit des Anspruchs einer universellen Gültigkeit. Insofern ergeben sich gravierende Schwächen.
(→ Kundenzufriedenheit)

SGE

(→ Strategische Geschäftseinheit)

Share of Advertising/Share of Market-Quotient

In der Praxis hat sich der Wettbewerbsmaßstab zur Werbebudgetbestimmung (= Share of Advertising/ Share of Market) durchgesetzt. Dabei wird das eigene Budget in Abhängigkeit von Wettbewerbs-Werbeaufwendungen fixiert. Geht man von einer gegenseitigen Neutralisierungswirkung der Werbeanstrengungen von Anbietern eines Wirtschaftsbereichs aus – also von den Voraussetzungen der weitgehenden Homogenität von Angeboten eines Bereichs bei gleichzeitiger Heterogenität verschiedener Bereiche (= Substitutionslückenkonzept) – so ist der erreichbare eigene Anteil auf dem so definierten Markt unmittelbar abhängig von den Werbeanteilen der Mitbewerber. Oder anders ausgedrückt: Es kommt weniger auf die absolute Höhe des Werbebudgets an als vielmehr auf die Relation der Werbebudgets von Konkurrenten zueinander. Deshalb ist es wichtig, sich darüber klar zu werden, welche absoluten Werbeaufwendungen der Mitbewerb hat.

Nun gehören die Werbeaufwendungen zu den streng gehüteten Geschäftsgeheimnissen. Dennoch kann man die Zahlen zumindest schätzen. In überschaubaren Branchen ist die Transparenz meist derart hoch, daß sich der Werbeaufwand der wichtigsten Wettbewerber sogar zuverlässig schätzen läßt. Oft bestehen auch informelle persönliche Beziehungen zwischen Mitarbeitern, wobei die

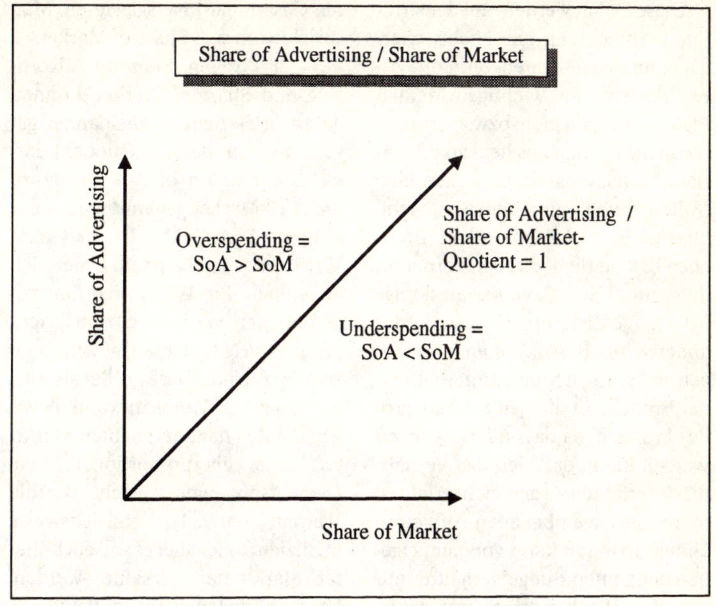

Share of Advertising/Share of Market

eine oder andere Zahl mit dem Siegel der Verschwiegenheit ausgetauscht wird. Gelegentlich übernehmen Verbände als Clearingstelle diese Transferfunktion. Leider sterben derart übersichtliche Branchen, nicht zuletzt wegen fortschreitender Internationalisierung, zunehmend aus. Und im Zuge steigender Wettbewerbsintensität versiegt obendrein so manche Quelle der Information. Allerdings gibt es über die Werbestatistik von *Nielsen/Schmidt & Pohlmann*, Hamburg, die Möglichkeit, gute Näherungswerte zu erfahren. Nielsen/S&P beobachtet nämlich alle Werbeeinschaltungen in den wichtigsten Medien Zeitung, Zeitschrift, Fachtitel, Fernsehen und Hörfunk (= Vollerhebung). Die Einschaltungen werden zunächst als Mengengerüst erfaßt. Von den einzelnen Flächen bzw. Zeiten ist aus den Tarifen der Werbedurchführenden bekannt, wieviel sie kosten, und zwar unter Berücksichtigung von Placierung, Ausstattung, Länge, Format etc., aber auch Mengenrabatt. So läßt sich das Mengengerüst in ein Wertgerüst überführen. Dieses wiederum repräsentiert die Werbeaufwendungen einzelner Anbieter. Gleichzeitig werden auch die zeitliche und räumliche Verteilung des Werbebudgets sowie die eingesetzten Werbeträger und Ausstattungen ausgewiesen.

Diese Daten werden, mit der strikten Verpflichtung zur Nichtweitergabe, an Interessenten verkauft. Allerdings sind die wichtigen Medien Plakat und Kino nicht bzw. nur unzureichend erfaßt. Dies liegt an der variablen Buchungssituation, die eine Vollerhebung unmöglich macht. Dies ist besonders für solche Branchen bedauerlich, die sich vornehmlich an breite Bevölkerungskreise bzw. junge Zielgruppen richten oder anderweitig Restriktionen unterliegen (z. B. Zigaretten). Innerhalb einer Branche ist dies jedoch kein großes Problem, da davon ausgegangen werden kann, daß sich das Verhältnis der erfaßten zu den nicht erfaßten Mediagattungen bei allen Anbietern ähnelt. Insofern kann von dem eigenen bekannten Budgetverhältnis auf das der Wettbewerber zuverlässig hochgerechnet werden.

Wird nur der Gesamtwerbeaufwand jedes beteiligten Anbieters am gesamten Werbeaufwand der Branche berechnet, so ergibt sich ein Quotient, der sog. Share of Advertising. Er gibt an, wie das eigene Werbebudget relativ zu dem des Mitbewerbs einzustufen ist. Der Input allein reicht aber nicht aus. Vielmehr muß der Output der Anstrengungen dagegengestellt werden. Dies ist der Marktanteil. Der eigene Marktanteil ist ohnehin bekannt, die Marktanteile der Mitbewerber werden aus entsprechender Marktforschung (z. B. Nielsen, GfK, G&I) nachvollziehbar. Sie addieren sich zu 100% hoch. Der eigene Marktanteil wird meist als Umsatzanteil am definierten Gesamtmarkt ausgewiesen. Man spricht vom sog. Share of Market.

Beide Größen, Share of Advertising und Share of Market, können derart in Beziehung zueinander gesetzt werden, daß ein Quotient entsteht, der Share of Advertising zu Share of Market genannt wird, oder kürzer: SoA/SoM. Dieser kann Werte zwischen Null und Unendlich annehmen. Ein Wert gleich Eins bedeutet, der Werbeanteil entspricht genau dem Marktanteil, was nur rein zufällig zutrifft. Werte größer als Eins bedeuten, der Werbeaufwand, bezogen auf den damit erreichten Markterfolg, ist überproportional hoch. Dementsprechend erscheint die Werbung entweder vergleichsweise ineffizient, oder aber es soll ein höherer Marktanteil „erkauft" werden. Umgekehrt stehen Werte kleiner als Eins für unterproportionalen Werbeaufwand bezogen auf den Markterfolg, d. h. für besonders effiziente Werbung oder für das Zehren von dominanten Marktpositionen.

Im ersten Fall spricht man von einem sog. Overspending, das typisch für Nischenanbieter und Importeure ist, im zweiten Fall von einem sog. Underspending, kennzeichend für Marktführer und Inlandsanbieter. Allerdings sind in den Marktwerten vielfältige andere Parameter als nur der Werbeaufwand verborgen. Vereinfachend wird jedoch unterstellt: Die Stärken und Schwächen anderer Parameter gleichen sich per Saldo aus und ein Mehreinsatz an Werbung kann Nachteile in anderer Hinsicht zumindest teilweise kompensieren.

Bislang handelt es sich ausschließlich um Vergangenheitswerte (die Daten stehen meist quartalsweise zur Verfügung). Wie kann daraus eine zukunftsorientierte Werbebudgetbemessung werden? Für jede Branche läßt sich ein Koordinatensystem mit den Achsen Werbeanteil (SoA) und Marktanteil (SoM) anlegen. Werden für jeden Anbieter die entsprechenden Werte abgetragen, kann man durch die entstehende Punktwolke eine Regressionslinie so legen, daß die Abstände der einzelnen Wertekombinationen im Quadrat zur Linie minimiert werden (= Kleinstquadratmethode).

Auf diese Weise läßt sich für jeden Markt eine Standardfunktion ermitteln, die den realen Zusammenhang zwischen SoA und SoM wiedergibt. Genau diese Funktion dient zur zukunftsbezogenen Bemessung. Von dem aus der Marketingplanung vorgesehenen Marktanteil läßt sich mit Hilfe des funktionalen Zusammenhangs das dazu mutmaßlich erforderliche Werbebudget ersehen. Freilich werden dabei unveränderte Bedingungen unterstellt. Jede Form des Overspending führt jedoch in der Folgeperiode zu einem veränderten Quotienten und damit zur Notwendigkeit der neuerlichen Anpassung des Budgets (vgl. *Pepels, Werner:* Kommunikationsmanagement, Stuttgart 1994).

Shelf Management

(→ Direkte Produkt-Profitabilität (DPP), Aussage)

Shell-Ansatz

(→ Portfolio, Neun-Felder-, Positionen)

Sheth-Modell

Das Konzept organisationalen Beschaffungsverhaltens von Sheth integriert partialanalytische Erklärungsansätze in einem System. Dessen Elemente sind die am Kaufprozeß beteiligten Personen, der Beschaffungsentscheidungsprozeß und die Konfliktlösung. Der Kaufprozeß wird danach von Erwartungen verschiedener Personen beeinflußt, die von ihrer persönlichen Ausbildung, ihrem Rollenverhalten und ihrem Lebensstil geprägt sind. Daneben wirken die für die aktive Informationssuche zur Verfügung stehenden Quellen und die Zufriedenheit mit den bisherigen Käufen auf die Erwartungen ein. Zusätzlich üben produktbedingte Faktoren, wie Zeitdruck, empfundenes Risiko, Kaufklasse etc., und unternehmensspezifische Faktoren wie Ziele, Größe, Organisation etc., Einfluß aus. Als Störgrößen wirken situative Faktoren wie Streiks, Maschinenschäden, Preisänderungen etc. Die Konflikthandhabung und -lösung wird durch rationale Argumentation oder Überzeugung erreicht.

Kritikpunkte machen dabei vor allem an folgenden Aspekten fest. Die zeitliche Erstreckung des Kaufprozesses bleibt unberücksichtigt. Leistungsspezifische Bestimmungsfaktoren (z. B. Services) gehen nicht in das Modell mit ein. Als Phasen des

Kaufprozesses sind nur Informationssuche und Entscheidung explizit erfaßt. Die Gewichtung der Einflußfaktoren ist unklar. Ebenso bleibt die Messung der Faktoren unklar. Es fehlt die Berücksichtigung der Interaktion zwischen Anbieter und Nachfrager.
(→ Organisationales Beschaffungsverhalten)

Shop in the Shop-System

Das Shop in the Shop-System basiert auf der Untervermietung von Geschäftsfläche im Handel an Hersteller, wobei diesen ein bestimmter Platz im Laden zugewiesen wird, der auch der eigenständigen Präsentation dient. Es handelt sich also um Unterabteilungen, denen Magnetwirkung in I a-Lagen zukommt. Im Ergebnis profitiert der Handel von einer Auflockerung der Präsentation und einer Anreicherung des Sortiments um prominente Marken, der Hersteller sichert sich knappen Regalplatz an besten Standorten und kann dabei noch sein Corporate Design wahren. Dafür übernimmt er neben der Mietzahlung weitergehende Merchandising-Leistungen (Möbel, Musik, Werbemittel, Placierung, Preisauszeichnung, Beratung etc.). Beispiele dafür sind etwa *Esprit*-Sportswear und *Rosenthal*-Porzellan.
(→ Raumvermietungsgeschäfte des Handels)

Shopping Center-Stellen

(→ Außenwerbung, Sonderformen)

Shopping Goods

(→ Produktarten)

Shortlist

(→ Werbeagentur, Auswahl)

Sicherheitsgrad

(→ Stichprobengüte)

Sicherheitsnormen

(→ Marketing, Ethik)

Sichtspaltdeformation

(→ Testverfahren, Aktualgenetische)

Side Grading

(→ Produktvariation)

Signifikanz

Die Signifikanz von Informationen bedeutet, daß Ergebnisse sich nicht nur auf Grund von Zufallsmechanismen einstellen, sondern auf überzufällige Zusammenhänge zurückzuführen sind. Dies ist wichtig für die Übertragbarkeit von Aussagen von einer untersuchten Stichprobe auf die Grundgesamtheit. Grundgesamtheit sind dabei die überhaupt zur Auswahl stehenden Elemente, Stichprobe ist eine kleinere Zahl dieser Elemente, die die Grundgesamtheit möglichst vollkommen repräsentieren. Die Signifikanz wird durch spezielle Tests überprüft. Dem liegt die Wissenschaftsrichtung des kritischen Rationalismus zugrunde. Danach ist die wissenschaftliche Erkenntnissuche ein fortwährender Prozeß des Aufstellens, Überprüfens und Verbesserns von Hypothesen. Eine Hypothese ist eine nur vorläufig geltende Aussage, die Objekten bestimmte Merkmale zuschreibt und so beschaffen ist, daß ihre empirische oder logische Überprüfung möglich ist. Jede Hypothese bleibt nur vorläufig nicht widerlegt, es gibt keine endgültige Verifikation. Deshalb ist Induktion logisch auch nicht möglich. In diesem Sinne sind alle praktizierten Problemlösungen im Grunde Provisorien und damit als revidierbar zu betrachten, auch wenn sie stark verankert scheinen. *(→ Wahrheitsgehalt von Informationen)*

Signifikanztest, Inhalte

Signifikanztests sollen eine Entscheidung darüber herbeiführen, ob Unterschiede zwischen dem postulierten wahren Wert und dem Stichprobenergebnis nur zufällig oder statistisch als nicht zufällig gesichert sind, also signifikant. Diese Testverfahren können sich auf die Unterschiede zwischen zwei (bivariat) und mehreren Stichproben (multivariat) beziehen. Dabei kann es sich um wertmäßig bestimmte Entscheidungsalternativen handeln, die als einfache Hypothese mit exakten Werten bezeichnet wird, oder um eine nicht wertmäßig bestimmte, zusammengesetzte Hypothese, mit größer/kleiner oder ungleich Werten.

Ausgangspunkt für die statistische Prüfung ist die *Arbeitshypothese*. Diese wird nach fachkundiger Einsicht in einen bestimmten Sachzusammenhang formuliert. Deren Absicherung erfolgt durch die statistische Prüfung mit Testverfahren. Die Entscheidung über Ablehnung oder Nichtablehnung der Arbeitshypothese hängt davon ab, ob der Prüfwert im Ablehnungs- oder im Annahmebereich der Prüffunktion liegt. Die Festlegung dieser Bereiche basiert auf der Wahrscheinlichkeitsverteilung der Prüffunktion. Die Nichtablehnung ist jedoch nicht gleichzusetzen mit der Richtigkeit der Hypothese. Die Abweichung ist dann lediglich signifikant, d. h. überzufällig.

Formal werden zwei, einander ausschließende Hypothesen formuliert. Die *Nullhypothese* wird meist so gefaßt, daß man daran interessiert ist, sie abzulehnen. Für den Fall der Ablehnung muß festgelegt werden, welche Alternative dann gelten soll. Diese wird in der *Alternativhypothese* formuliert und kann einseitig oder zweiseitig ausgelegt sein. Ein einseitiger Test liegt vor, wenn die Irrtumswahrscheinlichkeit nur auf eine Seite des Mittelwerts verteilt ist, und zwar als Obergrenze (rechtsseitig) oder Untergrenze (linksseitig), ein zweiseitiger Test, wenn sie auf beide Seiten verteilt ist, also mindestens/höher als bzw. höchstens/niedriger als ein bestimmter Wert. Einseitige Tests führen eher zur Verwerfung der Nullhypothese, also zu, meist erwünschten, signifikanten Ergebnissen. Im Zweifel sollte daher immer zweiseitig getestet werden, also nichtkonkretisiert. Die Begründung ist jeweils inhaltlich zu führen.

Die Fläche, die nicht Ablehnungsbereich ist, wird Annahmebereich genannt. Die Stelle der Verteilung, die die Grenze zwischen Annahme- und Ablehnungsbereich bildet, heißt kritischer Wert. Von Punkthypothese spricht man, wenn lediglich ein konkretisierter, exakter Wert getestet werden soll, von Bereichshypothese, wenn eine Wertespanne getestet werden soll, also von/bis, oder ungleich. Einstichprobentests beziehen sich auf eine einzige Stichprobe, Zweistichprobentests auf zwei unabhängige Stichproben.

Im Signifikanztest wird also unter der Annahme der Richtigkeit der Nullhypothese ein Ablehnungsbereich berechnet, in den die Teststatistik mit einer zuvor gewählten Irrtumswahrscheinlichkeit fällt. Bei der Entscheidung können zwei Fehlerarten auftreten:

- Die Nullhypothese kann verworfen werden, obwohl sie wahr ist. Es handelt sich dann um einen *Fehler 1. Art* (auch Alpha-Fehler), bei dem die Alternativhypothese zu unrecht angenommen wird.
- Die Nullhypothese kann angenommen werden, obwohl sie unwahr ist. Es handelt sich dann um einen *Fehler 2. Art* (auch Beta-Fehler), bei dem die Alternativhypothese zu unrecht verworfen wird.

Zwei weitere Entscheidungen sind demgegenüber richtig:

- Die Nullhypothese wird zurecht verworfen und die Alternativhypothese zurecht angenommen werden.
- Die Nullhypothese wird zurecht angenommen und die Alternativhypothese zurecht abgelehnt.

Signifikanztest, Vorgehen
Der Ablauf von Testverfahren umfaßt die folgenden Schritte:

- Hypothesenformulierung. Die Hypothese ist die Vermutung des Anwenders über bestimmte Eigenschaften der Grundgesamtheit auf Basis der vorliegenden Stichprobendaten. Sie ist eine verbal formulierte Kausaltheorie, d. h. eine Menge von „Wenn-dann"- oder „Je-desto"-Aussagen über Variablenbeziehungen, die in ein Pfaddiagramm übersetzt wird. Dieses muß die Richtung der angenommenen Beziehungen zwischen Variablen widerspiegeln und dann in ein System linearer Gleichungen überführt werden, dessen Struktur anhand empirischer Daten getestet wird. Sind die geschäften Modellparameter mit den gewonnenen Daten konsistent, gilt die angenommene Kausalstruktur als nicht falsifiziert.
- Festlegung des Signifikanzniveaus. Die Entscheidung über die Annahme oder Verwerfung der aufgestellten Hypothese kann wegen des Stichprobencharakters der Daten nicht mit Sicherheit, sondern nur mit einer gewissen Wahrscheinlichkeit erfolgen. Meßgröße ist die Irrtumswahrscheinlichkeit (= Signifikanzniveau). Der Signifikanztest überprüft daher, ob ein Stichprobenbe-

fund mit einer Annahme über unbekannte Parameter oder die Verteilung der Grundgesamtheit aus wahrscheinlichkeitstheoretischer Sicht verträglich ist, also zufällig, oder nicht, also überzufällig und damit statistisch gesichert signifikant. Das Signifikanzniveau wird meist über eine Irrtumswahrscheinlichkeit von 0,1% (= 0,001 für sehr hoch signifikant), 1% (= 0,01 für hochsignifikant), 5% (= 0,05 für signifikant) oder 10% (= 0,1 für schwach signifikant) normiert.

- Wahl der geeigneten Testfunktion. Dabei handelt es sich meist um die Normalverteilung oder die t- oder F-Verteilung. F- und t-Verteilung variieren mit den Freiheitsgraden. Unter Freiheitsgrad versteht man die maximale Anzahl der in einer Prüfverteilung frei, d. h. unabhängig voneinander variierbaren Variablen, die die Gesamtzahl der nicht mit Sicherheit voraussagbaren Ausprägungen der Prüfvariablen angibt. Der Freiheitsgrad gibt also an, wieviele unabhängige Vergleiche zwischen Beobachtungs- und Erwartungswert möglich sind. Geht man dabei von Matrizen aus, so ist der Freiheitsgrad bei einer Vierfeldertafel 1, denn bereits mit der Determination eines Wertes einer Zelle in der Matrix sind die anderen Werte bei gegebener Randverteilung invariabel determiniert. Bei einer Sechsfeldertafel ist der Freiheitsgrad 2, denn mit der Determinierung von zwei Werten sind alle anderen Werte bei gegebener Randverteilung invariabel. Bei der Achtfeldertafel ist der Freiheitswert entsprechend 3 etc. Nach der Wahl der Testfunktion wird das Signifikanzniveau festgelegt, die Prüfgröße wird berechnet und diese einer theoretischen Größe, dem Tafelwert, gegenübergestellt. Die Nullhypothese ist zu bejahen, d. h. für gewöhnlich der Hypotheseninhalt abzulehnen, wenn der tatsächliche (empirische) Wert größer ist als der Tafelwert.
- Bestimmung des Verwerfungsbereichs. Dabei sind die ökonomischen Folgen einer möglichen Fehlentscheidung zu berücksichtigen. Die Wahrscheinlichkeit, daß unter sonst gleichen Bedingungen die Nullhypothese zur Ablehnung gebracht wird, hängt von der Strenge der Voraussetzungen eines Tests ab, je strenger, desto eher wird kein Zusammenhang vermutet. Ist es sehr folgenschwer, die Nullhypothese fälschlicherweise abzulehnen, wird man dessen Risiko möglichst gering halten wollen, d. h. das Signifikanzniveau hoch ansetzen bzw. den Annahmebereich vergrößern und den Ablehnungsbereich verkleinern. Ist es dagegen folgenschwer, die Nullhypothese fälschlicherweise anzunehmen, wird man das Signifikanzniveau geringer ansetzen bzw. den Annahmebereich verkleinern und den Ablehnungsbereich vergrößern.
- Entscheidungsfindung. Entscheidet sich der Anwender für die An-

nahme der Nullhypothese, dann ist die Alternativhypothese abgelehnt, entscheidet er sich für die Ablehnung der Nullhypothese, ist die Alternativhypothese angenommen. Die Annahme oder Ablehnung sagt nichts über die Richtigkeit dieser Entscheidung aus. Sie bedeutet nur, daß sie nicht im Widerspruch zum vorliegenden Beobachtungsmaterial steht (vgl. *Pepels, Werner:* Käuferverhalten und Marktforschung, Stuttgart 1995).

Silent Shopper

(→ Mystery Shopper)

Simplifier

(→ Reagierer-Konzept)

Simulation

Unter Simulation versteht man Techniken zur numerischen Auswertung quantitativer Modelle. Anwendung findet sie meist, wenn der Komplexitätsgrad eines Modells eine analytische Auswertung verhindert, das Modellverhalten bei unterschiedlichen Parameterkombinationen untersucht oder das Modellverhalten im Zeitablauf überprüft werden soll. Es geht also um die Durchführung von Experimenten mit Modellen, die ein Abbild realer Systeme mit ihren wesentlichen Eigenschaften darstellen, indem Bedingungen oder Variable verändert werden. Dabei wird versucht, Wirkungen auf das abgebildete System zu erkennen und sich ergebende neue Zustände, bedingt durch Verflechtungen zwischen Variablen, Parametern und anderen Komponenten auszuwerten. Durch systematische Variation der Inputdaten werden so auf experimentelle Weise alternative Systemzustände erzeugt. Insofern lassen sich realitätsnahe Konstellationen mit differenzierten Aussagen im „Zeitraffer"-Effekt durchspielen.

Für den Einsatz von Simulationen spricht generell, daß sie die Einbeziehung einer großen Zahl von Variablen und deren Zusammenhänge ermöglichen und daher realitätsnahe Abbilder versprechen, daß sich durch planmäßige Variation relevanter Einflußfaktoren eine Vielzahl von Konstellationen durchspielen läßt und dadurch differenzierte Aussagen ermöglicht werden, und daß die Rechenkapazitäten in Computern mittlerweile leistungsfähige Realitätsnachbildungen realistisch zulassen. Sie eignen sich also gut für komplexe Probleme, erfordern allerdings eine große Zahl von Berechnungsdurchgängen (Modelläufen). Daher sind Computer eben zur Bearbeitung unverzichtbar. Bei diesen digitalen Simulation unterscheidet man diskrete und kontinuierliche Systeme, diskrete weisen sprunghafte Zustandsänderungen auf und sind meist im Marketing relevant. Makroökonomische Modelle beziehen sich auf globale Zusammenhänge, mikroökonomische auf die Unternehmensebene.

Es lassen sich sowohl Struktur- als auch Mechanikansätze des Käuferverhaltens simulieren. Um Strukturansätze zu simulieren, müssen diese zuerst in eine quantitative Form gebracht werden. Bei Systemmodellen müssen plausible Verknüpfungen als funktionale Beziehungen zwischen Variablen vorgenommen werden. Wenn bei einzelnen Modellvariablen Ausprägungen nicht deterministisch sondern stochastisch sind, erfolgt die Simulation mit Hilfe der Monte Carlo-Methode. Zufallsmodelle können unmittelbar in computerberechenbare Form umgesetzt werden. Dies gilt sowohl für ökonometrische als auch vollstochastische Modelle.

Eigenständige Simulationsmodelle versuchen, durch eine Berücksichtigung einer Vielzahl von Variablen die Realität vollständig abzubilden. Dabei sind vor allem die Modelle von Lavington, Klenger/Krautter und Amstutz zu nennen. Diese Simulationen laufen im übrigen rechentechnisch recht kompliziert ab. Vor allem ist die Beschaffung der notwendigen Daten aufwendig. Auch die Validierung der funktionalen Zusammenhänge ist problematisch.

Simulationsmodelle, Detailanalytische

Simulationsmodelle betreffen die Durchführung von Experimenten mit Modellen, die ein Abbild realer Systeme mit ihren wesentlichen Eigenschaften darstellen, indem Bedingungen oder Variable verändert werden. Dabei wird versucht, Wirkungen auf das abgebildete System zu erkennen und sich ergebende neue Zustände, bedingt durch Verflechtungen zwischen Variablen, Parametern und anderen Komponenten, auszuwerten. Innerhalb der Simulationsmodelle versuchen detailanalytische Ansätze, die Entscheidungsmechanismen analog zum S-O-R-Ansatz im einzelnen abzubilden.

Das Modell von *Lavington* ist ein Kaufneigungsmodell, das das Konsumentenverhalten von Einzelindividuen unter Einbeziehung der gewählten Marketingmaßnahmen beschreibt. Es untersucht die Wirkung von Marketingaktivitäten auf die gewohnheitsmäßigen Kaufentscheidungen des Konsumenten bei häufig gekauften Verbrauchsgütern mit niedrigem Preis unter Berücksichtigung der Kaufneigung vor dem Kauf und der Wirkung der Kaufsituation als Phasen des Kaufentscheidungsprozesses auf der Grundlage der Lerntheorie. Im Mittelpunkt steht die Identifizierung der jeweils besonders geeigneten Marketinginstrumente Distribution, Preis, Verkaufsförderung und Werbung. Die Kaufneigung der Konsumenten ist bei jeder Geschäftsstätte unterschiedlich ausgeprägt und abhängig von Preis, Verkaufsförderung, Werbung, früherem Gebrauch, gestellten Anforderungen, persönlicher Empfehlung, Auslagengestaltung am POS und Packungssignalisation. Unterstellt wird dabei, daß ein Kauf erfolgt, wenn eine bestimmte Menge von Reizelementen konditioniert ist. In einem Zeitpunkt ist jedes Reizelement nur auf eine bestimmte Marke konditioniert, im Zeitablauf verändert sich diese Konditionierung. Die

Kaufwahrscheinlichkeit hängt nun von der vorhandenen Kaufneigung gegenüber verschiedenen Marken ab und von deren Wechselwirkung mit POS-bezogenen Reizen. Simulationen erlauben sowohl Aussagen über die geeignete Wahl des absatzpolitischen Instrumentariums als auch über den zukünftige Absatz von Produkten. Die Wahrscheinlichkeit des Kaufs wird aus einer Vielzahl von ihn beeinflussenden Faktoren ermittelt. Die quantitative Beschreibung dieser Einzelfaktoren ermöglicht die Berechnung individueller Kaufwahrscheinlichkeiten. Problematisch ist dabei allerdings die Vernachlässigung der soziologischen Faktoren. Außerdem ist die Praktikabilität durch die Vielzahl zu erhebender Daten eingeschränkt.

Das Modell von *Klenger, Krautter* untersucht die Wirkungen von Marketingaktivitäten auf die gewohnheitsmäßigen Kaufentscheidungen des Konsumenten bei preiswerten Gütern des täglichen Bedarfs, bei Gliederung des Entscheidungsprozesses in bezug auf die Wahl der Produktart, des Geschäfts und der Marke nach Entstehen des Bedürfnisses, Suche nach Alternativen, Bewertung dieser Alternativen und Entscheidung mit Realisation, dies auf Basis der kognitivistischen Verhaltenstheorie. Es erfolgt sowohl eine Bestimmung der Produktarten als auch der Einkaufsstätten- und Markenwahl. Dafür gibt es drei Erklärungsgrößen. Einstellungen zu Marken bzw. Markenimages resultieren aus der Gegenüberstellung von Realimages und Idealimage. Dabei wird Gleichgewichtigkeit und Unabhängigkeit aller Komponenten unterstellt, was im übrigen recht zweifelhaft ist. Mediacharakteristika betreffen die Wahrscheinlichkeit des Kontakts mit verschiedenen Medien (Werbeträgerkontakt) und Werbemitteln (nur bei Print). Kauf- und Konsumcharakteristika betreffen die Verbrauchs-, (Mindest-)Vorratsmengen, Geschäftstypen- und Packungsgrößenpräferenz. Problematisch ist hier die Informationsbeschaffung zur Modellstruktur und der Informationsbedarf zu Management- und Konsumentendaten. Dabei muß im wesentlichen auf mehr oder minder plausible Hypothesen zurückgegriffen werden. Daher ist die Leistungsfähigkeit dieses Modells zurückhaltend einzuschätzen.

Das Modell von *Amstutz* untersucht ebenfalls Wirkungen von Marketingaktivitäten auf Kaufentscheidungen des Konsumenten, diesmal beim Kauf von langlebigen Ge- und Verbrauchsgütern bei Einteilung des Kaufentscheidungsprozesses in die Phasen Entstehung des Bedürfnisses, Suche nach Produktinformation, Kaufentscheidung mit Ausführung und Reaktionen nach dem Kauf, dies auf Basis der kognitivistischen Verhaltenstheorie. Einflußgrößen sind hier Einstellung gegenüber Produkt und Marke, Gelegenheit zum Ge- und Verbrauch des Produkts für Konsumenten, Zeitraum seit dem letzten Kauf dieses Produkts, dann die Intensität des wahrgenommenen Bedürfnisses, das

Einkommen des Käufers, Einstellung gegenüber bestimmten Einzelhandelsgeschäften, und schließlich Vorrätigkeit des Produkts im Handel, absolute und relative Preise, Umfang und Intensität der Verkaufsbemühungen. Dabei wird die Produktartenentscheidung als gegeben vorausgesetzt, bevor die Analyse einsetzt. Bei der Entscheidung über den Einkauf geht es darum, ob überhaupt eine der Marken der Produktart gekauft werden soll. Dies ist abhängig von der Intensität des wahrgenommenen Bedürfnisses. Bei der Markenwahl geht es darum, welche der Marken einer Produktgattung gewählt wird. Dies ist abhängig von Preis, Verkäuferengagement, Einstellung/Kenntnis und Verfügbarkeit /Präsenz der Marken. Bei der Reaktion nach der Kaufentscheidung geht es darum, wie die Ausbreitung der Kaufentscheidung erfolgt. Probleme liegen in der Beschaffung der Ausgangsdaten, die unvollständig, wie bei soziologischen Aspekten, und teils wenig operationalisierbar, wie beim Verkäuferengagement, bleiben (vgl. *Pepels, Werner:* Käuferverhalten und Marktforschung, Stuttgart 1995).

Simulationsmodelle, Globalanalytische

Die globalanalytische Simulation eignet sich gut für komplexe Probleme des Käuferverhaltens, erfordert jedoch häufig eine große Zahl von Berechnungsdurchgängen (Modelläufen). Daher sind Computer zur Berechnung unverzichtbar. Bei diesen digitalen Simulationen unterscheidet man diskrete und kontinuierliche Systeme, diskrete weisen sprunghafte Zustandsänderungen auf und sind meist im Marketing relevant. Globalanalytische Ansätze verzichten auf die Untersuchung mentaler Prozesse vor und nach dem Kauf. Sie beruhen auf dem beobachtbaren Verhalten, sind also S-R-Ansätze.

Sprinter ist ein computergestütztes Modell zur Prognose neuer, häufig gekaufter Konsumgüter. Seine Ziele sind die frühzeitige Marktanteilsprognose vor Markteinführung, die Analyse der Wirkung der Marketing-Mix-Instrumente auf die das Kaufverhalten beeinflussenden Variablen, die Unterstützung bei der Entscheidung, die Findung der besten Markteinführungsstrategie, das frühzeitige Erkennen und Diagnostizieren von Problemen in der Einführungsphase sowie die Entwicklung und Bewertung angepaßter Alternativstrategien. Als Dateninput fungieren dabei Testmarktdaten, Paneldaten, Recall-Abfragen, Außendienstberichte und Managementeinschätzungen. Diese werden in bis zu 500 Gleichungen verpackt. Der Kern ist ein dynamisches Modell zur Abbildung und Klassifizierung von Kaufmustern anhand von Kaufsequenzen als potentielle Käufer, Erstkäufer, loyale Käufer, markentreue Käufer und illoyale Käufer. Daraus ergibt sich die Marktanteilsprognose auf Basis der Variablen Markenbekanntheit, Kaufabsicht, Kaufentschluß und Nachkaufverhalten. Dadurch ist eine umfangreiche Erfassung der verhaltensrelevanten Variablen und ihrer Veränderung bei einzelnen Käufen möglich. Eine Zielfunktion repräsentiert Gewinn und Return on Investment. Marketingkosten stammen aus dem Rechnungswesen.

Steam ist ein quantitatives (stochastisches) Modell zur frühzeitigen, langfristigen Marktanteilsprognose eines häufig gekauften Neuprodukts aus Paneldaten. Die Daten über Erst- und Wiederkauf stammen aus Haushaltspanels oder Markttestexperimenten. Daraus wird die Wahrscheinlichkeit geschätzt, mit der ein Haushalt weitere Käufe dieser oder anderer Marken der betreffenden Produktklasse tätigt. Die Funktion enthält Parameter über Anzahl bisheriger Käufe, Zeitpunkt des letzten Kaufs und Zeitdauer seit dem letzten Kauf. Die Prognose erfolgt durch Simulation auf Basis empirischen Kaufverhaltens. Allerdings ist das Modell sehr komplex und mathematisch anspruchsvoll, damit verbunden sind emotionale Ablehnung potentieller Anwender, mangelnde Nachvollziehbarkeit des Rechenweges sowie hoher Zeit- und Kostenaufwand.

Simultanausgleich

(→ Deckungsbeitragsrechnung, Kostenanalysen)

Situations-Ansatz

(→ Marketing, Paradigmawechsel)

Situative Kauffaktoren

Neben den soziologischen, psychologischen und kognitiven Einflußgrößen stellen sich beim Kaufverhalten ganz banal erscheinende Umfeldfaktoren dar, die umfassend als Situative Faktoren bezeichnet werden. Dabei handelt es sich um solche, die aus den äußeren Einflüssen der Kaufsituation entstehen. Beispielhaft dafür seien im folgenden genannt:

- *Physische Umgebung*, wie Geräusch, Licht, Klima, räumliche Lage, Dekoration etc. In neuerer Zeit wird u. a. die Einkaufsatmosphäre in der Geschäftsstätte dahingehend untersucht, inwieweit sie Einfluß auf Art und Ausmaß von Käufen hat. Die Hypothese ist dabei, daß anregende atmosphärische Bedingungen kaufstimulierend wirken. Dem folgen etwa die aufwendigen Einkaufspassagen an den besten Standorten der Großstädte. Im einzelnen gibt es weitere Beeinflussungsmöglichkeiten. So werden Duftstoffe, etwa bei Einsprühen von Leder, genutzt, um, gerade unterhalb der Wahrnehmungsschwelle penetriert, weitgehend unbewußte Kaufimpulse zu geben. Geräusche werden etwa im Rahmen der Hintergrundmusik am Handelsplatz eingesetzt, um Entspannung und Unterhaltung zu schaffen. Licht sorgt für Dramatisierung der Angebotsdarbietung, etwa bei Frischfleisch im Lebensmittelhandel. Dort werden oft auch Degustationen geboten, die eine geschmackliche Beurteilung ansonsten nicht bekannter Lebensmittel zulassen.
- *Soziale Umgebung*, wie Gegen-

wart anderer Personen, Interaktion mit Personen, Sozialeinfluß etc. Zu denken ist etwa an die Anwesenheit von Kaufbeeinflussern, die steuernd auf Geschäftsstätten-, Produkt- und Markenentscheide einwirken. Ein anderer wichtiger Aspekt ist hier das Beratungs- und Verkaufsgespräch, in dem Käufe erheblich in die eine oder andere Richtung gelenkt werden können. Dabei ist der Charakter von Produktgruppen von großer Bedeutung. Über tabuisierte Produkte (z. B. Körperhygiene) wird in der sozialen Umgebung weniger kommuniziert als über profilierende Produkte (z. B. Bekleidung). Ebenso spielt Kaufberatung bei problemlosen, selbsterklärenden Produkten kaum eine Rolle, ist hingegen wichtig bei komplexen, erklärungsbedürftigen Produkten.

- *Zeitbezogene Merkmale*, wie Tageszeit, Entscheidungs- und Zeitdruck, Zeitabstand zu Ereignissen etc. Vor allem wird hier das weitverbreitete Phänomen des Kaufstresses behandelt. Die reglementierten Ladenöffnungszeiten, die vielfältigen aufzusuchenden Einkaufsstätten, der differenzierte Einkaufsbedarf und das begrenzte Zeitbudget, meist infolge beruflicher Belastung, führen zu einer massiven Beeinflussung der Käufe. Kurze Entscheidungsfristen führen zur Kaufvereinfachung, also einer geringeren Anzahl beurteilter Alternativen von Einkaufsstätten, Produktgruppen, Marken und Produkten, zu deren oberflächlicherer Beurteilung und zur Ausrichtung an Gewohnheiten, am Bekanntheitsgrad oder spontanen Eindrücken (Schlüsselinformationen) sowie zu weniger Nutzung an sich verfügbarer (neutraler) Informationsquellen. Je näher der Kaufentscheid zeitlich einer diesen betreffenden Botschaft ist, desto höher ist deren Chance, bei der Wahl berücksichtigt zu werden.
- *Art der Aufgabe*, wie Einkaufszweck, Einkaufsmenge, Produktart etc. Zu denken ist hier etwa an Auftragskäufe, die nach mehr oder minder starrer Vorgabe erfolgen, oder an Käufe für besondere Anlässe (Geschenke etc.) oder mit hoher Bedeutung (Kaufpreis, Bindungsdauer). Diese Faktoren beeinflussen erheblich das Kaufentscheidungsverhalten. Der Anteil der Auftragskäufe am gesamten Kaufvolumen, etwa eines Haushalts, ist heftig umstritten. In vielen Fällen entscheidet die haushaltsführende Person, bei traditioneller Rollenverteilung also die Hausfrau, selbst, was gut für ihre Familie ist und was nicht (z. B. Haushaltsverbrauchsartikel), in anderen Fällen erfolgt nur die Vorgabe der Produktgruppen, innerhalb derer der Haushaltsführer dann die Marken- und Produktentscheidung trifft (z. B. Weinbrand für die Hausbar), in wieder anderen Fällen erfolgt eine detaillierte Vorgabe des einzukaufenden Produkts, wobei ein Zuwider-

handeln Stress für den Haushaltsführer bedeutet (z. B. Zigaretten). Unklar ist auch, inwieweit eine Vorgabe der Einkaufsstätte erfolgt, die über die dort distribuierten Produkte eine Vorgabe des Available Set bedeutet.

- *Vorhergehender Zustand*, wie Stimmung, Müdigkeit, Hunger, mitgeführter Geldbetrag etc. Dabei werden Carry Over-Effekte wirksam, also Erlebnisse aus der meist nahen Vergangenheit, die in die Gegenwart hinein wirken und verstärkend oder abschwächend sind. Zu denken ist etwa an Werbeanstösse wie sie durch Ladendurchsagen, POS-Radio, Shopping Center-Plakate, POS-Werbemittel etc. entstehen. Im starken Maße davon betroffen sind Produkte mit Impulscharakter. Hier führen situative Faktoren dominant zur Determinierung von Kauf oder Nichtkauf. Insofern sind Elemente wie aufmerksamkeitsstarke Packungsgestaltung, gut erkennbare Placierung, bedürfnisadäquater Standort und Sonderpreishinweise von Bedeutung (vgl. *Pepels, Werner:* Käuferverhalten und Marktforschung, Stuttgart 1995).

(→ Käuferverhalten)

Skalierungsähnliche Verfahren

(→ Skalierungstechniken)

Skalierungsfragen

(→ Fragefunktionen)

Skalierungstechniken

Skalierbare Merkmale können ein- oder mehrdimensional sein. Eindimensional skaliert wird ein Merkmal, wenn der größte subjektive Unterschied zwischen drei Objekten gleich der Summe der beiden kleineren Unterschiede ist. Die Darstellung erfolgt auf einer Geraden. Mehrdimensionale Merkmale können in mehrere eindimensionale zerlegt werden, indem immer nur eine paarweise Beziehung der Komponenten untersucht wird, oder aggregiert werden, indem stark korrelierende Komponenten durch Datenreduktionsverfahren zu einer neuen künstlichen Komponente zusammengefügt werden. Die Darstellung erfolgt in einem Koordinatensystem.

Es lassen sich drei Gruppen von Skalierungsverfahren unterscheiden.

Skalierungsähnliche (Selbsteinstufungs-) *Verfahren* sind solche, die keine Vorschrift darüber enthalten, wie die Itemwerte in Skalenwerte übersetzt werden sollen. Die Testpersonen tragen dazu die wahrgenommenen Ausprägungen eines Merkmals auf einem Zahlenkontinuum ein. Dieses Bewußtsein wird vielmehr bei den Befragungspersonen bereits vorausgesetzt. Daher kann mit Paarvergleich, Rangordnung etc. gearbeitet werden, oder allgemeiner mit ordinaler Messung.

Eindimensionale Skalierungsverfahren stellen nur eine Dimension dar, meist die affektive Einstellung als theoretisches Konstrukt. Dazu werden Likert-, Thurstone- und Coombs-Skalierungen verwendet.

Mehrdimensionale Skalierungsverfahren besitzen keine strenge Homogenität der Indikatoren bezüglich einer Merkmalsdimension, sondern werden der Komplexität des Objekts durch mehrere Merkmale gerecht, meist affektive und kognitive Einstellungen. Diese können auf einem eindimensionalen Kontinuum reduziert dargestellt werden (Index, Multiattributivskala) oder in mehrdimensionalen, geometrischen Räumen (Semantisches Differential, Mehrdimensionale Skalierung).

Ein- und mehrdimensionale Skalierungen beruhen auf Fremdeinstufung, bei denen der Untersuchungsleiter die eigentliche Meßskala aus der Verknüpfung von Einzelwerten konstruiert, auf der dann Befragte positioniert werden. Die Itemselektion betrifft die Auswahl und Zusammenstellung der Itembatterie, mit der Befragte konfrontiert werden. Die Reaktionsinterpretation betrifft die Positionierung der Befragten auf der eigentlichen Meßskala.

Skinner-Ansatz

(→ Lernmodelle)

Skinner-Box

(→ Konditionierung, Instrumentelle)

Skonto

(→ Rabatt)

Sleeper-Effekt

(→ Wahrnehmung, Effekte)

Slogan

(→ Copy-Analyse, Corporate Design)

Snob-Effekt

(→ Nachfrageeffekte)

Social Marketing

(→ Idealgütermarkt, Marketing, Struktur)

Sofort-(Prompt-/Tages-)Kauf

(→ Kaufvertrag, Arten)

SOFT-/WOTS UP-Analyse

(→ SWOT-Analyse)

Solitärmarke

Solitärmarkenstrategie bedeutet, daß im gesamten Unternehmensprogramm nur eine einzige Marke vorhanden ist. Ein Beispiel sind die *Fischer-Werke*. Dieser Hersteller bearbeitet ganz unterschiedliche Märkte, alle jedoch unter einheitlichem Markennamen. Mit *Fischertechnik* wendet man sich an den Jugendmarkt mit einem Baukastenstecksystem. Mit *Fischerbox* wendet man sich an Autofahrer mit Aufbewahrungskästen für Audiocassetten, Compact Discs etc. Und mit *Fischerdübeln* wendet man sich an Heim- und Handwerker mit einzigartigen Befestigungselementen. Die Verschiedenartigkeit der bedienten Märkte bedingt jeweils einen eigenständigen Marketing-Mix, dem jedoch als verbindende Klammer die gemeinsame Marke zugrundeliegt.

Ein weiteres Beispiel war über lange Jahre das Unternehmen *BMW*. Die Marke ist zwar nicht überall, aber in den wichtigsten Typenklassen, mit eigenen Modellen vertreten. Allen Fahrzeugen ist trotz ihrer Verschiedenartigkeit gemein, daß sie eine gemeinsame Konzeptgrundlage haben, die sich auf die Aussage „Freude am Fahren" reduzieren läßt. Und dieser Anspruch gilt sowohl für die *3-er* als auch die *5-er*, die *7-er* und die *8-er* Reihe. D.h. immer steht die einzelne Modellreihe unverkennbar für die BMW-Philosophie, nur jeweils klassenspezifisch gestaltet.

(→ Horizontale Markentypen)

Soll-Normen

(→ Normen)

Sonderfragen

(→ Fragefunktionen)

Sonderverkäufe

(→ Wettbewerbsrecht, Verkaufsveranstaltungen)

Sortimentsbreite

(→ Betriebstypen des Handels, Einteilungskriterien)

Sortimentsinhalt

(→ Betriebstypen des Handels, Einteilungskriterien)

Sortimentsinhalte

Hinsichtlich ihrer Inhalte können Sortimentsteile nach deren Bedeutung, Kundenziel, Zeitdauer, physische Präsenz und Eigentum wie folgt unterschieden werden (vgl. *Berekoven, Ludwig:* Erfolgreiches Einzelhandelsmarketing, München 1990).

Das *Grundsortiment* umfaßt Waren, die das hauptsächliche Angebot eines Handelsbetriebs ausmachen. Das Randsortiment umfaßt Waren, die mit geringerer Gewichtung eher nebenher geführt werden. Es handelt sich demnach um eine Unterteilung nach der Bedeutung der Waren.

Das *Kernsortiment* umfaßt Waren, die die Rendite des Betriebs sicherstellen sollen. Das Akquisitionssortiment umfaßt Waren, die der Anlockung von Kunden dienen, indem sie besondere Vorteilhaftigkeit signalisieren. Es handelt sich demnach um eine Unterteilung nach dem Kundenziel.

Das *Standardsortiment* umfaßt Waren, die kontinuierlich im Handelsbetrieb geführt werden. Das Saisonsortiment umfaßt Waren, die nur temporär präsent sind, um sich Nachfrageschwankungen anzupassen. Es handelt sich demnach um eine Unterteilung nach der Zeitdauer der Warenpräsenz.

Das *Lagersortiment* umfaßt Waren, die ab Lager grundsätzlich jederzeit lieferbar sind. Das Bestellsortiment umfaßt Waren, die nur auf Bestellung ausgeliefert werden können. Es handelt sich demnach um eine Unterteilung nach der physischen Präsenz von Waren.

Das *Eigensortiment* umfaßt Waren, die sich im Eigentum des Handelsbetriebs befinden. Das Fremdsortiment umfaßt Waren, die sich nur im Besitz des Handelsbetriebs befinden, aber im Eigentum eines Dritten. Es handelt sich demnach um eine Unterteilung nach dem Eigentum an diesen Waren.

Sortimentsniveau

(→ Betriebstypen des Handels, Einteilungskriterien)

Sortimentstiefe

(→ Betriebstypen des Handels, Einteilungskriterien)

Source of Potential Demand

(→ Absatzquellendefinition)

Source-Effekt

(→ Wahrnehmung, Effekte)

Soziale Macht

Soziale Macht betrifft die Fähigkeit einer Person, Personengruppe oder Organisation, andere Personen zu einem Verhalten zu bewegen, das von diesen ursprünglich so nicht beabsichtigt war, jedoch im Interesse des Machtausübenden liegt. Dabei müssen die Machtmittel nicht wirklich im Einflußbereich des Mächtigen vorhanden sein, es genügt vielmehr, wenn der Machtunterworfene sie dort vorhanden wähnt. So kommt es auch nicht auf den tatsächlichen Einsatz, sondern auf die bloße Androhung des Einsatzes an. Direkte Erfahrungen sind wirkungsvoller als symbolische (Sprache, Bilder etc.), personale wirkungsvoller als mediale und freiwilliger Erwerb wirkungsvoller als erzwungener.

Macht ist Folge der Sozialisation. Sozialisation ist ein sozialer Einfluß im Verhalten von Personen und Institutionen, der auf Kenntnisse, Einstellungen und Werte von Konsumenten derart einwirkt, daß deren Informations-, Kauf-, Spar-, Ge-, Verbrauchs- und Entsorgungsverhalten anders verläuft als es ohne diese Einflußnahme der Fall gewesen wäre. Abzugrenzen ist Macht von Manipulation, Antizipation und Assimilation:

- Manipulation liegt beim Einsatz von vom Beeinflußten nicht erkannten Machtmitteln zur Verhaltens- und Dispositionsänderung vor.
- Antizipation betrifft einen noch nicht erfolgten, aber erwarteten Machtmitteleinsatz und wird als Anpassung scheinbar freiwillig vorgenommen (vorauseilender Gehorsam).
- Assimilation bedeutet die weitgehende Anpassung des Einzelnen an die Verhaltensweisen seiner sozialen Umgebung. So kann es selbst in einem fast machtfreien Raum allein aufgrund häufiger Interaktion und Harmoniebedürfnis zu Verhaltensangleichungen kommen.

Untersucht man die Machtbeziehungen näher, so stellt man fest, daß jemand *Belohnungs- bzw. Bestrafungsmacht* hat, wenn der andere glaubt, daß er ihn für ein gewünschtes Verhalten bzw. für die Unterlassung eines unerwünschten Verhaltens belohnen oder für die Unterlassung eines gewünschten Verhaltens

bzw. ein unerwünschtes Verhalten bestrafen kann und er im Besitz der dazu erforderlichen Belohnungs- bzw. Bestrafungsmittel ist oder glaubhaft macht, es zu sein. *Expertenmacht* hat jemand, wenn der andere die überlegenen Kenntnisse, Fähigkeiten und Fertigkeiten anerkennt und in bestimmten Situationen dessen Rat und Hilfe sucht. *Informationsmacht* hat jemand, wenn er mit Hilfe der ihm verfügbaren Sprache, Mimik, Gestik und der von ihm einsetzbaren Medien auf den anderen einwirken kann. Und *Identifikationsmacht* hat jemand, wenn er ein soziales Modell darstellt, dessen Verhalten und Verhaltensdispositionen andere möglichst weitgehend zu übernehmen bestrebt sind. Dies betrifft etwa die Einflußnahmemöglichkeit von Eltern auf ihre Kinder, aber auch die werbliche Präsentation vermögender Personen der Oberschicht und erfolgreicher Aufsteiger als soziale Vorbilder. Macht bedarf zu ihrer Wirkung einer Basis, auf die sie sich stützt, Mittel, mit denen sie durchgesetzt wird, und Geld, das den Einsatz dieser Mittel finanziert. Die Macht ist in ihrer Reichweite begrenzt, ebenso auch in ihrem Umfang. Sie erstreckt sich immer nur auf bestimmte Personen, die über weniger Macht verfügen und ist oft im Zeitraum ihrer Wirksamkeit limitiert.
(→ *Käuferverhalten*)

Soziale Schicht

Die Soziale Schicht führt zu einer vertikalen Gliederung der Gesellschaft, mit einer großen Zahl von Individuen oder Haushalten, die den gleichen Status aufweist und durch die Gleichartigkeit ihrer Lebensumstände charakterisiert ist. Sie ist zu unterscheiden von der sozialen Kategorie, die eine Personenmehrheit ist, die nur Gemeinsamkeiten aufweist, von einem sozialen Aggregat, das eine Personenmehrheit ist, die raum-zeitlich zusammengehört, und von einer sozialen Gruppe, die eine Personenmehrheit ist, die Beziehungen zueinander hat. Verwandtschaft besteht zur sozialen Klasse, die durch Indikatoren innerhalb der Sozialpyramide bestimmt ist.

Eine Soziale Schicht ist ein Personenkollektiv, das mit gleichen oder ähnlichen Statusmerkmalen (wie Abstammung, Vermögen, Beruf etc.) ausgestattet ist. Dabei kommt es meist zu subtilen Einstufungen wie Oberschicht (Großfinanz, Adel), obere Mittelschicht (Manager, Wissenschaftler, Freiberufler), mittlere Mittelschicht (Angestellte, Meister, Facharbeiter, Händler), untere Mittelschicht (Beamte, Bauern), obere Unterschicht (Handwerker, Kleingewerbetreibende, Arbeiter), untere Unterschicht (Hilfsarbeiter) und sozial Verachtete (Asoziale). Davon zu unterscheiden sind eindimensionale Einteilungen wie Kasten, die nur von der Familienzugehörigkeit abhängen, strikte Aufstiegsbeschränkungen haben und das Gebot der Endogamie tragen, Stände, die nur von der Berufstätigkeit abhängen und privilegiert sind, und Klassen, die nur vom materiellen Besitz (wirtschaftliche Situation) ausgehen. Soziale Schichten unterscheiden sich demgegenüber mehrdimensional und werden von Menschen gebildet, die sich durch umfangreiche Gleichförmigkeiten etwa in Kenntnissen und Fähigkeiten, Einstellungen und Werten, Sprache und Mediennutzung, Kauf- und Verbrauchsverhalten, Lebens- und Konsumstil auszeichnen.

Die Soziale Schicht ist also homogen hinsichtlich vielfältiger, konsumrelevanter Kriterien. Diese werden durch Punktbewertung operationalisiert und auf einem Punktekontinuum abgetragen, in das dann Schichtenschnitte gelegt werden können. Die Einordnung möglichst vieler Menschen in das vertikale Schichtengefüge erfolgt also durch diese operationalen Merkmale. Sie zeigen vorwiegend den eigen erworbenen sozialen Status (im Gegensatz zum ererbten) an. Die Anzahl der Sozialen Schichten ist von der Gesellschaftsstruktur abhängig. Beispiele sind die Zwei Klassen-Gesellschaft im Schichtenmodell von Marx, wobei das Eigentum an Produktionsmitteln das einzige Unterscheidungsmerkmal ist, oder die Ständegesellschaft des Mittelalters mit Adel, Geistlichkeit, Bürgertum und Bauern. Die heute wohl gebräuchlichste Form der Definition ist die demographische. Ihr liegen durch deskriptive Statistik feststellbare Daten zugrunde.

Konsumenten innerhalb einer bestimmten Sozialen Schicht orientieren sich häufig am Konsum der in der Sozialpyramide über ihnen stehenden Gruppe, in die sie aufzusteigen wünschen. Die Konsumenten jeder Sozialen Schicht werden von soziologisch benachbarten Gruppen beeinflußt, deren Impulse Konsumreaktionen auslösen. Auf Konsumveränderungen anderer wird nur bei Überschreiten einer gewissen Reizschwelle reagiert. Dies führt zu einer sozialen Rangordnung mit Zugehörigkeit ihrer Mitglieder. Die soziale Mobilität einer Gesellschaft gibt an, inwieweit diese Grenzen übersprungen werden können. In nivellierten Mittelstandsgesellschaften ist der Diagnose- und Prognosewert der Schichtenzugehörigkeit eher gering. Eine denkbare Aussage ist, daß Angehörige unterer sozialer Schichten eher in Fachgeschäften einkaufen, wo die persönliche Beratung ihr Manko fehlender Markttransparenz durch mangelnden Zugang zu Informationsquellen ausgleicht, allerdings mit einem höheren Preis (Poor pay more-These).

Andererseits vollzieht sich ein Wandel von der Schichten- zu einer Lebensstil-Gesellschaft. Zielpersonengruppen eint damit nicht mehr eine ähnliche Demographie, sondern ein gleicher Lebensstil bei heterogener Demographie. Damit aber wird diese Form der Abgrenzung stumpf. Sie ist sehr indirekt und zeigt lediglich Ausprägungen, nicht aber Beweggründe.

(→ *Käuferverhalten*)

Sozialkauf

(→ *Wahlentscheid*)

Sozialpsychologie

(→ Wahrnehmung, Gesetzmäßigkeiten)

Soziologie

(→ Zielgruppen)

Soziometrie-Ansatz

(→ Meinungsführerschaft, Identifizierung)

Soziosponsoring

Das Soziosponsoring ist die zukunftsweisende Form des Sponsoring in Sozialbereichen wie Gesundheit, Wissenschaft, Ausbildung etc. über Institutionen. Die Aufgabenerfüllung im sozialen Bereich soll durch die Bereitstellung von Geld-/Sachmitteln oder Diensten durch Unternehmen, die damit direkt oder indirekt Wirkungen für ihre Unternehmenskultur und -kommunikation anstreben, verbessert werden. Stärken des Soziosponsoring liegen in den vielfältigen Ansatzpunkten, in der eigenständigen Konzeption und Darstellungsmöglichkeit, in der Vermittlung von Sympathie und gesellschaftlichem Verantwortungsbewußtsein und in der vernünftigen Preis-Leistungs-Relation. Schwächen liegen in der geringen Transparenz möglicher Sponsorangebote, in der geringen Werbewirkung durch Zurückhaltung der Medien, in Glaubwürdigkeitsproblemen und den fließenden Grenzen zum Spendenwesen. Derzeit dominieren damit noch der Fördergedanke und die Dokumentation gesellschaftlicher Verantwortung.
(→ Sponsoring)

Space Management

(→ Regaloptimierung)

Spannenpreis

(→ Preisvorgaben)

Späte Mehrheit

(→ Diffusion)

Spartenorganisation

Die spartenorientierte Organisation stellt allgemein eine Zentralisation nach dem Objektprinzip dar, wobei dieses Objekt Produkt, Gebiet oder Kunde sein kann.
(→ Gebietsorganisation, Kundenorganisation, Produktorganisation)

Special Interest-Titel (SI)

(→ Zeitschriftenanzeigen)

Special Segment-Titel (SS)

(→ Zeitschriftenanzeigen)

Specialised

(→ Wettbewerbsvorteils-Matrix)

Speciality Goods

(→ Produktarten)

Spediteur

Spediteur ist, wer es gewerbsmäßig in eigenem Namen und für fremde Rechnung übernimmt, die Versendung von Gütern durch Dritte

(Frachtführer, Verfrachter) zu besorgen. Der Spediteur schließt Frachtverträge ab und erscheint auf Frachtbriefen als Absender, er besorgt die Transportvermittlung, Hilfsgeschäfte wie Besorgung von Begleitpapieren, Frachtbriefen, Zollerklärungen, Versicherungen, Warenlagerung, bereitet das Gut für den Transport vor, entscheidet über den Reiseweg, die Beförderungsart und die Auswahl des Frachtführers. Meist ist er jedoch identisch mit dem Frachtführer und Lagerhalter. Man unterscheidet nach rechtlicher Stellung und Funktion. Der Hauptspediteur übernimmt einen Auftrag vom Versender und trägt diesem gegenüber die Verantwortung bis zur Ablieferung des Gutes beim Empfänger. Der Zwischenspediteur wird im Auftrag des Hauptspediteurs selbständig tätig. Er besorgt die Beförderung auf Teilstrecken, veranlaßt den Umschlag von einem Beförderungsmittel auf ein anderes und erledigt Zollformalitäten. Der Versandspediteur ist nur für den Versender tätig. Der Empfangsspediteur hingegen folgt den Weisungen des Versenders oder des Empfängers. Speditierung ist auf Bahn, Kraftwagen, Binnenschiff und Flugzeug möglich. Sie kann sich auf den Inlandsmarkt, auf Grenzüberschreitung und Seehafen beziehen. Der Speditionsvertrag ist formfrei. Es gelten die Allgemeinen Deutschen Speditionsvereinbarungen, die zwischen den Spitzenverbänden der verladenden Wirtschaft, Banken, Versicherungen und Speditionen ausgehandelt sind. Sie regeln u. a. die Gefährdungshaftung des Spediteurs, Schäden sind versicherbar. Oft sind Speditions-, Frachtführer- und Lagerhalteraufgaben mit einem Pauschalbetrag (sog. Übernahmesatz) abgegolten. Sind die Aufgaben auf verschiedene Betriebe verteilt, erfolgt vom Spediteur eine Rückvergütung an Frachtführer und Lagerhalter, entsprechend der ihnen entstehenden Aufwandsentschädigung. Ein Versandspediteur sammelt eine Vielzahl von Stückgütern und stellt für einen Wirtschaftsraum eine Ladung zusammen, die an einen Empfangsspediteur gerichtet ist. Dieser stellt die Güter den Empfängern selbst zu oder läßt sie durch einen Frachtführer zustellen. Dadurch wird die höhere Stückgutfrachtrate durch die niedrigere Ladungsrate abgelöst, berechnet wird ein Mischsatz.

Wichtige Pflichten und Rechte eines Spediteurs sind folgende: Haftung bei Verlust oder Beschädigung bei nachweisbarem Verschulden, Sorgfalt bei der Ausführung des Transportgeschäfts und der Auswahl des Frachtführers, Interessenwahrung als Treuhänder der Auftraggeber, Weisungsbefolgung gegenüber der Versandanweisung der Auftraggeber, Vergütung für Provision und Auslagenersatz, gesetzliches Pfandrecht am Beförderungsgut als Kreditsicherung, Selbsteintritt, um als Spediteur auch als Frachtführer einen Transport auszuführen und Bestimmung der bestgeeigneten, auftragskonformen Beförderung.

(→ Logistische Absatzhelfer)

Speichelflußmessung

(→ Testverfahren, Psychomotorische)

Spektralanalyse

(→ Autoregressive Verfahren)

Spezialgeschäft

Hierbei handelt es sich um einen Betriebstyp des Handels, der weit verbreitet ist (z. B. Boutique, Juwelier). Seine wesentlichen Kennzeichen sind die folgenden:

- engeres, dafür tieferes Sortiment als beim Fachgeschäft,
- mindestens gediegenes, oft luxuriöses Sortimentsniveau,
- exklusive Preisbildung,
- zentrale Lage,
- kleinständische Betriebsgröße,
- geringer Einsatz des Beeinflussungs-Mix (Ausnahme: Service),
- Akquisition durch Ladengeschäft mit Fremdbedienung,
- stationärer Einzelstandort,
- Unabhängigkeit.

(→ Einzelhandel, Betriebstypen)

Spezialisierung

Die Spezialisierung ist eine Position im Rahmen der Wettbewerbspositions-Matrix. Zur Spezialisierung als konzentrierter Standardisierung sind die folgenden Vorteile zu nennen:

- Spezialprodukte gehören oftmals zu den B- und C-Artikeln des Einkaufs, auf denen weniger Fokus liegt als auf den A-Artikeln. Dadurch lassen sich bessere Konditionen im Verkauf realisieren.
- Mit dem Grad der Spezialisierung nimmt die Austauschbarkeit ab, sodaß teilmonopolistische Renten am Markt eingefahren werden können.
- Mit dem Grad der Spezialisierung nimmt parallel die Gefahr von Substitutionskonkurrenz ab. Diese findet dort ihre Grenze, wo Ersatzprodukte weder besser noch billiger sind.
- Spezialisierte Marktsegmente sind wegen ihres geringen Volumens meist unattraktiv für potente Konkurrenten, sodaß diese vom Markteintritt absehen.
- Spezialisierte Anbieter werden zumeist von großen Konkurrenten am gleichen Markt geduldet oder sogar im Rahmen von Systemgeschäften als Sublieferanten eingesetzt. Dies verringert die Existenzgefahr.

Demgegenüber entstehen im wesentlichen folgende Nachteile:

- Es besteht die Gefahr, daß Vorzüge von Nischenangeboten durch Preisunterschiede zu billigeren Anbietern mit Standardangeboten überkompensiert werden.
- Weiterhin besteht die Gefahr, daß der Gesamtmarkt Teilmarktbesonderheiten assimiliert, die Spezialisierungsgrundlage also erodiert.
- Durch die geographische Ausweitung der Märkte bei zentraler Fertigung der Auftragslose werden hohe Distributionskosten fällig, die die Einstandspreise der Kunden belasten. Dadurch erlangen

lokale, weit weniger kostengünstig arbeitende Anbieter Vorteile, die den Spezialisierungsvorsprung egalisieren.
(→ Erfolgsfaktoren im Marketing, Strukturorganisation, Wettbewerbspositions-Matrix)

Spezialstellen

(→ Außenwerbung, Stationäre)

Spezifikationskauf

(→ Kaufvertrag, Arten)

Spill Over-Effekt

(→ Experiment, Effekte, Wahrnehmung, Effekte)

Sponsoring

Sponsoring umfaßt die Planung, Organisation, Durchführung und Kontrolle aller Maßnahmen zur Bereitstellung von Geld- und/oder Sachmitteln durch Unternehmen für Personen und Organisationen im sportlichen, kulturellen und sozialen Bereich zur Erreichung der eigenen Marketing- und Kommunikationsziele durch Gegenleistung des Gesponsorten. Der Sponsor leiht sich also fremde Leistungsvorteile durch Investitionsmittel. Die Abgrenzung zum Mäzenatentum liegt darin, daß dieses ohne Gegenleistung des Geförderten geschieht, also auf altruistischer, ideeller Basis.

Allgemein werden als wesentliche Vorteile des Sponsoring genannt:

- Ansprache in einem attraktiven, nicht-kommerziellen Umfeld,
- Teilweise hohe Reichweiten in Medien (z. B. bei Sportveranstaltungen),
- Vergleichsweise günstige Kostenwirtschaftlichkeit bei nicht-exklusiven Zielgruppen, Tarife sind zudem frei aushandelbar,
- Nutzung des Multiplikatoreffekts der Massenmedien,
- Umgehung von Zapping bei Werbeblöcken im Fernsehen,
- Oft ist grenzüberschreitende Imagewirkung gegeben,
- Partizipation am erlebnisorientierten Umfeld des Sponsoringereignisses bzw. -objekts/-subjekts,
- Hohe Akzeptanz in der Zielgruppe,
- Ausweichmöglichkeit bei Ablehnung und/oder Verbot klassischer Werbung für bestimmte Produktgruppen,
- Intensive Bearbeitungsmöglichkeit der Zielpersonen im direkten Interessenumfeld,
- Untermauerung des Anspruchs klassischer Werbung durch begleitendes Sponsoring,
- Nutzung für anschließende Verkaufsförderungs-Aktivitäten,
- Instrumentaleignung zur Kundenbindung und -gewinnung,
- Große Vielfalt der sachlichen, räumlichen und zeitlichen Aktionsmöglichkeiten,
- Schnell und flexibel an veränderte Vermarktungsbedingungen anpaßbar, insb. wenn selbst initiiert,
- Hohe Selektivität der Zielgruppe möglich, dadurch kostengünstig,
- Etablierung und Betonung neuer Imagefacetten,

- Insb. gegenüber Meinungsbildnern einsetzbar.

Als wesentliche Nachteile des Sponsoring sind hingegen zu erwähnen:

- Hohes Risiko bei Abhängigkeit von Einzelpersonen und Ereignissen,
- Kaum Erfolgskontrollmöglichkeiten, da äußerst indirekte Form der Ansprache,
- Schwierige Zielgruppenabgrenzung durch fremdgesteuerte Medien,
- Weder kurzfristig noch als isolierte Maßnahme sinnvoll einsetzbar,
- Keine Möglichkeit der exakten Kostenerfassung und -zurechnung,
- Nur eingeschränkte Gestaltungsmöglichkeit der kommunikativen Botschaften um Unternehmens- bzw. Produktnamen/-zeichen herum,
- Eingeschränkte Verfügbarkeit von Sponsoringobjekten/-subjekten,
- Risiko negativer Synergien bei Co-Sponsoring,
- Negative Einstellung der Öffentlichkeit gegenüber Sponsoring wächst,
- Hohe Anforderungen an spezialisierte Mitarbeiter, auch extern,
- Setzt gewisse Bekanntheit des Sponsors voraus, da sonst ohne Effekt,
- Probleme in der Glaubwürdigkeit des Sponsors in Zusammenhang mit dem Gesponsorten und beider Zielgruppen möglich,
- Konstitutiv nebensächlicher Charakter der Sponsoringbotschaft.

Voraussetzung für den Erfolg ist ein Bekenntnis zum Sponsoring. Sponsoring basiert auf Leistung und Gegenleistung, Nutzen und Aufwendungen müssen deshalb in angemessenem Verhältnis zueinander stehen. Wobei auf jede Mark Sponsoring erfahrungsgemäß 2 Mark für Rahmenbedingungen kommen. Sponsoring darf nicht isoliert gesehen und eingesetzt werden, sondern muß in die Kommunikationsplanung des Unternehmens voll integriert und ausgenutzt werden. Sponsorthema und -bereich müssen in plausiblem, glaubwürdigem Zusammenhang mit dem Kommunikationskonzept stehen. Alle Sponsoringmaßnahmen müssen unter ein einheitliches Konzept gestellt werden, um ein Verzetteln zu vermeiden. Für die nachhaltige Wirkung ist eine Kontinuität des Engagements erforderlich. Die Durchführung der Maßnahmen bedarf einer exakten Vorbereitung und detaillierten Abstimmung. Schließlich müssen Zuständigkeiten und Befugnisse für Sponsoring unternehmensintern klar abgegrenzt und formuliert werden. Arbeitsschritte dazu können etwa folgende sein:

- Vorgabe des Sponsoring-Ziels,
- Planung der Sponsoring-Zielgruppe,
- Planung des Sponsoring-Budgets,
- Wahl der Sponsoring-Art,
- Wahl des Sponsoring-Bereichs,
- Wahl der Sponsoring-Leistungsebene,
- Suche nach geeigneter Sponsoring-Trägerorganisation,

- Auswahl des Sponsoring-Objekts,
- Prognose der Sponsoring-Effizienz,
- Verhandlungen über Leistungen und Gegenleistungen,
- Entscheidung über Einsatz (vgl. *Pepels, Werner:* Kommunikationsmanagement, Stuttgart 1994).

(→ Kultursponsoring, Soziosponsoring, Sportsponsoring, Umweltsponsoring)

Sponsorsendung

(→ Rundfunkspots, Sonderformen)

Spontankauf

(→ Impulsiver Kaufentscheid)

Spontankauf

(→ Wahlentscheid)

Sportsponsoring

Das Sportsponsoring basiert auf der wirtschaftlichen Abhängigkeit des Sports, vor allem im Spitzenbereich, und ist historisch gesehen die erste Form des Sponsoring gewesen. Sie wurde vor allem durch die Tabakindustrie forciert, die sich in vielen Ländern verschärften Werberestriktionen gegenübersieht und nach Auswegen sucht. Vorteile des Sportsponsoring liegen in der Möglichkeit des Imagetransfers von der Sportart bzw. dem Sportler, in der zielgruppenspezifischen Kommunikation, die keinem Desinteresse, wie oft bei Klassischer Werbung, unterliegt, im nicht-kommerziellen Umfeld und in der weitgehenden Umgehung von Werbeverboten.

Gegenstand des Sponsoring sind

- Produkte 1. Grades, wie Sportartikel,
- Produkte 2. Grades, wie sportnahe Artikel,
- Produkte 3. Grades, wie umfeldnahe Produkte, und
- Produkte 4. Grades, die sportfremd sind.

Weiterhin kann nach der

- gesponsorten Sportart,
- der Art der Sportveranstaltung, z. B. lokale, nationale, internationale Bedeutung,
- der Leistungsebene, z. B. Spitzen-, Breiten-, Behindertensport, und
- der organisatorischen Einheit, z. B. Vereine, Verbände, Einzelsportler, Teams

unterschieden werden. Werbung kann dabei am Sportler und in klassischen Medien mit Sportlern erfolgen. Als Kosten fallen der Sponsorbetrag, die Personalkosten zur Organisation, Aktionskosten, Nachbereitungskosten und Provisionen für Vermittler an. Stärken liegen in der hohen Multiplikatorwirkung über die Medien, in der großen Vielfalt der Sportarten mit ganz unterschiedlichen Imagemerkmalen und im allgemeinen Interesse der Bevölkerung am Thema Sport. Schwächen liegen in der Konzentration des Medieninteresses auf relativ wenige Sportarten, in der schon starken Besetzung dieser Sportarten durch Sponsoren mit teilweise hohen Beträgen und in aktuellen Imageproblemen (wie Doping, Steuer, Hooligans etc.). Besondere Eignung scheint damit für Be-

kanntheitsgradsteigerung und Imagepflege gegeben. Insofern besteht ein enger Zusammenhang mit den klassischen Werbemaßnahmen.
(→ Sponsoring)

Spots

(→ Mediaeinsatz, Mix)

Sprachspeicherdienst

(→ Audiokommunikation)

Sprachvariable

(→ Verkaufsgesprächselemente)

Spreizung

(→ Wertschöpfungskette, Verschränkung)

Sprinter

(→ Simulationsmodelle, Globalanalytische)

Sprungwerbung

(→ Kommunikation, Kategorien)

SPSS (Statistical Package for Social Sciences)

(→ Statistik-Software)

Stablinienorganisation

Stablinienorganisationen sind dadurch gekennzeichnet, daß es neben dem direkten Linienweg noch Stellen ohne Weisungsbefugnis gibt. Diese haben beratende Aufgaben und können nur durch überzeugende Arbeit wirksam werden oder, und das ist in der Praxis überwiegend der Fall, durch enge Zuordnung zu einer weisungsbefugten Stelle, die als Instanz den Empfehlungen der Stabsstelle zur Durchsetzung verhilft. Es kommt damit zu einer Trennung von Entscheidungs- und Fachkompetenzen durch Spezialisierung der Stäbe auf Leitungshilfsfunktionen ohne Kompetenz gegenüber der Linie. Außerdem entsteht eine Aufteilung des Willensbildungsprozesses durch systematische Entscheidungsvorbereitung und Leitungseinheit. Praktisch besteht jedoch die Tendenz zur Ausbildung eigener Stabshierarchien sowie zur Etablierung zentraler Dienststellen.

Wesentliche Vorteile der Stablinienorganisation sind die folgenden. Die Einheit der Leitung bleibt trotz Spezialisierung durchgängig erhalten. Entscheidungen werden durch kompetente Vorbereitung qualitativ besser als ohne diese Hilfsfunktion. Es kommt zu einem sinnvollen Ausgleich zwischen Spezialisten- und Generalistendenken in Stab und Linie.

Dem stehen folgende Nachteile gegenüber. Stabsorganisationen wuchern nicht selten zu einem eigenständigen „Wasserkopf" und lassen damit die ursprüngliche Idee entarten. Daraus resultiert eine verhängnisvolle Entwicklungstendenz zum „Küchenkabinett", das Entscheidungen manipuliert. Mangels ausreichender Delegation kommt es auch zu einer Fehlleitung von Stäben in Zielen und Aufgaben. Die Auswertung der Arbeitsergebnisse von Stäben in der Linie ist eher zweifelhaft zu beurteilen. Außerdem besteht ein impliziter Statuskonflikt

zwischen einerseits hoher Fach- und andererseits geringer Formalkompetenz.
(→ *Strukturorganisation)*

Stärken-Schwächen-Analyse

Hierbei handelt es sich um die Gegenüberstellung der Ist-Position des eigenen Unternehmens/Produkts im Vergleich zum stärksten Wettbewerber/den stärksten Wettbewerbern anhand eines Kriterienkatalogs (Konkurrenzvergleich). Aus der jeweiligen relativen Bewertung ergeben sich graphisch zwei (oder mehr) Polaritätenprofile, aus denen ersichtlich ist, wo eigene komparative Vor- und Nachteile liegen, die Aktivitätenfelder indizieren. Als Stärke wird ein von Konkurrenten nur schwer einholbarer Vorsprung bezeichnet, als Schwäche ein nur schwer einholbarer Vorsprung der Konkurrenten. Die konkrete Ausformung erfolgt wie folgt.

Es werden die für die Beurteilung der relativen eigenen Unternehmenssituation relevanten Kriterien ausgewählt. Dies bedarf äußerster Umsicht, um Repräsentanz und Redundanzfreiheit zu erreichen. Der stärkste/die stärksten Wettbewerber wird/werden definiert. Es wird ein Bewertungssystem für die Skalierung festgelegt, z. B. Schulnotenskala, Positiv-Negativ-Skala. Für jedes Kriterium werden die für die Beurteilung relevanten Teilaspekte für das eigene Unternehmen ermittelt und bewertet. Dies erfolgt anhand von Fakten oder eines Expertenurteils (letzteres kann subjektiv verzerrt sein). Die Beurteilung für jedes Kriterium wird auf der Skalierung als Wert für das eigene Unternehmen abgetragen. Für jedes Kriterium werden die gleichen Teilaspekte für den/die ausgewählten Mitbewerber ermittelt und bewertet. Dies erfolgt anhand von Fakten oder qualifizierter Schätzung (letzteres kann wiederum verzerrt sein). Die Beurteilung für jedes Kriterium des/der ausgewählten Mitbewerber(s) wird ebenfalls als Wert auf der Skalierung abgetragen. Für eine graphische Darstellung werden die Beurteilungen über alle Kriterien getrennt für das eigene und das/die Mitbewerbsunternehmen durch je eine Linie verbunden. Es ergeben sich Kriterien, bei denen das eigene Unternehmen besser beurteilt wird als der/die Mitbewerber. Dies ist eine Stärke. Und es ergeben sich Kriterien, bei denen der/die Mitbewerber besser beurteilt wird/werden als das eigene Unternehmen. Dies ist eine Schwäche. Der Abstand der Linien für das eigene und das/die Mitbewerbsunternehmen zeigt das Ausmaß der Stärken und Schwächen an.

Daraus ergeben sich zwei mögliche Konsequenzen: Abbau der komparativen Schwächen durch vermehrte Anstrengungen oder Halten/Ausbau der komparativen Stärken, dies ist im übrigen die generelle Empfehlung.

Kriterien, die der Beurteilung zugrunde liegen, können sein: Management, d. h. Führungskräftequalität, Entscheidungsfindung, Planungseffizienz, Mitarbeitermotiva-

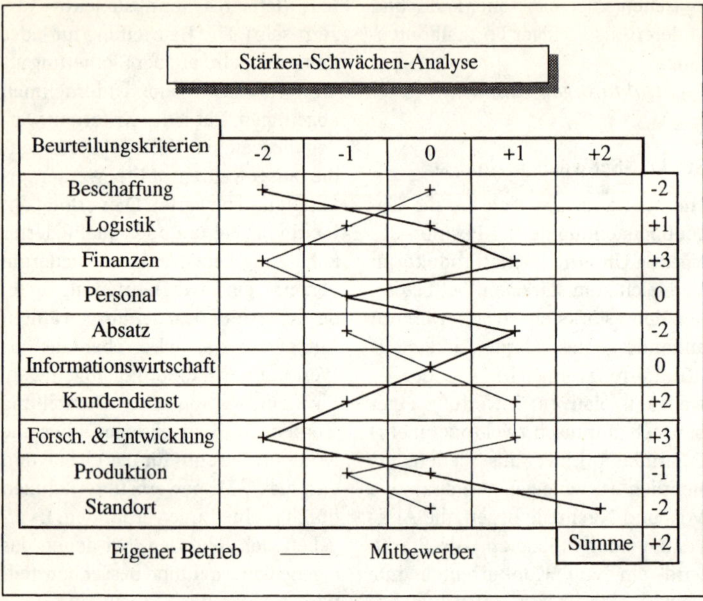

Stärken-Schwächen-Analyse

tion, Organisationsrahmen etc., Entwicklung, d. h. Technologiestandard, Organisationsrahmen etc., Beschaffung, d. h. Methodik, Lieferantenauswahl etc., Produktion, d. h. Kapazitätsauslastung, Maschinenausstattung etc., Vertrieb, d. h. Feldorganisation, Distributionsnetz etc., Marketing-Service, d. h. Marktforschungsdaten, Werbeaufwand etc., Finanzen, d. h. Mittelfristigkeit, Liquiditätsstand, Cash Flow, Kapitalquellen etc., und Produkte, d. h. Leistungsfähigkeit, Preisniveau, Marktanteil, Imageprofil etc.

Dieses Verfahren zeigt jedoch zahlreiche Probleme. Eines liegt in der Auswahl der Kriterien, die je nach Branche und Strategie unterschiedlich zu erfolgen hat, mit dem Ergebnis, daß jeder Kriterienkatalog immer wieder neu ist und Ergebnisse untereinander nicht mehr vergleichbar sind. Weiterhin ist die mögliche Gewichtung dieser Kriterien problematisch. Denn naturgemäß sind nicht alle Kriterien immer von gleicher Bedeutung. Auch diese Gewichtung hat individuell zu erfolgen. Von Schwierigkeit ist die Feststellung der Werte (Scorings), sofern diese nicht allgemein zugänglich sind, was in den seltensten Fällen gegeben ist. Hierunter leiden die Gültigkeit und Zuverlässigkeit von Daten. Sofern objektive Daten nicht verfügbar sind, birgt die Bewertung durch Experten große Unwägbarkeiten. Ein Ausweg besteht darin, mehrere Experten unabhängig zur Bewertung der Stärken und Schwächen heranzuziehen, möglichst solche Experten, die aus unterschiedlichen Fachgebieten kommen (Delphi-Befragung) und nicht betriebsblind sind. Trotz der genannten Mängel bietet dieses Verfahren gute Anhaltspunkte zur Einschätzung der gegenseitigen Stärken und Schwächen von Wettbewerbern.

(→ Analyseverfahren im Marketing)

Stadtillustrierte

(→ Printwerbung, Sonderformen)

Staff Promotion

(→ Verkaufsförderung, Maßnahmen)

Staffelrabatt

(→ Rabatt)

Stakeholder

(→ Beziehungsmanagement im Marketing)

Stalemate

(→ Wettbewerbsvorteils-Matrix)

Standardisiertes Interview

Beim standardisierten Interview liegt ein genauestens ausformulierter Fragebogen vor, der die Reihenfolge der einzelnen Fragen exakt vorgibt, ebenso wie jede erlaubte Erklärung. Es ist vorgegeben, ob diese Erläuterung in jedem Fall gegeben werden muß und ob weiterführende Erläuterungen gegeben werden dürfen. Der Interviewer muß sich jeglichen Kommentars enthalten, darf bei den Antworten weder Überraschung, noch Zustimmung oder Mißbilligung zeigen. Er soll jedoch Interesse an der Meinung des Befragten bekunden.

Die Vorteile liegen in folgenden Aspekten.

Es besteht eine Kontrolle über Form und Ablauf des Interviews, die eine Quantifizierung der ingesamt durchgeführten Erhebungen und damit deren Vergleichbarkeit erlaubt. Dies wiederum ist zwingende Voraussetzung für die Generalisierbarkeit gewonnener Informationen und deren datenverdichtende Auswertung.

Der Interviewereinfluß wird auf ein Mindestmaß begrenzt, da die Fragen bei sämtlichen Auskunftspersonen den gleichen Wortlaut haben und in derselben Reihenfolge gestellt werden. Allerdings sind nach wie vor alle non-verbalen Beeinflussungsgefahren, etwa durch Auftreten, Aussehen, Umgebungssituation etc, gegeben.

An Interviewer werden vergleichsweise geringe Anforderungen gestellt, sodaß zugleich eine Interviewerüberlastung vermieden wird. Betriebswirtschaftlich erlaubt dies den Einsatz weitgehend ungeschulter Interviewer. Darunter leidet aber zugleich die Professionalität der Erhebung.

Die Auswertung der Fragebögen

ist relativ einfach zu bewerkstelligen. Alle Fragen können gleichartig verarbeitet werden. Dies wirkt vor allem bei der Codierung und Dateneingabe rationalisierend. Gleichzeitig wird die Fehlerquote durch Übungseffekte bei der Übertragung verringert.

Nachteilig ist jedoch die mangelnde Anpassung an invidivuelle Situationen. Dies kann nur durch eine Lockerung des strikten Standardisierungsgrades erfolgen (vgl. *Pepels, Werner:* Käuferverhalten und Marktforschung, Stuttgart 1995).
(→ Mündliche Befragung)

Standardisierung von Dienstleistungen

Hierbei wird bei vier Standardisierungsaspekten angesetzt.

Erstens kann eine *Standardisierung des Potentials* angestrebt werden. Dies bezieht sich sowohl auf das Anlagen- als auch das Humanpotential. Bei ersterem gehört dazu etwa die Gewährleistung gleichbleibender Leistungsabgabe durch Wartung, Austausch oder Reparatur bei Defekt, Einhaltung von Toleranzen etc. Bei letzterem gehört dazu etwa die Einhaltung von Mindestqualifikationen in Ausbildung und Erfahrung (Wissen), Motivation durch Anreize, Identifikation etc. (Wollen). Damit sind aber immer noch erhebliche Streuungen in der Leistungserstellung wahrscheinlich. Die Standardisierung des Anlagenpotentials kommt durch strikte Eingangsprüfung eingesetzter Mittel oder, häufiger, durch Bestehen auf Null-Fehler-Produktion bei Lieferanten zustande (Zertifizierung). Die Standardisierung des Humanpotentials erfolgt durch Auswahl und Bewertung bei der Mitarbeiterbeschaffung und/oder durch Qualifizierung förderungswürdiger Mitarbeiter und Trennung von anderen. Doch infolge enger Grenzen für die Standardisierung des Humanpotentials, begrenzter Selektion und natürlicher Selbstbestimmung des Menschen reicht dies in aller Regel nicht aus.

Daher ist zweitens eine *Standardisierung der Prozesse* sinnvoll. Dies betrifft die Art und Weise der Leistungserstellung, denn ausgehend vom gleichen Potential kann die Erbringung dennoch ganz unterschiedlich erfolgen. Dazu ist die chronologische Dokumentation von Arbeitsabläufen erforderlich, die vorgibt, wie genau bestimmte Komponenten der Leistungserstellung kompetent zu erbringen sind. Anlagen müssen so eingestellt werden, daß sie diesen Prozeßvorgaben entsprechen, und Menschen müssen so angewiesen werden, daß sie diese Prozeßvorgaben einhalten. Als Anleitung dient ihnen eine Dokumentation, wenn abgestufte Ergebnisse erreicht werden sollen. Aber auch damit sind noch Streuungen wahrscheinlich. Dennoch ist es durch straffe interne Organisation möglich, weitgehend konstante Qualität zu erreichen. Beispiele sind etwa *McDonald's* in der Schnellgastronomie oder *Aldi* im Discounteinzelhandel. Allerdings ist dabei die Balance zur Motivation als Leistungsanreiz der Mitarbeiter schwierig zu halten. Zumeist tritt ein fatales Dilemma derart auf, daß ein den Mitarbeitern gelassener, diese motivierender Gestaltungsfreiraum bei ihrer Arbeit unmittelbar zu Schwankungen in den Servicestandards führt, während ein konstantes Ergebnisniveau nur durch strenge Vorgaben zu gewährleisten ist, die allerdings demotivatorisch wirken. Gerade deshalb scheinen dann ebenso strenge Kontrollen erforderlich, die die Arbeitsfreude noch weiter sinken lassen. Umgekehrt verursacht eine lokere Führung fallweise Kundenunzufriedenheiten, die weitere Umsätze vereiteln. Dabei ist zu berücksichtigen, daß die Eigenverantwortung, wie sie im Management selbstverständlich ist, ausführenden Mitarbeitern nur schwierig zu vermitteln ist. Hier setzt vor allem das aus der japanischen Managementphilosophie übernommene Gedankengut der Kollektivbildung an.

Deshalb ist drittens eine *Standardisierung der Ergebnisse* wichtig. Dabei wird anhand eines Pflichtenhefts/Lastenkatalogs festgeschrieben, wie genau eine Leistung „auszusehen" hat, die den vom Anbieter selbst gestellten oder extern vorgegebenen Anforderungen entspricht. Solange die Ist- von der Soll-Leistung nach unten abweicht, gilt der Dienst als nicht hinreichend erbracht. Insofern sind konkrete Ansatzpunkte für Korrekturen gegeben. Allerdings ist es dann im Einzelfall regelmäßig bereits zu spät, sodaß Wiedergutmachung erforderlich wird. Ebenso stellt sich das Problem der Messung der Dienstleistungsqualität. Insofern kommt es auf eine sensible Steuerung an, denn auch eine Überqualität soll vermieden werden, wird sie vom Markt doch weit überwiegend nicht gefordert und deshalb auch nicht honoriert. Was die Ausnahme abgehobener Top-Qualitäts-Marktnischen ausdrücklich einschließt.

Viertens kann eine *Standardisierung des externen Faktors* erfolgen. Dies gelingt jedoch ansatzweise nur über eine Normierung der Kundenerwartungen. Je feinteiliger Märkte segmentiert sind, desto eher kommt es zu deren Homogenität, die eine Qualitätssicherung wahrscheinlich macht (s.o.). Aufgrund der Immaterialität von Dienstleistungen spielt die Kommunikation vor, während und nach ihrer Erbringung eine wichtige Rolle. Die Qualitätsbeurteilung und die Entscheidung, eine Dienstleistung in Anspruch zu nehmen, erfolgt im wesentlichen anhand der Inhalte und Umsetzung der an Kunden gerichteten Kommunikation. Kommunikation bietet Dienstleistungsunternehmen die Möglichkeit, Qualität sichtbar zu machen. Dabei ist aber gleichzeitig darauf zu achten, daß kommunizierte und tatsächliche Qualität der Dienstleistung deckungsgleich sind. Qualität sollte darüber hinaus auch durch das Erscheinungsbild des Ortes der Leistungserbringung, der verwendeten Arbeitsmittel und des Personals sichtbar gemacht werden.

Standardsortiment

(→ Sortimentsinhalte)

Standortintegration

(→ Betriebstypen des Handels, Einteilungskriterien)

Standort

Der Standort eines Unternehmens ist der geographische Ort, an dem es zum Zwecke der Erreichung ihrer Ziele Produktionsfaktoren kombiniert. Die Standortwahl befaßt sich mit allen Entscheidungen und den daraus resultierenden Maßnahmen, die dazu dienen, diesen Ort der Leistungserstellung zu bestimmen und zu erschließen. Mögliche Anlässe für die Standortwahl sind:

- Neugründung von Betrieben,
- Umsiedlung ohne Veränderung der Betriebsgröße,
- Verlagerung mit Erweiterung/Verkleinerung der Betriebsgröße,
- Räumliche Ausweitung der Tätigkeit,
- Räumliche Differenzierung der Tätigkeit,
- Zusammenlegung unabhängiger Betriebe,
- Schließung von Betrieben.

Dabei können qualitative und/oder quantitative Einflußgrößen berücksichtigt werden. Vorwiegend wird die Standortwahl auf den stationären Einzelhandel bezogen, ausnahmsweise auch auf Lagerplanung bzw. die Routenplanung der Industrie. Standortentscheidungen haben langfristige Auswirkungen und werden daher oft als Investitionsproblem mit Einzahlungen (= Kosten) und Auszahlungen (= Erlösen) betrachtet. Häufig sind dabei auch mehrere Standorte aufeinander abzustimmen (sog. Netz). Denkbare Klassifikationen im Handel sind folgende:

- I a/I b-Lage, d. h. hervorragende/sehr gute Innenstadtlage: sehr gute/gute Erreichbarkeit mit Pkw und öffentlichen Verkehrsmitteln, Parkplätze/Parkhäuser, Agglomeration,
- I c-Lage, d. h. gute Innenstadtlage: befriedigende Erreichbarkeit mit Pkw und öffentlichen Verkehrsmitteln, Parkplätze/Parkhäuser in der Nähe,
- II a/II b-Lage, d. h. sehr gute/gute Vorortlage: leichte Erreichbarkeit, Parkplatzangebot,
- Grüne Wiese: gute Erreichbarkeit, Parkplätze, an Hauptausfallstraßen, Deglomeration (bzw. bei Einkaufszentrum Agglomeration),
- Nachbarschaftslage: zu Fuß erreichbar, Parkplätze,
- gewachsene oder geplante Standortagglomeration (z. B. Gewerbezentrum, Trade Mart, Großhandelszentrum, Handelsvertreterzentrum, Einkaufszentrum, Fachmarktzentrum),
- branchengleiche Agglomeration oder branchenverschiedene Agglomeration.

Für die Standortwahl ergeben sich vier alternative Ansätze, die Checklist-Techniken, die Analog-Methode, die Raumgebiets-Modelle und die Distanzbetrachtung (vgl. *Müller-Hagedorn, Lothar:* Handelsmarketing, Stuttgart 1984).

(→ Standortwahl nach Analog-Methode, Standortwahl nach Checklist-Technik, Standortwahl nach Distanz-Betrachtung, Standortwahl nach Raumgebiets-Modell)

Standortwahl, Analog-Methode

Bei der Analog-Methode zur Standortwahl wird ein strukturidentischer Vergleichsstandort herangezogen, von dessen Erfolg auf den mutmaßlichen Erfolg am Bewertungsstandort geschlossen wird. Dafür gibt es verschiedene Umrechnungsansätze.

Bei der Pro Kopf-Umrechnung wird der Quotient aus der Absatzmenge des Vergleichsstandorts und der Zahl der Haushalte dort mit der Zahl der Haushalte am Bewertungsstandort multipliziert.

Bei der Marktanteils-Umrechnung wird der Quotient aus der Absatzmenge des Vergleichsstandorts und der Absatzmenge der zugehörigen Warengruppe dort mit der Absatzmenge der Warengruppe am Bewertungsstandort multipliziert.

Bei der Umsatzverhältnis-Umrechnung wird der Quotient aus der Absatzmenge des Vergleichsstandorts im Gesamtmarkt und der Absatzmenge des Bewertungsstandorts mit der Absatzmenge des Vergleichsstandorts multipliziert.

Bei der Kaufkraftindex-Umrechnung wird der Quotient aus dem verfügbaren Einkommen am Vergleichsstandort und dem verfügbaren Einkommen am Bewertungsstandort mit der Absatzmenge am Vergleichstandort multipliziert.

Bei der Wiederkäufer-Umrechnung wird der Quotient aus der Haushaltszahl, die am Vergleichsstandort einkauft, und der Haushaltszahl am Bewertungsstandort mit der durchschnittlichen Absatzmenge pro Wiederkäuferhaushalt und der Zahl der Haushalte im Gesamtmarkt multipliziert.

Voraussetzung ist dabei immer, daß der Vergleichsstandort auch wirklich hinsichtlich aller relevanten Parameter vergleichbar ist, worüber meist allenfalls spekuliert werden kann.
(→ Standort)

Standortwahl, Checklist-Technik

Die Checklist-Techniken zur Standortwahl versuchen, zu einer Rationalisierung der Entscheidungsfindung durch vollständige Berücksichtigung aller relevanten Einflußgrößen für den Standort zu gelangen. Problematisch ist dabei, daß Faktorenkategorien einander inhaltlich überschneiden (daher Abgleich der Faktoren) und nicht unbedingt gleichgewichtig sind (daher Gewichtung der Faktoren). Zudem handelt es sich um eine Momentaufnahme, die um perspektivische Aspekte ergänzt werden sollte. Auch sind viele Faktoren qualitativer Natur und daher von subjektiver Schätzung abhängig. Hier kann dann nur das Mittel aus mehreren, unabhängigen Schätzungen gezogen werden. In der Zusammenfassung ist dann ein Standortprofilvergleich über alle Kriterien möglich.

Im folgenden der Vorschlag einer Checklist für Standortfaktoren (in Anlehnung an Coop-, RGH-, BBE-, DIHT-Vorschläge):

- Demographische Faktoren wie Bevölkerungsstand und -verteilung (Gesamteinwohnerzahl, Einwohnerzahl und Haushaltungen nach Entfernungszonen, Bevölkerungsdichte, -entwicklung), Bevölkerungsstruktur (Altersklassen, Familienstand, Nationalität, Haushaltsstruktur), Erwerbs- und Sozialstruktur (Erwerbsquote, selbständige und unselbständige Erwerbstätige, berufstätige Frauen, soziale Einstufung),
- Marktpotentialfaktoren wie Einkommensverhältnisse (Pro Kopf-Einkommen, Aufteilung nach Einkommensklassen, Pro Kopf-Sparquote, Einkommenskennziffern), Einkommensverwendung (konsumtive Pro Kopf-Kaufkraft, durchschnittlicher Wohnungsmietwert, Haushaltsausgaben, Kaufneigung, regionale Verbrauchskennziffern), Marktpotential (Berufspendlerströme, Reise- und Ausflugsanlässe, Einkaufspendler, Fremdenverkehr, Passantenfrequenz),
- Psychologische und sozialpsychologische Faktoren wie Lebensgewohnheiten (Lebensstandard, Freizeit, Arbeitszeit, Motorisierung), Konsumgewohnheiten (Einkaufsintervall, durchschnittlicher Einkaufsbetrag, erforderliche Wegstrecke, benützte Verkehrsmittel, Einkaufszeiten), Mentalität (Geschäftsstättenattraktivität, Ladenimage, Erlebnisumfeld),
- Konkurrenzverhältnisse wie Konkurrenzbestand und Formen (Anzahl und Größe der Betriebe, Distributionsform, Rechtsform, Umsatz, Filialbetriebe), Konkurrenzwirkung in bezug auf Sortiment (Substitutions- und Komplementärangebote, Kaufkraftkonkurrenz), räumliche Präferenzen (Kundennähe, „Kundenmagnete"), sachliche Präferenzen (Preis, Qualität, Auswahl, Image, Kundendienst),
- Infrastruktur wie Städtebau (Regionalplanung, Stadtfunktionen, Cityentwicklung und Agglomeration, öffentliche und private Bauprojekte, „Zentrifugalkraft" der Stadt), Verkehr (Verkehrslage, öffentliche Verkehrseinrichtungen, privater Verkehrsanteil, zeitliche Verteilung, Parkplatzangebot nach Entfernungszonen, topographische oder künstliche Hindernisse),
- Objektbewertung wie Geschäftslokal (Objektgröße, Ladenfront, Ausbaumöglichkeiten, Zufahrtsmöglichkeiten, Lagerraum), Umfeld (Wert und Struktur der Nachbargeschäfte, Verkehrsnetzanbindung), Grundstückseigenschaften, Rechte Dritter, Bodeneigenschaften, Eigenschaften bestehender Bauten, Image der Geschäftsadresse, Verwertbarkeit, Erschließung, Klima,
- Standortabhängige Kosten wie solche für Beschaffung und Logistik (Zulieferung, Hauszustellung,

Fuhr- und Wagenpark, gebrochene Lieferung), Gebäude und Unterhalt (Grundstücks- und Gebäudekosten, Miete und Pacht, Einrichtungskosten, Reparaturen, Wartung, Energie, Steuern, Hebesätze, Gebühren), Verkauf (Personal, Steuern und Abgaben, Umlage aus Gemeinschaftsaktionen), Beschaffungsdistanzen, Einzugsbereich,

- Rahmenbedingungen wie Gesetzliche Bestimmungen (Ladenöffnungszeiten, baupolizeiliche Vorschriften), Immissionen (Lärm, Geräusch, Geruch), Personalqualität, Auflagen, Subventionen, Steuererleichterungen etc (vgl. *Pepels, Werner:* Handels-Marketing und Distributionspolitik, Stuttgart 1995).

(→ *Standortwahl)*

Standortwahl, Distanz-Betrachtung

Bei der Standortwahl nach Distanz-Betrachtung wird der potentielle Standort des Geschäfts als Basis für die Absatzreichweite genommen und das entsprechende Einzugsgebiet betrachtet. Für die zugrundegelegten Größen sind mehrere Ansätze der Distanzbetrachtung denkbar.

Bei der *Entfernungsmethode* wird die kürzeste räumliche Distanz zwischen Standort und Einzugsgebiet zugrundegelegt. Praktisch kann man konzentrische Kreise mit definiertem Radius um den Standort legen (= Luftlinie). Mit steigender Entfernung, sinkt dabei tendenziell das Kundenpotential, da der Beschaffungsaufwand steigt.

Bei der *Wegemethode* wird der effektive räumliche Abstand zwischen Standort und Einzugsgebiet zugrundegelegt (= tatsächliche Wegstrecke). Zonen gleicher Wegstrecke werden zusammengefaßt und von einer Indifferenzkurve umgeben. Hier kommt also die Wegetopographie ins Spiel.

Bei der *Zeitdauermethode* wird der effektive Zeitbedarf für die Zurücklegung dieser Distanz zugrundegelegt. Dieser ist vor allem abhängig von Streckenausbau und Verkehrsverbindung innerhalb der Region. Gleichweite Distanzen können, je nach Anbindung, unterschiedlich schnell überbrückt werden.

Bei der *Kostenmethode* wird der effektive Kostenaufwand für die Zurücklegung dieser Distanz zugrundegelegt. Dieser ergibt sich aus Transferkosten je Wegeeinheit. Denn gleiche Zeiten können aus der Nutzung unterschiedlicher Transportmittel resultieren, deren Kosten meist mit sinkender Zeit ansteigen.

Welche Entfernungen/Wege/Zeiten/Kosten für die Erreichung einer Betriebsstätte in Kauf genommen werden, hängt ganz wesentlich vom intendierten Kaufobjekt und der Anziehungskraft des Geschäfts ab. Für Anschaffungen des täglichen Bedarfs werden in bezug auf den Handel 5 Gehminuten (ca. 400 m) als kritisch angesehen, für wichtige Anschaffungen bis zu 30 Autominuten. Wie groß das realisierte Einzugsge-

biet ist, läßt sich auch durch einfache Marktforschung anhand der Kfz-Nummerregistrierung auf dem Kundenparkplatz feststellen. Im engeren Umkreis können aus gegebenem Anlaß (z. B. Gewinnspiel) auch Adressen gesammelt und in Kundenkarteien aufgenommen werden.
(→ Standortwahl)

Standortwahl, Raumgebiets-Modell

Bei den Raumgebiets-Modellen zur Standortwahl geht es um die Bestimmung der räumlichen Grenzen von Marktgebieten. Dazu gibt es deterministische Ansätze (sog. Gravitationsmodelle) und probalistische Ansätze (sog. Potentialmodelle). Bei den Gravitationsmodellen geht es um die Abgrenzung der Absatzreichweiten zwischen zwei Geschäftszentren. Dabei werden Kunden dichotom zugeteilt, d. h. es wird der Kauf entweder in dem einen oder in dem anderen Zentrum angenommen. Bei den Potentialmodellen überlappen sich die Absatzreichweiten, und es werden Wahrscheinlichkeiten dafür benannt, daß Kunden einer bestimmten Position entweder dem einen oder dem anderen Zentrum zuwandern.

Grundlage der Berechnungen der *Gravitationsmodelle* ist das soziale Gesetz. Danach ist die Anzahl der Käufe (Interaktionen der Wohnbevölkerung eines Gebiets) in Nachbargebieten um so größer, je größer die Bevölkerung der Nachbargebiete ist und je geringer die Entfernungen von einem Standort zu ihnen sind. Grundlage ist die physikalische Aussage (Newton), daß die Gravitationskraft zweier Körper, hier Standorte, davon abhängt, über welche Masse, hier Einwohnerschaft, sie verfügen und wie groß die Entfernung zwischen ihnen ist. Die Anzahl der Interaktionen der Bewohner von Nachbargebieten ist umso größer, je größer die Bevölkerung der Nachbargebiete und je geringer die Entfernung zu diesen Gebieten ist. Die Entfernung ist mit warengruppenspezifischer Gewichtung zu versehen und in ein nutzentheoretisches Kalkül transformierbar, nämlich den Einkaufsaufwand der Konsumenten. Die Bevölkerung ist transformierbar in Größen wie Umsatz der Warengruppe, Beschäftigte im Einzelhandel, Verkaufsfläche etc. Zwei Zentren ziehen danach die einzelhandelsrelevante Kaufkraft eines zwischen diesen beiden Städten angesiedelten Nachfrageorts an sich, und zwar im Verhältnis zur Größe der Bevölkerung und reziprok zu den Entfernungen der beiden Zentren. Dort, wo die Anziehungskräfte zweier Verkaufsorte auf Kunden gleich stark sind, liegt die relative Grenze ihrer jeweiligen Einzugsgebiete. Die relativen Grenzen mehrerer Nachbargebiete verbunden ergeben die absolute Grenze der Region (Isokurve), d. h. die größte Entfernung zum Verkaufsort, bis zu dem noch Kunden in diesem Verkaufsort kaufen und nicht zu einem Nachbargebiet abwandern.

Dem liegen allerdings rigide, modelltheoretische Prämissen zugrunde. So müssen Kunden in der Lage sein, den Nutzen von Fahrten in die einzelnen Gebiete zu bestimmen. Der Nettonutzen (Ertrag des Kaufs minus Aufwand der Fahrt) muß dabei immer positiv bleiben. Der Kunde plant seine Fahrten so, daß der Gesamtnutzen aus allen Fahrten maximiert wird. Die Fahrten verursachen Kosten, die zu den zurückgelegten Entfernungen exakt proportional sind. Die Kunden haben ein vorgegebenes, über alle Haushalte gleiches Budget. Problematisch ist auch die Operationalisierung des Begriffs Attraktivität. Denkbar sind Indikatoren wie Gesamteindruck des Verkaufsorts, Topographie im Zentrum, Besetzung mit Geschäften, Gebäudewirkung, Schaufensterwerbung, Lauflage, Fußgängerzone, Parkmöglichkeiten, Großbetriebsformen mit Magnetwirkung etc.

Grundlage der Berechnungen der *Potentialmodelle* sind Wahrscheinlichkeiten für den Nutzen eines Kunden, der in der einen Region wohnt und in für ihn erreichbaren Nachbargebieten einkauft. Oder konkreter: Die Wahrscheinlichkeit, daß ein Kunde seinen Bedarf nicht am Wohnort, sondern in einer benachbarten Geschäftsagglomeration deckt, steht in direkter Beziehung zum Agglomerationsgrad der für ihn erreichbaren Einkaufsorte und deren Entfernung zu seinem Standort. Ausschlaggebend ist also nicht der absolute Nutzen eines Einkaufs, sondern der um die dafür aufzuwendenden Kosten reduzierte relative Nutzen. Dieser Nettonutzen kann in Attraktivitätsindices erfaßt werden. Dabei kann von objektiven Größen (Fahrtstrecke, Verkaufsfläche, Preisniveau, Service, Sortimentsbreite, Öffnungszeit etc.) ausgegangen werden, oder, was sinnvoller ist, von subjektiv wahrgenommenen Größen. Allerdings dürften diese Werte (sog. Widerstandskoeffizienten) für jede Warengruppe anders ausfallen, sodaß praktisch unendlich viele Berechnungen erforderlich sind. Der Einkauf erfolgt generell umso eher am Standort, je geringer die Mobilität, je knapper Zeit und Geld, je dringlicher Bedarfe, je kürzer Einkaufsintervalle, je gleichartiger Angebote und je geringwertiger Einkaufsgüter sind (vgl. *Pepels, Werner:* Handels-Marketing und Distributionspolitik, Stuttgart 1995).
(→ Standortwahl)

Starproduktmärkte (Sterne)

(→ Portfolio, Vier-Felder-, Positionen)

Starre Preissetzung

(→ Preispositionierung)

Stars

(→ Portfolio, Vier-Felder-, Positionen)

Statistik-Software

Praktisch erfolgt die Verarbeitung von Marketingforschungdaten meist mit Hilfe von Standard-EDV-Programmen wie SPSS (Statistical Pakkage for Social Sciences), das in der

Version x auf leistungsfähigen PC's läuft. Geboten werden eine ganze Bandbreite professioneller Methoden, ein leistungsstarkes Datenmanagement, übersichtliche Editierung, moderne Grafik-Features und eine benutzerfreundliche Oberfläche. Ähnliche Leistungsmerkmale haben Programmpakete wie BMDP (Biomedical Computer Programs), SAS (Statistisches Analyse-System) oder OSIRIS (Organized Set of Integrated Routines for Investigation in Statistics).

Wesentliche Leistungsmerkmale von *SPSS* sind folgende:

- Full Screen Editor, deskriptive Statistik, Kreuztabellierung, Varianzanalyse, multiple Regression, tabellarische Darstellungen, automatische Fehlersuche im Programm, Hilfestellungen, Daten- und Dateiverwaltung, Datei-Austausch mit anderen Programmpaketen (im Modul Basics),
- Diskriminanzanalyse, Faktorenanalyse, Hierarchische Clusteranalyse, Multivariate Varianz- und Kovarianzanalyse, loglineare Modelle für mehrdimensionale Kontingenztabellen (im Modul Advanced Statistics),
- Erstellung von druckreifen Tabellen ohne Statistikwerte in beliebiger Dimension, z. B. Kreuztabellen in Säulen- und Zeilendarstellung, Mehrfachantwortanalyse, deskriptive Statistik innerhalb von Tabellen, Verknüpfung mehrerer Tabellen in einer Ausgabedatei (im Modul Tables),
- Routinen zur schnellen Eingabe, Anzeige und Korrektur von großen Datenmengen, datenangepaßte Menübildschirme, automatische logische Datenfehlersuche (im Modul Data Entry),
- Erstellung von Business-Graphiken, Gestaltung graphischer Darstellungen, Einfügen von Texten, Ausgabe graphischer Darstellungen (im Modul Graphics),
- Erstellung von graphischen Übersichten, Weltkarte, bis auf Bundesländer zerteilbar, thematische Datenabfrage, Eintrag eigener Daten in die Landkarte (im Modul Mapping).

SPSS Professional Statistics enthält statistische Verfahren, die Ähnlichkeiten und Unterschiede in Daten messen, Klassifikationsverfahren und Methoden zur Bestimmung der Dimensionalität von Räumen, Prozeduren für Clusteranalyse, Diskriminanzanalyse, Faktorenanalyse, Multidimensionale Skalierung, Berechnung von Ähnlichkeits- und Unähnlichkeitsmaßen sowie Zuverlässigkeitsanalysen. SPCC Advanced Statistics enthält komplexe statistische Verfahren wie Logistische Regression, loglineare Analyse, univariate und multivariate Varianzanalyse, nichtlineare Regression, Regression mit Nebenbedingungen, Probit-Analyse, Kaplan-Meier-Verfahren und Cox-Regression. SPSS Tables kann druckreife Tabellen in vielfacher Formatierung erstellen, Auswertungen verketten und schachteln, Zeilen- und Spaltensummen zusammenfassen, Beschriftungen werden aus Datendefinitionen übernommen oder vom Benutzer festgelegt. SPSS Trends enthält Verfahren zur Kurvenanpassung und Extrapolation, Glättung von Beobachtungswerten, Saisonzerlegung, Prozeduren für Regression mit autokorrelierten Fehlern und gewichtete Kleinstquadrat-Schätzung, Spektralanalyse, Box-Jenkins-Methodik und exponentieller Glättung sowie deren grafischer Darstellung. SPSS Categories enthält Conjoint Analysen zur Generierung faktorieller Versuchspläne, Analyse und Ausdruck der Ergebnisse sowie Methoden der optimalen Skalierung mit Korrespondenzanalyse und Reskalierung von Merkmalsvektoren. SPSS Chaid identifiziert Strukturen in Kontingenztabellen durch Überprüfung der Zusammenfaßbarkeit von Kategorien und Auswahl erklärungsbedürftiger Prädiktoren sowie loglineare Analyse. SPSS Lisrel enthält Techniken zur vorbereitenden Datenuntersuchung (Meßniveaus, Variablenverteilung, fehlende Werte etc.) und Untersuchung linearer Strukturgleichungen. Map from Mapinfo analysiert und visualisiert raumbezogene Daten durch Diagramme und Zeichenwerkzeuge.

Damit sind alle Felder der Verteilungen und Häufigkeiten, Mittelwertvergleiche, ANOVA, Korrelationen, Regressionen, loglinearen Modelle, Klassifizierungen, Datenreduktion, Skalierungen, nicht-parametrischer Tests, Überlebensanalysen, Mehrfachantwortanalysen und Makros abgedeckt. Die Systemvoraussetzungen sind mit Microsoft Windows 3.1 und höher, 386er Processor, 4 MB Arbeitsspeicher, 15 MB freier Festplattenkapazität, Mausanschluß, Grafikkarte und mathematischem Koprozessor eher bescheiden.

BMDP enthält eine Sammlung von 45 Hauptprogrammen für u. a. Datenbeschreibung und Tabellierung, t-Test, Plots und Histogramme, Schätzung fehlender Werte, Regressionsanalysen, nicht-lineare Regression, Maximum Likelihood-Verfahren, Varianz- und Kovarianzanalyse, nicht-parametrische Statistik, Clusteranalyse, multivariate Analysen, Lebenstafel-Analyse, Spektral- und Zeitreihenanalysen (vgl. *Pepels, Werner:* Käuferverhalten und Marktforschung, Stuttgart 1995).

Steam

(→ Simulationsmodelle, Globalanalytische)

Stellenbeschreibung

Die Anforderungen und Leistungserwartungen an den jeweiligen Stelleninhaber im Marketing sind in der Stellenbeschreibung festgehalten. Die wesentlichen Inhalte jeder Stellenbeschreibung umfassen im allgemeinen folgende Punkte: Bezeichnung der Stelle mit Namen und Rang, Organisationszugehörigkeit nach Gruppe, Abteilung, Bereich etc., hierarchische Einordnung mit vorgesetzten und nachgeordneten Stellen, Stellvertreterübernahme (aktiv und passiv), Hauptaufgabe, Organisationsrichtlinien, Befugnisse und Verantwortungen, Zusammenarbeit mit anderen Stellen (intern und extern), Anforderungen an Stelleninhaber (fachlich, sozial und konzeptionell), Bewertungsmaßstäbe, Arbeitsplatzbeschreibung (Ausrüstung etc.) und Funktionsbeschreibung (Ziele etc.). Im speziellen umfaßt die Stellenbeschreibung im Marketing folgende Punkte. Die Zuordnung von Bereich, Hauptabteilung, Abteilung, Gruppe und Ressort im formellen Teil. Im materiellen Teil kommen hinzu:

- die Bezeichnung der Stelle,
- die organisatorische Einordnung dieser Stelle nach aktiver und passiver Vertretung hinsichtlich Art, Umfang und Häufigkeit sowie Über- und Unterstellungsverhältnisse (unmittelbarer Vorgesetzter, dessen Stellvertreter, dessen Vorgesetzter, Beiordnung, unmittelbare Unterstellung und durch aktive Stellvertretung),
- die Zielsetzung der Stelle (Haupt- und Nebenziele),
- die Aufgaben der Stelle mit allgemeinen Pflichten, Kompetenzen und Verantwortungen des Stelleninhabers (z. B. Erarbeitung von Materialien, Entscheidung über Sachverhalte, Durchführung von Maßnahmen, Kontrolle von Ergebnissen, Zeichnungsvollmachten), sowie spezielle Pflichten, Kompetenzen und Verantwortungen,
- die Kommunikationsbeziehungen der Stelle mit Informationspflichten, Kooperation mit anderen Stellen, Beratung in internen Gremien und besondere interne und externe Kontakte,
- das Anforderungsprofil an den Stelleninhaber nach Kenntnissen und Fertigkeiten (Muß- und Sollvoraussetzungen) sowie persönlichen Merkmalen,
- die Beurteilung des Stelleninhabers durch den unmittelbaren Vorgesetzten nach Fristen, Maßstäben, Besprechung sowie die Aufstiegsmöglichkeiten.

Zum administrativen Teil gehören Ort/Datum und Unterschriften zur Kenntnisnahme des Stelleninhabers, dessen Vorgesetzten, des Ausstellers, sowie Vermerke über den nächsten Überarbeitungstermin und sonstige Hinweise.

(→ *Prozeßorganisation)*

Stellenbildung

Die Anforderungen an den jeweiligen Stelleninhaber im Marketing sind in der Stellenbeschreibung festgehalten.

Personen mit entsprechendem Leistungsprofil sind im Rahmen der Mitarbeiterbeschaffung für das Marketing zu gewinnen. Dies erfolgt über Suchanzeige, Personalberatung, Leasing oder Arbeitsamt. In Frage kommen auch interne Stellenausschreibungen und vorliegende Blindbewerbungen. Dazu gehört die Auswahl der am besten geeigneten Mitarbeiter, einmalig durch Test oder Assessment Center sowie kontinuierlich durch Vorgesetztenbeurteilung sowie deren Qualifizierung für die speziellen Anforderungen des

Unternehmens durch Training, Schulung oder Praxis (On the job).

Die Entlohnung erfolgt durch Zeitlohn oder Leistungslohn (Akkord, Prämie, Provision). Grundlage sollten Arbeitswertverfahren sein, die eine objektivierte Leistungsmessung erlauben. Dies ist jedoch bei den qualitativen Tätigkeiten im Marketing höchst schwierig. Leistungsbezogene Entlohnungsbestandteile sollen Gewinn- oder Zielorientierung als Ausgangspunkt haben. Zusätzliche Motivation kann punktuell durch materielle oder ideelle Anreize geschaffen werden. Eine weitere Möglichkeit besteht in der Motivation durch die Arbeit selbst als Job Enrichment, d. h. Aufwertung des Arbeitsinhalts, Job Enlargement, d. h. Ausweitung des Aufgabenumfangs, und Job Rotation, d. h. zyklischen Wechsel der Arbeit.

Sodann erfolgt die Stellenbildung mit Eingliederung jeder Stelle in ein Organigramm, das die Beziehungen der Stellen zueinander veranschaulicht. Das Organigramm ist die graphische Darstellung der hierarchischen Organisationsstruktur eines Betriebs. Daraus ergibt sich der normalerweise einzuhaltende Dienstweg. Stellen mit Leitungsbefugnis sind Instanzen. Diese werden von einer Person gebildet (= Singularinstanz) oder von mehreren (= Pluralinstanz), wobei Entscheidungen durch einen Sprecher o. ä. (= Direktorialprinzip) oder nach Primus inter pares, Abstimmungsmehrheit oder Einstimmigkeit erfolgen (= Kollegialprinzip).

Stichprobengüte

Ist die Frage der Auswahl der Stichprobenfälle geklärt, stellt sich die Frage der Güte der Stichprobe. Für deren Bestimmung ist entscheidend,

- welchen Fehler man akzeptiert, d. h. wie genau die Ergebnisse sein sollen,
- mit welcher Irrtumswahrscheinlichkeit die Aussagen gemacht werden sollen.

Eine Stichprobe kann nun umso besser die Struktur der Grundgesamtheit widerspiegeln, je größer ihr Umfang ist. Am besten ist die Übereinstimmung, wenn die Stichprobe im Umfang der Grundgesamtheit entspricht, am schlechtesten, wenn sie nur ein Element umfaßt. Dazwischen liegt die reale Bandbreite. Die optimale Stichprobengröße hängt vom geforderten Sicherheitsgrad des Stichprobenergebnisses, vom Fehlerintervall und der Varianz der Einzelwerte ab. Der Sicherheitsgrad gibt an, mit welcher Wahrscheinlichkeit erwartet werden kann, daß ein Ergebnis zutrifft, wie hoch also der maximal als vertretbar angesehene Fehler ist. Der Fehlerintervall gibt an, innerhalb welcher Bandbreite ein Ergebnis bei der ausgewiesenen Wahrscheinlichkeit erwartet werden kann, wie hoch also die Schätzsicherheit ist. Die Varianz gibt an, wie weit Einzelwerte um ihren Mittelwert streuen, dies erfordert eine hinreichend begründbare Schätzung der Standardabweichung.

Bei den Verfahren der zufälligen Auswahl stellt sich nun die Frage, wie groß eine Stichprobe sein sollte, d. h. wieviele Elemente sie enthalten sollte, um bestimmte Aussagen zuzulassen. Zufall ist das Ergebnis aus allen nicht kontrollierbaren Einflüssen. Nach dem Gesetz der großen Zahl wird die Wahrscheinlichkeit, daß ein Ereignis eintritt, sich dem Wert Eins nähern, je häufiger das Ereignis unter gleichen Bedingungen bereits eingetreten ist. Mit zunehmender Stichprobengröße sinkt also die Wahrscheinlichkeit für große Abweichungen, d. h. eine Abweichung der beobachteten relativen Häufigkeiten von der erwarteten Wahrscheinlichkeit ist umso seltener, je größer die Stichprobe ist. Die Verteilung der unabhängigen, beliebig aber gleich verteilten Zufallsvariablen strebt der Normalverteilung entgegen, Binomial-, Hypergeometrische und Poisson-Verteilung können mit steigender Grundgesamtheit durch die Normalverteilung approximiert werden. Die relative Häufigkeit eines Ereignisses nähert sich also der Wahrscheinlichkeit für den Eintritt dieses Ereignisses, je häufiger der Versuch durchgeführt wird. Die Wahrscheinlichkeit eines mit Gewißheit eintretenden (deterministischen) Ereignisses ist gleich Eins, die Wahrscheinlichkeit eines unmöglich eintretenden Ereignisses ist gleich Null.

Nur bei zufallsgesteuerten Auswahlverfahren ist ein Repräsentationsschluß von der Stichprobe auf die dahinterstehende Grundgesamtheit möglich, indem von den aus der Stichprobe ermittelten Ergebnissen auf die unbekannten Parameter der Grundgesamtheit geschlossen und dafür eine Fehlergrenze angegeben werden kann. Infolge des Zufallsfehlers ist nämlich nur eine Intervall-, nicht jedoch eine Punktschätzung möglich. Ein solches Vertrauensintervall enthält zwei Elemente: das Intervall selbst (die Fehlerspanne) und den Konfidenzgrad (die Wahrscheinlichkeit). Ist der Stichprobenumfang so groß, daß die Anzahl aller möglichen Stichproben recht hoch ist, nähert sich die Stichprobenverteilung einer Normalverteilung an. Bei kleinen Stichproben, höchstens unter 100 Fälle, liegt eine t-Verteilung vor.

Eine Stichprobe muß nun eben um so größer sein, je höher die Wahrscheinlichkeit angesetzt wird, mit der ein Ergebnis erwartet werden kann, je geringer die Bandbreite angesetzt wird, innerhalb derer das Ergebnis schwanken kann, und je höher die Varianz bereits in den Ursprungswerten ist. Umgekehrt darf eine Stichprobe um so kleiner sein, je geringer der Sicherheitsgrad und je größer der Fehlerintervall angesetzt werden und je geringer die Varianz ist. Eine solche Aussage kann z. B. sein, daß mit einer Wahrscheinlichkeit von 95% die tatsächlichen durchschnittlichen jährlichen Ausgaben eines Kunden für Heimwerkergeräte zwischen 95 und 195 Mark liegen. D.h. es handelt sich um die Angabe des Prozentanteils der Fälle, in denen der unbekannte wahre Wert der Grundgesamtheit vom Vertrauensintervall umschlossen wird.

Als Fehlermaß gilt die Varianz der Ergebnisse, d. h. die durchschnittliche quadratische Abweichung der Einzelwerte von ihrem Mittelwert bzw. deren Standardabweichung, d. h. die Quadratwurzel der Varianz. Die Güte einer Stichprobe ist dabei vom Umfang der Grundgesamtheit unabhängig, wenn die Grundgesamtheit groß genug ist (200 Elemente). Die Güte wird dann nicht mehr von der Relation der Stichprobe zur Grundgesamtheit, sondern nur von ihrem absoluten Umfang bestimmt. Jede Fehlerberechnung bezieht sich immer auf das Gesamtergebnis. Sollen verschiedene Untergruppen analysiert werden, so bestimmen die Anforderungen an die kleinste der zu analysierenden Gruppen den gesamten Stichprobenumfang.

Die auswertbare Netto-Stichprobe (= Ausschöpfungsquote in Relation zur Bruttostichprobe) ergibt sich nach Abzug der (unechten) stichprobenneutralen Ausfälle und der echten (nicht-neutralen) Ausfälle von der Bruttostichprobe. Diese Abzüge ergeben gemeinsam die Ausfallquote in Relation zur Bruttostichprobe. Die Ausschöpfung ergibt sich insgesamt wie folgt:

- Ausgangspunkt ist das Total der Erhebungsadressen, davon fallen die ungültigen Adressen aus, es bleiben die gültigen Adressen.
- Davon fallen die nicht-ansprechbaren Einheiten aus. Gründe für die Nichtansprechbarkeit sind Eigenschaften wie Ausländer, Alkoholiker, Kranker etc., es bleiben die ansprechbaren Adressen.
- Davon fallen die abwesenden oder nicht-kontaktierbaren Personen aus. Gründe für Nichtanwesenheit sind Dienstreise, Urlaub, auswärtige Tätigkeit, Wehrdienst, Kur etc., für Nichtkontaktierbarkeit Türsicherung, Pförtner, Wachhund, Hemmungen etc., es bleiben die anwesenden, ansprechbaren Adressen,
- Davon fallen die Antwortverweigerungen der Auskunftspersonen aus. Nur der verbleibende Rest stellt die Netto-Stichprobe dar. Aussagen können sich immer nur auf diese Anzahl tatsächlich durchgeführter Interviews beziehen. Daher ist bei der Erhebung eine Reserve für mögliche Ausfälle zu berücksichtigen.

Die Stichprobengröße verändert sich umgekehrt proportional zum Quadrat der Fehlerspanne, d. h. eine Erhöhung des Sicherheitsgrads oder eine Senkung des Fehlerintervalls erfordert eine weit überproportionale Erhöhung des Stichprobenumfangs. Die notwendige Stichprobengröße ist von der tatsächlichen Verteilung bzw. Streuung der Untersuchungsmerkmale abhängig. Werden mehrere Merkmale zugrundegelegt, bestimmt das am ungünstigsten verteilte Merkmal die Größe der gesamten Stichprobe.

Stilkomponenten

Die kommunikative Umsetzung ist in keiner Weise standardisierbar.

Jede werbliche Aussage muß von neuem originär entwickelt werden, weil sie ansonsten als kopiert diskriminiert oder als nicht problemlösungsadäquat abgewertet wird. Deshalb führen auch alle Patentrezepte für erfolgreiche Kreativität in die Irre. Als kleinster gemeinsamer Nenner kann gelten, daß gute Werbung immer über eine Dramatisierung oder Verfremdung normaler Situationen erfolgt. Denn das Alltägliche ist langweilig und eignet sich damit nicht als Stopper. Erst das Überhöhte und Überraschende schafft Aufmerksamkeit. Häufig angewandte Techniken betreffen:

- Verbraucherzeugen (Testimonial) als
- Experte (authentisch, Beispiel: *Dr. Best*),
- Experte (künstlich, Beispiel: Herr Kaiser/*Hamburg-Mannheimer*)
- Prominente (Celebrity, Beispiel: Gottschalk),
- Verwender (authentisch, Beispiel: *Always/P&G*),
- Verwender (künstlich, Beispiel: *Mon Cheri/Ferrero*).
- Garantie/Testergebnis/Wette,
- Musik/Life Style (Beispiel: *Bacardi*),
- Humor/Erotik,
- Präsenter,
- Slice of Life/Tell a Story,
- Symbol/Reduktion,
- Problem/Problemlösung.

Als Gestaltungsmittel werden gleichermaßen folgende Elemente eingesetzt:

- Tonalität (Tone of voice), d. h. Stil der Ansprache der Zielpersonen,
- Visualität (Key Visual), d. h. Kernbilder der Veranschaulichung,
- CD-Konstanten wie Layoutraster, Typographie, Farbstimmung, Fotostil, Logo, Jingle.

Die Definition dieser Elemente ist unter Rücksicht auf Kreationsinteressen nur als strategischer Rahmen zu sehen und keinesfalls als konkrete Gestaltungsfestlegung. Allerdings kann daraus nicht geschlossen werden, daß auf solche Definitionen zu verzichten sei. Ganz im Gegenteil. Denn gerade die Creative Platform hilft, die Unmenge möglicher Inszenierungen der Werbebotschaften auf eine bewältigbare sinnvolle Teilmenge zu konzentrieren. Damit aber stellt sie eben keine Einengung der Kreativität dar, sondern im Gegenteil deren Effizienzsteigerung durch Vorgabe erfolgversprechender Suchfelder. Nicht mehr das Universum aller Möglichkeiten ist damit Ausgangspunkt kreativer Überlegungen, sondern ein selektierter chancenreicher Zielkanal. Zwischen Positioning Statement und Creative Platform ergibt sich zugleich die Schnittstelle zwischen Marketing und Kreation in der Werbung bzw. zwischen Kunde (Auftraggeber) und Agentur (Auftragnehmer).

Stimmfrequenzmessung

(→ *Testverfahren, Psychomotorische)*

Stimulusdiskriminierung

(→ *Lernmodelle)*

Stimulusgeneralisierung

(→ Lernmodelle)

Störgrößen

(→ Experiment, Inhalte)

Store in the Store-System

Das Store in the Store-System ist eine weitgehende Form der Untervermietung, bei der eine komplette Abteilung des Ladenlokals einem Dritten (Hersteller oder Großhandel) zur Bewirtschaftung überlassen wird. Oder ein Laden innerhalb eines Gemeinschaftswarenhauses zugewiesen wird. Dieser führt die überlassene Fläche wie ein eigenständiges Geschäft, trägt alle Kosten, behält Gewinne ein und leistet dafür eine Mietzahlung. Beispiele sind die *Edeka*- bzw. *Spar*-Lebensmittelabteilungen bei *Horten* bzw. *Karstadt*. Nur auf diese Weise sind für diese noch attraktive City-Lagen verfügbar. Oft handelt es sich jedoch um frequenzabhängige Abteilungen, die infolge hoher Mietkosten, aufwendiger Präsentation und dauerniedriger Preise kaum rentabel zu führen sind. *(→ Raumvermietungsgeschäfte des Handels)*

Storetest

Beim Storetest handelt es sich um den probeweisen Verkauf von neuen /veränderten Produkten unter Einsatz aller/ausgewählter Marketinginstrumente und weitgehend kontrollierten Bedingungen in einigen/wenigen (realen) Geschäften, die für den Test eigens angeworben und distribuiert werden. Dabei wird nur die Abverkaufsseite des Marktes erfaßt.

Marktforschungs-Institute bieten Storetests mit Scanning-Unterstützung als Standarderhebung an. Die Anzahl der Geschäfte wird meist zwischen 30 und 50 justiert. Der Erfolg des testweisen Verkaufs von Produkten in ausgewählten Geschäften wird mittels experimenteller Beobachtung kontrolliert. Elemente des Marketing-Mix können variiert und unter weitgehender Konstanthaltung aller anderen Variablen auf ihre Wirkungen hin untersucht werden. Als experimentelles Design kommen alle quasi-experimentellen Versuchsanordnungen in Betracht, wobei die Vergleichbarkeit der Gruppen durch das Abgleichen von Merkmalen wie Betriebsform, Geschäftsfläche, Organisationsform etc. hergestellt wird. Der Ablauf von Storetests beinhaltet meist Bevorratung von Geschäften mit dem Testprodukt, Einsatz der absatzpolitischen Instrumente, Ermittlung des Kaufumfangs etc.

Häufig wird das Latin Square-Design eingesetzt (z. B. GfK Store-Test). Dabei bestehen zwei Testgruppen von Geschäften, die vergleichbar sind. In beiden wird abwechselnd ein bestehendes Sortiment und ein um das zu testende Neuprodukt ergänztes neues Sortiment während vier Wochen Testzeit angeboten. Durch die Kombination können die Effekte zwischen den beiden Testgruppen von Geschäften und zwischen dem bestehenden und dem neuen Sortiment herausgerechnet werden, sodaß der Effekt des Neuprodukts isoliert werden kann. Dies erlaubt die Beantwortung der Fragestellung, welchen Abverkauf das neue Produkt im Vergleich zum bestehenden Sortiment erzielt und ob sich dieser Abverkauf durch Substitution oder zusätzlich zum bisherigen Sortiment ergibt.

Storyboard-Test

(→ *Kommunikationstests)*

Straßentransport

Das Transportmittel Automobil steht in hartem Verdrängungswettbewerb zur Eisenbahn, bisweilen auch zur Binnenschiffahrt. Man unterscheidet Nah- und Fernverkehr einerseits sowie Flotten- und Einzelbuchung andererseits. Güternahverkehr ist Güterbeförderung mit Kraftfahrzeugen im Gebiet innerhalb eines Umkreises von 75 km, gerechnet in der Luftlinie vom Mittelpunkt des Kfz-Standorts. Er ist erlaubnispflichtig. Die Erlaubnis wird einem fachkundigen Unternehmer für seine Person erteilt. Er kann beliebig viele Fahrzeuge einsetzen. Eine Versicherung des Transportgutes ist nicht vorgeschrieben. Abschluß und Erfüllung des Frachtvertrags sind formfrei. Güterfernverkehr ist Güterbeförderung mit Kraftfahrzeugen über beliebige Entfernungen. Er ist genehmigungspflichtig, die Genehmigung wird nur einem fachkundigen Unternehmer erteilt. Der Frachtbrief muß von den Vertragspartnern unterschrieben werden und mit dem amtlichen Kennzeichen des eingesetzten Fahrzeugs versehen sein. Die Erfüllung erfolgt durch Übergabe des Frachtbriefes und des Transportguts an den im Frachtbrief genannten Empfänger. Die Frachtberechnung wird frei ausgehandelt. Als Orientierung dienen jedoch die von Verkehrsverbänden veröffentlichten Preistafeln.

Zur Überwachung des Güterkraftverkehrs müssen eine Reihe von Dokumenten mitgeführt werden. In das persönliche Kontrollbuch werden die Lenk- und Ruhezeiten des Fahrpersonals eingetragen. Es erübrigt sich nur, wenn ein Fahrtenschreiber installiert ist, der Lenk- und Ruhezeiten automatisch aufzeichnet. Im Fahrtenbuch werden alle Bewegungen und Standzeiten vermerkt. Der Frachtbrief ist die Unterlage für die Errechnung und Prüfung der Fracht, im Güterfernverkehr außerdem für die statistische Erfassung der Beförderungsleistung und für den Versicherungsschutz. Alle Güter, die im Frachtbrief eingetragen sind, gelten als versichert. Der Frachtbrief ist vierfach (je ein Exemplar für Empfänger, Absender, Frachtführer und Bundesamt). Für den Güternahverkehr gilt die Verschuldenshaftung des Frachtführers, d. h. der festgestellte Schaden muß voll ersetzt werden, soweit er zu vertreten ist, im Güterfernverkehr gilt die Gefährdungshaftung, wobei Schäden durch die Versicherung ersetzt werden. Der LKW-Anteil am Transportvolumen beträgt ca. 81%, an der Transportentfernung ca. 56%.

Vorteile liegen in der faktischen Haus-zu-Haus-Beförderung, in der oft genug einzigen realistischen Möglichkeit als vor- bzw. nachgelagerte Transportart (= gebrochener Verkehr) und der hohen Flexibilität des Transports durch die freie Vereinbarung von Routen, Zeiten und Kapazitäten. Alle Versender und Empfänger von Gütern sind auf der Straße zu erreichen. Außer an Sonn- und Feiertagen sowie an Ferienwochenenden gibt es kaum zeitliche Beschränkungen. Gesetzliche Beförderungsauflagen für Gefahrgut, Lebensmittel, Schwergut, Flüssigkeiten, Gase etc. können durch entsprechend konstruierte Fahrzeuge erfüllt werden. Diebstahlsicherung ist durch die persönliche Verantwortung des Fahrers für die Ladung gegeben.

Dem stehen jedoch schwerwiegende Nachteile gegenüber. Das Transportvolumen je Verkehrseinheit ist stark begrenzt. Die externen Effekte sind erheblich, so hohe Umweltbelastung durch Schadstoffemission, starke Lärmbelästigung und fatale Verkehrsunfallgefährdung. Insofern sind die gesellschaftlichen Kosten weitaus höher als bei jeder anderen Transportart. Bei Massenanfall saisonbedingter Güter treten zudem Bewältigungsschwierigkeiten auf.

Strategien im Marketing

Hinsichtlich der Unternehmensdeterminierten Stellgrößen der Planung im Marketing ergeben sich Basis- und Ergänzungsstrategien. Die Basisstrategien sind folgende:

- Marktdurchdringung,
- Marktausweitung,
- Produktausweitung,
- Diversifikation,
- Präferenz-Position,
- Preis-Mengen-Position,
- Marktparzellierung,
- Marktareal.

Durch diese läßt sich eine aussagefähige Marketingstrategie jedoch noch nicht vollständig beschreiben. Daher bedarf es der folgenden Ergänzungsstrategien:

- Marktverhalten,
- Integrationsrichtung,
- Umsetzung durch Kooperation, Konzentration, Unabhängigkeit,
- Synergienutzung,
- Programmumfang,
- Rollenverständnis,
- Absatzkanalpräsenz,
- Innovationsneigung.

(→ *Absatzkanalpräsenz, Diversifikation, Innovationsneigung, Marktareal, Marktausweitung, Marktverhalten, Präferenz-Position, Preis-Mengen-Position, Produktausweitung, Rollenverständnis, Synergienutzung, Unabhängigkeit*)

Strategische Allianz

(→ *Diversifikation, Implementierung*)

Strategische Bilanz-Analyse

Diese umfaßt die Aufstellung der Aktiva und Passiva eines Unternehmens analog zur Bilanz. Statt Bilanzposten werden Funktionsbereiche aufgeführt wie Kapital, Material, Personal, Absatz, Know how etc. Jeder Bereich wird hinsichtlich positiv und negativ bedeutsamer Faktoren in Form von Statements dargestellt und auf dieser Basis mit einem Wert zwischen 0 und 100 bewertet. Der kleinste Saldo, d. h. der addierte Abstand zwischen Aktiva und invertierten Passiva, gibt den Engpaß vor, an dem gearbeitet werden muß. Umgekehrt bilden Funktionen mit großem Saldo, d. h. addiertem Abstand zwischen Aktiva und invertierten Passive, keinen Bottle Neck. Im Unterschied zur Stärken-Schwächen-Analyse werden dabei Werte saldiert, um zur Engpaßidentizifizierung zu gelangen. Die Vorgehensweise ist wie folgt.

Die für den Unternehmenserfolg bedeutsamen Faktoren, z. B. Beschaffung, Produktion, Absatz, Finanzen, Personal und FuE, werden definiert. Für jeden dieser Faktoren werden alle wichtigen Bestimmungselemente gesammelt, die für eine Bewertung relevant sein können. Jedes Bestimmungselement wird grob bewertet. Die Bestimmungselemente werden dann je Faktor in zwei Gruppen unterteilt, solche mit überwiegend positiver Bewertung (diese werden den Aktiva zugeteilt) und solche mit überwiegend negativer Bewertung (diese werden den Passiva zugeteilt). Für jeden Faktor werden die positiven und negativen Bestimmungselemente gesammelt und aufgelistet. Diese werden dann summarisch mit einer Prozentzahl bewertet, die die Relation des Ist- zum Ideal-Zustand angibt. Je Faktor ergeben sich damit zwei Werte, je einer für die positiven und die negativen Bestimmungselemente, entsprechend Soll und Haben in der Buchführung.

Ein Tableau in Form einer zweiseitigen Bilanz wird aufgemacht, mit Aktiva und Passiva. Auf jeder Seite werden die Faktoren, also Beschaffung, Produktion, Absatz, Finanzen, Personal und FuE, abgetragen. Auf der Aktiva- und Passiva-Seite werden jedem Faktor die jeweiligen Bestimmungselemente zugeordnet. Diese werden mit einem summarischen Wert versehen. Auf der Aktiva-Seite werden die Werte normal, auf der Passiva-Seite invertiert (von 100 abgezogen) abgetragen, d. h. hohe positive/negative Ausprägungen bedeuten sowohl auf der Aktiva- wie auf der Passiva-Seite hohe Prozentzahlen. Die Differenz zwischen Aktiva- und Passiva-Werten zeigt den Ausschöpfungsgrad je Faktor an. Der größte positive Abstand signalisiert den höchsten Ausschöpfungsgrad, der niedrigste positive bzw. der größte negative den geringsten Ausschöpfungsgrad (= Engpaß).

(→ *Analyseverfahren im Marketing*)

Strategische Geschäftseinheit

Innerhalb der Portfolio-Technik wird eine Klassifikation vorgenommen. Diese geht auf Markowitz zurück, der die optimale Balance eines Wertpapier-Portefeuilles zwischen

Gewinnchance und Verlustgefahr untersucht hat. Dieser Ansatz läßt sich auf die Unternehmenspraxis übertragen. Um zu Klassifikationsmöglichkeiten zu gelangen, ist es zunächst erforderlich, Beurteilungseinheiten zu bilden. Dies sind Strategische Geschäftseinheiten (SGE's). SGE's sind Produkt-Markt-Kombinationen, die folgenden Kriterien gehorchen. Sie haben eine eigenständige, strategische Marktaufgabe, d. h. jede SGE bedient ein klar definiertes Kundenproblem und hat die Kompetenz, intern und extern relativ autonom zu agieren, um dessen Chancen durch Lösungsangebote auszunutzen. Es handelt sich um einen externen Markt, d. h. es geht um verkaufsbestimmte und nicht um innerbetriebliche Leistungen (also Absatz- und nicht Produktionsprogramm). Es gibt eindeutig identifizierbare Konkurrenten, d. h. auf diesem Markt sind antinomische Zielsetzungen gegeben, die den eigenen Markterfolg beeinträchtigen, wobei sich die einzelne SGE deutlich von diesem Mitbewerb abhebt. Es besteht ein klar abgrenzbares, strategisches Erfolgspotential durch eigene Chancen, das sich nicht mit anderen SGE's überschneidet, d. h. der Markterfolg muß durch strategische Marketingmaßnahmen steuerbar und damit einer SGE direkt zurechenbar sowie von rentabler Größe sein (= Profit Center-Charakter). Diese Abgrenzung ist während einer mehrperiodischen Analyse stabil und läßt die Unabhängigkeit der Entscheidung gegenüber anderen SGE's und der Unternehmensleitung zu. Es gibt klar abgegrenzte, rechnungsmäßig direkt zurechenbare Kosten und Leistungseinheiten (Cost Center-Charakter), denn wenn Aufwendungen und Erträge zurechenbar sind, handelt es sich um ein selbständiges Teilunternehmen innerhalb eines Konzerns mit eigener Kostenverantwortung. Es bestehen heterogene Tätigkeitsfelder, d. h. es sollte nur eine SGE je Produkt-Markt-Kombination tätig werden, und zwar diejenige, die einerseits jeweils möglichst relative Wettbewerbsvorteile genießt und andererseits intern eine hohe Homogenität der Angebote gewährleistet. Führungseffizienz und organisatorische Durchsetzbarkeit sind gegeben, um als operative Einheit ein selbständiges Planungsobjekt darstellen zu können.

All dies zeigt, daß die Bildung von SGE's nicht mit der Organisationsstruktur identisch sein muß, sondern vielmehr sowohl nach Abnehmergruppen als auch nach Absatzkanälen oder Vertriebsgebieten überlappend vorgehen kann und dabei nur dem Gesichtspunkt der Zweckmäßigkeit gehorcht. Es ergibt sich somit eine sekundäre, duale Unternehmensstruktur. Denkbar sind etwa eine Dimension nach Produktlinien und eine andere nach Marktregionen, jeweils unterteilt von 1 bis alle. Je nach Kombination ergeben sich daraus 1 bis ∞ viele SGE's. Gewisse Schwierigkeiten ergeben sich bei der Definition von SGE's jedoch bei hoher vertikaler Integration von Unter-

nehmen, da hier viele nicht marktfähige Leistungen anfallen, sowie bei hoher lateraler Integration, da sich hier das Problem der zutreffenden Marktabgrenzung stellt. Echte Profit Centers werden aus SGE's nur, wenn und soweit diese sich wirtschaftlich selbst tragen, rechnungsmäßig abgegrenzte Kosten- und Erlöseinheiten bilden, Kompetenz zur internen wie externen Disposition besitzen und volle Gewinnverantwortung haben. Die Bildung von SGE's ist konstitutive Voraussetzung für Portfolios.
(→ *Portfolio*)

Strategische Lücke
(→ *Gap-Analyse, Aussage*)

Strategisches Spielbrett

Die Wettbewerbsorientierung im Marketing wurde erforderlich, weil ein hohes Maß an Kundenorientierung bereits weithin gegeben und damit immer weniger in der Lage war, aus sich heraus noch Marktvorsprünge zu erzeugen.

Ein Element dazu ist das Strategische Spielbrett nach McKinsey. Es besteht aus den beiden Dimensionen:

- Wie konkurrieren?, wobei eine Unterteilung nach bekannten Regeln (Old Game) und neuen Regeln (New Game) vorgenommen wird,
- Wo konkurrieren?, wobei eine Unterteilung nach Kernmarkt (Head on) und Marktnische (Avoid) vorgenommen wird.

Daraus ergeben sich dann vier Kombinationen:

- Anwendung bekannter Regeln auf dem Gesamtmarkt durch überlegene Marktabdeckung auf breiter Front. Dabei wird auf bestehende Erfolgsfaktoren gebaut.
- Anwendung bekannter Regeln auf einem Teilmarkt durch Konzentration auf eine erfolgversprechende Marktnische, die evtl. erst durch kreative Segmentierung entsteht.
- Anwendung neuer Regeln auf einem Teilmarkt durch Ergreifen der Initiative und Innovation in einer Marktnische.
- Anwendung neuer Regeln auf dem Gesamtmarkt durch Änderung der Grundlagen des Wettbewerbs zum eigenen Vorteil.

Dieser Denkhaltung liegt die Misfit-Analyse zugrunde. Danach entstehen Kompetenzen dann, wenn externe und interne Strukturen in sog. Strategischen Fenstern miteinander übereinstimmen. Dazu muß das Unternehmen seine Märkte aktiv gestalten, d. h. kontinuierlich die externen an die internen Bedingungen anzupassen versuchen. Wo das aus Wettbewerbsgründen nicht möglich ist, helfen nur diskontinuierliche Sprünge, die neue Fenster öffnen und damit Erfolgsgrundlagen schaffen. Eben solche Änderungen bekannter Spielregeln durch Pioniermarketing stellen ein New Game dar. Erfolgreiche Beispiele dafür finden sich zur Genüge (*McDonald's* Hamburger, *Avon* Cosmetics-Beraterin, *IKEA*-Schwedenmöbel, *UPS*-Paket-

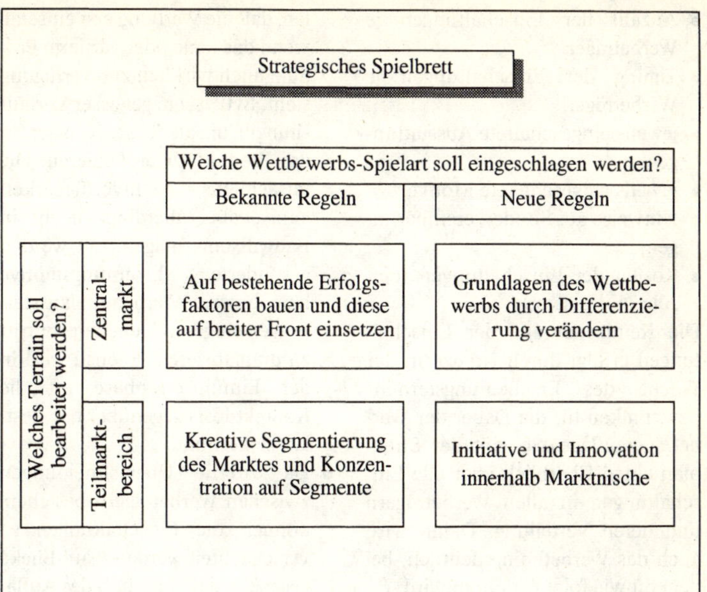

Strategisches Spielbrett

dienst, *Body Shop*-Naturkosmetik, *BIC*-Einwegfeuerzeug etc.).
(→ Erfolgsfaktoren im Marketing)

Streamer

(→ Desk Top Publishing, Speichermedien)

Strecken-Großhandel

(→ Großhandel, Betriebstypen)

Streuplan

Die Bestimmung des zeitlichen Werbeeinsatzes erfolgt im sog. Streuplan. Der Streuplan ist eine optische Darstellung der zeitlichen Verteilung der Einschaltungen in Werbeträgern. Dazu enthält der Streuplan folgenden Aufbau:

- Kopfzeile mit Kalendarium, meist nach Wochen eingeteilt und mit den Daten der Montage jeder Woche versehen,
- Kopfspalte mit Angabe der Werbeträger,
- Endspalte mit Angabe der Kosten je Werbeträger und der Summe der Kosten,
- Überschrift mit Angabe von Werbungtreibendem, Marke, Produkt, Budgetjahr,
- Einteilung für Motive, Ausstattungen, Aktionen.

Zusätzlich enthält der Streuplan technische Angaben über:

- Ausgewählte Werbeträger,

- Anzahl der Einschaltungen je Werbeträger,
- Timing der Einschaltungen je Werbeträger,
- jeweils eingeschaltete Ausstattungen,
- jeweils eingeschaltete Motive,
- Hinweise auf Sondervereinbarungen,
- Kosten der Einschaltungen (einzeln und gesamt)

Die Kennzeichnung der Einschaltungen erfolgt durch Kreuze in der Woche des Erscheinungstermins bzw. Balken für die Dauer der Werbeträgerauflage. So gibt der Streuplan einen Überblick über alle Einschaltungen in allen Werbeträgern und deren Verteilung. Damit wird auch das Werbetiming deutlich, bei dem oft wie folgt verfahren wird:

- Da die Ausdeckung angesichts begrenzter Budgets oft nicht eine hohe Penetration über das ganze Jahr erlaubt, wird eine Sommerpause eingelegt. Dem liegt die Erfahrung zugrunde, daß sich in den Sommerferien der Schulen und Betriebe zahlreiche Personen nicht im Streugebiet der belegten Werbeträger aufhalten. Die zeitliche Streckung der Ferien infolge zahlreicher Urlaubstage führt jedoch dazu, daß sich über das ganze Jahr mehr oder minder gleichmäßig verteilt, Personen in organisierter Freizeit befinden. Auch läßt sich ein Sommerloch nicht in den Absätzen der Produkte verifizieren.
- Bei Produktneueinführungen oder Relaunches ist sicherzustellen, daß die Werbung erst einsetzt, wenn das neue oder variierte Produkt auch wirklich zur Verfügung steht. Evtl. ist ein gewisser Vorlauf sinnvoll, um als Teaser Neugier für das Produkt zu provozieren. Die tatsächliche Nichtverfügbarkeit kann dabei allerdings leicht in Badwill umschlagen. Oft werden gesonderte Eröffnungsmotive bzw. bessere Werbemittelausstattungen eingesetzt, um den Auftritt zu dramatisieren. Ebenso wird in der Einführungsphase oft die Kontaktdosis gegenüber der Restlaufzeit erhöht.
- Da externe Überschneidungen zwischen Werbeträgern bestehen, können die Einschaltungen so verschachtelt werden („auf Lücke gesetzt"), daß aufgrund des Auflagezeitraums der Werbeträger in jedem Zeitpunkt eine Präsenz gewährleistet ist. Oft ergeben sich auch konkrete Anlässe für eine Einschaltung aus externen Terminvorgaben wie Geschenkanlässe (Ostern, Muttertag, Weihnachten etc.), Messetermine, Ereignisse (z. B. Sport-, Kultur-, Social Sponsoring), Schwerpunktthemen der Werbedurchführenden (aus Themenkatalog der Werbeträger, z. B. Frühjahrsdiät).

Die Übersicht der Einschaltungen darf jedoch nicht darüber hinwegtäuschen, daß der Eindruck des Streuplans nicht die reale Situation wiedergibt, sondern nur von Werbungtreibenden oder Werbeagenturen so gesehen wird. Oft wird dann davon allerdings unzulässigerweise auf eine öffentliche Werbepenetration geschlossen.

Strukturbeeinflussung

Strukturbeeinflussung erfolgt durch Erhöhung des Werts je Kaufakt. Dies wird infolge Aufstieg zu einem höherwertigeren Angebot oder infolge Inanspruchnahme entgeltlicher Angebotszusätze wie Kundendienstleistungen, Zubehörteile etc. erreicht. Als Alternativen gesellen sich dazu On Top-Angebote in der Leistungsspitze oder Bottom Off-Angebote als Anhebung des Einstiegsniveaus. On Top werden etwa Premiummarken an die Spitze des Programms gesetzt. Die Sektkellerei Henkell hat so den traditionellen *Henkell Trocken* durch den Rosé *Kardinal* ergänzt und später durch den roten Sekt *Adam* nochmals übertroffen. Dem liegt die Erfahrung des Cascading zugrunde, d. h. Premiummarken werden im Laufe der Zeit popularisiert und verlieren ihre Klasse, wodurch an der Spitze wiederum Platz für eine noch hochwertigere Marke geschaffen wird. Doch auch diese wird popularisiert werden etc. Gleichzeitig werden damit an der Basis der Pyramide Produkte verdrängt, weil sie keine angemessene Nachfrage mehr finden oder das Image der übrigen Marken beeinträchtigen (Bottom Off). So nahm Volkswagen den Klassiker Käfer aus dem Angebot, weil dessen Konzeption nach Werksmeinung nicht mehr zeitgemäß war. Der Einstieg in das Volkswagen-Programm erhöhte sich damit auf Polo-Niveau.

Insofern liegt das primäre Ziel nicht in einer Erhöhung der quantitativen Kaufrate, sondern in einer Steigerung des Umsatzes je Kaufakt. Wenn es gelingt, Kunden beim Kaufentscheid ein höherwertigeres Produkt anzudienen, resultiert daraus meist auch höherer Ertrag. Dies paßt zudem zur Qualitätsorientierung entwickelter Gesellschaften, die den Quantitätskonsum der Wirtschaftswunderzeit abgelöst hat. Diesem Trend kann entsprochen werden durch:

- Produktaufwertung (Up Grading),
- optionale Angebotszusätze (vorwiegend zur Individualisierung),
- entgeltliche kaufbegleitende Services (Systems Selling).

Per Saldo wird dem Kunden eine markentreue Produktkarriere ermöglicht. Dabei darf allerdings seine finanzielle Leistungsfähigkeit nicht überzogen werden (z. B. Automobilindustrie).

(→ *Absatzquellendefinition*)

Strukturdiagramm

(→ *Visualisierung von Daten*)

Strukturiertes/Unstrukturiertes Interview

Beim strukturierten Interview liegt ein ausformulierter Fragebogen vor, der die Reihenfolge der Fragen und deren Wortlaut vorgibt. Die Reglementierung ist jedoch nicht so streng wie beim standardisierten Interview, sodaß Freiräume für das Eingehen auf Einzelfälle bestehen bleiben. Darunter leidet natürlich die Vergleichbarkeit der Befragungsergebnisse untereinander. Jedoch kann dadurch besser auf die Individualität des Befragten eingegangen werden. Dies ist wichtig zur Steigerung dessen Auskunftfähigkeit und -willigkeit. Von non-direktiver Technik spricht man, wenn sich der Interviewer bei der Befragung stark zurückhält und nur unauffällig lenkt, von semi-direktiver Technik, wenn der Interviewer flexibel und durchaus auch straffer im Sinne des Ergebnisziels führt, und von direktiver Technik, wenn der Interviewer das Gespräch dominiert und sagt, wo es lang geht. Ziel ist in jedem Fall die Ermittlung hypothetischer, unzugänglicher und normativer Sachverhalte.

Beim unstrukturierten Interview liegt dem Interviewer nur ein Leitfaden vor, der die wichtigsten Punkte enthält, die im Interview angesprochen werden sollen. Formulierung und Reihenfolge der Fragen sind nicht festgelegt. Der Interviewer kann nach eigenem Ermessen Fragen auslassen und/oder Zusatzfragen stellen, er kann eigene Erklärungen abgeben und auf die verschiedenen Aspekte mehr oder minder vertieft eingehen. Damit wird die natürliche Gesprächssituation simuliert. Im Unterschied zum Gruppeninterview ist jedoch nur eine antwortende Person einbezogen, dafür wirken Schweiger und Meinungsbildner nicht ergebnisverzerrend.

Als Nachteile beider Ansätze sind jedoch folgende Aspekte zu nennen.

Gruppendynamische Prozesse unterbleiben, da nur eine Einzelperson involviert ist. Dadurch können Prozesse im sozialen Umfeld weniger nachempfunden werden als dies im Gruppeninterview der Fall ist.

Es ist kein Vergleich der Ergebnisse mehrerer Befragungen unterschiedlicher Personen möglich. Denn jedes Interview ist individuell auf die Befragungsperson zugeschnitten und läuft anders als das nächste.

Der Interviewer hat als alleinige und dominante Bezugsperson einen starken Einfluß auf den Gesprächsverlauf und -inhalt. Insofern kommt es bei Interviews verschiedener Befrager zu weiteren Verzerrungen.

Eine Auswertung ist nur über Tonbandprotokoll oder Mitschrift durch eine zweite Person möglich, wobei beides Verzerrungsgefahren birgt, im ersten Fall durch mindere Aufmerksamkeit, im zweiten durch Ablenkung der Befragten.

Strukturierungsfunktion

(→ *Marketingforschung, Begriffe)*

Strukturorganisation

Die Organisation im Marketing besteht aus Struktur- und Prozeßorganisation. Unter Strukturorganisation versteht man die Gliederung eines Betriebs in arbeitsfähige Untereinheiten sowie deren Koordination zur Regelung der Zusammenfassung und Zuordnung von Absatzaufgaben an interne (und externe) Absatzorgane. Dabei lassen sich drei Dimensionen unterscheiden:

- *Konfiguration* als Beziehungszusammenhänge zwischen Organisationseinheiten. Sie führt zu dauerhaften Formen der Aufbauorganisation, umfassend Einlinien- und Mehrlinienaufbau, Stablinien- und Kreuzlinienaufbau (Matrix/Tensor).
- *Spezialisierung* als Zuweisung von verteilungsfähigen Aufgaben an Aufgabenträger. Sie führt zu funktions- oder objektorientiertem Aufbau, letzterer je nach Objekt als Produkt-, Kunden- oder Gebietsorganisation.
- *Koordination* als Abstimmung der Aufgabenträger in Hinblick auf die Aufgabenerfüllung. Sie führt zu bedingt hierarchischen (Team) oder bedingt dauerhaften Formen (Projekt) sowie Mischtypen als Zentralabteilung und Gremium.

Die Organisationsentwicklung geht in Richtung flacher Strukturen mit wenigen Hierarchiestufen und großzügiger Entscheidungsfreiheit. Die langen Wege tief gegliederter Organisationen mit ihren Verzerrungen und Verzögerungen werden damit aufgebrochen und in ergebnisverantwortliche, separierbare und steuerbare strategische Geschäftseinheiten zergliedert, die direkt an die Geschäftsführung berichten und in sich weitgehend gruppenorientiert arbeiten. Oft wird dazu der Vergleich zwischen einem Schlachtschiff (Zentralisation) und einem Verband wendiger Kreuzer (Divisionalisierung) herangezogen. Im Effekt arbeiten die Abteilungen dann wie kleine, selbständige Unternehmen im Unternehmen (Profit Centers).

(→ *Einlinienorganisation, Gebietsorganisation, Gremium, Kreuzlinienorganisation, Kundenorganisation, Mehrlinienorganisation, Produktorganisation, Projektorganisation, Stablinienorganisation, Teamorganisation, Zentralabteilung)*

Strukturvertrieb

Beim Strukturvertrieb (Multi Level Marketing) sind mehrere Stufen von Absatzhelfern derart aktiv, daß Absatzhelfer oberer Stufen an den Abschlüssen der Absatzhelfer unterer Stufen partizipieren, und mit steigendem Erfolg selbst auf eine immer höhere Stufe avancieren und immer mehr profitieren, sofern es denn soweit überhaupt kommt. Multi Level Marketing findet sich etwa bei Versicherungen, Finanzdienstleistungen, Immobilien, Kosmetika, Putzartikeln, Haushaltswaren, Schlankheitsmitteln, Sicherheitsanlagen, Anzeigen, Dessous, Büchern, Telefonen, Clubs, Call Backs (auslandsvermittelte Telefongespräche) etc.

Strukturzählung

Die in der Mediaforschung erhobene Datenbasis hilft, die vorher definierte Zielgruppe zu prüfen und gibt Anhaltspunkte für Korrekturen. Dienen nicht-demographische Merkmale als Kriterien, so kann mit

Hilfe des Computerprogramms ein Bild von der Demographie der Zielpersonen gewonnen werden, die damit für die weitere Bearbeitung an Konkretisierung gewinnen. Ebenso können mehrere Teilzielgruppen ausgewählt und untereinander verglichen sowie in Relation zur Grundgesamtheit betrachtet werden. Über die sich dabei ergebenden Ausprägungen ist eine Feinjustierung der Zielgruppendefinition möglich. Segmentierungsläufe können aber auch erst zur Abgrenzung einer Zielgruppe führen. Dazu wertet man verschiedene Fragestellungen von Analysen aus (Quellenlexikon) und stellt Schwerpunkte fest, die zu Definitionsmerkmalen erhoben werden. Schließlich ist eine Auswertung als Trendzählung im Zeitablauf möglich, um Anteilsentwicklungen nachzuvollziehen und zu nutzen. Die Ergebnisse können hinsichtlich aller Kriterien in verschiedenen Formen ausgegeben werden.

Die Ausgabe erfolgt in fünf Formen:

- Erstens horizontal prozentuiert, d. h. die Anteilsergebnisse mehrerer Teilzielgruppen addieren sich als Summe für jedes Kriterium je Zeile auf 100%.
- Zweitens vertikal prozentuiert, d. h. die Strukturergebnisse jeder Teilzielgruppe addieren sich als Zusammensetzung über alle Kriterien je Spalte auf 100%.
- Drittens in absoluten Zahlen, d. h. die Ergebnisse werden je Zeile/Spalte als reale Fallzahlen angegeben.
- Viertens als Hochrechnung, d. h. die Ergebnisse werden je Zeile/Spalte als hochgerechnete Stichprobenerhebung auf die dahinterstehende Grundgesamtheit ausgewiesen.
- Fünftens als Index, d. h. je Kriterium wird jede Teilzielgruppe in Relation zum Durchschnitt der Grundgesamtheit (= Index 100) ausgewiesen.

Durch diese verschiedenen Formen der Darstellung kann eine vorhandene Zielgruppe sehr aussagefähig charakterisiert werden. Auswertungen sind (noch) kostenloser Service der Werbedurchführenden, die damit praktisch eine Leistung erbringen, die sich Werbemittler von ihren Kunden stillschweigend oder ausdrücklich honorieren lassen. Im Gegensatz zu früher findet keine zentrale Auszählung mehr statt, sondern die Datensätze werden, auf kopiergeschützten Disketten, Mediaplanern für deren PC zur Verfügung gestellt und in regelmäßigen Abständen aktualisiert.

(→ Mediaplanung)

Stückkauf

(→ Kaufvertrag, Arten)

Studio-Test

(→ Kommunikationstests)

Stufenmodelle der Werbung

Es gibt vielfältige Versuche, die Werbewirkung in Stufenmodellen zu erfassen. Dem liegt die Anschauung zugrunde, daß werbliche Wirkungen erst das Ende einer Kette von Wirkungen bilden, die aufeinander aufbauen und alle in dieser Folge und vollständig durchlaufen werden müssen. Ist eine vorlaufende Stufe nicht gegeben, wird auch die nachfolgende nicht erreicht. Der Wirkungsgrad einer vorgelagerten Stufe begrenzt damit den Wirkungsgrad der nachgelagerten.

Die wichtigsten Phasenmodelle sind im folgenden aufgeführt (vgl. *Koschnick, Wolfgang J.:* Standardlexikon für Marketing, Marktkommunikation, Markt- und Mediaplanung, München et al 1987):

- Attention, Interest, Desire, (Conviction), Action (Satisfaction) (Lewis/1898 und Hotchkiss bzw. Rowse/Fish 1945),
- Want, Solution, Action, Satisfaction (Strong/1938),
- Aufmerksamkeit, Interesse, Wunsch, Vertrauen, Entscheidung, Handlung, Zufriedenheit (Kitson/1940),
- Berührungs- und Streuerfolg, Aufmerksamkeitswirkung, Gefühlswirkung, Erinnerungswirkung, positive Hinstimmung und Interesseweckung, Auslösung der Kaufhandlung (Hill/1950),
- Sinnenergreifung, Seelengewinnung, Seelenformung, Seelenentladung (Lisowsky/1951),
- Definition, Identifikation, Beweis, Annahme, Begierde, Abschluß (Goldmann /1953),
- Sinneswirkung, Aufmerksamkeitswirkung, Gedächtniswirkung, Vorstellungs- und Gefühlswirkung, Willens- und Weiterpflanzungswirkung, Kauf-, Umsatz-, Gewinnwirkung (Sundhoff/ 1954).
- Aufmerksamkeitserregung, Aufmerksamkeitsführung, Werbeinhaltsweitergabe, Stimmungsaufbau, Kaufhandlungsauslösung (Koch/1958),
- Aufmerksamkeitswirkung, Gedächtniswirkung, Gefühls- und Willenswirkung, Handlung (Machill/1960),
- Awareness, Knowledge, Liking, Preference, Conviction, Purchase (Lavidge/Steiner/1961),
- Awareness, Comprehension, Conviction, Action (Colley/1961),
- Bekanntmachung, Information, Hinstimmung, Handlungsanstoß (Meyer/1963),
- Sinneswirkung, Aufmerksamkeitswirkung, Vorstellungswirkung, Gefühlswirkung, Gedächtniswirkung, Willenswirkung (Jaspert/1963),
- Berührungserfolg, Beeindrukkungserfolg, Erinnerungserfolg, Interesseweckungserfolg, Aktionserfolg (Behrens/1963),
- Aufmerksamkeit, Gedächtniswirkung, Hinstimmung, Verkettung (Gutenberg/1965)
- Aufmerksamkeit, Akzeptanz, Interesse, Überzeugung, Kaufakt, Kaufnachbereitung, Kundenkontakt, Reaktivierung, (*Pepels* 1994),
- Sinneswirkung, Aufmerksamkeitswirkung, Vorstellungswirkung, Gefühlswirkung, Gedächtniswirkung, Willenswirkung (Seyffert/1966),

Stufigkeit von Märkten

- Bekanntheit, Image, Nutzenerwartung, Präferenz, Handlung (Fischerkoesen/1967),
- Bewußtsein, Wissen, Bevorzugung, Loyalität (Kotler/1967),
- Aufmerksamkeit, Kenntnis, Einverständnis, Einstellung, Verhalten (McGuire/1969),
- Produktkenntnis, Erstkauf, Wiederholungskauf (Claycamp/Liddy /1969),
- Brand Attention, Comprehension, Attitude, Intention, Purchase (Howard/Sheth /1969),
- Exposure, Awareness, Attitude, Sales, Profits (Montgomery/Urban/1969),
- Awareness, Comprehension, Attitude, Legitimation, Trial, Adoption (Robertson/1971),
- Bekanntheit, Verständnis, Einstellung, Motivation, Kaufakt (Junk/1973),
- Awareness, Trial Purchase, Repeat Purchase, Reinforcement (Ehrenberg/1974),
- Presentation, Attention, Comprehension, Yielding, Retention, Behavior (Aaker/ Myers/1975),
- Bedürfnisweckung, Informationsstandsverbesserung, Präferenzbildung, Kaufinteresseweckung, Kaufhandlungsauslösung (Bidlingmaier/1975),
- Bewußtsein, Aufmerksamkeit, Verstehen, Einstellung, Lernen, Handlung (deLozier/ 1976),
- Aufmerksamkeit, affektive Handlung, rationale Beurteilung, Kaufabsicht, Kauf (Kroeber-Riel/ 1980).

Stufigkeit von Märkten

(→ Marktrelationen)

Stummes/Tönendes Dia

(→ Kinospots)

Stundenaufwand

(→ Werbeagentur, Vergütung)

Styling

Styling beinhaltet die geschmackliche und sachliche Gestaltung der Ware als Packung, die untrennbar mit dem Produkt verbunden ist. Dabei handelt es sich um den Korpus nach Größe, Form, Material, Oberfläche, Farbe, Symbolik und deren Kombinationen. Ästhetische Anforderungen werden hierbei oft von funktionellen determiniert. Die Ausstattung erhöht nun idealerweise gleichzeitig den Gebrauchswert. Zu Zeiten computerintegrierter Fertigung sind zudem kostengünstige Kleinserien, z. B. als Sondermodelle, möglich. Eine Individualisierung kann aber auch durch Labelling erreicht werden, wie das etwa bei Modeartikeln geschieht. Wiederum wird dadurch die Identifizierungs- und Differenzierungsfunktion von Produkten unterstützt.

Subjektiv-stochastische Informationen

(→ Information, Bestimmtheit)

Subjektive Neuerung

Dabei geht es nicht um die faktische Neuheit eines Angebots, sondern

um die Vermittlung einer subjektiven Neuerung im Erlebnis dieses Angebots. Als Mittel dazu wird der gesamte Marketing-Mix eingesetzt, vor allem aber die Kommunikation. Ihre Aufgabe ist es, ein mehr oder minder unverändertes Produkt als neues, interessantes Angebot erleben zu lassen. Als Beispiel kann der Premium-Pilsmarkt gelten. Bier, und damit auch die spezielle Sorte Pils, war im Zuge des Edelkonsums der Wohlstandsgesellschaft zunehmend als Grund- und Mengenkonsumprodukt unterer sozialer Klassen stigmatisiert. Stattdessen wurden Wein und Sekt bei besonderen Anlässe eher als angemessen betrachtet. Darauf reagierten die Bierbrauer durch Stilisierung ihrer Pilssorten zu Premium-Pils, das durchaus als Alternative zu Wein und Sekt auch bei besonderen Anlässen positioniert wurde. Marken wie *Warsteiner-*, *Bitburger-*, *Krombacher-* oder *König*-Pils hoben sich somit aus dem gewöhnlichen Bierumfeld heraus und stellten sich auf eine Stufe mit typischen Edelkonsumgetränken. Umsetzungsmittel dazu waren Werbekampagne, Flaschenausstattung, Gastronomieselektion, Preisniveauanhebung etc. Die neue Position wurde von der Zielgruppe akzeptiert und repräsentiert heute einen großen, wachsenden Markt.
(→ Positionierung, Optionen)

Subjektive Wahrscheinlichkeit

(→ Marketing, Risikovorsorge)

Subjektive Zufriedenheitsindikatoren

(→ Kundenzufriedenheit, Messungen, Qualitätsmessung bei Dienstleistungen)

Subkultur

Kultur kein homogenes Gebilde. Vielmehr bilden sich Subkulturen als in sich relativ geschlossene Gruppen der Gesellschaft, die sich z. B. nach ethischen Gesichtspunkten, wie Rasse, Religion, Nationalität etc., nach altersmäßigen Gesichtspunkten, wie Kinder, Jugendliche, Senioren etc., oder nach räumlichen Gesichtspunkten, wie Stadt, Vorort, Land etc., bilden. Sie gliedern die Gesellschaft horizontal und werden von spezifischen, von der allgemeinen Wertestruktur teilweise abweichenden Normen geeint. So wie Kultur allgemein ein intergesellschaftlicher Begriff ist, so ist Subkultur ein intragesellschaftlicher. Er ist geprägt durch Identität der Mitglieder, Gleichartigkeit ihrer Interessen und Andersartigkeit von den Interessen anderer. Die Stärke des Einflusses hängt ab von der Besonderheit der Subkultur, d. h. ihrer jeweiligen Identität, ihrer Homogenität, d. h. der Gleichartigkeit der Situation der Mitglieder, und ihrer Abgeschlossenheit, d. h. der Trennung von anderen Gruppen der Gesellschaft. Kultur und Subkultur interagieren im Zeitablauf, d. h. es kommt zu einer Assimilation subkulturellen Verhaltens (z. B. Gebrauch von Haschisch) in die (allgemeine) Kultur

und zur Neuentstehung von Subkulturen (z. B. Designerdrogen). Diese Änderungen dürfen allerdings weder zu schnell erfolgen, dann kommt es zur Anarchie, noch zu langsam, dann kommt es zur Erstarrung in der Gesellschaft.
(→ Käuferverhalten)

Subliminale Werbung

(→ Kommunikation, Kategorien)

Submission

Die Submission (Ausschreibung) läßt sich definieren als eine von einem Nachfrager zum Zwecke eines Vertragsabschlusses an potentielle Anbieter gerichtete Aufforderung, für bestimmte, durch eine Beschreibung (Lastenheft/Pflichtenkatalog) präzisierte Leistungen schriftliche Angebote abzugeben. Diese werden dann nach bestimmten Verfahrensregeln hinsichtlich Ort und Zeit der Öffnung der Angebote behandelt, wobei das unter Einbeziehung aller Aspekte günstigste Angebot den Zuschlag erhält. Dazu gehört, daß eine Anbietungsfrist einzuhalten und keine Nachbesserungsmöglichkeit gegeben ist. Der Anbieter kann jedoch hilfsweise ein von der Ausschreibung abweichendes, begründetes Angebot machen. Die Ausschreibung ist also eine Marktveranstaltung zur Auslösung und Steuerung eines rivalisierenden Bewerbens von Anbietern um den Auftrag eines Nachfragers. Insofern wird durch einen Nachfrager (den Submissionar) Konkurrenz unter einer Mehrzahl von Anbietern (den Submittenten) von Gütern/Diensten geschaffen. Hauptanwendungsbereich ist die Beschaffung der Öffentlichen Hand, wobei die Ausschreibung dazu dient, die Auftragsvergabe möglichst wirtschaftlich und präferenzfrei zu gestalten. Probleme entstehen für den Nachfrager aus der Gefahr informeller oder organisierter Absprachen der Anbieter und für die Anbieter aus der Unsicherheit über erfolgversprechende Angebotspreise und damit verbundene Einschränkungen in ihrer Dispositionsfreiheit bis zum Ende der Zuschlagsfrist, dem Zeitpunkt also, wo sie das Ergebnis der Ausschreibung erfahren und bis zu dem sie an ihr Angebot gebunden sind.
(→ Abschlußmärkte)

Subsidiärmarke

Bei der Subsidiärmarke handelt es um die Marke eines im Herstellungsprozeß als Vorprodukt untergehenden, unselbständigen Produkts. Dennoch kann darin von Nachfragern eine Qualitätszusage gesehen werden. Man unterscheidet begleitende Subsidiärmarken, die selbständig im Endprodukt erhalten bleiben, und untergehende Subsidiärmarken, die im Endprodukt nicht mehr separierbar sind. Für beide gibt es zahlreiche Beispiele. Bei begleitenden Marken ist etwa an *Intel*-Mikroprozessoren zu denken, die in PC's eingebaut werden. PC-Marken mit eingebauten Intel-Processor weisen dies jedoch für gewöhnlich ak-

quisitorisch aus. Ganz ähnlich war früher der Einbau von *Valvo*-Röhren in Heimelektronikgeräten zu bewerten. Diese standen für besondere Zuverlässigkeit und Langlebigkeit. Weitere Beispiele sind *Styropor* oder *Hostalen*. Bei untergehenden Marken ist etwa *Nutrasweet* zu nennen, ein besonders gesundheitsunschädlicher Süßstoff, der zahlreichen Nahrungsmitteln als Zuckerersatz beigegeben ist. Auch darauf wird in eigenständiger Kommunikation sowohl wie durch die Endprodukt-Hersteller akquisitorisch hingewiesen. Dies gilt auch für *Goretex*, eine zugleich atmungsaktive und wasserundurchlässige Kunstfaser, die in strapazierfähigen Kleidungsstücken verarbeitet wird.
(→ Absenderbezogene Markentypen)

Substanziierung im Marketing

Zunächst war Marketing noch durch die Konzentration auf die *Abnehmer* der erstellten Leistungen geprägt. Im Zuge sich verengender Märkte wurden jedoch die Gestaltungsspielräume der Unternehmen zunehmend nicht mehr durch eigene Strategien, sondern vielmehr auch durch Konkurrenzstrategien determiert. Dementsprechend erweiterte sich die Sichtweise auf das *Wettbewerbsumfeld*. Schnell stellte sich jedoch heraus, daß dies nicht ausreichte, weil die Gestaltungsspielräume der Unternehmen nicht allein durch Konkurrenten, sondern auch durch vielfältige andere Anspruchsgruppen determiniert wurden. Folglich war eine Erweiterung auf diese Interessenten erforderlich. Hinsichtlich der Abnehmerschaft sind dabei unmittelbare und mittelbare Abnehmerstufen zu unterscheiden. In vielen Absatzbereichen sind Mittler zwischengeschaltet, die die Distribution und Ausweitung von Leistungen an Endnutzer übernehmen, dabei jedoch eigene Ziele verfolgen. Dann ist eine doppelstufige Einbindung der Akteure im Absatzkanal erforderlich. Hinsichtlich der Konkurrenz sind verschiedene Intensitätsgrade abstufbar. Am intensivsten sind die Beziehungen innerhalb der eigenen strategischen Gruppe, dann folgen die aktuellen Mitbewerber der Branche und schließlich branchenfremde Anbieter, die von potentiellen zu aktuellen Mitbewerbern werden können. Darüberhinaus nehmen jedoch auch vielfältige, interne und externe Interessenten auf die Vermarktung Einfluß. Diese wirken in verstärktem Maße limitierend auf die Freiheitsgrade unternehmerischer Entscheidungsfindung.
(→ Marketing, Definition)

Substitutionszeitkurve

Die Substitutionszeitkurve soll Aufschluß über die zeitliche Ablösung eines Produkts durch ein anderes geben, das dem gleichen Zweck dient. Hierbei liegt die Erfahrung zugrunde, daß die durch eine Innovation bewirkte Substitution bestimmten gleichförmigen Verhaltensmustern (logistische Funktion) folgt. Insofern kann bereits aus wenigen frühen Daten, die die Bedingungen der jeweiligen Substitution enthalten, formal der zukünftige Substitutionsprozeß prognostiziert werden. Es gibt drei typsiche Phasen.

Bei Markteintritt wächst der Marktanteil nur langsam, da das alte Produkt noch beherrschend ist. Meist wird diese Zeitspanne der Bewußtmachung eines neuen Angebots unterschätzt. Es braucht verhältnismäßig lange, bis gewohnte Verhaltensweisen aufgebrochen und neue durchgesetzt werden können, selbst wenn Vorteile offensichtlich scheinen.

Bei Marktpenetration erfolgt der eigentliche Substitutionsprozeß. Dies erfordert entsprechende Kapazitätsbereitstellung beim neuen Produkt. Dessen Ablösung bricht oft schlagartig herein, weil sich Prozesse im Vorfeld aufschaukeln und im Wege hoher Eigendynamik überraschend kulminieren.

Bei Marktsättigung vollzieht sich die endgültige Verdrängung der bisherigen Lösung bis auf einen remanenten Nischenmarkt. Es ist selten der Fall, daß ein Angebot gänzlich vom Markt verschwindet. Es gibt immer noch marginale Verwendung bei Nachzüglern, deren Umsatz liquidiert werden kann (Versteinerung).

Problematisch ist, daß Trendbrüche zu Fehlprognosen führen. Außerdem ist die Unterstellung bestimmter Substitutionsbedingungen problematisch.

Substitutionsgutmitbewerb

(→ Wettbewerber-Analyse)

Substitutionstest

(→ Konzepttests)

Suggestivfrage

(→ Fragetechnik im Verkaufsgespräch)

Sukzessivausgleich

(→ Deckungsbeitragsrechnung, Kostenanalysen)

Sukzessivgeschäft

(→ Rechnungsgeschäft)

Sukzessivlieferungsvertrag

(→ Lieferungsbedingungen)

Summenindex

(→ Kennziffern)

Summenkurve

(→ Visualisierung von Daten)

Superiore Güter

(→ Gütertypen)

Supermarkt

Hierbei handelt es sich um einen Betriebstyp des Handels, der weit verbreitet ist (z. B. *Kaiser's, Schlecker*). Seine wesentlichen Kennzeichen sind die folgenden:

- breites, flaches Sortiment,
- anspruchsloses Sortimentsniveau,
- aggressive, flexible Preisbildung,
- Cityrand- oder Vorortlage,
- Großbetriebsform (400–1000 qm/ Food und Non Food),
- geringer Einsatz des Beeinflussungs-Mix (Ausnahme: Kommunikation),

- Akquisition durch Ladengeschäft in dominanter Selbstbedienung,
- dezentrale Standortspaltung mit stationären Verkaufspunkten,
- horizontale Integration in Konzern (Filialisierung).

(→ Einzelhandel, Betriebstypen)

Supplement

(→ Printwerbung, Sonderformen)

SWOT-Analyse

Diese Form, auch als SOFT- oder WOTS UP-Analyse bezeichnet, impliziert die Kombination aus Stärken- Schwächen- und Chancen-Risiken-Analysen (Akronym der englischen Begriffe Strenghts, Weaknesses/Failures, Opportunities, Threats). Daraus ergeben sich vier Felder, denen Normverhaltensweisen zugeordnet werden können. Unternehmensstärken bei Umfeldchancen bedeuten Marktchancen, die durch parallele Anbieterstärken am besten zu nutzen sind. Unternehmensstärken bei Umfeldrisiken bedeuten Marktrisiken, die durch partielle Anbieterstärken kompensiert werden können. Unternehmensschwächen bei Umfeldchancen bedeuten Marktchancen, deren volle Nutzung durch Anbieterschwächen behindert wird. Unternehmensschwächen bei Umfeldrisiken bedeuten Marktrisiken, die durch Anbieterschwächen

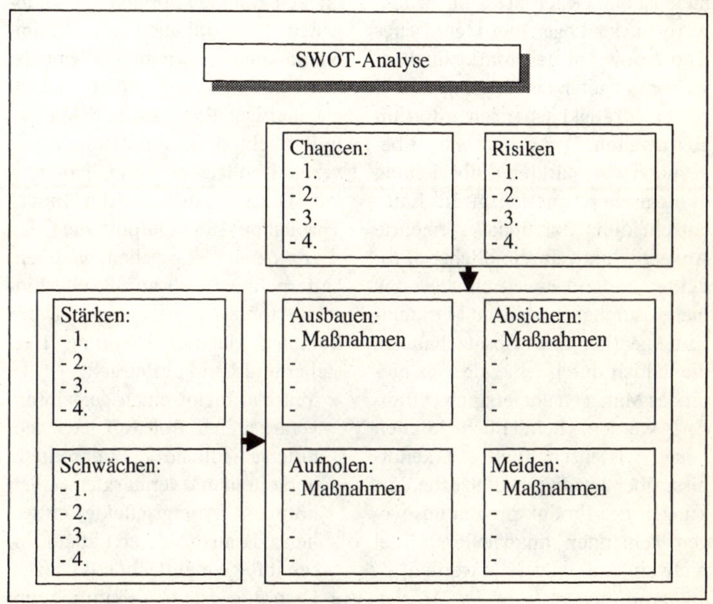

SWOT-Analyse

dramatisiert werden. Die Vorgehensweise ist wie folgt.

Die aus dem Konkurrenzvergleich herausgearbeiteten Stärken und Schwächen des Unternehmens werden katalogisiert. Die aus der Prognose herausgearbeiteten Chancen und Risiken des Marktumfelds werden katalogisiert. Nun werden beide Merkmalskataloge in Beziehung zueinander gesetzt. Dazu werden Themenkomplexe gebildet, auf die sich sowohl Stärken bzw. Schwächen als auch Chancen bzw. Risiken beziehen. Für jeden Themenkomplex werden diese Größen in Form einer Matrix zugeordnet. Daraus ergeben sich konkrete Handlungsanweisungen.

Dazu ein Beispiel. Ein Unternehmen ist im Gegensatz zum Mitbewerb in der Lage, sein technisches Know how auf den Markt für Umweltschutzgüter zu übertragen und seinen Tätigkeitsbereich dorthin auszuweiten. Das Unternehmen begegnet der verstärkten Einbeziehung ökologischer Kriterien in die Kaufentscheidung durch das vermehrte Angebot umweltfreundlicher Produkte. Neue Umweltschutzgesetze bieten durch rechtzeitigen Markteintritt eigentlich neue Absatzchancen, die jedoch durch fehlende Flexibilität des Management letztlich verhindert werden. Schließlich können neue wissenschaftliche Erkenntnisse über negative ökologische Wirkungen des Produktprogramms wegen fehlender finanzieller Mittel nicht sinnvoll umgesetzt werden.

(→ Analyseverfahren im Marketing)

Symboldiagramm

(→ Visualisierung von Daten)

Symbole

(→ Unternehmenskultur)

Syndikat

(→ Kooperation)

Synektik

(→ Kreativitätstechniken)

Synergienutzung

Synergie resultiert aus Verbundwirkungen innerhalb des Unternehmens. Synergie bedeutet, daß die Summe mehr als deren addierte Einzelelemente ausmacht. Als Synergiequellen kommen Formen der homogenen Diversifikation als Zusammenfassung verwandter Elemente, d. h. artähnlicher, nicht jedoch gleichartiger Produkte und Märkte, in Betracht, die sich horizontal oder vertikal vollziehen kann. Horizontale Diversifikation betrifft Input-, Throughput- und Outputtreue.

Inputtreue ist gegeben, wenn ein Unternehmen sich auf gleiche Einsatzfaktoren konzentriert. Dafür kommen Material, Ursprung, Hersteller und Land in Betracht:

- Material meint einen gemeinsam verarbeiteten Rohstoff, aus dem unterschiedliche Endprodukte hergestellt und vermarktet werden können. Synergieeffekte entstehen z. B. aus größeren Einkaufslosen infolge mehrfachen Bedarfs.
- Ursprung ist als Kenntnis um Qualitätserfordernisse zu verste-

hen. So können wichtige Abnehmer Qualitätsnormen definieren, denen eine ganze Branche folgt (z. B. *IBM* und *Microsoft*).

- Hersteller umfaßt den gemeinsamen Absender einer Leistung, von dem vertrauensvoll auf bestimmte Produkteigenschaften geschlossen wird, die dem Angebot zu einem Vorsprung am Markt verhelfen. Dies wird z. B. beim Verkauf von Handelsware unter eigener Marke genutzt.
- Land beschreibt ein gemeinsames Ursprungsgebiet, dem Qualitätsdimensionen beigemessen werden. Dies gilt z. B. für Agrarprodukte (Wein, Käse, Obst, Whiskey etc.).

Throughputreue ist gegeben, wenn vorhandenes Know how außer im angestammten in weiteren Sektoren genutzt wird. Dafür kommen Funktion, Tradition, Problemlosigkeit, Preis, Organisation und Produktion in Betracht:

- Funktion ist als gemeinsamer Verwendungszweck gemeint, dem unterschiedlichste Produkte dienen. Als Beispiel mag hier der Do it yourself-Bereich gelten.
- Tradition versteht sich als Wurzeln der Geschäftstätigkeit, die ein besonderes Know how nahelegen. Zu denken ist z. B. an handwerkliche Tradition etwa bei Schuhen, Uhren, Mode etc.
- Problemlosigkeit betrifft den Grad der Erklärungsbedürftigkeit von Angeboten, der bei Convenience-Produkten gering ist, sodaß diese bei Hersteller und Handel zusammengefaßt werden (z. B. SB-Geschäfte).
- Preis impliziert oft eine gemeinsame Qualitätseinstufung. Dem liegt die Erfahrungstatsache zugrunde, daß vom Preis, vor allem in Ermangelung anderer Parameter, auf die Leistung eines Angebots geschlossen wird. Hoher Preis impliziert hohe Leistung und umgekehrt. Aber nicht in allen Lebensbereichen ist hohe Leistung unbedingt erforderlich. Hersteller und Handel fassen nun preisähnliche Produkte zusammen (z. B. Premiummarken-Hersteller oder Discounter).
- Organisation meint das spezielle Wissen über die betrieblichen Abläufe, die Erfolgspotentiale erschließen.
- Produktion hingegen beinhaltet das spezielle Wissen über die betriebliche Fertigung, die ebenfalls Erfolgspotentiale erschließt.

Outputtreue ist gegeben, wenn ein Programm nach Bedarfsbündeln der Nachfrager organisiert ist. Dafür kommen Nachfrageverbund, Person, Anlaß und Interesse in Betracht:

- Nachfrageverbund ergibt sich als Bedarf gemeinsamer Produktgruppen. Solche Komplementärprodukte werden häufig nicht nur gemeinsam genutzt, sondern auch eingekauft. Daher lohnt es sich, sie auch gemeinsam anzubieten.
- Personen als Einkäufer bewirken ebenfalls einen Verbund, indem kumuliert zusammenhängende Bedarfe befriedigt werden. Z.B.

ergibt sich bei Berufseinstieg mehrfacher Bedarf nach Finanzdienstleistungen wie Kontokorrentkonto, Krankenversicherung, Bausparvertrag, Wertpapieranlage etc.

- Anlaß versteht sich als gemeinsamer Bedarfsauslöser. Dies ist z. B. im Investitionsgütermarketing durch sog. Turn Key-Projekte gegeben, die alle Nebenleistungen beinhalten und komplexe Bedarfe somit gemeinsam befriedigen.
- Interesse ist als gemeinsame Erlebnisorientierung zu verstehen. Erfahrung zeigt, daß High Interest-Bereiche zu einer überproprotionalen Kauffreude führen (= Erlebniskauf). Zu denken ist z. B. an die Urlaubszeit, wo in der allgemeinen Hochstimmung Ausgaben vorgenommen werden, die ansonsten nach Art und Umfang unter alltäglichen Bedingungen eher unterbleiben.

(→ *Marketing, Strategien)*

System-Ansatz

(→ *Marketing, Methoden)*

Systematische Fehler

(→ *Auswahlverzerrungen)*

Systemvergleich

(→ *Nutzenbeweis)*

Systemwechsel

Systemwechsel ist eine Form der Definition der Absatzquelle. Systemwechsel meint den Wechsel zwischen substitutiven Produktgruppen. Denn meist sind zwei oder mehr Systeme ähnlich gut zur Problemlösung geeignet. Vor der Markenentscheidung hat daher die Systementscheidung zu erfolgen. Wird hier die Weiche falsch gestellt, läuft die Nachfrage am eigenen Angebot vorbei.

Systemvergleiche sind übrigens, trotz restriktiver Rechtssprechung zu vergleichender Werbung in Deutschland, erlaubt (immer vorausgesetzt, sie sind nicht unlauter oder irreführend). Als Beispiel kann der Markt für Monatshygieneprodukte gelten. Hier konkurrieren die Systeme Binde und Tampon miteinander. Es schien bereits so, als gehe der Trend eindeutig in Richtung des Systems Tampon, das vor allem von jüngeren Frauen präferiert wird. Neuerdings sind jedoch wieder Binden dominant, nicht zuletzt durch gravierende Produktverbesserungen und die werbliche Penetration einzelner Produkte, namentlich *Always* von *P & G*. Die Tamponwerbung, vornehmlich *o.b.* von *J & J*, hält mit der Auslobung ihrer Systemvorteile dagegen. Und das alle Tage zur besten Abendessenszeit in der Fernsehwerbung. Ansatzpunkte für einen Systemwechsel bietet also die Leistungsverbesserung des eigenen Systems oder Unternehmensinnovation.

(→ *Absatzquellendefinition)*

Szenario-Technik

Bei der Szenario-Technik handelt es sich um die eingehende, systematische Analyse der gegenwärtigen Lage auf dem Prognosegebiet und die Ermittlung und Untersuchung aller denkbaren Entwicklungen dort. Ihr Ziel ist die Projektion aus komplexen, wissenschaftlich begründeten Voraussagen über Inhalt, Umfang und Richtung von Entwicklungsprozessen, denen reale oder abstrakte Systeme in großen Zeitabläufen unterworfen sind. Sie dienen damit dem Entwurf eines Modells über den künftigen Zustand solcher Systeme. Vor allem werden kritische Ereignisse (sog. Strukturbrüche) einbezogen, die zu Alternativen führen.

Der Ablauf der Szenario-Technik erfordert folgende Schritte.

1. Analyse der gegenwärtigen Situation sowie Definition und Gliederung des Untersuchungsfeldes:

Hier werden der Untersuchungsgegenstand geklärt und alle dazu nötigen Informationen gesammelt, analysiert und bewertet. Es erfolgen die Zusammenstellung und Bewertung der Ziele und Strategien im Kontext des Unternehmensleitbildes und übergeordneter Ziele und Strategien, die Stärken-Schwächen-Analyse, die Eruierung wichtiger Probleme und deren Lösungsnotwendigkeiten und die Festlegung des Zeithorizonts für die Szenarien.

2. Festlegung von Einflußgrößen des In- und Umsystems sowie Ermittlung und Bewertung der Einflußfaktoren und Analyse der Vernetzung zwischen den Einflußfaktoren:

Es kommt zur Identifizierung und Strukturierung der Umfelder. Die das Untersuchungsfeld direkt oder indirekt beeinflussenden Faktoren werden dazu thematisch strukturiert und gebündelt. Für die weitere Arbeit ist entscheidend, diese Faktoren in Form von Kenngrößen, Variablen oder Merkmalen so zu charakterisieren, daß ihnen Entwicklungsrichtungen zugeordnet werden können (sog. Deskriptoren). Es folgen die Ermittlung der relevanten Einflußfaktoren in den einzelnen Beobachtungsbereichen, die Erstellung einer Rangordnung der relevanten Einflußfaktoren durch Bewertung, die Vernetzungsanalyse, d. h. Klärung der Frage, welche Einflußbereiche wie stark determinieren bzw. von diesen beeinflußt werden sowie Überlegungen zur Frage, wie man die vernetzten Einflußgrößen des In- und Umsystems für die Managementaktivitäten durch Synergieeffekte aktiv nutzen kann.

3. Ermittlung von Kenngrößen auf Basis der vorher ermittelten Einflußgrößen sowie Projektion von Entwicklungsrichtungen:

Die Deskriptoren werden mit Eintrittswahrscheinlichkeiten belegt. So werden unkritische von kritischen Deskriptoren unterschieden. Es wird eine möglichst wertneutrale Formulierung der Deskriptoren versucht, die den jetzigen und zukünftigen Zustand der jeweiligen Kenngröße präzise beschreiben. Außerdem kommt es zur Hinzuziehung von Prognosedaten und weiteren Daten unterschiedlicher Informationsquellen.

4. Überprüfung der Konsistenz

und Logik, d. h. Verträglichkeit der vorher identifizierten alternativen Entwicklungen sowie Auswahl zweier in sich konsistenter, aber alternativer Szenarien:

Aus den ermittelten Deskriptoren werden sodann in sich konsistente Annahmebündel gebildet, die als Gerüst für die nun zu formulierenden Zukunftsbilder dienen. Es wird eine Konsistenzanalyse mit Prüfung derart vorgenommen, ob die in einem Feld zusammentreffenden alternativen Ausprägungen eines Deskriptors eine direkte Korrelation haben, ob diese Beziehung, falls vorhanden, konsistent und widerspruchsfrei ist, und ob, falls vorhanden, dies mit oder ohne Verstärkung geschieht. Daraus folgt die Berechnung aller Szenario-Bündel, die möglich sind. Es werden solche Szenarien ausgewählt, die eine größtmögliche Konsistenz und interne Stabilität besitzen und außerdem noch sehr unterschiedlich sind.

5. Generierung, Ausgestaltung und Beurteilung der Zukunftsbilder sowie Ausarbeitung und Interpretation der Szenarien:

Es werden anschauliche Zukunftsbilder gestaltet. Der Blick ist die Zukunft sollte dabei weder zu blumig noch zu nüchtern ausfallen. Es folgt die Interpretation der ausgewählten Szenarien unter Hinzuziehung der Deskriptoren und der Ergebnisse der Vernetzungsanalyse. Die Verläßlichkeit der angenommenen Entwicklungen wird durch Berücksichtigung von Gegenreaktionen und neuen Entwicklungen überprüft, um zu einer dynamischen Analyse zu gelangen.

6. Schaffung von Grundlagen für Strategien sowie Prüfung von Störereignissen:

Diese Zukunftsbilder werden daraufhin geprüft, wie stabil oder labil sie gegenüber möglichen Störereignissen sind. Zu diesem Zweck werden überraschende Ereignisse formuliert (Diskontinuitäten). Daraus erfolgt die Ableitung von Handlungsnotwendigkeiten unter Berücksichtigung der gegebenen Unternehmensstrategien und die Ermittlung von Chancen und Risiken. Es kommt zur Bewertung der Ergebnisse und Erarbeitung von Konsequenzen, d. h. Maßnahmen/Aktivitäten.

7. Entwicklung von Präventiv- und Reaktivmaßnahmen für eventuelle Störungen sowie Ableitung von Konsequenzen für das Untersuchungsfeld:

Aus den Szenarien werden Probleme und Chancen für das Untersuchungsfeld abgeleitet. Die möglichen zukünftigen Situationen werden anschaulich beschrieben, evtl. durch Bilder unterstützt. Dazu ist die Sammlung möglicher abrupt auftretender interner oder externer Störungen notwendig und deren Bewertung bezüglich Relevanz und Signifikanz.

8. Formulierung einer Leitstrategie zur Konzipierung bzw. Ausarbeitung von Maßnahmen und Erstellung von Plänen:

Nun können diese Erkenntnisse in praktische Handlungsanweisungen umgesetzt werden, indem die Formulierung einer Alternativstrategie zur Leitstrategie vorgenommen wird. Die Abstimmung der Leitstrategie mit der generellen Ausrichtung der Unternehmung und der einzelnen Funktionsbereiche ist notwendig. Es folgt die Kontrolle der Szenarioergebnisse mit den tatsächlichen Entwicklungen und die Feststellung von Anpassungsnotwendigkeiten in bezug auf die Strategie.

Als wichtigste Vorteile gelten dabei die folgenden: Die allgemeinen Interdependenzen der Einflußfaktoren werden beachtet. Es werden alternative Entwicklungen in viele Richtungen ausgelotet. Das Prognoseumfeld und die Randbedingungen sind Bestandteil dieser Technik.

Von Nachteil sind jedoch folgende Aspekte: Es handelt sich um eine Fülle subjektiver Einschätzungen, die das Vorhersageergebnis ganz entscheidend beeinflussen. Der Einsatz ist nur bei komplexen Prognoseproblemen sinnvoll, die keine Fassung in mathematisch exakte Funktionen erlauben, sowie immer dann, wenn es nur um das Aufzeigen möglicher Zukunftsperspektiven geht (vgl. *Pepels, Werner:* Käuferverhalten und Marktforschung, Stuttgart 1995).

(→ Prognose)

T

T-Test

Die t-Verteilung ist der Normalverteilung sehr ähnlich, nur daß sie von der Zahl der Freiheitsgrade (= Anzahl der frei verfügbaren Beobachtungen) abhängt, also dem Stichprobenumfang abzüglich der aus der Stichprobe geschätzten Parameter. Die Zufallsvariable folgt dann der t-Verteilung. Diese ist symmetrisch um den Nullpunkt, verläuft jedoch flacher als die Normalverteilungskurve. Ihre Anwendung konzentriert sich auf kleine Stichprobenumfänge, bei denen die Voraussetzungen für den zentralen Grenzwertsatz nicht erfüllt sind. Dies bedeutet, daß nicht mehr davon ausgegangen werden kann, daß der Stichprobenmittelwert näherungsweise normalverteilt ist. Mit wachsender Zahl von Freiheitsgraden strebt die t-Verteilung gegen die Normalverteilung. Dies ist etwa ab mehr als 30 Werten als Differenz aus Stichprobenumfang und Anzahl der daraus berechneten Parameter der Fall.

Die t-Verteilung wird zur Signifikanzprüfung für zwei abhängige oder unabhängige Stichprobenmittelwerte von metrischen und normalverteilten Variablen zugrundegelegt. Der t-Test macht, unter der Annahme, daß die Varianzen beider Grundgesamtheiten, aus denen die Stichproben stammen, gleich sind, den Unterschied zwischen den Mittelwerten berechenbar. Bei größeren Stichproben bietet die Standardnormalverteilung eine hinreichende Annäherung für die Signifikanzprüfung.

Tabellenkalkulation

(→ *Desk Top Publishing, Software)*

Tabellenauswertung

Die Tabelle ist eine frühe Form der Datenkomprimierung. Tabellen bestehen aus Zeilen und Spalten. Die oberste Zeile heißt Kopfzeile, die vorderste Spalte Kopfspalte. Die Kopfzeile enthält die Bezeichnungen für die in den Spalten stehenden Zahlen, die Kopfspalte kennzeichnet den Inhalt der Spalten. Die letzte Zeile heißt Summenzeile, die letzte Spalte Summenspalte.

Jede Tabelle soll eindeutig und klar aufgebaut sein, sodaß sie unabhängig vom Text verständlich ist. Alle notwendigen Erläuterungen sollen in der Tabelle selbst enthalten sein. Sie soll dem Sinn der Aussage entsprechend angeordnet und durch Zwischenräume gegliedert sein. Hervorhebungen sollen wichtige Aussagen kennzeichnen. Die Angabe verwendeter Maßeinheiten ist unerläßlich. Mehrere Tabellen sollen durchnumeriert sein. Alle Quellen müssen angegeben werden. Tabelleninhalte lassen sich auch in Schaubilder umsetzen.

Eine Grundauszählung dient der Feststellung von Häufigkeitsverteilungen aller erhobenen Merkmale ohne Berücksichtigung der Querverbindungen zwischen den Variablen. Sie gibt einen ersten, nicht selten bereits ausreichenden Überblick über die Untersuchungsmerkmale und ist Ausgangspunkt für weitere Auswertungsaktivitäten. Denkbare Aufteilungen sind folgende.

Bei Häufigkeiten erfolgt die Ordnung von Datenmaterial nach absoluten und relativen Häufigkeiten zur Feststellung von Konzentrationspunkten und der Homogenität von Datenmengen.

Die Prozentuierung ist der Prozeß der Relativierung von absoluten Zahlenangaben mit Beziehung von Daten auf eine gemeinsame Basis zur besseren Aufhellung der Struktur von Datenmengen und um Vergleiche von Datenmengen zu vereinfachen. Der Wahl der Basis kommt eine erhebliche Bedeutung hinsichtlich der Interpretation zu.

Bei der Klassenbildung werden gleichartige Einheiten zu einer Gruppe zusammengefaßt. Die Klasseneinteilung ergibt sich nach der Ähnlichkeit der Fälle in der Klasse bzw. der Unterschiedlichkeit der Fälle zwischen den Klassen. Es sind Eindeutigkeit und Vollständigkeit der Klassen erforderlich. Dadurch ergibt sich eine größere Übersichtlichkeit des gruppierten Datenmaterials. Handelt es sich dabei um qualitative Merkmale, die zahlreiche Merkmalsausprägungen aufweisen, ist eine Klassifikation erforderlich. Handelt es sich um quantitativ-diskrete Merkmale, sind Klassengrenzen zu definieren. Handelt es sich um quantitativ-stetige Merkmale, dürfen Klassen sich nicht überschneiden oder Lücken untereinander aufweisen.

Tachistoskop

(→ Testverfahren, Aktualgenetische)

Talon

(→ Scanner-Kassen)

Tandemspot

(→ Rundfunkspots, Sonderformen)

Tangibilisierung

(→ Immaterialität von Dienstleistungen)

Target Costing

(→ Zielkostenrechnung)

Tarif

Eine wichtige Informationsquelle für den Mediaeinsatz ist der Tarif, den jeder Werbeträger besitzt. Auch dort finden sich, hier dargestellt am Beispiel Print, zahlreiche Daten angegeben:

- Laufende Nummer der Preisliste, Gültigkeit,
- Allgemeine Geschäftsbedingungen,
- Grundpreise der wichtigen Formate,
- Aufschläge (z. B. für Anschnitt, Schmuckfarbe, Sonderformat),
- Nachlässe als Mal- und Mengenrabatte in Staffeln,
- Preise für Mehrfarbanzeigen,

- Spaltenbreite/-zahl je Seite,
- Höhe, Breite, Satzspiegel des Formats,
- Seiteninhalt in Millimeter, Beschnittzugabe,
- Bruttopreis pro Seite/pro Millimeter,
- Anzeigenschluß für Buchung einer Ausgabe,
- Druckunterlagenschluß für Vorlageneinreichung,
- Druckverfahren/Rasterung, Druckunterlagen,
- Anzeigen-, Druckunterlagenschluß, Rücktrittstermin,
- Themenplan,
- Teilbelegungsangaben,
- Preis/Auflage/Placierung für Beilagen, Beikleber, Beihefter,
- Technische Daten für Beilagen, Beikleber, Beihefter,
- Zahlungsbedingungen,
- Skonto,
- Erscheinungsort,
- Verlagsanschrift,
- Anzeigenverwaltungsanschrift,
- Garantierte verkaufte Auflage,
- Lesezirkelauflage,
- Einzelverkaufspreis (Copy-Preis).

Tastatur

(→ Desk Top Publishing, Eingabegeräte)

Tauschgeschäft

(→ Gegenseitigkeitsgeschäfte)

Tauschvertrag

(→ Abrechnungsklauseln)

Tausender-Preis

(→ Wirtschaftlichkeit ((in der Mediaplanung))

Teamorganisation

Die Teamorganisation ist eine bedingt-hierarchische, temporäre Organisationsform. Die Teammitglieder repräsentieren unterschiedliche hierarchische Ebenen, unterschiedliches Wissen und unterschiedliche Abteilungen (Unterschied zur Zentralabteilung). Sie arbeiten auf Dauer zusammen (Unterschied zum Projekt) und exekutieren ihre Arbeiten auch (Unterschied zum Gremium). Kennzeichen eines Teams sind vor allem die folgenden. Jeder erkennt den anderen unabhängig von dessen Rang als gleichwertigen Partner an. Die Führungsrolle wird entweder ständig gewechselt oder unterbleibt ganz. Meinungen werden ständig herausgefordert und sollen geäußert werden, Schweigen bedeutet Zustimmung. Zuhören ist genauso wichtig wie Reden. Konflikte werden nicht verschleiert, sondern offensiv ausdiskutiert. Meinungsdivergenzen gelten als Informationsquelle, nicht als Störfaktor. Im Team wird nur kritisiert, nicht aber getadelt. Es gibt keine Erkenntnisse, die nicht in Frage gestellt werden dürfen. Lernbedarf muß jederzeit deutlich gemacht werden. Informationsdefizite sind abzubauen, indem Wissen als Bringschuld angesehen wird. Alle Unterlagen stehen jedem jederzeit zur Verfügung. Entscheidungen sollen in weitestgehender Einstimmigkeit gefaßt werden. Keiner fängt etwas Neues an, das nicht vorher gemeinsam beschlossen worden ist. Die Aktivitäten jedes einzelnen müssen ständig allen anderen bekannt sein. Entscheidungen sind laufend zu dokumentieren und sichtbar zu machen. Zielabweichungen sind sofort mitzuteilen. Die Einhaltung der Spielregeln im Team wird ständig beachtet.

Wesentliche Vorteile der Teamorganisation sind die folgenden. Eine Bündelung des Wissens vieler Personen in einer Expertengruppe ist möglich. Es entstehen weniger Spannungen zwischen den Teammitgliedern durch geringe Bedeutung der Hierarchie. Ein hohes Maß an Abwechslung ist durch Zusammenarbeit mit verschiedenen Kollegen in verschiedenen Teams an verschiedenen Aufgaben darstellbar. Auch können die jeweils bestgeeigneten Mitarbeiter individuell zu Arbeitsteams zusammengestellt werden.

Dem stehen folgende Nachteile gegenüber. Ein erhöhter Koordinationsaufwand durch Überzeugungsarbeit und gegenseitige Information ist erforderlich. Es kommt zur steten Konkurrenz der Aufgaben um die personalen Kapazitäten zwischen Teams. Durch die unverbundenen Arbeiten kann es leicht zu Belastungsspitzen und Leerzeiten kommen. Die Leistung und Verantwortung des einzelnen ist weniger offensichtlich.

(→ *Strukturorganisation)*

Technischer Fortschritt

(→ *Größeneffekte, Dynamische)*

Technischer Kundendienst

(→ *Kundendienste)*

Teilbarter

(→ *Gegenseitigkeitsgeschäfte)*

Teilentscheidungstechnik

(→ *Konfliktüberwindung im Verkaufsgespäch)*

Teilerhebung

Bei der Teilerhebung werden nicht alle Elemente der Grundgesamtheit ausgewählt und mit ihren vom Untersuchungsziel her relevanten Merkmalsausprägungen erfaßt. Um dennoch zu aussagefähigen Ergebnissen zu gelangen, müssen diese ausgewählten Fälle, die die sog. Stichprobe ausmachen, die Verhältnisse der Grundgesamtheit möglichst exakt abbilden. D.h. die Stichprobe muß repräsentativ in bezug auf alle untersuchungsrelevanten Merkmale für die Grundgesamtheit sein. Dies ist dann gegeben, wenn die Verteilung aller interessierenden Merkmale in der Stichprobe der in der Grundgesamtheit entspricht, die Teilmasse also ein zwar verkleinertes, ansonsten jedoch wirklichkeitsgetreues Abbild der Gesamtmasse darstellt. Man spricht dann von Repräsentanz.

Dazu sind jedoch Auswahlverfahren erforderlich, die dieser Anforderung entsprechen. Man unterscheidet dabei Verfahren der zufälligen und der bewußten Auswahl. Zunächst scheint es einleuchtend, daß man am ehesten ein getreues Abbild der Grundgesamtheit erhält, indem man aus dieser beliebige Elemente herauszieht und untersucht. Dies entspricht der zufälligen Auswahl. Praktisch stehen dem jedoch einige Hindernisse im Weg. Daher kann es sinnvoll sein, zunächst die durchschnittliche Struktur der Grundgesamtheit zu untersuchen und dann gezielt solche Elemente daraus auszuwählen, die dieser Struktur am ehesten gleichen. Dies entspricht der bewußten Auswahl.

Bei der *Reinen Zufallsauswahl* haben alle Elemente der Grundgesamtheit die gleiche, von Null verschiedene Chance, die zudem berechenbar ist, in die Stichprobe zu gelangen.

Bei der *Systematischen Zufallsauswahl* und verwandten Verfahren haben alle Elemente der Grundgesamtheit eine voneinander verschiedene Chance, die größer Null und berechenbar ist, in die Stichprobe zu gelangen.

Bei der *Bewußtauswahl* haben alle Elemente der Grundgesamtheit eine voneinander verschiedene Chance, die größer Null, aber nicht mehr berechenbar ist, in die Stichprobe zu gelangen.

Teilkostenrechnung

(→ *Kostenrechnungsgrundlagen)*

Teillieferungskauf

(→ *Kaufvertrag, Arten)*

Teilnehmende Beoachtung

(→ *Beobachtung)*

Teilpräferenzmodell

(→ *Käuferverhalten, Erklärungsansätze)*

Tele-/Audimeter

(→ *Werbemeßverfahren, Psychographische)*

Telecontrol XL

(→ *Inmarkt)*

Telefax

(→ *Festbildkommunikation)*

Telefonansprache

Im Verkauf entstehen wachsende Effizienzprobleme aus dem Zusammentreffen mehrerer Faktoren. So steigen die Personal- und Personalnebenkosten für qualifizierte Mitarbeiter schnell an. Dem steht eine nur unvollkommen steuerbare Leistungskontrolle gegenüber. Im Persönlichen Verkauf verstreicht viel Zeit, die nicht dem unmittelbaren Absatz dient, sondern mit Warten, Fahren und Plaudern vergeht. Der wachsende Konkurrenzdruck schließlich erfordert einen häufigeren Kontakt zum Kunden, der durch persönlichen Besuch allein nicht mehr gewährleistet werden kann. Daher kommt Telefonverkauf ins Spiel. Aktiver Telefonverkauf (Outbound) eignet sich vor allem für die Kontaktanbahnung mit Interessenten/Neukundenakquisition, zur Aktivierung von Altkunden, zur Kundenbindung auch nach dem Kauf und zum Zusatzverkauf.

Die Kontaktaufnahme zu Interessenten erfolgt etwa durch Reagierer auf Aktionen (Informationsanforderer), Rückläufe aus aleatorischen Maßnahmen, direkte Neukundenansprache im gewerblichen Bereich, sofern das Angebot dem Gewerbezweck entspricht und der Impuls vom Interessenten ausgeht (letzteres gilt auch für den privaten Bereich, wobei strenge verbrauchergesetzliche Anforderungen gestellt werden, z. B. bestehende Geschäftsbeziehung).

Die Aktivierung und Bindung von Stammkunden erfolgt etwa durch Restposten-, Saison- oder Ersatzangebote, technische Produkt-, Verwendungs-, Lagerungs-, Einsatz- oder Gebrauchshinweise, Bedarfsermittlung, Neuproduktvorstellung, Einladung zu Veranstaltungen, Auslieferungsterminavis, Erläuterung der Geschäftsbedingungen, Werbe- und Verkaufsförderungstips.

Passiver Telefonverkauf (Inbound) beinhaltet u. a. die Entgegennahme von Aufträgen, die Vereinbarung von Terminwünschen und die Kurzinformation bei Nachfragen. Als Hilfsmittel kommen dafür Service 0130, Anrufbeantworter/-weiterschaltung und zunehmend auch die computergestützte Bearbeitung in Betracht. Oft findet eine personale Trennung zwischen Sales Lead-Generierung und Monetarisierung des Kontakts statt, oder das Telefon dient nur der Kontaktherstellung, nicht jedoch dem eigentlichen Verkauf. Die erfolgreiche Kontaktaufnahme und -erhaltung erweist sich im Telefonverkauf als ausgesprochen schwierig, da einerseits das Spektrum der Kommunikationsmöglichkeiten neben dem Inhalt auf die Akustik reduziert ist und andererseits diese beiden Dimensionen auch nur als Kontrollmöglichkeit für Erfolge zur Verfügung stehen. Dies gilt besonders für „kalte" Adressen, die im privaten Bereich allerdings nicht angegangen werden dürfen.

(→ *Direktmarketing*)

Telefonische Befragung

Das Interview per Telefon hat durch die weite Verbreitung von Fernsprechanschlüssen mittlerweile praktisch Repräsentanzanspruch. Die Mehrzahl der Befragungen wird denn auch bereits heute via Telefon durchgeführt, zunehmend auch mit Computerunterstützung. Folgende Faktoren begünstigen das Telefoninterview: Die Auftraggeber setzen immer knappere Termine und verlangen besonders zeitsparende Erhebungsmethoden. Die Auskunftsbereitschaft des Publikums steigt, man ist eher bereit, am Telefon zu antworten als Face to Face. Die Telekommunikationstechnologie hat erhebliche Komfortfortschritte in der Nutzung gebracht. Die Fernsprechgebühren sind langsamer gestiegen als Post- und Personalkosten, werden bald für Ferngespräche noch günstiger (internationaler Wettbewerb).

Die wesentlichen Vorteile der telefonischen Befragung sind die folgenden.

Sie ist schnell und damit kostengünstig (zumindest im Nahbereich) durchführbar. Sie eignet sich insofern besonders für Blitzumfragen und zur Nachbefragung bei Unklarheiten mündlicher Umfragen, aber auch zur effektiven Interviewerkontrolle.

Es besteht eine höhere Teilnahmebereitschaft durch Wahrung einer gewissen Anonymität seitens der Befragten. Auch ist es wahrscheinlicher, daß der Hörer abgenommen als daß die Tür geöffnet wird.

Durch ein neutralisierendes Medium werden offenere und ehrlichere Antworten wahrscheinlich. Die Befragungsperson muß sich weniger offenbaren und hat daher eine höhere Auskunftsbereitschaft.

Es entsteht ein geringerer Interviewereinfluß als bei mündlicher Befragung, da z. B. das äußere Erscheinungsbild des Befragers keine Rolle mehr spielt. Allerdings sind noch Stimme, Betonung, Dialekt etc. Einflußfaktoren.

Das direkte Gespräch ermöglicht beiderseitige Rückfragen, also einen Dialog. Dadurch kann beiderseitigen Mißverständnissen vorgebeugt werden und die Aussagefähigkeit des Interviews ist höher.

Der Interviewer kann die befragte Person, den Befragungszeitpunkt und die Fragenreihefolge bestimmen. Bei Nichtzustandekommen einer Verbindung entstehen keine Wegekosten und keine Zeitverluste für Fehlversuche.

Auch können mehrere Versuche der Kontaktaufnahme erfolgen, ohne daß die Kosten wesentlich steigen. Damit kommt es zu einer höheren Ausschöpfungsquote der Stichprobe und damit zu weniger systematischen Verzerrungen.

Es reichen vergleichsweise weniger Interviewer aus, sodaß ein hohes Maß an Wirtschaftlichkeit im Personalbereich erreicht wird. Zudem ist eine weitgehend freie Zeiteinteilung (Nebenberuf) möglich. Oft ist sogar ein Anruf außerhalb der Arbeitszeit wegen der Erreichbarkeit der zu Befragenden sinnvoller.

Es wird eine Tonbandaufzeichnung von Gesprächen darstellbar, die eine intensivere Auswertung und Kontrolle ermöglichen. Dadurch entfällt das Mitschreiben und eine volle Konzentration auf den Gesprächsablauf ist gegeben.

Außerdem ist nur auf diese Weise ein nahezu einheitlicher Erhebungsstichtag realisierbar. Dies bedingt dann aber eine größere Anzahl von Interviewern, die parallel eingesetzt werden.

Wesentliche Nachteile der telefonischen Befragung betreffen hingegen folgende Aspekte.

Sie ist begrenzt in der Dauer des Interviews und damit in der Anzahl abzufragender Inhalte. Durch die Distanz wird Unmut schneller ausgedrückt, weil die Hemmschwelle sinkt. Das kann zum vorzeitigen Interviewabbruch durch Belästigung oder Überforderung führen.

Die Anonymität führt auch zu einer leichteren Antwortverweigerung, vor allem bei tabuisierten Themen. Daher ist die Fragethematik, die fernmündlich abfragbar ist, eingeschränkt.

Es sind keine unterstützenden Abbildungen, Skalierungen etc. einsetzbar. Visuelle Hilfsmittel fördern aber entscheidend die Aufklärung von Informationen und dienen der Klarheit und Eindeutigkeit von Themeninhalten.

Als Kommunikationsmittel dient nur der Ton, genauer die Stimme, non-verbale Reaktionsindikatoren können nicht registriert werden. Diese belegen jedoch die geäußerte Meinung überzeugender als die Sprachsignale.

Situative Einflüsse, wie Anwesenheit Dritter, häusliche Verhältnisse etc., sind nicht feststellbar. Damit können auch entsprechende Einwirkungen weder neutralisiert noch überhaupt registriert werden. Ebenso ist es nicht möglich, die Auskunftsdaten durch Angaben über den persönlichen Eindruck des Befragten und seines Umfelds zu ergänzen.

Der Anruf erfolgt womöglich zu unpassender Zeit, sodaß der Befragte ihn als Störung empfindet oder abgelenkt ist. Dann ist ein Interview nur schwerlich durchführbar. Ein Wiederholungsanruf wird oft abgeblockt.

Eine eindeutige Legitimation des Interviewers ist nicht möglich. Damit bleiben Zweifel an der Seriosität der Untersuchung auf Seiten des Befragten bestehen. Zumal Mißtrauen gegenüber unbekannten, zudem noch unsichtbaren Anrufern besteht.

In Einzelfällen ist die Gesamtheit der Telefonbesitzer nicht repräsentativ für die Grundgesamtheit, etwa nicht bei Studenten, NBL-Einwohnern etc. Dann kommt es zu einer systembedingten Verzerrung der Befragungsergebnisse.

Das Auswahlmaterial ist nicht vollständig und aktuell. So fehlen oft die Eintragungen von Neuanschlüssen bzw. die Löschung von Altanschlüssen. Einige Telefonnummern hingegen sind doppelt aufgelistet (z. B. geschäftlich und privat, Doppelnamen, Erst- und Zweitwohnung), andere garnicht (Geheimnummer).

Die zunehmende Verbreitung von Telefonanrufbeantwortern im privaten Bereich behindert zudem die Kontaktaufnahme. Man dringt erst garnicht mehr zur Befragungsperson durch (vgl. *Pepels, Werner:* Käuferverhalten und Marktforschung, Stuttgart 1995).

Telefonkonferenz

(→ Audiokommunikation)

Telemetrie

(→ Datenkommunikation)

Telerim

Bei Telerim (Television Electronic Research for Insights into Marketing /Nielsen) sind spezielle TV-Spots im Rahmen des ZDF-Programms über eine Spezialantenne im Haushalt zu empfangen. Dabei werden neue Werbeblöcke für den Zuschauer nicht erkennbar in den normalen Werbeblock eingeschnitten (Cut in). Telerim arbeitet in Bad Kreuznach und Buxtehude, mit zusammen 20 Einkaufsstätten und 2000 Käuferhaushalten von 34 000 Haushalten mit 77 000 Personen insgesamt. Sowohl Handel als auch Haushalte sind in ihren wesentlichen Strukturmerkmalen repräsentativ für Deutschland. Die Erfassung der Einkäufe der Testhaushalte erfolgt in den Testgeschäften durch Vorlage von Identifikationskarten, die beim Kassiervorgang vom Scanner gelesen werden. Der testspezifische Mediaeinsatz ist im Fernsehen über *ZDF*, in Print über *TV Hören und Sehen, Auf einen Blick, Motorrad Reisen & Sport, Neue Post, Tina, Kochen & Genießen, Playboy, Selbst ist der Mann, Blitz Illu, TV Movie, TV Klar, Praline, Das Neue Blatt, Bella, Wohnidee, Auto-Zeitung, Mach mal Pause, Bravo, Fernsehwoche, Neue Revue, Wochenend, Das Neue, Maxi, Bauidee, KFT, Coupé und Bravo Girl* möglich. TV ist dabei schwächer, Print wesentlich stärker ausgeprägt als bei BehaviorScan, dem zweiten großen Mikromarkttest.

Teleshopping

(→ Einzelhandel, Sonderformen der Betriebstypen)

Teletex

(→ Textkommunikation)

Telex

(→ Textkommunikation)

Tender

Beim Tender geben Nachfrager ihre Annahme eines Angebots zu feststehenden Konditionen ab und erhalten den Zuschlag in der zeitlichen Reihenfolge deren Abgabe. Man spricht hier auch oft von einer Vergabe im Windhundverfahren (First come, first serve). Meist werden dazu Kaufbegehren gesammelt, bis die Tendergrenze erreicht ist. Dabei kommt es je nach Attraktivität des Angebots zu Überzeichnungen. Überschüssige Nachfrage wird dann nicht mehr akzeptiert, Angebot für fehlende Nachfrage wird beim Anbieter „geparkt". Bei Repartierungen wird das Angebot hingegen gemäß der überschüssigen, insgesamt angemeldeten Nachfrage anteilig zugeteilt.

(→ Abschlußmärkte)

Terminhandel

Beim Warentermingeschäft (Hedging) schließt der Käufer mit dem Verkäufer zu festen Konditionen einen Kaufvertrag für einen späteren Lieferzeitpunkt ab. Steigen in der Zwischenzeit die Preise, hat der Käufer den Vorteil, umgekehrt verhält es sich, wenn die Preise sinken. Im Devisentermingeschäft (Kurssicherung) vereinbart ein Bankkunde mit seiner Bank ein festes Umtauschverhältnis für Devisen zu einem späteren Zeitpunkt. Beim Optionsgeschäft werden nicht die Waren oder Devisen selbst gehandelt, sondern ausschließlich die Kontrakte darüber.

Der Käufer einer Kaufoption hat ein Erwerbsrecht zum vereinbarten Kurs gegen Zahlung des Optionspreises. Er erwartet Kurssteigerungen (Bullish). Seine Gewinnchance ist unbegrenzt, sein Verlustrisiko auf den Optionspreis limitiert. Der Vorteil liegt im günstigen Einkauf bei Kurssteigerung. Der Verkäufer einer Kaufoption hat eine Lieferpflicht zum vereinbarten Kurs gegen Erhalt des Optionspreises. Er erwartet Kursstagnation (Bearish). Seine Gewinnchance ist auf den Optionspreis limitiert, sein Verlustrisiko unbegrenzt. Der Vorteil liegt in der Verringerung des Einstandspreises bei Kursflaute. Der Käufer einer Verkaufsoption hat das Lieferrecht zum vereinbarten Kurs gegen Zahlung des Optionspreises. Er erwartet einen Kursverfall. Der Käufer profitiert, indem Kurssenkungen für ihn keinen Verlust bedeuten, wobei sein Risiko auf den Optionspreis begrenzt ist. Der Vorteil liegt im Schutz vor Kursverfall. Der Verkäufer einer Verkaufsoption hat die Abnahmepflicht zum vereinbarten Kurs gegen Erhalt des Optionspreises. Er erwartet Kursstagnation. Der Verkäufer profitiert maximal in Höhe des Optionspreises, wobei sein Risiko unbegrenzt ist, er aber auf Gewinn ohne Kapitaleinsatz spekuliert.

Terminkauf

(→ Kaufvertrag, Arten)

Terrestrischer Empfang

(→ Fernsehspots)

Tertiärer Sektor

(→ Dienstleistungen, Bedeutung)

Test-Retest-Reliabilität

(→ Reliabilität)

Testelemente

(→ Experiment, Inhalte)

Testmarktsimulation, Inhalte

Die Testmarktsimulation ist die wirklichkeitsgetreue Nachbildung der Marktrealität in Modellform (z. B. durch im Labor nachempfundene Ladensituation) und dessen Durchspielen in realitätsnaher Weise (z. B. mit Einkaufsgutschein für Probanden). Es handelt sich also um einen Studiotest, in dem der Prozeß der Wahrnehmung und des Kauf- und Wiederkaufverhaltens für ein neues Produkt unter Ausschluß der Öffentlichkeit simuliert wird. Sie wird vor allem im Konsumgüterbereich zum Testen neuer Verbrauchsgüter und zur Diagnose und Verbesserung bestehender Produkte eingesetzt. Innerhalb der Entwicklung neuer Produkte ist die Testmarktsimulation für gewöhnlich die letzte Stufe zur Go/No go-Entscheidung. Nachdem die Elemente des Marketing-Mix durch Partialtests überprüft worden sind, wird dann meist nur das fertige Produkt getestet. Bei On-Entscheidung wird eine Produktmodifikation und ein erneuter Test für erforderlich gehalten. Die Simulation umfaßt sowohl die Datenerhebung im Teststudio als auch computergestützte Methoden und Modelle für deren Analyse. Dabei geht es vor allem um die Simulation des Adoptionsprozesses neuer Produkte über Wahrnehmung, Erstkauf, Einstellungsbildung und Wiederkauf bzw. Verweigerung. Bekannte Verfahren sind dabei Assessor, Designer, Bases II, TESI (GfK) und Sensor.

Vorteile bestehen vor allem in folgenden Aspekten.

Die Laufzeit des Tests ist recht kurz, da kein Distributionsaufbau im Handel erforderlich und damit eine schnelle Datenverfügbarkeit (ca. 10 Wochen) möglich ist.

Der Testablauf läßt sich flexibel gestalten, damit kann dieser durchaus auch international eingesetzt werden.

Die Kosten des Tests sind vergleichsweise niedrig (ca. 100000 DM).

Konkurrenzreaktionen können durch Geheimhaltung der Untersuchung weitestgehend ausgeschlossen werden.

Die Kontrollmöglichkeiten sind sehr hoch.

Außerdem können Konkurrenzprodukte sofort nach Markteinführung auf ihr Potential hin getestet werden.

Von Nachteil sind allerdings auch einige Aspekte.

So sind nicht alle Marketing-Mix-Instrumente testbar (z. B. Kommunikationswirkung mit 100% Reichweite, dafür aber nur einmalig, Distribution mit 100% Ausdeckung).

Es besteht nur eine geringe externe Validität, da es sich um eine Laborsituation handelt und Ergebnisse untereinander schwerlich vergleichbar sind.

Außerdem sind neue Produktgruppen durch fehlenden Rückgriff auf Erfahrungswerte nur schwierig zu testen.

Die Anwendung beschränkt sich auf Fast Moving Consumer Products (FMCP).

Die Mitwirkung des Handels ist zwar nicht erforderlich, kann aber auch nicht abgetestet werden.

Testmarktsituation, Phasen

Die einzelnen Phasen, Werbesimulation, Kaufsimulation, Home Use-Test und Studio-Test, laufen wie folgt ab:

- Befragtenanwerbung, meist anhand des Quota-Verfahrens. Kriterien sind soziologische und psychologische Merkmale, die vorab ermittelt werden. Die Stichprobengröße beträgt ca. 200–400 Personen. Dabei werden Basisdaten wie Markenbekanntheit, Markenverwendung, Kaufverhalten, Präferenz- und Einstellungsdaten für existierende Angebote und soziodemographische Daten erhoben.
- Erstinterview (hinsichtlich Konsumgewohnheiten, Markenpräferenzen, Demographie). Ermittelt wird der invididuelle Relevant Set von Produkten, die dann im Paarvergleich bewertet werden. Basis ist dabei eine Konstantsummenskala, in der eine Wertsumme (11 Punkte) auf die beiden Alternativen verteilt werden soll. Damit erhält man dann eine Präferenzskala. Außerdem werden die demographischen Daten der Probanden festgestellt. Als Teststudio wird meist ein Hotel in der Einkaufszone gewählt, sofern nicht ein stationäres Teststudio zur Verfügung steht.

- Konfrontation mit Werbung für das getestete und konkurrierende Angebote (Penetration). Die Testwerbung ist in ein realistisches Umfeld verpackt. Meist wird per Video ein Werbeblock simuliert, in dem neben Spots für wichtige Konkurrenzprodukte auch der Spot für das Testprodukt einmontiert ist. So erfolgt die erste Wahrnehmung des neuen Angebots.
- Kaufsimulation im Testladen (mit Einkaufsgutschein). Die Produkte werden dabei mit Preisen ausgezeichnet, deren Relation den Marktverhältnissen entspricht. Dafür erhalten die Testpersonen Haushaltsgeld bis etwa 25% des Produktpreises, um Erstkäufe zu stimulieren, den Rest müssen sie selbst bezahlen. Neben dem Testprodukt sind dort auch die konkurrierenden Produkte angeboten. Dadurch soll primär eine Schätzung der Erstkaufrate ermöglicht werden.
- Nachkauf-Interview. Beim Kauf des Testprodukts erhalten die Testpersonen das Konkurrenzprodukt gratis hinzu, bei Nicht-Kauf des Testprodukts erhalten sie es ohne Hinweis ebenfalls gratis hinzu. Erfragt werden Kaufgründe bzw. Nichtkaufgründe. Dies ist vor allem wichtig für Produkte, die keiner existierenden Klasse zuzuordnen sind sowie für die Ableitung von Preis-Reaktions-Funktionen.
- Anwendung des „gekauften" und/oder eines konkurrierenden Produkts zuhause (Home Use Test). Die Länge hängt von der zu veranschlagenden Wiederkaufzeitspanne ab, beträgt aber in jedem Fall mehrere Wochen. Dadurch haben die Testpersonen Gelegenheit, das neue Produkt unter realen Bedingungen kennenzulernen und eine Einstellung dazu zu entwickeln.
- Folge-Interview nach normaler Nutzungsdauer zur Feststellung von Wiederkauf bzw. Produktbeurteilung (telefonisch oder im Studio). Dabei werden die gleichen Themenkomplexe wie im Erstinterview erhoben. Nur daß sich die erhobenen Daten jetzt nicht mehr nur auf die Konkurrenzprodukte, sondern auch auf das Neuprodukt beziehen. Dadurch soll das Wiederkaufverhalten simuliert werden.
- Abrundung durch zweite Kaufsimulation und Erfassung von Likes /Dislikes, also der relativen Stärken und Schwächen des Neuprodukts. Dadurch ergeben sich Anregungen für alternative Produktversionen oder Werbekonzeptionen sowie für Produktvariation und Line Extension.
- Hochrechnung der Ergebnisse über Pro-Kopf-, Marktanteils-, Umsatzverhältnis-, Kaufkraftindex- oder Wiederkäufer-Umrechnung. Dabei können auch Substitutions- und Kannibalisierungseffekte mit existierenden Angeboten bzw. bei simultaner Einführung mehrerer Produkte berücksichtigt werden.

Teststatistik

Es entspricht dem wissenschaftlichen Selbstverständnis, systematisches Wissen über einen Gegenstand in Hypothesen zu kleiden. Die Praxis wissenschaftlicher Erkenntnissuche besteht in einem fortwährenden Prozeß des Aufstellens, Überprüfens und Verbesserns von Hypothesen, also Annahmen über die Realität. Hypothesen sind deterministisch oder probalistisch, reversibel oder irreversibel, aufeinander folgend oder gleichzeitig, hinreichend oder bedingt, notwendig oder substituierbar in ihren Aussagen. Damit diese Bestand haben können, müssen sie empirisch verifiziert werden (aus Erfahrung oder aus Forschung). Dann entstehen daraus Thesen, die, sofern sie verifiziert sind, eine Verallgemeinerung von Gesetzen, d. h. empirischen Aussagen in Form von Begriffen, für alle gleichartigen Fälle in einer Theorie darstellen. Damit es zur Verifikation kommen kann, müssen die Hypothesen getestet werden. Die Auswahl der aufzustellenden und zu überprüfenden Hypothesen läßt sich nicht wirklich begründen, sie ist vielmehr subjektiver Wertung unterworfen. Aufgestellte Hypothesen werden anschließend in künstlichen Welten (Labor) oder in der natürlichen Welt (Feld) überprüft. Lassen sich die Annahmen der aufgestellten Hypothese nicht vorfinden, gilt sie als falsifiziert. Treten die Annahmen ein, gilt sie nur als vorläufig nicht widerlegt. Voraussetzung für die Falsifizierbarkeit ist, daß keine Tautologie vorliegt (Immunisierungsaussage). Nach dem Kritischen Rationalismus gibt es keine endgültige Verifikation für Allaussagen, also auch keine endgültige Wahrheit, oder zumindest kann man nicht sicher sein, im Besitz dieser Wahrheit zu sein. Damit ist auch induktives Schlußfolgern logisch nicht möglich.

Testverfahren dienen also dem Ziel, Hypothesen über unbekannte Grundgesamtheiten an Hand einer oder mehrerer Stichproben zu überprüfen. Sie vergleichen Empirie und Hypothesen und werden immer dann eingesetzt, wenn es darum geht, Ergebnisse daraufhin zu prüfen, ob sie nicht lediglich auf das Einwirken des Zufalls zurückzuführen sind. Je nach Skalenniveau der betrachteten Variablen, nach Verteilungstyp der zugrundegelegten Daten und der Art der Hypothesenbildung werden unterschiedliche Testverfahren eingesetzt. Durch sie kann aber nur erreicht werden, daß unter einer Vielzahl möglicher Hypothesen der Anteil der richtigen erhöht wird. Verfahren zur Hypothesenprüfung nennt man in der Statistik Signifikanztests. Unterschiedshypothesen beziehen sich dabei auf einen Konfidenzintervall, Zusammenhangshypothesen auf eine Korrelation.

Testverfahren, Aktualgenetische

Die Aktualgenese als Testverfahren arbeitet generell mit Mitteln der Wahrnehmungserschwerung. Damit soll vor allem die Gestaltfestigkeit von Objekten getestet werden. Einzelne Mittel dazu betreffen die folgenden (vgl. *Pepels, Werner:* Käuferverhalten und Marktforschung, Stuttgart 1995).

Beim *Tachistoskop* wird durch einen Schnellverschluß eine extrem kurzzeitige optische Darbietung von Motiven ermöglicht. Wird dabei 1/20 Sekunde unterschritten, werden Abbildungen vom menschlichen Auge zwar nicht mehr bewußt erkannt, dennoch aber im Gehirn abgebildet. Ausgangspunkt der Aktualgenese ist die Annahme, daß im ersten Augenblick der Wahrnehmung eines Objekts (hier Werbemittel), auch wenn noch nicht erkannt wird, worum es sich handelt, emotionale Eindrücke evoziert werden, die die anschließende kognitive Interpretation unbewußt beeinflussen. So wird unterstellt, daß diffuse Eindrücke über Anzeigen, Packungen etc., die ohne tatsächliches Erkennen des Inhalts entstehen, Emotionen auch im üblichen Alltagssehen unterschwellig beeinträchtigen. Dies folgt der Hypothese, daß bei optischer Wahrnehmung nicht sofort die gesamte Gestalt präsent ist, sondern diese erst aus einer Abfolge von Stufen heraus entsteht. Dieser Prozeß läuft jedoch normalerweise so schnell ab, daß er vom Wahrnehmenden nicht bewußt erlebt und nachvollzogen werden kann. Von daher werden die frühen, gefühlshaften Reaktionen, die nur die tieferen Schichten des Bewußtseins ansprechen, durch die bewußteren Schichten überlagert. Durch Kurzzeitdarbietung kann dieser normalerweise kontinuierlich verlaufende Prozeß nun auf dieser tieferen Schicht gestoppt werden. Durch Erschwerung der Wahrnehmung sollen diese Stufen von den allerersten, diffusen Eindrücken bis zum letztgültigen Erkennen ausgewiesen werden. Die Darbietungszeiten variieren von 0,001 Sek. bis zu einigen Sekunden.

Kritik äußert sich dahingehend, daß aktualgenetische Befunde zu Kommunikationswirkung hochstilisiert werden, denn Wahrnehmung sagt nichts über Wirkung aus, sondern nur etwas über Aufmerksamkeit. So sind auffällige Wahrnehmungsobjekte nicht notwendigerweise erfolgreicher als stille. Außerdem ist der Testaufbau nicht lebensnah, da er nicht der natürlichen Wahrnehmungssituation entspricht (sog. Forced Attention). Auch kann eine Motivation darin liegen, im Test möglichst gut abzuschneiden, möglichst viele Dinge in möglichst kurzer Zeit zu erkennen. Damit ist aber gerade nicht mehr eine unbewußte Wahrnehmung gegeben.

Beim *Anglemeter* handelt es sich um eine Vorrichtung, die eine perspektivisch verzerrte Wiedergabe des Werbemittels erlaubt. So kann in Seiten-, Drauf- und Druntersichten die jeweilige Erkennbarkeit des Objekts näher geprüft werden. Ziel ist die Ermittlung der Gestaltfestigkeit unter verwinkelten Sichtweisen, wie sie für die Realität des Marktes durchaus nicht ungewöhnlich sind.

Beim *Perimeter* handelt es sich um eine Vorrichtung, die das Werbemittel an den Rand des Sichtfelds der

Augen rückt. Dadurch wird geprüft, inwieweit das Objekt dennoch eindeutig wahrgenommen wird. Ziel ist die Messung der Durchsetzungsfähigkeit außerhalb des Zentrums der Wahrnehmung. Auch diese Situation ist in der Realität durchaus häufig anzutreffen (z. B. Passieren von Plakatflächen).

Bei der *Sichtspaltdeformation* wird das Werbemittel nur als Ausschnitt des Gesamtmotivs erkennbar. Geprüft wird dessen gewünschte zutreffende Identifizierung. Ziel der Übung ist die Wiedererkennbarkeit auch unter erschwerten Bedingungen. Dieses Verfahren wird auch Zöllner-Verfahren genannt, weil es oft mit einem schlüssellochähnlichen Ausschnitt arbeitet. Alternativ sind auch Teilabdeckungen möglich (Maskentest) bis zur Anonymisierung (Hidden Logo Test).

Die *Schnellgreifbühne* ist eine bühnenähnliche Apparatur, die für kurze Zeit mehrere Testobjekte (z. B. Packungen) freigibt, von denen der Proband bei einem von ihnen spontan zugreifen soll. Auf diese Weise wird vor allem die Durchsetzungsfähigkeit geprüft. Bei der Schnellgreifbühne handelt es sich meist um einen größeren Kasten, der eine Öffnung in Augenhöhe der Testperson aufweist. Zu Beginn des Versuchs ist die Bühne durch eine Vorrichtung (z. B. Vorhang) abgedeckt. Diese kann durch einen Stellmechanismus so geöffnet werden, daß ein Zugriff zu den dahinter befindlichen Objekten für einen Augenblick möglich ist. Die Darbietungszeit ist über eine Drucktaste steuerbar. Während dieser Öffnungszeit soll sich die Versuchsperson spontan für eines oder mehrere der exponierten Objekte entscheiden (Entscheidungsdruck als situativer Stresseinfluß). Es wird also eine konkrete Wahlhandlung provoziert, nicht nur Wahrnehmung gemessen. Allerdings ist auch dieses Verfahren heftiger Kritik ausgesetzt.

Das *Nyktoskop* bietet die Möglichkeit zur stufenlosen Steigerung der Umgebungshelligkeit für die Darbietung eines Werbemittels. Geprüft wird der Grad der Ausleuchtung, bei der das Testobjekt zuerst zutreffend erkannt wird. Je geringer die dazu erforderliche Helligkeit ist, desto besser wird die Identifizierbarkeit bewertet.

Bei der *Formatierung* werden Werbemittel über Linsensysteme verkleinert oder vergrößert, um die Wahrnehmung dabei festzustellen. Dies simuliert etwa die räumliche Annäherung/Entfernung von einem Objekt. Vor allem die Verkleinerung ist als Distanzmeter häufig anzutreffen. Bei der Verunschärfung wird ein Objekt zunächst kaum erkennbar unscharf dargeboten und dann über ein Linsensystem zunehmend scharf eingestellt. Interessant ist die Situation, ab der das Werbemittel zutreffend identifiziert wird. Je eher dies der Fall ist, als desto durchsetzungsstärker wird es bewertet.

Das *Tacho-Akustoskop* hebt auf Sprache und Gehör ab, statt auf die Visualität. Dabei werden Tonausschnitte, z. B. aus TV- und HF-Commercials, vorgeführt, um festzustellen, ob anhand dieser Fragmente Absender, Marke und Produkt zutreffend zugeordnet werden oder nicht. Vor allem kann dabei die Darbietungszeit verkürzt werden, indem die Wiedergabe beschleunigt wird. Um belustigende Verzerrungen zu vermeiden, wird dabei die Tonhöhe elektronisch korrigiert.

Testverfahren, Empirische

Es können verschiedene empirische Testverfahren unterschieden werden.

Nach dem Zeitpunkt relativ zur Marktwirksamwerdung kann es sich um einen Pretest, also vor der Marktpräsenz (z. B. einer neuen Werbekampagne), oder um einen Posttest handeln, also nach der Marktpräsenz.

Nach der Anzahl der untersuchten Objekte kann es sich um einen Einzeltest (nur ein einbezogenes Produkt) oder einen Vergleichstest handeln (zwei und mehr einbezogene Produkte).

Nach dem Umfang der Beurteilung von Objekten handelt es sich um einen Test zur Untersuchung der Gesamtleistung oder einzelner Teilleistungen (wie Farbe, Form, Gewicht etc.).

Nach der Art der Versuchspersonen kann es sich um Experten, Zielpersonen, aktuelle Kunden oder Interessenten handeln.

Nach der Identifizierbarkeit des untersuchten Objekts handelt es sich um einen Blindtest, bei dem das Untersuchungsobjekt anonym bleibt, oder um einen Brandingtest, bei dem es als Marke ausgewiesen ist. Blindtests werden etwa bei sog. Car Clinics angewendet, wenn es darum geht, ein neues Automobil durch Zielpersonen beurteilen zu lassen, ohne daß es dabei zu einer Überstrahlwirkung durch dessen Marke kommt.

Nach dem Testablauf handelt es sich um einen

- monadischen Test, bei dem die Untersuchungsobjekte einzeln im Abgleich mit Kenntnissen und Erfahrungen des Probanden beurteilt werden,
- alternierenden Test, bei dem sie meist paarweise abwechselnd beurteilt werden (dies ist meist Voraussetzung für multivariate Auswertungsverfahren),
- simultanen Test, bei dem sie gleichzeitig beurteilt werden. Beim Triadevergleich werden drei Objekte sukzessiv verglichen.

Nach dem Zeitraum handelt es sich um eine Prüfung des Eindrucks (Kurzzeittest) oder der Erfahrung (Langzeittest). Ersterer erfolgt meist im Teststudio, auch mobil, letzterer meist im Haushalt der Probanden. Beim Haushaltstest erhalten Probanden Testprodukte postalisch oder persönlich zugestellt, die sie dann in gewohnter häuslicher Umgebung nutzen. Die Beteiligungsrate ist meist sehr hoch. Beim Labortest werden Probanden hingegen „gebaggert“ und an den Testort gebracht. Dieser kann durchaus auch mobil sein (Caravan-Test). Dort erfolgt dann die Konfrontation mit dem Testobjekt.

Nach dem Ergebnis können folgende Größen unterschieden werden:

- Beim *Präferenztest* werden Bevorzugungsurteile über Objekte im Vergleich abgegeben, d. h. Probanden geben an, ob, in welchem Maße und aus welchen Gründen sie das Testprodukt gegenüber Vergleichsprodukten bevorzugen oder auch nicht.
- Beim *Deskriptionstest* werden Ausprägungen beschrieben, oft im Vergleich zu einem gedachten Idealobjekt, d. h. Probanden geben an, welche Ausprägungen und Intensitäten der Testprodukte sie wahrnehmen, wie wichtig diese ihnen sind und wie sie sich zum gedachten Idealprodukt verhalten.
- Beim *Akzeptanztest* werden Kaufabsichten abgefragt, d. h. Probanden äußern, ob und inwieweit sie eine Kaufabsicht für das Testprodukt hegen und welchen Preis sei bereit sind, dafür zu zahlen.
- Beim *Diskriminationstest* werden wahrgenommene Unterschiede zwischen Objekten angegeben, d. h. Probanden teilen mit, ob und welche Unterschiede sie bezüglich der Testprodukte als Ganzes oder in ihren einzelnen Eigenschaften sehen.
- Beim *Evaluationstest* werden einzelne oder alle Eigenschaften bewertet, d. h. Probanden geben Noten für Testprodukte als Ganzes oder in ihren einzelnen Eigenschaften ab.

Die häufigsten Anwendungen von Tests sind Konzepttests, die die Überprüfung der Anmutungs- und Verwendungseigenschaften von Produkten mit dem Ziel testen, zu klären, ob die Produktleistung gegenüber dem Abnehmer bestehen kann, Kommunikationstests, die die Werbewirkung von Maßnahmen testen, um eine Werbewirkungs- und Werbeerfolgsprognose und -kontrolle zu ermöglichen und Markttests, die den probeweisen Verkauf von Produkten auf einem räumlich mehr oder minder abgegrenzten Markt mit dem Ziel der Gewinnung von Erkenntnissen über die mutmaßliche Marktgängigkeit eines Produkts bzw. die Wirksamkeit von Marketingmaßnahmen vor deren großflächiger Einführung testen.

Bei der Testsituation kann es sich handeln um eine:

- *Offene Testsituation* mit Kenntnis sowohl des Untersuchungsziels als auch der Eigenschaft der Teilnehmer als Versuchsperson,
- *Quasi-biotische Testsituation* mit Kenntnis des Untersuchungsziels, aber Unkenntnis der Eigenschaft der Teilnehmer als Versuchsperson,
- *Nicht-durchschaubare Testsituation* mit Unkenntnis des Untersuchungsziels, aber Kenntnis der Eigenschaft der Teilnehmer als Versuchsperson,
- *Voll-biotische Testsituation* mit Unkenntnis sowohl des Untersuchungsziels als auch der Eigenschaft der Teilnehmer als Versuchsperson.

Testverfahren, Explorative

Explorative Verfahren der Marktforschung bedienen sich der Befragung und Gruppendiskussion als Mittel. Die Befragung erfolgt mündlich, seltener auch schriftlich, fernmündlich oder fernschriftlich. Von den Befragungsmethoden ist hier praktisch nur die mündliche von Belang. Dabei handelt es sich um ein freies (qualitatives) Interview, auch *Tiefeninterview* genannt.

Die *Gruppendiskussion* ist ein qualitatives Verfahren, zu dem potentielle oder aktuelle Käufer eines Produkts, Laien oder Experten zu einem Round Table-Gespräch eingeladen werden.

Beim *Think Aloud* gibt der Proband ein mündliches Protokoll derjenigen Gedanken, die ihn bei der Auswahl, Bewertung und Entscheidung über Werbebotschaften beschäftigen.

Testverfahren, Figurale

Zu den figuralen Verfahren projektiv-assoziativer Tests gehören folgende.

Beim *Thematischen Apperzeptions-Test* (TAT) wird einem Probanden eine Reihe von mehr oder weniger verschwommenen Fotos, die typische Lebens- bzw. Kauf- und Konsumsituationen mit dem Testobjekt (z. B. beworbenes Produkt) darstellen, vorgelegt. Er wird aufgefordert, jeweils zu erzählen, was auf den Bildern geschieht, wie es zu der angedeuteten Situation gekommen ist, wie sich diese weiterentwickeln wird etc. Dabei soll eine möglichst spannende Geschichte herauskommen. Interessant ist zu sehen, in welcher Weise das Produkt darin einbezogen ist. Die Validität und Reliabilität dieses Verfahrens ist jedoch stark umstritten.

Beim *Picture Frustation-Test* (PFT, Ballon- oder Rosenzweig-Test) werden einer Versuchsperson 24 karikaturartige Zeichnungen präsentiert, in denen sich zwei Personen über ein Konfliktthema, z. B. ein Mißgeschick mit einem beworbenen Produkt, austauschen. Der Dialog ist in großen Sprechblasen wiedergegeben (wie bei Comics). Allerdings bleibt eine der Sprechblasen offen, die von der Person nach Gutdünken auszufüllen ist. Interessant ist etwa zu sehen, ob ein Produkt als Problemverursacher oder Problemlöser einbezogen wird.

Beim *Personenzuordnungs-Test* werden Portraitfotos von altmodischen Personen unterschiedlichen Typs einem Testobjekt als typische Verwender/Verbraucher nach Sympathie zugeordnet. Dabei kann auch auf die Vorlage von Portraits verzichtet und nur eine abstrakte Beschreibung gegeben werden. Denkbar sind aber auch die Zuordnung von Tiersymbolen, Zitaten, Automarken etc. Z.B. können Hausfrauentypen zugeordnet werden, die von tradiert-konservativ bis zu modern-fortschrittlich reichen. Interessant ist zu erfahren, welcher Typ von Hausfrau einem beworbenen Produkt zugeordnet wird, weil zu unterstellen ist, daß

Imagekongruenz zwischen Produkt und Verwender angestrebt wird.

Beim *Rollenspiel* wird dem untersuchten Testobjekt durch die Testperson eine Rolle innerhalb einer sozialen Beziehung zugewiesen. Diese Rolle kann dann interpretiert werden. Je nach der Einordnung kann daraus auf dessen Autorität oder Subordination, Respekt, Kompetenz, Akzeptanz und Sympathie geschlossen werden.

Beim *Zeichen-Test* werden Probanden aufgefordert, das beworbene Produkt als Symbol zu zeichnen, so etwa als Tier oder Baum, abhängig von der Begabung auch als Person. Wiederum kann aus der Art der Darstellung auf das Image des Angebots geschlossen werden.

Beim *Hand-Test* sind undeutliche Fotografien einer Hand in vielerlei Gesten zu sehen. Dazu gibt es, in Verbindung mit dem Testobjekt, stets die Frage: Was tut die Hand? Aus der Art der Tätigkeit in Zusammenhang mit Produkten kann so auf deren Sichtweise geschlossen werden.

Beim *Farb-Test* sollen Probanden dem Testobjekt Farben zuordnen, die dessen Anmutung und Gefühlswirkung widerspiegeln. Aus der Art und Intensität der Farben wird auf die subjektive Einschätzung eines beworbenen Produkts geschlossen. Dazu sind 8 Farbtafeln nach Sympathie zum Testobjekt in Rangfolge zu ordnen.

Bei der *Produkt-Personifizierung* soll das beworbene Produkt anhand von Eigenschaften umschrieben werden, wie sie ansonsten eher Personen zukommen, wie Stärken/Schwächen, größte Leistungen, Werdegang etc. Dazu gehören auch soziale Relationen wie Förderer, Gegner, Entwicklungschancen etc.

Der *Rohrschach-Test* ist ein projektives Verfahren, bei dem Testpersonen schwarz-weiße und farbige Tafeln mit symmetrischen Tintenkleksbildern vorgelegt erhalten, zu deren Deutung sie Stellung nehmen sollen. Auf dieser Basis kann die Zuordnung dieser Klekse zu Testobjekten untersucht werden. Aus der Art der erlebten Eindrücke sind dann Rückschlüsse über das Image des beworbenen Produkts möglich.

(→ Testverfahren, Projektiv-assoziative)

Testverfahren, Mechanische

Die Mechanik bezieht sich auf Testverfahren der nicht-teilnehmenden Beobachtung bei der Wahrnehmung, um Beeinflussungseffekte zu minimieren. Einzelne Verfahren dazu betreffen folgende.

Die *Blickregistrierung* geht davon aus, daß das Abbild eines visuellen Reizes zur Wahrnehmung auf einen bestimmten Innenflächenbereich des Auges projiziert werden muß (sog. Fovea). Stimuli außerhalb des Blickfelds der Fovea werden nur unscharf wahrgenommen. Das Gesichtsfeld stellt so den zu einem bestimmten Zeitpunkt wahrnehmbaren Umweltausschnitt dar. Stimuli, die außerhalb des Blickfelds liegen, aber innerhalb des Gesichtsfelds, können daher nur durch Augenbewegung richtig wahrgenommen werden. Diese erfolgt ruhend (Fixation) oder ruckartig (Saccade). Wahrnehmung ist nur während Fixationen möglich. Die Dauer der Fixation entspricht der Zeit, die der Betrachter eines Stimulus benötigt, die Abbildung zu dechiffrieren. Nur während der Phase der Fixation besteht also die Möglichkeit zur Informationsaufnahme, sodaß deren Lokalisation Anhaltspunkte für die Kommunikationsleistung z. B. der Werbemittelvorlage gibt. Die zentrale Hypothese lautet nun, daß nur während der Fixationen Informationen vom Betrachter scharf aufgenommen werden können, diese somit notwendige Voraussetzung für die weitere mentale Verarbeitung sind. Fixationen dauern 0,2–0,4 Sekunden, Saccaden nur 0,03–0,09 Sekunden. Man spricht auch von einer Erfassung des Mikroeffekts.

Die *Cornea-Reflex-Methode* bedient sich zur Erfassung einer vergleichsweise komplizierten Vorrichtung, ähnlich einer Skibrille (Eye Mark Recorder/NAC). Darin sind vor den Augen Kameras angebracht, die über Umlenkspiegel und Glasfaserkabel den Bewegungsablauf der Pupillen über einer Vorlage auf einen Monitor projizieren. Eine auf die Hornhaut des menschlichen Auges projizierte Licht- oder Infrarotstrahlung reflektiert je nach Veränderung der Blickrichtung unterschiedlich. Die reflektierten Strahlen werden über zwei seitlich befindliche Photozellen bzw. Mikro-Objektive erfaßt und unter Verwendung eines Video- oder Schreibgeräts aufgezeichnet. Dazu wird mit einer dritten Kamera das Gesichtsfeld des Probanden aufgenommen. Die drei Aufzeichnungen werden übereinandergeblendet, es erscheint das Blickfeld der Versuchsperson mit einem Markierungspfeil für den Blickverlauf auf einem Bildschirm bzw. einer Aufsichtsvorlage.

Eine andere Form der Blickregistrierung, die den Nachteil des hohen apparativen Aufwands und der extremen Laborsituation vermeidet, dafür aber eher einen Makroeffekt liefert, ist die Methode der *Kamera-Lesebeobachtung*. Dabei befindet sich zwischen der auf einem Lesepult dargebotenen optischen Werbemittelvorlage und einer Versuchsperson ein halbdurchlässiger Spiegel. Dieser behindert nicht beim Lesen, entwirft aber ein Spiegelbild der Augenpartie des Probanden, das von einer über dem Kopf angebrachten Videokamera aufgenommen wird. Dieses kann dann ausgewertet werden und gibt Aufschluß über den Blickverlauf auf einer Vorlage (sog. Compagnon-Verfahren).

Eine weitere Version ist die unbewußte Blickregistrierung. Dabei wird der Proband in einem Zimmer gefilmt, in dem er vorgeblich nur auf die Teilnahme an einem Versuch wartet. Dabei wird durch eine Videokamera, die für gewöhnlich unter einem breiten Lampenschirm neben dem Sessel angebracht ist, aufgezeichnet, welche Vorlagen, z. B. in einer zur Zeitüberbrückung ausgelegten Zeitschrift, wie lange und wie häufig diese wahrgenommen werden. Der Blickwinkel spiegelt sich in einem Beistelltisch mit Spiegelplatte. Der große Vorteil liegt in der quasi-biotischen Situation des Tests, der Nachteil liegt darin, daß nicht der Blickverlauf auf einer Vorlage, sondern nur deren allgemeine Wahrnehmung festgestellt werden kann.

Mit der *Lichtschranke* kann die Passierfrequenz von Probanden vor einem Testobjekt (z. B. Packung) ermittelt werden, außerdem die Verweildauer und der Betrachtungsabstand.

Mit der *Infrarotmessung* wird ebenfalls die Annäherung und das Verweilen vor einem Testobjekt (z. B. Packung) ermittelt. Diesmal wird sehr kurzwelliges, für das menschliche Auge unsichtbares Licht von einem Impulsgeber ausgesandt und von einem Sensor empfangen.

Über *Einwegspiegel* wird das Verhalten von Probanden durch nur einseitig durchsichtige Glasflächen beobachtet. Damit kann eine biotische Situation erzeugt werden. Dabei geht es vor allem um die Auswertung der Körpersprache, als Art, Reihenfolge und Intensität von Handlungen bzw. Nichthandlungen (z. B. bei Fernseh-Spots).

Auch *Fotografieren* ist möglich. Hier geht es besonders um die Erfassung der Mimik bei Gewahrwerdung von Werbemitteln. Die Facial Action Scanning Technique (FAST) wertet das Ausdrucksverhalten von Augenbrauen, Stirn, Augen, Augenlidern, Nase, Wangen, Mund und Kinn aus. Die Ergebnisse werden mit standardisierten Vergleichsfotos aus dem FAST-Gesichtsatlas verglichen, die den jeweiligen primären Effekt besonders rein darstellen.

Der *Programmanalysator* ist ein Bediengerät (Signalgeber) ähnlich einem doppelten Joystick. Jeweils einer der beiden Joysticks wird bei Gefallen oder Mißfallen während einer laufenden Testdarbietung (z. B. Werbe-Spot) ausgelöst. Das Ergebnis kann auf einem Plotter ausgedruckt werden. Durch Aggregation aller von Probanden ausgelösten positiven und negativen Impulse entsteht ein zweiseitiges Reaktionsprofil, das den zeitbezogenen Eindruck der Probanden von einer werblichen Darbietung widerspiegelt. Der Vorteil liegt vor allem darin, daß flüchtige Eindrücke sofort registriert werden können, die andernfalls überlagert und vergessen werden. Nachteilig ist, daß keine ungestörte Wahrnehmung des Testobjekts möglich ist und die Reaktionen nicht in affektive und kognitive Elemente aufgesplittet werden können.

Das *Daktyloskop* ist ein Verfahren zur Identifizierung von Fingerabdrücken. Dazu werden Testobjekte (z. B. Anzeigenseiten) derart präpariert, daß nach Konfrontation mit dem Probanden festgestellt werden kann. ob dieser das Werbemittel berührt hat oder nicht. Gleichen Zwecken dienen leichte Verklebungen (Nagellack) oder lichtempfindliche Markierungen. Dadurch ist eine nichtteilnehmende Beobachtung möglich.

Die *Antwortzeitmessung* gibt Auskunft darüber, wie lange es dauert, bis ein Proband auf einen Werbereiz reagiert. Z.B. kann mit Hilfe eines Computers die Zeitspanne zwischen dem Aufscheinen einer Frage zu einem beworbenen Produkt auf dem Bildschirm und der Eingabe der Antwort über eine Tastatur gemessen und als Indikator dafür angesehen werden, wie sicher und überzeugt der Proband mit seiner Antwort ist. Die Reaktionszeit zeigt auch an, inwieweit jemand in seiner Meinung festgelegt oder Beeinflussungsversuchen zugänglich ist.

Beim *Randomized Response Model* werden Zufallsmechanismen zur Steuerung der Antworten bei Wahrung der Anonymität der Antwortenden genutzt. Insofern handelt es sich um ein spezielles Testverfahren. Es wird also eine anonyme, meist tabuisierte) Antwort mit einer Zufallsgröße (z. B. Münzwurf) kombiniert. Zieht man diese Zufallsgröße vom Ergebnis ab, so macht der Rest näherungsweise die eigentliche Antwort aus, ohne daß Probanden sich offenbaren müssen (vgl. *Pepels, Werner:* Käuferverhalten und Marktforschung, Stuttgart 1995).

Testverfahren, Projektiv-assoziative

Die projektiv-assoziativen Testverfahren arbeiten in der Drittpersonentechnik als Befragungsexperiment. Dies betrifft den Ersatz einer unterdrückten, meist inneren Wahrnehmung durch eine äußere Wahrnehmung, was dazu führt, daß die betroffene Person einer Reizgegebenheit Eigenschaften und Verhaltensweisen zuschreibt, die ihr selbst zukommen. Dadurch sollen Meinungen zutage treten, die ansonsten aus persönlichen oder gesellschaftlichen Gründen (Tabu, soziale Erwünschtheit, kognitiver Kontrolle etc.) nicht geäußert werden oder ohne weiteres nicht zugänglich sind. Voraussetzungen projektiver Verfahren sind, daß die Externalisierung den Befragungspersonen weitgehend unklar bleibt und die rationale Zensur der Antwort erschwert, die Projektion Einblicke in psychologische Muster gibt, die ansonsten verborgen bleiben, und die Ergebnisse interpretationsfähig sind.

Die projektiven Verfahren bauen auf dem menschlichen Verhalten auf, eine unangenehme innere Wahrnehmung nach außen zu verlagern, also zu projizieren, und bieten in solchen vermuteten Situationen Projektionshilfen an. Dieser Zusammenhang ist für die Testpersonen weitgehend undurchschaubar. Damit hofft man, von befragten Personen Meinungen und Einschätzungen des zu untersuchenden Objekts zu erfahren, die durch direkte Befragung nicht herauszufinden wären.

Die assoziativen Verfahren versuchen, spontane, ungelenkte Verbindungen zwischen Ausgangsreizen und Gedächtnis- bzw. Gefühlsinhalten zu initiieren. Dadurch kann das Erlebnisumfeld ermittelt werden. Man unterscheidet freie Assoziationen mit und ohne Ausgangsreiz, die ungelenkt ablaufen, und gelenkte

Assoziationen, die gesteuert ablaufen und von einem Ausgangsreiz ausgehen.

Zu denken ist dabei an figurale Verfahren, die eher Projektionscharakter haben, aber auch an verbale Verfahren, die eher Assoziationscharakter haben.
(→ Testverfahren, Figurale, Testverfahren, Verbale)

Testverfahren, Psychomotorische

Die Psychomotorik bedient sich der Messung von unwillkürlichen Körperreaktionen bei Wahrnehmung von Objekten, um die kognitive Steuerung als Verzerrungsgröße auszuschließen. Einzelne Mittel dazu betreffen folgende.

Das *Pupillometer* ist eine Apparatur zur Messung der Pupillenfläche, die sich bei Beeindruckung (Impact) vergrößert. Dies gilt allerdings sowohl bei Erstaunen als auch bei Erschrecken. Dabei kann gleichzeitig die Richtung und der Zeitraum der Veränderung sowie der Blickverlauf registriert werden. Durch die Pupillenveränderung kann gemessen werden, ob Aktivierung stattfindet, durch die Größe der Veränderung auf die Intensität der Aktivierung geschlossen werden. In Kombination mit einer Augenkamera kann zudem ermittelt werden, bei welchen Darbietungselementen die Pupille welche Veränderung zeigt. Problematisch ist hier, daß Aufmerksamkeit nur ein Teilkriterium der Werbewirkung ist und die Erhebung in einer extremen Laborsituation stattfindet. Zudem können emotionale Prozesse durchaus auch ohne Pupillengrößenveränderung vonstatten gehen. Ebenso wie externe Effekte eine Veränderung hervorrufen können, wie Lichteinfall, Nähe des Betrachtungsgegenstands, gedankliche Ablenkungen etc.

Das *Psychogalvanometer* betrifft die bioelektrische Messung des vegetativen Nervensystems über den Hautwiderstand, der sich bei Impact infolge Schweißabsonderung vom üblichen Normalwert (= tonisch, also dem allgemeinen Aktivierungsniveau) auf den reizinduzierten Meßwert (= phasisch) verringert. Umgekehrt steigt ein auf die Hautoberfläche gegebener, induzierter Stromfluß. Dahinter steht die Vermutung, daß die Schweißdrüsen, vor allem an den Handinnenflächen und den Fußsohlen, weil diese dort am dichtesten vertreten sind, auf psychische Erregung reagieren, wodurch es zu einer Verringerung des Hautwiderstands kommt. Die Messung erfolgt durch am Körper befestigte Elektroden, wobei die registrierten Impulse an einen Polygraphen geleitet und aufgezeichnet werden, der daneben noch weitere Funktionen mißt. Gemessen werden Amplitude und Dauer des Ausschlags. Die Validität dieser Methode ist jedoch latent gefährdet. So ergibt sich eine individuell abweichende Anzahl der Schweißdrüsen. Der Grundwiderstandswert der Haut schwankt zwischen 10000 und 500000 Ohm, während die Änderung Größenordnungen von +/- 300 Ohm betrifft. Externe thermische Umweltbelastungen führen zu Stress, der eine Veränderung der Leitfähigkeit der Haut zur Folge hat. Bei sehr hohen und sehr niedrigen thermischen Belastungen sowie bei Temperaturschwankungen versagt die Messung ganz. Außerdem schwankt die Leitfähigkeit mit der Tageszeit, ist nachts geringer als tagsüber, und mittags am höchsten. Ein weiterer Einflußfaktor ist der Gesundheitszustand beim Probanden. Bei mehrmaliger Verwendung eines Reizes verringert sich die Widerstandsänderung. Bei starker Erregung kompensiert das körpereigene Adrenalin zudem teilweise Widerstandsänderungen. Selbst wenn diese gravierenden Probleme gelöst sind, kann nur etwas über die Intensität der Erregung, nicht jedoch deren Qualität (positiv/negativ) ausgesagt werden.

Bei der *Gehirnstrommessung* (Elektroenzophalogramm/EEG) werden Meßsonden auf der Kopfhaut angebracht, um die Veränderung der Gehirnströme, vor allem im Cortex, bei geistiger Aktivierung, hier interpretiert als intensive Auseinandersetzung mit der Testvorlage, zu messen. Basis der Anwendung ist also die Annahme, daß sich Emotionen in physiologischen Aktivitäten des Gehirns äußern, sodaß auf Grund der Veränderung deren Potentials auf das Vorhandensein und die Veränderung von Emotionen geschlossen werden kann. Außerdem wird eine positive Korrelation zwischen Aktiviertheit und Aufnahmebereitschaft unterstellt.

Das *Atemvolumen* indiziert Anspannung und Erregung. Ausgehend vom Ruhevolumen kann damit auf den Grad der Aktivierung nach Wahrnehmung einer Testvorlage geschlossen werden.

Bei der *Pulsfrequenz* kann ausgehend von einer Ruhefrequenz aus einer Erhöhung der Pulsation auf den Grad der Aktivierung geschlossen werden. Dabei ist die Justierung der Ausgangsfrequenz wichtig, weil je nach Trainiertheit des Körpers der Ruhepuls unterschiedlich hoch liegen kann, absolute Werte also nicht aussagefähig sind, sondern nur relative Veränderungen.

Bei der biochemischen Messung wird eine *Blutanalyse* vorgenommen, etwa in bezug auf Hormonausschüttungen vor, während und nach der Aktivierung durch Darbietung von Werbung. Dazu ist freilich eine Blutabnahme vor und nach der Konfrontation mit dem Testobjekt erforderlich.

Die *Stimmfrequenz* gilt als Indikator für den Grad innerer Anspannung. Denn bei Erregung verändert sich nicht nur die Lautstärke des gesprochenen Wortes, sondern auch dessen Tonhöhe (Voice Pitch) und insgesamt das Stimmspektrum, vor allem im Grundtonbereich. Dies ist wiederum auf Veränderungen von Atemfrequenz, Muskelspannung und Tremor zurückzuführen. Damit steht zumindest theoretisch ein berührungsfreies, anderen physiologischen Meßverfahren überlegenes Verfahren zur Aktivierungsmessung zur Verfügung, wenn Probanden aufgefordert werden, sich zu ihrem Erleben des Werbemittels zu äußern.

Der *Blutdruck* wird, ausgehend vom Ruhezustand, mit Veränderung der peripheren Durchblutung bei Vorlage eines Testobjekts gemessen, um daraus auf dessen Eindrucksstärke zu schließen. Aus der Höhe der Veränderung wird auf die Impactstärke des Testobjekts bei Exposition geschlossen.

Beim *Speichelfluß* macht man sich die Erfahrungstatsache zunutze, daß der Mundraum bei Anspannung austrocknet, und es bei Entspannung zu vermehrter Speichelabsonderung kommt. Genau dieser Effekt wird gemessen. Besonders geeignet ist dieses Verfahren zur Messung des Appetite Appeal von Werbemitteln zu Food-Produkten.

Der *Lidschlag* erhöht sich bei Anspannung und vermindert sich bei Entspannung. Dementsprechend ist er als Maß für die Aktivierung bei Exposition ansehbar. Dies läßt ihn für die Messung von Involvement geeignet erscheinen. Normal sind ca. 30 Lidschläge/Minute, die erforderlich sind, die Netzhaut ausreichend zu befeuchten.

Bei der *Thermographie* ist die Durchblutung der Körperoberfläche Meßgegenstand, die in ihrer Intensität ebenfalls von der Aktivierung bei Exposition abhängig ist. Vermehrte Durchblutung führt zu leicht erhöhter Körperoberflächentemperatur, die über Infrarotsensoren als biothermische Analyse gemessen wird.

Die *Elektromyographie* ist ein Verfahren zur Erfassung der Aktivierung durch Registrierung von Muskeltonusveränderungen. Ausgangspunkt ist die Überlegung, daß sich mit zunehmender Muskelarbeit die gesamte elektrische Aktivität erhöht. Diese ist von der Intensität der Muskeltätigkeit, von der Anzahl tätiger Muskeln und der Gleichzeitigkeit ihrer Reizung abhängig. Neben der Intensität werden auch Richtung und Erlebnisqualität von Emotionen bestimmbar. Dies erfolgt etwa durch Messung der Änderungen der Gesichtsmuskeln (Facial Action Coding) bei Exposition von Werbemitteln und dem Vergleich mit für bestimmte Einstellungen normierten Muskelkonstellationen.

Die *Polygraphie* ist eine kombinierte Messung mehrerer Parameter, die die Aktivierung bei Exposition angeben. Im einzelnen handelt es sich um Atmung (Atemvolumen), periphere Durchblutung (Blutdruck), Pulsfrequenz und Hautwiderstand. Populär ist diese Meßmethode als Lügendetektor bekannt. Durch die mehrdimensionale Erfassung von Reaktionen kann so eine sicherere Aussage getroffen werden.

Neuerdings wird das sog. *Vitaport-System* propagiert. Dies ist ein unauffälliger kleiner Kasten zur physiologischen Messung bei Nutzern, ohne daß diese durch komplizierte Technik abgelenkt werden. Gemessen werden Hirnstrom, Herzfrequenz, Hautleitfähigkeit, Haut- und Umgebungstemperatur, Atemkurve, Bewegungsaktivität. Alle Reaktionen werden gleichzeitig gemessen und synchron aufgezeichnet (13

Meßwandler, 18 Kanäle). Die Daten werden auf Steckmodulen gespeichert und per Datenfernübertragung abgerufen oder online überspielt. Die Testperson wird nicht der Laborumgebung ausgesetzt, das Vitaport-Gerät läßt sich problemlos am Körper tragen.

Testverfahren, Statistische

Es sind mehrere statistische Testverfahren zu unterscheiden.

Bezieht sich die Hypothese auf die Lage eines einzelnen, unbekannten Parameters der Prüfverteilung, so handelt es sich um einen parametrischen Test. *Parametertests* beziehen sich auf Hypothesen über Mittelwerte und Streuungsmaße, d. h. es werden Hypothesen über die unbekannten Parameter der Grundgesamtheit überprüft, und es soll festgestellt werden, ob ein Parameter mit dem in der Hypothese angenommenen Parameter einer Grundgesamtheit übereinstimmt. Dabei liegt eine Prüfverteilung zugrunde.

Bezieht sich die Hypothese auf die gesamte Gestalt der Verteilung des Untersuchungsmerkmals ohne eine Annahme über einzelne Parameter der Verteilungsfunktion der Stichprobenvariablen, so handelt es sich um einen *nichtparametrischen* (verteilungsfreien) Test. Die Verteilung der Prüfgröße eines Tests hängt nicht von der speziellen Gestalt der Verteilungsfunktion der Grundgesamtheit ab. Dabei gibt es Anpassungs-, Unabhängigkeits-, Zufälligkeits- und Variabilitätstests. Das Testverfahren hängt vom jeweiligen Skalenniveau der Testgröße.

Anpassungstests beziehen sich auf die Hypothese der Übereinstimmung einer gegebenen empirischen Verteilung mit der postulierten theoretischen Verteilung, also ob eine Grundgesamtheit eine bestimmte angenommene Verteilung besitzt oder nicht. Dabei können verschiedene Verteilungen zugrundegelegt werden, meist die Normalverteilung, die F- oder t-Verteilung. Wichtige Testverfahren sind hier der Chi Quadrat-Anpassungstest und der Kolmogoroff-Smirnov-Test.

Bezieht sich die Hypothese auf die Abhängigkeit zwischen zwei oder mehr Merkmalen in der Grundgesamtheit, so handelt es sich um einen Unabhängigkeitstest. Wichtige Testverfahren sind hier der Chi Quadrat-Unabhängigkeitstest und der Friedman-Test.

Bezieht sich die Hypothese auf symmetrische, stetige Verteilungen, so handelt es sich um einen Zufälligkeitstest. Wichtiges Testverfahren ist der Wilcoxon Vorzeichen-Test (für mindestens ordinalskalierte Daten werden Differenzen der Stichprobenwerte zum Median gebildet, aufsteigend angeordnet und mit Rangnummern versehen).

Bezieht sich die Hypothese auf die Lagealternativen zweier oder mehr unabhängiger Stichproben, so handelt es sich um einen Variabilitätstest. Wichtige Testverfahren sind hier der Wilcoxon Rangsummen-Test (mindestens ordinalskalierte Beobachtungswerte zweier Stichproben werden zusammengefügt und aufsteigend addiert, sodaß jede Beobachtung einen Rangplatz erhält, die Rangplätze der 1. Stichprobe werden addiert und mit der Summe der 2. Stichprobe verglichen) und der Kruskal-Wallis-Test (bei mehr als zwei unabhängigen Stichproben).

Nichtparametrische Tests sind immer dann vorzuziehen, wenn die dem parametrischen Test zugrundeliegenden Annahmen über die Verteilung der Grundgesamtheit in ihrer Gültigkeit angezweifelt werden müssen. Zu denken ist an kleine Stichproben und schiefe oder mehrgipflige Verteilungen. Daher werden robuste Testverfahren bevorzugt, deren Leistungsfähigkeit nicht beeinträchtigt wird, wenn eine Testvoraussetzung nicht erfüllt ist.

Testverfahren, Verbale

Zu den verbalen Verfahren projektiv-assoziativer Tests gehören folgende.

Beim *16 PF* (Personaliy Factors)-*Test* ist von Probanden ein sehr differenzierter Fragebogen auszufüllen, der Eigenschaftszuschreibungen zum Testobjekt (Marke, Produkt, Unternehmen etc.) enthält, denen man zustimmen oder die man ablehnen kann. Indifferente Antwortdimensionen bieten Ansatzpunkte zur kommunikativen Beeinflussung. Dieser Test stammt aus der Personalbeurteilung bei Einstellungen, wo 187 Fragen vorgesehen sind.

Weitere Möglichkeiten sind das *Freiburger Persönlichkeitsinventar* mit Fragen zum Testobjekt, die mit stimmt oder stimmt nicht zu beantworten sind. Gleichermaßen funktioniert das Maudsley Personality Inventory (MPI) mit Fragen, die mit ja oder nein zu beantworten sind. Der Edwards Personal Preference Schedule (EPPS) verlangt, aus mehreren Alternativen zur Beschreibung eines Testobjekts die am ehesten für zutreffend gehaltenen zu wählen.

Beim *MMPI-Test* (Minnesota Multiphasic Personality Inventory) handelt es sich um 560 Statements zu Testobjekten, die vom Probanden kategorial mit „stimmt", „stimmt nicht" oder „weiß nicht" beantwortet werden sollen. Daraus sind Imagefacetten des beworbenen Produkts ableitbar.

Beim *Wort-Assoziations-Test* (WAT) wird der Proband aufgefordert, auf vorgegebene Reizworte jeweils die Begriffe zu nennen, die ihm spontan einfallen. Beim Reizwort kann es sich z. B. um einen Markennamen handeln. Aus der Art der dabei assoziierten Wörter kann auf das Profil des Angebots geschlossen werden. Es können auch mehrere Wörter vorgegeben werden, die jeweils zu assoziieren sind, auch konfliktträchtige. Die Antwort muß schnell erfolgen und darf für die Befragungsperson nicht durchschaubar sein. Es kann sich dabei um neutrale Stimuli ohne (denotativen) Zusammenhang zum Untersuchungsgegenstand oder um kritische Stimuli mit einem solchen Zusammenhang handeln.

Beim *Satz-Ergänzungs-Test* (SET) werden Satzanfänge vorgegeben, die mit dem zu untersuchenden Objekt inhaltlich verbunden sind und die der Proband aus seiner Sicht vervollständigen soll. Meist geschieht dies unter Zeitdruck, um eher spontane Reaktionen abzufragen. Der Satzanfang kann z. B. von einem beworbenen Produkt handeln. Die Ergänzung dazu findet in freier Assoziation statt oder bezogen auf eine Lebenssituation.

Beim *Einkaufslisten-Test* soll eine Person anhand ihrer Einkaufsliste charakterisiert werden. Nimmt man zwei Einkaufslisten, die bis auf das Testprodukt ansonsten identisch sind, kann aus den Abweichungen auf dessen Image geschlossen werden. Berühmt ist hier das Beispiel zum löslichen Nestlé-Kaffee. Danach wurde eine fiktive Hausfrau mit Maxwell-Bohnenkaffee auf ihrer Einkaufsliste deutlich positiver beurteilt als eine andere mit Instantkaffee (wenig preisbewußt, bequem, wenig fürsorglich, qualitätsindifferent etc.).

Beim *Lückentext-Test* werden in vorformulierten Texten Lücken offengelassen, die durch die Testpersonen zu schließen sind. Meist handelt es sich um Adjektive oder Attribute, die beworbene Produkte betreffen. Aus der Art der gewählten Begriffe kann dann auf die Einstellung zum Testobjekt selbst geschlossen werden.

Beim *Wartegg-Test* (Erzähltest) geht es darum, daß die Auskunftsperson, ausgehend vom Beginn einer Geschichte um das beworbene Produkt, aufgefordert wird, diese Geschichte zu vervollständigen. Dann wird die Rolle analysiert, die das Produkt in dieser Geschichte spielt (z. B. Problemlöser, Nebenrolle). Dabei kommt es allerdings zu Überlagerungseffekten durch unterschiedliche Bekanntheitsniveaus von Produkten.

(→ *Testverfahren, Projektiv-assoziative)*

Textkommunikation

Für die Textkommunikation ergeben sich innerhalb der Neuen Medien folgende Möglichkeiten:

- *Telex* (Fernschreiben): Dies ist die alte Form der Textübertragung, die freilich heute zunehmend durch modernere Formen abgelöst wird. Neben der geringen Übertragungsgeschwindigkeit ist auch der stark begrenzte Zeichensatz von Nachteil.
- *Teletex* (Electronic Mail): Eine solche modernere Form ist Teletex. Dabei handelt es sich um die Übertragung aller Daten des ASCII-Codes von PC zu PC. Dies geschieht etwa 30 mal schneller als über Telex. Dazu werden die Daten aus dem Speicher des sendenden PC digital über eine spezielle Schnittstelle (Interface) direkt in den Speicher des empfangenden PC übermittelt. Dort werden sie wie normal eingegebene Texte behandelt, können also über Bildschirm angezeigt, auf Festplatte gesichert oder über Drucker ausgegeben werden. Die Übertragung erfolgt über Datex-L (leitungsver-

mittelt) oder Datex-P-Anschlüsse (paketvermittelt).
(→ Neue Medien)

Textmanuskript
(→ Druckvorlagenerstellung)

Textverarbeitungsprogramme
(→ Desk Top Publishing, Software)

Theatre-Test
(→ Kommunikationstests)

Thematischer Apperzeptions-Test
(→ Testverfahren, Figurale)

Themenkomposition
(→ Fragetaktik)

Themensequenz
(→ Fragetaktik)

Theorie der Haushaltsproduktion
(→ Haushaltstheorie)

Thermographie
(→ Testverfahren, Psychomotorische)

Think Aloud-Technik
(→ Befragung, Sonderformen, Entscheidungsnetz)

Throughputtreue
(→ Synergienutzung)

Tiefeninterview

Beim freien Tiefeninterview erfolgt eine psychologische, offene Exploration in kleinen Fallzahlen, bei der von der Auskunftsperson neben der Antwort die Lösung und Behandlung vorgegebener Problem- und Aufgabenstellungen erwartet wird. Deshalb steht hier nur das Thema der Befragung fest, der Ablauf des Interviews liegt jedoch vollständig beim geschulten Psychologen. Ein Tiefeninterview ist also ein besonders intensiv geführtes Gespräch, bei dem auf Grund der freien Form dem Befragten erheblicher Freiraum für die Einbringung von Gedanken und Gefühlen gelassen wird. Ziel ist dabei die Gewinnung von Einblicken in die Motivstruktur der Befragten. Oft wird dieses Verfahren auch als Pilotstudie eingesetzt, wenn nur wenig anwendbar vorhandene Kenntnisse vorliegen und neue Einsichten gewonnen werden sollen. Dies erlaubt die Konkretisierung, Präzisierung und Priorisierung von Tatbeständen, die dann später durch eher standardisierte Verfahren erhoben werden. Dazu sind 20–30 Interviews vollauf ausreichend.

Vorteile liegen in folgenden Aspekten.

Es kann auf die Individualität des Befragten mühelos eingegangen werden. Dadurch entsteht eine gewisse Vertrauensbeziehung zwischen Befrager und Befragtem, die weitergehende Erkenntnisse ermöglicht.

Die Reihenfolge der getätigten Äußerungen sowie deren Art und Intensität geben wichtige Erkenntnishinweise. Diese Möglichkeiten bleiben bei stärker vorgegebenen Interviewabläufen verschlossen.

Es kommt zu einer gesteigerten Aussagewilligkeit, zu spontanen Äußerungen und vielfältigen Einsichten in die Denk-, Empfindungs- und Handlungsweise der Befragten. Damit entstehen wertvollere Hinweise.

Als Nachteile sind folgende Aspekte zu nennen.

Es sind psychologisch geschulte Fachleute für das Interview erforderlich. Dies bedingt einen höheren Kosteneinsatz für die Erhebung. Amateurpsychologen reichen dafür regelmäßig nicht aus.

Die Vergleichbarkeit von Aussagen aus verschiedenen Interviews ist eng begrenzt. Im Grunde genommen handelt es sich um monadische, untereinander nicht bezugsfähige Fallstudien, die wenig valide sind.

Die Protokollierung der Aussagen parallel zur Führung des Interviews ist schwierig. Nachträgliche Aufzeichnungen sind unvollständig und verzerrend. Wörtliche Protokolle sind aufwendig. So kommt eigentlich nur der Tonbandmitschnitt in Betracht.

Die Auswertung ist schwierig. Sie impliziert Deutungsspielräume. Vor allem ist das begrenzte Formulierungs- und Ausdrucksvermögen der Testpersonen zu berücksichtigen. Hinzu kommt deren nur mehr oder minder ausgeprägte Kommunikationsfreudigkeit.

Das Verfahren ist recht kostenaufwendig (ca. 300 Mark/Befragtem). Zudem ist ein erheblicher qualitativer Spielraum in Untersuchungsanlage, -abwicklung und -auswertung gegeben, sodaß Angebote verschiedener Veranstalter kaum vergleichbar sind.

Die Ergebnisse sind statistisch nicht repräsentativ und valide. Als Mindestgröße werden 60 befragte Personen angesehen. Dies reicht dann nicht zur Validierung von Angaben, impliziert aber bereits Kosten von über 18 000 Mark.

(→ *Mündliche Befragung*)

Time Based Management

Time Based Management (TBM) verfolgt in erster Linie zwei Ziele, zum einen das Timing für den Markteintritt mit Neuerungen, zum anderen die Dauer von Prozessen. Für das Timing von Neuerungen lassen sich mehrere Möglichkeiten unterscheiden. Hinsichtlich der zeitlichen Abfolge kann nach Innovationsführer und Innovationsfolger unterschieden werden, nach der Art der Neuerung in Original bzw. Kopie und Modifikation. Zur Philosophie des Innovationsführers durch Original gehört es, innovative Ansätze prozessualen Fortschritts unvermittelt umzusetzen und daraus Chancen für Wettbewerbsvorsprünge abzuleiten. Beim Innovationsführer durch Modifikation steht die unternehmensindividuelle, kundenspezifische Umsetzung allgemein zugänglichen Prozeßfortschritts im Fokus. Damit werden vor allem erfolgreich Nischenmärkte bearbeitet. Innovationsfolger durch Modifikation scheuen das Risiko einer Prozeßinnovation oder sind kulturell nicht befähigt, selbst Innovationen hervorzubringen. Sofern sich aber ein Innovator gefunden hat, beobachten sie dessen Markterfolg genau und übernehmen die Prozeßneuheit mit dem Ziel der optimierenden Veränderung. Innovationsfolger durch Kopie machen sich den Input von Innovatoren zueigen und beuten diesen zu eigenen Gunsten aus. Sie initiieren damit einen neuen Zyklus, in dem sich Innovatoren von diesen wieder absetzen müssen.

Die Dauer der Prozesse wird durch vielfältige Aktivitäten beeinflußt. Zu nennen sind etwa folgende:

- quantitative (multiple, mutative, selektive), intensitätsmäßige oder zeitliche (Überstunden, Mehrschicht) Ausweitung der Kapazität, auch extern,
- Automatisierung (EDV etc.),
- Know how-Nutzung (Mitarbeiterqualifikation, Spezialisierung),
- Routinisierung durch Übung, dies setzt Konstanz des Objekts und des Ablaufs voraus,
- Eliminierung von „toten" Phasen (Lagerung, Wartezeiten),
- Überlappung durch Vorziehen nachfolgender Aktivitäten,
- simultane statt sequentieller Bearbeitung (ein Lösungsweg, z. B. Simultaneous Engineering),
- Vorbereiten (unter plausiblen Annahmen über die Zukunft),
- Wertanalyse (zweitbeste Lösung, die vom Markt akzeptiert wird),
- Portionierung von Neuerungsschritten, um Komplexität zu reduzieren,
- Vorsorge für Ausfälle („Springer", Zusatzaggregate etc.),
- Vorziehen von problematischen Aktivitäten (also solchen, die sich verzögern könnten),
- Parallelbearbeitung mehrerer Lösungswege, autonom oder im Wettbewerb zueinander,
- bessere Planung (Prioritäten festlegen), Deadline setzen, Funktionen unterteilen.

Tonality

(→ Copy-Analyse)

Top Down-Ansatz

(→ Willensbildung in Organisationen)

Total Quality Management

(→ Qualitätsmanagement)

Touch Screen

(→ Desk Top Publishing, Eingabegeräte)

Tracking-Studie

(→ Wellenerhebungen)

Trade Management

(→ Channel Management)

Trade Mart

Trade Mart ist die räumlich zusammengefaßte, ständige Präsentation von Mustern für gewerbliche Adressaten in Hersteller-, Großhandels- und Handelsvertreter-Verkaufsniederlassungen einer Branche, mit angeschlossenen Hilfsbetrieben, zwar ohne physische Warenprozeßleistungen, jedoch mit der Möglichkeit der Warenbesichtigung und des Kaufabschlusses ausschließlich durch Fachbesucher. Trade Marts werden von verschiedenen Unternehmen beschickt und sind meist in für diesen Zweck speziell errichteten Gebäuden untergebracht, die auch die gesamte Infrastruktur bieten. Sie sind regelmäßig branchengebunden. Träger der Trade Marts sind für gewöhnlich Kollektive, so Fachverbände, Messegesellschaften, öffentliche Körperschaften etc. Ihnen obliegt die Gebäudeerstellung/-unterhaltung, die organisatorische Durchführung, die Vermittlung von Aufträgen, die Gemeinschaftswerbung etc. Die Trade Mart-Residenten zahlen dafür in ihrem Mietzins eine Umlage, die eine wesentliche Kostenersparnis gegenüber eigenständigen Leistungen darstellt, zumal diese vergleichbar für den einzelnen objektiv kaum möglich scheinen. Verbreitet ist diese Form in der Modebranche. (→ *Abschlußmärkte)*

Trading Down

(→ *Dynamik der Betriebsformen des Handels)*

Trading up

(→ *Dynamik der Betriebsformen des Handels)*

Tragfähigkeitsprinzip

(→ *Preispolitischer Ausgleich)*

Trägheitstechnik

(→ *Einwandbehandlung)*

Trampschiffahrt

(→ *Wassertransport, Arten)*

Transfermarke

Bei der Transfermarke handelt es sich um die Übertragung einer Marke aus einem Produktbereich in einen verwandten anderen des gleichen Herstellers. Hinter dieser Technik steht das Bemühen, das Potential eines Markennamens voll auszuschöpfen. Dies erfolgt als (interner) vertikaler Markentransfer durch (homogene) Produktdiversifikation (man spricht auch von „Flankers", im Gegensatz zur Produktdifferenzierung bei der Rangemarke).

Die Transfermarke entsteht also infolge horizontaler Diversifikation aus einem Produktbereich in einen anderen innerhalb des Programms eines Herstellers (z. B. *Mars* Icecream, *Milka* Schokotrunk). Dahinter steht bei diesem das Bemühen um die Kapitalisierung des aufgebauten Markenwerts. Notwendige Voraussetzungen sind allerdings eine starke, tragfähige Stammarke und Gemeinsamkeiten zwischen Ausgangs- und Transferprodukt.

Ein Vorteil der Transfermarke liegt so vor allem in der Nutzung der Bekanntheit und Vertrautheit aus einem Produktbereich in einem verwandten anderen. Ein Nachteil liegt in der Gefahr der Überstrapazierung der Tragfähigkeit der Leader-Marke.

Als Beispiel dafür kann *Nivea* gelten. Nivea ist ursprünglich eine Universalcreme, freilich mit omnipotentem Anspruch, für Mann und Frau, für jung und alt, für feuchte und trokkene Haut, für Tag und Nacht etc. Sie ist damit eine Art „Übercreme".

Eine solche Position ist nur vor dem historischen Hintergrund erklärbar und heute garnicht mehr so aufzubauen. Da liegt es nahe, diese Kompetenz zu nutzen, um arrondierende Produkte zu lancieren. Und so ist aus der Creme Nivea (1912) längst eine Pflegeserie geworden, die Cremeseife (1912), Sonnenschutz (1958), Milk (1963), Schaumbad (1977), Duschgel (1978), After Shave (1980), Gesichtsreinigung (1982), Haarshampoo (1984), Spülung (1984), Gesichtscreme (1990), Deodorant (1991) etc. umfaßt, insgesamt immerhin an die 50 Produkte, Tendenz steigend. Alles Produkte, die bestens zur spezifischen Positionierung der Marke passen und hoch erfolgreich im Markt arbeiten.

Es gibt allerdings auch Negativbeispiele. Bekommt die „Lokomotive“ Stammarke nämlich so viele Anhänger, daß sie diese nicht mehr ohne weiteres durchziehen kann, wird sie überfordert (sog. Markenerosion). So wollte *Natreen* seine Range um Diätnahrungsmittel erweitern, vor allem Wurstsorten, die ansonsten mit versteckten Fetten gespickt sind, wobei ausgehend von Süßstoff eine Kompetenz für kalorienreduzierte Ernährung vermutet wurde. Tatsächlich lag die Kompetenz jedoch auf dem Süßakzent, was ganz und garnicht mit Wurstwaren harmonierte. *Adidas* wollte, ausgehend von vermuteter jugendlicher Kompetenz sein Programm um legere Kleidungsstücke erweitern. Doch auch dies harmonierte nicht mit dem Sportschuhimage. Und *Hipp* wollte Fitnessnahrung anbieten, die ernährungsphysiologisch ganz ähnlich wie Babykost, die eindeutige Kompetenz, aufgebaut ist. Doch wieder vertrugen sich Stamm- und Transferprodukt in der Range nicht. In allen Fällen lag nur eine denotative, d. h. produktbegründete Gemeinsamkeit in der Range vor, die allerdings keineswegs ausreicht. Zwingend erforderlich ist eine konnotative, wahrnehmungsbegründete Gemeinsamkeit. Und beide müssen durchaus nicht immer überein gehen.

(→ *Absenderbezogene Markentypen)*

Transit

(→ *Außenhandel)*

Transportmittelbetrieb

Für den Betrieb ist eine Entscheidung zwischen Eigen- und Fremdtransport, die sich grundsätzlich bei jedem Transportmittel stellt, zu treffen. Im *Eigenbetrieb* erfolgt der Einsatz der Fahrzeuge nach Bedarf und Tourenplan. Es besteht keine Genehmigungs- und Versicherungspflicht. Im Nahbereich kann dadurch der Kundenservice erhöht werden. Für den Eigenbetrieb (sog. Werkverkehr) sprechen die größere Kontrolle über Services, vor allem die Lieferzeit, und Waren, vor allem die Qualität. Außerdem ist der Einsatz von Spezialausrüstungen möglich. Die Verkehrsmittel können zugleich als (akzidentelle) Werbeträger genutzt werden. Es ist eine erhöhte, vor allem kurzfristige Flexibilität des Einsatzes gegeben. Auch entsteht ein stärkerer Abnehmer-Lieferanten-Bezug, der akquisitorisch wirkt (z. B. kann eine Kaufnachbereitung vor Ort vorgenommen werden). Nachteilig sind jedoch häufige Leerzeiten, weil Fremdtransporte nicht gestattet sind, außerdem Standzeiten bei Spezialfahrzeugen wegen ungleichmäßigen Transportanfalls sowie der Fixkostencharakter von Fahrzeugen und Personal.

Für den *Fremdbetrieb* hingegen sprechen die Gewährleistung von spezialisierten, professionellen Services, die größere räumliche Abdekkung aus dem Verkehrsmitteleinsatz, die (reklamationsfähige) Delegation von Pflicht und Verantwortung gegen Rechnung, willkommene Fixkostenersparnisse durch fehlende Investitionen und Instandhaltungsaufwendungen sowie die freie Transportmittelwahl nach den Umständen des Einzelfalls. Zwischen diesen Einflußgrößen ist in jedem Einzelfall eine unternehmerische Abwägung als optimale Lösung zu treffen (vgl. *Ihde, Gösta:* Distributions-Logistik, Stuttgart–New York) 1978).

Eine weitere Funktion, die sich daran anschließt, ist die der Verwertung und Entsorgung. Angesichts zunehmend strengerer Umwelt- und Abfallbeseitigungsrichtlinien ergeben sich hier wichtige Einzeltätigkeiten der Retrodistribution, d. h. der Abfall- und Überschußmaterialbeseitigung bzw. -rückführung, der Reduktion von Schadstoffemissionen und der Sammlung, Aufbereitung und Umformung von Verwertungsprodukten, vor allem Verpackungen. Die hohe Sensibilisierung der Öffentlichkeit führt hier berechtigterweise dazu, daß Anbieter diesem Problemkreis besonderes Augenmerk zuwenden müssen. Mit ganz erheblichen Erfolgen in Sachen Ökologie, wo Deutschland zu den führenden Nationen zählt .

Transferpreisbildung

(→ *Preistaktik)*

Transmissionswerbung

(→ *Kommunikation, Formen)*

Transportabwicklung

(→ *Logistik, Entscheidungen)*

Treffprinzip

(→ *Absatzformen)*

Trend-Marketing

(→ *Marktentwicklungen, Marktperspektiven)*

Trendberechnungen

Bei der linearen Trendextrapolation wird die Kleinstquadratabweichung auf eine lineare Konstante derart reduziert, daß die positiven wie negativen Abweichungen in der Vergangenheit, d. h. die Abstände aller Punkte, die sich graphisch oberhalb und unterhalb der Trendgeraden befinden, insgesamt gleich groß sind. Dies wird durch die Minimierung der Summe der Absolutwerte der Abweichungen angestrebt. Zur Vermeidung von Saldierungen durch Negativität von Werten wird das Quadrat der Abweichungen berechnet. Der lineare Trend ist durch gleichbleibende absolute Zuwächse oder Abnahmen pro Zeiteinheit definiert. Dabei können die einzelnen Perioden gewichtet oder ungewichtet in das Ergebnis eingehen. Der Vorteil liegt in der Einfachheit sowohl der Datensammlung als auch -verarbeitung.

Aber es gibt auch nichtlineare Trendverläufe. Dafür kommen exponentielle (progressive), logarithmische, potenzierte und parabolische (quadratische) Funktionstypen in Betracht. So kann eine exponentielle Trendextrapolation (gewichtet oder ungewichtet) zur Prognose genutzt werden. Beim exponentiellen Trend ist die relative Zuwachsrate pro Zeiteinheit bei der Prognosegröße konstant. Die Exponentialfunktion läßt sich durch Logarithmieren linearisieren, um eine Rechenvereinfachung zu erreichen (logarithmische Trendextrapolation). Zu diesem Zweck läßt sie sich auch in hinreichend lineare Teilgeraden zerlegen.

Anstelle einer linearen kann auch eine gekrümmte Funktion zugrundegelegt werden. Dabei wird ein Polynom 2. Grades verwendet, wobei wiederum das Gütekriterium der Minimierung der Quadrate der Abstände von der Trendkurve zugrunde liegt. Auch dabei können die Perioden gleich oder verschieden gewichtet werden. Eine Verallgemeinerung dieses Verfahrens ist die Generalized Least Squares-Schätzung. Daraus ergeben sich parabolische Trendextrapolationen. Werden dabei drei Parameter eingesetzt, können Funktionsverläufe ähnlich der Lebenszyklus- und Diffusionskurve nachgebildet werden (Normalverteilung).

(→ Prognose)

Trendkomponente

(→ Zeitreihe, Darstellung)

Trendnutzen

(→ Nutzenversprechen)

Treueorientierung

(→ Betriebstypen des Handels, Einteilungskriterien)

Triage-Idee

(→ Business Process Reengineering)

Trickle Down-Effekt

(→ Wahrnehmung, Effekte)

TV mit Rückkanal

(→ Bewegtbildkommunikation)

TV-Day After Recall

(→ Werbewirkungskontrolle, Ad hoc-Erhebungen)

Two Cycles of Communication

(→ Informationsfluß-Konzept)

Two Steps Flow of Communication

(→ Meinungsführerschaft, Aussage)

Typische Fälle

Bei den Typischen Fällen in der Auswahl werden nach Ermessen des Interviewers solche Elemente aus der Grundgesamtheit ausgewählt, die als charakteristisch erachtet werden. Es ist jedoch höchst gefährlich, von den derart erzielten Ergebnissen hochzurechnen, denn Fehlerquellen liegen nicht nur in der deutlichen, individuellen Abweichung darüber, was subjektiv als typisch anzusehen ist und was nicht, sondern auch in der unzulässigen Verallgemeinerung der Aussagen von diesen auf alle Fälle. In der Marketingpraxis liegt etwa dem Pufra-Test eine solche typische Auswahl zugrunde. Dabei werden im Rahmen von Meetings spontan unbeteiligte Mitarbeiter, meist Sekretärinnen, Assistenten oder Putzfrauen, daher die Abkürzung, zu Entscheidungsobjekten befragt und von deren Aussagen unzulässige Verallgemeinerungen hinsichtlich der Zielgruppe gezogen. Ein völlig unsinniges Procedere, das dennoch immer wieder gern angewandt wird.
(→ Bewußtauswahl)

Typographie

(→ Corporate Design)

Typologie

(→ Zielgruppen)

Typologie Sozialer Milieus

Die Typologie Sozialer Milieus des Spiegel-Verlags erfaßt als Bausteine das Lebensziel, d. h. Werte, Lebensgüter, -strategien, -philosophie, die soziale Lage, gemessen an der Größe der Grundgesamtheit und der soziodemographischen Struktur, die Arbeit bzw. Leistung, d. h. Arbeitsethos, -zufriedenheit, gesellschaftlichen Aufstieg, Prestige, materielle Sicherheit, das Gesellschaftsbild, d. h. politisches Interesse und Engagement, Systemzufriedenheit, Wahrnehmung und Verarbeitung gesellschaftlicher Probleme, die Familie und Partnerschaft, d. h. Einstellung zu Ehe, Kindern, Geborgenheit, emotionale Sicherheit, Vorstellung vom privaten Glück, die Freizeit, d. h. Freizeitgestaltung, -motive, Kommunikation und soziales Leben, die Wunsch- und Leitbilder, d. h. Tagträume, Phantasien, Sehnsüchte, Vorbilder, Identifikationssubjekte, und die Lebenswelt, d. h. Grundbedürfnisse der Alltagsästhetik und milieuspezifische Stilwelten. Daraus entstehen acht Soziale Milieus als Cluster. Dem liegt die Milieutheorie zugrunde, die besagt, daß der Mensch Produkt seiner Umwelt ist, also sozial codiert (im Gegensatz zur Erbtheorie, wonach der Mensch Produkt seiner Anlagen ist, als genetisch codiert). Für jeden der Bausteine gibt es eine eigene Charakterisierung der Typen. Daraus entstehen acht soziale Milieus als Cluster:

- Kleinbürgerliches Milieu (26%

hochgerechneter Anteil an der Grundgesamtheit).

- Aufstiegsorientiertes Milieu (24%).
- Traditionsloses Arbeitermilieu (10%).
- Technokratisch-liberales Milieu (10%).
- Hedonistisches Milieu (10%).
- Konservativ-gehobenes Milieu (9%).
- Traditionelles Arbeitermilieu (9%).
- Alternatives Milieu (3%).

TZ-Formate

(→ *Zeitungsanzeigen)*

U

UAP/UCP

(→ Faktische Alleinstellung)

Ubiquitärer Absatz

Beim ubiquitären Vertrieb sollen alle objektiv überhaupt in Frage kommenden Absatzstellen in den Absatzkanal einbezogen werden. Dies ist schwierig zu realisieren, aber ansatzweise bei Produkten wie Softdrinks, Candybars, Zeitschriften und Zigaretten gelungen.

Die Vor- und Nachteile der ubiquitären Distribution aus *Herstellersicht* sind die folgenden. Zunächst zu den Vorteilen:

- Es kommt zu einer vollständigen Marktausschöpfung durch maximale Kontakthäufigkeit der Nachfrager mit dem gegebenen Angebot. Somit kann werblicher Vorverkauf bestmöglich liquidiert werden.
- Dadurch ist eine umfassende Kapitalisierung der geleisteten Marketingaufwendungen durch kompletten Zugang zu Endabnehmern möglich. Jede Bedarfssituation kann zum Umsatz genutzt werden.
- Durch zufälligen Kontakt zwischen Produkt und potentiellen Abnehmern kommt es zur Initiierung ungeplanter Käufe. Damit sind sogar Situationen ursprünglich ohne Bedarf kapitalisierbar.
- Eine weitgehende Vermeidung der Abhängigkeit des Herstellers von einzelnen Absatzmittlern ist gegeben. Diese sind zwar austauschbar, aber nicht verzichtbar, da keine nennenswerten Distributionslücken entstehen dürfen.

Folgende Nachteile sind zu nennen:

- Ein extremer Distributionsaufwand zur Bedienung aller möglichen Absatzstellen flächendeckend im Markt ist erforderlich. Dies ist praktisch nurmehr über zweistufig indirekten Vertrieb darstellbar.
- Es besteht die Gefahr der Beeinträchtigung des Produktimages durch stark abweichende, diffuse Geschäftsstättenimages. Dies ist Konsequenz der „wahllosen“ Einschaltung von Absatzstellen über größtmögliche Erhältlichkeit.
- Auch ist eine schwierige Kontrolle der Präsentations- und Absatzbedingungen auf Handelsebene gegeben. Die Absatzbeziehungen sind so intransparent und vielfältig, daß eine Pflege und gezielte Beeinflussung sich als sehr schwierig herausstellen.

Die Vor- und Nachteile der ubiquitären Distribution aus *Händlersicht* sind die folgenden. Zunächst zu den Vorteilen:

- Der Handel hat die relative Sicherheit, hochbekannte und -vertraute Produkte zu führen. Er kann an ungeplanten Käufen

durch die bloße Angebotsphysis sicher partizipieren, ohne sonderliche Bedarfsweckungsanstrengungen unternehmen zu müssen.
- Der Eindruck voll-kompletter Sortierung führt zur Imagesteigerung. Denn eine wichtige Erwartungshaltung vieler Nachfrager ist die einer Verfügbarkeit von Produkten der gleichen Warengruppe, unter denen sie auswählen können.
- Ein preisgünstigeres Angebot führt zur willkommenen Konkurrenzabhebung. Denn der Einkaufsmehraufwand zur Realisierung des günstigeren Angebots hält sich in engen Grenzen.

Folgende Nachteile sind zu nennen:
- Durch weitgehende Angebotsvergleichbarkeit entsteht eine Rentabilitätsbelastung. So kann es sich kein Handelsanbieter leisten, dauerhaft vom Preisniveau seiner zahlreichen Konkurrenten nach oben abzuweichen.
- Bestandslücken führen zur Mindereinschätzung durch potentielle Käufer. Bei Produkten, die ubiquitär vertrieben werden, bedeutet deren physische Nichtverfügbarkeit ein schweres Image-Handicap für den Händler.
- Aus Kundensicht in volle Austauschbarkeit der Absatzstellen untereinander gegeben. Damit müssen Anstrengungen in Haupt- (Preis) oder Nebenleistung (Service) unternommen werden, um eine wünschenswerte Profilierung herbeizuführen.
- Dies führt eher zur Wettbewerbsverschärfung. Jeder einzelne ubiquitär distribuierte Händler steht in Konkurrenz zu allen anderen Händlern in seinem Einzugsgebiet, für die dies gleichermaßen gilt.

(→ Absatzkanal, Breite)

Überbrückungswerbung

(→ Kommunikation, Formen)

Übernahme

(→ Konzentration)

Überprüfung von Daten

(→ Datenaufbereitung)

Überraschungsangriff im Marketing

(→ Marktherausforderer)

Überschneidungen

(→ Reichweite)

Übertreibungstechnik

(→ Konfliktüberwindung im Verkaufsgespäch)

Überweisung

(→ Bargeldlose Zahlung)

Überzeugung

(→ Kommunikationswirkung, Phasen)

Ultrakurzzeitspeicher

(→ Gedächtnis)

Umbruch

(→ Druckvorlagenerstellung)

Umfeld-Ansatz

(→ *Marketing, Methoden)*

Umfeldanalyse

(→ *Angebotsumfeld, Analyse)*

Umformulierungstechnik

(→ *Einwandbehandlung)*

Umkehrungstechnik

(→ *Einwandbehandlung)*

Umpositionierung

Umpositionierung bedeutet Bestehen des Produkts und Neuheit der Position. Eine solche Umpositionierung, auch als Relaunch bezeichnet, soll ein Angebot neu erleben lassen, indem die gegebene Positionierung obsolet wird. Meist liegen nur geringe objektive Änderungen vor, so daß die Aufmerksamkeit durch werbliche Dramatisierung geweckt werden muß. So wurde beim Waschmittel *Persil* in schöner Regelmäßigkeit versucht, neue Impulse zu geben. Persil '59 war das synthetische Waschmittel, das den chemischen Fortschritt repräsentierte, Persil '65 enthielt zwei Weißmacher für noch mehr Reinigungskraft, Persil '70 zeitigte durch Enzyme biologisch aktive Waschwirkung. Im Jahre 1975 wurde der Wert der Wäsche in der Waschtrommel zum Anlaß genommen, um zu mahnen, nicht am falschen Ende, nämlich mit einem billigen Waschmittel, zu sparen. Im Jahre 1981 kam das energieverstärkte Persil in den Handel, 1986 das ökologisch orientierte Persil phosphatfrei, 1990 Persil supra als Kompaktwaschmittel, 1992 Persil Colorschutz für farbige Wäsche, 1994 Persil Megaperls usw. Wie dieses Beispiel zeigt, läßt sich selbst um ein wenig erklärungsbedürftiges Produkt viel Aufheben machen.

Relaunch bedeutet mithin Ablösung eines vorhandenen durch ein gleichartiges neues Produkt. Dies wird vor allem in der Saturations- und Degenerationsphase des Marktes notwendig, wenn starke Ergebniseinbußen drohen, aber auch, sobald neue und ernstzunehmende Anbieter oder Angebote auftauchen. Das Ziel ist die Etablierung eines neuen Lebenszyklusses, von dessen Dynamik der Anbieter profitieren kann.

Um zur gewünschten Nachfragebelebung zu gelangen, muß das Angebot als hinlänglich neu empfunden werden. Dies setzt immer eine Produktvariation voraus, die dann von einer neuen werblichen Auslobung begleitet wird. Diese Variation kann in Richtung Up Grading, d. h. verbesserter Leistungsfähigkeit (z. B. *Ford* Airbags), oder Down Grading, d. h. erhöhter Preisgünstigkeit (z. B. *Fairy Ultra plus*), gehen. Ein Relaunch darf dabei weder zu häufig angestrebt werden – sonst kommt es zu Abnutzungserscheinungen, die von Konsumenten nicht mehr als Durchstarten erkannt werden – noch zu spät einsetzen, denn in diesem Fall kommt dies der vergeblichen künstlichen Beatmung eines bereits klinisch toten Produktpatienten. Nach Jahrzehnten von Up Gra-

dings scheint jetzt angesichts stagnierender Einkommen die Zeit der Down Gradings angebrochen. Man denke nur an die Bemühungen der Automobilhersteller (z. B. *BMW 3-er Compact, Mercedes-Benz A-Reihe*).
(→ Positionierung, Anlässe)

Umsatzanteils-Analyse

Sie impliziert die Verteilung von Artikeln nach ihrer relativen Umsatzbedeutung. Dazu werden alle im Programm befindlichen Artikel nach ihrer Umsatzbedeutung absteigend aufgeführt. Es entsteht eine Lorenz-Kurve, die ausweist, daß eine absolut kleine Anzahl von Artikeln einen relativ großen Umsatzanteil ausmacht. Grob gilt hier die 80:20-Regel (Pareto-Optimum), wonach 20% der Artikel für gewöhnlich etwa 80% des Umsatzes repräsentieren. Alternativ können auch der Deckungsbeitrag oder der Gewinn als Maßstab herangezogen werden. Die konkrete Vorgehensweise ist wie folgt. Für jedes Produkt im Programm wird der prozentuale Umsatzanteil festgestellt. Dabei kann es sich um Werte aus der letzten Abrechnungsperiode oder um Durchschnittswerte handeln. Die Produkte werden in absteigender Folge ihrer Umsatzbedeutung aufgeführt. Auf der Ordinate einer Matrix werden die Umsatzanteile in dieser Reihenfolge gewichtet abgetragen und kumuliert. Die Summe aller Umsätze ergibt 100 Prozent. Auf der Abszisse einer Matrix werden diese Produkte mit ihrem numerischen Anteilswert am Programm abgetragen, und zwar in der Reihenfolge ihres Umsatzanteils. Aus der Kombination des Programmanteils mit ihrem Umsatzanteil je Produkt ergeben sich Schnittpunkte in der Matrix. Diese werden sodann durch eine Linie verbunden. Meist werden drei Gruppen von Produkten unterschieden: A-Produkte sind die absolut wenigen Produkte, die einen relativ großen Umsatzanteil auf sich vereinigen. C-Produkte sind die absolut vielen Produkte, die einen relativ kleinen Umsatzanteil auf sich vereinigen. B-Produkte liegen definitionsgemäß dazwischen. Wegen ihrer Geschäftsbedeutung wird den A-Produkten besonderes Augenmerk gewidmet. Sie rechtfertigen höhere Marketinganstrengungen. In gleicher Weise wird verfahren, wenn statt des Umsatzes das Ergebnis (Gewinn, Deckungsbeitrag, Return on Investment) zugrundegelegt wird.
(→ Analyseverfahren im Marketing)

Umsatzverhältnismethode

(→ Hochrechnungen, Standortwahl, Analog-Methode)

Umschlaggeschwindigkeit

(→ Kennzahlen im Handel)

Umschlaghäufigkeit

(→ Kennzahlen im Handel)

Umsetzungsinnovation

(→ Innovation)

Umtausch

(→ Lieferung mangelhafter Ware)

Umverpackung

(→ Packungsbegriffe)

Umweltpositions-Audit

(→ Marketing, Audit)

Umweltsponsoring

Das Umweltsponsoring betrifft die Tätigkeitsbereiche Natur- und Landschafts-, Tier- und Artenschutz, ökologische Forschung, Umwelterziehung und Informationsdienste. Voraussetzungen für die Durchführung sind ein öffentliches Bekenntnis von Unternehmen zur Übernahme von Verantwortung für definierte Aufgabenstellungen, ein entsprechend konsequentes Unternehmensverhalten im Sinne dieser Ziele, eine starke innerbetriebliche Motivation zu dem geförderten Thema, eine offene und glaubhafte Identifikation mit Ökologiefragen und der Wille zu einem langfristigen, nachhaltigen Engagement. Die Stärken des Umweltsponsoring liegen im hohen Interesse und der großen Akzeptanz in der Bevölkerung, in der daraus folgenden Sympathie und den wirkungsvollen Ansatzpunkten für die Unternehmenskommunikation. Schwächen liegen in der zentralen Rolle der Glaubwürdigkeit des Engagements, das ein „sauberes" Unternehmen voraussetzt, und in der Gefahr der Überstrapazierung des Themas. Die wesentlichen Ansatzpunkte liegen daher in der Dokumentation der gesellschaftlichen Verpflichtung und Verantwortung sowie in der positiven Integration in die Unternehmenskultur.
(→ Sponsoring)

Unabhängige Variable

(→ Experiment, Inhalte)

Unabhängigkeit

Unabhängigkeit bedeutet, daß eine Strategie primär auf unternehmensinterner Basis realisiert werden soll. Dafür gibt es mehrere Möglichkeiten. Ein *Joint Venture* bezeichnet die Führung eines neu zu gründenden Gemeinschaftsunternehmens durch die Anteilseigner. Joint Ventures implizieren typischerweise eine 50 : 50-Beteiligung (Equity Joint Venture) zwischen den Partnern. Dabei treten allerdings leicht Interessenkonflikte zutage, es drohen Prestige- und Machtkämpfe, die zu ungebührlichen Kompromissen zwingen. Dennoch erfährt gerade diese Form des Joint Venture bei grenzüberschreitenden Neugründungen einen Boom. Dies liegt nicht zuletzt an dem Wunsch des Gastlandes, am wirtschaftlichen Erfolg und dessen Management beteiligt zu sein. So sind manche Entwicklungsländer nur unter Einräumung einer angemessenen Beteiligung bereit, ausländische Investoren zuzulassen. Daneben gibt es auch Formen der mehrheitlichen (Majority Joint Venture) oder minderheitlichen Beteiligung (Minority Joint Venture) eines Partners, oft auch als 51 : 49-Beteiligung.

Bei *Internen Wachstum* entschließt sich ein Unternehmen, aus bestehendem Potential heraus zu expandieren. Dies bietet neben einer Reihe von Vorteilen, wie optimale Ausgestaltung, Alleinbestimmung etc., zwei gravierende Nachteile. Zum einen handelt es sich um eine ausgesprochene Langsamstrategie, d. h. die Zuwachsrate über Internes Wachstum wird wahrscheinlich immer unter der durch externes Wachstum liegen. Das ist darin begründet, daß durch letzteres schlagartig Umsatzvolumen zuwächst, während dies bei ersterem erst sukzessive im Zeitablauf gelingt. Zum anderen sind bei versuchtem Einstieg in neue Märkte die Wettbewerbsvorteile bereits dort etablierter Anbieter regelmäßig so stark, daß es selbst potenten Neueinsteigern selten gelingt, allein eine adäquate Marktposition zu erringen. Insofern ist die Risikorate bei internem Wachstum womöglich höher als bei externem. Dies gilt erst recht auf ausländischen Märkten, die weniger transparent und zugänglich sind.

Im Falle einer (eigenen) *Neugründung* stellt sich die Frage der Wahl der Rechtsform als Kapital- oder Personengesellschaft. Kapitalgesellschaften verfügen über eine eigene Rechtspersönlichkeit als juristische Person. Ihre wichtigsten Ausprägungen sind die Gesellschaft mit beschränkter Haftung (GmbH), die Aktiengesellschaft (AG) und die Eingetragene Genossenschaft (eG). Personengesellschaften verfügen über keine eigene Rechtspersönlichkeit. Die wichtigsten Ausprägungen sind die Kommanditgesellschaft (KG), die Offene Handelsgesellschaft (OHG) und die Einzelunternehmung.

Unbeantwortete Frage-Technik

(→ Einwandbehandlung)

Underreporting

(→ Verbraucherpanel)

Underspending

(→ Share of Advertising/Share of Market-Quotient)

Undifferenzierte Teilmarktbearbeitung

(→ Marktsegmentierung, Kombinationen)

Undifferenzierte Totalmarktbearbeitung

(→ Marktsegmentierung, Kombinationen)

Unechte Handelsmarke

(→ Handelsmarke, Aussage)

Universalversandhandel

Hierbei handelt es sich um einen Betriebstyp des Handels, der weit verbreitet ist (z. B. *Neckermann*, *Quelle*, *Otto*). Seine wesentlichen Kennzeichen sind die folgenden:

- sehr breites, relativ schmales Sortiment, gestaffelt nach Jahreszeiten, Sonderanlässen, Thematiken etc.,
- anspruchsloses Sortimentsniveau (Trading up über Spezialitäten),

- starre, konventionelle Preisbildung, teilweise aggressiv,
- Großbetriebsform,
- intensiver Einsatz des Beeinflussungs-Mix (insb. Kommunikation),
- Akquisition durch Distanzprinzip (Katalog) und Bestellung (Auftrag), evtl. Telefon, Vertreter, Sammelbesteller etc.,
- horizontale Integration in Konzern.

(→ *Einzelhandel, Betriebstypen)*

Unsicherheitsreduktionsfunktion

(→ *Marketingforschung, Begriffe)*

Unternehmen, Kultur

Corporate Culture (= Unternehmenskultur) stellt das Ergebnis von Interaktionen dar und schafft einheitliche Reaktionsmuster. Sie ist gleichsam die gelebte Geschichte einer Organisation, auf dem Humus einer Mission und Persönlichkeit gewachsen und schafft als „unsichtbare Hand" verläßliche Orientierungsmuster für alle Personen innerhalb der Organisation und alle, die außerhalb mit ihr zu tun haben. Die Unternehmenskultur drückt damit also gemeinsame Werte- und Normenvorstellungen und geteilte Denk- und Überzeugungsmuster aus, die das Unternehmen und seine Prozesse leiten. Dies dient vornehmlich der Erklärung von Markterfolgsunterschieden zwischen Anbietern, die nicht allein durch objektive Tatbestände (sog. Hard Factors) erklärt werden können, aber zweifelsfrei vorhanden sind. Werte sind dabei verhaltensbestimmende Präferenzen und Normen als konkrete, spezifische Regeln. Die Unternehmenskultur ist ein Vorstellungsmuster und das Ergebnis von Interaktionen, die eine gemeinsame Orientierung bieten. Je turbulenter die Umwelt und je weniger prognostizierbar ihre Entwicklung, desto notwendiger ist eine Unternehmenskultur. Eine adäquate Managementphilosophie kann nicht aus einem einzigen Zielwert bestehen. Pluralismus, Differenzen und Widersprüche in den Werthaltungen bei den Führungskräften erschweren jedoch die einheitliche Willensbildung und Führung. Werthaltungen sind im Fluß und erfahren einen beschleunigten Wandel. Ein konsistentes Zielsystem und ein konsistentes Wertesystem bedingen einander gegenseitig.

Unternehmenskultur ist durch die Geschichte des Unternehmens und seiner Umwelt geprägt. Dabei sind es vielfach herausragende Persönlichkeiten, die Wahrnehmungs- und Handlungsmuster der Unternehmensangehörigen grundlegend beeinflussen. Diese Personen waren sich oft nicht einmal bewußt, daß ihr Handeln einmal zur handlungsbegleitenden Norm erhoben wird. Die Ausprägungen sind als das Ergebnis des Zusammenspiels der Handlungen Vieler anzusehen. Auch wenn Einzelne prägend gewirkt haben, konnten ihre Werthaltungen doch nur deshalb zum Kern der Unternehmenskultur werden, weil die Gemeinschaft der Unternehmensangehörigen sie als gut und handlungsbegleitend akzeptiert hat. Kultur ist individuell, sie ist in ihrer Komplexität so einzigartig wie Personen und die Handlungskontexte, in denen Unternehmen tätig sind. Jedes Unternehmen hat also eine eigenständige, typische charakteristische Kultur, die erlernbar ist. Die Mitarbeiter übernehmen im Laufe der Zeit ihrer Unternehmensangehörigkeit mehr oder weniger die in der Unternehmenskultur zusammengefaßten Werte (oder scheiden aus). Dabei liegen Muster des Vorbildlernens zugrunde, sowie unterbewußt ablaufende Lernprozesse über längere Zeiträume. Die Regelungen sind häufig impliziter Natur. Die im Unternehmen gültigen Werte werden trotz des zunehmenden Verbreitungsgrads von Unternehmensgrundsätzen, Leitbildern etc. mehrheitlich informell und inoffiziell vermittelt. Oft sind es scheinbare Nebensächlichkeiten, in denen sich Kultur manifestiert. Sie zeigt und materialisiert sich in vielfältigen Ausdrucksformen, verbal (also auf sprachlicher Basis), interaktional (also durch Verfahrensregeln zum gegenseitigen Umgang) oder artifiziell (Symbole).

Nur der Teil von Verhalten, Ausstattung und Kommunikation der Organisation ist tatsächlich sichtbar (Corporate Behavior, Corporate Design, Corporate Communication), der Teil der Basisannahmen und des Weltbilds (Corporate Mission) ist gänzlich unsichtbar, der Teil der Normen und Standards (Corporate Culture) bleibt halb verborgen. Die Kultur ist macht-, rollen-, leistungs- oder hilfeorientiert, sie ist als Soft Factor nicht faßbar, sondern muß anhand hypothetischer Konstrukte dokumentiert werden wie:

- Weltbild/Philosophie. Diese hochaggregierte Ebene zeigt sich ganz pragmatisch in Dimensionen wie der Aufnahme Außenstehender, dem Zusammenleben, der Architektur/Präsentation, dem Zeigen von Emotion etc.
- Symbole sind Objekte mit bestimmter Bedeutung, die nur von denjenigen als solche erkannt werden, die der gleichen Kultur angehören (z. B. Worte, Gesten, Bilder, Kleidung, Haartracht, Status). Eine besondere Rolle spielen Sprachsystem und Jargon.
- Helden sind Personen, tot oder lebendig, echt oder fiktiv, die Eigenschaften besitzen, die in einer Kultur hoch angesehen werden. Um sie ranken sich Geschichten, Legenden, Witze. Sie dienen als Verhaltensvorbilder (auch im äußeren Erscheinungsbild).
- Rituale sind kollektive Tätigkeiten, die für die Zielerreichung eigentlich überflüssig sind, innerhalb der Kultur aber um ihrer selbst willen als sozial motivierend gelten (z. B. Grüßen, Ehrerbietung, Zeremonien, Tradition).

Werte sind bei alledem von zentraler Bedeutung. Bei ihnen handelt es sich um allgemeine Neigungen, bestimmte wünschenswerte Umstände anderen vorzuziehen. Sie haben eine Orientierungsfunktion, sind nicht diskutabel und nicht wahrnehmbar. Daher werden meist durch Befragung erhobene Kriterienkataloge eingesetzt.

Unternehmen, Zielsetzungen

Unternehmerisches Handeln ist, zumindest theoretisch, immer planvoll. Ergebnisorientiertes Handeln aber setzt das Vorhandensein eines Ziels voraus, das durch ebendieses planvolle Handeln erreicht werden soll. In der Regel wird das Unternehmen jedoch nicht ein einziges Ziel allein verfolgen, sondern fallweise ein ganzes Zielbündel. Innerhalb dieses Bündels gilt es dann, Prioritäten zu setzen, die mehr oder minder dauerhafter Natur sind. Das oberste Ziel jedes Unternehmens stellt zweifellos das Überlebensziel dar (sofern nicht von vornherein eine zeitliche oder projektmäßige Begrenzung vorgesehen ist). Ein „Planendziel" als solches existiert wohl nicht, sondern nur eine Reihe von Zwischenzielen, nach deren jeweiliger Erreichung sich als Folgeziel die Beibehaltung dieses Zustands oder (evtl. auch nach Zielkorrektur) die Erreichung eines neuen Zielzustands (undsofort) anschließt. Das Überlebensziel, obgleich dominant an der Spitze der Zielhierarchie verankert, ist inoperational und kann daher nicht direkt angesteuert werden. Seine Einhaltung ist jedoch unbedingte Voraussetzung für unternehmerische Tätigkeit an sich. Das Überlebensziel konkretisiert sich im Willen zur Erhaltung eines Vermögensstands, der die materielle Existenz der Unternehmung ermöglicht (dies ungeachtet der rechtlichen Eigentümerschaft, wodurch auch passive Übernahmen zielkompatibel sein können). Maßnahmen, die die Existenz der Unternehmung gefährden, sind als mit dem Oberziel unvereinbar kategorisch abzulehnen, solche, die den Vermögensstand zwar verschlechtern, ohne dabei aber die materielle Existenz zu gefährden, hingegen nicht (wobei dies subjektiver Einschätzung unterliegt und deshalb strittig sein kann). Der indirekten Erreichung dieses konstitutiven Ziels Überleben dienen die Unterziele Gewinnoptimierung und Risikolimitierung als mittelbare, operationale Zielgrößen.

Jede Unternehmung handelt, ökonomisch-rationales Verhalten vorausgesetzt, nach dem erwerbswirtschaftlichen Prinzip. Dieses fordert in verschiedenen Ausprägungsgraden mindestens Teilkostendeckung, d. h. Deckung der variablen oder pagatorischen Kosten, was nur als kurzfristiges Ziel durchhaltbar ist, weil dadurch die wirtschaftliche Basis der Unternehmung nicht gesichert werden kann. Dann mindestens Vollkostendeckung, d. h. gewinnlose Situation, was als langfristiges Ziel zumindest denkbar, wenn auch wenig attraktiv ist, einschlägig ist diese Zielvariante für nicht erwerbswirtschaftlich arbeitende Unternehmen. Schließlich möglichst Gewinnerzielung, d. h. Überschuß der Erträge über die Kosten, und zwar als Mindestgewinn zur langfristigen Besitzstandssicherung in Form von Eigenkapitalverzinsung oder als maximaler Gewinn durch kurzfristig maximales oder langfristig maximales Ergebnis. Diese langfristige Gewinnmaximierung ist die ökonomisch geeignete Variante des erwerbswirtschaftlichen Prinzips. Man kann sie auch als Gewinnoptimierung bezeichnen, da sie die bestmögliche Gewinnhöhe unter Einhaltung selbst- oder fremdgesetzter, ökonomischer wie außerökonomischer Restriktionen zu erreichen sucht. Gewinnoptimierung besagt, daß Maßnahmen zur Ausnutzung kurzfristig sich bietender Gewinnchancen dann unterlassen werden, wenn der daraus folgende, längerfristige, diskontierte Gewinnentgang höher einzuschätzen ist als der schnell zuwachsende Spotgewinn. Absolute Gewinnmaximierung ist schon deshalb nicht möglich, weil immer hoheitliche Limitationen, etwa in Form von Gesetzen, eingehalten werden müssen, ganz abgesehen von freiwilligen Beschränkungen wie Fairness, Sozialverantwortung etc. Gewinnmaximierung ist daher immer relative Gewinnmaximierung innerhalb realistischer Grenzen und damit Gewinnoptimierung.

Diese ist jedoch zu einseitig. Da sich nämlich das Unternehmensergebnis schon in der Vergangenheit aus eingetretenen Gewinnerwartungen und eingetroffenen Verlustbefürchtungen zusammengesetzt hat, ist auch für die Zukunft zu vermuten, daß Gewinnmöglichkeiten auf der einen Seite Verlustgefahren auf der anderen gegenüberstehen werden. Gewinnoptimierung ist aber, abgesehen von einer gewissen Mindestwahrscheinlichkeit des Eintritts der Ergebnisprognose, risikoblind. Daher muß in Sinne einer ausgeglichenen, verantwortungsvollen Unternehmensführung neben die bestmögliche Chancenmehrung eine ebensolche Risikominderung treten, etwa durch Diversifikation.

Unternehmenseigene Absatzorgane

(→ *Direktabsatz, Aussage)*

Unternehmensfremde Absatzhelfer

(→ *Direktabsatz, Aussage)*

Unternehmensführung als Marktanpassung

(→ *Marketing, Definition)*

Unternehmensführung als Marktgestaltung

(→ *Marketing, Definition)*

Unternehmensinnovation

(→ *Innovation)*

Unternehmenskonzentration

(→ *Diversifikation, Implementierung)*

Unternehmenskooperation

(→ *Diversifikation, Implementierung)*

Unternehmenspanel

(→ Panel)

Unterweisungsfragen

(→ Fragefunktionen)

Unverbindliche Preisempfehlung, Aussage

Die (vertikale) unverbindliche Preisempfehlung (UPE) ist im Absatz von großer Bedeutung. Sie liegt vor, wenn der Anbieter einer Ware deren Abnehmern, die ihrerseits Wiederverkäufer sind, eine Orientierungshilfe für die Preisstellung, etwa durch Packungsaufdruck oder Werbeaussage, gibt. Solche Preisempfehlungen dürfen nach § 38 a GWB nur unter folgenden Voraussetzungen ausgesprochen werden.

Es muß sich um eine Markenware handeln, die nach Gesetz gekennzeichnet ist durch die Merkmale Markierung, d. h. deutliche Kennzeichnung des Produkts, gleichbleibende oder verbesserte Qualität, gleichbleibende Quantität und Aufmachung zur Wiedererkennbarkeit und Markentreue, Erhältlichkeit in einem größeren Absatzraum, Endverbraucherwerbung und hoher Bekanntheitsgrad sowie relative Preiskonstanz. Die Preisempfehlung muß ziffernmäßig ausgedrückt und damit exakt bestimmt sein. Sie muß ausdrücklich als unverbindlich gekennzeichnet sein. Sie muß als generelle Empfehlung gelten und darf nicht markt- oder personenmäßig beschränkt sein. Es ist kein unzulässiger wirtschaftlicher, gesellschaftlicher oder sonstiger Druck zur Einhaltung der Preisempfehlung erlaubt. Und die Ware muß mit gleichartigen Waren anderer Hersteller in Preiswettbewerb stehen.

Ordnungswidrig handelt, wer Empfehlungen ausspricht, die eine Verbotsumgehung oder ein gleichförmiges Verhalten bewirken. Die Mißbrauchsaufsicht durch die Kartellbehörde kann Preise für unzulässig erklären und neue gleichartige Empfehlungen verbieten, wenn sie feststellt, daß diese „allein oder in Verbindung mit anderen Wettbewerbsbeschränkungen geeignet sind, in einer durch die gesamtwirtschaftlichen Verhältnisse nicht gerechtfertigten Weise Waren zu verteuern oder ein Sinken der Preise zu verhindern oder ihre Erzeugung oder ihren Absatz zu behindern“, sie „geeignet sind, den Verbraucher über die von der Mehrzahl der Empfehlungsempfänger geforderten Preise zu täuschen“, „in einer Mehrzahl von Fällen die tatsächlich geforderten Preise in wesentlichen Teilen oder im gesamten Geltungsbereich erheblich übersteigen“, „durch Vertriebsregelungen oder andere Maßnahmen des empfehlenden Unternehmens bestimmte Abnehmer/-gruppen im Bezug der Waren diskriminiert werden.“

Unverbindliche Preisempfehlung, Bewertung

Die Vorteile der Preisempfehlungen auf Seiten des Handels liegen vor allem in folgendem:

- Sie geben dem Handel eine konkrete Hilfestellung bei der Kalkulation. Dies sichert ihm auskömmliche Spannen bei der preisempfohlenen Ware. Ansonsten kann es sein, daß Händler aus Fahrlässigkeit nicht auskömmliche oder aber nicht wettbewerbsfähige Preise selbst kalkulieren.

- Durch Aufzeigen zufriedenstellender Spannen wird dem Handel ein wichtiger Existenzsicherungsbeitrag geleistet. Denn bei den geringen Spannen vieler Handelsbranchen birgt jede neue Preissetzung die Gefahr der falschen Einschätzung der Erlös-Kosten-Zusammenhänge.
- Die Vorauszeichnung der Produkte durch Packungsaufdruck verringert die Handlungskosten, sofern der Handel die Preisempfehlung exakt einhält. Dann erspart er sich personalintensive Arbeiten und rationalisiert damit seinen Geschäftsbetrieb.
- Die Preisempfehlung schützt den vor allem mittelständischen Handel, der durch Konzentrationsprozesse bedroht ist, vor preisaggressiven Großbetriebsformen. Dies gilt freilich nun insoweit, als auch dieser sich an die vom Hersteller empfohlenen Preise hält, was eher unwahrscheinlich ist.
- Die Preisnennung kann als zusätzlicher Informationsservice für Kunden aufgefaßt werden. Dies betrifft sowohl die Medienwerbung, die dadurch informativer wird als auch die Packungsgestaltung, die neben anmutenden Elementen auch den aufzuwendenden Gegenwert ausweist.
- Es kommt zu einer Marktberuhigung durch Minderung des Preiswettbewerbs für die preisempfohlene Ware. Sofern sich im wesentlichen alle Konkurrenten an die Preisempfehlung halten, tritt die Nebenleistung, vor allem in Form von Services, in den Vordergrund.
- Durch Ausnutzung des Preisspielraums kann eine höhere Gewinnmarge erzielt werden. Dabei kommt es letztlich zu einer Abwägung zwischen dem potentiellen Mehrumsatz durch zuwandernde Kunden bei Unterschreiten der Preisempfehlung und der Mehrspanne bei deren Einhaltung und gleichzeitiger Kundenabwanderung.
- Die Preiseingrenzung führt zu einer Stabilisierung der Absatzmengen und damit zu weniger Leer- bzw. Überlastkosten. Jede aktionale Preissetzung hat das Problem der Vorratssteuerung, um weder auf überschüssiger Ware sitzen zu bleiben noch Leerverkäufe zu riskieren.
- Eine harmonische Preishierarchie innerhalb des Sortiments wird durch die Orientierungsfunktion des empfohlenen Preises begünstigt. Damit werden Qualitätsabstufungen in den Produkten auch in den für diese jeweils geforderten Preisen demonstriert.
- Durch die Einteilung des Sortiments in unterschiedliche Preislagen kann der Markt vorteilhaft segmentiert werden. Ziel ist dabei, die abweichende Preisbereitschaft

jedes Segments insoweit abzuschöpfen, daß die jeweils höchsten, durchsetzbaren Preise gefordert werden.

- Eine negative Irradiation des Preises auf die Qualität wird vermieden. Discountpreise ziehen so auf Dauer die Leistungsanmutung der Ware in Mitleidenschaft, was dann nicht in steigenden, sondern im Gegenteil sinkenden Absatz resultiert.
- Durch partielle Preisunterbietung kann die individuelle Leistungsfähigkeit des Betriebs betont werden. Kunden beurteilen die Vorteilhaftigkeit eines Kaufs u. a. nach dem Vergleich zwischen aktuell handelsgefordertem und herstellerempfohlenem Preis. Der Abstand wird dem Handel als besondere Leistung zugerechnet.

Die Vorteile der Preisempfehlung für Verbraucher sind vor allem folgende:

- Die Nennung des empfohlenen Preises in der Werbung erhöht deren Informationsgehalt und erleichtert die Orientierung über den für ein Angebot aufzuwendenden Geldbetrag. Dadurch kommt es zu einer Erleichterung der Angebotsübersicht, die ohnehin eher gering ausgeprägt ist.
- Die Vereinfachung des Einkaufs ist gegeben, da für eine preisempfohlene Ware keine umfangreichen Angebotsvergleiche verschiedener Händler mehr vorgenommen werden müssen. Allerdings gilt dies nur, wenn die UPE weitgehend eingehalten wird, was realiter nicht der Fall ist.

Hinzu kommen Vorteile seitens des Herstellers:

- Eine negative Irradiation des Preises auf die Qualität wird verhindert. Diese droht immer dann, wenn als hochwertig ausgelobte Produkte vom Handel für Price Off instrumentalisiert werden.
- Durch unterschiedliche Preislagen kann der Markt segmentiert werden. Näherungsweise ist dadurch eine Abschöpfung der Konsumentenrente möglich, d. h. eine Liquidierung der unterschiedlichen Preisbereitschaften von Käufersegmenten.
- Es kommt zu einer harmonischen Preishierarchie von Produktreihen. Diese sind für gewöhnlich nach Leistung untereinander abgestuft, die sich im empfohlenen Preis derart widerspiegelt, daß bessere Leistung auch einen höheren Preis hat.
- Die Absatzmenge kann gemäß Unternehmenszielen gesteuert und stabilisiert werden. Zu forcierende Produkte können mit niedrigeren, zu konsolidierende mit höheren Preisempfehlungen versehen werden.
- Die Ausnutzung von Preisspielräumen erlaubt eine höhere Gewinnmarge. So kann jeweils die mutmaßliche Obergrenze der Preisbereitschaft angepeilt werden. Dies setzt allerdings konkrete Anhaltspunkte über Preis-Absatz-Funktion und Preiselastizität der Nachfrage voraus, was realiter kaum gegeben ist.
- Es kommt zu einer Marktberuhi-

gung durch Minderung des Preiswettbewerbs, indem für ein Produkt überall auf dem Marktplatz gleiche oder annähernd gleiche Preise gefordert werden, wenn es gelingt, eine Einhaltung der UPE zu erreichen (vgl. *Pepels, Werner:* Handels-Marketing und Distributionspolitik, Stuttgart 1995).

Unvoiced Complaints

(→ Nichtbeschwerder)

Up Grading

(→ Produktvariation, Relaunch)

UPE

(→ Unverbindliche Preisempfehlung, Aussage)

Urproduktmarketing

Der Markt der Urproduktion umfaßt Abbauwaren, die aus der Natur gewonnen werden. Dabei handelt es sich um landwirtschaftliche Erzeugnisse und industrielle Rohstoffe. Ihre wesentlichen Kennzeichen sind die folgenden.

Die Geschäftstätigkeit ist standortgebunden nur dort möglich, wo Urprodukte gewonnen bzw. geerntet werden können. Der Marktzugang ist also objektiv begrenzt.

Die Waren sind starken Quantitäts- und Qualitätsschwankungen unterworfen, die aus den Unwägbarkeiten natürlicher Bedingungen folgen, also z. B. Witterung, Fundstätte. Durch Bildung von Güteklassen soll deshalb eine Standardisierung erreicht werden.

Die Märkte für Urprodukte werden, oft zu unrecht, als wenig funktionsfähig angesehen, weshalb sie bewirtschaftet (z. B. Agrarmarkt) oder besichert (z. B. durch Termingeschäft) sind, wodurch die Marktergebnisse aber nicht unbedingt besser werden.

Es kommt immer wieder zu natürlichen Monopolen aufgrund gegebener, nicht beeinflußbarer Betriebsbedingungen, die nicht wettbewerbsrechtlich, wohl aber sozialpolitisch angegriffen werden.

Das Aufkommen an Urprodukten ist teilweise nur begrenzt lagerfähig, z. B. wegen Verderb, oder steuerbar, z. B. infolge Anlaufkosten.

Da überwiegend die Bestimmung zur Weiterverarbeitung gegeben ist, besteht eine hohe Abhängigkeit von Folgemärkten.

(→ Marketing, Branche)

USP

(→ Faktische Alleinstellung)

V

Validität

Zur Prüfung Systematischer Fehler, also der materiellen Genauigkeit, dient die Validität. Unter Validität versteht man die Gültigkeit einer Messung bzw. eines Meßinstruments in bezug auf charakteristische Eigenschaften des Meßobjekts. Sie gibt damit den Grad der Genauigkeit an, mit dem man dasjenige Merkmal mißt, das gemessen werden soll oder angegeben wird, gemessen zu werden. Z.B. ist eine Personenwaage ein sehr valides Instrument zur Ermittlung des Körpergewichts, zur Ermittlung der Körpergröße ist es eher mäßig valide, zur Bestimmung der Haarfarbe ist es nur wenig valide. Dabei bleibt dann außen vor, wie genau jeweils gemessen wird. Man unterscheidet weitergehend externe und interne Validität.

Externe Validität bezieht sich auf die Übertragbarkeit spezifischer Marktforschungsergebnisse auf andere Außenbedingungen. Sie erlaubt eine Hochrechnung von Erhebungsergebnissen auf die sie repräsentierende Grundgesamtheit, andere Bevölkerungsgruppen, veränderte Situationen, andere Zeitpunkte etc. Dies ist etwa bei Feldexperimenten eher der Fall als bei Laborexperimenten. Man unterscheidet nach der Strenge der zu erfüllenden Kriterien mehrere Validitätsarten.

Die *Inhaltsvalidität* betrifft die logische Eignung der Messung, also ob das zu messende Merkmal inhaltlich repräsentiert ist. Ihr Ausweis erfolgt durch Augenschein (Face Validity) oder Expertenurteil (Expert Validity). Hierunter fällt der gesamte Arbeitsgang von der adäquaten Planung bis zur Fertigstellung eines kompletten Meßinstruments. Zur Überprüfung einer komplexen Fragestellung ist sicherzustellen, daß alle relevanten Teilaspekte einbezogen werden und sicher ist, daß die ausgewählten Testitems das zu untersuchende Phänomen hinreichend repräsentieren. Die Inhaltsvalidität beschäftigt sich also mit der Plausibilität, Vollständigkeit, Angemessenheit und Relevanz eines Meßinstruments und betrifft alle Eigenschaften.

Die *Konstruktvalidität* betrifft die theoretische Fundierung der Messung, also ob das gemessene Konstrukt Bestandteil einer Theorie ist, deren Hypothese getrennt abgefragt wird. Ihr Ausweis erfolgt durch Konvergenz des ausgewählten bzw. Diskriminanz zu anderen Konstrukten. Hier wird also der theoretische Hintergrund der Messungen ergründet. Die zur Erklärung der Meßwerte dienenden Konstrukte müssen sprachlich präzise, formal einwandfrei und beobachtbar sein. Zudem sollen sie möglichst eindimensional ausgelegt sein, was durch Faktorenanalyse ermittelt und hinsichtlich Reliabilität geprüft wird. Es handelt sich somit um die umfassendste Verknüpfung zwischen Meßebene (Empirie) und Theorieebene.

Die *Kriteriumsvalidität* betrifft den Zeithorizont der Messung, die zeitspäteren Bezug (sog. Vorhersagevalidität, z. B. für Prognoseaussagen) oder zeitgleichen Bezug (sog. Übereinstimmungsvalidität, z. B. für Konkurrenzaussagen) haben kann. Dabei werden die Ergebnisse eines zu überprüfenden Meßinstruments mit den Werten eines Außenkriteriums verglichen oder dieses prognostiziert. Der Grad der Validität wird meist durch die Korrelation bestimmt (= empirische Validität). Entscheidend ist dabei die Wahl des Außenkriteriums, in Hinblick dessen die Kriteriumsvalidität stets interpretiert und objektiv nachgeprüft werden kann.

Die *Konvergenzvalidität* hat die Voraussage nicht nur des Zusammenhangs zwischen Indikatoren, sondern auch deren Unabhängigkeit zum Ziel, wenn sich die Meßwerte auf verschiedene, sich gegenseitig nicht beeinflussende Konstrukte beziehen. Konvergenzvalidität bezeichnet dabei das Ausmaß, in dem zwei oder mehr Meßverfahren in ihrem Vorhaben, das gleiche Konstrukt zu messen, übereinstimmen oder nicht. Ersteres ist gegeben, wenn ihre Ergebnisse in hohem Maße miteinander korrelieren.

Die *Diskriminanzvalidität* bezeichnet das Ausmaß, in dem sich Messungen von verschiedenen Konstrukten voneinander unterscheiden. Meßverfahren bzw. Indikatoren, die unterschiedliche Konstrukte erfassen sollen, dürfen demnach allenfalls schwach miteinander korrelieren. Es handelt sich also insofern um das Gegenteil der Anforderungen der Konvergenzvalidität. Beide können auch gemeinsam erfaßt werden (sog. Multitrait Method). Dazu werden mindestens zwei voneinander unabhängige Konstrukte mit mindestens zwei verschiedenen Meßverfahren getestet und in einer Matrix dargestellt.

Die *Nomologische Validität* basiert auf einem nomologischen Netzwerk aus verschiedenen Konstrukten gemeinsam mit den zur Operationalisierung verwendeten Indikatoren in einer geschlossenen Theorie. Daraus entsteht ein umfassendes, testbares Begriffsgefüge, das sich besonders mit Kausalmodellen gut belegen läßt.

Die *Kreuzvalidität* weist die zusätzliche Absicherung von Ergebnissen mit Hilfe einer weiteren Stichprobe bzw. durch Aufsplittung und getrennte Analyse einer bestehenden Stichprobe nach. Dies dient vor allem dazu, die Stabilität von Regressionsparametern zu überprüfen.

Die *Extremgruppen-Validität* erfolgt durch Messungen an zwei Gruppen, von denen man weiß oder zumindest annehmen kann, daß sie sich deutlich hinsichtlich der untersuchten Merkmale voneinander unterscheiden. Dann erfolgt der Vergleich der Meßergebnisse. Die Validität ist umso größer, je geringer diese Abweichungen sind.

Interne Validität bezieht sich auf die Ausschaltung von Störeinflüssen auf den Untersuchungsplan und die Erhebungssituation. Es geht also um die Eindeutigkeit der Messung im Experiment. Sie wird erzielt, wenn durch den Untersuchungsplan und die Erhebungssituation alle unerwünschten Störeinflüsse ausgeschaltet werden, sodaß die Veränderungen in der abhängigen Variablen allein auf die Manipulation der unabhängigen Variablen zurückgeführt werden können. Dies trifft z. B. auf Laborexperimente zu, auf Feldexperimente aber nicht.

Beide Größen, externe und interne Validität, stehen in einem Spannungsverhältnis zueinander. Bemühungen um eine möglichst hohe interne Validität führen dazu, daß die Forschungsbedingungen immer künstlicher, also realitätsferner, werden. Bemühungen um eine möglichst hohe externe Validität führen dazu, daß unerwünschte Störeinflüsse kaum mehr Kausalitätsaussagen zulassen. So hat z. B. der Studiotest eine hohe interne Validität, weil er im Labor, also unter kontrollierten Bedingungen stattfindet. Seine externe Validität ist aber gerade deswegen recht gering, da die artifizielle Bedingungslage von der realen im Feld abweicht. Umgekehrt hat der Feldtest eine geringe interne Validität, weil er für alle möglichen unkontrollierbaren Einflußfaktoren anfällig ist. Zugleich ist seine externe Validität aber hoch, da es sich um reale Marktbedingungen handelt und nicht um eine Laborsituation.

(→ Informationen, Wahrheitsgehalt)

Variabilitätstest

(→ Testverfahren, Statistische)

Variable Kosten

(→ Kostenrechnungsgrundlagen)

Veblen-Effekt

(→ Nachfrageeffekte)

Veiling

(→ Auktion)

Vektormodell

(→ Käuferverhalten, Erklärungsansätze)

Vektoren-Modell

Dies betrifft die Darstellung der Positionierung. Sofern statistische Erhebungen über die Sichtweise der Marke durch Zielpersonen vorliegen, kann man mit Hilfe analytischer Statistik zu einem Positionierungsmodell gelangen. Andernfalls hilft ein praktischer Ansatz, das Vektoren-Modell. Dazu werden die beiden kaufbestimmend erscheinenden Produktdimensionen festgelegt. Diese bilden die Achsen eines Koordinatensystems. Dabei repräsentiert meist eine Dimension Preis bzw. Wert und die andere Leistung bzw. Funktion. So können als für die Beurteilung einer Sportcoupé-Marke entscheidend die Dimensionen Motorleistung und Überholprestige angesehen werden, für die Beurteilung einer Porzellanmarke Design und Preis, für die Beurteilung einer Seifenmarke Pflege und Duft, für die Beurteilung von Zeitschriften deren redaktionelle Qualität und Copy-Preis, für die Beurteilung von Zigaretten Geschmack und Image etc. Dann werden alle in Betracht kommenden Angebote hinsichtlich dieser beiden Parameter subjektiv bewertet. Aus dieser Bewertung ergibt sich die relative Position im Koordinatensystem. Dabei kommt es in der Praxis nicht so sehr auf Feinheiten an. So werden Vektorenmodelle verschiedener Entscheider im Detail hochwahrscheinlich unterschiedliche Positionen von Angeboten ausweisen. Solange es dabei gelingt, die wesentlichen Dimensionen herauszuarbeiten, ist die Aussage aber durchaus hinlänglich genau.

Nun ergeben sich Markträume, die:

- eine enge Ballung von Angeboten aufweisen. Diese repräsentieren offensichtlich stark ähnliche Positionen,
- eher dünn besetzt sind. Hier ergeben sich latente oder manifeste Marktnischen, die besetzt werden können,
- die nicht besetzt sind. Im Regelfall ist dort allerdings kein aktivierbares Potential gegeben.

Geballte Markträume (Cluster) stehen meist für nennenswertes Marktvolumen, Nischen signalisieren hingegen begrenztes Marktvolumen und Leerfelder zeigen kein aktuelles Marktvolumen an.

Da das Marktvolumen wiederum von der Summe der Wettbewerber gebildet wird, stellt sich nun die Entscheidung:

- in der Position der Konkurrenz zu begegnen und diese womöglich zu dominieren, was letztlich von Mittel- und Ideenreichtum abhängt, aber auch große Potentiale erschließt, diese zumindest aber zu neutralisieren,
- der Konkurrenz im Wege der freiwilligen Selbstbeschränkung auszuweichen und eine Nische zu besetzen, bei der möglicherweise sogar die Hoffnung besteht, sie eines Tages zu einem respektablen Marktfeld auszubauen,
- zu versuchen, schlummernde Marktenergie zu wecken, was freilich mit hohem Risiko verbunden ist. Dies kann innerhalb der bestehenden Marktordnungskriterien erfolgen oder auch durch deren innovative Veränderung.

Verarbeitungsebenen-Theorie

(→ *Gedächtnis*)

Verbal Product Placement

(→ *Placement*)

Verbesserungsinnovation

(→ *Innovation*)

Verbraucherkreditrecht

Das Verbraucherkreditgesetz bestimmt, unter welchen Voraussetzungen Kreditaufnahme und Teilzahlungsvereinbarung rechtswirksam werden. Das Gesetz gilt allerdings nicht, sofern der ausgezahlte

Kreditbetrag oder der Barzahlungsanteil bei Teilzahlung unter 400 Mark liegen, wenn die Kreditfinanzierung oder Teilzahlungsvereinbarung über weniger als drei Monate läuft und zwischen Arbeitgeber und Arbeitnehmer ein Kreditvertrag zu einem niedrigeren als dem marktüblichen Zinssatz vorliegt.

Das Verbraucherkreditgesetz bestimmt, daß die Kreditgewährung der schriftlichen Form bedarf. Die Vertragsurkunde beinhaltet bei Teilzahlungskäufen den Barzahlungspreis, d. h. den Preis, den der Käufer zu entrichten hätte, wenn bei Übergabe der Sache der Preis in voller Höhe fällig wäre (außer, wenn der Anbieter nur gegen Teilzahlung Sachen liefert oder Leistungen erbringt), den Teilzahlungspreis, d. h. die Summe aus Anzahlung und allen vom Käufer zu entrichtenden Raten einschließlich Zinsen und Bearbeitungskosten, den Betrag selbst, die Anzahl und die Fälligkeit der einzelnen Teilzahlungen, den effektiven Jahreszins, d. h. die mit einem Prozentsatz des Barzahlungspreises oder des Nettokreditbetrags anzugebende Gesamtbelastung pro Jahr (außer, wenn der Anbieter nur gegen Teilzahlung Sachen liefert oder Leistungen erbringt), die Kosten einer evtl. abzuschließenden Versicherung und evtl. zu stellende Sicherheiten. Die Vertragsurkunde beinhaltet bei Kreditverträgen den Nettokreditbetrag oder die Höchstgrenze des Kredits, den Gesamtbetrag aller vom Verbraucher zu entrichtenden Teilzahlungen einschließlich Zinsen und Bearbeitungskosten, die Art und Weise der Kreditrückzahlung, den Zinssatz und alle sonstigen Kosten des Kredits einschließlich evtl. Vermittlungskosten, den effektiven Jahreszins oder mindestens den anfänglichen effektiven Jahreszins, die Kosten einer evtl. abzuschließenden Versicherung und evtl. zu stellende Sicherheiten. Der Kreditvertrag wird nur dann wirksam, wenn der Verbraucher ihn nicht innerhalb einer Woche schriftlich widerruft. Die Belehrung über das Widerrufsrecht ist gesondert zu unterschreiben. Unterbleibt dies, erlischt es erst nach vollständiger Erbringung der Leistung, spätestens ein Jahr nach Abschluß des Kreditvertrags. Für den Versandhandel gilt die Besonderheit, daß, sofern dem Konsumenten ein uneingeschränktes Recht eingeräumt wird, die Sache innerhalb einer Woche zurückzugeben, das Widerspruchsrecht entfällt. Bei Nichtgefallen kann der Kunde die Sache dann auf Kosten und Gefahr des Lieferanten innerhalb einer Woche zurücksenden oder dem Lieferanten die Rücknahme avisieren, sofern die Sache nicht postpaketversandfähig ist. Ein Teilzahlungskredit ist durch den Kreditgeber nur dann vorzeitig kündbar, wenn der Kreditnehmer mit mindestens zwei aufeinanderfolgenden Raten in Verzug ist und dieser Betrag sich auf mindestens 10% des Kreditbetrags, bei einer Kreditlaufzeit von mehr als drei Jahren auf mindestens 5%, beläuft und der Kreditgeber dem Verbraucher eine zweiwöchige Frist zur Zahlung des rückständigen Betrags eingeräumt hat und dieser der Forderung nicht nachgekommen ist. Dies soll verhindern, daß Teilzahlungskredite sofort gekündigt werden können, wenn sich der Konsument nur vorübergehend in Liquiditätsschwierigkeiten befindet. Zur Absicherung von Teilzahlungskrediten dient die Auskunft der Schutzvereinigung für allgemeine Kreditsicherung (Schufa). Dort ist zu erfahren, ob die Person bereits andere Kreditverpflichtungen eingegangen ist und ob und inwieweit dabei Zahlungsverpflichtungen ordnungsgemäß erfüllt wurden. Eine weitere Sicherung stellt der Eigentumsvorbehalt dar.

Verbrauchermarkt

Hierbei handelt es sich um einen Betriebstyp des Handels, der weit verbreitet ist (z. B. *Allkauf, Real, Massa*). Seine wesentlichen Kennzeichen sind die folgenden:

- sehr breites, ausreichend tiefes Sortiment,
- anspruchsloses Sortimentsniveau,
- aggressive, flexible Preisbildung,
- Stadtrandlage oder „grüne Wiese",
- Großbetriebsform (über 1000 qm/ Food und Non Food),
- geringer Einsatz des Beeinflussungs-Mix (Ausnahme: Kommunikation),
- Akquisition durch Ladengeschäft in dominanter Selbstbedienung,
- stationärer Einzelstandort durch Agglomeration,
- horizontale Integration in Konzern.

(→ Einzelhandel, Bertriebstypen)

Verbraucherorganisation

(→ Marketing, Ethik)

Verbraucherpanel

Das Verbraucherpanel erhebt quantitative Bedarfe und qualitative Einstellungen individuell und aggregiert, jeweils für Ge- und Verbrauchsgüter. Die Erfassung erfolgt durch Haushaltsbuchführung oder neuerdings durch Einscannen (über Home Scanner anhand der EAN-Codes auf eingekauften Produkten). Die Genauigkeit der dabei gewonnenen Informationen hängt von den Eintragungen ab. Da die Erinnerung eine große Rolle spielt, werden die Eintragungen meist wöchentlich abgefragt. Die Auswahl der Teilnehmer gehorcht der Repräsentanzanforderung. Die Meldebögen werden, incl. sonstiger Unterlagen wie Rückumschlag, Gratifikation etc., vor jedem Berichtstermin verteilt. Die Auswertung der Ergebnisse erfolgt durch Übertragung der Daten aus den zurückgesandten Berichtsbögen auf EDV-Datenträger. Formale Fehler werden dabei korrigiert, wobei im Zweifel beim Panelhaushalt rückgefragt wird, logische Fehler werden durch Prüfprogramme identifiziert.

Die Angaben betreffen im einzelnen Größen wie Packung, Preis, Einkaufsstätte, Einkaufsort, Einkaufsanlaß, Einkaufsperson, Anzahl der Käufe, Menge/Wert pro Kopf je Produktart und Marke, Erstkäufer/Wiederholungskäufer, Kauffrequenz, Marktanteile nach Menge/Wert für die eigene und konkurrierende Marken, Nichtkäufer, räumliche Abweichungen, Einkaufstage, Einkaufsdatum, Markentreue, Käuferwanderung, Sonderangaben wie Mediennutzung, soziodemographische Daten etc. Diese Angaben werden zu Standard- und Sonderauswertungen verarbeitet.

Allerdings hat das Verbraucherpanel auch mit zahlreichen Problemen zu kämpfen. Dies betrifft zunächst die *Panelsterblichkeit*. Darunter versteht man das Ausscheiden von Teilnehmern aus dem Panel infolge Fluktuation oder Ermüdung. Fluktuation ist durch Geburt, Todesfall, Heirat, Umzug etc. verursacht. Ermüdung führt zur Verweigerung der weiteren Teilnahme. Dies macht bis zu 50% Ausfallrate p.a. aus. Es kommt zur sog. Panelroutine, d. h. Einkaufsberichte werden nicht mehr tagesgenau ausgefüllt, nur noch oberflächlich durchdacht und sind damit ungenau und unvollständig. Durch beide Probleme kommt es zu Verzerrungen der Repräsentanz, die über die gesamte Laufzeit des Panels bestehen bleiben. Daher wird jedes Panel mit Reserve gefahren, d. h. es wird zusätzlich ein Personenkreis, der nach bewußter Auswahl die jeweils ausscheidenden Panelteilnehmer ersetzt, in genau gleicher Weise erhoben, deren Daten Lücken in der auswertungsrelevanten Panelbasismasse, die nach dem Zufallsprinzip ausgewählt wird, füllt. Das Zufalls-Panel wird damit jedoch sukzessive zu einem Quotenmodell umgewandelt. Weitere Probleme entstehen durch das weitgehende Fehlen von Ausländer-Haushalten (mangelnde deutsche Sprach- und Schreibkenntnisse) und Anstaltshaushalten (Kantinen etc.).

Dann gibt es den *Paneleffekt*. Darunter versteht man die Veränderung des Kaufverhaltens unter dem Eindruck der Erfassung, d. h. Änderungen beruhen nicht auf Variation der Bedingungen, sondern auf dem Wissen um Beobachtung (auch Hawthorne-Effekt genannt). Dies führt zu Lern- und Bewußtseinsprozessen, die ein Abweichen vom normalen, unbeobachteten Verhalten bewirken. Allein die Veranlassung zu kontinuierlichen Berichten führt dazu, daß der Einkauf in den Bewußtseinsvordergrund tritt. Lernprozesse entstehen durch die Reflektion über dokumentiertes vergangenes Einkaufsverhalten für die Zukunft. Evtl. kommt dem Berichtsbogen mit der Aufführung verschiedener Warengruppen sogar ein Aufforderungscharakter für Probierkäufe zu. Vor allem kommt es dabei zu zwei Effekten:

- Als *Overreporting* werden angegebene Käufe bezeichnet, die tatsächlich nicht getätigt worden sind. Ausschlaggebend dafür können die soziale Erwünschtheit solcher Käufe, z. B. Körperpflegeprodukte, oder auch Prestigegründe sein (z. B. demonstrativer Konsum).
- Als *Underreporting* werden nicht

angegebene Käufe bezeichnet, die tatsächlich getätigt worden sind. Die Nichtangabe kann auf bewußtem Verschweigen (z. B. Tabuprodukte) oder einfachem Vergessen beruhen (z. B. Einkäufe auf Reisen oder während der Berufsausübung).

Diesen Problemen wird versucht, durch drei Ansätze entgegenzuwirken:

- Durch *Panelrotation* erfolgt ein periodischer, gewollter Austausch der Teilnehmer. Pro Jahr werden so ca. 10% der Panelteilnehmer künstlich ausgetauscht. Dafür wird ein Quotenüberhang an Haushalten vorgehalten. Allerdings führt dies zur Panelerstarrung, d. h. die soziodemographischen Merkmale des Panels entsprechen insgesamt immer weniger der Grundgesamtheit und erfüllen damit nicht mehr die Voraussetzungen statistischer Repräsentanz.
- Durch *Gratifikation* sollen Belohnungen und Anreize zur motivierten Mitarbeit gegeben werden (z. B. Entlohnung je Bericht). Allerdings können dadurch Verhaltensänderungen herbeigeführt werden, etwa durch das Gefühl der Dankbarkeit oder durch vermehrte Kaufkraft. Besser sind daher immaterielle Zuwendungen (z. B. Verlosungsteilnahme)
- Durch Vorsehen einer *„Anlernphase"* wird gehofft, daß sich die geschilderten verzerrenden Effekte währenddessen legen. Insofern setzt man auf ein Wiedereinkehren des Alltagstrotts nach einer mehr oder minder langen Bewußtseinsphase. Erst danach werden die Ergebnisse dann wirklich verwertet.

Schließlich sind nicht alle Verbräuche in Haushaltspanels erfaßt, so nicht die von Großverbrauchern, Gastarbeiterhaushalten, für Außer-Haus-Konsum (Arbeitsplatz, unterwegs etc.) (vgl. *Pepels, Werner:* Käuferverhalten und Marktforschung, Stuttgart 1995).

(→ *Panels)*

Verbraucherpolitik

Die Verbraucherpolitik bemüht sich um die Verbesserung der Kenntnisse und Fähigkeiten der Verbraucher sowie um deren Schutz. Ersteres wird zu erreichen versucht durch:

- verbesserte Lösung aktueller Probleme (Verbraucherinformation, Verbraucherberatung)
- verbesserte Lösung langfristiger Probleme (Verbrauchererziehung, Verbraucheraufklärung).

Letzteres wird versucht durch:

- Regulierung des Verbraucherverhaltens (Regelung durch Steuern und Subventionen, Gesetzliche Regelung)
- Regulierung des Anbieterverhaltens (Freiwillige Selbstkontrolle, Gesetzliche Regelung).

Dieser Verbraucherschutz ist aus mehreren Gründen notwendig. So haben Nachfrager nur die Option (annehmen oder ablehnen) als Wahlalternative, ihre Steuerungsmöglichkeit ist also gering. Ein Kauf bedeutet dann nur eine Präferenz, nicht jedoch unbedingt volle Befriedigung der Bedarfe. Der Markt ist nicht demokratisch angelegt, repräsentiert also nicht die wahre Bedarfsstruktur, da unterschiedlich viele Stimmen je nach Kaufkraft vorhanden sind. Die Anonymität der Transaktionen macht Sanktionen der Verbraucher schwierig. Vor allem ist auch die Kommunikation asymmetrisch, der Informationsfluß ist stark ausgeprägt, das Feedback nur schwach. Zudem sind Verbraucher traditionell schlecht organisiert, also trotz ihrer immensen Kopfzahl schwach in der Durchsetzung ihrer Interessen. Daher werden gesetzliche Bestimmungen zum Verbraucherschutz für notwendig erachtet.

Verbraucherschutz

(→ Marketing, Ethik)

Verbreitete Auflage

(→ Leser-/Auflagenbegriffe)

Verbundwerbung

(→ Kollektivwerbung)

Vercodungsplan

(→ Datenaufbereitung)

Veredelung

(→ Außenhandel)

Vergessen

Dem Behalten steht unvermeidlich das Vergessen entgegen. Vergessen geht anfangs sehr rasch vor sich, nimmt aber mit der Anzahl der verstrichenen Zeiteinheiten immer mehr ab.

Nach der *Theorie des autonomen Verfalls* (Decay) löschen sich die zeitlich am weitesten zurückliegenden Informationen aus. D.h. die Erinnerung eines Stimulus ist abhängig vom Zeitabstand zwischen Wahrnehmung und Abruf der Information. Demnach ist es bedeutsam, eine hohe Penetration von Botschaften (z. B. durch hohe Kontaktintensität in der lokalen Rundfunkwerbung) zu erreichen, wobei die Impactstärke dann sekundär ist (z. B. 7-Sekunden-Reminder-Spots im Fernsehen). Vergessen ist demnach ein rein passiver Vorgang als Funktion der Zeit. Die gestalterische Qualität der Botschaft hat insofern keinen Einfluß auf das Behalten. Dem folgt die allbekannte Hypothese, wonach Budget gute Ideen zu substituieren vermag, denn danach hat derjenige Absender die besten Aussichten, der den geringsten zeitlichen Abstand zwischen Botschaft und Kaufentscheid hat, weitgehend unabhängig von der Eindrucksqualität. Dies stellt einen impliziten Nachteil etwa für gebührenfinanzierte Rundfunksender dar, die relevante Zielgruppen aufgrund zeitlicher Werbebeschränkungen seltener erreichen und daher mit ihrer Botschaft einen vergleichsweise größeren zeitlichen Abstand zum Kaufentscheid hinnehmen als andere. Für die Botschaftsgestaltung bedeutet dies, daß es weniger auf herausragende Kreativität ankommt als auf Schaltfrequenz. Daß dies nicht ohne Wirkung bleibt, beweisen die geschmacklich zurecht umstrittenen Werbemittel für diverse

Waschmittelmarken, die im Gedächtnis jedoch so verhaftet bleiben, daß sie in der konkreten Kaufsituation zweifellos präsent sind, wohingegen ob ihrer kreativen Umsetzung hoch gelobte Werbemittel mangels Nachhaltigkeit schnell in Vergessenheit geraten.

Nach der *Interferenztheorie* geht im Gedächtnis zwar nicht die Information selbst, wohl aber der Zugriff auf deren Speicherplatz durch Überlagerung anderer Signale verloren. D.h. die Erinnerung eines Stimulus ist abhängig von der Impactstärke anderer, in unmittelbarer zeitlicher Umgebung befindlicher Stimuli. Dabei kann es zu einer proaktiven Hemmung durch Informationen vorher oder zu einer retroaktiven Hemmung durch Informationen nachher kommen. Demnach ist es bedeutsam, impactstarke Umsetzungen im Marketing zu nutzen, um die Beeindruckungswirkung konkurrierender Reize zu übertreffen (z. B. durch hohe zielgerichtete Kreativität). Vergessen ist hierbei ein aktiver Vorgang als Funktion der Konkurrenz. Dies ist in der Kommunikation von hoher Bedeutung etwa bei Klassischen Werbemitteln. Die einzelne Anzeige, der einzelne Hörfunk- oder Fernsehspot steht immer in Konkurrenz zur Umgebung der anderen Werbemittel, also der weiteren Anzeigen in der Zeitschrift/Zeitung, der weiteren Spots im Hörfunk- oder Fernsehwerbeblock. Auch auch zu den vorhergehenden und nachfolgenden redaktionellen Inhalten. Daraus folgt, daß die Behaltenschance umso geringer ist, je mehr und eindrucksvollere Informationen in dieser Umgebung stattfinden, also je mehr Anzeigen im Heft oder je mehr Spots im Werbeblock vorhanden sind, aber auch je impactstärker das redaktionelle Umfeld ist. So bewirken hochwertig gemachte Zeitschriftenbeiträge, vor allem mit hohem Fotoanteil, eine implizite Abwertung von Anzeigen, da letztere als weniger impactstark erlebt werden als erstere. Sogar Einfügungen wie die beliebten Mainzelmännchen im *ZDF* beeinträchtigen danach die Wirksamkeit der vorher und nachher geschalteten Spots, weshalb werbefinanzierte Sender konsequente auf solche Gimmicks, die die Leistung für ihre Kunden gefährden, verzichten.

(→ Lernmodelle)

Vergleichstechnik

(→ Einwandbehandlung)

Vergrößerungstechnik

(→ Einwandbehandlung)

Verhaltens-Ansatz

(→ Marketing, Methoden)

Verhältniszahlen

(→ Kennziffern)

Verkaufserleichterungsfunktion der Packung

(→ Packung, Kommunikationsfunktion)

Verkaufsförderung, Maßnahmen

Nimmt man die vier Zielgruppen der Verkaufsförderung:

- Vertriebsmannschaft (Staff Promotion),
- Absatzmittler Reinverkauf (Dealer Promotion – Pipeline Filling),
- Absatzmittler Abverkauf (Dealer Promotion – Merchandising),
- Endabnehmer (Consumer Promotion),

sowie die Funktionen der Verkaufsförderung in den verschiedenen Phasen als:

- Aufmerksamkeit/Kontakt,
- Interesse/Motivation,
- Auslöser/Umsetzung,

als Ausgangspunkte, so ergeben sich daraus 12 Kombinationen für Verkaufsförderungsmaßnahmen. Im einzelnen handelt es sich um:

Erzeugung von Aufmerksamkeit/Kontakt bei der Vertriebsmannschaft. Dies betrifft Maßnahmen zum Informationsübergang, d. h. der Übermittlung der Information von der Marketingleitung an die Vertriebsmannschaft in einer Art und Weise, daß dieser die Nachricht nicht entgeht bzw. möglichst nachhaltig in Erinnerung bleibt. Beispiele dafür sind: Veranstaltung als motivierender Event, Arbeitsgespräch (Meeting/Konferenz), Schriftstück als interne Mitteilung (Mailing/Info), Telekommunikation (Telefon/Telefax).

Erzeugung von Aufmerksamkeit/Kontakt bei Absatzmittlern im Reinverkauf. Dies sind Maßnahmen zur Einstimmung, die sich mit der wirksamen Übermittlung der Informationen zur Unterstützung vom Träger dieser Aktivitäten zum ersten Rezipienten innerhalb der Absatzkette befassen. Beispiele sind: Präsentation im Händlergespräch, Jahresgespräch (Rahmenvereinbarung), Salesfolder als vorverkaufende Dokumentation, TV-Video-Einheit als technisches Hilfsmittel.

Erzeugung von Aufmerksamkeit/Kontakt bei Absatzmittlern im Abverkauf. Hier sind Maßnahmen der Angebotsabgabe gemeint, die sich mit der Weitergabe dieser Information an den Ort des Verkaufs beschäftigen, also dort, wo absatzfördernde Wirkung sich materialisieren soll. Beispiele sind: Verhaltenstraining für das Verkaufsgespräch, Fachzeitschriftenanzeige, Anleitung durch Argumenter/Argumentationshilfe, Verkaufshandbuch mit technischen Angaben.

Erzeugung von Aufmerksamkeit/Kontakt bei Endabnehmern. Hier werden Maßnahmen zur Nutzenauslobung vorgesehen, die die Vereinnahmung der letzten Rezipienten innerhalb der Absatzkette umfassen, bei denen sich die verkaufsfördernde Wirkung durch Verhalten und/oder Einstellung beweisen muß. Beispiele sind: Vorführung/Degustation/Sampling am POS, Demonstration durch Anpreisung/Propagandisten, POS-Werbemittel (Schaufenster und/oder Innenraum), Hinweis auf Produktausstattung.

Ausbau von Interesse/Motivation bei der Vertriebsmannschaft. Dies betrifft Maßnahmen zum Bedeutungsumfang als betriebswirtschaftliche Dramatisierung der Verkaufsförderungsaktion, um dem Abnutzungseffekt häufiger Wiederholungen entgegenzuwirken und den Stellenwert der Aktivitäten zu betonen. Beispiele sind: Auslobung von Angebotsvorsprung/Neuartigkeit, Vorbereitung durch Vorverkauf im Handel, Wettbewerb/Incentives im Verkauf, Installation von Aktionsrunden.

Ausbau von Interesse/Motivation bei Absatzmittlern im Reinverkauf. Dies sind Maßnahmen zum Vorverkauf, die sich mit der Erhöhung der Akzeptanz von Verkaufsförderungsaktivitäten bei Absatzmittlern befassen, indem diesen gegenüber das Vorhandensein von Vorleistungen des Maßnahmeninitiators betont wird. Beispiele sind: Sprungwerbung in Medien direkt an Endabnehmer, Betonung der Marktstellung, Angebot von Regalpflege/WKZ's, Betriebswirtschaftliche Beratung, Shelf Management bei GWWS.

Ausbau von Interesse/Motivation bei Absatzmittlern im Abverkauf. Hier sind Maßnahmen zu Nachdruck gemeint, damit die Weitergabe des Absatzförderungsanliegens an den Ort des Verkaufs gelingt, denn nur dort wahrnehmbare Präsenz und Aufforderungswirkung kann den Abverkauf stützen. Beispiele sind: Produktschulung für die Angebotsbesonderheiten, Warenprobe zur persönlichen Überzeugung, Anwendungshilfe bei der Auslobung des Produkts, Hinweis auf Markttesterfolg.

Ausbau von Interesse/Motivation bei Endabnehmern. Hier werden Maßnahmen zur Besonderheit des herausragenden Merkmals der mit der Verkaufsförderungsaktion verbundenen Aktivitäten vorgesehen, die dem Endabnehmer zumindest kurzfristig ins Bewußtsein geraten müssen. Beispiele sind: Intensiver Werbemitteleinsatz, Risikoreduktion durch Warenrücknahme/Gutschein/Umtauschangebot, Mehrfachplacierung/Vorzugsplatz (Display/Kasse), Hinweis auf Warentestergebnis.

Auslöser/Umsetzung der Aktion bei der Vertriebsmannschaft. Dies betrifft Maßnahmen zum systematischen Anreiz und zur Substanziierung der Unterstützungsmaßnahmen durch positive Sanktionierungsmechanismen, die es besonders lohnend erscheinen lassen, sich für die Aktivitäten einzusetzen. Beispiele sind: Bonussystem als Geldanreiz, Inaussichtstellung einer Sachprämie, Privilegierung im Kollegenkreis, Positive Sanktionierung im sozialen Umfeld.

Auslöser/Umsetzung der Aktion bei Absatzmittlern im Reinverkauf. Dies sind Maßnahmen zum Sell in, die sich mit der konkreten Umsetzung der erfolgten Aktivierung in Transaktionen bei Absatzmittlern befassen, wobei diese eines Anlasses bedürfen, der die Einkaufsentscheidung rationalisiert. Beispiele sind: Offerierung von Sonderkonditionen /Valuta/Bestellschluß, Incentive/ Give away für Einkaufsentscheider, Betonung erfolgreicher Partnerschaft, Individuelle (vertikale)

Koop-Aktionen/WKZ.

Auslöser/Umsetzung der Aktion bei Absatzmittlern im Abverkauf. Hier sind Maßnahmen zum Sell out gemeint, die sich mit dem „Stopper“ beschäftigen, der am Ort des Verkaufs zur Auseinandersetzung mit dem Verkaufsförderungsangebot und bei Überzeugung zur Einstimmung auf den Kaufakt bei Kunden führt. Beispiele sind. Angebot günstiger Absatzfinanzierung, Belohnung von Geschäftsstättentreue, Kompetenzausbau beim Handelsbetrieb, Aufbau von Sympathie/Erfolgserlebnis, Bereitstellung von Dekodienst/POS-Material.

Auslöser/Umsetzung der Aktion bei Endabnehmern. Hier werden Maßnahmen zum Anlaß des Leistungsvorteils vorgesehen, der bei Endabnehmern einen Verhaltensimpuls in Richtung Vollzug des Kaufentscheids herbeiführt und sich idealerweise aus der Einzigartigkeit eines Angebots ableitet. Beispiele sind: Preis-Leistungs-Zuwachs aus Produkt (z. B. Sonderangebot), Preis-Leistungs-Zuwachs durch Zugabe (z. B. On pack), Limitierung des Angebots (z. B. auflagenbegrenzte Sonderserie), Limitierung im Vertrieb (z. B. Selektion der beteiligten Verkaufsstellen).

Verkaufsförderung, Ziele

Verkaufsförderung und Werbung verfolgen beide die grundsätzlich gleichen Ziele. Nämlich die verkaufspolitischen Zwecken dienende, absichtliche und zwangfreie Einwirkung auf Menschen durch Kommunikationsmittel in bezahlten Medien unter eindeutiger Absenderidentifikation im Wege einer Lernsituation zur Erfüllung der Werbeziele. Beide unterscheiden sich allerdings durch die Dimensionierung. Während Werbung kontinuierlich, breit und umfassend angelegt ist, wird Verkaufsförderung als zeitlich, räumlich und/oder sachlich begrenzt angesehen.

Doch hierbei gibt es ungelöste Abgrenzungsprobleme:

- Der zeitliche Einsatz der Werbung muß nicht durchgängig erfolgen. Für den Fall, daß zeitlich begrenzt geworben wird, ist die Abgrenzung zur Verkaufsförderung fließend.
- Der räumliche Einsatz der Werbung muß nicht flächendeckend erfolgen. Er kann sich auch auf regionale oder lokale Gebiete beschränken. Dann ist der Übergang zur Verkaufsförderung fließend.
- Der sachliche Inhalt der Werbung muß nicht immer konstitutiv sein, er kann sich auch auf Argumentationsfacetten beschränken. In diesem Fall ist der Übergang zur Verkaufsförderung wiederum fließend.

Die Abgrenzung zur Öffentlichkeitsarbeit ergibt sich, indem diese nicht die Auslobung eines konkreten Angebots zum Ziel hat, sondern die Auslobung des Absenders. Doch auch dabei ergeben sich Abgrenzungsprobleme.

- Ist die Marke, also der Name eines Produkts/Dienstes gleich der

Firma, also dem Namen eines Unternehmens, so hat jede Verkaufsförderung für die Herstellermarke zugleich PR-Wirkung. Man spricht von sog. Product Publicity.

- Ist die Marke ungleich der Firma, hat Verkaufsförderung keine PR-Wirkungen für den Herstellerabsender. Dies gilt in absteigender Reihenfolge der Stärke des Zusammenhangs für Hausmarken (z. B. *Persil* von *Henkel*, *Aspirin-* von *Bayer*), Monomarken (z. B. *Jägermeister*/Mast), unechte Rangemarken (z. B. *Milka, Nivea*), echte Rangemarken (*Procter & Gamble*-Marken).

Die Abgrenzung zum Persönlichen Verkauf ergibt sich aus der Tatsache, daß dieser immer der mündlichen oder fernmündlichen Kontaktaufnahme/Verkaufsabwicklung bedarf. Insofern gibt es aber einige Verkaufsförderungsmaßnahmen, die den Tatbestand des Persönlichen Verkaufs erfüllen, nämlich solche, die People Promotions sind.

Eine Definition der Verkaufsförderung lautet: Verkaufsförderung umfaßt alle Maßnahmen der punktuellen Aktivierung zur Erhöhung von Absatzerfolg und Absatzchancen mit bezug auf Vertriebsmannschaft, Absatzmittler (Reinverkauf/Abverkauf) und Endabnehmer. Dabei sind folgende Elemente von Bedeutung:

- Es handelt sich bei Verkaufsförderung um die Planung, Organisation und Kontrolle von Maßnahmen, d. h. Verkaufsförderung ist ganz wesentlich durch einen Handlungsaspekt gekennzeichnet.
- Es geht um die punktuelle Aktivierung von Zielpersonen, d. h. die Aktivierung ist begrenzt und soll einen Zustand vorübergehend erhöhter innerer Erregung und Spannung bei diesen erzeugen.
- Es soll Absatzerfolg bewirkt werden, d. h. vollzogene Kauf-/Verkaufstransaktionen bzw. die Wahrscheinlichkeit dazu soll erhöht werden (Absatzchancen), indem wichtige Voraussetzungen für den Absatzerfolg verbessert werden.
- Zielgruppen sind Vertriebsmannschaft, Absatzmittler und Endabnehmer.

Verkaufsförderung, Zielgruppen

Sales Promotions richten sich als Oberbegriff an die folgenden Personengruppen:

- *Vertriebsmannschaft* (Staff Promotion). In diesem Zusammenhang unterteilt werden nach dem Abgabeprinzip in:
- Innenverkauf (Residenzprinzip) und
- Außenverkauf (Domizilprinzip).

Das bedeutet, daß sich Maßnahmen zur Absatzförderung an Mitarbeiter des Unternehmens beim Verkauf im Haus sowie an Reisende auf Tour vor Ort (auch im Treffprinzip) richten. Diese Unterscheidung ist sinnvoll, weil die Ausgangslage bei beiden Gruppen unterschiedlich ist.

- *Absatzmittler* (Dealer Promotion). Auch hierbei ist eine Verfeinerung denkbar, indem unterteilt wird nach der betroffenen Handelsstufe in:

- Großhandel (Handel unter Kaufleuten) und
- Einzelhandel (Handel mit Endabnehmern).

Damit wird dem zweistufig indirekten und einstufig indirekten Vertrieb Rechnung getragen. Diese Unterscheidung ist ebenfalls sinnvoll, weil die Ausgangslage beider Gruppen unterschiedlich ist, obgleich eine starke Tendenz zur Ausschaltung der Großhandelsstufe besteht. In vielen Bereichen, namentlich der Investitionsgüterindustrie, entfällt die Absatzmittlerstufe sogar völlig. Dort werden allerdings teilweise ähnliche Funktionen durch Meinungsbildner wahrgenommen.

- *Endabnehmer* (Consumer Promotion). Hier erfolgt eine Unterteilung nach der Güterart in:
- Gebrauchs- und Verbrauchsgüter (Konsumtivgüter) und
- Investitions- und Produktionsgüter (Produktivgüter).

Dies ist bedeutsam für die Entscheidungsfindung, die bei Produktivgütern oft in Gremien (Buying Centers) getroffen wird, also primär unter Rationalgesichtspunkten, wohingegen bei Konsumtivgütern Entscheidungen unter Spontan-, Sozial- oder Gewohnheitsgesichtspunkten dominieren, die für Verkaufsförderungs-Aktionen a priori einen größren Spielraum lassen.

Verkaufsgesprächselemente

Es gibt keine Patentrezepte für die optimale Führung eines Informations- oder Verkaufsgesprächs. Es wird vielmehr so sein, daß jeder Gesprächspartner mit seinem persönlichen Stil, mit dem er intuitiv sicher agiert, am besten fährt. Das Kontaktmarketing ist eine Informations- und Verkaufsform durch unmittelbaren Gesprächskontakt mit Kunden zum Zwecke der Verkaufsanbahnung und letztlich des Abschlusses des Kaufvertrags. Als personengebundene Einflußfaktoren der mündlichen Kommunikation kommen in Betracht kommunikative Zeichen. Diese sind hörbar in Form von vokalen und nicht-vokalen Zeichen. Vokale, auch aurale, Zeichen sind z. B. Stimmlage, Sprachbegleitung (wie Lachen, Schreien, Hüsteln, Seufzen etc.), Melodie (wie Betonung, Kadenz, Pause etc.), Phonetik, Syntax, und sichtbar, in Form von Gestik (wie Mimik, Haltung etc.), Eindruck (wie Kleidung, Haartracht, Kosmetik etc.), Zuneigung (wie Blickkontakt, Körperwendung etc.) oder indirekte Zeichen. Diese betreffen Physiognomie, Aussehen, Statur etc. und Verhalten, Bewegung, Reflex etc.

Je mehr Kongruenz dabei bezüglich dieser Zeichen zwischen Sender (Kommunikator/Verkäufer) und Empfänger (Kommunikant/Käufer) herrscht, desto eher und besser kommt Kommunikation zustande. Das Informations- und Verkaufsgespräch ist ein (zielgerichtetes) Sach- oder Zweckgespräch, für das sich hilfreiche Techniken feststellen lassen. Für die Anlage des Gesprächs sind mehrere Einflußfaktoren bedeutsam, so z. B.

- *Körperbau*. Hier unterscheidet

man:
Leptosome. Sie gelten stereotyp als vornehm, feinsinnig, eher weltfremd, idealistisch, distanziert, trocken, träge.
Pykniker. Sie gelten stereotyp als tatkräftige Praktiker, gutmütig, ruhig, schnell zufriedenzustellen, eher sentimental.
Athletiker. Sie gelten stereotyp als bedächtig, pedantisch, nüchtern, hartnäckig, jähzornig.
Dabei geht es um den angeborenen, nicht antrainierten Körperbau. Diese Stereotype sind jedoch höchst umstritten und halten einer empirischen Validierung kaum stand.

- *Sprache*. Hier lassen sich mehrere Sprachcodes unterscheiden:
  Restringiert. Dies beinhaltet einfache, kurze Sätze, einfache Satzverknüpfungen, überwiegend Hauptsätze, konkrete Sprache, oft Dialekt, kleiner Wortschatz, kaum Fremdwörter, fehlerhafte Grammatik, Gesten als Ersatz für fehlende Wörter, direkt ausgerichtet.
  Elaboriert. Dies beinhaltet komplexe, komplizierte Sätze, personenorientierte Formulierung, logische Argumentation, abstrakt, hochdeutsch, großer Wortschatz, Gebrauch von Fremdwörtern, richtige Grammatik, wenige, gezielte Gesten, durch Analogie, Vergleich, Beispiel arbeitend.
  Aus der Sprache lassen sich gute Anhaltspunkte für das soziale Beziehungsfeld des potentiellen Kunden ableiten.
- *Sprachvariable*. Diese können im Vortrag eingesetzt werden. Es handelt sich dabei um (in Klammer jeweils beste Ausprägung):
  Stimmklang (eher sonor),
  Lautstärke (nicht aufdringlich, nicht schüchtern),
  Pausensetzung (dramaturgisch),
  Sprechtempo (eher engagiert, dynamisch, initiativ),
  Modulation/Rhythmus (akzentuiert),
  Atemtechnik (nicht kurzatmig),
  Aussprache (deutlich, hochdeutsch),
  Wortwahl (eher verbisch als substantivisch),
  Satzbau (keine Schachtelsätze),
  Ablauf (logische Verkettung).
- *Mimik*. Dies betrifft alle Ausdrucksformen des Gesichts. So z. B. Stirnrunzeln, Augenbrauen heben, Mundwinkel senken, Lippen zusammenpressen, Lippen kauen. Da es sich dabei um unwillkürliche Reaktionen handelt, lassen sich daraus gute Rückschlüsse auf die psychische Situation des Gesprächspartners ziehen.
- *Gestik*. Dies umfaßt alle Ausdrucksformen des Körpers. So z. B. Hände ballen, Handflächen nach unten, Armbewegungen, Nase reiben, Kinn streicheln, Kleidung glattstreichen, Hände in den Hosentaschen, Hände in die Hüfte gestemmt, Fingerspitzen aneinandergelegt, überkreuzte Beine, mit den Füßen wippend, breitbeiniges Stehen, Hände hinter dem Kopf verschränkt.
- *Kopfhaltung*. Hierbei gibt es z. B.

Kopf zur Seite geneigt, Kopf betont erhoben, zwischen den Schultern eingezogen, gesenkt, seitlich hin- und herwiegend. Dabei kann auch die Blickhaltung aufschlußreich sein, so z. B. seitlich aus den Augenwinkeln, am anderen vorbeischauend, in die Augen schauend, durch den anderen hindurch.

- *Körpersprache*. Dies bezeichnet die Kombination der Einflußfaktoren Mimik, Gestik, Kopf- und Blickhaltung. Es gilt das jeweils dazu erwähnte.
- *Distanzen*. Sie betreffen das instinktive Revierverhalten des Menschen und sind keulenförmig um den Körper nach vorn gerichtet. Zu unterscheiden sind Intimdistanz (ca. 70 cm), (persönliche) Gesprächsdistanz (ca. 120 cm), (gesellschaftliche) Wahrnehmungsdistanz (ca. 220 cm) und öffentliche Distanz (ca. 400 cm Abstand zum Partner). Distanzen werden auch schon durch die Placierung persönlicher Gegenstände verletzt (z. B. Aktentasche auf dem Schreibtisch).

Verkaufsgesprächsführung

(→ Persönlicher Verkauf)

Verkaufsholding

(→ Absatzformen)

Verkaufsliteratur

Unter Verkaufsliteratur sind alle Anwendungs-, Anmutungs-, Überzeugungs- und Bestätigungsinformationen in gedruckter Form zu verstehen. Sie können sich dabei an zwei verschiedene Zielgruppen richten, Endabnehmer oder Absatzmittler/-helfer. Im ersten Fall spricht man von Dokumentation, im zweiten von Vorverkauf (vgl. *Pepels, Werner:* Kommunikationsmanagement, Stuttgart 1994).

Die *Dokumentation* dient der vertieften, aussagefähigen Erläuterung eines Angebots. Sie enthält eine Informationsfülle, wie sie in der Klassischen Werbung nicht überzubringen wäre. Oft ist es sinnvoll, eine ganze Serie von Broschüren, Prospekten oder Leaflets aufzulegen, die von der Programmübersicht bis zum Detaileinblick reichen. Von besonderer Bedeutung ist dies bei Produkten, die extensiven Kaufentscheidungsprozessen, also hoher Komplexität, unterliegen wie technische Gebrauchsgüter, Kapitalanlagen, High Touch-Produkte etc. Eine wichtige Form der Dokumentation ist die Gebrauchsanleitung. Erfahrungen legen Zeugnis davon ab, daß hier erhebliche Fehler gemacht werden. Zwar beginnen alle mit der einschlägigen Glückwunschformel zur Reduzierung etwaiger kognitiver Dissonanzen. Aber danach sind sowohl sprachliche als auch didaktische Mängel häufig.

Hilfreich ist es, sich über die Optionen zum Aufbau einer Gebrauchsanleitung klar zu werden. Hier gibt es verschiedene Ansätze:

- Bei der Produktorientierung stehen das Produkt und seine Komponenten im Vordergrund der

Gliederung. Aus der Beschreibung der einzelnen Bedienungselemente erfährt der Nutzer nur dann etwas über die Anwendungsmöglichkeiten, wenn er das Manual von vorn bis hinten durcharbeitet. Gleichzeitig ergibt sich daraus aber auch ein ausgezeichneter Überblick über die Ausstattung eines Produkts.

- Bei der Anwendungsorientierung stehen die Funktionen des Produkts im Vordergrund der Gliederung. Unter den einzelnen Anwendungen ist die Handhabung des Produkts erklärt. Dadurch ist dieser Ansatz deutlich benutzerfreundlicher, schließlich kauft man nicht Bedienungselemente, sondern Problemlösungen.
- Der sachlogische Ansatz stellt die Chronologie des Einsatzes in den Vordergrund der Gliederung. Der Benutzer wird Schritt für Schritt in die Handhabung des Produkts eingeführt. Dadurch werden das System und die Abfolge von Arbeitsschritten transparent. Der Nutzen des Anwenders wird besonders betont.
- Der lernlogische Ansatz schließlich stellt die Erwartungen des Nutzers in den Vordergrund der Gliederung. Informationen sind nach Bedarfsbündeln sortiert, Wichtiges ist von Unwichtigem, häufig Gebrauchtes von wenig Gebrauchtem getrennt. Wichtiges und häufig Gebrauchtes steht am Anfang, Unwichtiges und selten Gebrauchtes wird im Anhang untergebracht.

Der Vorverkauf soll die zielgerichtete Beeinflussung der Absatzmittler /-helfer im Sinne des Angebotserfolgs erreichen. Er argumentiert in ökonomischen Dimensionen, um der eigenen Ware im Absatzkanal die Bedeutung zu verschaffen, die der Absender ihr zugedenkt und setzt dazu auch Anreize unter Hinweis auf Werbekampagne, Promotions, Testergebnis, Marktstellung, Markenkompetenz etc. ein. Dies geschieht in Form von Salesfolder, oder weniger aufwendig, als Ordersatzbeilage.

Der *Salesfolder* ist meist ein Leaflet, selten ein aufwendigeres Werbestück, in dem dem Handel die Vorteile eines Produkts verargumentiert werden. Dabei sind harte betriebswirtschaftliche Daten ausschlaggebend, nicht etwa Images o. ä. wie in der Endabnehmerwerbung. Vielfach erfolgt jedoch ein Hinweis auf diese mit dem Ziel des Vorverkaufs, aber auch dem Hintergedanken, daß der Handel es sich garnicht leisten können wird, auf ein Produkt in seinem Sortiment zu verzichten, das seine Kunden aufgrund der werblichen Ansprache durch den Hersteller (Pull) verlangen. Der Salesfolder dient neben dem Versand an Einkaufsentscheider auch als Aufhänger für das Verkaufsgespräch des Verkaufsaußendienstmitarbeiters (VADM). Tatsächlich ist dies jedoch weitgehend Makulatur, da nur immense Initialinvestitionen den Handel zur Sortimentsaufnahme bewegen können.

Der *Ordersatz* ist die Bestellunter-

lage im Handel, anhand derer geordert wird. Neben der detaillierten Produktbezeichnung (Größe, Geschmack, Packungseinheit etc.) trägt sie den EAN-Code, der vom Disponenten nach Durchsicht des entsprechenden Warenvorrats mit einem Handscanner eingelesen und mit der benötigten Stückzahl ergänzt wird. Produkte, die sich nicht in diesem Ordersatz befinden, können somit nicht bestellt werden. In der Handelszentrale kann nun nur erreicht werden, daß neue, differenzierte oder variierte Produkte gegen meist hohes Entgelt zum nächstmöglichen Termin in den erneuerten Ordersatz aufgenommen werden. Auf die tatsächliche Order in den Verkaufsstellen hat dies aber keinen Einfluß. Also bedarf es gesonderter Beilagen des Herstellers, die darauf hinweisen. Auch hier stehen ausschließlich kommerzielle Argumente im Vordergrund.
(→ Mediaeinsatz, Spektrum)

Verkaufspunkt
(→ Betriebstypen des Handels, Einteilungskriterien)

Verkaufssyndikat
(→ Absatzformen)

Verkaufte Auflage
(→ Leser-/Auflagenbegriffe)

Verkehrsmittelwerbung
(→ Außenwerbung, Mobile)

Verkleinerungstechnik
(→ Einwandbehandlung)

Vermittlungsvertreter
(→ Handelsvertreter)

Verpackung
(→ Packungsbegriffe)

Verrichtungsprinzip
(→ Funktionsorganisation)

Verschlüsselung von Daten
(→ Datenaufbereitung)

Versendungskauf
(→ Kaufvertrag, Arten)

Versorgungskauf
(→ Hybrider Verbraucher)

Verteilung
(→ Mailing)

Verteilungsfunktion
(→ Wettbewerb)

Vertikale Diversifikation
(→ Diversifikation, Formen, Programmdiversifikation)

Vertikale Kooperation
(→ Absatzkanal, Kooperationen)

Vertikale Markentypen
Zu den vertikalen Markentypen gehören folgende: Erstmarke, Premiummarke, Luxusmarke, Zweitmarke, Drittmarke.

Vertikale Marktbeziehungen

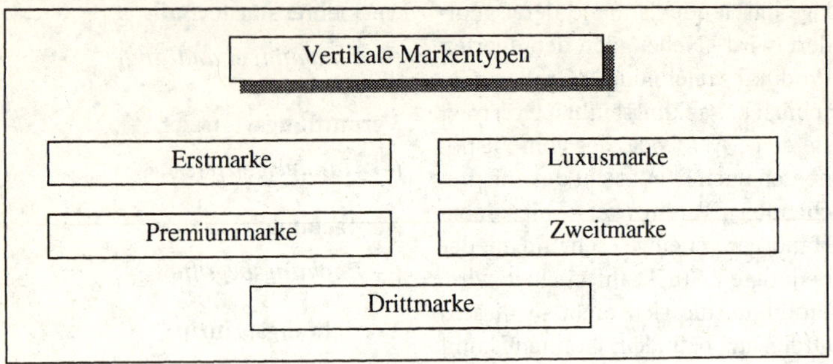

Vertikale Markentypen

(→ *Drittmarke, Erstmarke, Luxusmarke, Premiummarke, Zweitmarke)*

Vertikale Marktbeziehungen

(→ *Marktrelationen)*

Vertragsgrundlagen

Als Voraussetzungen für das Zustandekommen von Rechtsgeschäften gelten die folgenden. Rechtsfähigkeit ist die Fähigkeit von Personen, Rechte und Pflichten zu übernehmen. Bei allen natürlichen Personen beginnt die Rechtsfähigkeit mit der Geburt und endet mit dem Tod. Auch juristische Personen besitzen Rechtsfähigkeit, so z. B. Kapitalgesellschaften, eingetragene Vereine und Körperschaften. Deren Rechtsfähigkeit beginnt mit der Eintragung ins Handels- bzw. Vereinsregister oder durch staatliche Verleihung. Von der Rechtsfähigkeit ist die Geschäftsfähigkeit zu unterscheiden. Sie bezieht sich nur auf Personen. Das Maß der Geschäftsfähigkeit ist abhängig von Alter und körperlicher bzw. geistiger Leistungsfähigkeit. Man unterscheidet drei Abstufungen:

- Geschäftsunfähigkeit. Diese ist bei Kindern unter 7 Jahren und bei dauernd Geisteskranken (bzw. bei vorübergehender Störung der Geistestätigkeit) gegeben. Diese Personen können keine rechtsgültigen Geschäfte abschließen, für sie handeln Eltern, Vormund oder Betreuer.
- Beschränkte Geschäftsfähigkeit. Diese ist bei Kindern zwischen 7 und unter 18 Jahren gebeben. Rechtsgeschäfte dieser Personen bedürfen der Zustimmung des gesetzlichen Vertreters. Dies gilt allerdings dann nicht, wenn dadurch ausschließlich ein rechtlicher Vorteil erlangt wird (z. B. Schenkung), dabei nur die Mittel des Taschengeldes eingesetzt werden oder ein vorher genehmigtes Arbeitsverhältnis gegeben ist.
- Unbeschränkte Geschäftsfähigkeit. Diese ist bei allen juristischen Personen sowie natürlichen Per-

sonen ab 18 Jahren gegeben, sofern diese nicht geisteskrank sind. Sie können Rechtsgeschäfte selbständig abschließen.

Rechtsbeziehungen untereinander sind durch eigenen Willen gestaltbar (= Privatautonomie). Die Willensäußerung erfolgt rechtlich durch Willenserklärung. Diese ist Teil von oder führt zu einem Rechtsgeschäft. Man unterscheidet einseitige und zweiseitige Rechtsgeschäfte. Einseitige Rechtsgeschäfte kommen bereits allein durch eine Willenserklärung zustande. Sie sind empfangsbedürftig (z. B. Kündigung, Mahnung), d. h. sie bedürfen der Kenntnisnahme oder der Kenntnisnahmemöglichkeit der empfangenden Person, oder nicht empfangsbedürftig (z. B. Testament). Zweiseitige Rechtsgeschäfte bedürfen zweier übereinstimmender Willenserklärungen (z. B. Kaufvertrag, Mietvertrag, Darlehensvertrag). Die Herbeiführung von Rechtsgeschäften ist regelmäßig an keine besondere Form gebunden (= Formfreiheit). Sie erfolgt mündlich (oder fernmündlich), schriftlich (oder fernschriftlich) und sogar nur durch schlüssiges (konkludentes) Handeln (z. B. Handzeichen bei Versteigerung, Automatenentnahme, Selbstbedienung). Allerdings sind einige Rechtsgeschäfte an Formen gebunden:

- Gesetzliche Schriftform besteht z. B. bei Kündigung eines Mietvertrags, Abschluß eines Kreditvertrags,
- Öffentliche Beglaubigung, d. h. eigenhändige Unterschrift des Erklärenden vor Notar oder Amtsgericht, besteht z. B. bei Ausschlagung einer Erbschaft, Antrag zur Handelsregistereintragung,
- Notarielle Beurkundung besteht z. B. bei Grundstückserwerb.

Selbst bei zwei übereinstimmenden Willenserklärungen kann ein Kaufvertrag nicht zustande gekommen sein (= Nichtigkeit) oder nachträglich für unwirksam erklärt werden (= Anfechtbarkeit). Gründe für die Nichtigkeit sind die Abgabe einer Willenserklärung durch einen Geschäftsunfähigen, die fehlende Zustimmung durch den gesetzlichen Vertreter zum Rechtsgeschäft eines beschränkt Geschäftsfähigen, der Verstoß gegen die gesetzlich vorgeschriebene oder vereinbarte Form, der Verstoß gegen ein gesetzliches Verbot, die Sittenwidrigkeit eines Rechtsgeschäfts, das Scheingeschäft und das Scherzgeschäft. Gründe für die Anfechtbarkeit sind der Irrtum als Erklärungsirrtum (z. B. Verschreiben, Versprechen) oder Inhaltsirrtum, die unrichtige Übermittlung, die arglistige Täuschung oder widerrechtliche Drohung. Die zuvor abgegebene Willenserklärung wird erst durch fristgerechte Anfechtung (1 Jahr nach Kenntnis der Täuschung bzw. Wegfall der Zwangslage bei arglistiger Täuschung oder widerrechtlicher Drohung bzw. unverzüglich nach Feststellung bei Erklärungs- oder Inhaltsirrtum) nichtig.

Vertragshändler

Der Vertragshändler übernimmt als rechtlich selbständig bleibender Absatzmittler das Herstellerkonzept in eigenem Namen und auf eigene Rechnung. Dies wird durch weitreichende Vereinbarungen sanktioniert. Der Vertragshändler ist selbständiger Kaufmann, der durch ein Dauerschuldverhältnis in die Vertriebsorganisation eines Lieferunternehmens eingegliedert ist. Es handelt sich um einen Sukzessivliefervertrag auf der Grundlage eines Rahmenvertrags und eines Kaufvertrags über die einzelne Lieferung. Er ist verpflichtet, sich aktiv um den Absatz der Produkte dieses Lieferanten zu bemühen und Konkurrenzerzeugnisse nur mit ausdrücklicher Gestattung des Vertragspartners zu vertreiben. Die Bindung ist teils mit regionalen Ausschließlichkeitsrechten als Alleinhändler oder Exklusivhändler verbunden. Sofern die Ware unter Eigentumsvorbehalt erworben wird, liegt eine Rechtsstellung ähnlich dem Kommissionär vor. Der Vertragshändler erhält jedoch keine gesonderte Vergütung. Er alimentiert sich allein aus der Handelsspanne. Das System ist auch nicht gebührenpflichtig (anders als beim Franchising), der Handel verpflichtet sich aber insbesondere zur Förderung des Vertragswarenabsatzes und zum Konkurrenzausschluß und erhält dafür Gebietsschutz und umfangreiche Dienstleistungen (wie beim Depotsystem). Beispiele finden sich im Kfz-Handel. Dabei dominiert in Deutschland das Prinzip des Einmarkenhändlers (Ausnahme: Mehrmarkenkonzerne), das rechtlich umstritten ist (Gruppenfreistellung der EG) und nur durch die argumentierte Notwendigkeit zu umfangreichem, fachkundigem und raschem Service verteidigt wird. Die Risiken des Vertragshändlers bestehen aus den Komponenten Entgelt, Ware und Lager, denn sein Entgelt ist u. a. von den Einkaufskonditionen des Herstellers abhängig, aus der Ware resultiert zugleich die Haftung für mangelfreie und rechtzeitige Lieferung, und das Lager unterliegt der Entwertungsgefahr, speziell bei Lieferantenwechsel. Verpflichtet sich der Vertragshändler zur Überlassung des Kundenstamms bei Ausscheiden (z. B. als Kundenkartei), so hat er einen Ausgleichsanspruch. Der Hersteller darf ihn im übrigen nicht in der Freiheit der Gestaltung von Preisen und Konditionen beschränken (z. B. sog. Hauspreise) und auch nicht diskriminieren. Der Händler ist umgekehrt zur Interessenwahrung und allgemeinen Loyalität nach Treu und Glauben verpflichtet.

Wesentliche Pflichten des Vertragshändlers lauten: Die Einrichtung des Verkaufs erfolgt nach den Vorstellungen des Herstellers, die dieser detailliert festlegt und überprüft. Produkte anderer Hersteller in derselben Preisklasse dürfen nicht in das Sortiment aufgenommen werden. Es bestehen vorgegebene Mindestabnahmemengen pro Zeitraum, woraus ein gewisser Verkaufsdruck resultiert. Das Sortiment ist auf die Produkte eines oder weniger Hersteller begrenzt. Es sind

Mindestlagerbestände zu beachten, um eine jederzeitige Lieferbereitschaft zu gewährleisten. Die Imageübernahme vom Lieferanten erfolgt im Wege der Adaptation dessen Signalisation am Handelsplatz. Die Kundendienstübernahme betrifft die Gewährleistung ausreichenden Nachverkaufsservices. Werbemaßnahmen schaffen eine Forcierung der vertretenen Produkte im eigenen Namen und auf eigene Rechnung. Die Übernahme der Marktbeobachtung für den Hersteller und die Niederlegung aller Geschäftsvorgänge in einem standardisierten Reporting werden meist vereinbart. Es darf nicht in andere Vertragsgebiete hinein akquiriert werden, jedoch dürfen Kommkunden bedient werden.

Wesentliche Rechte des Vertragshändlers lauten: Der Händler vertreibt in seinem Gebiet die Produkte ausschließlich, und er kann Unterorganisationen aufbauen. Der Händler kann das Herstellerzeichen verwenden und profitiert so von dessen Goodwill. Der Hersteller ist aufgrund seiner Kontakte bemüht, den Absatz des Händlers zu sichern. Der Hersteller unterstützt ihn auch bei der Ausbildung seiner Mitarbeiter durch Schulung und Training. Die Betriebsberatung des Herstellers gibt Aufschluß über Optimierungschancen und relativen Erfolg verglichen mit anderen Händlerkollegen. Es wird Verkaufsförderung am POS und in Medien gewährt. Ebenso wie die Ersatzteil-/Zubehörversorgung mit qualitätsnormierten Teilen und entsprechenden Applikationshilfen (Warenträger, Werkzeuge etc.).

(→ Warenverkaufsgeschäfte des Handels)

Vertrauensgüter

(→ Produktarten)

Vertrauensintervall

(→ Stichprobengüte)

Vertriebslizenz

Unter Vertriebslizenz versteht man die vollständige oder teilweise Übertragung von gewerblichen Schutzrechten durch den Urheber an andere Personen oder Organisationen, die Produkte in Lizenz vertreiben. Beispiele finden sich in der Brauereiwirtschaft, wo Bierhersteller Gaststätten selektiv oder exklusiv das Recht einräumen, Bier einer bestimmten Marke unter direktem Konkurrenzausschluß und mit Preis-Mengen-Vereinbarung auszuschenken. Damit sind zumeist auch betriebswirtschaftliche Beratung und finanzielle Hilfe verbunden (bei der Konzession ist dann zugleich ein Pacht-/Kreditvertrag für die Gaststätte gegeben). Je stärker der Lizenzgeber Einfluß nehmen kann, desto geringer ist dabei sein Risiko. Daher gibt es mehrfache Beschränkungsmöglichkeiten der Lizenz, so nach Zeitraum, Geltungsgebiet, Person/Organisation, Mengenumfang, Gegenstand, Nutzungsart etc.

Vorteile des Lizenzgebers liegen im schnellen und leichten Marktzugang, im begrenzten finanziellen und personellen Einsatz, in zusätzlichen Einnahmen und der Vermeidung kapitalbindender Investitionen. Nachteile des Lizenzgebers liegen hingegen im Risiko der Lizenznehmerauswahl, in der Qualitätssicherung auf dem Warenweg und über Dienstleistungen sowie im Kundenverlust nach Vertragsauslauf. Lizenzentgelte sind meist kombiniert fix und variabel gestaltet. Vorteile des Lizenznehmers sind hingegen der beschleunigte Zugang zu neuen Produkten, die Überwindung von Handelshemmnissen, die Partizipation am Image des Lizenzgebers, die Ausbaufähigkeit der Beziehung zu einer engeren Kooperation und der Entfall eigener Entwicklungskosten. Nachteile des Lizenznehmers sind gegeben, wenn keine Exklusivität vereinbart wird, die eigene Unternehmenspolitik eingeschränkt werden muß, Qualitätsstandard und Produktpflege des Lizenzgebers zu wünschen übrig lassen, wenig Einfluß und kaum Kontrolle beim Bezug der Waren besteht und Lizenzgebühren das Betriebsergebnis belasten.

(→ Warenverkaufsgeschäfte des Handels)

Vertriebssysteme

Beim Vertriebssystem kann man zentrale, dezentrale oder ausgegliederte Gestaltung unterscheiden:

Beim *zentralen Vertriebssystem* findet der Absatz über die eigene Marketingabteilung statt. Alle Absatzfunktionen werden zentral initiiert, durchgeführt und koordiniert. Dieses System impliziert eine relativ große Marktferne und ist daher vor allem in Branchen zu finden, in denen sich die Marketingdenkhaltung noch nicht massiv durchgesetzt hat, so etwa bei Investitionsgütern.

Beim *dezentralen Vertriebssystem* findet der Absatz über eigene Niederlassungen statt. Diese akquirieren Aufträge eigenständig, organisieren deren Abwicklung und sorgen auch für eine entsprechende Nachbereitung. Durch die räumliche Ausgliederung kann meist marktnäher agiert werden, zumal wenn andere Spezialisierungen hinzukommen.

Beim *ausgegliederten Vertriebssystem* findet der Absatz über rechtlich getrennte Absatzorgane statt. Zu nennen sind Verkaufsholdings und Vertriebssyndikate, die früher als willkommene Nebenwirkung zur Konkurrenzberuhigung beitrugen. Heute ist dies angesichts verschärfter Wettbewerbsgesetzgebung und vor allem außenstehender, internationaler Anbieter schwierig.

(→ Absatzmethode)

Verwender (User)

(→ Einkaufsgremium)

Verwendungsart

(→ Marktsegmentierung, Kriterien)

Verzögerungstechnik

(→ Preisargumentation im Verkaufsgespräch)

Videoanwendungen

(→ Kinospots)

Videokonferenz

(→ Bewegtbildkommunikation)

Videoplayer

Videoplayer, ähnlich VTR, die man auch aus Haushalten kennt, erlauben die Wiedergabe von Informations- und Unterhaltungsbändern (z. B. Demos) über Monitor oder Leinwand. Vorteilhaft sind der niedrige Preis und die große Verbreitung dieser Technologie. Von Nachteil ist allerdings der hohe Verschleiß der Bänder bei mehrmaligem Durchlauf, wodurch die Bildqualität schnell leidet, sowie der umständliche sequentielle Zugriff, der eine bestimmte Bandstelle erst durch langwieriges Rangieren im Vor- und Rücklauf auffinden läßt. Dies liegt in der Technik begründet. Zum Aufnahmestart wird das Band aus der Cassette herausgezogen und über Umlenkspulen an eine Kopftrommel geführt, die es omegaförmig umschlingt. Auf der Kopftrommel sind mindestens zwei Videoköpfe einander gegenüberliegend montiert. Die Kopftrommel ist leicht schräg zum Bandlauf angeordnet. Die Videoköpfe schreiben jeweils ein Halbbild in 1/50 sec. schräg auf die Bandoberfläche, die eine stark magnetisierbare Eisendampf-Beschichtung trägt. Jeweils ein Videokopf schreibt so auf seinem Weg über das Band ein Halbbild. Danach wird er vom zweiten Videokopf abgelöst, der seinerseits das nächste Halbbild schreibt usw. Damit die einzelnen Spuren sauber nebeneinanderliegen, wird das Band mit definierter Geschwindigkeit fortbewegt. Um Übersprechen zwischen den Spuren zu verringern, liegen diese versetzt zueinander (Azimuth). Mit mehr als zwei Videoköpfen sind Effekte (z. B. flimmerfreies Standbild, Zeitlupe, Zeitraffer) möglich. Der Ton wird entweder longitudinal durch einem stehenden Tonkopf auf den Bandrand geschrieben oder neuerdings, für bessere (HiFi-)Qualität, durch Tonköpfe, die mit auf der Kopftrommel angeordnet sind. Zum Rangieren wird das Band in die Cassette eingefahren und umgespult. Zur Wiedergabe wird es dann erneut aus der Cassette herausgezogen und um die Kopftrommel gelegt. Die Videoköpfe tasten nun das zuvor aufgespielte Signal wieder ab. Dies erfolgt durch magnetische Induktion, d. h. die Magnetisierung der Bandoberfläche induziert in den Videoköpfen eine Spannung, die proportional zur Signalveränderung ist. Die Bildinformation wird damit decodiert. Diese Induktion funktioniert aber aufgrund der überaus kleinen Spannungen nur bei sehr engem Kontakt zwischen Bandoberfläche und Video-/Tonkopf. Gerade dies aber fördert den Verschleiß, die Bandoberfläche wird praktisch im Laufe der Zeit abgeschabt. Als Systeme stehen VHS, VHS-C, S-VHS, S-VHS-C, Video 8 und Video Hi8 zur Verfügung.

(→ Neue Medien)

Videotext

Videotext ist ein Einweginformationsmedium, das zusätzlich zum

Fernsehprogramm angeboten wird und zum Empfang einen speziellen Videotext-Decoder voraussetzt (wie er allerdings heute in hochwertigen TV-Geräten bereits eingebaut ist). Die Daten werden als farbige Standbilder in der Austastlücke zwischen zwei Halbbildern des Programms übertragen. Da 625 Zeilen vorhanden sind, die abwechselnd als je 50 Halbbilder/Sekunde geschrieben werden, bleiben pro Sekunde 25 Zeilen übrig, die nicht für den Bildaufbau verwendet werden können. Diese stehen dann für Videotext zur Verfügung. Die Aussendung erfolgt zyklisch, daher ergeben sich Wartezeiten beim Zugriff auf einzelne Tafeln. Es sei denn, sie werden von intelligenten Videotext-Decodern (Top Text o. ä.) vorgespeichert (z. B. unmittelbar vorhergehende/folgende Seiten, Übersichtsseiten für Themenbereiche). Videotext überträgt auch fernsehbegleitende Informationen, wie Untertitel für Gehörgeschädigte oder Übersetzungen nicht synchronisierter Filme und hat Back up-Funktion durch Verweis im TV-Spot auf Videotext-Tafeln. Außerdem befinden sich zahlreiche aktuelle Informationen im Angebot, das über Texttafeln (derzeit Prestel-Standard, zukünftig Megatext mit kürzeren Zugriffszeiten, verbesserter Graphik, Bewegtbild) abgerufen werden kann.

Derzeit besteht die Möglichkeit, in den Mitteilungen folgender Sender Werbebotschaften zu transportieren:

- Streifenwerbung auf Übersichtsseiten werden angeboten (1995) von *SAT 1* Text: DM 7700 (Seite 100/1 Woche), DM 2450 (1/1 S./1 Woche), interaktiv, Klartext *Pro Sieben* 5000, 1200 nicht interaktiv, *RTL*-Text: 1500, 1600, interaktiv, *DSF* Text: 2450, 630, interaktiv.
- Ganze Werbeseiten kosten zwischen 600 und 1800 DM pro Woche. Weitere Möglichkeiten sind:
  - Rollseiten (nach 15 Sekunden automatisches Weiterblättern),
  - interaktive Seite (0190/Audiotex über Telefon an Sprachcomputer) für gesonderte, transparente Texttafeln mit Zugriff über die Fernbedienung,
  - dynamischer Videotext mit Abruf von Codes per Telefon als Reaktion, kundenindividuellen Angeboten durch Teleberater mit Namen/Telefon-Nr. (Daten über Telefon eingegeben, Antwort vom Werbungtreibenden im System), auf zugeteilten Seiten für andere unsichtbar (Datenschutz),

Vorteile von Videotext liegen in der höchsten Aktualität der Mitteilungen sowie der Möglichkeit zur Verknüpfung von Werbespot und Videotexttafeln. Von Nachteil sind vor allem die begrenzte Gestaltung und der erforderliche Medienwechsel (von TV auf andere Endgeräte). Eine Werbeerfolgsmessung ist durch interne Kontrolle des Aufrufs der Videotext-Seiten und deren Vergleich mit der Anzahl der Reaktionen möglich.

(→ *Neue Medien*)

Videoschnittstelle

(→ Desk Top Publishing, Eingabegeräte)

Videotext

(→ Festbildkommunikation)

Vier-Faktoren-Ansätze im Marketing

(→ Marketing, Instrumentaleinsatz)

Vignetten-Methode

Bei der Vignetten-Methode werden Information Chunks der Dienstleistungs-Wahrnehmung im Wege dekompositioneller Messung (Conjoint Measurement) analysiert, in Rangfolge und Gewichtung gebracht, sodaß sich konkrete Hinweise auf zuvörderst zu bedenkende Schlüsselelemente ergeben. Insofern bestimmen relativ wenige Faktoren die Qualitätswahrnehmung von Kunden, und wenn es gelingt, diese zu optimieren, überstrahlen sie andere, weniger relevante Faktoren (Irradiation). Durch die Conjoint-Analyse kann das Problem der Identifizierung dieser Faktoren gelöst werden, indem die relativen Bedeutungsanteile am Gesamturteil offengelegt werden. Insofern ergeben sich wiederum konkrete Verbesserungsansätze. Conjoint Measurement dient dazu, aus empirisch erhobenen, globalen Präferenzurteilen (z. B. wahrgenommene Dienstleistungsqualität) den partiellen Beitrag einzelner Attribute einer Gruppe von Objekten (z. B. „Auspackqualität“, Lieferzeit im Versandhandel, telefonische Bestellannahme) zum Zustandekommen des Globalurteils zu ermitteln. D.h. aus Gesamtnutzenurteilen bzgl. alternativer Objekte soll auf die relative Bedeutung einzelner Objekteigenschaften (z. B. variierte Auspackqualität, unterschiedliche Lieferzeiten, verschiedene Bestellmedien) geschlossen werden. Allerdings ufert der Aufwand zur Erhebung der zu beurteilenden Alternativen schon bei wenigen Vignetten wegen der wachsenden Zahl der Attribute und deren Ausprägungen rasch aus. Auswege sind hier fraktionelle Designs, die jedoch einen Informationsverlust bedeuten, mehrstufige Präsentationsprocederes, die jedoch in Suboptimalität enden können, oder paarweise Bewertungen, die zumindest eine Überforderung der Probanden vermeiden.

(→ Qualitätsmessung bei Dienstleistungen)

Visual Product Placement

(→ Placement)

Visualisierung von Daten

Schaubilder dienen der Visualisierung von Informationen. Sie bestehen aus zwei oder drei Mengen von Elementen und einer Zuordnungsvorschrift, die jedem Element der Menge ein oder zwei Elemente der anderen zuordnet. Dabei lassen sich Struktur-, Rangfolge-, Zeitreihen-, Häufigkeits- und Korrelationsvergleiche anstellen. Graphische Darstellungen haben vielfältige Aufgaben. Sie bieten die Möglichkeit, Inhalte in ihren wesentlichen Teilen anschaulich, leicht überblickbar und einprägsam darzubieten. Sie können eine Vielzahl von Zahlen für das menschliche Gehirn überschaubar machen und helfen, komplexe Zusammenhänge verständlich zu machen und solche zu generieren. Alle graphischen Darstellungsformen werden als Diagramme bezeichnet und unterteilen sich in folgende Formen.

Beim *Punktediagramm* werden in ein Koordinatensystem lediglich Wertepaare eingetragen und markiert. Beim Kurvendiagramm werden Punkte in Beziehung zueinander gesetzt. Dabei gibt es mehrere Unterformen. Stabdiagramme sind Darstellungen von kontinuierlich ineinander übergehenden Zahlenwerten. Sie beziehen sich entweder auf einen oder mehrere Zeitpunkte. Sie symbolisieren durch Linien unterschiedlicher Länge Datenausprägungen. Es sind vertikale oder horizontale Anordnungen möglich (Profile).

Beim *Polygonzug* werden die Mittelpunkte der Flächenoberkanten im Balkendiagramm (Histogramm) zu einem Kurvenzug bei stetigen Merkmalen verbunden. Bei genügend klein gewählten Klassenbreiten geht der Polygonzug in eine kontinuierliche Kurve (Linie) über. Die einzelnen Merkmalsklassen werden für gewöhnlich auf der Abszisse abgetragen, die Häufigkeiten auf der Ordinate. Die Höhe jeder Säule gibt dann die Zahl oder den relativen Anteil der Beobachtungen in jedem Klassenintervall an. Um den Polygonzug rechts und links abzuschließen, werden die Intervallmitten der benachbarten Klassen verwendet. Dadurch ist die Gesamtfläche unter dem Polygonzug gleich der Gesamtfläche des Histogramms.

Bei der *Summenkurve* wird die Kurve durch Summation der Häufigkeiten der Merkmale in aufsteigender oder abfallender Richtung ermittelt, d. h. die Häufigkeit einer Klasse wird zu der Summe der Häufigkeiten der vorausgegangenen Klassen addiert. Ein kontinuierliches Merkmal ergibt einen durchgehenden Kurvenzug, ein diskontinuierliches Merkmal einen treppenförmigen Kurvenzug. Das Summenpolygon repräsentiert die kumulierten Häufigkeiten der Beobachtungswerte als Verteilungsfunktion.

Bei der *Konzentrationskurve* werden zwei Merkmale im selben Diagramm dargestellt, um sie miteinander zu vergleichen. Dabei werden relative Häufigkeiten abgetragen. Bei Gleichverteilung liegen alle Punkte auf einer Gleichverteilungsgeraden.

Beim *Flächendiagramm* gibt es ebenfalls mehrere Unterformen. Das *Balkendiagramm* wird angewandt, wenn die Verteilung eines qualitativen oder eines stetigen quantitativen Merkmals, das nicht in lückenlos aufeinander folgenden Klassen zusammengefaßt ist, veranschaulich werden soll. Stäbe symbolisieren durch unterschiedlich große Strecken von Balken die dahinterstehende Datenmenge. Es enthält für gewöhnlich auf der Abszisse das Merkmal mit den jeweiligen Merkmalsausprägungen und auf der Ordinate deren absolute oder relative Häufigkeiten. Über jede Merkmalsausprägung wird parallel zur Ordinate ein Stab bzw. Balken abgetragen, dessen Höhe der absoluten oder relativen Häufigkeit entspricht. Abszisse und Ordinate können auch vertauscht werden. Durch Anordnung hintereinander lassen sich verschiedene Datenmengen miteinander vergleichen. Durch Unterteilung der Balken in Abschnitte lassen sich Verhältnisse ausweisen.

Werden alle Klassen gleich breit gewählt, ergibt sich aus dem Balkendiagramm ein Histogramm (Bar). Beim Histogramm steht nicht nur die Höhe, sondern auch die Fläche der Balken für die Häufigkeit der Daten.

Beim *Kreisdiagramm* kann durch die Kreisfläche der Umfang der dahinterstehenden Daten ausgewiesen werden. Kreise unterschiedlicher Größe zeigen unterschiedliche Datenmengen an. Die Kreisflächen müssen sich dabei proportional zum Verhältnis der statistischen Gesamtheiten verhalten.

Beim *Strukturdiagramm* können durch Unterteilung der Kreise oder von Balken in Segmente Anteile an Gesamtheiten dargestellt werden, indem die Zentriwinkel (Pie) bzw. die Längen die Anteile repräsentieren. Beide Darstellungen können auch kombiniert werden, indem die Größe des Kreises/Balken für das Volumen der Betrachtungsvariablen steht und die Unterteilung für die einzelnen Anteile an diesem Volumen.

Beim *Schmuckdiagramm* handelt es sich um die optische Aufbereitung der Darstellung. Diese ist möglich durch mehrere Varianten.

Das *Symboldiagramm* ist eine Sonderform mit Bildsymbolen (Piktograme), die durch ihre Form den sie repräsentierenden Gegenstand anzeigen. Werden Piktogramme zu Symbolreihen zusammengefaßt, weisen sie durch ihre Anzahl auf die Datenmenge hin. Es können aber auch Symbole unterschiedlicher Größe verwendet werden.

Das *Polardiagramm* ist eine Sonderform des Kreisdiagramms, wobei Zahlenwerte Abszissenwerten zugeordnet sind, beginnend am Kreismittelpunkt. Die Verbindung der Endpunkte ergibt eine Strecke, die Aussagen über die Merkmalsausprägungen zuläßt und mit den Strecken anderer Objekte verglichen werden kann.

Beim *Körperdiagramm* dient der Rauminhalt als Indikator für die Datenausprägungen. Dabei ist auf gut erkennbare Darstellung zu achten.

Das *Kartogramm* schließlich hat durch graphische Darstellungen von Häufigkeiten und Verteilungen innerhalb einer Landkarte geographischen Bezug. Es veranschaulicht damit die geographische Lage statistischer Tatbestände.

(→ Datenaufbereitung)

VOB (Verdingungsordnung für Bauleistungen)

(→ *Kalkulationsvorgabe)*

Vollerhebung

Das Auswahlverfahren bestimmt, welche Auskunftselemente für die Erhebungsmethoden bei der Informationsgewinnung herangezogen werden. Für eine möglichst große Aussagefähigkeit der Ergebnisse ist es wünschenswert, alle Elemente, auf die definierte Untersuchungskriterien zutreffen, die sog. Grundgesamtheit, auch tatsächlich zu untersuchen. Nur so kann abgesichert werden, ein möglichst exaktes Bild von deren Untersuchungsdaten zu erhalten. Man spricht in diesem Fall von einer Vollerhebung, wie es z. B. die Volkszählung ist. Allerdings stellt nicht selten die zutreffende Abgrenzung der Grundgesamtheit ein Problem dar, das dann sowohl für die Voll- als auch für die Teilerhebung gilt. Bei einer Vollerhebung werden also alle Einheiten einer realen statistischen Masse mit ihren Modalitäten der Untersuchungsmerkmale erfaßt.

Praktisch machen vor allem finanzielle, zeitliche und organisatorische Restriktionen eine an sich wünschenswerte Vollerhebung ökonomisch meist unmöglich. Dann, und wenn das Objekt bei der Erhebung untergeht (z. B. Crashtest), ist es erforderlich, die Untersuchung auf ausgewählte Teile der Grundgesamtheit zu beschränken. Der damit einhergehende Informationsverlust soll jedoch möglichst gering gehalten werden. Man spricht dann von einer Teilerhebung, wie sie im Marketing typisch ist. Dazu sind Auswahlverfahren erforderlich, die bestimmen, welche Elemente der Grundgesamtheit stellvertretend für diese näher untersucht werden und welche nicht. Ziel ist dabei, möglichst nahe an die Leistung einer, nicht praktikablen, Vollerhebung heranzukommen, gleichzeitig aber von den Kostenersparnissen einer Teilerhebung zu profitieren. Inwieweit dies gelingt, stellen Verfahren des indirekten induktiven Schlusses in der Statistik fest.

Vollkommenheitsgrad von Märkten

(→ *Marktrelationen)*

Vollkostenrechnung

Werden alle Kosten in die Kalkulation aufgenommen, handelt es sich um Vollkostenrechnung. Werden nur die variablen Kosten in die Kalkulation aufgenommen, handelt es sich um Teilkostenrechnung. Als wichtigste Kalkulationsverfahren auf Vollkostenbasis gelten die folgenden. Bei der Divisionskalkulation wird zur Stückkostenermittlung die Kostensumme durch die Zahl aller Leistungseinheiten dividiert. Dies bietet sich nur für Betriebe mit einheitlichem Programm an. Bei der Äquivalenzziffernkalkulation dienen Rechnungseinheiten als Ausdruck des Verhältnisses der Kostenverursachung durch Produkte als interne Multiplikatoren, mit denen dann wie in der Divisionskalkulation verfahren wird. Bei der Zuschlagskalkulation werden die Gemeinkosten auf die Einzelkosten verrechnet und diesen als Prozentsatz zugeschlagen. Hier erfolgt also der prozentuale Gemeinkostenzuschlag aus dem BAB auf die Wareneinstands- bzw. Operationskosten, die normalerweise Einzelkosten darstellen, weil sie unmittelbar einem Kostenträger (= Produkt) zugerechnet werden können. Konkret addieren sich die Material-Einzelkosten und der Material-Gemeinkostenzuschlag zu den Material-Gesamtkosten, die Lohn-Einzelkosten und der Lohn-Gemeinkostenzuschlag zu den Lohn-Gesamtkosten und beide wiederum zu den Gestehungskosten. Zu diesen werden jeweils die Verkaufs- und Verwaltungs-Gemeinkosten zugeschlagen, worauf sich die Selbstkosten ergeben. Anschließend werden Erlösschmälerungen und Gewinnaufschlag (absolut oder prozentual) hinzuaddiert, worauf sich dann der Angebotspreis ergibt.

Die Stufenkalkulation als intermediäre Kostenrechnung ermittelt einerseits die Selbstkosten durch Zuschlagskalkulation und stellt diese andererseits dem am Markt für realisierbar gehaltenen Verkaufspreis gegenüber, um anhand der verbleibenden Differenz (Spanne) zu beurteilen, ob unter den gegebenen Voraussetzungen das Angebot am Markt wirtschaftlich sinnvoll ist oder nicht. Letzteres trifft zu, wenn die Selbstkosten durch den Verkaufspreis nicht gedeckt werden oder die verbleibende Spanne nicht den Gewinnvorstellungen des Betriebs entspricht. Selbst dann kann allerdings ein Angebot am Markt aufrechterhalten werden.

Nach dem Zeitpunkt kann es sich um Vor-, Zwischen- oder Nachkalkulation handeln. Die Vorkalkulation dient der Ermittlung des Angebotspreises, die Nachkalkulation dem Vergleich zwischen Vorgabe- und Effektivkosten, die Zwischenkalkulation der Kostenüberwachung und -anpassung bei langen Transaktionslaufzeiten.

(→ Kostenrechnungsgrundlagen)

Vollständiger Zufallsplan

(→ Formales Experiment)

Vollständigkeit von Daten

(→ Datenbasis)

Volltest

(→ Konzepttests)

Volume

(→ Wettbewerbsvorteils-Matrix)

Vorhersagefehler

(→ Prognose, Verzerrungen)

Vorkauf-Services

(→ Kundendienste)

Vorlagenfragen

(→ Fragefunktionen)

Vormerkvertrag

(→ Lieferungsbedingungen)

Vorschlagstechnik

(→ Konfliktüberwindung im Verkaufsgespäch)

Vorselektierer (Gate Keeper)

(→ Einkaufsgremium)

Vorteilhaftigkeitstechnik

(→ Konfliktüberwindung im Verkaufsgespäch)

Vortragsfragen

(→ Fragefunktionen)

Vorwärtsintegration

Vorwärtsintegration richtet sich vor allem auf die Sicherung und Beeinflussung der Absatzstellen. Dies bietet sich zwangsläufig an, wenn mit selbständigen Absatzmittlern gearbeitet wird. Denn diese stellen zunehmend den Engpaß in der Vermarktung dar. So verschaffte sich z. B. *Bertelsmann* durch die Einrichtung von Buchclubs mit eigenen Verkaufsfilialen Zugang zum Endverbrauchermarkt für Populärliteratur. Damit konnte die Abhängigkeit von Engagement und Fähigkeit des Buchhandels vermindert werden. Um nicht in Konkurrenz zu den etablierten Absatzmittlern zu geraten, wurde der Zugang für das Publikum durch die Notwendigkeit einer Clubmitgliedschaft sanktioniert, für die im Gegenzug Preis- und Programmvorteile eingeräumt wurden. Ein weiteres Beispiel sind die großen Chemiekonzerne, die sich aus der Verarbeitungsstufe für Chemierohstoffe in die Vermarktungsstufe von Endprodukten bewegten, so etwa für Arzneimitel, Kosmetika, Magnetbänder etc.

Vorwegnahmetechnik

(→ Einwandbehandlung)

Vorzugshandel

(→ Einzelhandel, Sonderformen der Betriebstypen)

Vorzugsplacierung

(→ Placierung von Anzeigen)

Vorzugsplacierung im Laden

Der innerbetriebliche Standort der Ware bietet im Konsumgüterhandel, bei Selbstbedienungsformen, aufgrund von Kundenlaufstudien einige Vorzugsplätze und Besonderheiten im Ladenlayout.

Horizontal leicht nach rechts versetzt im Warenträger. Dem liegt die Erfahrungstatsache zugrunde, daß die Mehrzahl der Menschen Rechtshänder sind. Vor einem Regal stehend, fällt es ihnen daher leichter, mit rechts die rechts von der Mitte angeordneten Waren zu greifen. Diese haben damit eine höhere Kaufwahrscheinlichkeit und sind deshalb den besser kalkulierten Waren vorbehalten. Außerdem bedarf es längerer Wege, an die niedriger kalkulierten Produkte zu gelangen.

Vertikal in Sicht- oder Griffhöhe, nicht im Streck- oder Bückbereich.

Deshalb sind im Handel in mittlerer Höhe meist die profitableren, im Zweifel leicht verzichtbaren Produkte placiert (z. B. Fertiggerichte, Pralinenmischungen), während oben und unten die weniger renditeträchtigen Grundnutzenprodukte placiert sind, die für die tägliche Haushaltsführung unverzichtbar bleiben. Dafür können Kunden sich dann strecken oder bücken.

In der Bremszone hinter dem Eingang. Denn es ist erforderlich, die Kunden vom schnellen Straßentempo auf ein wesentlich langsameres Ladentempo abzubremsen. Dies bietet mehr Kontaktchancen mit Produkten und damit eine höhere Kaufwahrscheinlichkeit. Deshalb sind direkt hinter dem Eingang meist wichtige Produktgruppen placiert (z. B. Obst/Gemüse), die zum Anhalten veranlassen. Von da aus geht es dann im gemächlicheren Tempo weiter durch den Laden.

In der Kassenzone vor dem Zentral-Check Out. Hier entstehen oft Warteschlangen, die eine eingehendere Warenbetrachtung zulassen. Zudem kommen auch Kinder mit ihren Konsumwünschen gut zum Zuge (sog. Quengelware). Diese Plätze sind ebenso rar wie begehrt. Außerdem werden dort Impulswaren-Teilsortimente angeboten und diebstahlgefährdete Kleinartikel mit hohem spezifischen Wert deponiert (z. B. Zigaretten, Trockenbatterien).

In der Laufrichtung entlang der rechten Regalseite. Denn die Führung durch den Laden erfolgt entgegen dem Uhrzeigersinn. Auch dem liegt die Tatsache zugrunde, daß die meisten Menschen Rechtshänder sind und eher Waren betrachten, die auf der rechten Seite als auf der linken placiert sind. Da eine linksgedrehte Führung die äußere, d. h. rechte, Kontaktfläche mit Waren maximiert, sind rechts des Gangs meist die besser kalkulierten Waren placiert, links die notwendigen.

In der Kopfzone der Regale. Denn dort besteht die Möglichkeit, die Waren frontal zu sehen, während die übliche Regalsituation eigentlich nur eine Betrachtung seitlich aus den Augenwinkeln erlaubt. Dadurch entsteht aber eine Wahrnehmungserschwernis, die Produkte weniger auffällig werden läßt und ihre Kaufchancen mindert. Dies ist bei Regalkopf-Placierung eben nicht der Fall.

In der Sonderplacierung (Off Shelf). Neben der Stammplacierung erhalten besonders zu forcierende Artikel eine zweite Kontaktchance durch eine Sonderplacierung. Diese ist meist inmitten der Kundenwege aufgestellt und entweder als aufwendiges Display ausgestaltet oder im Gegenteil als bewußt hingeschüttete Waren. Die Displays erzielen Aufmerksamkeit durch ihre Präsentation, Schütten suggerieren durch die scheinbar nachlässig abgelegte Ware besondere Preisgünstigkeit und damit erhöhte Kaufbereitschaft.

(→ Ladenlayout)

VPöA (Verordnung über die Preise bei öffentlichen Aufträgen)

(→ Kalkulationsvorgabe)

W

Wachstum, Selektives

(→ Marketing, Ethik)

Wahlentscheid

Hinsichtlich des beim Kauf notwendigen folgenden Wahlentscheids kann unterschieden werden in:

- *Spontankauf*. Dabei handelt es sich um Güter, die impulsiv, also ohne nähere vorherige Überlegung und Prüfung gekauft werden. Es liegt ein unmittelbar signalgesteuertes, reaktives Verhalten auf dargebotene Reize vor.
- *Gewohnheitskauf*. Dabei handelt es sich um Güterkäufe, die habitualisiert, also nach grundsätzlicher Entscheidung wiederholt gleichartig, ausgeführt werden. Diese verfestigten Verhaltensmuster stammen aus Adoption fremden Verhaltens im Sozialisationsprozeß oder durch Beibehaltung erfolgreicher Entscheidungen aus der Vergangenheit.
- *Sozialkauf*. Dabei handelt es sich um Güter, die primär unter Aspekten der Außenwirkung (Zusatznutzen) gekauft werden, weil sie stark mit der Person des Käufers assoziiert sind. Ziele können dabei Anpassung oder Abhebung vom Bezugsfeld sein. Eigene Anforderungen treten demgegenüber zurück.
- *Preiskauf*. Dabei handelt es sich um Güter, bei denen ihr Preis ausschlaggebende Bedeutung hat. Dies trifft meist auf Grundnutzenprodukte mit gesicherter Leistungsentfaltung zu. Sie werden unter rationalen Aspekten ausgewählt.

(→ Käuferverhalten)

Wahrgenommene Alleinstellung

Anstelle eines meist angestrebten USP ist es empfehlenswerter, auf den UCP (Unique Communications Proposition) zu setzen. Dabei handelt es sich um eine rein werbliche Technik, die unabhängig davon, ob ein Angebot nun faktisch unique ist oder nicht, und meistens ist es das eben nicht, eine kommunikative Alleinstellung in der Meinung der Nachfrager behauptet. Ausschlaggebend ist also nicht die faktische, sondern nur die kommunikative Alleinstellung in der Vorstellung des Zielpublikums. Dadurch wird es möglich, eine einmal eingenommene Position gegen alle Anfechtungen des Mitbewerbs zu behaupten, denn ein UCP kann, anders als ein USP, nicht imitiert werden, weil sich dann der Nachahmer als Imitator entlarvt und damit auf der Verliererstraße befindet. Auch ist ein UCP unanfällig gegen technischen Fortschritt und kann damit lange genug durchgehalten werden, um sich im Gedächtnis der Nachfrager zu verankern. Schließlich kann man einen solchen UCP

wählen, der interessant genug ist, daß er eine emotionalisierte Umsetzung zuläßt.
(→ Positionierung, Optionen)

Wahrnehmung, Effekte

Bei der Wahrnehmung treten zahlreiche verzerrende Effekte auf.

Der *Halo-Effekt* meint die Überstrahlung des gesamten Objekteindrucks auf die Beurteilung der einzelnen Eigenschaften dieses Objekts. Die Vorgehensweise ist also deduktiv. Einem Produkt, das ein erstklassiges Image hat, spricht man diese Überlegenheit auch für dessen einzelne Leistungsdimensionen zu.

Bei der *Irradiation* wird von einem Attribut, das man kennt oder beurteilen zu können glaubt, auf ein anderes geschlossen. Zwei Eindrücke werden also als nicht unabhängig voneinander erlebt. Dabei wird dann von einer Einzelqualität auf andere Einzelqualitäten geschlossen, d. h. einem Produkt, das in einer Leistungsdimension hervorsticht, spricht man leicht eine Überlegenheit ebenso hinsichtlich anderer Kriterien zu.

Mit der *Attributdominanz* wird ein Beurteilungsprogramm umschrieben, das von einer Eigenschaft auf das gesamte Angebot schließt. Dieser einzige relevante Eindruck dient als Schlüsselinformation. und vereinfacht die Realitätsabbildung durch Prädispositionen, die sowohl im positiven wie im negativen Sinne remanent sind. Die Vorgehensweise ist induktiv.

Beim *Sleeper-Effekt* läßt die Behinderung der Glaubwürdigkeit durch eine als nicht vertrauenswürdig geltende Informationsquelle im Zeitablauf nach, weil Personen nach einiger Zeit nicht mehr wissen, ob die Information von einer glaubwürdigen oder nicht glaubwürdigen Quelle stammt. Der Botschaftsinhalt wird dann länger erinnert als die Botschaftsquelle.

Der *Source-Effekt* beschreibt den Einfluß des Absenderimages auf den Botschaftsinhalt. Denn die Botschaft hat immer eine Konnotation zum Absender, sie ist spontan um so glaubwürdiger, als je glaubwürdiger dieser eingeschätzt wird. Wird umgekehrt die Quelle geringgeschätzt, überträgt sich dies auch auf den Informationsinhalt.

Unter *Audience-Effekt* versteht man den Einfluß der Empfängereinstellung auf die Botschaftswirkung. Eine Botschaft, die mit der subjektiven Disposition des Empfängers übereinstimmt, fällt auf fruchtbaren Boden. Verunsichernde Botschaftsinhalte werden hingegen eher verdrängt.

Der *Message-Effekt* betrifft die Wirkung einer Botschaft allein, ohne daß dabei das Absenderimage oder die Empfängereinstellung eine Rolle spielen. Es handelt sich quasi um den neutralen Botschaftsinhalt, der so aber kaum vorkommt und im Marketing erst recht nicht gewünscht ist.

Beim *Carry Over/-in-Effekt* handelt es sich um eine Beeinflussung zukünftiger Reaktionen durch aktuelle Erfahrungen bzw. aktueller Reaktionen durch vergangene Erfahrungen. Der Carry Over-Koeffizient gibt an, welcher Anteil der Reaktion auf diese zeitliche Verkettung zurückzuführen ist.

Beim *Spill Over/-in-Effekt* handelt es sich um den sachlichen Übertrag zwischen verwandten Wahrnehmungsobjekten. So hängen Nachrichten zum Produkt mit der Einstellung zum Unternehmen zusammen, sofern zwischen beiden kommunikative Gemeinsamkeiten bestehen.

Beim *Lap Over/-in-Effekt* handelt es sich um den räumlichen Übertrag zwischen benachbarten Verbreitungsgebieten. Informationen aus einem Gebiet werden mit denen, die man aus oder in einem anderen Gebiet erhalten hat, abgeglichen und führen zur Bestärkung (bei Übereinstimmung) oder Irritation (bei Diskrepanz).

Der *Wear Out-Effekt* besagt, daß nach einer bestimmten Anzahl von Botschaftskontakten zusätzliche Schaltungen nicht nur keine zusätzliche Wirkung mehr zeitigen, sondern im Gegenteil die Wirkung mindern, weil sie hypertrophiert sind. Es kommt zu Abnutzungserscheinungen infolge hoher Penetration.

Bei den *Positions-Effekten* besagt der Primacy-Effekt, daß sich in einer Botschaftsfolge die erste „Dosis“ stärker durchsetzt, weil ihr noch am ehesten Aufmerksamkeit zuteil wird und die Zuhörer noch relativ unvoreingenommen sind. Dies gilt vor allem für eher kurze Botschaftsfolgen. Der Recency-Effekt hingegen besagt, daß sich in einer Botschaftsfolge die letzte „Dosis“ stärker durchsetzt, weil sie besser im Gedächtnis haften bleibt als die anfänglich dargebotenen Aussagen. Dies gilt vor allem für eher lange Botschaftsfolgen.

Unter *Rub Off-Effekt* versteht man die Abhängigkeit der Kommunikation vom mit ihr verbundenen Medienumfeld. Kompetente Medien stützen die Kompetenz der unternehmerischen Botschaften, impactstarke Medien stützen den Impact dieser Botschaften.

Unter *Communicator-Effekt* versteht man die Abhängigkeit der Überzeugungswirkung vom Eindruck der individuellen Präsentation. Hier weiß man aus der Imagery-Forschung, daß Bilder Texten vielfach überlegen sind.

Der *Bolstering-Effekt* besagt, daß Informationen, die bestätigend wirken, bewußt gesucht werden und solche, deren Inhalte abgelehnt werden, gerade diese Ablehnung gegen sie verstärken. Dadurch können Vorurteile erhalten werden, denn man wird nur noch bestätigende Inhalte gewahr und hält sie für unerschütterliche Wahrheit.

Der *Inertia-Effekt* besagt, daß die Glaubwürdigkeit von Informationen, die eigene Präferenzen untermauern, überschätzt wird bzw. umgekehrt, die Glaubwürdigkeit den eigenen Werten entgegengesetzter Informationen unterschätzt wird. Auch dies führt zu einer Bestärkung der eigenen Vorurteile.

Beim *Bumerang-Effekt* reagieren Empfänger in einer Weise, die den

Absichten des Kommunikators zuwiderläuft. Ursache ist meist eine falsch eingesetzte Aktivierung. In der Werbung ist z. B. der Vampire-Effekt, bei dem ein starker Blickfang von der eigentlichen Botschaft ablenkt, zu erwähnen. Dies gilt etwa bei erotischen Reizen, die aufgrund eines kontinuierlichen Libidoüberschusses zu starker Aktivierung führen, die aber von der eigentlichen Botschaft ablenkt.

Der *Trickle Down-Effekt* besagt, daß die soziale Ausbreitung von Informationen von den höheren sozialen Schichten auf die niederen erfolgt, eine Hypothese, die angesichts einer zunehmend von Lebensstilen geprägten Gesellschaft durchaus fragwürdig ist. Vielmehr ist von aktiven „Kernen" in verschiedenen sozialen Schichten auszugehen.

Wahrnehmung, Gesetzmäßigkeiten

Hinsichtlich der Gesetzmäßigkeiten der Wahrnehmung bestehen zahlreiche Theorien. Bei der *Selektiven Wahrnehmung* geht das Individuum mit subjektiven Erwartungen an die Umwelt heran. Die Umwelt aber liefert objektive Informationen. Die Wahrnehmung ist nun ein Kompromiß aus beidem. Wahrgenommen wird die Schnittmenge aus subjektiven Erwartungen und den entsprechenden objektiven Informationen. Dafür gibt es mehrere Gründe, gezielte Informationssuche bei extensiven Kaufentscheidungen, Bestätigung vorhandener Meinungen/Einstellungen, subjektive Beeinflussung der Reizinterpretation und Vermeidung irrelevanter Informationsaufnahme.

Nach der *Elementenpsychologie* setzt sich die Wahrnehmung aus einzelnen Elementen zusammen. Die einzigen Einflußfaktoren auf die Wahrnehmung sind daher die Reize der äußeren, physikalischen Umwelt. Jedes Element wird getrennt wahrgenommen. Die Wahrnehmung bildet sich aus der Summe aller Empfindungen, die sich aus kleinsten wahrnehmbaren Elementen gleich einem Mosaik zusammensetzt und maximal gleich der Summe ihrer Teile ist. Die Empfindungsstärke wächst dabei berechenbar unterproportional mit der Reizstärke. Z.B. verdoppelt sich danach die Wahrnehmung einer Anzeige mit der Vervierfachung ihres Formats. Die einzelnen Elemente sind getrennt optimierbar. Folglich sollen Anzeigen groß, bunt, laut, also reklamig, sein. Tatsächlich aber hängt die Wahrnehmungswirkung nicht nur von den Elementen selbst, sondern auch von deren innerer und äußerer Qualität ab (z. B. Anzeigenlayout, Insertionsumfeld). Folglich kommt es zu widersprüchlichen Ergebnissen. Die Prüfung erfolgt durch Experiment. Dieser Zusammenhang ist als Weber-Fechner'sches Gesetz bekannt und stammt aus der Psychophysik. In Versuchssituationen mag das annähernd hinreichen, in realen Situationen wirken aber zahlreiche Einflußfaktoren auf die Wahrnehmung ein, so Erfahrungen, andere Wahrnehmungen, situative Faktoren etc. Die AIDA-Formel (Lewis) basiert auf elementpsychologischen Annahmen (A = to capture attention, I = to maintain interest, D = to create desire, A = to get action, später ergänzt um C = to gain conviction und S = to reach satisfaction zur AIDCAS-Formel).

Nach der *Gestaltpsychologie* (Berliner Schule) ist das Ganze hingegen mehr als Summe seiner Teile. Ihm kommen Eigenschaften zu, die seinen Teilen abgehen (der Beweis dafür wird oft durch optische Täuschungen angetreten). Man kann also nicht einfach Einzelwahrnehmungen zu einer Gesamtwahrnehmung aufaddieren. Vielmehr handelt es sich bei Wahrnehmungen um eigenständig strukturierte Gestalten die mehr sind als die Summe der Empfindungen. Alle Teile wirken dabei als Einheit. Zwischen Reizen und Empfindungen besteht demnach keine eindeutige und konstante Beziehung, da jede Wahrnehmung durch den Gesamtzusammenhang bedingt ist. Wahrnehmungsgegebenheiten unterliegen der Tendenz zur Organisation in Gestalten. Bei kurzfristiger Darbietung und im Gedächtnis tendieren unvollkommene, schlechte Gestalten zu guten, meist einfachen und symmetrischen Gestalten, die bedeutungsvoll erlebt werden. Veränderungen eines Teils einer Einheit führen somit zur Veränderung des Ganzen.

Gestalten sind Wahrnehmungsobjekte, die sich erkennbar unterscheiden. Die Wahrnehmung wird verbessert, wenn die Gestalten bestimmten Gesetzmäßigkeiten folgen. Dazu gehört die:

- Figur-Grund-Differenzierung, d. h. der Vordergrund eines Motivs sollte sich deutlich von dessen undifferenziertem Hintergrund abheben,
- Prägnanz, d. h. Elemente werden vorzugsweise als einfache Muster und Konfigurationen als stabile Strukturen wahrgenommen,
- Kontinuität, d. h. Elemente, die ein „gemeinsames Schicksal" teilen, werden als zusammengehörig angenommen,
- Geschlossenheit, d. h. fehlende Elemente werden nach Wahrnehmungserfahrung vom Betrachter ergänzt, sodaß für ihn bekannte Gestalten erkennbar sind,
- Nähe, d. h. räumlich näher beieinanderliegende Elemente werden eher als zusammengehörig erkannt als räumlich weiter auseinanderliegende Elemente,
- Richtung, d. h. Formen mit fortlaufenden Konturen wirken harmonischer und werden zu Gestalten gebildet besser wahrgenommen.

Je kontrastierter, geschlossener, regelmäßiger etc. eine Gestalt ist, desto besser wird sie wahrgenommen. Schlechte Gestalten werden langsamer gelernt und schneller vergessen als diese. Die Prüfung der Gestaltfestigkeit erfolgt durch Deformationsverfahren. Die Ergebnisse sind jedoch unbefriedigend, da die Veränderung eines Teils ja zur Veränderung des Ganzen führt, also unendlich viele Messungen erforderlich sind, um zu schlüssigen Ergebnissen zu kommen.

Nach der *Ganzheitspsychologie* (Leipziger Schule) sprechen Signale immer zunächst die Gefühlsebene an. Gefühle wirken auf alle psychischen Vorgänge. Die Wahrnehmung entsteht aus ersten, gefühlsmäßig gefärbten Anmutungen erst allmählich aus „Vorgestalten". Man nennt diesen Prozeß Aktualgenese. Für die Wahrnehmung sind nun der Kontext aus spontaner Anmutung und subjektiven Gegebenheiten ausschlaggebend. Spontane Anziehung oder Ablehnung hat darin ihre Ursachen. Die Messung der Anmutungsqualität und damit des Wahrnehmungserfolgs erfolgt durch Verfahren der Wahrnehmungserschwerung.

Nach der *Assoziationspsychologie* entsteht Wahrnehmung aus Assoziationen. Diese entstehen wiederum durch zeitliches und räumliches Zusammentreffen von Reizen. Der Lernerfolg wird dann durch Zahl und Intensität dieser Reize bestimmt.

Nach der *Motivationspsychologie* besteht eine Abhängigkeit zwischen dem Empfinden bei der Wahrnehmung und dem Grad des Behaltens des Wahrgenommenen. Die Schwerin-Kurve besagt dabei, daß besonders positiv und besonders negativ Empfundenes besser behalten wird als Indifferentes. Außerdem wird negativ Besetztes (z. B. Angst) schlechter erinnert als positiv Besetztes.

Nach der *Sozialpsychologie* ist Wahrnehmung gruppengesteuert. Wahrgenommen wird, was der sozialen Situation entspricht. Als Beeinflusser treten dabei Meinungsbildner auf. Außerdem ist bekannt, daß verschiedene Menschen bei den gleichen Objekten Unterschiedliches wahrnehmen.

Wahrnehmung, Kontakt

Die Wahrnehmung gehört zu den kognitiven Determinanten, die der gedanklichen Organisation des Käufers in seinem Umfeld dienen. Sie betreffen daneben noch das Lernen und das Gedächtnis.

Wahrnehmung umfaßt den Prozeß der Aufnahme und Selektion von Informationen sowie deren Organisation und Interpretation durch den Käufer. Dabei sind vier Dimensionen zu berücksichtigen:

- *Aktivität* meint in diesem Zusammenhang, daß Wahrnehmung ein vom Käufer initiativ ausgehender Prozeß ist, der von Neuartigkeit, Intensität, Interesse etc. bestimmt wird.
- *Subjektivität* meint, daß gleiche Objekte individuell abweichend wahrgenommen werden können, so gibt es generalisierend wirkende Schlüsselreize (z. B. Kindchenschema, Erotik), aber auch nur spezifisch wirksame (z. B. den Hobbybereich betreffende).
- *Kontextualität* meint, daß gleiche Objekte in Abhängigkeit von ihrem objektiven Darstellungszusammenhang abweichend wahrgenommen werden. Es kommt zu

gegenseitigen Beeinflussungseffekten.

- *Selektivität* meint, daß infolge der Wahrnehmungsbeschränkung einzelne Informationen herausgefiltert werden, sodaß nur ein kleiner Ausschnitt aller Umweltinformationen durch die Rezeptoren der Sinnesorgane aufgenommen wird.

Wahrnehmung bezieht sich auf alles, was dem Subjekt „entgegensteht". Das Ergebnis sind Empfindungen und Vorstellungen über die Umwelt und die eigene Person. Wahrnehmung bezieht sich vor allem auf Stimulus, Form und Farbe. Bei der Stimuluswahrnehmung geht es um die spontane, quantitative Reaktion, die ausgelöst wird. Bei der Transformation der objektiven Stimuli in subjektive Wahrnehmung treten Verzerrungen auf, die durch meist unbewußte Ergänzungen, Modifikationen oder Weglassungen entstehen. Ursachen sind Halluzination, Illusion oder optische Täuschung. So werden gebrochene Preise knapp unterhalb von Preisschwellen eher der niedrigeren Preisklasse zugeordnet, obwohl sie davon rein rechnerisch viel weiter entfernt sind als von der Preisschwelle selbst. Ursache ist dabei immer eine zweckmäßige Anpassung an die Umwelt im Laufe der Evolution. Bei der Formwahrnehmung geht es nicht nur um einzelne Stimuli, sondern um Reizmengen. Dabei spielen die Gestaltgesetze eine große Rolle, in allgemeinster Form die Prägnanz der Stimuli, d. h. wiedererkennbare, invariante und unverwechselbare Merkmale. Dabei wird eine attributive Wahrnehmung unterstellt, obgleich eine umweltbezogene Wahrnehmung eher wahrscheinlich ist. Bei der Farbwahrnehmung geht es um visuelle Stimuli. Farben erfüllen Zeichenfunktion (z. B. Rot bei Gefahr), Ordnungsfunktion (z. B. Funktionalität) und Beeinflussungsfunktion (z. B. Anmutung). Farben lösen Emotionen aus. Bedeutsam ist auch die soziale Wahrnehmung, d. h. die Wahrnehmung bzw. die Wahrnehmungswahrscheinlichkeit hängt vom sozialen Wert eines Objekts ab.

Wahrnehmung ist nur oberhalb einer minimalen Reizschwelle möglich. Reize darunter können nur noch unterschwellig wahrgenommen werden (man sagt subliminal) und führen zur unkontrollierten Steuerung des Individuums. Daher besteht über deren absichtliche Herbeiführung ein deutliches moralisches Unwerturteil. Eine relative Reizschwelle ist der Unterschied zwischen zwei Reizen, der gerade noch wahrgenommen werden kann.

Wahrnehmungssinne

(→ *Kommunikation, Kategorien)*

Wahrscheinlichkeitsverteilung

Zumeist werden drei Typen von Wahrscheinlichkeitsverteilungen zugrunde gelegt. Die *Binomialverteilung* ist meist durch das Urnenmodell (mit Zurücklegen) für nominalskalierte Daten (homograder Fall) symbolisiert und gilt für diskrete Zufallsvariable, die sich auf zwei einander ausschließende Merkmale/Merkmalsgruppen beziehen, deren Anteil am gesuchten Merkmalsträger in der Grundgesamtheit bekannt ist. Eine statistische Einheit ist somit mehrfach in der Stichprobe enthalten. Dabei hat die Grundgesamtheit jeweils die gleiche Zusammensetzung vor jeder Zufallsauswahl. Aufeinanderfolgende Ziehungen sind voneinander unabhängig, und die Wahrscheinlichkeit für eine bestimmte Zufallsvariable verändert sich nicht. Bei großer Fallzahl nähert sich die Binomial- der Normalverteilungskurve an. Ist zugleich die Wahrscheinlichkeit sehr gering, wird die Poisson-Verteilung zugrundegelegt.

Werden einmal gezogene Kugeln nicht zurückgelegt, wird eine *Hypergeometrische Verteilung* zugrundegelegt. Dies ist praktisch häufig der Fall. Die Zusammensetzung der Grundgesamtheit ändert sich dann mit jeder weiteren Entnahme einer Einheit. Die Ziehungen sind voneinander abhängig. Sie gilt für diskrete Verteilungen im homograden Fall mit drei Parametern und einer endlichen Gesamtheit.

Wichtig ist dabei zu beachten, daß aus einer Grundgesamtheit jeweils mehrere, verschiedene Stichproben gezogen werden können. Die Verteilung des Mittelwerts aller möglichen Stichproben, die sog. Stichprobenverteilung, nähert sich mit wachsender Zahl der Stichprobenmöglichkeiten einer Normalverteilung an. Die Normalverteilung approximiert andere Verteilungen hinreichend gut um so genauer, je größer die Fallzahl ist (= zentrales Grenzwertgesetz), d. h. der Mittelwert der Stichprobenverteilung des arithmetischen Mittels stimmt dann mit dem der Grundgesamtheit überein.

Die Standardabweichung der Stichprobenverteilung des arithmetischen Mittels ist bei kleinen Auswahlsätzen (unter 5%) gleich dem Standardfehler des arithmetischen Mittels, da der Korrekturfaktor vernachlässigt werden kann (er liegt nahe Eins). Der Standardfehler ist die Quadratwurzel der Varianz, er wird mit zunehmendem Stichprobenumfang immer geringer. Insofern ist die Normalverteilung der Stichprobenverteilung unabhängig von der Grundgesamtheitsverteilung.

Die *Normalverteilung* ist somit durch die Parameter Mittelwert (= Lage der Verteilung) und Standardabweichung (= Streuung der Werte) charakterisiert. Zieht man nun anstelle aller möglichen Stichproben nur eine, so kann über diese Werte berechnet werden, mit welcher Wahrscheinlichkeit der Stichproben-Kennwert in einem bestimmten Intervall um den wahren Wert streut (= deduktiver Ansatz). Bei der Normalverteilung werden also nicht mehr die Wahrscheinlichkeiten für einzelne Werte der Zufallsvariablen berechnet, sondern die Wahrscheinlichkeiten für die Differenzen zwischen dem Mittelwert der tatsächlichen Fallzahl und dem der theoretischen Normalverteilung. Die Fläche unter der Normalverteilung entspricht der Gesamtwahrscheinlichkeit von Eins. Verschiedene Normalverteilungen lassen sich durch Transformation der Variablenwerte auf eine einheitliche Funktion bringen, die Standard-Normalverteilung. Sie ist durch einen Mittelwert von Null und eine Standardabweichung von Eins normiert, weiterhin durch Modus und 5% bzw. 95%-Quartile (= Gauß'sche Glockenkurve). Dies betrifft folgende Eigenschaften. Das Maximum der Dichtefunktion liegt in deren Mittelwert. Arithmetisches Mittel, Modus und Median fallen zusammen. Die Wahrscheinlichkeitsdichte ist um so kleiner, je größer die Abweichung vom Mittelwert ist. Die Kurve verläuft symmetrisch zum Lot im arithmetrischen Mittel. Der Flächeninhalt der Kurve und der Abszisse ist stets gleich Eins.

Die Darstellung erfolgt meist in einem Koordinatensystem mit den Wahrscheinlichkeitswerten auf der Abszisse und deren Häufigkeiten auf der Ordinate. Die Normalverteilung ist stetig, symmetrisch und eingipflig. Zwischen Abszisse und Normalverteilungskurve liegen dann 100% der Fälle. Im Bereich der Standardabweichung

- +/- 1 liegen 68,27%,
- +/- 1,96 liegen 95%,
- +/- 2 liegen 95,45%,
- + /- 2,58 liegen 99%,
- +/- 3 liegen 99,73%

der Fälle. Die Güte einer Stichprobe wird nicht von der Relation Stichprobe zu Grundgesamtheit bestimmt, sondern von ihrem absoluten Umfang. Sie nimmt nicht proportional zu ihrem Umfang zu, sondern nur mit der Quadratwurzel. Aus der Grundgesamtheit wird nach den Regeln des mathematischen Zufalls eine Stichprobe gezogen. Diese gibt innerhalb eines gewissen Vertrauensintervalls mit einem bestimmten Sicherheitsgrad die Merkmalsverteilung in der Grundgesamtheit wieder.

Wandlung

(→ Lieferung mangelhafter Ware)

Ware vor Geld-Abwicklung

(→ Abwicklungsklauseln)

Waren-Ansatz

(→ Marketing, Methoden)

Warenausgangsmodul

(→ Geschlossenes Warenwirtschaftssystem, Inhalte)

Warenbeschaffenheit

(→ Angebot, Inhalte)

Wareneingangsmodul

(→ Geschlossenes Warenwirtschaftssystem, Inhalte)

Wareneinteilung

Hinsichtlich der Wareneinteilung sind zwei Unterteilungen gebräuchlich. Der *ABC-Analyse* liegt die Erfahrungstatsache zugrunde, daß sich der gesamte Absatz sehr unterschiedlich auf verschiedene Produkte verteilt. So gibt es wenige „Renner" (Schnelldreher) und viele „Penner" (Langsamdreher). Den Rennern (hoher Umsatz/Wert/A-Produkte) soll mehr Aufmerksamkeit gewidmet werden als den weniger bedeutsamen B-Produkten oder gar den Pennern (geringer Umsatz/Wert/C-Produkte). Dementsprechend werden abgestufte Aktivitätslevels vorgesehen. A-Produkte werden intensiv hinsichtlich Bestand, Zu- und Abgängen überwacht, C-Produkte extensiv, B-Produkte mit mittlerem Umsatz/Wert liegen definitionsgemäß dazwischen.

Bei der *XYZ-Analyse* erfolgt eine Einteilung der zu beschaffenden Materialien nach ihren Einsatzschwankungen. X-Produkte haben einen stetigen Verbrauch mit nur gelegentlichen Schwankungen und damit eine hohe Vorhersagegenauigkeit. Ziel ist hier die verbrauchssynchrone Beschaffung mit geringer Reichweite der Bestände. Y-Produkte haben einen konstant fallenden oder steigenden Verbrauch mit saisonalen Schwankungen und daher eine mittlere Vorhersagegenauigkeit. Ziel ist hier die Vorratsbeschaffung mit hoher Reichweite der Bestände. Z-Produkte haben einen völlig unregelmäßigen Verbrauch mit unvermeidlich geringer Vorhersagegenauigkeit. Ziel ist hier die bedarfsabhängige Beschaffung mit geringer Reichweite der Bestände.

Aus der Kombination von ABC- und XYZ-Analysen ergeben sich folgende Erkenntnisse:

- XA: bedarfsgesteuerte Disposition, kein/geringer Sicherheitsbestand,
- XB: bedarfs-/verbrauchsgesteuerte Disposition, geringer Sicherheitsbestand,
- XC: verbrauchsgesteuerte Disposition, mittlerer Sicherheitsbestand,
- YA: bedarfsgesteuerte Disposition, geringer Sicherheitsbestand,
- YB: bedarfs-/verbrauchsgesteuerte Disposition, mittlerer Sicherheitsbestand,
- YC: verbrauchsgesteuerte Disposition, mittlerer/hoher Sicherheitsbestand,
- ZA: „personelle" Disposition, mittlerer Sicherheitsbestand,
- ZB: bedarfsgesteuerte, evtl. „personelle" Disposition, hoher Sicherheitsbestand,
- ZC: bedarfs-/verbrauchsgesteuerte Disposition, hoher Sicherheitsbestand.

Warenhaus

Hierbei handelt es sich um einen Betriebstyp des Handels, der weit verbreitet ist (z. B. *Kaufhof/Horten, Karstadt/Hertie*). Seine wesentlichen Kennzeichen sind die folgenden:

- sehr breites, flaches Sortiment,
- anspruchsloses Sortimentsniveau (neuerdings aber Trading up),
- flexible Preisbildung, durchsetzt von aggressiven Preisen,
- zentrale Lage,
- Großbetriebsform,
- intensiver Einsatz des Beeinflussungs-Mix (insb. Kommunikation),
- Akquisition durch Ladengeschäft mit Selbst- und Fremdbedienung,
- dezentrale Standortspaltung mit stationären Verkaufspunkten,

- starke horizontale Integration im Konzern.

(→ Einzelhandel, Betriebstypen)

Warenlagerungsmodul

(→ Geschlossenes Warenwirtschaftssystem, Inhalte)

Warenpreis

(→ Angebot, Inhalte)

Warentest

(→ Konzepttests)

Warenverkaufsgeschäfte des Handels

Bei den Warenverkaufsgeschäften des Handels bestehen mehrere Möglichkeiten, das Depotsystem, die Vertriebslizenz, das Franchising und der Vertragshändler.

(→ Absatzhand, Kooperation)

Warenvermittlungsgeschäfte des Handels

Zu den Warenvermittlungsgeschäften des Handels gibt es zwei unterschiedliche Ausgestaltungsformen, den Agenturvertrieb und den Kommissionsvertrieb.

(→ Absatzhand, Kooperation)

Wartegg-Test

(→ Testverfahren, Verbale)

Wassertransport, Arten

Man unterscheidet Binnen- und Seeschiffahrt sowie Linien- und Trampschiffahrt. Der *Binnenschiffahrtsverkehr* benutzt das Wasserstraßennetz Deutschlands, das ca. 5000 km lang ist, dessen Ausbau, Unterhalt und Überwachung mit öffentlichen Mitteln finanziert wird. Dort verkehren Motor-, Schub- und Schleppschiffe zum Transport von Massengütern. Eigner sind Reeder und Partikulierschiffer (mit bis zu 3 Schiffen). Der Frachtvertrag wird formfrei abgeschlossen, üblich ist jedoch der Schiffsbefrachtungsschein mit Vereinbarungen über Verfrachtungsart, Frachtdokumente, Güterverladung, Transportkosten, Haftungsbegrenzung etc. Die Verfrachtung kann ein Schiff als ganzes, einzelne Laderäume oder Stückgüter betreffen. Der Absender kann vom Frachtführer die Ausstellung eines Ladescheins verlangen, der ein Empfangsbekenntnis und die Verpflichtungserklärung, daß die Güter der im Ladeschein genannten Person gegen Rückgabe des Ladescheins ausgehändigt werden, enthält. Der Ladeschein ist ein Warenwertpapier. Der rechtmäßige Besitzer ist Eigentümer der Ware. Eigentumsübertragung und Verpfändung der Ware sind dadurch schon vor ihrer Ankunft möglich. Der gewöhnliche Ladeschein ist ein Namenspapier (Rektapapier) und kann nur durch Zession übertragen werden. Der Orderladeschein ist durch die Klausel „an Order“ zum Wertpapier geworden (gekorenes Orderpapier) und kann durch Indossament übertragen werden. Im Stückgutverkehr wird meist ein Ladeschein bzw. Frachtbrief ausgestellt. Meist ist der Absender dafür verantwortlich, die Güter zu verladen, er muß sich dabei an gesetzliche oder vertraglich vereinbarte Ladezeiten halten (Überliegegelder). Der Frachtführer hat dem Absender die Ladebereitschaft anzuzeigen, die Güter mit der Sorgfalt eines ordentlichen Frachtführers zu befördern und an den berechtigten Empfänger am vereinbarten Löschplatz zur Entladung zur Verfügung zu stellen. Die Transportkosten setzen sich zusammen aus Frachtgebühren, die zwischen Frachtführer und Auftraggeber vereinbart werden, Kanalgebühren, die für die Benutzung künstlicher Wasserstraßen und ihrer technischen Einrichtungen fällig werden, und Umschlaggebühren, die bei der Umladung auf andere Transportmittel bzw. in Lagerräumen entstehen (z. B. Ufergeld, Liegegeld, Benutzungsgebühr). Der Frachtführer haftet für Schäden, sofern ihn oder seine Erfüllungsgehilfen ein Verschulden trifft. Den Entlastungsbeweis muß er führen, sofern nicht aus dem Vertrag hervorgeht, daß der Anspruchsberechtigte zu beweisen hat, daß die Sorgfaltspflicht verletzt worden ist. Die Höhe der Ersatzleistung ist unbegrenzt, sofern der Vertrag nicht Haftungsbegrenzungen vorsieht. Bei „Rettung aus gemeinsamer Gefahr" entstandene Schäden werden zwischen Schiffseigner, Frachtführer und Gütereigentümer nach amtlicher Schätzung geteilt.

Der *Seeschiffsverkehr* dient dem weltweiten Austausch von Gütern über Meere und zwischen Kontinenten. Er wird von Reedereien betrieben, die Fracht-, Container-, Fähr- und Massengutschiffe sowie Tanker einsetzen. Die Schiffsgröße wird in Volumen (Registertonnen) angegeben, der gesamte Raum ist der Bruttoraum, der reine Laderaum der Nettoraum. Die Tragfähigkeit wird in Gewichtstonnen angegeben. Die Schiffe sind mit ihren Merkmalen in das Schiffsregister eingetragen (Baujahr, Eigentümer, Größe, Beleihung etc.). Der Seefrachtvertrag ist formfrei, er bezieht sich auf das Schiff als ganzes, einen Anteil daran, einen bestimmten Raum oder einzelne Güter. Wichtige Frachtpapiere sind der Verladeschein, der vom Verfrachter bei Annahme der Güter erteilt wird, das Konnossement, das ein vom Kapitän oder einem ermächtigten Vertreter der Schiffahrtsgesellschaft ausgestelltes Wertpapier ist, in dem die Annahme der Güter und die Auslieferung an den durch das Konnossement beurkundeten Berechtigten bestätigt wird (der Inhalt des Konnossements ist maßgeblich für das Rechtsverhältnis zwischen Schiffseigentümer und Empfänger, zwischen Schiffseigentümer und Verfrachter gilt hingegen der Frachtvertrag), und die Charterpartie, die eine Beweisurkunde über Abschluß und Inhalt eines Chartervertrags ist. Die zur Abladung vorgesehenen Güter müssen in Lagerschuppen (witterungsempfindlich) oder am Kai gestapelt werden, damit die Beladung keine unnötigen Liegekosten verursacht. Die Abfertigung wird normalerweise vom Schiffsmakler vorgenommen, der alle Unterlagen von den Hafenbehörden, der Zollverwaltung und den Ladungseignern besorgt und nötige Dokumente ausfertigt. Der

Schiffsmakler am Bestimmungshafen erhält vor Ankunft des Schiffes einen Stauplan zur Vorbereitung der Entladung. Die Löschung erfolgt am Kai, unmittelbar auf Flußschiffe oder auf Barken zum Lagerhaus.

Die *Linienschiffahrt* bietet Vorteile wegen der klaren Terminkalkulation, da sie nach festen Routenplänen verkehrt, des Anlaufs bestimmter Standardhäfen in verläßlichen, regelmäßigen Zeitabständen, der guten Klassifizierung der eingesetzten Schiffe für den speziellen Transportzweck und des vorhersehbaren, festen Ankunftstermins für die Organisation des Weitertransports. Nachteile der Linienschiffahrt betreffen die Frachtraten, die aufgrund der kartellähnlichen Marktstruktur höher liegen, und die Bindung an zugeteilte Schiffahrtslinien, die auf den jeweiligen Routen fest verkehren.

Vorteile der *Trampschiffahrt* sind die freiaushandelbaren Frachtraten, die sich allein nach Angebot und Nachfrage bemessen, und die Flexibilität der Routenwahl, die auf individuelle Anforderungen abgestimmt werden kann. Nachteile der Trampschiffahrt liegen jedoch in der oftmals leicht mangelnden Seriosität und Bonität von Reederei und Schiff, der mangelnden Eignung des Schiffs für den qualitätsgetreuen Transport spezieller Waren, der latenten Gefährdung der Termintreue durch teilweise unzuverlässige Verbindungen und der problematischen Kostenplanbarkeit, da die Frachtraten durch wechselnde Auslastung unvorhersehbar schwanken (vgl. *Pepels, Werner:* Handels-Marketing und Distributionspolitik, Stuttgart 1995).

Wassertransport, Darstellung

Beim Transportmittel Schiff ist zu unterscheiden zwischen See- und Binnenschiffahrt. Entscheidungen betreffen hier vor allem die Hafenwahl (in Abhängigkeit von den dort befindlichen Hafenanlagen), die Reederwahl (in Abhängigkeit vom Preis-Leistungs-Verhältnis) und die Transportart als Linien- oder Trampschiffahrt. Linienschiffahrt vollzieht sich nach einem festgelegten Fahrplan auf einer im voraus bestimmten Route. Schließen sich mehrere Reedereien zur Routenabstimmung zusammen, entsteht eine Schiffahrtskonferenz (Kartell). Die Trampschiffahrt vollzieht sich ohne vorhersehbaren Fahrplan nach wechselnden Zielen (in „wilder" Fahrt).

Die Schiffsfrachten sind tariflich festgelegt (Linie) bzw. werden ausgehandelt (Charter). Die Stückgüter sind in Wertklassen und innerhalb dieser Klassen wiederum in leichte und schwere Güter eingeteilt. Güter, die spezifisch leichter als Wasser sind, werden nach Raum berechnet, solche, die schwerer sind, nach Gewicht. Schäden während der Fahrt sind Havarien. Der Kapitän hat ein weitreichendes Verfügungsrecht über die Ladung während der Fahrt (er kann sogar die Ladung über Bord werfen lassen, um Schiff und Besatzung zu retten). Bei gemeinsamer Havarie sind mehrere Beteiligte betroffen, der Schaden wird auf alle

Versender umgelegt, auch solche, die nicht betroffen sind. Bei besonderer Havarie trägt nur der Betroffene den Schaden allein. Der Verfrachter haftet für Schäden, die durch Verlust oder Beschädigung in der Zeit von Annahme bis Ablieferung entstehen. Der Abschluß einer Transportversicherung ist die Regel.

Zur Rationalisierung werden häufig Containerschiffe eingesetzt, sie ermöglichen eine durchgehende Transportkette von Haus zu Haus und werden in besonderen Hafenanlagen gelöscht. Der Weitertransport erfolgt auf Eisenbahn-Tragwagen oder LKW-Fahrgestellen, ein Containerschiff kann bis zu 3000 Container befördern. Einige Staaten räumen ausländischen Reedereien, die ihre Schiffe dort registrieren lassen (sog. billige Flaggen) Steuervorteile ein. Andere Länder begünstigen den Transport mit eigenen Schiffen bzw. benachteiligen fremde Flaggen. Der Binnenschiffahrt kommt oft eine Vor- oder Nachtransportaufgabe zu. Man unterscheidet dabei Motor-, Schlepp- und Schubschiffahrt.

Generelle Nachteile des Transportmittels Schiff liegen in der Gefährdung der Termintreue durch Natureinflüsse wie Sturm, Hochwasser etc. Außerdem handelt es sich um eine sehr langsame Beförderungsart. Zudem liegen die Häfen meist nicht am Bestimmungsort, sodaß ein gebrochener Verkehr erforderlich ist. Dafür ist als wichtiger Vorteil zu nennen, daß es sich um einen, je Transporteinheit gerechnet, sehr kostengünstige Transport handelt. Auch sind sperrige, großvolumige Waren problemlos beförderbar. Die Verfahrensweise ist durch standardisierte Lieferklauseln (Incoterms) vereinfacht und differenziert möglich.

Wear Out-Effekt

(→ Wahrnehmung, Effekte)

Webster, Wind-Modell

Im Konzept organisationalen Beschaffungsverhaltens von Webster, Wind werden vier hierachische Ebenen, die Umwelt, die Organisation, die Gruppe und das Individuum, als Einflußgrößen auf den Kaufentscheid gesehen.

Zu den *umweltbedingten Determinanten* gehören physikalische, technologische, ökonomische, politische, gesetzliche und kulturelle Faktoren. Deren Einfluß geht von Institutionen aus, die Macht ausüben, also Lieferanten, Kunden, Konkurrenten, Staat und Gewerkschaften. Physische, technologische und ökonomische Umweltvariablen bestimmen vor allem die Nachfrage nach Gütern und Diensten. Die ökonomischen und politischen Faktoren sind bestimmend für die allgemeine Geschäftslage. Außerdem stellen Werte und Normen als kulturelle Faktoren Restriktionen dar, vor allem in Form von Gesetzen.

Organisationale Bedingungen berücksichtigen die Einbindung der Kaufentscheider in Organisationen, die von Zielen gelenkt und von finanziellen, technologischen und menschlichen Ressourcen begrenzt werden. Zu den Organisationsbedingungen gehören insofern Arbeitsklima, Technologie, Ökonomie und Unternehmenskultur.

Interpersonelle Determinanten ergeben sich aus den Gruppenprozessen des verantwortlichen Einkaufsgremiums. Die Rolleninhaber haben individuelle Zielvorstellungen, die sie zu realisieren suchen. Dabei werden Macht- und Autoritätsverhältnisse wirksam. Zu diesen Gruppenbedingungen gehören aufgaben- und nicht aufgabenbezogene Tätigkeiten, Interaktionen und Gefühle.

Intrapersonelle Determinanten betreffen das Individualverhalten, das hinter dem Gruppenverhalten steht. Es ist von der Motivation gekennzeichnet, die von einer komplexen Kombination individueller und organisationaler Ziele ausgeht. Zu diesen Individuumsbedingungen gehören Motivation, Lernen, Kognition, Rollenverhalten und Persönlichkeit.

Dieser mehrstufige Erklärungsansatz von Webster, Wind macht deutlich, daß eine Beeinflussung des gewerblichen Einkaufsverhaltens nur möglich ist, wenn das Beschaffungs- und Informationsverhalten transparent gemacht wird. Dabei reicht eine bloße Betrachtung des Ergebnisses nicht aus, vielmehr muß der Prozeß analysiert werden, der zu dieser Wahlhandlung führt.

(→ Organisatorisches Beschaffungsverhalten)

Wechsel

(→ C-Geschäft im Handel)

Wechselplatte

(→ Desk Top Publishing, Speichermedien)

Wegemethode

(→ Standortwahl, Distanz-Betrachtung)

Weiterentwicklung

(→ Innovation)

Weitester Leserkreis

(→ Leser-/Auflagenbegriffe)

Wellenerhebungen

In Wellenerhebungen werden wechselnde repräsentative Personen der Zielgruppe in regelmäßigen Abständen, meist zu ihrer Werbeerinnerung, in *Tracking-Studien* befragt. Es handelt sich praktisch um die kontinuierliche Erfassung der Marktentwicklung auf Verbraucher- (und Handels-)Ebene mittels fester Stichproben verbunden mit kontinuierlichen Impact- bzw. Recall-Tests, die auf die Eindruckswirkung erinnerter Werbung und ihre Durchsetzungsfähigkeit im redaktionellen Umfeld abstellen und im einzelnen spontane Werbeerinnerung, inhaltliche Kenntnis der Werbung, medienspezifische Erinnerung, zutreffende Markenzuordnung und Markenimage erheben. Dabei kann der im Zeitablauf eingetretene Share of Mind (Wirkungsmeßwert) dem dazu erforderlichen Share of Advertising (Werbeaufwand) gegenüber gestellt werden. Dabei stehen etwa im Rahmen der Werbung folgende Fragestellungen meist im Vordergrund:

- Markenbekanntheit: Ist die Marke dieser Produkte im Bewußtsein präsent? Pauschale Werbeawareness: Wurde die Marke in der letzten Zeit Werbung gesehen oder gehört? Medienspezifische Werbeawareness: In welchem Medium wurde die Werbung gesehen oder gehört? Erinnerte Elemente des Werbemittels: Werden Slogan, Bildelemente, Headline, Textteile o. ä. erinnert? Einstellungen zur Marke/Werbung der Marke: Was wird der Marke an Eigenschaften zugeordnet? Mögen/Nichtmögen der Marke/der Werbung.
- Wieviel zusätzliche Anstrengungen sind erforderlich, um im Laufe einer Kampagne ein Wirkungskriterium zu einem vorgegebenen Zeitpunkt um x Prozentpunkte zu verbessern? Welche Mediagattung ist dabei besonders effizient? Welche Rolle spielen Konkurrenzaktivitäten als u.U. dämpfende Wirkungseinflüsse? Gibt es degressive oder lineare Wirkungszuwächse bei hohen Werbeaufwendungen? Wie stark ist die Wirkungsverzögerung bzw. Wirkungsübertragung bei welchen Wirkungskriterien, auf Basis welcher Erhebungsintervalle? Was passiert in Werbepausen, wie halten sich erreichte Wirkungen im Laufe der Zeit nach starker oder schwacher Konkurrenzwerbung?

Weltbild/Philosophie

(→ Unternehmenskultur)

Werbeagentur, Auswahl

Für die Auswahl einer Werbeagentur bietet sich die folgende Vorgehensweise an. Zunächst geht es um die Sichtung der in Frage kommenden Anbieter. In Deutschland gibt es über 3000 Anbieter, die sich Werbeagentur nennen, denn an diese Bezeichnung sind keinerlei Anforderungen gestellt. Aber nur die allerwenigsten davon erfüllen die Ansprüche, die man gemeinhin an eine Werbeagentur zu stellen geneigt ist. Daher haben sich die knapp 200 besseren von ihnen, die gewisse, freilich recht niedrig angesetzte Mindeststandards erfüllen, im Gesamtverband Werbeagenturen (GWA), dem Nachfolger der Gesellschaft Werbeagenturen (GWA) und des Wirtschaftsverbands Deutscher Werbeagenturen (WDW), mit Sitz in Frankfurt zusammengeschlossen. Bei diesen Agenturen hat man weitestgehend die Gewißheit, daß sie einen professionellen Geschäftsbetrieb mit Full Service-Angebot unterhalten und eine qualifizierte Beratungsleistung zu erbringen imstande sind. Jährlich erscheint das GWA-Jahrbuch, in dem sich die Mitglieder mit Agenturportraits vorstellen (Gesellschafter, Geschäftsführung, Tochtergesellschaften, Klienten, internationale Anbindung, Spezialagenturen, Arbeitsbeispiele). Daraus gewinnt man bereits einen guten Überblick über deren Leistungsspektrum und -niveau.

Weiterhin bieten die Branchendienste aktuelle Informationen über die Entwicklung von Werbeagenturen, vor allem über Etatgewinne und -verluste, neue Kampagnen, Managementwechsel etc. Zusätzlich erfolgen regelmäßige Umfragen in der werbungtreibenden Wirtschaft hinsichtlich der Einstufung der Agenturleistung nach verschiedenen Kriterien wie

- Agenturtyp, Agenturgröße, Umsatz/-entwicklung,
- Aktives, dynamisches Management, Inhaberstatus,
- Branchenerfahrung, Marktkenntnis, Arbeitsproben, Kundenliste,
- Zuverlässigkeit, Termintreue, Flexibilität,
- Kostenbewußtsein, Effizienz, Kostentransparenz,
- Honorarsystem, Preishöhe/-treue,
- Kreativität, Preise/Auszeichnungen, Innovationspotential,
- Stärke in Marketingstrategie, Konzeption, Marktforschungsabsicherung,
- Mitarbeiterqualifikation, Personalfluktuation,
- Effektive Arbeitsmethodik, planvolles Vorgehen,
- Agenturstandort (räumliche Nähe),
- Internationalität, Europaerfahrung,
- Image, Seriosität, Referenzen,
- Professionelle Kundenberatung, „Chemie",
- Betreuungszeit von Etats, Etatgewinne/-verluste,
- Stärke in Mediaplanung, -einkauf und -abwicklung,
- Leistungsspektrum (Nicht-klassische Werbung, Handelsmarketing).

Diese werden dann in Rankings zusammengefaßt. Aus der relativen Placierung der Agenturen innerhalb des Wettbewerbsumfelds kann wiederum auf deren besondere Stärken und Schwächen geschlußfolgert werden. Dadurch ergibt sich ein weiterer Anhaltspunkt für die Beurteilung. Interessant ist im übrigen, daß es dabei zu erheblichen Abweichungen zwischen der Einschätzung seitens der Werbeagenturen und seitens der Auftraggeber hinsichtlich dessen kommt, was jeweils als außerordentlich wichtig angesehen wird.

Aus alledem sollte es gelingen, eine Auswahl in Frage kommender Werbeagenturen zusammenzustellen (Shortlist). Im weiteren wird man diese zu einer Agenturpräsentation (Credentials) auffordern. Diese kann sowohl beim Auftraggeber als auch in der Werbeagentur stattfinden. Letzteres hat den Vorteil, daß man aus erster Hand einen Eindruck von den Arbeitsbedingungen dort erhält. Die Agenturpräsentation beinhaltet meist allgemeine Daten (Gründung, Mitarbeiter, Inhaber, Network, Umsatzentwicklung etc.), die Positionierung der Agentur (Behauptung der komparativen Leistungsüberlegenheit) und Arbeitsbeispiele aus laufenden und früheren Kampagnen, die mit Hintergrundinformationen angereichert sind. Als Technik wird Dia und/oder Video eingesetzt. Der Vortrag wird mit großer Routine von leitenden Mitarbeitern der Agentur übernommen (New Business-Teams), möglichst aber von denen, die die spätere Betreuung des

Etats übernehmen sollen. Auf diese Weise gewinnt man einen lebensnäheren Eindruck von der Denkweise der Agentur und lernt auch die Menschen hinter der Arbeit besser kennen.

Daraus sollte sich eine weitere Verkürzung der Shortlist auf 3 bis 5 Agenturen ergeben. Diese werden dann normalerweise gemeinsam mit dem bestehenden Agenturpartner zu einer Wettbewerbspräsentation aufgefordert (Pitch). In dieser erarbeiten die beteiligten Agenturen nach einem realen Briefing des Werbungtreibenden Kampagnenvorschläge für die spätere Zusammenarbeit. Wettbewerbspräsentationen sollten mit DM 20 000 honoriert werden, sodaß die erheblichen Vorleistungen der Agenturen zumindest im Fremdkostenbereich abgedeckt sind. Tatsächlich werden aber zunehmend kostenlose Präsentationen abgefordert. Als Frist zur Erarbeitung sind 6–8 Wochen wünschenswert. Die Wettbewerbspräsentationen werden vom Entscheidergremium des Werbungtreibenden abgenommen. Die ausgewählte Agentur wird dann meist unter Vertrag genommen, die anderen Teilnehmer erhalten ihr Präsentationshonorar.

Werbeagentur, Beratung

Die Werbeberatung ist extern durch Werbeagenturen institutionalisiert, deren Geschäft durch zahlreiche Besonderheiten gekennzeichnet und durch Leistungsgrundsätze stabilisiert ist.

Als Leistungsumfang sind möglich:

- Full Service-Agentur,
- Kreativ-Agentur (ohne Marketing- und Media-Part),
- Media-Agentur (ohne Marketing- und Kreations-Part),
- Marketing-Agentur (ohne Kreations- und Media-Part),
- Spezial-Agenturen gemäß der Arten Nicht-klassischer Werbung.

Die Anbindung der Werbeagentur erfolgt durch:

- Hauseigenes, selbständiges Werbeunternehmen,
- Aufteilung in internen und externen Anteil des absatzwirtschaftlichen (Marketing und Media) und kreativen Parts (Grafik, Text, Pre-Produktion),
- Externe Full Service-Agentur.

Werbeagentur, Vergütung

Für die Vergütung der Werbeagentur stellen sich verschiedene Alternativen. Die traditionelle Vergütung stellt das *Provisionssystem* dar. Die Werbeagentur ist im Namen und für Rechnung ihres Kunden als Mittler zwischen Werbungtreibendem und Werbedurchführendem tätig. Erstaunlicherweise erhält sie dabei ihre Vergütung nicht von ihrem Auftraggeber, dem werbungtreibenden Unternehmen, sondern von ihrem Auftragnehmer, dem Verlag, Sender oder Pächter. In deren Tarifen sind nämlich 15% (AE-)Mittlerprovision eingerechnet. D.h. der Werbungtreibende zahlt den vollen Tarifpreis der Werbemittel, die Werbeagentur erhält vom Werbedurchführenden auf diesen Preis 15% Provision als Entgelt für ihre Vermittlungstätigkeit. Nun weicht die 15%-Grenze infolge verstärkten Wettbewerbs zunehmend auf, sodaß es zu Rückvergütungen der Werbeagenturen an ihre Auftraggeber kommt. Dieses System hat als Vorteil eine hohe Transparenz der gegenseitigen Konditionen. In dem Maße, wie nicht-klassische Werbemittel, die keinen festen Tarifpreisen unterliegen, sondern individuell ausgehandelten Konditionen, vordringen, erweist sich diese Form der Vergütung jedoch als ungerecht, weil sie nur die klassischen Werbemittel abdeckt (Anzeige, Spot, Plakat).

Daher erfolgt zunehmend eine Umstellung auf *Honorarbasis*. Die Werbeagentur erhält dabei eine Pauschalzahlung für ihre Arbeitsleistung und leitet dafür die von Medien erhaltene Provision voll an den Kunden zurück. Ist der Arbeitsaufwand vorübergehend gering, werden dadurch temporär Zusatzgewinne auf Seiten der Agentur realisiert, ist der Arbeitsaufwand vorübergehend hoch, werden analog Zusatzverluste eingefahren. Wichtig ist nur, daß per Saldo der Arbeitsaufwand und die Honorarzahlung zueinander passen.

Häufig wird auch eine Kombination aus *Service Fee-Aufschlag* und Provisionssystem praktiziert. Dabei werden die provisionsfähigen Werbemittel traditionell abgerechnet. Der Systemnachteil bei nicht-klassichen Werbemitteln wird durch einen Aufschlag von 17,65% auf die Fremdkosten beseitigt. Dieser Aufschlag entspricht Auf-Hundert gerechnet 15% In-Hundert. Fremdkosten (Out of Pocket Expenses) sind durchlaufende Posten in der Werbeagenturabrechnung. Sie entstehen durch Rechnungen von Zulieferern (Druckerei, Fotograph, Lithograph, Setzerei etc.), die per Originalbeleg an Kunden weiterberechnet werden. Als Vergütung für den mit der Auftragsdurchführung verbundenen Aufwand rechnet die Werbeagentur vorher allerdings 17,65% Service Fee-Aufschlag hinzu. Dadurch werden auch Arbeiten für an sich nicht provisionsfähige Medien umsatzabhängig entlohnbar.

Gerade bei sporadischen Arbeiten von Werbeagenturen für Auftraggeber kommt es auch zur Vereinbarung einer einmaligen *Abfindung* als Vergütung. Diese beruht auf einer individuellen Vorkalkulation und wird für jedes Projekt erstellt. Da letztlich kein Projekt dem nächsten gleicht, kann damit sehr genau auf die spezifischen Arbeitsgegebenheiten eingegangen werden. Der Preis gilt als vereinbart, wenn der Kunde einem entsprechenden Kostenvoranschlag zugestimmt hat. Erst danach sollte mit Arbeiten begonnen werden. Am Ende geht das Arbeitsergebnis einschließlich aller Rechte (meist auf BRD begrenzt) gegen Rechnungsbegleichung auf den Kunden über.

Gelegentlich wird auch nach *Stundenaufwand* abgerechnet. Damit wird der Tatsache Rechnung getragen, daß kreative Arbeit im vorhinein nur äußerst schwer zu kalkulieren ist und Arbeitszeit nun einmal den wesentliche Kostenfaktor der Werbeagentur darstellt. Dazu füllen alle Mitarbeiter täglich Stundenzettel aus, in die sie eintragen, für welche Kunden bzw. welche Aufträge welcher Kunden sie wie lange gearbeitet haben. Jeder Mitarbeiter hat einen (internen) Stundensatz aus Gehalt, Nebenkosten, Overheads, Gewinn und Kosten der seinem Arbeitsplatz zurechenbaren technischen Einrichtungen. Addiert man alle aufgeschriebenen Stunden (Mengengerüst) und multipliziert diese mit den gewichteten Stundensätzen, ergibt dies den investierten Zeitaufwand für einen Kunden bzw. Auftrag (Wertgerüst). Diese Aufstellung (Computerausdruck) wird dem Kunden als Abrechnung zur Verfügung gestellt. Nachteilig ist für Kunden, daß Mitarbeiter dazu tendieren, mehr Zeit aufzuschreiben als sie tatsächlich geleistet haben und diese Überschreibungen meist zu Lasten der großen Etats gehen, weil diese dies vermeintlich eher verkraften können.

Eine weitere Möglichkeit besteht darin, nach *Preislistenpositionen* abzurechnen. Dafür hat eine Werbeagentur eine Preisliste, in der für jede Teilleistung feste Positionen ausgewiesen sind. Meist handelt es sich um Werbemittel als Ergebnis der Arbeit. Die angegebenen Beträge beruhen auf der Kalkulation des für die Erstellung dieses Werbemittels erfahrungsgemäß erforderlichen Aufwands einschließlich aller Nebenarbeiten und Overheads. Die Beträge werden gemäß der aktuellen Kostenentwicklung fortgeschrieben. Der Vorteil liegt hier vor allem in der klaren, einfachen Angebotskalkulation und der leichten Nachprüfbarkeit der Abrechnung. Schließlich werden nur die im Rahmen der Zusammenarbeit gelieferten Werbemittel mit den Rechnungsposten abgeglichen. Diese Procedere gleicht dann durchaus dem in anderen Einkaufsbereichen des Unternehmens.

Neuerdings setzt sich aus USA der Trend zur *erfolgsabhängigen Vergütung* der Werbeagentur durch (z. B. *Gervais-Danone, Henkel*). Dabei wird das Entgelt gesplittet in einen vergleichsweise hohen, erfolgsunabhängigen Teil und einen geringeren, erfolgsabhängigen Teil. Dadurch soll ein verstärkter Leistungsanreiz auf die Werbeagentur ausgeübt werden. Bemessungsgrundlage sind ökonomische Erfolgsgrößen (z. B. Ex Factory Sales, Marktanteil, Preisniveau bei Gervais-Danone). Bei Henkel kommen weitere Phasenkriterien hinzu, die zur Basishonorierung von 9,5% des Etats (ohne Media und Marktforschung) zusätzlich 2% Bonus generieren können.

Dem liegt die Hypothese zugrunde, daß Werbung verkauft. Allerdings läßt sich die Ursächlichkeit der Werbung für ökonomischen Erfolg praktisch nicht feststellen. Sowohl Werbeerfolgsprognose als auch -kontrolle unterliegen starken Bedenken. Das bedeutet aber in der Konsequenz ein Va banque-Spiel für die Werbeagentur. Denn ihre Vergütung ist von Einflußgrößen abhängig, die sie selbst garnicht steuern kann. Letztlich ist auch jede Kombination aus diesen Vergütungssystemen denkbar. Denn die Werbeagenturbranche zeichnet sich durch ein Höchstmaß an Flexibilität in der Entgeltfrage aus, wenn es dadurch erst einmal zu einer Beauftragung kommt (vgl. *Pepels, Werner:* Kommunikationsmanagement, Stuttgart 1994).

Werbeagentur, Leistungsgrundsätze

Die führenden Werbeagenturen Deutschlands (zusammengeschlossen im GWA) haben für sich selbst folgende Leistungsgrundsätze definiert. Die Interessen des Auftraggebers werden in allen Belangen zu Eigeninteressen gemacht, d. h. die Agentur versteht sich als loyaler Treuhänder für Kundenziele. In praxi ergeben sich jedoch gelegentlich Interessenkonflikte, etwa wenn es gilt, zwischen einer „richtigen", aber eher unscheinbaren und einer spektakulären, für den Kunden aber riskanten Kampagnenempfehlung zu entscheiden.

Die Beratung erfolgt objektiv und neutral, d. h. die Agentur unterläßt jeden Versuch, die Kundenmeinung zu manipulieren. Auch hierbei ergeben sich Anfechtungen, etwa wenn die Agentur ihrem Kunden einen präferierten Zulieferer (z. B. Fotograph) empfiehlt, dieser aber aus Kostengründen abgelehnt wird.

Konkurrenzausschluß wird gewährt, d. h. die Agentur verpflichtet sich, aus einer Branche jeweils nur einen Kunden zu betreuen. Dabei stellt sich allerdings das Problem der Marktabgrenzung. So gibt es Kunden, die Pils- und Export-Biere als verschiedene Märkte tolerieren, aber auch solche, die ihre sehr verschiedenartigen Geschäftsfelder als verbunden definieren (z. B. P & G).

Die Kosten und Vergütungen je Auftrag werden offengelegt, vor allem werden keine Provisionen von Dritten angenommen. Leider zahlen Zulieferer nicht selten verdeckte Rückvergütungen für die Auftragsvermittlung an die Agentur, die dem Kunden keineswegs immer gutgeschrieben werden.

Es erfolgt keine Bindung an einzelne Werbungdurchführende (Verlage, Sender, Pächter) oder Zulieferer, d. h. Aufträge werden (normal dreifach) ausgeschrieben und Angebote gesichtet. Allerdings gibt es eine Tendenz zu Gefälligkeitsaufträgen außerhalb dieser Norm, z. B. wenn Wiedergutmachung für Agenturfehler, die der Zulieferer ausgebügelt hat, erforderlich wird.

Durch souveräne Kapital- und Personalausstattung soll eine Abhängigkeit vom Auftraggeber ausgeschlossen werden. So fordern große Werbungtreibende von ihren Agenturen eine hohe Mindestgröße, um z. B. internationale Präsenz zu gewährleisten. Allerdings unterliegt die Personaldecke angesichts erodierender Erlöse und steigender (überwiegend Personal-)Kosten einer Ausdünnung, was die Beratungskapazität weiter beansprucht (Indiz: stark steigender Pro-Kopf-Umsatz).

Ziel ist die Gesamtetatbetreuung des Kunden. Dazu wird ein Full Service-Angebot vorgehalten, d. h. vom Briefing bis zur Erstellung sämtlicher Werbevorlagen und deren Schaltung werden alle Funktionen aus einer Hand angeboten. Dies scheint den verbreiteten Spezialisierungsvorteilen zu widersprechen, bietet aber den Nutzen einer integrierten Leistungserstellung über alle Medien und Aufgaben hinweg. Es ist jedoch fraglich, ob die Mehrzahl vor allem großer Kunden noch des Full Service-Gedankens bedarf.

Probepräsentationen erfolgen nur gegen Bezahlung. Es gibt keine unentgeltlichen Vorleistungen. Hier sind viele Agenturen allerdings bereit, spekulative Investitionen zu leisten. Soweit dies Fremdkosten betrifft, wird dadurch die Liquidität belastet. Manche Kunden ziehen aus dieser Lage Vorteil, um diesbezügliche berechtigte Preisforderungen von Agenturen gegeneinander auszuspielen.

Es erfolgt eine leistungsgerechte Honorarberechnung, d. h. es werden keine Leistungen subventioniert, aber auch keine „vergoldet“. Bei der verursachungsgerechten Kostenzurechnung ergeben sich allerdings aufgrund des hohen Fixkostenanteils Probleme. Für eigene und zugekaufte Leistungen soll eine bestmögliche Preis-Leistungs-Relation erreicht werden, d. h. Arbeiten sind so anzulegen, daß die Preiswürdigkeit maximiert wird. Das ist in praxi schwierig, denn wer weiß schon im vorhinein, ob z. B. die teuere Filmproduktion ihren Aufpreis auch durch bessere Qualität mehr als wieder einspielt.

Kernfunktionen des Angebots sind Werbeberatung, -planung, -gestaltung und -durchführung, angegliedert werden jedoch zunehmend ergänzende, vor allem Nicht-klassische Werbung betreffende Services im Bereich von Branchenspezialitäten angeboten.

Kenntnisse, Fähigkeiten und Arbeitstechniken der Mitarbeiter werden ständig verbessert. Dies betrifft im allgemeinen Learning by Doing, denn Agenturen wenden für die Weiterbildung ihrer Mitarbeiter traditionell eher wenig auf, weil eine hoch arbeitsbelastete Branche sich Ausfallzeiten durch Ausbildung kaum leisten will. Obwohl dies eine recht kurzfristige Sichtweise der Dinge darstellt.

Es werden nur erfolgversprechende, zieladäquate Maßnahmen empfohlen und realistische Leistungs-, Termin- und Kostenschätzungen abgegeben. Dies soll Kunden davor schützen, im Vertrauen auf Kompetenz und Willen der Agentur Maßnahmen zuzustimmen, die nach ihrer Art und Anlage unrealistisch sind. Auch hier sind weite Grenze gesteckt, denn der Nachweis, daß Werbemaßnahmen erfolgversprechend sind, ist äußerst flexibel zu führen.

Fairness gilt als oberstes Gebot gegenüber allen Geschäftspartnern, d. h. die Sorgfalt eines ordentlichen Kaufmanns wird angelegt. Dieser Hinweis ist erforderlich, weil einige

Grenzanbieter der Branche ein solches Geschäftsgebaren nicht immer und überall an den Tag legen.

Der Service für einen Kunden darf nicht zu Lasten anderer Kunden gehen. Hier besteht die Versuchung, bei Kapazitätsengpässen die wirtschaftlich bedeutenderen Kunden bevorzugt zu behandeln. Deshalb fühlen sich kleinere Werbungtreibende oft auch in kleineren Agenturen besser aufgehoben, da sie unterstellen können, daß sie dort „wichtig" sind.

Strengste Vertraulichkeit aller Kundeninformationen wird gewährleistet. Dies gilt vor allem gegenüber möglichen Mitbewerbern. In praxi ist dies nur schwer darstellbar, da Werbung Kommunikationsgeschäft ist und von der Weitergabe und Verarbeitung des Rohstoffs Information lebt. Jedenfalls ist die Weitergabe von Auftragsunterlagen an Dritte ausgeschlossen.

Werbeanlässe

(→ *Kommunikation, Kategorien)*

Werbeelastizität

(→ *Werbemeßverfahren, Ökoskopische)*

Werbeempfänger

(→ *Kommunikation, Kategorien)*

Werbefilm

(→ *Kinospots)*

Werbeinhalte

(→ *Kommunikation, Kategorien)*

Werbekontrolle

(→ *Marketing, Ethik)*

Werbekurzfilm

(→ *Kinospots)*

Werbemittel-Posttest

Der Posttest betrifft die Werbeeffizienzkontrolle. Hier ergeben sich letztlich unüberwindliche Schwierigkeiten durch Faktoren wie mangelnde:

- Zuordnung der Kommunikation innerhalb des Marketing-Mix. So ist nicht bekannt, aufgrund welcher Marketingparameter ein Produkterfolg genau zustande gekommen ist und welchen Anteil die Kommunikation daran trägt. Eine sehr gute Kampagne mag gering wirken, weil gleichzeitig z. B. Produktqualität, Erhältlichkeit oder Preisstellung unzureichend sind. Umgekehrt kann selbst eine schlechte Kampagne den Erfolg eines Angebots nicht aufhalten, wenn die übrigen Parameter hervorragend arbeiten. Damit aber ist der Einfluß der Werbung innerhalb des Marketing-Mix nicht mehr nachvollziehbar.
- zeitliche Abgrenzung der Werbewirkung. So ist unbekannt, wann genau die Initiierung für einen Werbeerfolg stattgefunden hat, der sich irgendwann in Verhalten äußert. Es mag sein, daß länger zurückliegende Werbekontakte zum Einstellungsaufbau geführt haben, der sich aktuell erst in Handlung manifestiert und damit nicht

derzeitigen Werbemaßnahmen zugerechnet werden darf. Umgekehrt können derzeitige Werbekontakte nicht spontan zur Handlung führen, sondern als Depotinformation gespeichert und erst zu einem späteren Zeitpunkt, z. B. bei Bedarfsanlaß, abgerufen werden. Ein Erfolg, der aktuell nicht zu Buche schlägt. Insofern ist der zeitliche Einfluß der Werbung auf Einstellung und Kaufentscheid nicht nachvollziehbar.

- räumliche Abgrenzung der Werbewirkung. So ist nicht bekannt, wo genau die Kommunikation, die für einen Image- oder Absatzerfolg als ursächlich anzusehen ist, stattgefunden hat. Es mag sein, daß Werbekontakte in einem anderen Gebiet sich in diesem als Handlung auswirken. Und umgekehrt. Dies ist etwa regelmäßig der Fall, wenn Arbeits- und Wohnort auseinander fallen. Gleichfalls kann sich eine Werbeaktion in Ballungsräumen durch Abverkäufe in deren Vororten monetarisieren, wo großflächige Geschäftsstätten eine hohe Hebelwirkung ausüben. Deshalb ist eine genügende räumliche Abgrenzung der Werbewirkung nicht gegeben.
- Abgrenzung der Werbung im Kommunikations-Mix. Eine Einstellung oder Kaufhandlung kann sowohl aufgrund Klassischer wie Nicht-klassischer Werbemittel, innerhalb dieser wiederum durch vielfältige Medien, zustandegekommen sein. So können etwa Verkaufsförderung am POS, Persönlicher Verkauf oder redaktionelle Berichterstattung mehr oder minder großen Anteil daran haben. Oder Packungsausstattung oder Verkaufsliteratur. Da der Anteil Nicht-klassischer Werbemittel kontinuierlich steigt, sind mutmaßlich immer größere Anteile der Werbewirkung nicht mehr auf Klassische Werbemittel zurückzuführen.
- Isolierung gegenüber informeller Kommunikation. Ein Werbeerfolg muß nicht einmal aufgrund formaler Unternehmensaktivitäten zustandegekommen sein, sondern kann auch aus informellen Kontakten herrühren. Mund-zu-Mund-Propaganda, Erfahrungsaustausch unter Nachbarn, Bekannten, Verwandten etc. ist zudem womöglich weitaus wirksamer als Unternehmenskommunikation. Gleichfalls mag eine Kaufverweigerung trotz leistungsfähiger Werbemaßnahmen aus eben diesem Grund entstehen. Die Wirkungen strategischer Kommunikation sind somit notwendigerweise nicht von denen zufälliger Natur zu trennen.
- Isolierung von Prädispositionen der Abnehmer. Selbst eine leistungsfähige Werbung kann historisch bedingte, negative Prädisposition nicht immer kompensieren. Andererseits ist denkbar, daß schlechte Werbung, die auf vorhandene positive Prädispositionen trifft, diese lange Zeit nicht überkompensieren kann und so

dennoch in Handlungserfolg resultiert. Zwar ist die Remanenz von Images außerordentlich hoch, allerdings darf nicht unterschätzt werden, daß erodierte Imagewerte nur durch langwierige, intensive Kommunikation wiederzubeleben sind.

- Abgrenzung gegenüber autonomen Wettbewerbsaktionen. Die Werbewirkung wird immer auch von erfolgreichen oder erfolglosen Aktivitäten der Mitbewerber beeinflußt. Eine an sich arbeitsfähige Kampagne kann zum Scheitern verurteilt sein, wenn der Mitbewerb dagegen Preissenkungen, Extraserviceleistungen oder Sonderplacierungen stellt. Umgekehrt kann sich ein Erfolg aber auch schon allein dadurch ergeben, daß der Mitbewerb Preiserhöhung, Distributionsabbau oder Qualitätsabwertung vornimmt. Eigener Werbeerfolg ist somit nicht unabhängig vom Mitbewerb zu beurteilen. Vielmehr wird immer nur der Saldo aus eigenen und konkurrierenden Aktivitäten am Markt wirksam.
- Abgrenzung endogener Verbraucherverhaltensänderungen. Die Werbewirkung hängt nicht nur von der Werbung selbst, sondern auch von autonomen Einstellungsänderungen der Abnehmer ab. Ein Angebot kann nicht nur aufgrund guter Werbung erfolgreich sein, sondern allein schon deshalb, weil ein starker Sozialtrend in der Abnehmerschaft darauf hinarbeitet. Dies gilt für Produkte besonderer Preisgünstigkeit ebenso wie für solche demonstrativen Konsums. Umgekehrt kann natürlich ein Produkt auch geächtet sein, z. B. wenn sozial wenig akzeptierte Gruppen es häufig verwenden, ohne daß dies unzulänglicher Werbung zugeschrieben werden kann.

Werbemittel-Pretest

Dieser betrifft die Werbeeffizienzprognose. Mit der Werbung verbundene Risiken sollen nach Möglichkeit im Vorfeld eliminiert werden. Auch hierbei ergeben sich beträchtliche Schwierigkeiten aufgrund falscher Entscheidungssignale:

- Das zentrale Kriterium Aufmerksamkeitswirkung ist nur eine, allerdings notwendige Voraussetzung für den Markterfolg, nicht jedoch als dafür hinreichend anzusehen. Denn Aufmerksamkeit allein schafft noch keinen Handlungserfolg. Dazwischen liegen psychologisch und sozial bedingte Wirkungen, die trotz hoher Aufmerksamkeit zur Kaufverweigerung führen können oder umgekehrt trotz geringer Auffälligkeit zum Kaufabschluß. Tests, die allein die Aufmerksamkeitswirkung zum Gegenstand haben, spielen demnach auch ausschließlich die Aufmerksamkeitswirkung zurück. Doch die ist nur ein Element des Markterfolgs, praktisch der Auslöser, aber nicht die Gewähr dafür. Wobei eine für jedermann und leicht nachvollziehbare

Schlüssigkeit zwischen beiden Größen nicht gegeben sein muß.

- Aus Zeit- und Kostengründen wird oft nur ein Sujet einer Werbekampagne in den Werbemittel-Pretest einbezogen. Dies führt über Unzulänglichkeiten zur Verzerrung. Denn Erfahrungen zeigen, daß bereits vergleichsweise gering erscheinende gestalterische Veränderungen Ergebnisse unvorhersehbar und erheblich beeinflussen. Auf diese Weise kann es vorkommen, daß eine an sich arbeitsfähige Kampagne wegen eines schwächeren Motivs gekippt bzw. umgekehrt eine suboptimale Kampagne infolge eines überdurchschnittlichen Motivs, das zufälligerweise getestet wird, präferiert wird. Außerdem ist es typisch, daß eine Kampagne von ihren Machern im Zeitablauf immer ausgefeilter gestaltet und damit auch immer besser wird. Während der Test meist nur frühe Entwicklungsstadien von Kampagnen repräsentiert.
- Aus Zeit- und Kostengründen wird ein Sujet meist nach nur einmaligem Werbemittelkontakt beurteilt. Dies unterschlägt Lernerfolge, die im Zeitablauf beinahe zwangsläufig entstehen. Denn gerade mehrmalige, in mehr oder minder großen Zeitabständen und Intensitäten wiederholte Werbemittelkontakte führen zu erheblichen Veränderungen der Kampagnenbewertung. D.h. zunächst irrelevante Umsetzungselemente gewinnen im Zeitablauf an Bedeutung, während andere, vordergründig prominente Elemente zurücktreten. Diese Effekte werden in Pretests unberechtigterweise vernachlässigt. So entlarven sich Gags nach einiger Zeit als vordergründige Effekthascherei während hintergründige Assoziationen immer mehr an Wirkung gewinnen.
- Testvorlagen werden meist isoliert und nicht in ein mehrkanaliges Anspracheumfeld eingebunden dargeboten. Dies ist unrealistisch. Gerade für eine Zeit, die durch Multimedialität und integrierte Kommunikation gekennzeichnet ist, ist der zeit- und raumgleiche Kontakt mit Botschaften über TV, Kino, Funk, Illu, TZ. Plakat etc. typisch und unvermeidlich. Da dem jeweiligen Medium innerhalb einer konzertierten Abstimmung des Konzepts definierte Aufgaben zugeordnet sind, kann die Berücksichtigung nur einer Werbemittelgattung diese komplexen Wirkzusammenhänge nicht annähernd erfassen. Gerade darauf beschränkt sich jedoch für gewöhnlich die Testanlage. Die Problematik wächst, wenn diese Vorlage isoliert und nicht lebensnah eingebunden innerhalb ihres organischen Umfelds dargeboten wird.
- Die zur Untersuchung herangezogenen Fallzahlen sind im allgemeinen zu gering, um verläßlich zu sein. Dies führt zwangsläufig zu Verzerrungen. Bei demoskopischen Erhebungen wird durch elaborierte Auswahlverfahren und

große Stichproben sorgsam auf die Aussagefähigkeit der Untersuchung hingearbeitet. Nur dadurch ist eine vertrauenswürdige Hochrechnung der Stichprobenergebnisse auf eine wie immer abgegrenzte Grundgesamtheit möglich. Bei Werbemittel-Pretests hingegen sollen exemplarische (meist willkürlich ausgewählte) Fälle ausreichen, um mit subjektiv hinreichender Sicherheit auf Reaktionen der Zielpersonen schließen zu können. Eine Hypothese, die teuer zu stehen kommen und vom Argument der qualitativen Erhebung nicht annähernd aufgehoben werden kann.

- Die Struktur der Probandengruppe ist häufig nicht repräsentativ für die Zusammensetzung der Grundgesamtheit. Auch dies führt zu Verzerrungen. Zum quantitativen Mangel der Kopfzahl kommt regelmäßig der qualitative Mangel der falschen Quotierung. Dieses Merkmal richtet sich in praxi eher an pragmatischen Verfügbarkeitskriterien, wie Adressenkartei, zeitlicher Zugriff, Auskunftsbereitschaft etc. aus als an demographischen und erst recht psychologischen Kriterien der strategischen Zielgruppe. Daß unter diesen Bedingungen die Aussagefähigkeit der Ergebnisse erheblich in Mitleidenschaft gezogen ist, bleibt unausweichlich. Um so verwunderlicher scheint es, daß von dieser brüchigen Basis dennoch weitreichende Entscheidungen abhängig gemacht werden.
- Jedes Testergebnis ist individuell, deshalb fehlt eine aussagefähige Vergleichsbasis als Beurteilungsstandard (Benchmark). Dies scheint hinsichtlich der Interpretation willkürlich. Ist jeder Werbemittel-Pretest auf die zu bewertende Aufgabe abgestellt, was als Vorteil angeführt und vielfach gefordert wird, so differieren damit Zeit, Ort, Institut, Verfahren, Teilnehmer, Fallzahl etc. kumuliert bei jedem Einzelprojekt von allen anderen vorher und nachher. Es fehlt ein zuverlässiger Bewertungsmaßstab, der objektiviert indizieren könnte, ob ein Test nun mit Erfolg absolviert wurde oder nicht. Gerade dies ist aber die Erwartungshaltung an einen Test.
- Standard-Erhebungen sind oft zu grob gerastert und zeitigen verzerrte Ergebnisse, da sie nicht mit genügender Detailliertheit und Gerechtigkeit auf die Individualität der Kampagne einzugehen vermögen. Beispiele zeigen, daß solche Verfahren zur Ablehnung ex post hervorragend im Markt arbeitender Kampagnen führen (z. B. *Fiat Panda*) bzw. zur Zulassung sich ex post als verfehlt herausstellender Ansätze (z. B. *Skip* von *Unilever*). Damit stellt auch die Standardisierung von Testbedingungen keine Lösungsmöglichkeit dar. Dies vernachlässigen mit klangvollen Namen versehene Produkte der großen Marktforschungs-Institute.
- Eine Kopplung mit weiteren Untersuchungsgegenständen, die

meist aus Kostenersparnis resultiert, führt zur unsachgemäßen Beeinflussung der Ergebnisse. Positive oder negative Anmutungen zu verwandten Issues, wie Qualitätseinschätzung, Packungsakzeptanz, Preisbereitschaft etc., irradiieren, wie nicht anders zu erwarten, auf die Werbung und beeinflussen so deren Testresultat, ohne daß dies von den Probanden expliziert und damit in der Auswertung nachvollzogen werden könnte. Hier wird zweifellos an der falschen Stelle gespart.

- Vielfältige, subjektive Wertungen der Marktforscher fließen als Interpretation in der Zusammenfassung (Management Summary) mit ein, die überwiegend nur genutzt wird. Selbst, wenn man unterstellt, daß das Testdesign einwandfrei ist, sind Datenerhebung und Schlußfolgerung daraus nicht eindeutig trennbar. Insofern spielen implizite Werturteile des Auswerters eine verhängnisvolle Rolle. Ein Blick in den Datenteil des Berichtsbands, den man sich regelmäßig wegen dessen beängstigenden Umfangs und der Unübersichtlichkeit der dort dargestellten Ursprungsinformationen erspart, offenbart Zwischentöne und Zusammenhänge, die sich im Kommentarteil oft ganz anders darstellen. Dies kann nicht allein mit der Verknappung der Information entschuldigt werden.
- Soziale Phänomene können nicht antizipiert werden und bleiben daher außer Acht. Gerade darin liegt aber eine Stärke der Werbung als Sozialtechnik. Dadurch werden wichtige Chancen vergeben. Denn viele Marktangebote werden weniger auf Grund ihrer objektiven Beschaffenheit oder Kampagnenqualität zum Erfolg, sondern weil gesellschaftliche Trends sie dazu machen. Solche Bezüge sind durch Tests üblicherweise in ihren Auswirkungen nicht determinierbar, weil die Laborsituation soziale Interdependenzen nicht simulieren kann, sondern diese sich erst evolutionär aus dem Marktgeschehen heraus ergeben.
- Die künstliche Laborsituation führt zu veränderten Reaktionen bei den Probanden. Diese fühlen sich aufgefordert, kritischer, involvierter, überlegter als sonst zu sein. Da die Probanden um ihre Funktion wissen, oft sogar um das zu beurteilende Meinungsobjekt, weicht ihre geäußerte oder in Handlung manifestierte Meinung natürlich von der einer unkonditionierten Konsumsituation im Feld erheblich ab. Reaktionen werden rationalisiert wie das später durch fehlenden Anlaß meist nicht wieder geschieht. Dementsprechend sind auch die Ergebnisse von Werbemittel-Pretests andere als a posteriori im Markt, der durch habituelle oder impulsive Entscheide dominiert ist.
- Apparative Erhebungsmethoden zur Ausschließung von Verzerrungen auf kognitiver Basis rufen erst recht Erhebungsverzerrungen

durch ihre künstliche Umgebung hervor. Dies provoziert darüber hinaus aber auch unvollständige Ergebnisse durch hohe Testverweigerungsquoten bei den Probanden, die, obgleich als potentielle Zielpersonen identifiziert, mit ihren Ergebnissen erst gar nicht in den auszuwertenden Datenstamm eingehen. Dies schafft schon prinzipbedingt unzulässige Ergebnisse. D.h. apparative Erhebungsmethoden bergen in sich das Übel, das sie zu bekämpfen vorgeben, nämlich den Erhebungs-Bias.

- Physiologische Testverfahren messen nur physiologische Dimensionen, nicht aber Anhaltspunkte für Markterfolge. Es fehlt an der Unterscheidbarkeit von Ursache und Anlaß oder genauer, es mangelt an der unerläßlichen Stringenz zwischen dem beobachteten, gemessenen Reflex und seiner Bedingung. So kann das Eintreten eines Reflexes bei Erregung durch Ärger ebenso verursacht sein wie bei Erregung durch Freude. Damit muß der Anlaß aber wiederum hinterfragt werden. Wenn aber ohnehin hinterfragt werden muß, bleibt offen, warum vorher auf unwillkürliche, nicht beherrschbare Reflexe rekuriert wird, deren Interpretation ohnehin ambivalent ist.
- Spontane Ablehnung für ungewöhnliche kreative Umsetzungen kann sich häufig im Assimilationsprozeß des realen Marktumfelds zur Zustimmung verändern. Werbemittel-Pretests bevorzugen in der Beurteilung die Zustimmung für vertraute, bewährte, „normale“ gegenüber neuartigen, gewöhnungsbedürftigen, „ausgefallenen“ Sujets. Der Grund liegt darin, daß Menschen zur Vereinfachung ihre Umwelt kategorisieren und alles, was nicht auf Anhieb in dieses Denkschema paßt, bei ihnen Unbehangen erzeugt. Erst nach näherer Auseinandersetzung mit der Materie steigen dann die Chancen auf Zustimmung. Dazu kann es im Labor aber kaum kommen. Insofern fördern Tests konventionelle Lösungen und führen zusätzlich zu immer gleichartigeren, austauschbaren Produkten zu immer gleichartigeren, langweiligen Kampagnen. Auftritte, die nicht mehr anecken, aber auch nicht mehr markant profilieren.
- Erfahrungswerte der Marktforschung bewirken unzulässige Umwertungen am Ergebnis des Pretests. Die Objektivität, die gerade gewährleistet werden soll, ist dahin. Dadurch jedenfalls lassen sich die genannten und andere schwerwiegende Einwände gegen die Aussagefähigkeit von Werbemittel-Pretests nicht ausräumen. Denn insoweit wird genau der Zweck von Tests aufgehoben, nämlich eine gültige und verläßliche Aussage über Meinungsgegenstände jenseits subjektiver Wertungen zu schaffen.

vgl. *Pepels, Werner:* Handbuch Moderne Marketingpraxis, Band 1: Die

Instrumente im Marketing, Düsseldorf 1993).

Werbestatistik

(→ Medialeistung des Mitbewerbs)

Werbesubjekte

(→ Kommunikation, Kategorien)

Werbebudgetbestimmung, Theoretische Verfahren

Bei theoretischen Ansätzen zur Werbebudgetbestimmung handelt es sich um mathematische Verfahren, die die Optimalität des Werbebudgets in Abhängigkeit von Randbedingungen bestimmen wollen. Zu erwähnen sind etwa die Ansätze von Weinberg, Vidale/Wolfe, Little, Dorfman/Steiner etc. Wegen der großen Praxisferne dieser Randbedingungen sind sie jedoch nicht praktikabel und damit als Entscheidungskriterien wenig hilfreich. Solche Prämissen sind etwa:

- Statische Betrachtungsweise nur einer kurzfristigen Werbeperiode. Tatsächlich jedoch ist es im Sinne einer vorausschauenden Planung erforderlich, Auswirkungen jetziger Aktivitäten auf zukünftige Perioden bzw. Einflüsse zukünftiger Perioden auf jetzige Aktivitäten in die Entscheidung über das Werbebudget mit einzubeziehen.
- Gewinnmaximierung als einschränkende Zielsetzung der Unternehmung. Tatsächlich sind jedoch alle möglichen Formen der Zielsetzung anzutreffen, ganz gewiß nicht aber die Gewinnmaximierung. Dies scheitert schon allein an den dazu erforderlichen Voraussetzungen. Deshalb kann gar kein Unternehmen Gewinne maximieren, selbst wenn es dies wollte.
- Vorhandensein vollkommener Information über alle relevanten Umfelddaten. Auch dies ist angesichts zunehmend komplexer Vermarktungsbedingungen nicht annähernd gegeben. Zudem sprechen die begrenzten Verarbeitungskapazitäten des Entscheidungsträgers Mensch gegen das jemalige Erreichen dieser Prämisse.
- Vorliegen funktionaler Zusammenhänge zwischen Input und Output, die stetig und differenzierbar sind. Vielmehr sind diese zu weiten Teilen nicht einmal bekannt, geschweige denn die Art ihres Zusammenhangs. Gerade Werbung ist durch elementar qualitative Kriterien charakterisiert, die sich einer quantifizierten Erfassung weitgehend entziehen.
- Marktformen entweder des Monopols oder Polypols, nicht jedoch die real weitverbreiteten Oligopole. Abgesehen davon, daß es absolute Monopole wohl in einer Welt der Alternativen nicht gibt, sind auch Polypole zumeist von monopolistischen Teilstrukturen durchzogen. Für diese praktischen Mischformen wird in den Modellen keine Aussage getroffen.
- Monoproduktion im zugrundegelegtem Unternehmen. Dies ist heutzutage jedoch die krasse Aus-

nahme. Beinahe alle Anbieter stellen Produkte für mehrere Märkte zur Verfügung, um ihr angestammtes Know how besser auszunutzen oder eine Minderung von Marktrisiken zu erreichen.

- Keine anderen Marketinginstrumente außer der Werbung dürfen vorhanden sein. Nun ist hinlänglich bekannt, daß die übrigen Marketing-Mix- Instrumente mindestens den gleichen Leistungsbeitrag zum Absatzerfolg von Produkten zu liefern in der Lage sind wie die Werbung. Von daher entbehrt diese Annahme des Realitätsbezugs.
- Gegebenes Werbeverfahren in Kampagnenanlage, Medienauswahl und -einsatz. Dies schließt aus, daß die Effizienz der Werbung durch Änderung der kreativen Umsetzung, durch Nutzung anderer Werbemittel und -träger sowie durch mediataktische Maßnahmen erhöht werden kann. Gerade dies ist aber angesichts begrenzter Budgetmittel häufig das Ziel.

Werbebudgetierung unter Restriktionen

In der Werbung ist es wie im richtigen Leben. Das vorhandene Budget reicht nicht aus, alle gewünschten werblichen Teilziele angemessen umzusetzen. Leider ist das Werbebudget bei restriktivem Umfeld besonders anfällig für Kürzungen, da dort scheinbar kurzfristig Mittel eingespart werden können, ohne auch die Konsequenzen daraus kurzfristig tragen zu müssen. Es steht jedoch zu vermuten, daß die Aufwendungen, die erforderlich sind, um bei Budgetkürzungen unvermeidlich auftretende Einbußen an Bekanntheit und Vertrautheit später wieder auszugleichen, ungleich höher liegen als der ursprünglich eingesparte Betrag. Andererseits sind in Krisensituationen schmerzhafte Einschnitte überall unvermeidlich. Da die Möglichkeiten zur Ausweitung des Finanzspielraums begrenzt bleiben, gibt es nur die Chance, die zur Verfügung stehenden Mittel geschickt aufzuteilen. Dabei ergeben sich mehrere Optionen, das Werbebudget möglichst effizient zu nutzen.

So die der *gleichmäßigen Verteilung* der Mittel auf alle Produkte. Die Folge ist allerdings, daß selbst große Etatvolumina dadurch fraktioniert werden und bei jedem Teilziel eine wirksame positive Differenzierung vermissen lassen. Im übrigen wird damit auch der unterschiedlichen Bedeutung der Produkte im Programm in keiner Weise Rechnung getragen. Ein positiver Effekt ist sicherlich, daß alle Produkte im Programm mit Mitteln dotiert werden. Dies geschieht aber um den Preis einer mutmaßlich ungenügenden Durchsetzungsfähigkeit gegen den Wettbewerbswerbedruck. Außerdem besteht keine Ursächlichkeit zwischen Input (Werbebudget) und Output (Markterfolg).

Die Finanzmittel werden diesen *ausgewählten Einzelprodukten* solange zugewiesen, bis die Budgetgrenze vollständig ausgeschöpft ist.

Dabei stellt sich allerdings die Frage, nach welchen Kriterien die derart dotierten Werbeobjekte selektiert werden, und ob man es sich leisten kann, die nun nicht berücksichtigten gänzlich zu vernachlässigen. Bildet man eine Priorität zugunsten der Erfolgsprodukte im Programm, so werden alle übrigen Produkte, die die kommunikative Stützung im Zweifel weitaus eher benötigen, vernachlässigt und drohen, in der Bedeutung weiter abzufallen. Wählt man hingegen gerade die Problemprodukte zur werblichen Unterstützung aus, ist dies wiederum leichtfertig, da die Erfolgssäulen nicht mehr bedacht werden und abzufallen drohen. Positiv zu werten ist die nachhaltige Unterstützung der ausgewählten Produkte. Extrem nachteilig bleibt dabei, daß ganze Teile des Programms im Wettbewerb untergehen.

Bei der *Konzentration auf Produktereignisse* kann es sich um Neueinführungen, Modellaufwertungen, Relaunches etc. handeln. Werbung ist hier erforderlich, um diese Ereignisse angemessen bekannt zu machen und zu profilieren. Dies geht allerdings zu Lasten des regulären Angebots. Geht man jedoch davon aus, daß alle Produkte im Programm reihum früher oder später für Ereignisse gut sind, werden sie allerdings im Zeitablauf auch alle berücksichtigt. In jedem Fall können Neuheiten, Aufwertungen etc. prominent herausgestellt werden. Produkte ohne Ereignisse drohen jedoch zugleich, sang- und klanglos im Wettbewerb unterzugehen.

Bei der *Dachkampagne* anstelle von Produktauslobung werden nicht mehr die einzelnen Produkte beworben, sondern vielmehr der Herstellerabsender (nicht unbedingt die Firma), der diese Leistungen bereitstellt. Es wird auf die deduktive Abstrahlung der Imagewirkung des Markendachs auf alle diesen Markennamen tragenden Produkte gesetzt. Dies bietet sich vor allem für Hersteller mit schwer überschaubarem Programm an. Bestimmte Produkte stehen möglicherweise stellvertretend als Kompetenzbeweis und zur Konkretisierung. Damit gelingt es zwar, alle Produkte im Programm indirekt an der Kampagne partizipieren zu lassen. Allerdings scheint diese Version für heterogene Programme und High Involvement-Produkte weniger geeignet.

Bei der *Programmwerbung* werden also nicht die Marke und auch nicht einzelne Produkte beworben, sondern das gesamte Programm. Dies bedeutet, daß alle Produkte gemeinsam ausgelobt werden, was relativ hohe Homogenität im Programm voraussetzt. Damit eignet sich diese Variante nicht für spitz positionierte Angebote. Im übrigen wird auch die Kreative Umsetzung leicht unübersichtlich, worunter die Eindrucksqualität aller Produkte wiederum leidet. Vorteile liegen einerseits in der Berücksichtigung aller Produkte im Programm und andererseits in einer manifesten Kostenersparnis. Der Preis dafür ist mit unzureichender Profilierung des einzelnen Angebots jedoch sehr hoch.

Passende Programmteile finden sich in einer *Bündelungskampagne* wieder. Dabei werden zwar nicht alle, wohl aber ausgewählte, möglichst verwandte Programmteile in einem Werbemittel zusammengefaßt. Dabei stellt sich die Frage nach der Grundlage dieser Verwandtschaft, die wiederum nur aus Kundensicht zu beantworten ist. Gelten verschiedene Kaufkriterien, wird notwendigerweise immer an Teilen der Zielpersonengruppe vorbei argumentiert. Dennoch kommt eine verteilte Berücksichtigung aller Produkte im Programm zustande. Dies wiederum bei einer manifesten Kostenersparnis. Auch diese Version scheint für heterogene Programme und High Involvement-Produkte weniger geeignet.

Bei formaler Klammerung werden unterschiedliche Kampagnen mit formaler Klammerwirkung durch Corporate Design (CD) gefahren. Graphische Gemeinsamkeiten im Auftritt, die für alle Werbeobjekte einheitlich festgelegt werden, signalisieren somit in der Summe den Eindruck der Zusammengehörigkeit. Von daher addieren sich die einzelnen Werbemaßnahmen einer Marke im Bewußtsein der Zielpersonen zueinander und schaffen mehr Prägnanz. Trotz Einzelauftritten sind damit die gewünschten Synergieeffekte möglich. Allerdings handelt es sich um eine eher schwache Klammerwirkung.

Bei inhaltlicher Klammerung handelt es sich um eine weniger vordergründige Klammerung als beim CD. Verbundeffekte durch gleiches Selbstverständnis in den Werbemitteln sind langsamer in ihrer Wirkung und arbeiten deshalb weniger effizient. Ihre Berechtigung ist aber im größeren Gestaltungsspielraum der kreativen Umsetzung und der nachhaltigeren Wirkung zu sehen. Trotz Einzelauftritten sind auch hier die gewünschten Synergieeffekte möglich. Wiederum handelt es sich nur um eine eher schwache Klammerwirkung.

Bei sowohl formaler als auch inhaltlicher Klammerung werden sowohl gestalterische als auch konzeptionelle Gemeinsamkeiten genutzt, um zu Synergieeffekten zu gelangen. Damit akkumuliert die gleiche formale und inhaltliche Umsetzung zu einem Gesamteindruck von Produkten und ihrem Herstellerabsender. Einerseits sollen dabei die einzelnen Produkte wirksam ausgelobt und gegenüber ihrer jeweiligen Konkurrenz abgegrenzt werden, andererseits müssen sie so offensichtliche Gemeinsamkeiten untereinander aufweisen, daß in der Zielgruppe ihre Zusammengehörigkeit realisiert wird. Dies stellt hohe Anforderungen an die kreative Umsetzung. Der wesentliche Vorteil liegt darin, daß hohe Synergieeffekte trotz Einzelauftritten wahrscheinlich sind. Als Wermutstropfen machen starke gestalterische Einschränkungen die Umsetzung jedoch ausgesprochen schwierig (vgl. *Pepels, Werner:* Kommunikationsmanagement, Stuttgart 1994).

Werbemeßverfahren, Ökoskopische

Diese Testverfahren beziehen sich speziell auf ökonomische Größen und werden auf mehrerlei Art gemessen:

- Nielsen-/GfK-/G&I-Daten aus Händler-, Verbraucher- oder kombinierten Panels. Bei einem Panel handelt es sich um die wiederholte Erhebung eines bestimmten, gleichbleibenden Kreises von Untersuchungseinheiten in regelmäßigen zeitlichen Abständen zum gleichen Untersuchungsgegenstand. Gebräuchlich sind vor allem Verbraucherpanels für Haushalte oder Individuen, Unternehmenspanels und Handelspanels für Groß- und Einzelhandel (jeweils für Verbrauchs- und Gebrauchsgüter, speziell auch mit Scannerdaten).
- Ausdrückliche Erfassung der Bestellung unter Bezugnahme auf Werbung (BuBaW). Diese Möglichkeit ist klassischerweise bei Bestellcoupons gegeben. Die Identifizierung des inserierten Werbeträgers (z. B. über einen eingedruckten Code) erlaubt zudem einen Effizienzabgleich. Allerdings steht der ausschließliche Rückschluß auf Werbeerfolg auf sehr wackeligen Beinen.
- Direktbefragung der Werbeerreichten hinsichtlich ihrer Kaufabsicht. Dies erfordert gleich zweierlei, zum einen die Identifizierung der werbeerreichten Personen, zum anderen deren Meinungserhebung. Allerdings liegt auch hier zwischen Meinung und Umsetzung in Kauf die entscheidende Differenz.
- Gebietsverkaufstest mit Feststellung von Probier-, Erst-, Wiederholungskäufen, Kaufintensität, -frequenz. Systematisch erfolgt dies nach Starch als Netapps (Akronym für Net Ad Produced Purchases), außerdem nach dem Noreen-Verfahren (durch Vergleich von je vier wechselnden Testgebieten, Werbeprogrammen und Jahres- und Saisonzeiträumen bei,zumindest theoretischer, Eliminierung anderer Faktoren durch Rotation/Latin Square).
- Werbeelastizität als relative Umsatzänderung (im Zähler eines Quotienten) zur sie verursachenden relativen Werbeaufwandsänderung (in dessen Nenner). Doch auch dies ist einigermaßen unrealistisch.

Werbemeßverfahren, Psychographische

Im Rahmen der Werbeeffizienzmessung sind spezielle Werbetestverfahren entwickelt worden, die im folgenden dargestellt werden:

- Der *Recall-Test* hebt auf die Erhebung der Erinnerung als Impact der Werbung ab. Die Erhebung erfolgt z. B. im Day After Recall (DAR) oder On Air Test (OAT). Als Maßstab dienen dabei:
  die gestützte Erinnerung an Werbemittel (Aided Recall), wobei die Stützung durch Anzeigenbeleg, Storyboard etc. erfolgt,

die ungestützte Erinnerung ohne Hilfsmittel (Unaided Recall). Ermittelt werden Marken-/Produkterinnerungen, Erinnerungen an Visual, Copy, Benefit, Main Claim etc. sowie der generelle Impact. Das redaktionelle und werbliche Umfeld verzerrt allerdings die Ergebnisse. Dies soll im CEDAR (Controlled Exposure Day After Recall) durch Umfeldkontrolle vermieden werden.

- Der *Recognition-Test* hebt auf die Wiedererkennung anhand der Originalwerbung ab. Im Printbereich erfolgt die Erhebung durch den Starch-Copytest. Unterschieden werden dabei die Kriterien:
Werbung registriert (Noted),
Teile der Werbung gesehen und wiedererkannt (Seen/associated),
mehr als die Hälfte des Textes gelesen (Read most).
- Der *Ad*vantage-Test* der GfK (Gesellschaft für Konsumforschung) ist ein kombiniertes Verfahren. Bei Testpersonen wird das Leseverhalten bei speziell mit Testanzeigen aufgemachten Testheften beobachtet (bei der Hälfte von ihnen mit Hilfe eines Blickaufzeichnungsgerätes). Ablenkende Fragen testen dabei die Durchsetzungsfähigkeit der Werbung. Die Erinnerung wird bei einem Nachinterview durch Fragen nach Inhalten gemessen, die Einstellung wird durch Likes/Dislikes ermittelt. Entscheidend ist der Attitude Shift zwischen Erstkontakt und Nachinterview.
- *Copytests* werden regelmäßig auch von Verlagen im Rahmen der ohnehin stattfindenden internen Marktforschung zu redaktionellen Inhalten angeboten. Sie erfassen die relative Beachtung von Anzeigen im Heftumfeld (z. B. Argus von Stern, Freundin, Capital, Resonanz von Brigitte, Bunte, BamS-Transparenz, HörZu-Copytest, Spiegel-Anzeigenbarometer etc.). Hier sind kostenlose Zusatzfragen für Werbungtreibende möglich.
- *Tele-/Audimeter* erfassen repräsentativ (bei 4000 Haushalten mit 9000 Personen) und automatisch, welche TV-/Funkgeräte zu welcher Zeit auf welchem Sender eingeschaltet sind. Außerdem wird die senderfremde Nutzung durch Videorecorder, Telespiel, Videotext, Bildschirmtext etc. erkannt. Tele-/Audilog stellt eine vereinfachte Form durch Tagebuchaufzeichnung darüber dar, wer welche Sendung wann sieht/hört.
- Um dabei Verzerrungen vorzubeugen, werden spezielle Apparaturen eingesetzt. So wird beim Passive People Meter ein Infrarotmeßgerät installiert, das auf Körperwärme reagiert und damit feststellt, ob sich jemand im Raum mit dem TV-Gerät befindet, während dieses eingeschaltet ist.
Bei der C-Box ist zudem eine Videokamera/-recorderkombination eingebaut, die per Weitwinkelobjektiv den Raum vor dem TV-Gerät aufzeichnet. In einem Bildausschnitt wird bei der Kontrolle das gerade laufende Pro-

gramm eingeblendet, sodaß die Aufmerksamkeit für TV Programme/Werbeblöcke zugeordnet werden kann.

Das Arbitron ist ein Passive Pokket People Meter, das auf Audiosignale reagiert und selbsttätig registriert, wer sich im Einzugsbereich von Fernseh- und Rundfunkempfang befindet. Dazu ist es erforderlich, daß Probanden das Arbitron bei sich zu tragen (vgl. *Pepels, Werner:* Kommunikationsmanagement, Stuttgart 1994).

Werbeobjekte

Auf der ersten Ebene kann zur Bewerbung jeweils ausgewählt werden:

- *Einzelprodukt/-marke,*
- *Produktgruppe/Rangemarke,*
- *Programmsparte/Division.*

Das Unternehmensprogramm von *Beiersdorf* besteht etwa aus den Sparten Kosmetik, Medizin, Pharmazeutik und Klebstoff. Die Kosmetik-Division wiederum enthält mehrere Produktgruppen, so für Körperpflege, Duft, Zahncreme etc. Die Körperpflege-Range ihrerseits besteht aus mehreren Einzelprodukten unter der Marke *Nivea*, so Nivea-Creme, -Milk, -Seife, -Sonnenschutz, -Shampoo etc., die dann nochmals als verschiedene Einzelartikel angeboten werden.

Das Unternehmensprogramm von *Procter&Gamble* beinhaltet etwa mehrere Sparten, so auch die für Blendax-Produkte. Die *Blendax*-Division wiederum ist in mehreren Produktgruppen aktiv, vor allem Dentalmedizin, Körperpflege und Zahnmedizin. Die Zahnpflege-Range besteht ihrerseits u. a. aus der Marke *blend-a-med*, die in verschiedenen Einzelartikeln angeboten wird, z. B. b-a-m-Zahncreme, -Mundwasser.

Mit der Bewerbung kann nun auf jeder der genannten Teilebenen angesetzt werden. Auf einer Folgeebene kann dann zur Bewerbung im einzelnen vorgesehen werden:

- *Leitprodukt* mit das Programm prägendem, leitbildhaftem Teilangebot,
- *Beispielprodukte* mit stellvertretendem Teilangebot des Programms,
- *Programm* mit gesamthafter Angebotsauslobung ohne Produkte.

Ist das Programm zu umfangreich, um alle seine Bestandteile einzeln auszuloben, kann, hinreichende Homogenität vorausgesetzt, stattdessen ein Einzelprodukt (aber auch eine Produktgruppe oder eine Programmsparte) daraus ausgelobt werden. Im Falle des Leitprodukts steht dieses hervorgehoben für die Gesamtleistung des Markenprogramms. So bewarb *Jacobs* lange Zeit nur sein Produkt *Krönung* als Spitze eines Eisbergs weiterer Jacobs-Kaffeesorten.

Im Falle der Beispielprodukte stehen wechselweise einzelne Angebote repräsentativ für die Gesamtleistung eines großen Markenprogramms. So lobt *Langnese* in jedem Jahr nur einzelne Produktangebote stellvertretend aus und lädt diese qua Werbung mit Lebensfreude auf. Von diesen strahlt das Image dann auf alle anderen, den gleichen Markennamen tragenden Eissorten ab.

Schließlich kann das Programm auch abstrakt, also unter Vernachlässigung der einzelnen Produkte, ausgelobt werden. Dies bietet sich vor allem an, wenn diese individuell ausgeprägt und recht erklärungsbedürftig sind. Zu denken ist etwa an Finanzdienstleistungen (Banken, Versicherungen, Bausparkassen). Hier wird meist eine pauschale Vorteilhaftigkeit ohne nähere Konkretisierung behauptet.

Auf einer dritten Ebene schließlich wird die

- *Organisation/Firma*

zur Bewerbung ausgewählt.
Dabei treten Programm und Produkte ganz in den Hintergrund. An deren Stelle wird die Leistungsfähigkeit des Absenders ausgelobt. Dies trifft auf die Imagewerbung zu. Sie ist besonders erforderlich, wenn das Angebot einer Organisation/Firma in Anspruch genommen werden muß (z. B. öffentliche Verkehrsbetriebe, Bundespost), wenn Zielgruppen deren Produkte nicht unmittelbar kaufen können (z. B. Investgüterhersteller) oder eine Notwendigkeit zur Imagepflege oder -verbesserung gesehen wird (z. B. Chemieindustrie, Mineralölbranche).

Werbewirkungskontrolle

Hierbei sind eine ganze Reihe von unterschiedlichen Verfahren zu nennen.

Für *Foldertests* werden speziell angefertigte Werbefolder zusammengestellt, in denen mehrere Anzeigen enthalten sind. Der Recall-Test untersucht die Erinnerung einer Zielperson an Produkt, Marke oder Kommunikation. Man unterscheidet dabei den sog. Aided Recall und den Unaided Recall. Vorab wird der sog. Spontaneous Recall abgefragt, der auf jegliche Stützung der Erinnerung verzichtet. Die Messung des Aided Recall erfolgt durch die Abfrage an Personen, die angeben, die Kommunikation des Angebots wahrgenommen zu haben, unter Vorgabe der Botschaftsabsender (zunächst Produktart, später dann Marke) dahingehend, an welche Kommunikationsinhalte sie sich erinnern (Copy Recall, Visual Recall, Benefit Recall, Main Claim Recall). Die Messung des Unaided Recall verzichtet auf eine solche Stützung und gibt lediglich den Produktbereich vor, dem Marken zugeordnet werden sollen, stellt also den weitaus härteren Meßwert dar. Erinnern bedeutet dabei, daß genügend Einzelheiten beschrieben werden können, um Verwechslungen der Anzeige zu anderen ausschließen zu können (sog. Related Recall).

Die Angabe der gestützten, vor allem aber der ungestützten Erinnerung ist ein wichtiger Indikator für die Stellung eines Angebots im Set of Brands. Man spricht in diesem Zusammenhang auch vom sog. Share of Mind als relativem Anteil der Bekanntheit eines Angebots im Vergleich zu allen jeweils relevanten Angeboten am Markt. Das bekannteste Angebot ist Top of Mind. Recall mißt ausschließlich einen Lernvorgang, er sagt nichts über Intensität, Art und Richtung der Erinnerung aus.

Der *Print-Day After Recall* (DAR) arbeitet mit Originalheften (anstelle von Folders), in die Andrucke der Testanzeigen montiert werden. Diese werden an Testpersonen abgegeben, die Leser dieses oder eines ähnlichen Titels sind. Dabei wird angegeben, daß es darum geht, die Hefte informativer und interessanter zu gestalten. Daher werden zwei Tage Zeit zur Durchsicht gegeben. Am dritten Tag nach der Verteilung der Hefte werden Personen dann nach ihrer Werbeerinnerung befragt. Dazu wird zuerst festgestellt, ob die Testperson die Ausgabe wirklich genutzt hat oder nicht. Im positiven Fall wird das Heft Seite für Seite durchgegangen und zu jeder Seite erhoben, ob sie gesehen und gelesen worden ist. Vorteile sind das natürliche Leseumfeld und der Verzicht auf Forced Exposure, die Einfachheit in der Durchführung und die Schnelligkeit, Nachteile sind die Erinnerungsmessung nach 24 Stunden, die nichts über die Erinnerung im Kaufentscheidungszeitpunkt aussagt, die bloße Einfachkontaktchance, die Verzerrung durch das zufällig wechselnde, redaktionelle Umfeld, die absolut niedrigen Erinnerungswerte und die Beschränkung auf demographische Testpersonenkriterien anstelle von Konsum- und Verhaltenskriterien.

Beim *TV-DAR* wird die Erinnerung an am Vortag ausgestrahlte Spots gemessen (auch OAT für On Air-Test genannt). Die Wahrnehmung erfolgt in der gewohnten häuslichen Atmosphäre, die Abfrage per Telefoninterview. Die Aufmerksamkeit wird als Recall gemessen und das Verständnis als Übereinstimmung des Copy Recall mit der beabsichtigten Botschaft. Dadurch ergeben sich reelle Erinnerungswerte. Die Methode ist preiswert und relativ schnell. Sie macht an der notwendigen Voraussetzung der Aufmerksamkeit fest. Benchmarks zur Leistungsbeurteilung sind verfügbar. Allerdings zeigen die Ergebnisse große Schwankungsbreiten. Gründe dafür sind mangelnde Repräsentanz durch kleine Stichproben und unkontrollierte Außenfaktoren wie Sendezeit, Stimmungslage etc. Weitere Probleme ergeben sich aus der mangelnden Chance, gegen Konkurrenzwerbung zu testen (da deren Placierung unbekannt ist), aus dem Fehlen qualitativer Erkenntnisse wie Einstellung, Kaufabsicht etc. Außerdem ist die Rekrutierung der Auskunftspersonen schwierig, da nur 2–3% der Angerufenen den Werbeblock gesehen haben. Zudem sind Haushalte nicht vollständig mit Telefonanschlüssen abgedeckt.

Denkbar ist auch der *Same Day Recall* (SDR). Dabei wird noch am gleichen Tag der Ausstrahlung von TV-Spots in den Haushalten nachgefragt, an welche Werbeinhalte man sich dort erinnert. Dies wirft die bekannten Rekrutierungsprobleme auf. Daher wird dieses Verfahren eher als Coincidental Check in Haushalten, die zur Werbeträgerkontaktmessung (Telemeter) herangezogen werden, verwendet. Dort wird dann, via Telefon, nachgefragt, an welche Inhalte des letzten Werbeblocks, den der Haushalt angibt, eingeschaltet zu haben, man sich erinnert. Werden keine oder falsche Inhalte genannt, ist dies ein Indiz dafür, daß auch die Werbeträgerkontaktmessung fehlerhaft sein dürfte.

Um diesen Problemen zu entgehen, wird der CEDAR-Test angewendet. Beim *CEDAR* (Controlled Exposure Day After Recall/Keppler) werden Personen im Studio scheininterviewt, während Fernsehwerbung über Video abläuft. Am Tag danach werden sie dann zu ihrer Werbeerinnerung befragt. Dadurch wird die Rekrutierung der Befragten erleichtert. Außerdem ist eine eher unbewußte Testsituation gegeben, das Testumfeld ist frei bestimmbar und Ergebnisse liegen rasch vor. Allerdings entstehen hohe Kosten durch den Doppelansatz (ca. 10000 Mark für 50 Personen).

Eine Erweiterung stellt *AD-VISOR* von *Burke* durch Vorrekrutierung der Erhebungs- und Kontrollgruppe dar. Die Voranwerbung von Personen erfolgt dahingehend, sie zu motivieren, zu einer bestimmten Zeit fernzusehen. Dadurch kann zwar eine höhere Effizienz erreicht werden, jedoch leidet die Unbefangenheit der Probanden. Allerdings schwanken die Angaben mit Blockplacierungen, -zusammensetzungen, -zeiten, Rahmenprogramm, Programmen anderer Sender, Witterung etc. Es werden Informationen über die Erreichung der Verbraucher und deren Überzeugung durch Werbung erhoben. Dabei geht es um Recall, kaufrelevante Überzeugungsleistung und qualitative Diagnostik. Ausgewiesen werden Markenbekanntheit, Markenverwendung des Produkts, Produktprofil, Werbeerinnerung, Detailfragen zum Spot, Likes/Dislikes und Werbemittelprofil. Eine Verrechnung mit Marketingdaten ist möglich.

Die Ergebnisse des Recall-Test sind jedoch, selbst unter kontrollierten Bedingungen, recht unzuverlässig. So werden regelmäßig Inhalte erinnert, die überhaupt nicht kommuniziert worden sind. Typischerweise handelt es sich dabei um die Botschaften des Marktführers, die überstrahlen. Recall-Werte allein sagen also nichts über Werbewirkung aus, wenn weitergehende qualitative Aspekte fehlen.

Ein von Emnid angebotenes Verfahren, *Effipub*, ermittelt die Effektivität einer Kampagne und kontrolliert die Effizienz des Werbebudgeteinsatzes. Dazu werden 1000 Personen nach Markenbekanntheit, Markenimage, Nähe zur Marke und Impact sowie Mediaverhalten befragt. Ausgewiesen werden spontane Markenbekanntheit, getrennt nach Top of Mind und weiteren Nennungen, gestützte Markenbekanntheit, Markenimage, Globalbenotung der Marke, Kaufverhalten und Markenpräferenz. Diese werden in einem Gesamtindex zusammengefaßt und können mit Mediadaten zusammengeführt werden. (vgl. *Pepel,*

Werner: Kommunikationsmanagement, Stuttgart 1995)

Werbeziele

Materiell lassen sich Ziele einteilen in:

- ökonomische Ziele, also quantitative, objektive Größen betreffend,
- psychographische Ziele, also qualitative, subjektive Größen betreffend.

Diese Zielsetzungen stehen jedoch in einem konditionalen Verhältnis zueinander. Dabei sind psychographische Ziele ökonomischen vorgelagert. Erstere dienen damit zur Erreichung letzterer.

Ökonomische Ziele der Werbung betreffen in der Verfeinerung:

- Absatz als mengenmäßiger Output der Unternehmung am Markt,
- Preis als wertmäßige Bemessung der einzelnen Outputeinheiten,
- Kosten als bewerteter Güterverzehr zur Leistungserstellung des Outputs,
- Liquidität als Zahlungsmittelfluß in der Unternehmung.

Durch Kombination dieser Größen lassen sich weitere ökonomische Ziele der Werbung ableiten. Es handelt sich um:

- Umsatz als Produkt aus Absatz und Preis,
- Einzahlung als monetärer Ertrag der Unternehmensleistung am Markt,
- Auszahlung als monetärer Aufwand zur Marktreifmachung eines Angebots,
- Degression als Größenvorteil bei der Erstellung erfolgreichen Angebots,
- Auftrag als Voraussetzung für Markterfolg,
- Spanne als Differenz aus Preis und Kosten.

Psychographische Ziele betreffen in der Verfeinerung:

- Kognition, d. h. Kenntnis und Verständnis von Angeboten betreffend. Werbung soll hier zu einer Bekanntmachung auf neuen Märkten bzw. zu einer Erhöhung oder Haltung des Bekanntheitsgrades auf bestehenden Märkten führen. Bekanntheit ist notwendige Voraussetzung für Absatz, da nur die im Bewußtsein verankerten Produkte/Marken in der Kaufentscheidungssituation präsent und damit wählbar sind.
- Affektion, d. h. die Sympathie zu einem Angebot/Anbieter betreffend. Hier sollen weniger harte Fakten als emotionale Elemente übermittelt werden, die die Einstellung zu einer Marke (= Markenimage) und die Interessen/Meinungen darüber positiv beeinflussen. Denn bei zunehmender objektiver Gleichartigkeit und Komplexität der Angebote setzt der „Kopf“ aus, und der „Bauch“ übernimmt die Evaluierung. Und zwar nicht nach rationalen Erwägungen, sondern eben auf Sympathiebasis.
- Konation, d. h. in der Vorkaufphase eine beabsichtigte Handlungswirkung betreffend. Dies zielt auf die Informationseinholung und -vertiefung ab. Das

kann über Werbung z. B. durch Anforderung von Prospekten, durch Aufforderung zur Händlerberatung, durch Angebot fernmündlicher Kontaktaufnahme, initiiert werden. Die Wirkungen bestehen dann in der Konditionierung der Interessenten und der Chance zur Nachbearbeitung generierter Adressen.

Werbung, Beurteilungskriterien

Eine Forderung, die verständlicherweise immer wieder gestellt wird, ist die nach der Beurteilung der Werbung. Henry Ford wird der Ausspruch zugeschrieben, wonach er zwar wisse, daß die Hälfte seines Werbebudgets verschwendet sei, nur wisse er eben nicht, welche Hälfte. So sind denn bis heute alle Versuche einer exakten Werbebeurteilungszurechnung unergiebig geblieben. Das muß jedem Management besonders unbefriedigend angesichts immens wachsender Werbebudgets erscheinen, ist aber nun einmal, zumindest bisher, nicht entscheidend zu ändern.

Hierbei kommen, analog zum Inhalt von Werbezielen, psychographische und ökonomische Dimensionen in Betracht. Erstere umfassen Kognition, Affektion und Konation, letztere materielle Größen wie Umsatz/Absatz, Kosten/Rationalisierung, Gewinn/Deckungsbeitrag, Marktanteil/Verfügbarkeit etc., die in absoluter Höhe oder relativer Veränderung erfaßt werden.

Kognitive Beurteilung bemißt sich u. a. nach den Dimensionen:

- Bekanntheit, d. h. Wissen um Werbung/Marke,
- Kenntnis, d. h. Vertrautheit mit Angebotseigenschaften.

Affektive Beurteilung bemißt sich u. a. nach den Dimensionen:

- Akzeptanz, d. h. positive Einstellung und emotionale Zuwendung zum Angebot,
- Präferenz, d. h. Bevorzugung eines Angebots vor anderen infolge hoher Attraktivität.

Konative Beurteilung bemißt sich u. a. nach den Dimensionen:

- Überzeugung, d. h. Kaufabsicht und Aktivierungserfolg,
- Kaufakt, d. h. Kaufentschluß als finaler Handlung.

Unterscheidet man die Werbebeurteilung zusätzlich zu diesen Größen nach dem Zeitpunkt, zu dem sie stattfindet (vor bzw. nach Werbeeinsatz), so ergeben sich vier Kombinationen:

- psychographische Werbewirkungsprognose,
- psychographische Werbewirkungskontrolle,
- ökonomische Werbeerfolgsprognose,
- ökonomische Werbeerfolgskontrolle.

Der Prognose dient der Pre-Test, der Kontrolle der Post-Test der Werbemittel. Bedeutsam, wenngleich selten vollzogen, ist die Trennung zwischen Werbewirkung einerseits und Werbeerfolg andererseits (vgl. *Rehorn, Jörg:* Markttests, 2. Auflage, Neuwied 1988). Werbewirkung betrifft dabei das kommunikative Ergebnis der Werbeanstrengungen.

Doch sind diese psychographischen Meßdimensionen der Werbung nur schwer erfaßbar. Dort wo es dennoch gelingen sollte, hilft dies allerdings auch nicht viel weiter, fehlt doch die entscheidende Kausalbrücke zum Werbeerfolg.

Denn der Werbeerfolg betrifft das materielle Ergebnis der Werbeanstrengungen, also deren Umsetzung in betriebswirtschaftliche Größen. Vom psychographischen Meßergebnis kann nun nicht mit genügender Sicherheit auf das ökonomische geschlossen werden. Es gibt allenfalls eine recht lose Korrelation zwischen beiden.

So kann bei vorhandener Werbewirkung der Werbeerfolg ausbleiben. Dies ist etwa der Fall, wenn eine Kampagne zwar eine hohe Bekanntheit für ein Angebot generiert hat, diese sich aber nicht in Käufen niederschlägt. Außerdem kann selbst bei nicht-vorhandener Werbewirkung ein Werbeerfolg eintreten. Dies ist etwa dann der Fall, wenn ein Produkt spontan und ohne Kenntnis der begleitenden Kampagne gekauft wird. Oder aber beide Größen sind mehr oder minder gleichlaufend vorhanden. Im Pre-Test kann so von der Werbewirkung nicht auf den Werbeerfolg geschlossen werden und umgekehrt. Für den Post-Test gilt das gleiche.

Dabei sind vielfältige, teils ungewöhnliche Verfahren zur Werbebeurteilung im Einsatz. Sie lassen sich unterteilen in:

- explorative,
- apparative,
- projektiv-assoziative,
- skalierende Verfahren.

Werbungtreibende

(→ *Kommunikation, Kategorien)*

Werklieferungsvertrag

(→ *Abrechnungsklauseln)*

Werkvertrag

(→ *Abrechnungsklauseln)*

Wertanalyse

Bei der Wertanalyse geht es um die Kontrolle der günstigsten Relation von Funktionserfüllung eines Produkts zu den damit verbundenen Kosten, d. h. eine gleiche Funktionserfüllung zu niedrigeren Kosten bzw. eine bessere Funktionserfüllung zu gleichen Kosten.

Der Ablauf einer Wertanalyse ist weitgehend standardisiert und beinhaltet die folgenden Schritte:

- Auswahl des Wertanalyse-Objekts,
- Festlegung quantizierter Einzelziele,
- Bildung von Arbeitsgruppen und Ablaufplanung,
- Benennung eines Moderators,
- Auftragserteilung an das Wertanalyse-Team,
- Abgrenzung des Untersuchungsrahmens,
- Festlegung der Projektorganisation,
- Ermittlung des Ist-Zustands der Funktionen,
- Informationsbeschaffung über deren Kosten aus spezifischen Objekt- und Umfelddaten,

- Zuordnung der Kosten zu einzelnen Funktionen,
- Auswertung der Daten und Prüfung des Ist-Zustands durch Feststellung der bestehenden Funktionserfüllung und der dazu erforderlichen Kosten,
- Festlegung von Sollfunktionen,
- Festlegung von Kostenzielen,
- Ermittlung von Lösungsansätzen durch Suche nach denkbaren Alternativen mit besserer Kosten-Nutzen-Relation,
- Sammlung vorhandener Ideen und Entwicklung neuer Ideen,
- Prüfung der Durchführbarkeit dieser Lösungsmöglichkeiten (Feasability Study),
- Prüfung der Wirtschaftlichkeit dieser Lösungsmöglichkeiten (Efficiency Study),
- Festlegung von Bewertungskriterien,
- Verdichtung von Lösungsansätzen,
- Managementvorlage zur Entscheidung,
- Detailplanung der Umsetzung der präferierten Lösung,
- Einleitung der Realisierung und deren Überwachung,
- Abschluß des Wertanalyse-Projekts.

Wertbudgetierung

(→ *Budgetierung, Analytische Verfahren)*

Wertschöpfungskette, Inhalte

Anstelle des Umsatzes ist zunehmend die Wertschöpfung als Steuerungsgröße in den Mittelpunkt der Betrachtung gerückt. Wertschöpfung ist die Differenz aus Umsatzerlösen (plus Lagerzugang, sofern vorhanden), abzüglich Dienste- und Materialzukauf sowie Sollzinsen. Sie deckt somit den eigenen Faktoreinsatz und den Gewinn ab. Die Wertschöpfungsspanne ist dabei die Differenz aus allem, was an Unternehmensaktivitäten vom Markt honoriert wird und den zugekauften Vorleistungen. Aktivitäten, die nicht vom Markt honoriert werden, sind also nicht wertschöpfend und damit zu minimieren. Zugleich sind alle wertschöpfenden Aktivitäten Kernprozesse i. S. d. BPR. Die Wertschöpfung kommt im Rahmen dieser Prozesse im Zeitablauf in einer Wertschöpfungskette zustande. Zur Analyse bedarf es der Schritte der Definition der Wertkette, der Identifikation relevanter Wertaktivitäten, der Ermittlung bedeutsamer Verknüpfungen, der Ermittlung der Kosten und der Diagnose der Kostenantriebskräfte. Die Analyse der Wertschöpfungskette (Value Chain Analysis) geht von sechs Grundannahmen aus (vgl. *Porter, Michael E.:* Wettbewerbsstrategie, 4. Auflage, Frankfurt a. M. – New York 1987).

- Der Gesamtwert eines Produkts oder einer Dienstleistung ist derjenige Betrag, den Kunden dafür zu zahlen bereit sind. Um Gewinn zu erwirtschaften, müssen die zur Leistungserstellung notwendigen Aktivitäten also geringer sein als der Gesamtwert der Leistung.
- Für die Erzielung einer befriedigenden Gewinnspanne ist eine

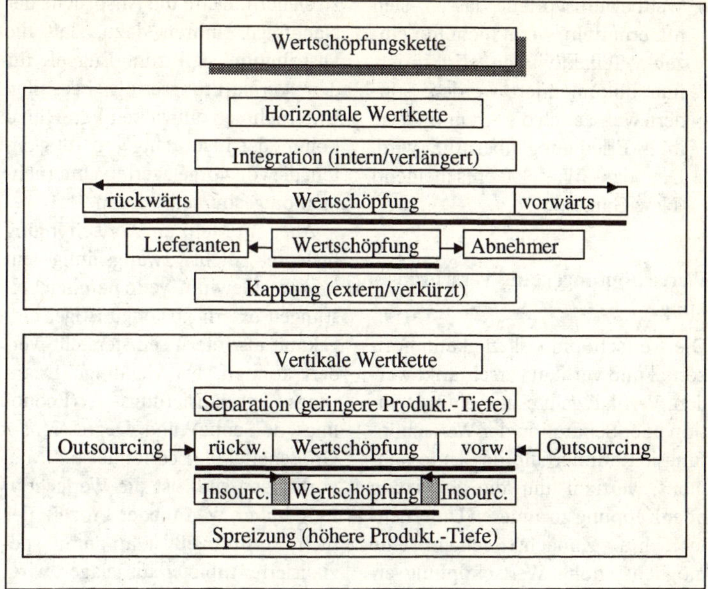

Wertschöpfungskette

differenzierte Betrachtung und Ausgestaltung der Wertschöpfungsaktivitäten erforderlich. Diese stellen Module des gesamthaften Wettbewerbsvorteils dar.

- Um zu einem Bezugsrahmen zu gelangen, müssen die Teilaktivitäten entlang des Wertschöpfungsprozesses geordnet werden. Pauschale Fassungen reichen dazu nicht aus. Die Ordnung erfolgt in primäre Aktivitäten, die in unmittelbarem Zusammenhang mit der Marktversorgung stehen, und unterstützende Aktivitäten, die dazu dienen, die primären Aktivitäten aufrechtzuerhalten.
- Ausgangspunkt der Analyse ist nicht das Unternehmen allein, sondern die Einbettung seiner Wertschöpfungskette in die Branche. Insofern kommt es zu einer Verbindung mit vor- und nachgelagerten Aktivitäten (Wertkettenverknüpfung).
- Das Management muß seine Wertschöpfungskette im Vergleich zu denjenigen der Wettbewerber analysieren und ggfls. in Hinblick auf die Branchenverhältnisse neu definieren. Dazu ist eine Auffächerung nach unterschiedlichen wirtschaftlichen Zusammenhängen, Differenzierungspotential und hohem/steigendem Kostenanteil notwendig.

- Wettbewerbsvorteile lassen sich nur ermitteln, wenn nicht nur einzelne Teilaktivitäten strukturiert und dokumentiert werden, sondern wenn auch die Art und Weise ihrer Erledigung überprüft wird. D.h. das „Wie" ist entscheidend (New Game).

Wertschöpfungskette, Verschränkung

Die Wertschöpfungskette kann horizontal und vertikal verschränkt werden. Vertikal geht es um die Integration oder Separation der Wertschöpfungskette innerhalb des Unternehmens, vertikal um die Spreizung oder Kappung zu anderen Unternehmen hin. Zunächst scheint eine möglichst hohe Wertschöpfung erstrebenswert. Daraus resultiert eine Minimierung des Anteils zugekaufter Leistungen am Umsatz über große Leistungstiefe. Dies führt zur Einbeziehung neuer Aktivitätsbereiche in das Unternehmensprogramm, die Leistungstiefe steigt parallel zur Wertschöpfung, das Einkaufsvolumen sinkt. Diese (verlängernde) *Integration* kann *rückwärts*, also in Richtung auf die Sicherung und Beeinflussung der Vorleistungsquellen, oder *vorwärts*, also zur Sicherung und Beeinflussung der Absatzstellen, erfolgen. Beides kann durchaus Sinn machen, etwa wenn es darum geht, die Bezugsbasis rückwärtsgerichtet zu sichern (z. B. bei zur Leistungsausführung erforderlichen Rohstoffen) oder mehr noch, vorwärtsgerichtet, um die Absatzbasis zu sichern. Denn die Ansprüche der Nachfrager führen dazu, daß die Distribution sich zum Engpaß für den Vermarktungserfolg bei allen Unternehmen entwickelt hat. Hinzu kommt das Insourcing von Tätigkeiten, die von vorgelagerten Unternehmen outgesourced werden.

Aber ein Mehr an Wertschöpfung bedeutet nicht zwangsläufig ein Mehr an Gewinn, wenn nämlich Leistungen extern kostengünstiger eingekauft als intern selbsterstellt werden können. Da vielfältige Erfahrungs-/Spezialisierungs- (Economies of Scope) und Degressions-/Größeneffekte (Economies of Scale) vorhanden sind, ist die Wertschöpfung höher, wenn jeder Prozeß, der nicht Kernprozeß ist, an darauf spezialisierte Anbieter ausgelagert wird. Es kommt zur Verkürzung der Wertschöpfungskette und zur Verringerung der Fertigungstiefe, zu weniger Wertschöpfung, aber mehr Gewinn, weil das Einkaufsvolumen unter den eigenen Opportunitätskosten liegt.

Für diese (verkürzende) *Separation* ergeben sich ebenfalls zwei Alternativen: *Eingangs* bedeutet eine Vergabe von Aktivitäten an vorgelagerte Wirtschaftsstufen, dies ist der klassische Fall des Outsourcing, *ausgangs* eine Vergabe von Aktivitäten an nachgelagerte Wirtschaftsstufen. Meist handelt es sich um eine Auslagerung im Finishing (z. B. Lizensierung an Subunternehmen), in der Distribution (z. B. Vertragshändler), in der Verwendung (z. B. Kundenbeteiligung bei Dienstleistungen) oder im Kundendienst (z. B.

Wartung durch Service Providers, sog. Third Party Maintenance).

Horizontal geht es um die Spreizung oder Kappung der Wertschöpfungskette zu anderen Marktpartnern, seien es nun Lieferanten oder Kunden. Eine *Spreizung* kann wiederum in zwei Richtungen erfolgen, vorgelagert oder nachgelagert. *Vorgelagert* bedeutet, daß Lieferanten in die Wertschöpfungskette einbezogen werden. Hier ist das Beschaffungsmanagement gefordert, verschiedene Möglichkeiten von Systempartnerschaften abzuwägen, die die gewünschte, symbiotische Wirkung haben. Dabei wird meist eine Hierarchie zugrundegelegt, deren Ansprechpartner Systemlieferanten (First Tiers mit Kontakt zu Kunden) sind, die Lieferungen von Komponentenlieferanten (Second Tiers), die ihrerseits Lieferungen von Teilelieferanten (Third Tiers in Billiglohnländern) erhalten, zu einem System zusammenfügen.

Nachgelagert bedeutet, daß Kundenaktivitäten in die Wertschöpfungskette einbezogen werden (sog. Internalisierung). So ist es das Ziel, vieler Dienstleistungsanbieter, einen Komplettservice zu bieten, d. h. Kunden aus einer Hand und aus einem Guß zu bedienen. Dazu gehört, daß Customer Development Teams als zentrale Ansprechpartner dienen, an die sich Kunden nicht mehr nur mit konkreten Leistungsanfragen wenden können, sondern mit komplexen Problemstellungen, deren Lösung sie nun fachkundig vom Anbieter abgenommen bekommen. Ein Beispiel ist das Allfinanz-Konzept. Anbieter sind dabei bestrebt, nicht mehr nur von Kunden vorgeklärte Bedarfe abzuarbeiten, sondern als Finanzdienstleistungs-Berater aufzutreten, die maßgeschneiderte Angebotsbündel konzipieren.

Kappung der Wertschöpfungskette bedeutet, daß Aktivitäten an andere Unternehmen abgetreten werden. Dabei kann es sich um Übereignung an seitherige Lieferanten (retrograd) oder Abnehmer (progressiv) handeln. Dies entspricht durchaus dem Konzept der Konzentration auf Kernaktivitäten. Folglich werden alle anderen Aktivitäten entweder stillgelegt oder verkauft, zumindest aber durch Kooperation abgesichert (Joint Ventures). Die dort gebundenen Kapazitäten werden freigesetzt oder in die Kernaktivitäten eingebunden. Dadurch entstehen wieder übersichtliche, gut beherrschbare Prozesse, die eine verstärkte Marktdurchdringung ermöglichen.

Progressiv bedeutet, daß Abnehmer in die Wertschöpfungskette einbezogen werden. Dies kann auf zweierlei Art erfolgen. Zum einen durch aktive Aufnahme in die Wertschöpfung. Dies ist, prinzipbedingt, nur bei Dienstleistungen möglich, die per Definition auf einen externen Faktor, hier den Kunden, mit dem Dienste ausgeführt werden, angewiesen sind. Hier kann eine Prozeßverlagerung auf Kunden stattfinden, d. h. Teile der Wertschöpfung werden, optional oder obligatorisch, durch Kunden erbracht und resultieren für diesen in einer geringeren bzw. der Vermeidung einer höheren Preisforderung (z. B. Platzwahl am Buchungsautomaten der Swissair). Dies wird als Externalisierung bezeichnet und führt zum Phänomen der sog. Prosumer (Kombination aus Producer und Consumer).

Retrograd bedeutet eine passive Aufnahme in die Wertschöpfung, indem Aktivitäten so angelegt werden, daß ihre Kosten am Markt gewinnbringend liquidierbar sind. Die darin zum Ausdruck kommende Kundenorientierung setzt qualifizierte Marketingforschung voraus, d. h. die Erhebung der Bedarfe potentieller Zielpersonen, auch stellvertretend für Organisationen, durch mündliche, schriftliche, telekommunikative Befragung und Beobachtung sowie durch formale und empirische Experimente. Dies stellt sich jedoch praktisch als ausgesprochen schwierig dar, denn Nachfrage ist nicht kreativ, d. h. Nachfrager können nicht realistisch benennen, was sie idealerweise wünschen, sondern sie können immer nur anhand konkreter Angebotsbeispiele bewerten, inwieweit diese ihren Erwartungen entsprechen bzw. wie weit sie sie vom „Idealprodukt" entfernt ansehen. Daher muß immer der Anbieter initiativ werden. Dies entspricht im übrigen dem Say'schen Theorem, wonach Angebot sich seine Nachfrage schafft. Gerade deshalb bedeutet Marketing heutzutage auch nicht mehr, Anpassung an die Nachfrage, sondern vielmehr Gestaltung der Nachfrage.

Wertwerbung

(→ *Wettbewerbsrecht, Zugabeverordnung)*

Wettbewerb

Ziel der Wettbewerbstheorie sind Erkenntnisse zu Schutz und Förderung des Wettbewerbs. Voraussetzungen dafür sind ein Konsens darüber, wie dieser Wettbewerb konkret aussieht, sowie ein Werturteil dahingehend, daß Wettbewerb an sich erstrebenswert ist. Zum ersten Punkt besteht Übereinstimmung hinsichtlich seiner Form als Prozeß oder Zustand, nicht jedoch hinsichtlich der Inhalte, zum zweiten Punkt besteht immerhin Übereinstimmung darin, daß Wettbewerb positive Wirkungen auf die gesellschaftlichen Grundwerte hat. Letztere sind in drei Dimensionen erfaßt: *Freiheit, Wohlstand und Gerechtigkeit.*

Freiheit ist dabei formal als das Fehlen von Handlungszwang durch Gebote oder Verbote definiert, materiell als die faktische Möglichkeit zu ebendiesem freien Handeln. Dabei wird Freiheit immer relativ beschrieben als Freiheit innerhalb von Spielregeln, die institutionell durch Gesetze und informell durch sog. Common Sense vorgegeben sind. Das marktwirtschaftliche System bietet dabei eine größtmögliche relative Freiheit. Denn es ist gekennzeichnet durch dezentrale Planungskompetenz, Marktkoordination der Einzelpläne und Privateigentum an den Produktionsmitteln. Eine immanente Gefährdung des Wettbewerbs besteht jedoch durch die Tendenz der Marktteilnehmer zur Einschränkung der Freiheitsgrade. Deshalb ist die Wettbewerbspolitik zur Sicherung wettbewerblicher Strukturen und wettbewerblichen Verhaltens und damit des Grundwerts Freiheit in der Wirtschaft erforderlich.

Wirtschaften bedeutet gleichzeitig immer auch Wahlentscheidung, da Güterknappheit vorherrscht, d. h. die Summe der gewünschten Güter ist größer als die der verfügbaren. Wettbewerb dient dazu, das Gütervolumen zu erweitern, indem der Informationsgrad durch Markttransparenz erhöht wird, die Güterstruktur zu verbessern, und zwar über Fortschrittslenkung zur effizientesten Reallokation, und die Güterverteilung zu verbessern, nämlich durch Ausgleich infolge der Inkonsistenz der Bedarfe. Als Mittel dazu dient der Preismechanismus. Die beste Leistung zum niedrigsten Preis begründet den Wahlentscheid. Wettbewerb dient damit unmittelbar dem Wohlstandsziel als Grundwert. Eine Gefahr liegt allerdings darin, daß die Marktteilnehmer versuchen, die Wettbewerbsintensität zu verringern, d. h. Nichtleistungseinkommen zu erzielen. Ihre Absicht ist letztlich in der Monopolisierung des Markts begründet. Wettbewerbsaufsicht hat genau dies zu verhindern. Daraus ergibt sich das Paradoxon, daß wettbewerbliches Handeln einem Ziel dient, dessen Erreichung den Wettbewerb ausschließt und genau deshalb verhindert wird, gleichzeitig aber als Motivation aller Marktteilnehmer erhalten bleiben muß.

Der Grundwert der Gerechtigkeit umfaßt die Sicherung der Anpassungs-, Fortschritts- und Verteilungsfunktion des Wettbewerbs. Die *Anpassungsfunktion* gewährleistet ein dynamisches Marktgleichgewicht bei Expansions- und Kontraktionsprozessen. Bei Expansion erfolgt etwa auf der Angebotsseite der Zustrom neuer Anbieter, Kapazitätsausbau, Verfahrensumstellung, Zukauf von Handelsware etc., bei Kontraktion erfolgt etwa das Ausscheiden bestehender Anbieter, Kapazitätsabbau, Intensitätseinschränkungen, Kurzarbeit etc. Damit verbunden ist eine inter- bzw. intraindustrielle Reallokation der Produktionsfaktoren.

Die *Fortschrittsfunktion* kann als Verfahrens- oder Produktfortschritt interpretiert werden. Sie beginnt mit der Gewinnung neuer theoretischer Erkenntnisse (Grundlagenforschung), führt zu deren Transformation in anwendbare Prozesse (Verfahrenstechnik) und mündet in der Verbreitung dieser Information (ggfls. unter Ausschließungsfrist eines Schutzrechts) und deren Umsetzung durch alle daran interessierten Marktteilnehmer. Diese Abfolge erfolgt durch Suchen und Entdecken (Trial&Error) und führt zur Auslese der Leistungsfähigsten (Survival of the Fittest) im Rahmen von Vorstoß und Verfolgung (Challenge&Response).

Die *Verteilungsfunktion* kann nach dem Leistungsprinzip (Primärverteilung) oder nach entsprechender Umverteilung nach Bedarfsprinzip, Ökologieprinzip (Saldo externer Effekte) oder Sozialprinzip (Gleichverteilung) erfolgen. Wettbewerb dient dabei vornehmlich dem Leistungsprinzip durch die Schaffung von Markttransparenz und Mobilität der Produktionsfaktoren. Allenfalls prozessuale Monopole durch Pioniergewinne, sanktionierte Marktzutrittsschranken etc. sind wegen ihrer Anreizwirkung als Übergang zum Isopol tolerierbar.

Es kann ein Dilemma (Zielkonflikt) zwischen Freiheitsziel einerseits (tendenziell polypolistische Marktstruktur) und Wohlstands- und Gerechtigkeitszielen andererseits (tendenziell oligopolistische Marktstruktur) entstehen. Ein Lösungsansatz dazu ist das Konzept des funktionsfähigen Wettbewerbs (Workable Competition). Diese versteht sich als Antipode zum vollständigen, aber statischen Wettbewerb der klassischen Theorie und der völligen Vermachtung der Märkte durch gegengewichtige Marktmacht (Countervailing Power). Bei letzterer sollen Auswüchse zum Nachteil der jeweils anderen Marktseite durch Förderung und Erhaltung eines hohen Konzentrationsgrad auf dieser Marktseite vermieden werden, indem sich die Machtzentren gegenseitig kontrollieren, ein offensichtlich gefährliches Konzept, das allerdings auf vielen Wiederverkäufermärkten schon unbeabsichtigt Realität geworden ist. So kommt als Leitbild wohl nur der funktionsfähige Wettbewerb in Betracht.

Dieser Wettbewerb ist durch die Funktionen dezentrale Planungskompetenz der Marktteilnehmer, Fehlen von Wettbewerbsbeschränkungen (i.S.v. Unfreiheit) und Marktverhalten als Vorstoß und Verfolgung gekennzeichnet. Dem Konzept liegen einige prüfenswerte Hypothesen zugrunde, so das Vorliegen von Economies of Large Scale bei hohen Losgrößen und der Anstieg des Ausmasses technischen Fortschritts mit der Unternehmensgröße. Beide bedingen einen gewissen Konzentrationsgrad am Markt und, damit eng verbunden, einen geringeren Wettbewerbsdruck und Freiheitsgrad.

Economies of Large Scale zumal erfordern das Vorhandensein einer überlinear verlaufenden Produktionsfunktion, d. h. der Output steigt schneller als der Input, die Ertragskurve ist progressiv, die Stückkostenkurve degressiv. Der gleichzeitigen Gefahr von Diseconomies, also Unwirtschaftlichkeiten, wird durch Maßnahmen wie multiple Größenvariation, Organisationsdezentralisation, Standortspaltung etc. zur Nutzung von Erfahrungseffekten vorgebeugt. Zumindest praktisch ist weder die behauptete mindestoptimale noch eine fortschrittsoptimale Unternehmensgröße nachweisbar. Entsprechende empirische Untersuchungen kommen zu gänzlich gegensätzlichen Ergebnissen. Schließlich sind Großunternehmen nicht zwangsläufig mit einem hohen Konzentrationsgrad gleichzusetzen, etwa dann nicht, wenn Internationalisierungs- und Diversifikationsstrategien vorliegen. Dementsprechend bedeutet ein hoher statischer Konzentrationsgrad auch nicht automatisch Wettbewerbsbeschränkung. Wettbewerb ist vielmehr ein Entdekkungsprozeß, im Zuge dessen sich erst Unternehmensgrößen zwangsläufig optimal ergeben, ohne daß sie vorher planbar wären.

Wo das nicht der Fall ist, also Wettbewerb nicht den besten Marktnutzen erbringt, liegt ein Ausnahmebereich vor. Durch Mißbrauchsaufsicht der Wettbewerbsbehörde soll sichergestellt werden, daß Kosten- und Fortschrittsvorteile auch dort trotzt nicht optimaler Marktstruktur in vollem Umfang weitergegeben werden. Dabei stellt sich allerdings ein schwer zu lösendes Diagnoseproblem. Ist ein Marktnutzen unter Konzentration denn nun optimal oder nicht? Als Lösung für dieses Problem sind Wettbewerbstests vorgesehen. Diese beurteilen die Leistungsfähigkeit des Markts hinsichtlich Marktergebnissen (Performance), Marktverhalten (Conduct), Marktstruktur (Structure) und Wettbewerbsgeist (Spirit), die jedoch allemal mit zahllosen Problemen behaftet sind. Als Grundübel erweist sich bei jedweden Überlegungen die Tatsache, daß Wettbewerb nicht positiv zu definieren ist, sondern nur Umstände zu nennen sind, in denen Wettbewerb herrschen kann, in einer gewissen Konstellation sogar als funktionsfähig zu bezeichnender. Und ebendieses Konstrukt entzieht sich weitgehend jeder Konkretisierung.

Wettbewerber-Analyse

Der Einfluß durch *aktuelle Wettbewerber* des Kunden hängt ab von:

- der Wettbewerbsintensität eines Marktes, die wiederum eng mit dem Konzentrationsgrad dort zusammenhängt.
- der Ansicht der Marktpartner (Kunden) über die Uniqueness von Angeboten hinsichtlich Qualität, Image, Preis etc.
- der Kapazitätsauslastung der Anbieter. Ist diese gering, besteht die Tendenz zu Teilkostenangeboten zur Vermeidung von Leerkosten.
- dem Leistungsgefälle zwischen den Mitbewerbern hinsichtlich Technologie, Innovation, Management etc.
- der Höhe der Marktaustrittsschranken. Diese bestimmen den Verteidigungszwang der bestehenden Anbieter zum Markterfolg,
- der Transparenz der Branche, um unbeabsichtigte Affronts zu vermeiden.
- dem Wachstum der Branche, da Stagnation Konkurrenzverdrängung zur Erfüllung individueller Expansionsziele erfordert.

Relevante Größen betreffen in diesem Zusammenhang etwa:

- die Marktanteile aktuell und im Zeitablauf,
- die Marktanteile nach Menge und Wert,
- die Anzahl der Mitbewerber und deren Gewichtung,
- die Mitbewerberprofile mit ihren Stärken und Schwächen,

- die Marketingeinstellung und Aktivität der Mitbewerber,
- die Bekanntheit und Vertrautheit der Wettbewerbsangebote,
- die Imagedimensionen und Kompetenzen der Wettbewerbsangebote,
- den Parametereinsatz im Marketing, insb. die Preisstellung,
- die Markenpolitik der Konkurrenz,
- den Beitrag ausländischer Wettbewerber etc.

Der Einfluß durch *potentielle Wettbewerber* des Kunden hängt ab von:

- der Möglichkeit und dem Grad der Wahrscheinlichkeit deren Markteintritts.
- der Intensität der erwarteten Reaktionen der bisherigen Marktanbieter. Diese sind um so stärker, je geringer das Marktwachstum ist, je höher die Marktaustrittsbarrieren sind, je größer die Finanzkraft der bisherigen Anbieter ist, je höher die Profitabilität der Branche ist.
- der Höhe der Markteintrittsschranken. Diese sind um so höher, je bedeutsamer die Größendegression ist, je höher Umstellungskosten für Kunden beim Lieferantenwechsel sind, je schwieriger der Distributionszugang ist.
- dem Grad der Produktdifferenzierung. Geringe Ausprägung verursacht hierbei mögliche Kundenfluktuation.
- der Ausschließungswirkung von Gewerblichen Schutzrechten, Standorten etc., die die Konkurrenzgefahr relativieren.
- der Höhe des Kapitaleinsatzes, der im Mißerfolgsfall verloren geht.
- der vermuteten Gewinnhöhe in der Branche, die gegen die dafür einzugehenden Risiken zu stellen ist.

Der Einfluß durch *Substitutionsgutanbieter* des Kunden hängt ab von:

- Ausmaß und Umsetzung des technischen Fortschritts. Kurze Innovationszyklen bergen hierbei Gefahren.
- Gewerblichen Schutzrechten, die eine prozessuale Monopolstellung gewährleisten.
- dem Preis-Leistungs-Verhältnis der zueinander in Beziehung stehenden Angebote (dies ist vor allem wichtig bei stagnierenden Einkommen).
- der absoluten Preishöhe. Denn je höher der Preis ist, desto intensiver wird nach Alternativen gesucht.
- dem Grad der Produktloyalität/Markentreue am Markt. Ist diese z. B. durch intensive Werbung ausgeprägt, steigt die Marktplanbarkeit.
- der subjektiven Nähe der Substitutionsangebote, woraus sich deren Austauschbarkeit letztlich ergibt.
- dem Lebenszyklusstadium. Je weiter dieses fortgeschritten ist, desto wahrscheinlicher wird die Ablösung durch ein Neuprodukt.

(→ *Analyseverfahren im Marketing*)

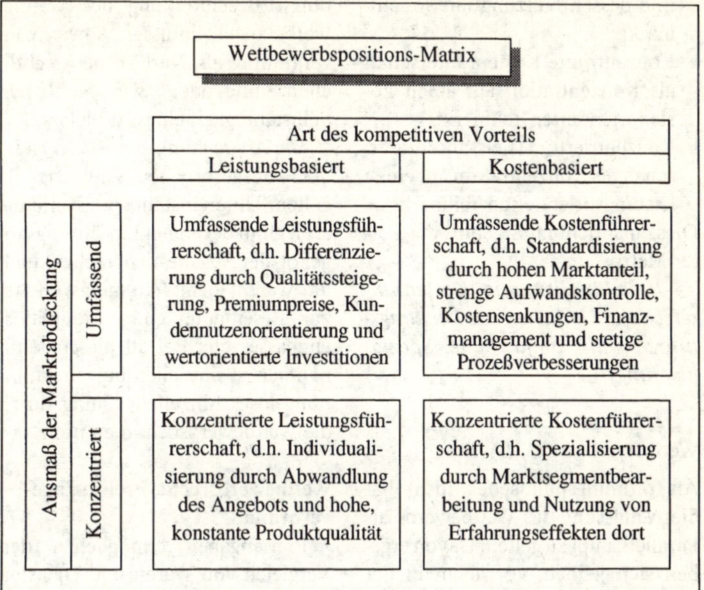

Wettbewerbspositions-Matrix

Wettbewerbsbeziehungen im Markt

(→ *Marktkonstitution)*

Wettbewerbspositions-Matrix

Hinsichtlich der wettbewerblichen Position, die ein Anbieter für sich nutzen kann, sind zwei Dimensionen relevant:

- Die Art des kompetitiven Vorteil. Dieser kann einerseits ein Leistungsvorteil sein, d. h. auf einer führenden Rolle am Markt in bezug auf die Angebotsqualität beruhen, oder andererseits ein Kostenvorteil, d. h. auf einer führenden Rolle bei den Gestehungskosten beruhen.
- Das Ausmaß der Marktabdeckung. Diese kann einerseits eine umfassende Marktabdeckung vorsehen, also die Erfassung des Gesamtmarkts, oder andererseits eine konzentrierte Marktabdeckung, also die selektive Erfassung eines oder mehrerer ausgewählter Teilmärkte.

Daraus ergeben sich dann vier Kombinationen:

- Umfassende Kostenführerschaft durch Schaffung eines entscheidenden Kostenvorteils und dessen Nutzung im Gesamtmarkt,
- Umfassende Leistungsführerschaft durch Schaffung eines entscheidenden Qualitätsvorteils

und dessen Nutzung im Gesamtmarkt,

- Konzentrierte Kostenführerschaft als Konzentration auf einen kostenorientierten Teilmarkt,
- Konzentrierte Leistungsführerschaft als Konzentration auf einen leistungsorientierten Teilmarkt.

Dies entspricht im Ergebnis der Porter-Matrix.
(→ *Individualisierung, Kostenführerschaft, Umfassende, Leistungsführerschaft, Umfassende, Spezialisierung*)

Wettbewerbsrecht, GWB

Als ordnungspolitisches Ideal hat die Auffassung des Wettbewerbs als Parallelkampf zu gelten. Davon ergeben sich jedoch, vor allem in der Marktform des Oligopols, die heute weitest verbreitet ist, Abweichungen. Solche Abweichungen in Richtung verstärkten Miteinanders der Teilnehmer einer Marktseite soll vornehmlich das GWB (Gesetz gegen Wettbewerbsbeschränkungen) sanktionieren. Dazu gehören in abgestufter Form die rotierende Preisführerschaft durch eingespieltes Parallelverhalten der Marktteilnehmer, Preisführerschaft eines dominierenden Anbieters qua Marktposition, Gentlemen's Agreements als stillschweigende Übereinkunft (Frühstückskartell), Preismeldestellen und andere Marktinformationssysteme für Anbieter, Kartelle als Zusammenschluß von Unternehmen zum gemeinsamen Zweck, die Erzeugung oder die Marktverhältnisse durch Beschränkung des Wettbewerbs zu beeinflussen, sowie Konzentration als Verlust der rechtlichen und/oder wirtschaftlichen Selbständigkeit eines Anbieters.

Die Abgrenzung zum UWG ist jedoch ausgesprochen schwierig. So gelten Untereinstandspreisverkäufe als legitim bei einem Einführungsangebot, der Abgabe nicht mehr aktueller Waren, dem Räumungsverkauf, zur Beseitigung eines Liquiditätsengpasses etc. Bei all diesen Maßnahmen ist eine, allerdings eher hoffnungslose, Einzelfallprüfung durch die Wettbewerbsbehörden nötig.

Wettbewerbsrecht, Preisangabeverordnung

Preisangaben ermöglichen den Vergleich von Waren und Diensten und signalisieren günstige Angebote. Daher unterliegt deren Angabe der Preisangabeverordnung. Danach muß, wer Waren oder Leistungen verkauft und mit Preisangaben versieht, in Werbemitteln die Preise nennen, die wirklich zu zahlen sind. Dazu gehören auch, wenn üblich, die Verkaufseinheit (Gewicht, Länge, Stundenlohn etc.) und die Gütebezeichnung (Handelsklasse etc.). Die Preisangaben müssen eindeutig zuordnenbar, deutlich lesbar und gut wahrnehmbar sein. Waren, die in Schaufenstern, Schaukästen, innerhalb oder außerhalb des Verkaufsraums, auf Verkaufsständen oder in sonstiger Weise sichtbar ausgestellt werden, und Waren, die vom Verbraucher unmittelbar entnommen werden können, sind durch

Preisschilder oder Beschriftung der Ware auszuzeichnen. Für Dienste sind Preisangaben in Form von Preisverzeichnissen in Geschäftslokal, Werkstatt, Schaufenster etc. auszuhängen. Bei Krediten ist der Prozentsatz der Gesamtbelastung pro Jahr anzugeben. Bei Bewirtung sind die Preise auf Speisekarten, am Eingang, bei Beherbergung an jedem Zimmer für Übernachtung und Frühstück auszuweisen. Bei Tankstellen sind die Kraftstoffpreise deutlich bereits von weitem lesbar anzugeben. Ausnahmen gelten nur für die Bereiche Kunstgegenstände, Antiquitäten, Versteigerungen, Pflanzen etc. Das Zuwiderhandeln ist strafbewehrt.

Wettbewerbsrecht, Rabattgesetz

Eine Ermäßigung der Preise übt auf Kunden eine starke Werbewirkung aus. Um den Wettbewerb durch willkürliche Preisnachlässe nicht zu gefährden, wurde 1933 das Rabattgesetz erlassen. § 1 RabG legt fest, daß dieses Gesetz für Waren und Leistungen des täglichen Bedarfs gilt und nur beim Verkauf an den letzten Verbraucher zur Anwendung kommt. § 2 RabG bestimmt, daß der Preisnachlaß für Barzahlung 3% des Waren- oder Dienstleistungspreises nicht überschreiten darf und nur gewährt wird, wenn der Kunde sofort bar, durch Scheck oder Überweisung zahlt. § 7 RabG erlaubt den Preisnachlaß oder die Zugabe von Waren beim Verkauf einer größeren Warenmenge. § 9 RabG führt auf, in welchen Fällen Sondernachlässe oder Sonderpreise gewährt werden dürfen, nämlich an Personen, die die Ware beruflich verwenden, an Großverbraucher und an Arbeiter, Angestellte, Leiter und Vertreter des eigenen Unternehmens. In all diesen Fällen ist eine Rabattgewährung über 3% hinaus möglich. Verstösse gegen das Rabattgesetz ziehen eine Geldbuße nach sich.

Wettbewerbsrecht, UWG-Fallgruppen

Unlautere Verhaltensweisen im Wettbewerb lassen sich in mehrere Gruppen unterteilen. Die unsachliche Beeinflussung der Willensentscheidung von Lieferanten und/oder Abnehmern erfolgt durch Irreführung der Kunden, so über die eigenen geschäftlichen Verhältnisse (Warenpreis, -herkunft, -beschaffenheit etc.), über geschäftliche Verhältnisse von Mitbewerbern sowie die Tarnung von Werbemaßnahmen (z. B. Placement), durch Ausübung von Zwang, so rechtlichem oder psychologischem Kaufzwang oder Autoritätsmißbrauch für eigene Zwecke, durch Belästigung mittels anreißerischer Praktiken vor allem in der Werbung (aufdringliches Ansprechen, Telefonwerbung bei Privaten, ungebetene Vertreterbesuche, Zusendung unbestellter Waren etc.), durch mißbräuchliche Ausnutzung menschlicher Vorzüge oder Schwächen (z. B. Spielleidenschaft) sowie die Werbung mit Angst, Gesundheitsargumenten, Mitleid, Sex etc. und durch Bestechung mittels Vergünstigungen wie Geschenken, Kopplungsangeboten, Probegaben, Werbefahrten etc.

Eine weitere Gruppe ist die Behinderung bestimmter einzelner Mitbewerber durch Beeinträchtigung der freien Betätigung der Mitbewerber, z. B. über einen exzessiven Preiskampf, über Abwerbung, Anschwärzung, Boykott, Betriebs- und Absatzhinderung, Diskrimierung, Vereitelung von und Vergleich in der Werbung, oder durch Ausbeutung fremder Leistungsergebnisse, z. B. über anlehnende Werbung, Herkunftstäuschung, Schmarotzertum, sklavische Nachahmung.

Eine dritte Gruppe ist die Behinderung aller Mitbewerber durch Rechtsbruch bei Ausnutzung deren Gesetzes-/Vertragstreue durch Verletzung außervertraglicher Bindungen als Übertretung gesetzlicher Vorschriften oder Standesbestimmungen sowie Verletzung vertraglicher Bindungen.

Als hauptsächliche Fallgruppen gelten die folgenden:

- Kundenfang liegt vor, wenn die Entscheidungsfreiheit der Käufer durch übertriebene Maßnahmen der Ansprache eingeschränkt wird. So bei Belästigung durch einzelne Ansprache von Passanten auf öffentlichen Straßen, um sie zu veranlassen, ein Geschäft aufzusuchen und dort Waren oder Dienste zu erwerben. Bei Angstwerbung durch Schüren von Ängsten zur Forcierung des Warenabsatzes. Und bei Warengeschenken, die zwar als Zugaben erlaubt sind, aber als kostenloses Geschenk oder Präsent ausgelobt werden.
- Behinderung liegt vor, wenn andere Anbieter wettbewerbswidrig darin eingeschränkt werden, ihre Kunden zu binden oder neue zu gewinnen. So vor allem beim Boykott, der immer drei Beteiligte kennt, den Behinderer, den zu Behindernden und Dritte, die vom Behinderer aufgerufen werden, zur Behinderung beizutragen. Bei vergleichender Werbung gilt grundsätzlich ein Verbot, das jedoch zunehmend aufgeweicht wird (EU). Voraussetzung dafür ist, daß Vergleiche wahrheitsgemäß und nicht herabsetzend sind.
- Irreführende Angaben sind solche, die bei einem bestimmten Personenkreis einen unrichtigen Eindruck erwecken können. Dies gilt etwa für die Werbung mit Selbstverständlichkeiten wie Preis incl. MWSt. oder sechs Monate Preisschutz.
- Irreführung über das Unternehmen durch verfälschte Aussagen entsteht, weil Kunden aus Größe und Leistungsfähigkeit des Anbieters, den Kenntnissen und Erfahrungen des Inhabers oder dem erworbenen Image Vorstellungen über dort verfügbare Warenqualitäten und -preise ableiten.
- Irreführung über Waren und Leistungen entsteht bei falscher Information über Hersteller und Verkäufer einer Ware, Herkunft des Artikels und dessen Güte, Bezugsart und Menge der vorrätigen

Waren. Unzulässig war es bisher vor allem, die Abgabemenge der Ware zu beschränken.

- Irreführungen über den Preis sind untersagt. Unzulässig waren bisher vor allem blickfangmäßig herausgestellte Preisgegenüberstellungen, d. h. Vergleich des aktuell geforderten Preises mit einem früher gültigen höheren Preis in Werbemitteln. Zulässig ist der Ausweis des früheren Preises am Produkt und im Verkaufsraum.
- Verboten ist auch progressive Kundenwerbung (Schnellballsystem).

Wettbewerbsrecht, Verkaufsveranstaltungen

Die Ankündigung von *Sonderverkäufen* suggeriert im Publikum Preisvorteilhaftigkeit. Daher sind Sonderverkäufe grundsätzlich verboten, sofern sie den Eindruck besonderer Kaufvorteile erwecken und außerhalb des normalen Geschäftsverkehrs stattfinden. Davon ausgenommen sind Jubiläumsverkäufe, die bei Bestehen im selben Geschäftszweig alle 25 Jahre für jeweils 12 Werktage möglich sind, und Winter- und Sommerschlußverkäufe, die am letzten Montag im Januar bzw. Juli beginnen und 12 Werktage laufen. Angeboten werden dürfen dabei Textilien, Bekleidungsgegenstände, Schuhwaren, Lederwaren und Sportartikel, im Winter zusätzlich Porzellan, Glas, Steingut. Sonderangebote sind hingegen ohne zeitliche Begrenzung jederzeit möglich. Werbung für Schlußverkäufe darf erst am letzten Wochentag vor dem Schlußverkaufsbeginn erscheinen, als Außenwerbung erst ab 14 Uhr. Werbung vorher darf keine Preisangaben enthalten und muß auf den Schlußverkaufsbeginn hinweisen. Während der letzten drei Tage dürfen Waren, die für Schlußverkäufc zugelassen sind, in Resteverkäufen losgeschlagen werden. Als Rest sind nur solche aus früheren Verkäufen verbliebene Teile eines Ganzen anzusehen, bei denen der verbliebene Teil, für sich genommen, nicht mehr den vollen Verkaufswert hat, den er im Zusammenhang mit dem Ganzen besessen hat. Schlußverkäufe bedürfen keiner behördlichen Genehmigung. Eine Vorwegnahme ist unzulässig.

Räumungsverkäufe sind als vorübergehende Maßnahme zulässig zur Räumung eines vorhandenen Warenvorrats infolge Schadens durch Feuer, Wasser, Sturm sowie vor Durchführung eines anzeige- oder genehmigungspflichtigen Umbaus und dauern höchstens 12 Werktage. Räumungsverkäufe sind eine Woche vor ihrer Ankündigung der IHK oder Handwerkskammer mit Grund, Beginn, Ende, Ort des Verkaufs, Art, Beschaffenheit und Menge der zu räumenden Waren und evtl. umzubauender Verkaufsfläche anzumelden. Räumungsverkäufe zur Aufgabe des gesamten Geschäftsbetriebs, einer Zweigniederlassung oder einzelner Warengattungen dürfen höchstens 24 Tage dauern. Allerdings darf mindestens drei Jahre vor diesem Verkauf kein Räumungsverkauf wegen Aufgabe eines Geschäftsbetriebs gleicher Art stattgefunden haben. Außerdem muß ein zwingender Grund vorliegen, der diese Lagerräumung erforderlich macht. Auch hier ist eine Anmeldung zusätzlich unter Angabe der Dauer der Führung des Betriebs erforderlich. Es ist dem Geschäftsinhaber, seinem Ehepartner und nahen Angehörigen von beiden verboten, nach dem Ausverkauf den Geschäftsbetrieb oder den Teil davon, auf den sich der Ausverkauf bezog, fortzusetzen. Sie dürfen auch am Ort, wo der Ausverkauf stattfand, vor Ablauf eines Jahres keinen Geschäftsbetrieb dieser Warenart neu eröffnen. Außerdem ist es verboten, Waren anzubieten, die vor Beginn oder während des Ausverkaufs allein für diesen Verkaufsanlaß angeschafft worden sind. Unzulässig sind alle irreführenden Bezeichnungen, die vorspiegeln, es handele sich um eine Sonderverkaufsmaßnahme.

Wettbewerbsrecht, UWG-Inhalte

Der wirtschaftliche Wettbewerb kann nur dann funktionieren, wenn er sich in einem rechtlichen Rahmen bewegt, der unlautere Praktiken unterbindet. Zu diesem Zweck wurde 1909 das Gesetz gegen unlauteren Wettbewerb (UWG) geschaffen. Es soll die Wettbewerber untereinander, aber auch die Allgemeinheit schützen. Um allen in der Praxis möglichen Fällen gerecht zu werden, wurde es mit einer Generalklausel versehen und damit seine Anwendung auf alle unlauteren Wettbewerbshandlungen ermöglicht, die nicht ohnehin nach gesonderten Vorschriften geahndet werden können.

Das UWG will einen fairen Wettstreit zwischen allen Unternehmen am Markt sicherstellen und zugleich die Konsumenten vor irreführenden Angaben schützen. Somit wird indirekt über die Stärkung des Wettbewerbs der Verbraucher geschützt. Verhält sich ein Anbieter wettbewerbswidrig, kann sein Verhalten abgemahnt werden. Dazu berechtigt sind Mitkonkurrenten, Verbraucherverbände, Industrie- und Handelskammern, Handwerkskammern, Abmahnvereine oder die Zentrale zur Bekämpfung unlauteren Wettbewerbs, nicht jedoch ein einzelner Konsument. Seit einiger Zeit gibt es erhebliche Einschränkungen, so muß es sich um einen „echten“ Wettbewerber handeln (im Verband um überwiegend echte Wettbewerber) und ein erheblicher Wettbewerbsnachteil muß gegeben sein. In der Abmahnung wird eine Aufforderung auf Unterlassung der als wettbewerbswidrig erachteten Maßnahmen ausgesprochen. Ist diese berechtigt und ändert der betreffende Anbieter sein Verhalten nicht entsprechend, kann er vor Gericht mit einem Ordnungsgeld belegt werden. Der Begriff der guten Sitten ist nun recht unbestimmt. Insofern bedarf es im Einzelfall einer genauen Prüfung, was als sittenwidrig anzusehen ist

Die Generalklausel lautet: „Wer im geschäftlichen Verkehr zu Zwekken des Wettbewerbs Handlungen vornimmt, die gegen die guten Sitten verstoßen, kann auf Unterlassung und Schadenersatz in Anspruch genommen werden.“ (§ 1 UWG). § 3 UWG befaßt sich mit unerlaubter Werbung. Er soll Lockvogelangebote verhindern und verbietet irreführende Angaben über den Preis einzelner Waren und des gesamten Angebots. Auch die Aussagen über Beschaffenheit und Herstellungsart müssen so gehalten sein, daß die Kunden nicht zu falschen Vorstellungen gelangen können. § 4 UWG tritt in Kraft, wenn Angaben nicht nur irreführend, sondern bewußt unwahr sind. Dann droht dem Werbenden eine Freiheitsstrafe. Das bezieht sich hauptsächlich auf den Wahrheitsgehalt von Angaben über Beschaffenheit, Ursprung, Herstellungsart und Preis der Ware, aber auch auf den Anlaß und Zweck des Verkaufs, die Menge der Vorräte oder den Besitz von Auszeichnungen. § 13 UWG legt fest, daß bei Verstößen gegen die §§ 1, 3, 4 UWG Konkurrenten, aber auch Verbände, die Verbraucherinteressen vertreten, vor Gericht klagen können. Die §§ 14, 15 UWG wenden sich gegen Anschwärzung und geschäftliche Verleumdung. Sie verbieten, über einen Betrieb, seinen Inhaber oder die Waren unwahre, geschäftsschädigende Behauptungen zu verbreiten. Freiheits- und Geldstrafen werden angedroht. Mindestens ist mit Schadenersatzforderungen zu rechnen. Das gilt auch dann, wenn diese Äußerungen nur leichtfertig, aber ohne böse Absicht erfolgen. Selbst wahre Aussagen über Mitbewerber am Markt sind unerlaubt, wenn sie herabsetzend sind und die Entscheidung der Kunden beeinflussen können. § 17 UWG verbietet den Verrat von Geschäftsgeheimnissen durch Angestellte, Arbeiter und Auszubildende an Außenstehende zu Zwekken des Wettbewerbs oder aus Eigennutz oder um dem Inhaber des Betriebs zu schaden. Bei Zuwiderhandeln können Freiheitsstrafen bis zu 3 Jahren oder Geldstrafen verhängt werden.

Wettbewerbsrecht, Zugabeverordnung

Die Zugabeverordnung gilt für Waren oder Leistungen, die beim Erwerb einer Hauptware zusätzlich kostenlos oder zu einem Preis, der wesentlich unter ihrem Wert liegt, abgegeben werden. Dabei besteht die Gefahr, daß Kunden ihre Kaufentscheidung nicht aufgrund der Hauptware treffen, sondern nach Art und Umfang der Zugabe, also aus leistungsfremden Erwägungen. Die Zugabeverordnung verbietet daher grundsätzlich, Zugaben zu gewähren, auch gegen ein Scheinentgelt. Ausnahmen bilden nur Gegenstände von geringem Wert mit deutlich sichtbarer Bezeichnung des werbenden Absenders, Zubehör zu einer Ware, Kundenzeitschriften, die Erteilung von Ratschlägen und Auskünften. Es ist verboten, diese Zugaben als Geschenke, Gratiszugaben etc. anzukündigen oder von Zufallsmechanismen (Verlosung etc.) abhängig zu machen. Verstösse sind mit einer Geldbuße bewehrt.

Wettbewerbsregeln

Werbegeschenke sind nur statthaft, wenn damit keine unlautere Absicht verbunden ist, vor allem keine Beeinflussung der geschäftlichen Entscheidungen anderer beabsichtigt ist. Sie bestehen meist aus Artikeln, die für den Betrieb des Schenkenden Handelswaren sind. Sind sie außergewöhnlich wertvoll, kann sich der Beschenkte moralisch verpflichtet fühlen, aus leistungsfremden Gesichtspunkten Kunde des Schenkenden zu bleiben oder zu werden. Bei geringwertigen Werbegeschenken ist davon nicht auszugehen. Wertvolle Geschenke sind dann statthaft, wenn sie branchenüblich sind. Strafbar ist es, sich durch Geschenke oder „Schmiergelder" bei Mitarbeitern oder Beauftragten eines Betriebs Vorteile zu verschaffen.

Wettbewerbsregeln

Unternehmensverbände können Wettbewerbsregeln in ein Register beim Bundeskartellamt eintragen lassen, die das Verhalten der Unternehmen im Wettbewerb zu dem Zweck regeln sollen, einem den Grundsätzen des lauteren und der Wirksamkeit eines leistungsgerechten Wettbewerbs zuwiderlaufenden Verhalten im Wettbewerb entgegenzuwirken und zu einem diesen Grundsätzen entsprechenden Verhalten im Wettbewerb anzuregen. Sie werden von Wirtschafts- und Berufsvereinigungen (Dachorganisationen) aufgestellt und können bei der Kartellbehörde angemeldet werden (§§ 28 ff. GWB). Es steht jedoch zu vermuten, daß vor allem solche Formen des Wettbewerbs versucht werden, auszuschalten, die als besonders unangenehm empfunden werden. So hat z. B. der Markenverband Verhaltensgrundsätze definiert, wonach Hersteller gegen die Grundsätze eines leistungsgerechten Wettbewerbs verstoßen, wenn sie gegenüber ihren Abnehmern der Forderung nach zusätzlichen Leistungen ohne Gegenleistung entsprechen, die nicht unmittelbar mit dem Warenverkauf verbunden sind und zu deren Durchsetzung in offener oder verdeckter Form Druck ausgeübt wird.

(→ *Abstimmung auf den Handelsstufen)*

Wettbewerbsstärke

(→ *Portfolio, Neun-Felder-, Aufbau)*

Wettbewerbsumfeld

(→ *Angebotsumfeld, Analyse)*

Wettbewerbsvorteils-Matrix

Die Wettbewerbsvorteils-Matrix nach Boston Consulting Group besteht aus den zwei Dimensionen:

- Wieviele Vorteile können erzielt werden? Reichen diese zu einer Nutzen- oder nur zu einer Preispräferenz aus?,
- Wie hoch sind jeweils erzielbare Vorteile? Reichen diese zur Gesamtmarkt- oder nur zur Teilmarktabdeckung aus?

Beide Dimensionen werden jeweils ordinal in viel/wenig unterteilt. Dar-

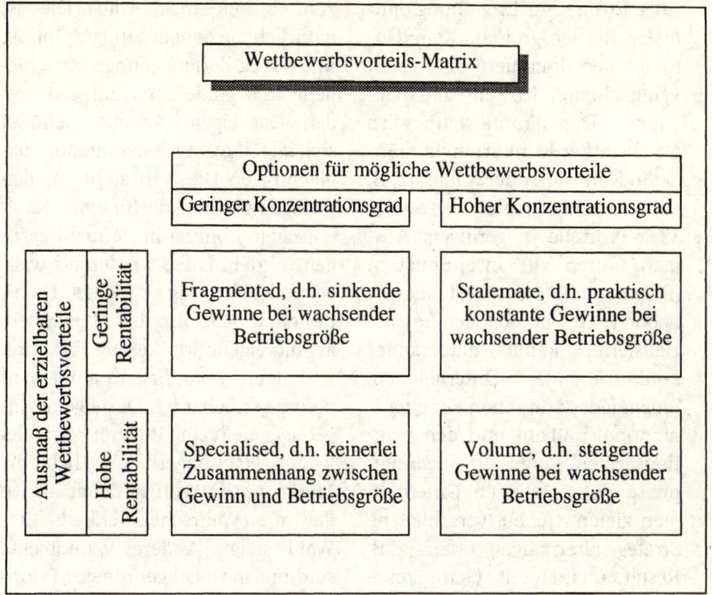

Wettbewerbsvorteils-Matrix

aus ergeben sich dann die vier folgenden Kombinationen:

- Wenige Vorteile in hohem Ausmaß führen zum Massengeschäft (= Volume). Das Geschäft läßt sich nur in wenige Dimensionen differenzieren, daher ist für eine von ihnen Kosten-/Preisführerschaft anzustreben. Daraus folgen betriebswirtschaftlich ein hohes Mindestmengenerfordernis und weitgehende Standardisierung. Kleine Anbieter verschwinden vom Markt oder landen in Marktnischen (z. B. Flugzeuge, LKW's, Großcomputer).
- Viele Vorteile in hohem Ausmaß führen zur Alleinstellung (= Specialised). Dies ist die einfachste Konstellation, da sie Entscheidungsfreiraum für die Marktwahl läßt und kompetitive Nachteile dabei nicht zu befürchten sind (z. B. Modeartikel, Kosmetika, Schmuckwaren). Allerdings ist die Varianz der Erträge recht hoch. Hier hilft die Ausrichtung an Erfolgsfaktoren (wie den „Marktgesetzen" des PIMS-Projekts).
- Wenige Vorteile in geringem Ausmaß führen zur Patt-Situation (Stalemate). Dies ist typisch für Märkte mit relativ alter, ausgereizter und allgemein zugänglicher Technologie. Daher zwingen ge-

ringe Erträge zur Erreichung optimaler Betriebsgrößen. Kein Unternehmen dominiert, alle haben vergleichbare Kosten und Gewinne. Der Frontalwettbewerb gleichstarker Konkurrenten mündet in Kollusion oder Kampf (z. B. Stahl, Gummi, Papier).

- Viele Vorteile in geringem Ausmaß führen zur Insel-Situation (Fragmented). Hier bestehen erhebliche Gewinnchancen für spezialisierte, kaum miteinander konkurrierende Unternehmen, indem jedes von ihnen ein Quasimonopol aufbaut und den reaktionsarmen Raum für Premiumpreise nutzt. Je nach Unternehmenszielen stehen verschiedene Strategiealternativen offen (z. B. Restaurants, Hotels, Getränkeabfüllung).

(→ *Erfolgsfaktoren im Marketing*)

Wheel of Retailing

(→ *Dynamik der Betriebsformen des Handels)*

Wiederkäufer

(→ *Käuferklassen)*

Wiederkäufermethode

(→ *Hochrechnungen, Standortwahl, Analog-Methode)*

Wiederkaufmodelle

(→ *Kaufeintrittsmodelle)*

Wiederkaufsicherung

Wiederkaufsicherung drückt die Loyalität vorhandener Nachfrager zum eigenen Angebot aus. Dies ist natürlich die naheliegendste Option. Mit Bezug darauf können verschiedene Treuegrade unterschieden werden. Das eigene Angebot befindet sich im Relevant Set der intendierten Nachfrager. Dieses besteht aus den wenigen Marken, die für einen Kaufentscheid konkret in Betracht gezogen werden. Diese werden als weitgehend gleichartig betrachtet. Damit besteht die Gefahr, daß eine andere als die eigene Marke gewählt wird, z. B. dann, wenn erstere momentan besser verfügbar ist. Das eigene Angebot genießt eine Präferenz bei relevanten Nachfragern. Das hebt die Marke positiv von anderen ab, so daß die Wahrscheinlichkeit ihrer Wahl steigt. Andere Wahlobjekte sind nur mit nachgeordneter Priorität versehen. Das eigene Angebot erreicht Exklusion. Damit wird nur eine Marke von relevanten Nachfragern für die Bedarfserfüllung als geeignet angesehen, wohingegen andere Marken dafür nicht in Frage kommen. Der Kauf wird eher verweigert/verschoben, als daß ein anderes Angebot gewählt wird. Der Relevant Set besteht nur aus diesem einen Angebot.

Die Größe und Struktur des Relevant Set unterliegt dauernden Veränderungen. Entscheidend ist, in der konkreten Wahlsituation präsent und profiliert zu sein (im wesentlichen eine Aufgabe der Kommunikation). Kundenbindung wird in der Praxis aber häufig auch auf anderem Weg erreicht, nämlich durch bewußte Inkompatibilität von Syste-

men. So werden Nutzer gezwungen, systemtreu zu bleiben, sollen einmal getätigte Investitionen nicht wertlos werden. Oft ist es allerdings sinnvoller, schlechtem Geld kein gutes hinterherzuwerfen, wenn man einmal auf das falsche System gesetzt hat.
(→ Absatzquellendefinition)

Wiederverkäufermarkt

Der Wiederverkäufermarkt (W-Markt) ist der Markt für den Weiterverkauf von Ge- und Verbrauchs-, Produktions- und Investitionsgütern an Gewerbetreibende und Verbraucher. Der Kaufentscheid erfolgt je nachdem individuell oder kollektiv. Bei diesem Weiterverkauf handelt es sich um eine produktunverbundene Dienstleistung des Handels. Es ergeben sich jedoch eine Reihe weiterer Besonderheiten.

Bei genauer Betrachtung liegt hier eine Mischung aus Warenprozeß- und Dienstleistung vor. Da es sich bei ersteren um physische Vorgänge handelt, stellt die Wiederverkäufertätigkeit einen eher untypischen Service dar. In einigen Fällen ist letzterer kaum mehr wahrnehmbar (z. B. im Selbstbedienungsgeschäft). In anderen Fällen ist der Mensch als Dienstleister zentraler Faktor der Geschäftstätigkeit. Dieser ist einerseits in der Lage, erhebliches akquisitorisches Potential aufzubauen, andererseits ist er aber auch nur schwer steuerbar.

Der W-Markt ist die Drehscheibe zwischen Hersteller (Vorverarbeiter) und Abnehmer (Weiterverarbeiter oder Endabnehmer). In diesem Knotenpunkt laufen die Warenofferten und Bedarfe verschiedener Anbieter und Nachfrager zusammen. Für erstere ergibt sich dabei eine Multiplikator-, für letztere eine Konzentrationswirkung des Angebots.

Die dort tätigen selbständigen Absatzmittler übernehmen damit wichtige Funktionen für den Absatzerfolg von Waren. Da die Waren selbst dabei meist unverändert bleiben, wurde diese Produktivität lange Zeit in Zweifel gezogen. Es ist jedoch unzweifelhaft, daß ohne die gesamtwirtschaftliche Mittlerfunktion der Warenaustausch und der ökonomische Erfolg am Markt erheblich erschwert sind.

Wiederverkäufer sind in ihrem Markterfolg wesentlich von dem ihnen durch Zulieferer zur Verfügung gestellten Warenangebot abhängig. Denn ihre Attraktivität bei Kunden hängt direkt von der Sogwirkung des Sortiments ab. Von daher üben Absatzmittler Druck auf ihre Lieferanten aus, damit diese ihnen vielversprechende Produkte geben. Ergänzend vollzieht sich eine Rückwärtsintegration (z. B. durch Handelsmarken).

Es herrscht eine latente Konfliktsituation zwischen Hersteller- und Handelsstufe. Als selbständige Absatzmittler verfolgen Wiederverkäufer eigene Marketingziele, die zu denen der Vorverarbeiter nicht nur nicht zwangsläufig kongruent, sondern tatsächlich in vielfältiger Weise konfligent sind.

Der W-Markt ist durch einen hohen Konzentrationsgrad gekennzeichnet. Die daraus resultierende Nachfragemacht ermöglicht es dem Handel, seine Vorstellungen gegenüber seinen Zulieferern wirksam geltend zu machen. Riesige Handelshäuser bestimmen so das weltweite Marktgeschehen mit.

Der W-Markt ist durch eine äußerst heterogene Struktur gekennzeichnet. Sie ergibt sich aus unterschiedlichsten Abnehmer- und Bezieherrelationen, aus verschiedensten Branchen, der Erbringung abweichender Teilleistungen etc.

Überwiegend herrscht jedoch eine Orientierung am Preiswettbewerb vor, d. h. vor allen anderen Marketinginstrumenten wird der Preis dominant und offensiv eingesetzt. Dies impliziert die Notwendigkeit zur Durchsetzung günstiger Einstandskonditionen (Der Gewinn liegt im Einkauf). Denn bei Preisdruck ist die Marge ansonsten schnell erschöpft.

Das Wettbewerbsumfeld des Handels bildet der übrige Handel, d. h. an die Stelle des Markenwettbewerbs der Hersteller rückt der Geschäftsstättenwettbewerb des Handels (Intrabrand Competition). Ist eine Markenpräferenz aufgebaut, treten die diese Marke führenden Absatzmittler in Konkurrenz um den Vollzug des Kaufakts.

Ausschlaggebend für den Erfolg des Betriebs ist dabei die betriebswirtschaftliche Kennziffern der Warenumschlaggeschwindigkeit, der Kapitalbindungskosten und Flächenproduktivität bestimmt. Je höher der Warenumschlag, desto kürzer die Kapitalbindung und desto besser die Flächennutzung.

(→ Marketing, Bereiche)

Willensbildung, Organisationen

Die Willensbildung in Organisationen kann auf verschiedenen Wegen erfolgen. Beim *Top Down-Ansatz* erfolgt die Willensbildung retrograd von der Geschäftsführung an die Basis. Dies ist typisch für Unternehmen der westlichen Region. Sie bietet den Vorteil der schnellen Entscheidungsfindung, da nur der relativ kleine Zirkel des Management darin einbezogen wird. Allerdings geht die dabei eingesparte Zeit auf dem Weg durch die Instanzen oft wieder verloren. Auf jeder Stufe kommt es zu Verzögerungen der Entscheidungsdurchsetzung. Hinzu kommt jeweils weiterhin eine unbewußte Verfälschung des Auftragsinhalts, die im Ergebnis zu argen Verzerrungen führen kann. Da zudem die von oben oktruierte Entscheidung nicht immer sachgerecht ist, kommt es noch zu Widerständen. So bleiben Entscheidungen oft Makulatur, und die Unternehmensspitze entfernt sich zunehmend von der Basis. Probleme liegen im Vorgabecharakter, der die Planungsmotivation beeinträchtigt, in mangelnder Koordination und Information, die häufig verborgen bleiben, und in der Gefahr der Suboptimierung.

Beim *Bottom up-Ansatz* erfolgt die Willensbildung progressiv von der Basis an die Geschäftsführung. Dies ist typisch für Unternehmen aus der fernöstlichen Region. Der Nachteil liegt in der langwierigen Entscheidungsfindung, die oft von westlichen Gesprächspartnern als entnervend kritisiert wird. Denn auf allen Ebenen der Organisation vollzieht sich eine informelle Willensbildung mit dem Ziel des Konsens. Erst danach wird die vereinbarte Meinung an die jeweils vorgesetzte Stelle weitergegeben. Dort wiederholt sich dieser Abstimmungsprozeß, bis die gebündelte Meinung bei der Unternehmensspitze angekommen ist. Diese braucht dann nur noch entsprechend zu entscheiden, und die Entscheidung wird schlagartig auf allen Ebenen wirksam. Der Vorteil liegt zum einen in der wesentlich stärkeren Einbindung der Mitarbeiter, die ja berechtigterweise das Gefühl haben, am Erfolg mitgewirkt zu haben, zum anderen an sachgerechteren Entscheidungen, die zu höherer Produktivität führen. Probleme liegen in der Negativkoordination, der Fortschreibung alter Ziele, dem hohen Arbeits- und Zeitaufwand und dem Erfordernis zu horizontaler Koordination.

Der *Gegenstrom-Ansatz* ist ein Kompromiß aus den beiden vorgenannten Ansätzen, wobei Bottom up-Top down oder Top Down-Bottom up vorgegangen werden kann. Das Top-Management leitet dabei eine vorläufige Entscheidung zum Zwecke der Akzeptanzprüfung an die Basis und diese gibt nach vollzogener Meinungsbildung ihr Feedback dazu. Besteht Übereinstimmung zwischen Entscheidungsvorhaben und Meinungsrückfluß, wird die Entscheidung entsprechend durchgesetzt. Gibt es Divergenzen, wird die Entscheidung solange modifiziert und erneut in der Organisation getestet, bis Konsens erzielt wird, dies führt dann zur Top Down-bottom up-Top Down oder Bottom up-Top Down-Bottom up-Abstimmung. Von Nachteil ist dabei der hohe Koordinations- und Zeitaufwand der Abstimmung, sodaß de facto meist nur ausgewählte Gremien der Organisation (z. B. ein Händlerbeirat) konsultiert werden.

Beim *Keil-Ansatz* wird das Middle Management in den Mittelpunkt gerückt, weil es einerseits aufgrund seiner Leitungsfunktion Managementcharakter einnimmt, andererseits aber aufgrund seiner Basisnähe praktischen Sachverstand einbringt. Es wird damit Mittler zwischen der Entscheidungsvorbereitung durch die Geschäftsführung und der Entscheidungsdurchsetzung in der Organisation. Da es vor allem aber die operative Arbeit zu erledigen hat, stellt sich die berechtigte Frage, ob es hier nicht zu einer Überlastung mit nicht wertschöpfenden Aktivitäten kommt.

Beim *Kerngruppen-Ansatz* wird davon ausgegangen, daß es erfahrungsgemäß mehrere dezentrale Stellen der Willensbildung in einem Betrieb gibt. Diese beruhen auf informellen Kontakten, auf großer Qualifikation und hohem Zusammengehörigkeitsgefühl. Diese Kerne wirken meinungsbeeinflussend auf ihr Umfeld und schaffen Lobbies, die

geeignet sind, zuerst Themen auf die Agenda der Geschäftsführung zu bringen und später deren Implementierung in Problemlösungen zu forcieren. Allerdings spielen oft egoistische Interessen eine verhängnisvolle Rolle zu Lasten der Gemeinschaft.
(→ Prozeßorganisation)

Willenserklärung
(→ Vertragsgrundlagen)

Wirtschaften

Am Anfang jedes Wirtschaftens stehen Bedürfnisse. Ein Bedürfnis ist das Empfinden eines Mangels und impliziert den Wunsch nach dessen Befriedigung. Natürlich sind nicht alle Bedürfnisse durch wirtschaftliche Güter zu befriedigen. Aber für viele, ursprünglich nicht-ökonomische Bedarfe stehen zwischenzeitlich wirtschaftliche Güter bereit. Ferner sind originäre und sozialisierungsbedingte Bedürfnisse zu unterscheiden. Letztere haben mittlerweile im Marketing die weitaus größere Bedeutung erlangt. Soweit diese Bedürfnisse durch Kaufkraft gestützt werden, entsteht ökonomische Nachfrage. Bedürfnisse ohne Kaufkraft sind wirtschaftlich unergiebig, es sei denn, es gelingt, sie mit fremder (oder fremdbevorschußter eigener) Kaufkraft zu versehen. Dies gilt bei personellem, zeitlichem und/oder räumlichem Auseinanderfallen von Bedarfen und Kaufkraft. Nachfrage setzt sinnvollerweise immer Nutzenstiftung voraus. Die Nachfrage verkörpert sich dabei in Personen (unmittelbar oder als Vertreter für Organisationen) als potentielle Käufer. Für die Vermarktung ist weiterhin Voraussetzung, daß dieser Nutzen sich in einem Produkt konkretisiert. Dessen Erfolgschancen sind um so größer, je intensiver das Nutzenversprechen scheint, je verbreiteter der durch das Produkt befriedigte Bedarf ist und je genauer ein Produkt diesen Bedarf abdeckt. Ein Produkt muß dabei nicht unbedingt gegenständlicher Natur, sondern kann auch abstrakt und immateriell sein (z. B. Dienstleistung). Damit sich Nachfrage in einem Produkt manifestieren kann, muß eine Transferbasis gegeben sein. Von den Alternativen Eigenerzeugung, Raub, Betteln und Austausch hat sich letztere empirisch als die tragfähigste erwiesen. Diese Konvention bildet die Grundlage jeder rechtsstaatlichen Wirtschaftsordnung. Solche Transaktionen beschränken sich allerdings keineswegs nur auf wirtschaftliche Güter, sondern betreffen generisch jedweden sozialen Austausch. Nachfrage allein genügt jedoch nicht, damit ein Austausch zustandekommen kann. Vielmehr bedarf es als Gegenpart eines Angebots, auf das Nachfrage abzielen kann. Der Transfer zwischen Angebot und Nachfrage kommt, neben Formen des Warentauschs, überwiegend durch Geld als Tauschmittel zustande. Damit ist neben dem Nutzen auch sein Preis ausschlaggebend für den Erfolg eines Angebots. Das Angebot wird ebenfalls von Personen (unmittelbar oder als Vertreter für

Organisationen) als potentielle Verkäufer verkörpert. Eine weitere Voraussetzung für den genannten Transfer ist ein Ort, wo sich Nachfrage und Angebot treffen können. Dies ist der Markt. Ein Markt bildet sich überall, wo Nachfrage nach Befriedigung sucht und zeit- und raumgleich Angebot zur Verfügung steht. Außerdem auch dort, wo Nachfrage erst noch generiert werden muß und Angebot nur gesichert versprochen werden kann. Dadurch wird der Transferprozeß stimuliert.

Wirtschaftlichkeit (in der Mediaplanung)

Hierbei werden von der Mediaplanung die Leistungswerte Reichweite und Kontaktintensität in Beziehung zu den Einschaltkosten gesetzt. Dies geschieht durch Berechnung der Kosten je 1000 mindestens einmal erreichter Zielpersonen als Leser, Seher, Hörer bzw. je 1000 realisierter Kontakte in der Zielgruppe.

Die Leistungswerte sind aus dem Datenbestand bekannt. Nimmt man zusätzlich die jeweiligen Tarifpreise nach Abschlußjahr und Nachlässen der Werbeträger für die gegebene Ausstattung hinzu, läßt sich die Wirtschaftlichkeit berechnen. Eine hohe Wirtschaftlichkeit ist bei kleinen Werbebudgets von ausschlaggebender Bedeutung. Werbeträger mit gleicher Reichweite bzw. Kontaktintensität führen somit bei unterschiedlichen Tarifpreisen zu unterschiedlicher Wirtschaftlichkeit. Umgekehrt führen Werbeträger mit gleichen Tarifpreisen bei unterschiedlicher Reichweite bzw. Kontaktintensität auch zu unterschiedlicher Wirtschaftlichkeit. Zusätzlich gibt es im Printbereich den 1000 Auflage-Preis als Kosten je 1000 verbreiteter Exemplare eines Titels bzw. im Elektronikbereich den 1000 Haushalts-Preis als Kosten je 1000 durch einen Sender technisch erreichbarer Haushalte (wobei dort durchaus mehrere Geräte installiert sein können).

Weitere Maßzahlen für die Wirtschaftlichkeit sind

- der Preis pro 1% Reichweite in der Zielgruppe (möglichst niedriger Wert),
- die Kontaktzahl pro 1000 DM Werbebudget (möglichst hoher Wert),
- die Kosten pro 1000 Nutzer bei wirksamer Reichweite (möglichst niedriger Wert).

(→ *Rangreihung)*

Wirtschaftlichkeitsrechnung

Zur Beurteilung der Wirtschaftlichkeit von Investitionen in neue Produkte kommen als Verfahren die der Investitionsrechnung in Betracht. Dabei sind zwei Ausprägungen möglich, die der statischen Verfahren in Form der Kosten-, Gewinn-, Amortisations- und Rentabilitätsrechnung. Und die der dynamischen Verfahren. Zunächst zu den *statischen*.

Der Kostenvergleich hat Kostenminimierung anhand der durchschnittlichen, periodenbezogenen Kosten zum Ziel. Dabei wird allerdings der unterschiedliche zeitliche

Anfall der zugrunde liegenden Zahlungen außer acht gelassen. Außerdem ergeben sich Schwierigkeiten bei der Kostenschätzung für die Zukunft. Schließlich wird keine Aussage über die Rentabilität getroffen.

Der Gewinnvergleich hat Gewinnmaximierung anhand der durchschnittlichen, periodenbezogenen Gewinne zum Ziel. Voraussetzung ist dabei der gleiche Kapitaleinsatz und die gleiche Laufzeit aller Investitionsalternativen. Zwar werden hierbei zutreffend die Erlöse mit einbezogen, jedoch ergibt sich damit zugleich das Problem der zuverlässigen Schätzung für die Zukunft.

Der Amortisationsvergleich hat Risikominderung anhand der Rücklaufzeit des eingesetzten Kapitals (= Pay Off Period) zum Ziel. Dabei kann allerdings eine Alternative präferiert werden, die erfolgswirtschaftlich inferior ist. Dafür steht der Sicherheitsaspekt im Vordergrund. Probleme ergeben sich, weil nur Objekte gleicher Nutzungsdauer vergleichbar sind und Gewinnzurechnung und Liquidationserlös außer acht bleiben. Schließlich wird keine Aussage zur Rentabilität getroffen.

Der Rentabilitätsvergleich ermittelt die durchschnittliche jährliche Verzinsung eines Objekts und berücksichtigt damit erstmals die Relation von Kapitaleinsatz zum Ertrag. Probleme ergeben sich aus der Erlöszurechnung und der Notwendigkeit zur Differenzinvestition, die die Aussage komplizieren.

Dynamische Verfahren bedienen sich der Form von Kapitalwert-, Annuitäten-, Amortisations- und Interner Zinsfuß-Methode. Sie berücksichtigen die zeitliche Verteilung von Einnahmen und Ausgaben über die Nutzungsdauer durch Zinseffekte und kommen daher zu stimmigeren Ergebnissen.

Die Kapitalwertmethode hat Gewinnmaximierung anhand des Barwerts der Ein- und Auszahlungen aller Entscheidungsalternativen zum Ziel. Ein positiver Kapitalwert spricht für eine empfehlenswerte Investition, bei mehreren Objekten entscheidet der höchste Kapitalwert. Bei unterschiedlichen Investitionssummen und/oder Laufzeiten werden Differenzinvestitionen angesetzt. Dabei ist allerdings die Prognostizierbarkeit des Entscheidungshorizonts problematisch.

Die Annuitätenmethode hat Gewinnmaximierung anhand der Annuität des Barwertes aller auf den Anfangszeitpunkt abgezinsten Ein- und Auszahlungen zum Ziel. Bei Werten größer Null ist die Investition empfehlenswert, bei mehreren Objekten entscheidet der höchste Barwert. Probleme liegen in der Ermittlung zukünftiger Einnahmen und Ausgaben.

Die Amortisationsmethode hat Risikominimierung anhand der Pay Off-Periode zum Ziel. Dadurch wird der Mangel fehlender Berücksichtigung der Zinswirkung bei unterschiedlicher zeitlicher Lage von Zahlungen gegenüber der statischen Version behoben. So führt bei gleicher Summe ein früherer Mittelrückfluß zur Bevorzugung gegenüber einer Alternative mit späterem Mittelrückfluß.

Die Interne Zinsfuß-Methode hat Gewinnmaximierung anhand des internen Zinsfusses zum Ziel, mit dem aufgenommene und angelegte Gelder verzinst werden. Ist der Interne Zinsfuß höher als der Kalkulationszinsfuß, ist die Investition empfehlenswert, bei mehreren Objekten entscheidet der höchste Interne Zinsfuß. Probleme entstehen durch das Erfordernis gleicher Anschaffungswerte und Nutzungsdauer von Vergleichsobjekten sowie die Begrenzung auf Erweiterungs-, nicht jedoch Ersatzinvestitionen.

Stillschweigende Voraussetzung aller genannten Verfahren sind sichere Erwartungen, Rechenbarkeit für einzelne Produkte, eindimensionale Zielsetzung, Nichtbeachtung betrieblicher Interdependenzen und Lösung verbleibender Zurechnungsprobleme.

Wirtschaftsgebiet

(→ Marktsegmentierung, Kriterien)

Wirtschaftsverband

(→ Kooperation)

Wissensbasis

(→ Expertensystem)

Wissenserwerbsmodul

(→ Expertensystem)

Wohnortgröße

(→ Marktsegmentierung, Kriterien)

Wort-Assoziations-Test

(→ Testverfahren, Verbale)

X/Y

XYZ-Analyse

(→ Wareneinteilung)

Yield Management

(→ Nichtlagerfähigkeit vom Dienstleistungen)

Z

Zahlungsarten

Die Entwicklung des Geldwesens erfolgte über Naturaltausch, Waren als Geldersatz und schließlich Geld als Bargeld oder Buchgeld. Das Geld nimmt die Funktionen als Tauschmittel und gesetzliches Zahlungsmittel, Wertmesser und Recheneinheit, Wertaufbewahrungsmittel und Kreditmittel wahr. Geld ist eine Anweisung auf einen Anteil am Sozialprodukt. Geld ist übertragbar, teilbar, dauerhaft, wertbeständig und anerkannt. Gesetzliche Zahlungsmittel sind Bargeld (Banknoten, Münzen) und Buchgeld (Kontobestand). Geldersatzmittel sind Schecks und Wechsel.

Hinsichtlich der Zahlungsarten wird Barzahlung, also unmittelbare oder mittelbare Barabwicklung der Zahlung, Halbbarzahlung durch Bareinzahlung oder -auszahlung auf Konto und bargeldlose Zahlung durch Buchung zwischen Konten unterschieden:

- Barzahlung erfolgt durch Zahlung von Hand zu Hand, Wertbrief oder Postanweisung,
- Halbbare Zahlung erfolgt durch Bareinzahlung des Zahlers und Gutschrift auf das Konto des Empfängers mittels Zahlschein bzw. durch Abbuchung vom Konto des Zahlers und Barauszahlung an den Empfänger durch Barscheck, Zahlungsanweisung oder Postbarscheck.
- Bargeldlose Zahlung erfolgt durch Abbuchung vom Konto des Zahlers und Gutschrift auf dem Konto des Empfängers durch Banküberweisung bzw. Verrechnungsscheck (zwischen Kreditinstituten), Zahlungsanweisung, Postüberweisung bzw. Postverrechnungsscheck (zwischen Postgiroämtern) und Banküberweisung, Verrechnungsscheck bzw. Zahlungsanweisung, Postüberweisung, Postverrechnungsscheck (zwischen Kreditinstituten und Postgiroämtern).

Träger des Zahlungsverkehrs sind die Gironetze der Deutschen Bundesbank (und LZB's), der Postgiroämter, der Sparkassen und Landesbanken, der Kreditgenossenschaften und Zentralkassen und der Großbanken.

Zahlungsverzug

Ein Zahlungsverzug liegt vor, wenn der Käufer seiner Zahlungspflicht nicht oder nicht rechtzeitig nachkommt. Voraussetzung für einen Zahlungsverzug ist die Fälligkeit der Zahlung, bei unbestimmtem Zahlungstermin nach Zahlungsaufforderung durch den Verkäufer, bei kalendermäßig bestimmten Zahlungstermin sofort nach Terminüberschreitung, und zwar auch ohne Verschulden des Käufers. Zahlungsverzug liegt also vor, wenn der Käufer den vereinbarten Kaufpreis schuldhaft nicht oder nicht rechtzeitig bezahlt. Da der Käufer die Zahlung schuldet, handelt es sich um Schuldnerverzug. Ist die Fälligkeit kalendermäßig bestimmt, kommt der Schuldner mit dem Eintritt der Fälligkeit ohne Mahnung in Verzug, ist sie nicht kalendermäßig bestimmt, kommt er erst durch Mahnung in Verzug. Auf Verschulden kommt es bei einer Geldschuld nicht an, da Geldschulden Gattungschulden sind. Der Gläubiger kann wahlweise Erfüllung des Vertrags, Erfüllung und Schadenersatz, nach Setzung einer angemessenen Nachfrist auch Rücktritt vom Vertrag oder Schadenersatz wegen Nichterfüllung verlangen. Der Schaden besteht in Verzugszinsen (4% nach BGB, 5% nach HGB) oder in Kreditzinsen bei Inanspruchnahme eines Kredits infolge Zahlungsverzug.

Rechte des Verkäufers aus dem Zahlungsverzug sind die Klage auf Zahlung und Ersatz des Verzugsschadens, vor allem von Verzugszinsen sowie zusätzlicher Kosten auf Nachweis (z. B. Kreditaufnahme), der Rücktritt vom Kaufvertrag nach angemessener Nachfrist zur Zahlung (mit Rücktransfer der Ware) oder die Ablehnung der Zahlung und Schadenersatz wegen Nichterfüllung nach angemessener Nachfrist zur Zahlung (z. B. bei Gewinnentgang oder anderweitigem Mindererlös). Eine Nachfristsetzung ist nicht erforderlich, wenn es sich um ein Fixgeschäft handelt oder der Käufer die Zahlung verweigert.

ZBB

(→ Zero Base Budgeting)

Zeichen-Test

(→ Testverfahren, Figurale)

Zeitansage/Wetterdurchsage

(→ Rundfunkspots, Sonderformen)

Zeitbezug von Zielen

(→ Zielsetzungen im Marketing)

Zeitdauermethode

(→ Standortwahl, Distanz-Betrachtung)

Zeitrabatt

(→ Rabatt)

Zeitrahmen von Daten

(→ Datenbasis)

Zeitraum

(→ Marktkonstitution)

Zeitreihe, Darstellung

Unter einer Zeitreihe versteht man eine Menge von Beobachtungswerten, die in gleichen zeitlichen Abständen aufeinander folgen. Es handelt sich also um eine zeitlich geordnete Menge von Merkmalswerten, die im Zeitablauf entweder für bestimmte Zeiträume (bei Bewegungsmassen) oder zu bestimmten Zeitpunkten (bei Bestandsmassen) erhoben werden. Wird dabei in jeweils gleichen Zeitabständen erneut gemessen, gewogen und gezählt, handelt es sich um eine äquidistante Zeitreihe. Ziel der Zeitreihenanalyse ist es, die verschiedenen Einflußfaktoren, die auf die beobachtete Zeitreihe einwirken, herauszuarbeiten und auf eigenständige Gesetzmäßigkeiten hin zu prüfen. Dabei wird die beobachtete Größe selbst untersucht und zwar in Abhängigkeit von ihrem zeitlichen Verlauf. Zeitreihenmodelle enthalten nun Annahmen darüber, aus welchen Komponenten eine gegebene Zeitreihe besteht, welche Eigenschaften die Komponenten besitzen und wie sie miteinander verbunden sind.

Die konventionelle Zeitreihe zerlegt die Originalzeitreihe entsprechend den Modellannahmen in Komponenten und hat das Ziel, für jeden gegebenen Zeitraum oder -punkt Schätzwerte für die glatte (Trend), die periodische (Saison) und die irreguläre Komponente (Zufall) zu ermitteln.

Die Trendkomponente ist die unabhängig von Schwankungen beobachtete Grundrichtung einer Zeitreihe. Als Trend bezeichnet man die langfristige Grundrichtung der zeitlichen Entwicklung, d. h. die Stärke des Wachstums- oder Schrumpfungsprozesses.

Die Konjunkturkomponente ist die gesamtwirtschaftliche, mehr oder minder zyklische, langfristige Änderung einer Zeitreihe. Hierunter fallen alle mittelfristigen Einflüsse, die periodisch auftreten. Da aber in der Realität Dauer und Intensität derartiger Schwankungen keineswegs ein periodisch wiederkehrendes Bild abgeben, ist es oft schwierig, Trend- und Konjunkturkomponente exakt zu trennen. Die Prognose ist schwierig, da Konjunkturausmaß und -stadium oft erst im Nachhinein feststellbar sind.

Die Saisonkomponente ist die branchenbedingte, kurzfristige Änderung einer Zeitreihe. Besteht die Zeitreihe nicht aus Jahreswerten, sondern aus kurzfristigen Daten, so werden alle jahreszeitlichen Einflüsse durch die Saisonkomponente erfaßt. Dabei geht man davon aus, daß sich diese Einflüsse über ein Jahr hinweg ausgleichen. Zur Prognose stehen leistungsfähige Verfahren zur Verfügung.

Die Zufallskomponente ist die unsystematische Änderung einer Zeitreihe. In dieser Komponente werden die Auswirkungen all jener Einflußfaktoren zusammengefaßt, die weder mit Trend und Konjunktur, noch mit Saison in Zusammenhang gebracht werden können. Äußeres Merkmal dieser Restschwankungen ist ihre Unregelmäßigkeit. Sie sind daher nur schwer zu prognostizieren, allenfalls gibt es Korrelationen zu verschiedenen Zeitpunkten.

In einer Datenreihe treten diese Komponenten nun nicht isoliert, sondern miteinander verknüpft auf. Daher stellt sich die Frage, wie sie miteinander verknüpft werden. Dazu gibt es drei Ansätze:

- Sofern mit einem steigenden (oder fallenden) Trend die übrigen Komponenten gleich große Ausschläge zeigen, wird von einer additiven Verknüpfung gesprochen. Die Größe der Ausschläge ist unabhängig vom Niveau der Trendkomponente.

- Nehmen die Ausschläge der Konjunktur- und der Saisonkomponente mit steigendem Niveau der Zeitreihe zu, liegt eine multiplikative Verknüpfung vor. Durch Logarithmieren läßt sich das Modell der multiplikativen Verknüpfung in ein solches der additiven Ver knüpfung überführen.
- Es kann sich allerdings auch um gemischte Verknüpfungen aus additiven und multiplikativen Komponenten handeln. Beim additiven Modell wird die Summe der Komponenten gebildet, beim multiplikativen deren Produkt. Die Prognose erfolgt separat für jede Komponente, das Ergebnis ergibt sich durch Addition oder Multiplikation (vgl. *Pepels, Werner:* Käuferverhalten und Marktforschung, Stuttgart 1995).

Zeitreihen, Schwankungen

Zeitreihen weisen oft zyklische Schwankungen infolge konjunktureller oder saisonaler Einflüsse auf. Bei additiver Sicht wird unterstellt, daß diese Schwankungen von der Prognosegröße unabhängig sind, bei multiplikativer Sicht wird unterstellt, daß diese Schwankungen von der Prognosegröße abhängen. Bei saisonalen Schwankungen wird häufig das Phasendurchschnittsverfahren angewendet. Dieses setzt voraus, daß zuvor aus der Zeitreihe die Trendkomponente herausgerechnet wurde. Dann wird für jede Beobachtungsperiode regelmäßig wiederkehrender, unterjähriger Schwankungen (= Saisons) ein Durchschnittswert aus den Differenzen zwischen Beobachtungswerten und Trendwerten berechnet. Die Summe der Durchschnittswerte aller Saisonzeitpunkte ist gleich Null (wenn die Restkomponente sauber ausgeschaltet ist). Ansonsten erfolgt die Bereinigung durch einen Korrekturfaktor. Das Ergebnis sind Saisonindexziffern, deren Summe als Saisonnormale bezeichnet wird. Werden die Saisonindexziffern von den entsprechenden Beobachtungswerten abgezogen, erhält man saisonbereinigte Werte. Damit erfolgt die Zerlegung einer Zeitreihe sukzessive, d. h. die Komponenten werden nacheinander bestimmt, wobei vor Bestimmung einer weiteren Komponente die Zeitreihe um den Einfluß der bereits errechneten Komponenten bereinigt wird. Denkbar ist aber auch die simultane Bestimmung der verschiedenen Komponenten.

Schwankungen im Jahresablauf treten u. a. auf bei Speiseeis, Bier, Erfrischungsgetränken, Heizöl, Geschenkprodukten etc. Folglich sind die Zeitreihen saisonbehaftet. Saisonbereinigungsverfahren beruhen auf zwei Gruppen: einerseits Ermittlung eines gleitenden Durchschnitts mit der Länge eines vollständigen Saisonzyklusses und Berechnung eines Saisonindexes als Quotient aus dem Zeitreihenwert jeder Teilperiode und dem gleitenden Durchschnitt und Bereinigung der Zeitreihe darum, andererseits Überführung der Zeitreihe aus dem Zeitbereich in den Frequenzbereich mittels Sinusfunktionen und Identifizierung verschiedener, gegenseitig überlappender Saisonzyklen und Bestimmung deren Zykluslängen.

Zeitschriftenanzeigen

Die Zeitschrift unterscheidet sich von der Zeitung dadurch, daß sie

- mindestens im Wochenturnus,
- in gebundener, gehefteter oder geklammerter Verarbeitung,
- mit eigenständigem Cover,
- höherer Seitenzahl,
- bei kleinerem Format (meist A 4-ähnlich) als bei der Zeitung,
- mit großem Vierfarbanteil,
- auf besserem Papier,
- zumeist zu höherem Preis,

erscheint. Bei Zeitschriften gibt es eine beinahe unüberschaubare Titelvielfalt (ca. 2500 Titel), die sich in verschiedene Typen rubrizieren läßt, wie Frauen-, Eltern-, Kinder-, Jugend-, Männerzeitschriften (Special Segment-Titel/SS), sowie Handarbeits-, Mode-, Sport-, Auto-, Garten-, Gesellschafts-, Gesundheits-, Ernährungszeitschriften etc. (Special Interest-Titel/SI). Beide gewinnen aufgrund steigenden Freizeitanteils und intensivierter Hobbies zunehmend an Verbreitung, wohingegen General Interest-Titel (GI) wie aktuelle Illustrierte, Programmzeitschriften etc. kontinuierlich an Bedeutung verlieren. Dies führt bei sinkender Totalauflage zu einer Titelinflation. Auch hier kommen stetig neue Titel hinzu (z. B. *Focus*), während andere floppen (z. B. *Viva, Quick*).

Special Segment- und Special Interest-Titel sind durch ein redaktionelles Angebot mit thematischem Schwerpunkt definiert, der in jeder der periodisch erscheinenden Ausgaben durchgängig und im gesamten Inhalt mit klarem Bezug aller Beiträge dazu gegeben ist. Die Nutzung ist dabei, im Gegensatz zu den im folgenden erwähnten Fachzeitschriften (Professional Interest-Titel/PI) nicht berufsbedingt, sondern entspringt dem persönlichen Informations-, Wissens- und Freizeitbedarf im privaten Lebensbereich.

Als Sonderform, die sich an Nutzer im gewerblichen Bereich wendet, gelten die Fachzeitschriften, die es in reicher Zahl (ca. 1850 Titel) für praktisch jede Branche (ca. 350 verschiedene) und in professioneller Ausformung gibt (z. B. mit Kennziffernservice, oft durch Vermittlungsgebühr finanziert und ansonsten kostenlos). Dabei wird es Interessenten ermöglicht, unter Bezug auf numerierte Anzeigen Informationen zum Werbeobjekt über den Verlag anzufragen, der diese Anfragen an die jeweilig Werbungtreibenden weiterleitet. Dadurch ergibt sich die Chance der direkten Kontaktaufnahme und Nachbereitung für diese. Außerdem ist in Maßen eine Resonanzkontrolle der Werbeeinschaltung möglich. Die Auswahl der Fachzeitschriften erfolgt anhand von Empfänger-, Leserstruktur- oder Reichweitenanalysen.

Zeitschriften:

- bauen ihre Verbreitung eher langsam auf,
- bieten eine hohe Wiedergabequalität,
- sind als SI-Titel gut steuerbar,
- haben allerdings lange Buchungsfristen (bei Farbe 6–8 Wochen, bei Schwarzweiß 3–4 Wochen im voraus),
- eignen sich daher besonders für imageaufbauende und lernfähige Botschaftsinhalte.

Der Werbemittelkontakt ist zudem durch die Eigenschaft der Zeitschrift als statuarisches Medium beliebig wiederholbar.

(→ Mediaeinsatz, Mix)

Zeitüberbrückung

(→ Handelsfunktionen)

Zeitungsanzeigen

Traditionell größte Mediagattung sind die Anzeigen, weil die BRD das klassische Printland schlechthin ist. Quantität und Qualität innerhalb dieser Gattung sind auch international unerreicht. Der größte Bereich innerhalb der Anzeigenwerbung wiederum betrifft die Zeitungen. Insgesamt gibt es 1260 Titel, doch kommen stetig neue hinzu (z. B. Die Woche, Die Wochenzeitung), andere verschwinden vom Markt (z. B. Ja, Super). Man unterscheidet dabei

- solche, die regional aufliegen und solche, die überregional aufliegen,
- solche, die überwiegend im Abonnement (auf Bestellung) bezogen und solche, die im Einzelverkauf (auf Nachfrage) vertrieben werden,
- solche die täglich und solche, die wöchentlich erscheinen.

Aus der Kombination dieser Kriterien ergibt sich die Beschreibung bestimmter Zeitungstypen. So ist die *Bild-Zeitung* eine täglich erscheinende Kaufzeitung mit überregionaler Verbreitung, die „normale“ Tageszeitung eine täglich erscheinende regionale Abonnementzeitung, die *Zeit* eine wöchentlich erscheinende, überregionale Kaufzeitung etc. Außerdem unterscheidet man nach dem Inhalt meinungsbildende, politische, wirtschaftliche oder kulturelle Zeitungen, die nach Verbreitungsgebiet, Bezugsart und Erscheinungsweise kombiniert auftreten. Daneben gibt es zahlreiche Unterformen wie Heimatzeitungen, Kirchenzeitungen etc. Tageszeitungen erreichen eine schnelle Verbreitung für aktuelle Botschaften, haben aber nur eine begrenzte Druckqualität, vor allem in Farbe, sind dafür, vor allem als Abo-Titel, recht genau steuerbar, bieten sehr kurze Buchungsfristen (2 Tage Druckunterlagenschluß) und eignen sich so insbesondere für aktionale und lokale Maßnahmen. Allerdings ist auch kaum etwas so alt wie die Zeitung vom Vortag. Und das gilt ebenso für die darin befindlichen Anzeigen.

Man unterscheidet drei TZ-Formate:

- Nordisches Format mit 8 Spalten,
- Rheinisches Format mit 7 Spalten,
- Berliner Format mit 6 Spalten.

Die Spaltenbreite beträgt allerdings

einheitlich jeweils 45 Millimeter. Außerdem gibt es Textteilanzeigen (im redaktionellen Teil, meist 1. Produkt überregionale Redaktion, 2. Produkt lokale Redaktion) und Anzeigenteilanzeigen („Anzeigenfriedhof"). Für erstere werden Mindestformate vorgegeben, letztere sind zudem erheblich preisgünstiger. Lokale Inserenten erhalten einen um die Mittlerprovision ermäßigten Ortstarif auch für gestaltete Anzeigen. Der Anzeigenpreis berechnet sich nach Millimeter-Höhe je Spalte (mm-Preis). Die Kosten einer TZ-Anzeige ergeben sich also als Produkt aus Anzahl der belegten Spalten, belegte Höhe in Millimeter und mm-Preis. Fließtextanzeigen sind nicht gestaltet. Sie werden nach Anzahl der verwendeten Worte oder Zeilen (evtl. plus Chiffre-Gebühr) berechnet. Üblich ist die Einteilung nach Rubriken wie Finanzen, Gelegenheiten, Kraftfahrzeuge, Immobilien, amtliche Bekanntmachungen, Familie, Unterricht, Fremdenverkehr etc. Gewerbliche Inserenten sind dabei gesondert zu kennzeichnen.

(→ Mediaeinsatz, Mix)

Zentralabteilungsorganisation

Eine Koordinationsform der Organisation stellt die Zentralabteilung dar. Sie entzieht sich einer genaueren Einteilung, ist aber eine Kombination aus Funktions- und Objektorientierung und streng-hierarchisch dauerhaft ausgelegt. Ein Teil der Aufgaben ist funktionsorientiert, ein anderer objektorientiert. Dadurch sollen die komparativen Vorteile beider Ansätze genutzt und deren Nachteile weitgehend vermieden werden. In der Praxis ist häufig das Marketing produkt-, kunden- oder gebietsorientiert organisiert, während die marktfernen Aufgaben funktionsorientiert sind. Im Gegensatz zur echten Objektorganisation, die eine Divisionalisierung von Verantwortungsbereichen zuläßt, handelt es sich bei Zentralabteilungen um ein Schnittstellenmanagement, bei dem wesentliche Entscheidungen außerhalb des Product, Key Account oder Area Management fallen. Eine Ergebnisverantwortung liegt schon deshalb nicht vor, weil diese keinen Durchgriff auf die Zentralabteilungen haben, sondern nur koordinieren. Daß sich daraus weiterer Konfliktstoff bei den vielfältigen Gelegenheiten ergibt, bei denen Objekt- und Funktionsinteressen aufeinander treffen, ist offensichtlich. Die Arbeit ist dauerhaft angelegt (Unterschied zum Projekt), betrifft auch die Exekutive (Unterschied zum Gremium) und bezieht sich nur auf eine Funktion (Unterschied zum Team).

(→ Strukturorganisation)

Zeitwettbewerb

(→ Time Based Management)

Zentralkassensystem

(→ Kassensysteme)

Zerlegungstechnik

(→ Preisargumentation im Verkaufsgespräch)

Zero Base Budgeting

Zero Base Budgeting (ZBB) ist eine Planungs- und Budgetierungsmethode, die die verbesserte Beurteilung von Ausgabenplänen erlaubt. Bei der Budgetierung wird nicht vom aktuellen Budget ausgegangen, sondern das Unternehmen von Grund auf neu durchbudgetiert. Damit soll verhindert werden, daß Unwirtschaftlichkeiten der Vergangenheit fortgeschrieben werden. Dies erfolgt vor allem unter Opportunitätsgesichtspunkten bei der Prüfung von Konsequenzen sowie bei Nichtausführung bestimmter Aktivitäten. Erst wenn die eingesparten Kosten einer Maßnahme geringer sind als der dadurch verursachte Zielbeitragsentgang, ist das mindesterforderliche Budgetniveau gegegen.

Zero Base Budgeting ist also eine Analyse- und Planungsmethode, die eine Ressourceneinsparung und -umverteilung nach Notwendigkeit und Rechtfertigung im Rahmen der Budgetierung vornimmt. Die Grundüberlegung ist dabei, daß alle Unternehmensbereiche ihre Finanzierungsbedarfe periodisch neu stellen und begründen müssen. Dadurch werden Fixkostenblöcke, vor allem im Verwaltungsbereich, aufgeweicht und Geldmittel dorthin geleitet, wo sie jeweils am dringendsten benötigt werden.

Die Unternehmensführung formuliert dafür die strategischen und operativen Ziele des Unternehmens, legt die Höhe der verfügbaren Mittel fest und teilt die ZBB-Gemeinkostenbereiche ein. Für die einzelnen Abteilungen werden die Teilziele festgelegt, die zu deren Erfüllung erforderlichen Maßnahmen formuliert und diese in Entscheidungseinheiten aufgeteilt. Die Verantwortlichen beschreiben dabei ihre wesentlichen Aktivitäten/Arbeitsergebnisse, ordnen diesen Personal- und Sachkosten zu und geben den jeweiligen Leistungsempfänger an. Auf Abteilungsebene werden die unterschiedlichen Leistungsniveaus festgelegt, und zwar jeweils die für einen geordneten Geschäftsbetrieb zwingend erforderlichen Arbeitsergebnisse (Level 1), die intern durch Richtlinien und Anweisungen geregelten Arbeitsabläufe und damit geforderten Arbeitsergebnisse (Level 2) sowie die gewünschten Leistungen für die kurz-, mittel- und langfristige Zukunftssicherung (Level 3). Auf Abteilungsebene werden alternative Verfahren zusammengestellt, die zur Erreichung des gewünschten Leistungsniveaus führen. Die damit verbundenen Kosten werden ebenfalls ermittelt (z. B. Arbeit vs. Kapital, zentral vs. dezentral, extern vs. intern). Jeder Abteilungsverantwortliche bildet für die von ihm erarbeiteten Entscheidungspakete eine Rangordnung, nach der aus seiner Sicht die Mittelzuweisung erfolgen sollte. Dazu werden die Leistungsniveaus beschrieben und zu Entscheidungspaketen zusammengefaßt sowie mit Kosten und Nutzen deren Arbeitsergebnissen bewertet. Ein Entscheidungspaket impliziert dabei die Benennung der Entscheidungseinheit, die Ressourcen, die das Leistungsniveau erfordert, die Aufgabenbeschreibung und Zielsetzung, die Darlegung der wirtschaftlichen und alternativen Verfahren, die Beschreibung der Vorteile und Konsequenzen und die Wirkungen auf andere Entscheidungseinheiten/Leistungsempfänger.

Die übergeordnete Stelle sammelt die Entscheidungspakete aller untergeordneten Stellen und ordnet sie nach Prioritäten zu neuen, gemischten Paketen. Die Unternehmensführung entscheidet über die Mitteldotierung für diese Entscheidungspakete, nachdem endgültige Prioritäten festgelegt sind. Damit wird zugleich das Leistungsniveau aller Entscheidungseinheiten bestimmt. Dabei werden berücksichtigt Realisierungszeiten, personelle Veränderungen, Details wirtschaftlicher Verfahren, Investitionsvorhaben, Umstellungskosten etc. Controlling leitet aus den Entscheidungspaketen die Budgets ab, denen für die Abteilungen Vorgabecharakter zukommt. Dies impliziert die zeitliche Durchführung, Kostenarten und -stellen, Einmalkosten (Investition) und Sondererlöse (Desinvestition). Controlling kontrolliert auch die Einhaltung der Budgets und meldet wesentliche Abweichungen.

Die Vorteile des Zero Base Budgeting sind vor allem folgende:

- Überflüssige Tätigkeiten und unwirtschaftliche Ressourcenverteilungen werden abgebaut,
- das Wirtschaftlichkeitsstreben wird konsequent auf Bereiche übertragen, die keine unmittelbare Gewinnorientierung aufweisen,
- das Unternehmen wird für die oberen Führungsebenen wieder transparent,
- alternative Wege zur Erreichung von Zielen werden systematisch untersucht,
- Führungskräfte und Mitarbeiter werden zur konstruktiven Kritik angeregt, damit wird die Kooperationsfähigkeit erhöht,
- individuelle und organisatorische Schwächen werden aufgezeigt,
- sämtliche Führungsebenen sind in den ZBB-Prozeß eingebunden (Motivationswirkung).

Nachteile sind hingegen folgende:

- hoher Zeit- und Mittelaufwand für die Durchführung der ZBB-Analyse,
- die ZBB-Analyse fördert die Aufblähung des Berichtswesens (Papierflut),
- die Implementierung des ZBB ist ein mittel- bis langfristiger Prozeß, daher ist das ZBB für Krisensituationen ungeeignet,
- es kann zu Frustationen bei Bereichsleitern kommen, deren Entscheidungspakete nicht in voller Höhe realisiert werden,
- geringe Akzeptanz des ZBB-Verfahrens, da die an den Entscheidungen Beteiligten zugleich die Betroffenen sind.

Zwischenzeitlich gibt es weitere elaborierte Budgetierungsverfahren wie PPBS (Planning Programming Budgeting System), OST (Objectives Strategies Tactics), PRP (Priorities Resource Planning) etc.

Zertifizierung

Die deutsche Zertifizierungsstelle ist die Deutsche Gesellschaft zur Zertifizierung von Qualitätssicherungssystemen (DQS), innerhalb der EG werden Zertifizierungen durch nationale Stellen gegenseitig anerkannt. International gelten in über 40 Ländern die Qualitätsnormen der DIN ISO 9000–9004 (bzw. europäisch EN 29000 bis 29004). Die DIN ISO 9000 ist ein zusammenfassender Leitfaden zur Auswahl und Anwendung von Qualitätsmanagement- und Qualitätssicherungsnormen bestehend aus 4 Teilen:

- DIN ISO 9000: Leitfaden zur Auswahl und Anwendung der Normen zu Qualitätsmanagement, Elementen eines Qualitätssicherungssystems und zu Qualitätssicherungs-Nachweisstufen,
- DIN ISO 9001: Qualitätssicherungssysteme: Qualitätssicherungs-Nachweisstufe für Entwicklung und Konstruktion, Produktion, Montage und Kundendienst,
- DIN ISO 9002: Qualitätssicherungssysteme: Qualitätssicherungs-Nachweisstufe für Endprüfungen,
- DIN ISO 9003: Modell zur Darlegung der Auditierung bei der Endprüfung,
- DIN ISO 9004: Qualitätsmanagement und Elemente eines Qualitätssicherungssystems, Leitfaden für Endprüfungen. Sie ist ein Gradmesser zum Entwicklungsstand des Qualitätsmanagement und der Elemente eines Qualitätssicherungssystems und befaßt sich in Teil 2 (von 4 Teilen) ausdrücklich mit Dienstleistungen bzw. mit Unternehmensbereichen von Sachgüterherstellern, die produktverbundene Dienstleistungen erbringen (nicht zertifizierbar).
- DIN ISO 10011 enthält den Leitfaden zur eigentlichen Auditdurchführung und DIN ISO 10012 die Meßmittel dafür.

Alle Normen sind einem ständigen Prozeß der Anpassung und Erweiterung ausgesetzt. DIN ISO 9004 geht dabei aktuell von folgenden Annahmen aus: Die angebotenen Leistungen müssen marktgerecht sein. Sie müssen den Erwartungen der Kunden/Auftraggeber entsprechen. Die einschlägigen Regelungen, vor allem solche des Gesetzgebers zu Sicherheit, Umweltschutz und sonstigen wesentlichen Bereichen, werden beachtet. Die Leistungen sind innerhalb eines angemessenen Zeitrahmens verfügbar und wettbewerbsfähig. Der Anbieter arbeitet mit Gewinn, der seine langfristige Existenzfähigkeit sichert. Um diese Voraussetzungen zu erfüllen, ist ein umfassendes Führungssystem notwendig, das in DIN ISO 9004 wie folgt umschrieben wird.

Die Verantwortung für Qualität liegt beim Management. Es bildet sich ein Qualitätskreis, der sich mit Fragen der Qualität/-ssicherung befaßt und alle wesentlichen Abteilungen umfaßt, evtl. ergänzt um Finanz- und Personalwesen. Die Ablauforganisation ist arbeitsfähig (Kommunikations- und Informationsmedien, Organigramme, Beschreibungen, Pläne, Anordnungen etc.). Die Mitarbeiter werden in geeigneter Form in das Qualitätskonzept eingebunden. Alle relevanten Aspekte werden in erforderlichem Umfang nach Form dokumentiert. In Audits werden die Strukturen des Qualitätsmanagement regelmäßig überprüft. Dabei ist die diesbezügliche Wirtschaftlichkeit von Entscheidungen und Maßnahmen sicherzustellen. Es gibt ein Pflichtenheft für qualitätsrelevante Prozesse. Alle Prozesse werden von Anfang an in die Planung integriert, dies beginnt bei den Einsatzfaktoren, setzt sich bei Durchführung fort und endet mit den Verwertungsergebnissen und deren Nachbetreuung. Wahl und Anwendung von Meßmitteln und Prüftechniken müssen dabei dem jeweilig aktuellen Wissensstand entsprechen. Die Bearbeitung von Fehlern und Mängeln ist so vorzunehmen, daß Erfahrungen daraus darauf verwendet werden können, derartige Vorkommnisse in Zukunft zu vermeiden. Möglichkeiten der Entsorgung, der sparsamen Ressourcenverwendung und des Umweltschutzes sollen jeweils prominent berücksichtigt werden.

Zession

(→ *Dingliche Sicherheiten*)

Ziele und Maßnahmen-Audit

(→ *Marketing, Audit*)

Zielgruppen

Die Definition der Zielgruppe beschreibt die Personen, die die Kaufkraft verkörpern, von der ein Anbieter leben will. Denn das Geschäft im Marketing wird glücklicherweise immer noch mit Menschen gemacht. Dabei ist es für einen Anbieter nicht ratsam, sein Angebot ungezielt an den Markt zu geben. Obgleich natürlich rein garniemanden verboten wird, ein bestimmtes Produkt zu kaufen, so sollte es doch bei der Konzeption ein sehr genaues Bild der Personengruppe geben, an die sich das Angebot primär richtet, die interessiert und überzeugt werden soll. Eine solche Abgrenzung ist immer im Sinne einer Kernzielgruppe zu verstehen, die im Streubereich nicht gemeinte Personen automatisch mit einschließt. Zur Analyse stehen umfangreiche Datenerhebungen der Marktforschung und Erkenntnisse aus dem Käuferverhalten zur Verfügung. Es gibt im wesentlichen vier Dimensionen zur Zielpersonenbeschreibung:

- Der *Demographie* liegen durch deskriptive Statistik feststellbare Daten zugrunde wie Geschlecht, Altersklasse, Haushaltsführung, Kaufentscheidung, Einkommen, Familienstand, Ausbildung, Tätigkeitsgruppe, Haushaltsgröße, Kinderzahl, Wohnortgröße etc.
- Die *Psychologie* fragt nach den Ursachen für Kaufentscheide und untersucht die verborgenen Beweggründe für Verhalten (Covert Behavior). Dafür stehen vielfältige

Modellerklärungen zur Verfügung, von denen die Motivation (etwa anhand der Maslow-Pyramide), die Lerntheorie (etwa anhand der Versuche von Pawlow und Skinner) sowie die Risikoreduktion (etwa bei kognitiven Dissonanzen) die bedeutsamsten sind.

- Die *Soziologie* gewinnt angesichts des Trends zur Anpassung oder Absetzung innerhalb des sozialen Umfelds an Bedeutung und untersucht das offensichtliche Verhalten (Overt Behavior). Auch dazu stehen vielfältige Modellerklärungen zur Verfügung, von denen die Referenzgruppenhypothese, die Meinungsführerhypothese und der Diffusionsansatz die bedeutsamsten sind.
- Die *Typologie* schließlich bedient sich statistischer Reduktionsverfahren, um die unendliche Vielfalt der Zielpersonen der Wirtschaftsrealität auf ein beherrschbares Maß zu verkleinern, wobei dieser Vorteil höher wiegt als der damit einhergehende Verlust an Detailschärfe und Authenzität. Die bekanntesten Ansätze sind die des Spiegel-Verlags (Soziale Milieus) und der Werbeagentur M.C.&L.B. (Life Style).

Zielkauf

(→ Kaufvertrag, Arten)

Zielkostenrechnung

Oftmals zeigt die Kalkulation, daß sich ein Produktangebot auf einem Preisniveau ansiedelt, das am Markt als nicht mehr durchsetzbar angesehen wird. Für gewöhnlich stellt sich diese Erkenntnis jedoch erst ein, wenn das endgültige Angebot hinsichtlich aller Parameter bereits weitgehend durchgestaltet ist, also zu einem recht späten Zeitpunkt. Änderungen in Richtung niedrigerer Kosten und damit Preise müssen demnach zeitlich angehängt werden. Dies verlängert die Zeitspanne zwischen Angebotsentscheidung und deren Marktwirksamwerdung empfindlich. Nun ist die Zeit jedoch angesichts immer schnellebigerer Entwicklung der Märkte ein zunehmend wichtiger Wettbewerbsparameter geworden. Zeitverlust bedeutet damit zwangsläufig auch Konkurrenznachteil. Dieser kann nur vermieden werden, wenn bei der Angebotsentscheidung bereits ein Zielpreis festgelegt wird, der wahrscheinlich einen marktgerechten Erfolg zuläßt.

Ebendiese Idee verfolgt die Zielkostenrechnung. Ausgehend vom für erzielbar gehaltenen Marktpreis werden alle Phasen der Arbeitsaktivitäten zurückgerechnet. Für jede Stufe der Leistungserstellung ergibt sich dabei eine Obergrenze der dort akzeptablen Kosten. Werden diese Grenzen auf allen Stufen eingehalten, ist gewährleistet, daß auch die Kostensumme der Zielvorgabe entspricht und nach angemessenem Gewinnaufschlag einen konkurrenzfähigen Preis zuläßt. Aus den jeweiligen Zwischenkostenvorgaben wiederum ergibt sich, welcher produtive

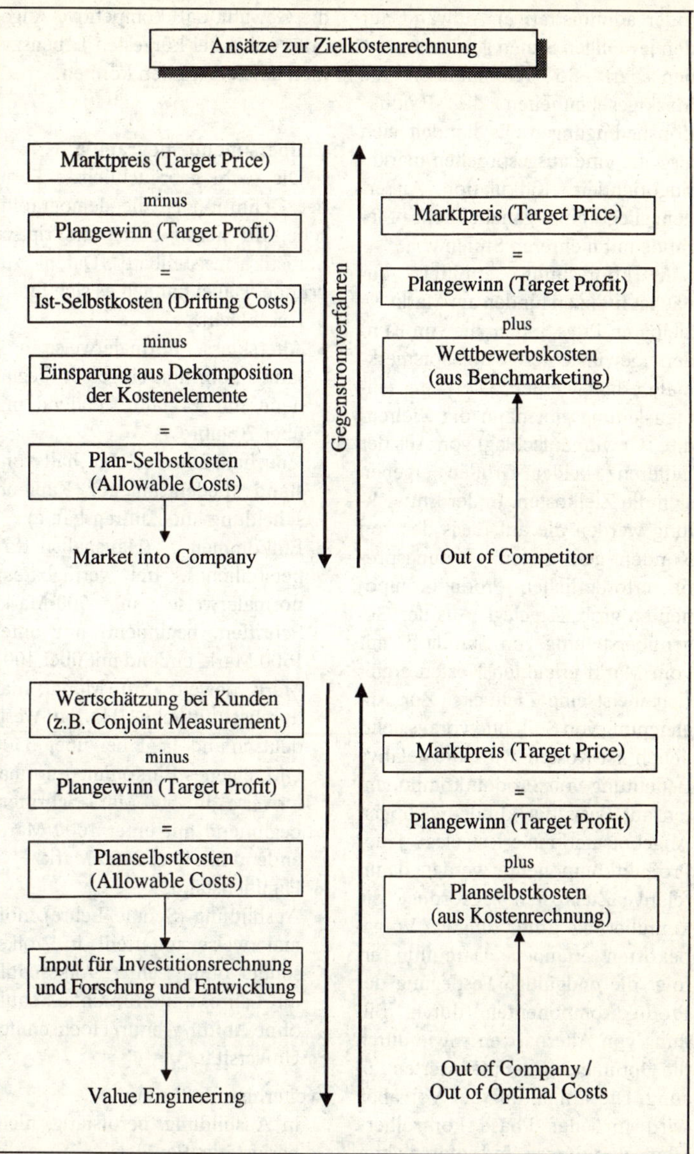

Ansätze zur Zielkostenrechnung

(oder administrative) Aufwand auf den jeweiligen Stufen getrieben werden darf. So determinieren die Marktgegebenheiten die Produktionsbedingungen. Es handelt sich also um eine ausgesprochen marketingorientierte Kalkulation. Außerdem liegt eine ganzheitliche Methode mit mehreren Stufen vor.

Marktforschung ermittelt zunächst Indizien für den am Markt erzielbaren Preis, indem die von Kunden gewünschten Angebotsmerkmale erfaßt werden. Die Unternehmensleitung gibt dann die Zielrendite (Gewinnaufschlag) vor. Aus der Differenz beider Größen ergeben sich die Zielkosten. In der Entwicklung werden die auf Basis des von Kunden geforderten Leistungsprofils erforderlichen Produktkomponenten grob festgelegt. Aus der Gegenüberstellung von Standard- mit vom Markt erlaubten Kosten ergibt sich meist eine Ziellücke. Zur Angleichung von Soll- und voraussichtlichen Ist-Kosten wird die relative Bedeutung von Produktkomponenten auf Basis der kundenwichtigen Angebotsmerkmale festgelegt. Jeder Produktkomponente werden damit relative Zielkosten zugeordnet, die kumuliert die Einhaltung der Vorgabekosten erlauben. Daraufhin erfolgt die endgültige Festlegung der Produktkomponenten durch Bildung von Alternativen sowie durch die Optimierung der präferierten Lösung. Die Einhaltung der Vorgaben wird in jeder Phase kontrolliert. Überschreitungen sind sofort zu korrigieren. Nur auf diese Weise besteht die Gewähr, daß kompetitive Angebote selbst bei kürzesten Lebenszyklen lanciert werden können.

Zielpersonendemographie

Die wohl gebräuchlichste Form der Definition ist die demographische. Ihr liegen durch deskriptive Statistik feststellbare Daten zugrunde. Dabei handelt es sich um:

- Geschlecht,
- Altersklasse, normalerweise in 5-Jahres-Schritten eingeteilt, beginnend mit 14 Jahre, endend mit über 70 Jahre,
- Haushaltsführung/Haushaltsvorstand (bedeutsam für Kaufentscheidung und Auftragskäufe),
- Einkommen (Haushaltsnetto-, persönliches, frei verfügbares), normalerweise in 500-Mark-Schritten, beginnend mit unter 1500 Mark, endend mit über 4000 Mark, jeweils pro Monat, das durchschnittliche HHNE in Westdeutschland liegt bei über 3300 DM, eigenes Einkommen normalerweise in 500-Mark-Schritten, beginnend mit unter 1000 Mark, endend mit über 2000 Mark,
- Familienstand,
- Ausbildung (Schule/Lehre), normalerweise unterteilt in Volksschule ohne Lehre, Volksschule mit Lehre, weiterführende Schule ohne Abitur, Abitur/Hochschule/Universität,

weiterhin erfaßt sind:

- in Ausbildung, berufstätig, nicht berufstätig, Rentner,
- Tätigkeitsgruppe, normalerweise

unterteilt in Inhaber/Leiter/freie Berufe, kleine und mittlere Selbständige/Landwirte, leitende Angestellte/Beamte, sonstige Angestellte/Beamte/nicht berufstätig gewesene, Facharbeiter, sonstige Arbeiter,

- Haushaltsgröße/Kinderzahl, normalerweise unterteilt in 1 bis über 5 Personen im Haushalt, Kindesalter in 4-Jahres-Schritten, beginnend mit unter 6 Jahre, endend mit 14 Jahre,
- Wohnortgröße (Bundesland, Nielsengebiet), Wohnorte normalerweise in Schritten mit unter 5000, 20000, 100000, 500000, über 500000 Einwohner.

Die demographische Kennzeichnung verliert immer mehr an Bedeutung, da sich ein Wandel von der Schichten- zu einer Lebenswelt-Gesellschaft vollzogen hat. Personengruppen eint damit nicht mehr unbedingt eine ähnliche Demographie, sondern ein gleicher Lebensstil bei heterogener Demographie. Deshalb müssen neue Anhaltspunkte zur Beschreibung gefunden werden.

Zielpersonengewichtung

(→ *Mediaplanung, Gewichtungen*)

Zielsetzungen im Marketing

Jedwede Aktivität setzt naturgemäß ein Ziel voraus, das es dadurch zu erreichen gilt. Damit dieses effektiv und effizient angesteuert werden kann, bedarf es der Operationalisierung. Abgesehen von Zuständigkeit (Organisation), Mittelausstattung (Budget) und Restriktionen gehören zur Zieldefinition weitere wichtige Bereiche. Sie lassen sich hinsichtlich vertikaler und horizontaler Einordnung, Zeitbezug und Ausmaß, Richtung, Inhalt, Raumerstreckung und Gewichtung definieren.

Ziele sind, ganz allgemein definiert, gewünschte Zustände der Zukunft und gehorchen dabei Anforderungen wie Realitätsbezug, d. h. Ziele müssen objektiv und auch subjektiv erreichbar sein, Ordnung, d. h. Ziele müssen systematisch aufbereitet und dargestellt sein, Konsistenz, d. h. mehrere Teilziele dürfen einander nicht widersprechen, Aktualität, d. h. Ziele müssen zeitbezogenen Entwicklungen jeweils angepaßt werden, Vollständigkeit, d. h. die komplexe Wunschsituation soll komplett durch Ziele beschrieben sein, Durchsetzbarkeit, d. h. Ziele müssen an der Mittelausstattung ausgerichtet sein, Kongruenz, d. h. untergeordnete Ziele müssen zum Erreichen übergeordneter dienen, Transparenz, d. h. Ziele müssen für alle Beteiligten nachvollziehbar sein, und Überprüfbarkeit, d. h. Ziele müssen operational formuliert werden.

Ziele sind *vertikal eingebettet* in ein Zielsystem. Dieses baut sich hierarchisch auf aus Unternehmensphilosophie, -identität, -grundsätzen, Oberzielen der Unternehmung, Bereichszielen, Aktionszielen und Unterzielen einzelner Instrumente. Damit sind Marketingziele nicht unabhängig zu betrachten, sondern leiten sich als Modalziele aus übergeordneten Zielsetzungen ab. Umgekehrt dient ihre Erreichung auch der Erreichung der übergeordneten Finalziele der Unternehmung. Diese betreffen etwa Angebotsleistung, Marktstellung, Rentabilität, Finanzwirtschaft, Sozialverantwortung, Prestigeförderung etc.

Hinsichtlich der *horizontalen Beziehung* von Zielen ergeben sich folgende Möglichkeiten. Zielidentität bedeutet, daß zwei oder mehr Ziele gemeinsam das gleiche Ergebnis verfolgen. Zielharmonie bedeutet, daß zwei oder mehr Ziele Ergebnisse verfolgen, die zueinander in komplementärem Verhältnis stehen. Zielneutralität bedeutet, daß zwei oder mehr Ziele Ergebnisse verfolgen, die voneinander unabhängig sind und sich gegenseitig weder begünstigen noch beeinträchtigen. Zielkonflikt bedeutet, daß zwei oder mehr Ziele Ergebnisse verfolgen, die in substitutivem Verhältnis zueinander stehen und zwischen denen ein Kompromiß angestrebt werden soll. Zielantinomie bedeutet, daß zwei oder mehr Ziele sich vom Ergebnis her gegenseitig ausschließen und damit als Alternativen anzusehen sind. Marketing steht hinsichtlich der Zielerreichung intern in Konkurrenz zu anderen betrieblichen Teilfunktionen. Allerdings haben sich viele marktorientierte Unternehmen für einen Primat des Marketing als Engpaß des Unternehmenserfolgs entschieden und räumen daher Marketingzielen Priorität ein. Zielkonkurrenz kann zudem, wenn sie sich konstitutiv-funktional auswirkt, auch förderlich sein (so steuert Procter&Gamble das Unternehmen parallel durch potentiell konfligente Finanz- und Marketingvorgaben).

Nach dem *Zeitbezug* lassen sich Ziele unterscheiden in kurzfristige, operative Ziele mit einer Laufzeit von bis zu einem Jahr, in mittelfristige, taktische Ziele mit einer Laufzeit von ein bis zu drei bzw. fünf Jahren, sowie langfristige, strategische Ziele mit einer Laufzeit von drei bzw. fünf bis zu 30 Jahren. Operative Ziele betreffen die optimale Nutzung vorhandener Leistungspotentiale, taktische Ziele die Veränderung dieser Leistungspotentiale und strategische Ziele die Schaffung neuer Leistungspotentiale. Je höher Ziele in der Hierarchie eingeordnet sind, desto länger ist ihr Planungshorizont. Mehrere Ziele können dabei im Zeitablauf parallel, d. h. zeitlich nebeneinander, sukzessiv, d. h. zeitlich versetzt nacheinander, intermittierend, d. h. zeitlich einander abwechselnd, oder alternierend, d. h. zeitlich einander ablösend, verfolgt werden.

Nach dem *Ausmaß* von Zielen lassen sich vier unterscheiden. Extremalziele haben die Form von Maximierung oder Minimierung. Hierzu gehören auch die in der Theorie immer wieder angeführten Ziele der Gewinnmaximierung und Kostenminimierung. Die dazu erforderlichen Grenzbetrachtungen entbehren jedoch des Realitätssinns. Allein schon deshalb ist es Unternehmen unmöglich, Extremalziele zu verwirklichen. Insofern gehen auch systemkritische Vorwürfe fehl. Selbst wenn das Unternehmen Extremalziele anstreben wollte, wären diese inoperational und damit nicht zu verfolgen. Optimalziele haben die Form der Maximierung oder Minimierung unter Nebenbedingungen. Dies ist die praktikable Form der Zielsetzung, die sich jedoch auf stark formalisierte Entscheidungssituationen beschränkt. Im Marketing sind dies etwa Logistik, Konditionensetzung, Mediaplanung, Servicegradbestimmung etc. In den meisten anderen Bereichen jedoch herrschen schlecht strukturierte Rahmendaten vor, die zu mangelnder Operationalität für die Problemlösung führen. Satisfaktionsziele haben die Form des zufriedenstellenden Grads der Zielerreichung. Dies ist die realiter wohl am weitesten verbreitete Zielform. Es geht Unternehmen schon darum, auskömmlich zu leben und ein Sicherheitspolster für den Bestand anzusetzen. Aber dabei soll der Bogen auch nicht überspannt werden, denn dies fordert Marktpartner und -umfeld nur unnötig heraus. Wenn diese Einstellung mehreren Anbietern gemein ist, beschert sie zudem eine friedliche Koexistenz. Fixationsziele haben die Form der genauen Einhaltung einer bestimmten quantifizierbaren Zielvorgabe. Dabei geht es darum, eine Zielvorgabe möglichst genau zu treffen, ohne Abweichungen nach unten oder oben.

Nach der *Zielrichtung* kann wie folgt unterteilt werden. Expansion ist die traditionelle Zielsetzung der Betriebswirtschaft und damit auch des Marketing. Dahinter stehen die fraglichen Wachstumspostulate der Vergangenheit. Dabei geht es vor allem darum, das durchschnittliche Wachstum des Marktes bzw. des Mitbewerbs zu übertreffen, um die relative Angebotsposition zu verbessern. Die ökologischen Rahmenbedingungen indizieren jedoch zunehmend die Notwendigkeit der Überdenkung dieser Wachstumsmaxime. Dabei gewinnt der Begriff des qualitativen Wachstums an Relevanz. Für Konsumgütermärkte bedeutet das etwa, daß nicht der Massenkonsum, sondern der selektive Qualitätskonsum wünschenswert ist. Erhaltung betrifft die Festschreibung des Status quo. Sofern eine zufriedenstellende Position erreicht ist oder Wachstumsgrenzen eine weitere Expansion verhindern, kann an die Stelle der Ausweitung auch die angestrebte Festschreibung des erreichten Zustands treten. Dies entspringt der Erkenntnis, daß Zugewinne heute nurmehr unter weit überproportionalem Aufwand erreichbar sind, weil die Positionen auf den Märkten weithin fest verteilt scheinen. Angesichts stagnierender Marktvolumina kann eine Besserung nur durch direkte Konkurrenzverdrängung bewirkt werden. Da der Mitbewerb in antinomischer Einstellung genau dies zu verhindern sucht, ergeben sich erhebliche Risiken, sodaß oft eher auf ein Halten der Marktposition abgestellt wird. Dies ist vor allem für oligopolistische Märkte typisch, in denen das Sanktionspotential der Anbieter gegenseitigen Respekt gebietet und somit zur Verfestigung der Marktstruktur führt, die kaum aufzubrechen ist, zumal wenn die Oligopolisten solidarisch gegenüber Systemveränderern auftreten. Die Etablierung betrifft die Erreichung von Marktpräsenz als Ziel. Hier geht es darum, mit einem Angebot überhaupt erst einmal am Markt zu reüssieren. In einem wachsenden Umfeld kann dies leichter durch Partizipation am Zuwachs angestrebt werden als in einem stagnierenden Umfeld, wo Etablierung konkret Konkurrenzverdrängung bedeutet. Und Reduktion betrifft die selektive Zurücknahme des Aktivitätsniveaus. Dies repräsentiert zunehmend den Zielhorizont von Unternehmen, die mehr oder minder angreifbare Angebote vom Markt nehmen und die Nachfrage auf deren Nachfolger umlenken wollen, bevor Imagebeeinträchtigungen auftreten. Dies gilt aber auch für den Abbau diversifizierter Unternehmensteile. Im Zuge der Präferierung der Diversifikation als moderner Unternehmensstrategie haben viele Anbieter sich in Geschäftszweigen engagiert, die außerhalb ihrer angestammten Kompetenz liegen. Im übrigen ist dies aus Furcht, gute Chancen zu verpassen, oft überstürzt geschehen. Mit der Folge, daß hohes Lehrgeld bezahlt werden muß. Scheinen solche Engagements auch durch Krisenmanagement nicht mehr rentabel gestaltbar, ist es unbedingt sinnvoll, sich von diesen zu trennen und die Rekonzentration auf den angestammten Kernbereich zu vollziehen. Dies gilt vor allem, wenn diese Engagements mit hohem Fremdfinanzierungsanteil belastet sind und stetigen Kapitaldienst erfordern.

Ziele lassen sich nach dem materiellen *Inhalt* einteilen in ökonomische Ziele für quantitative, materielle Größen, sowie psychographische Ziele für qualitatitve, ideelle Größen. Beide Zielkategorien stehen in konditionalem Verhältnis zueinander, d. h. psychographische sind ökonomischen Zielen sachlich vorgelagert. Erstere sind damit Mittel zur Erreichung letzterer und dienen nicht als Selbstzweck, sondern als Mittel zum Zweck. Nach dem formellen Inhalt wird zudem unterteilt in Sachziele, die sich auf das faktische Handlungsprogramm des Unternehmens beziehen, sowie Formalziele, die monetäre Metavorgaben betreffen.

Hinsichtlich ihrer *Raumerstrekung* sind Ziele zweckmäßigerweise zunächst in intranationale und internationale zu unterscheiden. Intranationale Ziele gelten nur innerhalb der Landesgrenzen des Unternehmenssitzes, internationale gelten über Landesgrenzen hinaus. Es ist sinnvoll, diesen Ansatz weiter zu verfeinern. So kann der intranationale Geltungsbereich weiter unterteilt werden in lokales, regionales und nationales Gebiet, der internationale in Einlandes-, Mehrlandes-, Allandes- und Nullandes-Gebiet. Man spricht dabei genauer von ethnozentrischen, regiozentrischen, polyzentrischen und geozentrischen

Marktarealen, für die Ziele Geltung haben sollen.

Nach ihrer *Gewichtung* lassen sich Ziele unterscheiden in Hauptziele, denen höhere Priorität zukommt, und Nebenziele, denen geringere Priorität zukommt. Dies ist erforderlich, um bei knappen Budgetmitteln zur Umsetzung der Zielvorgaben zu einer sachgerechten Zuteilung zu gelangen. Hauptziele werden zuerst mit Budget versehen, Nebenziele werden dann soweit dotiert, wie die Budgetgrenze reicht. Marketingziele sind aus den Unternehmenszielen abgeleitet und konkretisieren diese in Hinblick auf die Vermarktung. So kann Marketing zu einem Zielgewinn der Unternehmung beitragen. Dies wiederum erfordert Unterziele bei allen Mix-Parametern wie Qualitätserhöhung, Designaufwertung, Serviceverbesserung in der Angebotspolitik, einstufiger Vertrieb, Fachhandelspräsenz, Logistikoptimierung bei der Verfügbarkeitspolitik, Preisanhebung, Minderung von Erlösschmälerungen, Zahlungsausfälle bei der Gegenleistungspolitik sowie Imagepolitur, Bekanntheitsgradsteigerung, Werbekonzipierung bei der Informationspolitik etc.

Eine vollständige Zielformulierung enthält also die folgenden Elemente: Vertikale Einordnung, damit erkennbar wird, wo innerhalb einer Zielhierarchie eine Zielformulierung angesiedelt ist, horizontale Einordnung, um komplementäre, konfligente und neutrale Beziehungen zu anderen Zielen deutlich zu machen, Zeitbezug, damit erkennbar wird, innerhalb welcher Zeitspanne das betreffende Ziel angestrebt wird, Ausmaß, d. h. die angestrebte Ausformung des Zielerreichungsgrads, Richtung, in die die Zielgröße bewegt werden soll, Inhalte materieller und formeller Art, Raumerstrekung, für die die Zielformulierung Gültigkeit haben soll und Gewichtung, damit erkennbar wird, mit welcher Intensität das betreffende Ziel anzuvisieren ist. Erst dann handelt es sich um eine operationale Zieldefinition, die unerläßliche Voraussetzung für eine effektive Marketingarbeit ist.

Zitatfragen

(→ *Fragefunktionen)*

Zufälliger Blockplan

(→ *Formales Experiment)*

Zufälligkeitstest

(→ *Testverfahren, Statistische)*

Zufallsauswahl, Geschichtete

Bei der Geschichteten Zufallsauswahl (Stratified Sampling) wird die Grundgesamtheit in mehrere Teilmassen zerlegt, aus denen jeweils die dann in die Stichprobe eingehenden Elemente unabhängig nach dem Prinzip der Reinen Zufallsauswahl gezogen werden. Es handelt sich also um ein geschichtetes Vorgehen. Dies ist vor allem dann hilfreich, wenn die Grundgesamtheit zwar verschiedenartig (heterogen) ist, sich aber anhand von Untersuchungsmerkmalen aus relativ gleichartigen (homogenen) Teilmassen zusammensetzen läßt. Die Schichtung bewirkt dann eine Reduzierung des Stichprobenfehlers und des Stichprobenumfangs, weil die Streuung (Varianz) zwischen den Schichten entfällt und innerhalb jeder Schicht sinkt. Voraussetzung ist dabei allerdings wieder, daß die Verteilung der interessierenden Merkmale bekannt ist. Dabei kommt es um so eher zu einem Schichtungseffekt, je gleichartiger jede Schicht in sich und je verschiedenartiger sie zugleich zu allen anderen Schichten ist. Mögliche Schichtungskriterien sind Beruf, Einkommen, Ausbildung, Vermögen, Abstammung, Macht, Interaktion etc.

Die Schichtenbildung kann unterschiedlich vorgenommen werden.

Proportionale Schichtung bedeutet, daß jede Schicht in der Stichprobe in ihrem Anteil an der Grundgesamtheit vertreten ist. Die jeweiligen Stichprobenwerte können damit linear aufaddiert werden. Dies ist die einfachste Vorgehensweise, leidet jedoch unter den Problemen der Merkmalsstreuung und der Stichprobengröße.

Dysproportionale Schichtung bedeutet, daß die einzelnen Schichten stärker oder schwächer als es ihrem Anteil an der Grundgesamtheit entspricht, vertreten sind. Dies bietet sich an, wenn kleinen Schichten (z. B. Großbetriebsformen des Handels) hohe Bedeutung zukommt. Die Stichprobenwerte müssen dann mit dem ungekehrten Anteil ihrer Schicht gewichtet aufaddiert werden, damit es nachher zu keinen Auswertungsverzerrungen kommt.

Optimale Schichtung bedeutet, daß versucht wird, durch die Schichtung den Zufallsfehler für eine gegebene Stichprobengröße bzw. bei gegebenem Zufallsfehler die Stichprobengröße zu minimieren. Aus homogenen Teilmassen werden dabei kleinere, aus heterogenen größere Stichproben gezogen. Dies setzt freilich die Kenntnis der Merkmalsverteilung in den Schichten voraus, die aber oft gerade erst erhoben werden soll. Es sei denn, es wird ein anderes als das der Auswahl zugrundeliegende Merkmale erhoben.

(→ *Zufallsauswahl*)

Zufallsauswahl, Reine

Die Reine (uneingeschränkte) Zufallsauswahl wird durch das Urnenmodell versinnbildlicht. Die Elemente der Stichprobe werden unmittelbar aus der Grundgesamtheit gezogen. Voraussetzung dafür ist, daß diese Grundgesamtheit zumindest symbolisch, z. B. in Form von Karteikarten, vollständig beim Auswahlprozeß vorliegt, d. h. auf jedes Element beliebig zugegriffen werden kann, und daß diese so gut durchmischt ist, daß jedes Element wirklich die gleiche Chance hat, gezogen zu werden. Möglich ist das Auslosen/Auswürfeln nur bei vollständig vorliegender, durchnumerierter Grundgesamtheit (z. B. durch 10-seitigen AWF-Würfel). Dabei kann es sich um verbundene Stichprobenelemente handeln, die ohne Zurücklegen sukzessiv aus der Grundgesamtheit gezogen werden oder um unabhängige Stichprobenelemente, die mit Zurücklegen simultan aus der Grundgesamtheit gezogen werden.

In der Praxis scheitert die Durchführbarkeit der Reinen Zufallsauswahl zumeist am hohen Aufwand. Zu denken ist an unzureichendes statistisches Grundlagenmaterial, an die Größe der zu untersuchenden Grundgesamtheit und die Streuung ihrer Merkmale. Auch dürfen ausgewählte, aber nicht erreichte Erhebungseinheiten nicht mehr nachträglich ausgetauscht werden. Darunter leidet die Ausschöpfungsquote. Daher wird auf Verfahren der Systematischen Zufallsauswahl zurückgegriffen. Das bedeutet, daß die Auswahlchancen jedes Elements der Grundgesamtheit zwar nicht mehr gleich sind, wohl aber berechenbar, d. h. man kann den Grad der Repräsentanz messen.
(→ *Zufallsauswahl*)

Zufallsauswahl, Sonderformen

Aufgrund unzureichenden statistischen Materials oder wegen der Größe und Streuung der zu untersuchenden Grundgesamtheit ist es häufig nicht möglich, die Stichprobenelemente unmittelbar mittels Zufallsauswahl zu bestimmen. Dann sind Sonderformen einzusetzen.

Bei der *mehrphasigen* (sequentiellen) *Auswahl* werden mehrere Zufallsauswahlverfahren hintereinander geschaltet, die dem gleichen Auswahlprinzip folgen. Damit handelt es sich in der folgenden Phase jeweils um eine Unterstichprobe der vorhergehenden Phase. Entsprechend kann der Erhebungsaufwand in jeder Phase gestaffelt werden. Es muß nicht die Grundgesamtheit im Detail komplett vorliegen, sondern jeweils nur die Unterstichprobe, die zur weiteren Auswahl verwendet wird. Die Stichprobe wird vorher in ihrer Größe nicht definiert, sondern ergibt sich durch parallel anzusetzende Gütekriterien.

Bei der *mehrstufigen Auswahl* (Multistage Sampling) werden mehrere zufällige und bewußte Auswahlverfahren kombiniert eingesetzt. Jeweils wird aus der Grundgesamtheit eine systematisch ausgewählte Primärstichprobe gezogen, aus der dann wiederum Sekundäreinheiten systematisch (rein mehrstufig) oder zufällig (kombiniert mehrstufig) gezogen werden. Die Vorgehensweise ist also vertikal (im Unterschied zur geschichteten Auswahl). Dazu zwei Beispiele:

- Beim *Random Route-Verfahren* sind die Flächenstichprobe zur Bestimmung der Sampling Points, die Systematische Zufallsauswahl zur Bestimmung der Haushalte und darauffolgend der Zielpersonen nacheinander geschaltet. Ausgangspunkt ist eine streng nach Zufall ausgewählte Startadresse, von wo aus Interviewer nach strikt vorgegebenen Regeln bezüglich Gehrichtung, Abständen, Stockwerken, Straßenseiten etc. einen stochastischen Auswahlprozeß von Stichprobenelementen simulieren. Vorteile liegen in räumlicher Konzentration der Erhebungsarbeit, guten Kontrollmöglichkeiten und geringen Kosten. Nachteilig ist jedoch, daß kein Stichprobenfehler berechenbar ist und größere Stichprobenumfänge für eine gegebene Validität und Reliabilität erforderlich sind.

- Beim *ADM-Master Sample* erfolgt in der ersten Stufe die Auswahl von amtlichen Stimmbezirken (Area Sampling). Daraus wird eine Stichprobe von 210 solcher „Sampling Points" gezogen und angeordnet. Die Auswahlchance ist proportional zur Haushaltszahl dort. In der zweiten Stufe erfolgt eine uneingeschränkte Zufallsauswahl der zu erhebenden Haushalte in den gezogenen Sampling Points. In der dritten Stufe schließlich werden die zu befragenden Personen in den gezogenen Haushalten systematisch zufallsausgewählt (etwa alle Haushaltsmitglieder, jede n-te Person im Haushalt, ein Mitglied je Haushalt etc.). Die Musterstichprobe kann dabei im Baukastensystem verschiedenen Forschungsdesigns angepaßt werden.

Bei der Auswahl nach dem *Schneeballverfahren* wird von einer Startadresse ausgehend jeweils die nächste Zieladresse nach einem Zufallsmechanismus bestimmt undsofort. Dadurch sollen Leerinterviews vermieden werden, z. B. bei Produkten mit niedrigem Marktanteil oder Erhebung von Bevölkerungsminderheiten, und Kostenvorteile entstehen. Es besteht jedoch die große Gefahr, daß der Stichprobenfehler ansteigt, weil Verzerrungen kumulieren.

Bei der Auswahl *mit ungleichen Wahrscheinlichkeiten* haben größere Erhebungseinheiten eine höhere Chance, in die Stichprobe einzugehen als kleinere, z. B. erfolgt die Auswahl nach der Anzahl der im Haushalt lebenden Personen und nicht nach der Anzahl der Haushalte selbst. Bei der Hochrechnung wird diese Verzerrung dann wieder durch reziproke Gewichtung gegengerechnet.

Bei der Auswahl *mit Anordnung* werden die Elemente zunächst in bezug auf bestimmte Merkmale sortiert und dann systematisch ausgewählt. Die Wirkung ist damit ähnlich einer Schichtung, jedoch ist vorher keine getrennte Gruppenbildung notwendig, wodurch Klumpungseffekte entfallen. Allerdings können auch keine unterschiedlichen Auswahlsätze realisiert werden.

(→ Zufallsauswahl)

Zufallsauswahl, Systematische

Bei der Systematischen Zufallsauswahl gibt es mehrere Verfahren, denen gemein ist, daß ihnen ein Auswahlsystem zugrundeliegt, das sich nach der Anzahl für erforderlich gehaltener Fälle richtet. Dieses ersetzt das in der Praxis nicht realisierbare Urnenmodell. Vorauszusetzen ist jeweils, daß alle Elemente, die zur Grundgesamtheit gehören, anwählbar sind und alle anwählbaren Elemente zur Grundgesamtheit gehören. Dabei handelt es sich dann um die folgenden.

Beim *Schlußziffern-Verfahren* werden alle Elemente der Grundgesamtheit durchnummeriert und jene Elemente als Stichprobe entnommen, die eine bestimmte, ausgewählte Endziffer aufweisen. Dies ist recht effizient.

Beim *Zufallszahlen-Verfahren* wird die vorliegende Grundgesamtheit ebenfalls durchnummeriert. Die auszuwählenden Nummern werden jedoch durch einen Zufallszahlen-Algorithmus (Zufallszahlentabelle/ Zufallszahlengenerator) bestimmt.

Beim *Anfangsbuchstaben-Verfahren* wird die Stichprobe aus allen Elementen gebildet, deren (Nach-) Namen mit einem bestimmten Anfangsbuchstaben/einer Anfangsbuchstabenkombination beginnen.

Beim *Zufallsstart-Verfahren* wird innerhalb der katalogisierten Grundgesamtheit zunächst per Zufallsauswahl ein Startpunkt bestimmt und davon ausgehend durch Abzählen jedes x-te Element gezogen.

Beim *Geburtsdatum-Verfahren* werden aus der Grundgesamtheit all jene Elemente entnommen, die an einem bestimmten Datum (Tag oder Monat, nicht Jahr) geboren wurden oder z. B. im Haushalt als erste im Jahr, am Tag mit der niedrigsten Zahl, als letzte vor bzw. als nächste nach der Erhebung Geburtstag feiern.

Beim *Schwedenschlüssel-Verfahren* wird für jedes Interview durch Abzählen vorgegeben, die wievielte Person zu befragen ist. Dies erfolgt z. B. durch Permutation der Ziffern 1 bis 3.

Zur Beurteilung ist folgendes zu sagen. Die Vorteile der Systematischen Zufallsauswahl liegen darin, daß keine Kenntnis der Merkmalsstruktur in der Grundgesamtheit erforderlich ist. Verzerrungen durch unzureichende Auswahl treten daher nicht auf. Vor allem ist eine Fehlerwahrscheinlichkeit berechenbar. Nachteile liegen darin, daß die Grundgesamtheit vollständig vorliegen muß. Diese Voraussetzung läßt sich in der Praxis oft nicht erfüllen. Auch können Stichprobenelemente ohne Auskunft (Verweigerung, Nichterreichbarkeit etc.) nicht durch andere, gleichartige Elemente ersetzt werden, da dann die Berechnung des Zufallsfehlers nicht mehr möglich ist. Daher kommen andere Verfahren zum Einsatz.

(→ *Zufallsauswahl)*

Zufallsauswahl, Verfahren

Der Zufallsauswahl liegt das Prinzip zugrunde, daß jedes Element der Grundgesamtheit eine berechenbare und von Null verschiedene Chance haben soll, in eine Stichprobe einbezogen zu werden. Die Exaktheit der Aussage nimmt zwar mit zunehmender Varianz des interessierenden Merkmals in der Grundgesamtheit ab, jedoch mit zunehmender Stichprobengröße wieder zu. Fehler sind bei der strukturgleichen Abbildung der Grundgesamtheit dann berechenbar. Es gibt verschiedene Ausprägungen der Zufallsauswahl.

Zufallsfehler

(→ Flächenauswahl, Klumpenauswahl, Zufallsauswahl, Geschichtete, Zufallsauswahl, Reine, Zufallsauswahl, Sonderformen)

Zufallsfehler

(→ Auswahlverzerrungen)

Zufallskomponente

(→ Zeitreihe, Darstellung)

Zufallsleser

(→ Leser-/Auflagenbegriffe)

Zufallsstart-Verfahren

(→ Zufallsauswahl, Systematische)

Zufallszahlen-Verfahren

(→ Zufallsauswahl, Systematische)

Zug um Zug-Abwicklung

(→ Abwicklungsklauseln)

Zugabetechnik

(→ Preisargumentation im Verkaufsgespräch)

Zukunftstechnologie

(→ Innovation)

Zurückstellungstechnik

(→ Einwandbehandlung)

Zusammenfassungstechnik

(→ Konfliktüberwindung im Verkaufsgespäch)

Zusammenschluß auf den Handelsstufen

Für die (vertikale) Zusammenarbeit auf den Handelsstufen ergeben sich zwei unterschiedliche Varianten, die Freiwillige Kette und der Einkaufsverbund. Bei horizontaler Auslegung handelt es sich um gruppierte Betriebstypen, also nicht Kontraktmarketing.
(→ Absatzkanal, Kooperationen)

Zusatzverkäufe

Zusatzverkäufe sind eine Form der Marktdurchdringung im Rahmen der Marktfeldstrategie. Sie beabsichtigen eine Absatzsteigerung, indem das Ausgangsprodukt durch zahlreiche Aufwertungen in seinem Gebrauchswert gesteigert wird. Der dadurch mögliche, optisch attraktive Preis dient nur als Einstieg und ist oftmals intern subventioniert (Ausgleichsnehmer). Das Folgegeschäft jedoch wird zu Preisen abgewickelt, die nicht nur einen angemessenen Gewinn erwirtschaften, sondern darüber hinaus auch die entgangenen Deckungsbeiträge des Ausgangsprodukts (Ausgleichsgeber). Als Beispiel dient etwa der Markt für Videospiele. Die Gerätekonsole als Basis wird vergleichsweise preisgünstig offeriert und suggeriert ein lohnendes Angebot. Deren volle Leistungsfähigkeit ist jedoch erst nutzbar, wenn Spielemodule dazu gekauft werden. Da sich jedes Spiel schnell abnutzt, steigt im Zeitablauf die Nachfrage nach Spielemodulen, und deren Wert übertrifft schnell den Anschaffungspreis der Konsole. Ähnliches gilt für Sofortbildkameras. Die Hardware wird zu extrem niedrigen Preisen in den Markt gebracht. Schnell wird jedoch klar, daß

sich die verbrauchten Filme zu erheblichen Kosten hochaddieren. Somit ist das Folgegeschäft das eigentlich interessante. Derzeit ist die Entwicklung auch bei Mobilfunk-Anbietern zu beobachten. Die Endgeräte (Handys) werden zu extrem niedrigen Preisen angeboten, weil die Netzbetreiber diese in Kombinationsangeboten über Einnahmen aus Gesprächsaufkommen subventionieren.
(→ *Marktfelder)*

Zuschläge

(→ *Preisaufschlag)*

Zuschlagskalkulation

(→ *Vollkostenrechnung)*

ZVEI-Schema

(→ *Kennwertsysteme)*

Zweifach-geknickte Preisabsatzfunktion

(→ *Akquisitorisches Potential)*

Zweistufig indirekter Absatz

Von zweistufig indirektem Absatz spricht man, wenn zwischen Hersteller und Endabnehmern im Absatzkanal zwei Absatzmittlerstufen (zumeist Groß- und Einzelhandel) zwischengeschaltet sind (vgl. *Pepels, Werner:* Handels-Marketing und Distributionspolitik, Stuttgart 1995).

Die Vor- und Nachteile des zweistufig indirekten Absatzes aus *Herstellersicht* sind die folgenden. Zunächst zu den Vorteilen:

- Die weitestgehende Auslagerung der Distributionsfunktion bewirkt eine interne Organisationsvereinfachung und Kosteneinsparung. Fixkosten werden dabei gegen variable Kosten getauscht.
- Die Marktbreite kann durch doppelte Baumverzweigungsstruktur der Distribution in hohem Maße ausgeschöpft werden. So kommt es zur Kapitalisierung des akquisitorischen Potentials.
- Es bestehen überschaubare Liefer-, Abrechnungs- und Informationsbeziehungen mit wenigen großen Abnehmern, da die Verzweigung in die Breite erst auf der nachgeschalteten Stufe erfolgt.

Folgende Nachteile sind zu nennen:

- Die eigene Gewinnspanne verkürzt sich um das Entgelt für die Tätigkeit der Betriebsformen auf zwei Absatzstufen. Letztlich geht es um eine Abwägung der Kostenersparnis einerseits gegen den Gewinnentgang andererseits.
- Durch die Selbständigkeit auf zwei Stufen fehlt die Kontrolle der Darbietung der Produkte gegenüber Endabnehmern. Daraus können Imageprobleme resultieren, die absatzhemmend wirken.
- Interaktionen der Absatzstufen untereinander führen zu Komplexität und Effizienzeinbußen. Dabei stehen die jeweiligen Interessen der Absatzmittler im Vordergrund und das Herstellerinteresse tritt in den Hintergrund.

Die Vor- und Nachteile des zweistufig indirekten Absatzes sind aus (Groß- und Einzel-)*Händlersicht* die folgenden. Zunächst zu den Vorteilen:

- Es kommt zu einer verbesserten Funktionsteilung im Absatzkanal. Jede Absatzstufe konzentriert sich auf die Aufgaben, die sie am besten beherrscht und ergänzt damit die Spezialisierung der anderen.
- Die professionellere Leistungserstellung ermöglicht die Nutzung von Skalen- und Fokuseffekten. Insofern kann die Effizienz in der Wahrnehmung der Distributionsaufgabe wesentlich gesteigert werden.

Folgende Nachteile sind zu nennen:

- Der unmittelbare Kontakt zu Lieferanten bzw. Endabnehmern geht verloren, da eine weitere Absatzstufe zwischengeschaltet ist. Darunter leiden Kundenbindung und Informationsfluß.
- Es entsteht eine Komplizierung der Austauschprozesse zwischen den Beteiligten. Fehler und Mißverständnisse auf den einzelnen Stufen kumulieren und führen zu suboptimalen Ergebnissen.
- Die Abfolge bedeutet eine Einbuße von Spanne bzw. Konkurrenzvorteil, weil eine weitere Absatzstufe ihre Honorierung fordert. Damit entsteht ein Nachteil gegenüber einstufig indirekt belieferten Konkurrenten.

(→ Absatzkanal, Tiefe)

Zweit-/Drittleser

(→ Leser-/Auflagenbegriffe)

Zweitmarke

Die Zweitmarke ist in der vertikalen Markenhierarchie unterhalb der Erstmarke positioniert. Ein Beispiel ist *Söhnlein Brillant* im Verhältnis zu *Henkell Trocken* (Erstmarke) bei der *Henkell-Söhnlein* Sektkellerei. Problematisch ist hierbei allerdings die „Zwischen den Stühlen"-Position, die weder eine Erschließung der qualitätsorientierten Kaufkraft noch eine solche der kostenorientierten zulassen kann. Da jedoch erhebliche Synergieeffekte in der Leistungserstellung anfallen, kann der zusätzliche Aufwand limitiert werden.

Als wesentliche Vorteile entstehen daraus:

- Bessere Ausschöpfung des Marktpotentials über zweigleisiges Angebot je nach individueller Preisbereitschaft.
- Realisierung von Kostenvorteilen durch Rationalisierungs- und Erfahrungskurveneffekte.

Wesentliche Nachteile betreffen folgende:

- Es besteht die Gefahr des negativen Imagetransfers von der Zweit- auf die Erstmarke, sofern deren Zusammenhang ruchbar wird.
- Es erfolgt eine latente Verdrängung schwacher (Zweit-)Marken durch starke Handelsmarken.

(→ Vertikale Markentypen)

Zweiweg-(Vollduplex-/Halbduplex-)kommunikation

(→ Kommunikation, Richtungen)

»Zwischen den Stühlen«-Position (Stuck in the Middle)

(→ Marktpolarisierung)

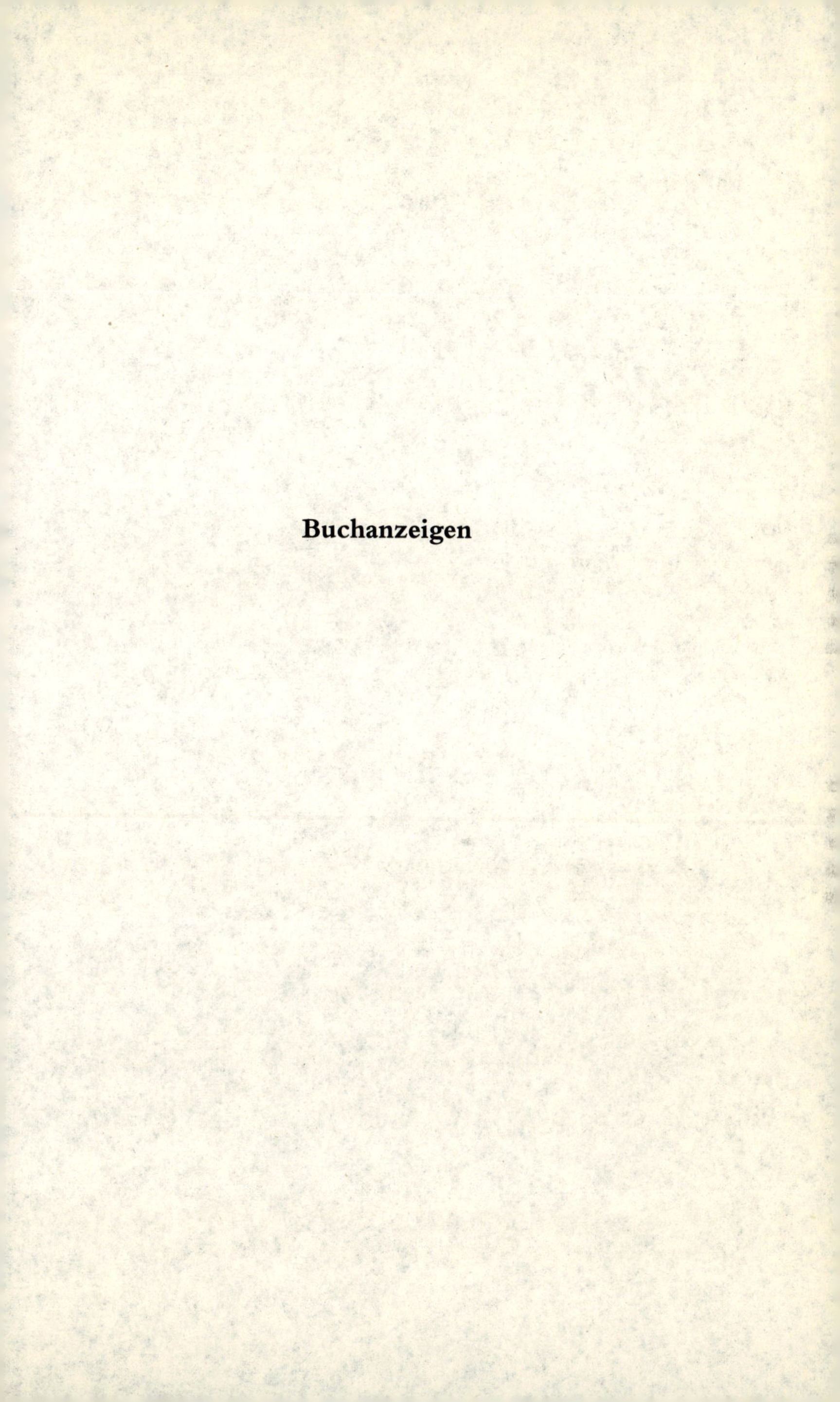

Buchanzeigen

WIRTSCHAFT UND

Käßl · Das Wechsel-ABC
Ein praktischer Ratgeber in allen Wechselfragen.
(dtv-Band 5800)

Herrling · Der Kredit-Ratgeber
Grundfragen der Finanzierung, Kreditwürdigkeitsprüfung, Kreditformen, Kreditvertrag, Verbraucherkreditgesetz, Kreditformen, Leasing, Baufinanzierung und Steuervorteile, Bürgschaft, Verpfändung, Grundpfandrechte, Kleines Kredit-ABC.
(dtv-Band 5801)

Herrling · Der Wertpapier- und Anlage-Ratgeber
So wird mehr aus Ihrem Geld.
(dtv-Band 5802)

Bestmann
Börsen und Effekten von A–Z
Die Fachsprache der klassischen und modernen Finanzmärkte.
(dtv-Band 5803)

Schäfer · Financial Dictionary
Fachwörterbuch Finanzen, Banken, Börse.
Teil I: Englisch-Deutsch
(dtv-Band 5804)
Teil II: Deutsch-Englisch
(dtv-Band 5805)

Perk · Professionelle Aktienanalyse für jedermann
Technische Aktienanalyse, Charts, Beurteilung der Marktverfassung, Trend, Typische Kursverläufe, Programmierte Unterweisung für Kauf- und Verkaufssignale.
(dtv-Band 5806)

Dichtl (Hrsg.) · Schritte zum Europäischen Binnenmarkt
(dtv-Band 5807)

Uszczapowski
Optionen und Futures verstehen
Grundlagen und neuere Entwicklungen.
(dtv-Band 5808)

Wicke/de Maizière/de Maizière
Öko-Soziale Marktwirtschaft für Ost und West
Der Weg aus Wirtschafts- und Umweltkrise.
(dtv-Band 5809)

Schneck
Lexikon der Betriebswirtschaft
Über 2500 grundlegende und aktuelle Begriffe für Studium und Beruf.
(dtv-Band 5810)

Risse · Ratgeber für Unternehmerfrauen
Frau und Betriebsführung, Einkommens-, Alters- und Vermögenssicherung, Scheidung, Ausfall und Tod des Partners, Tätigkeitsbereiche im Unternehmen, Eintritt in das Unternehmen, die selbständige Unternehmerin.
(dtv-Band 5811)

Horváth & Partner
Das Controllingkonzept
Der Weg zu einem wirkungsvollen Controllingsystem.
(dtv-Band 5812)

Dieterle/Winckler (Hrsg.)
Gründungsplanung und Gründungsfinanzierung
(dtv-Band 5813)

Rota · PR- und Medienarbeit im Unternehmen
Instrumente und Wege effizienter Öffentlichkeitsarbeit.
(dtv-Band 5814)

Schäfer · Management & Marketing Dictionary
Teil I: Englisch-Deutsch
(dtv-Band 5815)
Teil II: Deutsch-Englisch
(dtv-Band 5816)

Thieme · Soziale Marktwirtschaft
Ordnungskonzeption und wirtschaftspolitische Gestaltung.
(dtv-Band 5817)

WIRTSCHAFT UND

Herrling/Mathes
Der Buchführungs-Ratgeber
(dtv-Band 5836)

Becker · Leitfaden zur Hardware- und Softwarebeschaffung
(dtv-Band 5837)

Weber · Kosten- und Finanzplanung
Ein Praxisleitfaden für Klein- und Mittelbetriebe.
(dtv-Band 5838)

Thomas · Praxis der Betriebsorganisation
(dtv-Band 5839)

Richter/von Schirach
Die richtige Unternehmensform
Ein Leitfaden zur Geschäftsgründung.
(dtv-Band 5840)

Schwan/Seipel · Personalmarketing für Mittel- und Kleinbetriebe
(dtv-Band 5841)

Haug · Erfolgreich im Team
Praxisnahe Anregungen und Hilfestellungen für effiziente Zusammenarbeit.
(dtv-Band 5842)

Eller · So gestalte ich meine Altersvorsorge
Zukunftssicherung für Arbeitnehmer und Selbständige.
(dtv-Band 5843)

Kühlmann/Blumenstein/ Dietrich · Die Lebensversicherung zur Altersvorsorge
(dtv-Band 5844)

Weisbach · Professionelle Gesprächsführung
Ein praxisnahes Lese- und Übungsbuch.
(dtv-Band 5845)

Kastin · Marktforschung mit einfachen Mitteln
Daten und Informationen beschaffen, auswerten und interpretieren.
(dtv-Band 5846)

Gramlich · Geldanlage in Fremdwährungen
(dtv-Band 5847)

Lobscheid · Mitarbeiter einvernehmlich führen
(dtv-Band 5848)

Kuntz · Die private Rente
Beiträge, Rendite, Höhe der Rente, Sofortrente, Flexibler Rentenbeginn, Partnerrente, Witwen- und Witwerrente, Altenheim- und Pflegerente, Steuerpraxis, Sicherheit, Renten in Fremdwährungen.
(dtv-Band 5849)

Knapp · Strategie und Taktik bei der Geldanlage
(dtv-Band 5850)

Then/Denkhaus · Zeitarbeit
Flexibel arbeiten und beschäftigen.
(dtv-Band 5851)

Kiehling · Finanzplatz Europa
Gemeinsamer Markt für Kapitalanlagen, Nationale Eigenarten.
(dtv-Band 5852)

Hammer · Soll ich mich selbständig machen?
(dtv-Band 5853)

Wolff · Deutsche Aktiengesellschaften 95/96
Kennzahlen und Charts.
(dtv-Band 5854)

Schmitt · Streß erkennen und bewältigen
Streß in der Arbeitswelt, Aspekte des Stresses, Streßmanagement in der Praxis.
(dtv-Band 5855)

Sinn/Sinn · Kaltstart
Volkswirtschaftliche Aspekte der deutschen Vereinigung.
(dtv-Band 5856)

Pauk/Lüdecke
Schlüsselfertiges Bauen
Der einfache Weg zum Eigenheim.
(dtv-Band 5857)